Ulrich Krampe
Rechtsanwalt - Notar
Eschenallee 22 - 14050 Berlin

Arndt/Lerch/Sandkühler   Bundesnotarordnung   6. Auflage

Bundesnotarordnung

in der im Bundesgesetzblatt Teil III, Gliederungsnummer 303-1, veröffentlichten bereinigten Fassung, zuletzt geändert durch Artikel 3 des Gesetzes vom 12. Dezember 2007 (BGBl. I S. 2840)

Kommentar

begründet von

Dr. Herbert Arndt †, Karlsruhe
Richter am Bundesgerichtshof a. D.

fortgeführt von

Klaus Lerch
Richter am LG
Frankfurt a. M.

Gerd Sandkühler
Vorsitzender Richter am OLG a. D.
Münster (Westf.)

6., neu bearbeitete Auflage

Carl Heymanns Verlag 2008

Bibliografische Information der Deutschen Bibliothek

Die Deutsche Bibliothek verzeichnet diese Publikation in der Deutschen Nationalbibliografie; detaillierte Daten sind im Internet über http://dnb.ddb.de abrufbar.

© Carl Heymanns Verlag GmbH · Köln · München 2008
Ein Unternehmen von Wolters Kluwer Deutschland

E-Mail: info@wolterskluwer.de
http://www.heymanns.com

ISBN 978-3-452-26338-4

Satz: Wendt-Media Text-Processing GmbH, Birkenau
Druck: Druckerei Wilco b.v., Amersfoort, NL

Gedruckt auf säurefreiem und alterungsbeständigem Papier

Vorwort zur 6. Auflage

Nihil prius fide
(Nichts ist wertvoller als Verlässlichkeit)
Inschrift auf Amtsschildern spanischer Notare

Berufsrecht und Berufspraxis der Notare dulden offenbar keine Ruhepause. Seit Erscheinen der Vorauflage im Jahre 2003 sind nicht weniger als vier Änderungsgesetze zur BNotO und darüber hinaus zahlreiche Gesetze mit Auswirkungen auf das Notarrecht erlassen worden. Zu nennen sind in zeitlicher Reihenfolge

- die Einführung der Vorschriften über das Zentrale Vorsorgeregister der Bundesnotarkammer (§§ 78a–78c) durch Gesetz vom 23.04.2004 (BGBl I S. 598),
- die Änderung der Vorschriften über die Besetzung der Notarsenate beim Oberlandesgericht und beim Bundesgerichtshof durch Gesetz vom 21.12.2004 (BGBl I S. 3599),
- die Ergänzung des § 15 Abs. 3 durch das Justizkommunikationsgesetz (JKomG) vom 22.03.2005 (BGBl I S. 837), eine Folge der Einfügung der §§ 39a, 42 Abs. 4 in das Beurkundungsgesetz, diese wiederum eine Konsequenz aus der zunehmenden Bedeutung des elektronischen Rechtsverkehrs,
- die Änderung der Vorschriften über die Notariatsverfassung im badischen und im württembergischen Rechtsgebiet (§§ 114, 115) durch das Vierte Gesetz zur Änderung der Bundesnotarordnung vom 22.07.2005 (BGBl I S. 2188),
- die Verlängerung der Frist für die Fortgeltung des früheren Disziplinarrechts der Länder und des Bundes in §§ 96, 105 durch das Fünfte Gesetz zur Änderung der Bundesnotarordnung vom 22.12.2005 (BGBl I S. 3679),
- die sprachliche Anpassung des § 24 sowie die Einführung der Übergangsregelung für das Beitrittsgebiet in § 117b durch das Erste Gesetz über die Bereinigung von Bundesrecht im Zuständigkeitsbereich des Bundesministeriums der Justiz vom 19.04.2006 (BGBl I S. 866),
- die Neuregelung der Rechts der Notarkasse und der Ländernotarkasse (Änderung des § 113, Aufhebung des § 113a und Einfügung des § 119) durch das Sechste Gesetz zur Änderung der Bundesnotarordnung vom 15.07.2006 (BGBl I S. 1531),
- die Anerkennung der Notarkammern als Zertifizierungsstellen nach dem Signaturgesetz (§ 67 Abs. 5) sowie die Ergänzung des § 78a Abs. 2 durch das 2. Justizmodernisierungsgesetz vom 22.12.2006 (BGBl I S. 3416),
- die Änderung der §§ 3, 10, 47, 64a und 111 durch das Gesetz zur Stärkung der Selbstverwaltung der Rechtsanwaltschaft vom 26.03.2007 (BGBl I S. 358),
- die Änderung des § 19a Abs. 5 durch das Gesetz zur Reform des Versicherungsvertragsrechts vom 29.11.2007 (BGBl I S. 2631),
- die Änderung der §§ 27 Abs. 1 Satz 2 und 93 Abs. 4 BNotO, § 59a BRAO und § 3 BeurkG durch das Gesetz zur Neuregelung des Rechtsberatungsrechts vom 12.12.2007 (BGBl. I S. 2840),
- die Neuordnung der Telekommunikationsüberwachung und anderer verdeckter Ermittlungsmaßnahmen durch Gesetz vom 21.12.2007 (BGBl. I S. 3198).

Gravierende Auswirkungen auf die Berufsausübung der Notare hatte und hat darüber hinaus der Erlass des Gesetzes über elektronische Handelsregister und Genossenschaftsregister sowie das Unternehmensregister (EHUG) vom 10.11.2006 (BGBl. I S. 2553). Die darin geregelte Einführung des elektronischen Registerverkehrs forderte dem deutschen Notarstand in kurzer Zeit erhebliche Anstrengungen ab. Er hat die Umstellung mit großer Einsatzbereitschaft und erfolgreich vollzogen.

Noch nicht Gesetz geworden ist die Neuregelung des Zugangs zum Anwaltsnotariat. Um dem Benutzer des Werks eine erste Handreichung zu geben, ist der Gesetzesantrag der Länder Niedersachsen, Berlin, Bremen und Nordrhein-Westfalen zur Änderung des § 6 und zur Einführung der §§ 7a–7i (BR-Drucks. 895/06) als Anhang zu § 6 abgedruckt.

Offen ist noch, wie sich das von der Europäischen Kommission wegen des geltenden Staatsangehörigkeitsvorbehalts (§ 5 BNotO) angestrengte Vertragsverletzungsverfahren gegen die Bundesrepublik Deutschland auswirken wird.

Die Kommentierung ist vollständig überarbeitet und, soweit angebracht, mit neuen Randziffern versehen worden. Sie befindet sich durchweg auf dem Stand Dezember 2007. Die Verfasser haben sich auch diesmal bemüht, die einschlägige Rechtsprechung verlässlich zu dokumentieren, daneben aber auch das Schrifttum zu berücksichtigen, um dem Benutzer des Werks Hinweise für weiterführende Recherchen zu geben. Wegen der zunehmenden Bedeutung des Europarechts im Berufsrecht der Notare ist die Kommentierung zu § 5 BNotO wesentlich erweitert worden.

Die vorliegende Auflage wäre nicht erschienen, wenn das Berufsrecht der Notare aus der konkurrierenden Gesetzgebung des Bundes in die Gesetzgebungszuständigkeit der Bundesländer übergegangen wäre, wie es im Rahmen der Föderalismusreform I geplant war. Dass nichts für die beabsichtigte Verlagerung, aber alles für den Verbleib in der Bundeszuständigkeit sprach, war und ist allgemeine Meinung derer, denen der Notarstand etwas bedeutet.

Frankfurt a. M., Münster, im Januar 2008

Klaus Lerch
Gerd Sandkühler

Inhalt

Wortlaut des Gesetzes

Bundesnotarordnung (BNotO)[*]

in der Fassung vom 24. Februar 1961 (BGBl I S. 97), zuletzt geändert durch G vom 12. Dezember 2007 (BGBl I S. 2840)

Inhaltsübersicht

---

[*] Der Gesetzestext entspricht der konsolidierten, amtlichen Fassung. Die Rechtschreibung ist den Regeln des Gemeinsamen Rundschreibens des Bundesministeriums des Innern und des Bundesministeriums der Justiz – Neuregelung der Rechtschreibung, Umsetzung für die Gesetzes- und Verwaltungssprache (BAnz. Nr. 206a vom 3. November 2006) angepasst.

Erster Teil   Das Amt des Notars

1. Abschnitt   Bestellung zum Notar

§ 1

Als unabhängige Träger eines öffentlichen Amtes werden für die Beurkundung von Rechtsvorgängen und andere Aufgaben auf dem Gebiete der vorsorgenden Rechtspflege in den Ländern Notare bestellt.

§ 2

[1]Die Notare unterstehen, soweit nichts anderes bestimmt ist, ausschließlich den Vorschriften dieses Gesetzes. [2]Sie führen ein Amtssiegel und tragen die Amtsbezeichnung Notarin oder Notar. [3]Ihr Beruf ist kein Gewerbe.

§ 3

(1) Die Notare werden zur hauptberuflichen Amtsausübung auf Lebenszeit bestellt.
(2) In den Gerichtsbezirken, in denen am 1. April 1961 das Amt des Notars nur im Nebenberuf ausgeübt worden ist, werden weiterhin ausschließlich Rechtsanwälte für die Dauer ihrer Mitgliedschaft bei der für den Gerichtsbezirk zuständigen Rechtsanwaltskammer als Notare zu gleichzeitiger Amtsausübung neben dem Beruf des Rechtsanwalts bestellt (Anwaltsnotare).
(3) (weggefallen)

§ 4

[1]Es werden so viele Notare bestellt, wie es den Erfordernissen einer geordneten Rechtspflege entspricht. [2]Dabei ist insbesondere das Bedürfnis nach einer angemessenen Versorgung der Rechtsuchenden mit notariellen Leistungen und die Wahrung einer geordneten Altersstruktur des Notarberufs zu berücksichtigen.

§ 5

Zum Notar darf nur ein deutscher Staatsangehöriger bestellt werden, der die Befähigung zum Richteramt nach dem Deutschen Richtergesetz erlangt hat.

§ 6

(1) [1]Nur solche Bewerber sind zu Notaren zu bestellen, die nach ihrer Persönlichkeit und ihren Leistungen für das Amt des Notars geeignet sind. [2]Bewerber können nicht erstmals zu Notaren bestellt werden, wenn sie bei Ablauf der Bewerbungsfrist das sechzigste Lebensjahr vollendet haben.
(2) In den Fällen des § 3 Abs. 2 soll in der Regel als Notar nur bestellt werden, wer bei Ablauf der Bewerbungsfrist

1. mindestens fünf Jahre zur Rechtsanwaltschaft zugelassen war und
2. seit mindestens drei Jahren ohne Unterbrechung in dem in Aussicht genommenen Amtsbereich hauptberuflich als Rechtsanwalt tätig ist.

(3) ¹Die Reihenfolge bei der Auswahl unter mehreren geeigneten Bewerbern richtet sich nach der persönlichen und fachlichen Eignung unter Berücksichtigung der die juristische Ausbildung abschließenden Staatsprüfung und der bei der Vorbereitung auf den Notarberuf gezeigten Leistungen. ²In den Fällen des § 3 Abs. 2 können insbesondere in den Notarberuf einführende Tätigkeiten und die erfolgreiche Teilnahme an freiwilligen Vorbereitungskursen, die von den beruflichen Organisationen veranstaltet werden, in die Bewertung einbezogen werden. ³Die Dauer des Anwärterdienstes ist in den Fällen des § 3 Abs. 1, die Dauer der Zeit, in der der Bewerber hauptberuflich als Rechtsanwalt tätig war, ist in den Fällen des § 3 Abs. 2 angemessen zu berücksichtigen. ⁴Die Landesregierungen oder die von ihnen bestimmten Stellen werden ermächtigt, durch Rechtsverordnung Bestimmungen über die Anrechnung von Wehr- und Ersatzdienstzeiten, Zeiten eines Beschäftigungsverbotes nach Mutterschutzvorschriften, Zeiten der Beurlaubung wegen Inanspruchnahme von Elternzeit und Zeiten eines vorübergehenden Verzichts auf die Zulassung zur Rechtsanwaltschaft wegen Schwangerschaft oder Betreuung eines Kindes auf die Zeiten nach Satz 3 sowie bei einer erneuten Bestellung über die Zeiten einer vorübergehenden Amtsniederlegung nach § 48b auf die bisherige Amtstätigkeit zu treffen.

§ 6a

Die Bestellung muss versagt werden, wenn der Bewerber weder nachweist, dass eine Berufshaftpflichtversicherung (§ 19a) besteht, noch eine vorläufige Deckungszusage vorliegt.

§ 6b

(1) Die Bewerber sind durch Ausschreibung zu ermitteln; dies gilt nicht bei einer erneuten Bestellung nach einer vorübergehenden Amtsniederlegung gemäß § 48c.

(2) Die Bewerbung ist innerhalb der in der Ausschreibung gesetzten oder von der Landesjustizverwaltung allgemein bekannt gegebenen Frist einzureichen.

(3) ¹War ein Bewerber ohne sein Verschulden verhindert, die Frist einzuhalten, so ist ihm auf Antrag Wiedereinsetzung in den vorigen Stand zu gewähren. ²Der Antrag ist innerhalb von zwei Wochen nach Wegfall des Hindernisses zu stellen. ³Die Tatsachen zur Begründung des Antrags sind glaubhaft zu machen. ⁴Die Bewerbung ist innerhalb der Antragsfrist nachzuholen.

(4) ¹Bei der Auswahl unter mehreren Bewerbern nach § 6 Abs. 3 sind nur solche Umstände zu berücksichtigen, die bei Ablauf der Bewerbungsfrist vorlagen. ²Die Landesjustizverwaltung kann für den Fall des § 7 Abs. 1 einen hiervon abweichenden Zeitpunkt bestimmen.

§ 7

(1) Zur hauptberuflichen Amtsausübung als Notar (§ 3 Abs. 1) soll in der Regel nur bestellt werden, wer einen dreijährigen Anwärterdienst als Notarassessor geleistet hat und sich im Anwärterdienst des Landes befindet, in dem er sich um die Bestellung bewirbt.

(2) ¹Die Auswahl unter mehreren geeigneten Bewerbern um die Aufnahme in den Anwärterdienst ist nach der persönlichen und fachlichen Eignung unter besonderer Berücksichtigung der Leistungen in der die juristische Ausbildung abschließenden Staatsprüfung vorzunehmen. ²Bewerber sind durch Ausschreibung zu ermitteln; § 6b Abs. 2 bis 4 gilt entsprechend. ³Sie können auch dadurch ermittelt werden, dass ihnen die Landesjustizverwaltung die Eintragung in eine ständig geführte Liste der Bewerber für eine bestimmte Dauer ermöglicht. ⁴Die Führung einer solchen Liste ist allgemein bekannt zu geben.

(3) ¹Der Notarassessor wird von der Landesjustizverwaltung nach Anhörung der Notarkammer ernannt. ²Der Präsident der Notarkammer überweist den Notarassessor einem Notar. ³Er verpflichtet den Notarassessor durch Handschlag auf gewissenhafte Pflichterfüllung.

(4) ¹Der Notarassessor steht während des Anwärterdienstes in einem öffentlich-rechtlichen Dienstverhältnis zum Staat. ²Er hat mit Ausnahme des § 19a dieselben allgemeinen Amtspflichten und sonstige Pflichten wie der Notar. ³Er erhält vom Zeitpunkt der Zuweisung ab für die Dauer des Anwärterdienstes von der Notarkammer Bezüge, die denen eines Richters auf Probe anzugleichen sind. ⁴Die Notarkammer erlässt hierzu Richtlinien und bestimmt allgemein oder im Einzelfall, ob und in welcher Höhe der Notar, dem der Notarassessor überwiesen ist, ihr zur Erstattung der Bezüge verpflichtet ist.

(5) ¹Der Notarassessor ist von dem Notar in einer dem Zweck des Anwärterdienstes entsprechenden Weise zu beschäftigen. ²Die näheren Bestimmungen über die Ausbildung des Notarassessors trifft die Landesregierung oder die von ihr bestimmte Stelle durch Rechtsverordnung.

(6) Der Anwärterdienst endet
1. mit der Bestellung zum Notar,
2. mit der Entlassung aus dem Dienst.

(7) ¹Der Notarassessor ist aus dem Dienst zu entlassen, wenn er seine Entlassung beantragt. ²Er kann entlassen werden, wenn er
1. sich zur Bestellung zum Notar als ungeeignet erweist,
2. ohne hinreichenden Grund binnen einer von der Landesjustizverwaltung zu bestimmenden Frist, die zwei Monate nicht übersteigen soll, den Anwärterdienst nicht antritt,
3. nach Ableistung des dreijährigen Anwärterdienstes sich ohne hinreichenden Grund um eine ihm von der Landesjustizverwaltung angebotene Notarstelle nicht bewirbt, die zuvor ausgeschrieben worden ist und die mangels geeigneter Bewerber nicht besetzt werden konnte.

§ 8

(1) ¹Der Notar darf nicht zugleich Inhaber eines besoldeten Amtes sein. ²Die Landesjustizverwaltung kann im Einzelfall nach Anhörung der Notarkammer jederzeit widerrufliche Ausnahmen zulassen; der Notar darf in diesem Fall sein Amt nicht persönlich ausüben.

(2) ¹Der Notar darf keinen weiteren Beruf ausüben; § 3 Abs. 2 bleibt unberührt. ²Der Anwaltsnotar darf zugleich den Beruf des Patentanwalts, Steuerberaters, Wirtschaftsprüfers und vereidigten Buchprüfers ausüben.

(3) ¹Der Notar bedarf der Genehmigung der Aufsichtsbehörde
1. zur Übernahme einer Nebenbeschäftigung gegen Vergütung, insbesondere zu einer gewerblichen Tätigkeit,
2. zum Eintritt in den Vorstand, Aufsichtsrat, Verwaltungsrat oder in ein sonstiges Organ einer auf Erwerb gerichteten Gesellschaft, Genossenschaft oder eines in einer anderen Rechtsform betriebenen wirtschaftlichen Unternehmens.
²Die Genehmigung ist zu versagen, wenn die Tätigkeit nach Satz 1 mit dem öffentlichen Amt des Notars nicht vereinbar ist oder das Vertrauen in seine Unabhängigkeit oder Unparteilichkeit gefährden kann. ³Vor der Entscheidung über die Genehmigung ist die Notarkammer anzuhören. ⁴Die Genehmigung kann mit Auflagen verbunden oder befristet werden.

(4) Nicht genehmigungspflichtig ist die Übernahme des Amtes als Testamentsvollstrecker, Insolvenzverwalter, Schiedsrichter oder Vormund oder einer ähnlichen auf behördlicher Anordnung beruhenden Stellung sowie eine wissenschaftliche, künstlerische oder Vortragstätigkeit.

§ 9

(1) [1]Zur hauptberuflichen Amtsausübung bestellte Notare dürfen sich nur mit am selben Amtssitz bestellten Notaren zur gemeinsamen Berufsausübung verbinden oder mit ihnen gemeinsame Geschäftsräume haben. [2]Die Landesregierungen oder die von ihnen bestimmten Stellen werden ermächtigt, um den Erfordernissen einer geordneten Rechtspflege insbesondere im Hinblick auf die örtlichen Bedürfnisse und Gewohnheiten Rechnung zu tragen, durch Rechtsverordnung zu bestimmen,

1. dass eine Verbindung zur gemeinsamen Berufsausübung oder eine gemeinsame Nutzung der Geschäftsräume nach Satz 1 nur mit Genehmigung der Aufsichtsbehörde, die mit Auflagen verbunden oder befristet werden kann, und nach Anhörung der Notarkammer zulässig ist;

2. die Voraussetzungen der gemeinsamen Berufsausübung oder die gemeinsame Nutzung der Geschäftsräume, insbesondere zur Höchstzahl der beteiligten Berufsangehörigen sowie die Anforderungen an die Begründung, Führung, Fortführung und Beendigung der Verbindung zur gemeinsamen Berufsausübung oder Nutzung gemeinsamer Geschäftsräume.

(2) Anwaltsnotare dürfen sich nur miteinander, mit anderen Mitgliedern einer Rechtsanwaltskammer, Patentanwälten, Steuerberatern, Steuerbevollmächtigten, Wirtschaftsprüfern und vereidigten Buchprüfern zur gemeinsamen Berufsausübung verbinden oder mit ihnen gemeinsame Geschäftsräume haben.

(3) Die Verbindung zur gemeinsamen Berufsausübung oder die gemeinsame Nutzung der Geschäftsräume ist nur zulässig, soweit hierdurch die persönliche und eigenverantwortliche Amtsführung, Unabhängigkeit und Unparteilichkeit des Notars nicht beeinträchtigt wird.

§ 10

(1) [1]Dem Notar wird ein bestimmter Ort als Amtssitz zugewiesen. [2]In Städten von mehr als hunderttausend Einwohnern kann dem Notar ein bestimmter Stadtteil oder Amtsgerichtsbezirk als Amtssitz zugewiesen werden. [3]Der Amtssitz darf unter Beachtung der Belange einer geordneten Rechtspflege nach Anhörung der Notarkammer mit Zustimmung des Notars verlegt werden. [4]Für die Zuweisung eines anderen Amtssitzes auf Grund disziplinargerichtlichen Urteils bedarf es der Zustimmung des Notars nicht.

(2) [1]Der Notar hat an dem Amtssitz seine Geschäftsstelle zu halten. [2]Er hat seine Wohnung so zu nehmen, dass er in der ordnungsgemäßen Wahrnehmung seiner Amtsgeschäfte nicht beeinträchtigt wird; die Aufsichtsbehörde kann ihn anweisen, seine Wohnung am Amtssitz zu nehmen, wenn dies im Interesse der Rechtspflege geboten ist. [3]Beim Anwaltsnotar müssen die Geschäftsstelle und die Kanzlei nach § 27 Abs. 1 der Bundesrechtsanwaltsordnung örtlich übereinstimmen.

(3) Der Notar soll seine Geschäftsstelle während der üblichen Geschäftsstunden offen halten.

(4) [1]Dem Notar kann zur Pflicht gemacht werden, mehrere Geschäftsstellen zu unterhalten; ohne Genehmigung der Aufsichtsbehörde ist er hierzu nicht befugt. [2]Das Gleiche gilt für die Abhaltung auswärtiger Sprechtage.

§ 10a

(1) [1]Der Amtsbereich des Notars ist der Bezirk des Amtsgerichts, in dem er seinen Amtssitz hat. [2]Die Landesjustizverwaltung kann nach den Erfordernissen einer geordneten Rechtspflege die Grenzen des Amtsbereichs allgemein oder im Einzelfall mit der Zuweisung des Amtssitzes abweichend festlegen und solche Festlegungen, insbesondere zur Anpassung an eine Änderung von Gerichtsbezirken, ändern.

(2) Der Notar soll seine Urkundstätigkeit (§§ 20 bis 22) nur innerhalb seines Amtsbereichs ausüben, sofern nicht besondere berechtigte Interessen der Rechtsuchenden ein Tätigwerden außerhalb des Amtsbereichs gebieten.

(3) Urkundstätigkeiten außerhalb des Amtsbereichs hat der Notar der Aufsichtsbehörde oder nach deren Bestimmung der Notarkammer, der er angehört, unverzüglich und unter Angabe der Gründe mitzuteilen.

§ 11

(1) Der Amtsbezirk des Notars ist der Oberlandesgerichtsbezirk, in dem er seinen Amtssitz hat.

(2) Der Notar darf Urkundstätigkeiten außerhalb seines Amtsbezirks nur vornehmen, wenn Gefahr im Verzuge ist oder die Aufsichtsbehörde es genehmigt hat.

(3) Ein Verstoß berührt die Gültigkeit der Urkundstätigkeit nicht, auch wenn der Notar die Urkundstätigkeit außerhalb des Landes vornimmt, in dem er zum Notar bestellt ist.

§ 11a

[1]Der Notar ist befugt, einen im Ausland bestellten Notar auf dessen Ersuchen bei seinen Amtsgeschäften zu unterstützen und sich zu diesem Zweck ins Ausland zu begeben, soweit nicht die Vorschriften des betreffenden Staates entgegenstehen. [2]Er hat hierbei die ihm nach deutschem Recht obliegenden Pflichten zu beachten. [3]Ein im Ausland bestellter Notar darf nur auf Ersuchen eines inländischen Notars im Geltungsbereich dieses Gesetzes kollegiale Hilfe leisten; Satz 1 gilt entsprechend. [4]Er hat hierbei die für einen deutschen Notar geltenden Pflichten zu beachten.

§ 12

[1]Die Notare werden von der Landesjustizverwaltung nach Anhörung der Notarkammer durch Aushändigung einer Bestallungsurkunde bestellt. [2]Die Urkunde soll den Amtsbezirk und den Amtssitz des Notars bezeichnen und die Dauer der Bestellung (§ 3 Abs. 1 und 2) angeben.

§ 13

(1) [1]Nach Aushändigung der Bestallungsurkunde hat der Notar folgenden Eid zu leisten: »Ich schwöre bei Gott, dem Allmächtigen und Allwissenden, die verfassungsmäßige Ordnung zu wahren und die Pflichten eines Notars gewissenhaft und unparteiisch zu erfüllen, so wahr mir Gott helfe!«
[2]Wird der Eid von einer Notarin geleistet, so treten an die Stelle der Wörter »eines Notars« die Wörter »einer Notarin«.

(2) [1]Gestattet ein Gesetz den Mitgliedern einer Religionsgesellschaft, anstelle der Worte »Ich schwöre« andere Beteuerungsformeln zu gebrauchen, so kann der Notar, der Mitglied einer solchen Religionsgesellschaft ist, diese Beteuerungsformel sprechen. [2]Der Eid kann auch ohne religiöse Beteuerung geleistet werden.

(3) [1]Der Notar leistet den Eid vor dem Präsidenten des Landgerichts, in dessen Bezirk er seinen Amtssitz hat. [2]Vor der Eidesleistung soll er keine Amtshandlung vornehmen.

2. Abschnitt Ausübung des Amtes

§ 14

(1) [1]Der Notar hat sein Amt getreu seinem Eide zu verwalten. [2]Er ist nicht Vertreter einer Partei, sondern unabhängiger und unparteiischer Betreuer der Beteiligten.

(2) Er hat seine Amtstätigkeit zu versagen, wenn sie mit seinen Amtspflichten nicht vereinbar wäre, insbesondere wenn seine Mitwirkung bei Handlungen verlangt wird, mit denen erkennbar unerlaubte oder unredliche Zwecke verfolgt werden.

(3) [1]Der Notar hat sich durch sein Verhalten innerhalb und außerhalb seines Amtes der Achtung und des Vertrauens, die dem Notaramt entgegengebracht werden, würdig zu zeigen. [2]Er hat jedes Verhalten zu vermeiden, das den Anschein eines Verstoßes gegen die ihm gesetzlich auferlegten Pflichten erzeugt, insbesondere den Anschein der Abhängigkeit oder Parteilichkeit.

(4) [1]Dem Notar ist es abgesehen von den ihm durch Gesetz zugewiesenen Vermittlungstätigkeiten verboten, Darlehen sowie Grundstücksgeschäfte zu vermitteln, sich an jeder Art der Vermittlung von Urkundsgeschäften zu beteiligen oder im Zusammenhang mit einer Amtshandlung eine Bürgschaft oder eine sonstige Gewährleistung zu übernehmen. [2]Er hat dafür zu sorgen, dass sich auch die bei ihm beschäftigten Personen nicht mit derartigen Geschäften befassen.

(5) [1]Der Notar darf keine mit seinem Amt unvereinbare Gesellschaftsbeteiligung eingehen. [2]Es ist ihm insbesondere verboten, sich an einer Gesellschaft, die eine Tätigkeit im Sinne des § 34c Abs. 1 der Gewerbeordnung ausübt, sowie an einer Steuerberatungs- oder Wirtschaftsprüfungsgesellschaft zu beteiligen, wenn er alleine oder zusammen mit den Personen, mit denen er sich nach § 9 verbunden oder mit denen er gemeinsame Geschäftsräume hat, mittelbar oder unmittelbar einen beherrschenden Einfluss ausübt.

(6) Der Notar hat sich in dem für seine Amtstätigkeit erforderlichen Umfang fortzubilden.

§ 15

(1) [1]Der Notar darf seine Urkundstätigkeit nicht ohne ausreichenden Grund verweigern. [2]Zu einer Beurkundung in einer anderen als der deutschen Sprache ist er nicht verpflichtet.

(2) [1]Über Beschwerden wegen Verweigerung der Urkunds- oder sonstigen Tätigkeit des Notars entscheidet eine Zivilkammer des Landgerichts, in dessen Bezirk der Notar seinen Amtssitz hat. [2]Für das Verfahren gelten die Vorschriften des Gesetzes über die Angelegenheiten der freiwilligen Gerichtsbarkeit.

(3) [1]In Abweichung von Absatz 1 und 2 darf der Notar seine Amtstätigkeit in den Fällen der §§ 39a, 42 Abs. 4 des Beurkundungsgesetzes verweigern, soweit er nicht über die notwendigen technischen Einrichtungen verfügt. [2]Der Notar muss jedoch spätestens ab dem 1. April 2006 über zumindest eine Einrichtung verfügen, die Verfahren nach Satz 1 ermöglicht.

§ 16

(1) Soweit es sich bei Amtstätigkeiten des Notars nicht um Beurkundungen nach dem Beurkundungsgesetz handelt, gilt § 3 des Beurkundungsgesetzes entsprechend.

(2) Der Notar kann sich der Ausübung des Amtes wegen Befangenheit enthalten.

§ 17

(1) ¹Der Notar ist verpflichtet, für seine Tätigkeit die gesetzlich vorgeschriebenen Gebühren zu erheben. ²Soweit nicht gesetzliche Vorschriften die Gebührenbefreiung oder -ermäßigung oder die Nichterhebung von Kosten wegen unrichtiger Sachbehandlung vorsehen, sind Gebührenerlass und Gebührenermäßigung nur zulässig, wenn sie durch eine sittliche Pflicht oder durch eine auf den Anstand zu nehmende Rücksicht geboten sind und die Notarkammer allgemein oder im Einzelfall zugestimmt hat. ³In den Tätigkeitsbereichen der Notarkasse und der Ländernotarkasse treten diese an die Stelle der Notarkammern. ⁴Das Versprechen und Gewähren von Vorteilen im Zusammenhang mit einem Amtsgeschäft sowie jede Beteiligung Dritter an den Gebühren ist unzulässig.

(2) Einem Beteiligten, dem nach den Vorschriften der Zivilprozessordnung vorläufig gebührenfrei oder gegen Zahlung der Gebühren in Monatsraten zu gewähren.

§ 18

(1) ¹Der Notar ist zur Verschwiegenheit verpflichtet. ²Diese Pflicht bezieht sich auf alles, was ihm bei Ausübung seines Amtes bekannt geworden ist. ³Dies gilt nicht für Tatsachen, die offenkundig sind oder ihrer Bedeutung nach keiner Geheimhaltung bedürfen.

(2) Die Pflicht zur Verschwiegenheit entfällt, wenn die Beteiligten Befreiung hiervon erteilen; ist ein Beteiligter verstorben oder eine Äußerung von ihm nicht oder nur mit unverhältnismäßigen Schwierigkeiten zu erlangen, so kann an seiner Stelle die Aufsichtsbehörde die Befreiung erteilen.

(3) ¹Bestehen im Einzelfall Zweifel über die Pflicht zur Verschwiegenheit, so kann der Notar die Entscheidung der Aufsichtsbehörde nachsuchen. ²Soweit diese die Pflicht verneint, können daraus, dass sich der Notar geäußert hat, Ansprüche gegen ihn nicht hergeleitet werden.

(4) Die Pflicht zur Verschwiegenheit bleibt auch nach dem Erlöschen des Amtes bestehen.

§ 19

(1) ¹Verletzt der Notar vorsätzlich oder fahrlässig die ihm einem anderen gegenüber obliegende Amtspflicht, so hat er diesem den daraus entstehenden Schaden zu ersetzen. ²Fällt dem Notar nur Fahrlässigkeit zur Last, so kann er nur dann in Anspruch genommen werden, wenn der Verletzte nicht auf andere Weise Ersatz zu erlangen vermag; das gilt jedoch nicht bei Amtsgeschäften der in §§ 23, 24 bezeichneten Art im Verhältnis zwischen dem Notar und dem Auftraggeber. ³Im Übrigen sind die Vorschriften des Bürgerlichen Gesetzbuchs über die Schadensersatzpflicht im Fall einer von einem Beamten begangenen Amtspflichtverletzung entsprechend anwendbar. ⁴Eine Haftung des Staates anstelle des Notars besteht nicht.

(2) ¹Hat ein Notarassessor bei selbständiger Erledigung eines Geschäfts der in §§ 23, 24 bezeichneten Art eine Pflichtverletzung begangen, so haftet er in entsprechender Anwendung des Absatzes 1. ²Hatte ihm der Notar das Geschäft zur selbständigen Erledigung überlassen, so haftet er neben dem Assessor als Gesamtschuldner; im Verhältnis zwischen dem Notar und dem Assessor ist der Assessor allein verpflichtet. ³Durch das Dienstverhältnis des Assessors zum Staat (§ 7 Abs. 3) wird eine Haftung des Staates nicht begründet. ⁴Ist der Assessor als Vertreter des Notars tätig gewesen, so bestimmt sich die Haftung nach § 46.

(3) Für Schadensersatzansprüche nach Absatz 1 und 2 sind die Landgerichte ohne Rücksicht auf den Wert des Streitgegenstandes ausschließlich zuständig.

§ 19a

(1) ¹Der Notar ist verpflichtet, eine Berufshaftpflichtversicherung zu unterhalten zur Deckung der Haftpflichtgefahren für Vermögensschäden, die sich aus seiner Berufstätigkeit und der Tätigkeit von Personen ergeben, für die er haftet. ²Die Versicherung muss bei einem im Inland zum Geschäftsbetrieb befugten Versicherungsunternehmen zu den nach Maßgabe des Versicherungsaufsichtsgesetzes eingereichten allgemeinen Versicherungsbedingungen genommen werden. ³Die Versicherung muss für alle nach Satz 1 zu versichernden Haftpflichtgefahren bestehen und für jede einzelne Pflichtverletzung gelten, die Haftpflichtansprüche gegen den Notar zur Folge haben könnte.

(2) ¹Vom Versicherungsschutz können ausgeschlossen werden
1. Ersatzansprüche wegen wissentlicher Pflichtverletzung,
2. Ersatzansprüche aus der Tätigkeit im Zusammenhang mit der Beratung über außereuropäisches Recht, es sei denn, dass die Amtspflichtverletzung darin besteht, dass die Möglichkeit der Anwendbarkeit dieses Rechts nicht erkannt wurde,
3. Ersatzansprüche wegen Veruntreuung durch Personal des Notars, soweit nicht der Notar wegen fahrlässiger Verletzung seiner Amtspflicht zur Überwachung des Personals in Anspruch genommen wird.

²Ist bei Vorliegen einer Amtspflichtverletzung nur streitig, ob der Ausschlussgrund gemäß Nummer 1 vorliegt, und lehnt der Berufshaftpflichtversicherer deshalb die Regulierung ab, hat er gleichwohl bis zur Höhe der für den Versicherer, der Schäden aus vorsätzlicher Handlung deckt, geltenden Mindestversicherungssumme zu leisten. ³Soweit der Berufshaftpflichtversicherer den Ersatzberechtigten befriedigt, geht der Anspruch des Ersatzberechtigten gegen den Notar, die Notarkammer, den Versicherer gemäß § 67 Abs. 3 Nr. 3 oder einen sonstigen Ersatzberechtigten auf ihn über. ⁴Der Berufshaftpflichtversicherer kann von den Personen, für deren Verpflichtungen er gemäß Satz 2 einzustehen hat, wie ein Beauftragter Ersatz seiner Aufwendungen verlangen.

(3) ¹Die Mindestversicherungssumme beträgt 500.000 Euro für jeden Versicherungsfall. ²Die Leistungen des Versicherers für alle innerhalb eines Versicherungsjahres verursachten Schäden dürfen auf den doppelten Betrag der Mindestversicherungssumme begrenzt werden. ³Der Versicherungsvertrag muss dem Versicherer die Verpflichtung auferlegen, der Landesjustizverwaltung und der Notarkammer den Beginn und die Beendigung oder Kündigung des Versicherungsvertrages sowie jede Änderung des Versicherungsvertrages, die den vorgeschriebenen Versicherungsschutz beeinträchtigt, unverzüglich mitzuteilen. ⁴Im Versicherungsvertrag kann vereinbart werden, dass sämtliche Pflichtverletzungen bei der Erledigung eines einheitlichen Amtsgeschäftes, mögen diese auf dem Verhalten des Notars oder einer von ihm herangezogenen Hilfsperson beruhen, als ein Versicherungsfall gelten.

(4) Die Vereinbarung eines Selbstbehaltes bis zu 1 vom Hundert der Mindestversicherungssumme ist zulässig.

(5) Zuständige Stelle im Sinne des § 117 Abs. 2 des Versicherungsvertragsgesetzes ist die Landesjustizverwaltung.

(6) Das Bundesministerium der Justiz wird ermächtigt, durch Rechtsverordnung mit Zustimmung des Bundesrates die Mindestversicherungssumme für die Pflichtversicherungen nach Absatz 1 anders festzusetzen, wenn dies erforderlich ist, um bei einer Änderung der wirtschaftlichen Verhältnisse einen hinreichenden Schutz der Geschädigten sicherzustellen.

3. Abschnitt   Die Amtstätigkeit

§ 20

(1) ¹Die Notare sind zuständig, Beurkundungen jeder Art vorzunehmen sowie Unterschriften, Handzeichen und Abschriften zu beglaubigen. ²Zu ihren Aufgaben gehören ins-

besondere auch die Beurkundung von Versammlungsbeschlüssen, die Vornahme von Verlosungen und Auslosungen, die Aufnahme von Vermögensverzeichnissen, die Anlegung und Abnahme von Siegeln, die Aufnahme von Protesten, die Zustellung von Erklärungen sowie die Beurkundung amtlich von ihnen wahrgenommener Tatsachen.

(2) Die Notare sind auch zuständig, Auflassungen entgegenzunehmen sowie Teilhypotheken- und Teilgrundschuldbriefe auszustellen.

(3) ¹Die Notare sind ferner zuständig, freiwillige Versteigerungen durchzuführen. ²Eine Versteigerung beweglicher Sachen sollen sie nur vornehmen, wenn diese durch die Versteigerung unbeweglicher Sachen oder durch eine von dem Notar beurkundete oder vermittelte Vermögensauseinandersetzung veranlasst ist.

(4) Die Notare sind auch zur Vermittlung nach den Bestimmungen des Sachenrechtsbereinigungsgesetzes zuständig.

(5) Inwieweit die Notare zur Vermittlung von Nachlass- und Gesamtgutsauseinandersetzungen – einschließlich der Erteilung von Zeugnissen nach §§ 36 und 37 der Grundbuchordnung –, zur Aufnahme von Nachlassverzeichnissen und Nachlassinventaren sowie zur Anlegung und Abnahme von Siegeln im Rahmen eines Nachlasssicherungsverfahrens zuständig sind, bestimmt sich nach den landesrechtlichen Vorschriften.

§ 21

(1) ¹Die Notare sind zuständig,
1. Bescheinigungen über eine Vertretungsberechtigung sowie
2. Bescheinigungen über das Bestehen oder den Sitz einer juristischen Person oder Handelsgesellschaft, die Firmenänderung, eine Umwandlung oder sonstige rechtserhebliche Umstände auszustellen,
wenn sich diese Umstände aus einer Eintragung im Handelsregister oder in einem ähnlichen Register ergeben. ²Die Bescheinigung hat die gleiche Beweiskraft wie ein Zeugnis des Registergerichts.

(2) ¹Der Notar darf die Bescheinigung nur ausstellen, wenn er sich zuvor über die Eintragung Gewissheit verschafft hat, die auf Einsichtnahme in das Register oder in eine beglaubigte Abschrift hiervon beruhen muss. ²Er hat den Tag der Einsichtnahme in das Register oder den Tag der Ausstellung der Abschrift in der Bescheinigung anzugeben.

§ 22

(1) Zur Abnahme von Eiden sowie zu eidlichen Vernehmungen sind die Notare nur zuständig, wenn der Eid oder die eidliche Vernehmung nach dem Recht eines ausländischen Staates oder nach den Bestimmungen einer ausländischen Behörde oder sonst zur Wahrnehmung von Rechten im Ausland erforderlich ist.

(2) Die Aufnahme eidesstattlicher Versicherungen steht den Notaren in allen Fällen zu, in denen einer Behörde oder sonstigen Dienststelle eine tatsächliche Behauptung oder Aussage glaubhaft gemacht werden soll.

§ 23

Die Notare sind auch zuständig, Geld, Wertpapiere und Kostbarkeiten, die ihnen von den Beteiligten übergeben sind, zur Aufbewahrung oder zur Ablieferung an Dritte zu übernehmen; § 54a bis 54d des Beurkundungsgesetzes bleiben unberührt.

§ 24

(1) ¹Zu dem Amt des Notars gehört auch die sonstige Betreuung der Beteiligten auf dem Gebiete vorsorgender Rechtspflege, insbesondere die Anfertigung von Urkundenentwürfen und die Beratung der Beteiligten. ²Der Notar ist auch, soweit sich nicht aus anderen Vorschriften Beschränkungen ergeben, in diesem Umfange befugt, die Beteiligten vor Gerichten und Verwaltungsbehörden zu vertreten.

(2) ¹Nimmt ein Notar, der zugleich Rechtsanwalt ist, Handlungen der in Absatz 1 bezeichneten Art vor, so ist anzunehmen, dass er als Notar tätig geworden ist, wenn die Handlung bestimmt ist, Amtsgeschäfte der in den §§ 20 bis 23 bezeichneten Art vorzubereiten oder auszuführen. ²Im Übrigen ist im Zweifel anzunehmen, dass er als Rechtsanwalt tätig geworden ist.

(3) ¹Soweit der Notar kraft Gesetzes ermächtigt ist, im Namen der Beteiligten bei dem Grundbuchamt oder bei den Registerbehörden Anträge zu stellen (insbesondere § 15 der Grundbuchordnung, § 25 der Schiffsregisterordnung, §§ 129, 147 Abs. 1, §§ 159, 161 Abs. 1 des Gesetzes über die Angelegenheiten der freiwilligen Gerichtsbarkeit), ist er auch ermächtigt, die von ihm gestellten Anträge zurückzunehmen. ²Die Rücknahmeerklärung ist wirksam, wenn sie mit der Unterschrift und dem Amtssiegel des Notars versehen ist; eine Beglaubigung der Unterschrift ist nicht erforderlich.

4. Abschnitt   Sonstige Pflichten des Notars

§ 25

(1) Der Notar darf Mitarbeiter mit Befähigung zum Richteramt, Laufbahnprüfung für das Amt des Bezirksnotars oder Abschluss als Diplom-Jurist nur beschäftigen, soweit seine persönliche Amtsausübung nicht gefährdet wird.

(2) ¹Die Landesregierungen oder die von ihnen bestimmten Stellen werden ermächtigt, zur Wahrung der Belange einer geordneten Rechtspflege durch Rechtsverordnung zu bestimmen, dass der Notar Mitarbeiter mit Befähigung zum Richteramt, Laufbahnprüfung für das Amt des Bezirksnotars oder Abschluss als Diplom-Jurist nur beschäftigen darf, wenn die Aufsichtsbehörde dies nach Anhörung der Notarkammer genehmigt hat. ²Die Genehmigung kann mit Auflagen verbunden oder befristet werden.

§ 26

¹Der Notar hat die bei ihm beschäftigten Personen mit Ausnahme der Notarassessoren und der ihm zur Ausbildung zugewiesenen Referendare bei der Einstellung nach § 1 des Verpflichtungsgesetzes förmlich zu verpflichten. ²Hierbei ist auf die Bestimmungen in § 14 Abs. 4 und § 18 besonders hinzuweisen. ³Besteht ein einheitliches Beschäftigungsverhältnis zu mehreren Notaren, so genügt es, wenn einer von ihnen die Verpflichtung vornimmt.

§ 27

(1) ¹Der Notar hat eine Verbindung zur gemeinsamen Berufsausübung oder zur gemeinsamen Nutzung der Geschäftsräume unverzüglich der Aufsichtsbehörde und der Notarkammer anzuzeigen. ²Diese Anzeigepflicht gilt auch für berufliche Verbindungen im Sinne von § 3 Abs. 1 Satz 1 Nr. 7 des Beurkundungsgesetzes. ³Anzuzeigen sind Name, Beruf, weitere berufliche Tätigkeiten und Tätigkeitsort der Beteiligten. ⁴§ 9 bleibt unberührt.

(2) Auf Anforderung hat der Notar der Aufsichtsbehörde und der Notarkammer die Vereinbarung über die gemeinsame Berufsausübung oder die gemeinsame Nutzung der Geschäftsräume vorzulegen.

§ 28

Der Notar hat durch geeignete Vorkehrungen die Wahrung der Unabhängigkeit und Unparteilichkeit seiner Amtsführung, insbesondere die Einhaltung der Mitwirkungsverbote und weiterer Pflichten nach den Bestimmungen dieses Gesetzes, des Beurkundungsgesetzes und der Kostenordnung sicherzustellen.

§ 29

(1) Der Notar hat jedes gewerbliche Verhalten, insbesondere eine dem öffentlichen Amt widersprechende Werbung zu unterlassen.

(2) Eine dem Notar in Ausübung seiner Tätigkeiten nach § 8 erlaubte Werbung darf sich nicht auf seine Tätigkeit als Notar erstrecken.

(3) *[1]Ein Anwaltsnotar, der sich nach § 9 Abs. 3 mit nicht an seinem Amtssitz tätigen Personen verbunden oder mit ihnen gemeinsame Geschäftsräume hat, darf seine Amtsbezeichnung als Notar auf Drucksachen und anderen Geschäftspapieren nur angeben, wenn sie von seiner Geschäftsstelle aus versandt werden und auch nur auf demjenigen Amts- oder Namensschild führen, das an seinem Amtssitz auf seine Geschäftsstelle hinweist. [2]In überörtlich verwendeten Verzeichnissen ist der Angabe der Amtsbezeichnung ein Hinweis auf den Amtssitz hinzuzufügen.*

Anmerkung der Verfasser:
Gem. Beschluss des BVerfG vom 08.03.2005 ist Absatz 3 Satz 1 der Vorschrift mit Art. 12 Abs. 1 GG unvereinbar, soweit bestimmt ist, dass ein Anwaltsnotar, der sich mit nicht an seinem Amtssitz tätigen Personen beruflich verbunden oder mit ihnen gemeinsame Geschäftsräume hat, seine Amtsbezeichnung als Notar auf Drucksachen und anderen Geschäftspapieren nur angeben darf, wenn sie von seiner Geschäftsstelle aus versandt werden.

§ 30

(1) Der Notar hat bei der Ausbildung des beruflichen Nachwuchses und von Referendaren nach besten Kräften mitzuwirken.

(2) Der Notar hat den von ihm beschäftigten Auszubildenden eine sorgfältige Fachausbildung zu vermitteln.

§ 31

Der Notar hat sich gegenüber Kollegen, Gerichten, Behörden, Rechtsanwälten und anderen Beratern seiner Auftraggeber in der seinem Amt entsprechenden Weise zu verhalten.

§ 32

[1]Der Notar hat das Bundesgesetzblatt Teil I, das Gesetzblatt des Landes, das Bekanntmachungsblatt der Landesjustizverwaltung und das Verkündungsblatt der Bundesnotarkammer zu halten. [2]Sind mehrere Notare zu gemeinsamer Berufsausübung verbunden, so genügt der gemeinschaftliche Bezug je eines Stücks.

§§ 33 bis 37

(weggefallen)

5. Abschnitt   Abwesenheit und Verhinderung des Notars. Notarvertreter

§ 38

[1]Will sich der Notar länger als eine Woche von seinem Amtssitz entfernen oder ist er aus tatsächlichen Gründen länger als eine Woche an der Ausübung seines Amtes verhindert, so hat er dies der Aufsichtsbehörde unverzüglich anzuzeigen. [2]Er bedarf der Genehmigung der Aufsichtsbehörde, wenn die Abwesenheit von dem Amtssitz länger als einen Monat dauern soll.

§ 39

(1) [1]Die Aufsichtsbehörde kann dem Notar auf seinen Antrag für die Zeit seiner Abwesenheit oder Verhinderung einen Vertreter bestellen; die Bestellung kann auch von vornherein für die während eines Kalenderjahrs eintretenden Behinderungsfälle ausgesprochen werden (ständiger Vertreter). [2]Die Bestellung soll in der Regel die Dauer von einem Jahr nicht überschreiten.

(2) [1]Im Fall der vorläufigen Amtsenthebung kann ein Vertreter auch ohne Antrag bestellt werden. [2]Dies gilt auch, wenn ein Notar es unterlässt, die Bestellung eines Vertreters zu beantragen, obwohl er aus gesundheitlichen Gründen zur ordnungsgemäßen Ausübung seines Amtes vorübergehend unfähig ist.

(3) [1]Zum Vertreter darf nur bestellt werden, wer fähig ist, das Amt eines Notars zu bekleiden. [2]Die ständige Vertretung soll nur einem Notar, Notarassessor oder Notar außer Dienst übertragen werden; als ständiger Vertreter eines Anwaltsnotars kann nach Anhörung der Notarkammer auch ein Rechtsanwalt bestellt werden. [3]Es soll – abgesehen von den Fällen des Absatzes 2 – nur bestellt werden, wer von dem Notar vorgeschlagen und zur Übernahme des Amtes bereit ist. [4]Für den Notar kann auch ein nach § 1896 des Bürgerlichen Gesetzbuchs bestellter Betreuer oder ein nach § 1911 des Bürgerlichen Gesetzbuchs bestellter Pfleger den Antrag stellen und den Vertreter vorschlagen.

(4) Auf den Vertreter sind die für den Notar geltenden Vorschriften mit Ausnahme des § 19a entsprechend anzuwenden, soweit nicht nachstehend etwas anderes bestimmt ist.

§ 40

(1) [1]Der Vertreter wird durch schriftliche Verfügung bestellt. [2]Er hat, sofern er nicht schon als Notar vereidigt ist, vor dem Beginn der Vertretung vor dem Präsidenten des Landgerichts den Amtseid (§ 13) zu leisten. [3]Ist er schon einmal als Vertreter eines Notars nach § 13 vereidigt worden, so genügt es, wenn er auf den früher geleisteten Eid hingewiesen wird.

(2) Die Bestellung des Vertreters kann jederzeit widerrufen werden.

§ 41

(1) [1]Der Vertreter versieht das Amt auf Kosten des Notars. [2]Er hat seiner Unterschrift einen ihn als Vertreter kennzeichnenden Zusatz beizufügen und Siegel und Stempel des Notars zu gebrauchen.

(2) Er soll sich der Ausübung des Amtes auch insoweit enthalten, als dem von ihm vertretenen Notar die Amtsausübung untersagt wäre.

§ 42

Für vermögensrechtliche Streitigkeiten zwischen dem Notar und dem Notarvertreter, welche die Vergütung oder die Haftung für Amtspflichtverletzungen betreffen, sind die Landgerichte ohne Rücksicht auf den Wert des Streitgegenstandes ausschließlich zuständig.

§ 43

Der Notar hat dem ihm von Amts wegen bestellten Vertreter (§ 39 Abs. 2) eine angemessene Vergütung zu zahlen.

§ 44

(1) [1]Die Amtsbefugnis des Vertreters beginnt mit der Übernahme des Amtes und endigt, wenn die Bestellung nicht vorher widerrufen wird, mit der Übergabe des Amtes an den Notar. [2]Während dieser Zeit soll sich der Notar der Ausübung seines Amtes enthalten.

(2) Die Amtshandlungen des Vertreters sind nicht deshalb ungültig, weil die für seine Bestellung nach § 39 erforderlichen Voraussetzungen nicht vorhanden waren oder später weggefallen sind.

§ 45

(1) [1]Für die Dauer der Abwesenheit oder Verhinderung kann der Notar, wenn ihm ein Vertreter nicht bestellt ist, seine Akten einschließlich der Verzeichnisse und Bücher einem anderen Notar im Bezirk desselben oder eines benachbarten Amtsgerichts oder dem Amtsgericht, in dessen Bezirk er seinen Amtssitz hat, in Verwahrung geben. [2]Die Verwahrung durch einen anderen Notar ist dem Amtsgericht mitzuteilen.

(2) Der Notar oder das Amtsgericht, dem die Akten in Verwahrung gegeben sind, hat anstelle des abwesenden oder verhinderten Notars Ausfertigungen und Abschriften zu erteilen und Einsicht der Akten zu gestatten.

(3) Hat der Notar für die Dauer seiner Abwesenheit oder Verhinderung seine Akten nicht nach Absatz 1 in Verwahrung gegeben und wird die Erteilung einer Ausfertigung oder Abschrift aus den Akten oder die Einsicht der Akten verlangt, so hat das Amtsgericht, in dessen Bezirk der Notar seinen Amtssitz hat, die Akten in Verwahrung zu nehmen und die beantragte Amtshandlung vorzunehmen.

(4) [1]Der Notar, der die Akten in Verwahrung hat, erteilt die Ausfertigungen und beglaubigten Abschriften mit seiner Unterschrift und unter seinem Siegel oder Stempel. [2]Für die Erteilung der Ausfertigungen oder Abschriften durch das Amtsgericht gelten die Vorschriften über die Erteilung von Ausfertigungen oder Abschriften gerichtlicher Urkunden. [3]In dem Ausfertigungsvermerk soll auf die Abwesenheit oder Verhinderung des Notars hingewiesen werden.

(5) Die Kosten für die Erteilung von Ausfertigungen oder Abschriften stehen, wenn die Akten durch einen Notar verwahrt werden, diesem und, wenn die Akten durch das Amtsgericht verwahrt werden, der Staatskasse zu.

§ 46

¹Für eine Amtspflichtverletzung des Vertreters haftet der Notar dem Geschädigten neben dem Vertreter als Gesamtschuldner. ²Im Verhältnis zwischen dem Notar und dem Vertreter ist der Vertreter allein verpflichtet.

6. Abschnitt Erlöschen des Amtes. Vorläufige Amtsenthebung. Notariatsverweser

§ 47

Das Amt des Notars erlischt durch
1. Erreichen der Altersgrenze (§ 48a) oder Tod,
2. Entlassung (§ 48),
3. bestandskräftigen Wegfall der Mitgliedschaft bei der für den Gerichtsbezirk zuständigen Rechtsanwaltskammer im Fall des § 3 Abs. 2,
4. Amtsverlust infolge strafgerichtlicher Verurteilung (§ 49),
5. Amtsenthebung (§ 50),
6. Entfernung aus dem Amt durch disziplinargerichtliches Urteil (§ 97),
7. vorübergehende Amtsniederlegung (§§ 48b, 48c).

§ 48

¹Der Notar kann jederzeit seine Entlassung aus dem Amt verlangen. ²Das Verlangen muss der Landesjustizverwaltung schriftlich erklärt werden. ³Die Entlassung ist von der Landesjustizverwaltung für den beantragten Zeitpunkt auszusprechen.

§ 48a

Die Notare erreichen mit dem Ende des Monats, in dem sie das siebzigste Lebensjahr vollenden, die Altersgrenze.

§ 48b

(1) Wer als Notarin oder als Notar
1. mindestens ein Kind unter achtzehn Jahren oder
2. einen nach amtsärztlichem Gutachten pflegebedürftigen sonstigen Angehörigen
tatsächlich betreut oder pflegt, kann das Amt mit Genehmigung der Aufsichtsbehörde vorübergehend niederlegen.
(2) Die Dauer der Amtsniederlegung nach Absatz 1 darf auch in Verbindung mit der Amtsniederlegung nach § 48c zwölf Jahre nicht überschreiten.

§ 48c

(1) ¹Erklärt der Notar mit dem Antrag auf Genehmigung der vorübergehenden Amtsniederlegung nach § 48b, sein Amt innerhalb von höchstens einem Jahr am bisherigen Amtssitz wieder antreten zu wollen, wird er innerhalb dieser Frist dort erneut bestellt. ²§ 97 Abs. 3 Satz 2 gilt entsprechend.

(2) ¹Nach erneuter Bestellung am bisherigen Amtssitz ist eine nochmalige Amtsniederlegung nach Absatz 1 innerhalb der nächsten beiden Jahre ausgeschlossen; § 48b bleibt unberührt. ²Die Dauer mehrfacher Amtsniederlegungen nach Absatz 1 darf drei Jahre nicht überschreiten.

§ 49

Eine strafgerichtliche Verurteilung hat für den Notar den Amtsverlust in gleicher Weise zur Folge wie für einen Landesjustizbeamten.

§ 50

(1) Der Notar ist seines Amtes zu entheben,
1. wenn die Voraussetzungen des § 5 wegfallen oder sich nach der Bestellung herausstellt, dass diese Voraussetzungen zu Unrecht als vorhanden angenommen wurden;
2. wenn eine der Voraussetzungen vorliegt, unter denen die Ernennung eines Landesjustizbeamten nichtig ist, für nichtig erklärt oder zurückgenommen werden muss;
3. wenn er sich weigert, den in § 13 vorgeschriebenen Amtseid zu leisten;
4. wenn er ein besoldetes Amt übernimmt oder eine nach § 8 Abs. 3 genehmigungspflichtige Tätigkeit ausübt und die Zulassung nach § 8 Abs. 1 Satz 2 oder die nach § 8 Abs. 3 erforderliche Genehmigung im Zeitpunkt der Entschließung der Landesjustizverwaltung über die Amtsenthebung nicht vorliegen;
5. wenn er entgegen § 8 Abs. 2 eine weitere berufliche Tätigkeit ausübt oder sich entgegen den Bestimmungen von § 9 Abs. 1 oder Abs. 2 mit anderen Personen zur gemeinsamen Berufsausübung verbunden oder mit ihnen gemeinsame Geschäftsräume hat;
6. wenn er in Vermögensverfall geraten ist; ein Vermögensverfall wird vermutet, wenn ein Insolvenzverfahren über das Vermögen des Notars eröffnet oder der Notar in das vom Insolvenzgericht oder vom Vollstreckungsgericht zu führende Verzeichnis (§ 26 Abs. 2 der Insolvenzordnung, § 915 der Zivilprozessordnung) eingetragen ist;
7. wenn er aus gesundheitlichen Gründen nicht nur vorübergehend unfähig ist, sein Amt ordnungsmäß auszuüben;
8. wenn seine wirtschaftlichen Verhältnisse, die Art seiner Wirtschaftsführung oder der Durchführung von Verwahrungsgeschäften die Interessen der Rechtsuchenden gefährden;
9. wenn er wiederholt grob gegen Mitwirkungsverbote gemäß § 3 Abs. 1 des Beurkundungsgesetzes verstößt;
10. wenn er nicht die vorgeschriebene Haftpflichtversicherung (§ 19a) unterhält.

(2) Liegt eine der Voraussetzungen vor, unter denen die Ernennung eines Landesjustizbeamten für nichtig erklärt oder zurückgenommen werden kann, so kann auch der Notar seines Amtes enthoben werden.

(3) ¹Die Amtsenthebung geschieht durch die Landesjustizverwaltung nach Anhörung der Notarkammer. ²Der Notar ist vorher zu hören. ³In den Fällen des Absatzes 1 Nr. 5 bis 9 ist die Feststellung, ob die Voraussetzungen für die Amtsenthebung vorliegen, auf Antrag des Notars durch Entscheidung des Disziplinargerichts zu treffen; der Antrag ist nur innerhalb eines Monats zulässig, nachdem dem Notar eröffnet ist, dass und aus welchem Grunde seine Amtsenthebung in Aussicht genommen ist.

(4) ¹In den auf die Amtsenthebung nach Absatz 1 Nr. 7 gerichteten Verfahren sind für die Bestellung eines Pflegers für den Notar, der zur Wahrnehmung seiner Rechte in dem Verfahren nicht in der Lage ist, für die Pflicht des Notars, sich ärztlich untersuchen zu lassen, und für die Folgen einer Verweigerung seiner Mitwirkung die Vorschriften entsprechend anzuwenden, die für Landesjustizbeamte gelten. ²Zum Pfleger soll ein Rechtsanwalt oder Notar bestellt werden. ³Die in diesen Vorschriften dem Dienstvorgesetzten zugewiesenen Aufgaben nimmt die Landesjustizverwaltung wahr.

§ 51

(1) ¹Ist das Amt eines Notars erloschen oder wird sein Amtssitz in einen anderen Amtsgerichtsbezirk verlegt, so sind die Akten und Bücher des Notars sowie die ihm amtlich übergebenen Urkunden dem Amtsgericht in Verwahrung zu geben. ²Die Landesjustizverwaltung kann die Verwahrung einem anderen Amtsgericht oder einem Notar übertragen. ³Die Vorschriften des § 45 Abs. 2, 4 und 5 gelten entsprechend.

(2) Die Siegel und Stempel des Notars hat das in Absatz 1 Satz 1 bezeichnete Amtsgericht zu vernichten.

(3) Wird ein Notar nach dem Erlöschen seines Amtes oder der Verlegung seines Amtssitzes erneut in dem Amtsgerichtsbezirk, in dem er seinen früheren Amtssitz hatte, zum Notar bestellt, so können ihm die nach Absatz 1 in Verwahrung genommenen Bücher und Akten wieder ausgehändigt werden.

(4) ¹Wird der Amtssitz eines Notars in einen anderen Amtsgerichtsbezirk innerhalb derselben Stadtgemeinde verlegt, so bleiben die Akten und Bücher in seiner Verwahrung. ²Die Siegel und Stempel sind nicht abzuliefern.

(5) ¹Die Abgabe von Notariatsakten an ein Staatsarchiv und die Vernichtung von Notariatsakten regelt die Landesjustizverwaltung. ²Sind Notariatsakten an ein Staatsarchiv abgegeben worden, so werden Ausfertigungen, vollstreckbare Ausfertigungen und Abschriften, wenn es sich um Urkunden eines noch in seinem Amt befindlichen Notars oder um Urkunden handelt, die auf Grund des Absatzes 1 Satz 2 einem anderen Notar zur Verwahrung übergeben waren, vom Notar, sonst von dem Amtsgericht erteilt, in dessen Bezirk der Notar seinen Sitz hatte. ³Die Vorschriften des § 45 Abs. 4 und 5 dieses Gesetzes sowie des § 797 Abs. 3 der Zivilprozessordnung gelten entsprechend.

§ 52

(1) ¹Mit dem Erlöschen des Amtes verliert der Notar die Befugnis, die Bezeichnung »Notar« zu führen. ²Die Bezeichnung darf auch nicht mit einem auf das Erlöschen des Amtes hinweisenden Zusatz geführt werden.

(2) ¹Ist das Amt eines zur hauptberuflichen Amtsausübung bestellten Notars durch Entlassung (§ 48), wegen Erreichens der Altersgrenze (§ 48a) oder durch Amtsenthebung aus den in § 50 Abs. 1 Nr. 7 bezeichneten Gründen erloschen, so kann die Landesjustizverwaltung dem früheren Notar die Erlaubnis erteilen, seine Amtsbezeichnung »Notar« mit dem Zusatz »außer Dienst (a. D.)« weiterzuführen. ²Das Gleiche gilt für einen Anwaltsnotar, wenn sein Amt durch Entlassung (§ 48) oder wegen Erreichens der Altersgrenze (§ 48a) erloschen ist oder ihm nach Verzicht auf die Rechte aus der Zulassung zur Rechtsanwaltschaft die Erlaubnis erteilt worden ist, sich weiterhin Rechtsanwalt zu nennen.

(3) ¹Die Landesjustizverwaltung kann die Erlaubnis zur Führung der Bezeichnung »Notar außer Dienst« zurücknehmen, wenn Umstände vorliegen, die bei einem Notar das Erlöschen des Amtes aus den in § 47 Nr. 5 und 7 oder in § 50 Abs. 1 Nr. 1 bis 6 und 8 bezeichneten Gründen nach sich ziehen würden. ²Vor der Zurücknahme ist der frühere Notar zu hören. ³Ist der frühere Notar zur Rechtsanwaltschaft zugelassen, so erlischt die Befugnis, sich »Notar außer Dienst« zu nennen, wenn er sich nach dem Wegfall seiner Zulassung nicht weiterhin Rechtsanwalt nennen darf.

§ 53

(1) ¹Ist das Amt eines zur hauptberuflichen Amtsausübung bestellten Notars erloschen oder ist sein Amtssitz verlegt worden, so bedarf ein anderer an dem Amtssitz bereits ansässiger Notar der Genehmigung der Landesjustizverwaltung, wenn er seine Geschäftsstelle in Räume des ausgeschiedenen Notars verlegen oder einen in einem besonderen Vertrauensverhältnis stehenden Angestellten in seine Geschäftsstelle übernehmen will. ²Die Genehmigung darf nur versagt werden, wenn dies im Interesse der Rechtspflege geboten ist.

(2) Die Gültigkeit der aus Anlass der Übernahme oder Anstellung abgeschlossenen Rechtsgeschäfte wird durch einen Verstoß gegen die Vorschrift des Absatzes 1 nicht berührt.

§ 54

(1) Der Notar kann von der Aufsichtsbehörde vorläufig seines Amtes enthoben werden,
1. wenn das Vormundschaftsgericht der Aufsichtsbehörde eine Mitteilung nach § 69k des Gesetzes über die Angelegenheiten der freiwilligen Gerichtsbarkeit gemacht hat;
2. wenn sie die Voraussetzungen des § 50 für gegeben hält;
3. wenn er sich länger als zwei Monate ohne Zustimmung der Aufsichtsbehörde außerhalb seines Amtssitzes aufhält.

(2) ¹Ein Notar, der zugleich Rechtsanwalt ist, kann auch ohne Einleitung eines förmlichen Disziplinarverfahrens durch das Disziplinargericht vorläufig seines Amtes enthoben werden, wenn gegen ihn ein anwaltsgerichtliches Verfahren nach der Bundesrechtsanwaltsordnung eingeleitet worden ist. ²Die Vorschriften über die vorläufige Amtsenthebung nach Einleitung eines förmlichen Disziplinarverfahrens gelten entsprechend.

(3) Wird ein Notar, der zugleich Rechtsanwalt ist, nach Einleitung eines Disziplinarverfahrens vorläufig seines Amtes als Notar enthoben, so kann das Disziplinargericht gegen ihn ein Berufs- oder Vertretungsverbot (§ 150 der Bundesrechtsanwaltsordnung) verhängen, wenn zu erwarten ist, dass im Disziplinarverfahren gegen ihn auf Entfernung aus dem Amt (§ 97 Abs. 1) erkannt werden wird.

(4) Die Wirkungen der vorläufigen Amtsenthebung treten kraft Gesetzes ein,
1. wenn gegen einen Notar im Strafverfahren die Untersuchungshaft angeordnet ist, für deren Dauer;
2. wenn gegen einen Notar, der zugleich Rechtsanwalt ist, ein Berufs- oder Vertretungsverbot nach § 150 oder ein Vertretungsverbot für das Gebiet des Zivilrechts nach § 114 Abs. 1 Nr. 4 der Bundesrechtsanwaltsordnung verhängt ist, für dessen Dauer;
3. wenn gegen einen Notar, der zugleich Rechtsanwalt ist, die Rücknahme oder der Widerruf der Zulassung zur Rechtsanwaltschaft nach § 16 der Bundesrechtsanwaltsordnung mit sofortiger Vollziehung verfügt ist, vom Zeitpunkt der Zustellung der Verfügung an für die Dauer ihrer Wirksamkeit.

(5) Die Vorschriften über die vorläufige Amtsenthebung eines Notars nach Einleitung eines Disziplinarverfahrens bleiben unberührt.

§ 55

(1) ¹Im Fall der vorläufigen Amtsenthebung hat das Amtsgericht, wenn dem Notar kein Vertreter bestellt ist, seine Akten und Bücher sowie Siegel, Stempel und Amtsschild für die Dauer der vorläufigen Amtsenthebung in Verwahrung zu nehmen. ²§ 45 Abs. 2, 4 und 5 gilt entsprechend.

(2) ¹Der Notar hat sich während der Dauer der vorläufigen Amtsenthebung jeder Amtshandlung zu enthalten. ²Ein Verstoß berührt jedoch die Gültigkeit der Amtshandlung nicht. ³Amtsgeschäfte nach § 23 kann der Notar nicht mehr vornehmen.

§ 56

(1) Ist das Amt eines zur hauptberuflichen Amtsausübung bestellten Notars erloschen oder ist sein Amtssitz verlegt worden oder übt im Fall des § 8 Abs. 1 Satz 2 ein zur hauptberuflichen Amtsausübung bestellter Notar sein Amt nicht persönlich aus, so soll in der Regel an seiner Stelle ein Notarassessor oder eine sonstige zum Amt eines Notars befähigte Person damit betraut werden, das Amt des Notars vorübergehend wahrzunehmen (Notariatsverwalter).

(2) ¹Ist ein Anwaltsnotar durch Erlöschen des Amtes ausgeschieden, so kann an seiner Stelle zur Abwicklung der Notariatsgeschäfte bis zur Dauer eines Jahres ein Notariatsverwalter bestellt werden, wenn hierfür ein Bedürfnis besteht. ²In begründeten Ausnahmefällen kann diese Frist über ein Jahr hinaus verlängert werden. ³Innerhalb der ersten drei Monate ist der Notariatsverwalter berechtigt, auch neue Notariatsgeschäfte vorzunehmen. ⁴Wird zur Abwicklung der Anwaltskanzlei ein Abwickler bestellt, so kann dieser auch mit der Abwicklung der Notariatsgeschäfte als Notariatsverwalter betraut werden.

(3) Hat ein Notar sein Amt nach § 48c vorübergehend niedergelegt, wird ein Verwalter für die Dauer der Amtsniederlegung, längstens für ein Jahr, bestellt.

(4) Ist ein Notar vorläufig seines Amtes enthoben, so kann ein Notariatsverwalter bestellt werden, wenn die Bestellung eines Notarvertreters (§ 39 Abs. 2 Satz 1) nicht zweckmäßig erscheint.

(5) Notarassessoren sind verpflichtet, das Amt eines Notariatsverwalters zu übernehmen.

§ 57

(1) Der Notariatsverwalter untersteht, soweit nichts anderes bestimmt ist, den für die Notare geltenden Vorschriften.

(2) ¹Der Notariatsverwalter wird von der Landesjustizverwaltung nach Anhörung der Notarkammer durch Aushändigung einer Bestallungsurkunde bestellt. ²Er hat, sofern er nicht schon als Notar vereidigt ist, vor der Übernahme seines Amtes vor dem Präsidenten des Landgerichts den Amtseid (§ 13) zu leisten. ³§ 40 Abs. 1 Satz 3 gilt entsprechend.

§ 58

(1) Der Notariatsverwalter übernimmt die Akten und Bücher des Notars, an dessen Stelle er bestellt ist, sowie die dem Notar amtlich übergebenen Urkunden und Wertgegenstände; sind bei der Bestellung des Notariatsverwalters die Akten und Bücher bereits von dem Amtsgericht in Verwahrung genommen (§ 51 Abs. 1 Satz 1), so sind sie in der Regel zurückzugeben.

(2) ¹Der Notariatsverwalter führt die von dem Notar begonnenen Amtsgeschäfte fort. ²Die Kostenforderungen stehen dem Notariatsverwalter zu, soweit sie nach Übernahme der Geschäfte durch ihn fällig werden. ³Er muss sich jedoch im Verhältnis zum Kostenschuldner die vor der Übernahme der Geschäfte an den Notar gezahlten Vorschüsse anrechnen lassen.

(3) ¹Soweit die Kostenforderungen dem ausgeschiedenen Notar oder dessen Rechtsnachfolger zustehen, erteilt der Notariatsverwalter die vollstreckbare Ausfertigung der Kostenberechnung (§ 155 der Kostenordnung); lehnt er die Erteilung ab, so steht dem Notar oder dessen Rechtsnachfolger die Beschwerde nach § 156 der Kostenordnung zu. ²Ist dem Notar ein anderer Amtssitz zugewiesen, so bleibt er neben dem Notariatsverwalter zur Erteilung der vollstreckbaren Ausfertigung befugt. ³Der Notariatsverwalter hat ihm Einsicht in die Bücher und Akten zu gewähren; die dadurch entstehenden Kosten trägt der Notar.

§ 59

(1) ¹Der Notariatsverwalter führt sein Amt auf Rechnung der Notarkammer gegen eine von dieser festzusetzende angemessene Vergütung. ²Er hat mit der Notarkammer, soweit nicht eine andere Abrede getroffen wird, monatlich abzurechnen. ³Führt er die der Notarkammer zukommenden Beträge nicht ab, so können diese wie rückständige Beiträge beigetrieben werden.

(2) Die Notarkammer kann ein Aufrechnungs- oder Zurückbehaltungsrecht an den Bezügen des Notariatsverwalters nur insoweit geltend machen, als diese pfändbar sind oder als sie einen Anspruch auf Schadensersatz wegen vorsätzlicher unerlaubter Handlung hat.

(3) ¹Die Notarkammer kann allgemein oder im Einzelfall eine von Absatz 1 Satz 1 und 2 abweichende Regelung treffen. ²Absatz 2 ist in diesem Fall nicht anwendbar.

§ 60

(1) Die Überschüsse aus den auf Rechnung der Notarkammer durchgeführten Notariatsverwaltungen müssen vorrangig zugunsten der Fürsorge für die Berufsangehörigen und ihre Hinterbliebenen verwendet werden.

(2) ¹Verbleibende Überschüsse sind, soweit Versorgungseinrichtungen nach § 67 Abs. 4 Nr. 2 eingerichtet sind, diesen zuzuwenden. ²Bestehen Versorgungseinrichtungen nicht, fließen verbleibende Überschüsse der Notarkammer zu.

§ 61

(1) ¹Für eine Amtspflichtverletzung des Notariatsverwalters haftet die Notarkammer dem Geschädigten neben dem Notariatsverwalter als Gesamtschuldner; im Verhältnis zwischen der Notarkammer und dem Notariatsverwalter ist dieser allein verpflichtet. ²Das Gleiche gilt, soweit der Notariatsverwalter nach § 46 oder § 19 Abs. 2 für Amtspflichtverletzungen eines Vertreters oder eines Notarassessors haftet. ³§ 19 Abs. 1 Satz 2 und 3 ist entsprechend anwendbar. ⁴Die Haftung der Notarkammer ist auf den Betrag der Mindestversicherungssummen von nach Absatz 2 abzuschließenden Versicherungen beschränkt.

(2) ¹Die Notarkammer hat sich und den Notariatsverwalter gegen Verluste aus der Haftung nach Absatz 1 durch Abschluss von Versicherungen zu sichern, die den in §§ 19a und 67 Abs. 3 Nr. 3 gestellten Anforderungen genügen müssen. ²Die Ansprüche aus der Haftpflichtversicherung soll auch der Notariatsverwalter im eigenen Namen geltend machen können.

(3) Eine Haftung des Staates für Amtspflichtverletzungen des Notariatsverwalters besteht nicht.

§ 62

Für vermögensrechtliche Streitigkeiten zwischen der Notarkammer und dem Notariatsverwalter, welche die Vergütung, die Abrechnung (§ 59) oder die Haftung für Amtspflichtverletzungen betreffen, sind die Landgerichte ohne Rücksicht auf den Wert des Streitgegenstandes ausschließlich zuständig.

§ 63

(1) Der Notariatsverwalter ist verpflichtet einem Beauftragten der Notarkammer Akten und Bücher sowie die in seiner Verwahrung befindlichen Urkunden zur Einsicht vorzulegen.

(2) Die Prüfungsbefugnisse der Aufsichtsbehörde bleiben unberührt.

§ 64

(1) ¹Das Amt eines nach § 56 Abs. 1 bestellten Notariatsverwalters endigt, wenn ein neuer Notar bestellt wird oder der vorläufig seines Amtes enthobene oder gemäß § 8 Abs. 1 Satz 2 an der persönlichen Amtsausübung verhinderte Notar sein Amt wieder übernimmt. ²Die Amtsbefugnis des Notariatsverwalters dauert fort, bis ihm die Beendigung des Amtes von der Landesjustizverwaltung mitgeteilt ist. ³Die Landesjustizverwaltung kann die Bestellung aus wichtigem Grunde vorzeitig widerrufen.

(2) ¹Das Amt eines nach § 56 Abs. 2 bestellten Notariatsverwalters endigt mit Ablauf des Zeitraums, für den er bestellt ist. ²Absatz 1 Satz 3 gilt entsprechend.

(3) ¹Übernimmt nach der Beendigung des Amtes des Notariatsverwalters der frühere Notar das Amt wieder oder wird dem neu bestellten Notar gemäß § 51 Abs. 1 Satz 2 die Verwahrung der Akten und Bücher übertragen, so führt der Notar die von dem Notariatsverwalter begonnenen Amtsgeschäfte fort. ²Die nach Übernahme des Amtes durch den Notar fällig werdenden Kostenforderungen stehen diesem zu. ³Er muss sich jedoch im Verhältnis zum Kostenschuldner die vor der Übernahme des Amtes an den Notariatsverwalter gezahlten Vorschüsse anrechnen lassen.

(4) ¹Die dem Notariatsverwalter zustehenden Kostenforderungen werden nach der Beendigung seines Amtes von der Notarkammer im eigenen Namen eingezogen. ²§§ 154 bis 157 der Kostenordnung gelten entsprechend. ³Die Notarkammer kann den neu bestellten oder wieder in sein Amt eingesetzten Notar damit beauftragen, die ausstehenden Forderungen auf ihre Kosten einzuziehen.

7. Abschnitt   Allgemeine Vorschriften für das Verwaltungsverfahren

§ 64a

(1) ¹Die Landesjustizverwaltung ermittelt den Sachverhalt von Amts wegen. ²Sie bedient sich der Beweismittel, die sie nach pflichtgemäßem Ermessen für erforderlich hält.

(2) ¹Der am Verfahren beteiligte Bewerber, Notar oder Notarassessor soll bei der Ermittlung des Sachverhalts mitwirken und, soweit es dessen bedarf, sein Einverständnis mit der Verwendung von Beweismitteln erklären. ²Sein Antrag auf Gewährung von Rechtsvorteilen ist zurückzuweisen, wenn die Landesjustizverwaltung infolge seiner Verweigerung der Mitwirkung den Sachverhalt nicht hinreichend klären kann. ³Der Bewerber, Notar oder Notarassessor ist auf diese Rechtsfolge hinzuweisen.

(3) ¹Gerichte und Behörden übermitteln personenbezogene Informationen, die für die Bestellung zum Notar, zum Vertreter oder Notariatsverwalter, für die Ernennung zum Notarassessor, für die Amtsenthebung eines Notars oder Entlassung eines Notarassessors aus dem Dienst, für die Rücknahme oder den Widerruf einer Erlaubnis, Genehmigung oder Befreiung sowie zur Einleitung eines Verfahrens wegen ordnungswidrigen Verhaltens oder Verletzung von Amtspflichten aus der Sicht der übermittelnden Stelle erforderlich sind, der für die Entscheidung zuständigen Stelle, soweit hierdurch schutzwürdige Interessen des Betroffenen nicht beeinträchtigt werden oder das öffentliche Interesse das Geheimhaltungsinteresse des Betroffenen überwiegt. ²Die Übermittlung unterbleibt, wenn besondere gesetzliche Verwendungsregelungen entgegenstehen. ³Informationen über die Höhe rückständiger Steuerschulden können entgegen § 30 der Abgabenordnung zum Zweck der Vorbereitung der Amtsenthebung gemäß § 50 Abs. 1 Nr. 6 oder Nr. 8 übermittelt werden; die Notarkammer darf die ihr übermittelten Steuerdaten nur für den Zweck verwenden, für den sie ihr übermittelt worden sind.

Zweiter Teil   Notarkammern und Bundesnotarkammer

1. Abschnitt   Notarkammern

§ 65

(1) [1]Die Notare, die in einem Oberlandesgerichtsbezirk bestellt sind, bilden eine Notarkammer. [2]Die Landesregierung oder die von ihr bestimmte Stelle kann jedoch durch Rechtsverordnung bestimmen, dass mehrere Oberlandesgerichtsbezirke oder Teile von Oberlandesgerichtsbezirken oder ein Oberlandesgerichtsbezirk mit Teilen eines anderen Oberlandesgerichtsbezirks den Bezirk einer Notarkammer bilden.

(2) [1]Die Notarkammer hat ihren Sitz am Ort des Oberlandesgerichts. [2]Im Fall des Absatzes 1 Satz 2 bestimmt die Landesregierung oder die von ihr bestimmte Stelle den Sitz der Notarkammer.

§ 66

(1) [1]Die Notarkammer ist eine Körperschaft des öffentlichen Rechts. [2]Die Satzung der Notarkammer und ihre Änderungen werden von der Versammlung der Kammer beschlossen; sie bedürfen der Genehmigung der Landesjustizverwaltung und sind in einem von ihr bezeichneten Blatt zu veröffentlichen.

(2) [1]Die Landesjustizverwaltung führt die Staatsaufsicht über die Notarkammer. [2]Die Aufsicht beschränkt sich darauf, dass Gesetz und Satzung beachtet, insbesondere die der Notarkammer übertragenen Aufgaben erfüllt werden.

(3) Am Schlusse des Geschäftsjahres legt die Notarkammer der Landesjustizverwaltung einen Bericht über ihre Tätigkeit im abgelaufenen Jahr und über die Lage der im Bereich der Kammer tätigen Notare und Notarassessoren vor.

§ 67

(1) [1]Die Notarkammer vertritt die Gesamtheit der in ihr zusammengeschlossenen Notare. [2]Sie hat über Ehre und Ansehen ihrer Mitglieder zu wachen, die Aufsichtsbehörden bei ihrer Tätigkeit zu unterstützen, die Pflege des Notariatsrechts zu fördern und für eine gewissenhafte und lautere Berufsausübung der Notare und Notarassessoren zu sorgen.

(2) [1]Der Notarkammer obliegt es, in Richtlinien die Amtspflichten und sonstigen Pflichten ihrer Mitglieder im Rahmen der gesetzlichen Vorschriften und auf deren Grundlage erlassenen Verordnungen durch Satzung näher zu bestimmen. [2]§ 66 Abs. 1 Satz 2 gilt entsprechend. [3]Die Richtlinien können nähere Regelungen enthalten:
1. zur Wahrung der Unabhängigkeit und Unparteilichkeit des Notars,
2. für das nach § 14 Abs. 3 zu beachtende Verhalten,
3. zur Wahrung fremder Vermögensinteressen,
4. zur Beachtung der Pflicht zur persönlichen Amtsausübung,
5. über die Begründung, Führung, Fortführung und Beendigung der Verbindung zur gemeinsamen Berufsausübung oder sonstiger zulässiger beruflicher Zusammenarbeit sowie zur Nutzung gemeinsamer Geschäftsräume,
6. über die Art der nach § 28 zu treffenden Vorkehrungen,
7. für das nach § 29 zu beachtende Verhalten, insbesondere über Bekanntgaben einer Amtsstelle, Amts- und Namensschilder im Rahmen landesrechtlicher Bestimmungen sowie Bürodrucksachen, Führung weiterer Berufsbezeichnungen, Führung von Titeln, Auftreten des Notars in der Öffentlichkeit und Führung seines Namens in Verzeichnissen,

8. für die Beschäftigung und Ausbildung der Mitarbeiter,
9. über die bei der Vornahme von Beurkundungen außerhalb des Amtsbereichs und der Geschäftsstelle zu beachtenden Grundsätze,
10. über den erforderlichen Umfang der Fortbildung,
11. über die besonderen Berufspflichten im Verhältnis zu anderen Notaren, zu Gerichten, Behörden, Rechtsanwälten und anderen Beratern seiner Auftraggeber.

(3) Außer den der Notarkammer durch Gesetz zugewiesenen Aufgaben obliegt ihr,
1. Mittel für die berufliche Fortbildung der Notare, ihrer Hilfskräfte und der Notarassessoren sowie für sonstige gemeinsame Lasten des Berufsstandes bereitzustellen;
2. die Ausbildung und Prüfung der Hilfskräfte der Notare zu regeln;
3. ¹Versicherungsverträge zur Ergänzung der Haftpflichtversicherung nach § 19a abzuschließen, um auch Gefahren aus solchen Pflichtverletzungen zu versichern, die nicht durch Versicherungsverträge nach § 19a gedeckt sind, weil die durch sie verursachten Vermögensschäden die Deckungssumme übersteigen oder weil sie als vorsätzliche Handlungen durch die allgemeinen Versicherungsbedingungen vom Versicherungsschutz ausgenommen sind. ²Für diese Versicherungsverträge gilt, dass die Versicherungssumme für jeden versicherten Notar und für jeden Versicherungsfall mindestens 250.000 Euro für Schäden aus wissentlichen Pflichtverletzungen und mindestens 500.000 Euro für Schäden aus sonstigen Pflichtverletzungen betragen muss; die Leistungen des Versicherers für alle innerhalb eines Versicherungsjahres von einem Notar verursachten Schäden dürfen jedoch auf den vierfachen Betrag der Mindestversicherungssumme begrenzt werden. ³§ 19a Abs. 6 ist entsprechend anzuwenden. ⁴Die Landesregierungen oder die von ihnen durch Rechtsverordnung bestimmten Stellen werden ermächtigt, durch Rechtsverordnung unter Berücksichtigung der möglichen Schäden Beträge zu bestimmen, bis zu denen die Gesamtleistung des Versicherers für alle während eines Versicherungsjahres von allen versicherten Notaren verursachten Schäden in den Versicherungsverträgen begrenzt werden darf.

(4) Die Notarkammer kann
1. Fürsorgeeinrichtungen,
2. nach näherer Regelung durch die Landesgesetzgebung Versorgungseinrichtungen,
3. allein oder gemeinsam mit anderen Notarkammern Einrichtungen, die ohne rechtliche Verpflichtung Leistungen bei nicht durch Versicherungsverträge nach Absatz 3 Nr. 3 gedeckten Schäden durch vorsätzliche Handlungen von Notaren ermöglichen,
unterhalten.

(5) ¹Die Notarkammer kann die Stellung als Notar oder als Notariatsverwalter sowie sonstige berufsbezogene Angaben bei der Vergabe von qualifizierten Zertifikaten nach dem Signaturgesetz bestätigen. ²Die Notarkammer kann die Sperrung eines entsprechenden qualifizierten Zertifikats verlangen.

(6) Die Notarkammer hat ferner Gutachten zu erstatten, die die Landesjustizverwaltung, ein Gericht oder eine Verwaltungsbehörde des Landes in Angelegenheiten der Notare anfordert.

(7) Die Notarkammer kann weitere dem Zweck ihrer Errichtung entsprechende Aufgaben wahrnehmen.

§ 68

Die Organe der Notarkammer sind der Vorstand und die Versammlung der Kammer.

§ 69

(1) ¹Der Vorstand nimmt, unbeschadet der Vorschrift des § 70, die Befugnisse der Notarkammer wahr. ²In dringenden Fällen beschließt er anstelle der Versammlung der Kammer, deren Genehmigung nachzuholen ist.

(2) ¹Der Vorstand besteht aus dem Präsidenten, seinem Stellvertreter und weiteren Mitgliedern. ²Die Mitglieder des Vorstands werden von der Versammlung der Kammer auf vier Jahre gewählt.

(3) Sind in dem Bezirk einer Notarkammer zur hauptberuflichen Amtsausübung bestellte Notare und Anwaltsnotare bestellt, so müssen der Präsident und mindestens die Hälfte der übrigen Mitglieder des Vorstands zur hauptberuflichen Amtsausübung bestellte Notare sein.

§ 69a

(1) ¹Die Mitglieder des Vorstandes haben – auch nach ihrem Ausscheiden aus dem Vorstand – über die Angelegenheiten, die ihnen bei ihrer Tätigkeit im Vorstand über Notare, Notarassessoren, Bewerber um das Amt des Notars und andere Personen bekannt werden, Verschwiegenheit gegenüber jedermann zu wahren. ²Das Gleiche gilt für Angestellte der Notarkammern und der Einrichtungen nach § 67 Abs. 4 sowie für Notare und Notarassessoren, die zur Mitarbeit in der Kammer oder in den Einrichtungen herangezogen werden.

(2) In gerichtlichen Verfahren dürfen die in Absatz 1 bezeichneten Personen über solche Angelegenheiten, die ihnen bei ihrer Tätigkeit im Vorstand über Notare, Notarassessoren, Bewerber um das Amt des Notars und andere Personen bekannt geworden sind, ohne Genehmigung nicht aussagen.

(3) ¹Die Genehmigung erteilt der Vorstand der Notarkammer. ²Die Genehmigung soll nur versagt werden, wenn Rücksichten auf die Stellung oder die Aufgaben der Notarkammer oder berechtigte Belange der Personen, über welche die Tatsachen bekannt geworden sind, es unabwendbar erfordern. ³§ 28 Abs. 2 des Gesetzes über das Bundesverfassungsgericht bleibt unberührt.

§ 69b

(1) ¹Der Vorstand kann mehrere Abteilungen bilden, wenn die Geschäftsordnung der Kammer es zulässt. ²Er überträgt den Abteilungen die Geschäfte, die sie selbständig führen.

(2) ¹Jede Abteilung muss aus mindestens drei Mitgliedern des Vorstandes bestehen. ²Die Mitglieder der Abteilung wählen aus ihren Reihen einen Abteilungsvorsitzenden und seinen Stellvertreter.

(3) ¹Vor Beginn des Kalenderjahres setzt der Vorstand die Zahl der Abteilungen und ihrer Mitglieder fest, überträgt den Abteilungen die Geschäfte und bestimmt die Mitglieder der einzelnen Abteilungen. ²Jedes Mitglied des Vorstandes kann mehreren Abteilungen angehören. ³Die Anordnungen können im Laufe des Jahres nur geändert werden, wenn dies wegen Überlastung der Abteilung oder infolge Wechsels oder dauernder Verhinderung einzelner Mitglieder der Abteilung erforderlich wird.

(4) Der Vorstand kann die Abteilungen ermächtigen, ihre Sitzungen außerhalb des Sitzes der Kammer abzuhalten.

(5) Die Abteilungen besitzen innerhalb ihrer Zuständigkeit die Rechte und Pflichten des Vorstandes.

(6) Anstelle der Abteilung entscheidet der Vorstand, wenn er es für angemessen hält oder wenn die Abteilung oder ihr Vorsitzender es beantragt.

§ 70

(1) Der Präsident vertritt die Kammer gerichtlich und außergerichtlich.

(2) Der Präsident vermittelt den geschäftlichen Verkehr der Kammer und des Vorstands.

(3) Der Präsident führt in den Sitzungen des Vorstands und in der Versammlung der Kammer den Vorsitz.

(4) Durch die Satzung können dem Präsidenten weitere Aufgaben übertragen werden.

§ 71

(1) Die Versammlung der Kammer wird durch den Präsidenten einberufen.

(2) [1]Der Präsident muss die Versammlung der Kammer alljährlich einmal einberufen. [2]Er muss sie ferner einberufen, wenn ein Zehntel der Mitglieder es schriftlich beantragt und hierbei den Gegenstand angibt, der in der Versammlung behandelt werden soll.

(3) [1]Die Versammlung ist mindestens zwei Wochen vor dem Tage, an dem sie stattfinden soll, schriftlich oder durch öffentliche Einladung in den Blättern, die durch die Satzung bestimmt sind, unter Angabe der Tagesordnung einzuberufen. [2]Der Tag, an dem die Einberufung abgesandt ist, und der Tag der Versammlung sind hierbei nicht mitzurechnen. [3]In dringenden Fällen kann der Präsident die Versammlung mit kürzerer Frist einberufen.

(4) Der Versammlung obliegt insbesondere,
1. die Satzung der Kammer nach § 66 Abs. 1 Satz 2 zu beschließen;
2. die Richtlinien nach § 67 Abs. 2 zu beschließen;
3. die Höhe und die Fälligkeit der Beiträge zu bestimmen;
4. die Mittel zu bewilligen, die erforderlich sind, um den Aufwand für die gemeinschaftlichen Angelegenheiten zu bestreiten;
5. die Abrechnung des Vorstands über die Einnahmen und Ausgaben der Kammer sowie über die Verwaltung des Vermögens zu prüfen und über die Entlastung zu beschließen.

§ 72

Die näheren Bestimmungen über die Organe der Notarkammer und ihre Zuständigkeiten trifft die Satzung.

§ 73

(1) Die Notarkammer erhebt von den Notaren Beiträge, soweit dies zur Erfüllung ihrer Aufgaben erforderlich ist.

(2) Rückständige Beiträge können auf Grund einer von dem Präsidenten der Notarkammer ausgestellten, mit der Bescheinigung der Vollstreckbarkeit und dem Siegel der Kammer versehenen Zahlungsaufforderung nach den Vorschriften über die Vollstreckung der Urteile in bürgerlichen Rechtsstreitigkeiten eingezogen werden.

§ 74

(1) [1]Die Notarkammer kann in Ausübung ihrer Befugnisse von den Notaren und Notarassessoren Auskünfte, die Vorlage von Büchern und Akten sowie das persönliche Erscheinen vor den zuständigen Organen der Kammer verlangen. [2]Die Notarkammer ist befugt, hierdurch erlangte Kenntnisse an die Einrichtungen nach § 67 Abs. 4 weiterzugeben, soweit diese von den Einrichtungen für die Erfüllung ihrer Aufgaben benötigt werden.

(2) [1]Die Notarkammer kann zur Erzwingung der den Notaren oder Notarassessoren nach Absatz 1 obliegenden Pflichten nach vorheriger schriftlicher Androhung, auch zu wiederholten Malen, Zwangsgeld festsetzen. [2]Das einzelne Zwangsgeld darf eintausend Euro nicht übersteigen. [3]Das Zwangsgeld fließt der Notarkammer zu; es wird wie ein rückständiger Beitrag beigetrieben.

§ 75

(1) Die Notarkammer ist befugt, Notaren und Notarassessoren bei ordnungswidrigem Verhalten leichterer Art eine Ermahnung auszusprechen.

(2) ¹Bevor die Ermahnung ausgesprochen wird, ist der Notar oder Notarassessor zu hören. ²Eine Ermahnung darf nicht mehr ausgesprochen werden, wenn seit dem ordnungswidrigen Verhalten mehr als fünf Jahre verstrichen sind.

(3) ¹Die Ermahnung ist zu begründen. ²Sie ist dem Notar oder Notarassessor zuzustellen. ³Eine Abschrift des Bescheides ist der Aufsichtsbehörde mitzuteilen.

(4) ¹Gegen den Bescheid kann der Notar oder Notarassessor innerhalb eines Monats nach der Zustellung schriftlich bei dem Vorstand der Notarkammer Einspruch einlegen. ²Über den Einspruch entscheidet der Vorstand; Absatz 3 gilt entsprechend.

(5) ¹Wird der Einspruch gegen die Ermahnung durch den Vorstand der Notarkammer zurückgewiesen, kann der Notar oder Notarassessor die Entscheidung des Oberlandesgerichts als Disziplinargericht für Notare beantragen. ²Der Antrag ist innerhalb eines Monats nach Zustellung der Entscheidung über den Einspruch schriftlich einzureichen und zu begründen. ³Das Oberlandesgericht entscheidet endgültig durch Beschluss. ⁴Auf das Verfahren des Gerichts sind im Übrigen die für Landesjustizbeamte geltenden Vorschriften über den Antrag auf gerichtliche Entscheidung gegen eine Disziplinarverfügung entsprechend anzuwenden. ⁵Soweit nach diesen Vorschriften die Kosten des Verfahrens dem Dienstherrn zur Last fallen, tritt an dessen Stelle die Notarkammer.

(6) ¹Die Ermahnung durch die Notarkammer lässt das Recht der Aufsichtsbehörde zu Maßnahmen nach § 94 oder im Disziplinarwege unberührt. ²Macht die Aufsichtsbehörde von diesem Recht Gebrauch, erlischt die Befugnis der Notarkammer; eine bereits ausgesprochene Ermahnung wird unwirksam. ³Hat jedoch das Oberlandesgericht die Ermahnung aufgehoben, weil es ein ordnungswidriges Verhalten nicht festgestellt hat, ist die Ausübung der Aufsichts- und Disziplinarbefugnis wegen desselben Verhaltens nur auf Grund solcher Tatsachen oder Beweismittel zulässig, die dem Gericht bei seiner Entscheidung nicht bekannt waren.

2. Abschnitt   Bundesnotarkammer

§ 76

(1) Die Notarkammern werden zu einer Bundesnotarkammer zusammengeschlossen.
(2) Der Sitz der Bundesnotarkammer wird durch ihre Satzung bestimmt.

§ 77

(1) Die Bundesnotarkammer ist eine Körperschaft des öffentlichen Rechts.
(2) ¹Das Bundesministerium der Justiz führt die Staatsaufsicht über die Bundesnotarkammer. ²Die Aufsicht beschränkt sich darauf, dass Gesetz und Satzung beachtet, insbesondere die der Bundesnotarkammer übertragenen Aufgaben erfüllt werden.
(3) Die Satzung der Bundesnotarkammer und ihre Änderungen, die von der Vertreterversammlung beschlossen werden, bedürfen der Genehmigung des Bundesministeriums der Justiz.

§ 78

(1) ¹Die Bundesnotarkammer hat die ihr durch Gesetz zugewiesenen Aufgaben zu erfüllen. ²Sie hat insbesondere
1. in Fragen, welche die Gesamtheit der Notarkammern angehen, die Auffassung der einzelnen Notarkammern zu ermitteln und im Wege gemeinschaftlicher Aussprache die Auffassung der Mehrheit festzustellen;

2. in allen die Gesamtheit der Notarkammern berührenden Angelegenheiten die Auffassung der Bundesnotarkammer den zuständigen Gerichten und Behörden gegenüber zur Geltung zu bringen;
3. die Gesamtheit der Notarkammern gegenüber Behörden und Organisationen zu vertreten;
4. Gutachten zu erstatten, die eine an der Gesetzgebung beteiligte Behörde oder Körperschaft des Bundes oder ein Bundesgericht in Angelegenheiten der Notare anfordert;
5. durch Beschluss der Vertreterversammlung Empfehlungen für die von den Notarkammern nach § 67 Abs. 2 zu erlassenden Richtlinien auszusprechen;
6. Richtlinien für die Ausbildung der Hilfskräfte der Notare aufzustellen.

(2) ¹Die Bundesnotarkammer kann weitere dem Zweck ihrer Errichtung entsprechende Aufgaben wahrnehmen. ²Sie kann insbesondere Maßnahmen ergreifen, die der wissenschaftlichen Beratung der Notarkammern und ihrer Mitglieder, der Fortbildung von Notaren, der Aus- und Fortbildung des beruflichen Nachwuchses und der Hilfskräfte der Notare dienen.

§ 78a

(1) ¹Die Bundesnotarkammer führt ein automatisiertes Register über Vorsorgevollmachten (Zentrales Vorsorgeregister). ²In dieses Register dürfen Angaben über Vollmachtgeber, Bevollmächtigte, die Vollmacht und deren Inhalt aufgenommen werden. ³Das Bundesministerium der Justiz führt die Rechtsaufsicht über die Registerbehörde.

(2) ¹Dem Vormundschaftsgericht und dem Landgericht als Beschwerdegericht wird auf Ersuchen Auskunft aus dem Register erteilt. ²Die Auskunft kann im Wege der Datenfernübertragung erteilt werden. ³Dabei sind dem jeweiligen Stand der Technik entsprechende Maßnahmen zur Sicherstellung von Datenschutz und Datensicherheit zu treffen, die insbesondere die Vertraulichkeit, Unversehrtheit und Zurechenbarkeit der Daten gewährleisten; im Falle der Nutzung allgemein zugänglicher Netze sind dem jeweiligen Stand der Technik entsprechende Verschlüsselungsverfahren anzuwenden.

(3) Das Bundesministerium der Justiz hat durch Rechtsverordnung mit Zustimmung des Bundesrates die näheren Bestimmungen über die Einrichtung und Führung des Registers, die Auskunft aus dem Register und über Anmeldung, Änderung, Eintragung, Widerruf und Löschung von Eintragungen zu treffen.

§ 78b

(1) ¹Die Bundesnotarkammer kann für die Aufnahme von Erklärungen in das Register nach § 78a Gebühren erheben. ²Die Höhe der Gebühren richtet sich nach den mit der Einrichtung und dauerhaften Führung des Registers sowie den mit der Nutzung des Registers durchschnittlich verbundenen Personal- und Sachkosten. ³Hierbei kann insbesondere der für die Anmeldung einer Eintragung gewählte Kommunikationsweg angemessen berücksichtigt werden.

(2) ¹Die Bundesnotarkammer bestimmt die Gebühren durch Satzung. ²Die Satzung bedarf der Genehmigung durch das Bundesministerium der Justiz.

§ 78c

(1) Gegen Entscheidungen der Bundesnotarkammer nach den §§ 78a und 78b findet die Beschwerde nach den Vorschriften des Gesetzes über die Angelegenheiten der freiwilligen Gerichtsbarkeit statt, soweit sich nicht aus den nachfolgenden Absätzen etwas anderes ergibt.

(2) ¹Die Beschwerde ist bei der Bundesnotarkammer einzulegen. ²Diese kann der Beschwerde abhelfen. ³Beschwerden, denen sie nicht abhilft, legt sie dem Landgericht am Sitz der Bundesnotarkammer vor.

(3) Die weitere Beschwerde ist nicht zulässig.

§ 79

Die Organe der Bundesnotarkammer sind das Präsidium und die Vertreterversammlung.

§ 80

¹Das Präsidium besteht aus dem Präsidenten, zwei Stellvertretern und vier weiteren Mitgliedern. ²Vier Mitglieder des Präsidiums müssen zur hauptberuflichen Amtsausübung bestellte Notare sein, drei Mitglieder müssen Anwaltsnotare sein. ³Ein Stellvertreter muss ein zur hauptberuflichen Amtsausübung bestellter Notar, ein Stellvertreter Anwaltsnotar sein.

§ 81

(1) ¹Das Präsidium wird von der Vertreterversammlung gewählt. ²Wählbar ist jedes Mitglied der Vertreterversammlung.

(2) ¹Die Mitglieder des Präsidiums werden auf vier Jahre gewählt. ²Scheidet ein Mitglied vorzeitig aus, so ist in der auf sein Ausscheiden folgenden Vertreterversammlung für den Rest seiner Wahlzeit ein neues Mitglied zu wählen.

§ 81a

Für die Pflicht der Mitglieder des Präsidiums der Bundesnotarkammer, der von ihr zur Mitarbeit herangezogenen Notare und Notarassessoren sowie der Angestellten der Bundesnotarkammer zur Verschwiegenheit gilt § 69a entsprechend.

§ 82

(1) Der Präsident vertritt die Bundesnotarkammer gerichtlich und außergerichtlich.

(2) In den Sitzungen des Präsidiums führt der Präsident den Vorsitz.

(3) ¹Das Präsidium erstattet dem Bundesminister der Justiz jährlich einen schriftlichen Bericht über die Tätigkeit der Bundesnotarkammer und des Präsidiums. ²Es zeigt ihm ferner das Ergebnis der Wahlen zum Präsidium an.

§ 83

(1) Die Bundesnotarkammer fasst ihre Beschlüsse regelmäßig auf Vertreterversammlungen.

(2) ¹Die der Bundesnotarkammer in § 78 Abs. 1 Nr. 4 zugewiesenen Aufgaben erledigt das Präsidium nach Anhörung der Vertreterversammlung. ²In dringenden Fällen kann die Anhörung unterbleiben; die Mitglieder sind jedoch unverzüglich von den getroffenen Maßnahmen zu unterrichten.

§ 84

Die Notarkammern werden in der Vertreterversammlung durch ihre Präsidenten oder durch ein anderes Mitglied vertreten.

§ 85

(1) [1]Die Vertreterversammlung wird durch den Präsidenten einberufen. [2]Er führt den Vorsitz in der Versammlung. [3]Der Präsident muss sie einberufen, wenn das Präsidium oder mindestens drei Notarkammern es beantragen. [4]Der Antrag der Notarkammern soll schriftlich gestellt werden und den Gegenstand angeben, der in der Vertreterversammlung behandelt werden soll.

(2) [1]In dringenden Fällen kann der Präsident die Vertreterversammlung mit einer kürzeren als der in der Satzung für die Einberufung vorgesehenen Frist einberufen. [2]Der Gegenstand, über den Beschluss gefasst werden soll, braucht in diesem Fall nicht angegeben zu werden.

(3) Beschlüsse der Vertreterversammlung können auch schriftlich oder telegrafisch gefasst werden, wenn nicht mehr als drei Notarkammern widersprechen.

§ 86

(1) [1]In der Vertreterversammlung hat jede Notarkammer eine Stimme. [2]Im Fall des § 65 Abs. 1 Satz 2 hat die Notarkammer so viele Stimmen, als sie Oberlandesgerichtsbezirke oder Teile von Oberlandesgerichtsbezirken umfasst; jedoch bleibt hierbei ein Teil eines Oberlandesgerichtsbezirks außer Betracht, wenn die Zahl der in ihm zugelassenen Notare geringer ist als die Zahl der Notare, die in einem nicht zu derselben Notarkammer gehörigen Teil des Oberlandesgerichtsbezirks zugelassen sind.

(2) [1]Zu den Versammlungen können von jeder Notarkammer so viele Notare entsandt werden, wie die Notarkammer Stimmen hat. [2]Zu den Versammlungen können darüber hinaus auch Notare zur gutachtlichen Äußerung zu einzelnen Fragen zugelassen werden.

(3) [1]Die Vertreterversammlung fasst ihre Beschlüsse, soweit in diesem Gesetz oder in der Satzung nichts anderes bestimmt ist, mit der einfachen Mehrheit der abgegebenen Stimmen. [2]Bei Stimmengleichheit gibt die Stimme des Vorsitzenden den Ausschlag; bei Wahlen entscheidet das Los.

(4) Die Ausführung von Beschlüssen unterbleibt, wenn ihr eine Mehrheit von mindestens drei Vierteln der Vertreter, die hauptberufliche Notare sind, oder von mindestens drei Vierteln der Vertreter, die Anwaltsnotare sind, widerspricht.

§ 87

Das Präsidium hat der Vertreterversammlung über alle wichtigen Angelegenheiten zu berichten.

§ 88

Die Mitglieder des Präsidiums und der Vertreterversammlung sind ehrenamtlich tätig.

§ 89

Die näheren Bestimmungen über die Organe der Bundesnotarkammer und ihre Befugnisse trifft die Satzung.

§ 90

Die Bundesnotarkammer ist befugt, zur Erfüllung der ihr durch Gesetz oder Satzung zugewiesenen Aufgaben von den Notarkammern Berichte und Gutachten einzufordern.

§ 91

(1) Die Bundesnotarkammer erhebt von den Notarkammern Beiträge, die zur Deckung des persönlichen und sachlichen Bedarfs bestimmt sind.

(2) Die Höhe der Beiträge wird von der Vertreterversammlung festgesetzt.

Dritter Teil   Aufsicht. Disziplinarverfahren

1. Abschnitt   Aufsicht

§ 92

Das Recht der Aufsicht steht zu
1. dem Präsidenten des Landgerichts über die Notare und Notarassessoren des Landgerichtsbezirks;
2. dem Präsidenten des Oberlandesgerichts über die Notare und Notarassessoren des Oberlandesgerichtsbezirks;
3. der Landesjustizverwaltung über sämtliche Notare und Notarassessoren des Landes.

§ 93

(1) [1]Den Aufsichtsbehörden obliegt die regelmäßige Prüfung und Überwachung der Amtsführung der Notare und des Dienstes der Notarassessoren. [2]Zusätzliche Zwischenprüfungen und Stichproben sind ohne besonderen Anlass zulässig. [3]Bei einem neubestellten Notar wird die erste Prüfung innerhalb der ersten zwei Jahre seiner Tätigkeit vorgenommen.

(2) [1]Gegenstand der Prüfung ist die ordnungsmäßige Erledigung der Amtsgeschäfte des Notars. [2]Die Prüfung erstreckt sich auch auf die Einrichtung der Geschäftsstelle, auf die Führung und Aufbewahrung der Bücher, Verzeichnisse und Akten, auf die ordnungsgemäße automatisierte Verarbeitung personenbezogener Daten, auf die vorschriftsmäßige Verwahrung von Wertgegenständen, auf die rechtzeitige Anzeige von Vertretungen sowie auf das Bestehen der Haftpflichtversicherung. [3]In jedem Fall ist eine größere Anzahl von Urkunden und Nebenakten durchzusehen und dabei auch die Kostenberechnung zu prüfen.

(3) [1]Die Zuständigkeit zur Durchführung der Prüfung richtet sich nach den hierzu erlassenen Bestimmungen der Landesjustizverwaltung. [2]Die Aufsichtsbehörde kann nach Anhörung der Notarkammer Notare zu Prüfungen hinzuziehen. [3]Zur Durchsicht und Prüfung

der Verzeichnisse und Bücher und zur Prüfung der Kostenberechnungen und Abrechnungen über Gebührenabgaben einschließlich deren Einzugs sowie der Verwahrungsgeschäfte und dergleichen dürfen auch Beamte der Justizverwaltung herangezogen werden; eine Aufsichtsbefugnis steht diesen Beamten nicht zu. [4]Soweit bei dem Notar die Kostenberechnung bereits von einem Beauftragten der Notarkasse geprüft wird, ist eine Prüfung nicht erforderlich.

(4) [1]Der Notar ist verpflichtet, den Aufsichtsbehörden oder den von diesen mit der Prüfung Beauftragten Akten, Verzeichnisse und Bücher sowie die in seiner Verwahrung befindlichen Urkunden zur Einsicht vorzulegen und auszuhändigen, Zugang zu den Anlagen zu gewähren, mit denen personenbezogene Daten automatisiert verarbeitet werden, sowie die notwendigen Aufschlüsse zu geben. [2]Personen, mit denen sich der Notar zur gemeinsamen Berufsausübung verbunden oder mit denen er gemeinsame Geschäftsräume hat oder hatte, sind verpflichtet, den Aufsichtsbehörden Auskünfte zu erteilen und Akten vorzulegen, soweit dies für die Prüfung der Einhaltung der Mitwirkungsverbote erforderlich ist. [3]Dies gilt auch für Dritte, mit denen eine berufliche Verbindung im Sinne von § 27 Abs. 1 Satz 2 besteht oder bestanden hat.

§ 94

(1) [1]Die Aufsichtsbehörden sind befugt, Notaren und Notarassessoren bei ordnungswidrigem Verhalten und Pflichtverletzungen leichterer Art eine Missbilligung auszusprechen. [2]§ 75 Abs. 2, Abs. 3 Satz 1 und 2 gilt entsprechend.

(2) [1]Gegen die Missbilligung kann der Notar oder Notarassessor innerhalb eines Monats nach der Zustellung schriftlich bei der Aufsichtsbehörde, die die Missbilligung ausgesprochen hat, Beschwerde einlegen. [2]Die Aufsichtsbehörde kann der Beschwerde abhelfen. [3]Hilft sie ihr nicht ab, entscheidet über die Beschwerde die nächsthöhere Aufsichtsbehörde. [4]Die Entscheidung ist zu begründen und dem Notar oder Notarassessor zuzustellen. [5]Wird die Beschwerde gegen die Missbilligung zurückgewiesen, kann der Notar oder Notarassessor die Entscheidung des Oberlandesgerichts als Disziplinargericht für Notare beantragen. [6]§ 75 Abs. 5 Satz 2 bis 4 gilt entsprechend.

(3) [1]Die Missbilligung lässt das Recht der Aufsichtsbehörden zu Maßnahmen im Disziplinarwege unberührt. [2]Macht die Aufsichtsbehörde von diesem Recht Gebrauch, wird die Missbilligung unwirksam. [3]Hat jedoch das Oberlandesgericht die Missbilligung aufgehoben, weil es ein ordnungswidriges Verhalten nicht festgestellt hat, ist eine Ausübung der Disziplinarbefugnis wegen desselben Sachverhalts nur auf Grund solcher Tatsachen oder Beweismittel zulässig, die dem Gericht bei seiner Entscheidung nicht bekannt waren.

2. Abschnitt   Disziplinarverfahren

§ 95

Notare und Notarassessoren, die schuldhaft die ihnen obliegenden Amtspflichten verletzen, begehen ein Dienstvergehen.

§ 95a

(1) [1]Sind seit einem Dienstvergehen, das nicht eine zeitlich befristete oder dauernde Entfernung aus dem Amt oder eine Entfernung vom bisherigen Amtssitz rechtfertigt, mehr als fünf Jahre verstrichen, ist eine Verfolgung nicht mehr zulässig. [2]Diese Frist wird durch die

Verhängung einer Disziplinarverfügung und durch jede sie bestätigende Entscheidung sowie durch die Einleitung eines förmlichen Disziplinarverfahrens unterbrochen. [3]Sie ist für die Dauer des förmlichen Disziplinarverfahrens gehemmt.

(2) Ist vor Ablauf der Frist wegen desselben Sachverhalts ein Strafverfahren eingeleitet worden, so ist die Frist für die Dauer des Strafverfahrens gehemmt.

§ 96

[1]Soweit in diesem Gesetz nichts Abweichendes bestimmt ist, sind die für Landesjustizbeamte geltenden Disziplinarvorschriften in der am 1. März 2001 geltenden Fassung noch bis zum 1. Januar 2010 entsprechend anzuwenden. [2]Die in diesen Vorschriften den Dienstvorgesetzten zugewiesenen Aufgaben nimmt die Aufsichtsbehörde wahr. [3]Die Befugnisse der Einleitungsbehörde oder der ihr entsprechenden Dienststelle werden von der Landesjustizverwaltung ausgeübt. [4]Zum Untersuchungsführer kann nur ein planmäßiger Richter der ordentlichen Gerichtsbarkeit bestellt werden.

§ 97

(1) [1]Im Disziplinarverfahren können folgende Maßnahmen verhängt werden: Verweis, Geldbuße, Entfernung aus dem Amt. [2]Die Disziplinarmaßnahmen des Verweises und der Geldbuße können nebeneinander verhängt werden.

(2) [1]Gegen einen zur hauptberuflichen Amtsausübung bestellten Notar kann als Disziplinarmaßnahme auch auf Entfernung vom bisherigen Amtssitz erkannt werden. [2]In diesem Fall hat die Landesjustizverwaltung dem Notar nach Rechtskraft der Entscheidung, nachdem die Notarkammer gehört worden ist, unverzüglich einen anderen Amtssitz zuzuweisen. [3]Neben der Entfernung vom bisherigen Amtssitz kann auch eine Geldbuße verhängt werden.

(3) [1]Gegen einen Anwaltsnotar kann als Disziplinarmaßnahme auch auf Entfernung aus dem Amt auf bestimmte Zeit erkannt werden. [2]In diesem Fall darf die erneute Bestellung zum Notar nur versagt werden, wenn sich der Notar in der Zwischenzeit eines Verhaltens schuldig gemacht hat, das ihn unwürdig erscheinen lässt, das Amt eines Notars wieder auszuüben.

(4) [1]Geldbuße kann gegen Notare bis zu fünfzigtausend Euro, gegen Notarassessoren bis zu fünftausend Euro verhängt werden. [2]Beruht die Handlung, wegen der eine Geldbuße verhängt wird, auf Gewinnsucht, so kann auf Geldbuße bis zum Doppelten des erzielten Vorteils erkannt werden.

(5) Die Entfernung aus dem Amt (Absatz 1) hat bei einem Notar, der zugleich Rechtsanwalt ist, zugleich die Ausschließung aus der Rechtsanwaltschaft zur Folge.

§ 98

(1) Verweis und Geldbuße können durch Disziplinarverfügung der Aufsichtsbehörden verhängt werden.

(2) Der Präsident des Landgerichts kann Geldbußen gegen Notare nur bis zu zehntausend Euro, gegen Notarassessoren nur bis zu eintausend Euro verhängen.

§ 99

Als Disziplinargerichte für Notare sind im ersten Rechtszug das Oberlandesgericht und im zweiten Rechtszug der Bundesgerichtshof zuständig.

§ 100

Sind in einem Land mehrere Oberlandesgerichte errichtet, so kann die Landesregierung durch Rechtsverordnung die Aufgaben, die in diesem Gesetz dem Oberlandesgericht als Disziplinargericht zugewiesen sind, für die Bezirke aller oder mehrerer Oberlandesgerichte einem oder einigen der Oberlandesgerichte oder dem obersten Landesgericht übertragen, wenn dies der Sicherung einer einheitlichen Rechtsprechung dienlich ist.

§ 101

Das Oberlandesgericht entscheidet in Disziplinarsachen gegen Notare in der Besetzung mit dem Vorsitzenden, einem Beisitzer, der planmäßig angestellter Richter ist, und einem Beisitzer, der Notar ist.

§ 102

[1]Der Vorsitzende und seine Stellvertreter, die mindestens Vorsitzende Richter am Oberlandesgericht sein müssen, sowie die richterlichen Beisitzer und ihre Stellvertreter werden von dem Präsidium des Oberlandesgerichts aus der Zahl der ständigen Mitglieder des Oberlandesgerichts auf die Dauer von fünf Jahren bestellt. [2]Im Übrigen gelten die Vorschriften des Zweiten Titels des Gerichtsverfassungsgesetzes und § 6 des Einführungsgesetzes zum Gerichtsverfassungsgesetz entsprechend.

§ 103

(1) [1]Die Beisitzer aus den Reihen der Notare werden von der Landesjustizverwaltung ernannt. [2]Sie werden einer Vorschlagsliste entnommen, die der Vorstand der Notarkammer der Landesjustizverwaltung einreicht. [3]Die Landesjustizverwaltung bestimmt, welche Zahl von Beisitzern erforderlich ist; sie hat vorher den Vorstand der Notarkammer zu hören. [4]Die Vorschlagsliste des Vorstandes der Notarkammer muss mindestens die Hälfte mehr als die erforderliche Zahl von Notaren enthalten. [5]Umfasst ein Oberlandesgericht mehrere Bezirke von Notarkammern oder Teile von solchen Bezirken, so verteilt die Landesjustizverwaltung die Zahl der Beisitzer auf die Bezirke der einzelnen Notarkammern.

(2) Die Beisitzer dürfen nicht gleichzeitig dem Vorstand der Notarkammer angehören oder bei der Notarkammer im Haupt- oder Nebenberuf tätig sein.

(3) Zum Beisitzer kann nur ein Notar ernannt werden, der das fünfunddreißigste Lebensjahr vollendet hat und seit mindestens fünf Jahren ohne Unterbrechung als Notar tätig ist.

(4) Zum Beisitzer kann nicht ernannt werden ein Notar,
1. bei dem die Voraussetzungen für eine vorläufige Amtsenthebung gegeben sind,
2. gegen den ein Disziplinarverfahren oder, sofern der Notar zugleich als Rechtsanwalt zugelassen ist, ein anwaltsgerichtliches Verfahren eingeleitet ist,
3. gegen den die öffentliche Klage wegen einer Straftat, welche die Unfähigkeit zur Bekleidung öffentlicher Ämter zur Folge haben kann, erhoben ist,
4. gegen den in einem Disziplinarverfahren in den letzten fünf Jahren auf einen Verweis oder eine Geldbuße oder in den letzten zehn Jahren auf Entfernung vom bisherigen Amtssitz oder auf Entfernung aus dem Amt auf bestimmte Zeit erkannt worden ist,
5. gegen den in einem anwaltsgerichtlichen Verfahren in den letzten fünf Jahren ein Verweis oder eine Geldbuße oder in den letzten zehn Jahren ein Vertretungsverbot (§ 114 Abs. 1 Nr. 4 der Bundesrechtsanwaltsordnung) verhängt worden ist.

(5) [1]Die Beisitzer werden für die Dauer von fünf Jahren ernannt; sie können nach Ablauf ihrer Amtszeit wieder berufen werden. [2]Scheidet ein Beisitzer vorzeitig aus, so wird für den Rest der Amtszeit ein Nachfolger ernannt.

§ 104

(1) ¹Die Beisitzer aus den Reihen der Notare haben als solche während der Dauer ihres Amtes alle Rechte und Pflichten eines Berufsrichters. ²Ihr Amt ist ein Ehrenamt. ³Sie erhalten aus der Staatskasse für den mit ihrer Tätigkeit verbundenen Aufwand eine Entschädigung, die sich auf das Eineinhalbfache des in § 153 Abs. 2 Satz 1 Nr. 2 erster Halbsatz der Kostenordnung genannten höchsten Betrages beläuft. ⁴Außerdem haben sie Anspruch auf Ersatz ihrer Fahrt- und Übernachtungskosten nach Maßgabe des § 153 Abs. 2 Satz 1 Nr. 1 und 3 sowie Abs. 4 der Kostenordnung.

(2) ¹Ein Beisitzer ist auf Antrag der Landesjustizverwaltung seines Amtes zu entheben, wenn ein Umstand eintritt oder bekannt wird, welcher der Ernennung entgegensteht. ²Über den Antrag entscheidet der Erste Zivilsenat des Oberlandesgerichts oder des obersten Landesgerichts, das als Disziplinargericht zuständig ist. ³Bei der Entscheidung dürfen die Mitglieder des Disziplinargerichts (§ 102) nicht mitwirken. ⁴Vor der Entscheidung sind der Notar und der Vorstand der Notarkammer zu hören. ⁵Die Entscheidung ist endgültig.

(3) Das Amt des Beisitzers, der als Beisitzer bei dem Gericht des höheren Rechtszuges berufen wird, endet mit dieser Berufung.

§ 105

Für die Anfechtung von Entscheidungen des Oberlandesgerichts gelten noch bis zum 1. Januar 2010 die Vorschriften der Bundesdisziplinarordnung in der Fassung der Bekanntmachung vom 20. Juli 1967 (BGBl I S. 750, 984), die zuletzt durch Artikel 19 Abs. 3 des Gesetzes vom 29. Juni 1998 (BGBl I S. 1666) geändert worden ist, über die Anfechtung von Entscheidungen des Bundesdisziplinargerichts entsprechend.

§ 106

Der Bundesgerichtshof entscheidet Disziplinarsachen gegen Notare in der Besetzung mit dem Vorsitzenden, zwei Richtern und zwei Notaren als Beisitzern.

§ 107

¹Der Vorsitzende und seine Stellvertreter, die mindestens Vorsitzende Richter am Oberlandesgericht sein müssen, sowie die richterlichen Beisitzer und ihre Stellvertreter werden von dem Präsidium des Bundesgerichtshofs aus der Zahl der ständigen Mitglieder des Bundesgerichtshofs auf die Dauer von fünf Jahren bestellt. ²Im Übrigen gelten die Vorschriften des Zweiten Titels des Gerichtsverfassungsgesetzes und § 6 des Einführungsgesetzes zum Gerichtsverfassungsgesetz entsprechend.

§ 108

(1) ¹Die Beisitzer aus den Reihen der Notare werden von dem Bundesministerium der Justiz berufen. ²Sie werden einer Vorschlagsliste entnommen, die das Präsidium der Bundesnotarkammer auf Grund von Vorschlägen der Notarkammern dem Bundesministerium der Justiz einreicht. ³Das Bundesministerium der Justiz bestimmt, welche Zahl von Beisitzern erforderlich ist; er hat vorher das Präsidium der Bundesnotarkammer zu hören. ⁴Die Vorschlagsliste muss mindestens die doppelte Zahl von Notaren enthalten und sich je zur Hälfte aus hauptberuflichen Notaren und Anwaltsnotaren zusammensetzen.

(2) ¹Die Beisitzer dürfen nicht gleichzeitig dem Vorstand einer Notarkammer oder einem anderen Disziplinargericht für Notare angehören oder bei einer Notarkammer im Haupt-

oder Nebenberuf tätig sein. [2]Im Übrigen gelten § 103 Abs. 3 bis 5 und § 104 Abs. 1 Satz 2 bis 6 dieses Gesetzes sowie §§ 109 bis 111 der Bundesrechtsanwaltsordnung entsprechend mit der Maßgabe, dass vor der Entscheidung über die Amtsenthebung eines Beisitzers auch das Präsidium der Bundesnotarkammer zu hören ist.

§ 109

[1]Auf das Verfahren des Bundesgerichtshofs in Disziplinarsachen gegen Notare sind die Vorschriften der Bundesdisziplinarordnung in der Fassung der Bekanntmachung vom 20. Juli 1967 (BGBl I S. 750, 984), die zuletzt durch Artikel 19 Abs. 3 des Gesetzes vom 29. Juni 1998 (BGBl I S. 1666) geändert worden ist, über das Verfahren des Bundesverwaltungsgerichts in Disziplinarsachen entsprechend anzuwenden. [2]Die im Verfahren vor dem Bundesverwaltungsgericht dem Bundesdisziplinaranwalt zustehenden Befugnisse werden von dem Generalbundesanwalt beim Bundesgerichtshof wahrgenommen.

§ 110

(1) [1]Ob über eine Verfehlung eines Notars, der zugleich Rechtsanwalt ist, im Disziplinarverfahren oder im anwaltsgerichtlichen Verfahren für Rechtsanwälte zu entscheiden ist, bestimmt sich danach, ob die Verfehlung vorwiegend mit dem Amt als Notar oder der Tätigkeit als Rechtsanwalt im Zusammenhang steht. [2]Ist dies zweifelhaft oder besteht ein solcher Zusammenhang nicht, so ist, wenn es sich um einen Anwaltsnotar handelt, im anwaltsgerichtlichen Verfahren für Rechtsanwälte, andernfalls im Disziplinarverfahren zu entscheiden.

(2) Hat ein Anwaltsgericht oder ein Disziplinargericht sich zuvor rechtskräftig für zuständig oder unzuständig erklärt, so ist das andere Gericht an diese Entscheidung gebunden.

§ 110a

(1) [1]Eintragungen in den über den Notar geführten Akten über einen Verweis oder eine Geldbuße sind nach zehn Jahren zu tilgen, auch wenn sie nebeneinander verhängt wurden. [2]Die über diese Disziplinarmaßnahmen entstandenen Vorgänge sind aus den über den Notar geführten Akten zu entfernen und zu vernichten. [3]Nach Ablauf der Frist dürfen diese Maßnahmen bei weiteren Disziplinarmaßnahmen nicht mehr berücksichtigt werden.

(2) Die Frist beginnt mit dem Tage, an dem die Disziplinarmaßnahme unanfechtbar geworden ist.

(3) Die Frist endet nicht, solange gegen den Notar ein Strafverfahren, ein Disziplinarverfahren, ein anwaltsgerichtliches oder ein berufsgerichtliches Verfahren schwebt, eine andere Disziplinarmaßnahme oder eine anwaltsgerichtliche Maßnahme berücksichtigt werden darf oder ein auf Geldbuße lautendes Urteil noch nicht vollstreckt ist.

(4) Nach Ablauf der Frist gilt der Notar als von Disziplinarmaßnahmen nicht betroffen.

(5) [1]Die Absätze 1 bis 4 gelten für Ermahnungen durch die Notarkammer und für Missbilligungen durch die Aufsichtsbehörde entsprechend. [2]Die Frist beträgt fünf Jahre.

(6) [1]Eintragungen über strafgerichtliche Verurteilungen oder über andere Entscheidungen in Verfahren wegen Straftaten, Ordnungswidrigkeiten oder der Verletzung von Berufs- oder Amtspflichten, die nicht zu einer Disziplinarmaßnahme, einer Ermahnung oder Missbilligung geführt haben, sind auf Antrag des Notars nach fünf Jahren zu tilgen. [2]Absatz 1 Satz 2, Absatz 2 und 3 gelten entsprechend.

Vierter Teil   Übergangs- und Schlussbestimmungen

§ 111

(1) [1]Verwaltungsakte, die nach diesem Gesetz oder nach einer auf Grund dieses Gesetzes erlassenen Rechtsverordnung oder Satzung ergehen, können durch einen Antrag auf gerichtliche Entscheidung auch dann angefochten werden, wenn es nicht ausdrücklich bestimmt ist. [2]Der Antrag kann nur darauf gestützt werden, dass der Verwaltungsakt den Antragsteller in seinen Rechten beeinträchtige, weil er rechtswidrig sei. [3]Soweit die Landesjustizverwaltung ermächtigt ist, nach ihrem Ermessen zu befinden, kann der Antrag nur darauf gestützt werden, dass die gesetzlichen Grenzen des Ermessens überschritten seien oder dass von dem Ermessen in einer dem Zweck der Ermächtigung nicht entsprechenden Weise Gebrauch gemacht worden sei.

(2) [1]Der Antrag auf gerichtliche Entscheidung kann nur binnen eines Monats nach dem Zeitpunkt gestellt werden, in dem die Verfügung dem Betroffenen bekannt gemacht worden ist. [2]Der Antrag ist auch zulässig, wenn ein Antrag auf Vornahme eines Verwaltungsakts ohne zureichenden Grund innerhalb von drei Monaten nicht beschieden worden ist.

(3) [1]Zuständig für die Entscheidung ist im ersten Rechtszug das Oberlandesgericht, im zweiten Rechtszug der Bundesgerichtshof. [2]Diese Gerichte entscheiden in der in Disziplinarsachen gegen Notare vorgeschriebenen Besetzung. [3]§ 100 gilt entsprechend.

(4) [1]Gegen die Entscheidung des Oberlandesgerichts ist die sofortige Beschwerde an den Bundesgerichtshof zulässig. [2]Im Übrigen gelten für das Verfahren § 37 Abs. 1 und 3, §§ 40, 41 und 42 Abs. 4 bis 6, für die Kosten §§ 200 bis 203 der Bundesrechtsanwaltsordnung entsprechend; an die Stelle der Rechtsanwaltskammer tritt die Landesjustizverwaltung. [3]Der Antrag auf gerichtliche Entscheidung gegen einen Bescheid oder eine Verfügung der Landesjustizverwaltung ist gegen die Landesjustizverwaltung zu richten; das Gleiche gilt für Anträge auf gerichtliche Entscheidung, die darauf gestützt werden, dass die Landesjustizverwaltung innerhalb von drei Monaten einen Bescheid nicht erteilt hat. [4]Vertretern der Landesjustizverwaltung, dem Präsidenten des Oberlandesgerichts oder seinem Beauftragten, den Beamten der Staatsanwaltschaft bei dem Oberlandesgericht und Mitgliedern oder Vertretern des Vorstandes der Notarkammer ist der Zutritt zu der Verhandlung gestattet; Gleiches gilt im Tätigkeitsbereich der Notarkasse für ihren Präsidenten und seine Stellvertreter und im Tätigkeitsbereich der Ländernotarkasse für ihren Präsidenten und seinen Stellvertreter.

§ 112

Die Landesjustizverwaltung kann Befugnisse, die ihr nach diesem Gesetz zustehen, auf nachgeordnete Behörden übertragen.

§ 113

(1) [1]Die Notarkasse ist eine rechtsfähige Anstalt des öffentlichen Rechts des Freistaates Bayern. [2]Sie hat ihren Sitz in München. [3]Ihr Tätigkeitsbereich umfasst den Freistaat Bayern und den Bezirk des Pfälzischen Oberlandesgerichts Zweibrücken. [4]Sie führt ein Dienstsiegel. [5]Sie untersteht der Rechtsaufsicht des Bayerischen Staatsministeriums der Justiz. [6]Dieses übt die Aufsicht nach näherer Vereinbarung der beteiligten Justizverwaltungen aus. [7]Die Haushalts- und Wirtschaftsführung der Notarkasse wird vom Bayerischen Obersten Rechnungshof nach Maßgabe der Vorschriften der Bayerischen Haushaltsordnung geprüft.

(2) [1]Die Ländernotarkasse ist eine rechtsfähige Anstalt des öffentlichen Rechts des Freistaates Sachsen. [2]Sie hat ihren Sitz in Leipzig. [3]Ihr Tätigkeitsbereich umfasst die Bezirke der

Notarkammern Brandenburg, Mecklenburg-Vorpommern, Sachsen, Sachsen-Anhalt und Thüringen. [4]Sie führt ein Dienstsiegel. [5]Sie untersteht der Rechtsaufsicht des Sächsischen Staatsministeriums der Justiz. [6]Dieses übt die Aufsicht nach näherer Vereinbarung der beteiligten Justizverwaltungen aus. [7]Die Haushalts- und Wirtschaftsführung der Ländernotarkasse wird vom Sächsischen Rechnungshof nach Maßgabe der Sächsischen Haushaltordnung geprüft.

(3) Die Notarkasse und die Ländernotarkasse (Kassen) haben folgende Aufgaben zu erfüllen:

1. Ergänzung des Berufseinkommens der Notare, soweit dies zur Aufrechterhaltung einer geordneten vorsorgenden Rechtspflege erforderlich ist;
2. Versorgung der ausgeschiedenen Notare im Alter und bei Amtsunfähigkeit, der Notarassessoren bei Dienstunfähigkeit sowie Versorgung ihrer Hinterbliebenen, wobei sich die Höhe der Versorgung unabhängig von der Höhe der geleisteten Abgaben nach der ruhegehaltfähigen Dienstzeit einschließlich An- und Zurechnungszeiten bemisst;
3. einheitliche Durchführung der Versicherung der Notare nach § 19a und der Notarkammern nach § 61 Abs. 2 und § 67 Abs. 3 Nr. 3;
4. Förderung der wissenschaftlichen und praktischen Fortbildung der Notare und Notarassessoren sowie der fachlichen Ausbildung des Personals der Notare einschließlich der Durchführung von Prüfungen;
5. Bereitstellung der erforderlichen Haushaltsmittel der im Gebiet der Kasse gebildeten Notarkammern;
6. Zahlung der Bezüge der Notarassessoren an Stelle der Notarkammern;
7. wirtschaftliche Verwaltung der von einem Notariatsverwalter wahrgenommenen Notarstellen anstelle der Notarkammern;
8. Erstattung notarkostenrechtlicher Gutachten, die eine Landesjustizverwaltung, ein Gericht oder eine Verwaltungsbehörde im Tätigkeitsbereich der Kasse anfordert.

(4) [1]Die Kassen können weitere, dem Zweck ihrer Errichtung entsprechende Aufgaben wahrnehmen. [2]Sie können insbesondere

1. fachkundige Mitarbeiter beschäftigen, die den Notaren im Tätigkeitsbereich der Kasse zur Dienstleistung zugewiesen werden,
2. über Absatz 3 Nr. 3 hinausgehende Anschlussversicherungen abschließen,
3. die zentrale Erledigung von Verwaltungsaufgaben der einzelnen Notarstellen bei freiwilliger Teilnahme unter Ausschluss der Gewinnerzielung gegen Kostenerstattung übernehmen.

(5) Aufgaben der Notarkammern können mit deren Zustimmung und der Zustimmung der Kasse durch die Landesjustizverwaltungen der Kasse übertragen werden.

(6) Die Notare sind verpflichtet, die ihnen zur Dienstleistung zugewiesenen, in einem Dienstverhältnis zur Kasse stehenden Mitarbeiter zu beschäftigen.

(7) Auf die nach Absatz 3 Nr. 2 und 6 gegen die Kasse begründeten Versorgungs- und Besoldungsansprüche sind die für Beamtenbezüge geltenden verfahrensrechtlichen Vorschriften entsprechend anzuwenden.

(8) Die Organe der Kasse sind der Präsident und der Verwaltungsrat.

(9) [1]Der Präsident vertritt die Kasse gerichtlich und außergerichtlich. [2]Er leitet ihre Geschäfte und ist für die Erledigung derjenigen Angelegenheiten zuständig, die nicht dem Verwaltungsrat obliegen. [3]Der Präsident führt den Vorsitz in den Sitzungen des Verwaltungsrates und vollzieht dessen Beschlüsse.

(10) [1]Der Präsident der Notarkasse wird von den Notaren im Tätigkeitsbereich der Notarkasse für die Dauer von vier Jahren gewählt. [2]Der Präsident der Ländernotarkasse wird von dem Verwaltungsrat der Ländernotarkasse für die Dauer von vier Jahren gewählt. [3]Der Präsident muss Notar im Tätigkeitsbereich der Kasse und darf nicht zugleich Mitglied des Verwaltungsrates sein.

(11) [1]Der Verwaltungsrat beschließt insbesondere über

1. Satzungen und Verwaltungsvorschriften,
2. den Haushaltsplan sowie die Anpassung der Abgaben an den Haushaltsbedarf,
3. die Höhe der Bezüge der Notarassessoren,

4. die Grundsätze für die Ausbildung, Prüfung und Einstellung von fachkundigen Mitarbeitern,

5. die Festlegung der Gesamtzahl und der Grundsätze für die Zuteilung von fachkundigen Mitarbeitern an die Notare,

6. die Grundsätze für die Vermögensanlage der Kasse. [2]Der Verwaltungsrat fasst seine Beschlüsse mit der einfachen Mehrheit der abgegebenen Stimmen, soweit durch Satzung nichts anderes bestimmt ist.

(12) [1]Die Mitglieder des Verwaltungsrates der Notarkasse werden für die Dauer von vier Jahren durch die Notare in den jeweiligen Oberlandesgerichtsbezirken im Tätigkeitsbereich der Notarkasse gewählt. [2]Die Notare eines Oberlandesgerichtsbezirks wählen jeweils zwei Mitglieder in den Verwaltungsrat. [3]Übersteigt die Zahl der Einwohner in einem Oberlandesgerichtsbezirk zwei Millionen, so erhöht sich die Zahl der Verwaltungsratsmitglieder aus diesem Oberlandesgerichtsbezirk für je weitere angefangene zwei Millionen um ein Mitglied. [4]Die Mitglieder des Verwaltungsrates müssen Notar mit Amtssitz im Bezirk des jeweiligen Oberlandesgerichts sein.

(13) [1]Die Mitglieder des Verwaltungsrates der Ländernotarkasse werden für die Dauer von vier Jahren durch die Notare in den jeweiligen Notarkammern im Tätigkeitsbereich der Ländernotarkasse gewählt. [2]Die Notare einer Notarkammer wählen jeweils zwei Mitglieder in den Verwaltungsrat; bei mehr als drei Millionen Einwohnern in dem Bezirk einer Notarkammer sind drei Mitglieder zu wählen. [3]Die Mitglieder des Verwaltungsrates müssen Notar mit Amtssitz im Bezirk der jeweiligen Notarkammer sein.

(14) [1]Für die Organe und Mitarbeiter der Kasse gilt § 69a entsprechend. [2]Der Verwaltungsrat kann von der Verpflichtung zur Verschwiegenheit befreien. [3]Er erteilt in gerichtlichen Verfahren die Aussagegenehmigung.

(15) Vor der Ausschreibung und Einziehung von Notarstellen und der Ernennung von Notarassessoren im Tätigkeitsbereich der Kasse ist diese anzuhören.

(16) [1]Vor dem Beschluss ihres Haushaltsplans hören die Notarkammern im Tätigkeitsbereich der Kasse diese an. [2]Bei der Kasse wird zur Beratung in Angelegenheiten des Absatzes 3 Nr. 5 ein Beirat gebildet, in den jede Notarkammer im Tätigkeitsbereich der Kasse ein Mitglied und der Verwaltungsrat ebenso viele Mitglieder entsenden. [3]Den Vorsitz in den Beiratssitzungen führt der Präsident der Kasse. [4]Die Kasse ist an das Votum des Beirats nicht gebunden.

(17) [1]Die Kasse erhebt von den Notaren Abgaben auf der Grundlage einer Abgabensatzung, soweit dies zur Erfüllung ihrer Aufgaben erforderlich ist. [2]Zur Sicherstellung der Verpflichtungen, die sich aus den Aufgaben der Kasse ergeben, kann Vermögen gebildet werden. [3]Die Höhe der Abgaben richtet sich nach der Leistungsfähigkeit des Notars. [4]Die Abgaben können auch gestaffelt nach der Summe der durch den Notar zu erhebenden Gebühren festgesetzt werden. [5]Die Abgabensatzung kann Freibeträge und von der Abgabepflicht ausgenommene Gebühren festlegen. [6]Sie regelt ferner

1. die Bemessungsgrundlagen für die Abgaben,

2. die Höhe, die Festsetzung und die Fälligkeit der Abgaben,

3. das Erhebungsverfahren,

4. die abgaberechtlichen Nebenpflichten des Notars,

5. die Stundung und Verzinsung der Abgabeschuld sowie die Geltendmachung von Säumniszuschlägen und Sicherheitsleistungen,

6. ob und in welcher Höhe die Bezüge von Notarassessoren (§ 7 Abs. 4 Satz 4) oder fachkundigen Mitarbeitern, die einem Notar zugewiesen sind, zu erstatten sind. [7]Fehlt eine Abgabensatzung, kann die Aufsichtsbehörde die Abgaben vorläufig festsetzen. [8]Rückständige Abgaben können auf Grund einer vom Präsidenten ausgestellten, mit der Bescheinigung der Vollstreckbarkeit versehenen Zahlungsaufforderung nach den Vorschriften über die Vollstreckbarkeit gerichtlicher Entscheidungen in Zivilsachen eingezogen werden. [9]Die Kasse kann die Erfüllung der Abgabepflicht einschließlich der zugrunde liegenden Kostenberechnungen und des Kosteneinzugs durch den Notar nachprüfen. [10]Der Notar hat den mit der Prüfung Beauftragten Einsicht in seine Akten, Urkunden, Konten, Verzeichnisse und Bücher zu gestatten, diese auszuhändigen und die erforderlichen Auskünfte zu erteilen.

(18) ¹Die Kasse kann in Ausübung ihrer Befugnisse von den Notaren und Notarassessoren Auskünfte, die Vorlage von Büchern und Akten sowie das persönliche Erscheinen vor dem Präsidenten oder dem Verwaltungsrat verlangen. ²Der Präsident kann zur Erzwingung dieser Pflichten nach vorheriger schriftlicher Androhung, auch wiederholt, Zwangsgeld festsetzen. ³Das einzelne Zwangsgeld darf eintausend Euro nicht übersteigen. ⁴Das Zwangsgeld fließt der Kasse zu; es wird wie eine rückständige Abgabe beigetrieben.

(19) ¹Im Übrigen bestimmen sich die Aufgaben und Rechtsverhältnisse der Kassen, ihrer Organe und deren Zuständigkeiten nach einer Satzung. ²Erlass und Änderungen der Satzung und der Abgabensatzung bedürfen zu ihrer Wirksamkeit der Genehmigung durch die Aufsichtsbehörde und der Bekanntmachung. ³Für die Notarkasse erfolgt die Bekanntmachung im »Amtlichen Mitteilungsblatt der Landesnotarkammer Bayern und der Notarkasse«. ⁴Für die Ländernotarkasse erfolgt die Bekanntmachung im »Amtlichen Mitteilungsblatt der Ländernotarkasse«.

§ 113a

(weggefallen)

§ 113b

Notarkammern außerhalb der Tätigkeitsbereiche der Notarkasse und Ländernotarkasse, in deren Bereich Notare zur hauptberuflichen Amtsausübung bestellt sind, können:
1. Maßnahmen zur erforderlichen Unterstützung von Amtsinhabern neu besetzter Notarstellen treffen;
2. Beiträge nach § 73 Abs. 1 mit Rücksicht auf die Leistungsfähigkeit der Notare gestaffelt erheben; Bemessungsgrundlage können insbesondere einzeln oder gemeinsam die Geschäftszahlen und die Summe der durch den Notar erhobenen Kosten sein;
3. außerordentliche Beiträge von einem Notar erheben, der eine Verbindung zur gemeinsamen Berufsausübung mit dem Amtsnachfolger nicht fortsetzt.

§ 114

Für das württembergische Rechtsgebiet gelten folgende besondere Vorschriften:

(1) ¹Dieses Gesetz gilt für die Bezirksnotare nicht. ²Die Vorschriften über ihre Dienstverhältnisse, ihre Zuständigkeit und das von ihnen bei ihrer Amtstätigkeit zu beobachtende Verfahren einschließlich des Rechtsmittelzugs bleiben unberührt.

(2) ¹Die Bezirksnotare sind berechtigt, der für den Bezirk des Oberlandesgerichts Stuttgart gebildeten Notarkammer als Mitglieder ohne Stimmrecht beizutreten. ²Dem Vorstand der Notarkammer gehört ein Bezirksnotar an, der nicht stimmberechtigt ist. ³Er nimmt auch an den Vertreterversammlungen der Bundesnotarkammer ohne Stimmrecht teil. ⁴Dieser Bezirksnotar und sein Vertreter werden von den Bezirksnotaren aus dem Kreis derjenigen Bezirksnotare gewählt, die der Notarkammer beigetreten sind.

(3) ¹Die Landesjustizverwaltung kann Bezirksnotare und Personen, welche die Voraussetzungen für die Ernennung zum Bezirksnotar erfüllen, zu Notaren nach § 3 Abs. 1 bestellen. ²Die Auswahl unter den in Satz 1 genannten Personen ist nach der persönlichen und fachlichen Eignung unter besonderer Berücksichtigung des Ergebnisses der Laufbahnprüfung und des beruflichen Werdegangs, vor allem der im Justizdienst des Landes erbrachten Leistungen, vorzunehmen. ³Die Landesjustizverwaltung kann davon absehen, einen Anwärterdienst nach § 7 für Bewerber mit Befähigung zum Richteramt einzurichten und solche Bewerber zu Notaren nach § 3 Abs. 1 zu bestellen, wenn geeignete Bewerber nach Satz 1 zur Verfügung stehen.

§ 115

Für das badische Rechtsgebiet gelten folgende besondere Vorschriften:

(1) Neben Notaren nach § 3 Abs. 1 können Notare im Landesdienst bestellt werden.

(2) ¹Notare im Landesdienst, die sich um eine Bestellung zum Notar nach § 3 Abs. 1 bewerben, stehen Bewerbern gleich, die einen dreijährigen Anwärterdienst als Notarassessor geleistet haben und sich im Anwärterdienst des Landes Baden-Württemberg befinden. ²§ 6 Abs. 3 gilt mit der Maßgabe, dass auch der berufliche Werdegang der Bewerber zu berücksichtigen ist, vor allem die im Justizdienst des Landes erbrachten Leistungen.

(3) ¹Dieses Gesetz gilt nicht für die Notare im Landesdienst. ²Die Vorschriften über ihre Dienstverhältnisse, ihre Zuständigkeit und das von ihnen bei ihrer Amtstätigkeit zu beobachtende Verfahren einschließlich des Rechtsmittelzugs bleiben unberührt.

(4) ¹Die Notare im Landesdienst sind berechtigt, der für den Bezirk des Oberlandesgerichts Karlsruhe gebildeten Notarkammer als Mitglieder ohne Stimmrecht beizutreten. ²§ 114 Abs. 2 Satz 2 bis 4 gilt entsprechend.

§ 116

(1) ¹In den Gerichtsbezirken der früher württembergischen und hohenzollerischen Teile des Landes Baden-Württemberg, in denen am 1. April 1961 Rechtsanwälte zur nebenberuflichen Amtsausübung als Notare bestellt werden konnten, können auch weiterhin Anwaltsnotare bestellt werden. ²§ 7 ist insoweit nicht anzuwenden. ³§ 4 gilt entsprechend.

(2) ¹In den Ländern Hamburg und Rheinland-Pfalz gilt § 3 Abs. 2 nicht. ²Soweit am 1. April 1961 dort Rechtsanwälte das Amt des Notars im Nebenberuf ausgeübt haben, behält es dabei sein Bewenden.

(3) In dem in Artikel 1 Abs. 1 des Staatsvertrages zwischen den Ländern Mecklenburg-Vorpommern und Niedersachsen über die Umgliederung der Gemeinden im ehemaligen Amt Neuhaus und anderer Gebiete nach Niedersachsen genannten Gebiet werden ausschließlich Anwaltsnotare bestellt.

§ 117

Besteht für mehrere Länder ein gemeinschaftliches Oberlandesgericht, so gilt Folgendes:
1. Die Landesjustizverwaltung des Landes, in dem das Oberlandesgericht seinen Sitz nicht hat, kann die nach diesem Gesetz dem Oberlandesgerichtspräsidenten zustehenden Befugnisse auf einen anderen Richter übertragen.
2. ¹Die Notare eines jeden Landes bilden eine Notarkammer. ²§ 86 Abs. 1 Satz 2 ist nicht anzuwenden.

§ 117a

(1) Im Bereich des Oberlandesgerichtsbezirks Frankfurt am Main können abweichend von § 65 Abs. 1 Satz 1 zwei Notarkammern bestehen.

(2) Die am 8. September 1998 in den Ländern Brandenburg, Mecklenburg-Vorpommern, Sachsen, Sachsen-Anhalt und Thüringen bestehenden Notarkammern, deren Sitz sich abweichend von § 65 Abs. 2 nicht am Sitz des Oberlandesgerichts befindet, bleiben bestehen.

§ 117b

(1) ¹Abweichend von § 5 kann auch ein deutscher Staatsangehöriger zum Notar bestellt werden, der ein rechtswissenschaftliches Studium an einer Universität oder Hochschule der

Deutschen Demokratischen Republik mit dem Staatsexamen abgeschlossen und einen zweijährigen Vorbereitungsdienst mit einer Staatsprüfung absolviert hat. [2]Auf den Vorbereitungsdienst mit der Staatsprüfung wird verzichtet, wenn der Bewerber als Notar in einem Staatlichen Notariat tätig war oder zehn Jahre als Jurist gearbeitet hat und notarspezifische Kenntnisse nachweist.

(2) Abweichend von § 47 Nr. 1 können in den Ländern Brandenburg, Mecklenburg-Vorpommern, Sachsen, Sachsen-Anhalt und Thüringen bestellte Notare, die am 8. September 1998 das 58. Lebensjahr vollendet haben, bis zum Ablauf des 7. September 2010 im Amt bleiben.

§ 118

Für das von den Notaren bei ihren Amtshandlungen zu beobachtende Verfahren bleiben, soweit in diesem Gesetz nichts anderes bestimmt ist, die bisherigen Rechtsvorschriften unberührt.

§ 119

[1]Die Organe der Kasse (§ 113) sind innerhalb von sechs Monaten nach Inkrafttreten des Sechsten Gesetzes zur Änderung der Bundesnotarordnung vom 15. Juli 2006 (BGBl I S. 1531) zu wählen. [2]Bis dahin amtieren die bisherigen Organe weiter.

Richtlinienempfehlungen der Bundesnotarkammer

vom 29. Januar 1999 (Deutsche Notar-Zeitschrift 1999, S. 258) geändert durch Beschluss vom 28. April 2006 (Deutsche Notar-Zeitschrift 2006, S. 561)

Aufgrund des § 78 Abs. 1 Nr. 5 der Bundesnotarordnung (BNotO) hat die Bundesnotarkammer die nachfolgenden Empfehlungen für die von den Notarkammern nach § 67 Abs. 2 BNotO zu erlassenden Richtlinien beschlossen. Die Empfehlungen der Bundesnotarkammer dienen dem Schutz des Vertrauens, das dem Notar entgegengebracht wird, und der Wahrung des Ansehens des Berufsstandes. Sie sind ungeachtet der unterschiedlichen Organisationsformen Ausdruck des einheitlichen Notariats in Deutschland.

Richtlinien für die Amtspflichten und sonstigen Pflichten der Mitglieder der Notarkammer

I. Wahrung der Unabhängigkeit und Unparteilichkeit des Notars

1.1. Der Notar ist unparteiischer Rechtsberater und Betreuer sämtlicher Beteiligten.

1.2. Der Notar hat auch bei der Beratung und der Erstellung von Entwürfen sowie Gutachten auf einseitigen Antrag seine Unparteilichkeit zu wahren. Dasselbe gilt für die gesetzlich zulässige Vertretung eines Beteiligten in Verfahren, insbesondere in Grundbuch- und Registersachen, in Erbscheinsverfahren, in Grunderwerbsteuer-, Erbschaft- und Schenkungsteuerangelegenheiten sowie in Genehmigungsverfahren vor Behörden und Gerichten.

2. Weitere berufliche Tätigkeiten des Notars sowie genehmigungsfreie oder genehmigte Nebentätigkeiten dürfen seine Unabhängigkeit und Unparteilichkeit nicht gefährden.

3. Der Anwaltsnotar hat rechtzeitig bei Beginn seiner Tätigkeit gegenüber den Beteiligten klarzustellen, ob er als Rechtsanwalt oder als Notar tätig wird.

II. Das nach § 14 Abs. 3 BNotO zu beachtende Verhalten

1. Der Notar hat das Beurkundungsverfahren so zu gestalten, daß die vom Gesetz mit dem Beurkundungserfordernis verfolgten Zwecke erreicht werden, insbesondere die Schutz- und Belehrungsfunktion der Beurkundung gewahrt und der Anschein der Abhängigkeit oder Parteilichkeit vermieden wird. Dies gilt insbesondere, wenn eine große Zahl gleichartiger Rechtsgeschäfte beurkundet wird, an denen jeweils dieselbe Person beteiligt ist oder durch die sie wirtschaftliche Vorteile erwirbt. Dazu gehört auch, daß den Beteiligten ausreichend Gelegenheit eingeräumt wird, sich mit dem Gegenstand der Beurkundung auseinanderzusetzen.

Demgemäß sind die nachgenannten Verfahrensweisen in der Regel unzulässig:

a) systematische Beurkundung mit vollmachtlosen Vertretern;

b) systematische Beurkundung mit bevollmächtigten Vertretern, soweit nicht durch vorausgehende Beurkundung mit dem Vollmachtgeber sichergestellt ist, daß dieser über den Inhalt des abzuschließenden Rechtsgeschäfts ausreichend belehrt werden konnte;

c) systematische Beurkundung mit Mitarbeitern des Notars als Vertreter, ausgenommen Vollzugsgeschäfte; gleiches gilt für Personen, mit denen sich der Notar zur gemeinsamen Berufsausübung verbunden hat oder mit denen er gemeinsame Geschäftsräume unterhält;

d) systematische Aufspaltung von Verträgen in Angebot und Annahme; soweit die Aufspaltung aus sachlichen Gründen gerechtfertigt ist, soll das Angebot vom belehrungsbedürftigeren Vertragteil ausgehen;

e) gleichzeitige Beurkundung von mehr als fünf Niederschriften bei verschiedenen Beteiligten.

2. Unzulässig ist auch die mißbräuchliche Auslagerung geschäftswesentlicher Vereinbarungen in Bezugsurkunden (§ 13a BeurkG).

III. Wahrung fremder Vermögensinteressen

1. Der Notar hat ihm anvertraute Vermögenswerte mit besonderer Sorgfalt zu behandeln und Treuhandaufträge sorgfältig auszuführen.

2. Der Notar darf nicht dulden, daß sein Amt zur Vortäuschung von Sicherheiten benutzt wird. Der Notar darf insbesondere Geld, Wertpapiere und Kostbarkeiten nicht zur Aufbewahrung oder zur Ablieferung an Dritte übernehmen, wenn der Eindruck von Sicherheiten entsteht, die durch die Verwahrung nicht gewährt werden. Anlaß für eine entsprechende Prüfung besteht insbesondere, wenn die Verwahrung nicht im Zusammenhang mit einer Beurkundung erfolgt.

3. Der Notar darf ihm beruflich anvertrautes Wissen nicht zu Lasten von Beteiligten zum eigenen Vorteil nutzen.

IV. Pflicht zur persönlichen Amtsausübung

1. Der Notar hat sein Amt persönlich und eigenverantwortlich auszuüben.

2. Der Notar darf die zur Erzeugung seiner elektronischen Signatur erforderliche Signatureinheit von Zugangskarte und Zugangscode (sichere Signaturerstellungseinheit) nicht Mitarbeitern oder Dritten zur Verwendung überlassen. Er hat die Signatureinheit vor Missbrauch zu schützen.

3. Der Notar darf lediglich vorbereitende, begleitende und vollziehende Tätigkeiten delegieren. In jedem Fall muß es den Beteiligten möglich bleiben, sich persönlich an den Notar zu wenden. Es darf kein Zweifel daran entstehen, daß alle Tätigkeiten der Mitarbeiter vom Notar selbst verantwortet werden.

4. Der Notar ist verpflichtet, Beschäftigungsverhältnisse so zu gestalten, daß es zu keiner Beeinträchtigung oder Gefährdung der persönlichen Amtsausübung kommt.

5. Vertretungen des Notars dürfen nicht dazu führen, daß der Umfang seiner Amtstätigkeit vergrößert wird.

V. Begründung, Führung, Fortführung und Beendigung der Verbindung zur gemeinsamen Berufsausübung oder sonstiger zulässiger beruflicher Zusammenarbeit sowie zur Nutzung gemeinsamer Geschäftsräume

1. Die Verbindung zur gemeinsamen Berufsausübung, sonstige Formen beruflicher Zusammenarbeit sowie die Nutzung gemeinsamer Geschäftsräume dürfen die persönliche, eigenverantwortliche und selbständige Amtsführung des Notars, seine Unabhängigkeit und Unparteilichkeit sowie das Recht auf freie Notarwahl nicht beeinträchtigen.

2. Dies haben auch die insoweit schriftlich zu treffenden Vereinbarungen zwischen den beteiligten Berufsangehörigen zu gewährleisten (§ 27 Abs. 2 BNotO).

VI. Die Art der nach § 28 BNotO zu treffenden Vorkehrungen

1.1. Vor Übernahme einer notariellen Amtstätigkeit hat sich der Notar in zumutbarer Weise zu vergewissern, daß Kollisionsfälle i. S. des § 3 Abs. 1 BeurkG nicht bestehen.

1.2. Der Notar hat als Vorkehrungen i. S. des § 28 BNotO Beteiligtenverzeichnisse oder sonstige zweckentsprechende Dokumentationen zu führen, die eine Identifizierung der in Betracht kommenden Personen ermöglichen.

2. Der Notar hat dafür Sorge zu tragen, daß eine zur Erfüllung der Verpflichtungen aus § 3 Abs. 1 BeurkG und § 14 Abs. 5 BNotO erforderliche Offenbarungspflicht zum Gegenstand einer entsprechenden schriftlichen Vereinbarung gemacht wird, die der gemeinsamen Berufsausübung oder der Nutzung gemeinsamer Geschäftsräume zugrunde liegt.

3.1. Der Notar hat Gebühren in angemessener Frist einzufordern und sie bei Nichtzahlung im Regelfall beizutreiben.

3.2. Das Versprechen und Gewähren von Vorteilen im Zusammenhang mit einem Amtsgeschäft sowie jede Beteiligung Dritter an den Gebühren ist unzulässig. Insbesondere ist es dem Notar verboten,
   a) ihm zustehende Gebühren zurückzuerstatten,
   b) Vermittlungsentgelte für Urkundsgeschäfte oder
   c) Entgelte für Urkundsentwürfe zu leisten,
   d) zur Kompensation von Notargebühren Entgelte für Gutachten oder sonstige Leistungen Dritter zu gewähren oder auf ihm aus anderer Tätigkeit zustehende Gebühren zu verzichten.

3.3. Durch die Ausgestaltung der einer beruflichen Verbindung zugrundeliegenden Vereinbarung ist sicherzustellen, daß die übrigen Mitglieder der beruflichen Verbindung keine Vorteile gewähren, die der Notar gemäß Nummer 3.2. nicht gewähren darf.

VII. Auftreten des Notars in der Öffentlichkeit und Werbung

1.1. Der Notar darf über die Aufgaben, Befugnisse und Tätigkeitsbereiche der Notare öffentlichkeitswirksam unterrichten, auch durch Veröffentlichungen, Vorträge und Äußerungen in den Medien.

1.2. Werbung ist dem Notar insoweit verboten, als sie Zweifel an der Unabhängigkeit oder Unparteilichkeit des Notars zu wecken geeignet oder aus anderen Gründen mit seiner Stellung in der vorsorgenden Rechtspflege als Träger eines öffentlichen Amtes nicht vereinbar ist.

1.3. Mit dem öffentlichen Amt des Notars unvereinbar ist ein Verhalten insbesondere, wenn
   a) es auf die Erteilung eines bestimmten Auftrags oder Gewinnung eines bestimmten Auftraggebers gerichtet ist,
   b) es den Eindruck der Gewerblichkeit vermittelt, insbesondere den Notar oder seine Dienste reklamehaft herausstellt,
   c) es eine wertende Selbstdarstellung des Notars oder seiner Dienste enthält,
   d) der Notar ohne besonderen Anlaß allgemein an Rechtsuchende herantritt,
   e) es sich um irreführende Werbung handelt.

1.4. Der Notar darf eine dem öffentlichen Amt widersprechende Werbung durch Dritte nicht dulden.

2.1. Der Notar darf im Zusammenhang mit seiner Amtsbezeichnung akademische Grade, den Titel Justizrat und den Professortitel führen.

2.2. Hinweise auf weitere Tätigkeiten i. S. von § 8 Abs. 1, 3 und 4 BNotO sowie auf Ehrenämter sind im Zusammenhang mit der Amtsausübung unzulässig.

3. Der Notar darf sich nur in solche allgemein zugängliche Verzeichnisse aufnehmen lassen, die allen örtlichen Notaren offenstehen. Für elektronische Veröffentlichungen gilt dies entsprechend.

4. Anzeigen des Notars dürfen nicht durch Form, Inhalt, Häufigkeit oder auf sonstige Weise der amtswidrigen Werbung dienen.

5. Der Notar darf sich an Informationsveranstaltungen der Medien, bei denen er in Kontakt mit dem rechtsuchenden Publikum tritt, beteiligen. Er hat dabei die Regelungen der Nrn. 1 und 2 zu beachten.

6. Der Notar darf Broschüren, Faltblätter und sonstige Informationsmittel über seine Tätigkeit und zu den Aufgaben und Befugnissen der Notare in der Geschäftsstelle bereithalten. Zulässig ist auch das Bereithalten dieser Informationen in Datennetzen und allgemein zugänglichen Verzeichnissen. Die Verteilung oder Versendung von Informationen ohne Aufforderung ist nur an bisherige Auftraggeber zulässig und bedarf eines sachlichen Grundes.

7. Der Notar darf in Internet-Domainnamen keine Begriffe verwenden, die eine gleichartige Beziehung zu anderen Notaren aufweisen und nicht mit individualisierenden Zusätzen versehen sind. Dies gilt insbesondere für Internet-Domainnamen, die notarbezogene Gattungsbegriffe ohne individualisierenden Zusatz enthalten oder mit Bezeichnungen von Gemeinden oder sonstigen geografischen oder politischen Einheiten kombinieren, es sei denn, die angegebene Gemeinde oder Einheit liegt im Amtsbereich keines anderen Notars.

VIII. Beschäftigung und Ausbildung der Mitarbeiter

1. Der Notar hat die Beziehungen zu seinen Mitarbeitern so zu gestalten, daß seine Unabhängigkeit und Unparteilichkeit nicht gefährdet werden.

2. Der Notar hat seinen Mitarbeitern neben fachspezifischen Kenntnissen auch die berufsrechtlichen Grundsätze und Besonderheiten zu vermitteln und für angemessene Arbeitsbedingungen zu sorgen.

IX. Grundsätze zu Beurkundungen außerhalb des Amtsbereichs und der Geschäftsstelle

1. Der Notar soll seine Urkundstätigkeit (§§ 20 bis 22 BNotO) nur innerhalb seines Amtsbereichs (§ 10a BNotO) ausüben, sofern nicht besondere berechtigte Interessen der Rechtsuchenden ein Tätigwerden außerhalb des Amtsbereichs gebieten. Besondere berechtigte Interessen der Rechtsuchenden liegen insbesondere dann vor, wenn
    a) Gefahr im Verzug ist;
    b) der Notar auf Erfordern einen Urkundsentwurf gefertigt hat und sich danach aus unvorhersehbaren Gründen ergibt, daß die Beurkundung außerhalb des Amtsbereichs erfolgen muß;
    c) der Notar eine nach § 16 KostO zu behandelnde Urkundstätigkeit vornimmt;
    d) in Einzelfällen eine besondere Vertrauensbeziehung zwischen Notar und Beteiligten, deren Bedeutung durch die Art der vorzunehmenden Amtstätigkeit unterstrichen werden muß, dies rechtfertigt und es den Beteiligten unzumutbar ist, den Notar in seiner Geschäftsstelle aufzusuchen.

2. Der Notar darf Amtsgeschäfte außerhalb der Geschäftsstelle vornehmen, wenn sachliche Gründe vorliegen.

3. Eine Amtstätigkeit außerhalb der Geschäftsstelle ist unzulässig, wenn dadurch der Anschein von amtswidriger Werbung, der Abhängigkeit oder der Parteilichkeit entsteht oder der Schutzzweck des Beurkundungserfordernisses gefährdet wird.

X.   Fortbildung

1. Der Notar hat die Pflicht, seine durch Ausbildung erworbene Qualifikation in eigener Verantwortlichkeit zu erhalten und durch geeignete Maßnahmen sicherzustellen, daß er den Anforderungen an die Qualität seiner Amtstätigkeit durch kontinuierliche Fortbildung gerecht wird.
2. Auf Anfrage der Notarkammer ist der Notar verpflichtet, über die Erfüllung seiner Fortbildungspflicht zu berichten.

XI.   Besondere Berufspflichten im Verhältnis zu anderen Notaren, zu Gerichten, Behörden, Rechtsanwälten und anderen Beratern seiner Auftraggeber

1.1. Der Notar hat sich kollegial zu verhalten und auf die berechtigten Interessen der Kollegen die gebotene Rücksicht zu nehmen.
1.2. Notare haben bei Streitigkeiten untereinander eine gütliche Einigung zu versuchen. Bleibt dieser Versuch erfolglos, so sollen sie eine gütliche Einigung durch Vermittlung der Notarkammer versuchen, bevor die Aufsichtsbehörde oder ein Gericht angerufen wird.
2.   Ist das Amt eines Notars erloschen oder wird sein Amtssitz verlegt, so ist der Amtsinhaber, dem die Landesjustizverwaltung die Verwahrung der Bücher und Akten übertragen hat (§ 51 BNotO), dazu verpflichtet, die begonnenen Amtsgeschäfte abzuwickeln.
3.1. Ein Notar, dessen Amt erloschen ist, ist verpflichtet, dem Notariatsverwalter für die Verwaltung das Mobiliar, die Bibliothek und die EDV (Hardware und Software) zu angemessenen Bedingungen zur Verfügung zu stellen.
3.2. Hat ein Notar, dessen Amt erloschen oder dessen Amtssitz verlegt worden ist, seine Bücher und Akten auch mittels elektronischer Datenverarbeitung geführt, so ist er verpflichtet, dem Notariatsverwalter und dem Notar, dem die Landesjustizverwaltung die Verwahrung seiner Bücher und Akten übertragen hat (§ 51 BNotO), den Zugriff auf die gespeicherten Daten (Dateien) kostenlos zu ermöglichen. Die Weitergabe der Datenträger bzw. die Bereithaltung der Daten (Dateien) zur Übertragung auf ein anderes System hat ebenfalls unentgeltlich zu erfolgen. Etwaige Kosten einer notwendigen Datenkonvertierung braucht der die Daten überlassende Notar nicht zu übernehmen.
3.3. Für einen vorläufig amtsenthobenen Notar gelten die Nummern. 3.1. und 3.2. entsprechend.
4.   Begibt sich der Notar nach Maßgabe des § 11a BNotO ins Ausland, unterstützt er einen im Ausland bestellten Notar oder nimmt er die kollegiale Hilfe eines im Ausland bestellten Notars in Anspruch, hat er seinen Kollegen in gebotenem Maß darauf hinzuweisen, welchen berufsrechtlichen Bestimmungen er selbst unterliegt.

Erläuterungen

Einleitung

Übersicht

I. Das Beurkundungswesen

Die Bedürfnisse der Rechtssicherheit fordern einen Formzwang für bestimmte Rechtsgeschäfte sowie die Klärung der dabei zu beachtenden Formen. Die Rechtsordnung regelt dafür das Beurkundungsverfahren und die Beurkundungszuständigkeit, ohne dass bisher eine einheitliche bundesgesetzliche Regelung geschaffen werden konnte.

Das **Beurkundungsverfahren** war eingehend im Gesetz über die Angelegenheiten der Freiwilligen Gerichtsbarkeit und im Bürgerlichen Gesetzbuch behandelt. Die Beurkundungszuständigkeit war stärker zersplittert. Lange Zeit standen die gerichtliche und notarielle Beurkundung, also die Zuständigkeit der Gerichte und Notare nebeneinander. Außerdem waren kraft Landesrechts sonstige Beamte, insbesondere im Grundstücksverkehr und Testamentsrecht zur Beurkundung befugt. Die Notarordnung – insbesondere in den Einführungsvorschriften im so genannten Maßnahmegesetz – und später das Beurkundungsgesetz von 1969 haben sich weitgehend um die ausschließliche Beurkundungszuständigkeit der Notare bemüht. Das wird unten näher behandelt.

Erwähnung bedürfen dabei die Befugnisse der deutschen **Konsularbeamten**[1], jetzt nach dem Konsulargesetz vom 11.09.1974 (BGBl I 2317): Man unterscheidet Berufskonsularbeamte, die als Deutsche bei den diplomatischen oder konsularischen Vertretungen der Bundesrepublik im Ausland bestellt sind, und Honorarkonsularbeamte, die (als Deutsche oder Ausländer) als Ehrenbeamte mit der Wahrnehmung konsularischer Aufgaben beauftragt werden. Die Konsularbeamten sind insbesondere befugt, Beurkundungen der verschiedensten Art vorzunehmen, sowohl Tatsachen und Vorgänge wie vor ihnen abgegebene Willenserklärungen oder eidesstattliche Versicherungen zu beurkunden, Abschriften, Unterschriften und Handzeichen zu beglaubigen, Verfügungen von Todes wegen zu beurkunden, auch Auflassungen entgegenzunehmen. Sie können Vernehmungen vornehmen, Eide abnehmen und Zustellungen durchführen. In besonderen Fällen dürfen sie auch Eheschließungen vornehmen sowie Geburten und Sterbefälle beurkunden. Die Einzelheiten ergeben sich aus dem Konsulargesetz. Bei Beurkundungen haben sie mit geringen Abweichungen das Beurkundungsgesetz zu beachten. Die von einem Konsularbeamten aufgenommenen Urkunden stehen den von einem inländischen Notar aufgenommenen Urkunden gleich (§ 10).

1 Siehe dazu *Geimer*, DNotZ 1978, 3.

II. Entwicklung des Notariatsrechts

4 In der Bundesrepublik gibt es derzeit ca. 11 000 Notare. Sie sind Organe der Rechtspflege auf dem Gebiet der vorsorgenden Rechtspflege.

5 Das Amt des Notars stammt aus **Italien**. Im klassischen Latein bezeichnet das Wort »notarius« den Mann, der die antike Stenographie, die Tironischen Noten, beherrschte und mit ihrer Hilfe auf den Urkunden wichtige weitere Notizen machte. Der italienische Notar saß auf dem Marktplatz und bot dem Publikum seine Dienste an. Die Notare waren früh zunftmäßig organisiert, und die Zünfte überwachten ihr Geschäftsgebaren; daraus erwuchs ein besonderes Vertrauen in ihre Aufzeichnungen; man sprach sogar von einer »Kunst des Notars« (ars notariatus). Das Notariat entwickelte sich jedenfalls zu einer Institution zur Beurkundung von Rechtsgeschäften und Rechtsakten mit öffentlichem Glauben.

6 Seit dem 13. Jahrhundert kam das Institut des Notariats als Folge und Förderung der **Rezeption des römischen Rechts** nach Deutschland[2]. Die Befugnisse eines Notars als eines privilegierten Gewerbetreibenden wurden vom Kaiser durch die Hofpfalzgrafen verliehen, teils auch vom Papst. Klagen über Missstände im Notariatswesen infolge Ernennung untauglicher Personen führten zu Maßnahmen der Reichsgewalt und unter Maximilian I. auf dem Reichstag zu Köln im Jahre 1512 zum Erlass der ersten Reichsnotarordnung: Sie gab dem Notariat ein festes Gefüge. Der Notar bedurfte einer Ernennung, die nach Prüfung seiner Vorbildung erfolgte.

7 Die Notarordnung regelte seine Gebühren, seine Haftung und enthielt schon Vorschriften über die Beurkundungsform. Die Urkunden der Notare hatten besondere Beweiskraft. Später konnten Notare auf besonderen Antrag nach einer zusätzlichen Prüfung beim Reichskammergericht als gerichtliche Hilfsorgane zugelassen werden. Die Pfalzgrafen ernannten bald regelmäßig nur solche Personen zu Notaren, die ein juristisches Studium abgeleistet hatten. Später kam es zu Einbrüchen der Landesherren in das Notariatsrecht und das kaiserliche Privileg der Notarbestellung, die die Reichsgewalt nicht mehr abwehren konnte.

8 In **Preußen** vollzog sich die entscheidende Entwicklung zur Ausgestaltung des Notariats als eines landesrechtlichen Instituts unter Verbindung mit der Advokatur zu Beginn des 18. Jahrhunderts. Im Jahre 1781 schuf Preußen eine Art beamteter Advokaten und außerdem sog. »Justizkommissare« zur außergerichtlichen Betreuung Rechtsuchender, wobei die Verbindung beider Ämter zu dem in Preußen üblichen Anwaltsnotariat führte. Allgemein ist erst im 19. Jahrhundert der Notar in eine dem Beamten ähnliche Stellung eingerückt. Nachdem der Deutsche Kaiser im Jahre 1806 die Kaiserkrone niedergelegt und damit das Heilige Römische Reich Deutscher Nation sein Ende gefunden hatte, regelten die deutschen Einzelstaaten in bunter Mannigfaltigkeit selbstständig die Rechtsverhältnisse des Notariats.

9 Von besonderem Einfluss war dabei das **französische Vorbild**: Die Französische Revolution führte zu einer völligen Neuordnung des Notariats, wobei das Notariat durch mehrere Gesetze zu einem auf Lebenszeit für einen bestimmten Amtsbezirk übertragenen öffentlichen Amt ausgestaltet wurde. Die staatliche Justizverwaltung ernannte die Notare nach den Bedürfnissen der Rechtspflege. Sie waren freiberuflich tätig, erhoben Gebühren, waren unabhängig und unabsetzbar; sie durften keine anderen Berufe neben dem Notariat ausüben, auch nicht den des Anwalts (Advokaten). Sie unterstanden staatlicher Aufsicht sowie der Beaufsichtigung einer in Notarkammern gegliederten Standesorganisation. Diese Notariatsordnung wurde nach der französischen Besetzung des Rheinlandes 1798 dort eingeführt. Damit galt dieses Notariatsrecht links des Rheins. Auch in Hamburg wurde es durch die französische Besatzungsmacht im Jahre 1810 eingeführt. Für die übrigen deutschen und außerdeutschen Länder wurde die französische Regelung ein stark beachtetes Vorbild. Bestrebungen zur Vereinheitlichung des deutschen Notariatsrechtes blieben lange Zeit erfolglos,

---

2 Über die Entwicklung des Notariats in Deutschland: *Conrad*, DNotZ 1960, 1; *Schmidt-Thomé*, DNotZ 1973, 261; *Seidl*, DRiZ 1959, 313; vgl. zum römischen Beurkundungsrecht *Frischen*, DNotZ 1992, 403 ff.

obwohl man die Vorzüge des Nurnotariats alsbald und allgemein anerkannte. Die deutschen Notartage von 1925 und 1929 hatten eingehende Vorschläge erarbeitet.

III. Die Reichsnotarordnung

Bis zur Jahrhundertwende hatten sich im Deutschen Reich landesrechtlich rund 15 **verschie-** 10 **dene Notarverfassungen** entwickelt. Die großen Gesetzgebungswerke der Jahrhundertwende hatten zwar im BGB sowie im Gesetz über die Freiwillige Gerichtbarkeit und die Grundbuchordnung Bestimmungen über das Urkundswesen und die Notwendigkeit der Heranziehung von Notaren gebracht. Das äußere buntscheckige Bild des deutschen Notariats blieb aber zunächst unberührt.

Die Notare wurden von den **Ländern** ernannt. Zur Ernennungsbehörde standen sie 11 durchweg in einem öffentlich-rechtlichen Verhältnis, dessen Art und Stärke recht verschieden war (Behördenstellung, Beamtenplanstelle, Gebührenbeamtentum, öffentliches Amt ohne Beamtencharakter). Die Dauer der Berufung oder Ernennung war ebenfalls unterschiedlich (auf Lebenszeit mit oder ohne Altersgrenze, für die Dauer der Zulassung als Rechtsanwalt oder sogar auf Widerruf). Auch der Inhalt des Notaramtes war sehr verschieden: Neben der reinen Urkundsbefugnis (z. T. sogar einem Urkundsmonopol) besaßen manche Notargruppen z. B. weitgehende richterliche Befugnisse auf dem Gebiet der freiwilligen Gerichtsbarkeit und der Vollstreckung. Der Amtsbereich (Amtsbezirk) war in manchen Ländern das Landesgebiet, in anderen der Oberlandesgerichtsbezirk, der Landgerichtsbezirk oder nur der Amtsgerichtsbezirk. Die Einhaltung der Amtsbezirksgrenzen gehörte zu den Dienstpflichten des Notars, teilweise war sie sogar Bedingung der Gültigkeit der Amtsgeschäfte.

Aufgrund des Dritten Gesetzes zur Überleitung der Rechtspflege auf das Reich vom 12 24.01.1935 (RGBl I 68) übernahm das **Reich als Träger der Justizhoheit** die gesamte Justiz mit allen Zuständigkeiten, Rechten und Pflichten, mit allen Justizbehörden und Justizbediensteten. Mit dem 01.04.1935 wurden die Justizbehörden der Länder Reichsbehörden, die Justizbeamten der Länder unmittelbare Reichsbeamte. Seit diesem Zeitpunkt waren die Behördennotariate daher Reichsbehörden, die beamteten Notare Reichsjustizbeamte und die wenigen nichtbeamteten Notare, die nach richtiger Auffassung auch bis dahin sämtlich Träger eines öffentlichen Amtes waren, Amtsträger des Reiches. Neuernennungen erfolgten seit jener Zeit durch die Reichsjustizverwaltung gemäß § 1a den Reichsbeamtengesetzes i. d. F. vom 30.06.1933 einheitlich unter Berufung in das Reichsbeamtenverhältnis. Zwar galten die landesgesetzlichen Notarordnungen subsidiär noch fort, jedoch setzte im Rahmen dieser Bestimmungen verstärkt eine weitgehende verwaltungsmäßige Ungleichung durch die Reichsjustizverwaltung ein. Eine einheitliche »Reichsnotarordnung« wurde sodann im Verordnungswege unter dem 13.02.1937 (RGBl. 191) erlassen. Diese sah zwar die Einführung des freiberuflichen Nurnotariats für ganz Deutschland vor, doch kam es zur restlosen Einführung infolge des Krieges (1939) nicht mehr. Im Übrigen hatte die Reichsnotarordnung (RNotO) lediglich bewährte Einrichtungen und Bestimmungen der verschiedenen Landesnotarordnungen zusammengefasst, aber Anregungen der Notartage berücksichtigt.

Nach dem Kriege und dem Zusammenbruch (1945) war die Justiz grundsätzlich wieder 13 **Länderangelegenheit**, also auch die Regelung der Notariatsverhältnisse; die Bundesrepublik erhielt allerdings die Kompetenz zur konkurrierenden Gesetzgebung (Art. 79 Nr. 1 GG). Das Grundgesetz fand folgende Regelung vor: Das Nurnotariat galt in Bayern, Hamburg, Rheinland-Pfalz, im Saarland und im linksrheinischen Teil von Nordrhein-Westfalen; in Baden-Württemberg bestand das Richter- bzw. beamtete Bezirksnotariat; in allen übrigen Ländern oder Landesteilen galt das Anwaltsnotariat.

Die Bundesregierung legte im Jahre 1957 ein **Gesetz über Maßnahmen auf dem Gebiete** 14 **des Notarrechts vor**, verzichtete aber leider wiederum auf eine Vereinheitlichung des Notarrechts in der Bundesrepublik, um nicht zu stark in eigenstaatliche Besonderheiten einzugreifen, die teilweise sogar grundgesetzlich garantiert waren (vgl. Art. 138 GG), und mit Rücksicht auf die bei einer Vereinheitlichung für die Beteiligten zu erwartenden wirtschaftlichen Schwierigkeiten.

IV. Die Bundesnotarordnung

15 Die Bundesnotarordnung beruht auf der **Reichsnotarordnung von 1937**[3] und ist deren Neufassung auf Grund der Änderungen durch das Gesetz über Maßnahmen auf dem Gebiet des Notarrechts vom 16.02.1961 (BGBl. I 77).

16 Die Bundesregierung legte erstmals am 11.01.1956 dem Bundestag den Entwurf eines Gesetzes über Maßnahmen auf dem Gebiete des Notarrechts vor, den der Bundestag aber nicht abschließend behandelte. Die Bundesregierung unterbreitete deshalb dem Bundestag in der nächsten Wahlperiode den nur unwesentlich geänderten Entwurf erneut.

17 Der Allgemeine Teil der amtlichen Begründung dieses Regierungsentwurfs besagte u. a. Folgendes:

Die **Reichsnotarordnung vom 13.02.1937** (RGBl. 191) beruht in ihren Grundzügen im Wesentlichen auf den Leitsätzen, die auf dem Notartag des Jahres 1925 aufgestellt worden sind, und auf einem von dem Berliner Rechtsanwalt und Notar Geh. Justizrat Dr. Oberneck ausgearbeiteten und auf dem Notartag von 1929 vorgetragenen Entwurf einer Reichsnotarordnung. Sie berücksichtigte die vor ihrem In-Kraft-Treten von den Ländern auf dem Gebiete des Notariatsrechts gesammelten Erfahrungen und stimmte mit den Bestrebungen des Notarstands überein. Da sie ferner bewährte Rechtseinrichtungen der Länder übernahm, stellte sie insofern ein von der allgemeinen Rechtsüberzeugung getragenes Berufsrecht der Notare dar. Das zeigt sich schon darin, dass sie mit ihren wichtigsten Ausführungs- und Ergänzungsverordnungen – abgesehen von einigen unwesentlichen durch die Kriegsverhältnisse gebotenen Maßnahmen – bis zum Zusammenbruch ohne bedeutsame Änderung geblieben ist. Auch in der Zeit, in der die Gesetzgebungsbefugnis auf dem Gebiet des Notarrechts bei den Ländern oder bei Zonenbehörden lag, wurde die Reichsnotarordnung bis auf die wenigen Bestimmungen, die nationalsozialistisches Gedankengut enthielten oder die aus sonstigen Gründen durch den Zusammenbruch unanwendbar geworden waren, weiterhin angewendet. Lediglich das Land Rheinland-Pfalz hat eine neue Notarordnung geschaffen. Aber auch diese hat eine sehr große Zahl ihrer Bestimmungen wörtlich aus der Reichsnotarordnung übernommen.

18 Es kann somit davon ausgegangen werden, dass die Reichsnotarordnung sich bewährt hat und daher eine grundlegende Umgestaltung des Notarrechts nicht erforderlich ist. Der Entwurf beschränkt sich daher im Wesentlichen auf die notwendigen Maßnahmen, die einer Bereinigung des Notarrechts dienen. Dabei sind aus der Reichsnotarordnung alle Vorschriften zu entfernen oder zu ändern, die von nationalsozialistischem Geist geprägt sind. Ferner muss der Änderung der staatsrechtlichen Verhältnisse, insbesondere der Rückübertragung der Justizhoheit auf die Länder, Rechnung getragen werden. Soweit es sich um die berufsständische Organisation der Notare handelt, muss die durch den Wegfall der Reichsnotarkammer nach dem Zusammenbruch entstandene Lücke geschlossen werden. Hand in Hand hiermit sollen die Fragen wieder bundeseinheitlich geregelt werden, bei denen nach dem Zusammenbruch in einzelnen Teilen der Bundesrepublik abweichende Vorschriften getroffen worden sind. Weiterhin erscheint es zweckmäßig, die bisher in Ausführungs- oder Ergänzungsverordnungen enthaltenen Rechtsvorschriften in die Notarordnung selbst zu übernehmen. Schließlich dient der Entwurf auch der Klarstellung von Rechtsfragen, die infolge von Maßnahmen, die in den Übergangszeiten nach der Kapitulation getroffen wurden, aufgetreten sind. Daneben spielen die Änderungen und Ergänzungen des Notarrechts, die auf Grund der bisherigen Erfahrungen bei der Anwendung der Reichsnotarordnung und der sie ergän-

---

3 Vgl. zur Entwicklung von der RNotO zur BNotO *Schippel*, DNotZ 1986, 24 ff.

zenden Vorschriften als notwendig oder doch zweckmäßig erkannt worden sind, nur eine geringe Rolle.

Der **Bundestag** überwies den Entwurf nach der ersten Lesung am 12.03.1958 dem Rechts- 19 ausschuss, der einen Unterausschuss unter dem Vorsitz des Abgeordneten Seidl, eines bayerischen Notars, einsetzte. Der Bundestag nahm das Gesetz in 2. und 3. Lesung am 26.10.1960 an.

Über die Beratungen im Bundestag heißt es im Bericht des Rechtsausschusses vom 20 18.10.1960 in einer allgemeinen Einleitung u. a. wie folgt:

Der **Entwurf der Bundesregierung** sieht von einer grundlegenden Umgestaltung des geltenden Notarrechts ab, da eine solche nicht erforderlich erscheint. Die Reichsnotarordnung hat sich im Allgemeinen bewährt. Sie wird nicht von ausgesprochen nationalsozialistischem Gedankengut getragen, sondern sie kann auch heute noch als ein grundsätzlich mit der allgemeinen Rechtsüberzeugung übereinstimmendes Berufsrecht der Notare angesehen werden. Sie wurde bis zum Zusammenbruch nicht wesentlich geändert. Dementsprechend konnte sich der Entwurf in erster Linie auf eine Bereinigung des Notarrechts beschränken.

Ein weiteres Ziel des Entwurfs liegt darin, die Fragen wieder einheitlich zu regeln, bei de- 21 nen in der Zeit, als die Gesetzgebungskompetenz bei den Ländern oder bei Zonenbehörden lag, die Rechtseinheit verloren gegangen war. Der **Entwurf** dient sodann der Rechtsvereinfachung, indem er vorsieht, die bisher in Ausführungs- oder Ergänzungsverordnungen enthaltenen Rechtsvorschriften in die Notarordnung selbst zu übernehmen. Daneben enthält er Änderungen und Ergänzungen des notariellen Berufsrechts, die sich auf Grund der bisherigen Erfahrungen bei der Anwendung der Reichsnotarordnung und der zu ihrer Ausführung und Ergänzung erlassenen Vorschriften als notwendig oder zweckmäßig erwiesen haben.

Eine der Kernfragen des Entwurfs, in der er zu einer wichtigen Abweichung von dem 22 nach der Reichsnotarordnung geltenden Recht gelangt, verdient hier jedoch besondere Hervorhebung: **die Notariatsverfassung**, insbesondere das Verhältnis des Nurnotariats zum Anwaltsnotariat innerhalb der Notariatsverfassung. Als die Reichsnotarordnung geschaffen wurde, war die Notariatsverfassung im Deutschen Reich nicht einheitlich. In Teilen des Reichs bestand das Nurnotariat, d. h. die Notare wurden zur hauptberuflichen Amtsausübung auf Lebenszeit bestellt. In anderen Teilen war das Anwaltsnotariat üblich, d. h. es wurden Rechtsanwälte für die Dauer ihrer Zulassung bei einem bestimmten Gericht zur nebenberuflichen Amtsausübung als Notare bestellt. Daneben gab es Gebiete, in denen außer Anwaltsnotaren auch Nurnotare bestellt werden konnten. Schließlich gab es noch (in Baden) das so genannte Richternotariat und (in Württemberg) das Bezirksnotariat. In kleinen Teilen des Reichsgebiets fehlte das Notariat sogar vollständig. Die Reichsnotarordnung hat sich auf Grund der vor ihrem In-Kraft-Treten mit den einzelnen Notariatsformen gemachten Erfahrungen eindeutig zur Trennung von Rechtsanwaltschaft und Notariat, d. h. zum reinen Nurnotariat, bekannt. Ihr Endziel war die Einführung des Nurnotariats im gesamten Reichsgebiet.

Da jedoch eine sofortige Durchführung dieses Grundsatzes aus praktisch-wirtschaftlichen 23 Gründen nicht möglich war, ließ die Reichsnotarordnung nicht nur alle bei ihrem In-Kraft-Treten vorhandenen Anwaltsnotare im Amt, sondern ließ auch »vorläufig« die Bestellung von Anwaltsnotaren weiterhin in den Gerichtsbezirken zu, in denen »nach der bisherigen Rechtsentwicklung ein Bedürfnis besteht«. Somit wurden bis zur Kapitulation in Gebieten, in denen vor In-Kraft-Treten der Reichsnotarordnung nur das Anwaltsnotariat bestand, neben Anwaltsnotaren auch Nurnotare bestellt.

Der Entwurf bringt hierin eine Änderung. Er sieht vor, dass in den Gerichtsbezirken, in 24 denen bei In-Kraft-Treten des Gesetzes über Maßnahmen auf dem Gebiete des Notarrechts das Amt des Notars nur im Nebenberuf ausgeübt worden ist, weiterhin ausschließlich Rechtsanwälte für die Dauer ihrer Zulassung bei einem bestimmten Gericht als Notare zu gleichzeitiger Amtsausübung neben dem Beruf des Rechtsanwalts bestellt werden.

Das **Anwaltsnotariat** soll also **nicht nur als Übergangserscheinung aufrechterhalten** 25 bleiben, sondern für die Zukunft wieder zu einer dem Nurnotariat gleichstehenden Form des Notariats werden. In dieser gegenüber dem geltenden Recht wesentlich stärkeren Ausgestaltung der Stellung des Anwaltsnotariats in der Notariatsverfassung soll nicht etwa eine

Wertung der verschiedenen Gestaltungsformen des Notariats zugunsten des Anwaltsnotariats gesehen werden, sondern der Entwurf trägt dadurch nur den gegenwärtigen tatsächlichen und wirtschaftlichen Verhältnissen in den Anwaltsnotargebieten Rechnung. Hier soll hervorgehoben werden, dass der Entwurf in die Sonderformen des Notariats im Lande Baden-Württemberg, die durch Artikel 138 GG gewährleistet sind, nicht eingreift.

26   Sowohl in den Beratungen des Unterausschusses als auch in den Beratungen des Rechtsausschusses wurde die Frage geprüft, ob es nicht möglich sei, schon jetzt eine **einheitliche Form des Notariats** für das gesamte Bundesgebiet einzuführen und das bisherige Nebeneinanderbestehen von Nurnotariat, Anwaltsnotariat sowie Richternotariat und Bezirksnotariat zu beseitigen. Der Ausschuss ist jedoch zu dem Ergebnis gekommen, dass dies zurzeit teils aus rechtlichen, teils aus anderen Gründen nicht erreichbar sei.

27   Rechtlich steht einmal **Artikel 138 GG** entgegen, der die Einrichtung des jetzt bestehenden Notariats »in den Ländern Baden, Bayern, Württemberg-Baden und Württemberg-Hohenzollern« gewährleistet. Im Übrigen müssen für die Frage, ob eine allgemeine Einführung des Nurnotariats oder Anwaltsnotariats im gesamten Bundesgebiet vorgenommen werden sollte, in erster Linie die Interessen der Rechtspflege maßgebend sein. Daneben dürfen auch wirtschaftliche Erwägungen und Zweckmäßigkeitsgründe nicht außer Betracht gelassen werden. Danach konnte sich der Rechtsausschuss nicht dazu entschließen, entsprechend den Bestimmungen der Reichsnotarordnung eine allgemeine Einführung des Nurnotariats im gesamten Bundesgebiet vorzuschlagen.

28   Maßgebend waren hierfür im Wesentlichen die von der Bundesregierung in der Begründung des Regierungsentwurfs (zu § 3 BNotO) angeführten Gründe tatsächlicher und wirtschaftlicher Art. Es besteht aber auch umgekehrt kein Anlass, das Nurnotariat, das historisch gewachsen ist, sich bewährt hat und wegen seiner klaren Trennung der begrifflich verschiedenen Tätigkeiten des Notars und des Rechtsanwalts gegenüber dem Anwaltsnotariat an den Vorzug verdienen dürfte, zu beseitigen oder einzuschränken. Soweit wirtschaftliche Erwägungen auch hierbei berücksichtigt werden müssten, wäre zu beachten, dass die Einführung des Anwaltsnotariats in den Nurnotariatsgebieten den Besitzstand nicht nur der bereits tätigen Nurnotare, sondern auch des Nachwuchses, der Notarassessoren, erheblich beeinträchtigen würde.

29   In diesem Zusammenhang ist die Frage geprüft worden, ob etwa der **Gleichheitsgrundsatz des Artikels 3 GG** den Staat verpflichte, das Notariat in allen Gebieten gleich zu gestalten. Unter Heranziehung der einschlägigen Rechtsprechung und Literatur sowie ihm vorliegender Rechtsgutachten hat der Ausschuss jedoch in Übereinstimmung mit der durchaus herrschenden Meinung diese Frage verneint. Mitbestimmend für den Entschluss des Rechtsausschusses, zurzeit auf eine einheitliche völlige Neugestaltung des Notariats zu verzichten, war schließlich auch die Erwägung, jetzt nicht einer Gestaltung vorgreifen zu wollen, die sich nach der Wiedervereinigung ergeben könnte.

30   Der Rechtsausschuss ist somit zu dem Ergebnis gelangt, dass es geboten erscheint, wie es der Regierungsentwurf vorsieht, daran festzuhalten, das Nurnotariat und das Anwaltsnotariat im bisherigen Umfange grundsätzlich nebeneinander bestehen zu lassen.

V. Ausführungsbestimmung

31   **Länderbestimmungen** ergänzen die Bundesnotarordnung. Es gibt Landesgesetze, Ausführungsverordnungen und ministerielle »Allgemeinverfügungen über die Angelegenheiten der Notare (AVNot).«

VI. Änderungen der Bundesnotarordnung

1. Das erste Gesetz zur Änderung der Bundesnotarordnung vom 07.08.1981 (BGBl. I **32** S. 803) änderte verschiedene Vorschriften. Es fügte insbesondere die Pflichtversicherung in das Gesetz ein und änderte einige Bestimmungen über das Disziplinarverfahren durch Vereinheitlichung.

2. Das zweite Gesetz zur Änderung der Bundesnotarordnung vom 29.01.1991 (BGBl. I **33** S. 150) brachte aufgrund der Entscheidung des BVerfG vom 18.06.1986 (1 BvR 787/80) gravierende Änderungen im Bereich der Zulassung zum Notaramt, die erstmals auf eine breite gesetzliche Grundlage gestellt wurde. Darüber hinaus hatte sich die Notwendigkeit ergeben, den Zugang zum Beruf des Anwaltsnotars im Sinne des § 3 Abs. 2 zu steuern, weil ansonsten ein Überangebot von Notaren vorhanden gewesen wäre und die wirtschaftliche Existenz überlebensfähiger Notariate in Frage gestellt worden wäre.

3. Das dritte Gesetz zur Änderung der Bundesnotarordnung ist am 08.09.1998 in Kraft **34** getreten und hat zu erheblichen Änderungen geführt (vgl. BGBl. I S. 2585). Es sind damit nicht nur Änderungen der Bundesnotarordnung verbunden gewesen, sondern auch solche des Beurkundungsgesetzes, letzterenfalls insbesondere im Bereich der sog. Mitwirkungsverbote nach § 3 BeurkG. Der Gesetzgeber hat damit u. a. auf eine Entscheidung des BVerfG vom 08.04.1998[4] reagiert, wonach die Sozietät zwischen Rechtsanwälten, die zugleich Notare sind, mit Wirtschaftsprüfern zulässig ist. Die Erweiterung der Möglichkeiten einer Sozietätsbildung muss spiegelbildlich zu den Mitwirkungsverboten gesehen werden, das heißt, die verschärften Mitwirkungsverbote wurden eingeführt, weil Sozietäten in erweitertem Umfang möglich sind. Die Mitwirkungsverbote verstoßen nicht gegen höherrangiges Verfassungsrecht (BVerfG, aaO). Das dritte Änderungsgesetz hat so gravierende Veränderungen beinhaltet, dass auch auf längere Sicht nicht mit einer grundlegenden Veränderung des notariellen Berufsrechts gerechnet werden muss.

4. Die Bundesnotarordnung gilt nunmehr auch in den neuen Bundesländern, also im sog. **35** Beitrittsgebiet, was ebenfalls Anliegen des dritten Änderungsgesetzes zur Bundesnotarordnung vom 31.08.1998 war. Damit ist in der gesamten Bundesrepublik Deutschland ein einheitlich geltendes Recht zur Berufsausübung der Notare hergestellt worden mit Ausnahme des Landes Baden-Württemberg, das insoweit teilweise eigenständige Regelungen enthält. Im Bereich des Landesteils Baden, also dem OLG-Bezirk Karlsruhe, gilt weiterhin nicht die Bundesnotarordnung; im württembergischen Landesteil, also dem OLG-Bezirk Stuttgart, gilt jenes Gesetz für die Anwalts- und Nurnotare, allerdings nicht für die Bezirksnotare.

5. Seit der letzten Auflage sind zahlreiche Änderungen der BNotO erfolgt, und zwar wie **36** folgt:
– §§ 78a–78c, wodurch ein zentrales Vorsorgeregister bei der Bundesnotarkammer eingerichtet wurde;
– Änderung der Vorschriften über die Besetzung der Notarsenate beim OLG und BGH;
– Ergänzung des § 15 Abs. 3 durch das Justizkommunikationsgesetz;
– Änderung der §§ 114, 115 über die Notariatsverfassung im badischen und württembergischen Rechtsgebiet;
– Änderung der §§ 96, 105 betreffend die Fortgeltung des früheren Disziplinarrechts der Länder und des Bundes;
– Änderung des § 24 sowie Einfügung des § 117b betreffend Regelung im Beitrittsgebiet;
– Neufassung des § 113 sowie Streichung des § 113a und Einfügung des § 119 bezüglich der Ländernotarkassen;
– Neufassung des § 67 V infolge Anerkennung der Notarkammern als Zertifizierungsstellen;

---

4 NJW 1998, 2269 = DNotZ 1998, 754 = ZNotP 1998, 295 = BB 1998, 1379 = LM H 10/1998 Art. 3 GrundR Nr. 146d = JZ 1998, 1062 m. Anm. *Henssler;* vgl. auch kritisch dazu *Lerch,* NJW 1999, 401.

– Änderung der §§ 3, 10, 47, 64a und 111 durch das Gesetz zur Stärkung der Selbstverwaltung der Rechtsanwaltschaft;
– Änderung der §§ 27, 93 durch Gesetz zur Neuregelung des Rechtsberatungsgesetzes (Rechtsdienstleistungsgesetz).

VII. Standeskodex

37 Für das notarielle Berufsrecht sind weiterhin von nicht unwesentlicher Bedeutung die **Richtlinienempfehlungen der Bundesnotarkammer vom 29.01.1999** (vgl. dazu DNotZ 1999, 258), die nur eine Richtung geben sollen für die Richtlinien der örtlichen Notarkammern nach § 67 Abs. 2, die nunmehr als Satzung verabschiedet sind. Darüber hinaus ist im Rahmen der europäischen Einigungsentwicklung eine Art Standeskodex empfohlen worden, der für den Geltungsbereich der BNotO verbindlich geworden ist[5].

---

5 Vgl. zum Text DNotZ 2003, 721 sowie *Schippel*, DNotZ 1995, 334; *ders.*, DNotZ 1999, 282; vgl. dazu auch § 14 Rz. 27.

Erster Teil   Das Amt des Notars

1. Abschnitt   Bestellung zum Notar

§ 1

Als unabhängige Träger eines öffentlichen Amtes werden für die Beurkundung von Rechtsvorgängen und andere Aufgaben auf dem Gebiete der vorsorgenden Rechtspflege in den Ländern Notare bestellt.

Übersicht

A. Entstehungsgeschichte der Vorschrift

Unter Einbeziehung eines Teils des § 2 Satz 1 RNotO bezeichnet er den Notar als unabhängigen Träger eines öffentlichen Amtes und kennzeichnet dadurch die Stellung des Notars innerhalb der Rechtspflege und seine Unabhängigkeit gegenüber der Staatsgewalt und dem Auftraggeber.   **1**

B. Erläuterungen

I. Allgemeines

Die Vorschrift umschreibt Aufgaben und Stellung des Notars innerhalb der Rechtsordnung und knüpft an § 2 RNotO an[1]. Sie garantiert dem Amtsinhaber **Unabhängig-**   **2**

---

1 Vgl. zur Entstehungsgeschichte der BNotO ausführlich *Schüler*, S. 31 ff.; *ders.* S. 220 ff. mit einer ausführlichen und zutreffenden Darstellung, dass das Anwaltsnotariat nur dadurch entstanden ist, dass Friedrich Wilhelm II. im Jahre 1783 die Anwälte abschaffte und zu Justizkommissären ernannte, denen dann auch notarielle Aufgaben übertragen wurden und schliesslich 1849 diese Justizkommissäre wieder Rechtsanwälte wurden, aber das Amt des Notars behielten. Die Verbindung ist wohl auch aufrechterhalten geblieben, weil ansonsten die Advokaten kein ausreichendes Einkommen gehabt hätten; vgl. dazu *Wiedemann*, S. 165, 179. Trotz des Endes der napoleonischen Herrschaft hat sich Preußen in den sog. Rheinprovinzen zurückhaltend gezeigt und das Notaramt französischer Prägung beibehalten, vgl. auch dazu *Schüler*, S. 220 f.; *Schwarz*, S. 73 ff.; ausführlich dazu auch *Wiedemann*, S. 160 ff.; *Schubert*, S. 272 ff.; zur wechselvollen Geschichte des Notarberufs und zur Abhängigkeit von politischen Situationen am Beispiel des Saarlandes vgl. *Schilly*, Festschrift 150 Jahre Landgericht Saarbrü-

keit[2] sowohl gegenüber der staatlichen Justizverwaltung als auch gegenüber den Recht-suchenden; darüber hinaus trifft sie die Aussage, dass der Notar originär staatliche Aufgaben wahrnimmt, und zwar innerhalb der vorsorgenden Rechtspflege, dass sein Amt ein öffent-liches ist, und dass das Amt durch die Landesjustiz verliehen wird. Es handelt sich dabei um den grundlegenden Leitsatz der BNotO und die Norm wird in fast allen Gerichtsentschei-dungen mit zur Begründung herangezogen. Sie gibt kaum Anlass für dogmatische Streitfra-gen, denn allenfalls der Begriff der vorsorgenden Rechtspflege ist bis heute nicht abschlie-ßend definiert.

II. Beschreibung der Aufgaben

3   1. Dem Notar obliegen danach **Aufgaben im Bereich der Beurkundung und andere im Bereich der vorsorgenden Rechtspflege**. Mit dem Merkmal »Beurkundung« wird auf den Hauptanteil der notariellen Tätigkeit zurückgegriffen und in § 20 (Zuständigkeit) sowie § 1 BeurkG (Verfahrensrecht) wiederholt. Der Gesetzgeber wollte damit nur zum Ausdruck bringen, dass der Notar primär im Bereich der Beurkundung, was gleichbedeutend mit »Be-zeugen von Tatsachen« ist, tätig wird als einem wichtigen Beispielsfall der vorsorgenden Rechtspflege. Die funktionelle Zuständigkeit des Notars begründen §§ 20–22a; das Verfah-rensrecht ist im BeurkG geregelt.

4   2. Als Auffangtatbestand wird die »**vorsorgende Rechtspflege**« genannt, ohne dass der Gesetzgeber eine Definition gibt, sondern die Ausfüllung dieses bereits auf das römische Recht zurückgehenden Begriffs der Wissenschaft überlässt. Es war im Wesentlichen der Ein-fluss der Bundesnotarkammer, die eine Definition im Gesetz verhinderte, weil die Abgren-zung noch nicht genügend geklärt sei[3]. Der Begriff ist inhaltlich nicht identisch mit »freiwil-liger Gerichtsbarkeit«, der dem Verfahrensrecht näher steht und negativ alles abgrenzt, was nicht zu »streitiger Gerichtsbarkeit« gehört. Dabei wird oft übersehen, dass die »freiwillige Gerichtsbarkeit« keine Erfindung des germanischen und letztendlich deutschen Rechtskrei-ses ist, sondern eher der französischen Rechtsordnung innewohnt, die stets die streitige von der freiwilligen Gerichtsbarkeit unterschied[4].

5   Dieser Gedanke der Trennung zwischen **streitiger und freiwilliger Gerichtsbarkeit** wird in fast allen Stellungnahmen auch auf europäischer Ebene nicht vertieft, was aber für die Stellung des Notars als »Organ der öffentlichen Rechtspflege« von Vorteil wäre, denn daraus lässt sich ohne Weiteres der Schluß ableiten, dass der Notar in die Gerichtsbarkeit und damit Justiz eingeordnet werden muss, ohne dass er gleichzeitig »öffentliche Gewalt« ausübt; jene ist dem Richter vorbehalten, der, ohne dass sich die Parteien freiwillig der Vollstreckung in einem Titel unterwerfen,durch seine Judikate unmittelbar Gewalt ausübt.

6   Einigkeit besteht dahin, dass mit **vorsorgender Rechtspflege** diejenigen Aufgaben ge-meint sind, die der Sicherung und Erleichterung des Rechtsverkehrs dienen, also im Wesent-lichen Beurkundungs- und Registerwesen[5]. Teilweise wird der Begriff der »vorsorgenden Rechtspflege« als gegenstandsoffen bezeichnet[6], was aber dogmatisch nicht sehr hilfreich er-scheint und wenig zur abschließenden Definition beiträgt.

---

cken, S. 87 ff.; S. 89 mit dem Hinweis, dass die Trennung zwischen streitiger und freiwilliger Gerichts-barkeit dem französischen Recht entstammt.

2 Das Merkmal der »Unabhängigkeit« war in früheren notariellen Berufsordnungen nicht enthalten und wird zum ersten Mal in § 1 BNotO erwähnt; vgl. dazu *Bilda*, S. 388; vgl. auch die Einzelheiten bei *Bohrer*, Rz. 140 ff.

3 Vgl. dazu *Reithmann*,Vorsorgende Rechtspflege, S. 2.

4 *Becker*, JuS 1985, 338, 343; *Wiedemann*, S. 120 ff., 160 ff. Die Notare hatten damals eine Art Mono-polstellung für die Herstellung von Urkunden mit öffentlichem Glauben und Vollstreckungsklausel und waren Staatsbeamte und den Gerichten gleichgestellt; der Staat behielt sich nur die Aufsicht vor; vgl. dazu *Weißler*, S. 43; *Conrad*, DNotZ 1960, 3, 20.

5 *Reithmann*, Vorsorgende Rechtspflege, S. 5, *Winkler*, Einl. Rz. 7, *Schippel/Bracker/Bracker* § 1 Rz. 5.

6 *Eylmann/Vaasen/Frenz*,§ 1 BNotO Rz. 11.

Davon zu trennen ist der weiter in diesem Bereich verwendete Begriff der »**Kautelarjuri- 7 sprudenz**«, denn darunter wird eine Methode der Rechtsanwendung verstanden. Es handelt sich dabei um eine Methode zur Förderung wirtschaftlicher Interessen durch Mitwirkung bei der Gestaltung und Sicherung privater Rechtsverhältnisse, also z. B. die Bestellung eines Wohnrechts, weil dem deutschen Recht ein dingliches Mietrecht unbekannt ist[7]. Gemeinsam ist allerdings allen drei Rechtsinstituten, dass sie ein gemeinsames Ziel verfolgen, auch wenn sich freiwillige Gerichtsbarkeit mehr vom Verfahren her ableitet, während die vorsorgende Rechtspflege mehr die Aufgabenstellung im Blickfeld hat. Konkreten Rechtsverhältnissen soll eine Ordnung verliehen werden, ohne dass dabei eine richterliche Streitentscheidung vonnöten ist. Der Kautelarjurist versucht es bereits im Vorfeld durch geschickte Formulierung; die vorsorgende Rechtspflege stellt das notwendige Instrumentarium zur Verfügung und die freiwillige Gerichtsbarkeit ein Verfahren, das notfalls eine Lösung herbeiführt.

III. Der Notar als Amtsinhaber

1. Allgemeines

Der Notar ist **Inhaber eines** vom Staat ihm übertragenen **Amtes**; er ist allerdings kein Be- 8 amter, wie der Wortlaut der Vorschrift eindeutig ergibt[8]. Der Staat kann ihm daher jederzeit die Kompetenz wieder entziehen und die Aufgaben selbst wahrnehmen; allerdings dürfte dies kaum parxisrelevant sein und wirft auch im Hinblick auf Art. 14 Abs. 1 GG verfassungsrechtliche Fragen auf, d. h. es müssten wegen des Übergangs sehr lange Fristen eingebaut werden. In dieser Beziehung ist der Notar eher dem Richter angenähert[9], der ebenfalls primär ein Amt ausübt und erst sekundär in einem öffentlich-rechtlichen Dienstverhältnis steht, aber nur deshalb, weil mangels einer besonderen gesetzlichen Regelung des Richteramtsverhältnisses subsidiär immer noch die beamtenrechtlichen Vorschriften entsprechend anwendbar sind (vgl. §§ 46, 71 DRiG). Der Richter genießt wie der Notar den Vorteil, dass er auf Lebenszeit ernannt wird und in eigener Person originäre staatliche Aufgaben wahrnimmt.

Das Amt des Notars ist ganz persönlich; es erlischt mit seinem Ausscheiden, insbesondere 9 seinem Tod.

2. Rechtslage in Baden-Württemberg

Nur in Baden-Württemberg gilt hinsichtlich der beamtengleichen Stellung des Notars eine 10 andere Regelung (§§ 114, 115). Als Amt in diesem Sinne bezeichnet man jede feste Institution, der der Staat einen begrenzten Teil seiner Funktionen übertragen hat. Der Notar ist der Inhaber eines solchen Amtes. Er steht dabei zum Staat nicht wie der Beamte in einem öffentlich-rechtlichen Dienstverhältnis, wohl aber in einem persönlichen, öffentlich-rechtlichen Treueverhältnis[10].

Nach § 2 gelten für ihn ausschließlich die Vorschriften dieses Gesetzes, soweit nichts an- 11 deres bestimmt ist. Trotzdem ist eine vorsichtige Verwertung von Grundsätzen des allgemeinen Beamtenrechts zur Auslegung der Bundesnotarordnung und zur Ausfüllung von Lücken möglich, weil immerhin sein Beruf dem öffentlichen Dienst sehr nahe gerückt ist und

---

7 *Reithmann,* 125 Jahre Bayerisches Notariat, S. 163 f.; in diesem Sinne auch *Jerschke,* Sonderheft DNotZ 1989, 21, 37.
8 BVerfGE 17, 371, 379 = DNotZ 1964, 424, 427, zur Stellung des Notars und seiner sozialen Funktion vgl. ausführlich *Baumann,* MittRhNotK 1996, 1 ff. Anders noch § 69 RNotO vom 13.02.1937, der den Notar dem »richterlichen Beamten« gleichstellte und das Disziplinarrecht jenes Berufsstandes auf Notare analog anwandte.
9 In diesem Sinne auch *Bohrer,* DNotZ 1991, 3, 6.
10 BVerfGE 17, 371, 377.

gewisse Ähnlichkeiten mit einem Beamtenverhältnis nicht geleugnet werden können[11]. Andererseits darf der Beruf des Notars wegen des öffentlich-rechtlichen Charakters nicht als »freier Beruf« wie der des Anwalts oder des Arztes bezeichnet werden, wenn auch die Tätigkeit des Notars dem freien Beruf angenähert ist[12]. Der Beruf des Notars ist aber jedenfalls kein Gewerbe (§ 2). Damit ist also weder die Gewerbeordnung anwendbar noch unterliegt der Notar unmittelbar der Gewerbesteuer.

3. Neue dogmatische Einordnung

12 Diese dogmatische Einordnung der Tätigkeit des Notars wird in letzter Zeit immer schwieriger, denn Notare versuchen sich auch auf anderem Gebiet zu betätigen. Dabei stellt sich nämlich die Frage, ob sie stets ein öffentliches Amt bekleiden oder mehr oder weniger nicht eher aufgrund privatschriftlicher Vereinbarungen tätig werden, was auch verfassungsrechtlich von Bedeutung ist. Ihre Tätigkeit wird aber ungeachtet dessen als »hoheitlich« oder kraft Inhaberschaft eines » öffentlichen Amtes« umschrieben, was so nicht richtig ist[13].

13 Ein Notar kann nur in der einen oder anderen Form tätig werden, denn ansonsten wird der Charakter der Aufgabengebiete miteinander vermengt, was auch schwierige versicherungsrechtliche Fragen aufwirft. Denn es stellt sich dann die Frage, ob noch eine Tätigkeit i. S. d. § 19 entwickelt wird, d. h. ob der Notar noch im Rahmen der ihm obliegenden Amtspflichten gehandelt hat oder wie ein privat Beauftragter. In der Literatur wurde auch teilweise schon früher die Tätigkeit des Notars als Beliehener[14] gewertet, aber nicht generell sondern nur partiell, nämlich insoweit, als er tatsächlich staatliche Aufgaben wahrnimmt.

4. Notar als Mediator

14 Die Tätigkeit als sog. **Mediator** – Sinn und Zweck sowie Erfolg sollen hier nicht näher untersucht, aber angezweifelt werden – sind vom Aufgabengebiet der BNotO nicht umfasst, weil sie sich nicht im Aufgabenkatalog der §§ 20–24 befinden; ausländische Rechtsordnungen sind in diesem Punkt eindeutiger, weil sie die Mediation ausdrücklich erwähnen[15]. Soweit der Notar Mediation betreibt und betreiben sollte, wird er sich umso stärker von der Ausübung »öffentlicher Gewalt« entfernen.

15 Eine ganz andere Frage bleibt, ob diese Tätigkeit des Notars noch von § 19 umfasst wäre, denn eindeutig werden insoweit durch den Notar keine Amtspflichten wahrgenommen; Mediation erfolgt aufgrund rein privatrechtlichen Auftrags durch Beteiligte, die den den Notar insoweit nicht um eine hoheitliche Tätigkeit ersuchen. Der Versuch, eine Tätigkeit des Notars als Mediator oder in anderen Aufgabenbereichen über § 1 zu rechtfertigen, was bisher dogmatisch noch nicht unternommen wurde, muss allerdings auch fehlschlagen, denn § 1 verleiht keine funktionelle Zuständigkeit, sondern ist nur die Rechtfertigung für den Staat, dass Notarstellen eingerichtet werden können.

---

11 BVerfGE 17, 371, 379; BVerfGE 54, 237.
12 BVerfGE 17, 381, 386; 54, 237.
13 So aber *Schippel/Bracker/Bracker*, § 1 Rz. 5.
14 So z.B. *von Heimburg*, S. 122 ff., die die Tätigkeit des Notars als »Organextern« und »kompetenzanteilig« einordnet.
15 Vgl. z. B. § 5 Abs. 4b NO für Österreich in der Fassung vom 01.01.2007; a. A. *Schippel/Bracker/Püls* Anhang § 24 Rz. 62, der einfach im Gegensatz zur Regelung in Österreich übersieht, dass in der entsprechenden Richtlinie der EU (KOM 2004, 718) die Notare sprachlich nicht erfasst sind und einen entsprechenden Niederschlag in der BNotO nicht gefunden hat. Der Gesetzgeber kann dieses Problem nur durch eine Aufgabenerweiterung in §§ 20–22 lösen; die Dogmatik geht hier für eine entsprechende Auslegung weit über ihre Grenzen hinaus und vermittelt dann eher den Eindruck, dass ein bestimmtes Ergebnis angestrebt wird. Dies ist ein methodisches Problem, dem die Praxis nicht mehr näher nachzugehen scheint. Grundsätzlich setzt sich die Rechtswissenschaft immer mehr dem Verdacht aus, ergebnisorientiert zu arbeiten und nicht mehr logisch-methodischen Grundsätzen folgend.

5. Unabhängigkeit des Notars

Im strafrechtlichen Sinn ist der Notar ein Amtsträger und wird wie ein Beamter behandelt: **16**
§ 11 Abs. 1 Nr. 2 StGB.

Die **Unabhängigkeit** des Notars ist ihm wie bei einem Richter von Gesetzes wegen ga- **17**
rantiert und als Recht und Anspruch ausgestaltet[16]. Dieses Merkmal der »Unabhängigkeit«
findet sich erstmals in der BNotO; vorhergehende Regelungen, wie z.B. die RNotO vom
13.02.1937, hatten die Unabhängigkeit des Notars noch nicht in das Gesetz aufgenommen.
Aus der Entstehungsgeschichte des § 1 BNotO ergibt sich, dass die Tatbestandsmerkmale
»unabhängiger Träger eines öffentlichen Amtes« verhältnismäßig spät in das Gesetz aufgenommen wurde[17].

Sie ist aber als Korrelat dazu gleichzeitig Inhalt der jedem Notar obliegenden Amtspflicht, **18**
d. h., er kann sich nicht nur gegenüber den Beteiligten und der staatlichen Justiz darauf berufen, sondern muss sich selbst Beschränkungen auferlegen und darf z. B. keine Regelung in
einem von ihm beurkundeten Vertrag zulassen, die einseitig einen am Vertrag Beteiligten begünstigen würde. Das Gesetz gewährleistet als Ausgleich für diese ernst zu nehmende Verpflichtung dafür die Bestellung auf Lebenszeit (vgl. § 3). Die Tätigkeit auf Lebenszeit ist
deshalb ebenso wie beim Richteramt kein besonderer Bonus, um den der Amtsinhaber be-
neidet werden müsste, sondern Ausfluss der vom Gesetz garantierten Unabhängigkeit[18].

Auch dem Notar werden wie dem Richter **persönliche und sachliche Unabhängigkeit** **19**
zugestanden. Die persönliche Unabhängigkeit manifestiert sich in der Bestellung auf Lebenszeit; sachliche Unabhängigkeit in der Tatsache, dass der Notar grundsätzlich keinen
Weisungen Dritter unterworfen ist, es sei denn, die Dienstaufsicht kann im Rahmen von
§§ 92 ff. gegen ihn Maßnahmen treffen. Die dritte bei dem Richteramt allgemein anerkannte
Variante, die sog. innere Unabhängigkeit[19], fällt bei einem Notar weniger ins Gewicht, denn
sie besagt inhaltlich, dass der Richter ständig seine eigenen Wertentscheidungen kritisch
überprüft und sich bei der Entscheidungsfindung nicht voreilig irgendwelchen gesellschaftlichen Veränderungen unterwirft. Bei einem Notar spielt dies eine untergeordnete Rolle, denn
er trifft keine endgültig verbindlichen Entscheidungen, sondern berät die Beteiligten und
kleidet ihre Vorstellungen in eine alle Streitfragen klärende Vertragsform, wenn er z. B. beurkundet.

In diesem Zusammenhang wird in der Literatur mehr oder weniger ausführlich das prak- **20**
tisch kaum relevante Thema der **Verfassungswidrigkeit von Gesetzen** und ihre Überprüfung durch den Notar erörtert[20], d. h., ob der Notar ebenso wie der Richter befugt und auf-
gerufen ist, eine Norm auf die Vereinbarkeit mit der Verfassung zu überprüfen, wofür diese
dem Richter bestimmte Verfahren zur Verfügung stellt (vgl. Art. 100 GG).

Dem Notar können derartige »Rechte« nicht zugestanden werden, denn einmal würde **21**
dies eher zu Rechtsunsicherheit führen und zum anderen gibt die Verfassung selbst nur dem
Richter die entsprechenden Instrumentarien an die Hand, so dass daraus wieder gefolgert
werden darf, dass auch nach materiellem Verfassungsrecht nur der Richter zur Vorlage an
das BVerfG befugt sein darf, bzw. in eigener Zuständigkeit die Norm zu überprüfen hat,

16 Vgl. dazu BGHR BNotO § 1 Notar 1; BGHR BNotO § 1 Unparteilichkeit 1; BGHR BNotO § 1
    Unparteilichkeit 2.
17 Vgl. dazu Kurzprotokoll der 99. Sitzung des Bundestages – Rechtsausschuß vom 17.03.1960, Bun-
    desarchiv Koblenz B 141/16891 Band 10 Bl. 111 R. Im Übrigen ergibt sich aus den schriftlichen Auf-
    zeichnungen, dass das Merkmal der »Unabhängigkeit« im Wesentlichen auf Wunsch der Notare ein-
    geführt wurde und diese beinhaltet jene gegenüber dem Staat, aber auch gegenüber den am Vertrag
    Beteiligten, vgl. *Schüler*, S. 159. Daraus lässt sich nur der Schluss ableiten, dass dem Merkmal zu-
    nächst keine große Bedeutung beigemessen wurde, dem aber später zu Recht eine gravierende zu-
    kam.
18 Vgl. zur geschichtlichen Entwicklung ausführlich *Höfer/Huhn*, Allgemeines Urkundenrecht,
    S. 45 ff.
19 Vgl. *Thomas*, S. 25; vgl. dazu auch *Godl*, S. 6 ff.
20 *Schippel/Bracker/Bracker,* § 1 Rz. 17; *Höfer/Huhn*, S. 50 f.

denn seine Entscheidung ist ihrerseits wieder durch höhere Instanzen überprüfbar, was bei notariellen »Entscheidungen« nicht ohne weiteres der Fall ist[21].

22 Der Notar erhält sein Amt von der staatlichen **Landesjustizverwaltung**, die dann auch die Dienstaufsicht über ihn führt (vgl. zum letzteren Merkmal die Kommentierung bei § 92). Das Gesetz stellt klar, dass weder der Bund noch die Gemeinden Notarämter übertragen dürfen.

23 Die **Position des Notars zu den Verfahrensbeteiligten** ist ebenfalls durch Unabhängigkeit diesen gegenüber geprägt, was nicht immer von allen Amtsinhabern rechtzeitig erkannt wird, so dass es dann zu Schwierigkeiten kommt. Der Notar erhält zwar oft einen Auftrag von einem Beteiligten, jedoch besteht allein daraus kein Anlass, ihn als Auftragnehmer oder gar Erfüllungsgehilfen anzusehen[22]. Dogmatisch und entwicklungsgeschichtlich ist der Ansicht zuzustimmen, die den Notar auf Grund der derzeitigen Rechtslage und der zurzeit geltenden Notariatsverfassung in fast allen Bundesländern nicht als vollkommen unabhängig ansieht, solange er einen beamtengleichen Status innehat[23]. Die Problematik ist aber nicht durch eine etwa unzureichende gesetzliche Regelung entstanden, sondern dadurch, dass auf Grund der hohen »Anwalts- und Notardichte« im Verhältnis zu den Einwohnern des der BNotO unterfallenden Rechtsgebiets eine wirtschaftliche Situation eingetreten ist, die den Notar zu Zweifeln Anlass gibt, wenn er aus Rechts- und Gewissensgründen ein Geschäft ablehnen muss, das ihm andererseits wirtschaftlich aber erhebliche Vorteile verschafft.

24 Ein gewissenhafter Notar darf hier erst gar nicht zweifeln, sondern hat sich für das Recht zu entscheiden. Deshalb hat die BNotO der Landesjustizverwaltung eine Handhabe zur Verfügung gestellt, dass nur so viele Notare bestellt werden, wie unbedingt notwendig und so ausgestaltet werden können, dass die Notariate wirtschaftlich überlebensfähig sind. Der Notar ist keinesfalls Erfüllungsgehilfe i. S. d. § 278 BGB, denn seine Eigenschaft als Amtsperson und die Ausgestaltung der Haftung durch § 19, die sich grundlegend von der anwaltlichen Haftung auf Grund Vertrags unterscheidet, zwingt zu diesem Ergebnis[24].

25 Das Amt des Notars ist auch ein **persönliches Amt**, und auch in diesem Punkt ist der Notar einem Richter gleichgestellt. Deshalb ist es nur folgerichtig, wenn sein Amt mit seinem Ausscheiden erlischt (vgl. im Einzelnen § 47). Die bereits schon früher geäußerten Zweifel an der Einrichtung des sog. Versorgungsnotariats sind inzwischen überholt, denn diese Möglichkeit besteht nunmehr auf Grund der geänderten Ausführungsverordnungen der Länder nicht mehr. Danach konnte ein jüngerer Notar das Amt eines älteren Kollegen übernehmen, obwohl in der Person des Übernehmenden die Voraussetzungen für die Übertragung eines Notaramtes noch nicht gegeben waren. Voraussetzung war nur, dass der ältere Kollege finanziell bedürftig war.

26 Ein einklagbarer **Anspruch auf Übertragung** eines solchen Amtes besteht nicht, sondern die Landesjustizverwaltung prüft im Rahmen des ihr eingeräumten Ermessens, ob sie einem Bewerber dieses Amt übertragen möchte. Auch hier besteht Parallelität zu dem übrigen öffentlichen Dienst[25]. Es existiert kein Rechtsanspruch auf Übertragung des Amtes gegenüber der Landesjustizverwaltung[26].

27 Die Tätigkeit des Notars hat stets den Charakter einer **Amtshandlung**, auch wenn ihn ein Beteiligter »beauftragt« tätig zu werden. Dann liegt seiner Tätigkeit kein Auftrag und kein Geschäftsbesorgungsvertrag zugrunde, denn der Notar hat stets zu prüfen, ob er die Tätigkeit auf Grund gesetzlicher Vorschriften (§ 14 BNotO, § 4 BeurkG) versagen muss. Damit korrespondiert die gesetzliche Notwendigkeit, seine Tätigkeit auf Grund der Vorschriften der KostO zwingend vergüten zu lassen, denn Honorarvereinbarungen oder gar

---

21 Im Ergebnis so schon *Seybold/Hornig*, § 1 Rz. 17.; in späteren Auflagen ist dieser Gedanke nicht mehr erörtert worden.

22 So auch BGH vom 20.10.1958 – III ZR 26/57 (unveröffentlicht); a. A. BGH vom 08.02.1974 – V ZR 21/72 (unveröffentlicht).

23 So zutreffend *Stürner*, JZ 1974, 154 ff.

24 In diesem Sinne auch BGHZ 76, 9 = DNotZ 1980, 496 = VersR 1980, 461.

25 Vgl. BGH DNotZ 1991, 91; DNotZ 1993, 59; NJW-RR 1994, 745; DNotZ 1996, 200; so auch *Weisbrodt*, DNotZ 1995, 825, 832.

26 BGHZ 124, 327, 330.

Nachlässe sind dem Notarrecht fremd. Es ist mehr ein dogmatisches, rechtstheoretisches Problem, ob die Belehrungs- und Beratungspflichten des Notars aus §§ 1 BNotO, 17 BeurkG resultieren oder aus § 14[27].

27 Wegen weiterer Einzelheiten vgl. jetzt umfassend *D. Winkler*, S. 17 ff.

§ 2

¹Die Notare unterstehen, soweit nichts anderes bestimmt ist, ausschließlich den Vorschriften dieses Gesetzes. ²Sie führen ein Amtssiegel und tragen die Amtsbezeichnung Notarin oder Notar. ³Ihr Beruf ist kein Gewerbe.

Übersicht

A. Entstehungsgeschichte der Vorschrift

1 § 2 Satz 1 entspricht sachlich § 1 Satz 2 RNotO. Er trägt in seiner Fassung lediglich dem Umstand Rechnung, dass die Notarordnung jetzt in der Form eines Gesetzes erlassen wird. Die Sätze 2 und 3 des § 2 finden sich sachlich bereits in § 2 Satz 1 und 3 RNotO.

B. Erläuterungen

I. Vorrang der BNotO

2 Die BNotO ist die **Grundbestimmung** für Notare. Das Gesetz sagt zwar, dass die Notare »ausschließlich« den Vorschriften dieses Gesetzes unterständen, muss aber gleichzeitig die Einschränkung machen, dass das nur gilt, soweit nichts anderes bestimmt ist. Natürlich gibt es eine Fülle weiterer Vorschriften, die für die Notare, ihr Amt und ihre Amtstätigkeit von Bedeutung sind.

3 Beispielsweise gelten folgende **Bestimmungen** weiter: die Bestimmungen des Strafgesetzbuches, insbesondere § 11 Abs. 1 Nr. 2 StGB, wonach die Notare Amtsträger im Sinne des Strafrechts sind, und auch § 353b StGB über die Strafbarkeit eines Bruchs der Amtsverschwiegenheit. Weiter finden sich in BGB und FGG sowie jetzt noch im Beurkundungsgesetz zahlreiche Bestimmungen über die Form notarieller Urkunden, über die Ausschließung von Urkundspersonen usw. FGG und GBO enthalten Vorschriften über das Recht des Notars, im Namen der Beteiligten Anträge einzureichen und Beschwerden zu erheben. Die Steuergesetze und Wirtschaftsgesetze enthalten mancherlei Bestimmungen über Mitteilungspflichten, Meldepflichten und ähnliche Beistandspflichten.

4 Soweit die Länder **Vorschriften des Datenschutzes** erlassen haben und diese auf die Notare anwenden, steht dem die grundsätzliche konkurrierende Gesetzgebung des Bundes nicht entgegen[1]. Der Notar trägt dieselbe Amtsbezeichnung, so dass die Verwendung des Wortes »Notariat« weiterhin nicht zulässig ist[2].

5 Darüber hinaus haben die Notare die **Vorschriften des Signaturgesetzes** zu beachten und müssen dem Anliegen eines Beteiligten elektronisch signieren zu wollen, nachkommen,

---

1 BGHR BNotO § 2 Satz 1 Datenschutz 1.
2 BGHR BNotO § 2 Satz 2 Amtsbezeichnung 1.

obwohl es sich von der Materie her gesehen um Vorgaben des Beurkundungsgesetzes handelt[3].

II. Amtssiegel

Ein **Amtssiegel** darf der Notar als Träger eines öffentlichen Amts führen. Die Ausgestaltung   6
des Amtssiegels ist in der Dienstordnung näher beschrieben. Die sorgfältige Verwahrung des
Dienstsiegels ist eine Amtspflicht des Notars, bei deren Verletzung Schadensersatzansprüche
bestehen können. Beim Erlöschen des Amts wird das Siegel nach § 51 Abs. 2 vom Amtsgericht vernichtet. Über die Regelung bei vorübergehenden Verhinderungen finden sich Bestimmungen in § 51 Abs. 4 und § 55.

III. Amtsschilder

Amtsschilder führen die Notare. Die Befugnis dazu sowie die Ausgestaltung des Schildes   7
sind näher in der Dienstordnung geregelt. Hat ein Land danach die Führung von Amtsschildern 16 Jahre hindurch geduldet, dann darf es die Führung nicht mehr verbieten[4].

IV. Kein Gewerbe

Das Notaramt ist kein **Gewerbe**. Denn der Notar ist Träger eines öffentlichen Amts. Das   8
wird hier im Gesetz nochmals ausdrücklich klargestellt und betont. Im Einzelnen siehe dazu
die Erläuterungen bei § 1. Die Neuregelung des § 29, wonach dem Notar in gewissem Umfang die Werbung für seinen Beruf erlaubt ist, gibt diesem noch nicht die Eigenschaft eines
Gewerbes. Im Übrigen geht die erlaubte Werbung auf eine Entscheidung des BVerfG zurück[5].

---

3 Vgl. aus der Literatur *Gassen/Wegerhoff,* Rz. 71 ff.; *Noack* S. 26 ff.; *Reese,* S. 33 ff.; *Püls,* NotBZ 2005,
305 ff.; *Malzer,* DNotZ 2006, 9 ff.; *Willer/Krafka,* DNotZ 2006, 885 ff.; *Gassen,* RNotZ 2007, 142 ff.;
Weikart, NotBZ 2007, 73 ff.; *Apfelbaum,* RNotZ 2007, 89 ff.; *Apfelbaum,* DNotZ 2007, 167 ff; vgl.
dazu jetzt auch *Bettendorf/Apfelbaum,* DNotZ 2008, 19 ff.
4 BGH DNotZ 1980, 708 = NJW 1981, 2466.
5 DNotZ 1998, 69 m. Anm. *Schippel;* a. A. noch BGH DNotZ 1997, 239.

§ 3

(1) **Die Notare werden zur hauptberuflichen Amtsausübung auf Lebenszeit bestellt.**

(2) **In den Gerichtsbezirken, in denen am 1. April 1961 das Amt des Notars nur im Nebenberuf ausgeübt worden ist, werden weiterhin ausschließlich Rechtsanwälte für die Dauer ihrer Mitgliedschaft bei der für den Gerichtsbezirk zuständigen Rechtsanwaltskammer als Notare zu gleichzeitiger Amtsausübung neben dem Beruf des Rechtsanwalts bestellt (Anwaltsnotare).**

(3) **(weggefallen)**

Übersicht

A. Entstehungsgeschichte der Vorschrift

1 Nach § 7 RNotO wurden die Notare zur **hauptberuflichen Amtsausübung** auf Lebenszeit bestellt. Ausnahmsweise konnten nach § 8 Abs. 2 RNotO auch Rechtsanwälte für die Dauer ihrer Zulassung bei einem bestimmten Gericht als Notare zu nebenberuflicher Amtsausübung bestellt werden. Danach sollten die Anwaltsnotare nur noch für eine Übergangszeit bestellt werden, weil die RNotO als Fernziel den Nurnotar anstrebte.

B. Erläuterungen

I. Allgemeines

2 Davon ist die **BNotO eindeutig abgerückt,** auch wenn nunmehr in den meisten Bundesländern das Nurnotariat eingerichtet ist. Andererseits bedeutet dies nicht, dass der Gesetzgeber das Anwaltsnotariat nur noch für eine Übergangszeit eingerichtet hat, sondern er stellt beide Formen gleich, ohne auch nur die eine oder andere zu bevorzugen. Eine andere Wertung lässt sich dem Gesetz nicht entnehmen, denn die Definition in Abs. 2, dass »Notare zu gleichzeitiger Amtsausübung neben dem Beruf des Rechtsanwalts bestellt werden können«, wertet den Anwaltsnotar nicht in der Weise ab, dass er nebenamtlich tätig ist, sondern die Formulierung ist sprachlich kaum anders möglich und bringt ansonsten zum Ausdruck, dass im Gebiet des Anwaltsnotariats die Tätigkeit als Notar zwangsläufig an die des Rechtsanwalts gebunden ist. Im Übrigen berücksichtigt sie, dass in der Regel der Arbeitsaufwand des Anwaltsnotars für seine anwaltliche Tätigkeit vielfach höher ist, als seine gleichzeitige im Bereich der vorsorgenden Rechtspflege.

Der Gesetzgeber hat aber bewusst davon abgesehen, das **Anwaltsnotariat** über die bereits bestehenden Bezirke hinaus auszudehnen, obwohl sich in den Neuen Bundesländern das Anwaltsnotariat wegen der preußischen Tradition angeboten hätte, denn jener Bereich ist wegen seiner großen Entfernung zu Frankreich kein klassischer des Nurnotariats. **3**

Es steht im verfassungsgerichtlich nicht überprüfbaren Ermessen des Gesetzgebers, wie er die Aufgaben der freiwilligen Gerichtsbarkeit organisiert und welcher Institution er sie anvertraut. Es wäre deshalb zulässig, sie ganz wieder der Justiz zu übertragen[1]. Eine andere, bisher nicht untersuchte und auch hier wegen des Umfangs nicht zu erörternde Frage ist, ob es eine Grenze für die Übertragung auf andere Amtsträger gibt, d.h. einen Kernbereich, den sich der Staat vorbehalten lassen muss. Dieses Problem ist bis heute dogmatisch nicht aufbereitet. **4**

II. Die Notariatsverfassung

1. Geschichtliche Entwicklung

Die Notariatsverfassung findet sich in dieser Vorschrift, die die Grundsätze über die Ausgestaltung des Notaramtes enthält. **5**

Entgegen den Vorstellungen der Reichsnotarordnung kennt also die Bundesnotarordnung zwei große Gruppen von Notaren, die Nurnotare und die Anwaltsnotare. **6**

Das **Anwaltsnotariat** hat sich in **Preußen** entwickelt, während das Nurnotariat im Rheinland und in Süddeutschland bestand. Es hat gerade in der Zeit zwischen 1816 und 1920 viele Denkschriften gegeben, in denen diese Frage diskutiert wurde; die Zahl der Anhänger zwischen der Trennung und der Verbindung mit dem Beruf des Rechtsanwalts ist etwa gleich groß[2]. Für die Verbindung sprechen ebenso viele Argumente wie dagegen. **7**

Daneben gibt es das so genannte Beamtennotariat in zwei Formen: Württemberg hat beamtete Bezirksnotare, die zugleich Funktionen auf die Gebiet des Nachlassgerichts, des Vormundschaftswesens und Grundbuchwesens wahrnehmen; Baden kennt ein Beamtennotariat in Form staatlicher Notariatsbehörden, die mit mehreren Notarbeamten – mit der Befähigung zum Richteramt – besetzt sind und zugleich Aufgaben des Grundbuchamtes, Nachlassgerichts und Vollstreckungsgerichts ausüben. **8**

In Bayern war der Notar bis zur Reichsnotarordnung nach dem bayerischen Notariatsgesetz von 1861 bzw. 1899 staatlicher Beamter, der aber die Gebühren selbst erhielt, wobei der Staat ein Mindestgehalt garantierte, also unter Umständen zuzahlte, und zwar zuletzt bis zum Gehalt eines Amtsrichters. Auch Oldenburg hatte bis 1937 beamtete Notare. **9**

Diese **verschiedenen Notariatsformen**, sogar innerhalb eines Landes oder desselben Oberlandesgerichtsbezirks, verstoßen nicht gegen das Grundgesetz, insbesondere nicht gegen den Gleichbehandlungsgrundsatz, weil für den Gesetzgeber schon wegen der wirtschaftlichen Schwierigkeiten bei einer Umstellung für die vorhandenen Notare ausreichend sachliche Gründe dafür vorliegen, diesen natürlich gewachsenen Zustand fortbestehen zu lassen. Ein Verstoß gegen Artikel 3 GG liegt also insoweit nicht vor[3]. **10**

Die Rechtslage ist lediglich gebietsweise verschieden, aber dann jeweils für alle Bewerber gleich geregelt. Die teilweise Beibehaltung partikularistischer Rechtsunterschiede im Rahmen einer bundeseinheitlichen Regelung des Berufsrechts kann nicht als sachfremde und willkürliche Regelung beanstandet werden, soweit sie sich aus der historischen Entwicklung erklärt und vernünftige Erwägungen, die sich aus der Natur der Sache ergeben, für eine Beibehaltung regionaler Abweichungen sprechen. Ebenso wenig können gegen die Beibehal- **11**

---

1 So völlig zutreffend *Schippel/Bracker/Bracker*, § 3 Rz. 12; ansatzweise auch *Eylmann/Vaasen/Schmitz-Valckenberg*, § 3 BNotO Rz. 9.
2 Vgl. dazu die Nachweise bei *Schubert*, S. 272 ff.
3 BVerfG 17, 381.

tung des Nebeneinanderbestehens von Nurnotariat und Anwaltsnotariat in verschiedenen Gerichtsbezirken Bedenken erhoben werden.

12   Das Grundgesetz rechnet selbst (**Art. 138 GG**) mit unterschiedlichen Notariatsverfassungen. Mit Rücksicht auf diese Vorschrift des Grundgesetzes, welche die Änderung der Einrichtungen des bestehenden Notariats in den Ländern Baden-Württemberg und Bayern an die Zustimmung der Regierungen dieser Länder bindet, kann es nicht als willkürlich angesehen werden, wenn der Gesetzgeber in anderen Ländern ebenfalls unterschiedliche Regelungen des Notariats bestehen lässt.

13   Auch in sachlicher Beziehung kann es nicht als offensichtlich verfehlt bezeichnet werden, dass die BNotO das Nurnotariat in seinem bisherigen Geltungsbereich aufrechterhalten hat; damit wird dem Interesse der rechtsuchenden Bevölkerung, wie ein geschichtlicher Rückblick beweist, sowohl mit dem Nurnotariat als auch mit dem Anwaltsnotariat ausreichend Rechnung getragen, so dass eine geordnete Betreuung auf dem Gebiet der vorsorgenden Rechtspflege nicht von einer bestimmten Form des Notariats abhängt[4].

14   Ob der Gesetzgeber zweckmäßiger gehandelt hätte, wenn er in Anbetracht der bekannten, auch vom Rechtsausschuss des Bundestages bei Beratung der Bundesnotarordnung betonten Vorzüge des Nurnotariats umgekehrt das Anwaltsnotariat gänzlich abgeschafft hätte, ist für den Gleichheitssatz ohne Bedeutung, denn Art. 3 GG verbürgt nicht, dass der Gesetzgeber jeweils die allerzweckmäßigste Lösung trifft. Es bestehen keine durchgreifenden verfassungsrechtlichen Bedenken gegen die gleichzeitige Existenz verschiedener Notariatsformen[5].

2. Die einzelnen Notariatsformen

15   **Ländermäßig** ist die Regelung jetzt Folgende:
Baden-Württemberg: Anwaltsnotare, Nurnotare sowie daneben in Württemberg beamtete Bezirksnotare und in Baden das Beamtennotariat,
Bayern: Nurnotare,
Berlin: Anwaltsnotare,
Brandenburg: Nurnotare,
Bremen: Anwaltsnotare,
Hamburg: Nurnotare, abgesehen von den nach früherem Recht im früheren preußischen Gebiet (Altona usw.) bestellten Anwaltsnotaren (vgl. § 116 Abs. 2),
Hessen: Anwaltsnotare,
Mecklenburg-Vorpommern: Nurnotare,
Niedersachsen: Anwaltsnotare,
Nordrhein-Westfalen: Nurnotare im Gebiet des früheren rheinischen Rechts, nämlich im OLG-Bezirk Köln und Düsseldorf mit Ausnahme der Bezirke des LG Duisburg und AG Emmerich; in den übrigen Landesteilen Anwaltsnotare,
Rheinland-Pfalz: Nurnotare, abgesehen von den nach früherem Recht bis 1949 bestellten Anwaltsnotaren (vgl. § 116 Nr. 2),
Saarland: Nurnotare,
Sachsen: Nurnotare,
Sachsen-Anhalt: Nurnotare,
Schleswig-Holstein: Anwaltsnotare,
Thüringen: Nurnotare.

16   Bei Einführung der Bundesnotarordnung fand der Gesetzgeber eine Vielfalt verschiedener Notariatsformen vor, die selbst innerhalb der einzelnen Bundesländer nicht immer einheitlich waren, nicht einmal innerhalb aller Oberlandesgerichtsbezirke. Das erklärt sich aus der geschichtlichen Entwicklung der zu den späteren Bundesländern zusammengefassten Gebiete, in denen das Notariatswesen über die Jahrhunderte hinweg verschieden gestaltet war.

---

4 BGH DNotZ 1965, 239.
5 So schon BGHZ 37, 179 = NJW 1962, 1914; BGHZ 38, 228; vgl. auch BVerwG DNotZ 1962, 149.

Die **Reichsnotarordnung vom 13.02.1937** hatte sich noch zum Ziel gesetzt, das Notari- **17**
atswesen zu vereinheitlichen, und zwar durch Einführung des Nurnotariats im gesamten
Reichsgebiet, was nicht gelungen ist. Der Bundesgesetzgeber nahm dieses Ziel nicht auf. Eine Vereinheitlichung der Notariatsverfassung wäre schon durch den in Art. 138 GG für einzelne Länder enthaltenen Vorbehalt auf rechtliche Schwierigkeiten gestoßen. Wirtschaftliche
Erwägungen, Zweckmäßigkeitsgründe u. a. politischer Art spielten dabei eine Rolle.

Die Bundesnotarordnung hat dazu die verschiedenen Notariatsverfassungen fortgeschrie- **18**
ben. Deshalb ist die Bezugnahme in § 3 Abs. 2 BNotO auf die »Gerichtsbezirke« am Stichtag des 01.04.1961 (dem In-Kraft-Treten der Bundesnotarordnung) rein räumlich zu verstehen, also damit das Gebiet der Gerichtsbezirke in seiner damaligen Ausdehnung gemeint.

Diese Grenzen waren damals eindeutig und sind auch heute noch klar zu ziehen. Sie **19**
konnten von den Ländern für die Gerichtseinteilung etwa aus organisatorischen Gründen
geändert werden. Auf die Notariatsverfassung im historischen Rahmen, d. h. in den Gebieten mit den am 01.04.1961 bestehenden Grenzen, konnte das aber keinen Einfluss haben.

Die Entscheidung der Landesjustizverwaltung, welche Notariatsform eingerichtet werden **20**
soll, ist eine mehr oder weniger politische Entscheidung. Es gibt keinen Rechtsanspruch auf
Einführung einer bestimmten Notariatsform, wie dies möglicherweise in Baden-Württemberg diskutiert werden könnte, wo vier verschiedene Formen des Notaramtes nebeneinander
existieren. Die Frage, ob einer bestimmten Form der Vorzug einzuräumen ist, kann allenfalls
bei Amtspflichtverletzungen und damit bei Haftungsfragen eine Rolle spielen[6]. Es bestün-
den keine rechtliche Bedenken gegen die Einführung des Anwaltsnotariats im Teil Baden
des Landes Baden-Württemberg[7]. Soweit eine räumliche Neuordnung stattfindet und Gebiete, die dem Nurnotariat vorbehalten sind, nunmehr ein geographisches Gebiet werden,
indem auch Anwaltsnotare tätig sein dürfen, können die bisher in dem Bezirk tätigen Nurnotare keine verfassungsrechtlichen Verstöße mit Erfolg geltend machen[8].

a) Nurnotare

Dieser Notar übt sein Amt **hauptberuflich** aus und wird dazu an einem bestimmten Sitz auf **21**
Lebenszeit bestellt. Das Gesetz nennt ihn »einen zur hauptberuflichen Amtsausübung bestellten Notar« (vgl. §§ 7, 52 Abs. 2). Für Nebentätigkeiten bedarf er der Genehmigung nach
§ 8. Das Gebot hauptberuflicher Tätigkeit und das Verbot des § 8 zur gleichzeitigen Ausübung eines besoldeten Amtes führen dazu, dass der Inhaber eines anderen besoldeten Amtes nicht zum Notar ernannt werden darf; das gilt nicht für Ruhestandsbeamte, die kein
»Amt« innehaben; für sie galten aber andere Gesichtspunkte für die Ablehnung einer Bewerbung.

b) Anwaltsnotare

Der Anwaltsnotar ist **Notar im Nebenberuf**, nämlich neben dem Beruf eines Rechts- **22**
anwalts. Aus einem Umkehrschluss zu §§ 3 Abs. 2, 116 ergibt sich nicht, dass im Teil Baden
des Landes Baden-Württemberg die Einführung des Anwaltsnotariats unzulässig wäre, denn
der Gesetzgeber hatte zwar die Einführung des Nurnotariats ebenso wie der der Reichsnotarordnung angestrebt, aber auch geduldet, dass die bereits von den Landesjustizverwaltungen vor Geltung der Bundesnotarordnung bestellten Anwaltsnotare weiterhin dieses
Amt ausüben, weil er ansonsten mit verfassungsrechtlichen Vorgaben im Hinblick auf
Art. 12 Abs. 1, 14 Abs. 1 GG in Konflikt geraten wäre.

---

6 Vgl. dazu *Sandweg*, BWNotZ 1997, 1, der der Frage nachgeht, inwieweit staatliche Notariate noch
  den heutigen Anforderungen einer leistungsorientierten Wirtschaftsgesellschaft entsprechen; kritisch
  dazu *Bühler*, BWNotZ 1997, 51. Die Entwicklung des Notariats in Württemberg beschreibt *Keller*,
  BWNotZ 2001, 49 ff.
7 Vgl. dazu § 3 Rz. 29. Vgl. zur geschichtlichen Entwicklung des Notaramtes in Baden, Festgabe 100
  Jahre Badischer Notarverein, 2000.
8 BGHZ 68, 252, 258.

23   Dies bedeutet nicht, dass die Bundesnotarordnung im Jahre 1961 endgültig habe festlegen wollen, welche Notariatsform als übernommen geduldet würde und welche im Anschluss daran nur noch allein zulässig wäre. Es ist die alleinige Entscheidungsbefugnis des Landesgesetzgebers, welchem Amtsträger er diejenigen Aufgaben übertragen möchte, die eigentlich zur staatlichen Verwaltung zählen, ob diese nun durch die Nurnotare oder durch Anwaltsnotare ausgeübt werden sollen.

24   Unabhängig davon durfte der Gesetzgeber im sog. Beitrittsgebiet eine völlig freie Entscheidung treffen, welcher Notariatsform er den Vorrang einräumt, weil in den fünf neuen Ländern infolge des Untergangs der DDR und wegen der Unterschiedlichkeit der Rechtssysteme keine rechtsstaatlichen Vorgaben vorhanden waren wie bei der Verabschiedung der Bundesnotarordnung im Jahre 1961.

25   Zu nebenamtlichen Notaren können nur Rechtsanwälte mit der Befähigung zum Richteramt bestellt werden (§ 5). Der Notar wird für die Dauer seiner Zulassung als Anwalt bei einem bestimmten Gericht berufen. Die Beendigung der Zulassung bei diesem Gericht bewirkt den Verlust des Amtes als Notar. Umgekehrt bewirkt die Entfernung aus dem Amt des Notars im Strafverfahren zugleich den Ausschluss aus der Anwaltschaft.

26   Allerdings kann ein Bewerber nicht zum Anwaltsnotar bestellt werden, wenn er sich in einem abhängigen sozialversicherungs- rechtlichen Anstellungsverhältnis zu einem Dritten befindet[9]. Die Ernennung zum Notarassessor setzt zwingend voraus, dass der Bewerber nur den Beruf des Notars ausüben möchte und nicht gleichzeitig den Beruf des Rechtsanwalts[10]. Eine Justizverwaltung handelt nicht ermessensfehlerhaft, wenn sie eine freigewordene Stelle des Nurnotars nicht unbedingt dessen Sohn »weiterüberträgt«[11].

c) Das Amtsnotariat

27   Diese Form besteht noch in **Baden-Württemberg**. Für dieses Land ist der alte Rechtszustand der Länder Baden (OLG Karlsruhe) und Württemberg (OLG Stuttgart) mit gewissen Besonderheiten nach §§ 114, 115 aufrechterhalten. Die in diesen Bezirken tätigen beamteten Notare sind zugleich für gewisse Aufgaben des Grundbuchamtes, des Nachlassgerichts des Vormundschaftsgerichts und des Zwangsversteigerungsrichters zuständig. Eine Einführung der Bundesnotarordnung hätte hier organisatorische weitere Arbeiten gefordert, die man – leider – damals vermeiden wollte, zumal eine Änderung des Rechtszustandes nach Art. 138 GG stets von einer Zustimmung des Landes Baden-Württemberg abhängig ist. Im OLG-Bezirk Karlsruhe waren allerdings 1945 durch die Militärregierung zur Befriedigung des ersten Bedürfnisses 12 Anwälte zu Notaren bestellt; diese behielten, soweit sie überhaupt noch tätig waren, die Stellung von Anwaltsnotaren im Sinne der Notarordnung (Art. 4 Maßnahmegesetz).

28   Im Jahre 1975 hat Baden-Württemberg nach Ermächtigung durch den Bundestag durch Gesetz vom 17.12.1974 – BGBl I 3662 – durch ein neues **Landesgesetz über die Freiwillige Gerichtsbarkeit** – LFGG – vom 12.02.1975 – GBl S. 116 – eine gewisse Bereinigung und Vereinheitlichung der Freiwilligen Gerichtsbarkeit einschließlich des Grundbuchrechts und des Notarrechts vorgenommen, dabei allerdings die Notariatsverfassung noch unverändert gelassen.

aa) Besonderheiten im Oberlandesgerichtsbezirk Karlsruhe (Baden)

29   Dort gilt nicht die BNotO (vgl. § 115 Abs. 3).Allerdings können im dortigen Bezirk nunmehr neben den Notaren im Landesdienst auch sog. Nurnotare nach § 3 Abs. 1 bestellt werden. Der Vorbehalt nach Art. 138 GG, dass nämlich ein Eingriff in die Notariatsverfassung des Landes Baden-Württemberg nur mit Zustimmung des Landes möglich war, ist nunmehr insoweit gefallen, als die **Landesregierung ermächtigt** war einer Veränderung zuzustim-

---

9 OLG Celle NdsRpfl. 1995, 246 f.
10 BGHZ 38, 208, 213.
11 BGHZ 84, 52, 56.

men, was zwischenzeitlich erfolgt ist. Die Bestimmung des GG enthielt keinen Parlamentsvorbehalt[12].

Die Rechtsprechung hat insoweit die Änderung der Notariatsverfassung gebilligt[13]. Angesichts des eindeutigen Wortlautes des Art. 138 GG dürften an der Richtigkeit der insoweit gewonnenen Erkenntnisse keine Zweifel bestehen. Der eng gefasste Wortlaut lässt keinen Raum für eine andere Auslegung und gibt wiederum zu erkennen, wie staatlich eng das Amt des Notars mit der Landesjustizverwaltung verknüpft ist, weil ansonsten in Art. 138 GG ein Parlamentsvorbehalt eingebaut worden wäre und nicht nur ein solcher für die Exekutive. Es gibt auch keine aus dem Verfassungsrecht ableitbare Maxime, dass hier der Gesetzgeber tätig werden müsste, denn die notariellen Amtshandlungen sind in erster Linie Maßnahmen der Ausführung von Gesetzen; letztendlich ist die Anwendung der Norm in einem konkreten Fall mehr der Exekutive zuzuordnen. Ein sog. Parlamentsvorbehalt kann auch § 115 nicht entnommen werden[14].   **30**

Im badischen Rechtsgebiet, das weitgehend dem Bezirk des OLG Karlsruhe entspricht, können allerdings nur solche Bewerber zu Notaren bestellt werden, die die Befähigung zum Richteramt haben und nicht lediglich Bezirksnotare sind[15]. Es drängt sich der Eindruck auf, dass die Landesjustizverwaltung in Baden-Württemberg eher daran interessiert ist, die Laufbahnen der Bezirksnotare zu beenden und durch »Volljuristen« zu ersetzen. Sollten jetzt im badischen Rechtsgebiet auch Bezirksnotare tätig werden können, ginge die Entwicklung in die entgegengesetzte Richtung.   **31**

Im Übrigen hat nunmehr die Rechtsprechung[16] klargestellt, dass die bisher tätigen Notare im Landesdienst keinen verfassungsrechtlich abgesicherten Anspruch auf ihr bisheriges Urkundenaufkommen und deshalb auch keinen derartig abgesicherten Anspruch auf das bisherige Gebührenaufkommen haben. Den Notaren bleibt auch weiterhin ein Gehalt der entsprechenden Besoldungsstufe für Richter erhalten, so dass die Aufstockung durch zusätzliche Gebühren nicht unbedingt durch die Verfassung abgesichert ist[17]. Andernfalls wäre auch der Staat ständig an eine bestimmte Notariatsverfassung gebunden; es muss nur darauf geachtet werden, dass die bisherigen Einkommensstrukturen nicht nachhaltig geändert werden. Badische Amtsnotare können sich nicht mit Erfolg dagegen wehren, dass das Land im Landesteil Baden sog. freie Notarstellen ausschreibt[18].   **32**

Die **badischen Notariate** stammen aus der Zeit um Anfang des 19. Jahrhunderts. In den Markgrafschaften Baden-Durlach und Baden-Baden hatte die freiwillige Gerichtsbarkeit seit der Karolingischen Zeit bei den Gemeinden gelegen. Die Ausübung dieser Rechtspflege hatten im Laufe der Zeit Stadt- und Amtsschreiber übernommen, denen in bestimmtem Umfang Beurkundungen oblagen. Durch Reskript vom 26. November 1809 wurden anstelle der früheren Stadt- und Amtsschreiber für die Geschäfte der gesamten freiwilligen Gerichtsbarkeit neue staatliche Behörden, die sog. Amtsrevisorate, geschaffen, denen auch das Beurkundungswesen übertragen wurde. Damit waren die Aufgaben der freiwilligen Gerichtsbarkeit und der Beurkundung erstmals in einer Behörde vereinigt. Die Amtsrevisoren waren vom Großherzog angestellte Beamte mit eigener Kanzlei. Ihnen wurden nach Erlass der »neuen Notarordnung« vom 25. November 1841 »Distriktsnotare« beigegeben, die vom Justiz-   **33**

---

12 Vgl. dazu kritisch *Löwer*, Festgabe 100 Jahre Badischer Notarverein, S. 284 ff.; vgl. weiterhin *Henssler*, DRiZ 1976, 76; *Dieterle*, BWNotZ 2000, 110 ff.; *Maunz/Dürig/Herzog*, Art. 138 Rz 1.
13 So jetzt OLG Stuttgart – Az. Not 2/05 – Beschl. v. 16.02.2007 – abrufbar unter JURIS; vgl. dazu auch *Henssler/Jansen*, EWiR 2006, 603 f.
14 So wohl auch *Eylmann/Vaasen/Wilke*, § 115 BNotO Rz. 3, wo ausgeführt wird, dass lediglich die Landesregierung einer Änderung zuzustimmen hat, offenbar auch *Schippel/Bracker/Görg*, § 115 Rz. 4.
15 OLG Stuttgart ZNotP 2007, 154; OLG Stuttgart BWNotZ 2007, 61 m.abl.Anm. *Schulz*; eine Gleichstellung der Bezirksnotare mit den übrigen Notaren könnte sich auch eher der Entscheidung des BGH ZNotP 2006, 37 entnehmen lassen. Allerdings hat der Senat diese Auffassung eindeutig auf die Bestellung im württembergischen Rechtsgebiet bezogen (a.a.O S. 39), so dass insoweit für das badische Rechtsgebiet wieder andere Regeln gelten könnten.
16 Vgl. Fn. 2.
17 So schon BGH NJW-RR 2006, 639; BVerfG v. 23.12.2005 – 2 BvR 1779/05 – abrufbar unter JURIS.
18 BGH ZNotP 2007, 394 ff.

ministerium bestellt wurden und für die seit 1849 eine wissenschaftliche Ausbildung vorgeschrieben war. Durch Gesetz vom 28. Mai 1864 wurde die freiwillige Gerichtsbarkeit auf die Amtsgerichte übertragen; diesen wurden jedoch für das Beurkundungswesen, den Hauptteil der Nachlasssachen und die Grundbuchaufsicht, Gerichtsnotare beigegeben, die seit dem Rechtspolizeigesetz vom 6. Februar 1879 die Richteramtsbefähigung haben mussten und schließlich im Jahre 1892 in ihrem beamtenrechtlichen Status den Richtern gleichgestellt wurden.

34   **Baden** hat bei der Neugestaltung der Organisation der freiwilligen Gerichtsbarkeit von den landesrechtlichen Vorbehalten des EGBGB, der GBO und des FGG Gebrauch gemacht und einmal am Behördencharakter des Notariats und zum anderen an seinen Zuständigkeiten auf dem Gebiet der freiwilligen Gerichtsbarkeit festgehalten. Die Reichsnotarordnung hat die badische Notariatsverfassung nicht beseitigt; die Bundesnotarordnung hält sie in § 115 ausdrücklich aufrecht.

35   Heute bestehen im ehemals badischen Landesteil von Baden-Württemberg, also im OLG-Bezirk Karlsruhe, als landesrechtlich besondere Gerichte der freiwilligen Gerichtsbarkeit die sog. **Amtsnotariate.** Sie bestehen in jedem Amtsgerichtsbezirk als selbstständige Justizbehörde. Die Amtsnotare sind Urkundspersonen und Nachlassrichter sowie Grundbuchbeamte der auf Gemeindeebene eingerichteten Grundbuchämter. Sie sind Volljuristen, denen Geschäftsstellenbeamte des mittleren, in wenigen Fällen auch des gehobenen Dienstes, teilweise auch Grundbuchrechtspfleger und in den Gemeinden so genannte Grundbuchhilfsbeamte zur Seite stehen. Die badischen Notare sind staatliche Beamte, die die Amtsbezeichnung Justizrat, Oberjustizrat und Notariatsdirektor führen. Die Notare erhalten für ihre Geschäfte Gebühren bzw. Gebührenanteile; dadurch stehen sie sich wirtschaftlich besser als die vergleichbaren Amtsträger der Justiz.

36   Die **badischen Notare** sind Behörden; die Notare sind echte **Landesbeamte;** sie unterstehen den Richterdienstgerichten (§ 78 des Landesrichtergesetzes vom 25. Februar 1964). Die Aufsicht über die Notariate führen zunächst der Notar und bei mehreren Notaren der vom Justizminister bestellte aufsichtsführende Notar, darüber die Präsidenten des Landgerichts und Oberlandesgerichts sowie der Justizminister (§ 4 LFGG).

bb) Besonderheiten im Oberlandesgerichtsbezirk Stuttgart (Württemberg)

37   Dort gibt es alle **drei Notariatsformen.** Neben den Nurnotaren und den Anwaltsnotaren bestehen beamtete Notare (Bezirksnotare). Diese Bezirksnotare unterstehen nicht den Vorschriften der Bundesnotarordnung (§ 114). Das Landesrecht in Württemberg weicht damit auf dem Gebiet der freiwilligen Gerichtsbarkeit vom Bundesrecht noch stärker ab als das Recht in Baden. Auch hier besteht ein Amtsnotariat, das so genannte Bezirksnotariat. Der Bezirksnotar verbindet wie der badische Amtsnotar die Zuständigkeit für das Beurkundungswesen mit der Zuständigkeit als Grundbuchbeamter und als Nachlassrichter; er ist darüber hinaus auch noch Vormundschaftsrichter.

38   Das **Grundbuchamt,** das ordentliche **Vormundschaftsgericht** und das ordentliche **Nachlassgericht** sind staatliche Einrichtungen in der Gemeinde. Der Bezirksnotar ist Beamter des gehobenen Justizdienstes, der eine besonders gründliche Ausbildung genossen hat. Soweit er Rechtspflegefunktionen wahrnimmt, entscheidet er sachlich unabhängig. Die Bezirksnotare erhalten für gewisse Geschäfte des öffentlichen Notariats Gebührenanteile. Daneben werden, soweit hierfür ein Bedürfnis besteht, Notare zur hauptberuflichen Amtsausübung (sog. Nurnotare) und Rechtsanwälte zu gleichzeitiger Amtsausübung für die Dauer ihrer Zulassung bei einem bestimmten Gericht (sog. Anwaltsnotare) bestellt. Die Notare dieser beiden Gruppen sind keine Beamte, unterstehen aber der Dienstaufsicht des Präsidenten des Landgerichts.

39   In **Württemberg** war die freiwillige Gerichtsbarkeit von alters her bei den Stadt- und Dorfgerichten der Gemeinden. Die Behandlung der gerichtlichen Angelegenheiten lag weitgehend bei den Stadt- und Amtsschreibern, die gewählt wurden und auf Gebühren angewiesen waren. Als im Königreich Württemberg zu Beginn des 19. Jahrhunderts die Trennung der Justiz von der Verwaltung erfolgte, wurde die freiwillige Gerichtsbarkeit bei den Ge-

meinden belassen. Jedoch wurde zur Beratung und Unterstützung der gemeindlichen Gerichtsorgane in Behandlung der Rechtsgeschäfte, die besondere Gesetzes- oder Geschäftskenntnisse erforderten, eine neue Staatsbehörde am Sitz eines jeden Oberamtsgerichts geschaffen: der *Gerichtsnotar.* Er hatte die Stellung eines selbstständigen Gerichtsbeamten, war ausschließlich der Justizverwaltung unterstellt und bezog ein festes Gehalt. Der Gerichtsnotar übernahm im Laufe der Zeit mehr und mehr die tatsächliche Ausübung der freiwilligen Gerichtsbarkeit, die nach wie vor den Gemeinden zustand. So war das System der freiwilligen Gerichtsbarkeit eine Mischung von staatlicher und Gemeindegerichtsbarkeit. Durch Notariatsgesetz vom 14.06.1843 wurden die Notare berechtigt, die Verrichtungen des Urkunds- und Beglaubigungsrechts auszuüben, die den »immatrikulierten Notaren« zustanden. Diese gingen auf die kaiserlichen Notare zurück, die ihre Befugnisse aus der Reichsnotarordnung Kaiser Maximilians I. vom Jahre 1512 herleiteten.

cc) Geschichtliche Entwicklung in Württemberg

Das **Notariatsgesetz von 1843** bildete die Grundlage für die württembergischen Einrichtungen der freiwilligen Gerichtsbarkeit bis zum In-Kraft-Treten des BGB. Die damalige Vereinheitlichung des deutschen Rechtswesens hat diese landesrechtlichen Einrichtungen nicht beseitigt. Vielmehr hat Württemberg in seinem AGBGB von den Vorbehalten des Art. 147 EGBGB und der Grundbuchordnung (vgl. jetzt § 117 GBO) Gebrauch gemacht und die Angelegenheiten der freiwilligen Gerichtsbarkeit auf dem Gebiet des Vormundschafts-, Grundbuch- und Nachlasswesens weitgehend auf *Bezirksnotare* übertragen. Die Reichsnotarordnung vom 13.02.1937 hat die württembergischen Vorschriften über die Bezirksnotare aufrechterhalten, ebenso die Bundesnotarordnung vom 24.02.1961, die in § 114 Sondervorschriften für das Notariat im Oberlandesgerichtsbezirk Stuttgart enthält.   **40**

Während nach Bundesrecht die vormundschafts-, nachlass- und grundbuchrichterlichen Geschäfte in erster Instanz den Amtsgerichten zugewiesen sind, waren im **OLG-Bezirk Stuttgart**, also im ehemals württembergischen Landesteil des Landes Baden-Württemberg, hierfür besondere staatliche Gerichte zuständig. Nach dem württ. AGBGB bestand in jeder Gemeinde ein »Grundbuchamt«, das sämtliche grundbuchrichterlichen Geschäfte, ein »ordentliches Nachlassgericht«, das nahezu sämtliche nachlassrichterlichen Geschäfte, und ein »ordentliches Vormundschaftsgericht«, das die meisten vormundschaftsgerichtlichen Geschäfte wahrnahm; im Übrigen war das Amtsgericht zuständig. An der Spitze aller drei Gerichtsbehörden stand der Bezirksnotar. Der Bezirksnotar ist Beamter des gehobenen Justizdienstes und hat eine sechsjährige, besonders gründliche Ausbildung genossen. Soweit er Rechtspflegefunktionen wahrnimmt, entscheidet er weisungsfrei. Mit dem Bezirksnotar war kraft Gesetzes das *Amt des öffentlichen Notars* verbunden; er war also auch für das Beurkundungswesen zuständig. Seine Zuständigkeit als öffentlicher Notar richtete sich nach der Bundesnotarordnung (§ 114 Abs. 1).   **41**

dd) Rechtslage in Baden-Württemberg

Die jetzige Rechtslage in Baden-Württemberg ist durch das Landesgesetz über die freiwillige Gerichtsbarkeit vom 12.02.1975[19], das zuletzt durch Gesetz vom 28.07.2005[20] geändert wurde, geregelt.   **42**

Das Gesetz behält die **Einrichtung des Amtsnotariats** in seinen charakteristischen Ausprägungen in beiden Landesteilen bei. Die jeweiligen Laufbahnvoraussetzungen bleiben im badischen und im württembergischen Rechtsgebiet erhalten.

Nach § 17 LFGG werden die Notariate mit Notaren im Landesdienst besetzt; zum Notar kann im badischen Rechtsgebiet ernannt werden, wer die Befähigung zum Richteramt nach dem Deutschen Richtergesetz, im württembergischen Rechtsgebiet, wer die Befähigung zum Amt des Bezirksnotars erworben hat. Diese Befähigung zum Amt eines württembergischen   **43**

---

19 GBl. S. 116.
20 GBl. S. 580.

Bezirksnotars ist keine Befähigung zum Richteramt nach dem Richtergesetz, sofern ein solcher Bewerber in den anderen Ländern nicht zum Notar oder Notarverweser ernannt werden kann. Die Zuständigkeit des württembergischen Bezirksnotars in Vormundschaftssachen bleibt bestehen; auch die wesentlich stärkere Entlastung des badischen Amtsnotars im Grundbuchbereich wird nicht angetastet. Im Übrigen ist das Recht der badischen Amtsnotare und der württembergischen Bezirksnotare in wesentlichen Punkten vereinheitlicht. Sie erhalten die gleiche Funktionsbezeichnung (Notare im Landesdienst).

44   Im Bezirk des OLG Stuttgart können allerdings auch Notarassessoren, die aus einem anderen Land kommen, zu Notaren bestellt werden, denn dieses Amt ist den Bezirksnotaren nicht vorbehalten[21]. Die Landesjustizverwaltung muss deshalb in eine nachvollziehbare und alle Gründe abwägende Entscheidung eingetreten sein, kann **den sog. Bezirksnotaren diese Stellen nicht vorhalten** und darf schon gar nicht in der Ausschreibung deutlich werden lassen, dass sie nur Notare berücksichtigen wird, die die »Württembergische Notarprüfung« abgelegt haben[22]. Nach bisheriger Erkenntnis sieht insoweit die Rechtslage in Baden wieder anders aus, weil dort Bezirksnotare nicht tätig werden dürfen.

45   Die Vorschriften über die sachliche Unabhängigkeit, über die Beurkundungszuständigkeiten, die Dienstaufsicht, über die Einrichtung der Notariate, über Sprechtage, Geschäftsverteilung, Anwendung der Bundesnotarordnung, Amtsbezirke, Nebentätigkeit und Notarvertreter gelten einheitlich im ganzen Land. Entsprechendes ist für die Anwendung allgemeiner Verfahrensvorschriften, die Einrichtung von Grundbuchämtern in jeder Gemeinde, Rechtsmittel gegen die Entscheidung des Ratschreibers, Verfahren in Grundbuchsachen, das nachlassgerichtliche Verfahren und Teilungssachen vorgesehen.

46   In beiden Teilen des Landes werden die Notariate für Nachlasssachen und für die besondere amtliche Verwahrung der Verfügungen von Todes wegen zuständig. Ein wesentlicher Schritt zur Rechtseinheit bedeutet es auch, dass das hohenzollerische Rechtsgebiet im Anwendungsbereich des Entwurfs in dem württembergischen Rechtsgebiet aufgeht. Eine wichtige Änderung des bisherigen Rechtszustands bedeutet es ferner, dass das Gesetz für die Anfechtung der Entscheidungen des Notariats einen einheitlichen Instanzenzug zum Landgericht vorsieht (§ 5 LFGG).

47   § 1 Abs. 1 und 2 LFGG bestimmen, dass für die durch Bundesrecht den Gerichten übertragenen Angelegenheiten der freiwilligen Gerichtsbarkeit in dem im Gesetz bestimmten Umfang anstelle der Gerichte staatliche Notariate und Grundbuchämter zuständig sind. Dabei sind die Notariate auch zuständig für Nachlass- und Teilungssachen und für die besondere amtliche Verwahrung der Verfügungen von Todes wegen, im württembergischen Rechtsgebiet außerdem für Vormundschaftssachen. Die Grundbuchämter sind für die Führung der Grundbücher zuständig. Damit bezeichnet das Gesetz die Behörden der freiwilligen Gerichtsbarkeit, die in Baden-Württemberg anstelle der Gerichte zuständig sind und regelt ihre sachliche Zuständigkeit. Die Vorschrift wird durch § 3 ergänzt, in dem die Zuständigkeit der Notare im Landesdienst für Beurkundungen und für die sonstigen Aufgaben auf dem Gebiet der vorsorgenden Rechtspflege geregelt ist. Aus beiden Bestimmungen ergibt sich, dass das Gesetz an der Funktionskombination von gerichtlicher Zuständigkeit und der Zuständigkeit im Bereich des Beurkundungswesens festhält, wie sie der Tradition des südwestdeutschen Amtsnotariats sowohl im badischen als auch im württembergischen Landesteil entspricht.

48   Daraus ergibt sich, dass das Gesetz die Notariatsverfassung des Landes kennzeichnenden Einrichtungen der Notariate und Grundbuchämter aufrechterhält, die besonderen Einrichtungen der freiwilligen Gerichtsbarkeit im Gemeindebereich aber im Wesentlichen beseitigt. Damit wird der Rechtszustand in Baden-Württemberg dem Rechtszustand im übrigen Bundesgebiet angenähert. Die Aufhebung der Sonderbehörden im Gemeindebereich erschien auch deshalb gerechtfertigt, weil sich die Mitwirkung von Laien insoweit als nicht notwendig erwiesen hat.

---

21 BGH ZNotP 2006, 37 ff. = BWNotZ 2007, 41 ff.
22 So ausdrücklich BGH BWNotZ 2007, 41, 43.

In jedem Amtsgerichtsbezirk besteht mindestens ein Notariat. Bei jedem Notariat besteht **49** eine Geschäftsstelle.

Nach § 3 Abs. 1 LFGG sind für die Beurkundung von Rechtsvorgängen und für die ande- **50** ren den Notaren in der Bundesnotarordnung auf dem Gebiet der vorsorgenden Rechtspflege übertragenen Aufgaben die Notare im Landesdienst zuständig. Sie üben diese Tätigkeit als unabhängige Träger eines öffentlichen Amtes neben ihren sonstigen Aufgaben aus. Insoweit bestimmt dann § 20, dass für dieses Amt des Notars nach § 3 Abs. 1 LFGG von der Bundesnotarordnung die Vorschriften der §§ 14 (Allgemeine Berufspflicht), 15 (Amtsverweigerung), 16 (Ausschließung von der Amtsausübung), 18 (Pflicht zur Verschwiegenheit) und 25 (Verwahrung von Urkunden) entsprechende Anwendung finden. Die Notare und die Notarvertreter sind zugleich Grundbuchbeamte für die zum Notariatsbezirk gehörenden Grundbuchämter. Amtsbezirk des Notars ist entsprechend dem Sitz des Notariats entweder das badische oder das württembergische Rechtsgebiet. Der Notar soll jedoch außerhalb des Notariatsbezirks nur tätig werden, wenn hierfür im Einzelfall ein Bedürfnis besteht.

Im württembergischen Rechtsgebiet können Notare zur hauptberuflichen Amtsausübung **51** und Anwaltsnotare bestellt werden, soweit hierfür neben den Notaren im Landesdienst ein Bedürfnis besteht (§ 3 Abs. 2 LFGG). Zur Beurkundung sind im bestimmten Umfang ferner die Ratschreiber befugt.

Die Notariate und die Grundbuchämter stehen unter der Dienstaufsicht des Notars, des **52** Präsidenten des Landgerichts, des Präsidenten des Oberlandesgerichts und des Justizministeriums (§ 4 LFGG).

Durch ein Änderungsgesetz vom 26.03.2007[23] ist Abs. 2 insofern redaktionell neu gefasst **53** worden, als die Worte »Zulassung bei einem bestimmten Gericht« durch die Worte »Mitgliedschaft bei der für den Gerichtsbezirk zuständigen Rechtsanwaltskammer« ersetzt wurde. Diese Neufassung war erforderlich, weil die Rechtsanwälte nicht mehr bei einem bestimmten Gericht zugelassen sind, sondern durch diesen Wegfall nunmehr bei fast allen Gerichten auftreten können.

III. Derzeitige Notarstatistik

Die **Entwicklung der Notarstatistik**[24] für die Zeit von den Jahren 2005–2007 zeigt auf, dass **54** nach einer anfänglichen Steigerung nach der Wiedervereinigung nunmehr ein recht massiver Abbau von Stellen im Bereich des Anwaltsnotariats vonstatten geht, so dass es auch fast »nachvollziehbar« ist, wenn Notare zur angeblichen Entlastung der Justiz um neue Aufgaben bemüht sind; sie sieht wie folgt aus:

	2005	2006	2007
Notarkammer Baden-Württemberg	107 (27/80)	100 (24/76)	103 (26/77)
Landesnotarkammer Bayern	494	496	503
Notarkammer Berlin	1064	1033	999
Notarkammer Brandenburg	82	82	81
Notarkammer Braunschweig	303	284	272
Bremer Notarkammer	278	264	253
Notarkammer Celle	966	927	893

---

23 BGBl. I S. 358.
24 Quelle: Bundesnotarkammer, DNotZ 2007, 241 f.

	2005	2006	2007
Notarkammer Frankfurt/M.	1078	1032	974
Hamburgische Notarkammer	75	81	76
Notarkammer Kassel	254	247	237
Notarkammer Koblenz	106	105	103
Notarkammer Mecklenburg-Vorpommern	69	69	69
Notarkammer Pfalz	55	55	55
Notarkammer Oldenburg	563	548	525
Rheinische Notarkammer	503 (317/186)	494 (315/179)	496 (316/180)
Saarländische Notarkammer	40	39	39
Notarkammer Sachsen	163	160	156
Notarkammer Sachsen-Anhalt	95	92	91
Schleswig-Holsteinische Notarkammer	869	832	813
Notarkammer Thüringen	93	92	92
Westfälische Notarkammer	1907	1860	1832
Gesamt	**9164**	**8892**	**8662**
Nurnotare	**1616**	**1610**	**1607**
Anwaltsnotare	**7548**	**7282**	**7055**

§ 4

¹Es werden so viele Notare bestellt, wie es den Erfordernissen einer geordneten Rechtspflege entspricht. ²Dabei ist insbesondere das Bedürfnis nach einer angemessenen Versorgung der Rechtsuchenden mit notariellen Leistungen und die Wahrung einer geordneten Altersstruktur des Notarberufs zu berücksichtigen.

Übersicht

A. Entstehungsgeschichte der Vorschrift

Die Vorschrift hat durch das **zweite Gesetz zur Änderung der BNotO vom 29.01.1991** eine wesentliche Änderung erfahren. Dabei ist im Absatz 1 a.F. das Wörtchen »nur« als 3. Wort gestrichen worden, um wohl zum Ausdruck zu bringen, dass die Verleihung des Amtes keine absolute Ausnahme darstellen soll, sondern dann erfolgt, wenn es eine geordnete Rechtspflege erforderlich macht. **1**

Absatz 2 a.F. ist dahin gehend geändert worden, dass nunmehr für die **beiden wesentlichen Notariatsformen** nämlich Nurnotar und Anwaltsnotar Voraussetzung einmal die Versorgung der Rechtsuchenden mit notariellen Leistungen und die Wahrung einer geordneten Altersstruktur des Notarberufs sind. Demgegenüber sprach die frühere Fassung des Absatzes 2 nur aus, dass bei den Anwaltsnotaren die Landesjustizverwaltung die Bestellung »vom Vorhandensein eines Bedürfnisses oder vom Ablauf einer Wartezeit oder von beiden Voraussetzungen abhängig machen konnte«. Dabei konnten sogar besondere Bestimmungen für einzelne Gerichtsbezirke getroffen werden. **2**

Da das zweite Änderungsgesetz für die Bestellung der Anwaltsnotare keine Übergangsvorschriften geschaffen hat, erübrigt sich eine Darstellung der früheren Rechtslage; sie hat nur noch **rechtshistorische Bedeutung.** **3**

B. Erläuterungen

I. Erfordernis einer geordneten Rechtspflege

1. Allgemeines

4   Mit dem Tatbestandsmerkmal »**Erfordernis einer geordneten Rechtspflege**«[1] wird klargestellt, dass die Bestellung ausschließlich nach objektiven Kriterien und damit nach sachlichen Gesichtspunkten und nicht nach möglicherweise individuell ebenfalls gerechtfertigten Interessen des jeweiligen Bewerbers zu erfolgen hat. Ein Bewerber erfüllt u. U. alle Voraussetzungen für die Bestellung, dennoch darf dies bei der Ermessensentscheidung der Landesjustizverwaltung in keiner Weise hineinspielen, die ausschließlich die Entscheidung danach trifft, ob es für die Rechtspflege erforderlich ist, einem Bewerber dieses Amt zu übertragen. Es gibt deshalb keinen individuellen Rechtsanspruch des Bewerbers für ein bestimmtes Amt, was gefestigter Rechtsprechung schon vor der Neuregelung entsprach, an der sich nichts geändert hat, weil das 2. Änderungsgesetz zur BNotO insoweit keine Veränderungen herbeiführte.

5   Der Gesetzgeber hat durch die geänderte Fassung des § 4 das Merkmal »**Erfordernis einer geordneten Rechtspflege**« selbst zu konkretisieren versucht, indem er die Verwaltung anweist, »dabei insbesondere« das »Bedürfnis nach einer angemessenen Versorgung der Rechtsuchenden mit notariellen Leistungen« und die »geordnete Altersstruktur des Notarberufs« zu berücksichtigen. Damit werden der Landesjustizverwaltung zusätzliche Kriterien an die Hand gegeben, die von ihr aber unter allen Umständen zu berücksichtigen sind. Dies bedeutet, dass sie weder die ausreichende Versorgung mit notariellen Leistungen außer Betracht lassen darf noch die gesunde Altersstruktur des Notarberufs. Die Novellierung unterscheidet auch nicht mehr zwischen dem Nurnotar und dem Anwaltsnotar, wie dies früher der Fall war, sondern legt einheitlich fest, nach welchen Gesichtspunkten die Verwaltung Notarstellen vergeben soll.

6   Nach der amtlichen Begründung zu § 4 n. F. ist die Auslastung der Notariate ein nicht unwesentlicher Gesichtspunkt, jedoch sollen auch **örtliche und strukturelle Gegebenheiten** und die Beachtung des Grundsatzes der freien Notarwahl von Bedeutung sein. Diese Gesichtspunkte sollen bei dem Merkmal »Versorgung der Rechtsuchenden mit notariellen Leistungen« mit einbezogen werden. Mit dieser Begründung ist der Verwaltung aber kaum geholfen, denn was sind denn »strukturelle Gegebenheiten«. Im Grunde wird damit nicht mehr ausgesagt, was bisher schon gängige Praxis war: Einbeziehung aller objektiven Kriterien, um die Bevölkerung mit ausreichenden Leistungen auf jenem Gebiet zu versorgen, aber dennoch keine Anhäufung von Notarämtern, die nicht existenzfähig sind.

7   Während die frühere Fassung des § 4 die Bestellung vom »Vorhandensein« eines »Bedürfnisses« abhängig machte, stellt die Neufassung auf das »Bedürfnis nach einer angemessenen Versorgung der Rechtsuchenden mit notariellen Leistungen« ab.

2. Bedürfnis nach angemessener Versorgung

8   Inhaltlich ist dadurch aber keine Änderung eingetreten, sondern der Gesetzgeber hat das Merkmal »**Bedürfnis**« insoweit konkretisiert, als nunmehr hervorgehoben wird, wessen Interessen in erster Linie zu berücksichtigen sind, nämlich die der rechtsuchenden Bevölkerung bei dem Ziel, in ausreichendem Umfang mit notariellen Leistungen versorgt zu werden. Deshalb kann insoweit die Bestellung zum Notar bei der Zielvorgabe mit der Zulassung von Ärzten durch die Kassen verglichen werden.

---

1 Vgl. die zusammenstellende neuere Rechtsprechung des BGH zum Berufsrecht bei *Weisbrodt*, DNotZ 1995, 825 ff.

a) Geschäftsanfall

Es entsprach zu § 4 a.F. einhelliger Ansicht, dass primär auf den **Anfall der Geschäfte** in dem konkret in Aussicht genommenen Bezirk, und zwar Amtsgerichtsbezirk, abgestellt werden dürfe. Dies bedeutete, dass eine Prüfung in der Weise stattfand, ob der derzeitige Geschäftsanfall bei den vorhandenen Notaren so groß ist, dass auf sämtliche Notare einschließlich des Bewerbers noch eine bestimmte ausreichende Zahl von Urkundsgeschäften entfallen würde. Außer dem jeweiligen Bewerber durften auch diejenigen Mitbewerber berücksichtigt werden, die dem Bewerber vorangingen. Dabei verlangten die Landesjustizverwaltungen im Bereich des Anwaltsnotars eine Durchschnittszahl zwischen 300 und 600 Geschäften im Jahr und beim Nurnotar eine solche von 1.800 sowie ein bestimmtes Gebührenaufkommen[2].

9

aa) Meßzahlen

Die **Bedarfs- oder Messzahlen** der Landesjustizverwaltung hinsichtlich der anfallenden Urkundsgeschäfte sehen in den Ländern des Anwaltsnotariats wie folgt aus: Berlin: 325 – Bremen: 300 – Hessen: 450 – Niedersachsen: 450 – Nordrhein-Westfalen: 400 – Schleswig-Holstein: 400. In den Landesteilen von Baden-Württemberg, in denen das Anwaltsnotariat eingerichtet ist (OLG-Bezirk Stuttgart), sind von der Landesjustizverwaltung keine Messzahlen vorgegeben worden. Unabhängig vom Bedarf sehen die Regelungen in Hessen und Nordrhein-Westfalen sog. Strukturstellen vor. Danach kann an einem Ort mit mindestens 10.000 Einwohnern (Hauptwohnung) eine neue Notarstelle eingerichtet werden, wenn dort noch keine Notarstelle besteht oder bereits eine Notarstelle existiert, aber unter Berücksichtigung der zweiten Notarstelle auf jede Stelle mindestens 600 Urkundsgeschäfte (Hessen) bzw. 400 (Nordrhein-Westfalen) entfallen.

10

Die Anhebung der Messzahlen durch einen internen unanfechtbaren Justizverwaltungsakt ist nicht ganz unproblematisch; verwaltungsrechtlich geschieht dies durch einen einfach Erlass des Justizministers und ist gerichtlich nicht überprüfbar, obwohl er andererseits ganz massiv in die Bedürfnisprüfung eingereift und damit in die Aussicht oder Anwartschaft den Beruf des Notars zu erhalten. Dabei stellt sich nämlich auch die Frage, inwieweit eine Anhebung der Messzahlen nach oben möglich ist, oder ob vielleicht dort eine vertretbare Obergrenze liegen könnte. Das Problem ist weder dogmatisch noch gerichtlich aufgearbeitet.

11

bb) Konkurrenz und Besetzungsverfahren

Dies bedeutet aber auch umgekehrt, dass im Amt befindliche Notare die Wiederbesetzung einer frei gewordenen Notarstelle nicht deshalb verhindern können, um bei sich eine Vermehrung des Urkundsaufkommens zu erreichen; andererseits muss sichergestellt sein, dass die bestehenden Notarstellen wirtschaftlich »überlebensfähig« bleiben und es reicht auch nicht aus, wenn sie gerade noch »überlebensfähig« bleiben[3]. Ein Bewerber hat keinen Anspruch seinerseits die Landesjustizverwaltung zu verpflichten, dass eine weitere Notarstelle ausgeschrieben wird; derartige Anträge sind unzulässig[4]. Es kann auch nicht zur Überprüfung gestellt werden, ob die Landesjustizverwaltung gehalten wäre zusätzliche Notarstellen auszuschreiben; derartige gerichtlich gestellte Anträge sind auf jeden Fall unzulässig[5].

12

Die Neufassung des § 4 bringt insoweit **keine gravierenden Veränderungen**; der Begriff des »Amtssitzes«, der in § 4 a.F. verwendet wurde, wird allerdings nicht mehr erwähnt. Dennoch kann er weiterhin zwecks räumlicher Abgrenzung herangezogen werden. Amtssitz ist

13

2 Zur Berücksichtigung anfallender Geschäfte und der Bemessungszahlen vgl. OLG Köln MittRhNotK 1995, 209; im Ergebnis bestätigt durch BGH MittRhNotK 1996, 30.
3 BGH DNotZ 2004, 887, 888 = NJW-RR 2004, 861 f. = ZNotP 2004, 326 = MDR 2004, 846.
4 BGH DNotZ 1996, 902; vgl. dazu auch *Wilke*, DNotZ 1996, 870 ff.
5 BGH ZNotP 2003, 838 f. = NJW-RR 2003, 1363 ff. = BGHR BNotO § 4 Bedürfnis 6 = BGHR BNotO § 6 Abs. 3 Satz 1 Auswahlkriterien 3; BGHR BNotO § 4 Bedürfnis 1; BGHR BNotO § 4 Bedürfnis 2 m.w.N.; BGHR BNotO § 4 Bedürfnis 4.

nach § 10 Abs. 1 die politische Gemeinde, die auch dann in der Bestallungsurkunde festgeschrieben ist; damit ist der Amtssitz in der Regel noch kleiner als der Amtsgerichtsbezirk.
Nach der zu § 4 a.F. ergangenen Rechtsprechung des BGH war der Amtssitz nur beispielhaft, so dass es der Landesjustizverwaltung im Rahmen ihres Ermessens erlaubt war, auch
nach anderen räumlichen Kriterien, also z. B. dem Amtsgerichtsbezirk, die Bedürfnisprüfung vorzunehmen. Das 2. Änderungsgesetz zur BNotO hat auch hier keine Klarheit herbeigeführt, obwohl sich dies angeboten hätte. Offenbar ist das Problem im Gesetzgebungsverfahren nicht erkannt worden.

cc) Feststellungen im Bezirk

14 Das Gesetz unterscheidet den **Amtssitz (§ 10) vom Amtsbereich (§ 10a) und diesen wiederum vom Amtsbezirk (§ 11).** Danach ist der Amtssitz die politische Gemeinde; der
Amtsbereich gleichbedeutend mit dem Amtsgerichtsbezirk, was früher nur in den Allgemeinen Richtlinien für die Berufsausübung der Notare festgeschrieben war (§ 8 a.F.) und
schließlich den Amtsbezirk, der dem OLG-Bezirk entspricht.

15 Nachdem der Reformgesetzgeber die erlaubte Tätigkeit des Notars grundsätzlich auf den
Amtsgerichtsbezirk festgeschrieben hat (§ 10a Abs. 2), gilt dieser Bezirk, wie bereits früher
dies einhelliger Ansicht entsprach, auch für die Bedürfnisprüfung im Rahmen des § 4.

16 Daraus folgt nicht nur, dass die in einem Amtsgerichtsbezirk ansässigen Notare, unabhängig von ihrem Amtssitz, grundsätzlich nur innerhalb dieses Amtsgerichtsbezirkes tätig werden, sondern auch, dass in diesem Bezirk die außerhalb ansässigen Notare nur in Ausnahmefällen tätig werden.

17 Dieser Rechtszustand grenzt einen gemeinschaftlichen räumlichen Tätigkeitsbereich für
alle im selben **Amtsgerichtsbezirk** ansässigen Notare ab. Damit macht er aber auch die Frage nach der für eine geordnete Rechtspflege ausreichenden notariellen Betreuung der Bevölkerung überschaubar und legt deshalb eine auf den Amtsgerichtsbezirk abgestellte Bedürfnisprüfung nahe. Naturgemäß kann nicht an jedem Ort des Amtsgerichtsbezirks ein dort
ansässiger Notar zur Verfügung stehen. Vielmehr vollzieht sich die Betreuung der Bevölkerung in der Weise, dass diese den nächstgelegenen Notar ihres Vertrauens aufsucht. Dann
aber ist es sachgemäß, die Bedürfnisfrage im Rahmen des gesamten Amtsgerichtsbezirks und
nicht abgestellt auf die politische Gemeinde, in der der Notar seinen Amtssitz nehmen will,
zu prüfen.

18 Der in Kenntnis dieser Sach- und Rechtslage geschaffene § 4 Abs. 2 Satz 2 BNotO a.F.
kann daher nicht anders verstanden werden, als dass das »**Bedürfnis an dem in Aussicht genommenen Amtssitz**« grundsätzlich gleichzustellen ist dem Bedürfnis in dem Amtsgerichtsbezirk, der durch die Lage des Amtssitzes als Tätigkeitsbereich des Notars bestimmt
ist. Wäre nur darauf abzustellen, ob in der politischen Gemeinde, in der sich der künftige
Amtssitz des Bewerbers befinden soll, ein Bedürfnis für die Bestellung eines Notars besteht,
so wäre eine auf den Amtsgerichtsbezirk bezogene Einhaltung der Bedürfnisgrenze nur
schwer möglich. Denn zulässigerweise könnten auch nicht ortsansässige, aber innerhalb des
Amtsgerichtsbezirks bestellte Notare die am Amtssitz des Bewerbers wohnende Bevölkerung notariell mitversorgen. Überdies hätte das zur Folge, dass bei der Bedürfnisprüfung die
Bevölkerung der umliegenden kleineren Gemeinden, die gleichfalls der notariellen Betreuung bedarf, unberücksichtigt bliebe.

b) *Richtlinien der Landesjustizverwaltung*

aa) Allgemeines

19 Im Rahmen der **Bedürfnisprüfung** nach § 4 Satz 1 i. V. m. Satz 2 sind von der zuständigen
Landesjustizverwaltung die jeweils in ihrem Bereich gültigen »**Allgemeinverfügungen über
die Angelegenheiten der Notare**« (AVNot) zu berücksichtigen, die insoweit den Begriff
»Bedürfnis« konkretisieren. Allerdings kommt diesen Allgemeinverfügungen keine Außenwirkung bei, denn sie haben nur Bindungswirkung für die Verwaltungsbehörde. Diese muss
die darin niedergelegten Grundsätze allerdings einschränkungslos berücksichtigen, so dass,

wenn dies nicht der Fall ist, der jeweilige Bewerber einen Anspruch auf ermessensfehlerfreie Ausübung hat und u. U. der Ermessensspielraum der Landesjustizverwaltung begrenzt oder gar ausgeschlossen ist.

Die Rechtsnatur der **Allgemeinverfügungen** kann im Einzelfall verschieden sein. Im Regelfall handelt es sich um allgemeine Verwaltungsvorschriften (Verwaltungsanordnungen, Allgemeinverfügungen) und nicht um Rechtsverordnungen, wenn auch das Land die Regelung durch Gesetz treffen könnte. Die Regelung dieser Lebenstatbestände braucht nicht durch Rechtssatz zu erfolgen, weil es sich um einen Teil der staatlichen Organisationsgewalt handelt, nämlich um die Regelung der Voraussetzungen für die Übertragung eines öffentlichen Amtes. Deshalb ist auch im Regelfall eine Veröffentlichung nicht notwendig, wenn auch erwünscht.   **20**

§ 4 Abs. 2 BNotO a.F. verstößt deshalb auch nicht gegen Art. 80 GG, weil er die Landesjustizverwaltungen nicht zum Erlass von Rechtsverordnungen ermächtigt, sondern lediglich zum Erlass von Verwaltungsvorschriften.   **21**

Die Bedeutung der AVNot besteht, wie gesagt, in einer Selbstbindung der Verwaltung im Bereich ihres Ermessens. Nach dem allgemeinen verwaltungsrechtlichen Grundsatz der Pflicht aller Behörden zum konsequenten Verhalten und zur Wahrung des Gleichbehandlungsgrundsatzes muss die Justizverwaltung sich nach Erlass solcher AVNot an diese Bestimmungen halten und darf im Einzelfalle nur aus ganz besonderen sachlichen Gründen davon abweichen. Die Verwaltung gibt mit diesen AVNot bekannt, von welchen Grundsätzen sie bei der Übertragung von Notarstellen an Anwälte ausgehen wird.   **22**

Hat die Landesjustizverwaltung auf Grund der ihr durch § 4 Abs. 2 a.F. gegebenen Ermächtigung Ausführungsbestimmungen erlassen, so ist sie damit in Hinblick auf die Ausübung ihres Verwaltungsermessens gebunden. Sie kann dann von ihren bekannt gegebenen AVNot für die Dauer ihrer Geltung nicht mehr beliebig abweichen, und zwar weder zugunsten noch zu Lasten eines bestimmten Bewerbers. Maßgeblich für die Entscheidung über ein Gesuch sind die aufgestellten AVNot als »nähere Bestimmungen« desjenigen, was »den Erfordernissen einer geordneten Rechtspflege entspricht«. Keineswegs hat ein nach den AVNot abzuweisender Bewerber ein Anrecht darauf, dass neben der schematischen Bedürfnisprüfung anhand der AVNot noch eine zweite, individuelle Prüfung nach den örtlichen Gegebenheiten stattfindet.   **23**

Trotz Erfüllung der Voraussetzungen der AVNot hat der Bewerber **keinen Anspruch auf die Ernennung.** Das wird beispielsweise erheblich, wenn mehrere Bewerber gleichzeitig die Voraussetzungen erfüllt haben, weil die Behörde dann die Auswahl unter den nach § 6 vorgegebenen Merkmalen vorzunehmen hat und somit keine Ermessensentscheidung trifft.   **24**

Die anfallenden Geschäfte, die in der **Urkundenrolle** unter fortlaufenden Nummern festgehalten werden und von jedem Notar zu Beginn eines neuen Kalenderjahres für das zurückliegende dem zuständigen Präsidenten des Landgerichts zu melden sind, werden bei der Bedürfnisprüfung primär herangezogen. Dabei sind alle eingetragenen Geschäfte gleich zu gewichten, d. h., es wird kein Unterschied gemacht, ob in einem Bezirk überdurchschnittlich viel Unterschriftsbeglaubigungen und in einem anderen überproportional viele Beurkundungen anfallen. Allenfalls kann dieser in der Praxis wohl kaum relevante Unterschied hilfsweise, also als letzte Überlegung, herangezogen werden.   **25**

Die Landesjustizverwaltung ist aber nicht schematisch auf die anfallenden Urkundsgeschäfte angewiesen, auch wenn dieser Gesichtspunkt deshalb von besonderer Bedeutung ist, weil er am objektivsten ist, sondern kann und darf auf andere Kautelen zurückgreifen. In diesem Zusammenhang darf auch berücksichtigt werden, ob in einem kleinen Amtsbereich vielleicht nur ein Anwaltsnotar vorhanden ist, in dem sich die Bestellung eines weiteren aufdrängt, auch wenn dadurch die Zahl der Urkundsgeschäfte vielleicht unter 400 absinkt, weil ansonsten wegen vorangegangener anwaltlicher Tätigkeit ein Rechtsuchender darauf angewiesen ist, in einem völlig anderen, nicht immer benachbarten Bezirk einen anderen Anwaltsnotar aufzusuchen.   **26**

Insgesamt betrachtet müssen immer vernünftige, d. h. **nachvollziehbare Gründe** vorhanden sein, dass die Landesjustizverwaltung ihr Ermessen in einer bestimmten Richtung ausübt. Deshalb gibt es auch wenig Sinn, an dieser Stelle abschließend alle möglichen Gesichts-   **27** punkte anzuführen, die für die Neueinführung einer Notarstelle oder die Streichung einer Stelle eines ausgeschiedenen Notars sprechen, denn jede Fallgestaltung ist anders und insoweit (theoretisch) nicht vorhersehbar.

bb) Organisationsermessen

28 Die Landesjustizverwaltung hat ein sog. **Organisationsermessen** bei der Besetzung einer Notarstelle und mehreren Bewerbern[6]. Dieses beinhaltet im Bereich des Nurnotariats bei der Besetzung von Notarstellen, dass die Justizverwaltungen sich auf das sog. Vorrücksystem beziehen dürfen, wodurch es einem Notar aus dem jeweiligen Bundesland gestattet werden kann, seinen Amtssitz zu verlegen und damit seine ursprüngliche Stelle einem jüngeren Notarassessor übertragen werden kann[7].

cc) Vorrücksystem

29 Dieses Vorrücksystem hat den Vorteil, dass ein berufserfahrener Notar eine seinem Leistungsstand entsprechende Stelle erhält, ohne dass jüngere Notarassessoren davon benachteiligt würden, auch wenn es sich de facto um ein »Hochdienen« handelt[8]. Deshalb hat die Rechtsprechung hier der Verwaltung einen weiteren Ermessensspielraum gewährt als bei der Frage der Erstbestellung.[9]

30 Deshalb kann die Landesjustizverwaltung auch davon absehen, schematisch auf den **Amtsgerichtsbezirk** abzustellen, sondern kann auch die besonderen Verhältnisse in einem Ort ohne Amtsgericht, aber mit erheblicher wirtschaftlicher Bedeutung berücksichtigen, wobei die Landesjustizverwaltung aber auch hier einen weiten Ermessensspielraum hat.

31 Sie ist deshalb nicht gehalten, z. B. an einem Flughafen eine Notarstelle einzurichten, weil dort zahlenmäßig viele Beschäftigte arbeiten und Passagiere vorbeikommen, andererseits verbietet sich aber nicht unbedingt an jener Stelle die Errichtung eines Notariats. Dennoch ist auch in einem solchen Fall der Landesjustizverwaltung ein weiter Ermessensspielraum eingeräumt, und in diesem konkreten Fall dürfte weder die eine noch die andere Entscheidung anfechtbar sein.

32 Die Landesjustizverwaltung wird zunächst den **Bedarf** an Notarstellen ermitteln, um dann eine Bedürfnisprüfung i. S. d. § 4 anstellen zu können. Dabei hat der Versorgungsgesichtspunkt (Bedarf) qualitative, quantitative und räumliche Aspekte. Es ist zunächst für den jeweiligen OLG-Bezirk die Kapazität zu ermitteln, und es sind auch schon lokale Überlegungen anzustellen, also wo ggf. mehr bzw. weniger Notarstellen einzurichten sind. Vorab ist aber festzustellen, wie viele Notarstellen auf jeden Fall notwendig sind, um eine ausreichende Versorgung mit notariellen Leistungen zu garantieren.

33 Bisher haben Literatur und Rechtsprechung keine Zweifel daran gehegt, dass das Bedürfnis für die Aufrechterhaltung einer Notarstelle vorhanden sein muss, aber neuere Erkenntnisse sehen in dieser Vorschrift einen Verstoß gegen Art. 12 Abs. 1 GG und wollen zumindest im Bereich des Anwaltsnotariats diese Bedürfnisprüfung entfallen lassen[10]. Die Argumente jener Ansicht sind nicht per se als abwegig zu bezeichnen, allerdings dürfte die Rechtsprechung des BVerfG sich ihnen nicht anschliessen. Immerhin spricht für eine Streichung der Bedürfnisprüfung, dass der Anwaltsnotar diesen Beruf im Nebenamt ausübt und in der Regel von der Ausübung wirtschaftlich nicht abhängig ist, so dass sich ernsthaft die Frage stellt, weshalb der Staat ihn eigentlich bei fehlendem Bedarf von diesem Beruf aus-

---

6 BGH ZNotP 2001, 243; 2003, 470; BGH DNotZ 2005, 149 = NJW-RR 2004, 1701 = ZNotP 2004, 449 sowie BVerfG vom 12.07.2005 (1 BvR 1858/04; 1 BvR 972/04; beides unveröffentlichte Nichtannahmebeschlüsse); BGHR BNotO § 4 Organisationsermessen 2; BGHR BNotO § 4 Abs. 1 Bedürfnis 2.
7 *Eylmann/Vaasen/Schmitz-Valckenberg*, § 6 BNotO Rz. 52; *Schippel/Bracker/Bracker*, § 7 Rz. 95; BGH DNotZ 1996, 906, 910.
8 So ausdrücklich BGH DNotZ 1996, 906, 910.
9 BGHR BNotO § 4 Organisationsermessen 3; Einzelheiten zum »Vorrücksystem« bei § 7 Rz. 54.
10 So jetzt *Schwarz*, S. 226 ff.

schliessen möchte.[11] Allerdings hat die Rechtsprechung gegen die Bedürfnisprüfung keine verfassungsrechtlichen Bedenken[12].

In dieser Hinsicht ist das Ermessen der Landesjustizverwaltung »nach unten« begrenzt. **34** Andererseits sollen »nach oben« nur so viele Notarstellen eingerichtet werden, dass in diesen eine ausreichende Anzahl von Geschäften anfällt, denn Notariate mit geringem Urkundsaufkommen im Jahr sind unerwünscht; sie sind aus sich selbst heraus nicht existenzfähig, und die Amtsinhaber können nicht die notwendige Erfahrung sammeln, die aber den Rechtsuchenden zugute kommen soll. Nur so kann garantiert werden, dass dem Bedürfnis (= Nachfrage durch die Rechtsuchenden) und dem Bedarf (= unbedingt erforderliche Anzahl an Notarstellen) in einem ausgewogenen Verhältnis Genüge geleistet wird.

Es kann von den Gerichten nur geprüft werden, ob sich die Landesjustizverwaltung in **35** diesem Rahmen gehalten hat und damit ermessensfehlerfrei entschieden hat. Die Landesjustizverwaltung entscheidet nach pflichtgemäßen Ermessen über die Anzahl der Notarstellen und über die Einrichtung bestimmter Amtssitze[13]. In der Regel sind die Voraussetzungen für den Erlass einer einstweiligen Anordnung nach § 32 BVerfGG, wenn es um die Besetzung von Notarstellen geht, nicht gegeben[14]. Es besteht nur dann ein Anspruch auf Bestellung, wenn die Landesjustizverwaltung ihr Handeln durch Verwaltungsvorschriften oder durch ständige Übung gebunden hat[15], allerdings muss der Notar die übrigen Voraussetzungen für die Bestellung erfüllen.

Grundsätzlich kann ein Notar in einem bestimmten Bezirk geltend machen, dass eine weitere, neue Notarstelle nicht eingerichtet wird, auch wenn es sich dabei nicht um einen Verwaltungsakt, sondern um einen verwaltungsinternen Vorgang ohne Regelungscharakter handelt. Die Errichtung einer neuen Notarstelle kann den amtierenden Notar in seiner ihm wirtschaftlich gewährleisteten Unabhängigkeit beeinträchtigen, jedoch reicht andererseits nicht die Gefahr aus, das Gebührenaufkommen würde geschmälert[16]. **36**

Die Justizverwaltung stellt im Einzelfall fest, ob ein Bedürfnis für eine noch vorhandene **37** Notarstelle vorhanden ist. Bei zurückgehendem Urkundsaufkommen kann daher die Wiederbesetzung einer Notarstelle unterbleiben, weil die Bevölkerung in ausreichendem Umfang mit notariellen Leistungen versorgt ist. Dies gilt insbesondere dann, wenn z. B. im Bereich des hauptamtlichen Notariats ein Teil der Notare auf Einkommensergänzungen durch die Notarkasse bzw. Ländernotarkasse angewiesen ist[17].

c) Örtliche Besonderheiten

Die Landesjustizverwaltung kann, wie bereits dargelegt, bei der **Bedarfsermittlung** auch die **38** Besonderheiten in einem bestimmten Gebiet, mitunter auch einem Stadtteil, berücksichtigen, in dem z. B. wegen des Geschäftssitzes eines Unternehmens eine signifikant hohe Anzahl von Geschäften anfällt, möglicherweise auch zu einem bestimmten Rechtsgebiet, denn auch qualitative Gesichtspunkte dürfen und müssen in die Entscheidung der Landesjustizverwaltung einfließen.

Dem Merkmal »geordnete Altersstruktur« kommt keine besondere Bedeutung zu, denn **39** es handelt sich dabei mehr um ein erstrebenswertes Programmziel und weniger um ein Tat-

---

11 So *Schwarz*, S. 216 ff. Die Erwägung, dass § 4 Abs. 1 BNotO möglicherweise gegen Art. 12 Abs. 1 GG verstoßen könnte, ist nicht als so abwegig zu bezeichnen und war immerhin Inhalt des Vorlagebeschlusses des OLG Stuttgart, aufgrund dessen dann die Entscheidung des BVerfG vom 05.05.1964 (BVerfGE 17, 371 ff.) erging, in dem auch die wesentlichen Argumente des OLG Stuttgart wiedergegeben werden.
12 So schon BGHZ 37, 179, 185; BGHR BNotO § 4 Abs. 2 Bedürfnisprüfung 9.
13 BGH NJW 1987, 1329 = BGHR BNotO § 1 Notarzulassung 1; BGH DNotZ 1989, 318; BGH DNotZ 1991, 91; vgl. zur Errichtung neuer Nurnotarstellen BGH DNotZ 1980, 701.
14 BVerfG DNotZ 1985, 486.
15 BGH DNotZ 1991, 82.
16 BGH DNotZ 1996, 902; BGH NJW-RR 1998, 850 = NotBZ 1998, 66 = LM H. 9/1998 § 4 BNotO Nr. 23.
17 OLG Dresden, ZNotP 2001, 283 bestätigt durch BGH ZNotP 2001, 440.

bestandsmerkmal in Gestalt des unbestimmten Rechtsbegriffs, so dass auch die gerichtliche Nachprüfbarkeit nahezu ausgeschlossen ist. Aus der Gesetzesgeschichte ist zu entnehmen, dass die Berücksichtigung der »geordneten Altersstruktur« auf Drängen des Rechtsausschusses des Deutschen Bundestages aufgenommen wurde, um deutlich zu machen, dass auch zukünftig der Notarberuf jüngeren Anwärtern nicht verschlossen bleiben darf, die dadurch benachteiligt sind, dass das »Wartezeitensystem« weggefallen ist und auch ansonsten strengere Auswahlkriterien gelten; im Übrigen war es Grundanliegen des 2. Änderungsgesetzes zur BNotO, dass der Notarberuf nicht so stark frequentiert wird, wie dies auf dem anwaltlichen Sektor festzustellen ist, mit all den damit verbundenen negativen Auswirkungen, die vielleicht im Anwaltssektor noch gerade hinnehmbar sind, nicht aber im Bereich des Notariats, das dem öffentlichen Dienst wesentlich näher steht und deshalb strenge, insbesondere qualitativ anspruchsvollere Auswahlkriterien gelten müssen.

40 Die Landesjustizverwaltung hat dennoch dem Kriterium Beachtung schon deshalb zu widmen, weil ebenfalls nach der Novellierung eine altersmäßige Begrenzung für die Ausübung des Berufs (70 Jahre) vorgegeben ist und daher zukünftig nicht mehr so viel über diesem Alter liegende Notare tätig sein können, wie dies bisher noch der Fall ist.

41 Bei den sog. **Altersstrukturstellen** wird der Landesjustizverwaltung unabhängig von einer Bedürfnisprüfung die Befugnis eingeräumt, weitere Notarstellen auszuschreiben, und zwar im Verhältnis der Einwohnerzahl in einem bestimmten Landgerichtsbezirk. Die Einzelheiten sind diesbezüglich in den Regelungen betreffend die Angelegenheiten der Notare (AVNot) festgelegt. Die einzige Einschränkung besteht darin, dass unabhängig von der Bedürfnisprüfung ein bestimmtes Urkundsaufkommen nicht unterschritten werden darf; andernfalls muss von der zusätzlichen Ausschreibung einer Altersstrukturstelle abgesehen werden.

42 Bei der Auswahl der Bewerber für derartige Altersstrukturstellen handelt die Landesjustizverwaltung nicht ermessensfehlerhaft, wenn sie das Lebensalter eines Bewerbers unberücksichtigt lässt. Deshalb kann ein Bewerber nicht mit Erfolg geltend machen, er sei schon deshalb geeigneter, weil er an Lebensjahren jünger sei und deshalb besonders prädestiniert für eine Altersstrukturstelle. Es gelten auch hier allein die Maßstäbe der Eignung i. S. d. § 6 BNotO[18]. In den einzelnen Ausführungsbestimmungen der Länder (AVNot) ist festgelegt, in welcher Zahl entsprechend den vorhandenen Einwohnern diese Altersstrukturstellen auszuschreiben sind.

43 Hinsichtlich der Altersstrukturstellen hat sich ab dem 02.02.2003 eine andere Konstellation ergeben, weil ab diesem Zeitpunkt die Übergangsregelung hinsichtlich der Altersbegrenzung von 70 Lebensjahren entfällt, d.h., ab diesem Zeitpunkt gilt ohne Ausnahme die absolute Altersbegrenzung. Sollte sich auf Grund des Abbaus ein notwendiger Bedarf ergeben, werden die Landesjustizverwaltungen entsprechend einem Bedürfnis neue Stellen ausschreiben müssen.

44 Das der Justizverwaltung zur staatlichen Bedarfsplanung eingeräumte Organisationsermessen eröffnet der Justizverwaltung jedenfalls dann die Befugnis, die Bestellung eines Notars an einen bestimmten Amtssitz zu binden, wenn die Bestimmung des Amtssitzes den Bedürfnissen einer geordneten Rechtspflege entspricht[19]. Dies bedeutet, dass die Justizverwaltung bei geographischen Besonderheiten eine Notarstelle nicht in dem größeren Amtsbezirk errichten muss, sondern an einem bestimmten Amtssitz und damit in einer bestimmten politischen Gemeinde.

45 Deshalb kann ein Bewerber nicht geltend machen, er werde seine bisherige Kanzlei als Rechtsanwalt nicht verlegen, weil die Justizverwaltung nicht befugt sei, eine Anwaltsnotarstelle an einem bestimmten Ort einzurichten. Ein entsprechender Antrag, die Justizverwaltung zu verpflichten, die Ausschreibung ohne diesen Vorbehalt vorzunehmen, ist unzulässig[20]. Dasselbe gilt, wenn die Landesjustizverwaltung beabsichtigt, in einem Bezirk des

18 BGH DNotZ 1997, 902.
19 BGH NJW-RR 1998, 849 = MDR 1998, 442 = AnwBl. 1998, 281 = LM H. 9/1998 § 4 BNotO Nr. 22.
20 BGH NJW-RR 1998, 849.

Nurnotariats eine weitere neue Notarstelle einzurichten. Hier hat der Amtsinhaber einer Notarstelle grundsätzlich kein Recht, die Einrichtung einer neuen Notarstelle zu verhindern[21]. Hinsichtlich örtlicher Besonderheiten kann ein Anwaltsnotar die Landesjustizverwaltung nicht verpflichten, weitere Notarstellen auszuschreiben, weil nach der eigenen, von der Verwaltung aufgestellten Richtzahl dafür ein Bedürfnis bestehe[22]. Ein Notar hat auch grundsätzlich keinen Rechtsanspruch darauf, dass eine Notarstelle an einen anderen Ort gelegt wird. Dies steht vielmehr im pflichtgemäßen Ermessen der Landesjustizverwaltung[23].

Die Landesjustizverwaltung handelt deshalb nicht ermessensfehlerhaft, wenn sie, entweder durch ständige Verwaltungsübung oder durch Regelungen in den Verwaltungsvorschriften, einem Mitbewerber um eine ausgeschriebene Notarstelle diese nicht vergibt, wenn er nicht mindestens für eine bestimmte Zeit (etwa 5 Jahre) eine andere Notarstelle innegehabt hat, auch wenn er gegenüber den anderen Mitbewerbern gleich geeignet i.S.d. § 6 BNotO ist[24]. **46**

d) Bevorzugte Behandlung bestimmter Bewerber

Unberührt von den Voraussetzungen nach § 4 und den Eignungsvoraussetzungen nach § 6 bleiben gesetzliche Sondervorschriften, aus denen sich die bevorzugte Behandlung von Bewerbern ergibt. In diesem Zusammenhang ist insbesondere § 37 **Schwerbeschädigtengesetz** von Bedeutung, wonach Bewerber dieser Gruppe bei gleicher Eignung bevorzugt behandelt werden sollen. **47**

Dies bedeutet allerdings, dass kein Rechtsanspruch besteht, wenn jene Voraussetzungen vorliegen. Die Verwaltung hat nur zu prüfen, ob der Schwerbeschädigte vorzuziehen ist; dabei kann sie auch die übrigen Besonderheiten des Falles berücksichtigen, d. h., welcher Grad von Schwerbeschädigung vorliegt und inwieweit der Bewerber durch ein geringes Gebührenaufkommen als Anwalt möglicherweise besonders benachteiligt ist, denn es liegt mehr im öffentlichen Interesse, ihn durch ein Notariat finanziell abzusichern, bevor Ansprüche auf Sozialhilfe begründet sein können. **48**

Bei Schwerbehinderten ist es keinesfalls sachwidrig, nicht nur auf den Grad der Minderung der allgemeinen Erwerbsfähigkeit abzustellen, sondern auf die konkreten Auswirkungen der Behinderung[25]. Der Beruf des (Anwalts-)Notars ist »geschlechtsneutral«, d. h. die Ausführungsbestimmungen der Länder haben auf die Bevorzugung von weiblichen Bewerbern verzichtet, wie dies ansonsten dem übrigen öffentlichen Dienst nicht mehr fremd ist[26]. **49**

---

21 BGH NJW-RR 1998, 850 = MDR 1998, 563 = NotBZ 1998, 66 = LM H. 9/1998 § 4 BNotO Nr. 23.
22 BGH NJW 1996, 123 = MDR 1996, 206 = DNotZ 1996, 902 = LM H. 2/1996 § 4 BNotO Nr. 20 = MittRhNotK 1996, 30.
23 BGH DNotZ 1993, 59.
24 BGH DNotZ 1994, 330.
25 BGH DNotZ 1987, 448 – betreffend allerdings Wartezeiten.
26 Vgl. zu dieser Problematik EuGH NJW 1995, 3109 = NZA 1995, 1095 = DVBl. 1995, 1231; EuGH NJW 1997, 3429; vgl. dazu auch *Lenz*, NJW 1998, 1619.

§ 5

Zum Notar darf nur ein deutscher Staatsangehöriger bestellt werden, der die Befähigung zum Richteramt nach dem Deutschen Richtergesetz erlangt hat.

Übersicht

A. Entstehungsgeschichte der Vorschrift

1 Die Neufassung von § 3 RNotO trägt den veränderten staatsrechtlichen Verhältnissen Rechnung. Während § 3 RNotO in seiner bisherigen Fassung nur die »Fähigkeit zum Richteramt« schlechthin verlangte, fordert die Fassung des Entwurfs in Übereinstimmung mit § 4 des Entwurfs der Bundesrechtsanwaltsordnung die Fähigkeit zum Richteramt »nach den Vorschriften des Gerichtsverfassungsgesetzes«.

B. Erläuterungen

1. Allgemeines

2 **Einige weitere Ernennungsvoraussetzungen** enthält diese Vorschrift: Deutsche Staatsangehörigkeit und Befähigung zum Richteramt. Eine Ernennung ohne Erfüllung dieser Voraussetzungen ist nicht nichtig, sondern nur anfechtbar, denn nach § 50 Abs. 1 Nr. 1 ist ein solcher Notar wieder zu entlassen. Dasselbe gilt, wenn die Voraussetzungen später wegfallen, insbesondere der Notar etwa die deutsche Staatsangehörigkeit verliert. Die Gültigkeit von Amtshandlungen eines Notars, der unter Verstoß gegen § 5 ernannt ist, wird also durch diesen Mangel nicht berührt.

3 Die **deutsche Staatsangehörigkeit** besitzt derjenige, der sie nach dem Gesetz vom 22.07.1913[1], geändert durch Gesetz vom 14.03.2005[2] erworben hat. Staatenlose sind keine Deutschen. Der Besitz einer weiteren fremden Staatsangehörigkeit steht einer Ernennung nicht entgegen. Der sog. Staatsangehörigkeitsvorbehalt könnte angesichts einer fortschreitenden Europäisierung der Rechtsordnungen nicht mehr mit den Bestimmungen des EU-Vertrags übereinstimmen, obwohl Art. 45 den Mitgliedstaaten die Kompetenz erhält, diejenigen Tätigkeiten, die mit der Ausübung öffentlicher Gewalt zusammenhängen, eigenständig zu regeln[3].

---

1 RGBl. S. 583.
2 BGBL. I S. 721.
3 Vgl. dazu *Schippel*, DNotZ 1989, Anh. 189, 192; *Stumpf*, in Dauses (Hrsg.) Handbuch EU-WirtschaftsR E II Rz. 8; vgl. dazu auch *Pützer*, in: Freundesgabe für *Willi Weichler*, 1997, S. 191, 196 ff.; zur geschichtlichen Entwicklung der einzelnen Notariatsformen in Europa *Fessler*, in: Notar und Rechtsgestaltung – Tradition und Zukunft, Jubiläumsfestschrift des Rheinischen Notariats, 1998, S. 451 ff.

2. Staatsangehörigkeitsvorbehalt

Es widerspricht deshalb den Vorgaben des EU-Vertrags, wenn jedenfalls für den Bereich des **4**
Notaramtes am sog. **Staatsangehörigkeitsvorbehalt** festgehalten wird[4]. Der Notar übt
nämlich keinen mit öffentlicher Gewalt versehenen Beruf i.S.d. Art. 45 EUV aus, auch wenn
aus vor ihm errichteten Urkunden ohne weiteres vollstreckt werden kann. Der Vorbehalt
der Staatsangehörigkeit entspricht allerdings allen Rechtsordnungen, die das lateinische Notariat übernommen haben, so dass die Zulassung eines Ausländers als Notar im Vereinigten
Königreich kein Argument dafür ist, dass alle übrigen Staaten den Vorbehalt fallen lassen
müssten.

Es wird jedoch europarechtlich argumentiert, dass der Vorbehalt trotz des Wortlautes des **5**
Art. 45 EuV nicht zu rechtfertigen sei, wofür in der Tat gewichtige Argumente sprechen.
Der Begriff »öffentliche Gewalt« darf nicht mit dem Begriff »hoheitliche Funktion« gleichgesetzt werden, was aber vielfach geschieht. Letztere übt der Notar ohne Zweifel aus, aber
öffentliche Gewalt muss ihm schon deshalb abgesprochen werden, weil sie allenfalls in Urkunden eine Rolle spielt, die eine Unterwerfung des Schuldners unter die Zwangsvollstreckung beinhalten.

Nach bisherigen Erkenntnissen steht dieser Möglichkeit noch die jetzige Auslegung zu **6**
Art. 45 EUV entgegen, wonach den Mitgliedstaaten es vorbehalten bleiben muss, wenn es
um berufliche Tätigkeiten geht, die »mit der Ausübung öffentlicher Gewalt« verbunden
sind. Nach einem Teil der dazu in der Literatur geäußerten Ansicht könnte sich die Landesjustizverwaltung nur dann auf die Vorschrift berufen, wenn es konkret um die Zwangsvollstreckung aus notariellen Urkunden geht, nicht aber bei den übrigen notariellen Tätigkeiten[5].

3. Europarechtliche Besonderheiten

Es könnte daran gedacht werden, dass auch nur die beurkundungspflichtigen Rechtsgeschäf- **7**
te dem Begriff »**öffentliche Gewalt**« unterfallen[6].

---

4 In diesem Sinn auch *Hirsch*, DNotZ 2000, 729, 737; *Eylmann/Vaasen/Schmitz-Valckenberg*, § 5
BNotO Rz. 3 unter Bezugnahme auf eine gleich lautende Entschließung des Europäischen Parlaments
vom 18.01.1994 (abgedruckt in ZNotP 1997, 58 ff.); so auch *Hartmann*, ZNotP 2001. 410, 413.
5 So *Basedow*, RabelsZ 1991, 409, 427; MüKo-BGB/*Spellenberg*, Art. 11 EGBGB Rz. 74; *Michalski/
Hofmann*, GmbHG, § 53 Rz. 80; der Notar übt nach diesen Meinungen nur teilweise öffentliche Gewalt aus; so wohl auch *Stürner*, DNotZ 1995, 343, 356 ff.
6 Vgl. dazu umfassend *Hergeth*, S. 136 ff., der darauf hinweist, dass die Begrenzung auf bestimmte
Amtstätigkeiten ungeeignet ist und dass das sog. Reyners-Urteil des EuGH vom 21.06.1974 (Rs 2/74)
argumentativ dazu angeführt werden kann, dass der Beruf nicht einfach in verschiedene Tätigkeitsfelder aufgespalten werden kann, vgl. dazu auch *Jung*, Ausübung öffentlicher Gewalt durch den Notar,
S. 148 ff. In diesem Sinne auch *Cornelius*, DNotZ 1996, 352, 353. MüKo-BGB/*Spellenberg* zitiert für
seine Ansicht völlig zu Unrecht *Cornelius* und *Hergeth* als angebliche Vertreter der Ansicht, dass das
Berufsbild des Notars aufgespalten werden könne mit der Folge, dass ein Teil seiner Tätigkeit nicht
mit der Ausübung öffentlicher Gewalt verbunden sei. Es ist nur richtig, dass nach nationalem Recht
und nach Europarecht das Problem der Ausübung »öffentlicher Gewalt« i.S.d. Art. 45 EuV überhaupt
noch nicht aufgearbeitet ist, was aber von *Spellenberg* unterstellt wird, der auch insoweit *Hergeth*,
S. 196 völlig falsch zitiert und glaubt, ihn für seine Ansicht in Anspruch nehmen zu können. Für eine
einheitliche Betrachtungsweise und gegen eine Aufspaltung des Berufs in öffentliche und nicht-öf-
fentliche Tätigkeitsfelder auch *Fischer*, DNotZ 1989, 467, 495, 500; in diesem Sinne auch *Bohrer*,
Rz. 438 ff.; eher zurückhaltend insoweit *Hirsch*, DNotZ 2000, 729, 736; *ders.*, notar 2002, 84, 88, der
auch zu Recht darauf hinweist, dass das sog. Reyners-Urteil insofern argumentativ untauglich ist, weil
der Beruf des Rechtsanwalts mit dem des Notars, jedenfalls was die hoheitliche Tätigkeit anbelangt,
nicht vergleichbar ist. Auch spätere Rechtsprechung des EuGH ist hier untauglich, insbesondere die
zu den »spanischen Kapitänen« (Rechtssache C-405/01). Dabei wird auch hier übersehen, dass der
EuGH bewusst von der Übertragung »hoheitlicher Befugnisse« auf spanische Kapitäne spricht, die in
bestimmten Situationen notarielle Zuständigkeiten haben, ohne unmittelbar »öffentliche Gewalt« auszuüben. Im Übrigen ist nicht unerheblich, ob solche Tätigkeiten z.B. durch Kapitäne regelmäßig aus-

8   Nach Ansicht der ständigen Konferenz der EG-Notariate wird die gesamte Tätigkeit des Notars als Ausübung öffentlicher Gewalt angesehen[7]. Dieser Ansicht hat sich ein Teil der Literatur angeschlossen[8]. Naturgemäß wird andererseits vertreten, dass nur bestimmte Formen der notariellen Beurkundung gleichzeitig die Ausübung »öffentlicher Gewalt« beinhaltet. Dabei wird getrennt zwischen vollstreckbaren Urkunden und nur dann soll es Ausübung öffentlicher Gewalt sein[9]. Nach einer etwas weitergehenden Ansicht sollen generell beurkundungspflichtige Rechtsgeschäfte der »öffentlichen Gewalt« unterfallen[10]. Nach einer absoluten Mindermeinung soll nur die Beglaubigung von Unterschriften der »öffentlichen Gewalt« unterliegen[11]. Schliesslich meint eine weitere Ansicht, dass Notare stets keine »öffentliche Gewalt« ausüben[12].

9   Teilweise werden die Begriffe »Ausübung öffentlicher Gewalt« und »hoheitlich« miteinander vermengt und dem Notar praktisch die Rolle eines Staatsbeamten zugewiesen[13] mit der weiteren Behauptung, der Notar werde stets in Erfüllung staatlicher Aufgaben tätig, was in dieser allgemeinen Form schon deshalb nicht richtig ist, denn der Notar wird zumindest bei einem Teil von Beurkundungen auch gegenüber den Beteiligten aufgrund eines rein privatrechtlich erteilten Auftrags tätig. Die unkritische Vermengung von »hoheitlicher Amtsausübung« und »öffentlicher Gewalt« wird auch von anderen Autoren zu Recht beanstandet[14]. Mitunter werden auch »öffentliches Amt« mit »öffentlicher Gewalt« gleichgesetzt[15]. Es ist offensichtlich, dass die Begriffe keinesfalls identisch sind.

10   Es kann aber nicht ausgeschlossen werden, dass der EuGH seine bisherige Rechtsprechung modifiziert und auch den Notar dem Anwendungsbereich der Niederlassungsfreiheit nach Art. 45 EUV unterwirft. Die bisherige Rechtsprechung des EuGH lässt eher vermuten, dass der Begriff der »öffentlichen Gewalt« funktional und nicht institutionell zu verstehen ist[16]. Es ist ausgesprochen schwierig, eine Prognose zu stellen, denn die Rechtsprechung des EuGH kommt einem anderen Gemeinschaftsorgan ein weites Ermessen zu, das der Recht-

geübt werden oder eher die Ausnahmesituation darstellen, was die Regel sein dürfte. Diese Rechtslage ist z.B. mit der in der BRD vergleichbar, wenn nämlich vor einem Bürgermeister ein sog. Nottestament errichtet werden darf, vgl. § 2249 BGB oder nötigenfalls in Gegenwart von drei Zeugen, vgl. § 2250 BGB; dies ist möglich, wenn ein Notar in der Kürze der Zeit nicht mehr hinzugezogen werden kann.In der Bundesrepublik Deutschland könnten sich die Verhältnisse insofern noch schwieriger gestalten und kaum einer Lösung näher gebracht werden, als ein Teil der Notare im OLG-Bezirk Stuttgart, wie die dort tätigen Bezirksnotare, sich mehr oder weniger im Beamtenstatus befindet. Damit sind jene Notare der hoheitlichen Tätigkeit mit Sicherheit näher als ihre Kollegen in den übrigen Bundesländern. Keine Zweifel am Öffentlichkeitscharakter des Amtes hat *Löwer*, MittRhNotK 1998, 310 ff., der im Übrigen europarechtliche Aspekte nicht näher erörtert.Der nationale Gesetzgeber hat sich insoweit für eine europafreundliche Regelung nicht bereit gefunden, obwohl auch er an die Vorgaben des EU-Vertrags gebunden ist und von sich den Vorbehalt des § 5 BNotO entfernen könnte; die Initiative muss wohl insoweit immer wieder von der EU-Kommission ausgehen.

7 Stellungnahme von 1990 S. 4–7.
8 *Römer*, S. 15; *Fischer*, DNotZ 1989, 467, 472; *Schweitzer*, ÖNotZ 1989, 170, 173.
9 *Basedow*, RabelsZ 1991, 429 – ohne nähere Begründung.
10 So offenbar *Bohrer*, S. 138.
11 *Seche*, S. 13 ff.
12 *Lutz*, 1 ff.
13 So jedenfalls *Eylmann/Vaasen/Frenz*, § 1 BNotO Rz. 18.
14 Vgl. dazu ausführlich *Kranz*, S. 313 ff.
15 So die gesamte verfassungsrechtliche Literatur, die hier nicht genügend differenziert: *Dreier/Schultze-Fielitz*, GG Art. 19 Rz. 53; *Jarass*, GG Art. 19 Rz. 29; *Mangoldt/Klein/Starck-Huber*, GG § 19 Rz. 427; *Maunz/Dürig/Herzog/Schmidt-Assmann*, GG Art. 19 Rz. 53, 56; *Sachs*, GG Art. 19 Rz. 117; die verfassungsrechtliche Literatur bemüht sich nicht um eine dogmatische Herausarbeitung, sondern subsumiert einfach den Notar unter den Begriff der »öffentlichen Gewalt«; die notarrechtliche Literatur ist hier ebenso oberflächlich; vgl. nur *Schippel/Bracker/Bracker*, § 1 Rz. 7; *Schippel/Bracker/Görg*, § 5 Rz. 2.
16 So jedenfalls *Preuß*, S. 3 ff., 12 ff., 32 ff.; *Preuß*, ZEuP 2005, 291, 309.

sprechung weitgehend entzogen ist; die Entscheidung des Organs sei nur dann zu beanstanden, wenn ein offensichtlicher Rechtsverstoß sich geradezu aufdrängt[17].

Ein wichtiges Argument ist dabei der Umstand, dass Art. 45 EuV nicht vom Beruf **11** schlechthin ausgeht, sondern von der spezifischen Tätigkeit, die mit der Ausübung öffentlicher Gewalt verbunden sein muss. Es kommt also entscheidend darauf an, ob die ausgeübte Tätigkeit und nicht allgemein der Beruf als Ausübung öffentlicher Gewalt zu qualifizieren ist[18]. Dabei ist auch entscheidend, wie der einzelne Nationalstaat den Beruf qualifiziert hat, allerdings nur unter der Prämisse, dass er seinerseits ihn nicht so ausgestaltet, dass er damit den Zweck des Art. 45 EuV unterlaufen könnte[19].

Der vergleichsweisen Betrachtung bisheriger Urteile des EuGH und nicht nur der Ansicht **12** der EU-Kommission ist aber zu entnehmen, dass die Niederlassungs- und Dienstleistungsfreiheit keinesfalls eingeschränkt werden kann, wenn die staatliche Kontrolle einer Tätigkeit ausreicht, um die öffentlichen Belange zu wahren[20]. Die bisherige Rechtsprechung des EuGH lässt vermuten, dass diese Streitfrage weniger dogmatisch und vielmehr pragmatisch gelöst wird. Unter Bezugnahme auf das Berufsbild des Notars übt jener keine öffentliche Gewalt aus, wenn er, wie in romanischen Ländern üblich, sog. Vermittlungstätigkeiten ausübt[21]. Diese entscheidungserhebliche Streitfrage könnte ganz einfach dadurch gelöst werden, dass die Mitgliedstaaten sich verpflichten, sich bei bestimmten Berufsbildern nicht auf die Ausübung öffentlicher Gewalt zu berufen, wie dies z.B. bei den Veterinären geschehen ist[22].

Es ist aber nicht zu erwarten, dass dies auch bei den Notaren geschehen könnte, wenn- **13** gleich diese Lösung nach dem EuV nicht ausgeschlossen ist. Allerdings steht zu erwarten, dass die Tätigkeit des Notars nicht generell dem Beschränkungsvorbehalt nach Art. 45 EuV unterfallen dürfte, sondern nur insoweit, als der Notar unmittelbar Zwangsbefugnisse ausübt. In diesem Zusammenhang stellt sich auch die Frage, ob der Notar mit der Möglichkeit der Vollstreckung seiner Urkunden eigentlich »öffentliche Gewalt« (autorite publique) ausübt, oder ob es letztendlich nicht eher vom Gläubiger abhängt, dass aus der Urkunde vollstreckt wird. Es bleibt auch die Frage, ob der Notar als solcher wirklich mit »öffentlicher Gewalt« versehen ist, denn immerhin hat der Schuldner nach deutscher Rechtslage die Vollstreckungsabwehrklage nach § 767 ZPO und letztendlich ist dann nur das richterliche Urteil die causa für die Vollstreckung. Darüber hinaus hat sich der Schuldner freiwillig, nämlich durch Abgabe einer privatrechtlichen Willenserklärung, der Zwangsvollstreckung unterworfen.

Gerade in diesem Punkt unterscheidet er sich ganz garvierend von der Tätigkeit seines **14** französischen Kollegen, aus dessen Urkunde sofort und ohne gesonderte Unterwerfungserklärung vollstreckt werden kann[23]. Im Übrigen wird bei dieser Argumentation übersehen, dass der Notar immer nur vorläufig eine Vollstreckungsklausel erteilt, denn letztendlich entscheidet der Richter, ob vollstreckt werden darf oder nicht, oder der Schuldner auch ansonsten Angriffsmittel hat, um die Vollstreckungsfähigkeit der Urkunde überprüfen zu lassen, wie z.B. die Klauselerinnerung nach § 732 ZPO.

Eine weitere, hier nicht weiter zu erörternde Frage ist, ob der Begriff der »öffentlichen **15** Gewalt« aus dem Gemeinschaftsrecht auszulegen ist oder ob die nationale Auslegung Vorrang genießt.[24] Hier lässt sich die Prognose wagen, dass der EuGH die Auslegung durch das Gemeinschaftsrecht der Auslegung durch die einzelnen Rechtsordnungen vorzieht. Es wird auch keinen Unterschied machen, ob der Staat selbst tätig geworden ist oder ob er die ihm

---

17 EuGH Slg. 1980, 3393, 342 (Maizena/Rat); Slg 1980, 907, 1005, 1007 (Ferriera Valsabbia/Kommission); *Müller/Christensen*, Rz. 452 a.E.
18 So jedenfalls *Preuß*, S. 4 mit Nachweisen aus der Rechtsprechung des EuGH, dass das Gericht immer konkret an der ausgeübten Tätigkeit die Qualifizierung vornimmt; vgl. S. 4 Fn 9.
19 So zutreffend *Preuß*, S. 306.
20 Vgl. EuGH vom 15.03.1988 Rs 147/86 in Slg. 1988, 1637; EuGH vom 29.10.1988 Rs C 114/97 in Slg. 1988, I-6717 Rz. 34.
21 So *Stumpf*, Rz. 8.
22 ABl.1987, C 308/1.
23 Vgl. dazu *Gresser*, notar 2002, 58, 60.
24 Vgl. dazu *Kranz*, S. 297 f.

eigentlich obliegenden Befugnisse auf Privatpersonen übertragen hat. Letztendlich sind alle diese Probleme höchstrichterlich noch nicht entschieden

4. Befähigung zum Richteramt

16 Die **Befähigung zum Richteramt** erlangt man nach §§ 5–7 des Deutschen Richtergesetzes (DRiG), jetzt vom 16.08.1980 (BGBl 1451). Diese Bestimmungen haben endlich für die ganze Bundesrepublik eine einheitliche Befähigung zum Richteramt geschaffen; die vielen Ausnahmen und Besonderheiten für einzelne Arten von Gerichten sind beseitigt. Nach §§ 5–7 DRiG wird die Befähigung zum Richteramt durch das Bestehen zweier Prüfungen erlangt, der ersten und zweiten juristischen Staatsprüfung. Der ersten Prüfung muss ein Rechtsstudium von mindestens 3½ Jahren vorausgehen; zwischen den beiden Prüfungen muss ein Vorbereitungsdienst (Referendarzeit) von 2 Jahren liegen.

17 Wer im Bundesgebiet in einem Lande die Befähigung zum Richteramt erworben hat, ist im **Bund und in allen Ländern** der Bundesrepublik zum Richteramt befähigt (§ 6 DRiG). Es verstößt gegen den Gleichheitsgrundsatz, wenn in Berlin keine Diplom-Juristen der ehemaligen DDR zu Anwaltsnotaren bestellt werden[25].

18 Es kann grundsätzlich nicht beanstandet werden, wenn ein Bewerber berücksichtigt wird, der bereits in einer Sozietät mit einem Anwaltsnotar steht, insbesondere nicht unter dem Gesichtspunkt der Monopolisierung von Notargeschäften[26].

19 Jeder **ordentliche Professor des Rechts** an einer Universität im Geltungsbereich des Richtergesetzes ist ebenfalls zum Richteramt befähigt (§ 7 DRiG), auch wenn er nicht die zweite juristische Staatsprüfung abgelegt haben sollte.

20 Nach § 114 Abs. 3 gilt eine Ausnahme für die Bezirksnotare und deren Anwärter im Bezirk des **Oberlandesgerichts Stuttgart**. Insoweit wird auf die Erläuterungen zu §§ 3 und 114 verwiesen.

---

25 So jetzt BVerfG DNotZ 2002, 231 = ZNotP 2001, 436; a.A. noch BGH NJW-RR 1999, 355 = BGHR BNotO § 5 Richteramt 1; vgl. ansonsten zur gesetzlichen Entwicklung ausführlich *Schippel/ Bracker/Görg*, § 5 Rz. 7 f.
26 BGHZ 126, 39 = NJW 1994, 3353 = DNotZ 1996, 173 = LM H. 1/1995 § 4 BNotO Nr. 19.

§ 6

(1) [1]Nur solche Bewerber sind zu Notaren zu bestellen, die nach ihrer Persönlichkeit und ihren Leistungen für das Amt des Notars geeignet sind. [2]Bewerber können nicht erstmals zu Notaren bestellt werden, wenn sie bei Ablauf der Bewerbungsfrist das sechzigste Lebensjahr vollendet haben.

(2) In den Fällen des § 3 Abs. 2 soll in der Regel als Notar nur bestellt werden, wer bei Ablauf der Bewerbungsfrist
1. mindestens fünf Jahre zur Rechtsanwaltschaft zugelassen war und
2. seit mindestens drei Jahren ohne Unterbrechung in dem in Aussicht genommenen Amtsbereich hauptberuflich als Rechtsanwalt tätig ist.

(3) [1]Die Reihenfolge bei der Auswahl unter mehreren geeigneten Bewerbern richtet sich nach der persönlichen und fachlichen Eignung unter Berücksichtigung der die juristische Ausbildung abschließenden Staatsprüfung und der bei der Vorbereitung auf den Notarberuf gezeigten Leistungen. [2]In den Fällen des § 3 Abs. 2 können insbesondere in den Notarberuf einführende Tätigkeiten und die erfolgreiche Teilnahme an freiwilligen Vorbereitungskursen, die von den beruflichen Organisationen veranstaltet werden, in die Bewertung einbezogen werden. [3]Die Dauer des Anwärterdienstes ist in den Fällen des § 3 Abs. 1, die Dauer der Zeit, in der der Bewerber hauptberuflich als Rechtsanwalt tätig war, ist in den Fällen des § 3 Abs. 2 angemessen zu berücksichtigen. [4]Die Landesregierungen oder die von ihnen bestimmten Stellen werden ermächtigt, durch Rechtsverordnung Bestimmungen über die Anrechnung von Wehr- und Ersatzdienstzeiten, Zeiten eines Beschäftigungsverbotes nach Mutterschutzvorschriften, Zeiten der Beurlaubung wegen Inanspruchnahme von Elternzeit und Zeiten eines vorübergehenden Verzichts auf die Zulassung zur Rechtsanwaltschaft wegen Schwangerschaft oder Betreuung eines Kindes auf die Zeiten nach Satz 3 sowie bei einer erneuten Bestellung über die Zeiten einer vorübergehenden Amtsniederlegung nach § 48b auf die bisherige Amtstätigkeit zu treffen.

Übersicht

A. Entstehungsgeschichte der Vorschrift

1 Die Vorschrift hat in der RNotO vom 13.02.1937 (RGBl. I S. 191) keinen historischen Vorläufer, denn dort bestimmte § 4 »wie selbstverständlich«, dass sich die Notare »rückhaltlos für den nationalsozialistischen Staat einzusetzen haben«. Lediglich Satz 2 bestimmte, dass nur geeignete Bewerber bestellt werden dürfen. An dieses letzte Erfordernis hat § 6 angeknüpft, der lediglich voraussetzte, dass nur nach Persönlichkeit und Leistungen geeignete Bewerber eingestellt werden können. Die Vorschrift ist in Abs. 1 durch Satz 2 und durch Abs. 2 und 3 durch Gesetz vom 29.01.1991 (BGBl I S. 150) ergänzt worden.

B. Erläuterungen

I. Eignungsprognose (Abs. 1)

1. Allgemeines

2 Eignung ist die vom Dienstherrn abgegebene **Prognose**, dass der ernannte Bewerber die an ihn für das Amt zu stellenden Anforderungen erfüllen wird. Sie ist daher das Ergebnis eines vorangegangenen Auswahlverfahrens, bei dem nicht unbedingt mehrere Bewerbungen vorliegen müssen, denn es kann auch ein einziger Bewerber sich als ungeeignet erweisen. Deshalb trifft Abs. 3 erst nähere Bestimmungen darüber, wie zu verfahren ist, wenn mehrere geeignete Bewerber vorliegen, d. h., die Prüfung nach Abs. 3 kann erst beginnen, wenn der Bewerber die Vorstufe des Abs. 1 erreicht hat.

3 Der **Prognoseentscheidung der Landesjustizverwaltung** wohnt ein Element inne, das der gerichtlichen Überprüfung Schranken setzt[1] mit der Folge, dass der Landesjustizverwaltung ein Beurteilungsspielraum zusteht[2]. Die gerichtliche Überprüfung erfasst zunächst die tatsächlichen Grundlagen der Verwaltungsentscheidung und die daraus erwachsende rechtliche Zuordnung des Sachverhalts zur Norm. Deshalb kann überprüft werden, ob überhaupt ein Umstand für die Eignung in Betracht kommt und wie er im Einzelfall zu berücksichtigen ist und ob z. B. auf Grund eines nachträglichen Verhaltens gegenüber einem früheren Fehlverhalten ein so große Bedeutung zukommt, dass das Fehlverhalten unberücksichtigt bleiben kann[3].

2. Zeitpunkt der Eignung

4 Nach der insoweit unangreifbaren Rechtsprechung müssen die Voraussetzungen der persönlichen Eignung mit **Ablauf der Bewerbungsfrist** vorliegen und zum Zeitpunkt der Bestellung noch fortbestehen[4]. Die Justizverwaltung kann aber auch negative Umstände noch berücksichtigen[5], die erst längere Zeit nach Ablauf der Bewerbungsfrist bekannt werden; insbesondere gilt dies dann, wenn sie sich gegenüber dem Bewerber bereit erklärt hatte, über

---

1 BGH DNotZ 1997, 905 = NJW-RR 1998, 59 = LM H. 4/1998 § 6 BNotO Nr. 25 = NdsRPfl 1998, 5.
2 BGHZ 124, 327; 134, 137 = DNotZ 1997, 884 = NJW 1997, 1075 = JR 1998, 65 m. Anm. *Wochner* = MittRhNotk 1997, 322 = LM H. 6/1997 § 6 BNotO Nr. 23, BGH ZNotP 2001, 114 = NJW-RR 2001, 1138 = MDR 2001, 417; BGHR BNotO § 6 Abs. 3 Eignung – NotZ 17/03.
3 Vgl. dazu BGH DNotZ 1997, 894; BGH NJW-RR 1994, 745 = LM H. 8/1994 § 6 BNotO Nr. 16. Vgl. wegen weiterer Einzelheiten § 111.
4 BGH DNotZ 2006, 312.
5 BGH DNotZ 2000, 145 = ZNotP 1999, 250 = NJW-RR 1999, 932 = MDR 1999, 1047; ZNotP 2000, 404; NJW-RR 2004, 708.

die Bewerbung nicht vor Abschluss der strafrechtlichen Ermittlungen zu befinden[6]. Allerdings darf die Justizverwaltung nicht unsachgemäß lange warten, denn das aus Art. 12 Abs. 1 GG verbürgte Recht auf Zugang zum Beruf gebietet, dass Zweifel an der Eignung nicht sachwidrig dazu benutzt werden, den Antrag zu bescheiden. Andernfalls ist der Vertrauensgrundsatz, der auch im Verwaltungsrecht gilt, tangiert[7].

3. Persönlichkeit 1

a) Grundsätze

Mit dieser Bestimmung ist der Justizverwaltung **keine Ermessensentscheidung** bei Auswahl der Bewerber zum Amt des Notars überlassen. § 6 enthält vielmehr eine Generalklausel mit einem unbestimmten Rechtsbegriff, dessen Anwendung die Gerichte im Verfahren nach § 111 voll nachzuprüfen haben. Dabei lassen sich Sinn und Bedeutung des § 6 unter Besinnung auf die Grundgedanken und Grundforderungen der Bundesnotarordnung für Fälle der hier streitigen Art hinreichend deutlich bestimmen.   **5**

Die Vorschrift, dass nur solche Bewerber zu Notaren zu bestellen sind, die nach ihrer Persönlichkeit und ihren Leistungen für das Amt eines Notars geeignet sind, will erreichen, dass Bewerber ausgeschieden werden, denen die Eigenschaften und Fähigkeiten fehlen, die für die sachgerechte Ausübung eines Notaramtes notwendig sind. Dabei muss die Auslegung an die allgemeinen Grundsätze des öffentlichen Dienstes anknüpfen, für den sich ähnliche allgemeine Tatbestandsmerkmale bei den Bestimmungen über Auswahl und Einstellung als notwendig erwiesen und bewährt haben.   **6**

Die Tatsache etwa, dass der Bewerber bereits als Rechtsanwalt zugelassen worden ist, ist unerheblich. Es ist, obwohl es sich beim Rechtsanwalt ebenso wie beim Notar um ein Organ der Rechtspflege handelt, etwas anderes, ob jemandem die Zulassung zu einem freien Beruf zuteil wird, die bei Vorliegen der fachlichen Voraussetzungen nur versagt werden darf, wenn im Gesetz aufgestellte Zulassungshindernisse vorliegen (§ 6 Abs. 2 BRAO), oder ob jemand in ein öffentliches, also mit der Ausübung staatlicher Funktionen verbundenes Amt berufen wird.   **7**

Es ist für sich allein auch kein Rechtsfehler, wenn trotz der Zulassung des Antragstellers zur Rechtsanwaltschaft die Bestellung zum Notar abgelehnt wird. Aus der Tatsache, dass ein Bewerber im Bereich des Anwaltsnotariats als Rechtsanwalt zugelassen worden ist, folgt nicht zwingend, dass er bei fachlicher Eignung und Vorliegen eines Bedürfnisses (§ 4 Abs. 2 BNotO a.F.) zum Anwaltsnotar bestellt werden muss[8].   **8**

b) Begriff

Der **Begriff der »Persönlichkeit«** umfasst alle inneren und äußeren Eigenschaften einer Person, wie sie sich insbesondere in ihrem äußeren Verhalten offenbaren. Im Rahmen der Prüfung nach § 6 muss auf den die Bundesnotarordnung tragenden Gedanken der »Erfordernisse einer geordneten Rechtspflege« Rücksicht genommen werden. Es ist zu bedenken, dass der Notar als unabhängiger Träger eines öffentlichen Amtes wichtige und schwierige Aufgaben auf dem Gebiete der vorsorgenden Rechtspflege zu erfüllen hat. Deswegen darf der anzuwendende Maßstab an die zu fordernden persönlichen Eigenschaften eines Notarbewerbers nicht zu milde sein. Infolgedessen darf die Ernennungsbehörde einen Notarbewerber nur dann zum Notar bestellen, wenn sie nach sorgfältiger Prüfung aller Umstände die   **9**

---

6 BGH DNotZ 2005, 146 ff. = BGHR BNotO § 6 Eignung (Gründe) unter Bezugnahme auf BGH DNotZ 1974, 755, 756; BGH NJW-RR 1996, 311.
7 BGH ZNotP 2000, 404 = NJW-RR 2000, 14444 = MDR 2000, 854 = BGHR BNotO § 6 Eignung 14; vgl. auch allgemein zum Zugang zum Anwaltsnotariat *König*, SchlA 2007, 207 ff., der zu Recht auf die geänderte Auffassung des Kommentators hinsichtlich seiner Kritik am OLG Schleswig hinweist; vgl. einerseits *Lerch*, AnwBl. 2006, 502 und andererseits *ders.*, AnwBl. 2007, 282.
8 BGH DNotZ 1972, 310.

Überzeugung gewinnen kann, dass der Bewerber den Anforderungen des erstrebten Amtes gewachsen sein wird, dass er die Eigenschaften besitzt, die hierfür die unerlässliche Voraussetzung bilden.

10   Ein Notar, der in der vorsorgenden Rechtspflege tätig wird, muss den Blick für wirtschaftliche und rechtliche Verhältnisse sowie die Gabe besitzen, die Entwicklung der Verhältnisse vorauszusehen und in einer Gesamtschau wirtschaftlich und rechtlich zu erkennen. Außerdem sind für einen Notar die Fähigkeit und der Wille unerlässlich, »peinliche Genauigkeit und Sorgfalt bei der Betreuung fremder Vermögenswerte« anzuwenden.

11   Wenn die Anstellungsbehörde bei der pflichtgemäßen Überprüfung **aller Umstände** der Auffassung ist, dass der Bewerber die erforderlichen Eigenschaften nicht oder noch nicht besitzt, darf sie ihn nicht oder noch nicht zum Notar bestellen. Die Versagung ist nur möglich, wenn die Eignung verneint wird; es genügt nicht, dass nur Zweifel oder Bedenken bestehen.

12   Der Verwaltungsakt muss dazu die tatsächlichen Gründe im Einzelnen aufführen; das ist schon für die Nachprüfung durch das Gericht nötig, weil eine Nachschiebung neuer Gründe im Zweifel unstatthaft ist. Folgert die Justizverwaltung also aus bestimmten Vorgängen oder Verfahren, dass der Bewerber nicht die ausreichenden sicheren Rechtskenntnisse und Erfahrungen hat, dann müssen alle diese Verfahren und Vorgänge im Einzelnen behandelt werden.

c) Einzelfälle

13   **Frühere Straftaten** und ähnliche Verhaltensweisen, die eine Unzuverlässigkeit des Bewerbers ergeben, können einer Ernennung entgegenstehen.

14   Bei einem Bewerber, der sich früher einmal ein **standesunwürdiges Verhalten** hat zuschulden kommen lassen, dauert diese Unwürdigkeit nicht stets für alle Zukunft an. Es kommt vielmehr darauf an, ob in dem Zeitpunkt, in welchem über die Bestellung zum Notar zu befinden ist, bei Berücksichtigung der Schwere der Verfehlungen einerseits sowie der gesamten Verhältnisse und insbesondere des früheren und späteren Verhaltens des Bewerbers andererseits die Standesunwürdigkeit noch weiterbesteht[9]. Liegen diese negativen Merkmale längere Zeit zurück, dürfen sie umso weniger bei der Bewerbung berücksichtigt werden[10]. Dabei kommt es mit Sicherheit auch auf den möglicherweise strafrechtlichen Vorwurf an, und er wiegt um so weniger, je weniger er Bezugspunkte zum angestrebten Amt als Notar aufweist. Ansonsten ist eine nähere Abgrenzung schwierig und lässt sich nur am Einzelfall judizieren und feststellen.

15   Die Landesjustizverwaltung ist nicht gehindert, aufgrund der Ergebnisse eines strafrechtlichen Ermittlungsverfahrens die persönliche Eignung des Bewerbers für das Amt des Notars zu verneinen, weil das Verfahren erst längere Zeit nach Ablauf der Bewerbungsfrist abgeschlossen werden kann; andererseits kann sie auch das Ergebnis der Ermittlungen abwarten[11].

16   Es können auch Umstände berücksichtigt werden, die in einem **laufenden Bewerbungsverfahren** bekannt werden, etwa des Umstandes, dass gegen den Bewerber ein Ermittlungsverfahren wegen Trunkenheit am Steuer läuft, er darüber hinaus schon früher zu sog. Erzwingungshaft angehalten werden musste und schließlich Fragen bei Vortätigkeiten bewusst falsch angegeben hatte[12].

17   Trunkenheit im Verkehr und anschließende Unfallflucht stellen, auch wenn Personen nicht geschädigt wurden, die Eignung eines Bewerbers für das Amt des Notars in Frage[13]. Es ist dabei unerheblich, dass Mandanten eines Rechtsanwalts und Notarbewerbers die Dienste uneingeschränkt auch trotz einer solchen Tat in Anspruch nehmen, denn dabei handelt es sich um die persönliche Einschätzung des Rechtsanwalts und nicht um das allgemeine Ansehen in der gesamten Öffentlichkeit. Ein Bewerber, der als Rechtsanwalt beleidigende,

---

9 BGHZ 39, 110; BGHZ 53, 95.
10 BGH DNotZ 2005, 796 = NJW-RR 2005, 861; OLG Celle DNotZ 1997, 894 ff.
11 BGH DNotZ 2005, 146, 148 = BGHR BNotO § 6 Eignung, persönliche 2.
12 Vgl. dazu BGH DNotZ 1997, 891.
13 BGH DNotZ 2001, 573 = ZNotP 2001, 114 = NJW-RR 2001 1138 = MDR 2001, 417 = BGHReport 2001, 99.

unsachliche und ausländerfeindliche Äußerungen macht, wie z. B. »du Ausländerdrecksau und ich bin das Gesetz«, ist in der Regel für das Notaramt ungeeignet[14]. Soweit gegen einen Notarbewerber ein staatsanwaltliches Ermittlungsverfahren noch nicht abgeschlossen ist, jedoch schwere strafrechtliche Vorwürfe zum Inhalt hat, wie z. B. Untreue oder Betrug, kann die Ablehnung der Bewerbung darauf gestützt werden[15].

Getilgte Vorstrafen dürfen bei der Bewerbung berücksichtigt werden. Zwar heißt es in § 49 BZRG, dass eine Tat und die Verurteilung dem Betroffenen im Rechtsverkehr nicht mehr vorgehalten und nicht zu seinem Nachteil verwertet werden dürfen, wenn eine Eintragung über eine Verurteilung im Register getilgt worden ist oder zu tilgen ist. Das wird bedeutsam für die Entscheidungen im Disziplinarverfahren[16]. Für das Ernennungsverfahren ist § 50 BZRG erheblich, der Ausnahmen von dieser Regelung enthält. Nach § 50 Ziffer 4 BZRG darf die frühere Tat berücksichtigt werden, wenn der Betroffene die Zulassung zu einem Beruf oder Gewerbe oder die Einstellung in den öffentlichen Dienst beantragt, falls die Zulassung oder Einstellung sonst zu einer erheblichen Gefährdung der Allgemeinheit führen würde. Das gilt ganz besonders für eine Bestellung zum Notar. 18

Auch die frühere Verstrickung des Bewerbers in eine uneidliche Falschaussage seines früheren Mandanten kann die Voraussetzungen für eine Eignung entfallen lassen, selbst wenn das Ermittlungsverfahren gegen den Rechtsanwalt eingestellt wurde[17]. Auch die Beteiligung an Tatbeständen der sog. Insolvenzverschleppung kann die Annahme begründen, für das Amt ungeeignet zu sein[18]. 19

d) Weitere Fälle

aa) Tatbestände aus der BNotO

Weitere Beispiele für Hindernisse gegen eine Ernennung bieten die Fälle, die der Gesetzgeber in § 50 als **Grund für eine Dienstenthebung** und in § 47 als Grund für ein Erlöschen des Amts angeführt hat. Die Gründe, die zum Ausscheiden aus dem Notaramt führen, stehen schon einer Ernennung entgegen[19]. 20

Daraus folgt beispielsweise schon, dass ein Bewerber nicht ernannt werden darf, dessen wirtschaftliche Verhältnisse oder dessen Wirtschaftsführung die Interessen der Rechtsuchenden gefährden würden (§ 50 Abs. 1 Nr. 8), oder der durch gerichtliche Anordnung in der Verfügung über sein Vermögen beschränkt ist (§ 50). 21

Daraus ergibt sich weiter, dass ein Bewerber nicht zum Notar ernannt werden darf, bei dem Umstände vorliegen, die nach allgemeinem Beamtenrecht bei einer Ernennung zum Beamten deren Nichtigkeitserklärung oder Rücknahme bewirken würden (§ 50 Abs. 1 Nr. 2 und § 50 Abs. 2), also etwa wenn dem Bewerber die Fähigkeit zur Bekleidung öffentlicher Ämter fehlt, er sich bei der Bewerbung einer arglistigen Täuschung oder Bestechung schuldig macht oder wegen eines Verbrechens oder Vergehens bestraft worden ist, das ihn zum Notarberuf unwürdig erscheinen lässt, oder wenn gegen den Bewerber in einem Disziplinarverfahren auf Entfernung aus einem Dienstverhältnis erkannt worden war (vgl. §§ 8, 9 BRRG). 22

Der Gedanke, dass ein Bewerber zum Notar nicht zu ernennen ist, der nach den Bestimmungen der Notarordnung wieder seines Amtes zu entheben oder aus dem Amt zu entfernen wäre, führt zu der weiteren Folgerung, dass auch ein Verhalten, das bei einem Notar zur Dienstentlassung im Wege des **Dienststrafverfahrens** führen würde, schon nach § 6 zur Ablehnung einer Ernennung führen muss. 23

14 BGH NJW-RR 1999, 497 = DNotZ 1999, 521; BGH DNotZ 2000. 943.
15 BGH NJW-RR 2000, 1444 = DNotZ 2000, 717 = ZNotP 2000, 404 = LMH 1/2001 § 6 BNotO Nr. 36 = MDR 2000, 854.
16 Vgl. die Erläuterungen zu § 97.
17 BGH DNotZ 1996, 200.
18 BGH NJW-RR 1996, 311.
19 BGHZ 53, 95 = DNotZ 1970, 252.

24   Deshalb darf ein Bewerber nicht zum Notar ernannt werden, der sich eines Verhaltens schuldig gemacht hat, das ihn unwürdig erscheinen lässt, den Beruf eines Notars auszuüben. Denn der Begriff der »Persönlichkeit« in § 6 umfasst nicht nur die inneren, charakterlichen Eigenschaften einer Person, sondern alle inneren und äußeren Eigenschaften, wie sie sich insbesondere in seinem äußeren Verhalten offenbaren. Andererseits muss nicht unbedingt ein Tatbestand der §§ 50, 97 angenommen werden müssen, um die Voraussetzungen der persönlichen Eignung zu verneinen[20]. Ein Bewerber, der darüber täuscht, an den sog. Vorbereitungskursen teilgenommen zu haben, die er tatsächlich nicht besucht hatte, ist charakterlich ungeeignet[21].

bb) Rechtliche Gründe

25   **Rechtliche Gründe** können auch sonst kraft ausdrücklicher Vorschrift entgegenstehen: Solange dem Bewerber durch Strafurteil die Fähigkeit aberkannt ist oder verloren ist, öffentliche Ämter zu bekleiden (§ 45 StGB), darf er nicht zum Notar ernannt werden. Denn die vom Gericht ausgesprochene »Unfähigkeit zur Bekleidung öffentlicher Ämter« muss von jeder deutschen Behörde als gesetzliches Hindernis beachtet werden. Ein dem Bewerber erteilter Gnadenerweis hindert die Behörde nicht, die der Verurteilung zugrunde liegenden Tatsachen im Zulassungsverfahren gegen den Bewerber zu verwerten.

cc) Charakterliche Mängel

26   **Charakterliche Mängel** im weiteren Sinne können ausreichender Anlass zur Ablehnung eines Bewerbers sein. Strafgerichtliche Verurteilungen wegen eines unwürdigen oder sonstigen Verhaltens, das mit dem Amt eines Notars unvereinbar ist, machen zwar eine Ernennung nicht rechtlich unmöglich, aber solche Verhaltensweisen können einen Anlass zur Ablehnung der Ernennung geben. Bewerber, die wegen Diebstahls, Raubes, Untreue, Unterschlagung, Betruges oder ähnlicher Vermögensdelikte verurteilt worden sind, können als Notar abgelehnt werden. Dabei ist sogar unerheblich, ob der Bewerber wegen dieses Verhaltens bestraft ist, weil es allein auf die festgestellte Verhaltensweise ankommt; die Strafverfahren sind nur die üblichen Beweismittel in diesem Verfahren.

27   Gewiss ist es erwünscht, dass der Notar bestimmte Charaktereigenschaften hat; ihr Fehlen im Einzelfall wird aber schwerlich immer ausreichen, einen Bewerber für »ungeeignet« zum Notar zu halten, wobei die Voraussetzungen dieses unbestimmten Rechtsbegriffes und die abschließende Würdigung auf die Eignung durch das Gericht nachprüfbar sind.

28   Die Eigenschaften, die für das Amt des Notars wesentlich sind, ergeben sich aus dem Berufsbild des guten Notars. Er muss insbesondere ehrlich und zuverlässig sein, wie die Fähigkeit haben, mit den verschiedensten Menschen leicht umzugehen, er muss weiter u. a. gesunde Urteilskraft besitzen, gutes Urteilsvermögen, Entschlusskraft, Standfestigkeit, Autorität, Verhandlungsgeschick und wirtschaftliches Verständnis aufweisen.

29   Deshalb kann ein Bewerber nicht zum Notar bestellt werden, der bereits als Rechtsanwalt gezeigt hat, dass er wirtschaftlich nicht unabhängig ist, weil er seinen Zahlungsverpflichtungen nicht nachkommt[22] und die Voraussetzungen einer Überschuldung festgestellt sind.

dd) Körperliche und geistige Mängel

30   Ein **geisteskranker oder blinder Bewerber** kann nicht zum Notar berufen werden, denn der Notar ist noch mehr als der Richter auf das Erkennen bestimmter Vorgänge angewiesen, weil »beurkunden« das Bezeugen von Tatsachen beinhaltet und dem Notar, anders als dem Richter in einem Spruchrichterkollegium keine weitere Person zur Verfügung steht, die Hilfestellung leisten könnte.

---

20 BGH DNotZ 1996, 200.
21 BGH DNotZ 1996, 210; vgl. auch allgemein zum Spannungsverhältnis zwischen der Berufsfreiheit und disziplinarischen Folgen *Teschner*, SchlHA 2007, 218 ff.
22 OLG Celle NdsRpfl 1999, 125.

e) Bewertung aller Gesamtumstände

Die an den Notarbewerber zu stellenden Anforderungen dürfen nicht zu milde sein[23], weil **31** der Notar teilweise schwierige Aufgaben auf dem Gebiet der freiwilligen Gerichtsbarkeit zu lösen hat.

Die Landesjustizverwaltung darf und muss eine **Gesamtwürdigung aller Umstände** vor- **32** nehmen und auf Grund von fest stehenden Tatsachen in die Entscheidung einstellen. Sie kann sich keinesfalls mit generalisierenden Hinweisen begnügen, um festzustellen, ob eine Eignung vorliegt oder nicht, sondern muss, wenn gewisse Leistungsmerkmale vorliegen, prüfen, ob andere leistungsbezogene Umstände vorliegen, die einer Bewerbung zum Erfolg verhelfen[24].

In den Fällen, in denen der ablehnende Bescheid auf früheres Fehlverhalten auch in der **33** Eigenschaft als Rechtsanwalt gestützt wird, müssen Feststellungen darüber enthalten sein, dass sich noch Schlüsse für den Zeitpunkt ziehen lassen, in dem über die Bestellung zu befinden ist[25]. Ein mögliches Fehlverhalten braucht sich nur auf den Beruf des Rechtsanwalts zu beziehen[26], denn an den Beruf des Notars sind stets schärfere Anforderungen zu stellen als an den des Rechtsanwalts gerade wegen der Nähe zum öffentlichen Dienst.

f) Politische Zuverlässigkeit

Im Rahmen der Eignungsprognose nach Abs. 1 dürfen auch Verhaltensweisen des Bewerbers **34** in **politischen Angelegenheiten** berücksichtigt werden. Deshalb darf ein Bewerber nicht er- nannt werden, der nicht die Gewähr dafür bietet, dass er für die Grundsätze der freiheitlich demokratischen Grundordnung eintreten wird[27]. Auch diese Schlussfolgerung rechtfertigt sich abermals aus der Nähe des Notaramtes zum öffentlichen Dienst, wo derselbe Grund- satz zu beachten ist[28].

Nicht mehr so aktuelle Bedeutung haben diese Fälle durch Notarbestellungen in den **neu-** **35** **en Bundesländern** gehabt, wo unter Anwendung der Vorschriften des Gesetzes zur Prüfung von Rechtsanwaltszulassungen, Notarbestellungen und Berufungen ehrenamtlicher Richter vom 24.07.1992 (BGBl. I S. 1386 – RNPG) bei Vorliegen oder Bekanntwerden bestimmter Umstände die Amtsenthebung durchgeführt werden konnte[29].

4. Leistung

Das Gesetz fordert als weiteres Minimum die Berücksichtigung **der bisher erbrachten Leis-** **36** **tungen**, die ebenfalls die Eignungsprognose zusammen mit dem Merkmal der »Persönlich- keit« rechtfertigen müssen, um den Bewerber mit anderen Bewerbern als so gleichrangig einstufen zu können, dass im Anschluss daran eine weitere Selektion (Auslese) erfolgen kann, die mit Hilfe der in Abs. 3 aufgestellten Merkmale vorgenommen wird.

Die bisher erbrachten Leistungen sind bei Bewerbern sowohl im Nurnotariat als auch im **37** Bereich des Anwaltsnotariats gleichermaßen zu berücksichtigen, denn § 6 Abs. 3 knüpft so- wohl an dieses Merkmal als auch an den Umstand, dass dem Ergebnis der zweiten juristi- schen Staatsprüfung besondere Bedeutung zukommt, an. Deshalb kann an dieser Stelle ein- mal auf die Erläuterungen zu § 7 und zu § 6 Abs. 3 verwiesen werden, weil im letzteren Fall darin Abgrenzungskriterien vorhanden sind, welches Gewicht den einzelnen Leistungen zu- kommt.

---

23 BGH, DNotZ 1989, 322 = BGHR BNotO § 6 Eignung 1.
24 BGH, DNotZ 1991, 69 m. Anm. *Mößinger.*
25 BGHR BNotO § 6 Eignung 3; BGH DNotZ 1994, 202 = NJW-RR 1994, 181; BGH NJW-RR 1994, 313; BGH NJW-RR 1994, 745 = BGHR BNotO § 6 Eignung 4.
26 BGH DNotZ 1985, 502, 503; vgl. auch BGH NJW-RR 1999, 497.
27 BGH DNotZ 1991, 89 = NJW 1991, 2423 = BGHR BNotO § 6 Zuverlässigkeit 1.
28 BVerwGE 73, 263; BVerwG NJW 1985, 503, 505; BVerwG DVBl 1987, 733, 734.
29 Vgl. ausführlich BGH DtZ 1995, 331.

5. Höchstalter (Abs. 1 Satz 2)

38 Durch Gesetz vom 29.01.1991 (BGBl. I S. 150) ist nunmehr zu Recht ein **Höchstalter** bei der Bestellung eingeführt worden, um auch im Notarberuf eine gesunde Altersstruktur zu erreichen. Die Bestimmung steht im Einklang mit § 48a, der vorschreibt, dass das Amt des Notars mit Vollendung des siebzigsten Lebensjahres erlischt (vgl. auch § 47 Nr. 1). Verfassungsrechtliche Bedenken lassen sich gegen beide Vorschriften nicht mit Erfolg anführen[30].

II. Besonderheiten beim Anwaltsnotar (Abs. 2)

1. Allgemeines

39 Dieser Teil der Vorschrift basiert ebenfalls auf den **verfassungsgerichtlichen Vorgaben** und trägt ihnen Rechnung[31].

40 Die Landesjustizverwaltungen hatten bis dahin entsprechende Voraussetzungen in den Ausführungsverordnungen niedergelegt. Dies bedeutet, dass der Bewerber mindestens fünf Jahre zur Rechtsanwaltschaft zugelassen sein muss (Nr. 1) und davon mindestens drei Jahre an dem in Aussicht genommenen Amtsbereich und damit im Bezirk des Amtsgerichts, in dem er seine Bestellung als Notar betreibt (Nr. 2).

41 Der Gesetzgeber hat durch die Sollvorschrift die Möglichkeit eröffnet von diesen Voraussetzungen abzuweichen, wenn die Bedürfnisse der Rechtspflege eine Ausnahme erforderlich machen, z. B. in einem ländlichen Gebiet keine anderen Bewerber vorhanden sind, die die Mindestwartezeiten erfüllten. Die fünfjährige Wartezeit als Rechtsanwalt kann in jedem Bezirk erfüllt sein; lediglich drei Jahre müssen im späteren Amtsbereich abgeleistet sein.

2. Wartezeit

42 Der Gesetzgeber will mit der **allgemeinen Wartezeit** erreichen, dass der zukünftige Anwaltsnotar Berufserfahrung sammelt, die der des Notarassessors im Falle des § 7 Abs. 1 entspricht; mit der dreijährigen Wartezeit in einem bestimmten Amtsbereich soll sich der zukünftige Notar mit den Besonderheiten der örtlichen Verhältnisse vertraut machen.

43 Bei der erforderlichen Würdigung der individuellen Verhältnisse ist es insbesondere bedeutsam, wenn ein Bewerber die Wartezeit zwar nicht ununterbrochen, wohl aber auch ohne Anrechnung eines zwischenzeitlichen Mutterschutz- oder Erziehungsurlaubs insgesamt erfüllt hat. Die örtliche Wartezeit für die Bestellung zum Notar ist schon dann als erfüllt anzusehen, wenn der Bewerber auch ohne Einhaltung der Wartezeit die Gewähr bietet, mit den örtlichen Verhältnissen hinreichend vertraut zu sein[32]. Da schon die auf Grund des der Justizverwaltung eingeräumten Organisationsermessens eingeräumte Verweilzeit von fünf Jahren vor einem Amtssitzwechsel bei einem Notar keinen durchgreifenden Bedenken unterliegt[33], gilt dies erst recht für die kraft Gesetzes nunmehr vorgeschriebene Mindestzeit von ebenfalls fünf Jahren, mögen auch unterschiedliche Gründe dies rechtfertigen[34].

44 Vom Erfordernis der Wartezeiten als Rechtsanwalt von mindestens fünf Jahren kann und darf nur abgesehen werden, wenn andernfalls dies für den Bewerber eine besondere Härte

---

30 BVerfG DNotZ 1993, 260 = NJW 1993, 1575 = AnwBl. 1993, 129; BGHR BNotO § 6 Abs. 1 Satz 2 Altersgrenze 1; kritisch *Waltermann*, AnwBl. 1992, 19.
31 BVerfGE 73, 280 = DNotZ 1987, 121 = NJW 1987, 887.
32 OLG Celle, NdsRPfl 2000, 11.
33 BGH DNotZ 1994, 333.
34 Vgl. zur Wartefrist auch OLG Schleswig AnwBl. 1993, 240.

L ERCH

darstellen würde[35] und für den betroffenen Bewerber ein besonders schweres Einzelschicksal bedeutete[36].

3. Ausnahmen von der Wartezeit

Dies muss aus der Entscheidung der Landesjustizverwaltung klar und unmissverständlich deutlich werden, denn ihr sind bei einer positiven Entscheidung zugunsten desjenigen, der die Wartefrist nicht eingehalten hat, sehr enge Grenzen gesetzt. Ansonsten ist die Rechtsprechung mit der Abkürzung der Wartezeiten sehr restriktiv[37]. In der Regel werden für die Ausübung eines Ermessens durch die Landesjustizverwaltung dann auch nicht andere Umstände anerkannt, um die **Verkürzung der Wartefrist** zu rechtfertigen. Dies gilt insbesondere dann, wenn andere Bewerber zur Verfügung stehen, die die Voraussetzungen der Wartefrist erfüllen[38]. Das sog. Prinzip der Bestenauslese kann ggf. ein Umstand sein, von der örtlichen Wartefrist abzusehen, denn dieses genießt quasi Vorrang vor anderen Grundsätzen[39]; die Rechtsprechung hat aber trotz einer besseren Qualifikation aufgrund von zusätzlich besuchten Kursen und damit einer höheren Punktzahl diesen Umstand allein nicht genügen lassen, um vom Erfordernis der örtlichen Wartefrist abzusehen[40]. **45**

Dabei müssen aber Umstände unberücksichtigt bleiben, die eine besondere Qualifikation des Bewerbers ausweisen, etwa in dem Sinne, dass er auf dem Gebiet der freiwilligen Gerichtsbarkeit promoviert ist und zuvor als Rechtspfleger tätig war[41]. Es können nur solche Fälle in Betracht kommen, in denen z. B. ein Bewerber eine in der Familie wohnende Person ständig pflegen muss, ernsthafte Mitbewerber kaum in Betracht kommen und es wegen der ansonsten vorhandenen Eignung reine Förmelei wäre, die Wartefrist von fünf Jahren allein deshalb einzuhalten. **46**

Es kann deshalb nicht die erfolgreiche Bewerbung versagt werden, wenn ein Rechtsanwalt mit den Verhältnissen in einem Bezirk über einen längeren Zeitraum vertraut ist, für kurze Zeit zwischendurch in einem anderen Bezirk als Rechtsanwalt zuständig war und nunmehr in dem früheren Bezirk abermals eine Wartefrist von mindestens drei Jahren absolvieren müsste[42]. Eine Verkürzung der Wartefrist ist auch in den Fällen einer sog. Schwerbehinderung nicht zu vertreten, so dass die Landesjustizverwaltung nicht ermessensfehlerhaft handelt, wenn sie die Bestellung zum Notar ablehnt und auf wenige Ausnahmefälle beschränkt[43]. Auch ergibt sich nicht aus § 51 SchwbG, dass ein Notarbewerber bevorzugt behandelt werden müsste. **47**

Insbesondere kann ein Notarbewerber, der zu 50 % schwerbehindert ist, nicht mit Erfolg darauf hinweisen, dass sein Vater ein hohes Alter aufweise und kriegsbeschädigt ist, wenn sich nicht aus gesetzlichen Vorschriften ergibt, dass der Notarbewerber rechtlich verpflichtet wäre, für einen solchen Familienangehörigen zu sorgen. Es stellt deshalb keinen Ermessensfehler dar, wenn die Landesjustizverwaltung bei einem solchen Bewerber auch an der Regelwartezeit als Anwalt von fünf Jahren festhält. Die Verkürzung der Wartefrist von fünf Jahren als Rechtsanwalt und von drei Jahren in dem in Aussicht genommenen Amtsbereich darf nur auf wenige Ausnahmefälle angewendet werden. Der Umstand, dass ein Bewerber die Wartezeit nicht erfüllen konnte, weil er zwischenzeitlich in einem Beamtenverhältnis stand **48**

---

35 BGH DNotZ 1997, 900.
36 BGHZ 122, 136; BGH DNotZ 2007, 75.
37 BGH DNotZ 2003, 231 = NJW-RR 2003, 642 = ZNotP 2003, 116 = BGHReport 2003, 309.
38 BGH DNotZ 2002, 552 ff. = NJW 2002, 968 = MDR 2002, 482 = NdsRpfl. 2002, 166 = BGHReport 2002, 263.
39 BGHZ 124, 327.
40 BGHZ 134, 137 = DNotZ 1997, 884 = MJW 1997, 1075 = JR 1998, 65 m.Anm. *Wochner* = MittRhNotK 1997, 322.
41 So in ständiger Rechtsprechung zuletzt BGH DNotZ 2007, 71, 74.
42 Vgl. dazu BGH DNotZ 1997, 905 = NJW-RR 1998, 59 = LM H. 4/1998 § 6 BNotO Nr. 25 = NdsRpfl 1998, 5.
43 BGH NJW-RR 1998, 1281 = LM H. 9/1998 § 6 BNotO Nr. 30.

und damit die Zulassung als Rechtsanwalt erloschen war, rechtfertigt noch nicht die Verkürzung[44].

49   Es kann sich eine Verkürzung der Wartefrist rechtfertigen, wenn die Bewerberin früher schon einmal in dem Bezirk tätig war und z.B. während eines bestehenden Mutterschutzes ihre Tätigkeit als Rechtsanwältin in einem anderen Bezirk fortsetzte[45]. Diese Rechtsprechung mag zwar einem gewissen Gerechtigkeitsideal entsprechen, macht aber andererseits die Rechtslage für die Justizverwaltungen und die Bewerber nicht durchschaubarer und die Anwendung auf vergleichbare Fälle immer schwieriger.

50   Andererseits sind an eine Verkürzung der Wartezeit von drei Jahren in dem in Aussicht genommenen Bezirk strenge Voraussetzungen zu knüpfen und davon darf nur in besonders gelagerten Fällen teilweise oder gänzlich abgesehen werden, z.B. wenn ein Bedarf an Notaren nicht auf andere Weise zu decken ist[46]. Die verfassungsrechtliche Rechtsprechung hat gegen diese strenge Auslegung keine Bedenken[47].

51   Soweit die Landesjustizverwaltung davon Gebrauch gemacht hat, die **Dauer der Anwaltstätigkeit** bei der Bestellung zum Anwaltsnotar stärker zu berücksichtigen und dafür eine höhere Punktzahl anzusetzen, ist dies jedenfalls für eine Übergangszeit nicht zu beanstanden[48].

52   Eine Richtlinie, wonach ein Rechtsanwalt nur zum Notar bestellt werden soll, wenn er nicht in einem ständigen Dienst- oder ähnlichen Beschäftigungsverhältnis steht, bietet keine Grundlage dafür einen Bewerber zurückzuweisen, der eine nach dem Notarrecht genehmigungsfähige Nebenbeschäftigung, z.B. unbefristete Lehrtätigkeit an einer Fachhochschule ausübt[49].

53   Eine **Verkürzung der Wartezeit** kann auch nicht dadurch erreicht werden, dass Kindererziehungszeiten anzurechnen seien, weil dem der Gesetzgeber durch Abs. 3 Satz 4 ausreichend Rechnung getragen hat. Ein Teil der entsprechenden Landesverordnungen sieht hier bis zu 6 Sonderpunkte vor, was möglicherweise eine Benachteiligung gegenüber anderen Bewerbern bedeuten kann[50].

54   Die Berücksichtigung von Notarvertretungen und des Umfangs entsprechender Beurkundungen darf ebenfalls nicht bei der allgemeinen Wartefrist als Anwalt berücksichtigt werden[51].

55   Dies entspricht nunmehr der Rechtsprechung des BGH, auch wenn dem Bewerber bei Ablauf der Frist ganze sechs Tage fehlten[52]. Nur in besonders gelagerten Sachverhalten kann von der Wartezeit abgesehen werden, was aber in der Regel nicht angenommen werden darf, wenn der die Wartezeit noch nicht erfüllende Bewerber eine unwesentlich bessere Punktzahl vorweist[53].

56   Das Gesetz stellt zwar nach seinem Wortlaut auf den Zeitpunkt des Eingangs der Bewerbung für die **Mindestwartezeit** ab, jedoch handelt es sich hier offenbar um ein redaktionelles Versehen, so dass auf das Ende der Bewerbungsfrist rekurriert werden sollte, um etwa auftretende Ungerechtigkeiten zu verhindern. Schließlich wird es als unbedenklich angesehen, wenn bei den mit einem Erfolgsnachweis verbundenen Vorbereitungskursen auch auf das Ende der Bewerbungsfrist als Stichtag abgestellt wird.

---

44 BGH NJW-RR 2001, 207 = DNotZ 2000, 941 = LM H.1/2001 § 6 BNotO Nr. 37 = ZNotP 2000, 439.
45 BGH DNotZ 1999, 244 ff.
46 BGH DNotZ 2007, 75, 76.
47 BVerfG DNotZ 2003, 375 ff. = NJW 2003, 1108 f.
48 BGH NJW-RR 1994, 1018 = BGHR BNotO § 6 Abs. 3 Auswahlkriterien 1.
49 BGH NJW-RR 1999, 1217 = LM H. 1/2000 § 6 BNotO Nr. 35 = DNotZ 2000, 148 = MDR 1999, 1027 = ZNotP 1999, 332.
50 BGH NJW-RR 2001, 1564.
51 Offen gelassen bei BGH NJW-RR 2001, 1564.
52 BGH DNotZ 2003, 231 = NJW-RR 2003, 642 f. = ZNotP 2003, 116 ff. = BGHReport 2003, 309 ff. = BGHR BNotO § 6 Abs. 2 Nr. 1 Wartezeit 7.
53 BGH DNotZ 2002, 552 ff. = NJW 2002, 968 ff. = MDR 2002, 482 f. = NdsRpfl. 2002, 166 ff. = BGHReport 2002, 263 f.

Bei der Ermittlung der Wartezeit als Rechtsanwalt kommt es für die Berechnung auf den **57** Zeitpunkt an, in dem der Bewerber in die Anwaltsliste eingetragen war und nicht auf den der tatsächlichen Ausübung, und zwar auch nicht als Vertreter, ohne in die Anwaltsliste eingetragen gewesen zu sein[54]. Eine Tätigkeit als sog. Syndikusanwalt ist nicht anrechnungsfähig[55]. Es kann allerdings geboten sein, im Rahmen von Abs. 3 sog. Sonderpunkte zu vergeben[56]. Eine Handhabung der Landesjustizverwaltung für die erfolgreiche Teilnahme an Vorbereitungskursen, in denen Klausuren geschrieben werden, ebenfalls Sonderpunkte zu vergeben, kann grundsätzlich nicht mit Erfolg beanstandet werden[57].

III. Auswahl unter mehreren Bewerbern (Abs. 3)

1. Persönliche und fachliche Eignung/Staatsprüfung/Vorbereitungsleistungen (Abs. 3 Satz 1).

a) Allgemeines

Mit den beiden ersten Voraussetzungen wiederholt das Gesetz die bereits in Abs. 1 erwähn- **58** ten Bedingungen, dass nämlich der Bewerber von seiner Persönlichkeit her und von seinen Leistungen die Voraussetzungen erbringen muss, die ihn als geeignet erscheinen lassen. Deshalb darf die Landesjustizverwaltung nicht noch zusätzliche Momente in Abs. 3 einbringen, die nicht bereits Prüfungsgegenstand nach Abs. 1 waren. Eignung bedeutet auch wieder die Prognose, dass der Bewerber die in ihn gesetzten Erwartungen erfüllen wird.

Bei der Auswahl unter mehreren Bewerbern kommt deshalb diesen Merkmalen vorrangi- **59** ge Bedeutung zu, so dass die Berücksichtigung der Dauer der Anwärterzeit nur mittelbare Aussagekraft hat[58]. Dabei kommt dem Ergebnis des zweiten juristischen Staatsexamens neben den sonstigen vorbereitenden Leistungen besondere Bedeutung zu. In Auswahlverfahren nach § 6 Abs. 3 BNotO kann nicht geltend gemacht werden, die bestandskräftige Entscheidung über die Festsetzung der Note für die zweite juristische Staatsprüfung sei fehlerhaft[59].

Bei der Umrechnung der Examensnoten ohne Punktzahl in solche mit steht der Landes- **60** justizverwaltung eine gewisse Bandbreite zu[60], und zwar auch dann, wenn innerhalb desselben Bundeslandes Änderungen in der Hinsicht eingetreten sind, dass früher die sog. Ausbildungsnoten angerechnet wurden, jedoch später nicht mehr.

b) Besonderheiten in Bremen

Speziell für das **Bundesland Bremen** ist es als nicht fehlerhaft angesehen worden, wenn die **61** Landesjustizverwaltung einen Umrechnungsmodus entwickelt hat für diejenigen Bewerber, die die einstufige Juristenausbildung ohne Examensnoten durchlaufen hatten, sondern bei denen lediglich vermerkt wurde, ob sie die Staatsprüfung bestanden hatten. Deshalb können und dürfen jene Bewerber nicht mit einem geringeren Faktor (nämlich 5) bewertet werden, wie diejenigen, die eine Punktzahl nach dem herkömmlichen System erreicht haben[61]. Den

---

54 BGH DNotZ 2001, 968 ff. = ZNotP 2001, 363 ff. = NJW-RR 2001, 1566 = BGHReport 2001, 945 ff.
55 BGH DNotZ 2003, 788 ff. = NJW 2003, 2750 ff. = MDR 2003, 1323 f. = BGHReport 2003, 1181 ff.
56 BGH DNotZ 2003, 790 f. = ZNotP 2004, 34 ff. = NJW 2003, 2752 f. = BGHReport 2003, 1183 = BGR BNotO § 6 Abs. 3 Satz 1 Auswahlkriterien 1; zuvor schon KG NJW-RR 2003, 859 ff. = AnwBl. 2003, 112 f.
57 BGH NJW 2007, 1283, 1286.
58 BGH DNotZ 1994, 332 = NJW-RR 1994, 1016 = BGHR BNotO § 6 Abs. 3 Anwärterdienst 1.
59 BGH ZNotP 2000, 441 = NJW 2001, 758 = NdsRPfl 2001, 81 = LM H. 6/2001 § 6 BNotO Nr. 38.
60 BGH NJW-RR 1998, 1596 = LM H. 9/1998 § 6 BNotO Nr. 31; OLG Celle NdsRPfl 1994, 117.; BGH DNotZ 2003, 787 = ZNotP 2004, 72 f. = NJW-RR 2003, 1365 = BGHReport 2003, 837 f. = BGHR BNotO § 6 Abs. 3 Satz 1 Auswahlkriterien 4.
61 BGH DNotZ 2001, 728 ff. = NJW-RR 2001, 1068 = NdsRPfl 2001, 263 =BGHReport 2001, 443 f. = BGHR BNotO § 6 Abs. 3 Auswahlkriterien 3.

Ergebnissen der Staatsexamen kommt nur dann keine primäre Bedeutung zu, wenn es sich um Bewerber handelt, die bereits den Beruf des Notars ausüben[62], wobei jedoch dann die Ergebnisse der bereits durchgeführten Amtsprüfungen einfließen können.

c) Beurteilungsspielraum

62 Die Landesjustizverwaltung hat seit der Neuregelung auf Grund des Gesetzes vom 29.01.1991 (BGBl. I S. 150) kein Ermessen mehr, sondern einen nur eingeschränkt gerichtlich überprüfbaren Beurteilungsspielraum[63].

63 Im Bereich des Notarerlassungsrechts kann die Landesjustizverwaltung eine Selbstbindung durch Erlass einer Richtlinie nur insoweit eingehen, als ihr die Bundesnotarordnung Spielraum zur Interpretation eines unbestimmten Rechtsbegriffs lässt[64].

d) Konkurrenzbewerbungen

64 Bei der Besetzung von Notarstellen mit einem Bewerber, der bereits im benachbarten Bezirk als Notar tätig war, können die Notare aus dem Bezirk, in dem der Notar früher seiner Tätigkeit nachging, nicht verhindern, dass der Bewerber die ausgeschriebene Stelle bekommt **(sog. Nachbarschaftseinwand)**[65]. Soweit die Justizverwaltung derartige Regeln praktiziert, indem sie meint, dass der neue Amtsinhaber andere Stellen wegen seiner Versetzung gefährdet, müsste sie darlegen, aufgrund welcher Prognosen sich derartige Befürchtungen realisieren werden. Es ist schon fraglich, ob der Justizverwaltung derartige Zugeständnisse gemacht werden müssen, denn es ist Ausdruck des Organisationsermessens, mit welchem Bewerber die Justizverwaltung bestimmte Stellen besetzen möchte.

65 Hier dürfen eigentlich nur der Leistungsgrundsatz nach Art. 33 GG ausschlaggebend sein; in Anbetracht dessen, dass das Gesetz für dieses sog. Vorrücksystem keine Grundlage enthält, erscheint es dringend geboten, insofern § 7 zu ergänzen; im Übrigen dürfte es aber kaum darzulegen sein, dass gerade wegen einer bestimmten Person des Notars die Notarämter im Nachbarbezirk »verarmen«, so dass durch dieses System keine unwiderbringlichen Nachteile für den am Berufsanfang stehenden Notarassessor verbunden sind. Die Rechtsprechung hat aber dieses sog. Vorrücksystem eher als »nachrangig« bezeichnet[66].

2. Einzelfälle (Abs. 3 Satz 2)

a) Vorbereitungsleistungen

66 Das Gesetz will die **zur Vorbereitung des Notarberufs erbrachten Leistungen** berücksichtigen, denn auch dieser Tatbestand ist eine Konkretisierung der nach Abs. 1 zu berücksichtigenden Merkmale. Hier ist in erster Linie an notarspezifische Tätigkeiten gedacht, also die Tätigkeit als Notarvertreter oder Notariatsverweser. Es ist deshalb nicht zu beanstanden, wenn die Landesjustizverwaltung diesen Umstand angemessen berücksichtigt und mit in das Punktesystem einstellt[67]. Das Argument, diese gehandhabte Praxis könne zur sog. Vererblichkeit gerade bei größeren Notariaten führen, ist absolut abwegig.

67 Besonderheiten der **württembergischen Notariatsverfassung**, dass nämlich Anwaltsnotare neben den ebenfalls tätigen Bezirksnotaren bestellt werden, brauchen die Landesjus-

---

62 BGH DNotZ 1996, 906.
63 BGH DNotZ 1994, 318 = NJW 1994, 1874 = NdsRpfl 1994, 106 = BWNotZ 1994, 92 = BGHR BNotO § 6 Abs. 3 Auswahlentscheidung 1; es ist deshalb bedenklich, wenn das OLG Köln, NJW 1993 1598 trotzdem noch von einer Ermessensentscheidung ausgeht.
64 BGH NJW-RR 1999, 1217 = DNotZ 2000, 148 = MDR 1999, 1027 = ZNotP 1999, 332.
65 So ausdrücklich BGH DNotZ 2007, 63 ff. = NJW-RR 2007, 274 ff. = ZNotP 2006, 390 ff.
66 BGH DNotZ 2004, 149, 150 = ZNotP 2004, 449 = NJW-RR 2004, 1701= BGHR BNotO § 6 Eignung 15.
67 BGH DNotZ 1994, 330 = BGHR BNotO § 6 Abs. 3 Auswahlkriterien 3.

tizverwaltung nicht dazu veranlassen, die Anzahl der Beurkundungen als Notarvertreter niedriger zu bewerten, als dies in der entsprechenden AV geschehen ist[68].

Die Landesjustizverwaltung kann die Höherbewertung von Punkten als Notarvertreter durchaus zulassen, wenn es sich um eine ununterbrochene Vertretungsdauer handelt, dem dann auch nicht der Umstand entgegensteht, dass eine kurze Unterbrechung wegen Teilnahme an einer Fortbildungsveranstaltung entgegenstand[69]. Es kann allerdings an die Voraussetzung geknüpft sein, dass wenigstens eine zweiwöchige Vertretungszeit stattfand, die nicht unterbrochen war[70], wenn die Landesjustizverwaltung, wie z. B. in Berlin, für Beurkundungen 0,2 Punkte ansetzt, wie dies in der AVNot vorgesehen ist.   68

Auch die Einführung einer **Bewertungsobergrenze** für beurkundete Niederschriften war in jenem Gebiet jedenfalls nach damaliger Rechtsauffassung rechtsfehlerfrei[71].   69

b) Rechtsprechung des BVerfG

Die Rechtsprechung des BVerfG vom 20.04.2004[72] hat erhebliche Auswirkungen auf die Reformbemühungen der Justizverwaltungen und des Gesetzgebers gehabt, die allerdings schon vorher eingesetzt hatten. Die Verwaltungsvorschriften der Länder und § 6 Abs. 3 sind aber keinesfalls für unwirksam erklärt worden, jedoch ist die Aufforderung an den Gesetzgeber ergangen, die Bestellung von Anwaltsnotaren auf eine legislative Grundlage zu stellen; insbesondere war bemängelt worden, dass die sog. Abschlussnote aus der Großen juristischen Staatsprüfung im Verhältnis zu den auf den Beruf gezeigten Vorbereitungsleistungen eine zu gewichtige Rolle spiele; daraufhin haben alle Bundesländer ihre Verwaltungsvorschriften angepasst und insbesondere mit wenigen Ausnahmen eine sog. Punktebegrenzung nach oben beseitigt. Die im Zweiten Staatsexamen erbrachten und bewerteten Leistungen sind allerdings unverändert übernommen worden[73]. Grundsätzlich verlangt jetzt auch die Rechtsprechung des BGH eine auf möglichst vielen Umständen beruhende Eignungsprognose und damit eine Distanzierung vom schematisierten System[74]. Folgerichtig ist deshalb nicht beanstandet worden, wenn die Justizverwaltung auf Dienstzeugnisse über einen Bewerber zurückgreift, die manchmal ein Konkurrent nicht vorlegen kann[75]. Das BVerfG hat diese Rechtsprechung gebilligt[76].   70

Gegen die nunmehr geänderten Verwaltungsvorschriften hat die neuere Rechtsprechung des BGH keine Bedenken gehabt[77], soweit der Bewerber zwar die Zeit der anwaltlichen Tätigkeit nicht mehr wie bisher einbringen kann, dafür aber die Höchstpunktzahl bei der Fortbildung und den Vertretungsgeschäften angehoben wurde und teilweise auch eine wechselseitige Anrechnung erfolgen darf. Ansonsten sind die sog. Kappungsgrenzen bei den Punktzahlen zumindest dann problematisch, wenn sie stark eingeschränkt sind und eine Anrechnung auf andere Leistungsnachweise nicht erfolgt[78].   71

---

68 BGH NJW 1994, 1870 = NdsRpfl 1994, 111.
69 BGH NJW-RR 1998, 1598 = LM H. 9/1998 § 6 BNotO Nr. 32.
70 BGH NJW-RR 1998, 1599 = LM H. 9/1998 § 6 BNotO Nr. 29 = DNotZ 1999, 242.
71 BGH NJW-RR 1994, 747 = BGHR BNotO § 6 Abs. 3 Auswahlkriterien 2.
72 BVerfGE 110, 304 ff. = DNotZ 2004, 560 ff. = NJW 2004, 1935 ff. = ZNotP 2004, 281 ff. = MDR 2004, 1027 f. = AnwBl. 2004, 519 ff. vgl. aus der Literatur *Kleine-Cosack*, AnwBl. 2004, 523 ff.; *Jung*, DNotZ 2004, 570 ff.; *Harborth*, DNotZ 2004, 659 ff.; *Maaß*, ZNotP 2004, 250 ff.; *Lerch*, ZNotP 2004, 267 ff.; *ders.* ZNotP 2005, 262 ff.
73 Vgl. zur Konkurrenzsituation zwischen Notaren und Notarassessoren § 7 Rz. 48.
74 BGH DNotZ 2005, 393 ff. = ZNotP 2005, 155, 157 = NJW 2005, 212 ff.; BGHR BNotO § 6 Abs. 3 Satz 1 Auswahlkriterien 7.
75 BGH DNotZ 2005, 149 ff. = ZNotP 2004, 449 f. = NJW-RR 2004, 1701 ff. = BGHR BNotO § 6 Eignung 15.
76 1 BvR 1858/04 – n.v. – abrufbar unter JURIS.
77 ZNotP 2007, 234 ff. für Nordrhein-Westfalen = NJW-RR 2007, 1133 ff.; DNotZ 2007, 870 ff. = NJW-RR 2007, 1130 ff.
78 Vgl. dazu OLG Schleswig SchlHA 2005, 88 ff. = OLGReport Schleswig 2005, 219 ff.; vgl. auch BGH – NotZ 51/06 – v. 23.07.2007.

---

72 Soweit die Justizverwaltungen ihre Verwaltungsvorschrift im Hinblick auf die geänderte Rechtsprechung des BVerfG vom 20.04.2004 geändert haben und die Ausschreibung daran ausgerichtet haben, bestehen gegen eine solche Handhabung keine Bedenken[79]. Die Justizverwaltungen sind berechtigt, ihr Ausschreibungsverfahren während der noch laufenden Frist anzupassen; insoweit besteht kein Vertrauenstatbestand der Bewerber, die dann alle neuen Voraussetzungen erfüllen müssen. Die Rechtsprechung des BVerfG hatte insofern Beachtung gefunden, als die Landesjustizverwaltung die sog. Kappungsgrenzen entfernt hatte und somit eine mehr oder wenige individuelle, stärker an der persönlichen Leistung orientierte Beurteilung abgegeben werden konnte.

73 Die der Entscheidung des BVerfG vom 20.04.2004 nachfolgende Judikatur desselben Gerichts hat die Änderungen der Verwaltungsvorschriften unbeanstandet gelassen und entsprechende Verfassungsbeschwerden sind nicht mehr zur Entscheidung angenommen worden[80]. Dies lässt nur den Schluss zu, dass nach jetziger Ansicht des BVerfG den in seiner früheren Rechtsprechung geäußerten Bedenken ausreichend Rechnung getragen wurde.

c) Punktesystem

74 Die Praxis der Landesjustizverwaltungen, für die Tätigkeit als Notarvertreter und damit zusammenhängende Beurkundungen eine Obergrenze bei der Vergabe von Punkten eingeführt zu haben, ist sachgerecht und nicht zu beanstanden. In diesem Zusammenhang darf die Verwaltung auch keine Sonderpunkte vergeben für eine besonders intensive oder längere Zeit dauernde Notarvertretung, weil dadurch andere Bewerber unangemessen benachteiligt würden[81].

75 Es ist im Rahmen des Beurteilungsspielraums auch zulässig, **nicht notarspezifische Tätigkeiten** nicht zu berücksichtigen, wie Auslandsstudium, Dissertation, Lehrauftrag an einer Hochschule[82]; in der Regel berücksichtigt die Landesjustizverwaltung auch nicht das Ergebnis aus der ersten juristischen Staatsprüfung. Es ist völlig unerheblich, ob die Verwaltung sich dabei durch ständige Übung bindet oder durch eine allgemeine Verwaltungsvorschrift, was auch nach dem seit dem 01.08.1991 geltenden Recht auf Grund des Gesetzes vom 29.01.1991 (BGBl. I S. 150) möglich ist[83].

76 Entscheidende Bedeutung haben die vom **Deutschen Anwaltsinstitut – Fachinstitut für Notare** – sowie die von der **Deutschen Anwaltakademie** veranstalteten Vorbereitungskurse, die in Abs. 3 Satz 2 ausdrücklich erwähnt sind. Hier steht nach anfänglicher Unsicherheit nunmehr völlig außer Streit, dass sie nur berücksichtigt werden dürfen, wenn auch eine Erfolgskontrolle damit verbunden ist[84]. Von der Notwendigkeit der Erfolgskontrolle kann die Landesjustizverwaltung nicht abweichen.

77 Alle Einrichtungen stehen gleichberechtigt nebeneinander, weil sie als Ausbildungseinrichtung von den Justizverwaltungen anerkannt sind. Es ist keinesfalls der Auffassung zu folgen, wonach einer Einrichtung eine Art Leitfunktion zukomme[85]. Die beruflichen Organisationen, also **Deutsches Anwaltsinstitut-Fachinstitut für Notare, Deutsche Anwaltakademie** sowie das **Auditorium Celle** sind nicht verpflichtet, in eigener Zuständigkeit sog. Prüfungsordnungen zu erlassen, die u. a. Regelungen enthalten müssten, wann eine Prüfung als bestanden gilt und wie der technische Ablauf bei den sog. Testaten zu gestalten ist.

78 Es muss lediglich sichergestellt sein, dass alle Bewerber nicht ungleichen Bedingungen ausgesetzt sind, was aber nicht unbedingt einer schriftlichen Niederlegung der Prüfungs-

---

79 BGH ZNotP 2007, 109 ff.; auch in diesem Fall wurde die entgegengesetzte Rechtsauffassung des OLG Schleswig nicht übernommen. Vgl. auch BGH – NotZ 74/07 – vom 19.09.2007.

80 BGH ZNotP 2007, 70; ZNotP 2007, 109 ff.sind damit verfassungsrechtlich unbedenklich, die die Aufhebung der sog. Kappungsgrenzen ebenso für rechtmäßig erklärten wie die Wiederaufnahme eines zunächst unterbrochenen Besetzungsverfahrens.

81 BGH NJW-RR 2001, 1568.

82 BGH DNotZ 1994, 318, 324, BGHZ 124, 328 = NdsRpfl. 1994, 106 = BWNotZ 1994, 92; so auch OLG Celle NdsRpfl. 1993, 70; 1994, 112.

83 BGH DNotZ 1994, 332 = NJW-RR 1994, 1016 = BGHR BNotO § 6 Abs. 3 Auswahlkriterien 5.

84 BGH DNotZ 1994, 318, BGHZ 124, 328 = NJW 1994, 1874; BGH NJW-RR 1994, 750.

85 Insoweit abwegig *Jerschke*, Festschrift für Schippel, S. 667, 683.

bedingungen bedarf. Ein anderes Ergebnis lässt sich aus der bisherigen Rechtsprechung[86] nicht ableiten. Es muss danach lediglich sichergestellt sein, dass die beruflichen Organisationen eine Leistungskontrolle durchführen, die Themen der Veranstaltung konkret bezeichnet sein müssen und die Leistungsnachweise für eine gerichtliche Überprüfung zur Verfügung gehalten werden müssen, wobei die Klausuren oder Testate nicht unbedingt zu einer Personalakte des Teilnehmers zu nehmen sind. Die Landesjustizverwaltung kann verlangen, dass ihr gegenüber nachgewiesen wird, dass jene Voraussetzungen auch tatsächlich erfüllt sind[87]. Die beruflichen Organisationen entscheiden in eigener Verantwortung, ob die Grundkurse und sonstigen Kurse mit Erfolg absolviert wurden.

Eine berufliche Organisation, die Vorbereitungskurse für das Amt des Notars veranstaltet, **79** ist dafür verantwortlich, dass zum Nachweis des Erfolgs der Teilnahme nur die Teilnehmer selbst zugelassen sind und dass ein Erfolgsnachweis durch »Gruppenarbeit« nicht möglich ist[88]. Es können nur die drei erwähnten Organisationen anerkannt werden; sog. gewerbliche Anbieter auf diesem Sektor zählen nicht zu den beruflichen Organisationen[89].

Die Vergabe von sog. Sonderpunkten durch die Anbieter der Berufsverbände für die besonders erfolgreiche Teilnahme an Veranstaltungen bzw. Klausuren findet zwar im Gesetz **80** keine ausreichende Grundlage, ist aber nicht generell unzulässig. Dies gilt sowohl für die Grundkurse also auch für die sog. Vertiefungskurse für notarspezifische Themen[90].

Diese Rechtsprechung hat durch die Rechtsprechung des BVerfG vom 20.04.2004[91] inso- **81** fern eine gewisse Modifikation erfahren, als die Landesjustizverwaltungen für benotete Leistungen durchaus Sonderpunkte vergeben können, weil der Leistungsgedanke durch die geänderte Rechtsprechung stärker in den Vordergrund getreten ist[92]; dies gilt allerdings nicht für sog. Hilfs- und Vorbereitungstätigkeiten zur Unterstützung des amtierenden Notars, die unabhängig von reinen Vertretungstätigkeiten erbracht werden.

Berücksichtigt eine Landesjustizverwaltung in einer Verwaltungsvorschrift über das Ver- **82** fahren der Bestellung zum Notar die erfolgreiche Teilnahme des Bewerbers an einem so genannten Grundkurs bereits als Regelnachweis für dessen fachliche Eignung i. S. einer Mindestvoraussetzung gem. § 6 I BNotO, so ist sie im Rahmen ihres Beurteilungsspielraums nicht gehalten, den Grundkurs auch bei der Auswahlentscheidung gem. § 6 III BNotO als Bewertungskriterium innerhalb eines Punktsystems zu verwenden[93]. Die Regelung A II 3 f des Runderlasses des Hessischen Ministers der Justiz vom 27.06.1991 ist unzulässig, soweit sie bestimmt, dass in Grundkursen oder Wiederholungs- und Vertiefungskursen erzielte Leistungsbewertungen Anlass für die Vergabe von Sonderpunkten sein können. Zusatzpunkte können nur für solche Umstände zuerkannt werden, die den Bewerber auf Grund besonders herausragender fachlicher Leistungen vom übrigen Bewerberkreis deutlich herausheben[94], was allerdings den beruflichen Organisationen nicht die Möglichkeit nimmt, **sog. Leistungsnoten** zu vergeben, die allerdings bei der Bewerbung unberücksichtigt bleiben müssen[95].

---

86 Vgl. dazu BGHZ 130, 356 = NJW 1996, 125 = LM H. 3/1996 § 6 BNotO Nr. 21; BGH DNotZ 1997, 879 = NJW-RR 1997, 948 = LM H. 6/91997 § 6 BNotO Nr. 22. Vgl. dazu jetzt auch BGH NJW-RR 1999, 1217.
87 BGHZ 124, 327.
88 BGH NJW-RR 1999, 1217 = LM H. 1/2000 § 6 BNotO Nr. 35 = DNotZ 2000, 148 = MDR 1999, 1027 = ZNotP 1999, 332.
89 OLG Celle NdsRpfl 1997, 172.
90 BGH NJW-RR 1998, 637 = LM H. 9/1998 § 6 BNotO Nr. 28; BGH NJW-RR 1998, 1598 = LM H. 9/1998 § 6 BNotO Nr. 32; BGH – NotZ 76/07 – vom 19.09.2007.
91 BVerfGE 110, 304 = DNotZ 2004, 560 = ZNotP 2004, 281 = NJW 2004, 1935 = MDR 2004, 1027 = DVBl. 2004, 882; vgl. auch *Jung*, DNotZ 2004, 560; *Kleine-Cosack*, AnwBl. 2004, 519.
92 So jetzt BGH DNotZ 2007, 150 ff. = ZNotP 2007, 70 ff. = NJW 2007, 1283 ff.
93 BGH NJW-RR 1998, 1597 = LM H. 9/1998 § 6 BNotO Nr. 33 = DNotZ 1999, 248 = MDR 1998, 802 L.
94 OLG Celle NdsRpfl 1994, 117.
95 So ausdrücklich BGH DNotZ 1997, 879 = NJW-RR 1997, 948 = LM H. 6/1997 § 6 BNotO Nr. 22 = AnwBl. 1997, 283.

83   Soweit ein in Baden-Württemberg ausgebildeter Bezirksnotar sich um eine Stelle als Anwaltsnotar bemüht, kann der früher erbrachte Nachweis durch die Vergabe von Sonderpunkten berücksichtigt werden, kann allerdings auch als Ersatz für den sog. Grundkurs anerkannt werden, ist aber ungeeignet, um weitere Punkte für den Bereich der Fortbildung zu rechtfertigen[96].

d) Sonderpunkte

84   Nichtnotarspezifische Kurse, wie z. B. zum Steuerrecht, können nicht anerkannt werden, um sog. Zusatzpunkte zu erwerben[97].

85   Die **Vergabe von Sonderpunkten** wegen einer vorangegangenen Tätigkeit als Richter kommt grundsätzlich nicht in Betracht[98]. Die Vergabe von Sonderpunkten aufgrund einer Ausbildung zum Fachanwalt kommt nur in eng begrenzten Fällen in Betracht; sie muss vor allem notarspezifische Bezüge aufweisen und eine gewisse Praxis in der Vergangenheit nachweisen[99]. Die Zuerkennung von Sonderpunkten aufgrund der schwierigen Abwicklung eines Notaramtes durch den Vertreter kann zu seinen Gunsten erfolgen[100]. Promotionen berechtigen nicht zur Vergabe von Sonderpunkten[101].

e) Auswahlverfahren

86   Die Einführung eines **Punktesystems**, wie es mittlerweile in allen Ausführungsbestimmungen der Landesjustizverwaltungen enthalten ist, begegnet grundsätzlich keinen Bedenken[102]. Bei der Bewertung der vorbereitenden Leistungen ist das Ende der Bewerbungsfrist ein geeigneter Stichtag, weil damit alle Bewerber eine gleiche Ausgangslage haben[103].

87   Soweit die Landesjustizverwaltung in Ausnahmefällen auch den erfolgreichen Nachweis eines erst nach Ablauf der Bewerbungsfrist beendeten Grundkurses für Anwaltsnotare zulässt, ist dies – jetzt allerdings wohl nur in den Grenzen des § 6b – rechtsfehlerfrei[104]. Allerdings muss der Nachweis im Zeitpunkt der Entscheidung vorliegen[105]. Soweit ein Bewerber keinen Erfolg hat, muss ihm die Landesjustizverwaltung dies rechtzeitig mitteilen, damit er notfalls im Wege des einstweiligen Rechtsschutzes gegen die beabsichtigte Ernennung vorgehen kann[106].

88   Bei der Vorbereitung auf den Notarberuf gezeigte, bis zum Ablauf der Bewerbungsfrist bereits erbrachte Leistungen sind im Auswahlverfahren nach § 6 Abs. 3 Satz 1 und 2 BNotO nur zu berücksichtigen, wenn der Bewerber der Justizverwaltung innerhalb der Bewerbungsfrist mitgeteilt hat, welche dieser Leistungen in die Bewertung einbezogen werden sollen[107].

---

96 So BGH DNotZ 2007, 66 f. = ZNotP 2006, 392 ff. = NJW-RR 2007, 63 ff.; wegen der Möglichkeit, dass sich Bezirksnotare aus Württemberg auch in Baden bewerben können, vgl. jetzt BGH – NotZ 33/07 – vom 26.11.2007.

97 BGH DNotZ 1997, 902.; jetzt auch BGH ZNotP 2004, 71 f. = NJW-RR 2004, 709 f. = BGHReport 2004, 203.

98 BGH NJW-RR 2001, 1566.

99 So jetzt BGH DNotZ 2007, 71, 74 = ZNotP 2006, 435 ff. = NJW 2006, 3211 ff.

100 BGH DNotZ 2001, 970 f.; BGH DNotZ 2002, 557 f. = ZNotP 2002, 119 ff. = NJW 2002, 970 f. = BGHReport 2002, 261 ff. = BGHR BNotO § 6 Abs. 3 Satz 2 Auswahlverfahren 10.

101 Ständige Rechtsprechung des BGH, vgl. zuletzt NJW 2007, 1283, 1286.

102 OLG Celle NdsRpfl. 1993, 188; BGH DNotZ 1994, 318, BGHZ 124, 328 = NJW 1994, 1874.

103 In diesem Sinne BGHZ 126, 39 = NJW 1994, 3353 = DNotZ 1996, 173 = BGHR BNotO § 6 Abs. 3 Satz 2 Auswahlverfahren 1, vgl. auch BGH DNotZ 1996, 207; OLG Celle NdsRpfl. 1993, 188; BGH NJW-RR 1999, 932 = LM H. 8/1999 § 6 BNotO Nr. 34 = DNotZ 2000, 145 = MDR 1999, 1097 = NdsRPfl 1999, 321 = NJ 1999, 447 = ZNotP 1999, 250.

104 OLG Celle NdsRpfl. 1993, 70; 1994, 112.

105 OLG Celle NdsRpfl. 1994, 116.

106 BGH NJW 1993, 2040; OLG Köln NJW 1993, 1598.

107 BGH NJW-RR 1998, 1599 = LM H. 9/1998 § 6 BNotO Nr. 29 = DNotZ 1999, 242 = MDR 1998, 742.

Eine Verwaltungsvorschrift in den AVNot, wonach ein Bewerber gegenüber anderen und **89** nachrangigen in der Leistung befindlichen Notarbewerbern nicht berücksichtigt wird, wenn er sich in einer Sozietät oder Bürogemeinschaft mit dem bisher am Ort als allein bestellten Notar, der zwischenzeitlich verstorben ist, nicht berücksichtigt wird, ist keine ausreichende Rechtsgrundlage für die Zurückweisung im Rahmen der Notarbestellung. Es gibt auch keinen nachvollziehbaren Grund, die Bestellung zum Notar davon abhängig zu machen, dass ein Bewerber eine Sozietät bzw. Bürogemeinschaft aufgibt[108].

Bei der Feststellung durch die Justizverwaltungen ist diese in der Art der Stoffsammlung **90** grundsätzlich frei; sie kann dabei auch sog. Vorstellungsgespräche abhalten, allerdings darf die Entscheidung nicht allein darauf gegründet werden, sondern es kann nur ein zulässiges Mittel im Zusammenhang mit anderen Tatsachenermittlungen sein[109]. Dabei ist es jedoch empfehlenswert, die dabei gewonnenen Erkenntnisse in einem schriftlichen Protokoll festzuhalten.

3. Anrechnungszeiten (Abs. 3 Satz 3, 4)

Es sollen nicht nur die Anwärterzeit bei einem Notar i. S. d. § 3 Abs. 1 und die als tätiger **91** Rechtsanwalt i. S. d. § 3 Abs. 2 angemessen berücksichtigt werden, was schon daraus folgt, dass das Gesetz nur Mindestzeiten vorschreibt, so dass im Umkehrschluss die Notwendigkeit besteht, mehr absolvierte Vorbereitungszeit »angemessen« zu berücksichtigen.

Das Gesetz eröffnet der Landesjustizverwaltung die Möglichkeit Zeiten, in denen der An- **92** wärter schon **vorbereitende Erfahrungen** hätte sammeln können, anzurechnen. Dabei kann die Ausführungsbestimmung die Wehrzeit pauschal anrechnen und nicht in dem Sinne, dass konkret-hypothetisch der Ausbildungsverlauf verfolgt werden müsste[110]. Hier haben die Ausführungsbestimmungen in der Regel Obergrenzen von 18 Monaten bis zu 2 Jahren als anrechenbare Zeit gesetzt, was unbedenklich ist.

Darüber hinaus werden andere **anrechenbare Zeiten** enumerativ aufgezählt, die unter **93** Umständen zu einem akzeptablen Vorteil für denjenigen Bewerber werden können, der aus sozialen Gesichtspunkten gehindert war, die Zeit für Berufserfahrungen zu nutzen, die nach Satz 3 auf jeden Fall in die Entscheidungsfindung einfließen muss. Bei dem Anrechnungsmodus ist die Landesjustizverwaltung verhältnismäßig frei, d. h., sie kann einen Bewerber »vorstufen« und danach fragen, wie er stehen würde, wenn er z. B. keinen Wehrdienst geleistet hätte; sie kann auch konkret-hypothetisch fragen, wie die Ausbildung verlaufen wäre, wenn er keinen Wehrdienst abgeleistet hätte[111].

Der ehrenamtliche Dienst als Helfer im **Zivil- oder Katastrophenschutz** ist auf die Dauer **94** der hauptberuflichen Tätigkeit als Rechtsanwalt nicht anzurechnen[112]. Die Betreuung eines Kindes kann nur dann angerechnet werden, wenn auch tatsächlich Erziehungsurlaub genommen wurde[113]. Auf jeden Fall können die Kindererziehungszeiten nicht bei der Berechnung der Wartefrist von fünf Jahren berücksichtigt werden, wenn eine Bewerberin diese Zeit noch nicht erreicht hat[114].

Für die mit der **Kindererziehung** verbundenen beruflichen Nachteile haben die landes- **95** rechtlichen Vorschriften einen angemessenen Ausgleich geschaffen; deshalb ist es nicht not-

---

108 BGH NJW 2001, 758 = DNotZ 2000, 948 = ZNotP 2000, 501 = LM H. 6/2001 § 6 BNotO Nr. 39 = MDR 2000, 1463.
109 BGH DNotZ 2004, 883 ff. = ZNotP 2004, 241 ff. = NJW-RR 2004, 859 f. = BGHR BNotO § 6 Abs. 3 Satz 1 Eignungsvergleich 1. Vgl. auch BGH – NotZ 1/07 – vom 23.07.2007.
110 BGH NJW-RR 1994, 1016 = BGHR BNotO § 6 Abs. 3 Satz 4 Wehrdienst 1.
111 BGHR BNotO § 4 Abs. 2 Wehrdienst 1; BGHZ 81, 66, 70; BGHZ 102, 6, 10 = DNotZ 1984, 435, 438.
112 BGH NJW-RR 1998, 60 = LM H. 4/1998 § 6 BNotO Nr. 26 = NdsRpfl 1998, 42 = AnwBl. 1998, 343.
113 BGH NJW-RR 1998, 60.
114 OLG Schleswig SchlHA 2001, 242 ff. = OLGReport Schleswig 2001, 381 ff.

wendig, diese sog. Kindererziehungszeiten zusätzlich bei der allgemeinen Wartefrist nach Abs. 2 Nr. 1 zu berücksichtigen[115].

IV. Bisheriges Punktesystem

96 Das Punktesystem ist nunmehr in den Ländern des Anwaltsnotariats nicht mehr einheitlich, so dass jeweils für die Bundesländer sich folgende Übersicht ergibt:

	Baden-Württemberg	Berlin
Punktezahl, die in der die juristische Ausbildung abschließenden Staatsprüfung erzielt wurde	Multipliziert mit Faktor 6 (bei der bis 1982 gültigen 15-Punkte-Skala), ansonsten Faktor 5 (bei 18-Punkte-Skala).	Multipliziert mit Faktor 5.
Dauer der hauptberuflichen Tätigkeit als Rechtsanwalt	a) 0,25 Punkte pro Monat. Max. 45 Punkte.	a) 0,25 Punkte pro Monat. Max. 30 Punkte.
Notarspezifische Fortbildung Maximale Punktzahl	b) 0,5 Punkte pro Halbtag. Max. 45 Punkte.	b) 0,5 Punkte pro Halbtag. Max. 60 Punkte.
Notarvertretung/-verwaltung	0,2 Punkte pro Niederschrift, die innerhalb der letzten 3 Jahre[1] während einer Vertreterbestellung oder Notarsverwaltung mit einer ununterbrochenen Dauer von mindestens 2 Wochen errichtet wurden.	c) Für bis zu 100 Urkunden, die innerhalb der letzten 3 Jahre[1] während der Notarvertretung oder -verwaltung mit einer ununterbrochenen Dauer von mehr als 2 Wochen mindestens entworfen oder protokolliert und vollzogen wurden, 0,4 Punkte pro Geschäft. ansonsten 0,2 Punkte pro Geschäft. d) Für weitere 300 Urkunden 0,05 Punkte pro Geschäft. e) Für weitere 500 Urkunden 1,0 Punkte pro volle 50 Geschäfte. f) Für weitere 1000 Urkunden 1,0 Punkte pro volle 100 Geschäfte. g) Für weitere Urkunden 1,0 Punkte pro volle 200 Geschäfte.
Maximale Punktzahl [1] vor Ablauf der Bewerbungsfrist	Max. 20 Punkte.	Max. 60 Punkte aus c) bis g).
Kappung/wechselseitige Zurechnung	Kappung bei max. 45 Punkte aus b) und c).	Wechselseitige Zurechnung von max. 30 Punkte aus b) oder c) bis g). Begrenzt auf 120 Punkte aus b) bis g).
Zusätzliche Punkte (nach Ermessen)	Max. 10 Punkte in Ausnahmefällen, wenn Umstände, die den Bewerber für das Amt des Notars in ganz besonderer Weise qualifizieren, dies erfordern, um die fachliche Eignung des Bewerbers zutreffend zu kennzeichnen.	Max. 20 Punkte für Tätigkeiten als Notar, Notarvertreter oder -verwalter. Max. 10 Punkte aus Tätigkeiten beim DNotI oder in der Geschäftsführung notarieller Berufsorganisationen. Max. 15 Punkte für weitere besondere notarspezifische Tätigkeiten, Leistungen und Kenntnisse.

115 BGH DNotZ 2001, 966 ff. = ZNotP 2001, 363 ff. = NJW-RR 2001, 1564 ff. = BGHReport 2001, 947 f. = NdsRpfl. 2001, 403 ff.

	Bremen	Hessen
Punktezahl, die in der die juristische Ausbildung abschließenden Staatsprüfung erzielt wurde	Multipliziert mit Faktor 5.	Multipliziert mit Faktor 5.
Dauer der hauptberuflichen Tätigkeit als Rechtsanwalt	a) 0,25 Punkte pro Monat. Max. 45 Punkte.	a) 0,25 Punkte pro Monat. Max. 45 Punkte
Notarspezifische Fortbildung	b) 0,5 Punkte pro Halbtag.	b) 1 Punkt pro Halbtag für Seminare, die innerhalb der letzten 3 Jahre[1] besucht wurden, ansonsten 0,5 Punkte.
Maximale Punktzahl	Max. 45 Punkte.	Keine Maximalbegrenzung.
Notarvertretung/-verwaltung	c) 0,2 Punkte pro Niederschrift, die innerhalb der letzten 3 Jahre[1] während einer Vertretung oder Verwaltung von mindestens 2 Wochen errichtet wurden. Ansonsten 0,1 Punkte für Niederschriften, die in den letzten 10 Jahren vor dem Ende der Bewerbungsfrist errichtet wurden.	c) Für max. 200 Urkunden, die innerhalb der letzten 3 Jahre1 während einer Notarvertretung oder -verwaltung mit einer ununterbrochenen Dauer von mehr als 2 Wochen mindestens entworfen oder protokolliert und vollzogen wurden, 0,2 Punkte pro Geschäft[2]. Ansonsten 0,1 Punkte pro Geschäft[2]. d) Für weitere 300 Urkunden 0,05 Punkte pro Geschäft[2]. e) Für weitere 500 Urkunden 1,0 Punkte pro volle 50 Geschäfte[2]. f) Für weitere 1000 Urkunden 1,0 Punkte pro volle 100 Geschäfte[2]. g) Für weitere Urkunden 1,0 Punkte pro volle 250 Geschäfte[2].
Maximale Punktzahl	Max. 20 Punkte.	Keine Maximalbegrenzung.
Kappung/wechselseitige Zurechnung	Kappung bei max. 45 Punkte aus b) und c).	Keine.
Zusätzliche Punkte (nach Ermessen)	Max. 10 weitere Punkte, wenn dies die fachliche Eignung besser kennzeichnet. Dabei können auch sonstige für die fachliche Eignung bedeutsame Kenntnisse, Erfahrungen und Leistungen berücksichtigt werden.	In der Regel 0,5 Punkte pro 6 Monate für ununterbrochene Tätigkeiten als Notar, Notarvertreter oder -verwalter. In der Regel 10 Punkte für 300 Gutachten im Rahmen einer wissenschaftlichen Tätigkeit beim DNotI. Max. 15 Punkte für weitere besondere notarspezifische Tätigkeiten, Leistungen und Kenntnisse.

[1] vor Ablauf der Bewerbungsfrist
[2] außer Niederschriften nach § 38 BeurkG und vermerke nach § 39 BeurkG einschließlich Beglaubigungen (mit und ohne Entwurf)

	Niedersachsen	Nordrhein-Westfalen
Punktezahl, die in der die juristische Ausbildung abschließenden Staatsprüfung erzielt wurde	Multipliziert mit Faktor 5.	Multipliziert mit Faktor 5.
Dauer der hauptberuflichen Tätigkeit als Rechtsanwalt	a) 0,25 Punkte pro Monat. Max. 30 Punkte.	a) 0,25 Punkte pro Monat. Max. 30 Punkte.
Notarspezifische Fortbildung	b) 0,6 Punkte pro Halbtag für Seminare, die innerhalb der letzten 3 Jahre[1] besucht wurden, ansonsten 0,2 Punkte.	b) 0,5 Punkte pro Halbtag.
Maximale Punktzahl	Keine Maximalbegrenzung.	Max. 60 Punkte.
Notarvertretung/ -verwaltung	c) Für bis zu 100 Geschäfte, die innerhalb der letzten 3 Jahre[1] während einer Notarvertretung oder Notariatsverwaltung von jeweils mehr als 2 Wochen ununterbrochener Dauer mindestens entworfen oder protokolliert oder protokolliert und vollzogen wurden, 0,4 Punkte pro Geschäft[2]. d) Für weitere 300 Geschäfte 0,05 Punkte pro Geschäft[2]. e) Für weitere 500 Geschäfte 1,0 Punkte pro volle 50 Geschäfte[2]. f) Für weitere 1000 Geschäfte 1,0 Punkte pro volle 100 Geschäfte[2]. g) Für weitere Geschäfte 1,0 Punkte pro volle 200 Geschäfte[2].	c) 0,2 Punkte pro Niederschrift, wenn diese innerhalb der letzten 3 Jahre[1] während einer Notarvertreter- oder Notariatsverwalterbestellung mit einer ununterbrochenen Dauer von mindestens 2 Wochen erstellt wurden; ansonsten 0,1 Punkte pro Niederschrift.
Maximale Punktzahl [1] vor Ablauf der Bewerbungsfrist [2] außer Niederschriften nach § 38 BeurkG und vermerke nach § 39 BeurkG einschließlich Beglaubigungen (mit und ohne Entwurf)	Keine Maximalbegrenzung.	Max. 60 Punkte
Kappung/wechselseitige Zurechnung	Keine.	Wechselseitige Zurechnung von max. 30 Punkte aus b) oder c). Begrenzt auf max. 120 Punkte aus b) und c).
Zusätzliche Punkte (nach Ermessen)	Nach Ermessen: 0,5 Punkte pro Halbjahr bei Tätigkeiten als Notar, Notarvertreter oder -verwalter von mindestens 6 Monaten ununterbrochener Dauer. Max. 10 Punkte für 300 Gutachten beim DNotI. Max. 15 Punkte für sonstige notarspezifische Tätigkeiten.	Max. 20 Punkte für Tätigkeiten als Notar. Max. 20 Punkte für Tätigkeiten beim DNotI. Max. 20 Punkte für Tätigkeiten in der Geschäftsführung not. Berufsorganisationen. Max. 10 Punkte für Erfahrungen als Notarvertreter oder Notarverwalter. Max. 10 Punkte für benotete Leistungsnachweise aus b). Max. 10 Punkte für notarspezifische Vortragstätigkeiten. Max. 10 Punkte für Veröffentlichungen zu notarspezifischen Themen.

	Schleswig-Holstein
Punktezahl, die in der die juristische Ausbildung abschließenden Staatsprüfung erzielt wurde	Multipliziert mit Faktor 5.
Dauer der hauptberuflichen Tätigkeit als Rechtsanwalt	a) 0,25 Punkte pro Monat. Max. 45 Punkte.
Notarspezifische Fortbildung	b) 0,6 Punkte pro Halbtag für Seminare, die innerhalb der letzten 3 Jahre[1] besucht wurden, ansonsten 0,3 Punkte.
Maximale Punktzahl	Keine Maximalbegrenzung.
Notarvertretung/-verwaltung Maximale Punktzahl [1] vor Ablauf der Bewerbungsfrist	c) 0,2 Punkte pro Niederschrift, wenn diese innerhalb der letzten 3 Jahre[1] während einer Vertretung oder Notariatsverwaltung von mindestens 2 Wochen ununterbrochener Dauer errichtet wurde. Im Übrigen pro Niederschrift 0,1 Punkte. d) Für mehr als 200 Niederschriften 0,05 Punkte pro Niederschrift. e) Bei mehr als 500 Niederschriften 1,0 Punkte pro 50 Niederschriften f) Bei mehr als 1000 Niederschriften 1,0 Punkte pro 100 Niederschriften.
Kappung/wechselseitige Zurechnung	Keine.
Zusätzliche Punkte (nach Ermessen)	Jeweils max. 20 Punkte für Erfahrungen aus einer Tätigkeit als Notar, beim DNotI oder als Geschäftsführer einer notariellen Berufsorganisation. Max. 10 Punkte für Erfahrungen als Notariatsverwalter. Max. 10 Punkte für benotete Leistungen aus b) oder des Grundkurses Jeweils max. 10 Punkte für notarspezifische Vortragstätigkeiten oder Veröffentlichungen zu notarspezifischen Themen. Sonstige, besonders für das Notaramt qualifizierende Erfahrungen.

97 An diesem Punktesystem ist auch im Rahmen der Neuregelung der BNotO auf Grund des dritten Änderungsgesetzes vom 31.08.1998 (BGBl. I S. 2585) festgehalten worden, auch wenn es eine gewisse »Ungerechtigkeit« in sich birgt. Es kann auf Grund der unterschiedlichen Wettbewerbssituation in verschiedenen Regionen, etwa auf Grund des Stadt-Land-Gefälles, dazu führen, dass ein Bewerber in einer größeren Stadt kaum Chancen bei einer Punktzahl von 120 hat, während ein Bewerber in einer ländlichen Region durchaus mit 70 Punkten sofort das Amt des Notars übertragen erhält[116]. Es kann auch dazu führen, dass Bewerber in städtischen Regionen alle Zusatzpunkte erreichen müssen, um einen aussichtsreichen Platz zu erreichen, während Bewerber in ländlichen Bereichen allein durch die fünfjährige Wartezeit und die Ableistung des Grundkurses Notare werden können.

V. Vorgesehene Neuregelung in §§ 7a–7i BNotO

98 Der vorläufige Entwurf des Änderungsgesetzes zur BNotO, der in ganz erheblichem Umfang die Ausbildung der Anwaltsnotare neu regelt, indem das bisherige System mit Vorbereitungskursen und Punkten durch ein reines Leistungssystem (sog. Drittes Staatsexamen) ersetzt werden soll[117], hat folgenden Wortlaut:

116 Vgl. die Übersicht bei *Mihm*, ZNotP 1999, 144.
117 Vgl. dazu auch *Lerch*, AnwBl. 2007, 282 ff.; teilweise kann dem Entwurf zugestimmt werden, aber teilweise unterliegt er erheblichen Bedenken. Vgl. dazu jetzt auch *Lerch*, AnwBl. 2008, 137.

§ 6

(1) Die notarielle Fachprüfung kann ablegen, wer zur Rechtsanwaltschaft zugelassen ist und die Voraussetzungen für die Bestellung zum Notar gemäß § 5 erfüllt.

(2) Die notarielle Fachprüfung dient dem Nachweis, dass und in welchem Grad ein Rechtsanwalt für die Ausübung des Notaramtes im Nebenberuf (§ 3 Abs. 2) fachlich geeignet ist. Sie gliedert sich in einen schriftlichen und einen mündlichen Teil.

(3) Die notarielle Fachprüfung dient der Bestenauslese. Die Einheitlichkeit der Prüfungsanforderungen und der Leistungsbewertung ist zu gewährleisten. Die Prüfung kann an verschiedenen Orten durchgeführt werden.

(4) Der Prüfungsstoff der schriftlichen und der mündlichen Prüfung umfasst den gesamten Bereich der notariellen Amtstätigkeit, insbesondere:

1. das bürgerliche Recht mit Nebengesetzen, insbesondere dem Wohnungseigentumsgesetz und der Erbbaurechtsverordnung,

2. das Recht der Personen- und Kapitalgesellschaften,

3. das Recht der freiwilligen Gerichtsbarkeit, insbesondere das Beurkundungsrecht, sowie das Grundbuch-, Vormundschafts-, Nachlass- und Registerrecht,

4. das Recht der Notare,

5. das Kostenrecht

6. sowie in Grundzügen
   a) das Handelsrecht,
   b) die allgemeinen Voraussetzungen der Zwangsvollstreckung und die Zwangsvollstreckung in Grundstücke,
   c) das Insolvenzrecht,
   d) das öffentliche Recht einschließlich des Sozialrechts,
   e) aus dem Steuerrecht das Grunderwerbsteuerrecht sowie das Erbschaft- und Schenkungsteuerrecht,
   f) das Internationale Privatrecht.

(5) Für die von den einzelnen Prüfern vorzunehmenden Bewertungen gelten die Notenstufen und Punktzahlen des § 1; für die Bildung der Prüfungsgesamtnote gilt § 2 der Verordnung über eine Noten- und Punkteskala für die erste und zweite juristische Staatsprüfung vom 3. Dezember 1981 (BGBl. I S. 1243).

(6) Die schriftliche Prüfung ist mit einem Anteil von 75 vom Hundert, die mündliche Prüfung ist mit einem Anteil von 25 vom Hundert bei dem Ergebnis der notariellen Fachprüfung zu berücksichtigen. Die notarielle Fachprüfung ist bestanden, wenn der Prüfling mindestens die Gesamtpunktzahl 4,00 erreicht hat.

(7) Ist die Prüfung nicht bestanden oder für nicht bestanden erklärt worden, kann sie einmal wiederholt werden. Eine bestandene Prüfung kann frühestens nach drei Jahren ab Bekanntgabe des Bescheides über das Ergebnis der notariellen Fachprüfung mit dem Ziel der Notenverbesserung einmal wiederholt werden.

§ 7b

(1) Die schriftliche Prüfung umfasst sechs fünfstündige Aufsichtsarbeiten. Sie dient der Feststellung, ob der Prüfling die für die notarielle Tätigkeit notwendigen Fachkenntnisse erworben hat und ob er fähig ist, in begrenzter Zeit mit vorgegebenen Hilfsmitteln eine rechtlich einwandfreie und zweckmäßige Lösung für Aufgabenstellungen der notariellen Praxis zu erarbeiten.

(2) Jede Aufsichtsarbeit wird von zwei Prüfern nacheinander bewertet. Die Namen der Prüflinge dürfen den Prüfern vor Abschluss der Begutachtung der Aufsichtsarbeiten nicht bekannt werden. An der Korrektur der Bearbeitungen jeder einzelnen Aufgabe soll mindestens ein Anwaltsnotar mitwirken. Weichen die Bewertungen einer Aufsichtsarbeit um nicht mehr als drei Punkte voneinander ab, so gilt der Mittelwert. Können sich die Prüfer bei größeren Abweichungen nicht einigen oder bis auf drei Punkte annähern, so entscheidet ein weiterer Prüfer; er kann sich für die Bewertung eines Prüfers entscheiden oder eine zwischen den Bewertungen liegende Punktzahl festsetzen.

(3) Die Bewertungen der Aufsichtsarbeiten werden dem Prüfling mit der Ladung zur mündlichen Prüfung bekannt gegeben. Werden mehr als zwei Aufsichtsarbeiten mit weniger als 4,00 Punkten bewertet oder liegt der Gesamtdurchschnitt aller Aufsichtsarbeiten unter 3,50 Punkten, so ist der Prüfling von der mündlichen Prüfung ausgeschlossen und hat die notarielle Fachprüfung nicht bestanden.

§ 7c

(1) Die mündliche Prüfung umfasst einen Vortrag zu einer notariellen Aufgabenstellung und ein Gruppenprüfungsgespräch mit drei Abschnitten, die unterschiedliche Prüfungsgebiete nach § 7a Abs. 4 zum Gegenstand haben sollen. Das Prüfungsgespräch soll je Prüfling etwa eine Stunde dauern. In der Regel sollen nicht mehr als fünf Prüflinge gleichzeitig geprüft werden. In der mündlichen Prüfung soll der Prüfling neben seinen Kenntnissen insbesondere auch unter Beweis stellen, dass er die einem Notar obliegenden Prüfungs- und Belehrungspflichten sach- und situationsgerecht auszuüben versteht.

(2) Die mündliche Prüfung wird durch einen Prüfungsausschuss abgenommen, der aus drei Prüfern besteht. Sie müssen während der gesamten Prüfung anwesend sein. Den Vorsitz führt ein auf Vorschlag der Landesjustizverwaltungen, in deren Bereich Anwaltsnotare bestellt werden, bestellter Prüfer. Ein Prüfer soll Anwaltsnotar sein.

(3) Bei der mündlichen Prüfung können Vertreter der Notarkammern und der Bundesnotarkammer, des Bundesministeriums der Justiz und der Landesjustizverwaltungen anwesend sein. An den Beratungen nehmen nur die Mitglieder des Prüfungsausschusses teil.

(4) Im Anschluss an die mündliche Prüfung bewerten die Prüfer den Vortrag und jeden Abschnitt des Prüfungsgesprächs gemäß § 7a Abs. 5. Weichen die Bewertungen voneinander ab, so gilt der Mittelwert. Sodann gibt der Prüfungsausschuss dem Prüfling die Bewertungen bekannt. Eine nähere Erläuterung der Bewertungen kann nur sofort verlangt werden und erfolgt nur mündlich.

§ 7d

(1) Über das Ergebnis der notariellen Fachprüfung erhält der Prüfling einen mit Rechtsbehelfsbelehrung versehenen schriftlichen Bescheid. Über die bestandene notarielle Fachprüfung wird ein Zeugnis erteilt, aus dem die Prüfungsgesamtnote mit Notenbezeichnung und Punktwert ersichtlich ist. Bei Wiederholung der notariellen Fachprüfung wird ein Zeugnis nur im Falle der Notenverbesserung erteilt.

(2) Gegen Bescheide, denen eine Bewertung von Prüfungsleistungen zu Grunde liegt, ist der Widerspruch gegeben. In anderen Fällen findet ein Vorverfahren nicht statt. Über den Widerspruch, der binnen eines Monats nach Bekanntgabe des Bescheides einzulegen ist, entscheidet der Leiter des Prüfungsamtes.

(3) Für Rechtsbehelfe gegen Prüfungsentscheidungen und sonstige Maßnahmen im Zulassungs- und Prüfungsverfahren gilt § 111 mit der Maßgabe, dass der Antrag auf gerichtliche Entscheidung gegen den Leiter des Prüfungsamtes zu richten ist.

§ 7e

(1) Die Prüfung gilt als nicht bestanden, wenn der Prüfling ohne genügende Entschuldigung nach der Zulassung zur Prüfung zurücktritt, zwei oder mehr Aufsichtsarbeiten nicht oder nicht rechtzeitig abgibt oder zum Termin für die mündliche Prüfung nicht oder nicht rechtzeitig erscheint. Eine einzelne nicht oder nicht rechtzeitig abgegebene Aufsichtsarbeit oder nicht erbrachte Prüfungsleistung wird im Fall nicht genügender Entschuldigung mit null Punkten bewertet.

(2) Wer nachweist, dass er aus einem von ihm nicht zu vertretenden Grund verhindert war, eine oder mehrere Aufsichtsarbeiten anzufertigen oder rechtzeitig abzugeben, hat alle Aufsichtsarbeiten erneut anzufertigen. Wer nachweist, dass er aus einem von ihm nicht zu vertretenden Grund die mündliche Prüfung ganz oder teilweise versäumt hat, kann diese nachholen.

§ 7f

(1) Versucht ein Prüfling, das Ergebnis der notariellen Fachprüfung durch Benutzung nicht zugelassener Hilfsmittel, unzulässige Hilfe Dritter oder sonstige Täuschung zu beeinflussen, so ist die betroffene Prüfungsleistung mit null Punkten zu bewerten. Im Fall eines schweren oder wiederholten Täuschungsversuchs ist die gesamte notarielle Fachprüfung für nicht bestanden zu erklären.

(2) Wird ein schwerer Täuschungsversuch nach der Verkündung der Prüfungsgesamtnote bekannt, kann die betroffene notarielle Fachprüfung für nicht bestanden erklärt werden.

(3) Ein Prüfling, der erheblich gegen die Ordnung verstößt, kann von der Fortsetzung der Anfertigung der Aufsichtsarbeit oder der mündlichen Prüfung ausgeschlossen werden. Wird der Prüfling von der Fortsetzung der Anfertigung einer Aufsichtsarbeit ausgeschlossen, so gilt diese als mit null Punkten bewertet. Im Fall eines wiederholten Ausschlusses von der Anfertigung einer Aufsichtsarbeit oder des Ausschlusses von der mündlichen Prüfung gilt die notarielle Fachprüfung als nicht bestanden.

§ 7g

(1) Die Durchführung der Prüfung obliegt dem bei der Bundesnotarkammer errichteten »Prüfungsamt für die notarielle Fachprüfung bei der Bundesnotarkammer« (Prüfungsamt).

§ 6

(2) Das Prüfungsamt entscheidet über die Zulassung zur Prüfung, bestimmt die Prüfer einschließlich des weiteren Prüfers (§ 7b Abs. 2 Satz 5) sowie die Prüfungsausschüsse, setzt die Prüfungstermine fest, lädt die Prüflinge, stellt das Prüfungsergebnis fest, erteilt das Prüfungszeugnis, entscheidet über die Folgen eines Prüfungsverstoßes und über Widersprüche nach § 7d Abs. 2 Satz 1. Die näheren Einzelheiten regelt das Bundesministerium der Justiz durch Rechtsverordnung, die der Zustimmung des Bundesrates bedarf.

(3) Der Leiter des Prüfungsamtes und sein ständiger Vertreter müssen die Befähigung zum Richteramt haben. Sie werden im Einvernehmen mit den Landesjustizverwaltungen, in deren Bereich Anwaltsnotare bestellt werden, nach Anhörung des Bundesministeriums der Justiz von der Bundesnotarkammer für die Dauer von fünf Jahren bestellt. Eine erneute Bestellung ist möglich.

(4) Bei dem Prüfungsamt wird eine Aufgabenkommission eingerichtet. Sie bestimmt die Aufgaben für die schriftliche Prüfung, entscheidet über die zugelassenen Hilfsmittel und erarbeitet Vorschläge für die mündlichen Prüfungen. Die Mitglieder der Aufgabenkommission müssen über eine der in Absatz 6 Satz 1 aufgeführten Qualifikationen verfügen. Sie werden von dem Leiter des Prüfungsamtes im Einvernehmen mit dem Verwaltungsrat für die Dauer von fünf Jahren bestellt. Eine erneute Bestellung ist möglich. Die Mitglieder der Aufgabenkommission erhalten für ihre Tätigkeit eine angemessene Vergütung.

(5) Bei dem Prüfungsamt wird ein Verwaltungsrat eingerichtet. Er übt die Fachaufsicht über den Leiter des Prüfungsamtes und die Aufgabenkommission aus. Der Verwaltungsrat besteht aus einem vom Bundesministerium der Justiz, einem von der Bundesnotarkammer und drei einvernehmlich von den Landesjustizverwaltungen, in deren Bereich Anwaltsnotare bestellt werden, benannten Mitgliedern.

(6) Zu Prüfern werden vom Prüfungsamt für die Dauer von fünf Jahren bestellt:
1. Richter und Beamte mit der Befähigung zum Richteramt, auch nach Eintritt in den Ruhestand, auf Vorschlag des Bundesministeriums der Justiz und der Landesjustizverwaltungen, in deren Bereich Anwaltsnotare bestellt werden,
2. Notare und Notare außer Dienst auf Vorschlag der Notarkammern und
3. sonstige Personen, die eine den in den Nummern 1 und 2 genannten Personen gleichwertige Befähigung haben, im Einvernehmen mit dem Bundesministerium der Justiz und den Landesjustizverwaltungen, in deren Bereich Anwaltsnotare bestellt werden.

Eine erneute Bestellung ist möglich. Die Bestellung kann aus wichtigem Grund widerrufen werden. Mit Vollendung des 70. Lebensjahres scheiden die Prüfer aus; unberührt hiervon bleibt die Mitwirkung in einem Widerspruchsverfahren.

(7) Die Prüfer sind bei Prüfungsentscheidungen sachlich unabhängig und an Weisungen nicht gebunden. Im Übrigen unterstehen sie in ihrer Eigenschaft als Prüfer der Aufsicht des Prüfungsamtes. Für ihre Tätigkeit erhalten sie eine angemessene Vergütung.

§ 7h

(1) Für die Prüfung und für das erfolglose Widerspruchsverfahren sind Gebühren an die Bundesnotarkammer zu zahlen. Die Gebühren für die Prüfung werden mit der Stellung des Antrags auf Zulassung zur Prüfung fällig. Zahlt der Bewerber die Gebühr nicht rechtzeitig, so gilt der Antrag als zurückgenommen. Tritt der Bewerber vor Antritt der Prüfung zurück, wird die Gebühr für die Prüfung zu drei Vierteln erstattet. Tritt der Bewerber bis zum Ende der Bearbeitungszeit für die letzte Aufsichtsarbeit zurück, ist die Gebühr zur Hälfte zu erstatten. Eine Erstattung von Gebühren im Falle des § 7f ist ausgeschlossen.

(2) Die Bundesnotarkammer bestimmt die Höhe der Gebühren nach Absatz 1, die Einzelheiten der Gebührenerhebung sowie die Vergütung des Leiters und der Bediensteten des Prüfungsamtes, der Mitglieder der Aufgabenkommission und der Prüfer durch Satzung, die der Genehmigung des Bundesministeriums der Justiz bedarf.

§ 7i

Das Bundesministerium der Justiz regelt durch Rechtsverordnung mit Zustimmung des Bundesrates nähere Einzelheiten der Organisation und des Geschäftsablaufs des Prüfungsamtes, der Auswahl und der Berufung der Prüfer, des Prüfungsverfahrens sowie des Verfahrens zur Beschlussfassung im Verwaltungsrat.«

§ 6a

Die Bestellung muss versagt werden, wenn der Bewerber weder nachweist, dass eine Berufshaftpflichtversicherung (§ 19a) besteht, noch eine vorläufige Deckungszusage vorliegt.

A. Entstehungsgeschichte

Die Bestimmung ist eingefügt durch Gesetz vom 07.08.1981 (BGBl I S. 803).   1

B. Erläuterungen

Die Bestimmung ist eine notwendige Folgeregelung aus der Einführung der Pflicht zur Haltung einer **Berufshaftpflichtversicherung** nach § 19a. Jeder Notar muss danach eine ausreichende Haftpflichtversicherung halten. Für neu zu bestellende Notare wird die Ernennung von dem Nachweis einer entsprechenden Versicherung abhängig gemacht, damit ein lückenloser Versicherungsschutz besteht und die Ernennungsbehörde sich nicht erst hinterher um die Erfüllung dieser Pflicht bemühen muss.   2

Verstöße gegen diese Vorschrift machen allerdings die Ernennung nicht nichtig. Die Aufsichtsbehörde muss nur hinterher dafür sorgen, dass die Versicherung umgehend abgeschlossen wird. Sie kann dazu Aufsichts- und Disziplinarmaßnahmen ergreifen, auch das Enthebungsverfahren nach § 50 Abs. 1 Nr. 10 einleiten.   3

§ 6b

(1) Die Bewerber sind durch Ausschreibung zu ermitteln; dies gilt nicht bei einer erneuten Bestellung nach einer vorübergehenden Amtsniederlegung gemäß § 48c.

(2) Die Bewerbung ist innerhalb der in der Ausschreibung gesetzten oder von der Landesjustizverwaltung allgemein bekannt gegebenen Frist einzureichen.

(3) [1]War ein Bewerber ohne sein Verschulden verhindert, die Frist einzuhalten, so ist ihm auf Antrag Wiedereinsetzung in den vorigen Stand zu gewähren. [2]Der Antrag ist innerhalb von zwei Wochen nach Wegfall des Hindernisses zu stellen. [3]Die Tatsachen zur Begründung des Antrags sind glaubhaft zu machen. [4]Die Bewerbung ist innerhalb der Antragsfrist nachzuholen.

(4) [1]Bei der Auswahl unter mehreren Bewerbern nach § 6 Abs. 3 sind nur solche Umstände zu berücksichtigen, die bei Ablauf der Bewerbungsfrist vorlagen. [2]Die Landesjustizverwaltung kann für den Fall des § 7 Abs. 1 einen hiervon abweichenden Zeitpunkt bestimmen.

Übersicht

A. Entstehungsgeschichte der Vorschrift

1   Die Vorschrift wurde durch Gesetz vom 29.01.1991 (BGBl. I S. 150) eingeführt und entspricht rechtsstaatlich vorgegebenen Grundsätzen, indem sie jedem Bewerber für das Amt des Notars die Möglichkeit einräumt, sich um ein öffentliches Amt mit Erfolgsaussicht zu bewerben. Absatz 1, 2. Hs. und Absätze 2–4 sind durch das dritte Änderungsgesetz zur BNotO vom 31.08.1998 (BGBl. I S. 2585) angefügt worden und gehen im Wesentlichen auf Anregungen der Landesjustizverwaltungen zurück.

B. Erläuterungen

I. Notarstelle

2   Die Vorschrift knüpft unmittelbar an § 6 an, der von Notarstellen als **organisationsrechtlicher Einheit** ausgeht[1]. Nach der Regelung bezieht sich die Ausschreibung nur auf eine konkret ausgeschriebene Notarstelle und nicht auf alle im Bezirk in Zukunft vorhandenen Stellen[2].

---

1 *Bohrer*, Berufsrecht Rz. 22.
2 BGH NJW 1995, 2359 = NdsRpfl. 1995, 247.

II. Ausschreibung

Deshalb muss der Bewerber sich auf eine konkret ausgeschriebene Stelle bewerben und kann nicht darauf vertrauen, dass er auch in zukünftig auszuschreibenden Stellen als Bewerber einbezogen wird[3]. Die Landesjustizverwaltung hat jedoch darauf zu achten, dass **fixe Bewerbungsfristen** vorhanden sind, um eine willkürliche Einflussnahme auf den Bewerberkreis auszuschließen[4]. Die Ausschreibung ist unbedingte Voraussetzung für die ordnungsgemäße Bestellung als Notar. Deshalb kann sich die Landesjustizverwaltung nicht darauf berufen, dass sie möglicherweise einen durch die fehlende Ausschreibung nicht berücksichtigten Bewerber nicht zum Notar bestellt hätte, selbst wenn eine ordnungsgemäße Ausschreibung erfolgt wäre.

Die Landesjustizverwaltung kann auch ein laufendes Ausschreibungsverfahren beenden, wenn dafür sachliche Gründe vorliegen, z. B. im Bereich des hauptamtlichen Notariats liegen keine Bewerbungen von Notarassessoren vor[5].

Die Ausschreibung erfüllt vielmehr den Sinn, alle möglicherweise in Betracht kommenden Bewerber zu berücksichtigen, um durch ein faires Verfahren die am besten dem Recht entsprechende Entscheidung treffen zu können. Die Ausschreibung ist nur entbehrlich, wenn nach § 48c das Amt vorübergehend niedergelegt wurde, denn der Notar behält in jenem Fall sein Amt, und zwar an der Notarstelle, die er bereits vorher innegehabt hatte. Die sprachliche Formulierung des Gesetzgebers ist insofern nicht ganz korrekt, als davon gesprochen wird, der Notar wird neu bestellt, denn eine Bestellung als Notar liegt bereits vor; der Notar hat sein Amt lediglich »ruhen« lassen. Die Justizverwaltung kann auch bereits ausgeschriebene Besetzungsverfahren abbrechen, zumindest dann, wenn sachliche Gründe dafür gegeben sind; dies liegt vor, wenn z.B. eine geänderte Rechtsprechung des BVerfG dazu Anlaß bietet[6]. Es besteht kein Anspruch auf Durchführung eines bereits begonnenen Besetzungsverfahrens und jenes kann jederzeit abgebrochen werden; es ist überhaupt fraglich, ob dafür seitens der Justizverwaltung Anlaß bestehen muss, ihre Entscheidung näher zu rechtfertigen.

III. Ausschlussfristen

Nach der nunmehrigen Fassung des Gesetzes ist klargestellt, dass die Landesjustizverwaltung **feste Bewerbungsfristen** festlegen muss, innerhalb derer alle Voraussetzungen für die Bestellung zum Notar vorliegen müssen. Die Rechtsprechung hatte bereits vor der Neufassung entschieden, dass sog. Ausschlussfristen nicht verfassungsrechtlichen Vorgaben widersprechen und keinen Verstoß gegen Art. 3 Abs. 1, 12 Abs. 1 GG darstellen[7].

Die Bekanntmachung der Frist erfolgt in der Ausschreibung; jene wird in dem für die Landesjustizverwaltung bestimmten Veröffentlichungsblatt vorgenommen (vgl. dazu die Zusammenstellung bei § 32). Die Frist hat nunmehr nicht lediglich Ordnungscharakter, die die Landesjustizverwaltung zu einer davon abweichenden Handhabung berechtigen würde, sondern ist als gesetzliche Ausschlussfrist zwingend vorgeschrieben, so dass die Landesjustizverwaltung keine davon abweichende Regelung treffen darf.

3 BGH NJW 1995, 2359, 2360.
4 BVerfGE 73, 280, 297 (299).
5 BGH ZNotP 2001, 281.
6 BGH DNotZ 2007, 67 unter Hinweis auf BGH ZNotP 2006, 271 ff. und BVerfG vom 01.02.2006 und 02.02.2006 (unveröffentlichte Nichtannahmebeschlüsse); vgl. schon BGH DNotZ 2005, 942 ff. = ZNotP 2005, 431 ff. = BGHReport 2005, 1564.
7 BGHZ 126, 39 = DNotZ 1996, 173 = NJW 1994, 3353; BGH NJW 1995, 2359, 2360; BGH NJW-RR 1997, 696; BGH DNotZ 1997, 908 = NJW-RR 1998, 57 = LM H. 4/1998 § 6 BNotO Nr. 27 = NdsRpfl 1997, 288; BGH NJW-RR 1998, 1599 = LM H. 9/1998 § 6 BNotO Nr. 29; OLG Celle NdsRpfl 1994, 117.; BGH DNotZ 2004, 572 ff. = ZNotP 2004, 451 ff. = NJW-RR 2004, 708 f.

§ 6b

IV. Ausnahmen (Abs. 3)

8 Ein Bewerber, der die Frist nicht eingehalten hat, kann glaubhaft Gründe vorbringen, die ihn daran hinderten, die Frist einzuhalten. Dieser Grundsatz entsprach schon bisheriger Rechtsprechung[8] und hat nunmehr in Anlehnung an § 32 VwVfG auch Eingang in das Berufsrecht für Notare gefunden. Deshalb kann und darf wegen der Nichteinhaltung vorgeschriebener Fristen auf die zu § 32 VwVfG entwickelten Grundsätze zurückgegriffen werden[9].

1. Fehlendes Verschulden des Bewerbers

9 Verschulden ist dann zu verneinen, wenn der Betroffene diejenige Sorgfalt außer Acht lässt, die für einen gewissenhaften, seine Rechte und Pflichten sachgemäß wahrenden Verfahrensbeteiligten geboten ist und ihm nach den gesamten Umständen zuzumuten ist[10]. Leichte Fahrlässigkeit schließt die Wiedereinsetzung aus, wobei stets auf die konkreten Verhältnisse des subjektiv Betroffenen abzustellen ist, d. h., es gilt kein einheitlicher, objektiver Maßstab. Es wird in erster Linie berücksichtigt, ob der Bewerber alle ihm persönlich zumutbaren Anstrengungen unternommen hat, die Frist noch einzuhalten, die dann allerdings von ihm versäumt wurde, jedoch dürfen andererseits die Anforderungen nicht überspannt werden. Einem Rechtsanwalt kann keine Wiedereinsetzung wegen unverschuldeter Fristversäumnis gewährt werden, wenn er die Überwachung der Bewerbungsfristen seinem Büropersonal überlässt[11].

2. Hinderungsgründe

10 Der Bewerber muss während des Laufs der Bewerbungsfrist gehindert sein, seinen Antrag rechtzeitig einzureichen. Somit muss der Hinderungsgrund zwar einerseits während der Bewerbungsfrist bestehen, kann aber andererseits auch noch während der Frist entfallen, jedoch ist eine Wiedereinsetzung nur möglich, wenn es dem Betroffenen dann nicht mehr zumutbar ist, alle Voraussetzungen dafür zu schaffen, um die versäumte Handlung, also die Vorlage aller Unterlagen, noch innerhalb der Frist nachzuholen. Dies ist z. B. der Fall, wenn eine länger andauernde Krankheit während der Frist beendet ist, womit der Bewerber nicht unbedingt rechnen konnte, er jedoch dann in der Kürze der Zeit nicht alle Unterlagen beibringen kann, die für seine erfolgreiche Bewerbung vonnöten wären.

3. Antrag auf Wiedereinsetzung

11 Es ist stets ein Antrag des Bewerbers erforderlich, der denselben Formvorschriften unterliegt, wie die eigentliche Handlung. Damit muss der Antrag in der Regel schriftlich bei der Behörde gestellt werden, bei der die Bewerbung auch schriftlich einzureichen ist. Ein Antrag auf Wiedereinsetzung ist daher zurückzuweisen, wenn der Bewerber diesen bei der nicht zuständigen Behörde stellt, denn es kann von ihm erwartet werden zu wissen, dass nur diejenige Behörde zur Bescheidung des Antrags zuständig ist, die auch die Kompetenz für die erfolgreiche Bewerbung hat, also in der Regel die oberste Landesjustizbehörde (Minister/Senator).

12 Das Gesetz hat nicht die in § 32 Abs. 2 Satz 4 VwVfG enthaltene Ausnahme übernommen, dass es eines Antrags auf Wiedereinsetzung nicht bedarf, wenn die Bewerbung inner-

8 BGH NJW 1995, 2359, 2360.
9 Vgl. dazu *Kopp,* VwVfG, § 32 Rz. 1 ff.
10 So *Kopp,* VwVfG, § 32 Rz. 16 m.w.N. aus der Rechtsprechung der Verwaltungsgerichte.
11 So jetzt BGH ZNotP 2008, 87.

halb der Frist für die Gewährung der Wiedereinsetzung nachgeholt wird, was bedeutet, dass ausnahmslos ein Antrag auf Wiedereinsetzung zu stellen ist.

4. Frist für die Wiedereinsetzung

Der Antrag ist innerhalb von zwei Wochen nach Wegfall des Hindernisses zu stellen, was sich objektiv feststellen lässt. Es kommt allerdings auch darauf an, ob der Bewerber vom Wegfall des Hindernisses Kenntnis hatte oder Kenntnis hätte haben müssen. Deshalb kann einem Bewerber keine sog. Überlegungsfrist zugestanden werden, denn er muss wissen, ob er sich an einem laufenden Bewerbungsverfahren trotz Fristversäumnis beteiligen will oder nicht. Im Gegensatz zu **§ 32 Abs. 2 Satz 2 VwVfG** sind hier innerhalb der Frist von zwei Wochen der Antrag zu stellen, die Gründe der Wiedereinsetzung vorzutragen und auch gleichzeitig dieselben glaubhaft zu machen; hätte der Gesetzgeber eine andere Lösung gewollt, wären mit Sicherheit die Formulierungen aus dem Verwaltungsverfahrensgesetz übernommen worden.

13

5. Glaubhaftmachung

Die **Hinderungsgründe** sind **glaubhaft** zu machen, wobei auf die zu § 294 ZPO entwickelten Grundsätze zurückgegriffen werden kann. Es dürfen keine allzu strengen Anforderungen gestellt werden. Die Tatsachen sind glaubhaft zu machen, die bekannt sein müssen, damit die Behörde erkennen, weshalb unverschuldet der Antrag nicht innerhalb der Frist gestellt werden konnte. Davon kann nur dann abgesehen werden, wenn die Tatsachen, die den Bewerber an der Einhaltung der Frist hinderten, offenkundig sind, also z. B. länger andauernder Streik bei der Postbeförderung.

14

Der Bewerber hat auch vorzutragen und glaubhaft zu machen, wann der Hinderungsgrund weggefallen ist, damit überprüft werden kann, ob er innerhalb der Frist von zwei Wochen den Antrag auch gestellt hat, so dass er sich z. B. nicht darauf beschränken kann vorzutragen, eine Krankheit sei beendet und nun stelle er den Antrag auf Wiedereinsetzung. Als Mittel der Glaubhaftmachung kommen in erster Linie die eidesstattliche Versicherung und Urkunden, wie etwa ärztliche Atteste, in Betracht.

15

Es kann ausnahmsweise auf die Glaubhaftmachung wieder verzichtet werden, wenn sich für die Landesjustizverwaltung der Hinderungsgrund aus ihr bekannten Umständen ergibt, also z. B. Streiks bei der Postbeförderung. Soweit ein Hinderungsgrund leicht nachvollziehbar ist, also z. B. der Bewerber sich im Ausland aufhielt und infolge allgemein bekannter Tatsachen nicht rechtzeitig zurückkehren konnte, genügt ausnahmsweise die einfache Erklärung des Bewerbers ohne einer ausdrücklichen Glaubhaftmachung der Umstände für das Hindernis, die Bewerbung innerhalb der Frist einzureichen.

16

6. Frist zur Vornahme der Bewerbung

Der Bewerber kann sich nicht damit begnügen, innerhalb der Frist von zwei Wochen die Wiedereinsetzung zu beantragen, sondern muss innerhalb derselben Frist, also nach Wegfall des Hindernisses, die Bewerbung einreichen, und zwar unter Vorlage aller Urkunden und Dokumente sowie Vorbringens aller Umstände, die für eine erfolgreiche Bewerbung erforderlich sind. Soweit die Landesjustizverwaltung ohne für den Bewerber erkennbar weiteren Vortrag oder weitere, in der Ausschreibung nicht erwähnte Dokumente benötigt, können diese selbstverständlich auch noch nach Ablauf der Bewerbungsfrist eingereicht werden.

17

V. Bewerbungsumstände (Abs. 4)

18   Eine früher von manchen Landesjustizverwaltungen gehandhabte Praxis, auch noch solche Umstände zu berücksichtigen, die bei ihnen erst nach Ablauf der Bewerbungsfrist bekannt wurden, weil z. B. noch ein Dokument nachgereicht wurde, ist nunmehr von Gesetzes wegen untersagt und kann nur dann in dem seltenen Ausnahmefall geduldet werden, wenn für eine ausgeschriebene Notarstelle nur eine Bewerbung vorliegt. Ansonsten gebietet der Gleichheitsgrundsatz, dass alle Bewerber innerhalb der Frist diejenigen Unterlagen vollständig einzureichen haben, die für eine Erfolg versprechende Bewerbung benötigt werden.

19   Deshalb müssen insbesondere die Bewerber die Testate vorlegen, aus denen sich die Teilnahme am sog. Grundkurs ergibt sowie die erfolgreiche Teilnahme an den übrigen Vorbereitungskursen. Sollte der Veranstalter jener Vorbreitungskurse die Testate nicht rechtzeitig ausstellen können, bleibt dem Bewerber nur der Antrag auf Wiedereinsetzung. Für die Bestellung zum Notar im Hauptberuf wird eine Ausnahme zugelassen, womit verhindert werden soll, dass es zu einer faktischen Verlängerung der nach § 7 Abs. 1 vorgeschriebenen Mindestanwärterzeit kommt.

§ 7

(1) Zur hauptberuflichen Amtsausübung als Notar (§ 3 Abs. 1) soll in der Regel nur bestellt werden, wer einen dreijährigen Anwärterdienst als Notarassessor geleistet hat und sich im Anwärterdienst des Landes befindet, in dem er sich um die Bestellung bewirbt.

(2) [1]Die Auswahl unter mehreren geeigneten Bewerbern um die Aufnahme in den Anwärterdienst ist nach der persönlichen und fachlichen Eignung unter besonderer Berücksichtigung der Leistungen in der die juristische Ausbildung abschließenden Staatsprüfung vorzunehmen. [2]Bewerber sind durch Ausschreibung zu ermitteln; § 6b Abs. 2 bis 4 gilt entsprechend. [3]Sie können auch dadurch ermittelt werden, dass ihnen die Landesjustizverwaltung die Eintragung in eine ständig geführte Liste der Bewerber für eine bestimmte Dauer ermöglicht. [4]Die Führung einer solchen Liste ist allgemein bekannt zu geben.

(3) [1]Der Notarassessor wird von der Landesjustizverwaltung nach Anhörung der Notarkammer ernannt. [2]Der Präsident der Notarkammer überweist den Notarassessor einem Notar. [3]Er verpflichtet den Notarassessor durch Handschlag auf gewissenhafte Pflichterfüllung.

(4) [1]Der Notarassessor steht während des Anwärterdienstes in einem öffentlich-rechtlichen Dienstverhältnis zum Staat. [2]Er hat mit Ausnahme des § 19a dieselben allgemeinen Amtspflichten und sonstige Pflichten wie der Notar. [3]Er erhält vom Zeitpunkt der Zuweisung ab für die Dauer des Anwärterdienstes von der Notarkammer Bezüge, die denen eines Richters auf Probe anzugleichen sind. [4]Die Notarkammer erlässt hierzu Richtlinien und bestimmt allgemein oder im Einzelfall, ob und in welcher Höhe der Notar, dem der Notarassessor überwiesen ist, ihr zur Erstattung der Bezüge verpflichtet ist.

(5) [1]Der Notarassessor ist von dem Notar in einer dem Zweck des Anwärterdienstes entsprechenden Weise zu beschäftigen. [2]Die näheren Bestimmungen über die Ausbildung des Notarassessors trifft die Landesregierung oder die von ihr bestimmte Stelle durch Rechtsverordnung.

(6) Der Anwärterdienst endet
1. mit der Bestellung zum Notar,
2. mit der Entlassung aus dem Dienst.

(7) [1]Der Notarassessor ist aus dem Dienst zu entlassen, wenn er seine Entlassung beantragt. [2]Er kann entlassen werden, wenn er
1. sich zur Bestellung zum Notar als ungeeignet erweist,
2. ohne hinreichenden Grund binnen einer von der Landesjustizverwaltung zu bestimmenden Frist, die zwei Monate nicht übersteigen soll, den Anwärterdienst nicht antritt,
3. nach Ableistung des dreijährigen Anwärterdienstes sich ohne hinreichenden Grund um eine ihm von der Landesjustizverwaltung angebotene Notarstelle nicht bewirbt, die zuvor ausgeschrieben worden ist und die mangels geeigneter Bewerber nicht besetzt werden konnte.

Übersicht

A. Entstehungsgeschichte der Vorschrift

1 Die Vorschrift geht auf § 5 RNotO vom 13.02.1937 (RGBl. I S. 191) zurück, wonach zum Notar nur bestellt werden sollte, wer einen dreijährigen Anwärterdienst als Notarassessor absolviert hatte. Die Vorschrift bestimmte im Übrigen auch das **öffentlich-rechtliche Dienstverhältnis** und traf Regelungen über das Gehalt (Bezüge). Nach Abs. 2 konnte ein Assessor aus dem Dienst entlassen werden, wenn er sich als ungeeignet herausstellte. Durch Gesetz vom 07.08.1981 (BGBl. I S. 803) wurde in Abs. 3 Satz 2 klargestellt, dass der Notarassessor nicht verpflichtet ist, eine Berufshaftpflichtversicherung abzuschließen. Das Gesetz vom 29.01.1991 (BGBl. I S. 151) brachte Änderungen in Abs. 2 hinsichtlich der Auswahl unter mehreren Bewerbern. In diesem Zusammenhang ist die Bestellung in dem Bundesland vorgeschrieben, in dem der Notarassessor wenigstens einen Teil seiner Anwärterzeit absolviert hat. Darüber hinaus ist nunmehr die Ermittlung durch Ausschreibungen vorgeschrieben und die Führung einer Liste, in der alle Bewerber aufzuführen sind, möglich.

B. Erläuterungen

I. Grundsätze

2 Im Bereich der hauptamtlichen Notare i. S. d. § 3 Abs. 1 soll gewährleistet sein, dass **gut ausgebildeter Nachwuchs** die Notarstellen übernimmt, die aus altersbedingten oder anderen Gründen frei werden. Die BNotO hat damit ein System übernommen, das schon im französischen Notariat bestand und sich auch im heutigen öffentlichen Dienst bewährt hat und auch früher im Bereich der Rechtsanwaltschaft bestand.

3 Die Vorschrift geht auf Vorstellungen der Nurnotare zurück, die an diesem System unbedingt festhalten wollten und sich auch im Gesetzgebungsverfahren durchgesetzt haben. Im Bereich des Anwaltsnotariats konnte darauf verzichtet werden, weil dort die Bestellung zum Notar erst nach mehreren Berufsjahren möglich ist und somit der Anwärter Erfahrung gewonnen hat. Allerdings hat der Gesetzgeber die Möglichkeit eröffnet, dass die Landesjustizverwaltung auch in Ausnahmefällen ohne eine Anwärterzeit einen Bewerber sofort zum Notar ernennt. Damit kann erreicht werden, dass in dringenden Bedarfsfällen Notarstellen besetzt werden, obwohl Sinn und Zweck der Regelung auch die Steuerung des Zugangs zum Notarberuf ist[1].

---

1 *Schippel/Bracker/Bracker*, § 7 Rz. 7.

II. Voraussetzungen für die Bestellung (Abs. 1)

Das Gesetz schreibt als Regel die Ableistung eines dreijährigen **Anwärterdienstes** als Notar- **4** assessor vor. Die Zeit von drei Jahren ist das Minimum, das nicht unterschritten werden darf, wobei die Ausführungsbestimmungen der Länder andere Zeiten anrechnen können. Die Festlegung einer Altersgrenze in Verwaltungsvorschriften des Inhalts, dass die Landesjustizverwaltung bestimmte Bewerber ab einem gewissen Lebensalter nicht mehr berücksichtigt, ist bedenklich und abzulehnen[2].

Es muss sich dabei aber um Tätigkeiten handeln, die einen notarspezifischen Bezug haben **5** wie z. B. die Tätigkeit als Geschäftsführer einer Notarkammer oder in einer wissenschaftlichen Einrichtung, die sich mit notarberufsbezogenen Themen beschäftigt. Die Landesjustizverwaltung kann in Ausnahmefällen auch ohne Anrechnung anderer Ausbildungszeiten eine vorzeitige, d. h. vor Ablauf von drei Jahren, Bestellung zum Nurnotar vornehmen, jedoch ist sie dazu grundsätzlich nicht verpflichtet, denn niemand hat einen Anspruch auf Übernahme eines öffentlichen Amtes.

Die Landesjustizverwaltung hat als obersten Grundsatz immer zu beachten, dass stets der **6** geeignetste Bewerber bestellt wird, um dem Grundsatz aus Art. 33 Abs. 2 GG Rechnung zu tragen. Nach Ablauf von drei Jahren haben die Notarassessoren zwar keinen Anspruch auf Übertragung eines Notaramtes, jedoch ein Anwartschaftsrecht, möglichst bald unter Berücksichtigung ihrer örtlichen Interessen eine Notarstelle zu übernehmen.

Die Landesjustizverwaltungen haben in ihren Verordnungen zur Regelung von Angele- **7** genheiten auf dem Gebiet des Notarwesens[3] Regelungen getroffen, ob eine **Verkürzung der dreijährigen Anwärterzeit** möglich ist und ob die Anrechnung von Zeiten auf die Dauer des Anwärterdienstes diese verkürzen darf. Derartige Regelungen können sich aber auch darauf beschränken, dass sie generell die Verkürzung der Anwärterzeit vorsehen, wenn der Notarassessor sich in besonderem Maß als geeignet herausstellt[4].

Es unterliegt in diesem Zusammenhang keinen rechtlichen Bedenken, wenn z. B. in Bay- **8** ern bei männlichen Bewerbern die Wehrdienst- oder Ersatzdienstzeiten anerkannt werden und damit in einen früheren Prüfungsjahrgang »vorgestuft« werden[5]. Bei jenem Verfahren ist aber zu beachten, dass der »vorgestufte« Bewerber auch mit seinen Noten aus dem zweiten juristischen Staatsexamen und der dafür vergebenen Platzziffer überhaupt in die Bewerberliste hätte aufgenommen werden können; würde er danach hinter dem rangletzten Anwärter erst eingestuft werden können, darf mit Hilfe der Anrechnung anderer Zeiten keine Vorstufung erfolgen[6].

III. Auswahlverfahren (Abs. 2)

1. Grundsätze

Die Ernennung unterliegt dem **Ermessen** der Landesjustizverwaltung. Da sie grundsätzlich **9** gemäß § 4 nach ihrem pflichtmäßigen Ermessen die Zahl der Notarstellen nach rechtlichen Gesichtspunkten begrenzen darf, darf sie das auch für die Stellen der Notarassessoren tun[7].

---

2 BGHR BNotO § 7 Abs. 1 Anwärterdienst 1; die im Beamtenrecht dazu entwickelten Grundsätze mit einer Grenze von 35 Lebensjahren lassen sich nicht ohne Weiteres übertragen, vgl. dazu BVerwG ZBR 1981, 228 m.w.N.
3 So § 9 AVNot Bayern GVBl. 1982, 982, 1991, 316.
4 So § 6 Abs. 2 NotA (AV MdJ Nr. 16/93) des Saarlandes Gem MinBl. 1993, 34.; vgl. dazu auch zustimmend BGHR BNotO § 7 Abs. 1 Anwärterdienst 2.
5 BGHZ 88, 6 = NJW 1988, 725 = BGHR BNotO § 7 Abs. 1 Notarassessor 1.
6 BGHZ 88, 6 = BGH NJW 1988, 825, 827.
7 BGHZ 38, 221 = DNotZ 1963, 189.

Denn da der Anwärterdienst der Berufung zum Notar vorgeschaltet ist, ist er den für die Anstellung zum Notar geltenden Rechtssätzen unterworfen[8].

10 Die Landesjustizverwaltung darf dann auch nach dem Grundsatz des § 4 Abs. 1 – den Erfordernissen einer geordneten Rechtspflege entsprechend – eine bestimmte Zahl der im ganzen Land oder in einzelnen Kammerbezirken zu bestellenden Notarassessoren festsetzen[9]. Hat sich so die Landesjustizverwaltung in rechtlich nicht zu beanstandender Weise zur Richtlinie gemacht, nicht mehr als eine bestimmte Zahl von Notarassessoren jährlich einzustellen, so ist sie dadurch in der Ausübung ihres Verwaltungsermessens gebunden und darf davon auch nicht zugunsten eines einzelnen Bewerbers abweichen.

11 Die Verwaltung muss nur bei der Festsetzung der Zahl ihr Ermessen fehlerfrei ausüben und sich an dem Merkmal der **»Erfordernisse einer geordneten Rechtspflege«** halten. Sie muss schon bei der Ernennung der Notarassessoren darauf achten, dass die Zahl der Anwärter in einem angemessenen Verhältnis zu der Zahl der in absehbarer Zukunft zu besetzenden Notarstellen steht. Die Verwaltung muss sich also der auf dem Sinn und Zweck der BNotO, insbesondere ihrem § 7, beruhenden Notwendigkeit bewusst bleiben, die Erfordernisse einer geordneten Rechtspflege mit der dem Staat obliegenden Fürsorgepflicht gegenüber dem juristischen Nachwuchs in Einklang zu bringen.

2. Verwaltungsverfahren

a) Grundsätze

12 Die Landesjustizverwaltungen haben im Bereich des Nurnotariats Regelungen über die **Auswahlmaßstäbe** getroffen, denn die BNotO beschränkt sich zu Recht auf die Kriterien fachlichen und persönlichen Eignung sowie Leistungen. In dieses Auswahlverfahren gelangen aber nur diejenigen Bewerber, die nicht bereits vorher als ungeeignet ausgeschieden sind, wie z. B. auf Grund politisch extremistischer Tätigkeit in der Vergangenheit, oder weil sie die Grundvoraussetzungen nach § 5 nicht mitbringen.

13 Das Gesetz nennt zwar in Abs. 2 Satz 1 nur die Eignung und die Leistung, jedoch kommt in Anlehnung an Art. 33 Abs. 2 GG daneben die Befähigung in Betracht, was die entsprechenden Ausführungsverordnungen der Länder auch berücksichtigt haben.

14 Der Begriff der **Eignung** ist dabei am wenigsten mit Aussagekraft versehen, denn er beinhaltet im Wesentlichen die Prognose des Dienstherrn, dass der Ernannte die ihm gestellten Aufgaben am besten erfüllen wird. Diese Prognose wird auf Grund der bisher erbrachten Leistungen erstellt und berücksichtigt auch die Befähigung als das umfassendste Merkmal, denn darin fließen auch andere Eigenschaften des Bewerbers ein, wie z. B. Belastbarkeit, Gesundheitszustand, Umgang mit Mitarbeitern oder Interesse für Aus- und Fortbildung.

b) Verfassungslage

15 Die Beschränkung des Zugangs für das Amt des Notarassessors unterliegt denselben Grundsätzen wie denen für Notare und auch andere öffentliche Ämter. Die Verfassung garantiert nur den gleichen Zugang zu einem öffentlichen Amt, nicht jedoch den freien[10]. Nach der ständigen Rechtsprechung des BVerfG setzt der Staat in Ausübung seiner **Organisationsgewalt** die Anzahl der Notarstellen fest[11]; dies gilt dann in gleicher Weise auch für die Stellenzahl der Notarassessoren.

16 Es muss nur gewährleistet sein, dass die Auswahlmaßstäbe und das Auswahlverfahren im Hinblick auf Art. 12 GG eine ausreichende gesetzliche Grundlage haben. Diesen Anforderungen wird § 7 Abs. 2 Satz 1 gerecht, der durch Gesetz vom 29.01.1991 (BGBl. I S. 150)

---

8 BVerfG DNotZ 1968, 313.
9 BVerfG DNotZ 1968, 313; BGH DNotZ 1965, 186.
10 So zuletzt BVerfGE 73, 280 = DNotZ 1987, 121 = NJW 1987, 887, BVerfGE 80, 257; BVerfG NJW 1994, 1718.
11 BVerfGE 73, 280.

eingefügt wurde. Da für Notarassessoren und damit für die künftigen Notare dieselben Grundsätze gelten müssen, ist es nicht zu beanstanden, dass in § 7 Abs. 2 auf jene bereits in § 6 Abs. 3 Satz 1 (n. F.), der im Kern § 6 a. F. entspricht, zurückgegriffen wurde.

c) Auswahlmaßstäbe

Jeder Notarassessor muss sich an denselben **Maßstäben** messen lassen wie bei der Bestellung   **17**
zum Notar; fehlen bereits Voraussetzungen, die eine Bestellung zum Notar von vornherein ausschließen, darf er nicht ernannt werden, denn die Landesjustizverwaltungen dürfen nur so viele Notarassessoren einstellen, wie später, frühestens nach drei Jahren, auch Notare benötigt werden. Deshalb kann sie nicht in der Befürchtung, dass einige Notarassessoren sich nicht für das Amt eines Notars als geeignet erweisen werden, in einem Jahrgang mehr Notarassessoren einstellen. Andererseits gibt ihr dies das Recht, einen Bewerber aus der Bewerberliste zu streichen, wenn sich herausstellt, dass der ursprünglich prognostizierte Bedarf nicht mehr vorhanden ist[12].

aa) Landeskinderklausel

Die Landesjustizverwaltung ist nicht gehalten, frei gewordene Stellen mit Notarassessoren   **18**
des eigenen Bundeslandes zu besetzen, andererseits kann sie im Hinblick auf zukünftig zu erwartende Überhänge bei ausgebildeten Notarassessoren für eine gewisse Zeit davon absehen, die Stellen sofort zu besetzen, um sie dann den Notarassessoren aus dem eigenen Land anzubieten[13]. Etwas anderes könnte sich nur dann ergeben, wenn in der Zwischenzeit die Notargeschäfte nicht ordnungsgemäß erledigt würden.
   Es gibt Justizverwaltungen, die die sog. **Landeskinderklausel** haben, d.h. vorzugsweise   **19**
werden frei werdende Stellen mit Notarassessoren des eigenen Landes besetzt. Dagegen bestehen grundsätzlich keine Einwände. Diese Länder sind jedoch von der Natur der Sache her nur Länder des sog. Nurnotariats.
   Die bisherige Rechtsprechung, insbesondere die des BGH, hat diese Klauseln grundsätz-   **20**
lich bestätigt[14], allerdings sind von der Rechtsprechung bestimmte Ausnahmen herausgearbeitet worden[15]. Hierbei wird abermals die Nähe des Notarsberufs zum öffentlichen Dienst erkennbar, der ebenfalls Sache der Länder ist und sich auch dadurch auszeichnet, dass grundsätzlich landesfremde Bewerber bei einem Wechsel kaum Chancen haben. In Anbetracht einer prognostizierenden Personalentscheidung der Justizverwaltungen mag dies gerade noch zu rechtfertigen sein. Allerdings darf die Landesjustizverwaltung nicht schematisch von dieser Landeskinderklausel Gebrauch machen, sondern muss an Hand des Einzelfalles erkennen lassen, dass und weshalb sie »landesfremde« Bewerber nicht berücksichtigt hat.
   Die Landesjustizverwaltungen richten ihre Entscheidungen im Wesentlichen an den **bis-**   **21**
her erbrachten Leistungen aus, die sich im Ergebnis beider juristischer Staatsprüfungen, allerdings mit dem Schwergewicht auf der Zweiten, niederschlagen[16]. Dazu darf und müssen zunächst die Endnote und eine möglicherweise eingeführte Platzziffer berücksichtigt werden.
   Die Landesjustizverwaltungen können aber auch auf weitere Kriterien zurückgreifen,   **22**
z. B. eine Gesamtwürdigung der Persönlichkeit des Bewerbers[17]. Dabei darf jedoch das Persönlichkeitsbild nicht überbewertet werden, wenn ansonsten alle Voraussetzungen für die spätere Bestellung zum Notar wahrscheinlich werden, also Leistung und Befähigung den Anforderungen in vollem Umfang entsprechen.

---

12 BGH DNotZ 1981, 633.
13 BGH ZNotP 2001, 281.
14 BGH DNotZ 2007, 154 = ZNotP 2007, 107 = BGHReport 2007, 233.
15 Vgl. dazu Rz. 47 ff. m.w.N. aus der Rechtsprechung.
16 BGH DNotZ 1981, 59.
17 So z. B. § 4 Abs. 1 AVNot NRW vom 24.06.1991 (JMBl. S. 157); vgl. auch BGHR BNotO § 7 Abs. 2
    Satz 1 Notarassessor 1.

23   Die Landesjustizverwaltungen entscheiden im Rahmen des ihnen eingeräumten Ermessens mit der Möglichkeit der eingeschränkten gerichtlichen Überprüfung. Im Übrigen können die Gerichte die getroffene Entscheidung nur daraufhin überprüfen, ob die Landesjustizverwaltung den anzuwendenden Begriff oder den rechtlichen Rahmen, in dem sie sich frei bewegen kann, verkannt hat, ob sie von einem unrichtigen oder unvollständigen Sachverhalt ausgegangen ist, allgemein gültige Wertmaßstäbe nicht beachtet oder sachfremde Erwägungen angestellt oder gegen Verfahrensvorschriften verstoßen hat[18].

bb) Prüfungsjahrgangsprinzip

24   Das sog. **bayerische Prüfungsjahrgangsprinzip**, wonach bei einer Ausschreibung grundsätzlich nur die Bewerber aus dem gerade abgelaufenen zweiten juristischen Staatsexamen mit den entsprechenden Noten berücksichtigt werden und somit nicht mehr vorangegangene Jahrgänge, ist nicht zu beanstanden[19]. Es können ausnahmsweise auch Bewerber aus früheren Jahrgängen berücksichtigt werden, wenn für ihre Einstellung als Notar ein besonderes Interesse vorhanden ist, z. B. ganz hervorragende Kenntnisse auf einem zum Notarrecht in Beziehung stehenden Rechtsgebiet, und ihr zweites Staatsexamen nicht länger als drei Jahre zurückliegt. Die Rechtsprechung hat gegen dieses Prüfungsjahrgangsprinzip keine Einwände[20], zumal die Einführung dieses Prinzips der früheren Rechtsprechung des BVerfG[21] entsprach.

d) Ausschreibungen oder Bewerberliste

25   Das Gesetz schreibt zwingend das **Ausschreibungsverfahren** und wahlweise die Führung einer Bewerberliste vor (Abs. 2 Satz 2). Auch dieser Teil geht auf das Gesetz vom 29.01.1991 (BGBl. I S. 150) zurück, der seinerseits der Rechtsprechung des BVerfG Rechnung trägt, wonach die Pflicht zur Stellenausschreibung gesetzlich vorgeschrieben sein muss[22].

26   Darüber hinaus müssen aber auch **feste Bewerbungsfristen** in der Ausschreibung enthalten sein, um eine willkürliche Einflussnahme auf den Bewerberkreis auszuschließen. Die Landesjustizverwaltung kann die Bewerbungsfrist als Ausschlussfrist ausgestalten und die Berücksichtigung danach eingegangener Bewerbungen ausnahmsweise berücksichtigen[23].

27   Die Bewerbung erfolgt für die konkret in den dazu vorgesehenen **Veröffentlichungsblättern** ausgeschriebene Notarstelle; deshalb kann ein Bewerber in der Regel nicht annehmen, dass seine einmal erfolgte Bewerbung auch für später ausgeschriebene Notar(assessoren)stellen gelte[24]. Die Frist muss angemessen ausgestaltet sein, d. h., sie darf nicht so kurz bemessen sein, dass der Bewerber nicht ausreichend Zeit für seine Entscheidung, sich zu bewerben oder nicht, gehabt hätte. Eine entschuldbare Nichteinhaltung der Frist kann dazu führen, auch nach Ablauf eingegangene Bewerbungen zwingend zu berücksichtigen, was z. B. eine länger andauernde Krankheit sein kann, wenn diese den Bewerber daran hindert, die Mitteilungen in den Bekanntmachungsorganen zu verfolgen.

28   Die Landesjustizverwaltungen können auch stattdessen Bewerberlisten führen, wovon z. B. Rheinland-Pfalz Gebrauch gemacht hat, indem für beide OLG-Bezirke, Vormerklisten geführt werden, in die diejenigen Bewerber eingetragen werden, die trotz Eignung nicht berücksichtigt werden konnten, weil ein entsprechender Bedarf nicht vorhanden war. In der

---

18 BGHR BNotO § 7 Abs. 2 Satz 1 Notarassessor 1, BVerwGE 60, 245.
19 BGH NJW-RR 1998, 637 = MDR 1998, 564 = BGHR BNotO § 7 II, 2 Auswahlverfahren 1.
20 BGH NJW-RR 1998, 637 = BGHR BNotO § 7 Abs. 2 Satz 2 Auswahlverfahren 1; vgl. auch *Schippel/Bracker/Bracker* § 7 Rz. 36.
21 BVerfGE 73, 280, 294 = DNotZ 1987, 121.
22 BVerfGE 73, 280, 296 = DNotZ 1987, 121 = NJW 1987, 887; BVerfG NJW 1994, 1718.
23 BGH NJW 1995, 2359, 2360, wobei der Senat damals entgegen dem Wortlaut des amtlichen Leitsatzes ausdrücklich offen gelassen hat, ob die Bewerbungsfrist zwingend als Ausschlussfrist zu gestalten ist.
24 BGH NJW 1993, 2040.

Regel wird der Bewerber nach zwei Jahren aus der Liste wieder herausgenommen, wogegen keine Bedenken bestehen[25].

IV. Ernennung (Abs. 3)

1. Ernennung als Verwaltungsakt

Die Landesjustizverwaltung ernennt den ausgesuchten Bewerber nach Anhörung durch die zuständige Notarkammer. Diese ist Voraussetzung für die Ernennung; unterbleibt sie versehentlich, ist die Ernennung unwirksam und in einem neuen Verfahren nachzuholen. Die Notarkammer gibt ihre Stellungnahme durch den Vorstand ab, der kraft ausdrücklicher Regelung diese auf den Präsidenten übertragen kann (vgl. § 70 Abs. 4). **29**

Die Ernennung ist ein **mitwirkungsbedürftiger Verwaltungsakt**, d. h., sie dürfte nicht erfolgen, wenn überhaupt keine wirksame Bewerbung vorliegt. In der Regel wird über die erfolgte Ernennung eine Urkunde ausgestellt, um die Entscheidung der Landesjustizverwaltung auch nach außen zu dokumentieren. Diese ist allerdings nicht derjenige Verwaltungsakt, den möglicherweise ein unterlegener Bewerber anfechten könnte, sondern die an ihn erfolgte Mitteilung, dass seine Bewerbung nicht berücksichtigt werden konnte. **30**

2. Überweisung an einen Notar/Verpflichtung

Der Präsident der Notarkammer weist den ernannten Notarassessor einem bestimmten Notar zur **Ausbildung** zu. Dabei sollte den Wünschen und Vorstellungen des Notarassessors Rechnung getragen werden, jedoch besteht seinerseits kein Anspruch auf Zuweisung zu einem bestimmten Notar. Der Präsident verpflichtet zu gewissenhafter Pflichterfüllung; unterbleibt dieser Hinweis, bleibt die Zuweisung an den Notar aber dennoch wirksam. Der Notarassessor leistet keinen Eid, sondern nur dann, wenn er zum Notarvertreter oder Notariatsverweser bestellt werden sollte. **31**

V. Dienstverhältnis (Abs. 4)

Dieser Teil regelt im Einzelnen das **Rechtsverhältnis** zwischen dem Notarassessor und der Landesjustizverwaltung einerseits und zwischen ihm und dem Notar andererseits. Er steht darüber hinaus in einem besonderen Verhältnis zur Notarkammer und – soweit vorhanden – auch zur Notarkasse. **32**

1. Rechtsverhältnis zum Staat

Das Gesetz gestaltet dieses Verhältnis als **Dienst- und nicht Amtsverhältnis** aus, denn der Notarassessor ist nicht Inhaber eines ihm übertragenen Amtes. Durch die Verwendung des Terminus »öffentlich-rechtlich« kommt zum Ausdruck, dass die Landesjustizverwaltung entsprechende Bestimmungen erlassen kann, die z. B. die Mindestanforderungen der Ausbildung regeln. Dementsprechend sind diese auch verfahren und haben in den Ausführungsverordnungen Regelungen getroffen. Die Stellung des Notarassessors ist damit der eines Beamten auf Probe stark angenähert und entspricht in keiner Weise der eines Richters auf Probe. **33**

Die Landesjustizverwaltung kann daher kraft ihres Weisungsrechts den Notarassessor bei Bedarf auch wieder kurzfristig an eine andere Stelle überweisen. Die Bestimmungen der Landesbeamtengesetze sind zwar nicht anwendbar, jedoch sind die dort enthaltenen Grund- **34**

---

25 BGH DNotZ 1981, 633.

gedanken insoweit übertragbar, als es sich um fundamentale Grundsätze handelt, wie z. B. die Pflicht, für eine ausreichende Alimentierung Sorge zu tragen und im Rahmen der dem Staat obliegenden Fürsorgepflicht eine angemessene Ausbildung zu sichern, dem die Pflicht des Notarassessors korrespondiert, dass dieser seinen Dienst gewissenhaft erfüllt und alles unterlässt, was dem Zweck der Ausbildung und der späteren Ernennung zum Notar zuwiderlaufen könnte.

35   Dem **Notarassessor** obliegen mit Ausnahme von § 19a dieselben Amtspflichten wie einem Notar, allerdings ist diese vom Gesetz gewählte Formulierung zu global und sinngemäß so zu verstehen, dass ihn diese Pflichten ebenso treffen, es sei denn, jene Pflichten können sich nur an einen das Amt ausübenden Notar richten und kraft ihrer Ausgestaltung nicht an einen Notarassessor[26]. Dies gilt in erster Linie für die bei einer Beurkundung dem Notar obliegenden Amtspflichten, die sich an den Notarassessor nicht richten können, weil er grundsätzlich keine Beurkundungen vornimmt.

36   Allerdings muss der Notarassessor in gleichem Umfang wie der Notar das Dienst- und Standesrecht beachten und unterliegt auch der Dienstaufsicht durch die Landesjustizverwaltung (vgl. § 93 Abs. 1). Im Übrigen gelten auch für ihn die Bestimmungen des Disziplinarrechts (vgl. § 95). Unterschiede bestehen aber in der Höhe verhängter Geldbußen, denn gegen einen Notarassessor ist der Höchstbetrag auf 5.000 Euro begrenzt, während gegen einen Notar bis zu 50.000 Euro festgesetzt werden können (vgl. § 97 Abs. 4).

37   Im Übrigen unterliegt der Notarassessor den Auskunftspflichten nach § 74 und bei Nichtbefolgung der Festsetzung eines Zwangsgeldes gegen ihn; bei leichteren Verstößen kann die Notarkammer auch gegen ihn Ermahnungen nach § 75 aussprechen.

2. Rechtsverhältnis zur Notarkammer

38   Der **Notarassessor** ist **nicht Mitglied der Notarkammer,** jedoch steht er in einem besonderen Verhältnis zu ihr, denn die Notarkammer gestaltet in praxi die Ausbildung auf Grund der von der Landesjustizverwaltung vorgegebenen Ausbildungsordnung. Das Gesetz schreibt nur vor, dass der Notarassessor von der Notarkammer seine Bezüge, die denen eines Richters auf Probe angeglichen sind, erhält. Schuldner der Bezüge ist daher die Notarkammer, mit Ausnahmen in Bayern und der Pfalz, wo die Notarkasse diese Verpflichtung trifft (vgl. § 113).

39   Die Notarkammer kann höhere Bezüge als die für einen Richter auf Probe zahlen, darf diese nach unten aber nicht unterschreiten. Sie kann zu diesem Zweck Richtlinien aufstellen, die aber eher das Auszahlungsverfahren regeln oder sich mit Zuschlägen für besondere Tätigkeiten befassen. Die eigentliche Festsetzung der Bezüge erfolgt daher im Einzelfall durch einen nach § 111 anfechtbaren Verwaltungsakt. Soweit sich allerdings die Notarkammer einer Auszahlung widersetzt, bleibt dem Notarassessor der gegenüber § 111 verlängerte Rechtsweg vor die Verwaltungsgerichte (§ 40 VwGO)[27].

40   Dieser Schluss rechtfertigt sich aus einer analogen Anwendung von § 113 Abs. 3 Nr. 6, denn danach ist den Verwaltungsgerichten ein Rechtsstreit zwischen dem Notarassessor und der Notarkasse wegen seiner Versorgungsansprüche zugewiesen. Die Notarassessoren unterliegen grundsätzlich der Versicherungspflicht nach dem Sozialgesetzbuch, also der Kranken-, Unfall- und Rentenversicherungspflicht, es sei denn, sie erwerben Anwartschaften wie ein Beamter oder Richter[28].

3. Rechtsverhältnis zum Ausbildungsnotar

41   Der Notarassessor steht zu dem ihn ausbildenden Notar in einem **öffentlich-rechtlichen Ausbildungsverhältnis,** kraft dessen der Notar im Rahmen des Ausbildungsplans zu ent-

---

26 *Schippel/Bracker/Bracker,* § 7 Rz. 55–58.
27 A. A. *Schippel/Bracker/Bracker,* § 7 Rz. 75.
28 Vgl. ausführlich dazu *Schippel/Bracker/Bracker,* § 7 Rz. 76 ff.

sprechenden Dienstanweisungen berechtigt ist. Dieses Verhältnis wird durch einen entsprechenden Verwaltungsakt der Notarkammer begründet, weil dieser die Zuweisung zu einem bestimmten Notar vorbehalten ist (vgl. Abs. 3).

Der Ausbildungsnotar ist deshalb auch zur Durchführung der Ausbildung verpflichtet, **42** weil es sich dabei, analog der Regelung im Richteramtsverhältnis, um Aufgaben der Justizverwaltung handelt, zu deren Übernahme in begrenztem Umfang auch Richter verpflichtet sind (vgl. § 42 DRiG). Er kann deshalb die Ausbildung eines Notarassessors grundsätzlich nicht ablehnen, es sei denn, er kann sachlich durchgreifende Bedenken vortragen, wie z. B. die längerfristige Arbeitsüberlastung, die keine Zeit mehr für eine sachgerechte Ausbildung ließe.

Der Notar muss deshalb dem Notarassessor die **Ausbildung angedeihen lassen**, die es **43** letzterem ermöglicht, das Amt eines Notars zu übernehmen. Deshalb muss der Notar die Vorgaben der Ausbildungsvorschriften strikt einhalten und auch dem Notarassessor für mündliche Unterredungen im Rahmen der Möglichkeiten zur Verfügung stehen.

Der Notarassessor muss seinerseits gewissenhaft alle Ausbildungsangebote wahrnehmen **44** und alle ihm übertragenen Aufgaben wahrnehmen, die sich im Rahmen des Ausbildungszwecks halten. Andererseits darf der Notarassessor nicht nur zur Arbeitsentlastung des Notars eingesetzt werden, weil dies nie wesentlicher Sinn der Ausbildung sein darf, allenfalls eine dem Notar zugute kommende Annehmlichkeit. Der Notarassessor wird aber in der Regel für den Ausbildungsnotar eine Entlastung darstellen, weil er zwar keine Urkundsgeschäfte vornehmen darf, jedoch Betreuungstätigkeiten zur selbstständigen Erledigung im Rahmen der §§ 23, 24, so dass nach der Regelung des § 19 Abs. 2 der Notarassessor auch selbst in die Haftung genommen werden kann.

VI. Ausbildungsplan (Abs. 5)

Der Notarassessor, der seine Tätigkeit nur hauptberuflich und nicht im Nebenamt verrichtet, wird nach einem vorgegebenen **Ausbildungsplan** in die Tätigkeitsgebiete eines Notars **45** eingewiesen, wobei die Landesjustizverwaltungen in den Ausführungsverordnungen zum Teil sehr dezidierte Regelungen getroffen haben. Grundsätzlich soll der Notarassessor in alle Arten notarieller Tätigkeiten eingewiesen werden, wobei auf die dem Notar obliegenden Belehrungs-, und Beratungs-, und Betreuungspflichten besonderes Gewicht zu legen ist. Deshalb wird der Notar bei der Vorbereitung von Beurkundungen zu beteiligen sein, indem er Entwürfe anfertigt.

Er wird auch bei der Beurkundung selbst zugegen sein und spätere Beratungsgespräche **46** mit den Urkundsbeteiligten begleiten. Er soll die Führung der Geschäftsstelle und der Kanzlei kennen lernen und auch mit der Führung der Bücher in einem Notariat (Urkundsrolle, Massen-, und Verwahrungsbuch) sowie mit der Urkundensammlung vertraut gemacht werden. Er soll das Standesrecht und auch das gesamte Berufsrecht erlernen, und in diesem Zusammenhang kann er durch die Notarkammer zu Vorträgen und der Erstellung von Gutachten herangezogen werden. Die Landesjustizverwaltungen achten auch darauf, dass der Notarassessor in der Regel mindestens zwei verschiedene Notariate kennen lernt.

VII. Ernennung zum Notar (Abs. 6)

1. Regelwartezeit

Ein Notarassessor, der die vorbeschriebenen Aufgaben mit Erfolg absolviert hat, wird **in der** **47** **Regel nach drei Jahren** zum Notar ernannt und in eine Notarstelle eingewiesen. Das Gesetz sieht dies in Nr. 1 als Regel vor und erwähnt (als Ausnahme) weiterhin in Nr. 2 die Entlassung aus dem Dienst als Tatbestand der Beendigung der Notarassessorentätigkeit. Dafür trifft Abs. 7 nähere Regelungen, wann ein Notarassessor aus dem Dienst zu entlassen ist.

2. Konkurrenz Notar/Notarassessor

a) Allgemeines

48   Die allgemeine Konkurrenzsituation hat aber nun auch den Kreis der Notarassessoren erreicht. Dabei gebührt grundsätzlich dem Notarassesor der Vorrang gegenüber einem bereits im Amt befindlichen Nurnotar, was aber dann nicht gilt, wenn der Landesjustizverwaltung bei der Auswahlentscheidung Fehler unterlaufen, und zwar in der Weise, dass der Notarassessor seine dreijährige Wartefrist noch nicht absolviert hatte[29].

49   Andererseits kann die Justizverwaltung einem eigenen Notarassessor den Vorrang einräumen, wenn sich ein bereits im Amt befindlicher Notar um dieselbe Stelle bewirbt[30], der aus einem anderen Bundesland kommt, auch wenn der Notarassessor die dreijährige Wartefrist noch nicht absolviert hatte. Bei Bewerbern, die neben einem im Amt befindlichen Notar aus einem anderen Bundesland mit Notarassessoren konkurrieren, die ebenfalls diesem Land nicht angehören, ist ein reiner Leistungsvergleich erlaubt[31].

50   Die Rechtsprechung lässt sich daher dahingehend zusammenfassen, dass die **Wartefrist** u.U. **abgekürzt** werden kann, wenn ein bereits im Amt befindlicher Notar aus einem anderen Bundesland diese Notarstelle besetzen möchte, dies aber dann wieder nicht gilt, wenn der im Amt befindliche Notar aus demselben Bundesland kommt. Die Rechtsprechung des BVerfG[32] hat aber dann von der Justizverwaltung eine dezidierte Prüfung abverlangt, wenn der eigene Notarassessor des Landes die dreijährige Frist noch nicht absolviert hatte, aber andererseits der Notar aus einem anderen Bundesland eine außerordentliche fachliche Eignung nachweisen kann[33]. Im Ergebnis bedeutet auch diese Rechtsprechung eine Art »**Gebietsschutz**« des eigens durch das Bundesland geförderten Nachwuchses.

b) Verfassungsrechtliche Bewertung

51   Es ist aber gleichzeitig klargestellt, dass die Vorschrift einer verfassungsrechtlichen Prüfung im Hinblick auf Art. 12 Abs. 1 GG standhält. Allerdings darf nicht schematisch auf die sog. Landeskinderklausel Bezug genommen werden[34]. Diese Rechtsprechung verdient unter dem Gesichtspunkt der sog. Einzelfallgerechtigkeit uneingeschränkte Zustimmung. Die Landesjustizverwaltungen können diese Schwierigkeiten der Einzelfallentscheidung und die Not-

---

29 BGH DNotZ 2007, 154 ff. = ZNotP 2007, 107 f. = BGHReport 2007, 233 f.; vgl. ansonsten zum Ermessen der Landesjustizverwaltung bei Konkurrenz zwischen einem Notarassessor und einem Notar aus demselben Bundesland BGHR BNotO § 7 Abs. 1 Notarassessor 4.

30 BGH DNotZ 2003, 228 ff. = NJW-RR 2003, 562 f = RNotZ 2003, 140 ff.m. Anm. *Baumann*, der sehr stark den landesrechtlichen Aspekt betont, und zwar in der Weise, dass bereits im Amt befindliche Bewerber aus einem anderen Bundesland grundsätzlich gegenüber dem Notarassessor aus dem eigenen Land zurückzutreten haben = NotBZ 2003, 60 ff. = ZNotP 2003, 154 = BGHR BNotO § 7 Abs. 1 Notarassessor 2 und 3; vgl. auch *Schumacher*, ZNotP 2003, 139 ff.; ebenfalls schon zuvor OLG Köln RNotZ 2003, 144 ff., allerdings mit den sich aus BVerfG DNotZ 2005, 473 ergebenden Einschränkungen, dass nämlich u.U. auch landesfremde Bewerber vorzuziehen sind.

31 BGH ZNotP 2005, 434 ff. = NJW-RR 2006, 55 ff. = MittBayNot 2005, 335 ff.

32 DNotZ 2005, 473 m. Anm. *Görk*; ZNotP 2005, 316 = NJW-RR 2005, 998 ff.(vorgehend BGH RNotZ 2003, 140; OLG Köln RNotZ 2003, 144; OLG Hamburg vom 05.03.2003 VA (Not) 4/03 – n.v.).

33 *Schippel/Bracker/Bracker*, § 7 Rz. 95 f. heben leider diese Differenzierung nicht genügend hervor, wenn ausgeführt wird, das BVerfG habe das bisherige System der Landesjustizverwaltungen gebilligt. Bei *Eylmann/Vaasen/Baumann*, § 7 BNotO Rz. 9 wird teilweise nicht mehr aktuelle Rechtsprechung angeführt und nicht mehr zeitnah zitiert, denn die Rechtsprechung hat bei sog. Seiteneinsteigern in besonders gelagerten Fällen Ausnahmen zugelassen, BVerfG DNotZ 2005, 473 = ZNotP 2005, 316 ff. = NJW-RR 2005, 998 ff. = NotBZ 2005, 253 ff.; in diesem Sinne auch OLG München MittBayNot 2006, 442 ff. Im Amtsrecht der Richter mehren sich ebenfalls Konkurrentenklagen, wo die Justizverwaltungen allerdings das Problem ganz einfach dadurch lösen, dass sie entsprechende Beurteilungen schreiben, die zwar gerichtsfest sind, aber nicht mehr der Wahrheit entsprechen.

34 Vgl. dazu den Fall des OLG München, MittBayNot 2006, 442, wo die neuere Rechtsprechung des BGH und des BVerfG berücksichtigt wurde.

wendigkeit der Einbeziehung bereits im Amt befindlicher Notare dadurch abzumildern versuchen, indem sie stets so viele Notarassessoren »bereithalten«, dass immer genügend Anwärter mit dreijähriger Wartefrist vorhanden sind, die dann dem im Amt befindlichen Notar, der seinen Amtssitz verlegen möchte, vorgezogen werden könnten, wenn dieser aus demselben Bundesland kommt.

c) Einstweiliger Rechtsschutz

Es kann auch eine einstweilige Anordnung nach § 32 BVerfGG mit Erfolg beantragt werden, selbst wenn noch keine Verfassungsbeschwerde in der Hauptsache erhoben ist, um einen möglichst **effektiven Rechtsschutz** zu gewähren[35]. Dies ist deshalb erforderlich, um die Justizverwaltung daran zu hindern, dem bisher erfolgreichen Bewerber die Urkunde auszuhändigen und somit feststehende Tatsachen zu schaffen. Diese Rechtsprechung war erforderlich, weil in der Vergangenheit Justizverwaltungen die Gewohnheit pflegten, noch vor Bekanntgabe der schriftlichen Beschlussgründe die Urkunde auszuhändigen, was faktisch auf eine Verkürzung des Rechtsweges hinausläuft. Einer Verfassungsbeschwerde wird auch nicht dadurch die Zulässigkeit genommen, dass der Beschwerdeführer sein Ziel eigentlich nicht mehr erreichen kann, weil die Landesjustizverwaltung zwischenzeitlich die Notarstelle mit einem anderen Bewerber besetzt hat[36].

52

d) Stellenausschreibung

Eine Ausschreibung frei gewordener Notarstellen in der Weise, dass sie **nur für Notarassessoren** des Landes vorgesehen ist, die ihre dreijährige Wartezeit absolviert haben, obwohl sie auch für Notare desselben Landes geeignet ist, die ihren Amtssitz verlegen möchten, ist unzulässig und aufzuheben, weil sie eine Art Vorentscheidung der Landesjustizverwaltung darstellt[37]. Die Ansicht, dass bereits in der Ausschreibung hätte deutlich werden müssen, dass die Landesjustizverwaltung nur Bewerber aus dem Kreis der Notarassessoren erwarte[38], findet weder im Gesetz noch in der bisherigen Rechtsprechung des BGH eine entsprechende Stütze. Die Landesjustizverwaltung sei vielmehr gehalten die Stellenausschreibung nicht auf den Kreis der Notarassessoren zu begrenzen. Grundsätzlich entspricht diese Rechtsprechung dennoch der des BGH[39].

53

---

35 BVerfG NJW 2003, 2084 = ZNotP 2003, 352 f.; BVerfG DNotZ 2004, 339 f.; wegen weiterer Einzelheiten vgl. *Wöstmann*, ZNotP 2005, 402 ff.

36 BVerfG DNotZ 2005, 473 ff. = ZNotP 2005, 316 ff. = NJW-RR 2005, 998 ff.

37 OLG Rostock NotBZ 2005, 187 ff. mit kritischer Anm. *Egerland/Gergau*, die zu Recht darauf hinweisen, dass dem OLG Rostock offenbar der unterschiedliche Status zwischen dem Notar und dem Notarassessor nicht bewusst geworden ist. Im entschiedenen Fall hatte das OLG Rostock u.a. beanstandet, dass der Notarassessor die sog. aktravitere Stelle in Schwerin erhalten sollte; aus der sonstigen Literatur vgl. die knappen Erläuterungen bei *Schippel/Bracker/Görg*, § 6 Rz. 30, die lapidar in Zweifel ziehen, ob das bisherige Punktesystem noch den Gerechtigkeitsanforderungen entspreche und dabei übersehen, dass nach einem neuen in §§ 7a–7i BNotO vorgesehen Prüfungssystem durch Klausuren eher noch mehr Ungerechtigkeit hineingetragen werden könnte; vgl. auch die knappen Erläuterungen bei *Eylmann/Vaasen/Baumann*, § 7 BNotO Rz. 8.

38 So aber OLG Rostock NotBZ 2005, 473.

39 DNotZ 2007, 63 = ZNotP 2006, 390 = NJW-RR 2007, 274; a.A. noch zuvor absolut abwegig OLG Koblenz Beschluss vom 10.01.2006 – Not 1/05 – abrufbar unter JURIS; die Entscheidung ist eher unter dem Stichwort »Nachbarschaftseinwand« bekannt, denn ein verhältnismäßig bekannter Notar wollte seinen Amtssitz in eine größere Nachbarstadt verlegen und der seine ursprüngliche Stelle besetzende Notarassessor befürchtete nunmehr nicht mehr genügend Urkundsaufkommen zu haben, weil seine Stelle in einer kleineren Stadt gelegen war. Der Senat verkennt dabei, dass wettbewerbsrechtliche Gesichtspunkte im Amtsrecht der Notare noch keine Rolle spielen; wie OLG Koblenz früher auch OLG Köln, DNotZ 1985, 512.

e) Vorrücksystem

54 Dieses sog. **Vorrücksystem** ist weder gesetzlich verankert, noch haben sich Rechtsprechung und Literatur um eine dogmatisch lückenlose Begründung bemüht[40]. In fast allen Fällen wird es wie selbstverständlich hingenommen und im Grunde dem Gewohnheitsrecht gleichgestellt. Soweit die Rechtsprechung Begründungen gibt, bestehen sie darin, dass »es ein zulässiges Mittel der Personalplanung sei und den stetigen Übergang der Notarassessoren in das Berufsleben fördere«. Es besteht im Wesentlichen Einigkeit darin, dass bereits im Amt befindliche Notare eine Stelle mit einem höheren Urkundsaufkommen erhalten, während Berufsanfänger wie Notarassessoren dann mit der weniger interessanten Stelle sich abfinden müssen[41].

55 Beide Argumente vermögen kaum zu überzeugen, denn zum einen wird damit etwas begründet, obwohl es erst noch begründet werden müsste und zum anderen wäre der Übergang in das Berufsleben für Notarassessoren auch dadurch gesichert, dass sie eben bei Vorliegen der Voraussetzungen die »lukrativere« Stelle erhalten. Im Grunde handelt es sich um nichts anderes als eine Art Belohnung für vorangegangene Tätigkeit. Dieses **Vorrücksystem** hat aber dann seine **Grenzen**, wenn die weniger lukrative Stelle, die für den Notarassssesor vorgehalten wird, wegen mangelnden Bedarfs wegfallen würde[42] bei gleichzeitiger Besetzung der als besser einzustufenden Notarstelle.

56 Die Ausschreibungen so zu gestalten, dass sich nur mit Erfolg bereits im Amt befindliche Notare bewerben sollen, wäre ebenfalls gesetzeswidrig, weil diese Beschränkung der Ausschreibung gleichfalls einer gesetzlichen Grundlage entbehrt. Die Rechtsprechung des BVerfG hatte bisher noch keine Gelegenheit sich dazu zu äußern. Es kann allenfalls mit dem sich aus Art. 33 Abs. 2 GG ergebenden Grundsatz gerechtfertigt werden, wonach »öffentliche Ämter nach Eignung, Befähigung und Leistung« zu vergeben sind und in der Regel der bereits im Amt befindliche Notar ein Mehr an Leistung erbracht hat als der reine Berufsanfänger[43]. Bei den übrigen Merkmalen »Eignung« und »Befähigung« kann der Notarassessor mit dem bereits im Amt befindlichen Notar durchaus gleichwertig sein.

57 Das Vorrücksystem bedarf dringend der gesetzlichen Regelung. Zweifel an diesem System kommen auch deshalb auf, weil die Rechtsprechung des BGH dieses als nicht höherrangig ansieht und auch Personalentscheidungen der Justizverwaltung gebilligt hat, in denen dieses Vorrücksystem nicht berücksichtigt wurde[44]. Diese Rechtsgrundsätze lassen noch mehr Zweifel deshalb aufkommen, weil dann der Beschwerdeführer nicht mehr absehen kann, ob sein vorgetragenes Argument hinlänglich berücksichtigt wird oder nicht. Die Rechtsprechung selbst hegt offenbar Zweifel an der Überzeugungskraft dieses »dogmatischen Grundsatzes«.

3. Bedarfsprognose

a) Allgemeines

58 Dabei ist die Ernennung zum Notar die **Regel**, denn die Landesjustizverwaltung sollte zahlenmäßig nur so viele Notarassessoren einstellen, wie auch später entsprechende Notare benötigt werden, denn sie kann und muss davon ausgehen, dass sich auch alle Notarassessoren nach Ablauf der regulären Anwärterzeit von drei Jahren als Notar eignen. Allerdings besteht

---

40 Vgl. dazu die knappen Erläuterungen bei *Schippel/Bracker/Bracker*, § 7 Rz. 95; BGH ZNotP 2004, 410 = NJW-RR 2004, 1572 f. = MDR 2004, 1256 = BGHR BNotO § 4 Bedürfnis 8; BGH DNotZ 2007, 154 ff. = ZNotP 2007, 107 f.; BGH DNotZ 2007, 63 ff. = NJW-RR 2007, 264 ff.= ZNotP 2006, 390 ff.

41 Vgl. schon BGH DNotZ 1993, 53; 1994, 332; BGHZ 151, 252, 255.

42 BGH DNotZ 2003, 228.

43 In diese Richtung geht die Entscheidung BGH DNotZ 1996, 906 ff. = AnwBl. 1996, 285 ff. = BGHR BNotO § 10 Abs. 1 Satz 2 Amtssitz 4, wo auch erstmals der » Rechtfertigungsgrund Hochdienen« auftaucht bei Bewerbern mit annähernd gleicher Leistungsbeurteilung.

44 BGH DNotZ 2004, 230 ff. = NJW-RR 2004, 1067 ff. = ZNotP 2003, 470 ff. = NotBZ 2003, 349 ff.

für den Notarassessor nach dieser Zeit kein einklagbarer Anspruch auf Ernennung zum Notar.

Der Notarassessor, der sich um eine ausgeschriebene Notarstelle bewirbt, kann nur dann **59** entlassen werden, wenn er sich als **ungeeignet** für das Amt des Notars erweist. Die Landesjustizverwaltung kann ihr Ermessen deshalb dahin gehend ausüben, dass sie ihn trotz nicht festzustellender Eignung für das Amt eines Notars noch für eine Verweildauer im Dienst als Notarassessor behält, um ihm eine Chance zu geben, jedoch verdichtet sich das Ermessen zur Entlassung, wenn hinreichende Gründe vorhanden sind, dass er für das Amt des Notars nicht geeignet ist, denn die Landesjustizverwaltung hat auch hier die Belange der Notarkammer zu berücksichtigen, die die Bezüge bezahlt.

b) Eignungsprognose

Grundsätzlich orientiert sich die Feststellung der Eignung an den zu § 6 Abs. 3 entwickelten **60** Grundsätzen, wobei jene Vorschrift vorschreibt, dass unter mehreren geeigneten Bewerbern auch die Anwärterzeit in den Fällen des § 3 Abs. 1 angemessen zu berücksichtigen ist. Dies bedeutet, dass bei völlig gleicher Eignung diese Anwärterzeit und die sich eventuell anschließende Wartezeit demjenigen Bewerber einen Anspruch auf Ernennung verleihen, der die längste Anwärterzeit absolviert hat. Bei gleichen Anwärterzeiten gilt indes wieder der Maßstab des § 6 Abs. 3 mit den dort genannten Kriterien, also fachliche und persönliche Eignung unter Berücksichtigung der die juristische Ausbildung abschließenden Staatsprüfung **(2. Staatsexamen)** und der in der Vorbereitung auf den Notarberuf gezeigten Leistungen.

Die Landesjustizverwaltung muss alle diese Gesichtspunkte berücksichtigen, damit die **61** von ihr getroffene Entscheidung einer gerichtlichen Nachprüfung im Verfahren nach § 111 standhält.

Es gibt Fälle, in denen sich ein Notarassessor neben einem bereits ernannten Notar, der eine **62** **Amtssitzverlegung** anstrebt, um ein und dieselbe Stelle bewirbt. Dabei können der Notar und der Notarassessor erst dann in die engere Wahl treten, wenn zuvor die Landesjustizverwaltung der Amtssitzverlegung nach § 10 Abs. 1 Satz 2 zugestimmt hat. Teilweise wird dies davon abhängig gemacht, dass der Notar mindestens fünf Jahre seine bisherige Stelle innegehabt haben muss[45], so dass er, wenn er diese Voraussetzung nicht erfüllt, nicht geltend machen kann, die Landesjustizverwaltung habe ihr Organisationsermessen falsch ausgeübt[46].

Die Entscheidung fällt allein anhand der in § 6 Abs. 3 Satz 1–3 vorgegebenen Kriterien, **63** d. h. auf Grund der Eignung für das vorgesehene Amt; dabei spielen die Dauer des Anwärterdienstes und die Anrechnung anderer Zeiten nach § 6 Abs. 3 Satz 4 eine eher untergeordnete Rolle, denn sie sollen nur »angemessen« berücksichtigt werden und dienen bei Abwägungen mehrerer Notarassessoren mit gleicher oder annähernd gleicher Leistung als zusätzliches Auswahlkriterium[47].

Deshalb ist es nicht zu beanstanden, wenn die Landesjustizverwaltung früheren »**Prü**- **64** **fungsjahrgängen**« den Vorrang vor späteren einräumt[48].

Die Landesjustizverwaltungen haben in ihren Regelungen auch die **Anrechnung** anderer **65** Tätigkeiten berücksichtigt. Dabei ist nicht unbedingt notwendig, dass der Notarassessor erst die dreijährige Anwärterzeit absolviert haben müsste, um sodann in den Genuss von anrechenbaren Zeiten zu gelangen[49]. Es ist allerdings erforderlich, dass mit Hilfe der angerechneten Zeiten die Mindest-(anwärter)zeit von drei Jahren erreicht wird[50].

---

45 So z. B. Ziffer 2.2.4.5 VVNot Rheinland-Pfalz vom 31.07.1991 (JMBl. S. 196).
46 BGH DNotZ 1994, 333.
47 BGH DNotZ 1994, 332 = BGHR BNotO § 6 Abs. 3 Anwärterdienst 1.
48 BGHZ 69, 224 = DNotZ 1978, 46.
49 BGH DNotZ 1994, 332.
50 *Schippel/Bracker/Bracker*, BNotO § 7 Rz. 98.

VIII. Entlassung (Abs. 7)

66 Dieser Teil der Vorschrift zählt **abschließend** die Tatbestände auf, bei denen der Notar zu entlassen ist, nämlich wenn er die Entlassung beantragt, so dass die Landesjustizverwaltung hier kein Ermessen mehr hat. Ansonsten kann er entlassen werden, wenn er sich zur Bestellung als Notar als ungeeignet erweist, ohne hinreichenden Grund den Anwärterdienst nicht antritt oder sich für eine Notarstelle nicht bewirbt.

1. Mangelnde Eignung

67 Hier kann auf die Erläuterungen zu VII. verwiesen werden sowie auf die zu § 6 Abs. 3, denn bei der Entlassung gelten dieselben Kriterien wie bei der Ernennung, d. h. die Landesjustizverwaltung nimmt eine umfassende Prüfung hinsichtlich der **Leistungen, Befähigung und Eignung** vor. Allerdings sind an die Entlassung zu einem Zeitpunkt, der immer näher an das Ende der dreijährigen Wartezeit heranrückt, immer strengere Anforderungen zu stellen, denn die Anwartschaft auf ein Notaramt verdichtet sich mit zunehmender Länge des Anwärterdienstes, zumal der Notarassessor zwischendurch Beurteilungen erhält, die möglichst früh erkennen lassen müssen, ob er ungeeignet ist.

2. Nichtantritt in den Anwärterdienst

68 Ein Notarassessor, demgegenüber die Ernennung ausgesprochen ist, hat seinen Dienst **anzutreten** analog den Regelungen im öffentlichen Dienst und auch im Arbeitsrecht. Er kann nicht, sofern keine triftigen Gründe vorliegen, eine für ihn vorgesehene Stelle blockieren. Es gibt Fälle, wie z. B. die einer schweren oder längerandauernden Krankheit, die ihn am Dienstantritt hindern, so dass die Landesjustizverwaltung diesen Umstand, soweit vertretbar, zu berücksichtigen hat. Allerdings kann eine zeitliche Anrechnung in derartigen Fällen auf den Anwärterdienst nicht erfolgen.

3. Keine Bewerbung

69 Die Landesjustizverwaltung **fordert in Zeitabständen auf,** dass sich Notarassessoren für frei gewordene oder neu geschaffene Stellen bewerben. Dabei kann es vorkommen, dass es sich um weniger attraktive Stellen handelt, weil sie z. B. in rein ländlichen Gebieten liegen. Da die Landesjustizverwaltung derartige Stellen nicht verwaisen lassen kann, muss sie die Möglichkeit haben, die Notarassessoren aufzufordern, sich um ganz konkret bezeichnete Stellen zu bewerben. Darin sollte sie entsprechend der gesetzlichen Vorgabe gleichzeitig darauf hinweisen, dass sich der Notarassessor der Möglichkeit ausgesetzt sehen muss, entlassen zu werden, falls er sich nicht um diese Stelle bewirbt.

70 Es genügt dabei, wenn ihm eine einzige Stelle angeboten wird; er kann nicht vorbringen, dass die Landesjustizverwaltung ihm erst mehrere Stellen erfolglos angetragen haben muss. Dieser Gesichtspunkt zeigt erneut die Nähe des Berufs zum öffentlichen Dienst auf.

71 Die Entscheidung, mit welcher Person die Stelle besetzt wird, steht im Ermessen der Landesjustizverwaltung. Er kann also nicht geltend machen, die Wahl hätte auf den zweiten vorhandenen Bewerber fallen können, so dass er nicht hätte entlassen werden dürfen, denn die Landesjustizverwaltung muss die Möglichkeit auch in diesen Fällen haben, denjenigen zu ernennen, den sie für besser qualifiziert hält und dies könnte in derartigen Fällen gerade der Zweitkandidat sein, der sich nicht beworben hat.

§ 8

(1) [1]Der Notar darf nicht zugleich Inhaber eines besoldeten Amtes sein. [2]Die Landesjustizverwaltung kann im Einzelfall nach Anhörung der Notarkammer jederzeit widerrufliche Ausnahmen zulassen; der Notar darf in diesem Fall sein Amt nicht persönlich ausüben.

(2) [1]Der Notar darf keinen weiteren Beruf ausüben; § 3 Abs. 2 bleibt unberührt. [2]Der Anwaltsnotar darf zugleich den Beruf des Patentanwalts, Steuerberaters, Wirtschaftsprüfers und vereidigten Buchprüfers ausüben.

(3) [1]Der Notar bedarf der Genehmigung der Aufsichtsbehörde
1. zur Übernahme einer Nebenbeschäftigung gegen Vergütung, insbesondere zu einer gewerblichen Tätigkeit,
2. zum Eintritt in den Vorstand, Aufsichtsrat, Verwaltungsrat oder in ein sonstiges Organ einer auf Erwerb gerichteten Gesellschaft, Genossenschaft oder eines in einer anderen Rechtsform betriebenen wirtschaftlichen Unternehmens.

[2]Die Genehmigung ist zu versagen, wenn die Tätigkeit nach Satz 1 mit dem öffentlichen Amt des Notars nicht vereinbar ist oder das Vertrauen in seine Unabhängigkeit oder Unparteilichkeit gefährden kann. [3]Vor der Entscheidung über die Genehmigung ist die Notarkammer anzuhören. [4]Die Genehmigung kann mit Auflagen verbunden oder befristet werden.

(4) Nicht genehmigungspflichtig ist die Übernahme des Amtes als Testamentsvollstrecker, Insolvenzverwalter, Schiedsrichter oder Vormund oder einer ähnlichen auf behördlicher Anordnung beruhenden Stellung sowie eine wissenschaftliche, künstlerische oder Vortragstätigkeit.

Übersicht

A. Entstehungsgeschichte der Vorschrift

Die Vorschrift entspricht im Wesentlichen § 9 RNotO, der ebenfalls schon die Nebentätigkeiten regelte, allerdings war danach dem Notar die Übernahme eines besoldeten Beamtenamtes untersagt und dem Gesetzgeber der BNotO war dabei bewusst, dass diese einzige Ausnahme nicht mehr genügen würde, um die Unabhängigkeit und Unparteilichkeit des Notars zu garantieren.

1

B. Erläuterungen

I. Besoldetes Amt (Abs. 1 Satz 1)

1. Amt

a) Anwendungsbereich

2 Als Amt wird generell der Kreis **hoheitlicher Geschäfte** bezeichnet, die kraft öffentlich-rechtlicher Dienstpflicht zu verrichten sind. Solche Ämter können alle Behörden und juristische Personen des öffentlichen Rechts vergeben, die die sog. Ämterhoheit besitzen. Es kommen darüber hinaus Körperschaften und Anstalten des öffentlichen Rechts in Frage, soweit diese originär staatliche Aufgaben wahrnehmen. Damit kann der Notar nicht gleichzeitig Beamter sein, unabhängig davon, ob die Beamteneigenschaft unmittelbar von einem Land als Dienstherr oder mittelbar von einer Stadt oder Gemeinde abgeleitet wird.

b) analoge Anwendung

3 Die Vorschrift erfasst nach Sinn und Zweck **auch kirchliche Ämter**, Ministerämter im Bund und in den Ländern, Ämter bei sog. überstaatlichen Organisationen[1], allerdings nicht das durch Wahl erworbene Mandat für ein verfassungsrechtlich anerkanntes Organ wie Bundestag, Landtag oder die entsprechende Gemeindevertretung.

2. Besoldung

4 Besoldung bezieht ein Amtsinhaber, der einen normierten Rechtsanspruch auf eine öffentlich-rechtliche Entschädigung für die Amtsausübung besitzt.[2] Dabei kommt es nicht darauf an, ob diese Bezüge regelmäßig oder nur speziell für die Tätigkeit in einem Einzelfall gewährt werden. **Besoldung** ist daher ohne Zweifel die volle Alimentierung des Beamten. Die Einbehaltung von Gebühren ist hingegen keine Besoldung. Es spielt auch keine Rolle, ob diese Alimentierung auf Lebenszeit oder nur vorübergehend (Beamter auf Widerruf oder auf Probe) bewilligt wird.

II. Ausnahmebewilligung (Abs. 1 Satz 2)

1. Anwendungsbereich

5 Die Landesjustizverwaltung kann Ausnahmen vom Verbot der Übernahme eines besoldeten Amtes erteilen, allerdings nur in begründeten Fällen. Dies ergibt sich bereits aus der Formulierung »im Einzelfall«, die dies deutlich macht. In der Regel muss ein öffentliches Interesse bestehen, dem Notar die gleichzeitige Beibehaltung seiner Eigenschaft als Notar und die Übernahme eines besoldeten Amtes zu genehmigen. Daher kommt nur die Tätigkeit als Minister, Vorstand einer Gebietskörperschaft und die wissenschaftliche Lehrtätigkeit an einer (Hoch-)Schule in Betracht[3]. Hier handelt es sich um ein Verbot.

---

1 *Schippel/Bracker/Schäfer,* § 8 Rz. 7 a.E., wonach allerdings nur die analoge Anwendung der Vorschrift in Betracht zu ziehen ist.
2 Ähnlich *Schippel/Bracker/Schäfer,* § 8 Rz. 7.
3 *Schippel/Bracker/Schäfer,* § 8 Rz. 11.

2. Verwaltungsakt mit Auflagen

Der von der Aufsichtsbehörde erteilte Dispens kann mit Auflagen verbunden werden; **6**
der Verwaltungsakt, auf den der Notar keinen Anspruch hat, so dass es sich nicht um eine
sog. gebundene Entscheidung handelt, sondern um eine Ermessensentscheidung nach
Abs. 2, ist jederzeit widerruflich, allerdings nur mit in der Sache selbst überzeugenden
Gründen. Hier gelten allerdings nicht nur die in § 49 Abs. 2 VwVfG analog enumerativ aufgezählten Widerrufsgründe.

Die Auflage kann z. B. so allgemein gehalten sein, dass dem Notar im Rahmen seiner Ne- **7**
bentätigkeit alle Handlungen untersagt sind, die geeignet sind, das Ansehen des öffentlichen
Notaramtes zu beschädigen. Die Aufsichtsbehörde kann ihm aufgeben, in derartigen Fällen
im Zweifel ihre vorherige Zustimmung einzuholen.

Eine Auflage, mit der die Aufsichtsbehörde eine Nebentätigkeitsgenehmigung versehen **8**
hat, ist dann isoliert anfechtbar, wenn die Hauptregelung ohne die gerügte Auflage hätte erlassen werden müssen, wenn die Hauptregelung ihrerseits rechtswidrig ist oder wenn die
Aufsichtsbehörde zwar einen Ermessens- oder Beurteilungsspielraum hatte, aber jede andere
Regelung, als sie der Betroffene erstrebt, fehlerhaft gewesen wäre[4].

3. Folgen der Ausnahmebewilligung

Die Ausnahmebewilligung hat die gesetzliche Folge, dass der Notar sein Amt nicht mehr **9**
persönlich ausüben darf. Davon darf die Landesjustizverwaltung keine Ausnahmen machen,
d. h. der Notar darf unter keinen noch so begründeten Umständen sein Amt weiterhin persönlich ausüben; sein Amt als solches behält er auch weiterhin, so dass auch die daraus sich
ergebenden Pflichten fortbestehen, es sei denn, es sind solche, die zwangsläufig nur mit der
Amtsausübung verbunden sind.

III. Ausschließlicher Beruf (Abs. 2)

Als Folge der erweiterten Möglichkeiten für den Anwaltsnotar, entweder in eigener Person **10**
oder in der des Sozius, weitere Berufe auszuüben, hat der Gesetzgeber dies klargestellt und
auf jene in der Vorschrift erwähnten beschränkt. Es gilt der Grundsatz, dass der sog. Nur-
Notar keinen weiteren Beruf ausüben darf, hingegen der Anwaltsnotar den des Rechtsanwalts, Patentanwalts, Steuerberaters, Wirtschaftsprüfers und vereidigten Buchprüfers.
Nachdem die Rechtsprechung des BVerfG[5] aus Art. 3 Abs. 1 GG den Grundsatz abgeleitet
hat, dass es eine Ungleichbehandlung darstellt, wenn die Tätigkeit als Steuerberater erlaubt
ist, aber die des Wirtschaftsprüfers nicht, sind verfassungsrechtliche Bedenken nicht mehr
ausgeschlossen, wenn dem Nur-Notar weitere Berufe verschlossen bleiben sollen[6].

Das Problem könnte eher theoretischer Natur sein, weil grundsätzlich die Nurnotare kein **11**
Bedürfnis verspüren, einen weiteren Beruf daneben auszuüben; aber es geht auch um das
Problem des Zusammenschlusses mit anderen Berufen und dies könnte bei Nurnotaren dann
ausschlaggebend sein, wenn sie sich am selben Ort mit anderen Berufsgruppen wie Rechtsanwälten oder Steuerberatern zusammenschließen möchten.

Die Notarkammer kann nicht geltend machen, dass die Landesjustizverwaltung eine dem **12**
Notar erteilte Genehmigung zur Ausübung einer Nebenbeschäftigung zurücknimmt, weil
sie aus ihrer Sicht mit dem Amt des Notars unvereinbar sei[7].

4 OLG Celle NdsRPfl 2000, 143.
5 NJW 1998, 2269.
6 Vgl. dazu *Lerch,* NJW 1999, 401, 403; so auch *Eylmann/Vaasen/Baumann,* § 8 BNotO Rz. 8.
7 BGHZ 139, 249; BGH NJW 1999, 499.

IV. Nebentätigkeit mit Genehmigung (Abs. 3)

1. Genehmigung

13   Die in Absatz 3 Nr. 1 aufgelistete Nebenbeschäftigung und die in Nr. 2 weiterhin erwähnten Ämter (Nebentätigkeit) bedürfen stets der **Genehmigung**, sofern der Notar dafür eine Vergütung erhält. Die Genehmigung ist aber vorher einzuholen, so dass besser von Einwilligung (arg. § 183 BGB) gesprochen würde. Das Gesetz hat bewusst darauf verzichtet, im Einzelnen vorzugeben, wann derartige Genehmigungen zu versagen sind, und die Ausgestaltung den Landesjustizverwaltungen überlassen, die sie in den AVNot geregelt haben. Verfassungsrechtliche oder sonstige rechtliche Bedenken können dagegen nicht durchgreifen[8]. Dies wäre allerdings anders zu beurteilen, wenn in den AVNot keine Regelungen darüber enthalten wäre, in welchen Fällen eine Genehmigung zu versagen ist.

14   Es ist auch beachten, dass der Notar seines Amtes zu entheben ist, wenn eine Genehmigung nicht vorliegt (vgl. § 50 Abs. 1 Nr. 4).

15   Sofern die Justizverwaltung die Genehmigung noch erteilt, bevor die Justizverwaltung eine Amtsenthebung einleitet, ist diese gegenüber dem Verfahren der Genehmigung nachrangig[9]. Die Landesjustizverwaltung hat keine Möglichkeit der Ausübung des Ermessens, sondern der Notar muss andernfalls des Amtes enthoben werden.

2. Ermessen und Zuständigkeit

16   Die Genehmigung ist in das **Ermessen** der Landesjustizverwaltung gestellt, so dass nur eine eingeschränkte gerichtliche Kontrolle möglich ist, soweit die Ermessensausübung zur Überprüfung gestellt wird. Hingegen unterliegen die der Entscheidung zugrunde liegenden Tatsachen der vollen gerichtlichen Nachprüfung[10], d. h., das Gericht prüft nach, ob alle relevanten Tatsachen erhoben wurden und in die Entscheidung Eingang gefunden haben.

17   Allerdings ist dieses Ermessen der Landesjustizverwaltung sehr stark eingeschränkt, denn bei dem Versagungsgrund nach Abs. 3 Satz 2 handelt es sich um einen der vollen gerichtlichen Nachprüfung unterliegenden unbestimmten Rechtsbegriff, nämlich insoweit, als das Vertrauen in die Unabhängigkeit des Notars gefährdet sein könnte oder die Nebentätigkeit mit dem Amt des Notars nicht vereinbar ist[11].

18   Die **Zuständigkeit** richtet sich nach den jeweiligen Landesnormen. Der Minister kann sich die Entscheidung vorbehalten; zuständig können aber auch der Präsident des Oberlandesgerichts oder des Landgerichts sein. Dabei dürfen die Grenzen des Ermessens nicht missachtet werden. Das Gesetz hat keine Tatbestände formuliert, was allerdings nicht bedeutet, dass die Landesjustizverwaltung jede Nebentätigkeit versagen darf. Sie muss in jedem Einzelfall unter Berücksichtigung des Ansehens und der Bedeutung des Notaramts prüfen, ob es tatsächlich triftige Gründe für eine Versagung gibt. Dieser Grundsatz gilt auch, obwohl es sich um ein Verbot (der Nebentätigkeit) mit Erlaubnisvorbehalt handelt[12]. Die Genehmigung ist immer dann zu versagen, wenn die Tätigkeit mit den in der BNotO niedergelegten, allgemeinen für das Notaramt verbindlichen Grenzen (Rahmen) unvereinbar ist (vgl. §§ 1, 14 BNotO).

---

8   *Bohrer*, in Beck'sches Notarhandbuch L I Rz. 84; BGH, DNotZ 1965, 621 = NJW 1965, 1804.
9   So auch *Eylmann/Vaasen/Baumann*, § 8 BNotO Rz. 28.
10   *Schippel/Bracker/Schäfer*, § 8 Rz. 24.
11   So jetzt BGHZ 145, 59 = NJW 2000, 3574 = DNotZ 2000, 951 = ZNotP 2000, 437 = NotBZ 2000, 333 = MittBayNot 2000, 461 = NdsRpfl. 2001, 57.
12   *Schippel/Bracker/Schäfer*, § 8 Rz. 24; *Bohrer*, Berufsrecht, Rz. 338.

3. Nicht vergütete Nebentätigkeiten

Genehmigungsfrei ist jede nicht vergütete Nebentätigkeit, allerdings ist dabei zu beachten, **19** dass auch jene Tätigkeit mit dem Notaramt vereinbar sein muss[13]. Allerdings bedarf auch die nicht vergütete Nebentätigkeit der Genehmigung, wenn der Notar in ein in Abs. 2 Nr. 2 genanntes Gremium eintritt. Verfassungsrechtliche Bedenken können auch dagegen nicht erhoben werden; die diesbezüglichen Beschränkungen entsprechen den für Richter in § 4 DRiG niedergelegten[14]; gleichwohl kann diese Vorschrift nicht analog angewandt werden.

Die Genehmigung einer Nebentätigkeit darf nur versagt werden, wenn die zu schützen- **20** den Belange der Rechtspflege nicht durch weniger einschneidende Maßnahmen gewährleistet werden können. Es ist nicht ermessensfehlerhaft, die Genehmigung zu versagen, wenn sich das Vertrauen in die Unparteilichkeit und Unabhängigkeit der Amtsführung des Notars durch die Einhaltung von Auflagen nicht verlässlich sichern lässt[15].

4. Versagung der Genehmigung

Es haben sich bisher für die Versagung der Genehmigung für eine vergütete Nebentätigkeit **21** **folgende Grundsätze** herausgebildet:
a) die Tätigkeit ist dem Ansehen des Notaramtes abträglich;
b) sie nimmt den Notar zeitmäßig überdurchschnittlich in Anspruch, so dass zu befürchten ist, dass er sich seinem Hauptamt nicht mehr ausreichend widmen kann;
c) die mit der Tätigkeit verbundene Vergütung ist unangemessen hoch oder niedrig;
d) es ist mit der Tätigkeit zwangsläufig eine unzulässige Werbung verbunden;
e) die Tätigkeit erfasst auch Immobiliengeschäfte, es sei denn, der Notar tritt in ein Organ eines Kreditinstituts ein, das sich auch mit solchen Geschäften befasst, was in der Regel der Fall sein wird. Deshalb kann die Genehmigung nicht mit der Begründung versagt werden, dass der Notar in den Aufsichtsrat einer Bank oder Sparkasse eintritt, die auch den Kauf oder Verkauf von Grundstücken betreibt oder derartige Geschäfte vermittelt.

5. Vergütung

Allgemein wird dieser Begriff dahin gehend definiert, dass darunter jede **Entschädigung** in **22** Geld oder in der Entgegennahme von Sachwerten gesehen wird, die als Ausgleich für die von dem Notar erbrachte Leistung zu bewerten ist. Diese dem Notar gewährte Gegenleistung muss über den bloßen Ersatz von Aufwendungen hinausgehen[16], allerdings ist dabei darauf zu achten, dass überhöhte Leistungen für Aufwendungen (z. B. Reisekosten) faktisch einer Geldleistung für die erbrachten Dienste gleichstehen können. Auf die zwingend einzuholende Genehmigung ist es ohne Einfluss, ob der (Anwalts-)notar seine Unabhängigkeit behält, oder er Weisungen unterliegt.

Es muss der **Einzelfallprüfung** überlassen bleiben, wann eine gewährte Aufwandsent- **23** schädigung einer Gegenleistung für die Dienste entspricht. Jede schematische Anwendung von Vorschriften zur Aufwandsentschädigung im öffentlichen Dienst verbietet sich, weil diese den tatsächlichen Gegebenheiten nicht mehr entsprechen[17].

Als Vergütung sind **Leistungsentgelte, Aufwandsentschädigungen, Sitzungsgelder** und **24** **sonstige Bezüge** in Geld oder Geldeswert und, soweit sie die Sätze der Bestimmungen für Landesbeamte der Eingangsstellen des höheren Dienstes übersteigen, auch Fahrtkosten, Tage- und Übernachtungsgelder anzusehen (so z. B. die gleich lautende Bestimmung in AVNot Hessen B III, 1 und AVNot NRW § 34).

13 *Bohrer*, Beck'sches Notarhandbuch L I Rz. 83.
14 *Bohrer*, Berufsrecht, Rz. 335.
15 OLG Celle NdsRPfl 2000, 109.
16 So auch KG DONotZ 1999, 523, 524.
17 Im Ergebnis ebenso *Schippel/Bracker/Schäfer*, § 8 Rz. 20.

6. Gewerbliche Tätigkeit

25 Sie ist nach dem Wortlaut des Gesetzes ein **Unterfall der Nebentätigkeit** gegen Vergütung, allerdings ist sie es inhaltlich nicht, denn Vergütung gibt es in der Regel nur für unselbstständige, also weisungsgebundene Tätigkeit und dieses Merkmal ist bei der gewerblichen Tätigkeit gerade nicht gegeben[18]. Übereinstimmung besteht auch insoweit, als der Begriff des »Gewerbes« i. S. d. GewO hier nicht einschlägig ist, denn danach zählen Tätigkeiten in der Landwirtschaft, im Arzt- und Apothekerbereich nicht zum Gewerbe, sind aber andererseits Gewerbe i. S. d. § 8 Abs. 2 Nr. 1; in der Praxis dürfte dieses Problem aber kaum relevant sein.

26 Demgegenüber hat in der Praxis mehr an Bedeutung die Tätigkeit im **Gewerbebetrieb eines Dritten** (Ehefrau) oder die Vermögensverwaltung. Bei der ersteren Fallgestaltung wird auf den Umfang der Tätigkeit abzustellen sein, denn nach der Rechtsprechung ist nicht jede, auch auf gelegentlichen Erwerb abgestellte Tätigkeit genehmigungspflichtig. Die Tätigkeit im Gewerbebetrieb der Ehefrau wird von der Rechtsprechung als genehmigungsfrei angesehen[19]; sie dürfte aber in der Konsequenz genehmigungspflichtig sein, denn Abs. 3 erfasst jede entgeltliche Nebenbeschäftigung[20].

27 Fremde Vermögensverwaltung ist genehmigungspflichtig, eigene hingegen nicht, unabhängig vom Umfang, denn insoweit ist der Tatbestand des § 8 Abs. 2 Nr. 1 gegeben. Eigene Vermögensverwaltung fällt nicht unter diese Vorschrift, denn ansonsten müsste fast jeder Notar eine Genehmigung vorab einholen und im Übrigen ist nicht die Interessenkollision erkennbar, die durch die Vorschrift gerade vermieden werden soll; die Unabhängigkeit des Notars ist ebenfalls nicht gefährdet. Danach ist also »Gewerbe« i. S. d. § 8 Abs. 2 Nr. 1 jede selbstständige, auf Gewinnerzielung gerichtete Tätigkeit.

7. Tätigkeit als Mitglied eines Organs (Abs. 2 Nr. 2)

28 Danach ist **jede Tätigkeit** in den genannten Organen **genehmigungspflichtig**, auch wenn sie, was die Ausnahme sein dürfte, unentgeltlich ausgeübt wird. Hier besteht nämlich die Gefahr, dass der Notar diese Tätigkeit zur mittelbaren Gewinnerzielung nutzt oder auf indirekte Weise unzulässige Werbung betreibt. Beide Sachverhalte sind mit der Ausübung eines öffentlichen Amtes schlechterdings unvereinbar. Der Notar soll sich nicht an Unternehmen im weitesten Sinne beteiligen, die auf Gewinnstreben ausgerichtet sind.

29 Das Gesetz nennt als Organe den **Vorstand**, den **Aufsichtsrat** und den **Verwaltungsrat** als Beispiele, weil sie in der Praxis am häufigsten vorkommen dürften. Generell ist die Mitgliedschaft in einem Organen gleichgestellten anderen Organ, das aber dieselben oder nahezu dieselben Funktionen ausübt, genehmigungspflichtig.

30 Damit soll vermieden werden, dass durch eine andere Bezeichnung des Organs das vom Gesetzgeber gewollte Ziel umgangen werden kann. Zu diesen Organen zählt deshalb auch der in der Wirtschaft so beliebte Beirat. Der Eintritt eines Notars in den Aufsichtsrat einer Kreditgenossenschaft, die sich nach ihrer Satzung auch mit Grundstücksgeschäften und deren Vermittlung befasst, kann das Vertrauen in die Unabhängigkeit und Unparteilichkeit des Notars gefährden, mit der Folge, dass dem Vertrauensverlust nur dadurch vorgebeugt werden kann, dass die Genehmigung zu versagen ist, so dass Auflagen grundsätzlich nicht mehr genügen[21].

31 Der Eintritt eines Notars in den Verwaltungsrat einer kommunalen Sparkasse, die sich nach ihrer Satzung mit Geschäften i. S. der §§ 13, 22, 24 Nr. 17 der Niedersächsischen Spar-

---

18 So auch *Schippel/Bracker/Schäfer*, § 8 Rz. 21.
19 BGH DNotZ 1967, 894 = NJW 1967, 701, 704 (Strafsenat).
20 So auch *Schippel/Bracker/Schäfer*, § 8 Rz. 21.
21 BGHZ 145, 59 = NJW 2000, 3574 = DNotZ 2000, 951 = ZNotP 2000 437 = NotBZ 2000, 333 = MittBayNot 2000, 461 = NdsRpfl. 2001, 57; in diesem Sinne jetzt auch OLG Celle NdsRPfl 2001, 262; allerdings kann in Ausnahmefällen auch eine Auflage ausreichen, um die Interessensgefahr auszuschließen; vgl. dazu BGH DNotZ 2005, 74 im Anschluss am BVerfG DNotZ 2003, 65.

kassenverordnung befasst, kann das Vertrauen in die Unabhängigkeit und Unparteilichkeit des Notars gefährden[22].

Auch nach der Novellierung des Gesetzes vom 31.08.1998 bleibt die entgeltliche Tätigkeit als **Geschäftsführer einer Steuerberatungsgesellschaft** genehmigungspflichtig[23]. Selbst wenn der Geschäftsführer einer Steuerberatungs-Gesellschaft in seiner Beratungstätigkeit unabhängig und weisungsfrei ist, bleibt er doch in seiner sonstigen Tätigkeit und damit jedenfalls in seinem beruflichen Verhalten irgendwie von den Gesellschafterbeschlüssen abhängig. **32**

Dabei ist zu beachten, dass zu den Gesellschaftern einer Steuerberatungs-Gesellschaft mbH nach dem Gesetz Steuerberater überhaupt nicht zu gehören brauchen. Der Geschäftsführer der GmbH ist zwar als gesetzlicher Vertreter ihr Organ, steht jedoch zur Gesellschaft als Dienstverpflichteter in einem Auftrags- oder Dienstverhältnis. Die GmbH ist eine Handelsgesellschaft, und ihre Betätigung ist als kaufmännische Tätigkeit im Zweifel auf Gewinn gerichtet. Damit lässt sich die Möglichkeit nicht von der Hand weisen, dass der Notar seiner Pflichtauffassung nach der Notarordnung entfremdet wird oder in Situationen einer Pflichtenkollision gerät; schon das darf die Aufsichtsbehörde verhindern. **33**

Der Notar muss stets unparteiisch die Rechte seiner Auftraggeber wahren und im Zweifel den für diese sichersten und billigsten Weg wählen, während es dem Gewerbetreibenden gestattet ist, seinem Partner eine Geschäftsform zu empfehlen, die für ihn den meisten Gewinn erbringt. Die Ausübung der Steuerberatung ist zwar kein Gewerbe, doch nähert sich die Tätigkeit eines persönlich nicht haftenden, am Gewinn der Gesellschaft interessierten sowie für ihre Geschäftsführung verantwortlichen Gesellschafters und Geschäftsführers – jedenfalls im äußeren Erscheinungsbild und nach der Auffassung der Auftraggeber – in gewisser Weise einer gewerblichen Betätigung. **34**

Damit entfernt sich der Notar von dem Berufsbild seines Amtes. Mindestens ist die Besorgnis einer solchen Entwicklung nicht von der Hand zu weisen. Das alles bietet einen ausreichenden sachgerechten Grund für die Entscheidung der Aufsichtsbehörde eine solche Betätigung nicht zu genehmigen. **35**

Dabei darf die Aufsichtsbehörde auch berücksichtigen, dass für die Auftraggeber in solchen Fällen unter Umständen Zweifel entstehen können, wer für Fehler oder Versehen zu haften hat. Derartige Unklarheiten können bei der späteren Rechtsverfolgung zu erheblichen Nachteilen nicht nur kostenrechtlicher Art für die Partei führen und damit das Vertrauen in das Amt des Notars gefährden. **36**

Dieselben Gedanken sind der Grund für die Genehmigungspflicht einer Tätigkeit als **Geschäftsführer einer Wirtschaftsprüfungsgesellschaft** und auch einer Genossenschaft[24], denn auch diese sind gewinnorientiert, selbst wenn die Gewinne den Genossen und nicht einem einzelnen Unternehmer zugute kommen. **37**

Bei Eintritt des Notars in den Aufsichtsrat einer Genossenschaft, die sich satzungsgemäß auch mit Grundstücksgeschäften befasst, besteht die Gefahr, dass von dem Notar die Weitergabe konkreter Kenntnisse aus seiner notariellen Tätigkeit an die Genossenschaft erwartet wird und er ihr damit Wettbewerbsvorteile verschafft. In der Öffentlichkeit können deshalb begründete Zweifel entstehen, ob die Verfolgung und Wahrung des Genossenschaftszwecks die Unabhängigkeit und Unparteilichkeit des Notars nicht nachteilig beeinflusst.

Für die **Genehmigungsfähigkeit** einer solchen **Nebentätigkeit** ist nicht maßgebend, ob die Genossenschaft Grundstücksgeschäfte tatsächlich betreibt, ob wegen der persönlichen Integrität des Notars und der auf Seiten der Genossenschaft tätigen Personen die Gefahr einer Interessenkollision objektiv ausgeschlossen werden kann oder ob die Genossenschaft in der Region, in welcher der Notar seinen Amtssitz hat, eine marktbeherrschende Stellung innehat[25]. **38**

---

22 BGH ZNotP 2001, 116 = DB 2001, 479 L = NJW-RR 2001, 1353 = MDR 2001, 418 = NdsRPfl 2001, 132.
23 So auch *Frenz*, Rz. 67.
24 So auch *Schippel/Bracker/Schäfer,* § 8 Rz. 22.
25 OLG Celle NdsRPfl 2000, 109.

39   Deshalb unterliegt auch die Tätigkeit in einem Organ eines Versicherungsvereins a. G. der Genehmigungspflicht. Hingegen ist die Tätigkeit in einem Organ eines Vereins oder einer Stiftung genehmigungsfrei; erhält der Notar allerdings dafür ein Entgelt, liegt ein Fall von Abs. 2 Nr. 1 vor; nicht genehmigungsbedürftig ist die Tätigkeit in einem nicht auf Gewinnstreben orientierten, sondern künstlerischen, gemeinnützigen, geselligen, wissenschaftlichen oder sonstigen ideellen Zwecken verfolgenden Verein oder sonstigen juristischen Person.

40   Die Tätigkeit als Vorstandsmitglied einer Wohnungsbaugenossenschaft ist mit dem Amt als Notar unvereinbar[26]; dasselbe gilt für eine Tätigkeit als Aufsichtsratsmitglied einer AG, die sich mit Grundstücksgeschäften beschäftigt[27].

Auch eine Tätigkeit als Liquidator, selbst wenn sie dem Notar in seiner Eigenschaft als Rechtsanwalt übertragen wurde, ist genehmigungsbedürftig, wenn sie, was regelmäßig der Fall ist, mit einer Vergütung verbunden ist[28].

41   Insgesamt dürfte allerdings die sog. »Dunkelziffer« in diesem Bereich recht hoch sein, denn viele Nebentätigkeiten werden nicht bekannt und somit von der Justizverwaltung nicht verfolgt.

V. Genehmigungsfreie Tätigkeit (Abs. 4)

1. Besondere Ämter

42   Das Gesetz selbst zählt in Abs. 4 Fälle auf, in denen der Notar **keiner Genehmigung bedarf**: Testamentsvollstrecker, Insolvenzverwalter, Schiedsrichter[29] oder Vormund oder eine ähnliche, auf behördlicher Anordnung beruhenden Stellung. Diese Ämter sind der Zwangsverwalter, Vergleichsverwalter, Pfleger, Betreuer, Beistand, Sequester, behördlich ernannter Treuhänder. Dies bedeutet Genehmigungsfreiheit für alle Ämter, denen eine gerichtliche oder behördliche Anordnung zugrunde liegt, weil in allen Fällen gewährleistet ist, dass der Notar keinen Weisungen Dritter unterliegt, die gleichzeitig unmittelbar oder mittelbar Einfluss auf sein Entgelt ausüben könnten.

2. Wissenschaftliche Tätigkeit

43   Ebenfalls genehmigungsfrei ist die **wissenschaftliche, künstlerische Tätigkeit** oder die **Vortragstätigkeit**[30]. Zum Merkmal der wissenschaftlichen Tätigkeit zählt auch die schriftstellerische, also die Publikation von Druckwerken. Ebenso ist genehmigungsfrei die Nebentätigkeit an einer Hochschule, um einen Lehrauftrag zu erfüllen oder zwecks Erreichung einer Habilitation. Die Rechtsprechung hat bei Lehraufträgen keine Bedenken, wenn diese Tätigkeit eine gewisse Stundenzahl pro Woche nicht überschreitet[31]. Hier sollte auch eher eine großzügige Handhabung praktiziert werden, denn es geht schliesslich um die Ausbildung und Fortbildung für den eigenen Berufsstand und die gesunde Förderung eines Nachwuchses. Schließlich bedarf es keiner Genehmigung zur Tätigkeit als Examensprüfer. Die Tätigkeit in einer Berufsorganisation, wie z.B. Notarkammer oder Rechtsanwaltskammer, ist ebenfalls genehmigungsfrei[32].

44   Zum Begriff der Vortragstätigkeit zählt jede Art von Vorträgen, seien sie nur gelegentlich oder ständig; ebenso wenig kommt es auf den Inhalt an, d. h. der Vortrag kann mit der Ausübung des Notaramtes in unmittelbarem Zusammenhang stehen, kann sich jedoch auch mit

---

26 BGH DNotZ 1996, 219.
27 BGH DNotZ 1994, 336, 339.
28 KG, DNotZ 1999, 523, 525.
29 Vgl. dazu *Keim*, MittBayNot 1994, 2 sowie *Wagner*, ZNotP 1999, 22.
30 *Schippel/Bracker/Schäfer*, § 8 Rz. 42; *Eylmann/Vaasen/Baumann* § 8 BNotO Rz. 27.
31 BGHR BNotO § 8 Abs. 4 Lehrauftrag 1.
32 So auch *Schippel/Bracker/Schäfer*, § 8 Rz. 18.

völlig anderen Themen auseinandersetzen. Hier wird im Gegensatz zum öffentlichen Dienstrecht der Rahmen schon wesentlich weiter zu ziehen sein, weil der Notar nicht in einem so strengen Pflichtenverhältnis zum Staat steht wie z. B. ein Beamter, dem es nicht erlaubt ist, in öffentlichen Vorträgen sich konträr zur Auffassung seines Dienstherrn zu äußern.

3. Verwaltung des eigenen Vermögens

Die Verwaltung des eigenen Vermögens oder das kraft Gesetzes der Verwaltung des Notars unterliegende Vermögen ist ebenfalls genehmigungsfrei. Dazu zählt aber nicht mehr die (gewerbliche) Führung von Betrieben, z. B. in der Landwirtschaft oder im Gaststätten- und Hotelgewerbe. Eine Genehmigung muss in diesen Fällen auch dann eingeholt werden, wenn der Notar nur eine geringfügige Entschädigung dafür erhält.   45

Hingegen bedürfen diese Tätigkeiten keiner Genehmigung, wenn sie unentgeltlich ausgeübt werden. Eine andere Frage ist, ob die Bestellung zum Notar dann zurückgenommen werden kann, wenn sich der Notar wegen der starken Inanspruchnahme durch Nebentätigkeiten nicht mehr in ausreichender Weise seinem Hauptberuf widmen kann.   46

4. Ausnahmen bei Anwaltsnotaren

a) Allgemeines

Hier ist jede Tätigkeit genehmigungsfrei, die ein **Rechtsanwalt zulässigerweise ausübt**. Der Anwaltsnotar übt das Amt des Notars im Nebenberuf aus, so dass er in der Tätigkeit als Anwalt nicht behindert werden darf und folglich nicht der Genehmigung durch die Verwaltung bedarf. Allerdings unterliegen Tätigkeiten dann der Genehmigung, wenn diese nicht zwangsläufig an die Tätigkeit als Anwalt gekoppelt sind, d. h. wenn die Tätigkeit auch durch einen anderen Berufsinhaber ausgeübt werden kann[33].   47

b) Spezielle Nebentätigkeiten

Genehmigungspflichtig bleibt auch weiterhin die Tätigkeit als **Geschäftsführer einer Wirtschaftsprüfergesellschaft**[34], auch wenn nunmehr die gleichzeitige Ausübung beider Berufe gestattet ist bzw. der Zusammenschluss, d. h. die gemeinsame Berufsausübung, von Gesetzes wegen gestattet wird.   48

c) Syndikusanwälte/politische Wahlbeamte

aa) Syndikusanwalt

Der **Syndikusanwalt** steht in der Regel in einem festen Dienstverhältnis zu einem Dritten und ist überwiegend beratend und weniger forensisch tätig. Eine solche Tätigkeit ist dem Berufsbild des Anwalts nicht wesensfremd, zumal das BVerfG die Praxis für nicht mehr verfassungskonform erklärte, die die Nichtzulassung zum Anwalt darauf stützte, dass der Bewerber in einem Angestelltenverhältnis stand[35]. Diese das Anwaltsbild ändernde Rechtsprechung, die durchaus als »Abkehr vom klassischen Anwalt« bezeichnet werden kann, ist für die Bestellung zum (Anwalts-)Notar nicht einschlägig, denn in diesem Sinne besteht zwischen dem Berufsbild des Anwalts und dem des Notars zu wenig Parallelität, um »analogiefähig« zu sein. Die Bestellung eines Syndikusanwalts zum Notar ist deshalb abzulehnen,   49

---

33 *Schippel/Bracker/Schäfer*, § 8 Rz. 34.
34 Vgl. dazu § 8 Rz. 37.
35 NJW 1993, 317; vgl. dazu auch zust. *Kleine-Cosack*, NJW 1993, 1289 mit allerdings zum Teil überzogener Kritik an der Haltung der Standesvertretungen.

weil gerade bei ihm die Unabhängigkeit und Unparteilichkeit per se nicht mehr gesichert erscheint, auf die die Rechtsprechung auch des BVerfG ständig abstellt[36].

50   Es erscheint nicht zwingend logisch zu sein, die für den Syndikusanwalt entwickelten und anerkannten Grundsätze auch ohne Weiteres auf den in einer Kanzlei angestellten Anwalt zu übertragen, so dass es bedenklich ist, ihm das Notaramt zu versagen[37]. Dabei wird nämlich dogmatisch übersehen, dass es keine Frage der zu erteilenden oder zu versagenden Genehmigung nach § 8 ist, sondern eine solche, ob die Voraussetzungen zur Bestellung nach §§ 3, 6 vorliegen. Es macht im Übrigen einen Unterschied, ob ein Rechtsanwalt in einem Unternehmen angestellt ist oder in einer größeren Kanzlei mit mehreren Rechtsanwälten, in der in der Regel eine größere Flexibiltät in der Arbeitszeitgestaltung besteht.

51   Die Genehmigung beim Anwaltsnotar stets zu versagen, wenn er eine Rechtsberatung »im Bereich der vorsorgenden Rechtspflege« ausübt[38], ist bedenklich, weil die Abgrenzung danach, welche Tätigkeit zur vorsorgenden und welche zur streitigen Rechtspflege gehört, äußerst schwierig ist, und gerade der sensible Aspekt der Genehmigung klare und eindeutige Zielvorgaben und Merkmale abverlangt, so dass auf diesen etwas diffusen Begriff der vorsorgenden Rechtspflege nicht abgestellt werden darf. Die hier vertretene Ansicht scheint auch eher mit der Rechtsprechung des BVerfG vereinbar[39], die bei der Justizverwaltung keine strenge schematische Prüfung genügen lässt, sondern eine Einzelfallprüfung abverlangt, die verfassungsrechtlichen Anforderungen Genüge leistet.

bb) Politische Wahlbeamte

52   **Politische Wahlbeamte** stehen zwar nicht in der Gefahr der wirtschaftlichen Abhängigkeit, aber ihre Bestellung zum (Anwalts-)Notar scheitert daran, dass sie regelmäßig Inhaber eines besoldeten Amtes i. S. d. § 8 Abs. 1 Satz 1 sind; darüber hinaus bestehen Zweifel, ob bei ihnen wegen der starken Inanspruchnahme durch eine andere Tätigkeit noch genügend Zeit für die Ausübung des Notarberufs verbleibt[40].

d) Steuerberater

53   Die Tätigkeit als Steuerberater unterliegt keiner Genehmigung durch die Justizverwaltung, weil sie in vielen Fällen gerade durch Anwälte ausgeübt wird. Dies dürfte allerdings wieder anders zu bewerten sein, wenn ein Anwalt in einem festen Anstellungsverhältnis in eine Steuerberatungsgesellschaft eintritt[41].

---

36 BVerfG, DNotZ 1980, 560, 561 sowie DNotZ 1989, 629; auch *Schippel/Bracker/Schäfer*, § 8 Rz. 37.
37 In diesem Sinne aber *Schippel/Bracker/Schäfer*, § 8 Rz. 37.
38 So aber *Eylmann/Vaasen/Baumann*, § 8 BNotO Rz. 20.
39 DNotZ 2003, 65.
40 Ablehnend auch OLG Frankfurt a. M., vom 25.03.1993 1 NotZ 18/92 (unveröffentlicht).
41 So auch *Schippel/Bracker/Schäfer*, § 8 Rz. 35.

§ 9

(1) ¹Zur hauptberuflichen Amtsausübung bestellte Notare dürfen sich nur mit am selben Amtssitz bestellten Notaren zur gemeinsamen Berufsausübung verbinden oder mit ihnen gemeinsame Geschäftsräume haben. ²Die Landesregierungen oder die von ihnen bestimmten Stellen werden ermächtigt, um den Erfordernissen einer geordneten Rechtspflege insbesondere im Hinblick auf die örtlichen Bedürfnisse und Gewohnheiten Rechnung zu tragen, durch Rechtsverordnung zu bestimmen,

1. dass eine Verbindung zur gemeinsamen Berufsausübung oder eine gemeinsame Nutzung der Geschäftsräume nach Satz 1 nur mit Genehmigung der Aufsichtsbehörde, die mit Auflagen verbunden oder befristet werden kann, und nach Anhörung der Notarkammer zulässig ist;

2. die Voraussetzungen der gemeinsamen Berufsausübung oder die gemeinsame Nutzung der Geschäftsräume, insbesondere zur Höchstzahl der beteiligten Berufsangehörigen sowie die Anforderungen an die Begründung, Führung, Fortführung und Beendigung der Verbindung zur gemeinsamen Berufsausübung oder Nutzung gemeinsamer Geschäftsräume.

(2) Anwaltsnotare dürfen sich nur miteinander, mit anderen Mitgliedern einer Rechtsanwaltskammer, Patentanwälten, Steuerberatern, Steuerbevollmächtigten, Wirtschaftsprüfern und vereidigten Buchprüfern zur gemeinsamen Berufsausübung verbinden oder mit ihnen gemeinsame Geschäftsräume haben.

(3) Die Verbindung zur gemeinsamen Berufsausübung oder die gemeinsame Nutzung der Geschäftsräume ist nur zulässig, soweit hierdurch die persönliche und eigenverantwortliche Amtsführung, Unabhängigkeit und Unparteilichkeit des Notars nicht beeinträchtigt wird.

Übersicht

A. Enstehungsgeschichte der Vorschrift

Die Vorschrift entspricht in Abs. 1 im Wesentlichen der Fassung der Abs. 1 und 2 alter Fassung, wobei Abs. 1 a. F. im Wesentlichen § 10 RNotO vom 13.02.1937 (RGBl. I S. 191) gleicht. Hingegen geht Abs. 1. Satz 2 auf die BNotO vom 24.02.1961 zurück. Allerdings wurden Abs. 1 Satz 2 Nr. 1 und Nr. 2 durch das dritte Änderungsgesetz zur BNotO vom 31.08.1998 (BGBl. I. S. 2585) eingeführt. Dasselbe gilt für die Abs. 2 und 3 jetziger Fassung. **1**

B. Erläuterungen

2 Die Vorschrift hatte früher nur für die sog. Nurnotare Bedeutung, während sie nunmehr auch durch die sog. Anwaltsnotare nach § 3 Abs. 2 zu beachten ist.

I. Bürogemeinschaften und Sozietäten (Abs. 1 Satz 1)

1. Anwendungsbereich

a) Allgemeines

3 Die Vorschrift erfasst jede Art von **partnerschaftlicher Verbindung** von natürlichen Personen desselben Berufs und stellt somit einen Eingriff in die ansonsten vom Gesetz gewährleistete Vertrags- und Verbindungsfreiheit, insbesondere durch Eingehung von Gesellschaftsverträgen (§§ 705 ff. BGB), dar[1]. Gegen ein Verbot der Verbindung mit Ausnahmen hat das BVerfG verfassungsrechtliche Bedenken nicht gelten lassen[2]. Ein Teil der Literatur sieht in dieser Vorschrift die problematischste Bestimmung der gesamten BNotO[3]. Das Verbot von Sozietäten mit mehr als zwei Notaren ist dogmatisch dadurch zu rechtfertigen, dass die sog. Personalhoheit der Landesjustizverwaltung dadurch in Frage gestellt sein könnte, dass die bisherigen Partner ihre Entscheidung, den Kollegen in die Sozietät aufzunehmen, alleine treffen und die Verwaltung dadurch in ihrer Entscheidung nicht mehr frei wäre[4]. Gegen diesen Begründungsansatz lassen sich auch keine durchgreifenden Bedenken geltend machen und auch hier zeigt sich abermals die Nähe des Berufs, zumindest des Nurnotars, zum öffentlichen Dienst. Es ist nicht ganz unproblematisch, dass diese Grundsätze für den Beruf des Anwaltsnotars wieder nicht gelten[5].

b) Berufsverbindungen

4 Das Gesetz selbst verwendet die Begriffe »**gemeinsame Berufsausübung**« (1. Alternative) und »gemeinsame Geschäftsräume« (2. Alternative). Der Änderungsvorschlag der Bundesnotarkammer hält diese Begriffe aufrecht, obwohl erhebliche Zweifel hinsichtlich der Unterscheidungskraft bestehen[6]. Dennoch besteht Einigkeit darin, dass von der Vorschrift sowohl die sog. Bürogemeinschaft als auch die echte Sozietät erfasst wird[7]. Der Gesetzgeber erachtet den Beruf des Notars als nicht mit anderen Berufen verbindungsfähig, so dass es sich inhaltlich um ein repressives Verbot mit Befreiungsvorbehalt handelt (Abs. 1) und Abs. 2 demgegenüber ein präventives Verbot mit Genehmigungsvorbehalt darstellt[8].

5 Mit guten Gründen wird darauf hingewiesen, dass beide Alternativen der Vorschrift die sog. **Bürogemeinschaft** erfassen[9]. Zur Feststellung der »gemeinsamen Berufsausübung« ist notwendig, dass eine gemeinsame Geschäftsstelle vorliegt[10]. Daneben liegt »gemeinsame Be-

---

1 Vgl. dazu *Bohrer,* Berufsrecht, Rz. 314; *Karsten Schmidt,* ZIP 1993, 633; Partnerschaftsgesellschaftsgesetz vom 25.07.1994 (BGBl. I S. 1744).

2 DNotZ 1980, 556, 561; DNotZ 1989, 623, 628; in der Folge jetzt auch BGH NJW 1995, 529, 531 = MittBayNot 1994, 581 = BGHR BNotO § 9 Abs. 2 Sozietät 2.

3 *Eylmann/Vaasen/Baumann,* § 9 BNotO Rz. 2 a.E.

4 BGHR BNotO § 9 Abs. 2 Dreiersozietät 1.

5 In diesem Sinne BGHR BNotO § 9 Abs. 2 Sozietät 1.

6 *Bohrer,* Berufsrecht, Rz. 318.

7 In diesem Sinne auch *Schippel/Bracker/Görk,* § 9 Rz. 1.

8 *Bohrer,* in Beck'sches Notarhandbuch, L I 70 (S. 948); vgl. auch BGH, NJW 1995, 529, 531 = DNotZ 1996, 179.

9 *Bohrer,* Berufsrecht, Rz. 318.

10 *Bohrer,* Berufsrecht, Rz. 321, der davon die Kanzlei unterscheidet als gesondertes und sachliches Substrat, a. a. O., Rz. 23.

rufsausübung« vor, wenn die verbundenen Notare nach außen gemeinschaftlich auftreten durch einen gemeinsamen Briefbogen, Namensschild, Telefonnummer[11].

Demgegenüber sind an die »gemeinsamen Geschäftsräume« (2. Alternative) geringere An- **6** forderungen zu stellen; sie ist bereits gegeben, wenn die Notare eine gemeinsame Kanzlei betreiben (gemeinsames Personal für die Notare und von den Notaren gemeinsam benutzte Räume)[12]. Die Tätigkeit eines Notars als Vorsitzender des Haus- und Grundbesitzervereins ist keine an § 9 zu messende Tätigkeit, sondern allenfalls eine Frage, ob Inkompatibilität mit § 14 anzunehmen ist[13].

2. Verbindung zwischen einem Nurnotar mit einem Anwalt (Abs. 1)

a) Danach kann ein Nurnotar mit einem Rechtsanwalt weder eine echte Sozietät eingehen **7** noch gemeinschaftliche Büroräume unterhalten. Damit soll erreicht werden, dass in den Gebieten, die ausschließlich das Nurnotariat kennen, auf der Grundlage eines Gesellschaftsvertrags (Sozietät/Bürogemeinschaft) faktisch der Anwaltsnotar i. S. d. § 3 Abs. 2 entsteht[14].

b) Abs. 1 gestattet der Aufsichtsbehörde, sog. **Ausnahmegenehmigungen** zu erteilen, **8** was in ihrem Ermessen steht. Derartige Genehmigungen kommen im Hinblick auf bestehende Nurnotariate nur in Betracht, wenn der Notar vorübergehend durch äußere Umstände an der Berufsausübung gehindert ist (z. B. Nichtbenutzbarkeit der Geschäftsräume). Sobald der unvermeidbare und auf andere Weise nicht zu beseitigende Hinderungsgrund entfallen ist, muss die Genehmigung widerrufen werden[15].

3. Verbindung zwischen Nurnotaren (Abs. 1)

Der Gesetzgeber will grundsätzlich auch **keine Berufsverbindung zwischen Notaren,** je- **9** doch ist auf Betreiben des Bundesrates den Landesregierungen die Möglichkeit eingeräumt worden, im Wege der Rechtsverordnung zu bestimmen, dass die Verbindung zwischen Nurnotaren möglich ist. Auch hier kann der (Bundes-)gesetzgeber nur den Rahmen bestimmen und anordnen, dass auch bei Nurnotaren die gemeinsame Berufsausübung nicht möglich ist, jedoch soll den örtlichen Besonderheiten Rechnung getragen werden; die Vorschrift will verhindern, dass durch die Verbindung zwischen Notaren einem anderen Notarbewerber die Übertragung eines neuen Notaramtes unmöglich wird[16].

Bei einer Sozietät von Nurnotaren richtet sich der Auftrag, anders als bei einem Anwalts- **10** notar, nur an den einzelnen Notar, der dann auch Kostengläubiger ist[17].

In folgenden **Bundesländern** ist von der Ermächtigung nach Abs. 1 Gebrauch gemacht **11** worden: Baden-Württemberg, Bayern, Hamburg[18], Nordrhein-Westfalen, Rheinland-Pfalz.

Der eigentliche **Sozietätsvertrag** unterliegt nicht der Genehmigungspflicht, sondern nur **12** die daraus entstehende Berufsverbindung[19]. Der die Verpflichtung eingehende Sozietätsvertrag kann daher erst dann gegen Amtspflichten (§ 19) verstoßen oder unwirksam (§ 134 BGB) sein, wenn die Aufsichtsbehörde keine Genehmigung erteilt[20]. Ein möglicher Verstoß oder sonstige Rechtswidrigkeit kann aber in Betracht kommen, wenn Dritte auf Grund der eingegangenen Verbindung und infolge des Vertrags einen Schaden darlegen und beweisen können.

---

11 *Bohrer*, Berufsrecht, Rz. 321.; vgl. zur Kooperation Einzelheiten bei Rz. 35.
12 *Bohrer*, Beck'sches Notarhandbuch, L I Rz. 74.
13 So zutreffend OLG Schleswig SchlHA 2006, 408 f. = OLGReport Schleswig 2006, 693 ff.
14 *Schippel/Bracker/Görk*, § 9 Rz. 6.
15 *Schippel/Bracker/Görk*, § 9 Rz. 6.
16 *Schippel/Bracker/Görk*, § 9 Rz. 10.
17 BayObLG, DNotZ 1991, 317.
18 Vgl. dazu jetzt BGH ZNotP 2008, 89.
19 *Bohrer*, Beck'sches Notarhandbuch L I Rz. 73.
20 Insoweit etwas unklar *Bohrer*, Berufsrecht, Rdn. 324.

13 Die Ermächtigung in Abs. 1 für die Landesregierungen wird **verfassungsrechtlichen Ansprüchen gerecht** und verstößt insbesondere nicht gegen Art. 80 Abs. 1 GG[21]. Andere Normen der Verfassung sind ebenfalls nicht in unzulässiger Weise tangiert, insbesondere nicht Art. 12 und 20.

14 Der Gesetzgeber will **nicht generell Berufsverbindungen untersagen,** und zwar auch nicht im Bereich des Nurnotars. Dennoch sollen sie nicht die Regel sein, weil die Berufsausübung an die jeweilige Person, d. h. den Inhaber des Amtes, gebunden ist. Auch hier kommt die Nähe zum öffentlichen Dienst zum Ausdruck. Die gemeinsame Berufsausübung kann auch im Interesse der Rechtsuchenden wünschenswert sein, und zwar unter dem Aspekt der in gewissem Umfang notwendig gewordenen Spezialisierung für bestimmte Rechtsgebiete. Hier kommt es aber auf eine Abwägung im Einzelfall an.

4. Erteilung der Genehmigung (Abs. 1 Satz 2 Nr. 1, 2)

a) Allgemeines

15 Den Landesjustizverwaltungen ist per Gesetz die Möglichkeit eingeräumt, dass die Verbindung zur gemeinsamen Berufsausübung von der Genehmigung der Aufsichtsbehörde abhängig gemacht werden, wovon in der Regel auch Gebrauch gemacht wird. Darüber hinaus kann, wie dies schon früher möglich war, die Genehmigung ihrerseits mit Auflagen verbunden werden, so dass die Landesjustizverwaltung insgesamt zweimal ihr Ermessen ausübt, nämlich einmal hinsichtlich der Genehmigung und zum anderen hinsichtlich der Auflagen. In jedem Fall sind aber sachbezogene Umstände nur eine Rechtfertigung und die Entscheidung der Verwaltung unterliegt insoweit der gerichtlichen Nachprüfung, das heißt mit den sich aus dem allgemeinen Verwaltungsrecht ergebenden Schranken der Überprüfung.

16 Die Rechtsprechung hat gegen das der Landesjustizverwaltung eingeräumte Ermessen, dass z.B. nicht mehr als zwei Notare sich zusammenschliessen wollen, und sei es in einer **sog. Kooperationsvereinbarung,** keine Bedenken, weil die staatliche Justizverwaltung hier kraft der ihr eingeräumten Organisationsgewalt eine solche Maßnahme als sachgerecht und im Interesse der Rechtspflege einstufen kann[22]. Es bestehen auch unter dem Gesichtspunkt des Art. 12 I GG gegen eine Ermächtigungsgrundlage keine verfassungsrechtlichen Bedenken, zumal es hier nicht um die Berufswahl sondern um die Berufsausübung geht, so dass Einschränkungen dann zulässig sind, soweit sachgerechte und vernünftige Erwägungen des Gemeinwohls dies zweckmäßig erscheinen lassen und der Grundsatz der Verhältnismäßigkeit gewahrt ist[23]. Es bestehen gegen eine Ermächtigung der Landesjustizverwaltung auch wegen Art. 80 GG keine Bedenken, weil die Voraussetzungen des Eingriffs in dem förmlichen Gesetz bereits festgelegt sind. Darüber hinaus hat die Rechtsprechung auch keine Bedenkung unter dem Gesichtspunkt der Freiheit zur Berufsausübung nach Art. 12 Abs. 1 GG[24] Ausübung des Ermessens.

17 Soweit nicht andere gewichtige Gründe entgegenstehen, soll in der Regel die Genehmigung erteilt werden, wenn in einer schon bestehenden Sozietät von Nurnotaren ein Notar ausscheidet und ein jüngerer Notar dafür aufgenommen werden soll.

18 Die Genehmigung sollte nicht für einen aufzunehmenden Notar bewilligt werden, der 60 Jahre und älter ist (arg. §§ 6 Abs. 1, 48a BNotO)[25].

21 BVerfG, DNotZ 1973, 493; BGH, DNotZ 1973, 429, BGHZ 59, 274; OLG Köln, DNotZ 1974, 760.
22 So ausdrücklich für einen Notar in Dresden BGH DNotZ 2005, 870 ff. = NJW-RR 2005, 1722 ff. = BGHR BNotO § 9 Abs. 1 Dreier-Kooperation 1 unter Bezugnahme auf BVerfGE 17, 371, 379; 73, 280, 292; BVerfG DNotZ 2002, 891, 892; BGHZ 127, 83, 90; vgl. auch Fn. 14.
23 BVerfGE 7, 377, 405; BGHZ 59, 274, 278; 127, 83. 94.
24 Vgl. die Nachweise in Fn. 11.
25 Im Anschluss an BGH, DNotZ 1973, 429; das BVerfG hat eine dagegen gerichtete Verfassungsbeschwerde nicht angenommen.

Sie sollte auch versagt werden, wenn erkennbar die Verbindung nicht auf Dauer oder zumindest nicht längere Zeit angelegt werden soll, weil es nicht im Belieben der Amtsinhaber stehen kann, wie lange eine Notarstelle bekleidet wird. **19**

Demgegenüber kann die Versagung der Genehmigung nicht allein darauf gestützt werden, dass im Anschluss an die Genehmigung eine Sozietät von drei Notaren besteht. Aus dem Wortlaut der Genehmigung ergibt sich nicht, dass nur die Sozietät von zwei Notaren erlaubt wäre[26]. Diese Auffassung dürfte auch auf Grund der schon anders geübten Praxis durch die Aufsichtsbehörden, die größere Sozietäten erlaubt haben, überholt sein. Andererseits sollen nicht Sozietäten wie in Größenordnungen bei den Rechtsanwälten entstehen. Eine Maximalbestimmung in Gestalt einer fixen Zahl kann nicht getroffen werden; selbst in Ballungsräumen oder Großstädten sollten allerdings nicht mehr als sieben Notare sich zusammenschließen dürfen. Dennoch kann die Aufsichtsbehörde in Ausübung ihres Ermessens die Verbindung von mehr als zwei Nurnotaren untersagen mit der Folge, dass diese Entscheidung einer eingeschränkten gerichtlichen Überprüfung unterliegt[27].

Die Landesjustizverwaltung kann und sollte die Genehmigung versagen, wenn durch einen oder schon mehrere in einer Sozietät verbundene Notare eine ausreichende Versorgung der Bevölkerung sichergestellt ist. **20**

b) Grundsätze für die Ausübung des Ermessens

Bei sachgerechter und verfassungskonformer Auslegung darf aber die Landesjustizverwaltung die Genehmigung versagen, wenn die Rücksichtnahme auf die **Erfordernisse einer geordneten Rechtspflege** und das Ziel der Bereitstellung einer ausreichenden Zahl unabhängiger, unparteiischer und gewissenhafter Notare das erforderten oder wenn damit örtlichen Bedürfnissen und Gewohnheiten Rechnung getragen werden sollte. Die Bestimmung dient der Bekämpfung abstrakter Gefahrensituationen, so dass für ihre Anwendung nicht Einzelumstände festgestellt werden müssen, die eine konkrete Gefährdung für die Rechtspflege oder die Allgemeinheit ergeben. Das besagt aber nicht, dass die Behörde jede Prüfung der besonderen Umstände des Einzelfalles ablehnen kann; das wäre sachwidrig. Sie muss vielmehr die Umstände prüfen und würdigen, die der Bewerber dafür vorträgt, dass sie der Annahme einer auch nur abstrakten Gefahr für die Rechtspflege entgegenständen. Im Einzelfall können die Umstände einmal so liegen, dass selbst eine abstrakte Gefährdung zu verneinen ist. **21**

Für den jüngeren Partner erleichtert eine Sozietät die Einarbeit und den Eintritt in das Berufsleben **(Starterleichterung)**, wenn er sich sogleich nach seiner Bestellung zum Notar mit einem erfahrenen Notar verbindet. Die damit verknüpfte wirtschaftliche Sicherung stärkt seine Unabhängigkeit. Die Sozietät, insbesondere in Großstädten, erleichtert die Arbeit, weil sie eine rationellere Berufsausübung durch Senkung der Unkosten und verbesserte Organisation sowie eine Spezialisierung in schwierigen Fachfragen oder für bestimmte Mandanten ermöglicht. Beide Partner haben keine Schwierigkeiten bei Ausfall durch Krankheit und Urlaub. **22**

Für den älteren Partner enthält die in Sozietätsverträgen übliche Altersversorgung für ihn selbst und seine Angehörigen eine erwünschte wirtschaftliche Sicherung, die ebenfalls seine Unabhängigkeit stärkt. Der jüngere Partner kann den anderen Partner mit dessen zunehmendem Alter entlasten, und die im Sozietätsvertrag vorgesehene Altersversorgung ermöglicht es, dass ein alternder Notar, dessen Kräfte nachlassen, zur rechten Zeit aus dem Amt ausscheiden kann. Die regelmäßige Ersetzung eines ausscheidenden Partners durch einen neuen Sozius führt zu einer Kontinuierlichkeit der Notarstellen, die für die Mandanten und die Rechtspflege vorteilhaft ist. **23**

Die Personalhoheit des Ministeriums, also seine Freiheit bei der Besetzung einer Stelle, wird eingeschränkt, wenn sich um eine frei gewordene Sozietätsstelle nur noch diejenigen Anwärter bewerben, die bereits die **Zusicherung einer Sozietät** mit dem verbliebenen Partner innehaben. Daraus können sich ungleiche Ausgangspositionen für den Nachwuchs und **24**

---

26 So aber OLG Köln, DNotZ 1974, 762.
27 BGHZ 59, 274 = DNotZ 1973, 429.

die Gefahr ergeben, dass bei der Besetzung der Notarstelle sachfremde Erwägungen eine Rolle spielen.

25   Die Übernahme einer Versorgungsverpflichtung durch den jüngeren Partner kann bei vorzeitigem Ausfall des älteren Partners eine übermäßige wirtschaftliche Belastung des verbliebenen Partners ergeben. Ältere Notare haben z. B. versucht, noch kurz vor ihrem Ausscheiden Sozietätsverträge mit auffallend hohen Versorgungsleistungen zu erreichen; solche Verträge können einem verbotenen Praxisverkauf auf Rentenbasis ähneln.

26   Gewiss kann die Justizverwaltung Missständen dadurch begegnen, dass sie vor Genehmigung der Sozietät den Sozietätsvertrag selbst prüft oder durch die Notarkammer prüfen lässt und die Sozietät nur nach Maßgabe und für die Dauer eines Sozietätsvertrages mit bestimmtem Inhalt genehmigt; denn sie darf gemäß § 9 Abs. 2 Auflagen und Befristungen aussprechen. Notarkammern haben es auch erreicht, dass die Notare im Sozietätsvertrag sich zur Übernahme einer Zahlung für den »Ausgleichsfonds für den Aufbau von Notarstellen« verpflichten, falls nach Fortfall eines Sozietätspartners nicht sogleich ein neuer Sozietätsvertrag geschlossen wird. Gegen die Durchsetzbarkeit dieser Verpflichtungen ohne gesetzliche Grundlage bestehen jedoch gewisse Bedenken, weil eine Behörde den Erlass eines Verwaltungsaktes nicht von der Übernahme von Gegenleistungen oder von Geldzahlungen abhängig machen darf[28].

27   Alle diese Umstände ergeben, dass Sozietätsverträge zwischen Nur-Notaren doch erhebliche Unzuträglichkeiten ergeben können, dass sie als Gefahren für eine geordnete Rechtspflege anzusehen sind. Der Abwehr dieser abstrakten Gefahrenlage dient die Bestimmung im Einzelfalle.

5. Widerruf einer erteilten Genehmigung

28   Hier sind die Grundsätze des Verwaltungsverfahrensgesetzes (§ 49 VwVfG) anwendbar, d. h. der Widerruf ist nur unter eng begrenzten Voraussetzungen möglich[29].

6. Beteiligung der Notarkammer

29   Die Beteiligung der **örtlichen Notarkammer** ist im Gesetz nunmehr zwingend vorgeschrieben. Einige Landesnotarkammern verlangen in diesem Zusammenhang die Vorlage des Sozietätsvertrags, denn danach können Sozietätsverträge standeswidrig sein, wenn durch sie nicht die Eigenverantwortlichkeit und selbstständige Amtsführung jedes Partners gewährleistet bleibt oder eine wirtschaftliche Schlechterstellung eines Partners erkennbar wird[30]. Die Notarkammer ist insoweit zu einer ablehnenden Stellungnahme berechtigt, jedoch kann die Landesjustizverwaltung die Sozietät nicht damit begründen, dass auch nach ihrer Auffassung der Vertrag gegen Standesrecht verstößt, denn dies lässt sich durch den Wortlaut des § 9 nicht rechtfertigen.

II. Verbindung von Anwaltsnotaren (Abs. 2)

1. Allgemeines

30   Nach der früheren Rechtsprechung[31] war die gemeinsame Berufsausübung zwischen einem Anwaltsnotar und einem Wirtschaftsprüfer nicht zulässig, was sich durch die Rechtspre-

---

28 BGH NJW 1995, 529, 532; Bedenken auch bei *Schippel/Bracker/Görk*, § 9 Rz. 14.
29 Vgl. dazu Erläuterungen zu § 111.
30 In diesem Sinne auch *Schippel/Bracker/Görk*, § 9 Rz. 6.
31 Vgl. BGHZ 75, 296 = DNotZ 1980, 174; BGH DNotZ 1989, 330; BGH DNotZ 1996, 392; OLG Köln DNotZ 1975, 241).

chung des BVerfG vom 08.04.1998[32] geändert hat, so dass der Gesetzgeber die Konsequenzen zog und nun ausdrücklich die Berufsverbindung zulässt.

Die Rechtsprechung hatte auch entsprechende Berufsverbindungen zwischen einem Anwaltsnotar und einem Buchprüfer sowie einem Steuerbevollmächtigten unterbunden, was nunmehr, obwohl nicht Gegenstand der Verfassungsbeschwerde, nunmehr zulässig ist, allerdings mit der vom BVerfG ausdrücklich gebilligten Folge, dass strengere Mitwirkungsverbote nach dem BeurkG zur Anwendung kommen. Mit dem Begriff der gemeinsamen Berufsausübung verbindet der Gesetzgeber jede Art der Zusammenarbeit gesellschaftsrechtlicher Form; die Anknüpfung an die gemeinsamen Geschäftsräume ist die dagegen lockere Zusammenarbeit.   **31**

2. Partnergesellschaften

a) Allgemeines

Nach dem **Partnerschaftsgesellschaftsgesetz** vom 25.07.2004[33] kann sich der Rechtsanwalt mit anderen Berufen zusammenschließen, allerdings geht dies nach einhelliger Ansicht nicht mit einem Rechtsanwalt, der gleichzeitig den Beruf des Notars ausübt. Hierbei wird angeführt, dass nach der amtlichen Begründung des Gesetzes die Notare ausdrücklich nicht als partnerschaftsfähig angesehen werden, weil sie ein öffentliches Amt ausüben[34]. Dabei wird nicht nur auf die amtliche Begründung abgestellt, sondern auch auf den Umstand, dass sich ausdrücklich aus § 59a BRAO[35] ergibt, dass Rechtsanwälte, die gleichzeitig Notare sind, eine Berufsverbindung nur eingehen können, soweit es um ihre anwaltliche Tätigkeit geht[36].   **32**

b) Rechtsprechung BVerfG/BGH

Die Rechtsprechung des BVerfG[37] und des BGH[38] steht dieser Ansicht nicht entgegen, denn in beiden Entscheidungen ging es um die Außendarstellung der Anwaltsnotare, nicht aber um ihre innere Organisationsstruktur. Trotz einer gewissen Bindung an diese Judikatur müssen doch Sinn und Zweck bezweifelt werden, denn es wird immer wieder der Eindruck vermittelt, dass der deutsche Notar sog. Einzelkämpfer zu sein habe, der sich nicht der Zusammenarbeit mit anderen Berufsgruppen bedienen darf, was teilweise im europäischen Ausland, wie z.B. Frankreich, anders gesehen wird. Im Grunde wird auch damit wieder das »öffentliche Amt« herausgearbeitet, dem Sozietäten eben fremd sind. Für eine Steigerung der Qualität spricht allerdings die Tatsache der umfassenden beruflichen Zusammenarbeit.   **33**

c) EWiV

Die Beteiligung an der **Europäischen wirtschaftlichen Interessenvereinigung** (EWiV) wird ebenfalls nicht als sozietätsfähig für den Anwaltsnotar angesehen[39]. Hier hat bereits der Gesetzgeber in der Begründung – was insoweit eine absolute Ausnahme ist – ausgeführt, dass er das Amt des Notars nicht als »einbringungsfähig« ansieht[40]. Es wird nur allgemein als erlaubt angesehen, dass sich der (Anwalts-) Notar an der EWiV beteiligt, soweit es um technische oder organisatorische Erleichterungen geht, aber keinesfalls in der Absicht der Gewinnbeteiligung.   **34**

---

32 NJW 1998, 2269; vgl. dazu auch *Lerch,* NJW 1999, 401.
33 PartGG (BGBl. I S. 1744).
34 So jedenfalls *Schippel/Bracker/Görk*, § 9 Rz. 5; *Eylmann/Vaasen/Baumann*, § 9 BNotO Rz. 17.
35 BGBl. I 1994, 1744.
36 So OLG Stuttgart NJW-RR 2006, 1723 f. = MDR 2006, 718 f. = ZIP 2006, 1491 ff. = OLGReport Stuttgart 2006, 322 ff. = Justiz 2006, 251 ff. = BWNotZ 2007, 46, 47.
37 NJW 2005, 1483 = DNotZ 2005, 931 = AnwBl. 2005, 427.
38 NJW 2005, 2693.
39 *Schippel/Bracker/Görk*, § 9 Rz. 5; *Eylmann/Vaasen/Baumann*, § 9 BNotO Rz. 18.
40 BT-Drucks. 11/352 S. 10 sowie 11/1807 S. 8.

d) Kooperation

35 In der Praxis und in der Rechtsdogmatik haben die **sog. Kooperationen** insofern Schwierigkeiten bereitet, als ein Teil der Literatur sie von der Vorschrift erfasst sehen möchte[41]. Mit dem Hinweis, es handele sich um unzulässige Werbung nach § 14[42], ist noch keine überzeugungsfeste Begründung abgegeben, denn ein kausaler Zusammenhang zwischen Werbung und Berufsverbindung ist noch nicht einmal ansatzweise erkennbar.

36 Die Ansicht, dass diese Form unzulässig sei, soweit sie von § 9 erfasst sei[43], ist wenig aussagekräftig und kaum überzeugend, weil damit keine Subsumtion stattfindet, denn entweder werden sie von der Vorschrift erfasst oder sie sind keine Berufsverbindung. Es ist aber keine »gemeinsame Berufsverbindung«, denn wirtschaftlich bleiben die Partner völlig selbstständig und arbeiten auf eigenes Risiko. Letztendlich kann dieses Problem nur der Gesetzgeber lösen, in dem er in den Wortlaut der Vorschrift die Kooperation aufnimmt, denn diejenige Ansicht, die sie darunter subsumieren möchte, gibt keine logisch-zwingende Begründung in Form einer Analogie oder eines Umkehrschlusses.

37 In der Rechtsprechung ist diese Art des Zusammenschlusses zwar nur für die **sog. Nurnotare** entschieden worden[44], aber die dort entwickelten Grundsätze gelten im gleichen Umfang auch für die Anwaltsnotare. Die Vermutung liegt allerdings nahe, dass Justizverwaltung und Rechtsprechung eine Begründung suchten, um das Verbot der Sozietät mit mehr als zwei Notaren auf diese Art und Weise zu rechtfertigen. Nach dem mitgeteilten Sachverhalt war es aber keine Kooperation sondern die gemeinsame Nutzung von Geschäftsräumen in Gestalt einer Bürogemeinschaft, so dass die Streitfrage, ob Kooperationen von § 9 erfasst sind, von der Rechtsprechung noch nicht entschieden ist. Daher ist jene Konstellation der Zusammenarbeit nicht unter die Vorschrift zu subsumieren, es sei denn, der Begriff wird fälschlicherweise für die Kooperation verwendet, die sie in der Realität nicht darstellt. Bei ähnlich gelagerten Sachverhalten wird es deshalb um so mehr auf den Sachverhalt und seine Varianten ankommen.

III. Unabhängigkeit und Unparteilichkeit (Abs. 3)

1. Allgemeines

38 Der Gesetzgeber hat zwar die Formulierung gewählt, dass die Zusammenarbeit nur zulässig ist, soweit Unabhängigkeit und Unparteilichkeit nicht beeinträchtigt sind, woraus geschlossen werden kann, dass die Zusammenarbeit nicht die Regel sein soll, jedoch ist es im umgekehrten Sinn zu verstehen; es handelt sich also nicht um ein Verbot mit Erlaubnisvorbehalt, sondern lediglich um die der Landesjustizverwaltung zugewiesene Kompetenz, in eine nochmalige Prüfung einzutreten, ob der Zusammenschluss Unabhängigkeit und Unparteilichkeit gefährdet.

2. Beurkundungsverbote

39 Im Rahmen der sog. Beurkundungsverbote nach § 3 Abs. 1 BeurkG ist die Frage aufgeworfen worden, ob es zulässig sein kann, dem Notar eine Auflage seitens der Landesjustizver-

---

41 So *Schippel/Bracker/Görk*, § 9 Rz. 1 mit der » Begründung« es werde der Anschein einer Berufsverbindung erweckt.
42 So aber *Schippel/Bracker/Görk*, § 9 Fn. 191.
43 So *Eylmann/Vaasen/Baumann*, § 9 BNotO Rz. 19, wo eben nur diese »Begründung« gegeben wird.
44 BGH DNotZ 2005, 870 ff. mit der Besonderheit, dass ein Notar, gegen den ein Amtsenthebungsverfahren wegen Vermögensverfalls lief, in Dresden sich mit zwei anderen Notaren zusammenschließen wollte; im Innenverhältnis war jedoch eine Bürogemeinschaft beabsichtigt; vgl. insoweit auch Fn. 21.

waltung zu machen, wonach er intern sicherstellen soll, keine Beurkundungen in Angelegenheiten vorzunehmen, in denen zuvor ein mit ihm zusammengeschlossener Rechtsanwalt tätig war, wogegen grundsätzlich keine Bedenken bestehen[45].

Eine ganz andere Frage ist, inwieweit solche Auflagen in der Praxis kontrollierbar sind **40** und damit nicht mehr oder weniger die Beurkundungsverbote »leerlaufen«. Die bisherige Dogmatik hat sich gerade wegen dieser Abgrenzungsschwierigkeiten noch nicht einmal um eine bessere Definition des Begriffs der »Angelegenheit« bemüht[46], sondern fast alle dazu geäußerten Ansichten in der Literatur übernehmen immer wieder dieselben Formulierungen.

Da in § 14 ebenfalls die Begriffe Unabhängigkeit und Unparteilichkeit verwendet werden **41** und sich aus Sinn und Zweck sowie aus dem Regelungszusammenhang der BNotO nichts anderes ergeben kann, gelten die dazu aufgestellten Maßstäbe[47].

---

45 So jedenfalls OLG Celle NdsRpfl. 2006, 152 ff.
46 Vgl. die neuen Definitionsversuche bei *Leske*, S. 116 und *Lerch*, BeurkG, § 3 Rz. 12; *Huhn/von Schuckmann/Armbrüster*, § 3 Rz. 19 ff.; *Armbrüster/Leske*, ZNotP 2001, 450, 453; auch hier ist die sog. h.M. geradezu gedankenlos und eine Meinung in der Literatur wird von der anderen übernommen, vgl. nur beispielhaft *Eylmann/Vaasen/Eylmann*, § 3 BeurkG Rz. 7 ff.
47 Vgl. die Erläuterungen zu § 14 Abs. 3.

§ 10

(1) ¹Dem Notar wird ein bestimmter Ort als Amtssitz zugewiesen. ²In Städten von mehr als hunderttausend Einwohnern kann dem Notar ein bestimmter Stadtteil oder Amtsgerichtsbezirk als Amtssitz zugewiesen werden. ³Der Amtssitz darf unter Beachtung der Belange einer geordneten Rechtspflege nach Anhörung der Notarkammer mit Zustimmung des Notars verlegt werden. ⁴Für die Zuweisung eines anderen Amtssitzes auf Grund disziplinargerichtlichen Urteils bedarf es der Zustimmung des Notars nicht.

(2) ¹Der Notar hat an dem Amtssitz seine Geschäftsstelle zu halten. ²Er hat seine Wohnung so zu nehmen, dass er in der ordnungsgemäßen Wahrnehmung seiner Amtsgeschäfte nicht beeinträchtigt wird; die Aufsichtsbehörde kann ihn anweisen, seine Wohnung am Amtssitz zu nehmen, wenn dies im Interesse der Rechtspflege geboten ist. ³Beim Anwaltsnotar müssen die Geschäftsstelle und die Kanzlei nach § 27 Abs. 1 der Bundesrechtsanwaltsordnung örtlich übereinstimmen.

(3) Der Notar soll seine Geschäftsstelle während der üblichen Geschäftsstunden offen halten.

(4) ¹Dem Notar kann zur Pflicht gemacht werden, mehrere Geschäftsstellen zu unterhalten; ohne Genehmigung der Aufsichtsbehörde ist er hierzu nicht befugt. ²Das Gleiche gilt für die Abhaltung auswärtiger Sprechtage.

Übersicht

A. Entstehungsgeschichte der Vorschrift

1   Die Vorschrift entspricht im Wesentlichen § 11 RNotO und weicht davon nur insofern ab, als die **»Anhörung der Notarkammer«** vorgeschrieben wird, soweit der Notar eine Verlegung seines Amtssitzes erstrebt.

2   Darüber hinaus ist Abs. 1 Satz 2 dahin gehend ergänzt worden, dass die **»Belange einer geordneten Rechtspflege«** ebenfalls zu beachten sind, wenn über eine Verlegung des Amtssitzes entschieden werden muss. Dies ist eine Folge der Novellierung des § 4 durch das 2. Änderungsgesetz zur BNotO vom 29.01.1991 (BGBl. I S. 150), denn das »Erfordernis der geordneten Rechtspflege« ist nunmehr Tatbestandsmerkmal bei der Festlegung der Notarstellen nach § 4.

3   Ansonsten wurden Abs. 2 und 3 durch das dritte Änderungsgesetz zur BNotO vom 31.08.1998 (BGBl. I. S. 2585) eingefügt; Abs. 3 ist wortgleich mit § 5 Abs. 1 Satz 1 a. F. DONot; Abs. 2 trifft Erleichterungen für die sog. Residenzpflicht des Notars.

B. Erläuterungen

I. Amtssitz (Abs. 1 Satz 1)

1. Begriff

Das Gesetz unterscheidet den Amtssitz vom Amtsbereich (vgl. dazu § 10a) und davon noch   4
einmal den Amtsbezirk (vgl. § 11). Der Amtssitz wird durch die Grenzen einer bestimmten
politischen Gemeinde beschrieben. Es handelt sich dabei um den dem Notar zugewiesenen
Ort, an dem er seine Geschäftsstelle einzurichten hat. Eine Ausnahme davon wird in Satz 2
insoweit vorgenommen, als bei Städten mit mehr als einhunderttausend Einwohnern dem
Notar ein bestimmter Stadtteil zugewiesen werden kann.

Von dieser Möglichkeit hat allerdings keine Landesjustizverwaltung Gebrauch gemacht,   5
auch nicht in den Städten mit mehr als 500.000 Einwohnern, was sich durchaus anbieten
würde. Demgegenüber kann der Notar nicht an jedem beliebigen Ort seiner Wahl um seinen
ersten Amtssitz nachsuchen. Es muss schon ein engerer räumlicher Bezug zu einer politischen Gemeinde vorhanden sein, so dass die Errichtung des Amtssitzes auf einem Flughafen
unzulässig ist[1]. Die Wahl irgend eines Ortes zur Festlegung des Amtssitzes ist daher abzulehnen[2].

Ein Notar oder ein Bewerber um dieses Amt kann im Klagewege die Landesjustizverwal-   6
tung nicht veranlassen, die Ausschreibung für einen bestimmten Ort zu unterlassen[3].

2. Festlegung

a) Voraussetzungen

Den ersten Amtssitz kann sich der Notar aussuchen, sofern dort natürlich ein entsprechen-   7
des **Bedürfnis für die Einrichtung** einer Notarstelle besteht. Hat sich der Notar für einen
Amtssitz entschieden, ist er im Folgenden daran gebunden und kann diesen nur noch mit
Zustimmung der Landesjustizverwaltung verlegen. Die Festlegung und die dieser vorangegangene Zuweisung des Amtssitzes erfolgt in der Bestallungsurkunde (§ 12). Der Anwaltsnotar kann seinen Amtssitz nur in derjenigen politischen Gemeinde einrichten, in der
er auch als Anwalt zugelassen ist.[4]

b) Folgen

Der Festlegung des Amtssitzes in einer politischen Gemeinde korrespondiert die **Unver-**   8
setzbarkeit des Notars. Die Landesjustizverwaltung kann ihm ohne seine Zustimmung keinen anderen Amtssitz zuweisen. Eine Ausnahme hierzu gilt für den Nurnotar, gegen den
nach § 97 Abs. 2 eine entsprechende Disziplinarmaßnahme ergangen ist. Ihm kann die Landesjustizverwaltung einen anderen Amtssitz zuweisen. Für die Aktenverwahrung eines seinen Amtssitz verlegenden Notars gilt § 51.

---

1 So zutreffend BGH, DNotZ 1982, 375; *Bohrer,* Berufsrecht, Rz. 283 Fn. 81.
2 BGH, DNotZ 1981, 521 f.
3 BGHR BNotO § 10 Abs. 1 Satz 2 Ausschreibung 1.
4 *Eylmann/Vaasen/Eylmann,* § 10 BNotO Rz. 4.

3. Verlegung (Abs. 1 Satz 2)

a) Allgemeines

9   **Der Notar kann seinen Amtssitz verlegen.** Er kann allerdings nicht von der Landesjustizverwaltung dazu gezwungen werden, und er ist auch nicht zur Zustimmung einer Verlegung verpflichtet, wenn diese durchaus im Sinne einer geordneten Rechtspflege wäre. Damit garantiert ihm das Gesetz eine dem Richter vergleichbare Unabhängigkeit. Die Verlegung ist an die vorherige Anhörung der Notarkammer gebunden; verweigert diese ihre Zustimmung, kann die Landesjustizverwaltung dennoch die Verlegung auf Antrag des Notars aussprechen. Ist die Anhörung der Notarkammer unterblieben, bleibt die Wirksamkeit einer inzwischen vorgenommenen Verlegung davon unberührt.

b) Voraussetzungen

10   Die Sitzverlegung steht unter dem **Vorbehalt,** dass sie den Belangen einer geordneten Rechtspflege entspricht. Dieses zusätzliche Merkmal ist Folge der Novellierung von § 4 auf Grund des 2. Änderungsgesetzes zur BNotO vom 29.01.1991 (BGBl. I S. 150). Es dürfen eben danach nur noch so viel Notarstellen eingerichtet werden, wie es für eine geordnete Rechtspflege erforderlich ist[5].

11   Eine Auslegung von Abs. 1 Satz 1 dahin gehend, dass die Verlegung nicht bloß im Widerspruch zu einer geordneten Rechtspflege stehen darf, ist im Hinblick auf den vom Gesetzgeber verfolgten Zweck, nämlich eine zu starke Vermehrung der Notarstellen zu verhindern, nicht möglich. Wenn eine Verlegung den Belangen einer geordneten Rechtspflege entsprechen muss, bedeutet dies, dass zuvor eine neue Stelle ausgeschrieben sein muss, und zwar in dem Bezirk, in den der Notar seinen Sitz verlegen möchte[6]. Die Landesjustizverwaltung kann eine Ausschreibung auf einen bestimmten Bezirk beziehen und kann andererseits die Verlegung des Amtssitzes davon abhängig machen, ob sie den Belangen einer geordneten Rechtspflege entspricht[7]. Dies gilt grundsätzlich auch dann, wenn zwei Bewerber aus zwei verschiedenen OLG-Bezirken aus demselben Bundesland sich um dieselbe Stelle bemühen[8].

12   Dies kann gerade in Ballungsräumen mit einer relativ hohen Notardichte dazu führen, dass zumindest für eine Übergangszeit eine Sitzverlegung unmöglich wird, jedoch bedeutet diese Gesetzesauslegung für den Notar eine weniger einschneidende Härte, der bereits eine Notarstelle hat und nur seinen Sitz verlegen möchte, wenn andererseits einem Anwärter zugemutet wird, noch längere Zeit zu warten, weil ein Bedürfnis derzeit nicht nachgewiesen werden kann.

13   Bei der **Sitzverlegung** ist auch darauf zu achten, dass der Bewerber – bezogen auf den neuen Bezirk – die Voraussetzung des § 6 Abs. 3 Nr. 2 erfüllt, also mindestens 3 Jahre ununterbrochen in dem (neuen) Bezirk als Anwalt zugelassen war[9].

4. Geschäftsstelle (Abs. 2)

a) Verpflichtung

14   **Der Notar ist verpflichtet, am Ort des Amtssitzes eine Geschäftsstelle** einzurichten und entsprechend zu kennzeichnen. Er muss diese während der üblichen Geschäftszeiten offen halten. Die Geschäftsstelle muss so eingerichtet sein, wie es zur ordnungsgemäßen Amtsaus-

---

5 Vgl. dazu näher § 4 Rz. 4.
6 So auch *Bohrer,* Berufsrecht, Rz. 285; in diesem Sinne auch BGHR BNotO § 10 Abs. 1 Satz 2 Amtssitz 2.
7 BGH DNotZ 1996, 906, 908 = BGHR BNotO § 10 Abs. 1 Satz 2 Amtssitz 5.
8 BGH DNotZ 2001, 730 = RNotZ 2001, 352 = BGHR BNotO § 10 Abs. 1 Satz 2 Amtssitz 6.
9 *Bohrer,* Berufsrecht, Rz. 285; ders. DNotZ 1991, 13 BGH, DNotZ 1981, 521; BGH, DNotZ 1994, 33 = BGHR BNotO § 10 Abs. 1 Satz 2 Amtssitz 3; BGH, DNotZ 1995, 161.

übung notwendig ist. Dies bedeutet konkret, dass Amtsgeheimnisse gewahrt werden können, dass sie in den Mindestanforderungen dem Ansehen des Notaramtes Rechnung trägt und organisatorisch so ausgestattet ist, dass das rechtsuchende Publikum ohne große Mühen um entsprechende Amtshandlungen mit Erfolg nachsuchen kann. Durch entsprechendes Änderungsgesetz vom 26.03.2007[10] ist Abs. 2 durch einen Satz 2 insofern ergänzt worden, als Kanzlei und Geschäftsstelle örtlich übereinstimmen müssen, d.h. in den Räumlichkeiten der Anwaltskanzlei müssen sich auch jene für das Notaramt befinden. Dies war bisher tatsächlich fast immer der Fall, ist aber nunmehr von Gesetzes wegen festgeschrieben worden.

Dementsprechend müssen Räumlichkeiten in angemessenem Umfang zur Verfügung gestellt werden, Hinweise auf das Vorhandensein einer Geschäftsstelle vorhanden sein und die Möglichkeit gegeben sein, den Notar während der Öffnungszeiten zu erreichen. Wegen der Notwendigkeit der Anbringung eines Praxisschildes wird auf § 3 DONot verwiesen. **15**

Übernimmt ein Notar die Geschäftsstelle und das Personal eines aus dem Amt entlassenen Notars, liegt darin keine Betriebsnachfolge im Sinne des § 613a BGB[11]. Der Amtsvorgänger, der die Geschäftsräume des Notariats an den späteren Amtsnachfolger vermietet hatte, ist aus Standesrechtsgesichtspunkten und nachvertraglichen Treuepflichten zur Duldung eines Umzugsschildes verpflichtet[12]. **16**

b) Geschäftszeiten

Die Geschäftsstelle ist zu den **üblichen Zeiten geöffnet** zu halten. Dabei ist er zwar nicht an die Öffnungszeiten der Gerichte und Behörden gebunden, jedoch geben diese eine gewisse Orientierung. **17**

Mit Sicherheit zählen dazu weder **Nachtzeiten und Sonn- und Feiertage,** noch **Sonnabende,** an denen in der Regel auch Behörden geschlossen sind. Ebenso wenig ist der Notar verpflichtet, sich an etwaigen Dienstleistungsabenden für Geschäfte bereit zu halten. Allerdings sollte er, wenn er nicht andere Termine wahrzunehmen hat, in der Regel zwischen 9.00 und 16.00 erreichbar sein und für Amtshandlungen zur Verfügung stehen. **18**

Eine im Rahmen der Dienstaufsicht erteilte Weisung, dass er auf jeden Fall in dieser Zeit anwesend sein muss, wäre unzulässig und ist ihm ebenso wenig zuzumuten, wie einem unabhängigen Richter. Hier muss auf den Einzelfall abgestellt werden; jede Schematisierung ist unzweckmäßig und würde der Einzelfallgerechtigkeit zuwiderlaufen. Ein zur üblichen Zeit begonnenes Geschäft kann selbstverständlich zu Ende geführt werden, auch wenn es sich notfalls bis Mitternacht hinzieht. Die Protokollierung eines Vorgangs nach 18.00 Uhr wird durch eine Zusatzgebühr (§ 58 Abs. 3 KostO) abgegolten, die zwingend zu erheben ist, wenn die tatsächlichen Voraussetzungen vorliegen. **19**

Allerdings kann aus dem Wortlaut auch nicht geschlossen werden, der Notar soll auf jeden Fall während der üblichen Geschäftsstunden seine Geschäftsstelle offen halten, könne und dürfe darüber hinaus zu jeder anderen Tages- bzw. Nachtzeit auch beurkunden. Dies entspricht zwar einerseits dem Dienstleistungscharakter des Berufs, der aber andererseits öffentlich-rechtlichen Beschränkungen unterliegt und weder Behörden noch kaufmännisch eingerichtete Geschäftsbetriebe bieten »rund um die Uhr« ihre Geschäfte an. Die Richtlinienempfehlungen der Bundesnotarkammer haben wohl zu Recht davon abgesehen, hier eine nähere Konkretisierung zu treffen, um jede Schematisierung zu vermeiden. Im Zweifel sollte großzügig verfahren werden, allerdings sind auch sog. Auswüchse unbedingt zu unterbinden. **20**

10 BGBl. I S. 358.
11 LAG Köln, NZA-RR 1999, 66 = AnwBl. 1999, 118 = MittRhNotK 1999, 164; vgl. dazu auch *Volk,* NotBZ 1999, 73.
12 LG Aachen, MittRhNotK 1999, 207.

c) Auswärtige Amtsgeschäfte

aa) Grundsätze

21 Außerhalb der Geschäftsstelle, aber noch innerhalb des Amtsbereichs (§ 10a), darf der Notar nur tätig werden, wenn überzeugende Gründe dies rechtfertigen. Damit ist lediglich ein Regel-Ausnahme-Prinzip aufgestellt, ohne konkret anzugeben, wann Ausnahmen akzeptiert werden.

22 **Außerhalb der Geschäftsstelle** darf der Notar nur tätig werden, wenn sachliche Gründe das rechtfertigen. Die Richtlinienempfehlungen der Bundesnotarkammer (vgl. dort Ziff. IX) erlauben dem Notar eine Tätigkeit außerhalb der Geschäftsstelle, wenn sachliche Gründe dafür vorliegen, allerdings mit der zutreffenden Einschränkung, dass bei Tätigkeiten außerhalb der Geschäftsstelle diese unzulässig ist, wenn bereits der Anschein von amtswidriger Werbung i. S. d. § 29 entsteht oder Anschein von Abhängigkeit oder Parteilichkeit i. S. d. § 14 oder letztendlich der Schutzzweck des Beurkundungsverfahrens gefährdet ist.

23 Letzteres wird insbesondere anzunehmen sein, wenn in Räumlichkeiten protokolliert wird, die einem größeren Personenkreis jederzeit zugänglich sind, also z. B. einer Gaststätte. Der Notar sollte auch nicht regelmäßig in Banken die Protokollierung einer Grundschuld für diese oder eine andere Bank vornehmen. Für das Verbot einer Beurkundung außerhalb der Geschäftsstelle, aber innerhalb des Amtsbereichs eines Notars fehlt es an einer gesetzlichen Grundlage, die den formellen Anforderungen des Art. 12 I 2 GG genügt[13]. Dabei ist allerdings zu beachten, dass diese Rechtsprechung noch zu § 5 DONot a. F. erging, der zwischenzeitlich aufgehoben ist.

24 Der Anschein von Werbung oder Parteilichkeit ist gegeben, wenn regelmäßig Bauträgerverträge in den Räumen der Bauträgergesellschaft beurkundet werden. Der »umherreisende Notar« entspricht nicht dem Berufsbild eines Notars; ein solches Verhalten ist regelmäßig unbefugte Werbung.

25 Der Notar muss grundsätzlich den Beteiligten aufgeben, zu ihm ins Büro zu kommen. Das ist bei Amtsträgern allgemein notwendig, damit die Klarheit der Amtsführung gewährleistet ist und Unzuträglichkeiten vermieden werden; bei den Notaren insbesondere muss auch den Gefahren eines Werbens für die Praxis und eines unangebrachten Wettbewerbs vorgebeugt werden.

26 Eine Ausnahme gilt für diejenigen Geschäfte, die ihrer Art nach nicht in der Geschäftsstelle des Notars vorgenommen werden können, z. B. Wechselproteste, Versteigerungen, Beurkundungen von Versammlungen u. dergl. Eine weitere Ausnahme muss angenommen werden, wenn es den Beteiligten nicht zugemutet werden kann – etwa wegen Krankheit, Gebrechlichkeit oder aus ähnlichen Gründen –, den Notar in seiner Geschäftsstelle aufzusuchen. Schon hiernach können nicht viele Fälle in Betracht kommen, in denen ein Notar in seinem Amtsbezirk außerhalb seiner Geschäftsstelle tätig werden darf. Anderes kann erst recht nicht gelten, soweit es sich um den Oberlandesgerichtsbezirk im Übrigen handelt[14]. Es wird wohl auch nichts dagegen einzuwenden sein, wenn der Notar sich mit allen Beteiligten zusammenfindet, um die örtlichen Verhältnisse gegenwärtig zu haben (Grundstücksabtretungen, Bestellung von Dienstbarkeiten, Vergleichsabschlüsse usw.).

27 Gegen die **Beglaubigung von Unterschriften** einer oder mehrerer Personen in Banken, Versicherungen oder größeren Betrieben wird nichts einzuwenden sein, wenn sich die Amtstätigkeit auf die Beglaubigung beschränkt. Hier handelt es sich um das typische »Massengeschäft«, das den Notar und die notwendige Aufrechterhaltung eines organisierten Bürobetriebs unnötig belasten und beeinträchtigen würde, wenn die eine Unterschrift anerkennenden oder sie vollziehenden Personen zu ihm kommen müssten. Grundsätzlich dürfen allerdings andere Geschäfte als Beglaubigungen nicht außerhalb der Geschäftsstelle vorgenommen werden. Derartige Amtsgeschäfte dürfen nur aus triftigen Gründen außerhalb der Geschäftsstelle vorgenommen werden[15].

13 BVerfG NJW 2000, 3486 = ZNotP 2000, 394 = DNotZ 2000, 787 m. Anm. *Eylmann*.
14 BGH DNotZ 1967, 448.
15 OLG Köln, DNotZ 1981, 648; *Weingärtner/Ehrlich*, Rz. 524.

Die **Richtlinienempfehlungen der Bundesnotarkammer** haben das Problem der Beur- 28
kundung außerhalb der Geschäftsstelle in Abschnitt IX Nr. 2 geregelt, nachdem die DONot
keine entsprechende Norm mehr vorhält. Danach ist dem Notar ein weiter Ermessensspielraum eingeräumt, denn es reichen sachliche Gründe dafür aus außerhalb der Geschäftsstelle
zu beurkunden, allerdings ist es ihm untersagt, wenn dadurch der Anschein von amtswidriger Werbung, der Abhängigkeit oder Parteilichkeit entsteht oder der Schutzzweck des Beurkundungserfordernisses gefährdet wird.

bb) Beispiele für zulässige Auswärtsgeschäfte

Erlaubte Amtstätigkeit außerhalb der Geschäftsstelle sind vermutlich längere Erkrankung 29
eines Beteiligten; Versteigerungen, Verlosungen, Siegelungen, Aufnahme von Wechsel- und
Scheckprotesten; Protokollierung von Versammlungen einer Gesellschaft (AktG; GmbH;
Gen; etc.), größere Anzahl von Beteiligten, die in den Räumen des Notars keinen Platz fän-
den[16].

5. Mehrere Geschäftsstellen/Sprechtage (Abs. 4)

a) Erteilung der Genehmigung

Der Regelung kommt **keine große praktische Bedeutung** bei, denn eine inzwischen flä- 30
chendeckende Versorgung der Bevölkerung mit Notarstellen und ein derzeit bestehendes
»Überangebot von Notarstellen« zumindest im Bereich des Anwaltsnotars dürften die Zulässigkeit von mehreren Geschäftsstellen und auswärtigen Sprechtagen stark einschränken.

Mehrere Geschäftsstellen muss der Notar auf Verlangen der Aufsichtsbehörde einrich- 31
ten; er darf es aber stets nur mit Genehmigung der Aufsichtsbehörde (Abs. 4). Die Entscheidung trifft die Aufsichtsbehörde nach ihrem pflichtgemäßen Ermessen. Sie hat dabei in erster Linie auf die Bedürfnisse einer geordneten Rechtspflege abzustellen. Die Entscheidungen
sind Verwaltungsakte, für die die Rechtsbehelfe des § 111 gegeben sind.

Der Notar ist auf Verlangen der Aufsichtsbehörde verpflichtet, aber nur mit Genehmi- 32
gung der Aufsichtsbehörde dazu berechtigt, auswärtige Sprechtage abzuhalten. Sprechtage
oder Sprechstunden werden dann in einer Räumlichkeit außerhalb des Amtssitzes abgehalten, der nicht ständig als Geschäftsstelle eingerichtet ist. Bei Einrichtung mehrerer Geschäftsstellen wird dasselbe Ergebnis erreicht. Der Notar muss sich aber auch dabei an den
ihm zugewiesenen »engeren räumlichen Amtsbereich« halten. Einem Notar kann nicht die
Abhaltung von Sprechtagen in einem Gebiet genehmigt werden, das nicht zu seinem engeren
räumlichen Amtsbereich gehört[17].

Ein Verstoß gegen diese Bestimmung ist es bereits, wenn der Notar in einer zweiten Woh- 33
nung (Sommerwohnung, Wochenendhaus, Vorortwohnung usw.) ständig oder zu bestimmten Zeiten Amtsgeschäfte vornimmt.

Die **Erteilung der Genehmigung** zum Abhalten auswärtiger Sprechtage unterliegt dem 34
Ermessen der Behörde. In den Ministerialerlassen (AVNot) heißt es durchweg, die Genehmigung solle nur erteilt werden, wenn ein dringendes Bedürfnis der Rechtspflege bestehe;
sie solle versagt werden, wenn am fraglichen Ort ein anderer Notar amtiert oder bereits einem anderen Notar eine entsprechende Erlaubnis erteilt ist.

Dies bedeutet andererseits, dass der Notar **keinen Anspruch auf die Einrichtung mehre-** 35
rer Geschäftsstellen hat[18]. Gleiches gilt für das Institut der auswärtigen Sprechtage. Für die
Auslegung der Norm kann die inhaltsgleiche Bestimmung des § 28 Abs. 1 BRAO herangezogen werden, wonach eine Genehmigung nur erteilt werden darf, »wenn es nach den
örtlichen Verhältnissen im Interesse einer geordneten Rechtspflege dringend geboten er-

---

16 Weitere Beispiele bei *Weingärtner/Ehrlich,* Rz. 524; vgl. auch *Bohrer,* Berufsrecht, Rz. 293.
17 BGHZ 66, 261 = DNotZ 1976, 624.
18 *Schippel/Bracker/Püls,* § 10 Rz. 11.

scheint«. Die wirtschaftliche Situation des Notars ist bei Prüfung der Frage, ob ein dringendes Bedürfnis für die Abhaltung besteht, grundsätzlich unbeachtlich[19].

36 Da der Notar Inhaber eines öffentlichen Amtes ist und damit noch stärker ein Eingriff in die **Freiheit der Berufsausübung** durch die Verfassung (Art. 12 GG) gestattet wird, kann im Zweifel die Auslegung des § 10 Abs. 4 noch restriktiver erfolgen als die zu § 28 Abs. 1 BRAO.

37 Im Rahmen von **überörtlichen Sozietäten** können keine besonderen Probleme entstehen, denn nach § 9 BNotO besteht grundsätzlich zwischen Notaren ein Verbot der Berufsverbindung. Soweit sich Anwaltsnotare zu gemeinsamer Berufsausübung verbinden, erstreckt sich diese nur auf die Tätigkeit als Rechtsanwälte. Dem Notar bleibt es durch §§ 10, 10a BNotO weiterhin untersagt, außerhalb seiner Geschäftsstelle oder anderer ihm gezogener Grenzen notarielle Tätigkeit auszuüben.

b) Widerruf der Genehmigung

38 **Widerruf einer rechtmäßig erteilten Genehmigung** für eine weitere Geschäftsstelle bzw. das Abhalten auswärtiger Sprechtage ist auch dann zulässig, wenn die Behörde den Vorbehalt des Widerrufs nicht ausdrücklich in die Genehmigung aufgenommen hat, was sie nach den AVNot der Landesjustizverwaltungen tun sollte. Allerdings darf nicht ohne sachliche Gründe widerrufen werden; die Rechtsprechung des BGH verbietet, sachfremde Erwägungen in die Ermessensentscheidung der Behörde aufzunehmen, die widerrufen hat. Maßstab für sachliche Erwägungen ist hier ebenfalls § 4 BNotO, d. h. der Widerruf ist u. a. zur Aufrechterhaltung einer geordneten Rechtspflege unbedingt erforderlich[20]. Dabei spielt eine nicht unwesentliche Rolle, ob sich seit der Erteilung der Genehmigung die tatsächlichen Verhältnisse geändert haben.

39 Das kann der Fall sein, wenn bei der Genehmigung dort **noch kein Notar ansässig war,** aber später an dem Ort ein Notar bestellt wird, der die dort anfallenden Geschäfte bewältigen kann, so dass den Erfordernissen der Rechtspflege damit genügt ist, auch wenn die bisher abgehaltenen wöchentlichen Sprechtage entfallen[21].

40 Im Übrigen sind hinsichtlich des Widerrufs einer rechtmäßig erteilten Genehmigung bzw. der Rücknahme einer rechtswidrig erteilten die Bestimmungen des VwVfG (§§ 48 f.) analog anwendbar.

6. Wohnort (Abs. 2)

41 Während früher für den Notar eine **sog. Residenzpflicht** bestand, das heißt seine Wohnung auch in der politischen Gemeinde zu nehmen, in der seinen Amtssitz hat[22], besteht diese Verpflichtung nicht mehr, sondern nur noch dann, wenn dies im Interesse der Rechtspflege geboten ist. Der Notar muss somit nur dafür Sorge tragen, dass er auch innerhalb kürzerer Zeiten von der Wohnung aus seine Geschäftsstelle erreichen kann, unabhängig davon, ob mit öffentlichen Verkehrsmitteln oder unter Einsatz des privaten Fahrzeugs; Letzteres wird die Regel sein. Im Rahmen der Residenzpflicht ist allerdings eine großzügige Handhabung geboten[23].

42 Es sollte kein längerer Anfahrtsweg als eine Stunde vorhanden sein, um auch einmal eilige Notargeschäfte noch in angemessener Zeit erledigen zu können. Dies wird z. B. der Fall sein, wenn sich der Notar bereits in seiner Wohnung aufhält, aber aus dringenden Gründen schnell eine Ausfertigung einer Urkunde benötigt würde.

43 Der Landesjustizverwaltung ist als Ausnahme noch die Möglichkeit eingeräumt, dem Notar die Verpflichtung aufzuerlegen, trotzdem seine Wohnung am Amtssitz, also in derselben

---

19 OLG Naumburg, MDR 2000, 796.
20 BGH, DNotZ 1968, 499; BGH, DNotZ 1975, 49.
21 BGH, DNotZ 1975, 49.
22 Vgl. dazu noch BGH DNotZ 1991, 333, 334 sowie BVerfG NJW 1992, 1093 = DNotZ 1993, 259.
23 BGHR BNotO § 10 Abs. 2 Satz 2 Ausnahmegenehmigung 1.

politischen Gemeinde zu nehmen, wenn dies im Interesse der Rechtspflege geboten ist, also unter Abwägung aller Umstände. Es müssen aber zwingende und nachvollziehbare Gründe vorliegen, die es als unabweisbar erscheinen lassen, dem Notar aufzugeben, in derselben politischen Gemeinde auch seine Wohnung zu nehmen. Dies wird in der Regel nur in ländlichen Gebieten der Fall sein, in denen auch in weiterer Entfernung kein Notar vorhanden ist, aber ein verhältnismäßig hoher Geschäftsanfall zu erwarten ist oder auch schon eingetreten ist und es sich oftmals um unaufschiebbare Geschäfte handeln wird.

§ 10a

(1) ¹Der Amtsbereich des Notars ist der Bezirk des Amtsgerichts, in dem er seinen Amtssitz hat. ²Die Landesjustizverwaltung kann nach den Erfordernissen einer geordneten Rechtspflege die Grenzen des Amtsbereichs allgemein oder im Einzelfall mit der Zuweisung des Amtssitzes abweichend festlegen und solche Festlegungen, insbesondere zur Anpassung an eine Änderung von Gerichtsbezirken, ändern.

(2) Der Notar soll seine Urkundstätigkeit (§§ 20 bis 22) nur innerhalb seines Amtsbereichs ausüben, sofern nicht besondere berechtigte Interessen der Rechtsuchenden ein Tätigwerden außerhalb des Amtsbereichs gebieten.

(3) Urkundstätigkeiten außerhalb des Amtsbereichs hat der Notar der Aufsichtsbehörde oder nach deren Bestimmung der Notarkammer, der er angehört, unverzüglich und unter Angabe der Gründe mitzuteilen.

Übersicht

A. Entstehungsgeschichte der Vorschrift

1 Die Vorschrift wurde durch das **Zweite Änderungsgesetz zur BNotO** vom 29.01.1991 (BGBl. I S. 150) eingefügt.

B. Erläuterungen

I. Amtsbereich (Abs. 1)

1. Definition

2 Das Gesetz unterscheidet zwischen **Amtsbezirk** i. S. d. § 11, der identisch ist mit dem OLG-Bezirk, dem **Amtsbereich,** der nach § 10a dem Bezirk des Amtsgerichts entspricht und dem **Amtssitz,** der nach § 10 Abs. 1 Satz 1 dem Ort der politischen Gemeinde entspricht. Die Festlegung eines Amtsbereichs als mit dem Bezirk des Amtsgerichts identisch war bereits vor Einfügung des § 10a in der disziplinarrechtlichen Rechtsprechung anerkannt[1] und begegnete auch keinen verfassungsrechtlichen Bedenken[2].

---

1 OLG Celle DNotZ 1966, 632; OLG Köln DNotZ 1988, 649.
2 BVerfG DNotZ 1988, 648; BVerfG DNotZ 1993, 748, 749, umfassend dazu *Lerch,* NJW 1992, 3139.

2. Festlegung und Änderung (Abs. 1 Satz 2)

Die Landesjustizverwaltung weist **in der Regel** dem Notar den Amtsbereich als den Bezirk   3
eines bestimmten Amtsgerichts zu, weil sie bezogen auf diesen Amtsgerichtsbezirk auch die
Bedürfnisprüfung i. S. d. § 4 Abs. 1 a. F. vorgenommen hat, die sie naturgemäß nicht am
Amtsbezirk als dem OLG-Bezirk vornehmen kann, der für die Feststellung des Urkundsaufkommens untauglich ist.

Der Gesetzgeber ermöglicht der Landesjustizverwaltung die **abweichende Bestimmung**   4
des Amtsbereichs von vornherein oder zu einem späteren Zeitpunkt, um eben stets über-
lebensfähige Notarstellen zu erhalten. Mit Änderung der Gerichtsbezirke ist in erster Linie
an die der Amtsgerichte gedacht, weil diese auch an den Amtsbereich i. S. d. § 10a anknüpfen. Ändert sich der Amtsbereich des Notars infolge einer Änderung des Gerichtsbezirks,
hat die Landesjustizverwaltung bei der Entscheidung über eine abweichende Festlegung des
Amtsbereichs nach § 10a Abs. 1 Satz 2 BNotO auch die wirtschaftlichen Interessen des betroffenen Notars zu berücksichtigen[3]. Das kommt insbesondere in Betracht, wenn Amtsgerichte infolge von Haushaltsmaßnahmen aufgelöst und in andere Amtsbezirke übergeleitet
werden. Die Landesjustizverwaltung hat von der allgemeinen Möglichkeit, die Grenzen des
Amtsbereichs für den Notar zu erweitern, in Baden-Württemberg insofern Gebrauch gemacht, als im OLG-Bezirk Stuttgart alle dort ansässigen Notare ohne Erfordernis einer Genehmigung oder späteren Anzeige im gesamten OLG-Bezirk Amtshandlungen jeder Art
vornehmen dürfen.

II. Tätigkeit außerhalb des Amtsbereichs (Abs. 3)

1. Allgemeines

Der Notar sollte und darf nur dann **außerhalb des Amtsbereichs** tätig werden, wenn beson-   5
dere berechtigte Interessen der Rechtsuchenden dies gebieten[4]. Der Gesetzgeber hat es lediglich negativ formuliert, um klarzustellen, dass die Tätigkeit innerhalb des Amtsbereichs
die Regel sein muss. Die Formulierung legt zunächst den Schluss nahe, dass alle aus der Sicht
der Rechtsuchenden berechtigten Gründe eine Tätigkeit außerhalb rechtfertigen, so dass in
vielen Fällen angenommen wird, bereits die längere Zeit der Zusammenarbeit zwischen dem
Rechtsuchenden und dem Notar rechtfertige die sog. Auswärtsbeurkundung, wenn der betreffende Mandant aus zunächst nachvollziehbaren Gründen gehindert ist, die Geschäftsstelle des Notars aufzusuchen.

2. Besonderes berechtigtes Interesse

Sicherlich muss ein besonderes berechtigtes Interesse immer dann angenommen werden,   6
wenn gleichzeitig die Voraussetzungen nach § 11 Abs. 2 vorliegen, also sog. Gefahr im Verzug ist, denn die Überschreitung des Amtsbereichs ist mit Sicherheit gerechtfertigt, wenn
die Überschreitung des Amtsbezirks bereits rechtmäßig wäre. Dennoch müssen auch andere
Tatbestände in Betracht kommen, denn die Tatbestandsmerkmale in § 11 Abs. 2 sind andere
als in § 10a Abs. 3.

Ein besonderes Vertrauensverhältnis zwischen einem Mandanten zu einem Notar kann   7
aber auch nicht für sich allein genügen, denn Amtshandlungen sind und müssen stets von jedem Notar vorgenommen werden. In diesem Zusammenhang lassen sich zwei Grundfälle
entwickeln, bei denen der Notar außerhalb des Amtsbereichs tätig werden darf: Wenn ein

---

3 BGH DNotZ 2000, 945; BGH NJW-RR 2001, 491 = MDR 2000, 1464 = LM H. 6/2001 § 10a BNotO
   Nr. 1 = ZNotP 2000, 397; bekräftigt in BGH DNotZ 2006, 393 = BGHR BNotO § 10a Abs. 1 Satz 2
   Amtsbereich 2.
4 Nach früherer Rechtslage »rechtfertigen«.

Beteiligter aus zwingenden gesundheitlichen Gründen den Notar nicht aufsuchen kann, ihn unter allen Umständen aber aufgesucht hätte, sofern dieser Fall nicht eingetreten wäre, und der Notar mindestens mit einem Entwurf bereits beauftragt war und das Geschäft keinen Aufschub duldet (1. Grundfall); wenn ein Notar auf Grund sonstiger, d. h., ständiger Betreuungstätigkeit mit einem umfangreichen Sachkomplex befasst war und dieser auch Gegenstand der in Rede stehenden Beurkundung bildet und aus in der Sache liegenden Umständen nicht in der Geschäftsstelle vorgenommen werden kann (2. Grundfall)[5]. Gerade der zuletzt erwähnte Fall mag Anlass zur Annahme sein, dass der Notar in vielen Fällen auswärts beurkunden könnte, was aber nicht der Fall ist, denn dabei darf nicht unberücksichtigt bleiben, dass sich der Notar keines Dienstvergehens schuldig machen würde, wenn er etwa bei einem größeren Kreis von Urkundsbeteiligten genauso gut innerhalb seines Amtsbereichs einen Konferenzsaal in einem Hotel anmietet und dann allenfalls gegen IX der Richtlinien der Notarkammern[6] verstieße, was in der Regel ohne Folgen bleibt. Insgesamt ist die Regelung unbefriedigend, aber andererseits unvermeidlich, um tragfähige Notariate zu erhalten, denn ansonsten würde ein »**Reisenotariat**« entstehen, das die Fundamente des Zulassungswesens erschüttern könnte.

8 Andererseits kann gegen die Richtlinien nicht eingewandt werden, dass sie keine Regelung hätten treffen dürfen, weil sie dem Gesetzgeber hätte vorbehalten bleiben müssen[7]. Hier werden völlig überzogene Anforderungen an den Gesetzgeber gestellt, zumal den Notarkammern die Kompetenz übertragen ist und sie auch besser mit den örtlichen Verhältnissen vertraut sind.[8]

3. Richtlinienempfehlungen der Bundesnotarkammer

9 Die Bundesnotarkammer hat in ihren Richtlinienempfehlungen vom 29.01.1999 (dort Ziffer IX) folgende Grundsätze entwickelt, bei denen insbesondere dann berechtigte Interessen der Rechtsuchenden vorhanden sind, wenn (a) Gefahr im Verzug ist oder (b) der Notar bereits einen Entwurf gefertigt hat und sich nunmehr aus unvorhersehbaren Gründen ergibt, dass die Beurkundung außerhalb des Amtsbereichs erfolgen muss oder (c) eine nach § 16 KostO zu behandelnde Urkundstätigkeit vorzunehmen ist oder (d) auf Grund eines besonderen Vertrauensverhältnisses zwischen Notar und Beteiligten, dessen Bedeutung auch noch durch die Art der vorzunehmenden Amtstätigkeit unterstrichen sein muss, eine Auswärtsbeurkundung rechtfertigt und es darüber hinaus den Beteiligten unzumutbar ist, den Notar in seiner Geschäftsstelle, also in seinem Amtsbereich, aufzusuchen.

10 Diese Vorschläge orientieren sich damit schon an früher in der Literatur geäußerter Ansicht[9], die insoweit nunmehr in die Richtlinienempfehlungen wörtlich Eingang gefunden.

---

5 *Lerch*, NJW 1992, 3139, 3140; in diesem weiteren Sinne auch *Bohrer*, Handbuch L I Rz. 63.

6 Vgl. dazu *Weingärtner/Wöstmann*, D IX. 27 ff.

7 In diesem Sinne wenig überzeugend aber *Eylmann*, DNotZ 2000, 787; *ders.*, ZNotP 2001, 19, der übersieht, dass es keinen Grundsatz für den Vorbehalt durch ein Gesetz im formellen Sinne geben kann und damit letztlich die Richtlinien der Notarkammern rechtlich auch abgewertet werden, was vielleicht nicht beabsichtigt ist. Im Übrigen gibt § 67 Abs. 2 Satz 3 Nr. 9 BNotO vor, dass die Richtlinien entsprechende Vorschriften für die Beurkundung außerhalb der Geschäftsstelle zu treffen haben; in diesem Sinne völlig zu Recht auch *Wöstmann*, ZNotP 2003, 136; vgl. auch die Nachweise in § 67 Fn. 34.

8 Der Frage, ob und inwieweit der Gesetzgeber seine Zuständigkeit abgeben kann, um sie anschließend auf die Notarkammern zu übertragen, soll an dieser Stelle nicht näher nachgegangen werden; die Rechtsprechung des BVerfG sieht darin kein Problem; vgl. BVerfGE 107, 59, 91; vgl. dazu auch *Funk*, Die Satzungsversammlung bei der BRAK im System der anwaltlichen Selbstverwaltung, S. 61 ff. m.w.N.; kritisch dazu wieder *Jaeger*, ZNotP 2001, 2 ff.; a.A. insoweit wieder *BNotK*, DNotZ 2002, 481, 485, die allerdings schon gewisse Bedenken hat und meint, die Zweifel könnten durch eine klarstellende Formulierung ausgeräumt werden; so auch *Weingärtner/Wöstmann*, D II Rz. 32, wo aber keine verfassungsrechtlichen Argumente gebracht werden.

9 Vgl. *Lerch*, NJW 1992, 3139, 3140, wonach genau die damaligen Vorschläge nunmehr Eingang in die Form einer gesetzlichen Regelung gefunden haben.

Dabei bleibt es allerdings bei der Regel der Beurkundung innerhalb des Amtsbereichs und der absoluten Ausnahme der Beurkundung außerhalb.

III. Mitteilungspflicht (Abs. 4)

Nach dem eindeutigen Wortlaut des Gesetzes kann sowohl die Landesjustizverwaltung, aber auch die Notarkammer kraft Satzungsrechts dem Notar auferlegen, **der Notarkammer** gegenüber **zu melden,** wenn er auswärts beurkundete. Dies schließt notwendigerweise aus, dass vorher auch eine Genehmigung einzuholen wäre; eine ausreichende Sanktion ist dadurch gewahrt, dass der Notar damit selbst das Risiko zutreffender Konkretisierung trägt[10]. **11**

10 So *Bohrer,* in Beck'sches Notarhandbuch L I Rz. 64; vgl. auch *Weingärtner/Ehrlich,* DONot Rz. 516.

§ 11

(1) Der Amtsbezirk des Notars ist der Oberlandesgerichtsbezirk, in dem er seinen Amtssitz hat.

(2) Der Notar darf Urkundstätigkeiten außerhalb seines Amtsbezirks nur vornehmen, wenn Gefahr im Verzuge ist oder die Aufsichtsbehörde es genehmigt hat.

(3) Ein Verstoß berührt die Gültigkeit der Urkundstätigkeit nicht, auch wenn der Notar die Urkundstätigkeit außerhalb des Landes vornimmt, in dem er zum Notar bestellt ist.

Übersicht

A. Entstehungsgeschichte der Vorschrift

1 Die Vorschrift entspricht § 12 RNotO und ist insoweit nur ergänzt worden, als die Wirksamkeit von Geschäften auch dann unberührt bleibt, wenn der Notar contra legem Amtsgeschäfte außerhalb des OLG-Bezirks vornimmt. Die Festlegung von Amtsbezirken durch § 12 RNotO war notwendig geworden, weil bei ihrem Erlass die Länder infolge des Gleichschaltungsgesetzes weggefallen waren, so dass es einer Neugliederung bedurfte.

B. Erläuterungen

I. Amtsbezirk (Abs. 1)

1. Allgemeines

2 Das Gesetz legt den Amtsbezirk fest und begrenzt ihn auf den jeweiligen OLG-Bezirk. **Gesetzessystematisch** gesehen müsste zunächst der Amtsbezirk als der räumliche größere erwähnt werden, dennoch hat sich der Gesetzgeber entschieden, zunächst den Amtssitz in § 10 und seit dem 2. Änderungsgesetz zur BNotO vom 29.01.1991 auch den Amtsbereich durch § 10a zu normieren. Es dürften wohl verfassungsrechtliche Gründe gewesen sein, den Amtsbereich in eine Norm des Gesetzes im formellen Sinne aufzunehmen. Es ist nachvollziehbar die scharfe Abgrenzung zwischen Amtsbereich und Amtsbezirk kritisch zu hinterfragen[1].

---

1 So zu Recht *Eylmann/Vaasen/Eylmann*, § 11 BNotO Rz. 9.

2. Europäisches Ausland

Gerade im **europäischen Ausland** sind derartige Beschränkungen unbekannt[2]. Es scheint **3** ein eher »wettbewerbsrechtliches« Problem zu sein und weniger ein solches, dass der Notar mit den Verhältnissen vor Ort vertraut sein soll. Soweit Befürchtungen zu Tage treten, dass durch Beurkundungen in einem anderen Amtsbereich die wirtschaftliche Existenz des dort ansässigen Notars gefährdet sein könnte, trifft dieses Argument schon deshalb nicht zu, weil das rechtsuchende Publikum sich die Person des Notars selbst aussuchen kann und nicht gerade die Dienste des Notars in Anspruch nehmen muss, der im engeren räumlichen Bereich des Betroffenen sich befindet. Es steht nämlich jeder Rechtsperson frei, sich einen Notar ihres Vertrauens auszusuchen, der möglicherweise spezielle Kenntnisse auf einem bestimmten Rechtsgebiet besitzt, ohne dass von der Beurkundung ausgeschlossene Notare dann mit Erfolg geltend machen könnten, sie seien deswegen in ihrer Existenz bedroht. Die Regelung ist deshalb nur rechtshistorisch »nachvollziehbar« und »verständlich«, weil die Aufteilung in kleine Bezirke auf § 79 PrAGBGB zurückgeht.

3. Grenzen des Amtsbezirks

Es besteht Identität zum OLG-Bezirk, der seinerseits **in einigen Bundesländern nicht mit** **4** **dem Landesgebiet identisch** ist (Baden-Württemberg, Bayern, Niedersachsen, Nordrhein-Westfalen, Rheinland-Pfalz). Ändert sich der OLG-Bezirk, bedeutet dies auch eine Änderung des Amtsbezirks. Die räumliche Eingrenzung auf den Amtsbezirk begrenzt auch die Amtsbefugnis und damit die Beurkundungsgewalt.

Die Abstimmung auf einen bestimmten Bereich, der in vielen Fällen mit dem Bundesland **5** identisch ist, ist Folge der dem Notar von der Landesjustizverwaltung verliehenen Befugnis zur Vornahme von Amtsgeschäften. Er leitet sein Recht von der Landesregierung ab, die durch die Justizverwaltung vertreten wird.

II. Ausnahmetatbestände (Abs. 2)

Das Gesetz erlaubt die Beurkundung außerhalb des Amtsbezirks bei **Gefahr im Verzuge** **6** (1) oder bei **vorher erteilter Genehmigung** (2).

1. Gefahr im Verzuge

Gefahr im Verzuge ist ein **unbestimmter Rechtsbegriff,** der aber inhaltlich voll nachprüfbar **7** und damit justiziabel ist. Deshalb kann der Notar einen solchen Tatbestand nach sorgfältiger Subsumtion annehmen und später die Landesjustizverwaltung ihm fehlerhafte Amtsführung vorhalten; bei der Verhängung von Disziplinarmaßnahmen muss allerdings berücksichtigt werden, inwieweit dem Notar grob fehlerhafte Annahme des Ausnahmetatbestandes vorgeworfen werden kann.

Dennoch ist die Ausnahme nur gegeben, wenn ohne eine rechtzeitige Vornahme der **8** Amtshandlung die begründete Besorgnis besteht, dass die dringende Vornahme der Amtshandlung ohne Hinzuziehung eines ortsnahen Notars nicht mehr gesichert erscheint. In diesem Zusammenhang ist insbesondere eine schwere, möglicherweise zum Tode führende Erkrankung des Rechtsuchenden zu erwähnen, allerdings rechtfertigt sie nicht die Annahme von Gefahr im Verzuge, wenn ein ortsansässiger Notar die Angelegenheit in derselben Zeit erledigen könnte. Allein der Umstand, dass der die Amtshandlung entfernter ansässige No-

---

2 Vgl. dazu *Heinz*, AnwBl. 2000, 562, 564 wonach z.B. in Frankreich jeder Notar in der ganzen Republik beurkunden kann.

tar den (erkrankten) Rechtsuchenden schon seit längerer Zeit betreut, rechtfertigt nicht die Annahme von »Gefahr im Verzug«.

2. Genehmigung durch die Aufsichtsbehörde

a) Grundsätze

9   Mit vorheriger Genehmigung darf der Notar ebenfalls außerhalb des Amtsbezirks Amtshandlungen vornehmen. Sie wird durch denjenigen **Präsidenten des OLG** erteilt, in dessen Bezirk der Notar seinen Amtssitz hat, der seinerseits eine Stellungnahme desjenigen OLG-Präsidenten, in dessen Bezirk der Notar tätig werden möchte, einholt; im Übrigen sind beide Notarkammern zuvor um Stellungnahmen zu ersuchen. Die Genehmigung sollte aber auch nur erteilt werden, wenn »ganz besondere Ausnahmefälle« vorliegen; eine Formulierung, die sich in fast allen AVNot der Landesjustizverwaltungen befindet. Dabei ist das Tatbestandsmerkmal »Gefahr im Verzuge« bei der Auslegung (entsprechend) heranzuziehen, jedoch sind auch andere, weitergehende Fälle damit gemeint[3]. Dies muss schon deshalb sein, weil bei »Gefahr im Verzuge« der Notar grundsätzlich alleine entscheidet, ob ein Ausnahmefall gegeben ist oder nicht, demgegenüber bei der Genehmigung durch die Aufsichtsbehörde eine Prüfung vorab stattfindet und damit weitergehende Sachverhalte gegeben sein müssen. Dennoch sind auch dabei enge Grenzen zu ziehen, um aus der Ausnahme nicht eine Regel entstehen zu lassen. Nur in besonders gelagerten Ausnahmefällen kann die Genehmigung, eine Urkundtätigkeit außerhalb des Amtsbezirks des Notars vorzunehmen, erteilt werden. Das Begehren des Notars, ihm in seiner Eigenschaft als »Haus- und/oder Vertrauensnotar« eine Urkundtätigkeit außerhalb seines Amtsbezirks zu ermöglichen, stellt keinen besonders gelagerten Ausnahmefall dar[4].

b) Einzelfälle

10 Hier kommen insbesondere die **Protokollierung von Gesellschafterversammlungen** mit komplexen Sachverhalten auf Grund langjähriger Betreuungstätigkeit durch den Notar in Betracht;

III. Verstöße (Abs. 3)

1. Tätigkeit im Inland

11 Durch Tätigkeiten außerhalb des Amtsbezirks sowie außerhalb des Landes, wie durch Abs. 3 klargestellt, wird die **Wirksamkeit des Geschäfts** nicht berührt; die Amtshandlung bleibt in vollem Umfang aufrechterhalten und entfaltet uneingeschränkte Verbindlichkeit.

2. Tätigkeit im Ausland

12 Im Ausland, d. h. **außerhalb der Bundesrepublik,** darf der Notar niemals tätig werden, denn seine Befugnis zur Vornahme von Beurkundungen usw. ist Ausfluss der staatlichen Hoheitsgewalt, die ebenfalls an den Staatsgrenzen endet, abgesehen von den Befugnissen nach § 11a. Daher hat eine im Ausland aufgenommene notarielle Urkunde in der Bundesrepublik nicht die Kraft einer öffentlichen Urkunde. Lässt der Notar eine Vollstreckungsunterwerfung vom Schuldner im Ausland unterschreiben, so ist die Urkunde als notarielle

---

3 Insoweit a. A. *Bohrer,* Berufsrecht, Rz. 302.
4 So OLG Celle NdsRPfl 2001, 266.

unwirksam, auch wenn er selbst nach seiner Rückkehr die eigene Unterschrift im Inland tätigt[5].

Die Amtstätigkeit im Ausland ist nicht nur Dienstvergehen, sondern verstößt auch gegen   13
das Völkerrecht, weil jeder Staat die Ausübung fremder Hoheitsgewalt in seinem Gebiet untersagen darf. Die öffentliche Beurkundung nach deutschem Verfahrensrecht im Ausland obliegt nicht den Notaren, sondern ist den konsularischen Behörden übertragen, die die erforderliche Zustimmung des Auslands (Empfangsstaates) für diese Amtstätigkeit besitzen.

Der Notar darf also im Ausland keine Amtshandlungen und insbesondere keine Beurkun-   14
dungen vornehmen. Er darf auch nicht so vorgehen, dass er im Ausland eine Tatsache zur Kenntnis nimmt und später im Inland beglaubigt, etwa die im Ausland ihm gegenüber anerkannte Unterschrift nach Rückkehr an seinen Amtssitz beglaubigt. Denn die Beurkundung tatsächlicher Vorgänge zerfällt ebenso wie die Beurkundung von Rechtsgeschäften in zwei Teile: die sinnliche Wahrnehmung des zu beurkundenden Vorgangs oder Zustandes durch den Notar sowie die anschließende Niederlegung des Wahrgenommenen in einer Urkunde.

Beides muss sich im Inland abspielen, denn schon die erste Aufnahme des Vorgangs ist   15
Amtshandlung. Beglaubigt der Notar also an seinem Amtssitz Unterschriften, die vor ihm im Ausland anerkannt oder vollzogen sind, so ist zwar die Beglaubigung wirksam, aber das Tätigwerden des Notars im Ausland ist eine Amtspflichtverletzung; dafür kann auch nicht die Genehmigung nach § 11 erteilt werden.

Die Beurkundung im Ausland andererseits **durch ausländische Notare** genügt nicht im-   16
mer den deutschen Formvorschriften, z. B. im Grundstücks- oder Gesellschaftsrecht. Das sind Fragen des internationalen Privatrechts.

Eine Legalisation ist bei der Verwertung deutscher notarieller Urkunden im Ausland viel-   17
fach erforderlich. Die Legalisation ist eine dem konsularischen Aufgabenbereich zuzurechnende Amtshandlung; sie unterliegt dem Konsularwesen, aber begrenzt durch das Recht des Empfangsstaats. In der Bundesrepublik sind nach § 2 des Konsulargesetzes vom 11.09.1974 (BGBl S. 2317) die **deutschen Konsuln** für die Legalisation zuständig. Die Legalisation ist die Echtheitsbestätigung einer ausländischen Urkunde seitens der Auslandsvertretung des Staates, in dem diese Urkunde verwendet werden soll. Es ist die Bestätigung, dass die Urkunde von der in ihr bezeichneten Amtsperson in dieser amtlichen Eigenschaft erstellt ist, ohne dass die Formgültigkeit und die Beachtung der Zuständigkeitsvorschriften geprüft sind. Vielfach wird zu der ausländischen Behörde die Zwischenbeglaubigung einer der Urkundenperson vorgesetzten Stelle verlangt, bei deutschen Notaren regelmäßig durch den Präsidenten des Landgerichts.

---

5 BGH, BGHZ 138, 359 = NJW 1998, 2830 = DNotZ 1999, 346 = ZNotP 1998, 292; vgl. auch *Greiner,* LM H. 9/1998 § 19 BNotO Nr. 68/69, sowie *Saenger,* JZ 1999, 101.

§ 11a

¹Der Notar ist befugt, einen im Ausland bestellten Notar auf dessen Ersuchen bei seinen Amtsgeschäften zu unterstützen und sich zu diesem Zweck ins Ausland zu begeben, soweit nicht die Vorschriften des betreffenden Staates entgegenstehen. ²Er hat hierbei die ihm nach deutschem Recht obliegenden Pflichten zu beachten. ³Ein im Ausland bestellter Notar darf nur auf Ersuchen eines inländischen Notars im Geltungsbereich dieses Gesetzes kollegiale Hilfe leisten; Satz 1 gilt entsprechend. ⁴Er hat hierbei die für einen deutschen Notar geltenden Pflichten zu beachten.

Übersicht

A. Entstehungsgeschichte der Vorschrift

1 Die Vorschrift ist durch das dritte Änderungsgesetz zur BNotO vom 31.08.1998 (BGBl. I S. 2585) eingefügt worden und geht auf Bestrebungen zurück, im Rahmen einer Europäisierung des Rechts zu einer länderübergreifenden Zusammenarbeit zu gelangen. Sie steht im Ziffer 2.1. des Europäischen Kodex des notariellen Standesrechts, den die Konferenz der Notariate der Europäischen Union 1995 verabschiedet hat[1]. Infolge der Akzeptanz dieses Kodexes durch die Bundesnotarkammer haben die Regeln den Wert von Richtlinienempfehlungen erhalten[2]. Sie sind allerdings nicht zum Inhalt von Amtspflichten geworden.

B. Erläuterungen

I. Auslandstätigkeiten

2 Ein deutscher Notar kann ebenso im Ausland in eingeschränkter Form tätig werden (Satz 1) wie ein ausländischer Notar in eingeschränkter Form im Geltungsbereich der BNotO (Satz 3).

3 Im Rahmen seiner Tätigkeit hat der deutsche Notar diejenigen Pflichten zu beachten, die ihm auch bei einer inländischen Tätigkeit obliegen (Satz 2).

4 Darüber hinaus muss der ausländische Notar bei seiner Amtshilfe auch diejenigen Pflichten beachten, die einem deutschen Notar obliegen (Satz 4).

5 Er muss sich diese Kenntnis selbst verschaffen und steht auch für ihre Erfüllung ein, auch wenn er sich dabei weitgehend auf die Kenntnisse des deutschen Notars verlassen wird. Andererseits bedeutet dies, dass bei einer Kollision zwischen dem deutschen und dem ausländischen Pflichtenkatalog ersterer stets Vorrang genießt. Da es sich um Regelungen zum Berufsrecht handelt, dürften dagegen keine verfassungsrechtlichen Bedenken bestehen und auch nicht solche, die sich aus dem europäischen Gemeinschaftsrecht ergeben könnten.

---

1 *Vaasen/Starke*, DNotZ 1998, 661, 681; vgl. zum Kodex DNotZ 1995, 327 sowie die Erläuterungen bei *Schippel*, DNotZ 1995, 334; vgl. des Weiteren *Schippel*, DNotZ 1999, 282; *Fleischauer*, DNotZ 2002, 362.

2 *Weingärtner/Wöstmann*, A Präambel Rz. 25.

Der ausländische Notar muss seinerseits prüfen, ob das für ihn geltende Berufsrecht die **6**
Tätigkeit einer Amtshilfe im Ausland gestattet; ist eine solche Regelung nicht vorhanden,
verbietet sich für den ausländischen Notar eine Tätigkeit im Geltungsbereich der BNotO,
allerdings nur mit der Folge, dass dies dienstrechtliche Konsequenzen hätte, demgegenüber
die Wirksamkeit von Amtshilfehandlungen unberührt lässt.

II. Pflichten

Der deutsche Notar ist nicht verpflichtet, im Ausland tätig zu werden; ebenso wenig der **7**
ausländische Notar im hiesigen Gebiet. Sollte sich der Notar entschließen, nicht tätig zu
werden, entspricht es kollegialem Verhalten, dies gegenüber dem anderen Notar kurz zu begründen. Es ist auch nachvollziehbar, wenn der Notar es ablehnt, weil er generell im Ausland nicht tätig werden möchte, um kein größeres Haftungsrisiko einzugehen, obwohl die
Tätigkeit im Sinne dieser Norm von der Haftpflichtversicherung des Notars abgedeckt ist.

Ein für den Kollegen überzeugender Grund kann es auch darstellen, wenn der Notar aus **8**
Gründen einer aktuellen Arbeitsüberlastung eine Handlung ablehnt. Tätigkeit beinhaltet sowohl Korrespondenz mit einem ausländischen Notar als auch Handlungen vor Ort, was in
der Praxis häufiger vorkommen dürfte. Eine Anzeigepflicht gegenüber der Justizverwaltung
oder der örtlichen Notarkammer besteht nicht. Der Notar sollte allerdings im eigenen Interesse sich Aufzeichnungen anfertigen, um bei späteren Nachfragen sich besser erinnern zu
können. Dies geschieht vorzugsweise durch Anlegen einer Handakte.

Der Notar darf an allen **Vorbereitungshandlungen** mitwirken, die geeignet sind, Amts- **9**
geschäfte nach §§ 20–22 vorzubereiten, was für den ausländischen Notar im hiesigen Gebiet
gilt. Umgekehrt darf der deutsche Notar an allen Vorbereitungshandlungen mitwirken, die
dazu führen, dass der ausländische Notar in seinem Heimatstaat eine ihm vorbehaltene
Amtstätigkeit vornimmt. Dies bedeutet, dass der deutsche Notar seine Mitwirkung nicht
versagen muss, weil der ausländische Notar in seinem Staat eine Handlung vornimmt, die
dem deutschen Berufsrecht fremd wäre.

Die Abgrenzung danach, was Vorbereitungshandlung ist und was zur eigentlichen Amts- **10**
tätigkeit zählt, erfolgt danach, ob alles getan ist, was dazu führt, dass nur noch die Amtstätigkeit erfolgen muss, die naturgemäß dem deutschen Notar im Ausland und dem ausländischen Notar im Inland untersagt ist.

Der spätere Amtshandlung vornehmende Notar entscheidet allein und trägt auch allei- **11**
ne das volle Haftungsrisiko, denn der die Amtshilfe leistende Notar ist nur eine Art Erfüllungsgehilfe. Dabei können allerdings beide privatschriftlich untereinander vereinbaren, dass
intern eine gesonderte Haftungsregelung gilt, unabhängig von der alleinigen Einstandspflicht
des die Amtshandlung vornehmenden Notars nach außen.

Sowohl der deutsche als auch der ausländische Notar unterliegen dem Pflichtenkatalog, **12**
der für den deutschen Notar gilt. Dies bedeutet, dass auch der ausländische Notar seine Mitwirkung auch an den Vorbereitungshandlungen versagen muss, wenn sie geeignet sind, zu einem Amtsgeschäft beizutragen, dessen Vornahme dem Notar untersagt wäre[3]. Hier ist insbesondere an die Pflichten aus § 14 zu denken, aber auch an § 4 BeurkG, wonach der Notar
keine Tätigkeit entwickeln darf, die unredliche oder unerlaubte Zwecke verfolgen. Der Notar darf deshalb nicht an einem Geschäft mitwirken, das mit Sicherheit sittenwidrig (§ 138
BGB) oder nichtig wäre (§ 134 BGB). Es gehört zur Amtspflicht des deutschen Notars, den
ausländischen Kollegen darüber aufzuklären und ihn nicht vorbereitende Maßnahmen ausführen zu lassen, die auf ein Amtsgeschäft zielen, das später nicht vorgenommen werden
darf.

---

3 *Eylmann/Vaasen/Frenz*, § 11a BNotO Rz. 10 f.

III. Besonderheiten Schiffe/Flugzeuge/Botschaften

13   Auf **deutschen Seeschiffen**, die sich auf hoher See befinden, kann der deutsche Notar Amtshandlungen vornehmen, was allerdings dann nicht gilt, wenn sich diese Schiffe im Hoheitsgebiet eines anderen Staates befinden. Umgekehrt kann auf ausländischen Schiffen der deutsche Notar wirksam beurkunden, wenn es sich im deutschen Hoheitsbereich aufhält.

14   **Flugzeuge** gelten als Teil ihres Heimatstaates, so dass der Notar in jedem deutschen Flugzeug wirksam beurkunden kann.[4] Es kommt dabei im Wesentlichen auf den Umstand an, in welchem staatlich geführten Register sie eingetragen sind.

15   **Gesandschafts- und Botschaftsgebäude** sind demgegenüber Teile des Empfangsstaates und nicht des Absendestaates. Dies bedeutet, dass in deutschen Botschaftsgebäuden der deutsche Notar wirksam keine Amtshandlungen vornehmen kann; demgegenüber kann er in einer im Inland gelegenen diplomatischen Vertretung eines fremden Staates wirksam beurkunden.

16   Beurkundungen eines deutschen Notars im Ausland sind absolut und ohne Ausnahme unwirksam. Soweit der Notar dann später im Inland seine Unterschrift nachholt, wird aus der öffentlichen Urkunde allenfalls eine privatschriftliche[5].

---

4 Vgl. dazu *Lerch*, BeurkG, § 2 Rz. 3; *Schippel/Bracker/Püls*, § 11a Rz. 5.
5 Vgl. zu einem solchen Fall BGHZ 138, 359 = DNotZ 1999, 346 = NJW 1998, 2830.

§ 12

¹Die Notare werden von der Landesjustizverwaltung nach Anhörung der Notarkammer durch Aushändigung einer Bestallungsurkunde bestellt. ²Die Urkunde soll den Amtsbezirk und den Amtssitz des Notars bezeichnen und die Dauer der Bestellung (§ 3 Abs. 1 und 2) angeben.

Übersicht

A. Entstehungsgeschichte der Vorschrift

Die Neufassung des § 12 Satz 1, die dem § 13 Satz 1 der **Notarordnung für Rheinland-Pfalz** entspricht, gleicht die Fassung des § 13 Satz 1 RNotO lediglich der durch die Änderung der staatsrechtlichen Verhältnisse gegebenen Rechtslage an. Die Anhörung der Notarkammer war bereits in Abschnitt A II 12, III 3c, 4b Abs. 4 der AVfNot vorgesehen.　　1

B. Erläuterungen

I. Allgemeines

Die **Aushändigung einer Bestallungsurkunde** der Landesjustizverwaltung ist der entscheidende Rechtsakt, der das Amt des Notars begründet[1]. Wer keine solche Urkunde mit dem Willen der Ernennungsbehörde erhalten hat, ist nicht Notar; er braucht nicht noch seines Amtes enthoben zu werden[2]. Die Urkunde heißt »Bestallungsurkunde«, um den Unterschied zur Beamtenernennung zu verdeutlichen. Eine »Ernennung« zum Notar ohne Aushändigung dieser Urkunde ist keine echte Ernennung, sondern ein nichtiger Verwaltungsakt.　　2

Die Ernennung muss nach § 12 durch die Landesjustizverwaltung erfolgen, also den Justizminister bzw. Justizsenator. Andere untergeordnete Dienststellen sind dazu nicht befugt. Ihre Ernennungen wären ebenfalls nichtige Verwaltungsakte.　　3

Sonstige Fehler des Ernennungsvorganges, etwa das Fehlen der deutschen Staatsangehörigkeit, das Fehlen der Befähigung zum Richteramt, das fehlende Bedürfnis usw. machen die Ernennung im Zweifel nun anfechtbar und führen teilweise zur Amtsenthebung nach § 50. Die Leistung des Eides (§ 13) ist keine Wirksamkeitsvoraussetzung.　　4

II. Bestallungsurkunde

Der **Inhalt der Bestallungsurkunde** braucht keine bestimmten Worte wie im Beamtenrecht zu enthalten, muss aber erkennen lassen, dass der Empfänger das Amt eines Notars ausüben　　5

---

1 *Eylmann/Vaasen/Frenz*, § 12 BNotO Rz. 1; *Schippel/Bracker/Görk*, § 12 Rz. 5.
2 Siehe § 50 Rz. 4.

soll; denn nur dann kann man von einer Ernennungsurkunde sprechen. Alle weiteren Zusätze sind unwichtig. Insbesondere ist zwar vorgesehen, aber nicht wesentlich, dass die Urkunde den Amtssitz, den Amtsbezirk und die Dauer der Bestellung angibt; denn die Urkunde »soll« diese Angaben nur enthalten. Die Einzelheiten werden durch die landesrechtlichen Ausführungsbestimmungen geregelt.

III. Ernennungsbehörde

6   Ernennungsbehörde ist die **Landesjustizverwaltung,** also der Justizminister oder Justizsenator, denn die Verwaltung des Notarwesens ist Sache der Länder (Art. 81, 84 GG), so dass die Länder und nicht der Bund zuständig sind.

IV. Ernennungsverfahren

7   Das Ernennungsverfahren ist zum Teil in der Notarordnung vorgesehen, nämlich in §§ 4 bis 6. Die **Notarkammer** ist **vorher zu hören.** Der Begriff der Anhörung besagt bereits, dass die Justizverwaltung durch die Stellungnahme der Notarkammer nicht gebunden ist.
8   Die weiteren Einzelheiten regeln die Länder durch ihre Ausführungsbestimmungen.

V. Zustimmung

9   Die **Zustimmung des Bewerbers** ist wie im Beamtenrecht nötig. Niemand wird grundsätzlich gegen seinen Willen in ein Amtsverhältnis berufen. Das gilt auch für das Amt des Notars. Die Ernennung ist ein zustimmungsbedürftiger Verwaltungsakt. Für die Zustimmung ist keine besondere Form vorgesehen; im Antrag auf Ernennung zum Notar, in der Bewerbung für eine bestimmte Notarstelle, in der widerspruchslosen Annahme der Bestallungsurkunde, liegt diese Zustimmung.

VI. Amtsbezeichnung

10   Die Bezeichnung »Notar« darf der Ernannte nunmehr bis zum Erlöschen seines Amtes (siehe § 52 Abs. 1) führen. Diese Bezeichnung wird in § 52 Abs. 2 auch »**Amtsbezeichnung**« genannt. Das ist ungenau, weil nur echte Beamte eine Amtsbezeichnung führen, wozu Notare gerade nicht gehören. Inhaber freier Berufe, wie die Rechtsanwälte, führen eine »Berufsbezeichnung« (siehe § 17 BRAO). Beim Notar spricht man besser von einer »Bezeichnung« wie in § 52 Abs. 1. Wegen der Befugnis, sich »Notar a. D.« nennen zu dürfen, sei auf die Erläuterungen zu § 52 verwiesen.

§ 13

(1) ¹Nach Aushändigung der Bestallungsurkunde hat der Notar folgenden Eid zu leisten:
»Ich schwöre bei Gott, dem Allmächtigen und Allwissenden, die verfassungsmäßige Ordnung zu wahren und die Pflichten eines Notars gewissenhaft und unparteiisch zu erfüllen, so wahr mir Gott helfe!«
²Wird der Eid von einer Notarin geleistet, so treten an die Stelle der Wörter »eines Notars« die Wörter »einer Notarin«.

(2) ¹Gestattet ein Gesetz den Mitgliedern einer Religionsgesellschaft, anstelle der Worte »Ich schwöre« andere Beteuerungsformeln zu gebrauchen, so kann der Notar, der Mitglied einer solchen Religionsgesellschaft ist, diese Beteuerungsformel sprechen. ²Der Eid kann auch ohne religiöse Beteuerung geleistet werden.

(3) ¹Der Notar leistet den Eid vor dem Präsidenten des Landgerichts, in dessen Bezirk er seinen Amtssitz hat. ²Vor der Eidesleistung soll er keine Amtshandlung vornehmen.

A. Entstehungsgeschichte der Vorschrift

Die Vorschrift ist aus § 14 RNotO hervorgegangen, dessen Formulierungen nicht mehr übernommen werden konnten, weil sich die staatsrechtlichen Verhältnisse verändert hatten.   1

B. Erläuterungen

Der Eid unterstreicht die **Bedeutung der Ernennung** und erinnert in feierlicher Form den Notar an seine Pflichten und die Bedeutung seines Amtes. § 14 verknüpft den Inhalt der Eidesformel mit dem Umfang der Amtspflichten; die in der Eidesformel erwähnten Verpflichtungen sind damit wesentlicher Teil der Amtspflichten des Notars.   2

Die Eidesformel erwähnt insoweit die Verpflichtung, die verfassungsmäßige Ordnung zu wahren und alle sonstigen Pflichten eines Notars gewissenhaft sowie unparteiisch zu erfüllen. Nach der Rechtsprechung enthält die Eidesformel nicht nur einen Hinweis auf Pflichten, sondern begründet oder bestätigt über § 14 die Pflicht des Notars zur Unparteilichkeit und Gewissenhaftigkeit.[1]   3

Der **Inhalt der Eidesformel** ist nicht der für Beamte vorgeschriebenen Eidesformel angeglichen, sondern dem für Anwälte vorgesehenen Berufseid.   4

Die vorgesehene Befreiung von einer religiösen Eidesform ergibt sich aus Art. 140 GG und Art. 136 Abs. 4 der Weimarer Verfassung von 1919.   5

Die Pflicht zur Eidesleistung entsteht erst mit **Aushändigung der Bestallungsurkunde.** Dadurch wird bestätigt (vgl. § 12), dass die Eidesleistung keine Wirksamkeitsvoraussetzung der Ernennung ist. Die nach der Ernennung, aber vor der Eidesleistung vorgenommenen Amtshandlungen sind deshalb wirksam[2]. Nach Abs. 3 Satz 2 »soll« der Notar vor der Eidesleistung keine Amtshandlungen vornehmen; ein Verstoß dagegen ist Dienstvergehen, lässt aber die Gültigkeit des Aktes unberührt.   6

Weigert sich der Notar, den Eid zu leisten, dann muss er seines Amtes enthoben werden (§ 50)[3].   7

---

1 Vgl. dazu auch *Eylmann/Vaasen/Frenz*, § 13 BNotO Rz. 3.
2 *Schippel/Bracker/Görk*, § 13 Rz. 2.
3 *Schippel/Bracker/Görk*, § 13 Rz. 2.

8   Der Notarvertreter und der Notariatsverwalter haben grundsätzlich ebenfalls den Amtseid des Notars zu leisten (§§ 40, 57).

9   Die Abnahme des Eides geschieht durch den **Präsidenten des Landgerichts,** der regelmäßig auch die Bestallungsurkunde vorher aushändigt und darüber ein gemeinsames Protokoll aufnimmt. Das Gesetz verlangt nicht die Vereidigung in öffentlicher Sitzung eines Gerichts, so dass sie auch unzulässig ist[4].

---

4 So auch *Eylmann/Vaasen/Frenz*, § 13 Rz. 8.

2. Abschnitt Ausübung des Amtes

§ 14

(1) ¹Der Notar hat sein Amt getreu seinem Eide zu verwalten. ²Er ist nicht Vertreter einer Partei, sondern unabhängiger und unparteiischer Betreuer der Beteiligten.

(2) Er hat seine Amtstätigkeit zu versagen, wenn sie mit seinen Amtspflichten nicht vereinbar wäre, insbesondere wenn seine Mitwirkung bei Handlungen verlangt wird, mit denen erkennbar unerlaubte oder unredliche Zwecke verfolgt werden.

(3) ¹Der Notar hat sich durch sein Verhalten innerhalb und außerhalb seines Amtes der Achtung und des Vertrauens, die dem Notaramt entgegengebracht werden, würdig zu zeigen. ²Er hat jedes Verhalten zu vermeiden, das den Anschein eines Verstoßes gegen die ihm gesetzlich auferlegten Pflichten erzeugt, insbesondere den Anschein der Abhängigkeit oder Parteilichkeit.

(4) ¹Dem Notar ist es abgesehen von den ihm durch Gesetz zugewiesenen Vermittlungstätigkeiten verboten, Darlehen sowie Grundstücksgeschäfte zu vermitteln, sich an jeder Art der Vermittlung von Urkundsgeschäften zu beteiligen oder im Zusammenhang mit einer Amtshandlung eine Bürgschaft oder eine sonstige Gewährleistung zu übernehmen. ²Er hat dafür zu sorgen, dass sich auch die bei ihm beschäftigten Personen nicht mit derartigen Geschäften befassen.

(5) ¹Der Notar darf keine mit seinem Amt unvereinbare Gesellschaftsbeteiligung eingehen. ²Es ist ihm insbesondere verboten, sich an einer Gesellschaft, die eine Tätigkeit im Sinne des § 34c Abs. 1 der Gewerbeordnung ausübt, sowie an einer Steuerberatungs- oder Wirtschaftsprüfungsgesellschaft zu beteiligen, wenn er alleine oder zusammen mit den Personen, mit denen er sich nach § 9 verbunden oder mit denen er gemeinsame Geschäftsräume hat, mittelbar oder unmittelbar einen beherrschenden Einfluss ausübt.

(6) Der Notar hat sich in dem für seine Amtstätigkeit erforderlichen Umfang fortzubilden.

Beurkundungsgesetz

§ 17 Grundsatz

(1) ¹Der Notar soll den Willen der Beteiligten erforschen, den Sachverhalt klären, die Beteiligten über die rechtliche Tragweite des Geschäfts belehren und ihre Erklärungen klar und unzweideutig in der Niederschrift wiedergeben. ²Dabei soll er darauf achten, dass Irrtümer und Zweifel vermieden sowie unerfahrene und ungewandte Beteiligte nicht benachteiligt werden.

(2) ¹Bestehen Zweifel, ob das Geschäft dem Gesetz oder dem wahren Willen der Beteiligten entspricht, so sollen die Bedenken mit den Beteiligten erörtert werden. ²Zweifelt der Notar an der Wirksamkeit des Geschäfts und bestehen die Beteiligten auf der Beurkundung, so soll er die Belehrung und die dazu abgegebenen Erklärungen der Beteiligten in der Niederschrift vermerken.

(2a) ¹Der Notar soll das Beurkundungsverfahren so gestalten, dass die Einhaltung der Pflichten nach den Absätzen 1 und 2 gewährleistet ist. ²Bei Verbraucherverträgen soll der Notar darauf hinwirken, dass
1. die rechtsgeschäftlichen Erklärungen des Verbrauchers von diesem persönlich oder durch eine Vertrauensperson vor dem Notar abgegeben werden und
2. der Verbraucher ausreichend Gelegenheit erhält, sich vorab mit dem Gegenstand der Beurkundung auseinander zu setzen; bei Verbraucherverträgen, die der Beurkundungspflicht nach § 311b Abs. 1 Satz 1 und Abs. 3 des Bürgerlichen Gesetzbuchs unterliegen, geschieht dies im Regelfall dadurch, dass dem Verbraucher der beabsichtigte Text des Rechtsgeschäfts zwei Wochen vor der Beurkundung zur Verfügung gestellt wird.
³Weitere Amtspflichten des Notars bleiben unberührt.

(3) ¹Kommt ausländisches Recht zur Anwendung oder bestehen darüber Zweifel, so soll der Notar die Beteiligten darauf hinweisen und dies in der Niederschrift vermerken. ²Zur Belehrung über den Inhalt ausländischer Rechtsordnungen ist er nicht verpflichtet.

§ 18 Genehmigungserfordernisse

Auf die erforderlichen gerichtlichen oder behördlichen Genehmigungen oder Bestätigungen oder etwa darüber bestehende Zweifel soll der Notar die Beteiligten hinweisen und dies in der Niederschrift vermerken.

§ 19 Unbedenklichkeitsbescheinigung

Darf nach dem Grunderwerbsteuerrecht eine Eintragung im Grundbuch erst vorgenommen werden, wenn die Unbedenklichkeitsbescheinigung des Finanzamts vorliegt, so soll der Notar die Beteiligten darauf hinweisen und dies in der Niederschrift vermerken.

§ 20 Gesetzliches Vorkaufsrecht

Beurkundet der Notar die Veräußerung eines Grundstücks, so soll er, wenn ein gesetzliches Vorkaufsrecht in Betracht kommen könnte, darauf hinweisen und dies in der Niederschrift vermerken.

§ 20a Vorsorgevollmacht

Beurkundet der Notar eine Vorsorgevollmacht, so soll er auf die Möglichkeit der Registrierung bei dem Zentralen Vorsorgeregister nach § 78a Abs. 1 der Bundesnotarordnung hinweisen.

§ 21 Grundbucheinsicht, Briefvorlage

(1) ¹Bei Geschäften, die im Grundbuch eingetragene oder einzutragende Rechte zum Gegenstand haben, soll sich der Notar über den Grundbuchinhalt unterrichten. ²Sonst soll er nur beurkunden, wenn die Beteiligten trotz Belehrung über die damit verbundenen Gefahren auf einer sofortigen Beurkundung bestehen; dies soll er in der Niederschrift vermerken.

(2) Bei der Abtretung oder Belastung eines Briefpfandrechts soll der Notar in der Niederschrift vermerken, ob der Brief vorgelegen hat.

Richtlinienempfehlungen der Bundesnotarkammer

I. Wahrung der Unabhängigkeit und Unparteilichkeit des Notars

1.1. Der Notar ist unparteiischer Rechtsberater und Betreuer sämtlicher Beteiligten.
1.2. Der Notar hat auch bei der Beratung und der Erstellung von Entwürfen sowie Gutachten auf einseitigen Antrag seine Unparteilichkeit zu wahren. Dasselbe gilt für die gesetzlich zulässige Vertretung eines Beteiligten in Verfahren, insbesondere in Grundbuch- und Registersachen, in Erbscheinsverfahren, in Grunderwerbsteuer-, Erbschaft- und Schenkungsteuerangelegenheiten sowie in Genehmigungsverfahren vor Behörden und Gerichten.
2. Weitere berufliche Tätigkeiten des Notars sowie genehmigungsfreie oder genehmigte Nebentätigkeiten dürfen seine Unabhängigkeit und Unparteilichkeit nicht gefährden.
3. [...]

II. Das nach § 14 Abs. 3 BNotO zu beachtende Verhalten

1. Der Notar hat das Beurkundungsverfahren so zu gestalten, dass die vom Gesetz mit dem Beurkundungserfordernis verfolgten Zwecke erreicht werden, insbesondere die Schutz- und Belehrungsfunktion der Beurkundung gewahrt und der Anschein der Abhängigkeit oder Parteilichkeit vermieden wird. Dies gilt insbesondere, wenn eine große Zahl gleichartiger Rechtsgeschäfte beurkundet wird, an denen jeweils dieselbe Person beteiligt ist oder durch die sie wirtschaftliche Vorteile erwirbt. Dazu gehört auch, dass den Beteiligten ausreichend Gelegenheit eingeräumt wird, sich mit dem Gegenstand der Beurkundung auseinanderzusetzen.
Demgemäß sind die nachgenannten Verfahrensweisen in der Regel unzulässig:
a) systematische Beurkundung mit vollmachtlosen Vertretern;
b) systematische Beurkundung mit bevollmächtigten Vertretern, soweit nicht durch vorausgehende Beurkundung mit dem Vollmachtgeber sichergestellt ist, dass dieser über den Inhalt des abzuschließenden Rechtsgeschäfts ausreichend belehrt werden konnte;

c) systematische Beurkundung mit Mitarbeitern des Notars als Vertreter, ausgenommen Vollzugsgeschäfte; gleiches gilt für Personen, mit denen sich der Notar zur gemeinsamen Berufsausübung verbunden hat oder mit denen er gemeinsame Geschäftsräume unterhält;

d) systematische Aufspaltung von Verträgen in Angebot und Annahme; soweit die Aufspaltung aus sachlichen Gründen gerechtfertigt ist, soll das Angebot vom belehrungsbedürftigeren Vertragteil ausgehen;

e) gleichzeitige Beurkundung von mehr als fünf Niederschriften bei verschiedenen Beteiligten.

2. Unzulässig ist auch die missbräuchliche Auslagerung geschäftswesentlicher Vereinbarungen in Bezugsurkunden (§ 13a BeurkG).

IV. Pflicht zur persönlichen Amtsausübung

1. Der Notar hat sein Amt persönlich und eigenverantwortlich auszuüben.

2. Der Notar darf die zur Erzeugung seiner elektronischen Signatur erforderliche Signatureinheit von Zugangskarte und Zugangscode (sichere Signaturerstellungseinheit) nicht Mitarbeitern oder Dritten zur Verwendung überlassen. Er hat die Signatureinheit vor Missbrauch zu schützen.

3. Der Notar darf lediglich vorbereitende, begleitende und vollziehende Tätigkeiten delegieren. In jedem Fall muss es den Beteiligten möglich bleiben, sich persönlich an den Notar zu wenden. Es darf kein Zweifel daran entstehen, dass alle Tätigkeiten der Mitarbeiter vom Notar selbst verantwortet werden.

V. Begründung, Führung, Fortführung und Beendigung der Verbindung zur gemeinsamen Berufsausübung oder sonstiger zulässiger beruflicher Zusammenarbeit sowie zur Nutzung gemeinsamer Geschäftsräume

1. Die Verbindung zur gemeinsamen Berufsausübung, sonstige Formen beruflicher Zusammenarbeit sowie die Nutzung gemeinsamer Geschäftsräume dürfen die persönliche, eigenverantwortliche und selbstständige Amtsführung des Notars, seine Unabhängigkeit und Unparteilichkeit sowie das Recht auf freie Notarwahl nicht beeinträchtigen.

VI. Die Art der nach § 28 BNotO zu treffenden Vorkehrungen

1. [...]

2. Der Notar hat dafür Sorge zu tragen, dass eine zur Erfüllung der Verpflichtungen aus [...] § 14 Abs. 5 BNotO erforderliche Offenbarungspflicht zum Gegenstand einer entsprechenden schriftlichen Vereinbarung gemacht wird, die der gemeinsamen Berufsausübung oder der Nutzung gemeinsamer Geschäftsräume zugrunde liegt.

X. Fortbildung

1. Der Notar hat die Pflicht, seine durch Ausbildung erworbene Qualifikation in eigener Verantwortlichkeit zu erhalten und durch geeignete Maßnahmen sicherzustellen, dass er den Anforderungen an die Qualität seiner Amtstätigkeit durch kontinuierliche Fortbildung gerecht wird.

2. Auf Anfrage der Notarkammer ist der Notar verpflichtet, über die Erfüllung seiner Fortbildungspflicht zu berichten.

Übersicht

A. Entstehungsgeschichte der Vorschrift

1 1. Die Absätze 1 und 2, Abs. 3 Satz 1 und Abs. 4 der Vorschrift sind ihrem wesentlichen Inhalt nach seit der Einführung der Bundesnotarordnung in Kraft.

2 2. Bei Erlass des Sachenrechtsänderungsgesetzes[1] ist Abs. 4 Satz 1 dahin ergänzt worden, dass das Verbot der Vermittlung von Grundstücksgeschäften nicht für die den Notaren durch Gesetz zugewiesenen Vermittlungstätigkeiten gilt. Die Vorschrift trägt damit der Einführung des notariellen Vermittlungsverfahrens gem. §§ 87 ff. SachenRBerG[2] Rechnung.

3 3. Die jetzige Fassung der Vorschrift beruht auf der Berufsrechtsnovelle 1998[3]. Durch sie sind eingefügt worden
– in Abs. 1 Satz 2 der Hinweis auf die notarielle Unabhängigkeit,
– in Abs. 3 das Verbot, den Anschein eines Pflichtverstoßes hervorzurufen (Satz 2),
– in Abs. 4 Satz 1 das Verbot, sich an der Vermittlung von Urkundsgeschäften zu beteiligen, sowie
– die Absätze 5 und 6.
Ferner ist in Abs. 3 die Bezeichnung »Beruf« durch »Amt« bzw. »Notaramt« ersetzt und Abs. 4 Satz 1 redaktionell umgestellt worden. Die bisher in Abs. 4 Satz 1 nach »sonstige Gewährleistung« enthaltenen Worte »für einen Beteiligten« sind gestrichen worden.

B. Erläuterungen

4 In der folgenden Darstellung werden die notariellen Amtspflichten erörtert, soweit sie sich zwanglos aus § 14 ableiten lassen. Eine trennscharfe Abgrenzung zu den übrigen pflichtenbegründenden Vorschriften der BNotO ist dabei nicht möglich. Im Interesse der Übersichtlichkeit werden die wichtigsten Amtspflichten daher zusammenfassend noch einmal im Rahmen der Erläuterungen zu § 19 behandelt, wobei auf die Kommentierung anderer Vorschriften jeweils verwiesen wird.

---

1 Art. 2 § 7 des Gesetzes zur Änderung sachenrechtlicher Bestimmungen (Sachenrechtsänderungsgesetz – SachenRÄndG) vom 21.09.1994 (BGBl. I S. 2457).
2 Sachenrechtsbereinigungsgesetz (Art. 1 des Gesetzes zur Änderung sachenrechtlicher Bestimmungen – SachenRÄndG vom 21.09.1994, BGBl. I S. 2457).
3 Art. 1 Nr. 11 des Dritten Gesetzes zur Änderung der Bundesnotarordnung und anderer Gesetze vom 31.08.1998 (BGBl. I S. 2585).

I. Verwaltung des Amtes (Abs. 1 Satz 1)

Abs. 1 Satz 1 verpflichtet den Notar, das ihm verliehene Amt getreu seinem Eide zu verwalten. Die Vorschrift hat einen doppelten Inhalt: Sie bestimmt sowohl, *dass*, als auch, *wie* das Amt zu verwalten ist. **5**

1. Pflicht zur Amtsausübung

a) Hauptberufliche Amtsausübung

Die Notare werden grundsätzlich zur **hauptberuflichen Amtsausübung** bestellt (§ 3 **6** Abs. 1); lediglich Anwaltsnotare werden zur nebenberuflichen Tätigkeit bestellt (§ 3 Abs. 2). Die Bestellung dient als Teil der staatlichen Daseinsfürsorge der Erfüllung des Sozialstaatsgebotes (Art. 20 Abs. 1 GG)[4]. Abs. 1 konstituiert deshalb im öffentlichen Interesse die Pflicht zur Amtsausübung. Der Notar übt mithin keinen **freien Beruf** im umfassenden Wortsinn aus[5], mag sich auch umgangssprachlich die Bezeichnung »freiberuflicher Notar« eingebürgert haben[6]. Er muss seine Leistungsfähigkeit und Leistungsbereitschaft grundsätzlich in dem für einen Hauptberuf kennzeichnenden Umfang der Ausübung seines Amtes widmen[7]. Der **Anwaltsnotar** hat zwar in eigener Verantwortung zu entscheiden, in welchem Umfang er sich dem einen oder dem anderen Beruf widmet. Aber auch er muss das Notaramt ausüben; er darf sich nicht darauf beschränken, lediglich den Titel des Notars zu führen[8].

b) Dienstleistungspflicht

Dem Notar obliegt eine allgemeine Dienstleistungspflicht (**Pflicht zur Amtsbereitschaft**). **7** Sie soll die Möglichkeit des Zugangs zu dem Notar als Organ der vorsorgenden Rechtspflege gewährleisten. Diesem Zweck dienen u. a. die Vorschriften über die Lokalisation (§ 10 Abs. 2), die Unterhaltung und Offenhaltung einer Geschäftsstelle (§ 10 Abs. 3, 4) und die Anzeigepflicht bei Abwesenheit und Verhinderung (§ 38).

c) Persönliche und eigenverantwortliche Amtsausübung

Der Notar muss sein Amt **eigenverantwortlich** und **persönlich** ausüben. Die Übertragung **8** des Amtes durch den Staat verschafft ihm eine höchstpersönliche und unteilbare Rechtsmacht[9]. Abschn. IV Nr. 2 der Richtlinienempfehlungen der Bundesnotarkammer[10] und die darauf beruhenden Richtlinien der regionalen Notarkammern[11] bestimmen dazu, dass er lediglich vorbereitende, begleitende und vollziehende Tätigkeiten delegieren darf, dass es den Beteiligten möglich bleiben muss, sich persönlich an ihn zu wenden, und dass kein Zweifel daran entstehen darf, dass alle Tätigkeiten der Mitarbeiter von ihm selbst verantwortet werden. Ausfluss dieser Grundsätze ist ferner § 25, der sowohl dem Nurnotar als auch dem Anwaltsnotar die Beschäftigung juristischer Mitarbeiter verbietet, sofern dadurch die persönliche Amtsausübung gefährdet würde.

---

4 *Reithmann*, DNotZ 1975, 324, 341.
5 BGHZ 64, 214, 217; *Schippel/Bracker/Bracker*, § 1 Rz. 14 m. w. N.
6 Siehe dazu *Bohrer*, Das Berufsrecht der Notare, Rz. 18 ff.
7 *Schippel/Bracker/Reithmann*, § 15 Rz. 3.
8 *Schippel/Bracker/Kanzleiter*, § 14 Rz. 1.
9 *Eylmann/Vaasen/Starke*, § 25 BNotO Rz. 7.
10 Gesamtabdruck: vor Erläuterungen § 1.
11 Näher dazu: *Weingärtner/Wöstmann*, Richtlinienempfehlungen BNotK, Richtlinien Notarkammern, D. IV. Abschnitt II, III.

2. Treue zum Amtseid

9   Die Vorschrift bindet die Amtsführung des Notars an den gemäß § 13 Abs. 1 zu leistenden **Amtseid**. Danach muss der Notar die verfassungsmäßige Ordnung wahren und die Pflichten eines Notars gewissenhaft und unparteiisch erfüllen.

a) Wahrung der verfassungsmäßigen Ordnung

10   Nach § 6 kann zum Notar nur bestellt werden, wer die Gewähr dafür bietet, dass er jederzeit die **verfassungsmäßige Ordnung** wahren wird[12]. Dementsprechend verpflichtet § 14 Abs. 1 Satz 1 den Notar, sein Amt in der Treue zur Verfassung auszuüben. Grundlage dieser Pflicht ist die Stellung des Notars als Amtsträger. Nach der Art der zu erfüllenden Aufgaben aus dem Bereich der vorsorgenden Rechtspflege steht sein Amt dem des Richters nahe[13]. Daraus folgt, dass der Notar ähnlich wie ein Richter und Beamter sein Amt im Geist der freiheitlichen demokratischen Grundordnung[14] führen und aktiv für den Schutz der Verfassung eintreten muss[15]. Nicht nur im dienstlichen, sondern auch im privaten Bereich[16] ist ihm jegliche verfassungsfeindliche Tätigkeit oder Unterstützung solcher Bestrebungen verboten.

11   Er hat daher seine Mitwirkung an Handlungen zu versagen, die erkennbar **verfassungswidrigen Zielen** dienen. So darf er nicht – etwa durch die Beurkundung von Satzungen, Versammlungsbeschlüssen oder in sonstiger Weise – an der Gründung, Fortführung oder Abwicklung einer nach Art. 9 Abs. 2 GG wegen Verstoßes gegen Strafgesetze, gegen die verfassungsmäßige Ordnung oder gegen den Gedanken der Völkerverständigung verbotenen Vereinigung oder einer nach Art. 21 Abs. 2 GG verbotenen Partei oder deren Ersatzorganisation (§ 46 Abs. 3 BVerfGG, § 33 ParteiG) mitwirken. Das Gebot der Verfassungstreue wird auch verletzt, wenn der Notar an einem Geschäft mitwirkt, durch das **Grundrechte missbraucht** werden. Verboten ist ferner die Beurkundung von Rechtsgeschäften, die der Sicherung oder Erhaltung eingezogener Vermögen einer verbotenen Partei oder Vereinigung (§ 46 Abs. 3 Satz 2 BVerfGG, § 32 Abs. 5 ParteiG, § 3 Abs. 1 Satz 2 VereinsG) dienen.

b) Erfüllung der Pflichten eines Notars

aa) Grundsätze

12   § 14 bündelt die Pflichten der Notare in den Grundsätzen der **Unabhängigkeit, Unparteilichkeit, Redlichkeit** sowie **Achtungs- und Vertrauenswürdigkeit**[17]. Daran anknüpfend hat die Rechtsprechung den Gesamtinhalt der Amtspflicht dahin zusammengefasst, dass der Notar sein Amt sachlich, unparteiisch und im Einklang mit den Forderungen von Treu und Glauben sowie guter Sitte auszuüben und sich jeden Missbrauchs seines Amtes zu enthalten hat[18].

bb) Geltungsgrund der Amtspflichten

13   Eine gesetzliche **Katalogisierung** von Berufspflichten ist wegen der Vielgestaltigkeit der notariellen Aufgaben nicht möglich. Jedoch ist es ein Gebot der Rechtsstaatlichkeit (Art. 20 Abs. 3 GG), sanktionsbewehrte Berufspflichten auf tragfähige gesetzliche Grundlagen zurückzuführen. Denn der Beruf des Notars ist ungeachtet seiner staatlichen Bindungen prin-

12 BGHZ 73, 46, 47; BGH DNotZ 1991, 89.
13 BVerfGE 17, 371, 377.
14 Zum Begriff der freiheitlichen demokratischen Grundordnung: BVerfGE 39, 334.
15 BGHZ 73, 46, 49, 51; *Schippel/Bracker/Görk*, § 6 Rz. 18.
16 Siehe § 14 Abs. 3: »...*innerhalb und außerhalb seines Amtes.*«..
17 Ähnlich: *Bohrer*, Rz. 87.
18 BGH VersR 1963, 235; *Kreft*, Öffentlich-rechtliche Ersatzleistungen, 1. Aufl., § 839 Rz. 395.

zipiell durch das Grundrecht der **Berufsfreiheit** (Art. 12 GG) geschützt[19]. Dieser Schutz erstreckt sich nicht nur auf den Berufszugang[20], sondern auch auf die Berufsausübung. Die Nähe des Notarberufs zum öffentlichen Dienst lässt es zwar zu, dass die Wirkungen des Grundrechts der Berufsfreiheit zurückgedrängt werden; dies betrifft aber nur den Inhalt, nicht die Form der entsprechenden Normen[21]. Unter der Geltung des Grundgesetzes kann die Berufsausübung der Notare mithin nur durch Gesetz oder aufgrund eines Gesetzes normativ geregelt werden (Art. 12 Abs. 1 Satz 2 GG); Herkommen und Sitte allein stellen keine geeignete Legitimationsgrundlage für Berufsausübungsregelungen dar. Das ermächtigende Gesetz muss den Umfang und die Grenzen des Eingriffs erkennen lassen.

Nach bisheriger Auffassung kann sich eine dem Gesetzesvorbehalt genügende, hinreichend erkennbare und bestimmte Regelung der Berufsausübung auch aus dem **Regelungszusammenhang** der einschlägigen Vorschriften unter Berücksichtigung der Auslegung in Rechtsprechung und Schrifttum ergeben[22]. Demgegenüber betont das BVerfG in seiner neueren Rechtsprechung, dass richterrechtlich begründete Einschränkungen der Berufsausübungsfreiheit angesichts der **verfassungsrechtlichen Vorgaben** (Art. 12 Abs. 1 Satz 2 GG) nur in engen Grenzen möglich sind[23]. Danach »können einzelne Bestimmungen über Beurkundungsverbote in Verbindung mit dem Schweigen der BNotO zur besonderen Pflichtenbindung des Anwaltsnotars nicht länger als ausreichende Grundlage für die gerichtliche Festlegung der Mittel angesehen werden, die zur Gewährleistung der Unabhängigkeit des Anwaltsnotars erforderlich erscheinen«[24].

So lasse sich aus §§ 10, 10a, 11 ein Verbot von **Auswärtsbeurkundungen** innerhalb des dem Notar zugewiesenen Amtsbereichs nicht ableiten; ob die Unabhängigkeit des Notars und seine Verpflichtung zur Unparteilichkeit durch Beurkundungen außerhalb der Geschäftsstelle gefährdet werden könnten, sei eine Frage des Einzelfalls[25].

cc) Bindung an Recht und Gesetz

Als Träger eines öffentlichen Amtes ist der Notar an **Gesetz und Recht** gebunden (Art. 20 Abs. 3 GG); er hat alle Normen zu beachten, die ihn vermöge ihrer Rechtsquelle binden[26].   **14**

(1) Verfassungsrecht

§ 14 Abs. 1 Satz 1 hebt durch die Verweisung auf den Amtseid die **Treue zur Verfassung** gesondert hervor. Daraus folgen Recht und Pflicht des Notars zu prüfen, ob eine von ihm anzuwendende Norm mit der Verfassung zu vereinbaren ist[27]. Der Notar darf ein verfassungswidriges Gesetz nicht anwenden. Allerdings steht ihm weder eine Verwerfungskompetenz noch die Möglichkeit einer Vorlage an das Bundesverfassungsgericht nach Art. 100 GG zu. Er hat vielmehr die Beurkundung abzulehnen, wenn er ein das Rechtsgeschäft tragendes Gesetz für verfassungswidrig hält. Die Beteiligten können dagegen nach § 15 Abs. 2 Beschwerde beim Landgericht einlegen, das dann seinerseits das Bundesverfassungsgericht anzurufen hat, wenn es die Bedenken des Notars teilt[28].   **15**

(2) Gesetze im materiellen Sinn

Die Bindung des Notars an das Gesetz erstreckt sich auf alle **Gesetze im materiellen Sinn**, d. h. auf formelle Gesetze, Rechtsverordnungen und rechtswirksam erlassene Satzungen.   **16**

---

19 BVerfGE 47, 285, 319 = DNotZ 1978, 412; BVerfG DNotZ 1998, 754; st. Rspr.
20 Siehe dazu BVerfGE 73, 280 = DNotZ 1987, 121; BVerfGE 80, 257 = DNotZ 1989, 623.
21 BVerfGE 54, 237, 246; 80, 257; BGH NJW 1995, 529, 531.
22 BVerfG DNotZ 1993, 748 = NJW 1994, 243 m. abl. Anm. *Lerch*; BGH NJW 1995, 531.
23 DNotZ 1998, 754; 2003, 65.
24 DNotZ 1998, 761.
25 DNotZ 2000, 787; a. A. noch BVerfG DNotZ 1993, 748.
26 *Bohrer*, Rz. 200.
27 *Winkler*, BeurkG, § 4 Rz. 32 ff.; a. A. *Schippel/Bracker/Bracker*, § 1 Rz. 17.
28 *Winkler*, § 4 Rz. 35.

Dabei ist ggf. der Vorrang **europäischen Gemeinschaftsrechts** vor nationalem Recht zu beachten. Erkennt der Notar, dass eine für seine Amtstätigkeit relevante Norm des nationalen Rechts mit verbindlichem Gemeinschaftsrecht nicht zu vereinbaren ist, muss er sicherheitshalber von der Nichtanwendbarkeit der innerstaatlichen Norm ausgehen[29]. Verbleiben insoweit nicht behebbare Zweifel, darf er eine ihm angetragene Beurkundung ablehnen[30].

Die am 28.12.2006 in Kraft getretene **Europäische Dienstleistungsrichtlinie** erstreckt sich nicht auf das Notariat[31].

17   (a) Die **Bundesnotarordnung** begründet selbst an zahlreichen Stellen Amtspflichten; sie sind teils berufsrechtlicher, teils verfahrensrechtlicher Natur. Dazu zählen das Verbot gewisser Nebentätigkeiten (§ 8), die in § 14 Abs. 2 bis 6 genannten Pflichten, die Urkundsgewährungspflicht (§ 15 Abs. 1 Satz 1), das Verbot der Amtsausübung in den Fällen des § 16 Abs. 1, die Verschwiegenheitspflicht (§ 18), die Versicherungspflicht (§ 19a Abs. 1), die in § 20 Abs. 3 Satz 2, § 20a, § 21 Abs. 2, §§ 25 bis 32 aufgeführten Ge- und Verbote sowie zahlreiche berufsständische Pflichten (§§ 38 ff.).

18   (b) Für die Amtstätigkeit der Notare besonders wichtig sind die im **Beurkundungsgesetz**[32] enthaltenen Vorschriften über das Beurkundungswesen.

19   (c) Eine Reihe gesetzlicher Vorschriften begründet notarielle **Anzeige-, Mitteilungs- und Beistandspflichten**. Wegen der Einzelheiten wird auf die Erläuterungen zu § 18 verwiesen[33].

20   (d) Eine weitere wichtige Rechtsquelle stellen die von den **Notarkammern** gemäß § 67 Abs. 2 durch Satzung aufgestellten **Richtlinien** für die Berufsausübung ihrer Mitglieder. Die Richtlinien binden als Rechtssätze die Mitglieder der einzelnen Kammern. Dagegen haben die gemäß § 78 Abs. 1 Satz 2 Nr. 5 von der Bundesnotarkammer beschlossenen Richtlinienempfehlungen keinen Rechtssatzcharakter; sie verpflichten weder die regionalen Notarkammern noch die ihnen angehörenden Notare.

(3) Gewohnheitsrecht

21   Dass der Notar **Gewohnheitsrecht** zu beachten hat, folgt unmittelbar aus seiner Bindung an Gesetz und Recht; denn Gewohnheitsrecht hat Rechtssatzqualität[34]. Es entsteht durch längere tatsächliche Übung, die eine dauernde und ständige, gleichmäßige und allgemeine ist und von den Beteiligten als verbindliche Rechtsnorm anerkannt wird[35]. Ob diese Voraussetzungen erfüllt sind, lässt sich im Einzelfall oft nur schwer nachweisen; letztlich wird die Entscheidung durch Richterspruch getroffen, der in solchen Fällen oft mehr dezisionistischen als kognitiven Charakter hat.

(4) Dienstordnung für Notarinnen und Notare

22   Die Notare haben bei ihrer Amtsführung ferner die **Dienstordnung für Notarinnen und Notare** (DONot) zu beachten. Der Bundesgerichtshof hat dazu ausgeführt: »*Für die Amtsführung der Notare ist die DONot neben dem Gesetz die wichtigste, grundlegende Vorschrift. Die genaue und vollständige Beachtung der Dienstvorschriften ist Amtspflicht des Notars*«[36].

23   Die DONot ist eine in ihren wesentlichen Aussagen bundeseinheitlich geltende Verwaltungsvorschrift[37]. Ihr Ziel ist es, »ein Mindestmaß an Einheitlichkeit bei sonst durchaus vorherrschender Verschiedenartigkeit des Notariatswesens im Interesse einer geordneten

29 Zum Grundsatz der Wahl des sichersten Weges siehe unten Rz. 142.
30 Siehe § 15 Rz. 74.
31 Art. 2 Abs. 2 Buchst. l der Richtlinie 2006/123/EG über Dienstleistungen im Binnenmarkt vom 12.12.2006 (Abl. L 376 S. 36) (Internetabruf: www.dienstleistungsrichtlinie.de).
32 Gesetz vom 28.08.1969 (BGBl. I S. 1513).
33 Siehe dort Rz. 70 ff.
34 *Maunz/Dürig/Herzog*, Kommentar zum GG, Art. 20 Rz. 52.
35 BVerfGE 22, 114, 121; 28, 21, 28; NJW 1973, 696, 698.
36 BGH DNotZ 1972, 551; DNotZ 1993, 465, 467; DNotZ 1995, 125, 126.
37 BGH DNotZ 1972, 551.

Rechtspflege« zu gewährleisten[38]. Die Bestimmungen der DONot stellen **Dienstanweisungen** der Landesjustizverwaltung an die Notare dar[39]. Diese sind daran gebunden; denn als Träger eines öffentlichen Amtes unterstehen sie der staatlichen Aufsicht (§§ 92 ff.)[40]. Der institutionelle Grundsatz der sachlichen Unabhängigkeit (§ 1) steht dem nicht entgegen. Die Unabhängigkeitsgarantie verdrängt die Aufsicht nur dort, wo der Notar eine auf ein bestimmtes Amtsgeschäft bezogene Feststellung oder Entscheidung trifft; dagegen unterliegt der gesamte Dienstbetrieb, der von dem einzelnen Amtsgeschäft losgelöst ist und sich auf dessen Erledigung nur mittelbar auswirkt, uneingeschränkt der Dienstaufsicht[41].

Das Recht zum Erlass von Verwaltungsvorschriften steht den Landesjustizverwaltungen allerdings nur vorbehaltlich der **Richtlinienkompetenz der Notarkammern** zu; soweit diese nach dem Katalog des § 67 Abs. 2 Satz 3 reicht, ist für staatliche Anordnungen in Gestalt der DONot kein Raum. Dabei ist es unerheblich, ob die einzelne Notarkammer ihre Satzungskompetenz wahrnimmt und ausschöpft und ob von ihr erlassene Richtlinien nach Auffassung der Landesjustizverwaltung ausreichend und sachgerecht sind. Der den Notarkammern nach § 67 Abs. 2 zugewiesene Regelungsbereich ist den Landesjustizverwaltungen insgesamt verschlossen[42].   24

Methodologisch gesehen besteht insoweit eine gewisse Parallelität zur konkurrierenden Gesetzgebung (Art. 74 GG). Der Bund kann in diesem Bereich von seiner konkurrierenden Gesetzgebungskompetenz auch »durch erkennbaren, absichtsvollen Regelungsverzicht mit Sperrwirkung gegenüber den Ländern Gebrauch machen«[43]. Die Annahme, der Regelungsverzicht müsse wenigstens ansatzweise in den Richtlinien der Notarkammern zum Ausdruck kommen[44], überzeugt nicht. Wenn die Notarkammern eine Regelung nicht treffen, ist zumindest zu vermuten, dass sie davon bewusst abgesehen haben.

(5) Standesrichtlinien

(a) Die von der Bundesnotarkammer aufgestellten **Allgemeinen Richtlinien für die Berufs-** **ausübung der Notare**[45], deren Verbindlichkeit für die Notare zweifelhaft war, haben mit Inkrafttreten der Berufsrechtsnovelle 1998[46] ihre Grundlage verloren; denn dadurch ist die frühere Befugnis der Bundesnotarkammer, allgemeine Richtlinien für die Berufsausübung der Notare »aufzustellen« (§ 78 Nr. 5 BNotO a. F.), durch eine bloße Empfehlungskompetenz ersetzt worden (§ 78 Abs. 1 Satz 2 Nr. 5). Die Befugnis zum Erlass verbindlicher Richtlinien ist den Notarkammern übertragen worden (§ 67 Abs. 2)[47].   25

(b) Soweit sich die Bundesnotarkammer oder die regionalen Notarkammern in **Rund-** **schreiben** und **Merkblättern** zu Einzelfragen der notariellen Amtsführung äußern, handelt es sich um Rechtsbelehrungen und Empfehlungen, die eigenständige Amtspflichten der Notare nicht begründen.   26

(6) Europäisches Standesrecht

(a) Die Verwirklichung des europäischen Binnenmarkts sowie die Freizügigkeit von Personen, Kapital und Gütern in den Mitgliedstaaten der Europäischen Union führen zu einem ständigen Anwachsen des grenzüberschreitenden Austauschs sowie von notariellen Amts-   27

38 BGH DNotZ 1980, 709.
39 BGH DNotZ 1960, 668.
40 Der BGH hat die Verbindlichkeit der DONot (a. F.) aus der staatlichen Organisationsgewalt abgeleitet (DNotZ 1977, 488, 489. Ebenso *Harborth/Lau*, DNotZ 2002, 412, 428 (zur DONot n. F.).
41 BGHZ 112, 178, 185 f.
42 Ebenso: *Maaß*, ZNotP 2001, 330. Vgl. ferner § 23 Rz. 104, § 28 Rz. 17, § 111 Rz. 100. A.A. *Starke*, ZNotP-Sonderheft zum 26. Deutschen Notartag, Rz. 6; *Harborth/Lau*, DNotZ 2002, 412, 435; *Lerch*, ZNotP 2002, 166; *ders.*, BeurkG, § 3 Rz 43.
43 BVerfG NJW 1999, 841.
44 So *Starke*, ZNotP-Sonderheft (Fn. 42) Rz. 6.
45 Abdruck: *Weingärtner*, Notarrecht, 6. Aufl., Ord.-Nr. 130.
46 Drittes Gesetz zur Änderung der Bundesnotarordnung und anderer Gesetze (Fn. 2).
47 Zu den Richtlinien der Notarkammern siehe oben Rz. 20.

tätigkeiten mit Auslandsbezug. Die Möglichkeit grenzüberschreitender Amtstätigkeit ergibt sich für die deutschen Notare aus § 11a BNotO.

Um dieser Entwicklung Rechnung zu tragen, hat die Konferenz der Notariate der Europäischen Union einen **Europäischen Kodex des notariellen Standesrechts** als »gemeinsames Regelwerk« verabschiedet[48]. Nr. 2.2 des Kodex lautet: »*Der Notar hält sich bei grenzüberschreitenden Operationen an das Recht seines Herkunftslandes, das Recht des Aufnahmelandes und die Regeln des vorliegenden Kodex.*« Der Kodex ist durch Ratifikation durch die Notariate in Belgien, Deutschland[49], Frankreich, Griechenland, Italien, Luxemburg, den Niederlanden, Österreich (mit Vorbehalt bzgl. der Verschwiegenheitspflicht im elektronischen Rechtsverkehr) und Spanien in Kraft getreten und damit auch für das deutsche Notariat verbindlich geworden[50].

Zweck des Kodex ist es zum einen, dem Verbraucher in Europa, der die Dienstleistung eines Notars in Anspruch nimmt, gleichen Rechtsschutz bei innerstaatlichen und bei grenzüberschreitenden Rechtsgeschäften zu gewähren, zum anderen, den Notaren unterschiedlicher Mitgliedstaaten die Zusammenarbeit bei grenzüberschreitender Tätigkeit zu erleichtern und sicherzustellen, dass die Notare dabei in jedem der Mitgliedstaaten mit lateinischem Notariat denselben Regeln folgen[51].

c) Struktur der Amtspflichten

28 Die durch die verschiedenartigen Rechtsquellen begründeten Amtspflichten der Notare sind teils **institutioneller,** teils **verfahrensrechtlicher** Natur. Die institutionellen Pflichten sichern im öffentlichen Interesse die Erfüllung der den Notaren obliegenden Rechtspflegeaufgaben (§ 1); die verfahrensrechtlichen Pflichten dienen der korrekten Aufgabenerledigung im Einzelfall. Indes überschneiden sich die Pflichtenkreise[52]: So sind Unabhängigkeit und Unparteilichkeit des Notars grundlegende institutionelle Pflichten, die vor jeder denkbaren Gefährdung von vornherein geschützt werden sollen[53]; zugleich sichern sie die ordnungsgemäße Durchführung jedes einzelnen dem Notar erteilten Auftrags, die bei Abhängigkeit oder Parteinahme des Notars zwar möglich, aber nicht gewährleistet wäre. Umgekehrt besteht beispielsweise die verfahrensrechtliche Pflicht zur Rechtsbelehrung nach § 17 BeurkG nicht nur im Individualinteresse; sie soll vielmehr auch das notwendige Vertrauen in die Korrektheit und Effizienz der Amtsführung der Notare sichern.

II. Notar als Betreuer

29 § 14 Abs. 1 Satz 2 bezeichnet den Notar als unabhängigen und unparteiischen **Betreuer der Beteiligten.** Betreuung in diesem Sinne ist mehr als die in § 24 Abs. 1 Satz 1 angesprochene »sonstige Betreuung«; sie umschreibt die Stellung des Notars als rechtlicher Beistand und Fürsorger[54] und umfasst den gesamten Bereich notarieller Amtstätigkeit auf dem Gebiet der vorsorgenden Rechtspflege[55]. Zugleich stellt die Formulierung »Betreuer der Beteiligten« klar, dass der Notar nicht Vertreter einseitiger Interessen, sondern Beistand aller Beteiligten ist.

48 Beschlossen in der Konferenz von Neapel am 03./04.02.1995, geändert in den Konferenzen von Graz am 20./21.10.1995, von Brüssel am 17./18.03.2000 und von München am 09.11.2002. Abdruck der geltenden Fassung: DNotZ 2003, 721.
49 DNotZ 1996, 65.
50 Näher dazu: *Fleischhauer,* DNotZ 2002, 325, 363.
51 *Schippel,* DNotZ 1995, 334, 336.
52 *Bohrer,* Rz. 87 f.
53 BGHZ 106, 212, 217.
54 Ähnlich der Begriff der Betreuung in §§ 1896 ff. BGB. Vgl. dazu *Palandt/Diederichsen,* BGB, Einf. vor § 1896 Rz. 1: »Betreuung ist staatlicher Beistand in Form von Rechtsfürsorge«.
55 *Wagner,* DNotZ 1998, 77*.

III. Unabhängigkeit des Notars (Abs. 1 Satz 2)

§ 14 Abs. 1 Satz 2 verpflichtet den Notar zur **Unabhängigkeit**. Die Vorschrift formuliert ein **30**
prägendes Wesensmerkmal des Notaramtes; der Notar wird darauf durch seine Eidesleistung
ausdrücklich verpflichtet (§ 13 Abs. 1). Unabhängigkeit und Unparteilichkeit stellen einen
wichtigen Gemeinwohlbelang dar, der geeignet ist, auch erhebliche Einschränkungen der
Berufsfreiheit zu rechtfertigen.

1. Status des Notars

Nach § 1 ist der Notar unabhängiger Träger eines öffentlichen Amtes. Die Vorschrift ist **sta-** **31**
tusbeschreibend; sie regelt die Rechtsstellung des Notars gegenüber dem amtsverleihenden
Land[56]. Von den seltenen Fällen des § 50 Abs. 2 abgesehen, kann er nur bei schweren Verfehlungen – entweder durch die Landesjustizverwaltung (§ 50) oder im Wege disziplinarischer Ahndung (§ 97 Abs. 1, 3) – seines Amtes enthoben werden. Sein Amtssitz kann gegen
seinen Willen nur im Wege des Disziplinarverfahrens verlegt werden (§§ 10 Abs. 1 Satz 4, 97
Abs. 2). Niemand darf ihm Weisungen für die Rechtsanwendung im Einzelfall erteilen[57].
Die Aufsichtsbehörden und die Notarkammern dürfen daher bei fehlerhafter Rechtsanwendung durch den Notar – etwa im Bereich des Beurkundungs- oder Kostenwesens – grundsätzlich nur einschreiten, wenn ihm eine Pflichtverletzung vorgeworfen werden kann[58].
Auch dann können sie nur maßregelnd reagieren; sie sind nicht befugt, ihre Beurteilung des
Einzelfalls an die Stelle der Beurteilung durch den Notar zu setzen[59].

2. Freiheit von Interessenbindung

Dagegen bedeutet Unabhängigkeit im Sinne des § 14 Abs. 1 Satz 2 die Freiheit von jeglicher **32**
Interessenbindung, welche die Unparteilichkeit gefährden könnte. Zweck der Unabhängigkeit in diesem Sinne ist der Schutz der Unparteilichkeit[60]. Seine Unabhängigkeit zu wahren
und sie durch geeignete Vorkehrungen zu schützen (§ 28), ist **Amtspflicht** des Notars.

a) Grundsatz

Der Notar muss sich von jeder Beschränkung seiner Unabhängigkeit durch **wirtschaftliche** **33**
Interessen, berufliche Rücksichtnahmen oder **gesellschaftliche Verpflichtungen** freihal-
ten[61]. Das gilt in gleicher Weise für den Nurnotar wie für den Anwaltsnotar. Allerdings kann
die durch § 9 Abs. 2 eröffnete Möglichkeit der beruflichen Verbindung eines Anwaltsnotars
in interprofessionellen und/oder überörtlichen Sozietäten die Gefahr erhöhen, dass sich der
Notar in die Rolle eines nachrangigen Dienstleisters drängen lässt und von den übrigen Mitgliedern der Sozietät abhängig wird.

b) Einzelvorschriften

Der Sicherung seiner Unabhängigkeit dienen zahlreiche **Einzelvorschriften**: **34**
– Die Genehmigung zur Übernahme einer entgeltlichen Nebenbeschäftigung oder zum
   Eintritt in ein Organ eines wirtschaftlichen Unternehmens muss schon dann versagt wer-
   den, wenn das Vertrauen in die Unabhängigkeit des Notars aufgrund der konkreten Um-

---

56 *Bohrer*, Rz. 142; siehe auch oben Rz. 23.
57 BGHZ 57, 351, 354.
58 Eine Ausnahme regelt § 156 Abs. 5 KostO. Die dort vorgesehen Anweisung an den Notar, eine gerichtliche Entscheidung einzuholen, setzt ein pflichtwidriges Verhalten des Notars nicht voraus.
59 Vgl. *Bohrer*, Rz. 147.
60 BVerfG DNotZ 1989, 627, 628; *Eylmann/Vaasen/Frenz*, § 14 BNotO Rz. 14.
61 Vgl. BVerfG DNotZ 1989, 627; BGHZ 106, 212, 217.

stände gefährdet werden *kann* und diese Gefährdung nicht durch Auflagen oder Befristung ausgeschlossen werden kann (§ 8 Abs. 3 Satz 2, 4).

– Eine berufliche Verbindung oder die Nutzung gemeinschaftlicher Geschäftsräume ist nur zulässig, wenn die Unabhängigkeit des Notars nicht gefährdet wird (§ 9 Abs. 3). Berufliche Verbindung in diesem Sinne ist auch eine nach außen verlautbarte Kooperation zwischen Notaren und Rechtsanwälten[62].

– Vermittlungsgeschäfte – soweit sie nicht durch Gesetz zugewiesen sind – sowie die Übernahme von Bürgschaften oder sonstigen Gewährleistungen sind sowohl ihm als auch seinem Personal untersagt (§ 14 Abs. 4)[63].

– Das gleiche gilt für mit seinem Amt unvereinbare Gesellschaftsbeteiligungen (§ 14 Abs. 5)[64].

– Der Wahrung der Unabhängigkeit dient auch die Pflicht zur Gebührenerhebung (§ 17 Abs. 1)[65].

– Sie muss ferner durch geeignete Vorkehrungen sichergestellt werden (§ 28).

– Der Notar muss jedes gewerbliche Verhalten, insbesondere jede dem öffentlichen Amt widersprechende Werbung unterlassen (§ 29).

– Der Sicherung der Unabhängigkeit dienen ferner die Mitwirkungsverbote nach § 3 BeurkG, § 16 BNotO.

c) Organisatorische Selbstständigkeit

35 Wichtig ist auch die **organisatorische Unabhängigkeit**. Der Notar muss seinen Geschäftsbetrieb personell und organisatorisch so ausgestalten, dass seine Selbstständigkeit und Eigenverantwortlichkeit gewahrt werden[66].

d) Anschein der Abhängigkeit

36 Um das Vertrauen in seine Unabhängigkeit und Unparteilichkeit zu schützen, muss der Notar schon den **Anschein** der Abhängigkeit vermeiden (§ 14 Abs. 3 Satz 2). Ob ein solcher Anschein erzeugt wird, muss aus der Sicht eines objektiven, mit den konkreten Gegebenheiten vertrauten Beobachters anhand aller Umstände des Einzelfalls beurteilt werden.

37 (aa) Kritisch zu sehen ist die Rolle eines »**Hausnotars**«. Es handelt sich um Fälle, in denen ein Beteiligter (z. B. Bauträger, Gemeinde, Kreditinstitut) ständig die Beurkundung durch einen bestimmten Notar verlangt und diesen Wunsch gegenüber den anderen Beteiligten durchzusetzen versucht. Der Notar steht dann zwar nicht in einem ständigen Dienst- oder Geschäftsverhältnis zu diesem Beteiligten, so dass er nicht gemäß § 16 Abs. 1 BNotO in Verbindung mit § 3 Abs. 1 Nr. 8 BeurkG von der Mitwirkung ausgeschlossen ist. Seine Rolle als »Hausnotar« kann aber den Anschein der Abhängigkeit und Parteilichkeit erwecken[67]. Um dies zu vermeiden, muss er die anderen Beteiligten auf seine regelmäßige Beauftragung hinweisen und sie darüber belehren, dass es ihnen freisteht, einen anderen Notar einzuschalten[68].

38 (bb) Der Anschein der Eingliederung kann ferner entstehen, wenn **Büroangestellte** des Notars regelmäßig oder in einem größeren Kreis von Angelegenheiten als bevollmächtigte oder vollmachtlose Vertreter für einen bestimmten Beteiligten – z. B. eine Gemeinde – Rechtsgeschäfte vor dem Notar vornehmen. Eine solche Verfahrensweise verbietet sich auch nach § 17 Abs. 2a BeurkG[69].

---

62 Bundesnotarkammer Rdschr. Nr. 21/2000 (Internetabruf unter www.bnotk.de).
63 Siehe unten Rz. 247 ff.
64 Siehe unten Rz. 270 ff.
65 Siehe § 17 Rz. 58.
66 *Dickert*, MittBayNot 1995, 421, 422; *Bohrer*, Rz. 144, 305 ff.
67 Vgl. BVerfG DNotZ 2003, 65, 68 m. Anm. *Vollhardt*.
68 *Huhn/von Schuckmann/Armbrüster*, BeurkG, § 3 Rz. 89.
69 Siehe unten Rz. 181.

(cc) Zu beachten ist, dass Einschränkungen der Berufsausübungsfreiheit (Art. 12 Abs. 1 **39**
GG) nicht auf die bloße **Möglichkeit** des bösen Scheins gestützt werden dürfen. Gefährdungen der notariellen Unabhängigkeit und Unparteilichkeit einzuschätzen und ihnen durch Berufsausübungsregeln zu begegnen, ist primär Aufgabe des Gesetzgebers[70]. Soweit er eine Gefährdung nicht annimmt, darf diese Einschätzung nicht dadurch unterlaufen werden, dass die Möglichkeit eines bösen Scheins bejaht wird. Notaren darf nicht unterstellt werden, dass sie die ihnen auferlegten Pflichten durchweg missachten könnten[71]. Nur wenn Gefahren für die Unabhängigkeit und Unparteilichkeit konkret zu befürchten sind und durch mildere Mittel, etwa durch Auflagen, nicht verhindert werden können, dürfen die Aufsichtsbehörden bestimmte Verhaltensweisen des Notars – etwa die Übernahme einer Nebentätigkeit – verbieten[72].

IV. Unparteilichkeit der Amtsführung (Abs. 1 Satz 2)

1. Bedeutung der Vorschrift

a) Prägendes Wesensmerkmal

Die Vorschrift betont neben der Unabhängigkeit als gleichrangig prägendes Wesensmerkmal **40**
das Gebot der **Unparteilichkeit** (Neutralität) des Notars. Es gilt grundsätzlich für jegliche notarielle Amtstätigkeit; es zu beachten, ist notarielle **Amtspflicht**. Die Neutralitätspflicht begründet ebenso wie die Pflicht zur Wahrung der Unabhängigkeit konkrete Verhaltensanforderungen, wobei sich beide Pflichtenkreise häufig überschneiden. Die Unparteilichkeit darf durch berufliche Verbindungen des Notars mit anderen Berufsträgern nicht gefährdet werden. Wie bereits im Zusammenhang mit der notariellen Unabhängigkeit ausgeführt[73], stellen Unabhängigkeit und Unparteilichkeit einen wichtigen Gemeinwohlbelang dar, der geeignet ist, auch gravierende Einschränkungen der Berufsfreiheit zu rechtfertigen.

b) Einzelvorschriften

Ebenso wie die Unabhängigkeit wird auch die Unparteilichkeit durch die bereits genannten **41**
Einzelvorschriften geschützt[74]. Bedeutsam sind insoweit vor allem die Vorschriften über **Mitwirkungsverbote** bei Beurkundungen (§ 3 Abs. 1 Satz 1 BeurkG) und bei sonstigen Amtstätigkeiten (§ 16 Abs. 1 BNotO). § 16 Abs. 2 gibt dem Notar das Recht, sich der Amtsausübung wegen **Befangenheit** zu enthalten. Dafür genügt es, dass ein Sachbeteiligter bei verständiger Würdigung Grund haben kann, an seiner vollen Unparteilichkeit zu zweifeln. Ist das der Fall, muss der Notar seine Unparteilichkeit klarstellen; gelingt ihm das nicht, so ist er nicht nur berechtigt, sondern zwecks Vermeidung des Anscheins der Parteilichkeit verpflichtet, sich der Amtsausübung zu enthalten[75].

c) Richtlinien der Notarkammern

Im Rahmen ihrer **Richtlinienkompetenz** nach § 67 Abs. 2 können die Notarkammern nähe- **42**
re Regelungen zur Wahrung der Unabhängigkeit und Unparteilichkeit des Notars treffen. Die nach § 78 Abs. 1 Satz 2 Nr. 5 erlassenen Richtlinienempfehlungen der Bundesnotarkammer enthalten entsprechende Hinweise (Abschn. I). Danach hat der Notar seine Unparteilichkeit auch zu wahren bei

---

70 Siehe auch oben Rz. 14.
71 BVerfG DNotZ 2003, 67.
72 BVerfG DNotZ 2003, 65.
73 Oben Rz. 30.
74 Siehe oben Rz. 34.
75 Siehe § 16 Rz. 109.

- der Beratung,
- der Erstellung von Entwürfen und Gutachten auf einseitigen Antrag,
- der gesetzlich zulässigen Vertretung von Beteiligten in Verfahren der freiwilligen Gerichtsbarkeit, in Steuerangelegenheiten sowie in behördlichen und gerichtlichen Genehmigungsverfahren.

d) Anwaltsnotare

43 Der **Anwaltsnotar** steht im Hinblick auf das Gebot der Neutralität in einem doppelten Pflichtenkreis, so dass Verletzungen der anwaltlichen Standespflichten zugleich die Amtspflichten als Notar verletzen können und umgekehrt. Notarielle und anwaltliche Tätigkeit in derselben Angelegenheit sind grundsätzlich unverträglich.

2. Einzelheiten zur Neutralitätspflicht

a) Urkundsgeschäfte

aa) Gleichbehandlung

44 Der Notar darf niemanden **bevorzugen** oder **benachteiligen**. Im Rahmen der Rechtsvorschriften hat er die berechtigten Belange aller Beteiligten in gleicher Weise zu wahren, ohne einem von ihnen stärker rechtlich zugeordnet werden zu können als dem anderen[76]. Das schließt es aus, ihn im Rahmen seiner *Urkundstätigkeit* als Erfüllungsgehilfen eines Beteiligten anzusehen[77]. Ist eine Amtshandlung mit seiner Neutralitätspflicht nicht zu vereinbaren oder ruft sie den Anschein der Parteilichkeit hervor, so muss er seine Mitwirkung versagen (§ 14 Abs. 2, Abs. 3 Satz 2).

bb) Beteiligte

45 **Beteiligte** im Sinne des § 14 Abs. 1 Satz 2 sind sowohl die formell Beteiligten, d.h. die Erschienenen, deren im eigenen oder fremden Namen abgegebenen Erklärungen beurkundet werden sollen (§ 6 Abs. 2 BeurkG), als auch die sachlich (materiell) Beteiligten, d. h. diejenigen Personen, deren Rechte, Pflichten oder Verbindlichkeiten durch den Inhalt der notariellen Amtstätigkeit unmittelbar begründet, erweitert oder vermindert werden; dabei genügt es, dass diese Rechte, Pflichten oder Verbindlichkeiten faktisch unmittelbar günstig oder ungünstig beeinflusst werden[78].

cc) Identität der Angelegenheit

46 Die Beteiligung muss sich auf dieselbe **Angelegenheit** erstrecken. Darunter ist der einheitliche Lebenssachverhalt zu verstehen, auf den sich das Amtsgeschäft bezieht. Der Zweck des Neutralitätsgebots, das Vertrauen in die Amtstätigkeit der Notare zu gewährleisten, erfordert es, den Begriff der Angelegenheit nicht eng auszulegen[79].

dd) Sonderinteressen

47 Sind an einem notariellen Amtsgeschäft mehrere Personen formell oder sachlich beteiligt, darf der Notar als unparteiischer Betreuer nicht **Sonderinteressen** eines Beteiligten berücksichtigen, die der Pflicht zur gleichmäßigen Betreuung aller Beteiligten entgegenstehen; seine

---

76 BGH NJW 1993, 648.
77 BGH NJW 1993, 648; anders bei einseitig betreuender Tätigkeit; siehe dazu BGHZ 62, 119, 121; BGH NJW 1984, 1748; BGHZ 123, 1, 13.
78 Siehe § 16 Rz. 14 ff.
79 BGH DNotZ 1985, 231.

Aufgabe ist es, auf einen gerechten Ausgleich gegensätzlicher Interessen hinzuwirken. Vor allem darf er nicht die Interessen eines Beteiligten gegen die eines anderen wahrnehmen.

Pflicht des Notars ist es, bei der Beurkundung von Verträgen auf eine **ausgewogene Risi-** **48** **koverteilung** zu achten und gegebenenfalls auf sie hinzuwirken[80]. Nach der Rechtsprechung des Bundesgerichtshofs schuldet er eine umfassende, ausgewogene und interessengerechte Vertragsgestaltung[81]. Dabei obliegt ihm ein **sozialer Schutzauftrag**[82]. Dieser verpflichtet ihn, darauf zu achten, dass unerfahrene und ungewandte Beteiligte nicht benachteiligt werden (§ 17 Abs. 1 Satz 2 BeurkG). Besondere Ausprägung hat dieser Schutzgedanke für Verbraucherverträge gefunden (§ 17 Abs. 2a Satz 2 BeurkG). Bei der Vorbereitung und Beurkundung solcher Verträge muss der Notar darauf hinwirken, dass der Verbraucher beim Vertragsschluss ausreichend informiert ist und seine Vertragserklärungen ohne Übereilung persönlich oder durch eine Vertrauensperson abgibt. Ungeachtet der Formulierung als Sollvorschrift handelt es sich um unbedingte, dem Schutz der Beteiligten dienende Amtspflichten.

Unausgewogene Verträge können ggf. im Rahmen **gerichtlicher Inhaltskontrolle** (Wirksamkeitskontrolle gem. § 138 BGB, Ausübungskontrolle gem. § 242 BGB) scheitern. Erhebliche praktische Bedeutung hat die diesbezügliche Rechtsprechung namentlich im Zusammenhang mit Eheverträgen und Scheidungsfolgenvereinbarungen gewonnen[83]. Indes trifft den Notar keine Erfolgshaftung. Unausgewogene, jedoch dem Gesetz und dem Willen der Beteiligten entsprechende Gestaltungen verpflichten ihn, die Beteiligten zu belehren, berechtigen ihn aber nicht, seine Mitwirkung zu versagen[84]. Aufgabe des Notars ist es ferner nicht, die wirtschaftliche Angemessenheit der von den Vertragsparteien gewünschten Vereinbarungen zu prüfen, etwa einen nach seiner Auffassung überhöhten oder zu geringen Kaufpreis zu kritisieren.

ee) Belehrungspflicht

Die **Belehrungspflichten** des Notars finden ihre Grenze ebenfalls in der Pflicht zur Neutra- **49** lität[85].

ff) Auskünfte, Äußerung von Rechtsansichten

Auch bei der Erteilung von **Auskünften**, der Äußerung von **Rechtsansichten** und sonstigen **50** Mitteilungen im Zusammenhang mit vorangegangenen Urkundsgeschäften muss der Notar seine Unparteilichkeit wahren[86]. Wünscht beispielsweise nach Abschluss eines solchen Geschäfts ein Beteiligter Aufschluss über dessen Hergang – etwa über die Abgabe und den Inhalt mündlicher Erklärungen oder über die Vorlage oder den Inhalt vorgelegter Urkunden – muss der Notar sorgfältig prüfen, ob die erbetene Auskunft dazu bestimmt oder geeignet ist, einem der Beteiligten einseitig Vorteile gegenüber einem anderen Beteiligten zu verschaffen. Ist das der Fall oder bestehen insoweit auch nur Zweifel, darf er die Auskunft in der Regel nicht ohne ausdrückliche Zustimmung der anderen Beteiligten erteilen. Das gleiche gilt, wenn er hinsichtlich eines vorangegangenen Urkundsgeschäfts eine Rechtsansicht äußern soll. In jedem Fall sollten die übrigen Beteiligten nachträglich über den Vorgang unterrichtet werden.

---

80 Ebenso *Reithmann/Albrecht*, Handbuch der notariellen Vertragsgestaltung, Rz. 20.
81 BGH DNotZ 1995, 403, 404.
82 Näher dazu: *Zugehör* in *Zugehör/Ganter/Hertel*, Handbuch der Notarhaftung (im Folgenden: *Bearbeiter*, Notarhaftung), Rz. 415 f.
83 BVerfG DNotZ 2001, 222; BGH DNotZ 2004, 550 = MittBayNot 2004, 270 m. Anm. *Wellner*; BGH ZNotP 2006, 428. Vgl. ferner *Langenfeld*, DNotZ 2001, 272; *Rauscher*, DNotZ 2002, 751; *ders.*, DNotZ 2004, 524: *Hahne*, DNotZ 2004, 84; *Brandt*, MittBayNot 2004, 221; jeweils m. w. N. Siehe auch unten Rz. 164.
84 So zu Recht *Basty*, Festschrift Schippel, S. 571, 576.
85 BGH DNotZ 1982, 384; DNotZ 1987, 157; *Reithmann/Albrecht*, Rz. 144.
86 Vgl. auch § 24 Rz. 23.

b) Vollzugstätigkeit

51 Beim **Vollzug** eines von ihm beurkundeten Rechtsgeschäfts darf der Notar nicht einseitig die Interessen eines Beteiligten gegen die eines anderen wahrnehmen[87]. Er darf deshalb weder einen säumigen Vertragspartner mahnen noch ihm eine Frist zur Leistung oder zur Nacherfüllung (§ 323 Abs. 1 BGB) setzen[88]; solche Maßnahmen sind auch nicht dadurch gerechtfertigt, dass die Vertragspartner den Notar beauftragen, alle zur Vertragsdurchführung erforderlichen Erklärungen abzugeben[89]. Als Verstoß gegen die Neutralitätspflicht ist es hingegen nicht anzusehen, wenn der Notar aufgrund einer ihm erteilten Vollzugsvollmacht die Genehmigung eines vollmachtlos Vertretenen einholt[90].

c) Vertretung Beteiligter

52 Aus dem Gebot der Unparteilichkeit folgt, dass der Notar in bestimmten Fällen von der **Vertretung** Beteiligter ausgeschlossen ist. Das gilt sowohl für die notarielle Vertretung als auch für die anwaltliche durch Anwaltsnotare.

aa) Notarielle Vertretung

53 § 24 Abs. 1 Satz 2 sieht die Befugnis des **Notars** vor, Beteiligte vor Gerichten und Verwaltungsbehörden zu vertreten. Sie ist durch das Neutralitätsgebot begrenzt[91]. Vertretungen, in denen es um die Wahrnehmung gegensätzlicher Parteiinteressen geht, hat der Notar abzulehnen. Eine anfangs bestehende notarielle Vertretungsbefugnis **endet**, wenn in einem zunächst einseitigen Verfahren (z. B. auf Erteilung eines Erbscheins oder eines Testamentsvollstreckerzeugnisses) eine andere Partei oder ein anderer Interessent auf gleicher Ebene auftritt und gegensätzliche Interessen oder Begehren verfolgt[92]. Der Notar muss in einem solchen Fall die Vertretung niederlegen. Denn die Erbscheinsverhandlung berührt unmittelbar die Rechtsstellung aller Personen, die ein Erbrecht für sich in Anspruch nehmen[93] (nicht dagegen die des Testamentsvollstreckers, des Nachlassverwalters oder des Nachlasspflegers, sofern diese nicht zugleich Erben sind)[94]. Die Gegenauffassung, die auf den Erwartungshorizont der Beteiligten abstellt[95], übersieht, dass die notarielle Neutralitätspflicht nicht nur im Interesse der Beteiligten besteht, sondern einen wichtigen Gemeinwohlbelang darstellt, der nicht der Disposition der Beteiligten unterliegt[96].

bb) Anwaltliche Vertretung

54 § 14 Abs. 1 Satz 2 schränkt ferner die Befugnis des Anwaltsnotars zur **anwaltlichen Vertretung** Beteiligter ein.

55 (1) Das **anwaltliche Berufsrecht** sieht ein Vertretungsverbot u. a. vor, wenn der Rechtsanwalt in derselben Angelegenheit als Notar, Notarvertreter oder Notariatsverwalter bereits tätig geworden ist (§ 45 Abs. 1 Nr. 1 BRAO) oder wenn er eine Urkunde aufgenommen hat und deren Rechtsbestand oder Auslegung streitig ist oder die Vollstreckung aus ihr betrieben wird (§ 45 Abs. 1 Nr. 2 BRAO)[97]. Das **notarielle Berufsrecht** wird dadurch nicht einge-

---

87 Siehe auch § 24 Rz. 43.
88 *Reithmann*, DNotZ 1985, 767, 768.
89 KG DNotZ 1987, 32.
90 Kein Fristbeginn im Sinne des § 177 Abs. 2 Satz 2 BGB: OLG Naumburg MittRhNotK 1994, 315; *Holthausen-Dux*, NJW 1995, 1470; a. A. zu Unrecht OLG Köln NJW 1995, 1499.
91 Grundsätzlich dazu: BGHZ 51, 301, 304 ff.
92 BGHZ 51, 301, 307.
93 Zweifelnd: OLG Köln OLG-Rp Köln 1992, Sonderbeilage Notarsenat NRW, S. III (nur LS).
94 A. A. *Dumoulin*, DNotZ 1973, 53 (auch Testamentsvollstrecker beteiligt); dagegen zu Recht: *Rohs/Heinemann*, Die Geschäftsführung der Notare, S. 176 Fn. 19.
95 *Litzenburger*, NotBZ 2005, 239, 242, und ihm folgend *Schippel/Bracker/Reithmann*, § 24 Rz. 107 f.
96 Siehe oben Rz. 38.
97 Näher dazu: § 16 Rz. 113 ff.

schränkt. Daher muss der Anwaltsnotar bei Übernahme eines anwaltlichen Mandats auch das Gebot der fortdauernden notariellen Unparteilichkeit beachten[98]. Dadurch begründete Vertretungshindernisse gehen über die in § 45 Abs. 1 BRAO enthaltenen Verbote hinaus[99].

So verletzt der Anwaltsnotar seine Amtspflicht zu fortdauernder Neutralität, wenn er in einer Angelegenheit, mit der er als Notar für mehrere Beteiligte amtlich befasst war oder ist, in einer hieraus zwischen den Beteiligten entstandenen Streitigkeit einen Beteiligten gegen einen anderen Beteiligten anwaltlich vertritt[100], auch wenn zu dieser Zeit Bedenken gegen oder Zweifel über sein Amtsgeschäft noch nicht erhoben sind[101]. Dabei kommt es nicht auf die formelle Beteiligung im Sinne des § 6 Abs. 2 BeurkG, sondern auf die **Sachbeteiligung** an[102]. Diese Grundsätze gelten auch für Vertretungen in Verfahren der freiwilligen Gerichtsbarkeit; der Notar darf daher nicht als Verfahrensbevollmächtigter eines Beteiligten tätig werden, wenn andere Personen mit gegensätzlichen Interessen beteiligt sind[103].

56 (2) So darf der Anwaltsnotar nach § 14 Abs. 1 Satz 2 einen Beteiligten nicht gegen einen anderen anwaltlich vertreten, wenn es sich handelt um
– die Erfüllung eines von ihm beurkundeten Rechtsgeschäfts,
– die nachträgliche Geltendmachung von Einwendungen oder Einreden gegen ein solches Rechtsgeschäft,
– die Zwangsvollstreckung aus einer vor ihm errichteten oder von ihm verwahrten vollstreckbaren Urkunde (§§ 794 Abs. 1 Nr. 5, 797 Abs. 2 Satz 1 ZPO), einem von ihm für vollstreckbar erklärten Anwaltsvergleich (§ 796c Abs. 1 ZPO) oder einem von ihm für vollstreckbar erklärten Schiedsspruch mit vereinbartem Wortlaut (§ 1053 Abs. 4 ZPO),
– die Prozessvertretung in einem Ehescheidungsverfahren nach Beurkundung eines Ehevertrages oder einer Folgevereinbarung[104],
– die Geltendmachung von Ansprüchen durch Erben, Vermächtnisnehmern oder Pflichtteilsberechtigte nach Beurkundung einer Verfügung von Todes wegen,
– die Strafverteidigung eines Beteiligten, wenn das Strafverfahren Verstöße gegen Strafvorschriften zum Gegenstand hat, die dem Schutz eines anderen an einem vorangegangenen notariellen Amtsgeschäft Beteiligten dienen[105].

57 (3) Dagegen darf sich der Anwaltsnotar in einem von einem Beteiligten gegen ihn angestrengten **Haftpflichtprozess** wegen notarieller Amtspflichtverletzung selbst vertreten; denn er stellt sich dabei nicht – unter Verstoß gegen seine Neutralitätspflicht – auf die Seite eines der Beteiligten[106].

cc) Sozietäten

58 Ein mit anderen Rechtsanwälten oder mit Angehörigen eines anderen Berufs im Sinne des § 9 Abs. 2 verbundener Anwaltsnotar muss durch **organisatorische Maßnahmen** sicherstellen, dass auch die mit ihm verbundenen Personen kein Mandat übernehmen, dessen Übernahme und Erfüllung gegen die notarielle Neutralitätspflicht verstoßen[107]. Wegen der Einzelheiten wird auf die Erläuterungen zu § 28 verwiesen.

---

98 OLG Hamm NJW 1992, 1174; *Schippel/Bracker/Schäfer*, § 16 Rz. 96.
99 Vgl. die Aufzählungen bei *Hartstang*, Anwaltsrecht, S. 189 f., sowie *Weingärtner*, Vermeidbare Fehler im Notariat, Rz. 57–62.
100 OLG Hamm DNotZ 1977, 441; *Hartstang*, S. 188.
101 OLG Köln DNotZ 1963, 631; *Feuerich/Weyland*, BRAO, § 45 Rz. 22.
102 OLG Köln DNotZ 1963, 631. Zum Begriff der Sachbeteiligung siehe § 16 Rz. 16 f.
103 Näher dazu: § 24 Rz. 53 ff.
104 BGH DNotZ 1992, 455.
105 Vgl. Mitteilung der Notarkammer Hamm (Abdruck: *Weingärtner*, Notarrecht Nordrhein-Westfalen, Ord.-Nr. 143).
106 Zur Frage der Verschwiegenheitspflicht in einem gegen den Notar geführten Haftpflichtprozess: § 18 Rz. 68 f.
107 Vgl. BGH DNotZ 1992, 455.

d) Anschein der Parteilichkeit

59 Nach § 14 Abs. 3 Satz 2 muss der Notar schon jeglichen **Anschein** der Parteilichkeit vermeiden. Insoweit gelten im Wesentlichen die gleichen Grundsätze wie hinsichtlich des Anscheins der Abhängigkeit[108].

e) Erlaubte Tätigkeiten

60 Bei Amtsgeschäften im Rahmen der **vorsorgenden Rechtsbetreuung** (§§ 23, 24) ist der Notar grundsätzlich nur seinem Auftraggeber (Antragsteller) verpflichtet. Er darf insoweit die einseitige Interessenwahrnehmung eines einzelnen Beteiligten übernehmen. So ist es nicht zu beanstanden, wenn er mit der Abwicklung eines rechtlich nicht zu beanstandenden Treuhandauftrags betraut wird, der vornehmlich den berechtigten Interessen eines von mehreren Beteiligten dient, ohne den anderen Partner zu übervorteilen[109]. § 14 Abs. 1 Satz 2 schränkt ferner nicht das Recht des Notars ein, einen Rechtsuchenden zu beraten, auch wenn er erkennt, dass dieser den Rat zwecks Auseinandersetzung mit widerstreitenden Interessen nachsucht[110]. Ferner darf er zwischen streitenden Parteien vermitteln, wenn alle Beteiligten ihn gemeinsam damit beauftragen[111].

V. Redlichkeit der Amtsführung (Abs. 2)

1. Bedeutung der Vorschrift

61 § 14 Abs. 2 verpflichtet den Notar zu **redlicher Amtsführung**. Die Vorschrift stellt die berufsrechtliche Ausformung der in § 14 Abs. 3 Satz 1 niedergelegten Pflicht zu achtungs- und vertrauenswürdigem Verhalten dar. Ihr entspricht für den Bereich des Urkundsverfahrensrechts § 4 BeurkG. Das so begründete **Integritätsgebot** prägt das Notaramt ebenso wie das Gebot der Unparteilichkeit[112].

§ 14 Abs. 2 verweist auf sämtliche Amtspflichten des Notars. Die Amtstätigkeit ist daher stets zu versagen, wenn sie in irgendeiner Hinsicht pflichtwidrig wäre. Dabei macht es keinen Unterschied, ob die Pflichten im Interesse der Allgemeinheit oder einzelner Personen bestehen.

2. Einzelheiten zur Redlichkeitspflicht

a) Bezeugungspflicht

62 Die Pflicht zu **wahrheitsgemäßer Bezeugung** (Bezeugungspflicht) stellt eine der wesentlichsten notariellen Amtspflichten dar. Sie ist der Beurkundungsaufgabe der Notare immanent: Nur wenn der Sachverhalt, insbesondere der Wille der Beteiligten, zutreffend erkannt und bezeugt wird, kann die notarielle Urkundstätigkeit ihrer Beweissicherungs- und Kundmachungsfunktion gerecht werden[113]. Der Notar hat daher bei allen Amtsgeschäften die Wahrheit zu bezeugen; er darf nur beurkunden, was er nach gewissenhafter Prüfung als zutreffend erkannt hat[114].

---

108 Siehe oben Rz. 35 ff.
109 BGH DNotZ 1987, 155.
110 BGHZ 51, 301, 306.
111 BGHZ 51, 301, 306.
112 *Bohrer*, Rz. 101.
113 *Reithmann/Albrecht*, Rz. 187.
114 BGH DNotZ 1992, 819; BGHZ 134, 100, 107.

Die Bezeugungspflicht wirkt sich in zweifacher Richtung aus: Zum einen darf der Notar nur beurkunden, was die Beteiligten – sei es auch nur stillschweigend – erklären; zum anderen darf er Erklärungen nicht beurkunden, wenn er weiß, dass sie unwahr sind.

Die Bezeugungspflicht gilt für **alle Beurkundungsverfahren**. Sie umfasst die Bezeugung **63** der Personenidentität (§ 9 Abs. 1 Satz 1 Nr. 1, §§ 40 Abs. 3 Satz 1, 41 Satz 2 BeurkG) und des Inhalts abgegebener Erklärungen (§ 9 Abs. 1 Satz 1 Nr. 2, Satz 2 BeurkG).

Bei **Unterschriftsbeglaubigungen** hat der Notar nicht den Inhalt der unterschriebenen Erklärung zu verantworten, sondern nur die Tatsache zu bezeugen, dass sich die unterzeichnende Person zu der Unterschrift bekennt[115]. Insoweit obliegt ihm auch bei der Unterschriftsbeglaubigung die Pflicht zur wahrheitsgemäßen Bezeugung; ihr entspricht das Verbot von **Fernbeglaubigungen** (§ 40 Abs. 1 BeurkG). Eine Fernbeglaubigung stellt einen schwerwiegenden Verstoß gegen die Dienstpflichten des Notars dar[116].

Bei der Beglaubigung einer **Abschrift** muss sich der Notar vom Gleichlaut mit dem Original vergewissern; auf Prüfungen durch Beteiligte oder Mitarbeiter darf er sich nicht verlassen[117]. Das gilt auch für die Beglaubigung fotomechanisch oder elektronisch hergestellter **Kopien**. Bei ihnen sind zwar versehentliche Abweichungen ausgeschlossen, nicht aber gewollte, durch Manipulation herbeigeführte.

b) Irrtum, falscher Anschein

Der Notar muss bei seiner Amtstätigkeit darauf achten, dass **Irrtümer** und **Zweifel** bei den **64** Beteiligten und geschützten Dritten vermieden werden. Mit der Pflicht zu wahrheitsgemäßer Bezeugung ist es unvereinbar, wenn er durch seine Tätigkeit einen **falschen Anschein** erweckt[118]. Die Pflicht, einen falschen Anschein zu vermeiden, besteht nicht nur bei der Urkundstätigkeit, sondern bei jeder notariellen Amtstätigkeit[119].

c) Beachtung des Willens der Beteiligten

Als unabhängiger Träger eines öffentlichen Amtes wird der Notar hoheitlich tätig; seine **65** Amtshandlungen können grundsätzlich nicht Gegenstand privatrechtlicher Bindungen sein[120]. Das schließt jedoch nicht aus, dass er an den **Willen der Beteiligten** gebunden ist. Bei der Beurkundung von Willenserklärungen verpflichtet ihn das Gesetz ausdrücklich, den Willen der Beteiligten zu erforschen (§ 17 Abs. 1 Satz 1 BeurkG)[121]. Aber auch bei sonstigen Amtstätigkeiten ist er verpflichtet, den Willen der Beteiligten zu berücksichtigen, soweit dieser für ihn erkennbar und rechtlich beachtlich ist[122].

Probleme können sich insoweit ergeben, wenn im Rahmen von **Verwahrungsgeschäften** **66** einseitige oder einander widersprechende Weisungen erteilt werden. Insoweit wird auf die Erläuterungen zu § 23 verwiesen[123].

Für die notarielle **Vollzugstätigkeit** bestimmt § 53 BeurkG, dass der Notar beim Grund- **67** buchamt oder beim Registergericht einzureichende Urkunden unverzüglich einreichen soll; dies gilt jedoch nicht, wenn die Beteiligten gemeinsam etwas anderes verlangen. Eine solche abweichende gemeinsame Weisung muss der Notar beachten, und zwar nicht nur, wenn die Beteiligten eine Verzögerung begehren, sondern auch, wenn sie die vorzeitige Einreichung – d. h. vor Eintritt der Vollzugsreife – verlangen[124]. Die Verbindlichkeit einer solchen Anweisung hängt nicht davon ab, dass der Notar die Beteiligten auf die mit ihr verbundenen Ge-

---

115 *Reithmann/Albrecht*, Rz. 189. Zur erweiterten Belehrungspflicht bei Unterschriftsbeglaubigungen siehe unten Rz. 232.
116 BGH DNotZ 1988, 259.
117 *Winkler*, § 42 Rz. 14; *Eylmann/Vaasen/Limmer*, § 42 BeurkG Rz. 9.
118 BGH DNotZ 1973, 245; DNotZ 1992, 819.
119 BGH DNotZ 1985, 48 (Fälligkeitsbestätigung); *Reithmann/Albrecht*, Rz. 190.
120 BGHZ 76, 9, 11.
121 Näher dazu unten Rz. 103.
122 BGH DNotZ 1983, 450; WM 1989, 1466, 1467; DNotZ 1990, 441.
123 Dort Rz. 137 ff.
124 BGH DNotZ 1983, 450.

fahren hinweist[125]. Bloße Zweifel an der Wirksamkeit des beurkundeten Rechtsgeschäfts oder einseitige Weisungen eines Beteiligten befreien den Notar grundsätzlich nicht von seiner Einreichungspflicht[126]. Für eine analoge Anwendung des § 54c Abs. 3 BeurkG ist kein Raum, da sich eine ungewollte oder unbewusste Gesetzeslücke nicht feststellen lässt[127].

d) Nichtige, schwebend unwirksame, undurchführbare Rechtsgeschäfte

aa) Unwirksame Geschäfte

68   (1) Ein Notar darf kein **unwirksames Rechtsgeschäft** beurkunden[128]; denn es ist mit seinen Amtspflichten nicht zu vereinbaren, nichtigen Rechtsgeschäften den äußeren Schein der Wirksamkeit zu verleihen[129]. Der Betroffene soll davor geschützt werden, dass er im Vertrauen auf den Bestand des Geschäfts Aufwendungen tätigt, die wegen dessen Unwirksamkeit nutzlos sind. Die Mitwirkung bei der Beurkundung eines erkennbar unwirksamen Rechtsgeschäfts ist ein schwerwiegendes Dienstvergehen[130]. Pflichtwidrig handelt der Notar auch, wenn er ein erkennbar unwirksames Rechtsgeschäft **vollzieht**[131].

Diese Grundsätze gelten auch, wenn ein Notar unwirksame **Teile** eines sonst wirksamen Vertrages beurkundet oder vollzieht; denn auch dann besteht die Gefahr, dass sich die Vertragsparteien an die scheinbar wirksame Regelung halten, obwohl Rechtspflichten insoweit nicht bestehen.

Erweist sich ein Rechtsgeschäft von vornherein als **rechtlich undurchführbar**, darf der Notar es nur beurkunden, wenn die Beteiligten trotz Belehrung über die Vollzugshindernisse und die Kostenfolgen auf der Beurkundung bestehen[132].

69   Die bloße **Möglichkeit**, dass das Geschäft unwirksam wäre, reicht nicht aus. Nach § 17 Abs. 2 BeurkG hat der Notar in solchen Fällen die bestehenden Bedenken mit den Beteiligten zu erörtern und seine Bedenken gegebenenfalls in der Niederschrift zu vermerken[133].

70   (2) Als allgemeine **Nichtigkeitsgründe** kommen in Betracht:
– Geschäftsunfähigkeit und vorübergehende Störung der Geistestätigkeit eines Beteiligten (§§ 104, 105 Abs. 2 BGB),
– Willensmängel im Sinne der §§ 116 bis 118 BGB,
– Formmängel, soweit der Notar sie nicht selbst beheben kann (§ 125 BGB),
– Verstoß gegen gesetzliche Vorschriften (§ 134 BGB)[134],
– Verstoß gegen die guten Sitten im allgemeinen (§ 138 Abs. 1 BGB)[135] sowie Wucher (§ 138 Abs. 2 BGB),
– fehlende Vertretungsmacht oder Verfügungsbefugnis, wenn eine Genehmigung durch den Berechtigten nicht möglich ist[136].

---

125 BGH DNotZ 1990, 441.
126 BayObLG DNotZ 2000, 372 m. Anm. *Reithmann;* BayObLG NotBZ 2002, 418; *Ganter*, Notarhaftung, Rz. 1503. Siehe auch § 15 Rz. 74.
127 OLG Hamm DNotZ 2006, 682, 684; *Huhn/von Schuckmann/Preuß*, § 53 Rz. 33.
128 BGH DNotZ 2001, 486.
129 BGH WM 1992, 1662, 1663.
130 BGHR BeurkG § 4 Zweck, unredlicher 1.
131 BGH DNotZ 2001, 486, 488.
132 BGH ZNotP 2004, 408.
133 Siehe dazu § 15 Rz. 27.
134 Zur Nichtigkeit von Geschäftsbesorgungsverträgen wegen Verstoßes gegen § 1 Abs. 1 Satz RBerG vgl. BGHZ 145, 265.
135 Zu Verträgen über heterologe Insemination vgl. Bundesnotarkammer DNotZ 1998, 241; zur Anfechtbarkeit: BGH DNotZ 2005, 707; *Wehrstedt*, DNotZ 2005, 649. Der Ausschluss der Vaterschaftsanfechtung bei Einwilligung in eine heterologe Insemination (§ 1600 Abs. 4 BGB) deutet darauf hin, dass der Gesetzgeber diese Fortpflanzungstechnik für nicht sittenwidrig hält (*Roth*, DNotZ 2003, 805, 806). Siehe auch § 15 Rz. 73.
136 BGH DNotZ 1989, 43.

(3) **Nichtig** sind ferner   71
– Urkundsgeschäfte im Ausland, soweit nicht die notariellen Befugnisse nach § 11a reichen; denn die Urkundsgewalt des Notars endet grundsätzlich an den Grenzen des Staates, dessen öffentliche Aufgaben er wahrnimmt und der ihm seine Amtsbefugnisse verliehen hat[137],
– Urkundsgeschäfte eines wegen Interessenkollision ausgeschlossenen Notars (§§ 6, 7, 27 BeurkG).

(4) Die **schwebende Unwirksamkeit** eines Geschäfts stellt hingegen keinen Versagungs-   72
grund gemäß § 14 Abs. 2 dar, solange die Möglichkeit späteren Wirksamwerdens besteht, mag diese auch entfernt sein. Der Notar darf daher ein Urkundsgeschäft nicht deshalb ablehnen, weil Zweifel an der Vertretungsmacht bestehen oder bei fehlender Vertretungsmacht die Genehmigung durch den Vertretenen unwahrscheinlich ist; nur wenn er vom Fehlen der Vertretungsmacht überzeugt ist und eine Genehmigung durch den Vertretenen ausgeschlossen erscheint, hat er die Beurkundung abzulehnen[138]. Das gleiche gilt für die Beurkundung von Rechtsgeschäften Minderjähriger. Ist damit zu rechnen, dass der gesetzliche Vertreter das Rechtsgeschäft genehmigen wird (§ 108 Abs. 1 BGB), oder steht der Minderjährige kurz vor Eintritt seiner Volljährigkeit und ist zu erwarten, dass er die von ihm oder für ihn abgegebenen Erklärungen selbst genehmigen wird (§ 108 Abs. 3 BGB), darf der Notar die Beurkundung nicht versagen[139].

bb) Allgemeine Geschäftsbedingungen

(1) **Allgemeine Geschäftsbedingungen** (AGB) sind nach dem Grundsatz des § 305 Abs. 1   73
BGB alle für eine Vielzahl von Verträgen vorformulierten Vertragsbedingungen, die eine Vertragspartei (Verwender) der anderen Vertragspartei bei Abschluss eines Vertrags stellt. Es genügt, wenn wenigstens eine dreimalige Verwendung beabsichtigt ist[140]. Dabei muss es sich nicht um eine Vielzahl von Vertragspartnern handeln; die beabsichtigte mehrfache Verwendung gegenüber ein und demselben Vertragspartner reicht aus[141]. Gleichgültig ist, ob die Bestimmungen einen äußerlich gesonderten Bestandteil des Vertrags bilden oder in die Vertragsurkunde selbst aufgenommen werden, welchen Umfang sie haben, in welcher Schriftart sie verfasst sind und welche Form der Vertrag hat. Allgemeine Geschäftsbedingungen liegen nicht vor, soweit die Vertragsbedingungen zwischen den Vertragsparteien im Einzelnen ausgehandelt sind (§ 305 Abs. 1 Satz 3 BGB)[142].

(2) Von einem **Notar** als Drittem vorformulierte Vertragsbedingungen werden nicht in   74
diesem Sinne »gestellt« und fallen daher grundsätzlich nicht unter den Begriff der AGB. Klauseln in einem notariellen Vertrag, die für die Vertragsparteien Individualcharakter haben, führen deshalb auch dann nicht zur Anwendung de AGB-Vorschriften, wenn sie aus einem Vertragsmuster aufgenommen werden, das der Notar für seine eigenen Zwecke entwickelt oder einem Formularbuch entnommen hat[143].

Dagegen handelt es sich um **AGB**, wenn sich der Notar eines für eine Vielzahl von Verträ-   75
gen entwickelten Formulars bedient, das ihm für diesen Zweck von einer der Vertragsparteien überlassen worden ist[144] oder das er im Auftrag einer Partei oder als ihr »Hausnotar« für eine Vielzahl von Verträgen entwickelt hat[145]. Bei Verträgen, die einseitig die Interessen ei-

---

137 BGHZ 138, 359, 361. Zur Frage der Beurkundung auf Schiffen, in Flugzeugen und bei Exterritorialität siehe *Huhn/von Schuckmann/Preuß*, § 2 Rz. 21 ff.; *Lerch*, BeurkG, Einl. Rz. 6.
138 BGH WM 1993, 1513.
139 *Huhn/von Schuckmann/Renner*, § 11 Rz. 15.
140 *Palandt/Heinrichs*, § 305 Rz. 9.
141 BGH NJW 2004, 1454, 1455.
142 Zum Begriff des Aushandelns: BGH NJW 1992, 2759, 2760 m. w. N.; st. Rspr.; weitere Nachweise: *Palandt/Heinrichs*, § 305 Rz. 21.
143 BGH NJW 1991, 843; OLG Köln MittRhNotK 1998, 329; *Brambring/Schippel*, NJW 1979, 1802; *Ulmer*, DNotZ 1981, 84; *Rieder*, DNotZ 1984, 226.
144 BGHZ 83, 56, 58 = DNotZ 1982, 314 m. Anm. *Reithmann*.
145 BGHZ 118, 229, 239. Zur Stellung des »Hausnotars« siehe auch oben Rz. 37.

ner Vertragspartei begünstigen und keinen angemessenen Interessenausgleich enthalten, spricht hierfür eine tatsächliche Vermutung[146]. Der Bauträgervertrag ist in aller Regel Formularvertrag in diesem Sinne, weil Bauträger typischerweise auf die Gestaltung der mehrfach zu verwendenden Bedingungen Einfluss nehmen[147].

76   Ob die §§ 305 ff. BGB anzuwenden sind, wenn sich eine der Vertragsparteien die von dem Notar als unparteiischem Dritten vorformulierten Bedingungen einseitig zunutze macht, ist noch nicht abschließend geklärt[148]. Die notarielle Praxis sollte sich darauf einstellen, dass die Vertragsklauseln auch in solchen Fällen der Inhaltskontrolle als AGB unterliegen.

cc) AGB und Verbraucherverträge

77   (1) Besonderheiten gelten für **Verbraucherverträge**[149]. § 310 Abs. 3 BGB unterwirft bei Verbraucherverträgen auch von dritter Seite formulierte AGB (sog. Drittklauseln) der gerichtlichen Inhaltskontrolle, es sei denn, dass sie durch den Verbraucher in den Vertrag eingeführt wurden (Abs. 3 Nr. 1). Das gleiche gilt für Einzelvertragsklauseln, soweit der Verbraucher auf Grund der Vorformulierung auf ihren Inhalt keinen Einfluss nehmen konnte (Abs. 3 Nr. 2). Der Inhaltskontrolle unterliegen insoweit auch von einem Notar formulierte Vertragsbedingungen, und zwar grundsätzlich auch dann, wenn sie nur zur einmaligen Verwendung bestimmt sind. Auf die Tatbestandsmerkmale des Stellens und der Vielzahl kommt es insoweit nicht an. Die Möglichkeit der Einflussnahme setzt voraus, dass der Unternehmer dem Verbraucher ausdrücklich oder konkludent zu verstehen gibt, dass er bereit ist, auf Änderungswünsche des Verbrauchers einzugehen[150]. Dafür dürfte es nicht genügen, dass dem Verbraucher lediglich entsprechend § 17 Abs. 2a Satz 2 Nr. 2 BeurkG der beabsichtigte Vertragstext zur Verfügung gestellt wird.

78   (2) **Verbraucher** ist jede natürliche Person, die eine rechtsgeschäftliche Erklärung zu einem Zweck abgibt, der weder ihrer gewerblichen noch ihrer selbstständigen beruflichen Tätigkeit zugerechnet werden kann (§ 13 BGB). Nach der gesetzgeberischen Intention soll die Vorschrift dem besonderen Schutz solcher Personen dienen, die einem Geschäftspartner gegenüber intellektuell und/oder wirtschaftlich unterlegen sind. Sie setzt eine solche Unterlegenheit aber nicht voraus, sondern stellt schematisch allein auf den Zweck des Rechtsgeschäfts ab. So ist Verbraucher auch der wirtschaftlich und rechtlich versierte Kaufmann, der für private Zwecke eine Immobilie erwirbt.

79   (3) **Unternehmer** ist jede natürliche oder juristische Person oder rechtsfähige Personengesellschaft, die bei Abschluss eines Rechtsgeschäfts in Ausübung ihrer gewerblichen oder selbstständigen beruflichen Tätigkeit handelt (§ 14 BGB). **Existenzgründer** sind bis zum Beginn ihrer unternehmerischen Tätigkeit als Verbraucher anzusehen[151]. Ein Schutzbedürfnis für sie besteht gerade in dieser Phase, in der Betroffene leicht Opfer unseriöser Vertragspartner werden[152]. Die Auffassung, Rechtsgeschäfte eines Existenzgründers mit einem Gegenstandswert von mehr als 50.000 Euro seien analog § 507 BGB als Unternehmergeschäfte zu behandeln[153], erscheint nicht praktikabel, da der Notar im Rahmen des Beurkundungsverfahrens nicht immer und nicht ohne Weiteres feststellen kann, um welchen Gegenstands-

---

146 BGHZ 118, 240; vgl. auch OLG Düsseldorf NJW-RR 1997, 659.

147 BGHZ 118, 239 m. w. N.

148 Vgl. BGHZ 118, 239 f. m. w. N.

149 Zum Beurkundungsverfahren bei Verbraucherverträgen siehe unten Rz. 194.

150 *Ulmer/Brandner/Hensen*, AGB-Recht, § 310 BGB Rz. 85.

151 *Palandt/Heinrichs*, § 13 Rz. 3; *Winkler*, § 17 Rz. 86; *Philippsen*, NotBZ 2003, 137, 139. A. A. die wohl h. M., vgl. BGH DNotZ 2005, 680 = NJW 2005, 1273, 1274 m.w.N.

152 Zu denken ist an Kleinunternehmer wie etwa Gründer sog. Ich-AGen (gefördert nur bis 31.07.2006), die vielfach über keine oder nur geringe wirtschaftliche und rechtliche Erfahrungen verfügen.

153 *Amann/Brambring/Hertel/Hertel*, Vertragspraxis nach neuem Schuldrecht, S. 351; zustimmend: *Winkler*, FGPrax 2004, 179, 180.

wert es sich handelt (etwa bei einer ohne seine Mitwirkung vorgenommenen Finanzierung eines der Existenzgründung dienenden Immobiliengeschäfts[154]).

(4) Immobiliengeschäfte der **öffentlichen Hand** sind Verbraucherverträge, wenn sie nicht 80
– wie etwa der Erwerb von Straßenland – nur spezifisch öffentlich-rechtlichen Zwecken dienen. Dagegen sind Kommunen als Unternehmer zu behandeln, wenn sie Bauland an Private veräußern, auch wenn sie damit wohnungsbau- oder bevölkerungspolitische Ziele verfolgen[155].

(5) Sofern sich nicht aus den Umständen eindeutig ergibt, ob ein Verbrauchervertrag vor- 81
liegt, muss der Notar die Beteiligten **befragen**, in welcher Eigenschaft – als Unternehmer oder als Verbraucher – sie handeln.

(6) § 310 Abs. 3 BGB gilt grundsätzlich für alle Verbraucherverträge, mithin auch für Ver- 82
träge über den Erwerb von **Immobilien**[156]. Ausgenommen sind Verträge auf dem Gebiet des Erb-, Familien- und Gesellschaftsrechts[157] sowie die sonstigen in § 310 Abs. 4 BGB genannten Verträge.

(7) Bei der Beurteilung der unangemessenen Benachteiligung nach § 307 Abs. 1, 2 BGB 83
sind auch die den Vertragsschluss begleitenden Umstände zu berücksichtigen (§ 310 Abs. 3 Nr. 3 BGB). Auf die Transparenz der Klauseln ist besonderer Wert zu legen (§ 307 Abs. 1 Satz 2 BGB)[158]. Die Intransparenz einer Klausel führt schon für sich zu deren Unwirksamkeit, ohne dass eine unangemessene Benachteiligung hinzutreten müsste.

(8) Nach § 14 Abs. 2 BNotO muss der Notar die Beurkundung eines Vertrages **ablehnen**, 84
der eine unwirksame Klausel enthält, zumal dies zur Unwirksamkeit des gesamten Vertrages führen kann[159]. Das gilt jedoch grundsätzlich nur, wenn für ihn eindeutig erkennbar ist, dass es sich um eine unwirksame Klausel in diesem Sinne handelt[160]. Bloße Bedenken des Notars rechtfertigen eine Ablehnung im allgemeinen nicht, sondern verpflichten ihn, seine Zweifel mit den Beteiligten zu erörtern und seine Belehrung zu **dokumentieren** (§ 17 Abs. 2 BeurkG). Er darf seine Mitwirkung jedoch ablehnen, wenn seine Bedenken so schwerwiegend sind, dass ihm eine Beurkundung nicht zuzumuten ist[161].

dd) Formelhafte Bedingungen

Unangemessene formelhafte Bedingungen, die keine AGB sind und nicht unter § 305 ff. 85
BGB fallen (etwa: Haftungsausschlussklauseln im Grundstückskaufvertrag; Ankaufsklausel in einem Wohnzwecken dienenden Erbbaurechtsvertrag), können nach der Rechtsprechung des Bundesgerichtshofs gemäß § 242 BGB beanstandet werden[162]. Der Notar muss in solchen Fällen die Beteiligten nachdrücklich belehren (§ 17 Abs. 1 BeurkG), seine etwaigen Zweifel an der Wirksamkeit des Geschäfts erörtern und die Belehrung eingehend dokumen-

---

154 Vgl. die Beispiele bei *Winkler*, FGPrax 2004, 180 f.
155 *Rieger*, MittBayNot 2002, 325, 327; *Sorge*, DNotZ 2002, 593, 599; *Huhn/von Schuckmann/Armbrüster*, § 17 Rz. 172; *Winkler*, § 17 Rz. 94. Für eine generelle Anwendung des § 17 Abs. 2a Satz 2 BeurkG bei Verträgen der öffentlichen Hand: *Philippsen*, NotBZ 2003, 137, 138. Zur Qualifizierung von städtebaulichen Verträgen der öffentlichen Hand vgl. auch BGH DNotZ 2003, 341.
156 Vgl. *Brambring*, DNotZ 2001, 590, 609.
157 Wegen möglicher Ausnahmen im Beurkundungsverfahrensrecht siehe unten Rz. 197.
158 Zum Transparenzgebot beim Bauträgervertrag: *Thode*, ZNotP 2004, 131.
159 OLG Köln MDR 1991, 541; *Lerch*, BeurkG, § 4 Rz. 8; a. A. *Reithmann/Albrecht*, Rz. 37 (i.d.R. kein Ablehnungsrecht).
160 *Winkler*, § 4 Rz. 17; *Lerch*, BeurkG, § 4 Rz. 8.
161 Vgl. *Ganter*, DNotZ 1998, 851, 852, 854; a. A. *Eylmann/Vaasen/Frenz*, § 17 BeurkG Rz. 26. Siehe auch § 15 Rz. 82.
162 BGHZ 74, 204; BGH DNotZ 1982, 626; BGHZ 101, 350, 354 = DNotZ 1988, 292; BGHZ 108, 164, 168 = DNotZ 90, 96; jeweils m. Anm. *Brambring*; BGHZ 114, 338; BGH DNotZ 2007, 832; kritisch: *Ulmer*, DNotZ 1982, 587; *Rieder*, DNotZ 1984, 226; *Roth*, BB 1987, 977; *Kanzleiter*, DNotZ 1989, 301; *ders.*, DNotZ 1996, 867; *Keim*, Das notarielle Beurkundungsverfahren, S. 197 ff.

tieren (§ 17 Abs. 2 BeurkG)[163]. Ein Recht, seine Urkundstätigkeit zu verweigern, steht ihm auch insoweit nur ausnahmsweise zu[164].

ee) Rechtlich undurchführbare Rechtsgeschäfte

86 Soll der Notar ein zwar wirksames, aber aus Rechtsgründen **undurchführbares Geschäft** beurkunden, muss er die Beteiligten über die rechtliche Problematik und über die ihnen evtl. drohenden Haftungsrisiken belehren[165].

ff) Beurkundungsfehler

87 Die **Verfahrens- und Formvorschriften,** von denen die Wirksamkeit einer Beurkundung abhängt, insbesondere § 13 BeurkG, hat der beurkundende Notar genau zu beachten.

e) Missbilligte Zwecke

aa) Bedeutung der Vorschrift

88 Der Notar muss seine Urkundstätigkeit versagen, wenn seine Mitwirkung bei Handlungen verlangt wird, mit denen erkennbar **unerlaubte** oder **unredliche Zwecke** verfolgt werden. Grundpflicht des Notars ist es, in seinem Bereich dafür zu sorgen, dass im Rechtsleben entsprechend Recht und Treu und Glauben gehandelt wird[166]. Als Organ der vorsorgenden Rechtspflege ist er für die Rechtmäßigkeit nicht nur seiner Amtshandlung, sondern auch der weiteren erkennbaren Zwecke verantwortlich, welche die Beteiligten mit der Amtshandlung erreichen wollen[167]. Die Mitwirkung des Notars bei der Verfolgung unredlicher Zwecke stellt ein schwerwiegendes Dienstvergehen dar[168].

Unerlaubte Zwecke sind solche, die nach der Rechtsordnung verboten sind. **Unredlich** ist ein Zweck, wenn er zwar nicht verboten, aber mit der Rechts- und Sittenordnung nicht zu vereinbaren ist[169]. Dazu zählen auch Handlungen, die zur Täuschung im Rechtsverkehr geeignet sind.

bb) Einzelfälle

89 (1) Der Notar darf nicht **Scheingeschäfte** beurkunden. Um Scheingeschäfte handelt es sich beispielsweise, wenn bei einem Grundstückskauf der beurkundete Kaufpreis zur Täuschung einer kreditierenden Bank oder eines Vorkaufsberechtigten zu hoch oder aber zur Ersparung von Grunderwerbsteuer oder zur Vertuschung einer Geldwäsche zu niedrig angegeben wird[170]; ferner, wenn ein Bauträger gegenüber einem Kreditgeber die Marktakzeptanz eines Objekts nachweisen muss und zu diesem Zweck Verkäufe beurkunden lässt, die in Wirklichkeit gar nicht gewollt sind.

90 (2) Unredlich ist auch ein Geschäft, bei dem die Mitwirkung des Notars nur dazu dient, den **Anschein der Seriosität** hervorzurufen[171]. So wird bei Kapitalanlageprojekten nicht selten damit geworben, dass die Einlagen der Erwerber von einem Notar treuhänderisch verwaltet werden sollen. Wenn die vorgesehenen Treuhandauflagen für die Erwerber keinen angemessenen Schutz bieten, muss der Notar seine Mitwirkung versagen (§ 54a Abs. 3 BeurkG)[172].

---

163 Formulierungsvorschlag: *Brambring,* DNotZ 1990, 191.
164 Siehe oben Rz. 84.
165 BGH ZNotP 2004, 408.
166 BGH DNotZ 1973, 245, 247.
167 *Winkler,* § 4 Rz. 28.
168 BGHR BeurkG § 4 Zweck, unredlicher 1.
169 BGH DNotZ 1973, 245, 247.
170 *Weingärtner,* Vermeidbare Fehler, Rz. 22 f.
171 *Weingärtner,* Vermeidbare Fehler, Rz. 24 f.
172 Siehe auch § 23 Rz. 41 ff.

(3) An **Verwahrungsgeschäften** darf der Notar nicht mitwirken, wenn die Möglichkeit **91** besteht, dass Sicherheiten vorgetäuscht werden, die durch die Hinterlegung in Wirklichkeit nicht gewährt werden[173].

(4) Ferner hat der Notar seine Mitwirkung zu versagen bei Geschäften, die zwar für sich **92** gesehen wirksam sind, aber erkennbar der **Sicherung** oder **Erfüllung** gesetz- oder sittenwidriger Geschäfte dienen. Die Gesetz- oder Sittenwidrigkeit eines Rechtsgeschäfts führt nicht zwangsläufig zur Nichtigkeit von Geschäften, die der Sicherung oder Erfüllung dieses Geschäfts dienen[174], so dass die Mitwirkung des Notars daran nicht schon wegen des Verbots unwirksamer Beurkundungen[175] ausscheidet. Es handelt sich aber um unredliche Zwecke, an denen der Notar nicht durch Amtstätigkeit mitwirken darf. So darf der Notar nicht ein zur Sicherung eines Darlehensanspruchs bestimmtes abstraktes Schuldversprechen oder Schuldanerkenntnis (§§ 780, 781 BGB) beurkunden, wenn der Kreditvertrag erkennbar wegen Wuchers (§ 138 Abs. 2 BGB) oder als wucherähnliches Ausbeutungsgeschäft (§ 138 Abs. 1 BGB)[176] nichtig ist.

(5) Bei Geschäften, die erkennbar wegen **arglistiger Täuschung** oder **Drohung** (§ 123 **93** BGB) anfechtbar sind, darf der Notar ebenfalls nicht mitwirken[177].

(6) Rechtsgeschäfte, die wegen **Gläubigerbenachteiligung** anfechtbar sind (§§ 129 ff. **94** InsO, §§ 1 ff. AnfG), sind nicht per se unerlaubt oder unredlich. Der Notar darf und muss ihre Beurkundung daher nur ablehnen, wenn weitere Umstände das Geschäft gesetz- oder sittenwidrig erscheinen lassen[178]. Einen solchen Umstand kann es darstellen, wenn das Rechtsgeschäft den Straftatbestand der Gläubigerbegünstigung (§ 283c StGB) oder der Schuldnerbegünstigung (§ 283d StGB) jedenfalls objektiv erfüllt. Ob der Notar die Beteiligten über die Möglichkeit einer Gläubigeranfechtung belehren muss, ist umstritten[179]. Eine dahingehende Rechtsbelehrungspflicht wird teilweise mit der Begründung verneint, die Rückgewährpflicht bei erfolgreicher Anfechtung sei keine unmittelbare Rechtsfolge des Vertrages[180]. Indes haftet die Anfechtbarkeit dem Rechtsgeschäft unmittelbar an. Der Notar wird deshalb über das Risiko einer Anfechtung zu belehren haben, wenn er konkrete Anhaltspunkte für das Vorliegen von Anfechtungsgründen hat[181].

cc) Erkennbarkeit der Zweckrichtung

Der Notar muss seine Mitwirkung versagen, wenn für ihn **erkennbar** ist, dass mit der vor- **95** gesehenen Handlung unerlaubte oder unredliche Zwecke verfolgt werden oder dass die Handlung zur Täuschung im Rechtsverkehr geeignet ist. Eine Pflicht zur Amtsermittlung besteht nicht[182]. Denn die notarielle Pflicht, den Sachverhalt zu klären (§ 17 Abs. 1 Satz 1 BeurkG), dient grundsätzlich nur dazu, die Errichtung einer rechtswirksamen Urkunde vorzubereiten und auf eine interessengerechte Vertragsgestaltung hinzuwirken, nicht aber dazu, etwaige unredliche Absichten der Beteiligten aufzudecken[183]. Nur wenn **konkrete Verdachtsgründe** vorliegen, muss der Notar ihnen nachgehen und den Beteiligten Gelegenheit

---

173 *Zimmermann*, DNotZ 1982, 90, 106. Vgl. auch § 23 Rz. 81.
174 BGH NJW 1973, 613; 1983, 636; 1985, 3006; 1990, 384; OLG Hamm NJW-RR 1987, 1330; NJW-RR 1988, 628.
175 Siehe oben Rz. 68.
176 Zum Tatbestand des wucherähnlichen Verbraucherkredits: BGHZ 104, 102; BGH WM 1988, 647; BGHZ 110, 336.
177 *Schippel/Bracker/Kanzleiter*, § 14 Rz. 13; *Winkler*, § 4 Rz. 31; *Huhn/von Schuckmann/Preuß*, § 4 Rz. 25.
178 H.M.; vgl. *Ganter*, DNotZ 2004, 421, 422.
179 Nachweis des Meinungsstandes: *Ganter*, Notarhaftung, Rz. 1100; *ders.*, DNotZ 2004, 423.
180 *Ganter*, Notarhaftung, Rz. 1100.
181 Ebenso: *Huhn/von Schuckmann/Armbrüster*, § 17 Rz. 68; *Haug*, Die Amtshaftung des Notars, Rz. 479.
182 Siehe auch unten Rz. 129.
183 *Ganter*, Notarhaftung, Rz. 832 ff.

geben, sie auszuräumen[184]. Werden die Verdachtsgründe nicht ausgeräumt, muss er seine Tätigkeit verweigern[185].

96   Die bloße **Möglichkeit**, dass das Geschäft unerlaubten oder unredlichen Zwecken dient, reicht nicht aus. Es genügt deshalb nicht, dass die Beteiligten nicht gut beleumundet sind. So darf der Notar die Beurkundung einer Gesellschaftsgründung zu einem erlaubten Zweck nicht deshalb verweigern, weil es sich bei den Gründern oder Hintermännern um einschlägig verurteilte Betrüger handelt[186]. Er darf seine Amtstätigkeit auch nicht allein deswegen versagen, weil ein Beteiligter hoch verschuldet ist und die abstrakte Möglichkeit besteht, dass der Tatbestand des § 3 AnfG oder der §§ 129 ff. InsO[187] verwirklicht wird.

dd) Pflichtenkollision

97   Der Notar muss seine **Ablehnung begründen**[188]. Er kann dadurch mit seiner Verpflichtung zur **Unparteilichkeit** (§ 14 Abs. 1 Satz 2) und zur **Verschwiegenheit** (§ 18 Abs. 1 Satz 1) in Konflikt geraten, etwa wenn er erkennt, dass nur eine der Vertragsparteien unredlich handelt (etwa die andere Partei betrügen will), oder wenn seine Kenntnis von den bestehenden Gefahren nur auf Wahrnehmungen aus anderen Amtsgeschäften beruht, über die er gegenüber jedermann zur Verschwiegenheit verpflichtet ist. In einem solchen Fall muss der Notar sein Wissen preisgeben; denn die Pflicht, durch Aufklärung Schaden zu verhüten, geht der Pflicht zur Unparteilichkeit[189] und dem Schutz des Notargeheimnisses[190] vor.

f) Nachträgliche Kenntniserlangung

98   Wenn der Notar **nachträglich** von einem Sachverhalt **Kenntnis erlangt**, aufgrund dessen er seine Urkundstätigkeit zu versagen hat, muss er seine weitere Tätigkeit ablehnen und versuchen, den schädigenden Erfolg zu verhindern[191]. So muss er von dem Vollzug eines Vertrages (§ 53 BeurkG) absehen, wenn er nach der Beurkundung erfährt, dass das beurkundete Rechtsgeschäft nichtig ist oder unerlaubten bzw. unredlichen Zwecken dient[192].

99   Das gilt auch, wenn der Notar ein nach § 311b Abs. 1 Satz 1 BGB beurkundungsbedürftiges Grundstücksgeschäft beurkundet hat und danach erfährt, dass die Beteiligten in Wirklichkeit etwas anderes als das Beurkundete gewollt haben, so dass der beurkundete Vertrag als Scheingeschäft (§ 117 Abs. 1 BGB) und das in Wirklichkeit Gewollte mangels Beurkundung (§ 125 Satz 1 BGB) nichtig ist, wie es beim Schwarzkauf typischerweise der Fall ist. Das dissimulierte (gewollte) Geschäft wird zwar durch Auflassung und Eintragung in das Grundbuch gültig (§ 311b Abs. 1 Satz 2 BGB). Darauf hinzuwirken, ist aber nicht Aufgabe des Notars. Er muss vielmehr schon den Zustand der anfänglichen Unwirksamkeit des beurkundeten Rechtsgeschäfts, die nur noch durch Heilung beseitigt werden kann, vermeiden[193].

---

184 *Lerch*, BeurkG, § 4 Rz. 9.
185 BGH NJW-RR 2001, 1354, 1355. Teilweise a. A. *Ganter*, DNotZ 1998, 851, 852: Bei bloßen Zweifeln keine Pflicht zur Amtsverweigerung.
186 OLG Frankfurt DNotZ 1986, 426.
187 Siehe dazu oben Rz. 94.
188 Siehe § 15 Rz. 51.
189 BGH DNotZ 1989, 452; *Haug*, Rz. 429, 431 ff.
190 BGH DNotZ 1978, 373; DNotZ 1992, 813, 817; *Haug*, Rz. 434.
191 BayObLG ZNotP 1998, 122, 123; OLG Zweibrücken MittBayNot 1995, 162. Zur Frage der Warn- und Schutzpflichten in einem solchen Fall siehe unten Rz. 244.
192 BGH DNotZ 1987, 558.
193 BGH WM 1992, 1662, 1666.

VI. Achtungs- und Vertrauenswürdigkeit (Abs. 3 Satz 1)

1. Bedeutung der Vorschrift

a) Integritätsgebot

§ 14 Abs. 3 Satz 1 enthält die allgemeine Formulierung des auch dem Abs. 2 zugrunde lie- 100
genden **Integritätsgebotes**. Dieses gilt für die gesamte berufliche und private Lebensführung
des Notars. Die Vorschrift knüpft an das idealtypische Berufsbild des Notars an und postuliert für dieses Achtungs- und Vertrauenswürdigkeit. Der Umfang der Integritätspflicht
hängt daher nicht davon ab, ob und inwieweit dem Notaramt als Institution und dem einzelnen Notar tatsächlich Achtung und Vertrauen entgegengebracht werden. Gerade in Zeiten
schwindenden Ansehens des Staates und seiner Einrichtungen muss sich der Notar um eine
besonders achtungs- und vertrauenswürdige Amtsführung bemühen.

b) Aufklärung, Belehrung, Hinweise

Über die bereits dargestellten Grundsätze der Unabhängigkeit[194], Unparteilichkeit[195] und 101
Redlichkeit[196] hinaus ergeben sich aus der Vertrauensstellung des Notars konkrete Folgerungen für seine Amtstätigkeit. Wer sich als Rechtsuchender an einen Notar wendet, muss
darauf vertrauen dürfen, dass dieser sich als neutraler Sachwalter seines Anliegens gewissenhaft annimmt und es sachkundig, rasch und wirksam in die Tat umsetzt. Vertrauen erwächst
nicht zuletzt aus Transparenz. Aufgabe des Notars ist es, durch **Aufklärung**, **Belehrung**
und **Hinweise** für die notwendige Transparenz zu sorgen, insbesondere darauf hinzuwirken,
dass die Rechtsuchenden die Bedeutung und Tragweite ihres Anliegens erkennen und vor
Schaden durch unbedachte Handlungen bewahrt werden. Dazu gehört eine sachgerechte
und zweckentsprechende **Gestaltung des Beurkundungsverfahrens.**

2. Aufklärungspflichten nach dem Beurkundungsgesetz

Pflicht des Notars ist es nach § 17 Abs. 1 Satz 1 BeurkG, dem Willen der Beteiligten rechts- 102
wirksam Geltung zu verschaffen, soweit das möglich ist. Zu diesem Zweck muss er diejenigen tatsächlichen und rechtlichen Verhältnisse klären, von denen Wirksamkeit und rechtlicher Erfolg eines ihm angetragenen Urkundsgeschäfts abhängen.

a) Wille der Beteiligten

Er hat den **Willen der Beteiligten** zu erforschen, um zu vermeiden, dass Beteiligte nur des- 103
halb Schaden erleiden, weil ihre Vorstellungen und Absichten nicht ausreichend geklärt und
dadurch in der notariellen Urkunde nicht eindeutig zum Ausdruck gebracht werden[197].

aa) Erforschung des Willens

Der Notar hat darauf hinzuwirken, dass sich die Beteiligten vollständig und eindeutig über 104
ihre **Vorstellungen** und ihre **Willensrichtung** äußern[198]. Er darf sich nicht mit den ersten,
scheinbar eindeutigen oder gar übereinstimmenden Erklärungen der Beteiligten begnügen,
sondern muss ihren wahren Willen erforschen[199]. Dazu muss er die Beteiligten gegebenen-

---

194 Siehe oben Rz. 30 ff.
195 Siehe oben Rz. 38 ff.
196 Siehe oben Rz. 60 ff.
197 BGH WM 1981, 11 m. w. N.
198 BGH DNotZ 1987, 450.
199 Zur notariellen Informationspflicht bei Verbraucherverträgen siehe unten Rz. 194.

falls sachgerecht befragen, um den Tatsachenkern des Geschäfts aufzuklären[200]. Zwar darf er grundsätzlich ohne eigene Nachprüfung davon ausgehen, dass die von den Beteiligten abgegebenen Erklärungen tatsächlicher Art richtig sind[201]. Ist aber mit der Möglichkeit zu rechnen, dass die Beteiligten nicht alle für die Tragweite und die Wirksamkeit des Geschäfts erheblichen Umstände angeben, muss er nachfragen. Das gilt insbesondere für Äußerungen rechtsunkundiger Personen über rechtliche Begriffe und Verhältnisse, die als Tatsachen dargestellt werden oder mit tatsächlichen Angaben verbunden sind, weil solche Erklärungen nicht auf Sachkunde beruhen und deshalb unzuverlässig sind[202].

bb) Ergänzung des Willens

105 Haben die Beteiligten einen Punkt **übergangen**, der üblicherweise zum Gegenstand der vertraglichen Abreden gemacht wird, muss der Notar klären, ob diese Auslassung etwa auf einem Versehen oder auf einer Verkennung der Rechtslage beruht. Ist erkennbar, dass eine von den Urkundsbeteiligten beabsichtigte Regelung aus Rechtsgründen scheitern kann, muss der Notar ihnen eine anderweitige Gestaltung vorschlagen[203] oder aber auf die Undurchführbarkeit der Absicht hinweisen. Im Übrigen ist es nicht seine Aufgabe, den Willen der Beteiligten zu beeinflussen[204]. Er braucht auch nicht in die verborgenen Zwecküberlegungen der Beteiligten einzudringen; insbesondere ist es nicht seine Aufgabe, die wirtschaftlichen Beweggründe zu erforschen[205].

cc) Urkundsentwürfe der Beteiligten

106 Von den Beteiligten beigebrachte **Urkundsentwürfe** darf er nicht einfach übernehmen, sondern muss Anlass, Zweck, Grund und Wortlaut der vorgelegten Erklärungen mit den Beteiligten erörtern, um zu klären, ob die Vorlagen wirklich ihrem Willen entsprechen. Dabei muss er lückenhafte, unvollständige, undeutliche, irrige oder rechtlich unzutreffende Erklärungen vervollständigen sowie richtig fassen.

dd) Unterlagen der Beteiligten

107 Um den Willen der Beteiligten erforschen und den Sachverhalt klären zu können, muss sich der Notar über den Inhalt der von den Beteiligten vorgelegten **Unterlagen** informieren und diesen bei Errichtung der erbetenen notariellen Urkunde berücksichtigen, soweit dies zur Klärung derjenigen Tatsachen notwendig ist, die für die Errichtung einer wirksamen, dem Willen der Beteiligten entsprechenden Urkunde bedeutsam sind[206]. Er darf es nicht dem Büropersonal überlassen zu entscheiden, welche Unterlagen für eine vorzunehmende Beurkundung bedeutsam sein können und welche nicht. Diese Entscheidung muss er sich selbst vorbehalten; durch entsprechende Anweisungen an sein Personal und deren Überwachung muss er dafür sorgen, dass eingereichte Unterlagen ihm vorgelegt werden[207]. Allerdings ist es nicht seine Aufgabe, beigebrachte Unterlagen sozusagen »ins Blaue hinein« darauf zu überprüfen, ob sie bedeutsam sein können; er kann in der Regel davon ausgehen, dass die Beteiligten ihn auf nach ihrer Ansicht relevante Punkte hinweisen[208].

200 BGH DNotZ 1987, 450; DNotZ 1996, 572, 573.
201 BGH DNotZ 1961, 162; DNotZ 1976, 629.
202 BGH NJW 1987, 1266; DNotZ 1994, 485, 487; DNotZ 1996, 572.
203 OLG Hamm VersR 1992, 362.
204 BGH DNotZ 1957, 23; VersR 1959, 28.
205 BGH WM 1990, 157, 158; WM 1991, 1046, 1048.
206 BGH DNotZ 1996, 563.
207 BGH DNotZ 1989, 452.
208 Ähnlich: *Ganter*, WM 1996, 701, 703.

SANDKÜHLER

b) Rechtliche Verhältnisse

Die Pflicht zur Klärung der rechtlichen Verhältnisse erstreckt sich je nach Lage des Falles   108
insbesondere auf die Prüfung
- der Geschäftsfähigkeit, wenn Anlass zu Zweifeln besteht,
- der Rechtsinhaberschaft, wenn insoweit Verdachtsmomente vorliegen oder die Prüfung –
  wie im Grundbuchverkehr – gesetzlich angeordnet ist,
- der Vertretungsmacht, d.h.
- einer behaupteten Vollmacht,
- der gesetzlichen Vertretungsmacht,
- bei Ausländern der insoweit anzuwendenden Rechtsordnung,
- der Verfügungsbefugnis, wenn im eigenen Namen über ein fremdes Recht verfügt werden
  soll,
- etwaiger Verfügungsbeschränkungen (z. B. § 1365 BGB)[209],
- etwaiger Beschränkungen der Testierfreiheit.
  Im Einzelnen gilt:

aa) Vertretungsmacht

Bei der Beurkundung von Willenserklärungen hat der Notar die **Vertretungsmacht** eines   109
Beteiligten zu prüfen, der als Bevollmächtigter oder als gesetzlicher Vertreter Willenserklärungen für einen anderen abgeben will[210]. Leitet der Vertreter seine Vertretungsmacht aus
einer **Vollmacht** her, muss sich der Notar diese regelmäßig in Urschrift oder – wenn sie notariell beurkundet ist – in Ausfertigung vorlegen lassen. Vorgelegte Vollmachten und Aus-
weise über die Berechtigung eines gesetzlichen Vertreters sind der Niederschrift in Urschrift
oder in beglaubigter Abschrift beizufügen (§ 12 Satz 1 BeurkG). Bei **gesetzlicher Vertretung**, die auf einer amtlichen Bestellung beruht (z. B. Beistand, Betreuer, Pfleger, Vormund),
kommt als Ausweis die Vorlage der Bestallungsurkunde in Betracht. Ergibt sich die Vertretungsberechtigung aus einer Eintragung im Handelsregister oder in einem ähnlichen Register (z. B. Partnerschaftsregister, Vereins- oder Genossenschaftsregister) muss der Notar die
Vertretungsmacht durch Einsicht in das Register feststellen, sofern ihm nicht eine notarielle
Vertretungsbescheinigung nach § 21 BNotO vorgelegt wird (§ 12 Satz 2 BeurkG).

Außerhalb des Anwendungsbereichs des § 12 BeurkG folgt die Pflicht zur Prüfung der
Vertretungsberechtigung aus § 17 Abs. 1 Satz 1 BeurkG. Wie das zu geschehen hat, entscheidet der Notar nach pflichtgemäßem Ermessen. Wählt der Vollmachtgeber den Weg **öffentlicher Kundgebung** der Vollmacht (§ 171 BGB), kann der Notar auf einen besondern Voll-
machtsnachweis verzichten[211].

Zur Prüfung der Vertretungsmacht ist der Notar auch verpflichtet, wenn eine Bevoll-   110
mächtigung oder gesetzliche Vertretungsmacht nach **ausländischem Recht** in Betracht
kommt[212]; er muss dann zwar nicht das Auslandsrecht kennen, wohl aber prüfen, welche
Rechtsordnung nach deutschem internationalem Privatrecht maßgeblich ist[213]. Dabei muss
er beachten, dass sich die Vertretungsmacht der Organe ausländischer Handelsgesellschaften
in der Regel nach dem für den Sitz ihrer Hauptverwaltung maßgeblichen Recht richtet[214].

---

209 Eingehend dazu: BGHZ 64, 246, 248.
210 BGH DNotZ 1989, 43; 1998, 621, 622; *Lerch*, BeurkG, § 12 Rz. 1 m. w. N.
211 Vgl. *Bundesnotarkammer*, Rdschr. Nr. 13/2002 zum Fall des sog. Kreditservicing (Internetabruf
     unter www.bnotk.de).
212 BGH DNotZ 1994, 485.
213 Zur Belehrungspflicht bzgl. Auslandsrechts siehe auch unten Rz. 215.
214 BGH DNotZ 1994, 485.

bb) Verfügungsbefugnis

111 Ebenso ist bei gegebenem Anlass die **Verfügungsbefugnis** eines Beteiligten zu prüfen, der im eigenen Namen über fremde Rechte verfügen will[215]. Will beispielsweise ein Grundstückskäufer das Kaufgrundstück schon vor dem Eigentumserwerb zu Finanzierungszwecken belasten, muss der Notar prüfen, ob die Belastung durch eine Ermächtigung seitens des Eigentümers gedeckt ist[216]. Ebenso ist die Verfügungsbefugnis von Verwaltern kraft Amtes (z. B. Testamentsvollstrecker, Nachlassverwalter, Insolvenzverwalter) zu prüfen. Lässt sich die Verfügungsbefugnis nicht zuverlässig feststellen, muss der Notar das ihm angetragene Urkundsgeschäft ablehnen[217].

cc) Verfügungsbeschränkungen

112 Ferner muss der Notar etwa bestehende **Verfügungsbeschränkungen** für den Rechtsinhaber – z. B. familienrechtlicher oder erbrechtlicher Art (§§ 1365, 2040, 2112 ff., 2211, 2271, 2289 BGB) – sowie **Veräußerungsverbote** (§§ 135, 136 BGB) beachten und darüber belehren. Bei der Beurkundung **letztwilliger Verfügungen** muss er nach früheren bindenden letztwilligen Verfügungen fragen. Bei Verfügungen eines **Ehegatten** muss er die Beteiligten über das Bestehen und die Bedeutung des § 1365 BGB aufklären, sofern nicht eine Anwendung der Vorschrift von vornherein ausscheidet. Jedoch braucht er grundsätzlich nicht von sich aus zu klären, ob ein von einem Ehepartner veräußertes Grundstück (»nahezu«) das gesamte Vermögen des Veräußerers darstellt, sofern nicht besondere Anhaltspunkte für einen solchen Sachverhalt vorliegen[218].

dd) Rechtsinhaberschaft

113 Die **Rechtsinhaberschaft** dessen, der eine Verfügung beurkunden lassen will, kann der Notar nur selten zuverlässig feststellen, sofern sie nicht im Grundbuch oder in sonstiger Weise dokumentiert ist. Er braucht die Inhaberschaft daher nur zu prüfen, wenn sich insoweit aus den Erklärungen der Beteiligten oder aus den Umständen konkrete Verdachtsmomente aufdrängen oder die Prüfung – wie für den Grundbuchverkehr (§ 21 BeurkG[219]) – besonders bestimmt ist[220].

c) Grundbuchinhalt (§ 21 Abs. 1 BeurkG)

aa) Unterrichtungspflicht

114 Bei Geschäften, die im Grundbuch eingetragene oder einzutragende Rechte zum Gegenstand haben, muss sich der Notar im Regelfall über den **Grundbuchinhalt** unterrichten (§ 21 Abs. 1 BeurkG). Voraussetzung dafür ist, dass das Urkundsgeschäft das Recht selbst oder die darauf gerichtete rechtliche Verpflichtung zum Gegenstand hat[221]. Ein Urkundsgeschäft, das lediglich wirtschaftlichen Zwang zum Abschluss eines Grundstücksgeschäfts begründet, löst die Pflicht zur Grundbuchunterrichtung nicht aus[222].

115 § 21 Abs. 1 BeurkG betrifft nur die **Beurkundungstätigkeit** des Notars; sie verpflichtet ihn nicht, vor dem **Vollzug** des Urkundsgeschäfts das Grundbuch erneut einzusehen[223].

---

215 BGH DNotZ 1998, 621, 622.
216 BGH DNotZ 1998, 621, 622.
217 BGH DNotZ 1998, 624.
218 BGHZ 64, 246, 248 f.
219 Siehe unten Rz. 114 ff.
220 BGH DNotZ 1993, 754, 756.
221 BGH WM 1992, 1662, 1667.
222 BGH NJW 1992, 3237, 3240 (Betreuungsvertrag im Bauherrenmodell).
223 BGH DNotZ 1991, 757.

bb) Gegenstand der Untersuchung

Gegenstand der Unterrichtung muss sein[224],

116

– ob das betroffene Grundstück mit dem im Grundbuch eingetragenen identisch ist,
– ob der Verfügende rechtswirksam als Berechtigter im Grundbuch eingetragen ist,
– ob Belastungen eingetragen sind und
– ob der Vollziehung des zu beurkundenden Rechtsvorgangs nach dem Grundbuchinhalt rechtliche Hindernisse entgegenstehen.

Zweck der Unterrichtung ist es hingegen nicht festzustellen, ob das Geschäft zu einem steuerpflichtigen Gewinn aus privatem Veräußerungsgeschäft (sog. Spekulationsgewinn)[225] nach §§ 22 Nr. 2, 23 Abs. 1 Nr. 1 EStG führen würde[226]. Die Unterrichtung braucht sich deshalb nicht auf das für die Besteuerung erhebliche Datum des Erwerbs durch den Veräußerer zu erstrecken[227].

cc) Art und Weise der Unterrichtung

Unterrichtung im Sinne des § 21 BeurkG bedeutet, dass der Notar sich zuverlässige Kenntnis vom Grundbuchinhalt verschaffen muss. Die bloße Behauptung der Beteiligten, sie wüssten Bescheid, genügt grundsätzlich nicht. Wie sich der Notar über den Grundbuchinhalt unterrichtet, liegt in seinem Ermessen[228].

117

(1) Bei der Grundbucheinsicht kann sich der Notar zuverlässiger und sachkundiger **Hilfskräfte** bedienen, die er allerdings sorgfältig belehren und überwachen muss[229].

118

(2) Wird das Grundbuch noch in herkömmlicher **Papierform** geführt, muss die Unterrichtung in der Regel durch Einsicht in das Grundbuchblatt erfolgen. Eine Grundbuchabschrift genügt in der Regel nur, wenn sie beglaubigt ist, aus jüngster Zeit stammt oder auf den jüngsten Stand amtlich berichtigt oder neu beglaubigt ist und wenn es nach den Umständen unwahrscheinlich ist, dass zwischenzeitlich Änderungen vorgenommen worden sind. Eine unbeglaubigte Abschrift reicht aus, wenn sie von dem Notar selbst oder einer zuverlässigen Hilfskraft angefertigt worden ist[230]. Bei auswärtigen Grundbuchämtern kann die Einsicht durch einen am Ort amtierenden, dem beurkundenden Notar bekannten Notar erfolgen. Die Einsichtnahme durch eine Hilfskraft jenes Notars genügt nur, wenn die Hilfskraft dem beurkundenden Notar persönlich als sachkundig und zuverlässig bekannt ist.

119

(3) Wird das Grundbuch als **automatisierte Datei** geführt (§§ 126 ff. GBO), erfolgt die Einsicht durch Aufruf des Grundbuchblattes auf einen Bildschirm[231]. Dies kann in den Räumen der das Grundbuch führenden Stelle oder im automatisierten Abrufverfahren (Online-Zugriff) geschehen, letzteres sofern die Landesjustizverwaltungen zur Erleichterung des Grundbuchverkehrs u. a. Notaren den Zugriff auf Grundbuchdaten ermöglichen (§ 133 Abs. 2 GBO). An die Stelle der herkömmlichen Grundbuchabschrift tritt im EDV-Verfahren der Ausdruck; dabei entspricht der amtliche Ausdruck der herkömmlichen beglaubigten Abschrift.

120

---

224 BGH DNotZ 1996, 116, 117; DNotZ 1996, 581, 584.
225 Das BVerfG hat § 23 Abs. 1 Nr. 1 Buchst. b EStG a. F. (jetzt § 23 Abs. 1 Nr. 2 EStG) wegen strukturellen Vollzugsdefizits für nichtig erklärt, soweit es sich um die Veranlagungszeiträume 1997 und 1998 handelte (NJW 2004, 1022). Wegen der späteren Veranlagungszeiträume vgl. *Plewka/Klümpen-Neusel*, NJW 2005, 3620, 3623.
226 Zur erweiterten Belehrungspflicht insoweit siehe unten Rz. 233.
227 BGH DNotZ 1996, 116; OLG Bremen DNotZ 1984, 638.
228 BGH DNotZ 1996, 116, 117.
229 BGH DNotZ 1996, 581, 582; BayObLG DNotZ 1980, 187; *Huhn/von Schuckmann/Preuß*, § 21 Rz. 10; *Reithmann/Albrecht*, Rz. 212. Zu den sich aus der Zuziehung von Hilfspersonen ergebenden Haftungsfragen siehe § 19 Rz. 21.
230 Abweichung von *Vorauflage*, Rz. 112.
231 Hinweise dazu: FGPrax 1997, 167. Vgl. ferner *Frenz*, DNotZ 1994, 153, 163; *Göttlinger*, DNotZ 1995, 370, 375.

dd) Grundakten

121   Die Grundbucheinsicht muss sich in der Regel nur auf das aktuelle **Grundbuchblatt** erstrecken. Einer zusätzlichen Einsicht in die Grundakten bedarf es, wenn nur so eine absehbare Gefährdung Beteiligter abgewendet werden kann[232]. Das ist etwa der Fall, wenn konkrete Anhaltspunkte dafür bestehen, dass unerledigte Grundbuchanträge vorliegen[233]. Das gleiche gilt, wenn das Grundbuchblatt auf eine Eintragungsbewilligung verweist und es für das Urkundsgeschäft gerade auf diese ankommt[234]. Wenn der Grundbuchinhalt Zweifel erweckt, ob die Eintragungen richtig und vollständig sind, kann eine Einsicht in weitere Unterlagen – etwa Katasterunterlagen – geboten sein[235].

ee) Baulastenverzeichnis

122   Nach überwiegender und zutreffender Auffassung ist der Notar nicht verpflichtet, bei Grundstücksgeschäften außer dem Grundbuch und gegebenenfalls den Grundakten auch ein etwa bestehendes **Baulastenverzeichnis** einzusehen[236]. Er sollte jedoch auf die Möglichkeit des Bestehens einer Baulast hinweisen, falls das betroffene Grundstück in einem der Länder[237] liegt, in denen solche Verzeichnisse geführt werden, und den Beteiligten anheim geben, das Baulastenverzeichnis einzusehen[238].

ff) Zeitpunkt der Unterrichtung

123   Der **Zeitpunkt** der Grundbucheinsicht liegt im pflichtgemäßen Ermessen des Notars. Welcher Zeitraum angemessen ist, wird in Rechtsprechung und Schrifttum unterschiedlich beurteilt. Teilweise werden zwei bis maximal vier Wochen[239], teilweise aber auch bis zu sechs Wochen als angemessen oder jedenfalls vertretbar angesehen[240]. Aus Gründen der Rechtssicherheit sollte ein Zeitraum von zwei bis drei Wochen vor der Beurkundung nicht überschritten werden.

gg) Entbehrlichkeit der Unterrichtung

124   Die Pflicht zur Unterrichtung über den Grundbuchinhalt **entfällt**, wenn die Beteiligten auf einer sofortigen Beurkundung bestehen; der Notar soll dies in der Niederschrift vermerken (§ 21 Abs. 1 Satz 2 BeurkG). Voraussetzung ist aber, dass der Notar die Beteiligten sorgfältig und eingehend über die Bedeutung der Grundbucheinsicht und über die Gefahren einer Unterlassung belehrt hat. Die Belehrung muss sich darauf erstrecken, dass die in die Urkunde aufzunehmende Grundstücksbezeichnung oder die von den Beteiligten angenommene Grundstücksgröße möglicherweise nicht zutrifft, sowie dass unbekannte Belastungen bestehen können[241].

125   Bleiben Zweifel, ob sich die Beteiligten der **Bedeutung des Verzichts** bewusst sind, sollte der Notar die Beurkundung aussetzen und sich zunächst über den Grundbuchinhalt unterrichten. Er handelt pflichtwidrig, wenn er einen Verzicht der Beteiligten auf die Grundbuch-

---

232   *Ganter*, WM 2000, 641, 643.
233   BGHR BNotO § 14 – Grundakten; *Huhn/von Schuckmann/Preuß*, § 21 Rz. 7.
234   *Winkler*, § 21 Rz. 22.
235   OLG Frankfurt NJW-RR 1991, 154.
236   OLG Schleswig NJW-RR 1991, 96; *Huhn/von Schuckmann/Preuß*, § 21 Rz. 8.
237   Alte und neue Bundesländer mit Ausnahme von Bayern und Brandenburg.
238   Ebenso: *Huhn/von Schuckmann/Preuß*, § 21 Rz. 8; *Haug*, Rz. 514; *Weingärtner/Ehrlich*, DONot, Rz. 561; a. A.: OLG Schleswig NJW-RR 1991, 96; *Reithmann/Albrecht*, Rz. 524.
239   *Huhn/von Schuckmann/Preuß*, § 21 Rz. 14; *Eylmann/Vaasen/Frenz*, § 21 BeurkG Rz. 2.
240   OLG Frankfurt DNotZ 1985, 244; *Winkler*, § 21 Rz. 5; *Kersten/Bühling/Basty*, Formularbuch und Praxis der Freiwilligen Gerichtsbarkeit, § 36 Rz. 13; *Reithmann/Albrecht*, Rz. 212 Fn. 100; *Bernhard* in Beck'sches Notar-Handbuch, G Rz. 166.
241   BayObLG DNotZ 1990, 667.

einsicht herbeiführt oder akzeptiert, obwohl er weiß oder damit rechnet, dass die Beteiligten unzutreffende Vorstellungen vom Grundbuchinhalt haben und bei zutreffender Kenntnis das vorgesehene Geschäft nicht oder nur mit anderem Inhalt abschließen würden.

hh) Dokumentation

Die Tatsache und den Zeitpunkt der erfolgten Grundbuchunterrichtung in der Urkunde zu **vermerken**, ist zweckmäßig, aber nicht vorgeschrieben. Das Fehlen eines entsprechenden Vermerks lässt daher nicht ohne weiteres auf eine Verletzung der Unterrichtungspflicht schließen[242].   **126**

d) Briefpfandrecht (§ 21 Abs. 2 BeurkG)

Bei der Abtretung oder Belastung eines **Briefpfandrechts** bedarf es im Interesse der Erleichterung des Rechtsverkehrs nicht der Briefvorlage; es genügt, dass der Notar in der Urkunde vermerkt, ob der Brief vorgelegen hat (§ 21 Abs. 2 BeurkG).   **127**

Wird nur die Unterschrift unter einer Abtretungs- oder Belastungserklärung beglaubigt, ist der in § 21 Abs. 2 BeurkG vorgesehene Vermerk entbehrlich, da der Notar nach § 40 Abs. 2 BeurkG nicht zu prüfen hat, ob die unterschriebene Erklärung materiell wirksam ist[243].   **128**

e) Grenzen der Aufklärungspflicht

Der Notar ist im Übrigen nicht verpflichtet, die erheblichen Tatsachen selbst zu ermitteln. Der **Amtsermittlungsgrundsatz** des § 12 FGG gilt für die Tätigkeit der Notare nicht[244].   **129**

3. Rechtsbelehrungs- und Beratungspflicht (§ 17 Abs. 1 Satz 1 BeurkG)[245]

Nach § 17 Abs. 1 BeurkG hat der Notar die Beteiligten über die **rechtliche Tragweite** des Geschäfts zu belehren (Satz 1); dabei soll er darauf achten, dass Irrtümer und Zweifel vermieden sowie unerfahrene und ungewandte Beteiligte nicht benachteiligt werden (Satz 2). Die Belehrung ist ein »Schlüsselbegriff« für das notarielle Beurkundungsverfahren[246]. Sie obliegt dem Notar persönlich; er darf sie nicht auf Dritte – etwa auf sein Büropersonal – delegieren[247]. Die Rechtsbelehrung ist grundsätzlich bei der Beurkundung zu erteilen. Eine bei früherer Gelegenheit erfolgte Belehrung genügt nur, wenn der Notar darauf bei der Beurkundung Bezug nimmt und als sicher davon ausgehen kann, dass der Inhalt der Belehrung den Beteiligten wieder gegenwärtig ist[248].   **130**

Neben der Rechtsbelehrungspflicht kann dem beurkundenden Notar nach § 17 Abs. 1 und 2 BeurkG eine Pflicht zur **gestaltenden Beratung** obliegen[249]. Seine Aufgabe ist es, auf eine umfassende, ausgewogene und interessengerechte Vertragsgestaltung hinzuwirken. Haben die Beteiligten noch keine konkrete Vorstellung darüber, wie ihr Anliegen rechtlich verwirklicht werden soll, muss er die regelungsbedürftigen Punkte von sich aus ansprechen und Vorschläge zur zweckmäßigen Gestaltung des Rechtsgeschäfts machen. Haben sich die Be-   **131**

---

242 Zur Beweislast bei Fehlen des Vermerks siehe § 19 Rz. 31.
243 *Winkler*, § 21 Rz. 28.
244 *Reithmann*, DNotZ, Sonderheft »Deutscher Notartag 1965«, 96; *Winkler*, § 17 Rz. 213.
245 Überblick über die Rechtsprechung des BGH zu den notariellen Belehrungs-, Hinweis- und Warnpflichten: *Ganter*, WM Sonderbeilage 1/1993; *ders.*, WM 1996, 701; *ders.*, WM 2000, 641.
246 *Keim*, Beurkundungsverfahren, S. 137.
247 *Huhn/von Schuckmann/Armbrüster*, § 17 Rz. 43.
248 *Ganter*, WM 2000, 641, 642.
249 BGH DNotZ 2002, 768, 769 m. Anm. *Reithmann* (insoweit in BGHZ 150, 319 nicht abgedruckt); *Reithmann*, Vertragsgestaltung, Rz. 171; *Ganter*, Notarhaftung, Rz. 923.

teiligten schon für eine bestimmte Regelung entschieden, muss er ggf. auf bestehende Bedenken hinweisen[250].

132   Die gestaltende Beratung ist von der sog. **planenden Beratung** abzugrenzen. Deren Ziel ist es, den Beteiligten aufzuzeigen, welche Möglichkeiten in Betracht kommen, um einen gewünschten Erfolg herbeizuführen. So kann eine Vermögensübertragung zu Lebzeiten oder erst von Todes wegen oder die Einbringung eines Geschäftsbetriebs in eine Personen- oder in eine Kapitalgesellschaft in Betracht gezogen werden[251]. Eine planende Beratung obliegt dem Notar nur, wenn ihm ein entsprechender Beratungsauftrag im Sinne des § 24 Abs. 1 erteilt worden ist. Dient die Beratung durch einen Anwaltsnotar dazu, den Entschluss zu einem Rechtsgeschäft überhaupt erst zu wecken, handelt es sich in der Regel um Anwaltstätigkeit[252].

133   Verstöße gegen Belehrungs- und Beratungspflichten bilden – neben Pflichtverletzungen bei der Abwicklung von Verwahrungsgeschäften – eine der Hauptursachen für Haftpflichtansprüche gegen Notare[253].

a) Bedeutung des § 17 Abs. 1 Satz 1 BeurkG

134   Die Vorschrift umschreibt die sog. **Rechtsbelehrungspflicht** (regelmäßige Belehrungspflicht) aus Urkundstätigkeit. Sie soll gewährleisten, dass der Notar dem wahren Willen der Beteiligten rechtswirksam Geltung verschafft[254]. Die Pflicht zur Rechtsbelehrung geht deshalb grundsätzlich – nur – so weit, wie eine Belehrung für das Zustandekommen einer Urkunde erforderlich ist, die den wahren Willen der Beteiligten vollständig und unzweideutig in der für das beabsichtigte Rechtsgeschäft richtigen Form rechtswirksam wiedergibt[255]. Zur rechtlichen Tragweite gehört vor allem die materielle Wirksamkeit des beabsichtigten Geschäfts; hierüber hat der Notar immer zu belehren[256].

b) Geschützter Personenkreis

aa) Formell Beteiligte

135   Die Pflicht zur Rechtsbelehrung besteht gegenüber den **formell Beteiligten** im Sinne des § 6 Abs. 2 BeurkG[257]. Das sind die Erschienenen, deren im eigenen oder fremden Namen abgegebene Erklärungen beurkundet werden sollen. Die Belehrungspflicht besteht grundsätzlich gegenüber allen diesen Erschienenen ohne Rücksicht darauf, in welcher Weise sie von dem Gegenstand der Belehrung berührt werden[258]. So sind beim lastenfreien Verkauf eines Grundstücks durch mehrere Miteigentümer alle erschienenen Miteigentümer über die Bedeutung einer auf nur einem der Anteile ruhenden Belastung zu belehren[259].

136   **Schutzbedürftig** sind allerdings nur diejenigen Personen, die auf die Zuverlässigkeit der Beurkundung angewiesen sind und hierauf vertrauend am Rechtsverkehr teilnehmen[260]. Deshalb besteht eine Belehrungspflicht nicht gegenüber solchen formell Beteiligten, deren rechtliche Interessen durch die Nichterfüllung der Notarpflichten nicht berührt werden können[261].

---

250 BGH DNotZ 1995, 494, 495 = RNotZ 2002, 409 m. Anm. *Roggendorf* (insoweit in BGHZ 123, 178 nicht abgedruckt).
251 *Reithmann*, Vertragsgestaltung, Rz. 172; *Ganter*, Notarhaftung, Rz. 945.
252 BGH DNotZ 1988, 379, 381; vgl. § 24 Rz. 63.
253 Vgl. *Ganter*, ZNotP 2006, 42.
254 BGH WM 1986, 1283; WM 1992, 1662, 1665; BGHZ 125, 218, 225.
255 BGH DNotZ 1988, 383; DNotZ 1989, 45; WM 1991, 1046, 1048; WM 1992, 1662, 1665.
256 BGH DNotZ 1995, 494, 495.
257 BGH DNotZ 1995, 494, 495 m. w. N.
258 Davon zu unterscheiden ist die für die Notarhaftung nach § 19 relevante Frage nach dem Schutzbereich des § 17 BeurkG; siehe dazu BGH DNotZ 1995, 494.
259 BGH DNotZ 1992, 457.
260 BGHZ 27, 274, 275.
261 BGH DNotZ 1995, 494, 495.

bb) Mittelbar Beteiligte

In Ausnahmefällen kann sich die Belehrungspflicht aus § 17 Abs. 1 BeurkG auch auf nur **137** **mittelbar Beteiligte** erstrecken[262]. Das sind diejenigen Personen, die im eigenen Interesse bei der notariellen Amtshandlung anwesend sind, etwa weil sie aus dem zu beurkundenden Geschäft Rechte erwerben wollen, ferner jene, die sich anlässlich eines Amtsgeschäfts an den Notar wenden und ihm irgendwelche Belange anvertrauen[263]. Eine mittelbare Beteiligung kann auch nachträglich entstehen, wenn sich jemand – etwa als Zessionar einer durch das Urkundsgeschäft begründeten Forderung – erst nach einem Urkundsgeschäft an den Notar wendet[264]. Eine mittelbare Beteiligung liegt beispielsweise vor, wenn ein (vermeintlich) Vorkaufsberechtigter auf Wunsch der Vertragsparteien an der Beurkundung eines Grundstückskaufvertrages teilnimmt[265], wenn der Kreditgeber anlässlich der Bestellung eines Grundpfandrechts durch den Kreditnehmer zusammen mit diesem bei dem Notar erscheint und den Wunsch nach einer bestimmten Rangstelle äußert[266] oder wenn er sich nach erfolgter Grundpfandrechtsbestellung bei dem Notar nach der Sicherheit des Rechts erkundigt und dieser es versäumt, auf einen im Grundbuch eingetragenen Nacherbenvermerk hinzuweisen[267]. Bei der Beurkundung einer Vollstreckungsklausel muss der Notar den als Darlehensgeber mittelbar Beteiligten vor erkennbaren Irrtümern über den Wert der Sicherheit und etwaigen rechtlichen Schwierigkeiten bei deren Realisierung schützen[268].

cc) Dritte

Dritten gegenüber ist der Notar grundsätzlich nicht zur Rechtsbelehrung verpflichtet, mag **138** die Amtshandlung auch ihre Interessen berühren[269]. Wer keinen Kontakt zu dem Notar aufnimmt, ist weder unmittelbar noch mittelbar beteiligt; dem Notar obliegen ihm gegenüber keine Belehrungspflichten[270]. So ist der Notar bei der Beurkundung einseitiger Erklärungen (z. B. Vertragsantrag, Vertragsannahme, Vollmacht, Schenkungsversprechen, Bürgschaftserklärung, Schuldversprechen, Schuldanerkenntnis) gegenüber dem Adressaten der Erklärung nicht zur Belehrung verpflichtet[271]. Anders ist es, wenn der Adressat bei der Beurkundung anwesend ist oder sonst in Kontakt zu dem Notar tritt.

c) *Umfang der Rechtsbelehrungspflicht*

aa) Gegenstand der Belehrung

Gegenstand der Belehrungspflicht sind **139**
- die allgemeine rechtliche Bedeutung des Geschäfts,
- seine rechtlichen Voraussetzungen,
- die gesetzlichen Formerfordernisse,
- die Wirkungen und Rechtsfolgen des Geschäfts sowie

---

262 BGH DNotZ 1981, 773.
263 BGHZ 58, 343, 353; BGH DNotZ 1981, 773; DNotZ 1982, 384; DNotZ 1990, 437; WM 1992, 527; *Winkler*, § 17 Rz. 14 f.
264 BGH DNotZ 1969, 317; DNotZ 1981, 311.
265 BGH DNotZ 2003, 426.
266 RG DNotZ 1934, 39; *Haug*, Rz. 27.
267 BGH WM 1969, 621.
268 BGH DNotZ 1982, 384.
269 BGH DNotZ 1970, 444.
270 BGH DNotZ 1966, 183; DNotZ 1969, 317; DNotZ 1981, 773; DNotZ 1995, 494, 495. Zu beachten ist, dass das Fehlen einer unmittelbaren oder mittelbaren Beteiligung eine Schadensersatzpflicht wegen anderweitiger Amtspflichtverletzung (§ 19) nicht ausschließt (BGHZ 58, 343, 353; BGH DNotZ 1981, 773).
271 BGH DNotZ 1981, 773. Zur Frage von Warn- und Schutzpflichten in solchen Fällen siehe unten Rz. 191.

– seine Abwicklung einschließlich etwaiger Vollzugsrisiken,
nicht jedoch die wirtschaftlichen Auswirkungen des Geschäfts[272]. Die Abgrenzung zwischen rechtlicher Tragweite und wirtschaftlichen Folgen kann im Einzelfall zweifelhaft sein.

bb) Fallbezogenheit der Belehrung

140 Die Belehrung muss **fallbezogen** ausgestaltet werden; eine formelhafte Belehrung über alle nur denkbaren rechtlichen Gesichtspunkte verfehlt ihr Ziel, weil sie dazu führen kann, dass der zu Belehrende die Belehrung insgesamt nicht ernst nimmt oder seine Aufmerksamkeit nachlässt[273]. Der Umfang der Belehrungspflicht muss sich im Übrigen nach der **Persönlichkeit** der Beteiligten richten. Bei rechtskundigen und geschäftserfahrenen Personen wird in der Regel eine knapp gehaltene, auf das Wesentliche konzentrierte Belehrung ausreichen. Dagegen bedürfen unerfahrene und ungewandte Beteiligte einer eingehenden Belehrung (§ 17 Abs. 1 Satz 2). Ungewandte drücken ihren Wille oft schlecht aus, Unerfahrene geben scheinbar eindeutige Erklärungen ab, obwohl sie in Wahrheit bei Belehrung über die Rechtslage etwas anderes gewollt oder erklärt hätten. Besonderer Belehrung bedürfen Beteiligte, die nicht hinreichend mit den hiesigen Lebensverhältnissen und der deutschen Sprache vertraut sind.

cc) Belehrung über Gestaltungsmöglichkeiten

141 Wenn die Beteiligten noch keine konkrete Vorstellung über die rechtliche Form haben, muss der Notar sie über die verschiedenen **Gestaltungsmöglichkeiten** belehren und sie bei der Auswahl einer ihren Interessen entsprechenden, rechtlich zuverlässigen Lösung beraten[274]. Hatten sich die Beteiligten schon für eine bestimmte Regelung entschieden, muss der Notar gegebenenfalls auf Bedenken aufmerksam machen[275]. Dabei braucht er nicht »ins Blaue hinein« zu belehren; er muss aber auf **Zweifel an der Rechtswirksamkeit** oder der **rechtlichen Durchführbarkeit** des beabsichtigten Geschäfts eingehen, die sich aus den eigenen Angaben der Beteiligten und den von ihnen vorgelegten Urkunden oder Urkundsentwürfen unmittelbar ergeben[276]. Verharmlosenden Vorstellungen, die durch falsche vertragliche Angaben oder durch Unkenntnis der Rechtslage hervorgerufen werden können, hat er entgegenzuwirken[277].

dd) Wahl des sichersten Weges

142 Stets muss der Notar den nach den Umständen **sichersten Weg** für die Beteiligten wählen[278]. Bei umstrittenen Rechtsfragen muss er sich grundsätzlich an die herrschende Meinung halten, soweit eine solche feststellbar ist[279]. Dazu gehört es, die in den amtlichen Sammlungen und den für die Amtstätigkeit des Notars wesentlichen Fachzeitschriften veröffentlichte Rechtsprechung der obersten Gerichte[280] und die üblichen Erläuterungsbücher auszuwerten[281]. Einen gefährlicheren, ungünstigeren Weg darf er nur nach ausdrücklicher, sorgfältiger Belehrung der Beteiligten wählen. Diese Pflicht gilt umfassend: hinsichtlich der Prüfung der Person der Erschienen, ihrer Verfügungs- oder Vertretungsmacht, hinsichtlich des äußeren

272 BGH ZNotP 2005, 351.
273 BGH ZNotP 2005, 847.
274 BGHZ 96, 157, 168; BGH DNotZ 1995, 494, 495.
275 BGH DNotZ 1991, 759; DNotZ 1995, 494, 495.
276 BGH DNotZ 1989, 45; WM 1992, 1662; MittBayNot 2005, 72.
277 BGH WM 1992, 527, 529.
278 BGH DNotZ 1958, 554; DNotZ 1966, 506; DNotZ 1981, 519; WM 1992, 1662, 1665; enger: *Reithmann/Albrecht*, Rz. 35 ff. (Abwägung zwischen Sicherheit einerseits, Zeit- und Kostenaufwand andererseits nach pflichtgemäßem Ermessen des Notars).
279 *Schlüter/Knippenkötter*, Die Haftung des Notars, Rz. 194.
280 Zu den Grenzen des Vertrauens auf den Fortbestand einer höchstrichterlichen Rechtsprechung: BGH NJW 1993, 3323; siehe auch § 19 Rz. 112.
281 BGH WM 1992, 1662, 1665; NJW-RR 1994, 1021.

SANDKÜHLER

Ablaufs des Urkundsgeschäfts, der etwa zu wahrenden besonderen Form, des Inhalts und der Fassung der Urkunde, bezüglich der Einsicht in das Grundbuch oder in Register. So muss der Notar bei begründeten Zweifeln, ob ein Geschäft beurkundungsbedürftig ist oder privatschriftlich abgeschlossen werden kann, den sicheren Weg der Beurkundung vorschlagen[282]. Ist eine Rechtsfrage weder in der obergerichtlichen Rechtsprechung noch in den üblichen Erläuterungsbüchern behandelt oder finden sich dazu nur vereinzelt Stimmen im Schrifttum, muss der Notar diese Frage nicht gegenwärtig haben und den Mandanten darüber aufklären[283].

d) Einzelfälle

aa) Grundstücksgeschäfte

Besonders wichtig sind die Belehrungspflichten bei Rechtsgeschäften über **Grundstücke** oder **grundstücksgleiche Rechte**. 143

(1) Der Notar muss auf die Erforderlichkeit der **Grundbucheintragung** sowie darüber belehren, dass bis zur Eintragung des Rechtsvorgangs im Grundbuch noch Verfügungen des Eigentümers oder Zugriffe Dritter, insbesondere im Wege der Zwangsvollstreckung durch Eintragung einer Sicherungshypothek, möglich sind und den Erfolg des Rechtsgeschäfts gefährden können und dass dieses Risiko durch Eintragung einer **Vormerkung** ausgeschaltet werden kann[284]. Der Hinweis auf die Bedeutung einer Vormerkung ist nur dann entbehrlich, wenn der Eintragungsantrag sofort beim Grundbuchamt gestellt wird[285]. 144

(2) Ferner hat der Notar den Erwerber regelmäßig auf bestehende **Belastungen** hinzuweisen; das gilt entsprechend, wenn Belastungen eines anderen Grundstücks bzw. Erbbaurechts für die Rechtslage des Kaufgrundstücks (Kauferbbaurechts) bedeutsam sind[286]. Bei Übernahme einer Grundstücksbelastung durch den Erwerber kann ein Hinweis an den Veräußerer angezeigt sein, dass dieser aus der zugrunde liegenden Darlehensverbindlichkeit verpflichtet bleibt[287]. 145

(3) Bei Veräußerung einer **Grundstücksteilfläche** muss der Notar ermitteln, ob es den Vertragspartnern auf einen bestimmten Teil in der Natur oder auf eine festgelegte Flächengröße ankommt, und den Vertrag entsprechend gestalten[288]. Wird ein noch nicht vermessenes Grundstück veräußert, muss der Notar darauf achten, dass die Teile so genau beschrieben werden, dass eine Vermessung und Umschreibung danach ohne weitere Verhandlungen möglich ist[289]. Zu einer Belehrung über das Erfordernis einer Teilungsgenehmigung (§ 19 BauGB) ist er nur noch verpflichtet, soweit diese landesrechtlich vorgeschrieben ist[290]. Bundesrechtlich ist die Notwendigkeit einer Teilungsgenehmigung (§ 19 BauGB a. F.) entfallen[291]. 146

(4) Auf **Sachmängel** braucht der Notar grundsätzlich nicht hinzuweisen, da das mögliche Entstehen von Gewährleistungsansprüchen nicht zur Tragweite des Kaufvertrages gehört[292]. 147

(5) Bei der Beurkundung eines Grundstückskaufvertrages muss der Notar mit den Beteiligten die Problematik nicht abgerechneter **Erschließungsbeiträge** erörtern und ihnen, falls 148

---

282 *Schlüter/Knippenkötter*, Rz. 193.
283 BGH NJW-RR 1994, 1021.
284 BGH DNotZ 1989, 449.
285 BGH DNotZ 1989, 449.
286 BGH DNotZ 1993, 752, 753; 2004, 849, 850.
287 OLG Düsseldorf OLG-Rp Düsseldorf 1993, 242, 243.
288 OLG Nürnberg DNotZ 1990, 458.
289 BGH NJW 2004, 69, 70.
290 Übersicht: *Deutsches Notarinstitut*, DNotI-Report 2004, 173, 174 sowie im Internet (www.dnoti.de/arbeitshilfen.htm#Immobilienrecht).
291 Art. 1 Nr. 18 des Gesetzes zur Anpassung des Baugesetzbuchs an EU-Richtlinien (Europarechtsanpassungsgesetz Bau – EAG Bau) v. 24.06.2004 (BGBl. I S. 1359).
292 *Ganter*, WM 1996, 701, 704.

sie dies wünschen, eine entsprechende vertragliche Regelung vorschlagen[293]. Die gesetzliche Regelung (§ 436 BGB) ist abdingbar[294].

149   (6) Liegen die Voraussetzungen für die Anwendung der **Makler- und Bauträgerverordnung** (MaBV)[295] vor, so muss der Notar bei der Regelung der Zahlungsbedingungen deren Schutzvorschriften zugunsten des Erwerbers, insbesondere § 3 Abs. 2, beachten[296]. Durch die aufgrund der Ermächtigung in § 27a AGBG a. F. erlassene Verordnung über Abschlagszahlungen bei Bauträgerverträgen[297] ist nach h. M. klargestellt, dass Abschlagszahlungen entsprechend § 3 Abs. 2 MaBV wirksam vereinbart werden können. Bedenken, ob § 3 Abs. 2 MaBV mit § 632a BGB vereinbar ist, sind damit ausgeräumt.[298] Eine zu Lasten des Erwerbers von § 3 Abs. 2 MaBV abweichende Abschlagszahlungsvereinbarung ist gemäß § 134 BGB nichtig[299], die Beurkundung eines derartigen Vertrages ist amtspflichtwidrig, da der Notar damit gegen seine Pflicht verstößt, nicht an Handlungen mitzuwirken, mit denen erkennbar unerlaubte Zwecke verfolgt werden (§ 14 Abs. 2 BNotO, § 4 BeurkG)[300].

150   (7) Wird dem Grundstückskäufer eine **Auflassungsvormerkung** bewilligt und ein Rücktrittsrecht eingeräumt, muss der Notar darauf hinwirken, dass der Käufer die Löschung der Auflassungsvormerkung für den Fall des Rücktritts bewilligt und ihm bis dahin der auf Notaranderkonto hinterlegte Kaufpreis nicht zurückgezahlt werden darf[301].

151   (8) Der Notar muss auf bestehende **Vorkaufsrechte** hinweisen, soweit er deren Existenz erkennen kann[302]. Jedoch braucht er ohne besonderen Auftrag nicht zu prüfen, ob ein rechtsgeschäftliches Vorkaufsrecht wirksam bestellt worden ist[303].

152   (9) Bei der Veräußerung eines **Erbbaurechts** muss der Notar dessen Inhalt prüfen. Bedarf es danach zur Veräußerung und zur Belastung des Rechts der Zustimmung des Eigentümers, kann dieser seine Zustimmung zur Veräußerung erteilen, jedoch zur Belastung verweigern (»gespaltene Eigentümerzustimmung«). Darauf muss der Notar den Erwerber hinweisen, wenn er damit rechnen muss, dass dieser das Erbbaurecht zur Kaufpreisfinanzierung belasten will[304]. Es handelt sich dabei um eine Frage nicht der wirtschaftlichen Durchführbarkeit, sondern der rechtlichen Tragweite des Geschäfts[305].

153   (10) Auf die Möglichkeit einer **Zwangsvollstreckungsunterwerfung** muss der Notar nicht stets, sondern nur dann hinweisen, wenn sonst eine unausgewogene Risikoverteilung droht. Denn die Möglichkeit, Ansprüche durchzusetzen, gehört nicht zur rechtlichen Tragweite, sondern zu den wirtschaftlichen Auswirkungen eines Rechtsgeschäfts[306]. Eine Hinweispflicht besteht nur dann – und zwar im Rahmen der allgemeinen Betreuungspflicht –, wenn sonst die vertragliche »Waffengleichheit« beeinträchtigt wäre, z. B. der Grundstücks-

---

293 BGH DNotZ 1995, 403; NJW-RR 1996, 781.

294 Kritisch zu § 436: *Brambring*, DNotZ 2001, 590, 593; *Grziwotz*, NotBZ 2001, 383 mit Formulierungsvorschlägen.

295 Abdruck: *Weingärtner*, Notarrecht, Ord.-Nr. 230.

296 Zu den Belehrungspflichten beim Bauträgervertrag: *Reithmann*, ZNotP 2007, 7. Siehe auch *Bauträgermerkblatt der Landesnotarkammer Bayern* (Stand: Januar 2006) (Abdruck der vorangegangenen Fassung: *Weingärtner*, Notarrecht, Ord.-Nr. 294).

297 VO v. 23.05.2001 (BGBl. I S. 981).

298 So zutreffend: *Basty*, DNotZ 2001, 421, 422. Vgl. ferner *Kanzleiter*, DNotZ 2001, 165; vgl. ferner *Palandt/Sprau*, § 632 Rz. 3 m.w.N.

299 BGH DNotZ 2001, 201, 205; DNotZ 2007, 925; dazu *Herrler*, DNotZ 2007, 895.

300 *Reithmann/Meichssner/von Heymann*, Kauf vom Bauträger, Rz. 67, 69; *von Heymann/Wagner/Rösler*, MaBV für Notare und Kreditinstitute, Rz. 50.

301 BGH DNotZ 1988, 383.

302 Siehe auch unten Rz. 222.

303 BGH MittBayNot 2003, 310, 311 m. Anm. *Reithmann* (Teilabdruck: DNotZ 2003, 426). Zur erweiterten (betreuenden) Belehrungspflicht hinsichtlich der Wirksamkeit eines Vorkaufsrechts vgl. unten Rz. 230.

304 BGH DNotZ 2005, 847.

305 Zur Zurechnungsproblematik in diesem Fall: *Ganter*, ZNotP 2006, 42, 46.

306 *Huhn/von Schuckmann/Armbrüster*, § 17 Rz. 85; a. A. *Wolfsteiner*, DNotZ 1999, 306, 325; *ders.*, Die vollstreckbare Urkunde, Rz. 13.41.

käufer sich wegen der Kaufpreisverpflichtung, nicht aber der Verkäufer wegen seiner Räumungsverpflichtung der Zwangsvollstreckung unterwirft[307].

bb) Ungesicherte Vorleistung

Zur Belehrung über die rechtliche Tragweite gehört nach gefestigter Rechtsprechung auch **154** der Hinweis auf die Gefahren einer **ungesicherten Vorleistung,** wenn eine solche in Betracht kommt[308]. Das gilt in erster Linie für Leistungen im Rahmen eines vertraglichen Synallagmas, darüber hinaus auch in sonstigen Fällen, in denen beide Vertragsteile einander Leistungen versprechen, die in einer inneren Verbindung zueinander stehen, und einer der Vertragsteile Gefahr läuft, seine Leistung zu verlieren, ohne die Leistung des anderen Teils zu erlangen. Dies kann z. B. bei einem Darlehensvertrag mit Bestellung einer Grundschuld als Sicherheit der Fall sein[309]. Dem Notar obliegt in derartigen Fällen eine doppelte Pflicht[310]. Er muss
- über die Folgen belehren, die im Falle der Leistungsunfähigkeit des durch die Vorleistung Begünstigten eintreten, und
- Wege aufzeigen, wie diese Risiken vermieden werden können[311]. Dabei darf er sich damit begnügen, die sich nach dem Inhalt des Geschäfts und dem erkennbaren Willen der Beteiligten unter Berücksichtigung ihrer Leistungsfähigkeit anbietenden, realistisch in Betracht kommenden Sicherungsmöglichkeiten zu nennen. Er braucht nicht nach allen erdenklichen, nur entfernt in Frage kommenden Sicherungsmöglichkeiten zu suchen[312].
Aufgabe des Notars ist es, darauf zu achten, dass beispielsweise der Käufer vor der Gefahr geschützt wird, den Kaufpreis zu zahlen, ohne die versprochene Gegenleistung (z. B. lastenfreier Erwerb des Grundstückseigentums) zu erlangen, der Verkäufer vor der Gefahr, den Kaufgegenstand zu übertragen, ohne den Kaufpreis zu erlangen[313]. Soll sich der Kaufpreis eines Grundstücks nach dem Ergebnis einer noch ausstehenden Vermessung richten und kommt danach eine nicht unerhebliche Erstattung oder Nachzahlung in Betracht, muss der Notar auf das Risiko dieser ungesicherten Vorleistung hinweisen und Möglichkeiten der Absicherung aufzeigen[314].

Diese Verpflichtung **entfällt** ausnahmsweise, wenn sich die Beteiligten über die Tragweite **155** ihrer Erklärungen und das damit verbundene Risiko vollständig im Klaren sind und gleichwohl die konkrete Vertragsgestaltung ernsthaft wollen. Die Beweislast dafür trägt der Notar[315].

Aber auch wenn sich die Beteiligten des Risikos bewusst sind und der Notar dies zuverlässig feststellen kann, darf er es dabei nicht bewenden lassen. Denn die Beteiligten sehen solche Risiken vielfach als unabwendbar ab. Fehlvorstellungen in dieser Richtung muss der Notar entgegenwirken, indem er nach dem Inhalt des Geschäfts mögliche und für die Beteiligten zumutbare Sicherungen aufzeigt[316].

Eine ungesicherte Vorleistung im Sinne der Rechtsprechung liegt nicht vor, soweit es sich **156** um eine bloße **Nebenpflicht** oder **sekundäre Vertragspflicht** handelt. So ist es nicht Pflicht des Notars, zur Bestellung einer Rückauflassungsvormerkung zu raten, mit der die bei Ausbleiben der Gegenleistung entstehende Rückgewährpflicht gesichert werden könnte[317].

---

307 *Huhn/von Schuckmann/Armbrüster,* § 17 Rz. 86.
308 In der Praxis häufige Fallgestaltungen: *Armbrüster/Krause,* NotBZ 2004, 325, 326.
309 BGH DNotZ 2006, 912, 914.
310 BGH DNotZ 1998, 638; DNotZ 2001, 473, 475 m. Anm. *Brieske.*
311 Die zweite Pflicht ist, genau genommen, nicht Belehrungs-, sondern Beratungspflicht: BGH DNotZ 2004, 849, 859; *Ganter,* NotBZ 2000, 277; *Armbrüster/Krause,* NotBZ 2004, 325, 328.
312 BGH DNotZ 2004, 841, 842; weiter gehend noch BGH DNotZ 1997, 64.
313 BGH WM 1982, 452; DNotZ 1989, 449; DNotZ 1990, 58; OLG Hamm VersR 1982, 802, 807.
314 OLG Nürnberg DNotZ 1990, 458.
315 BGH DNotZ 1995, 407; WM 1996, 1694.
316 BGH DNotZ 2001, 473 m. Anm. *Brieske.*
317 BGH, Beschl. v. 10.10.1996, mitgeteilt von *Ganter,* NotBZ 2000, 277, 278.

cc) Vertragsangebot, Genehmigung

157 Bei der isolierten Beurkundung der **Annahme eines Vertragsangebots** braucht der Notar in der Regel nur über Bedeutung und Tragweite der Annahmeerklärung zu belehren; der Inhalt des Angebots gehört nicht zur rechtlichen Tragweite des Urkundsgeschäfts[318]. Bei der **Genehmigung** von Vertretererklärungen bezieht sich die Belehrungspflicht grundsätzlich nur auf die Genehmigungserklärung und ihre Folgen, nicht aber auf den Inhalt des genehmigten Rechtsgeschäfts[319]. Ausnahmen kommen in Fällen atypischer Gestaltung des Beurkundungsverfahrens in Betracht[320].

dd) Vollmacht

158 Bei der Beurkundung einer **Vollmacht** muss der Notar den Vollmachtgeber darauf hinweisen, welche Risiken damit verbunden sind. Das gilt insbesondere für Generalvollmachten und für Vorsorgevollmachten (§ 1896 Abs. 2 BGB)[321], wenn ihre Verwendung nur im Innen-, nicht aber auch im Außenverhältnis davon abhängig gemacht wird, dass der Vollmachtgeber seine Belange nicht mehr selbst wahrnehmen kann.

ee) Vertretung ohne Vertretungsmacht

159 Handelt ein **Vertreter ohne Vertretungsmacht**, muss der Notar darauf hinweisen, dass die Erklärung unwirksam ist, bis der Vertretene sie genehmigt (§ 177 Abs. 1 BGB)[322]. Das gleiche gilt für Verfügungen eines Nichtberechtigten[323]. Wird eine nicht existente Person – z. B. eine GmbH in Gründung – vertreten, läuft der Geschäftspartner Gefahr, dass das Geschäft scheitert, wenn die Vertretene nicht existent wird. Hierauf muss der Notar hinweisen. Wenn der Vertreter verspricht, die Genehmigung des Vertretenen nachzureichen, so kann darin die Garantie für die Erteilung der Genehmigung liegen; gelingt es dem Vertreter nicht, sie beizubringen, kann er sich ungeachtet der Haftungsfreistellung in § 179 Abs. 3 Satz 1 BGB schadensersatzpflichtig machen[324]. Auf diese rechtliche Tragweite der Erklärung muss der Notar achten; er muss den Vertreter darüber belehren.

ff) Zustimmungserfordernisse

160 Der Notar muss ferner über **Zustimmungserfordernisse**, etwa nach § 1365 BGB oder nach anderen Vorschriften belehren[325].

gg) Gerichtliche Genehmigungen

161 Bei Verträgen mit der Notwendigkeit einer **familien-, vormundschafts- oder nachlassgerichtlichen Genehmigung** muss der Notar nicht nur über das Erfordernis der Genehmigung belehren – die Pflicht dazu folgt bereits aus § 18 BeurkG –, sondern auch darüber, dass die Genehmigung erst wirksam wird, wenn ihr Adressat sie dem anderen Teil mitteilt und dass der Genehmigungsadressat hierüber frei entscheiden kann (§ 1829 BGB). Zweckmäßig ist, dass dem Notar eine **Doppelvollmacht** dahin erteilt wird, dass er die Genehmigung beantragen, sie für den Adressaten (Sorgeberechtigter, Vormund, Pfleger, Betreuer) entgegennehmen, sie für diesen dem anderen Teil bekannt geben und sie für diesen in Empfang

---

318 BGH WM 1993, 1889, 1893.
319 BGHZ 125, 218, 225; BGH ZNotP 2005, 73.
320 Siehe unten Rz. 189.
321 Einzelheiten dazu: *Müller*, DNotZ 1997, 100; *Baumann*, MittRhNotK 1998, 1; *Palandt/Diederichsen*, § 1896 Rz. 21.
322 BGH DNotZ 1983, 53.
323 BGH DNotZ 1997, 62.
324 *Huhn/von Schuckmann/Renner*, § 12 Rz. 9.
325 BGHZ 64, 246, 249.

nehmen soll[326]. Auf diese Möglichkeit muss er belehrend hinweisen. Denn die Vertragsbeteiligten gehen in der Regel von der Vorstellung aus, dass er alles zur Wirksamkeit des Vertrages Erforderliche veranlassen wird, wenn er nichts Gegenteiliges erklärt[327]. Allerdings kann die Bestellung eines Notars zum Doppelbevollmächtigten zu einer Verfahrensverzögerung führen, wenn für die Erteilung der Genehmigung nicht der Richter, sondern der Rechtspfleger zuständig ist; denn in diesen Fällen muss das Gericht zunächst einen beschwerdefähigen Vorbescheid erlassen[328]. Darauf wird der Notar hinzuweisen haben.

Wird die Vollmacht nicht widerrufen, kann und muss der Notar grundsätzlich von ihr **Gebrauch machen**. Nur wenn sonstige besondere Anhaltspunkte für eine Willensänderung des Genehmigungsadressaten vorliegen, muss er bei diesem nachfragen, ob die Bekanntgabe unterbleiben soll.

hh) Gesellschaftsgründung

Bei der **Mitwirkung an einer Gesellschaftsgründung** erstreckt sich die Rechtsbelehrungspflicht in der Regel nur auf Bedeutung, Voraussetzungen und Wirkungen der gewählten Gesellschaftsform. Zu Hinweisen auf andere nach den Umständen in Betracht kommende Gesellschaftsformen – einschließlich Europäischer Aktiengesellschaft (Societas Europaea [SE]) und britischer Private Limited Company by Shares (Limited – Ltd.) – und zu Belehrungen über deren rechtliche Gegebenheiten ist der Notar nur aufgrund eines besonderen Beratungsauftrags gem. § 24 verpflichtet[329]. Soll er an der Gründung einer Gesellschaft nach **ausländischem Recht** – etwa einer Ltd.[330] – mitwirken, sind Kenntnisse des einschlägigen ausländischen Rechts nicht von ihm zu erwarten[331]. Haben die Beteiligten insoweit erkennbar selbst keine klaren Vorstellungen, sollte der Notar ihnen allerdings empfehlen, sich zunächst anderweitig rechtlich beraten zu lassen.

162

ii) GmbH-Vertrag

Bei der Beurkundung einer **GmbH-Gründung** hat der Notar über die Art, in der die Einlageverpflichtungen zu erfüllen sind, zu belehren, wenn die Beteiligten erkennbar von falschen Vorstellungen ausgehen[332]. Bei einer **Vorratsgründung** und beim Kauf und der Verwendung eines sog. **Mantels** muss er auf die entsprechende Anwendbarkeit der Gründungsvorschriften hinweisen[333].

Bei der Einbringung von **Sacheinlagen** in eine GmbH muss er über die damit verbundenen Risiken (§§ 9 ff., 56 GmbHG) sowie darüber belehren, dass das Registergericht die Bewertung der Sacheinlage prüft und die Eintragung ablehnen kann (§§ 9c, 57a GmbHG)[334].

Erklären die Beteiligten bei der Beurkundung eines **Kapitalerhöhungsbeschlusses**, die neuen Einlagen seien voll »eingezahlt«, muss sich der Notar vergewissern, dass die Beteiligten die Bedeutung dieses Begriffs im Zusammenhang mit der Übernahme einer Bareinlageverpflichtung kennen[335]. Dagegen erscheint die Auffassung, bei einer Umwandlung von **Gesellschafterdarlehen** in Stammkapital müsse er die Beteiligten in der Regel darüber belehren, dass bei bestehender Unterkapitalisierung wegen der übernommenen neuen Stamm-

163

---

326 Formulierungsvorschlag dazu: *Kersten/Bühling/Peter*, § 102 Rz. 7.
327 *Haug*, Rz. 620.
328 BVerfG DNotZ 2000, 387, 391; OLG Schleswig DNotZ 2001, 648 m. Anm. *Waldner*.
329 Abweichung von *Vorauflage*, Rz. 143. Zutreffend: *Ganter*, Notarhaftung, Rz. 1074. Zu den Beratungs- und Haftungsrisiken bei Gründung einer Ltd.: *Dierksmeier*, BB 2005, 1516.
330 Zu deren Bedeutung und Risiken vgl. etwa *Wachter*, GmbHR 2004, 88, 92; *Kadel*, MittBayNot 2006, 102; *Michalski*, GmbHR 2006, R 181; *Müller*, GmbHR 2006, 640; *Apfelbaum*, NotBZ 2007, 153.
331 Siehe unten Rz. 214.
332 BGH DNotZ 1990, 437; a. A. *Ganter*, Notarhaftung, Rz. 1074 (erweiterte Belehrungspflicht).
333 Vgl. dazu BGHZ 153, 158; BGHZ 155, 318.
334 OLG Düsseldorf WM 1995, 854.
335 BGH DNotZ 1996, 572 m. krit. Anm. *Rinsche* und *Kanzleiter*.

einlage eine Nachschusspflicht auf die Gesellschafter zukommen könne[336], zu weitgehend. Der Notar ist nicht Wirtschaftsberater der Beteiligten.

Eine weitere Belehrungspflicht kann sich sowohl bei der erstmaligen als auch bei späterer Bestellung eines **Geschäftsführers** aus §§ 8 Abs. 3 Satz 1, 39 Abs. 3 Satz 1 GmbHG ergeben[337]. Seine frühere Rechtsprechung zur Durchgriffshaftung wegen Missbrauchs der Rechtsform sowie zur Haftung der GmbH-Gründer bzw. des Ein-Personen-Gründers im sog. qualifiziert faktischen Konzern[338] hat der Bundesgerichtshof aufgegeben, so dass insoweit eine Belehrungspflicht nicht mehr besteht[339]. Jedoch bejaht das Gericht eine »**Existenzvernichtungshaftung**« des Gesellschafters für missbräuchliche, zur Insolvenz der GmbH führende oder diese vertiefende kompensationslose Eingriffe in das der Zweckbindung zur vorrangigen Befriedigung der Gesellschaftsgläubiger dienende Gesellschaftsvermögen[340]. Kommt nach den für den Notar erkennbaren Umständen eine solche Haftung in Betracht, muss er im Rahmen seiner Rechtsbelehrungspflicht darauf hinweisen.

jj) Unterhaltsverträge

164   Bei der Beurkundung **unterhaltsrechtlicher Verträge** – etwa einer Vereinbarung über die Eheschließung mit gleichzeitigem Unterhaltsverzicht eines der Partner – muss der Notar die Möglichkeit einer Unwirksamkeit des Vertrages nach § 138 Abs. 1 BGB[341] oder einer späteren Ausübungskontrolle nach § 242 BGB in Betracht ziehen und die Beteiligten entsprechend belehren[342]. Hält er die von den Beteiligten vorgesehene Regelung für unwirksam, darf und muss er die Beurkundung ablehnen.

e) Grenzen der Belehrungspflicht

165   Die **Grenzen der Rechtsbelehrungspflicht** ergeben sich daraus, dass der Notar weder Wirtschaftsberater noch Steuerberater der Beteiligten ist.

aa) Wirtschaftliche Tragweite

166   Er hat deshalb im Rahmen des § 17 BeurkG nicht über die **wirtschaftliche Tragweite** und **Zweckmäßigkeit** eines Geschäfts aufzuklären[343]. So braucht er bei der Veräußerung eines Grundstücks mit der Wohnungsbindung unterliegenden Wohnungen ohne besonderen Anlass nicht auf die Bedeutung der Wohnungsbindung hinzuweisen.

bb) Steuerliche Folgen

167   Auch zur Rechtsbelehrung über die **steuerlichen Folgen** eines Rechtsgeschäfts ist er grundsätzlich nicht verpflichtet; eine Belehrungspflicht kann sich insoweit allerdings aus Betreuungsverpflichtung ergeben[344]. Indes kann die Pflicht zur Rechtsbelehrung auch die steuerlichen Folgen umfassen, wenn die Steuerfragen das geplante Rechtsgeschäft unmittelbar berühren[345]. So ist bei einem Unternehmensverkauf der Hinweis auf §§ 75 ff. AO zur Erläuterung der rechtlichen Tragweite erforderlich, wenn die Haftung für bisher entstandene Verbindlichkeiten gem. § 25 HGB ausgeschlossen werden soll[346]. Die steuerlichen Folgen gehören ferner dann zur rechtlichen Tragweite des Geschäfts, wenn die Vertragsbeteiligten einen

---

336   OLG Schleswig RNotZ 2007, 115.
337   Zur Belehrung eines im Ausland weilenden Geschäftsführers: *Wolf*, ZIP 1995, 1489, 1492 ff.
338   BGHZ 122, 123, 125 ff.
339   Anders *Vorauflage*, § 14 Rz. 144.
340   BGHZ 151, 181; BGH ZNotP 2007, 391.
341   Vgl. dazu: BVerfG DNotZ 2001, 222; *Langenfeld*, DNotZ 2001, 272.
342   Sie auch oben Rz. 47.
343   BGH DNotZ 1974, 297; 1978, 174; 1981, 311; *Reithmann/Albrecht*, Rz. 142.
344   BGH DNotZ 1979, 228; DNotZ 1981, 775; WM 1992, 1533, 1535.
345   BGH DNotZ 1992, 813, 815; *Haug*, Rz. 476.
346   BGH ZNotP 2007, 1659.

zuvor von dem Notar beurkundeten Vertrag wegen sich daraus ergebender steuerlicher Nachteile aufheben und denselben Notar mit der Beurkundung eines diese Nachteile vermeidenden geänderten Vertrages beauftragen[347]. Soll ein von einem Steuerberater entworfener Vertrag mit geändertem Inhalt beurkundet werden, sollte der Notar den Beteiligten vorsichtshalber zu einer erneuten Konsultation des Steuerberaters raten, bevor er beurkundet[348].

cc) Gesellschaftsgründung

Ein Notar, der den **Gesellschaftsvertrag**[349] einer GmbH beurkundet[350], braucht die Gesellschafter in der Regel nicht auf die Handelndenhaftung nach § 11 Abs. 2 GmbHG hinzuweisen, wenn sie hinreichend geschäftsgewandt sind[351]. Ebenso muss er grundsätzlich nicht auf die Möglichkeit einer Differenzhaftung (Vorbelastungshaftung)[352] hinweisen. Ein Hinweis ist jedoch zumindest bei weniger geschäftsgewandten Personen geboten, wenn der Notar Anhaltspunkte dafür hat, dass die Gesellschaft ihren Geschäftsbetrieb schon vor der Eintragung aufnehmen wird[353]. Das Gleiche gilt, wenn der Notar bei einer Stammkapitalerhöhung Anlass hat, an der richtigen Bewertung von Sacheinlagen und/oder an der Werthaltigkeit einzubringender Gesellschafterforderungen zu zweifeln[354].

168

dd) Kosten des Amtsgeschäfts

Über die **Kosten** eines Amtsgeschäfts und dessen Vollzugs braucht der Notar die Beteiligten grundsätzlich nicht ungefragt zu belehren, da die Höhe der notariellen und gerichtlichen Gebühren gesetzlich festgelegt ist und der Notar diese zu erheben hat[355]. Dies gilt auch für die Kosten notarieller Betreuungstätigkeiten wie z. B. Geldverwahrungen, da die Beteiligten mit solchen Kosten rechnen müssen[356]. Auch über die gemeinschaftliche Kostenpflicht mehrerer Veranlasser braucht der Notar ungefragt grundsätzlich nicht zu belehren[357]. Eine Hinweispflicht kommt insoweit nur unter besonderen Umständen in Betracht, etwa wenn der Notar von der Zahlungsunfähigkeit eines Beteiligten weiß, der die Kosten im Innenverhältnis übernommen hat[358]. Der Notar ist auch nicht verpflichtet, einem als weiterer Kostenschuldner in Betracht kommenden Beteiligten eine Sicherung vor der Gefahr seiner Inanspruchnahme vorzuschlagen[359].

169

Ein Notar darf **keine unnötigen Kosten** verursachen. Kommt neben einer von ihm vorgesehenen oder von den Beteiligten gewünschten Art der Sachbehandlung noch ein anderer, billigerer, aber ebenso sicherer Weg[360] in Betracht (z. B. die privatschriftliche Form statt öffentlicher Beurkundung oder Beglaubigung), muss er die Beteiligten auf diese Möglichkeit hinweisen[361].

170

Auf **Zusatzgebühren** nach § 58 KostO (Geschäfte außerhalb der Geschäftsstelle oder außerhalb der üblichen Geschäftszeiten) soll der Notar hinweisen, wenn erkennbar ist, dass

171

347 BGH WM 1990, 944.
348 BGH DNotZ 2003, 845.
349 Allgemein zu den notariellen Belehrungspflichten bei der Beurkundung von Gesellschaftsverträgen im Hinblick auf steuerliche Belastungsrisiken: *Wagner*, DStR 1995, 897.
350 Zur Rechtsbelehrungspflicht bei Gesellschaftsgründungen siehe oben Rz. 162, 168.
351 BGH DNotZ 1954, 329.
352 BGHZ 80, 129, 140.
353 OLG Hamm DNotZ 1992, 189.
354 BGH NJW 2007, 3566.
355 BayObLG DNotZ 1989, 707; *Winkler*, § 17 Rz. 268.
356 BayObLG DNotZ 1989, 708.
357 BayObLG DNotZ 1989, 707; OLG Zweibrücken DNotZ 1988, 391.
358 KG DNotZ 1969, 245, 247.
359 *Weingärtner/Ehrlich*, DONot, Rz. 649.
360 Zur Pflicht, den sichersten Weg zu wählen, siehe oben Rz. 142.
361 KG DNotZ 1996, 132; OLG Düsseldorf JurBüro 2002, 257, 258.

die Beteiligten die die Zusatzgebühr auslösende Art der Tätigkeit gerade gewählt haben, um Verdienstausfall, Fahrtkosten oder sonstige Nachteile zu ersparen.

172   Auf **Anfrage** hat der Notar stets wahrheitsgemäß Auskunft über die Kostenpflicht und über die Höhe seiner Gebühren zu geben. Dies gilt grundsätzlich auch, wenn die Beteiligten im Rahmen einer selbstständigen Beratung (§ 24 Abs. 1 Satz 1 BNotO) nach den voraussichtlichen Kosten einer künftigen Beurkundung fragen. Der Notar braucht in solchen Fällen aber keine detaillierte Kostenberechnung anzustellen, wenn noch offen ist, ob ihm ein Urkundsauftrag erteilt werden wird, oder wenn die rechtliche Gestaltung des Geschäfts noch nicht klar zu übersehen ist. Es genügt dann, dass er einen ungefähren Überblick über die möglichen Kosten oder einen Kostenrahmen angibt. Eine Verletzung seiner Auskunftspflicht kann zur Schadensersatzpflicht nach § 19 führen, wenn das Geschäft bei richtiger Angabe unterblieben wäre.

f) Entbehrlichkeit der Belehrung

173   Eine Belehrung ist ausnahmsweise **entbehrlich**, wenn die Beteiligten ihrer nicht bedürfen[362]. Im Zweifel ist von der Belehrungsbedürftigkeit auszugehen, solange nicht sicher ist, dass die Beteiligten über die Tragweite ihrer Erklärungen vollständig unterrichtet sind, was der Notar zu beweisen hat[363]. Der Notar darf sich nicht darauf verlassen, dass eine gebotene Belehrung von dritter Seite – etwa seitens eines anderen Notars, eines Maklers, eines anwaltlichen oder steuerlichen Beraters oder gar seines eigenen Büropersonals – erfolgt sei. Die Belehrungspflicht besteht deshalb auch gegenüber einem anwaltlich beratenen Beteiligten, solange nicht feststeht, dass dieser tatsächlich umfassend informiert ist[364]. Eine Schadensersatzpflicht des Notars scheidet in solchen Fällen allerdings regelmäßig aus, weil die unterlassene Belehrung nicht für den Abschluss des Rechtsgeschäfts kausal geworden ist[365].

g) Dokumentation

174   § 17 Abs. 1 BeurkG schreibt nicht vor, dass erfolgte Belehrungen in der Urkunde oder anderweitig – etwa in den Nebenakten – zu **dokumentieren** sind. Aus dem Fehlen eines Belehrungsvermerks darf daher grundsätzlich nicht geschlossen werden, dass der Notar eine gebotene Belehrung versäumt hat[366].

4. Formulierungspflicht (§ 17 Abs. 1 BeurkG)

175   Der Notar muss die Erklärungen der Beteiligten entsprechend dem nach der Rechtslage Erforderlichen **klar und unzweideutig** in der Urkunde wiedergeben (§ 17 Abs. 1 Satz 1 BeurkG)[367]. Er verletzt seine Amtspflicht, wenn die von ihm errichtete Vertragsurkunde die Erklärungen nur so unvollkommen zum Ausdruck bringt, dass die Urkunde Anlass zu gerichtlichen Auseinandersetzungen[368] gibt oder gegen ihren Wortlaut ausgelegt werden muss[369]. Maßstab ist das Verständnis der Beteiligten. Mit Missdeutungen von Fachbehörden – etwa des Grundbuchamtes in Grundbuchsachen – braucht der Notar nicht zu rechnen[370].

---

362 BGH WM 1993, 260.
363 BGH DNotZ 1995, 407; DNotZ 1996, 568, 569; DNotZ 1997, 62.
364 BGH DNotZ 1991, 321, 323.
365 OLG Saarbrücken RNotZ 2006, 296, 298.
366 Näher dazu § 19 Rz. 31.
367 Zur Vorbereitung der Beurkundung durch Anfertigung eines Entwurfs: § 15 Rz. 31.
368 BGH DNotZ 2001, 194.
369 BGH DNotZ 1992, 811; DNotZ 2004, 849.
370 BGH DNotZ 1991, 753; a. A. *Ganter*, Notarhaftung, Rz. 1314.

5. Erörterung von Zweifeln (§ 17 Abs. 2 BeurkG)

Nach § 17 Abs. 2 BeurkG soll der Notar bei Zweifeln, ob das Geschäft dem **Gesetz** oder   176
dem **wahren Willen** der Beteiligten entspricht, die Bedenken mit den Beteiligten erörtern
(Satz 1). Zweifelt er an der **Wirksamkeit** des Geschäfts und bestehen die Beteiligten trotzdem auf der Beurkundung, so soll er die Belehrung und die dazu abgegebenen Erklärungen
der Beteiligten in der Urkunde vermerken (Satz 2). Der Unterschied der beiden Vorschriften
liegt in der Dokumentationspflicht:

a) § 17 Abs. 2 Satz 1 BeurkG

Die Gegenüberstellung der Worte »*Bestehen Zweifel…*« (Satz 1) und »*Zweifelt der No-*   177
tar…« (Satz 2) lässt erkennen, dass Satz 1 nur jene Fälle erfasst, in denen Zweifel zwar **ob-**
jektiv möglich sind, der Notar sie selbst aber nicht hegt[371]. So können für Außenstehende
Zweifel an der Übereinstimmung des Erklärten mit dem Gewollten bestehen, wenn die Beteiligten nach Erforschung ihres Willens und trotz gehöriger Belehrung über die Tragweite
des Geschäfts (Absatz 1) eine ungewöhnliche oder für sie nachteilige Vertragsgestaltung
wählen[372]. Ferner können objektiv Zweifel bestehen, wenn der Notar eine neue oder um-
strittene Rechtsfrage zu beantworten hat und sich nach gewissenhafter Prüfung für die eine
oder die andere Lösung entscheidet[373]. Der Notar muss in derartigen Fällen die möglichen
Bedenken mit den Beteiligten erörtern und ihnen einen sicheren Weg zu weisen versuchen[374].

Anders als Satz 2 verpflichtet Satz 1 nicht zur Aufnahme eines **Vermerks** in die Urkunde.   178
Indes sollte der Notar eine durchgeführte Erörterung stets in der Urkunde vermerken, um
seine Beweissituation in einem etwaigen Haftpflichtprozess zu verbessern[375]. Aus dem Fehlen eines solchen Vermerks darf jedoch im allgemeinen nicht geschlossen werden, dass eine
Erörterung nicht stattgefunden hat[376].

b) § 17 Abs. 2 Satz 2 BeurkG

Satz 2 regelt die Fälle, in denen der **Notar** selbst an der Wirksamkeit des Geschäfts zweifelt.   179
Wenn er nicht wegen des Gewichts der Zweifel ganz von der Beurkundung absehen will[377],
muss er die Beteiligten über seine Bedenken unterrichten und die Tatsache der Belehrung sowie die dazu abgegebenen Erklärungen der Beteiligten in der Urkunde **vermerken**[378]. Fehlt
ein solcher gebotener Vermerk, so kehrt sich die Beweislast im Haftpflichtprozess dahin um,
dass nicht der Anspruchssteller das Fehlen der Belehrung, sondern der Notar deren Erteilung zu beweisen hat[379].

Diese Grundsätze müssen auch gelten, wenn der Notar aus Rechtsgründen Zweifel an der   180
Vollziehbarkeit des Geschäfts hat; denn der von den Beteiligten erstrebte Erfolg kann ebenso gefährdet sein, wenn dem Vollzug des Geschäfts rechtliche Hindernisse entgegenstehen,
als wenn das Geschäft unwirksam wäre. Bezweifelt der Notar beispielsweise, ob die von den
Beteiligten abgegebenen Erklärungen eine geeignete Grundlage für eine Grundbucheintragung bilden, muss er dies mit den Beteiligten erörtern und gegebenenfalls einen Bedenklich-
keitsvermerk in die Urkunde aufnehmen.

---

371 *Haug*, Rz. 489 f.; teilweise a. A. *Ganter*, DNotZ 1998, 851, 854, der jedoch ebenfalls hinsichtlich
   der Vermerkpflicht differenziert.
372 BGH WM 1990, 944, 946.
373 *Haug*, Rz. 490, 495.
374 *Haug*, Rz. 83 ff.; siehe auch § 19 Rz. 52.
375 *Reithmann/Albrecht*, Rz. 168.
376 Siehe § 19 Rz. 31.
377 Siehe § 15 Rz. 74.
378 Vgl. BGH NJW 1993, 1587 (Knebelungsvertrag).
379 Siehe § 19 Rz. 31.

6. Gestaltung des Beurkundungsverfahrens (§ 17 Abs. 2a Satz 1 BeurkG)[380]

181 § 17 Abs. 1 und 2 BeurkG gewährleistet nicht in allen Fällen, dass der Wille der Betroffenen erforscht, der Sachverhalt geklärt, die belehrungsbedürftigen Personen ausreichend belehrt und etwa vorhandene Bedenken mit ihnen erörtert werden[381]. Denn die diesbezüglichen Pflichten des Notars bestehen nur gegenüber den formell Beteiligten, ausnahmsweise gegenüber mittelbar Beteiligten[382]. Die Belange Dritter schützt das Gesetz insoweit nicht, auch wenn sie die eigentlich Betroffenen sind und sie es sind, die bei Mängeln des Geschäfts oder seines Vollzugs Schaden nehmen können.

a) Bedeutung der Vorschrift

182 Um den sich daraus ergebenden Gefahren entgegenzuwirken, verpflichtet § 17 Abs. 2a Satz 1 BeurkG den Notar, das Beurkundungsverfahren so zu gestalten, »dass die Einhaltung der Pflichten nach den Absätzen 1 und 2 gewährleistet ist«. Zweck der – redaktionell verunglückten – Vorschrift ist der Schutz der eigentlich Betroffenen, d.h. der **materiell Beteiligten**[383]. In ihrem Interesse hat der Notar das Beurkundungsverfahren so zu gestalten, dass die vom Gesetz mit dem Beurkundungserfordernis verfolgten Zwecke erreicht werden, insbesondere die **Schutz- und Belehrungsfunktion** der Beurkundung gewahrt und der Anschein der **Abhängigkeit** oder **Parteilichkeit** vermieden wird[384]. Die Vorschrift ist Ausdruck der **sozialen Schutzpflichten** des Notars[385].

b) Unzulässige Verfahren

183 Der Gesetzgeber hat davon abgesehen, in § 17 Abs. 2a Satz 1 BeurkG einen Verhaltenskodex für den Notar zu normieren. Auch die Richtlinienempfehlungen der Bundesnotarkammer und ihnen folgend die Richtliniensatzungen der Notarkammern beschränken sich auf eine Negativliste.

aa) Richtlinienempfehlungen und Richtliniensatzungen

184 Als in der Regel **unzulässig** bezeichnen sie folgende Verfahrensweisen:
– systematische Beurkundung mit vollmachtlosen Vertretern,
– systematische Beurkundung mit bevollmächtigten Vertretern, soweit nicht durch die vorausgehende Beurkundung mit dem Vollmachtgeber sichergestellt ist, dass dieser über den Inhalt des abzuschließenden Rechtsgeschäfts ausreichend belehrt werden konnte[386];
– systematische Beurkundung unter Beteiligung von Mitarbeitern des Notars oder mit ihm im Sinne des § 3 Abs. 1 Satz 1 Nr. 4 BeurkG verbundener Personen[387] als Vertreter, ausgenommen Vollzugsgeschäfte;

---

380 Siehe dazu *Bohrer*, DNotZ 2002, 579; *Böhringer*, BWNotZ 2003, 6; *Böttcher*, BWNotZ 2003, 49; *Brambring*, DNotI-Report 1998, 185; *ders.*, ZfIR 2002, 597; *ders.*, FGPrax 2003, 147; *Grigas*, BWNotZ 2003, 104; *Grziwotz*, ZfIR 2002, 667; *ders.*, ZIP 2002, 2109; *Hertel*, ZNotP 2002, 286; *Jost*, ZGS (= Zeitschrift für das gesamte Schuldrecht) 2002, 346; *Kanzleiter*, DNotZ 1999, 292, 300; *Keller*, ZNotP 2003, 180; *Litzenburger*, NotBZ 2002, 280; *Maaß*, ZNotP 2002, 455; *Mohnhaupt*, NotBZ 2002, 248; *Philippsen*, NotBZ 2003, 137; *Pützhoven*, NotBZ 2002, 273; *Rieger*, MittBayNot 2002, 325; *Schmucker*, DNotZ 2002, 510; *Sorge*, DNotZ 2002, 593; *Solveen*, RNotZ 2002, 318; *Strunz*, ZNotP 2002, 286 ff., ZNotP 2002, 389; *Winkler*, § 17 Rz. 18 ff.
381 Auf diese Pflichtentrias weist zutreffend *Hagen*, RNotZ 2001, 40, 41 hin.
382 Siehe oben Rz. 135, 137. Zur Informationspflicht bei Verbraucherverträgen siehe unten Rz. 194.
383 *Brambring*, FGPrax 1998, 201, 203; vgl. auch *Kanzleiter*, DNotZ 1999, 292, 300.
384 Näher dazu: *Wöstmann*, ZNotP 2002, 246, 247.
385 Siehe oben Rz. 48.
386 Siehe dazu oben Rz. 158.
387 Einzelheiten dazu: § 16 Rz. 54 ff.

- systematische Aufspaltung von Verträgen in Angebot und Annahme; soweit die Aufspaltung aus sachlichen Gründen gerechtfertigt ist, soll das Angebot vom belehrungsbedürftigeren Vertragsteil ausgehen;
- gleichzeitige Beurkundung von mehr als fünf Niederschriften bei verschiedenen Beteiligten;
- missbräuchliche Auslagerung geschäftswesentlicher Vereinbarungen in Bezugsurkunden (§ 13a BeurkG)[388].

bb) Satzungskompetenz der Notarkammern

Es handelt sich dabei um Richtlinien zur Wahrung der notariellen Achtungs- und Vertrauenswürdigkeit sowie zur Vermeidung des Anscheins der Abhängigkeit oder Parteilichkeit, mithin zu dem nach § 14 Abs. 3 zu beachtenden Verhalten. Die Notarkammern sind daher ermächtigt, dieser Empfehlung entsprechende Richtlinien durch Satzung aufzustellen (§ 67 Abs. 2 Satz 3 Nr. 2). Soweit das geschehen ist oder noch geschieht, sind die beanstandeten Verfahrensweisen **verboten**[389].   **185**

c) Begriff der systematischen Verfahrensweisen

Der in den Richtlinienempfehlungen und Richtliniensatzungen verwendete Begriff »*systematisch*« meint eine **planmäßige** und **missbräuchliche** Gestaltung des Beurkundungsverfahrens[390].   **186**

aa) Verbotene Verfahrensweisen

Verboten ist es danach, durch stereotype Verfahrensweisen ohne rechtfertigenden sachlichen Grund zu verhindern, dass der Wille der materiell Beteiligten erforscht, der Sachverhalt mit ihnen geklärt und ihnen die notwendige Belehrung zuteil wird. Unzulässig ist insbesondere eine Verfahrensgestaltung, durch die Beteiligte planmäßig von der Beurkundung »ferngehalten« werden[391]. Nicht gerechtfertigt erscheint es auch, dass eine Behörde oder ein gewerblicher Unternehmer aus Rationalisierungs- oder wirtschaftlichen Gründen bestrebt ist, stets dieselben Personen als formell Beteiligte auftreten zu lassen und gleichbleibende Vertragsfassungen zu erreichen. Mag die Behörde oder der gewerbliche Unternehmer auch nicht des Schutzes nach § 17 Abs. 1 und 2 BeurkG bedürfen, geht es doch nicht an, die eigentlichen Entscheidungsträger systematisch von der Beurkundung fernzuhalten. Denn ihr Fernbleiben kann dazu führen, dass der Wille der Beteiligten und der Sachverhalt nicht ausreichend geklärt werden können[392].   **187**

bb) Zulässige Verfahrensweisen

Indes will das Gesetz nur den **Missbrauch** verhindern, nicht aber sinnvolle Verfahrensweisen verhindern. Daher sind Beurkundungen unter Beteiligung bevollmächtigter oder vollmachtloser Vertreter oder unter Aufspaltung von Verträgen weiterhin zulässig, falls dafür ein vernünftiger sachlicher Grund besteht. Ein solcher kann etwa darin liegen, dass ein Beteiligter verhindert ist, an einer Beurkundung teilzunehmen, und ausdrücklich – gegebenenfalls nach Belehrung über die Tragweite des Urkundsgeschäfts – eine Stellvertretung wünscht.   **188**

---

388 Zum Begriff der Geschäftswesentlichkeit: *Eylmann/Vaasen/Frenz*, § 17 BeurkG Rz. 39.
389 Zur Verbindlichkeit von Richtlinien der Notarkammern siehe oben Rz. 20.
390 BT-Drucks. 13/4184, S. 47; *Eylmann/Vaasen/Frenz*, § 17 BeurkG Rz. 33; *Weingärtner/Wöstmann*, Richtlinien für Notare, Teil 2 Rz. 57; *Hagen*, RNotZ 2001, 40, 41.
391 *Brambring*, FGPrax 1998, 201, 203.
392 *Hagen*, RNotZ 2001, 40, 41.

cc) Belastungsvollmacht

189 Bedenklich ist auch die planmäßige (»systematische«) Verwendung von **Belastungsvollmachten** auf Angestellte des Notars[393]. Solche Vollmachten sind in der Vergangenheit vielfach dazu benutzt worden, in Vertretung des Grundstückskäufers – der vom Verkäufer dazu ermächtigt wird – zwecks Kaufpreisfinanzierung Grundpfandrechte zugunsten von Kreditinstituten zu bestellen. Diese Praxis ist nunmehr in der Regel unzulässig, weil sie die notwendige Belehrung des Käufers nicht gewährleistet. Ein Belehrungsbedürfnis besteht insbesondere hinsichtlich der – von den Kreditinstituten oft sehr weit gefassten – Zweckerklärungen. Die Belehrung darüber kann nicht immer bereits anlässlich der Erteilung der Vollmacht oder der Beurkundung des Kaufvertrages erfolgen[394]. Zum einen ist zu dieser Zeit oft noch nicht endgültig geklärt, ob, in welcher Höhe und zugunsten welchen Kreditinstituts eine Belastung erfolgen soll; zum anderen liegen die formularmäßigen Zweckerklärungen nicht stets schon bei der Vertragsbeurkundung vor.

d) Eigenverantwortlichkeit des Notars

190 Unabhängig von Richtlinien der Notarkammern hat der Notar stets eigenverantwortlich zu prüfen, ob eine **atypische Gestaltung** des Beurkundungsverfahrens mit seiner Integritätspflicht zu vereinbaren ist.

aa) Mehrheit von Notaren

191 Das gilt insbesondere, wenn mehrere Notare – etwa in der Funktion als **Zentralnotar** und als **Ortsnotar** – an einem Urkundsgeschäft mitwirken[395]. Der einzelne Notar darf sich nicht darauf verlassen, dass der andere Notar die Pflichten aus § 14 Abs. 3 und aus etwaigen Kammerrichtlinien beachtet. Er muss vielmehr von sich aus dafür sorgen, dass – unmittelbar oder mittelbar – Beteiligte nicht durch mangelnde Belehrung oder durch einseitige Vertragsgestaltung benachteiligt werden. Wird beispielsweise bei einer sukzessiv erfolgenden Beurkundung von Vertragsangebot und -annahme die Annahme von einem Zentralnotar beurkundet, kann diesem gegenüber dem Anbietenden eine erweiterte (betreuende) Belehrungspflicht hinsichtlich zwischenzeitlich eingetragener Belastungen obliegen[396]. Wird im Rahmen von Kapitalanlage- und Abschreibungsmodellen[397] das Angebot – entgegen der vorstehenden Richtlinienempfehlung – nicht vom Erwerber, sondern von dem Vertreiber des Modells abgegeben und von einem Zentralnotar beurkundet, so muss sich der mit der Beurkundung der Annahmeerklärung beauftragte Ortsnotar vergewissern, dass sich der Erwerber über Bedeutung und Tragweite nicht nur seiner Annahmeerklärung, sondern auch des Angebots im klaren ist. Gesichert werden muss auch, dass von den Erwerbern zu bestellende Grundpfandrechte nur für die Zwecke dieses speziellen Vorhabens valutiert werden. Der Ortsnotar hat insoweit weiter reichende Pflichten, als sie sonst bei der isolierten Beurkundung einer Vertragsannahmeerklärung zu beachten sind[398]. Das gleiche gilt, wenn – entgegen der Richtlinienempfehlung – für den Erwerber ein vollmachtloser Vertreter handelt; der Ortsnotar darf sich sodann nicht darauf beschränken, lediglich über die Bedeutung der Genehmigungserklärung zu belehren, wie es ihm sonst bei der isolierten Beurkundung einer Genehmigungserklärung obliegt[399].

393 Ebenso: *Brambring*, DNotI-Report 1998, 185; a. A. *Maaß*, ZNotP 1999, 69 ff.
394 A. A. *Maaß*, ZNotP 1999, 74.
395 Siehe dazu OLG Hamm DNotZ 1997, 658.
396 BGHZ 158, 188 = DNotZ 2004, 843; zustimmend: *Armbrüster/Krause*, NotBZ 2004, 325, 329; ablehnend: *Winkler*, FGPrax 2004, 179, 182. Kritisch auch *Ganter*, ZNotP 2004, 458, 460.
397 Siehe dazu: BayObLG MittBayNot 1993, 242; *Bundesnotarkammer*, Merkblätter der v. 26.04.1973 bzw. undatiert (*Weingärtner*, Notarrecht, Ord.-Nr. 296, 297); *Landesnotarkammer Bayern*, Rdschr. v. 24.03.1994 (*Weingärtner*, Ord.-Nr. 294c); *Rheinische Notarkammer*, Rdschr. v. 14.07.1995 (*Weingärtner*, Ord.- Nr. 292).
398 Siehe oben Rz. 157.
399 Siehe oben Rz. 157.

bb) Mitwirkungsverbot

Wird der Weg einer Aufspaltung der Verträge oder der Stellvertretung beim Vertrags- 192
abschluss erkennbar mit dem **Ziel** gewählt, die Erwerber zu benachteiligen, muss der Notar
seine Mitwirkung ablehnen (§ 14 Abs. 1 Satz 2, Abs. 2).

cc) Blankotermine

Unzulässig ist auch die Vergabe von Beurkundungsterminen für noch unbekannte Beteiligte 193
(sog. **Blankotermine**), durch die es unseriösen Anlagevertreibern oder -vermittlern ermöglicht wird, Interessenten in unmittelbarem zeitlichen Zusammenhang mit Anwerbegesprä-
chen zur Abgabe von Willenserklärungen zu veranlassen[400].

7. Verbraucherverträge[401]

a) Bedeutung der Vorschrift

§ 17 Abs. 2a Satz 2 BeurkG[402] regelt das notarielle Verfahren bei der Beurkundung von **Ver-** 194
braucherverträgen[403]. Zweck der Vorschrift ist der Schutz des Verbrauchers, den die Bestimmungen über die notariellen Aufklärungs- und Belehrungspflichten und die in diesem
Zusammenhang erlassenen Richtlinien der Notarkammern nach Auffassung des Gesetzgebers nicht hinreichend gewährleisten. Die anderweitig bestehenden Aufklärungs- und Belehrungspflichten des Notars sowie seine sonstigen Amtspflichten werden durch die Neuregelung nicht berührt, wie § 17 Abs. 2a Satz 3 BeurkG ausdrücklich klarstellt.

b) Anwendungsbereich

Der Anwendungsbereich der Vorschrift beschränkt sich auf Verbraucherverträge. Da § 17 195
Abs. 2a Satz 2 BeurkG keine eigenständige Definition enthält, ist auf die Begriffsbestimmung in § 310 Abs. 3 BGB zurückzugreifen. **Verbraucherverträge** sind danach alle Verträge zwischen einem Unternehmer und einem Verbraucher[404].

aa) Dingliche Rechtsgeschäfte

Auszunehmen sind im Wege teleologischer Reduktion isolierte **Erfüllungsgeschäfte** auf- 196
grund vorangegangenen schuldrechtlichen Verbrauchervertrages und bloße **Vollzugsge-**
schäfte, da hierdurch keine neuen Ansprüche oder Verbindlichkeiten des Verbrauchers begründet werden[405]. Vorbehaltlich von Verboten nach den berufsrechtlichen Richtlinien der
Notarkammern[406] erfasst die Vorschrift daher beispielsweise nicht isolierte Auflassungserklärungen durch Bevollmächtigte – etwa Angestellte des Notars – nach vorangegangenem

---

400 OLG München MittBayNot 1994, 373.
401 Aus dem umfangreichen Schrifttum zu diesem Komplex: *Böhringer*, BWNotZ 2003, 6; *Böttcher*,
     BWNotZ 2003, 49; *Brambring*, ZfIR 2002, 597; *ders.*, FGPrax 2003, 147; *Helms*, ZNotP 2005, 13;
     Hertel, ZNotP 2002, 286; *Litzenburger*, RNotZ 2006, 180; *Maaß*, ZNotP 2002, 455; *Philippsen*,
     NotBZ 2004, 137; *Rieger*, MittBayNot 2002, 325; *Solveen*, RNotZ 2002, 218; *Sorge*, DNotZ 2002,
     593. Beachtenswert ferner: *Bundesnotarkammer*, Anwendungsempfehlungen zur praktischen Um-
     setzung von § 17 Abs. 2a Satz 2 BeurkG Rdschrb. Nr. 20/2003), ZNotP 2003, 257.
402 Eingefügt durch Art. 25 Abs. 4 Nr. 1 des Gesetzes zur Änderung des Rechts zur Vertretung durch
     Rechtsanwälte vor den Oberlandesgerichten (OLG-Vertretungsänderungsgesetz – OLGVertrt-
     ÄndG) v. 23.07.2002 (BGBl. I S. 2850).
403 Zur Entstehungsgeschichte der Vorschrift: *Schmucker*, DNotZ 2002, 510.
404 Näheres zu den Begriffen *Unternehmer* und *Verbraucher*: oben Rz. 78, 79.
405 Ebenso: *Rieger*, MittBayNot 2002, 330.
406 Vgl. Abschn. II Nr. 1 Abs. 2 der Richtlinienempfehlungen der Bundesnotarkammer.

Grundgeschäft[407] oder die Bestellung von Finanzierungsgrundpfandrechten zugunsten von Kreditinstituten nach vorangegangenem Kauf- oder Bauträgervertrag, sofern die Niederschrift lediglich die Erklärung des Verbrauchers zur dinglichen Einigung (§ 873 Abs. 1 BGB) und gegebenenfalls die notwendigen Grundbucherklärungen enthält[408]. Dagegen greift § 17 Abs. 2a Satz 2 BeurkG ein, wenn mit der Grundpfandrechtsbestellung zugleich das Schuldanerkenntnis des Verbrauchers gegenüber seinem Kreditgeber und/oder die Zweckerklärung protokolliert wird, da es sich insofern um eine schuldrechtliche Vertragserklärung des Verbrauchers (Angebot an das Kreditinstitut oder Annahme dessen Angebots) handelt. Im Interesse des von § 17 Abs. 2a Satz 2 BeurkG erstrebten Verbraucherschutzes sollte der Notar darüber hinaus stets auf die Anwesenheit des Verbrauchers oder einer Vertrauensperson hinwirken, wenn mit der Bestellung des Grundpfandrechts eine Unterwerfung des Verbrauchers unter die Zwangsvollstreckung verbunden werden soll.

bb) Bereichsausnahmen

197 Aufgrund der **Bereichsausnahmen** nach § 310 Abs. 4 BGB sind ferner Verträge auf dem Gebiet des Erb-, Familien- und Gesellschaftsrechts sowie Tarifverträge, Betriebs- und Dienstvereinbarungen ausgenommen (§ 310 Abs. 3, 4 BGB)[409]. Ein Informations- und Schutzbedürfnis des Verbrauchers im Sinne des § 17 Abs. 2a Satz 2 BeurkG kann aber auch bei Verträgen im Sinne der Bereichsausnahmen vorliegen. Der Notar muss deshalb auch bei derartigen Verträgen darauf achten, dass die Beteiligten ausreichend informiert werden und der Verbraucher Gelegenheit erhält, persönlich zu erscheinen oder sich durch eine Vertrauensperson vertreten zu lassen.

c) Abgabe von Erklärungen (Satz 2 Nr. 1)

198 Nach § 17 Abs. 2a Satz 2 Nr. 1 BeurkG soll der Notar darauf hinwirken, dass die rechtsgeschäftlichen Erklärungen des Verbrauchers von diesem **persönlich** oder durch eine **Vertrauensperson** vor ihm abgegeben werden.

aa) Bedeutung der Vorschrift

199 Die Vorschrift geht über Abschn. II Nr. 1 der Richtlinienempfehlungen der Bundesnotarkammer und die entsprechenden Richtlinien der Notarkammern erheblich hinaus. Während danach nur die systematische, d. h. planmäßige und missbräuchliche Beurkundung mit Vertretern verboten ist[410], muss der Notar bei Verbraucherverträgen **in jedem Einzelfall** darauf hinwirken, dass der Verbraucher selbst oder eine Vertrauensperson vor ihm erscheint und sich erklärt.

bb) Begriff der Erklärung

200 Die Vorschrift gilt für die auf den Vertragsschluss gerichteten **rechtsgeschäftlichen Erklärungen** des Verbrauchers (Vertragsangebot, Angebotsannahme). Nach dem Gesetzeszweck dürften auch **rechtsgeschäftsähnliche Erklärungen** im Zusammenhang mit einem Vertragsschluss, wie etwa die Bestätigung über den Erhalt einer Widerrufsbelehrung und/oder einer Vertragsurkunde (§ 361a Abs. 1 Satz 4, 5 BGB), unter die Vorschrift fallen. Für bloße **Tatsachenerklärungen** wie etwa das Empfangsbekenntnis über die Auszahlung eines Verbraucherdarlehens (§ 368 BGB) gilt die Vorschrift hingegen nicht.

---

407 Ähnlich: *Hertel*, ZNotP 2002, 286, 287.
408 Weiter gehend wohl *Hertel*, ZNotP 2002, 287.
409 *Winkler*, § 17 Rz. 101; a. A. *Huhn/von Schuckmann/Armbrüster*, § 17 Rz. 171.
410 Siehe oben Rz. 186.

cc) Vertrauensperson

Der Begriff der **Vertrauensperson**[411] ist gesetzlich nicht definiert. Wer Person seines Ver- **201**
trauens ist, entscheidet allein der Verbraucher. Entsendet er eine ordnungsgemäß bevollmächtigte Person zu dem Notar, kann dieser in der Regel davon ausgehen, dass das erforderliche Vertrauensverhältnis besteht. Tritt hingegen ein Vertreter ohne Vertretungsmacht mit
dem Anspruch auf, Vertrauensperson des Verbrauchers zu sein, muss sich der Notar durch
Rückfrage bei dem Verbraucher vergewissern, ob tatsächlich ein Vertrauensverhältnis gegeben ist. Lässt sich das nicht klären, wird der Notar die Beurkundung auszusetzen haben.
Mitarbeiter des Notars sind grundsätzlich nicht als Vertrauenspersonen geeignet[412], sofern nicht im Einzelfall eine persönliche Beziehung besteht, aufgrund derer der Verbraucher
davon ausgehen kann, dass der Mitarbeiter allein seine Interessen wahrnimmt[413].
Ein etwaiger späterer **Vertrauensverlust** auf Seiten des Verbrauchers ist unschädlich.

dd) Pflichten des Notars

Nach Nr. 1 der Vorschrift soll der Notar darauf **hinwirken**, dass der Verbraucher seine Er- **202**
klärung persönlich oder durch eine Vertrauensperson abgibt. Der Begriff des »Hinwirkens«
bedeutet, dass sich der Notar effektiv dafür einzusetzen hat, dass das Beurkundungsverfahren den Anforderungen des § 17 Abs. 2a Satz 2 BeurkG gerecht wird[414]. Dies geschieht in
der Regel dadurch, dass er den Verbraucher mit der Ladung zum Beurkundungstermin nachdrücklich auffordert, selbst zu erscheinen oder sich durch eine Vertrauensperson vertreten
zu lassen; bloße – möglicherweise formelhafte – Hinweise genügen nicht. Indes hat der Notar nicht für den Erfolg seiner Bemühung einzustehen. Beharrt der Verbraucher darauf, nicht
selbst zu erscheinen und sich auch nicht durch eine Vertrauensperson vertreten zu lassen,
muss es dabei sein Bewenden haben; sein Verhalten berechtigt und verpflichtet den Notar
nicht, die Beurkundung abzulehnen. Hat dieser allerdings Anlass zu der Annahme, dass der
Verbraucher die Aufforderung nicht oder nicht richtig verstanden hat, so wird er den Beurkundungstermin auszusetzen haben, sofern die Angelegenheit nach seiner pflichtgemäßen
Beurteilung Aufschub verträgt.

d) *Vorabinformation des Verbrauchers (Satz 2 Nr. 2 1. Halbsatz)*

Nach § 17 Abs. 2a Satz 2 Nr. 2, 2. Halbsatz BeurkG soll der Notar ferner darauf hinwirken, **203**
dass der Verbraucher ausreichend Gelegenheit erhält, sich vorab mit dem **Gegenstand der
Beurkundung** auseinander zu setzen.

aa) Bedeutung der Vorschrift

Die Vorschrift entspricht weitgehend den **Richtlinienempfehlungen** der Bundesnotarkam- **204**
mer (Abschn. II Nr. 1 Satz 3) und den entsprechenden **Richtlinien** der Notarkammern.
Diese bestimmen ausdrücklich, dass der Notar den Beteiligten vor der Beurkundung ausreichend Gelegenheit einräumen muss, sich mit dem Gegenstand der Beurkundung auseinander
zu setzen. Dies gebietet insbesondere das rechtzeitige Versenden von Entwürfen[415].
Zweck der Vorschrift eine frühzeitige Information des Verbrauchers. Sie soll ihn vor
Übereilung und davor schützen, im Beurkundungstermin mit einem Vertrag konfrontiert zu

---

411 Siehe auch § 68 Abs. 4 Satz 2 FGG. In § 24 BeurkG ist der Begriff der Vertrauensperson entfallen
   (Art. 25 Abs. 4 Nr. 4 OLGVertrtÄndG).
412 H. M.: vgl. *Huhn/von Schuckmann/Armbrüster*, § 17 Rz. 177; *Winkler*, FGPrax 2004, 179 m.w.N.;
   ders., BeurkG, § 17 Rz. 123; a. A. *Litzenburger*, NotBZ 2002, 280; *Maaß*, ZNotP 2002, 455 sowie
   ZNotP 2004, 216; *Keller*, ZNotP 2003, 104 ff.
413 Nicht überzeugend insoweit *Winkler* (ZNotP 2004, 179), wonach die Neutralitätspflicht des Notars einer einseitigen Interessenwahrung durch seine Mitarbeiter entgegenstehe. Die Pflicht zur Unparteilichkeit ist eine höchstpersönliche Pflicht des Notars.
414 Ähnlich *Huhn/von Schuckmann/Armbrüster*, § 17 Rz. 173; *Winkler*, § 17 Rz. 105.
415 *Starke*, ZNotP-Sonderheft zum 26. Deutschen Notartag, Rz. 17.

werden, dessen Bedeutung und Tragweite ihm nicht klar sind und auf dessen Abschluss er sich vielleicht nur einlässt, um nicht Verärgerung bei den übrigen Anwesenden hervorzurufen oder gar einen Abbruch der Verhandlung herbeizuführen. Die vorzeitige Information des Verbrauchers enthebt den Notar indessen nicht seiner sonstigen Beratungs- und Belehrungspflichten, insbesondere der Rechtsbelehrungspflicht nach § 17 Abs. 1 Satz 1 BeurkG.

bb) Zeitpunkt und Art der Vorabinformation

205 § 17 Abs. 2a Satz 2 Nr. 2 BeurkG verpflichtet den Notar nicht, persönlich für die Vorabinformation des Verbrauchers zu sorgen; er muss lediglich auf eine ausreichende Information **hinwirken**. Es genügt deshalb, wenn auf seine Veranlassung hin der andere Vertragsteil den Verbraucher informiert. Indes sollte sich der Notar nicht darauf verlassen, dass das rechtzeitig und sachgerecht geschieht; vielmehr sollte er die Vorabinformation regelmäßig selbst besorgen.

Zeitpunkt und **Art** der Vorabinformation stehen grundsätzlich – von Verträgen nach § 311b Abs. 1 Satz 1 und Abs. 3 BGB abgesehen – im pflichtgemäßen Ermessen des Notars. Er muss den Zeitpunkt so wählen, dass der Verbraucher die Möglichkeit hat, noch vor der Beurkundung Rückfragen an den Vertragspartner oder den Notar zu stellen oder sich von dritter Seite, etwa von einem Steuerberater oder einem Anwalt, beraten zu lassen. Bei der Entscheidung über das **Wie** der Information sind die Einsichts- und Verständnismöglichkeiten des Verbrauchers, soweit der Notar sie vorab beurteilen kann, sowie die Schwierigkeit und der Umfang des beabsichtigten Vertrages zu berücksichtigen. Die Zurverfügungstellung eines Vertragsentwurfs kann, muss aber nicht sinnvoll sein; u. U. ist dem Verbraucher mit einer erläuternden Darstellung des Vertragsgegenstandes durch den Notar mehr gedient als mit der Überlassung eines vollständigen Vertragsentwurfs.

cc) Mangelnde Informationsnutzung durch den Verbraucher

206 Steht zur Überzeugung des Notars fest, dass der Verbraucher ausreichend Gelegenheit erhalten hat, sich mit dem Beurkundungsgegenstand vertraut zu machen, so darf und muss er die Beurkundung auch dann vornehmen, wenn der Verbraucher die Informationsmöglichkeit nicht genutzt hat. Die **mangelnde Auseinandersetzung** mit dem Vertragsgegenstand durch den Verbraucher stellt keinen ausreichenden Grund für eine Amtsverweigerung (§ 15 Abs. 1 Satz 1 BNotO) dar. Aufgabe des Notars ist es dann lediglich, bei der Beurkundung die ihm auch sonst obliegenden Beratungs- und Belehrungspflichten zu erfüllen.

e) Verträge nach § 311b Abs. 1 Satz 1 und Abs. 3 BGB (Satz 2 Nr. 2, 2. Halbsatz)

207 Bei Verträgen im Sinne von § 311b Abs. 1 Satz 1 und Abs. 3 BGB ist der Verbraucher im Regelfall dadurch zu informieren, dass ihm der **beabsichtigte Text** des Rechtsgeschäfts zwei Wochen vor der Beurkundung zur Verfügung gestellt wird (§ 17 Abs. 2a Satz 2 Nr. 2, 2. Halbsatz BeurkG).

aa) Vertragstypen

208 **Gegenstand** der Vorschrift sind Verträge zwischen einem Unternehmer und einem Verbraucher über Erwerb oder Veräußerung von Grundstückseigentum (§ 311b Abs. 1 Satz 1 BGB) und über die Bestellung oder Veräußerung von Erbbaurechten (§ 11 Abs. 2 ErbbauVO) sowie Verträge, die im Sinne des § 311b Abs. 3 BGB das gegenwärtige Vermögen eines Vertragsteils betreffen.

bb) Pflichten des Notars

209 Regelmäßige Pflicht des Notars ist es auch bei derartigen Rechtsgeschäften nur, auf die Vorabinformation des Verbrauchers **hinzuwirken**.

Es genügt deshalb, wenn der andere Vertragsteil oder ein Dritter – etwa der Steuer- oder Rechtsberater eines Beteiligten – dem Verbraucher den beabsichtigten Vertragstext zur Verfügung stellt[416]. Indes sollte sich der Notar auch hier nicht darauf verlassen, dass das rechtzeitig geschieht[417]; sicherheitshalber sollte er selbst dem Verbraucher den beabsichtigten Text zuleiten.

cc) Beabsichtigter Text

Die Information erfolgt regelmäßig durch Zurverfügungstellung des **beabsichtigten Vertragstextes**. 210

Die Vorschrift verlangt nicht, dass der Notar den Text entworfen hat oder auch nur beabsichtigt, einen ihm von dem anderen Vertragsteil zur Verfügung gestellten Text in die Niederschrift zu übernehmen. Nach dem Gesetzeswortlaut genügt es, wenn der Verbraucher einen lediglich von dem anderen Vertragsteil beabsichtigten Text erhält. Ob seinem Informationsbedürfnis damit im Regelfall Rechnung getragen wird, ist zu bezweifeln. Entsprechend dem Zweck der Vorschrift sollte der Notar darauf hinwirken, dass der Verbraucher einen Text erhält, den er, der Notar, der Beurkundung tatsächlich zugrunde zu legen beabsichtigt.

Erfährt der beabsichtigte Text in der Zeit vor dem Beurkundungstermin **Änderungen** – sei es auf Wunsch des anderen Vertragsteils, des Notars oder des Verbrauchers selbst – nötigt das in der Regel nicht dazu, dem Verbraucher die geänderte Textfassung vorab zur Verfügung zu stellen[418]. Eine dahingehende Pflicht dürfte aber bestehen, wenn der zunächst beabsichtigte Text in wesentlichen Teilen durch einen neuen Text ersetzt wird. Dem Notar ist insoweit ein **Beurteilungsspielraum** zuzubilligen.

dd) Regelmäßige Art der Information

Die Vorschrift sieht für den **Regelfall** die Zurverfügungstellung des beabsichtigten Textes 211 vor. Eine andersartige Information kommt nur ausnahmsweise in Betracht. Der allgemeine Zweifel, ob Vertragstexte als Informationsquelle geeignet sind[419], rechtfertigt ein Abweichen von der Regel nicht. Muss der Notar allerdings aus konkretem Anlass damit rechnen, dass der beabsichtigte Text für den Verbraucher nicht verständlich oder informativ genug ist, muss er anstelle des Textes oder zusätzlich dazu erläuternde Hinweise geben, über deren Umfang und Inhalt er nach pflichtgemäßem Ermessen entscheidet.

ee) Zeitpunkt der Information

Der beabsichtigte Text ist dem Verbraucher im Regelfall **zwei Wochen** (nicht: *spätestens* 212 *zwei Wochen*) vor der Beurkundung zur Verfügung zu stellen. Für die Fristwahrung dürfte es auf den Eingang bei dem Verbraucher ankommen[420].

Die Zwei-Wochen-Frist ist eine **Regelfrist**, von der in Ausnahmefällen abgewichen werden kann. So kann es bei besonders umfangreichen oder besonders schwierigen Texten angebracht sein, dem Verbraucher eine längere Frist einzuräumen. Bei eilbedürftigen Beurkundungen kann die Frist verkürzt werden. Duldet der Vertragsabschluss keinen Aufschub, dürfte es sogar zulässig sein, ganz von einer Vorabinformation des Verbrauchers abzusehen. So wird etwa der erfahrene Anleger, der als Privatmann und damit gemäß § 13 BGB unzweifelhaft als Verbraucher aus steuerlichen Gründen etwa noch vor Jahresende eine Immobilie erwerben will, auf eine rasche Abwicklung Wert legen[421]. Aufgabe des Notars ist es dann,

---

416 Ebenso *Hertel*, ZNotP 2002, 286, 289.
417 Vgl. oben Rz. 205.
418 A. A. *Schmucker*, DNotZ 2002, 510, 520, für den Fall, dass der Unternehmer die Änderung veranlasst.
419 Siehe oben Rz. 205.
420 Zur Frage der Beweislast siehe unten Rz. 214.
421 *Schmucker*, DNotZ 2002, 510, 519 (auch zu weiteren Fällen in denen auf die Fristwahrung verzichtet werden kann.

den Verbraucher anlässlich der Beurkundung besonders eingehend über den Beurkundungsgegenstand aufzuklären, soweit er dessen bedarf.

f) Bedeutung der Sollvorschrift

213 § 17 Abs. 2a Satz 2 BeurkG enthält eine **Sollvorschrift**, begründet aber eine unbedingte Amtspflicht des Notars[422]. Verstöße dagegen berühren nicht die Wirksamkeit der Beurkundung, stellen aber Amtspflichtverletzungen dar. Da es sich um eine Norm zum Schutz des Verbrauchers handelt, kann dieser bei Verletzung der Informationspflicht gegebenenfalls Schadensersatz verlangen (§ 19 BNotO)[423], indem er etwa geltend macht, bei ordnungsgemäßer Information im Sinne von Satz 2 Nr. 2 der Vorschrift hätte er einen für ihn ungünstigen Vertrag nicht abgeschlossen.

g) Beweislast, Dokumentation

214 Die **Beweislast** für einen Verstoß gegen § 17 Abs. 2a Satz 2 BeurkG trägt bei Geltendmachung von Schadensersatzansprüchen der Verbraucher. Die Rechtslage ist insoweit die gleiche wie in den Fällen, in denen ein Beteiligter Schadensersatz wegen mangelnder Belehrung oder eines sonstigen Unterlassens durch den Notar verlangt[424]. Von dem Notar ist allerdings ein substantiiertes Bestreiten zu verlangen.

Um dazu in der Lage zu sein, sollte er seine Maßnahmen nach § 17 Abs. 2a Satz 2 BeurkG **dokumentieren**[425]. Dazu kann eine **Bestätigung des Verbrauchers** in der Vertragsurkunde sinnvoll sein, dass er aufgefordert worden ist, persönlich zu erscheinen oder sich durch eine Vertrauensperson vertreten zu lassen (Nr. 1), und dass er – gegebenenfalls durch fristgerechte Zurverfügungstellung des beabsichtigten Textes – Gelegenheit gehabt hat, sich mit dem Beurkundungsgegenstand vertraut zu machen (Nr. 2). Bedenklich ist es jedoch, wenn der Notar eine solche Bestätigung ohne Erörterung mit den Beteiligten routine- und formularmäßig in der Urkunde niederlegt und der Verbraucher sie nur »abnickt«.

Droht durch die Bestätigung eine Überfrachtung der Urkunde, sollte der Notar in den **Nebenakten** vermerken, welche Maßnahmen er ergriffen hat[426].

8. Ausländisches Recht (§ 17 Abs. 3 BeurkG)

215 Nach § 17 Abs. 3 BeurkG braucht der Notar die Beteiligten nicht über den Inhalt **ausländischer Rechtsordnungen** zu belehren; zur Kenntnis ausländischen Rechts ist er nicht verpflichtet. Das bedeutet indessen nicht, dass er in Fällen mit Auslandsberührung die Frage der Anwendbarkeit ausländischen Rechts dahingestellt lassen darf. Nach Absatz 3 Satz 1 muss er den Beteiligten einen Hinweis geben und dies in der Urkunde vermerken[427], wenn ausländisches Recht anzuwenden ist oder darüber Zweifel bestehen. Der Notar muss deshalb die Regeln des deutschen **internationalen Privatrechts** einschließlich der Möglichkeit der Rückverweisung nach Art. 4 Abs. 1 Satz 2 EGBGB kennen und bei Geschäften mit Auslandsberührung berücksichtigen[428].

216 Eine Besonderheit gilt für Verträge über ausländische Immobilien. Wegen der Schwierigkeiten, die der Vollzug in Deutschland geschlossener Verträge über solche Immobilien im Ausland mit sich bringen kann, sollte der Notar dazu raten, den Vertrag im Belegenheitsstaat beurkunden zu lassen.

---

422 OLG Schleswig DNotZ 2007, 430.
423 Vgl. § 19 Rz. 150.
424 Siehe dazu § 19 Rz. 31.
425 A. A. wohl *Hertel*, ZNotP 2002, 286, 290.
426 Wegen der Rechtsfolgen bei Fehlen einer Bestätigung oder eines Vermerks siehe § 19 Rz. 31.
427 Zur Beweislast bei Fehlen des Vermerks siehe § 19 Rz. 31.
428 *Winkler*, § 17 Rz. 271. Siehe auch § 15 Rz. 31.

Sandkühler

Ausländisches Recht im Sinne des § 17 Abs. 3 BeurkG ist nicht das vom deutschen Ge- **217**
setzgeber als **innerstaatliches Recht** ratifizierte internationale Recht sowie in Deutschland
geltendes Recht der Europäischen Union[429].

9. Hinweispflichten nach §§ 18–20 BeurkG

a) Genehmigungserfordernisse

Nach § 18 BeurkG soll der Notar die Beteiligten auf die Notwendigkeit gerichtlicher oder **218**
behördlicher **Genehmigungen**[430] oder etwa darüber bestehende Zweifel hinweisen und dies
in der Niederschrift vermerken. Dazu genügt nicht ein allgemein gehaltener Hinweis; vielmehr sind die konkret in Betracht kommenden Genehmigungen einzeln aufzuzählen[431]. Die
Beteiligten sind auch darüber aufzuklären, wie sich das Genehmigungserfordernis auf die
Durchführung des Rechtsgeschäfts und die endgültige Versagung der Genehmigung auf eine
schon eingeleitete Vertragserfüllung auswirken[432]. Ferner sind sie darauf hinzuweisen, dass
sie sich selbst um die Genehmigung bemühen müssen, wenn sie nicht – sei es ausdrücklich
oder konkludent[433] – den Notar damit beauftragen.

aa) Bundesrecht

Nach **Bundesrecht** sind hervorzuheben (ohne Anspruch auf Vollständigkeit)[434]: **219**
  behördliche Genehmigungen nach
  – § 19 BauGB (Grundstücksteilung, soweit Teilungsgenehmigung erforderlich)[435],
  – § 22 BauGB (Begründung und Teilung von Wohnungseigentum und Teileigentum in
    Fremdenverkehrsgebieten),
  – § 51 BauGB (Vorhaben im Umlegungsgebiet),
  – § 109 BauGB (Rechtsvorgänge, Vorhaben und Teilungen während Enteignungsverfahren),
  – § 144 BauGB (Vorhaben im Sanierungsgebiet),
  – § 169 BauGB (Vorhaben im städtebaulichen Entwicklungsbereich),
  – § 172 BauGB (Vorhaben im Bereich einer Erhaltungssatzung)[436],
  – § 23 BBergG (Veräußerung von Bergwerkseigentum),
  – § 75 BVG[437], § 610 RVO, § 31 SVG[438] (Genehmigungen bei Kapitalabfindungen),
  – § 17 FlurbG (Verträge im Flurbereinigungsgebiet),
  – § 2 GrdstVG (Veräußerung land- oder forstwirtschaftlicher Grundstücke und gleichste-
    hende Geschäfte)[439].
  gerichtliche Genehmigungen nach
  – § 1587o Abs. 2 Satz 3 BGB (Vereinbarungen über den Versorgungsausgleich),
  – §§ 1643, 1645 BGB (Rechtsgeschäfte der Eltern für das Kind),

---

429 Siehe dazu oben Rz. 16.
430 Zur Belehrung über die Notwendigkeit einer vormundschaftsgerichtlichen Genehmigung siehe
   oben Rz. 161.
431 BGH NJW 1993, 648 m. w. N.; *Eylmann/Vaasen/Frenz*, § 18 BeurkG Rz. 3.
432 BGH WM 1981, 11; NJW 1993, 648.
433 Siehe dazu § 19 Rz. 90.
434 Überblick über die Genehmigungserfordernisse: *Palandt/Bassenge*, Überbl. 18 ff. vor § 873 BGB;
   Winkler, § 18 Rz. 2 ff.; *Eylmann/Vaasen/Frenz*, § 18 BeurkG Rz. 4 f.; *Kersten/Bühling/Zimmer-
   mann*, § 8 Rz. 59 ff.; *Lerch*, BWNotZ 1997, 53, 59; *Reithmann/Albrecht*, Rz. 623 ff.
435 Siehe oben Rz. 146.
436 Hinweise dazu: DNotI-Report 1997, 159, 160 ff.
437 Bundesversorgungsgesetz i.d.F. v. 22.01.1982 (BGBl. I S. 21), zuletzt geändert durch Gesetz v.
   05.12.2006 (BGBl. I S. 2748).
438 Soldatenversorgungsgesetz i.d.F. v. 09.04.2002 (BGBl. I S. 1258, 1909), zuletzt geändert durch Gesetz v. 20.07.2006 (BGBl. I S. 1706).
439 Siehe dazu BGH NJW 1993, 648.

- §§ 1821, 1822, 1908i, 1915 BGB (Rechtsgeschäfte des Vormunds, Betreuers und Pflegers),
- §§ 1962, 1985 BGB (Rechtsgeschäfte des Nachlasspflegers und Nachlassverwalters).

bb) Landesrecht

220 Genehmigungserfordernisse nach **Landesrecht** kommen insbesondere im Bereich des Denkmalschutzrechts und des Kommunalrechts in Betracht[440].

b) Steuerliche Unbedenklichkeitsbescheinigung

221 Nach § 19 BeurkG muss der Notar die Beteiligten auf die Notwendigkeit einer **steuerlichen Unbedenklichkeitsbescheinigung** hinweisen und dies in der Niederschrift vermerken, wenn eine nach dem Geschäft vorzunehmende Eintragung im Grundbuch oder im Handelsregister von der Vorlage der Bescheinigung abhängt.

c) Vorkaufsrechte

222 Schließlich soll der Notar bei Grundstücksveräußerungen auf ein etwa in Betracht kommendes **gesetzliches Vorkaufsrecht** hinweisen und dies in der Urkunde vermerken (§ 20 BeurkG).

Als wichtige **bundesrechtliche** Vorkaufsrechte sind zu nennen[441]:
- § 570b BGB (Vorkaufsrecht des Mieters),
- §§ 20, 20a VermG (Vorkaufsrecht von Mietern, Nutzern bzw. Berechtigten),
- § 57 SchuldRAnpG (Vorkaufsrecht des Nutzers),
- § 42 LwAnpG,
- §§ 24–28 BauGB (Vorkaufsrechte der Gemeinde),
- § 19 AEG (Vorkaufsrecht des Vorhabenträgers im Eisenbahn-Planfeststellungsverfahren),
- § 9a BFStrG (Vorkaufsrecht des Trägers der Straßenbaulast im Fernstraßen-Planfeststellungsverfahren),
- § 15 WaStrG (Vorkaufsrecht des Bundes im Bundeswasserstraßen-Planfeststellungsverfahren,
- § 8a LuftVG (Vorkaufsrecht des Unternehmers im Flugplatz-Planfeststellungsverfahren),
- § 28a PBefG (Vorkaufsrecht des Unternehmers im Straßenbahn-Planfeststellungsverfahren,
- § 4 RSiedlG (Vorkaufsrecht des Siedlungsunternehmens),
- §§ 9, 12 GrdStVG (Vorkaufsrecht nach dem RSiedlG).

10. Vorsorgevollmachten (§ 20a BeurkG)

223 Beurkundet der Notar eine Vorsorgevollmacht, so soll er auf die Möglichkeit der Registrierung bei dem Zentralen Vorsorgeregister nach § 78a Abs. 1 BNotO hinweisen. Wie auch bei den sonstigen in Form von Sollvorschriften geregelten Belehrungspflichten handelt es sich um eine unbedingte Amtspflicht. Da das Register zur Vermeidung unnötiger Betreuungen und damit Individualinteressen derjenigen Personen dient, für die ohne die Vorsorgevollmacht eine Betreuung in Betracht käme, ist die Belehrungspflicht eine drittschützende Amtspflicht. Schaden kann dem Betroffenen insbesondere dadurch entstehen, dass er mit den Kosten einer überflüssigerweise eingerichteten und dann wieder aufgehobenen Betreuung belastet wird.

---

440 Weitere Hinweise: *Winkler,* § 18 Rz. 39.
441 Übersicht der geltenden Vorkaufsrechte nach Bundes- und Landesrecht: *Deutsches Notarinstitut* erstellt (Internetabruf unter (www.dnoti.de/arbeitshilfen.htm.#Immobilienrecht). Vgl. ferner *Bundesnotarkammer,* Rdschr. Nr. 34/2001 (Internetabruf unter www.bnotk.de). Zum Landesrecht: *Hertel* in Würzburger Notarhandbuch, Teil 2 Rz. 465.

11. Letztwillige Verfügungen (§ 30 BeurkG)

Wird eine Verfügung von Todes wegen durch Übergabe einer **offenen Schrift** an den Notar   224
errichtet (§ 2232 BGB), so muss dieser von dem Inhalt Kenntnis nehmen und den Verfügen-
den auf etwaige Bedenken gegen die Gültigkeit der Verfügung hinweisen (§ 30 Satz 4 in Verbindung mit § 17 Abs. 1 Satz 1 BeurkG). Voraussetzung dafür ist, dass er der Sprache, in der
die Schrift verfasst ist, hinreichend kundig ist.

12. Erweiterte Belehrungspflicht

Über die regelmäßige Belehrungspflicht aus Urkundstätigkeit hinaus obliegt dem Notar un-   225
ter besonderen Umständen eine **betreuende** oder – anders formuliert – **erweiterte Belehrungspflicht**. Sie wurzelt in dem Vertrauen, das dem Notaramt entgegengebracht wird, und
ist Teil der allgemeinen Betreuungspflicht, die dem Notar nach § 14 als Amtsträger der vorsorgenden Rechtspflege obliegt[442]. Es handelt sich um ein richterrechtlich entwickeltes
Rechtsinstitut; eine ausdrückliche Normierung fehlt. Eine erweiterte Belehrungspflicht
kommt nicht nur bei der Beurkundung von Willenserklärungen, sondern auch bei sonstigen
Amtstätigkeiten, etwa bei Unterschriftsbeglaubigungen oder im Rahmen von Verwahrungsgeschäften, in Betracht[443].

a) Grundlagen der Pflicht

aa) Drohen von Nachteilen

Der Notar muss den Beteiligten, die ihn im Vertrauen darauf angegangen haben, vor nicht   226
bedachten Folgen ihrer Erklärungen bewahrt zu bleiben, die nötige **Aufklärung** geben; er
darf es nicht geschehen lassen, dass Beteiligte, die über die rechtlichen Folgen ihrer
Handlungsweise falsche Vorstellungen haben, ihre Vermögensinteressen vermeidbar gefährden[444]. Während die Rechtsbelehrungspflicht aus Urkundstätigkeit (§§ 17 Abs. 1, 30 Satz 4
BeurkG) immer zu erfüllen ist, besteht die erweiterte Belehrungspflicht nur – aber auch immer – dann, wenn der Notar aufgrund **besonderer Umstände** des Falles Anlass zu der Vermutung hat, einem Beteiligten drohe Schaden vor allem deshalb, weil er sich wegen mangelnder Kenntnis der **Rechtslage** der Gefahr nicht bewusst ist[445]. Der Unkenntnis der
Rechtslage steht die Unkenntnis von **Sachumständen** gleich, welche die Bedeutung des zu
beurkundenden Rechtsgeschäfts für die Vermögensinteressen des Beteiligten beeinflussen[446].
Die Belehrungspflicht hängt nicht davon ab, dass dem Notar eine drohende Gefährdung bekannt ist; es genügt vielmehr, dass sie nach den Umständen nahe liegt[447].

bb) Besonderheiten des Geschäfts

Die drohende Gefahr muss mit den **Besonderheiten** des einzelnen Geschäfts, d. h. mit seiner   227
rechtlichen Anlage oder der Art seiner Durchführung, zusammenhängen[448]. Das ist beispielsweise der Fall, wenn das Geschäft atypische Risiken erwarten lässt, wenn seine recht-

---

442 BGH DNotZ 1987, 157; DNotZ 1989, 45; DNotZ 1991, 759; WM 1993, 251, 254 (anders noch
     BGH DNotZ 1980, 563: § 17 Abs. 1 BeurkG); *Huhn/von Schuckmann/Armbrüster*, § 17 Rz. 6;
     Reithmann/Albrecht, Rz. 174 ff.; *Haug*, Rz. 414; siehe auch § 19 Rz. 71.
443 Näher dazu unten Rz. 232.
444 BGHZ 58, 343, 348; BGH DNotZ 1987, 157; DNotZ 1991, 759; st. Rspr.
445 BGHZ 58, 343, 348; BGH DNotZ 1987, 157; DNotZ 1991, 759; st. Rspr.
446 BGH DNotZ 1993, 754, 755; *Ganter*, WM Sonderbeilage 1/1993, S. 7.
447 BGH DNotZ 1994, 485, 488.
448 BGH DNotZ 1989, 45.

liche Gestaltung erheblich von der sonst üblichen Gestaltung abweicht[449] oder wenn eine Diskrepanz zwischen den Erwartungen der Beteiligten und den durch das Gesetz angeordneten rechtlichen Folgen besteht, etwa wenn es sich um weithin unbekannte gesetzliche Vorschriften handelt[450].

b) Einzelfälle

228 **Inhalt** und **Umfang** der erweiterten Belehrung hängen von den Umständen des Einzelfalles ab.

aa) Ungesicherte Vorleistung

229 Stets muss der Notar auf die Gefahren einer **ungesicherten Vorleistung** hinweisen; allerdings ist diese Pflicht bei der Beurkundung von Willenserklärungen nach h. M. bereits der Rechtsbelehrungspflicht zuzuordnen[451].

bb) Grundstücksgeschäfte

230 Bei Grundstücksgeschäften muss der Notar den vorhandenen **Belastungen** besonderes Augenmerk zuwenden. Soll ein mit einer Hypothek belastetes Grundstück lastenfrei veräußert werden, muss der Notar mit der Möglichkeit rechnen, dass die Hypothek nur teilweise valutiert und die damit bestehende Eigentümergrundschuld abgetreten oder verpfändet ist oder ein solcher Rechtszustand noch vor der beantragten Löschung der Hypothek eintritt[452].

Erkennt der Notar, dass die Beteiligten unrichtige Vorstellungen über den **Grundbuchinhalt** haben, muss er sie über die nach § 21 Abs. 2 BeurkG gebotene allgemeine Belehrung hinaus davor warnen, auf sofortiger Beurkundung ohne Grundbucheinsicht zu bestehen[453]. Lassen besondere Umstände das Scheitern eines Grundstückskaufvertrages erwarten, muss der Notar den Verkäufer darauf hinweisen, dass eine anderweitige Veräußerung durch eine zugunsten des Käufers eingetragene **Vormerkung** behindert werden kann[454].

Im Falle einer Grundstücksveräußerung muss der Notar die Beteiligten warnen, wenn er weiß oder nachträglich erkennt, dass das Grundstück aus Rechtsgründen nicht für die vertraglich vorgesehene **Nutzung** geeignet ist[455].

Wird zu Grundstückskaufverhandlungen ein Dritter als **Vorkaufsberechtigter** hinzugezogen und muss der Notar erkennen, dass das Vorkaufsrecht entgegen der Annahme aller Beteiligten nicht existiert, muss er den vermeintlich Vorkaufsberechtigten als mittelbar Beteiligten darauf hinweisen[456].

cc) Sicherungsgeschäfte

231 Bei **Sicherungsgeschäften** muss der Notar den Sicherungsnehmer belehren, wenn der zur Sicherung bestimmte Gegenstand aus Rechtsgründen nicht die erwartete Sicherheit bietet und dem Sicherungsnehmer dadurch Schaden droht[457]. So muss er sich bei der Sicherungs-

---

449 BGH NJW 1990, 3219 (Grundstücksverkauf mit der Absprache, dass der Kaufpreis erst nach Bebauung und Weiterveräußerung des Grundstücks fällig sein soll); dazu: *Ulsenheimer*, DNotZ 1991, 746.

450 BGHZ 58, 343, 349 (§ 1767 BGB a. F. stelle eine »juristische Falle« dar); *Haug*, Rz. 554 (Rangrücktritt des Grundstückseigentümers mit seiner Erbbauzinslast hinter eine von dem Erbbauberechtigten bestellte Finanzierungsgrundschuld als »Gesetzesfalle«).

451 Siehe oben Rz. 154.

452 BGH DNotZ 1976, 629.

453 Siehe oben Rz. 125. Vgl. auch BGH DNotZ 1981, 311, 316 mit allerdings eher beiläufigem Hinweis auf diesen Gesichtspunkt.

454 BGH DNotZ 1994, 485.

455 BGH DNotZ 1996, 118.

456 BGH DNotZ 2003, 426.

457 BGH DNotZ 1981, 311.

abtretung schuldrechtlicher Ansprüche, die sich aus der nur teilweisen Valutierung einer Grundschuld ergeben, vergewissern, ob der Kreditgeber die mit einer solchen Abtretung verbundenen Risiken erkennt, wenn dieser irrig annimmt, bereits grundbuchlich gesichert zu sein[458]. Ebenso muss er die Frage der Sicherheit eines Darlehens mit dem bei ihm erschienenen Darlehensgeber erörtern, wenn dieser erkennbar von der falschen Vorstellung ausgeht, der Darlehensnehmer sei bereits Eigentümer des Grundstücks, für dessen Bebauung der Kredit bestimmt ist[459].

Bei bloßen **Unterschriftsbeglaubigungen** (ohne Entwurf der unterschriebenen Erklärung) obliegt dem Notar grundsätzlich keine Rechtsbelehrungspflicht[460]. Von Gesetzes wegen hat er nur zu prüfen, ob Gründe für eine Versagung der Amtstätigkeit nach §§ 2–5 BeurkG vorliegen. Erkennt er aber bei der nach § 40 Abs. 2 BeurkG gebotenen Durchsicht der Urkunde, dass bei deren Verwendung im Rechtsverkehr ungewöhnliche, von den Beteiligten möglicherweise nicht erkannte Risiken drohen, so darf er darüber nicht schweigend hinweggehen, sondern muss die Beteiligten im Rahmen seiner betreuenden (erweiterten) Belehrungspflicht auf diese Gefahren hinweisen und Wege zu ihrer Vermeidung aufzeigen[461]. **232**

dd) Steuerliche Folgen

Auf die **steuerlichen Folgen** eines Geschäfts braucht der Notar grundsätzlich auch im Rahmen seiner erweiterten Belehrungspflicht nicht hinzuweisen[462]. Etwas anderes gilt, wenn er aufgrund der Umstände des Falles Anlass zu der Vermutung hat, einem Beteiligten drohe Schaden, weil er sich der Gefahr des Eintritts einer besonderen Steuerpflicht nicht bewusst ist[463]. So muss er den Beteiligten nahe legen, steuerlichen Rat einzuholen, wenn sie einen von einem Steuerberater konzipierten Vertrag ändern wollen[464], und über die Möglichkeit der Versteuerung eines **Spekulationsgewinns** (Gewinn aus privatem Veräußerungsgeschäft, §§ 22 Nr. 2, 23 Abs. 1, 4 EStG) grundsätzlich belehren, wenn er vor oder während der Beurkundung des Kaufvertrages davon Kenntnis erlangt, dass der Verkäufer den Kaufgegenstand innerhalb der Spekulationsfrist erworben hat und die Anschaffungskosten unter dem Verkaufspreis liegen[465]. **233**

Auf den Anfall der **Grunderwerbsteuer** braucht er in der Regel nicht hinzuweisen, wenn nicht besondere Umstände das erfordern[466]. Solche Umstände hat der Bundesgerichtshof darin gesehen, dass ein Beteiligter bei der Veräußerung seines Grundstücks Gefahr läuft, mit der Grunderwerbsteuer belastet zu werden, weil der Käufer das Grundstück durch Abtretung des Auflassungsanspruchs an einen Dritten weiterveräußert und zwar dieser Dritte, nicht aber der Erstkäufer die Grunderwerbsteuer entrichtet (Kettenverkauf)[467].

Berät der Notar allerdings ohne dahingehende Rechtspflicht über steuerliche Fragen und erteilt er dabei eine unrichtige, unklare oder unvollständige Auskunft, so macht er sich einer Amtspflichtverletzung schuldig, die ihn zum Schadensersatz nach § 19 verpflichten kann. **234**

c) Dokumentation

Der Notar ist nicht verpflichtet zu **dokumentieren**, dass er eine erweiterte Belehrung vorgenommen hat. Indes handelt es sich bei dieser Art von Belehrung – anders als bei der **235**

---

458 BGH DNotZ 1981, 311.
459 BGH DNotZ 1982, 384.
460 BGH DNotZ 2005, 286; *Winkler*, § 40 Rz. 42; *Eylmann/Vaasen/Limmer*, § 40 BeurkG Rz. 20.
461 Im Ergebnis ebenso: BGH DNotZ 2005, 286.
462 BGH DNotZ 1979, 228; WM 1983, 123; st. Rspr. Näher dazu oben Rz. 167.
463 BGH DNotZ 1979, 228, 231; DNotZ 1980, 563; WM 1983, 123; DNotZ 1989, 452; DNotZ 1992, 813, 815.
464 BGH DNotZ 2003, 845.
465 BGH DNotZ 1989, 452; NJW 1995, 2794; OLG Koblenz ZNotP 2002, 448, allerdings mit unzutreffender Herleitung einer evtl. Belehrungspflicht aus § 17 BeurkG. Wegen der verfassungsrechtlichen Bedenken siehe oben Rz. 116.
466 BGH DNotZ 1979, 228.
467 BGH DNotZ 1992, 813; *Ganter*, WM Sonderbeilage 1/1993, S. 8.

Rechtsbelehrung (§ 17 Abs. 1 BeurkG), die grundsätzlich immer zu erteilen ist – um Ausnahmefälle, die schadens- und haftungsträchtig sein können. Es empfiehlt sich deshalb, dass der Notar in der Urkunde selbst oder in den Nebenakten vermerkt, ob und inwieweit eine Belehrung erfolgt ist[468].

d) Grenzen der Pflicht

236   Die erweiterte Belehrungspflicht findet ihre Grenze in der **Neutralitätspflicht** des Notars (§ 14 Abs. 1 Satz 2)[469].

aa) Neutralitätspflicht

237   Der Notar ist weder **Wirtschafts-** noch **Steuerberater** der Beteiligten[470]. Sind bei einer Vertragsbeurkundung besondere Risiken für die Vertragsabwicklung erkennbar, muss er die Beteiligten zwar darüber belehren; er darf aber keine Vorschläge unterbreiten, wie die eine oder die andere Vertragspartei daraus folgende wirtschaftliche Schwierigkeiten vermeiden kann[471]. Er darf nicht von sich aus nach dem Vorliegen eines **Spekulationsgeschäfts** fragen[472].

Bei **widerstreitenden Interessen** der Beteiligten darf er nicht von einem rechtlich nicht zu beanstandenden Rechtsgeschäft abraten oder – was auf ein Abraten hinausliefe – eine zwar denkbare, nach Lage des Falles aber nicht realisierbare Vertragsgestaltung anraten. Seiner Amtspflicht genügt er in solchen Fällen, wenn er auf bestehende Risiken aufmerksam macht; den Abschluss des Geschäfts muss er den Beteiligten überlassen.

Zweifel an der **Vertrauenswürdigkeit** einer Vertragspartei darf er nur dann offenbaren, wenn es nach den Umständen nahe liegt, dass eine unerfahrene oder geschäftsungewandte Person von einem Betrüger geprellt wird[473].

bb) Ungewollte Sicherheiten

238   Der Notar darf auch nicht zugunsten eines Beteiligten **Sicherheiten** vorschlagen, die im Widerspruch zu dem erkennbaren Willen eines anderen Beteiligten stehen[474]. So darf er nicht ungefragt darauf hinweisen, dass der Kreditgeber eines Grundstückskäufers durch Abtretung des Anspruchs auf Rückgewähr eines nicht mehr voll valutierten Grundpfandrechts gesichert werden kann[475]. Aufgabe des Notars ist es nicht, einen Darlehensgeber zu warnen, wenn nach seinem Dafürhalten das Maß der angebotenen Sicherheiten unzureichend ist, es sei denn, dass sich der Darlehensgeber erkennbar über seine Zugriffsmöglichkeiten irrt[476].

Bei der **Sicherungsübereignung** von Inventar ist es nicht Aufgabe des Notars, die Beteiligten zu beraten, wie die im Haftungsverband eines Grundpfandrechts befindlichen Gegenstände enthaftet werden können und so die bessere Berechtigung eines Dritten beseitigt werden kann[477].

cc) Beurteilungsspielraum des Notars

239   Wo die Grenze zwischen der Betreuungspflicht und der Pflicht zur Unparteilichkeit verläuft, lässt sich nur aufgrund der Umstände des Einzelfalles bestimmen. Der Notar hat inso-

---

468 Zur Beweislast siehe § 19 Rz. 31.
469 Siehe oben Rz. 49.
470 BGH DNotZ 1976, 54.
471 OLG Bremen DNotZ 1989, 456.
472 BGH DNotZ 1985, 635.
473 BGH DNotZ 1967, 323.
474 BGH DNotZ 1987, 157.
475 BGH DNotZ 1989, 45.
476 BGH DNotZ 1982, 384.
477 BGH DNotZ 1987, 450.

weit einen **Beurteilungsspielraum**[478]. Er muss sich um so mehr für warnende Hinweise entscheiden, je größer die Gefahr ist und je geringer das Interesse der anderen Beteiligten ist, dass solche Hinweise unterbleiben[479].

13. *Hinweis-, Warn- und Schutzpflichten*

a) *Grundlagen der Pflichten*

Über die regelmäßige und die erweiterte Belehrungspflicht hinaus können dem Notar aufgrund seiner **Vertrauensstellung** als unparteiischer Rechtswahrer besondere Hinweis-, Warn- und Schutzpflichten obliegen[480]. Eine einheitliche Terminologie existiert insoweit nicht; der in diesem Zusammenhang verwendete Begriff »*außerordentliche Belehrungspflicht*«[481] ist zu eng, weil die Pflichten des Notars über die bloße Belehrung hinausgehen können. Grundlage für Hinweis-, Warn- und Schutzpflichten ist die allgemeine Pflicht des Notars nach § 14 Abs. 3 Satz 1, dem Unrecht zu wehren und sich des seinem Beruf entgegengebrachten Vertrauens würdig zu erweisen[482].   240

Pflichten der genannten Art kommen bei **jeglicher Amtstätigkeit** des Notars in Betracht, also über die Urkundstätigkeit hinaus auch bei Verwahrungs- und selbstständigen Betreuungstätigkeiten (§§ 23, 24).   241

b) *Einzelfälle*

aa) Nachfolgende Pflichten

Hinweis-, Warn- und Schutzpflichten müssen – anders als die erweiterte Belehrungspflicht[483] – nicht in der besonderen Anlage des Geschäfts wurzeln. Sie können als **nachfolgende Pflichten** auch nach Abschluss des eigentlichen Amtsgeschäfts entstehen. Das ist zum einen der Fall, wenn sich jemand erst nach Abschluss eines Urkundsgeschäfts an den Notar wendet und ihm seine Belange anvertraut[484], zum anderen aber auch, wenn nachträglich eine Situation eintritt, die eine Gefährdung der Belange unmittelbar oder mittelbar Beteiligter oder dritter Personen befürchten lässt.   242

So ist der Notar zu einem Hinweis an die Betroffenen verpflichtet, wenn er auf Weisung eines Beteiligten oder aus eigener Veranlassung die **Ausführung** eines Amtsgeschäfts ablehnt, auf dessen Ausführung andere Beteiligte vertrauen und von dessen Vollzug möglicherweise weitere wirtschaftliche Maßnahmen abhängen[485]. Das gleiche gilt, wenn sich nach der Beurkundung eines Vertrages gravierende Vollzugshindernisse ergeben.

bb) Grundstücksgeschäfte

Warn- und Schutzpflichten kommen nicht selten bei und nach der Beurkundung von **Grundstücksgeschäften** in Betracht.   243

Erkennt der Notar etwa, dass ein überhöhter Kaufpreis vereinbart worden ist, um ein Kreditinstitut zur Bewilligung eines überhöhten Finanzierungsdarlehens zu veranlassen, dessen Überschuss der Käufer oder ein Dritter als »Gewinn« erhalten soll, muss er das Kreditinstitut unverzüglich warnen, um zu verhindern, dass es durch Valutierung des vereinbarten Darlehens geschädigt wird[486].

---

478 Ähnlich: *Haug*, Rz. 431 ff.
479 BGH MittBayNot 2003, 310, 312 m. Anm. *Reithmann*.
480 Vgl. *Ganter*, WM 2000, 641, 645.
481 *Haug*, Rz. 415, 580..
482 BGH DNotZ 1978, 373.
483 Siehe oben Rz. 225.
484 Siehe oben Rz. 137.
485 BGH WM 1989, 1466, 1467.
486 *Ganter*, WM Sonderbeilage 1/1993, S. 9.

Erkennt der Notar, dass die von dem Grundstückskäufer vorgesehene Wohnnutzung des Kaufgrundstücks nicht oder nur unter erschwerten Bedingungen möglich ist, muss er den Käufer warnen[487].

Beantragt der Notar mit der Eigentumsumschreibung zugleich die Löschung der für den Käufer eingetragenen Auflassungsvormerkung, muss er zum Schutz des Käufers sicherstellen, dass weder vertragswidrige Zwischenrechte eingetragen sind noch deren Eintragung beantragt worden ist[488].

cc) Sicherungsgeschäfte

244 Wird eine vor dem Notar bestellte **Grundschuld** zur Sicherung eines Kredits abgetreten, so ist der Notar verpflichtet, den Kreditgeber (Zessionar) unverzüglich zu unterrichten, wenn er erfährt, dass der Grundschuldbesteller (Zedent) den Antrag auf Eintragung der Grundschuld im Grundbuch zurücknimmt, so dass die Entstehung der Grundschuld gefährdet ist[489].

dd) Verwahrungsgeschäfte

245 Nimmt der Notar Gelder zur treuhänderischen **Verwahrung** an, so muss er den Treugeber warnen und – trotz Vorliegens der formalen Voraussetzungen für die Abwicklung des Treuhandverhältnisses – von der Auszahlung absehen, wenn für ihn erkennbar wird, dass der Treugeber durch einen erst jetzt ersichtlich gewordenen Umstand geschädigt werden kann; dies gilt insbesondere, wenn sich im nachhinein der begründete Verdacht eines Betruges zu Lasten des Einzahlers ergibt[490].

c) Dokumentation

246 Der Nachweis der erfolgten Betreuung ist im Hinblick auf mögliche spätere Streitigkeiten wichtig. Deshalb sollte der Notar in der **Urkunde** oder notfalls in einem **Vermerk** in seinen Handakten niederlegen, welche Hinweise und Belehrungen er erteilt hat[491].

VII. Vermittlung und Gewährleistung (Abs. 4)

1. Bedeutung der Vorschrift

247 Satz 1 der Vorschrift **verbietet** dem Notar, Darlehen sowie – abgesehen von ihm gesetzlich zugewiesenen Vermittlungen – Grundstücksgeschäfte zu vermitteln, sich an irgendeiner Vermittlung von Urkundsgeschäften zu beteiligen oder im Zusammenhang mit einer Amtshandlung eine Bürgschaft oder sonstige Gewährleistung für einen Beteiligten zu übernehmen. Satz 2 **gebietet** ihm, dafür zu sorgen, dass sich auch die bei ihm beschäftigten Personen nicht mit derartigen Geschäften befassen. Das **Vermittlungsverbot** gilt schlechthin, auch wenn die Vermittlung keinen Bezug zu einer Amtshandlung des Notars hat. Dagegen greift das **Gewährleistungsverbot** nur im Zusammenhang mit einer Amtshandlung ein. **Zweck** der Regelung ist es, die unabhängige und unparteiische Amtsführung des Notars zu sichern und das Ansehen des Notaramtes als solchen zu schützen[492].

---

487 BGH DNotZ 1996, 118.
488 BGH NJW 1991, 1113.
489 BGH WM 1989, 1466.
490 *Ganter*, WM Sonderbeilage 1/1993, S. 9.
491 Siehe auch oben Rz. 235.
492 BGH DNotZ 1991, 318; DNotZ 1994, 336; *Schippel/Bracker/Kanzleiter*, § 14 Rz. 62.

2. Persönlicher Anwendungsbereich

Die Vorschrift gilt sowohl für den **Nurnotar** als auch für den **Anwaltsnotar**[493]. Letzterer **248** darf Geschäfte der verbotenen Art auch nicht in seiner Eigenschaft als Rechtsanwalt vornehmen. Die Pflicht des Anwaltsnotars, für die Beachtung des Verbots durch die bei ihm beschäftigten Personen zu sorgen (Abs. 4 Satz 2), erstreckt sich auch auf das nur mit Anwaltssachen befasste Personal.

3. Verbot der Vermittlung

a) Vermittlung von Darlehen und Grundstücksgeschäften

Das Verbot der Vermittlung von **Darlehen** und **Grundstücksgeschäften** soll verhindern, **249** dass der Notar – etwa, um eine Vermittlungsprovision zu erlangen – am Abschluss oder an einem bestimmten Inhalt eines Geschäfts interessiert ist, mit dem er amtlich befasst ist oder befasst werden könnte. Er könnte dadurch in seiner Unabhängigkeit und Unparteilichkeit gefährdet werden; zumindest könnte der Anschein der Abhängigkeit und Parteilichkeit entstehen[494]. Das gilt auch für eine private Vermittlungstätigkeit; auch sie ist geeignet, das Vertrauen der rechtsuchenden Öffentlichkeit in die Amtsführung der Notare zu beeinträchtigen (§ 14 Abs. 3 Satz 1).

aa) Darlehen

Der Begriff der **Darlehensvermittlung** im Sinne des § 14 Abs. 4 geht über den des § 655a **250** BGB (Darlehensvermittlung gegenüber Verbrauchern) hinaus. Entsprechend dem Schutzzweck der Vorschrift erstreckt sich das Verbot der Darlehensvermittlung auf alle Arten von Kreditverträgen. Außer Gelddarlehen (§ 488 BGB) und Sachdarlehen (§ 607 Abs. 1 BGB) darf der Notar daher auch andere Kredite wie etwa Wechsel- und Scheckkredite oder Überziehungskredite (§ 493 BGB) nicht vermitteln. Das gleiche gilt für die in §§ 19 Abs. 1, 21 Abs. 1 des Gesetzes über das Kreditwesen (KWG) genannten sonstigen Kreditformen.

bb) Grundstücksgeschäfte

Der Begriff der **Grundstücksgeschäfte** ist gesetzlich nicht definiert. Er umfasst schuldrecht- **251** liche und dingliche Rechtsgeschäfte, die das Eigentum oder eigentumsähnliche Nutzungsrechte (wie etwa den Nießbrauch) an Grundstücken oder grundstücksgleiche Rechte zum Gegenstand haben. Grundstücke in diesem Sinne sind auch Miteigentumsanteile an einem Grundstück und nicht vermessene Teilflächen. Grundstücksgleiche Rechte sind insbesondere das Erbbaurecht, das Wohnungseigentum und das Teileigentum. Der Notar darf daher – ausgenommen die Fälle gesetzlich zugewiesener Vermittlungen – nicht vermitteln:
– schuldrechtliche Rechtsgeschäfte, die den Anspruch auf Übereignung eines Grundstücks oder auf Übertragung eines grundstücksgleichen Rechts begründen (z. B. Kauf-, Tausch-, Schenkungs-, Übertrags-, Einbringungs- und Auseinandersetzungsverträge),
– Rechtsgeschäfte, die auf den Abschluss solcher Verträge gerichtet sind (z. B. Vertragsangebot, Vertragsannahme, Ausübung von Optionen),
– Rechtsgeschäfte zur Begründung grundstücksgleicher Rechte (Erbbaurechtsverträge, vertragliche Einräumung von Sondereigentum [§ 3 WEG], Teilungserklärungen [§ 8 WEG]),
– Auflassungen und dingliche Veräußerungen grundstücksgleicher Rechte, wenn kein entsprechendes schuldrechtliches Geschäft vorausgegangen ist.

---

493 BGH DNotZ 1991, 318.
494 BGH DNotZ 2000, 951, 955; BGHZ 147, 39, 41.

cc) Begriff der Vermittlung

252 Auch der Begriff der **Vermittlung** ist gesetzlich nicht definiert. In Anlehnung an den Sprachgebrauch im Bereich anderer privater Vermittlungen (z. B. § 652 BGB[495]) bedeutet »vermitteln« die bewusste Herbeiführung der Bereitschaft zum Abschluss eines Darlehens- oder Grundstücksgeschäftes. Eine verbotene Vermittlung liegt danach vor, wenn der Notar tätig wird, um ein Darlehens- oder Grundstücksgeschäft zustande zu bringen. Voraussetzung dafür ist, dass er nicht selbst als Partei oder Parteivertreter an dem Geschäft beteiligt ist; Geschäfte, die er als Beauftragter oder bestellter Verwalter fremden Vermögens abschließt, hat er nicht »vermittelt«[496]. Ob die Vermittlung zum Erfolg führt, ist unerheblich; denn § 14 Abs. 4 missbilligt schon die Tätigkeit, nicht erst deren Erfolg. Gleichgültig ist auch, ob dem Notar für seine Tätigkeit eine Vergütung versprochen oder geleistet wird; auch die unentgeltliche Vermittlung ist verboten. Ein gelegentlicher Gefälligkeitshinweis mag erlaubt sein[497], sollte jedoch unterbleiben, um schon den Anschein einer verbotenen Vermittlung zu vermeiden.

253 Ein für die verbotswidrige Vermittlung geschlossener Maklervertrag ist nach Auffassung des Bundesgerichtshofs **nichtig** (§ 134 BGB)[498]. Dem ist zuzustimmen[499]. Zwar haben gesetzliche Verbote grundsätzlich nur dann die Nichtigkeit eines verbotswidrigen Rechtsgeschäfts zur Folge, wenn sich das Verbot gegen beide Vertragsteile richtet[500], so dass Berufsregelungen im Allgemeinen nicht zur Unwirksamkeit eines verbotswidrig geschlossenen Maklervertrages führen[501]. Anders ist es, wenn der Schutzzweck der Verbotsnorm das Verdikt der Nichtigkeit erforderlich macht. Das ist hier der Fall. § 14 Abs. 4 soll vornehmlich das rechtsuchende Publikum vor der Tätigkeit abhängiger oder parteiischer Notare schützen[502]. Dieser Schutzzweck verlangt, dass ein von dem Notar verbotswidrig geschlossener Maklervertrag keine Rechtswirkungen äußert, insbesondere keinen Provisionsanspruch des Notars auslösen kann.

254 Nichtigkeit des Maklervertrages nimmt der Bundesgerichtshof – abweichend von seiner sonstigen Rechtsprechung zur Wirksamkeit anwaltlicher Maklerverträge[503] – auch an, wenn ein mit dem Notar zur gemeinsamen Berufsausübung verbundener **Rechtsanwalt** als Makler tätig wird[504]. Eine solche Erstreckung notarieller Berufspflichten auf andere Berufsträger ist an sich nicht ungewöhnlich. So verpflichtet § 93 Abs. 3 außer dem Notar selbst die mit ihm beruflich verbundenen Personen, auch soweit sie nicht Notare sind, der Aufsichtsbehörde Auskünfte zu erteilen und Akten vorzulegen, soweit dies für die Prüfung der Einhaltung der notariellen Mitwirkungsverbote erforderlich ist. Ferner gelten die anwaltlichen Tätigkeitsverbote des § 45 Abs. 1 Nr. 1 und 2 BRAO gemäß Abs. 3 der Vorschrift auch für die mit einem Notar beruflich verbundenen Rechtsanwälte und Angehörigen anderer Berufe. Indes ist die Auffassung des Bundesgerichtshofs nicht mit dem Gesetzesvorbehalt des Art. 12 Abs. 1 Satz 2 GG zu vereinbaren[505]; denn der Gesetzgeber hat bei Einführung des § 14 Abs. 4 von einer Erstreckung des Vermittlungsverbots auf andere Berufsträger abgesehen, obwohl ihm die Problematik – gerade angesichts der Neuregelung in § 93 Abs. 4 Satz 2 BNotO und des § 45 Abs. 3 BRAO – nicht verborgen geblieben sein kann. Die Ansicht des

---

495 Vgl. BGH NJW 1976, 1844.

496 BGH, Beschl. v. 13.12.1993 – NotZ 52/92 –, insoweit in DNotZ 1994, 336 nicht abgedruckt.

497 *Eylmann/Vaasen/Frenz*, § 14 BNotO Rz. 43; *Schippel/Bracker/Kanzleiter*, § 14 Rz. 65; *Weingärtner/Ehrlich*, DONot, Rz. 87.

498 BGHZ 147, 39, 44.

499 Ebenso: *Eylmann/Vaasen/Frenz*, § 14 BNotO Rz. 41; a. A. *Schippel/Bracker/Kanzleiter*, § 14 Rz. 64.

500 Vgl. *Palandt/Heinrichs*, § 134 BGB Rz. 9.

501 *Palandt/Sprau*, § 652 BGB Rz. 8.

502 Siehe oben Rz. 249.

503 Vgl. *Palandt/Sprau*, § 652 BGB Rz. 8.

504 BGHZ 147, 39, 42. Die Bezugnahme des BGH auf *Mihm*, Berufsrechtliche Kollisionsprobleme beim Anwaltsnotar, S. 253, ist unzutreffend. *Mihm* behandelt nur die Pflichten des Anwaltsnotars, nicht die anderer Berufsträger. Kritisch zur Rspr. des BGH *Dehner*, NJW 2002, 3747, 3749.

505 Zweifel in dieser Richtung äußert auch das BVerfG (Beschl. v. 17.09.2001 – 1 BvR 615/01-n.v.).

Bundesgerichtshofs führt auch zu praktischen Schwierigkeiten; denn der Vertragspartner des nur im eigenen Namen handelnden Rechtsanwalts kann – insbesondere bei größeren interprofessionellen und überörtlichen Sozietäten – vielfach nicht wissen, ob dieser mit einem Notar beruflich verbunden ist. Die daraus resultierende Ungewissheit, ob der Maklervertrag wirksam oder unwirksam ist, erschwert seine Dispositionen übermäßig.

b) Vermittlung von Urkundsgeschäften

aa) Bedeutung der Vorschrift

Die notarielle Unabhängigkeit und Unparteilichkeit kann auch gefährdet sein, wenn der **255** Notar an seiner **Beauftragung** mitwirkt oder diese beeinflusst. Dies ist der Fall, wenn Urkundsgeschäfte ohne sachlichen Grund – etwa zur Umgehung von Mitwirkungsverboten nach § 3 Abs. 1 Satz 1 BeurkG – verlagert werden. Solche Verlagerungen sind namentlich in interprofessionellen und überörtlichen Verbindungen möglich, wo Urkundsgeschäfte unschwer einem soziierten Notar zugewiesen werden können[506]. Sie sind vielfach dazu bestimmt, Mandanten der Sozietät ein umfassendes »Dienstleistungsangebot« – einschließlich notarieller Amtstätigkeit – anbieten zu können und das Gebührenaufkommen der Sozietät zu verbessern. Derartigen – aber auch sonstigen – Verlagerungen von Urkundsaufkommen entgegenzuwirken, ist Zweck des Verbots.

bb) Begriff der Vermittlung

Der Begriff der **Vermittlung**[507] ist entsprechend dem Schutzzweck der Vorschrift weit aus- **256** zulegen. »Vermitteln« bedeutet hier das bewusste Einwirken auf einen Rechtsuchenden mit dem Ziel, ihn zur Beauftragung eines bestimmten Notars zu veranlassen oder, kurz gesagt, das Zusammenführen von Rechtsuchendem und Notar. Auf die Zweckrichtung im Einzelfall kommt es nicht an. Das Verbot greift daher auch ein, wenn die Vermittlung nicht dazu bestimmt oder geeignet ist, Mitwirkungsverbote zu umgehen. Unter diesem Gesichtspunkt kann die Beteiligung des Notars an der Gründung oder Vermittlung von Vorratsgesellschaften bedenklich sein[508]. Auch sog. »Über-Kreuz-Beurkundungen«, bei denen Urkundsmandate zwischen kooperierenden oder befreundeten Notariaten ausgetauscht werden, fallen unter das Verbot[509]. Ferner macht es keinen Unterschied, ob die Vermittlung nur gelegentlich oder planmäßig betrieben wird und ob dem Vermittelnden ein Entgelt versprochen oder geleistet wird; denn auch eine nur gelegentliche und unentgeltliche Vermittlung ist geeignet, zur Verlagerung von Urkundsaufkommen beizutragen. Die bloße, auf Anfrage eines Rechtsuchenden geäußerte Empfehlung eines Kollegen, bei der nicht auf den Entschluss des Anfragenden eingewirkt wird, stellt hingegen keine Vermittlung im Sinne des § 14 Abs. 4 dar[510].

cc) Beteiligungsformen

Die Vorschrift untersagt »jede Art« von Beteiligung an der Vermittlung von Urkundsauf- **257** kommen. Sie erfasst daher sowohl die **aktive** als auch die **passive** Beteiligung[511]. Verbotswidrig handelt nicht nur der Notar, der Urkundsgeschäfte einem anderen Notar zuweist, sondern auch derjenige, der einen ihm vermittelten Beurkundungsauftrag übernimmt.

---

506 BT-Drucks. 13/4184, S. 24.
507 Siehe oben Rz. 252.
508 Siehe dazu *Bundesnotarkammer*, Rdschr. Nr. 25/2001 (Internetabruf unter www.bnotk.de).
509 *Chr. Sandkühler* in *Frenz* (Hrsg.), Neues Berufs- und Verfahrensrecht für Notare (im Folgenden: Neues Berufsrecht), Rz. 112 f.
510 Vgl. BT-Drucks. 13/4184.
511 BT-Drucks. 13/4184, S. 24.

c) Andere Vermittlungen

aa) Fallgruppen

258 **Andere** als die in § 14 Abs. 4 genannten Vermittlungen – etwa von Mobiliarkaufverträgen, Mietverträgen[512] oder Versicherungsverträgen – darf der Notar vornehmen, soweit nicht das Verbot gewerblichen Verhaltens (§ 29 Abs. 1) entgegensteht oder die Vermittlung aus anderen Gründen verboten ist. Unerlaubt ist bspw. die Adoptions- und Ersatzmuttervermittlung (§§ 5, 13c AdVermiG[513]). Arbeits- und Stellenvermittlung ist nur aufgrund Beauftragung durch die Agentur für Arbeit zulässig (§ 37 SGB III). Der Notar muss auch von erlaubten Vermittlungen absehen, wenn sie geeignet sind, seine Unabhängigkeit und Unparteilichkeit zu beeinträchtigen.

bb) Gesetzlich zugewiesene Vermittlungen

259 Das Vermittlungsverbot gilt ferner nicht für solche Vermittlungtätigkeiten, die dem Notar **gesetzlich zugewiesen** sind. Hierzu zählt das in §§ 87 ff. SachenRBerG[514] vorgesehene formalisierte notarielle Vermittlungsverfahren.

4. Verbot der Gewährleistung

a) Bedeutung der Vorschrift

260 Ebenso wie das Vermittlungsverbot soll das **Gewährleistungsverbot** die Unabhängigkeit und Unparteilichkeit des Notars schützen. Als Bürge oder Garant könnte er in Abhängigkeit von den Beteiligten sowie in Verschuldung und dadurch in wirtschaftliche Schwierigkeiten geraten; ferner könnte er – etwa, um eine eigene Eintrittspflicht zu vermeiden oder um eine Avalprovision zu erlangen – am Zustandekommen oder Nichtzustandekommen eines Geschäfts interessiert sein. Dadurch würde seine Unparteilichkeit gefährdet.

b) Beteiligte

261 § 14 Abs. 4 verbietet dem Notar jetzt schlechthin, im Zusammenhang mit einer Amtshandlung eine Bürgschaft oder sonstige Gewährleistung zu übernehmen. Die in der früheren Fassung enthaltene Einschränkung »für einen Beteiligten« ist weggefallen[515]. Die Vorschrift gilt für Amtshandlungen jeglicher Art.

c) Begriff der sonstigen Gewährleistung

262 Der Begriff der **sonstigen Gewährleistung** ist gesetzlich nicht definiert. Entsprechend dem Zweck der Vorschrift, die Unparteilichkeit und Unabhängigkeit des Notars zu sichern, ist er weit auszulegen. Verboten ist danach jedes **rechtsgeschäftliche Einstehen** für Verpflichtungen eines Beteiligten[516]. Gewährleistungen in diesem Sinne sind insbesondere der Garantievertrag, die befreiende Schuldübernahme (§§ 414, 415 BGB), der Schuldbeitritt, die Erfüllungsübernahme (§ 329 BGB) sowie der Kreditauftrag (§ 778 BGB). Der Notar darf daher z. B. nicht im Zusammenhang mit einem Grundstückskaufvertrag garantieren, dass ein von

---

512 Einschränkungen bei der Wohnungsvermittlung: Gesetz zur Regelung der Wohnungsvermittlung v. 04.11.1971 (BGBl. I S. 1745, 1747), zuletzt geändert durch Art. 8 des Schuldrechtsmodernisierungsgesetzes v. 09.12.2004 (BGBl. I S. 3214).

513 Gesetz über die Vermittlung der Annahme als Kind und über das Verbot der Vermittlung von Ersatzmüttern – Adoptionsvermittlungsgesetz – i.d.F. v. 22.12.2001 (BGBl. I S. 354), zuletzt geändert durch Gesetz v. 17.12.2006 (BGBl. I S. 3171).

514 Siehe Fn. 2.

515 Siehe oben Rz. 3.

516 *Schippel/Bracker/Kanzleiter*, § 14 Rz. 66.

dem Grundstückskäufer zu bestellendes Grundpfandrecht künftig eingetragen wird oder einen bestimmten Rang erhalten wird[517].

Andererseits fallen **Bestätigungen**, **Berichte** und **Gutachten** über die rechtlichen Verhältnisse eines Grundstücks oder über die Rangverhältnisse von Grundstücksrechten nicht unter das Verbot[518]. Die Abgrenzung zwischen erlaubter Bestätigung und verbotener Garantie kann im Einzelfall schwierig sein, vor allem wenn dem Notar von der Kreditwirtschaft erarbeitete Formulare für die Bestätigung zur Verfügung gestellt werden. Wenn diese das Beurteilungsrisiko über den Bereich gutachtlicher Stellungnahme ausdehnen, insbesondere Aussagen über die künftig tatsächlich erfolgende Behandlung des Eintragungsantrags durch das Grundbuchamt machen, ist ihre Verwendung nach § 14 Abs. 4 unzulässig[519].   **263**

Unbedenklich sind **Kostenübernahmeerklärungen** des Notars gegenüber der Gerichtskasse bei Einreichung eines Antrags, da hierdurch keine Beeinträchtigung der Unabhängigkeit und Unparteilichkeit zu besorgen ist[520]. Diese schon bisher vorherrschende Auffassung wird durch § 8 Abs. 2 Satz 2 Nr. 3 KostO[521] bestätigt, wonach ein Vorschuss auf Gerichtskosten nicht zu zahlen ist, wenn der Notar die persönliche Kostenhaftung übernommen hat.   **264**

d) Zusammenhang mit einer Amtshandlung

Die Bürgschafts- bzw. Gewährleistungsübernahme muss mit einer notariellen **Amtshandlung** in Zusammenhang stehen. Erforderlich ist ein innerer, d. h. Sachzusammenhang; auf einen zeitlichen Zusammenhang kommt es nicht an, so dass Amtshandlung und Gewährübernahme zeitlich auseinanderfallen können.   **265**

5. Geschäfte des Personals

Nach § 14 Abs. 4 Satz 2 muss der Notar dafür sorgen, dass sich auch die bei ihm **beschäftigten Personen** nicht mit verbotenen Geschäften im Sinne von Satz 1 befassen.   **266**

a) Kreis der Beschäftigten

»Beschäftigte Personen« sind alle, die im arbeitsrechtlichen Sinne in **abhängiger Stellung** bei dem Notar angestellt sind[522], nicht jedoch Notarassessoren (§ 7) und zur Ausbildung zugewiesene Rechtsreferendare. Für Notarassessoren gilt § 14 Abs. 4 Satz 1 schon aufgrund der generellen Verweisung in § 7 Abs. 4 Satz 2; bei Rechtsrefendaren fehlt es an einem Beschäftigungsverhältnis im Sinne des § 14 Abs. 4 Satz 2. Beschäftige im Sinne des § 14 Abs. 4 Satz 2 sind auch nicht die mit dem Notar zur **gemeinsamen Berufsausübung** oder in **Bürogemeinschaft** verbundenen Personen[523].   **267**

Auf Art und Umfang des Beschäftigungsverhältnisses kommt es nicht an. Daher gilt das Verbot des Abs. 4 Satz 2 auch für diejenigen Personen, die – wie etwa das nur im anwaltlichen Bereich eingesetzte Büropersonal des Anwaltsnotars – mit den notariellen Amtsgeschäften nicht in Berührung kommen, ferner für Teilzeit- und Aushilfskräfte.

Nicht erfasst werden Personen, die ohne arbeitsrechtliches Beschäftigungsverhältnis zu dem Notar **gelegentlich** für ihn tätig werden, wie etwa Kundendienstbeauftragte oder Beauftragte von Reinigungsunternehmen[524].   **268**

---

517 *Bundesnotarkammer*, Rdschr. Nr. 5/99 (*Weingärtner*, Notarrecht, Ord.-Nr. 295).
518 *Schippel/Bracker/Kanzleiter*, § 14 Rz. 66.
519 Bundesnotarkammer, Rdschr. Nr. 5/99.
520 Vgl. BT-Drucks. 13/4184, S. 24.
521 I.d.F. des Gesetzes über elektronische Handelsregister und Genossenschaftsregister sowie das Unternehmensregister (EHUG) vom 10.11.2006 (BGBl. I S. 2553).
522 *Weingärtner/Ehrlich*, DONot, Rz. 76.
523 Siehe dazu oben Rz. 254.
524 Vgl. *Weingärtner/Ehrlich*, DONot, Rz. 76.

b) Pflichten des Notars

269 Der Notar muss das Personal bei der Einstellung auf § 14 Abs. 4 besonders **hinweisen** und dies in der nach § 26 in Verbindung mit § 1 des Verpflichtungsgesetzes aufzunehmenden Niederschrift[525] vermerken. Falls sich Anhaltspunkte dafür ergeben, dass das Verbot nicht beachtet wird, muss der Notar die Belehrung wiederholen, die betreffende Person verwarnen und sie gegebenenfalls entlassen[526].

VIII. Verbot von Gesellschaftsbeteiligungen (Abs. 5)

1. Bedeutung der Vorschrift

a) Grundlagen

270 Die durch die Berufsrechtsnovelle 1998[527] eingefügte Bestimmung, wonach der Notar keine mit seinem Amt **unvereinbare Gesellschaftsbeteiligung** eingehen darf, ist inhaltlich und nach ihrer Zweckrichtung unklar. Sie soll nach den Vorstellungen des Gesetzgebers dazu beitragen, die **Unabhängigkeit** und **Unparteilichkeit** des Notars zu sichern[528]. Dieser Zielsetzung hätte es am ehesten entsprochen, Beteiligungen an einer der in Satz 2 genannten Gesellschaften insgesamt zu verbieten. Denn deren Tätigkeit weist typischerweise vielfältige Berührungspunkte mit notarieller Amtstätigkeit auf; das gilt insbesondere für das Makler- und Bauträgergewerbe (§ 34c Abs. 1 GewO), dessen Ausübung regelmäßig einen erheblichen Bedarf an notarieller Urkundstätigkeit mit sich bringt. Es liegt nahe, dass die Beteiligung des Notars an einer solchen Gesellschaft zu Interessenkollisionen führen kann, zumindest aber geeignet ist, den Anschein der Abhängigkeit oder Parteilichkeit hervorzurufen[529]. Der Gesetzgeber ist dieser Erwägung nicht gefolgt, sondern hat das Beteiligungsverbot dahin eingeschränkt, dass der Notar und die mit ihm beruflich verbundenen Personen keinen **beherrschenden Einfluss** auf die Gesellschaft ausüben dürfen. Dies zeigt, dass die Vorschrift nicht nur den Schutz der notariellen Unabhängigkeit und Unparteilichkeit bezweckt, sondern auch – wenn nicht sogar vorrangig – verhindern soll, dass der Notar mehr als erwerbswirtschaftlich eingestellter Unternehmer denn als Träger hoheitlicher Befugnisse auf dem Gebiet der vorsorgenden Rechtspflege tätig wird[530]. Eine intensive erwerbswirtschaftliche Tätigkeit des Notars würde das **Ansehen des Notaramtes** (§ 14 Abs. 3 Satz 1) beeinträchtigen und dem Verbot gewerblichen Verhaltens (§ 19 Abs. 1) zuwiderlaufen[531]. § 14 Abs. 5 ergänzt und konkretisiert insofern die Bestimmungen der §§ 8 Abs. 3, 14 Abs. 3, 29 Abs. 1.

b) Richtlinien der Notarkammern

271 Abschn. VI Nr. 2 der Richtlinienempfehlungen der Bundesnotarkammer behandelt zwar einen Teilaspekt der Vorschrift des § 14 Abs. 5. Jedoch ist es fraglich, ob die Unvereinbarkeit von Gesellschaftsbeteiligungen durch **Richtlinien** der Notarkammern näher geregelt werden kann. Denn § 14 Abs. 5 ist im Katalog des § 67 Abs. 2 Satz 3 nicht aufgeführt. Gegen einen Rückgriff auf die Richtlinienermächtigung nach Nr. 1 bestehen Bedenken, weil § 14 Abs. 5 zwar *auch* die notarielle Unabhängigkeit und Unparteilichkeit sichern soll, dies aber – wie vorstehend dargelegt[532] – nicht der spezielle Zweck der Vorschrift ist. Außerdem zeigt Nr. 2

---

525 Siehe § 26 Rz. 14.
526 *Schippel/Bracker/Kanzleiter*, § 14 Rz. 67.
527 Siehe oben Fn. 3.
528 BT-Drucks. 13/4184 S. 24.
529 So die Stellungnahme des Bundesrates zum Regierungsentwurf des § 14 Abs. 5 BNotO.
530 Unklar insoweit: BT-Drucks. 13/4184, S. 24.
531 Siehe unten Rz. 277 und § 29 Rz. 3.
532 Rz. 270.

SANDKÜHLER

des Richtlinienkatalogs, dass der Gesetzgeber nicht alle, sondern nur einzelne Bestimmungen des § 14 der Satzungskompetenz der Notarkammern unterstellen wollte; § 14 Abs. 5 gehört dazu nicht.

2. Anwendungsbereich der Vorschrift

a) Gesellschaften

Nach dem Grundtatbestand des Abs. 5 Satz 1 darf der Notar keine mit seinem Amt unvereinbare Gesellschaftsbeteiligung eingehen. Gesellschaften in diesem Sinne sind sowohl **Personengesellschaften** (Gesellschaft bürgerlichen Rechts, OHG, KG, stille Gesellschaft, Partnerschaftsgesellschaft) als auch **Kapitalgesellschaften** (AG, GmbH, KGaA) einschließlich der sog. Einpersonen-GmbH[533]. Auch die **Europäische wirtschaftliche Interessenvereinigung** (EWIV) zählt hierzu, da sie nach deutschem innerstaatlichen Recht[534] als Handelsgesellschaft gilt und weitgehend den Bestimmungen über die OHG unterliegt[535].

272

b) Genossenschaften

Zweifelhaft ist, ob § 14 Abs. 5 die Beteiligung an **Genossenschaften** erfasst. Sie sind zwar nach der Legaldefinition des § 1 GenG »*Gesellschaften von nicht geschlossener Mitgliederzahl*«; doch werden sie im allgemeinen Sprachgebrauch nicht als Gesellschaften behandelt. Anhaltspunkte dafür, dass der Gesetzgeber von diesem Sprachgebrauch hat abweichen wollen, sind nicht ersichtlich. Eine entsprechende Anwendung der Vorschrift auf Genossenschaftsbeteiligungen könnte allerdings in den Fällen angezeigt sein, in denen diese ähnlich wie eine Gesellschaftsbeteiligung geeignet ist, die Unabhängigkeit und Unparteilichkeit des Notars und das Ansehen des Amtes zu beeinträchtigen. Zu denken ist etwa an die maßgebliche Beteiligung eines Notars an einer Wohnungsbaugenossenschaft (§ 1 Nr. 7 GenG: *Vereine zur Herstellung von Wohnungen*).

273

3. Unvereinbarkeit von Beteiligungen (Abs. 5 Satz 1)

a) Amtswidrige Beteiligung

Dem Notar soll nicht jede Gesellschaftsbeteiligung verboten sein; wie jede andere Person soll er grundsätzlich befugt sein, Vermögen in Beteiligungen anzulegen[536]. Verboten sind lediglich unvereinbare Beteiligungen. Maßstab dafür ist das **Amt** des Notars. Unzulässig sind danach **amtswidrige Beteiligungen**. Das bedeutet:

274

aa) Amtsbereitschaft

Die Beteiligung darf nicht die Pflicht des Notars zur **Amtsbereitschaft**[537] beeinträchtigen. Sie darf seine Arbeitskraft und Einsatzbereitschaft nicht in einem solchen Maße binden, dass er nicht mehr in der Lage oder bereit wäre, sein Amt im gebotenen Umfang auszuüben. Insoweit kann auf die Grundsätze zurückgegriffen werden, die für die Entscheidung über eine Nebentätigkeitsgenehmigung (§ 8 Abs. 3 Satz 2) gelten[538].

275

---

533 Siehe aber unten Rz. 289.
534 § 1 des Gesetzes zur Ausführung der EWG-Verordnung über die Europäische wirtschaftliche Interessenvereinigung (EWIV-Ausführungsgesetz) v. 14.04.1988 (BGBl. I S. 514).
535 Zur Zulässigkeit der Beteiligung an einer EWiV siehe auch *Bundesnotarkammer*, Rdschr. Nr. 31/96 (*Weingärtner*, Notarrecht, Ord.-Nr. 135).
536 BT-Drucks. 13/4184 S. 24.
537 Siehe oben Rz. 7.
538 Vgl. *Schippel/Bracker/Schäfer*, § 8 Rz. 22, 25 ff.

bb) Unabhängigkeit und Unparteilichkeit

276 Amtswidrig ist eine Beteiligung auch dann, wenn sie die **Unabhängigkeit** oder **Unparteilichkeit** des Notars gefährdet oder den **Anschein** der Abhängigkeit oder Parteilichkeit hervorruft. Solche Gefährdungen können sich insbesondere aus dem Gesellschaftszweck ergeben. Dabei ist allerdings zu beachten, dass § 14 Abs. 5 Satz 2 Beteiligungen an Gesellschaften zulässt, deren Zweck a priori geeignet ist, den Anschein der Abhängigkeit oder Parteilichkeit hervorzurufen; das gilt namentlich für Beteiligungen an Immobilienmakler-, Bauträger- oder Baubetreuergesellschaften[539]. Aus dieser gesetzgeberischen Wertung folgt, dass nicht schon die abstrakte Gefahr der Abhängigkeit oder Parteilichkeit oder eines dahingehenden Anscheins das Beteiligungsverbot auslöst, die Gefährdung vielmehr anhand der Umstände des Einzelfalls konkret festgestellt werden muss.

cc) Achtungs- und Vertrauenswürdigkeit

277 Mit dem Hinweis auf das Amt des Notars knüpft § 14 Abs. 5 ferner an Abs. 3 an, wonach sich der Notar der **Achtung** und des **Vertrauens**, die dem Notaramt entgegengebracht werden, würdig zu zeigen hat. Unzulässig ist eine Gesellschaftsbeteiligung somit auch dann, wenn sie geeignet ist, das Ansehen des Notariats als Einrichtung der vorsorgenden Rechtspflege und/oder des einzelnen Notars als Rechtspflegeorgan zu beeinträchtigen. Sie darf insbesondere nicht den Eindruck erwecken, der Notar sei mehr Geschäftsmann und Unternehmer als Träger hoheitlicher Aufgaben[540].

dd) Rechtsanwalts-GmbH

278 Nach den vorstehenden Grundsätzen ist auch die Beteiligung des Anwaltsnotars an einer **Rechtsanwalts-** oder **Patentanwalts-GmbH** (§ 59c BRAO) zu beurteilen. Bestrebungen, eine solche Beteiligung allgemein zu verbieten oder ausdrücklich zuzulassen, haben sich im Gesetzgebungsverfahren zur Berufsrechtsnovelle 1998 nicht durchsetzen können[541]. Statt dessen ordnet § 59e Abs. 1 Satz 3 BRAO durch Verweisung auf § 59a Abs. 1 Satz 3, 4 BRAO an, dass Anwaltsnotare sich nur hinsichtlich ihrer anwaltlichen Berufsausübung an einer solchen GmbH beteiligen dürfen und dass sich ihre Beteiligung im Übrigen nach den Bestimmungen und Anforderungen des notariellen Berufsrechts richtet. Die notarielle Amtstätigkeit kann mithin nicht Gegenstand der GmbH sein.

279 Die **Zulässigkeit** der Beteiligung an einer Anwalts- oder Patentanwalts-GmbH richtet sich nach den konkreten Gegebenheiten des Einzelfalls. Zum Schutz seiner Unabhängigkeit muss der Notar sein Amt frei von Weisungen Dritter ausüben und seine Geschäftsstelle im Hinblick auf sein Personal und seine sächlichen Hilfsmittel eigenständig organisieren können[542]. Gerade letzteres wird – vor allem in größeren, überörtlich und/oder interprofessionell organisierten Gesellschaften – vielfach nicht gewährleistet sein.

b) Organmitgliedschaft

280 Von der Zulässigkeit einer Gesellschaftsbeteiligung zu unterscheiden ist die der **Organmitgliedschaft** in einem wirtschaftlichen Unternehmen (§ 8 Abs. 3 Nr. 2). Während für letztere ein präventives Verbot mit Erlaubnisvorbehalt besteht, ist eine unvereinbare Gesellschaftsbeteiligung schlechthin unzulässig.

Will sich ein Notar als **geschäftsführender Gesellschafter** an einer GmbH beteiligen, ist daher nicht nur die Genehmigungsfähigkeit im Sinne des § 8 Abs. 3 Nr. 2, sondern vorrangig die Zulässigkeit der Beteiligung nach § 14 Abs. 5 zu prüfen. Eine bereits erteilte Genehmi-

---

539 Siehe oben Rz. 270.
540 Siehe oben Rz. 270.
541 *Vaasen/Starke*, DNotZ 1998, 661, 667.
542 *Vaasen/Starke*, DNotZ 1998, 668.

gung zum Eintritt in ein Organ rechtfertigt nicht die spätere Übernahme einer Gesellschaftsbeteiligung, wenn diese gegen § 14 Abs. 5 verstößt.

Mit dem Notaramt unvereinbar ist die Stellung als **angestellter Geschäftsführer** ohne
Gesellschaftsbeteiligung, da die Unabhängigkeit des Notars nicht gewährleistet ist. Ein
Rechtsanwalt kann nicht zum Notar bestellt werden, wenn er in einem ständigen Dienst-
oder ähnlichen Beschäftigungsverhältnis – auch zu anderen Rechtsanwälten oder als Syn-
dikusanwalt – steht, sofern seine Tätigkeit mit dem Amt des Notars nicht vereinbar ist oder
das Vertrauen in seine Unabhängigkeit oder Unparteilichkeit gefährden kann[543]. Aus der
Unzulässigkeit der Bestellung zum Notar folgt, dass der schon bestellte Notar ein ständiges
Dienst- oder sonstiges Beschäftigungsverhältnis grundsätzlich nicht eingehen darf.

4. Bauträger-, Steuerberatungs-, Wirtschaftsprüfungsgesellschaft

a) Regelbeispiele

Die Vorschrift nennt als **Regelbeispiele** einer bedingt unzulässigen bzw. zulässigen Gesell- 281
schaftsbeteiligung die Beteiligung an einer Gesellschaft, die eine Tätigkeit nach § 34c Abs. 1
GewO ausübt (Makler-, Bauträger- oder Baubetreuergesellschaft), sowie an einer Steuerbe-
ratungs- oder Wirtschaftsprüfungsgesellschaft. Ergibt sich daraus die Unzulässigkeit bzw.
Zulässigkeit der Beteiligung, kommt es auf den unbestimmten Rechtsbegriff der unvereinbaren Beteiligung im Sinne von Satz 1 nicht mehr an.

b) Beherrschender Einfluss

Die Beteiligung des Notars an einer **Makler-, Bauträger-** oder **Baubetreuergesellschaft** ist 282
unzulässig, wenn er allein oder zusammen mit Personen, mit denen er sich zur gemeinsamen
Berufsausübung verbunden hat oder mit denen er gemeinsame Geschäftsräume hat, mittelbar oder unmittelbar einen **beherrschenden Einfluss** auf die Gesellschaft ausübt[544].

aa) Begriff

Der **Begriff** des beherrschenden Einflusses ist gesetzlich nicht definiert; auch die Gesetzes- 283
materialien geben dafür nichts her. Die Auslegung des Begriffs muss sich am Zweck der Vorschrift orientieren, amtswidrige Gesellschaftsbeteiligungen zu unterbinden, insbesondere zu
verhindern, dass der Notar wie ein Unternehmer am Marktgeschehen teilnimmt[545]. Der Notar übt danach einen beherrschendem Einfluss aus, wenn er in der Lage ist, die Geschäftstätigkeit der Gesellschaft maßgeblich zu steuern.

bb) Einfluss durch Berufsverbindung

Dabei genügt es, wenn er diesen Einfluss nur **zusammen** mit Personen ausübt, mit denen er 284
sich beruflich verbunden oder mit denen er gemeinsame Geschäftsräume hat. Für den Begriff der beruflichen Verbindung und der Gemeinsamkeit der Geschäftsräume gelten die
gleichen Kriterien wie im Rahmen des § 3 Abs. 1 Satz 1 Nr. 4 BeurkG[546]. Voraussetzung für
die Gemeinsamkeit der **Berufsausübung** ist danach eine planmäßige, auf gewisse Dauer angelegte Zusammenarbeit von mindestens zwei Angehörigen der in § 9 Abs. 2 genannten Berufsgruppen, sei es in einer Sozietät oder in einer vergleichbaren Form der Zusammenarbeit.
Eine Gemeinsamkeit von **Geschäftsräumen** liegt vor, wenn auf der Grundlage verabredeter

---

543 Zu dieser Einschränkung vgl. BGH DNotZ 2000, 148, 150.
544 Kritisch dazu: *Chr. Sandkühler* in Neues Berufsrecht, Rz. 84; *Eylmann/Vaasen/Frenz,* § 14 BNotO
     Rz. 49.
545 Siehe oben Rz. 270, 277.
546 Wegen der Einzelheiten siehe § 16 Rz. 56 ff.

gemeinsamer Raumnutzung Einrichtungsgegenstände und/oder die Arbeitskraft von Hilfspersonen gemeinsam genutzt werden[547].

285   **Zulässig** ist eine Beteiligung hingegen, wenn nicht der Notar, sondern *nur* die mit ihm verbundenen Personen den beherrschenden Einfluss ausüben.

cc) Mittelbarer Einfluss

286   Das Beteiligungsverbot gilt auch, wenn der Notar nur **mittelbar** – sei es allein oder zusammen mit verbundenen Personen – beherrschenden Einfluss ausübt. Daher greift der Verbotstatbestand des § 14 Abs. 5 Satz 2 auch dann ein, wenn der Einfluss des Notars (auch) auf der Zwischenschaltung anderer Gesellschaften oder von Mittelspersonen beruht. So darf sich der Notar nicht als Kommanditist an einer GmbH & Co. KG beteiligen, wenn er beherrschenden Einfluss auf die zur Geschäftsführung berufene Komplementär-GmbH ausübt.

c) *Steuerberatungsgesellschaft*

287   Obwohl das Gesetz die in § 14 Abs. 5 Satz 2 genannten Gesellschaften gleich behandelt, erfordert die Beteiligung des Notars an einer **Steuerberatungsgesellschaft** eine differenzierte Beurteilung.

aa) Rechtsform

288   Mangels entgegenstehender Anhaltspunkte ist davon auszugehen, dass § 14 Abs. 5 Satz 2 den Begriff der **Steuerberatungsgesellschaft** im gesetzestechnischen Sinn verwendet. Nach § 49 StBerG[548] können Steuerberatungsgesellschaften grundsätzlich nur in der Rechtsform der AG, KGaA, GmbH, OHG, KG und der Partnerschaftsgesellschaft (PartGG), nicht hingegen als Gesellschaft bürgerlichen Rechts (GbR) betrieben werden. Der Verbotstatbestand des § 14 Abs. 5 Satz 2 greift daher schon nach dem Wortlaut nicht ein, wenn sich ein Anwaltsnotar mit einem Steuerberater und gegebenenfalls mit weiteren Angehörigen der in § 9 Abs. 2 genannten Berufsgruppen zu einer **Gesellschaft bürgerlichen Rechts** zusammenschließt. Die Zulässigkeit einer solchen Gesellschaftsbeteiligung ist allein am Grundtatbestand des § 14 Abs. 5 Satz 1 zu messen. Sie wird mit Rücksicht auf die Zulässigkeit der Sozietät zwischen Anwaltsnotaren und Steuerberatern (§ 9 Abs. 2) in der Regel zu bejahen sein.

bb) Verantwortliche Führung durch Steuerberater

289   Beteiligt sich der Anwaltsnotar, der **nicht zugleich Steuerberater** ist, an einer Steuerberatungsgesellschaft im Sinne des § 49 Abs. 1 StBerG, scheidet ein beherrschender Einfluss in der Regel aus, so dass § 14 Abs. 5 Satz 2 schon tatbestandsmäßig nicht eingreift[549]. Denn es gehört zu den konstituierenden Merkmalen der Steuerberatungsgesellschaft, dass sie **von Steuerberatern verantwortlich geführt** wird; ohne einen dahingehenden Nachweis kann die Gesellschaft nicht als Steuerberatungsgesellschaft anerkannt werden (§§ 32 Abs. 3 Satz 2, 50 Abs. 1–4 StBerG) und somit nicht unbeschränkt steuerberatend tätig werden (§ 3 Abs. 1 Nr. 3 StBerG). »Verantwortliche Führung« bedeutet, dass Steuerberater bestimmenden Einfluss innerhalb der Gesellschaft haben müssen, so dass keine Entscheidungen gegen ihren Willen getroffen werden können; dies gilt für die Hilfeleistung in Steuersachen ebenso wie für die gesamte Organisation der Steuerberatungsgesellschaft[550]. Die Möglichkeit, dass in ei-

---

547   Näher dazu *Winkler* in Neues Berufsrecht Rz. 214.
548   Steuerberatungsgesetz (StBerG) v. 16.08.1961 i.d.F. der Bekanntmachung v. 04.11.1975 (BGBl. I S. 2735), zuletzt geändert durch Gesetz v. 21.12.2004 (BGBl. I S. 3599, 3601).
549   Zur Frage, ob ein beherrschender Einfluss das Verbot des § 14 Abs. 5 Satz 2 rechtfertigen würde, siehe unten Rz. 290.
550   *Gehre/von Borstel*, StBerG, § 50 Rz. 3–5; ähnlich: *Kuhls/Meurers/Maxl/Schäfer/Goez/Willerscheid*, StBerG, § 50 Rz. 3–8.

ner so geführten Steuerberatungsgesellschaft ein Anwaltsnotar allein oder zusammen mit anderen Berufsträgern im Sinne des § 14 Abs. 5 Satz 2 beherrschenden Einfluss im Sinne des § 14 Abs. 5 Satz 2 ausüben kann, liegt zumindest fern[551].

cc) Beherrschender Einfluss des Notars

Beteiligt sich ein Anwaltsnotar, der **zugleich Steuerberater** ist, zur gemeinsamen Berufsaus- 290
übung an einer Steuerberatungsgesellschaft, lässt das StBerG seinen beherrschenden Einfluss in Gestalt verantwortlicher Führung zu. Fraglich ist aber, ob dies ein Beteiligungsverbot im Sinne des § 14 Abs. 5 Satz 2 rechtfertigt. Dagegen sprechen die Bestimmungen der §§ 8 Abs. 2 Satz 2, 9 Abs. 2. Sie eröffnen dem Anwaltsnotar die Möglichkeit, neben dem Beruf des Notars und des Rechtsanwalts zugleich den des Steuerberaters und Wirtschaftsprüfers auszuüben und sich mit Steuerberatern und Wirtschaftsprüfern beruflich zu verbinden oder mit ihnen gemeinsame Geschäftsräume zu haben. Diese Befugnisse würden weitgehend leerlaufen, wenn dem Anwaltsnotar die Beteiligung an einer Steuerberatungsgesellschaft mit beherrschendem Einfluss verwehrt wäre[552].
  Dabei ist zu bedenken:
  (1) Betreibt der Anwaltsnotar, der zugleich Steuerberater ist, die Steuerberatung in der – 291
nach § 49 Abs. 1 StBerG möglichen – Rechtsform der **Einpersonen-GmbH**, so hat er zwangsläufig beherrschenden Einfluss auf die Gesellschaft. Ein sachlicher Grund, dem Anwaltsnotar die Wahl dieser Rechtsform zu versagen, ist nicht ersichtlich.
  (2) Beteiligt sich der Anwaltsnotar/Steuerberater an einer **mehrgliedrigen** Steuerbera- 292
tungsgesellschaft, so nimmt er sein Recht aus § 9 Abs. 2 wahr. Nach § 9 Abs. 3 ist eine solche Berufsverbindung zulässig, soweit die persönliche und eigenverantwortliche Amtsführung, Unabhängigkeit und Unparteilichkeit des Notars nicht beeinträchtigt wird. Eine derartige Beeinträchtigung ergibt sich nicht daraus, dass der Notar als Teilhaber der Steuerberatungsgesellschaft beherrschenden Einfluss auf diese ausübt. Würde gleichwohl das Verbot des § 14 Abs. 5 Satz 2 eingreifen, bestünde ein nicht hinzunehmender Wertungswiderspruch zu § 9 Abs. 3.
  (3) Im Ergebnis muss § 14 Abs. 5 Satz 2 daher **einschränkend** dahin ausgelegt werden, 293
dass die Beteiligung des Anwaltsnotars an einer Steuerberatungsgesellschaft zur gemeinsamen Berufsausübung auch dann nicht nach dieser Vorschrift verboten ist, wenn er beherrschenden Einfluss in der Gesellschaft ausübt.

d) *Wirtschaftsprüfungsgesellschaft*

Die vorstehenden Erwägungen gelten entsprechend auch für die Beteiligung des Anwalts- 294
notars an einer **Wirtschaftsprüfungsgesellschaft**.

aa) Rechtsform

Wirtschaftsprüfungsgesellschaften können – ebenso wie Steuerberatungsgesellschaften – 295
nicht in der Rechtsform der **Gesellschaft bürgerlichen Rechts** betrieben werden (§ 27 Abs. 1 WPO[553]). Schließt sich der Anwaltsnotar in dieser Rechtsform mit einem Wirtschaftsprüfer zusammen, so ist § 14 Abs. 5 Satz 2 schon nach dem Wortlaut der Vorschrift nicht einschlägig. Die Beteiligung ist dann nach § 14 Abs. 5 Satz 1 zu beurteilen; sie ist mit Rücksicht auf die Befugnis zur Berufsverbindung mit einem Wirtschaftsprüfer in der Regel nicht zu beanstanden.

---

551 Der BFH (BStBl. II 1981, 586) hält dies im Ansatz für möglich, stellt dann aber erhöhte Anforderungen an den Nachweis der verantwortlichen Führung durch Steuerberater.
552 Für generelle Zulässigkeit der Beteiligung: *Eylmann/Vaasen/Frenz*, § 14 BNotO Rz. 49, mit Blick auf die sog. Wirtschaftsprüfer-Entscheidung des BVerfG (ZNotP 1998, 296).
553 Gesetz über eine Berufsordnung der Wirtschaftsprüfer (Wirtschaftsprüferordnung) v. 24.07.1961 (BGBl. I S. 1049) i.d.F. der Bekanntmachung v. 05.11.1975 (BGBl. I S. 2803), zuletzt geändert durch Gesetz v. 27.12.2004 (BGBl. I S. 3846).

bb) Stellung des Notars

296 Beteiligt sich der Anwaltsnotar an einer in **anderer Rechtsform** betriebenen Wirtschaftsprüfungsgesellschaft, kann er zwar möglicherweise beherrschenden Einfluss ausüben, weil die
Anerkennung der Gesellschaft nicht die verantwortliche Führung durch oder den beherrschenden Einfluss von Wirtschaftsprüfern voraussetzt (§ 28 Abs. 4 WPO)[554]. Aus denselben
Gründen wie bei der Steuerberatungsgesellschaft steht § 14 Abs. 5 Satz 2 einer Beteiligung
aber auch dann nicht entgegen[555].

IX. Fortbildungspflicht (Abs. 6)

1. Bedeutung der Vorschrift

297 Die Verrechtlichung weiter Lebensbereiche, der Erlass neuer und die Änderung bestehender
Rechtsvorschriften sowie die zunehmende Ausdifferenzierung von Rechtsprechung und Literatur machen es unumgänglich, dass der Notar sich nicht mit dem einmal angeeigneten Bestand an Kenntnissen und Fertigkeiten begnügt, sondern sich ständig fortbildet. Nur so kann
er den hohen Anforderungen gerecht werden, die im Interesse des rechtsuchenden Publikums an die Qualität und Sorgfalt seiner Amtstätigkeit zu stellen sind. Zugleich vermindert
eine kontinuierliche Fortbildung die mit der notariellen Berufsausübung verbundenen
erheblichen Haftungsrisiken. Das Gesetz macht es deshalb den Notaren zur Pflicht, sich fortzubilden. Die Vorschrift entspricht den Regelungen in verwandten Berufsordnungen (§ 43a
Abs. 6 BRAO, § 43 Abs. 2 WPO)[556].

2. Art und Umfang der Fortbildung

a) Eigenverantwortlichkeit des Notars

298 Das **Gesetz** bestimmt nur, dass sich der Notar in dem für seine Amtstätigkeit erforderlichen
Umfang fortzubilden hat, konkretisiert diese Pflicht aber nicht. Es ermächtigt die **Notarkammern**, im Rahmen ihrer Richtlinienkompetenz nähere Regelungen zum erforderlichen
Umfang zu treffen (§ 67 Abs. 2 Satz 3 Nr. 10). Die Richtlinienempfehlungen der Bundesnotarkammer enthalten insoweit ebenfalls keine Konkretisierung; sie sehen in Abschn. X
Nr. 1 lediglich vor, dass der Notar »seine durch Ausbildung erworbene Qualifikation in eigener Verantwortlichkeit zu erhalten und durch geeignete Maßnahmen sicherzustellen [hat],
dass er den Anforderungen an die Qualität seiner Amtstätigkeit durch kontinuierliche Fortbildung gerecht wird«. Soweit die Notarkammern dieser Empfehlung folgen und von einer
Konkretisierung der Fortbildungspflicht absehen, bleibt es dem einzelnen Notar überlassen,
Art und Umfang seiner Fortbildung **eigenverantwortlich** zu bestimmen.

b) Amtstätigkeit als Maßstab

299 Maßstab für die erforderliche Fortbildung sind Art und Umfang der von dem Notar aus-
zuübenden und ausgeübten **Amtstätigkeit**. Mit Rücksicht auf seine Urkundsgewährungspflicht[557] muss er sich grundsätzlich auf allen Rechtsgebieten fortbilden, die Gegenstand
einer Urkundstätigkeit sein können. Indes würde es eine Überspannung seiner Pflicht bedeuten, von ihm zu verlangen, dass er von vornherein auf alle denkbaren Fälle von Beurkundungen vorbereitet ist. Fortbildung stellt es auch dar, wenn er sich die notwendigen Kennt-

---

554 Die entgegenstehenden Ausführungen der *Vorauflage*, Rz. 248, sind durch Einfügung des § 28
    Abs. 4 Nr. 1a WPO durch Gesetz v. 01.12.2003 (BGBl. I S. 2446) überholt.
555 Siehe oben Rz. 295.
556 BT-Drucks. 13/4184 S. 25.
557 Siehe § 15 Rz. 7.

nisse aus Anlass eines Einzelfalles verschafft. Soweit er sich im Bereich seiner Beratungs- und Betreuungstätigkeit (§ 24) mit bestimmten Rechtsgebieten – etwa dem Steuerrecht – verstärkt befasst, muss er dem durch vermehrte Fortbildung Rechnung tragen.

c) Fortbildungsmaßnahmen

Als **Fortbildungsmaßnahme** kommt die Teilnahme an offiziellen Fortbildungsveranstaltungen – als Hörer oder als Dozent – in Betracht. Der Notar ist dazu aber nicht verpflichtet[558], sondern kann seiner Fortbildungspflicht auch in anderer Weise genügen. Zum Mindeststandard zählt die regelmäßige Lektüre der Pflichtblätter (§ 32), der einschlägigen Fachzeitschriften und etwaiger Veröffentlichungen der Bundesnotarkammer und der regionalen Notarkammern. Ferner eignet sich die Einholung und Kenntnisnahme von Gutachten des Deutschen Notarinstituts zur Fortbildung. Bildet sich der Notar in dieser Weise fort, kann er unter Umständen besser informiert sein als Kollegen, die regelmäßig an Fortbildungskursen teilnehmen[559].

300

3. Überwachung der Fortbildung

a) Notarkammern

Die Richtlinienempfehlungen der Bundesnotarkammer sehen vor, dass der Notar auf Anfrage der **Notarkammer** über die Erfüllung seiner Fortbildungspflicht zu berichten hat. Eine dahingehende Kammerrichtlinie erscheint jedoch nicht praktikabel, wenn man von der Eigenverantwortlichkeit des Notars ausgeht. Beschränkt sich der Notar etwa – in zulässiger Weise – darauf, sich durch Lektüre der in Betracht kommenden Publikationen fortzubilden, ist es ihm nicht zuzumuten, der Notarkammer im Einzelnen darüber zu berichten, wann er was mit welchem Zeitaufwand gelesen hat[560].

301

b) Aufsichtsbehörden

Die Erfüllung der Fortbildungspflicht zu überwachen, ist vielmehr Aufgabe der **Aufsichtsbehörden**. Indes ist eine Verletzung der Pflicht abstrakt kaum kontrollierbar[561]. Sie manifestiert sich in der Regel erst in einer konkreten beruflichen Fehlleistung[562]. Lässt eine solche Fehlleistung den Schluss zu, dass der Notar seiner Fortbildungspflicht nicht nachgekommen ist, ist dagegen im Aufsichtswege oder gegebenenfalls disziplinarisch vorzugehen.

302

---

558 Anders § 14 der Fachanwaltsordnung (FAO) v. 29.11.1996 (BRAK-Mitt. 1996, 241), wonach der Fachanwalt jährlich an mindestens einer Fortbildungsveranstaltung dozierend oder hörend teilzunehmen hat, wobei die Dauer der Fortbildung zehn Zeitstunden nicht unterschreiten darf.
559 So zu Recht: *Henssler/Prütting*, BRAO, § 43a Rz. 173.
560 Kritisch bzgl. Abschn. X Nr. 2 auch: *Eylmann/Vaasen/Frenz*, § 14 BNotO Rz. 52.
561 Ebenso zur anwaltlichen Fortbildungspflicht: *Feuerich/Weyland*, § 43a Rz. 98; *Henssler/Prütting*, § 43a Rz. 173.
562 Im Ergebnis ebenso: *Eylmann/Vaasen/Frenz*, § 14 BNotO Rz. 52; *Feuerich/Weyland*, § 43a Rz. 98, und *Henssler/Prütting*, § 43a Rz. 174 (die beiden letzteren zur anwaltlichen Fortbildungspflicht).

§ 15

(1) ¹Der Notar darf seine Urkundstätigkeit nicht ohne ausreichenden Grund verweigern. ²Zu einer Beurkundung in einer anderen als der deutschen Sprache ist er nicht verpflichtet.

(2) ¹Über Beschwerden wegen Verweigerung der Urkunds- oder sonstigen Tätigkeit des Notars entscheidet eine Zivilkammer des Landgerichts, in dessen Bezirk der Notar seinen Amtssitz hat. ²Für das Verfahren gelten die Vorschriften des Gesetzes über die Angelegenheiten der freiwilligen Gerichtsbarkeit.

(3) ¹In Abweichung von Absatz 1 und 2 darf der Notar seine Amtstätigkeit in den Fällen der §§ 39a, 42 Abs. 4 des Beurkundungsgesetzes verweigern, soweit er nicht über die notwendigen technischen Einrichtungen verfügt. ²Der Notar muss jedoch spätestens ab dem 1. April 2006 über zumindest eine Einrichtung verfügen, die Verfahren nach Satz 1 ermöglicht.

Beurkundungsgesetz

§ 53 Einreichung beim Grundbuchamt oder Registergericht

Sind Willenserklärungen beurkundet worden, die beim Grundbuchamt oder Registergericht einzureichen sind, so soll der Notar dies veranlassen, sobald die Urkunde eingereicht werden kann, es sei denn, dass alle Beteiligten gemeinsam etwas anderes verlangen; auf die mit einer Verzögerung verbundenen Gefahren soll der Notar hinweisen.

Richtlinienempfehlungen der Bundesnotarkammer

IV. Pflicht zur persönlichen Amtsausübung

1. Der Notar hat sein Amt persönlich und eigenverantwortlich auszuüben.
2. Der Notar darf die zur Erzeugung seiner elektronischen Signatur erforderliche Signatureinheit von Zugangskarte und Zugangscode (sichere Signaturerstellungseinheit) nicht Mitarbeitern oder Dritten zur Verwendung überlassen. Er hat die Signatureinheit vor Missbrauch zu schützen.

Übersicht

SANDKÜHLER

A. Entstehungsgeschichte der Vorschrift

1. § 15 Abs. 1 Satz 1 enthielt ursprünglich nach dem Wort *Urkundstätigkeit* den erläuternden Zusatz »*(§§ 20 bis 22)*«. 1991 wurde dieser Klammerzusatz aus § 15 entfernt und mit der Formulierung »*(§§ 20 bis 22a)*« in § 10a Abs. 2 eingestellt[1]. In der seit dem 08.09.1998 geltenden Fassung[2] lautet der Zusatz in § 10a Abs. 2 wieder »*(§§ 20 bis 22)*«. **1**

2. § 15 Abs. 1 Satz 2 sah ursprünglich die Beschwerde »*wegen Amtsverweigerung*« vor. Durch die Berufsrechtsnovelle 1998 ist die Vorschrift dahin geändert worden, dass die Beschwerde nunmehr gegen jegliche »*Verweigerung der Urkunds- und sonstigen Tätigkeit des Notars*« eröffnet ist[3]. Ferner sind die Absätze 1 und 2 dahin umgestellt worden, dass der bisherige Absatz 2 zu Absatz 1 Satz 2 und der bisherige Absatz 1 Satz 2 zu Absatz 2 geworden **2**

---

1 Art. 1 Nr. 8 des Gesetzes zur Änderung des Berufsrechts der Rechtsanwälte und Notare v. 29.01.1991 (BGBl. I S. 15O).
2 Art. 1 Nr. 8a des Dritten Gesetzes zur Änderung der Bundesnotarordnung und anderer Gesetze v. 31.08.1998 (BGBl. I S. 2485).
3 Art. 1 Nr. 12 des Gesetzes v. 31.08.1998 (Fn. 2).

ist[4]. Bei der Verweisung auf das FGG ist die bisherige Bezeichnung »*Reichsgesetz über die Angelegenheiten der freiwilligen Gerichtsbarkeit*« an die jetzige Bezeichnung »*Gesetz über die Angelegenheiten der freiwilligen Gerichtsbarkeit*« angepasst worden.

3   3. Der in Absatz 2 Satz 2 in Bezug genommene § 21 Abs. 2 FGG sieht vor, dass die Beschwerde auch in Form eines elektronischen Dokuments eingelegt werden kann[5]. Die Bundesregierung und die Landesregierungen bestimmen durch Rechtsverordnung den Zeitpunkt, von dem an elektronische Dokumente eingereicht werden können, sowie die zulässige Form.

4   4. Abs. 3 ist durch das Justizkommunikationsgesetz[6] eingefügt worden.

B. Erläuterungen

I. Amtsverweigerung (Absatz 1 Satz 1)

1. Bedeutung der Vorschrift

5   a) Die Vorschrift regelt die **Urkundsgewährungspflicht** des Notars. Sie betrifft die Frage, unter welchen Voraussetzungen der Notar seine Urkundstätigkeit verweigern *darf*. Ob er sie verweigern *muss*, ergibt sich aus § 14 Abs. 2, wonach der Notar jegliche Amtstätigkeit zu versagen hat, die mit seinen Amtspflichten nicht vereinbar wäre, sowie aus einer Reihe weiterer Vorschriften[7]. Daneben schreiben einige Bestimmungen dem Notar vor, in welchen Fällen er eine Beurkundung ablehnen *soll*.

6   b) § 15 Abs. 1 Satz 1 betrifft die **Urkundstätigkeit**, nicht hingegen selbstständige Verwahrungs-, Beratungs- und Betreuungstätigkeiten im Sinne der §§ 23, 24. Die Abgrenzung zwischen den beiden Tätigkeitsbereichen ergibt sich teils aus der Bundesnotarordnung, teils aus dem Urkundsverfahrensrecht[8].

2. Grundlagen der Urkundsgewährungspflicht

a) Stellung des Notars

7   Bei Wahrnehmung seiner Zuständigkeiten auf dem Gebiet der vorsorgenden Rechtspflege (§ 1 BNotO) und des Zivilprozessrechts (Erteilung vollstreckbarer Ausfertigungen notarieller Urkunden [§ 797 Abs. 2 ZPO], Verwahrung und Vollstreckbarkeitserklärung von Anwaltsvergleichen [§ 796c Abs. 1 ZPO], Vollstreckbarkeitserklärung von Schiedssprüchen mit vereinbartem Wortlaut [§ 1053 Abs. 4 ZPO]) übt der Notar **staatliche Funktionen** aus. Der Staat könnte und müsste diese Aufgaben durch seine Behörden erfüllen, wenn er sie nicht den Notaren übertragen hätte[9]. Der Notar kann daher nicht nach den Regeln des Privatrechtsverkehrs frei darüber entscheiden, ob er ein ihm angetragenes Geschäft übernehmen will oder nicht. Das gilt besonders für das Gebiet des Beurkundungswesens. Die Notare ha-

---

4 Wie Fn. 3.

5 Gesetz zur Anpassung der Formvorschriften des Privatrechts und anderer Vorschriften an den modernen Rechtsgeschäftsverkehr v. 13.07.2001 (BGBl. I S. 1542).

6 Art. 15 des Gesetzes über die Verwendung elektronischer Kommunikationsformen in der Justiz (Justizkommunikationsgesetz – JKomG) v. 22.03.2005 (BGBl. I S. 837). Näher dazu: *Viefhues*, NJW 2005, 1009.

7 Z. B. § 4 BeurkG.

8 Siehe unten Rz. 62 ff.

9 BVerfG DNotZ 1964, 424.

ben auf diesem Gebiet die nahezu ausschließliche Zuständigkeit[10]. Diese monopolähnliche Stellung[11] rechtfertigt es, ihnen – vergleichbar der Justizgewährungspflicht des Staates – eine **Urkundsgewährungspflicht**[12] aufzuerlegen. Der Notar muss daher grundsätzlich immer dann als Urkundsperson tätig werden, wenn er es ohne Verletzung materiell-rechtlicher oder dienstrechtlicher Pflichten kann[13].

b) Sonstige notarielle Tätigkeiten

Während § 15 Abs. 2 Satz 1 die Beschwerde auch gegen »*sonstige Tätigkeit*« des Notars eröffnet, behandelt Absatz 1 Satz 1 nur die Verweigerung der **Urkundstätigkeit**. Nicht zur Urkundstätigkeit gehörende (»*sonstige*«) notarielle Tätigkeiten unterliegen daher nicht der Pflicht zur Amtsausübung. Dies gilt auch dann, wenn im Zusammenhang mit einem Urkundsgeschäft um eine sonstige Tätigkeit nachgesucht wird[14]. So ist der Notar, der einen Grundstückskaufvertrag beurkundet, nicht verpflichtet, einen Treuhandauftrag zur Verwahrung des Kaufpreises zu übernehmen[15]. Indes hat der Notar entsprechend seiner Stellung als Amtsträger auch bei Wahrnehmung seiner sonstigen Zuständigkeiten nicht willkürlich, sondern nach **pflichtgemäßem Ermessen** über die Annahme oder Ablehnung eines solchen Auftrags zu entscheiden[16].

c) Träger der Urkundsgewährungspflicht

Zur Urkundstätigkeit ist derjenige Notar verpflichtet, an den sich das Beurkundungsersuchen richtet. Als unabhängigem Träger eines öffentlichen Amtes obliegen ihm allein die sich aus dem Amt ergebenden Rechte und Pflichten; notarielle Amtsausübung ist nicht sozietätsfähig[17]. Bei einer **Sozietät** von Notaren wird daher stets nur der einzelne Notar berechtigt und verpflichtet; der Urkundsauftrag kann sich – anders als das einer Anwaltssozietät erteilte Mandat[18] – nicht an eine Mehrheit von Notaren richten[19]. Nichts anderes gilt für Kooperationen unter Beteiligung von Notaren[20].

d) Berechtigte der Urkundsgewährungspflicht

Berechtigte der Urkundsgewährungspflicht sind der Antragsteller und die sonstigen an dem Urkundsgeschäft beteiligten Personen. Ihnen steht ein subjektives öffentliches Recht auf die Urkundsgewährung zu.

aa) Formelle Beteiligung

Soweit es sich um die Beurkundung von Willenserklärungen handelt, ist der **formelle Beteiligtenbegriff** des § 6 Abs. 2 BeurkG maßgeblich. Formell beteiligt sind die Erschienenen, deren im eigenen oder fremden Namen abgegebene Erklärungen beurkundet werden sollen.

---

10 *Winkler*, BeurkG, Einl. Rz. 9. Das Plädoyer *Winklers* (Rz. 9 Fn. 1) für eine Abschaffung des Anwaltsnotariats hat mit dem notariellen Beurkundungsmonopol nichts zu tun und ist sachlich verfehlt.
11 Kein echtes Beurkundungsmonopol; siehe § 20 Rz. 4.
12 Kritisch gegenüber dem Begriff: *Eylmann/Vaasen/Frenz*, § 15 BNotO Rz. 6.
13 *Winkler*, Einl. Rz. 31.
14 *SchippelBracker/Reithmann*, § 15 Rz. 17.
15 BayObLG DNotZ 1984, 111; *Zimmermann*, DNotZ 1980, 451, 453; 1982, 90, 106. Einzelheiten: § 23 Rz. 5, 79.
16 *Huhn/von Schuckmann/Armbrüster*, BeurkG, § 4 Rz. 1; *Zugehör/Ganter/Hertel/Ganter*, Handbuch der Notarhaftung (im Folgenden: *Bearbeiter*, Notarhaftung), Rz. 488; *Bohrer*, Das Berufsrecht der Notare, Rz. 205.
17 *Bohrer*, Rz. 312 ff.
18 Vgl. dazu BGHZ 124, 47, 48.
19 BayObLG DNotZ 1981, 317.
20 *Bundesnotarkammer*, Rdschr. Nr. 20/2000 (Internetabruf unter www.bnotk.de).

bb) Dritte

12 **Dritten** gegenüber ist der Notar grundsätzlich nicht zur Urkundstätigkeit verpflichtet, mag die Amtshandlung auch ihre Interessen berühren[21]. Allerdings kann sich die zur Urkundsgewährungspflicht gehörende Belehrungspflicht nach § 17 BeurkG auch auf **mittelbar Beteiligte** erstrecken[22]. Wegen der Einzelheiten wird auf die Erläuterungen zu § 14 verwiesen[23].

cc) Haftungsrechtlich geschützte Dritte

13 Der Kreis der Personen, denen gegenüber die Urkundsgewährungspflicht besteht, ist nicht mit dem der **geschützten Dritten** im Sinne des **§ 19 Abs. 1 Satz 1** identisch; vielmehr ist der Kreis derer, denen der Notar Betreuung im allgemeinen, Hinweise und Warnungen im besonderen schuldet, sehr viel weiter. Daher kann die Verletzung der Urkundsgewährungspflicht gegenüber einem Beteiligten zugleich eine **Amtspflichtverletzung** gegenüber einem Dritten darstellen (§ 19)[24].

3. Begriff der Urkundstätigkeit

a) Legaldefinition

14 § 15 Abs. 1 Satz 1 definiert den Begriff der Urkundstätigkeit nicht eigenständig, sondern setzt ihn voraus. Maßgeblich ist § 10a Abs. 2, wonach die folgenden im Katalog der §§ 20 bis 22 aufgeführten Amtshandlungen **Pflichtaufgaben** des Notars sind:
– Beurkundungen und Beglaubigungen sowie die sonstigen in § 20 genannten Geschäfte,
– die Ausstellung von Bescheinigungen nach § 21,
– die Abnahme von Eiden, die Durchführung eidlicher Vernehmungen sowie die Aufnahme eidesstattlicher Versicherungen in den in § 22 genannten Fällen.

b) Amtshandlung

15 **Gegenstand** der Urkundsgewährungspflicht ist zunächst die eigentliche **Amtshandlung**. Der Antrag auf Vornahme einer notariellen Amtshandlung begründet ein öffentlich-rechtliches Verfahrensrechtsverhältnis zwischen den Beteiligten und dem Notar[25]. Es verpflichtet den Notar, den verfahrensrechtlich ordnungsgemäßen Abschluss der Amtshandlung herbeizuführen. Das bedeutet in den praktisch wichtigsten Fällen des § 20 Abs. 1 Satz 1, dass die Beteiligten die Errichtung einer den Vorschriften des Beurkundungsgesetzes bzw. der sonst einschlägigen Verfahrensordnung entsprechenden Urkunde verlangen können.

c) Hilfs- und Nebentätigkeiten

16 Die Urkundsgewährungspflicht umfasst darüber hinaus auch die zu der Amtshandlung gehörenden **Hilfs- und Nebentätigkeiten** des Notars. Diese sind von der selbstständigen Betreuungstätigkeit im Sinne der §§ 23, 24 zu unterscheiden. Die Unterscheidung ist haftungsrechtlich und kostenrechtlich bedeutsam:

---

21 BGH DNotZ 1970, 444.
22 Allgemein dazu: *Haug*, Die Amtshaftung des Notars, Rz. 24 ff.; *Winkler*, § 17 Rz. 14; *Ganter*, Notarhaftung, Rz. 323, 329, 335.
23 Dort Rz. 137.
24 BGHZ 58, 341, 353; BGH DNotZ 1984, 425.
25 Zum notariellen Verfahrensrechtsverhältnis: *Bohrer*, Rz. 25 ff.; *Huhn/von Schuckmann/Armbrüster/ Renner*, Einl. Rz. 39; kritisch dazu: *Keim*, Das notarielle Beurkundungsverfahren, S. 1 f.; *ders.*, MittBayNot 1992, 182.

Haftungsrechtlich sind nach § 19 Abs. 1 Satz 2 die Urkundstätigkeit und die zugehörigen Hilfs- und Nebentätigkeiten, nicht aber selbstständige Amtshandlungen gemäß §§ 23, 24 (im Verhältnis zu dem Auftraggeber) privilegiert[26].

Der **kostenrechtliche** Unterschied liegt darin, dass Hilfs- und Nebentätigkeiten als Nebengeschäfte keine gesonderte Gebühr auslösen (§§ 146 Abs. 1 Satz 2, 147 Abs. 3 KostO), während andere Betreuungs- und Vollzugstätigkeiten nach Maßgabe der §§ 146, 147 KostO gebührenpflichtig sind[27].

d) Abgrenzungsfragen

Die **Abgrenzung** zwischen bloßer Hilfs- und Nebentätigkeit und sonstiger Betreuungstätig-keit kann im Einzelfall schwierig sein. **17**

aa) Kostenrecht als Richtschnur

Als **Richtschnur** können die genannten kostenrechtlichen Vorschriften dienen[28]. Die Beur-teilung hängt allerdings nicht davon ab, ob der Notar tatsächlich besondere Gebühren nach §§ 146, 147 KostO berechnet hat oder nicht, sondern davon, ob solche Gebühren von Rechts wegen angefallen sind[29]. **18**

bb) Systematische Abgrenzung

Im Rahmen einer **systematischen Abgrenzung** kann an das Beurkundungsverfahrensrecht angeknüpft werden. Unter die Urkundsgewährungspflicht fallen danach diejenigen Hand-lungen, zu denen der Notar zwecks **Vorbereitung, Förderung** und **Abwicklung** der bean-tragten Urkundstätigkeit verfahrensrechtlich kraft Gesetzes verpflichtet ist. **19**

(1) Dem Notar obliegt zunächst eine umfassende **Aufklärungspflicht**[30]. **20**

(a) Nach § 17 Abs. 1 BeurkG hat er den **Willen der Beteiligten** zu erforschen und den **Sachverhalt** zu klären[31]. Dabei hat er darauf hinzuwirken, dass sich die Beteiligten vollstän-dig und eindeutig über ihre Vorstellungen und ihre Willensrichtung äußern[32]. Seine Aufgabe ist es, den »Tatsachenkern« des Geschäfts aufzuklären[33]. Die zur Klärung des Sachverhalts und des Willens der Beteiligten notwendigen Handlungen fallen als vorbereitende Hilfstätig-keiten unter die Urkundsgewährungspflicht des Notars[34]. **21**

(b) Zu den vorbereitenden Pflichtaufgaben gehört es in den Fällen des § 21 Abs. 1 BeurkG ferner, sich über den **Grundbuchinhalt** zu unterrichten. Voraussetzung dafür ist, dass das Urkundsgeschäft das im Grundbuch eingetragene oder einzutragende Recht selbst oder die darauf gerichtete rechtliche Verpflichtung zum Gegenstand hat[35]. Dazu zählt auch das schuldrechtliche Verpflichtungsgeschäft, das sich unmittelbar auf ein solches Recht be-zieht[36]. Ein Urkundsgeschäft, das lediglich **wirtschaftlichen Zwang** zum Abschluss eines Grundstücksgeschäfts begründet, löst hingegen die Pflicht zur Grundbucheinsicht nicht aus[37]. **22**

---

26 BGH VersR 1981, 85.
27 Zum kostenrechtlichen Begriff des Nebengeschäfts: *Bengel*, DNotZ 1996, 361; *Bund*, DNotZ 1997, 27.
28 BGH VersR 1981, 85, 86; OLG Koblenz VersR 1981, 85; *Haug*, Rz. 176; ablehnend: *Eylmann/Vaa-sen/Frenz*, § 15 BNotO Rz. 10.
29 *Haug*, Rz. 176.
30 Einzelheiten: § 14 Rz. 103 ff.
31 Überblick über die Rechtsprechung des BGH zu den notariellen Belehrungs-, Hinweis- und Warn-pflichten: *Ganter*, WM Sonderbeilage 1/1993; *ders.*, Notarhaftung, Rz. 962 ff.
32 BGH DNotZ 1987, 450.
33 BGH DNotZ 1987, 450; WM 1992, 1662.
34 *Schippel/Bracker/Reithmann*, § 15 Rz. 23.
35 BGH WM 1992, 1662, 1667.
36 BGH WM 1992, 1662, 1667.
37 BGH WM 1992, 1662, 1667 (Betreuungsvertrag im Bauherrenmodell).

23   (c) Der Notar ist im Übrigen nicht verpflichtet, die erheblichen Tatsachen selbst zu ermitteln. Der **Amtsermittlungsgrundsatz** des § 12 FGG gilt nicht für die Tätigkeit der Notare[38].

24   (2) Dem Notar obliegt als Pflichtaufgabe ferner die **Belehrung** der Beteiligten[39].

25   (a) Nach § 17 Abs. 1 BeurkG hat er die Beteiligten über die **rechtliche Tragweite** des Geschäfts zu belehren (Satz 1); dabei soll er darauf achten, dass Irrtümer und Zweifel vermieden sowie unerfahrene und ungewandte Beteiligte nicht benachteiligt werden (Satz 2). Die Vorschrift umschreibt die sog. **regelmäßige Belehrungspflicht** aus Urkundtätigkeit. Sie hat den Zweck, sicherzustellen, dass der Notar eine rechtswirksame Urkunde errichtet. Seine Pflicht zur Rechtsbelehrung geht deshalb grundsätzlich – nur – so weit, wie eine Belehrung für das Zustandekommen einer formgültigen Urkunde erforderlich ist, die den wahren Willen der Beteiligten vollständig und unzweideutig in der für das beabsichtigte Rechtsgeschäft richtigen Form rechtswirksam wiedergibt[40].

26   (b) Über die regelmäßige Belehrungspflicht aus Urkundtätigkeit hinaus obliegt dem Notar unter besonderen Umständen die sog. **erweiterte Belehrungspflicht**[41]. Sie beruht auf der allgemeinen Betreuungspflicht, die der Notar nach § 14 BNotO als Amtsträger der vorsorgenden Rechtspflege zu erfüllen hat[42]. Haftungsrechtlich ist sie als Ausfluss des Hauptgeschäfts zu werten, so dass das Verweisungsprivileg des § 19 Abs. 1 Satz 2 eingreift[43].

27   (c) Nach § 17 Abs. 2 BeurkG soll der Notar bei **Zweifeln**, ob das Geschäft dem Gesetz oder dem wahren Willen der Beteiligten entspricht, die Bedenken mit den Beteiligten *erörtern* (Satz 1). Zweifelt er an der Wirksamkeit des Geschäfts und bestehen die Beteiligten trotzdem auf der Beurkundung, so soll er die Belehrung und die dazu abgegebenen Erklärungen der Beteiligten in der Urkunde **vermerken** (Satz 2). Die Vermerkpflicht ist Nebenpflicht zur Urkundsgewährungspflicht. Wegen der Einzelheiten wird auf die Erläuterungen zu § 14 verwiesen[44].

28   (d) Nach § 17 Abs. 3 BeurkG braucht der Notar die Beteiligten nicht über den Inhalt **ausländischer Rechtsordnungen** zu belehren; zur Kenntnis ausländischen Rechts ist er nicht verpflichtet[45]. Das bedeutet aber nicht, dass er in Fällen mit Auslandsberührung die Frage der Anwendbarkeit ausländischen Rechts dahingestellt lassen darf. Nach Absatz 3 Satz 1 muss er den Beteiligten einen Hinweis geben und dies in der Urkunde vermerken, wenn ausländisches Recht anzuwenden ist oder darüber Zweifel bestehen. Auch hierbei handelt es sich um eine Nebenpflicht zur Urkundsgewährungspflicht.

29   (3) Im Mittelpunkt der Urkundsgewährungspflicht steht die **Formulierungspflicht** des Notars.

30   (a) Er muss die Erklärungen der Beteiligten entsprechend dem nach der Rechtslage Erforderlichen **klar und unzweideutig** in der Urkunde wiedergeben (§ 17 Abs. 1 Satz 1 BeurkG). Er verletzt seine Amtspflicht, wenn die von ihm errichtete Vertragsurkunde die Einigung der Parteien nur so unvollkommen zum Ausdruck bringt, dass der Vertrag gegen seinen Wortlaut ausgelegt werden muss[46]. Maßstab ist das Verständnis der Beteiligten. Mit Missdeutungen von Fachbehörden – etwa des Grundbuchamtes in Grundbuchsachen – braucht der Notar nicht zu rechnen[47].

---

38 *Reithmann*, DNotZ, Sonderheft »Deutscher Notartag 1965«, 96.
39 Einzelheiten dazu: § 14 Rz. 130 ff., 224 ff.
40 BGH DNotZ 1988, 383; DNotZ 1989, 45; WM 1991, 1046, 1048; WM 1992, 1662, 1665.
41 Näher dazu § 14 Rz. 225 ff.
42 BGH DNotZ 1987, 157; DNotZ 1989, 45; DNotZ 1991, 759; WM 1993, 251, 254 (anders noch BGH DNotZ 1980, 563: § 17 Abs. 1 BeurkG); *Huhn/von Schuckmann/Armbrüster*, § 17 Rz. 16; *Reithmann/Albrecht*, Handbuch der notariellen Vertragsgestaltung, Rz. 174 ff.; siehe auch Erläuterungen zu § 14.
43 Siehe § 19 Rz. 217.
44 Dort Rz. 176 ff.
45 Zu Hinweis- und Warnpflichten bei Verträgen mit Auslandsberührung: § 14 Rz. 215 ff.
46 BGH DNotZ 1992, 811; VersR 1993, 233.
47 BGH DNotZ 1991, 753.

(b) Zur Formulierung gehört es, dass der Notar aufgrund der Erklärungen der Beteiligten **31** einen Entwurf der Niederschrift fertigt. Die Anfertigung eines solchen nur **vorbereitenden Entwurfs** gehört zur Urkundstätigkeit und damit zu den Pflichtaufgaben des Notars[48], sofern die Beteiligten dem Notar nicht einen fertigen Urkundsentwurf zur Verfügung stellen.

Dagegen besteht kein Anspruch darauf, dass der Notar vor der Beurkundungsverhand- **32** lung einen **selbstständigen Entwurf** fertigt und diesen den Beteiligten zwecks Vorbereitung der Beurkundung übermittelt[49]. Übernimmt der Notar es allerdings, einen selbstständigen Urkundsentwurf zu fertigen, so obliegen ihm die gleichen Aufklärungs- und Belehrungspflichten wie bei der Beurkundung[50].

(4) Zu den Pflichtaufgaben des Notars gehören ferner die **Hinweispflichten** nach §§ 18–20 **33** BeurkG[51].

(5) Die Urkundsgewährungspflicht umfasst ferner bestimmte **Vollzugshandlungen** des **34** Notars.

(a) Sind Willenserklärungen beurkundet worden, die beim **Grundbuchamt** oder **Regis- 35 tergericht** einzureichen sind, soll der Notar dies nach § 53 BeurkG veranlassen, sobald die Urkunde eingereicht werden kann, d.h. sobald Vollzugsreife eingetreten ist[52]. Gleiches gilt, wenn der Notar den Text einer von ihm beglaubigten Erklärung entworfen hat[53]. Um Vollzug im Sinne des § 53 BeurkG handelt es sich, wenn die Einreichung notwendig ist, um die mit dem Urkundsgeschäft erstrebte Rechtswirkung herbeizuführen[54]. Die Einreichung stellt dann eine nachfolgende Hilfstätigkeit zur Urkundstätigkeit und damit eine Pflichtaufgabe des Notars dar[55]. Die Amtspflicht zur Einreichung besteht – nur – gegenüber den Beteiligten, deren Erklärungen der Notar beurkundet hat[56]. Der Notar darf von der Einreichung nur absehen, wenn alle Beteiligten es gemeinsam verlangen (§ 53 BeurkG). Einen einseitigen Widerruf der Vollzugsvollmacht darf er daher grundsätzlich nicht beachten. Nur wenn es für ihn in hohem Maße wahrscheinlich ist, dass der beurkundete Vertrag **unwirksam** ist und durch seinen Vollzug das Grundbuch unrichtig würde, darf er nicht am Vollzug mitwirken[57].

Weisen die Beteiligten den Notar hingegen an, die Auflassungsurkunde erst dann beim **36** Grundbuchamt einzureichen, wenn bestimmte Bedingungen – etwa die Zahlung des Kaufpreises – erfüllt sind (**Vorlagesperre**), handelt es sich um eine selbstständige Betreuungstätigkeit[58].

Dagegen ist der Notar kraft Gesetzes nicht verpflichtet, die **Vollzugsreife** herbeizufüh- **37** ren[59]. Ebenso wenig gehört es zu seinen Pflichtaufgaben, sein **Antragsrecht** nach § 15 GBO, §§ 129, 147 Abs. 1, 159, 161 Abs. 1 FGG auszuüben. Ob er zur **Überwachung des Vollzugs** verpflichtet ist, hängt von den Umständen ab. Eine Überwachungspflicht besteht, wenn er den Eintragungsantrag gem. § 15 GBO gestellt hat, und zwar auch dann, wenn er gleichzeitig den Antrag eines Beteiligten als Bote eingereicht hat[60]. Hat er den in der Urkunde enthaltenen Eintragungsantrag hingegen lediglich weitergeleitet, ohne von der Ermächtigung des § 15 GBO Gebrauch zu machen, ist er nach wohl h. M. nicht zur Überwachung

---

48 *Reithmann/Albrecht*, Rz. 60; zur haftungsrechtlichen Privilegierung vgl. Haftpflichtecke DNotZ 1955, 396.
49 Zu den Amtspflichten bei Anfertigung eines selbstständigen Entwurfs: § 24 Rz. 15.
50 Siehe § 24 Rz. 15.
51 Einzelheiten dazu: § 14 Rz. 218 ff.
52 Zur Beschleunigungspflicht: § 19 Rz. 53.
53 *Winkler*, § 53 Rz. 3; *Huhn/von Schuckmann/Preuß*, § 53 Rz. 11; *Lerch*, BeurkG, § 53 Rz. 2.
54 *Huhn/von Schuckmann/Preuß*, § 53 Rz. 1.
55 BGH VersR 1962, 1177; VersR 1981, 85; BayObLG DNotZ 1998, 646, 647; MittRhNotK 1999, 357, 358.
56 BGH DNotZ 1992, 813.
57 BayObLG DNotZ 1998, 645; DNotZ 1998, 648; MittRhNotK 1999, 357, 358; OLG Hamm OLGZ 1994, 495.
58 BGH DNotZ 2006, 857. Siehe auch § 24 Rz. 43.
59 *Huhn/von Schuckmann/Preuß*, § 53 Rz. 18; *Lerch*, BeurkG, § 53 Rz. 7.
60 BGHZ 123, 1, 9; BayObLG DNotZ 1989, 366.

verpflichtet[61]. Nach einer Gegenmeinung soll er stets zur Überwachung des Vollzugs verpflichtet sein, wenn er – wie üblich – eine Vollzugsnachricht erhält[62]. Indes ersetzt die Übersendung einer Vollzugsnachricht nicht den erforderlichen Auftrag der Beteiligten zur Vollzugsüberwachung.

38   Nicht zur Urkundstätigkeit zählt die **Rücknahme** eines nach § 53 BeurkG beim Grundbuchamt oder Registergericht eingereichten Eintragungsantrags[63].

39   (b) Übernimmt der Notar außerhalb des Geltungsbereichs des § 53 BeurkG lediglich die **Weiterleitung** einer von ihm entworfenen oder beurkundeten Erklärung, so liegt darin ebenfalls nur ein unselbstständiges Nebengeschäft[64]. Ein unselbstständiges Vollzugsgeschäft liegt auch vor, wenn der Notar bei einem mit einem **Vorkaufsrecht** belasteten Grundstück im Auftrag der Vertragsparteien dem Vorkaufsberechtigten eine Ausfertigung des Vertrages übersendet und/oder dessen Freigabeerklärung entgegennimmt[65].

40   (c) Hiervon zu unterscheiden sind die Fälle, in denen dem Notar ein **selbstständiger Vollzugsauftrag** erteilt wird. Er hat im Zweifel die vollständige Abwicklung des beurkundeten Rechtsgeschäfts durch den Notar zum Inhalt[66]. Ein solcher Vollzugsauftrag fällt unter § 24 BNotO; der Notar ist daher zu seiner Übernahme nicht verpflichtet[67].

41   (6) Eine bloße Nebentätigkeit zur Beurkundung liegt ferner im Zweifel vor, wenn der Notar aus Anlass und im Zusammenhang mit einem Urkundsgeschäft eine **Auskunft** erteilt, sei es gegenüber einem formell oder einem nur mittelbar Beteiligten[68]. Das Haftungsprivileg des § 19 Abs. 1 Satz 2 BNotO greift insoweit ein. Als Auskunft in diesem Sinne kommen aber nur bloße **Tatsachenmitteilungen** – etwa über den festgestellten Grundbuchinhalt oder über das Vorhandensein oder Fehlen unerledigter Grundbuchanträge – in Betracht. Davon zu unterscheiden sind die **Notarbestätigungen** mit gutachtlichem Charakter wie etwa Fälligkeitsbestätigungen[69]. Derartige Bestätigungen fallen unter § 24 BNotO[70], unterliegen also nicht der Urkundsgewährungspflicht nach § 15 Abs. 1 Satz 1[71].

42   (7) Bei der **betreuenden Amtstätigkeit** des Notars ist zu unterscheiden, ob sie in engem sachlichem Zusammenhang mit der Beurkundung steht und deshalb eine ihr zuzurechnende Nebentätigkeit darstellt[72] oder ob sie Gegenstand eines selbstständigen Betreuungsgeschäfts im Sinne des § 24 ist[73]. So ist die **Übernahme des Kaufpreises** zur Aufbewahrung und späteren bestimmungsgemäßen Auszahlung ein selbstständiges Amtsgeschäft, auch wenn dieser Auftrag dem Notar aus Anlass der Beurkundung eines Grundstückskaufvertrages übertragen wird[74]. Das gleiche gilt für eine dem beurkundenden Notar von den Kaufvertragsparteien aufgegebene – eine tatsächliche und rechtliche Prüfung verlangende – **Fälligkeitsbestätigung**[75]. Darf der Notar die Auflassungsurkunde erst nach Eintritt bestimmter Bedingungen beim Grundbuchamt einreichen (**Vorlagesperre**), stellt die Überwachung des Bedingungseintritts eine selbstständige Betreuungstätigkeit dar[76].

61   BGHZ 28, 104; BGH DNotZ 1969, 173; BGHZ 123, 1, 9. *Haug*, Rz. 632; *Huhn/von Schuckmann/Preuß*, § 53 Rz. 21.
62   *Winkler*, § 53 Rz. 56, unter Hinweis auf BGH DNotZ 1988, 372. In dem der Entscheidung zugrunde liegenden Fall hatte die Beteiligte beantragt, den Erbschein zu Händen des Notars zu erteilen. Darin konnte der konkludente Auftrag zur Vollzugsüberwachung gesehen werden.
63   Siehe auch unten Rz. 98.
64   BGHZ 31, 5.
65   BGH ZNotP 2003, 156.
66   Siehe § 19 Rz. 89 und § 24 Rz. 41, 43.
67   BGH DNotZ 1976, 506.
68   BGH DNotZ 1984, 425.
69   Siehe unten Rz. 42.
70   BGH DNotZ 1985, 48; OLG Düsseldorf JMBl. NW 1995, 226, 227.
71   Näher dazu: *Bund*, DNotZ 1997, 27.
72   Zur erweiterten Belehrungspflicht siehe oben Rz. 24.
73   Zur Abgrenzung siehe § 24 Rz. 5 ff.
74   BGH DNotZ 1985, 48.
75   BGH DNotZ 2000, 287. Siehe auch § 24 Rz. 30 ff.
76   BGH NotBZ 2006, 313 = NJW-RR 2006, 1431; BayObLG ZNotP 2002, 485, 486.

(8) Nicht zur Urkundstätigkeit im Sinne des § 15 zählen die Amtsgeschäfte, die dem No- **43** tar aufgrund der **Verwahrung notarieller Urkunden** (§§ 34 Abs. 3, 45 Abs. 1 BeurkG) ob- liegen, insbesondere also die Gewährung von Urkundeneinsicht, die Aushändigung und Ersetzung der Urschrift, die Erteilung von Abschriften und Ausfertigungen sowie die Ertei- lung der Vollstreckungsklausel. Die Pflicht zur Vornahme dieser Geschäfte ergibt sich nicht aus der Urkundstätigkeit, sondern aus der Verwahrung der Urkunde durch den Notar[77].

(9) Schließlich gehört es nicht zu den Pflichtaufgaben des Notars, **Vollzugsbevollmäch-** **44** **tigte** der Beteiligten zur Wahrnehmung der ihnen übertragenen Vertreteraufgaben, etwa zur Abgabe von Erklärungen, z. B. der Auflassung, anzuhalten. Das gilt auch, wenn es sich bei den Bevollmächtigten um Angestellte des Notars handelt[78]. Sein Direktionsrecht als Arbeit- geber erstreckt sich nicht auf das Verhalten von Angestellten als Vertreter von Beteiligten und begründet diesen gegenüber keine Amtspflicht.

4. Verweigerung der Urkundstätigkeit

a) Amtsverweigerung

§ 15 Abs. 1 Satz 1 behandelt die **Verweigerung** der notariellen Urkundstätigkeit. **45**

aa) Ablehnung von Anträgen

Sie liegt vor, wenn der Notar ein Ansuchen auf Vornahme einer Amtstätigkeit im Sinne der **46** §§ 20 bis 22 **ablehnt.** Die Ablehnung kann vor oder während der Amtstätigkeit oder im Rahmen ihres notwendigen Vollzuges erfolgen[79]. Eine Amtsverweigerung stellt es auch dar, wenn der Notar es ablehnt, einer gegen die Vornahme einer Amtstätigkeit gerichteten **Wei-** **sung** Beteiligter – etwa im Rahmen des Urkundsvollzuges – nachzukommen[80]. So liegt eine Amtsverweigerung vor, wenn er sich anschickt, eine nach § 53 BeurkG beim Grundbuchamt oder dem Registergericht einzureichende Willenserklärung trotz entgegenstehender Weisung der Beteiligten einzureichen, oder wenn er umgekehrt die Aufforderung eines Beteiligten zur Einreichung verweigert, etwa in der Annahme, es bestehe kraft Vereinbarung oder kraft AGB eine Einreichungssperre[81].

bb) Schlüssiges Verhalten

Die Ablehnung muss nicht ausdrücklich erklärt werden; sie kann sich auch aus einem **47** **schlüssigen Verhalten** des Notars ergeben, sofern daraus zweifelsfrei hervorgeht, dass er den Antrag nicht annehmen will[82].

Ob eine Verweigerung auch dann anzunehmen ist, wenn der Notar ein Ansuchen nicht bescheidet, d.h. **untätig** bleibt, hängt von den Umständen ab. Die Untätigkeit stellt keine Verweigerung dar, wenn sie darauf beruht, dass der Notar vorübergehend oder dauernd zur Amtsausübung nicht bereit oder nicht in der Lage ist, etwa weil er Urlaub hat, ortsabwesend oder verhindert ist[83]. Bescheidet der Notar aber einen Antrag nicht in angemessener Zeit, obwohl er an sich amtsbereit und amtsfähig ist, so führt die Untätigkeit zu einer mit der Be- schwerde nach Abs. 1 Satz 2 angreifbaren Verweigerung im Sinne des § 15 BNotO[84]. Zur Vermeidung des Beschwerdeweges sollte der Antragsteller allerdings zunächst Vorstellungen an den Notar selbst, an die Notarkammer (§ 67 Abs. 1 Satz 2) oder an die Aufsichtsbehörde (§ 93 Abs. 1 Satz 1) richten.

---

77 *Eylmann/Vaasen/Frenz,* §15 BNotO Rz. 17. Vgl. auch unten Rz. 89.
78 Näher dazu: *Müller-Magdeburg,* Rechtsschutz gegen notarielles Handeln, Rz. 26 ff.
79 *Eylmann/Vaasen/Frenz,* § 15 BNotO Rz. 18.
80 BayObLG DNotZ 2000, 372, 373; OLG Schleswig DNotZ 1993, 67, 71.
81 Vgl. zu dieser Fallkonstellation BGHZ 148, 85; BayObLG ZNotP 2003, 75.
82 *Schippel/Bracker/Reithmann,* § 15 Rz. 43.
83 Siehe § 38 BNotO.
84 OLG Düsseldorf NJW-RR 1998, 1138; *Eylmann/Vaasen/Frenz,* § 15 BNotO Rz. 21.

48   Eine Amtsverweigerung liegt schließlich auch vor, wenn der Notar ein Ansuchen zwar annimmt, aber nicht zwecks Erledigung tätig wird oder seine Tätigkeit einstellt, obwohl er an sich zur Erledigung in der Lage wäre. Zumindest wird in solchen Fällen § 15 Abs. 1 Satz 1 entsprechend anzuwenden sein.

49   Innerhalb welcher Frist der Notar tätig werden bzw. seine Tätigkeit fortsetzen muss, ist gesetzlich nicht bestimmt. Die in einzelnen Verfahrensordnungen (durchweg ohnehin nur als Regelfristen) vorgesehenen Fristen für Untätigkeitsklagen[85] bilden ebenso wenig wie die in § 111 Abs. 2 Satz 2 BNotO bestimmte Untätigkeitsfrist einen geeigneten Maßstab. Entscheidend ist, wann der Antragsteller nach Lage des Falles einen Bescheid des Notars erwarten konnte[86].

cc) Verfahrensunterbrechung

50   Keine Amtsverweigerung stellt es dar, wenn der Notar das Beurkundungsverfahren **unterbricht**, etwa um den Beteiligten eine Bedenkzeit einzuräumen oder weil er eine weitere Sachaufklärung für geboten hält. Es handelt sich dabei um eine verfahrensleitende Maßnahme, zu der er als Rechtspflegeorgan ähnlich wie der Richter befugt ist[87].

b) Bescheidungspflicht

51   Es ist Amtspflicht des Notars, einen Antrag auf Urkundstätigkeit unverzüglich (ohne schuldhaftes Zögern) zu **bescheiden**. Will er den Antrag ablehnen, soll er die dafür maßgeblichen Gründe dem Antragsteller mitteilen, damit dieser prüfen kann, ob eine Beschwerde wegen Amtsverweigerung (Abs. 1 Satz 2) Aussicht auf Erfolg bietet. Die Ablehnung bedarf keiner besonderen **Form**; jedoch empfiehlt sich – zumindest im Urkundennachverfahren – eine schriftliche Mitteilung[88].

c) Vorbescheid

52   Um zu vermeiden, dass durch die Vornahme einer Amtshandlung vollendete Tatsachen geschaffen werden, ist der Notar befugt, durch einen beschwerdefähigen **Vorbescheid** anzukündigen, dass er eine bestimmte Amtshandlung vornehmen oder bestimmte Weisungen Beteiligter nicht beachten werde, wenn nicht innerhalb einer – von ihm festzusetzenden – angemessenen Frist Beschwerde gegen die Ankündigung eingelegt werde[89]. Einen beschwerdefähigen Vorbescheid stellt es hingegen nicht dar, wenn der Notar den Beteiligten lediglich eine Rechtsansicht mitteilt, ohne eine konkrete Amtshandlung oder deren Verweigerung anzukündigen[90]. Unzulässig ist ein Vorbescheid, mit dem der Notar die Ablehnung einer Amtstätigkeit ankündigt[91].

aa) Zulässigkeit

53   **Zulässig** ist ein Vorbescheid, wenn die Auswirkungen der beabsichtigten Amtsverweigerung auch bei Erfolg einer dagegen gerichteten Beschwerde bestehen bleiben würden oder es sonst aus Gründen der Rechtssicherheit geboten erscheint, die Berechtigung einer Amtsverweigerung schon in deren Vorfeld zu klären. Ein praktisches Bedürfnis für einen Vorbescheid kommt insbesondere in Betracht, wenn mehrere Personen an dem notariellen Verfahren beteiligt sind und zwischen ihnen Streit besteht, ob eine bestimmte Amtshandlung –

---

85 § 75 VwGO, § 46 FGO, § 88 SGG.
86 *Eylmann/Vaasen/Frenz*, § 15 BNotO Rz. 21.
87 *Winkler*, Einl. Rz. 30.
88 *Eylmann/Vaasen/Frenz*, § 15 BNotO Rz. 19.
89 BayObLG DNotZ 1998, 646; DNotZ 2000, 372, 373 m. Anm. *Reithmann*, DNotZ 2000, 376. Eingehend zum Vorbescheid: *Hertel* in FS Notarkammer Pfalz 2003, 167.
90 OLG Zweibrücken DNotZ 2004, 364.
91 *Everts*, ZNotP 2005, 220; OLG Brandenburg Rpfleger 2007, 605.

Sandkühler

etwa die Auszahlung eines hinterlegten Geldbetrages – rechtmäßig ist. Im Beschwerdewege kann dieser Streit in rechtsstaatlich befriedigender Weise ausgetragen werden[Gerd Sand1], bevor durch die Vornahme der Amtshandlung Nachteile entstehen können.

Dagegen ist ein Vorbescheid **nicht zulässig**, wenn die mit der Amtsverweigerung zusammenhängenden Fragen ohne Nachteile für die Beteiligten im Wege einer unmittelbar gegen die Verweigerung gerichteten Beschwerde geklärt werden können. So ist für den Erlass eines Vorbescheides im allgemeinen kein Raum, wenn der Notar die Beurkundung eines Vertrages ablehnen will, weil er ihn für gesetz- oder sittenwidrig hält. Dem Rechtsschutzbedürfnis der Beteiligten ist ausreichend gedient, wenn der Notar die Ablehnung erklärt und die Beteiligten dagegen Beschwerde einlegen. Dies gilt unabhängig von der Schwierigkeit oder Einfachheit der Rechtslage[92].

bb) Ermessensentscheidung

Ob ein Vorbescheid erlassen wird, entscheidet der Notar nach pflichtgemäßem Ermessen. **54** Ein Rechtsanspruch auf Erlass eines Vorbescheides besteht nicht[93].

5. Recht zur Verweigerung

a) »Nicht ohne ausreichenden Grund«

Der Notar darf seine Urkundstätigkeit **nicht ohne ausreichenden Grund** verweigern. Es **55** handelt sich dabei um einen unbestimmten Rechtsbegriff, dessen Voraussetzungen der gerichtlichen Nachprüfung unterliegen[94]. Der Notar muss mithin tätig werden, wenn ein Versagungsgrund nicht vorliegt. Eine Ermessensentscheidung kommt hingegen in Betracht, soweit es sich um *fakultative Versagungsgründe* handelt[95].

b) Zwingende Versagungsgründe

Das Gesetz enthält eine Reihe **zwingender Versagungsgründe**, bei deren Vorliegen der Notar **56** seine Urkundstätigkeit verweigern *muss*. Auch soweit nur bestimmt ist, dass er unter gewissen Voraussetzungen nicht tätig werden *soll*, handelt es sich um zwingende Gründe; denn die Beachtung von Sollvorschriften ist ebenfalls Amtspflicht des Notars (§ 14 Abs. 2).

aa) Unvereinbarkeit mit Amtspflichten

Der Notar *muss* seine Urkundstätigkeit versagen, wenn sie mit seinen **Amtspflichten nicht** **57** **vereinbar** wäre, insbesondere wenn seine Mitwirkung bei Handlungen verlangt wird, mit denen erkennbar unerlaubte oder unredliche Zwecke verfolgt werden (§ 14 Abs. 2 BNotO, § 4 BeurkG) oder die aus anderen Gründen nicht mit den Amtspflichten des Notars zu vereinbaren sind.

(1) Aufgabe des Notars ist es, nur wirksame Urkundsgeschäfte vorzunehmen[96]. Er muss **58** daher seine Mitwirkung bei Geschäften ablehnen, die unwirksam wären; denn es ist mit seinen Amtspflichten nicht zu vereinbaren, unwirksamen Rechtsgeschäften wissentlich den äußeren Schein der Wirksamkeit zu verleihen[97].

Zur Pflichtenstellung des Notars, der einen Vertrag mit **Allgemeinen Geschäftsbedingungen** oder einen Individualvertrag mit **formelhaften Bedingungen** beurkunden soll, wird auf die Erläuterungen zu § 14 verwiesen[98].

---

92 A.A. wohl *Schippel/Bracker/Reithmann*, § 15 Rz. 82.
93 OLG Frankfurt ZNotP 1999, 83.
94 Zur Frage der gerichtlichen Kontrolldichte siehe unten Rz. 111 ff.
95 Siehe unten Rz. 69 ff.
96 Einzelheiten dazu: § 14 Rz. 68.
97 BGH WM 1992, 1662, 1663.
98 Siehe dort Rz. 73 ff.

59   (2) Der Notar muss seine Urkundstätigkeit ferner versagen, wenn seine Mitwirkung bei Handlungen verlangt wird, mit denen erkennbar **unerlaubte oder unredliche Zwecke** verfolgt werden[99]. Als Organ der vorsorgenden Rechtspflege ist er für die Rechtmäßigkeit nicht nur seiner Amtshandlung, sondern auch der weiteren Zwecke verantwortlich, die die Beteiligten mit der Amtshandlung erreichen wollen[100].

60   (3) Der Notar darf ein **verfassungswidriges Gesetz** nicht anwenden[101]. Wenn er nach sorgfältiger Prüfung ein für das Urkundsgeschäft maßgebliches Gesetz für verfassungswidrig hält, darf und muss er die Beurkundung ablehnen.

61   (4) Einen Ablehnungsgrund stellt es dar, wenn dem Notar ein **Beurkundungsverfahren** angesonnen wird, bei dem die Einhaltung der ihm nach § 17 Abs. 1, 2 BeurkG obliegenden Pflichten nicht gewährleistet ist (§ 17 Abs. 2a BeurkG)[102].

62   (5) Zu den zwingenden Versagungsgründen gehört auch das Verbot von **Fernbeglaubigungen** (§ 40 Abs. 1 BeurkG). Eine Fernbeglaubigung stellt einen schwerwiegenden Verstoß gegen die Dienstpflichten des Notars dar[103].

bb) Sollvorschriften

63   Über die bereits erwähnten Vorschriften (§§ 4, 11 Abs. 1 Satz 2, 40 Abs. 1 BeurkG) hinaus bestimmt eine Reihe gesetzlicher Vorschriften, wann der Notar seine Urkundstätigkeit versagen **soll**.

64   (1) § 3 Abs. 1 Satz 1 BeurkG sieht für bestimmte Fälle möglicher **Interessenkollisionen** ein **Mitwirkungsverbot** vor. Aufgrund der Verweisung in § 16 Abs. 1 BNotO gilt die Vorschrift entsprechend für Amtstätigkeiten, die keine Beurkundungen nach dem BeurkG sind.

65   (2) § 10a Abs. 2 gebietet dem Notar für den Regelfall, seine Urkundstätigkeit nur innerhalb seines **Amtsbereichs** auszuüben. Nach § 11 Abs. 2 darf er außerhalb seines **Amtsbezirks** nur bei Gefahr im Verzuge oder mit Genehmigung der Aufsichtsbehörde tätig werden. Fehlen die Voraussetzungen für eine Überschreitung des Amtsbereichs oder des Amtsbezirks[104], so liegt darin ein Versagungsgrund im Sinne des § 15 Abs. 1 Satz 1.

66   (3) Nach § 925a BGB soll die Erklärung einer **Auflassung** nur entgegengenommen werden, wenn die Urkunde über den Vertrag vorgelegt oder gleichzeitig errichtet wird. Ein Verstoß gegen die Vorschrift macht die Auflassung nicht unwirksam[105], ist aber amtspflichtwidrig.

c) *Standesregeln*

67   Auch verbindliche **Standesregeln** können den Notar berechtigen und verpflichten, seine Urkundstätigkeit zu versagen. Wegen der Einzelheiten wird auf die Erläuterungen zu § 14 verwiesen[106].

d) *Nachträgliche Kenntniserlangung*

68   Wenn der Notar **nachträglich** von einem Sachverhalt **Kenntnis erlangt**, aufgrund dessen er seine Urkundstätigkeit zu versagen hat, muss er seine weitere Tätigkeit ablehnen[107].

---

99   Einzelheiten dazu: § 14 Rz. 88 ff.
100 *Winkler*, § 4 Rz. 28.
101 Näher dazu: § 14 Rz. 15.
102 Einzelheiten dazu: § 14 Rz. 181 ff.
103 BGH DNotZ 1988, 259.
104 Siehe dazu *Lerch*, NJW 1992, 3139.
105 MünchKomm/*Kanzleiter*, § 925a Rz. 4.
106 Dort Rz. 20.
107 Einzelheiten dazu: § 14 Rz. 242.

e) Fakultative Versagungsgründe

Fakultative Versagungsgründe sind solche, die den Notar berechtigen, eine ihm angetragene **69**
Urkundtätigkeit zu verweigern, ihn aber nicht dazu verpflichten. Dem Notar steht (nur) in
diesem Rahmen ein Ermessensspielraum zu.

aa) Fremde Sprache

Nach § 15 Abs. 1 Satz 2 darf der Notar eine Beurkundung in **fremder Sprache** ablehnen, **70**
auch wenn er dieser kundig ist.

bb) Fehlen technischer Einrichtungen (Abs. 3)

Absatz 3 erlaubt ihm, seine Mitwirkung bei der Herstellung **einfacher elektronischer Zeug-** **71**
nisse (§§ 39a, 42 Abs. 4 BeurkG) zu verweigern, soweit er nicht über die notwendigen technischen Einrichtungen verfügt. Diese bereit zu halten, ist er jedoch verpflichtet[108].

cc) Befangenheit

Nach § 16 Abs. 2 darf sich der Notar wegen **Befangenheit** der Amtsausübung enthalten[109]. **72**

dd) Gewissensgründe

Das gleiche gilt, wenn er nachvollziehbar geltend machen kann, dass er eine ihm angetragene **73**
Beurkundung nicht mit seinem **Gewissen** vereinbaren könnte. Gewissenskonflikte können
sich beispielsweise bei Rechtsgeschäften auf dem Gebiet der neuen Biotechnologien (z. B.
Verträge über Herstellung und Verwertung von menschlichen Embryonen)[110] oder im Zusammenhang mit Patientenverfügungen ergeben, wenn und soweit darin Sterbehilfe ohne
rechtfertigenden Anlass verlangt wird.

ee) Zweifelsfälle

Als ausreichender Grund für eine Amtsverweigerung ist es auch anzusehen, wenn der Notar **74**
ernsthafte und unverschuldete Zweifel tatsächlicher oder rechtlicher Art mit den ihm im
Rahmen seiner gewöhnlichen Geschäftstätigkeit zur Verfügung stehenden Erkenntnismöglichkeiten nicht auszuräumen vermag[111]. § 17 Abs. 2 BeurkG steht dem für den Bereich der
Urkundtätigkeit nicht entgegen; denn die Vorschrift gibt dem Notar zwar das Recht, trotz
vorhandener Bedenken zu beurkunden, verpflichtet ihn aber nicht dazu[112].

(1) Eine Verweigerung der **Urkundtätigkeit** kommt insbesondere in Betracht, weil die in **75**
§ 17 Abs. 2 BeurkG vorgeschriebene Belehrung nicht immer ausreicht, um die Beteiligten
oder Dritte vor erheblichen Nachteilen zu bewahren; auch sonst sind Fälle denkbar, in denen schwerwiegende Bedenken gegen die Urkundtätigkeit verbleiben. Der Notar darf dann
seine Tätigkeit versagen[113] und es den Beteiligten überlassen, den Beschwerdeweg nach § 15
Abs. 2 zu beschreiten. So kann ein ausreichender Grund für die Amtsverweigerung vorliegen, wenn es nach den Umständen nahe liegt, dass eine unerfahrene, geschäftsungewandte
Person geschädigt wird[114], oder wenn die Amtstätigkeit von der nicht problemlos zu klären-
den Beurteilung der zwischen den Beteiligten streitigen Frage abhängt, ob ein Rechts-

---

108 Näher dazu unten Rz. 131.
109 Siehe § 16 Rz. 109 ff.
110 Zur Beurkundung von Vereinbarungen über heterologe Insemination: *Bundesnotarkammer*
    DNotZ 1998, 241 (*Weingärtner*, Notarrecht, Ord.-Nr. 263). Vgl. auch § 14 Fn. 134.
111 A.A. *Eylmann/Vaasen/Frenz*, § 17 BeurkG Rz. 26; *Schippel/Bracker/Kanzleiter*, § 14 Rz. 11 und
    § 15 Rz. 54 f.
112 Ebenso: *Winkler*, § 4 Rz. 4; *Ganter*, DNotZ 1998, 851, 852.
113 OLG Köln MDR 1991, 541; OLG Hamm OLG MittBayNot 1993, 244.
114 *Winkler*, § 4 Rz. 4; siehe auch OLG Hamm DNotZ 1983, 703.

geschäft wirksam angefochten worden ist oder einer von ihnen wirksam vom Vertrag zurückgetreten ist[115].

76   (2) Kommt es im Rahmen der **Verwahrung** zu einem **Prätendentenstreit** der Verwahrungsbeteiligten bzw. von Zessionaren oder Pfändungspfandgläubigern der Beteiligten, so muss der Notar prüfen, wer empfangsberechtigt ist[116]; die Entscheidung darüber stellt eine beschwerdefähige Amtshandlung dar. Der Notar handelt nicht pflichtwidrig, wenn er bei begründeten und nicht auf Fahrlässigkeit beruhenden Zweifeln über die Person des Empfangsberechtigten den hinterlegten Betrag vorläufig in Verwahrung hält, bis alle als empfangsberechtigt in Betracht kommenden Personen übereinstimmende Erklärungen abgegeben haben oder die Frage der Empfangsberechtigung im Zivilprozess entschieden worden ist[117].

77   Bei Verwahrungsgeschäften kommt es vielfach vor, dass zweiseitig oder mehrseitig erteilte **Weisungen** betreffend die Auszahlung hinterlegter Gelder einseitig **widerrufen** oder **geändert** werden. Wie der Notar in solchen Fällen zu verfahren hat, regeln §§ 54c, 54d BeurkG[118]. Der Notar muss auch hier in eigener Verantwortung prüfen, ob er den Widerruf oder die Änderung zu beachten hat. Indes darf er bei begründeten, nicht von ihm verschuldeten Zweifeln die Auszahlung zurückstellen und es den Beteiligten überlassen, eine Klärung der Rechtslage im Prozessweg oder im Beschwerdeweg nach § 15 Abs. 2 BNotO herbeizuführen.

78   (3) Diese Grundsätze gelten entsprechend, wenn im Zusammenhang mit der **Einreichung von Willenserklärungen** beim Grundbuchamt oder Registergericht (§ 53 BeurkG) widersprechende Weisungen erteilt oder Weisungen widerrufen werden. Grundsätzlich darf der Notar nach Eintritt der Vollzugsreife nicht aufgrund einseitiger Weisung eines Beteiligten von der Einreichung der Urkunde beim Grundbuchamt absehen. Anders ist es, wenn der Vertrag ersichtlich unwirksam ist oder eine hohe Wahrscheinlichkeit besteht, dass beim Vollzug der Urkunde das Grundbuch unrichtig würde[119]. Gegen die Entscheidung des Notars, die Urkunde entgegen der Weisung eines Beteiligten zum Vollzug beim Grundbuchamt einzureichen, findet die Beschwerde nach § 15 Abs. 2 statt[120].

79   (4) Ein Verweigerungsrecht wegen vorhandener Zweifel kommt allerdings nur in Fällen **besonderer Schwierigkeit** der Rechts- oder Sachlage in Betracht. Denn grundsätzlich ist es Pflicht des Notars, sich die für die Ausübung seines Amtes erforderliche Rechts- und Sachkenntnis zu verschaffen.

80   (5) Statt die Amtshandlung abzulehnen, kann der Notar einen beschwerdefähigen **Vorbescheid** erlassen[121].

ff) Fälle mit Auslandsberührung

81   Die zunehmende Globalisierung der Lebensverhältnisse führt dazu, dass deutsche Notare häufig mit Fällen mit **Auslandsberührung** befasst werden. Ist dabei deutsches Recht anzuwenden, gelten keine Besonderheiten; allein der Umstand, dass an einem notariellen Geschäft Ausländer beteiligt sind, berührt die Urkundsgewährungspflicht des Notars nicht. Anders ist es, wenn ausländisches Recht anzuwenden ist oder darüber Zweifel bestehen. Der Notar braucht das ausländische Recht weder zu kennen noch aufzuklären. Er genügt in diesem Fall seiner Amtspflicht, wenn er die Beteiligten nach § 17 Abs. 3 BeurkG über die mögliche Geltung ausländischen Rechts belehrt und dies in der Niederschrift vermerkt[122]. Wenn

---

115 OLG Frankfurt DNotZ 1992, 389.
116 OLG Hamm OLG DNotZ 1994, 120; *Haug*, DNotZ 1992, 18, 23.
117 OLG Hamm DNotZ 1994, 120; OLG Schleswig NJW-RR 1993, 894.
118 Einzelheiten dazu: § 23 Rz. 137 ff.
119 BayObLG DNotZ 1998, 646; DNotZ 2000, 372; vgl. auch OLG Frankfurt DNotI-Report 1998, 62.
120 BayObLG DNotZ 1998, 646, 648.
121 Siehe oben Rz. 52.
122 Siehe oben Rz. 28.

sich die Beteiligten damit nicht zufrieden geben, darf der Notar seine Amtstätigkeit verweigern.

gg) Überlastung; gefährliche Amtsgeschäfte

Ein ausreichender Grund zur Versagung der Urkundstätigkeit liegt schließlich auch vor, **82** wenn der Notar **überlastet** ist und deshalb das ihm angetragene Geschäft voraussichtlich nicht ordnungsgemäß vornehmen kann[123] oder wenn ihm bei Übernahme des Geschäfts **Gefahren für Leib oder Leben** drohen.

II. Urkundssprache (Abs. 1 Satz 2)

1. Fremdsprachliche Urkunden

Während § 5 Abs. 1 BeurkG für alle neben dem Notar zuständigen Stellen zwingend vor- **83** schreibt, Urkunden (nur) in deutscher Sprache zu errichten, erlaubt § 5 Abs. 2 BeurkG dem Notar, Urkunden auch in einer **fremden Sprache** zu errichten, sofern er deren hinreichend kundig ist. Entsprechend dieser verfahrensrechtlichen Regelung schränkt § 15 Abs. 1 Satz 2 BNotO die amtsrechtliche Urkundsgewährungspflicht dahin ein, dass der Notar zu einer Beurkundung in einer anderen als der deutschen Sprache nicht verpflichtet ist. Das bedeutet, dass der Notar eine fremdsprachliche Beurkundung vornehmen *darf*, wenn seine Sprachkenntnisse ausreichen, er dazu aber auch bei ausreichenden Kenntnissen nicht *verpflichtet* ist[124].

2. Geltungsbereich des § 15 Abs. 1 Satz 2

§ 15 Abs. 1 Satz 2 gilt ebenso wie § 5 Abs. 2 BeurkG für **Beurkundungen aller Art**, also **84** auch für sonstige Beurkundungen, Tatsachenbescheinigungen und Zeugnisse nach §§ 36 ff. BeurkG[125].

Bei bloßen **Unterschriftsbeglaubigungen** kommt es nicht darauf an, in welcher Sprache der von der Unterschrift gedeckte Text verfasst ist[126].

III. Beschwerde wegen Amtsverweigerung (§ 15 Abs. 2)

1. Bedeutung und Anwendungsbereich der Vorschrift

a) Anwendungsbereich

Die Vorschrift gewährt Rechtsschutz gegen eine **Amtsverweigerung** des Notars. Sie gilt für **85** die Verweigerung sowohl der Urkundstätigkeit einschließlich der Vollzugstätigkeit nach § 53 BeurkG[127] als auch einer sonstigen notariellen Amtstätigkeit. Gegenstand des Beschwerdeverfahrens kann daher auch die Verweigerung einer Betreuungstätigkeit im Sinne der §§ 23, 24 sein.

---

123 BGHZ 46, 29.
124 *Eylmann/Vaasen/Eylmann*, § 5 BeurkG Rz. 1.
125 *Lerch*, BeurkG, § 5 Rz. 3.
126 Näher dazu: § 20 Rz. 35.
127 BayObLG DNotZ 2000, 372 m. Anm. *Reithmann*. Siehe auch unten Rz. 98.

b) Rechtswegzuweisung

86   Ferner enthält § 15 Abs. 2 Satz 1 eine **Rechtswegzuweisung** im Sinne des § 40 Abs. 1 Satz 1 VwGO dahin, dass Streitigkeiten über die Erfüllung notarieller Amtspflichten der Verwaltungsgerichtsbarkeit entzogen und der ordentlichen Gerichtsbarkeit, zu der auch die freiwillige gehört, zugewiesen sind[128].

c) Ausschließlichkeit des Beschwerdeweges

87   § 15 Abs. 2 Satz 1 sieht für die Fälle der Amtsverweigerung ausschließlich die **Beschwerde** im Verfahren der freiwilligen Gerichtsbarkeit vor. Nur auf diesem Wege können dem Notar bindende Anweisungen hinsichtlich seiner Amtstätigkeit erteilt werden[129]. Der Weg des **Zivilprozesses** ist insoweit verschlossen; eine auf Vornahme einer Amtshandlung gerichtete Klage oder ein entsprechender Antrag auf Erlass einer einstweiligen Verfügung ist unzulässig[130]. Auch die **Aufsichtsbehörde** ist zur Erteilung bindender Anweisungen hinsichtlich der Anwendung des materiellen Rechts und des Verfahrensrechts durch den Notar grundsätzlich nicht befugt[131]. Eine praktisch bedeutsame Ausnahme bilden die Fälle des § 156 Abs. 6 KostO.

88   Daher sind auch Streitigkeiten über die Abwicklung von **Treuhandgeschäften** (§§ 23, 24) ausschließlich dem Verfahren nach § 15 Abs. 2 zugewiesen; denn die Notare werden auch insoweit ausschließlich hoheitlich tätig. So kann der Notar weder durch eine zivilrechtliche Klage noch vor dem Verwaltungsgericht auf Auszahlung eines auf dem Notaranderkonto liegenden Geldbetrags in Anspruch genommen werden[132]. Während eines Verwahrungsgeschäfts (§ 23) kann er nur im Beschwerdewege dazu angehalten werden, Auskunft über den Bestand seines Anderkontos oder Rechenschaft über dessen Verwendung zu erteilen und deren Richtigkeit an Eides Statt zu versichern[133]. Eine darauf gerichtete Klage ist unzulässig.

d) Nicht hoheitliche Tätigkeit

89   Dagegen ist die Beschwerde nach § 15 Abs. 2 nicht zulässig, wenn der Notar zu einem Verhalten verpflichtet werden soll, das **keine Amtstätigkeit** darstellt. Ihm kann daher im Wege der Beschwerde insbesondere nicht aufgegeben werden, Schadensersatz nach § 19 oder aus einem sonstigen Rechtsgrund zu zahlen oder eine sonstige Leistung aus seinem Privatvermögen zu erbringen; hierfür steht nur der Klageweg vor den ordentlichen Gerichten zur Verfügung[134]. Ebenso ist es ausgeschlossen, einen aus dem Amt ausgeschiedenen ehemaligen Notar im Beschwerdewege zu einer »Amtshandlung« anzuhalten[135].

e) Beendete Verwahrungsgeschäfte

90   Eine Beschwerde scheidet auch aus, wenn und soweit der Notar **Auszahlungen vom Anderkonto** bereits veranlasst hat und er den Zahlungsvorgang nicht mehr anhalten kann (vgl. § 676a BGB). Für Schadensersatzansprüche wegen fehlerhafter Auszahlung ist gemäß § 19 Abs. 3 die ordentliche streitige Gerichtsbarkeit zuständig. Das gilt nicht nur, wenn das Anderkonto kein Guthaben mehr aufweist und bereits aufgelöst ist, sondern auch dann, wenn noch ein Guthaben vorhanden ist, der Notar aber auf Ersatz von Teilbeträgen in Anspruch

---

128 BGHZ 76, 9, 13 f.; BGH NJW 1998, 231, 232.
129 OLG Köln DNotZ 1978, 751; *Haug,* DNotZ 1992, 18, 20.
130 BGHZ 76, 9, 15; BGH NJW 1998, 2134, 2135; OLG Celle DNotZ 1976, 691 m. Anm. *Custodis;* OLG Stuttgart DNotZ 1982, 644; OLG Düsseldorf DNotZ 1983, 703.
131 Näher dazu: *Schippel/Bracker/Lemke,* § 93 Rz. 11 ff.
132 BGHZ 138, 179, 183.
133 BGHZ 76, 9, 11 ff.; OLG Celle DNotZ 1976, 691.
134 BGH DNotZ 1991, 682 m. Anm. *Gummer;* KG DNotZ 1987, 566; OLG Hamm DNotZ 1991, 686 m. Anm. Gummer; a. A.: OLG Düsseldorf DNotZ 1987, 562 und 563 m. Anm. *Haug.*
135 BGH DNotZ 1991, 683 m. Anm. *Gummer.*

genommen wird, über die er bereits zugunsten Dritter abschließend verfügt hat[136]; denn insoweit kommt eine Amtsverweigerung nicht mehr in Betracht[137].

2. Abgrenzung zu anderen Verfahrensarten

a) § 54 BeurkG

§ 54 BeurkG sieht eine Beschwerde gegen bestimmte Entscheidungen und Maßnahmen vor, **91** die nach dem Abschluss einer Beurkundung getroffen werden. Das Verfahren entspricht dem in § 15 Abs. 2 BNotO geregelten. Sachlich unterscheidet sich die Beschwerde nach § 54 BeurkG von der nach § 15 Abs. 2 BNotO dadurch, dass erstere das Urkundsverfahrensrecht (Beurkundungsnachverfahren), letztere das Berufsrecht der Notare betrifft[138].

b) § 156 KostO

§ 156 KostO eröffnet den Beschwerdeweg für Einwendungen gegen die Kostenberechnung **92** der Gebührennotare einschließlich solcher gegen die Zahlungspflicht und gegen die Erteilung der Vollstreckungsklausel. Die Beschwerde ist »*nach den Vorschriften der Zivilprozessordnung*« einzulegen; gleichwohl handelt es sich um ein echtes Streitverfahren der freiwilligen Gerichtsbarkeit, für das der Amtsermittlungsgrundsatz des § 12 FGG gilt[139].

c) § 796c ZPO

Nach § 796c Abs. 2 ZPO kann die Weigerung des Notars, einen Anwaltsvergleich für voll- **93** streckbar zu erklären, mit der Beschwerde vor dem Prozessgericht angefochten werden[140].

3. Gegenstand des Beschwerdeverfahrens

a) Verfahrensgegenstand

Verfahrensgegenstand ist das geltend gemachte subjektive öffentliche Recht des Antragstel- **94** lers bzw. der sonstigen Beteiligten auf Vornahme der notariellen Amtstätigkeit[141].

b) Beschwerdefähigkeit

Beschwerdefähig ist jede Versagung einer Urkundstätigkeit oder einer sonstigen notariellen **95** Amtstätigkeit durch ausdrückliche oder stillschweigende Ablehnung[142]. Nicht mit der Beschwerde angreifbar sind hingegen bloße verfahrensleitende Maßnahmen des Notars wie etwa Terminierungen, Beiziehung von Urkunden, Unterbrechungen des Verfahrens o.ä.[143]. Der Beschwerdeweg ist ferner nicht eröffnet für ein Begehren, das nicht auf eine konkrete Amtstätigkeit, sondern allgemein auf eine Auskunftserteilung über die Umstände gerichtet ist, unter denen der Notar eine Amtshandlung vorgenommen hat[144].

---

136 BGH DNotZ 1991, 682.
137 BGH DNotZ 1991, 682; OLG Hamm DNotZ 1991, 686; *Haug*, DNotZ 1987, 564; unrichtig: OLG Düsseldorf DNotZ 1987, 562 und 563.
138 Vgl. OLG Frankfurt DNotZ 1967, 584.
139 OLG Schleswig DNotZ 1996, 398.
140 Zur Frage von Rechtsbehelfen im Zusammenhang mit der notariellen Vollstreckbarkeitserklärung von Schiedssprüchen mit vereinbartem Inhalt (§ 1053 Abs. 4 ZPO) vgl. *Zöller/Geimer*, ZPO, § 1053 Rz. 19 f.
141 Siehe oben Rz. 10.
142 Siehe oben Rz. 46 ff.
143 Siehe oben Rz. 50.
144 OLG Hamm FGPrax 1998, 159.

c) Verhinderung einer Amtshandlung

96 Nach herrschender und zutreffender Auffassung kann der Notar im Wege der Beschwerde nach § 15 Abs. 2 auch auf ein **Unterlassen** in Anspruch genommen, d.h. daran *gehindert* werden, eine Amtshandlung vorzunehmen[145]. Beschwerden mit diesem Ziel sind namentlich im Rahmen von Verwahrungsgeschäften bedeutsam, wenn dem Notar untersagt werden soll, bestimmte Auszahlungen von seinem Anderkonto vorzunehmen. Die Auffassung, es gehe in solchen Fällen nicht um die Verweigerung einer Amtshandlung, sondern um ein schlichtes Nichtstun, das nicht beschwerdefähig sei[146], verkennt, dass es Amtspflicht des Notars nicht nur ist, eine gebotene Amtshandlung vorzunehmen, sondern auch, eine nicht zulässige zu unterlassen. Mit der Vornahme einer unzulässigen Amtshandlung würde der Notar pflichtwidrig handeln; seine Absicht, dies zu tun, stellt sich als Verweigerung pflichtgemäßen Handelns dar. Der davon Betroffene kann dem (nur) mit der Beschwerde nach § 15 Abs. 2 entgegenwirken[147].

d) Beschwerde wegen Besorgnis der Befangenheit

97 Eine Beschwerde mit dem Ziel, den Notar wegen **Besorgnis der Befangenheit** abzulehnen, ist nicht zulässig, jedenfalls nicht praktikabel[148]. Ein erfolgreich abgelehnter Notar kann – anders als ein abgelehnter Richter – nicht durch einen anderen ersetzt werden kann. Der richtige Weg ist es daher, gegen den für befangen gehaltenen Notar Beschwerde nach § 15 Abs. 2 mit dem Ziel zu erheben, ihn zu einem bestimmten Tun oder Unterlassen zu verpflichten[149].

e) Beendete Amtshandlungen

98 Nicht beschwerdefähig ist eine bereits **beendete Amtshandlung**, da ihre Wirkungen nicht durch eine Beschwerdeentscheidung rückgängig gemacht werden können[150]. Mit der Beschwerde nach § 15 Abs. 2 kann deshalb auch nicht die Rücknahme oder Änderung einer abgeschlossenen Amtshandlung oder ihre nochmalige, aber richtige Vornahme erreicht werden[151]; eine darauf gerichtete Beschwerde wäre unzulässig. So kann der Notar nicht im Beschwerdewege verpflichtet werden, einen beim Grundbuchamt gestellten Eintragungsantrag **zurückzunehmen**, auch wenn dieser noch nicht beschieden ist[152]. Das gilt auch bei übereinstimmender Weisung der Beteiligten zur Antragsrücknahme. Denn mit der Einreichung ist die unter § 15 Abs. 1 Satz 1 fallende unselbstständige Vollzugstätigkeit des Notars beendet; die Rücknahme eines eingereichten Antrags ist keine Urkundstätigkeit im Sinne der Vorschrift[153].

f) Ablehnung einer Urkundsberichtigung

99 Lehnt der Notar aus sachlichen Gründen den Antrag ab, eine von ihm errichtete Urkunde gemäß § 44a Abs. 2 BeurkG wegen **offenbarer Unrichtigkeit** zu berichtigen, so findet dagegen eine Beschwerde nicht statt; denn eine Unrichtigkeit ist nicht offenbar, wenn der Notar

---

145 OLG Hamm DNotZ 1985, 56; OLG-Rp Hamm 1993, 208 = MittBayNot 1993, 244; NJW-RR 1995, 1337, 1338; OLG Frankfurt DNotZ 1992, 61; OLG Celle DNotZ 1993, 67 m. Anm. *Tönnies*; LG Hannover NdsRpfl 1993, 72; *Haug*, DNotZ 1987, 565 und DNotZ 1992, 18, 22.
146 LG Frankfurt M. NJW 1990, 2139.
147 Siehe auch OLG Hamm DNotZ 1985, 56; NJW-RR 1995, 1339.
148 A. A. OLG Hamm DNotZ 1996, 703 m. krit. Anm. *Kawohl*.
149 So zutreffend *Kawohl*, DNotZ 1996, 707. Vgl. auch § 16 Rz. 108.
150 KG FGPrax 1998, 235; OLG Hamm DNotZ 1985, 56; FGPrax 1998, 159; *Bohrer*, Rz. 203.
151 OLG München RNotZ 2007, 554; *Haug*, DNotZ 1987, 564.
152 Ebenso – jedenfalls bei Fehlen einer übereinstimmenden Anweisung zur Rücknahme –: OLG Schleswig FGPrax 1999, 192, 193; KG FGPrax 2000, 250, 251; OLG Köln FGPrax 2001, 128. A. A. *Eylmann/Vaasen/Frenz*, § 15 BNotO, Rz. 34 (in Widerspruch zu § 15 BNotO Rz. 14).
153 So zutreffend OLG Köln FGPrax 2001, 128.

ihr Vorliegen nach sachlicher Prüfung verneint[154]. Statthaft ist die Beschwerde hingegen, wenn er die Berichtigung allein aus verfahrensrechtlichen Gründen ablehnt[155]. Auch gegen die **Vornahme** einer Berichtigung ist die Beschwerde nach § 15 Abs. 2 statthaft[156].

g) Vorbescheid

Beschwerdefähig ist ferner der notarielle **Vorbescheid**[157]. Er stellt keine verfahrensleitende Maßnahme, sondern eine Sachentscheidung dar. Ein unzulässiger Vorbescheid ist auf Beschwerde des dadurch Betroffenen hin aufzuheben.

100

4. Beschwerdeberechtigung

Aufgrund der Verweisung in § 15 Abs. 2 Satz 2 richtet sich die Beschwerdeberechtigung nach § 20 FGG. Sie setzt eine **Rechtsbeeinträchtigung** voraus. Diese muss grundsätzlich **tatsächlich** vorliegen; die bloße Möglichkeit einer Rechtsbeeinträchtigung reicht im allgemeinen nicht aus[158].

101

a) Antragsteller

Beschwerdeberechtigt ist jeder Antragsteller, dessen Ansuchen der Notar ganz oder teilweise abgelehnt hat, bzw. jeder Beteiligte, dessen Weisung der Notar nicht befolgen will (§ 20 Abs. 2 FGG). Soweit *mehrere Personen* den Antrag gestellt bzw. die Weisung erteilt haben, steht das Beschwerderecht grundsätzlich jedem einzelnen von ihnen zu. Das Verfahren der freiwilligen Gerichtsbarkeit kennt zwar ein gemeinschaftliches, nur gemeinsam auszuübendes Beschwerderecht; Voraussetzung dafür ist aber, dass eine gerichtliche Verfügung nach materiellem Recht den gemeinschaftlichen Antrag mehrerer Personen erfordert[159]. Für den Bereich der notariellen Amtstätigkeit sind solche Rechtssätze nicht ersichtlich.

102

b) Sonstige Beteiligte

Bei Ansuchen um die Beurkundung von Willenserklärungen, die Abnahme eines Eides oder die Aufnahme einer eidesstattlichen Versicherung sind beschwerdeberechtigt die **Beteiligten**, deren Erklärungen beurkundet werden sollen, unabhängig davon, ob sie im eigenen oder im fremden Namen handeln (*formelle Beteiligung*, §§ 6, 38 Abs. 1 BeurkG)[160]. Bei Betreuungsgeschäften des Notars im Sinne der §§ 23, 24 ist beschwerdeberechtigt, wer ihn »beauftragt« hat[161].

103

c) Zessionar, Pfändungsgläubiger

Beschwerdeberechtigt sind ferner der **Zessionar**[162] und der **Pfändungspfandgläubiger**[163] eines zur Beschwerde Berechtigten.

104

---

154 OLG Frankfurt DNotZ 1997, 79, 81; *Eylmann/Vaasen/Limmer*, § 44a BeurkG Rz. 18.
155 KG ZNotP 2004, 74, 75.
156 *Eylmann/Vaasen/Limmer*, § 44a BeurkG Rz. 18.
157 Siehe oben Rz. 52.
158 *Keidel/Kahl*, FGG, § 20 Rz. 17 f.
159 KG DNotZ 2006, 551; *Keidel/Kahl*, § 20 Rz. 55.
160 OLG Frankfurt OLGZ 1991, 412; OLG Celle JurBüro 1992, 556; a. A. *Eylmann/Vaasen/Frenz*, § 15 BNotO Rz. 39.
161 OLG Celle JurBüro 1992, 556; weitergehend: *Haug*, DNotZ 1992, 18, 22 f.
162 OLG Frankfurt DNotZ 1992, 61 KG FGPrax 1999, 187.
163 BGH DNotZ 1985, 633; OLG Hamm OLG-Rp Hamm 1993, 208 = MittBayNot 1993, 244; *Haug*, DNotZ 1992, 18, 23. Zum Problem der Pfändung eines Auszahlungsanspruchs bei notarieller Geldverwahrung siehe § 23 Rz. 184.

d) Notar

105 Der **Notar** ist grundsätzlich nicht Beteiligter des Beschwerdeverfahrens, sondern hat – ebenso wie im Beschwerdeverfahren nach § 54 BeurkG[164] – die Stellung der ersten Instanz[165]. Er ist daher in der Regel nicht befugt, gegen eine Anweisung des ihm sachlich übergeordneten Landgerichts Beschwerde einzulegen; vielmehr hat er diese Entscheidung ebenso hinzunehmen wie ein Richter der freiwilligen Gerichtsbarkeit, dessen Verfügung vom Beschwerdegericht aufgehoben wird[166]. Er ist jedoch befugt, im Beschwerdeverfahren die angefochtene Amtsverweigerung in rechtlicher und tatsächlicher Hinsicht näher zu begründen[167]; seine Verschwiegenheitspflicht hindert ihn daran nicht[168].

106 Nur wenn die Anweisung ihn ausnahmsweise in seinen **eigenen Rechten** beeinträchtigt, steht ihm gegen die Entscheidung des Landgerichts die weitere Beschwerde zu[169]. Das ist etwa der Fall, wenn er die Verweigerung der Auszahlung eines hinterlegten Betrages auf eigene Gebührenansprüche stützt[170] oder wenn er zu Unrecht mit Kosten des Beschwerdeverfahrens belastet wird[171].

e) Dritte

107 **Dritten** steht ein Beschwerderecht grundsätzlich nicht zu[172].

5. Beschwerdeverfahren

108 § 15 Abs. 2 Satz 2 verweist hinsichtlich des Beschwerdeverfahrens auf die entsprechend anzuwendenden Vorschriften des FGG (insbesondere §§ 20, 21, 23 bis 25).

a) Beschwerdeeinlegung

109 Die Beschwerde ist nicht **fristgebunden**. Sie kann bei dem Notar oder dem Beschwerdegericht eingelegt werden, und zwar schriftlich, als elektronisches Dokument[173] oder zu Protokoll der Geschäftsstelle des Landgerichts, und braucht nicht begründet zu werden. Für die Beschwerdeeinlegung besteht kein Anwaltszwang[174]. **Zuständig** ist das Landgericht, in dessen Bezirk der Notar seinen Amtssitz hat. Die Beschwerde hat keine aufschiebende Wirkung.

b) Abhilfemöglichkeiten

110 Wird die Beschwerde bei dem Notar eingelegt, so hat dieser zu prüfen, ob er ihr **abhelfen** will. Hält er sie für begründet, ist er zur Abhilfe nicht nur berechtigt, sondern kraft seiner Stellung als Rechtspflegeorgan verpflichtet[175]. Anderenfalls legt er sie dem Landgericht vor. Wird die Beschwerde bei dem Landgericht eingelegt, so hat dieses dem Notar Gelegenheit zur Abhilfe zu geben.

---

164 Siehe dazu: OLG Köln WM 1993, 2137.
165 BGH NJW 2001, 2181, 2182; OLG Hamm DNotZ 1985, 56; 1989, 648; *Schippel/Bracker/Reithmann*, § 15 Rz. 78; *Eylmann/Vaasen/Frenz*, § 15 BNotO Rz. 33.
166 KG DNotZ 1971, 494.
167 OLG Hamm MittBayNot 2004, 465, 467.
168 Siehe auch § 18 Rz. 67.
169 BVerfG DNotZ 1992, 56; BayObLG DNotZ 1972, 371; OLG Frankfurt DNotZ 1967, 584; KG DNotZ 1971, 494; OLG Düsseldorf DNotZ 1991, 557.
170 OLG Düsseldorf DNotZ 1991, 557; OLG Frankfurt OLG-Report Frankfurt 1998, 282.
171 Siehe unten Rz. 119.
172 Zu möglichen Ausnahmen: *Eylmann/Vaasen/Frenz*, § 15 BNotO Rz. 42.
173 Siehe dazu oben Rz. 3.
174 Vgl. *Keidel/Kahl*, § 21 FGG Rz. 35.
175 Für bloße Abhilfe*möglichkeit*: *Eylmann/Vaasen/Frenz*, § 15 BNotO Rz. 38; *Müller-Magdeburg* (Fn. 78), Rz. 126 f.

c) Umfang der gerichtlichen Überprüfung

Das Beschwerdegericht prüft ohne Beschränkung auf die etwaige Beschwerdebegründung, **111** ob die Beschwerde **zulässig** und **begründet** ist. Sie ist begründet, wenn die Ablehnung oder Unterlassung der Amtstätigkeit bzw. – im Falle des Vorbescheides[176] – die angekündigte Amtstätigkeit den Beschwerdeführer in seinem Recht auf Urkundsgewährung bzw. auf pflichtgemäße Abwicklung einer übernommenen Verwahrungs- oder Betreuungstätigkeit verletzt und die erstrebte Anweisung geeignet ist, die Rechtsverletzung zu beseitigen bzw. zu verhindern[177].

aa) Versagung der Urkundstätigkeit

Soweit sich die Beschwerde gegen eine **Versagung der Urkundstätigkeit** (§ 15 Abs. 1 **112** Satz 1) richtet, hat das Beschwerdegericht zu prüfen, ob ein »ausreichender Grund« vorliegt. Es handelt sich um einen unbestimmten Rechtsbegriff[178], dessen Voraussetzungen das Gericht in der Regel in vollem Umfang nachzuprüfen hat[179].

(1) Die Prüfung ist mithin grundsätzlich darauf zu erstrecken, ob die Amtsverweigerung **113** berechtigt, nicht, ob sie ermessensfehlerfrei ist. Das Beschwerdegericht kann sich nicht auf die Prüfung beschränken, ob die Entscheidung des Notars vertretbar[180] bzw. nicht rechtsmissbräuchlich[181] ist. Für die Annahme eines – nur beschränkt nachprüfbaren – Beurteilungsspielraums sprechen weder der Wortlaut noch der Sinn des § 15 Abs. 1. In der verfassungs- und verwaltungsgerichtlichen Rechtsprechung, deren Grundsätze insoweit entsprechend anzuwenden sind, wird eine nur beschränkte Nachprüfbarkeit von Verwaltungsentscheidungen nur in Ausnahmefällen angenommen[182]. Eine solche Fallgestaltung liegt hier nicht vor. Das Beschwerdegericht hat daher selbstständig zu prüfen, ob die tatbestandlichen Voraussetzungen vorliegen, unter denen der Notar seine Urkundstätigkeit zu versagen berechtigt ist[183].

(2) Eine **Ermessensentscheidung** hat der Notar nur zu treffen, wenn er seine Urkunds- **114** tätigkeit versagen darf, aber nicht muss (*fakultativer Versagungsgrund*)[184]. Das Beschwerdegericht prüft in diesen Fällen, ob der Notar die tatbestandlichen Voraussetzungen des Ermessens zutreffend erkannt und sein Ermessen in einer dem Zweck der Ermessensermächtigung entsprechenden Weise ausgeübt hat[185, 186].

bb) Sonstige Amtsverweigerung

Soweit sich die Beschwerde gegen eine **sonstige Amtsverweigerung** richtet, prüft das Be- **115** schwerdegericht, ob die Versagung gegen die Amtspflicht des Notars verstößt, ein von ihm übernommenes Verwahrungs- oder Betreuungsgeschäft ordnungsgemäß abzuwickeln. Für die Kontrolldichte gelten die vorstehenden Ausführungen entsprechend. Obliegt dem Notar allerdings die Abgabe einer **gutachtlichen Stellungnahme** wie etwa einer Fälligkeitsbestätigung, kann das Beschwerdegericht ihn nur zur Abgabe der Stellungnahme anweisen, ihm aber nicht einen bestimmten Inhalt des Gutachtens vorschreiben[187].

---

176 Siehe oben Rz. 52, 100.
177 Ähnlich: *Bohrer*, Rz. 204.
178 Zutreffend: *Haug*, Rz. 60.
179 Vgl. BVerfGE 84, 34, 50.
180 BGH DNotZ 1970, 444.
181 So aber *Schippel/Bracker/Reithmann*, § 15 Rz. 91; *Winkler*, § 4 Rz. 5.
182 Vgl. BVerfGE 84, 34, 50; BVerwGE 79, 208, 213; 80, 223, 225; BVerwG DVBl. 1991, 46; *Kopp/ Schenke*, VwGO, § 114 Rz. 24b.
183 Im Ergebnis ebenso: *Eylmann/Vaasen/Frenz*, § 15 BNotO Rz. 45 f.
184 Siehe dazu oben Rz. 69 ff.
185 Siehe § 114 VwGO.
186 A. A. insoweit: *Eylmann/Vaasen/Frenz*, § 15 BNotO Rz. 47.
187 OLG Hamm JMBl. NW 1996, 196, 198.

d) Verfahren des Beschwerdegerichts

116 Aus der Verweisung auf das FGG in § 15 Abs. 2 Satz 2 ergibt sich, dass das Gericht nach seiner Wahl aufgrund **mündlicher Verhandlung** oder im **schriftlichen Verfahren** entscheiden kann. Das FGG schreibt eine mündliche Verhandlung nur für hier nicht einschlägige Verfahrensgegenstände vor; von diesen Ausnahmefällen abgesehen, kann über fG-Beschwerden im schriftlichen Verfahren entschieden werden[188].

e) Einstweilige Maßnahmen

117 Das Beschwerdegericht kann vor der abschließenden Entscheidung eine **einstweilige Anordnung** treffen oder die **Vollziehung** der Verfügung des Notars **aussetzen** (§ 24 Abs. 3 FGG)[189]. Das Gericht entscheidet darüber nach pflichtgemäßem Ermessen. Die Anordnung oder Ablehnung einer einstweiligen Maßnahme ist unanfechtbar, sofern sie nicht an einer greifbaren Gesetzwidrigkeit leidet[190].

f) Abschließende Entscheidung des Beschwerdegerichts

118 Die abschließende **Entscheidung des Beschwerdegerichts** lautet auf Verwerfung der Beschwerde als unzulässig, auf Zurückweisung als unbegründet oder auf Anweisung an den Notar, die begehrte Amtshandlung vorzunehmen bzw. zu unterlassen[191]. Der Inhalt der Anweisung hängt von der Art der vorzunehmenden bzw. zu unterlassenden Amtstätigkeit ab: Soll der Notar eine Beurkundung vornehmen, kann das Beschwerdegericht in der Regel nur die Vornahme der Beurkundung als solche anordnen, nicht aber den Inhalt der Urkunde festlegen[192]; bei einer sonstigen Amtsverweigerung kann je nach Lage des Falles die Amtshandlung mehr oder weniger genau umschrieben werden. So kann die Anweisung dahin lauten, einen hinterlegten Geldbetrag in bestimmter Weise zu behandeln.

119 Da der Notar im Verfahren nach § 15 Abs. 2 nicht Beschwerdegegner ist, sondern die Stellung der Vorinstanz einnimmt[193], darf ihm nicht die Erstattung der außergerichtlichen **Kosten** des Beschwerdeführers nach § 13a FGG auferlegt werden[194]. Umgekehrt kann er nicht eigene Kosten – etwa als Rechtsanwalt in eigener Sache – ersetzt verlangen[195].

g) Bindungswirkung der Entscheidung

120 Die Anweisung, eine bestimmte Amtshandlung vorzunehmen, **bindet** den Notar. Haftungsrechtlich entlastet sie ihn, so dass er wegen Vornahme der Amtshandlung nicht auf Schadensersatz nach § 19 in Anspruch genommen werden kann[196].

6. Weitere Beschwerde

a) Rechtsbeschwerde

121 Der Gesetzgeber hat die Beschwerdeverfahren nicht als »Antrag auf gerichtliche Entscheidung«, sondern als **Rechtsmittel** ausgestaltet[197]. Daraus folgt, dass gegen die Entscheidung

---

188 *Keidel/Meyer-Holz*, Vorbem. 9 vor § 8 FGG.
189 OLG Frankfurt FGPrax 1997, 200; *Haug*, DNotZ 1992, 18, 24.
190 OLG Frankfurt FGPrax 1997, 200.
191 *Keidel/Kahl*, § 19 FGG Rz. 113.
192 *Schippel/Bracker/Reithmann*, § 15 Rz. 93.
193 Siehe oben Rz. 105.
194 BayObLGZ 1972, 1; OLG Naumburg FGPrax 2005, 272; OLG Hamm DNotZ 1989, 648.
195 OLG Oldenburg, Beschl. v. 16.08.2002 – 5 W 135/02 (n.v.).
196 OLG Hamm DNotZ 1952, 444; OLG Frankfurt DNotZ 1967, 584; KG DNotZ 1971, 494; *Schippel/Bracker/Reithmann*, § 15 Rz. 96; *Eylmann/Vaasen/Frenz*, § 15 BNotO Rz. 55; *Winkler*, § 54 Rz. 12; *Haug*, Rz. 741.
197 *Schippel/Bracker/Reithmann*, § 15 Rz. 97.

des Landgerichts nicht die Erstbeschwerde, sondern die weitere Beschwerde als **Rechtsbeschwerde** (§§ 27 Abs. 1 Satz 2 FGG, §§ 546, 547, 559, 561 ZPO) stattfindet[198].

b) Beschwerdeberechtigung

Beschwerdeberechtigt ist der Beschwerdeführer, dessen Beschwerde ganz oder teilweise erfolglos geblieben ist. Gegen die vom Beschwerdegericht erlassene Anweisung an den Notar, eine bestimmte Amtshandlung vorzunehmen oder zu unterlassen, steht dem **Notar** grundsätzlich kein Beschwerderecht zu. Das gilt auch, wenn er im Verfahren über die Erstbeschwerde rechtsfehlerhaft als Beteiligter behandelt worden ist. **Dritte** sind beschwerdeberechtigt, soweit die Anweisung des Landgerichts sie in ihren Rechten beeinträchtigt[199].

122

c) Einlegung der weiteren Beschwerde

Das Rechtsmittel kann entsprechend § 29 Abs. 1 FGG zu **Protokoll** des Landgerichts oder des Gerichts der weiteren Beschwerde oder durch eine von einem Rechtsanwalt unterzeichnete **Beschwerdeschrift** (Ausnahmen s. § 29 Abs. 1 Satz 3 FGG) bei dem Notar, dem Beschwerdegericht oder dem Gericht der weiteren Beschwerde eingelegt werden. Der **Notar**, der nicht zugleich Rechtsanwalt ist, ist vom Anwaltszwang befreit, wenn er die weitere Beschwerde in amtlicher Eigenschaft wegen Beeinträchtigung eigener Rechte im eigenen Namen einlegt[200].

123

d) Zuständiges Gericht

Zuständig für die weitere Beschwerde ist nach § 28 Abs. 1 FGG das Oberlandesgericht (Kammergericht), in Bayern das OLG München auch für die Oberlandesgerichtsbezirke Nürnberg und Bamberg[201], in Rheinland-Pfalz das OLG Zweibrücken auch für den Oberlandesgerichtsbezirk Koblenz[202]. Notar und Landgericht sind nicht befugt, der weiteren Beschwerde **abzuhelfen** (§ 29 Abs. 3 FGG)[203].

124

7. Rechtswegfragen

a) Verhältnis zu anderen Verfahren

Nehmen Beteiligte Mitbeteiligte im **ordentlichen Streitverfahren** klageweise mit dem Ziel in Anspruch, die Zustimmung zu einer bestimmten Handlungsweise des Notars – etwa zur Auszahlung oder Nichtauszahlung eines Verwahrungsbetrages – zu erlangen, hindert das nicht ein auf eben diese Amtshandlung des Notars gerichtetes Beschwerdeverfahren nach § 15 Abs. 2. Mangels Identität der Verfahrensgegenstände können beide Verfahren nebeneinander durchgeführt werden[204]. Allerdings sollte in solchen Fällen das Beschwerdegericht zur Vermeidung einander widersprechender Entscheidungen sein Verfahren bis zur Erledigung des Rechtsstreits **aussetzen**[205].

125

---

198 KG DNotZ 1971, 494; BayObLG DNotZ 1972, 371 (zu § 54 BeurkG); OLG Hamm DNotZ 1985, 56; *Winkler*, § 54 Rz. 9.
199 OLG Hamm DNotZ 1985, 56.
200 BayObLGZ 1972, 1; *Keidel/Kahl*, § 29 FGG Rz. 27; einschränkend OLG Frankfurt DNotZ 1979, 117.
201 Art. 11a Bayer. AGGVG v. 23.06.1981 i.d.F. des Gesetzes v. 27.12.1991 (GVBl. S. 496).
202 § 4 Abs. 3 GerichtsorganisationsG v. 05.10.1977 (GVBl. S. 333), zuletzt geändert durch Gesetz v. 28.09.2005 (GVBl. S. 448).
203 Ebenso: *Eylmann/Vaasen/Frenz*, § 15 BNotO Rz. 52; *Müller-Magdeburg* (Fn. 78), Rz. 436.
204 *Haug*, DNotZ 1992, 18, 24.
205 *Jansen/von König/von Schuckmann*, FGG, Vorbem. §§ 8–18 Rz. 41; *Haug*, DNotZ 1992, 18, 24.

b) Unzulässigkeit des Rechtswegs

126   Hiervon zu unterscheiden sind die Fälle, in denen ein Beteiligter den **Notar** unzulässigerweise im Beschwerdeverfahren (z. B. auf Auszahlung eines Verwahrungsbetrages nach Erschöpfung des Anderkontos[206]) oder im Klageverfahren bzw. im Verfahren auf Erlass einer einstweiligen Verfügung (z. B. auf Auszahlung aus einem vorhandenen Anderkontenguthaben[207]) in Anspruch nimmt. Hier gilt Folgendes:

aa) Rechtswegübergreifende Sachkompetenz

127   Nach **§ 17 Abs. 2 GVG** hat das Gericht des zulässigen Rechtswegs den Rechtsstreit unter allen in Betracht kommenden rechtlichen Gesichtspunkten zu entscheiden. Das Gesetz sieht damit eine **rechtswegüberschreitende Sachkompetenz** vor[208], sofern der beschrittene Rechtsweg wenigstens für *einen* der geltend gemachten rechtlichen Gesichtspunkte eröffnet ist. Die Vorschrift ist auch im Verhältnis zwischen ordentlicher streitiger und freiwilliger Gerichtsbarkeit anwendbar[209]. Indes gilt sie nur für den auf mehrere Klagegründe gestützten einheitlichen prozessualen Anspruch[210]. Bei mehreren Verfahrensgegenständen muss die Zulässigkeit des Rechtswegs für jeden von ihnen gesondert geprüft werden, um Missbräuchen vorzubeugen[211].

128   Bei den hier in Betracht kommenden Fällen handelt es sich um **unterschiedliche Verfahrensgegenstände**[212]. Das wird schon daran deutlich, dass der Notar zwar Partei des Streitverfahrens, in der Regel aber nicht Beteiligter des Beschwerdeverfahrens ist[213]. Wird daher der Notar im **Beschwerdeweg** auf Vornahme bzw. Unterlassung einer Amtshandlung – etwa auf Auszahlung eines Anderkontenguthabens – in Anspruch genommen, kommt das Beschwerdegericht aber zu der Auffassung, dass dem Beschwerdeführer nur (noch) ein Schadensersatzanspruch aus § 19 BNotO zusteht – etwa, weil das Anderkonto durch fehlerhafte Auszahlungen erschöpft ist –, so kann das Beschwerdegericht mangels Identität des Verfahrensgegenstandes (prozessualen Anspruchs) nicht sachlich über den Schadensersatzanspruch befinden. Entsprechendes gilt, wenn der Notar vor dem **Streitgericht** auf Vornahme bzw. Unterlassung einer Amtshandlung oder auf Schadensersatz in Anspruch genommen wird und das Gericht zu der Auffassung gelangt, dass nur die Beschwerde nach § 15 Abs. 2 BNotO möglich ist. Dem Streitgericht ist es dann verwehrt, über die Beschwerde wegen Amtsverweigerung sachlich zu entscheiden.

bb) Verweisung nach § 17a GVG

129   Kommt das angerufene Gericht zu der Auffassung, dass der beschrittene Rechtsweg nicht zulässig ist, **verweist** es die Sache nach § 17a Abs. 2 Satz 1 GVG von Amts wegen an das zuständige Gericht[214]. Dem steht nicht entgegen, dass der Notar vor dem Prozessgericht Partei des Rechtsstreits, im Verfahren nach § 15 Abs. 2 BNotO hingegen grundsätzlich nicht Beschwerdegegner oder sonst Verfahrensbeteiligter ist[215]. Die Verweisung ist hinsichtlich des Rechtswegs bindend (§ 17a Abs. 2 Satz 3 GVG); im Übrigen ist das Gericht, an das verwiesen worden ist, in seiner Entscheidung frei.

130   Auch eine sachlich **zu Unrecht** erfolgende Verweisung ist für das Adressatgericht grundsätzlich bindend. Die Bindungswirkung der verweisenden Entscheidung beschränkt sich aber auf die Verneinung des beschrittenen Rechtswegs; sie erstreckt sich nicht auf den mate-

---

206   Siehe oben Rz. 90.
207   Siehe oben Rz. 88.
208   *Zöller/Gummer*, § 17 GVG Rz. 5.
209   BGHZ 115, 275, 285.
210   BGH NJW 1991, 1686; *Zöller/Gummer*, § 17 GVG Rz. 6; *Kissel*, NJW 1991, 945.
211   BGH NJW 1991, 945.
212   Ähnlich: OLG Hamm JurBüro 1993, 305, 308 (zu § 157 KostO).
213   Siehe oben Rz. 105.
214   BGH NJW 2001, 2181.
215   Siehe oben Rz. 105.

riell-rechtlichen Prüfungsumfang[216]. Das Adressatgericht übernimmt vielmehr die Rechtsschutzfunktion, die an sich das verweisende Gericht wahrzunehmen gehabt hätte[217]. Seine Prüfungskompetenz erweitert sich dahin, dass es den Verfahrensgegenstand auch unter den materiell-rechtlichen Gesichtspunkten zu prüfen hat, die für das verweisende Gericht maßgeblich gewesen wären. Dabei hat das Adressatgericht diejenigen Verfahrensnormen anzuwenden, die es auch sonst zu beachten hat[218]. Daraus folgt, dass gegebenenfalls das Gericht der freiwilligen Gerichtsbarkeit im Wege eines echten Streitverfahrens über einen Schadensersatzanspruch aus § 19 BNotO[219] oder umgekehrt das Streitgericht nach der Zivilprozessordnung über eine Amtsverweigerung nach § 15 BNotO zu befinden hat.

IV. Notwendige technische Einrichtungen (Abs. 3)

1. Bedeutung der Vorschrift

a) Fakultativer Versagungsgrund

Die Vorschrift ist sprachlich missglückt. Entgegen dem Wortlaut regelt Abs. 3 Satz 1 keine Abweichung von Absatz 1 und 2, sondern einen speziellen »ausreichenden Grund« für die Versagung der Urkundstätigkeit im Sinne des Abs. 1 Satz 1. Neben den Versagungsgrund nach Abs. 1 Satz 2 (Beurkundung in fremder Sprache) tritt damit ein weiterer ausdrücklich geregelter **fakultativer Versagungsgrund**[220]. Die Vorschrift ergänzt insofern Absatz 1. Der Hinweis auf Absatz 2 stellt klar, dass auch eine auf das Fehlen der notwendigen technischen Einrichtungen gestützte Amtsverweigerung mit der **Beschwerde** vor dem Landgericht angegriffen werden kann. **131**

b) Ablehnungsrecht

Nach Abs. 3 Satz 1 kann der Notar seine Mitwirkung an der Herstellung eines einfachen elektronischen Dokuments im Sinne des § 39a BeurkG und der Beglaubigung des Ausdrucks eines elektronischen Dokuments, das mit einer qualifizierten elektronischen Signatur nach dem Signaturgesetz[221] versehen ist (§ 42 Abs. 4 BeurkG), **ablehnen**, wenn er nicht über die dazu notwendige technische Einrichtung verfügt. Jedoch steht ihm dieser Ablehnungsgrund seit dem 01.04.2006 im Regelfall nicht mehr zu, da er seit diesem Zeitpunkt über mindestens *eine* Einrichtung verfügen muss, die Verfahren im Sinne der §§ 39a, 42 Abs. 4 BeurkG ermöglicht[222]. Mindestausstattung sind die entsprechende Software, ein Internetzugang, Scanner, Signaturkarte und Kartenlesegerät[223]. Ein Ablehnungsgrund besteht nur, wenn die Einrichtung ganz oder teilweise ausfällt. **132**

c) Bereithaltungspflicht

Nicht ausreichend ist der bloße Besitz dieser Einrichtungen, sie müssen vielmehr im Rahmen des Möglichen **betriebsbereit** gehalten werden, damit der Notar Ansuchen um Amtstätigkeiten gem. §§ 39a, 42 Abs. 4 BeurkG nachkommen kann. Dazu gehören Pflege und ggf. Erneuerung der Software ebenso wie die Durchführung notwendiger Wartungsarbeiten an der Hardware. **133**

---

216 *Gummer* in Anm. zu OLG Hamm DNotZ 1991, 686, 692.
217 BVerwG NJW 1967, 2128, 2130.
218 *Gummer*, DNotZ 1991, 692.
219 OLG Hamm DNotZ 1991, 686 m. zust. Anm. *Gummer*.
220 Zur Bedeutung fakultativer Versagungsgründe siehe oben Rz. 76.
221 Gesetz über Rahmenbedingungen für elektronische Signaturen (Signaturgesetz – SigG) i.d.F. v. 16.05.2001 (BGBl. I S. 876).
222 *Malzer*, DNotZ 2006, 9, 29.
223 *Weingärtner/Ehrlich*, DONot, Rz. 504a.

d) Drittschützende Wirkung

134 Ein von dem Notar verschuldeter Ausfall der Einrichtung kann als **Amtspflichtverletzung** zu Schadensersatzansprüchen Beteiligter gem. § 19 führen. Die Verpflichtung nach Abs. 3 Satz 2 fällt nicht unter die allgemeine Pflicht zur Amtsbereitschaft, sondern ist Teil der Urkundsgewährungspflicht[224]. Anders als die Pflicht zur Amtsbereitschaft[225] besteht sie nicht nur im Interesse der Allgemeinheit; vielmehr soll sie den einzelnen Rechtsuchenden davor schützen, dass Amtsgeschäfte im Sinne der §§ 39a, 42 Abs. 4 BeurkG nicht oder nur mit Verzögerung vorgenommen werden können. So soll bspw. eine eilige Handelsregisteranmeldung – die nur in elektronischer Form erfolgen kann – nicht daran scheitern dürfen, dass der Notar nicht über die dafür notwendige Einrichtung erfolgt.

Für die Qualifizierung als drittschützende Amtspflicht spricht im Übrigen der systematische Zusammenhang. Wäre die Bereithaltung der technischen Einrichtung lediglich mit der Unterhaltung der **Geschäftsstelle** gleichzusetzen[226], wäre eine Normierung im Zusammenhang mit § 10 Abs. 2 und 3 zu erwarten gewesen. Dass die Verpflichtung nach Abs. 3 Satz 2 in § 15 geregelt worden ist, lässt darauf schließen, dass der Gesetzgeber sie als drittschützend angesehen hat.

2. Signaturkarte

135 Die Erzeugung elektronischer Beglaubigungen mit Hilfe **qualifizierter Signaturen** ist notarielle Amtstätigkeit. Die Überantwortung dieser notariellen Amtstätigkeit an Mitarbeiterinnen oder Mitarbeiter durch Aushändigung der Signaturkarten und der dazugehörigen PIN verstößt gegen das Beurkundungsverfahrensrecht und gegen die Pflicht zur persönlichen Amtsausübung. Zur Vermeidung von Manipulationen muss der Notar seine Signaturkarte daher sicher verwahren und die zugehörige PIN zuverlässig geheim halten[227].

---

224 A. A. *Schippel/Bracker/Kanzleiter*, § 15 Rz. 108.
225 Siehe dazu § 19 Rz. 40.
226 So *Schippel/Bracker/Kanzleiter*, § 15 Rz. 108.
227 Siehe auch § 20 Rz. 14.

§ 16

(1) Soweit es sich bei Amtstätigkeiten des Notars nicht um Beurkundungen nach dem Beurkundungsgesetz handelt, gilt § 3 des Beurkundungsgesetzes entsprechend.
(2) Der Notar kann sich der Ausübung des Amtes wegen Befangenheit enthalten.

Beurkundungsgesetz

§ 3 Verbot der Mitwirkung als Notar

(1) [1]Ein Notar soll an einer Beurkundung nicht mitwirken, wenn es sich handelt um
1. eigene Angelegenheiten, auch wenn der Notar nur mitberechtigt oder mitverpflichtet ist,
2. Angelegenheiten seines Ehegatten, früheren Ehegatten oder seines Verlobten,
2a. Angelegenheiten seines Lebenspartners, früheren Lebenspartners oder Verlobten im Sinne des Lebenspartnerschaftsgesetzes,
3. Angelegenheiten einer Person, die mit dem Notar in gerader Linie verwandt oder verschwägert oder in der Seitenlinie bis zum dritten Grade verwandt oder bis zum zweiten Grade verschwägert ist oder war,
4. Angelegenheiten einer Person, mit der sich der Notar zur gemeinsamen Berufsausübung verbunden oder mit der er gemeinsame Geschäftsräume hat,
5. Angelegenheiten einer Person, deren gesetzlicher Vertreter der Notar oder eine Person im Sinne der Nummer 4 ist,
6. Angelegenheiten einer Person, deren vertretungsberechtigtem Organ der Notar oder eine Person im Sinne der Nummer 4 angehört,
7. Angelegenheiten einer Person, für die der Notar, eine Person im Sinn der Nummer 4 oder eine mit dieser im Sinn der Nummer 4 oder in einem verbundenen Unternehmen (§ 15 des Aktiengesetzes) verbundene Person außerhalb einer Amtstätigkeit in derselben Angelegenheit bereits tätig war oder ist, es sei denn, diese Tätigkeit wurde im Auftrag aller Personen ausgeübt, die an der Beurkundung beteiligt sein sollen,
8. Angelegenheiten einer Person, die den Notar in derselben Angelegenheit bevollmächtigt hat oder zu der der Notar oder eine Person im Sinne der Nummer 4 in einem ständigen Dienst- oder ähnlichen ständigen Geschäftsverhältnis steht, oder
9. Angelegenheiten einer Gesellschaft, an der der Notar mit mehr als 5 vom Hundert der Stimmrechte oder mit einem anteiligen Betrag des Haftkapitals von mehr als 2.500 Euro beteiligt ist.
[2]Der Notar hat vor der Beurkundung nach einer Vorbefassung im Sinne der Nummer 7 zu fragen und in der Urkunde die Antwort zu vermerken.
(2) [1]Handelt es sich um eine Angelegenheit mehrerer Personen und ist der Notar früher in dieser Angelegenheit als gesetzlicher Vertreter oder Bevollmächtigter tätig gewesen oder ist er für eine dieser Personen in anderer Sache als Bevollmächtigter tätig, so soll er vor der Beurkundung darauf hinweisen und fragen, ob er die Beurkundung gleichwohl vornehmen soll. [2]In der Urkunde soll er vermerken, dass dies geschehen ist.
(3) [1]Absatz 2 gilt entsprechend, wenn es sich handelt um
1. Angelegenheiten einer Person, deren nicht zur Vertretung berechtigtem Organ der Notar angehört,
2. Angelegenheiten einer Gemeinde oder eines Kreises, deren Organ der Notar angehört,
3. Angelegenheiten einer als Körperschaft des öffentlichen Rechts anerkannten Religions- oder Weltanschauungsgemeinschaft oder einer als Körperschaft des öffentlichen Rechts anerkannten Teilorganisation einer solchen Gemeinschaft, deren Organ der Notar angehört.
[2]In den Fällen der Nummern 2 und 3 ist Absatz 1 Nr. 6 nicht anwendbar.

Richtlinienempfehlungen der Bundesnotarkammer

VI. Die Art der nach § 28 BNotO zu treffenden Vorkehrungen

1.1. Vor Übernahme einer notariellen Amtstätigkeit hat sich der Notar in zumutbarer Weise zu vergewissern, dass Kollisionsfälle i. S. des § 3 Abs. 1 BeurkG nicht bestehen.

Übersicht

A. Entstehungsgeschichte der Vorschrift[1]

Die Verweisung auf § 3 BeurkG in Abs. 1 der Vorschrift galt nach der früheren Fassung nur **1** für Amtstätigkeiten des Notars »*nach den §§ 20 bis 22a*«. Diese Einschränkung ist durch die Berufsrechtsnovelle 1998[2] weggefallen.

§ 3 Abs. 1 Satz 1 Nr. 2a BeurkG ist durch »Gesetz zur Beendigung der Diskriminierung **2** gleichgeschlechtlicher Gemeinschaften: Lebenspartnerschaften«[3] eingefügt, § 3 Abs. 1 Satz 1 Nr. 7 BeurkG durch Gesetz zur Neuregelung des Rechtsberatungsrechts[4] geändert worden.

B. Erläuterungen

I. Ausschließung von der Amtsausübung (Abs. 1)

1. Bedeutung der Vorschrift

a) Gesetzeszweck

Die Bestimmung des § 3 BeurkG[5] gehört zu den zentralen Vorschriften des notariellen Be- **3** rufsrechts, die im Interesse einer geordneten vorsorgenden Rechtspflege für den Bereich des Beurkundungswesens bereits dem Anschein einer Gefährdung der Unabhängigkeit und Unparteilichkeit des Notars entgegenwirken soll[6]. Das Ansehen der Notare in den Augen der Bevölkerung als unabhängige und unparteiische Betreuer zu wahren, ist zentraler Zweck der Beurkundungsverbote des § 3 BeurkG[7]. Den gleichen Zweck verfolgt § 16 Abs. 1 BNotO für den übrigen Bereich notarieller Amtstätigkeit.

b) Rechtsfolgenregelung

Das Beurkundungsgesetz ordnet bei Beeinträchtigungen der Unparteilichkeit abgestufte **4** Rechtsfolgen an. § 3 enthält lediglich **Sollvorschriften**; ihre Verletzung ist zwar amtspflichtwidrig, führt aber nicht zur Unwirksamkeit der Amtshandlung[8]. Dagegen ist die Beurkundung von Willenserklärungen in den in §§ 6, 7, 27 BeurkG genannten Fällen ganz oder teilweise unwirksam. Für § 16 Abs. 1 BNotO gilt diese Abstufung nicht, da die Vorschrift lediglich auf § 3 BeurkG, nicht aber auf die Rechtsfolgen nach §§ 6, 7 BeurkG verweist. Ein Verstoß des Notars gegen ein Mitwirkungsverbot nach § 3 BeurkG führt daher nicht zur Nichtigkeit der Amtshandlung. Das gilt auch dann, wenn eine der in § 6 genannten Personen an der Amtshandlung beteiligt ist oder diese darauf gerichtet ist, einer der in § 7 genannten Personen einen rechtlichen Vorteil zu verschaffen.

c) Zwingender Charakter der Vorschrift

Ungeachtet des Charakters des § 3 BeurkG als bloße Sollvorschrift gehört die **strikte Beach- 5 tung** der Mitwirkungsverbote zum **Kernbereich** der notariellen Amtspflichten. Die Mitwir-

---

1 Wegen der Vorgeschichte siehe *Vorauflage*, § 16 Rz. 1–3.
2 Art. 1 Nr. 13 des Dritten Gesetzes zur Änderung der Bundesnotarordnung und anderer Gesetze v. 31.08.1998 (BGBl. I S. 2585).
3 Gesetz v. 16.02.2001 (BGBl. I S. 266).
4 Gesetz v. 12.12.2007 (BGBl. I S. 2840).
5 Allgemein zu den Mitwirkungsverboten nach § 3 BeurkG: *Harborth/Lau*, DNotZ 2002, 412. Zur Entstehungsgeschichte des § 3 BeurkG: *Custodis*, RNotZ 2005, 35, 36.
6 BT-Drucks. 13/4184, S. 36.
7 BVerfG DNotZ 2003, 66 f.; BGH DNotZ 2004, 888, 890.
8 BGH DNotZ 1985, 231.

SANDKÜHLER

kungsverbote sind nicht disponibel; sie sind auch dann zu beachten, wenn alle Beteiligten mit der Übernahme des Ansuchens durch den Notar einverstanden sind. Sie gelten auch für Amtstätigkeiten, die ihrer Art nach nicht geeignet sind, die Unabhängigkeit und Unparteilichkeit des Notars zu beeinträchtigen, mithin auch für Rechtsgeschäfte, an denen nur eine Person beteiligt ist oder bei denen widerstreitende Interessen nicht in Betracht kommen[9].

Verstöße gegen die Mitwirkungsverbote stellen keine Bagatellverfehlungen dar, sondern sind in der Regel disziplinarisch zu ahnden[10]. Wiederholte grobe Verstöße führen zwingend zur Amtsenthebung (§ 50 Abs. 1 Nr. 9).

d) Befangenheit des Notars

6 Auch wenn ein Mitwirkungsverbot nach § 3 BeurkG nicht eingreift, besteht doch die Möglichkeit, dass der Notar wegen besonderer Nähe zu den beteiligten Personen oder dem Gegenstand seiner Amtstätigkeit **befangen** ist. Er ist dann zur Selbstablehnung berechtigt (Abs. 2) und unter Umständen auch dazu verpflichtet[11].

2. Anwendungsbereich der Vorschrift

a) Persönlicher Anwendungsbereich

7 Der **persönliche Anwendungsbereich** der Vorschrift umfasst außer den Notaren auch Notarvertreter und Notariatsverwalter. Notarvertreter müssen sich der Amtsausübung enthalten, wenn die Voraussetzungen eines Mitwirkungsverbots entweder in ihrer Person (§ 39 Abs. 4) oder in der Person des vertretenen Notars (§ 41 Abs. 2) vorliegen. Notariatsverwalter sind von der Amtstätigkeit ausgeschlossen, soweit sie selbst die Voraussetzungen eines Mitwirkungsverbots erfüllen (§ 57 Abs. 1).

b) Sachlicher Anwendungsbereich

8 In ihrem **sachlichen Anwendungsbereich** unterscheidet sich die Vorschrift erheblich von dem bisherigen Rechtszustand. In der früheren Fassung galt sie nur für Amtstätigkeiten nach den §§ 20 bis 22a, so dass selbstständige Betreuungstätigkeiten im Sinne der §§ 23, 24 von den Mitwirkungsverboten des § 3 BeurkG ausgenommen waren. Durch den Wegfall der Worte »*nach den §§ 20 bis 22a*«[12] ist klargestellt, dass außer den Beurkundungen nach dem Beurkundungsgesetz **sämtliche** übrigen Amtstätigkeiten – einschließlich der notariellen Betreuung nach §§ 23, 24 – den Mitwirkungsverboten nach § 3 BeurkG unterliegen. Die Vorschrift gilt daher auch für
– die Ausstellung von **Notarbestätigungen**[13],
– die Vollstreckbarerklärung von **Anwaltsvergleichen** (§ 796c ZPO) sowie von **Schiedssprüchen** mit vereinbartem Wortlaut (§ 1053 Abs. 4 ZPO),
– die Erteilung **vollstreckbarer Ausfertigungen** notarieller Urkunden (§ 797 Abs. 2 ZPO)[14]. Soweit der Notar danach an der Erteilung einer vollstreckbaren Ausfertigung einer vor ihm errichteten Urkunde gehindert ist, muss er die Urkunde mit den zugehörigen Handakten einem anderen Notar übergeben, der dann die vollstreckbare Ausfertigung erteilen kann (§ 45 Abs. 1, 2).

---

9 A. A. für die Fälle des § 3 Abs. 1 Satz 1 Nr. 4 BeurkG: *Harder/Schmidt*, DNotZ 1999, 949, 958.
10 Siehe § 95 Rz. 13, § 97 Rz. 11.
11 Näher dazu unten Rz. 111.
12 Siehe oben Rz. 1.
13 Siehe § 24 Rz. 25 ff.
14 *Huhn/von Schuckmann/Armbrüster*, BeurkG, § 3 Rz. 11; *Winkler*, BeurkG, § 3 Rz. 22a; *Eylmann/Vaasen/Eylmann*, § 3 BeurkG Rz. 5.

c) Beurkundungen nach dem BeurkG

Ungeachtet der Einbeziehung sämtlicher notarieller Amtstätigkeiten in den Geltungsbereich **9** des § 16 Abs. 1 bleibt die **Abgrenzung** zwischen Beurkundungen nach dem BeurkG und sonstigen notariellen Amtstätigkeiten bedeutsam, weil die Nichtigkeitsfolgen der §§ 6, 7 BeurkG nur bei Beurkundungen, nicht bei sonstigen Amtstätigkeiten eintreten.

aa) Begriff

»**Beurkunden**« im Sinne des BeurkG bedeutet die Herstellung eines Schriftstücks, in dem **10** der Notar in amtlicher Eigenschaft bezeugt, dass er bestimmte Tatsachen, d.h. Vorgänge in der Außenwelt, selbst wahrgenommen hat[15]. Verboten ist nicht nur die eigentliche Urkundshandlung, sondern jede Mitwirkung daran. Dazu gehören auch Verhandlungen und Entwürfe, die der Vorbereitung einer Beurkundung dienen[16].

Bezeugende Urkunden in diesem Sinne sind Niederschriften über Willenserklärungen **11** (§ 8 BeurkG) sowie über sonstige Erklärungen, Tatsachen oder Vorgänge (§ 36 BeurkG). Der Beurkundung von Willenserklärungen gleichgestellt sind die Abnahme von Eiden und die Aufnahme eidesstattlicher Versicherungen (§ 38 Abs. 1 BeurkG). Unter § 3 BeurkG fallen ferner die in § 39 BeurkG genannten sog. einfachen Zeugnisse; zu ihnen gehören Beglaubigungen von Unterschriften, Handzeichen und der Zeichnung von Namensunterschriften. Ist der Notar nach §§ 3, 40 Abs. 2 BeurkG an der Vornahme einer Unterschriftsbeglaubigung gehindert, so erstreckt sich das Mitwirkungsverbot im Zweifel auch auf die Anfertigung des zugehörigen **Entwurfs**[17].

bb) Eigenurkunden

Von den bezeugenden Urkunden sind die sog. **Eigenurkunden** zu unterscheiden, in denen **12** die Urkundsperson ihre eigenen Anordnungen, Verfügungen, Feststellungen oder Willenserklärungen verlautbart[18]. Derartige Urkunden fallen nicht unmittelbar, sondern nur kraft der Verweisung in § 16 Abs. 1 unter § 3 BeurkG. Hierher gehören auch die **gemischten Beurkundungen**, bei denen der Notar ein Amtsgeschäft vornimmt und darüber in einer Urkunde berichtet[19] (z.B. Verlosungen und Auslosungen, Aufnahme von Vermögensverzeichnissen, Anlegung und Abnahme von Siegeln sowie freiwillige Versteigerungen).

cc) Vertretungs- und Gesellschaftsbescheinigungen

§ 16 Abs. 1 gilt ferner für die Ausstellung von **Bescheinigungen** nach § 21; sie haben nicht **13** den Charakter einer Zeugnisurkunde.

3. Begriff der Angelegenheit

§ 3 BeurkG knüpft an den Begriff der »Angelegenheit« an. Darunter ist der **Lebenssachverhalt** **14** zu verstehen, auf den sich die Amtstätigkeit des Notars bezieht. Entsprechend dem Zweck der Vorschrift und des darauf verweisenden § 16, die notarielle Unabhängigkeit und Unparteilichkeit zu sichern[20], darf der Begriff nicht eng ausgelegt werden[21].

---

15 *Winkler*, § 1 Rz. 2; *Lerch*, BeurkG, § 1 Rz. 2; *Reithmann*, Allgemeines Urkundenrecht, S. 96; *ders.*, DNotZ 1995, 360, 361.
16 *Schippel/Bracker/Schäfer*, § 16 Rz. 14.
17 *Schippel/Bracker/Schäfer*, § 16 Rz. 15.
18 *Winkler*, § 1 Rz. 3.
19 *Schippel/Bracker/Schäfer*, § 16 Rz. 10.
20 Siehe oben Rz. 6.
21 BGH DNotZ 1985, 231; *Winkler*, § 3 Rz. 25; *Huhn/von Schuckmann/Armbrüster*, 3 Rz. 18.

a) Sachbeteiligung

aa) Beteiligung/Angelegenheit

15 Unter »**Beteiligung**« kann sowohl die materielle als auch die formelle Beteiligung verstanden werden. § 6 Abs. 2 BeurkG verwendet den Begriff im formellen Sinn. Um Unklarheiten zu vermeiden, vermeidet § 3 BeurkG durchweg den Begriff der Beteiligung und knüpft statt dessen an den der Angelegenheit an; eine – redaktionell verunglückte – Ausnahme stellt lediglich Abs. 1 Satz 1 Nr. 7 dar[22]. Nach Sinn und Zweck des § 3 BeurkG entspricht der Begriff der Angelegenheit dem der materiellen Beteiligung (Sachbeteiligung)[23].

bb) Sachbeteiligung

16 **Sachlich beteiligt** sind diejenigen Personen, deren Rechte, Pflichten oder Verbindlichkeiten durch den Inhalt der Beurkundung bzw. des Entwurfs unmittelbar begründet, erweitert oder vermindert werden; dabei genügt es, dass diese Rechte, Pflichten oder Verbindlichkeiten *faktisch* unmittelbar günstig oder ungünstig beeinflusst werden[24]. Eine Sachbeteiligung im Sinne des § 3 BeurkG liegt vor, wenn sich die zu beurkundenden Erklärungen und Vorgänge nach ihrem materiellen Gehalt auf eine den Notar selbst oder eine der in § 3 genannten Personen angehende Sache beziehen[25]. Eine nur mittelbare Auswirkung auf rechtliche oder wirtschaftliche Interessen des Notars oder einer der genannten Personen reicht im allgemeinen nicht aus[26].

b) Sachbeteiligung bei Willenserklärungen

aa) Grundsatz

17 **Willenserklärungen** sind stets Angelegenheiten der auf der Erklärungs- und der Empfängerseite beteiligten Personen. So sind an einem *zweiseitigen* Rechtsgeschäft die Geschäftspartner, an einer *einseitigen* empfangsbedürftigen Willenserklärung (z. B. Vertragsangebot, Annahmeerklärung, Kündigung, Bevollmächtigung) auch deren Empfänger beteiligt. Der Notar darf daher nicht ein Vertragsangebot oder eine Vertragsannahme, wenn er oder eine der in § 3 Abs. 1 genannten Personen der andere Teil ist, oder eine ihm oder einer der genannten Personen erteilte Vollmacht beurkunden. Das Mitwirkungsverbot greift hingegen nicht ein, wenn der Notar lediglich zur Vorbereitung und/oder Durchführung eines ihm übertragenen Urkundsgeschäfts bevollmächtigt wird[27].

18 Wird in einem notariellen Vertragsangebot der Empfänger ermächtigt, eine **andere Person** als Vertragspartner zu benennen, so wird diese Person durch die Benennung nicht sachbeteiligt[28].

bb) Botschaft

19 Dagegen sind Handlungen eines **Erklärungs- oder Empfangsboten** Angelegenheiten lediglich des Geschäftsherrn, da der Bote nur das Wirksamwerden einer »fertigen« fremden Willenserklärung vermittelt, indem er deren Zugang durch rein tatsächliches, nicht rechtsgeschäftliches Tun bewirkt[29].

---

22 Näher dazu: unten Rz. 84.
23 BGH RNotZ 2005, 56, 57.
24 Ähnlich: *Winkler*, § 3 Rz. 24 f.; *Huhn/von Schuckmann/Armbrüster*, § 3 Rz. 19.
25 Vgl. BGH DNotZ 1985, 231.
26 BGH DNotZ 1985, 231, 232; *Winkler*, § 3 Rz. 25.
27 *Huhn/von Schuckmann/Armbrüster*, § 3 Rz. 52. Siehe auch unten Rz. 94.
28 BGHZ 117, 19, 21.
29 MünchKomm/*Thiele*, BGB, Vor § 164 Rz. 43.

cc) Verwalter kraft Amtes

Verwalter kraft Amtes (Insolvenz- und Zwangsverwalter, Nachlassverwalter, Testaments- **20** vollstrecker) sind nicht Stellvertreter des Inhabers der verwalteten Vermögensmasse. Bei Geschäften, die diese Vermögensmasse betreffen, handelt es sich um eigene Angelegenheiten der Verwalter. Der Notar darf daher nicht an Geschäften mitwirken, die sich auf die verwaltete Vermögensmasse beziehen, wenn er oder eine der in § 3 Abs. 1 genannten Personen Verwalter kraft Amtes ist. Dagegen ist er grundsätzlich nicht gehindert, persönliche Geschäfte des Inhabers der Vermögensmasse zu beurkunden[30].

dd) Beteiligung dritter Personen

Soweit Rechtsgeschäfte kraft Gesetzes oder kraft Vereinbarung für oder gegen **dritte Per-** **21** **sonen** wirken, gilt Folgendes:

(1) Beim **Vertrag zugunsten Dritter** ist auch der Begünstigte materiell beteiligt (§§ 328, **22** 330, 331 BGB). Die Geschäftsführung ohne Auftrag ist eine Angelegenheit auch des Geschäftsherrn, da dieser daraus berechtigt und verpflichtet wird (§§ 677 ff. BGB). Die Beurkundung eines durch einen gewerblichen **Makler** vermittelten Immobilienkaufvertrages ist eine Angelegenheit auch des Maklers, auch wenn sein Provisionsanspruch nicht in dem Vertrag geregelt ist; denn der formgerechte Vertragsabschluss ist notwendige und in der Regel hinreichende Bedingung für die Entstehung des Provisionsanspruchs (§ 652 Abs. 1 Satz 2 BGB)[31].

(2) Bei der **Verfügung von Todes wegen** sind auch die Bedachten (Erben[32], Vermächtnis- **23** nehmer) und die etwa als Testamentsvollstrecker benannte Person, nicht hingegen diejenigen sachbeteiligt, die durch eine Auflage begünstigt werden[33]. Der Notar, der eine letztwillige Verfügung beurkundet, kann darin nicht wirksam zum Testamentsvollstrecker ernannt werden; die Verfügung wäre insoweit unwirksam (§§ 27, 7 Nr. 1 BeurkG). Ebenso wenig kann der Notar die Bestellung einer Person im Sinne des § 3 Abs. 1 BeurkG zum Testamentsvollstrecker beurkunden[34]. Die **Erbausschlagung** berührt auch die Rechtsstellung derer, die dadurch Erben werden, nicht hingegen die Rechte von Pflichtteilsberechtigten[35], Vermächtnisnehmern und Nachlassgläubigern[36].

(3) An einer Drittwirkung fehlt es hingegen bei der **Abtretung** (§ 398 BGB); sie ist nicht **24** Angelegenheit des Schuldners, da sie dessen Rechtsstellung gemäß §§ 404 ff. BGB nicht berührt[37].

(4) Nach h. M ist die Bestellung einer **Sicherheit** (z. B. Bürgschaft, Hypothek) durch ei- **25** nen anderen als den Schuldner eine Angelegenheit nicht nur des Sicherungsgebers und des Gläubigers, sondern auch des Schuldners[38]. Dagegen spricht, dass in den Fällen des Forderungsübergangs nach §§ 774, 1143, 1225 BGB die Rechtsstellung des Schuldners ebenso wenig berührt wird wie durch eine Abtretung[39]. Noch weniger ist dies der Fall, wenn ein gesetzlicher Forderungsübergang – wie bei der Grundschuld[40] – nicht stattfindet.

---

30 *Winkler*, § 3 Rz. 31.
31 Vgl. auch BGH DNotZ 1985, 231, 232 (Provisionsanspruch des selbst mit der Vermittlung beauftragten Urkundsnotars).
32 A. A. *Thiel*, ZNotP 2003, 244.
33 *Winkler*, § 3 Rz. 29; *Dittmann/Reimann/Bengel*, Testament und Erbvertrag, § 3 BeurkG Rz. 10.
34 Die entgegenstehende Entscheidung BGHZ 134, 230 = DNotZ 1997, 466 (m. Anm. *Reimann*) ist durch die Neufassung des § 3 Abs. 1 Satz 1 BeurkG überholt. So auch *Vaasen/Starke*, DNotZ 1998, 661, 669 Fn. 22.
35 Str.; a. A. *Schippel/Bracker/Schäfer*, § 16 Rz. 19.
36 *Winkler*, § 3 Rz. 29.
37 *Schippel/Bracker/Schäfer*, § 16 Rz. 19; *Eylmann/Vaasen-Eylmann*, § 3 BeurkG Rz. 15; a. A. zu Unrecht *Winkler*, § 3 Rz. 29.
38 *Schippel/Bracker/Schäfer*, § 16 Rz. 19; *Eylmann/Vaasen-Eylmann*, § 3 BeurkG Rz. 15; *Winkler*, § 3 Rz. 29.
39 Siehe oben Rz. 24.
40 BGHZ 105, 154.

26 (5) Hängt die Wirksamkeit eines Rechtsgeschäfts von der **Zustimmung** eines Dritten ab – z. B. die Veräußerung oder Belastung eines Erbbaurechts von der Zustimmung des Grundstückseigentümers –, so ist der Dritte sachlich beteiligt.

ee) Teil- und Gesamtgeschäfte

27 Soweit es um die Beurkundung von Erklärungen geht, die nur **Teil** eines gesondert oder gar nicht beurkundeten Geschäfts sind, entscheidet die Beteiligung an dem **Gesamtgeschäft** darüber, um wessen Angelegenheit es sich handelt[41]. So ist bei der Unterwerfung unter die Zwangsvollstreckung und bei der Bewilligung der Eintragung eines Grundpfandrechts auch der Gläubiger, bei der Löschungsbewilligung durch den Gläubiger auch der Eigentümer sachbeteiligt.

ff) Nicht rechtsfähiger Verein, Personengesellschaft

28 Angelegenheiten eines nicht rechtsfähigen **Vereins** oder einer **Personengesellschaft** sind Angelegenheiten der Vereinsmitglieder bzw. der Gesellschafter. Dies ergibt sich zum einen aus dem Gesichtspunkt der Beteiligung am Gewinn und Verlust, zum anderen aus dem der Haftung für Verbindlichkeiten des Vereins bzw. der Gesellschaft. Die Vereinsmitglieder sowie die Mitglieder der Gesellschaft bürgerlichen Rechts, der offenen Handelsgesellschaft und der Kommanditgesellschaft – einschließlich der Kommanditisten – sind am Gewinn und Verlust beteiligt (§§ 54, 721 f. BGB, §§ 121, 161 Abs. 2, 167 HGB). Als Mitglieder der oHG, der KG und der Partnerschaftsgesellschaft haften sie kraft Gesetzes für die Verbindlichkeiten der Gesellschaft (§§ 128, 161 Abs. 2, 171 HGB, § 8 PartGG). Nach der neueren Rechtsprechung des Bundesgerichtshofs zur (partiellen) Rechtsfähigkeit der Außengesellschaft bürgerlichen Rechts gilt dies auch für deren Mitglieder; § 128 HGB ist insoweit analog anwendbar[42]. Die Zuerkennung einer solchen (partiellen) Rechtsfähigkeit ändert daher nichts an dem Mitwirkungsverbot in Angelegenheiten der Gesellschaft, zumal sie die Gewinn- und Verlustbeteiligung der Gesellschafter nicht berührt[43].

Mit der Neutralitätspflicht des Notars wäre es nicht zu vereinbaren, wenn er an einer Beurkundung mitwirken würde, die für ihn oder eine der in § 3 Abs. 1 Satz 1 Nr. 2–4 BeurkG genannten Personen eine Gewinn- oder Verlustbeteiligung oder eine persönliche Haftung auslösen könnte[44]. Die Mitgliedschaft in einem nicht rechtsfähigen Verein bzw. in einer Personengesellschaft führt daher zu einem Mitwirkungsverbot in Angelegenheiten des Vereins bzw. der Gesellschaft[45].

gg) Juristische Person

29 Rechtsgeschäfte einer **juristischen Person** sind grundsätzlich deren Angelegenheit, nicht solche ihrer Mitglieder[46]. Es ist daher im allgemeinen unschädlich, wenn der Notar oder eine andere Person im Sinne des § 3 Abs. 1 Satz 1 BeurkG lediglich Mitglied eines eingetragenen Vereins, einer Kapitalhandelsgesellschaft (AG, GmbH, KGaA) oder einer eingetragenen Genossenschaft ist[47]. Anders verhält es sich, wenn er oder eine dieser Personen als **wirtschaftlicher Inhaber** anzusehen ist. Das ist etwa bei der Einpersonen-GmbH, aber auch sonst der Fall, wenn der Notar oder eine dieser Personen eine beherrschende Stellung hat, so dass die Beteiligung der übrigen Mitglieder dahinter zurücktritt[48].

---

41 *Schippel/Bracker/Schäfer*, § 16 Rz. 18.
42 BGHZ 146, 341. Vgl. dazu *K. Schmidt*, NJW 2001, 993.
43 *Schippel/Bracker/Schäfer*, § 16 Rz. 20a.
44 *Winkler*, § 3 Rz. 39.
45 *Winkler*, § 3 BeurkG Rz. 39.
46 Zur Beurkundung von Versammlungsbeschlüssen siehe unten Rz. 33.
47 Wegen der Mitgliedschaft im Aufsichtsrat einer AG siehe unten Rz. 65.
48 *Winkler*, § 3 Rz. 40.

Eine Sonderregelung enthält § 3 Abs. 1 Satz 1 Nr. 9 BeurkG, wonach der Notar in Angelegenheiten einer Gesellschaft ausgeschlossen ist, an der er mit mehr als fünf von Hundert der Stimmrechte oder mit einem anteiligen Betrag des Haftkapitals von mehr als 2.500 Euro beteiligt ist. Eine gleichartige Beteiligung einer der anderen in § 3 Abs. 1 Satz 1 genannten Personen ist unschädlich.

hh) Werdende juristische Person

Rechtsgeschäfte einer **werdenden juristischen Person** (z.B. rechtsfähiger Verein oder   30
GmbH in Gründung) sind Angelegenheiten nicht nur des Vorvereins bzw. der Vorgesellschaft, sondern auch der Gründungsmitglieder. Zwar sind die damit zusammenhängenden Haftungsfragen teilweise noch nicht abschließend geklärt[49]. Eine persönliche Haftung der Gründungsmitglieder lässt sich aber jedenfalls nicht von vornherein ausschließen[50]. Zur Wahrung seiner Unparteilichkeit darf der Notar daher nicht Rechtsgeschäfte einer werdenden juristischen Person beurkunden, der er oder eine der in § 3 Abs. 1 Satz 1 BeurkG genannten Personen angehört[51].

ii) Gründung einer Einpersonen-GmbH

Die Gründung einer **Einpersonen-GmbH** ist Angelegenheit nur des Gründers, da die   31
GmbH in diesem Zeitpunkt weder als solche noch als Vorgesellschaft existiert. Als Vorgesellschaft müsste sie wenigstens zwei Gesellschafter haben.

c) Sachbeteiligung bei sonstigen Amtshandlungen

aa) Beglaubigungen

Beglaubigungen von Unterschriften, Handzeichen und der Zeichnung von Namensunter-   32
schriften (§ 20 Abs. 1 Satz 1 BNotO, § 39 BeurkG) sind Angelegenheiten der Zeichner und darüber hinaus derjenigen Personen, deren Rechtsstellung nach dem Inhalt der Urkunde berührt wird[52]. Dagegen handelt es sich bei der Beglaubigung von Abschriften sowie bei der Erteilung einfacher Ausfertigungen um Angelegenheiten nur des Antragstellers, nicht der Personen, von denen die Urschrift stammt[53].

bb) Versammlungsbeschlüsse

Ob der Notar gehindert ist, **Versammlungsbeschlüsse** einer rechtsfähigen Vereinigung   33
(rechtsfähiger Verein, Kapitalgesellschaft, eingetragene Genossenschaft) zu beurkunden
(§ 20 Abs. 1 Satz 2), hängt von unterschiedlichen Faktoren ab:

(1) Die Mitglieder von **Organen** der Vereinigung (Vorstand, Geschäftsführer, Aufsichts-   34
rat) sind stets sachbeteiligt, da die Vereinigung selbst beteiligt ist und die Versammlungsbeschlüsse ihre Organe unmittelbar binden[54]. Der Notar ist daher an der Protokollierung von Hauptversammlungsbeschlüssen einer Aktiengesellschaft gehindert, wenn er oder eine der in § 3 Abs. 1 Satz 1 Nr. 2–4 genannten Personen Mitglied des Aufsichtsrates ist[55].

(2) Organ der **Aktiengesellschaft** ist nicht die Gesamtheit der Aktionäre, sondern die   35
Hauptversammlung als solche[56]. Beschlüsse der Hauptversammlung sind somit nicht per se

---

49 Zur Haftung bei der Vor-GmbH: BGHZ 134, 333; beim wirtschaftlichen Vorverein: BGH NJW 2001, 748, 750; beim Vorverein: *Palandt/Heinrichs*, BGB, § 21 Rz. 9 f.
50 BGHZ 80, 129 (Vor-GmbH); BGH NJW 2001, 748, 750 (öffentlich-rechtlicher Zweckverband in Gründung).
51 Offengelassen bzgl. des rechtsfähigen Vereins in Gründung: BGHZ 117, 19, 21.
52 *Winkler*, § 3 Rz. 37.
53 *Lerch*, BeurkG, § 3 Rz. 23.
54 *Schippel/Bracker/Schäfer*, § 16 Rz. 22; *Winkler*, § 3 Rz. 41.
55 MünchKommAktG/*Kubis*, § 130 Rz. 11; *Hüffer*, AktG, § 130 Rz. 9.
56 *Winkler*, § 3 Rz. 44 m.w.N.

Angelegenheiten der Aktionäre. Der Notar ist daher nicht an der Beurkundung von Hauptversammlungsbeschlüssen gehindert, nur weil er oder eine der in § 3 Abs. 1 Satz 1 Nr. 2–4 BeurkG genannten Personen Aktionäre der Gesellschaft ist. Dagegen besteht ein Mitwirkungsverbot, wenn die Beteiligung die Grenzwerte des § 3 Abs. 1 Satz 1 Nr. 9 BeurkG übersteigt[57].

Anders ist es, wenn der Notar oder eine der in § 3 Abs. 1 Satz 1 Nr. 2–4 BeurkG genannten Personen als Aktionär stärker als die übrigen Gesellschafter durch den Gegenstand der Beschlussfassung berührt wird (z. B. durch Beschlüsse über die Gewährung oder Entziehung von Sonderrechten, über Wahlen in ein Organ der Gesellschaft oder über die Geltendmachung von Ansprüchen gegen das Mitglied)[58].

36   Eine Sachbeteiligung liegt ferner vor, wenn der Notar oder eine der anderen genannten Personen eine Mehrheitsbeteiligung innehat, auch wenn diese in der Versammlung nicht vertreten ist[59]. Handelt es sich um eine kleine, personalistisch strukturierte Gesellschaft, wird man – entsprechend den Gegebenheiten bei der GmbH[60] – die Aktionäre stets als sachbeteiligt ansehen müssen[61].

37   Der Notar, der selbst Aktionär ist, ist an der Beurkundung auch gehindert, wenn er sich an der *Abstimmung* beteiligt (§ 3 Abs. 1 Satz 1 Nr. 1 BeurkG)[62]. Das gleiche gilt, wenn eine der anderen genannten Personen Aktionär ist *und* mit abstimmt. Denn Hauptversammlungsbeschlüsse sind Angelegenheiten auch derjenigen Aktionäre, die an der Beschlussfassung mitwirken.

38   (3) Die vorstehenden Grundsätze gelten entsprechend für die Generalversammlung der eingetragenen **Genossenschaft** (§ 43 GenG)[63].

39   (4) Beschlüsse der Gesellschafterversammlung einer **GmbH** sind grundsätzlich Angelegenheiten der Gesamtheit der Gesellschafter, auch wenn diese nicht an der Gesellschafterversammlung teilnehmen. Der Notar ist daher gehindert, Beschlüsse einer Gesellschafterversammlung zu beurkunden, wenn er oder eine der in § 3 Abs. 1 genannten Personen Gesellschafter der GmbH ist[64]. Ob eine Ausnahme gerechtfertigt ist, wenn die Gesellschaft so viele Mitglieder hat, dass die Beteiligung – ähnlich wie bei der AG – rein kapitalistischen Charakter hat[65], ist wegen der damit verbundenen Abgrenzungsschwierigkeiten zweifelhaft.

40   (5) Beschlüsse eines nicht rechtsfähigen Vereins oder einer **Personengesellschaft** (Gesellschaft bürgerlichen Rechts, oHG, KG, Partnerschaftsgesellschaft) sind stets Angelegenheiten der Mitglieder bzw. der Gesellschafter.

cc) Verlosungen und Auslosungen

41   Bei **Verlosungen** und **Auslosungen** (§ 20 Abs. 1 Satz 2 BNotO) ist nur der Auftraggeber, nicht aber der Inhaber eines Loses beteiligt, so dass der Notar auch dann tätig werden kann, wenn er oder eine der in § 3 Abs. 1 genannten Personen Inhaber eines Loses ist[66]. Allerdings sollte der Notar seine Mitwirkung im allgemeinen wegen Befangenheit ablehnen (§§ 14 Abs. 1 Satz 2, 16 Abs. 2).

dd) Vermögensverzeichnisse

42   Die Aufnahme von **Vermögensverzeichnissen** (§ 20 Abs. 1 Satz 2 BNotO) ist Angelegenheit des Antragstellers, des Eigentümers, des Taxators sowie derjenigen Personen, die daraus

---

57 Siehe unten Rz. 97.
58 *Winkler*, § 3 Rz. 45 m.w.N.
59 *Winkler*, § 3 Rz. 40 m.w.N.
60 Siehe unten Rz. 39.
61 *Winkler*, § 3 Rz. 50.
62 *Winkler*, § 3 Rz. 44; *Hüffer*, AktG, § 130 Rz. 9; a. A. *Schippel/Bracker/Schäfer*, § 16 Rz. 22.
63 Näher dazu und differenzierend: *Winkler*, § 3 Rz. 51.
64 *Winkler*, § 3 Rz. 48; a. A. wohl *Schippel/Bracker/Schäfer*, § 16 Rz. 22.
65 So *Winkler*, § 3 Rz. 50.
66 *Schippel/Bracker/Schäfer*, § 16 Rz. 27; *Winkler*, § 3 Rz. 57.

berechtigt und verpflichtet werden (s. §§ 1035, 1377 Abs. 2 Satz 2, 1640, 1667, 1802, 1908i, 1915 Abs. 1, 2003, 2121, 2215, 2314 BGB).

ee) Siegelungen

Bei **Siegelungen** (§ 20 Abs. 1 Satz 2 BNotO) sind die Personen beteiligt, für und gegen welche die Siegelung erfolgt[67]. **43**

ff) Wechsel- und Scheckproteste

Wechsel- und Scheckproteste (§ 20 Abs. 1 Satz 2 BNotO, Art. 79 Abs. 1 WG, Art. 55 Abs. 3 ScheckG) sind Angelegenheit der Personen, für und gegen die protestiert wird, sowie sämtlicher Wechselverpflichteten[68]. **44**

gg) Zustellungen

Die **Zustellung von Erklärungen** (§ 20 Abs. 1 Satz 2 BNotO) ist Angelegenheit des Auftraggebers, des Zustellungsempfängers und derjenigen Personen, die nach dem Inhalt der Erklärung sachbeteiligt sind. **45**

hh) Teilgrundpfandrechtsbriefe

An der Ausstellung von **Teilhypotheken- und Teilgrundschuldbriefen** (§ 20 Abs. 2 BNotO, §§ 61, 70 GBO) sind der Grundpfandrechtsgläubiger sowie der Eigentümer des belasteten Grundstücks beteiligt. **46**

ii) Freiwillige Versteigerungen

Freiwillige Versteigerungen (§ 20 Abs. 3 BNotO, § 15 BeurkG) sind Angelegenheiten des Veräußerers und aller Bieter einschließlich des Erstehers; die Beschränkung der formellen Beteiligung in § 15 BeurkG steht dem nicht entgegen[69]. Da der Notar den Zuschlag nicht als Vertreter des Veräußerers, sondern kraft Amtes erteilt (§ 20 Abs. 3 BNotO), ist er befugt, den Zuschlag selbst zu beurkunden[70]. **47**

jj) Vermittlung von Auseinandersetzungen

Die Vermittlung einer **Nachlass- oder Gesamtgutauseinandersetzung** (§ 20 Abs. 5 BNotO, §§ 86, 99 FGG) ist Angelegenheit der in § 86 Abs. 2 FGG genannten Antragsberechtigten sowie der gemäß § 87 Abs. 1 FGG zu bezeichnenden Personen[71]. **48**

kk) Vertretungsbescheinigungen

Bei der Erteilung einer **Vertretungsbescheinigung** (§ 21 BNotO) sind der Antragsteller, der Vertretene und der Vertreter sowie derjenige beteiligt, in dessen Interesse die Bescheinigung verwendet werden soll. **49**

ll) Notarbestätigungen

Bei einer **Notarbestätigung** sind außer dem Antragsteller diejenigen Personen beteiligt, über deren Verhältnisse sich die Bestätigung verhält und in deren Interesse sie erteilt wird. **50**

---

67 *Schippel/Bracker/Schäfer*, § 16 Rz. 30.
68 *Winkler*, § 3 Rz. 56; *Schippel/Bracker/Schäfer*, § 16 Rz. 26.
69 *Winkler*, § 3 Rz. 55; *Lerch*, BeurkG, § 3 Rz. 18.
70 *Schippel/Bracker/Schäfer*, § 16 Rz. 23; *Winkler*, § 3 Rz. 55 und § 15 Rz. 5.
71 *Schippel/Bracker/Schäfer*, § 16 Rz. 25; *Winkler*, § 3 Rz. 54.

mm) Eidesstattliche Versicherungen

51 Welche Personen an der Aufnahme einer **eidesstattlichen Versicherung** (§ 22 Abs. 2 BNotO) zur Erlangung eines Erbscheins (§ 2356 Abs. 2 BGB), eines Testamentsvollstrecker-zeugnisses (§ 2368 BGB) oder eines Zeugnisses über die Fortsetzung der Gütergemeinschaft (§ 1507 BGB) materiell beteiligt sind, ist strittig. Nach h. M. sind dies außer den Personen, deren Erbrecht durch den Erbschein ausgewiesen werden soll, auch diejenigen, die entgegen dem Erbscheinsantrag ein Erbrecht für sich in Anspruch nehmen[72]. Die entgegenstehende Auffassung[73], wonach gesetzliche Erben, die testamentarisch enterbt worden sind, an dem Erbscheinsantrag der Testamentserben nicht sachbeteiligt sind, überzeugt angesichts der gesetzlichen Richtigkeitsvermutung (§ 2365 BGB) und des öffentlichen Glaubens des Erb-scheins (§ 2366 BGB) nicht. Nicht tragfähig erscheint auch die teilweise[74] – ohne nähere Begründung – befürwortete Unterscheidung zwischen der notariellen Beurkundung des Erbscheinsantrags und dem gerichtlichen Erbscheinsverfahren. Es ist nicht ersichtlich, wieso das gerichtliche Erbscheinsverfahren die Rechtsstellung wirklich oder vermeintlich enterbter gesetzlicher Erben mehr berühren soll als der zugrunde liegende Erbscheinsantrag.

Nicht sachbeteiligt sind hingegen der Testamentsvollstrecker, der Nachlassverwalter oder der Nachlasspfleger (sofern diese nicht zugleich Erben sind)[75].

4. Anwendungsfälle des § 3 Abs. 1 Satz 1 BeurkG

a) Abs. 1 Satz 1 Nr. 1 bis 3

52 Die Vorschriften verbieten dem Notar jegliche Mitwirkung an einer Beurkundung – und aufgrund der Verweisung in § 16 Abs. 1 BNotO jegliche sonstige Amtstätigkeit –, wenn er **selbst**, einer der in Nr. 2 und 3 genannten **Angehörigen** oder sein gleichgeschlechtlicher **Lebenspartner** (Nr. 2a) beteiligt ist. Das Mitwirkungsverbot greift auch bei früherer Ehe (Nr. 2), früherer Verwandtschaft (Nr. 3) und früherer Lebenspartner-schaft (Nr. 2a), nicht hingegen bei früherem Verlöbnis ein.

Das Bestehen einer **nichtehelichen Gemeinschaft** begründet – abgesehen von den Fällen gleichgeschlechtlicher Lebenspartnerschaft – von Gesetzes wegen kein Mitwirkungsverbot; doch sollte der Notar seine Amtstätigkeit in Angelegenheiten seines nichtehelichen Partners versagen, um schon den nach § 14 Abs. 3 Satz 2 verbotenen Anschein der Parteilichkeit zu vermeiden.

b) Abs. 1 Satz 1 Nr. 4

53 Die durch die Berufsrechtsnovelle 1998[76] eingefügte Vorschrift soll verhindern, dass der Eindruck entsteht, der mit dem Notar in einer Berufsausübungs- oder Bürogemeinschaft verbundene Beteiligte könne sich durch Einflussnahme innerhalb des Geschäftsstellenbetriebes offen oder verdeckt Vorteile gegenüber anderen Beteiligten verschaffen[77]. Die Vorschrift schließt Mandatsverlagerungen oder -beschränkungen innerhalb einer Berufsausübungs- oder Bürogemeinschaft aus[78]. Sie stellt einen wichtigen Beitrag dazu dar, das Vertrauen in die notarielle Berufsausübung zu schützen.

---

72 *Winkler*, § 3 Rz. 53; *Eylmann/Vaasen/Eylmann*, § 3 BeurkG Rz. 20; *Zugehör/Ganter/Hertel/Ganter*, Handbuch der Notarhaftung, Rz. 619; *Kilian/vom Stein/Chr.Sandkühler*, Praxishandbuch für Anwaltskanzlei und Notariat, § 30 Rz. 205.
73 *Huhn/von Schuckmann/Armbrüster*, § 3 Rz. 28; *Leske*, Die notarielle Unparteilichkeit und ihre Sicherung durch die Mitwirkungsverbote des § 3 Abs. 1 BeurkG, S. 154.
74 *Leske* (Fn. 72) S. 154 f.
75 *Winkler*, § 3 Rz. 53; a. A. *Dumoulin*, DNotZ 1973, 53 (auch Testamentsvollstrecker beteiligt); dagegen zu Recht: *Rohs/Heinemann*, Die Geschäftsführung der Notare, S. 176 Fn. 19.
76 Siehe Fn. 2.
77 Ähnlich: *Vaasen/Starke*, DNotZ 1998, 661, 669.
78 *Winkler*, § 3 Rz. 72.

aa) Gemeinsamkeit der Berufsausübung

Die erste Alternative der Vorschrift knüpft an die **gemeinsame Berufsausübung** an. Voraus- **54** setzung dafür ist eine *bestehende* Gemeinschaft. Dass der Notar früher mit einem der Betei- ligten beruflich verbunden war, ist mit Blick auf § 3 Abs. 1 Satz 1 Nr. 4 BeurkG unschädlich; jedoch sollte er sich gegebenenfalls nach § 16 Abs. 2 der Amtstätigkeit enthalten.

Die Beschränkung auf *bestehende* Berufsverbindungen wirkt sich bei Sozietätswechseln **55** eines Anwaltsnotars aus[79]. Wechselt der sachbearbeitende Anwaltsnotar die Sozietät, wird die abgebende Sozietät von dem Mitwirkungsverbot wegen Vorbefassung frei, die aufneh- mende damit belastet. War der die Sozietät wechselnde Anwaltsnotar hingegen nicht selbst mit der Angelegenheit befasst, so bleibt die abgebende Sozietät mit dem Mitwirkungsverbot belastet, während die aufnehmende nicht davon betroffen wird[80]. Das gleiche gilt beim Wechsel einer anderen Form der beruflichen Zusammenarbeit.

(1) **Beruf** im Sinne der Vorschrift ist jeder nach § 9 sozietätsfähige Beruf. Dazu gehören **56** außer dem des Notars (§ 9 Abs. 1) auch die Berufe des Rechtsanwalts, Kammerrechtsbei- stands, Patentanwalts, Steuerberaters, Steuerbevollmächtigten, Wirtschaftsprüfers und ver- eidigten Buchprüfers (§ 9 Abs. 2).

(2) Voraussetzung für die **Gemeinsamkeit** der Berufsausübung ist eine planmäßige, auf **57** gewisse Dauer angelegte Zusammenarbeit von mindestens zwei Angehörigen der genannten Berufe. Dabei kommt es nicht auf das Vorhandensein einer wirksamen vertraglichen Grund- lage für die Zusammenarbeit an, sondern auf die *Tatsache* der Zusammenarbeit und deren *Erscheinungsbild nach außen*. Denn auch eine nicht rechtswirksam vereinbarte, aber tatsäch- lich betriebene und nach außen verlautbarte Zusammenarbeit ist geeignet, das Vertrauen des rechtsuchenden Publikums in die Unabhängigkeit und Unparteilichkeit des Notars zu be- einträchtigen.

(a) Der Normalfall der beruflichen Zusammenarbeit ist die örtliche, überörtliche oder in- **58** terprofessionelle **Sozietät** in der Rechtsform der Gesellschaft bürgerlichen Rechts, der Part- nerschaftsgesellschaft oder einer Kapitalgesellschaft. Auch internationale Sozietäten fallen unter § 3 Abs. 1 Satz 1 Nr. 4 BeurkG.

Auch die Beteiligung an einer **Kooperation** begründet ein Mitwirkungsverbot nach § 3 Abs. 1 Satz 1 Nr. 4 BeurkG, wenn die Zusammenarbeit nicht auf die Bearbeitung eines Ein- zelfalls beschränkt bleibt, sondern planmäßig betrieben wird. Dies ist der Fall, wenn die Ko- operation – sei es auf vertraglicher Grundlage oder ohne eine solche – auf Geschäftspapie- ren, in Kanzleibroschüren, auf Kanzleischildern oder in ähnlicher Weise verlautbart wird und sich damit als »verfestigt« darstellt[81].

Ebenso löst die Beteiligung an einer **Europäischen wirtschaftlichen Interessenvereini- gung** (EWIV) das Mitwirkungsverbot nach Nr. 4 aus, auch wenn diese Gesellschaftsform nur dazu bestimmt ist, ihre Mitglieder zu unterstützen, und nicht auf Gewinnerzielung an- gelegt ist[82].

(b) Unter Nr. 4 fällt ferner die Zusammenarbeit aufgrund eines **Anstellungsvertrages** **59** oder im Rahmen einer **freien Mitarbeit**. Eine Gemeinsamkeit der Berufsausübung besteht hingegen nicht mit nicht volljuristischen **Hilfskräften** des Notars und mit ihm zugewiesenen **Referendaren**[83].

---

79 Näher dazu: *Bundesnotarkammer*, Rdschr. Nr. 22/2001 (Internetabruf unter www.bnotk.de).
80 Wegen der Dokumentationspflichten des die Sozietät wechselnden Notars vgl. § 28 Rz. 23.
81 Ebenso: *Huhn/von Schuckmann/Armbrüster*, § 3 Rz. 59; *Schippel/Bracker/Schäfer*, § 16 Rz. 39b; *Mihm*, Berufsrechtliche Kollisionsprobleme beim Anwaltsnotar; S. 101; *Bundesnotarkammer*, Rdschr. Nr. 20/2000; a.A. *Lerch*, BeurkG § 3 Rz. 32; *Notarkammer Berlin*, ZNotP 2007, 130.
82 Zur Zulässigkeit der Beteiligung an einer EWiV siehe auch *Bundesnotarkammer*, Rdschr. v. 29.07.1996 (*Weingärtner*, Notarrecht, Ord.-Nr. 135).
83 *Huhn/von Schuckmann/Armbrüster*, § 3 Rz. 58.

bb) Gemeinsamkeit der Geschäftsräume

60 Ein Mitwirkungsverbot besteht ferner in Angelegenheiten einer Person, mit der der Notar **gemeinsame Geschäftsräume** unterhält (§ 3 Abs. 1 Satz 1 Nr. 4, 2. Alt. BeurkG). Die Vorschrift setzt voraus, dass auf der Grundlage verabredeter gemeinsamer Raumnutzung Einrichtungsgegenstände und/oder die Arbeitskraft von Hilfspersonen gemeinsam genutzt werden[84]. Eine Gemeinsamkeit der Raumnutzung liegt nur vor, wenn alle Beteiligten Zutritt zu allen Räumen haben[85]. Daher genügt es nicht, dass mehrere Personen durch einheitlichen Vertrag mehrere Räume anmieten, diese aber getrennt nutzen.

Eine frühere, inzwischen beendete Bürogemeinschaft ist unschädlich.

cc) Vollzugsvollmachten, Vollzugserklärungen

61 § 3 Abs. 1 Satz 1 Nr. 4 BeurkG verbietet nach dem Wortlaut jede Urkundstätigkeit des Notars in Angelegenheiten einer beruflich mit ihm verbundenen Person. Davon auszunehmen ist jedoch die Beurkundung einer **Vollmacht**, die der beruflich verbundenen Person zwecks Vorbereitung oder Durchführung eines Amtsgeschäfts erteilt wird (**Vollzugsvollmacht**)[86]. Der Zweck der Vorschrift, die Unabhängigkeit und Unparteilichkeit des Notars zu wahren, wird in diesem Fall nicht berührt[87], da die Vollmacht der beruflich verbundenen Person weder Vor- noch Nachteile bringt.

Zuzulassen ist die Beurkundung reiner **Vollzugserklärungen** wie etwa Registeranmeldungen, die der Bevollmächtigte in Ausübung der Vollmacht abgibt[88], sofern die eigentlichen Verhandlungsergebnisse und notwendigen Folgehandlungen in dem zugrunde liegenden Urkundsgeschäft festgelegt sind. Denn ein objektiver, mit den Gegebenheiten vertrauter Beobachter[89] kann in diesen Fällen davon ausgehen, dass die Erklärungen dem Bevollmächtigten keinen Vorteil bringen. Dagegen darf der Notar nicht sonstige, außerhalb des bloßen Vollzugs abgegebene Erklärungen der beruflich verbundenen Person beurkunden; denn hier lässt sich aus der Sicht des Rechtsverkehrs im allgemeinen nicht eindeutig beurteilen, ob der Bevollmächtigte einen eigenen Vorteil erstrebt oder erlangt. Die in der Rechtsprechung gelegentlich vertretene Ansicht[90], der Notar dürfe Rechtsgeschäfte seines Sozius im Binnenbereich einer Unternehmensgruppe beurkunden, wenn der Sozius von allen Beteiligten bevollmächtigt sei und die abzugebenden Willenserklärungen gleichlautend und gleichgerichtet seien, überschreitet die Grenzen zulässiger richterlicher Gesetzesinterpretation oder Rechtsfortbildung. Erklärungen, die eine beruflich mit dem Notar verbundene Person als **Vertreter ohne Vertretungsmacht** abgibt, darf der Notar nicht beurkunden, da sich daraus nicht zuverlässig auszuschließende Haftungsfolgen für den Vertreter ergeben können, das Rechtsgeschäft mithin seine Rechte, Pflichten und Verbindlichkeiten unmittelbar beeinflussen kann[91].

c) *Abs. 1 Satz 1 Nr. 5 und 6*

62 Die Vorschrift begründet ein Mitwirkungsverbot, wenn der Notar oder eine Person im Sinne von Nr. 4 **gesetzlicher Vertreter** eines Beteiligten ist (Nr. 5) oder dem **vertretungsberech-**

---

84 Näher dazu: *Winkler*, § 3 Rz. 76; a. A. *Harder/Schmidt*, DNotZ 1999, 949, 955, und *Eylmann/Vaasen/Eylmann*, § 3 BeurkG Rz. 33 Fn. 39, wonach die bloße Innehabung gemeinsamer Räumlichkeiten ausreichen soll. Der Hinweis *Eylmanns* auf die Wahrung der Verschwiegenheitspflicht wird dem Gesetzeszweck des § 3 Abs. 1 Satz 1 Nr. 4 BeurkG nicht gerecht; siehe dazu oben Rz. 53.
85 *Lerch*, BWNotZ 1999, 41, 47.
86 Wegen der dem Notar selbst erteilten Vollzugsvollmacht siehe unten Rz. 94.
87 Allgemeine Meinung: *Winkler*, § 3 Rz. 155 und § 7 Rz. 8; *Schippel/Bracker/Schäfer*, § 16 Rz. 69; *Eylmann/Vaasen/Eylmann*, § 3 BeurkG Rz. 4.
88 OLG Celle MittBayNot 2006, 439; *Schippel/Bracker/Schäfer*, § 16 Rz. 41; *Maaß*, ZNotP 2003, 322; *ders.*, ZNotP 2004, 91; a. A. *Harborth/Lau*, DNotZ 2002, 412, 417.
89 Vgl. dazu § 14 Rz. 36.
90 OLG Köln NJW 2005, 2092.
91 OLG Celle ZNotP 2004, 117, 118. Teilweise a. A. *Maaß*, ZNotP 2003, 91.

tigten Organ eines Beteiligten angehört (Nr. 6). Dass einer der in Nr. 2 und 3 genannten Angehörigen eine solche Stellung innehat, ist unschädlich, solange es sich nicht um eine Angelegenheit des Angehörigen handelt[92].

aa) Gesetzliche Vertretung

Gesetzliche Vertreter sind z. B. Vater und/oder Mutter (§§ 1629 BGB), Vormund (§ 1793 BGB), Betreuer (§ 1902 BGB), Pfleger (§§ 1915, 1793 BGB), Vereinsvorstand (§ 26 Abs. 2 BGB), Stiftungsvorstand (§§ 86, 26 BGB), Geschäftsführer einer GmbH (§ 35 GmbHG), Vorstand einer Aktiengesellschaft (§ 78 AktG) oder einer Genossenschaft (§ 24 GenG), Vertreter einer Gebietskörperschaft (z. B. Bürgermeister, Gemeindedirektor) oder einer sonstigen juristischen Person des öffentlichen Rechts. Ob die Vertretung einer oHG (§ 125 HGB) oder KG (§§ 161 Abs. 2, 125 HGB) eine rechtsgeschäftliche oder eine gesetzliche ist, ist strittig[93], vorliegend aber unerheblich, weil der Notar in Angelegenheiten einer solchen Gesellschaft schon nach § 3 Abs. 1 Satz 1 Nr. 1–4 BeurkG ausgeschlossen ist[94]. Gesetzliche Vertreter sind nicht die **Verwalter kraft Amtes**[95].

63

bb) Organzugehörigkeit

Das Mitwirkungsverbot gilt nach Nr. 6 auch, wenn der Notar oder eine Person im Sinne von Nr. 4 nicht alleiniger Vertreter ist, sondern einem **vertretungsberechtigtem Organ** (z. B. dem mehrgliedrigem Vorstand eines eingetragenen Vereins, einer Genossenschaft oder einer Aktiengesellschaft) angehört. Der Notar ist in diesen Fällen auch dann ausgeschlossen, wenn nur die anderen Organmitglieder handeln[96].

64

(1) Der **Aufsichtsrat** einer AG, einer KGaA, einer GmbH oder einer Genossenschaft ist im allgemeinen nur Kontrollorgan (§§ 111, 287 Abs. 1 AktG, § 52 GmbHG, § 38 GenG). Ein Mitwirkungsverbot nach § 3 Abs. 1 Satz 1 Nr. 6 BeurkG besteht daher nach h. M. nur, soweit ausnahmsweise der Aufsichtsrat zur Vertretung berufen ist (§§ 112, 246 Abs. 2, 287 Abs. 2 AktG, § 52 Abs. 1 GmbHG, § 39 Abs. 1 GenG) oder ein Geschäft seiner Zustimmung bedarf (§§ 111 Abs. 4 Satz 2, 114 Abs. 1, 115 AktG, § 52 Abs. 1 GmbHG, §§ 27 Abs. 2, 39 Abs. 2 GenG)[97].

65

(2) Eine Sonderregelung gilt nach § 3 Abs. 3 Satz 1 Nr. 2, 3 BeurkG in den Fällen, in denen der Notar dem Organ
– einer **Gemeinde** oder eines **Kreises,**
– einer als Körperschaft des öffentlichen Rechts anerkannten **Religions-** oder **Weltanschauungsgemeinschaft** oder
– einer als Körperschaft des öffentlichen Rechts anerkannten **Teilorganisation** einer solchen Gemeinschaft
angehört[98].

66

cc) Geltungsbereich des Mitwirkungsverbots

Das Mitwirkungsverbot erstreckt sich auf **sämtliche Angelegenheiten** des Vertretenen, und zwar auch auf solche, in denen der Notar bzw. eine Person im Sinne der Nr. 4 nicht vertretungsberechtigt ist. So ist der Notar, der als Vorstand eines eingetragenen Vereins nur über satzungsmäßig beschränkte Vertretungsmacht verfügt (§ 26 Abs. 2 Satz 2 BGB), in allen Angelegenheiten des Vereins ausgeschlossen, auch soweit sie über den Umfang seiner Vertretungsmacht hinausgehen; gleiches gilt etwa für den Notar, der zum Betreuer eines Volljäh-

67

---

92 Vgl. *Winkler,* § 3 Rz. 88.
93 *Baumbach/Hopt,* HGB, § 125 Rz. 2.
94 Siehe oben Rz. 30.
95 Siehe oben Rz. 20.
96 Vgl. *Schippel/Bracker/Schäfer,* § 16 Rz. 40.
97 *Winkler,* § 3 Rz. 92; *Huhn/von Schuckmann/Armbrüster,* § 3 Rz. 23.
98 Näher dazu unten Rz. 102 ff.

rigen bestellt worden ist, für Angelegenheiten des Betreuten, die über den Wirkungskreis des Betreuers hinausgehen (§ 1902 BGB).

d) Abs. 1 Satz 1 Nr. 7

68   Die für die notarielle Praxis wichtigste Regelung des § 3 BeurkG bildet das Mitwirkungsverbot wegen **Vorbefassung** (Abs. 1 Satz 1 Nr. 7). Anwendungsbereich und Tragweite der Vorschrift waren umstritten[99], sind aber inzwischen weitgehend geklärt.

aa) Sachlicher Anwendungsbereich

69   Der **sachliche Anwendungsbereich** wird durch § 3 Abs. 1 BeurkG, § 16 Abs. 1 BNotO bestimmt.

70   (1) Nach dem Wortlaut der Vorschriften gilt das Mitwirkungsverbot für Beurkundungen und für Amtstätigkeiten, bei denen es sich nicht um Beurkundungen nach dem Beurkundungsgesetz handelt. Ein »verbotsfreier« Raum verbleibt danach nicht; denn notarielle Amtstätigkeit ist entweder Beurkundung oder nicht Beurkundung; eine dritte Art notarieller Tätigkeit gibt es nicht[100]. Daher fallen auch Beglaubigungen von Unterschriften ohne Entwurf, von Handzeichen, Zeichnungen einer Namensunterschrift und von Abschriften unter § 3 Abs. 1 Satz 1 Nr. 7 BeurkG[101].

71   (2) Dagegen wird teilweise angenommen, **bloße Unterschriftsbeglaubigungen** seien im Wege teleologischer Reduktion generell aus dem Anwendungsbereich der Vorschrift auszuklammern, weil eine Vorbefassung insoweit nicht denkbar sei; denn die Amtstätigkeit des Notars beschränke sich hier auf die Feststellung der Identität der Person sowie des Vollzugs bzw. der Anerkennung der Unterschrift[102]. Dabei wird jedoch übersehen, dass der Notar eine weitergehende Prüfungspflicht hat: Nach § 40 Abs. 2 BeurkG muss er die Urkunde darauf prüfen, ob Gründe bestehen, seine Mitwirkung zu versagen. Solche Gründe können sich aus dem Lebenssachverhalt ergeben, der Gegenstand der Urkunde ist[103]. Eine Vorbefassung des Notars oder einer Person im Sinne der Nr. 4 mit diesem Lebenssachverhalt ist denkbar. Im Übrigen stellen Unterschriftsbeglaubigungen jedenfalls Amtshandlungen im Sinne des § 16 BNotO dar.

72   (3) Eine teleologische Reduktion kommt allerdings bei der Beglaubigung von Unterschriften unter für den Notar unverständlichen **fremdsprachlichen Urkunden** und bei der Beglaubigung von Abschriften solcher Urkunden in Betracht. Wenn der Notar der fremden Sprache nicht mächtig ist, vielleicht nicht einmal die verwendeten Schriftzeichen lesen kann, kann er die Frage nach einer Vorbefassung sinnvollerweise nicht stellen. Daraus folgt nicht, dass er die Beglaubigung abzulehnen hat, sondern dass er von der Frage nach der Vorbefassung absehen darf[104]. Die Beglaubigung darf er vornehmen, wenn sich aus den Begleitumständen kein Hinweis darauf ergibt, dass mit der Urkunde unerlaubte oder unredliche Zwecke verfolgt werden[105].

bb) Persönlicher Anwendungsbereich

73   Der **persönliche Anwendungsbereich** des § 3 Abs. 1 Satz 1 Nr. 7 BeurkG erstreckt sich nach dem eindeutigen Wortlaut der Vorschrift sowohl auf hauptberuflich als auch auf neben-

---

99   Vgl. z. B. *Brambring*, FGPrax 1998, 201; *Heller/Vollrath*, MittBayNot 1998, 322; *Hermanns*, MittRhNotK 1998, 359; *Lerch*, BWNotZ 1999, 41, 48; *Lischka*, NotBZ 1998, 208; *Maaß*, ZNotP 1999, 178; *Mihm*, DNotZ 1999, 8, 11; *Vaasen/Starke*, DNotZ 1998, 661, 667; *Winkler*, § 3 Rz. 95 ff.

100 Tätigkeiten im Sinne des § 8 Abs. 3 Satz 1, Abs. 4 BNotO sind keine notariellen Amtstätigkeiten im Sinne des § 16 Abs. 1.

101 Ebenso: *Mihm*, DNotZ 1999, 11; *Winkler*, § 3 Rz. 132 f.; *Eylmann/Vaasen/Eylmann*, § 3 BeurkG Rz. 63; *Harder/Schmidt*, DNotZ 1999, 949, 963.

102 So etwa *Lerch*, BWNotZ 1999, 41, 47; *ders.*, BeurkG, § 3 Rz. 5; *Maaß*, ZNotP 1999, 178, 182.

103 *Schippel/Bracker/Schäfer*, § 16 Rz. 55. Vgl. auch *Winkler*, § 40 Rz. 44.

104 Ebenso *Winkler*, § 3, Rz. 134.

105 Näher dazu: § 20 Rz. 35.

beruflich bestellte Notare. Dagegen wird teilweise die Auffassung vertreten, im Bereich des Nurnotariats gebe es keine denkbaren Anwendungsfälle der Vorschrift[106]. Das trifft jedoch in dieser Allgemeinheit nicht zu. Gesetzgeberischer Zweck der Bestimmung ist es zwar in erster Linie, Gefährdungen der Unabhängigkeit und Unparteilichkeit vorzubeugen, die bei Ausübung anderer Berufe neben dem Notarberuf (§ 8 Abs. 2 Satz 2) und bei interprofessionellen Berufsverbindungen (§ 9 Abs. 2) entstehen können[107]. Solche Gefährdungen sind im Bereich des Nurnotariats nicht möglich. Immerhin sind aber auch hier Fälle einer Vorbefassung im Sinne der Nr. 7 denkbar, die nicht bereits von anderen Mitwirkungsverboten nach § 3 Abs. 1 Satz 1 BeurkG erfasst werden[108].

cc) Voraussetzungen des Mitwirkungsverbots

Das Mitwirkungsverbot setzt **tatbestandsmäßig** voraus, dass der Notar oder eine Person im Sinne der Nr. 4 in derselben Angelegenheit außerhalb der Amtstätigkeit bereits tätig war oder ist.   **74**

(1) Die Erstreckung des Mitwirkungsverbots auf die mit dem Notar **verbundenen Personen** schließt Mandatsverlagerungen oder -beschränkungen innerhalb einer Berufsverbindung aus[109]. Zusammenfassend bedeutet das: »*War oder ist der Anwalt selbst oder sein Sozius oder Partner als Rechtsanwalt, Patentanwalt, Steuerberater, Wirtschaftsprüfer, vereidigter Buchprüfer oder in sonstiger Weise [...] in einer Angelegenheit tätig, ist diese für ihn als Notar tabu.*«[110]   **75**

Anlässlich der Reform des Rechtsberatungsgesetzes ist das Verbot sog. **Sternsozietäten** gem. § 59a Abs. 1 Satz 1 BRAO a.F. entfallen, so dass Rechtsanwälte ihren Beruf in mehreren Berufsverbindungen ausüben dürfen[111]. Als Konsequenz ist § 3 Abs. 1 Satz 1 Nr. 7 BeurkG dahin geändert worden, dass das Mitwirkungsverbot nicht nur in Angelegenheiten »*einer Person im Sinn der Nummer 4*«, sondern darüber hinaus auch in Angelegenheiten »*einer mit dieser im Sinn der Nummer 4 verbundenen Person*« gilt. Das Mitwirkungsverbot erstreckt sich damit auf sämtliche Mitglieder einer Sternsozietät[112].

(2) Der Begriff »**derselben Angelegenheit**« ist auch hier weit auszulegen; er meint den Gesamtzusammenhang innerhalb eines einheitlichen Lebenssachverhalts[113]. So fällt die Beurkundung eines Rechtsgeschäfts, das Teil oder Folge eines durch steuerliche oder wirtschaftliche Überlegungen eingeleiteten Vorgangs ist, unter das Mitwirkungsverbot. Dauernde Beratungsverhältnisse, wie sie für interprofessionelle Berufsverbindungen unter Beteiligung von Steuerberatern oder Wirtschaftsprüfern typisch sind, führen daher vielfach dazu, dass aus dem mandatsbezogenen Mitwirkungsverbot ein mandantenbezogenes wird[114].   **76**

(3) Die Vorbefassung muss **außerhalb der Amtstätigkeit** erfolgt sein. Eine Vorbefassung als **Notar** löst daher ein Mitwirkungsverbot nach Nr. 7 nicht aus.   **77**

Der Notar, der ein gemeinschaftliches Testament beurkundet hat, ist deshalb nicht gehindert, später den Testamentswiderruf eines der Beteiligten zu beurkunden.

Berät der Anwaltsnotar einen Rechtsuchenden über die Möglichkeiten einer Vertragsgestaltung und wird er später um die Beurkundung des Vertrages ersucht, hängt die Entscheidung davon ab, ob er die Beratung als Notar oder als Rechtsanwalt vorgenommen hat (§ 24 Abs. 2).

---

106 So z. B. *Brambring*, FGPrax 1998, 201, 202; *Heller*/Vollrath, MittBayNot 1998, 322, 323; *Hermanns*, MittRhNotK 1998, 359; *Lischka*, NotBZ 1998, 208; *Winkler*, § 3 Rz. 102 ff., 126 ff., 142.
107 Vgl. *Eylmann*, NJW 1998, 2929, 2931.
108 *Maaß*, ZNotP 1999, 178; *Vaasen/Starke*, DNotZ 1998, 661, 670.
109 BT-Drucks. 13/4184, S. 36.
110 *Eylmann*, NJW 1998, 2929, 2931.
111 Dies ergibt sich aus dem Wegfall der Worte »*in einer Sozietät*« in § 59a Abs. 1 Satz 1 BRAO i.d.F. gem. Art. 4 Nr. 3 des Gesetzes zur Neuregelung des Rechtsberatungsrechts v. 12.12.2007 (BGBl. I S. 2840). Das Gesetz tritt am 01.07.2008 in Kraft.
112 Art. 5 des Gesetzes zur Neuregelung des Rechtsberatungsrechts.
113 Siehe dazu oben Rz. 14 ff.
114 *Vaasen/Starke*, DNotZ 1998, 661, 671.

Nicht erforderlich ist, dass der Notar bzw. die mit ihm verbundene Person zur Zeit der Vorbefassung bereits als Notar bestellt war; auch eine Vorbefassung **vor der Bestellung** ist geeignet, das Mitwirkungsverbot auszulösen[115].

Unerheblich ist, ob die Vorbefassung in **parteilicher Interessenwahrnehmung** erfolgt ist oder nicht[116].

78 (4) Um eine Vorbefassung handelt es sich auch, wenn der Notar in derselben Angelegenheit, in der er um eine notarielle Amtstätigkeit ersucht wird, als Mitglied eines **nicht vertretungsberechtigten Organs** des Beteiligten im Sinne des § 3 Abs. 3 Satz 1 Nr. 1 BeurkG oder eines **kommunalen** oder **kirchlichen Organs** im Sinne von Nr. 2, 3 der Vorschrift befasst war. Die Bestimmung des § 3 Abs. 2 BeurkG, auf die Abs. 3 der Vorschrift verweist, steht dem nicht entgegen; denn § 3 Abs. 1 Satz 1 Nr. 7 geht ihr als die speziellere Regelung vor. Die Privilegierung kommunaler und kirchlicher Angelegenheiten erstreckt sich nach § 3 Abs. 3 Satz 2 BeurkG nur auf Abs. 1 Satz 1 Nr. 6 der Vorschrift, nicht auf Nr. 7. Daraus folgt, dass in diesen Fällen zwar nicht das Mitwirkungsverbot aus Nr. 6, wohl aber das aus Nr. 7 eingreift[117].

79 (5) Dagegen löst eine rein **private Vorbefassung** das Mitwirkungsverbot des § 3 Abs. 1 Satz 1 Nr. 7 BeurkG nicht aus. Ob dies daraus hergeleitet werden kann, dass die Vorbefassung *»für«* eine Person erfolgen muss[118], erscheint zweifelhaft. Indes sprechen praktische Gründe gegen die Anwendung der Nr. 7 bei privater Vorbefassung[119]; denn der Notar wird den mit ihm beruflich verbundenen Personen kaum zumuten können, sich zu Auskünften auch über ihre privaten Belange zu verpflichten[120].

80 (6) Die Vorbefassung muss **für eine Person** erfolgt sein. Damit scheidet eine wissenschaftliche, künstlerische oder Vortragstätigkeit aus dem Anwendungsbereich der Nr. 7 aus, da sie nicht »für« jemand erbracht wird[121].

81 (7) Das Mitwirkungsverbot greift auch bei bereits **beendeter Vorbefassung** ein. Diese Einbeziehung abgeschlossener Sachverhalte verhindert willkürliche Mandatsniederlegungen und macht Abgrenzungen zwischen noch laufenden und schon beendeten Mandaten entbehrlich[122]. Da das Gesetz eine zeitliche Grenze nicht vorsieht, müssen die dem Notar nach § 28 obliegenden Vorkehrungen sicherstellen, dass auch weit zurückliegende Vorgänge erfasst werden können[123].

dd) Ausnahmetatbestand

82 Eine Ausnahme von dem Mitwirkungsverbot gilt, wenn der Notar bzw. die mit ihm beruflich verbundene Person die als Vorbefassung anzusehende Tätigkeit im **Auftrag aller Personen** ausgeübt hat, die an der Beurkundung beteiligt sein sollen[124].

83 (1) »**Auftrag**« in diesem Sinne ist das die Vorbefassung auslösende Mandat, nicht das Ansuchen um die notarielle Amtstätigkeit. Es genügt daher nicht, dass alle Beteiligten um die Amtstätigkeit nachsuchen, wenn sie nicht auch alle den zur Vorbefassung führenden Auftrag erteilt haben. So ist der Notar von der Beurkundung eines Mehrpersonen-Gesellschaftsvertrages trotz gemeinsamen Ansuchens aller Gesellschafter ausgeschlossen, wenn sich nur einer von ihnen von ihm oder einer mit ihm beruflich verbundenen Person als Anwalt, Steuerberater oder Wirtschaftsprüfer hat beraten lassen, mag die Beratung auch unparteiisch im Interesse aller künftigen Gesellschafter erfolgt sein. Dagegen darf der Notar die Errichtung

---

115 *Maaß*, ZNotP 1999, 178, 179.
116 *Vaasen/Starke*, DNotZ 1998, 661, 671.
117 Ebenso: *Huhn/von Schuckmann/Armbrüster*, § 3 Rz. 94; *Schippel/Bracker/Schäfer*, § 16 Rz. 84; a. A.: *Winkler*, § 3 Rz. 185; *Eylmann/Vaasen/Eylmann*, § 3 BeurkG Rz. 42.
118 *Mihm*, DNotZ 1999, 8, 17.
119 *Lerch*, BWNotZ 1999, 41, 48.
120 Zur Auskunftsverpflichtung vgl. § 28 Rz. 20.
121 *Vaasen/Starke*, DNotZ 1998, 671, 670 Fn. 24; *Mihm*, DNotZ 1999, 8, 16.
122 BT-Drucks. 13/4184, S. 36.
123 Siehe § 28 Rz. 18.
124 Kritisch zu dieser Ausnahme: *Winkler*, § 3 Rz. 119.

einer Einpersonen-GmbH beurkunden, auch wenn er oder sein Sozius den Gründer vorher anwaltlich, steuerlich oder wirtschaftlich beraten hat.

Die Formulierung »an der Beurkundung beteiligt sein *sollen*« legt nahe, dass schon im Zeitpunkt der Auftragserteilung eine spätere Beurkundung zumindest als möglich in Betracht gezogen worden sein muss[125]. Indes dürfte dem Zweck der Vorschrift, die Unabhängigkeit und Unparteilichkeit des Notars zu schützen, auch Genüge getan sein, wenn alle an der Vorbefassung Beteiligten erst im Nachhinein um die notarielle Amtstätigkeit ansuchen[126, 127].

(2) **Beteiligte** im Sinne der Vorschrift sind die **materiell** Beteiligten. Dies folgt daraus, dass der Begriff der Beteiligung mit dem der Angelegenheit korrespondiert, der einen materiellrechtlichen Inhalt hat[128]. Es genügt daher nicht, dass der zur Vorbefassung führende Auftrag lediglich von den als formell Beteiligte vorgesehenen Personen ausgeht, wenn nicht alle materiell Beteiligten Auftraggeber waren. So darf der allein von dem Schuldner mit einer Schuldenregulierung beauftragte Anwaltsnotar nicht dessen Schuldanerkenntnis oder die Bestellung einer Sicherheit zugunsten des Gläubigers beurkunden; denn an diesem Urkundsgeschäft ist materiell außer dem Schuldner auch der Gläubiger beteiligt[129]. Andererseits ist eine Beurkundung nicht ausgeschlossen, wenn alle materiell Beteiligten den zur Vorbefassung führenden Auftrag erteilt haben, aber nicht alle an der Beurkundung teilnehmen sollen. So ist es unschädlich, wenn bereits zur Zeit der Auftragserteilung geplant ist, einen oder mehrere materiell Beteiligte bei der späteren Beurkundung durch Bevollmächtigte vertreten zu lassen; denn die Bevollmächtigten sind formell, aber nicht materiell Beteiligte.

84

ee) Frage- und Vermerkpflicht

In engem inneren Zusammenhang mit der Bestimmung des Nr. 7 steht die **Frage- und Vermerkpflicht** nach § 3 Abs. 1 Satz 2 BeurkG. Sie gilt im gesamten Anwendungsbereich der Nr. 7, also auch für hauptberuflich bestellte Notare[130] und für bloße Beglaubigungen[131], es sei denn dass es sich um eine für den Notar unverständliche fremdsprachliche Urkunde handelt[132]. Die Frage- und Dokumentationspflicht hat eine doppelte Aufgabe: Sie soll zum einen dem Notar die Bedeutung des Mitwirkungsverbots nach Nr. 7 bewusst machen (Appellfunktion) und zum anderen eine effektive Überwachung seiner Einhaltung durch die Aufsichtsbehörden gewährleisten (Kontrollfunktion)[133].

85

(1) Gegenstand der Vermerkpflicht ist nicht die Frage des Notars, sondern lediglich die **Antwort** der Beteiligten[134]. Gleichwohl empfiehlt es sich zur Klarstellung, auch den Inhalt der Frage in den Vermerk aufzunehmen[135]. Verweigern die Beteiligten die Antwort, so ist auch dies zu vermerken. Die fehlende Beantwortung hindert den Notar an sich nicht an der beantragten Amtstätigkeit; jedoch muss sie ihn zu besonders sorgfältiger Prüfung veranlassen, ob ein Mitwirkungsverbot nach Nr. 7 besteht. Lässt sich dies nicht klären, sollte der Notar in der Regel seine Amtstätigkeit versagen.

86

---

125 Weiter gehend *Winkler*, § 3 Rz. 121, wonach die Beteiligten sich schon bei Beginn der Vorbefassungstätigkeit über die nachfolgende Beurkundung im Klaren gewesen sein müssen.
126 *Huhn/von Schuckmann/Armbrüster*, § 3 Rz. 77; *Schippel/Bracker/Schäfer*, § 16 Rz. 57a.
127 Die Gelegenheit, den Ausnahmetatbestand klarzustellen, hat der Gesetzgeber anlässlich der letzten Änderung des § 3 Abs. 1 Satz 1 Nr. 7 BeurkG (siehe oben Rz. 75) nicht wahrgenommen.
128 *Winkler*, § 3 Rz. 122; *Brambring*, FGPrax 1998, 201; *Eylmann*, NJW 1998, 2929, 2931; *Mihm*, DNotZ 1999, 8, 20; *Harder/Schmidt*, DNotZ 1999, 949, 962; *Chr. Sandkühler* in Beck'sches Notar-Handbuch, L II Rz. 63; *Armbrüster/Leske*, ZNotP 2002, 46; a. A. *Strunz*. ZNotP 2002, 133.
129 *Winkler*, § 3 Rz. 123.
130 A. A. *Brambring*, FGPrax 1998, 201, 202.
131 Zweifelnd insoweit: *Mihm*, DNotZ 1999, 8, 21.
132 Siehe oben Rz. 73.
133 BT-Drucks. 13/4184, S. 37 (Abdruck: *Frenz* [Hrsg.], Neues Berufs- und Verfahrensrecht für Notare, S. 220); *Huhn/von Schuckmann/Armbrüster*, § 3 Rz. 78.
134 Dies wird wohl von *Winkler*, § 3 Rz. 135, verkannt.
135 Formulierungsvorschläge: *Winkler*, § 3 Rz. 135.

87   (2) Der Vermerk ist grundsätzlich in die **Urkunde** selbst aufzunehmen. Bei Beglaubigungen ist der Vermerk im Beglaubigungsvermerk anzubringen[136]; jedoch wird es bei bloßen Unterschriftsbeglaubigungen ausreichen, den Vermerk zu dem zu verwahrenden **Vermerkblatt** zu nehmen[137].

    Art und Umfang einer Vorbefassung brauchen nicht im Einzelnen aus dem Vermerk hervorzugehen. Der Kontrollfunktion ist Genüge getan, wenn die Aufsichtsbehörde anhand des Vermerks durch Beiziehung von Nebenakten, durch Befragung des Notars oder durch Nachforschung bei seinen Sozien ermitteln kann, ob ein Verstoß gegen das Mitwirkungsverbot in Betracht kommt.

e) Abs. 1 Satz 1 Nr. 8 (1. Alt.)

88   Die Vorschrift verbietet die Mitwirkung des Notars in Angelegenheiten einer Person, die ihn in derselben Angelegenheit **bevollmächtigt** hat. Die Bevollmächtigung einer Person im Sinne der Nr. 4 ist nach dem Wortlaut der Vorschrift unschädlich. Dabei handelt es sich aber möglicherweise um ein Redaktionsversehen[138]. Der Notar sollte deshalb aus Vorsicht das Mitwirkungsverbot auch dann beachten, wenn nicht er, sondern eine mit ihm verbundene Person im Sinne der Nr. 4 bevollmächtigt ist.

aa) Geltungsbereich

89   Die Vorschrift stimmt im Wortlaut mit § 3 Abs. 1 Nr. 5 BeurkG a. F. überein. Ihr **Anwendungsbereich** ist aber durch die Einfügung des Mitwirkungsverbots nach Nr. 7 stark eingeschränkt. Sie greift im Wesentlichen nur noch ein[139], wenn
- Nr. 7 nicht anzuwenden ist, weil der der Vorbefassung zugrunde liegende Auftrag von allen Personen erteilt worden ist, die an der Amtshandlung beteiligt sein sollen, oder
- der Notar in derselben Angelegenheit zwar bevollmächtigt, aber noch nicht tätig geworden ist.

bb) Voraussetzungen des Mitwirkungsverbots

90   Während § 3 Abs. 1 Satz 1 Nr. 5, 6 die gesetzliche Vertretung betrifft, knüpft Nr. 8 (1. Alt.) an die **gewillkürte Vertretungsmacht** an. Im Gegensatz zu Nr. 5, 6 ist der Notar als Bevollmächtigter nicht in allen Angelegenheiten des Vertretenen, sondern nur in denjenigen ausgeschlossen, die den Gegenstand des Amtsgeschäfts bilden. Der Begriff der **Angelegenheit** ist auch hier weit zu fassen; so stellen ein Ehescheidungsrechtsstreit und eine Scheidungsfolgenvereinbarung dieselbe Angelegenheit dar. Die Bevollmächtigung in einer *anderen* Angelegenheit stellt mithin kein Hindernis für die Amtstätigkeit des Notars an (s. aber § 3 Abs. 2 BeurkG).

91   (1) Entscheidend für Nr. 8 ist, dass die Vollmacht **erteilt** worden ist, nicht, dass der Notar von ihr Gebrauch macht (dann Nr. 7)[140]. Das Mitwirkungsverbot gilt daher auch, wenn der Vollmachtgeber *selbst* handelt oder durch einen von ihm oder von dem Notar bestellten Untervertreter vertreten wird; denn dadurch erlischt die dem Notar erteilte Vollmacht nicht[141].

92   Der Notar, der **Generalbevollmächtigter** ist, darf weder Beurkundungen noch sonstige Amtshandlungen vornehmen, die *irgendeine* Angelegenheit des Vollmachtgebers zum Ge-

---

136 *Brambring*, FGPrax 1998, 201, 202.
137 *Winkler*, § 3 Rz. 141.
138 So *Winkler*, § 3 Rz. 147.
139 Vgl. *Vaasen/Starke*, DNotZ 1998, 661, 672; *Mihm*, DNotZ 1999, 8, 21 f.; *Harder/Schmidt*, DNotZ 1999, 949, 963.
140 BGH DNotZ 1985, 231, 233.
141 BGH DNotZ 1985, 231, 233 (zu § 3 Abs. 1 Nr. 5 a. F.); *Winkler*, § 3 Rz. 153; *Schippel/Bracker/Schäfer*, § 16 Rz. 64; *Lerch*, BeurkG, § 3 Rz. 37.

                                                                                                             Sandkühler

genstand haben[142]; ausgenommen sind höchstpersönliche Angelegenheiten, bei denen eine Stellvertretung ausgeschlossen ist.

(2) Die wirksam erteilte Vollmacht **besteht**, bis sie nach dem ihrer Erteilung zugrunde liegenden Rechtsverhältnis oder durch Widerruf erlischt (§ 168 BGB). Von einer bestehenden Vollmacht ist auch auszugehen, wenn diese unmittelbar nach Abschluss des Urkundsgeschäfts erteilt wird, sofern bereits bei der Beurkundung abzusehen ist, dass in derselben Angelegenheit eine Vollmacht – z. B. anwaltliches Mandat – erteilt werden soll[143].   93

cc) Vollzugsvollmachten

§ 3 Abs. 1 Satz 1 Nr. 8 greift nicht ein, wenn der Notar mit einem Urkundsgeschäft beauftragt wird und lediglich zu dessen Vorbereitung und Durchführung von allen oder einzelnen Beteiligten Vollmacht erhält (**Vollzugsvollmacht**)[144]. Der Zweck der Vorschrift, die Unabhängigkeit und Unparteilichkeit des Notars zu wahren, wird in diesem Fall nicht berührt[145], da die Vollmacht dem Notar keinen Vorteil bringt. Der Notar darf daher eine ihm erteilte Vollmacht beurkunden, die von den Beteiligten gestellten Grundbuchanträge zu berichtigen und zu ergänzen[146]. Für Erklärungen, die er **in Wahrnehmung der Vollmacht** abgeben will, gilt hingegen das Beurkundungsverbot des § 6 Abs. 1 Nr. 1 BeurkG.   94

Nach h. M. gilt das auch für eine ihm erteilte Doppelvollmacht, die **familien-, vormundschafts- oder nachlassgerichtliche Genehmigung** zu einem Rechtsgeschäft einzuholen, sie vom Gericht in Empfang zu nehmen, sie dem anderen Teil mitzuteilen und die Mitteilung für diesen entgegenzunehmen (§ 1829 Abs. 1 BGB)[147]. Dabei muss allerdings dem Schutzzweck des § 1829 Abs. 1 Satz 2 BGB Rechnung getragen werden, wonach der Adressat der Genehmigung (Sorgeberechtigter, Vormund, Pfleger oder Betreuer) nach Erteilung der Genehmigung frei soll entscheiden können, ob er von ihr Gebrauch machen will[148]. In die Urkunde sollte deshalb ein ausdrücklicher Hinweis aufgenommen werden, dass der Genehmigungsadressat die Vollmacht **widerrufen** kann. Nach Eingang der Genehmigung muss der Notar verlautbaren, dass er in Ausübung der Vollmacht die erteilte Genehmigung mitgeteilt und die Mitteilung entgegengenommen hat. Das geschieht, indem er einen entsprechenden Vermerk in Form einer **Eigenurkunde** auf der Ausfertigung des Genehmigungsbeschlusses anbringt.   95

f) Abs. 1 Satz 1 Nr. 8 (2. Alt.)

Die Vorschrift verbietet dem Notar die Mitwirkung in Angelegenheiten einer Person, zu der er oder eine Person im Sinne der Nr. 4 in einem **ständigen Dienst-** oder ähnlichen **ständigen Geschäftsverhältnis** steht. Ihr Zweck ist es, »*Hausnotariaten*« vorzubeugen, die mit der Unabhängigkeit des Notars nicht zu vereinbaren sind[149]. Ist der Notar oder ist eine mit ihm verbundene Person im Sinne der Nr. 4 als Syndikus oder Justitiar oder in einer ähnlichen Stellung bei einem privaten oder öffentlichen Unternehmen tätig, darf der Notar in Angelegenheiten dieses Unternehmens weder Beurkundungen noch sonstige Amtstätig-   96

---

142 *Winkler*, § 3 Rz. 153; *Schippel/Bracker-Schäfer*, § 16 Rz. 64.
143 OLG Köln OLG-Report Köln 1992, Sonderbeilage Notarsenat NW, S. III (LS).
144 Wegen der Vollzugsvollmacht für eine beruflich mit dem Notar verbundene Person siehe oben Rz. 61.
145 Allgemeine Meinung: *Winkler*, § 3 Rz. 155 und § 7 Rz. 8; *Schippel/Bracker/Schäfer*, § 16 Rz. 69; jeweils m.w.N.
146 BayObLG DNotZ 1956, 209, 213; *Winkler*, § 3 Rz. 155.
147 BGHZ 15, 97, 99 (betr. Vollmacht zur Entgegennahme der Genehmigung); BayObLG DNotZ 1983, 369; OLG Oldenburg DNotZ 1957, 543; OLG Düsseldorf NJW 1959, 391; OLG Hamm DNotZ 1964, 541; OLG Zweibrücken DNotZ 1971, 731; *Winkler*, § 3 Rz. 155; *Schippel/Bracker/Schäfer*, § 16 Rz. 69.
148 Vgl. dazu BayObLG MittBayNot 2000, 107, 108; *Reiß*, MittBayNot 2000, 373, 379.
149 OLG Celle DNotZ 1966, 632.

keiten vornehmen. Voraussetzung dafür ist allerdings eine enge wirtschaftliche und rechtliche Bindung, welche die Unabhängigkeit des Betreffenden in Frage stellt[150]. Die Tatsache allein, dass ein Beteiligter den Notar ständig als Anwalt oder Notar seines Vertrauens beauftragt, führt nicht zu einem Mitwirkungsverbot nach § 3 Abs. 1 Satz 1 Nr. 8, sondern nur zu einer Hinweispflicht nach § 3 Abs. 2 BeurkG[151].

g) Abs. 1 Satz 1 Nr. 9

97 Die Vorschrift enthält ein Mitwirkungsverbot bei einer **Gesellschaftsbeteiligung** des Notars. Sie soll bereits dem Anschein einer Parteilichkeit entgegenwirken[152]. Die Beteiligung einer anderen Person im Sinne des Abs. 1 ist unschädlich.

aa) Anwendungsbereich

98 Die Vorschrift gilt nicht für die Beteiligung des Notars an einer **Personengesellschaft** (Gesellschaft bürgerlichen Rechts, OHG, KG, Partnerschaftsgesellschaft). Eine solche Mitgliedschaft führt unabhängig vom Umfang der Beteiligung zu einem Mitwirkungsverbot nach § 3 Abs. 1 Satz 1 Nr. 1; denn Angelegenheiten einer Personengesellschaft sind stets Angelegenheiten ihrer Mitglieder[153]. Nr. 9 gilt daher nur für die Beteiligung an Gesellschaften, die über eigene Rechtspersönlichkeit verfügen (AG, KGaA, GmbH, eingetragene Genossenschaft).

bb) Voraussetzungen des Mitwirkungsverbots

99 **Voraussetzung** für das Verbot ist eine Beteiligung des Notars mit mehr als fünf Prozent der Stimmrechte oder mit einem anteiligen Betrag des Haftkapitals von mehr als 2 500 Euro. Der Begriff »Haftkapital« meint den Nennbetrag der Beteiligung; seine relativ geringe Höhe berücksichtigt, dass der Marktwert der Beteiligung oft weitaus höher ist.

cc) Besonderheiten bei Versammlungsbeschlüssen

100 Das Mitwirkungsverbot der Nr. 9 gilt sowohl für die Beurkundung von Rechtsgeschäften der Gesellschaft als auch für die Protokollierung von **Versammlungsbeschlüssen**. Nach der hier vertretenen Ansicht ist der Notar von der Protokollierung der Hauptversammlung einer Aktiengesellschaft stets ausgeschlossen, wenn er selbst deren Aktionär ist *und* bei der Beschlussfassung mitstimmt, auch wenn seine Beteiligung unter den Grenzwerten der Nr. 9 liegt[154]. Folgt man dem nicht, greift das Beurkundungsverbot jedenfalls ein, wenn die Grenzwerte überschritten werden[155].

5. Hinweis- und Vermerkpflicht nach Abs. 2

a) Bedeutung der Vorschrift

101 Während der Notar in den Fällen des § 3 Absatz 1 zwingend von der Mitwirkung ausgeschlossen ist, soll die Regelung des Absatzes 2 den Beteiligten die Möglichkeit geben, sich für oder gegen die Tätigkeit des Notars zu entscheiden, wenn sie **Zweifel an der Unparteilichkeit** haben. Eines besonderen Widerspruchs- oder Ablehnungsrecht bedarf es nicht, weil die Beteiligten ohnehin berechtigt sind, ihr an den Notar gerichtetes Ansuchen um Vornah-

---

150 *Winkler*, § 3 Rz. 157.
151 *Winkler*, § 3 Rz. 157.
152 BT-Drucks. 13/4184, S. 37.
153 Siehe oben Rz. 30.
154 Siehe oben Rz. 34.
155 *Schippel/Bracker/Schäfer*, § 16 Rz. 22, 74.

me einer Amtstätigkeit bis zu deren Beendigung – im Falle der Beurkundung bis zur Unterzeichnung der Niederschrift – zurückzunehmen[156].

b) Geltungsbereich

Der **Anwendungsbereich** der Vorschrift wird durch die Regelung in Nr. 7 eingeschränkt. In den Fällen, in denen der Notar – oder eine Person im Sinne der Nr. 4 – früher in derselben Angelegenheit tätig gewesen ist, gilt stets die Regelung der Nr. 7. § 3 Abs. 2 ist daher nur noch unter den gleichen Voraussetzungen bedeutsam, wie sie für Abs. 1 Satz 1 Nr. 8, 1. Alt. BeurkG gelten[157].   102

c) Verschwiegenheitspflicht

In den danach noch in Betracht kommenden Fällen soll der Notar die Beteiligten auf seine **anderweitige Bevollmächtigung** hinweisen und sie fragen, ob er die Amtstätigkeit gleichwohl vornehmen soll.   103

Beim Anwaltsnotar kann die Hinweispflicht allerdings mit der nach anderen Berufsordnungen bestehenden **Verschwiegenheitspflicht** kollidieren. Je nachdem, auf welche anderweitige Tätigkeit sich die Bevollmächtigung bezieht, kann der Anwaltsnotar in seiner Eigenschaft als Rechtsanwalt, Patentanwalt, Steuerberater, Wirtschaftsprüfer oder vereidigter Buchprüfer (vgl. § 8 Abs. 2 Satz 2) zur Verschwiegenheit verpflichtet sein[158]. Die anwaltliche Verschwiegenheitspflicht gilt zwar gem. § 2 Abs. 3 BORA nicht, soweit andere Rechtsvorschriften Ausnahmen zulassen. § 3 Abs. 2 BeurkG dürfte jedoch eine solche Ausnahme nicht enthalten, da die Vorschrift nur eine Hinweis- und Vermerkpflicht anordnet, nicht aber die Durchbrechung einer nach einer anderen Berufsordnung bestehenden Verschwiegenheitspflicht gestattet[159]. Die Berufsordnungen der Patentanwälte, Steuerberater Wirtschaftsprüfer und vereidigten Buchprüfer enthalten keine dem § 2 Abs. 3 BORA entsprechende Vorschrift. Die Erteilung des Hinweises setzt daher in allen Fällen einer berufsbezogenen anderweitigen Bevollmächtigung des Anwaltsnotars voraus, dass sein Vollmachtgeber ihn von der Verschwiegenheitspflicht befreit[160].

Beauftragt der Vollmachtgeber selbst den Notar, kann darin eine konkludente Befreiung von der Verschwiegenheitspflicht liegen; doch sollte der Notar um der Klarheit willen auf einer ausdrückliche Befreiung bestehen. Lehnt der Vollmachtgeber sie ab, muss der Notar seine Amtstätigkeit verweigern[161].

d) Vermerkpflicht

Hinweis und Frage sind in der Urkunde zu vermerken. Die Antwort der Beteiligten braucht zwar nicht vermerkt zu werden; doch empfiehlt es sich, auch sie in den Vermerk aufzunehmen.   104

---

156 *Schippel/Bracker/Schäfer*, § 16 Rz. 87. Zur kostenrechtlichen Behandlung nach Rücknahme siehe §§ 57, 130 Abs. 2, 141 KostO.
157 Siehe oben Rz. 87.
158 § 43a Abs. 2 BRAO i.V.m. § 2 BORA; § 39a Abs. 2 Satz 1 PatAnwO i.V.m. § 2 BO Patentanwälte; § 57 StBerG i.V.m. § 9 BO Steuerberater; §§ 43 Abs. 1 Satz 1, 130 Abs. 1 Satz 1 WPO i.V.m. § 9 Berufssatzung.
159 A. A. *Vorauflage*, § 16 Rz. 97.
160 *Eylmann/Vaasen/Eylmann*, § 3 BeurkG Rz. 64; *Brieske*, AnwBl. 1995, 481, 483, 488. Die gegenteilige Auffassung in der *Vorauflage* wird aufgegeben.
161 *Eylmann/Vaasen/Eylmann*, § 3 BeurkG Rz. 64.

6. Hinweis- und Vermerkpflicht nach Abs. 3

a) Geltungsbereich

105   Nach Nr. 1 besteht eine Hinweispflicht, wenn es sich um die Angelegenheit einer Person handelt, deren **nicht vertretungsberechtigtem Organ** der Notar angehört. Die Vorschrift gilt für juristische Personen des Privatrechts und des öffentlichen Rechts mit Ausnahme der in Nr. 2 und 3 genannten. Organe in diesem Sinne sind in der Regel durch Wahlen, Delegationen oder Ernennungen gebildete und zur Willensbildung der juristischen Person berufene Personenzusammenschlüsse[162] wie z. B.
   – der Aufsichtsrat einer AG, KGaA, GmbH oder Genossenschaft (soweit er nicht als Vertretungsorgan handelt[163]), der Beirat oder Verwaltungsrat einer GmbH oder eines Vereins;
   – der Deutsche Bundestag und die Landtage der Länder sowie ihre Ausschüsse, sonstige nicht zur gesetzlichen Vertretung berufene Versammlungen, Räte und Ausschüsse (z. B. Verbandsversammlungen, Planungsräte, Bezirksausschüsse).

b) Gemeinden und Kreise

106   Nr. 2 privilegiert die Mitgliedschaft in Organen von **Gemeinden** und **Kreisen** (Landkreisen), gleichgültig, ob sie zur Vertretung berechtigt sind oder nicht. Soweit es sich um vertretungsberechtigte Organe handelt, wäre der Notar an sich nach Abs. 1 Satz 1 Nr. 6 von der Amtstätigkeit ausgeschlossen. Um Notaren die kommunalpolitische Betätigung zu erleichtern, sieht das Gesetz aber auch hier nur eine Hinweispflicht vor; Abs. 1 Satz 1 Nr. 6 ist nach der klarstellenden Bestimmung in Abs. 3 Satz 2 nicht anwendbar.

c) Körperschaften nach Nr. 3

107   In Anlehnung an Nr. 2 sieht Nr. 3 bei Zugehörigkeit des Notars zu einem Organ einer als Körperschaft des öffentlichen Rechts anerkannten **Religions- oder Weltanschauungsgemeinschaft**[164] oder einer als Körperschaft des öffentlichen Rechts anerkannten **Teilorganisation** einer solchen Gemeinschaft ebenfalls nur eine Hinweispflicht vor. Die Vorschrift gilt nicht für kirchliche Einrichtungen, die in den Rechtsformen des Privatrechts betrieben werden (z. B. Krankenhäuser in Trägerschaft einer gemeinnützigen GmbH, Stiftungen).

d) Vermerk

108   Für den nach Abs. 2 gebotenen **Vermerk** gilt das gleiche wie in den Fällen des Abs. 2[165].

II. Selbstablehnung wegen Befangenheit (Abs. 2)

1. Bedeutung der Vorschrift

109   Die Vorschrift stellt klar, dass die **Befangenheit** eines Notars für ihn einen ausreichenden Grund im Sinne des § 15 Abs. 1 Satz 1 bildet, seine Amtstätigkeit zu versagen[166]. Die Bestimmung entspricht § 6 Abs. 2 FGG (Selbstablehnung des Richters). Maßgebend ist, ob sich der Notar selbst für befangen hält oder ob ein Sachbeteiligter bei verständiger Würdigung Grund haben kann, an seiner vollen Unparteilichkeit zu zweifeln.

---

162   *Schippel/Bracker/Schäfer*, § 16 Rz. 80.
163   Siehe dazu oben Rz. 64.
164   Siehe Art. 140 GG, 137 WRV.
165   Siehe oben Rz. 97.
166   OLG Hamm DNotZ 1996, 703, 704 m. Anm. *Kawohl* = NJW-RR 1995, 1337, 1338.

2. Eigenverantwotlichkeit des Notars

Der Notar entscheidet darüber in **eigener Verantwortung**. Will er seine Amtstätigkeit trotz   **110**
Bedenken gegen seine Unparteilichkeit fortsetzen und können die Beteiligten seine weitere
Tätigkeit – z. B. im Rahmen eines Urkundsvollzugs – nicht mehr durch Rücknahme ihres
Ansuchens wirksam verhindern, soll nach einer in der Rechtsprechung vertretenen Auffas-
sung der **Beschwerdeweg** nach § 15 Abs. 2 mit dem Ziel eröffnet sein, den Notar wegen Be-
sorgnis der Befangenheit abzulehnen[167]. Dagegen bestehen jedoch Bedenken, weil ein er-
folgreich abgelehnter Notar – anders als ein abgelehnter Richter – nicht durch einen anderen
ersetzt werden kann. Der richtige Weg ist es daher, gegen den für befangen gehaltenen Notar
Beschwerde nach § 15 Abs. 2 mit dem Ziel zu erheben, ihn zu einem bestimmten Tun oder
Unterlassen zu verpflichten[168].

3. Recht und Pflicht zur Selbstablehnung

§ 16 Abs. 2 **berechtigt** den Notar zur Selbstablehnung, **verpflichtet** ihn aber nicht dazu. In-   **111**
des kann sich eine solche Pflicht aus § 14 Abs. 3 Satz 2 ergeben, wonach der Notar schon
den Anschein der Parteilichkeit zu vermeiden hat. Ob ein solcher Anschein entstehen kann,
ist eine Frage des Einzelfalles.

III. Anwaltsmandate von Urkundsbeteiligten

1. Anwaltliche Tätigkeitsverbote

a) § 45 Abs. 1 BRAO

Nach § 45 Abs. 1 BRAO darf ein **Rechtsanwalt** nicht tätig werden,   **112**
– wenn er in derselben Rechtssache als Notar, Notarvertreter oder Notariatsverwalter bereits tätig geworden ist (Abs. 1 Nr. 1),
– wenn er als Notar, Notarvertreter oder Notariatsverwalter eine Urkunde aufgenommen
   hat und deren Rechtsbestand oder Auslegung streitig ist oder die Vollstreckung aus ihr
   betrieben wird (Abs. 1 Nr. 2).
   Die Vorschrift soll dazu beitragen, die Unabhängigkeit des Rechtsanwalts nach allen Seiten zu wahren[169]. Sie enthält **gesetzliche Verbote** im Sinne des § 134 BGB. Ein dagegen ver-
stoßender anwaltlicher Geschäftsbesorgungsvertrag ist nichtig, so dass ein anwaltlicher Gebührenanspruch nicht entstehen kann[170].
   Ob der Verstoß auch die dem Rechtsanwalt erteilte **Prozessvollmacht** unwirksam macht,   **113**
ist zweifelhaft[171]. Dagegen spricht, dass die Vollmacht von dem zugrunde liegenden Rechtsgeschäft unabhängig ist und ihre Wirksamkeit sich grundsätzlich allein nach prozessualen
Grundsätzen bestimmt[172]. Indes nimmt der Bundesgerichtshof bei Verstoß gegen ein auch
dem Schutz des Vertretenen dienenden Gesetzes, insbesondere gegen das RBerG, Unwirksamkeit auch der Vollmacht an[173]. Auf dieser Grundlage dürfte auch bei einem Verstoß gegen § 45 BRAO die Anwaltsvollmacht als unwirksam anzusehen sein.

167 OLG Hamm DNotZ 1996, 703, 705.
168 So zutreffend *Kawohl*, DNotZ 1996, 707.
169 BGH DNotZ 1968, 639 (zu § 45 Nr. 4 BRAO a. F.).
170 Zur Frage eines Bereicherungsanspruchs des Rechtsanwalts vgl. BGH NJW 2000, 1560 (betr. Steu-
       erberater).
171 Verneinend: BGH NJW 1993, 1926; OVG Bautzen NJW 2003, 3504; *Schippel/Bracker/Schäfer*,
       § 16 Rz. 97; *Feuerich/Weyland*, BRAO, § 45 Rz. 37.
172 OLG Köln AnwBl. 1980, 71; OLG Hamm DNotZ 1989, 632.
173 BGHZ 154, 283, 286; BGH NJW 2003, 2088; NJW 2003, 2091; st. Rspr.; ebenso *Zöller/Vollkom-
       mer*, ZPO, § 80 Rz. 2.

b) Sozietäten

114 Soweit § 45 BRAO dem Rechtsanwalt das Tätigwerden verbietet, gilt dies auch für die mit ihm in **Sozietät** oder in sonstiger Weise zur **gemeinschaftlichen Berufsausübung** verbundenen oder verbunden gewesenen Rechtsanwälte und Angehörigen anderer Berufe (§ 45 Abs. 3 BRAO). Daher ist auch der in die Sozietät eines Anwaltsnotars eintretende Rechtsanwalt gehindert, ein vor seinem Eintreten der Sozietät als ganzer erteiltes Anwaltsmandat wahrzunehmen.

2. Notarielle Neutralitätspflicht

115 § 45 Abs. 1 BRAO ist eine Norm anwaltlichen Standesrechts. Die Vorschrift regelt nicht abschließend, ob ein **Anwaltsnotar** nach Erledigung einer notariellen Amtstätigkeit für einen Beteiligten als Rechtsanwalt tätig werden darf. Maßgeblich ist insoweit das Gebot der notariellen Neutralität[174], die auch nach Beendigung der eigentlichen Amtstätigkeit gewahrt werden muss. Die notarielle Amtspflicht, von einer Vertretung abzusehen, geht über das in § 45 Abs. 1 BRAO bestimmte Vertretungsverbot hinaus[175].

a) Interessengegensatz

116 Der Anwaltsnotar verletzt seine Amtspflicht zu fortdauernder Neutralität, wenn er in einer Angelegenheit, mit der er als Notar für **mehrere Beteiligte** amtlich befasst war oder ist, in einer hieraus zwischen den Beteiligten entstandenen Streitigkeit einen Beteiligten gegen einen anderen Beteiligten anwaltlich vertritt[176], auch wenn zu dieser Zeit Bedenken gegen oder Zweifel über sein Amtsgeschäft noch nicht erhoben sind. Dabei kommt es nicht auf die formelle Beteiligung im Sinne des § 6 Abs. 2 BeurkG an; es genügt vielmehr jede Sachbeteiligung[177, 178].

b) Interessengleichheit

117 Sind **widerstreitende Interessen** nicht im Spiel (Interessengleichheit), verletzt der Anwaltsnotar zwar nicht seine Neutralitätspflicht, wenn er denselben Beteiligten, für den er als Notar tätig geworden war, später in derselben Rechtssache anwaltlich vertritt. Seine Tätigkeit verstößt aber gegen § 45 Abs. 1 Nr. 1 BRAO.

---

174 OLG Hamm NJW 1992, 1174.
175 Vgl. die Aufzählungen bei *Hartstang*, Anwaltsrecht, S. 189 f.
176 OLG Hamm DNotZ 1977, 441; *Hartstang*, S. 188.
177 OLG Köln DNotZ 1963, 631; *Feuerich/Weyland*, § 45 Rz. 23.
178 Zum Begriff der Sachbeteiligung siehe oben Rz. 15.

SANDKÜHLER

(1) [1]Der Notar ist verpflichtet, für seine Tätigkeit die gesetzlich vorgeschriebenen Gebühren zu erheben. [2]Soweit nicht gesetzliche Vorschriften die Gebührenbefreiung oder -ermäßigung oder die Nichterhebung von Kosten wegen unrichtiger Sachbehandlung vorsehen, sind Gebührenerlass und Gebührenermäßigung nur zulässig, wenn sie durch eine sittliche Pflicht oder durch eine auf den Anstand zu nehmende Rücksicht geboten sind und die Notarkammer allgemein oder im Einzelfall zugestimmt hat. [3]In den Tätigkeitsbereichen der Notarkasse und der Ländernotarkasse treten diese an die Stelle der Notarkammern. [4]Das Versprechen und Gewähren von Vorteilen im Zusammenhang mit einem Amtsgeschäft sowie jede Beteiligung Dritter an den Gebühren ist unzulässig.

(2) Einem Beteiligten, dem nach den Vorschriften der Zivilprozessordnung vorläufig gebührenfrei oder gegen Zahlung der Gebühren in Monatsraten zu gewähren.

Richtlinienempfehlungen der Bundesnotarkammer

VI. Die Art der nach § 28 BNotO zu treffenden Vorkehrungen

[...]
3.1. Der Notar hat Gebühren in angemessener Frist einzufordern und sie bei Nichtzahlung im Regelfall beizutreiben.
3.2. Das Versprechen und Gewähren von Vorteilen im Zusammenhang mit einem Amtsgeschäft sowie jede Beteiligung Dritter an den Gebühren ist unzulässig. Insbesondere ist es dem Notar verboten,
a) ihm zustehende Gebühren zurückzuerstatten,
b) Vermittlungsentgelte für Urkundsgeschäfte oder
c) Entgelte für Urkundsentwürfe zu leisten,
d) zur Kompensation von Notargebühren Entgelte für Gutachten oder sonstige Leistungen Dritter zu gewähren oder auf ihm aus anderer Tätigkeit zustehende Gebühren zu verzichten.
3.3. Durch die Ausgestaltung der einer beruflichen Verbindung zugrundeliegenden Vereinbarung ist sicherzustellen, dass die übrigen Mitglieder der beruflichen Verbindung keine Vorteile gewähren, die der Notar gemäß Nummer 3.2. nicht gewähren darf.

Dienstordnung für Notarinnen und Notare

§ 16 Kostenregister

Notarinnen und Notare im Bereich der Notarkasse in München und der Ländernotarkasse in Leipzig führen ein Kostenregister.

Übersicht

A. Entstehungsgeschichte der Vorschrift

1 Abs. 1 enthielt in der früheren Fassung – übereinstimmend mit § 18 RNotO – lediglich die selbstverständliche Aussage, dass der Notar für seine Tätigkeit Gebühren erhält. Die jetzige Fassung beruht auf der Berufsrechtsnovelle 1998[1]. Der Gesetzgeber hat damit die bisher nur in den Allgemeinen Richtlinien für die Berufsausübung der Notare (RLNot) enthaltenen Vorschriften über die Pflicht zur Gebührenerhebung und das Verbot von Gebührenerlass, Gebührenermäßigung und Gebührenteilung (§ 13 RLNot) ohne wesentliche inhaltliche Änderung in die BNotO übernommen.

2 Abs. 2 entspricht sachlich der Vorgängervorschrift des § 18 Abs. 2 RNotO. Danach hatte der Notar einem unbemittelten Beteiligten, dem nach den Vorschriften der ZPO das Armenrecht zu bewilligen wäre, seine Urkundtätigkeit vorläufig gebührenfrei zu gewähren. Die

---

1 Art. 1 Nr. 14 des Dritten Gesetzes zur Änderung der Bundesnotarordnung und anderer Gesetze v. 31.08.1998 (BGBl. I S. 2585).

jetzige Fassung beruht auf dem Gesetz über die Prozesskostenhilfe[2]. Sie ist durch die Berufsrechtsnovelle 1998[3] nicht geändert worden.

B. Erläuterungen

I. Vergütungsanspruch des Notars

1. Entgeltcharakter der Gebühren

Der Notar ist nicht besoldeter Beamter – von den Sonderregelungen in Baden-Württemberg   **3**
abgesehen[4] –, sondern steht im Hinblick auf seine Bezüge den freien Berufen nahe[5]. Er erhält für seine Tätigkeit Gebühren von den Beteiligten. Die Gebühren stellen ein **Entgelt** für seine Amtstätigkeit dar und sind dazu bestimmt, die wirtschaftliche Lebensgrundlage des Notars und seine persönliche Unabhängigkeit zu sichern[6]. Art und Höhe der Gebühren sind gesetzlich festgelegt.

Die Kostengesetzgebung gehört zur konkurrierenden Gesetzgebung des Bundes (Art. 74   **4**
Nr. 1 GG). Aufgabe des Gesetzgebers ist es, durch Anpassungen der Gebührensätze an die allgemeine Einkommensentwicklung die wirtschaftliche Existenzgrundlage der Notare zu sichern, ohne jedoch den Zugang zum Notariat wirtschaftlich unangemessen zu erschweren; dabei darf der Gesetzgeber berücksichtigen, dass die Notare als Inhaber einer weitgehenden Monopolstellung und auch deshalb, weil die Zahl der Bestallungen vom Bedürfnis abhängt (§ 4 BNotO), eine gewisse Einkommensgarantie genießen[7].

2. Begriff der Notarkosten

a) Kostenordnung

Gemäß § 140 KostO bestimmen sich die Kosten der Notare, soweit bundesrechtlich nichts   **5**
anderes vorgeschrieben ist, ausschließlich nach der **Kostenordnung**. Diese ist gemäß § 148a KostO auch für Tätigkeiten des Notars nach der ZPO (§§ 796c, 1053 Abs. 3 ZPO) maßgeblich.

b) Gebühren und Auslagen

Die Kosten setzen sich aus **Gebühren** und **Auslagen** zusammen (§§ 1, 141 KostO). Die   **6**
Gebühren sind dazu bestimmt, die persönliche Leistung des Notars und seine allgemeinen Geschäftsunkosten abzugelten. Eine gesonderte Auslagenerstattung findet nur in den gesetzlich vorgesehenen Fällen statt (§§ 136, 137, § 143 Abs. 1, 152, 153 KostO)[8]. Darüber

---

2 Gesetz v. 13.06.1980 (BGBl. I S. 677).
3 Siehe oben Fn. 1.
4 §§ 114, 115 BNotO i. V. m. dem Baden-Württembergischen Landesgesetz über die freiwillige Gerichtsbarkeit v. 12.02.1975 (BW LFGG) [Abdruck: *Bohrer*, Das Berufsrecht der Notare, Anhang 4]. Nach § 17 Abs. 1 BW LFGG werden die Notariate mit *Notaren im Landesdienst* besetzt; sie sind Beamte im statusrechtlichen Sinn.
5 BVerfG DNotZ 1978, 412.
6 Die Entscheidung des EuGH v. 21.03.2002, wonach die Gebühren der badischen Amtsnotare in bestimmten Fällen als Steuer anzusehen sind, berührt die Gebühren der selbstständigen Notare nicht. Vgl. dazu auch *Bundesnotarkammer*, Rdschr. Nr. 12/2002 (Internetabruf unter www.bnotk.de).
7 Einzelheiten dazu: BVerfG DNotZ 1978, 412.
8 Zum Anspruch auf Erstattung der Versicherungsprämie für Risiken oberhalb der Geschäftswertobergrenze von 60 Mio. Euro vgl. § 19a Rz. 8.

hinaus ist dem Notar die auf seine Kosten entfallende Umsatzsteuer zu erstatten (§ 151a KostO)[9].

c) Geschäftsgebühren

7 Die Gebühren der Notare sind grundsätzlich **Geschäftsgebühren**, d. h. nach dem Gegenstand, dem Bewertungsmaßstab und dem Gebührensatz fest bestimmte Beträge. Sie werden nicht nach dem Schwierigkeitsgrad des Geschäfts, dem Zeitaufwand oder dem Ausmaß der Mühewaltung bemessen[10]. Damit unterscheiden sie sich grundlegend von Leistungsentgelten, für die das Äquivalenzprinzip, d. h. der Grundsatz der Gleichwertigkeit von Leistung und Gegenleistung gilt. Abgesehen von gesetzlichen Gebührenbefreiungen und Ermäßigungsregelungen[11] (§§ 144, 144a KostO, § 64 Abs. 2 Satz 3 Nr. 2 SGB X[12]), richten sich die Kosten auch nicht nach den persönlichen Verhältnissen der Beteiligten. Wirtschaftliches Unvermögen von Beteiligten kann nur im Rahmen des § 17 Abs. 2 berücksichtigt werden.

d) Umsatzsteuer

8 Die Kosten der Notare unterliegen der **Umsatzsteuer**. Zu versteuern sind außer den Gebühren auch die Auslagen[13]. Umsatzsteuerfrei sind gemäß § 10 Abs. 1 Satz 6 UStG durchlaufende Posten, d. h. die Beträge, die der Notar im Namen und für Rechnung Dritter einnimmt und ausgibt (z. B. Verwahrgelder, Gerichts- und Behördenkosten). Das gilt auch, wenn der Notar solche Beträge selbst verauslagt und sie dem Kostenschuldner anschließend in Rechnung stellt[14].

9 Für die Umsatzsteuer ist der Notar selbstständiger **Unternehmer** im Sinne des § 2 UStG[15]. Der Anwaltsnotar gilt umsatzsteuerrechtlich als *ein* Unternehmer. Nach Ansicht des Bundesfinanzhofs kann auch eine Sozietät zwischen einem Anwaltsnotar und einem Rechtsanwalt umsatzsteuerrechtlich als *ein* Unternehmen behandelt werden[16]. Diese Auffassung ist jedoch mit der Tatsache, dass notarielle Tätigkeit nicht sozietätsfähig ist[17], nicht zu vereinbaren.

10 Nach § 151a KostO kann der Notar die Umsatzsteuer ohne besondere Vereinbarung auf den Kostenschuldner **abwälzen**. Ausgenommen sind die Fälle, in denen der Notar zu den nicht optierenden und deshalb von der Möglichkeit eines Vorsteuerabzugs ausgeschlossenen Kleinunternehmern nach § 19 Abs. 1 UStG gehört. Die Umsatzsteuer ist in der notariellen Kostenrechnung gesondert auszuweisen (§ 14 Abs. 1 UStG), wobei die Vorschrift des § 151a KostO nicht ausdrücklich genannt zu werden braucht[18].

11 Nach § 14 Abs. 4 UStG[19] muss jede Notarkostenrechnung folgende **Angaben** enthalten:
– Namen und Anschrift des Notars und des Kostenschuldners,
– die dem Notar vom Finanzamt erteilte Steuernummer oder die ihm vom Bundesamt für Finanzen erteilte Umsatzsteuer-Identifikationsnummer,
– das Ausstellungsdatum,
– eine fortlaufende Nummer mit einer oder mehreren Zahlenreihen, die zur Identifizierung der Rechnung vom Rechnungsaussteller einmalig vergeben wird (Rechnungsnummer),
– den Umfang und die Art der der Rechnung zugrunde liegenden Amtstätigkeit,

---

9 Einzelheiten dazu unten Rz. 8 ff.
10 OLG Düsseldorf DNotZ 1991, 411.
11 Einzelheiten dazu: *Weingärtner/Ehrlich*, DONot, Kostenrechtlicher Leitfaden Rz. 61 ff.
12 Zur Frage der Verfassungsmäßigkeit dieser Vorschrift: BVerfGE 69, 373 = DNotZ 19985, 776.
13 OLG Frankfurt DNotZ 1962, 436.
14 BFH NJW 1968, 423.
15 BFH BB 1971, 427.
16 BFH DNotZ 1971, 557 m. abl. Anm. *Schippel*.
17 Siehe unten Rz. 14.
18 OLG Hamm FGPrax 1998, 152.
19 I.d.F. des Zweiten Gesetzes zur Änderung steuerlicher Vorschriften (Steueränderungsgesetz 2003 – StÄndG 2003) v. 15.12.2003 (BGBl I S. 2645).

SANDKÜHLER

- den Zeitpunkt der Amtstätigkeit oder der bereits erfolgten Vereinnahmung der Kosten bzw. eines Teils der Kosten, sofern dieser Zeitpunkt feststeht und nicht mit dem Ausstellungsdatum der Rechnung identisch ist,
- die geschuldeten Kosten,
- den anzuwendenden Steuersatz sowie den auf die Kosten entfallenden Steuerbetrag oder im Fall einer Steuerbefreiung einen Hinweis darauf, dass eine Steuerbefreiung gilt,
- in den Fällen des § 14b Abs. 1 Satz 5 UStG einen Hinweis auf die Aufbewahrungspflicht des Kostenschuldners.

Nach Auffassung des Bundesministeriums der Finanzen[20] genügt als **Rechnungsnummer** die Urkundennummer. Werden bei Beteiligung mehrerer Personen mehrere Rechnungen über ein und denselben Beurkundungsvorgang erteilt, muss jede von ihnen eine individuelle Nummer tragen, wobei die Angabe der Urkundennummer mit einem unterscheidenden Zusatz (z. B. UR. Nr. 250/2004a) ausreicht[21].

Kostenrechnungen, die nicht alle notwendigen Angaben enthalten, verpflichten den Kostenschuldner nicht zur Zahlung.

3. Rechtsnatur des Kostenanspruchs

Der Kostenanspruch des Notars ist **öffentlich-rechtlicher** Natur[22]. Er steht deshalb grundsätzlich nicht zur Disposition des Notars oder der Beteiligten[23] und unterliegt der Prüfung und Überwachung durch die Aufsichtsbehörde (§ 93 Abs. 2 Satz 3, Abs. 3 Satz 3, 4 BNotO).   **12**

4. Kostengläubiger

a) Gläubigerstellung

Die Kostenordnung regelt nicht ausdrücklich, sondern setzt voraus, dass **Gläubiger** des Kostenanspruchs derjenige Notar ist, an den sich das Ersuchen um eine Amtstätigkeit richtet.   **13**

aa) Berufsverbindung

Das Ersuchen um eine Amtstätigkeit kann sich – anders als das einer Anwaltssozietät erteilte Mandat[24] – nicht an eine Mehrheit von Notaren richten[25]. Notarielle Amtsausübung ist nicht sozietätsfähig[26]. Daher wird kostenrechtlich auch bei einer **Sozietät** oder **Bürogemeinschaft** stets nur der einzelne Notar berechtigt und verpflichtet. Gläubiger des Kostenanspruchs ist mithin auch bei einer Verbindung von Notaren gemäß § 9 BNotO nur der jeweils beauftragte Notar; nur er kann eine wirksame Kostenrechnung erteilen[27].   **14**

bb) Notarvertreter

Der **amtlich bestellte Vertreter** versieht sein Amt auf Kosten des Notars (§ 41 BNotO). Der durch seine Tätigkeit begründete Kostenanspruch steht daher dem vertretenen Notar zu; allerdings kann der Vertreter während der Dauer seiner Bestellung in gleicher Weise wie der vertretene Notar über den Kostenanspruch verfügen[28].   **15**

---

20 Vgl. DNotI-Report 2004, 123.
21 *Schubert*, MittBayNot 2004, 237.
22 BGH DNotZ 1990, 313.
23 Einzelheiten dazu: unten Rz. 49 ff.
24 Vgl. dazu BGHZ 56, 355.
25 BayObLG DNotZ 1981, 317.
26 Siehe Erläuterungen zu § 9; *Bohrer*, Rz. 312 ff.
27 OLG Düsseldorf RNotZ 2001, 174, 177 m. Anm. *Grauel*.
28 *Schippel/Bracker/Schäfer*, § 41 Rz. 2.

cc) Notariatsverwalter

16 Der **Notariatsverwalter** (§ 56 BNotO) ist Gläubiger derjenigen Kostenforderungen, die nach Übernahme des Geschäfts durch ihn fällig werden. Vorher fällig gewordene Kostenforderungen stehen dem Notar bzw. dessen Rechtsnachfolgern zu[29].

b) Abtretung, Verpfändung

17 Ob notarielle Kostenforderungen **abtretbar** oder **verpfändbar** sind, ist gesetzlich nicht geregelt. Während eine Abtretung *anwaltlicher* Vergütungsforderungen in der Vergangenheit schlechthin als unzulässig angesehen wurde, sofern nicht der Mandant zugestimmt hatte[30], war die Rechtslage nach Einführung des § 49b Abs. 4 Satz 1 BRAO a. F. strittig[31]. Mit der Novellierung des Rechtsberatungsrechts[32] ist eine Klärung dahin erfolgt, dass die Abtretung oder Übertragung zur Einziehung an Rechtsanwälte oder rechtsanwaltliche Berufsausübungsgemeinschaften schlechthin und ohne weitere Voraussetzungen zulässig ist. Im Übrigen ist die Abtretung oder Übertragung nur zulässig, wenn eine ausdrückliche, schriftliche Einwilligung des Mandanten vorliegt oder die Forderung rechtskräftig festgestellt ist.

Wegen der Rechtsähnlichkeit der Interessenlage dürften diese Regeln im notariellen Kostenrecht analog anzuwenden sein. Notarielle Kostenforderungen dürften daher ohne Zustimmung der Beteiligten an einen Rechtsanwalt oder Notar abgetreten, zur Einziehung übertragen oder verpfändet werden. Die Abtretung, Übertragung oder Verpfändung an einen Dritten ist hingegen nur zulässig, wenn die Beteiligten darin eingewilligt haben (worin gleichzeitig eine Befreiung von der Verschwiegenheitspflicht liegt) oder wenn die Forderung rechtskräftig festgestellt ist. Vor der Einwilligung sind die Beteiligten analog § 49b Abs. 4 Satz 3 BRAO n. F. darüber aufzuklären, dass der Notar dem Zessionar, Einziehungsermächtigten oder Pfandgläubiger die zur Geltendmachung der Forderung nötige Auskunft erteilen und ihm die zum Beweis der Forderung dienenden Urkunden, soweit sie sich in seinem Besitz befinden, ausliefern muss (§ 402 BGB).

c) Pfändung

18 Die vorstehenden Gesichtspunkte gelten nicht für die **Pfändung** notarieller Kostenansprüche[33]. Soweit sich aus § 203 StGB und § 49b Abs. 4 BRAO ein Übertragungsverbot (§ 134 BGB) ergibt, schließt dies nicht die Übertragbarkeit der Kostenforderung im Sinne des § 851 Abs. 1 ZPO aus[34]. Allerdings kann die Pflicht des Notars als Vollstreckungsschuldner, über die gepfändete und überwiesene Forderung Auskunft zu erteilen und die über die Forderung vorhandenen Urkunden an den Vollstreckungsgläubiger herauszugeben (§ 836 Abs. 3 ZPO), mit seiner Verschwiegenheitspflicht (§ 18 BNotO) kollidieren. Der Notar wird dem Vollstreckungsgläubiger daher in der Regel nur eine Ausfertigung seiner Kostenberechnung aushändigen und ihm mitteilen dürfen, ob und in welcher Höhe die gepfändete Kostenforderung besteht, ob sie mit Einwendungen oder Einreden behaftet ist und ob bereits Maßnahmen zur Beitreibung der Forderung eingeleitet worden sind. Zur Herausgabe der der Kostenberechnung zugrunde liegenden Urkunde sowie zu Auskünften über Einzelheiten des zugrunde liegenden Amtsgeschäfts ist der Notar grundsätzlich nicht befugt. Im Zweifelsfall sollte er eine Stellungnahme der Aufsichtsbehörde einholen (§ 18 Abs. 3 Satz 1).

---

29 Siehe dazu § 58 Rz. 13.
30 BGHZ 122, 115, 119; vgl. auch BGHZ 148, 97, 101.
31 Vgl. BGH NJW 2007, 1196.
32 Art. 4 Nr. 1 des Gesetzes zur Neuregelung des Rechtsberatungsrechts v. 12.12.2007 (BGBl. I S. 2840).
33 Vgl. BGHZ 141, 173 = NJW 1999, 1544, 1546 (Honorarforderung von Steuerberatern); BFH NJW 2005, 1308 (anwaltliche Gebührenforderung).
34 So zutreffend: *Berger,* NJW 1995, 1406; a. A.: *Diepold,* MDR 1995, 23; *Henssler/Prütting/Dittmann,* BRAO, § 49b Rz. 42.

5. Kostenschuldner

Wer **Kostenschuldner** des Notars ist, richtet sich gemäß § 141 KostO nach § 2 Nr. 1, §§ 3, 5   **19**
und 6 KostO. § 2 Nr. 2 KostO ist nicht einschlägig, da die Notare nicht von Amts wegen,
sondern nur auf Antrag tätig werden.

a) Veranlassungsschuldner

Zur Zahlung der Kosten verpflichtet ist danach in erster Linie der **Veranlassungsschuldner,**   **20**
d. h. derjenige, der die Amtshandlung des Notars durch sein Ersuchen veranlasst hat (§ 2
Nr. 1 Halbs. 1 KostO). Wer als Veranlasser anzusehen ist, richtet sich nach den Umständen
des Einzelfalles; dabei kommt es nach dem Rechtsgedanken des § 133 BGB auf den objektiven Erklärungswert aus der Sicht des Notars an. Maßgeblich ist daher nicht, wer die Anregung zum Aufsuchen des Notars gegeben oder einen Besprechungs- oder Beurkundungstermin erwirkt hat[35]. Veranlasser der Amtstätigkeit können auch Personen sein, deren
Erklärungen nicht beurkundet werden und für die auch nicht in der Urkunde Erklärungen
abgegeben werden[36]. Veranlassungsschuldner ist daher auch der **vollmachtlose Vertreter,**
wenn er das Ansuchen selbst stellt[37].

Bei der **Beurkundung von Rechtsgeschäften** ist nach § 2 Nr. 1 Halbs. 2 KostO jeder Teil   **21**
zur Zahlung der Kosten verpflichtet, dessen Erklärung beurkundet ist. Es handelt sich dabei
nicht um eine abschließende Regelung (»insbesondere«); die allgemeinen Grundsätze über
die Veranlasserhaftung gelten auch hier[38]. Mehrere Urkundsbeteiligte haften gegenüber dem
Notar unabhängig davon, wer von ihnen im Innenverhältnis kraft Vereinbarung oder kraft
Gesetzes (z. B. nach § 448 BGB) die Kosten zu tragen hat[39]. Umgekehrt wird jemand nicht
allein dadurch zum Kostenschuldner des Notars, dass er im Innenverhältnis gegenüber dem
Urkundsbeteiligten zur Kostentragung verpflichtet ist. So begründet § 448 BGB keine Kostenhaftung gegenüber dem Notar[40].

Bei der Beurkundung von Erklärungen eines gesetzlichen oder rechtsgeschäftlich bestell-   **22**
ten **Vertreters** ist Kostenschuldner der Vertretene[41]. Vertreter ist auch der Makler, der dem
Notar einen Entwurfs- bzw. Beurkundungsauftrag einer Vertragspartei übermittelt. Fehlt
die Vertretungsmacht, ist nach dem Rechtsgedanken des § 179 BGB der Vertreter selbst Kostenschuldner[42].

b) Übernahmeschuldner

Von der nur internen Kostenvereinbarung zu unterscheiden ist die **Kostenübernahme** (§ 3   **23**
Nr. 2 KostO). Sie begründet einen eigenständigen Kostenanspruch des Notars gegen den
Übernehmer. Die Kostenübernahme ist eine Verfahrenshandlung. Sie erfolgt durch einseitige, formlose und unwiderrufliche Erklärung gegenüber dem Notar[43]. Maßgeblich ist, ob die
Erklärung bei verständiger Auslegung aus der Sicht des Notars den Übernahmewillen ver-
deutlicht[44]. Die Wirksamkeit der Übernahme hängt nicht davon ab, dass der Vertrag, in dem
die Erklärung abgegeben wird, wirksam zustande kommt[45].

---

35 BayObLG DNotZ 1974, 118; OLG Oldenburg DNotZ 1980, 437.
36 BayObLG DNotZ 1989, 707; OLG Schleswig-Holstein, DNotZ 1994, 721; KG DNotZ 1984, 446;
    OLG Oldenburg DNotZ 1980, 437. Kritisch dazu: *Lappe*, NJW 1995, 1191, 1197.
37 *Lappe*, NJW 1997, 1537, 1542. Siehe auch unten Rz. 22.
38 KG DNotZ 1984, 446.
39 OLG Frankfurt DNotZ 1970, 442.
40 BayObLG MittBayNot 1994, 467.
41 *Korintenberg/Lappe*, KostO, § 2 Rz. 29.
42 *Korintenberg/Lappe*, § 2 Rz. 28.
43 *Hartmann*, Kostengesetze, § 3 KostO Rz. 4.
44 BayObLG DNotZ 1985, 563.
45 OLG Köln DNotZ 1974, 101.

c) Haftung für fremde Kostenschuld

24 Als Kostenschuldner kommt ferner in Betracht, wer nach den Vorschriften des bürgerlichen Rechts für die Kostenschuld eines anderen **kraft Gesetzes haftet** (§ 3 Nr. 3 KostO). Das ist etwa beim Erben und dem Erbschaftskäufer (§§ 1967, 2382 BGB) der Fall. Keine Kostenschuld im Sinne des § 3 Nr. 3 KostO begründet hingegen die gesetzlich nicht geregelte Durchgriffshaftung, etwa des GmbH-Geschäftsführers[46].

d) Gesamtschuld

25 Mehrere Kostenschuldner sind grundsätzlich **Gesamtschuldner** (§ 5 KostO). Auch eine ausdrückliche Kostenübernahme durch einen von mehreren Schuldnern ändert nichts an der gesamtschuldnerischen Haftung der übrigen gesetzlichen Kostenschuldner; diese kann nicht durch Vereinbarung der Beteiligten untereinander oder mit dem Notar ausgeschlossen werden[47]. Die Kostenübernahme kann daher nur zu einer Freistellungs- oder Ausgleichspflicht im Innenverhältnis führen[48].

26 Die Kostenordnung kennt, anders als etwa § 31 Abs. 2 GKG, keine bloße **Zweitschuldnerhaftung**[49]. Der Notar darf daher grundsätzlich jeden der mehreren Kostenschuldner ganz oder teilweise in Anspruch nehmen. Das gilt auch, wenn einer von ihnen die Kosten im Innenverhältnis übernommen und der Notar es unterlassen hat, von diesem einen Kostenvorschuss anzufordern[50]. Indes muss der Notar wegen des öffentlich-rechtlichen Charakters des Kostenanspruchs bei der Auswahl des Kostenschuldners nach pflichtgemäßem Ermessen handeln; es tritt an die Stelle des freien Beliebens nach § 421 Satz 1 BGB[51]. Das Ermessen ist (nur) durch das Willkürverbot und das Verbot offenbarer Unbilligkeit begrenzt[52].

Bei unterschiedlicher Beteiligung beschränkt sich die Haftung nach Maßgabe des § 5 Abs. 1 Satz 2 KostO.

6. Fälligkeit des Kostenanspruchs, Schuldnerverzug

a) Eintritt der Fälligkeit

27 Die **Fälligkeit** des Kostenanspruchs bestimmt sich nach §§ 141, 7 KostO[53]. Danach werden Gebühren mit der Beendigung des gebührenpflichtigen Geschäfts, Auslagen sofort nach ihrer Entstehung fällig. Fällig werden danach[54].
- die **Beurkundungsgebühren** mit der Unterzeichnung der Niederschrift durch den Notar (§ 13 Abs. 3 BeurkG), auch wenn noch eine Ausfertigung zu erteilen ist oder noch gebührenfreie Nebengeschäfte oder gebührenpflichtige Betreuungsgeschäfte zu erledigen sind[55],
- die Gebühr für eine **erfolglose Verhandlung** (§ 57 KostO), sobald feststeht, dass die Beurkundung nicht mehr vorgenommen wird[56],

---

46 KG NJW-RR 1998, 211.
47 Siehe unten Rz. 49.
48 OLG Köln DNotZ 1978, 121; KG DNotZ 1980, 429.
49 BGH DNotZ 1982, 238.
50 OLG Frankfurt OLG-Report Frankfurt 1998, 282.
51 Vgl. *Lappe*, NJW 1995, 1191, 1196, re. Sp. Zur Ermessensbindung bei öffentlich-rechtlicher Gesamtschuld: BVerwG NJW 1993, 1667, 1669; *Palandt/Heinrichs*, BGB, § 421 Rz. 14.
52 BVerwG NJW 1993, 1667.
53 *Korintenberg/Lappe*, § 7 Rz. 16.
54 Vgl. im Einzelnen: *Korintenberg/Lappe*, § 7 Rz. 5, 16.
55 OLG Hamm DNotZ 1980, 238 m. w. N.
56 OLG Celle DNotZ 1968, 509.

– die **Entwurfsgebühr** nach § 145 Abs. 1 und 2 KostO mit der Anfertigung des Entwurfs[57], die Gebühr nach § 145 Abs. 3 KostO mit der Zurücknahme oder der sonstigen Erledigung des Beurkundungsauftrags[58],
– die **Vollzugsgebühr** (§ 146) mit der letzten Vollzugshandlung des Notars, nicht erst mit dem behördlichen Vollzug wie etwa der Grundbucheintragung,
– die Gebühr des **§ 147 KostO** mit der Beendigung des einzelnen Betreuungsgeschäfts,
– die **Hebegebühr** (§ 149 KostO) mit der einzelnen Zahlung.
Bei mehreren zusammenhängenden Geschäften werden die Gebühren **einzeln** fällig.

b) Bedeutung der Fälligkeit

Die genaue Feststellung des Fälligkeitszeitpunktes ist für die Ermittlung des **Geschäftswertes** wichtig; denn für die Gebührenerhebung ist der Wert des Geschäftsgegenstandes zur Zeit der Fälligkeit maßgeblich (§ 18 Abs. 1 KostO). **28**

c) Notarielles Zurückbehaltungsrecht

Dem Notar steht wegen seiner Kostenforderungen nach Maßgabe des § 10 KostO ein **Zurückbehaltungsrecht** an Abschriften, Ausfertigungen und zurückzugebenden Urkunden, die aus Anlass des Geschäfts eingereicht sind, zu, bis die in der Angelegenheit erwachsenen Kosten bezahlt sind (§ 141 KostO). **29**

Ob er befugt ist, in Ausübung seines Zurückbehaltungsrechts den ihm obliegenden Urkundvollzug zu verweigern, ist gesetzlich nicht geregelt und umstritten[59]. Da einerseits die Einreichungspflicht nicht im öffentlichen Interesse, sondern im Interesse der Beteiligten besteht und deren Disposition unterliegt, andererseits die Beteiligten die Ausübung des Zurückbehaltungsrechts jederzeit durch Zahlung der dem Notar zustehenden Kosten vermeiden können, gebührt dem Kosteninteresse des Notars Vorrang vor dem Vollzugsinteresse der Beteiligten. Der Notar ist daher grundsätzlich befugt, in Ausübung seines Zurückbehaltungsrechts auch den Urkundvollzug zu verweigern. Einen bereits eingereichten, aber noch nicht vollzugsreifen Grundbuchantrag darf er zurücknehmen[60]. Ausgenommen sind die Fälle des § 10 Abs. 2 KostO, in denen das Kosteninteresse des Notars zurückzutreten hat. **30**

Das Zurückbehaltungsrecht darf nicht gegenüber **Dritten** mit dem Ziel eingesetzt werden, sie zu einer von ihnen intern geschuldeten Kostenerstattung an den Kostenschuldner zu veranlassen[61]. **31**

d) Verzug des Kostenschuldners

Ob die verspätete Begleichung der Notarkosten durch den Kostenschuldner einen Anspruch des Notars auf **Verzugszinsen** und Ersatz des **Verzugsschadens** begründet, war früher umstritten[62]. Nunmehr bestimmt § 154a KostO[63] dass der Zahlungspflichtige die Kosten zu verzinsen hat, wenn ihm eine vollstreckbare Ausfertigung der Kostenberechnung (§ 154) zu- **32**

---

57 OLG Frankfurt MittRhNotK 1998, 142.
58 KG DNotZ 1962, 428, 431.
59 Verneinend: OLG Düsseldorf DNotZ 1999, 659 = ZNotP 1999, 374 m. abl. Anm. *Tiedke*; LG Magdeburg NotBZ 2002, 344 m. abl. Anm. *Otto*; ihm folgend OLG Naumburg NotBZ 2003, 241 m. abl. Anm. *Lappe*. Bejahend: *Korintenberg/Lappe*, § 10 Rz. 21; *Assenmacher/Mathias*, KostO, Stichwort »Zurückbehaltungsrecht«; *Notarkasse A. d. ö. R.* (Hrsg.), Streifzug durch die Kostenordnung, Stichwort »Zurückbehaltungsrecht«; *Huhn/von Schuckmann/Preuß*, BeurkG, § 53 Rz. 13; *Eylmann/Vaasen/Limmer*, § 53 BeurkG Rz. 16; *Bengel*, DNotZ 1999, 772; *Tiedke*, ZNotP 1999, 374; *Bengel/Tiedtke*, DNotZ 2004, 258, 287; *Schwarz*, MittBayNot 2004, 157.
60 OLG Dresden NotBZ 2005, 111; *Bengel/Tiedtke*, DNotZ 2006, 438, 442. Die in der *Vorauflage* (§ 17 Rz. 29) vertretene gegenteilige Auffassung wird aufgegeben.
61 Näher dazu: DNotI-Report 1997, 209.
62 Nachweise: BGHZ 108, 268, 269.
63 I. d. F. des Gesetzes zur Modernisierung des Kostenrechts – KostRMoG – v. 05.05.2004 (BGBl. I S. 718).

gestellt wird, die Angaben über die Höhe der zu verzinsenden Forderung, den Verzinsungsbeginn und den Zinssatz enthält. Die Verzinsung beginnt einen Monat nach der Zustellung. Der Zinssatz beträgt für das Jahr fünf Prozentpunkte über dem Basiszinssatz nach § 247 BGB. Es handelt sich um einen verzugsunabhängigen gesetzlichen Zinsanspruch. Weitergehende Ansprüche des Notars wegen Zahlungsverzugs des Kostenschuldners sind damit ausgeschlossen[64]. Die Pflicht zur Gebührenerhebung (§ 17 Abs. 1 Satz 1) erstreckt sich über den Wortlaut der Vorschrift hinaus auch auf angefallene Zinsen[65].

7. Verjährung des Kostenanspruchs

33 Während sich die Verjährung notarieller Kostenforderungen bis zum 31.12.2001 grundsätzlich nach den Vorschriften des bürgerlichen Rechts richtete[66], sind jetzt kraft Verweisung in § 141 KostO die Verjährungsvorschriften des § 17 KostO maßgeblich. (Von der Verweisung ausgenommen ist lediglich die Verzinsungsvorschrift des § 17 Abs. 4 KostO[67]). Das Verjährungsrecht des BGB gilt daher nur noch ergänzend. Daraus folgt:

a) Regelmäßige Verjährung

34 Die **regelmäßige Verjährungsfrist** beträgt vier Jahre (§ 17 Abs. 1 Satz 1 KostO). Sie beginnt mit dem Ende des Jahres, in dem der Anspruch fällig geworden ist (§ 17 Abs. 1 Satz 2 KostO)[68].

b) Neubeginn der Verjährung

35 An die Stelle der früheren Verjährungsunterbrechung (§§ 208 ff. BGB a. F.) ist der **Neubeginn** der Verjährung getreten (§ 212 BGB). Er entspricht in seinen Wirkungen der Unterbrechung.

aa) Stundung

36 Abweichend von § 205 BGB führt eine dem Kostenschuldner mitgeteilte **Stundung** nicht zur Hemmung, sondern zum Neubeginn der Verjährung (§§ 143 Abs. 1, 17 Abs. 3 Satz 2 KostO). Voraussetzung dafür ist die Erteilung einer ordnungsgemäßen, dem Zitiergebot genügenden Kostenrechnung[69].

bb) Zahlungsaufforderung

37 Ferner beginnt die Verjährung durch die notarielle **Zahlungsaufforderung**[70] neu (§§ 143 Abs. 1, 17 Abs. 3 Satz 2 KostO). Auch dies gilt nur für eine dem § 154 KostO entsprechende, ordnungsgemäße Kostenberechnung[71]. Der Neubeginn tritt nicht ein, wenn die Unterschrift des Notars unter der Kostenberechnung fehlt oder diese sonstige formale Mängel aufweist, z. B. gegen das Zitiergebot verstößt[72].

---

64 Ebenso *Otto/Wudy*, NotBZ 2004, 215, 219. Unklar insoweit *Tiedtke/Fembacher*, ZNotP 2004, 256, 258.
65 *Heinze*, NotBZ 2007, 119, 127.
66 Zum früheren Rechtszustand vgl. *Vorauflage* § 17 Rz. 31.
67 § 143 KostO I. d. F. des Art. 5 Abs. 7 des Gesetzes zur Modernisierung des Schuldrechts v. 26.11.2001 (BGBl. I S. 3138).
68 Zum Erfordernis der Fälligkeit: BGHZ 113, 188, 193.
69 BGHZ 164, 355, 358 = DNotZ 2006, 223, 225 = ZNotP 2006, 197, 198 m. Anm. *Tiedtke*; BayObLG MittBayNot 2004, 298.
70 Zum Begriff der Zahlungsaufforderung siehe unten Rz. 80.
71 BGH DNotZ 2006, 223; OLG Hamm DNotZ 1990, 318; OLG Schleswig DNotZ 1996, 474; OLG Düsseldorf RNotZ 2001, 174, 176.
72 Siehe unten Rz. 81.

cc) Gerichtliche Entscheidung nach § 156 KostO

Nach früherer Auffassung wurde die Verjährung in Anlehnung an § 209 BGB a. F. auch dadurch unterbrochen, dass der Notar oder der Kostenschuldner die **gerichtliche Entscheidung** nach § 156 KostO beantragte[73]. Demgegenüber wird die Verjährung aufgrund der jetzt geltenden Verweisung des § 17 Abs. 3 Satz 1 auf § 204 Abs. 1 BGB gehemmt, wenn der Kostenschuldner oder der Notar die gerichtliche Prüfung der Kostenberechnung nach § 156 KostO beantragt[74]. **38**

dd) Kleinbeträge

Bei **Kleinbeträgen** unter 25 Euro beginnt die Verjährung weder erneut noch wird sie oder ihr Ablauf gehemmt (§ 17 Abs. 3 Satz 3 KostO). **39**

c) 30jährige Verjährung

Inwieweit die **dreißigjährige Verjährung** nach § 197 Abs. 1 Nr. 3 BGB für notarielle Kostenforderungen gilt, ist differenziert zu beurteilen: **40**

aa) Rechtskraftfähiger Schuldtitel

Grundsätzlich ist die Vorschrift auf notarielle Kostenforderungen anwendbar, da die vollstreckbare Ausfertigung der notariellen Kostenberechnung einen der Rechtskraft fähigen Schuldtitel darstellt[75]. Der öffentlich-rechtliche Charakter des Kostenanspruchs hindert die Anwendung der entsprechenden bürgerlich-rechtlichen Verjährungsvorschrift nicht[76]. **41**

bb) Rechtskräftige Entscheidung

Die Kostenforderung verjährt in dreißig Jahren, wenn die Kostenberechnung des Notars im Beschwerdeverfahren nach § 156 KostO durch **rechtskräftige Entscheidung** bestätigt oder durch eine anderweitige Kostenberechnung ersetzt wird[77]. Die Entscheidung beinhaltet eine rechtskräftige Feststellung im Sinne des § 197 Abs. 1 Nr. 3 KostO. **42**

cc) Vollstreckbare Ausfertigung

Dagegen wird die Verjährungsfrist nicht schon durch die Erteilung einer **vollstreckbaren Ausfertigung** der Kostenberechnung auf dreißig Jahre verlängert[78]. Das gilt auch, wenn die vollstreckbare Ausfertigung nach § 156 Abs. 3 Satz 1 KostO **unanfechtbar** geworden ist[79]. Denn der Einwendungsausschluss nach § 156 Abs. 3 KostO kann nicht mit einer rechtskräftigen Feststellung im Sinne des 197 Abs. 1 Nr. 3 BGB gleichgestellt werden[80]. Zur Begründung der Gegenmeinung wird teilweise angeführt, die unanfechtbare Kostenberechnung ste- **43**

---

73 BayObLG DNotZ 1992, 747 m. w. N.; KG DNotZ 1995, 788, 790; OLG Düsseldorf DNotZ 1978, 316; OLG Zweibrücken JurBüro 1989, 663; *Korintenberg/Bengel*, § 143 Rz. 7; a. A. für den Fall, dass der **Kostenschuldner** die gerichtliche Überprüfung beantragt: OLG Hamm DNotZ 1980, 238, 243; DNotZ 1990, 318, 320; OLG Schleswig DNotZ 1996, 474, 475; *Lappe*, NJW 1997, 1537, 1541.
74 *Korintenberg/Bengel/Tiedtke*, § 143 Rz. 7e; *Heinze*, NotBZ 2007, 119, 127 (Abweichung von *Vorauflage*, § 17 Rz. 36).
75 Siehe unten Rz. 87.
76 A. A. KG DNotZ 1991, 408.
77 OLG Schleswig DNotZ 1983, 578, 580; *Korintenberg/Bengel*, § 156 Rz. 18; *Schippel/Bracker/Schäfer*, § 17 Rz. 23a.
78 BGH DNotZ 2005, 68 = ZNotP 2004, 492 m. Anm. *Tiedtke* m. w. N. zur divergierenden Rspr. der Instanzgerichte; KG MittBayNot 2004, 300.
79 OLG Zweibrücken MittBayNot 1981, 208; OLG Schleswig JurBüro 1983, 1085; OLG Oldenburg DNotZ 1990, 330; OLG München DNotZ 1992, 114 m. Anm. *Lappe*.
80 BGH DNotZ 2005, 68.

he einem unanfechtbar gewordenen Verwaltungsakt zur Durchsetzung von Ansprüchen eines öffentlich-rechtlichen Rechtsträgers im Sinne des § 53 Abs. 2 VwVfG gleich[81]. Diese Auffassung übersieht, dass das Verwaltungsverfahrensgesetz nur subsidiär gilt (§ 1 Abs. 1 VwVfG). Da die Kostenordnung den notariellen Kostenanspruch in eine systematisch eigenständige, die Gerichtskosten mit umfassende Regelung eingebunden hat, ist für eine unmittelbare oder analoge Geltung von Vorschriften des Verwaltungsverfahrensgesetzes kein Raum[82].

8. Belehrung über die Kostenpflicht

44 Über die Kosten eines Amtsgeschäfts und dessen Vollzugs braucht der Notar die Beteiligten grundsätzlich nicht ungefragt zu belehren, da die Höhe der notariellen und gerichtlichen Gebühren gesetzlich festgelegt ist und der Notar diese zu erheben hat[83]. Wegen der Einzelheiten der Belehrungspflicht wird auf die Erläuterungen zu § 14 verwiesen[84].

9. Wahl des kostengünstigsten Weges

a) Vermeidung unnötiger Kosten

45 Im Interesse der Beteiligten muss der Notar bei seiner Amtstätigkeit die Entstehung **unnötiger Kosten** vermeiden. Das bedeutet jedoch entgegen einem verbreiteten Schlagwort nicht, dass er stets den *billigsten Weg* zu wählen habe. Kommen bei einem Amtsgeschäft mehrere Gestaltungsmöglichkeiten in Betracht, muss der Notar vorrangig den **sichersten Weg** wählen[85], d. h. denjenigen, der dem Willen der Beteiligten den gewollten rechtlichen Erfolg sichert[86]. Mehrkosten, die durch die Wahl des sichereren Weges entstehen, darf der Notar nach pflichtgemäßem Ermessen in Kauf nehmen[87]; ihm obliegt insoweit im Regelfall keine Belehrungspflicht gegenüber den Beteiligten[88]. Nur wenn sich mehrere gleich sichere Wege anbieten, muss er den **billigsten** wählen.

46 Bei begründeten Zweifeln, ob ein Rechtsgeschäft der notariellen Beurkundung bedarf oder privatschriftlich wirksam vorgenommen werden kann, darf sich der Notar für den Weg der Beurkundung entscheiden; allerdings sollte er die Beteiligten entsprechend belehren. Sicherer und zuverlässiger ist es ferner, wenn der Notar den Vollzug eines von ihm beurkundeten Rechtsgeschäfts übernimmt, das Negativattest nach § 28 Abs. 1 Satz 3 BauGB und etwa erforderliche Genehmigungen einholt oder einen Grundbuchberichtigungsantrag stellt[89].

b) Getrennte Beurkundung

47 Zur Vermeidung unnötiger Kosten muss der Notar **mehrere Geschäfte**, die dieselben Beteiligten beurkunden lassen, grundsätzlich in *einer* Urkunde vereinigen, wenn zwischen den Geschäften ein innerer Zusammenhang besteht. Indes darf er mehrere innerlich zusammenhängende Geschäfte in getrennte Urkunden aufnehmen, wenn damit zu rechnen ist, dass durch die Aufspaltung die Erledigung aller Geschäfte oder auch nur eines von ihnen be-

---

81 OLG Oldenburg DNotZ 1990, 330; *Lappe* in DNotZ 1992, 116; *ders.* in KostRspr., KostO § 156 Nr. 169.
82 BGH DNotZ 2005, 68, 70; KG DNotZ 1991, 408; OLG Hamm Rpfleger 1992, 4551.
83 BayObLG DNotZ 1989, 707; *Winkler*, BeurkG, § 17 Rz. 268 m. w. N.
84 Dort Rz. 169.
85 BGHZ 27, 274, 276; BGH DNotZ 1983, 450; WM 1992, 1662, 1665.
86 *Reithmann/Albrecht*, Handbuch der notariellen Vertragsgestaltung, Rz. 242; *Kersten/Bühling/Zimmermann*, Formularbuch und Praxis der Freiwilligen Gerichtsbarkeit, § 8 Rz. 106.
87 BGH DNotZ 1962, 263; OLG Frankfurt DNotZ 1978, 748.
88 *Haug*, Die Amtshaftung des Notars, Rz. 572.
89 *Haug*, Rz. 573 m. w. N.

schleunigt oder erleichtert wird. Bei Fehlen eines inneren Zusammenhangs soll er die Geschäfte getrennt beurkunden[90].

Umstritten ist, ob bei einer Grundstücksveräußerung **Auflassung** und schuldrechtliches Geschäft im Kosteninteresse in *einer* Urkunde zusammenzufassen sind, wie § 44 Abs. 1 Satz 1 KostO als Möglichkeit vorsieht. Grundsätzlich ist davon auszugehen, dass die sog. beurkundungsrechtliche Lösung den Veräußerer nicht absolut, aber doch hinreichend schützt[91]. Hierbei wird die Auflassung mitbeurkundet, der Notar aber angewiesen, vor Eintritt bestimmter Bedingungen, insbesondere vollständiger Zahlung des Kaufpreises, keine Eintragungsunterlagen beim Grundbuchamt einzureichen, keinen Umschreibungsantrag zu stellen und keine die Auflassung enthaltende Ausfertigung oder beglaubigte Abschrift der Vertragsurkunde zu erteilen. Jedoch stellt es in der Regel keine Pflichtverletzung und keine unrichtige Sachbehandlung dar, wenn sich der Notar für die sog. materiellrechtliche Lösung entscheidet[92]. Diese ist dadurch gekennzeichnet, dass zunächst nur das schuldrechtliche Geschäft beurkundet und der dingliche Vollzug einer späteren Beurkundung vorbehalten bleibt[93]. Sie bietet dem Veräußerer den stärksten Schutz vor der Gefahr, das Eigentum an der Immobilie zu verlieren, bevor der Kaufpreis voll gezahlt ist[94]. **48**

10. Verbindlichkeit der Kostenvorschriften

a) Unwirksamkeit von Kostenvereinbarungen

Wegen ihres öffentlich-rechtlichen Charakters sind die Kosten des Notars nach § 140 Satz 2 KostO jeglicher **Vereinbarung** entzogen, die sich auf ihre Höhe auswirkt. Die Vorschrift statuiert nicht nur eine Amtspflicht des Notars, von derartigen Kostenvereinbarungen abzusehen, sondern begründet unmittelbar deren Unwirksamkeit. Kostenvereinbarungen befreien den Kostenschuldner mithin nicht von der Pflicht zur Kostenzahlung und den Notar nicht von der Pflicht zur Erhebung der gesetzlich vorgeschriebenen Kosten. **49**

aa) Bedeutung der Vorschrift

§ 140 Satz 2 KostO gilt für **Vereinbarungen aller Art**, soweit sie sich auf die Höhe der Kosten des Notars (Gebühren, Auslagen, Umsatzsteuer) auswirken. Unwirksam sind danach Vereinbarungen **50**
– über den Anfall von Kosten,
– über deren Fälligkeit,
– über den Geschäftswert[95],
– über den Gebührensatz sowie
– über die Höhe von Gebühren und Auslagen.

Der Notar kann daher weder Kostenverzicht[96], Kostenerlass oder – außerhalb des Anwendungsbereichs des § 17 Abs. 2 BNotO – Kostenstundung noch die Ermäßigung oder Erhöhung seiner Kosten vereinbaren. Ebenso wenig kann eine gesamtschuldnerische Haftung für die Kosten durch Vereinbarung mit dem Notar ausgeschlossen werden[97].

90 *Kersten/Bühling/Zimmermann*, § 8 Rz. 107.
91 Einzelheiten dazu mit umfangreichen Nachweisen: *Bund*, JurBüro 2006, 510; vgl. ferner OLG Frankfurt DNotZ 1990, 672; OLG Düsseldorf DNotZ 1990, 674 m. krit. Anm. *Schmitz-Valckenberg*; OLG Düsseldorf DNotZ 1996, 324; OLG Köln NJW-RR 1997, 1222 = MittRhNotK 1997, 328 mit abl. Anm. *Recker*; OLG Schleswig SchlHA 1997, 191; OLG Hamm FGPrax 1998, 154; *Kanzleiter*, DNotZ 1996, 242; ders., DNotZ 1998, 954.
92 OLG Hamm FGPrax 1998, 154, 155; BayObLG MittBayNot 2000, 575 m. Anm. *Tiedtke; Kanzleiter*, DNotZ 2004, 199; a. A. OLG Celle DNotZ 2004, 196.
93 KG DNotZ 1976, 434, 437.
94 OLG Hamm FGPrax 1998, 154, 155; BayObLG MittBayNot 2000, 575, 576 m. Anm. *Tiedtke*.
95 BGH DNotZ 1988, 448.
96 BGH DNotZ 1986, 758.
97 BGH DNotZ 1982, 238; OLG Frankfurt DNotZ 1970, 442.

51 Unwirksam ist im Bereich des Anwaltsnotariats auch eine Vereinbarung, wonach eine notarielle Amtstätigkeit kostenrechtlich als **Anwaltstätigkeit** behandelt werden soll[98]. Vereinbart ein Anwaltsnotar mit seinem Auftraggeber ein **Gesamthonorar**, das sowohl seine anwaltliche als auch seine notarielle Tätigkeit abgelten soll, so ist die Vereinbarung unwirksam, soweit sie die Höhe der in ihr geregelten Notarkosten nicht nachvollziehbar gesondert ausweist[99].

52 Um schon den Anschein einer unzulässigen Kostenvereinbarung zu vermeiden, sollte der Notar bei **Auskünften** über die voraussichtliche Höhe der für eine bestimmte Amtshandlung zu erwartenden Kosten klarstellen, dass die Kosten gesetzlich bestimmt sind und nicht seiner Disposition unterliegen[100].

bb) Außergerichtlicher Vergleich

53 Eine unwirksame Kostenvereinbarung stellt es auch dar, wenn der Notar sich mit seinem Kostenschuldner über die Kosten einer Amtshandlung **außergerichtlich vergleicht** (§ 779 BGB); denn § 140 Satz 2 KostO unterscheidet nicht danach, zu welchem Zweck die Vereinbarung getroffen wird[101].

cc) Gerichtlicher Vergleich

54 Dagegen lässt die Rechtsprechung im gerichtlichen Verfahren über die Höhe der dem Notar zustehenden Kosten einen **Prozessvergleich** zu, wenn der Vergleich *»unter qualifizierter Mitwirkung des Gerichts«* zustande kommt[102]. Dem ist grundsätzlich zuzustimmen; denn das Gesetz ermöglicht auch in anderen Fällen (§ 55 VwVfG, § 54 Abs. 1 SGB X, § 106 VwGO, § 101 FGO) einen Vergleich über öffentlich-rechtliche Gegenstände[103].

55 (1) **Voraussetzung** für die Wirksamkeit eines Prozessvergleichs über Notarkosten ist, dass bei verständiger Würdigung des Sachverhalts oder der Rechtslage Ungewissheit über Grund oder Höhe der notariellen Kostenforderung besteht[104]. Die bloße Tatsache, dass der Kostenschuldner den Kostenanspruch bestreitet, ohne dass dieser in tatsächlicher oder rechtlicher Hinsicht ungewiss ist, rechtfertigt nicht den Abschluss eines Vergleichs, da sonst § 140 Satz 2 KostO umgangen werden könnte. Ein unzweifelhaft bestehender Kostenanspruch kann daher nicht vergleichsweise erlassen, gestundet oder in der Höhe verändert werden.

56 (2) Das Gericht darf sich ferner nicht darauf beschränken, den Vergleich zu protokollieren, sondern es muss **maßgeblichen Einfluss** auf dessen Inhalt nehmen. Dazu gehört, dass es die streitige Kostenberechnung – wenn auch ohne abschließende Würdigung – überprüft und den Beteiligten seine – gegebenenfalls vorläufige – Auffassung unterbreitet[105]. Eine solche *qualifizierte* Mitwirkung des Gerichts kommt namentlich in Betracht, wenn im Verfahren nach § 156 KostO über die Berechtigung der notariellen Kostenforderung gestritten wird oder der Kostenschuldner vor dem Prozessgericht Schadensersatz (§ 19 BNotO) verlangt und geltend macht, die Kostenforderung sei wegen unrichtiger Sachbehandlung (§§ 143 Abs. 1, 16 Abs. 1 KostO) ganz oder teilweise nicht entstanden oder durch Aufrechnung mit einem Gegenanspruch erloschen[106].

57 (3) Bei der Festlegung des **Vergleichsinhalts** müssen sich die Parteien an die gesetzlichen Kostenvorschriften halten. So können sie im Rahmen der Bewertungsvorschriften (§§ 18 ff. KostO) einen bestimmten Geschäftswert vereinbaren, wenn dieser sonst ermittelt werden müsste (z. B. vergleichsweise Einigung über den Grundstückswert gemäß § 19 KostO);

---

98 OLG Hamm DNotZ 1956, 154.
99 BGH DNotZ 1986, 758; OLG Hamm JurBüro 1993, 305, 307.
100 Zur Auskunft über Kostenfragen siehe auch § 14 Rz. 169.
101 BGH DNotZ 1988, 448.
102 BGH DNotZ 1988, 448; weitergehend: *Lappe* in NJW 1986, 2550, 2559.
103 BGH DNotZ 1988, 448; *Lappe* in NJW 1986, 2550, 2559.
104 In Anlehnung an § 55 VwVfG und § 54 SGB X.
105 Vgl. BGH DNotZ 1988, 448.
106 Siehe unten Rz. 107 f.

ebenso können sie den Gebührenansatz aushandeln, wenn etwa Ungewissheit darüber besteht, ob eine bestimmte Gebühr angefallen ist oder ob sie wegen falscher Sachbehandlung oder im Wege des Schadensersatzes entfällt[107]; ferner kann die Höhe von Rahmengebühren (§ 34 KostO) vereinbart werden. Dagegen ist eine Vergleichsregelung unwirksam, durch die andere als die gesetzlichen Gebührensätze festgelegt werden (z. B. einfache statt doppelte Gebühr für eine Beurkundung [§ 36 Abs. 2 KostO]) oder die gesetzliche Gebührenhöhe (§ 32 KostO) verändert wird.

b) Pflicht zur Kostenerhebung

§ 140 Satz 2 KostO hindert nicht, dass der Notar ohne zugrunde liegende Vereinbarung *tatsächlich* von der Erhebung seiner Gebühren und Auslagen absieht. Dem steht § 17 Abs. 1 BNotO entgegen. Satz 1 der Vorschrift begründet die **Pflicht zur Gebührenerhebung**. Satz 2 verbietet grundsätzlich **Gebührenerlass**, **Gebührenermäßigung** und **Gebührenteilung**. Zweck der Vorschrift ist es, die Unabhängigkeit und Unbefangenheit der Notare zu sichern und einen mit ihrer Stellung als Organ der vorsorgenden Rechtspflege nicht zu vereinbarenden Wettbewerb untereinander oder mit Angehörigen anderer rechtsberatender Berufe zu verhindern. Im Interesse einer geordneten Amtstätigkeit sollen die Notare nicht mit gebührenmäßigen Vorteilen und Zusagen für sich werben dürfen; sie sollen als Amtspersonen unabhängig davon in Anspruch genommen werden können, welche Gebühren sie für ihre Tätigkeit erheben[108].

58

aa) Frist

Die Pflicht zur Gebührenerhebung impliziert, dass der Notar fällige Kosten in **angemessener Frist** einzufordern und sie bei Nichtzahlung im Regelfall beizutreiben hat[109].

59

bb) Gesetzliche Ausnahmen

Abs. 1 Satz 2 steht unter dem Vorbehalt **gesetzlicher Vorschriften** über die Gebührenbefreiung, Gebührenermäßigung und die Nichterhebung von Kosten wegen unrichtiger Sachbehandlung. Es handelt sich um eine sog. dynamische Verweisung auf die *jeweils* geltenden bundes- und landesrechtlichen Befreiungs- bzw. Ermäßigungsvorschriften.

60

(1) Die allgemeinen **Befreiungstatbestände** der §§ 11 und 13 KostO sowie sonstige bundes- oder landesrechtliche Vorschriften außerhalb der KostO, die Gebühren- oder Auslagenbefreiung gewähren, finden auf Gebührennotare keine Anwendung (§ 143 Abs. 1, Abs. 2 Satz 1 KostO). Eine Gebührenbefreiung kommt daher nach geltendem Recht nur in wenigen Fällen in Betracht (§ 55a KostO, § 64 Abs. 2 Satz 3 Nr. 2 SGB X).

61

(2) **Gebührenermäßigungen** sind teils aus persönlichen (§ 144 KostO), teils aus sachlichen Gründen (§ 144a KostO) zu gewähren. Wegen der Einzelheiten wird auf die einschlägigen Kommentare zur KostO verwiesen.

62

(3) § 16 Abs. 1 KostO verbietet, durch **unrichtige Sachbehandlung** entstandene Kosten zu erheben. Der Begriff der unrichtigen Sachbehandlung deckt sich nicht mit dem der Amtspflichtverletzung nach § 19 BNotO. Eine unrichtige Sachbehandlung im Sinne des § 16 KostO liegt nur bei einem *offensichtlichen* Versehen oder bei einem *offen* zutage tretenden Verstoß gegen *eindeutige* gesetzliche Normen vor[110]. Wann das der Fall ist, hängt von den Umständen des Einzelfalles ab[111]. Verschulden des Notars ist nicht erforderlich; ebenso we-

63

---

107 BGH DNotZ 1988, 448.
108 BGH DNotZ 1988, 448.
109 Abschn. VI Nr. 3.1 der Richtlinienempfehlungen der *Bundesnotarkammer*.
110 BGH NJW 1962, 2107; BayObLG MittBayNot 2000, 575; OLG Hamm FGPrax 1998, 154; *Korintenberg/Bengel*, § 16 Rz. 3. Weitergehend: OLG Köln NJW-RR 1997, 1222 = MittRhNotK 1997, 328 m. Anm. *Recker*.
111 Beispiele: *Korintenberg/Bengel*, § 16 Rz. 29 ff.

nig kommt es darauf an, ob der Betroffene Schaden erlitten hat[112]. Der Kostenschuldner ist allerdings nicht gehindert, wegen derselben Tatsachen, aus denen sich die unrichtige Sachbehandlung ergibt, Schadensersatz wegen Amtspflichtverletzung von dem Notar zu verlangen[113]; er muss dann aber den objektiven und subjektiven Tatbestand des § 19 BNotO darlegen und gegebenenfalls beweisen.

64 Außer Ansatz bleiben nur diejenigen Kosten, die durch die unrichtige Sachbehandlung **verursacht** worden sind. Dabei ist zu prüfen, wie der Kostenschuldner gestellt wäre, wenn der Notar nicht fehlerhaft gehandelt hätte. Liegt der Verstoß des Notars beispielsweise darin, dass er einem Mitwirkungsverbot nach § 3 BeurkG zuwidergehandelt hat, wird in der Regel davon auszugehen sein, dass die Beurkundung mit gleichem Kostenaufwand bei einem anderen Notar vorgenommen worden wäre; ein Fall des § 16 KostO liegt dann nicht vor[114]. Lassen sich die Beteiligten allerdings wegen des Verstoßes gegen § 3 BeurkG anwaltlich oder durch einen anderen Notar beraten oder lassen sie eine Neubeurkundung durch einen anderen Notar vornehmen, können die dadurch entstehenden Kosten nach § 19 von dem erstbeurkundenden Notar zu ersetzen sein[115].

65 Die durch unrichtige Sachbehandlung verursachten Kosten bleiben gänzlich außer Ansatz. Eine **Kürzung** des Gebührenanspruchs wegen pflichtwidrigen Verhaltens des Notars – etwa analog den bürgerlich-rechtlichen Gewährleistungsansprüchen – sieht das Gesetz nicht vor[116].

cc) Sittliche Pflicht, Anstand

66 Abgesehen von den gesetzlichen Gebührenbefreiungs- und -ermäßigungsvorschriften und den Fällen der unrichtigen Sachbehandlung sind Gebührenerlass und Gebührenermäßigung nur zulässig, wenn sie durch eine **sittliche Pflicht** oder durch eine auf den **Anstand** zu nehmende Rücksicht geboten sind *und* die Notarkammer allgemein oder im Einzelfall zugestimmt hat (Abs. 1 Satz 2). In den Tätigkeitsbereichen der Notarkasse und der Ländernotarkasse treten diese an die Stelle der Notarkammern (Abs. 1 Satz 3).

67 (1) Als **Richtschnur** kann davon ausgegangen werden, dass die Notarkammern (Notarkasse, Ländernotarkasse) Gebührenverzicht und -ermäßigung zustimmen, soweit es sich um Beurkundungen für Mitarbeiter des Notars oder für Berufskollegen und deren Ehegatten oder Kinder handelt[117]. Soweit allgemeine Zustimmungsrichtlinien nicht ergangen sind, muss der Notar in jedem Einzelfall die Stellungnahme der für ihn zuständigen Notarkammer (Notarkasse, Ländernotarkasse) einholen.

68 (2) Ein Verstoß gegen die Gebührenerhebungspflicht ist ferner nicht anzunehmen, wenn der Notar über die Regelung des § 17 Abs. 2 BNotO hinaus für **unbemittelte Personen** vorläufig gebührenfrei oder gegen Zahlung von Monatsraten tätig wird[118]. In Betracht kommt insbesondere die Erteilung eines Rates oder einer Auskunft[119].

dd) Verbot der Gebührenteilung

69 § 17 Abs. 1 Satz 4 verbietet das Versprechen und Gewähren von **Vorteilen** im Zusammenhang mit einem Amtsgeschäft sowie jede **Beteiligung Dritter** an den Gebühren. Die Vorschrift soll dazu beitragen, die Unabhängigkeit und Unparteilichkeit des Notars zu schützen[120]. Damit scheidet jegliche Umsatz- oder Gewinnbeteiligung von Mandanten oder

---

112 OLG Hamm Rpfleger 1979, 154.
113 OLG Hamm JurBüro 1979, 745.
114 *Mihm*, DNotZ 1999, 8, 24.
115 BayObLG ZNotP 1998, 386, 387.
116 Vgl. auch BGH NJW 2004, 2817 (zum anwaltlichen Gebührenanspruch).
117 *Eylmann/Vaasen/Frenz*, § 17 BNotO Rz. 10.
118 BGHZ 64, 301, 309; *Schippel/Bracker/Schäfer*, § 17 Rz. 32; *Eylmann/Vaasen/Frenz*, § 17 BNotO Rz. 14.
119 *Bundesnotarkammer*, Beschluss v. 23.05.1975, DNotZ 1976, 259, 261.
120 *Chr. Sandkühler* in Frenz (Hrsg.), Neues Berufs- und Verfahrensrecht für Notare, Rz. 147.

Büropersonal aus. Nicht verboten ist dagegen die Gewinnbeteiligung oder die Beteiligung an im Einzelfall zu erhebenden Gebühren innerhalb einer Sozietät oder Bürogemeinschaft[121]. Unzulässig ist es, Provisionen für die Vermittlung von Urkundsaufträgen zu versprechen oder zu zahlen. Ein Verstoß gegen das Verbot der Gebührenteilung liegt ferner vor, wenn der Notar einen Urkundsentwurf vergütet, der von einem Dritten – etwa dem anwaltlichen Berater eines Beteiligten – gefertigt worden ist; denn die Anfertigung eines Entwurfs gehört zur eigenen Amtstätigkeit des Notars.

c) Umgehungsmaßnahmen

Unzulässig sind Maßnahmen, die zur **Umgehung** des § 17 Abs. 1 bestimmt sind oder im Ergebnis zu einer Umgehung führen. 70

aa) Rückzahlungsverbot

Der Notar darf daher nicht rechtmäßig erhobene Kosten **zurückzahlen** oder durch **Verzicht auf Gebühren** aus anderer – etwa anwaltlicher oder steuerberatender – Tätigkeit kompensieren. Ihm ist es ferner untersagt, Entgelte für Urkundsentwürfe zu zahlen. 71

Holt der Notar ein **Gutachten** – etwa zu schwierigen Rechtsfragen oder zu Anwendbarkeit oder Inhalt ausländischen Rechts – ein, so sind die dadurch entstehenden Kosten als Auslagen zu erheben (§§ 141, 137 Nr. 6 KostO). Das gilt auch, wenn der Gutachtenauftrag einem Rechtsanwalt erteilt wird (§ 137 Nr. 8 KostO). 72

bb) Berufsverbindung

Im Falle einer **Berufsverbindung** muss der Notar sicherstellen, dass die übrigen Mitglieder der Verbindung nicht zum Ausgleich seiner Kosten Vorteile gewähren, die er nicht gewähren darf. Das gilt auch für vertraglich vereinbarte Kooperationen[122]. 73

d) Verbot der Gebührenüberhebung

Der Notar darf auch keine **höheren Gebühren** als die gesetzlich vorgesehenen verlangen oder annehmen; er würde dadurch seine Amtspflichten verletzen. Die bewusste Gebührenüberhebung ist nach § 352 StGB strafbar. 74

e) Aufsichtsbehördliche Maßnahmen

Aufgabe der **Aufsichtsbehörden** ist es, im Rahmen der ihnen obliegenden Prüfungen (§ 93) dafür zu sorgen, dass die Ge- und Verbote des § 17 beachtet werden. Dazu gehört es, außer den Kostenberechnungen zumindest stichprobenartig auch den tatsächlichen Eingang der Gelder zu prüfen. 75

11. Einforderung der Kosten (§ 154 KostO)

Nach § 154 Abs. 1 KostO dürfen die Kosten nur aufgrund einer **förmlichen Kostenberechnung** eingefordert werden; diese stellt einen Hoheitsakt des Notars dar[123]. 76

---

121 BT-Drucks. 13/4184, S. 25; vgl. auch *Schippel/Bracker/Schäfer*, § 17 Rz. 30. Die entgegenstehende Auffassung des OLG Celle (NJW 2007, 2929) entspricht weder der Entstehungsgeschichte noch dem Zweck der Vorschrift.
122 *Bundesnotarkammer*, Rdschr. Nr. 20/2000 (Internetabruf unter www.bnotk.de).
123 OLG Hamm DNotZ 1980, 238, 242.

a) Grenzen der Befugnis

77 Die **Befugnis** des Notars, seine Kosten festzusetzen und gegebenenfalls beizutreiben[124], ist auf solche Ansprüche beschränkt, die zum einen aus notarieller Tätigkeit entstanden sind und bei denen andererseits Kostenschuldner eine der in §§ 2 ff. KostO genannten Personen ist[125]. Daher kommt eine Kostenfestsetzung aus dem Gesichtspunkt der Durchgriffshaftung – etwa des GmbH-Geschäftsführers – nicht in Betracht; der Notar ist hier auf den Klageweg vor dem Zivilgericht verwiesen[126].

b) Anspruch auf Kostenberechnung

78 Der Kostenschuldner hat ein legitimes Interesse daran, sich möglichst bald nach Abschluss der notarielle Amtshandlung über die dabei angefallenen Kosten zu unterrichten. Ihm ist deshalb ein – ggf. nach § 15 Abs. 1 Satz 1 durchsetzbarer – **Anspruch** auf Erteilung einer förmlichen Kostenberechnung zuzubilligen[127]. Grundlage dafür ist die vertragsähnliche öffentlich-rechtliche Sonderverbindung zwischen ihm und dem Notar.

c) Formalien der Kostenberechnung

79 Die Kostenberechnung muss von dem Notar **unterschrieben** und dem Zahlungspflichtigen **mitgeteilt** werden. Fehlt die Unterschrift, so ist die Berechnung unwirksam[128]. Bei mehreren selbstständigen Amtsgeschäften ist für jedes Geschäft eine in sich abgeschlossene, neben den Gebühren auch die Auslagen und die Umsatzsteuer enthaltende Kostenberechnung aufzustellen; eine gemeinschaftliche Kostenberechnung über mehrere Amtsgeschäfte kennt die Kostenordnung nicht[129]. Unbedenklich ist es allerdings, mehrere in sich abgeschlossene Kostenberechnungen in einer zusammenfassenden Aufstellung einheitlich zu unterschreiben und dem Kostenschuldner mitzuteilen[130].

Mit Rücksicht auf die Unterschiedlichkeit der Rechtsbeziehungen (Zivilrecht/öffentliches Recht) und der Rechtsfolgen (z. B. Verjährung, Rechtsweg, Vollstreckbarkeit) darf ein Anwaltsnotar nicht **anwaltliche und notarielle Leistungen** in einer einheitlichen Rechnung zusammenfassen.

d) Zahlungsaufforderung

80 Die Kostenberechnung muss zwar keine ausdrückliche **Zahlungsaufforderung** enthalten[131], der Kostenschuldner muss ihr aber entnehmen können, dass der Notar von ihm Zahlung erwartet. Die bloße Übersendung der Urkunde mit der gemäß § 154 Abs. 3 KostO darunter gesetzten Kostenberechnung genügt dafür nicht[132], weil sie aus der Sicht des Schuldners als bloße Information über die angefallenen Kosten verstanden werden kann. Um die Anforderung der Kosten unzweifelhaft zum Ausdruck zu bringen, sollte der Notar bei der Übersendung oder Übergabe der Urkunde auf die Kostenberechnung hinweisen[133].

---

124 Zur Entnahme von Kosten aus einem Notaranderkonto siehe § 23 Rz. 116.
125 *Korintenberg/Reimann*, § 154 Rz. 2, 5 f.
126 KG NJW-RR 1998, 211.
127 *Schippel/Bracker/Schäfer*, § 17 Rz. 21; a. A. *Weiß*, DNotZ 1971, 75; LG Berlin DNotZ 1974, 110.
128 BayObLG DNotZ 1964, 562.
129 OLG Hamm DNotZ 1971, 756.
130 *Korintenberg/Bengel*, § 154 Rz. 6.
131 OLG Frankfurt DNotZ 1988, 457; *Heinze*, NotBZ 2007, 119, 120; a. A. *Korintenberg/Bengel*, § 154 Rz. 10.
132 *Korintenberg/Bengel*, § 154 Rz. 10.
133 Vgl. *Kersten/Bühling/Peter*, § 22 Rz. 5.

e) Inhalt der Kostenberechnung

Zum notwendigen **Inhalt** der Kostenberechnung gehört die Angabe   **81**
- der den Gebührentatbestand auslösenden Einzeltätigkeit[134],
- des Geschäftswertes, wobei zusammengesetzte Werte aufzuschlüsseln sind[135],
- der Gebühren- und Auslagen*vorschriften* sowie
- der Gebühren- und Auslagen*beträge*[136],
- etwa verauslagter Gerichtskosten und empfangener Vorschüsse (§ 154 Abs. 2 KostO).

Die konkrete Bezeichnung der Tätigkeit hat besondere Bedeutung für den Gebührenansatz aus § 147 KostO, weil hier eine Vielzahl von Einzeltätigkeiten in Betracht kommt[137].

Erforderlich ist ferner die Angabe der in Anspruch genommenen *Person.* Bei einer *Mehrheit* von Kostenschuldnern ist anzugeben, in welchem Verhältnis diese in Anspruch genommen werden (z. B. als Gesamtschuldner, als Schuldner zu Bruchteilen), sofern das nicht aus der Sache heraus selbstverständlich ist[138].   **82**

Da die Berechnung Grundlage für die Erteilung einer vollstreckbaren Ausfertigung durch   **83**
den Notar (§ 155 KostO) ist, muss sie für den Kostenschuldner aus sich heraus verständlich und nachprüfbar sein. Hinsichtlich der der Berechnung zugrunde liegenden Kostenvorschriften gilt das **Zitiergebot**. Die Vorschriften sind genau und vollständig nach Paragraph und gegebenenfalls nach Absatz, Satz, Ziffer und etwaigen weiteren Untergliederungen anzugeben[139]. Das gilt nicht nur für die Gebühren-, sondern grundsätzlich auch für die Auslagenvorschriften; die angesetzten Auslagen müssen nachprüfbar bezeichnet werden[140]. Kann der Kostenberechnung allerdings aufgrund der Bezeichnung der berechneten Auslagen eindeutig entnommen werden, auf welchem Absatz oder welchem Gliederungspunkt der jeweils mit ihrem Paragraphen benannten gesetzlichen Vorschrift die angesetzten Kosten beruhen, ist die Angabe des Absatzes oder Gliederungspunktes der Vorschrift entbehrlich[141].

f) Steuerrechtliche Pflichten

Eine steuerrechtliche **Pflicht zur Rechnungserteilung** sieht § 14 Abs. 2 Satz 1 Nr. 1   **84**
UStG[142] vor. Danach müssen Unternehmer bei Leistungen »im Zusammenhang mit einem Grundstück« innerhalb von sechs Monaten eine Rechnung ausstellen. Notare sind Unternehmer in diesem Sinn[143]. Die Pflicht zur Rechnungserteilung gilt nach Auffassung des Bundesministeriums der Finanzen[144] entgegen der Ansicht der Bundesnotarkammer[145] auch für Leistungen der Notare im Zusammenhang mit der Beurkundung von Grundstückskaufverträgen. Verstöße gegen die Pflicht sind bußgeldbewehrt (§ 26a Abs. 1 Nr. 1, Abs. 2 UStG).

Die Angabe der **Steuernummer** ist zwar im Sinne einer notariellen Amtspflicht vorgeschrieben. Sie fällt aber nicht unter das Zitiergebot, so dass das Fehlen der Angabe die Kostenberechnung nicht formfehlerhaft macht und die Fälligkeit der Kostenforderung nicht

---

134 BGH NotBZ 2006, 16; OLG Hamm MittBayNot 2000, 59, 61.
135 BGH MittBayNot 2003, 159, 160.
136 OLG Düsseldorf RNotZ 2001, 174.
137 *Weingärtner/Ehrlich*, Kostenrechtlicher Leitfaden Rz. 1 m. w. N.
138 *Korintenberg/Bengel*, § 154 Rz. 9.
139 BGH DNotZ 2006, 223, 224 = ZNotP 2006, 197, 198 m. Anm. *Tiedtke;* BayObLG DNotZ 1984, 646; OLG Brandenburg DNotZ 1997, 248 m. Anm. *Waldner;* OLG Düsseldorf DNotZ 1984, 649; OLG Hamm MittBayNot 1994, 470, 471; OLG Zweibrücken DNotZ 1987, 188.
140 OLG Hamm JurBüro 1993, 308; OLG Düsseldorf RNotZ 2001, 174 m. Anm. *Grauel*.
141 BGH ZNotP 2007, 118.
142 Umsatzsteuergesetz (UStG) v. 09.06.1999 (BGBl. I S. 1270) i. d. F. der Bekanntmachung v. 21.02.2005 (BGBl. I S. 386), zuletzt geändert durch Gesetz v. 22.08.2006 (BGBl. I S. 1970, 1972).
143 Siehe oben Rz. 9.
144 Rdschr. v. 24.11.2004 – IV A 5 – S 7280 – 21/04; Schreiben des Ministeriums an *Verf.* v. 24.03.2006 (IV A 5 – S 7280 – 8/06).
145 Rdschr. Nr. 42/2004 (Internetabruf: www.bnotk.de).

---

berührt[146]. Allerdings dürfte dem Kostenschuldner bis zur Erteilung einer dem § 14 Abs. 1a UStG entsprechenden Kostenberechnung ein Zurückbehaltungsrecht zustehen, da er Anspruch auf eine auch umsatzsteuerrechtlich ordnungsgemäße Rechnung hat[147].

g) Mängel der Kostenberechnung

85   Eine **formfehlerhafte** Kostenberechnung bildet keine geeignete Grundlage für die gerichtliche Nachprüfung nach § 156 KostO[148]. Sie ist auf Beschwerde des Kostenschuldners hin ohne sachliche Prüfung ersatzlos aufzuheben[149]. Der Notar kann den Fehler jedoch im Beschwerdeverfahren – auch noch im Verfahren der weiteren Beschwerde, wenn das Beschwerdegericht eine Sachentscheidung getroffen hat[150] – durch Erteilung einer neuen, ordnungsgemäßen Kostenberechnung beheben[151]. Hierauf muss das Beschwerdegericht hinweisen und dem Notar Gelegenheit geben, eine formell ordnungsgemäße Kostenrechnung zu erteilen[152]. Mängel der Kostenberechnung können ferner dadurch geheilt werden, dass der Notar eine den Formerfordernissen des § 154 KostO entsprechende vollstreckbare Ausfertigung erteilt[153].

86   Leistet der Kostenschuldner auf eine formfehlerhafte Kostenberechnung hin, kann er nicht wegen des Formfehlers *Rückzahlung* verlangen, wenn die Kosten materiellrechtlich geschuldet sind. Das gilt auch, wenn die Kostenberechnung nach erfolgter Zahlung wegen des Formfehlers aufgehoben wird. Denn der Kostenanspruch des Notars besteht unabhängig von der Kostenberechnung[154].

12. Beitreibung der Kosten (§ 155 KostO)

a) Vollstreckungstitel, Klageweg

87   Nach **§ 155 KostO** werden die Kosten aufgrund einer mit der Vollstreckungsklausel des Notars versehenen »*Ausfertigung*« seiner Kostenberechnung nach den Vorschriften der Zivilprozessordnung **beigetrieben**. Da der Kostenschuldner die *Urschrift* der Kostenberechnung erhält (§ 154 Abs. 1 KostO), handelt es sich nicht um eine Ausfertigung im gesetzestechnischen Sinn, sondern um eine Abschrift der bei den Akten zurückbehaltenen Abschrift der Originalkostenberechnung[155]. Die ordnungsgemäß erteilte Ausfertigung stellt einen **Vollstreckungstitel** dar. Die Vollstreckung erfolgt im Parteibetrieb nach der ZPO. Als Gläubiger ist der Notar gegebenenfalls kosten- und vorschusspflichtig[156]. Die Kosten der Zwangsvollstreckung werden nach § 788 ZPO beigetrieben.

88   Eine **Klage** des Notars vor dem Zivilgericht auf Zahlung seiner Kosten ist grundsätzlich unzulässig. Wegen des öffentlich-rechtlichen Charakters der Kostenforderung ist der ordentliche Rechtsweg insoweit in der Regel nicht eröffnet (§ 13 GVG)[157]. Eine Klage vor

---

146 So zutreffend: *Bundesnotarkammer*, Rdschr. Nr. 4/2002 (Internetabruf: www.bnotk.de). Zweifelnd: *Hartmann*, NJW 2002, 1851, 1852.
147 A. A. *Bundesnotarkammer*, Rdschr. Nr. 4/2002. Allgemein zum Anspruch auf eine Rechnung im Sinne des § 14 UStG: BGH NJW 1980, 2710.
148 Zur Frage des Neubeginns der Verjährung siehe oben Rz. 37.
149 BGH DNotZ 2006, 223, 224.
150 OLG Hamm MittBayNot 1994, 470, 471(zustimmend *Waldner*, DNotZ 1997, 253); OLG München MittBayNot 2007, 159; anders noch OLG Hamm JurBüro 1993, 308 m. zust. Anm. *Mümmler*.
151 BayObLG DNotZ 1964, 552.
152 OLG Düsseldorf RNotZ 2001, 174, 176.
153 OLG Hamm DNotZ 1988, 458; *Korintenberg/Bengel*, § 155 Rz. 2.
154 OLG Hamm MittBayNot 2000, 59, 61.
155 *Kersten/Bühling/Peter*, § 23 Rz. 1.
156 *Korintenberg/Bengel*, § 155 Rz. 7.
157 Vgl. BGH AnwBl 1988, 115; *Schippel/Bracker/Schäfer*, § 17 Rz. 21.

dem Zivilgericht kommt nur in Betracht, wenn der Notar eine dritte Person, die nicht kraft Gesetzes zur Zahlung verpflichtet ist, wegen seiner Kosten in Anspruch nehmen will[158].

Mit Rücksicht auf seine Verschwiegenheitspflicht darf der Notar Dritte, etwa ein **Inkassounternehmen**, grundsätzlich nicht mit der Beitreibung seiner Kostenforderung beauftragen. Zulässig ist hingegen die Einschaltung eines **Rechtsanwalts**, da insoweit das schutzwürdige Interesse des Notars an sachkundiger Hilfe bei der Verfolgung seiner Rechte das Geheimhaltungsinteresse des Kostenschuldners überwiegt[159].   **89**

Da der Notar als Amtsperson verpflichtet ist, keine unnötigen Kosten entstehen zu lassen, kann er die durch die Beauftragung eines Rechtsanwalts entstehenden Kosten nicht ersetzt verlangen. Es handelt sich nicht um notwendige Kosten im Sinne des § 788 ZPO[160].

b) Aufrechnung seitens des Notars

Differenziert zu beurteilen ist die Frage, inwieweit der **Notar** mit seinem Kostenanspruch gegen Forderungen des Kostenschuldners **aufrechnen** kann[161]. Als durch Aufrechnung zu tilgende Gegenforderungen des Kostenschuldners kommen vor allem Schadensersatzansprüche wegen Amtspflichtverletzung aus § 19 BNotO oder – beim Anwaltsnotar – wegen Verletzung des anwaltlichen Mandatsverhältnisses sowie Forderungen aus § 157 KostO (Erstattung zuviel gezahlter Kosten, Ersatz von Vollstreckungskosten) in Betracht. Eine Aufrechnung durch den Notar kann insbesondere angezeigt sein, wenn sein Kostenanspruch verjährt ist; dieser kann dann zwar nicht mehr beigetrieben, wohl aber zur Aufrechnung gestellt werden, wenn er in dem Zeitpunkt noch nicht verjährt war, in dem erstmals aufgerechnet oder die Leistung verweigert werden konnte (§ 215 BGB).   **90**

aa) Materielle Rechtslage

Materiellrechtlich steht der Aufrechnung nicht entgegen, dass der Kostenanspruch dem öffentlichen Recht, der Gegenanspruch des Kostenschuldners dem Privatrecht angehört; denn öffentlich-rechtliche und privatrechtliche Forderungen sind grundsätzlich gegeneinander aufrechenbar[162]. Unzulässig ist die Aufrechnung allerdings gegenüber einem Schadensersatzanspruch wegen *vorsätzlicher* Amtspflichtverletzung (§ 393 BGB).   **91**

bb) Prozessuale Aufrechnungshindernisse

Indes ist die Aufrechnung aus **prozessualen** Gründen[163] nicht uneingeschränkt zulässig.   **92**

(1) Soweit der Kostenschuldner vor dem **Beschwerdegericht** Erstattung zuviel gezahlter Notarkosten oder Schadensersatz aus § 157 KostO begehrt, handelt es sich um das gleiche Verfahren, das auch für Einwendungen gegen die notarielle Kostenberechnung eröffnet ist (§ 156 Abs. 1 Satz 1 KostO)[164]. Der Notar kann daher mit einer Kostenforderung aus einer anderen Amtstätigkeit aufrechnen, und zwar auch dann, wenn diese bestritten wird[165].   **93**

(2) Nimmt der Kostenschuldner den Notar vor dem **Prozessgericht** in Anspruch – etwa auf Schadensersatz wegen Amtspflichtverletzung –, so kann dieser mit einer unbestrittenen oder zuvor im Beschwerdeverfahren rechtskräftig festgestellten *(liquiden)* Kostenforderung aufrechnen. Die Aufrechnung mit einer bestrittenen, nicht rechtskräftig festgestellten *(illiquiden)* Kostenforderung erscheint dagegen unzulässig[166]. Zwar ist das Beschwerdegericht   **94**

---

158 So für den Fall der Durchgriffshaftung des GmbH-Geschäftsführers: KG NJW-RR 1998, 211.
159 Im Ergebnis ebenso: *Bundesnotarkammer*, Rdschr. Nr. 20/2000 (Internetabruf unter www.bnotk.de).
160 *Rohs/Wedewer*, KostO, § 155 Rz. 11, 13; *Hartmann*, Kostengesetze, § 155 KostO Rz. 8.
161 Zur Aufrechnung seitens des Kostenschuldners gegen den Kostenanspruch siehe unten Rz. 106 ff.
162 BGHZ 16, 124, 127; allg. M. Sondervorschriften (etwa § 226 AO) sind hier ohne Bedeutung.
163 Zur allgemeinen Bedeutung der prozessualen Zulässigkeit des Aufrechnungseinwandes: BGHZ 60, 85, 87.
164 Siehe unten Rz. 95 ff.
165 KG DNotZ 1973, 42, 44.
166 *Haug*, Rz. 808.

im Verfahren nach § 156 KostO ebenso wie das Prozessgericht Teil der ordentlichen Gerichtsbarkeit, so dass sich das Problem der Aufrechnung mit einer rechtswegfremden Forderung[167] nicht stellt[168]. Indes weist § 156 KostO die Entscheidung über Einwendungen gegen die Kostenberechnung des Notars einem besonders geregelten **Kostenprüfungsverfahren** der freiwilligen Gerichtsbarkeit zur ausschließlichen Zuständigkeit[169] unter Ausschluss des ordentlichen Rechtsweges zu[170]. Das Verfahren vor dem Prozessgericht ist mit dem vor dem Beschwerdegericht auch nicht »artverwandt«[171]; insbesondere widerspricht der zivilprozessuale Beibringungsgrundsatz[172] dem das Kostenprüfungsverfahren beherrschenden, mit der Verbindlichkeit der Kostenvorschriften[173] korrespondierenden Amtsermittlungsgrundsatz (§ 12 FGG)[174]. Diese Gesichtspunkte schließen die Aufrechnung mit einer illiquiden Notarkostenforderung vor dem Prozessgericht aus.

13. Gerichtliche Überprüfung der Kostenberechnung (§ 156 KostO)

a) Bedeutung des Verfahrens

95 Nach § 156 Abs. 1 KostO sind Einwendungen gegen die Kostenberechnung, einschließlich solcher gegen die Zahlungspflicht und gegen die Erteilung der Vollstreckungsklausel, im **Beschwerdewege** vor dem Landgericht geltend zu machen. Das Verfahren nach § 156 KostO stellt die einzige Möglichkeit dar, Einwendungen gegen die notarielle Kostenberechnung gerichtlich überprüfen zu lassen[175].

aa) Verfahrensbeginn

96 Der **Kostenschuldner** kann seine Einwendungen im Wege der Beschwerde (§ 156 Abs. 1 Satz 1 KostO) oder durch formlose Beanstandung bei dem Notar (§ 156 Abs. 1 Satz 3 KostO) geltend machen. Hält der Notar die Beanstandung für gerechtfertigt, hilft er ihr durch Berichtigung der Kostenrechnung ab; anderenfalls beantragt er die gerichtliche Entscheidung. Außerdem kann der Gerichtspräsident als **Aufsichtsbehörde** den Notar anweisen, die gerichtliche Entscheidung herbeizuführen (§ 156 Abs. 5 KostO).

bb) Kein Beschwerderecht des Notars

97 Der **Notar** hat kein eigenes Beschwerderecht[176]. Er bedarf dessen nicht, weil er seine Kostenberechnung bis zum Erlass der landgerichtlichen Entscheidung berichtigen kann[177].

---

167 Siehe dazu z. B. BGHZ 16, 124; BVerwG NJW 1993, 2255; BFH NJW 2002, 3126, 3127. Die Zulässigkeit der Aufrechnung mit rechtswegfremden Forderungen ist umstritten; vgl. *Schenke/Ruthig*, NJW 1992, 2505; *Rupp*, NJW 1992, 3274; *Gaa*, NJW 1997, 3343; *Zöller/Greger*, ZPO, § 145 Rz. 19a.
168 So zutreffend: KG DNotZ 1973, 42, 45.
169 Zur Bedeutung der ausschließlichen Zuständigkeit für die Zulässigkeit der Aufrechnung: BGHZ 60, 85, 88 (offen gelassen).
170 BGH DNotZ 1988, 379.
171 KG DNotZ 1973, 42, 45; zur Bedeutung dieses Gesichtspunktes für die Zulässigkeit der Aufrechnung: BGHZ 26, 304, 306; BGHZ 40, 338, 341; BGHZ 78, 57, 62; *Schenke/Ruthig*, NJW 1992, 2508.
172 *Zöller/Greger*, vor § 128 ZPO Rz. 10.
173 Siehe oben Rz. 49 ff.
174 Siehe unten Rz. 109.
175 BGH ZNotP 2005, 238.
176 Zum Sonderfall des § 58 Abs. 3 Satz 1 BNotO: siehe Erläuterungen zu § 58.
177 BayObLG DNotZ 1964, 552; OLG Hamm DNotZ 1967, 571; KG DNotZ 1971, 116.

b) *Gegenstand der Einwendungen*

Gegenstand von Einwendungen können sowohl die Vorschusskostenrechnung als auch die   **98**
endgültige Kostenberechnung sein. Die Beanstandungen können sich gegen den Kostenansatz im ganzen oder gegen Teile davon, insbesondere gegen den Geschäftswert, den Ansatz einzelner Gebühren und deren Höhe sowie den Ansatz von Auslagen und Umsatzsteuer richten. Die Einwendungen können tatsächlicher oder rechtlicher Art sein.

c) *Einwendungen des Kostenschuldners*

Der **Kostenschuldner** kann Einwendungen sowohl aus dem Kostenrecht als auch – mit Ein-   **99**
schränkungen[178] – aus seinen sonstigen Rechtsbeziehungen zu dem Notar herleiten. Im Verfahren nach § 156 KostO sind auch die Einwendungen zu erheben, die sonst mit der Vollstreckungsgegenklage geltend zu machen sind. Dazu gehören namentlich der Einwand der
Erfüllung und die Aufrechnung mit Gegenforderungen.

aa) Kostenrechtliche Einwendungen

Aus dem **Kostenrecht** kann sich beispielsweise ergeben, dass der auf Zahlung in Anspruch   **100**
Genommene nicht oder nicht in voller Höhe Kostenschuldner ist[179] oder dass der Anspruch
noch nicht fällig[180] oder verjährt ist[181]. Ferner kann die Richtigkeit des Wertansatzes, des
Gebührenansatzes oder der Auslagenberechnung beanstandet werden.

bb) Unrichtige Sachbehandlung

Der Kostenschuldner kann den Einwand **unrichtiger Sachbehandlung** (§§ 16 Abs. 1, 141   **101**
KostO) erheben[182].
(1) Aus dem Erfordernis, dass die Unrichtigkeit *offen* zutage liegen muss, folgt eine Ein-   **102**
schränkung des für das Verfahren nach § 156 KostO geltenden Untersuchungsgrundsatzes
(§ 12 FGG) dahin, dass das Gericht zweifelhaften tatsächlichen oder rechtlichen Fragen
nicht nachzugehen braucht[183].
(2) Eine unrichtige Sachbehandlung hat zur Folge, dass Kosten nicht zu erheben sind, die   **103**
bei richtiger Sachbehandlung nicht entstanden wären[184]. Das Gericht hat die Kostenberechnung entsprechend abzuändern oder aufzuheben. Sind die Kosten bereits bezahlt, so sind sie
nach § 157 KostO zu erstatten. Diese Verpflichtung besteht materiellrechtlich schon vor
Aufhebung der zugrunde liegenden fehlerhaften Kostenberechnung[185]. Auf Antrag des Kostenschuldners hat das Beschwerdegericht die Erstattungspflicht im Verfahren nach § 156
KostO auszusprechen (§ 157 Abs. 2 KostO).

cc) Schadensersatz wegen Amtspflichtverletzung

Der Kostenschuldner kann mit der Beschwerde ferner **Schadensersatz wegen Amtspflicht-**   **104**
verletzung (§ 19 BNotO) verlangen.
(1) Er kann zum einen bereits **bezahlte Notarkosten** aufgrund § 19 BNotO mit der Be-   **105**
gründung zurückfordern, die Kostenbelastung stelle die Folge einer schuldhaften Amtspflichtverletzung des Notars dar. Das gilt auch, wenn der Notar die Kosten zu Lasten des
Kostenschuldners durch Einbehaltung von einem ihm treuhänderisch zur Verfügung gestell-

---

178 Siehe unten Rz. 107 ff.
179 Siehe oben Rz. 19 ff.
180 Siehe oben Rz. 27 ff.
181 Siehe oben Rz. 33 ff.
182 BayObLG RNotZ 2005, 43.
183 KG DNotZ 1976, 334; OLG Hamm Rpfleger 1979, 154 und JurBüro 1979, 744.
184 OLG Hamm DNotZ 1978, 54.
185 KG DNotZ 1973, 42.

ten Geldbetrag erlangt hat[186]. Für den Rückzahlungsanspruch steht dem Kostenschuldner nur der Weg der Kostenbeschwerde nach § 156 KostO offen[187]. Eine Klage vor dem Prozessgericht ist insoweit wegen der Spezialität des Kostenprüfungsverfahrens unzulässig[188].

106 (2) Der Kostenschuldner kann ferner mit einem **anderweitigen Schadensersatzanspruch** wegen Amtspflichtverletzung gegen eine Kostenforderung des Notars aufrechnen, soweit sich die Forderungen aufrechenbar gegenüberstehen[189]. Einen über die Kostenforderung hinausgehenden Schadensersatzanspruch kann der Kostenschuldner nur im Klagewege vor dem Prozessgericht geltend machen. Mangels Identität des Verfahrensgegenstandes (Kostenanspruch einerseits, Schadensersatzanspruch andererseits) kann das Beschwerdegericht nicht über den nicht durch Aufrechnung erledigten Teil des Schadensersatzanspruchs entscheiden. Um der Gefahr divergierender Entscheidungen zu begegnen, kann das Beschwerdegericht das Kostenprüfungsverfahren bis zur Beendigung eines bereits anhängigen Haftpflichtprozesses – nicht jedoch, um eine Klageerhebung vor dem Prozessgericht erst zu ermöglichen – **aussetzen**[190].

107 (3) **Andere Forderungen** als Schadensersatzansprüche können im Verfahren der Notarkostenbeschwerde zur Aufrechnung gestellt werden, soweit sie mit der Amtstätigkeit des Notars in einem inneren Zusammenhang stehen. Ein innerer Zusammenhang kann bei einem Anwaltsnotar auch angenommen werden, wenn der Gegenanspruch aus einer Verletzung des einer Urkundstätigkeit vorangehenden *anwaltlichen* Mandatsverhältnisses hergeleitet wird[191]. Soweit ein innerer Zusammenhang besteht, ist die Aufrechnung auch mit bestrittenen und noch nicht anderweitig rechtskräftig festgestellten (*illiquiden*) Gegenansprüchen zulässig.

108 Andere, mit der Amtstätigkeit nicht innerlich zusammenhängende Gegenforderungen können nur dann zur Aufrechnung gestellt werden, wenn sie unbestritten oder anderweitig rechtskräftig festgestellt (*liquide*) sind[192]. Dies ergibt sich aus der Besonderheit des Verfahrens nach § 156 KostO, das der Überprüfung notarieller Kostenansprüche dient, sich aber nicht dazu eignet, Gegenansprüche jedweder Art zu klären[193].

d) Verfahren der freiwilligen Gerichtsbarkeit

109 Nach § 156 Abs. 1 Satz 1 KostO[194] sind die Einwendungen im Wege der **Beschwerde** geltend zu machen. Die Beschwerde kann in allen Fällen zu Protokoll der Geschäftsstelle oder schriftlich ohne Mitwirkung eines Rechtsanwalts eingelegt werden. Sie hat keine aufschiebende Wirkung. Der Vorsitzende des Beschwerdegerichts kann auf Antrag oder von Amts wegen die aufschiebende Wirkung ganz oder teilweise anordnen. Im Übrigen sind die für die Beschwerde geltenden Vorschriften des Gesetzes über die Angelegenheiten der freiwilligen Gerichtsbarkeit anzuwenden. Vor seiner Entscheidung soll das Gericht die Beteiligten und die vorgesetzte Dienstbehörde des Notars hören (§ 156 Abs. 1 Satz 2 KostO). Nicht gesetzlich vorgeschrieben ist eine Anhörung der Notarkasse bzw. der Ländernotarkasse. Aus der Befugnis dieser Kassen, Abgaben nach der Summe der durch den Notar zu erhebenden Kosten zu fordern und zu diesem Zweck die notariellen Kostenberechnungen zu prüfen

---

186 BGH DNotZ 1967, 323.
187 OLG Hamm DNotZ 1987, 167; *Korintenberg/Bengel*, § 156 Rz. 5. Vgl. auch BGH DNotZ 1988, 370, 380.
188 Kritisch dazu: *Haug*, Rz. 807, der das Verfahren nach § 156 KostO aber zu Unrecht als »*summarisches Verfahren*« bezeichnet.
189 BayObLG DNotZ 1984, 110; KG DNotZ 1973, 44; OLG Düsseldorf DNotZ 1976, 251; OLG Hamm JurBüro 1979, 743.
190 OLG Düsseldorf Rpfleger 1975, 411; *Haug*, Rz. 807; *Korintenberg/Bengel*, § 156 Rz. 50.
191 BGH DNotZ 1988, 379, 380.
192 KG DNotZ 1973, 42; KG DNotZ 1973, 634; OLG Düsseldorf DNotZ 1974, 114; OLG Hamm DNotZ 1977, 49; *Hartmann*, § 156 KostO Rz. 6; *Haug*, Rz. 806; *Korintenberg/Bengel*, § 156 Rz. 26.
193 KG DNotZ 1973, 45.
194 I. d. F. des Gesetzes zur Reform des Zivilprozesses (Zivilprozessreformgesetz – ZPO-RG) v. 27.07.2001 (BGBl. I S. 1887).

(§ 113 Abs. 17 Satz 9 f., Abs. 18 Satz 1 BNotO), ergibt sich jedoch die Notwendigkeit der Anhörung[195]. Es genügt, wenn die vorgesetzte Dienstbehörde vor Abgabe ihrer Stellungnahme der Kasse Gelegenheit zur Äußerung gibt.

II. Vorläufige Gebührenbefreiung und Ratenzahlung (Abs. 2)

1. Bedeutung der Vorschrift

Nach § 17 Abs. 2 hat der Notar seine Beurkundungstätigkeit vorläufig gebührenfrei oder gegen Zahlung der Gebühren in Monatsraten denjenigen Beteiligten zu gewähren, denen nach den Vorschriften der Zivilprozessordnung (§§ 114 ff. ZPO) Prozesskostenhilfe zu bewilligen wäre.   **110**

a) Sachlicher Anwendungsbereich

Die Vorschrift gilt nur für die **Beurkundungstätigkeit** im Sinne der §§ 20 bis 22, nicht für sonstige Amtstätigkeiten des Notars. In Betracht kommen   **111**
– Beurkundungen und Beglaubigungen jeder Art,
– die weiteren in § 20 genannten Geschäfte,
– die Erteilung von Bescheinigungen nach §§ 21 und 22,
– die Abnahme von Eiden, die Vornahme eidlicher Vernehmungen und die Aufnahme eidesstattlicher Versicherungen gemäß § 22[196].

Dagegen ist der Notar nicht zu einer gebührenfreien **Betreuungstätigkeit** – etwa zur Verwahrung von Geld, Beratung, Anfertigung von Entwürfen, Stellung von Anträgen, Übernahme von Vertretungen – verpflichtet; er darf sie aber als *nobile officium* gewähren, wenn die Voraussetzungen für die Bewilligung von Prozesskostenhilfe vorliegen[197].   **112**

b) Persönlicher Anwendungsbereich

Mittellose Beteiligte können nur **natürliche Personen** sein. Dazu zählen auch **Ausländer** und **Staatenlose**. Einer Gegenseitigkeitsverbürgung bedarf es nicht.   **113**

c) Auslagen

Die Gebührenfreiheit erstreckt sich nicht auf die **Auslagen** und die darauf entfallende Umsatzsteuer.   **114**

2. Verfahren des Notars

Zur Vorbereitung seiner Entschließung kann der Notar die Vorlage der in § 117 Abs. 2 ZPO vorgeschriebenen **Erklärung** über die persönlichen und wirtschaftlichen Verhältnisse des Antragstellers sowie entsprechender **Belege** – z. B. Einkommensnachweise, Bescheinigung über die Gewährung von Arbeitslosengeld, Arbeitslosenhilfe oder Sozialleistungen – verlangen; er ist dazu aber nicht verpflichtet, sondern kann sich auch mit mündlichen Angaben des Antragstellers begnügen.   **115**

---

195 BayObLG MittBayNot 2003, 500; OLG Brandenburg NJW-RR 2000, 1380; ThürOLG FGPrax 2000, 251; OLG Rostock NotBZ 2003, 38 m. Anm. *Lappe.*
196 *Appell*, DNotZ 1981, 596.
197 BGHZ 64, 301, 309; siehe auch oben Rz. 68.

3. Ratenbewilligung

116 Der Notar kann von der Einforderung seiner Gebühren **ganz absehen** oder dem Antragsteller aufgeben, **Monatsraten** zu leisten. Die Höhe der Raten ist nach § 120 ZPO zu bestimmen.

4. Vorläufigkeit der Gebührenbefreiung

117 § 17 Abs. 2 sieht nur eine **vorläufige** Gebührenfreiheit vor. Daraus folgt, dass der Kostenschuldner bei Wegfall der Mittellosigkeit – beispielsweise durch Erhalt des in der notariellen Urkunde vereinbarten Grundstückskaufpreises – zur **Nachzahlung** verpflichtet ist[198].

---

198 *Schippel/Bracker/*Schäfer, § 17 Rz. 36. Zur Nachzahlungspflicht nach § 120 Abs. 4 ZPO siehe auch OLG Hamm JurBüro 1993, 687 m. zust. Anm. *Mümmler.*

§ 18

(1) ¹Der Notar ist zur Verschwiegenheit verpflichtet. ²Diese Pflicht bezieht sich auf alles, was ihm bei Ausübung seines Amtes bekannt geworden ist. ³Dies gilt nicht für Tatsachen, die offenkundig sind oder ihrer Bedeutung nach keiner Geheimhaltung bedürfen.

(2) Die Pflicht zur Verschwiegenheit entfällt, wenn die Beteiligten Befreiung hiervon erteilen; ist ein Beteiligter verstorben oder eine Äußerung von ihm nicht oder nur mit unverhältnismäßigen Schwierigkeiten zu erlangen, so kann an seiner Stelle die Aufsichtsbehörde die Befreiung erteilen.

(3) ¹Bestehen im Einzelfall Zweifel über die Pflicht zur Verschwiegenheit, so kann der Notar die Entscheidung der Aufsichtsbehörde nachsuchen. ²Soweit diese die Pflicht verneint, können daraus, dass sich der Notar geäußert hat, Ansprüche gegen ihn nicht hergeleitet werden.

(4) Die Pflicht zur Verschwiegenheit bleibt auch nach dem Erlöschen des Amtes bestehen.

Beurkundungsgesetz

§ 51 Recht auf Ausfertigungen, Abschriften und Einsicht

(1) Ausfertigungen können verlangen
1. bei Niederschriften über Willenserklärungen jeder, der eine Erklärung im eigenen Namen abgegeben hat oder in dessen Namen eine Erklärung abgegeben worden ist,
2. bei anderen Niederschriften jeder, der die Aufnahme der Urkunde beantragt hat,
sowie die Rechtsnachfolger dieser Personen.
(2) Die im Absatz 1 genannten Personen können gemeinsam in der Niederschrift oder durch besondere Erklärung gegenüber der zuständigen Stelle etwas anderes bestimmen.
(3) Wer Ausfertigungen verlangen kann, ist auch berechtigt, einfache oder beglaubigte Abschriften zu verlangen und die Urschrift einzusehen.
(4) Mitteilungspflichten, die auf Grund von Rechtsvorschriften gegenüber Gerichten oder Behörden bestehen, bleiben unberührt.

Übersicht

A. Entstehungsgeschichte der Vorschrift

1 § 18 in der bis zum 07.09.1998 geltenden Fassung entsprach wörtlich dem § 19 RNotO.

2 Durch die Berufsrechtsnovelle 1998[1] ist die Vorschrift mit Wirkung vom 08.09.1998 in mehrfacher Hinsicht sachlich und redaktionell geändert worden:

1 Art. 1 Nr. 15 des Dritten Gesetzes zur Änderung der Bundesnotarordnung und anderer Gesetze v. 31.08.1998 (BGBl. I S. 2485).

In Absatz 1 ist das Wort »Berufsausübung« durch die Formulierung »Ausübung seines Amtes« ersetzt und die Einschränkung, wonach die Verschwiegenheitspflicht nur bestehe, »soweit nichts anderes bestimmt ist«, gestrichen worden. Die in Absatz 1 Satz 1 enthaltene und in der DONot näher bestimmte Pflicht des Notars, die Verschwiegenheitspflicht auch den bei ihm beschäftigten Personen aufzuerlegen, ist durch die Neuregelung des § 26 ersetzt worden. Hinzugekommen ist die den beamtenrechtlichen Verschwiegenheitsvorschriften[2] entsprechende Vorschrift des § 18 Absatz 1 Satz 3; sie trägt im Wesentlichen dem bisherigen Stand von Rechtsprechung und Schrifttum zu § 18 Rechnung[3].

Die bisher in Absatz 1 enthaltene Befreiungsregelung ist zu Absatz 2 geworden; dementsprechend hat sich die Zählung der bisherigen Absätze 2 und 3 geändert (jetzt Absätze 3 und 4).

B. Erläuterungen

I. Verschwiegenheitspflicht des Notars (Abs. 1 Satz 1)

1. Bedeutung der Verschwiegenheitspflicht

a) Amtspflicht zur Verschwiegenheit

§ 18 ergänzt und konkretisiert die in § 14 Abs. 3 Satz 1 niedergelegte Pflicht des Notars zu **3** vertrauenswürdigem Verhalten. Bei seiner Amtsausübung werden ihm persönliche und wirtschaftliche Belange anvertraut, die für die Betroffenen vielfach von weittragender Bedeutung sind. Um sachgerecht beraten und wahrheitsgemäß bezeugen zu können, muss er den Sachverhalt und den wahren Willen der Beteiligten kennen. Diese können die erforderliche Offenheit nur aufbringen, wenn sie darauf vertrauen können, dass der Notar Verschwiegenheit gegen jedermann wahrt[4] und so ihr informationelles Selbstbestimmungsrecht[5] gewahrt bleibt. Die Verschwiegenheitspflicht stellt daher eine **wesentliche Amtspflicht** des Notars dar; sie gehört zu seinen **statusbildenden Grundpflichten**[6]. Sie zu schützen, liegt auch im Interesse der Allgemeinheit[7].

b) Schweigerecht

Wegen der essentiellen Bedeutung der Verschwiegenheitspflicht steht dem Notar und den **4** ihm gleichgestellten Personen[8] im Umfang der Schweigepflicht ein **Schweigerecht** zu[9].

c) Schutzgut der Verschwiegenheitspflicht

§ 18 regelt Inhalt und Schutz der Verschwiegenheitspflicht weder zusammenhängend noch **5** abschließend[10].

---

2 Vgl. unten Rz. 7.
3 Vgl. unten Rz. 64 f.
4 OLG Koblenz DNotZ 1986, 423.
5 Vgl. BVerfG 2005, 1917, 1918.
6 BVerfG NJW 2004, 1305, 1309 (zur anwaltlichen Verschwiegenheitspflicht).
7 *Henssler*, NJW 1994, 1817, 1820.
8 Näher dazu unten Rz. 9 ff.
9 Vgl. *Henssler*, NJW 1994, 1817 (zum anwaltlichen Berufsgeheimnis).
10 *Bohrer*, Das Berufsrecht der Notare, Rz. 114.

aa) Verschwiegenheit im Beteiligteninteresse

6 Die Vorschrift behandelt die Pflicht zur Verschwiegenheit, soweit sie dem Notar im **Interesse der Beteiligten** auferlegt ist. Zweck der Vorschrift ist es, die Belange derjenigen zu schützen, deren persönliche oder wirtschaftliche Verhältnisse der Notar bei seiner Amtstätigkeit erfährt[11]. Geschütztes Rechtsgut ist – ungeachtet des Gemeinwohlbezugs des notariellen Berufsgeheimnisses[12] – das informationelle Selbstbestimmungsrecht[13] als Teil des allgemeinen Persönlichkeitsrechts der Beteiligten, die autonom darüber zu bestimmen haben, ob und innerhalb welcher Grenzen der Notar ihm bei seiner Amtsausübung bekannt gewordene Angelegenheiten Dritten gegenüber offenbaren darf[14]. Deshalb entfällt diese Schweigepflicht grundsätzlich erst, wenn alle Beteiligten den Notar davon befreien.

bb) Verschwiegenheit im öffentlichen Interesse

7 Daneben kommt eine nicht von § 18 erfasste Verschwiegenheitspflicht kraft **Dienstrechts** in Betracht. Aufgrund seines Amtes kann der Notar auch außerhalb einer konkreten Amtshandlung Kenntnis von Tatsachen erlangen, die im öffentlichen Interesse geheim zu halten sind. So können ihm durch Mitteilungen der Aufsichtsbehörden oder anderer Stellen, die Vertraulichkeit zu verlangen berechtigt sind, geheimzuhaltende Umstände bekannt werden. Insoweit können die beamtenrechtlichen Vorschriften über die Verschwiegenheitspflicht analog angewendet werden[15]. Der Notar hat daher, auch nach Beendigung seines Amtes, über die ihm bei seiner amtlichen Tätigkeit bekannt gewordenen Angelegenheiten Verschwiegenheit zu bewahren, sofern es sich nicht um Mitteilungen im dienstlichen Verkehr oder um Tatsachen handelt, die offenkundig sind oder ihrer Bedeutung nach keiner Geheimhaltung bedürfen (§ 39 Abs. 1 Satz 1 und 2 BRRG).

2. Verpflichteter Personenkreis

8 Die Verschwiegenheitspflicht besteht teils kraft Gesetzes, teils hat der Notar sie vertraglich durch besondere Verpflichtungshandlung zu begründen.

a) Hauptverpflichtete

9 Kraft **Gesetzes** (§ 18) sind zur Verschwiegenheit verpflichtet
– der Notar,
– der amtlich bestellte Vertreter (§ 39 Abs. 4),
– der Notariatsverwalter (§ 57 Abs. 1) sowie
– der Notarassessor (§ 7 Abs. 4 Satz 2).
  Zieht der Notar einen zweiten Notar hinzu (§§ 22, 25, 29 BeurkG), so ist dieser wie der Urkundsnotar zur Verschwiegenheit verpflichtet, weil er insoweit im Rahmen eigener Amtsausübung im Sinne des § 18 Abs. 1 Satz 1 handelt.

---

11 BGHZ 109, 260, 273 = DNotZ 1990, 392 m. Anm. *Winkler*.
12 Siehe oben Rz. 3.
13 BVerfGE 65, 1.
14 BGH DNotZ 1987, 162; 1990, 392; BGHZ 109, 260, 268 (zur anwaltlichen Verschwiegenheitspflicht). Die entgegenstehende Auffassung, Schutzgut sei in erster Linie das Gemeinwohl (*Eylmann/Vaasen/Eylmann*, § 18 BNotO Rz. 3), ist mit der Befreiungsbefugnis der Beteiligten nach § 18 Abs. 2 nicht zu vereinbaren.
15 *Schippel/Bracker/Kanzleiter*, BNotO, § 18 Rz. 2.

SANDKÜHLER

b) Gehilfen und Personen in Berufsvorbereitung

§ 203 Abs. 3 StGB (Verbot der Verletzung von Privatgeheimnissen) führt im Ergebnis zu einer Erweiterung des Kreises der Verschwiegenheitsverpflichteten. Die Vorschrift ist eine Verbotsnorm im Sinne des § 134 BGB[16]; entgegenstehende Rechtsgeschäfte sind nichtig[17].   **10**

Nach § 203 stehen den in Abs. 1 Nr. 3 der Vorschrift genannten Geheimnisverpflichteten (u. a. Notare) *»ihre berufsmäßig tätigen Gehilfen und die Personen gleich, die bei ihnen zur Vorbereitung auf den Beruf tätig sind«.* Auch diese Personen unterliegen mithin unter strafrechtlichen Gesichtspunkten der Verschwiegenheitspflicht. Dessen ungeachtet schreibt § 26 eine förmliche Verpflichtung der bei dem Notar beschäftigten Personen nach dem Verpflichtungsgesetz vor[18].

aa) Gehilfen

Berufsmäßig tätiger **Gehilfe** ist, wer innerhalb des beruflichen Wirkungskreises des Schweigepflichtigen eine auf dessen berufliche Tätigkeit bezogene unterstützende Tätigkeit ausübt, welche die Kenntnis fremder Geheimnisse mit sich bringt oder ohne Überwindung besonderer Hindernisse ermöglicht[19]. Dazu gehört in erster Linie das Büropersonal des Notars (Bürovorsteher, Schreibkräfte). In der Geschäftsstelle eines **Anwaltsnotars** oder in einer interprofessionellen **Berufsverbindung** tätiges Personal unterliegt der Schweigepflicht des Notars auch dann, wenn es nur außerhalb des notariellen Bereichs eingesetzt ist, sofern die bestehende Kanzleiorganisation den Zugang zum notariellen Bereich ermöglicht. Im Zweifel ist von dieser Möglichkeit auszugehen.   **11**

Der Begriff des Gehilfen erfordert nicht, dass der Betreffende zu dem Schweigepflichtigen in einem Dienstverhältnis steht oder ihm gegenüber sonst weisungsgebunden ist[20]. Daher ist auch der **anwaltliche Sozius** des Notars, den dieser bei einer Beurkundung zwecks Formulierung und Interpretation des Vertrages hinzuzieht, zur Verschwiegenheit verpflichtet[21].   **12**

bb) Berufsvorbereitung

Zur **Berufsvorbereitung** tätige Personen sind Auszubildende, Praktikanten und Rechtsreferendare, letztere auch, wenn sie nicht als Stationsreferendare zugewiesen, sondern in einem Mitarbeiterverhältnis bei dem Notar tätig sind.   **13**

cc) Andere Personen

Andere bei dem Notar beschäftigte Personen (z. B. Reinigungspersonal, Techniker, Kraftfahrer) fallen nicht unter § 203 Abs. 3 StGB. Das gilt auch für Büroangestellte des Anwaltsnotars, die keinerlei Zugangsmöglichkeit zum notariellen Bereich haben, was allerdings selten vorkommen dürfte. Diese Personen sind nicht kraft Gesetzes zur Verschwiegenheit verpflichtet[22], der Notar hat sie jedoch vertraglich dazu zu verpflichten[23].   **14**

dd) EDV-Anlagen

Problematisch ist in diesem Zusammenhang die Sicherung der notariellen Verschwiegenheitspflicht im Zusammenhang mit Installation und Wartung von **EDV-Anlagen.** Der Notar   **15**

---

16 BGHZ 116, 268, 272.
17 Zur Frage der Abtretbarkeit und Verpfändbarkeit notarieller Kostenansprüche siehe § 17 Rz. 17.
18 Wegen der Einzelheiten siehe Erläuterungen zu § 26.
19 *Schönke/Schröder/Lenckner,* StGB, § 203 Rz. 64.
20 *Schönke/Schröder/Lenckner,* § 203 Rz. 64.
21 OLG Hamm DNotZ 1969, 543.
22 *Schippel/Bracker/Kanzleiter,* § 18 Rz. 4.
23 Siehe § 26.

muss sich bemühen, die Wahrung der Verschwiegenheitspflicht durch geeignete vertragliche und organisatorische Maßnahmen sicherzustellen[24].

ee) Externe Aktenbehandlung

16 § 5 Abs. 3 Satz 1 DONot bestimmt, dass die in Abs. 1 und 2 genannten Unterlagen des Notars – nämlich seine Bücher, Verzeichnisse und Akten – in der **Geschäftsstelle** *zu führen* sind und zu ihrer Führung nur bei dem Notar beschäftigte Personen herangezogen werden dürfen[25]. Die Vorschrift betrifft die laufende Bearbeitung der Unterlagen, nicht ihre Archivierung und Vernichtung[26]. Dessen ungeachtet ist eine **externe Aktenverwahrung** oder **Aktenvernichtung** durch gewerbliche Unternehmen mit der notariellen Verschwiegenheitspflicht grundsätzlich nicht vereinbar[27].

ff) Zeugen, Sachverständige, Dolmetscher

17 Bei einer Beurkundung hinzugezogene **Zeugen** (§§ 22, 24 ff., 29 BeurkG), **Sachverständige** und **Dolmetscher** (§ 16 Abs. 3 BeurkG)[28] sowie anwesende **Dritte** (Vertrauenspersonen, Beistände, Berater, Makler) werden nicht innerhalb des beruflichen Wirkungskreises des Notars tätig und sind daher nicht kraft Gesetzes zur Verschwiegenheit verpflichtet[29].

Ist ein **Dolmetscher** nicht allgemein vereidigt, soll ihn der Notar vereidigen, falls die (formell) Beteiligten nicht darauf verzichten. Die allgemeine Vereidigung richtet sich nach dem jeweiligen Landesrecht. Die bloße Verpflichtung nach dem Verpflichtungsgesetz[30] ersetzt eine Vereidigung nicht. Auch eine Vereidigung, die sich nur auf bestimmte Tätigkeiten – etwa Übersetzungen vor einem bestimmten Gericht oder allgemein vor Gericht – erstreckt, stellt keine allgemeine Vereidigung im Sinne des § 16 Abs. 3 Satz 3 BeurkG dar[31].

3. Gegenstand der Verschwiegenheitspflicht

18 Die Verschwiegenheitspflicht erstreckt sich nach Abs. 1 Satz 2 auf **alle Angelegenheiten**, die dem Notar oder sonst Verpflichteten bei der **Ausübung seines Amtes** bekannt geworden sind, seien sie persönlicher oder wirtschaftlicher Art.

a) Amtsausübung

19 Gegenstand der Verschwiegenheitspflicht nach § 18 sind diejenigen Angelegenheiten, die dem Notar in seiner **amtlichen Eigenschaft** bekannt geworden sind. Dabei kommt es nicht darauf an, ob der Notar pflichtgemäß oder pflichtwidrig gehandelt hat. Auch im Rahmen pflichtwidriger Amtstätigkeit erlangte Kenntnisse unterliegen der Verschwiegenheitspflicht[32]. Dagegen erstreckt sich die Verschwiegenheitspflicht nicht auf Tatsachen, von denen der Notar im Rahmen einer sonstigen beruflichen Tätigkeit im Sinne des § 8 – etwa als Testamentsvollstrecker, Nachlasspfleger, Nachlassverwalter, Vormund, Betreuer, Pfleger und Beistand, Insolvenzverwalter, Vergleichsverwalter, gerichtlich bestellter Liquidator,

---

24 Einzelheiten dazu: *Bundesnotarkammer*, Rdschr. Nr. 41/1996 v. 30.10.1996 (*Weingärtner*, Notarrecht, Ord.-Nr. 194 a). Siehe auch *Bundesnotarkammer*, Empfehlungen für EDV-Programme (*Weingärtner*, Notarrecht, Ord.-Nr. 194 b).
25 Wegen möglicher Bedenken gegen diese Regelung vgl. *Mihm/Bettendorf*, DNotZ 2001, 22, 27.
26 *Mihm/Bettendorf*, DNotZ 2001, 27.
27 *Weingärtner/Ehrlich*, DONot, Rz. 104.
28 Muster zur Beeidigung: *Kersten/Bühling/Peter*, Formularbuch und Praxis der Freiwilligen Gerichtsbarkeit, § 18 Rz. 5.
29 Unklar: *Schippel/Bracker/Kanzleiter*, § 18 Rz. 4.
30 Siehe oben Rz. 10.
31 *Eylmann/Vaasen/Limmer*, § 16 BeurkG Rz. 13.
32 BGH NJW 2005, 2406, 2408.

Zwangsverwalter, Sequester, Sachwalter, Gläubigerausschuss- und Gläubigerbeiratsmitglied, Schiedsrichter sowie Autor und Gutachter auf rechtswissenschaftlichem Gebiet – oder als Privatperson Kenntnis erlangt hat. Maßgeblich sind insoweit die für die jeweilige Tätigkeit geltenden Rechtsvorschriften sowie § 203 StGB.

b) Geheimnisbegriff

§ 18 unterscheidet nicht zwischen einem formellen und einem materiellen **Geheimnis-** **begriff**. Es genügt daher, dass der Notar die Tatsachen von sich aus erkannt hat; sie müssen ihm nicht durch einen Beteiligten förmlich anvertraut oder mitgeteilt worden sein[33]. Auch die Strafbarkeit nach § 203 StGB setzt nur voraus, dass die geheimzuhaltende Tatsache dem Verschwiegenheitsverpflichteten *»sonst bekannt geworden«* ist. Unter die Verschwiegenheitspflicht fällt somit der gesamte Inhalt einer notariellen Verhandlung einschließlich der Umstände, die der Notar anlässlich der Verhandlung erfährt. Dazu gehören schon Tatsache, Zeit und Ort einer Inanspruchnahme des Notars als Amtsträger sowie die Identität der betreffenden Personen; das gilt auch, wenn es nicht zu einer Beurkundung oder sonstigen förmlichen Amtshandlung gekommen ist. Auch Äußerungen **dritter Personen**, die bei der Verhandlung zugegen sind (z. B. Immobilienmakler, Finanzierungsbeauftragte), fallen unter die Verschwiegenheitspflicht[34, 35].

20

c) Eigene Handlungen des Notars

Der Schweigepflicht unterliegen auch die **eigenen** Erklärungen und Handlungen des Notars, beispielsweise die Erteilung von Belehrungen nach § 17 BeurkG[36], ferner seine Wahrnehmungen etwa über die Geschäftsfähigkeit von Beteiligten[37].

21

d) Elektronische Kommunikationsmittel

Die Verschwiegenheitspflicht muss auch bei der Benutzung **elektronischer Kommunikationsmittel** beachtet werden. Der Notar sollte daher Entwürfe notarieller Urkunden, Kopien von Urkunden oder sonstige Dokumente möglichst nicht ohne Verschlüsselung als E-Mail bzw. als E-Mail-Anhang versenden. Falls eine Verschlüsselung nicht möglich ist, sollte er vorsorglich die Einwilligung der Beteiligten in diese Versendungsart einholen. Eine elektronische Signatur schützt zwar vor heimlichen Veränderungen des Dokuments, nicht aber vor Einsichtnahme durch Dritte[38].

22

4. Pflicht zur Verschwiegenheit gegenüber jedermann

a) Verschwiegenheit gegenüber Unbeteiligten

Die Verschwiegenheitspflicht besteht zunächst gegenüber allen, die an der konkreten Angelegenheit **nicht beteiligt** sind[39].

23

---

33 Vgl. BGHZ 40, 282, 293.
34 BGH DNotZ 2005, 288.
35 Siehe unten Rz. 48.
36 BGH DNotZ 2005, 288, 290; *Schippel/Bracker/Kanzleiter*, § 18 Rz. 6; *Eylmann/Vaasen/Eylmann*, § 18 BNotO Rz. 4; a. A. OLG München DNotZ 1981, 709; dagegen zu Recht *Kanzleiter*, DNotZ 1981, 662.
37 OLG Schleswig DNotZ 1950, 170. Wegen der Rechtslage nach dem Tod des Beteiligten siehe unten Rz. 49.
38 Siehe § 20 Rz. 11.
39 Zur Frage der Verschwiegenheitspflicht bei Beteiligung mehrerer Personen siehe unten Rz. 46.

aa) Behörden und Gerichte

24 Dazu zählen nicht nur Privatpersonen, sondern grundsätzlich auch **Behörden** und **Gerichte**. Allerdings begründet eine Reihe gesetzlicher Vorschriften für die Notare Anzeige-, Auskunfts-, Mitteilungs- und Beistandspflichten. Diese gehen der Verschwiegenheitspflicht vor[40].

bb) Zeugnisverweigerungsrecht und -pflicht

25 Zum Schutz der Verschwiegenheitspflicht sehen die einschlägigen Verfahrensordnungen – teils ausdrücklich, teils durch Verweisung auf die entsprechenden Vorschriften der Zivilprozessordnung – ein **Zeugnisverweigerungsrecht** vor[41].

26 (1) Der Notar und die ihm gleichgestellten Schweigepflichtigen einschließlich ihrer Hilfspersonen[42] haben insoweit ein **Schweigerecht**. Dieses entspricht seinem Umfang nach der Verschwiegenheitspflicht[43]. Zwar erstreckt sich das Zeugnisverweigerungsrecht in den Fällen des § 383 Abs. 1 Nr. 6 ZPO nach dessen Wortlaut nur *auf anvertraute*, nicht auch *auf bekannt gewordene* Tatsachen. Indessen ist bei der Auslegung der Vorschrift § 18 BNotO als vorrangige lex specialis zu berücksichtigen, so dass sich das Zeugnisverweigerungsrecht des § 383 Abs. 1 Nr. 6 ZPO auch auf *bekannt gewordene* Angelegenheiten bezieht[44]. In dieser Auslegung entspricht das zivilprozessuale Zeugnisverweigerungsrecht dem strafprozessualen (§§ 53 Abs. 1 Nr. 3, 53a StPO) und dem abgaberechtlichen (§ 102 Abs. 1 Nr. 3 AO, § 84 Abs. 1 FGO), die sich beide sowohl auf *anvertraute* als auch auf nur *bekannt gewordene* Tatsachen erstrecken.

27 Der Notar und die übrigen Schweigepflichtigen sind **verpflichtet**, von ihrem Zeugnisverweigerungsrecht Gebrauch zu machen, solange ihnen nicht Befreiung von der Schweigepflicht erteilt worden ist.

28 Das Zeugnisverweigerungsrecht **entfällt**, wenn und soweit[45] die zur Verschwiegenheit Verpflichteten wirksam von dieser Pflicht entbunden werden (§ 385 Abs. 2 ZPO, § 53 Abs. 2 StPO, § 102 Abs. 3 AO)[46]. Die Hilfspersonen des Notars können von diesem oder von denjenigen Personen, zu deren Schutz die Pflicht besteht, von der Verschwiegenheitspflicht befreit werden (§ 53a StPO).

29 (2) Mit dem Zeugnisverweigerungsrecht nach § 53 StPO korrespondiert das **Beweiserhebungsverbot** des § 100d Abs. 2 StPO[47].

cc) Durchsuchungen und Beschlagnahmen

30 Das Zeugnisverweigerungsrecht nach § 53 StPO ist auch im Zusammenhang mit **strafprozessualen Durchsuchungen** und **Beschlagnahmen** im Notariat zu beachten[48]. Bei der Anordnung und Durchführung solcher Maßnahmen ist das Aufklärungsinteresse der Allgemeinheit gegen das auf das informationelle Selbstbestimmungsrecht[49] gestützte Geheim-

---

40 Einzelheiten dazu: Rz. 72 ff.
41 Vgl. für **Verwaltungsverfahren**: § 65 Abs. 1 VwVfG, § 21 Abs. 3 SGB X (jeweils Verweisung auf ZPO); § 102 Abs. 1 Nr. 3 Buchst. b, Abs. 2 AO (eigenständige Regelung); für **gerichtliche Verfahren**: § 383 Abs. 1 Nr. 6 ZPO; § 15 Abs. 1 FGG, § 46 Abs. 2 ArbGG, § 98 VwGO, § 118 SGG (jeweils Verweisung auf ZPO); §§ 53 Abs. 1 Nr. 3, 53a StPO (eigenständige Regelung), § 84 Abs. 1 FGO (Verweisung auf AO).
42 Zur Frage der Gehilfenstellung von Kreditinstituten bei der Führung von Notaranderkonten: *Keller*, DNotZ 1995, 99, 102.
43 *Kanzleiter*, DNotZ 1981, 662; a. A. OLG München DNotZ 1981, 709. Siehe auch oben Rz. 3.
44 BGH DNotZ 2005, 288; *Kanzleiter*, DNotZ 1981, 663; vgl. auch MünchKommZPO/*Damrau*, § 383 Rz. 33.
45 Zur gegenständlichen Beschränkung der Befreiungserklärung siehe unten Rz. 104.
46 Zur Befreiung von der Verschwiegenheitspflicht siehe unten Rz. 101 ff.
47 Siehe unten Rz. 37.
48 Vgl. dazu *Bundesnotarkammer*, Rdschr. Nr. 15/1998 v. 22.05.1998 (*Weingärtner*, Notarrecht, Ord.-Nr. 191).
49 BVerfG NJW 2005, 1917, 1918.

haltungsinteresse des Mandanten sowie das Interesse an einer ordnungsgemäßen Aufgabenerfüllung durch den Notar abzuwägen. Letztere setzt ein ungestörtes Vertrauensverhältnis zwischen Notar und Mandant voraus.

Zu unterscheiden ist nach dem **Grund der Durchsuchung**. Der Notar kann als Verdächtiger (§ 102 StPO) oder aber als »andere Person« (§ 103 StPO) davon betroffen sein. Im ersteren Fall genügt für die Zulässigkeit der Durchsuchung die bloße Vermutung, dass Beweismittel aufzufinden sein werden. Dagegen ist eine Durchsuchung nach § 103 StPO nur zur Beschlagnahme bestimmter Gegenstände und nur dann zulässig, wenn aus konkreten Tatsachen zu schließen ist, dass sich die Gegenstände in den zu durchsuchenden Räumen befinden. **31**

Der Notar sollte den Grund der Durchsuchung vor deren Beginn bzw. vor einer Beschlagnahme klären. Außerdem sollte er versuchen, mit den Beteiligten, deren Belange betroffen sind, sowie der Notarkammer oder der Aufsichtsbehörde Kontakt aufzunehmen[50].

(1) Nach § 97 Abs. 1 StPO sind **beschlagnahmefrei** **32**
– schriftliche Mitteilungen zwischen dem Beschuldigten und dem zur Zeugnisverweigerung berechtigten Notar,
– Aufzeichnungen, die der Notar über die ihm vom Beschuldigten anvertrauten Mitteilungen oder über andere Umstände gemacht hat, auf die sich das Zeugnisverweigerungsrecht erstreckt,
– andere Gegenstände, auf die sich das Zeugnisverweigerungsrecht erstreckt, sofern diese Gegenstände im Gewahrsam des zur Zeugnisverweigerung Berechtigten sind.

In diesem Umfang erstreckt sich die Beschlagnahmefreiheit auch auf die in **elektronischen Datenträgern** verkörperten Daten[51]. Die Beschlagnahme eines gesamten Datenbestandes ist daher regelmäßig unzulässig. Um die Beschlagnahmefreiheit zu wahren, sind die Datenbestände grundsätzlich am Durchsuchungsort zu sichten und zu trennen (§ 110 StPO). Dabei kann es zur Sicherung der Verhältnismäßigkeit des Eingriffs geboten sein, den Notar in die Prüfung der Verfahrenserheblichkeit vorhandener Daten einzubeziehen. Er wird vielfach in der Lage sein, Unterschiede in der Datenzuordnung aufzuzeigen und so dazu beizutragen, dass der Zugriff auf die verfahrensrelevanten Bestände beschränkt werden kann. Sollte eine sorgfältige Sichtung und Trennung der Daten an Ort und Stelle nicht möglich sein, darf der Bestand im Ganzen sichergestellt und kopiert werden. Nicht verfahrensrelevante Daten sind sodann zu löschen. **33**

Umstritten ist, ob sich das Beschlagnahmeverbot auf **notarielle Urkunden** erstreckt. Eine verbreitete Meinung verneint dies, da notarielle Urkunden nach Aussageinhalt und Zweck keiner Geheimhaltung bedürften, sondern zur Kenntnisnahme durch Dritte bestimmt seien[52]. Dagegen spricht jedoch, dass der Begriff »öffentliche Urkunde« nichts über die Geheimhaltungsbedürftigkeit aussagt. Maßgeblich ist vielmehr, zu welchem speziellen Zweck die jeweilige Urkunde nach dem Willen der Beteiligten bestimmt ist[53]. **34**

(2) **Beschlagnahmefähig** sind die vorgenannten Gegenstände nach § 97 Abs. 2 Satz 3 StPO, wenn der zur Zeugnisverweigerung Berechtigte einer Teilnahme oder einer Begünstigung, Strafvereitelung oder Hehlerei verdächtig ist oder es sich um Gegenstände handelt, die durch eine Straftat hervorgebracht oder zur Begehung einer Straftat gebraucht oder bestimmt sind oder die aus einer Straftat herrühren. **35**

Nach dem Verhältnismäßigkeitsgrundsatz darf eine Beschlagnahme in solchen Fällen erst angeordnet und vorgenommen werden, wenn gewichtige Anhaltspunkte für das Vorliegen einer Straftat sprechen; ein bloßer Anfangsverdacht reicht nicht aus[54]. **36**

---

50 *Bundesnotarkammer*, Rdschr. Nr. 15/1998, Ziff. II 1.
51 Vgl. hierzu und zum Folgenden: BVerfG NJW 2005, 1917, 1920 (betr. Durchsuchung einer Anwaltskanzlei) sowie die Entscheidungsbesprechung von *Kutzner*, NJW 2005, 2652.
52 BGH NJW 1987, 2441, 2442; LG Landshut MittBayNot 1994, 586; *Laufhütte*, KK, § 97 StPO, Rz. 9; RdErl. des JM NW v. 16.06.1995. (Abdruck: *Notarkammer Hamm*, Informationen Nr. 2/1995).
53 So zutreffend: *Schippel/Bracker/Kanzleiter*, § 18 Rz. 62; *Eylmann/Vaasen/Eylmann*, § 18 BNotO Rz. 20; *Bundesnotarkammer*, Rdschr. Nr. 15/1998 v. 22.05.1998 (*Weingärtner*, Notarrecht, Ord.-Nr. 191).
54 *Amelung*, DNotZ 1984, 212.

37   (3) Die **Verwertung** beschlagnahmter Unterlagen ist auf das konkrete Ermittlungs- und ein etwaiges sich diesem anschließendes Strafverfahren beschränkt; die Gewährung von Einsicht und die Weitergabe beschlagnahmter Unterlagen an Dritte sind zum Schutz der Verschwiegenheitspflicht unzulässig[55].

38   (4) Strafprozessuale Durchsuchungen (§§ 102, 103 StPO)[56] sind nur zulässig, soweit sie auf die Auffindung und Beschlagnahme von Unterlagen zielen, die nach § 97 Abs. 2 StPO beschlagnahmefähig sind[57]. Im Rahmen der **Verhältnismäßigkeitsprüfung** ist die Gefahr zu berücksichtigen, dass bei einer Durchsuchung die Angelegenheiten zahlreicher unbeteiligter Klienten des Notars offenbart werden können[58]. Die Durchsuchung der Geschäftsstelle eines Notars darf daher nur unter besonders sorgfältiger Beachtung der Eingriffsvoraussetzungen und des Verhältnismäßigkeitsgrundsatzes angeordnet werden[59].

Die Entscheidung darüber, welche Unterlagen im Rahmen einer Durchsuchung **freiwillig herausgegeben** werden können, sollte nach Möglichkeit der Notar oder sein Vertreter im Amt persönlich treffen; sie darf nicht auf Büroangestellte delegiert werden.

dd) Telekommunikations- und Wohnraumüberwachung

39   In engem Zusammenhang mit der notariellen Verschwiegenheitspflicht steht auch das Recht der **Telekommunikationsüberwachung** und der **Wohnraumüberwachung**.

40   (1) Ermittlungsmaßnahmen zur **Gefahrenabwehr** sind bundesrechtlich im Zusammenhang mit dem Zollfahndungsdienst geregelt[60].

41   (2) Das Recht der **strafprozessualen Ermittlungen** ist im Jahre 2007 umfangreich novelliert worden[61]. Wegen der Einzelheiten wird auf das strafprozessuale Schrifttum verwiesen. Aus notarrechtlicher Sicht ist hervorzuheben:

42   (a) Die **Telekommunikation** darf unter den in § 100a Satz 1 StPO n. F. bestimmten Voraussetzungen überwacht und aufgezeichnet werden. Die Anordnung darf sich auch gegen Nichtverdächtige richten, wenn anzunehmen ist, dass sie für den Beschuldigten bestimmte oder von ihm herrührende Mitteilungen entgegennehmen oder weitergeben oder dass der Beschuldigte ihren Anschluss benutzt (§ 100a Abs. 3 StPO n. F.). Hingegen ist eine **Wohnraumüberwachung** (»großer Lauschangriff«) – wozu auch die Überwachung von Arbeits-, Betriebs- und Geschäftsräumen zählt[62] – gem. § 100c Abs. 6 Satz 1 StPO n. F. nur gegen als Täter oder Teilnehmer verdächtige Personen zulässig.

43   (b) Ungeachtet des ihnen zustehenden Zeugnisverweigerungsrechts (§ 53 Abs. 1 Satz 1 Nr. 3 StPO) dürfen sich Ermittlungsmaßnahmen der vorgenannten Art auch gegen **Rechtsanwälte** und **Notare** richten; eine Einschränkung ergibt sich lediglich aus § 160a Abs. 2 StPO n. F., wonach die Erhebung und Verwertung von Beweismitteln nur aufgrund einer Verhältnismäßigkeitsprüfung zulässig ist. Notare genießen insoweit einen geringeren Schutz als Personen im Sinne des § 53 Abs. 1 Satz 1 Nr. 1, 2 und 4 StPO (Geistliche, Verteidiger und Parlamentsmitglieder), gegen die derartige Ermittlungsmaßnahmen schlechthin unzulässig sind.

---

55 OLG Koblenz DNotZ 1986, 423, 425.
56 Eingehend dazu: *Bandisch*, NJW 1987, 2200.
57 LG Köln NJW 1981, 1746; *Bundesnotarkammer*, Rdschr. Nr. 15/1998.
58 *Bundesnotarkammer*, Rdschr. Nr. 15/1998.
59 BVerfG AnwBl 2006, 850 (betr. Durchsuchung einer Anwaltskanzlei).
60 Neuregelung der präventiven Telekommunikations- und Postüberwachung gem. Art. 1 Nr. 1 Buchst. c des Gesetzes zur Änderung des Zollfahndungsdienstgesetzes und anderer Gesetze v. 12.06.2007 (BGBl. I S. 1037).
61 Art. 1 des Gesetzes zur Neuregelung der Telekommunikationsüberwachung und anderer verdeckter Ermittlungsmaßnahmen sowie zur Umsetzung der Richtlinie 2006/24/EG v. 21.12.2007 (BGBl. I S. 3198). Das Gesetz ist gem. Art. 16 Abs. 2 am 01.01.2008 in Kraft getreten.
62 *Schäfer* in Löwe/Rosenberg, § 100c Rz. 47.

b) Verschwiegenheit gegenüber Beteiligten

Auch gegenüber den an einer notariellen Amtshandlung **Beteiligten** kommt eine Verpflichtung zur Verschwiegenheit in Betracht.   **44**

aa) Eigene Angelegenheiten von Beteiligten

Keine Verschwiegenheitspflicht besteht hinsichtlich der **eigenen** Angelegenheiten von Beteiligten, auch wenn der Notar erst im Vollzug einer Amtshandlung davon erfährt[63, 64].   **45**

bb) Mehrere Beteiligte; Sammelbeurkundungen

Sind **mehrere** Personen an einer Angelegenheit beteiligt, besteht eine Schweigepflicht, soweit es sich um Tatsachen handelt, die nur einzelne von ihnen betreffen und die nach deren wirklichem oder mutmaßlichen Willen geheim zu halten sind. So darf der Notar bei der Beurkundung eines Grundstücksverkaufs grundsätzlich nicht seine Kenntnis darüber offenbaren, zu welchem Preis der Verkäufer das Grundstück selbst erworben hat. Auch mehrere Verkäufer können untereinander ein Geheimhaltungsinteresse hinsichtlich der Verwendung des Kaufpreises haben. Daran ist etwa zu denken, wenn Eheleute eine Immobilie wegen Scheiterns ihrer Ehe veräußern. Bevor der Notar gegenüber einem von mehreren Verkäufern Auskunft über den Geldfluss gibt, muss er sich vergewissern, ob ein solches Geheimhaltungsinteresse besteht.   **46**

Bei **Sammelbeurkundungen** (§ 13 Abs. 2 BeurkG) darf der Notar die voneinander abweichenden Teile der Niederschrift nur in Gegenwart der jeweils Betroffenen vorlesen, es sei denn, dass alle Beteiligten mit einer abweichenden Verfahrensweise einverstanden sind[65].   **47**

cc) Angelegenheiten Dritter

Nehmen **Dritte** an einer Urkundsverhandlung teil, ohne formell daran beteiligt zu sein, so erstreckt sich die Verschwiegenheitspflicht auch auf deren Äußerungen (z. B. Gespräch des Immobilienmaklers mit den Vertragsparteien bei der Beurkundung eines von ihm vermittelten Kaufvertrages, ohne dass rechtsgeschäftliche Erklärungen des Maklers oder ihm gegenüber abgegeben werden).   **48**

dd) Erben der Beteiligten

Gegenüber den **Erben** oder sonstigen Rechtsnachfolgern eines Beteiligten besteht die Verschwiegenheitspflicht jedenfalls, soweit es sich um persönliche Angelegenheiten des Verstorbenen handelt, es sei denn, dass dieser vor seinem Tod den Notar von der Verschwiegenheitspflicht befreit hat, weil die spätere Offenlegung seinem Interesse dient[66]. Denkbar ist dies etwa, wenn es um Feststellungen des Notars über die Testierfähigkeit des Erblassers oder über dessen Fähigkeit zu freier Willensentschließung bei einem sonstigen Rechtsgeschäft geht. Hat der Verstorbene eine Befreiung weder ausdrücklich noch konkludent erklärt, ist es nach Absatz 2 Sache der Aufsichtsbehörde, über eine Befreiung zu entscheiden.   **49**

In vermögensrechtlichen Angelegenheiten mag sich der Notar gegenüber den Rechtsnachfolgern nicht auf seine Verschwiegenheitspflicht berufen können[67]. Indes lassen sich persönliche und vermögensrechtliche Angelegenheiten nicht immer zuverlässig trennen; sie gehen vielfach ineinander über[68]. Der Notar sollte deshalb in solchen Fällen stets die Entscheidung der Aufsichtsbehörde nachsuchen (§ 18 Abs. 3).

---

63 *Schippel/Bracker/Kanzleiter*, § 18 Rz. 7.
64 Zu der dabei zu beachtenden Neutralitätspflicht siehe § 14 Rz. 50.
65 *Lerch*, BeurkG, § 13 Rz. 16.
66 Vgl. dazu OLG Köln DNotZ 1981, 713, 714.
67 *Schippel/Bracker/Kanzleiter*, § 18 Rz. 7; *Zöller/Greger*, § 385 Rz. 10; jeweils m. w. N.
68 BGH DNotZ 1975, 420, 421.

ee) Insolvenz eines Beteiligten

50 Bei **Insolvenz** eines Beteiligten tritt der Insolvenzverwalter hinsichtlich der Verschwiegenheitspflicht an die Stelle des Schuldners, soweit die Amtstätigkeit des Notars die Insolvenzmasse betroffen hat[69]; denn das Geheimhaltungsinteresse des Schuldners tritt hinter dem Verwertungsinteresse des Insolvenzverwalters zurück[70]. Der Insolvenzverwalter kann daher von dem Notar in gleicher Weise Auskunft über das Amtsgeschäft verlangen, wie es bis zur Insolvenzeröffnung der Schuldner konnte. Das Recht des Schuldners, Befreiung von der Verschwiegenheitspflicht zu erteilen, geht mit der Insolvenzeröffnung auf den Insolvenzverwalter über.

c) Ausfertigungs- und Einsichtsrechte im Urkundsverfahrensrec

51 Die Verschwiegenheitspflicht des Notars begrenzt auch die **Ausfertigungs- und Einsichtsrechte** im Urkundsverfahrensrecht.

aa) Beurkundungen nach dem BeurkG

52 Für **Beurkundungen** nach dem Beurkundungsgesetz regelt § 51 BeurkG, wer die Erteilung von Ausfertigungen und Abschriften sowie die Einsicht in notarielle Urkunden beanspruchen kann.

Im Verfahren über die Erteilung einer Ausfertigung ist er zu einer sachlich-rechtlichen **Überprüfung des Titels** grundsätzlich nicht befugt. Jedoch muss er die Erteilung einer **vollstreckbaren Ausfertigung** ablehnen, wenn der titulierte Anspruch offenkundig nicht besteht[71].

bb) Ausfertigungsberechtigung

53 Nach § 51 BeurkG können **Ausfertigungen** sowie einfache oder beglaubigte **Abschriften** verlangen
– bei Niederschriften über Willenserklärungen (§ 8 BeurkG) jeder, der eine Erklärung im eigenen Namen abgegeben hat oder in dessen Namen eine Erklärung abgegeben worden ist (Abs. 1 Nr. 1),
– bei anderen Niederschriften (§ 36 BeurkG) jeder, der die Aufnahme der Urkunde beantragt hat (Abs. 1 Nr. 2),
– die Rechtsnachfolger dieser Personen (Abs. 1 Halbs. 2). Rechtsnachfolger in diesem Sinne ist auch der Insolvenzverwalter eines Berechtigten, wenn der Gegenstand der Urkunde zur Insolvenzmasse gehört[72]. Die einem Rechtsnachfolger zu erteilende Ausfertigung ist grundsätzlich auf diejenigen Teile der Urkunde zu beschränken, auf die sich die Rechtsnachfolge erstreckt[73].

cc) Abweichende Bestimmungen

54 Die Antragsberechtigten können *gemeinsam* in der Niederschrift oder durch besondere Erklärung gegenüber dem Notar eine abweichende Bestimmung treffen (Abs. 2). Sie können den Kreis der Ausfertigungsberechtigten erweitern, den Anspruch eines an sich Berechtigten aber auch einschränken oder von Bedingungen abhängig machen[74].

---

69 Rechtsgedanke §§ 80 Abs. 1, 97 Abs. 1 InsO.
70 BGHZ 109, 260, 270 (zur anwaltlichen Verschwiegenheitspflicht); *Eylmann/Vaasen/Eylmann*, § 18 BNotO Rz. 36; *Bous/Solveen*, DNotZ 2005, 261, 265.
71 BayObLG DNotZ 1998, 194; 2000, 368.
72 *Winkler*, § 51 Rz. 13; siehe auch oben Rz. 50.
73 KG DNotZ 1998, 200.
74 *Lerch*, BeurkG, § 51 Rz. 8, 9; *Kersten/Bühling/Peter*, § 14 Rz. 14.

dd) Einsichtsrechte

Wer ein Recht auf Ausfertigungen hat, ist auch berechtigt, die **Urschrift einzusehen**. Ob   55
sich das Einsichtsrecht auf die Nebenakten (§ 22 DONot) des Notars oder Teile davon erstreckt, ist strittig[75]. Eine solche Einsicht bedarf jedenfalls des Einverständnisses aller Beteiligten, um nicht die Schutzfunktion der notariellen Verschwiegenheitspflicht außer Kraft zu
setzen[76].

ee) Sonstige Verfahrensordnungen

Soweit für die Tätigkeit des Notars **andere Verfahrensordnungen** maßgeblich sind (z. B.   56
FGG, GBO, ZPO), richten sich die Informationsrechte Privater nach den dortigen Vorschriften (z. B. § 34 FGG, §§ 124, 125 GBO i. V. m. §§ 43, 46 GBVfg, §§ 792, 896 ZPO)[77].
   Strittig ist, ob und inwieweit ein Gläubiger nach § 792 ZPO zum Zwecke der Zwangsvollstreckung außer der Schuldurkunde auch eine Ausfertigung der **Vollmachtsurkunde** verlangen kann, in der ein Bevollmächtigter – z. B. ein Büroangestellter des Notars – namens des
Schuldners dessen Unterwerfung unter die sofortige Zwangsvollstreckung erklärt hat. Nach
der Rechtsprechung des Bundesgerichtshofs muss die Vollmachtserklärung dem Schuldner
durch öffentliche oder öffentlich beglaubigte Urkunde zugestellt werden[78]. Daraus folgt, dass
der Gläubiger eine Ausfertigung oder beglaubigte Abschrift der Vollmachtsurkunde verlangen kann. Nicht geklärt ist damit, wie zu verfahren ist, wenn die Bevollmächtigung in einer
Urkunde enthalten ist, in der zugleich sonstige Erklärungen, etwa ein Grundstückskaufvertrag, niedergelegt sind. Den Erfordernissen des § 792 ZPO dürfte es unter Berücksichtigung
der notariellen Verschwiegenheitspflicht genügen, wenn der Gläubiger eine auf die Bevollmächtigung beschränkte auszugsweise Ausfertigung bzw. beglaubigte Abschrift erhält.

ff) Notarielle Prüfungspflichten

Der Notar muss die **Antragsberechtigung** sorgfältig prüfen. Über eine behauptete Rechts-   57
nachfolge muss er sich anhand geeigneter Nachweise Gewissheit verschaffen[79]. § 34 FGG,
der die Glaubhaftmachung eines *berechtigten Interesses* genügen lässt, gilt insoweit nicht[80].

d) Verschwiegenheitspflicht beim Urkundsvollzug

Auch beim **Urkundsvollzug** ist auf die Wahrung der Verschwiegenheitspflicht zu achten.   58
Der Notar muss daher Mitteilungen des Urkundstextes an Private und öffentliche Stellen –
etwa an das Grundbuchamt oder das Registergericht – auf das zum sachgerechten Vollzug
des Amtsgeschäfts Notwendige beschränken. Enthält eine Urkunde mehrere Rechtsgeschäft
oder voneinander abtrennbare Teile eines Rechtsgeschäfts, sollte der Notar nur Teilausfer-
tigungen bzw. Teilabschriften vorlegen[81].

---

75 Verneinend: *Winkler*, § 51 Rz. 37; *Huhn/von Schuckmann/Preuß*, BeurkG, § 51 Rz. 6; *Bohrer*,
    Rz. 119; *Lerch*, BeurkG, § 51 Rz. 12. Für einen Sonderfall bejahend: BayObLG DNotZ 1993, 471;
    dagegen zu Recht kritisch: *Kanzleiter*, DNotZ 1993, 434. Wie BayObLG: *Weingärtner/Ehrlich*,
    Rz. 334; offen gelassen: BGHZ 109, 260, 273.
76 BGH DNotZ 1990, 392; OLG Zweibrücken ZNotP 2002, 489.
77 *Bohrer*, Rz. 121, 122.
78 BGH ZNotP 2007, 75; a. A. OLG Zweibrücken InVo 1999, 185; *Musielak/Lackmann*, ZPO, § 794
    Rz. 36.
79 *Winkler*, § 51 Rz. 6.
80 BGHZ 109, 260, 273.
81 *Bohrer*, Rz. 131.

e) Berufsausübungsgemeinschaften

59   In interprofessionellen **Berufsausübungsgemeinschaften** besteht die Verschwiegenheitspflicht auch gegenüber den anderen Berufsträgern[82], ausgenommen Notare und die zur Vertretung des Notars amtlich bestellten Personen.

f) Hilfskräfte, Personen in Berufsvorbereitung

60   Gegenüber seinen **Hilfskräften** sowie den zur **Berufsvorbereitung** bei ihm Beschäftigten ist der Notar nicht zur Verschwiegenheit verpflichtet, soweit diese Personen zur Erledigung der notariellen Amtsgeschäfte bzw. zwecks Ausbildung mit an sich geheimzuhaltenden Angelegenheiten befasst werden. Umgekehrt sind die Hilfskräfte und die zur Berufsvorbereitung tätigen Personen gegenüber dem Notar in vollem Umfang offenbarungspflichtig, da sich ihre Verschwiegenheitspflicht von der des Notars ableitet.

5. Dauer der Verschwiegenheitspflicht

a) Erlöschen des Amtes, Tod des Notars

61   Nach § 18 Abs. 4 bleibt die Verschwiegenheitspflicht auch nach dem **Erlöschen des Amtes** bestehen. § 203 Abs. 3 Satz 2 StGB bestimmt ergänzend, dass sich die Verschwiegenheitspflicht nach dem **Tode des Schweigepflichtigen** auf diejenigen Personen erstreckt, die von dem Verstorbenen oder aus dem Nachlass Kenntnis von der geheimzuhaltenden Angelegenheit erlangt haben.

b) Tod des Beteiligten

62   Die Verschwiegenheitspflicht besteht nach dem **Tode des Beteiligten** grundsätzlich fort[83]. Jedoch liegt die Aufklärung von Zweifeln an der **Testierfähigkeit** im wohlverstandenen Interesse eines Erblassers, der ein Testament hat beurkunden lassen. Daher unterliegen solche Tatsachen, welche die Willensbildung des Erblassers und das Zustandekommen einer letztwilligen Verfügung betreffen, nach dem Tode des Erblassers grundsätzlich nicht der notariellen Schweigepflicht[84]. Im Zweifelsfall sollte der Notar eine Entscheidung der Aufsichtsbehörde einholen (§ 18 Abs. 3).

6. Grenzen der Verschwiegenheitspflicht

a) Gesetzliche Ausnahmen

63   Nach Abs. 1 Satz 3 unterliegen der Verschwiegenheitspflicht nicht Tatsachen, die offenkundig sind oder ihrer Bedeutung nach keiner Geheimhaltung bedürfen.

aa) Offenkundige Tatsachen

64   **Offenkundige Tatsachen** bedürfen keiner Geheimhaltung (mehr), auch wenn sie vorher der Verschwiegenheitspflicht unterlegen haben. Offenkundig sind solche Tatsachen, von denen verständige und erfahrene Menschen ohne Weiteres Kenntnis haben oder von denen sie sich jederzeit durch Benutzung allgemein zugänglicher, zuverlässiger Quellen unschwer überzeugen können[85].

---

82 A. A. *Eylmann/Vaasen/Eylmann*, § 18 BNotO Rz. 37.
83 BGH NJW 1984, 2893, 2894 (zur ärztlichen Schweigepflicht); OLG Frankfurt DNotZ 1998, 216, 218. Eingehend dazu: *Edenfeld*, ZEV 1997, 391.
84 OLG Frankfurt/M. DNotZ 1998, 216, 218.
85 BGH NJW 2003, 326, 327 (zu § 203 StGB).

bb) Bedeutung der Angelegenheit

Nicht unter die Schweigepflicht fallen ferner Angelegenheiten, die ihrer **Bedeutung** nach keiner Geheimhaltung bedürfen. 65

Hierzu zählen Tatsachen, die ganz belanglos sind und unter keinem Gesichtspunkt aus irgendeinem Grund zu irgendeiner Zeit Bedeutung gewinnen können[86].

Der Verschwiegenheitspflicht unterliegen ferner solche Angelegenheiten nicht, die der Geheimnisgeschützte **nicht geheim halten wollte**, deren Offenlegung vielmehr gerade seinem wirklichen oder mutmaßlichen Willen entspricht[87]. Bei der Annahme eines auf Offenlegung gerichteten *mutmaßlichen* Willens[88] ist aber besondere Vorsicht geboten.

Eine Verletzung der Verschwiegenheitspflicht dürfte ferner ausscheiden, wenn der Notar Tatsachen offenbart, die dem Empfänger seiner Mitteilung bereits **bekannt** sind[89]. Aber auch insoweit ist Zurückhaltung zu üben, da der Notar im allgemeinen nicht verlässlich beurteilen kann, wie weit das Vorwissen des Empfängers reicht.

b) Güterabwägung

Die Verschwiegenheitspflicht besteht wie jede Rechtspflicht nicht uneingeschränkt; ihre Durchbrechung kann nach den Grundsätzen der **Güterabwägung** im Einzelfall gerechtfertigt sein. 66

aa) Wahrnehmung eigener Interessen

Der Notar darf der Verschwiegenheitspflicht unterliegende Tatsachen offenbaren, soweit dies zur **eigenen Interessenwahrung** notwendig ist[90]. Eine Offenbarungsbefugnis kommt insbesondere in Betracht, wenn der Notar in eigener Angelegenheit – z. B. aufgrund einer bei der Notarkammer oder der Aufsichtsbehörde gegen ihn erhobenen Beschwerde, im Beschwerdeverfahren nach § 15 Abs. 2 Satz 1 BNotO[91], als Partei im Zivilprozess oder als Beschuldigter im Strafprozess – an einem behördlichen oder gerichtlichen Verfahren beteiligt ist. 67

(1) Eigene Interessen sind namentlich bei der **Abwehr von Haftpflichtansprüchen** zu wahren. 68

Die Allgemeinen Versicherungsbedingungen zur **Haftpflichtversicherung** (AVB) verpflichten den Notar, im Schadenfall den Versicherer wahrheitsgemäß und umfassend über den Sachverhalt zu unterrichten (§ 5 Ziff. 3a AVB); bei Verletzung dieser Aufklärungsobliegenheit droht der Verlust des Deckungsschutzes (§ 6 AVB). Die Verschwiegenheitspflicht entfällt insoweit[92].

Gegen eine Inanspruchnahme im **Haftpflichtprozess** darf sich der Notar durch Offenlegung des Sachverhalts verteidigen; einer Befreiung von der Verschwiegenheitspflicht bedarf er dazu nicht[93]. Bestehen im Einzelfall Zweifel über den Umfang des Offenbarungsrechts, sollte der Notar auf eine Befreiung durch die Beteiligten oder durch die Aufsichtsbehörde hinwirken.

(2) Wird dem Notar in einem – oft wegen der Subsidiarität der Notarhaftung (§ 19 Abs. 1 Satz 2) notwendigen – Vorprozess zulässigerweise der **Streit verkündet**, so ist er auch ohne Befreiung von der Verschwiegenheitspflicht berechtigt, in diesem Vorprozess den maßgeblichen Sachverhalt zu offenbaren, soweit das zur Abwehr des angekündigten Haftpflichtanspruchs erforderlich ist; andernfalls müsste die Bindungswirkung der Streitverkündung in 69

---

86 Vgl. OVGE Münster 16, 56.
87 OLG Köln DNotZ 1981, 713.
88 Vgl. dazu BGH NJW 1984, 2893, 2895 (zur ärztlichen Schweigepflicht).
89 Einschränkend: *Eylmann/Vaasen/Eylmann*, § 18 BNotO Rz. 29.
90 *Schippel/Bracker/Kanzleiter*, § 18 Rz. 50.
91 Vgl. dazu § 15 Rz. 105.
92 Ebenso: *Haug*, Die Amtshaftung des Notars, Rz. 819.
93 *Haug*, Rz. 817.

Analogie zu § 68 Abs. 2 ZPO (unbekannte Angriffs- oder Verteidigungsmittel) verneint werden[94].

70 (3) Die Verschwiegenheitpflicht besteht ebenfalls nicht, wenn und soweit der Notar an sich geheimzuhaltende Tatsachen offenbaren muss, um seinen **Kostenanspruch** durchsetzen zu können[95].

bb) Pflichtenkollision

71 Eine Begrenzung der Verschwiegenheitspflicht kann sich ferner aus dem Gesichtspunkt der **Pflichtenkollision** ergeben.

Insbesondere wird die Verschwiegenheitspflicht durch die **Belehrungs- und Aufklärungspflicht** (§ 17 BeurkG, § 14 BNotO) eingeschränkt[96]. Ein genereller Vorrang der Verschwiegenheitspflicht vor der Belehrungspflicht besteht nicht[97]; es bedarf vielmehr einer Interessenabwägung im Einzelfall. Im Zweifelsfall sollte der Notar um eine Entscheidung der Aufsichtsbehörde nachsuchen.

Grundsätzlich braucht der Notar nicht über die Vertrauens- und Kreditwürdigkeit eines Vertragspartners zu belehren[98]. Hat er insoweit **Zweifel**, so darf er diese nicht offen legen; vielmehr muss er den anderen Beteiligten nahe legen, sich ausreichende Sicherheiten geben zu lassen oder von dem vorgesehenen Geschäft Abstand zu nehmen[99].

Hat der Notar aber den **begründeten Verdacht** oder gar **Kenntnis** davon, dass einem Beteiligten durch außerhalb des Amtsgeschäfts liegende Umstände Schaden droht, muss er dieses Wissen offenbaren. Das gilt insbesondere, wenn er durch Offenbarung seines Wissens eine strafbare Handlung verhindern kann; denn die Pflicht, dem Unrecht zu wehren und Schaden zu verhüten, geht dem Schutz des Notargeheimnisses (ebenso wie der Neutralitätspflicht[100]) vor[101].

7. Offenbarungspflichten

72 Zahlreiche Vorschriften begründen für die Notare **Auskunfts-**, **Anzeige-**, **Mitteilungs-** und **Beistandspflichten**.

a) Aufsichtsbehörden, Notarkammern und Notarkassen

73 Die Verschwiegenheitspflicht besteht nicht gegenüber den **Aufsichtsbehörden** und den **Notarkammern**, soweit diese im Rahmen ihrer gesetzlichen Aufgabenzuweisung tätig werden. Das Amtsrecht der Notare unterscheidet sich dadurch vom anwaltlichen Berufsrecht, wonach die Verschwiegenheitspflicht Vorrang vor den Informationsrechten der Rechtsanwaltskammer in Aufsichts- und Beschwerdesachen hat (§ 56 Abs. 1 Satz 2 BRAO).

aa) Aufsichtsbehörden

74 Den **Aufsichtsbehörden** steht nach § 93 im Rahmen ihrer Prüfungs- und Überwachungsaufgabe das Recht zur Einsicht in das Schriftgut des Notars zu. Das Einsichtsrecht umfasst das

---

94 Im Ergebnis ebenso: *Haug*, Rz. 820.
95 BGHSt 1, 366 (betr. anwaltliche Honorarforderung); OLG Düsseldorf DNotZ 1972, 443. Siehe dazu auch § 17 Rz. 98.
96 BGH DNotZ 1992, 813, 817.
97 BGH DNotZ 1973, 494.
98 BGH DNotZ 1967, 323.
99 *Haug*, Rz. 442; *Weingärtner*, Vermeidbare Fehler im Notariat, Rz. 13; siehe auch BGH DNotZ 1978, 373 (Treuhandgeschäft).
100 Siehe § 14 Rz. 97.
101 BGH DNotZ 1978, 373; DNotZ 1992, 813, 817. Teilweise a. A. *Eylmann/Vaasen/Eylmann*, § 18 BNotO Rz. 67.

Recht auf die Erteilung von Auskünften[102]; ferner muss der Notar die Anfertigung von Kopien und Abschriften durch die Aufsichtsbehörden und die von diesen beauftragten Richter dulden.

bb) Notarkammern und Notarkassen

Die **Notarkammern** haben nach § 74 Abs. 1 in Ausübung ihrer in § 67 geregelten Befugnisse u. a. das Recht auf Auskünfte und auf die Vorlage von Büchern und Akten des Notars. Dazu gehört auch das Recht auf Einsicht in die von dem Notar verwahrten Urkunden[103]. Ferner sind die Notare im Tätigkeitsbereich der **Notarkasse** und der **Ländernotarkasse** verpflichtet, Einsicht in ihre Akten, Urkunden, Verzeichnisse und Bücher zu gewähren sowie dienstliche Auskünfte zu geben, soweit dies zur Ermittlung der Höhe ihrer Abgabepflicht erforderlich ist (§ 113 Abs. 17 Satz 10, Abs. 18 Satz 1).   **75**

b) Datenschutz

Inwieweit die Notare den Vorschriften des **Datenschutzrechts** unterliegen, ist noch nicht abschließend geklärt[104]. Gesetzliche Grundlagen des Datenschutzrechts sind die EG-Datenschutzrichtlinie[105], das Bundesdatenschutzgesetz[106] sowie die Datenschutzgesetze der Bundesländer.   **76**

aa) Anwendbares Recht

Soweit die Notare in automatisierten Verfahren mittels elektronischer Datenverarbeitung (EDV) personenbezogene Daten sammeln, speichern und nutzen, führen sie **Dateien** im datenschutzrechtlichen Sinn. Für die Behandlung der notariellen Dateien ist das jeweilige Landesdatenschutzrecht maßgeblich; denn die Notare sind »öffentliche Stellen« der Bundesländer im Sinne des § 1 Abs. 2 Nr. 2 BDSG[107]. Die Auffassung, die BNotO und das BeurkG enthielten spezielles Datenschutzrecht, das die Anwendung des allgemeinen Datenschutzrechts verdränge[108], trifft in dieser Allgemeinheit nicht zu. Das Datenschutzrecht enthält keine spezifisch notarrechtlichen Regelungen, sondern knüpft an Merkmale an, die gleichermaßen in anderen beruflichen Bereichen anzutreffen sind[109]. Maßgeblich für die Anwendbarkeit der Datenschutzvorschriften ist allein, ob sie in Widerstreit zu bundesrechtlich geregelten Berufspflichten der Notare treten[110].   **77**

---

102 BGH DNotZ 1993, 465.
103 *Schippel/Bracker/Püls*, § 74 Rz. 4; a. A. *Bohrer*, Rz. 134.
104 Näher dazu: *Mihm*, ZNotP 2000, 62.
105 Richtlinie 95/46/EG des Europäischen Parlaments und des Rates zum Schutz natürlicher Personen bei der Verarbeitung personenbezogener Daten und zum freien Datenverkehr v. 24.10.1995 (Abl. EG Nr. L 281 S. 31), ergänzt durch Richtlinie 2002/58/EG über die Verarbeitung personenbezogener Daten und den Schutz der Privatsphäre in der elektronischen Kommunikation (Datenschutzrichtlinie für elektronische Kommunikation), v. 12.07.2002 (Abl. EG Nr. L 201 S. 37).
106 Bundesdatenschutzgesetz (BDSG) v. 20.12.1990 i.d.F. der Bekanntmachung v. 14.01.2003 (BGBl. I S. 66), zuletzt geändert durch Gesetz zur Regelung des Zugangs zu Informationen des Bundes (Informationsfreiheitsgesetz – IFG) v. 05.09.2005 (BGBl. I S. 2722).
107 Ebenso *Mihm*, NJW 1998, 1591; *dies.*, ZNotP 2000, 62.
108 *Schippel/Bracker/Kanzleiter*, § 18 Rz. 66; *Bundesnotarkammer*, DNotZ 1989, 404.
109 BGHZ 112, 178, 184; *Abel/Maaß*, Datenschutz in Anwaltschaft, Notariat und Justiz, § 8 Rz. 5.
110 *Bohrer*, Rz. 136; vgl. auch *Rüpke*, NJW 1991, 548.

bb) Registrierung von Dateien

78 Der Bundesgerichtshof[111] hat sich für die Anwendbarkeit des Datenschutzgesetzes NW[112] ausgesprochen; danach widerstreitet die der Registrierung von Dateien dienende **Mitteilungspflicht** nach landesdatenschutzrechtlichen Vorschriften nicht der notariellen Verschwiegenheitspflicht. Dateien im Sinne des DSG NW sind ferner die notariellen Sammlungen der Wechsel- und Scheckabschriften[113].

cc) Vorrang des Urkundsverfahrensrechts

79 Dagegen erscheint die Anwendung des Datenschutzrechts bedenklich, soweit es **Auskunfts-** und **Einsichtsrechte** vorsieht sowie den **Umgang mit Daten** (z. B. Berichtigung, Sperrung, Löschung) regelt. Die Datenschutzbeauftragten der Länder nehmen teilweise weitgehende Auskunfts- und Einsichtsrechte für sich in Anspruch[114]. Vorrang haben jedoch die bereichsspezifischen Vorschriften des Urkundsverfahrensrechts – wie etwa § 51 BeurkG[115] – sowie der BNotO einschließlich der notariellen Verschwiegenheitspflicht[116].

dd) Informationsfreiheitsgesetze

80 Ebenfalls noch nicht abschließend geklärt ist die Frage der Geltung der Gesetze über **Informationsfreiheit**[117] für Notare. Wie im Bereich des Datenschutzrechts[118] scheidet eine Anwendung des Informationsfreiheitsgesetzes des Bundes[119] aus, da es Informationspflichten nur für Behörden und Einrichtungen des Bundes normiert. Maßgeblich sind vielmehr die einschlägigen Landesgesetze. Bisher haben die Länder Berlin, Brandenburg, Bremen, Hamburg, Mecklenburg-Vorpommern, Nordrhein-Westfalen, Saarland und Schleswig-Holstein Informationsfreiheitsgesetze erlassen[120]. Nach einigen dieser Gesetze besteht ein Informationsanspruch nicht nur gegenüber Behörden und sonstigen öffentlichen Stellen, sondern auch gegenüber natürlichen Personen, die mit der Wahrnehmung öffentlich-rechtlicher bzw. hoheitlicher Aufgaben betraut sind. Dazu werden auch Notare zu zählen sein. Die praktische Bedeutung von Informationsansprüchen gegenüber Notaren ist jedoch gering; denn ihre Verschwiegenheitspflicht hat wegen Spezialität die § 18 Vorrang vor Informationsrechten. Landesrechtliche Informationsfreiheitsgesetze können dem Notar nicht etwas vorschreiben, was ihm nach Bundesrecht verboten ist. Eine notarielle Informationspflicht kommt daher nur hinsichtlich solcher Umstände in Betracht, die nicht der Verschwiegenheitspflicht unterliegen.

c) Sonstige Mitteilungspflichten

81 Folgende **sonstigen Mitteilungspflichten** kommen in Betracht (in alphabetischer Reihenfolge)[121]:

---

111 BGHZ 112, 178, 184, 186; a. A. als Vorinstanz: OLG Köln MittRhNotK 1989, 198. Wie BGH: *Bettendorf/Bettendorf*, EDV und Internet in der notariellen Praxis, S. 156.
112 Gesetz zum Schutz personenbezogener Daten (Datenschutzgesetz Nordrhein-Westfalen – DSG NW) i.d.F. der Bekanntmachung v. 09.06.2000, zuletzt geändert durch Gesetz v. 29.04.2003 (GV NW S. 252).
113 Vgl. *Justizministerium NRW*, Schreiben v. 16.05.1986 (*Weingärtner*, Notarrecht Nordrhein-Westfalen, Ord.-Nr. 172).
114 Vgl. *Watoro*, NotBZ 2003, 187.
115 Siehe oben Rz. 52 ff.
116 So zutreffend: *Bohrer*, Rz. 137; *Abel/Maaß*, Datenschutz in Anwaltschaft, Notariat und Justiz, § 8 Rz. 13 ff.; *Watoro*, NotBZ 2003, 187, 189 f.
117 Näher dazu: *Kugelmann*, NJW 2005, 3609.
118 Siehe oben Rz. 77.
119 Gesetz zur Regelung des Zugangs zu Informationen des Bundes (Informationsfreiheitsgesetz – IFG) v. 05.09.2005 (BGBl. I S. 2722).
120 Stand: 31.12.2007.
121 Übersicht über die notariellen Mitteilungspflichten: *Küperkoch*, RNotZ 2002, 297.

aa) Außenwirtschaftsgesetz

Nach dem **Außenwirtschaftsgesetz**[122] bestehen Auskunfts- und Meldepflichten, wenn der 82
Notar selbst am Außenwirtschaftsverkehr teilnimmt (§ 26 Abs. 2 AWG i. V. m. §§ 59 ff.
AWV[123], § 44 AWG)[124]. Das kommt nur im Rahmen eines Verwahrungs- oder sonstigen Betreuungsgeschäfts, nicht bei einer bloßen Beurkundung in Betracht[125]. Berufsrechtliche Bedenken gegen die Erteilung der Auskünfte bestehen nicht.

bb) Erbvertrag, Erbfolgeänderung

Von **Erbverträgen**, die nicht in besondere amtliche Verwahrung genommen werden (§ 34 83
Abs. 3 BeurkG[126]), sowie von sonstigen beurkundeten Erklärungen, nach deren Inhalt die
Erbfolge geändert wird (z. B. Aufhebungsverträge, Rücktritts- und Anfechtungserklärun-
gen, Erbverzichtsverträge, Eheverträge mit erbrechtlichen Auswirkungen[127], Vereinbarungen über den vorzeitigen Erbausgleich eines nichtehelichen Kindes), hat der Notar das Standesamt des Geburtsortes bzw. die Hauptkartei für Testamente bei dem Amtsgericht
Berlin-Schöneberg zu benachrichtigen[128]. Indes kann diese nicht *gesetzlich* angeordnete Mitteilungspflicht mit der Verschwiegenheitspflicht des Notars kollidieren. Die Mitteilungspflicht besteht daher nur, wenn die Benachrichtigung dem wirklichen oder dem mutmaßlichen Willen der Beteiligten entspricht[129].

cc) Geldwäschegesetz

Für die Verwahrungstätigkeit der Notare ist das **Geldwäschegesetz**[130] bedeutsam[131]. Wegen 84
der Einzelheiten wird auf die Erläuterungen zu § 23 verwiesen[132].

dd) Gemeinde (§ 28 BauGB)

Nach § 28 Abs. 1 Satz 1 BauGB ist der Inhalt von Grundstückskaufverträgen im Hinblick 85
auf das gemeindliche Vorkaufsrecht der **Gemeinde** anzuzeigen. Zweck der Mitteilungspflicht ist es, der Gemeinde die Feststellung eines etwaigen Vorkaufsrechts und ggf. die
Entscheidung über dessen Ausübung zu ermöglichen, nicht aber, ihr umfassende Informationen über den Immobilienmarkt in ihrem Bereich, etwa über verkehrsübliche Immobilien-
preise, zu verschaffen. Zur Wahrung der notariellen Verschwiegenheitspflicht und nach dem
Grundsatz der Datensparsamkeit[133] empfiehlt sich daher in der Regel das sog. zweistufige

122 Außenwirtschaftsgesetz i.d.F. der Bekanntmachung v. 26.06.2006 (BGBl. I S. 1386).
123 Außenwirtschaftsverordnung i.d.F. des Gesetzes v. 11.10.2002 (BGBl. I S. 3970).
124 Siehe dazu *Bundesnotarkammer*, DNotZ 1995, 802, 806; *Bundesnotarkammer*, Rdschr. Nr. 4/1996
    und 16/1996 (Abdruck Nr. 4/96: *Weingärtner*, Notarrecht, Ord.-Nr. 344).
125 Ebenso: *Schippel/Bracker/Kanzleiter*, § 18 Rz. 38.
126 I.d.F. des Dritten Gesetzes zur Änderung der Bundesnotarordnung und anderer Gesetze; siehe
    oben Rz. 1.
127 Näher dazu: *Weingärtner/Ehrlich*, Rz. 297 ff.
128 Bundeseinheitliche AV über die Benachrichtigung in Nachlasssachen. (*Weingärtner*, Notarrecht,
    Ord.-Nr. 270).
129 *Schippel/Bracker/Kanzleiter*, § 18 Rz. 41; *Kanzleiter*, DNotZ 1972, 522; 1975, 27; enger (nur wirk-
    licher Wille ist maßgeblich): *Bohrer*, Rz. 183.
130 Gesetz über das Aufspüren von Gewinnen aus schweren Straftaten (Geldwäschegesetz – GWG) v.
    25.10.1993 (BGBl. I S. 1770) i.d.F. des Gesetzes zur Verbesserung der Bekämpfung der Geldwäsche
    und der Bekämpfung der Finanzierung des Terrorismus (Geldwäschebekämpfungsgesetz) v.
    08.08.2002 (BGBl. I S. 3105).
131 Zur früheren Fassung des Geldwäschegesetzes: *Bundesnotarkammer*, Rdschr. v. 26.11.1993
    (DNotZ 1994, 1) und v. 29.01.1996 (DNotZ 1996, 329).
132 § 23 Rz. 88.
133 Vgl. § 9 Abs. 1 BDSG und die entsprechenden landesrechtlichen Vorschriften, z. B. § 4 Abs. 2 DSG
    NRW.

Verfahren[134]. Der Gemeinde sind danach zunächst nur die Tatsache des Verkaufs und die Grundstücksdaten mitzuteilen. Erst wenn feststeht, dass ein Vorkaufsrecht in Betracht kommt, kann sie verlangen, dass ihr der gesamte Inhalt des Kaufvertrags mitgeteilt wird. Das sog. einstufige Verfahren mit alsbaldiger Mitteilung des gesamten Vertragswortlauts kommt demgegenüber in Betracht, wenn nur so eine von den Beteiligten gewünschte rasche Entscheidung der Gemeinde gem. § 28 Abs. 2 Satz 1 BauGB zu erreichen ist oder wenn die Beteiligten ausdrücklich in die Übermittlung des gesamten Vertrags eingewilligt haben.

ee) Grundbuchsachen

86   Die Herstellung eines Teilhypotheken-, Teilgrundschuld- oder Teilrentenschuldbriefes (§ 20 Abs. 2 BNotO, §§ 61, 70 GBO) ist dem **Grundbuchamt** mitzuteilen, das den Stammbrief ausgestellt hat.

ff) Gutachterausschuss

87   Verträge über die entgeltliche Übertragung von Grundstückseigentum (einschließlich Tauschverträge) und über die Begründung eines Erbbaurechts sind nach Maßgabe des § 195 BauGB dem **Gutachterausschuss** zur Ermittlung von Grundstückswerten mitzuteilen.

gg) Kostenrecht

88   Nach § 31a KostO ist der Notar in Angelegenheiten der freiwilligen Gerichtsbarkeit verpflichtet, dem Gericht Auskunft über solche Umstände und Anhaltspunkte zu erteilen, die bei seiner **Kostenberechnung** zu einem Abweichen des Geschäftswerts vom Einheitswert geführt haben.

hh) Personenstandssachen

89   **Vaterschafts-** und **Mutterschaftsanerkennungen** sowie Rechtsvorgänge im Sinne des § 30 Abs. 1 PStG hat der Notar nach Maßgabe der §§ 29 Abs. 2, 29b Abs. 2, 30 Abs. 2 PStG dem Standesamt anzuzeigen. Das gilt auch, wenn die Anerkennung nach dem Willen des (der) Anerkennenden geheim bleiben soll[135].

ii) Registersachen

90   Von den zu ihrer amtlichen Kenntnis gelangenden Fällen einer unrichtigen, unvollständigen oder unterlassenen Anmeldung zum Handelsregister oder Partnerschaftsregister haben die Notare dem **Registergericht** Mitteilung zu machen (§§ 125a, 160b Abs. 1 FGG).

jj) Sterbefallnachricht

91   Der Notar, bei dem eine **Sterbefallnachricht** eines Standesamtes bzw. der Hauptkartei für Testamente beim Amtsgericht Berlin-Schöneberg eingeht, hat diese unverzüglich an das Nachlassgericht weiterzuleiten. Einzelheiten regelt die bundeseinheitlichen AV über die Benachrichtigung in Nachlasssachen[136].

---

134 *Limmer u.a./Hertel*, Würzburger Notarhandbuch, Rz. 445; *Lambert-Lang/Tropf/Frenz/Hertel*, Handbuch der Grundstückspraxis, Teil 2 Rz. 571; *Kersten/Bühling/Zimmermann*, § 8 Rz. 90; *Kersten/Bühling/Basty*, § 36 Rz. 202 ff.; *Eylmann/Vaasen/Eylmann*, § 18 BNotO Rz. 39. Vgl. auch *Bundesnotarkammer*, Rdschr. Nr. 16/1997.
135 OLG Hamm DNotZ 1986, 428.
136 Geänderte Fassung 2005 (siehe Hinweis in DNotZ 2005, 881).

kk) Testamentsangelegenheiten

Nach § 34 Abs. 1 Satz 4 BeurkG soll der Notar veranlassen, dass ein vor ihm errichtetes **Testament** dem nach § 2258a BGB zuständigen Nachlassgericht zur besonderen amtlichen Verwahrung übergeben wird. Die Vorschrift gilt nicht für notariell beurkundete Erklärungen, durch welche in einem gemeinschaftlichen Testament enthaltene wechselbezügliche Verfügungen gem. § 2271 Abs. 1 Satz 1 BGB **widerrufen** werden. Gegen die Auffassung, zur Vermeidung späterer Unklarheiten sei es ratsam, dass der Notar die Widerrufserklärung dem verwahrenden Gericht mitteilt, sobald sie durch Zustellung des Widerrufs wirksam geworden ist[137], bestehen mit Rücksicht auf die notarielle Verschwiegenheitspflicht Bedenken; denn durch die Mitteilung werden geheimzuhaltende Umstände bei Gericht bekannt. Sind die Beteiligten nicht bereit, den Notar von der Verschwiegenheitspflicht zu befreien, empfiehlt sich, dass er entsprechend § 20 Abs. 2 Satz 1 DONot, Nr. 2.2. der AV über die Benachrichtigung in Nachlasssachen das Standesamt des Geburtsorts oder ggf. die Hauptkartei beim Amtsgericht Schöneberg von dem Widerruf benachrichtigt[138].

92

ll) Vormundschaftsgericht

Nach § 1901a Satz 3 BGB[139] kann das **Vormundschaftsgericht** vom Besitzer die Vorlage der Abschrift einer Vorsorgevollmacht verlangen. Unter dem Besitzer ist auch der die Urschrift verwahrende Notar zu verstehen[140]. Die Regelung begründet eine gesetzliche Offenbarungspflicht; sie geht der Verschwiegenheitspflicht vor.

93

mm) Zwangsvollstreckung

Pfändet ein Gläubiger den Anspruch eines Beteiligten gegen den Notar auf Auszahlung eines von dem Notar verwahrten Betrages[141], so obliegt dem Notar die **vollstreckungsrechtliche Auskunftspflicht** nach § 840 ZPO, auch wenn der Betrag auf seinem Anderkonto verwahrt wird.

94

8. Steuerliche Beistandspflichten

a) Anzeigepflichten

Steuerliche Beistandspflichten bestehen nunmehr hinsichtlich der **Grunderwerbsteuer**, der **Erbschaft-** und **Schenkungsteuer** sowie der **Einkommensteuer**[142]. Soweit ihre Anzeigepflicht reicht, sind die Notare gegenüber den Finanzämtern auch zur Vorlage von Urkunden und zur Erteilung weiterer Auskünfte verpflichtet (§ 102 Abs. 4 Satz 2 AO). Gegenstand der Auskunftpflicht können auch Umstände sein, welche die Wirksamkeit eines anzeigepflichtigen Rechtsgeschäfts betreffen.

95

---

137 So: *Winkler*, § 34 Rz. 12; *Huhn/von Schuckmann/Armbrüster*, § 34 Rz. 13.
138 *Kersten/Bühling/Fassbender*, § 112 Rz. 12. Eine gesetzliche Regelung enthält jetzt § 34a BeurkG id.F. gem. Art. 2 Nr. 10 des Gesetzes zur Reform des Personenstandsrechts (PStRG) v. 19.02.2007 (BGBl. I S. 122). Die Vorschrift tritt am 01.01.2009 in Kraft. Nach der Begründung des Regierungsentwurfs soll sie eine gesetzliche Grundlage für die bisher nur durch Verwaltungsvorschrift geregelte Benachrichtigungspflicht schaffen (BT-Drucks. 16/1831, S. 55).
139 I. d. F. des Zweiten Gesetzes zur Änderung des Betreuungsrechts (Zweites Betreuungsrechtsänderungsgesetz – 2. BtÄndG) v. 21.04.2005 (BGBl. I, 1073).
140 Vgl. BT-Drucks. 15/4874, S. 27.
141 Siehe dazu § 23 Rz. 184.
142 Siehe dazu u. a.: *Finanzministerium NRW*, Merkblatt über die steuerliche Beistandspflicht auf den Gebieten der Grunderwerbsteuer, Erbschaftsteuer (Schenkungsteuer) und Ertragsteuern, (*Weingärtner*, Notarrecht, Ord.-Nr. 523, 532; Internetabruf: www.fm.nrw.de/go/notare;); Gleichlautende Erlasse der obersten Finanzbehörden der Länder zur Grunderwerbsteuer bzw. zur Erbschaft- und Schenkungsteuer (*Weingärtner*, Notarrecht, Ord.-Nr. 524, 525, 530a, 530b, 534, 535); *Bundesnotarkammer*, Hinweise zur steuerlichen Beistandspflicht (DNotZ 1984, 593; 1985, 193; 1995, 801).

b) Verwertung der Anzeigen

96 Die Finanzämter dürfen die Unterlagen nur zum Zwecke der Festsetzung und Erhebung der Grunderwerb- bzw. Erbschaft- und Schenkungsteuer verwenden; die Weitergabe an **andere Dienststellen** – z. B. die Einkommensteuerstelle – würde die notarielle Verschwiegenheitspflicht unterlaufen und ist daher unzulässig[143].

c) Grunderwerbsteuer

97 **Grunderwerbsteuerpflichtige** Vorgänge (§§ 1 Abs. 2a, 18, 20, 21 GrEStG)[144] hat der Notar binnen zwei Wochen unter Beifügung einer Abschrift der Urkunde über den Rechtsvorgang dem Finanzamt anzuzeigen, in dessen Bezirk das Grundstück liegt, auf das sich der Vorgang bezieht. Erst nach Absendung der Anzeige darf der Notar den Beteiligten die den Vorgang enthaltende Urkunde aushändigen und Ausfertigungen oder Abschriften davon erteilen.

Gegenstand der Anzeigepflicht ist auch die Frage, ob alle für die Wirksamkeit des Rechtsgeschäfts erforderlichen Genehmigungen vorliegen. Eine Auskunftspflicht besteht ferner, soweit es sich um Änderungen oder Ergänzungen des Vertrages handelt, von deren Kenntnis eine zutreffende steuerliche Beurteilung durch die Finanzbehörden abhängt[145]. Über die Durchführung des Geschäfts im Übrigen muss und darf der Notar dem Finanzamt keine Auskunft erteilen; das gilt auch für den Zeitpunkt des Besitzübergangs.

d) Erbschaft- und Schenkungsteuer

98 Welche Vorgänge im Hinblick auf die **Erbschaft-** und **Schenkungsteuer** anzuzeigen sind, ergibt sich aus §§ 1, 3, 4, 7, 8, 34 ErbStG und §§ 7, 8 ErbStDV[146]. Bei der vorgeschriebenen Übersendung einer beglaubigten Abschrift der Urkunde, aus der sich der Rechtsvorgang ergibt, hat der Notar dem Finanzamt auch die für die erbschaft- und schenkungsteuerliche Würdigung maßgeblichen Umstände mitzuteilen, soweit sie sich nicht aus der Urkunde selbst ergeben.

e) Kapitalgesellschaften

99 Mitteilungspflichten bestehen ferner bei Geschäften, welche die Gründung, Kapitalerhöhung oder -herabsetzung, Umwandlung oder Auflösung von **Kapitalgesellschaften** oder die Verfügung über Anteile an Kapitalgesellschaften zum Gegenstand haben (§ 54 EStDV).

f) Auskunftsverweigerungsrecht

100 Nach § 147 Abs. 6 Satz 1 AO[147] ist die Finanzbehörde im Rahmen einer **steuerlichen Außenprüfung** befugt, Einsicht in elektronisch gespeicherte Daten der Buchführung (Unterlagen im Sinne des § 147 Abs. 1 AO) zu nehmen und das Datenverarbeitungssystem zur Prüfung dieser Unterlagen zu nutzen. Aufgabe des Notars ist es, dafür zu sorgen, dass der Betriebsprüfer nur auf steuerlich relevante Daten des Steuerpflichtigen zugreifen kann, die nicht dem Berufsgeheimnis nach § 102 AO unterliegen[148].

Stellt die Finanzbehörde bei einer Außenprüfung der Notargeschäftsstelle Umstände fest, die für die Besteuerung von Urkundsbeteiligten bedeutsam sind, teilt sie diese der zuständigen Finanzbehörde mit (§ 194 Abs. 3 AO, § 9 Abs. 1 BpO[149]). Den Notaren, ihren Hilfsper-

---

143 *App*, DNotZ 1988, 39.
144 Einzelheiten: *Kersten/Bühling/Zimmermann*, § 7 Rz. 1 ff.; Mitteilung in DNotZ 1997, 3.
145 BFH BStBl. 1982 II, 510.
146 I. d. F. v. 08.09.1998 (BGBl. I S. 2658) (*Weingärtner*, Notarrecht, Ord.-Nr. 531).
147 I. d. F. des Zweiten Gesetzes zur Änderung steuerlicher Vorschriften (Steueränderungsgesetz 2003 – StÄndG 2003) vom 15.12.2003 (BGBl. I S. 2645).
148 *Bundesnotarkammer*, Rdschr. Nr. 46/2001 (Internetabruf unter www.bnotk.de).
149 Allgemeine Verwaltungsvorschrift für die Betriebsprüfung (BpO 2000) v. 15.03.2000 (BGBl. III 999-900).

SANDKÜHLER

sonen und den bei ihnen zur Berufsvorbereitung beschäftigten Personen steht insoweit jedoch ein **Auskunftsverweigerungsrecht** zu (§ 102 Abs. 1 Satz 1 Nr. 3, Buchst. b, Abs. 2 Satz 1 AO). Dieses muss ausdrücklich geltend gemacht werden. Über die Ausübung des Rechts entscheidet grundsätzlich allein der Notar (§ 102 Abs. 2 Satz 2 AO).

II. Befreiung von der Verschwiegenheitspflicht (Abs. 2)

1. Befreiung durch die Beteiligten

a) Begriff der Beteiligten

Die Verschwiegenheitspflicht entfällt, wenn die **Beteiligten** den Notar davon befreien (Abs. 2 Halbs. 1). Beteiligte sind alle Personen, deren persönliche oder wirtschaftliche Angelegenheiten dem Notar bei seiner Amtsausübung bekannt geworden sind. Maßgeblich ist der materielle Beteiligtenbegriff. Die Verschwiegenheitspflicht entfällt daher nur, wenn außer den formell Beteiligten (§ 6 Abs. 2 BeurkG) auch die materiell Beteiligten Befreiung erteilen[150]. Hinsichtlich der Befugnis des Notars zur Erteilung von Ausfertigungen und Abschriften sowie des Einsichtsrechts der Beteiligten führt diese Auffassung nicht zu Schwierigkeiten[151], da § 51 BeurkG insoweit Sonderregelungen trifft[152].   **101**

Sind **mehrere Personen** an einer Angelegenheit beteiligt, bedarf es regelmäßig der Befreiung durch alle. Handelt es sich allerdings um Tatsachen, die nur einzelne von ihnen betreffen, genügt die Befreiung durch diese Personen[153].   **102**

Entscheidend ist die Beteiligung zur Zeit des Amtsgeschäfts. Daher sind testamentarisch eingesetzte **Erben** in aller Regel nicht an der Testamentserrichtung beteiligt. Dass ihre spätere Rechtsstellung als Erben von dem Testament berührt wird, macht sie bei seiner Errichtung noch nicht zu »Beteiligten« im Sinne des § 18 BNotO[154].   **103**

b) Umfang der Befreiung

Die Befreiung kann in sachlicher oder persönlicher Hinsicht **beschränkt** werden, so dass der Notar bzw. die sonst zur Verschwiegenheit Verpflichteten sich nur zu bestimmten Punkten oder nur gegenüber bestimmten Personen äußern dürfen. Ebenso kann die Entbindung eines zur **Zeugnisverweigerung** Berechtigten von der Verschwiegenheitspflicht gegenständlich beschränkt werden; die Vernehmung des Zeugen ist dann auf diesen Gegenstand zu beschränken.   **104**

c) Entscheidungsfreiheit der Beteiligten

Die Erteilung der Befreiung steht im freien **Belieben** der Beteiligten[155]; sie kann nicht erzwungen werden. Weigert sich allerdings ein Beteiligter im Verwaltungsverfahren oder im Prozess, den Notar oder einen sonst zur Zeugnisverweigerung Berechtigten[156] von der Verschwiegenheitspflicht zu entbinden, so kann darin eine **Beweisvereitelung** mit der Folge einer für den Beteiligten ungünstigen Beweiswürdigung liegen[157]. Das gilt allerdings nur, wenn die Weigerung vorwerfbar und missbilligenswert ist[158].   **105**

---

150 OLG München MittBayNot 1994, 586; *Schippel/Bracker/Kanzleiter*, § 18 Rz. 51; a. A. *Eylmann/ Vaasen/Eylmann*, § 18 BNotO Rz. 31.
151 So aber *Eylmann/Vaasen/Eylmann*, § 18 BNotO Rz. 31.
152 Siehe oben Rz. 52.
153 Siehe oben Rz. 44.
154 BGH DNotZ 1975, 420.
155 BGH DNotZ 1987, 162.
156 Siehe oben Rz. 8 ff.
157 *Zöller/Greger*, § 286 Rz. 14, § 385 Rz. 13.
158 BGH DNotZ 1997, 699, 700.

d) Rechtsnatur der Befreiungserklärung

106 Die **Befreiungserklärung** ist keine Willenserklärung[159], sondern eine geschäftsähnliche Handlung, auf welche die Grundsätze der §§ 104 ff. BGB unter Berücksichtigung des jeweiligen Handlungstyps und der Interessenlage entsprechend anzuwenden sind[160]. Für Geschäftsunfähige und beschränkt Geschäftsfähige handeln daher grundsätzlich deren gesetzliche Vertreter. Dagegen kann bei notariellen Amtstätigkeiten, die Geschäfte im Sinne der §§ 110, 112, 113, 2229 Abs. 2 BGB zum Gegenstand haben, der Minderjährige selbst von der Verschwiegenheitspflicht befreien. Gleiches gilt, soweit die Verschwiegenheitspflicht *persönliche* Angelegenheiten des nicht voll Geschäftsfähigen zum Gegenstand hat. Hier kann er die Befreiungserklärung abgeben, falls er nach seiner natürlichen Einsichts- und Urteilsfähigkeit in der Lage ist, die Bedeutung der Erklärung zu erfassen[161]. Ob es zusätzlich einer Befreiung seitens des gesetzlichen Vertreters bedarf, ist noch nicht abschließend geklärt. Im Zweifel sollte der Notar die Entscheidung der Aufsichtsbehörde nachsuchen.

e) Keine Befreiung kraft Prozessvollmacht

107 Eine **Prozessvollmacht** ermächtigt nicht zur Abgabe der Befreiungserklärung.

2. Befreiung durch die Aufsichtsbehörde

a) Voraussetzungen der Befreiung

108 Nach Abs. 2 Halbsatz 2 kann die Aufsichtsbehörde an Stelle eines Beteiligten die Befreiung erteilen, wenn dieser verstorben ist oder eine Äußerung von ihm nur mit unverhältnismäßigen Schwierigkeiten zu erlangen ist.

aa) Tod eines Beteiligten

109 Nach dem **Tode** des Beteiligten kann *nur* noch die Aufsichtsbehörde von der Verschwiegenheitspflicht befreien; eine Befreiung durch die Erben kommt nach Wortlaut und Sinn des Gesetzes nicht in Betracht, gleichgültig, ob es sich um vermögensrechtliche oder persönliche Angelegenheiten des Verstorbenen handelt[162].

bb) Unverhältnismäßige Schwierigkeiten

110 Befreiung wegen **unverhältnismäßiger Schwierigkeiten** kann nicht nur erteilt werden, wenn eine Äußerung des Beteiligten an sich noch möglich ist, sondern erst recht, wenn dies nicht der Fall ist; die Vorschrift ist insoweit ungenau formuliert. Die Aufsichtsbehörde kann daher Befreiung beispielsweise erteilen, wenn ein Beteiligter unbekannten Aufenthalts ist oder wegen schwerwiegender Erkrankung für längere Zeit oder dauernd außerstande ist, sich zur Frage der Befreiung zu äußern.

b) Zuständigkeit, Antragsrecht

111 **Zuständige** Aufsichtsbehörde ist der Präsident des Landgerichts, in dessen Bezirk der Notar seinen Amtssitz hat.

---

159 BayObLGZ 1985, 53 (zur Befreiung von der ärztlichen Schweigepflicht); a. A. *Schippel/Bracker/Kanzleiter*, § 18 Rz. 51.
160 BGH NJW 2001, 289, 290.
161 Ebenso zur prozessualen Rechtslage: BayObLG NJW 1967, 206; BayObLG NJW 1998, 614, 615. Vgl. auch *Musielak/Huber*, § 383 Rz. 2.
162 BGH DNotZ 1975, 420.

SANDKÜHLER

Die Aufsichtsbehörde wird nicht von Amts wegen, sondern nur auf **Antrag** tätig. Antragsberechtigt sind der Notar, die Verwaltungsbehörden und Gerichte, vor denen der Notar aussagen soll, sowie alle diejenigen, die ein schutzwürdiges Interesse an der Erteilung der Befreiung haben. Dazu gehören auch die Erben und Erbprätendenten des Geheimnisgeschützten[163]. Der Antragsteller muss die Person des Beteiligten, dessen Befreiungserklärung ersetzt werden soll, sowie den tatsächlichen Vorgang bezeichnen, den der Notar offenbaren soll[164].

Der Notar ist verpflichtet, der Aufsichtsbehörde die für ihre Entscheidung notwendigen **Auskünfte** und **Unterlagen** zur Verfügung zu stellen[165].

c) Entscheidung der Aufsichtsbehörde

Die Aufsichtsbehörde prüft zunächst die tatbestandlichen Voraussetzungen für ihr Tätigwerden (Tod eines Beteiligten, unverhältnismäßige Schwierigkeit). Liegen diese vor, so entscheidet sie nach **pflichtgemäßem Ermessen**. Dabei hat sie zu prüfen, ob durch den Tod des Beteiligten das Geheimhaltungsinteresse entfallen ist oder ob der Beteiligte bei verständiger Würdigung der jetzigen Sachlage sein Geheimhaltungsinteresse hintanstellen würde[166]. Bei einem notariellen Testament kann im Regelfall davon ausgegangen werden, dass das Geheimhaltungsinteresse des Erblassers mit seinem Tode weggefallen ist[167].   **112**

d) Anfechtung der Entscheidung

Erteilung und Versagung der Befreiung sind nach § 111 anfechtbare **Verwaltungsakte**[168]. Eine Anfechtung nach § 23 EGGVG ist nach Absatz 3 der Vorschrift ausgeschlossen[169].   **113**

aa) Anfechtungsbefugnis

Anfechtungsbefugt ist nur, wer geltend machen kann, dass die Versagung oder Erteilung der Befreiung rechtswidrig sei und den Antragsteller in seinen Rechten beeinträchtige. Der Notar kann eine Verfügung, durch die er von der Verschwiegenheitspflicht befreit wird, nicht anfechten, da ihm sein Schweigerecht nicht im eigenen Interesse, sondern allein zum Schutz des Beteiligten eingeräumt ist, den der Notar betreut hat[170]. Ebenso werden Erben und Erbprätendenten nicht dadurch in ihren Rechten beeinträchtigt, dass der Notar im Interesse der Ermittlung des Erblasserwillens von der Verschwiegenheitspflicht befreit wird[171].   **114**

bb) Umfang der gerichtlichen Nachprüfung

Nach § 111 Abs. 1 Satz 2 kann das Gericht die Entscheidung in der Sache lediglich darauf überprüfen, ob die Aufsichtsbehörde die Grenzen ihres Ermessens überschritten oder von dem Ermessen in einer dem Zweck der Ermächtigung (§ 18 Abs. 1 Satz 2 Halbs. 2) nicht entsprechenden Weise Gebrauch gemacht hat.   **115**

---

163 BGH DNotZ 2003, 780; OLG Köln DNotZ 1978, 314; DNotZ 1981, 716.
164 BGH DNotZ 2003, 780, 781.
165 Siehe oben Rz. 67.
166 BGH DNotZ 2003, 780, 781.
167 OLG Köln DNotZ 1978, 314.
168 BGH DNotZ 1975, 420; DNotZ 2003, 780.
169 MünchKomm ZPO/*Manfred Wolf*, § 23 EGGVG Rz. 41.
170 BGH DNotZ 1987, 162.
171 BGH DNotZ 1975, 420; 2003, 780, 781.

III. Zweifel über die Verschwiegenheitspflicht (Abs. 3)

1. Bedeutung der Vorschrift

116 Die Aufsichtsbehörden haben darüber zu wachen, dass die Notare ihre Tätigkeit im Einklang mit den bestehenden Vorschriften ausüben und sich keine Pflichtwidrigkeiten zuschulden kommen lassen, die ihr Ansehen beeinträchtigen könnten[172]. Um der Gefahr einer Pflichtverletzung zu entgehen und sein Haftungsrisiko zu verringern, kann – und sollte! – der Notar in Zweifelsfällen die Entscheidung der Aufsichtsbehörde darüber nachsuchen, ob er zur Verschwiegenheit verpflichtet oder zur Offenbarung befugt ist. Anders als in den Fällen des Abs. 1 Satz 2 tritt die Aufsichtsbehörde hier nicht an die Stelle eines Beteiligten; vielmehr äußert sie sich definitiv zur **Rechtslage**. Eine Äußerung der Notarkammer ersetzt nicht die Entscheidung der Aufsichtsbehörde.

2. Wirkungen der Entscheidung

117 **Verneint** die Behörde eine Schweigepflicht, so wird der Notar bei einer Offenbarung von jeglicher Haftung befreit. Auch disziplinarisch oder strafrechtlich kann er nicht zur Verantwortung gezogen werden, da er nicht pflichtwidrig handelt, wenn er sich auf die Entscheidung der Aufsichtsbehörde verlässt. **Bejaht** die Behörde hingegen das Bestehen einer Verschwiegenheitspflicht, so handelt der Notar auf eigenes Risiko, wenn er ihm bekannt gewordene Tatsachen gleichwohl offenbart.

3. Anfechtbarkeit der Entscheidung

118 Die Entscheidung stellt einen nach § 111 anfechtbaren Verwaltungsakt dar. Anfechtungsberechtigt ist ausschließlich der Notar; denn die Vorschrift dient allein seinem Schutz, nicht dem Beweisinteresse Beteiligter[173].

---

172 BGHZ 112, 178, 185. Vgl. dazu *Bohrer*, Rz. 167.
173 BGH ZNotP 2003, 74.

§ 19

(1) [1]Verletzt der Notar vorsätzlich oder fahrlässig die ihm einem anderen gegenüber obliegende Amtspflicht, so hat er diesem den daraus entstehenden Schaden zu ersetzen. [2]Fällt dem Notar nur Fahrlässigkeit zur Last, so kann er nur dann in Anspruch genommen werden, wenn der Verletzte nicht auf andere Weise Ersatz zu erlangen vermag; das gilt jedoch nicht bei Amtsgeschäften der in §§ 23, 24 bezeichneten Art im Verhältnis zwischen dem Notar und dem Auftraggeber. [3]Im Übrigen sind die Vorschriften des Bürgerlichen Gesetzbuchs über die Schadensersatzpflicht im Fall einer von einem Beamten begangenen Amtspflichtverletzung entsprechend anwendbar. [4]Eine Haftung des Staates anstelle des Notars besteht nicht.

(2) [1]Hat ein Notarassessor bei selbständiger Erledigung eines Geschäfts der in §§ 23, 24 bezeichneten Art eine Pflichtverletzung begangen, so haftet er in entsprechender Anwendung des Absatzes 1. [2]Hatte ihm der Notar das Geschäft zur selbständigen Erledigung überlassen, so haftet er neben dem Assessor als Gesamtschuldner; im Verhältnis zwischen dem Notar und dem Assessor ist der Assessor allein verpflichtet. [3]Durch das Dienstverhältnis des Assessors zum Staat (§ 7 Abs. 3) wird eine Haftung des Staates nicht begründet. [4]Ist der Assessor als Vertreter des Notars tätig gewesen, so bestimmt sich die Haftung nach § 46.

(3) Für Schadensersatzansprüche nach Absatz 1 und 2 sind die Landgerichte ohne Rücksicht auf den Wert des Streitgegenstandes ausschließlich zuständig.

Übersicht

SANDKÜHLER

A. Entstehungsgeschichte der Vorschrift

Die Vorschrift ist seit Einführung der BNotO unverändert in Kraft.   **1**

Eine im *Staatshaftungsgesetz* vom 02.07.1981[1] vorgesehene Neufassung ist daran gescheitert, dass das Bundesverfassungsgericht das Gesetz für nichtig erklärt hat[2].   **2**

B. Erläuterungen

I. Allgemeine Grundlagen

1. Bedeutung der Vorschrift

a) Ausschließlichkeit der Haftungsgrundlage

Notarielle Amtstätigkeit ist integraler Bestandteil der staatlich verfassten Rechtspflege[3]. Die   **3**
Notare handeln bei Wahrnehmung ihrer Zuständigkeiten nach §§ 20 bis 22 ebenso wie bei
Verwahrungsgeschäften (§ 23) und sonstiger Betreuungstätigkeit (§ 24) ausschließlich als
Träger eines öffentlichen Amtes auf dem Gebiete der vorsorgenden Rechtspflege (§ 1). Die
Rechtsuchenden treten ihnen nicht als Vertragspartner (Mandanten)[4], sondern in einem öffentlich-rechtlichen Verhältnis als Verfahrensbeteiligte gegenüber[5]. Eine **vertragliche Haftung** der Notare für von ihnen durch Amtstätigkeit verursachte Schäden – etwa aus Garantie[6], Vertragsverletzung (§ 280 BGB) oder Verletzung vorvertraglicher Pflichten – scheidet
damit schlechthin aus[7]. Grundlage der notariellen Schadenshaftung ist vielmehr ausschließlich § 19. Das gilt auch für die Verletzung von Amtspflichten bei der Ausführung von Treuhandaufträgen und bei der sonstigen Betreuung nach § 24[8]. Der Notar haftet daher auch
dann nur nach § 19, wenn er lediglich einen Rat erteilt oder einen Urkundsentwurf fertigt
und dabei pflichtwidrig handelt[9].

---

1 BGBl. I S. 553.
2 Näher dazu: *Arndt*, BNotO, 2. Aufl., S. 60.
3 *Bohrer*, Das Berufsrecht der Notare, Rz. 441.
4 Ungenau insoweit der Begriff des *Auftraggebers* in § 19 Abs. 1 Satz 2 Halbsatz 2.
5 BGH DNotZ 1995, 125, 126.
6 Siehe dazu BGH VersR 1983, 81 sowie *Haug*, Die Amtshaftung des Notars, Rz. 8.
7 *Haug*, Rz. 3.
8 BGH DNotZ 1990, 661; NJW 1993, 2317; DNotZ 1995, 125, 126.
9 Allerdings kann es sich im Bereich des *Anwaltsnotariats* in solchen Fällen um *anwaltliche* Tätigkeit
handeln.

b) Ausschluss der Staatshaftung

4   Abs. 1 begründet eine **persönliche Haftung** des Notars[10]. Sie ist nicht Teil seiner Amtspflichten, sondern gehört zu seinem privaten Pflichtenkreis. Der Notar kann daher nicht im
Aufsichtswege dazu angehalten werden, eine Amtshaftung anzuerkennen oder abzulehnen[11]. Satz 4 der Vorschrift schließt eine Haftung des Staates an Stelle des Notars aus. Die
Regelung stellt eine nach Art. 34 Satz 1 GG zulässige Ausnahme von dem Grundsatz dar,
dass für Amtspflichtverletzungen von Hoheitsträgern der Staat bzw. die Körperschaft haftet,
in deren Dienst der Amtsträger steht[12]. Der in der rechtspolitischen Diskussion wiederholt
erhobenen Forderung, die persönliche Haftung des Notars durch eine Staatshaftung zu ersetzen, ist der Gesetzgeber nicht gefolgt[13].

Das notwendige Korrelat zum Ausschluss der Staatshaftung bildet das System der **Schadensvorsorge** (Haftpflicht- und Vertrauensschadenversicherung, Vertrauensschadenfonds)
nach §§ 19a, 67 Abs. 3 Nr. 3, Abs. 4 Nr. 3.

c) Haftung der Aufsichtsorgane

5   § 19 regelt nicht die Haftung des Staates oder der Notarkammern wegen **Verletzung von
Aufsichtspflichten.** Grundlage für eine Haftung der Aufsichtsorgane ist § 839 BGB in Verbindung mit Art. 34 GG. Die allgemeine Dienstaufsicht der Justizverwaltung über Notare
ist im öffentlichen Interesse auszuüben und erzeugt daher regelmäßig keine drittgerichteten
Amtspflichten gegenüber den Rechtsuchenden. Erhält das Aufsichtsorgan aber bei Ausübung der Dienstaufsicht oder sonst wie eine durch bestimmte und nachprüfbare Tatsachen
belegte Kenntnis solcher belastender Umstände, die bei pflichtgemäßer Würdigung Anlass
zur Einleitung eines Amtsenthebungsverfahrens geben – etwa weil die wirtschaftlichen Verhältnisse des Notars, die Art seiner Wirtschaftsführung oder der Durchführung von Verwahrungsgeschäften die Belange der Rechtsuchenden gefährden (§ 50 Abs. 1 Nr. 8) –, so hat die
Aufsichtsbehörde gegenüber allen Rechtsuchenden die Amtspflicht, ein Amtsenthebungsverfahren einzuleiten. Versäumt sie diese Pflicht, kann der dadurch Geschädigte Schadensersatz verlangen (§ 839 BGB, Art. 34 GG)[14]. Dagegen reicht es nicht aus, wenn infolge un-
zureichender Handhabung der Dienstaufsicht Tatsachen, die einen zur Einleitung des
Enthebungsverfahrens genügenden Verdacht begründen, dem Aufsichtsorgan unbekannt
bleiben[15].

d) Haftung des Büropersonals

6   § 19 regelt ferner nicht die **Haftung von Angestellten** des Notars gegenüber den Rechtssuchenden[16]. Eine solche Haftung ist etwa bei der Erteilung von Rechtsrat oder bei der Vertretung Beteiligter durch Notariatsangestellte möglich. Maßgeblich sind insoweit die allgemeinen Vorschriften des bürgerlichen Rechts. Neben der deliktischen Haftung (§§ 823 ff.
BGB) kommt eine vertragliche Schadensersatzpflicht in Betracht, wenn der Rechtsuchende
einen Mitarbeiter des Notars mit der Wahrnehmung seiner Belange betraut[17]. Erteilt der
Rechtsuchende beispielsweise einem Büroangestellten des Urkundsnotars eine Vollzugsvollmacht, so kann der Angestellte wegen positiver Verletzung des zugrunde liegenden Auftrags

---

10 Für Amtspflichtverletzungen der *Notare im Landesdienst* des Landes Baden-Württemberg haftet ge-
    mäß § 839 BGB i. V. m. Art. 34 GG der Staat an Stelle des Notars: BGH BWNotZ 1995, 118; *Haug*,
    Rz. 374 ff.
11 *Müller-Magdeburg*, Rechtsschutz gegen notarielles Handeln, Rz. 969.
12 Zur Verfassungsmäßigkeit der Vorschrift: BGHZ 135, 354, 356; OLG Schleswig SchlHAnz 1996,
    158.
13 Einzelheiten dazu: *Zimmermann*, DNotZ 1982, 4, 7.
14 BGHZ 35, 44; BGHZ 135, 354, 358; OLG Schleswig SchlHAnz 1996, 158, 159.
15 BGHZ 135, 354, 358.
16 Zur Frage der Haftung des Notars für seine Angestellten siehe unten Rz. 21.
17 Zur Einbeziehung des sog. *Vollzugsbevollmächtigtenrisikos* in die Berufshaftpflichtversicherung der
    Notare siehe § 19a Rz. 23.

(§ 662 BGB) privatrechtlich haften, wenn er fehlerhaft von der Vollmacht Gebrauch macht[18], es sei denn, dass seine Haftung ausgeschlossen worden ist, was bis zur Grenze des § 276 Abs. 3 BGB möglich ist. Ein stillschweigend vereinbarter Haftungsausschluss ist regelmäßig nicht anzunehmen, weil für den Bevollmächtigten Versicherungsschutz im Rahmen der Vermögensschaden-Haftpflichtversicherung des Notars besteht[19].

Die praktische Bedeutung der Angestelltenhaftung ist allerdings gering. Wird von der Vollmacht vor dem mit dem Urkundsvollzug beauftragten Notar Gebrauch gemacht, ist es seine Sache, eigenverantwortlich zu prüfen, ob die Voraussetzungen für das Tätigwerden des Angestellten vorliegen und ob dessen Erklärungen richtig sind. Lässt er schuldhaft zu, dass von der Vollmacht fehlerhaft Gebrauch gemacht wird, haftet er persönlich. Der Angestellte haftet daher in der Regel nur, wenn er vor einem anderen Notar tätig wird, der den Fehler schuldlos nicht erkennt, oder wenn der beurkundende Notar keinen ausreichenden Versicherungsschutz hat und selbst illiquide ist[20].

Ein gegen den Angestellten gerichteter Anspruch stellt in der Regel keine die Haftung des Notars ausschließende **anderweitige Ersatzmöglichkeit** im Sinne des § 19 Abs. 1 Satz 2 dar[21]. Der Bundesgerichtshof lehnt in diesen Fällen das Verweisungsprivileg des Notars ab, weil er aufgrund arbeitsvertraglicher Verpflichtung den in Anspruch genommenen Angestellten im Innenverhältnis freistellen müsse und es dem Geschädigten nicht zuzumuten sei, zunächst den Umweg über die Auftragshaftung des Angestellten zu gehen[22].

Der Notar ist in der Regel nicht verpflichtet, darauf hinzuwirken, dass der Angestellte von seiner Vollmacht Gebrauch macht[23]. Eine Haftung des Notars kommt allerdings in Betracht, wenn er den Fehler des Angestellten mitverschuldet hat, etwa indem er vor ihm abgegebene fehlerhafte Erklärungen des Angestellten nicht korrigiert. Indes haftet der Notar insoweit nicht gesamtschuldnerisch neben seinem Angestellten, sondern eigenständig[24].

2. Grundsätze der Notarhaftung

a) Haftung für notarielle Amtsausübung[25]

§ 19 betrifft nur Schäden aus **notarieller Amtsausübung.**

aa) Innerer Zusammenhang

Erforderlich ist ein **innerer Zusammenhang** mit der Wahrnehmung notarieller Zuständigkeiten; ein nur äußerlicher, zufälliger Zusammenhang reicht nicht aus. Dabei bestehen ähnliche Abgrenzungsschwierigkeiten wie bei dem Merkmal *»Ausübung eines öffentlichen Amtes«* in Art. 34 GG[26]. Der Begriff der Amtsausübung wird dort im Interesse der Haftungsverlagerung auf den Staat weit ausgelegt; er umfasst den gesamten Tätigkeitsbereich, der sich auf die Erfüllung der hoheitlichen Aufgabe bezieht, als Einheit[27]. Indes sind die Grundsätze zur beamtenrechtlichen Staatshaftung nicht ohne weiteres auf die Notarhaftung zu übertragen, da eine Haftung des Staates an Stelle des Notars nicht besteht (Abs. 1 Satz 4). Handlungen, die nicht das besondere Gepräge vorsorgender Rechtspflege aufweisen, sondern von jedermann vorgenommen werden können und dürfen, sind danach nicht als nota-

7

8

9

10

11

18 BGHZ 152, 391, 394.
19 BGHZ 152, 396. Zum Umfang der Versicherung siehe § 19a Rz. 24.
20 BGHZ 152, 397, 399.
21 Abweichung von *Vorauflage* Rz. 6.
22 BGHZ 152, 398; *Schippel/Bracker/Schramm*, § 19 Rz. 116; *Zugehör/Ganter/Hertel/Zugehör*, Handbuch der Notarhaftung (im Folgenden: *Bearbeiter*, Notarhaftung), Rz. 2272, 2461; a. A. *Haug*, Rz. 156.
23 OLG Frankfurt MittBayNot 2000, 466, 467 m. Anm. *Reithmann*.
24 Siehe unten Rz. 22.
25 Rechtsprechungsübersichten: *Kapsa*, RNotZ 2005, 592; *ders.*, ZNotP 2007, 2.
26 Siehe dazu *Kreft*, Öffentlich-rechtliche Ersatzleistungen, 1. Aufl., § 839 Rz. 117.
27 *Kreft*, § 839 Rz. 118 f.

rielle Amtsausübung anzusehen. So haftet der Notar nicht nach § 19, sondern nach den allgemeinen Vorschriften, wenn er bei der Fahrt zu einer auswärtigen Beurkundung einen Verkehrsunfall verursacht[28]. Der Abschluss des Bankrechtsvertrages bei Eröffnung eines Notaranderkontos begründet ebenfalls keine Haftung nach § 19, da er keine notarielle *Amtshandlung* darstellt[29].

bb) Haftung des Anwaltsnotars

12 Bei der Haftung des **Anwaltsnotars** ist zu unterscheiden, ob der Schaden durch notarielle Amtsausübung oder durch anwaltliche Tätigkeit verursacht worden ist (§ 24). Im ersteren Fall haftet der Anwaltsnotar nach § 19, im zweiten Fall gelten die allgemeinen Regeln über die vertragliche, vertragsähnliche und deliktische Haftung des Rechtsanwalts.

cc) Haftung aus Nebentätigkeiten

13 § 19 gilt nicht für die Haftung des Notar aus nicht-notariellen **Nebentätigkeiten**. Zwar deckt die nach § 19a vorgeschriebene Vermögensschaden-Haftpflichtversicherung auch Schäden aus Nebentätigkeiten des Notars als Testamentsvollstrecker, Betreuer, Nachlasspfleger, Nachlassverwalter, Vormund, Pfleger, Beistand, Insolvenzverwalter, Vergleichsverwalter, gerichtlich bestellter Liquidator, Zwangsverwalter, Sequester, Sachwalter, Gläubigerausschussmitglied sowie als Schiedsrichter[30]. Für die Haftung des Notars aus derartigen Nebentätigkeit gelten aber an Stelle von § 19 die allgemeinen Vorschriften (§§ 1833, 1915, 2219 BGB usw.).

dd) Haftung aus privatwirtschaftlicher Tätigkeit

14 Im Rahmen seiner **privatwirtschaftlichen Betätigung** – etwa als Arbeitgeber seiner Angestellten, bei der Anmietung von Geschäftsstellenräumen, beim Einkauf von Büromaterial, beim Hardware- und Softwareleasing – haftet der Notar nicht nach § 19, sondern nach den allgemeinen Vorschriften des bürgerlichen Rechts.

b) Einzelhaftung und gesamtschuldnerische Haftung

15 Die Haftung des Notars ist in der Regel **Einzelhaftung**[31].

aa) Grundsatz der Einzelhaftung

16 Die sich aus dem Amt ergebenden Rechte und Pflichten obliegen dem Notar allein; notarielle Amtsausübung ist ihrer Natur nach nicht teilbar und **nicht sozietätsfähig**[32]. Anders als das einer Anwaltssozietät erteilte Mandat, das regelmäßig alle Sozien verpflichtet und eine gesamtschuldnerische Schadensersatzverpflichtung begründet[33], richtet sich das Ansuchen um eine Amtstätigkeit nur an den Notar persönlich. Auch bei einer Sozietät; Bürogemeinschaft oder Kooperation von Notaren wird daher stets nur der einzelne Notar verpflichtet[34]. Das gilt auch bei der Beauftragung eines mit anderen Rechtsanwälten assoziierten Anwaltsnotars. Der Notar haftet deshalb in der Regel nur für **eigene Amtspflichtverletzungen**. Seine Haftung ist grundsätzlich Einzelhaftung.

---

28 Im Ergebnis ebenso: *Seybold/Hornig*, Bundesnotarordnung, 5. Aufl., § 19 Rz. 1; vgl. dagegen *Kreft*, § 839, Rz. 120 (Teilnahme von Beamten im haftungsrechtlichen Sinne am öffentlichen Straßenverkehr).
29 OLG Düsseldorf DNotZ 1986, 431, 432.
30 Siehe § 19a Rz. 45.
31 BGH WM 1987, 564.
32 Siehe § 15 Rz. 9; *Bohrer*, Rz. 312 ff.
33 Vgl. dazu BGHZ 56, 355.
34 BayObLG DNotZ 1981, 317.

bb) Gesamtschuldnerische Haftung

Eine **gesamtschuldnerische Haftung** kommt demgegenüber nur in Ausnahmefällen in Be- **17**
tracht.

(1) Kraft Gesetzes haftet der Notar in den Fällen des § 19 Abs. 2 Satz 2 (Haftung neben **18**
dem **Notarassessor**)[35] und des § 46 (Haftung neben dem amtlich bestellten **Vertreter**) als
Gesamtschuldner.

(2) Handeln **mehrere Notar nebeneinander** amtspflichtwidrig und verursachen sie da- **19**
durch ein und denselben Schaden, so haften sie dem Geschädigten regelmäßig – ohne den
Einwand der Subsidiarität[36] – als Gesamtschuldner (§ 19 Abs. 1 Satz 3 BNotO, § 840 Abs. 1
BGB)[37]. Fälle dieser Art sind namentlich bei koordinierter Tätigkeit mehrerer Notare in einer und derselben Angelegenheit denkbar, etwa bei der notariell beurkundeten oder beglaubigten Genehmigung eines vor einem anderen Notar abgeschlossenen Vertrages[38] oder beim
überregionalen Vertrieb eines Kapitalanlage- oder Steuersparmodells. Versäumen beispielsweise sowohl der Zentralnotar als auch der Ortsnotar die erforderliche Grundbucheinsicht
und werden dadurch Beteiligte geschädigt, so können die mehreren Notare als Gesamtschuldner haften. Dagegen besteht die Verweisungsmöglichkeit, falls einer der mehreren
Notare vorsätzlich handelt[39].

(3) Kein Gesamtschuldverhältnis besteht in der Regel zwischen dem Notar und einem **20**
zum Ersatz verpflichteten Drittschädiger[40].

c) Haftung für Hilfspersonen

Da der Notar seine Amtspflichten in Person zu erfüllen hat, haftet er nach bisher herrschen- **21**
der Meinung grundsätzlich nicht nach §§ 278, 831 BGB für Pflichtverletzungen von **Hilfspersonen**, sei es seiner Angestellten oder sonstiger in die Durchführung der Amtsgeschäfte
eingeschalteter Dritter (z. B. der das Anderkonto führenden Bank)[41]. So ist der Notar nach
dieser Auffassung nicht aus dem Gesichtspunkt der Gehilfenhaftung zum Schadensersatz
verpflichtet, wenn sein Bürovorsteher einen Rechtsuchenden fehlerhaft berät oder ein Büroangestellter es versäumt, dem Notar ein von einem Beteiligten eingereichtes Schriftstück
vorzulegen[42]. Diese Auffassung führt zu schwerwiegenden Haftungslücken.

In seiner neueren Rechtsprechung bejaht der Bundesgerichtshof eine **Gehilfenhaftung** **22**
des Notars analog § 278 BGB, wenn eine mit selbstständiger Grundbuch- oder Registereinsicht beauftragte Hilfsperson[43] diesen Auftrag schuldhaft schlecht erfüllt[44]. Die Entscheidung überzeugt in ihrer Beschränkung auf die Fälle der Grundbuch- und Registereinsicht
dogmatisch nicht, verdient aber im Ergebnis Zustimmung. Ausgangspunkt für die Lösung
des Problems ist der Gedanke, dass durch den Auftrag an den Notar zwischen ihm und den
Beteiligten eine vertragsähnliche öffentlich-rechtliche Sonderverbindung entsteht[45]. Sie
rechtfertigt die (entsprechende) Anwendung des § 278 BGB generell, wenn eine von dem
Notar zur Erfüllung einer bestimmten Amtspflichten eingeschaltete Hilfsperson schuldhaft
und zurechenbar einen Schaden herbeiführt, für den der Notar mangels eigenen Verschuldens nicht haften würde, und wenn ohne die Haftung nach § 278 BGB eine Haftungslücke

---

35 Näher dazu: unten Rz. 271.
36 Siehe unten Rz. 190.
37 Vgl. BGHZ 135, 354, 367; *Schlüter/Knippenkötter*, Die Haftung des Notars, Rz. 22.
38 BGH DNotZ 1998, 621, 625.
39 BGHZ 135, 354, 367.
40 Näher dazu unten Rz. 198 f.
41 BGH DNotZ 1976, 506, 508; DNotZ 1989, 452.
42 Wegen der Haftungsfrage bei Geldverwahrung auf Notaranderkonto vgl. § 23 Rz. 21.
43 Zur Befugnis des Notars, sich bei der Grundbucheinsicht vertrauenswürdiger Hilfspersonen zu be-
    dienen, siehe § 14 Rz. 118.
44 BGHZ 131, 200, 205; *Huhn/von Schuckmann/Preuß*, BeurkG, § 21 Rz. 10; *Zugehör*, Notarhaftung,
    Rz. 354 f.; *Ganter*, ebd., Rz. 893 ff., 241 ff.
45 BGH WM 1981, 942, 943; BGHZ 131, 200, 206; DNotZ 1997, 791, 792; *Hirte*, Berufshaftung, S. 90.

entstünde[46]. Für nicht ausreichend hält es der Bundesgerichtshof, wenn die Hilfsperson nur allgemeine Vorbereitungs- und Unterstützungstätigkeiten zu verrichten hat[47]. Ob eine solche Differenzierung sachgerecht ist, erscheint schon deshalb zweifelhaft, weil auch in diesen Fällen ein Bedürfnis für eine Haftung des Notars entsprechend § 278 BGB besteht.

23 Dabei ist zu beachten, dass den Notar unter den Gesichtspunkten des Organisations-, Auswahl- und Überwachungsverschuldens eine weitgehende **eigene Verantwortung** für das Handeln seiner Büroangestellten und der von ihm in die Abwicklung seiner Amtsgeschäfte eingeschalteten Dritten trifft[48].

3. Pflichtverletzung als Haftungsvoraussetzung

a) Begriff der Pflichtverletzung

24 § 19 setzt die Verletzung einer Amtspflicht voraus. Darunter ist **jeder Verstoß** gegen die dem Notar in seiner amtlichen Eigenschaft obliegenden Pflichten zu verstehen[49]. Nicht erforderlich ist die Verletzung eines speziellen Rechtsgutes oder Schutzgesetzes, wie sie für das allgemeine Deliktsrecht kennzeichnend ist (§§ 823 ff. BGB). § 19 verlangt statt dessen, dass die Amtspflicht dem Notar »*einem anderen gegenüber*« obliegen muss[50]. Darin besteht das zur Vermeidung einer uferlosen Haftung notwendige Korrektiv.

b) Pflichtverletzung und Verschulden

25 Haftungsvoraussetzung ist die **objektive Pflichtverletzung**. Sie ist von der Außerachtlassung der im Verkehr erforderlichen Sorgfalt im Sinne von Fahrlässigkeit (§ 276 Abs. 2 BGB) zu unterscheiden, wie das Erfordernis des Verschuldens (Vorsatz oder Fahrlässigkeit) neben dem der Amtspflichtverletzung in Abs. 1 Satz 1 zeigt.

26 aa) Pflichtwidrigkeit im Sinne des § 19 bedeutet **Rechtswidrigkeit**[51]. Eine Amtspflichtverletzung liegt daher nicht vor, wenn die Handlungsweise des Notars aus besonderen Gründen gerechtfertigt ist. Insoweit gelten die allgemeinen Rechtfertigungsgründe (z. B. Notwehr, Notstand, Einwilligung des Geschädigten, Pflichtenkollision, Wahrnehmung berechtigter Interessen). So darf und muss sich der Notar im Konflikt zwischen der Neutralitätspflicht und der Pflicht, Beteiligte vor Schaden zu bewahren, für letztere entscheiden (Pflichtenkollision)[52]. Zur Abwehr eines gegen ihn gerichteten Amtshaftungsanspruchs oder zur Durchsetzung seines Kostenanspruchs darf er ihm bei seiner Berufsausübung bekannt gewordene Umstände offenbaren, ohne gegen seine Verschwiegenheitspflicht zu verstoßen (Wahrnehmung berechtigter Interessen)[53].

27 bb) Bei der Abwägung widerstreitender Interessen steht dem Notar ein nur beschränkt nachprüfbarer **Beurteilungsspielraum** zu[54]. Eine Amtspflichtverletzung liegt daher schon objektiv nicht vor, wenn der Notar unter zutreffender Würdigung des Sachverhalts und sachgerechter Abwägung der divergierenden Belange eine im Ergebnis vertretbare Entscheidung trifft.

---

46 Vgl. dazu *Preuß*, DNotZ 1996, 508.
47 BGH WM 1996, 81, 82.
48 Siehe unten Rz. 47 ff.
49 Zum *Verstoßprinzip* in der Vermögensschaden-Haftpflichtversicherung der Notare siehe § 19a Rz. 34.
50 Näher dazu unten Rz. 95 ff.
51 Zum Verhältnis von Rechtswidrigkeit und objektiver Fahrlässigkeit: *Palandt/Sprau*, BGB, § 823 Rz. 24 ff. m. w. N. Zum Verhältnis von Rechtswidrigkeit und Amtspflichtverletzung gem. § 839 BGB: *Ossenbühl*, Staatshaftungsrecht, S. 55.
52 Siehe § 14 Rz. 97.
53 Siehe § 18 Rz. 66 ff.
54 Ähnlich, aber terminologisch unbefriedigend (»*Ermessensspielraum*«): *Haug*, Rz. 431 ff.

c) Handlungsformen

Die Pflichtverletzung kann durch **Vornahme** einer unzulässigen Amtshandlung oder durch **28** **Unterlassung** einer gebotenen Handlung begangen werden. Verstöße gegen Aufklärungs- und Belehrungspflichten sind typischerweise Amtspflichtverletzungen durch Unterlassen.

d) Darlegungs- und Beweislast

Die **Darlegungs-** und **Beweislast** für die Amtspflichtverletzung sowie für die dadurch ver- **29** ursachte Erstfolge (haftungsbegründende Kausalität) trägt regelmäßig der Anspruchsteller.

aa) Amtspflichtverletzung durch Unterlassen

Dies gilt grundsätzlich auch, wenn dem Notar ein pflichtwidriges **Unterlassen** vorgeworfen **30** wird[55]. Der Schwierigkeit des Negativbeweises ist dadurch zu begegnen, dass der Notar die Behauptung des Anspruchstellers *substantiiert* bestreiten, d. h. ein pflichtgemäßes Tun behaupten muss; der Anspruchsteller muss dann die Unrichtigkeit der Gegendarstellung beweisen[56]. Die Anforderungen an die Substantiierungspflicht werden durch die Umstände des Einzelfalls bestimmt[57]. Wenn von dem Notar nach Lage des Falles eine konkrete Erinnerung nicht zu erwarten ist, muss es als ausreichend erscheinen, wenn er darauf verweist, dass er in vergleichbaren Fällen regelmäßig in bestimmter Weise handle[58].

bb) Unterlassene Belehrung

Besonderheiten gelten für den Vorwurf, der Notar habe eine gebotene **Belehrung** oder bei **31** der Beurkundung von Verbraucherverträgen die in § 17 Abs. 2a Satz 2 BeurkG vorgeschriebenen Maßnahmen zum Schutz des **Verbrauchers** unterlassen. Soweit es sich um Belehrungen handelt, die nach den gesetzlichen Vorschriften einer **Dokumentationspflicht** unterliegen (§ 17 Abs. 2 Satz 2 und Abs. 3, §§ 18–21 BeurkG), hat bei Fehlen eines entsprechenden Belehrungsvermerks im Streitfall der Notar zu beweisen, dass er ordnungsgemäß belehrt hat[59].

Soweit **keine Dokumentationspflicht** besteht, muss der Anspruchsteller beweisen, dass **32** der Notar nicht belehrt bzw. nicht die in § 17 Abs. 2a Satz 2 BeurkG vorgeschriebenen Maßnahmen ergriffen hat[60]. Das Fehlen eines Belehrungsvermerks bzw. einer Bestätigung des Verbrauchers[61] hat in solchen Fällen grundsätzlich auch keine indizielle Bedeutung zu Lasten des Notars[62]. Die Annahme einer Indizwirkung käme allenfalls in Betracht, wenn es üblich wäre, auch nicht vorgeschriebene Belehrungen oder Bestätigungserklärungen in der Urkunde zu vermerken[63]. Davon kann jedoch in der Regel nicht ausgegangen werden, zumal mit Recht vor einem »Übermaß an Bedenklichkeitsvermerken« gewarnt wird[64]. Dokumentiert daher eine Niederschrift eine nicht vorgeschriebene Belehrung über *einen* oder *mehrere* Punkte, so darf aus dem Fehlen eines (nicht vorgeschriebenen) Belehrungsvermerks über *an-*

---

55 BGH NJW 1985, 264; NJW 1987, 1322; DNotZ 1990, 441, 442; NJW 1995, 264, 265; DNotZ 1996, 568, 570.
56 BGH WM 1987, 590, 591; DNotZ 1996, 570; *Ganter*, WM Sonderbeilage 1/1993, S. 13.
57 BGH NJW 1987, 1322, 1323.
58 So schon *Rinsche*, Die Haftung des Rechtsanwalts und des Notars, Rz. II 310, unter Hinweis auf OLG Hamm, Urt. v. 03.11.1995 – 11 U 53/95 (n.v.); ebenso: *Schlüter/Knippenkötter*, Rz. 56, und wohl auch *Ganter*, Notarhaftung, Rz. 1538, 1543; a. A. *Müller-Magdeburg*, Rz. 1012.
59 BGH DNotZ 1990, 441, 442; DNotZ 2006, 912, 915; *Haug*, Rz. 590, 835.
60 Wegen der Beweisführung siehe § 14 Rz. 214.
61 Siehe § 14 Rz. 214.
62 BGH NJW 2006, 3065, 3067 = DNotZ 2006, 912, 915 m. abl. Anm. *Krebs*.
63 Vgl. BGH DNotZ 1984, 636, 638 (nicht vorgeschriebene, aber übliche Vermerke über vorhandene Grundstücksbelastungen); ähnlich BGH DNotZ 2006, 912, 915.
64 BGH DNotZ 1974, 296 m. Anm. *Haug*.

dere Punkte grundsätzlich nicht geschlossen werden, dass über jene nicht belehrt worden sei[65].

cc) Rechtfertigungsgründe

33 Macht der Notar geltend, die an sich gebotene Belehrung sei **entbehrlich** gewesen, weil sie bereits früher erfolgt sei, trägt er dafür die Beweislast[66].

Beruft er sich zur **Rechtfertigung** seines Verhaltens darauf, dass der Anspruchsteller trotz ausreichender Belehrung mit der vorgesehenen Handlungsweise des Notars einverstanden gewesen sei oder den Notar sogar – u. U. abweichend von einer früheren Weisung – dazu angewiesen habe, so trägt nach der Rechtsprechung des Bundesgerichtshofs der Notar die Beweislast[67].

34 Die Möglichkeit für den Notar, Beweismittel des Anspruchstellers zu entkräften oder selbst Beweis zu führen, wird erheblich dadurch eingeschränkt, dass er seine **Nebenakten** grundsätzlich nach sieben Jahren zu vernichten hat (§ 5 Abs. 4 DONot). Haftpflichtansprüche werden vielfach erst nach Ablauf dieser Frist bekannt. Zu seinem Schutz sollte der Notar daher weitgehend von der Befugnis Gebrauch machen, die Aufbewahrungsfrist zu verlängern.

4. Grundlagen der Amtspflicht

35 § 19 behandelt *die Amtspflicht* (Singular) des Notars als Einheit[68], ohne ihren Inhalt näher zu bestimmen. Von einer Katalogisierung der Berufspflichten hat der Gesetzgeber mit Recht abgesehen; sie verbietet sich wegen der Vielgestaltigkeit der notariellen Aufgaben.

a) Gesetz und Recht

36 Grundsatz ist, dass der Notar als Amtsträger **Gesetz und Recht**, d. h. alle Normen zu wahren hat, die ihn vermöge ihrer Rechtsquelle binden[69]. Dazu zählen namentlich die Bundesnotarordnung, das Beurkundungsgesetz, die gesetzlichen Vorschriften über Anzeige-, Mitteilungs- und Beistandspflichten[70], Rechtsverordnungen sowie gewohnheitsrechtlich geltende Rechtssätze[71].

Der Notar hat ferner die nach § 67 Abs. 2 erlassenen *Richtlinien* seiner Notarkammer, die *Dienstordnung für Notarinnen und Notare* (DONot)[72] sowie die Anordnungen der Aufsichtsbehörden und der Notarkammern zu beachten, soweit es sich um für ihn bindende Regelungen handelt[73].

b) Rechtsprechung

37 Maßgebliche Bedeutung für die Verhaltenspflichten der Notare hat ferner die (höchstrichterliche) **Rechtsprechung**; das Berufsrecht der Notare ist weitgehend richterrechtlich geprägt[74]. Die Gerichte stellen mit Recht hohe Anforderungen an die Sorgfaltspflichten der Notare. Dabei darf jedoch die Gefahr nicht übersehen werden, dass durch eine am Einzelfall

---

65 OLG Frankfurt DNotZ 1951, 460, 462; *Reithmann/Albrecht*, Rz. 168; einschränkend *Ganter*, Notarhaftung, Rz. 1542.
66 BGH DNotZ 1997, 62.
67 BGH DNotZ 1985, 234 m. abl. Anm. *Haug*.
68 Im Ergebnis ebenso: *Bohrer*, Rz. 201.
69 *Bohrer*, Rz. 200.
70 Siehe § 18 Rz. 72 ff., 95 ff.
71 Siehe § 14 Rz. 21.
72 Siehe § 14 Rz. 22.
73 Zur Frage der Bindungswirkung im Einzelnen siehe § 14 Rz. 13 ff.
74 Zur entschuldigenden Wirkung kollegialgerichtlicher Entscheidungen siehe unten Rz. 116.

SANDKÜHLER

orientierte richterliche ex-post-Betrachtung Leitbilder aufgestellt werden, die in der notariellen Praxis nicht verwirklicht werden können[75].

5. Inhalt der Amtspflicht

a) Grundsätze

§ 14 bündelt die Verhaltenspflichten der Notare in den Grundsätzen der **Verfassungstreue,** **Unabhängigkeit, Unparteilichkeit, Redlichkeit** sowie **Achtungs- und Vertrauenswürdigkeit**[76]. Daran anknüpfend hat die Rechtsprechung den Gesamtinhalt der Amtspflicht dahin zusammengefasst, dass der Notar sein Amt *sachlich, unparteiisch und im Einklang mit den Forderungen von Treu und Glauben sowie guter Sitte auszuüben und sich jeden Missbrauchs seines Amtes zu enthalten hat*[77]. **38**

b) Amtspflichten im Einzelnen

Die Amtspflichten werden im Einzelnen im Zusammenhang mit den pflichtenbegründenden Vorschriften der BNotO (insbesondere §§ 14 bis 18, 19a bis 32) erläutert. Das gilt namentlich für die für das Haftpflichtrecht wichtigen Prüfungs- und Belehrungspflichten der Notare (§ 14) sowie für die Pflichten bei Verwahrungsgeschäften (§ 23). Die folgende Darstellung geht darauf nur in knapper Form ein; sie beschränkt sich im übrigen – ohne Anspruch auf Vollständigkeit – auf die Erörterung der nicht in dem genannten Zusammenhang behandelten Amtspflichten. Dabei ist zwischen **allgemeinen,** für jede Amtstätigkeit bedeutsamen, und besonderen, der jeweiligen Amtstätigkeit eigentümlichen (**tätigkeitsspezifischen**) Pflichten zu unterscheiden. **39**

aa) Allgemeine Amtspflichten

(1) Als Träger eines öffentlichen Amtes obliegt dem Notar eine **allgemeine Dienstleistungspflicht** (Pflicht zur Amtsbereitschaft)[78]. Sie besteht im Interesse der Allgemeinheit und dient nicht dem Schutz des einzelnen Rechtsuchenden; sie fällt daher nicht unter § 19. Von der Pflicht zur Amtsbereitschaft zu unterscheiden ist die **Urkundsgewährungspflicht** nach § 15 Abs. 1 Satz 1. Sie dient dem Schutz des einzelnen Rechtsuchenden und fällt daher unter § 19. **40**

(2) Die Pflicht zu **Unparteilichkeit** und **Unabhängigkeit** (§ 14 Abs. 1 Satz 2) stellt nicht nur eine der wichtigsten institutionellen Grundsätze des Notaramtes dar[79], sondern soll auch die ordnungsgemäße Durchführung jedes einzelnen dem Notar erteilten Auftrags sichern, die bei Parteinahme oder Abhängigkeit des Notars möglich, aber nicht gewährleistet wäre[80]. Es handelt sich um eine drittgerichtete Amtspflicht, deren Verletzung einen Schadensersatzanspruch nach § 19 begründen kann, sofern sich ein Kausalzusammenhang zwischen der Pflichtwidrigkeit und dem eingetretenen Schaden feststellen lässt. **41**

(3) In jüngerer Zeit sind zunehmend die **sozialen Schutzpflichten** des Notars in den Blickpunkt gerückt. Gesetzlichen Niederschlag haben sie namentlich in § 17 Abs. 2a Satz 2 BeurkG gefunden, wonach dem Notar bei Verbraucherverträgen besondere Pflichten zum Schutz des – oftmals zu Unrecht! – als unterlegen gedachten Verbrauchers obliegen[81]. Es handelt sich um drittschützende Pflichten. **42**

---

75 Beispiele: *Haug,* Rz. 61 ff. Zum *Prognoserisiko* der Notare siehe unten Rz. 112.
76 Siehe § 14 Rz. 12.
77 BGH VersR 1963, 235; *Kreft,* § 839 Rz. 395.
78 § 14 Rz. 7.
79 BGHZ 106, 212, 217.
80 Siehe § 14 Rz. 40.
81 Näher dazu § 14 Rz. 182.

43   (4) Auch die Pflicht zur **Verschwiegenheit** (§ 18) obliegt dem Notar nicht nur im Interesse des Amtes im institutionellen Sinne und damit der Allgemeinheit[82], sondern zugleich im Interesse der Beteiligten, von deren Angelegenheiten er bei der Ausübung seines Amtes erfährt. Dies ergibt sich schon daraus, dass die Beteiligten ihn von der Verschwiegenheitspflicht befreien können (§ 18 Abs. 2). Es handelt sich mithin um eine drittschützende Amtspflicht.

44   (5) Die Pflicht des Notars zu **rechtmäßiger Amtsausübung** (§ 14 Abs. 1 und 2) enthält das Verbot unerlaubter, insbesondere strafbarer Handlungen. So stellt jede im Rahmen der Amtstätigkeit begangene unerlaubte Handlung im Sinne der allgemeinen Deliktsvorschriften (§§ 823 ff. BGB) eine Amtspflichtverletzung gemäß § 19 BNotO dar.

45   (6) Die Pflicht zu redlicher Amtsführung[83] (§ 14 Abs. 2) umfasst das Verbot jedes **Amtsmissbrauchs.** Wie andere Amtsträger hat der Notar sein Amt sachlich und im Einklang mit den Forderungen von Treu und Glauben sowie guter Sitte zu führen. Amtsmissbrauch liegt immer vor, wenn der Notar durch seine Amtstätigkeit einen anderen in einer gegen die guten Sitten verstoßenden Weise vorsätzlich schädigt (§ 826 BGB). Aber auch fahrlässige Pflichtverletzungen können einen Amtsmissbrauch darstellen[84]. So wird das Amt missbraucht, wenn der Notar es sehenden Auges zulässt oder sich der Einsicht verschließt, dass durch einen von ihm beurkundeten Vertrag ein Urkundsbeteiligter oder Dritter betrogen werden soll. Die Pflicht, sich eines Missbrauchs seines Amtes zu enthalten, obliegt dem Notar gegenüber jedem, der dadurch geschädigt werden könnte[85].

46   (7) Als Amtsträger ist der Notar verpflichtet, die Grenzen seiner **Zuständigkeit** (§§ 20 ff.) zu wahren. Die Überschreitung der amtlichen Befugnisse durch Vornahme von Amtshandlungen, für die der Notar nicht zuständig ist, verletzt seine Amtspflicht zu rechtmäßigem Amtshandeln, sofern eine innere Beziehung zwischen der Amtsausübung und der schädigenden Handlung besteht[86]. Insbesondere ist unter dieser Voraussetzung jede **Amtsanmaßung** amtspflichtwidrig[87]. Die Pflicht zur Einhaltung der Zuständigkeitsgrenzen und zur Vermeidung jeglicher Amtsanmaßung besteht gegenüber jedem, der nach der besonderen Natur der Amtshandlung und ihrer konkreten Zweckrichtung durch die Überschreitung der Grenzen geschädigt werden kann[88].

Eine Überschreitung der Zuständigkeit liegt z. B. vor, wenn der Notar eine Vertretungsberechtigung bescheinigt, die sich nicht aus einer Registereintragung ergibt (§ 21 Abs. 1), oder einen Eid abnimmt, der zur Wahrnehmung von Rechten im Inland bestimmt ist (§ 22 Abs. 1). Eine Amtsanmaßung würde es bedeuten, wenn der Notar einen Erbschein ausstellt (§ 2353 BGB). Der Notar haftet in solchen Fällen, wenn durch sein Verhalten bei Interessenten ein objektiv nicht gerechtfertigtes Vertrauen erweckt wird und dadurch Schaden entsteht[89].

47   (8) Wichtig ist die **Organisationspflicht** des Notars. Er muss seine Geschäftsstelle im Interesse der Rechtsuchenden so organisieren, dass diese vor Schaden bewahrt bleiben[90]. Es handelt sich um eine drittschützende Amtspflicht.

48   (a) Zur Organisationspflicht des Notars gehört es, **Personal** und **technische Geräte** in einem solchen Umfang einzusetzen, dass er den an ihn herangetragenen Ersuchen um Amtstätigkeit nachkommen und seine Amtshandlungen zügig abwickeln kann. Zwar darf er seine Urkundstätigkeit bei zeitweiliger Überlastung im *Einzelfall* versagen[91]; doch muss er durch angemessenen Einsatz personeller und sächlicher Mittel sicherstellen, dass er seine Urkundsgewährungspflicht *in der Regel* erfüllen kann.

---

82 Siehe § 18 Rz. 6.
83 Einzelheiten dazu: § 14 Rz. 61 ff.
84 BGH NJW 1973, 458.
85 BGH MDR 1963, 287; NJW 1973, 458.
86 BGHZ 117, 240, 244; *Kreft*, § 839 Rz. 169, 399 m. w. N.
87 *Kreft*, § 839 Rz. 169.
88 RGZ 140, 423, 428; BGHZ 65, 182, 187; BGHZ 117, 240, 245; *Kreft*, § 839 Rz. 251.
89 BGH DNotZ 1973, 245.
90 RGZ 162, 24, 29; BGH DNotZ 1989, 452.
91 Siehe § 15 Rz. 82.

(b) Der Notar muss seine **Hilfskräfte** mit besonderer Sorgfalt auswählen, anleiten und **49** überwachen. Nach § 26 hat er die bei ihm beschäftigten Personen mit Ausnahme der Notarassessoren und der ihm zur Ausbildung zugewiesenen Rechtsrefendare bei der Einstellung nach § 1 des Verpflichtungsgesetzes förmlich zu verpflichten, wobei auf die Bestimmungen in § 14 Abs. 4 und § 18 besonders hinzuweisen ist[92]. Die Verpflichtung dient dem Schutz sowohl der Rechtsuchenden als auch der zur Verschwiegenheit verpflichteten Personen.

(c) Als Träger eines öffentlichen Amtes muss der Notar seine Amtspflichten in der Regel **50** **persönlich erfüllen.** Daher muss er den Geschäftsgang in seinem Büro so organisieren, dass er über alle wesentlichen Vorkommnisse unterrichtet wird[93] und alle wesentlichen Maßnahmen selbst trifft. Er darf nicht dulden, dass Angelegenheiten, deren Erledigung das Gesetz ihm selbst übertragen hat, von seinen Angestellten besorgt werden[94]. So darf er nicht zulassen, dass sein Büropersonal – etwa der Bürovorsteher – Beteiligten Rechtsrat oder Belehrungen erteilt. Auskünfte durch das Personal sind nur zuzulassen, wenn es sich um einfache Angelegenheiten ohne besondere Bedeutung handelt. So darf das Personal einem Beteiligten auf Anfrage mitteilen, wann eine Urkunde bei dem Grundbuchamt oder Registergericht eingereicht worden *ist,* nicht aber, wann mit ihrer Einreichung *zu rechnen ist.* Der Notar muss ferner dafür sorgen, dass von den Beteiligten vorgelegte Unterlagen ihm zur Kenntnis gebracht werden. Von seinem Büropersonal gefertigte Urkundsentwürfe muss er persönlich prüfen.

Die Anforderungen an die persönliche Verantwortung des Notars sind insgesamt hoch; doch dürfen sie nicht zu einer vom Gesetz nicht gewollten Gefährdungshaftung führen.

(9) Da der Notar sein Amt auch im Interesse der Rechtsuchenden innehat, muss er es ge- **51** mäß dem **Willen der Beteiligten** und dem Zweck ihres jeweiligen Ansuchens ausüben[95]. Indes gilt das nur, soweit nicht höherrangige Pflichten wie die Wahrheitspflicht, die Pflicht zur Vermeidung jedes Amtsmissbrauchs oder das Verbot, an unredlichen Geschäften mitzuwirken, entgegenstehen[96].

Der Wille der Beteiligten bestimmt **Beginn** und **Ende** des notariellen Amtsgeschäfts. Denn der Notar darf nur auf Antrag tätig werden und die Beteiligten können ihr Ansuchen bis zur Beendigung der Amtshandlung – im Falle der Beurkundung bis zur Unterzeichnung der Niederschrift[97] – zurückzunehmen[98].

Ferner steht den Beteiligten das Recht zu, **Durchführung und Abwicklung** des Amtsgeschäfts durch Weisungen an den Notar zu beeinflussen. Besonders bedeutsam ist die Weisungsgebundenheit des Notars beim Urkundsvollzug nach § 53 BeurkG und bei Verwahrungsgeschäften nach § 23 BNotO. Insoweit wird auf die nachfolgenden Erläuterungen verwiesen[99].

(10) Erscheinen mehrere Wege gangbar, um das mit einer Amtstätigkeit erstrebte Ziel zu **52** erreichen, ist der Notar im Interesse der Beteiligten verpflichtet, den unter den gegebenen Umständen **sichersten Weg** zu wählen. Von mehreren in Betracht kommenden Maßnahmen hat er diejenige zu wählen, die sicherer und gefahrloser ist; er handelt amtspflichtwidrig, wenn er einen risikoreicheren Weg geht, ohne die Beteiligten auf die bestehenden Bedenken hinweisen[100]. **Mehrkosten,** die durch die Wahl des sichereren Weges entstehen, darf er nach pflichtgemäßem Ermessen in Kauf nehmen[101]; er braucht die Beteiligten im Regelfall darüber nicht zu belehren[102]. Nur wenn sich mehrere gleich sichere Wege anbieten, muss er den

92 Näher dazu: § 18 Rz. 10 ff.
93 BGH VersR 1957, 161.
94 Näher dazu und zum folgenden: BGH DNotZ 1989, 452.
95 BGH DNotZ 1983, 450; DNotZ 1990, 441.
96 *Kreft,* § 839 Rz. 401.
97 Vgl. § 16 Rz. 99.
98 *Huhn/von Schuckmann/Armbrüster/Renner,* Einl. Rz. 46. Zur kostenrechtlichen Behandlung nach Rücknahme siehe §§ 57, 130 Abs. 2, 141 KostO.
99 Siehe unten Rz. 85, 88.
100 St. Rspr.; z. B. BGHZ 27, 274, 276; BGHZ 70, 374; BGH DNotZ 1976, 629, 631; DNotZ 1983, 450, 452; VersR 1983, 399; DNotZ 1991, 750; WM 1992, 1662, 1665. Überspitzt kritisch zu dieser Rechtsprechung: *Haug,* Rz. 83 f.
101 RGZ 148, 321, 325; BGH DNotZ 1962, 263; OLG Frankfurt DNotZ 1978, 748.
102 *Haug,* Rz. 572.

billigsten wählen[103]. Für die Wahl des sichersten Weges ist naturgemäß kein Raum, wenn dem Notar gar nicht mehrere Wege nebeneinander zur Verfügung stehen, sondern er sich zu entscheiden hat, ob er einem Sorgfaltsgebot genügt oder nicht[104].

Die Pflicht, den sichersten Weg zu wählen, besteht bei jeder Amtsausübung. Sie obliegt dem Notar gegenüber denjenigen, die durch die Wahl eines anderen, gefährlicheren Weges geschädigt werden können.

53 (11) Der Notar muss seine Amtsgeschäfte zügig, d. h. mit der nach den Umständen möglichen **Beschleunigung** abwickeln. Er verletzt seine den Beteiligten gegenüber bestehende Amtspflicht, wenn er seine Geschäfte ohne ausreichenden Anlass säumig behandelt. Wann eine pflichtwidrig säumige Sachbehandlung anzunehmen ist, hängt von den Umständen des Einzelfalles ab. Insgesamt dürfen die Anforderungen an die Beschleunigung nicht überspannt werden. Als Grundsatz muss gelten: *Sorgfalt geht vor Beschleunigung.*

Wegen der Pflicht zu alsbaldigem Urkundsvollzug wird auf die nachfolgenden Ausführungen verwiesen[105].

54 (12) Zu den allgemeinen drittgerichteten Amtspflichten gehört die **Benachrichtigungspflicht** des Notars. Will oder kann er ein Amtsgeschäft nicht ausführen, das für einen Beteiligten rechtliche oder wirtschaftliche Bedeutung hat und dessen Vollzug der Beteiligte aufgrund der von ihm eingeleiteten Maßnahmen ersichtlich erwartet, so hat der Notar ihn davon unverzüglich zu benachrichtigen[106]. Das gilt besonders nach Übernahme eines Treuhandauftrags. Auch sonst muss der Notar die Beteiligten unverzüglich informieren, wenn der Vollzug eines Amtsgeschäfts auf Schwierigkeiten stößt, die der Notar nicht alsbald beheben kann[107].

55 (13) **Auskünfte** des Notars müssen entsprechend dem Stand seiner Erkenntnismöglichkeiten richtig, klar, unmissverständlich und vollständig sein, so dass der Empfänger entsprechend disponieren kann[108]. Für den Notar gelten insoweit die gleichen Grundsätze wie für andere Amtsträger[109]. Diese Amtspflicht besteht gegenüber jedem, auf dessen Ansuchen oder in dessen Interesse die Auskunft erteilt wird. Für die Frage, ob die Auskunft den zu stellenden Anforderungen genügt, kommt es entscheidend darauf an, wie sie vom Empfänger aufgefasst wird und werden kann und welche Vorstellungen zu erwecken sie geeignet ist[110].

56 (14) Der Notar ist bei jeder Amtstätigkeit verpflichtet, einen **falschen Anschein** und die damit verbundene Gefahr eines Irrtums der Beteiligten zu vermeiden[111]. Das gilt insbesondere für die Abfassung von Bescheinigungen und Bestätigungen. Insoweit wird auf die nachfolgenden Erläuterungen verwiesen[112].

bb) Tätigkeitsspezifische Amtspflichten

57 Je nach Art der Amtshandlung treffen den Notar über die allgemein geltenden Amtspflichten hinaus **tätigkeitsspezifische Pflichten** gegenüber den Beteiligten. Hervorzuheben sind die bei der Urkundstätigkeit und bei Treuhandgeschäften zu beachtenden Pflichten.

58 (1) Oberste Amtspflicht des Notars im Rahmen der Urkundstätigkeit ist die Pflicht zur **wahrheitsgemäßen Bezeugung**. Sie gilt für alle Beurkundungsverfahren. Der Notar darf nur beurkunden, was er nach gewissenhafter Prüfung als zutreffend erkannt hat[113].

---

103 Siehe § 17 Rz. 45.
104 BGHZ 27, 274, 276; *Ganter*, WM Sonderbeilage 1/1993, S. 10.
105 Unten Rz. 90.
106 BGH DNotZ 1995, 489 m. Anm. *Haug.*
107 Siehe auch unten Rz. 92.
108 BGH VersR 1985, 1186; NJW 1991, 3027.
109 Siehe dazu *Kreft*, Rz. 198 m. w. N.
110 BGH NJW 1991, 3027.
111 BGH DNotZ 1969, 507; DNotZ 1973, 245; DNotZ 1985, 48; OLG Hamm DNotZ 1987, 54.
112 Siehe unten Rz. 94.
113 BGH DNotZ 1992, 819.

(2) Als Rechtspflegeorgan trifft den Notar die Pflicht, die für die Urkundstätigkeit wesentlichen **Verfahrens-** und **Formvorschriften** zu beachten. Die gesetzlichen Formvorschriften muss er auch unter schwierigen Umständen gewissenhaft beachten[114]. Denn der Notar ist gerade im Interesse der Rechtssicherheit als qualifizierte Urkundsperson eingeschaltet, um die Umformung mündlicher Erklärungen in die richtige Schriftform sicher zu gewährleisten[115]. **59**

(a) Besonders schwer wiegt die Verletzung von Vorschriften über das notarielle **Beurkundungsverfahren**. Amtspflichtwidrig ist es beispielsweise, wenn die Niederschrift entgegen § 13 BeurkG nicht in Gegenwart des Notars vorgelesen[116] oder nicht ordnungsgemäß unterschrieben[117] wird, die Bezeichnung der Urkundsperson (§ 9 Abs. 1 Nr. 1 BeurkG) unrichtig ist (z. B. in der Niederschrift anstelle des amtierenden Notarvertreters der Notar als Urkundsperson bezeichnet ist[118]) oder im Wege der sog. Fernbeglaubigung eine nicht in Gegenwart des Notars vollzogene oder anerkannte Unterschrift beglaubigt wird (§ 40 Abs. 1 BeurkG)[119]. **60**

Einen **unvollständigen Text** darf der Notar nach Abschluss der Beurkundung auch mit Ermächtigung der Vertragsparteien nicht ergänzen; es bedarf hierzu einer formgerechten neuen Beurkundung (§ 44a Abs. 2 Satz 3 BeurkG)[120]. Berichtigungsfähig sind nur offensichtliche Schreibfehler (§ 44a Abs. Satz 1 BeurkG)[121]. Verstöße gegen § 44a BeurkG stellen Amtspflichtverletzungen dar.

(b) Der Notar verletzt seine Amtspflicht ferner durch Verstoß gegen gesetzliche **Formvorschriften**. **61**

(aa) Der Notar muss bei **beurkundungsbedürftigen Geschäften** vor allem auf die Vollständigkeit und Korrektheit der Niederschrift achten. Bei der Beurkundung von Verträgen hat er dafür zu sorgen, dass alle getroffenen Vereinbarungen – auch Nebenabreden – beurkundet werden[122]. Bei Grundstücksgeschäften im Sinne des § 311b Abs. 1 BGB sind nach dem Schutzzweck der Vorschrift schon solche Vereinbarungen formbedürftig, die für den Fall der Nichtveräußerung oder des Nichterwerbs gravierende wirtschaftliche Nachteile für einen Beteiligten vorsehen und so mittelbar einen Zwang zur Veräußerung oder zum Erwerb begründen[123]. Wichtig ist auch die genaue Bezeichnung des Vertragsgegenstandes. Bei der Veräußerung eines nicht vermessenen Grundstücksteils ist es Amtspflicht des Notars, auf eine so genaue Bezeichnung der veräußerten Teilfläche hinzuwirken, dass spätere Auseinandersetzungen über Lage oder Größe des Vertragsgegenstandes vermieden werden[124]. **62**

(bb) Soweit das Gesetz die **öffentliche Beglaubigung** vorsieht, muss die Erklärung schriftlich abgefasst und die Unterschrift des Erklärenden von dem Notar beglaubigt werden (§ 129 Abs. 1 BGB). Das Beglaubigungsverfahren richtet sich nach §§ 39 ff. BeurkG. **63**

(3) Besonders bedeutsam sind die **Prüfungs-, Belehrungs-** und **Hinweispflichten** des Notars im Zusammenhang mit der Beurkundung und dem Entwurf von Willenserklärungen[125]. Verstöße gegen diese Pflichten führen häufig zu Regressansprüchen gegen den Notar[126]. **64**

---

114 BGH DNotZ 1969, 178.
115 *Reithmann/Albrecht*, Rz. 2.
116 BGHSt 26, 47 = DNotZ 1975, 365.
117 BGHZ 17, 69.
118 OLG Hamm DNotZ 1988, 565 (der Fehler kann durch Anbringen eines Nachtragsvermerks nach § 44a Abs. 2 BeurkG behoben werden).
119 OLG Frankfurt DNotZ 1986, 421.
120 BGHZ 56, 159.
121 Näher dazu: *Reithmann*, DNotZ 1999, 27, 29.
122 BGHZ 85, 315, 317; BGHZ 89, 41, 43; BGH DNotZ 1984, 236.
123 BGH WM 1992, 1662 (Bauherrenmodell).
124 *Lerch*, BeurkG, § 9 Rz. 22 m.w.N.
125 Einzelheiten dazu: § 14 Rz. 103 ff., 130 ff.
126 Nach *Haug*, BWNotZ 1995, 131, machen Regressansprüche wegen Verletzung der Belehrungspflichten rd. 1/3 der notariellen Haftpflichtfälle aus.

65   (a) Nach § 17 Abs. 1 Satz 1 BeurkG soll der Notar den **Willen der Beteiligten** erforschen und den **Sachverhalt** klären[127]. Er muss darauf hinwirken, dass sich die Beteiligten vollständig und eindeutig über ihre Vorstellungen und ihre Willensrichtung äußern[128]. Zu diesem Zweck muss er die Beteiligten sachgerecht befragen, um den Tatsachenkern des Geschäfts aufzuklären[129].

66   Von den Beteiligten beigebrachte **Unterlagen** und **Urkundsentwürfe** muss er persönlich zur Kenntnis nehmen[130]. Er muss prüfen, ob die Unterlagen sachdienlich und ausreichend sind. Vorgelegte Entwürfe muss er mit den Beteiligten erörtern, um zu klären, ob sie wirklich ihrem Willen entsprechen. Ist das der Fall, muss er sie – soweit erforderlich – bei der Errichtung der erbetenen Urkunde berücksichtigen[131].

67   Zur Sachverhaltsklärung gehört es gegebenenfalls auch, die **Vertretungsmacht** und die **Verfügungsbefugnis** der Beteiligten zu prüfen[132] und etwa bestehende Verfügungsbeschränkungen zu klären[133]. Die **Rechtsinhaberschaft** der Beteiligten braucht der Notar nur zu prüfen, wenn sich insoweit konkrete Verdachtsmomente aufdrängen oder die Prüfung – wie für den Grundbuchverkehr (§ 21 BeurkG) – besonders vorgeschrieben ist[134].

68   In den Fällen des § 21 Abs. 1 BeurkG soll sich der Notar grundsätzlich immer über den **Grundbuchinhalt** unterrichten, sofern das Urkundsgeschäft das im Grundbuch eingetragene oder einzutragende Recht selbst oder die darauf gerichtete rechtliche Verpflichtung zum Gegenstand hat[135]. Zur Einsicht in die Grundakten ist der Notar nur verpflichtet, wenn das Grundbuchblatt auf eine Eintragungsbewilligung verweist oder wenn konkrete Anhaltspunkte dafür bestehen, dass unerledigte Grundbuchanträge vorliegen[136]. Bei der Grundbucheinsicht kann sich der Notar zuverlässiger und sachkundiger Hilfskräfte bedienen, die er allerdings sorgfältig belehren und überwachen muss[137].

69   (b) Dem Notar obliegen ferner weitgehende **Hinweis-** und **Belehrungspflichten** gegenüber den Beteiligten[138].

70   (aa) Nach § 17 Abs. 1 BeurkG hat er die Beteiligten über die **rechtliche Tragweite** des Geschäfts, d. h. über die allgemeine rechtliche Bedeutung des Geschäfts, seine rechtlichen Voraussetzungen und seine unmittelbaren Rechtsfolgen zu belehren[139]. Diese Pflicht zur Rechtsbelehrung soll sicherstellen, dass eine rechtswirksame Urkunde über den wahren Willen der Beteiligten errichtet wird. Die Belehrungspflicht geht deshalb grundsätzlich (nur) so weit, wie eine Belehrung für das Zustandekommen einer formgültigen Urkunde erforderlich ist, die den wahren Willen der Beteiligten vollständig und unzweideutig in der für das beabsichtigte Rechtsgeschäft richtigen Form rechtswirksam wiedergibt[140]. Die Pflicht besteht gegenüber den formell Beteiligten im Sinne des § 6 Abs. 2 BeurkG[141]. Sie kann sich ausnahmsweise auch auf nur mittelbar Beteiligte erstrecken[142].

Die Entscheidung darüber, ob der einen formbedürftigen Vertrag beurkundende Notar seine Aufklärungs- und Belehrungspflicht verletzt hat, setzt eine **Auslegung** der Vertrags-

---

127 Überblick über die Rechtsprechung des BGH zu den notariellen Belehrungs-, Hinweis- und Warnpflichten: *Ganter*, WM Sonderbeilage 1/1993; *ders.*, WM 1996, 701; *ders.*, WM 2000, 641.
128 BGH DNotZ 1987, 450.
129 BGH DNotZ 1987, 450; WM 1992, 1662.
130 Siehe oben Rz. 50.
131 BGH DNotZ 1989, 452.
132 Siehe § 14 Rz. 109 ff.
133 Siehe § 14 Rz. 112.
134 BGH DNotZ 1993, 754, 756; siehe § 14 Rz. 113.
135 BGH WM 1992, 1662, 1667; siehe § 14 Rz. 114 ff.
136 *Huhn/von Schuckmann/Preuß*, § 21 Rz. 7.
137 Siehe § 14 Rz. 118. Zu den sich aus der Zuziehung von Hilfspersonen ergebenden Haftungsfragen siehe oben Rz. 6, 21.
138 Einzelheiten dazu: § 14 Rz. 130 ff., 218 ff., 224, 225 ff.
139 BGH DNotZ 1992, 813, 815; *Huhn/von Schuckmann/Armbrüster*, § 17 Rz. 27 f.
140 BGH DNotZ 1988, 383; DNotZ 1989, 45; WM 1991, 1046, 1048; WM 1992, 1662, 1665.
141 *Huhn/von Schuckmann/Armbrüster*, § 17 Rz. 44.
142 BGH DNotZ 1981, 773.

urkunde voraus; dabei ist vorrangig zu prüfen, welchen Inhalt diese nach dem Willen der Vertragsparteien haben sollte[143].

(bb) Über die regelmäßige Belehrungspflicht aus Urkundstätigkeit hinaus obliegt dem **71** Notar unter besonderen Umständen die sog. **erweiterte Belehrungspflicht**[144]. Er muss den Beteiligten, die ihn im Vertrauen darauf angegangen haben, vor nicht bedachten Folgen ihrer Erklärungen bewahrt zu bleiben, die nötige Aufklärung geben; er darf es nicht geschehen lassen, dass Beteiligte, die über die rechtlichen Folgen ihrer Erklärung falsche Vorstellungen haben, durch Abgabe der Erklärung ihre Vermögensinteressen vermeidbar gefährden[145]. Während die Rechtsbelehrungspflicht (§ 17 BeurkG) grundsätzlich *immer* zu erfüllen ist, besteht die erweiterte Belehrungspflicht nur – aber auch immer – dann, wenn der Notar aufgrund besonderer Umstände des Falles Anlass zu der Vermutung hat, einem Beteiligten drohe ein Schaden vor allem deshalb, weil er sich wegen mangelnder Kenntnis der Rechts- oder Sachlage der Gefahr nicht bewusst ist[146]. Inhalt und Umfang der Pflicht hängen von den Umständen des Einzelfalles ab.

Die Pflicht zur betreuenden Belehrung findet ihre **Grenze** in der Pflicht des Notars zu Unabhängigkeit und Unparteilichkeit (§ 14 Abs. 1 Satz 2)[147]. Wo diese Grenze verläuft, lässt sich nur aufgrund der Umstände des Einzelfalles bestimmen.

(cc) Über die regelmäßige und die erweiterte Belehrungspflicht hinaus können dem Notar **72** aufgrund seiner Vertrauensstellung als unparteiischer Rechtswahrer besondere **Hinweis-, Warn- und Schutzpflichten** obliegen[148]. Grundlage dafür ist die allgemeine Pflicht des Notars, dem Unrecht zu wehren und sich des seinem Beruf entgegengebrachten Vertrauens würdig zu erweisen[149].

(c) Die Aufklärungs- und Belehrungspflichten obliegen dem Notar auch, wenn er mit **73** dem **Entwurf** eines Rechtsgeschäfts betraut wird, und zwar gleichgültig, ob es sich um einen selbstständigen oder einen unselbstständigen Entwurf handelt[150]. Beschränkt sich das Ansuchen auf die Unterschriftsbeglaubigung (ohne Entwurf), so hat der Notar lediglich anhand der Urkunde zu prüfen, ob Gründe bestehen, seine Amtstätigkeit zu versagen (§ 40 Abs. 2 BeurkG).

(d) Ob der Notar seine Aufklärungs-, Belehrungs- und Hinweispflichten verletzt hat, unterliegt grundsätzlich in vollem Umfang der **gerichtlichen Nachprüfung.** Ein Beurteilungs- **74** spielraum steht ihm insoweit – ausgenommen die Abwägung widerstreitender Pflichten[151] – regelmäßig nicht zu[152].

(4) Dem Notar obliegt die **Formulierungspflicht**[153]. Er muss die Erklärungen der Betei- **75** ligten entsprechend dem nach der Rechtslage Erforderlichen klar und unzweideutig in der Urkunde niederlegen (§ 17 Abs. 1 Satz 1 BeurkG). Grundsätzlich sollte er sich an die Ausdrücke des Gesetzes halten, soweit diese eindeutig sind[154]; allerdings sollte er auch auf das Verständnis der Beteiligten Rücksicht nehmen. Mit Missdeutungen von Fachbehörden – etwa des Grundbuchamtes in Grundbuchsachen – braucht er nicht zu rechnen[155]. Er verletzt seine Amtspflicht, wenn die von ihm errichtete Vertragsurkunde die Einigung der Parteien nur so unvollkommen zum Ausdruck bringt, dass der Vertrag gegen seinen Wortlaut ausgelegt werden muss[156].

---

143 BGH NJW-RR 1989, 153.
144 Näher dazu § 14 Rz. 225 ff.
145 BGHZ 58, 343, 348; BGH DNotZ 1987, 157; DNotZ 1991, 759; st. Rspr.
146 BGHZ 58, 343, 348; BGH DNotZ 1987, 157; DNotZ 1991, 759; st. Rspr.
147 Siehe § 14 Rz. 237.
148 Einzelheiten: § 14 Rz. 240 ff.
149 BGH DNotZ 1978, 373.
150 Einzelheiten dazu: § 24 Rz. 14 ff.
151 Siehe oben Rz. 27.
152 A. A. *Langenfeld*, BWNotZ 1990, 101: »*eigener, unvertretbarer Beurteilungsspielraum*« des Notars.
153 Einzelheiten dazu: § 15 Rz. 29.
154 *Huhn/von Schuckmann/Armbrüster*, § 17 Rz. 40.
155 BGH DNotZ 1991, 753.
156 BGH DNotZ 1992, 811; VersR 1993, 233.

76   (5) Über die Formulierungspflicht hinaus trägt der Notar eine weitgehende **Verantwortung für den Inhalt** der von ihm beurkundeten Erklärungen.

77   (a) Die Wahl des **sichersten Weges** gehört gerade im Rahmen der Urkundstätigkeit zu den grundlegenden Pflichten des Notars[157]. Bestehen Zweifel, ob ein zu beurkundendes Rechtsgeschäft wirksam ist, muss sich der Notar anhand von Rechtsprechung und Schrifttum unterrichten, ob das Risiko nicht durch eine andere Gestaltung des Geschäfts vermieden werden kann. Lässt sich die Rechtslage nicht klären, darf er das Rechtsgeschäft erst beurkunden, wenn die Beteiligten darauf bestehen, obwohl der Notar sie über die offene Rechtsfrage und das mit ihr verbundene Risiko belehrt hat[158].

78   (b) Bei der Verwendung von **Formularen** und mittels **EDV** gespeicherter Textvorlagen (Textblöcken) muss er darauf achten, dass diese den Erfordernissen des Einzelfalls angepasst werden. Die kritiklose Benutzung solcher Vorlagen ist amtspflichtwidrig und kann Schäden verursachen, für die der Notar einzustehen hat.

79   (c) Besondere Pflichten hat der Notar zu beachten, der einen Vertrag mit **Allgemeinen Geschäftsbedingungen** oder einen Individualvertrag mit **formelhaften Bedingungen** beurkunden soll[159].

80   (aa) Nach § 14 Abs. 2 muss der Notar die Beurkundung eines Vertrages ablehnen, der eine wegen unangemessener Benachteiligung eines Vertragspartners (§ 307 BGB) oder wegen Verstoßes gegen ein Klauselverbot (§§ 308 f. BGB) **unwirksame Klausel** enthält[160]. Das gilt jedoch nur, wenn eindeutig zu erkennen ist, dass es sich um eine Allgemeine Geschäftsbedingung handelt und dass diese AGB-rechtlich unwirksam ist[161]. Wenn ein Vertrag nach seiner inhaltlichen Gestaltung allem Anschein nach für eine mehrfache Verwendung entworfen worden ist und keinen angemessenen Interessenausgleich für die Vertragsparteien enthält, spricht die Vermutung für das Vorliegen Allgemeiner Geschäftsbedingungen[162].

81   (bb) Unangemessene **formelhafte Bedingungen**, die keine AGB sind (etwa: Haftungsausschlussklausel im Grundstückskaufvertrag; Ankaufsklausel in einem Wohnzwecken dienenden Erbbaurechtsvertrag), können nach der Rechtsprechung des Bundesgerichtshofs gemäß § 242 BGB beanstandet werden[163]. Der Notar muss in diesen Fällen die Beteiligten nachdrücklich belehren (§ 17 Abs. 1 BeurkG), seine etwaigen Zweifel an der Wirksamkeit des Geschäfts erörtern und die Belehrung dokumentieren (§ 17 Abs. 2 BeurkG)[164]. In der Regel wird er aber nicht verpflichtet sein, seine Urkundstätigkeit zu verweigern[165].

82   (6) Übernimmt der Notar einen **Treuhandauftrag** – wie etwa eine Verwahrung nach § 23 –, so obliegt ihm die Amtspflicht, diesen sorgfältig und rechtskundig zu erledigen[166].

83   (a) Die **Bedingungen** für die Abwicklung des Geschäfts müssen von vornherein eindeutig festgelegt werden. Bei Verwahrungsgeschäften bedarf es dazu präziser Verwahrungsanweisungen (§ 54a Abs. 2 Nr. 2 BeurkG)[167]. Diese müssen den Bedürfnissen einer ordnungsgemäßen Geschäftsabwicklung und eines ordnungsgemäßen Vollzugs sowie dem Sicherungsinteresse aller Beteiligten genügen (§ 54a Abs. 3 BeurkG). Lassen die Bedingungen eine einseitige Benachteiligung eines Beteiligten befürchten, muss der Notar in Erfüllung seiner Rechtsbelehrungspflicht (§ 17 BeurkG) auf eine Korrektur hinwirken[168]. Erweist sich der

---

157 Siehe oben Rz. 52.
158 BGH DNotZ 1991, 750, 752.
159 Einzelheiten dazu: § 14 Rz. 85 ff.
160 OLG Köln VersR 1991, 890; *Winkler*, BeurkG, § 4 Rz. 17; *Lerch*, BeurkG, § 4 Rz. 8; a. A.: *Reithmann/Albrecht*, Rz. 37 (i.d.R. kein Ablehnungsrecht).
161 *Winkler*, § 4 Rz. 17; *Lerch*, BeurkG, § 4 Rz. 8.
162 BGHZ 118, 229, 240.
163 BGHZ 74, 204; BGH DNotZ 1982, 626; BGHZ 101, 350, 354 = DNotZ 1988, 292; BGHZ 108, 164, 168 = DNotZ 90, 96; jeweils m. Anm. *Brambring*; BGHZ 114, 338; kritisch: *Ulmer*, DNotZ 1982, 587; *Rieder*, DNotZ 1984, 226; *Roth*, BB 1987, 977; *Kanzleiter*, DNotZ 1989, 301; *Keim*, Das notarielle Beurkundungsverfahren, S. 197 ff.
164 Formulierungsvorschlag: *Brambring*, DNotZ 1990, 191.
165 So wohl auch im Ergebnis BGHZ 108, 164, 169.
166 BGH DNotZ 1987, 560; NJW 1993, 2317; *Reithmann*, DNotZ 1990, 449.
167 Einzelheiten dazu: § 23 Rz. 54 ff.
168 BGH DNotZ 1988, 383.

Auftrag als nicht so durchführbar, wie die Beteiligten das erwarten dürfen, muss der Notar sie unverzüglich benachrichtigen[169].

(b) Bei **Ablehnung** eines Treuhandauftrags muss der Notar die sich daraus ergebenden Konsequenzen beachten. Erhält er etwa im Zusammenhang mit der Abwicklung eines Grundstückskaufvertrages den Kaufpreis mit der Weisung, ihn nicht vertragsgemäß auszuzahlen, muss er die Annahme des darin liegenden Treuhandauftrags ablehnen; er darf das empfangene Geld dann nicht etwa vertragsgemäß an den Verkäufer auskehren, sondern muss es an den Einzahler zurückzahlen[170]. **84**

(c) Bei der **Durchführung** des Treuhandauftrags muss sich der Notar peinlich genau an die Weisungen der Beteiligten halten[171]. Schwierigkeiten mit hohen Haftpflichtrisiken können sich dabei ergeben, wenn Treuhandauflagen nicht erfüllbar sind, mehrere sich widersprechende Treuhandaufträge erteilt werden oder Verwahrungsanweisungen geändert oder widerrufen werden[172]. Der Notar muss versuchen, die mehreren Weisungen zu koordinieren; misslingt das, muss er den unvereinbaren Treuhandauftrag ablehnen[173]. **85**

(7) Die Pflichten des Notars im Rahmen seiner **Vollzugstätigkeit** unterscheiden sich danach, ob es sich um den unselbstständigen Urkundsvollzug nach § 53 BeurkG oder um eine auf besonderem Ansuchen beruhende selbstständige Vollzugstätigkeit handelt[174]. **86**

(a) Sind Willenserklärungen beurkundet worden, die beim Grundbuchamt oder Registergericht einzureichen sind, ist der Notar nach § 53 BeurkG zur **Einreichung** verpflichtet. Gleiches gilt, wenn er den Text einer von ihm beglaubigten Erklärung entworfen hat[175]. Dagegen ist er kraft Gesetzes nicht verpflichtet, die **Vollzugsreife** herbeizuführen[176]. Ob er zur **Überwachung des Vollzugs** verpflichtet ist, hängt von den Umständen ab[177]. **87**

(aa) Im Rahmen seiner Vollzugspflicht ist der Notar grundsätzlich an die **Weisungen** der Beteiligten gebunden[178]. Das gilt nicht nur, wenn die Beteiligten eine Verzögerung der Eintragung begehren[179], sondern auch, wenn sie den Notar in Kenntnis des damit verbundenen Risikos beauftragen, einen Eintragungsantrag vorzeitig schon vor Eintritt der Vollzugsreife bei dem Registergericht einzureichen[180]. **88**

(bb) Beim Vollzug muss der Notar die Beteiligten vor **Schaden bewahren**. Hat er beispielsweise bei einer Grundstücksveräußerung mit der Eigentumsumschreibung zugleich die Löschung der für den Grundstückserwerber eingetragenen Auflassungsvormerkung beantragt, muss er sicherstellen, dass weder vertragswidrige Zwischenrechte eingetragen sind noch deren Eintragung beantragt ist; denn sonst droht die Gefahr eines gutgläubigen vormerkungswidrigen Erwerbs solcher Rechte[181]. **89**

(cc) Nach § 53 BeurkG hat der Notar die Willenserklärung einzureichen, sobald die Urkunde eingereicht werden kann. Welcher **Zeitraum** dafür in Betracht kommt, hängt von den Umständen des Einzelfalles ab[182]. Wie bei jeder Amtstätigkeit muss der Notar zügig handeln[183]. Bei Dringlichkeit muss er die Urkunde noch am Tage der Beurkundung, spätestens aber an dem darauf folgenden Arbeitstag zeitig einreichen[184]. Besondere Bedeutung hat das **90**

---

169 BGH DNotZ 1995, 489, 490. Siehe auch oben Rz. 54.
170 Vgl. BGH DNotZ 1991, 555.
171 St. Rspr.; z. B. BGH DNotZ 1960, 265; DNotZ 1978, 373; 1987, 560; DNotZ 1995, 126. Siehe auch § 23 Rz. 135.
172 Einzelheiten: § 23 Rz. 135 ff.
173 BGH DNotZ 1997, 70, 72.
174 Siehe § 24 Rz. 41 ff.
175 *Winkler*, § 53 Rz. 3; *Huhn/von Schuckmann/Preuß*, § 53 Rz. 11; *Lerch*, BeurkG, § 53 Rz. 2.
176 *Huhn/von Schuckmann/Preuß*, § 53 Rz. 18; *Winkler*, § 53 Rz. 12.
177 Näher dazu § 15 Rz. 37.
178 BGH DNotZ 1983, 450; DNotZ 1990, 441.
179 BGH DNotZ 1990, 441.
180 BGH DNotZ 1983, 450 m. zust. Anm. *Becker-Berke*.
181 BGH DNotZ 1991, 757.
182 Näher dazu: *Haug*, Rz. 643 ff.
183 BGH ZNotP 2002, 408.
184 BGH DNotZ 1979, 311, 313.

Gebot zügiger Bearbeitung bei Einreichungen zum **Handelsregister,** soweit es sich um Eintragungen handelt, die Haftungsbeschränkungen oder Haftungsausschlüsse zur Folge haben können (z. B. §§ 25 Abs. 2, 28 Abs. 2, 176 Abs. 2 HGB, § 11 Abs. 2 GmbHG)[185].

91   (b) Von der Einreichungspflicht nach § 53 BeurkG sind die Fälle zu unterscheiden, in denen dem Notar ein **selbstständiger Vollzugsauftrag** erteilt wird.

Grundsätzlich bedarf es dazu eines ausdrücklichen **Ansuchens.** Indes ist die Übernahme der Vollzugstätigkeit nach erfolgter Beurkundung in der Praxis so sehr die Regel, dass der Notar zu einem klarstellenden Hinweis an die Beteiligten verpflichtet ist, wenn er den Vollzug nicht übernehmen will[186].

Der selbstständige Vollzugsauftrag hat eine **treuhänderische** Tätigkeit zum Gegenstand[187]. Er erstreckt sich auf die vollständige Abwicklung des beurkundeten Rechtsgeschäfts durch den Notar[188]. Falls sich dem Vollzug Hindernisse entgegenstellen, hat der Notar die Beteiligten zu benachrichtigen[189].

92   (c) Der Vollzugsauftrag umfasst in der Regel den Auftrag zur **Überwachung** des Vollzugs[190]. Denn wenn ein Beteiligter, um allen Schwierigkeiten und Gefahren zu entgehen, den rechtskundigen Notar mit der Abwicklung eines Rechtsgeschäfts betraut, darf er sich darauf verlassen, dass der Notar alles Erforderliche tun werde[191]. Wenn der Notar zur Überwachung nicht bereit ist, muss er die Beteiligten entsprechend informieren.

93   Zur **Überwachung** gehört es insbesondere, den Eingang notwendiger Genehmigungen und Bescheinigungen zu kontrollieren sowie die Eintragungsnachrichten des Grundbuchamtes auf ihre Richtigkeit und Vollständigkeit zu überprüfen[192]. Hat der Notar eine behördliche Genehmigung – z. B. nach dem Grundstücksverkehrsgesetz – einzuholen, so muss er nicht nur den Lauf des Genehmigungsverfahrens überwachen[193], sondern auch das Verfahren der Genehmigungsbehörde auf sein Richtigkeit überwachen[194]. Kommt die Möglichkeit in Betracht, dass bei Ablauf einer bestimmten Frist nach Einreichung des Genehmigungsantrags eine Genehmigungsfiktion eintritt, muss der Notar den Fristablauf kontrollieren und sich gegebenenfalls von der Behörde den Eingang des Antrags bestätigen lassen[195]. Beurkundet der Notar einen Erbscheinsantrag dahingehend, dass der Erbschein zu seinen Händen erteilt werden soll, so obliegt ihm nach Auffassung des Bundesgerichtshofs die Prüfung, ob der erteilte Erbschein dem beantragten entspricht[196].

94   (8) Bei der Ausstellung von **Bestätigungen** und **Bescheinigungen** muss sich der Notar bewusst sein, dass er *Person des öffentlichen Vertrauens*[197] ist und dass deshalb von ihm verfasste Schriftstücke aus der Sicht der Beteiligten eine besondere Verlässlichkeitsgrundlage bilden. So handelt er amtspflichtwidrig, wenn er eine Bescheinigung über von ihm nicht selbst wahrgenommene Tatsachen ausstellt[198] oder durch Bestätigung der Fälligkeit eines Grundstückskaufpreises den Eindruck erweckt, der bis dahin schwebend unwirksame Vertrag sei wirksam geworden[199]. Amtspflichtwidrig ist es auch, wenn der Notar eine Rangbestätigung abgibt, die der Rechtslage nicht entspricht[200]. Die Pflicht, jeglichen falschen An-

185 *Haug,* Rz. 651 ff.
186 *Ganter,* Notarhaftung, Rz. 1523; *Haug,* Rz. 618.
187 BGH DNotZ 1976, 506, 509.
188 Vgl. auch § 15 Rz. 40 und § 24 Rz. 41, 43.
189 KG DNotZ 1990, 446. Siehe auch oben Rz. 54.
190 BGHZ 28, 104, 108; offengelassen: BGH DNotZ 1990, 441, 443.
191 BGH DNotZ 1984, 511, 512; BGHZ 123, 1, 9.
192 BGHZ 123, 1, 9.
193 OLG Koblenz DNotZ 1955, 612.
194 BGHZ 123, 1, 10.
195 BGHZ 123, 1, 10.
196 BGH DNotZ 1988, 372 m. abl. Anm. *Bernhard.* Zur Frage der Drittgerichtetheit dieser Amtspflicht siehe unten Rz. 97.
197 *Haug,* Rz. 656.
198 BGH DNotZ 1984, 427, 430.
199 BGH DNotZ 1985, 48.
200 OLG Hamm DNotZ 1987, 54.

schein zu vermeiden[201], obliegt dem Notar gegenüber jedem, der sich auf das Schriftstück verlässt[202].

6. Drittgerichtetheit der Amtspflicht

a) Begriff des »Dritten«

Nach § 19 muss die verletzte Amtspflicht **einem anderen gegenüber** bestehen, d. h. dritt- **95** gerichtet sein. Der Anspruchsteller muss in den persönlichen und sachlichen Schutzbereich der Amtspflicht einbezogen sein. Entscheidend ist der **Zweck**, dem die Amtspflicht dient[203]; dabei genügt es, dass sie den Schutz des Dritten *mit*bezweckt[204]. Der danach zu bestimmende Kreis der Dritten ist weit zu ziehen[205]. Er bestimmt sich nach objektiven Kriterien; auf die Kenntnis des Notars kommt es nicht an[206]. »Dritte« im Sinne des § 19 sind über den Kreis der Beteiligten hinaus alle jene, deren Interessen nach der besonderen Natur des Amtsgeschäfts durch dieses berührt werden und in deren Rechtskreis dadurch eingegriffen werden kann, auch wenn sie durch die Amtsausübung nur mittelbar und unbeabsichtigt betroffen werden. Als »Dritte« kommen danach in Betracht
– die unmittelbar an dem Amtsgeschäft Beteiligten,
– die mittelbar Beteiligten, d. h. diejenigen, die mit dem Notar in Verbindung treten und ihm anlässlich eines Amtsgeschäfts eigene Belange anvertrauen oder eigene Interessen wahrnehmen[207],
– Dritte, deren Interesse nach der Natur des Amtsgeschäfts geschützt werden sollen. Dritter in diesem Sinne kann beispielsweise der als Erbe oder Vermächtnisnehmer in Aussicht Genommene sein[208].
   Nicht ausreichend ist es, dass jemand nur **zufällig** von der Amtspflichtverletzung betroffen wird. Geschützter Dritter ist daher nicht, wer nur infolge einer schuldrechtlichen Beziehung zu dem Geschädigten in seinem Interesse berührt wird (z. B. der Makler, der wegen Nichtigkeit des Grundstückskaufvertrages keine Provision erhält)[209].

b) Beurkundungstätigkeit

Die Amtspflichten des Notars auf dem Gebiet des **Beurkundungswesens** bestehen gegen- **96** über allen, die auf die Zuverlässigkeit einer Beurkundung oder Beglaubigung angewiesen sind und hierauf vertrauend am Rechtsverkehr teilnehmen[210].

aa) Prüfungs-, Belehrungs- und Hinweispflichten

Die notariellen **Prüfungs-, Belehrungs-** und **Hinweispflichten** sind zwar nur gegenüber **97** den unmittelbar oder mittelbar Beteiligten zu erfüllen[211]. Die Amtspflicht, diesen Verpflichtungen gegenüber den Beteiligten nachzukommen, obliegt dem Notar aber auch gegenüber denjenigen Dritten, in deren Belange durch das Urkundsgeschäft eingegriffen wird[212]; es handelt sich insoweit um unterschiedliche Pflichtenkreise. Geschützte Dritte sind danach beispielsweise

---

201 Siehe oben Rz. 56.
202 Vgl. BGH DNotZ 1984, 425.
203 *Haug*, Rz. 39.
204 BGH DNotZ 1960, 157.
205 *Kreft*, Rz. 239.
206 *Kreft*, Rz. 241 m. w. N.
207 Siehe § 14 Rz. 137.
208 St. Rspr.; z. B. BGH DNotZ 1997, 791, 792. Näher dazu: unten Rz. 97.
209 *Kreft*, Rz. 242 m. w. N.
210 BGH DNotZ 1995, 494, 495; BGHZ 138, 359, 362.
211 Siehe § 14 Rz. 135 ff.
212 BGHZ 58, 343, 353; BGH DNotZ 1974, 296; DNotZ 1983, 509, 512; DNotZ 1989, 43, 44.

- bei einer Vollmachtsbeurkundung alle, denen die Urkunde später vorgelegt wird[213];
- bei einem Vertretergeschäft der Vertretene[214];
- bei einem Vertragsangebot oder einer Vertragsannahme der Erklärungsempfänger[215];
- bei einer letztwilligen Verfügung oder einem Erbvertrag sowie dem Widerruf oder der Aufhebung eines solchen Rechtsgeschäfts derjenige, der durch das Rechtsgeschäft bedacht oder geschützt werden sollte[216], auch wenn er in der notariellen Urkunde nicht als Bedachter benannt ist;
- bei einem Erbverzicht derjenige, dem der Verzicht zugute kommen soll[217];
- bei der Beurkundung eines Vertrages über die Gründung einer GmbH sowohl die Gründer als auch die werdende GmbH[218].

bb) Pflicht zu wirksamer Beurkundung

98 In gleicher Weise ist der Kreis der Personen zu bestimmen, denen gegenüber der Notar verpflichtet ist, für die **Wirksamkeit der Beurkundung** zu sorgen.

c) Betreuungstätigkeit

99 Auch bei **betreuender** Tätigkeit können Dritte in den Schutzbereich der Amtspflicht einbezogen sein[219].

aa) Vollzugspflichten

100 Im allgemeinen beschränkt sich die selbstständige Betreuungspflicht allerdings auf die Wahrnehmung der Belange des **Auftraggebers**, weil eine solche Tätigkeit in der Regel nur in dessen Interesse liegt[220]. Erteilt beispielsweise ein Grundschuldgläubiger dem Notar den Treuhandauftrag, von einer Löschungsbewilligung nur Gebrauch zu machen, wenn die Ablösung der zugrunde liegenden Forderung gesichert ist, so begründet dies keine Amtspflicht gegenüber dem Grundstückseigentümer, der sein Grundstück zur Urkunde eines anderen Notars verkauft und diesen angewiesen hatte, die Eigentumsumschreibung erst nach vollständiger Kaufpreiszahlung zu veranlassen[221].

bb) Selbstständige Betreuungspflicht

101 Indes können mit der notariellen Betreuung auch Amtspflichten gegenüber **Dritten** verbunden sein. Das gilt namentlich für unselbstständige und selbstständige **Vollzugspflichten**. So besteht die Pflicht des Notars, eine von ihm beurkundete Grundpfandrechtsbestellung alsbald dem Grundbuchamt einzureichen (§ 53 BeurkG), auch im Interesse des an der Beurkundung nicht beteiligten Grundpfandgläubigers[222]. Beantragt der Vorerbe zur Niederschrift des Notars, ihm einen Erbschein zu dessen Händen zu erteilen, so besteht die Amtspflicht, die Übereinstimmung des erteilten Erbscheins mit dem beantragten zu prüfen, nach Auffassung des Bundesgerichtshofs auch gegenüber dem an dem Urkundsgeschäft nicht beteiligten Nacherben[223].

---

213 *Kreft*, Rz. 437.
214 BGH DNotZ 1989, 44.
215 BGH NJW 1966, 157.
216 BGHZ 31, 5, 10; BGHZ 58, 343, 353; BGH DNotZ 1997, 791, 792.
217 BGHZ 31, 5, 10; BGH DNotZ 1997, 44, 48.
218 BGH DNotZ 1964, 506.
219 BGH DNotZ 1960, 265, 269; DNotZ 1983, 509, 512; DNotZ 1988, 372, 374.
220 BGH DNotZ 1983, 509; DNotZ 1988, 372.
221 BGH DNotZ 1983, 509.
222 BGH DNotZ 1979, 311.
223 BGH DNotZ 1988, 372. Siehe auch oben Rz. 97.

d) Sonstige Amtstätigkeit

Wegen der Drittgerichtetheit bei **sonstiger Amtstätigkeit** wird auf die vorstehenden Ausführungen zu den einzelnen notariellen Amtspflichten verwiesen[224].

102

7. Drittschadensliquidation

a) Grundsatz

Tritt ein Schaden, der normalerweise bei dem Verletzten und also Ersatzberechtigten eintreten müsste, aufgrund besonderer Umstände im Wege der **Schadensverlagerung** nicht bei
ihm, sondern bei einem Dritten ein, so entlastet das den Schädiger im allgemeinen nicht; es
soll ihm nicht zugute kommen, dass der Verletzte nur deshalb keinen Schaden erlitten hat,
weil statt seiner ein *anderer* geschädigt wurde[225]. Rechtsprechung und Schrifttum lassen daher bei einem Auseinanderfallen von Gläubigerstellung und geschütztem Interesse eine
Drittschadensliquidation grundsätzlich zu[226].

103

b) Unanwendbarkeit im Bereich der Notarhaftung

Indes führt im Amtshaftungsrecht bereits die Bestimmung des Kreises der **geschützten
Dritten** zu einem interessengerechten Schadensausgleich. Denn »Dritte« im Sinne des § 19
sind über den Kreis der Beteiligten hinaus auch jene, deren Interessen nach der besonderen
Natur des Amtsgeschäfts durch dieses berührt werden[227]; erleiden sie durch eine Amtspflichtverletzung des Notars Schaden, so steht ihnen ein originärer Schadensersatzanspruch
zu. In der Rechtsprechung wird deshalb vertreten, dass die Grundsätze über die Drittschadensliquidation im Bereich der Notarhaftung nicht anwendbar sind[228]. Der Bundesgerichtshof hat in einer älteren Entscheidung die Möglichkeit einer Drittschadensliquidation gegenüber dem Notar – beschränkt auf die Fallgruppen der mittelbaren Stellvertretung und der
Treuhänderschaft – bejaht[229], sie aber in seiner neueren Rechtsprechung ausdrücklich offengelassen[230]. Die ablehnende Auffassung ist vorzuziehen. Soweit die Drittgeschädigten zum
Kreis der durch die Amtspflicht geschützten Dritten gehören, bedarf es der Zulassung einer
Drittschadensliquidation nicht, da die Schäden ohnehin nach § 19 ersatzfähig sind. Soweit
die Drittgeschädigten nicht zum Kreis der geschützten Dritten gehören, würde die Zulassung einer Drittschadensliquidation zu einer vom Gesetz nicht gewollten Haftungserweiterung führen.

104

8. Verschulden

a) Verschuldensbegriff

Die Haftung des Notars nach § 19 setzt eine schuldhaft begangene Amtspflichtverletzung
voraus. Das Verschulden muss sich stets auf die **Pflichtwidrigkeit** der Handlung beziehen.
Dass der Notar den Eintritt irgendeines oder gar des tatsächlich entstandenen **Schadens** vor-
hergesehen hat oder vorhersehen konnte, ist grundsätzlich nicht erforderlich[231]. Eine Ausnahme gilt, wenn die Amtspflichtverletzung in einem den Tatbestand des § 826 BGB erfüllenden Amtsmissbrauch liegt; da § 826 BGB eine vorsätzliche Schädigung erfordert, ist

105

---

224 Oben Rz. 40 ff., 57 ff.
225 *Larenz*, Lehrbuch des Schuldrechts, Band I, Allgemeiner Teil, § 27 IV b.
226 Vgl. die Nachweise bei *Palandt/Heinrichs*, vor § 249 Rz. 112.
227 Siehe oben Rz. 95.
228 OLG Hamm NJW 1970, 1793.
229 BGH DNotZ 1967, 326.
230 BGH DNotZ 1983, 509; vgl. auch BGH NJW 1991, 2696, 2697.
231 BGHZ 34, 375, 381; BGH DNotZ 1959, 555; DNotZ 1969, 178; st. Rspr.

Haftungsvoraussetzung, dass der Notar den Eintritt eines Schadens zumindest als möglich vorausgesehen und billigend in Kauf genommen hat[232].

b) Schuldformen

106 § 19 nennt als **Schuldformen** Vorsatz und Fahrlässigkeit. Die Vorschrift knüpft damit an den allgemeinen zivilrechtlichen Verschuldensbegriff des § 276 BGB an.

aa) Vorsatz

107 **Vorsatz** bedeutet, dass der Notar sich der *Pflichtwidrigkeit* seines Handelns bewusst ist (direkter Vorsatz) oder zumindest mit der Möglichkeit eines Verstoßes gegen Amtspflichten rechnet und diese Pflichtverletzung billigend in Kauf nimmt (bedingter Vorsatz)[233]. Die bloße Kenntnis der *Tatsachen*, aus denen sich die Amtspflicht ergibt, reicht nicht aus[234]. Der Irrtum über das Bestehen der verletzten Amtspflicht schließt daher den Vorsatz aus[235].

bb) Fahrlässigkeit

108 **Fahrlässig** handelt der Notar, der zwar die Verletzung seiner Amtspflicht nicht bemerkt oder erkennt, aber bei gehöriger Aufmerksamkeit und bei Anwendung der für seinen Pflichtenkreis erforderlichen Sorgfalt hätte erkennen müssen[236]. Dabei ist der Maßstab eines erfahrenen, pflichtbewussten und gewissenhaften Durchschnittsnotars anzulegen[237]. Der pflichtwidrig handelnde Notar kann sich daher nicht darauf berufen, dass er – sei es allgemein oder gerade auf dem in Frage kommenden Rechtsgebiet – unerfahren sei oder nicht unsorgfältiger gehandelt habe als andere Notare. Maßgeblich ist der zivilrechtliche **objektivierte Fahrlässigkeitsbegriff**[238].

c) Sorgfaltsanforderungen

109 Die **Anforderungen** an die notarielle Sorgfaltspflicht sind sehr hoch. Sie führen insbesondere bei Berufsanfängern und bei Notaren mit geringer Erfahrung zu erheblichen Haftungsrisiken.

aa) Kenntnis der Rechtsvorschriften

110 Der Notar muss sich mit den seine Berufsausübung betreffenden **Rechtsvorschriften** vertraut machen, soweit sie ihm zugänglich sind. Neue Vorschriften und Vorschriftenänderungen hat er jedenfalls dann zu berücksichtigen, wenn sie in einem der Bekanntmachungsblätter veröffentlicht sind, die zu halten er nach § 32 verpflichtet ist (Bundesgesetzblatt Teil I, Gesetzblatt des Landes, Bekanntmachungsblatt der Landesjustizverwaltung, Verkündungsblatt der Bundesnotarkammer), im Übrigen dann, wenn sie allgemein zugänglich oder in einer der gängigen Fachzeitschriften behandelt worden sind[239]. Die Auffassung, der Notar müsse **alle** sein Amt und seine Pflichten betreffenden Gesetze, Verordnungen und Verwaltungsvorschriften kennen[240], lässt sich angesichts der heutigen Normenflut nicht aufrechterhalten.

---

232 *Kreft*, Rz. 287 m. w. N.
233 BGHZ 120, 176, 181.
234 BGH DNotZ 1993, 263, 265.
235 BGH DNotZ 1963, 574.
236 BGH VersR 1961, 507, 509; VersR 1967, 1150, 1151.
237 BGHZ 145, 265, 275.
238 BGH WM 1994, 430, 432 (zu § 839 BGB).
239 Ähnlich *Haug*, Rz. 70.
240 *Arndt*, 2. Aufl., § 19 II 2.4.3 unter Hinweis auf BGH, Urt. v. 8. 11.1951 – III ZR 76/50.

bb) Rechtskenntnisse, Rechtsprechungsprognose, Vertretbarkeit des Standpunkts

Von jedem Notar werden diejenigen **Rechtskenntnisse** verlangt, die zur Führung des Amtes **111** erforderlich sind[241].

(1) Bei fehlerhafter **Rechtsanwendung** ist ein Verschulden regelmäßig zu bejahen, wenn **112** sie gegen den klaren, bestimmten und eindeutigen Wortlaut eines Gesetzes verstößt oder der Notar nicht die ihm zu Gebote stehenden Erkenntnisquellen ausgeschöpft hat[242]. Er muss sich jedenfalls über die in den amtlichen Sammlungen und den für seine Amtstätigkeit wesentlichen Zeitschriften veröffentlichte Rechtsprechung der obersten Gerichte unverzüglich unterrichten[243] sowie die üblichen Erläuterungsbücher auswerten[244]. Eine erhöhte Unterrichtungspflicht besteht, wenn ein Rechtsgebiet, auf das es für seine Tätigkeit ankommt, erkennbar in der Entwicklung begriffen ist.[245] Nur vereinzelte Stimmen der Literatur zu Randfragen der notariellen Tätigkeit braucht er jedoch nicht zu berücksichtigen[246]. Hat der Notar mit einer zweifelhaften oder in seiner Praxis bisher nicht behandelten Rechtsfrage zu tun, so muss er sich die erforderlichen Rechtskenntnisse eigenverantwortlich aneignen. Ergeben sich bei der gebotenen umfassenden, unvoreingenommenen Prüfung ernsthafte Zweifel an der Zweckmäßigkeit oder Wirksamkeit einer vorgesehenen Regelung, so muss er die Beteiligten darüber belehren und ihnen einen sichereren Weg weisen; notfalls muss er die ihm angetragene Beurkundung ablehnen[247].

(2) Nach der Rechtsprechung obliegt dem Notar eine gewisse **Rechtsprechungsprog-** **113** **nose**[248]. Der Bundesgerichtshof hat dazu für den Bereich der Anwaltshaftung ausgeführt[249]: *Zwar dürfe sich der Rechtsanwalt in der Regel auf den Fortbestand einer höchstrichterlichen Rechtsprechung verlassen, insbesondere wenn es sich um eine gefestigte Rechtsprechung oder um neuere Entscheidungen handele, in denen eine Rechtsfrage in einem bestimmten Sinn beantwortet worden ist. Jedoch müsse ein Rechtsanwalt die Auswirkungen neuer Gesetze auf eine zu dem alten Rechtszustand ergangene Judikatur erwägen, Hinweisen eines obersten Gerichts auf die Möglichkeit einer künftigen Änderung seiner Rechtsprechung berücksichtigen sowie nach Möglichkeit neue Entwicklungen in Rechtsprechung und Rechtswissenschaft verfolgen und im Rahmen des ihm Zumutbaren deren mögliche Auswirkungen auf eine ältere Rechtsprechung im Bereich der jeweiligen Problemfelder bedenken.* Es ist zu erwarten, dass für den Bereich der **Notarhaftung** keine geringeren Anforderungen gestellt werden[250].

Zeichnen sich – für den Notar erkennbar – **Gesetzesänderungen** ab, die sich für Ur- **114** kundsbeteiligte im konkreten Fall nachteilig auswirken können, muss er versuchen, sich aus allgemein zugänglichen Quellen näher zu informieren, und ggf. Vorsorge treffen, um drohende Nachteile abzuwehren[251].

(4) Im Übrigen ist ein Verschulden regelmäßig zu verneinen, wenn der Notar von einer **115** **herrschenden Meinung** ausgeht[252] oder in einer schwierigen, bisher nicht abschließend geklärten Rechtsfrage nach sorgfältiger und umfassender Prüfung einen **vertretbaren Standpunkt** einnimmt, mag dieser auch später gerichtlich nicht bestätigt werden[253].

---

241 BGH WM 1992, 1662, 1665.
242 BGHZ 30, 19, 22; 57, 351, 355.
243 Kritisch dazu unter Hinweis auf die Fülle veröffentlichter Judikate: *Haug*, Rz. 71 f.
244 BGH WM 1992, 1662, 1665; NJW 2001, 70, 72.
245 BGH NJW 2001, 675, 678.
246 BGH NJW-RR 1994, 1021.
247 BGH WM 1992, 1662, 1665; OLG Köln VersR 1991, 890.
248 Kritisch dazu: *Bohrer*, Rz. 216; *Schlüter/Knippenkötter*, Rz. 513; *Veit*, MittBayNot 1995, 177. Vgl. auch *Grziwotz*, NJW 1995, 641.
249 BGH NJW 1993, 3323, 3324.
250 Vgl. OLG Köln VersR 1991, 890, 891. Zu weitgehend: OLG Hamm DNotZ 1987, 696.
251 BGH NJW 2004, 3487 (Steuerberaterhaftung).
252 BGH DNotZ 1991, 756.
253 BGHZ 36, 344, 347; BGH NJW 2001, 70, 72.

d) Schuldausschluss durch kollegialgerichtliche Entscheidung

116 Ein Verschulden des Notars kann entfallen, wenn ein mit mehreren Rechtskundigen besetztes **Kollegialgericht** sein Verhalten als pflichtgemäß und objektiv rechtmäßig – also nicht nur als schuldlos – gebilligt hat[254]. Das gilt auch, wenn das Kollegialgericht die Revision zugelassen hat, weil es dadurch nicht seine eigene Beurteilung in Zweifel gezogen, sondern nur die Anrufung des Revisionsgerichts ermöglicht hat[255].

117 aa) Die entschuldigende Wirkung setzt in der Regel voraus, dass das Kollegialgericht aufgrund **mündlicher Verhandlung** durch Urteil entscheidet. Lässt aber die einschlägige Verfahrensordnung ein urteilsvertretendes Erkenntnis ohne mündliche Verhandlung zu, kann dieses ebenso entlastend wirken wie ein aufgrund mündlicher Verhandlung ergangenes Urteil[256]. So können Entscheidungen im Verfahren über Beschwerden nach § 15 BNotO ohne mündliche Verhandlung ergehen. Denn das FGG, auf das § 15 Abs. 1 Satz 3 verweist, schreibt eine mündliche Verhandlung nur für bestimmte, hier nicht in Betracht kommende Verfahrensarten vor; von diesen Ausnahmefällen abgesehen, kann auch im schriftlichen Verfahren entschieden werden[257].

118 bb) Der Grundsatz von der entschuldigenden Wirkung kollegialgerichtlicher Entscheidungen stellt nur eine **allgemeine Richtlinie** für die Beurteilung im Einzelfall dar. Ihre praktische Bedeutung ist gering[258]. Sie greift nicht ein, wenn das Kollegialgericht
– in entscheidenden Punkten von einem unrichtigen Sachverhalt ausgegangen ist oder diesen nicht erschöpfend gewürdigt hat[259],
– die Rechtslage trotz eindeutiger und klarer Vorschriften verkannt oder eine eindeutige Vorschrift handgreiflich falsch ausgelegt hat[260] oder
– das Verhalten des Notars aus Gründen gebilligt hat, die dieser selbst nicht erwogen hat[261].

Die Anwendung der Richtlinie setzt voraus, dass der Notar eine wirklich zweifelhafte und nicht leicht zu lösende Rechtsfrage unrichtig beantwortet hat[262]. In diesem Fall kann ihm allerdings vorzuwerfen sein, dass er seine Pflicht verletzt habe, den nach den Umständen sichersten Weg zu wählen[263]. Nach Auffassung des Bundesgerichtshofs entlastet ihn die kollegialgerichtliche Entscheidung dann nicht[264].

e) Beweislast

119 Liegt eine Amtspflichtverletzung objektiv vor, ist analog § 280 Abs. 1 Satz 2 BGB davon auszugehen, dass der Notar **schuldhaft** gehandelt hat[265]. Sache des Notars ist es dann, Umstände darzulegen und ggf. zu beweisen, aus denen sich ergibt, dass ein Verschulden nicht vorliegt.

---

254 BGHZ 27, 338, 343 (Amtshaftung); BGH DNotZ 1988, 383, 385; DNotZ 1989, 452, 454; DNotZ 1991, 555, 557; VersR 1993, 233, 234.
255 BGH VersR 1983, 399.
256 *Schwager/Krohn*, DVBl. 1990, 1077, 1084.
257 *Keidel/Meyer-Holz*, Freiwillige Gerichtsbarkeit, Vorbem. 9 vor § 8.
258 *Ganter*, DNotZ 1998, 851, 862; *ders.*, ZNotP 2006, 42, 46 unter Hinweis darauf, dass der BGH seit seinem Bestehen den Grundsatz nur zwei Mal hat durchgreifen lassen.
259 BGH DNotZ 1988, 385; DNotZ 1989, 454; DNotZ 1991, 557; DNotZ 2005, 847.
260 BGH VersR 1983, 400.
261 BGH WM 1994, 430, 432.
262 BGHZ 73, 161, 164.
263 Siehe oben Rz. 52.
264 BGH ZNotP 2005, 273.
265 BGHZ 145, 265, 275.

II. Schadensersatzpflicht des Notars

1. Schaden

a) Schadensbegriff

Voraussetzung für den Ersatzanspruch ist der Eintritt eines durch die Amtspflichtverletzung **120**
verursachten **Schadens**.

aa) Vermögensschaden

Die häufigste Folge notarieller Amtspflichtverletzungen sind **Vermögensschäden**, d. h. **121**
Schäden, die weder Personenschäden noch Sachschäden sind noch sich aus solchen herleiten[266]. Für ihre Ermittlung ist wie allgemein im Schadensrecht die sog. **Differenzhypothese**
maßgeblich[267]. Der Schaden besteht in der Differenz zweier Güterlagen: der durch die
Amtspflichtverletzung geschaffenen und der unter Ausschaltung dieses Ereignisses gedachten[268].

Als Vermögensschäden kommen insbesondere in Betracht **122**
- der **Verlust** oder die **Verschlechterung** von **Rechten** (z. B. Eigentumsverlust, Rangverschlechterung eines Grundpfandrechts, fehlende Sicherheit für ein Darlehen[269], Unmög-
lichkeit der Auszahlung vom Notaranderkonto infolge weisungswidriger Verwendung
von Treuhandgeldern[270]),
- entgangener **Gewinn** (z. B. aus der gescheiterten Weiterveräußerung eines Grundstücks,
Verlust von Anlagezinsen),
- vermehrte **Aufwendungen** (z. B. Belastung mit Schuldzinsen oder mit den Kosten eines
durch die Amtspflichtverletzung verursachten Prozesses[271]),
- zusätzliche **Verbindlichkeiten**.

Wird eine vermögenslose Person mit einer Verbindlichkeit belastet, so liegt der Schaden in
der Erhöhung der Summe ihrer Passiva[272].

Zu den ersatzfähigen Vermögensschäden zählen im Rahmen der Subsidiarität der Notar- **123**
haftung (§ 19 Abs. 1 Satz 2) auch die **Kosten der Rechtsverfolgung** gegen vorrangig haftende Dritte, soweit die Rechtsverfolgung hinreichende Aussicht auf Erfolg bot und nicht mutwillig erschien[273]. Die Kosten einer Rechtsverfolgung, die aus Rechtsgründen oder wegen
Fehlens notwendiger Beweismittel aussichtslos erscheint, können nicht auf den Notar abge-
wälzt werden. Mutwillig ist z. B. eine an sich erfolgversprechende Klage gegen einen jetzt
und in absehbarer Zukunft einkommens- und vermögenslosen Schuldner.

bb) Sachschaden

In Betracht kommen ferner **Sachschäden.** Dazu zählen Beschädigung, Verderb, Vernichtung **124**
und Abhandenkommen von Sachen einschließlich Geld und geldwerten Zeichen (unmittelbare Sachschäden) sowie sich daraus herleitende Schäden (mittelbare Sachschäden)[274].

---

266 Zur Vermögensschaden-Haftpflichtversicherung der Notare siehe § 19a und die dortigen Erläuterungen.
267 BGH NJW 1986, 1329, 1332; NJW 1995, 449, 451.
268 Vgl. *Palandt/Heinrichs*, Rz. 8 vor § 249 BGB m. w. N.
269 BGH DNotZ 1987, 560.
270 BGH DNotZ 1990, 661, 663.
271 BGHZ 70, 374.
272 BGH NJW 1986, 581, 582.
273 Siehe unten Rz. 187.
274 Zum Versicherungsschutz für Sachschäden siehe § 19a Rz. 47.

cc) Personenschaden

125 Schließlich können Amtspflichtverletzungen **Personenschäden** zur Folge haben. Schäden aus der Tötung, Verletzung des Körpers oder Schädigung der Gesundheit von Menschen sind allerdings in der Praxis sehr selten[275].

b) Maßgeblicher Zeitpunkt

126 Grundsätzlich ist die gesamte Schadensentwicklung bis zum prozessual spätest möglichen **Zeitpunkt** in die Schadensberechnung einzubeziehen; nur wenn der Notar vorher seine Ersatzpflicht erfüllt hat, schließt er damit die Zurechnung späterer Schadensfolgen aus[276]. Maßgeblicher Zeitpunkt für die Schadensberechnung ist danach die letzte mündliche Tatsachenverhandlung[277].

c) Konkrete Schadensberechnung

127 Der Geschädigte muss seinen Schaden grundsätzlich **konkret** berechnen. Nur entgangener Gewinn ist **abstrakt** zu berechnen (§ 252 BGB)[278].

d) Darlegungs- und Beweislast

128 Die **Darlegungs-** und **Beweislast** für den Schaden trägt der Betroffene. Allerdings gilt für die Schadensermittlung **§ 287 ZPO**. Die Vorschrift erleichtert dem Geschädigten nicht nur die Beweisführung, sondern auch die Darlegungslast[279]. Stehen Haftungsgrund und Schadenseintritt fest, darf das Gericht von einer Schadensschätzung nicht schon deshalb absehen, weil es an ausreichenden Anhaltspunkten für eine Schätzung des *gesamten* Schadens fehlt; vielmehr ist zu prüfen, ob und in welchem Umfang der Sachverhalt eine hinreichende Grundlage für die Schätzung zumindest eines in jedem Fall eingetretenen **Mindestschadens** bietet[280]. Fehlt allerdings jeglicher konkreter Anhaltspunkt auch nur für einen Mindestschaden, ist für eine Schadensschätzung kein Raum[281].

e) Vorteilsausgleichung

129 Bei der Schadensberechnung sind die Grundsätze der **Vorteilsausgleichung** anzuwenden[282].

aa) Voraussetzungen

130 Hat die Amtspflichtverletzung dem Betroffenen neben Nachteilen auch Vorteile gebracht, so sind diese schadensmindernd zu berücksichtigen, wenn Vor- und Nachteile bei wertender Betrachtung gleichsam zu einer **Rechnungseinheit** verbunden sind[283]. Voraussetzung ist danach, dass
- zwischen Schaden und Vorteil ein adäquater Ursachenzusammenhang besteht,
- die Anrechnung dem Zweck des Schadensersatzes entspricht,
- sie dem Geschädigten zuzumuten ist und
- sie den Schädiger nicht unbillig entlastet.

---

275 Insoweit besteht kein Versicherungsschutz; siehe § 19a Rz. 48.
276 Vgl. BGH NJW 1980, 1742, 1743; NJW 1988, 1837, 1838.
277 BGHZ 55, 329, 331; BGHZ 109, 380, 391; BGH DNotZ 1990, 58; DNotZ 1990, 661, 665.
278 *Palandt/Heinrichs*, Rz. 50 f. vor § 249 BGB.
279 BGH WM 1992, 36.
280 BGH WM 1994, 758, 760.
281 BGHZ 91, 243, 257; BGH WM 1992, 36.
282 BGH NJW 1983, 1053; NJW 1986, 1329, 1332. Allgemein dazu: *Palandt/Heinrichs*, Rz. 119 ff. vor § 249 BGB m. w. N.
283 BGHZ 91, 206, 209 f.; BGH NJW 1989, 1360; st. Rspr.

bb) Einzelfälle

Als **anzurechnende Vorteile** kommen beispielsweise die Tilgung anderweitiger Verbindlich- **131**
keiten[284], Steuervorteile, ersparte Aufwendungen, durch die Amtspflichtverletzung verursachte Gewinne, aber auch die Vermeidung eines anderweitigen Verlustes[285] in Betracht.

Ersatzansprüche gegen Dritte können eine anderweitige Ersatzmöglichkeit im Sinne des **132**
§ 19 Abs. 1 Satz 2 darstellen und so zu einem Haftungsausschluss führen[286]. Von diesen Fällen abgesehen, schließen sie den Schadensersatzanspruch aus § 19 grundsätzlich nicht aus[287].
Jedoch hat der Geschädigte sie auf Verlangen an den Notar abzutreten (§ 255 BGB); diesem
steht insoweit ein Zurückbehaltungsrecht zu (§ 273 BGB)[288].

Nicht anzurechnen sind **freigebige Leistungen Dritter**, die nicht dem Schädiger, sondern **133**
dem Geschädigten zugute kommen sollen[289], sowie Versicherungsleistungen in der Schaden-
und Summenversicherung. Auch Leistungen von Sozialversicherungsträgern und andere Sozialleistungen, Leistungen nach den Beamtengesetzen und von Arbeitgebern sowie Unter-
haltsleistungen Dritter entlasten den Schädiger nicht[290].

Bei **Treuhandgeschäften** kann sich der Notar gegen einen auf weisungswidrige Auszah- **134**
lung von seinem Anderkonto gestützten Schadensersatzanspruch grundsätzlich mit dem
Einwand verteidigen, er habe mit dem Auszahlungsbetrag eine anderweitige Verbindlichkeit
des Auszahlungsberechtigten erfüllt[291]. Jedoch ist der Treugeber davor zu schützen, dass der
Notar den noch zulässigen Widerruf eines Treuhandauftrags und die Rückerstattung des
Treuguts durch pflichtwidrige Auszahlung vereitelt[292]. Der Notar soll sich deshalb gegen einen auf weisungswidrige Auszahlung von seinem Anderkonto gestützten Schadensersatzanspruch jedenfalls dann nicht mit dem Einwand verteidigen können, er habe mit dem Auszahlungsbetrag eine anderweitige Verbindlichkeit des Auszahlungsberechtigen erfüllt, wenn
diese Verbindlichkeit streitig oder zweifelhaft ist[293].

cc) Darlegungs- und Beweislast

Die **Darlegungs-** und **Beweislast** für die tatsächlichen Voraussetzungen einer Vorteilsaus- **135**
gleichung trägt der Notar als Ersatzpflichtiger[294].

2. *Zurechnungszusammenhang*

a) *Natürliche und adäquate Kausalität*

Voraussetzung für den Ersatzanspruch ist die **Ursächlichkeit** (Kausalität) der Amtspflicht- **136**
verletzung für den eingetretenen Schaden.

aa) Natürliche Kausalität

Im Sinne des **natürlichen Ursachenbegriffs** ist zunächst zu prüfen, welchen Verlauf die **137**
Dinge bei pflichtgemäßem Verhalten des Notars genommen hätten und wie die Lage des Betroffenen wäre, wenn der Notar die Pflichtverletzung nicht begangen, sondern pflichtgemäß

---

284 BGH NJW 2000, 734, 736 (Teilabdruck: DNotZ 2000, 365); BGH ZNotP 2003, 476. Wegen in Be-
     tracht kommender Einschränkungen siehe unten Rz. 134.
285 BGH DNotZ 1997, 70, 75.
286 Zur Subsidiarität der Notarhaftung siehe unten Rz. 177 ff.
287 Vgl. BGHZ 120, 261, 268; BGH NJW 1997, 2946, 2948.
288 BGHZ 52, 39, 42.
289 BGHZ 21, 117; OLG Düsseldorf DNotZ 1983, 55.
290 *Palandt/Heinrichs*, Rz. 132 f. m. w. N. Näher dazu unten Rz. 193.
291 BGH NJW 2000, 734, 736 f.; ZNotP 2003, 476, 477.
292 BGH DNotZ 1990, 661.
293 OLG Hamm OLG-Report Hamm 1994, 121; a. A. BGH ZNotP 2003, 476, für den Fall, dass die
     Erfüllung einer anderweitigen Verbindlichkeit durch Beweisaufnahme zu klären ist.
294 BGHZ 94, 195, 217; BGH DNotZ 2000, 365.

gehandelt hätte[295]. Nach einer vom Bundesgerichtshof verwendeten Formel ist dabei die Amtspflichtverletzung *hinwegzudenken*, nicht aber eine andere notarielle Handlung *hinzuzudenken*[296]. Diese Formel ist allerdings zu undifferenziert[297]: Bei Prüfung der natürlichen Kausalität sind solche Umstände *hinzuzudenken*, deren Unterlassung gerade Gegenstand des Vorwurfs der Amtspflichtverletzung ist. Davon zu unterscheiden ist die Frage, ob der Notar durch Erfüllung einer *anderen* Amtspflicht als derjenigen, deren Verletzung ihm vorgeworfen wird, das gleiche Ergebnis hätte herbeiführen dürfen; dies ist eine Frage des **rechtmäßigen Alternativverhaltens**[298]. Im Einzelnen folgt daraus:

138   (1) Hat der Notar durch **positives Tun** gegen sein Amtspflicht verstoßen, muss seine Handlung *hinweggedacht* und geprüft werden, wie sich die Dinge ohne die pflichtwidrige Handlung entwickelt hätten[299]. Hat der Notar beispielsweise die Beurkundung eines Vertrages vorgenommen, die er wegen Unredlichkeit der verfolgten Zwecke hätte ablehnen müssen[300], ist zu fragen, ob der Vertrag dann gar nicht, mit geändertem Inhalt oder bei einem anderen Notar mit unverändertem Inhalt beurkundet worden wäre.

139   (2) Besteht die Pflichtverletzung in einem **Unterlassen**, muss untersucht werden, wie die Dinge bei pflichtgemäßem positiven Handeln verlaufen wären; es muss also *hinzugedacht* werden, dass der Notar die verletzte Amtspflicht – und zwar gerade diese – erfüllt habe[301]. Hat der Notar beispielsweise im Rahmen einer Urkundstätigkeit eine notwendige Belehrung unterlassen, kommt es darauf an, wie der Betroffene sich bei Vornahme dieser Belehrung verhalten hätte. War er anderweitig ausreichend über die vorhandenen Risiken belehrt oder hätte er das Rechtsgeschäft auch bei ordnungsgemäßer Belehrung durch den Notar getätigt, fehlt es an der Kausalität.

140   (3) Kommt es für die Ursächlichkeit einer Amtspflichtverletzung darauf an, wie eine **gerichtliche** oder **behördliche Entscheidung** (sog. Inzidententscheidung) ausgefallen wäre oder – wenn sie noch aussteht – ausfallen wird, so ist grundsätzlich nicht darauf abzustellen, wie das Gericht oder die Behörde tatsächlich entschieden *hätte* bzw. entscheiden *wird*, sondern wie nach Auffassung des über den Ersatzanspruch erkennenden Gerichts richtigerweise hätte entschieden werden *müssen* bzw. entschieden werden *muss*[302]. Dabei gelten der Beibringungsgrundsatz und der Grundsatz freier richterlicher Überzeugungsbildung (§ 287 ZPO), und zwar auch dann, wenn das Ausgangsverfahren nach dem Amtsermittlungsgrundsatz zu führen gewesen wäre[303]. Der Beurteilung ist die damals geltende höchstrichterliche Rechtsprechung zugrunde zu legen; spätere Änderungen der Rechtsprechung sind in der Regel unerheblich[304]. In tatsächlicher Hinsicht hat das Regressgericht die ihm zur Verfügung stehenden Erkenntnismöglichkeiten auszuschöpfen, auch wenn diese im Vorprozess nicht zur Verfügung gestanden haben[305].

141   Dagegen ist bei behördlichen **Ermessensentscheidungen** grundsätzlich darauf abzustellen, wie die Behörde bei pflichtgemäßer Ermessensausübung mutmaßlich entschieden *hätte*[306]. Ließ allerdings die zu beurteilende Fallgestaltung bei pflichtgemäßer Ermessensausübung nur *eine einzige* Beurteilung zu (sog. Ermessensreduzierung auf Null), so ist diese im späteren Schadensersatzprozess zugrunde zu legen[307]. Steht fest, dass sich die Behörde bei der Inzidententscheidung nicht im Rahmen pflichtgemäßen Ermessens gehalten hätte, ist da-

---

295 BGH DNotZ 1989, 48, 49; DNotZ 1990, 661, 663; NJW 1993, 2617, 2619; BGHZ 123, 178, 189; st. Rspr.
296 BGHZ 96, 157, 172.
297 Kritisch auch *Hanau*, DNotZ 1986, 412.
298 Näher dazu: unten Rz. 152.
299 BGH DNotZ 1989, 48, 51; instruktiv auch BGH WM 1997, 325, 327.
300 Siehe § 14 Rz. 88 ff.
301 BGHZ 96, 157, 172 = DNotZ 1986, 406 (*Hanau*); BGH DNotZ 1989, 48, 51 (kein Hinzudenken einer *anderen* Handlung des Notars!).
302 BGHZ 133, 110, 111; 163, 223, 227; st. Rspr.
303 BGH NJW 1996, 2501.
304 BGHZ 145, 256 (Steuerberaterhaftung).
305 BGHZ 163, 223, 228.
306 BGH DNotZ 1969, 499; *Zugehör*, Notarhaftung, Rz. 2243.
307 BGH NJW 1996, 842, 843 (Anwaltshaftung).

rauf abzustellen, wie sie nach Meinung des Regressgerichts ihr Ermessen hätte ausüben sollen[308].

bb) Adäquanz

Weitere Voraussetzung ist im allgemeinen die **Adäquanz** des Ursachenzusammenhangs[309]. **142**
Sie ist zu bejahen, wenn bei wertender Betrachtung die Amtspflichtverletzung im allgemeinen und nicht nur unter besonders eigenartigen, unwahrscheinlichen und nach dem gewöhnlichen Verlauf der Dinge außer Betracht zu lassenden Umständen geeignet ist, einen Schaden der eingetretenen Art herbeizuführen[310]. Ob das der Fall ist, hängt von den Umständen ab.

cc) Verhalten des Geschädigten oder Dritter

Wird der Schaden durch eine **Handlung des Verletzten** oder eines **Dritten** verursacht, so **143**
kann der erforderliche haftungsrechtliche Zusammenhang fehlen, wenn der Geschädigte selbst oder ein Dritter in ungewöhnlicher oder unsachgemäßer Weise in den schadensträchtigen Geschehensablauf eingreift und eine weitere Ursache setzt, die den Schaden erst endgültig herbeiführt[311].

(1) Ist der Schaden durch eine auf freiem Entschluss beruhende **Handlung des Verletzten** **144**
entstanden, so hängt die Haftung des Notars davon ab, ob für diese Handlung ein rechtfertigender Anlass bestand, ob sie durch die Amtspflichtverletzung des Notars herausgefordert wurde und eine nicht ungewöhnliche Reaktion darstellt[312]. Eine Haftung des Notars entfällt, wenn die Handlung des Verletzten völlig unsachgemäß und unvertretbar ist[313].

Es stellt keine ungewöhnliche Reaktion dar, wenn infolge einer **unklaren Vertragsfor-** **145**
mulierung Streit entsteht und ein durch den Beurkundungsfehler Begünstigter versucht, seinen Standpunkt gerichtlich gegen den anderen Beteiligten durchzusetzen[314]. Das gilt nach der Rechtsprechung des Bundesgerichtshofs auch dann, wenn der Begünstigte die unklare Situation bewusst ausnutzt, um sich einen nicht gerechtfertigten Vorteil zu verschaffen[315, 316].

Schließt der Geschädigte in einem durch die notarielle Amtspflichtverletzung verursach- **146**
ten Rechtsstreit mit einem Dritten einen **gerichtlichen Vergleich**, so hängt die Haftung des Notars davon ab, ob der Vergleich in Anbetracht der Erfolgsaussichten des Geschädigten im Falle einer gerichtlichen Entscheidung und seines Interesses an einer raschen Streitbeendigung sachgerecht erschien[317]. Dies ist im allgemeinen zu bejahen, wenn der Vergleich der Beseitigung einer von dem Notar geschaffenen Unsicherheit oder Unklarheit dient, ferner, wenn das Prozessgericht die Rechtslage als zweifelhaft bezeichnet und den Prozessparteien zu der von ihnen daraufhin getroffenen vergleichsweisen Regelung geraten hat[318]. Ein rechtfertigender Grund für den Abschluss eines Vergleichs kann auch darin liegen, dass die Prozesspartei aus persönlichen Gründen – etwa wegen hohen Alters oder gesundheitlicher Beeinträchtigung – an einer raschen Prozessbeendigung interessiert ist.

(2) Beim Eingreifen eines **Dritten** bleibt der haftungsrechtliche Zusammenhang zwischen **147**
der Pflichtverletzung und dem Schaden grundsätzlich erhalten. Er hängt nicht davon an, ob

---

308 Näher dazu: *Ganter*, NJW 1996, 1310, 1314.
309 Streitig; vgl. *Palandt/Heinrichs*, Rz. 61 vor § 249 BGB.
310 BGH NJW 1991, 1109, 1110 m. w. N.; st. Rspr.
311 BGH DNotZ 2004, 849, 852.
312 BGH NJW 1997, 250, 253; DNotZ 2004, 849, 852.
313 BGH NJW 1997, 253; DNotZ 1998, 621, 625; NJW-RR 2001, 1639, 1641.
314 BGH DNotZ 1989, 41, 42.
315 BGH ZNotP 2003, 156, 157; *Zugehör*, Notarhaftung, Rz. 221. Einschränkend: BGH NJW 2004, 69, 70.
316 Abweichung von *Vorauflage*, Rz. 133.
317 BGH ZNotP 2003, 156, 157. Siehe auch unten Rz. 195.
318 Ähnlich: BGH NJW 1993, 2797, 2799 (Anwaltshaftung).Die abweichende Auffassung des BGH in NJW 1993, 1587, 1589 (Notarhaftung) ist – soweit ersichtlich – vereinzelt geblieben.

sich der Dritte durch die schädigende Handlung zu seinem Willensentschluss *herausgefordert* fühlen durfte[319]. Die Zurechenbarkeit fehlt in derartigen Fällen vielmehr nur dann, wenn die Ursächlichkeit der Amtspflichtverletzung nach dem Schutzzweck der Amtspflicht[320] gänzlich bedeutungslos war, wenn also das Verhalten des Notars nur noch den äußeren Anlass für ein völlig ungewöhnliches und sachwidriges Eingreifen des Dritten bildet[321].

148   Wird der Schaden etwa durch **mehrere** nacheinander tätig werdende **Notare** verursacht, die sämtlich die Belange des Betroffenen hätten beachten müssen, haften sie grundsätzlich als Gesamtschuldner[322]. Die Haftung des Erstverursachers entfällt in der Regel auch dann nicht, wenn er den nach ihm tätigen Notar unmissverständlich auf den ihm unterlaufenen Fehler hinweist und dieser den Hinweis unbeachtet lässt[323]. Denn es ist nicht ungewöhnlich, dass ein solcher Hinweis übersehen wird.

149   (3) Nach der Rechtsprechung des Bundesgerichtshofs zur Anwaltshaftung sind auch **gerichtliche** oder **behördliche Fehlentscheidungen**, die durch Anwaltsverschulden verursacht worden sind, haftungsrechtlich dem Anwalt zuzurechnen[324, 325]. Diese Grundsätze können auf die Notarhaftung übertragen werden[326]. Der Notar haftet danach grundsätzlich für ein pflichtwidriges Fehlverhalten, wenn der gerichtliche oder behördliche Fehler durch Umstände hervorgerufen wird, deren Eintritt er durch pflichtgemäßes Verhalten hätte verhindern müssen. Das gilt etwa, wenn er Erklärungen der Beteiligten in einer Urkunde entgegen § 17 Abs. 1 Satz 1 BeurkG unklar formuliert und das Gericht oder die Behörde die Urkunde daraufhin falsch auslegt. Der Bundesgerichtshof hat eine Haftung allerdings auch für den Fall bejaht, dass der Notar »die Rechtslage nicht so gestaltet, dass in Zukunft alle, auch letztlich unberechtigte, Zweifel verhindert werden« und ein Oberlandesgericht daraufhin eine grobe Fehlentscheidung trifft[327]; auf das Merkmal der Adäquanz soll danach zu verzichten sein, »wo sich eine allgemein zu vermeidende Gefahr im konkreten Fall auf ungewöhnliche Weise verwirklicht hat«[328]. Diese Auffassung lässt außer Acht, dass sich der Schädiger Umstände, die auf einem ganz ungewöhnlichen Dazwischentreten Dritter beruhen, in der Regel nicht zurechnen zu lassen braucht; eine grobe Fehlentscheidung dürfte ganz ungewöhnlich sein[329] und den Zurechnungszusammenhang zwischen der notariellen Pflichtverletzung und dem eingetretenen Schaden entfallen lassen[330]. Eine sachgerechte Lösung sieht der Bundesgerichtshof inzwischen zutreffend in einer entsprechenden Anwendung der zur Abwägung von Schadensbeiträgen im Rahmen des § 254 BGB entwickelten Grundsätze; danach entfällt eine haftungsrechtliche Zurechnung, wenn die von mehreren Schädigern zu verantwortenden Schadensursachen so ungleich sind, dass nur eine von ihnen als eigentliche, endgültige Ursache erscheint[331].

319   BGH NJW 1990, 2882, 2884.
320   Siehe dazu unten Rz. 150.
321   BGH NJW 1990, 2882, 2884; NJW 1993, 2797, 2799.
322   BGH DNotZ 1998, 621, 625. Siehe auch oben Rz. 17.
323   Offen gelassen in BGH DNotZ 1998, 621, 625.
324   Näher dazu *Zugehör*, Notarhaftung, Rz. 2222; *ders.*, NJW 2003, 3225.
325   Wegen der gegen die Rechtsprechung des BGH geäußerten Bedenken des BVerfG (NJW 2002, 2937) siehe unten Fn. 335.
326   Ebenso *Zugehör*, Notarhaftung, Rz. 2222.
327   Das Gericht hatte übersehen, dass ein Beurkundungsmangel durch Eintragung im Grundbuch geheilt worden war.
328   BGH DNotZ 1982, 498, 499.
329   Ebenso: *Hanau*, DNotZ 1982, 500.
330   Ebenso: *Zugehör*, Notarhaftung, Rz. 2224.
331   BGH NJW-RR 2003, 850, 853. Eingehend zu diesem Problemkreis mit Blick auf die Anwaltshaftung: *Zugehör*, NJW 2003, 3225; *Rinsche/Fahrendorf/Terbille/Fahrendorf*, Die Haftung des Rechtsanwalts, Rz. 414 ff., 788 ff.

b) Schutzzweck der Amtspflicht

Der Notar haftet nur für solche Schäden, die nach Art und Entstehungsweise unter den **Schutzzweck** der verletzten Norm fallen[332]. Einbezogen in den Schutzzweck der Amtspflicht ist jeder, dessen Schutz die Pflicht wenigstens mitbezweckt[333]. Es muss sich um nachteilige Folgen handeln, die aus dem Bereich der Gefahren stammen, zu deren Abwendung die notarielle Amtspflicht im Einzelfall dient; notwendig ist ein innerer Zusammenhang mit der durch den Notar geschaffenen Gefahrenlage, nicht nur eine bloß zufällige äußere Verbindung[334]. **150**

So soll die Pflicht des Notars, Verträge **klar und eindeutig zu formulieren**, die Vertragsbeteiligten u. a. davor schützen, dass es infolge der Unklarheit später zwischen ihnen zu Streitigkeiten mit der Gefahr einer unrichtigen gerichtlichen Entscheidung kommt[335]. Die Pflicht des Notars, vor der Beurkundung von **Verbraucherverträgen** darauf hinzuwirken, dass der Verbraucher seine Erklärungen persönlich oder durch eine Vertrauensperson abgibt und vor der Beurkundung ausreichend informiert wird (§ 17 Abs. 2a Satz 2 BeurkG)[336], dient dem Schutz des Verbrauchers. Beurkundet der Notar eine unwirksame **Vollstreckungsunterwerfung** und erhebt der Schuldner dagegen Vollstreckungsgegenklage, so werden die dem Gläubiger dadurch entstehenden Kosten vom Schutzzweck der verletzten Amtspflicht erfasst[337]. Der Schutzzweck der Pflicht, keine vorzeitige **Fälligkeitsbestätigung** zu erteilen, umfasst u. a. die durch vorzeitige Kaufpreiszahlung entstehenden Vermögenseinbußen[338]. Die Pflicht, über **Treugut** nur weisungsgemäß zu verfügen, soll die Hinterlegungsbeteiligten auch davor schützen, dass ein noch zulässiger Widerruf des Treuhandauftrags und die Rückerstattung des Treuguts vereitelt werden[339]. Die Amtspflicht, den an einem Amtsgeschäft Beteiligten keine unrichtige **Auskunft** zu erteilen, soll die Beteiligten vor der Gefahr schützen, durch das Vertrauen auf die Auskunft Nachteile zu erleiden[340]. **151**

c) Rechtmäßiges Alternativverhalten, hypothetische Kausalität

aa) Mit dem Einwand **rechtmäßigen Alternativverhaltens** macht der Schädiger geltend, denselben Schaden, den er pflichtwidrig verursacht hat, hätte er durch Erfüllung einer anderen, von der verletzten Amtspflicht verschiedenen, selbstständigen Pflicht rechtmäßig herbeiführen können, was er aber tatsächlich nicht getan hat[341]. Damit sind Fälle umschrieben, in denen der Schaden zwar durch die Pflichtverletzung entstanden ist, aber auch entstanden wäre, wenn der Schädiger eine andere, von der verletzten Amtspflicht verschiedene, selbstständige Pflicht erfüllt hätte, das aber nicht getan hat[342]. Bei der Beurteilung ist mithin nicht die konkret vorliegende Amtspflichtverletzung *hinwegzudenken*, sondern eine **anderweitige Pflichterfüllung** *hinzuzudenken*. Ob dem Notar in einem solchen Fall ein von ihm verursachter Schaden bei wertender Betrachtung zuzurechnen ist, hängt von dem Schutzzweck **152**

---

332 BGHZ 70, 374, 377; BGHZ 96, 157, 173; BGH NJW 1993, 2617, 2619.
333 BGHZ 138, 359, 362.
334 BGH DNotZ 1990, 661, 663 m. w. N.
335 BGH DNotZ 1982, 498, 499; vgl. auch BGH VersR 1985, 104, 105 und NJW 2002, 1048 (betr. Anwaltsverschulden bei Abschluss eines gerichtlichen Vergleichs). Die gegen die letztere Entscheidung gerichteten, auf Art. 12 Abs. 1 GG gestützten Bedenken des BVerfG (NJW 2002, 2937) überzeugen nicht. Es geht nicht darum, eine Haftung des Anwalts bzw. Notars für Fehler des Gerichts zu begründen; vielmehr haftet er für seine eigene, infolge des gerichtlichen Fehlers fortwirkende Pflichtverletzung. Diese Haftung ist dem Anwalts- bzw. Notarberuf immanent.
336 Siehe auch § 14 Rz. 194.
337 BGHZ 138, 357.
338 BGHZ 96, 157, 173. Kritisch dazu: *Haug*, Rz. 849.
339 BGH DNotZ 1990, 661.
340 BGH WM 1985, 666, 669.
341 BGH DNotZ 1989, 48, 50; WM 1997, 325, 327.
342 BGHZ 96, 157, 171 f.; BGH DNotZ 1989, 50.

der verletzten Amtspflicht ab[343]. Umfasst dieser den eingetretenen Schaden, so hat der Einwand des rechtmäßigen Alternativverhaltens keinen Erfolg.

153 Der Notar, der eine **Fälligkeitsbestätigung** vorzeitig und damit fälschlich erteilt hat, kann sich daher nicht darauf berufen, dass er durch pflichtgemäßes Verhalten einen früheren Eintritt der Fälligkeit hätte herbeiführen können[344]. Dagegen greift der Einwand beispielsweise durch, wenn der Geschädigte den Ersatz entgangenen Gewinns aus einem **formfehlerhaft beurkundeten** und deshalb nichtigen Vertrag verlangt, den der Notar wegen unredlicher Vertragszwecke gar nicht hätte beurkunden dürfen; denn die notarielle Pflicht zur Formwahrung dient nicht dazu, den Beteiligten zur Verfolgung unredlicher Zwecke zu verhelfen.

154 bb) Bei der sog. **hypothetischen Kausalität** geht es darum, ob sich der Schädiger darauf berufen kann, dass der von ihm verursachte Schaden aufgrund eines anderen Ereignisses (*Reserveursache*) ohnehin eingetreten wäre[345]. Da der Schaden ausschließlich auf der realen Ursache beruht, handelt es sich nicht um ein Kausalitäts-, sondern um ein durch wertende Betrachtung zu lösendes Zurechnungsproblem[346]. In der Rechtsprechung ist anerkannt, dass eine bei Eintritt der schädigenden Handlung vorhandene, der geschädigten Person oder Sache innewohnende **Schadensanlage** zugunsten des Schädigers zu berücksichtigen ist, so dass sich die Ersatzpflicht auf die durch den früheren Schadenseintritt bedingten Nachteile beschränkt[347]. Im Übrigen lehnt die Rechtsprechung die Berücksichtigung von Reserveursachen weitgehend ab[348].

155 Um eine beachtliche Reserveursache handelt es sich beispielsweise, wenn ein durch strafbare Handlung erlangter Geldbetrag bei dem Notar hinterlegt wird und dort infolge einer Amtspflichtverletzung verloren geht. Da der Geldbetrag dem Verfall unterlegen hätte (§§ 73, 73e StGB), war der Verlust für den Hinterleger von vornherein angelegt.

d) Darlegungs- und Beweislast

aa) Ursachenzusammenhang

156 Grundsätzlich ist es Sache des Geschädigten, den **Ursachen-** und **Zurechnungszusammenhang** zwischen der Amtspflichtverletzung und dem eingetretenen Schaden (haftungsausfüllende Kausalität) darzulegen und gegebenenfalls zu beweisen[349]. Indes kommen ihm dabei Darlegungs- und Beweiserleichterungen zugute.

157 (1) Nach § 287 ZPO hat das Gericht unter Würdigung aller Umstände nach freier Überzeugung über die Entstehung des Schadens zu entscheiden. Dazu gehört auch die Feststellung der haftungsausfüllenden (nicht: der haftungsbegründenden) Kausalität[350]. Für den Nachweis der Kausalität zwischen Pflichtverletzung und Schaden genügt eine **deutlich überwiegende Wahrscheinlichkeit**[351]. Der Geschädigte muss daher außer der Pflichtverletzung nur beweisen, dass er in seinen Interessen so betroffen worden ist, dass nachteilige Folgen für ihn haben eintreten können.

158 (2) Die Beweislast des Geschädigten wird ferner durch die Regeln über den **Beweis des ersten Anscheins** erleichtert.

159 (a) Ein Anscheinsbeweis kommt insbesondere in Betracht, wenn die Amtspflichtverletzung in einer unterlassenen Belehrung besteht und die Lebenserfahrung dafür spricht, dass der Beteiligte sich belehrungsgemäß verhalten hätte[352]. Indes gilt die **Vermutung belehrungsgerechten Verhaltens** nur, wenn für den Betroffenen nur *eine einzige* verständige

---

343 BGHZ 96, 157, 173; 143, 362, 365.
344 BGHZ 96, 157, 173.
345 *Palandt/Heinrichs*, Rz. 96 vor § 249 BGB. Vgl. auch BGH NJW 2000, 2110.
346 BGHZ 104, 355, 359 f.
347 BGH NJW 1985, 676, 677; DNotZ 1997, 70, 77.
348 BGHZ 125, 56, 61 f. m. w. N.
349 BGH DNotZ 1985, 234, 236; WM 1994, 78, 79. Eingehend dazu: *Fischer* in Festschrift Odersky, 1996.
350 BGHZ 58, 343, 349; BGH DNotZ 1994, 485, 489; VersR 1994, 435, 436; DNotZ 1997, 62, 66.
351 BGH NJW-RR 1996, 781.
352 BGH NJW 2000, 2110, 2111 m.w.N. (st. Rspr.).

SANDKÜHLER

Entschlussmöglichkeit in Betracht kommt; stehen dagegen mehrere Handlungsweisen als naheliegend offen und bergen sie alle gewisse Risiken oder Nachteile, die zu gewichten und gegenüber den Vorteilen abzuwägen sind, scheidet ein Anscheinsbeweis aus[353]. Im Übrigen reicht die Vermutung belehrungsgerechten Verhaltens nur so weit wie die geschuldete Belehrung selbst; entferntere Folgeentschlüsse des zu Belehrenden unterliegen den allgemeinen Beweisregeln[354].

(b) Soweit danach zugunsten des Geschädigten ein Anscheinsbeweis eingreift, kann der Notar diesen **erschüttern**, indem er die konkrete Möglichkeit eines anderen Kausalverlaufs dartut und beweist[355]. So kann der Anscheinsbeweis etwa durch den Nachweis zu entkräften sein, dass der Betroffene sich auch in anderen Fällen entgegen rechtlicher Beratung verhalten (Beratungsresistenz), bewusst riskante Rechtsgeschäfte vorgenommen oder aus Rücksichtnahme auf Andere Nachteile auf sich genommen hat[356].   **160**

(3) Anders als im Arzthaftungsrecht kehrt sich die Beweislast auch dann nicht zugunsten des Geschädigten um, wenn dem Notar ein **grober Fehler** zur Last fällt. Vielmehr muss der Geschädigte auch in einem solchen Fall – vorbehaltlich der Möglichkeit eines Anscheinsbeweises – nachweisen, dass die Pflichtverletzung für den geltend gemachten Schaden ursächlich geworden ist[357].   **161**

bb) Zurechenbarkeit

Den Beweis für **mangelnde Zurechenbarkeit** – etwa wegen einer zu beachtenden Reserveursache – muss der Notar führen[358].   **162**

3. Schadensersatz

Für die Schadensersatzpflicht des Notars gelten grundsätzlich die allgemeinen Vorschriften der §§ 249 ff. BGB. Jedoch richtet sich der Anspruch regelmäßig nur auf **Geldersatz**[359]. Ein klagbarer Anspruch auf Naturalrestitution oder auf Schadensabwehr durch Vornahme, Rücknahme oder Änderung einer notariellen Amtshandlung steht dem Geschädigten nicht zu.   **163**

a) Vorrang § 156 KostO

Vorrangig ist die Vorschrift des **§ 156 KostO**. Mit der Klage aus § 19 kann der Geschädigte daher nicht die Rückzahlung von ihm geleisteter Notarkosten mit der Begründung verlangen, die Kostenbelastung beruhe auf einer Amtspflichtverletzung des Notars[360].   **164**

b) Freistellung

Besteht der Schaden darin, dass der Geschädigte gegenüber einem Dritten zahlungspflichtig ist, ist der Notar nur zur **Freistellung** gegenüber dem Dritten verpflichtet. Erst mit der Leistung des Geschädigten an den Dritten verwandelt sich der Freistellungs- in einen Zahlungsanspruch gegen den Notar.   **165**

---

353 BGH NJW 1992, 3237, 3241; BGHZ 123, 311; BGH DNotZ 2003, 845, 846.
354 BGH NJW 1992, 3237, 3241.
355 BGHZ 123, 311.
356 BGH DNotZ 1997, 62, 67.
357 BGHZ 126, 217 (Anwaltshaftung).
358 BGH DNotZ 1997, 70, 77 m. w. N.
359 BGHZ 34, 99, 104 f. (zu § 839 BGB).
360 Näher dazu: § 17 Rz. 105.

c) Zug-um-Zug-Verurteilung

166 Hat der Geschädigte einen im Wege der Vorteilsausgleichung zu berücksichtigenden Anspruch gegen einen Dritten erlangt[361], kann der Notar die Einrede des Zurückbehaltungsrechts erheben, so dass er nur **Zug um Zug** gegen Abtretung jenes Anspruchs zur Leistung an den Geschädigten zu verurteilen ist (§§ 255, 273, 274 BGB).

4. Mitwirkendes Verschulden

a) Grundsätze

167 Der Schadensersatzanspruch kann sich mindern oder entfallen, wenn und soweit dem Geschädigten ein **mitwirkendes Verschulden** an der Schadensentstehung (§ 254 Abs. 1 BGB) oder ein Verstoß gegen seine **Schadensabwehr-** und **Schadensminderungspflicht** zur Last fällt (§ 254 Abs. 2 BGB).

aa) Vertrauen gegenüber dem Notar

168 Bei der nach § 254 Abs. 1 BGB gebotenen Abwägung der Verursachungsanteile und des Verschuldens ist zu berücksichtigen, dass dem Notar als Organ der vorsorgenden Rechtspflege besonderes **Vertrauen** entgegengebracht werden darf (§ 14 Abs. 3 Satz 1). Der Rechtsuchende ist zwar nicht von jeglicher Sorgfaltspflicht bei der Wahrnehmung seiner Belange entbunden[362]; an diese Obliegenheit dürfen aber keine hohen Anforderungen gestellt werden, soweit die Pflichten des Notars reichen[363]. Das auf dem Ansehen des Notaramtes beruhende Vertrauen des Rechtsuchenden kann diesem grundsätzlich nicht als Mitverschulden angerechnet werden[364]. Ein Mitverschulden des Geschädigten ist ferner dann nicht anzurechnen, wenn sich durch amtspflichtwidriges Verhalten des Notars gerade das **Risiko** verwirklicht hat, dessen Eintritt er verhindern sollte[365].

169 (1) Das gilt namentlich für die **Beurkundungstätigkeit** des Notars. Wenn der Notar seine Belehrungs- und Beratungspflicht verletzt hat, kann dem Geschädigten im allgemeinen nicht vorgeworfen werden, er hätte das, worüber der Notar ihn aufklären musste, auch ohne dessen Hilfe erkennen können[366]. So kann der Rechtsuchende etwaige eigene Zweifel an der rechtlichen Realisierbarkeit eines Vorhabens weitgehend zurückstellen, wenn der Notar gegen seine Vorstellungen pflichtwidrig keine Bedenken geltend macht (§ 17 BeurkG).

Aufgrund der Formulierungspflicht des Notars dürfen juristisch nicht vorgebildete Urkundsbeteiligte darauf vertrauen, dass der Notar ihren erklärten Willen in rechtlich einwandfreier Form niederlegt, es sei denn, die Urkunde ist so gefasst, dass sich den Beteiligten Zweifel aufdrängen müssen[367].

Die Belehrungspflicht des Notars erstreckt sich auch auf Dinge, welche die Beteiligten bei Anwendung der gebotenen Sorgfalt selbst hätten erkennen können, aber nicht erkannt haben[368].

170 (2) Ebenso wenig kann der Notar, der eine unrichtige **Auskunft** erteilt hat, gegenüber dem Ersatzanspruch des Geschädigten geltend machen, diesen treffe ein Mitverschulden, weil er auf die Richtigkeit der Auskunft vertraut und dadurch einen Mangel an Sorgfalt gezeigt habe[369].

---

361 Siehe oben Rz. 131.
362 OLG Hamm DNotZ 1987, 54, 55; *Haug*, Rz. 247.
363 *Ganter*, WM Sonderbeilage 1/1993, S. 11.
364 BGHZ 134, 100, 114; BGH NJW-RR 2001, 1639, 1642.
365 BGH NJW 2000, 734, 736 (insoweit in DNotZ 2000, 365 nicht abgedruckt).
366 BGH NJW 1996, 464, 466; NJW 1996, 520, 522.
367 BGH DNotZ 1991, 314 m. abl. Anm. *Kanzleiter*.
368 BGH WM 1992, 527, 530.
369 BGHZ 134, 100, 114.

SANDKÜHLER

bb) Eigenverantwortung des Geschädigten

Jedoch ist der von einer Amtspflichtverletzung Betroffene nicht von jeglicher **Eigenverant-** **171** **wortung** befreit. So kann es einen Mitverschuldensvorwurf begründen, wenn der Geschädigte, nachdem der Notar einen formnichtigen Vertrag beurkundet hat, die Gelegenheit zum formgerechten Neuabschluss nicht wahrnimmt. Ebenso kommt ein Mitverschulden in Betracht, wenn der Betroffene in einem Vergleich ohne Einschaltung des Notars Rechte aufgibt[370].

cc) Grobes Verschulden des Geschädigten

Der Geschädigte darf sich nicht auf eine fahrlässige Amtspflichtverletzung des Notars berufen, die er selbst durch **vorsätzliches Handeln**, etwa durch arglistige Täuschung, verursacht hat[371]. **172**

dd) Verschulden gesetzlicher Vertreter oder Hilfspersonen

Der Geschädigte muss sich außer seinem eigenen Verschulden auch das seiner **gesetzlichen** **173** **Vertreter** und **Hilfspersonen** zurechnen lassen. Die dafür nach § 254 BGB[372] erforderliche Sonderverbindung liegt in dem öffentlich-rechtlichen Verfahrensrechtsverhältnis zwischen dem Notar und den an seiner Amtshandlung beteiligten Personen[373].

Werden in ein und derselben Angelegenheit **mehrere Notare** tätig (z. B. Beurkundung **174** durch Notar A, Urkundsvollzug durch Notar B), muss sich der Geschädigte ein Verschulden des später tätig werdenden Notars nicht nach §§ 254 Abs. 2 Satz 2, 278 BGB zurechnen zu lassen; denn dessen Einschaltung dient nicht dazu, einen aus dem Fehler des anderen Notars drohenden Schaden abzuwenden[374].

b) Subsidiäre Notarhaftung

Falls der Notar nur **subsidiär** haftet (§ 19 Abs. 1 Satz 2), ist der Ersatzanspruch gegen ihn **175** ausgeschlossen, soweit der Geschädigte sich ein Mitverschulden eines gesetzlichen Vertreters oder einer Hilfsperson zurechnen lassen muss und deshalb von dieser Person Ersatz zu erlangen vermag[375].

c) Unterlassene Rechtsmittel

Eine Sondervorschrift stellt auch § 839 Abs. 3 BGB in Verbindung mit § 19 Abs. 1 Satz 3 **176** BNotO dar. Hat der Geschädigte es schuldhaft unterlassen, den Schaden durch **Gebrauch** **eines Rechtsmittels** abzuwenden, entfällt der Ersatzanspruch gegen den Notar insgesamt; eine Schuldabwägung nach § 254 BGB findet nicht statt.

---

370 BGH WM 1993, 1189, 1192.
371 BGH DNotZ 1954, 551.
372 Die Vorschrift des § 254 Abs. 2 Satz 2 BGB gilt nach ganz h. M. auch für § 254 Abs. 1 BGB; vgl. *Palandt/Heinrichs*, § 254 Rz. 60 m. w. N.
373 BGH DNotZ 1991, 775, 777.
374 BGH DNotZ 1998, 621, 626.
375 OLG Düsseldorf VersR 1993, 236.

III. Subsidiarität der Haftung

1. Bedeutung der Vorschrift

177 Nach § 19 Abs. 1 Satz 2 kann der Notar bei lediglich fahrlässiger Amtspflichtverletzung grundsätzlich nur dann in Anspruch genommen werden, wenn der Verletzte nicht auf andere Weise Ersatz zu erlangen vermag. Die Vorschrift begründet ein dem § 839 Abs. 1 Satz 2 BGB nachgebildetes **Verweisungsprivileg**. Es trägt dem Umstand Rechnung, dass der Notar zur Urkundtätigkeit verpflichtet ist[376], die damit verbundenen Haftungsrisiken somit nicht ablehnen kann. Dagegen ist er zur Übernahme von Verwahrungs- und selbstständigen Betreuungsgeschäften im Sinne der §§ 23, 24 nicht verpflichtet. Dementsprechend gilt die Subsidiaritätsklausel uneingeschränkt nur für Amtstätigkeiten außerhalb der in §§ 23, 24 genannten Art, nicht hingegen für selbstständige Verwahrungs- und sonstige Betreuungsgeschäfte. Übernimmt der Notar solche Tätigkeiten, mutet ihm das Gesetz zu, gegenüber seinem Auftraggeber das volle Haftungsrisiko zu tragen. Das gilt jedoch nicht gegenüber dritten Personen; denn der Notar kann bei der Übernahme einer Verwahrung oder selbstständigen Betreuung nicht übersehen, welcher Personenkreis – außer dem Auftraggeber – durch eine Amtspflichtverletzung geschädigt werden kann. Bei vorsätzlicher Amtspflichtverletzung scheidet das Verweisungsprivileg aus.

2. Anderweitige Ersatzmöglichkeit

a) Voraussetzungen

178 Maßgeblich ist, ob der Verletzte auf **andere Weise als durch Inanspruchnahme des Notars** einen Ersatz für den durch die Amtspflichtverletzung entstandenen Schaden erlangen kann. Als anderweitige Ersatzmöglichkeit kommen alle Möglichkeiten der Schadloshaltung tatsächlicher und rechtlicher Art in Betracht, sofern sie sich aus demselben Tatsachenkreis wie der Amtshaftungsanspruch ergeben[377] und dem Ausgleich desselben Schadens dienen wie dieser (Kongruenz)[378]. Daher können auch Erfüllungsansprüche[379] und Bereicherungsansprüche[380] anderweitige Ersatzmöglichkeiten darstellen. Auch Ersatzmöglichkeiten rein **tatsächlicher Art**, auf die kein Rechtsanspruch besteht, reichen aus, sofern deren Ausnutzung dem Geschädigten zumutbar ist[381].

179 Ob sich der Geschädigte auf die Möglichkeit der Wahrnehmung von **Gestaltungsrechten** – etwa die Kündigung oder Anfechtung eines Vertrages – verweisen lassen muss, ist zweifelhaft, weil sich daraus nicht unmittelbar ein anderweitiger »Ersatz« ergibt[382]. Allerdings kann die Ausübung eines Gestaltungsrechts aufgrund der dem Geschädigten obliegenden Schadensminderungspflicht (§ 254 Abs. 2 Satz 1 BGB) geboten sein.

180 Nicht zu berücksichtigen sind freigebige oder unter dem Vorbehalt anderweitiger Haftung erfolgte **Leistungen Dritter**[383].

181 Ferner kann der Geschädigte nicht auf **Ansprüche gegen einen Dritten** verwiesen werden, wenn dieser seinerseits in den Schutzbereich der verletzten Amtspflicht einbezogen ist; denn der Dritte könnte im Falle seiner Inanspruchnahme alsbald bei dem Notar Regress nehmen. Ansprüche des Geschädigten gegen seinen Vertragspartner oder gegen seinen Vertreter scheiden unter dieser Voraussetzung als anderweitige Ersatzmöglichkeit aus[384].

---

376 Siehe § 15 Rz. 7.
377 BGH NJW 1996, 524, 526.
378 *Kreft*, Rz. 497.
379 BGH NJW 1999, 2038.
380 BGHZ 31, 148, 150; BGH DNotZ 1993, 749.
381 BGH WM 1982, 615; *Kreft*, Rz. 497.
382 Bejahend: BGH VersR 1960, 663; verneinend: *Ossenbühl*, S. 85.
383 OLG Hamm VersR 1969, 1150; OLG Düsseldorf DNotZ 1983, 55.
384 BGH ZNotP 2004, 408, 409; DNotZ 2005, 918. Krit. dazu *Knoche*, RNotZ 2006, 294.

b) Teilweise Ersatzmöglichkeit

Deckt die anderweitige Ersatzmöglichkeit den Schaden nur **teilweise**, so kann der Notar den Geschädigten nur wegen dieses Teils auf die anderweitige Ersatzmöglichkeit verweisen; wegen des überschießenden Schadens haftet er ohne die Verweisungsmöglichkeit[385]. 182

c) Durchsetzbarkeit, Zumutbarkeit

Das Verweisungsprivileg setzt voraus, dass die andere Ersatzmöglichkeit **realisierbar** und ihre Geltendmachung für den Geschädigten **zumutbar** ist[386]. 183

aa) Der Ersatzberechtigte braucht sich nicht auf Ersatzansprüche verweisen zu lassen, die er nicht oder jedenfalls nicht in absehbarer und angemessener Zeit durchsetzen kann; auch weitläufige, unsichere oder im Ergebnis zweifelhafte Wege des Vorgehens gegen Dritte braucht er nicht einzuschlagen[387]. So stellt die Aussicht, aus einer Insolvenzmasse irgendwann eine Quote von ungewisser Höhe zu erhalten, keine anderweitige Ersatzmöglichkeit dar[388]. 184

bb) Inwieweit es dem Geschädigten zuzumuten ist, gegen **mehrere** andere Ersatzpflichtige gleichzeitig oder nacheinander vorzugehen, hängt von den Umständen des Einzelfalles ab. Hat er *einen* anderweitig Ersatzpflichtigen erfolglos in Anspruch genommen und erweist sich erst im Amtshaftungsprozess, dass auch noch gegen einen weiteren Dritten ein Ersatzanspruch in Betracht kommt, versagt der Subsidiaritätseinwand[389]; denn der Geschädigte braucht nicht »bis zum bitteren Ende« alle denkbaren Ersatzmöglichkeiten auszuschöpfen[390]. 185

cc) Die Notwendigkeit, einen anderweitigen Ersatzanspruch im **Ausland** durchzusetzen, schließt das Verweisungsprivileg nur aus, wenn die Rechtsverfolgung und/oder Vollstreckung im Ausland für den Geschädigten nicht zumutbare Erschwerungen oder Verzögerungen mit sich bringen würde[391]. 186

dd) Die **Kosten** einer anderweitigen Rechtsverfolgung stellen einen Teil des von dem Notar verursachten Schadens dar und sind daher nach § 19 ersatzfähig, wenn die Inanspruchnahme des Dritten zwar erfolglos geblieben ist, aber bei verständiger Würdigung aus damaliger Sicht hinreichende Aussicht auf Erfolg bot und nicht mutwillig war[392]. 187

d) Ansprüche gegen Rechts- und Steuerberater

Praktisch bedeutsam sind anderweitige Ersatzansprüche gegen Angehörige der **rechts- und steuerberatenden Berufe**. Hat der Geschädigte im Zusammenhang mit einer Notariatsangelegenheit auch einen Rechtsanwalt oder Steuerberater konsultiert und steht ihm wegen desselben Tatsachenkomplexes, der dem Amtshaftungsanspruch zugrunde gelegt wird, ein Schadensersatzanspruch wegen fehlerhafter Beratung gegen diese Personen zu, so haften diese vorrangig vor dem Notar[393]. 188

Das gilt insbesondere, wenn der Beteiligte sich über den Inhalt eines notariell zu beurkundenden **Vertrages** hat anwaltlich beraten lassen. Der Anwalt darf sich nicht darauf verlassen, dass der Notar eine fehlerfreie Beurkundung vornehmen wird; er haftet deshalb für eigene 189

---

385 Vgl. BGH DNotZ 1988, 388, 390 (Verjährung).
386 BGH NJW 1995, 330, 332 (insoweit nicht abgedruckt in DNotZ 1995, 407); DNotZ 1996, 118, 120.
387 BGHZ 120, 124, 126; BGH DNotZ 2006, 918, 919.
388 BGH DNotZ 1997, 64.
389 BGHZ 120, 124, 131.
390 *Ossenbühl*, S. 85.
391 BGH NJW 1976, 2074. Zu weitgehend *Rinsche*, Rz. II 251, wonach eine Vollstreckung im Ausland schlechthin unzumutbar sei. Die dort zitierte Entscheidung BGH NJW 1988, 1143, 1145 beruht darauf, dass im Ausland befindliche Vermögenswerte der ersatzpflichtigen Dritten nicht ermittelt werden konnten. Ähnlich wie *Rinsche* auch *Schlüter/Knippenkötter*, Rz. 631.
392 Siehe oben Rz. 123.
393 BGH DNotZ 1985, 231, 234.

Beratungsfehler[394]. Dabei ist das Verschulden des beurkundenden Notars dem Beteiligten nicht nach §§ 254 Abs. 1, 278 BGB zuzurechnen, da der Notar im Rahmen seiner Urkundstätigkeit nicht Erfüllungsgehilfe eines Beteiligten ist[395].

190   Eine vorrangige Anwaltshaftung kommt auch in Betracht, wenn ein fahrlässig begangener Beurkundungsfehler des Notars im nachhinein zu Auseinandersetzungen der Urkundsbeteiligten führt. Beauftragt in diesem Zusammenhang ein Beteiligter einen Rechtsanwalt mit der Prüfung der Rechtslage und erhebt dieser eine **aussichtslose Klage**, so haftet der Notar nicht für die dadurch entstehenden Prozesskosten[396]. Auch wenn es infolge anwaltlicher Fehleinschätzung der Prozessrisiken zu einem für den Beteiligten nachteiligen **gerichtlichen Vergleich** kommt, haftet der Notar nur subsidiär[397].

e) Ansprüche gegen Anwaltsnotar

191   Hat hingegen ein **Anwaltsnotar** in derselben Angelegenheit fahrlässig sowohl anwaltliche als auch notarielle Pflichten verletzt, so kann er als Notar auch dann in Anspruch genommen werden, wenn der Geschädigte von ihm aufgrund der Anwaltshaftung Ersatz verlangen kann oder hätte verlangen können[398].

f) Ansprüche gegen öffentliche Hand oder anderen Notar

192   Keine anderweitige Ersatzmöglichkeiten stellen Amtshaftungsansprüche gegen die **öffentliche Hand**[399] oder gegen einen anderen **Notar**[400] dar. Insoweit haften die mehreren Schädiger vielmehr als Gesamtschuldner (§ 840 BGB)[401].

g) Versicherungsleistungen

193   Ansprüche auf Schadensausgleichsleistungen aus einer von dem Geschädigten selbst verdienten oder erkauften gesetzlichen oder privaten **Versicherung** stellen grundsätzlich keine anderweitige Ersatzmöglichkeit dar[402]. Die Frage ist allerdings – soweit ersichtlich – höchstrichterlich noch nicht entschieden worden. Der Bundesgerichtshof hat lediglich für den Bereich der *Amtshaftung* ausgesprochen, dass Ansprüche des Geschädigten auf Ersatzleistungen aus einer gesetzlichen oder privaten Versicherung (Feuer-, Kasko-, Krankenversicherung) keine anderweitige Ersatzmöglichkeit darstellen, *soweit jedenfalls die Haftung des Staates (Art. 34 GG) in Frage steht*[403, 404]. Bei der Abwägung der konkurrierenden Haftungs- und Ersatzsysteme ergibt sich jedoch, dass solche Versicherungsleistungen auch im Bereich der persönlichen Haftung des Amtsträgers den Schädiger nicht entlasten können[405]. Zweck der Versicherung ist es nicht, dem Schädiger das Haftungsrisiko abzunehmen; die Versicherungsleistung ist vielmehr nur als »Zwischenfinanzierung« anzusehen[406]. Der Versicherer kann den Amtsträger daher nach erfolgter Schadensregulierung aus übergegangenem Recht (§ 67 Abs. 1 Satz 1 VVG) auf Ersatz in Anspruch nehmen. So kann beispielsweise der **Rechtsschutzversicherer**, der dem Geschädigten in einem durch notarielle Amtspflicht-

---

394 BGH DNotZ 1991, 321, 323.
395 BGH NJW 1993, 648, 652.
396 OLG Hamm DNotZ 1987, 167.
397 BGH NJW 1993, 1587, 1589.
398 BGH DNotZ 1993, 754.
399 BGHZ 31, 5, 13.
400 *Schlüter/Knippenkötter*, Rz. 639.
401 Siehe oben Rz. 17 ff.
402 Verneinend: *Haug*, Rz. 199; *Schlüter/Knippenkötter*, Rz. 640 ff.
403 BGHZ 79, 26 (gesetzl. Krankenvers.); 79, 35 (private Krankenvers.); 85, 230 (Kaskovers.); BGH NJW 1987, 2664, 2666 (Feuervers.) [insoweit in BGHZ 100, 313 nicht abgedruckt].
404 BGHZ 135, 354, 366.
405 Vgl. *Ossenbühl*, S. 83.
406 BGHZ 79, 35, 37.

verletzung verursachten Vorprozess Deckungsschutz gewährt hat, bei dem Notar Regress nehmen.

3. Versäumung von Ersatzmöglichkeiten

a) Geltung des Verweisungsprivilegs

Das Verweisungsprivileg greift nach ganz h. M. auch ein, wenn eine **früher vorhandene** anderweitige Ersatzmöglichkeit versäumt worden ist und der Geschädigte dies zu vertreten hat[407]; eine Verschuldensabwägung findet nicht statt[408]. Der Geschädigte muss sich so behandeln lassen, als bestünde die Ersatzmöglichkeit noch[409]. Dieser Grundsatz findet seine Rechtfertigung darin, dass der Geschädigte es nicht in der Hand haben soll, durch schuldhaftes Zuwarten eine bis dahin (wegen der Subsidiarität) nicht bestehende Notarhaftung zu begründen[410]. Der Geschädigte muss daher nicht nur darlegen und gegebenenfalls beweisen, dass *jetzt* eine andere Ersatzmöglichkeit fehlt, sondern auch, dass sie *in der Vergangenheit* nicht bestanden hat oder dass er ihre Versäumung nicht zu vertreten hat.

194

b) Verschuldenserfordernis

Die Versäumung einer Ersatzmöglichkeit ist **schuldhaft**, wenn der Geschädigte die mögliche und ihm nach den Umständen zuzumutende Deckung seines Schadens unterlassen hat[411]. Voraussetzung für den Vorwurf einer schuldhaften Versäumung ist, dass der Geschädigte **Kenntnis vom Schaden** hatte[412]. Dass er den Schadenseintritt hätte erkennen können, schließt den Ersatzanspruch gegen den Notar nicht aus, kann ihn allerdings nach § 254 BGB mindern[413]. Dem Geschädigten ist es regelmäßig vorzuwerfen, wenn er den anderweitigen Ersatzanspruch verjähren lässt[414], wenn er vom Vertrag zurücktritt, statt Schadensersatz nach §§ 280 bis 283, 311a Abs. 2, 440 BGB zu verlangen[415] oder wenn er in einem nach der Sachlage nicht sinnvollen Vergleich auf Ansprüche gegen einen anderen Ersatzpflichtigen verzichtet[416].

195

4. Maßgeblicher Zeitpunkt

Ob eine andere Ersatzmöglichkeit besteht oder schuldhaft versäumt worden ist, beurteilt sich nach der Sach- und Rechtslage im Zeitpunkt der **letzten mündlichen Tatsachenverhandlung**[417]. Der im Anschluss an die Rechtsprechung des Reichsgerichts vertretenen Auffassung, der Zeitpunkt der Klageerhebung sei maßgeblich[418], ist nicht zuzustimmen. Die Prozessparteien können grundsätzlich bis zum Schluss der mündlichen Verhandlung in der Tatsacheninstanz zur Sache vortragen und dabei auch Veränderungen der Sachlage während des Rechtsstreits geltend machen. Dieser Zeitpunkt ist auch sonst maßgeblich[419]; er be-

196

---

407 BGHZ 37, 375, 380; BGH DNotZ 1996, 118, 120; NJW 1999, 2038; st. Rspr.; kritisch dazu: *Rinsche*, Rz. II 257; ihm weitgehend zustimmend: *Schlüter/Knippenkötter*, Rz. 645.
408 BGH NJW 1999, 2038.
409 *Haug*, Rz. 207.
410 RG DNotZ 1934, 849, 852.
411 BGH DNotZ 1996, 118, 120.
412 RGZ 145, 258, 261.
413 RGZ 145, 258.
414 BGH DNotZ 1964, 505, 506.
415 BGH DNotZ 1988, 381.
416 Näher dazu: BGH DNotZ 1996, 118, 120.
417 Ebenso: *Haug*, Rz. 212; *Ganter*, DNotZ 1998, 851, 863.
418 BGHZ 120, 124, 131; *Kreft*, Rz. 507; jeweils m. w. N.
419 Zum maßgeblichen Zeitpunkt für die Schadensberechnung siehe oben Rz. 126.

stimmt die zeitlichen Grenzen der Rechtskraft[420] und bewirkt die Präklusion späteren Vorbringens (§ 767 Abs. 2 ZPO).

197 Der Geschädigte kann daher den Notar auch dann auf Schadensersatz in Anspruch nehmen, wenn eine zur Zeit der Klageerhebung vorhandene anderweitige Ersatzmöglichkeit während des Rechtsstreits aus von dem Geschädigten nicht zu vertretenden Umständen entfällt[421]. Umgekehrt greift das Verweisungsprivileg grundsätzlich auch dann durch, wenn die andere Ersatzmöglichkeit erst während des Rechtsstreits entsteht oder bekannt wird; das gilt nur dann nicht, wenn es dem Geschädigten nicht zuzumuten ist, diese Möglichkeit wahrzunehmen[422].

5. Rechtsfolgen der Subsidiarität

198 a) Soweit der Geschädigte wegen des Verweisungsprivilegs einen Dritten in Anspruch zu nehmen hat, ist dieser allein zum Schadensersatz verpflichtet; der Notar haftet nicht. Zwischen dem Dritten und dem Notar besteht mithin kein Gesamtschuldverhältnis. Daraus folgt, dass dem Dritten, der an den Geschädigten leistet, kein **Rückgriffsanspruch** gegen den Notar aus § 426 BGB zusteht. Auch sonstige Regressansprüche des Dritten scheiden aus.

199 b) Umgekehrt kommt es vor, dass der nicht ersatzpflichtige **Notar** bzw. der hinter ihm stehende Haftpflichtversicherer dem Geschädigten Schadensersatz in der irrigen Annahme leistet, eine anderweitige Ersatzmöglichkeit bestehe nicht. Ein Regressanspruch des Notars bzw. des Versicherers – des letzteren aus übergegangenem Recht des Notars (§ 67 Abs. 1 Satz 1 VVG) – gegen den ersatzpflichtigen Dritten aus § 426 BGB scheitert am Fehlen eines Gesamtschuldverhältnisses. In Betracht kommt jedoch ein Anspruch des Notars bzw. des Versicherers auf **Bereicherungsausgleich** (§ 812 Abs. 1 Satz 1 BGB). Dabei ist zu beachten, dass die Leistung eines Nichtschuldners, der in der irrigen Annahme an den Gläubiger leistet, dazu verpflichtet zu sein, den wahren Schuldner nicht von seiner Verbindlichkeit befreit. Der Bereicherungsanspruch des Leistenden richtet sich daher gegen den Gläubiger, nicht gegen den wahren Schuldner[423]. Davon ausgehend könnte der Notar bzw. sein Versicherer an sich nur den Geschädigten auf Rückzahlung der Schadensersatzleistung in Anspruch nehmen. Jedoch kann der Nichtschuldner nach Treu und Glauben berechtigt sein, auf den Anspruch gegen den Gläubiger zu verzichten und seine Leistungsbestimmung nachträglich dahin zu ändern, dass er nicht auf die vermeintliche eigene Schuld, sondern auf die des wahren Schuldners geleistet hat[424]. Diese Befugnis wird auch dem Notar bzw. seinem Versicherer einzuräumen sein. Denn es wäre unbillig, den Geschädigten unter der Besonderheit der Rechtsbeziehung zwischen dem Notar und dem Dritten (Subsidiarität) leiden und seinen Schaden dadurch – jedenfalls vorübergehend – wieder aufleben zu lassen, dass er zur Herausgabe der Leistung verpflichtet wird. Der Notar bzw. sein Versicherer können daher auf den Rückzahlungsanspruch gegen den Geschädigten verzichten und den Dritten in Anspruch nehmen (§ 812 Abs. 1 Satz 1, 2. Alt. BGB).

6. Prozessuale Fragen

a) Schlüssigkeitsprüfung

200 Das Fehlen einer anderweitigen Ersatzmöglichkeit ist **negative Anspruchsvoraussetzung**[425]. Zur Schlüssigkeit des Klagevortrags gehört daher die Darlegung des Geschädigten,

---

420 *Zöller/Vollkommer*, ZPO, Rz. 53 vor § 322.
421 So jetzt auch BGH NJW 1999, 2038.
422 Siehe oben Rz. 185.
423 *Palandt/Sprau*, § 812 Rz. 62.
424 BGH NJW 1986, 2700.
425 BGHZ 37, 375, 377 (zu § 839 BGB); BGH DNotZ 1984, 425; DNotZ 1986, 417.

dass andere Ersatzmöglichkeiten nicht bestehen[426] bzw. nicht versäumt worden sind[427]. Die Anforderungen an den Klagevortrag dürfen allerdings nicht überspannt werden. Der Geschädigte genügt seiner Darlegungslast, wenn er diejenigen Ersatzmöglichkeiten ausräumt, die sich aus dem Sachverhalt selbst ergeben, demselben Tatsachenkreis entsprungen sind, aus dem sich die Schadenshaftung des Notars ergibt, und begründete Aussicht auf Erfolg bieten[428]. Dem Notar bleibt es dann überlassen, sonstige Ersatzmöglichkeiten aufzuzeigen; Sache des Geschädigten ist es, jene anderen Möglichkeiten auszuräumen.

Die Erhebung einer **Feststellungsklage** hängt nicht davon ab, dass die Möglichkeit anderweitigen Ersatzes vollständig ausgeräumt wird; es genügt danach vielmehr, dass der Geschädigte darlegen kann, dass der Schaden zumindest teilweise nicht gedeckt werden könne[429].   201

Die **Beweislast** für das Fehlen einer anderweitigen Ersatzmöglichkeit trägt im Umfang seiner Darlegungslast der Geschädigte.   202

b) Prüfung im Haftpflichtprozess

Ob eine anderweitige Ersatzmöglichkeit besteht, ist grundsätzlich im **Haftpflichtprozess** gegen den Notar zu klären. Das Gericht kann sich der Entscheidung über das Bestehen einer anderweitigen Ersatzmöglichkeit nicht entziehen, sondern muss darüber gegebenenfalls Beweis erheben[430]. Der Geschädigte braucht die als ersatzpflichtig in Betracht kommenden Personen also nicht unbedingt vorweg zu verklagen[431].   203

c) Nebenintervention, Streitverkündung

Ob ein als anderweitig Ersatzpflichtiger in Betracht kommender Dritter dem Haftpflichtprozess gegen den Notar als **Nebenintervenient** beitreten kann (§ 66 ZPO), ist zweifelhaft. Die Frage dürfte zu verneinen sein, weil der Dritte mangels Nebeninterventionswirkung des Urteils kein schutzwürdiges Interesse an dem Beitritt hat[432]. Denn über die Frage, ob der Dritte gegenüber dem Geschädigten zum Ersatz verpflichtet ist, wird abschließend nicht im Haftpflichtprozess gegen den Notar, sondern im Prozess gegen den Dritten entschieden. Auch wenn die Klage gegen den Notar wegen Bestehens einer anderen Ersatzpflicht rechtskräftig abgewiesen wird, droht nicht die Gefahr divergierender Entscheidungen. Erweist sich nämlich im Prozess gegen den Dritten, dass dieser *nicht* zum Ersatz verpflichtet ist, so kann der Geschädigte den Notar erneut in Anspruch nehmen[433].   204

Wegen Fehlens der Nebeninterventionswirkung dürfte auch die Zulässigkeit einer **Streitverkündung** seitens des geschädigten Haftpflichtklägers gegenüber dem Dritten (§ 72 ZPO) zu verneinen sein[434]. Es fehlt insoweit auch an der Alternativität der Haftung im Sinne des § 72 ZPO, da der Dritte nicht alternativ neben dem Notar, sondern primär haftet[435].   205

d) Aussetzung gem. § 148 ZPO

Kann der Geschädigte nicht darlegen und gegebenenfalls beweisen, dass eine anderweitige Ersatzmöglichkeit nicht besteht, so ist der Rechtsstreit entscheidungsreif[436]. Eine **Aussetzung** des Haftpflichtprozesses gemäß § 148 ZPO mit dem Ziel, parallel dazu den anderen   206

426 BGHZ 102, 246, 249; BGH VersR 1994, 435, 437.
427 Siehe oben Rz. 194.
428 BGH DNotZ 1961, 162; DNotZ 1969, 496; DNotZ 1969, 507; VersR 1994, 435, 437.
429 BGHZ 102, 246, 248 f. = DNotZ 1988, 388.
430 BGHZ 37, 375, 379; BGH VersR 1964, 387, 388.
431 *Kreft*, Rz. 510.
432 So zutreffend: *Haug*, Rz. 823.
433 Siehe unten Rz. 209 f.
434 Ebenso: OLG Hamm VersR 1986, 44. Der BGH (NJW 1989, 521, 522 [insoweit in BGHZ 106, 1 nicht abgedruckt]) hat die Frage ausdrücklich offengelassen.
435 Ebenso: *Zöller/Vollkommer*, § 72 Rz. 8.
436 Zum Inhalt der Entscheidung siehe unten Rz. 207.

Ersatzpflichtigen gerichtlich in Anspruch zu nehmen, ist daher – mangels Vorgreiflichkeit jenes Verfahrens – nicht zulässig.

e) Gerichtliche Entscheidung, Rechtskraft

207 Für die **Entscheidung** des Gerichts kommen folgende Möglichkeiten in Betracht:

208 aa) Das Gericht kann die Möglichkeit anderweitigen Ersatzes **dahingestellt lassen**, wenn es der Auffassung ist, dass ein Amtshaftungsanspruch jedenfalls aus anderen Gründen nicht besteht. Es weist die Klage dann als *endgültig* unbegründet ab.

209 bb) Ist unstreitig oder stellt das Gericht fest, dass eine anderweitige Ersatzmöglichkeit **nicht besteht**, so entfällt der Gesichtspunkt der Subsidiarität. Die Entscheidung hängt nunmehr davon ab, ob die übrigen Voraussetzungen für den geltend gemachten Amtshaftungsanspruch vorliegen. Das Gericht entscheidet *abschließend* in der Sache.

210 cc) Ist unstreitig oder stellt das Gericht fest, dass eine anderweitige Ersatzmöglichkeit **besteht**, so weist es die Klage ab, ohne dass es auf die übrigen Anspruchsvoraussetzungen eingehen muss. Der Sache nach handelt es sich dabei um eine Abweisung *als zur Zeit unbegründet*. Stellt sich nämlich im nachhinein heraus, dass die vom Gericht angenommene Ersatzmöglichkeit aus rechtlichen oder wirtschaftlichen Gründen – etwa wegen nachträglichen Vermögensverfalls des Dritten – nicht besteht, kann der Geschädigte erneut Amtshaftungsklage erheben[437]. Die materielle Rechtskraft des ersten Urteils steht dem nicht entgegen.

211 dd) Bleibt **ungeklärt**, ob eine anderweitige Ersatzmöglichkeit besteht, so weist das Gericht die Klage *als zur Zeit unbegründet* ab. Auch in diesem Fall kann der Geschädigte erneut Amtshaftungsklage erheben, wenn sich die als denkbar angesehene anderweitige Ersatzmöglichkeit ohne sein Verschulden nicht realisieren lässt[438]. Dies gilt auch, wenn sich die Einschränkung »*zur Zeit unbegründet*« nicht aus dem Urteilstenor, sondern nur aus den Entscheidungsgründen ergibt[439].

212 ee) Stellt das Gericht hingegen fest, dass der Geschädigte eine anderweitige Ersatzmöglichkeit **schuldhaft versäumt** hat, so weist es die Klage als *endgültig* unbegründet ab[440].

213 ff) Wird die Klage gegen den Notar wegen **Säumnis des Klägers** rechtskräftig abgewiesen, so ist diese Entscheidung endgültig; der Geschädigte kann nicht mit einer neuen Amtshaftungsklage geltend machen, er habe bisher noch nicht die Möglichkeit gehabt, das Fehlen einer anderweitigen Ersatzmöglichkeit darzutun[441].

7. Ausnahmen von der Subsidiarität

a) Vorsätzliche Amtspflichtverletzungen

214 Die Subsidiaritätsklausel gilt nicht bei **vorsätzlichen Amtspflichtverletzungen**[442]; für sie haftet der Notar uneingeschränkt ohne Verweisungsprivileg.

b) Amtsgeschäfte nach §§ 23, 24 BNotO

215 Bei Amtsgeschäften im Sinne der §§ 23, 24 entfällt der Einwand der subsidiären Haftung gegenüber dem Auftraggeber, sofern es sich um **selbstständige Verwahrungs-** oder **Betreuungsgeschäfte** auf dem Gebiete vorsorgender Rechtspflege handelt[443]. Diese Regelung findet ihre Rechtfertigung darin, dass solche Amtsgeschäfte nicht zu den Pflichtaufgaben des

---

437 BGHZ 37, 375, 379.
438 *Kreft*, Rz. 511. Zur Erstattungsfähigkeit der Kosten der anderweitigen Rechtsverfolgung siehe Rz. 123, 187.
439 *Schlüter/Knippenkötter*, Rz. 656.
440 *Kreft*, Rz. 511.
441 BGHZ 35, 338, 340 f.
442 Zum Vorsatzbegriff siehe oben Rz. 107.
443 OLG Koblenz VersR 1981, 85.

Notars gehören[444]. Er kann sein Haftungsrisiko gegenüber seinem Auftraggeber daher ausschließen oder vermindern, indem er ein ihm angetragenes Verwahrungs- oder Betreuungsgeschäft ablehnt oder seine Durchführung an Bedingungen knüpft[445]. Tut er das nicht, ist ihm grundsätzlich zuzumuten, das volle Haftungsrisiko zu tragen. Allerdings ist stets zu prüfen, ob die verletzte Pflicht der selbstständigen Betreuung oder aber einem vorangegangenen Urkundsgeschäft zuzurechnen ist; im letzteren Fall greift das Haftungsprivileg nicht ein[446].

aa) Verwahrungsgeschäfte

Verwahrungsgeschäfte im Sinne des § 23 sind regelmäßig selbstständig. Dass eine Beurkundungstätigkeit vorangegangen ist, schadet nicht. So ist die Übernahme des Kaufpreises zur Aufbewahrung und zur späteren bestimmungsgemäßen Auszahlung ein typisches Amtsgeschäft der in § 23 bezeichneten Art, gerade auch wenn der Auftrag dem Notar aus Anlass der Beurkundung eines Grundstückskaufvertrages übertragen wird[447].

216

bb) Betreuungsgeschäfte

Die Abgrenzung zwischen unselbstständiger und selbstständiger **Betreuung** im Sinne des § 24 kann im Einzelfall schwierig sein[448]. Die Entscheidung hängt davon ab, ob ein enger innerer Zusammenhang mit einer Urkundstätigkeit besteht und die Betreuung deshalb eine ihr zuzurechnende Nebentätigkeit darstellt[449]. Unselbstständig sind danach in der Regel alle Handlungen, die der Notar nicht aufgrund besonderen Ansuchens übernimmt, sondern die ihm zur Vorbereitung, Förderung und Abwicklung einer anderen Amtstätigkeit kraft Gesetzes als Amtspflicht obliegen[450]. Einen Anhaltspunkt für die Selbstständigkeit bietet die Berechnung einer besonderen Gebühr nach §§ 146, 147 KostO; jedoch liegt darin kein zwingendes Abgrenzungskriterium[451].

217

cc) Zivilprozessuale Tätigkeiten

Nicht unter § 24 fallen die notariellen Tätigkeiten auf dem Gebiet des **Zivilprozessrechts**, nämlich
– die Erteilung vollstreckbarer Ausfertigungen notarieller Urkunden (§ 797 Abs. 2 ZPO)[452],
– die Verwahrung und Vollstreckbarkeitserklärung von Anwaltsvergleichen (§ 796c Abs. 1 ZPO),
– die Vollstreckbarkeitserklärung von Schiedssprüchen mit vereinbartem Wortlaut (§ 1053 Abs. 4 ZPO).

218

dd) Haftung gegenüber Auftraggeber und Dritten

Die primäre Haftung besteht nur gegenüber dem **Auftraggeber** des Notars[453]. In dem Bestreben, die durch die Subsidiaritätsklausel begründete Haftungsbeschränkung zurückzudrängen, wird der Begriff des Auftraggebers zunehmend und in bedenklicher Weise aus-

219

---

444 BGHZ 134, 100, 112. Ursprünglich beruhte die Regelung des § 19 Abs. 1 Satz 2 Halbsatz 2 auf der Vorstellung, dass der Notar im Rahmen der §§ 23, 24 *privatrechtlich* tätig werde (vgl. etwa BGHZ 31, 5, 6 [»*selbstständiger Geschäftsbesorgungsvertrag*«]): *Haug*, Rz. 201. Siehe auch § 15 Rz. 8.
445 Ähnlich: *Haug*, Rz. 201.
446 Vgl. BGH DNotZ 1996, 118, 119.
447 BGH DNotZ 1978, 373, 376; DNotZ 1985, 48, 50; st. Rspr.
448 Einzelheiten: § 24 Rz. 5 ff.
449 BGH DNotZ 1973, 494; DNotZ 1984, 425; DNotZ 1985, 48, 50.
450 Vgl. BGH DNotZ 1973, 494; DNotZ 1978, 177, 180.
451 Siehe § 15 Rz. 18.
452 Vgl. dazu *Wolfsteiner*, DNotZ 1990, 531.
453 Zum Begriff des Auftraggebers: *Zugehör*, Notarhaftung, Rz. 2278 ff.

geweitet[454]. Denkbar ist, dass die Rechtsprechung das Verweisungsprivileg dem Notar künftig nur in solchen Fällen zubilligen wird, in denen seine Pflichtverletzung – wäre sie nicht nach Amtshaftungsgrundsätzen zu beurteilen – nach allgemeinen zivilrechtlichen Regeln nicht zu einer Haftung führen würde. Eine solche Tendenz liefe den Besonderheiten der Notarhaftung, insbesondere dem Umstand, dass Notare ihre Haftung weder beschränken noch ausschließen können, zuwider.

220   (1) Auftraggeber ist in der Regel derjenige, der den Notar um die fragliche Amtstätigkeit ersucht[455].

Bei **Verwahrungsgeschäften** ist das meist der Treugeber oder Einzahler[456]. Dabei ist zwischen einseitigen und mehrseitigen Treuhandverhältnissen zu unterscheiden[457]. Überlässt beispielsweise eine Bank dem Notar eine Löschungsbewilligung über ein zu ihren Gunsten eingetragenes Grundpfandrecht mit der Weisung, davon nur unter bestimmten Voraussetzungen Gebrauch zu machen, so ist nur die Bank Auftraggeberin (*einseitige Treuhand*). Weisen hingegen Käufer und Verkäufer den Notar an, den Kaufpreis zur gegenseitigen Sicherung zu verwahren und zu verwenden, so sind beide Auftraggeber (*mehrseitige Treuhand*)[458]. Auftraggeber kann auch ein von dem Treugeber verschiedener Einzahler sein[459].

Bei **sonstigen Betreuungsgeschäften** kann auch ein Dritter Auftraggeber sein, wenn der Notar ihm gegenüber ausdrücklich selbstständige Amtspflichten übernimmt[460].

221   (2) Auftraggeber kann darüber hinaus auch jemand sein, der den Notar nicht um eine Amtstätigkeit ersucht hat, an den vielmehr der **Notar** von sich aus herangetreten ist. Wendet sich beispielsweise der Notar gezielt an bestimmte Adressaten oder an einen Kreis von Adressaten mit der Erklärung, für eine den Adressaten von dritter Seite angetragene Kapitalanlage seien bei ihm, dem Notar, ausreichende Sicherheiten vorhanden, so haftet er gegenüber den Adressaten, als wenn diese ihrerseits als Auftraggeber an ihn herangetreten wären[461].

222   (3) Ob als Auftraggeber auch **dritte Personen** anzusehen sind, mit denen der Notar zwar nicht in Kontakt kommt, deren Interessen er aber nach dem Inhalt des seiner Amtstätigkeit zugrunde liegenden Ansuchens wahrnehmen soll, ist noch nicht abschließend entschieden[462]. Überträgt man die Rechtsfigur des Vertrages mit Schutzwirkung zugunsten Dritter auf die öffentlich-rechtliche Beziehung zwischen Auftraggeber und Notar, liegt es nahe, die Frage zu bejahen.

223   (4) Von diesen Zweifelsfällen abgesehen, gilt das Verweisungsprivileg **Dritten** gegenüber auch im Rahmen selbstständiger Verwahrungs- und Betreuungstätigkeiten. In dieser inhaltlichen Haftungsbegrenzung liegt ein sinnvolles Korrektiv zum Umfang der Haftung in persönlicher Hinsicht. Der Notar hat keinen Einfluss darauf, welchen Dritten gegenüber er bei Übernahme einer selbstständigen Betreuungstätigkeit haftet; denn wer über den Kreis der unmittelbar Beteiligten (hier: Auftraggeber) hinaus geschützter Dritter im Sinne des § 19 Abs. 1 Satz 1 ist, bestimmt sich nach *objektiven* Kriterien[463].

IV. Versäumung von Rechtsmitteln

224   Nach § 19 Abs. 1 Satz 3 BNotO, § 839 Abs. 3 BGB tritt die Ersatzpflicht des Notars nicht ein, *wenn der Verletzte vorsätzlich oder fahrlässig unterlassen hat, den Schaden durch Gebrauch eines Rechtsmittels abzuwenden.*

454 BGH NJW 1999, 2183, 2184; zu Recht kritisch dazu: *Zugehör*, Notarhaftung, Rz. 2285.
455 BGHZ 134, 100, 112.
456 *Haug*, Rz. 202.
457 Siehe § 23 Rz. 17.
458 *Haug*, Rz. 202.
459 OLG Frankfurt, zit. nach *Haug*, Rz. 203 Fn. 478.
460 *Schippel/Bracker/Schramm*, § 19 Rz. 121.
461 BGHZ 134, 100, 113.
462 BGH ZNotP 1999, 247, 250.
463 Siehe oben Rz. 95.

1. Begriff des Rechtsmittels

a) Rechtsbehelfe

Der Begriff des Rechtsmittels ist nach bisher h. M. nicht im engen prozessualen Sinn, son- **225**
dern weit auszulegen[464]. Er beschränkt sich nicht auf Anfechtungsmöglichkeiten mit dem
Ziel, eine Entscheidung des Notars in einem Instanzenweg überprüfen zu lassen, sondern
umfasst **alle Rechtsbehelfe**, die sich gegen die amtspflichtwidrige Handlung oder Unterlassung richten und die dazu bestimmt und geeignet sind, diese zu beseitigen oder zu berichtigen und so den Schaden abzuwenden[465]. Dazu gehören außer der förmlichen Beschwerde
nach § 15 auch Gegenvorstellungen, Erinnerungen und mündliche Vorhaltungen gegenüber
dem Notar sowie Eingaben und Aufsichtsbeschwerden an die Aufsichtsbehörden[466]. Auch
eine mündliche Vorhaltung gegenüber dem Notar kann danach als Rechtsmittel angesehen
werden[467] (z. B. der während der Beurkundung eines Rechtsgeschäfts mögliche Hinweis,
der verlesene Text entspreche nicht dem geäußerten rechtsgeschäftlichen Willen der Beteiligten oder dem von dem Notar gefertigten Vorentwurf[468]). Erteilt der Notar unzulässig eine
vollstreckbare Ausfertigung einer Urkunde, so kommt die Erinnerung nach § 732 ZPO als
Rechtsmittel in Betracht (§ 797 Abs. 3 ZPO)[469].

b) Abgrenzungskriterien

§ 839 Abs. 3 setzt aber voraus, dass der Notar eine Amtspflichtverletzung bereits **begangen** **226**
hat; Einwendungen gegen eine erst bevorstehende Amtspflichtverletzung stellen kein
Rechtsmittel im Sinne des § 839 Abs. 3 dar[470]. Unterlässt der Betroffene es schuldhaft, sich
vorbeugend gegen eine Amtspflichtverletzung zu wenden, so kann dies allerdings zu einer
Minderung seines Ersatzanspruchs nach § 254 Abs. 1 BGB führen[471].

Rechtsbehelfe, die nur dazu dienen, für einen bereits **eingetretenen Schaden** Ersatz zu er- **227**
langen, fallen ebenfalls nicht unter § 839 Abs. 3 BGB[472].

2. Verschulden

a) Sorgfaltsmaßstab

Das Rechtsmittel muss **schuldhaft** versäumt worden sein. Das Verschulden kann darin lie- **228**
gen, dass der Betroffene
- entweder die Amtspflichtwidrigkeit des schädigenden Verhaltens oder den drohenden
  Schaden verkannt oder nicht ernst genommen hat
- oder trotz Kenntnis von der Amtspflichtverletzung und vom drohenden Schaden ein
  mögliches Rechtsmittel nicht oder nicht in gehöriger Weise eingelegt hat[473].

Vorsatz kommt insoweit praktisch kaum vor. Für die **Fahrlässigkeit** gilt ein subjektiver
Maßstab. Sie kann dem Betroffenen nur vorgeworfen werden, wenn er die ihm nach den ge-

464 BGH DNotZ 2004, 362. Kritisch zur Auffassung der Rspr.: *Ganter*, DNotZ 1998, 851, 864. Erwi-
     derung darauf: *Jungk*, DNotZ 2001, 99.
465 BGHZ 28, 104, 106; BGH VersR 1981, 85, 86; DNotZ 1983, 129, 131; DNotZ 1984, 511; NJW
     1990, 1242, 1243; st. Rspr.
466 BGH DNotZ 1997, 791, 794 m. w. N.; DNotZ 2002, 539, 540.
467 *Haug*, Rz. 220.
468 OLG Hamm DNotZ 1997, 573 m. abl. Anm. *Reithmann*; NJW-RR 1997, 1152.
469 OLG Düsseldorf MittRhNotK 1997, 268.
470 BGH DNotZ 2004, 363. Zu Unrecht sieht der BGH die »eigentliche Amtspflichtverletzung« nicht
     in der Anfertigung eines unzulänglichen Vertragsentwurfs, sondern erst in dessen Beurkundung.
     Die Möglichkeit, gegen den Entwurf zu remonstrieren, stelle daher kein »Rechtsmittel« dar.
471 BGH DNotZ 1981, 131; NJW 1991, 1172, 1174.
472 BGH DNotZ 1956, 503; NJW 1991, 1172, 1174.
473 *Bender*, Staatshaftungsrecht, Rz. 677.

gebenen Umständen sowie nach seinem Bildungsstand und seiner Geschäftsgewandtheit gebotene Sorgfalt nicht beachtet hat[474]. In der Regel dürfen sich die Beteiligten auf eine ordnungsgemäße Amtsausübung des Notars verlassen[475]. Sie sind deshalb nicht verpflichtet, den Notar daraufhin zu beaufsichtigen, ob er allen seinen Amtspflichten nachkommt. Liegt jedoch die Annahme einer Amtspflichtverletzung nahe, so muss der Betroffene dagegen bei dem Notar erinnern oder ein sonst geeignetes Rechtsmittel einlegen[476].

b) Mitteilungen, Eintragungsnachrichten

229 Allgemein ist es den Beteiligten zuzumuten, ihnen zugehende **Mitteilungen** des Notars und Dritter, insbesondere der mit dem Notariatsgeschäft befassten Behörden und Gerichte, zur Kenntnis zur nehmen und inhaltlich zu prüfen, soweit sie dazu fähig sind[477]. Ferner müssen sie sich nach Kräften darum kümmern, ob die in notarieller Urkunde gestellten **Eintragungsanträge** beschieden werden; zu diesem Zweck müssen sie sich gegebenenfalls nach einiger Zeit bei dem Notar erkundigen und an die Erledigung erinnern[478].

230 Wer als lediglich **mitgeschützter Dritter** durch eine notarielle Amtspflichtverletzung geschädigt wird, muss sich das Mitverschulden eines unmittelbaren Urkundsbeteiligten zurechnen lassen. So entfällt ein Ersatzanspruch des in Aussicht genommenen Erben oder Vermächtnisnehmers[479], wenn der an der Beurkundung der letztwilligen Verfügung unmittelbar beteiligte Erblasser die Einlegung eines Rechtsmittels schuldhaft versäumt hat[480].

c) Rechtsfolgen

231 Fällt dem Geschädigten die schuldhafte Unterlassung eines erfolgversprechenden Rechtsmittels zur Last, so entfällt der Ersatzanspruch **insgesamt**, ohne dass eine Verschuldensabwägung wie nach § 254 BGB stattfindet.

3. Kausalität der Unterlassung

a) Eignung des Rechtsmittels

232 Voraussetzung für den Haftungsausschluss ist, dass der Schaden durch Einlegung des Rechtsbehelfs **abgewendet worden wäre**. Die Kausalität zwischen der Nichteinlegung des Rechtsbehelfs und dem Schadenseintritt ist in der Regel zu bejahen, wenn über den Rechtsbehelf voraussichtlich zugunsten des Geschädigten entschieden worden wäre; sie ist zu verneinen, wenn die schädigende Amtspflichtverletzung durch den Rechtsbehelf nicht mehr hätte beseitigt oder berichtigt werden können. Hat der Notar beispielsweise weisungswidrig einen Umschreibungsantrag beim Grundbuchamt gestellt, so sind Gegenvorstellungen des Betroffenen bei dem Notar vergeblich, wenn die Grundbucheintragung erfolgt ist und nicht mehr rückgängig gemacht werden kann[481].

b) Maßstab der Kausalitätsprüfung

233 Bei der Prüfung, ob ein Rechtsmittel **Erfolg** gehabt hätte, ist grundsätzlich darauf abzustellen, wie richtigerweise darüber hätte entschieden werden *müssen*[482]. Dabei kann von der

---

474 BGH DNotZ 1974, 374; DNotZ 1997, 791, 795; DNotZ 2002, 539, 541.
475 BGH DNotZ 1960, 663.
476 OLG Bremen DNotZ 1989, 59.
477 Vgl. BGH DNotZ 1974, 374.
478 BGH DNotZ 1974, 374, 375.
479 Zur Stellung des Erben bzw. Vermächtnisnehmers als geschützter Dritter siehe oben Rz. 95, 97.
480 BGH DNotZ 1997, 791 m. Anm. *Preuß*.
481 BGH VersR 1981, 85, 87. Siehe aber auch BGH DNotZ 1976, 506, 510 (Rechtsbehelf nach Grundbucheintragung).
482 BGH DNotZ 2002, 539, 543; vgl. ferner *Ganter*, DNotZ 1998, 851, 866.

Vermutung ausgegangen werden, dass die richtige Entscheidung auch tatsächlich getroffen worden wäre[483]. Das gilt insbesondere, wenn es auf die mutmaßliche Entscheidung eines **Gerichts** ankommt. Hier ist in der Regel darauf abzustellen, welche Entscheidung nach Auffassung des mit dem Amtshaftungsprozess befassten Gerichts hätte getroffen werden *müssen*[484]. Anders ist es bei Gegenvorstellungen gegenüber dem **Notar** oder der **Aufsichtsbehörde**. Steht fest, dass Notar oder Aufsichtsbehörde ihre Auffassung oder ihr Verhalten nicht geändert hätten, das Rechtsmittel also keinen Erfolg gehabt hätte, ist der Ersatzanspruch nicht ausgeschlossen[485].

c) Teilweise Kausalität

Hätte das Rechtsmittel den Schaden nur **teilweise** abwenden können, wird der Ersatzanspruch nur in diesem Umfang eingeschränkt[486].

234

4. Darlegungs- und Beweislast

Die **Darlegungs-** und **Beweislast** dafür, dass der Betroffene den Schaden durch Einlegung eines Rechtsmittels hätte abwenden können und dies schuldhaft versäumt hat, trägt der Notar.

235

V. Verjährung

1. Regelmäßige Verjährung

Der Ersatzanspruch verjährt nach § 19 Abs. 1 Satz 3 BNotO, § 195 BGB regelmäßig in drei Jahren. Die Verjährung beginnt, sobald der Anspruch entstanden ist und der Verletzte von den den Anspruch begründenden Umständen und der Person des Schuldners Kenntnis erlangt oder ohne grobe Fahrlässigkeit erlangen müsste (§ 199 Abs. 1 BGB). Im Einzelnen:

236

a) Entstehung des Schadens

Die regelmäßige Verjährung kann erst beginnen, wenn ein Schadensersatzanspruch **entstanden** ist (§ 199 Abs. 1 Nr. 1 BGB). Dabei ist zwischen *Risiko* und *Schaden* abzugrenzen[487].

237

aa) Voraussetzungen

Ein **Schaden** ist (erst) entstanden, wenn die Vermögenslage des Betroffenen im Vergleich zu der früheren Lage schlechter geworden ist. Die Verschlechterung muss sich wenigstens dem Grunde nach verwirklicht haben, mögen auch Höhe und Dauer noch nicht feststehen[488]. Dagegen ist ein Schaden noch nicht entstanden, solange nur das **Risiko** einer Vermögensverschlechterung besteht. Ist noch offen, ob ein pflichtwidriges, ein Risiko begründendes Verhalten des Notars überhaupt zu einem Schaden führt, besteht noch kein Ersatzanspruch, so dass eine Verjährungsfrist nicht in Lauf gesetzt wird[489]. Daher genügt es für den Verjährungsbeginn nicht, dass der Betroffene auf **Feststellung** der Pflicht zum Ersatz künftigen

238

483 So im Ergebnis BGHZ 123, 1, 12.
484 BGH NJW 1986, 1925.
485 BGH NJW 1986, 1924, 1925; DNotZ 2002, 539, 543.
486 BGH NJW 1986, 1924.
487 Übersicht über die Rechtsprechung: *Zugehör*, NJW 1995, Beilage zu Heft 21. Zu Unrecht kritisch dazu: *Haug*, BWNotZ 1995, 131, 134.
488 BGHZ 114, 150, 151 f.; 119, 69, 71; BGH NJW 2000, 1498, 1499; NotBZ 2005, 179, 180.
489 BGHZ 100, 231; BGH NJW 1993, 650; NJW 1996, 2929 m. w. N.

Schadens klagen kann; denn erst zukünftiger Schaden ist nicht im Sinne des § 199 Abs. 1 Nr. 1 BGB entstanden[490].

239   Hat sich das Risiko allerdings **rechtlich verfestigt** – etwa durch eine Rangverschlechterung im Grundbuch oder durch den Verlust einer Sicherheit –, so ist der Ersatzanspruch entstanden, auch wenn ein darüber hinausgehender Schaden noch nicht eingetreten ist[491]. Besteht die Pflichtverletzung in einer unklaren Vertragsgestaltung, so entsteht der Schaden, sobald der Vertragsgegner aus dem für ihn – vermeintlich – günstigen Vertragsinhalt Rechte gegen seinen Vertragspartner herleitet[492].

bb) Mehrheit von Verletzungsfolgen

240   Wenn eine einheitliche, in sich abgeschlossene Amtspflichtverletzung **mehrere Schadensfolgen** ausgelöst hat, so kann die Verjährung für den gesamten Anspruch beginnen, sobald auch nur *ein Teilschaden* entstanden ist, sofern die weiteren Schäden voraussehbar sind[493]. Hat der Notar beispielsweise einen Grundstückskaufvertrag formfehlerhaft beurkundet und erleidet der Betroffene dadurch einen Gewinnverlust, erhöhte Zinsaufwendungen sowie die Belastung mit Kosten für einen letztlich erfolglosen Prozess, so ist für den Verjährungsbeginn darauf abzustellen, wann der erste dieser Teilschäden entstanden ist.

cc) Mehrheit von Verletzungshandlungen

241   Haben sich dagegen **mehrere selbstständige Handlungen** des Schädigers nachteilig ausgewirkt, so beginnt die Verjährungsfrist regelmäßig für jeden einzelnen dadurch verursachten Schaden gesondert[494]. Eine solche Mehrheit von Amtspflichtverletzungen liegt beispielsweise vor, wenn der Notar mehrere Kaufverträge desselben Verkäufers mit mehreren Käufern fehlerhaft beurkundet[495].

b) Kenntnis des Geschädigten

242   Der Beginn der dreijährigen Verjährung setzt ferner die Kenntnis oder grob fahrlässige Unkenntnis der den Anspruch begründenden **Umständen** und der **Person** des Schuldners voraus (§ 199 Abs. 1 Nr. 2 BGB). Dazu ist im allgemeinen notwendig, aber auch ausreichend, dass der Geschädigte die Vermögensbeeinträchtigung und deren Ursache in ihrer wesentlichen Gestaltung soweit kennt oder ohne grobe Fahrlässigkeit kennen müsste, dass ihm die Erhebung einer Schadensersatzklage – sei es auch nur einer Feststellungsklage – zumutbar ist[496].

aa) Kenntnis von der Amtspflichtverletzung

243   Kenntnis bzw. grob fahrlässige Unkenntnis müssen sich darauf erstrecken, dass die in Rede stehende Amtshandlung widerrechtlich und schuldhaft war und deshalb eine zum Schadensersatz verpflichtende Amtspflichtverletzung darstellt[497]. Dabei kommt es in der Regel nur auf die **tatsächlichen Umstände** an, die eine schuldhafte Amtspflichtverletzung als naheliegend, eine Amtshaftungsklage – sei es auch nur als Feststellungsklage – mithin als so aussichtsreich erscheinen lassen, dass dem Geschädigten die Erhebung der Klage zugemutet werden kann. Nicht erforderlich ist, dass der Geschädigte aus den ihm bekannten Tatsachen auch die richtigen **rechtlichen Schlüsse** zieht[498].

490 BGH NJW 1993, 650.
491 BGH NJW 1993, 650 m. w. N.
492 BGH NJW 2000, 1498, 1499; DNotZ 2004, 839.
493 BGHZ 100, 231 f.
494 BGHZ 71, 86, 94; BGH NJW 1993, 650.
495 Zur versicherungsrechtlichen Beurteilung von Serienschäden siehe § 19a Rz. 35.
496 BGHZ 122, 317, 325; BGH NJW 1999, 2041, 2042; NotBZ 2005, 179, 181.
497 BGH WM 1994, 988, 991.
498 BGHZ 170, 260, 271; BGH ZNotP 2005, 179.

Sandkühler

Allerdings können in Ausnahmefällen mit besonders unklarer und zweifelhafter Rechtslage auch erhebliche **rechtliche Zweifel** die Kenntnis bzw. grob fahrlässige Unkenntnis ausschließen und so den Verjährungsbeginn hinausschieben[499].

bb) Kenntnis von der Güterbeeinträchtigung

Der Geschädigte muss ferner wissen bzw. infolge grober Fahrlässigkeit nicht wissen, dass die Amtspflichtverletzung zu irgendeiner **Güterbeeinträchtigung** für ihn geführt hat, so dass er als Inhaber eines Schadensersatzanspruchs in Frage kommt[500]. Dabei ist auf die Tatsachen abzustellen, aus denen sich die Beeinträchtigung und ihre Verursachung *im Wesentlichen* ergeben[501]. Die Einzelheiten des Schadensbildes, des schadensstiftenden Ereignisses und des Ursachenverlaufs brauchen nicht bekannt zu sein. Bloße Vermutungen und Befürchtungen oder ein Verdacht reichen aber nicht aus[502].

244

cc) Kenntnis von der Person des Ersatzpflichtigen

Der Beginn der dreijährigen Verjährung hängt ferner davon ab, dass der Verletzte die **Person des Schuldners** kennt bzw. ohne grobe Fahrlässigkeit kennen müsste. Da als Ersatzpflichtiger im Regelfall nur der amtierende Notar in Betracht kommt, ergeben sich insoweit durchweg keine Probleme.

245

c) Verschuldete Unkenntnis

Grob fahrlässig handelt der Verletzte, wenn er schon einfachste, ganz naheliegende Überlegungen nicht anstellt und dasjenige nicht beachtet, was im gegebenen Fall jedem einleuchten müsste[503]. So liegt grobe Fahrlässigkeit regelmäßig vor, wenn sich der Verletzte die erforderliche Kenntnis durch einfache Erkundigung – etwa bei dem Notar oder bei Dritten – mühelos und ohne nennenswerten Kostenaufwand beschaffen kann und dies versäumt. Allerdings ist kein rein objektiver Maßstab anzulegen, sondern auch die Persönlichkeit des Verletzten, seine Vorbildung und Lebenserfahrung in die Beurteilung einzubeziehen[504].

246

d) Zurechnung von Vertreterwissen

Auf die eigene Kenntnis des Geschädigten kommt es nicht an, soweit er sich **Vertreterwissen** zurechnen lassen muss.

247

aa) Geschäftsunfähige, beschränkt Geschäftsfähige

Bei Geschäftsunfähigen und beschränkt Geschäftsfähigen kommt es auf die Kenntnis des **gesetzlichen Vertreters** an[505].

248

bb) Juristische Personen

Bei juristischen Personen des Privatrechts und des öffentlichen Rechts ist grundsätzlich die Kenntnis desjenigen **Organs** maßgeblich, dem die Vertretung im Prozess obliegt. Indes genügt es nach dem Rechtsgedanken des § 166 BGB, dass der für die Vorbereitung und Verfolgung des Regressanspruchs **zuständige Bedienstete** das erforderliche Wissen erlangt[506]. Die Zuständigkeit ist gegeben, wenn der Bedienstete von dem Anspruchsträger damit betraut

249

499 BGH ZNotP 1999, 247, 250.
500 BGH VersR 1990, 277; NJW 1996, 117, 118.
501 BGH NJW 1996, 117, 118 m. w. N.
502 BGH NJW 1993, 648, 653.
503 *Palandt/Heinrichs*, § 277 Rz. 5.
504 *Palandt/Heinrichs*, § 277 Rz. 5 m.w.N.
505 BGH NJW 1989, 2323.
506 BGH NJW 2007, 834, 835; st. Rspr.

worden ist, den Schadensersatzanspruch in eigener Verantwortung zu betreuen und zu verfolgen[507].

cc) Rechtsgeschäftliche Vertretung

250　Die Kenntnis eines **rechtsgeschäftlichen Vertreters** reicht grundsätzlich nicht aus. Hat der Geschädigte jedoch einen Dritten – etwa einen Rechtsanwalt – mit der Ermittlung der für einen Amtshaftungsanspruch maßgeblichen Tatsachen beauftragt, so muss er sich die Kenntnis des Beauftragten als seines Wissensvertreters zurechnen lassen[508], auch wenn dieser sie ihm noch nicht übermittelt hat.

dd) Verschuldete Unkenntnis

251　Für den Beauftragten gilt ebenso wie für den Geschädigten, dass auf **grober Fahrlässigkeit** beruhende Unkenntnis der Kenntnis gleich steht[509].

e) Zumutbarkeit der Klageerhebung

252　Die Erhebung einer Schadensersatz-(Leistungs- oder Feststellungs-) klage muss für den Geschädigten **zumutbar** sein[510]. Die Zumutbarkeit ist zu verneinen, solange die aussichtsreiche Möglichkeit besteht, den eingetretenen Schaden durch Verhandlungen oder mit gerichtlicher Hilfe zu beseitigen. Solange dies der Fall ist, darf der Geschädigte die Erhebung einer Amtshaftungsklage gegen den Notar zurückstellen. Die Verjährung beginnt dann gegebenenfalls erst mit dem rechtskräftigen Abschluss eines auf Schadensbeseitigung gerichteten Prozesses[511].

f) Kenntnis bei subsidiärer Notarhaftung

253　Besonderheiten gelten für den Verjährungsbeginn, wenn eine nur **subsidiäre Haftung** des Notars (§ 19 Abs. 1 Satz 2) in Betracht kommt.

aa) Kenntnis von der Schuldart

254　Da das Verweisungsprivileg des Notars u. a. von der **Schuldform** abhängt[512], kann die dreijährige Verjährung in solchen Fällen grundsätzlich erst beginnen, wenn der Geschädigte weiß oder infolge grober Fahrlässigkeit nicht weiß, ob der Notar vorsätzlich oder fahrlässig gehandelt hat[513]. Das gilt nur dann nicht, wenn der Geschädigte sicher davon ausgehen kann, dass er auch bei nur fahrlässiger Amtspflichtverletzung nicht auf eine anderweitige Ersatzmöglichkeit verwiesen werden kann, weil
– er Auftraggeber eines Amtsgeschäfts der in §§ 23, 24 bezeichneten Art war, der Notar ihm gegenüber also primär haftet[514], oder
– eine anderweitige Ersatzmöglichkeit nicht besteht oder nicht in zumutbarer Weise wahrgenommen werden kann.

bb) Kenntnis vom Fehlen anderer Ersatzmöglichkeit

255　Lässt sich nicht von vornherein ausschließen, dass der Notar nur subsidiär haftet und dass eine anderweitige Ersatzmöglichkeit in Betracht kommt, so beginnt die dreijährige Verjäh-

---

507　BGHZ 133, 129, 139; st. Rspr.
508　Vgl. BGH NJW 1989, 2323.
509　Siehe oben Rz. 246.
510　Siehe oben Rz. 242.
511　BGHZ 122, 317, 325 f.
512　Siehe oben Rz. 214.
513　BGH DNotZ 1984, 425, 426.
514　BGH DNotZ 1984, 426.

rung grundsätzlich erst mit der Kenntnis oder der grob fahrlässigen Unkenntnis des Geschädigten, dass **keine anderweitige Ersatzmöglichkeit** besteht[515]. Dabei genügt es, wenn der Geschädigte weiß, dass die anderweitige Ersatzmöglichkeit seinen Schaden jedenfalls **teilweise** nicht deckt; denn dann ist ihm die Erhebung wenigstens einer Feststellungsklage gegen den Notar möglich und zumutbar[516].

cc) Möglichkeit der Kenntniserlangung

Die notwendige **Kenntnis** kann im Regelfall erst vorausgesetzt werden, wenn der Geschädigte versucht hat, den möglicherweise ersatzpflichtigen Dritten gerichtlich in Anspruch zu nehmen. Auch insoweit gilt aber, dass er nicht grob fahrlässig handeln darf. Er muss daher die zur Inanspruchnahme des Dritten notwendigen Schritte *zügig* einleiten; denn sonst könnte er durch Untätigkeit den Verjährungsbeginn entgegen § 199 Absatz 1 Nr. 2 BGB hinausschieben. **256**

Bietet die Inanspruchnahme eines Dritten von vornherein keine oder nur sehr geringe **Erfolgsaussicht**, so wird der Verjährungsbeginn nicht bis zum Abschluss eines entsprechenden Rechtsstreits hinausgeschoben. Denn der Geschädigte braucht sich nicht auf weitläufige, schwierige und unsichere Wege des Vorgehens gegen Dritte verweisen zu lassen[517]. Umgekehrt bedeutet das, dass die Verjährung bereits beginnen kann, bevor ein solcher Weg erfolglos beschritten worden ist[518]. **257**

Um dem Geschädigten den notwendigen Kenntnisstand zu vermitteln, bedarf es nicht stets des **rechtskräftigen Abschlusses** jenes anderen Verfahrens. Ergibt sich während eines Schadensersatzprozesses gegen den Dritten, dass die dem Geschädigten zur Verfügung stehenden **Beweismittel** nicht ausreichen, so muss die Kenntnis vom Fehlen einer anderweitigen Ersatzmöglichkeit spätestens mit dem Abschluss der Berufungsinstanz als vorhanden angesehen werden, auch wenn noch das Rechtsmittel der Revision möglich ist[519]. Hängt die Ersatzpflicht des Dritten hingegen von der Beurteilung schwieriger **Rechtsfragen** ab, kann von der notwendigen Kenntnis des Geschädigten in der Regel erst ausgegangen werden, wenn er den Instanzenzug einschließlich einer etwa zulässigen Revision ausgeschöpft hat[520]. **258**

Auf die Möglichkeit, dem Notar im Rahmen des Rechtsstreits gegen den Dritten den **Streit zu verkünden**, braucht sich der Geschädigte in der Regel nicht verweisen zu lassen[521].

g) *Höchstfristen*

Neben der dreijährigen Frist nach § 195 BGB sieht das Gesetz zwei gestaffelte **Höchstfristen** vor: **259**

aa) 10 Jahre

Der Schadensersatzanspruch verjährt danach ohne Rücksicht auf die Kenntnis oder grob fahrlässige Unkenntnis des Verletzten in **zehn Jahren** von seiner Entstehung an (§ 199 Abs. 3 Nr. 1 BGB). Diese Frist kann sich insbesondere dann zu Ungunsten des Geschädigten auswirken, **260**
- wenn die nachteiligen Folgen einer notariellen Amtspflichtverletzung zwar schon bald eintreten und den Schadensersatzanspruch auslösen, sie aber erst nach geraumer Zeit erkennbar werden,

---

515 BGH NJW 2000, 1498, 1500.
516 BGHZ 102, 246; BGH NJW 1993, 653; VersR 1994, 437; NJW 1995, 330, 332.
517 Siehe oben Rz. 184.
518 BGH DNotZ 2006, 918, 919.
519 Ebenso: OLG Hamm, Urteil vom 21.05.1985, zit. nach *Rinsche*, Rz. II 303.
520 BGH ZNotP 2005, 179.
521 BGH ZNotP 2005, 179; a. A. wohl BGH DNotZ 2006, 918, 919.

– oder wenn sich erst nach längerer Zeit herausstellt, dass eine als aussichtsreich beurteilte anderweitige Ersatzmöglichkeit tatsächlich nicht besteht.

bb) 30 Jahre

261 Ohne Rücksicht auf seine Entstehung und die Kenntnis oder grob fahrlässige Unkenntnis verjährt der Schadensersatzanspruch in **30 Jahren** von der Begehung der Amtspflichtverletzung an (§ 199 Abs. 3 Nr. 2 BGB).

Diese Frist kann sich bei Spätschäden nachteilig auswirken, wie sie typischerweise bei Pflichtverletzungen des Notars im Zusammenhang mit der Beurkundung letztwilliger Verfügungen auftreten können. Schadensersatzansprüche entstehen in solchen Fällen gewöhnlich erst im Zeitpunkt des Erbfalls. Tritt dieser erst lange Zeit nach der Errichtung der letztwilligen Verfügung ein, kann der Ersatzanspruch des Geschädigten verjährt sein, bevor er entstanden ist.

2. Verjährungshemmung

a) Verhandlungen

262 Nach § 203 BGB wird der Lauf der Verjährung durch **Verhandlungen** über den Anspruch oder die anspruchsbegründenden Umstände gehemmt.

263 aa) Der **Begriff der Verhandlung** ist weit auszulegen[522]. Es genügt jeder Meinungsaustausch über den Schadensfall zwischen dem Notar und dem Geschädigten, die den letzteren zu der Annahme berechtigt, der Notar stimme jedenfalls Erörterungen über den Anspruch zu. Dabei kommt es darauf an, ob bei verständiger Würdigung aus der Sicht des Ersatzberechtigten das Verhalten des Notars die Annahme rechtfertigt, dieser lasse sich auf eine sachliche Prüfung des Ersatzanspruchs ein. Dies kann auch der Fall sein, wenn der Schädiger selbst an den Geschädigten bzw. dessen Anwalt mit der Frage herantritt, welche Ansprüche geltend gemacht werden[523]. Auch ein bloßer Zwischenbescheid des Verletzten oder des Notars kann ausreichen. Anders ist es, wenn sogleich Verhandlungen über die Ersatzpflicht oder jeder Ersatz abgelehnt werden[524].

264 bb) Verhandlungen des **Haftpflichtversicherers** des Notars mit dem Geschädigten hemmen die Verjährung wie eigene Verhandlungen des Notars[525].

265 cc) Bei einer **Mehrheit von Schadensfolgen** kann der Berechtigte grundsätzlich davon ausgehen, dass die Verhandlungen alle Einzelansprüche zum Gegenstand haben sollen. Will der Notar bzw. sein Haftpflichtversicherer nur über einen abtrennbaren Teil des Anspruchs verhandeln, muss er das eindeutig zu erkennen geben[526].

266 Die Hemmung endet, sobald einer der Verhandlungspartner die Fortsetzung der Verhandlungen **verweigert** (§ 203 Satz 1 BGB). Grundsätzlich muss die Weigerung in einem eindeutigen Verhalten eines der Beteiligten zum Ausdruck kommen. Dazu genügt es nicht, dass der Schädiger im Laufe der Verhandlungen seine Ersatzpflicht verneint, wenn er gleichzeitig in Aussicht stellt, die Frage seiner Einstandspflicht unter bestimmten Voraussetzungen erneut zu prüfen[527]. Ausnahmsweise kann der Abbruch der Verhandlungen auch darin gesehen werden, dass der Berechtigte die Verhandlungen »einschlafen« lässt. Die Hemmung endet dann in dem Zeitpunkt, in dem der Ersatzpflichtige vernünftigerweise den nächsten Schritt des Ersatzberechtigten erwarten konnte[528].

---

522 BGH NJW 2001, 1723.
523 BGH NJW 2001, 1723.
524 BGHZ 93, 64, 67.
525 BGH NJW 1998, 2819.
526 BGH NJW 1998, 1142.
527 BGH NJW 1998, 2819, 2820.
528 BGH NJW 1986, 1337, 1338.

Die Verjährung tritt frühestens drei Monate nach dem Ende der Hemmung ein (§ 203 **267**
Satz 2 BGB).

b) Sonstige Hemmungsgründe

Daneben gelten die **allgemeinen Vorschriften** über die Hemmung und den Neubeginn der **268**
Verjährung (§§ 204 ff. BGB).

3. Sekundäranspruch

Anders als der Rechtsanwalt[529] ist der Notar nicht verpflichtet, den Verletzten auf die Mög- **269**
lichkeit eines gegen ihn selbst gerichteten Ersatzanspruchs und auf dessen Verjährung hinzuweisen[530]. Ein gegen den Notar gerichteter **Sekundäranspruch** kommt mithin nicht in
Betracht[531].

VI. Haftungsbeschränkende Abreden

Der Notar kann seine Haftung aus § 19 nicht durch **Absprachen** mit den Beteiligten be- **270**
schränken oder ausschließen[532]. Seine Amtspflichten sind öffentlich-rechtlicher Natur. Ihr
Inhalt und die Folgen einer Amtspflichtverletzung sind daher für den Notar und die Beteiligten nicht disponibel. Das gilt auch für selbstständige Beratungs- und Betreuungstätigkeiten im Sinne der §§ 23, 24[533].

VII. Haftung der Notarassessoren (Abs. 2)

Der Notarassessor haftet in gleicher Weise wie der Notar, wenn er bei **selbstständiger Erle-** **271**
digung eines Geschäfts der in §§ 23, 24 bezeichneten Art eine Pflichtverletzung begeht.
Hatte ihm der Notar das Geschäft zur selbstständigen Erledigung überlassen, haften er und
der Notarassessor gesamtschuldnerisch; im Innenverhältnis ist allein der Assessor verpflichtet. Eine solche Überlassung ist nur anzunehmen, wenn der Assessor das Geschäft ohne
Überwachung durch den Notar abwickeln soll.

VIII. Zuständigkeit der Landgerichte (Abs. 3)

1. Bedeutung der Vorschrift

§ 19 Abs. 3 begründet für Amtshaftungsansprüche gegen den Notar, den Notarassessor und **272**
den Notarvertreter die ausschließliche sachliche **Zuständigkeit der Landgerichte**. Sie gilt
sowohl für Zahlungs- als auch für Feststellungsklagen[534]. Die Vorschrift entspricht § 71
Abs. 2 Nr. 2 GVG. Eine abweichende Zuständigkeit kann weder durch Gerichtsstandverein-
barung noch durch rügeloses Verhandeln begründet werden (§ 40 Abs. 2 ZPO).

---

529 Siehe dazu *Rinsche/Fahrendorf/Terbille/Fahrendorf*, Rz. 1064.
530 OLG Hamm DNotZ 1995, 416.
531 *Hirte*, Berufshaftung, S. 89.
532 RG JW 1913, 1152; *Hirte*, Berufshaftung, S. 86; teilweise a. A. *Rossak*, VersR 1985, 1121.
533 OLG Frankfurt NJW-RR 2003, 1646, 1647; *Haug*, Rz. 282 ff. m. w. N.
534 Zur Zulässigkeit einer Feststellungsklage wegen erbrechtlicher Nachteile: BGH VersR 1996, 475.

2. Abgrenzung zu anderen Rechtsbehelfen

273 § 19 Abs. 3 regelt nur die Zuständigkeit für **Schadensersatzansprüche** aus Amtshaftung. Die Vorschrift gilt nicht, wenn das Klagebegehren – sei es auch in Gestalt eines Zahlungsanspruchs – auf die **Vornahme einer Amtshandlung** gerichtet ist. Bindende Anweisungen hinsichtlich seiner Amtstätigkeit können dem Notar nur im Wege der Beschwerde nach § 15 Abs. 1 Satz 2 erteilt werden[535]. Eine auf Vornahme einer Amtshandlung gerichtete Klage ist unzulässig. Ebenso ist eine einstweilige Verfügung auf Vornahme einer Amtshandlung ausgeschlossen. Daher kann der Notar nur im Beschwerdewege zur Auszahlung oder Nichtauszahlung vom Notaranderkonto oder zur Auskunft über den Bestand seines Anderkontos verpflichtet werden. Dagegen ist der Klageweg gegeben, wenn der Notar auf Ersatz von Beträgen in Anspruch genommen wird, die er (unrechtmäßig) von dem Notaranderkonto abverfügt hat.

---

535 Näher dazu: § 15 Rz. 87 ff.

§ 19a

(1) [1]Der Notar ist verpflichtet, eine Berufshaftpflichtversicherung zu unterhalten zur Deckung der Haftpflichtgefahren für Vermögensschäden, die sich aus seiner Berufstätigkeit und der Tätigkeit von Personen ergeben, für die er haftet. [2]Die Versicherung muss bei einem im Inland zum Geschäftsbetrieb befugten Versicherungsunternehmen zu den nach Maßgabe des Versicherungsaufsichtsgesetzes eingereichten allgemeinen Versicherungsbedingungen genommen werden. [3]Die Versicherung muss für alle nach Satz 1 zu versichernden Haftpflichtgefahren bestehen und für jede einzelne Pflichtverletzung gelten, die Haftpflichtansprüche gegen den Notar zur Folge haben könnte.

(2) [1]Vom Versicherungsschutz können ausgeschlossen werden

1. Ersatzansprüche wegen wissentlicher Pflichtverletzung,
2. Ersatzansprüche aus der Tätigkeit im Zusammenhang mit der Beratung über außereuropäisches Recht, es sei denn, dass die Amtspflichtverletzung darin besteht, dass die Möglichkeit der Anwendbarkeit dieses Rechts nicht erkannt wurde,
3. Ersatzansprüche wegen Veruntreuung durch Personal des Notars, soweit nicht der Notar wegen fahrlässiger Verletzung seiner Amtspflicht zur Überwachung des Personals in Anspruch genommen wird.

[2]Ist bei Vorliegen einer Amtspflichtverletzung nur streitig, ob der Ausschlussgrund gemäß Nummer 1 vorliegt, und lehnt der Berufshaftpflichtversicherer deshalb die Regulierung ab, hat er gleichwohl bis zur Höhe der für den Versicherer, der Schäden aus vorsätzlicher Handlung deckt, geltenden Mindestversicherungssumme zu leisten. [3]Soweit der Berufshaftpflichtversicherer den Ersatzberechtigten befriedigt, geht der Anspruch des Ersatzberechtigten gegen den Notar, die Notarkammer, den Versicherer gemäß § 67 Abs. 3 Nr. 3 oder einen sonstigen Ersatzberechtigten auf ihn über. [4]Der Berufshaftpflichtversicherer kann von den Personen, für deren Verpflichtungen er gemäß Satz 2 einzustehen hat, wie ein Beauftragter Ersatz seiner Aufwendungen verlangen.

(3) [1]Die Mindestversicherungssumme beträgt 500.000 Euro für jeden Versicherungsfall. [2]Die Leistungen des Versicherers für alle innerhalb eines Versicherungsjahres verursachten Schäden dürfen auf den doppelten Betrag der Mindestversicherungssumme begrenzt werden. [3]Der Versicherungsvertrag muss dem Versicherer die Verpflichtung auferlegen, der Landesjustizverwaltung und der Notarkammer den Beginn und die Beendigung oder Kündigung des Versicherungsvertrages sowie jede Änderung des Versicherungsvertrages, die den vorgeschriebenen Versicherungsschutz beeinträchtigt, unverzüglich mitzuteilen. [4]Im Versicherungsvertrag kann vereinbart werden, dass sämtliche Pflichtverletzungen bei der Erledigung eines einheitlichen Amtsgeschäftes, mögen diese auf dem Verhalten des Notars oder einer von ihm herangezogenen Hilfsperson beruhen, als ein Versicherungsfall gelten.

(4) Die Vereinbarung eines Selbstbehaltes bis zu 1 vom Hundert der Mindestversicherungssumme ist zulässig.

(5) Zuständige Stelle im Sinne des § 117 Abs. 2 des Versicherungsvertragsgesetzes ist die Landesjustizverwaltung.

(6) Das Bundesministerium der Justiz wird ermächtigt, durch Rechtsverordnung mit Zustimmung des Bundesrates die Mindestversicherungssumme für die Pflichtversicherungen nach Absatz 1 anders festzusetzen, wenn dies erforderlich ist, um bei einer Änderung der wirtschaftlichen Verhältnisse einen hinreichenden Schutz der Geschädigten sicherzustellen.

Übersicht

A. Entstehungsgeschichte der Vorschrift

1 1. Die Vorschrift ist 1981 in die BNotO eingefügt worden[1, 2]. Gesetzliche Vorschriften über die Berufshaftpflichtversicherung der Notare bestanden bis dahin nicht, abgesehen von der Regelung für den Bereich der Notarkasse in München (§ 113 Abschnitt I Abs. 3 Nr. 5 a. F.).

2 2. Nach zwischenzeitlicher Änderung des Absatzes 1 Satz 2[3] sind im Jahre 1994 Absatz 1 Satz 1 und 2 neugefasst und Absatz 2 eingefügt worden[4]. Aus dem bisherigen Absatz 1

---

1 Erstes Gesetz zur Änderung der Bundesnotarordnung v. 07.08.1981 (BGBl. I S. 803).
2 Allgemein zur Einführung der Berufshaftpflichtversicherung der Notare: *Zimmermann*, DNotZ 1982, 4, 29.
3 Drittes Gesetz zur Durchführung versicherungsrechtlicher Richtlinien des Rates der Europäischen Gemeinschaften (Drittes Durchführungsgesetz/EWG zum VAG) v. 21.07.1994 (BGBl. I S. 1630).
4 Art. 8 des Gesetzes zu dem Übereinkommen vom 15.04.1994 zur Errichtung der Welthandelsorgani-sation und zur Änderung anderer Gesetze (WTO-Gesetz) v. 30.08.1994 (BGBl. II S. 1438).

Satz 3 bis 6 ist Absatz 3, aus den Absätzen 2 bis 4 sind die Absätze 4 bis 6 geworden. Die Neufassung dient der Umsetzung der Dritten EG-Richtlinie zur Schadenversicherung[5] in innerstaatliches Recht.

3. Durch die Berufsrechtsnovelle 1998[6] sind dem Absatz 2 die Sätze 2 bis 4 angefügt und in Absatz 3 Satz 1 die Mindestversicherungssumme mit Wirkung vom 01.03.1999[7] auf eine Million DM erhöht worden. Ferner ist in Abs. 6 die Bezeichnung »*Bundesminister der Justiz*« durch »*Bundesministerium der Justiz*« ersetzt worden.

4. Im Jahre 2001 sind die DM-Beträge auf Euro umgestellt worden[8].

5. Aufgrund der Novellierung des Versicherungsvertragsrechts verweist Abs. 5 nunmehr auf § 117 Abs. 2 VVG[9].

B. Erläuterungen

I. Haftpflichtversicherungspflicht der Notare (Abs. 1 Satz 1)

1. Bedeutung der Vorschrift

Nach § 19 haften die Notare *persönlich* für durch Verletzung ihrer Amtspflichten verursachte Schäden; eine Haftung des Staates an Stelle des Notars besteht nach § 19 Abs. 1 Satz 4 nicht[10]. Dabei gilt der das Schadensersatzrecht prägende Grundsatz der **Totalreparation**[11]. Der Notar haftet daher ohne Rücksicht auf seine wirtschaftlichen Verhältnisse der Höhe nach unbegrenzt. Das Interesse der Rechtsuchenden erfordert es, dass die dadurch bedingten Haftungsrisiken ausreichend abgesichert werden[12]. Diese Absicherung liegt zugleich – wenn auch nachrangig[13] – im Interesse des Notars, der davor geschützt werden muss, bis an die Grenzen seiner Leistungsfähigkeit in Anspruch genommen zu werden[14]. Es ist daher seit langem anerkannt, dass es **Amtspflicht** der Notare ist, eine angemessene Haftpflichtversicherung gegen Vermögensschäden aus der notariellen Berufstätigkeit zu unterhalten[15]. § 19a gibt dieser Standespflicht Gesetzesrang.

2. System der Schadensvorsorge[16]

Das Vorsorgesystem ist **mehrstufig** aufgebaut. Es setzt sich zusammen aus
- Versicherungsverträgen der einzelnen Notare,
- Versicherungsverträgen der einzelnen Notarkammern,

---

5 Dritte Richtlinie 92/49/EWG v. 18.06.1992 (ABlEG 1992 Nr. L 228 S. 1).
6 Art. 1 Nr. 16 des Dritten Gesetzes zur Änderung der Bundesnotarordnung und anderer Gesetze v. 31.08.1998 (BGBl. I S. 2585).
7 Art. 14 des Dritten Änderungsgesetzes (siehe Fn. 6).
8 Art. 2 Nr. 1 des Gesetzes vom 13.12.2001 (BGBl. I S. 3574).
9 Art. 9 Abs. 2 des Gesetzes zur Reform des Versicherungsvertragsrechts v. 23.11.2007 (BGBl. I S. 2631).
10 Zur rechtspolitischen Diskussion über die Einbeziehung der Notarhaftung in die Staatshaftung: *Zimmermann*, DNotZ 1982, 4, 10; *Haug*, Die Amtshaftung des Notars, Rz. 291.
11 *Palandt/Heinrichs*, BGB, Vorbem. 6 vor § 249.
12 BGHZ 61, 312.
13 BGH DNotZ 1988, 131, 133.
14 BGHZ 65, 209.
15 *Zimmermann*, DNotZ 1982, 4, 29.
16 Wegen der Besonderheiten im Tätigkeitsbereich der Notarkasse und der Ländernotarkasse siehe § 113 Abs. 3 Nr. 1.

– der von dem Vertrauensschadenfonds als Gesamtheit der Notarkammern abgeschlossenen Excedentenversicherung sowie
– dem Vertrauensschadenfonds selbst.

a) Basisversicherung

8 Die nach § 19a von dem einzelnen Notar abzuschließende Versicherung stellt eine **Basisversicherung**[17] dar. Sie deckt nicht Schäden, welche die vereinbarte Versicherungssumme von mindestens 500 000 Euro im Einzelfall übersteigen; ferner sind nach den Allgemeinen Versicherungsbedingungen für die Vermögensschaden-Haftpflichtversicherung der Notare[18] Schäden, die auf wissentlicher Pflichtverletzung beruhen, von der Versicherung ausgeschlossen[19].

Schließt der Notar zur Deckung von Risiken, welche die durch das Kostenrechtsmodernisierungsgesetz[20] eingeführte **Geschäftswertobergrenze** von 60 Mio. Euro übersteigen, eine spezielle Versicherung ab, kann er von dem Kostenschuldner die Versicherungsprämie ersetzt verlangen, soweit sie auf Haftungsbeträge von mehr als 60 Mio. Euro entfällt; soweit sich aus der Rechnung des Versicherers nichts anderes ergibt, ist von der Gesamtprämie der Betrag zu erstatten, der sich aus dem Verhältnis der 60 Mio. Euro übersteigenden Versicherungssumme zu der Gesamtversicherungssumme ergibt (§ 152 Abs. 2 Nr. 4 KostO)[21].

b) Versicherungen der Notarkammern

9 § 67 Abs. 3 Nr. 3 schreibt den **Notarkammern** als Pflichtaufgabe den Abschluss ergänzender Versicherungsverträge vor[22]. Zweck dieser Versicherungen ist es, das Ansehen und die Ehre des Notarstandes zu wahren, vor allem aber, die Schadloshaltung von Mandanten sicherzustellen, die das Opfer wissentlicher Pflichtverletzungen eines Notars geworden sind[23]. Es handelt sich dabei um die Gruppenanschlussversicherung für den Bereich fahrlässiger sowie die Vertrauensschadenversicherung für den Bereich wissentlicher Pflichtverletzungen. Versicherungsnehmerin ist in beiden Fällen die einzelne Notarkammer, die auch insoweit der Rechtsaufsicht der jeweiligen Landesjustizverwaltung untersteht (§ 66 Abs. 2 Satz 1).

Überlegungen, auch im Basishaftpflichtbereich eine fakultative oder obligatorische Gruppenversicherung der Notarkammern einzuführen, haben bisher nicht zu einem Ergebnis geführt[24].

aa) Gruppenanschlussversicherung

10 Durch die **Gruppenanschlussversicherung** sind solche Schäden versichert, welche die im Versicherungsvertrag festgelegte Deckungssumme – im Regelfall die Mindestdeckungssumme von 500 000 Euro – übersteigen[25]. Sie ergänzt die Basisversicherung zu den für diese geltenden Bedingungen, d. h. unter Ausschluss von Schäden aus wissentlicher Pflichtverletzung. Nach § 67 Abs. 3 Nr. 3 muss die Versicherungssumme für jeden versicherten Notar und für jeden Versicherungsfall *mindestens* 500 000 Euro betragen; eine vertragliche Erhöhung der Versicherungssumme ist zulässig[26]. Um eine Ausuferung der Versicherungsbeiträge zu vermeiden, dürfen die Leistungen des Versicherers für alle innerhalb eines Versicherungs-

---

17 *Haug*, Rz. 292.
18 Abdruck eines Musters der AVB: DNotZ 1995, 722.
19 Näher dazu unten Rz. 40.
20 Art. 4 Abs. 29 Nr. 6 des Gesetzes zur Modernisierung des Kostenrechts – KostRMoG – v. 05.05.2004 (BGBl. I S. 718).
21 Kritisch dazu: *Haeder*, DNotZ 2004, 405, 406; *Zimmermann*, DNotZ 2005, 661.
22 Vgl. Erläuterungen zu § 67.
23 BGHZ 113, 151, 153; 115, 275, 279.
24 Vgl. *Bundesnotarkammer*, Rdschr. Nr. 7/2003.
25 Näher dazu: *Zimmermann*, DNotZ 1982, 4, 39.
26 BGHZ 85, 173, 177.

jahres von einem Notar verursachten Schäden vertraglich auf den vierfachen Betrag der Mindestversicherungssumme, d. h. auf 2 Mio. Euro, begrenzt werden.

bb) Vertrauensschadenversicherung

Zweck der **Vertrauensschadenversicherung** ist es, Vorsorge gegen das individuell nicht versicherbare Risiko wissentlicher Pflichtverletzungen zu treffen[27]. Durch die Verpflichtung der Notarkammern, Vertrauensschadenversicherungen abzuschließen, wird für den Teilbereich wissentlicher Amtspflichtverletzungen das Fehlen einer Staatshaftung für Notare kompensiert[28, 29]. **11**

(1) Die Vertrauensschadenversicherung ist **Schadensversicherung** im Sinne der §§ 74 ff. VVG als Versicherung für fremde Rechnung gem. §§ 43 ff. VVG[30]. Ein Versicherungsfall liegt vor, wenn eine Vertrauensperson[31] einem Dritten durch vorsätzliche Handlungen einen Vermögensschaden zufügt, zu dessen Ersatz sie nach den gesetzlichen Bestimmungen über unerlaubte Handlungen verpflichtet ist. Vertrauenspersonen in diesem Sinne sind Notare, Notarvertreter, Notariatsverwalter und ihre Angestellten[32]. Versicherungsschutz besteht – abweichend von der Basisversicherung[33] – ausschließlich für solche Schäden, die im Rahmen der Tätigkeit im Sinne der §§ 20 bis 22 verursacht worden sind. **12**

(2) Obwohl es sich um eine Schadensversicherung handelt, hält der Bundesgerichtshof die für die Haftpflichtversicherung maßgeblichen Regeln für entsprechend anwendbar. Demgemäß sollen **Trennungsprinzip** und **Bindungswirkung** wie bei der Haftpflichtversicherung gelten. Die in einem Haftpflichtprozess zwischen dem Geschädigten und dem Schädiger (Notar) getroffene Feststellung, dass dem Notar eine wissentliche Pflichtverletzung zur Last fällt, soll daher auch für das Deckungsverhältnis zwischen der Notarkammer als Versicherungsnehmerin[34] und dem Vertrauensschadenversicherer maßgeblich sein[35]. **13**

(3) Die **Deckungssumme** der Vertrauensschadenversicherung muss für jeden versicherten Notar und für jeden Versicherungsfall *mindestens* 250 000 Euro betragen (§ 67 Abs. 3 Nr. 3 Satz 2), wobei – wie bei der Gruppenanschlussversicherung – eine Erhöhung der Versicherungssumme sowie eine Begrenzung auf den vierfachen Betrag der Mindestversicherungssumme pro Versicherungsjahr, d. h. auf 1 Mio. Euro, vereinbart werden kann. Hiervon haben alle Notarkammern Gebrauch gemacht. **14**

(4) Nach den Versicherungsbedingungen der Vertrauensschadenversicherung ist der Ersatz **mittelbarer Schäden** ausgeschlossen; ferner tritt die Versicherung nicht für Schäden ein, die nicht innerhalb von vier Jahren angemeldet werden. Ob diese Einschränkungen mit den gesetzlichen Vorgaben in § 67 Abs. 3 Nr. 3 zu vereinbaren sind, ist streitig und in der Rechtsprechung noch nicht abschließend geklärt. Die Frage dürfte zu bejahen sein; denn die Vorschrift ordnet lediglich die Vereinbarung bestimmter Mindestversicherungssummen an, verbietet aber vertragliche Leistungsausschlüsse nicht generell. Der Bundesgerichtshof hat bisher die Auffassung vertreten, die Bedingungen eines ihm vorgelegten Versicherungsvertrages würden den Mindestanforderungen des § 67 Abs. 2 (jetzt: Abs. 3) Nr. 3 gerecht; lediglich bei der Schadensregulierung im Vollzug der Vertrauensschadenversicherung stehe den Notarkammern eine Befugnis zur Ermessensausübung nicht zu[36]. **15**

---

27 BGHZ 115, 275, 278; BGH DNotZ 1999, 352, 354.
28 *Stüer*, DVBl 1989, 1137; *Wolff*, VersR 1993, 272.
29 Die Vertrauensschadenversicherung stellt im Bereich der Staatshaftung wegen Verletzung der Aufsichtspflicht (vgl. § 19 Rz. 5) eine anderweitige Ersatzmöglichkeit dar: BGHZ 135, 354.
30 Jeweils i. d. F. des Gesetzes vom 23.11.2007 (siehe Fn. 9).
31 Der Begriff der Vertrauensperson ist hier ein anderer als in § 17 Abs. 2a Satz 2 Nr. 1 BeurkG.
32 BGHZ 115, 275, 280.
33 Siehe unten Rz. 45.
34 Näher dazu unten Rz. 20.
35 BGHZ 139, 52, 53. Zu Recht kritisch dazu: *Wagner/Wahl*, DNotZ 1999, 794; *Hagen*, DNotZ 2000, 809.
36 BGHZ 115, 275, 280, 281. Die Interpretation der Entscheidung durch *Haug*, Rz. 319, ist unzutreffend.

c) Excedentenversicherung

16 Als Ergänzung zu ihren individuellen Vertrauensschadenversicherungen unterhalten die im Vertrauensschadenfonds zusammengeschlossenen 21 Notarkammern gemeinsam eine **Excedentenversicherung**. Der Versicherungsschutz für Vertrauensschäden wird dadurch über den Höchstbetrag der Vertrauensschadenversicherung (1 Mio. Euro) hinaus um weitere 2,5 Mio. Euro erhöht, so dass je Notar und Jahr insgesamt 3,5 Mio. Euro zur Verfügung stehen. Dabei bleibt die Versicherungsleistung für den einzelnen Versicherungsfall auf 250.000 Euro beschränkt. Es handelt sich dabei um eine freiwillige, nicht durch § 67 Abs. 3 Nr. 3 vorgeschriebene Maßnahme der Notarkammern.

d) Vertrauensschadenfonds

17 Zur weiteren Ergänzung des Versicherungsschutzes haben die Notarkammern – ebenfalls auf freiwilliger Basis – im Jahre 1981 durch Vereinbarung einen **Vertrauensschadenfonds** mit Sitz in Köln gegründet[37]. Dieser soll es ermöglichen, bei wissentlichen Amtspflichtverletzungen Schäden auszugleichen, die nicht durch Versicherungsverträge gedeckt sind. Die Befugnis der Notarkammern, einen solchen Fonds zu unterhalten, ergibt sich aus § 67 Abs. 4 Nr. 3.

aa) Aufgaben

18 Nach seinem Statut[38] hat der Fonds die **Aufgabe**, zur Wahrung des Ansehens der Notare und des in sie gesetzten Vertrauens (§ 1 Abs. 1) bei Schäden aus vorsätzlichen Handlungen ohne rechtliche Verpflichtung Leistungen zu ermöglichen, wenn ein auf andere Weise nicht gedeckter Vertrauensschaden vorliegt und dem Fonds nach seiner Zweckbestimmung eine Leistung im Einzelfall angezeigt erscheint (§ 2 Abs. 1). Bei der Schadensregulierung legt der Fonds seine »*Grundsätze für die Leistungen aus dem Vertrauensschadenfonds*«[39] zugrunde. Er ersetzt nur solche Vertrauensschäden, die über die in der Vertrauensschadenversicherung und der Excedentenversicherung vereinbarten Versicherungssummen hinausgehen. Seine Leistungen an sog. institutionelle Anleger – wie Kreditinstitute, Versicherungen, Aktien- oder Immobilienfonds – sind auf max. 250 000 Euro für jeden Einzelfall beschränkt. Zum Ausgleich unterhalten die Berufsverbände dieser Anleger teilweise eigene Vertrauensschadenversicherungen.

Die Haftung des Vertrauensschadenfonds ist auf das vorhandene Vermögen beschränkt (§ 1 Abs. 4 Satz 2).

bb) Fondsvermögen

19 Das Fondsvermögen ist ein nicht rechtsfähiges zweckgebundenes **Sondervermögen** der Notarkammern (§ 1 Abs. 4 Satz 1). Es speist sich aus Beiträgen der Notarkammern. Diese sind ihrerseits befugt, von ihren Mitgliedern als Teil des Mitgliedsbeitrags den auf den jeweiligen Notar entfallenden Anteil ihrer Aufwendungen zur Deckung des Fondsvermögens zu erheben, wie es auch bei den Aufwendungen für die Gruppenanschlussversicherung und die Vertrauensschadenversicherung der Fall ist.

e) Kein Direktanspruch

20 Ein **Direktanspruch** des Geschädigten aus den von den Notarkammern abgeschlossenen Versicherungen oder gegen den Vertrauensschadenfonds ist grundsätzlich nicht gegeben[40]. Die Vertrauensschadenversicherung ist Versicherung für fremde Rechnung im Sinne der

---

37 Zur Bedeutung des Vertrauensschadenfonds: BGHZ 85, 173, 178.
38 Abdruck: *Weingärtner*, Notarrecht, Ord.-Nr. 640.
39 Abdruck: *Weingärtner*, Notarrecht, Ord.-Nr. 640-11.
40 Siehe auch § 67 Rz. 47. Zur Rechtslage bzgl. der Basisversicherung siehe unten Rz. 68.

§§ 43 ff. VVG, bei der die Notarkammer Versicherungsnehmerin und der Geschädigte – nicht der Notar – Versicherter ist[41]. Die Notarkammer nimmt die Rechte des Versicherten aus dem Versicherungsvertrag treuhänderisch für diesen wahr[42]. Dieses gesetzliche Treuhandverhältnis[43] verpflichtet die Notarkammer, den Anspruch auf Schadenregulierung aus dem Versicherungsvertrag geltend zu machen, die Versicherungsleistung einzuziehen und sie an den Geschädigten auszukehren[44]. Der Geschädigte kann nicht verlangen, dass die Notarkammer ihm ihren Leistungsanspruch aus der Versicherung abtritt[45]. Ansprüche des Geschädigten aus dem Treuhandverhältnis sind nicht im Verfahren nach § 111, sondern im Klageweg vor den Zivilgerichten geltend zu machen[46]. Eine Klage des Geschädigten selbst gegen den Versicherer kommt nur in Betracht, wenn der Versicherer die Leistung abgelehnt hat und die Notarkammer ohne billigenswerte Gründe ihrer Einziehungsverpflichtung nicht nachkommt[47] oder den Geschädigten ermächtigt, den Versicherer selbst in Anspruch zu nehmen. Diese unter der Geltung der §§ 74 VVG a.F. entwickelten Grundsätze sind auch nach der Neufassung des VVG[48] anwendbar.

3. Persönlicher Geltungsbereich der Versicherungspflicht

a) Notare

Die Pflicht zum Abschluss der Versicherung nach § 19a trifft nur den **Notar** selbst. Sie besteht unabhängig von dem Umfang des Notariats; auch sog. Zwergnotariate unterliegen in vollem Umfang der Versicherungspflicht[49].

21

b) Notarassessoren und Notarvertreter

Notarassessoren und **Notarvertreter** sind entsprechend dem Haftungssystem der BNotO von der Versicherungspflicht ausgenommen (§§ 7 Abs. 4 Satz 2, 39 Abs. 4). Denn im Außenverhältnis haftet der Notar bei Pflichtverletzungen des Notarassessors in der Regel[50] und bei Pflichtverletzungen des Notarvertreters stets persönlich (§ 46). Die Pflichtversicherung muss diese Haftung mit abdecken (§ 19a Abs. 1 Satz 1). Der Schutz der Rechtsuchenden erfordert daher nicht, dass Notarassessoren und Notarvertreter einer eigenen Versicherungspflicht unterliegen. Dies schließt nicht aus, dass die Notarkammern bzw. die Notarkasse (Ländernotarkasse) Haftpflichtversicherungen für Notarassessoren abschließen. Ist das der Fall, besteht zu einer Haftungsfreistellung durch den Notar, wie sie im Bereich des Nurnotariats für Handlungen des Notarassessors als Notarvertreter üblich ist[51], kein Anlass.

22

c) Notariatsverwalter

Für **Notariatsverwalter** haben die Notarkammern Haftpflichtversicherungen nach Maßgabe des § 19a abzuschließen (§ 61 Abs. 2). Sie müssen den in §§ 19a und 67 Abs. 3 Satz 3 gestellten Anforderungen genügen. Die Notariatsverwalter sind daher nicht verpflichtet, eigene Haftpflichtversicherungen abzuschließen.

23

---

41 BGHZ 115, 275, 280; 139, 52, 56; BGH DNotZ 1999, 352, 353.
42 Näher dazu unten Rz. 20.
43 Kritisch dazu: *Wagner/Wahl*, DNotZ 1999, 794.
44 BGHZ 113, 151; 139, 52, 57.
45 BGHZ 139, 52, 57.
46 BGHZ 115, 275.
47 BGHZ 139, 52, 58. Zu eng insoweit *Haug*, Rz. 320, wonach ein Direktanspruch gegeben sein soll, wenn die Notarkammer zur Einziehung »nicht fähig« ist.
48 Siehe Fußn. 9.
49 So schon für die Zeit vor Inkrafttreten des § 19a: BGHZ 65, 209; BGH DNotZ 1976, 186. Ebenso zur anwaltlichen Berufshaftpflichtversicherung: BGH NJW-RR 1997, 696.
50 Siehe § 19 Rz. 18.
51 *Eylmann/Vaasen/Wilke*, § 46 BNotO Rz. 7.

d) Hilfskräfte des Notars, Vollzugsbevollmächtigte

24   Auch die **Hilfspersonen** des Notars unterliegen keiner eigenen Versicherungspflicht, da sie in aller Regel nicht persönlich gegenüber den Rechtsuchenden haften[52].

Soweit Notariatsangestellte als **Vollzugsbevollmächtigte** von Beteiligten auftreten, ist ihre gesetzliche Haftpflicht laut Risikobeschreibung für die Vermögensschaden-Haftpflichtversicherung der Notare[53] durch die Versicherung des Notars mitversichert[54]. Eine Reihe von Versicherungsgesellschaften gewährt diesen Versicherungsschutz auch, wenn Notariatsmitarbeiter aufgrund einer Vollmacht handeln, die sich im nachhinein als nicht existent oder unwirksam erweist[55].

4. Unterhaltung der Versicherung

25   § 19a bestimmt nicht ausdrücklich Beginn und Ende der Versicherungspflicht, sondern nur, dass die Haftpflichtversicherung »*zu unterhalten*« ist (Abs. 1 Satz 1).

a) Beginn der Versicherungspflicht

26   § 6a macht die Bestellung zum Notar vom Nachweis ausreichenden Versicherungsschutzes abhängig. Die Versicherung muss daher grundsätzlich **vor der Bestellung** abgeschlossen werden. Da sich der Abschluss aus Gründen verzögern kann, die der Notar nicht zu vertreten hat – etwa durch verspätete Annahme des Versicherungsantrags seitens des Versicherers –, genügt allerdings auch der Nachweis, dass eine **vorläufige Deckungszusage** vorliegt. Der Abschluss muss dann alsbald nachgeholt werden.

b) Amtspflicht zur Prämienzahlung

27   Die Versicherungspflicht umfasst die Pflicht, die geschuldeten **Prämien** (Erstprämie und Folgeprämien) pünktlich zu entrichten; denn andernfalls droht der Verlust des Versicherungsschutzes (§§ 37, 38 VVG). Der Notar, der fällige Versicherungsprämien nicht zahlt, verletzt somit die ihm nach § 19a Abs. 1 Satz 1 obliegende Amtspflicht; das gilt besonders, wenn er eine ihm gesetzte Zahlungsfrist nach § 37 Abs. 2 Satz 2 VVG (qualifizierte Mahnung) versäumt[56].

c) Ende der Versicherungspflicht

28   Die Versicherungspflicht endet mit dem **Erlöschen des Amtes** (§ 47). Eine **vorläufige Amtsenthebung** (§ 54) berührt die Versicherungspflicht nicht; sie führt auch nicht zum Erlöschen des Versicherungsschutzes wegen Wegfalls des versicherten Risikos[57]. Da für die Versicherung das **Verstoßprinzip** gilt[58], bleibt der Notar auch nach Beendigung des Versicherungsverhältnisses für Schäden versichert, die er in der Zeit vor seinem Ausscheiden aus dem Amt verursacht hat.

---

52   Zur Haftung des Notars für Hilfspersonen siehe unten Rz. 44.
53   Abdruck: *Weingärtner*, Notarrecht, Ord.-Nr. 629.
54   Nach Auffassung der *Bundesnotarkammer* gilt dies auch für die Fallgruppen des § 179 BGB: DNotZ 1998, 514, 522. Offengelassen: BGHZ 152, 391, 397.
55   Eine frühere Äußerung der Allianz Versicherungs-AG gegenüber der Bundesnotarkammer v. 29.02.2000 (vgl. *Weingärtner*, Notarrecht, Ord.-Nr. 625) ist überholt. Laut Mitteilung der Allianz an den *Verf.* ist die gesetzliche Haftpflicht von Notariatsangestellten und Mitarbeitern des Notars, soweit sie in Sachen des Notariats als bevollmächtigte Vertreter der Beteiligten auftreten, ohne Beitragszuschlag mitversichert, auch wenn die Vollmacht unwirksam oder vermeintlich wirksam ist.
56   BGH DNotZ 1987, 442, 443 (zu § 39 VVG a. F.).
57   OLG Hamm VersR 1987, 802, 804.
58   Siehe unten Rz. 34.

II. Versicherungsunternehmen, Versicherungsbedingungen (Abs. 1 Satz 2)

1. Befugnis zum Geschäftsbetrieb

Die Versicherung muss bei einem zum **Geschäftsbetrieb im Inland befugten** Versicherungs- **29**
unternehmen genommen werden. Seitdem der europäische Binnenmarkt für Versicherungen
verwirklicht ist[59], sind außer den bisher tätigen inländischen Berufshaftpflichtversicherern
auch Versicherungsunternehmen mit Sitz in anderen Mitgliedstaaten der Europäischen Union zum Geschäftsbetrieb in Deutschland befugt, soweit sie in einem der Mitgliedstaaten zugelassen sind. Die Zulassung erlaubt es dem Unternehmen, innerhalb der gesamten Gemeinschaft im Rahmen sowohl der Niederlassungsfreiheit als auch der Dienstleistungsfreiheit als
Versicherer tätig zu sein (Art. 5 3. Richtlinie Schaden).

2. Versicherungsbedingungen

Die Versicherung muss inhaltlich den nach Maßgabe des Versicherungsaufsichtsgesetzes **30**
(VAG) bei dem Bundesaufsichtsamt für das Versicherungswesen eingereichten allgemeinen
Versicherungsbedingungen entsprechen. Das Amt nimmt allerdings lediglich eine Miss-
brauchskontrolle vor. Versicherungsverträge gemäß § 19a müssen daher in jedem Einzelfall
auf ihre Übereinstimmung mit den gesetzlichen Vorgaben überprüft werden[60].

a) Allgemeine Bedingungen

Für die individuelle Berufshaftpflichtversicherung der Notare sind die von der Versiche- **31**
rungswirtschaft entwickelten **Bedingungswerke** maßgeblich. Die Bundesnotarkammer hat
1995 ein Beispiel *Allgemeiner Versicherungsbedingungen* (AVB) gebilligt, dem die nach § 19a
maßgeblichen Kriterien entnommen werden können[61].

b) Wichtige Klauseln

Folgende Klauseln sind als für die Praxis **wichtig** hervorzuheben: **32**

aa) Wissentliche Pflichtverletzung

Ersatzansprüche wegen **wissentlicher Pflichtverletzung**[62] sind schlechthin vom Versiche- **33**
rungsschutz ausgeschlossen (§ 4).

bb) Versicherungsfall

Als **Versicherungsfall** wird in § 19a Abs. 1 Satz 3 die *Pflichtverletzung*, in § 5 I AVB der **34**
Verstoß definiert, der Haftpflichtansprüche gegen den Notar zur Folge haben könnte. Der
Begriff des *Verstoßes* ist gleichbedeutend mit dem der *Pflichtverletzung*.

cc) Serienschäden

Die AVB enthalten eine **Serienschadenklausel** im Sinne des § 19a Abs. 3 Satz 4. Danach gel- **35**
ten sämtliche Pflichtverletzungen bei der Erledigung eines einheitlichen Amtsgeschäfts als
ein Versicherungsfall (einheitlicher Verstoß), mögen sie auf dem Verhalten des Notars, seines amtlich bestellten Vertreters oder sonstiger Personen, für die er haftet, beruhen (§ 3 II
Nr. 2 Satz 2 AVB).

---

59 *Roth*, NJW 1993, 3029.
60 *Bundesnotarkammer*, DNotZ 1995, 721.
61 Abdruck: DNotZ 1995, 721.
62 Näher dazu unten Rz. 50.

36   (1) Bei einem **einheitlichen Verstoß** steht die vereinbarte Versicherungssumme nur *einmal* zur Verfügung; die Versicherungssumme stellt bezüglich sämtlicher Folgen des Verstoßes den Höchstbetrag der dem Versicherer obliegenden Leistung dar. Andererseits fällt der mit dem Notar als Versicherungsnehmer vereinbarte **Selbstbehalt** ebenfalls nur einmal an. Dagegen steht die Versicherungssumme bei **mehrfachen Verstößen** entsprechend der Anzahl der Verstöße mehrfach zur Verfügung.

37   (2) Kommt es bei der Erledigung eines **einheitlichen Amtsgeschäfts** zu mehreren schädigenden Pflichtverletzungen, liegt nur *ein* Versicherungsfall vor. Dagegen bilden mehrfache Handlungen im Rahmen nicht einheitlicher Amtsgeschäfte keinen einheitlichen Verstoß, auch wenn sie auf **gleicher oder gleichartiger Fehlerquelle** beruhen; das gilt auch dann, wenn die betreffenden Angelegenheiten rechtlich oder wirtschaftlich miteinander zusammenhängen. Maßgeblich ist danach nicht die Anzahl der Pflichtverletzungen, sondern die Einheitlichkeit des Amtsgeschäfts; sie konstituiert die Einheitlichkeit des Verstoßes und damit die Einheitlichkeit des Versicherungsfalls.

38   (a) Ob es sich um ein einheitliches Amtsgeschäft handelt, hängt vom »Auftrag«, d.h. vom **Ansuchen der Beteiligten** ab. Hat dieses bei vernünftiger Betrachtung aus dem Empfängerhorizont des Notars (analog § 133 BGB) *eine* Angelegenheit zum Gegenstand, handelt es sich um *ein* Amtsgeschäft, auch wenn das Geschäft in Teilakten zu vollziehen ist[63]. So liegt wegen Einheitlichkeit des Amtsgeschäfts nur **ein Verstoß** vor, wenn etwa ein Büroangestellter des Notars bei der Vorbereitung eines Grundstücksgeschäfts den Grundbuchinhalt unrichtig feststellt, der Notar anlässlich der Beurkundung des Geschäfts die Beteiligten unzutreffend belehrt und anschließend der Notarvertreter es versäumt, die Grundbuchanträge rechtzeitig zu stellen[64]. Einen geeigneten Anhaltspunkt für die Beurteilung bietet § 44 KostO[65].

39   (b) Wird hingegen eine Serie von gleichartigen Verträgen beurkundet, an denen **verschiedene Personen** beteiligt sind oder die **unterschiedliche Gegenstände** betreffen, handelt es sich um mehrere Amtsgeschäfte, auch wenn ein und dieselbe Pflichtverletzung schadensursächlich ist und auch wenn zwischen den mehreren Geschäften ein rechtlicher oder wirtschaftlicher Zusammenhang besteht[66]. So liegen **getrennte Verstöße** bspw. vor, wenn mehrere Eigentumswohnungen in einem Objekt an verschiedene Käufer veräußert werden und der Notar in allen Verträgen infolge desselben Rechtsirrtums gleichlautende unwirksame Klauseln beurkundet[67].

dd) Ausländisches Recht

40   Der Versicherungsschutz erstreckt sich auch auf Haftpflichtansprüche wegen Verletzung oder Nichtbeachtung **ausländischen Rechts**. Ausgenommen sind Haftpflichtansprüche aus der Tätigkeit im Zusammenhang mit der Beratung über das Recht der Vereinigten Staaten von Amerika (einschließlich des Rechts der Einzelstaaten) und Kanadas, es sei denn, dass die Amtspflichtverletzung darin besteht, dass die Möglichkeit der Anwendbarkeit dieses Rechts nicht erkannt wurde (§ 4 Nr. 1 AVB). Die in § 19a Abs. 2 Satz 1 Nr. 2 vorgesehene weiterreichende Möglichkeit, Ersatzansprüche im Zusammenhang mit der Beratung über außereuropäisches Recht vom Versicherungsschutz auszuschließen[68], wird damit nicht ausgeschöpft.

---

63 Vgl. auch BGH NJW 2003, 3705 (betr. Immobilienvermittlung); dazu *Gräfe*, NJW 2003, 3673, 3675 (Anknüpfungspunkt der einzelne Vertrag).
64 Ähnlich: *Haug*, Rz. 297.
65 *Haug*, Rz. 297; *Eylmann/Vaasen/Frenz*, § 19a BNotO Rz. 18.
66 *Haug*, Rz. 297; ähnlich *Zimmermann*, DNotZ 1983, 14; *Schippel/Bracker/Schramm*, § 19a Rz. 26. Einschlägige Rechtsprechung zur Berufshaftpflichtversicherung der Notare ist nicht bekannt.
67 *Haug*, Rz. 297.
68 Siehe unten Rz. 52.

SANDKÜHLER

ee) Selbstbehalt

§ 19a Abs. 4 erlaubt die Vereinbarung eines **Selbstbehaltes** bis zu 1 vom Hundert der Min- **41**
destversicherungssumme je Versicherungsfall. Bei mehreren Kleinschäden kann diese Regelung zu einer über 1 % der Mindestversicherungssumme liegenden Selbstbeteiligung führen.
Dies ist mit § 19 Abs. 4 zu vereinbaren, der nur den Selbstbehalt für den einzelnen Versicherungsfall regelt[69].

III. Inhalt und Umfang der Versicherungspflicht (Abs. 1 Satz 3)

Die Versicherung muss die Haftpflichtgefahren für Vermögensschäden decken, die sich aus **42**
der eigenen Berufstätigkeit des Notars und aus der Tätigkeit von Personen ergeben, für die
er haftet (Abs. 1 Satz 1). Die Versicherungspflicht erstreckt sich mithin auf den gesamten Bereich **notarieller Berufsausübung**.

1. Haftpflichtgefahren aus Berufstätigkeit

a) Urkundstätigkeit, Treuhandgeschäfte, Urkundenverwahrung

Haftpflichtrisiken für Vermögensschäden bestehen über den Bereich der **Urkundstätigkeit** **43**
(§§ 20 bis 22) hinaus auch bei notarieller **Treuhandtätigkeit**, nämlich bei Verwahrungsgeschäften (§ 23) und sonstigen Betreuungsgeschäften (§ 24), bei **Auslandtätigkeit** nach
§ 11a sowie bei der **Urkundenverwahrung** durch den Notar (§§ 34 Abs. 3, 45 Abs. 1
BeurkG). So können Vermögensschäden etwa durch den Verlust hinterlegten Bargeldes oder
von treuhänderisch überlassenen Urkunden, durch pflichtwidrige Verfügungen über Guthaben auf Notaranderkonten (Fehlverfügungen) oder durch die Beschädigung oder Vernichtung amtlich verwahrter Urkunden entstehen. Ansprüche wegen derartiger Schäden sind in
die Versicherung einzubeziehen.

b) Überwachung des Personals

Zu versichern ist ferner das Risiko, dass der Notar für Fehler seiner **Hilfspersonen** haftet[70]. **44**
Das gilt nicht für Ersatzansprüche wegen **Veruntreuungen** durch das Personal. Sie können
vom Versicherungsschutz ausgeschlossen werden, soweit nicht der Notar wegen fahrlässiger
Verletzung der Pflicht zur Überwachung des Personals in Anspruch genommen wird (Abs. 2
Satz 1 Nr. 3).

c) Nebentätigkeiten

Nicht unter die Versicherungspflicht fallen Haftpflichtrisiken aus **sonstiger Tätigkeit** der **45**
Notare außerhalb ihrer Berufstätigkeit. Nach der **Risikobeschreibung** zu den Allgemeinen
Versicherungsbedingungen[71] gewährt der Versicherungsvertrag Versicherungsschutz auch
für Schäden aus Nebentätigkeiten als
- Testamentsvollstrecker[72], Nachlasspfleger, Nachlassverwalter, Vormund, Betreuer, Pfleger
  und Beistand;
- Insolvenzverwalter, Vergleichsverwalter, gerichtlich bestellter Liquidator, Zwangsverwal-
  ter, Sequester, Sachwalter, Gläubigerausschuss- und Gläubigerbeiratsmitglied,

---

69 Ebenso: *Zimmermann*, DNotZ 1983, 10, 16.
70 Siehe dazu § 19 Rz. 21.
71 DNotZ 1995, 732.
72 Testamentsvollstreckung durch einen Notar ist nicht Teil seiner Tätigkeit als Organ der vorsorgenden Rechtspflege: *Schippel/Bracker/Reithmann*, § 24 Rz. 12; *Eylmann/Vaasen/Baumann*, § 8
   BNotO Rz. 23; *Eylmann/Vaasen/Hertel*, § 24 BNotO Rz. 7; *Reimann*, DNotZ 1994, 659, 668.

- Schiedsrichter sowie
- Autor und Gutachter auf rechtswissenschaftlichem Gebiet.

Soweit **Anwaltsnotare** solche Nebentätigkeiten ausüben, werden diese regelmäßig der anwaltlichen, nicht der notariellen Tätigkeit zuzurechnen sein, so dass sich der Versicherungsschutz aus der Notarhaftpflichtversicherung darauf nicht erstreckt.

2. Vermögensschadenversicherung

a) Vermögensschäden

46 Die Versicherung muss diejenigen **Vermögensschäden** umfassen, die bei notarieller Amtspflichtverletzung entstehen können. Die Haftpflichtversicherung muss deshalb nach § 19a Abs. 1 Satz 1 Vermögensschadenversicherung sein. § 1 I Abs. 1 AVB sieht dementsprechend Versicherungsschutz (Deckung) für den Fall vor, dass der Notar aufgrund gesetzlicher Haftpflichtbestimmungen privatrechtlichen Inhalts für einen Vermögensschaden verantwortlich gemacht wird[73].

b) Sachschäden

47 Das Risiko von **Sachschäden** fällt nicht unter die Versicherungspflicht. Dazu zählen neben unmittelbaren Sachschäden (Beschädigung, Verderben, Vernichtung oder Abhandenkommen von Sachen einschließlich Geld und geldwerten Zeichen) auch sich daraus herleitende Schäden (mittelbare Sachschäden). Allerdings können aus unmittelbaren Sachschäden auch Vermögensschäden entstehen. § 1 II Buchst. a und b AVB bezieht deshalb Ansprüche wegen unmittelbarer oder mittelbarer Sachschäden an Akten und anderen für die Sachbehandlung in Betracht kommenden Schriftstücken (Buchst. a) sowie an sonstigen beweglichen Sachen, die das Objekt der versicherten Betätigung des Versicherungsnehmers bilden (Buchst. b), in den Versicherungsschutz ein. Damit ist das mit der notariellen Berufstätigkeit verbundene Haftpflichtrisiko in vollem Umfang abgedeckt.

c) Personenschäden

48 Die Versicherungspflicht erstreckt sich ferner nicht auf **Personenschäden**, da es sich insoweit nicht um eine typische Berufshaftpflichtgefahr der Notare handelt. Schäden aus der Tötung, Verletzung des Körpers oder Schädigung der Gesundheit von Menschen sind daher vom Versicherungsschutz ausgenommen (§ 1 I Abs. 2 AVB).

IV. Zulässigkeit von Ausschlüssen (Abs. 2 Satz 1)

49 Die Vorschrift enthält einen abschließenden Katalog zulässiger Ausschlüsse vom Versicherungsschutz.

1. Wissentliche Pflichtverletzung (Nr. 1)

50 Nach Nr. 1 können Ansprüche wegen **wissentlicher Pflichtverletzung** vom Versicherungsschutz ausgeschlossen werden. Davon wird in den Allgemeinen Versicherungsbedingungen Gebrauch gemacht[74]. Ausreichend, aber auch erforderlich, ist, dass der Versicherte seine Pflicht positiv gekannt hat, davon bewusst abgewichen ist und dass der Pflichtverstoß für

---

73 § 19 BNotO ist als lex specialis zu § 839 BGB privatrechtliche Haftungsnorm; vgl. *Zimmermann*, DNotZ 1983, 10, 12.
74 Siehe oben Rz. 33.

den Schadenseintritt ursächlich geworden ist[75]. Bedingter Vorsatz, bei dem der Notar die in Betracht kommende Pflicht nur für möglich gehalten hat, genügt nicht[76]. Bei der Prüfung, ob er seine Pflicht wissentlich verletzt hat, kommt es nicht auf den objektiv zu fordernden Wissensstand, sondern auf die persönlichen Umstände (Umfang der beruflichen Erfahrung, Teilnahme an Fortbildungsveranstaltungen, Motivation zu einem Pflichtverstoß) an[77].

In der Basisversicherung gilt wie auch in sonstigen Haftpflichtversicherungen das Prinzip der **Bindungswirkung** des Haftpflichturteils. Nur wenn im Haftpflichtprozess ein wissentlicher Pflichtverstoß festgestellt worden ist, kann der entsprechende Risikoausschluss im Deckungsverhältnis zwischen Notar und Versicherer eingreifen[78].

2. Beratung über außereuropäisches Recht (Nr. 2)

a) Verletzung von Belehrungspflichten

Der Notar ist zur Kenntnis ausländischen Rechts und zur Belehrung über den Inhalt ausländischer Rechtsordnungen nicht verpflichtet. Er muss aber die **Möglichkeit der Anwendbarkeit** ausländischen Rechts erkennen und die Beteiligten darüber belehren (§ 17 Abs. 3 BeurkG)[79]. Ansprüche wegen Verletzung dieser Pflicht müssen vom Versicherungsschutz umfasst sein.

51

b) Haftung wegen fehlerhafte Beratung

Übernimmt es der Notar, die Beteiligten über den Inhalt ausländischen Rechts zu **beraten,** so muss sein Rat richtig und vollständig sein. Ein schuldhafter Verstoß gegen diese Pflicht kann Amtshaftungsansprüche auslösen. Derartige Ansprüche müssen von der Versicherung gedeckt sein, soweit **europäisches Recht** Beratungsgegenstand war. Soweit es sich um **außereuropäisches** Recht handelte, darf der Versicherungsschutz ausgeschlossen sein, es sei denn, dass der Notar pflichtwidrig die Möglichkeit der Anwendung dieses Rechts nicht erkannt hat[80].

52

3. Veruntreuung durch das Personal (Nr. 3)

a) Ersatzansprüche gegen den Notar, die allein darauf gestützt werden, dass eine Hilfskraft eine **Veruntreuung** begangen hat, kommen in der Praxis selten vor. Die Möglichkeit, den Versicherungsschutz insoweit auszuschließen (Ausschlussklausel in § 4 Ziff. 2 AVB), hat daher kaum praktische Bedeutung.

53

b) Dagegen haftet der Notar, wenn er wegen eines Organisations-, Auswahl- oder Überwachungsverschuldens für das Handeln seiner Hilfskräfte verantwortlich ist[81]. Darauf gestützte Ansprüche dürfen nicht vom Versicherungsschutz ausgeschlossen werden. Soweit § 19a Abs. 2 Satz 1 Nr. 3 nur Ersatzansprüche wegen Verletzung der **Überwachungspflicht** nennt, dürfte es sich um ein Redaktionsversehen handeln.

54

---

75 BGH VersR 1987, 174, 175; OLG Hamm VersR 1996, 1006, 1008; OLG Frankfurt DNotZ 2000, 378.
76 BGH NJW 2006, 289, 291 (Anwaltshaftung); *Rinsche/Fahrendorf/Terbille/Terbille*, Die Haftung des Rechtsanwalts, Rz. 1974 (Anwaltshaftung). Für Leistungsausschluss auch bei bedingtem Vorsatz : *Eylmann/Vaasen/Frenz*, § 19a BNotO Rz. 14.
77 Vgl. BGH NJW 2006, 291.
78 BGH NJW-RR 2003, 1572.
79 Einzelheiten: § 14 Rz. 215 ff.
80 Wegen der einschränkenden Regelung in den AVB siehe oben Rz. 40.
81 Siehe § 19 Rz. 22.

V. Eintrittspflicht des Berufshaftpflichtversicherers (Abs. 2 Satz 2–4)

1. Bedeutung der Vorschrift

55 Bei der **Abwicklung von Schadenfällen** konnten sich in der Vergangenheit Schwierigkeiten ergeben, wenn streitig war, ob der Notar die Amtspflichtverletzung fahrlässig oder wissentlich begangen hatte. In den Haftpflichturteilen wurde und wird diese Frage häufig offen gelassen, weil sie nicht entscheidungsrelevant war bzw. ist; denn nach § 19 haftet der Notar auch bei nur fahrlässiger Pflichtverletzung. Zwischen dem Berufshaftpflichtversicherer des Notars und dem Vertrauensschadenversicherer der Notarkammer kam es in solchen Fällen nicht selten zum Streit über das Vorliegen eines Leistungsausschlusses nach § 4 AVB[82] und damit über die Eintrittspflicht des einen oder des anderen Versicherers. Die Schadensregulierung konnte sich dadurch beträchtlich verzögern.

Durch die Regelung[83] des Abs. 2 Satz 2 werden solche Verzögerungen weitgehend ausgeschlossen, da Streitigkeiten der Versicherer untereinander über ihre Eintrittspflicht nicht mehr uneingeschränkt zu Lasten des Geschädigten gehen. Steht fest, dass eine Amtspflichtverletzung vorliegt, und ist nur noch streitig, ob dem Notar eine wissentliche Pflichtverletzung zur Last fällt, muss der Berufshaftpflichtversicherer ungeachtet seines etwaigen Rechts, die Leistung abzulehnen, jedenfalls bis zur Höhe der für die Vertrauensschadenversicherung geltenden Mindestversicherungssumme von 250 000 Euro (§ 67 Abs. 3 Nr. 3) an den Ersatzberechtigten leisten. Er tritt damit gegebenenfalls für den Vertrauensschadenversicherer in Vorlage. Erweist sich im nachhinein, dass der Berufshaftpflichtversicherer wegen wissentlicher Pflichtverletzung leistungsfrei ist, bleibt es materiell bei der Leistungspflicht des Vertrauensschadenversicherers.

2. Folgen des Eintritts

56 Abs. 2 Satz 3, 4 regelt die **Folgen** eines Eintritts des Berufshaftpflichtversicherers nach Satz 2. Die Regelung ist sowohl sprachlich als auch sachlich unzureichend:

a) Wortlaut (Satz 3)

57 Nach Satz 3 geht der Anspruch des Ersatzberechtigten u. a. gegen einen sonstigen Ersatz*berechtigten* auf den Berufshaftpflichtversicherer über. Dabei dürfte es sich um ein Redaktionsversehen handeln; gemeint sind offenbar Ansprüche gegen sonstige Ersatz*verpflichtete*.

b) Cessio legis

58 Soweit der Berufshaftpflichtversicherer leistet, tritt nach Satz 2 eine **cessio legis** dergestalt ein, dass sämtliche Ansprüche des Ersatzberechtigten gegen alle sonst in Betracht kommenden Eintrittspflichtigen auf den Berufshaftpflichtversicherer übergehen. Nach dem Wortlaut der Vorschrift soll dies auch für den Anspruch des Ersatzberechtigten gegen den Versicherer gemäß § 67 Abs. 3 Nr. 3 gelten. Ein solcher Anspruch besteht in der Regel nicht, weil der Geschädigte grundsätzlich keinen Direktanspruch gegen die Versicherer der Notarkammern hat[84].

c) Rückgriffsanspruch

59 Satz 4 gibt dem Berufshaftpflichtversicherer einen **Rückgriffsanspruch** nach Auftragsrecht gegenüber denjenigen *Personen*, für deren Verpflichtung er nach Satz 2 einzustehen hat.

---

82 Siehe oben Rz. 33.
83 Siehe oben Rz. 3.
84 Siehe oben Rz. 20.

Nach dem Sinn der Vorschrift kann es sich dabei nur um den Vertrauensschadenversicherer der Notarkammer handeln; denn nur insoweit ist der Berufshaftpflichtversicherer nach Satz 2 ungeachtet seiner etwaigen Leistungsfreiheit eintrittspflichtig.

Der Rückgriffsanspruch setzt voraus, dass materiell nicht der Berufshaftpflichtversicherer, sondern der Vertrauensschadenversicherer zur Leistung verpflichtet ist. Die **Beweislast** dafür trägt im Streit der beiden Versicherer der Berufshaftpflichtversicherer.

VI. Versicherungssummen (Abs. 3, 6)

1. Mindestversicherungssumme

Die **Mindestversicherungssumme** beträgt für jeden Versicherungsfall 500 000 Euro[85]. Das Bundesministerium der Justiz kann sie mit Zustimmung des Bundesrates abweichend festsetzen, wenn dies zur Sicherstellung eines ausreichenden Versicherungsschutzes bei veränderten wirtschaftlichen Verhältnissen erforderlich ist (Abs. 6). Bislang hat das Ministerium von dieser Ermächtigung keinen Gebrauch gemacht.   60

2. Begrenzung auf Jahresbetrag

Vertraglich darf vereinbart werden, dass die Leistungen des Versicherers für alle innerhalb eines **Versicherungsjahres** verursachten Schäden auf den doppelten Betrag der Mindestversicherungssumme – also auf 1 Mio. Euro – begrenzt werden (§ 19a Abs. 3 Satz 2)[86].   61

3. Freiwillige Höherversicherung

Nicht vorgeschrieben, aber ratsam ist es, dass Notare, deren Berufstätigkeit besonders hohe Haftpflichtrisiken mit sich bringt, über die Mindestversicherungssumme hinaus **freiwillige Höherversicherungen** abschließen.   62

VII. Selbstbehalt (Abs. 4)

Durch den Versicherungsvertrag darf ein Selbstbehalt bis zu 1 % der Mindestversicherungssumme vereinbart werden.   63

VIII. Sicherstellung des Versicherungsschutzes (Abs. 5, 6)

Die **Aufsichtsbehörden** haben darüber zu wachen, dass die Notare die vorgeschriebene Haftpflichtversicherung abschließen und unterhalten.   64

1. Anzeigepflichten des Versicherers

Nach § 19a Abs. 3 Satz 3 muss dem **Versicherer** durch den Versicherungsvertrag zur Pflicht gemacht werden, Beginn und Ende des Versicherungsvertrages sowie jede Vertragsänderung, die den vorgeschriebenen Versicherungsschutz beeinträchtigt, unverzüglich der Landesjus-   65

85 Zu den Besonderheiten bei Serienschäden siehe oben Rz. 35 ff.
86 Zu der entsprechenden Regelung in § 67 Abs. 3 Nr. 3 siehe oben Rz. 12.

tizverwaltung und der Notarkammer **anzuzeigen**. Die Vorschrift soll gewährleisten, dass die Aufsichtsbehörden stets über das Bestehen eines ausreichenden Versicherungsschutzes informiert sind und bei einer Gefährdung dieses Schutzes die gebotenen Aufsichts- bzw. Disziplinarmaßnahmen ergreifen können. Als letztes Mittel zur Sicherung der Rechtsuchenden kommt die Amtsenthebung nach § 50 Abs. 1 Nr. 10 in Betracht[87]. Sie setzt aber nach dem Grundsatz der Verhältnismäßigkeit voraus, dass der Versicherungsschutz nicht nur im Innenverhältnis gegenüber dem Notar (§ 39 Abs. 2 VVG), sondern auch im Verhältnis zu dem betroffenen Dritten unmittelbar gefährdet ist[88].

2. Prüfung der Amtsführung

66 Schließlich erstreckt sich die **Prüfung der Amtsführung** der Notare nach § 93 Abs. 2 Satz 1 auch auf das Bestehen der Haftpflichtversicherung.

IX. Pflichtversicherung

67 Die Versicherung ist eine **Pflichtversicherung**. Für sie gelten daher die Vorschriften der §§ 113 ff. VVG.

1. Kein Direktanspruch

68 Der Geschädigte hat einen **Direktanspruch** gegen den Versicherer nur in den in § 115 Abs. 1 Nr. 2 und 3 VVG bestimmten Ausnahmefällen (Insolvenz oder unbekannter Aufenthalt des Notars). Die im Regierungsentwurf des Versicherungsvertragsgesetzes[89] vorgesehene Einführung eines allgemeinen Direktanspruchs[90] ist nicht Gesetz geworden. Soweit einer der Ausnahmefälle nicht vorliegt, kann der Geschädigte daher in Haftpflichtfällen nur den Notar bzw. dessen Rechtsnachfolger in Anspruch nehmen.

a) Verjährung des Deckungsanspruchs

69 Der Direktanspruch unterliegt der gleichen Verjährung wie der Schadensersatzanspruch gegen den ersatzpflichtigen Versicherungsnehmer (§ 115 Abs. 2 Satz 1 VVG). Die Verjährung beginnt mit dem Zeitpunkt, zu dem die Verjährung des Schadensersatzanspruchs gegen den ersatzpflichtigen Versicherungsnehmer beginnt; sie endet jedoch spätestens nach zehn Jahren von dem Eintritt des Schadens an (§ 115 Abs. 2 Satz 2 VVG)[91].

b) Vollstreckung in den Deckungsanspruch

70 Soweit ein Direktanspruch nicht besteht, kann der Geschädigte aufgrund eines gegen den Notar erwirkten vollstreckbaren Titels dessen **Deckungsanspruch** gegen den Versicherer pfänden und sich zur Einziehung überweisen lassen[92]. Der Pfändung steht nicht entgegen, dass der Versicherungsanspruch nach § 7 III AVB vor seiner endgültigen Feststellung nur mit Zustimmung des Versicherers übertragen werden kann[93]; denn die von dem Versicherer

---

87 Nur bei Gefährdung des Versicherungsschutzes im Verhältnis zu Dritten: BGH DNotZ 1987, 442; DNotZ 2001, 569, 571.
88 BGH ZNotP 2001, 75, 76.
89 BT-Drucks. 16/3945.
90 Näher dazu *Langheid*, NJW 2006, 3317.
91 Wegen der sich daraus möglicherweise ergebenden Probleme vgl. § 19 Rz. 259.
92 BGHZ 7, 244, 246 f.; *Haug*, Rz. 311.
93 Zur Anwendung des § 399 BGB bei versicherungsvertraglichen (eingeschränkten) Abtretungsverboten: BGHZ 112, 387.

geschuldete Geldleistung (§ 115 Abs. 1 Satz 3 VVG) unterliegt der Pfändung, so dass das Pfändungsverbot des § 851 Abs. 1 ZPO nach Abs. 2 der Vorschrift nicht eingreift. Aufgrund der Überweisung kann der Geschädigte den Versicherer unmittelbar auf Zahlung in Anspruch nehmen (§ 836 Abs. 1 ZPO).

c) Bekanntgabe der Versicherung durch den Notar

Im Schadensfall kann der Betroffene von dem Notar die **Bekanntgabe** der Versicherung (Versicherer und Versicherungsnummer) verlangen. Die Pflicht zur Bekanntgabe ergibt sich als Nebenpflicht aus der durch das ursprüngliche Ansuchen oder durch die Schädigung erwachsenen öffentlich-rechtlichen Sonderverbindung.   71

d) Auskunftspflicht der Notarkammer

Verweigert der Notar die Bekanntgabe, kann der Betroffene bei der zuständigen Notarkammer um Auskunft über das Versicherungsverhältnis nachsuchen. Ungeachtet ihrer Verschwiegenheitspflicht (§ 69a) ist diese grundsätzlich berechtigt, dem Betroffenen Auskunft zu geben[94]. Denn außer dem Betroffenen hat auch die Notarkammer ein berechtigtes Interesse daran, dass durch Notare verursachte Schäden ordnungsgemäß reguliert werden. Dies ergibt sich aus § 67 Abs. 1 Satz 1, wonach es den Notarkammern obliegt, für eine gewissenhafte und lautere Berufsausübung der Notare und Notarassessoren zu sorgen. Der betroffene Notar ist vor der Bekanntgabe in der Regel zu hören, zumindest aber nachträglich von der Bekanntgabe zu unterrichten. Nur wenn er ein überwiegendes schutzwürdiges Interesse an der Nichterteilung der Auskunft geltend machen kann, ist diese zu verweigern[95].   72

2. Leistungsfreiheit, Risikobeschränkungen

Ist der Versicherer gegenüber dem Versicherungsnehmer (Notar) ganz oder teilweise **leistungsfrei**, so blieb nach § 158c Abs. 1 Satz 1 VVG a. F. gleichwohl seine Verpflichtung in Ansehung des Dritten bestehen. § 115 Abs. 1 Satz 2 VVG n. F. enthält eine gleichartige Regelung, jedoch beschränkt auf die Fälle, in denen ein Direktanspruch besteht. Soweit ein Direktanspruch nicht besteht – was die ganz überwiegende Anzahl notarieller Haftpflichtfälle ausmacht –, fehlt eine dem § 158c Abs. 1 VVG a. F. entsprechende Vorschrift[96]. Das neue VVG wird insoweit nachzubessern sein.   73

Soweit der Versicherer trotz Leistungsfreiheit gegenüber dem Versicherungsnehmer leistungspflichtig bleibt, wird der Versicherungsschutz zugunsten des Geschädigten **fingiert**[97].

Dagegen setzen sich **objektive Risikobeschränkungen** grundsätzlich auch gegenüber dem Geschädigten durch[98]. Dazu gehören der Selbstbehalt des Notars und zulässigerweise vereinbarte Deckungsausschlüsse. Eine Besonderheit gilt nach § 19a Abs. 2 Satz 2 für den Deckungsausschluss wegen wissentlicher Pflichtverletzung. Abweichend von der Pflichtversicherung anderer Berufsträger – etwa der Rechtsanwälte und der Steuerberater – ist der Haftpflichtversicherer in der Notar-Haftpflichtversicherung vorleistungspflichtig, wenn bei Vorliegen einer Amtspflichtverletzung nur streitig ist, ob dem Notar eine wissentliche Pflichtverletzung zur Last fällt[99].

---

94 *Bundesnotarkammer*, Rdschr. Nr. 24/2001 (Internetabruf unter www.bnotk.de).
95 Vgl. auch § 51 Abs. 6 Satz 2 BRAO i.d.F. des Gesetzes zur Stärkung der Selbstverwaltung der Rechtsanwaltschaft v. 26.03.2007 (BGBl I S. 358) hinsichtlich der Auskunftsbefugnis der Rechtsanwaltskammern.
96 Vgl. *Baumann*, NJW-Editorial Heft 46/2007.
97 Näher dazu: *Haug*, Rz. 312 f. Zur gleichartigen Rechtslage in der Haftpflichtversicherung der Rechtsanwälte: *Rinsche/Fahrendorf/Terbille/Terbille*, Die Haftung des Rechtsanwalts, Rz. 2135.
98 *Haug*, Rz. 312 m. w. N.; *Terbille* (wie Fn. 97).
99 Näher dazu: oben Rz. 55.

SANDKÜHLER

3. Fehlen und Beendigung des Versicherungsverhältnisses

74 Ein Umstand, der das **Nichtbestehen** oder die **Beendigung** des Versicherungsverhältnisses zur Folge hat, wirkt nach § 117 Abs. 2 VVG hinsichtlich des Geschädigten erst mit dem Ablauf eines Monats, nachdem der Versicherer diesen Umstand der dafür zuständigen Landesjustizverwaltung (§ 19a Abs. 3 BNotO) angezeigt hat[100]. Bis zum Ablauf der Frist werden die Haftpflichtansprüche des Geschädigten nicht vom Fehlen des Versicherungsschutzes berührt.

100 Zur Anzeigepflicht der Versicherer siehe oben Rz. 65.

3. Abschnitt   Die Amtstätigkeit

§ 20

(1) ¹Die Notare sind zuständig, Beurkundungen jeder Art vorzunehmen sowie Unterschriften, Handzeichen und Abschriften zu beglaubigen. ²Zu ihren Aufgaben gehören insbesondere auch die Beurkundung von Versammlungsbeschlüssen, die Vornahme von Verlosungen und Auslosungen, die Aufnahme von Vermögensverzeichnissen, die Anlegung und Abnahme von Siegeln, die Aufnahme von Protesten, die Zustellung von Erklärungen sowie die Beurkundung amtlich von ihnen wahrgenommener Tatsachen.

(2) Die Notare sind auch zuständig, Auflassungen entgegenzunehmen sowie Teilhypotheken- und Teilgrundschuldbriefe auszustellen.

(3) ¹Die Notare sind ferner zuständig, freiwillige Versteigerungen durchzuführen. ²Eine Versteigerung beweglicher Sachen sollen sie nur vornehmen, wenn diese durch die Versteigerung unbeweglicher Sachen oder durch eine von dem Notar beurkundete oder vermittelte Vermögensauseinandersetzung veranlasst ist.

(4) Die Notare sind auch zur Vermittlung nach den Bestimmungen des Sachenrechtsbereinigungsgesetzes zuständig.

(5) Inwieweit die Notare zur Vermittlung von Nachlass- und Gesamtgutsauseinandersetzungen – einschließlich der Erteilung von Zeugnissen nach §§ 36 und 37 der Grundbuchordnung –, zur Aufnahme von Nachlassverzeichnissen und Nachlassinventaren sowie zur Anlegung und Abnahme von Siegeln im Rahmen eines Nachlasssicherungsverfahrens zuständig sind, bestimmt sich nach den landesrechtlichen Vorschriften.

Richtlinienempfehlungen der Bundesnotarkammer

IV. Pflicht zur persönlichen Amtsausübung

1. [...]
2. Der Notar darf die zur Erzeugung seiner elektronischen Signatur erforderliche Signatureinheit von Zugangskarte und Zugangscode (sichere Signaturerstellungseinheit) nicht Mitarbeitern oder Dritten zur Verwendung überlassen. Er hat die Signatureinheit vor Missbrauch zu schützen.

Übersicht

A. Entstehungsgeschichte der Vorschrift

1 Die Absätze 1 bis 3 und 5 der Vorschrift sind im Wesentlichen unverändert seit Einführung der BNotO in Kraft. Eine Änderung hat lediglich Abs. 1 Satz 2 erfahren. Danach umfasste die Zuständigkeit der Notare ursprünglich auch die *Ausstellung sonstiger Bescheinigungen über amtlich von ihnen wahrgenommene Tatsachen.* Die Berufsrechtsnovelle 1998[1] hat diese Fassung durch die Worte *Beurkundung amtlich von ihnen wahrgenommener Tatsachen* ersetzt. Der jetzige Abs. 4 ist durch das Sachenrechtsänderungsgesetz[2] eingefügt worden, wodurch der bisherige Absatz 4 zu Absatz 5 geworden ist.

1 Art. 1 Nr. 17 des Dritten Gesetzes zur Änderung der Bundesnotarordnung und anderer Gesetze v. 31.08.1998 (BGBl. I S. 2585).
2 Art. 2 § 7 des Gesetzes zur Änderung sachenrechtlicher Bestimmungen (Sachenrechtsänderungsgesetz – SachenRÄndG) v. 21.09.1994 (BGBl. I S. 2457).

B. Erläuterungen

I. Bedeutung der Vorschrift

1. Zuständigkeitsregelung

§ 1 weist den Notaren u. a. die Aufgabe zu, Rechtsvorgänge auf dem Gebiet der vorsorgen- 2
den Rechtspflege zu beurkunden. Diese allgemeine Aufgabenzuweisung wird durch § 20 näher konkretisiert. Die Vorschrift behandelt die **sachliche Zuständigkeit** der Notare auf dem Gebiet des Beurkundungswesens. Sie korrespondiert mit § 15, wonach den Notaren die Urkundsgewährungspflicht obliegt[3].

§ 20 enthält eine berufsrechtliche Regelung. Dagegen richtet sich das **Beurkundungsver-** 3
fahren nach der im Einzelfall einschlägigen Verfahrensordnung. Die wichtigste von ihnen enthält das Beurkundungsgesetz, das die Aufnahme von Zeugnisurkunden regelt. Daneben sind je nach dem Gegenstand der Amtshandlung weitere Verfahrensordnungen zu beachten[4]. So richten sich die Erteilung vollstreckbarer Ausfertigungen notarieller Urkunden (§ 52 BeurkG) nach der ZPO (§ 797 Abs. 2), die Aufnahme von Wechsel- und Scheckprotesten nach dem WG (Art. 79 ff.) bzw. dem ScheckG (Art. 55 Abs. 3), die Ausstellung von Teilhypotheken- und Teilgrundschuldbriefen nach der GBO (§§ 61, 70).

2. Umfang der notariellen Zuständigkeit

Nachdem § 56 BeurkG die bis dahin bestehenden **Doppelzuständigkeiten** – der Gerichte 4
und der Notare nebeneinander – weitgehend beseitigt hat, haben die Notare auf dem Gebiet des Beurkundungswesens die nahezu ausschließliche Zuständigkeit[5]. Gleichwohl wäre es unrichtig, von einem *Beurkundungsmonopol* der Notare zu sprechen; denn nach §§ 61–63 BeurkG besteht eine Reihe anderweitiger Beurkundungszuständigkeiten fort. Eine bundesrechtliche Regelung enthält § 6 Abs. 2 Satz 1 BtBG[6], wonach die Urkundsperson der Betreuungsbehörde zur Beglaubigung von Unterschriften und Handzeichen unter **Vorsorgevollmachten** und **Betreuungsverfügungen** zuständig ist[7]. Ferner ermächtigt § 63 BeurkG die Länder, die Zuständigkeit für die öffentliche Beglaubigung von Abschriften oder Unterschriften anderen Personen oder Stellen zu übertragen.

3. Verletzungen der Zuständigkeitsordnung

Verstöße des Notars gegen die Zuständigkeitsordnung stellen **Amtspflichtverletzungen** dar 5
und können Schadensersatzansprüche nach § 19 auslösen[8].

---

3 Näher dazu: § 15 Rz. 5 ff.
4 Einzelheiten: *Bohrer*, Das Berufsrecht der Notare, Rz. 38 f.
5 *Winkler*, BeurkG, Einl. Rz. 9.
6 Gesetz über die Wahrnehmung behördlicher Aufgaben bei der Betreuung Volljähriger (Betreuungsbehördengesetz – BtBG) v. 12.09.1990 (BGBl. I S. 2002, 2005) i. d. F. des Zweiten Betreuungsrechtsänderungsgesetzes v. 21.04.2005 (BGBl. I S. 1073).
7 Zur Frage der Eignung solcher Vollmachten für den Grundbuch- und Registerverkehr vgl. *Renner*, Rpfleger 2007, 367.
8 Siehe § 19 Rz. 46.

II. Beurkundungszuständigkeit (Abs. 1 Satz 1)

1. Begriff der notariellen Beurkundung

6 Nach Abs. 1 Satz 1 sind die Notare für **Beurkundungen jeder Art** zuständig. Der Begriff der Beurkundung ist gesetzlich nicht definiert; er wird im notariellen Amtsrecht (§§ 1, 20 BNotO) ebenso wie im Beurkundungsverfahrensrecht (§§ 1 ff. BeurkG) und im materiellen Recht (z. B. § 128 BGB) vorausgesetzt. Da es sich um unterschiedliche Regelungskreise handelt, ist eine einheitliche Begriffsbestimmung weder möglich noch notwendig.

a) Zeugnisurkunden

7 »*Beurkundung*« im Sinne des § 20 Abs. 1 Satz 1 ist die Herstellung einer amtlichen **Zeugnisurkunde**, d. h. eines Schriftstücks, in dem der Notar in amtlicher Eigenschaft bezeugt, dass er bestimmte Vorgänge in der Außenwelt selbst wahrgenommen hat[9]. Gegenstand dieser Wahrnehmung können Willenserklärungen unter Lebenden oder von Todes wegen und sonstige Erklärungen, aber auch rein tatsächliche Vorgänge sein[10]. Bezeugenden Charakter in diesem Sinne hat auch die Feststellung des Notars über die Person der Beteiligten (§ 10 BeurkG), da sie auf seiner Wahrnehmung beruht[11].

8 Dagegen sind **Schlussfolgerungen** tatsächlicher oder rechtlicher Art und Wertungen der wahrgenommenen Tatsachen keine Zeugnisurkunden im Sinne des § 20 Abs. 1 Satz 1 BNotO[12]. Nimmt der Notar beispielsweise Feststellungen über die Geschäftsfähigkeit von Beteiligten (§§ 11, 28 BeurkG) in die Urkunde auf, so bezeugt er damit nicht eine Wahrnehmung, sondern gibt eine wertende Stellungnahme ab, die nicht an der Beweiskraft der Urkunde[13] teilnimmt[14]. Auch Rechtsbescheinigungen nach § 21 und gutachtliche Notarbestätigungen nach § 24 (z. B. Fälligkeitsbestätigungen) sind nicht Zeugnis, sondern sachverständige Beurteilung; sie können nicht wahr, sondern nur richtig sein[15].

b) Beglaubigungen

9 Die **Beglaubigung** von Unterschriften, Handzeichen und Abschriften hat der Gesetzgeber der BNotO nicht zu den Beurkundungen gezählt; denn sonst hätte er die Zuständigkeit hierfür in § 20 Abs. 1 Satz 1 nicht gesondert bestimmt[16]. Die Unterscheidung ist allerdings unsystematisch[17]; denn nach dem Beurkundungsgesetz gehört außer den Niederschriften über Willenserklärungen (§ 8 BeurkG), über andere Erklärungen, Tatsachen oder Vorgänge (§ 36 BeurkG) sowie über die Abnahme von Eiden und die Aufnahme eidesstattlicher Versicherungen (§ 38 Abs. 1 BeurkG) auch die Herstellung »*einfacher Zeugnisse*« in Vermerkform, z. B. über die Beglaubigung von Unterschriften, Abschriften, über Eintragungen in öffentlichen Registern usw. (§§ 39, 39a BeurkG) zu den »Sonstigen Beurkundungen« im Sinne des Beurkundungsgesetzes[18].

---

9 *Reithmann*, Allgemeines Urkundenrecht, S. 96; *ders.*, DNotZ 1974, 8; *ders.*, DNotZ 1995, 360, 361; *Winkler*, § 1 Rz. 2; *Lerch*, BeurkG, § 1 Rz. 3.
10 *Winkler*, § 1 Rz. 2.
11 *Winkler*, § 1 Rz. 13.
12 *Winkler*, § 1 Rz. 7.
13 Näher dazu unten Rz. 21 ff.
14 *Schippel/Bracker/Reithmann*, Vor §§ 20–24 Rz. 17.
15 *Reithmann*, DNotZ 1974, 6, 9; *Bohrer*, Rz. 40; siehe § 24 Rz. 30 ff.
16 A. A.: *Bohrer*, Rz. 43 (wohl allgemein); *Schippel/Bracker/Reithmann*, § 20 Rz. 10 (bzgl. **Unterschrifts**beglaubigungen).
17 Ebenso: *Eylmann/Vaasen/Limmer*, § 20 BNotO Rz. 6.
18 Vgl. die (amtliche) Überschrift vor §§ 36 ff. BeurkG.

c) Eigenurkunden

Von den bezeugenden Urkunden im Sinne des § 20 Abs. 1 Satz 1 sind auch die sog. **Eigen-** **10**
urkunden zu unterscheiden, in denen der Notar seine eigenen Anordnungen, Verfügungen, Feststellungen oder Willenserklärungen verlautbart[19]. Hierzu gehören auch die **gemischten Beurkundungen**, bei denen der Notar ein Amtsgeschäft vornimmt und darüber in einer Ur-kunde berichtet[20] (z.B. Verlosungen und Auslosungen, Aufnahme von Vermögensverzeich-nissen, Anlegung und Abnahme von Siegeln sowie freiwillige Versteigerungen). Die Zustän-digkeit dafür ist in §§ 20–22 gesondert geregelt.
Gegenstand von Eigenurkunden können sowohl Verfahrenshandlungen als auch mate-riellrechtliche Erklärungen des Notars sein[21]. Für materiellrechtliche Erklärungen genügt ei-ne Eigenurkunde aber nur dann, wenn sie nicht beurkundungsbedürftig sind. Schreibt das materielle Recht die Form der Beurkundung vor, reicht eine Eigenurkunde nicht aus, da sie zwar öffentlichen Glauben genießt, aber keine Zeugnisurkunde im beurkundungsrechtlichen Sinn ist[22].

d) Elektronischer Rechtsverkehr

Erhebliche praktische sowie berufs- und verfahrensrechtliche Bedeutung hat der **elektro-** **11**
nische Rechtsverkehr[23] erlangt.

aa) Einfache elektronische Zeugnisse

§ 39a BeurkG[24] ermöglicht die Erstellung »**einfacher elektronischer Zeugnisse**«[25]. Danach **12**
können Beglaubigungen und sonstige Zeugnisse im Sinne des § 39 BeurkG elektronisch ge-neriert werden. Das zugehörige Dokument kann entweder von vornherein mit Hilfe eines elektronischen Textverarbeitungsprogramms oder aber zunächst in Papierform hergestellt werden. Im letzteren Fall wird es durch Scannen in eine elektronische Datei umgewandelt[26]. Der Notar versieht das Dokument mit einem elektronischen Beglaubigungsvermerk und fügt diesem seine elektronische Signatur mit einem Attribut hinzu, das ihn als Notar aus-weist.

bb) Abschriften elektronischer Dokumente

§ 42 Abs. 4 BeurkG[27] regelt umgekehrt die Erstellung **beglaubigter Papierabschriften** von **13**
elektronischen Dokumenten, die mit einer qualifizierten elektronischen Signatur versehen sind. Dazu wird das elektronische Dokument ausgedruckt und die Übereinstimmung des Ausdrucks mit dem elektronischen Dokument nach Überprüfung der Signatur vom Notar bestätigt.

---

19 *Winkler*, § 1 Rz. 3.
20 *Schippel/Bracker/Schäfer*, § 16 Rz. 10.
21 *Reithmann*, DNotZ 1983, 438, 439.
22 *Winkler*, § 1 Rz. 6.
23 Näher dazu: *Schippel/Bracker/Püls*, Anh. zu § 24 Rz. 2 ff.; *Bettendorf/Malzer*, EDV und Internet in der notariellen Praxis, S. 185; *Erber-Faller/Bettendorf*, Elektronischer Rechtsverkehr, S. 1; *Malzer*, DNotZ 1998, 96; *ders.* DNotZ 2006, 9; *Fritzsche/Malzer*, DNotZ 1995, 3; *Erber-Faller*, MittBayNot 1995, 182; *Kindl*, MittBayNot 1999, 29; Internetportal der *Bundesnotarkammer* → Service/Elektro-nischer Rechtsverkehr (www.bnotk.de).
24 I. d. F. des Gesetzes über die Verwendung elektronischer Kommunikationsformen in der Justiz (Jus-tizkommunikationsgesetz – JKomG) v. 22.03.2005 (BGBl I S. 837).
25 Siehe dazu auch § 15 Rz. 3, 132.
26 Zu Einzelheiten des technischen Vorgangs vgl. *Malzer*, DNotZ 2006, 9, 13.
27 I. d. F. des JkomG (Fn. 23).

cc) Signaturverfahren

14 Das **Signaturverfahren** ist im Signaturgesetz[28] geregelt. Danach weist eine Zertifizierungs-stelle dem Notar einen Signaturschlüssel zu; dieser wird auf einer »sicheren Signaturerstel-lungseinheit« (§ 2 Nr. 10 SigG), nämlich der Signaturkarte, gespeichert. Der Schlüssel in Ver-bindung mit der die Verschlüsselung ermöglichenden persönlichen Geheimzahl (PIN) repräsentiert die Unterschrift des Notars. Zugleich enthält die Signaturkarte des Notars ein die Notareigenschaft bestätigendes Attribut (virtuelles Siegel).

Die **Weitergabe** von Chipkarte und PIN zur Verwendung durch einen Dritten oder der verschuldete **Verlust** der Karte stellen einen schwerwiegenden Verstoß gegen die notariellen Dienstpflichten dar[29]. Die Richtlinienempfehlungen der Bundesnotarkammer heben deshalb ausdrücklich hervor, dass der Notar die Signaturkarte vor Missbrauch zu schützen hat (Abschn. IV Nr. 2).

dd) Elektronische Registerführung

15 Seit Beginn des Jahres 2007 ist das **Handelsregisterverfahren** durch das EHUG[30] für den elektronischen Rechtsverkehr geöffnet worden. Handelsregister, Genossenschaftsregister, Partnerschaftsregister und das neu eingeführte Unternehmensregister werden nunmehr elek-tronisch geführt (§ 8 Abs. 1 HGB, § 156 Abs. 1 GenG, § 5 Abs. 2 PartGG). Anmeldungen zur Eintragung in das Handelsregister sowie zugehörige Dokumente sind elektronisch ein-zureichen (§ 12 HGB). Der Notar muss die dafür erforderlichen technischen Einrichtungen vorhalten (§ 15 Abs. 3 Satz 2)[31].

2. Rechtsstellung des Notars

a) Amtstätigkeit

16 Bei der Wahrnehmung seiner Beurkundungszuständigkeit handelt der Notar stets in **amt-licher Eigenschaft** als Organ der vorsorgenden Rechtspflege; er übt dabei staatliche Funk-tionen aus. Grundlage seiner Amtshandlung ist daher nicht ein privatrechtlicher Auftrag, sondern ein als *Ansuchen* oder *Ersuchen* bezeichneter **Antrag.** Dieser begründet ein öffent-lich-rechtliches Verfahrensrechtsverhältnis zwischen dem Notar und den Beteiligten[32].

b) Erfüllungsgehilfenschaft

17 Die Stellung des Notars als zu Unabhängigkeit und Unparteilichkeit verpflichteten Rechts-pflegeorgans (§ 14 Abs. 1 Satz 2) verbietet es, ihn im Rahmen der Beurkundungstätigkeit als **Erfüllungsgehilfen** eines Beteiligten im Sinne des § 278 BGB anzusehen[33].

3. Räumliche Erstreckung der Zuständigkeit

18 Die Befugnis und Fähigkeit des Notars, Urkunden mit öffentlichem Glauben aufzunehmen, erstreckt sich auf das gesamte Geltungsgebiet der BNotO. Gültigkeit und Beweiskraft einer

---

28 Gesetz über Rahmenbedingungen für elektronische Signaturen (Signaturgesetz – SigG) i. d. F. v. 16.05.2001 (BGBl. I S. 876).
29 Siehe § 97 Rz. 11.
30 Gesetz über elektronische Handelsregister und Genossenschaftsregister sowie das Unternehmens-register (EHUG) v. 10.11.2006 (BGBl. I S. 2553).
31 Siehe § 15 Rz. 131.
32 *Bohrer,* Rz. 26.
33 BGH NJW 1993, 648; anders bei einseitig betreuender Tätigkeit; siehe dazu BGHZ 62, 119, 121; BGH NJW 1984, 1748.

notariellen Urkunde hängen daher nicht von der Einhaltung des **Amtsbezirks** ab (§ 11 Abs. 3)[34].

4. Rechtswirkungen der notarielle Beurkundung

a) Formzweck

Die notarielle Beurkundung (§ 128 BGB) ist – neben dem Vergleich zu gerichtlichem Protokoll (§ 127a BGB) – die stärkste der gesetzlich vorgesehenen Formen. Sie ersetzt die gesetzliche und die gewillkürte Schriftform (§§ 126 Abs. 3, 127 Satz 1 BGB) sowie die öffentliche Beglaubigung (§ 129 Abs. 2 BGB). Welchem **Zweck** der Formzwang im Einzelfall dient, ist jeweils aus der die Form anordnenden Vorschrift zu entnehmen. Zweck der notariellen Beurkundung kann einerseits sein, die Beteiligten vor Übereilung, Übervorteilung und Irrtümern zu schützen (Warnfunktion, Schutzfunktion), andererseits aber auch, die Gültigkeit des abgeschlossenen Rechtsgeschäfts und die Beweislage zu sichern (Beweisfunktion, Funktion der Gültigkeitsgewähr)[35]. Im allgemeinen soll das Erfordernis der Beurkundung nicht nur das private Interesse des Einzelnen an der Verwirklichung und Sicherung seiner Rechte, sondern auch das öffentliche Interesse an klaren Rechtsverhältnissen schützen[36].

19

b) Tatbestandswirkung der Beurkundung

Soweit Rechtsgeschäfte nach materiellem oder Verfahrensrecht zu ihrer Wirksamkeit der notariellen Beurkundung bedürfen (z. B. § 311b Abs. 1 Satz 1 BGB, § 794 Abs. 1 Nr. 5 ZPO), wird dieses Erfordernis durch eine im Rahmen der Zuständigkeit nach den Vorschriften der jeweiligen Verfahrensordnung vorgenommene Beurkundung erfüllt. Die Beurkundung hat insoweit **Tatbestandswirkung**[37].

20

c) Formelle Beweiskraft

Besondere Bedeutung hat die in §§ 415, 418 ZPO geregelte **formelle Beweiskraft** notarieller Zeugnisurkunden. Die Urkunde tritt in diesen Fällen an die Stelle der zeugenschaftlichen Vernehmung der Urkundsperson und ersetzt diese; das Gericht hat den schriftlichen Bericht der Urkundsperson als wahr zu akzeptieren und darf von ihr keine (mündliche oder schriftliche) Zeugenaussage über ihre Wahrnehmung verlangen[38].

21

aa) Voraussetzungen

Voraussetzung dafür ist, dass die Urkunde
- die Abgabe einer Erklärung (§ 415 ZPO) oder die Wahrnehmung einer sonstigen Tatsache bezeugt und
- durch eine mit öffentlichem Glauben versehene Person[39].
- innerhalb der Grenzen ihrer Zuständigkeit
- in der vorgeschriebenen Form

aufgenommen worden ist. Formgerecht errichtete notarielle Zeugnisurkunden sind stets öffentliche Urkunden in diesem Sinne.

22

---

34 BGH NJW 1998, 3790.
35 Näher dazu: *Kanzleiter*, DNotZ 1994, 275; *Köbl*, DNotZ 1983, 207.
36 *Kanzleiter*, DNotZ 1994, 275, 276.
37 *Bohrer*, Rz. 48.
38 *Reithmann*, DNotZ 1974, 6, 8.
39 Zur Frage der Beweiskraft von ausländischen Urkundspersonen errichteter Urkunden siehe unten Rz. 29.

bb) Umfang der Beweiskraft

23 Öffentliche Urkunden erbringen unter Ausschluss der richterlichen Beweiswürdigung den – widerlegbaren – vollen Beweis für die **Richtigkeit der Beurkundung**, d. h. dafür, dass die Erklärung nach Inhalt und Begleitumständen wie beurkundet *abgegeben* worden ist, nicht jedoch dafür, dass sie *sachlich richtig* ist[40]. Wie weit der öffentliche Glaube der Urkunde reicht, ergibt sich in erster Linie aus den für die Errichtung und den Zweck der Beurkundung maßgeblichen gesetzlichen Vorschriften, darüber hinaus aber auch aus den Anschauungen des Rechtsverkehrs[41].

24 (1) **Bewiesen** ist mithin in den Fällen des § 415 ZPO, dass die in der Urkunde bezeichnete Person vor dem als Urkundsperson bezeichneten Notar eine Erklärung des in der Urkunde wiedergegebenen Inhalts abgegeben hat, in den Fällen des § 418 ZPO, dass der Notar die bezeugte Tatsache in der angegebenen Weise wahrgenommen hat[42]. Dagegen soll sich der öffentliche Glaube der Urkunde nach Ansicht des Bundesgerichtshofs nicht auf die Angaben über Ort und Tag der Beurkundung[43] oder über die Sprachkundigkeit Beteiligter[44] erstrecken. Diese Einschränkung des Beweiswerts überzeugt hinsichtlich Ort und Tag der Beurkundung nicht, da § 415 ZPO die Beweiswirkungen einer Urkunde nicht nur auf die abgegebenen Erklärungen, sondern auf den beurkundeten Vorgang insgesamt erstreckt[45]. Hinsichtlich der Sprachkundigkeit ist ihr zuzustimmen, da der Notar insoweit lediglich eine eigene Beurteilung dokumentiert, für die es kaum objektive Maßstäbe gibt.

25 (2) Ist ein **Vertrag** beurkundet worden, so erstreckt sich die Beweisvermutung des § 415 auf die vollständige und richtige Wiedergabe aller getroffenen Vereinbarungen, aus denen sich nach dem Willen der Vertragspartner das Rechtsgeschäft zusammensetzt. Damit ist zugleich bewiesen, dass die Vertragspartner keine anderen als die beurkundeten Vereinbarungen getroffen haben[46].

26 (3) Schweigt die Urkunde darüber, ob die Beteiligten einander nicht zum Vertragsinhalt gehörende **Hinweise und Informationen** gegeben haben, so beweist das hingegen nicht, dass solche Hinweise und Informationen *nicht* erfolgt sind; denn Hinweise und Informationen nehmen mangels Beurkundungsbedürftigkeit nicht an der Beweiskraft der notariellen Urkunde teil[47].

27 (4) Die Beweiskraft der notariellen Urkunde erstreckt sich ferner nicht auf eigene **Handlungen des Notars**, etwa auf die Erteilung einer vorgeschriebenen oder notwendigen Belehrung, da diese Handlungen weder zum Erklärungs- noch zum Feststellungsinhalt der Urkunde gehören[48]. Daher beweist das Vorhandensein eines Belehrungsvermerks nicht, dass der Notar die Belehrung erteilt hat, wie umgekehrt das Fehlen eines Belehrungsvermerks nicht beweist, dass die Belehrung nicht erteilt worden ist. Allerdings kann das Fehlen eines **vorgeschriebenen Vermerks** die Beweislast zu Ungunsten des Notars umkehren[49].

cc) Fehlen der Beweiskraft

28 Die formelle Beweiskraft entfällt, wenn in den Fällen des § 415 ZPO der Beweis der **Falschbeurkundung** und in den Fällen des § 418 ZPO – soweit nach dessen Abs. 2 zulässig – der Beweis der **Unrichtigkeit** der bezeugten Tatsache erbracht ist.

Sie scheidet ferner aus, wenn die Urkunde wesentliche äußere **Mängel** aufweist (§ 419 ZPO). Nach § 44a Abs. 1 BeurkG sollen Zusätze und sonstige, nicht nur geringfügige Ände-

40 *Zöller/Geimer*, ZPO, § 415 Rz. 5 m. w. N.
41 BGH NJW 1998, 3790, 3791.
42 *Zöller/Geimer*, § 415 Rz. 5 und § 418 Rz. 3.
43 BGH NJW 1998, 3791 (zu § 348 StGB).
44 BGH MittBayNot 2002, 54.
45 *Zöller/Geimer*, § 415 Rz. 5. Eingehend dazu: *Ressler*, NotBZ 1999, 13.
46 BGH DNotZ 1986, 78, 79 m. Anm. *Reithmann*.
47 BGH DNotZ 1986, 79.
48 *Reithmann/Albrecht*, Handbuch der notariellen Vertragsgestaltung, Rz. 122.
49 Siehe § 19 Rz. 31.

rungen am Schluss vor den Unterschriften oder am Rande vermerkt und im letzteren Fall von dem Notar besonders unterzeichnet werden. Ein Verstoß gegen diese Vorschrift beeinträchtigt insoweit – nicht jedoch hinsichtlich des übrigen Urkundeninhalts – die volle Beweiskraft[50].

In diesen Fällen entscheidet das Gericht unter Ausschluss der gesetzlichen Beweisregeln der §§ 415, 418 ZPO nach freier Überzeugung über die Beweiskraft der Urkunde[51].

dd) Ausländische Urkunden

Von **ausländischen Urkundspersonen** errichtete Urkunden nehmen nicht an dem gesetzlich geregelten öffentlichen Glauben teil. Das schließt nicht aus, ihnen im Rechtsverkehr eine gewisse Beweiskraft beizumessen, sofern die Urkundsperson vertrauenswürdig erscheint[52].   **29**

d) Echtheitsvermutung

Notarielle Urkunden haben ferner die **Echtheitsvermutung** für sich (§ 437 ZPO). Sofern sich die Urkunde nach Form und Inhalt als von einem Notar errichtet darstellt, wird vermutet, dass der vom Beweisführer als Urheber der Urkunde Bezeichnete deren Aussteller ist[53]. Bei Zweifeln an der Echtheit kann das Gericht eine dienstliche Erklärung des Notars über die Echtheit herbeiführen (§ 437 Abs. 2 ZPO); eine zeugenschaftliche Vernehmung des Notars ist nicht geboten.   **30**

III. Beglaubigungen (Abs. 1 Satz 1)

Die Vorschrift ermächtigt die Notare, Unterschriften, Handzeichen und Abschriften zu beglaubigen. Sie fasst in unsystematischer Weise Amtsgeschäfte unterschiedlicher Art zusammen.   **31**

1. Unterschrifts- und Handzeichenbeglaubigung

a) Bedeutung der Unterschriftsbeglaubigung

Mit der **Beglaubigung einer Unterschrift** wird bezeugt, dass die Unterschrift von einer bestimmten Person herrührt und dass der Unterzeichner persönlich seine Unterschrift vor dem Notar vollzogen oder anerkannt hat. Beurkundungsrechtlich handelt es sich um eine Tatsachenbezeugung im Sinne der §§ 36 ff. BeurkG[54]. Der Aufnahme einer Niederschrift bedarf es nicht; es genügt die Vermerkform (§ 39 BeurkG).   **32**

b) Prüfungspflichten des Notars

Der Unterschied zur Beurkundung liegt darin, dass sich letztere auch auf den Inhalt der Niederschrift bezieht, während bei der Unterschriftsbeglaubigung nur die Echtheit der Unterschrift bezeugt wird. Die unterzeichnete Erklärung selbst bleibt Privaturkunde. Dem Notar obliegt daher bei der bloßen Unterschriftsbeglaubigung nur eine **eingeschränkte Prüfungspflicht**.   **33**

---

50 BGH DNotZ 1995, 28 m. Anm. *Wochner*.
51 BGH WM 1994, 1342; *Zöller/Geimer*, § 419 Rz. 2; *Reithmann*, DNotZ 1999, 27, 28.
52 *Reithmann*, DNotZ 1995, 360. 369.
53 *Zöller/Geimer*, § 437 Rz. 1.
54 Vgl. *Reithmann*, DNotZ 1995, 360, 364.

aa) § 40 Abs. 2 BeurkG

34 Die Beglaubigung kann grundsätzlich ohne Rücksicht auf Form und Inhalt des Textes vorgenommen werden. Der Notar hat die Urkunde nur darauf zu prüfen, ob Gründe bestehen, seine **Amtstätigkeit zu versagen** (§ 40 Abs. 2 BeurkG). Dies ist beispielsweise der Fall, wenn mit der zu beglaubigenden Erklärung erkennbar unerlaubte oder unredliche Zwecke verfolgt werden, ferner, wenn die Erklärung materiellrechtlich offenbar unwirksam ist[55]. Versagungsgründe können sich ferner aus den **Mitwirkungsverboten** des § 3 BeurkG ergeben. Wegen der Einzelheiten wird auf die Ausführungen zu § 16 verwiesen.

bb) Fremdsprachliche Urkunden

35 Besonderheiten gelten für die Beglaubigung von Unterschriften unter **fremdsprachlichen Urkunden**. Wenn der Notar der fremden Sprache nicht mächtig ist, vielleicht nicht einmal die verwendeten Schriftzeichen lesen kann, ist er nicht in der Lage, die ihm nach § 14 BNotO, §§ 4, 40 Abs. 2 BeurkG obliegenden Prüfungen vorzunehmen. Die daraus teilweise gezogene Schlussfolgerung, bei völliger Sprachunkundigkeit müsse er die Beglaubigung grundsätzlich ablehnen[56], ist mit der Urkundsgewährungspflicht des Notars (§ 15 Abs. 1 Satz 1) nicht zu vereinbaren. Aus § 30 Satz 4 BeurkG lässt sich die gesetzgeberische Wertung entnehmen, dass der Notar von einer ihm nicht verständlichen Schrift keine Kenntnis zu nehmen braucht. Er darf daher die Unterschriftsbeglaubigung vornehmen, wenn sich aus den **Begleitumständen** kein Hinweis darauf ergibt, dass mit der Urkunde unerlaubte oder unredliche Zwecke verfolgt werden. Allerdings sollte er einen klarstellenden Hinweis auf die fehlenden Sprachkenntnisse in den Beglaubigungsvermerk aufnehmen, um für den Rechtsverkehr den falschen Anschein zu vermeiden, er habe die Urkunde geprüft und für unbedenklich gehalten[57].

cc) Entworfene Urkunden

36 Wenn der Notar es übernommen hat, den Text der zu unterschreibenden Erklärung zu **entwerfen**, obliegen ihm die gleichen Prüfungs- und Belehrungspflichten nach § 17 BeurkG wie bei einer Beurkundung[58].

c) Textunterschrift, Blankounterschrift

37 Die Unterschrift wird in der Regel unter einem **zugehörigen Text** geleistet. In diesem Fall bezeugt der Notar durch die Unterschriftsbeglaubigung zugleich, dass sich der Unterzeichner der Unterschrift zu dem darüber stehenden Text bekannt hat[59].

Die Unterschrift kann aber auch ohne vorhandenen Text als **Blankounterschrift** geleistet werden. Blankounterschriften soll (das bedeutet amtsrechtlich: *darf*) der Notar jedoch nur beglaubigen, wenn ihm glaubhaft erklärt wird, dass die Beglaubigung vor der Festlegung des Urkundentextes benötigt wird: in diesem Fall soll in dem Beglaubigungsvermerk angegeben werden, dass ein durch die Unterschrift gedeckter Text nicht vorhanden war (§ 40 Abs. 5 BeurkG).

§ 40 Abs. 5 BeurkG wird entsprechend anzuwenden sein, wenn zwar ein Urkundentext vorhanden ist, dieser aber **wesentliche Lücken** enthält (z. B. Fehlen des Namens des Bevollmächtigten in einer Vollmachtsurkunde)[60]. Bei der Frage, inwieweit Lücken als wesentlich anzusehen sind, hat der Notar einen nur beschränkt nachprüfbaren Beurteilungsspielraum.

---

55 LG München MittBayNot 1972, 181.
56 *Huhn/v.Schuckmann*, BeurkG, 3. Aufl., § 40 Rz. 40; differenzierend jetzt: *Huhn/von Schuckmann/Preuß*, 4. Aufl., § 40 Rz. 21 f.
57 Ähnlich: *Bundesnotarkammer*, DNotZ 1982, 273; siehe dazu unten Rz. 45.
58 BGH VersR 1972, 1049; VersR 1984, 946. Siehe auch § 19 Rz. 73.
59 *Schippel/Bracker/Reithmann*, § 20 Rz. 10.
60 *Lerch*, BeurkG, § 40 Rz. 18.

d) Beweiskraft des Beglaubigungsvermerks

Die **Beweiskraft** der öffentlich beglaubigten Urkunde bestimmt sich nach §§ 416, 418, 440   **38**
Abs. 2 ZPO.

aa) Öffentliche Urkunde

Der **Beglaubigungsvermerk** stellt eine öffentliche Urkunde im Sinne des § 418 ZPO dar. Er   **39**
beweist, dass die Unterschrift von der Person stammt, die im Beglaubigungsvermerk als Unterzeichner genannt ist, und unter den angegebenen Umständen vollzogen bzw. anerkannt
worden ist[61].

bb) Unterzeichneter Text

Der unterzeichnete **Text** begründet gemäß § 416 ZPO ohne Rücksicht auf die Überzeugung   **40**
des Gerichts den vollen Beweis, dass der Aussteller die darin enthaltenen Erklärungen abgegeben hat[62]. Für den Text gilt ferner die Vermutung der Echtheit (§ 440 Abs. 2 ZPO), d. h.
dafür, dass der vom Beweisführer als Urheber der Urkunde Bezeichnete der Aussteller ist[63].
Die Beweiskraft erstreckt sich hingegen weder auf den Zugang noch auf die inhaltliche Richtigkeit und Rechtswirksamkeit der Erklärungen, ferner – abweichend von § 415 ZPO – nicht
auf die Begleitumstände[64].

e) Unterschrifts- und Firmenzeichnungen

Die vorstehenden Grundsätze sind auf Beglaubigungen von beim Registergericht einzurei-   **41**
chenden Zeichnungen von **Namensunterschriften** (§§ 12, 29 HGB) anzuwenden.

f) Beglaubigung von Handzeichen

Die für Unterschriftsbeglaubigungen maßgeblichen Vorschriften gelten für die Beglaubigung   **42**
von **Handzeichen** entsprechend (§ 40 Abs. 6 BeurkG).

2. Beglaubigung von Abschriften

a) Bedeutung der Vorschrift

Bei der Beglaubigung von Abschriften bescheinigt der Notar die Übereinstimmung der Ab-   **43**
schrift mit dem ihm vorgelegten Original, das seinerseits eine Urschrift, eine Ausfertigung,
eine beglaubigte oder einfache Abschrift sein kann (§ 42 Abs. 1 BeurkG). Es handelt sich
nicht um eine Zeugnisurkunde über eigene Wahrnehmungen des Notars, sondern um eine
berichtende Urkunde in Gestalt einer **Bescheinigung**[65].

b) Begriff der Abschrift

Als **Abschriften** sind auch Abdrucke, Fotokopien oder auf andere Weise hergestellte Repro-   **44**
duktionen des Originals anzusehen (§ 39 BeurkG).

---

61 Näher zur Beweiskraft nach §§ 415, 418 ZPO: oben Rz. 21.
62 *Reithmann*, DNotZ 1995, 360, 364.
63 Zur Echtheitsvermutung siehe auch oben Rz. 30.
64 *Zöller/Geimer*, § 416 Rz. 9.
65 *Schippel/Bracker/Reithmann*, § 20 Rz. 21; *Reithmann*, DNotZ 1974, 6, 16; *ders.*, DNotZ 1995, 360,
    368.

c) Fremdsprachliche Urkunden

45 Besonderheiten gelten für die Beglaubigung von Abschriften **fremdsprachlicher Urkunden**. Wie bei der Unterschriftsbeglaubigung unter fremdsprachlichen Urkunden[66] wird man den Notar für befugt halten müssen, die Übereinstimmung der Abschrift mit dem Original zu beglaubigen, wenn sich aus den Begleitumständen kein Hinweis darauf ergibt, dass mit der Urkunde unerlaubte oder unredliche Zwecke verfolgt werden[67]; zur Vermeidung eines falschen Anscheins sollte aber in dem Beglaubigungsvermerk auf das Fehlen hinreichender Sprachkenntnisse hingewiesen werden[68]. Zweckmäßigerweise sollte der Notar die Abschrift selbst im Kopierwege herstellen[69].

IV. Sonstige Zuständigkeiten nach Abs. 1

1. Versammlungsbeschlüsse

a) Form und Inhalt der Niederschrift

46 Die Beurkundung von **Versammlungsbeschlüssen** ist ein Unterfall der in Satz 1 genannten *Beurkundungen jeder Art*. In Betracht kommen insbesondere Gesellschafterversammlungen von Handelsgesellschaften, aber auch Vereinsversammlungen, Wahlversammlungen usw. Bei der Beurkundung von Versammlungsbeschlüssen handelt es sich um die Beurkundung sonstiger Tatsachen im Sinne des § 36 BeurkG. Das **Beurkundungsverfahren** richtet sich nach § 37 BeurkG. Die Vorschriften der §§ 9–16 BeurkG sind daher – ausgenommen § 13 Abs. 3 BeurkG, auf den § 37 Abs. 3 wegen der Unterschrift des Notars verweist – nicht anzuwenden.

47 Werden jedoch in der Niederschrift über Versammlungsbeschlüsse auch **rechtsgeschäftliche Erklärungen** – z. B. über die Übernahme von Stammeinlagen (§ 55 Abs. 1 GmbHG)[70] oder über die Zeichnung neuer Aktien (§§ 185 Abs. 1, 278 Abs. 3 AktG) – beurkundet, so muss die Niederschrift den Vorschriften über die Beurkundung von Willenserklärungen (§§ 9 ff. BeurkG) entsprechen. Insbesondere muss die Urkunde den Beteiligten vorgelesen und von ihnen genehmigt sowie unterschrieben werden, soweit sie deren Erklärungen betrifft (§ 13 Abs. 1 BeurkG)[71].

b) Einzelfälle

48 Praktisch bedeutsam sind Versammlungsbeschlüsse nach dem **GmbHG** und dem **AktG**.

aa) § 53 GmbHG

49 Satzungsändernde Beschlüsse der Gesellschafterversammlung einer **GmbH** bedürfen stets der Beurkundung (§ 53 GmbHG), seien sie sachlicher oder nur redaktioneller Art. Hierzu zählen namentlich Beschlüsse über die Firmenänderung, die Sitzverlegung, die Kapitalerhöhung und -herabsetzung[72]. Der Beschluss über die Auflösung der Gesellschaft (§ 60 Abs. 1

---

66 Siehe dazu oben Rz. 35.
67 Vgl. auch *Winkler*, § 42 Rz. 15 ff.; *Eylmann/Vaasen/Limmer*, § 42 BeurkG Rz. 11; *Schippel/Bracker/Reithmann*, § 20 Rz. 18.
68 Ebenso: *Bundesnotarkammer*, DNotZ 1982, 273; a. A. *Bundesministerium der Justiz*, DNotZ 1983, 521.
69 *Winkler*, MittBayNot 1988, 69; *Kersten/Bühling/Peter*, Formularbuch und Praxis der Freiwilligen Gerichtsbarkeit, § 14 Rz. 37.
70 Notarielle Beglaubigung reicht aus.
71 *Kersten/Bühling/Kanzleiter*, § 145 Rz. 30, § 151 Rz. 14.
72 *Kersten/Bühling/Kanzleiter*, § 145 Rz. 25.

Nr. 2 GmbHG) ist beurkundungsbedürftig, wenn die Satzung die Unauflösbarkeit oder einen anderen Beendigungszeitpunkt vorgesehen hatte[73].

bb) § 130 AktG

Beurkundungsbedürftig sind ferner sämtliche Hauptversammlungsbeschlüsse der **AG** und der **KGaA** (§§ 130 Abs. 1, 278 Abs. 3, 285 AktG). Den notwendigen Inhalt der Niederschrift bestimmt § 130 AktG. Es handelt sich nicht um ein Wort-, sondern um ein Beschlussprotokoll. Zu beurkunden sind nach § 130 Abs. 2 AktG Art und Ergebnis jeder Abstimmung sowie die Feststellung des Vorsitzenden über die Beschlussfassung; abweichend von § 37 Abs. 2 BeurkG, der nur eine Sollvorschrift enthält, *müssen* ferner Ort und Tag der Verhandlung angegeben werden. Die weiteren Einzelheiten der Beurkundung sowie der Behandlung der Niederschrift regelt § 130 Abs. 3–5 AktG.

Erhebt ein zur Hauptversammlung erschienener Aktionär gegen einen Beschluss **Widerspruch**, muss dieser in die Niederschrift aufgenommen werden, weil davon die Anfechtungsbefugnis des Aktionärs abhängt (§ 245 Nr. 1 AktG).

50

2. Verlosungen und Auslosungen

a) Begriff

Verlosungen sind öffentliche oder private Veranstaltungen, bei denen nach einem vorher festgelegten Plan Geld-, Sach- oder sonstige Gewinne (wie etwa Reisen, Studienplätze) unter einer Mehrheit von Beteiligten so ausgespielt werden, dass mit der Teilnahme eine Gewinnchance verbunden ist, es aber vom Zufall abhängt, welcher der Teilnehmer einen Gewinn erzielt[74]. Am bekanntesten sind **Ziehungslotterien** und **Losbrieflotterien**. Bei der Ziehungslotterie bestimmt erst das Ziehungsergebnis, welche Teilnehmer gewonnen haben; zu diesem Zweck wird aus den bei dem Veranstalter eingegangenen Teilnahmebescheinigungen (Losabschnitten, Teilnahmekarten usw.) die vorher festgelegte Zahl von Gewinnlosen gezogen. Bei der Losbrieflotterie steht dagegen von vornherein aufgrund des Gewinnplans fest, welches Los gewinnt; das Los verkörpert den Gewinnentscheid. Ob ein Teilnehmer ein Gewinnlos oder eine Niete erwirbt, bestimmt der Zufall. Zu den Verlosungen gehören auch **Tombolen** und **Preisausschreiben**[75].

Von der Verlosung ist die **Auslosung** zu unterscheiden. Bei ihr hat jeder Teilnehmer Anspruch auf eine bestimmte Leistung des Veranstalters. Vom Zufallsergebnis der Auslosung hängt lediglich ab, wann die Leistung fällig wird[76]. So wird die Fälligkeit festverzinslicher Wertpapiere häufig durch Auslosung ermittelt.

Zivilrechtlich ist die Wirksamkeit von Lotterie- oder Ausspielverträgen in § 763 BGB geregelt[77].

51

52

b) Beurkundungszuständigkeit

Dass die Notare zuständig sind, von anderen Personen vorgenommene Verlosungen und Auslosungen zu **beurkunden**, ergibt sich bereits aus § 20 Abs. 1 Satz 1. Es handelt sich dabei um eine Tatsachenbeurkundung im Sinne der §§ 36, 37 BeurkG. In der Niederschrift wird der Vorgang der Verlosung bzw. Auslosung unter Angabe des Gewinnplans, der Verlosungsbzw. Auslosungsbestimmungen, der an der Ziehung beteiligten Personen und des tatsäch-

53

---

73 *Kersten/Bühling/Kanzleiter*, § 145 Rz. 27.
74 Ähnlich: *Korintenberg/Reimann*, KostO, § 48 Rz. 2.
75 *Korintenberg/Reimann*, § 48 Rz. 3 (zum Kostenrecht).
76 *Kersten/Bühling/Peter*, § 20 Rz. 30.
77 Näher dazu: DNotI-Report 1998, 191, 192.

lichen Ablaufs der Veranstaltung berichtet; ferner sollte das Vorliegen der etwa erforderlichen behördlichen Genehmigung in der Niederschrift vermerkt werden[78].

c) Vornahme durch den Notar

54 § 20 Abs. 1 Satz 2 erweitert die Zuständigkeit dahin, dass die Notare Verlosungen und Auslosungen auch selbst **vornehmen** können. Die Vornahme kann beispielsweise darin bestehen, dass der Notar die Gewinnlose zieht (Ziehungslotterie) oder Gewinne und Nieten in einem bestimmten Verhältnis mischt (Losbrieflotterie).

d) Beaufsichtigung durch den Notar

55 Nicht geregelt ist die Zuständigkeit der Notare für die bloße **Beaufsichtigung** einer vom Veranstalter vorgenommenen Verlosung oder Auslosung; mitunter wird der Notar auch lediglich mit der Prüfung der Gerätschaften – etwa des Ziehungsgerätes – betraut. Die Ermächtigung zu einer solchen Aufsichtstätigkeit ergibt sich aus Abs. 1 Satz 2, da die Beaufsichtigung im Verhältnis zur Vornahme ein Weniger ist.

Der Notar muss in diesen Fällen aber besonders darauf achten, ob die ihm angetragene Aufsicht mit dem **Redlichkeitsgebot** des § 14 zu vereinbaren ist. Dies ist nicht der Fall, wenn seine Tätigkeit lediglich den Eindruck der Seriosität erwecken soll, ihm aber nach dem an ihm gerichteten Ansuchen eine effektive Kontrollmöglichkeit nicht eingeräumt ist; in einem solchen Fall muss er die »Aufsichtstätigkeit« ablehnen. Ferner darf der Notar nicht zulassen, dass gegen das **Werbeverbot** des § 29 BNotO verstoßen wird. Er muss deshalb darauf hinwirken, dass sein Name nicht veröffentlicht wird[79].

3. Aufnahme von Vermögensverzeichnissen

a) Bedeutung der Vorschrift

56 Nach materiellem Recht kann es notwendig sein, das Vorhandensein und den Umfang von Vermögensmassen zuverlässig festzustellen. Das Gesetz sieht in derartigen Fällen die Möglichkeit vor, Vermögensverzeichnisse **amtlich aufnehmen** zu lassen (z. B. §§ 1035, 1377 Abs. 2, 1379, 1640 Abs. 3, 1667 Abs. 1, 2003 Abs. 1, 2121 Abs. 3, 2215 Abs. 4, 2314 Abs. 1 BGB)[80] oder eine Amtsperson bei der **Aufnahme zuzuziehen** (z. B. §§ 1802 Abs. 2, 1908i, 2002 BGB). Als Amtsperson kann in allen genannten Fällen ein Notar mitwirken[81].

b) Befugnisse des Notars

57 § 20 Abs. 1 ermächtigt die Notare, Vermögensverzeichnisse selbst **aufzunehmen**. Die Befugnis zur **Mitwirkung** an der Aufnahme durch Dritte ist nicht ausdrücklich angeordnet; sie ergibt sich aber als Minus aus der Aufnahmezuständigkeit.

aa) Aufnahme durch den Notar

58 Die **Aufnahme** eines Vermögensverzeichnisses durch den Notar geht über eine Beurkundungstätigkeit weit hinaus. Der Notar hat die vorhandenen Vermögensgegenstände sorgfältig festzustellen und seine Feststellungen in einer von ihm zu unterzeichnenden berichtenden Urkunde (§ 37 Abs. 1 Satz 1 Nr. 2 BeurkG), dem sog. *Inventar*, niederzulegen[82]. Über

---

78 *Bernhard* in Beck'sches Notarhandbuch, Kap. G Rz. 266.
79 Siehe auch *Bundesnotarkammer*, Rdschr. v. 02.08.1994 (Abdruck: *Weingärtner*, Notarrecht, Ord.-Nr. 280).
80 Zum notwendigen Inhalt eines Nachlassverzeichnisses vgl. DNotI-Report 2003, 137, 138.
81 Vgl. dazu *Zimmer*, NotBZ 2005, 208.
82 OLG Celle DNotZ 2003, 62 m. Anm. *Nieder.*

den Inhalt des Inventars entscheidet nicht der Inventarisierungspflichtige, sondern der Notar[83].

In der Gestaltung des Verfahrens ist er weitgehend frei[84]. Er kann und muss ggf. eigene Ermittlungen anstellen, wobei er sich zuverlässiger Hilfe bedienen darf. Oft wird er aber gar nicht in der Lage sein, den Vermögensbestand selbst festzustellen. In solchen Fällen muss er sich mit den Angaben und Auskünften der Beteiligten oder anderer vertrauenswürdiger und sachkundiger Personen begnügen[85]. Das gilt insbesondere, wenn das Verzeichnis nicht den aktuellen Bestand, sondern den Vermögensbestand zu einem zurückliegenden Stichtag erfassen soll. Zweifelt der Notar an der Richtigkeit ihm erteilter Auskünfte, muss er von der Aufnahme des Verzeichnisses absehen und den Auskunftsberechtigten darüber informieren, um ihm Gelegenheit zu geben, seinen Anspruch prozessual durchzusetzen[86].

bb) Aufnahme durch Dritte

Wird der Notar bei der Errichtung des Verzeichnisses nur **zugezogen**, hat er die Auskunfts-   **59**
person bei der Feststellung der Vermögensgegenstände mit Rechts- und Sachkenntnis zu unterstützen. Die beratende Mitwirkung des Notars kann beispielsweise bedeutsam sein, wenn die Zuordnung eines Gegenstandes zu einer bestimmten Vermögensmasse aus Rechtsgründen fraglich ist.

Das Verzeichnis ist eine Privaturkunde der Auskunftsperson und von ihr zu unterschreiben. Der Notar dokumentiert seine Mitwirkung durch einen entsprechenden Vermerk auf der Urkunde oder durch eine als Anlage hinzuzufügende Niederschrift über seine Tätigkeit; die Anlage ist mit dem Verzeichnis zu verbinden[87].

c) Beweiskraft des Inventars

Die **Beweiskraft** des Vermögensverzeichnisses ist gesetzlich nicht allgemein geregelt. Sie er-   **60**
gibt sich nicht aus §§ 415, 418 ZPO, da die Inventaraufnahme keine Beurkundungstätigkeit ist. In Anlehnung an die Sondervorschrift des § 2009 BGB gilt jedoch die **Vermutung der Vollständigkeit**, wenn das Vermögensverzeichnis von dem Notar oder unter seiner Mitwirkung aufgenommen worden ist[88].

4. Anlegung und Abnahme von Siegeln

a) Umfang der Zuständigkeit

Die **Zuständigkeit** der Notare erstreckt sich auf Siegelungen und Entsiegelungen aller   **61**
Art. In Betracht kommt insbesondere die Ver- bzw. Entsiegelung von Briefen, von Behältnissen oder von Räumen.

b) Beurkundung

Über die Anlegung und Abnahme von Siegeln nimmt der Notar eine **Urkunde** im Sinne der   **62**
§§ 36, 37 BeurkG auf, in der er die näheren Umstände seiner Tätigkeit beschreibt[89].

---

83 *Schippel/Bracker/Reithmann*, § 20 Rz. 48.
84 *Reithmann*, DNotZ 1974, 6, 12.
85 *Kersten/Bühling/Peter*, § 20 Rz. 37; *Schippel/Bracker/Reithmann*, § 20 Rz. 48; *Eylmann/Vaasen/Limmer*, § 20 BNotO Rz. 23; unrichtig OLG Koblenz RNotZ 2007, 414.
86 *Nieder*, DNotZ 2003, 64.
87 *Schippel/Bracker/Reithmann*, § 20 Rz. 51.
88 *Schippel/Bracker/Reithmann*, § 20 Rz. 52.
89 Vgl. die Muster bei *Kersten/Bühling/Peter*, § 20 Rz. 41 f. und *Kersten/Bühling/Wegmann*, § 119 Rz. 2.

5. Aufnahme von Protesten

63 Die Notare sind für die Aufnahme von Wechsel- und Scheckprotesten zuständig. Die Einzelheiten des Wechselprotests ergeben sich aus Art. 80 ff. WG, auf den Art. 55 Abs. 3 ScheckG hinsichtlich des Scheckprotests verweist.

6. Zustellung von Erklärungen

64 Die Vorschrift ermächtigt die Notare zur **Zustellung** von Erklärungen im Rechtsverkehr zwischen Privatpersonen. Für Zustellungen in behördlichen und gerichtlichen Verfahren sind die Notare nicht zuständig. Eine Zustellung kann der Notar selbst oder in seinem Auftrag der Gerichtsvollzieher vornehmen. Im letzteren Fall, nicht aber bei Zustellung durch den Notar selbst, ist auch eine Ersatzzustellung nach §§ 178 ff. ZPO möglich[90].

7. Beurkundung amtlich wahrgenommener Tatsachen

a) Bedeutung der Vorschrift

65 Nach § 20 Abs. 1 darf der Notar amtlich von ihm wahrgenommene Tatsachen beurkunden.

66 Durch die Neufassung der Vorschrift[91] wird klargestellt, dass der Notar nach dieser Bestimmung nur **Tatsachen**, d. h. gegenwärtige oder vergangene Vorgänge der Außenwelt bezeugen darf, die unmittelbar mit den Sinnesorganen wahrgenommen werden können[92]. Solche Tatsachenbeurkundungen sind Zeugnisurkunden im Sinne des § 36 BeurkG[93]. Den Gegensatz bilden Wertungen oder Schlussfolgerungen in Gestalt von Rechtsbescheinigungen oder Bestätigungen[94].

67 Die Beurkundungszuständigkeit erstreckt sich nur auf **amtlich** wahrgenommene Tatsachen. Damit sind solche Tatsachen gemeint, die der Notar im Rahmen seiner Amtstätigkeit wahrnimmt. Was er außerhalb seiner Amtstätigkeit – etwa privat oder bei Ausübung einer weiteren beruflichen Tätigkeit als Rechtsanwalt, Patentanwalt, Steuerberater, Wirtschaftsprüfer oder vereidigter Buchprüfer (§ 8 Abs. 2 Satz 2) – wahrnimmt, kann nicht Gegenstand einer von ihm errichteten Zeugnisurkunde sein. So kann der Anwaltsnotar beispielsweise nicht als Urkundsperson, d. h. mit öffentlichem Glauben, bezeugen, dass er als Anwalt einen fristwahrenden Schriftsatz rechtzeitig bei Gericht eingereicht hat.

b) Einzelfälle

68 Die Beurkundung einer Tatsache kommt insbesondere beim Vollzug notarieller Urkundsgeschäfte in Betracht. Beispielhaft sei die **Identitätserklärung** genannt, mit welcher der Notar – etwa nach durchgeführter Vermessung – bescheinigt, dass ein bestimmtes Grundstück das von dem Rechtsgeschäft betroffene Grundstück ist.

c) Beweiskraft

69 Die **Beweiskraft** von Urkunden in dem erörterten Sinn ist gesetzlich nicht geregelt[95]. Da der Notar aber auch insoweit als mit öffentlichem Glauben versehene Person im Rahmen seiner Amtstätigkeit handelt, werden die von ihm ausgestellten Tatsachenurkunden im Rechtsverkehr faktisch als richtig anerkannt[96].

---

90 *Eylmann/Vaasen/Limmer*, § 20 BNotO Rz. 33.
91 Siehe Fn. 2.
92 BT-Drucksache 13/4184, S. 25.
93 *Reithmann*, DNotZ 1974, 6, 14: »Kleine Tatsachenzeugnisse«.
94 Siehe oben Rz. 8.
95 Anders: § 21 Abs. 1 Satz 2 BNotO, 50 Abs. 2 BeurkG.
96 *Reithmann*, DNotZ 1995, 360, 367.

SANDKÜHLER

V. Zuständigkeiten nach Abs. 2

1. Entgegennahme von Auflassungen

a) Bedeutung der Vorschrift

Die Auflassung bedarf zu ihrer **Wirksamkeit** nicht der notariellen Beurkundung; erforderlich, aber auch ausreichend ist, dass sie vor der zuständigen Stelle *erklärt* wird (§ 925 Abs. 1 Satz 1 BGB), was auch mündlich geschehen kann. Die Wirksamkeit der Auflassung wird daher nicht einmal durch die Unwirksamkeit ihrer Beurkundung berührt[97].

Nach § 925 Abs. 1 Satz 2 BGB ist jeder Notar zur *Entgegennahme* der Auflassung zuständig. Die Vorschrift regelt die Zuständigkeit als materiellrechtliche Wirksamkeitsvoraussetzung. Die amtsrechtliche Bestimmung des § 20 Abs. 2 korrespondiert damit. Sie hat klarstellende Funktion; denn die Zuständigkeit zur *Entgegennahme* der Auflassungserklärung folgt nicht zwingend schon aus der *Beurkundungs*zuständigkeit nach § 20 Abs. 1 Satz 1.

70

b) Beurkundung der Auflassung

In der Praxis werden Auflassungserklärungen allerdings regelmäßig **beurkundet**. Dies ist sinnvoll, weil für den grundbuchlichen Vollzug die Auflassung in der Form des § 29 GBO nachgewiesen werden muss (§ 20 GBO). Die in § 29 GBO vorgesehene Form der öffentlichen *Beglaubigung* reicht dazu nicht aus, weil sie nicht den Nachweis erbringt, dass die Auflassungserklärung bei gleichzeitiger Anwesenheit beider Teile erklärt worden ist[98]. In Betracht käme allenfalls, dass der Notar eine bloße *Tatsachenurkunde* über die Entgegennahme der Auflassungserklärung im Sinne des § 36 BeurkG ausstellt. Dieser Weg scheidet aber aus, weil § 20 BNotO verlangt, dass der Notar eine vor ihm abgegebene Willenserklärung *beurkundet*. Erforderlich ist deshalb eine förmliche *Beurkundung* gemäß § 8 BeurkG[99].

71

c) Notarpflichten nach § 925a BGB

Nach § 925a BGB darf der Notar eine Auflassung nur entgegennehmen (und beurkunden), wenn die **Urkunde über das Grundgeschäft** vorgelegt oder gleichzeitig errichtet wird. Die Vorschrift verpflichtet den Notar nicht, die Wirksamkeit des Grundgeschäfts zu prüfen. Bestehen jedoch Anhaltspunkte für Mängel des Vertrages, die wegen sog. *Fehleridentität* zur Unwirksamkeit der Auflassung führen könnten (z. B. Geschäftsunfähigkeit, Verstoß gegen ein gesetzliches Verbot, Wucher)[100], muss der Notar die Bedenken mit den Beteiligten erörtern und seine Bedenken sowie die dazu abgegebenen Erklärungen der Beteiligten gegebenenfalls in der Niederschrift vermerken (§ 17 Abs. 2 BeurkG)[101].

72

2. Ausstellung von Teilhypotheken- und Teilgrundschuldbriefen

Bei Teilung einer verbrieften Hypothekenforderung oder Grundschuld bedarf es der Bildung eines **Teilhypotheken-** bzw. **Teilgrundschuldbriefs** (§§ 1152, 1192 Abs. 1 BGB); ohne ihn wäre das Recht nur durch Übergabe des Briefs über das ganze Recht nach § 1117 BGB übertragbar[102]. § 20 Abs. 2 bestimmt die Zuständigkeit der Notare für die Herstellung von

73

---

97 BGHR BeurkG § 7 Auflassung 1; BGH WM 1994, 1342, 1343.
98 *Fuchs-Wissemann*, Rpfleger 1977, 9, 11.
99 So mit zutreffender Begründung: *Huhn*, Rpfleger 1977, 199; im Ergebnis ebenso: *Kuntze/Ertl/ Herrmann/Eickmann*, Grundbuchrecht, § 20 Rz. 95; teilweise a. A. *Fuchs-Wissemann*, Rpfleger 1977, 9 und 1978, 431.
100 Vgl. die Nachweise bei *Palandt/Heinrichs*, BGB, Überbl. vor § 104 Rz. 23.
101 OLG Hamm Rpfleger 1959, 127.
102 Vgl. *Rutke*, WM 1987, 93.

Teilbriefen; daneben sind die Grundbuchämter zuständig (§ 61 GBO). Form und Inhalt der Teilbriefe bestimmen sich nach § 61 GBO.

VI. Freiwillige Versteigerungen (Abs. 3)

1. Bedeutung der Vorschrift

a) Art der Ermächtigung

74 Abs. 3 ermächtigt die Notare, freiwillige Versteigerungen **durchzuführen**. Diese Zuständigkeit geht über die bereits aus Abs. 1 folgende Befugnis hinaus, von anderen Personen vorzunehmende freiwillige Versteigerungen zu **beurkunden**.

b) Umfang der Zuständigkeit

75 Die Vorschrift begründet eine unbeschränkte Zuständigkeit für die Versteigerung von **Immobilien** sowie **unkörperlicher Gegenstände** wie Forderungen, Nutzungsrechte (z. B. Jagdrechte), gewerbliche Schutzrechte (Patente, Lizenzen), Gesellschaftsanteile (GmbH-Geschäftsanteile, Aktien). Einen Sonderfall notarieller Immobiliarversteigerung regeln die §§ 53 ff. WEG (freiwillige Versteigerung von Wohnungseigentum). **Bewegliche Sachen** sollen die Notare nur versteigern, wenn dies durch die Versteigerung unbeweglicher Sachen oder durch eine von ihnen beurkundete oder vermittelte Vermögensauseinandersetzung veranlasst ist (Abs. 3 Satz 2).

c) Pflichtenstellung des Notars

76 Als Mittler zwischen Einlieferer und Bietern hat der Versteigerer eine **Vertrauensstellung** inne, die ihn zur Neutralität verpflichtet[103]. Das Versteigerungsgewerbe ist deshalb zum Schutz der Allgemeinheit staatlich reglementiert (§ 34b GewO). Die gewerberechtlichen Vorschriften gelten jedoch für den Notar nicht. Seine Pflichtenstellung ergibt sich aus §§ 1, 14 BNotO, wonach er als Organ der vorsorgenden Rechtspflege zu Unabhängigkeit, Neutralität und Redlichkeit verpflichtet ist.

2. Begriff der freiwilligen Versteigerung

77 Die freiwillige öffentliche Versteigerung, auch *Auktion* genannt, ist eine Sonderform des **Verkaufs**, bei der durch den Wettbewerb der Kaufinteressenten der höchstmögliche Preis erzielt werden soll. Durch Abgabe von Geboten erklären die Bieter gegenüber dem Versteigerer (*Auktionator*) Vertragsanträge (§ 145 BGB). Das Gebot erlischt, wenn es zurückgewiesen wird (§ 146 BGB), ein höheres Gebot (*Übergebot*) abgegeben wird oder die Versteigerung ohne Zuschlag geschlossen wird (§ 156 Satz 2 BGB). Der Vertrag kommt durch die Annahmeerklärung des Versteigerers in Gestalt des Zuschlags zustande (§ 156 Satz 1 BGB)[104]. Die freiwillige Versteigerung steht im Gegensatz zur öffentlichen Versteigerung im Wege der Zwangsvollstreckung, die im Rahmen der Mobiliarvollstreckung den Gerichtsvollziehern (§§ 814 ff. ZPO), im Rahmen der Immobiliarvollstreckung den Amtsgerichten als Vollstreckungsgerichten (§§ 1, 66 ff. ZVG) obliegt.

---

103 *v. Hoyningen-Huene*, NJW 1973, 1473, 1478.
104 BGHZ 138, 339, 342.

3. Durchführung der Versteigerung

a) Handeln im eigenen Namen

Führt der Notar eine Versteigerung durch, handelt er kraft Amtes **im eigenen Namen** und nicht als Stellvertreter[105]. Dies unterscheidet ihn vom privaten Auktionator, der die Versteigerung wahlweise im eigenen Namen oder in offener Stellvertretung für den Einlieferer vornehmen kann. Im Zweifel handelt er namens des Einlieferers[106].

Von der Versteigerung durch den Notar ist die freiwillige Versteigerung durch einen Dritten – etwa im **Internet** – zu unterscheiden[107].

78

b) Beurkundungsbefugnis des Notars

Den **Zuschlag** erteilt der die Versteigerung leitende Notar. Er ist damit Beteiligter im Sinne des § 6 Abs. 1 Nr. 1 BeurkG, so dass er an sich von der Beurkundung ausgeschlossen wäre. Indes weist ihm § 20 Abs. 3 die gesamte Durchführung der Versteigerung zu, so dass er nicht gehindert ist, seinen eigenen Zuschlag zu beurkunden[108].

79

c) Inhalt der Niederschrift

Der Notar fertigt über die Versteigerung eine **Niederschrift** an. Darin werden sowohl der Hergang der Versteigerung als auch die von den Beteiligten abgegebenen Willenserklärungen beurkundet.

80

aa) Hergang der Versteigerung

Zum **Hergang** gehören die Feststellung der Terminsbekanntmachung, die Mitteilung der Versteigerungsbedingungen, die Aufforderung zur Abgabe von Geboten und die Feststellung des Meistbietenden. Insoweit handelt es sich um eine Tatsachenbeurkundung im Sinne des § 36 BeurkG.

81

bb) Willenserklärungen

Beurkundungsbedürftig sind ferner die **Willenserklärungen** der Beteiligten. Beteiligte sind diejenigen Bieter, die an ihr Gebot gebunden bleiben (§ 15 BeurkG), sowie der den Zuschlag erteilende Notar. Insoweit muss die Urkunde den §§ 9 ff. BeurkG entsprechen. Jedoch sind Bieter, die sich vor dem Schluss der Verhandlung entfernt haben, von den Erfordernissen des § 13 Abs. 1 BeurkG (Vorlesung, Genehmigung, Unterzeichnung) befreit; dass sich der Bieter vor dem Schluss der Verhandlung entfernt hat, muss in der Niederschrift festgestellt werden.

82

Eine im Versteigerungstermin erklärte **Auflassung** gehört nicht mehr zur eigentlichen Versteigerung; für ihre Beurkundung ist § 15 BeurkG nicht anwendbar[109].

83

VII. Vermittlung nach dem Sachenrechtsbereinigungsgesetz (Abs. 4)

Die durch das Sachenrechtsänderungsgesetz (SachenRÄndG) eingefügte Vorschrift[110] begründet die Zuständigkeit der Notare für Vermittlungen nach dem Sachenrechtsberei-

84

---

105 *Winkler*, § 15 Rz. 5.
106 *v. Hoyningsen-Huene*, NJW 1973, 1476.
107 Näher dazu: *Bundesnotarkammer*, Rdschr. Nr. 2/2005 (Internetabruf: www.bnotk.de/Service/Hinweise und Empfehlungen); *dies.*, Leitfaden zur freiwilligen Grundstücksversteigerung, DNotZ 2005, 161.
108 BGHZ 138, 339, 345; /*Winkler*, § 15 Rz. 5.
109 *Lerch*, BeurkG, § 15 Rz. 4.
110 Siehe oben Rz. 1.

nigungsgesetz (SachenRBerG). Das in Art. 1 SachenRÄndG normierte Sachenrechtsbereinigungsgesetz bildet das Kernstück des Sachenrechtsänderungsgesetzes[111]. In seinem verfahrensrechtlichen Teil (Abschnitt IV) sieht es ein notarielles Vermittlungsverfahren (§§ 87 ff. SachenRBerG) als Verfahrensvoraussetzung für etwaige gerichtliche Auseinandersetzungen (§§ 103 ff. SachenRBerG) vor[112]. Das Vermittlungsverfahren stellt eine berufstypische Maßnahme der vorsorgenden Rechtspflege dar; als Vorbild kann die in Abs. 5 genannte landesrechtliche Vermittlung gelten.

VIII. Landesrechtliche Zuständigkeiten (Abs. 5)

1. Bedeutung der Vorschrift

a) Landesrechtliche Zuständigkeitsbestimmungen

85 § 20 Abs. 5 enthält keine eigene Zuständigkeitsregelung, sondern verweist auf das Landesrecht. Dieses ist aber nur für die **Zuständigkeit**, nicht auch für das Verfahren maßgeblich.

b) Geltungsbereich nach Landesrecht

86 Die Vorschrift lässt **bundesrechtlich** begründete Zuständigkeiten der Notare unberührt.

aa) Förmliche Vermittlungen

87 So können die Notare im Rahmen ihrer Beurkundungszuständigkeit freiwillige Vermögensauseinandersetzungen beurkunden (§ 20 Abs. 1 Satz 1). Ferner sind sie aufgrund ihrer allgemeinen Betreuungszuständigkeit befugt, auf Ansuchen der Beteiligten Nachlass- und Gesamtgutauseinandersetzungen auf freiwilliger Basis zu vermitteln (§ 24). § 20 Abs. 5 betrifft daher nur die Fälle, in denen das Landesrecht die **förmliche Vermittlung** von Nachlass- und Gesamtgutauseinandersetzungen nach §§ 86 ff., 99 FGG durch die Notare auf Anordnung des Gerichts vorsieht.

bb) Nachlasssicherung

88 Die allgemeine Zuständigkeit zur Aufnahme von Nachlassverzeichnissen und Nachlassinventaren sowie zur Siegelung und Entsiegelung ergibt sich bereits aus Abs. 1 Satz 2. Die Verweisung in Abs. 5 betrifft daher nur die Fälle, in denen das Landesrecht die Mitwirkung der Notare an der den Nachlassgerichten obliegenden **Nachlasssicherung** gemäß § 1960 Abs. 2 BGB auf gerichtliche Anordnung vorsieht.

2. Landesrechtliche Vorschriften

a) Zuständigkeit kraft gerichtlicher Übertragung

89 Nach dem Recht einiger Bundesländer sind die Notare befugt, aufgrund **gerichtlicher Übertragung** eine Nachlass- oder Gesamtgutauseinandersetzung zwischen den Beteiligten nach den Vorschriften der §§ 86 ff., 99 FGG zu vermitteln. In Betracht kommen folgende Vorschriften:
- Bad.-Württ. LFGG[113] §§ 38, 41 Abs. 5 Satz 1, 43;

---

111 *Grün*, NJW 1994, 2641.
112 Einzelheiten dazu: *Frenz*, DtZ 1995, 66.
113 Landesgesetz über die freiwillige Gerichtsbarkeit (LFGG) v. 12.02.1975 (GBl. S. 116), zuletzt geändert durch Art. 2 des Gesetzes v. 28.07.2005 (GBl. S. 580).

– Bay. AGGVG[114] Art. 38 Abs. 1;
– Hess. FGG[115] Art. 24;
– Nds. FGG[116] Art. 14;
– Pr. FGG[117] Art. 21.

b) Auseinandersetzung über Grundpfandrechte

In Bayern können die Notare ferner Zeugnisse über die **Auseinandersetzung über Grund-** 90
pfandrechte gemäß § 37 GBO erteilen, sofern das Nachlassgericht einen Erbschein für alle
Erben erteilt und der Notar die Nachlassauseinandersetzung vermittelt hat (Art. 39 Abs. 1
AGGVG).

114 Gesetz zur Ausführung des Gerichtsverfassungsgesetzes und von Verfahrensgesetzen des Bundes
   (AGGVG) v. 01.01.1983 (GVBl. S. 188), zuletzt geändert durch Gesetz v. 08.03.2007 (GVBl.
   S. 212).
115 Hessisches Gesetz über die freiwillige Gerichtsbarkeit (Hess. FGG) v. 12.04.1954 (GVBl. S. 59, 96).
116 Niedersächsisches Gesetz über die freiwillige Gerichtsbarkeit (Nds. FGG) i.d.F. v. 24.02.1971
   (Nds.GVBl. S. 43).
117 Preußisches Gesetz über die freiwillige Gerichtsbarkeit v. 21.09.1899 (PrGS. NW. S. 88) i. d. F. des
   Gesetzes v. 18.05.2004 (GV. NRW. S. 248).

(1) ¹Die Notare sind zuständig,

1. Bescheinigungen über eine Vertretungsberechtigung sowie
2. Bescheinigungen über das Bestehen oder den Sitz einer juristischen Person oder Handelsgesellschaft, die Firmenänderung, eine Umwandlung oder sonstige rechtserhebliche Umstände auszustellen,

wenn sich diese Umstände aus einer Eintragung im Handelsregister oder in einem ähnlichen Register ergeben. ²Die Bescheinigung hat die gleiche Beweiskraft wie ein Zeugnis des Registergerichts.

(2) ¹Der Notar darf die Bescheinigung nur ausstellen, wenn er sich zuvor über die Eintragung Gewissheit verschafft hat, die auf Einsichtnahme in das Register oder in eine beglaubigte Abschrift hiervon beruhen muss. ²Er hat den Tag der Einsichtnahme in das Register oder den Tag der Ausstellung der Abschrift in der Bescheinigung anzugeben.

Übersicht

A. Entstehungsgeschichte der Vorschrift

1   Nach der ursprünglichen Fassung der Vorschrift waren die Notare befugt, Bescheinigungen über die Vertretungsberechtigung »*der bei einer Beurkundung oder Unterschriftsbeglaubigung Beteiligten*« auszustellen; die Bescheinigung war »*auf die Urkunde oder eine Ausfertigung der Urkunde oder ein damit zu verbindendes Blatt*« zu setzen. Bei Einführung des Beurkundungsgesetzes¹ wurde diese Befugnis dahin erweitert, dass die Notare Vertretungsbescheinigungen auch ohne Zusammenhang mit einer Beurkundung oder Beglaubigung ausstellen konnten.

---

1 § 57 Abs. 17 Nr. 4 BeurkG v. 28.08.1969 (BGBl. I S. 1513).

Durch die Berufsrechtsnovelle 1998[2] sind die Vorschriften der §§ 21 und 22a vereinheit- **2**
licht und in § 21 zusammengefasst worden. Die bis dahin in § 22a Abs. 1 geregelte Zuständigkeit der Notare, Bescheinigungen über rechtserhebliche Umstände von juristischen
Personen oder Handelsgesellschaften zu erteilen, ist unter redaktioneller Anpassung des
Wortlauts an die Änderungen des Umwandlungsrechts als Abs. 1 Nr. 2 in § 21 aufgenommen worden; dabei ist die Einschränkung des § 22a Abs. 2 a. F., wonach solche Bescheinigungen nur zur Verwendung im Ausland ausgestellt werden durften, ersatzlos weggefallen.

Nach Abs. 2 a. F. durfte der Notar die Bescheinigung nur ausstellen, wenn er zuvor das **3**
Register oder eine beglaubigte Abschrift desselben eingesehen hatte. Die Neufassung verlangt nur, dass er sich zuvor in der in Abs. 2 beschriebenen Weise über die Eintragung Gewissheit verschafft hat.

B. Erläuterungen

I. Bedeutung der Vorschrift

1. Rechtsnatur der Bescheinigung

a) Abgrenzung zur Tatsachenbeurkundung

Nach § 20 Abs. 1 Satz 2 darf der Notar **Tatsachen** beurkunden, die er selbst als gegenwärtig **4**
oder vergangen amtlich wahrgenommen hat; eine Beurteilung dieser Tatsachen steht ihm
nicht zu. Die Urkunde nach § 20 Abs. 1 Satz 2 ist Zeugnisurkunde[3]. Im Gegensatz dazu stehen die Bescheinigungen nach § 21 Abs. 1 Satz 1. Sie dienen im Rechtsverkehr zur Kundbar-
machung von Rechtsverhältnissen[4]. Sie bezeugen nicht, dass der Notar das maßgebliche Register eingesehen hat[5] und welchen Registerstand er dabei festgestellt hat, sondern haben
den Zweck, eine von dem Notar aufgrund des Registerinhalts vorgenommene rechtliche
Würdigung der Vertretungsbefugnis (Abs. 1 Nr. 1) bzw. rechtserheblicher Umstände von juristischen Personen oder Handelsgesellschaften (Abs. 1 Nr. 2) zu dokumentieren. Sie sind
daher nicht Zeugnisurkunden[6], sondern **Rechtsbescheinigungen**. Für sie gilt zwar die Echtheitsvermutung des § 437 ZPO, mangels Zeugnischarakters aber nicht die Wahrheitsver-
mutung der §§ 415, 418 ZPO[7]. Ihre Bedeutung für den Rechtsverkehr ergibt sich aus der
Richtigkeit der von dem Notar gezogenen Schlussfolgerung, nicht aus der *Wahrheit* des Berichts über den Registerstand[8].

b) Abgrenzung zum Rechtsgutachten

Indes können Bescheinigungen im Sinne des Abs. 1 keine umfassenden **Rechtsgutachten** **5**
sein. Ist etwa zweifelhaft, ob ein im Vereinsregister eingetragener Idealverein oder eine im
Handelsregister eingetragene GmbH wirksam gegründet worden ist, so kann der Notar
nach § 21 Abs. 1 Satz 2 Nr. 2 nur bescheinigen, dass die für die Existenz als juristische Per-

---

2 Art. 1 Nr. 18 des Dritten Gesetzes zur Änderung der Bundesnotarordnung und anderer Gesetze v.
  31.08.1998 (BGBl. I S. 2585).
3 Siehe § 20 Rz. 66.
4 *Reithmann*, Vorsorgende Rechtspflege durch Notare und Gerichte, S. 115 ff.; *ders.*, MittBayNot 1990,
  82, 83.
5 A. A. *Mayer*, Rpfleger 1989, 142, 143.
6 *Schippel/Bracker/Reithmann*, § 21 Rz. 7; *Assenmacher*, Rpfleger 1990, 195, 196. Unklar: *Dieterle*,
  BWNotZ 1990, 33 (»*Zeugnisurkunde eigener Art*«).
7 *Reithmann*, DNotZ 1974, 6, 16; *ders.*, MittBayNot 1990, 83.
8 *Reithmann*, MittBayNot 1990, 83; *Assenmacher*, Rpfleger 1990, 195, 196; *Dieterle*, BWNotZ 1990,
  36.

son notwendige Eintragung (§ 21 BGB, § 11 Abs. 1 GmbHG) erfolgt ist. Dazu, ob die sonstigen Gründungsvoraussetzungen erfüllt sind, kann er sich zwar im Rahmen seiner Betreuungszuständigkeit nach § 24 Abs. 1 Satz 1 gutachtlich äußern. Ein solches Gutachten stellt aber keine Bescheinigung im Sinne des § 21 dar. Insbesondere kommt ihm nicht die Beweiskraft nach § 21 Abs. 1 Satz 2 zu.

2. Urkundstätigkeit

6 Die Ausstellung von Bescheinigungen nach § 21 gehört zur **Urkundstätigkeit** der Notare. Sie stellt eine Pflichtaufgabe nach Maßgabe des § 15 Abs. 1 dar; ferner gelten für sie die Befangenheitsvorschrift des § 16 einschließlich der Verweisung auf § 3 BeurkG, die Möglichkeit der Gebührenbefreiung nach § 17 Abs. 2 sowie das Haftungsprivileg nach § 19 Abs. 1 Satz 2.

3. Sonstige Zuständigkeiten

a) Notarbestätigung

7 Von den Bescheinigungen nach § 21 sind die sog. **Notarbestätigungen**[9] zu unterscheiden. Sie sind Maßnahmen der Rechtsbetreuung nach § 24[10], zu der die Notare nicht im Sinne des § 15 Abs. 1 verpflichtet sind. Bescheinigungen und Bestätigungen unterscheiden sich ferner nach ihrem Adressatenkreis: Während die Bestätigung nur gegenüber den Beteiligten abgegeben wird, richten sich die Bescheinigungen nach § 21 an jedermann; sie ergänzen die Funktion der öffentlichen Register[11].

b) Sonstige Vorschriften

8 Neben § 21 sieht das Gesetz in einer Reihe **sonstiger Vorschriften** die Ausstellung notarieller Bescheinigungen vor. So sind die Notare nach § 181 AktG, § 54 GmbHG zuständig, die Richtigkeit und Vollständigkeit der geänderten Satzung einer Aktiengesellschaft oder des Gesellschaftsvertrages einer GmbH zu bescheinigen. Eine weitere Sonderform der notariellen Bescheinigung regelt § 50 BeurkG vor, wonach die Notare die Richtigkeit und Vollständigkeit der Übersetzung einer fremdsprachlichen Urkunde bescheinigen können. Die Ausstellung solcher Bescheinigungen gehört nicht zu den Pflichtaufgaben im Sinne des § 15 BNotO[12].

II. Ausstellung von Bescheinigungen

1. Gegenstand der Bescheinigung

a) Vertretungsbescheinigung

9 Gegenstand der in Abs. 1 Satz 1 Nr. 1 genannten **Vertretungsbescheinigung** kann nur eine im Register verlautbarte gesetzliche oder gewillkürte Vertretungsberechtigung sein. Sie muss unmittelbar aus dem Register ersichtlich sein. Eine im Register einzutragende, aber noch nicht eingetragene Vertretungsmacht kann daher nicht Gegenstand einer Bescheinigung nach Abs. 1 Nr. 1 sein. Umgekehrt darf sich die Bescheinigung nicht auf die vor der Eintragung

9 Siehe dazu § 24 Rz. 25 ff.
10 BayObLG DNotZ 1971, 249.
11 *Eylmann/Vaasen/Limmer*, § 21 BNotO Rz. 11; *Reithmann*, MittBayNot 1990, 83; *Dieterle*, BWNotZ 1990, 34.
12 So zu § 50 Abs. 1 BeurkG: *Winkler*, BeurkG, § 50 Rz. 7; *Huhn/von Schuckmann/Preuß*, BeurkG, § 50 Rz. 2.

bestehenden Vertretungsverhältnisse beziehen, mögen sie sich auch aus den Eintragungsunterlagen ergeben[13]. Ebenso wenig darf die Vertretungsmacht eines nur durch Gesellschaftsvertrag oder Satzung, durch Vollmacht, Bestallungsurkunde oder eine sonstige Urkunde ausgewiesenen Vertreters bescheinigt werden[14]. Allerdings ist der Notar nicht gehindert, aufgrund derartiger Unterlagen die Vertretungsmacht gutachtlich zu bestätigen[15]. Dabei muss er aber zur Vermeidung von Missverständnissen klarstellen, dass es sich nicht um eine Bescheinigung im Sinne des § 21 handelt.

b) Bescheinigung rechtserheblicher Umstände

Nach Abs. 1 Satz 1 Nr. 2 können die Notare ferner Bescheinigungen über **rechtserhebliche** **Umstände** einer juristischen Person oder Handelsgesellschaft ausstellen. Beispielhaft, aber nicht erschöpfend nennt die Vorschrift   10
- Bestehen und Sitz der juristischen Person oder Handelsgesellschaft,
- Firmenänderungen,
- Umwandlungen.
  Zu den **sonstigen rechtserheblichen Umständen** gehören etwa
- Ort und Zeitpunkt der Gründung,
- das Datum der Eintragung,
- der Satzungszweck,
- die Errichtung oder Aufhebung von Zweigniederlassungen,
- die Eröffnung eines Insolvenzverfahrens und die sonstigen in § 75 BGB, § 32 HGB genannten Vorgänge,
- die Auflösung eines Vereins oder einer Handelsgesellschaft,
  soweit solche Umstände aus dem Register ersichtlich sind.

c) Nicht bekannt zu machende Umstände

Die Befugnis der Notare zur Ausstellung von Bescheinigungen nach Abs. 1 Satz 1 Nr. 2 erstreckt sich auch auf nicht zur **Bekanntmachung** bestimmte Registereintragungen. Das ist   11
etwa für Eintragungen in das Handelsregister im Zusammenhang mit einem **Insolvenzverfahren** über das Vermögen eines Kaufmanns bedeutsam. Sie werden nicht öffentlich bekannt gemacht (§ 32 Abs. 2 Satz 1 HGB), unterliegen aber dem Einsichtsrecht nach § 9 Abs. 1 HGB, wie sich im Umkehrschluss aus § 32 Abs. 2 Satz 2 ergibt. Da ihre Kenntnisnahme jedermann gestattet ist (§ 9 Abs. 1 HGB), bestehen keine Bedenken dagegen, dass der Notar eine entsprechende Bescheinigung ausstellt.

2. Voraussetzungen der Ausstellung

a) Registereintragung

§ 21 Abs. 1 Satz 1 setzt voraus, dass sich die zu bescheinigenden Umstände aus einer **Regis**   12
tereintragung ergeben. Außer dem Handelsregister kommen alle ihm »ähnlichen Register« als Erkenntnisquelle in Betracht. Dem Handelsregister ähnlich sind
- das Unternehmensregister (§§ 8b, 9 HGB[16])
- das Partnerschaftsregister (§§ 4, 7 PartGG),
- das Genossenschaftsregister (§ 10 GenG) und
- das Vereinsregister (§§ 21, 55, 55a BGB),

---

13 OLG Köln Rpfleger 1990, 352.
14 *Eylmann/Vaasen/Limmer*, § 21 BNotO Rz. 7.
15 *Eylmann/Vaasen/Limmer*, § 21 BNotO Rz. 19.
16 I. d. F. gem. Art. 1 Nr. 2 des Gesetzes über elektronische Handelsregister und Genossenschaftsregister sowie das Unternehmensregister (EHUG) v. 10.11.2006 (BGBl. I S. 2553).

nicht hingegen das Güterrechtsregister (§ 1412 BGB), da sich dieses nicht auf eine juristische Person oder Handelsgesellschaft bezieht und nichts über eine Vertretungsbefugnis verlautbart.

Über den Inhalt sonstiger Register, die nicht unter § 21 Abs. 1 fallen, kann der Notar eine (gutachterliche) **Bestätigung** erteilen, die zwar nicht über die Beweiskraft nach Satz 2 der Vorschrift verfügt, aber doch eine besondere Verlässlichkeitsgrundlage bildet[17]. Sie gehört nicht zur Urkundtätigkeit im Sinne der §§ 20–22. Das Haftungsprivileg nach § 19 Abs. 1 Satz 2 greift insoweit nicht ein.

b) Elektronische Register

13 Seit dem 01.01.2007 sind die Handels-, Genossenschafts- und Partnerschaftsregister sowie das Unternehmensregister **elektronisch** zu führen (§ 8b HGB, § 156 Abs. 1 Satz 1 GenG, § 5 Abs. 2 PartGG)[18]. Die Länder haben sicher zu stellen, dass sowohl die in den Registern enthaltenen Daten als auch die Bekanntmachungen der Registereintragungen über das Internet zugänglich sein werden. In Umsetzung der gemeinschaftsrechtlichen Vorgaben werden in dem neu eingeführten Unternehmensregister die wichtigsten veröffentlichungspflichtigen Daten über ein Unternehmen zentral zusammengeführt und für Interessenten elektronisch abrufbar vorgehalten.

c) Ausländische Register

14 Unter § 21 fallen auch **ausländische Register,** sofern sie ihrer rechtlichen Bedeutung nach dem deutschen Handelsregister entsprechen. Dies ist bei dem englischen *companies house* (Handelsregister) nicht der Fall, da es keine Angaben zur Vertretungsbefugnis von Gesellschaftsorganen enthält[19]. Kann der Notar die Qualität des auswärtigen Registers nicht zuverlässig beurteilen, muss er von der Ausstellung einer Vertretungsbescheinigung absehen. Er kann dann aber eine **Bestätigung** über den Registerinhalt ausstellen[20]. Ob die Bescheinigung zur Verwendung im Inland oder im Ausland bestimmt ist, ist gleichgültig[21].

d) Sonstige Erkenntnisquellen

15 Nicht zulässig ist es, Bescheinigungen nach § 21 allein aufgrund von Veröffentlichungen in der **Presse** (etwa im *Bundesanzeiger*) oder von privaten **Datensammlungen** (etwa nach Abruf im *Internet*) zu erteilen.

e) Unrichtige Registereintragungen

16 Der Notar darf eine Bescheinigung anhand des Registers nicht erteilen, wenn er weiß, dass die **Registereintragung unrichtig** ist, weil sie nicht (mehr) den tatsächlichen Verhältnissen entspricht, etwa weil der im Handelsregister eingetragene Geschäftsführer einer GmbH abberufen oder eine eingetragene Prokura widerrufen worden ist[22].

f) Verwendungszweck der Bescheinigung

17 Den **Verwendungszweck** der Bescheinigung braucht der Notar grundsätzlich nicht zu prüfen. Insbesondere kommt es nach Wegfall des § 22a nicht mehr darauf an, ob eine Bescheinigung nach Abs. 1 Satz 1 Nr. 2 im Inland oder im Ausland verwendet werden soll. Allerdings muss der Notar – wie bei jeder Amtstätigkeit – prüfen, ob Gründe bestehen, seine Mitwir-

---

17 Siehe § 24 Rz. 28.
18 Art. 1 Nr. 2, Art. 3 Nr. 12 Buchst. a aa, Art. 12 Abs. 12 EHUG.
19 *Wachter* in Anm. zu LG Chemnitz GmbHR 2007, 263.
20 Siehe oben Rz. 12.
21 Vgl. LG Aachen MittRhNotK 1988, 157.
22 *Dieterle*, BWNotZ 1990, 35.

kung zu versagen. Das ist etwa der Fall, wenn eine Bescheinigung – für den Notar ersichtlich – zu unredlichen Zwecken verwendet werden soll (§ 14 Abs. 2).

III. Beweiskraft der Bescheinigung

1. Grundlagen

a) Gesetzliche Beweisvermutung

Für die Bescheinigung nach § 21 gilt nicht die gesetzliche **Beweisvermutung** der §§ 415, 418 ZPO[23].   **18**

b) Zeugnis des Registergerichts

Nach Abs. 1 Satz 2 hat die Bescheinigung vielmehr die gleiche Beweiskraft wie ein **Zeugnis des Registergerichts**[24]. Sie ersetzt jedoch nicht den amtlichen Ausdruck nach § 9 Abs. 4 HGB[25], den nur die Geschäftsstelle des Registergerichts erteilen kann.   **19**

2. Zeitliche Geltung der Beweiskraft

a) Maßgeblicher Zeitpunkt

Die Beweisvermutung des § 21 Abs. 1 Satz 2 bezieht sich auf den Zeitpunkt der **Einsichtnahme**[26]. Indes kann stets eine gewisse Zeit zwischen der Einsicht und der Ausstellung der Bescheinigung verstreichen. Je länger dieser Zeitraum ist, um so größer ist die Wahrscheinlichkeit zwischenzeitlicher Änderungen. Zwar geht der Rechtsverkehr in der Regel davon aus, dass die bescheinigte Rechtslage im Zeitpunkt der Ausstellung noch zutrifft[27]. Jedoch muss die Behörde (Grundbuchamt), der gegenüber der Nachweis zu führen ist, bei weiter zurückliegender Registereinsicht nach pflichtgemäßem Ermessen entscheiden, ob die Vertretungsberechtigung noch als nachgewiesen angesehen werden kann[28]. Einen sachgerechten Anknüpfungspunkt bietet die Schonfrist des § 15 Abs. 2 Satz 2 HGB, wonach Dritte im Handelsregister eingetragene Tatsachen innerhalb von 15 Tagen nach Bekanntmachung nicht gegen sich gelten lassen müssen, sofern sie diese weder kannten noch kennen mussten[29]. Unter Berücksichtigung des üblicherweise zwischen Eintragung und Bekanntmachung liegenden Zeitraums von drei bis vier Wochen kann die Vertretungsbefugnis im Regelfall als nachgewiesen angesehen werden, wenn zwischen der Einsicht in das Handelsregister und der Ausstellung der Bescheinigung nicht mehr als sechs Wochen liegen[30].   **20**

b) Nachfolgende Erkundigungen

Liegt die Einsicht in das Register schon einige Zeit zurück, kann sich der Notar auch in anderer Weise – etwa durch telefonische Anfrage – vergewissern, ob seit der Einsichtnahme   **21**

---

23 Siehe oben Rz. 4.
24 Eingehend zur Bedeutung von Registerbescheinigungen: *Limmer*, ZNotP 2002, 261, 263.
25 I. d. F. des EHUG.
26 *Schippel/Bracker/Reithmann*, § 21 Rz. 7, 15.
27 *Reithmann*, MittBayNot 1990, 84; ähnlich: *Schippel/Bracker/Reithmann*, § 21 Rz. 7, 15 (»*tatsächliche Vermutung*«).
28 KG DNotZ 1938, 679.
29 LG Berlin RNotZ 2003, 470; *Mayer*, Rpfleger 1989, 144; *Kersten/Bühling/Peter*, Formularbuch und Praxis der Freiwilligen Gerichtsbarkeit, § 17 Rz. 34.
30 Im Ergebnis ebenso: *Schippel/Bracker/Reithmann*, § 21 Rz. 7; *Dieterle*, BWNotZ 1990, 37.

Änderungen eingetragen worden sind. Das Ergebnis einer solchen Erkundigung kann in die Bescheinigung aufgenommen werden, um ihren Beweiswert zu erhöhen[31].

IV. Verfahren des Notars

1. Zuständigkeit

22 Seit der Änderung des § 21 durch § 57 Abs. 17 Nr. 4 BeurkG[32] ist die Ausstellung von Bescheinigungen nach § 21 nicht mehr an Beurkundungen oder Unterschriftsbeglaubigungen gebunden. Der bescheinigende Notar muss daher nicht derjenige sein, der die Beurkundung oder die Unterschriftsbeglaubigung vorgenommen hat, für deren Vollzug die Bescheinigung erfordert wird. Jeder Notar kann aus den ihm zugänglichen Registern die entsprechenden Feststellungen treffen und Bescheinigungen ausstellen, gleichgültig, ob er seinen **Amtssitz** am Ort des Registergerichts oder anderswo hat.

2. Ermittlung des Registerinhalts

a) Gewissheit des Notars

23 Nach Abs. 2 Satz 1 darf der Notar die Bescheinigung nur ausstellen, wn er sich zuvor über die Eintragung **Gewissheit** verschafft hat. Die Gewissheit muss auf Einsichtnahme in das Register selbst oder in eine beglaubigte Abschrift hiervon beruhen. Soweit die Register in maschineller Form als automatisierte Dateien geführt werden[33], steht der **Online-Zugriff** auf die elektronische Datenbank durch den bescheinigenden Notar selbst oder eine zuverlässige Hilfskraft gem. § 9a HGB der Einsichtnahme in das Register gleich[34].

Der **Zeitraum** zwischen der Einsichtnahme und der Ausstellung der Bescheinigung ist gesetzlich nicht bestimmt; er liegt im pflichtgemäßen Ermessen des Notars[35]. In Anlehnung an die Rechtslage bei der nach § 21 BeurkG vorgeschriebenen Grundbucheinsicht[36] wird davon auszugehen sein, dass ein Zeitraum von zwei Wochen angemessen, ein solcher von mehr als sechs Wochen aber zu lang ist.

b) Einsichtnahme durch Hilfspersonen

24 Der Notar braucht die Einsicht nicht selbst vorzunehmen, sondern kann sich dazu – wie bei der Grundbucheinsicht nach § 21 BeurkG[37] – zuverlässiger **Hilfspersonen** bedienen[38]. Diese Frage war in der Vergangenheit umstritten. Durch die Neufassung des Abs. 2 Satz 1 ist sie im Sinne der schon bisher h. M. dahin beantwortet worden, dass es einer *persönlichen* Einsichtnahme nicht bedarf[39]. Im Rahmen des Onlinezugangs wird es der Zuziehung von Hilfspersonen allerdings wohl kaum noch bedürfen.

Aus dem ermittelten Registerinhalt die richtigen **Schlussfolgerungen** zu ziehen, ist in jedem Fall Aufgabe des Notars persönlich[40]; er darf die rechtliche Würdigung nicht seinem

---

31 *Schippel/Bracker/Reithmann*, § 21 Rz. 22; *Reithmann*, MittBayNot 1990, 84.
32 Siehe oben Rz. 1.
33 Siehe oben Rz. 13.
34 So schon *Bundesnotarkammer*, Rundschreiben Nr. 14/2003, ZNotP 2003, 260 (Internetabruf: www.bnotk.de).
35 Zur Bedeutung des Zeitraums für den Beweiswert der Bescheinigung: oben Rz. 15.
36 Vgl. § 14 Rz. 123.
37 Siehe § 14 Rz. 118.
38 Wegen der Haftung des Notars für Fehler von Hilfspersonen vgl. § 19 Rz. 21.
39 BT-Drucks. 13/4184, S. 26.
40 *Schippel/Bracker/Reithmann*, § 21 Rz. 12; *Reithmann*, MittBayNot 1990, 84; *Assenmacher*, Rpfleger 1990, 196.

Büropersonal oder anderen Personen überlassen. Dies folgt aus dem Charakter der Bescheinigung, die nicht Zeugnisurkunde über die Registereinsicht durch den Notar, sondern Rechtsbescheinigung über die von ihm aufgrund seiner Kenntnis des Registerstandes gezogenen Folgerungen ist[41].

3. Inhalt und Form der Bescheinigung

Der **Inhalt** der Bescheinigung richtet sich nach dem mit ihr verfolgten Zweck.   25

a) Vertretungsbescheinigung

Bei einer **Vertretungsbescheinigung** ist im Einzelnen darzulegen, wer ausweislich des Registers zur Vertretung befugt ist und auf welchem Rechtsverhältnis die Vertretungsmacht beruht (Vorstand, Geschäftsführer, persönlich haftender Gesellschafter, Prokurist usw.); bei Gesamtvertretungsmacht ist die Bescheinigung über die gemeinschaftliche Vertretungsbefugnis auszustellen[42]. Wird die Bescheinigung allerdings für Zwecke einer bestimmten Beurkundung oder Unterschriftsbeglaubigung benötigt, kann sie auf die dabei handelnden Personen beschränkt werden[43].   26

b) Bescheinigung nach Abs. 1 Satz 1 Nr. 2

Auch bei einer Bescheinigung nach **Abs. 1 Satz 1 Nr. 2** hängt der notwendige Inhalt von dem verfolgten Zweck ab. Im Zweifel wird der Notar den Registerinhalt vollständig bescheinigen.   27

c) Tag der Einsichtnahme

Ferner ist der **Tag der Einsichtnahme** in das Register oder – bei Einsicht in eine beglaubigte Abschrift des Registers – der Tag der Ausstellung der Abschrift anzugeben (Abs. 2 Satz 2).   28

d) Form der Bescheinigung

Die **Form** der Bescheinigung ist gesetzlich nicht ausdrücklich geregelt. Bei der isolierten Bescheinigung genügt anstelle einer Niederschrift eine Vermerkurkunde mit Angabe von Ort und Tag sowie mit Unterschrift und Siegel des Notars (§ 39 BeurkG). Soll die Bescheinigung anlässlich einer Beurkundung oder Unterschriftsbeglaubigung verwendet werden, kann sie in die Niederschrift bzw. in den Beglaubigungsvermerk mit aufgenommen werden.   29

---

41 Siehe oben Rz. 4.
42 *Dieterle*, BWNotZ 1990, 36.
43 *Dieterle*, BWNotZ 1990, 36.

§ 22

(1) Zur Abnahme von Eiden sowie zu eidlichen Vernehmungen sind die Notare nur zuständig, wenn der Eid oder die eidliche Vernehmung nach dem Recht eines ausländischen Staates oder nach den Bestimmungen einer ausländischen Behörde oder sonst zur Wahrnehmung von Rechten im Ausland erforderlich ist.

(2) Die Aufnahme eidesstattlicher Versicherungen steht den Notaren in allen Fällen zu, in denen einer Behörde oder sonstigen Dienststelle eine tatsächliche Behauptung oder Aussage glaubhaft gemacht werden soll.

Übersicht

A. Entstehungsgeschichte der Vorschrift

1 Die Vorschrift entspricht wörtlich § 24 Abs. 1 und 2 RNotO. § 24 Abs. 3 RNotO sah zusätzlich die Befugnis der Notare vor, zu einer Amtshandlung zugezogene Dolmetscher zu beeidigen. § 24 RNotO wurde in dieser Fassung als § 22 in die BNotO übernommen, zugleich aber um einen Abs. 4 ergänzt, der die Belehrungspflichten der Notare bei der Abnahme von Eiden und der Aufnahme von eidesstattlichen Versicherungen regelte. Mit der Einführung des Beurkundungsgesetzes[1] wurden die Absätze 3 (Dolmetschereid) und 4 (Belehrungspflicht) aufgehoben (§ 57 Abs. 17 Nr. 5 BeurkG) und durch § 16 Abs. 3 (Dolmetschereid) sowie § 38 Abs. 2 (Belehrungspflicht) BeurkG ersetzt.

Die Berufsrechtsnovelle 1998[2] hat die Vorschrift unverändert gelassen.

---

1 Gesetz v. 28.08.1969 (BGBl. I S. 1513).
2 Drittes Gesetz zur Änderung der Bundesnotarordnung und anderer Gesetze v. 31.08.1998 (BGBl. I S. 2585).

SANDKÜHLER

B. Erläuterungen

I. Urkundstätigkeit

Die in § 22 genannten Aufgaben gehören zur **Urkundstätigkeit** der Notare im Sinne des **2**
§ 10a Abs. 2. Sie stellen Pflichtaufgaben nach Maßgabe des § 15 Abs. 1 dar; ferner gelten für
sie die Befangenheitsvorschrift des § 16, die Möglichkeit der Gebührenbefreiung nach § 17
Abs. 2 sowie das Haftungsprivileg nach § 19 Abs. 1 Satz 2.

II. Abnahme von Eiden, eidliche Vernehmungen (Abs. 1)

1. Bedeutung der Vorschrift

a) Anwendungsgebiet

Die Abnahme von Eiden sowie eidliche Vernehmungen sind in Deutschland grundsätzlich **3**
Aufgabe der staatlichen Gerichte[3]. Indes bedarf es in **ausländischen Rechtsangelegenheiten**
vielfach beeideter Erklärungen. § 22 Abs. 1 ermöglicht es, solche Erklärungen im Inland vor
einem Notar abzugeben.

Einer der Hauptanwendungsfälle ist das im anglo-amerikanischen Rechtskreis gebräuchli- **4**
che **Affidavit**[4]. Darunter ist jede freiwillige Erklärung eines Beteiligten zu verstehen, die
schriftlich niedergelegt und gegenüber einer Person bekräftigt worden ist, die zur Abnahme
von Eiden legitimiert ist[5]. Da der Notar nicht sicher sein kann, ob das in Betracht kommende ausländische Recht eine eidesstattliche Versicherung als ausreichend anerkennt, sollte er
vorsichtshalber jedes Affidavit als **eidliche** Erklärung behandeln[6].

b) Dolmetschereid

Eine Ausnahme von § 22 Abs. 1 enthält § 16 Abs. 3 BeurkG. Danach ist den Notaren die **5**
Vereidigung von **Dolmetschern** gestattet, wenn der Notar den Dolmetscher zur Verhandlung zuzieht. Die Vereidigung ist entbehrlich, wenn der Dolmetscher allgemein – d. h. auch
für *notarielle* Angelegenheiten – vereidigt ist. Die allgemeine Vereidigung richtet sich nach
dem jeweiligen Landesrecht. Die bloße Verpflichtung nach dem Verpflichtungsgesetz[7] ersetzt eine Vereidigung nicht. Auch eine Vereidigung, die sich nur auf bestimmte Tätigkeiten
– etwa Übersetzungen vor einem bestimmten Gericht oder allgemein vor Gericht – erstreckt, stellt keine allgemeine Vereidigung im Sinne des § 16 Abs. 3 Satz 3 BeurkG dar[8].

c) Landesrecht

Darüber hinaus kommt nach **Landesrecht** die Vereidigung von Zeugen und Sachverständi- **6**
gen durch den Notar innerhalb der förmlichen Vermittlung einer Nachlass- oder Gesamtgutauseinandersetzung nach § 20 Abs. 5 in Betracht[9].

---

3 Zur Frage der eidlichen Vernehmung im Schiedsgerichtsverfahren: *Zöller/Geimer*, ZPO, § 1050 Rz. 1.
4 Eingehend dazu mit Muster eines Affidavits: *Brambring*, DNotZ 1976, 726, 739; vgl. auch *Kersten/
Bühling/Peter*, Formularbuch und Praxis der Freiwilligen Gerichtsbarkeit, § 18 Rz. 14.
5 Vgl. dazu *Schippel/Bracker/Reithmann*, BNotO, § 22 Rz. 21; teilweise a. A. *Brambring*, DNotZ 1976,
730.
6 *Brambring*, DNotZ 1976, 731.
7 Siehe § 18 Rz. 10.
8 Vgl. § 189 Abs. 2 GVG: Vereidigung »*für* Übertragungen *der betreffenden Art*«.
9 Näher dazu: § 20 Rz. 85.

2. Abnahme von Eiden

a) Begriff der Abnahme

7 § 22 Abs. 1 ermächtigt den Notar zur **Abnahme** von Eiden. Damit ist die Vornahme der Vereidigungshandlung, d. h. die Entgegennahme des Eides, gemeint. Davon zu unterscheiden ist die **Aufnahme** der Vereidigung, d. h. die in § 38 BeurkG geregelte, dort fälschlich als »Abnahme« bezeichnete Beurkundung der Eidesleistung[10].

b) Begriff des Eides

8 Der **Begriff** des Eides wird in § 22 Abs. 1 und in der korrespondierenden Verfahrensvorschrift des § 38 BeurkG nicht definiert, sondern vorausgesetzt. In Anlehnung an § 15 Abs. 1 FGG kann auf die zivilprozessualen Eidesvorschriften der §§ 478, 481, 483 ZPO zurückgegriffen werden[11]. Eid ist danach die von dem Eidesleistenden höchstpersönlich abzugebende feierliche Bekräftigung der Wahrheit des Erklärten; sie kann, muss aber nicht mit einer religiösen Beteuerung verbunden werden. Ob anstelle des Eides eine bloße **Bekräftigung** (§ 484 ZPO) ausreicht, hängt von dem maßgeblichen ausländischen Recht ab, das die Eidesleistung erfordert[12].

c) Erforderlichkeit des Eides

9 Die Zuständigkeit des Notars hängt davon ab, dass der Eid nach dem Recht eines ausländischen Staates oder nach den Bestimmungen einer ausländischen Behörde oder sonst zur Wahrnehmung von Rechten im Ausland **erforderlich** ist. Ob das der Fall ist, kann der Notar – der zur Kenntnis des ausländischen Rechts nicht verpflichtet ist[13] – häufig nicht aus eigenem Wissen beurteilen. Legt der Eideswillige eine entsprechende Aufforderung einer ausländischen Behörde vor, so kann der Notar von der Erforderlichkeit der Eidesleistung ausgehen. Im Übrigen reicht regelmäßig eine glaubhafte Versicherung eines Beteiligten zu der Annahme aus, dass die Eidesleistung erforderlich ist.

d) Antragserfordernis

10 Voraussetzung für die Abnahme des Eides ist ein **Antrag** des Eideswilligen. Der Notar ist nicht befugt, auf bloßes Ersuchen einer ausländischen Stelle hin jemanden zur Eidesleistung zu veranlassen[14].

e) Beurkundungsverfahren

11 Das Verfahren bei der **Aufnahme** des Eides richtet sich nach § 38 BeurkG. Danach gelten die Vorschriften über die Beurkundung von Willenserklärungen entsprechend. Der Notar soll über die Bedeutung des Eides belehren und dies in der Niederschrift vermerken (§ 38 Abs. 2). Die Wirksamkeit des Eides hängt jedoch nicht von der Vornahme der Belehrung und der Aufnahme des Vermerks ab.

3. Eidliche Vernehmungen

12 Unter den vorstehend genannten Voraussetzungen sind die Notare auch zu **eidlichen Vernehmungen** von Beteiligten, Zeugen und Sachverständigen befugt. Der Unterschied zur

---

10 *Lerch*, BeurkG, § 38 Rz. 1.
11 Im Ergebnis ebenso: *Kersten/Bühling/Peter*, § 18 Rz. 4.
12 Weitergehend: *Brambring*, DNotZ 1976, 732, wonach § 22 Abs. 1 alle Erklärungen mit besonderer Beteuerung und Bekräftigung meint.
13 Siehe § 14 Rz. 215.
14 *Huhn/von Schuckmann/Preuß*, BeurkG, § 38 Rz. 4.

bloßen Abnahme eines Eides liegt darin, dass der Notar bei der Vernehmung eine aktive Rolle als Ermittlungsperson übernimmt, indem er Fragen zur Sache formuliert und auf deren wahrheitsgemäße und erschöpfende Beantwortung durch die Beteiligten hinwirkt.

III. Aufnahme eidesstattlicher Versicherungen (Abs. 2)

1. Bedeutung der Vorschrift

Aufgrund der Beurkundungszuständigkeit nach § 20 Abs. 1 dürfte der Notar an sich eidesstattliche Versicherungen aufnehmen, weil es sich um die Beurkundung einer Tatsache, nämlich der Abgabe einer bestimmten Erklärung, handelt. Wegen des Missbrauchs, der mit eidesstattlichen Versicherungen getrieben werden kann, beschränkt § 22 Abs. 2 die Befugnis auf solche Fälle, in denen die eidesstattliche Versicherung zur Glaubhaftmachung gegenüber einer **Behörde** oder sonstigen **Dienststelle** bestimmt ist. Der Notar darf also nicht eidesstattliche Versicherungen zum Gebrauch gegenüber Privatpersonen oder gewerblichen Unternehmungen wie etwa Kreditinstituten, Versicherungsunternehmen usw. beurkunden. Gegenüber Privaten abgegebene eidesstattliche Versicherungen stehen nicht unter dem Strafschutz der §§ 156, 163 StGB.

13

2. Zuständigkeit des Notars

a) Begriff der eidesstattlichen Versicherung

Der **Begriff** der eidesstattlichen Versicherung entspricht dem des § 156 StGB. Die Versicherung an Eides Statt bildet eine besondere, vom Eid verschiedene Beteuerung der Richtigkeit einer Angabe; sie besteht in der Erklärung, etwas »*an Eides Statt*« oder »*eidesstattlich*« zu versichern, nicht im Sicherbieten, eine Angabe zu beeiden.

14

b) Befugnis zur Aufnahme

Wie beim Eid ist zwischen der Abnahme und der Aufnahme einer eidesstattlichen Versicherung zu unterscheiden. »*Abnahme*« bedeutet ihre Entgegennahme im Sinne des § 156 StGB, »*Aufnahme*« ihre Beurkundung gemäß § 38 BeurkG. § 22 Abs. 2 ermächtigt den Notar nur zur **Aufnahme** der eidesstattliche Versicherung.

15

c) Befugnis zur Abnahme

Eine allgemeine Befugnis zur **Abnahme** eidesstattlicher Versicherungen steht dem Notar nicht zu[15]. Er ist dafür nur zuständig, soweit er auch zur Abnahme eines Eides befugt wäre (Abs. 1), ferner in den Fällen, in denen das Gesetz die Abgabe einer eidesstattliche Versicherung »*vor einem* Notar« vorsieht.

16

In Betracht kommen insbesondere eidesstattliche Versicherungen
– zur Erlangung eines Erbscheins (§ 2356 Abs. 2 BGB),
– zur Erlangung eines Testamentsvollstreckerzeugnisses (§ 2368 Abs. 3 BGB),
– zur Erlangung eines Zeugnisses über die Fortsetzung der Gütergemeinschaft (§ 1507 BGB),
– im Sonderprüfungsverfahren der Aktiengesellschaft (§§ 142 Abs. 2 Satz 3, 258 Abs. 2 Satz 5 AktG),
– gemäß § 2 der Verordnung zur Vereinfachung des Verfahrens über Verklarungen[16],

17

15 OLG Stuttgart DNotZ 1961, 164.
16 VO v. 16.08.1944 (RGBl. I S. 183, BGBl. III 4104-1).

– gemäß § 1 des Zweiten Gesetzes zur Durchführung von Richtlinien der Europäischen Wirtschaftsgemeinschaft über die Niederlassungsfreiheit und den freien Dienstleistungsverkehr[17].

3. Voraussetzungen und Umfang der Zuständigkeit

a) Antragserfordernis

18 Wie in den Fällen des Abs. 1 wird der Notar auch bei der Aufnahme einer eidesstattlichen Versicherung nur auf **Antrag eines Beteiligten**, nicht aber auf bloßes Ersuchen der Behörde oder sonstigen Dienststelle hin tätig[18].

b) Behörde, sonstige Dienststelle

19 Die eidesstattliche Versicherung muss dazu bestimmt sein, einer **Behörde** oder **sonstigen Dienststelle** eine tatsächliche Behauptung oder Aussage glaubhaft zu machen.

20 aa) **Behörde** ist im Bereich der öffentlichen Verwaltung nach der Legaldefinition des § 1 Abs. 4 VwVfG[19] jede Stelle, die Aufgaben der öffentlichen Verwaltung wahrnimmt. Behörden sind danach ohne Rücksicht auf die konkrete Bezeichnung – aber auch ohne dass die Bezeichnung als »Behörde« schon zwingend auf die Behördeneigenschaft schließen läßt – alle vom Wechsel der in ihnen tätigen Personen unabhängigen, mit organisatorischer Selbstständigkeit ausgestatteten Einrichtungen, denen Aufgaben der öffentlichen Verwaltung und entsprechende Zuständigkeiten zur eigenverantwortlichen Wahrnehmung übertragen sind.

21 Behörden sind ferner die **Gerichte** (vgl. § 11 Abs. 1 Nr. 7 StGB).

22 bb) Mit dem Begriff der **sonstigen Dienststelle** werden auch Einrichtungen einbezogen, deren Behördeneigenschaft als öffentliche Behörde nicht zweifelsfrei festzustellen ist[20].

c) Eignung der eidesstattlichen Versicherung

23 Die eidesstattliche Versicherung muss nach Art und Gegenstand des behördlichen bzw. gerichtlichen Verfahrens, für das sie bestimmt ist, als Mittel der Glaubhaftmachung **geeignet** sein. Dazu ist erforderlich, dass die Behörde sowohl allgemein als auch im konkreten Fall zur Entgegennahme der eidesstattlichen Versicherung befugt ist. Im Verwaltungsverfahren dürfen eidesstattliche Versicherungen verlangt und abgenommen werden, wenn die Abnahme der Versicherung über den betreffenden Gegenstand und in dem betreffenden Verfahren durch Gesetz oder Rechtsverordnung vorgesehen und die Behörde durch Rechtsvorschrift für zuständig erklärt worden ist (§ 27 VwVfG, § 23 Abs. 1 SGB X)[21]. Wann eidesstattliche Versicherungen in **gerichtlichen Verfahren** zulässig sind, ergibt sich aus den einschlägigen Verfahrensordnungen (z. B. § 294 Abs. 1 ZPO, § 15 Abs. 2 FGG).

24 Ob die eidesstattliche Versicherung in diesem Sinne zur Glaubhaftmachung geeignet ist, kann der Notar nicht immer zuverlässig beurteilen. Wenn **Zweifel** bestehen, muss er nach § 17 Abs. 2 Satz 2 BeurkG verfahren und seine Bedenken sowie die Belehrung in der Urkunde vermerken[22]. **Weiß** der Notar, dass die Behörde bzw. das Gericht im konkreten Fall nicht zur Abnahme der eidesstattliche Versicherung befugt ist, muss er die Beurkundung ablehnen[23].

---

17 Gesetz v. 14.12.1970 (BGBl. I S. 1709).
18 Siehe oben Rz. 10.
19 VwVfG des Bundes. Der Behördenbegriff der Verwaltungsverfahrensgesetze der Länder stimmt damit überein.
20 *Kersten/Bühling/Peter*, § 18 Rz. 20.
21 Siehe ferner § 95 Abs. 1 AO.
22 Formulierungsvorschlag: *Dieterle*, BWNotZ 1987, 13.
23 *Lerch*, BeurkG, § 38 Rz. 8; *Weingärtner/Ehrlich*, Rz. 599; a. A. *Winkler*, BeurkG, § 38 Rz. 6 (Recht, aber nicht Pflicht zur Ablehnung).

d) Ermittlungshandlungen

Die Zuständigkeit des Notars zur Aufnahme einer eidesstattlichen Versicherung umfasst **25**
nicht die Befugnis zu weitergehenden **Ermittlungen**. So kann der mit der Aufnahme eines
Erbscheinsantrags betraute Notar nicht aufgrund von § 22 Abs. 2 BNotO die Erteilung von
Personenstandsurkunden gemäß § 61a PStG verlangen[24]. Die Befugnis dazu kann sich allerdings aus der allgemeinen Betreuungszuständigkeit des Notars gemäß § 24 Abs. 1 BNotO
ergeben[25].

4. Verfahren des Notars

a) Beurkundungsverfahren

Das Verfahren bei der **Beurkundung** einer eidesstattlichen Versicherung richtet sich nach **26**
§ 38 BeurkG[26]. Um zu dokumentieren, dass die Voraussetzungen des § 22 Abs. 2 BNotO
geprüft und nach Auffassung des Notars erfüllt sind, sollte der Notar den **Verwendungszweck** der eidesstattlichen Versicherung in die Niederschrift aufnehmen[27].

b) Unterschriftsbeglaubigung

Fraglich ist, ob der Notar in Fällen, in denen die Voraussetzungen nach § 22 Abs. 2 nicht **27**
vorliegen, eine **Unterschriftsbeglaubigung** unter einer von dem Antragsteller verfassten
oder von dem Notar selbst entworfenen eidesstattlichen Versicherung vornehmen darf.
Nach herrschender Auffassung ist ein solches Vorgehen zwar zu vermeiden, aber nicht unzulässig[28]. Es führt jedoch zu einer Umgehung des § 22 Abs. 2 und ist deshalb als amtspflichtwidrig abzulehnen.

---

24 OLG Frankfurt DNotZ 1988, 136 m. krit. Anm. *Vetter.*
25 So zutreffend *Vetter,* DNotZ 1988, 138.
26 Vgl. oben Rz. 11.
27 *Weingärtner/Ehrlich,* Rz. 598.
28 *Winkler,* § 38 Rz. 15; *Lerch,* BeurkG, § 38 Rz. 9; a. A. *Dieterle,* BWNotZ 1987, 13.

§ 23

Die Notare sind auch zuständig, Geld, Wertpapiere und Kostbarkeiten, die ihnen von den Beteiligten übergeben sind, zur Aufbewahrung oder zur Ablieferung an Dritte zu übernehmen; § 54a bis 54d des Beurkundungsgesetzes bleiben unberührt.

Beurkundungsgesetz

§ 54a Antrag auf Verwahrung

(1) Der Notar darf Bargeld zur Aufbewahrung oder zur Ablieferung an Dritte nicht entgegennehmen.

(2) Der Notar darf Geld zur Verwahrung nur entgegennehmen, wenn

1. hierfür ein berechtigtes Sicherungsinteresse der am Verwahrungsgeschäft beteiligten Personen besteht,
2. ihm ein Antrag auf Verwahrung verbunden mit einer Verwahrungsanweisung vorliegt, in der hinsichtlich der Masse und ihrer Erträge der Anweisende, der Empfangsberechtigte sowie die zeitlichen und sachlichen Bedingungen der Verwahrung und die Auszahlungsvoraussetzungen bestimmt sind,
3. er den Verwahrungsantrag und die Verwahrungsanweisung angenommen hat.

(3) Der Notar darf den Verwahrungsantrag nur annehmen, wenn die Verwahrungsanweisung den Bedürfnissen einer ordnungsgemäßen Geschäftsabwicklung und eines ordnungsgemäßen Vollzugs der Verwahrung sowie dem Sicherungsinteresse aller am Verwahrungsgeschäft beteiligten Personen genügt.

(4) Die Verwahrungsanweisung sowie deren Änderung, Ergänzung oder Widerruf bedürfen der Schriftform.

(5) Auf der Verwahrungsanweisung hat der Notar die Annahme mit Datum und Unterschrift zu vermerken, sofern die Verwahrungsanweisung nicht Gegenstand einer Niederschrift (§§ 8, 36) ist, die er selbst oder sein amtlich bestellter Vertreter aufgenommen hat.

(6) Die Absätze 3 bis 5 gelten entsprechend für Treuhandaufträge, die dem Notar im Zusammenhang mit dem Vollzug des der Verwahrung zugrunde liegenden Geschäfts von Personen erteilt werden, die an diesem nicht beteiligt sind.

§ 54b Durchführung der Verwahrung

(1) [1]Der Notar hat anvertraute Gelder unverzüglich einem Sonderkonto für fremde Gelder (Notaranderkonto) zuzuführen. [2]Der Notar ist zu einer bestimmten Art der Anlage nur bei einer entsprechenden Anweisung der Beteiligten verpflichtet. [3]Fremdgelder sowie deren Erträge dürfen auch nicht vorübergehend auf einem sonstigen Konto des Notars oder eines Dritten geführt werden.

(2) [1]Das Notaranderkonto muss bei einem im Inland zum Geschäftsbetrieb befugten Kreditinstitut oder der Deutschen Bundesbank eingerichtet sein. [2]Die Anderkonten sollen bei Kreditinstituten in dem Amtsbereich des Notars oder den unmittelbar angrenzenden Amtsgerichtsbezirken desselben Oberlandesgerichtsbezirks eingerichtet werden, sofern in der Anweisung nicht ausdrücklich etwas anderes vorgesehen wird oder eine andere Handhabung sachlich geboten ist. [3]Für jede Verwahrungsmasse muss ein gesondertes Anderkonto geführt werden, Sammelanderkonten sind unzulässig.

(3) [1]Über das Notaranderkonto darf nur der Notar persönlich, dessen amtlich bestellter Vertreter oder der Notariatsverwalter verfügen. [2]Satz 1 gilt für den mit der Aktenverwahrung gemäß § 51 Abs. 1 Satz 2 betrauten Notar entsprechend, soweit ihm die Verfügungsbefugnis über Anderkonten übertragen worden ist. [3]Die Landesregierungen oder die von ihnen bestimmten Stellen werden ermächtigt, durch Rechtsverordnung zu bestimmen, dass Verfügungen auch durch einen entsprechend bevollmächtigten anderen Notar erfolgen dürfen. [4]Verfügungen sollen nur erfolgen, um Beträge unverzüglich dem Empfangsberechtigten oder einem von diesem schriftlich benannten Dritten zuzuführen. [5]Sie sind grds. im bargeldlosen Zahlungsverkehr durchzuführen, sofern nicht besondere berechtigte Interessen der Beteiligten die Auszahlung in bar oder mittels Bar- oder Verrechnungsscheck gebieten. [6]Die Gründe für eine Bar- oder Scheckauszahlung sind von dem Notar zu vermerken. [7]Die Bar- oder Scheckauszahlung ist durch den berechtigten Empfänger oder einen von ihm schriftlich Beauftragten nach Feststellung der Person zu quittieren. [8]Verfügungen zugunsten von Privat- oder Geschäftskonten des Notars sind lediglich zur Bezahlung von Kostenforderungen aus dem zugrunde liegenden Amtsgeschäft unter Angabe des Verwendungszwecks und nur dann zulässig, wenn hierfür eine notarielle Kostenrechnung erteilt und dem Kostenschuldner zugegangen ist und Auszahlungsreife des verwahrten Betrages zugunsten des Kostenschuldners gegeben ist.

(4) Eine Verwahrung soll nur dann über mehrere Anderkonten durchgeführt werden, wenn dies sachlich geboten ist und in der Anweisung ausdrücklich bestimmt ist.

SANDKÜHLER

(5) ¹Schecks sollen unverzüglich eingelöst oder verrechnet werden, soweit sich aus den Anweisungen nichts anderes ergibt. ²Der Gegenwert ist nach den Absätzen 2 und 3 zu behandeln.

§ 54c Widerruf

(1) Den schriftlichen Widerruf einer Anweisung hat der Notar zu beachten, soweit er dadurch Dritten gegenüber bestehende Amtspflichten nicht verletzt.

(2) Ist die Verwahrungsanweisung von mehreren Anweisenden erteilt, so ist der Widerruf darüber hinaus nur zu beachten, wenn er durch alle Anweisenden erfolgt.

(3) ¹Erfolgt der Widerruf nach Absatz 2 nicht durch alle Anweisenden und wird er darauf gegründet, dass das mit der Verwahrung durchzuführende Rechtsverhältnis aufgehoben, unwirksam oder rückabzuwickeln sei, soll sich der Notar jeder Verfügung über das Verwahrungsgut enthalten. ²Der Notar soll alle an dem Verwahrungsgeschäft beteiligten Personen im Sinne des § 54a hiervon unterrichten. ³Der Widerruf wird jedoch unbeachtlich, wenn

1. eine spätere übereinstimmende Anweisung vorliegt oder
2. der Widerrufende nicht innerhalb einer von dem Notar festzusetzenden angemessenen Frist dem Notar nachweist, dass ein gerichtliches Verfahren zur Herbeiführung einer übereinstimmenden Anweisung rechtshängig ist, oder
3. dem Notar nachgewiesen wird, dass die Rechtshängigkeit der nach Nummer 2 eingeleiteten Verfahren entfallen ist.

(4) Die Verwahrungsanweisung kann von den Absätzen 2 und 3 abweichende oder ergänzende Regelungen enthalten.

(5) § 15 Abs. 2 der Bundesnotarordnung bleibt unberührt.

§ 54d Absehen von Auszahlung

Der Notar hat von der Auszahlung abzusehen und alle an dem Verwahrungsgeschäft beteiligten Personen im Sinne des § 54a hiervon zu unterrichten, wenn

1. hinreichende Anhaltspunkte dafür vorliegen, dass er bei Befolgung der unwiderruflichen Weisung an der Erreichung unerlaubter oder unredlicher Zwecke mitwirken würde, oder
2. einem Auftraggeber im Sinne des § 54a durch die Auszahlung des verwahrten Geldes ein unwiederbringlicher Schaden erkennbar droht.

§ 54e Verwahrung von Wertpapieren und Kostbarkeiten

(1) Die §§ 54a, 54c und 54d gelten entsprechend für die Verwahrung von Wertpapieren und Kostbarkeiten.

(2) Der Notar ist berechtigt, Wertpapiere und Kostbarkeiten auch einer Bank im Sinne des § 54b Abs. 2 in Verwahrung zu geben, und ist nicht verpflichtet, von ihm verwahrte Wertpapiere zu verwalten, soweit in der Verwahrungsanweisung nichts anderes bestimmt ist.

Richtlinienempfehlungen der Bundesnotarkammer

III. Wahrung fremder Vermögensinteressen

1. Der Notar hat ihm anvertraute Vermögenswerte mit besonderer Sorgfalt zu behandeln und Treuhandaufträge sorgfältig auszuführen.
2. Der Notar darf nicht dulden, dass sein Amt zur Vortäuschung von Sicherheiten benutzt wird. Der Notar darf insbesondere Geld, Wertpapiere und Kostbarkeiten nicht zur Aufbewahrung oder zur Ablieferung an Dritte übernehmen, wenn der Eindruck von Sicherheiten entsteht, die durch die Verwahrung nicht gewährt werden. Anlass für eine entsprechende Prüfung besteht insbesondere, wenn die Verwahrung nicht im Zusammenhang mit einer Beurkundung erfolgt.
3. Der Notar darf ihm beruflich anvertrautes Wissen nicht zu Lasten von Beteiligten zum eigenen Vorteil nutzen.

Dienstordnung für Notarinnen und Notare (DONot)

§ 5 Führung der Unterlagen, Dauer der Aufbewahrung

(1) [1]Notarinnen und Notare führen die folgenden Bücher und Verzeichnisse:
1. [...],
2. das Verwahrungsbuch,
3. das Massenbuch,
4. [...],
5. die Anderkontenliste,
6. die Namensverzeichnisse [...] zum Massenbuch.

(2) Notarinnen und Notare erstellen jährliche [...] Übersichten über die Verwahrungsgeschäfte.

(3) [...]

(4) [1]Für die Dauer der Aufbewahrung der Unterlagen gilt folgendes:
– [...],
– Verwahrungsbuch, Massenbuch, Namenverzeichnis zum Massenbuch, Anderkontenliste [...] : 30 Jahre,

§ 7 Bücher

(1) [1]Bücher in gebundener Form sind in festem Einband herzustellen, mit einem Titelblatt zu versehen und von Seite zu Seite fortlaufend zu nummerieren. [2]Auf dem Titelblatt sind der Name der Notarin oder des Notars und der Amtssitz anzugeben. [3]Bevor Urkundenrolle und Verwahrungsbuch in Gebrauch genommen werden, hat die Notarin oder der Notar auf dem Titelblatt unter Beifügung von Datum, Unterschrift und Farbdrucksiegel die Seitenzahl des Buches festzustellen (Muster 1).

§ 10 Gemeinsame Vorschriften für das Verwahrungsbuch und das Massenbuch

(1) [1]Verwahrungsmassen, welche Notarinnen und Notare gemäß § 23 BNotO, §§ 54a, 54e BeurkG entgegennehmen, sind in das Verwahrungsbuch und in das Massenbuch einzutragen. [2]Nicht eingetragen werden müssen
– Geldbeträge, die Notarinnen und Notare als Protestbeamtinnen oder Protestbeamte empfangen haben, wenn sie unverzüglich an die Berechtigten herausgegeben werden,
– Hypotheken- und Grundschuld- und Rentenschuldbriefe,
– Wechsel und Schecks, welche Notarinnen und Notare zwecks Erhebung des Protestes erhalten haben.

(2) Jede Einnahme und jede Ausgabe sind sowohl im Verwahrungsbuch als auch im Massenbuch noch am Tage der Einnahme oder der Ausgabe unter diesem Datum einzutragen; Umbuchungen zwischen einem Giroanderkonto und einem Festgeldanderkonto, die für dieselbe Verwahrungsmasse eingerichtet worden sind, sind weder als Einnahme noch als Ausgabe einzutragen; es kann jedoch durch einen Vermerk im Massenbuch auf sie hingewiesen werden.

(3) [1]Bei bargeldlosem Zahlungsverkehr sind die Eintragungen unter dem Datum des Eingangs der Kontoauszüge oder der Mitteilung über Zinsgutschriften oder Spesenabrechnungen noch an dem Tag vorzunehmen, an dem diese bei der Notarin oder dem Notar eingehen. [2]Kontoauszüge oder Mitteilungen sind mit dem Eingangsdatum zu versehen.

(4) Schecks sind an dem Tage, an dem die Notarin oder der Notar den Scheck entgegengenommen hat, unter diesem Datum einzutragen; stellt sich ein Scheck, der als Zahlungsmittel zur Einlösung übergeben wurde, als ungedeckt heraus, ist er als Ausgabe aufzuführen.

§ 11 Eintragungen im Verwahrungsbuch

(1) Das Verwahrungsbuch ist nach dem Muster 3 zu führen.

(2) Die Eintragungen sind unter einer durch das Kalenderjahr fortlaufenden Nummer vorzunehmen (Spalte 1).

(3) [1]Geldbeträge sind in Ziffern einzutragen (Spalte 4) und aufzurechnen, sobald die Seite vollbeschrieben ist; das Ergebnis einer Seite ist sogleich auf die folgende Seite zu übertragen. [2]Bei Sparbüchern und Schecks, die als Zahlungsmittel übergeben werden, sind die Nennbeträge in Spalte 4 aufzuführen; in Spalte 5 sind die Bezeichnung der Sparbücher und deren Nummer oder die Nummer der Schecks und die Bezeichnung des Kreditinstituts anzugeben. [3]Wertpapiere werden gemäß § 12 Abs. 3 Satz 3 eingetragen oder nur nach der Gattung und dem Gesamtbetrag bezeichnet, Zins-, Renten- und Gewinnanteilscheine oder Erneuerungsscheine sind kurz zu vermerken (Spalte 5).

(4) Bei jeder Eintragung in das Verwahrungsbuch ist auf die entsprechende Eintragung im Massenbuch zu verweisen (Spalte 6).

(5) ¹Das Verwahrungsbuch ist am Schluss des Kalenderjahres abzuschließen und der Abschluss ist von der Notarin oder dem Notar unter Angabe von Ort, Tag und Amtsbezeichnung zu unterschreiben. ²Der Überschuss der Einnahmen über die Ausgaben ist in das nächste Jahr zu übertragen.

§ 12 Eintragungen im Massenbuch; Anderkontenliste

(1) Das Massenbuch ist nach dem Muster 5 zu führen.

(2) ¹In das Massenbuch ist jede Verwahrungsmasse mit den zugehörigen Einnahmen und Ausgaben gesondert unter jährlich laufender Nummer einzutragen; Name und Anderkontennummer sowie ggf. Festgeldanderkontennummer des beauftragten Kreditinstituts sind zu vermerken. ²Den Eintragungen, welche dieselbe Verwahrungsmasse betreffen, sind die Bezeichnung der Masse, die laufende Nummer und die Nummer der Urkundenrolle voranzustellen.

(3) ¹Geldbeträge sind für die einzelnen Massen gesondert aufzurechnen (Spalte 4). ²Schecks und Sparbücher sind entsprechend § 11 Abs. 3 Satz 2 zu behandeln. ³Wertpapiere werden nach der Gattung, dem Nennbetrag, der Stückzahl, den Serien und den Nummern eingetragen, Zins-, Renten- und Gewinnanteilscheine oder Erneuerungsscheine sind durch Angabe der Fälligkeitstermine oder Nummern näher zu bezeichnen (Spalte 5).

(4) Am Schluss des Kalenderjahres ist für jede nicht erledigte Masse der Saldo von Einnahmen und Ausgaben zu bilden; die Summe der Salden ist dem Abschluss im Verwahrungsbuch gegenüberzustellen und entsprechend § 11 Abs. 5 Satz 1 zu unterschreiben.

(5) ¹Notarinnen und Notare haben ein Verzeichnis der Kreditinstitute zu führen, bei denen Anderkonten oder Anderdepots (§ 54b BeurkG) eingerichtet sind (Anderkontenliste). ²Bei Anlegung der Masse sind in das Verzeichnis einzutragen:
1. die Anschrift des Kreditinstituts,
2. die Nummer des Anderkontos bzw. Anderdepots,
3. die Nummer der Masse,
4. der Zeitpunkt des Beginns des Verwahrungsgeschäfts.
³Einzutragen sind ferner die Nummer eines Festgeldanderkontos und der Zeitpunkt der Beendigung des Verwahrungsgeschäfts.

(6) Ist eine Masse abgewickelt, so sind die zu ihr gehörenden Eintragungen in Massenbuch und Anderkontenliste zu röten oder auf andere eindeutige Weise zu kennzeichnen.

§ 13 Namensverzeichnisse

(1) ¹Notarinnen und Notare haben zu Urkundenrolle und Massenbuch alphabetische Namensverzeichnisse zu führen, die das Auffinden der Eintragungen ermöglichen. ²Die Namensverzeichnisse können auch fortlaufend, für mehrere Bände gemeinsam oder für Urkundenrolle und Massenbuch gemeinsam geführt werden.

(2) Die Eintragungen im Namensverzeichnis sind zeitnah, spätestens zum Vierteljahresschluss vorzunehmen.

(3) [...]

(4) In das Namensverzeichnis zum Massenbuch sind die Auftraggeber, bei Vollzug eines der Verwahrung zugrunde liegenden Geschäfts nur die an diesem Geschäft Beteiligten einzutragen.

§ 14 Führung der Bücher in Loseblattform

(1) ¹Urkundenrolle und Verwahrungsbuch können auch als Buch mit herausnehmbaren Einlageblättern geführt werden. ²In diesem Fall ist das Verwahrungsbuch nach dem Muster 4 zu führen. ³Die Einlageblätter müssen fortlaufend nummeriert sein. ⁴Vollbeschriebene Einlageblätter sind in Schnellheftern oder Aktenordnern abzulegen. ⁵Nach Ablauf des Kalenderjahres sind die Einlageblätter unverzüglich gemäß § 30 zu heften und zu siegeln; die Notarin oder der Notar hat dabei die in § 7 Abs. 1 Satz 3 vorgeschriebenen Feststellungen zu treffen.

(2) ¹Das Massenbuch kann auch als Kartei geführt werden. ²In diesem Fall ist das Massenbuch nach dem Muster 6 zu führen. ³Zusätzlich zu der Nummer der Masse (§ 12 Abs. 2 Satz 1 Halbsatz 1) sind die Karteiblätter mit Seitenzahlen zu versehen. ⁴Die Karteiblätter sind in der Folge der Massenummern sortiert und getrennt nach erledigten und nicht erledigten Massen aufzubewahren.

§ 22 Nebenakten (Blattsammlungen und Sammelakten)

(1) [...]

(2) ¹Zu den Verwahrungsgeschäften [...] haben Notarinnen und Notare jeweils Blattsammlungen zu führen. ²Für jede Verwahrungsmasse ist eine gesonderte Blattsammlung zu führen, zu der zu nehmen sind:

1. sämtliche Verwahrungsanträge und -anweisungen (§ 54a Abs. 2 bis 4 BeurkG) im Original oder in Abschrift,
2. die Treuhandaufträge und Verwahrungsanweisungen im Original oder in Abschrift, die der Notarin oder dem Notar im Zusammenhang mit dem Vollzug des der Verwahrung zugrundeliegenden Geschäfts erteilt worden sind (§ 54a Abs. 6 BeurkG),
3. Änderungen oder Ergänzungen der Verwahrungsanweisungen und Treuhandaufträge im Original oder in Abschrift,
4. die Annahmeerklärungen (§ 54a Abs. 2 Nr. 3, Abs. 5 BeurkG),
5. die mit der Nummer der Masse versehenen Belege über die Einnahmen und Ausgaben (§ 27 Abs. 3 Satz 5),
6. die mit der Nummer der Masse versehenen Kontoauszüge (§ 27 Abs. 3 Satz 5),
7. eine Durchschrift der Abrechnung (§ 27 Abs. 4),
8. eine Durchschrift der an die Kostenschuldnerin oder den Kostenschuldner übersandten Kostenrechnung (vgl. § 154 Abs. 1 KostO), wenn die Kosten der Masse entnommen worden sind.

§ 25 Übersichten über die Verwahrungsgeschäfte

(1) ¹Notarinnen und Notare haben nach Abschluss eines jeden Kalenderjahrs der Präsidentin oder dem Präsidenten des Landgerichts eine Übersicht über den Stand ihrer Verwahrungsgeschäfte nach dem Muster 8 bis zum 15. Februar einzureichen. ²Die Präsidentin oder der Präsident des Landgerichts lässt den Notarinnen und Notaren die erforderlichen Vordrucke zugehen.

(2) ¹In der Übersicht ist anzugeben:
1. unter I 1 der Bestand der ausweislich der Kontoauszüge am Jahresschluss verwahrten Geldbeträge;
2. unter I 2 der Überschuss der Einnahmen über die Ausgaben (§ 11 Abs. 5 Satz 2);
3. unter I 3 der Bestand der verwahrten Geldbeträge, nach den einzelnen Massen gegliedert;
4. unter II der Bestand der verwahrten Wertpapiere und Kostbarkeiten, nach Massen gegliedert; die Wertpapiere sind nur nach Gattung und Gesamtbetrag zu bezeichnen, Zinsscheine und dgl. sind kurz zu vermerken.

²Bei I 3 und II ist in der Spalte »Bemerkungen« die Art der Verwahrung genau anzugeben (Bezeichnung des Kreditinstituts, Nummer des Anderkontos, Datum des letzten den Buchungen in Verwahrungs- und Massenbuch zugrunde liegenden Kontoauszuges).

(3) Notarinnen und Notare haben auf der Übersicht zu versichern, dass sie vollständig und richtig ist und dass die unter I 3 aufgeführten Geldbeträge mit den in den Rechnungsauszügen der Kreditinstitute und gegebenenfalls in den Sparbüchern angegebenen Guthaben übereinstimmen; sie haben die Übersicht zu unterschreiben.

(4) Sind am Schluss des Jahres keine Wertgegenstände in Verwahrung, so erstattet die Notarin oder der Notar Fehlanzeige.

(5) Die in Absatz 1 bezeichnete Übersicht hat die Notarin oder der Notar auch einzureichen, wenn das Amt wegen Erreichens der Altersgrenze (§ 47 Nr. 1 BNotO) oder gemäß § 47 Nrn. 2 bis 7 BNotO erlischt.

§ 27 Verwahrungsgeschäfte

(1) Werden Wertpapiere und Kostbarkeiten verwahrt (§ 54e BeurkG), so ist die laufende Nummer des Verwahrungsbuches auf dem Verwahrungsgut oder auf Hüllen u. ähnl. anzugeben.

(2) ¹Notaranderkonten (§ 54b Abs. 1 Satz 1, Abs. 2 BeurkG) müssen entsprechend den von der Vertreterversammlung der Bundesnotarkammer beschlossenen Bedingungen eingerichtet und geführt werden. ²Die Führung eines Notaranderkontos mittels Datenfernübertragung ist nicht zulässig.

(3) ¹Die Ausgaben müssen durch Belege nachgewiesen werden. ²Eigenbelege der Notarin oder des Notars einschließlich nicht bestätigter Durchschriften des Überweisungsträgers sind auch in Verbindung mit sonstigen Nachweisen nicht ausreichend. ³Bei Ausgaben durch Überweisung von einem Notaranderkonto ist die schriftliche Bestätigung des beauftragten Kreditinstituts erforderlich, dass es den Überweisungsauftrag jedenfalls in seinem Geschäftsbereich ausgeführt hat (Ausführungsbestätigung); die Ausführungsbestätigung muss allein oder bei Verbindung mit anderen Belegen den Inhalt des Überweisungsauftrages vollständig erkennen lassen. ⁴Hinsichtlich der Belege bei Auszahlungen in bar oder mittels Bar- oder Verrechnungsscheck wird auf § 54b Abs. 3 Satz 7 BeurkG hingewiesen. ⁵Die Belege über

Einnahmen und Ausgaben und die Kontoauszüge werden mit der Nummer der Masse bezeichnet und zur Blattsammlung genommen (vgl. § 22 Abs. 2 Satz 2 Nrn. 5 und 6).

(4) ¹Ist eine Masse abgewickelt (vgl. § 12 Abs. 6), so ist den Auftraggebern eine Abrechnung über die Abwicklung des jeweils erteilten Auftrages zu erteilen. ²Beim Vollzug von Grundstückskaufverträgen und vergleichbaren Rechtsgeschäften muss den beteiligten Kreditinstituten nur auf Verlangen eine Abrechnung erteilt werden.

Übersicht

A. Entstehungsgeschichte der Vorschrift

Der erste Halbsatz der Vorschrift ist seit Einführung der BNotO unverändert in Kraft. Der zweite Halbsatz ist durch die Berufsrechtsnovelle 1998[1] hinzugefügt worden. Gleichzeitig sind als Fünfter Abschnitt die §§ 54a bis 54d in das Beurkundungsgesetz eingefügt worden[2]. Sie enthalten eine gesetzliche Regelung des bis dahin teilweise nur durch Verwaltungsvorschriften[3], teilweise durch die Rechtsprechung geprägten Rechts der notariellen Verwahrung. **1**

B. Erläuterungen

I. Bedeutung der Vorschrift

1. Notarielle Verwahrung

a) Betreuungszuständigkeit der Notare

Die Verwahrung und Ablieferung von Geld, Wertpapieren und Kostbarkeiten ist seit jeher Aufgabe der Notare. Sie stellt einen Unterfall der in § 24 geregelten notariellen **Rechtsbetreuung** dar[4]. Zusammen mit den in § 24 geregelten Tätigkeiten bildet sie den Kernbestand der den Notaren obliegenden Betreuung der Beteiligten auf dem Gebiet vorsorgender Rechtspflege. **2**

b) Keine Urkundstätigkeit

Nach der Legaldefinition in § 10a Abs. 2 gehören die Verwahrungsgeschäfte nicht zur notariellen **Urkundstätigkeit**. Die für die Urkundstätigkeit geltenden Vorschriften der §§ 15 Abs. 1 Satz 1 und 17 Abs. 2 sind daher nicht auf das Verwahrungsverfahren anzuwenden. Der Notar ist deshalb zur Übernahme einer Verwahrung und zur Gewährung vorläufiger Gebührenbefreiung grundsätzlich nicht verpflichtet[5]. **3**

---

1 Art. 1 Nr. 20 des Dritten Gesetzes zur Änderung der Bundesnotarordnung und anderer Gesetze v. 31.08.1998 (BGBl. I S. 2585).
2 Art. 2 Nr. 6 des Dritten Änderungsgesetzes (Fußn. 1).
3 §§ 11 bis 13 DONot a. F. (Abdruck: *Weingärtner*, Notarrecht, 6. Aufl., Ord.-Nr. 110).
4 *Bräu*, Die Verwahrungstätigkeit des Notars, Rz. 65; *Reithmann*, WM 1991, 1493, 1494.
5 Näher dazu: unten Rz. 79.

c) Verwahrung ohne Urkundsgeschäft

4 § 23 begründet eine **eigenständige Befugnis** des Notars zur Übernahme von Verwahrungen, nicht eine Annexzuständigkeit zu § 20 Abs. 1 BNotO[6]. Der Notar darf daher eine Verwahrung auch dann übernehmen, wenn ein Urkundsgeschäft nicht oder nicht unter seiner Mitwirkung vorangegangen ist.

2. Anwaltliche Verwahrung

a) Abgrenzungskriterien

5 § 23 betrifft nur die **notarielle**, nicht die **anwaltliche** Verwahrung. Die Vorschrift eröffnet lediglich die Zuständigkeit der Notare für Verwahrungsgeschäfte, schließt aber nicht aus, dass Anwaltsnotare auch in ihrer Eigenschaft als Rechtsanwälte Verwahrungen übernehmen und durchführen. Das gilt nicht nur für solche Verwahrungen, die dem Anwaltsnotar im einseitigen Interesse eines Mandanten angetragen werden, sondern auch dann, wenn die Verwahrung dem Interesse mehrerer Personen dienen soll. Man spricht hier – ebenso wie im Bereich notarieller Verwahrung[7] – von Doppel- oder Mehrfachtreuhand[8]. Verwahrungsgeschäfte, die ein Anwaltsnotar in seiner Eigenschaft als Rechtsanwalt vornimmt, fallen nicht unter § 23.

Ob eine notarielle oder eine anwaltliche Verwahrung vorliegt, richtet sich nach den **Umständen des Einzelfalles**. Nach der Auslegungsregel des § 24 Abs. 2 sind Verwahrungsgeschäfte zur Vorbereitung oder Ausführung eines notariellen Urkundsgeschäfts im Zweifel notarielle Amtsgeschäfte; dagegen sind Verwahrungsgeschäfte, die mit einer Prozessangelegenheit oder einer anwaltlichen Beratung in Zusammenhang stehen, im Zweifel als Anwaltsgeschäfte zu behandeln[9]. Maßgeblich ist, ob die Verwahrung einseitiger Interessenwahrnehmung oder der unparteiischen Betreuung der Beteiligten dienen soll[10]. Dabei kommt es sowohl auf die objektiven Umstände als auch darauf an, wie sich das Geschäft aus der Sicht der Beteiligten darstellt[11]. Eine Verwahrung, bei welcher nach außen hin – in dem Notar zurechenbarer Weise – durch entsprechende Wortwahl (»Notariat«, »Treuhänder«, »Notaranderkonto«) oder durch Verwendung des notariellen Siegels der Eindruck einer Sicherheit gewährenden Amtstätigkeit erweckt wird, ist auch dann notarielle Verwahrung, wenn der Anwaltsnotar als Anwalt handeln will und das Geschäft nicht nach den für die notarielle Verwahrung geltenden Vorschriften behandelt, etwa hinterlegte Gelder einem Rechtsanwaltsanderkonto statt einem Notaranderkonto zuführt[12]. Dagegen liegt eine notarielle Verwahrung nicht vor, wenn ein Anwaltsnotar Geld lediglich mit dem Ziel in Verwahrung nimmt, es in eine andere Währung umzutauschen, da es hierbei nur um einseitige Interessenwahrnehmung geht[13].

b) Umgehungsverbot

6 Die Unterscheidung zwischen notarieller und anwaltlicher Verwahrung ist wegen der Verschiedenartigkeit der Voraussetzungen und der Rechtsfolgen – namentlich der Art der **Abwicklung** sowie der **Haftungs-** und der **Kostenfolgen** – strikt zu beachten. Sofern ein Verwahrungsgeschäft Teil der notariellen Rechtsbetreuung ist, muss es als notarielles durchgeführt werden. Die für die notarielle Verwahrung geltenden Vorschriften dürfen nicht dadurch umgangen werden, dass ein seinem Wesen nach notarielles Verwahrungsgeschäft

---

6 *Bohrer*, Das Berufsrecht der Notare, Rz. 76.
7 Siehe unten Rz. 18.
8 *Rinsche/Fahrendorf/Terbille/Fahrendorf*, Die Haftung des Rechtsanwalts, Rz. 1688.
9 BGHZ 134, 100, 105 = DNotZ 1997, 221 m. Anm. *Reithmann*.
10 BGHZ 134, 104.
11 BGHZ 134, 100, 104; BGH DNotZ 1998, 634.
12 BGHZ 134, 110; OLG Hamm DNotZ 1997, 229, 230; *Reithmann*, DNotZ 1997, 232.
13 BGH DNotZ 1998, 634.

durch anderslautende Weisungen der Beteiligten den Regeln der anwaltlicher Verwahrung unterstellt wird[14]. Treffen die Beteiligten eine der notarielle Verwahrung zuwiderlaufende Abrede, so muss der Notar sie auf die Unzulässigkeit des Vorhabens hinweisen; bestehen die Beteiligten trotzdem auf ihrem Ansinnen, muss er die Übernahme ablehnen[15].

3. Sonstige Vorschriften

a) Beurkundungsgesetz

Das **Verwahrungsverfahren** war bislang nicht gesetzlich, sondern nur teilweise durch Verwaltungsvorschriften (§§ 11 bis 13 DONot a. F.) geregelt. Das erschien unzureichend, soweit dem Notar damit ein für diesen Bereich seiner hoheitlichen Tätigkeit maßgebliches Verfahrensrecht und wesentliche Berufspflichten vorgeschrieben wurden[16]. Um den bei der Verwahrung zu beachtenden Amtspflichten eine ausreichende normative Grundlage zu geben, sind die wesentlichen Bestimmungen als §§ 54a bis 54e in das Beurkundungsgesetz eingefügt worden[17].

b) Kammerrichtlinien

§ 67 Abs. 2 Satz 3 Nr. 3 ermächtigt die Notarkammern, im Rahmen ihrer **Richtlinienkompetenz** nähere Regelungen zur Wahrung fremder Vermögensinteressen zu treffen. Die Richtlinienempfehlungen der Bundesnotarkammer[18] sehen dazu im Wesentlichen vor, dass der Notar ihm anvertraute Vermögenswerte mit *besonderer Sorgfalt* zu behandeln und Treuhandaufträge *sorgfältig* auszuführen hat (Abschn. III Nr. 1), nicht dulden darf, dass sein Amt zur Vortäuschung von Sicherheiten benutzt wird (Abschn. III Nr. 2 Satz 1), und ihm beruflich anvertrautes Wissen nicht zu Lasten von Beteiligten zum eigenen Vorteil nutzen darf (Abschn. III Nr. 3).

Ob sich die in Abschn. III Nr. 1 empfohlene Differenzierung der Sorgfaltsanforderungen in der Praxis durchsetzen, etwa zu unterschiedlichen Haftungsfolgen führen wird, erscheint zweifelhaft.

c) Dienstordnung für Notarinnen und Notare

Die geschäftsmäßige Behandlung der Verwahrungsgeschäfte, namentlich die Führung des Verwahrungsbuchs und des Massenbuchs, die sonstige Dokumentation sowie die Aufstellung der für die Aufsichtsbehörde bestimmten Übersichten regelt die **Dienstordnung für Notarinnen und Notare** (DONot) als – im Wesentlichen bundeseinheitlich geltende – Verwaltungsanordnung[19].

II. Grundlagen und Haftungsfolgen

1. Begriff der Verwahrung

Die notarielle Verwahrung wird in der Praxis vielfach als **Hinterlegung** bezeichnet[20]. Der Begriff ist irreführend[21]; denn die Verwahrung ist keine Hinterlegung im Sinne der §§ 372 ff.

---

14 *Bräu*, Rz. 7.
15 *Bräu*, Rz. 7; *Weingärtner*, Das notarielle Verwahrungsgeschäft (im Folgenden: Verwahrung), Rz. 15.
16 BT-Drucks. 13/4184 S. 37.
17 Art. 2 Nr. 5 des Dritten Änderungsgesetzes (siehe Fn. 1).
18 Gesamtabdruck vor Erläuterungen § 1; Teilabdruck oben vor Übersicht.
19 Näher dazu: *Weingärtner/Ehrlich*, DONot, Rz. 2 ff.
20 *Bräu*, Rz. 1.
21 *Bräu*, Rz. 1; *Bohrer*, Rz. 70.

BGB[22]. Auch mit der Hinterlegung nach der Hinterlegungsordnung hat sie nichts gemein. Das Gesetz verwendet daher nicht mehr den Begriff der Hinterlegung, sondern den der Verwahrung[23]. Im Folgenden wird trotzdem gelegentlich der Begriff der Hinterlegung verwendet, soweit es aus sprachlichen Gründen erforderlich ist.

2. Hoheitliche Tätigkeit

a) Grundsatz

11 Die notarielle Verwahrung ist Teil der staatlich verfassten vorsorgenden Rechtspflege[24]. Mit der Übernahme und Ausführung einer Verwahrung wird der Notar daher stets als Amtsträger, d. h. **hoheitlich** tätig[25]. Er tritt als Träger eines öffentlichen Amtes und unparteiischer Betreuer in ein öffentlich-rechtliches Verhältnis zu den an der Verwahrung beteiligten Personen[26]. Das gilt auch, wenn die Verwahrung nicht im Zusammenhang mit anderen Amtstätigkeiten vorgenommen wird[27].

b) Prozessuale Folgen

12 Aus dem hoheitlichen Charakter der notariellen Verwahrung folgt, dass eine **Klage** gegen den Notar vor dem Zivilgericht auf eine bestimmte Art der Sachbehandlung, insbesondere auf Auszahlung oder Nichtauszahlung aus dem Anderkonto, unzulässig ist[28]. Das gleiche gilt für einen Antrag auf **einstweilige Verfügung**[29]. Kein Zivilgericht darf dem Notar ein bestimmtes Verhalten in amtlicher Eigenschaft vorschreiben oder verbieten[30]. Der richtige Weg ist der des Beschwerdeverfahrens nach § 15 Abs. 2[31].

Das schließt nicht aus, dass Verwahrungsbeteiligte **gegeneinander** mit dem Ziel prozessieren, einer bestimmten Art der Sachbehandlung durch den Notar zuzustimmen. Diese Verfahrensweise ist häufig besser als ein Beschwerdeverfahren nach § 15 Abs. 2 geeignet, den Streitstoff umfassend und abschließend zu klären[32].

3. Verfahrensrechtsverhältnis

13 Als Instrument der vorsorgenden Rechtspflege ist die notarielle Verwahrung ein **Verfahrensrechtsverhältnis**[33]. Sie unterscheidet sich dadurch von der privatrechtlichen und der öffentlich-rechtlichen Verwahrung als Vertrag bzw. vertragsähnlichem Verhältnis. Die gesetzlichen Vorschriften über das Verwahrungsverfahren sind daher zutreffend nicht in die BNotO, sondern in das Beurkundungsgesetz eingefügt worden (§§ 54a ff.).

a) Abgrenzung zur öffentlich-rechtlichen Verwahrung

14 Für die Annahme eines privatrechtlichen Verwahrungsverhältnisses ist wegen des hoheitlichen Charakters der notariellen Verwahrung kein Raum. Ein öffentlich-rechtliches Verwah-

---

22 BGH DNotZ 1965, 343, 345; BGHZ 87, 156, 160; BGH NJW 1994, 1403, 1404.
23 *Brambring*, DNotZ 1999, 381.
24 *Bohrer*, Rz. 446; *Bräu*, Rz. 67.
25 BGH DNotZ 1960, 265; DNotZ 1976, 691; DNotZ 1997, 70, 72; *Haug*, DNotZ 1987, 565.
26 BGH DNotZ 1990, 661, 662; DNotZ 1995, 125, 126 m. Anm. *Knoche*.
27 BGH DNotZ 1960, 265.
28 BGHZ 76, 11; BGH DNotZ 1990, 662.
29 OLG Hamm MDR 1996, 1182; OLG Stuttgart DNotZ 1982, 644.
30 BGH DNotZ 1980, 496, 497.
31 BayObLG DNotZ 2000, 376. Siehe auch unten Rz. 171.
32 *Eylmann/Vaasen/Hertel*, § 23 BNotO Rz. 52.
33 *Bohrer*, Rz. 26, 70, 76; *Reithmann*, Vorsorgende Rechtspflege, S. 214; *ders.*, WM 1991, 1493, 1494. Eingehend dazu: *Lüke*, ZIP 1992, 150, 151 ff.

rungsverhältnis liegt nur vor, wenn ein Hoheitsträger Gegenstände, die im Privateigentum stehen, in Besitz nimmt und damit den Berechtigten an eigenen Obhuts- und Sicherungsmaßnahmen hindert. Dies ist bei der notariellen Verwahrung nicht der Fall, da der Notar nicht zum Zwecke der **Sachobhut**, sondern als **Rechtspflegeorgan** zur Sicherung weitergehender Interessen der Beteiligten – namentlich zum Schutz vor ungesicherten Vorleistungen – tätig wird. Die Grundsätze über die öffentlich-rechtliche Verwahrung sind daher nicht – auch nicht entsprechend – anwendbar[34].

b) Zwingendes Recht

Wegen des Charakters der Verwahrung als Rechtspflegeverfahren können die dabei zu beachtenden **Amtspflichten** nicht zum Gegenstand einer privatrechtlichen Vereinbarung[35] oder eines öffentlich-rechtlichen Vertrages mit den Beteiligten gemacht werden[36].   **15**

4. Treuhandverhältnis

a) Dogmatische Einordnung

Die notarielle Verwahrung wird durchweg als (öffentlich-rechtliche) uneigennützige **Treuhandtätigkeit** (*Amtstreuhandschaft*[37]) bezeichnet[38]. Wegen ihres Charakters als Verfahrensrechtsverhältnis[39] ist diese Bezeichnung zwar dogmatisch bedenklich[40]. Sie wird aber vom Gesetzgeber selbst verwendet (§ 54a Abs. 6) und ist sachlich vertretbar, weil die Verwahrung immerhin Ähnlichkeit mit einem privatrechtlichen Treuhandverhältnis hat. Denn der Notar nimmt dabei als objektiver Sachwalter der Beteiligten fremde Vermögensinteressen kraft eigener Rechtsmacht wahr. Zu diesem Zweck werden ihm aufgrund einer ihn bindenden Treuhandabrede (Verwahrungsanweisung[41]) Vermögenswerte übertragen, die er als Sondervermögen zweckgebunden zu halten und – wenn die Verwahrungsanweisung das vorsieht – zu verwalten hat[42].   **16**

Das Treuhandverhältnis tritt aufgrund der Kennzeichnung des Sonderkontos als Notaranderkonto (§ 54b Abs. 1 BeurkG) und der Dokumentationspflichten des Notars (§ 10 DONot) offen nach außen zutage; es handelt sich mithin um eine **offene Treuhand**[43]. Sie schützt die Beteiligten vor Zugriffen von Gläubigern des Notars auf das Konto. Um diesen Schutz nicht zu unterlaufen, darf das Konto nur zur Verwahrung fremder Gelder verwendet werden; die Einzahlung eigener Gelder ist unzulässig[44].

b) Einseitige und mehrseitige Treuhand

Treugeber bzw. **materiell Beteiligte** sind diejenigen Personen, in deren Interesse die Verwahrung erfolgt und die durch sie – unabhängig davon, wer als **formell Beteiligter** die Hinterlegung vorgenommen hat – geschützt werden sollen[45].   **17**

Ist das nur *eine* Person, liegt eine **einseitige Treuhand** vor. Überlässt beispielsweise eine Bank dem Notar eine Löschungsbewilligung über ein zu ihren Gunsten eingetragenes

---

34 *Vollhard*, DNotZ 1987, 523, 525; *Lüke*, ZIP 1992, 151 ff.
35 Im Ergebnis ebenso: BGHZ 76, 9, 11; 87, 156, 163; BGH DNotZ 1990, 662.
36 *Vollhard*, DNotZ 1987, 523.
37 *Zimmermann*, DNotZ 1980, 458; *Vollhard*, DNotZ 1987, 523, 525.
38 BGH DNotZ 1976, 506, 509; DNotZ 1991, 682, 683; *Bräu*, Rz. 68 ff.; *Reithmann*, WM 1991, 1493; *Zimmermann*, DNotZ 1980, 451, 457.
39 Siehe oben Rz. 13.
40 So auch *Brambring*, DNotZ 1999, 384.
41 Siehe dazu unten Rz. 56.
42 Ähnlich: *Bräu* Rz. 69.
43 *Bräu*, Rz. 70; *Zimmermann*, DNotZ 1980, 458.
44 Ebenso im Ergebnis *Huhn/von Schuckmann/Renner*, BeurkG, § 54b Rz. 4.
45 KG MittRhNotK 1998, 99; OLG Hamm DNotZ 2000, 379, 380.

Grundpfandrecht mit der Weisung, davon nur unter bestimmten Voraussetzungen Gebrauch zu machen, so ist nur die Bank Treugeberin.

Bei vertraglich vereinbarter Verwahrung handelt es sich in der Regel um **Doppel-** oder **Mehrfachtreuhand**[46]. Vereinbaren z. B. die Parteien eines Grundstückskaufvertrages, dass der Käufer den Kaufpreis auf ein Anderkonto des Urkundsnotars zu zahlen und dieser ihn nach Eintritt bestimmter Bedingungen an den Verkäufer auszukehren hat, so sind Verkäufer und Käufer Treugeber; die Verwahrung erfolgt im Interesse beider Vertragsparteien zum beiderseitigen Schutz vor ungesicherter Vorleistung[47].

c) Kaufpreisfinanzierung durch Bankkredit

18 **Mehrere Treuhandverhältnisse** können nebeneinander bestehen oder sich überschneiden[48]. Dies ist bei der **Kaufpreisfinanzierung** durch Kreditinstitute bedeutsam. Die Bank kann entweder ein der Kaufvertragsabwicklung vorgeschaltetes, einseitiges Treuhandverhältnis zu dem Notar begründen oder sich an dem mehrseitigen Treuhandverhältnis der Kaufvertragsparteien zu ihm beteiligen[49]. Maßgeblich sind Zeitpunkt und Inhalt ihrer Treuhandauflagen. Behält sich die Bank die Rückforderung der Darlehensvaluta unter bestimmten Bedingungen vor oder befristet sie ihren Treuhandauftrag, handelt es sich in der Regel um ein einseitiges, dem Treuhandverhältnis zwischen den Vertragsparteien und dem Notar vorgeschaltetes Treuhandverhältnis. Zahlt die Bank die Darlehensvaluta hingegen ohne Bedingungen und ohne Befristung auf das Notaranderkonto ein, tritt sie damit in das mehrseitige Treuhandverhältnis mit den Vertragsparteien ein; dies gilt auch, wenn sie dem Notar erst nach Einzahlung der Valuta Treuhandauflagen erteilt[50]. Im ersteren Fall der vorgeschalteten, einseitigen Treuhand ist die Bank nach Maßgabe des § 54c Abs. 1 BeurkG berechtigt, ihre Verwahrungsanweisungen einseitig zu widerrufen. Dagegen steht ihr bei Eintritt in das mehrseitige Treuhandverhältnis ein einseitiges Widerrufsrecht nicht zu (§ 54c Abs. 2 BeurkG). Diese Grundsätze gelten entsprechend für Anweisungen abzulösender Altgläubiger[51].

5. Haftung des Notars

19 Der Charakter der Verwahrung als hoheitliches Verfahrensrechtsverhältnis bestimmt auch die **Haftung** wegen Verletzung der dabei zu beachtenden Amtspflichten.

a) Grundsätze

20 Vertragliche oder vertragsähnliche Ansprüche auf **Erfüllung** oder wegen **Schlecht-** oder **Nichterfüllung** – etwa aus einem echten oder uneigentlichen Verwahrungsvertrag (§§ 688, 700 BGB) oder aus Geschäftsbesorgung (§§ 675, 667 BGB) – kommen nicht in Betracht[52]. So kann der Notar nicht aus § 700 BGB auf Rückzahlung in Verwahrung genommener, aber nicht mehr auf dem Anderkonto vorhandener Gelder in Anspruch genommen werden[53]. Als Grundlage von **Schadensersatzansprüchen** wegen Verletzung von Treuhandpflichten im

---

46 *Vollhard*, DNotZ 1987, 525.
47 BGH DNotZ 1983, 549, 551 f.; OLG Zweibrücken MittBayNot 2004, 208, 210 (insoweit in DNotZ 2004, 364 nicht mit abgedruckt).
48 Näher dazu: *Weingärtner*, Verwahrung, Rz. 30 ff.
49 BGH DNotZ 2002, 269, 270. Anmerkungen dazu: *Hertel*, MittBayNot 2002, 181; *Reithmann*, DNotZ 2002, 247. Vgl. ferner *Eylmann/Vaasen/Hertel*, § 54a BeurkG Rz. 75; *Reithmann/Albrecht*, Handbuch der notariellen Vertragsgestaltung, Aktuelle Ergänzungen zur 8. Aufl., S. 8. Kritisch zur Rspr. des BGH: *Karlowski*, NotBZ 2002, 133.
50 BGH DNotZ 2002, 269, 271 (siehe auch Fn. 49).
51 Näher dazu: *Schilling*, ZNotP 2004, 138; *Reithmann*, ZNotP 2004, 319.
52 BGH DNotZ 1976, 691, 692; DNotZ 1990, 662.
53 BGH DNotZ 1990, 662; DNotZ 1991, 683; *Haug*, DNotZ 1987, 566, der die Entscheidung BGHZ 76, 9, 12 f. zu Recht als insoweit irreführend bezeichnet. Unrichtig: OLG Düsseldorf DNotZ 1987, 563, 564.

Zusammenhang mit notarieller Verwahrung kommt ausschließlich § 19 BNotO in Betracht[54].

b) Haftung für Erfüllungsgehilfen

Nach herkömmlicher Auffassung haftet der Notar im Rahmen des § 19 nur für **eigenes Verschulden**, nicht für das Verhalten von Hilfspersonen (§§ 278, 831 BGB). Danach scheidet eine Haftung aus, wenn der Verwahrungsgegenstand ohne Schuld des Notars infolge Verschuldens seines Personals oder sonstiger Hilfspersonen verloren geht, vernichtet oder beschädigt wird. So hat er nach der bisherigen Rechtsprechung des Bundesgerichtshofs auch nicht für Fehler des Kreditinstituts bei der Verwaltung eines Notaranderkontos einzustehen. Er haftet danach insbesondere nicht, wenn die kontoführende Bank einen seinem Anderkonto gutzuschreibenden oder von diesem auszuzahlenden Geldbetrag fehlleitet[55].

Diese Auffassung ist jedoch nicht zwingend. Durch ein Ansuchen an den Notar entsteht zwischen ihm und den Beteiligten eine **vertragsähnliche öffentlich-rechtliche Sonderverbindung**[56]; das gilt namentlich für den Bereich der selbstständigen Betreuungsgeschäfte nach §§ 23, 24 BNotO[57]. Dies legt es nahe, § 278 BGB nicht nur bei Fehlern des Büropersonals anlässlich der Grundbuch- oder Registereinsicht[58], sondern immer dann entsprechend anzuwenden, wenn eine von dem Notar zur Erfüllung einer bestimmten Amtspflichten eingeschaltete Hilfsperson schuldhaft und zurechenbar einen Schaden herbeiführt, für den der Notar mangels eigenen Verschuldens nicht haften würde, und wenn ohne die Haftung nach § 278 BGB eine Haftungslücke entstünde[59].

Der Ausschluss einer Gehilfenhaftung für Fehler des kontoführenden **Kreditinstituts** ist daher nur gerechtfertigt, wenn man entweder dem Kontoführungsvertrag zwischen Notar und Bank Schutzwirkung zugunsten der Verwahrungsbeteiligten beimisst[60] oder zulässt, dass der Notar Schäden der Verwahrungsbeteiligten im Wege der Drittschadensliquidation gegenüber der Bank geltend macht. Andernfalls entsteht eine nicht gerechtfertigte Haftungslücke, zumal eine eigene Haftung des Notars wegen Auswahl-, Überwachungs- oder Organisationsverschuldens[61] in derartigen Fällen im Zweifel nicht in Betracht kommt.

Soweit es sich um schuldhaft begangene Fehler des **Büropersonals** handelt, ist eine Haftung des Notars analog § 278 BGB grundsätzlich zu bejahen, da es sonst zu einer nicht akzeptablen Haftungslücke käme.

III. Vereinbarung

1. Bedeutung der Verwahrungsvereinbarung

a) Inhalt und Form

Im Unterschied zur Verwahrungsanweisung[62] ist die – gesetzlich nicht geregelte – Verwahrungsvereinbarung eine **materiell-rechtliche Vereinbarung** der Vertragsparteien darüber, dass, wie und mit welchen Maßgaben etwas in notarielle Verwahrung gegeben werden soll[63].

21

22

54 BGH DNotZ 1960, 265; DNotZ 1990, 662; BGHR BNotO § 23 Treuhandauftrag 3.
55 BGH DNotZ 1976, 506, 508.
56 BGH WM 1981, 942, 943; BGHZ 131, 200, 206; DNotZ 1997, 791, 792; *Hirte*, Berufshaftung, S. 90.
57 Eingehend dazu: BGH ZNotP 1999, 247, 249.
58 Siehe BGHZ 131, 200, 205.
59 Siehe § 19 Rz. 21.
60 Vgl. insoweit BGHZ 69, 82 (Lastschriftverfahren); BGHZ 96, 9 (Scheckeinreichungsverfahren).
61 Vgl. dazu § 19 Rz. 22.
62 Näher dazu unten Rz. 63.
63 *Bräu*, Rz. 93; *Kawohl*, Notaranderkonto, Rz. 28; *Brambring*, DNotZ 1990, 624; *Reithmann*, Vorsorgende Rechtspflege, S. 211; *Lüke*, ZIP 1992, 150, 153. Vgl. ferner *Vollhard*, DNotZ 1987, 523, 527 ff.

Sie kommt begrifflich nur bei Doppel- oder Mehrfachtreuhandschaften, nicht jedoch bei einseitigen Treuhandschaften[64] in Betracht.

Die Verwahrungsvereinbarung ist Teil des **schuldrechtlichen Geschäfts**. Sie bestimmt die Rechtsbeziehungen der Beteiligten zueinander in zweifacher Weise: Zum einen legt sie die Art und Weise der Vertragsabwicklung verbindlich fest; zum anderen verpflichtet sie die Vertragsparteien zur Abgabe der entsprechenden Verfahrenserklärungen[65] gegenüber dem mit der Verwahrung zu betrauenden Notar[66].

Sie bedarf der **Form** des Vertrages, dessen Teil sie ist, bei Grundstückskaufverträgen also der notariellen Beurkundung (§ 311b Abs. 1 Satz 1 BGB)[67].

b) Verhältnis zur Verwahrungsanweisung

23 Verwahrungsvereinbarung und Verwahrungsanweisung sind rechtlich **nicht identisch**[68], sondern voneinander zu unterscheiden[69]. Die Frage ihres Verhältnisses zueinander ist umstritten. Teilweise wird angenommen, dass Verwahrungsvereinbarung und Verwahrungsanweisung als **Doppeltatbestand** derart miteinander verknüpft sind, dass die Verwahrungsvereinbarung den Inhalt der Verwahrungsanweisung prägt[70]; ob und inwieweit die Verwahrungsanweisung widerruflich ist, hängt danach von der Widerruflichkeit der Verwahrungsvereinbarung ab. Die Gegenansicht[71] lehnt eine solche Doppelfunktionalität mit Recht ab, weil diese angesichts der **rechtlichen Verschiedenartigkeit** von Verwahrungsvereinbarung und Verwahrungsanweisung dogmatisch nicht begründbar und zudem nicht erforderlich ist, um das Problem des Weisungswiderrufs zu lösen[72]. Verwahrungsvereinbarung und Verwahrungsanweisung können zwar praktisch zusammenfallen, verlieren dadurch aber nicht ihre Selbstständigkeit als privatrechtliche Vereinbarung einerseits und Verfahrenshandlung andererseits[73].

2. Wirksamkeit der Verwahrungsvereinbarung

a) Verhältnis zum Grundgeschäft

24 Die **Wirksamkeit** der Verwahrungsvereinbarung[74] hängt nicht zwingend von der des schuldrechtlichen Geschäfts im Übrigen ab. Ist der zugrunde liegende Vertrag wegen Fehlens einer erforderlichen Genehmigung schwebend unwirksam, kann die Verwahrungsvereinbarung gleichwohl wirksam sein, wenn die Vertragsparteien eine Verwahrungspflicht gerade für die Dauer des Schwebezustandes haben begründen wollen, ohne damit die endgültige Erfüllung der durch die Verwahrung zu sichernden Pflicht vorwegzunehmen[75]. Ist das schuldrechtliche Geschäft hingegen endgültig unwirksam, ist auch die Verwahrungsvereinbarung unwirksam.

---

64 Zum Unterschied siehe oben Rz. 17.
65 Siehe dazu unten Rz. 56 ff.
66 *Lüke*, ZIP 1992, 153.
67 *Reithmann*, Vorsorgende Rechtspflege, S. 211; *Kawohl*, Rz. 31.
68 Im Sinne einer einheitlichen Verfahrenshandlung: *Zimmermann*, DNotZ 1980, 456.
69 BGH NJW 2000, 1644.
70 Grundlegend: *Zimmermann*, DNotZ 1980, 456. Ihm folgend: *Brambring*, DNotZ 1990, 625; *Haug*, DNotZ 1982, 594; wohl auch *Kawohl*, Rz. 47 ff., 51 und passim. Im Ergebnis ebenso: KG DNotZ 1985, 51, 53; DNotZ 1987, 577.
71 *Bräu*, Rz. 93; *Lüke*, ZIP 1992, 155 f.; *Reithmann*, WM 1991, 1493.
72 Siehe unten Rz. 137 ff.
73 Siehe dazu unten Rz. 25.
74 Zur Frage der AGB-rechtlichen Unwirksamkeit von Verwahrungsabreden: BGH NJW 1985, 852; *Kawohl*, Rz. 43 ff.
75 BGH DNotZ 1979, 306.

b) Verhältnis zur Verwahrungsanweisung

Aus der rechtlichen **Selbstständigkeit** von Verwahrungsvereinbarung und Verwahrungs- **25** anweisung folgt, dass sie in ihrer Wirksamkeit nicht voneinander abhängig sind[76]. Mängel des einen Teils erfassen nicht zwangsläufig den anderen[77]. § 139 BGB greift nicht ein, weil es sich um Rechtsverhältnisse handelt, die unterschiedlichen Rechtsgebieten angehören[78]. Schon aus diesem Grund ist eine Verwahrungsvereinbarung nicht deshalb unwirksam, weil ein berechtigtes Sicherungsinteresse im Sinne des § 54a Abs. 2 Nr. 1 BeurkG nicht besteht[79].

3. Wirkungen der Verwahrungsvereinbarung

a) Bindung der Vertragsparteien

Der **Inhalt** der Verwahrungsvereinbarung ist für die Beteiligten vertraglich bindend. Die **26** Bindung kann nur nach den für Schuldverhältnisse allgemein geltenden Regeln beseitigt werden[80]. Zur Inhaltsänderung oder Aufhebung der Verwahrungsvereinbarung bedarf es daher grundsätzlich einer Vereinbarung der Beteiligten. Möglich sind ferner Anfechtung, Rücktritt oder Widerruf in den gesetzlich vorgesehenen Fällen. Eine einseitige Änderung der Verwahrungsvereinbarung scheidet aus[81].

b) Modifikation des Erfüllungsanspruchs

Vereinbaren die Vertragsparteien die notarielle Verwahrung der geschuldeten Geldleistung, **27** so wird der Schuldner von der Pflicht zu barer oder unbarer Zahlung unmittelbar an den **Gläubiger** (§ 270 Abs. 1 BGB) befreit und statt dessen zur Hinterlegung bei dem Notar verpflichtet. Der Gläubiger kann seinerseits zunächst nur Leistung an den Notar verlangen. Eine Vollstreckungsklausel darf daher nur dahin erteilt werden, dass nur mit dem Ziel der Einzahlung auf Notaranderkonto vollstreckt werden darf[82].

Die Pflicht zur Kaufpreishinterlegung ist erst **erfüllt**, wenn der Auszahlung durch den **28** Notar keine vorrangigen Treuhandauflagen Dritter entgegenstehen[83]. Denn solange die Auszahlungsbedingungen des Kreditgebers des Käufers nicht erfüllt sind, kann der Verkäufer den Kaufpreis nicht erlangen, auch wenn er seinerseits alles für die Auszahlung Erforderliche getan hat.

c) Einwendungen und Einreden

Aufgrund der Verwahrungsvereinbarung muss gewährleistet sein, dass der gesamte Verwah- **29** rungsbetrag dem Notar zur Verfügung gestellt wird; andernfalls könnte der Schuldner durch Aufrechnung, Minderung oder Zurückbehaltung die Vertragsabwicklung vereinbarungswidrig verhindern. Die Verwahrungsvereinbarung enthält daher – jedenfalls in der Regel – zugleich die konkludente Vereinbarung eines **Aufrechnungs-**, **Minderungs-** und **Zurückbehaltungsverbotes**[84].

---

76 *Schippel/Bracker/Reithmann*, § 23 Rz. 30 f.; *Bräu*, Rz. 94; *Zimmermann*, DNotZ 1980, 456.
77 OLG Hamm OLGZ 1994, 491.
78 *Bräu*, Rz. 94.
79 Zur Frage der Wirksamkeit der Verwahrungsanweisung bei Fehlen eines berechtigten Sicherungsinteresses siehe unten Rz. 53.
80 *Lüke*, ZIP 1992, 155.
81 *Brambring*, DNotZ 1990, 625.
82 *Eylmann/Vaasen/Hertel*, § 23 BNotO Rz. 22.
83 BGH DNotZ 2002, 213, 214; 2002, 269, 270.
84 KG DNotZ 1987, 778; *Kawohl*, Rz. 90, 94; teilweise a. A.: *Bräu*, Rz. 116; *Lüke*, ZIP 1992, 150, 156.

IV. Gegenstände der Verwahrung

30   § 23 bezeichnet als mögliche Gegenstände der notariellen Verwahrung Geld, Wertpapiere und Kostbarkeiten. Die Bestimmungen der §§ 54a ff. BeurkG gelten in erster Linie für die Geldverwahrung, gemäß § 54e Abs. 1 BeurkG aber entsprechend auch für die Verwahrung von Wertpapieren und Kostbarkeiten.

Die gesetzlichen Regelungen des Verwahrungsgeschäfts (§ 23 BNotO, §§ 54a ff. BeurkG) schließen nicht die notarielle Verwahrung anderer Gegenstände im Rahmen der vorsorgenden Rechtspflege aus, wenn dafür ein berechtigtes Sicherungsinteresse besteht[85].

1. Geld

31   Geld in diesem Sinne ist sowohl **Bargeld** (Geldscheine, Münzen) als auch **Buchgeld** (Forderungen gegen ein Kreditinstitut, über das der Inhaber zu Zahlungszwecken jederzeit verfügen kann[86]).

a) Begriff

32   Aus der Notwendigkeit, anvertrautes Geld einem Notaranderkonto zuzuführen (§ 54b Abs. 1 Satz 1 BeurkG), folgt, dass nur gesetzliche und gesetzlich zugelassene **Zahlungsmittel** als Geld verwahrungsfähig sind, weil nur sie auf Konten verbucht werden können. Dazu zählen auch ausländische Zahlungsmittel. Nicht als Geld verwahrungsfähig sind Geldzeichen, die nicht oder nicht mehr zum Umlauf geeignet sind (z. B. Sammlermünzen). Sie können aber als *Kostbarkeiten* hinterlegt werden.

b) Entgegennahme von Bargeld

33   Für die **Übernahme von Bargeld** durch den Notar gilt Folgendes:

aa) Verbot der Entgegennahme

34   § 23 ermächtigt den Notar zur Verwahrung von Geld, das ihm von den Beteiligten *übergeben* wird. Dagegen darf er nach § 54a Abs. 1 BeurkG Bargeld zur Aufbewahrung oder zur Ablieferung an Dritte nicht *entgegennehmen*. Die Vorschrift soll ihn vor der Inanspruchnahme für Zwecke der Geldwäsche bewahren und die Vertraulichkeit der Amtsführung im Hinblick auf die Dokumentations-, Mitteilungs- und Offenbarungspflichten nach dem Geldwäschegesetz[87] weitgehend erhalten[88]. Sie verbietet nicht nur die Aufbewahrung und Ablieferung[89], sondern schon die **Entgegennahme** von Bargeld, d. h. die Übernahme des unmittelbaren Besitzes, zu einem dieser Zwecke. Als verfahrensregelnde Norm hat § 54a Abs. 1 BeurkG Vorrang vor der Zuständigkeitsbestimmung des § 23, wie sich auch aus dem Vorbehalt in § 23 Halbs. 2 ergibt.

bb) Ausnahmen vom Verbot

35   § 54a Abs. 1 BeurkG steht in Widerspruch zu den Vorschriften über den **Wechselprotest** (Art. 79 ff. WG). Zur Aufnahme von Wechselprotesten sind u. a. die Notare zuständig (§ 20 Abs. 1 Satz 2). Nach Art. 84 WG kann der Wechsel an den Protestbeamten – hier: den Notar – bezahlt werden; die Befugnis zur Annahme der Zahlung kann nicht ausgeschlossen werden. *Bezahlung* an den Protestbeamten bedeutet Barzahlung. So ist die Entgegennahme von

---

85 OLG Hamm OLG-Report Hamm/Düsseldorf/Köln 2006, 174.
86 *Palandt/Heinrichs*, § 245 Rz. 5.
87 Näher dazu unten Rz. 88.
88 BT-Drucks. 13/4184, S. 37.
89 So aber *Weingärtner*, Verwahrung, Rz. 59.

Wechselbeträgen einer der häufigsten Fälle von Barzahlungen an den Notar. Hätte der Gesetzgeber die Annahmebefugnis der Notare aus Art. 84 WG abschaffen wollen, hätte er entweder ihre Zuständigkeit zur Erhebung von Wechselprotesten (§ 20 Abs. 1 Satz 2 BNotO, Art. 79 WG) beseitigen oder in Abänderung des Art. 84 WG bestimmen müssen, dass die Vorschrift für Notare nicht gilt. Dass weder das eine noch das andere geschehen ist, lässt darauf schließen, dass der Gesetzgeber den Widerspruch zwischen § 54a Abs. 1 BeurkG und Art. 84 Satz 1 WG nicht bemerkt hat. Dies rechtfertigt es, § 54a Abs. 1 BeurkG im Wege teleologischer Reduktion dahin auszulegen, dass die Vorschrift für Wechselproteste nicht gilt. Hiervon geht auch § 10 Abs. 1 Satz 2 DONot aus, wonach Geldbeträge, die Notare als Protestbeamte empfangen haben, nicht in das Verwahrungsbuch und das Massenbuch einzutragen sind, wenn sie unverzüglich an die Berechtigten herausgegeben werden.

2. Wertpapiere

a) Begriff

Wertpapiere sind nicht nur diejenigen Papiere, die das verbriefte Recht verkörpern, wie Aktien, Kuxe, Inhaberschuldverschreibungen (Wertpapiere im engeren Sinn), sondern alle *Papiere von Wert*[90] wie etwa Dispositions- oder Traditionspapiere[91], Legitimationspapiere[92], Schuldscheine, Schecks und Sparbücher. Reine Beweisurkunden sind nicht nach § 23 verwahrungsfähig[93].

36

b) Sonstige Urkunden

Darüber hinaus können auch **Hypotheken-, Grundschuld-** und **Rentenschuldbriefe** sowie Urkunden, die eine **Willenserklärung** verkörpern, wie etwa Vollmachten, Löschungsbewilligungen, Bürgschaftsurkunden[94], notariell verwahrt werden. Das gleiche gilt für zur Ausübung des **Stimmrechts** hinterlegte Aktien und Schuldverschreibungen[95]. Die Verwahrungsbefugnis ergibt sich aus der allgemeinen Betreuungszuständigkeit der Notare nach § 24 Abs. 1 Satz 1 BNotO[96]. Für die Behandlung derartiger Urkunden gelten die Vorschriften des Beurkundungsgesetzes und der Dienstordnung für Notarinnen und Notare nicht unmittelbar. Jedoch sind die Vorschriften der §§ 54a ff. BeurkG analog anzuwenden, wenn der Notar die Urkunde zwecks Aufbewahrung oder Ablieferung an Dritte übernimmt. Insbesondere bedarf es dann eines objektiven Sicherungsinteresses sowie eines mit Verwahrungsanweisungen verbundenen Verwahrungsantrags und dessen Annahme (§ 54a Abs. 2 BeurkG); für die Abwicklung gelten die Vorschriften der §§ 54c und 54d BeurkG analog. Dagegen ist für eine analoge Anwendung kein Raum, wenn der Notar das Papier lediglich beim Vollzug eines Urkundsgeschäfts oder bei einer sonstigen Treuhandtätigkeit in Besitz nimmt.
Die Übernahme der Verwahrung einer **MaBV-Bürgschaft** (§§ 2 Abs. 1, 7 Abs. 1 MaBV) durch den Notar ersetzt nur dann die Aushändigung der Bürgschaftsurkunde an den Erwerber, wenn der Notar allein an dessen Weisungen gebunden und verpflichtet ist, die Urkunde jederzeit auf sein Verlangen an ihn herauszugeben[97].

37

---

90 *Weingärtner*, Verwahrung, Rz. 234.
91 Zum Begriff: *Zöllner*, Wertpapierrecht, § 25 IV.
92 Zum Begriff: *Zöllner*, § 28.
93 *Kersten/Bühling/Zimmermann*, Formularbuch und Praxis der Freiwilligen Gerichtsbarkeit, § 11 Rz. 11; a. A.: *Weingärtner*, Verwahrung, Rz. 234.
94 Vgl. *Krause*, NotBZ 1997, 75.
95 *Weingärtner*, Verwahrung, Rz. 234.
96 *Eylmann/Vaasen/Hertel*, § 54e BeurkG Rz. 4, 18.
97 BGH DNotZ 2007, 376 = NJW 2007, 1360 m. Anm. *Vogel*.

3. Kostbarkeiten

a) Begriff

38 **Kostbarkeiten** sind Sachen, deren Wert im Verhältnis zu ihrem Umfang besonders hoch ist und die auch nach allgemeiner Verkehrsanschauung als kostbar angesehen werden, wie z. B. Gold- und Silbersachen, Juwelen, Sammlermünzen, Kunstwerke, Antiquitäten, Sammlungen, Autogramme, Manuskripte.

b) Prioritätsverhandlungen

39 Auch **Datenträger** können Kostbarkeiten darstellen; sie sind deshalb verwahrungsfähig[98]. Bedeutsam ist dies im Zusammenhang mit notariellen **Prioritätsverhandlungen**, durch die bewiesen werden soll, dass ein geistiges Werk zu einem bestimmten Zeitpunkt existiert hat. Der Notar kann in einer Tatsachenbescheinigung in Gestalt einer Niederschrift bestätigen, dass und wann ihm das Werk vorgelegt worden ist, und es – etwa in Gestalt eines Datenträgers – zusammen mit der Urkunde in Verwahrung nehmen[99]. Damit kann eine eidesstattliche Versicherung der Beteiligten über ihre Urheberschaft verbunden werden[100]. Die Zuständigkeit des Notars für ihre Aufnahme ergibt sich aus § 22 Abs. 2, da die eidesstattliche Versicherung ein taugliches Mittel der Glaubhaftmachung vor Gericht – einer »Behörde oder sonstigen Dienststelle« – darstellt. Der Einwand, zur Zeit der Verhandlung sei ein behördliches oder gerichtliches Verfahren noch nicht anhängig, so dass ein Fall des § 22 Abs. 2 nicht vorliege[101], greift nicht durch, weil die Vorschrift eine solche Anhängigkeit nicht voraussetzt; maßgeblich ist die Absicht künftiger Verwendung vor Gericht.

c) Feststellung durch den Notar

40 Ob Verwahrungsgegenstände wirklich Kostbarkeiten sind, kann der Notar vielfach nicht beurteilen. Er muss und darf sich dann auf die Angaben der Beteiligten verlassen[102]. Gegebenenfalls muss er zur Vermeidung eines falschen Anscheins bei der Übernahme der Verwahrungsgegenstände das Fehlen eigener Sachkunde klarstellen. So darf er nicht die Übernahme von Edelsteinen einer bestimmten Art (Diamanten, Smaragden usw.) bescheinigen, wenn die Möglichkeit besteht, dass es sich um Imitate handelt[103].

V. Voraussetzungen der Verwahrung

1. Berechtigtes Sicherungsinteresse

41 Nach §§ 54a Abs. 2 Nr. 1, 54e Abs. 1 BeurkG ist eine Verwahrung nur zulässig, wenn hierfür ein **berechtigtes Sicherungsinteresse** der am Verwahrungsgeschäft beteiligten Personen besteht.

a) Grundsatz

42 Die Verwahrung muss der Stellung des Notars als Organ der **vorsorgenden Rechtspflege** entsprechen. Sie darf daher nicht nur dem Interesse des Hinterlegers dienen, dem Verlust des

---

98 Vgl. *Bömer*, NJW 1998, 3321, 3322.
99 Näher dazu: *Winkler*, BeurkG, § 54e Rz. 3; *Eylmann/Vaasen/Hertel*, § 54e BeurkG Rz. 23 m.w.N.; *Heyn*, DNotZ 1998, 177, 183; *Leistner*, MittBayNot 2003, 3.
100 *Heyn*, DNotZ 1998, 183; *Leistner*, MittBayNot 2003, 7.
101 *Eylmann/Vaasen/Hertel*, § 54e BeurkG Rz. 23 Fn. 39.
102 *Kersten/Bühling/Zimmermann*, § 11 Rz. 10.
103 Vgl. das Beispiel von *Haug*, DNotZ 1982, 539, 547.

Verwahrungsgutes vorzubeugen; der Notar ist keine bloße Aufbewahrungsstelle[104]. Kern des Verfahrens ist nicht die *Ablieferung an Dritte* und schon gar nicht die bloße *Aufbewahrung*, sondern die **Sicherung** der vom Hinterleger gewünschten Rechtsfolgen[105]. Eine notarielle Verwahrung muss daher stets den Zweck haben, durch rechtskundige Prüfung und Überwachung seitens des Notars eine zusätzliche Sicherheit für die Beteiligten zu schaffen[106]. Aufbewahrung und Ablieferung sind nur Mittel zur Erreichung dieser weitergehenden Zwecke.

b) Gesetzliche Regelung

§ 54a Abs. 2 Nr. 1 BeurkG konkretisiert diesen Grundsatz dahin, dass die Verwahrung ein **43** **berechtigtes Sicherungsinteresse** der am Verwahrungsgeschäft beteiligten Personen voraussetzt. Die Vorschrift gilt für alle Verwahrungsgeschäfte im Sinne des § 23, ist aber praktisch bedeutsam vor allem für Kaufverträge über Immobilien. Sie soll einer gleichsam formularmäßig vorgesehenen Verwahrung entgegenwirken[107]. Das notarielle Verwahrungsgeschäft ist in hohem Maße schadensträchtig[108]. Dabei vorkommende Amtspflichtverletzungen sind geeignet, das Ansehen des Notariats insgesamt zu beeinträchtigen; außerdem belasten durch Auszahlungsfehler verursachte Leistungen der Notarversicherer über deren Prämienkalkulation die Gesamtheit der Notare. Darüber hinaus liegt es im Kosteninteresse der Beteiligten, die notarielle Verwahrung auf solche Fälle zu beschränken, in denen sie notwendig ist, um das von den Beteiligten erstrebte Ziel zu erreichen[109].

aa) Objektiver Maßstab

Der Begriff des berechtigten Sicherungsinteresses ist **objektiv** zu verstehen[110]. Das ergibt **44** sich sowohl aus den Gesetzesmaterialien[111] als auch aus dem vorstehend genannten Zweck der Vorschrift, das Ansehen des Notariats zu wahren und die Allgemeinheit der Notare vor den Haftungsfolgen amtspflichtwidrig übernommener Verwahrungen zu schützen. Entgegen einer verbreiteten früheren Praxis soll die Verwahrung bei Grundstücksgeschäften nicht mehr die Regel, sondern die Ausnahme sein. Allein der Umstand, dass Immobiliarkaufverträge nicht unmittelbar Zug um Zug abgewickelt werden können, rechtfertigt die Annahme eines berechtigten Sicherungsinteresses nicht[112]. Ebenso wenig genügt der bloße einverständliche Wunsch der Beteiligten nach einer Verwahrung[113]. Die gegenteilige Auffassung kann nicht auf den Gesichtspunkt der Privatautonomie gestützt werden[114], da die notariellen Amtspflichten nicht zur Disposition der Beteiligten stehen[115].

Aufgabe des Notars ist es, die Beteiligten über die gesetzlichen Voraussetzungen einer notariellen Verwahrung zu belehren und ihnen sichere Wege einer Vertragsabwicklung ohne Verwahrung aufzuzeigen[116]. Beharren die Beteiligten allerdings trotz solcher Hinweise nachhaltig darauf, das Rechtsgeschäft nur auf der Grundlage einer notariellen Verwahrung abzuschließen, ist der Notar befugt, ihrem Ansuchen nachzukommen. Denn Aufgabe der Notare ist es nicht, notwendige Beurkundungen zu verhindern. Das gleiche gilt, wenn sich

---

104 *Zimmermann*, DNotZ 1982, 90, 107 f.; *Bräu*, Rz. 162, 166.
105 *Reithmann*, Vorsorgende Rechtspflege durch Notare und Gerichte, S. 210.
106 *Zimmermann*, DNotZ 1982, 108; ähnlich: *Bohrer*, Rz. 73.
107 BT-Drucks. 13/4184 S. 37.
108 Vgl. *Haug*, DNotZ 1982, 551.
109 Vgl. die Kostenbeispiele bei *Weingärtner*; Verwahrung, Rz. 6.
110 *Brambring*, FGPrax 1998, 201, 204; ders., DNotZ 1999, 381, 383; *Eylmann/Vaasen/Hertel*, § 54a BeurkG Rz. 6; *Tönnies*, ZNotP 1999, 319, 320; *Winkler*, § 54a Rz. 10.
111 BT-Drucks. 13/4184 S. 37, wonach »*ein – nach objektiven Kriterien – vorliegendes berechtigtes Sicherungsinteresse gefordert wird*«.
112 A. A. *Tröder*, ZNotP 1999, 462; *Möhrle*, DB 2000, 605.
113 A. A. *Weingärtner*, Verwahrung, Rz. 62; ders., DNotZ 1999, 393, 395.
114 So aber *Weingärtner*, DNotZ 1999, 395.
115 *Brambring*, DNotZ 1999, 381, 384.
116 *Zimmermann*, DNotZ 2000, 164, 166.

das den Kaufpreis finanzierende Kreditinstitut endgültig weigert, das Finanzierungsdarlehen anders als auf Notaranderkonto auszuzahlen[117].

bb) Beurteilungsspielraum des Notars

45 Der Begriff des berechtigten Sicherungsinteresses ist ein unbestimmter Rechtsbegriff. Seine Anwendung erfordert eine Abwägung der vorhandenen Interessen und eine Prognose der künftigen Abwicklungsmöglichkeiten. Dem Notar ist daher ein gewisser, im Aufsichtswege und im Verfahren nach § 15 Abs. 2 nur beschränkt nachprüfbarer **Beurteilungsspielraum** zuzubilligen[118]. Trotz dieser Einschränkung ist es jedoch im Interesse der Notare und der Dienstaufsicht sinnvoll, Regelbeispiele zu bilden, wann ein berechtigtes Sicherungsinteresse zu bejahen oder zu verneinen ist. Nimmt der Notar zu Unrecht ein berechtigtes Sicherungsinteresse an, so kann darin in Ausnahmefällen eine unrichtige Sachbehandlung mit der Folge liegen, dass die Kosten des Verwahrungsgeschäfts gem. § 16 KostO außer Ansatz zu bleiben haben[119]. Voraussetzung ist aber, dass es sich um ein *offensichtliches* Versehen oder einen *offen* zutage tretenden Verstoß gegen § 54a Abs. 2 Nr. 1 BeurkG handelt, was angesichts des Beurteilungsspielraums des Notars selten vorkommen dürfte[120].

cc) Fallgruppen mit berechtigtem Sicherungsinteresse

46 Ein berechtigtes Sicherungsinteresse kann insbesondere in folgenden **Fallgruppen** anzunehmen sein[121]:

47 (1) Ist der verkaufte Grundbesitz mit Rechten Dritter – insbesondere mit Grundpfandrechten – belastet und finanziert der Käufer den Kaufpreis aus Darlehen **mehrerer Kreditgeber** – z. B. Bank, Versicherungsunternehmen, Bausparkasse –, die auf dem Kaufgegenstand dinglich abzusichern sind, kann eine Abwicklung der Kaufpreiszahlung über Notaranderkonto dann geboten sein, wenn die Finanzierungsinstitute nicht bereit sind, die zur Lastenfreistellung erforderliche Koordinierung untereinander vorzunehmen. Der Notar darf in diesen Fällen die **Erleichterung der Abwicklung** als ausreichend ansehen, um ein berechtigtes Sicherungsinteresse zu bejahen.[122]

48 (2) Soll der Veräußerer schon vor Eintritt der Kaufpreisfälligkeit eine Leistung erbringen, die nicht oder nur mit Schwierigkeiten rückgängig gemacht werden kann, stellt die gänzliche oder teilweise Verwahrung des Kaufpreises auf Notaranderkonto vielfach die einzige Sicherungsmöglichkeit für den Verkäufer dar. Als derartige Leistungen kommen insbesondere die vorzeitige **Räumung** oder **Besitzüberlassung** an den Käufer – etwa zur Ausführung von Renovierungsarbeiten – in Betracht, ferner die Bestellung einer **Vormerkung** für den Käufer, wenn zur Zeit der Beurkundung die spätere Löschung der Vormerkung nicht gewährleistet werden kann[123].

49 (3) Soll der Veräußerer seinerseits über seine Hauptleistungspflicht hinaus **Zusatzleistungen** – wie etwa Renovierungsarbeiten – erbringen und sollen diese erst zu einem Zeitpunkt fällig werden, der nach dem der Kaufpreisfälligkeit liegt, kann es berechtigt sein, einen dem Wert der Zusatzleistung entsprechenden Teil des Kaufpreises auf Notaranderkonto zu verwahren, bis die Leistung erfolgt ist.

---

117 Ebenso *Zimmermann*, DNotZ 2000, 168; a. A. *Winkler*, § 54a Rz. 12, und wohl auch *Chr. Sandkühler*, MittBayNot 2005, 432, 433.
118 Ebenso: *Zimmermann*, DNotZ 2000, 167.
119 OLG Bremen MittBayNot 2005, 428.
120 Ebenso *Zimmermann*, DNotZ 2000, 164, 169, der zu Recht vor einer »Pönalisierung« über § 16 KostO warnt.
121 Näher dazu: *Bundesnotarkammer*, Rdschr. v. 11.01.1996 und 04.09.2000 (Abdruck: *Weingärtner*, Notarrecht, Ord.-Nr. 298, 298a); *Brambring*, DNotZ 1999, 388; *Eylmann/Vaasen/Hertel*, § 54a BeurkG Rz. 11 ff.
122 *Eylmann/Vaasen/Hertel*, § 54a BeurkG Rz. 43.
123 Beispielsfall: BGH DNotZ 1994, 485; kritisch dazu: *Brambring*, DNotZ 1999, 389.

(4) Bei Abschluss eines **Bauträgervertrages** kann es gerechtfertigt sein, die Verwahrung 50
der letzten, nach vollständiger Fertigstellung fälligen Kaufpreisrate von 3,5 % (§ 3 Abs. 2
Satz 2 Nr. 2 MaBV) auf Notaranderkonto zu vereinbaren[124, 125].

(5) Eine notarielle Verwahrung kommt ferner in Betracht, wenn eine Immobilie während 51
eines anhängigen **Zwangsversteigerungsverfahrens** freihändig verkauft werden soll und die
betreibenden Gläubiger nur für den Fall der Verwahrung bereit sind, die vorläufige Einstellung des Verfahrens zu bewilligen bzw. den Versteigerungsantrag zurückzunehmen.

dd) Fallgruppen ohne berechtigtes Sicherungsinteresses

Ein berechtigtes Sicherungsinteresse kann in der Regel **nicht** angenommen werden[126], wenn 52
– der Kaufgegenstand in Abt. II und III des Grundbuchs lastenfrei ist,
– der Kaufgegenstand mit abzulösenden Grundpfandrechten nur zugunsten *eines* Gläubigers belastet ist,
– vorhandene Belastungen vor Kaufpreisfälligkeit vom Verkäufer aus eigenen Mitteln abgelöst werden sollen,
– vorhandene Belastungen vom Käufer übernommen werden oder auflagenfrei gelöscht
  werden können,
– der Käufer im Wege der Schuldübernahme die durch Grundpfandrechte gesicherten Verbindlichkeiten unter Anrechnung auf den Kaufpreis übernimmt,
– der Käufer den Kaufpreis aus eigenen Mitteln aufbringt oder ein Finanzierungsdarlehen
  auf einem anderen als dem Kaufgrundstück absichert, oder
– nach der Vertragsgestaltung im Zeitpunkt der Einzahlung auf das Notaranderkonto auch
  bereits die Voraussetzungen für die Auszahlung an den Verkäufer vorliegen.

ee) Fakultative Verwahrungsvereinbarung

Auch wenn ein berechtigtes Sicherungsinteresse zunächst nicht zu erkennen ist, können 53
doch **im Nachhinein** Abwicklungshindernisse auftreten, welche die Verwendung eines Notaranderkontos erforderlich machen. Das gilt insbesondere, wenn die Art der Kaufpreisfinanzierung durch den Käufer bei Beurkundung des Kaufvertrages noch nicht feststeht oder
ein Finanzierungsgläubiger auf notarieller Verwahrung besteht. In solchen Fällen kann sich
zur Vermeidung einer Nachbeurkundung empfehlen, eine Verwahrung **fakultativ** vorzuse-
hen[127].

c) Rechtsfolgen bei Fehlen eines berechtigten Sicherungsinteresses

§ 54a Abs. 2 Nr. 1 stellt ein **Verbotsgesetz** dar, wie sich aus der Formulierung »darf ... nur« 54
ergibt[128]. Nach § 134 BGG, der im öffentlichen Recht analog angewendet werden kann, ist
ein verbotswidriges Rechtsgeschäft in der Regel nichtig. Jedoch tritt diese Rechtsfolge
grundsätzlich nur dann ein, wenn sich das Verbot gegen beide Vertragsteile richtet[129]. Berufsregelungen führen daher im allgemeinen nicht zur Unwirksamkeit einer verbotswidrig
vorgenommenen Rechtshandlung, sofern nicht der Schutzzweck der Norm das Verdikt der
Nichtigkeit erforderlich macht[130].

Das Verbot, Geld zur Verwahrung entgegenzunehmen, wenn ein berechtigtes Sicherungsinteresse der Verwahrungsbeteiligten nicht besteht, richtet sich nach Wortlaut und Normzweck nur an den Notar, ist also einseitig. Schutzzweck des § 54a Abs. 2 Nr. 1 BeurkG ist

---

124 Näher dazu: *Brambring*, DNotZ 1999, 392.
125 Zur Frage der Wirksamkeit von Vereinbarungen entsprechend § 3 Abs. 2 MaBV s. § 14 Rz. 152.
126 Vgl. *Bundesnotarkammer*, Rdschr. v. 11.01.1996 (Abdruck: *Weingärtner*, Notarrecht, Ord.-
    Nr. 298); *Brambring*, DNotZ 1999, 381, 386.
127 *Tönnies* in Beck'sches Notar-Handbuch, A I Rz. 368 mit Formulierungsvorschlag.
128 Vgl. *Palandt/Heinrichs*, § 134 BGB Rz. 6a.
129 *Palandt/Heinrichs*, § 134 Rz 9.
130 *Palandt/Sprau*, § 652 BGB Rz. 8.

es, das Ansehen des Notariats zu wahren und die Allgemeinheit der Notare vor den Haftungsfolgen amtspflichtwidrig übernommener Verwahrungen zu schützen[131]. Dieser Zweck erfordert nicht die Unwirksamkeit einer verbotswidrigen Verwahrungsanweisung und/oder ihrer Annahme durch den Notar. Im Gegenteil würde diese Rechtsfolge den Interessen der Beteiligten an pflichtgemäßer Abwicklung des Verwahrungsgeschäfts durch den Notar zuwiderlaufen.

Die Vornahme von Verwahrungsgeschäften ohne berechtigtes Sicherungsinteresse ist daher zwar amtspflichtwidrig, aber wirksam[132].

2. Verwahrungsantrag

55 Eine Verwahrung findet nur auf **Antrag** (Ansuchen) statt (§§ 54a Abs. 2 Nr. 2, 54e Abs. 1 BeurkG). Der Antrag muss nicht von den an dem zugrunde liegenden Geschäft (z. B. Grundstückskaufvertrag) Beteiligten ausgehen, sondern kann auch von einer dritten Person gestellt werden (§ 54a Abs. 6 BeurkG). In der Praxis bedeutsam sind insbesondere Verwahrungsanträge von den Kaufpreis finanzierenden Kreditinstituten.

3. Verwahrungsanweisung

56 Mit dem Verwahrungsantrag muss eine **Verwahrungsanweisung** verbunden sein (§ 54a Abs. 2 Nr. 2 BeurkG). Während die Verwahrungsvereinbarung als Teil des schuldrechtlichen Geschäfts das Verhältnis der Beteiligten zueinander regelt[133], richtet sich die Verwahrungsanweisung als **Verfahrenshandlung**[134] an den Notar. Sie bestimmt sein Verhältnis zu den Verwahrungsbeteiligten sowie den Inhalt seiner Amtspflichten bei der Abwicklung des Verwahrungsgeschäfts.

a) Pflichten des Notars

57 Die Verwahrungsanweisung muss den Bedürfnissen einer ordnungsgemäßen Geschäftsabwicklung und eines ordnungsgemäßen Vollzugs der Verwahrung sowie den Sicherungsinteressen aller am Verwahrungsgeschäft beteiligten Personen genügen (§ 54a Abs. 3). Nur wenn diese Voraussetzungen erfüllt sind, darf der Notar den Antrag annehmen. Bei **unklaren** oder **unsachgemäßen Weisungen** muss er die Beteiligten über die damit verbundenen Gefahren belehren und auf die Erteilung sachgemäßer, klärender Weisungen dringen[135]. Soweit mehrere Wege zur Erreichung des von den Verwahrungsbeteiligten gewünschten Erfolgs in Betracht kommen, muss er – wie im Rahmen seiner Urkundstätigkeit[136] – den sichersten Weg wählen[137].

b) Notwendiger Inhalt der Verwahrungsanweisung

58 Als **Mindestinhalt** muss die Verwahrungsanweisung Bestimmungen enthalten über
- die Person des Anweisenden (Wer ist »Auftraggeber« des Notars?),
- die Person des Empfangsberechtigten (An wen ist das Verwahrungsgut einschließlich seiner Erträge herauszugeben?),
- die zeitlichen und sachlichen Bedingungen der Verwahrung (Was ist wann, wo und zu welchen Bedingungen zu hinterlegen?) sowie

---

131 Siehe oben Rz. 44.
132 Ebenso im Ergebnis: *Eylmann/Vaasen/Hertel*, § 54a BeurkG Rz. 19.
133 Näher dazu oben Rz. 22 ff.
134 A. A. *Wettach*, DNotZ 1996, 2.
135 BGH DNotZ 1960, 265; OLG Köln OLG-Rp Köln 1992, Sonderbeilage Notarsenat.
136 Siehe dazu § 14 Rz. 142.
137 Einschränkend: *Schippel/Bracker/Reithmann*, § 23 Rz. 22; *Reithmann*, Vorsorgende Rechtspflege, S. 223.

SANDKÜHLER

– die Auszahlungsvoraussetzungen (Wann, unter welchen Bedingungen und in welcher Weise ist das Verwahrungsgut nebst Erträgen an den Empfangsberechtigten herauszugeben?).

Im Einzelnen gilt:

aa) Anweisender

Anweisender ist in der Regel der Hinterleger. Bei der mehrseitigen Treuhand[138] geht die Verwahrungsanweisung regelmäßig von beiden Vertragsparteien aus. Sie stellt dann eine gemeinschaftliche Verfahrenshandlung dar[139].   **59**

bb) Empfangsberechtigter

Als **Empfangsberechtigter** kommt in der Regel der Gläubiger des Anspruchs aus dem der Verwahrung zugrunde liegenden Kausalgeschäft oder ein von ihm benannter Dritter in Betracht. Sollen **mehrere Personen** empfangsberechtigt sein, muss klargestellt werden, in welchem Verhältnis sie zueinander stehen. Verkaufen etwa mehrere Personen eine ihnen gemeinschaftlich gehörende Immobilie, entsteht in der Regel eine den Vorschriften über die Bruchteilsgemeinschaft unterliegende gemeinschaftliche Kaufpreisforderung; sie hat rechtlich den Charakter eines auf eine unteilbare Leistung im Sinne des § 432 BGB gerichteten Anspruchs[140]. Soll die Auszahlung an einen **Dritten** (z. B. den Gläubiger einer eingetragenen Belastung) erfolgen, ist zu klären, ob dieser nur Zahlstelle des Gläubigers sein oder ihm ein eigener Auszahlungsanspruch gegen den Notar zustehen soll.   **60**

cc) Verwahrungsbedingungen

In der Verwahrungsanweisung sind ferner die **Bedingungen der Verwahrung** festzulegen. Dazu gehören   **61**
– die Voraussetzungen der Einzahlung auf Notaranderkonto,
– die Behandlung des Verwahrungsguts durch den Notar sowie
– die Voraussetzungen für die Auszahlung vom Notaranderkonto

   (1) Der **Einzahlungszeitpunkt** sollte in der Regel so gewählt werden, dass der Vertrag bis dahin wirksam ist und dem Vollzug voraussichtlich keine wesentlichen Hindernisse mehr entgegenstehen[141]. So sollte der Käufer zur Zahlung auf das Notaranderkonto im allgemeinen erst verpflichtet sein, wenn die erforderlichen Genehmigungen vorliegen, ein etwa bestehendes Vorkaufsrecht nicht ausgeübt wird und die vereinbarte Ablösung bestehender Belastungen gewährleistet erscheint. Soll der Käufer hingegen schon vor diesem Zeitpunkt zur Nutzung des Kaufgegenstandes berechtigt sein, sollte der Einzahlungszeitpunkt entsprechend vorverlegt werden.   **62**

   (2) Die Beteiligten können den Notar zur Auswahl einer bestimmten **Bank** anweisen (§ 54b Abs. 2 Satz 2 BeurkG). Fehlt eine solche Anweisung, bleibt die Auswahl der Bank dem Notar überlassen[142].   **63**

   (3) Gegenstand der Verwahrungsanweisung kann ferner die Wahl einer bestimmten **Anlageform** sein (§ 54b Abs. 1 Satz 2 BeurkG).   **64**

   (a) In Betracht kommt insbesondere eine Anlage als **Festgeld** oder **Tagesgeld**. Wird eine solche vorgesehen, sollten ihre Einzelheiten in der Verwahrungsanweisung bestimmt werden (Anlagezeitpunkt, Anlagedauer, ggf. Kündigungszeitpunkt)[143]. Dabei ist darauf zu achten, dass die Gelder im voraussichtlichen Zeitpunkt der Auszahlungsreife frei verfügbar sind.   **65**

---

138 Siehe oben Rz. 17.
139 *Zimmermann*, DNotZ 1980, 466.
140 BGH NJW 1998, 1482, 1483.
141 Ähnlich: *Eylmann/Vaasen/Hertel*, § 54a BeurkG Rz. 46 ff.
142 Näher dazu unten Rz. 102.
143 Formulierungsvorschläge: *Tönnies*, DNotZ 1997, 61.

Zeichnet sich schon bei Übernahme oder im Laufe der Verwahrung ab, dass mit einer baldigen Auszahlung an die Empfangsberechtigten nicht zu rechnen ist, muss der Notar die Beteiligten im Rahmen seiner **erweiterten Belehrungspflicht** (§ 14 BNotO) auf den drohenden Zinsverlust hinweisen und ihnen nahe legen, ihn durch übereinstimmende Erklärung zu einer Festgeld- oder Tagesgeldanlage anzuweisen, sofern damit keine besondere Risiken verbunden sind, die Verfügbarkeit der Verwahrungsmasse gewährleistet bleibt und der Notar selbst über diese Möglichkeit unterrichtet ist[144]. Dabei wird man von dem Notar verlangen müssen, dass er sich über die Gepflogenheiten und Konditionen seiner Hausbank(en) kundig macht; zu weitergehenden Erkundigungen bei anderen Kreditinstituten ist er nicht verpflichtet[145].

Sind die Beteiligten anderweitig sachkundig beraten (z. B. durch Anwalt, Steuerberater, Wirtschaftsberater), entfällt eine Belehrungspflicht des Notars[146]. Dass die Beteiligten selbst wirtschaftlich erfahren sind, enthebt den Notar jedoch in der Regel nicht seiner Belehrungspflicht, zumal dieser Umstand nicht immer zuverlässig feststellbar ist.

66 (b) Gegen die Kapitalanlage in sog. **Geldmarktfonds** bestehen Bedenken. Es handelt sich um von Kapitalanlagegesellschaften verwaltete Investmentfonds, die ihre Mittel in kurzfristigen Bankeinlagen und kurzlaufenden Wertpapieren, sog. Geldmarktpapieren, anlegen und den Anleger an den Wertveränderungen des Fonds beteiligen. Ein Geldmarktfonds genügt nicht dem zwingend zu beachtenden Sicherungsinteresse der Beteiligten (§ 54 Abs. 3); denn es ist nicht auszuschließen, dass der Fonds und damit auch der einzelne Fondsanteil durch Realisierung des Kursrisikos einen Wertverlust erleidet, der hinterlegte Geldbetrag also ganz oder teilweise verloren geht[147]. Eine notarielle Geldverwahrung durch Erwerb von Anteilen an einem solchen Fonds ist daher unzulässig[148]. Im Übrigen entspricht es nicht dem Amt des Notars als Rechtspflegeorgan, durch Erwerb und Veräußerung von Fondsanteilen wirtschaftliche Tätigkeit zwecks Gewinnerzielung auszuüben.

67 (c) Aus den vorstehenden Gründen ist auch eine sonstige Anlage von Verwahrgeld in **Wertpapieren** durch den Notar – die nicht mit der Verwahrung von Wertpapieren zu verwechseln ist – unzulässig.

68 (4) Bei der Verwahrung von Geldbeträgen ist in der Verwahrungsanweisung zu regeln, wem auf dem Notaranderkonto anfallende **Zinsen** zustehen[149]. Zweckmäßig ist eine Regelung dahingehend, dass die Zinsen nach Zeitabschnitten aufgeteilt werden[150], so dass sie beispielsweise für die Zeit bis zum Besitzübergang oder der Vollzugsreife dem Käufer, danach dem Verkäufer gebühren; im Fall der Darlehensverwahrung sollten die Zinsen aus dem Notaranderkonto bis zum Beginn der vertraglichen Verzinsungspflicht dem Darlehensgeber, danach dem Darlehensnehmer zustehen[151].

69 (5) Eine Regelung der **Rückzahlungsvoraussetzungen** bei einem Scheitern des zugrunde liegenden Vertrages gehört nicht zum Mindestinhalt der Verwahrungsanweisung und ist im allgemeinen entbehrlich[152].

---

144 BGH DNotZ 1997, 53, 55 m. Anm. *Tönnies*; OLG Schleswig DNotZ 1978, 184; LG Darmstadt JurBüro 1986, 431; *Bräu*, Rz. 176; *Haug*, DNotZ 1982, 544; *Zugehör/Ganter/Hertel/Hertel*, Handbuch der Notarhaftung (im Folgenden: *Bearbeiter*, Notarhaftung), Rz. 1701; *Weingärtner*, Verwahrung, Rz. 128 f.

145 Zweifelnd: *Tönnies*, DNotZ 1997, 57.

146 OLG Schleswig DNotZ 1978, 184.

147 Zur Frage der Einlagensicherheit siehe Einlagensicherungs- und Anlegerentschädigungsgesetz v. 16.07.1998 (BGBl. I S. 1842).

148 Ebenso jetzt *Weingärtner*, Verwahrung, Rz. 132. Die *Bundesnotarkammer* hält die Anlage in Geldmarktfonds als Wertpapierhinterlegung für zulässig, aber für nicht empfehlenswert (DNotZ 1997, 514, 521).

149 Siehe unten Rz. 122 ff.

150 A. A. *Weingärtner*, Verwahrung, Rz. 75 a. E.

151 *Bräu*, Rz. 177.

152 *Brambring*, DNotZ 1990, 615, 631; näher dazu: *Eylmann/Vaasen/Hertel*, § 54a BeurkG Rz. 55.

dd) Auszahlungsbedingungen

Zum notwendigen Inhalt der Verwahrungsanweisung gehört die Bestimmung der **Auszahlungsvoraussetzungen.** 70

(1) Diese müssen so geregelt werden, dass der Notar ihren Eintritt **eigenverantwortlich feststellen** kann[153]. Eine solche Feststellung ist für den Notar oft schwierig oder sogar unmöglich, wenn die Auszahlung von einem bestimmten tatsächlichen Ereignis – etwa der Räumung des Grundstücks oder dem Fortschritt eines Bauvorhabens – abhängen soll. In derartigen Fällen muss in der Verwahrungsanweisung bestimmt werden, wie der Notar die erforderliche Feststellung zu treffen haben soll. Denkbar ist etwa die Vorlage einer beweiskräftigen Urkunde durch den Empfangsberechtigten, eine übereinstimmende Anzeige der Vertragsparteien oder die Mitteilung eines unabhängigen Dritten[154]. So sollte der Notar bei einer **Bauträgermaßnahme** darauf hinwirken, dass der Baufortschritt nicht nur von dem bauleitenden Architekten, sondern von einer unabhängigen Vertrauensperson zu bestätigen ist oder Auszahlungen von der Zustimmung der Erwerber abhängig gemacht werden[155]. 71

(2) Falsch ist es regelmäßig, die Auszahlungsreife an Bedingungen zu knüpfen, deren Eintritt vom Belieben des Schuldners abhängt. Deshalb darf beim Immobiliarverkauf die Auszahlung in der Regel nicht vom Vorliegen der steuerlichen **Unbedenklichkeitsbescheinigung** (§ 22 Abs. 1 GrEStG) abhängig gemacht werden, da der Käufer deren Erteilung durch Nichtzahlung der Grunderwerbsteuer verhindern kann[156]. 72

(3) Problematisch ist es, die Auszahlung davon abhängig zu machen, dass eine bestimmte Grundbucheintragung – etwa die vertragsgemäße Umschreibung des Eigentums auf den Käufer oder die Eintragung einer grundbuchlichen Sicherung für den Darlehensgeber des Käufers – **sichergestellt** ist. Derartige Klauseln sind in der Vergangenheit beanstandet worden, weil der Notar nach § 14 Abs. 4 Satz 1 keinerlei Gewährleistung übernehmen darf[157], werden jetzt aber als zulässig erachtet[158]. Nach der Rechtsprechung des Bundesgerichtshofs ist eine Eintragung als sichergestellt anzusehen, wenn sie nur noch von dem pflichtgemäßen Handeln des Notars und des Grundbuchbeamten abhängt[159]. Dessen ungeachtet sollte der Notar in jedem Fall auf klarstellende Weisungen hinwirken, wann die Sicherstellung als eingetreten gelten soll. 73

Für Treuhandaufträge von **Kreditinstituten** im Zusammenhang mit der Finanzierung von Grundstückskaufpreisen hat die Bundesnotarkammer im Benehmen mit der Kreditwirtschaft einen Formulierungsvorschlag erarbeitet[160], auf dessen Verwendung der Notar gegebenenfalls hinwirken sollte. Danach ist die Eintragung eines Finanzierungsgrundpfandrechts als sichergestellt anzusehen, wenn 74
– der Notar die Urkunde zur Bestellung des Grundpfandrechts beim Grundbuchamt vorgelegt und Eintragungsanträge im zulässigen Umfang auch im Namen des Kreditinstituts gestellt hat,
– ihm zur Bereitstellung des verlangten Rangs der Grundschuld sämtliche erforderlichen Unterlagen dergestalt zur Verfügung stehen, dass ihm der Gebrauch dieser Unterlagen spätestens nach Zahlung der von den Berechtigten verlangten Ablösungsbeträge aus dem bei ihm hinterlegten Betrag möglich ist,
– ihm auf der Grundlage seiner Akten und der Einsicht in das Grundbuch – optional: in die Grundakten – keine sonstigen Umstände bekannt geworden sind, die der Eintragung des Grundpfandrechts im verlangten Rang entgegenstehen.

---

153 Vgl. *Weingärtner*, Verwahrung, Rz. 86.
154 Der Formulierungsvorschlag *Weingärtners*, Verwahrung, Rz. 88, erscheint angesichts der Kürze der für den Käufer vorgesehenen Zeit nicht praktikabel.
155 Vgl. dazu *Brambring*, DNotZ 1990, 615, 620; *Weingärtner*, Verwahrung Rz. 87.
156 OLG Hamm DNotZ 1992, 821. Siehe aber auch unten Rz. 81.
157 Vgl. *Bundesnotarkammer*, DNotZ 1974, 643.
158 Vgl. *Bundesnotarkammer*, DNotZ 1999, 369, 376.
159 BGH DNotZ 1987, 560, 561; OLG Hamm DNotZ 1996, 384, 387 m. Anm. *Preuß*; *Weingärtner*, Verwahrung, Rz. 148n.
160 DNotZ 1999, 369, 370. Abdruck: *Weingärtner*, Notarrecht, Ord.-Nr. 295a.

75   Macht das Kreditinstitut die Auszahlung darüber hinaus davon abhängig, dass die **Eintragung des Erwerbers** im Grundbuch sichergestellt ist, so darf der Notar nach der Rspr. erst auszahlen, wenn die für die Eintragung notwendige Unbedenklichkeitsbescheinigung des Finanzamts vorliegt, und zwar auch dann, wenn die Kaufpreisfälligkeit nach ausdrücklicher Vereinbarung der Vertragsparteien nicht von der Erteilung der Unbedenklichkeitsbescheinigung abhängig sein soll[161]. Unter der Prämisse des Bundesgerichtshofs, dass eine Eintragung erst als »sichergestellt« angesehen werden kann, wenn sie nur noch von dem pflichtgemäßen Handeln des Notars und des Grundbuchbeamten abhängt[162], ist der Entscheidung zuzustimmen. Richtiger ist es aber, wenn der Notar die Annahme eines solchen unpräzisen Treuhandauftrags ablehnt oder aber seine Auszahlungsabsicht den Beteiligten (einschließlich des Kreditinstituts) in einem Vorbescheid mitteilt[163].

c) Schriftformerfordernis

76   § 54a Abs. 4 BeurkG schreibt für die Verwahrungsanweisung die **Schriftform** vor. Indes führt der Mangel der Schriftform nicht zur Unwirksamkeit der Anweisung; denn § 54a Abs. 4 BeurkG ist eine Formvorschrift des **Verfahrensrechts**, auf welche die §§ 125, 126 BGB nicht anwendbar sind[164]. Es genügt daher auch die Übermittlung durch Computerfax[165]. Der Notar darf auch eine mündliche Anweisung befolgen, trägt dann aber die Beweislast für die Rechtmäßigkeit seines Handelns[166]. Sicherheitshalber sollte er darauf bestehen, dass ihm eine mündlich erteilte Anweisung in Schriftform nachgereicht wird[167].

d) Kollision von Verwahrungsanweisungen

77   Werden hinsichtlich ein und derselben Verwahrungsmasse mehrere miteinander **kollidierende Verwahrungsanweisungen** erteilt – z. B. von den Kaufvertragsparteien und dem den Kaufpreis finanzierenden Kreditinstitut –, muss der Notar die Beteiligten auf die daraus drohenden Abwicklungsschwierigkeiten hinweisen und ihnen eine Änderung ihrer Verwahrungsanweisungen nahe legen. Treuhandaufträge von **Banken** muss er dahin überprüfen, ob sie Bestimmungen enthalten, die den Vereinbarungen der Vertragsparteien zuwiderlaufen. Ist das der Fall, muss er die Vertragsbeteiligten unverzüglich benachrichtigen; eine Mitteilung an die Bank genügt nicht[168].

4. Verwahrung ohne Verwahrungsanweisung

78   In der Praxis kommt es vor, dass Gelder an den Notar gezahlt oder andere Gegenstände in seine Obhut gegeben werden, obwohl eine **gültige Verwahrungsanweisung fehlt**, weil sie entweder noch nicht ergangen oder unwirksam ist. In diesem Fall muss der Notar darauf hinwirken, dass alsbald eine wirksame schriftliche Verwahrungsanweisung erteilt wird. Geschieht das nicht, muss er unverzüglich den eingezahlten Betrag zurückzahlen bzw. das Verwahrungsgut zurückgeben. Führt er die Verwahrung trotzdem fort, gelten für die Abwicklung die Vorschriften der §§ 54b bis 54e BeurkG entsprechend[169].

---

161 BGH DNotZ 2004, 218 m. krit. Anm. *Hertel* = RNotZ 2003, 402 m. zust. Anm. *Kemp*; a. A. als Vorinstanz OLG Düsseldorf ZNotP 2002, 486 (zust. *Wernstedt*, ZNotP 2002, 461; abl. *Kemp*, ZNotP 2003, 27). Wie BGH: OLG Karlsruhe BWNotZ 2004, 43.
162 Siehe oben Rz. 80.
163 So zutreffend *Hertel*, DNotZ 2004, 220, 222.
164 BGH DNotZ 2006, 56; *Huhn/von Schuckmann/Renner*, § 54a Rz. 79; *Eylmann/Vaasen/Hertel*, § 54a BeurkG Rz. 34 f.; *Heinemann*, ZNotP 2002, 104.
165 Abweichung von *Vorauflage*, § 23 Rz. 50.
166 BGH DNotZ 1985, 234, 236; BGH DNotZ 2006, 56, 57.
167 *Huhn/von Schuckmann/Renner*, § 54a Rz. 79.
168 BGH WM 1993, 1518.
169 BayObLG ZNotP 2003, 477, 478.

VI. Annahme des Verwahrungsantrags

1. Ermessen des Notars

Da die Verwahrungstätigkeit nicht zur notariellen Urkundstätigkeit zählt[170], ist § 15 Abs. 1 **79** Satz 1 nicht anwendbar. Der Notar ist daher zur Übernahme einer Verwahrung grundsätzlich **nicht verpflichtet**. Das gilt auch dann, wenn die Verwahrung durch ein Urkundsgeschäft veranlasst ist[171]. Indes darf er über einen Verwahrungsantrag nicht willkürlich, sondern nur nach **pflichtgemäßem Ermessen** entscheiden[172]. Wenn ein von ihm beurkundetes Rechtsgeschäft ohne notarielle Verwahrung nicht sinnvoll durchgeführt werden kann, kann sich das Ermessen dahin reduzieren, dass der Urkundsnotar zur Übernahme der Verwahrung verpflichtet ist[173].

2. Ablehnungspflicht

a) Unerfüllbare Auflagen

Unerfüllbare oder nicht innerhalb einer mit der Verwahrungsanweisung vorgegebenen **Frist** **80** erfüllbare Auflagen muss der Notar ablehnen[174]. Das gleiche gilt, wenn Verwahrungsanweisungen verschiedener Personen miteinander **kollidieren**. Der Notar muss versuchen, die mehreren Weisungen zu koordinieren; misslingt das, muss er den unvereinbaren Treuhandauftrag ablehnen[175]. Seine Aufgabe ist es nicht, kollidierende Treuhandauflagen eigenmächtig in Einklang zu bringen[176]. Wenn sich die Verwahrung voraussichtlich nicht ohne Verstoß gegen die eine oder die andere Verwahrungsanweisung durchführen lässt, muss er den kollidierenden Auftrag und notfalls die Übernahme der Verwahrung insgesamt ablehnen.

b) Verstoß gegen Amtspflichten

Der Notar muss den Verwahrungsantrag ferner ablehnen, wenn die Verwahrung mit seinen **81** **Amtspflichten** nicht vereinbar wäre[177], etwa weil sie seiner Neutralitätspflicht zuwiderliefe, oder wenn sie erkennbar unerlaubten oder unredlichen Zwecken dienen soll (§ 14 Abs. 2). Das gilt insbesondere, wenn die Möglichkeit besteht, dass **Sicherheiten vorgetäuscht** werden, die durch die Verwahrung nicht gewährt werden[178]. Zweifel in dieser Richtung sind immer angebracht, wenn der Zweck der Verwahrung ebenso gut durch Einschaltung einer anderen Institution (etwa Bank, Rechtsanwalt, Steuerberater, Wirtschaftsprüfer) erreicht werden kann[179]. Die Verwahrung darf nicht dazu missbraucht werden, einem Geschäft den »Anstrich von Seriosität« zu geben[180]. Gefahren dieser Art bestehen beispielsweise, wenn die Vertreiber von Kapitalanlagemodellen die Verwahrung der Kapitalbeträge bei einem Notar als Werbemittel einsetzen oder der Notar nur eine Geldsammelfunktion wahrnehmen soll[181]. In diesen Fällen bietet die notarielle Verwahrung häufig nicht das Maß an Sicherheit,

---

170 Siehe oben Rz. 3.
171 BGH DNotZ 1985, 48, 50.
172 Siehe § 15 Rz. 8.
173 *Höfer/Huhn*, Allgemeines Urkundenrecht, § 3 Nr. 5; *Bräu*, Rz. 159.
174 *Weingärtner*, Verwahrung, Rz. 38.
175 BGH DNotZ 1997, 70, 72.
176 BGH DNotZ 1997, 70, 72.
177 Einzelheiten dazu: *Bräu*, Rz. 160 ff.
178 Eingehend dazu: *Zimmermann*, DNotZ 1982, 108 ff. Vgl. auch Abschn. III Nr. 2 der Richtlinienempfehlungen der *Bundesnotarkammer*.
179 *Zimmermann*, DNotZ 1982, 108.
180 *Weingärtner*, Verwahrung, Rz. 10.
181 *Kersten/Bühling/Zimmermann*, § 11 Rz. 6. Beispiele dazu: *Weingärtner*, Vermeidbare Fehler im Notariat, Rz. 208.

welches sich die Hinterleger erhoffen. Der Notar muss die Annahme von Geldern zur Verwahrung ferner ablehnen, wenn sich die Anlage als unerlaubtes Bankgeschäft darstellt[182].

3. Annahme des Antrags

a) Identitätsprüfung

82 Die Sicherheit des Rechtsverkehr verlangt, dass sich der Notar – wie bei der Beurkundung von Willenserklärungen und bei Beglaubigungen (§ 10 Abs. 1, Abs. 2 Satz 1, § 40 Abs. 4 BeurkG) – auch bei der Annahme eines Verwahrungsantrags Gewissheit über die **Identität der Beteiligten** verschafft, soweit dies nicht bereits im Zusammenhang mit der Beurkundung des zugrunde liegenden Geschäfts geschieht.

b) Dokumentation der Annahme

83 Der Notar muss die Annahme des Verwahrungsantrags grundsätzlich **dokumentieren**. Die Dokumentation erfolgt durch schriftlichen Vermerk mit Datum und Unterschrift auf der Verwahrungsanweisung (§ 54a Abs. 5 BeurkG). Einer Dokumentation bedarf es nicht, wenn die Verwahrungsanweisung Gegenstand einer eigenen **Niederschrift** des Notars oder seines amtlich bestellten Vertreters ist (§ 54a Abs. 2 BeurkG). In diesem Fall nimmt der Notar den Verwahrungsantrag durch die Beurkundung an.

VII. Verwahrung anvertrauter Gelder

1. Einzahlung auf Notaranderkonto

a) Zuführung zum Notaranderkonto

84 Dem Notar anvertraute Gelder sind **sicher** und so zu verwahren, dass sie bei Bedarf jederzeit **verfügbar** sind[183]. Der Schutz des Geldes vor unbefugtem Zugriff sowie die sofortige Verfügbarkeit des hinterlegten Betrages haben Vorrang vor dem Streben nach möglichst hohem Zinsertrag[184].

Nach § 54b Abs. 1 Satz 1 BeurkG hat der Notar anvertraute Gelder unverzüglich einem **Sonderkonto für fremde Gelder** (Notaranderkonto) zuzuführen[185]. Der Begriff des *Zuführens* erweckt den Eindruck, der Notar habe Bargeld entgegenzunehmen und auf ein Konto einzuzahlen. Dem steht jedoch im Regelfall das Verbot der Annahme von Bargeld (§ 54a Abs. 1 BeurkG) entgegen. Ein Zuführen anvertrauter Gelder zu einem Konto kommt daher nur noch in den Fällen des Wechselprotestes in Betracht, in denen der Notar Bargeld entgegennehmen darf[186]. In allen anderen Fällen muss der Notar veranlassen, dass die Verwahrungsbeteiligten ihrerseits die anzuvertrauenden Gelder dem Konto zuführen. Fremdgelder und deren Zinsen dürfen auch nicht vorübergehend auf einem sonstigen Konto geführt werden (§ 54b Abs. 1 Satz 3 BeurkG).

b) Mehrheit von Verwahrungsmassen

85 Für jede Verwahrungsmasse muss ein **gesondertes Anderkonto** geführt werden (§ 54b Abs. 2 Satz 3 BeurkG). Notarielle Sammelanderkonten – etwa für Bauträgervorhaben unter

---

182 BGH NJW-RR 2001, 1639, 1640.
183 BGH NJW 1996, 1823, 1824.
184 BGH NJW 1996, 1824.
185 Wegen der Ausnahme bei Fehlen einer gültigen Verwahrungsanweisung siehe oben Rz. 78.
186 Siehe oben Rz. 35.

SANDKÜHLER

Beteiligung mehrerer Erwerber – sind unzulässig[187]. Unbedenklich ist die Einrichtung eines Stammkontos, wenn für jede Masse ein gesondertes Unterkonto verwendet wird[188]. Die **Identität der Verwahrungsmasse** richtet sich nach den Beteiligungsverhältnissen. Nimmt beispielsweise ein Grundstückskäufer Kredit auf, um daraus nicht nur den Kaufpreis zu begleichen, sondern außerdem Belastungen auf anderen, ihm gehörenden Immobilien abzulösen, so handelt es sich um zwei voneinander zu trennende Massen (Masse 1: Kaufpreis; Masse 2: Ablösungsbetrag). Denn an der Verwahrung des Kaufpreisbetrages sind die Vertragsparteien und das finanzierende Kreditinstitut, an der Verwahrung des überschießenden Betrages allein der Käufer und seine Gläubiger beteiligt.

c) Mehrheit von Notaranderkonten

Die Abwicklung ein und desselben Verwahrungsgeschäfts über **mehrere Anderkonten** ist nur zulässig, wenn hierfür nach Ansicht des Notars ein sachlicher Grund besteht und die Beteiligten dies in der Verwahrungsanweisung ausdrücklich bestimmen (§ 54b Abs. 4 BeurkG). Ein sachlicher Grund kann etwa darin liegen, dass ein Teil des Verwahrungsbetrages kurzfristig, ein anderer erst zu einem späteren Zeitpunkt verfügbar sein muss; es kann dann angebracht sein, die Verwahrung teils über Girokonto, teils über Festgeldkonto abzuwickeln.   **86**

d) Barverwahrung

Eine **Barverwahrung** ist nach dem Wortlaut des § 54b Abs. 1 Satz 1 BeurkG unzulässig. Sie ist lediglich gestattet, wenn der Notar als Protestbeamter Geld zur **alsbaldigen Weiterleitung** in Empfang nimmt (§ 10 Abs. 1 Satz 2 DONot)[189].   **87**

2. Schutz vor Geldwäsche

Um zu verhindern, dass sich Notare wissentlich oder unwissentlich an Maßnahmen zur Geldwäsche beteiligen und dadurch das Ansehen des Notarstandes und das Vertrauen in die notarielle Amtstätigkeit schädigen, gelten für sie, ebenso wie für andere Angehörige der rechtsberatenden Berufe, unter den Voraussetzungen des § 3 Abs. 1 Satz 1 Nr. 1 des Geldwäschegesetzes (GwG)[190] die allgemeinen Identifizierungspflichten nach § 2 Abs. 1–3 (GwG)[191].   **88**

a) Fallgruppen

§ 3 Abs. 1 Satz 1 Nr. 1 des Gesetzes sieht zwei Fallgruppen vor, in denen für Angehörige rechtsberatender Berufe bei ihrer beruflichen Tätigkeit Identifizierungspflichten in Betracht kommen. Die erste Gruppe ist dadurch gekennzeichnet, dass die in der Vorschrift genannten Berufsträger, u. a. Notare, »für ihre Mandanten an der Planung oder Durchführung« bestimmter, enumerativ genannter Geschäfte mitwirken. Die zweite Fallgruppe umfasst allgemein die Durchführung von Finanz- oder Immobilientransaktionen im Namen und auf Rechnung von »Mandanten«.   **89**

---

187 *Kersten/Bühling/Zimmermann*, § 11 Rz. 14.
188 *Gößmann*, WM 2000, 857, 861.
189 Siehe oben Rz. 35.
190 Gesetz über das Aufspüren von Gewinnen aus schweren Straftaten (Geldwäschegesetz – GwG) v. 25.10.1993 (BGBl. I S. 1770) (Abdruck: *Weingärtner*, Notarrecht, Ord.-Nr. 325) i. d. F. des Gesetzes zur Verbesserung der Bekämpfung der Geldwäsche und der Bekämpfung der Finanzierung des Terrorismus (Geldwäschebekämpfungsgesetz) v. 08.08.2002 (BGBl. I S. 3105), zuletzt geändert durch Investmentmodernisierungsgesetz v. 15.12.2003 (BGBl. I S. 2676).
191 Zu Einzelheiten des Gesetzes vgl. *Wegner*, NJW 2002, 2276; *ders.*, NJW 2002, 794 (zur Reform der Geldwäsche-Richtlinie); *Bundesnotarkammer*, Rdschr. Nr. 23/2002 und Nr. 48/2003 (Internetabruf unter www.bnotk.de/Service).

Terminologisch ist die Vorschrift unzureichend, soweit sie notarielle Amtstätigkeit betrifft. Als Organe der vorsorgenden Rechtspflege werden Notare nicht »für Mandanten«, sondern auf öffentlich-rechtliches Ansuchen im Interesse der jeweils Beteiligten tätig; sie wirken auch nicht an der »Planung von Geschäften« mit, sondern nehmen ihnen gesetzlich zugewiesene Aufgaben bei der Vorbereitung, dem Abschluss und der Durchführung von Rechtsgeschäften wahr.

§ 3 Abs. 1 Satz 1 Nr. 1 GwG begründet Identifizierungspflichten, wenn der Notar in seiner amtlichen Eigenschaft als Urkundsperson, Berater oder sonstiger Betreuer

- an der Vorbereitung, dem Abschluss oder der Durchführung von Geschäften der folgenden Art mitwirkt:
  - Kauf und Verkauf von **Immobilien** (einschließlich Bauträgerverträgen),
  - Kauf und Verkauf von **Gewerbebetrieben**; **Anteilsübertragungen** jedenfalls dann, wenn sich dadurch die einfache Mehrheit im Unternehmen ändert,
  - **Verwahrungsgeschäfte** im Sinne des § 23,
  - sonstige **Betreuungsgeschäfte** im Zusammenhang mit der Verwaltung von Vermögenswerten Beteiligter, namentlich Eröffnung oder Verwaltung von Bank-, Spar- oder Wertpapierkonten,
  - Beschaffung der zur Gründung, zum Betrieb oder zur Verwaltung von **Gesellschaften** erforderlichen Mittel,
  - Mitwirkung bei Gründung, Betrieb oder Verwaltung von **Treuhandgesellschaften**, **Gesellschaften** oder ähnlichen Strukturen; dazu gehören die Beurkundung von Gesellschaftsverträgen, Registeranmeldungen zur erstmaligen Eintragung und Umwandlungen zu neuen Rechtsträgern,
- oder im Namen und auf Rechnung Beteiligter **Finanz-** oder **Immobilientransaktionen** durchführt.

b) Identifizierungspflicht

90 Unter diesen Voraussetzungen muss der Notar bei der Annahme von Bargeld, Wertpapieren oder Edelmetallen im Wert von 15 000 Euro und mehr denjenigen identifizieren, der ihm gegenüber auftritt (§ 2 Abs. 2 GwG), es sei denn, dass der zu Identifizierende ihm persönlich bekannt und bei früherer Gelegenheit identifiziert worden ist (§ 7 GwG). Die Annahme von Bargeld kommt praktisch kaum vor, da sie dem Notar grundsätzlich verboten ist (§ 54a Abs. 1 BeurkG)[192]. Dem Bargeld gleichgestellt ist nach § 1 Abs. 7 GwG elektronisches Geld im Sinne von § 1 Abs. 14 KWG[193]. Das sind Werteinheiten in Form einer Forderung gegen die ausgebende Stelle, die auf elektronischen Datenträgern gespeichert sind, gegen Entgegennahme eines Geldbetrages ausgegeben werden und von Dritten als Zahlungsmittel angenommen werden, ohne gesetzliches Zahlungsmittel zu sein, z. B. wieder aufladbare Geldkarten oder elektronische Reiseschecks.

Die Identifizierungspflicht besteht auch dann, wenn dem Notar in mehreren **Teilakten** Bargeldbeträge, elektronisches Geld, Wertpapiere oder Edelmetalle im Wert von zusammen mindestens 15 000 Euro zur Verfügung gestellt werden (§§ 2 Abs. 3, 3 Abs. 1 Satz 1 GwG), sofern tatsächliche Anhaltspunkte dafür vorliegen, dass zwischen den Teilakten eine Verbindung besteht.

Praktische Bedeutung kommt der Identifizierungspflicht nur bei der Führung von **Notaranderkonten** vor.

c) Art und Weise der Identifizierung

91 Zur **Identifizierung** hat sich der Notar einen gültigen Personalausweis oder Reisepass vorlegen zu lassen und anhand dessen Namen, Geburtsdatum, Geburtsort, Staatsangehörigkeit

---

192 Wegen möglicher Ausnahmen siehe oben Rz. 37.
193 Gesetz über das Kreditwesen v. 10.07.1961 (BGBl. I S. 881) i. d. F. des Vierten Finanzmarktförderungsgesetzes v. 21.06.2002 (BGBl. I S. 2010).

SANDKÜHLER

und Anschrift festzustellen; ferner muss er Art, Nummer und ausstellende Behörde des Personalpapiers feststellen (§ 1 Abs. 5 Satz 1 GwG). Führerscheine sind keine Personalausweise in diesem Sinne. Statt der Überprüfung eines Ausweises kann die Identifizierung auch anhand einer qualifizierten elektronischen Signatur im Sinne von § 2 Nr. 3 SigG[194] erfolgen (§ 1 Abs. 5 Satz 2 GwG). Die getroffenen Feststellungen sind nach § 9 Abs. 2 GwG durch Aufzeichnung der vorstehend genannten Angaben oder durch Anfertigung einer Kopie des vorgelegten Ausweises zu **dokumentieren**. Zur Anfertigung der Kopie bedarf es nicht der Zustimmung des Ausweisinhabers.

Die Aufzeichnungen können auch als Wiedergaben auf einem Datenträger gespeichert werden, wobei sichergestellt sein muss, dass sie mit den festgestellten Angaben übereinstimmen, während der Dauer der Aufbewahrungsfrist verfügbar sind und jederzeit innerhalb angemessener Frist lesbar gemacht werden können (§ 9 Abs. 2 GwG). Die Aufbewahrungsfrist beträgt sechs Jahre (§ 9 Abs. 3 Satz 1 GwG).

d) Notarielle Erkundigungspflicht

Soweit eine Identifizierungspflicht besteht, muss sich der Notar bei dem zu Identifizierenden **erkundigen**, ob dieser für eigene Rechnung handelt (§ 8 Abs. 1 Satz 1 GwG). Gibt er an, nicht für eigene Rechnung zu handeln, hat der Notar nach seinen Angaben Namen und Anschrift desjenigen festzustellen, für dessen Rechnung er handelt (§ 8 Abs. 1 Satz 2 GwG). Ob die Angaben zutreffen, braucht der Notar grundsätzlich nicht zu prüfen; ihn trifft keine Ermittlungspflicht[195].

92

e) Pflicht zu Verdachtsanzeigen

Jedoch besteht eine Pflicht zu **Verdachtsanzeigen**. Stellt der Notar Tatsachen fest, die darauf schließen lassen, dass die vereinbarte Transaktion einer Geldwäsche nach § 261 StGB oder der Finanzierung einer terroristischen Vereinigung nach §§ 129a, 129b StGB dient oder im Falle ihrer Durchführung dienen würde, muss er den Auftretenden auch dann identifizieren, wenn die Wertgrenze von 15 000 Euro unterschritten ist (§ 6 Satz 1 GwG). Tatsachen in diesem Sinne sind konkrete Anhaltspunkte, die es nach kriminalistischer Erfahrung möglich erscheinen lassen, dass eine verfolgbare Straftat begangen werden soll[196].

93

Die festgestellten Tatsachen hat er unverzüglich mündlich, fernschriftlich oder durch elektronische Datenübermittlung (E-Mail) der **Bundesnotarkammer** anzuzeigen (§ 11 Abs. 1 Satz 1, Abs. 4 GwG); zu einer Anzeige an die Strafverfolgungsbehörden oder das Bundeskriminalamt ist er – anders als Institute und Spielbanken – nicht verpflichtet und mit Rücksicht auf seine Verschwiegenheitspflicht auch nicht berechtigt. Den Identifizierten darf er nicht über die Anzeige unterrichten (§ 11 Abs. 5 GwG). Die Bundesnotarkammer kann zu der Anzeige Stellung nehmen, etwa geltend machen, dass sie einen Verdacht im Sinne des § 6 Satz 1 nicht für begründet halte. In jedem Fall hat sie die Anzeige – ggf. zusammen mit ihrer Stellungnahme – unverzüglich auf dem in § 11 Abs. 1 Satz 1 beschriebenen Weg an die zuständigen Strafverfolgungsbehörden und das Bundeskriminalamt – Zentralstelle für Verdachtsanzeigen – weiterzuleiten (§ 11 Abs. 4 GwG).

Im Interesse des notwendigen Vertrauensverhältnisses zwischen dem Auftretenden und dem Berufsträger **entfällt** eine Verdachtsanzeige, wenn dem Verdacht Informationen »von dem oder über den Mandanten« zugrunde liegen, die der Berufsträger »im Rahmen der Rechtsberatung oder der Prozessvertretung« erhalten hat (§ 11 Abs. 3 Satz 1 GwG). Die Terminologie wird auch insoweit den Besonderheiten notarieller Amtsausübung nicht gerecht[197]. Dem Zweck der Vorschrift entsprechend muss es genügen, wenn der Notar die In-

94

---

194 Gesetz über Rahmenbedingungen für elektronische Signaturen (Signaturgesetz – SigG) i. d. F. v. 16.05.2001 (BGBl I S. 876).
195 *Weingärtner*, Verwahrung, Rz. 115. Ebenso: *Bundesnotarkammer*, Rdschr. Nr. 5/1996, Abschn. I 3 (Abdruck: *Weingärtner*, Notarrecht, Ord.-Nr. 325 a).
196 *Wegner*, NJW 2002, 2276, 2277.
197 Siehe auch oben Rz. 104.

formationen im Zusammenhang mit einer Amtstätigkeit im Sinne des § 3 Abs. 1 Satz 1 Nr. 1 GwG erlangt hat, mag auch eine gesonderte Rechtsberatung nicht erfolgt sein[198]. So verpflichten ihn Informationen, die ihm anlässlich einer spontan vorgenommenen Beurkundung zuteil geworden sind, nicht zu einer Verdachtsmeldung.

95   Eine **Ausnahme** von der vorstehenden Regelung gilt, wenn der Berufsträger weiß, dass der Mandant die »Rechtsberatung bewusst für den Zweck der Geldwäsche in Anspruch nimmt« (§ 11 Abs. 3 Satz 2 GwG). Ein schutzwürdiges Vertrauensverhältnis besteht in solchen Fällen nicht. Der Notar ist daher zur Anzeige verpflichtet, wenn er positiv weiß, dass der Auftretende zwecks Geldwäsche um seine Amtstätigkeit ansucht. Der bloße Verdacht, dass das so sein könnte, reicht hingegen nicht aus.

f) Durchführungssperre

96   Soweit der Notar zu einer Verdachtsanzeige verpflichtet ist, besteht eine **Durchführungssperre**. Die Transaktion darf erst durchgeführt werden, wenn dem Notar die Zustimmung der Staatsanwaltschaft übermittelt worden ist oder der zweite Werktag »nach dem Abgangstag der Anzeige« verstrichen ist, ohne dass die Durchführung strafprozessual untersagt worden ist (§ 11 Abs. 1 Satz 3 GwG). Unklar ist, ob unter »Abgang der Anzeige« deren Absendung durch den Notar oder aber ihre Weiterleitung durch die Bundesnotarkammer zu verstehen ist. Aus praktischen Gründen dürfte es auf die Weiterleitung ankommen; denn die Erarbeitung einer Stellungnahme durch die Bundesnotarkammer und die Weiterleitung der Anzeige kann eine gewisse Zeit in Anspruch nehmen, um die sonst die Überlegungsfrist der Staatsanwaltschaft verkürzt würde.

g) Kontoeröffnung

97   Eine Identifizierungspflicht besteht ferner bei der **Kontoeröffnung**. Bei Abschluss eines Bankvertrages, insbesondere bei Eröffnung eines Kontos, muss das Kreditinstitut den Vertragspartner identifizieren und prüfen, für wessen Rechnung er handelt (§ 8 Abs. 1 GWG). Bei der Eröffnung eines Anderkontos ist der Notar der zu Identifizierende. Er muss der Bank angeben, wer wirtschaftlich Berechtigter des Kontos ist[199]. Gegenstand der Auskunftspflicht sind nur Name und Anschrift des Berechtigten, nicht aber die sonstigen nach § 1 Abs. 5 GWG zur Identifizierung notwendigen Angaben. Richtet die Bank Anderkonten »auf Vorrat« ein, so besteht die Identifizierungspflicht bei jeder neuen Belegung des Kontos[200]. Die Verschwiegenheitspflicht des Notars ist insoweit durchbrochen. Nach dem Zweck der Vorschrift, die Einschleusung illegal erworbener Gelder in das Finanzsystem zu unterbinden[201], bezieht sich die Offenbarungspflicht auf diejenigen Personen, die dem Notar zur Zeit der Kontoeröffnung **Verwahrungsanweisungen** erteilt haben oder zu erteilen berechtigt sind, nicht auf die Empfangsberechtigten, die keine Verwahrungsanweisung erteilen[202].

h) Strafprozessuale Verwertung von Aufzeichnungen

98   Die nach § 9 Abs. 1 GwG gefertigten Aufzeichnungen können im Rahmen der strafrechtlichen Verfolgung einer Straftat nach § 261 StGB (Geldwäsche) und von Straftaten im Sinne des § 261 Abs. 1 Satz 2 Nr. 1 bis 5 StGB sowie im Besteuerungsverfahren verwertet werden (§ 10 Abs. 1 GwG). Sie sind insoweit beschlagnahmefähig[203].

---

198 Dazu, dass der Begriff der »Rechtsberatung« weit auszulegen ist, siehe auch *Wegner*, NJW 2002, 2276, 2277 m. w. N.
199 Zur strafrechtlichen Problematik dieser Mitteilungspflicht: *Keller*, DNotZ 1995, 99, 114 f.
200 *Gößmann*, WM 2000, 857, 861.
201 Regierungsbegründung zum GwG, BT-Drucksache 12/2704, S. 12.
202 Ebenso: *Bundesnotarkammer*, DNotZ 1994, 4.
203 Allgemein zur Beschlagnahmefähigkeit notarieller Unterlagen: § 18 Rz. 32 ff.

                                              Sandkühler

3. Einrichtung des Notaranderkontos

a) Auswahl des Kreditinstituts

Das Anderkonto muss bei einem im Inland zum Geschäftsbetrieb befugten **Kreditinstitut,** 99
d. h. einem Unternehmen, das Bankgeschäfte gewerbsmäßig oder in einem Umfang betreibt,
der einen in kaufmännischer Weise eingerichteten Geschäftsbetrieb erfordert[204], oder bei der
Deutschen Bundesbank[205] geführt werden (§ 54b Abs. 2 Satz 1 BeurkG). Es ist streng von
anderen Konten des Notars – etwa seinen Privat- und Geschäftskonen – zu trennen[206].

aa) Auswahlgrundsätze

Nach § 54b Abs. 2 Satz 2 BeurkG sollen die Anderkonten grundsätzlich bei Kreditinstituten 100
im **Amtsbereich** des Notars, d. h. in dem Amtsgerichtsbezirk, in dem er seinen Amtssitz hat
(§ 10a Abs. 1 Satz 1), oder den unmittelbar angrenzenden Amtsgerichtsbezirken desselben
Oberlandesgerichtsbezirks eingerichtet werden. Das gilt jedoch nur, sofern in der Verwahrungsanweisung nicht ausdrücklich etwas anderes vorgesehen wird oder eine andere Handhabung sachlich geboten ist. Bei der Entscheidung, ob eine abweichende Handhabung sachlich geboten ist, sollte nicht engherzig verfahren werden.

bb) Sicherungseinrichtungen

Bei der Auswahl des für die Kontoführung vorgesehenen Kreditinstituts muss der Notar 101
nach Auffassung des Bundesgerichtshofs – abweichend von der bisher vorherrschenden Auffassung[207] – berücksichtigen, ob das Institut einer **Sicherungseinrichtung für den Insol-
venzfall** angehört und inwieweit danach eine Einlagensicherung besteht[208]. In Deutschland
unterhalten Sicherungseinrichtungen
- der Bundesverband deutscher Banken (Privatbanken)[209],
- der Bundesverband öffentlicher Banken Deutschlands[210],
- der Bundesverband der Deutschen Volksbanken und Raiffeisenbanken (BVR)[211],
- die Finanzgruppe der Sparkassen[212].
 Angaben über die Institute über ihre Zugehörigkeit zu einer Sicherungseinrichtung gehören zu
den Pflichtmitteilungen gem. § 23a KWG.
 Die Auswahl eines Instituts, das keine ausreichende Sicherheit für die vorgesehene Verwahrungsmasse bietet, stellt eine **Amtspflichtverletzung** dar, sofern die Beteiligten den Notar nicht ausdrücklich zur Verwahrung bei einem Institut ohne Einlagensicherung anweisen.
Auch wenn die Rechtsprechung damit über die für das Verwahrungsgeschäft maßgeblichen
Vorschriften (§§ 54a ff. BeurkG, § 27 Abs. 2 DONot) hinausgeht, wird sie in der notariellen
Praxis zu beachten sein.

cc) Ermessen des Notars

In dem so vorgegebenen Rahmen entscheidet der Notar nach pflichtgemäßem **Ermessen** 102
über die Auswahl des kontoführenden Instituts. Er braucht nicht bei verschiedenen Kreditinstituten nach den günstigsten Zinssätzen zu forschen, sondern kann sich für das Institut

---

204 Legaldefinition in § 1 Abs. 1 des Gesetzes über das Kreditwesen (KWG) i. d. F. der Bekanntmachung v. 09.09.1998 (BGBl. I S. 2776).
205 Sie gilt nach § 2 Abs. 1 Nr. 1 KWG nicht als Kreditinstitut.
206 *Weingärtner,* Verwahrung, Rz. 138.
207 Vgl. die Nachweise in BGH DNotZ 2006, 358, 359.
208 BGH (wie Fn. 207). Als Empfehlung bereits: *Hertel,* Notarhaftung, Rz. 1833.
209 Internet: www.bankenverband.de/Einlagensicherung.
210 Internet: www.voeb.de, Suchwort: Einlagensicherung.
211 Internet: www.bvr.de, Suchwort: Sicherungseinrichtung.
212 Internet: www.sparkassen.de/s_finanzgruppe/haftungsverbund/index.html.

seines Vertrauens entscheiden. Grundsätzlich darf er sich auf die Seriosität und Liquidität eines der Bankenaufsicht unterliegenden Kreditinstituts verlassen.

b) Anderkontenbedingungen

103 Das Gesetz schreibt nicht vor, zu welchen **Bedingungen** Notaranderkonten geführt werden dürfen. § 27 Abs. 2 Satz 1 DONot verweist insoweit auf die von der Vertreterversammlung der Bundesnotarkammer beschlossenen Bedingungen. Es handelt sich dabei um die von der 88. Vertreterversammlung am 02.04.2004 beschlossenen »Bedingungen für Anderkonten und Anderdepots von Notaren«[213]. Diese entsprechen den von den Spitzenverbänden der deutschen Kreditwirtschaft im Benehmen mit der Bundesnotarkammer erarbeiteten Empfehlungen[214].

104 Die Regelung in § 27 Abs. 2 DONot begegnet Bedenken[215]. Denn § 67 Abs. 2 Nr. 3 ermächtigt die Notarkammern, durch Richtlinien nähere Regelungen zur Wahrung fremder Vermögensinteressen zu treffen. Hierzu gehört auch der Erlass von Richtlinien über das bei der notariellen Verwahrung zu beachtende Verfahren einschließlich der dafür geltenden Bankbedingungen. Der Bundesnotarkammer steht insoweit nur eine Empfehlungskompetenz zu (§ 78 Abs. 1 Nr. 6). Diese darf nicht dadurch umgangen werden, dass die Bundesnotarkammer den Landesjustizverwaltungen Anderkontenbedingungen vorgibt, die durch die DONot – eine Verwaltungsanordnung – für verbindlich erklärt werden[216].

Die Verbindlicherklärung bestimmter Anderkontenbedingungen fällt auch nicht in den Kompetenzbereich der Landesjustizverwaltungen. Dieser beschränkt sich auf Anordnungen zur Durchführung der Aufsicht[217]. Im Übrigen wird von den Landesjustizverwaltungen zu verlangen sein, dass sie eine von ihnen – wenn auch zu Unrecht[218] – in Anspruch genommene Regelungskompetenz inhaltlich ausfüllen. § 27 Abs. 2 DONot verweist pauschal auf ein von der Vertreterversammlung der Bundesnotarkammer zu beschließendes Regelwerk[219]. Dieses kann von der Bundesnotarkammer jederzeit geändert werden. Die Landesjustizverwaltungen begeben sich damit einer rechtlich abgesicherten Möglichkeit, den Inhalt der von ihnen getroffenen Anordnung zu beeinflussen.

c) Kontoinhaberschaft und Verfügungsbefugnis

105 **Inhaber** des Anderkontos ist ausschließlich der Notar, der den Verwahrungsantrag angenommen hat[220]. Allein ihm persönlich bzw. seinem amtlich bestellten Vertreter darf die **Verfügungsbefugnis** über das Konto zustehen (§ 54b Abs. 3 Satz 1 BeurkG). Daher darf ein Notaranderkonto nur als Einzelkonto, nicht als Gemeinschaftskonto (Und- oder Oderkonto) eingerichtet werden. Grundsätzlich darf der Notar niemandem – weder einer mit ihm zu gemeinsamer Berufsausübung oder in Bürogemeinschaft verbundenen Person noch seinem Büropersonal oder einem Dritten – **Vollmacht** zu Verfügungen über das Anderkonto erteilen. Jedoch können die Landesregierungen oder die von ihnen bestimmten Stellen durch Rechtsverordnung bestimmen, dass Verfügungen auch durch einen entsprechend bevollmächtigten anderen Notar erfolgen dürfen (§ 54b Abs. 3 Satz 3 BeurkG).

---

213 Abdruck: DNotZ 2004, 402.
214 Vgl. dazu *Gößmann*, WM 2000, 857.
215 A. A.: *Huhn/von Schuckmann/Renner*, § 27 DONot Rz. 7; *Schippel/Bracker/Vollhardt*, § 27 DONot Rz. 4.
216 Ebenso: *Blaeschke*, Praxishandbuch Notarprüfung, Rz. 1454.
217 BT-Drucks. 13/4184, S. 37; *Tönnies*, Beck'sches Notar-Handbuch, A I Rz. 365.
218 Siehe dazu § 14 Rz. 24. Vgl. auch *Maaß*, ZNotP 201, 330.
219 *Blaeschke*, Praxishandbuch, Rz. 1454, bezweifelt auch – wohl zu Unrecht – die demokratische Legitimation der Vertreterversammlung.
220 BayObLG DNotZ 2000, 376.

SANDKÜHLER

Probleme hinsichtlich Inhaberschaft und Verfügungsbefugnis über das Anderkonto können auftreten, wenn der Notar vor Beendigung des Verwahrungsgeschäfts **aus dem Amt ausscheidet**. Insoweit wird auf die Ausführungen in Abschnitt XIII verwiesen[221].

d) Beschränkungen der Verfügungsbefugnis durch die Dienstaufsicht

Gegen die Annahme, das Alleinverfügungsrecht des Notars könne von der **Dienstaufsicht** im Interesse der Rechtsuchenden eingeschränkt werden[222], bestehen Bedenken, da eine berufsrechtliche Ermächtigungsgrundlage für eine solche Maßnahme nicht ersichtlich ist[223]. **106**

4. Verfügungen über das Notaranderkonto

a) Zulässigkeit von Verfügungen

aa) Verfügungszweck

Verfügungen über das Notaranderkonto sollen nur erfolgen, um Beträge unverzüglich dem **Empfangsberechtigten** oder einem von diesem schriftlich benannten **Dritten** zuzuführen (§ 54b Abs. 3 Satz 4 BeurkG). Die Zahl der Kontenbewegungen soll dadurch eingeschränkt werden, um die Gefahr fehlerhafter Verfügungen zu verringern und die Kontrolle der Verwahrungsgeschäfte durch die Aufsichtsbehörden zu erleichtern. Entgegen der Bestimmung vorgenommene Verfügungen sind amtspflichtwidrig, jedoch im Verhältnis zu dem kontoführenden Kreditinstitut wirksam, da es sich um eine Sollvorschrift handelt. **107**

bb) Bargeldloser Zahlungsverkehr

Verfügungen sind grundsätzlich im **bargeldlosen Zahlungsverkehr** durchzuführen. Allerdings sind Auszahlung in bar oder mittels Bar- oder Verrechnungsschecks zulässig, sofern *besondere* berechtigte Interessen der Beteiligten dies *gebieten* (§ 54b Abs. 3 Satz 5 BeurkG). Die Formulierung der Vorschrift zeigt, dass Verfügungen dieser Art nur in eng begrenzten Ausnahmefällen in Betracht kommen. **108**

Die Gründe für eine Bar- oder Scheckauszahlung sind von dem Notar zu **vermerken** (§ 54b Abs. 3 Satz 6 BeurkG). Der Vermerk kann in der Bemerkungsspalte des Massenbuchs angebracht werden; zulässig dürfte es auch sein, ihn zu den Handakten zu nehmen und darauf in der Bemerkungsspalte zu verweisen.

cc) Datenfernübertragung

Verfügungen im Wege der **Datenfernübertragung** (DFÜ) sind nach § 27 Abs. 2 Satz 2 DO-Not derzeit unzulässig. Obwohl sie nur unter Verwendung einer persönlichen Geheimzahl (PIN) und von Transaktionsnummern (TAN) möglich sind, bieten sie nach Auffassung der Landesjustizverwaltungen noch keine ausreichende Sicherheit vor missbräuchlichen Verfügungen[224]. Auch die Wahrung der **Verschwiegenheitspflicht** erscheint nicht zuverlässig gewährleistet. **109**

---

221 Unten Rz. 190.
222 *Weingärtner*, Verwahrung, Rz. 143.
223 Ablehnend auch *Zimmermann*, DNotZ 1995, 717, 718.
224 Näher dazu; *Weingärtner/Ehrlich*, DONot, Rz. 413.

b) Auszahlungszeitpunkt

aa) Beschleunigungsgebot

110 Auch für die Verwahrungstätigkeit der Notare gilt das Gebot tunlicher **Beschleunigung**[225]. Durch zögerliche Abwicklung können den Beteiligten u. U. erhebliche Schäden – etwa Zinsverluste – erwachsen, für die der Notar bei schuldhaftem Verhalten nach § 19 BNotO einzustehen hat. Auszahlungen vom Anderkonto sind daher unverzüglich zu veranlassen (§ 54b Abs. 3 Satz 4 BeurkG), sobald Auszahlungsreife eingetreten ist. Wann das der Fall ist, hängt von der Verwahrungsanweisung und etwaigen nachträglichen Weisungen der Beteiligten ab, soweit er diese zu beachten hat.

bb) Sicherstellung von Grundbucheintragungen

111 Vielfach wird die Auszahlung davon abhängig gemacht, dass eine bestimmte Grundbucheintragung **sichergestellt** ist[226]. Voraussetzung dafür ist in der Regel, dass
– der Eintragungsantrag auch im Namen des Begünstigten gestellt ist,
– sämtliche Eintragungsvoraussetzungen vorliegen,
– aus dem Grundbuch und den Grundakten bei Antragstellung keine Eintragungshindernisse erkennbar sind[227].

112 (1) Die Eintragung einer **Auflassungsvormerkung** für den Grundstückskäufer sichert noch nicht die ranggerechte Eintragung eines Grundpfandrechts zugunsten des Darlehensgebers des Käufers, da die Auflassungsvormerkung von dem Fortbestand des Kaufvertrages abhängt und im Falle einer Aufhebung dieses Vertrages – etwa infolge Rücktritts einer Vertragspartei – ihre Wirkung verliert. Erst die Auflassung verschafft dem Käufer wegen der bindenden Wirkung nach § 873 Abs. 2 BGB eine sichere Anwartschaft auf den Eigentumserwerb[228].

113 (2) Die Sicherstellung setzt in der Regel nicht voraus, dass die im Grundbuchverfahren anfallenden **Gerichtskosten** bereits eingefordert und eingezahlt sind. Da der Notar die Einzahlung vornehmen kann, ist sie vom Willen der Beteiligten unabhängig[229].

114 (3) Falls die **Zwangsversteigerung** über ein Grundstück angeordnet ist, darf der Notar den Kaufpreis nur dann an den betreibenden Gläubiger auszahlen, wenn sichergestellt ist, dass auch etwa beigetretene Gläubiger den Zwangsversteigerungsantrag zurücknehmen[230].

115 (4) Dem Notar muss eine angemessene **Prüfungsfrist** bleiben, um sorgfältig die Auszahlungsvoraussetzungen und die Empfangsberechtigung prüfen zu können[231]. Bestehen begründete Zweifel, ob eine Eintragung sichergestellt ist, darf er den Vollzug der Eintragung und die Mitteilung des Grundbuchamtes darüber abwarten[232].

c) Empfangsberechtigung

aa) Kreis der Berechtigten

116 Die Auszahlung muss an den **Empfangsberechtigten** erfolgen. Der Notar muss die Berechtigung sorgfältig prüfen. Als Berechtigte kommen der Gläubiger des Anspruchs aus dem Kausalgeschäft, Zessionare, Pfandgläubiger und Pfändungsgläubiger in Betracht. An wen auszuzahlen ist, richtet sich nach der Verwahrungsanweisung und etwaigen nachträglichen

---

225 Siehe § 19 Rz. 53.
226 Näher dazu oben Rz. 76.
227 Eingehend zum Begriff der Sicherstellung: *Eylmann/Vaasen/Hertel,* § 54a BeurkG Rz. 75 ff.
228 BGH DNotZ 1987, 560.
229 KG DNotZ 1991, 762.
230 OLG Hamm DNotZ 1992, 392.
231 *Haug,* DNotZ 1982, 553.
232 KG DNotZ 1987, 576.

Weisungen der Beteiligten, soweit der Notar diese zu beachten hat; ferner muss der Notar zwischenzeitlich ausgebrachte Vollstreckungsmaßnahmen berücksichtigen[233].

bb) Empfangsvollmachten

Mit besonderer Genauigkeit sind **Empfangsvollmachten** zu prüfen. Bei begründeten Zweifeln, ob ein Dritter bevollmächtigt ist, Auskehrung an sich zu verlangen, sollte der Notar die Vorlage einer öffentlich beglaubigten Vollmacht verlangen[234].   **117**

cc) Prätendentenstreit

Kommt es – etwa nach Abtretung und Pfändung des Auszahlungsanspruchs – zu einem **Prätendentenstreit**, muss der Notar die Rechtsfrage der Empfangsberechtigung grundsätzlich eigenverantwortlich prüfen und entscheiden. Kann er sie nicht zuverlässig klären, darf er von der Auszahlung der verwahrten Gelder absehen, bis sämtliche als empfangsberechtigt in Betracht kommenden Personen übereinstimmende Erklärungen abgegeben haben oder die Frage der Empfangsberechtigung im Beschwerdewege nach § 15 BNotO oder im Zivilprozess entschieden ist[235].   **118**

dd) Entnahmerecht des Notars

Der Notar darf die zu verwahrenden Gelder grundsätzlich nicht – auch nicht vorübergehend – für **eigene Zwecke** verwenden[236].   **119**

(1) Verfügungen zugunsten eigener Privat- oder Geschäftskonten sind nur zur Bezahlung von **Kostenforderungen** aus dem zugrunde liegenden Amtsgeschäft zulässig (§ 54b Abs. 3 Satz 8 BeurkG). Kosten in diesem Sinne sind die Gebühren und Auslagen für die Vornahme und Abwicklung des Amtsgeschäfts sowie die Hebegebühren. Die Entnahme dieser Kosten aus dem Notaranderkonto setzt grundsätzlich voraus, dass   **120**
– hierfür eine ordnungsgemäße notarielle Kostenrechnung (§ 154 KostO) erteilt ist,
– diese nachweislich dem Kostenschuldner zugegangen ist und
– die Auszahlungsreife des verwahrten Betrages zugunsten des Kostenschuldners eingetreten ist.
Lediglich die Hebegebühren dürfen ohne vorherige Kostenberechnung entnommen werden[237].

(2) Kosten **anderer Amtsgeschäfte** oder **anwaltlicher Mandate** eines Anwaltsnotars dürfen aus dem Notaranderkonto nur entnommen werden, wenn die Auszahlungsberechtigten darin eingewilligt haben. Die Einwilligung bedarf der Schriftform (§ 54a Abs. 4 BeurkG). Sie kann schon in der Verwahrungsanweisung erklärt werden.   **121**
Allerdings kann der Notar wegen Kostenforderungen aus anderen Amtsgeschäften aufgrund einer von ihm erteilten vollstreckbaren Ausfertigung der Kostenberechnung in den Anspruch des Kostenschuldners aus dem der Verwahrung zugrunde liegenden Geschäft (z. B. den Kaufpreisanspruch) und im Wege der Hilfspfändung in den gegen ihn selbst gerichteten Auszahlungsanspruch **vollstrecken**[238].

---

233 Zur Abtretung, Verpfändung und Pfändung des Auszahlungsanspruchs siehe unten Rz. 178 ff.
234 OLG Hamm DNotZ 1963, 633, 635; *Haug*, DNotZ 1982, 551.
235 OLG Frankfurt NJW-RR 1998, 1582, 1583 m. w. N.; BayObLG DNotZ 2000, 376; KG DNotZ 1999, 994 und ZNotP 2000, 12.
236 *Weingärtner*, Verwahrung, Rz. 153.
237 OLG Frankfurt OLG-Report Frankfurt 1998, 282.
238 *Weingärtner*, Verwahrung, Rz. 172.

d) Zinsen und Kosten

aa) Zinsen

122 Mit dem Anderkontoguthaben sind auch die angefallenen **Zinsen** auszuzahlen. In keinem Fall darf der Notar sie für sich selbst in Anspruch nehmen.

123 (1) Wem die Zinsen zustehen, richtet sich nach der **Verwahrungsanweisung** und den ihr zugrunde liegenden Vereinbarungen. Haben die Beteiligten keine Regelung getroffen, muss der Notar auf eine übereinstimmende ergänzende Weisung hinwirken. Dabei wird er den Beteiligten nahe legen, eine interessengerechte Aufteilung vorzunehmen[239]. Gelingt es nicht, eine Einigung der Beteiligten herbeizuführen, darf der Notar die Zinsen nicht nach dem hypothetischen Parteiwillen und seiner eigenen Überzeugung von Sinn und Zweck des Vertrages verteilen[240], vielmehr muss er die **Verteilung aussetzen** und den Beteiligten Gelegenheit geben, ihre divergierenden Standpunkte im Beschwerdeverfahren nach § 15 BNotO oder im Zivilrechtsweg geltend zu machen[241].

124 (2) Erträge auf Notaranderkonten unterliegen der **Zinsabschlagsteuer** nebst Solidaritätszuschlag. Das Verfahren ist wie folgt geregelt[242]:

Das kontoführende Kreditinstitut stellt eine **Steuerbescheinigung** mit dem Hinweis »*Anderkonto*« auf den Namen des Notars aus. Dieser hat die Bescheinigung an den Berechtigten weiterzuleiten, der sie seinem Finanzamt vorlegt.

Sind die Zinsen nach **Zeitabschnitten** aufzuteilen, stellt der Notar beglaubigte Abschriften der Steuerbescheinigung in der erforderlichen Anzahl her und vermerkt darauf den jeweiligen Zinsbetrag. Die Berechtigten reichen diese Unterlagen ihren Finanzämtern ein.

Soweit die auf dem Notaranderkonto erzielten zinsabschlagpflichtigen Zinsen an **mehrere Beteiligte** auszukehren sind, die nicht zusammen veranlagt werden, teilt der Notar die Kapitalerträge und den Zinsabschlag nach Maßgabe der zivilrechtlichen Vereinbarungen zwischen den Beteiligten auf, wobei es nicht darauf ankommt, ob diese Vereinbarungen steuerlich Anerkennung finden. Kennt der Notar die Vereinbarungen nicht, bedarf es der gesonderten Feststellung der Besteuerungsgrundlagen nach § 180 Abs. 1 Nr. 2 Buchst. a AO. Zu diesem Zweck gibt der Notar die über den Zinsabschlag erteilte Steuerbescheinigung dem die Steuererklärung abgebenden Beteiligten.

bb) Kosten

125 Die **Kosten der Kontoführung** sind von demjenigen Beteiligten zu tragen, dem die Zinserträge zustehen. Sie werden nicht durch die Hebegebühren abgegolten. Ihre Abbuchung löst keine gesonderte Hebegebühr aus[243].

e) Ausgabenbelege

126 Sämtliche Ausgaben – nicht auch die Einnahmen – müssen durch **Belege** nachgewiesen werden. Um Manipulationen durch gefälschte Überweisungsaufträge zu verhindern, sind Überweisungen vom Notaranderkonto durch Ausführungsbestätigungen des beauftragten Kreditinstituts zu belegen; sie müssen den Inhalt des Überweisungsauftrags vollständig erkennen lassen (§ 27 Abs. 3 Satz 3 DONot)[244].

Bar- oder Scheckauszahlungen sind von dem Empfänger oder einen von ihm schriftlich Beauftragten nach Feststellung der Person zu **quittieren** (§ 54b Abs. 3 Satz 7 BeurkG)[245].

---

239 Siehe dazu oben Rz. 68.
240 So aber: *Weingärtner*, Verwahrung, Rz. 74; *Bräu*, Rz. 177.
241 *Bräu*, Rz. 200 (entgegen Rz. 177).
242 *Bundesministerium der Finanzen*, Schrb. v. 28.10.1992 (Abdruck: *Weingärtner*, Notarrecht, Ord.-Nr. 502).
243 *Weingärtner*, Verwahrung, Rz. 79; *Zenker*, NJW 2003, 3459 m. w. N.; a. A. *Lappe*, NJW 2004, 489, 494.
244 Näher dazu *Weingärtner/Ehrlich*, DONot, Rz. 416 ff.
245 Muster einer Quittung: *Weingärtner*, Verwahrung, Rz. 170.

f) Abrechnung

Nach Abwicklung der Verwahrungsmasse hat der Notar den Auftraggebern unaufgefordert eine **Abrechnung** zu erteilen. Dagegen ist beim Vollzug von Grundstückskaufverträgen und vergleichbaren Rechtsgeschäften den beteiligten Kreditinstituten eine Abrechnung nur auf Verlangen zu erteilen (§ 27 Abs. 4 DONot).

127

VIII. Sonstige Verwahrungsgeschäfte

1. Verwahrung von Schecks

Schecks sind unverzüglich einzulösen oder zu verrechnen, soweit sich aus den Anweisungen der Beteiligten nichts anderes ergibt; der Gegenwert ist alsdann wie Geld zu behandeln (§ 54b Abs. 5 BeurkG). Jedoch muss der Notar den Scheck **zur Verwahrung** übernommen haben. Das ist im Verhältnis zum Aussteller eines Schecks, den ein anderer anlässlich eines Urkundsgeschäfts nur zur Zahlung übergibt, nicht der Fall.

128

2. Verwahrung von Wertpapieren

a) Verwahrung

Wertpapiere und Kostbarkeiten müssen **sicher** und **getrennt** von anderen Verwahrungsmassen verwahrt werden. Der Notar muss alle möglichen und notwendigen Vorkehrungen treffen, um eine Beschädigung oder den Verlust des Verwahrungsgutes auszuschließen[246]. Er kann die Gegenstände einer Bank im Sinne des § 54b Abs. 2 zur Verwahrung übergeben, wenn in der Verwahrungsanweisung nichts anderes bestimmt ist (§ 54e Abs. 2 BeurkG), oder sie in einem eigenen Bank- oder Bürosafe verwahren[247].

129

b) Verwaltung

Zur **Verwaltung** verwahrter Wertpapiere ist der Notar vorbehaltlich einer abweichenden Bestimmung in der Verwahrungsanweisung nicht verpflichtet (§ 54e Abs. 2 BeurkG). Er braucht sich also nicht um Auslosungen, Kündigungen, Zins- und Dividendeneinziehungen zu kümmern; jedoch muss er die Beteiligten vorher darauf hinweisen, dass er diese Obliegenheiten nicht wahrnimmt.

130

IX. Dokumentationspflichten

1. Eintragungen in die Bücher

a) Regelung der DONot

Grundsätzlich sind alle Verwahrungsmassen, die der Notar nach § 23 BNotO, §§ 54a, 54e BeurkG zur Aufbewahrung oder zur Ablieferung an Dritte entgegennimmt, in das Verwahrungsbuch und in das Massenbuch einzutragen (§ 10 Abs. 1 Satz 1 DONot). Dabei sind Schecks und Sparbücher, die als Zahlungsmittel übergeben werden, wie Geld zu behandeln (§ 11 Abs. 3 Satz 2 DONot).

131

---

246 *Weingärtner*, Verwahrung, Rz. 237.
247 Einzelheiten dazu: *Weingärtner*, Verwahrung, Rz. 238 ff.

b) Ausnahmen

132 **Ausnahmen** von der Eintragungspflicht bestimmt § 10 Abs. 1 Satz 2 DONot. Danach sind nicht einzutragen
– Geldbeträge, die der Notar als Protestbeamter empfangen hat[248], wenn sie unverzüglich an den Berechtigten herausgegeben werden,
– Hypotheken-, Grundschuld- und Rentenschuldbriefe,
– Wechsel und Schecks, die der Notar zwecks Erhebung des Protestes erhalten hat.

c) Urkunden über Willenserklärungen

133 Nicht einzutragen sind Urkunden über **Willenserklärungen** (z. B. Vollmachten, Löschungs-bewilligungen, Bürgschaftserklärungen), wenn sie dem Notar nicht zur Verwahrung, sondern zwecks Ausführung eines Treuhandauftrags anvertraut worden sind. Die Vorschriften der DONot gelten ferner nicht für Aktien und Schuldverschreibungen, die zur Ausübung des Stimmrechts von dem Notar verwahrt werden[249].

2. Anderkontenliste

134 Nach § 12 Abs. 5 DONot hat der Notar ein Verzeichnis der Kreditinstitute zu führen, bei denen er Anderkonten oder Anderdepots (§ 54b BeurkG) eingerichtet hat (**Anderkontenliste**)[250]. Die Liste stellt im Falle der vorläufigen Amtsenthebung oder der Beendigung des Amtes für den zu bestellenden Vertreter bzw. Notariatsverwalter ein wichtiges Hilfsmittel dar, um die kontoführenden Kreditinstitute über seine Bestellung zu unterrichten und so missbräuchliche Verfügungen möglichst zu verhindern.

X. Änderung und Widerruf von Verwahrungsanweisungen

1. Bindung des Notars

a) Grundsätze

135 Bei der Abwicklung der Verwahrung ist der Notar strikt an die Verwahrungsanweisungen – ebenso wie an Treuhandauflagen finanzierender Kreditinstitute oder zu befriedigender Gläubiger – **gebunden**, soweit diese reichen. Er muss den Treuhandauftrag grundsätzlich[251] mit peinlicher Genauigkeit beachten und ihn wortgetreu ausführen[252]. Ein **Ermessensspielraum** steht ihm grundsätzlich nur zu, soweit die Beteiligten keine Weisungen erteilt haben, sich bei oder nach Erteilung der Verwahrungsanweisung ausdrücklich oder konkludent mit einer Ermessensausübung einverstanden erklärt haben oder wenn sich die erteilten Weisungen als nicht durchführbar erweisen. Dabei muss er den Treuhandzweck und die Sicherungs-interessen der Beteiligten berücksichtigen. Er darf nicht einfach seine eigene Einschätzung der Risikolage und des Sicherungsbedürfnisses der Beteiligten an die Stelle derjenigen des Treugebers setzen[253]. Die Verletzung dieser Pflicht stellt ein Dienstvergehen dar. Auch die Annahme des Notars, dass die Beteiligten **mutmaßlich** mit seiner Entscheidung einverstanden seien, rechtfertigt eine Abweichung von ihren Weisungen nicht.

---

248 Siehe oben Rz. 35, 85.
249 *Weingärtner/Ehrlich*, DONot, Rz. 178.
250 Muster einer Anderkontenliste: *Weingärtner*, Notarrecht, Ord.-Nr. 112.
251 Wegen möglicher Ausnahmen siehe *Hertel*, DNotZ 2001, 858, 860.
252 BGH DNotZ 1978, 373, 374; DNotZ 1986, 310, 312; DNotZ 1987, 556, 557; NJW 2000, 1644 = DNotZ 2001, 856 m. Anm. *Hertel*; KG DNotZ 1991, 762; OLG Celle DNotZ 1989, 55; OLG Hamm RNotZ 2002, 113; *Bräu*, Rz. 200.
253 OLG Celle DNotZ 1989, 55; *Reithmann*, Vorsorgende Rechtspflege, S. 211.

b) Schutzzweck der Bindung

Schutzzweck der Weisungsbindung ist es nicht nur, die mit der Verwahrung erstrebte Siche- **136** rung für die Beteiligten zu gewährleisten, sondern auch zu verhindern, dass der Notar den noch zulässigen Widerruf der Verwahrungsanweisung und die darauf gegründete Rück-erstattung des Verwahrungsguts vereitelt[254].

2. Beachtlichkeit des Widerrufs

a) Gesetzliche Regelung

aa) Bedeutung der Vorschrift

Ob und unter welchen Voraussetzungen der Notar einen **Widerruf** der Verwahrungsanwei- **137** sung zu beachten hat, war bis zum Inkrafttreten der Berufsrechtsnovelle 1998[255] umstritten; das galt insbesondere für die Fälle des einseitigen, vom Anweisenden nicht vorbehaltenen Widerrufs[256]. Die jetzt geltende gesetzliche Regelung (§ 54c BeurkG) erschien nach der Re-gierungsbegründung des Entwurfs »*im Interesse der Rechtssicherheit geboten, um sowohl für die am Verwahrungsgeschäft beteiligten Personen als auch für den amtierenden Notar grundsätzliche Klarheit in Zweifelsfragen zu schaffen*«[257]. Die vor Inkrafttreten des § 54c BeurkG ergangene Rechtsprechung zum Widerruf von Verwahrungsanweisungen[258] ist durch die Neuregelung teilweise obsolet geworden.

bb) Fallgruppen

§ 54c BeurkG unterscheidet folgende **Fallgruppen**: **138**
– Widerruf ohne Beeinträchtigung Dritter (Abs. 1),
– übereinstimmender Widerruf mehrseitiger Verwahrungsanweisungen (Abs. 2),
– nicht übereinstimmender Widerruf mehrseitiger Verwahrungsanweisungen wegen Auf-hebung, Unwirksamkeit oder Rückabwicklung des zugrunde liegenden Rechtsverhältnis-ses (Abs. 3),
– vorbehaltener Widerruf (Abs. 4).
    Nicht ausdrücklich geregelt ist der Fall des nicht übereinstimmenden Widerrufs einer mehrseitigen Verwahrungsanweisung aus **anderen** als den in Abs. 3 genannten Gründen[259].

b) Anwendungsbereich des § 54c BeurkG

aa) Begriff des Widerrufs

Unter »Widerruf« der Verwahrungsanweisung ist grundsätzlich jede **Änderung** der dem **139** Notar zur Abwicklung des Verwahrungsgeschäfts erteilten Anweisung zu verstehen[260].

bb) Neue Verwahrungsanweisung

Allerdings können nachträgliche Erklärungen eines Verwahrungsbeteiligten, die sich schein- **140** bar als Widerruf der Verwahrungsanweisung darstellen, unter Umständen als **neue, zusätzli-che Verwahrungsanweisung** auszulegen sein, die den Notar bindet, wenn er sie annimmt. Derartige Fälle werden nicht vom Anwendungsbereich des § 54c BeurkG umfasst.

---

254 BGH DNotZ 1990, 661, 663 ff.
255 Siehe oben Rz. 1.
256 Vgl. *Arndt/Lerch/Sandkühler*, BNotO, 3. Aufl., § 23 Rz. 105 ff.
257 BT-Drucks. 13/4184, S. 38.
258 BayObLG NJW-RR 1995, 1208; KG ZNotP 1998, 251; KG DNotI-Report 1997, 230; OLG Frankfurt FGPrax 1997, 159; vgl. ferner DNotI-Report 1997, 181.
259 Näher dazu unten Rz. 148.
260 *Winkler*, § 54c Rz. 2.

Wenn beispielsweise einer der Beteiligten den Verwahrungsgegenstand unter **vertragswidrigen Auflagen** an den Notar leistet – etwa den Kaufpreis mit der Weisung auf das Notaranderkonto einzahlt, ihn nicht vertragsgemäß an den Verkäufer, sondern an einen Dritten auszukehren –, so kann darin anstelle eines (unbeachtlichen) Widerrufs der ursprünglichen Verwahrungsanweisung ein weiterer (einseitiger) Treuhandauftrag zu sehen sein, den der Notar annehmen oder ablehnen kann[261]. Lehnt er ihn ab, muss er das Verwahrungsgut dem Hinterleger zurückgeben[262].

c) Schriftform

141   Nach § 54a Abs. 4 BeurkG bedarf der Widerruf einer Verwahrungsanweisung der **Schriftform**. § 54c Abs. 1 greift diese Regelung auf, indem er bestimmt, dass der Notar den schriftliche Widerruf zu beachten hat. Eine Übermittlung des Widerrufs durch Telefax, auch durch Computerfax, reicht aus, allerdings sollte der Notar darauf bestehen, dass ihm das handschriftlich unterzeichnete Original des Widerrufs alsbald nachgereicht wird[263].

d) Widerruf ohne Drittbeeinträchtigung

142   § 54c Abs. 1 BeurkG bestimmt als Grundsatz, dass der Notar den Widerruf von Verwahrungsanweisungen zu beachten hat, soweit er dadurch nicht Dritten gegenüber bestehende Amtspflichten verletzt. Die Vorschrift gilt gleichermaßen für einseitige und mehrseitige Verwahrungsanweisungen. Eine Einengung auf den Widerruf *einseitiger* Verwahrungsanweisungen würde nicht der Entstehungsgeschichte und dem Wortlaut der Vorschrift entsprechen. Allerdings erfahren die Fälle der mehrseitigen Anweisung durch die Absätze 2 und 3 einschränkende Sonderregelungen[264].

aa) Einseitige Verwahrungsanweisungen

143   **Einseitige Verwahrungsanweisungen** sind grundsätzlich frei widerruflich, ohne dass es der Zustimmung anderer Beteiligter bedarf.

144   (1) Um einseitige Anweisungen handelt es sich in der Regel bei den in § 54a Abs. 6 BeurkG behandelten Treuhandaufträgen von Personen, die an dem der Verwahrung zugrunde liegenden Geschäft nicht beteiligt sind. Dritte in diesem Sinne sind bei Kaufverträgen über Immobilien namentlich abzulösende **Grundpfandgläubiger** und den Kaufpreis finanzierende **Kreditinstitute**[265]. Sie können ihre Verwahrungsanweisungen grundsätzlich einseitig widerrufen, solange diese nicht erledigt, d. h. ausgeführt oder – etwa durch Fristablauf – erloschen sind[266].

Wann für die Grundpfandgläubiger bzw. das finanzierende Kreditinstitut Bindung durch Erledigung eintritt, ist umstritten[267]. Maßgeblich ist der Inhalt des jeweiligen Treuhandauftrags. Bei den abzulösenden Grundpfandgläubigern tritt Erledigung mit der Erteilung des Auszahlungsauftrags durch den Notar gegenüber dem kontoführenden Kreditinstitut ein[268]. Erteilt das finanzierende Kreditinstitut den Treuhandauftrag nach dem zwischen der Bundesnotarkammer und der Kreditwirtschaft abgesprochenen Muster[269], tritt die Bindung ein, sobald die rangrichtige Eintragung des Finanzierungsgrundpfandrechts gesichert ist (falls der Treuhandauftrag auf Sicherstellung lautet) bzw. das Grundpfandrecht eingetragen ist[270].

---

261   BGH DNotZ 1991, 555, 556.
262   Siehe auch oben Rz. 77.
263   *263 Huhn/von Schuckmann/Renner,* § 54c Rz. 8; siehe auch oben Rz. 82.
264   BT-Drucks. 13/4184, S. 38.
265   Zur Rechtslage bei Kaufpreisfinanzierung durch Bankkredit siehe oben Rz. 18.
266   BGH NJW 1997, 2104, 2106; *Eylmann/Vaasen/Hertel,* § 54c BeurkG Rz. 11.
267   Eingehende Darstellung des Meinungsstandes: *Eylmann/Vaasen/Hertel,* § 54c BeurkG Rz. 12.
268   *Winkler,* § 54c Rz. 62; *Eylmann/Vaasen/Hertel,* § 54c BeurkG Rz. 12.
269   Abdruck: *Weingärtner,* Notarrecht, Ord.-Nr. 295a. Vgl. auch oben Rz. 74.
270   *Eylmann/Vaasen/Hertel,* § 54c BeurkG Rz. 12; a. A. *Hagen/Brambring/Brambring,* Der Grundstückskauf, Rz. 539 f.

Wird ein Treuhandauftrag **befristet**, so ist ein Widerruf vor Fristablauf in der Regel unzulässig[271].

(2) Einseitige Anweisungen kommen auch im Rahmen **mehrseitiger Treuhandverhältnisse** in Betracht. Ob in diesem Rahmen eine Verwahrungsanweisung einseitig oder mehrseitig ist, entscheidet sich nach dem Schutzbedürfnis der Beteiligten. Im Verhältnis der Kaufvertragsparteien zueinander sind demnach im Zweifel alle Anweisungen mehrseitig, die dem Schutz des Empfangsberechtigten ab Fälligkeit der Einzahlung bzw. dem Schutz des Einzahlenden bis zum Vorliegen der Auszahlungsvoraussetzungen dienen[272].

Wie einseitige Verwahrungsanweisungen sind hingegen Anweisungen zu behandeln, welche die Rechtsstellung des anderen Vertragsteils nicht berühren. So kann der **Käufer** einen vor Fälligkeit der Einzahlung auf Notaranderkonto geleisteten Betrag bis zum Eintritt der Fälligkeit durch einseitige Weisung von dem Notar zurückfordern; das gleiche gilt hinsichtlich der Einzahlung eines den Kaufpreis übersteigenden Betrages[273]. Umgekehrt kann der **Verkäufer** nach Eintritt der Auszahlungsreife den Notar einseitig anweisen, den Kaufpreis auf ein anderes als das in der Verwahrungsanweisung angegebene Konto auszukehren, da die Angabe des Empfängerkontos in der Verwahrungsanweisung die Belange des Schuldners in der Regel nicht berührt, mithin eine einseitige Anweisung darstellt[274].

bb) Mehrseitige Verwahrungsanweisungen

Den Widerruf **mehrseitiger Verwahrungsanweisungen** darf der Notar nur beachten, wenn er durch alle Anweisenden erfolgt (§ 54c Abs. 2 BeurkG). Die Regelung entspricht hinsichtlich ihres Schutzzwecks der insoweit vergleichbaren Bestimmung des § 53 BeurkG; sie trägt dem Interesse der Beteiligten an einer gesicherten Durchführung der notariellen Verwahrung Rechnung[275].

cc) Amtspflichten gegenüber Dritten

Der Notar darf einen einseitigen oder mehrseitigen Widerruf – auch wenn letzterer von allen Anweisenden erklärt wird – nicht beachten, wenn er dadurch **Amtspflichten gegenüber Dritten** verletzen würde (§ 54c Abs. 1 BeurkG)[276].

(1) Das ist insbesondere der Fall, wenn **Sicherungsinteressen** anderer bestehen, deren Beachtung sich zu einer Amtspflicht des Notars verdichtet hat[277]. Dies ist der Fall, wenn der Notar oder der Hinterleger bei einem Dritten einen berechtigten Vertrauenstatbestand geschaffen hat, dass das Verwahrungsgeschäft entsprechend der erteilten Anweisung durchgeführt wird und dem Dritten durch die Rückgängigmachung des Geschäfts infolge Widerrufs der Anweisung ein Schaden entstünde[278]. Ein Widerruf ist danach in der Regel unbeachtlich, wenn nach der Einzahlung auf Notaranderkonto ein anderer im Vertrauen darauf Dispositionen getroffen hat; denkbar sind allerdings auch Fälle, in denen das Sicherungsbedürfnis des Dritten nur eine Zug um Zug zu erbringende Leistung des Widerrufenden erfordert.

So ist eine Rückzahlung des vorzeitig eingezahlten Kaufpreises an den Käufer unzulässig, solange nicht Vorleistungen, die der Verkäufer im Vertrauen auf die Endgültigkeit der Einzahlung erbracht hat, rückabgewickelt sind[279]. Die Weisung des Verkäufers, den Kaufpreis auf ein anderes als das in der Verwahrungsanweisung angegebene Konto auszukehren, ist unbeachtlich, wenn der Käufer oder ein Dritter ein schutzwürdiges Interesse daran hat, dass

---

271 Allgemein zur Bedeutung einer Befristung: *Eylmann/Vaasen/Hertel*, § 54a BeurkG Rz. 73.
272 Vgl. OLG Hamm RNotZ 2002, 113, 114; *Eylmann/Vaasen/Hertel*, § 54c BeurkG Rz. 17.
273 *Weingärtner*, Verwahrung, Rz. 189, 190.
274 *Eylmann/Vaasen/Hertel*, § 54c Rz. 20.
275 BT-Drucks. 13/4184, S. 38.
276 Instruktives Beispiel: LG Schwerin NotBZ 2001, 231. Näher dazu: *von Campe*, NotBZ 2001, 208.
277 BT-Drucks. 13/4184. S. 38.
278 OLG Hamm OLG-Report Hamm/Düsseldorf/Köln 2006, 174, 176.
279 *Weingärtner*, Verwahrung, Rz. 189; LG Schwerin NotBZ 2001, 231.

der Kaufpreis gerade auf das ursprünglich bezeichnete Konto gelangt. Der Widerruf eines Kreditgebers, der die Darlehensvaluta auf Notaranderkonto überwiesen hat, ist nicht zu beachten, wenn ein Grundpfandgläubiger, dessen Forderung mittels des Kredits abgelöst werden soll, im Vertrauen auf die Verwahrung der Kreditvaluta durch den Notar die Löschung des Grundpfandrechts veranlasst hat.

149   (2) Die Beachtung des Widerrufs müsste drittbezogene Amtspflichten des Notars **objektiv** verletzen. Nicht erforderlich ist, dass sein Verhalten sämtliche Voraussetzungen für einen Amtshaftungsanspruch nach § 19 BNotO erfüllen würde.

e) Widerruf nach § 54c Abs. 3 BeurkG

aa) Widerrufsgründe

150   Die Vorschrift regelt den Fall, dass eine **mehrseitige Verwahrungsanweisung** entgegen Abs. 2 BeurkG nicht von allen Anweisenden, sondern nur von einem oder einzelnen von ihnen widerrufen wird. Der Widerruf ist in diesen Fällen für den Notar beachtlich, wenn er darauf gegründet wird, dass das der Verwahrung zugrunde liegende Rechtsverhältnis
– aufgehoben,
– unwirksam oder
– rückabzuwickeln sei.

151   (1) Zur **Aufhebung** eines mehrseitigen Rechtsgeschäfts bedarf es eines formgerechten[280] und auch sonst wirksamen Aufhebungsvertrages.
Ein Rechtsgeschäft ist **unwirksam**, wenn es an einem Nichtigkeitsgrund leidet[281], wirksam angefochten ist oder nach anfänglicher schwebender Unwirksamkeit endgültig unwirksam geworden ist. Die schwebende Unwirksamkeit allein genügt nicht, solange das Rechtsgeschäft noch wirksam werden kann; der andere Vertragsteil hat ein Anrecht darauf, dass diese Entwicklung abgewartet wird.
Ein Anspruch auf **Rückabwicklung** setzt voraus, dass ein vertragliches oder gesetzliches Rücktrittsrecht wirksam ausgeübt worden ist oder die Rücktrittsfolgen kraft Gesetzes eingetreten sind.

152   (2) Steht für den Notar fest oder ergibt sich aus übereinstimmenden Angaben der Verwahrungsbeteiligten, dass das Rechtsgeschäft **endgültig nicht ausgeführt** wird, so darf und muss der Notar den von ihm verwahrten Kaufpreis grundsätzlich an den Käufer zurückzahlen, wenn eine vom Verkäufer erbrachte Vorleistung – wie etwa die Bestellung einer Erwerbsvormerkung – rückabgewickelt ist[282]. Zweck der Verwahrung ist es nicht, einen etwaigen Schadensersatzanspruch des Verkäufers wegen Vertragsstörung zu sichern[283].

153   (3) Der Widerruf muss auf einen der vorgenannten Gesichtspunkte **gegründet** werden. Dazu genügt nicht die bloße Tatsachenbehauptung, das Rechtsgeschäft sei aufgehoben, oder die bloße Rechtsbehauptung, das Rechtsgeschäft sei unwirksam oder rückabzuwickeln. Notwendig ist, dass der Widerrufende Tatsachen benennt, die es wenigstens als *möglich* erscheinen lassen, dass seine Behauptung zutrifft. Eine ins Einzelne gehende schlüssige Darlegung eines Widerrufsgrundes kann von ihm jedoch nicht verlangt werden.
Der Notar ist dementsprechend nicht zu einer Sachprüfung[284], sondern nur zu einer **Plausibilitätsprüfung** verpflichtet. Führt sie zu dem Ergebnis, dass der geltend gemachte Widerrufsgrund offensichtlich nicht vorliegt, darf er den Widerruf unbeachtet lassen[285].

154   (4) Der Katalog der vom Notar zu beachtenden Einwendungen ist **erschöpfend**. Auf andere als die in § 54c Abs. 3 Satz 1 BeurkG genannten Gründe kann der einseitige Widerruf einer mehrseitigen Verwahrungsanweisung nicht gestützt werden. So kann sich der Widerru-

280 Zur Formbedürftigkeit von Aufhebungsverträgen vgl. *Palandt/Heinrichs*, § 313 Rz. 39 f.
281 Näher dazu § 14 Rz. 68.
282 BayObLG DNotZ 2005, 616; *Winkler*, § 54c Rz. 32. Siehe auch oben Rz. 170.
283 KG DNotZ 1998, 204; KG DNotI-Report 2002, 175.
284 So aber wohl *Weingärtner*, Verwahrung, Rz. 201, wonach der Notar eine sorgfältige rechtliche Prüfung vorzunehmen habe.
285 *Eylmann/Vaasen/Hertel*, § 54c BeurkG Rz. 21; *Huhn/von Schuckmann/Renner*, § 54c Rz. 26.

fende nicht darauf berufen, er sei zur Aufrechnung oder Zurückbehaltung, zur Leistungsver-weigerung nach § 320 BGB oder zur Minderung berechtigt. Das gleiche gilt für den Ein-wand, der Widerrufende sei zum Rücktritt berechtigt oder er könne das Rechtsgeschäft we-gen Irrtums oder arglistiger Täuschung anfechten; erst die Ausübung des Rücktritts- bzw. Anfechtungsrechts kann einen Widerspruch begründen[286].

Einwendungen, die nicht unter § 54c Abs. 3 fallen, können dem Notar allerdings Anlass geben, nach § 54d BeurkG von der Auszahlung abzusehen[287].

bb) Unterrichtungspflicht

Wird der Widerruf auf einen der Kataloggründe gestützt, hat der Notar alle im Sinne des § 54a BeurkG beteiligten Personen davon zu **unterrichten**. Die Unterrichtungspflicht be-steht gegenüber den Parteien des zugrunde liegenden Vertrages sowie gegenüber Dritten, die dem Notar Verwahrungsanweisungen erteilt haben, ohne an Grundgeschäft beteiligt zu sein (§ 54a Abs. 6 BeurkG). Zweckmäßig ist es, den Beteiligten Kopien der Widerrufserklärung zukommen zu lassen.

155

cc) Verfahrensgang

Nach Zugang einer beachtlichen Widerrufserklärung muss sich der Notar zunächst jeder Verfügung über das Verwahrungsgut enthalten (§ 54c Abs. 3 Satz 1 BeurkG). Der Widerruf bewirkt einen **vorläufigen Stillstand** des Verwahrungsverfahrens. Es ist fortzusetzen, wenn der Widerspruch im nachhinein **unbeachtlich** wird. Das Gesetz sieht dafür folgende Mög-lichkeiten vor:

156

(1) Die Beteiligten können untereinander klären, wie das Verwahrungsverfahren fort-geführt werden soll, und dem Notar eine **übereinstimmende Anweisung** erteilen (§ 54c Abs. 3 Satz 3 Nr. 1 BeurkG). Diese macht den Widerspruch gegenstandslos und ersetzt gege-benenfalls die ursprüngliche Verwahrungsanweisung. Zur Herbeiführung einer übereinstim-menden Anweisung ist den Beteiligten eine gewisse Bedenkzeit einzuräumen. Ihre Dauer muss sich danach richten, welche Personen an dem internen Abstimmungsvorgang zu betei-ligen sind. Sind dies nur die Vertragsparteien, kann die Bedenkzeit kürzer bemessen werden, als wenn auch Dritte – etwa Auftraggeber im Sinne des § 54a Abs. 6 BeurkG, Zessionare oder Pfändungsgläubiger – zu beteiligen sind.

157

(2) Einigen sich die Beteiligten nicht innerhalb angemessener Zeit auf eine übereinstim-mende Anweisung, muss der **Notar** die Initiative ergreifen, um eine Klärung herbeizufüh-ren. Dazu hat er dem Widerrufenden eine angemessene Frist zu setzen, innerhalb derer ein **gerichtliches Verfahren** zur Herbeiführung einer übereinstimmenden Anweisung einzulei-ten ist (§ 54c Abs. 3 Satz 3 Nr. 2 BeurkG). Der Notar wird auf diese Weise der Notwendig-keit enthoben, selbst eine – ihm als Organ der vorsorgenden Rechtspflege nicht zukommen-de und oft auch gar nicht mögliche – Entscheidung darüber zu treffen, ob der Widerruf begründet ist[288].

158

(a) Die Länge der **Frist** bestimmt der Notar nach pflichtgemäßem Ermessen. Sie ist davon abhängig zu machen, wie schnell es dem Widerrufenden voraussichtlich gelingen kann, ein gerichtliches Verfahren rechtshängig zu machen. Handelt es sich etwa um ein Verfahren mit hohem Streitwert und entsprechend hoher Vorschusspflicht und/oder der Notwendigkeit anwaltlicher Vertretung, kann eine längere Frist angemessen sein, als wenn der Widerrufende selbst und ohne besonderen Kostenaufwand die erforderlichen Schritte unternehmen kann. Im Regelfall wird die Frist zwei bis vier Wochen betragen[289].

159

---

286 *Eylmann/Vaasen/Hertel*, § 54c Rz. 20; *Huhn/von Schuckmann/Renner*, § 54c Rz. 27; *Weingärtner*, Verwahrung Rz. 196.
287 Siehe unten Rz. 164.
288 BT-Drucks. 13/4184 S. 38; BayObLG DNotZ 2005, 616.
289 BT-Drucks. 13/4184 S. 38.

Erweist sich die Frist als zu kurz – etwa weil der Widerrufende auf die Bewilligung von Prozesskostenhilfe für ein Klageverfahren angewiesen ist –, kann der Notar die Frist verlängern.

160 (b) Der Widerrufende muss innerhalb der Frist nachweisen, dass ein zur Herbeiführung einer übereinstimmenden Anweisung **geeignetes Verfahren** rechtshängig ist.

Gerichtliche Verfahren im Sinne des § 54c Abs. 3 Satz 3 Nr. 2 BeurkG sind das Klageverfahren oder das Verfahren auf Erlass einer **einstweiligen Verfügung** vor dem Zivilgericht. Ziel eines Klageverfahrens muss die Abgabe einer Willenserklärung (Anweisung an den Notar) sein; das Verfahren des einstweiligen Rechtsschutzes muss darauf gerichtet sein, dass das Verwahrungsverfahren bis zur Entscheidung in der Hauptsache anzuhalten ist.

Nicht geeignet ist ein gegen den Notar gerichtetes **Beschwerdeverfahren** wegen Amtsverweigerung nach § 15 Abs. 2 BNotO. Denn in einem solchen Verfahren ist nicht darüber zu entscheiden, ob das zugrunde liegende Rechtsgeschäft aufgehoben, unwirksam oder rückabzuwickeln ist, sondern nur darüber, ob der Notar den Widerruf zu Recht für beachtlich oder unbeachtlich hält. Da er den Widerruf schon dann vorläufig zu beachten hat, wenn dieser auf einen der in § 54c Abs. 3 Satz 1 BeurkG genannten Gesichtspunkte *gegründet* wird, eignet sich das Verfahren nach § 15 Abs. 2 BeurkG in der Regel nicht dazu, die sachliche Berechtigung des Widerrufs zu prüfen.

Allerdings stellt **§ 54c Abs. 5 BeurkG** den Beteiligten frei, unabhängig von den Erfordernissen des Abs. 3 Satz 3 Nr. 2 ein Beschwerdeverfahren gegen den Notar einzuleiten, um ihn zur Vornahme oder Unterlassung einer Amtshandlung anweisen zu lassen.

161 (c) Das Verfahren nach § 54c Abs. 3 Satz 3 Nr. 3 BeurkG ist innerhalb der von dem Notar gesetzten Frist **rechtshängig** zu machen. Dazu ist im Klageverfahren die Zustellung der Klageschrift an den Gegner erforderlich (§§ 261 Abs. 1, 253 Abs. 1 ZPO). Im Verfahren des einstweiligen Rechtsschutzes tritt die Rechtshängigkeit mit der Einreichung des Antrags bei Gericht ein[290].

162 (d) Wird das Verfahren nicht fristgemäß rechtshängig gemacht, wird der Widerruf **unbeachtlich** (§ 54c Abs. 3 Satz 3 Nr. 2 BeurkG). Das gleiche gilt wenn dem Notar nachgewiesen wird, dass die Rechtshängigkeit nachträglich – etwa durch Rücknahme oder durch rechtskräftige Abweisung der Klage bzw. des Antrags auf einstweiligen Rechtsschutz – entfallen ist (§ 54c Abs. 3 Satz 3 Nr. 3 BeurkG). Der Notar hat das Verwahrungsverfahren daraufhin so fortzusetzen, als wenn der Widerspruch nicht erfolgt wäre.

f) Abweichende Vereinbarungen

163 § 54c Abs. 4 BeurkG ermöglicht es den Beteiligten, in der Verwahrungsanweisung von den Absätzen 2 und 3 **abweichende Regelungen** zu treffen. Sie können sich insbesondere vorbehalten, die Verwahrungsanweisung – auch wenn sie von mehreren Anweisenden erteilt ist – einseitig abzuändern oder zu widerrufen. Auch in diesen Fällen bleibt es aber dabei, dass der Notar einen Widerruf nur beachten darf, soweit er dadurch nicht drittgerichtete Amtspflichten verletzt (§ 54c Abs. 1 BeurkG).

XI. Absehen von Auszahlungen

164 Nach § 54d BeurkG muss der Notar in bestimmten Fällen das Verwahrungsverfahren anhalten, auch wenn die Verwahrungsanweisung nicht widerrufen worden ist oder ein Widerruf unbeachtlich ist. Die Vorschrift soll betonen, dass die dem Notar nach § 14 Abs. 2 und 3 BNotO obliegenden Amtspflichten auch im Verwahrungsverfahren zu beachten sind[291].

---

290 *Zöller/Vollkommer*, ZPO, § 920 Rz. 12 m. w. N.
291 BT-Drucks. 13/4184 S. 39.

1. Unerlaubte oder unredliche Zwecke

Nach § 54d Nr. 1 BeurkG muss der Notar von der Auszahlung absehen, wenn hinreichende Anhaltspunkte dafür vorliegen, dass er bei Befolgung der unwiderruflichen Anweisung an der Erreichung **unerlaubter** oder **unredlicher Zwecke** mitwirken würde.

165

a) Begriff

Unerlaubte Zwecke sind solche, die nach der Rechtsordnung verboten sind. Unredlich ist ein Zweck, wenn er zwar nicht verboten, aber mit der Rechts- und Sittenordnung nicht zu vereinbaren ist[292]. Dazu zählen auch Handlungen, die zur Täuschung im Rechtsverkehr geeignet sind. Wegen der Einzelheiten wird au die Erläuterungen zu § 14 BNotO verwiesen[293].

166

b) Hinreichende Anhaltspunkte

Das Auszahlungsverbot setzt voraus, dass aus der Sicht des Notars **hinreichende Anhaltspunkte** dafür vorliegen, dass die Durchführung des Verwahrungsgeschäfts solchen Zwecken Vorschub leisten würde. Ein vager Verdacht in dieser Richtung reicht dafür ebenso wenig aus wie die bloße Behauptung eines Beteiligten, ein anderer Verwahrungsbeteiligter verfolge zu missmissbilligende Zwecke. Bestehen jedoch konkrete Verdachtsgründe, muss der Notar ihnen nachgehen und den Beteiligten Gelegenheit geben, sie auszuräumen. Zu eigenen Ermittlungen ist er nicht verpflichtet.

167

2. Vermeidung drohender Schäden

§ 54d Nr. 2 BeurkG verpflichtet den Notar, auch dann von der Auszahlung abzusehen, wenn durch sie einem Auftraggeber im Sinne des § 54a ein **unwiederbringlicher Schaden** erkennbar droht. Die Vorschrift ist Ausdruck der allgemeinen Amtspflicht des Notars nach § 14 Abs. 3 BNotO, die es ihm verbietet, sehenden Auges dazu beizutragen, dass ein Beteiligter durch seine Mitwirkung schwerwiegenden Schaden erleidet.

168

a) Unwiederbringlichkeit des Schadens

Ein Schaden ist **unwiederbringlich**, wenn er sich mit den dem Notar und den Beteiligten zu Gebote stehenden Mitteln voraussichtlich nicht oder nicht in angemessener Zeit beseitigen lässt. Zu denken ist insbesondere an die Fälle drohender Insolvenz oder Unerreichbarkeit eines Beteiligten. Verlangt etwa der Käufer einer Immobilie wegen schwerwiegender Mängel des Kaufgegenstandes die Minderung des Kaufpreises und ist der Verkäufer erkennbar illiquide, so muss der Notar vorerst von der Auszahlung absehen, da ein etwaiger Rückzahlungsanspruch des Käufers nach Auszahlung nicht durchsetzbar wäre. Ebenso muss der Notar das Verfahren aussetzen, wenn der Käufer glaubhaft geltend macht, der Verkäufer habe ihn arglistig über den Zustand des Kaufobjekts getäuscht und sei nun unbekannt verzogen, so dass eine Anfechtungserklärung keinen Erfolg verspreche.

169

b) Person des Geschädigten

Der Schaden muss einem **Auftraggeber** im Sinne des § 54a BeurkG drohen. Der vom Gesetz verwendete Begriff des Auftraggebers ist wesentlich enger als der von der Rechtsprechung im Rahmen des § 19 Abs. 1 Satz 2 BNotO entwickelte Begriff[294]. Er umfasst die Be-

170

---

292 BGH DNotZ 1973, 245.
293 Dort Rz. 88 ff.
294 Siehe dazu § 19 Rz. 219 ff.

teiligten des der Verwahrung zugrunde liegenden Rechtsgeschäfts sowie Personen im Sinne des § 54a Abs. 6 BeurkG, nicht aber sonstige materiell Beteiligte, deren Interessen zwar bei durch das Verwahrungsgeschäft berührt werden, die den Notar aber nicht »beauftragt« haben. Soweit solchen Dritten ein unwiederbringlicher Schaden droht, kann der Notar allerdings nach § 14 Abs. 3 BNotO – der durch § 54d BeurkG konkretisiert, aber nicht ersetzt wird – zu einem warnenden Hinweis verpflichtet sein[295].

c) Erkennbarkeit drohender Schäden

171 Für den Notar muss **erkennbar** sein, dass ein unwiederbringlicher Schaden droht. Auch insoweit bedarf es konkreter Anhaltspunkte; bloße Verdachtsmomente genügen nicht.

3. Verfahren des Notars

a) Unterrichtungspflicht

172 In allen Fällen des § 54d BeurkG muss der Notar alle Beteiligten **unterrichten**, d. h. ihnen die bestehenden Bedenken mitteilen und Gelegenheit geben, ihre Rechte zu sichern[296].

b) Verfahrensgang

173 Das **weitere Verfahren** ist gesetzlich nicht ausdrücklich geregelt.

aa) Keine Fristsetzung

174 § 54d BeurkG verweist nicht auf § 54c Abs. 3 Satz 3 Nr. 3. Der Notar ist daher nicht befugt, Beteiligten eine **Frist** zur Einleitung eines Rechtsstreits bzw. eines Verfahrens auf Erlass einer einstweiligen Verfügung zu setzen. Er darf ein solches Verfahren allerdings anregen, um eine Klärung herbeizuführen. So kann etwa ein Beteiligter gegen andere Beteiligte ein gerichtliches **Erwerbsverbot** (Verbot, den Verwahrungsgegenstand in Empfang zu nehmen) erwirken. Der Notar muss dann von der Auszahlung absehen; denn eine Leistung entgegen dem Verbot wäre als Mitwirkung zu einem unerlaubten Zweck amtspflichtwidrig (§ 14 Abs. 2)[297].

bb) Vorbescheid

175 Ferner kann er den Beteiligten durch **Vorbescheid** ankündigen, wie er zu verfahren gedenkt, wenn nicht binnen einer bestimmten Frist Beschwerde nach § 15 Abs. 2 BNotO eingelegt wird[298]. Ist er dann nicht bereit, den Vorstellungen der Betroffenen zu folgen, können diese im Beschwerdeverfahren eine ihn bindende Entscheidung herbeiführen[299].

cc) Festgeldanlage

176 Zur Schadensminderung kann der Notar den Beteiligten empfehlen, sich für die Zeit bis zur Klärung der strittigen Punkte mit der Anlage des verwahrten Geldes als **Festgeld** oder **Tagesgeld** einverstanden zu erklären.

---

295 Siehe § 14 Rz. 242.
296 *Reithmann*, WM 1991, 1496.
297 *Reithmann*, WM 1991, 1496.
298 *Kawohl*, Rz. 159. Siehe auch § 15 Rz. 100.
299 *Reithmann*, WM 1991, 1493, 1496.

SANDKÜHLER

4. Hinterlegung durch den Notar

In der Regel ist der Notar nicht befugt, wegen Zweifeln an der Empfangsberechtigung von **177** ihm verwahrtes Geld nach § 372 BGB zu **hinterlegen**. Nur wenn er trotz pflichtgemäßer Bemühung mit zumutbaren Mitteln nicht klären kann, wem das Verwahrungsgut zusteht, darf er dieses ausnahmsweise hinterlegen[300]. Eine Hinterlegung kann beispielsweise in Betracht kommen, wenn die ursprünglichen Empfangsberechtigten – etwa durch Tod – weggefallen sind und ihre Rechtsnachfolge völlig unklar ist oder wenn niemand Ansprüche auf das Verwahrungsgut erhebt. § 54d BeurkG steht der Befugnis zur Hinterlegung nicht entgegen; denn die Vorschrift soll den Notar nicht verpflichten, ein Verwahrungsgeschäft auf unabsehbare Zeit fortzuführen.

XII. Abtretung, Pfändung, Verpfändung, sonstige Abwicklungsstörungen

1. Ansprüche aus dem Notaranderkonto

a) Abtretungs- und Verpfändungsverbot

Ansprüche aus Anderkonten können von dem Notar weder abgetreten noch verpfändet **178** werden. Das Verbot einer **Abtretung** an Dritte folgt bereits daraus, dass die Forderungen aus dem Notaranderkonto für das Verwahrungsgeschäft zweckgebunden sind, die Leistung daher im Sinne des § 399 BGB nicht ohne Änderung ihres Inhalts an eine andere Person als den Empfangsberechtigten erfolgen kann[301]. Mit Rücksicht auf die standesrechtlichen Bindungen des Notars ist aber auch eine Abtretung an den Empfangsberechtigten unzulässig[302]. Der Ausschluss der Abtretbarkeit schließt zugleich eine **Verpfändung** der Guthabenforderung aus (§ 1274 Abs. 2 BGB). Dementsprechend sehen die **Anderkontenbedingungen** in Nr. 8 ausdrücklich ein Abtretungs- und Verpfändungsverbot vor.

b) Zwangsvollstreckung gegen den Notar

Betreibt ein **Gläubiger des Notars** die Zwangsvollstreckung in das Verwahrungsgut – etwa **179** durch Pfändung der Guthabenforderung aus dem Notaranderkonto –, so steht dem Treugeber das Widerspruchsrecht aus § 771 ZPO zu, da das Verwahrungsgut wirtschaftlich ein dem Verwahrungszweck gewidmetes, dem Treugeber zustehendes Sondervermögen darstellt[303]. Dies gilt auch, soweit der Notar zur Einbehaltung seiner Kosten berechtigt wäre (§ 54b Abs. 8 BeurkG)[304]. Der Notar muss die Verwahrungsbeteiligten unverzüglich von solchen Zwangsvollstreckungsmaßnahmen verständigen, um ihnen die Möglichkeit zu geben, die Freigabe des Verwahrungsgutes zu betreiben.

c) Insolvenz des Notars

Bei **Insolvenz des Notars**[305] wird die Abwicklung der Verwahrung zwar vorübergehend ge- **180** stört, aber nicht endgültig ausgeschlossen, so dass es eines Widerrufs der Verwahrungs-

---

300 BGH DNotZ 1960, 265; KG Rpfleger 1972, 257; OLG Frankfurt DNotZ 1969, 513; OLG Hamm DNotZ 1983, 61, 64; *Weingärtner*, Verwahrung, Rz. 158.

301 *Huhn/von Schuckmann/Renner*, Rz. 53 zu Nr. 10 NotAndKont.

302 *Gößmann*, WM 2000, 857, 862.

303 *Zöller/Herget*, § 771 Rz. 14 Stichwort »Treuhänder«; *Bräu*, Rz. 223 m. w. N. Siehe auch oben Rz. 17.

304 Vgl. BG NJW 1996, 1543.

305 Zur Insolvenz Beteiligter siehe unten Rz. 188.

anweisung durch die Beteiligten nicht bedarf[306]. Das Verwahrungsgut fällt nicht in die Insolvenzmasse; der Treugeber kann es gemäß § 47 InsO aussondern[307].

2. Auszahlungsanspruch gegen den Notar

a) Abtretbarkeit

181   Der Eingang zu verwahrender Gelder auf dem Notaranderkonto bzw. die Übergabe sonstigen Verwahrungsguts an den Notar begründet für die Beteiligten nicht nur einen Anspruch auf weisungsgemäße Abwicklung des Verwahrungsgeschäfts; vielmehr entsteht ein öffentlich-rechtlicher, **abtretbarer Auszahlungsanspruch** (Auskehrungsanspruch) gegen den Notar[308].

b) Nebenrecht

182   Der Anspruch stellt im Verhältnis zu der Forderung aus dem zugrunde liegenden Vertrag – etwa dem Kaufpreisanspruch – ein **unselbstständiges Nebenrecht** im Sinne des § 401 Abs. 1 BGB dar. Daraus folgt zum einen, dass der Auszahlungsanspruch nicht ohne den zugrunde liegenden Vertragsanspruch abgetreten werden kann, solange dieser noch besteht[309], zum anderen, dass der Auszahlungsanspruch mit der Abtretung des Vertragsanspruchs ohne weiteres mit auf den Zessionar übergeht[310].

c) Verpfändung

183   Die gleichen Grundsätze gelten für eine **Verpfändung** des Auszahlungsanspruchs durch den Auszahlungsberechtigten.

d) Doppelpfändung

184   Zur wirksamen **Pfändung** des Auszahlungsanspruchs gegen den Notar durch einen Gläubiger des Auszahlungsberechtigten ist erforderlich, dass auch der zugrunde liegende Vertragsanspruch gepfändet wird, solange er nicht erloschen ist; es bedarf daher einer sog. **Doppelpfändung**[311]. Die Pfändungen werden dadurch bewirkt, dass gemäß § 829 ZPO sowohl dem Vertragsschuldner als auch dem Notar jeweils als Drittschuldner verboten wird, an den Gläubiger zu leisten, und diesem geboten wird, sich jeder Verfügung über die Forderungen zu enthalten[312]. Der Notar darf jedoch nur und dann an den Pfändungsgläubiger auszahlen, wenn diesem der Auszahlungsanspruch **überwiesen** worden ist. Im Umfang der Überweisung tritt der Pfändungsgläubiger anstelle des Vollstreckungsschuldners materiellrechtlich und verfahrensrechtlich in die Rechtsstellung des Empfangsberechtigten ein; er wird Beteiligter des Verwahrungsverfahrens (§§ 835, 836 Abs. 1 ZPO)[313].

aa) Isolierte Pfändung des Vertragsanspruchs

185   Eine isolierte Pfändung nur des **Vertragsanspruchs** – ohne Pfändung auch des Auszahlungsanspruchs – wirkt an sich nur im Verhältnis zwischen dem Pfändungsgläubiger und den Vertragsparteien, nicht aber gegenüber dem Notar, da dieser nicht an der schuldrechtlichen Beziehung der Vertragsparteien beteiligt ist. Indes führt die Auffassung des Bundes-

---

306 *Bräu*, Rz. 251.
307 Ebenso: *Eylmann/Vaasen/Hertel*, § 23 BNotO Rz. 46.
308 BGHZ 138, 179, 182 m. w. N.
309 BGHZ 138, 184.
310 KG FGPrax 1999, 187, 1888.
311 BGHZ 105, 60, 64.
312 *Weingärtner*, Verwahrung, Rz. 48.
313 BayObLG MittBayNot 1998, 120; *Weingärtner*, Verwahrung, Rz. 49.

gerichtshofs, dass der Auszahlungsanspruch gegen den Notar ein unselbstständiges Nebenrecht des Vertragsanspruch ist[314], dazu, dass sich das Pfändungspfandrecht am Vertragsanspruch auf den Auszahlungsanspruch erstreckt[315]. Der Notar darf daher bei Eintritt der
Auszahlungsreife nicht an den vertraglich Berechtigten, sondern nur an den Pfändungsgläubiger auszahlen. Jedenfalls ist anzunehmen, dass er nach § 54d Nr. 1 BeurkG von der Auszahlung an den vertraglich Berechtigten absehen muss, um nicht an der Erreichung unerlaubter Zwecke mitzuwirken; denn der Gläubiger darf nicht über den Auszahlungsanspruch
verfügen, ihn insbesondere nicht einziehen (§ 829 Abs. 1 Satz 1 ZPO).

Bei Zweifeln an der Wirksamkeit der Pfändung und ihrer Erstreckung auf den Auszahlungsanspruch kann der Notar einen nach § 15 Abs. 2 angreifbaren **Vorbescheid** erlassen[316].

bb) Isolierte Pfändung des Auszahlungsanspruchs

Die isolierte Pfändung nur des **Auszahlungsanspruchs** hat der Notar grundsätzlich nicht   **186**
zu beachten, da sie unwirksam ist[317]. Dabei ist jedoch zu berücksichtigen, dass die Pfändung
des Vertragsanspruchs bis zur Auszahlung vom Notaranderkonto an den Empfangsberechtigten nachgeholt werden kann. Geht man davon aus, dass der Vertragsanspruch nicht
gleichzeitig mit dem Auszahlungsanspruch gepfändet werden muss[318], wird mit der nachträglichen Pfändung des Vertragsanspruchs – soweit er und mit ihm der Auszahlungsanspruch nicht zwischenzeitlich abgetreten, verpfändet oder anderweitig gepfändet worden
ist – die vorher ausgebrachte Pfändung des Auszahlungsanspruchs wirksam. Verlangt man
hingegen, dass die Doppelpfändung uno actu erfolgen muss[319], so bewirkt jedenfalls die
nachgeholte Pfändung des Vertragsanspruchs – soweit er noch dem Gläubiger zusteht und
dieser noch darüber verfügen kann – gleichzeitig die Pfändung des Auszahlungsanspruchs[320]. Im Ergebnis bedeutet das, dass der Notar im Zeitpunkt der Auszahlungsreife
mit der Möglichkeit rechnen muss, dass die Pfändung des Auszahlungsanspruchs wirksam
geworden ist, ohne dass er davon erfahren hat. Er sollte dem Pfändungsgläubiger daher Gelegenheit geben, ihm innerhalb einer kurz bemessenen Frist nachzuweisen, dass auch der
Vertragsanspruch gepfändet ist[321]. Bleibt dieser Nachweis aus, darf und muss er ohne Rücksicht auf die Pfändung des Auszahlungsanspruchs an den Empfangsberechtigten leisten.

e) *Bindung an Verwahrungsvereinbarung und Verwahrungsanweisung*

Zessionar und Pfändungsgläubiger können durch die Abtretung bzw. die Überweisung der   **187**
Forderungen nicht mehr Rechte erwerben, als sie dem Auszahlungsberechtigten (Vertrags-
gläubiger) zustanden. Sie müssen daher sowohl die zwischen den Vertragsparteien getroffene
Verwahrungsvereinbarung[322] als auch mehrseitig getroffene **Verwahrungsanweisungen**[323] gegen sich gelten lassen. Das gilt namentlich für die Vereinbarung, dass der Kaufpreis
nicht direkt, sondern über Notaranderkonto geleistet werden soll, sowie für Ablösungsver-
einbarungen und -anweisungen. So kann ein Drittschuldner, der den Kaufpreis vertragsgemäß zwecks Ablösung von Grundpfandrechten auf ein Notaranderkonto zahlt, dies im
Rahmen der treuhänderischen Zweckbindung einem Pfändungsgläubiger entgegenhalten[324].

---

314 Siehe oben Rz. 182.
315 *Winkler*, § 54b Rz. 41; *Eylmann/Vaasen/Hertel*, § 23 BNotO Rz. 29 m. w. N.; *Ganter*, DNotZ
      2004, 421, 432.
316 Siehe oben Rz. 175 und § 15 Rz. 52; kritisch dazu: *Ganter*, DNotZ 2004, 432.
317 Vgl. dazu *Hertel*, Notarhaftung, Rz. 1965.
318 *Vorauflage*, § 23 Rz. 164.
319 So wohl BGHZ 105, 60, 64; BGH NJW 1998, 2134, 2135.
320 So zutreffend *Ganter*, DNotZ 2004, 435.
321 Dagegen unter Hinweis auf die notarielle Neutralitätspflicht: *Ganter*, DNotZ 2004, 432.
322 Siehe oben Rz. 22 ff.
323 Siehe oben Rz. 144.
324 BGH DNotZ 1998, 626 m. Anm. *Albrecht*.

f) Insolvenz Beteiligter

188   Bei **Insolvenz eines Beteiligten**[325] gehört die Guthabenforderung gegen die kontoführende Bank nicht zur Insolvenzmasse. Entsprechend dem Charakter des Notaranderkontos als offenes Treuhandkonto[326] steht der Guthabenanspruch allein dem Notar zu. Das Verwahrungsverfahren ist hoheitlicher Natur[327]; es stellt keinen Auftrag oder Geschäftsbesorgungsvertrag im Sinne der §§ 115 oder 116 InsO dar. Das Verwahrungsverhältnis erlischt somit nicht automatisch mit der Insolvenzeröffnung, vielmehr bestehen die Verwahrungsanweisungen fort[328]. Der Notar hat das Verwahrungsverfahren daher grundsätzlich ungeachtet der Insolvenz mit der Maßgabe fortzuführen, dass Auszahlungen anstatt an den Schuldner nunmehr an den Insolvenzverwalter vorzunehmen sind[329].

189   Allerdings kann der Insolvenzverwalter das **Wahlrecht** nach § 103 Abs. 1 InsO ausüben, solange der dem Verwahrungsgeschäft zugrunde liegende Vertrag vom Schuldner und dem anderen Teil nicht oder nicht vollständig erfüllt ist bzw. zugunsten des Käufers noch keine Vormerkung eingetragen ist (§ 106 Abs. 1 InsO). Dabei ist zu beachten, dass die Einzahlung des Kaufpreises auf ein Notaranderkonto in der Regel noch nicht die Erfüllung der Kaufpreisforderung zur Folge hat[330].

Lehnt der Insolvenzverwalter die Erfüllung berechtigterweise ab, und gibt er die Ablehnung dem Notar bekannt, widerruft er damit zugleich die vom Schuldner erteilten Verwahrungsanweisungen[331]. Der Notar muss sich daher gem. § 54c Abs. 3 Satz 1 BeurkG jeder Verfügung über das Verwahrungsgut enthalten und die Verwahrungsbeteiligten hiervon unterrichten[332]. Zur sofortigen Auskehrung des hinterlegten Kaufpreises ist er nach wohl h. M. nur aufgrund einvernehmlicher Anweisung seitens der Vertragsparteien bzw. des Insolvenzverwalters befugt[333].

3. Aufhebung des Vertrages

190   Heben die Vertragsparteien den der Verwahrung zugrunde liegenden Kaufvertrag einvernehmlich auf oder wollen sie ihn ohne förmliche Aufhebung nicht mehr abgewickelt wissen, hat der Notar den von ihm verwahrten Kaufpreis grundsätzlich an den Käufer zurückzuzahlen. Jedoch ist die Rückzahlung erst zulässig, wenn die vom Verkäufer erbrachte Gegenleistung rückabgewickelt ist[334].

XIII. Abwicklung nach Ausscheiden aus dem Amt

191   Abwicklungsschwierigkeiten können sich ergeben, wenn der Notar aus dem Amt ausscheidet, bevor die Verwahrung vollständig abgewickelt ist.

---

325 Zur Insolvenz des Notars siehe oben Rz. 180.
326 Siehe oben Rz. 16.
327 Siehe oben Rz. 12.
328 *Eylmann/Vaasen/Hertel*, § 23 BNotO Rz. 44; *Huhn/von Schuckmann/Renner*, § 54b Rz. 66; *Reul/Heckschen/Wienberg*, Insolvenzrecht in der Kautelarpraxis, S. 179, 187; *Dornis*, Kaufpreiszahlung auf Notaranderkonto, S. 96; a. A. noch BGH NJW 1962, 1200, 1201 (zu § 23 KO).
329 *Winkler*, § 54b Rz. 48.
330 Siehe unten Rz. 201 ff.
331 *Dornis* (Fn. 328), S. 100 ff.; *Eylmann/Vaasen/Hertel*, § 23 BNotO Rz. 43.
332 Abweichung von *Vorauflage*, § 23 Rz. 166.
333 *Eylmann/Vaasen/Hertel*, § 54c BeurkG Rz. 23 m. w. N.; *Reul/Heckschen/Wienberg* (Fn. 328), S. 188 f.; a. A. *Huhn/von Schuckmann/Renner*, § 54c Rz. 67, 70.
334 KG DNotZ 1999, 998.

1. Rechtsgrundlagen

Mit der Eröffnung eines Notaranderkontos schließen Notar und Kreditinstitut einen Bank- **192** vertrag, dessen Inhalt sich nach bürgerlichem Recht richtet. Maßgeblich sind insoweit die **Anderkontenbedingungen** des Kreditinstituts[335]. Dagegen richten sich die Befugnisse des Notars und der sonst für die Verwahrung zuständigen Stellen nach **öffentlichem Recht**, insbesondere nach § 54b BeurkG.

2. Stellung der Notarkammer

a) Anderkontenbedingungen

Nach Nr. 11 Abs. 3 der Anderkontenbedingungen geht nach **vorläufiger Amtsenthebung** **193** des Notars bis zur Bestellung eines Vertreters oder eines Notariatsverwalters die Verfügungsbefugnis über das Notaranderkonto auf die örtlich zuständige Notarkammer über. Kontoinhaber bleibt während dieser Zeit der Notar. Verfügungen des Notars über das Anderkonto sind aber nach § 134 BGB nichtig. Das gilt unabhängig davon, ob das kontoführende Kreditinstitut von der vorläufigen Amtsenthebung weiß oder wissen müsste; denn § 55 Abs. 2 Satz 3 BNotO begründet ein absolutes Verfügungsverbot[336]. Der Übergang der Verfügungsbefugnis auf die Notarkammer bedeutet zunächst nur, dass diese bankrechtlich über das Konto verfügen *kann*, nicht auch zugleich, dass sie es nach öffentlichem Recht *darf*[337].

Erlischt das Amt, so wird nach Nr. 11 Abs. 4 der Anderkontenbedingungen die Notarkammer Kontoinhaberin, bis die Landesjustizverwaltung einen Notariatsverwalter bestellt oder einem andern Notar die Verfügungsbefugnis übertragen hat. Zivilrechtliche Grundlage für den Übergang der Inhaberschaft ist der Kontoeröffnungsvertrag, der insoweit als Vertrag zugunsten Dritter wirkt[338].

Die Forderung aus der Kontoverbindung geht mithin beim **Tod des Notars** nicht auf dessen Erben über. Ein solcher Übergang wäre mit der Eigenschaft des Notaranderkontos als Treuhandkonto zur Abwicklung von Amtsgeschäften nicht zu vereinbaren[339].

b) Öffentliches Recht

Für die Frage, welche **Rechte** und **Pflichten** der Notarkammer nach **öffentlichem Recht** **194** zustehen, ist § 54b Abs. 3 BeurkG maßgeblich.

aa) Verfügungsbefugnis

Danach darf über das Notaranderkonto nur ein Notar, sein amtlich bestellter Vertreter oder **195** der Notariatsverwalter verfügen; ferner kann die **Verfügungsbefugnis** einem nach § 51 Abs. 1 Satz 2 BNotO mit der Aktenverwahrung betrauten Notar übertragen werden. Die Notarkammer ist in diesem Katalog nicht aufgeführt. Sie darf daher nicht über das Konto verfügen[340]. Der Übergang der Verfügungsbefugnis auf sie nach § 11 Abs. 3 der Anderkontenbedingungen hat lediglich den Zweck, das Konto bankrechtlich einem Verfügungsberechtigten zuzuordnen und es vor Zugriffen des vorläufig amtsenthobenen Notars zu schützen.

---

335 Zum Geltungsgrund der Anderkontenbedingungen siehe oben Rz. 104.
336 BGHZ 164, 275 = DNotZ 2006, 201.
337 Siehe dazu unten Rz. 195.
338 Unklar insoweit: *Gößmann*, WM 2000, 857, 864.
339 Ähnlich: *Gößmann*, WM 2000, 857, 864.
340 Zweifel an einem Übergang der Verfügungsbefugnis auf die Notarkammer äußert auch *Huhn/von Schuckmann/Renner*, NotAndKont, Rz. 63.

bb) Kontoabwicklung

196 Das gleiche gilt für den Erwerb der Kontoinhaberschaft durch die Notarkammer in den übrigen Fällen (Nr. 11 Abs. 4 der Anderkontenbedingungen). Auch sie soll lediglich den Übergang der Inhaberschaft auf die Rechtsnachfolger des ausgeschiedenen Notars verhindern. Sie bewirkt nicht einen Übergang der mit dem Verwahrungsgeschäft verbundenen öffentlich-rechtlichen Rechte und Pflichten auf die Kammer 290. Die Notarkammer ist danach weder berechtigt noch verpflichtet, in Ausübung ihrer öffentlich-rechtlichen Funktionen für die **Abwicklung** des Anderkontos zu sorgen. Vielmehr ruhen die mit der Verwahrung verbundenen öffentlich-rechtlichen Rechte und Pflichten bis zur Bestellung eines Notariatsverwalters oder eines anderen Notars.

cc) Debetsaldo

197 Die Notarkammer ist gegenüber dem kontoführenden Kreditinstitut nicht verpflichtet, einen etwaigen **Debetsaldo** auf dem Notaranderkonto auszugleichen. Denn sie erlangt die Kontoinhaberschaft nicht im Wege einer Vertragsübernahme, sondern aufgrund Vertrages zugunsten Dritter 291. Damit erwirbt sie nach § 328 Abs. 1 BGB unmittelbar ein **eigenes Forderungsrecht** gegen das Kreditinstitut; sie wird jedoch nicht Rechtsnachfolgerin des ausgeschiedenen Notars, insbesondere nicht Schuldnerin des Kreditinstituts. Dessen Ansprüche aus dem Bankvertrag können sich nur gegen den ausgeschiedenen Notar bzw. dessen Erben richten[341].

3. Stellung des Notariatsverwalters/neuen Notars

a) Notariatsverwalter

198 Wird ein **Notariatsverwalter** bestellt, erwirbt er zivilrechtlich die Kontoinhaberschaft und die Verfügungsbefugnis über das Konto (Nr. 11 Abs. 3, 4 der Anderkontenbedingungen), ohne damit aber Schuldner des Kreditinstituts zu werden. Aufgrund seiner amtlichen Bestellung wird er zugleich Träger der mit der Verwahrung verbundenen hoheitlichen Rechte und Pflichten. Er ist daher im gleichen Umfang wie der ausgeschiedene Notar gegenüber den Verwahrungsbeteiligten berechtigt und verpflichtet, das Verwahrungsgeschäft abzuwickeln.

b) Neuer Notar

199 Das gleiche gilt für einen an Stelle des ausgeschiedenen Notars bestellten **neuen Notar**.

4. Stellung des Aktenverwahrers

200 Wird ein Notariatsverwalter oder ein neuer Notar nicht bestellt oder endet die Bestellung des Notariatsverwalters, bevor das Verwahrungsgeschäft abgewickelt ist, kann es im Interesse einer zügigen Abwicklung des Amtsgeschäfts geboten sein, eine anderweitige Verfügungsbefugnis zu begründen. § 54b Abs. 3 Satz 2 BeurkG sieht die Möglichkeit vor, sie einem mit der **Aktenverwahrung** betrauten Notar zu *übertragen*. Notarkammer und Landesjustizverwaltung sind zu einer solchen Übertragung an sich nicht in der Lage, da beide Stellen selbst nicht verfügungsberechtigt sind[342]. Gleichwohl wird in der Praxis vielfach nach dem Wortlaut des § 54b Abs. 3 Satz 2 BeurkG verfahren und die Verfügungsbefugnis dem Aktenverwahrer durch Justizverwaltungsakt übertragen[343]. Notariatsverwaltungen können dadurch entbehrlich werden.

---

341 Ebenso: *Gößmann*, WM 2000, 857, 864.
342 Näher dazu: *Vorauflage*, § 23 Rz. 175.
343 Unzutreffend *Lerch*, BeurkG, § 54b Rz. 4.

XIV. Materiellrechtliche Wirkungen der Verwahrung

1. Erfüllungswirkung

a) Grundsatz

Durch die Übergabe von Geld an den Notar oder die Überweisung eines Geldbetrages auf 201
Notaranderkonto bewirkt der Schuldner nicht die geschuldete Leistung im Sinne des § 362
BGB. Sie führt daher nicht zum **Erlöschen** der dem Verwahrungsgeschäft zugrunde liegenden Forderung (z. B. Kaufpreisforderung)[344]. Sie stellt auch keine **Hinterlegung** im Sinne
der §§ 372 ff. BGB[345] und ist deshalb nicht geeignet, den Schuldner gemäß § 378 BGB von
seiner Verbindlichkeit zu befreien[346].

b) Empfangsermächtigung des Notars

Ob ein Notar im Rahmen seines öffentlich-rechtlichen Verhältnisses zu den Beteiligten vom 202
Gläubiger gemäß § 362 Abs. 2 in Verbindung mit § 185 BGB **ermächtigt** werden kann, die
vom Schuldner zu erbringende Leistung mit befreiender Wirkung in Empfang zu nehmen,
ist zweifelhaft[347]. Der Wille der Vertragsparteien geht jedenfalls regelmäßig nicht dahin,
dem Notar eine solche Ermächtigung zu erteilen[348]. Denn im Verhältnis der Vertragspartei-
en dient die Verwahrung fast stets der **Sicherung** der Vertragspflichten, nicht ihrer Erfüllung; sie soll beiden Vertragspartnern[349] das Risiko einer ungesicherten Vorleistung abnehmen. Die vertraglich vorgesehene Verwahrung des geschuldeten Geldbetrages beim Notar
hat deshalb nur dann Erfüllungswirkung, wenn die Vertragsparteien das ausnahmsweise vereinbart haben[350]. Die Vereinbarung ist Teil nicht der Verwahrungsanweisung, sondern der
Verwahrungsvereinbarung[351]; sie unterliegt daher nicht dem Schriftformerfordernis des
§ 54a Abs. 4 BeurkG, sondern dem für den Vertrag geltenden Formerfordernis[352].

c) Zeitpunkt der Erfüllung

Dagegen kann die vereinbarte Verwahrung als **Erfüllung** wirken, wenn sämtliche Auszah- 203
lungsvoraussetzungen erfüllt sind, die Verwahrung also nicht mehr im Interesse des Schuldners oder seines Darlehensgebers, sondern nur noch im Interesse des Gläubigers erfolgt[353].
Ob die Erfüllungswirkung in diesem Fall bereits im Zeitpunkt der Auszahlungsreife oder
erst mit der tatsächlichen Auszahlung an den Empfangsberechtigten eintritt, hängt von dem
Willen der Beteiligten ab[354]. Die Beteiligten können im Rahmen der Verwahrungsvereinbarung bestimmen, dass die Erfüllungswirkung bereits mit Eintritt der Auszahlungsreife
eintreten soll. Mangels dahingehender Absprachen dürfte ihr Wille aber regelmäßig dahin
gehen, die Erfüllung erst mit der **tatsächlichen Auskehr** als bewirkt anzusehen; dies erscheint auch aus Gründen der Rechtsklarheit geboten[355].

---

344 BGH DNotZ 1995, 125, 127 m. Anm. *Knoche*; BGHZ 138. 179, 185.
345 Siehe oben Rz. 10.
346 BGHZ 87, 160; BGH DNotZ 1995, 127.
347 Offen gelassen: BGHZ 87, 163; DNotZ 1995, 127.
348 BGHZ 87, 156, 164; BGHZ 105, 60, 64.
349 *Knoche*, DNotZ 1995, 132.
350 BGHZ 87, 156; 105, 60, 64; BGH DNotZ 1995, 127.
351 Zum Unterschied siehe oben Rz. 23.
352 Siehe oben Rz. 22.
353 *Zimmermann*, DNotZ 1980, 451, 461; *ders.*, DNotZ 1983, 552; *Vollhard*, DNotZ 1987, 523, 526;
     Kawohl, Rz. 39.
354 BGHZ 87, 164; BGH DNotZ 1995, 128.
355 Im Ergebnis ebenso: OLG Köln DNotZ 1989, 257, 261; *Palandt/Heinrichs*, Einf. vor § 372 Rz. 4;
     Rupp/Fleischmann, NJW 1983, 2368; *Weingärtner*, Verwahrung, Rz. 122; a. A.: *Bräu*, Rz. 150;
     Brambring, DNotZ 1990, 615, 633; *Zimmermann*, DNotZ 1983, 555.

2. Darlehensvalutierung

a) Grundsatz

204 Die vorstehenden Grundsätze gelten auch für die Valutierung von **Darlehen**. Die Rückzahlungspflicht des Darlehensnehmers setzt voraus, dass ihm das Darlehen zur Verfügung gestellt worden ist (§ 488 Satz 2 BGB). Das ist auch der Fall, wenn die Valuta nicht an ihn selbst, sondern auf seine Weisung und in seinem Interesse an einen Dritten ausgezahlt worden ist[356]. Dazu genügt jedoch nicht die Zahlung an einen Dritten, der die Darlehensvaluta im überwiegenden Interesse des Darlehensgebers, sozusagen als dessen verlängerter Arm, in Empfang zu nehmen und nach dessen Weisungen darüber zu verfügen hat[357]. Eine Zurverfügungstellung des Darlehens ist daher in der Regel nicht anzunehmen, wenn der Kreditgeber die Valuta zu **Sicherungszwecken** auf das Anderkonto eines Notars überweist und dieser nur unter bestimmten, noch nicht eingetretenen Bedingungen über das Geld verfügen soll[358]. Eine in Allgemeinen Darlehensbedingungen einer Bank enthaltene Klausel, wonach Zahlungen an einen Treuhänder für Rechnung und Gefahr des Darlehensnehmers erfolgen und dessen Rückzahlungspflicht begründen, benachteiligt den Darlehensnehmer entgegen den Geboten von Treu und Glauben unangemessen und ist deshalb nach § 307 Abs. 1 BGB unwirksam[359].

b) Auflagenfreie Zahlung an den Notar

205 Leistet der Darlehensgeber die Darlehensvaluta hingegen auf Wunsch des Darlehensnehmers **auflagenfrei** an den Notar, so nimmt dieser sie als Vertreter oder als Zahlstelle des Darlehensnehmers entgegen. Das Darlehen ist dem Darlehensnehmer damit im Sinne des § 488 BGB zur Verfügung gestellt worden[360].

c) Auszahlung durch den Notar

206 Im Übrigen ist eine Zurverfügungstellung des Darlehens entsprechend den Grundsätzen über die Erfüllungswirkung[361] regelmäßig erst in dem Zeitpunkt anzunehmen, in dem der Notar den Darlehensbetrag – gegebenenfalls abzüglich der von ihm zu entnehmenden Kosten (§ 54b Abs. 3 Satz 8 BeurkG) – **auszahlt**[362]. Dieser Zeitpunkt ist auch maßgeblich, wenn die Auszahlung gegen Treuhandauflagen des Darlehensgebers verstößt, sofern der Darlehensbetrag dem Empfangsberechtigten oder dem von ihm bestimmten Dritten – z. B. dem Verkäufer – tatsächlich zufließt.

d) Folgen der Valutierung

207 Der **Zeitpunkt** der Zurverfügungstellung bestimmt maßgeblich die Rechte und Pflichten der Vertragsparteien.

aa) Rückzahlungspflicht

208 Solange das Darlehen dem Darlehensnehmer nicht zur Verfügung gestellt worden ist, ist er nicht zur **Rückzahlung** des Darlehenskapitals verpflichtet. Der Verlust oder die Verringe-

---

356 BGH st. Rspr.; zuletzt NJW 2006, 1788, 1791 (zu §§ 6 Abs. 2 Satz 1, 7 Abs. 3 VerbrKrG, § 607 Abs. 1 BGB a. F.).
357 BGH NJW 2006, 1791.
358 BGHZ 113, 151, 158; BGH DNotZ 1987, 155; DNotZ 1987, 560; DNotZ 1990, 661, 664.
359 BGH ZNotP 1998, 495 (zu § 9 AGBG).
360 *Palandt/Putzo*, § 607 Rz. 7; *Kawohl*, Rz. 39.
361 Siehe oben Rz. 201 ff.
362 Dagegen mit beachtlichen Argumenten: *Schmidt*, ZfIR 2001, 701, 708. Nach seiner Auffassung soll das Darlehen ausgezahlt sein, wenn die den Kaufpreis finanzierende Bank ihren Treuhandauftrag nicht mehr einseitig widerrufen kann.

SANDKÜHLER

rung der Verwahrungsmasse schädigt daher nicht den Darlehensnehmer, sondern den Darlehensgeber[363].

bb) Disagio

Ein vereinbartes **Disagio** steht dem Darlehensgeber regelmäßig erst zu, wenn die Darlehensvaluta endgültig dem Vermögen des Darlehensnehmers zugeführt worden ist. Das ist nicht der Fall, solange die Darlehensvaluta von dem Notar als Treuhänder des Darlehensnehmers verwahrt wird[364].

209

cc) Verzinsung des Darlehens

Eine andere Frage ist, ob der Darlehensnehmer das Darlehen bereits ab Gutschrift auf dem Notaranderkonto oder erst ab Auszahlung durch den Notar zu **verzinsen** hat. Die Verpflichtung zur Zinszahlung hängt vom Parteiwillen ab (§ 488 Abs. 2 BGB). In der Regel kann als stillschweigend vereinbart angesehen werden, dass Bankdarlehen bereits ab **Gutschrift** auf dem Notaranderkonto zu verzinsen sind[365].

210

363 BGH DNotZ 1987, 560 561.
364 BGH NJW 1985, 1831, 1832.
365 BGH NJW 1985, 730, 731.

SANDKÜHLER

§ 24

(1) ¹Zu dem Amt des Notars gehört auch die sonstige Betreuung der Beteiligten auf dem Gebiete vorsorgender Rechtspflege, insbesondere die Anfertigung von Urkundenentwürfen und die Beratung der Beteiligten. ²Der Notar ist auch, soweit sich nicht aus anderen Vorschriften Beschränkungen ergeben, in diesem Umfange befugt, die Beteiligten vor Gerichten und Verwaltungsbehörden zu vertreten.

(2) ¹Nimmt ein Notar, der zugleich Rechtsanwalt ist, Handlungen der in Absatz 1 bezeichneten Art vor, so ist anzunehmen, dass er als Notar tätig geworden ist, wenn die Handlung bestimmt ist, Amtsgeschäfte der in den §§ 20 bis 23 bezeichneten Art vorzubereiten oder auszuführen. ²Im Übrigen ist im Zweifel anzunehmen, dass er als Rechtsanwalt tätig geworden ist.

(3) ¹Soweit der Notar kraft Gesetzes ermächtigt ist, im Namen der Beteiligten bei dem Grundbuchamt oder bei den Registerbehörden Anträge zu stellen (insbesondere § 15 der Grundbuchordnung, § 25 der Schiffsregisterordnung, §§ 129, 147 Abs. 1, §§ 159, 161 Abs. 1 des Gesetzes über die Angelegenheiten der freiwilligen Gerichtsbarkeit), ist er auch ermächtigt, die von ihm gestellten Anträge zurückzunehmen. ²Die Rücknahmeerklärung ist wirksam, wenn sie mit der Unterschrift und dem Amtssiegel des Notars versehen ist; eine Beglaubigung der Unterschrift ist nicht erforderlich.

Richtlinienempfehlungen der Bundesnotarkammer

I. Wahrung der Unabhängigkeit und Unparteilichkeit des Notars

1.1. Der Notar ist unparteiischer Rechtsberater und Betreuer sämtlicher Beteiligten.
1.2. Der Notar hat auch bei der Beratung und der Erstellung von Entwürfen sowie Gutachten auf einseitigen Antrag seine Unparteilichkeit zu wahren. Dasselbe gilt für die gesetzlich zulässige Vertretung eines Beteiligten in Verfahren, insbesondere in Grundbuch- und Registersachen, in Erbscheinsverfahren, in Grunderwerbsteuer-, Erbschaft- und Schenkungsteuerangelegenheiten sowie in Genehmigungsverfahren vor Behörden und Gerichten.
2. [...]
3. Der Anwaltsnotar hat rechtzeitig bei Beginn seiner Tätigkeit gegenüber den Beteiligten klarzustellen, ob er als Rechtsanwalt oder als Notar tätig wird.

Übersicht

A. Entstehungsgeschichte der Vorschrift

Die Vorschrift ist seit Einführung der BNotO im Wesentlichen unverändert in Kraft. Geändert worden ist lediglich die Verweisung in Absatz 3 Satz 1. Die Worte *Reichsgesetz über die Angelegenheiten der freiwilligen Gerichtsbarkeit* sind durch die Worte *Gesetz über die Angelegenheiten der freiwilligen Gerichtsbarkeit* ersetzt worden[1].　　　　1

B. Erläuterungen

I. Notarielle Rechtsbetreuung (Abs. 1 Satz 1)

1. Bedeutung der Vorschrift

a) Vorsorgende Rechtsbetreuung

Die Vorschrift behandelt – ohne Anspruch auf Vollständigkeit – die Zuständigkeit der Notare auf dem Gebiet der **vorsorgenden Rechtsbetreuung**. Diese bildet neben der Urkundstätigkeit das Kernstück der notariellen Amtstätigkeit. Einen Unterfall der Rechtsbetreuung stellt die in § 23 geregelte notarielle Verwahrung von Geld, Wertpapieren und Kostbarkeiten dar. Soweit die Notare mit der Verwahrung anderer als der in § 23 genannten Gegenstände betraut werden, handelt es sich in der Regel um *sonstige Betreuung* im Sinne des § 24. So stellt es eine typische Betreuung dar, wenn der Notar treuhänderisch Grundpfandrechtsbrie-　　　2

---

1 Art. 39 Nr. 1 des Ersten Gesetzes über die Bereinigung von Bundesrecht im Zuständigkeitsbereich des Bundesministeriums der Justiz v. 19.04.2006 (BGBl. I S. 866).

fe und Pfandfreigabeerklärungen annimmt, die er nur entsprechend dem Auftrag des Grund-pfandgläubigers verwenden darf[2].

b) Amtstätigkeit

3 Die *sonstige Betreuung* der Beteiligten ist notarielle **Amtstätigkeit**. Sie wird von dem Notar in seiner Eigenschaft als unabhängiges Organ der vorsorgenden Rechtspflege wahrgenommen (§ 1 BNotO). Zwischen ihm und den Beteiligten besteht ausschließlich eine öffentlich-rechtliche Rechtsbeziehung[3]; sie kann nicht – wie beim Anwalt – Gegenstand eines privat-rechtlichen Geschäftsbesorgungsvertrages sein. Der Notar haftet daher auch in diesem Tätigkeitsbereich nicht nach Vertragsrecht, sondern ausschließlich nach Amtshaftungs-grundsätzen. Streitigkeiten, welche die Übernahme oder Abwicklung einer Betreuungstätig-keit betreffen, sind allein dem Verfahren nach § 15 zugewiesen[4].

c) Zweck der Betreuung

4 **Zweck** der *sonstigen Betreuung* ist es, private Rechtsbeziehungen der Beteiligten zu gestal-ten, zu sichern und zu verwirklichen sowie künftigen Streit zu vermeiden. In Ausnahmefäl-len kann dazu auch gehören, Streitigkeiten vorzubeugen oder vorhandene Streitigkeiten zu bereinigen, soweit dies mit der Neutralitätspflicht (§ 14 Abs. 1 Satz 2) zu vereinbaren ist[5]. Der Umfang der Betreuungszuständigkeit im Einzelnen lässt sich wegen der Vielgestaltig-keit der notariellen Aufgaben begrifflich kaum festlegen.

2. Selbstständigkeit der Betreuung

a) Abgrenzung

5 § 24 betrifft nur die **selbstständige**, aufgrund besonderen Auftrags (Ansuchens) erfolgende notarielle Betreuung. Sie ist von Betreuungshandlungen zu unterscheiden, die dem Notar als Nebentätigkeit zu einer sonstigen Amtstätigkeit, insbesondere zu seiner Urkundstätigkeit, obliegen[6]. Solche **unselbstständigen Betreuungshandlungen** fallen nicht unter § 24.

aa) Kriterien

6 Die **Abgrenzung** zwischen unselbstständiger und selbstständiger Betreuung kann im Ein-zelfall schwierig sein. Die Entscheidung hängt davon ab, ob ein enger innerer Zusammen-hang mit einer Urkundstätigkeit besteht und die Betreuung daher eine ihr zuzurechnende Nebentätigkeit darstellt[7]. Unselbstständig sind danach in der Regel alle Handlungen, die der Notar nicht aufgrund besonderen Ansuchens übernimmt, sondern die ihm zur Vorbereitung, Förderung und Abwicklung einer anderen Amtstätigkeit als Amtspflicht obliegen[8]. Einen Anhaltspunkt für die Selbstständigkeit bietet die Berechnung einer besonderen Gebühr nach §§ 146, 147 KostO; jedoch liegt darin kein zwingendes Abgrenzungskriterium[9].

---

2 BGH VersR 1983, 81, 82; DNotZ 1983, 509, 511.
3 BGH NJW 1998, 2134.
4 BGH NJW 1998, 2135.
5 Siehe unten Rz. 23.
6 Siehe § 15 Rz. 16.
7 BGH DNotZ 1973, 494; DNotZ 1984, 425; DNotZ 1985, 48, 50.
8 Vgl. BGH DNotZ 1973, 494; DNotZ 1978, 177, 180.
9 Siehe § 15 Rz. 18.

Sandkühler

bb) Fälle selbstständiger Betreuung

Selbstständige Betreuungstätigkeiten sind in der Regel
- die Anfertigung eines Urkundenentwurfs, wenn dieser nicht nur der Vorbereitung einer Beurkundung oder Unterschriftsbeglaubigung dient;
- der Vollzug eines Urkundsgeschäfts, sofern er über den Rahmen des Beurkundungsnachverfahrens (z. B. Urkundeneinreichung gem. § 53 BeurkG) hinausgeht[10];
- die Erteilung einer die Kaufpreisverwahrung vorbereitenden Fälligkeitsbestätigung[11];
- eine selbstständig übernommene steuerliche Beratung[12].

7

cc) Fälle unselbstständiger Betreuung

Zur **unselbstständigen** Betreuung gehören die Erfüllung der dem Notar nach §§ 17 ff. BeurkG obliegenden Aufklärungs-, Belehrungs- und Hinweispflichten einschließlich der erweiterten Belehrungspflicht[13] sowie der Urkundsvollzug nach § 53 BeurkG[14]. Um eine unselbstständige Betreuung handelt es sich auch, wenn der Notar im Zusammenhang mit einem Urkundsgeschäft eine Auskunft – beispielsweise über den grundbuchlichen Vollzug – erteilt[15]. Übermittelt der Notar auftragsgemäß die Ausfertigung eines von ihm beurkundeten Grundstückskaufvertrages an den Vorkaufsberechtigten, so liegt darin eine unselbstständige Betreuungshandlung[16].

8

b) Zivilprozessuale Maßnahmen

Nicht zur Rechtsbetreuung nach § 24 zählen die notariellen Tätigkeiten auf dem Gebiet des **Zivilprozessrechts** wie die Erteilung vollstreckbarer Ausfertigungen notarieller Urkunden (§ 797 Abs. 2 ZPO)[17], die Verwahrung und Vollstreckbarkeitserklärung von Anwaltsvergleichen (§ 796c Abs. 1 ZPO) sowie die Vollstreckbarkeitserklärung von Schiedssprüchen mit vereinbartem Wortlaut (§ 1053 Abs. 4 ZPO).

9

3. Betreuungszuständigkeit

a) Antragserfordernis

Die Übernahme einer selbstständigen Betreuung setzt einen **Antrag** (Ansuchen) an den Notar voraus. Er muss nicht ausdrücklich gestellt werden, sondern kann sich aus den Umständen ergeben. So ist die Übernahme des gesamten Vollzugs einer notariellen Urkunde – über § 53 BeurkG hinaus – durch den Urkundsnotar in der Praxis so sehr die Regel, dass der Notar zu einem klarstellenden Hinweis an die Beteiligten verpflichtet ist, wenn er den Vollzug nicht übernehmen will[18].

10

b) Ermessensentscheidung

Die Übernahme einer selbstständigen Betreuung gehört **nicht** zu den notariellen **Pflichtaufgaben**, wie sich im Umkehrschluss aus § 15 Abs. 1 Satz 1 ergibt. Der Notar ist daher zur Annahme des Betreuungsantrags nicht verpflichtet. Die Annahme steht in seinem pflicht-

11

---

10 OLG Bremen DNotZ 1989, 59.
11 BGH DNotZ 1985, 48, 50.
12 BGH WM 1983, 123.
13 Näher dazu: § 14 Rz. 272 ff.
14 BGH WM 1977, 1259.
15 BGH DNotZ 1984, 425, 426.
16 BGH ZNotP 2003, 156 = MittBayNot 2003, 306 m. zust. Anm. *Reithmann*; *Ganter*, ZNotP 2003, 442, 445; a. A. *Schippel/Bracker/Reithmann*, § 24 Rz. 34.
17 Vgl. dazu *Wolfsteiner*, DNotZ 1990, 531.
18 *Haug*, Die Amtshaftung des Notars, Rz. 618.

gemäßem **Ermessen**. Übernimmt er jedoch den Antrag, muss er ihn ordnungsgemäß ausführen.

c) Unparteilichkeit der Betreuung

12 Stets muss der Notar als **unparteiischer** Betreuer handeln, gleichgültig, ob er nur für einen Auftraggeber oder für mehrere Beteiligte mit gegensätzlichen Interessen tätig wird[19]. Er muss daher Treuhandgeschäfte ablehnen, die der einseitigen Wahrnehmung widerstreitender Interessen dienen oder dazu angetan sind, auch nur den Anschein der Parteilichkeit hervorzurufen[20].

d) Keine Urkundstätigkeit

13 Nach der Legaldefinition des § 10a Abs. 2 ist die vorsorgende Rechtsbetreuung (§ 24) nicht Teil der notariellen **Urkundstätigkeit**. Die für die Urkundstätigkeit geltenden Vorschriften der §§ 15 Abs. 1 Satz 1, 17 Abs. 2 sind deshalb insoweit nicht anzuwenden. Dagegen gilt § 16 auch für die sonstige Betreuungstätigkeit im Sinne der §§ 23, 24[21].

4. Anfertigung von Entwürfen

a) Urkundenentwürfe

14 § 24 Abs. 1 Satz 1 weist den Notaren die Anfertigung von **Urkundenentwürfen** zu. Gemeint sind damit **selbstständige** Entwürfe, die nicht nur zur Vorbereitung einer beabsichtigten Beurkundung oder einer Unterschriftsbeglaubigung dienen[22], sondern im Rahmen der notariellen Rechtsbetreuung aufgrund besonderen Ansuchens gefertigt werden. Die Entwurfszuständigkeit der Notare erstreckt sich auch auf solche Rechtsgeschäfte, die nicht beurkundungsbedürftig sind.

aa) Aufgaben des Notars

15 Aufgabe des Notars ist eine auftragsgerechte, zweckmäßige und rechtlich zuverlässige Gestaltung des beabsichtigten Rechtsgeschäfts. Dabei ist **§ 17 BeurkG** entsprechend anzuwenden. Der Notar muss daher den Willen der Beteiligten und den Sachverhalt klären, die Beteiligten über die rechtliche Tragweite des beabsichtigten Geschäfts belehren und ihre Vorstellungen über das Geschäft unmissverständlich in einen Urkundsentwurf umsetzen[23]. Im Ergebnis treffen ihn damit die gleichen Aufklärungs- und Belehrungspflichten wie bei einer Beurkundung[24].

16 Haben die Beteiligten den Entwurf gebilligt, darf der Notar ihn inhaltlich nur **verändern**, wenn er vor der Unterzeichnung auf die Änderung hinweist und deren Bedeutung erläutert[25].

bb) Unselbstständige Entwürfe

17 Die Fertigung eines **unselbstständigen**, nur zur Vorbereitung einer Beurkundung oder Unterschriftsbeglaubigung dienenden Entwurfs ist Urkundstätigkeit. Die Aufklärungs- und Belehrungspflichten des Notars ergeben sich insoweit unmittelbar aus § 17 BeurkG[26].

---

19 BGH DNotZ 1993, 459, 461 m. Anm. *Reithmann*.
20 Einzelheiten: § 14 Rz. 44 ff.
21 Einzelheiten: § 16 Rz. 8.
22 BGH NJW 1959, 1125; *Schippel/Bracker/Reithmann*, § 24 Rz. 19.
23 BGH DNotZ 1993, 459, 461; DNotZ 1997, 51, 52.
24 *Haug*, Rz. 417.
25 BGH DNotZ 1993, 459, 462.
26 BGH VersR 1972, 1049; VersR 1984, 946.

cc) Entwurfsberatung

Ob der Notar über die geschuldete Aufklärung und Belehrung hinaus zu einer **Beratung** 18
der Beteiligten verpflichtet ist, hängt vom Inhalt des Auftrags ab.

b) Sonstige Entwürfe

§ 24 beschränkt die Zuständigkeit der Notare nicht auf Urkundenentwürfe. Im Rahmen ih- 19
rer sonstigen Betreuungszuständigkeit sind sie auch befugt, **sonstige Entwürfe** für Rechtsgeschäfte aller Art anzufertigen, gleich ob diese beurkundet werden sollen oder nicht.

5. Beratung der Beteiligten

a) Begriff der Beratung

Zur notariellen Rechtsbetreuung gehört die **Beratung** der Beteiligten[27]. Sie ist von der im 20
Rahmen der Urkundstätigkeit geschuldeten Aufklärung und Belehrung zu unterscheiden.
Eine selbstständige Beratung im Sinne des § 24 kann hinter der Belehrung zurückbleiben,
mit ihr übereinstimmen oder über sie hinausgehen[28]. Maßgeblich ist der jeweilige Beratungsauftrag (Ansuchen).

b) Beraterverträge

Nicht durch § 24 legitimiert werden **Beraterverträge** zwischen Notaren und Rechtsuchen- 21
den. Solche Verträge können nicht wirksam geschlossen werden (§ 134 BGB), weil die Erfüllung notarieller Amtspflichten nicht Gegenstand privatrechtlicher Bindungen sein kann[29].
Der Abschluss eines Beratervertrages verstößt gegen die Pflicht des Notars zu Unabhängigkeit und Unparteilichkeit (§§ 1, 14) und stellt daher eine Amtspflichtverletzung dar.

c) Gegenstände der Beratung

Gegenstand der Beratung können sowohl Rechtsfragen einschließlich steuerlicher Fragen 22
als auch wirtschaftliche Fragen sein. Als Beispiele sind zu nennen die Beratung
– in Erbschaftsangelegenheiten,
– in familienrechtlichen Güterfragen,
– bei handelsrechtlichen Problemen wie Gründung, Umwandlung und Beendigung von
  Handelsgesellschaften, bei unternehmerischen Entscheidungen,
– bei der Vermögensverwaltung.

d) Streitvorbeugung und -schlichtung

Aus der Beratungszuständigkeit der Notare folgt auch ihre Befugnis zur **Streitvorbeugung** 23
und **Streitschlichtung**. Der Notar darf insoweit jedoch nur unter strikter Beachtung seiner
Neutralitätspflicht (§ 14 Abs. 1 Satz 2) tätig werden[30]. Unbedenklich erscheint es danach,
wenn er nach Vornahme eines Urkundsgeschäfts oder einer sonstigen Amtstätigkeit über den Beteiligten Auskunft über den tatsächlichen Ablauf des Geschehens gibt oder seine Rechtsauffassung zu dem Geschäfts darlegt, sofern alle Beteiligten damit einverstanden sind. Suchen
nur einzelne Beteiligte um eine solche Erklärung des Notars nach, darf er sich in der Regel
nur äußern, wenn er sich zuvor des Einverständnisses auch der übrigen Beteiligten vergewis-
sert hat. Keinesfalls darf der Notar einseitig die Interessen nur einzelner Beteiligter wahr-

---

27 Näher dazu § 14 Rz. 131.
28 BGH DNotZ 1993, 461.
29 BGHZ 76, 9, 11; siehe auch *Bohrer*, Das Berufsrecht der Notare, Rz. 8.
30 Siehe Abschn. I Nr. 1.2 der Richtlinienempfehlungen der *Bundesnotarkammer*. Näher dazu: § 14
    Rz. 50.

nehmen, indem er etwa anlässlich eines drohenden oder schon anhängigen Rechtsstreits die eine Partei gegen die andere unterstützt. Hiervon unberührt bleiben das Recht und die Pflicht des Notars, als Zeuge vor Gericht auszusagen, sofern er von seiner Verschwiegenheitspflicht befreit worden ist[31].

e) Art und Weise der Beratung

24 Die **Art und Weise** der Beratung hängt von dem erteilten Auftrag und mangels entsprechender Festlegung von dem pflichtgemäßen Ermessen des Notars ab. Sie kann auch durch Erstattung einer einfachen **Rechtsauskunft** oder durch förmliches **Rechtsgutachten** erfolgen.

6. Notarbestätigung, gutachtliche Äußerung

25 Als Organ der vorsorgenden Rechtspflege kann der Notar schriftliche **gutachtliche Stellungnahmen** abgeben, die nicht auf seinen eigenen Wahrnehmungen beruhen, sondern zugleich Rechtsauskünfte enthalten, oder in Form einer **Notarbestätigung** schriftlich über tatsächliche oder rechtliche Verhältnisse berichten[32].

a) Rechtsnatur

26 Die **Bestätigung** hat sich aus der formlosen Rechtsauskunft des Notars außerhalb des Gesetzes entwickelt und stellt inzwischen ein eigenständiges, gesetzlich nicht vorgesehenes Rechtsinstitut dar[33]. Sie stellt keine Zeugnisurkunde dar, weil sich das Schriftstück nicht auf eigene Wahrnehmungen des Notars beschränkt[34]. Im Gegensatz zur Zeugnisurkunde, bei der es auf die Wahrheit des Zeugnisses über den bezeugten Vorgang ankommt, vertraut der Empfänger einer Bestätigung auf deren **inhaltliche Richtigkeit**[35]. Der Notar haftet daher nicht nur dafür, dass die von ihm festgestellten Tatsachen wahr sind, sondern auch für die Richtigkeit seiner gutachtlichen Schlussfolgerungen[36]. Zur Verminderung von Haftungsrisiken empfiehlt es sich, die von der *Bundesnotarkammer* herausgegebenen Formulierungsvorschläge[37] zu berücksichtigen.

b) Selbstständigkeit

27 § 24 gilt nur in den Fällen, in denen die gutachtliche Stellungnahme bzw. die Bestätigung aufgrund besonderen Ansuchens abgegeben wird und daher Gegenstand eines **selbstständigen** – von dem Haftungsprivileg des § 19 Abs. 1 Satz 2 ausgenommen – Betreuungsgeschäfts ist, nicht jedoch, wenn sie eine bloße Nebentätigkeit zu einem Urkundsgeschäft darstellt. Ob ein besonderes Ansuchen vorliegt, hängt von den Erklärungen der Beteiligten und den Umständen ab[38]. Setzt die Bestätigung nicht nur die Feststellung von Tatsachen, sondern auch deren **rechtliche Beurteilung** durch den Notar voraus, ist in der Regel von einem selbstständigen Betreuungsgeschäft auszugehen.

---

31 Siehe § 18 Rz. 27.
32 BGHR BNotO § 24 Abs. 1 Satz 1 Betreuungstätigkeit 1; BayObLG DNotZ 1971, 249, 252; *Schippel/Bracker/Reithmann*, § 24 Rz. 26; *Reithmann*, DNotZ 1974, 6, 14.
33 BayObLG DNotZ 1971, 249.
34 *Reithmann*, DNotZ 1975, 324, 339; *ders.*, ZNotP 2006, 242, 243.
35 BGH VersR 1985, 883, 884; BGHZ 96, 157, 165 = DNotZ 1986, 406, 407 m. Anm. *Hanau*; *Reithmann*, Allgemeines Urkundenrecht, S. 35.
36 OLG Hamm DNotZ 1987, 54; *Bundesnotarkammer*, DNotZ 1987, 1, 2.
37 Abdruck: *Weingärtner*, Notarrecht, Ord.-Nr. 295.
38 Vgl. BGH DNotZ 1984, 425, 426.

c) Amtspflichten

Bei der Ausstellung von Bestätigungen handelt der Notar als Person des öffentlichen Vertrauens[39], deren Schriftstücke für den Rechtsverkehr eine **besondere Verlässlichkeitsgrundlage** bilden[40]. Für fehlerhafte Bestätigungen haftet er deshalb nicht nur gegenüber dem Auftraggeber bzw. Adressaten, sondern gegenüber allen, die berechtigterweise auf die Richtigkeit der Bestätigung vertrauen. Amtspflichtwidrig handelt er, wenn er eine Bescheinigung über von ihm nicht selbst wahrgenommene Tatsachen ausstellt[41] oder wenn die Bestätigung einen unrichtigen Eindruck erwecken kann. Auch bei der Erteilung einer Bestätigung muss der Notar jeglichen falschen Anschein vermeiden[42]. Eine von ihm ausgestellte Fälligkeitsbestätigung darf nicht den unrichtigen Anschein erwecken, der bis dahin schwebend unwirksame Vertrag sei wirksam geworden[43]. Amtspflichtwidrig ist es auch, wenn er eine Rangbestätigung abgibt, die der Rechtslage nicht entspricht[44]. **28**

d) Erscheinungsformen

In der Praxis wichtige **Erscheinungsformen** der Notarbestätigung sind Fälligkeitsbestätigungen sowie Bestätigungen über Eintragungshindernisse und Rangfragen im Grundbuchverkehr[45]. Sie können auch aufgrund Einsichtnahme in das elektronisch geführte Grundbuch erteilt werden. Zu erwähnen sind ferner die in § 3 Abs. 1 Nr. 1 MaBV genannte Bescheinigung des Notars über die Wirksamkeit eines Bauträgervertrages sowie über das Vorliegen der für seinen Vollzug erforderlichen Genehmigungen[46] sowie Bescheinigungen im Rahmen von Zertifizierungen im elektronischen Rechtsverkehr[47]. **29**

aa) Fälligkeitsbestätigung

Bei Abschluss notarieller Kaufverträge machen die Vertragsparteien häufig die **Fälligkeit des Kaufpreises** von bestimmten Voraussetzungen abhängig und beauftragen den Notar, deren Vorliegen zu bestätigen. **30**

(1) Der Notar hat in diesen Fällen regelmäßig nicht nur Tatsachen festzustellen, sondern diese auch rechtlich zu beurteilen. Die Fälligkeitsbestätigung ist daher in der Regel Gegenstand eines **selbstständigen** Betreuungsgeschäfts[48]. Dies gilt unabhängig davon, ob der Kaufpreis unter Einschaltung des Notars oder ohne sein Zutun gezahlt werden soll. Ist vorgesehen, dass der Kaufpreis von dem Notar verwahrt werden soll, sieht der Bundesgerichtshof in der Fälligkeitsbestätigung eine dem Verwahrungsgeschäft vorgeschaltete, an dessen Selbstständigkeit teilnehmende sichernde Betreuungsmaßnahme[49]. **31**

(2) Welche **Bedeutung** der Fälligkeitsbestätigung zukommt, hängt in der Regel von den getroffenen Vereinbarungen ab[50]. Je nach Vertragsgestaltung kann die Fälligkeit allein an den Eintritt der im Vertrag bezeichneten Voraussetzungen geknüpft sein; die Notarbestätigung soll den Beteiligten dann nur deklaratorisch Kenntnis vom Eintritt der Fälligkeitsvoraussetzungen geben. Der Vertrag kann aber auch vorsehen, dass die Fälligkeit erst eintritt, wenn die vertraglich vereinbarten Voraussetzungen vorliegen *und* der Notar dies **32**

---

39 *Haug*, Rz. 656.
40 Vgl. *Reithmann*, DNotZ 1975, 324, 340.
41 BGH DNotZ 1984, 427, 430.
42 BGH DNotZ 1984, 425; DNotZ 1985, 48; DNotZ 1986, 406, 407.
43 BGH DNotZ 1985, 48.
44 OLG Hamm DNotZ 1987, 54.
45 Eingehend dazu: *Huhn/von Schuckmann/Preuß*, § 39 Rz. 11 ff.
46 Vgl. OLG Stuttgart Justiz 1995, 51.
47 Näher dazu: *Eylmann/Vaasen/Limmer*, § 21 BNotO Rz. 30.
48 BGHZ 96, 157, 164; BGH ZNotP 2000, 162; OLG Düsseldorf JMBl.NW 1995, 226, 227; OLG München DNotZ 1991, 337; a. A.: *Haug*, Rz. 180.
49 BGH VersR 1985, 884; DNotZ 1985, 50; abl. *Haug*, Rz. 180.
50 Zum folgenden: BGH VersR 1985, 883, 885.

obendrein den Beteiligten bestätigt. In diesem Fall hat die Bestätigung konstitutive Bedeutung. Schließlich können die Vertragspartner die Fälligkeit auch *allein* von der Notarbestätigung abhängig machen. Aufgabe des Notars ist es, insoweit auf klare Absprachen und Weisungen der Beteiligten hinzuwirken.

33 Eine konstitutive Fälligkeitsbestätigung kann auch **gesetzlich** vorgeschrieben sein (z. B. § 3 Abs. 1 Nr. 1 MaBV[51]).

34 (3) Nach § 286 Abs. 2 Nr. 2 BGB kommt der Schuldner ohne Mahnung in **Verzug**, wenn der Leistung ein Ereignis vorauszugehen hat und eine angemessene Zeit für die Leistung in der Weise bestimmt ist, dass sie sich von dem Ereignis an nach dem Kalender berechnen lässt. »Ereignis« in diesem Sinne ist auch die Mitteilung des Notars über die Fälligkeit der geschuldeten Leistung[52]. Sieht der Vertrag etwa vor, dass der Kaufpreis innerhalb einer bestimmten Frist nach Zugang der notariellen Fälligkeitsbestätigung zu leisten ist, tritt mit fruchtlosem Fristablauf Schuldnerverzug ein. Wird die Fälligkeit an die »Mitteilung« des Notars vom Eintritt der Fälligkeitsvoraussetzungen geknüpft, bedeutet das in der Regel, dass der **Zugang** der Mitteilung maßgeblich sein soll[53]. Um ihn strikt nachweisen zu können, müsste das Schriftstück eigentlich durch den Gerichtsvollzieher zugestellt werden. Dies kommt jedoch aus praktischen Gründen kaum in Betracht. Sinnvoll ist aber eine Versendung als Einschreiben mit Rückschein[54]. Der Rückschein genügt zum Nachweis der Zustellung (§ 175 Satz 2 ZPO).

35 (4) Der Notar darf die Fälligkeit erst bestätigen, wenn die vereinbarten Voraussetzungen erfüllt sind. Er darf nicht nach eigenem **Ermessen** über die Fälligkeit entscheiden, es sei denn, dass die Beteiligten ihm ausnahmsweise einen Ermessensspielraum eingeräumt haben[55].

bb) Bestätigung betr. Eintragungshindernisse und Rangfragen

36 Bei der dinglichen Sicherung von Krediten machen die Kreditgeber die Auszahlung der Kreditvaluta vielfach von einer Notarbestätigung abhängig, dass dem Antrag auf Eintragung eines Grundpfandrechts **keine Eintragungshindernisse** entgegenstehen und dass das Grundpfandrecht einen bestimmten **Rang** erhalten wird.

37 (1) Den Kreditgebern liegt in solchen Fällen durchweg nicht an einer bloßen Tatsachenmitteilung – etwa über den Grundbuchstand oder über das Vorliegen von Eintragungsanträgen –, sondern an der sachkundigen Beurteilung der Rechtslage durch den Notar. In der notariellen Bestätigung, dass Eintragungshindernisse nicht bestehen oder dass das Grundpfandrecht einen bestimmten Rang erhalten wird, liegt deshalb in der Regel eine gutachtliche Stellungnahme im Sinne einer **selbstständigen Betreuung**[56]. Um bloße Nebentätigkeit zur Beurkundung handelt es sich dagegen, wenn der Notar lediglich seine tatsächlichen Wahrnehmungen über den Grundbuchstand und das Grundbuchverfahren mitteilt[57].

38 (2) Dem Notar ist es untersagt, für die künftige Eintragung eines Grundpfandrechts oder die Erlangung einer bestimmten Rangstelle durch das Recht die **Gewähr** zu übernehmen (§ 14 Abs. 4 Satz 1). Er darf daher nicht von der Kreditwirtschaft entwickelte Formulare verwenden, die Aussagen über die künftig *tatsächlich* erfolgende Behandlung des Eintragungsantrags durch das Grundbuchamt enthalten[58]. Empfehlenswert ist die Verwendung des von

51 Abdruck: *Weingärtner*, Notarrecht, Ord.-Nr. 230.
52 *Brambring*, DNotZ 2001, 590, 593.
53 BGH MittBayNot 2005, 395.
54 *Zugehör/Ganter/Hertel/Ganter*, Rz. 2109. Ob die Versendung als Einwurfeinschreiben den Anscheinsbeweis des Zugangs begründet, ist noch nicht abschließend geklärt. Vgl. dazu *Palandt/Heinrichs*, BGB, § 130 Rz. 21.
55 BGH DNotZ 1986, 406, 409.
56 OLG Hamm DNotZ 1987, 54; vgl. auch OLG Celle Nds.Rpfl. 1978, 154; bedenklich: BGH DNotZ 1984, 425, 426.
57 BayObLG DNotZ 1972, 250; *Ertl*, DNotZ 1969, 650 ff.
58 *Bundesnotarkammer*, DNotZ 1987, 1.

der Bundesnotarkammer im Benehmen mit dem Zentralen Kreditausschuss der deutschen Kreditwirtschaft erarbeiteten Formulierungsvorschlags[59].

e) Form der Bestätigung

Notarbestätigungen werden stets mit der **Unterschrift** des Notars versehen; gegen die Beifügung des **Siegels** bestehen keine Bedenken, wenn aus der Urkunde klar hervorgeht, dass es sich nicht um eine öffentliche, sondern um eine Privaturkunde des Notars handelt[60].   **39**

7. Vollzugstätigkeit

Besondere Bedeutung im Rahmen der notariellen Rechtsbetreuung kommt **Vollzugsaufgaben** zu[61]. Sie dienen der Sicherung des rechtlichen Erfolgs eines beurkundeten Rechtsgeschäfts und damit auch der Sicherung des mit dem Rechtsgeschäfts verfolgten wirtschaftlichen Zwecks[62].   **40**

a) Selbstständigkeit

§ 24 gilt nur für Vollzugstätigkeiten, die Gegenstand eines **selbstständigen Betreuungsauftrags** (Ansuchens) sind.   **41**

aa) Unselbstständiger Vollzug

Der Urkundenvollzug nach § 53 **BeurkG** stellt eine unselbstständige Hilfstätigkeit zur Urkundstätigkeit und damit eine Pflichtaufgabe des Notars dar. Er umfasst grundsätzlich nicht die Pflicht, den Vollzug der gestellten Anträge zu überwachen[63], und fällt nicht unter § 24. Übernimmt der Notar außerhalb des Geltungsbereichs des § 53 BeurkG lediglich die **Weiterleitung** einer von ihm entworfenen oder beurkundeten Erklärung, so liegt darin ebenfalls nur ein unselbstständiges Nebengeschäft[64].   **42**

bb) Selbstständiger Vollzug

Hiervon zu unterscheiden sind die Fälle, in denen dem Notar ein **selbstständiger Vollzugsauftrag** erteilt wird, was auch konkludent geschehen kann[65]. Übernimmt der Notar über den Rahmen des Beurkundungsnachverfahrens hinaus die Amtspflicht, den von ihm beurkundeten Vertrag zum Vollzug zu bringen, handelt es sich um eine selbstständige Betreuung im Sinne des § 24, bei der die Haftungssubsidiarität des § 19 Abs. 1 Satz 2 Halbsatz 2 entfällt[66]. Das gleiche gilt, wenn der Notar angewiesen wird, die Auflassungsurkunde erst dann beim Grundbuchamt einzureichen, wenn bestimmte weitere, von ihm zu prüfende Bedingungen eingetreten sind[67].   **43**
Der selbstständige Vollzugsauftrag hat in der Regel die **vollständige Abwicklung** des beurkundeten Rechtsgeschäfts durch den Notar zum Inhalt[68]. So hat der Notar beim Vollzug eines Grundstückskaufvertrages nicht nur die entsprechenden Eintragungsanträge beim Grundbuchamt zu stellen, sondern auch deren ordnungsmäßige Bearbeitung zu über-

---

59 *Bundesnotarkammer*, Rdschr. Nr. 5/1999 der (Abdruck: *Weingärtner*, Notarrecht, Ord.-Nr. 295 a).
60 Vgl. *Bundesnotarkammer*, DNotZ 1987, 3.
61 Allgemein zur notariellen Vollzugstätigkeit: *Grein*, RNotZ 2004, 115 ff.
62 *Schippel/Bracker/Reithmann*, § 24 Rz. 30.
63 BGHZ 123, 1, 9 m. w. N.
64 BGHZ 31, 5.
65 Vgl. OLG Hamm MittBayNot 2004, 465, 467.
66 OLG Bremen DNotZ 1989, 59.
67 BGH DNotZ 2006, 857.
68 Vgl. auch § 15 Rz. 40 und § 19 Rz. 90.

wachen[69], d. h. zu prüfen, ob die gestellten Anträge durch Eintragung erledigt sind und ob die Art der Erledigung den gestellten Anträgen entspricht und gesetzmäßig ist. Zu seinen Aufgaben gehört es gegebenenfalls auch, mit den Grundpfandgläubigern über die Ablösung bestehender und die Bestellung neuer Belastungen zu verhandeln sowie die zur Wirksamkeit des Rechtsgeschäfts notwendigen Genehmigungen und Negativatteste einzuholen[70].

Der Notar handelt im Rahmen einer übernommenen Vollzugstätigkeit stets als **Amtsperson**. Bei Abgabe und Entgegennahme materiellrechtlicher Erklärungen wird er deshalb nicht als Vertreter eines Urkundsbeteiligten (mit möglicherweise gegenläufigen Interessen) tätig[71].

b) Amtspflichten

44 Zur Übernahme eines solchen betreuenden Vollzugsauftrags ist der Notar **nicht verpflichtet**. Übernimmt er ihn jedoch, muss er ihn sorgsam und rechtskundig ausführen; dabei ist er an die **Weisungen** der Beteiligten gebunden[72].

II. Vertretung der Beteiligten (Abs. 1 Satz 2)

1. Bedeutung der Vorschrift

45 Die Vorschrift regelt als Norm des Berufsrechts die **Zuständigkeit** der Notare zur Vertretung Beteiligter vor Gerichten und Verwaltungsbehörden. Ob und unter welchen Voraussetzungen im Einzelfall eine **Vertretung zulässig** ist, entscheidet sich nach der jeweils einschlägigen materiellrechtliche oder verfahrensrechtlichen Norm[73]. Ebenso regelt das jeweilige Verfahrensrecht, ob der Notar als **ermächtigt** gilt, Erklärungen im Namen der Beteiligten abzugeben (insbesondere § 15 GBO, §§ 71, 129, 147 Abs. 1, 159, 161 Abs. 1 FGG, § 25 der Schiffsregisterordnung), bzw. ob und wie eine ihm erteilte **Vollmacht** nachgewiesen werden muss[74]. Schließlich regelt die Vorschrift auch nicht die Frage der **Postulationsfähigkeit**[75].

2. Keine Vertretungspflicht

46 Die Übernahme einer Vertretung setzt ein entsprechendes **Ansuchen** voraus, dessen Annahme im pflichtgemäßen Ermessen des Notars liegt.

3. Umfang der Vertretungszuständigkeit

a) Vertretungs- und Betreuungszuständigkeit

47 Durch die Worte »*in diesem Umfang*« verweist Abs. 1 Satz 2 auf die in Satz 1 geregelte **Betreuungszuständigkeit**. Die Vertretungszuständigkeit korrespondiert mit ihr; nur soweit die Betreuungszuständigkeit reicht, ist der Notar zur Vertretung befugt. Eine Vertretung durch Notare kommt mithin nur in Angelegenheiten der **vorsorgenden Rechtspflege** in Betracht.

---

69 BGHZ 28, 104; 123, 1, 9; *Winkler*, BeurkG, § 53 Rz. 56. Zur Überwachungspflicht siehe auch § 15 Rz. 37.
70 BGH DNotZ 1976, 506, 509; KG DNotZ 1990, 446 m. Anm. *Reithmann*.
71 BGH ZNotP 2000, 402, 403.
72 BGH DNotZ 1987, 560; *Reithmann*, DNotZ 1990, 449.
73 Siehe unten Rz. 50 ff.
74 Zur Annahme einer für den Notar sprechenden Vollmachtsvermutung: BayObLG DNotZ 1981, 442; DNotZ 1987, 39. Zur Widerlegung einer gesetzlich vermuteten Vollmacht: OLG Frankfurt DNotZ 1984, 489.
75 *Schippel/Bracker/Reithmann*, § 24 Rz. 104, 109.

Die Verweisung auf Satz 1 bedeutet indes nicht, dass ein Betreuungsauftrag vorangegan- **48**
gen sein muss, bevor eine notarielle Vertretung übernommen werden darf. Möglich ist vielmehr auch ein **isolierter Vertretungsauftrag**, soweit es sich um eine Angelegenheit der vorsorgenden Rechtspflege handelt[76]. Denn § 24 Abs. 1 Satz 2 verweist nur hinsichtlich des
Umfangs der Vertretungszuständigkeit auf Satz 1, qualifiziert sie aber nicht als bloße Annexzuständigkeit. Die Vertretungsbefugnis setzt insbesondere nicht eine vorangegangene Beurkundung voraus. Gegen eine solche Einengung spricht schon der Wortlaut des Satzes 2. Er
verweist hinsichtlich des gesamten Spektrums »sonstiger Betreuung« auf Satz 1 und ermächtigt in diesem Umfang zur Vertretung. Der Notar ist daher nicht gehindert, eine Vertretung
als Maßnahme »*sonstiger Betreuung*« im Sinne des Satzes 1 zu übernehmen.

b) Beteiligtenbegriff

Die Zuständigkeit erstreckt sich auf die Vertretung **der Beteiligten**. Da die Vertretung eine **49**
vorangehende Urkundstätigkeit nicht voraussetzt, gilt nicht der formelle Beteiligtenbegriff
des § 6 Abs. 2 BeurkG. Der Notar kann alle Personen vertreten, die an der Angelegenheit
materiell beteiligt sind[77], beispielsweise bei der Bestellung eines Grundpfandrechts auch den
Gläubiger, dessen Erklärungen nicht beurkundet worden sind.

c) Beschränkungen der Vertretungsbefugnis

Die Vertretungszuständigkeit besteht nur, »soweit sich nicht aus anderen Vorschriften **Be-** **50**
schränkungen ergeben«.

aa) Persönliche Angelegenheiten, vereinbarter Vertretungsausschluss

In **höchstpersönlichen Angelegenheiten** ist eine Vertretung ausgeschlossen. Dazu zählen **51**
namentlich die Eheschließung (§ 1311 BGB) sowie eine Reihe familienrechtlicher und erbrechtlicher Angelegenheiten (z. B. §§ 1596 Abs. 4, 1600a Abs. 1, 1626c Abs. 1, 1713 Abs. 1
Satz 3, 1750 Abs. 3 Satz 1, 2064 BGB). Bei einer **Registeranmeldung** ist eine Stellvertretung
nach h. M. unzulässig, wenn die Anmeldung notwendige Erklärungen enthalten muss, für
deren Richtigkeit der Anmelder in zivilrechtlicher und strafrechtlicher Hinsicht persönlich
verantwortlich ist (z. B. §§ 9a, 57, 78, 82 GmbHG, §§ 46, 48, 399 AktG)[78]. Eine Vertretung
scheidet ferner aus, wenn die Beteiligten sie **vertraglich abbedungen** haben[79].

bb) Fehlende Postulationsfähigkeit

Beschränkungen der Vertretungsbefugnis ergeben sich ferner aus den Vorschriften über die **52**
Postulationsfähigkeit (z. B. § 29 Abs. 1 Satz 2 FGG, § 80 Abs. 1 Satz 2 GBO). Um die
Wahrnehmung der notariellen Vertretungszuständigkeit zu erleichtern, ist in Einzelvorschriften die Postulationsfähigkeit der Notare vorgesehen. So ist im Verfahren der freiwilligen Gerichtsbarkeit einschließlich des Grundbuchverfahrens der Notar zur Einlegung der
weiteren Beschwerde befugt, wenn er in derjenigen Angelegenheit, deren Erledigung im Beschwerdeverfahren betrieben wird[80], für den Beschwerdeführer einen Antrag bei dem Gericht erster Instanz bzw. einen Eintragungsantrag nach § 15 GBO gestellt hat (§ 29 Abs. 1
Satz 3 FGG, 80 Abs. 1 Satz 3 GBO)[81].

---

76 *Schippel/Bracker/Reithmann*, § 24 Rz. 105; a. A. *Litzenburger*, NotBZ 2005, 239, 240.
77 Zum Begriff der materiellen Beteiligung: § 16 Rz. 15 ff.
78 BayObLG DNotZ 692, 693.
79 BGHZ 99, 90, 94.
80 BayObLG DNotZ 1981, 442.
81 Zum Verhältnis des § 80 GBO zu § 29 FGG: BayObLG DNotZ 1971, 598.

cc) Pflicht zur Unparteilichkeit

53 Weitere Beschränkungen der Vertretungsbefugnis ergeben sich aus der **Neutralitätspflicht** (§ 14 Abs. 1 Satz 2). Als unparteiischer Betreuer sämtlicher Beteiligten hat der Notar Vertretungen abzulehnen, in denen es sich um die Wahrnehmung gegensätzlicher Parteiinteressen handelt. Um solchen Konflikten möglichst vorzubeugen, muss er bei der Übernahme von Vertretungen außer in Grundbuch- und Registersachen sowie in Genehmigungsverfahren bezüglich der von ihm aufgenommenen oder entworfenen Urkunden Zurückhaltung üben.

54 Der Notar darf daher die Interessen seines Auftraggebers zwar gegenüber Gerichten und Verwaltungsbehörden, nicht aber gegenüber anderen Personen wahrnehmen oder sie vertreten[82]. So darf er beispielsweise nicht die Vertretung von Miteigentümern im Zwangsversteigerungsverfahren zwecks Aufhebung einer Gemeinschaft übernehmen[83].

55 Eine anfangs bestehende notarielle Vertretungsbefugnis **endet**, wenn in einem zunächst einseitigen Verfahren (z. B. auf Erteilung eines Erbscheins oder eines Testamentsvollstreckerzeugnisses) eine andere Partei oder ein anderer Interessent auf gleicher Ebene auftritt und gegensätzliche Interessen oder Begehren verfolgt[84]. Der Notar muss dann die Vertretung niederlegen[85].

56 Eine entgegen dem Gebot der Unparteilichkeit vorgenommene Vertretungshandlung ist allerdings verfahrensrechtlich zulässig und materiell wirksam[86].

III. Abgrenzung zwischen Notar- und Anwaltstätigkeit (Abs. 2)

1. Bedeutung der Vorschrift

a) Tatbestandsstruktur

57 Die Betreuung der Rechtsuchenden auf dem Gebiet vorsorgender Rechtspflege ist Aufgabe sowohl der Notare als auch der Rechtsanwälte (vgl. § 3 BRAO). Übt ein **Anwaltsnotar** derartige Betreuung aus, können sich Abgrenzungsschwierigkeiten ergeben, weil sich die einzelne Betreuungsmaßnahme nicht immer eindeutig dem notariellen oder dem anwaltlichen Tätigkeitsbereich zuordnen lässt. Die Zuordnung ist jedoch wichtig, weil die beiden Tätigkeitsbereiche – namentlich in Bezug auf Haftung, Kosten und Aufsichtsrecht – unterschiedlichen Regelungen unterliegen. § 24 Abs. 2 erleichtert mit Hilfe von **Vermutungstatbeständen** die Abgrenzung.

b) Entbehrlichkeit der Vermutung

58 Auf die Vermutungstatbestände braucht nicht zurückgegriffen zu werden, wenn aufgrund der Umstände des Einzelfalles **eindeutig** ist, dass es sich um notarielle bzw. anwaltliche Tätigkeit handelt, oder wenn zwischen den Beteiligten **Einvernehmen** darüber besteht, in welcher Rolle der Anwaltsnotar tätig werden soll[87]. Ist die Sachlage nicht eindeutig, ist es Aufgabe des Notars, rechtzeitig – in der Regel vor Übernahme des Auftrags[88] – **klarzustellen**, ob er als Rechtsanwalt oder als Notar tätig werden wird.

---

82 BGHZ 51, 301, 305.
83 BGHZ 51, 301, 309; OLG Hamm NJW 1992, 1174.
84 BGHZ 51, 301, 307; a. A. *Litzenburger*, NotBZ 2005, 239, 242, und ihm folgend *Schippel/Bracker/Reithmann*, § 24 Rz. 107 f.
85 Näher dazu § 14 Rz. 53.
86 BGHZ 54, 275, 281.
87 *Zugehör*, ZNotP 1997, 42, 43.
88 Bedenklich insoweit Abschn. I Nr. 3 der Richtlinienempfehlungen der *Bundesnotarkammer*, wonach der Notar die Klarstellung »*rechtzeitig bei Beginn seiner Tätigkeit*« vornehmen soll.

c) Kein Dispositionsrecht

Dabei ist zu beachten, dass die Anwendbarkeit des notariellen bzw. des anwaltlichen Berufs- **59**
rechts nicht zur **Disposition** der Beteiligten oder des Notars steht[89]. Die Beteiligten und der
Anwaltsnotar können daher nicht – etwa aus Kostengründen oder zur Umgehung notarieller
Dienstvorschriften und Amtspflichten – vereinbaren, dass eine ihrer Natur nach notarielle
Amtstätigkeit Anwaltstätigkeit sein soll. So handelt der Anwaltsnotar, der nach Beurkundung eines Grundstückskaufvertrages den bei ihm hinterlegten Grundstückskaufpreis entgegen § 54b Abs. 1 Satz 1 BeurkG auf einem Rechtsanwaltskonto verwahrt, auch dann amtspflichtwidrig, wenn er mit den Beteiligten vereinbart, er solle das Geld als Rechtsanwalt
verwahren. Umgekehrt werden die aus einer Beauftragung als Rechtsanwalt entstandenen
Pflichten nicht nachträglich zu Amtspflichten eines Notars, wenn der Anwaltsnotar einen
von ihm als Anwalt eines Beteiligten ausgehandelten Vertrag später – unter Verstoß gegen
§ 3 1 Nr. 7 BeurkG – beurkundet[90].

2. Vermutung notarieller Tätigkeit (Satz 1)

a) Voraussetzungen

Voraussetzung nach Satz 1 ist, dass ein Anwaltsnotar Betreuungshandlungen im Sinne des **60**
Abs. 1 vornimmt, die dazu bestimmt sind, Urkundsgeschäfte (§§ 20 bis 22) oder notarielle
Verwahrungsgeschäfte (§ 23) vorzubereiten oder auszuführen.

aa) Sicht der Beteiligten

Ob eine Handlung dazu »bestimmt« ist, entscheidet sich in erster Linie nach den **objektiven** **61**
Gegebenheiten, insbesondere nach Art und Schwerpunkt der Tätigkeit des Anwaltsnotars[91].
Dabei ist nach dem Rechtsgedanken des § 133 BGB darauf abzustellen, wie sich die Sachlage
aus der Sicht derjenigen Beteiligten darstellt, an die sich der Notar mit seiner Tätigkeit wendet. Bestätigt etwa ein Anwaltsnotar im Rahmen einer Kapitalanlagegeschäfts als »Treuhänder, Rechtsanwalt und Notar«, dass ausreichende Sicherheiten hinterlegt seien, über die er
zur Deckung des Anlagekapitals nebst Zinsen verfügen können, so stellt sich seine Tätigkeit
aus der Sicht der Anleger als notarielle Verwahrung dar[92]. Übernimmt hingegen ein Anwaltsnotar von seinem Auftraggeber Geld, um es in Bargeld einer anderen Währung ein-
zutauschen, handelt er zwar treuhänderisch, aber nicht als Notar, sondern als Rechtsanwalt;
denn der bloße Geldumtausch stellt bei verständiger Würdigung aus der Sicht der Beteiligten
keine notarielle Verwahrung im Sinne des § 23 dar[93].

bb) Eigene Tätigkeit des Notars

§ 24 Abs. 2 Satz 1 setzt die Vorbereitung oder Ausführung eines dem Anwaltsnotar **selbst** **62**
aufgetragenen Urkunds- oder Verwahrungsgeschäfts voraus. Dass seine Betreuungstätigkeit
als Beitrag zu der Tätigkeit eines **anderen** Notars gewertet werden kann, genügt nicht, um
die Vermutung des Abs. 2 Satz 1 auszulösen[94]. Ein Anwaltsnotar, der damit beauftragt wird,
den Urkundsentwurf eines anderen Notars zu prüfen, wird daher im Zweifel anwaltlich tätig.

---

89 Im Ergebnis ebenso: BGH DNotZ 1997, 221, 225; OLG Hamm DNotZ 1956, 154; DNotZ 1975,
    49, 52; OLG Frankfurt DNotZ 1979, 119, 120 m. w. N.
90 BGH DNotZ 1992, 813, 818.
91 *Zugehör*, ZNotP 1997, 44.
92 BGHZ 134, 100, 105 f. = DNotZ 1997, 221 mit Anm. *Reithmann*; BGH DNotZ 2000, 365, 366.
93 BGH NJW 1998, 1864, 1865.
94 OLG Hamm DNotZ 1977, 49, 51.

cc) Vorbereitungshandlungen

63 Eine **Vorbereitung** im Sinne des Abs. 2 Satz 1 stellt es dar, wenn der Anwaltsnotar Beteiligte über die rechtlichen Voraussetzungen und Gestaltungsmöglichkeiten eines beabsichtigten Rechtsgeschäfts oder einer notariellen Verwahrung berät oder einen Urkundenentwurf fertigt, sofern eine spätere Beurkundung oder Unterschriftsbeglaubigung in Aussicht genommen ist[95]. Eine steuerliche oder sonstige Beratung im Vorfeld einer Beurkundung ist hingegen Anwaltstätigkeit, wenn sie dazu dient, den Entschluss zu dem Rechtsgeschäft überhaupt erst zu wecken[96].

dd) Ausführungshandlungen

64 Eine **Ausführung** im Sinne des Abs. 2 Satz 1 liegt vor, wenn der Notar den Vollzug eines von ihm beurkundeten Rechtsgeschäfts durchführt oder überwacht oder ein von ihm übernommenes Verwahrungsgeschäft abwickelt.

b) Rechtsfolge

65 Sind die Voraussetzungen nach Satz 1 erfüllt, so ergibt sich daraus als Rechtsfolge **unwiderlegbar** die Zuordnung zur notariellen Tätigkeit; denn die in Satz 1 angeordnete Rechtsfolge (»*ist anzunehmen*«) ist zwingend[97].

3. Zweifelsregel (Satz 2)

66 Liegt ein Fall nach Satz 1 nicht vor, ist die Zuordnung zur Notartätigkeit damit noch nicht ausgeschlossen. Satz 2 enthält nur eine **Auslegungsregel** dahin, dass es sich »*im Zweifel*« um Anwaltstätigkeit handelt. Danach muss im Einzelfall ermittelt werden, ob es sich bei der betreffenden Tätigkeit um vorsorgende Rechtspflege oder aber um anwaltliche Interessenvertretung handelt. Zweifel im Sinne des Satzes 2 bestehen nicht, wenn nach den objektiven Umständen, insbesondere der Art der Tätigkeit, eine Aufgabe zu erfüllen ist, die in den Bereich notarieller Amtstätigkeit fällt. Dies trifft zu, wenn nicht einseitige Interessenwahrnehmung in Rede steht, sondern eine unparteiische Berücksichtigung der Belange sämtlicher Beteiligter[98]. Für die Abgrenzung kommt es auch auf die Vorstellungen der Beteiligten an[99]. Erst wenn sich eine Klärung nicht erreichen lässt, ist von anwaltlicher Tätigkeit auszugehen.

IV. Rücknahme von Anträgen (Abs. 3)

1. Bedeutung der Vorschrift

67 Die Vorschrift behandelt nicht berufsrechtliche, sondern **verfahrensrechtliche** Fragen, nämlich die Ermächtigung zur Antragsrücknahme (Satz 1) sowie deren Form (Satz 2). Systematisch befindet sie sich an unpassender Stelle.

---

95 KG DNotZ 1972, 184; OLG Hamm DNotZ 1956, 154.
96 BGH DNotZ 1988, 379, 381.
97 OLG Frankfurt DNotZ 1979, 119 m. w. N.; OLG Hamm DNotZ 1977, 49, 51; OLG Hamm DNotZ 1985, 182.
98 BGHZ 134, 100, 104; BGH NJW-RR 2001, 1639, 1640; OLG Hamm DNotZ 1997, 228, 229 m. Anm. *Reithmann*.
99 BGH NJW 1998, 1864, 1866.

2. Ermächtigung zur Antragsrücknahme

a) Vollmachtsvermutung

Nach einzelnen Verfahrensvorschriften (z. B. § 15 GBO, § 129 FGG) gilt der Notar, der die **68** zu einer Registereintragung erforderlichen Erklärungen beurkundet oder beglaubigt hat, als ermächtigt, den zur Eintragung erforderlichen Antrag namens eines Beteiligten zu stellen[100]. § 24 Abs. 3 Satz 1 erstreckt diese **Ermächtigung** auf die Rücknahme des Antrags. Ob ein sachlicher Grund für die Rücknahme besteht, bestimmt sich nach § 53 BeurkG und den Weisungen der Beteiligten, soweit diese beachtlich sind[101].

b) Voraussetzungen der Rücknahmeermächtigung

Die Vorschrift setzt voraus, dass der Notar den Antrag kraft seiner **Ermächtigung** gestellt **69** hat. Sie gilt hingegen nicht, wenn die **Beteiligten** den Antrag selbst gestellt haben; das ist auch der Fall, wenn der Notar als **Bote** einen von den Beteiligten gestellten Antrag weitergeleitet hat[102].

aa) Grundbuchverkehr

Hat der Notar einen Grundbuchantrag gemäß **§ 15 GBO** gestellt, ist aber in der von ihm **70** dem Grundbuchamt vorgelegten Urkunde bereits der Eintragungsantrag der Beteiligten enthalten, muss er bei der Antragstellung **klarstellen**, ob nur sein Antrag (§ 15 GBO) als gestellt gelten soll; ohne entsprechende Erklärung gelten auch die Anträge der Beteiligten als gestellt, so dass § 24 Abs. 3 Satz 1 nicht eingreift[103]. Die Klarstellung kann auch dadurch erfolgen, dass der Notar nur eine auszugsweise Abschrift ohne die Anträge der Beteiligten beim Grundbuchamt einreicht. An der Notwendigkeit einer Klarstellung ändert es nichts, wenn die Beteiligten in der Urkunde auf ihr eigenes Antragsrecht verzichtet oder dem Notar eine sog. verdrängende Vollmacht erteilt haben; denn die Beteiligten können nach h. M. nicht wirksam zugunsten des Notars auf ihr Antragsrecht verzichten[104].

bb) Notwendige Vollmacht

Soweit Anträge (auch) der Beteiligten gestellt sind, bedarf der Notar zur Antragsrücknahme **71** einer **besonderen Vollmacht** der Beteiligten. Sie kann bereits in der zugrunde liegenden Urkunde – z. B. im Grundstückskaufvertrag – erteilt werden[105]. Fehlt es an einer entsprechenden Vollmacht, kann der Notar nicht von einzelnen Beteiligten gegen den Willen anderer im Wege der Beschwerde nach § 15 Abs. 2 zur Rücknahme gezwungen werden[106].

3. Form der Rücknahme (Satz 2)

a) Eigene Erklärung

Das jeweils maßgebliche Verfahrensrecht kann vorsehen, dass die Rücknahme eines Antrags **72** einer besonderen **Form** bedarf. So muss die Rücknahme eines Grundbuchantrags regelmäßig in öffentlicher oder öffentlich beglaubigter Form erklärt werden (§§ 31 Satz 1, 29 Abs. 1 Satz 1 GBO). Zur Erleichterung des Rechtsverkehrs bestimmt § 24 Abs. 3 Satz 2 BNotO,

---

100 Für Anmeldungen zum **Zentralen Vorsorgeregister** der Bundesnotarkammer, die insoweit als Registerbehörde tätig wird, fehlt eine gesetzliche Einreichungsermächtigung; siehe § 78a Rz. 29.
101 LG Neuruppin NotBZ 2003, 39.
102 BGH DNotZ 1964, 434; BayObLG DNotZ 1976, 103, 104 m. w. N.
103 BGHZ 71, 349, 351; BayObLG DNotZ 1976, 103, 105 m. w. N.; *Bauch*, Rpfleger 1982, 457.
104 OLG Frankfurt DNotZ 1992, 389, 390 m. w. N.
105 Formulierungsvorschlag: *Kuntze/Ertl/Herrmann/Eickmann*, Grundbuchrecht, § 15 Rz. 35.
106 OLG Schleswig FGPrax 1999, 192.

dass eine von dem Notar kraft Ermächtigung (Satz 1) erklärte Rücknahme wirksam ist, wenn sie mit der Unterschrift und dem Siegel des Notars versehen ist; der Notar braucht seine Erklärung mithin nicht durch einen anderen Notar beurkunden oder beglaubigen zu lassen.

b) Rücknahme kraft Bevollmächtigung

73   Die Vorschrift ist entsprechend anzuwenden, wenn der Notar von den Beteiligten rechtsgeschäftlich **bevollmächtigt** ist, einen durch sie gestellten Antrag zurückzunehmen[107].

---

107   BGHZ 71, 349, 353 (ergangen auf Vorlagebeschluss des OLG Frankfurt NJW 1978, 728).

4. Abschnitt   Sonstige Pflichten des Notars

§ 25

(1) Der Notar darf Mitarbeiter mit Befähigung zum Richteramt, Laufbahnprüfung für das Amt des Bezirksnotars oder Abschluss als Diplom-Jurist nur beschäftigen, soweit seine persönliche Amtsausübung nicht gefährdet wird.

(2) [1]Die Landesregierungen oder die von ihnen bestimmten Stellen werden ermächtigt, zur Wahrung der Belange einer geordneten Rechtspflege durch Rechtsverordnung zu bestimmen, dass der Notar Mitarbeiter mit Befähigung zum Richteramt, Laufbahnprüfung für das Amt des Bezirksnotars oder Abschluss als Diplom-Jurist nur beschäftigen darf, wenn die Aufsichtsbehörde dies nach Anhörung der Notarkammer genehmigt hat. [2]Die Genehmigung kann mit Auflagen verbunden oder befristet werden.

Übersicht

A. Entstehungsgeschichte der Vorschrift

Die Norm geht auf das dritte Änderungsgesetz zur BNotO vom 31.08.1998 zurück (BGBl. I S. 2585).   1

B. Erläuterungen

I. Allgemeines

Der Gesetzgeber will mit dieser Norm sicherstellen, dass der Notar mehr und mehr Aufgaben auf Personen überträgt, die eine ihm **gleichwertige Ausbildung** haben und daher in der Lage wären, die ihm übertragenen Aufgaben wahrzunehmen. Der Notar ist gehalten, die ihm übertragenen Aufgaben in eigener Person zu erfüllen; auch in dieser Hinsicht zeigt sich die Nähe zum öffentlichen Amt des Richters, dem es grundsätzlich verwehrt ist, ihm von amtswegen übertragene Aufgaben durch Kollegen wahrnehmen zu lassen.   2

Die Vorschrift verbietet keinesfalls die Beschäftigung von Personen, die einen **ähnlichen Beruf** ausüben oder einen ähnlichen Studiengang absolviert haben[1]. Allerdings muss das Ziel des Gesetzgebers auch kritisch gesehen werden, denn keineswegs kann dem Notar ein Mehr an Arbeit untersagt werden[2]. Die Begrenzung von Übertragung von Aufgaben an dritte bei dem Notar beschäftigte Personen wird schon dadurch erreicht, dass sich dadurch die Haftungsrisiken für den Notar erhöhen, denn er haftet für deren Verschulden wie für eigenes. Im Übrigen ist es eher eine Frage des eigenen Berufsbildes und Ethos, ob sich der Notar durch zu viele Mitarbeiter in seiner Unabhängigkeit tangiert sieht, denn eine entsprechende   3

---

1 *Eylmann/Vaasen/Starke*, § 25 BNotO Rz. 6.
2 Vgl.dazu auch *Lerch*, BWNotZ 1999, 41, 43; *Wenckstern*, notar 1999, 26, 31.

Anzahl von Mitarbeitern muss nicht zwangsläufig zu einer eingeschränkten Berufsfreiheit führen[3].

II. Beschäftigung

4 Darüber hinaus ist mit dem Begriff der Beschäftigung i. S. d. Abs. 1 gemeint, dass der Notar nur so viele Mitarbeiter als Volljuristen beschäftigen darf, dass ihm noch genügend Zeit für die persönliche Amtsausübung verbleibt. Dies lässt sich allerdings nicht schematisch feststellen, sondern nur anhand des einzelnen Falles. Dabei ist im Wesentlichen darauf abzustellen, wie die Arbeitsbelastung als (Anwalts-)Notar ist, d. h., wie viele Stunden pro Tag für die Protokollierung als solche und wie viele dafür an Vorbereitungszeit benötigt werden; allerdings kann die Landesjustizverwaltung nicht verlangen, dass der Notar eine zeitliche Aufstellung darüber anfertigt, welche Zeit für die Protokollierung pro Tag benötigt wird[4].

5 Die Norm wendet sich aber im Wesentlichen an den **sog. Nur-Notar**, der Notarassessoren beschäftigt, aber nicht dazu befugt sein soll, den wesentlichen Teil seiner Aufgaben diesen zu überlassen; gleichwohl bleibt die Verpflichtung des Notars zu einer angemessenen Ausbildung, die nur gewährleistet ist, wenn der Notarassessor auch praktische Aufgaben des notariellen Alltagsgeschäfts wahrnimmt. Für den Bereich des Nur-Notars bedeutet dies, dass selbst bei einem Urkundsaufkommen von bis zu 5000 pro Jahr keinesfalls mehr als zwei Notarassessoren beschäftigt sein sollten.

III. Mitarbeiterbefähigung

6 Die Vorschrift erwähnt neben dem Mitarbeiter mit Befähigung zum Richteramt, also denjenigen, der die zweite juristische Staatsprüfung abgelegt hat, auch denjenigen, der das Amt des Bezirksnotars anstrebt, also den Beamten des gehobenen Dienstes in Baden-Württemberg, der im Bereich des OLG-Bezirks Stuttgart tätig sein kann; darüber hinaus den **Diplom-Juristen der ehemaligen DDR**, der ebenfalls die Voraussetzungen für das Amt des Notars erfüllt. Damit wird erstmals das Beschäftigungsverhältnis zwischen dem Notar und seinen »gleichwertigen« Mitarbeitern auf eine gesetzliche Grundlage gestellt; die Notarkammern sind nicht befugt, die Beschäftigung derartiger Mitarbeiter von ihrer Genehmigung abhängig zu machen[5].

IV. Genehmigung

7 Die Landesjustizverwaltung kann die Beschäftigung jener im Absatz 1 genannten Mitarbeiter von ihrer Genehmigung nach Anhörung der Notarkammer, die nicht zwingend vorgeschrieben ist, abhängig machen. Davon ist bisher kein Gebrauch gemacht worden. Die Anhörung der Notarkammer kann unterbleiben, d.h., die Landesjustizverwaltung ist auch ermächtigt, die Genehmigung ohne vorherige Anhörung der Notarkammer zu erteilen oder nicht zu erteilen, jedoch dürfte eine Beteiligung der Notarkammer zweckdienlich sein.

8 Die Ablehnung der Genehmigung ist ein nach § 111 anfechtbarer Verwaltungsakt. Die Genehmigung selbst stellt einen den Notar begünstigenden Verwaltungsakt, der widerrufen werden kann, wobei ein sog. Widerrufsvorbehalt zwar nach den allgemeinen Regeln des Verwaltungsrecht zulässig ist, aber ein derartiger Vorbehalt durch die eindeutige Regelung hier

---

3 In diese Richtung geht aber die Argumentation von *Eylmann/Vaasen/Starke*, § 25 BNotO Rz. 9, 12.
4 Vgl. dazu BGH NJW-RR 1995, 884 = DNotZ 1997, 233 m. Anm. *Gemes* = LM H 9/1995 § 93 BNotO Nr. 5.
5 BGH DNotZ 1996, 898; vgl. dazu auch *Vaasen/Starke*, DNotZ 1998, 661, 682.

nicht zugelassen ist[6]. In diesem Sinne ist die einzige Ausnahme der Fall der zulässigen Befristung der Genehmigung, was aber keinen Widerrufsvorbehalt darstellt, sondern nur einen begünstigenden Verwaltungsakt, der nach Ablauf eines Stichtages außer Kraft gesetzt wird.

Ansonsten kann der Widerruf erfolgen, wenn die Genehmigung mit einer Auflage versehen war, die aber durch den Notar nicht erfüllt wurde; insoweit gelten die zu § 49 Abs. 2 Nr. 2 VwVfG entwickelten Grundsätze[7]. Darüber hinaus kann ein Widerruf rechtmäßig sein, wenn sich die der Genehmigung zugrunde liegenden Tatsachen geändert haben, wobei folgende Umstände kumulativ gegeben sein müssen[8]:

9

Die Landesjustizverwaltung wäre auf Grund nachträglich eingetretener Tatsachen oder auf Grund einer nachträglichen Änderung einer Rechtsvorschrift berechtigt, den Verwaltungsakt nicht zu erlassen und ohne Widerruf wäre das öffentliche Interesse gefährdet wäre (§ 49 Abs. 2 Nr. 3).

10

Soweit eine Änderung der Rechtslage eingetreten ist, darf der Widerruf nur erfolgen, wenn der Notar von der Genehmigung noch keinen Gebrauch gemacht hat, weil andernfalls eine echte Rückwirkung vorläge, die von Verfassungs wegen nicht zulässig wäre (§ 49 Abs. 2 Nr. 4). Schließlich ist der Widerruf zulässig, um sog. schwere Nachteile für das Gemeinwohl zu verhüten oder zu beseitigen (§ 49 Abs. 2 Nr. 5); ein Fall, der im Berufsrecht wohl kaum relevant sein dürfte, denn dann lägen auch die Voraussetzungen für den Entzug des Notaramtes nach § 50 vor.

11

Es haben folgende Länder von der Ermächtigungsnorm des Absatzes 2 Gebrauch gemacht:

12

Bayern: VO vom 10.02.2000 (GVBL. I S. 60)
Brandenburg: VO vom 17.02.1999 (GVBl. I S. 125)
Mecklenburg-Vorpommern: VO vom 10.02.1998 (GVOBl. S. 916)
Nordrhein-Westfalen: VO vom 23.07.1999 (GV NRW S. 484)
Rheinland-Pfalz : VO vom 14.07.1999 (GVBl. S. 189)
Thüringen: VO vom 16.08.1999 (GVBl. S. 519)
Sachsen: VO vom 16.12.1998 (SächsGVBl. S. 666)
Sachsen-Anhalt: VO vom 16.12.1998 (GVBl. LSA S. 486)

6 Ebenso *Eylmann/Vaasen/Starke*, § 25 BNotO Rz. 18; *Schippel/Bracker/Kanzleiter*, § 25 Rz. 7.
7 Vgl. dazu *Kopp*, VwVfG, § 49 Rz. 31.
8 Vgl. dazu *Maurer*, Allgemeines Verwaltungsrecht, § 11 Rz. 43.

§ 26

¹Der Notar hat die bei ihm beschäftigten Personen mit Ausnahme der Notarassessoren und der ihm zur Ausbildung zugewiesenen Referendare bei der Einstellung nach § 1 des Verpflichtungsgesetzes förmlich zu verpflichten. ²Hierbei ist auf die Bestimmungen in § 14 Abs. 4 und § 18 besonders hinzuweisen. ³Besteht ein einheitliches Beschäftigungsverhältnis zu mehreren Notaren, so genügt es, wenn einer von ihnen die Verpflichtung vornimmt.

Dienstordnung für Notarinnen und Notare

§ 4 Verpflichtung der bei der Notarin oder dem Notar beschäftigten Personen

(1) Notarinnen und Notare haben die Niederschrift über die Verpflichtung der bei ihnen beschäftigen Personen (§ 26 BNotO i. V. m. § 1 des Verpflichtungsgesetzes) bei den Generalakten aufzubewahren.

(2) Die Verpflichtung nach § 26 BNotO hat auch zu erfolgen, wenn zwischen denselben Personen bereits früher ein Beschäftigungsverhältnis bestanden hat oder Beschäftigte einer anderen Notarin oder eines anderen Notars übernommen worden sind.

Übersicht

A. Entstehungsgeschichte der Vorschrift

1 Die Vorschrift ist im Rahmen der Berufsrechtsnovelle 1998[1] in die BNotO eingefügt worden. Inhaltlich entspricht sie der früheren Fassung des § 18 Abs. 1 Satz 1 in Verbindung mit § 6 DONot. Eine sachliche Änderung des bisherigen Rechtszustandes hat der Gesetzgeber nicht beabsichtigt[2].

---

1 Art. 1 Nr. 22 des Dritten Gesetzes zur Änderung der Bundesnotarordnung und anderer Gesetze v. 31.08.1998 (BGBl. I S. 2585).
2 BT-Drucks. 13/4184, S. 26.

B. Erläuterungen

I. Bedeutung der Vorschrift

1. Zweck der Verpflichtung

§ 26 verpflichtet den Notar, die bei ihm Beschäftigten mit Ausnahme der Notarassessoren **2** und der ihm zur Ausbildung zugewiesenen Referendare[3] bei der Einstellung aufgrund des § 1 des Verpflichtungsgesetzes[4] **förmlich zu verpflichten**. Es handelt sich dabei um eine Verpflichtung im Sinne des § 2 Abs. 2 Nr. 2 VerpflichtungsG. Durch die Verpflichtungshandlung soll der Beschäftigte nachdrücklich auf seine Berufspflichten hingewiesen werden. Insbesondere soll durch die Verpflichtung die Verschwiegenheitspflicht des § 18 auch für solche Beschäftigte begründet werden, die nicht schon kraft Gesetzes zur Verschwiegenheit verpflichtet sind[5].

2. Verpflichtungshandlung

a) Form der Verpflichtung

Die Verpflichtung erfolgt **mündlich** (§ 1 Abs. 2 Satz 1 VerpflichtungsG). **3**

b) Inhalt der Verpflichtung

Bezüglich des **Inhalts** der Verpflichtungshandlung bestimmt das VerpflichtungsG nur, dass **4** der Beschäftigte auf eine gewissenhafte Erfüllung seiner Obliegenheiten zu verpflichten (§ 1 Abs. 1 VerpflichtungsG) und auf die strafrechtlichen Folgen einer Pflichtverletzung hinzuweisen ist (§ 1 Abs. 2 Satz 2 VerpflichtungsG).

aa) In der **Praxis** üblich und sinnvoll ist die Belehrung des zu Verpflichtenden, dass er **5**
– seine beruflichen Obliegenheiten sorgfältig zu erfüllen hat,
– sich nicht mit Vermittlungen und Gewährleistungen im Sinne des § 14 Abs. 4 befassen darf und
– über die ihm bei seiner Beschäftigung bei dem Notar bekannt gewordenen Angelegenheiten Verschwiegenheit gegenüber jedermann wahren muss[6, 7].

bb) Zweckmäßig und in der Praxis üblich ist es, die Belehrung über die strafrechtlichen **6** Folgen einer Pflichtverletzung (§ 1 Abs. 2 Satz 2 VerpflichtungsG) mit einem Hinweis auf die einschlägigen Vorschriften des **Strafgesetzbuches**, nämlich
– § 133 Abs. 1, 3 (Verwahrungsbruch),
– § 201 (Verletzung der Vertraulichkeit des Wortes),
– § 203 (Verletzung von Privatgeheimnissen),
– § 204 (Verwertung fremder Geheimnisse),
– §§ 331 Abs. 1, 332 (Vorteilsannahme und Bestechlichkeit),
– § 353b Abs. 1–3 (Verletzung des Dienstgeheimnisses),
– § 355 (Verletzung des Steuergeheimnisses),
– § 358 (Nebenfolgen)

---

3 Näher dazu: unten Rz. 10.
4 Gesetz über die förmliche Verpflichtung nichtbeamteter Personen (Verpflichtungsgesetz) v. 02.03.1974 (BGBl. I S. 469, 547) in der Fassung des Gesetzes v. 15.08.1974 (BGBl. I S. 1942).
5 *Schippel/Bracker/Kanzleiter*, § 18 Rz. 4.
6 Muster einer Verpflichtungserklärung: *Weingärtner*, Notarrecht, Ord.-Nr. 120.
7 Geändertes Muster der *Bundesnotarkammer* : Rundschreiben Nr. 2/1999 (Internetabruf unter www.bnotk.de).

zu verbinden. Dabei ist darauf hinzuweisen, dass diejenigen Strafvorschriften, deren Anwendung eine förmliche Verpflichtung voraussetzt, aufgrund der Verpflichtungshandlung nunmehr für den Beschäftigten gelten (§ 2 Abs. 2 Nr. 2 VerpflichtungsG).

3. Zu verpflichtende Personen

a) Beschäftigte

7 Mit Ausnahme der Notarassessoren und der Referendare hat der Notar die bei ihm **beschäftigten Personen** zu verpflichten. Damit sind diejenigen Hilfskräfte gemeint, die im arbeitsrechtlichen Sinne in abhängiger Stellung bei ihm angestellt bzw. in seine Büroorganisation eingegliedert sind[8]. Auf Art und Umfang des Beschäftigungsverhältnisses kommt es nicht an. Zu den Beschäftigten zählen daher auch Teilzeit- und Aushilfskräfte wie etwa Büroboten oder Reinigungskräfte.

Zu verpflichten sind **alle** Beschäftigten, mithin auch diejenigen Hilfskräfte, die nach der Art ihrer Tätigkeit nicht mit den notariellen Amtsgeschäften in Berührung kommen sollen und können. Daher sind im Anwaltsnotariat und in interprofessionellen Berufsverbindungen sämtliche Beschäftigten zu verpflichten, auch soweit sie nur außerhalb des Notariats eingesetzt werden.

b) Andere Personen

8 **Andere Personen,** die ohne arbeitsrechtliches Beschäftigungsverhältnis zu dem Notar sonst für ihn tätig werden, wie etwa Kundendienstbeauftragte oder Beauftragte von Reinigungsunternehmen, *muss* der Notar nicht förmlich verpflichten, er *kann* es aber[9]. Zumindest sollte er solche Personen durch privatrechtliche Vereinbarung zur Verschwiegenheit verpflichten; zur Sicherung kann sich die Vereinbarung einer Vertragsstrafe für den Fall einer Verletzung der Verschwiegenheitspflicht empfehlen. Von der Möglichkeit einer vertraglichen Verpflichtung ist jedenfalls bei solchen Personen Gebrauch zu machen, die mit einiger Regelmäßigkeit für den Notar tätig werden, also z. B. bei den in seiner Geschäftsstelle eingesetzten Angestellten eines von ihm beauftragten Gebäudereinigungsunternehmens[10].

9 Problematisch ist in diesem Zusammenhang die Sicherung der notariellen Verschwiegenheitspflicht, wenn **wechselndes Personal** für den Notar tätig wird, wie es etwa im Zusammenhang mit der Installation und Wartung von EDV-Anlagen vielfach der Fall ist. Eine förmliche Verpflichtung im Sinne des § 26 oder eine privatrechtliche Verschwiegenheitsvereinbarung kommt in solchen Fällen aus praktischen Gründen kaum in Betracht. Der Notar muss sich bemühen, die Wahrung der Verschwiegenheit statt dessen in anderer Weise sicherzustellen[11].

c) Notarassessoren und Referendare

10 Einer Verpflichtung der **Notarassessoren** und **Referendare** bedarf es nicht, da diese bereits aufgrund ihres öffentlich-rechtlichen Dienstverhältnisses zur Verschwiegenheit verpflichtet sind. Von der Verpflichtung auszunehmen sind außer den Stationsreferendaren auch diejenigen Rechtsreferendare, die eine **Nebentätigkeit** – etwa gegen Entgelt – bei dem Notar ausüben. Auch bei ihrer Tätigkeit steht der Ausbildungszweck im Vordergrund; ihre dienstrechtlich begründete Verschwiegenheitspflicht gilt auch für solche Beschäftigungsverhältnisse.

---

8 *Weingärtner/Ehrlich*, Rz. 76.
9 *Weingärtner/Ehrlich*, Rz. 79.
10 Ähnlich: *Weingärtner/Ehrlich,* Rz. 79.
11 Einzelheiten dazu: *Bundesnotarkammer*, Rdschr. Nr. 41/1996 der (Abdruck: *Weingärtner*, Notarrecht, Ord.-Nr. 194 a).

4. Mehrfache Verpflichtung

a) Einheitliches Beschäftigungsverhältnis

Bei einem **einheitlichen Beschäftigungsverhältnis** zu mehreren Notaren genügt es nach Satz 3, wenn *einer* von ihnen die Verpflichtung vornimmt. Da die Verpflichtung zu dokumentieren ist, kann jeder der beteiligten Notare feststellen, ob die Verpflichtung erfolgt ist, und gegebenenfalls auf ihre Vornahme hinwirken. Eine wiederholte Verpflichtung durch die mehreren Notare wäre eine unnötige Förmlichkeit und könnte die Bedeutung der Verpflichtung aus der Sicht der beschäftigten Person eher herabmindern. **11**

b) Mehrheit von Beschäftigungen

Unterhält eine Hilfskraft hingegen **mehrere Beschäftigungsverhältnisse** zu mehreren Notaren, muss jeder von ihnen die Verpflichtung vornehmen. Ist eine Büroangestellte etwa als Halbtagskraft vormittags oder an bestimmten Tagen bei dem Notar A und nachmittags oder an den anderen Tagen bei dem Notar B beschäftigt, ist sie von beiden Notaren zu verpflichten. Denn die beteiligten Notare können in solchen Fällen nicht immer zuverlässig feststellen, ob die Verpflichtung bei einem von ihnen erfolgt ist. Würden sie sich darauf verlassen, dass ein anderer von ihnen die Verpflichtung vorgenommen hat oder noch vornimmt, bestünde die Gefahr, dass die Verpflichtung ganz unterbleibt und § 26 damit leerläuft. **12**

c) Erneute Beschäftigung

Wird ein **früheres Beschäftigungsverhältnis** erneuert, muss die Verpflichtung wiederholt werden[12]. Dies folgt daraus, dass die Verpflichtung nur jeweils für das einzelne Beschäftigungsverhältnis gilt[13]; mit dessen Beendigung erlöschen die durch die Verpflichtung begründeten Pflichten. Fälle der Erneuerung sind der Wiedereintritt eines früheren Beschäftigten, die Übernahme der Notarstelle durch einen Amtsnachfolger oder die Einsetzung eines Notariatsverwalters[14]. **13**

II. Dokumentation der Verpflichtung

1. Niederschrift

Über die Verpflichtung ist eine **Niederschrift** aufzunehmen, die der Verpflichtete mit unterzeichnet (§ 1 Abs. 3 Satz 1 VerpflichtungsG). § 6 Abs. 1 Satz 4 DONot a. F. verpflichtete den Notar, die Niederschrift bei seinen **Generalakten** aufzubewahren. Obwohl der Gesetzgeber davon abgesehen hat, eine entsprechende Regelung in § 26 aufzunehmen, gilt diese Dokumentationspflicht nach wie vor. Denn nur auf diese Weise können die Aufsichtsbehörden feststellen, ob der Notar die bei ihm Beschäftigten ordnungsgemäß verpflichtet hat. **14**

2. Abschrift für den Verpflichteten

Der Verpflichtete erhält eine **Abschrift der Niederschrift** (§ 1 Abs. 3 Satz 2 VerpflichtungsG). Die Aufnahme einer entsprechenden Bestimmung in § 26 BNotO hat der Gesetzgeber mit Recht als überflüssig erachtet[15]. **15**

12 § 4 Abs. 2 DONot.
13 Vgl. BT-Drucks. 13/4184, S. 26.
14 Zur Verpflichtung bei Einsetzung eines Notariatsverwalters vgl. *Schippel/Bracker/Kanzleiter*, § 26 Rz 6.
15 BT-Drucks.13/4184, S. 26.

§ 27

(1) [1]Der Notar hat eine Verbindung zur gemeinsamen Berufsausübung oder zur gemeinsamen Nutzung der Geschäftsräume unverzüglich der Aufsichtsbehörde und der Notarkammer anzuzeigen. [2]Diese Anzeigepflicht gilt auch für berufliche Verbindungen im Sinne von § 3 Abs. 1 Satz 1 Nr. 7 des Beurkundungsgesetzes. [3]Anzuzeigen sind Name, Beruf, weitere berufliche Tätigkeiten und Tätigkeitsort der Beteiligten. [4]§ 9 bleibt unberührt.

(2) Auf Anforderung hat der Notar der Aufsichtsbehörde und der Notarkammer die Vereinbarung über die gemeinsame Berufsausübung oder die gemeinsame Nutzung der Geschäftsräume vorzulegen.

Übersicht

A. Entstehungsgeschichte der Vorschrift

1   Die Vorschrift wurde durch das 3. Änderungsgesetz zur BNotO vom 31.08.1998 (BGBl. I. S. 2585) eingefügt und ist notwendige Folge aus § 9, der in erweiterter Form die Berufsverbindungen zulässt.

B. Erläuterungen

I. Allgemeins

2   Der Notar muss ohne gesonderte Aufforderung der Landesjustizverwaltung anzeigen, mit wem er sich zur gemeinsamen Berufsausübung verbunden hat oder mit wem er gemeinsame Geschäftsräume nutzt. Die Anzeigepflicht besteht auch gegenüber der Notarkammer.

3   Bei sog. **überörtlichen Sozietäten** besteht sie gegenüber der Notarkammer, zu der der Notar gehört, sowie gegenüber der Notarkammer, der der Partner angehört, soweit dieser auch Anwaltsnotar ist. Im Ergebnis bedeutet dies, dass die Anzeigepflicht gegenüber mehreren Landesjustizverwaltungen bzw. mehreren Notarkammern besteht[1]. Die Richtlinienempfehlungen der Bundesnotarkammer vom 29.01.1999[2] haben nur in der Hinsicht Regelungsbedarf gesehen, dass durch Berufsverbindungen die Unabhängigkeit und Unparteilichkeit des Notars nicht beeinträchtigt werden und auch die persönliche, eigenverantwortliche und selbstständige Amtsführung des Notars gewährleistet bleibt.

4   Weiterhin soll die schriftliche Vereinbarung über die Berufsverbindung dies gewährleisten, was natürlich nicht bedeutet, dass sie es lediglich verbal sicherstellen, sondern dass die inhaltlichen Regelungen über die Berufsverbindung diesem Ziel nicht entgegenstehen.

---

1 *Eylmann/Vaasen/Baumann*, § 27 BNotO Rz. 7; a. A. *Schippel/Bracker/Kanzleiter*, § 27 Rz. 4.
2 DNotZ 1999, 261.

II. Geltungszeitpunkt der Vorschrift

Die Vorschrift gilt auch für die bei In-Kraft-Treten des Gesetzes schon bestehenden Berufs-   **5**
verbindungen, weil ansonsten die Vorschrift zunächst keinen Sinn gibt. Der Zweck ihrer
Einführung war die verbesserte Überprüfung auch im Rahmen der Mitwirkungsverbote
nach § 3 BeurkG; würden die bisher schon bestehenden Berufsverbindungen nicht darunter
subsumiert werden können, würde dies eine durch nichts gerechtfertigte Besserstellung der
bisher bestehenden Verbindungen bedeuten, was seinerseits mit dem Gleichheitsgrundsatz
des Art. 3 Abs. 1 GG nicht in Einklang gebracht werden könnte. Darüber hinaus handelt es
sich allenfalls um eine **unechte Rückwirkung**, die nach der Rechtsprechung des BVerfG zulässig ist, denn es wird nicht rückwirkend in abgeschlossene Tatbestände eingegriffen, sondern in noch bestehende Verhältnisse.

III. Form der Zusammenarbeit

Hinsichtlich der Berufsverbindungen ist jegliche Zusammenarbeit gemeint, sei es die echte   **6**
Sozietät in Form der Gesellschaft bürgerlichen Rechts, die Partnergesellschaft, die Rechts-
anwalts-GmbH und auch der Anstellungsvertrag zwischen einem Anwaltsnotar und einem
Rechtsanwalt[3]. Die Bürogemeinschaften sind die dagegen gelockerte Form der Zusammenarbeit, und zwar insofern, als lediglich die Einrichtung der Kanzlei oder Teile davon gemeinsam benutzt werden. Dies reicht von der gemeinsamen Nutzung der Geschäftsräume als
stärkste Form bis zur gemeinsamen Nutzung von Telefonanlagen, Service-Einheiten, Rech-
nern, Computeranlagen und ähnlichen technischen Anlagen.
   Die **gemeinsame Nutzung** braucht sich nicht auf technische Einrichtungen zu beschrän-   **7**
ken, sondern besteht auch dann, wenn Arbeitskräfte gemeinsam ausgetauscht werden. Der
Gesetzgeber vermutet bei jeder dieser Zusammenarbeiten, dass sich Leistung und Gegenleistung nicht immer decken und eine Form der Kooperation stattfindet, die darauf schließen
lässt, dass der eine Partner vom anderen eine Leistung erhält, die wirtschaftlich betrachtet
nicht stets zu einem Austausch gleichwertiger Güter führt.

IV. Offenlegungspflicht

Der Notar muss nach dem Wortlaut Name, Beruf, weitere berufliche Tätigkeiten und Tätig-   **8**
keitsort desjenigen nennen, mit dem er sich zur gemeinsamen Berufsausübung oder sonstigen Verbindung im Sinne des Abs. 1 zusammengeschlossen hat. Mit den weiteren beruflichen Tätigkeiten sind in erster Linie die in § 9 erwähnten Berufe gemeint, also nicht
irgendwelche Nebentätigkeiten und schon gar nicht solche, die jederzeit mit dem Notar eine
Berufsverbindung eingehen können, die also vom notariellen Berufsrecht nicht erfasst werden.
   Die Vorschrift ist durch Gesetz vom 12.12.2007[4] insoweit ergänzt worden, als nunmehr   **9**
ausdrücklich auf § 3 Abs. 1 Nr. 7 BeurkG Bezug genommen wird, der seinerseits auf § 3
Abs. 1 Nr. 4 BeurkG verweist. Inhaltlich ist damit zunächst eine Art einheitliche Handhabung des Berufsrechts erfolgt, weil damit vom Begriff der »beruflichen Zusammenarbeit«
nach dem Beurkundungsgesetz ausgegangen wird, das insoweit die Folgen für die BNotO
vorgibt. Die Ergänzung war aber auch notwendig geworden, weil § 3 Abs. 1 Nr. 7 BeurkG
insofern erweitert wurde, als nunmehr alle Formen der Zusammenarbeit erfasst werden, und
zwar deshalb, weil die sog. Beurkundungsverbote auch dann eingreifen, wenn der Notar, der

---

3 Vgl. dazu *Winkler*, ZNotP Beilage 1/99 S. 3 = MittBayNot 1999, 1.
4 BGBl. I 2007, S. 2840.

gleichzeitig Rechtsanwalt ist, mit einem Partner zusammenarbeitet, der mit ihm in einem sog. verbundenen Unternehmen i.S.d., § 15 AktG beschäftigt ist. Damit hat eine **eindeutige Erweiterung** stattgefunden, denn der potentielle Kreis der in einer Gemeinschaft zusammenarbeitenden Rechtsanwälte und Notare ist auf den der sog. »Sternsozietät« erweitert worden. Es ist damit noch weniger an Zusammenarbeit erforderlich, als bisher verlangt wurde, denn bisher war wenigstens die engere Zusammenarbeit gefordert, die zwar daneben weiterhin besteht, aber nunmehr sehr stark ausgedehnt wurde; § 3 Abs. 1 Nr. 7 BeurkG nimmt ausdrücklich auf die Form der Zusammenarbeit nach § 15 AktG Bezug.

10   Diese Art der Gesetzgebung lässt wegen ihrer Unübersichtlichkeit in Form ständiger Verweisungen und Verschachtelungen zu wünschen übrig, erlaubt eine Vielzahl von Interpretationen und scheint in der Praxis kaum noch durchsetzbar. Wegen der geringen praktischen Bedeutung dürfte eine einengende Auslegung durch die Justiz oder gar durch das Bundesverfassungsgericht nicht zu erwarten sein.

11   Abgesehen davon, dass der Gesetzgeber nunmehr die Rechtsanwälte in erster Linie als »wirtschaftliche Unternehmer« und immer weniger als Organe der Rechtspflege anzusehen scheint, werden die Probleme dadurch verschärft, dass § 15 AktG auf insgesamt fünf weitere Unternehmensbeteiligungsformen Bezug nimmt, die nämlich in §§ 16, 17, 18, 19, 291 f. AktG näher beschrieben sind. An dieser Form der Gesetzgebung ist ebenfalls neu, dass nunmehr Wertungen aus dem Aktienrecht, die also einen ganz anderen Personenkreis schützen sollen, nunmehr in das Berufsrecht für Notare übernommen werden und es muss ernsthaft nach Sinn und Zweck gefragt werden. Es ist ohne Zweifel der Versuch gemacht worden, nachdem sich neue und weitere Formen der Zusammenarbeit bei Rechtsanwälten herausgebildet haben, diese neue soziologische Struktur im Berufsrecht für Notare nach Möglichkeit zu unterbinden. Nachdem offensichtlich dem Gesetzgeber nicht gelungen ist, die Unternehmenszusammenschlüsse bei Rechtsanwälten einzugrenzen, wird nunmehr über das Aktienrecht die Verbindung zwischen einem Rechtsanwalt und einem Anwaltsnotar im notariellen Berufsrecht zu unterbinden versucht.

12   Die **Bundesregierung** hat völlig zu Recht in ihrer Gegenäußerung den Nutzen dieser Vorschrift und die Erweiterung der Mitwirkungsverbote bezweifelt[5]. Zu Recht wird darauf hingewiesen, dass es einer Änderung der BNotO nicht bedarf, weil sowohl eine Neufassung des § 3 Abs. 1 Nr. 4 BeurkG und als dessen Folge eine solche des § 3 Abs. 1 Nr. 7 BeurkG nicht notwendig ist. Darüber hinaus wird die praktische Handhabung in Zweifel gezogen, weil ein »erhöhter Aufwand zur Überwachung« erforderlich ist. Der Einfluss der Bundesnotarkammer wird besonders deutlich in der Stellungnahme des Bundesrates, der sich offenbar die der Bundesnotarkammer zu eigen macht. Letztere argwöhnt, dass sich bei Anwälten und damit auch Anwaltsnotaren konzernartige Strukturen herausbilden könnten, so dass dann offenbar der Gesetzgeber nicht mehr dem Vorschlag widerstehen konnte, die Regelungen des Aktiengesetzes analog anzuwenden.

13   In Kenntnis des Umstandes, dass die Regelung nicht zuletzt unter Mitwirkung der Bundesnotarkammer entstanden ist, wundert es doch, da es gerade die Bundesnotarkammer war, die in ihren Richtlinienempfehlungen zu § 28 BNotO[6] eine nähere Überprüfungsmöglichkeit durch die Landesjustizverwaltungen offen ließ und ein Teil der Rechtsprechung eine nähere Konkretisierung in § 15 DONot für unwirksam hielt[7].

---

5 Stellungnahme der Bundesregierung in BT-Drucks 16/3655 S. 119 ff.
6 Vgl. Ziffer VI 1.2. der Empfehlungen vom 29.01.1999 und ihr folgend alle Notarkammern in ihren verbindlichen Richtlinien.
7 So jedenfalls nur OLG Celle NdsRpfl. 2006, 155; a.A. mit weiteren Argumenten *Lerch*, ZNotP 2001, 214; ZNotP 2002, 166; *Weingärtner/Ehrlich*, DONot, Rz. 231a, *Weingärtner/Wöstmann*, D VI Rz. 16; *Wöstmann*, ZNotP 2002, 98; *Harborth/Lau*, DNotZ 2002, 438.

V. Vorlage der Vereinbarung

Der Notar muss auf Anforderung der Aufsichtsbehörde und der Notarkammer die **Verein-** **barung** in Abschrift vorlegen, die die Berufsverbindung regelt. Dabei genügt es, wenn eine der beiden Institutionen die Vorlage verlangt, also entweder die Dienstaufsicht oder die Notarkammer. Sollte nur eine von beiden die Vorlage verlangen, wird die verlangende Institution der anderen eine Abschrift zugehen lassen. Etwaige damit im Zusammenhang stehende Unkosten hat der Notar zu tragen, weil es sich um eine Amtspflicht seinerseits handelt. Der Notar muss die Vereinbarung im vollen Wortlaut vorlegen und kann nicht Passagen, die er Dritten vorenthalten möchte, unkenntlich machen. Die Landesjustizverwaltung und auch die Notarkammer sollten das Verlangen nach Vorlage begründen, denn es handelt sich um einen nach § 111 anfechtbaren Verwaltungsakt.

Soweit bekannt, wird von dieser Vorschrift in der Praxis so gut wie nicht Gebrauch gemacht. Keinesfalls ist in der Norm eine Art »Gefährdungstatbestand« zu sehen[8], weil diese Auslegung aus dem Wortlaut des Gesetzes nicht zu entnehmen ist und hier mit dem Merkmal »Normzweck« sehr großzügig und nicht mehr der Rechtsdogmatik entsprechend umgegangen wird.

Da es sich um einen anfechtbaren Verwaltungsakt handelt, sollte er schon begründet werden, obwohl dies der Vorschrift nicht unmittelbar zu entnehmen ist; bei fehlender Begründung wird die Aufhebung durch einen Akt der Judikative umso leichter.

14

---

8 So aber *Eylmann/Vaasen/Baumann*, § 27 BNotO Rz. 9.

§ 28

Der Notar hat durch geeignete Vorkehrungen die Wahrung der Unabhängigkeit und Unparteilichkeit seiner Amtsführung, insbesondere die Einhaltung der Mitwirkungsverbote und weiterer Pflichten nach den Bestimmungen dieses Gesetzes, des Beurkundungsgesetzes und der Kostenordnung sicherzustellen.

Richtlinienempfehlungen der Bundesnotarkammer

VI. Die Art der nach § 28 BNotO zu treffenden Vorkehrungen

1.1 Vor Übernahme einer notariellen Amtstätigkeit hat sich der Notar in zumutbarer Weise zu vergewissern, dass Kollisionsfälle i. S. des § 3 Abs. 1 BeurkG nicht bestehen.
1.2. Der Notar hat als Vorkehrungen i. S. des § 28 BNotO Beteiligtenverzeichnisse oder sonstige zweckentsprechende Dokumentationen zu führen, die eine Identifizierung der in Betracht kommenden Personen ermöglichen.

Dienstordnung für Notarinnen und Notare

§ 15 Dokumentationen zur Einhaltung von Mitwirkungsverboten

[1]Die Vorkehrungen zur Einhaltung der Mitwirkungsverbote nach § 3 Abs. 1 Nr. 7 und Nr. 8 erste Alternative, Abs. 2 BeurkG genügen § 28 BNotO und den Richtliniensatzungen nach § 67 Abs. 2 Satz 3 Nr. 6 BNotO, wenn sie zumindest die Identität der Personen, für welche die Notarin oder der Notar oder eine Person i. S. v. § 3 Abs. 1 Nr. 4 BeurkG außerhalb ihrer Amtstätigkeit bereits tätig war oder ist oder welche die Notarin oder der Notar oder eine Person i. S. v. § 3 Abs. 1 Nr. 4 BeurkG bevollmächtigt haben, zweifelsfrei erkennen lassen und den Gegenstand der Tätigkeit in ausreichend kennzeichnender Weise angeben. [2]Die Angaben müssen einen Abgleich mit der Urkundenrolle und den Namensverzeichnissen im Hinblick auf die Einhaltung der Mitwirkungsverbote ermöglichen. [3]Soweit die Notarin oder der Notar Vorkehrungen, die diese Voraussetzungen erfüllen, zur Einhaltung anderer gesetzlicher Regelungen trifft, sind zusätzliche Vorkehrungen nicht erforderlich.

Übersicht

SANDKÜHLER

A. Entstehungsgeschichte der Vorschrift

Die Vorschrift ist durch die Berufsrechtsnovelle 1998[1] eingefügt worden.

1

B. Erläuterungen

I. Bedeutung der Vorschrift

1. Bedeutung von Unabhängigkeit und Unparteilichkeit

Nach § 14 Abs. 1 Satz 2 ist der Notar nicht Vertreter einer Partei, sondern unabhängiger und unparteiischer Betreuer der Beteiligten. Unabhängigkeit und Unparteilichkeit sind **prägende Wesensmerkmale** des Notaramtes[2]. Dabei bedeutet »Unabhängigkeit« nicht die in § 1 geregelte statusbeschreibende Unabhängigkeit des Notars gegenüber dem Land, das ihm sein Amt anvertraut hat, sondern die Freiheit von Interessenbindungen, welche die Unparteilichkeit gefährden könnten[3].

2

2. Zweck der Vorkehrungen

Aus der Statusbestimmung in § 1 und dem beschreibenden Tatbestand des § 14 Abs. 1 Satz 2 ist von jeher die **Pflicht** der Notare hergeleitet worden, ihre Unabhängigkeit und Unparteilichkeit bei jeglicher Amtstätigkeit zu wahren. Bezugspunkt dieser Pflicht ist die notarielle Tätigkeit im **Einzelfall**. § 28 verlangt darüber hinaus von dem Notar Vorsorgemaßnahmen: Er muss seine Amtsführung so organisieren, dass seine unabhängige und unparteiische Amtsführung für alle künftigen Fälle, d. h. **generell**, gewährleistet ist. Damit soll zweierlei erreicht werden[4]:

3

– Zum einen soll den Gefährdungen vorgebeugt werden, die sich aus den erweiterten Möglichkeiten zur beruflichen Verbindung in interprofessionellen und überörtlichen Sozietäten sowie in Bürogemeinschaften (§ 9 Abs. 2) ergeben können. Dies ist die »Appellfunktion« der Vorschrift[5].
– Zum anderen soll den Aufsichtsorganen eine effiziente Überwachung der Einhaltung der Berufspflichten (§ 93) ermöglicht werden. Die Vorschrift hat insoweit eine Kontrollfunktion[6].

---

1 Art. 1 Nr. 22 des Dritten Gesetzes zur Änderung der Bundesnotarordnung und anderer Gesetze v. 31.08.1998 (BGBl. I S. 2585).
2 Siehe § 14 Rz. 30, 40.
3 Vgl. § 14 Rz. 32.
4 Vgl. amtl. Begründung (BT-Drucks. 13/4184 S. 27).
5 *Hermanns*, MittRhNotK 1998, 359, 360.
6 *Hermanns* (Fußn. 5).

II. Schaffung von Vorkehrungen

1. Notarielle Amtspflicht

a) Bindungswirkung

4 Nach der Begründung des Regierungsentwurfs sollte es »von den Gegebenheiten des Einzelfalls, insbesondere von der Ausgestaltung einer etwaigen beruflichen Verbindung sowie von den zumutbarerweise in Frage kommenden praktischen Möglichkeiten [...] abhängen, **ob** das Treffen besonderer Vorkehrungen [...] erforderlich ist«[7]. Da die Vorschrift den Notar jedoch **vorbehaltlos verpflichtet**, die Wahrung seiner Berufspflichten sicherzustellen, hat er nur noch über das »Wie«, nicht aber über das »Ob« von Vorkehrungen zu entscheiden.

b) Adressaten der Pflicht

5 Die Vorschrift zielt in erster Linie darauf ab, Verstöße gegen Mitwirkungsverbote im Bereich des Anwaltsnotariats zu verhindern; das gilt insbesondere für das Verbot des § 3 Abs. 1 Satz 1 Nr. 7 (Vorbefassung). Die Mitwirkungsverbote gelten jedoch – einschließlich der Regelung in Nr. 7 – nicht nur für Anwaltsnotare, sondern auch für Nurnotare[8]. **Adressaten** der Pflicht zur Schaffung von Vorkehrungen sind daher sowohl die hauptberuflich bestellten Notare (Nurnotare) als auch die Notare im Nebenberuf (Anwaltsnotare).

2. Zu sichernde Pflichten

a) Schutzgut der Vorschrift

6 **Schutzgut** der Vorschrift ist nur die **notarielle Amtsführung**, nicht die anwaltliche Tätigkeit eines Anwaltsnotars. Die Vorschrift hat nicht den Zweck, auch die Einhaltung anwaltlicher Tätigkeitsverbote nach § 45 BRAO zu gewährleisten. Dem entspricht es, dass § 15 DONot Vorkehrungen nur zur Einhaltung der Mitwirkungsverbote nach § 3 BeurkG vorsieht. Auch in Abschn. VI der Richtlinienempfehlungen der Bundesnotarkammer ist von der Wahrung anwaltlicher Tätigkeitsverbote keine Rede. Ein Notar kann deshalb nicht allein deshalb wegen Verstoßes gegen § 45 Abs. 1 Nr. 1 BRAO gemaßregelt werden, weil er keine ausreichenden Vorkehrungen im Sinne des § 28 BNotO i. V. m. § 15 DONot getroffen oder sein Büropersonal nicht ausreichend zur Herstellung und Verwendung von Dokumentationen angeleitet hat.

b) Unabhängigkeit und Unparteilichkeit

7 Zweck der Vorkehrungen ist es, die Wahrung der **Unabhängigkeit** und **Unparteilichkeit** der notariellen Amtsführung sicherzustellen. Dazu zählt das Gesetz in einer diffusen Aneinanderreihung *insbesondere* die Einhaltung der Mitwirkungsverbote und weiterer Pflichten nach der BNotO, dem Beurkundungsgesetz und der Kostenordnung. Die Formulierung »insbesondere« zeigt, dass es nicht Aufgabe der Vorkehrungen sein soll, die Beachtung *aller* dem Notar nach der BNotO, dem BeurkG und der KostO obliegenden Pflichten zu sichern; dies wäre auch kaum möglich. *Weitere Pflichten* im Sinne der Vorschrift sind daher nur solche, die – wie etwa § 29 BNotO[9] – einen inneren Bezug zur notariellen Unabhängigkeit und Unparteilichkeit haben.

---

7 BT-Drucks. 13/4184, S. 27. Hervorhebung vom *Verf.*
8 Näher dazu: § 16 Rz. 73.
9 Vgl. dazu § 29 Rz. 6.

SANDKÜHLER

c) Möglichkeit der Sicherung

Voraussetzung für die Pflicht aus § 28 ist ferner, dass die Einhaltung von Berufspflichten ihrer Art nach durch Vorsorgemaßnahmen gesichert werden **kann**. Dies ist hinsichtlich der Beachtung der Mitwirkungsverbote der Fall, hinsichtlich der »weiteren Pflichten« aber durchweg zweifelhaft. Durch Vorkehrungen sicherbar sind etwa die Pflicht, dafür zu sorgen, dass sich auch das Personal des Notars nicht mit Geschäften im Sinne des § 14 Abs. 4 befasst, die Pflicht zur Gebührenerhebung (§ 17 Abs. 1)[10] sowie das Verbot der Vorteilsgewährung und der Gebührenbeteiligung (§ 17 Abs. 1 Satz 4)[11]; der Notar kann insoweit durch entsprechende Vereinbarungen innerhalb seiner Berufsverbindung[12] und durch Dienstanweisungen an sein Personal Vorsorge für die Zukunft treffen. Die sonstigen Pflichten, die einen Bezug zur Unabhängigkeit und Unparteilichkeit haben – etwa das Vermittlungs- und Gewährleistungsverbot des § 14 Abs. 4 Satz 1, das Beteiligungsverbot des § 14 Abs. 5, die Pflichten nach § 17 Abs. 1 Satz 2 und Abs. 2a BeurkG, das Verhaltensgebot des § 54c Abs. 3 –, sind jeweils im Einzelfall zu beachten; ihre Einhaltung lässt sich aber schwerlich durch Vorkehrungen sichern.

8

3. Gesetzliche Anforderungen

a) Keine Festlegung der Vorkehrungsart

Das Gesetz verlangt nur, dass **geeignete** Vorkehrungen zu schaffen sind, ordnet aber eine bestimmte Art von Vorkehrungen nicht an. Insbesondere schreibt § 28 nicht die Führung von **Beteiligtenverzeichnissen** vor[13]. Dass eine dahingehende Festlegung im Gesetzgebungsverfahren nicht gewollt war, ergibt sich aus der amtlichen Begründung zum Entwurf des § 28, welche die Anlage eines Beteiligtenverzeichnisses nur beispielhaft nennt[14].

9

b) Richtlinienempfehlungen der Bundesnotarkammer

Nähere Regelungen über die Art der Vorkehrungen können – müssen aber nicht – in den **Richtliniensatzungen** der regionalen Notarkammern getroffen werden (§ 67 Abs. 2 Satz 3 Nr. 6). Sie sind für den einzelnen Notar verbindlich.

Die **Richtlinienempfehlungen** der Bundesnotarkammer[15] sehen als mögliche und zweckmäßige Vorkehrungen vor

- die Führung von Beteiligtenverzeichnissen oder sonstiger Dokumentationen, welche eine Identifizierung der nach § 3 BeurkG in Betracht kommenden Personen ermöglichen (Abschn. VI Nr. 1.1),
- die Festlegung von Offenbarungspflichten bezüglich § 3 Abs. 1 BeurkG und § 14 Abs. 5 BNotO in den einer beruflichen Verbindung zugrunde liegenden schriftlichen Vereinbarungen (Abschn. VI Nr. 2),
- die Übertragung der Verbote des § 17 Abs. 1 Satz 4 BNotO auf die Mitglieder einer beruflichen Verbindung durch entsprechende Ausgestaltung der zugrunde liegenden Vereinbarungen (Abschn. VI Nr. 3.3).

10

---

10 Siehe § 17 Rz. 58.
11 Näher dazu unten Rz. 20.
12 Siehe unten Rz. 15, 20.
13 Unrichtig insoweit: *Lerch*, BWNotZ 1999, 41, 45.
14 Siehe Fn. 4.
15 Abdruck: DNotZ 1999, 259.

4. Vorkehrungsmöglichkeiten

a) Beteiligtenverzeichnisse

11 Um die Einhaltung der Mitwirkungsverbote zu gewährleisten und der Aufsichtsbehörde diesbezügliche Kontrollmöglichkeiten zu eröffnen, bietet sich in erster Linie die Anlegung von **Beteiligtenverzeichnissen** an.

aa) Personen und Angelegenheiten

12 Sie sollten so beschaffen sein, dass jederzeit erkennbar ist, ob ein Mitwirkungsverbot nach § 3 Abs. 1 Satz 1 BeurkG besteht. Da die Geltung der Mitwirkungsverbote sowohl von der Identität der beteiligten Personen als auch von dem Gegenstand ihrer Beteiligung abhängt, muss ein Beteiligtenverzeichnis die genaue Feststellung sowohl der **Person** als auch der **Angelegenheit** ermöglichen, in der sie beteiligt war. Bloße Namenslisten werden diesem Zweck nicht gerecht. Erforderlich ist vielmehr, dass auch der Gegenstand der Beteiligung möglichst konkret angegeben wird[16]. Eine genaue Konkretisierung liegt im Interesse sowohl des Notars, der sonst gegebenenfalls durch Einsicht in Handakten oder sonstige Unterlagen feststellen müsste, um welche Angelegenheit es sich gehandelt hat, als auch der Aufsichtsbehörde, die sonst nähere Aufschlüsse von dem Notar verlangen (§ 93 Abs. 4 Satz 1) und ihnen unter Umständen nachgehen müsste.

bb) Berufsausübungs- und Bürogemeinschaften

13 Bei der Anlegung von Beteiligtenverzeichnissen ist zu berücksichtigen, dass Mitwirkungsverbote an die Person nicht nur des Notars, sondern auch derjenigen anknüpfen, mit denen er sich zur **gemeinsamen Berufsausübung** verbunden hat oder mit denen er **gemeinsame Geschäftsräume** hat (§ 3 Abs. 1 Satz 1 Nr. 4 bis 8 BeurkG). Die Verzeichnisse müssen in diesen Fällen auch die Klientel der in Berufsausübungs- oder Bürogemeinschaft verbundenen Personen erfassen. Sie stellen bei interprofessionellen und/oder überregionalen Berufsverbindungen ein wichtiges und oft das einzige Hilfsmittel dar, um zu prüfen, ob der Notar einem Mitwirkungsverbot unterliegt bzw. zur Zeit seiner Amtstätigkeit unterlegen hat.

14 (1) Eine **gesetzliche Verpflichtung** der mit dem Notar verbundenen Personen, solche übergreifenden Verzeichnisse zu führen oder ihre Führung zu dulden, besteht allerdings nicht. Zwar müssen sie den Aufsichtsbehörden Auskünfte erteilen und Akten vorlegen, soweit dies für die Prüfung der Einhaltung der Mitwirkungsverbote erforderlich ist (§ 93 Abs. 4 Satz 2). Dabei handelt es sich jedoch nur um Auskünfte und Aktenvorlagen im Einzelfall. Eine Verpflichtung, übergreifende Verzeichnisse zu erstellen oder erstellen zu lassen, ergibt sich daraus nicht. Auch die Notarkammern können eine solche Verpflichtung nicht durch **Richtlinien** im Sinne des § 67 Abs. 2 Satz 3 Nr. 6 begründen; denn ihre Satzungskompetenz erstreckt sich nur auf die ihr angehörenden Notare. Kraft öffentlichen Rechts sind die in Berufsausübungs- oder Bürogemeinschaft mit dem Notar verbundenen Personen daher berechtigt, die Anlegung und Führung von Beteiligtenverzeichnissen abzulehnen. Das Gesetz trägt damit dem Umstand Rechnung, dass die Führung übergreifender Beteiligtenverzeichnisse die berufliche Verschwiegenheitspflicht der mit dem Notar verbundenen Personen als Rechtsanwalt, Kammerrechtsbeistand, Patentanwalt, Steuerberater, Steuerbevollmächtigter, Wirtschaftsprüfer oder vereidigter Buchprüfer (§ 9 Abs. 2) beeinträchtigen kann.

15 (2) Das schließt jedoch nicht aus, dass die zur Berufsausübung oder in Bürogemeinschaft verbundenen Personen gegenüber dem **Notar** verpflichtet sein können, Beteiligtenverzeichnisse zu führen oder durch ihn führen zu lassen. Eine solche Verpflichtung kann in den der Berufsverbindung zugrunde liegenden Vereinbarungen oder durch Absprache im Einzelfall begründet werden. Soweit Richtlinien der Notarkammer den Notar verpflichten, Beteiligtenverzeichnisse zu führen, *muss* er eine entsprechende Verpflichtung der mit ihm verbunde-

---

16 *Lerch*, BWNotZ 1999, 41, 45.

nen Personen herbeiführen. Gelingt ihm das nicht, wird die Verbindung nach § 9 Abs. 3 zu **untersagen** sein, da sie keine Gewähr dafür bietet, dass die Unabhängigkeit und Unparteilichkeit des Notars gewahrt bleibt.

cc) Form der Verzeichnisse

In welcher **Form** Beteiligtenverzeichnisse zu führen sind, kann der Entscheidung des Notars überlassen bleiben. Nach § 15 Abs. 2 DONot findet § 6 DONot keine Anwendung. Damit ist klargestellt, dass die Dokumentation nicht in Papierform herzustellen ist. Eine gesicherte Speicherung im Rahmen elektronischer Datenverarbeitung reicht aus, sofern sie den jederzeitigen Zugriff des Notars und die Prüfung durch die Aufsichtsbehörde ermöglicht[17]. Werden im Bereich des Anwaltsnotariats die Mandate getrennt nach anwaltlicher und notarieller Tätigkeit erfasst, muss sichergestellt werden, dass ein etwaiger Zusammenhang zwischen notarieller und anwaltlicher Tätigkeit erkannt wird[18]. Wird ein Abgleich nicht durch EDV-Programm ermöglicht, muss er »von Hand« vorgenommen werden.

§ 15 DONot enthält nähere Bestimmungen über die Führung von Beteiligtenverzeichnissen. Gegen die Befugnis der Landesjustizverwaltungen zum Erlass derartiger Anordnungen bestehen Bedenken. Denn nachdem § 67 Abs. 2 Satz 1 Nr. 6 BNotO die Bestimmung näherer Einzelheiten über die Art der nach § 28 vorgeschriebenen Vorkehrungen der Richtlinienkompetenz der Notarkammern zugewiesen hat, ist für Regelungen durch die Landesjustizverwaltungen kein Raum mehr[19]. Insbesondere ist es nicht zulässig, in der DONot Bestimmungen mit dem Anspruch auf bundesweite Geltung zu treffen, obwohl die Notarkammern unterschiedliche Richtlinien zu § 28 erlassen haben[20].

dd) Aufbewahrungsdauer

Da das Mitwirkungsverbot des § 3 Abs. 1 Satz 1 Nr. 7 BeurkG nicht nur bei gegenwärtiger, sondern auch bei vergangener Vorbefassung gilt[21], muss der Notar seine Mitwirkung auch dann versagen, wenn die Vorbefassung lange Zeit zurückliegt. Um ihm und der Aufsichtsbehörde eine entsprechende Prüfung zu ermöglichen, müssen die Beteiligtenverzeichnisse **auf Dauer** aufbewahrt werden[22].

b) Sonstige Verzeichnisse

Mit Blick auf § 3 Abs. 1 Satz 1 Nr. 8, 9 BeurkG kann es zweckmäßig sein, Verzeichnisse über ständige **Dienst-** oder ähnliche ständige **Geschäftsverhältnisse** und über **Gesellschaftsbeteiligungen** des Notars und der mit ihm in Berufsausübungs- oder Bürogemeinschaft verbundenen Personen zu führen. Verzeichnissen über Dienst- oder ähnliche ständige Geschäftsverhältnisse kommt allerdings in der Praxis nur geringe Bedeutung zu, weil der Notar ein solches Verhältnis nicht eingehen darf[23].

c) Unterrichtungspflichten

aa) Falls Beteiligten- oder sonstige Verzeichnisse nicht zu führen sind, muss der Notar durch vertragliche Absprachen mit den ihm in Berufsausübungs- oder Bürogemeinschaft **verbundenen Personen** sicherstellen, dass diese ihm auf Verlangen jederzeit Auskunft

---

17 *Lerch*, BWNotZ 1999, 41, 45; *Weingärtner/Ehrlich*, Rz. 252.
18 OLG Köln, Senat für Notarsachen, Beschl. v. 15.04.2002 – 2 X(Not) 6/01 (n.v.).
19 So zutreffend *Maaß*, ZNotP 2001, 330. Differenzierend: *Mihm/Bettendorf*, DNotZ 201, 22, 38. Siehe auch § 14 Rz. 24 und § 23 Rz. 104.
20 *Maaß* Fußn. 19). Siehe auch *Starke*, FS Bezzenberger, S. 611, 625.
21 Siehe § 16 Rz. 78.
22 *Lerch*, BWNotZ 1999, 41, 45.
23 Siehe § 14 Rz. 280.

– über ihre berufliche Tätigkeit, insbesondere über ihre Mandanten und deren Angelegenheiten,
– über bestehende ständige Dienst- oder ähnliche ständige Geschäftsverhältnisse sowie
– über ihre Gesellschaftsbeteiligungen

geben, soweit dies zur Erfüllung der notariellen Pflicht zu Unabhängigkeit und Unparteilichkeit notwendig ist. Die Entscheidung darüber, ob eine solche Notwendigkeit besteht, muss durch die Vereinbarung dem Notar überlassen werden.

21   bb) Unabdingbar ist, dass der Notar sein **Personal** anweist, bei der Übernahme neuer Mandate zu prüfen, ob Anhaltspunkte für ein Mitwirkungsverbot bestehen, und ihn darüber zu unterrichten.

d) Verbots- und Gebotsabsprachen

22   Als Vorkehrung kommt schließlich in Betracht, die Beachtung der notariellen Berufspflichten – insbesondere das Verbot des Versprechens oder Gewährens von Vorteilen und der Gebührenbeteiligung Dritter (§ 17 Abs. 1 Satz 4) sowie die Einhaltung der Werbebeschränkungen in überörtlichen Berufsverbindungen (§ 29 Abs. 3) – durch **vertragliche** oder **Einzelabsprachen** den mit dem Notar zur gemeinsamen Berufsausübung oder in Bürogemeinschaft verbundenen Personen aufzuerlegen. Sind diese nicht bereit, das Verbot für sich gelten zu lassen, wird die Aufsichtsbehörde zu prüfen haben, ob die Verbindung nach § 9 Abs. 3 zu untersagen ist[24].

5. Wechsel in der beruflichen Zusammenarbeit

23   Bei einem **Sozietätswechsel** führt die Vorbefassung des Notars dazu, dass die abgebende Sozietät von dem Mitwirkungsverbot nach § 3 Abs. 1 Satz 1 Nr. 7 BeurkG frei, die aufnehmende damit belastet wird[25]. Um seiner Dokumentationspflicht auch gegenüber der aufnehmenden Sozietät gerecht werden zu können, muss der Notar die von ihm getroffenen Vorkehrungen im Sinne des § 28 in die neue Sozietät einbringen, soweit sie seine eigene Vorbefassung betreffen[26].

Entsprechendes gilt beim Wechsel einer anderen Form beruflicher Zusammenarbeit.

24 Siehe oben Rz. 15.
25 Siehe § 16 Rz. 55.
26 *Bundesnotarkammer*, Rdschr. Nr. 22/2001 (Internetabruf unter www.bnotk.de).

§ 29

(1) Der Notar hat jedes gewerbliche Verhalten, insbesondere eine dem öffentlichen Amt widersprechende Werbung zu unterlassen.

(2) Eine dem Notar in Ausübung seiner Tätigkeiten nach § 8 erlaubte Werbung darf sich nicht auf seine Tätigkeit als Notar erstrecken.

(3) [1]*Ein Anwaltsnotar, der sich nach § 9 Abs. 3 mit nicht an seinem Amtssitz tätigen Personen verbunden oder mit ihnen gemeinsame Geschäftsräume hat, darf seine Amtsbezeichnung als Notar auf Drucksachen und anderen Geschäftspapieren nur angeben, wenn sie von seiner Geschäftsstelle aus versandt werden und auch nur auf demjenigen Amts- oder Namensschild führen, das an seinem Amtssitz auf seine Geschäftsstelle hinweist.* [2]*In überörtlich verwendeten Verzeichnissen ist der Angabe der Amtsbezeichnung ein Hinweis auf den Amtssitz hinzuzufügen.*

[Anmerkung der Verfasser:
Gem. Beschluss des BVerfG vom 08.03.2005 ist Absatz 3 Satz 1 der Vorschrift mit Art. 12 Abs. 1 GG unvereinbar, soweit bestimmt ist, dass ein Anwaltsnotar, der sich mit nicht an seinem Amtssitz tätigen Personen beruflich verbunden oder mit ihnen gemeinsame Geschäftsräume hat, seine Amtsbezeichnung als Notar auf Drucksachen und anderen Geschäftspapieren nur angeben darf, wenn sie von seiner Geschäftsstelle aus versandt werden.]

Richtlinienempfehlungen der Bundesnotarkammer

VII. Auftreten des Notars in der Öffentlichkeit und Werbung

1.1. Der Notar darf über die Aufgaben, Befugnisse und Tätigkeitsbereiche der Notare öffentlichkeitswirksam unterrichten, auch durch Veröffentlichungen, Vorträge und Äußerungen in den Medien.

1.2. Werbung ist dem Notar insoweit verboten, als sie Zweifel an der Unabhängigkeit oder Unparteilichkeit des Notars zu wecken geeignet oder aus anderen Gründen mit seiner Stellung in der vorsorgenden Rechtspflege als Träger eines öffentlichen Amtes nicht vereinbar ist.

1.3. Mit dem öffentlichen Amt des Notars unvereinbar ist ein Verhalten insbesondere, wenn
a) es auf die Erteilung eines bestimmten Auftrags oder Gewinnung eines bestimmten Auftraggebers gerichtet ist,
b) es den Eindruck der Gewerblichkeit vermittelt, insbesondere den Notar oder seine Dienste reklamehaft herausstellt,
c) es eine wertende Selbstdarstellung des Notars oder seiner Dienste enthält,
d) der Notar ohne besonderen Anlass allgemein an Rechtsuchende herantritt,
e) es sich um irreführende Werbung handelt.

1.4. Der Notar darf eine dem öffentlichen Amt widersprechende Werbung durch Dritte nicht dulden.

2.1. Der Notar darf im Zusammenhang mit seiner Amtsbezeichnung akademische Grade, den Titel Justizrat und den Professortitel führen.

2.2. Hinweise auf weitere Tätigkeiten i. S. von § 8 Abs. 1, 3 und 4 BNotO sowie auf Ehrenämter sind im Zusammenhang mit der Amtsausübung unzulässig.

3. Der Notar darf sich nur in solche allgemein zugängliche Verzeichnisse aufnehmen lassen, die allen örtlichen Notaren offenstehen. Für elektronische Veröffentlichungen gilt dies entsprechend.

4. Anzeigen des Notars dürfen nicht durch Form, Inhalt, Häufigkeit oder auf sonstige Weise der amtswidrigen Werbung dienen.

5. Der Notar darf sich an Informationsveranstaltungen der Medien, bei denen er in Kontakt mit dem rechtsuchenden Publikum tritt, beteiligen. Er hat dabei die Regelungen der Nrn. 1 und 2 zu beachten.

6. Der Notar darf Broschüren, Faltblätter und sonstige Informationsmittel über seine Tätigkeit und zu den Aufgaben und Befugnissen der Notare in der Geschäftsstelle bereithalten. Zulässig ist auch das Bereithalten dieser Informationen in Datennetzen und allgemein zugänglichen Verzeichnissen. Die Verteilung oder Versendung von Informationen ohne Aufforderung ist nur an bisherige Auftraggeber zulässig und bedarf eines sachlichen Grundes.

§ 29

Übersicht

A. Entstehungsgeschichte der Vorschrift

1 1. Die Vorschrift ist durch die Berufsrechtsnovelle 1998[1] eingefügt worden. Bis zu ihrem Inkrafttreten sah § 2 der von der Bundesnotarkammer aufgestellten **Allgemeinen Richtlinien für die Berufsausübung der Notare** (RLNot)[2] ein generelles Werbeverbot für Notare vor; danach wurde jegliches Werben um Praxis als »mit dem Ansehen und der Würde des Notars *unvereinbar*« angesehen. Die Richtlinien hatten jedoch nicht den Charakter von Rechtsnormen[3]. Das Werbeverbot wurde deshalb in der Rechtsprechung unmittelbar aus den das Berufsbild prägenden Vorschriften der BNotO abgeleitet[4].

2 2. Nachdem – angestoßen durch die Entscheidung des Bundesverfassungsgerichts zur Unzulässigkeit des auf anwaltliche Standesrichtlinien gestützten Werbeverbotes[5] – diesbezügliche Vorschriften in die Berufsordnungen nahestehender rechts- oder wirtschaftsberatender Berufe eingefügt worden waren (§ 43b BRAO, § 57a StBerG, § 52 WPO), hat der Gesetzgeber durch Einfügung des § 29 die Zulässigkeit von Werbung auch im Berufsrecht der Notare normiert[6].

3 Gem. Beschluss des BVerfG vom 08.03.2005 ist Absatz 3 Satz 1 der Vorschrift mit Art. 12 Abs. 1 GG unvereinbar, soweit bestimmt ist, dass ein Anwaltsnotar, der sich mit nicht an seinem Amtssitz tätigen Personen beruflich verbunden oder mit ihnen gemeinsame Ge-

---

1 Art. 1 Nr. 22 des Dritten Gesetzes zur Änderung der Bundesnotarordnung und anderer Gesetze v. 31.08.1998 (BGBl. I S. 2585).
2 Abdruck: *Weingärtner*, Notarrecht, 6. Aufl. 1999, Ord.-Nr. 130.
3 Vgl. *Arndt/Lerch/Sandkühler*, BNotO, 3. Aufl. 1996, § 14 Rz. 45 ff.
4 BGHZ 106, 212, 214.
5 BVerfGE 76, 196.
6 BT-Drucks. 13/4184, S. 27.

schäftsräume hat, seine Amtsbezeichnung als Notar auf Drucksachen und anderen Geschäftspapieren nur angeben darf, wenn sie von seiner Geschäftsstelle aus versandt werden[7].

B. Erläuterungen

I. Verbot gewerblichen Verhaltens (Abs. 1)

1. Bedeutung der Vorschrift

a) Amtscharakter notarieller Berufsausübung

Als Organ der vorsorgenden Rechtspflege übt der Notar nicht einen auf Gewinnerzielung **4** ausgerichteten Beruf, sondern ein **öffentliches Amt** aus (§ 1). Die Nähe seines Amtes zum öffentlichen Dienst rechtfertigt es, seine Berufsausübung an anderen und engeren Maßstäbe zu messen, als sie für Angehörige freier rechts- oder wirtschaftsberatender Berufe gelten[8]. Insbesondere muss sich sein nach außen gerichtetes Verhalten an dem Amtscharakter seines Berufs ausrichten. Es darf nicht den Eindruck erwecken, sein Beruf sei ein Gewerbe und seine Unabhängigkeit und Unparteilichkeit würden durch das Streben nach Gewinnmaximierung beeinflusst[9]. § 29 Abs. 1 verbietet dem Notar deshalb ausnahmslos jegliches **gewerbliche Verhalten**.

b) Gesetzliche Konkretisierugen des Verbots

Wichtige **Konkretisierungen** dieses Verbotes enthalten die Vorschriften über **5**
– die Unterhaltung mehrerer Geschäftsstellen und die Abhaltung auswärtiger Sprechtage (§ 10 Abs. 4),
– die Urkundstätigkeit außerhalb des Amtsbereichs (§ 10a Abs. Abs. 2) und des Amtsbezirks (§ 11 Abs. 2),
– das Vermittlungs- und Gewährleistungsverbot (§ 14 Abs. 4),
– die Beteiligung an Gesellschaften (§ 14 Abs. 5) sowie
– die Pflicht zur Gebührenerhebung (§ 17 Abs. 1).

c) Richtlinien der Notarkammern

Nach § 67 Abs. 3 Satz 3 sind die **Notarkammern** ermächtigt, im Wege der Satzung Richt- **6** linien für das nach § 29 zu beachtende Verhalten aufzustellen. Die Richtlinienempfehlungen der Bundesnotarkammer enthalten dazu detaillierte Vorschläge[10]; sie werden nachstehend im Zusammenhang mit den einzelnen Aspekten des Werbeverbotes erläutert. Die Richtlinien der regionalen Notarkammern stimmen hinsichtlich der Zulässigkeit von Werbung weitgehend mit den Empfehlungen der Bundesnotarkammer überein[11].

---

7 BVerfGE 112, 255 = DNotZ 2005, 931 m. Anm. *Armasow*. Näher dazu unten Rz. 44.
8 BVerfGE 73, 280 = DNotZ 1998, 69 m. Anm. *Schippel* (sog. Logo-Entscheidung). Das BVerfG hat in diesem Beschluss die Verfassungsmäßigkeit des § 29 BNotO schon vor dessen Inkrafttreten bestä-
9 Vgl. BT-Drucks. 13/4184, S. 27.
10 Näher zur Werbung der Notare unter Berücksichtigung der Richtlinienempfehlungen: *Weingärtner/Wöstmann*,Richtlinienempfehlungen BNotK/Richtlinien Notarkammern, S. 287 ff.
11 Zu den Abweichungen vgl. *Weingärtner/Wöstmann*, S. 325 ff.

2. Verbot amtswidriger Werbung

a) Zweck des Verbots

7 Als besondere Ausprägung gewerblichen Verhaltens verbietet das Gesetz jegliche **amtswidrige Werbung** um Mandantschaft. Zwar kann das Verbot nicht gewährleisten, dass Notare ihren Beruf entsprechend den Berufspflichten im engeren Sinne ausüben; es dient aber als flankierende Maßnahme der Sicherung einer ordnungsgemäßen Berufsausübung. Dadurch erhält es seine verfassungsrechtliche Rechtfertigung[12]. Zweck des Verbotes ist es, die notarielle Unabhängigkeit und Unparteilichkeit zu schützen[13]. Als amtswidrig sieht das BVerfG eine Werbung an, wenn das werbende Verhalten des Notars Zweifel an seiner Unparteilichkeit erweckt oder die Bereitschaft zur Verletzung seiner Amtspflichten signalisiert[14]. Indes ist diese Sicht zu eng. Schutzzweck des Werbeverbots ist auch das Vertrauen der Öffentlichkeit in das Notariat als staatliche Einrichtung und in das Notaramt als solches[15]. Das Verhalten des Notars soll bei den Rechtsuchenden nicht den Eindruck erwecken, er übe sein Amt ähnlich wie andere Träger freier Berufe mit dem Ziel – an sich legitimer – Einkommensmaximierung aus. Dagegen soll das Verbot amtswidriger Werbung nicht das wirtschaftliche Interesse konkurrierender Berufsträger schützen.

b) Begriff der Werbung

8 Der **Begriff** der Werbung ist gesetzlich nicht definiert. Naturgemäß ist jede positive Eigendarstellung des Notars in Wort, Schrift oder Bild, vor allem aber in der Art seiner Amtsausübung, geeignet, für ihn zu werben. Gegen ein solches werbewirksames Verhalten richtet sich das Verbot des § 29 nicht. Nicht zu beanstanden ist auch eine sachliche Unterrichtung über Art und Ort der beruflichen Tätigkeit des Notars. Unter Werbung im Sinne des § 29 ist vielmehr ein Verhalten zu verstehen, das darauf angelegt ist, das rechtsuchende Publikum als ganzes oder einzelne Personen auf die Dienstleistungen des Notars aufmerksam zu machen und zu motivieren, ihn mit notariellen Amtsgeschäften zu betrauen[16]. Ob das der Fall ist, bestimmt sich nach objektiven Kriterien; maßgeblich ist die Verkehrsanschauung[17]. Ein werbendes Verhalten kann dem Notar daher auch dann untersagt werden, wenn er eine Werbewirkung nicht beabsichtigt hat.

9 **Werbemaßnahmen** können der Einsatz von Werbemitteln wie Anzeigen, Drucksachen oder Werbegeschenken oder die direkte Ansprache einzelner Personen sein. Als **Werbeträger** kommen insbesondere Geschäftspapiere, Postsendungen, Zeitungen, Zeitschriften, papiergebundene und elektronische Verzeichnisse, Hörfunk und Fernsehen sowie Auftritte im Internet in Betracht.

c) Grundsätze zur Zulässigkeit von Werbung

10 § 29 Abs. 1 begründet kein **allgemeines Werbeverbot**[18]. Die Freiheit der Berufsausübung (Art. 12 Abs. 1 GG) umfasst die berufsbezogene Außendarstellung des Grundrechtsträgers einschließlich der Werbung für die Inanspruchnahme seiner Dienste[19]. Auch dem Notar ist es daher gestattet, in amtsgemäßer Weise für sich zu werben, ohne dass er dazu einer beson-

---

12 BVerfG DNotZ 1998, 69, 72 m. Anm. *Schippel*.
13 BVerfG DNotZ 1998, 69, 72.
14 DNotZ 2005, 931, 932.
15 So zutreffend *Vollhardt*, MittBayNot 2006, 205, 206.
16 Ähnlich: BGH NJW 1992, 45.
17 BGH NJW 1992, 45; *Feuerich/Weyland*, BRAO, § 43b Rz. 5; *dies.*, § 6 BORA Rz. 6 ff.; *Henssler/Prütting/Eylmann*, BRAO, § 43b Rz. 18.
18 Plädoyer für notarielles Marketing: *Kilian/vom Stein/Chr. Sandkühler*, Praxishandbuch für Anwaltskanzlei und Notariat, § 15 Rz. 1 ff.
19 BVerfGE 112, 255 = DNotZ 2005, 931.

deren Erlaubnis bedürfte[20]. Amtswidrig ist eine Werbung nur dann, wenn sie die ordnungsgemäße Berufsausübung des Notars in Frage stellt[21].

aa) Richtlinienempfehlungen der Bundesnotarkammer

Die **Richtlinienempfehlungen** der Bundesnotarkammer sehen als Grundsatz vor, dass Wer- **11**
bung dem Notar insoweit verboten ist, als sie Zweifel an seiner Unabhängigkeit oder Unparteilichkeit zu wecken geeignet oder aus anderen Gründen mit seiner Stellung in der vorsorgenden Rechtspflege als Träger eines öffentlichen Amtes nicht vereinbar ist (Abschn. VII).
Unvereinbar ist ein Verhalten danach insbesondere,
– wenn es auf die Erteilung eines bestimmten Auftrags oder Gewinnung eines bestimmten
  Auftraggebers gerichtet ist,
– es den Eindruck der Gewerblichkeit vermittelt, insbesondere den Notar und seine Dienste reklamehaft herausstellt,
– es eine wertende Selbstdarstellung des Notars oder seiner Dienste enthält,
– der Notar ohne besonderen Anlass allgemein an Rechtsuchende herantritt,
– es sich um irreführende Werbung handelt.

bb) Erlaubtes Verhalten

Grundsätzlich **nicht zu beanstanden** ist eine nach außen gerichtete **sachliche Information** **12**
des Notars über das Vorhandensein seiner Geschäftsstelle und seine Dienstbereitschaft. Der
Notar darf sich zu diesem Zweck in allgemein zugängliche Verzeichnisse – auch in Form
von elektronischen Datenträgern – aufnehmen lassen, allerdings nur, wenn sie allen örtlichen
Notaren offen stehen[22]. Zur Information gehören maßvoll gestaltete und nicht reklamehaft
wiederholte **Zeitungsanzeigen** über die Bestellung zum Notar, über die Verlegung des
Amtssitzes oder der Geschäftsräume, über Urlaubsabwesenheit und Urlaubsrückkehr sowie
über die Begründung oder Beendigung einer beruflichen Zusammenarbeit. Die Anzeigen
dürfen nicht durch Form, Inhalt, Häufigkeit oder in sonstiger Weise den Eindruck gewerblicher Werbung hervorrufen[23].
  Das Gebot zurückhaltender Selbstdarstellung gilt auch für **Stellenanzeigen**, die im an- **13**
waltlichen Bereich häufig als Werbemittel eingesetzt werden.
  Auch im Übrigen ist die **Präsentation** des Amtes und seines Inhabers erlaubt, auch wenn **14**
sie einen gewissen Werbeeffekt hat. Dazu gehören der Hinweis auf das Notaramt auf dem
Geschäftsstellenschild sowie die Verwendung des Landeswappens in Verbindung mit dem
Geschäftsstellenschild. Erlaubt ist ferner die Verwendung der Berufsbezeichnung »Notar«
bzw. »Notarin« in wissenschaftlichen und amtsbezogenen Veröffentlichungen, bei der Wahrnehmung zulässiger und gestatteter Nebenbeschäftigungen und Nebenämter (§ 8 Abs. 3
Satz) sowie im privaten gesellschaftlichen Verkehr[24].
  Im Zusammenhang mit der Amtsbezeichnung dürfen **akademische Grade**, der Titel »Jus- **15**
tizrat« und der Professorentitel geführt werden, soweit nicht andere Rechtsvorschriften entgegenstehen. Dagegen sind Hinweise auf weitere Tätigkeiten im Sinne des § 8 Abs. 1, 3 und
4 sowie auf Ehrenämter im Zusammenhang mit der Amtsausübung unzulässig.
  Grundsätzlich nicht amtswidrig sind Hinweise auf spezielle **Zusatzausbildungen**, etwa **16**
für die Mediation[25], oder auf vorhandene Fremdsprachenkenntnisse[26], zumal wenn es sich
um nicht gängige fremde Sprachen handelt; denn solche Hinweise können für das rechtsuchende Publikum eine wertvolle Hilfe bei der Auswahl eines geeigneten Notars bedeuten.

---

20 Vgl. *Schippel/Bracker/Schäfer*, BNotO, § 29 Rz. 2. Unrichtig bzgl. Erlaubnisvorbehalts: *Lerch*,
   BWNotZ 1999, 41, 44.
21 BVerfG ZNotP 2006, 36, 37.
22 Abschn. VII Nr. 3 der Richtlinienempfehlungen der *Bundesnotarkammer*.
23 Abschn. VII Nr. 4 der Richtlinienempfehlungen.
24 BVerfG DNotZ 1998, 72.
25 Vgl. dazu *Bundesnotarkammer*, Rdschr. Nr. 21/2000 (Internetabruf unter www.bnotk.de).
26 *Fabis*, DNotZ 2001, 85, 89.

Derartige Hinweise können allerdings nach den Richtliniensatzungen einzelner Notarkammern verboten sein. Unzulässig ist es, neben dem Hinweis auf den Notarberuf die Bezeichnung »Mediator« zu führen, da hiermit der unzutreffende Eindruck hervorgerufen wird, der Notar übe neben seinem Amt einen weiteren Beruf aus. Mediation ist Teil der notariellen Amtstätigkeit nach § 24[27].

17   Bei der Gestaltung seines **Schriftguts** ist dem Notar eine gewisse Freiheit zuzubilligen; so darf er seine Geschäftspapiere dezent farblich und graphisch – etwa mit einem Logo – schmücken[28].

18   Individuelle **Internetseiten** dürfen als Mittel zur sachlichen Information der rechtsuchenden Bevölkerung, nicht aber zur werbenden Anpreisung des Notars gestaltet und benutzt werden[29]. Die Bundesnotarkammer hat dazu einen Kriterienkatalog entwickelt[30], der für die einzelnen Notare zwar nicht verbindlich ist, von ihnen aber doch beachtet werden sollte, sofern nicht die Richtlinien der regionalen Notarkammern Abweichendes bestimmen. Unzulässig ist die Verwendung eines sog. Gästebuchs, da sein Sinn in erster Linie darin besteht, erhoffte lobende Einträge anderer Besuchern der Internetseite zugänglich zu machen[31].

Bei der Gestaltung von **Internet-Domains** darf nicht den Eindruck einer Alleinstellung erweckt oder der Zugang von Internetnutzern zu anderen Notaren behindert werden. Unzulässig ist daher die Verwendung einer berufsbezogenen Bezeichnung als Gattungsbegriff ohne individualisierenden Zusatz (z. B.«www.notar.de«, »www.notariat.de«). Hinzugefügte geografische Angaben dürfen nicht den Anschein erwecken, der Notar sei an dem angegebenen Ort der einzige Berufsträger, wenn andere Notare an dem Ort ihren Amtssitz haben (z. B. www.notar-hamm.de). Bei überörtlichen Sozietäten muss der Amtssitz korrekt angegeben werden. Die Auffassung des Bundesgerichtshofs, ein Anwaltsnotar dürfe auf seinen Geschäftspapieren oder in seiner Internetadresse nicht die Bezeichnung »Notariat« führen[32], ist zu eng und überzeugt nicht[33]. Soweit ersichtlich, versteht das rechtsuchende Publikum unter »Notariat« sowohl das Amt des Notars als auch seine Geschäftsstelle. Eine Verwechslung mit einem baden-württembergischen staatlichen Notariat (§ 114) liegt sehr fern.

Die vorstehenden Einschränkungen bei der Formulierung von Internet-Domains sind auch bei der Gestaltung von **E-Mail-Adressen** zu beachten.

19   An **Medienaktionen** – etwa Telefonaktionen von Tageszeitungen – darf der Notar unter Nennung seines Namens und seiner Amtsbezeichnung teilnehmen; auch der Abdruck eines Lichtbildes ist im allgemeinen unbedenklich. Der Amtssitz des Notars sollte nicht bekannt gegeben werden. Unzulässig ist es, anlässlich solcher Aktionen den Eindruck zu erwecken, der Notar sei auf dem in Rede stehenden Gebiet fachlich besonders ausgewiesen.

cc) Unerlaubtes Verhalten

20   **Verboten** ist die gezielte Werbung um Klientel (**Direktmarketing**). Der Notar darf daher weder auf die Erteilung eines bestimmten Auftrags noch auf die Gewinnung eines bestimmten Auftraggebers hinwirken[34]. Zumindest der Anschein einer unzulässigen gezielten Werbung wird hervorgerufen, wenn ein neu bestellter Notar potentielle Mandanten – etwa ortsansässige Behörden, Banken, Bauträger oder Immobilienmakler – aufsucht, um sich bekannt zu machen, mag es sich aus seiner Sicht auch nur um Höflichkeitsbesuche handeln.

---

27 Eingehend dazu: *Eylmann/Vaasen/Limmer*, § 20 BNotO Rz. 54 ff.
28 Wegen der Besonderheiten im Bereich des Anwaltsnotariats siehe unten Rz. 13 ff.
29 Eingehend dazu: *Bettendorf/Starke*, EDV und Internet in der notariellen Praxis, S. 173. Vgl. ferner: *Becker*, NotBZ 1999, 239; 2001, 11; *Fabis*, DNotZ 2001, 85; *Wöstmann*, ZNotP 2003, 292.
30 *Bundesnotarkammer*, Rdschr. Nr. 21/2000 (Internetabruf unter www.bnotk.de).
31 *Fabis*, DNotZ 2001, 85, 96.
32 BGH DNotZ 2006, 72; DNotZ 2007, 152.
33 Ablehnend auch: *Eylmann/Vaasen/Eylmann*, § 29 Rz. 14 Fn. 19; *Schippel/Bracker/Schäfer*, § 29 Rz. 23; *Chr. Sandkühler* in Beck'sches Notar-Handbuch, L II Rz. 125; *Weingärtner/Ehrlich*, DONot, Rz. 47.
34 Abschn. VII Nr. 1.3 Buchst. a der Richtlinienempfehlungen.

Amtswidrig ist ferner jede **anpreisende Eigendarstellung**. So darf der Notar nicht seinen **21** Werdegang, seine Fähigkeiten und Leistungen, das Alter und die Größe seiner Geschäftsstelle oder den Umfang seiner Amtstätigkeit wertend hervorheben, zumal solche Angaben für das rechtsuchende Publikum nicht nachprüfbar sind[35]. Auch die Angabe von **Tätigkeitsschwerpunkten** oder besonderen **Interessengebieten** des Notars erscheint unter diesem Gesichtspunkt bedenklich; denn sein Amt ist ihm zur umfassenden Wahrnehmung *aller* notariellen Zuständigkeiten auf dem Gebiet der vorsorgenden Rechtspflege übertragen worden[36]. Teilweise verbieten die Richtliniensatzungen der Notarkammern die Angabe von Tätigkeitsschwerpunkten ausdrücklich. Soweit die Kammern Abschn. VII Nr. 1.3 Buchst. c der Richtlinienempfehlungen übernommen haben, folgt daraus – auch ohne ausdrückliche Erwähnung – das Verbot der Angabe von Tätigkeitsschwerpunkten[37]. Jedoch steht es den Notarkammern frei, im Rahmen ihrer Richtlinienkompetenz die Angabe von Tätigkeitsschwerpunkten zu erlauben[38].

Schlechthin unzulässig sind **unwahre** oder **irreführende Angaben**; dies ergibt sich schon **22** aus der Pflicht zu achtungs- und vertrauenswürdigem Verhalten (§ 14 Abs. 3 Satz 1).

d) Verhalten in Zweifelsfällen

Die Vielzahl möglicher Verhaltensweisen schließt es aus, **Kataloge** zulässiger und verbotener **23** Werbemaßnahmen aufzustellen. Maßgeblich sind jeweils die Umstände des Einzelfalls. In **Zweifelsfällen** sollte der Notar eine Stellungnahme der Notarkammer einholen, der er angehört.

e) Drittwerbung

Abs. 1 verbietet nicht nur eigene Maßnahmen des Notars, sondern auch die **Mitwirkung** an **24** amtswidriger Werbung seitens Dritter.

aa) Begriff der Drittwerbung

Drittwerbung kann Werbung für den Notar, aber auch Eigenwerbung eines Dritten dergestalt sein, dass dieser das Ansehen eines bestimmten Notars oder des Notaramtes als solchen werbewirksam im eigenen Interesse herausstellt. Solange dabei die für Eigenwerbung des Notars geltenden Grenzen eingehalten werden, wird eine solche Drittwerbung zuzulassen sein. So ist es beispielsweise nicht zu beanstanden, dass eine Kulturstiftung, deren Vorstand der Notar angehört, ihn in ihrem Prospekt als »Rechtsanwalt und Notar« bezeichnet.

bb) Mitwirkung des Notars

Eine Mitwirkung an der Werbung Dritter liegt vor, wenn der Notar bei ihrer Entstehung eine aktive, über das bloße Dulden hinausgehende Rolle spielt und dabei zumindest mit der **26** Möglichkeit rechnet, dass sein Verhalten zu einer Werbung beitragen kann. Interviews des Notars über seine Tätigkeit gegenüber einem als Werbeträger bestimmten Presseerzeugnis (z. B. Anzeigenblätter, Stadtteilzeitungen) sind in der Regel als Mitwirkung aufzufassen. Der Notar muss hierbei und bei sonstigen Äußerungen gegenüber Medien mit der Möglichkeit rechnen, dass seine Äußerungen in einer Weise veröffentlicht werden, die unerlaubter Werbung gleichkommt.

Nach Abschn. VII Nr. 1.4 der Richtlinienempfehlungen der Bundesnotarkammer darf der **27** Notar eine dem öffentlichen Amt widersprechende Werbung durch Dritte nicht **dulden**.

---

35 Vgl. *Fabis*, DNotZ 2001, 85, 93.
36 BT-Drucks. 13/4184, S. 27. OLG Celle NJW-RR 2001, 1721, 1722, hält Angabe von Interessenschwerpunkten für schlechthin unzulässig.
37 *Wöstmann*, ZNotP 2002, 51, 57.
38 *Starke*, ZNotP-Sonderheft zum 26. Deutschen Notartag, Rz. 43; *Mihm*, Berufsrechtliche Kollisionsprobleme beim Anwaltsnotar, S. 212.

Dem ist in dieser Allgemeinheit nicht zuzustimmen[39]; denn § 29 normiert das eigene Verhalten des Notars, bürdet ihm aber keine uneingeschränkte Verantwortung für das Verhalten Dritter auf. An amtswidriger Drittwerbung darf er nicht mitwirken; er muss ihr entgegentreten, soweit ihm Gegenmaßnahmen möglich und zuzumuten sind. Abschn. VII Nr. 1.4 der Richtlinienempfehlungen ist daher mit Recht nicht in alle Richtliniensatzungen der Notarkammern übernommen worden[40].

II. Werbung des Anwaltsnotars (Abs. 2)

1. Bedeutung der Vorschrift

a) Sonstige Berufsordnungen

28 Für den Notar, der neben seinem Amt den Beruf des **Rechtsanwalts** und gegebenenfalls **weitere Berufe** im Sinne des § 8 Abs. 2 Satz 2 ausübt, gelten außer der BNotO auch die übrigen seine Tätigkeit prägenden Berufsordnungen (BRAO, PatAnwO[41], StBerG[42], WPO[43]). Sie räumen ihm auf dem Gebiet der Werbung weitergehende Befugnisse als § 29 BNotO ein. So ist dem Rechtsanwalt jede Werbung erlaubt, die über seine berufliche Tätigkeit in Form und Inhalt sachlich unterrichtet und nicht auf die Erteilung eines Auftrags im Einzelfall gerichtet ist (§ 43b BRAO). Inhaltsgleiche Vorschriften gelten für den Patentanwalt (§ 39b PatAnwO), den Steuerberater und den vereidigten Buchprüfer (§ 57a StBerG) sowie den Wirtschaftsprüfer (§ 52 WPO).

b) Spannungsverhältnis zum notariellen Werbeverbot

29 Das dadurch begründete **Spannungsverhältnis** zwischen dem grundsätzlichen notariellen Werbeverbot und dem liberalisierten Werberecht der übrigen Berufe kann nicht dadurch aufgehoben werden, dass das Anwaltsnotariat und das Nurnotariat unterschiedlichen Berufsbildern zugeordnet werden[44], so dass der Anwaltsnotar im Bereich notarieller Werbung weitergehende Befugnisse als der Nurnotar hätte[45]; ebenso wenig geht es an, alle Verhaltensweisen des Anwaltsnotars nur an *einem* Berufsrecht – etwa an der BNotO als dem strengeren Recht – zu messen[46]. § 29 Abs. 2 bestimmt vielmehr, dass eine in den anderen Berufen erlaubte Werbung sich nicht auf die Tätigkeit als Notar beziehen darf, lässt also die einschlägigen Berufsordnungen nebeneinander gelten. Damit unterliegt der Anwaltsnotar in seiner Funktion als Notar den gleichen Werbebeschränkungen wie der zur hauptberuflichen Amtsausübung bestellte Notar, während für seine Werbung als Rechtsanwalt, Patentanwalt, Steuerberater oder Wirtschaftsprüfer die für diese Berufe maßgeblichen Werbebestimmungen gelten.

39 So zutreffend *Eylmann*, ZNotP 2000, 170, 172; *Wöstmann*, ZNotP 2002, 51, 58.
40 Nach der Richtliniensatzung der *Notarkammer Hamm* darf der Notar an amtswidriger Werbung durch Dritte nicht mitwirken; ohne seine Mitwirkung vorgenommener amtswidriger Werbung muss er entgegentreten.
41 Patentanwaltsordnung v. 07.09.1966 (BGBl. I. S. 557) mit nachfolgenden Änderungen.
42 Steuerberatungsgesetz v. 16.08.1961 i. d. F. der Bekanntmachung v. 04.11.1975 (BGBl. I S. 2735) mit nachfolgenden Änderungen.
43 Berufsordnung der Wirtschaftsprüfer (Wirtschaftsprüferordnung) i.d.F. der Bekanntmachung v. 12.11.1975 (BGBl. I S. 2803) mit nachfolgenden Änderungen.
44 Bedenklich insoweit: BVerfG DNotZ 1998, 69, 72.
45 Vgl. hierzu auch *Tauchert*, notar eins '99, S. 41.
46 Vgl. OLG Dresden NJW 1999, 144.

2. Grenzen anwaltlicher Werbung

a) Anwaltliche Werbung

Der Anwaltsnotar hat daher bei seiner **anwaltlichen Werbung** strikt darauf zu achten, dass 30
die für den Notar geltenden Grenzen der Werbung eingehalten werden. Soweit dies nicht
gewährleistet werden kann, muss er davon absehen, auf seinen Beruf als Notar hinzuweisen.

So ist bei der **Veröffentlichung** von Zeitungsanzeigen, bei Eintragungen in Telefonver- 31
zeichnissen (insbesondere Branchenverzeichnissen) oder bei der Installation einer Home-
page im Internet Zurückhaltung geboten,, um nicht den Eindruck gewerblichen Verhaltens
hervorzurufen.

Bei der Gestaltung von Informationsmaterial über die Geschäftsstelle (**Praxisbroschüren**) 32
ist darauf zu achten, dass auf den notariellen Tätigkeitsbereich nur zurückhaltend hingewiesen wird; auch insoweit darf nicht der Eindruck gewerblichen Verhaltens hervorgerufen
werden. Der Versand derartiger Informationen an Personen, die nicht bereits Auftraggeber
des Notars waren oder es noch sind, ist abzulehnen, weil dadurch zumindest der Anschein
einer unerlaubten Direktwerbung hervorgerufen würde[47]. An Personen, die bereits Auftraggeber waren oder sind, sollte derartiges Informationsmaterial nur verteilt werden, wenn dazu ein sachlicher Grund besteht, etwa auf erfolgte oder bevorstehende Gesetzesänderungen
aufmerksam zu machen ist.

Die dem Rechtsanwalt erlaubte werbende Angabe von **Interessen-** und **Tätigkeitsschwer-** 33
punkten[48, 49] darf nicht den Eindruck erwecken, sie gelte auch für die notarielle Amtstätigkeit[50]. Unzulässig ist danach etwa die Angabe »*Rechtsanwalt und Notar – Tätigkeitsschwer-
punkt Erbrecht*«. Die Angabe muss auch für den nicht mit der Unterschiedlichkeit der
Tätigkeitsbereiche Vertrauten klarstellen, dass es sich um Interessen- und Tätigkeitsschwer-
punkte in der anwaltlichen Berufsausübung handelt (z. B. »*Rechtsanwalt und Notar – anwaltlicher Interessenschwerpunkt Erbrecht*«). Dass damit zugleich ein gewisser Werbeeffekt
auch für die notarielle Amtstätigkeit verbunden ist, muss als unvermeidlich hingenommen
werden.

b) Sonstige berufliche Werbung

Die vorstehenden Grundsätze gelten entsprechend, soweit der Anwaltsnotar als Angehöri- 34
ger eines **anderen Berufs** im Sinne des § 8 Abs. 2 Satz 2, d. h. als Patentanwalt, Steuerberater, Wirtschaftsprüfer oder vereidigter Buchprüfer wirbt.

III. Überörtliche Berufsverbindungen (Abs. 3)

1. Bedeutung der Vorschrift

a) Gefahr der Verlagerung von Urkundsaufkommen

Nach § 9 Abs. 2 dürfen sich Anwaltsnotare miteinander und mit Angehörigen der anderen 35
in der Vorschrift genannten Berufe zur gemeinsamen Berufsausübung verbinden oder mit ihnen gemeinsame Geschäftsräume haben. Soweit es sich dabei um **überörtliche Verbindungen** handelt, besteht die Gefahr, dass sie dazu genutzt werden, dem Anwaltsnotar notarielle
Mandate zukommen zu lassen, und zwar auch solche, die außerhalb seines Amtssitzes anfallen. Eine solche Verlagerung von Urkundsaufkommen widerspricht den Erfordernissen ei-

---

47 Vgl. Abschn. VII Nr. 6 der Richtlinienempfehlungen der *Bundesnotarkammer*.
48 Siehe oben Rz. 21.
49 Zur Zulässigkeit derartiger Angaben bei Rechtsanwälten: *Feuerich/Weyland*, § 43b Rz. 10; *Henssler/
Prütting/Eylmann*, § 43b Rz. 25.
50 OLG Celle NJW-RR 2001, 1721, 1722.

ner geordneten Rechtspflege; insbesondere verfälscht sie die Grundlagen der nach § 4 Satz 2 bei der Einrichtung von Notarstellen vorzunehmenden Bedürfnisprüfung[51].

b) Vermittlungs- und Werbeverbot

36 Um der gezielten Verlagerung von Urkundsaufkommen entgegenzuwirken, verbietet § 14 Abs. 4 Satz 1 dem Notar jegliche aktive oder passive Beteiligung an der **Vermittlung** von Urkundsgeschäften[52]. Die Vorschrift schließt jedoch nicht aus, dass **Werbemaßnahmen** einer überörtlichen Berufsverbindung zu einer unerwünschten Verlagerung führen. So können Hinweise auf den zur Berufsverbindung gehörenden Notar auf Geschäftspapieren dazu führen, dass das rechtsuchende Publikum fälschlich annimmt, notarielle Dienstleistungen würden an jedem Ort der verbundenen Kanzleien angeboten. Einem solchen Werbeeffekt vorzubeugen, war Zweck des § 29 Abs. 3. Indes hat das BVerfG[53] es für ausreichend erachtet, wenn im Briefkopf jeweils der Amtssitz des Notars genannt ist. Zur Begründung hat es hervorgehoben, dass Notare ohnehin nicht außerhalb ihres Amtsbezirks tätig werden dürfen (§ 11). Die Beachtung dieses Verbots könne mit den Mitteln des Disziplinarrechts durchgesetzt werden. Das Gericht hat § 29 Abs. 3 daher für teilweise verfassungswidrig und nichtig erklärt.

2. Beschränkungen nach Abs. 3

a) Berufliche Verbindung

37 Die Vorschrift knüpft daran an, dass sich ein Anwaltsnotar mit nicht an seinem Amtssitz tätigen Personen zur gemeinsamen Berufsausübung verbunden oder mit ihnen gemeinsame Geschäftsräume hat.

aa) Gemeinsamkeit der Berufsausübung

38 Voraussetzung für die **Gemeinsamkeit der Berufsausübung** ist eine planmäßige, auf gewisse Dauer angelegte Zusammenarbeit von mindestens zwei Angehörigen der genannten Berufe, sei es als Gesellschafter, sei es aufgrund eines Anstellungsvertrages oder im Rahmen einer freien Mitarbeit[54]. Auch eine vertraglich vereinbarte oder nach außen verlautbarte Kooperation stellt eine Berufsverbindung in diesem Sinne dar[55].

bb) Gemeinsamkeit der Geschäftsräume

39 Eine **Gemeinsamkeit von Geschäftsräumen** ist im allgemeinen nur gegeben, wenn auf der Grundlage verabredeter gemeinsamer Raumnutzung Einrichtungsgegenstände und/oder die Arbeitskraft von Hilfspersonen gemeinsam genutzt werden[56]. Jedoch setzt § 29 Abs. 3 auch in der zweiten Variante (Gemeinsamkeit der Geschäftsräume) voraus, dass die anderen Personen nicht am Amtssitz des Notars tätig sind. Eine Gemeinsamkeit der Geschäftsräume wird daher nur in den wohl seltenen Fällen anzunehmen sein, in denen die anderen Personen zwar außerhalb des Amtssitzes tätig sind, aber gleichwohl – ohne im Sinne des § 9 Abs. 3 mit dem Notar verbunden zu sein – vereinbarungsgemäß bei Bedarf die Geschäftsräume des Notars mit benutzen dürfen.

---

51 BT-Drucks. 13/4184, S. 28.
52 Näher dazu: § 14 Rz. 255 ff.
53 BVerfGE 112, 255 = DNotZ 2005, 931.
54 Siehe § 16 Rz. 59.
55 *Bundesnotarkammer*, Rdschr. Nr. 20/2000 (Internetabruf unter www.bnotk.de).
56 Siehe § 16 Rz. 60.

cc) Tätigkeit außerhalb des Amtssitzes

§ 29 Abs. 3 setzt weiter voraus, dass die anderen Personen nicht am **Amtssitz** des Notars tä- **40**
tig sind. Maßgeblich ist, wo sich der **räumliche Schwerpunkt** der Tätigkeit befindet; wo die
anderen Personen ihren Wohnsitz haben, ist gleichgültig.

(1) Da dem Notar in der Regel ein bestimmter **Ort** als Amtssitz zugewiesen wird (§ 10 **41**
Abs. 1 Satz 1), bedeutet das im Normalfall, dass die anderen Personen an einem anderen Ort
als dem Amtssitz tätig sein müssen. Indes kann in Städten von mehr als hunderttausend Einwohnern dem Notar auch eine bestimmter **Stadtteil** oder **Amtsgerichtsbezirk** zugewiesen
werden (§ 10 Abs. 1 Satz 2). In diesem Fall greift § 29 Abs. 3 auch dann ein, wenn die anderen Personen außerhalb dieses Stadtteils oder Amtsgerichtsbezirks tätig sind.

(2) Die Vorschrift erfasst nicht die Fälle, in denen die mit dem Notar verbundenen Per- **42**
sonen zwar an seinem Amtssitz tätig sind, weil von der Möglichkeit des § 10 Abs. 1 Satz 2
nicht Gebrauch gemacht worden ist, die **Geschäftsstelle** des Notars sich aber nicht am Sitz
der Kanzlei befindet (sog. intraurbane Berufsverbindung). § 29 Abs. 3 ist in solchen Fällen
entsprechend anzuwenden, soweit der Zweck der Vorschrift das gebietet[57].

b) Werbebeschränkungen

Sind die Voraussetzungen des Absatzes 3 erfüllt, unterliegt bzw. unterlag der Notar den dort **43**
vorgesehenen **Werbebeschränkungen**.

aa) Drucksachen und Geschäftspapiere

Nach Abs. 3 Satz 1 durfte er seine Amtsbezeichnung als Notar auf **Drucksachen** und ande- **44**
ren **Geschäftspapieren** nur angeben, wenn sie von seiner Geschäftsstelle aus versandt wurden. Insoweit hat das BVerfG die Vorschrift jedoch für mit Art. 12 GG unvereinbar erklärt[58]. Der Notar ist daher nicht gehindert, seine Amtsbezeichnung auch auf solchen
Drucksachen und Geschäftspapieren anzugeben, die von anderer Stelle als von seiner Geschäftsstelle aus versandt werden. Die Frage, ob als Drucksachen im Sinne der Vorschrift
auch Informationsbroschüren über die Geschäftsstelle und ihre Mitglieder (Praxisbroschüren) anzusehen waren, ist damit obsolet[59].

bb) Amts- und Namensschild

Die Amtsbezeichnung des Notars darf weiterhin nur auf demjenigen **Amts-** oder **Namens-** **45**
schild geführt werden, das an seinem Amtssitz auf seine Geschäftsstelle hinweist[60]. Unzulässig ist es daher, die Amtsbezeichnung »Notar« bzw. »Notarin« an anderen Stellen als am
Amtssitz des Notars auf Kanzleischildern anzubringen. Damit soll erreicht werden, dass
Amts- und Namensschilder als Informationsmittel, nicht aber als Werbeträger verwendet
werden[61].

Entsprechend dieser Zweckrichtung ist die Vorschrift bei **intraurbanen** Verbindungen[62] **46**
entsprechend anzuwenden. Ein auf den Notar hinweisendes Amts- oder Namensschild darf
daher nur am Ort seiner Geschäftsstelle, nicht aber an dem damit nicht identischen Ort der
Kanzlei angebracht werden.

---

57 Näher dazu unten Rz. 46.
58 Siehe Fn. 7.
59 Siehe dazu *Vorauflage*, § 29 Rz. 42.
60 Vgl. dazu BGH NJW-RR 2002, 58.
61 Zur Unzulässigkeit der Verwendung einer Vielzahl von Amts- oder Namensschildern vgl. BGH
    DNotZ 2002, 232, 233.
62 Siehe oben Rz. 28.

cc) Überörtlich verwendete Verzeichnisse

47 Schließlich darf in überörtlich verwendeten **Verzeichnissen** die Amtsbezeichnung nur zusammen mit einem Hinweis auf den Amtssitz aufgeführt werden (Abs. 3 Satz 2). Zu den überörtlichen Verzeichnissen in diesem Sinne zählen Rechtsanwalts- und Notarverzeichnisse, aber auch beispielsweise Telefonbücher einschließlich der zugehörigen Branchenverzeichnisse; denn diese sind nicht nur dazu bestimmt, Auskunft über Fernsprechanschlüsse von Rechtsanwälten und Notaren zu geben, sondern sind auch als Werbeträger geeignet. Die Auffassung des Bundesgerichtshofs[63], der Notar dürfe einen Hinweis auf seine Geschäftsstelle nur in ein solches **örtliches Telefonverzeichnis** aufnehmen lassen, das *auch* für den Ort seines Amtssitzes herausgegeben wird, hat das BVerfG verworfen[64]. Der Notar darf seine Telefonnummer danach auch in einem Telefonverzeichnis veröffentlichen lassen, das ausschließlich Gemeinden außerhalb seines Amtsbereichs umfasst.

c) Pflichten der beruflich verbundenen Personen

48 § 29 Abs. 3 verpflichtet dem Wortlaut nach nur den **Anwaltsnotar** selbst, nicht aber die übrigen Mitglieder einer Berufsausübungs- bzw. Bürogemeinschaft. Eine solche am Wortlaut haftende Auslegung würde aber den Zweck der Vorschrift[65] eindeutig verfehlen. Die Verlagerung von Urkundsaufkommen durch Werbung kann nur verhindert werden, wenn die in § 29 Abs. 3 Satz 1 angeordneten Beschränkungen auch von den mit dem Notar **verbundenen Personen** beachtet werden. Hierauf hinzuwirken, ist Pflicht des Notars. Er muss dazu geeignete Vorkehrungen treffen (§ 28), wozu insbesondere vertragliche oder Einzelabsprachen mit den übrigen Personen dienlich sind[66].

IV. Folge von Verstößen

1. Ahndung von Pflichtverletzungen

49 Verstöße des Notars gegen das Werbeverbot und die zugehörigen Einzelbestimmungen stellen **Pflichtverletzungen** dar, die im Aufsichtswege oder disziplinarisch zu ahnden sind.

2. Wettbewerbsrechtliche Ansprüche

50 Notarielle Werbung unterliegt ferner dem **Wettbewerbsrecht**. Ein Verstoß gegen § 29 indiziert die Wettbewerbswidrigkeit der Werbung im Sinne des § 1 UWG[67]. Sind die Voraussetzungen des § 1 oder des § 3 UWG erfüllt, kann der Notar von anderen Notaren auf Unterlassung und gegebenenfalls auf Schadensersatz in Anspruch genommen werden[68].

51 Dabei ist jedoch die gesetzliche Pflicht zu **kollegialem Verhalten** (§ 31) zu beachten. Die Richtlinienempfehlungen der Bundesnotarkammer und ihnen folgend die meisten Richtliniensatzungen der Notarkammern[69] sehen dazu vor, dass Notare bei Streitigkeiten untereinander zunächst selbst und bei Erfolglosigkeit durch Vermittlung der Notarkammer eine gütliche Einigung zu versuchen haben, bevor sie Aufsichtsbehörden oder Gerichte anrufen (Abschn. XI. Nr. 1.2). Einer wettbewerbsrechtlichen Abmahnung mit dem Verlangen nach

---

63 DNotZ 2005, 151.
64 BVerfG DNotZ 2006, 226.
65 Siehe oben Rz. 18.
66 Näher dazu § 28 Rz. 21.
67 Vgl. *Henssler/Prütting/Eylmann*, § 43b Rz. 57 (zur berufswidrigen Anwaltswerbung).
68 KG DNotZ 2000, 955, 956.
69 Wegen einzelner Abweichungen s. *Weingärtner/Wöstmann*, Richtlinienempfehlungen BNotK/ Richtlinien Notarkammern, XI. RL-E Rz. 33.

Abgabe einer strafbewehrten Unterlassungserklärung sollte in der Regel ein kollegialer Hinweis vorausgehen[70].

3. Stellung der Notarkammern

Nach der Rechtsprechung des Bundesgerichtshofs sind die **Kammern freier Berufe** – namentlich Rechtsanwaltskammern und Steuerberaterkammern – ungeachtet ihrer öffentlich-rechtlichen Aufgabenstellung rechtsfähige Verbände zur Förderung gewerblicher Interessen im Sinne des § 13 Abs. 2 Nr. 2 UWG a. F. und daher befugt, gegen Wettbewerbsverstöße ihrer Mitglieder im Klagewege vor den Zivilgerichten vorzugehen[71]. Ungeachtet der dagegen erhobenen Bedenken[72] hat das Bundesverfassungsgericht die Rechtsprechung des Bundesgerichtshofs bestätigt[73] und eine Klagebefugnis der Kammern auch unter der Geltung des § 8 Abs. 3 Nr. 2 UWG n. F.[74] bejaht.

52

Im Hinblick auf die **Notarkammern** ist diese Auffassung nach wie vor bedenklich, da deren Mitglieder keinen freien Beruf ausüben[75] und dem Verbot gewerblichen Verhaltens unterliegen (§ 29 Abs. 1). Ein Bedürfnis für die Notarkammern, nach § 13 UWG gegen den Notar vorzugehen, ist nicht zu erkennen. Die Überwachung der notariellen Amtsführung ist Aufgabe der staatlichen Aufsichtsbehörden (§ 93 Abs. 1 Satz 1), gegen deren Anordnungen der Rechtsweg nach § 111 eröffnet ist.

---

70 Bedenklich insoweit: KG DNotZ 2005, 843.
71 BGHZ 109, 153, 156 m. w. N.; BGH NJW 1999, 2444.
72 *Henssler/Prütting/Eylmann*, § 43b Rz. 58. Vgl. auch *Grunewald*, NJW 2002, 1369.
73 BVerfG NJW 2004, 3765.
74 Gesetz gegen den unlauteren Wettbewerb (UWG) v. 03.07.2004 (BGBl. I S. 1414).
75 Siehe § 14 Rz. 6.

§ 30

(1) Der Notar hat bei der Ausbildung des beruflichen Nachwuchses und von Referendaren nach besten Kräften mitzuwirken.
(2) Der Notar hat den von ihm beschäftigten Auszubildenden eine sorgfältige Fachausbildung zu vermitteln.

A. Entstehungsgeschichte der Vorschrift

1   Die Vorschrift ist durch das 3. Änderungsgesetz zur BNotO vom 31.08.1998 (BGBl. I S. 2585) eingefügt worden.

B. Erläuterungen

2   Der Notar soll nicht nur **an der Ausbildung des eigenen Nachwuchses mitarbeiten** (Abs. 1), sondern auch an der der Auszubildenden, die also keine juristischen Staatsexamina ablegen werden (Abs. 2). Die unterschiedliche Formulierung in den beiden Absätzen ist wohl nur aus sprachlichen Gründen gewählt worden, so dass inhaltlich an den Notar dieselben Anforderungen zu stellen sind. In beiden Fällen handelt es sich um echte Amtspflichten des Notars mit der Folge, dass der Notar mit dienstrechtlichen Konsequenzen zu rechnen hat, wenn er sich ohne Angabe von Gründen weigert, an der Ausbildung mitzuarbeiten.

3   Es handelt sich dabei um ihm selbst auferlegte Pflichten, so dass eine Delegierung dieser Aufgaben nur ausnahmsweise möglich ist und dann nur auf solche Personen, die dem Notar als gewissenhaft und sorgfältig bekannt sind.

4   Die **Richtlinienempfehlungen der Bundesnotarkammer vom 29.01.1999**[1] haben die Vorschrift dahin gehend konkretisiert, dass der Notar seinen Mitarbeitern, also jenen nach Absatz 2, neben fachspezifischen Kenntnissen auch die berufsrechtlichen Grundsätze und Besonderheiten zu vermitteln hat und für angemessene Arbeitsbedingungen sorgen soll. Hinsichtlich des in Absatz 1 genannten Personenkreises dürfte jedoch dasselbe gelten, jedoch mit der Einschränkung, dass hier die Ausbildungsgesetze und Verordnungen für den höheren Dienst Vorrang genießen, so dass wohl auch deshalb die Richtlinienempfehlungen davon abgesehen haben, einen gesonderten Text dafür aufzunehmen.

5   Der Notar soll darauf achten, dass die jeweils in Absatz 1 und 2 angesprochenen Personenkreise spezielle Kenntnisse auf dem Gebiet des Notarrechts erhalten, also sowohl im materiellen Recht mit den Schwerpunkten Familien- und Erbrecht sowie Gesellschaftsrecht als auch verfahrensrechtliches Wissen, also korrekte Antragstellung gegenüber Grundbuchämtern und anderen Behörden. Während bei den Mitarbeitern des Absatzes 2 dabei nur ein Grundwissen vermittelt werden soll, müssen die Personen nach Absatz 1 hier schon vertiefende Kenntnisse erhalten. Dies ist insbesondere deshalb geboten, weil in der Regel jenes Wissen im Studium nicht vermittelt wird und auch der spätere Rechtsanwalt, der Notar werden möchte, Vorkenntnisse mitbringen sollte, denn eine Notarassessorenzeit ist dem Notar im Nebenberuf fremd.

6   Der zeitliche Umfang, den der Notar in beiden Fällen dafür aufbringen sollte, lässt sich naturgemäß nicht festlegen, denn dies hängt vom Einzelfall ab. Hier kann nur generell angegeben werden, dass ein Gespräch mit den Personen nach Absatz 2 von etwa 1 Stunde pro Woche das Minimum sein sollte; der übrige Teil der Ausbildung sollte unmittelbar am Arbeitsplatz anhand von praktischen Fällen erfolgen.

1 DNotZ 1999, 262.

Der Notar kann sich grundsätzlich nicht weigern, Ausbildungsaufgaben nach dieser Vorschrift wahrzunehmen. Dies geht nur aus nachvollziehbaren Gründen, wie z. B. längerer Abwesenheit i. S. des § 39, aber keinesfalls aus Gründen der Arbeitsüberlastung, denn es handelt sich um echte Amtspflichten, die wahrgenommen werden müssen. **7**

Der Notar unterliegt keiner Dokumentationspflicht in der Form, dass genau schriftlich festgehalten werden müsste, wann und wen er auf welchem Gebiet ausgebildet oder fortgebildet hätte, denn dies lässt sich dem Wortlaut der Vorschrift nicht entnehmen. Der Notar sollte allerdings gewissenhaft handeln und die Vorschrift selbst ernst nehmen. **8**

§ 31

Der Notar hat sich gegenüber Kollegen, Gerichten, Behörden, Rechtsanwälten und anderen Beratern seiner Auftraggeber in der seinem Amt entsprechenden Weise zu verhalten.

A. Entstehungsgeschichte der Vorschrift

1   Die Norm geht auf das 3. Änderungsgesetz zur BNotO vom 31.08.1998 (BGBl. I S. 2585) zurück.

B. Erläuterungen

2   Die Vorschrift enthält eigentlich eine Selbstverständlichkeit und entspricht im Wesentlichen § 15 a. F. der Richtlinien für die Berufsausübung der Notare vom 08.12.1982, zuletzt ergänzt am 26.10.1981[1]. Die Richtlinienempfehlungen der Bundesnotarkammer vom 29.01.1999[2] haben diesen Gedanken erneut aufgegriffen und die Formulierung dahin gehend gewählt, dass sich der Notar kollegial zu verhalten habe und auf die berechtigten Interessen der Kollegen die gebotene Rücksicht nehmen soll.

Weitergehende Empfehlungen sind nicht ausgesprochen worden, weil die übrigen in dieser Vorschrift erwähnten Organe, nämlich Behörden, Gerichte, Rechtsanwälte und andere Berater seiner Auftraggeber nicht unmittelbar das Verhältnis zwischen Notaren betreffen, um das es einzig den Notarkammern geht. Deshalb haben die Richtlinienempfehlungen der Bundesnotarkammer noch zusätzlich aufgenommen, dass bei Streitigkeiten zwischen Notaren stets eine gütliche Einigung anzustreben sei, notfalls unter Beteiligung der Notarkammer.

3   Die allgemeine Formulierung, dass der Notar mit den in der Vorschrift genannten Institutionen in einer dem Notaramt entsprechenden Weise umgehen soll, beinhaltet im Wesentlichen, dass der Notar nach Möglichkeit den Streit vermeidet und ähnlich der Stellung eines Richters ausgleichen soll, ohne dabei die Interessen seines Auftraggebers zu vernachlässigen. Der Notar soll vermitteln und nicht einseitig seine Interessen oder die seines Auftraggebers durchsetzen. Andere Notare, Gerichte und Behörden sowie die Berater seiner Auftraggeber sind nicht seine Gegner, so dass Konfrontation möglichst zu vermeiden ist; stets ist eine Lösung im Sinne der Sache anzustreben, das heißt schnell den Erfolg herbeizuführen.

---

1 DNotZ 1982, 722.
2 DNotZ 1999, 263.

§ 32

¹Der Notar hat das Bundesgesetzblatt Teil I, das Gesetzblatt des Landes, das Bekanntmachungsblatt der Landesjustizverwaltung und das Verkündungsblatt der Bundesnotarkammer zu halten. ²Sind mehrere Notare zu gemeinsamer Berufsausübung verbunden, so genügt der gemeinschaftliche Bezug je eines Stücks.

A. Entstehungsgeschichte der Vorschrift

Die Vorschrift ist inhaltsgleich mit § 4 DONot und wurde durch das 3. Änderungsgesetz zur BNotO zu einer insoweit verbindlichen Norm gestaltet mit der Folge, dass sie nicht lediglich dienstrechtlichen Charakter hat im Verhältnis zur Aufsicht, sondern echte Amtspflicht beinhaltet.   1

B. Erläuterungen

Der Notar muss das Bundesgesetzblatt, das Gesetzblatt seines Bundeslandes fortlaufend beziehen sowie das Bekanntmachungsblatt der Landesjustizverwaltung und die Deutsche Notarzeitschrift als Verkündungsblatt der Bundesnotarkammer. Sollte der Notar über eine wesentliche Änderung, die in einem dieser Blätter enthalten ist, nicht informiert gewesen sein, weil er das Bekanntmachungsorgan nicht bezogen hat, kann darauf ein Schadensersatzanspruch gestützt werden, was den Unterschied zur früheren Regelung in der DONot ausmacht.   2

Die Vorschrift enthält die Mindestanforderungen an den Bezug bestimmter Veröffentlichungsblätter; er sollte aber darüber hinaus im eigenen Interesse auch andere Zeitschriften beziehen und lesen, die spezifisch notarrechtliche Themen behandeln (ZNotP; NotBZ). Die Mitteilungen der örtlichen Notarkammer erhält der Notar in seiner Eigenschaft als Mitglied der Notarkammer.   3

Die Verkündungsblätter der Landesjustizverwaltungen sind Folgende: 4

Baden-Württemberg:	Die Justiz
Bayern:	Bay. Justizministerialblatt
Berlin:	Amtsblatt für Berlin
Brandenburg:	Justiz-Ministerialblatt für das Land Brandenburg
Bremen:	Amtsblatt der Freien Hansestadt Bremen
Hamburg:	Hamburgisches Justizministerialblatt
Hessen:	Justizministerialblatt für Hessen
Mecklenburg-Vorp.:	Amtsblatt für Mecklenburg-Vorpommern
Niedersachsen:	Niedersächsische Rechtspflege
Nordrhein-Westfalen:	Justizministerialblatt für das Land NRW
Rheinland-Pfalz:	Justizblatt Rheinland-Pfalz
Saarland:	Gemeinsames Ministerialblatt Saarland
Sachsen:	Sächsisches Justiz-Ministerialblatt
Sachsen-Anhalt:	Justiz-Ministerialblatt für das Land Sachsen-Anhalt
Schleswig-Holstein:	Schleswig-Holsteinische Anzeigen
Thüringen:	Thüringer Justiz-Ministerialblatt

Der Notar muss die Zeitschriften in Papierform beziehen, kann sie allerdings dann aus Platzgründen auf Mikrofilm ablichten lassen. Entgegen dem ersten Entwurf zu § 32 BNotO ist ein Bezug auf anderen Datenträgern nicht zulässig, so dass der Notar nicht darauf verweisen kann, er beziehe eine bestimmte CD-ROM, auf der sich der Inhalt der Zeitschrift befin-   5 de. Davon ist auch zu Recht abgesehen worden, denn CD-ROM's werden in größeren Zeitabständen in den Handel gebracht, während die fortlaufenden Zeitschriften in der Regel monatlich erscheinen.

6 Der Bezug über online-Dienste ist ebenfalls nicht zulässig, auch wenn der Notar den Nachweis eines regelgerechten Vertrags erbringen sollte und den Nachweis einer regelmäßigen Zahlung. Bereits der Wortlaut des Gesetzes lässt eine andere Informationsquelle als die auf Papier nicht zu; der Gesetzgeber hätte ansonsten in Kenntnis neuer Informationstechnologien dies ansonsten zugelassen, was eben nicht geschehen ist. Der wesentliche Unterschied besteht auch gerade darin, dass durch den Bezug in Gestalt von Zeitschriften dem Notar die Lektüre geradezu »auferlegt« wird, während er ansonsten nur nach seinem Belieben Informationen abfragen würde, was dem »zwangsweisen« Bezug nicht gerecht würde. Ein weiterer Lösungsvorschlag, dem Notar den Bezug über **Online-Dienste** zu gestatten, aber ihm gleichzeitig aufzuerlegen, eine Speicherung auf CD-ROM oder anderen Datenträgern sicherzustellen, ersetzt ebenfalls nicht den fortlaufenden Bezug der Zeitschriften in Form von Papier[1].

7 Der Gesetzgeber hat davon abgesehen, einen Zeitraum zu nennen, innerhalb dessen unbedingt die Zeitschriften aufzubewahren sind. Der Notar kann deshalb binnen kurzer Zeit die Zeitschriften vernichten, was allerdings nicht empfehlenswert ist. Der Notar braucht die Zeitschriften nicht geordnet oder gar gebunden aufzubewahren, allerdings sollte dies im eigenen Interesse aus Gründen der Übersichtlichkeit geschehen. Er kann die Zeitschriften nach einer Zeit von 10 Jahren vernichten, wenn ihm die Aufbewahrung aus Platzgründen nicht mehr zuzumuten ist.

8 Bei Notaren, die mit einem anderen Notar gemeinsame Räume zwecks Berufsausübung nutzen, genügt der Bezug durch einen dieser Notare. Es ist aber erforderlich, dass die Geschäftsräume gemeinsam genutzt werden, also jeder Notar zu jeder Zeit freien Zugang zu allen Räumlichkeiten hat. Es genügt nicht, wenn in einem Haus zwei Notare zwei völlig voneinander getrennte Räumlichkeiten nutzen[2]. Es ist auch nicht ausreichend, wenn der Notar darauf verweist, er habe jederzeit Zugang zu einer in der Nähe gelegenen Bibliothek, denn er muss die Zeitschriften eigenständig beziehen, und an jenem Merkmal fehlt es in solchen Fällen.

9 Die Pflicht obliegt in gleicher Weise dem Notariatsverwalter bis zur Beendigung des Amtes. Er hat ihr Genüge geleistet, wenn er selbst in seiner Eigenschaft als Notar bereits die Zeitschriften bezieht; ein gesonderter Bezug in seiner Eigenschaft als Notariatsverwalter ist dann nicht mehr erforderlich.

---

1 So aber *Wegerhoff*, NotBZ 2001, 327.
2 So schon *Weingärtner/Ehrlich*, DONot, Rz. 501.

§§ 33 bis 37

(weggefallen)

5. Abschnitt   Abwesenheit und Verhinderung des Notars. Notarvertreter

§ 38

[1]Will sich der Notar länger als eine Woche von seinem Amtssitz entfernen oder ist er aus tatsächlichen Gründen länger als eine Woche an der Ausübung seines Amtes verhindert, so hat er dies der Aufsichtsbehörde unverzüglich anzuzeigen. [2]Er bedarf der Genehmigung der Aufsichtsbehörde, wenn die Abwesenheit von dem Amtssitz länger als einen Monat dauern soll.

Übersicht

A. Entstehungsgeschichte

1   Die Vorschrift entspricht in völlig unveränderter Form § 29 RNotO.

B. Erläuterungen

I. Abwesenheit des Notars (Satz 1)

1. Anwendungsbereich

a) Grundsatz

2   Die Vorschrift will sicherstellen, dass der Amtsbetrieb auch **während längerer Abwesenheit** aufrechterhalten bleibt; es geht primär jedenfalls nicht darum, dass die Bevölkerung in ausreichender Weise mit notariellen Leistungen versorgt bleibt. Deshalb soll die Aufsichtsbehörde Kenntnis von einer längeren Abwesenheit erhalten, damit Vorsorge getroffen werden kann, um z. B. Ausfertigungen durch das Amtsgericht anstelle des Notars herstellen zu lassen (§ 45 Abs. 3)[1]. Darüber hinaus ist der Notar, anders als der Rechtsanwalt, zu ständiger Dienstbereitschaft verpflichtet, was aus dem Amt als einem öffentlichen folgt.

b) Tatsächliche Verhinderung

3   Die Vorschrift erfasst alle Fälle einer **Verhinderung** bei der Amtsausübung. Dies sind insbesondere urlaubsbedingte Abwesenheit, Krankheit, Verhaftung usw.

---

1 So auch *Schippel/Bracker/Schäfer*, § 38 Rz. 1.

c) Entfernen vom Amtssitz

Der Notar unterliegt auch dann der **Anzeigepflicht gegenüber der Aufsichtsbehörde,** 4
wenn er sich länger als eine Woche von seinem Amtssitz entfernen will. Der Amtssitz ist
durch § 10 festgelegt und damit identisch mit dem Ort der politischen Gemeinde. Dies bedeutet allerdings nicht, dass der Notar keiner Anzeigepflicht unterläge, wenn er seine Geschäftsräume schließt und sich an anderer Stelle in derselben Gemeinde aufhielte; auch in einem solchen, praktisch kaum vorstellbaren Fall muss er diesen Umstand anzeigen, wenn er
länger als eine Woche dauert.

Deshalb sollte bei einer Novellierung der Vorschrift anstelle von »Amtssitz« das Tat- 5
bestandsmerkmal »Geschäftsstelle« verwendet werden. Auch wenn sich der Notar in jeweils
kurzen Abständen immer wieder mehrmals im Jahr für einen Zeitraum von einer Woche
von seinem Amtssitz entfernt, unterliegt er nicht der Anzeigepflicht und macht sich auch
nicht eines Dienstvergehens schuldig. Er kann und darf damit rechnen, dass andere Urkundspersonen zur Verfügung stehen, die ebenfalls Amtsgeschäfte wahrnehmen können.
Das Notaramt ist nicht unbedingt personengebunden, sondern auch jeder andere Notar ist
fähig, dieselbe Amtshandlung vorzunehmen. Auch hier zeigen sich Ähnlichkeiten mit dem
Berufsbild des Richters.

2. Anzeige

Die Anzeige ist **Dienstpflicht;** ihre Unterlassung eine entsprechende Pflichtverletzung, die 6
mögliche disziplinarische Folgen haben kann. Sie ist gegenüber der Aufsichtsbehörde, in der
Regel dem Präsidenten des Landgerichts, abzugeben; Einzelheiten hierzu ergeben sich aus
der jeweiligen AVNot des Landes. Die Anzeige muss vor Beginn der Verhinderung bzw. vor
dem Entfernen vom Amtssitz abgegeben werden. Die Aufsichtsbehörde veranlasst auf
Grund der Anzeige das dann sich aus den AVNot des jeweiligen Landes Erforderliche, also
z. B. die Meldung an die nächst höhere Behörde. Da es sich lediglich um eine Anzeige handelt, braucht der Notar nicht die Reaktion der Aufsichtsbehörde abzuwarten, weil mit einer
solchen auch nicht zu rechnen ist.

II. Genehmigungspflicht (Satz 2)

1. Verwaltungsakt

Dies ist anders, wenn die Abwesenheit **länger als einen Monat** dauern soll. Hier muss der 7
Notar abwarten, bis ihm die Genehmigung der Aufsichtsbehörde vorliegt. Deshalb ist die
Anzeige so rechtzeitig zu erstatten, damit der Notar noch vor dem Beginn der tatsächlichen
Abwesenheit mit dem Eingang der Genehmigung rechnen kann. Der Notar sollte auch dann
auf einer schriftlichen Genehmigung bestehen, wenn ihm die Genehmigung bereits telefo-
nisch in Aussicht gestellt wurde.

Hat er allerdings begründete Hinweise, dass auf Grund der Behördenorganisation ihm die
Genehmigung durch den **zuständigen Sachbearbeiter** erteilt werden wird, kann er damit
rechnen, selbst wenn ihm die schriftliche Genehmigung noch nicht vorliegen wird[2]. Diese
muss durch den Dienststellenleiter, also den Präsidenten des Landgerichts, erteilt werden,
der seinerseits delegieren kann, soweit ihn dienstrechtliche Vorschriften an einer Delegierung nicht hindern. Es sollte allerdings ein Richter sein, der die Genehmigung unterzeichnet
und nicht ein Beamter oder gar Angestellter. Eine andere Handhabung berührt die Wirksamkeit der Genehmigung nicht, allerdings erhöht sich für den Dienststellenleiter das Risiko.

---

2 In diesem Sinne auch *Weingärtner/Ehrlich*, Rz. 693, vgl. aber auch § 40 Abs. 1 Satz 1 BNotO, wonach
der Vertreter durch schriftliche Verfügung bestellt wird.

2. Entbehrlichkeit der Genehmigung

8 Eine Genehmigung ist nur bei sog. **willkürlicher Abwesenheit** erforderlich, also nicht in den Fällen der Erkrankung oder der Verhaftung. Soweit der Notar davon Kenntnis hat, dass z. B. auf Grund eines auswärtigen Krankenhausaufenthaltes er länger als eine Woche abwesend sein wird, sollte er dies anzeigen; gleiches gilt für den Fall einer länger als einen Monat dauernden krankheitsbedingten Abwesenheit, d. h. also nicht das Erfordernis einer Genehmigung, aber das einer Anzeige, die ihm insoweit abverlangt werden kann.

III. Vertretertätigkeit

9 Im Fall der Verhinderung **kann** für den Notar **ein Vertreter** nach Maßgabe des § 39 bestellt werden[3]. Beginn und Beendigung sind dem Präsidenten des Landgerichts anzuzeigen (§ 34 Abs. 5 DONot). Der Notar hat entsprechende Vermerke in der Urkundenrolle anzufertigen (§ 34 Abs. 3 DONot). Die Vorschrift des § 34 DONot gehört gesetzessystematisch in die BNotO, was bei einer anstehenden Novellierung beachtet werden müsste. Über das Verhältnis zwischen Notar und Vertreter, insbesondere dessen Haftung, gibt es eigenständige Regelungen in den §§ 40–44[4].

IV. Längerfristige Verhinderung

10 Der Notar kann nach § 54 Abs. 1 Nr. 3 vorläufig seines Amtes enthoben werden, wenn er sich **länger als zwei Monate** ohne Genehmigung außerhalb seines Amtssitzes aufhält. Dies gilt jedoch auch nur in Fällen vorhersehbarer Abwesenheit, oder wenn der Notar während seiner Abwesenheit feststellt, dass seine Abwesenheit diesen Zeitraum überschreitet und er trotzdem gegenüber der Aufsichtsbehörde keine Mitteilung macht. In der Regel ist bei längerfristiger Abwesenheit des Notars nichts zu veranlassen[5].

V. Entsprechende Anwendung

11 Die Vorschrift ist auf alle **übrigen Fälle der Nichtausübung** des Amtes anwendbar, so z. B. wenn der Notar seine Geschäftsstelle ununterbrochen geschlossen hält und auch telefonisch nicht erreichbar ist, um eine wissenschaftliche Arbeit anzufertigen[6].

---

3 Siehe dazu Erläuterungen zu § 39.
4 Zum Verhältnis Notar – Vertreter, *Bohrer*, in Beck'sches Notarhandbuch L I Rdn. 50; *Bohrer*, Berufsrecht, Rdn. 271 ff.
5 BGH NJW-RR 1995, 1081, 1082.
6 *Schippel/Bracker/Schäfer*, § 38 Rz. 9.

(1) ¹Die Aufsichtsbehörde kann dem Notar auf seinen Antrag für die Zeit seiner Abwesenheit oder Verhinderung einen Vertreter bestellen; die Bestellung kann auch von vornherein für die während eines Kalenderjahrs eintretenden Behinderungsfälle ausgesprochen werden (ständiger Vertreter). ²Die Bestellung soll in der Regel die Dauer von einem Jahr nicht überschreiten.

(2) ¹Im Fall der vorläufigen Amtsenthebung kann ein Vertreter auch ohne Antrag bestellt werden. ²Dies gilt auch, wenn ein Notar es unterlässt, die Bestellung eines Vertreters zu beantragen, obwohl er aus gesundheitlichen Gründen zur ordnungsgemäßen Ausübung seines Amtes vorübergehend unfähig ist.

(3) ¹Zum Vertreter darf nur bestellt werden, wer fähig ist, das Amt eines Notars zu bekleiden. ²Die ständige Vertretung soll nur einem Notar, Notarassessor oder Notar außer Dienst übertragen werden; als ständiger Vertreter eines Anwaltsnotars kann nach Anhörung der Notarkammer auch ein Rechtsanwalt bestellt werden. ³Es soll – abgesehen von den Fällen des Absatzes 2 – nur bestellt werden, wer von dem Notar vorgeschlagen und zur Übernahme des Amtes bereit ist. ⁴Für den Notar kann auch ein nach § 1896 des Bürgerlichen Gesetzbuchs bestellter Betreuer oder ein nach § 1911 des Bürgerlichen Gesetzbuchs bestellter Pfleger den Antrag stellen und den Vertreter vorschlagen.

(4) Auf den Vertreter sind die für den Notar geltenden Vorschriften mit Ausnahme des § 19a entsprechend anzuwenden, soweit nicht nachstehend etwas anderes bestimmt ist.

Übersicht

A. Entstehungsgeschichte der Vorschrift

Die Norm geht im Wesentlichen auf § 30 RNotO zurück, allerdings mit geringfügigen inhaltlichen Abänderungen. So ist Abs. 2 dahin gehend ergänzt worden, dass ein ständiger Vertreter auch dann zu bestellen ist, wenn der Notar infolge Gebrechen es unterlässt, einen Vertreter zu beantragen, obwohl er zur Ausübung des Amtes nicht in der Lage ist. Abs. 3 sieht gegenüber § 30 Abs. 2 RNotO vor, dass auch ein Notar a. D. zum Vertreter bestellt werden kann; Abs. 4 entspricht in vollem Umfang dem früheren § 30 Abs. 3 RNotO. 1

B. Erläuterungen

I. Bestellung eines Vertreters für eine vorübergehende Verhinderung (Abs. 1 Satz 1)

1. Grundsatz der persönlichen Amtsausübung

2 Der Notar ist grundsätzlich verpflichtet, sein Amt persönlich auszuüben, also in eigener Person. Dieses **Postulat** gilt in allen Urkundsgeschäften, weil es sich insoweit um echt hoheitliche Tätigkeit handelt. Deshalb muss für den Notar ein Vertreter bestellt werden, wenn der Notar weiterhin wirksame Beurkundungen vornehmen möchte. In allen anderen Fällen kann[1] auch ein Notarassessor mit der Vornahme der Geschäfte beauftragt werden. Deshalb muss in allen Fällen echter Verhinderung ein Vertreter bestellt werden, wenn nicht nach § 56 die Bestellung eines Verwalters angezeigt und damit vorgreiflich ist. Die Bestellung eines Vertreters kommt nur bei Fällen vorübergehender Verhinderung in Betracht, d. h. der Zeitpunkt des Wegfalls der Verhinderung muss bereits bei Vertreterbestellung absehbar sein.

2. Übertragung von Geschäften auf den Notarassessor

3 Der Notar kann einem Notarassessor bestimmte Geschäfte übertragen, so dass eine **Vertreterbestellung entfallen kann**. Diese Geschäfte sind insbesondere Anfertigung von Entwürfen, Erteilung eines Rates, Vertretung vor Gerichten und gegenüber Behörden sowie die in §§ 23, 24 bezeichneten Geschäfte, also insbesondere Verwahrungs- und Betreuungsgeschäfte. Eine Ausnahme gilt aber wiederum dann, wenn für bestimmte Geschäfte Anwaltszwang vorgeschrieben ist; hier muss der Notar oder der für ihn bestellte Notar selbst tätig werden[2].

3. Voraussetzungen der Vertreterbestellung

a) nichtständige (vorübergehende) Vertretung

4 Der Notar muss an der Ausübung des Amtes **insgesamt gehindert sein**, und nicht etwa nur stundenweise oder für bestimmte Geschäfte.

5 Es ist auch nicht ermessensfehlerhaft, wenn die Aufsichtsbehörde die Bestellung eines Vertreters für wenige Stunden oder einen halben Arbeitstag ablehnt. Bei einer so kurzfristigen Abwesenheit kann die Beurkundung eines Geschäfts nicht so vordringlich sein, als dass sie nicht einen Tag später ebenso gut vorgenommen werden könnte. Die Justizverwaltungen sollten in solchen Fällen eher die Bestellung eines Vertreters ablehnen. Dies gilt erst recht, wenn der Rechtsanwalt und Notar wegen seiner Tätigkeit als Rechtsanwalt gehindert ist, die Tätigkeit eines Notars auszuüben[3].

b) Abwesenheit oder Verhinderung

6 Das Gesetz nennt zwei Umstände, die eine Vertretung rechtfertigen, und zwar die **tatsächliche Verhinderung** (Abwesenheit) und die **(rechtliche) Verhinderung**. Eine solche Verhinderung im rechtlichen Sinne ist z. B. die vorläufige Amtsenthebung oder die Inhaftierung. In beiden Fällen muss es sich allerdings um eine vorübergehende Verhinderung handeln, d. h. der Endzeitpunkt muss bei der Vertreterbestellung bereits erkennbar sein.

7 Deshalb ist auch bei der Bestellung eines Vertreters zu prüfen, ob nicht bereits die Bestellung als Verwalter nach § 56 in Betracht kommt. Die Vertretung wird deshalb temporär dadurch begrenzt, dass sie bei nur kurzfristiger Verhinderung ebenso wenig in Betracht kommt

---

1 *Schippel/Bracker/Schäfer*, § 39 Rz. 1.
2 Vgl. §§ 29 Abs. 1, 3; 124, 129, 159, 161 FGG, § 80 GBO.
3 BGHR BNotO § 39 Abs. 1 Vertreter 4.

wie bei überdurchschnittlich lang andauernder Verhinderung. Die Landesjustizverwaltung ist deshalb nicht verpflichtet einen Notarvertreter zu bestellen, weil der Rechtsanwalt und Notar an der Beurkundung gehindert ist[4]. Die Justizverwaltung sollte schon sehr gewissenhaft prüfen, ob eine Vertreterbestellung erforderlich ist[5].

c) Antragstellung

Die Bestellung eines Vertreters erfolgt nur auf **ausdrücklich gestellten Antrag** des Notars. **8** Die Aufsichtsbehörde kann in den in Abs. 1 genannten Fällen nicht von sich aus einen Vertreter bestellen, denn die Fälle ohne Antragstellung sind in Abs. 2 abschließend aufgezählt. Der Antrag ist durch den Notar so rechtzeitig zu stellen, dass unter Berücksichtigung einer angemessenen Bearbeitungszeit noch vor dem Beginn der Verhinderung darüber entschieden werden kann, denn die Vornahme von Amtshandlungen durch den Notarvertreter ohne wirksame Vertreterbestellung (Verfügung i. S. des § 40) erlangen keine Rechtsgültigkeit. Ausnahmsweise kommt die Bestellung eines Vertreters ohne Antragstellung in Betracht, wenn der Notar aus von ihm nicht vertretbaren Gründen so kurzfristig seine Geschäftsräume für längere Zeit zurücklassen muss und er z. B. infolge eines Unfalls zu einer Antragstellung nicht mehr in der Lage ist.

d) Zuständigkeit für die Vertreterbestellung

Die einzelnen AVNot der Länder regeln die **Zuständigkeit**; in der Regel obliegt diese Aufgabe dem Präsidenten des Landgerichts, allerdings kann auch die Zuständigkeit des Präsidenten des OLG begründet sein, wenn z. B. die Vertretung sich über einen längeren Zeitraum erstreckt. **9**

4. Anspruch auf Bestellung eines Vertreters

Infolge des Umstandes, dass das Berufsrecht für Notare dem öffentlichen Recht zuzuordnen ist[6], hat der Notar gegenüber der Aufsichtsbehörde **keinen unmittelbaren Anspruch** auf Bestellung eines Vertreters, sondern nur einen Anspruch auf ermessensfehlerfreie Ausübung, der auch insoweit der gerichtlichen Überprüfung unterliegt[7]. **10**

Das Gesetz überlässt es vielmehr dem **pflichtmäßigen Ermessen der Aufsichtsbehörden**, von welchen Voraussetzungen etwa die Bestellung eines ständigen Vertreters abhängig gemacht werden soll. **11**

Dabei hat die Aufsichtsbehörde die **allgemeinen Grundsätze des Notarrechts** zu beachten. Zu diesen gehört, dass der Notar sein Amt soweit wie nur irgend möglich persönlich auszuüben hat. Daher lässt sich nichts dagegen einwenden, dass die Bestellung ständiger Vertreter nur mit großer Zurückhaltung vorgenommen wird. Es bestehen auch keine Bedenken dagegen, dass – wie in ähnlich gelagerten Fällen – eine Landesjustizverwaltung als Aufsichtsbehörde die Art, wie sie ihr Ermessen in den Fällen der Anwendung des § 39 Abs. 1 ausüben will, von vornherein generell festlegt und sich damit selbst bindet. Für diese Richtlinien gelten die allgemeinen Grundsätze, wie sie schon für die Bestellung zum Notar behandelt sind[8]. Die Grundsätze können also auch für die Zukunft geändert werden. Der Schutz des einzelnen Notars geht nicht so weit, dass er verlangen könnte, eine als unzutreffend und nicht sachgerecht festgestellte Übung bei der Bestellung ständiger Vertreter beizubehalten. **12**

---

4 BGH DNotZ 2003, 785 = BGHR BNotO § 39 Abs. 1 Vertreter 4; so auch *Eylmann/Vaasen/Wilke*, § 39 BNotO Rz. 4; vgl. auch schon BGH NJW-RR 1995, 1081, 1082; 2000, 398, 399; DNotZ 1997, 827, 828.
5 BGH NJW-RR 1995, 1081, 1082; ZNotP 2000, 398, 399.
6 *Lerch*, NJW 1992, 3139.
7 BGH, DNotZ 1996, 186 = NJW-RR 1995, 1081, *Schippel/Bracker/Schäfer*, § 39 Rz. 5.
8 BGH DNotZ 1975, 494, BGHZ 67, 296.

13   Im Verfahren auf Bestellung eines Notarvertreters ist **der in Aussicht genommene Vertreter nicht beteiligt**; dieser wird auch nicht unmittelbar in seinen Rechten verletzt, auf jeden Fall dann nicht, wenn der vorgesehene Notarvertreter ein Richter im Ruhestand ist[9]. Der in Aussicht genommene Notarvertreter ist auch nicht Dritter im Sinne des § 839 Abs. 1 Satz 1 BGB[10] mit der Folge, dass ein abgelehnter und sich um das Amt eines Notarvertreters bemühender Richter im Ruhestand, der zuvor die Dienstaufsicht über Notare ausgeübt hatte, nicht geltend machen kann, eigene Rechte und damit Schadensersatzansprüche zu haben, wenn er nicht zum Vertreter bestellt wird.

5. Vertretervertrag

14   Unabhängig von der Bestellung des Vertreters durch Verwaltungsakt kann daneben zwischen dem Notar und seinem Vertreter ein privatschriftlicher **Vertretervertrag** geschlossen werden, in dem z. B. die Vergütung oder andere dem öffentlichen Dienstrecht nicht zugängliche Fragen geregelt werden. Der Notar ist nicht gehalten, diesen Vertrag gegenüber der Aufsichtsbehörde oder der Notarkammer offen zu legen, jedoch unterliegt die Vereinbarung als Dienstvertrag (§§ 611, 675 BGB) der vollen gerichtlichen Überprüfung durch die Zivilgerichte, wenn es zum Streit kommen sollte. Er bedarf allerdings keiner vorher einzuholenden Zustimmung[11].

II. Notarvertreter (Abs. 3)

15   Der Vertreter muss in seiner Person **alle Voraussetzungen für ein Notaramt** erfüllen, d. h. die Bedingungen nach §§ 3, 4, 5 müssen gegeben sein. Dies bedeutet, dass der Vertreter nicht alle Voraussetzungen erfüllen muss, um sofort auch zum Notar bestellt werden zu können; insbesondere bedarf er nicht der Voraussetzungen des § 6, weil ansonsten im Bereich des Anwaltsnotariats Voraussetzungen an die Vertreterbestellung geknüpft würden, dass nur Notare zu Vertretern bestellt werden könnten[12].

16   Deshalb kann auch ein **Rechtsanwalt** zum Notar bestellt werden, der eine **Nebentätigkeit** ausübt, ohne eine entsprechende Genehmigung zu besitzen, die den Anforderungen des § 8 Genüge leistet. Bei der Vertreterbestellung durch Verwaltungsakt der Justizverwaltung wird infolgedessen nicht geprüft, ob der künftige Vertreter eine Nebentätigkeit ausübt, die im Falle seiner Amtsausübung als Notar der Genehmigung bedürfte. Die Landesjustizverwaltung sollte bei der Vertreterbestellung auf die Vorschläge des Notars Rücksicht nehmen, weil er die Person näher kennt und mit Einzelheiten vertraut ist[13], auch wenn sie selbstverständlich nicht an die Vorschläge gebunden ist.

17   Sollte er zur Übernahme des Amtes nicht bereit sein, sollte die Aufsichtsbehörde von einer Bestellung Abstand nehmen. Das Gesetz lässt als Vertreter neben dem Notar, den Notarassessor und den Rechtsanwalt zu; letzterer Fall ist im Bereich des Anwaltsnotars i. S. d. § 3 Abs. 2 die Regel.

18   Der **als Referendar amtlich bestellte Vertreter** des Rechtsanwalts kann allerdings nicht zum Notarvertreter bestellt werden. Im Bereich des Nurnotariats sollen nur Notare oder Notarassessoren oder Notare a. D. zu Vertretern bestellt werden. In Ausnahmefällen kann mit Zustimmung des Vorstandes der Notarkammern auch ein Rechtsanwalt das Amt des Vertreters ausüben[14].

---

  9 So BGH, MittBayNot 1993, 324 = DNotZ 93, 469; vgl. dazu auch BGH, DNotZ 1996, 223.
10 BGH DNotZ 1996, 223.
11 Vgl. wegen weiterer Einzelheiten Erläuterungen zu § 41.
12 So auch *Schippel/Bracker/Schäfer*, § 39 Rz. 13.
13 BGH DNotZ 2003, 226 = NJW-RR 2003, 270 = BGHReport 2003, 579.
14 *Schippel/Bracker/Schäfer*, § 39 Rz. 13.

Die Aufsichtsbehörde kann allerdings die Bestellung einer Notariatsangestellten, auch **19** wenn sie die Befähigung zum Richteramt hat, ablehnen, wenn dadurch das Vertrauen in das Notaramt erschüttert wird[15]. Eine Verwaltungspraxis, zum nicht ständigen Notarvertreter generell keine Personen zu bestellen, die das 70. Lebensjahr vollendet haben, ist ermessensfehlerhaft[16].

Im Bezirk des Oberlandesgerichts Stuttgart kann auch ein **Notariatspraktikant**, der zu- **20** gleich Rechtsbeistand ist, zum Notarvertreter bestellt werden, sofern er in die Rechtsanwaltskammer aufgenommen ist[17].

III. Ständiger Vertreter (Abs. 3 Satz 2)

1. Grundsätze

In der Regel soll als ständiger Vertreter nicht nur im Bereich des Nurnotariats, sondern auch **21** für den Anwaltsnotar **nur ein Notar, Notarassessor oder Notar a. D.** zum ständigen Vertreter bestellt werden; allerdings ist die Bestellung eines Rechtsanwalts zum ständigen Vertreter des Anwaltsnotars schon oft die Regel. Die Aufsichtsbehörde sollte jedoch gerade beim Anwaltsnotar prüfen, ob tatsächlich ein Notar nicht gefunden werden kann, der als ständiger Vertreter tätig werden kann, der bereits seinerseits Notar ist. Gerade die nicht nur vorübergehende Vertretung erfordert in besonderem Maße Sachkunde in diesem Bereich, die ein Rechtsanwalt, der nicht zugleich Notar ist, in der Regel nicht erfüllt.

Dieser Grundsatz mag zwar in erster Linie für den Bereich des sog. Nur-Notariats gel- **22** ten[18], hat aber auch für den Bereich des Anwaltsnotariats Bedeutung, denn beide Notariatsformen sollen denselben Ansprüchen Genüge leisten, so dass es nicht ermessensfehlerhaft ist, wenn die Justizverwaltung primär bereits im Amt befindliche Notare zu Vertretern bestellt; dabei ist allerdings auch zu berücksichtigen, dass es Rechtsanwälten ermöglicht werden sollte, eine Notarvertretung durchzuführen, um den Leistungsanforderungen in Gestalt von Punkten (vgl. § 6 Abs. 3) gerecht werden zu können.

Mit der zeitlichen Begrenzung auf ein Jahr will der Gesetzgeber dem Umstand Rechnung **23** tragen, dass die Ausübung des Notaramtes höchst persönlich ist und der Notar dieses ihm verliehene Amt nicht dadurch umgehen kann, dass er sein Amt behält, aber die tatsächliche Ausübung einem Dritten überlässt. An dieser Stelle zeigt sich abermals die Nähe zum öffentlichen Dienst, wonach der Inhaber eines Amtes auch zur tatsächlichen Ausübung desselben verpflichtet ist. Deshalb handelt es die Landesjustizverwaltung nicht ermessensfehlerhaft, wenn sie die Bestellung eines Notarvertreters für einen längeren Zeitraum als ein Jahr ablehnt, um einem Notar es zu ermöglichen, in erster Linie Aufgaben wahrzunehmen, die mehr oder weniger privaten Interessen dienen und keinen öffentlichen Charakter haben. Der ständige Vertreter wird nach Abs. 1 grundsätzlich für ein Kalenderjahr bestellt.

2. Einzelheiten

Für die Bestellung eines ständigen Vertreters ist ein **Antrag des Notars** erforderlich. Auch **24** dabei ist den Vorstellungen und Wünschen des Notars für die Person des Vertreters weitgehend Rechnung zu tragen. Sollten allerdings die Voraussetzungen für die Bestellung eines Vertreters vorliegen und der Notar dennoch keinen Antrag stellen, kann ausnahmsweise von Amts wegen eingeschritten werden, jedoch bleibt zu prüfen, ob gegen den Notar dienstrechtliche Maßnahmen ergriffen werden müssen.

15 BGH NJW-RR 1995, 1080 = DNotZ 1996, 203.
16 BGH NJW-RR 2001, 784 = MDR 2000, 1462 = NdsRPfl 2001, 56 = LM H. 6/2001 § 39 BNotO Nr. 10 = ZNotP 2000, 398; so auch OLG Koblenz ZNotP 2000, 366.
17 BGH, DNotZ 1983, 772.
18 Vgl. dazu BGH DNotZ 1996, 186.

25 Grundsätzlich sind an die Eignung für die Person des Vertreters **keine strengeren Anforderungen** zu stellen als bei dem nur vorübergehend bestellten, jedoch sollte die Aufsichtsbehörde prüfen, ob Hinderungsgründe in seiner Person vorliegen, die es gebieten, einen anderen Notar mit der ständigen Vertretung zu betrauen. Soll ein Rechtsanwalt, der nicht zugleich Notar ist, zum ständigen Vertreter bestellt werden, ist die Notarkammer vorab zu hören[19].

26 Die **Landesjustizverwaltungen** haben **Grundsätze erstellt** für die Bestellung eines ständigen Vertreters. Wegen der diesbezüglichen Einzelheiten wird auf die AVNot der Länder Bezug genommen. Danach kommt die Bestellung eines ständigen Vertreters nur in Betracht, wenn der Notar wegen der Wahrnehmung anderer (öffentlicher) Ämter für längere Zeit an der ordnungsgemäßen Ausübung des Notaramtes gehindert ist (z. B. als Abgeordneter oder Bürgermeister). Keinesfalls darf ein ständiger Vertreter deshalb bestellt werden, weil z. B. der Anwaltsnotar sich mehr seinen Anwaltsgeschäften oder in diesem Zusammenhang entstandener Beratungsaufträgen widmen will.

Eine entsprechende Verwaltungsvorschrift eines Landes, wonach eine ständige Vertretung für den Notar nur durch den ihm zugewiesenen Anwärter erfolgen darf, ist von der Rechtsprechung zu Recht für unwirksam erklärt worden[20], weil sie insoweit die Entscheidungsbefugnisse nach § 39 Abs. 1 Satz 1 einschränken; im Übrigen ist eben nicht auszuschließen, dass der Anwärter mit diesen Aufgaben gerade in der Anfängerzeit überfordert sein könnte.

27 Die **Ansicht der Bundesnotarkammer** stellt sich in einem am 23.05.1975 gefassten Beschluss wie folgt dar: »Die Bestellung eines ständigen Vertreters ist als Ausnahme anzusehen. Sie kommt nur in Betracht, wenn damit zu rechnen ist, dass der Notar durch seine Stellung im öffentlichen Leben, durch die Wahrnehmung von Ehrenämtern, durch eine Erkrankung, die nicht seine dauernde Dienstunfähigkeit zur Folge hat, oder aus ähnlichen Gründen häufig im Ganzen und nicht nur kurzfristig verhindert sein wird. Eine wiederholte Verhinderung kann insbesondere bei den Notaren angenommen werden, die dem Bundestag oder dem Landtag angehören, oder die an hervorragender Stelle im politischen Leben oder in der Standesorganisation tätig sind. Die Bestellung darf nicht dazu führen, dass der Grundsatz der persönlichen Amtsausübung beeinträchtigt oder die Arbeitskraft des Notars verdoppelt wird.«

28 Die Bestellung eines ständigen Vertreters ist auch nicht zu dem Zweck zulässig, die **durch Alter oder Krankheit behinderte Arbeitskraft** des Notars auszugleichen[21]. Die Bestellung eines ständigen Vertreters für den Fall, dass ein Notar infolge der Wahrnehmung von Ehrenämtern, z. B. in Sportverbänden, gehindert ist, sein Amt als Notar auszuüben, soll grundsätzlich nicht erfolgen[22]. Davon kann wiederum eine Ausnahme zugelassen werden, wenn der Notar eine Tätigkeit in Standesorganisationen ausübt oder für einen längeren Zeitraum eine Abgeordnetentätigkeit wahrnimmt, weil damit Aufgaben verbunden sind, die im öffentlichen Interesse dienen und insoweit der Allgemeinheit zugute kommen.

IV. Die Stellung des Vertreters (Abs. 4)

29 Der **Vertreter** ist **Inhaber eines öffentlichen Amtes** wie der Notar. Er hat dieselben Rechte und Pflichten wie der Notar (Abs. 4). Seine Vergehen sind Amtspflichtverletzungen (§ 46). Er braucht aber einen eigenen Haftpflichtversicherungsvertrag nach § 19a nicht abzuschließen, weil der Notar neben ihm stets als Gesamtschuldner nach außen haftet (§ 46), dessen Haftpflichtversicherung eintritt. Er untersteht der Dienstaufsicht und der Disziplinargewalt der Aufsichtsbehörde. Er erhält eine Vergütung nach Vereinbarung mit dem Notar (vgl. § 41).

---

19 *Schippel/Bracker/Schäfer*, § 39 Rz. 21.
20 BGHR BNotO § 39 Abs. 1 Vertreter 5.
21 BGH DNotZ 1977, 429, BGHZ 67, 296; *Weingärtner/Ehrlich*, Rdn. 692.
22 BGH NJW-RR 1998, 135.

Der Vertreter hat sich darüber hinaus davon zu überzeugen, ob seitens der Aufsichts- **30**
behörde eine **ordnungsgemäße Vertreterbestellung** erfolgt ist[23]. Eine Haftung des Notarvertreters, der noch nicht zum Vertreter bestellt ist, aber dennoch bereits protokolliert, besteht dagegen nicht nach § 19[24]; soweit er vorsätzlich in Kenntnis einer nicht wirksamen
Vertretung tätig wird, kann eine Haftung aus §§ 823, 826 BGB begründet sein. Der Vertreter
steht auf Grund der öffentlichen Bestellung nicht in einem zivilrechtlichen Vertretungsver-
hältnis nach §§ 164 ff. BGB[25]. Die Kreditinstitute haben allerdings dem Notarvertreter ein
eigenes Verfügungsrecht zuerkannt[26], das durch den Notar aber eingeschränkt werden kann.

Es ist aber bedenklich, wenn die Rechtsprechung eine Amtspflichtverletzung des Notar- **31**
vertreters dann noch annimmt, wenn er eine Urkunde unterschreibt, nachdem seine Vertre-
terzeit abgelaufen ist[27].

---

23 So jedenfalls ausdrücklich BGH, DNotZ 1982, 1878 für den Fall eines Rechtsanwaltsvertreters (nur
  Leitsatz) vgl. auch *Haug*, Haftung, Rdn. 115.
24 *Weingärtner/Ehrlich*, Rz. 695 ff.; *Haug*, Haftung, Rz. 113; RG, DNotZ 1934, 38.
25 *Bohrer*, Berufsrecht, Rz. 274.
26 Vgl. Nr. 12 der Anderkontenbedingungen.
27 So aber BGH NJW 1998, 2830 = DNotZ 1999, 346 = ZNotP 1998, 232 mit zutreffender Kritik von
  Maaß, WuB VIII A § 19 BNotO.

§ 40

(1) ¹Der Vertreter wird durch schriftliche Verfügung bestellt. ²Er hat, sofern er nicht schon als Notar vereidigt ist, vor dem Beginn der Vertretung vor dem Präsidenten des Landgerichts den Amtseid (§ 13) zu leisten. ³Ist er schon einmal als Vertreter eines Notars nach § 13 vereidigt worden, so genügt es, wenn er auf den früher geleisteten Eid hingewiesen wird.
(2) Die Bestellung des Vertreters kann jederzeit widerrufen werden.

Übersicht

A. Entstehungsgeschichte

1 Die Vorschrift ist aus **§ 31 RNotO** hervorgegangen, der allerdings bestimmte, dass der Notarvertreter eine Bestallungsurkunde erhalten musste. Dies bedeutete konkret aber nur eine entsprechende Verfügung der Aufsichtsbehörde und war nicht vergleichbar der Urkunde nach den beamtenrechtlichen Normen. Ansonsten ist § 31 RNotO in seinen beiden Absätzen wörtlich übernommen worden.

B. Erläuterungen

I. Schriftliche Verfügung (Abs. 1 Satz 1)

1. Form

2 Die Bestellung des Notarvertreters erfolgt durch **schriftliche Verfügung**. Damit wird die im Beamtenrecht erforderliche Urkunde, die persönlich ausgehändigt werden muss, ersetzt und das Verfahren wesentlich vereinfacht. Demgegenüber ist für die Bestellung des Notars die Aushändigung einer Urkunde geblieben (vgl. § 12).

2. Wirksamkeit

3 Infolge der erleichterten Form wird die Bestellung durch Bekanntgabe an den Notarvertreter wirksam, wobei **jede Bekanntgabe** genügt, also auch die mündliche oder fernmündliche¹. Voraussetzung ist allerdings, dass die Aufsichtsbehörde eine Entscheidung getroffen haben muss und diese bereits schriftlich niedergelegt sein muss. Die Entscheidung trifft der die Dienstaufsicht innehabende Präsident des Landgerichts, der die Verfügung unterschreiben muss; bei seiner Verhinderung der zuständige Vertreter. Die Befugnis kann er jedenfalls nicht

---

1 Ebenso *Schippel/Bracker/Schäfer*, § 40 Rz. 3; *Weingärtner/Ehrlich*, Rz. 693.

auf solche Personen übertragen, die nicht richterliche Aufgaben wahrnehmen, also z. B. Beamte des gehobenen oder mittleren Dienstes und erst recht nicht auf Angestellte. Der Notarvertreter sollte sich, wenn er auf die schriftlich vorliegende Verfügung nicht warten kann, davon selbst überzeugen, dass eine schriftliche Verfügung durch die Dienstaufsicht ergangen ist. Unterschreibt ein Notarvertreter eine Urkunde erst, nachdem der letzte Tag seiner Bestellung verstrichen ist, so ist die Urkunde als notarielle unwirksam[2].

II. Eidesleistung (Abs. 1 Satz 2, 3)

1. Allgemeines

Da der Notarvertreter mit allen Rechten und Pflichten gleich einem Notar ausgestattet ist, muss die **Leistung des Eides** zwingende Folge sein. Der Gesetzgeber hat allerdings Erleichterungen zugelassen, und zwar einmal die Vereidigung als Notar zu früheren Zeiten, was diejenigen Fälle berührt, in denen ein Notar Vertreter eines anderen Notars wird. Allerdings muss er in seiner Eigenschaft als Notar vereidigt worden sein; eine Eidesleistung als Beamter oder Rechtsanwalt usw. genügt nicht, weil der Eid für diese Tätigkeiten einen anderen Inhalt hat. Darüber hinaus genügt die Bezugnahme auf einen früher geleisteten Eid, wenn der Notarvertreter bereits schon einmal in seiner Eigenschaft als Vertreter vereidigt worden war (Absatz 2 Satz 3).   4

2. Ausnahmen

Ein Notarvertreter, der einmal Notar war und im Zeitpunkt der Vertreterbestellung dieses Amt nicht mehr ausübt, muss **erneut als Vertreter vereidigt werden**[3]. Allerdings ist eine erneute Vereidigung nicht mehr notwendig, wenn auch dieser zu bestellende Notar bereits früher schon einmal als Vertreter vereidigt worden war.   5

III. Formalien

Beginn und Beendigung der Vertretung sind unverzüglich **in der Urkundenrolle** zu vermerken (§ 34 Abs. 3 DONot), und zwar auch dann, wenn der Notarvertreter keine Urkundsgeschäfte vorgenommen hat. Gesetzessystematisch gehört § 34 DONot unbedingt in die BNotO, was bei einer Novellierung berücksichtigt werden sollte. Es sind für den Beginn und die Beendigung jeweils gesonderte Vermerke an der zeitlich zutreffenden Stelle in der Urkundenrolle anzubringen, aber mit Datum und ohne Unterschrift (Beginn die des Vertreters; Beendigung die des Notars) zu versehen[4]. Die Beendigung der Vertretung ist dem Präsidenten des Landgerichts gegenüber schriftlich anzuzeigen, und zwar durch den Notar, der bekundet, dass er sein Amt wieder ausübt (vgl. § 34 Abs. 5 DONot).   6

---

2 BGHZ 138, 359 = NJW 1998, 2830 = DoNotZ 1999, 346; ZNotP 1998, 292; vgl. auch *Geimer*, LM H. 9/1998 § 19 BNotO Nr. 68/69, sowie *Saenger*, JZ 1999, 101.
3 So auch *Schippel/Bracker/Schäfer* § 40 Rz. 8.
4 Formulierungsbeispiel bei *Weingärtner/Ehrlich*, Rz. 141; *Weingärtner*, Vermeidbare Fehler, Rz. 38.

IV. Beendigung der Vertretung

1. Regelfälle

7 Diese tritt ein mit dem in der Verfügung genannten Datum, was den **Regelfall** darstellen dürfte. Es kann aber auch dann der Fall sein, wenn der Hinderungsgrund des Notars entfallen ist, also z. B. dem Ende einer Krankheit oder dem Urlaubsende, denn der Vertreter muss nicht unbedingt für eine bestimmte kalendermäßig festgelegte Zeit bestellt sein, sondern kann auch bestellt werden für die Zeit der Erkrankung des Notars. Dann endet die Vertretung allerdings erst mit der tatsächlichen Übernahme des Amtes durch den verhinderten Notar. In diesen Fällen tritt die Beendigung mit der formellen Übergabe i. S. d. § 44 ein[5].

2. Beendigung durch Widerruf (Abs. 2)

8 Diese Art der Beendigung dürfte in der Praxis die absolute Ausnahme darstellen. Die Wirkung der Beendigung tritt hier erst mit **Zugang der schriftlichen Verfügung** beim Notarvertreter ein. Der Widerruf ist ein Verwaltungsakt und sollte nur aus sachlich gebotenen Gründen erfolgen. Da die Bestellung zum Notarvertreter für diesen keinen begünstigenden Verwaltungsakt darstellt, sind deshalb für den Widerruf nicht die dazu entwickelten Grundsätze anwendbar. Der Widerruf erfolgt z. B., wenn der Vertrag zwischen Notar und Vertreter beendet ist oder der Notarvertreter erklärt, nicht mehr Vertreter sein zu wollen, weil kein Vertreter gegen seinen Willen ein Amt ausüben muss. Da nach dem Gesetz der Widerruf jederzeit möglich ist, hat ein etwa eingelegtes Rechtsmittel durch den Notar oder seinen Vertreter auf jeden Fall keine aufschiebende Wirkung.

---

5 *Schippel/Bracker/Schäfer*, § 40 Rz. 7.

§ 41

(1) ¹Der Vertreter versieht das Amt auf Kosten des Notars. ²Er hat seiner Unterschrift einen ihn als Vertreter kennzeichnenden Zusatz beizufügen und Siegel und Stempel des Notars zu gebrauchen.

(2) Er soll sich der Ausübung des Amtes auch insoweit enthalten, als dem von ihm vertretenen Notar die Amtsausübung untersagt wäre.

Übersicht

A. Entstehungsgeschichte

Die Vorschrift entspricht in ihrem Absatz 1 wörtlich § 32 RNotO. Auch Absatz 2 ist fast wörtlich übernommen worden, wobei anstelle der früheren Formulierung »von der Amtsausübung ausgeschlossen« nunmehr auf Grund des BeurkG die Formulierung »Amtsausübung untersagt wäre« getreten ist. **1**

B. Erläuterungen

I. Stellung des Notarvertreters

1. Amtsverhältnis

Der Notarvertreter steht als Träger eines öffentlichen Amtes in einem **öffentlich-rechtlichen Verhältnis zum Staat** und kann daneben in einem privatrechtlichen Vertragsverhältnis zum Notar stehen, nämlich dann, wenn er auf Antrag des Notars bestellt wird. Ein derartiges Vertragsverhältnis fehlt aber, wenn der Vertreter von Amts wegen ohne Antrag des Notars bestellt wird. Ansonsten steht der Notarvertreter in demselben Amtsverhältnis mit allen Rechten und Pflichten wie ein Notar. **2**

2. Vertretervertrag

Das Vertragsverhältnis zwischen dem Notar und einem auf Antrag bestellten Vertreter wird ein Dienstvertrag zur Leistung höherer Dienste sein (§§ 611, 675 BGB). Der Vertrag ist eine **privatrechtliche Vereinbarung**, wie sich auch aus § 42 ergibt. Der Vertrag regelt beispielsweise, welche Vergütung der Vertreter erhält, wie lange die Vertretung dauert, welche Wünsche der Vertreter bezüglich des Geschäftsbetriebes zu erfüllen hat (auswärtige Sprechtage **3** zu bestimmten Zeiten, Verhalten gegenüber dem Personal, Bürostunden usw.). Wünsche und Weisungen des Notars sind aber nur verbindlich, solange sie mit den Amtspflichten vereinbar sind. Bittet der Notar also seinen Vertreter, die verabredete Beurkundung eines Testaments mit einem wichtigen Klienten bis zur Rückkehr des Notars hinauszuschieben, dann muss der Vertreter diesen Wunsch beachten, wenn er nicht plötzlich zu dem Klienten gerufen wird, weil dieser wegen Besorgnis des nahen Todes sein Testament sofort zu machen wünscht.

II. Rechnung des Notars (Abs. 1 Satz 1)

4 Die Formulierung im Gesetz will damit ausdrücken, dass auch weiterhin in der Person des Notars die **Gebühren** entstehen, doch darf der Notarvertreter kraft seines Amtes nach Maßgabe seiner Amtspflichten verfügen und somit einziehen, stunden, verrechnen usw.; als Folge davon haftet der Notar bei einer Amtspflichtverletzung neben dem Notarvertreter einem Geschädigten (§ 46). Der Notar muss seinem Vertreter die vereinbarte oder bei fehlender Vereinbarung die angemessene Vergütung zahlen (§ 43).

III. Unterschriftenzusatz, Geschäftsstelle (Abs. 1 Satz 2)

1. Unterschrift

5 Der Notarvertreter hat seiner Unterschrift einen seine Vertreterstellung ausreichend kenntlich machenden **Zusatz** beizufügen. Dies entspricht auch den allgemeinen Vorschriften für ein privates Vertreterverhältnis (§ 164 BGB). Dabei ist es völlig ausreichend, wenn seiner Unterschrift lediglich das Wort »Notarvertreter« hinzugefügt wird; die zweite Alternative besteht darin, dass es heißt »als amtlich bestellter Vertreter des Notars X«[1]. Der Zusatz muss nicht handschriftlich erfolgen, sondern kann maschinenschriftlich oder durch Stempel angebracht sein[2]. Soweit im Text der Urkunde und eingangs der Urkunde der Name des Notars aufgeführt sind, aber sich am Ende die Unterschrift des Notarvertreters mit einem das Vertreterverhältnis andeutenden Zusatz befinden und somit unklar ist, vor wem die Beurkundung protokolliert wurde, soll darin nach einer vereinzelt gebliebenen Rechtsprechung[3] ein Verstoß gegen § 9 Abs. 1 Satz 1 Nr. 1 BeurkG liegen. Im Übrigen darf danach der Notarvertreter, falls der Irrtum bemerkt wird, keine Berichtigung mehr vornehmen; diese Ansicht ist abzulehnen.

2. Geschäftsstelle (Abs. 1 Satz 2)

6 Der Notarvertreter muss **Siegel und Stempel des Notars** verwenden, den er vertritt. Dies gilt auch dann, wenn der Notarvertreter in derselben Sozietät selbst Notar ist. Der Notarvertreter bedient sich darüber hinaus allen Mitteln, die auch ansonsten dem Notar aus dessen Geschäftsstelle zur Verfügung stehen. Der Notarvertreter braucht nicht eigene Hilfskräfte oder sächliche Mittel einsetzen.

---

1 *Weingärtner/Ehrlich*, Rz. 25; *Schippel Bracker/Schäfer*, § 41 Rz. 6.
2 *Weingärtner/Schöttler*, Rz. 23.
3 OLG Hamm, DNotZ 1988, 565 m. Anm. *Reithmann;* ablehnend insoweit *Weingärtner*, Vermeidbare Fehler, Rdn. 63a.

IV. Sonstige Amtsstellung des Notarvertreters

1. Allgemeine Amtspflichten

Der Vertreter selbst ist Inhaber eines öffentlichen Amtes. Er übt das Amt selbstständig und **7** unter **eigener Verantwortung** aus. Verletzt er seine Pflichten, dann wird gegen ihn persönlich ein Dienststrafverfahren eingeleitet (siehe bei §§ 57, 97). Der Notar darf dem Vertreter keine von den Gesetzen oder den Standespflichten abweichenden Weisungen erteilen. Der Vertreter wird allerdings Wünsche des Notars weitgehend zu beachten haben. Der Notar kann mit seinem Vertreter vereinbaren, dass er die bis dahin geübten Geschäftsstunden einhält, dass er bestimmte Unterlagen benutzt, dass er bestimmte Formen wahrt usw. Bei einer Pflichtenkollision oder in Zweifelsfällen muss aber der Notarvertreter selbstständig seine pflichtgemäße Entscheidung treffen, so beispielsweise, ob eine Überschreitung der Dienststunden auch für das Büropersonal nötig, ob eine Dienstreise erforderlich wird, ob er die Fortführung einer vom Notar eingeleiteten Amtsübung wegen rechtlicher Bedenken ablehnen will usw.

2. Umfang der Amtsausübung

Der Vertreter hat alle die Amtspflichten zu erfüllen, die dem Notar obliegen (§ 39 Abs. 4), **8** insbesondere bei der Urkundstätigkeit und den **sonstigen Geschäften notarischer Betreuung** auf dem Gebiet vorsorgender Rechtspflege (§§ 23, 24). Er ist dazu auch befugt, über hinterlegte Sachen oder über die Anderkonten des Notars zu verfügen.

Der Notarvertreter wird aber nur für die notariellen Amtsgeschäfte Vertreter des Notars; **9** soweit dieser noch andere Ämter innehatte (z. B. Konkursverwalter), berührt dies nicht den Aufgabenkreis des Vertreters.

3. Besonderheiten beim Anwaltsnotar

Während der Bestellung zum Notarvertreter begangene **Dienstpflichtverstöße** können gegen einen Rechtsanwalt, der nicht zugleich Notar ist, disziplinarisch geahndet werden. Dabei kommt es auf den Zeitpunkt der Vorermittlungen durch die Aufsichtsbehörde an. Ein **10** solches Disziplinarverfahren kann nicht mehr eingeleitet werden, wenn die Vertretung beendet ist und der Vertreter nicht zugleich Notar (in eigener Sache ist)[4]. Unabhängig kann aber geprüft werden, ob ein Dienstvergehen als Notarvertreter so gravierend war, dass er nunmehr in seiner weiteren Stellung als Rechtsanwalt Pflichten verletzt hat, die eine Weiterverfolgung rechtfertigen. In einem solchen Fall sind dann auch bei späteren Vertreterbestellungen durch die Aufsichtsbehörde strengere Maßstäbe anzulegen.

V. Ausschließung von der Amtsausübung (Abs. 2)

1. Ausschließung kraft Gesetzes

Der Notarvertreter ist von der Amtstätigkeit ausgeschlossen, wenn **Ausschließungsgründe** **11** **oder Gründe für ein Mitwirkungsverbot** in seiner Person vorliegen (§§ 3–7 BeurkundungsG). Darüber hinaus bestimmt § 41 Abs. 2, dass der Vertreter sich der Ausübung des Amts enthalten soll, wenn dem von ihm vertretenen Notar die Amtsausübung untersagt sein würde. Hierbei handelt es sich aber nur um eine Sollvorschrift, so dass die vom Vertreter

---

[4] *Weingärtner/Ehrlich*, Rz. 674 ff.; wegen der Unterschiede zum Beamtenrecht vgl. *Clausen/Janzen*, Bundesdisziplinarordnung, § 2 Rz. 3a ff.

trotzdem (insbesondere in Unkenntnis des Ausschließungsgrundes) vorgenommenen Amtshandlungen gültig und wirksam sind, auch soweit sonst nach §§ 6 und 7 des Beurkundungsgesetzes eine Ungültigkeit eintreten würde.

2. Selbstablehnung

12 Der Notar kann sich selbst wegen Befangenheit der Amtstätigkeit enthalten; er wird sich enthalten, wenn ein Beteiligter ihn »wegen Befangenheit ablehnt«, obwohl das Beurkundungsgesetz eine förmliche Ablehnung nicht mehr kennt. § 41 Abs. 2 erwähnt die Befangenheit nicht; denn die **Enthaltungsbefugnis** des Notars nach § 16 Abs. 2 enthält kein Verbot. Nach § 39 Abs. 4 und § 41 Abs. 2 soll der Notarvertreter sich einer Amtstätigkeit enthalten, wenn ein Befangenheitsgrund in seiner Person selbst vorhanden ist. Eine Ablehnungserklärung ist also unbeachtlich, wenn der Betroffene sich dazu auf einen Grund beruft, der nur in der Person des Notars und nicht des Notarvertreters besteht und wenn die Amtstätigkeit sogleich vollständig mit dem Vertreter abgewickelt werden kann, obwohl sich der Notarvertreter auch dann oftmals einer Mitwirkung enthalten sollte.

§ 42

Für vermögensrechtliche Streitigkeiten zwischen dem Notar und dem Notarvertreter, welche die Vergütung oder die Haftung für Amtspflichtverletzungen betreffen, sind die Landgerichte ohne Rücksicht auf den Wert des Streitgegenstandes ausschließlich zuständig.

Übersicht

A. Entstehungsgeschichte

In der RNotO war eine **gleichartige Bestimmung nicht enthalten**, sondern nur in der dazu ergangenen Ausführungsverordnung vom 26.06.1937 (RGBl. I S. 663). Der Bundesgesetzgeber sah sich veranlasst, § 13 der AusführungsVO in die BNotO zu übernehmen, weil per se die Notwendigkeit gegeben war, dass reichsrechtliche Ausführungsbestimmungen nur durch Gesetz geändert werden konnten. **1**

B. Erläuterungen

I. Bestimmung der Zuständigkeit (Satz 1 Halbs. 1)

Bestimmte vermögensrechtliche Streitigkeiten zwischen dem Notar und dem Notarvertreter sind hier dem **ordentlichen Rechtsweg** zugewiesen, und zwar an die Landgerichte. Die Bestimmung bestätigt, dass unabhängig von der Übertragung eines öffentlichen Amtes durch die Justizverwaltung auf den Vertreter zwischen diesem und dem Notar privatrechtliche Beziehungen bestehen, nämlich ein Dienstvertrag zur Leistung höherer Dienste. **2**

Hier werden nur bestimmte vermögensrechtliche Streitigkeiten behandelt, für die unabhängig vom Streitwert die **Landgerichte** stets als erste Instanz zuständig sind. Andere vermögensrechtliche Ansprüche müssen zwar auch vor den ordentlichen Gerichten verfolgt werden, doch sind sie nicht irgendwie privilegiert. Die Streitigkeiten über die Haftung für Amtspflichtverletzungen können nur den Rückgriff des Notars betreffen, der nach § 46 für Pflichtverletzungen des Vertreters haftet; auch insoweit liegt kein öffentlich-rechtlicher Anspruch vor. **3**

Die Aufzählung in Satz 1 ist abschließend, so dass die Vorschrift nicht analogiefähig für andere Sachverhalte ist. Deshalb werden nur folgende Ansprüche davon erfasst: **4**

Der Anspruch des Vertreters auf Zahlung der **vereinbarten oder angemessenen Vergütung**; der Anspruch des Notars auf Rückzahlung überzahlter Vergütungen; Meinungsverschiedenheiten über Auslagenersatz; Ansprüche des wegen Pflichtverletzung in Anspruch genommenen Notars auf Rückgriff. **5**

II. Ausschließliche Zuständigkeit (Satz 1 Halbs. 2)

6 Die Landgerichte werden für die Streitigkeiten über Vergütungen und Amtspflichtverletzungen ohne Rücksicht auf die Höhe des Streitwerts für **ausschließlich zuständig** erklärt; eine Vereinbarung über die Zuständigkeit des Amtsgerichts ist mit Rücksicht auf § 40 ZPO deshalb unwirksam. Hingegen ist die Vereinbarung über die Zuständigkeit eines Schiedsgerichts zulässig. Unabhängig davon verbleibt den Notarkammern die durch § 16 RLNot eingeräumte Befugnis, zunächst schlichtend zwischen Notar und Notarvertreter zu vermitteln. Ein Kläger kann aber nicht darauf verwiesen werden, vor Beschreiten des ordentlichen Rechtsweges zunächst das Schlichtungsverfahren erfolglos durchzuführen. Eine von ihm eingereichte Klage verliert dadurch nicht ihre Zulässigkeit.

III. Rechtsmittel

7 Die Rechtsmittel der Berufung und Revision sind zulässig, soweit dafür die gesetzlichen Voraussetzungen vorliegen (§§ 511a, 546 ZPO).

§ 43

Der Notar hat dem ihm von Amts wegen bestellten Vertreter (§ 39 Abs. 2) eine angemessene Vergütung zu zahlen.

Übersicht

A. Entstehungsgeschichte

Die Vorschrift hat in der **RNotO kein Vorbild**, sondern entspricht wörtlich § 13 Satz 1 der AusführungsVO zur RNotO vom 26.06.1937 (RGBl. I S. 663). Dabei hat der Bundesgesetzgeber nicht Satz 2 übernommen, wonach der Oberlandesgerichtspräsident die Vergütung festsetzte, wenn der Notar vorläufig seines Amtes enthoben wurde und die Einsetzung eines Vertreters erfolgte.   1

B. Erläuterungen

1. Vergütungsanspruch

Der Vergütungsanspruch des Stellvertreters bedarf der Regelung nur, soweit es sich um einen nach § 39 Abs. 2 von Amts wegen bestellten Vertreter handelt, denn der auf Antrag des Notars bestellte Vertreter nach § 39 Abs. 1 wird auf Grund eines **privatrechtlichen Vertrages** mit dem Notar tätig[1], der selbstverständlich eine Vergütungsregelung enthält. Der Vertreter kann natürlich auch unentgeltlich tätig werden, insbesondere bei gegenseitigen Gefälligkeiten. Bei längerer Vertretung muss schon ein Ausschluss der Vergütung ausdrücklich vereinbart werden, weil sich sonst ein Vergütungsanspruch stillschweigend aus dem Vertrag ergibt.   2

2. Vergütungshöhe

Die **Höhe der Vergütung** wird regelmäßig vereinbart. Ist das nicht der Fall, dann schuldet der Notar seinem Vertreter, den er durch Vertrag angenommen hat, die übliche Vergütung nach §§ 611, 675, 612 BGB. Wird eine Üblichkeit nicht ermittelt, dann muss der Notar die angemessene Vergütung zahlen. Falls der Notar mit dem Vertreter keine Vereinbarung getroffen hat, schuldet der Notar die angemessene Vergütung.   3

a) Wegen der üblichen Vergütung sollten die Beteiligten sich an **Richtwerten der örtlichen Notarkammer** orientieren. In der Regel ist somit die Üblichkeit zu ermitteln, und es bedarf nur in wenigen Ausnahmefällen dann hilfsweise der Feststellung der angemessenen Vergütung, die in jedem Fall zugrunde zu legen ist, wenn der Notarvertreter von Amts wegen bestellt wurde, es sei denn, die Beteiligten haben auch dafür eine Vergütungsvereinbarung getroffen, und sei es auch nur in der Weise, dass die übliche Vergütung ohne konkreten Betrag vereinbart sein soll. In einem solchen Fall sind §§ 315, 316 BGB anwendbar[2].   4

---

1 *Schippel/Bracker/Schäfer*, § 43 Rz. 1.
2 *Schippel/Bracker/Schäfer*, § 42 Rz. 2.

5 b) Die angemessene Vergütung hat alle **Umstände des Einzelfalles** zu berücksichtigen, also Zeitaufwand, Anzahl und Schwierigkeit der vom Vertreter getätigten Amtsgeschäfte. Es ist angebracht, in erster Linie die Angemessenheit anhand der während der Vertretungszeit erzielten Gebühren zu ermitteln.

6 c) Streitigkeiten über die Höhe der Vergütung werden im **ordentlichen Rechtsweg** ausgetragen (§ 42). Hierbei ist insbesondere § 315 Abs. 3 BGB zu beachten, wonach der Notarvertreter die Bestimmung der Leistung durch Urteil verlangen kann.

§ 44

(1) ¹Die Amtsbefugnis des Vertreters beginnt mit der Übernahme des Amtes und endigt, wenn die Bestellung nicht vorher widerrufen wird, mit der Übergabe des Amtes an den Notar. ²Während dieser Zeit soll sich der Notar der Ausübung seines Amtes enthalten.

(2) Die Amtshandlungen des Vertreters sind nicht deshalb ungültig, weil die für seine Bestellung nach § 39 erforderlichen Voraussetzungen nicht vorhanden waren oder später weggefallen sind.

Übersicht

A. Entstehungsgeschichte

Die Vorschrift geht fast wörtlich auf § 33 **RNotO** zurück, der lediglich in Absatz 1 Satz 3 bestimmte, dass der Notar während der Vertretungszeit jederzeit das Amt wieder übernehmen könne, worauf der Bundesgesetzgeber verzichtete, nach dem § 39 Abs. 2 den jetzigen Wortlaut erhielt.   **1**

B. Erläuterungen

I. Grundsätzliches

Während § 40 die Bestellung des Vertreters durch schriftliche Verfügung und damit einen **Organisationsakt der Aufsichtsbehörde** voraussetzt, ist Gegenstand dieser Vorschrift der tatsächliche Beginn und dasselbe Ende der Tätigkeit des Vertreters. Sie betrifft damit ausschließlich das Verhältnis zwischen Notar und seinem Vertreter; demgegenüber regelt § 40 die Beziehungen zwischen Notarvertreter und der Aufsichtsbehörde und knüpft allein für die wirksame Bestellung an die schriftliche Verfügung an.   **2**

II. Vertretungszeitraum (Abs. 1 Satz 1)

1. Beginn der Vertretung

Die Befugnis des Vertreters zur Ausübung des Amtes beginnt mit der **Übernahme des Amtes.** Vorher muss er aber wirksam mit einem »Amt« betraut, also durch eine ihm zugegangene schriftliche Verfügung der Justizverwaltung gemäß § 40 zum Vertreter bestellt sein. Be-   **3** stimmt dabei die Verwaltung einen Anfangstermin, dann ist eine vorherige »Übernahme des Amtes« durch den späteren Vertreter wirkungslos[1].

4 Die »Übernahme des Amtes« geschieht im Verhältnis zum Notar und muss irgendwie erkennbar sein. Es ist es kein förmlicher Übertragungsakt seitens des Vertretenen nötig, zumal das bisweilen tatsächlich gar nicht mehr möglich ist (Krankheit, Abwesenheit). Es genügt die äußerlich erkennbare Kundmachung des Vertreters, dass er nunmehr das Amt ausüben wolle. Sie liegt spätestens in dem Vermerk in der Urkundenrolle, der nach § 34 Abs. 3 DONot vorgeschrieben ist. Sie kann in der Anzeige des ständigen Vertreters an den Präsidenten des Landgerichts nach § 34 Abs. 4 DONot liegen. Sie kann ferner in der tatsächlichen Ausübung notarieller Tätigkeit für den vertretenen Notar gesehen werden, auch wenn der Vertreter es amtspflichtwidrig versäumt, Anzeigen oder Vermerke vorzunehmen oder den Eid nach § 40 zu leisten.

2. Ende der Vertretung

5 Die Aufzählung in § 44 Abs. 1 ist **nicht erschöpfend**. Danach endet das Amt des Vertreters mit dem Widerruf durch die Verwaltungsbehörde und mit Rückgabe des Amtes an den Notar. Darüber hinaus endet das Amt mit Ablauf der in der Bestellungsverfügung angegebenen Zeit. Ist der Vertreter auf unbestimmte Zeit bestellt, etwa für die Dauer einer Erkrankung, Abwesenheit, Amtsenthebung oder sonstige zeitliche Verhinderungen des Notars, dann endet die Stellvertretung erst mit Rückgabe des Amtes an den Notar oder Zugang einer förmlichen Widerrufsverfügung.

Das Erlöschen des Amtes des Notars selbst, etwa durch dessen Tod oder Entfernung aus dem Amt, bringt auch das Amt des Vertreters zum Erlöschen; hierfür gibt es den vorübergehenden Verwalter (§ 56).

III. Gültigkeitsfolgen (Abs. 1 Satz 2; Abs. 2)

1. Enthaltung durch den Notar

6 Der Notar soll während der Vertretung keine Amtsgeschäfte vornehmen, denn das Amt eines Notars kann nur in einer Person ausgeübt werden. Andernfalls würden Vertreterbestellungen sinnlos und es träte eine Verdoppelung des Amtes ein[2]. Die dennoch von dem Notar entgegen dieser Vorschrift vorgenommenen Amtshandlungen bleiben uneingeschränkt wirksam[3]; ein Verstoß kann für den Notar disziplinarische Folgen haben, allerdings sollten hier milde Maßstäbe gelten.

2. Amtshandlungen

7 Entsprechend den Regeln des öffentlichen Dienstrechts, insbesondere des Beamtenrechts, bleibt die Wirksamkeit der durch den Notarvertreter vorgenommenen Amtshandlungen auch dann unberührt, wenn er nach § 39 überhaupt nicht zum Vertreter hätte bestellt werden dürfen, aber dennoch eine schriftliche Verfügung durch die Aufsichtsbehörde ergangen war. Demgegenüber sind Amtshandlungen unwirksam, wenn überhaupt keine schriftliche Verfügung vorliegt. Dabei kommt es im Fall des § 44 Abs. 2 nicht darauf an, welche Voraussetzungen fehlen, d. h. sachliche (z. B. Abwesenheit usw.) oder in der Person des Notarvertreters liegende (z. B. dt. Staatsangehörigkeit)[4].

---

1 BGH, DNotZ 1958, 33 = NJW 1957, 62.
2 *Schippel/Bracker/Schäfer*, § 44 Rz. 7.
3 BGH, MDR 1971, 33.
4 *Schippel/Bracker/Schäfer*, § 44 Rz. 8.

Die Amtshandlungen des Notarvertreters sind auch dann wirksam, wenn der Notar zur Ausübung seines Amtes in der Lage war, gleichwohl aber eine Vertreterbestellung erfolgte. Das Risiko, dass Notarvertreter und Notar etwa gleichzeitig widersprechende Amtshandlungen vornehmen, trifft allein den Notar, denn er soll sich während der Vertretungszeit aller aller Geschäfte enthalten. Beurkundet er dennoch während der Vertretungszeit, bleibt die Wirksamkeit der vorgenommenen Amtshandlungen davon unberührt. Er setzt sich allerdings der Gefahr eines Disziplinarverfahrens aus, jedoch kommt es dabei für die Einleitung oder spätere Verhängung von Disziplinarmaßnahmen auf die Umstände des Einzelfalles an.

3. Tod des Notars

Im Falle des Todes des Notars müssen die Amtshandlungen des Vertreters nach Abs. 2 als   **8**
gültig angesehen werden, bis der Vertreter sichere Kenntnis von dem Tod und damit vom Ende der Vertretung hat[5]. Dieser Grundsatz hatte sich schon in früher gültigen Normen niedergeschlagen; so bestimmte z. B. Art. 102 des Bayerischen Notariatsgesetzes vom 09.06.1899, dass der Notariatsverwalter, der auch im Falle einer Urlaubsverhinderung oder Erkrankung bestellt wurde, auch dann noch tätig sein darf, wenn die Vertretungszeit schon abgelaufen war, aber der Notar noch nicht seinen Dienst angetreten hat, weil er z. B. noch nicht aus dem Urlaub zurückgekehrt ist.

---

5 So auch *Schippel/Bracker/Schäfer*, § 44 Rz. 8.

§ 45

(1) ¹Für die Dauer der Abwesenheit oder Verhinderung kann der Notar, wenn ihm ein Vertreter nicht bestellt ist, seine Akten einschließlich der Verzeichnisse und Bücher einem anderen Notar im Bezirk desselben oder eines benachbarten Amtsgerichts oder dem Amtsgericht, in dessen Bezirk er seinen Amtssitz hat, in Verwahrung geben. ²Die Verwahrung durch einen anderen Notar ist dem Amtsgericht mitzuteilen.

(2) Der Notar oder das Amtsgericht, dem die Akten in Verwahrung gegeben sind, hat anstelle des abwesenden oder verhinderten Notars Ausfertigungen und Abschriften zu erteilen und Einsicht der Akten zu gestatten.

(3) Hat der Notar für die Dauer seiner Abwesenheit oder Verhinderung seine Akten nicht nach Absatz 1 in Verwahrung gegeben und wird die Erteilung einer Ausfertigung oder Abschrift aus den Akten oder die Einsicht der Akten verlangt, so hat das Amtsgericht, in dessen Bezirk der Notar seinen Amtssitz hat, die Akten in Verwahrung zu nehmen und die beantragte Amtshandlung vorzunehmen.

(4) ¹Der Notar, der die Akten in Verwahrung hat, erteilt die Ausfertigungen und beglaubigten Abschriften mit seiner Unterschrift und unter seinem Siegel oder Stempel. ²Für die Erteilung der Ausfertigungen oder Abschriften durch das Amtsgericht gelten die Vorschriften über die Erteilung von Ausfertigungen oder Abschriften gerichtlicher Urkunden. ³In dem Ausfertigungsvermerk soll auf die Abwesenheit oder Verhinderung des Notars hingewiesen werden.

(5) Die Kosten für die Erteilung von Ausfertigungen oder Abschriften stehen, wenn die Akten durch einen Notar verwahrt werden, diesem und, wenn die Akten durch das Amtsgericht verwahrt werden, der Staatskasse zu.

Übersicht

A. Entstehungsgeschichte der Vorschrift

1 Sie entspricht in den Absätzen 1–4 ohne Änderungen § 37 RNotO; lediglich Absatz 5 hat eine redaktionelle Änderung dahin erfahren, dass das Wort »Reichskasse« durch »Staatskasse« ersetzt wurde.

B. Erläuterungen

I. Allgemeines

2 Die Vorschrift ist notwendige Folge von § 39, wonach dem Notar ein **Vertreter bestellt werden kann**. Deshalb kann bei Abwesenheit, wenn ein Vertreter nicht bestellt ist, der No-

tar seine Akten einschließlich Verzeichnissen und Bücher einem anderen Notar übergeben oder diese dem Amtsgericht in Verwahrung geben. Die Entscheidung darüber liegt im Ermessen des Notars; er ist nicht zur Überlassung seiner Unterlagen verpflichtet. Für eine dringend notwendige Amtshandlung hat Absatz 3 Vorsorge getroffen. Die Vorschrift regelt nur den Fall der tatsächlichen Verhinderung; der Fall rechtlicher Verhinderung wird von § 55 erfasst.

II. Aktenverwahrung durch den Ersatznotar (Abs. 1 Satz 1)

1. Begriff der Akten

Das Gesetz verwendet diesen Begriff ebenso wie die **KostO in § 154** und meint damit die Urkundensammlung einschließlich der sich daran anschließenden Vorgänge, wie z. B. Urkundenrolle, Namensverzeichnis, Massen- und Verwahrungsbücher. Demgegenüber müssen und können nicht unbedingt die Nebenakten i. S. d. § 22 DONot davon erfasst sein, wobei der Notar natürlich nicht gehindert ist, auch diese teilweise zu überlassen. Er wird dies aber auf die Fälle begrenzen, von denen er annimmt, dass sie während seiner Abwesenheit benötigt werden, denn er kann unmöglich alle Nebenakten überlassen, es sei denn, es handelt sich um ein ausgesprochen kleines Notariat. **3**

2. Abwesenheit oder Verhinderung

Im 5. Abschnitt der BNotO werden die Begriffe »Abwesenheit« und »Verhinderung« in ein und demselben Sinne verwendet, also wie in § 39[1]. **4**

3. Verwahrung durch einen Ersatznotar (Abs. 1 Satz 1)

a) Rechtsnatur der Verwahrung

Zunächst ist die Verwahrung die Ausübung der tatsächlichen Sachherrschaft, also die Inbesitznahme durch den Ersatznotar oder das Amtsgericht. Erfolgt die Verwahrung durch den Ersatznotar, ist nicht unbedingt die Übergabe an diesen zwecks Aufbewahrung in dessen Geschäftsräumen erforderlich, sondern es genügt, wenn der Notar dem Ersatznotar die alleinige Ausübung der Sachherrschaft überlässt, ihm also z. B. die Schlüssel zu den Geschäftsräumen des verhinderten Notars für diesen Zweck übergibt[2]. **5**

Auf das dadurch begründete **Verwahrungsverhältnis** finden weder die Vorschriften der bürgerlich-rechtlichen Verwahrung (§§ 688 ff. BGB) entsprechende Anwendung noch die zum öffentlich-rechtlichen Verwahrungsverhältnis entwickelten Grundsätze[3]. In erster Linie werden Rechte und Pflichten durch die Vereinbarung mit dem Ersatznotar begründet; gleichzeitig gilt für den die Verwahrung durchführenden Ersatznotar der Haftungsumfang des § 19 BNotO, so dass er haftet, sofern ihm die Verletzung einer Amtspflicht nachzuweisen ist. Allerdings treffen den die Verwahrung in Auftrag gebenden Notar während der Verwahrung keine weiteren Pflichten; er haftet auch nicht neben dem Ersatznotar nach § 46[4]. **6**

---

1 Vgl. deshalb die Erläuterungen zu § 39.
2 So auch *Schippel/Bracker/Schäfer*, § 45 Rz. 5.
3 Vgl. *Maurer*, Allgemeines Verwaltungsrecht § 3 Rz. 28 bei.
4 Vgl. *Maurer*, Allgemeines Verwaltungsrecht § 3 Rz. 28 bei.

b) Anzeigepflicht (Abs. 1 Satz 2)

7   Die Verwahrung durch einen Ersatznotar ist gegenüber dem Amtsgericht, in dem der verhinderte Notar seinen Amtssitz hat, **anzuzeigen**, was auch dann gilt, wenn der Ersatznotar seinen eigenen Amtssitz im benachbarten Bezirk hat. Das Gesetz trifft keine Aussage dazu, wem die Anzeigepflicht obliegt; in erster Linie gehört dies zum Pflichtenkreis des die Verwahrung in Auftrag gebenden Notars, allerdings hat der Ersatznotar dann Anzeige zu erstatten, wenn er erkennt, dass sein Auftraggeber eine Anzeige unterlassen hat.

c) Folgen der Verwahrung (Abs. 2)

8   Unabhängig von der Haftung für die Verletzung von Amtspflichten durch den Ersatznotar **tritt dieser an die Stelle seines Auftraggebers**, d. h., er erteilt (vollstreckbare) Ausfertigungen und gewährt Akteneinsicht nach Maßgabe der Vorschriften. Dabei nimmt er keine Vertreterstellung ein, wie der nach § 41 BNotO bestellte Vertreter, sondern wird im eigenen Namen unter Benutzung seines Siegels oder Stempels tätig, allerdings hat er nach außen kenntlich zu machen, dass er für den »verhinderten Notar (Name, Amtssitz)« tätig wird. Damit ist allerdings auch der Aufgabenkreis des Ersatznotars erschöpft; zu weiteren Amtshandlungen ist er nicht befugt.

4. Verwahrung durch das Amtsgericht (Abs. 3)

9   Der Notar kann seine Akten dem **Amtsgericht** übergeben, in dem er seinen Amtssitz hat; die Verwahrung durch ein anderes Amtsgericht ist ausgeschlossen. Diese Verwahrung erfolgt entweder nach Absatz 1 durch eine »freiwillige« Übergabe oder nach Absatz 3, indem das Amtsgericht von sich aus tätig wird, wenn der Notar überhaupt keine anderweitige Verwahrung vorgenommen hat, jedoch die in Absatz 3 umschriebenen Amtshandlungen (Ausfertigungen, Abschriften, Akteneinsicht) erforderlich sind. Hierbei hat das Amtsgericht kein Ermessen, wie sich aus der Gesetzesformulierung unschwer ergibt.

10   Allerdings erfolgt eine Verwahrung durch das Amtsgericht nur, wenn die in Absatz 3 umschriebenen Amtshandlungen anfallen, und sei es auch nur ein einziges Mal. Es handelt sich dabei um einen Akt der freiwilligen Gerichtsbarkeit, der notfalls unter Anwendung von Gewalt (§ 33 FGG) zu vollziehen ist[5]. Eine gerichtliche Überprüfung zur Rechtmäßigkeit erfolgt auf Antrag des Notars nach § 19 Abs. 1 FGG und eröffnet nach Abs. 2 den Rechtsweg zu dem Landgericht in erster Instanz. Eine Anfechtung nach § 111 BNotO entfällt auf jeden Fall.

5. Verfahrensvorschriften für die Amtshandlungen (Abs. 4)

11   Das Gesetz verweist für die Erteilung von Ausfertigungen und Abschriften durch das Amtsgericht auf § 51 **BeurkG**; darüber hinaus ist § 52 BeurkG einschlägig, der seinerseits auf die Vorschriften der ZPO verweist. Dies bedeutet, dass nach § 51 Abs. 3 BeurkG nur derjenige Abschriften verlangen kann, der auch Anspruch auf eine Ausfertigung hätte; der zur Erteilung von Ausfertigungen berechtigte Personenkreis wird durch § 51 BeurkG festgelegt. Die Zuständigkeit erfolgt durch die Stelle, die die Verwahrung durchführt, also das Amtsgericht. Innerhalb des Amtsgerichts ist dafür funktionell der Urkundsbeamte der Geschäftsstelle zuständig (§ 797 Abs. 2 i. V. m. Abs. 1 ZPO)[6].

12   Der **Ausfertigungsvermerk** soll den Hinweis beinhalten, dass der eigentlich amtierende Notar an der Ausübung seines Amtes gehindert ist oder aus anderen Gründen abwesend ist. Fehlt dieser Vermerk, ist die Amtshandlung als solche nicht unwirksam. Ein solcher Vermerk entspricht dem Vertretervermerk i. S. d. § 41 BNotO oder bei Richtern § 315 Abs. 1

---

5 *Schippel/Bracker/Schäfer*, § 45 Rz. 11.
6 Vgl. die Erläuterungen bei *Lerch*, BeurkG, §§ 51, 52.

ZPO. Ein solcher Vermerk soll auch angebracht werden, wenn das Amtsgericht Ausfertigungen herstellt.

6. Kosten (Abs. 5)

Die Vorschrift stellt klar, dass der Ersatznotar die **Gebühren und Auslagen** vereinnahmt, der den Notar vertritt; soweit das Amtsgericht tätig wird, fallen der Staatskasse die Kosten anheim.

13

§ 46

¹Für eine Amtspflichtverletzung des Vertreters haftet der Notar dem Geschädigten neben dem Vertreter als Gesamtschuldner. ²Im Verhältnis zwischen dem Notar und dem Vertreter ist der Vertreter allein verpflichtet.

Übersicht

A. Entstehungsgeschichte der Vorschrift

1   Die Vorschrift entspricht wörtlich § 35 RNotO.

B. Erläuterungen

I. Haftung des Notars als Gesamtschuldner mit dem Notarvertreter bei Amtspflichtverletzungen (Satz 1)

1. Anwendungsbereich

2   Die Vorschrift verleiht einem Geschädigten einen **gesamtschuldnerischen Anspruch** bei Amtspflichtverletzungen gegen den amtierenden Notar und seinen amtlich bestellten Vertreter und erweitert damit die Haftung des Notars auch für die Fälle, in denen der Notar selbst überhaupt nicht tätig geworden ist. Da es um zivilrechtliche Haftung geht, bestehen gegen eine derartige Haftungserweiterung keine verfassungsrechtlichen Bedenken. Es ist nichts anderes als die Haftung des Vertretenen für ein Fehlverhalten des Vertreters, die dem Zivilrecht nicht fremd ist (§ 278 BGB). Die Vorschrift erfasst im Übrigen nur den Vertreter und nicht den Verwalter, für den insoweit § 61 einschlägig ist; ebenso wenig ist sie auf den die Akten verwahrenden Notar i. S. d. § 45 anwendbar[1].

2. Amtspflichtverletzung

3   Dem Notarvertreter obliegen **dieselben Amtspflichten** wie dem amtierenden Notar, so dass der Pflichtenkatalog identisch ist[2]. Die gesamtschuldnerische Haftung ist aber dann ausgeschlossen, soweit es um speziell nur den Vertreter treffende Pflichten geht. Ebenso wie beim Notar muss auch beim Notarvertreter ein Verschulden gegeben sein[3], weil ansonsten die Verschuldenshaftung beim Notarvertreter in eine Gefährdungshaftung überwechselte, und dies ist vom Gesetzgeber nicht beabsichtigt gewesen.

---

1 *Schippel/Bracker/Schramm*, § 46 Rz. 6.
2 Vgl. die Erläuterungen zu § 19.
3 *Schippel/Bracker/Schramm*, § 46 Rz. 5.

Weiterhin setzt die Haftung des Notarvertreters seine ordnungsgemäße Bestellung durch **4** die Landesjustizverwaltung voraus. Nimmt der nicht ordnungsgemäß bestellte Vertreter dennoch Amtshandlungen vor, sind diese nicht nur unwirksam, sondern er haftet darüber hinaus alleine ohne Mithaftung des amtierenden Notars[4]. Eine Haftung des amtierenden Notars ist nur dann zu bejahen, wenn mit seiner Kenntnis ein Notarvertreter Amtshandlungen vornimmt und ihm bekannt ist, dass eine ordnungsgemäße Vertreterbestellung noch nicht erfolgt ist.

3. Notarassessoren

Ihre Haftung ist deshalb so eng begrenzt, weil sie sich noch in einem **Ausbildungsverhält-** **5** **nis** befinden. Soweit der Notarassessor zum Vertreter bestellt war, haftet er als Gesamtschuldner neben dem Notar (§§ 19 Abs. 2 Satz 3, 46). Die alleinige Haftung des Notarassessors im Innenverhältnis ergibt sich auch hier aus § 46 Satz 2, sofern er Vertreter war und eine schuldhafte Amtspflichtverletzung begangen hatte. Darüber hinaus bestimmt § 19 Abs. 2 Satz 1, dass der Notarassessor gesamtschuldnerisch mit dem Notar haftet, wenn er Geschäfte nach §§ 23, 24 vornimmt und zu ihrer selbstständigen Erledigung ausdrücklich durch den Notar ermächtigt worden war.

Dies würde im Umkehrschluss bedeuten, dass der Notarassessor alleine haftete, wenn er vom Notar zur selbstständigen Wahrnehmung der in §§ 23, 24 erwähnten Geschäfte nicht ermächtigt worden wäre, was eigentlich unverständlich ist[5]. Hier wird sich dennoch eine gesamtschuldnerische Haftung des Notars damit begründen lassen, dass er den Notarassessor nicht korrekt eingewiesen oder überwacht hat[6]. Im Bereich der Beurkundungstätigkeit treten derartige Schwierigkeiten nicht auf, weil zu ihrer selbstständigen Erledigung der Notarassessor nicht befugt ist[7], es sei denn, er ist ausdrücklich zum Vertreter bestellt, so dass § 46 wieder einschlägig ist, mit der Folge, dass der amtierende Notar als Gesamtschuldner neben dem Notarassessor in Anspruch genommen werden kann. Eine weitergehende Haftung der Notarassessoren besteht nicht[8]. Er haftet auch dann nicht, wenn er sog. Vorbereitungs- oder Hilfshandlungen für den Notar vornimmt[9].

II. Haftung im Innenverhältnis (Satz 2)

Im Innenverhältnis ist der **Notarvertreter der allein Haftende**, wogegen keine Bedenken **6** bestehen und was auch der Interessenlage entspricht, denn der Notar hat im Vertretungsfall keine Amtshandlungen vorgenommen. Etwas anderes gilt nur, wenn den Notar ein gewisses Mitverschulden trifft, so dass dann wieder eine Mithaftung in Betracht kommt. Hier kommt es auf den jeweiligen Einzelfall an und den Umfang der für den eingetretenen Schaden ursächlich gewesenen Handlungen jedes Einzelnen; neben der Ursache kommt es bei der Mithaftung des Notars auch auf ein Verschulden seinerseits an[10]. Hierbei fällt ins Gewicht, dass der Notar in erster Linie für die Organisation der Geschäftsstelle sowie für Auswahl und Kontrolle des für ihn tätigen Personals verantwortlich ist[11].

Hat der Notar im **Außenverhältnis** Ersatz geleistet, hat er in jedem Fall einen Rückgriffs- **7** anspruch gegen seinen Vertreter, weil dieser im Innenverhältnis allein verantwortlich ist. Trifft den Notar ein Mitverschulden, reduziert sich dieser Rückgriffsanspruch im entspre-

---

4 BGH, DNotZ 1958, 33; *Alexander-Katz*, DNotZ 1930, 125, 130.
5 Berechtigte Zweifel bei *Haug*, Rz. 123, 144.
6 *Haug*, Haftung des Notars, Rz. 123.
7 *Haug*, Haftung des Notars, Rz. 125.
8 *Haug*, in: Beck'sches Notarhandbuch, K 25; *Rinsche*, II 192.
9 *Haug*, in: Beck'sches Notarhandbuch, K 26.
10 Vgl. dazu OLG Celle, DNotZ 1985, 246, sowie RGZ 142, 357, 368.
11 OLG Celle, DNotZ 1985, 246.

chenden Umfang. Auch dafür sind, unabhängig vom Streitwert, in erster Instanz die Landgerichte zuständig.

8   Der Notar und sein Vertreter können durch vor der Bestellung abgeschlossenen Vertrag vereinbaren, dass der Notar auf einen **Rückgriffsanspruch** verzichtet[12]. Kommt es nach einem Schadensfall zu einer entsprechenden Vereinbarung, wird die Haftungsfreistellung als Erlassvertrag (§ 397 BGB) auszulegen sein. Im Übrigen sind hinsichtlich der gesamtschuldnerischen Haftung die §§ 421, 840 BGB ebenfalls entsprechend anwendbar.

---

12 Ebenso *Schippel/Bracker/Schäfer*, § 46 Rz. 6.

6. Abschnitt   Erlöschen des Amtes. Vorläufige Amtsenthebung. Notariatsverweser

§ 47

Das Amt des Notars erlischt durch
1. Erreichen der Altersgrenze (§ 48a) oder Tod,
2. Entlassung (§ 48),
3. bestandskräftigen Wegfall der Mitgliedschaft bei der für den Gerichtsbezirk zuständigen Rechtsanwaltskammer im Fall des § 3 Abs. 2,
4. Amtsverlust infolge strafgerichtlicher Verurteilung (§ 49),
5. Amtsenthebung (§ 50),
6. Entfernung aus dem Amt durch disziplinargerichtliches Urteil (§ 97),
7. vorübergehende Amtsniederlegung (§§ 48b, 48c).

Übersicht

A. Entstehungsgeschichte der Vorschrift

Die Vorschrift hat in § 36 RNotO ihren historischen Vorläufer. Sie ist inhaltlich völlig identisch und unterscheidet sich nur dadurch, dass § 47 insgesamt sieben Ziffern erhalten hat, während in § 36 RNotO die Tatbestände der Beendigung (Erlöschen) des Notaramtes in einem einzigen Satz zusammengefasst waren.   **1**

B. Erläuterungen

I. Allgemeines

Der 6. Abschnitt der BNotO regelt die **Beendigung des Notaramtes** einschl. der vorläufigen Amtsenthebung und seine Folgen wie die Bestellung eines Notariatsverwalters. Die in § 47 vorgenommene, enumerative Aufzählung ist abschließend und lehnt sich an die Beendigungstatbestände im Beamtenrecht an, so dass auch an dieser Stelle die Nähe zum öffentlichen Dienst erkennbar ist. Darüber hinaus wird damit gewährleistet, dass der Notar bei der Beendigung des ihm verliehenen Amtes nicht dem Ermessen der Verwaltungsbehörde ausgesetzt ist, so dass die Vorschrift den strengen Maßstäben des Art. 12 Abs. 1 Satz 2 GG standhält.   **2**

II. Die einzelnen Tatbestände

1. Erlöschen durch Erreichen der Altersgrenze (§ 48a)[1] oder Tod Nr. 1

a) Tod des Notars

3   a) Mit dem Tod des Notars endet automatisch auch das **Notaramt**, das nicht vererblich ist, so dass die Erben des Notars nicht befugt sind, das Amt durch einen Vertreter fortführen zu lassen. Stirbt der Notar während eines Vertretungszeitraums, endet im gleichen Moment auch das Vertreteramt, jedoch bleiben dennoch vom Vertreter vorgenommene Amtshandlungen wirksam bis zur Kenntnis des Vertreters vom Tod des Notars. Es muss dann unverzüglich ein Notariatsverwalter bestellt werden (§ 56 Abs. 1), der mit der Person des bisherigen Notarvertreters identisch sein kann. Die Kostenforderungen des verstorbenen Notars gehen materiell-rechtlich auf die Erben über. Sie können die Forderungen jedoch nicht nach §§ 1922 ff. BGB geltend machen, sondern sind darauf angewiesen, dass der Notariatsverwalter (§ 56) oder die die Akten verwahrende Stelle (§ 51) vollstreckbare Kostenrechnungen ausstellt (§§ 154 f. KostO, § 58 Abs. 3 BNotO).

b) Erreichen der Altersgrenze (§ 48a)

4   Durch Gesetz vom 29.01.1991 (BGBl. I S. 150) ist eine **absolute Altersgrenze** eingeführt worden, die mit Vollendung des 70. Lebensjahres erreicht wird und automatisch zur Beendigung des Notaramtes führt. Die Altersgrenze bezweckt primär die Aufrechterhaltung einer gesunden Altersstruktur und begegnet keinen verfassungsrechtlichen Bedenken[2]. Diejenigen Notare, die am 03.02.1991 im Geltungsbereich der Bundesnotarordnung das 58. Lebensjahr vollendet hatten, können für weitere zwölf Jahre im Amt bleiben. Abweichend von § 47 Nr. 1 können in den Ländern Brandenburg, Mecklenburg-Vorpommern, Sachsen, Sachsen-Anhalt und Thüringen bestellte Notare, die am 08.09.1998 das 58. Lebensjahr vollendet hatten, für weitere zwölf Jahre im Amt bleiben.

2. Erlöschen durch Entlassung (§ 48) Nr. 2

5   Das Notaramt endet durch die **Entlassung auf Antrag des Notars** nach § 48; die Wirkungen treten mit Zugang der entsprechenden Verfügung der Landesjustizverwaltung ein.

3. Erlöschen durch Wegfall der Zulassung als Rechtsanwalt (§ 3 Abs. 2) Nr. 3

6   Das Notaramt endet beim Anwaltsnotar automatisch **mit Wegfall der Zulassung**, weil der Notar i. S. d. § 3 Abs. 2 sein Amt nur als Nebenamt ausübt und andernfalls er zum sog. Nurnotar würde, was in bestimmten Bezirken nicht zulässig ist. Die Zulassungsgründe und ihr möglicher Wegfall sind im zweiten Abschnitt des ersten Teils der BRAO (§§ 18–36) geregelt. Darüber hinaus kommt in der Praxis häufiger der Fall des Wechsels der Mitgliedschaft bei der für den Gerichtsbezirk zuständigen Rechtsanwaltskammer im Fall des § 3 Abs. 2 vor – früher war dies die Zulassung bei einem bestimmten Gericht, die nun nicht mehr besteht, nachdem der Rechtsanwalt bei (nahezu) jedem Gericht zugelassen ist und auftreten darf. Dies bedeutet allerdings die Bindung des Notaramtes an einen bestimmten Bezirk, so dass der Notar des Amtes verlustig geht, wenn er einer anderen Anwaltskammer angehört. Wenn der Gesetzgeber diese Konsequenz nicht getroffen hätte, käme dies einem Eingriff in die Bedarfsplanung der Justizverwaltung gleich, weil dann plötzlich in einem bestimmten Bezirk infolge des Wechsels mehr Notare tätig wären, als nach dem Bedarf erforderlich.[3]

---

1 Vgl. Erläuterungen zu § 48a.
2 BVerfG DNotZ 1993, 260.
3 Vgl. BGBl. I 2007 S. 358.

Der Anwaltsnotar kann aber, um diesen Wirkungen zu entgehen, die Verlegung des Amts- **7** sitzes nach § 10 Abs. 1 Satz 2 beantragen, jedoch sind dabei die »Belange einer geordneten Rechtspflege zu beachten«; die zuständige Notarkammer ist vor der Entscheidung anzuhören. Die Zulassung in einem anderen Bezirk als Rechtsanwalt ist danach unter den Voraussetzungen des § 33 BRAO wesentlich einfacher und bereitet nur demjenigen Anwaltsnotar Schwierigkeiten, der auch den Amtssitz als Notar dorthin verlegt haben möchte, denn es geht nur unter Beachtung der in § 10 Abs. 1 Satz 2 BNotO aufgeführten Belange[4].

Die **Verlegung des Amtssitzes** eines Anwaltsnotars scheitert in der Regel an § 6 Abs. 2 **8** Ziff. 2, wonach der Anwalt mindestens drei Jahre im Bezirk zugelassen sein muss, bevor er zum Notar bestellt werden kann[5]. Der Gesetzgeber hat die Amtssitzverlegung des Notars und damit auch des Anwaltsnotars in § 10 zwar abschließend geregelt, jedoch handeln die Landesjustizverwaltungen ermessensfehlerhaft, wenn in den entsprechenden Ländererlassen in dem Bezirk, in dem der Anwaltsnotar seine Zulassung als Rechtsanwalt erhalten hat, die Verleihung des Notaramtes nicht an eine zusätzliche Verweildauer von mindestens drei Jahren geknüpft wird. Es handelt sich dabei nämlich nicht um ein zusätzliches Eignungsmerkmal, sondern um schlichte Ausübung des Organisationsermessens.

Demgegenüber kann nicht eingewandt werden, dass in § 10 Abs. 1 Satz 2 ein Hinweis des **9** Gesetzgebers auf § 6 Abs. 2 Ziffer 2 fehle, denn es geht nicht um ein Eignungsmerkmal, sondern primär um die Aufrechterhaltung leistungsfähiger Notariate, so dass eine neue Wartezeit von mindestens drei Jahren angemessen sein kann.

Der den **Amtssitzwechsel** betreibende Notar muss es deshalb hinnehmen, dass er zwar **10** mit entsprechender Erfahrung im Notarberuf ausgestattet ist, jedoch für eine Übergangszeit daran gehindert sein kann, das Notaramt weiter auszuüben. Er kann sich auf einen Vertrauenstatbestand nicht in der Richtung berufen, dass er angenommen habe, ohne Unterbrechung im Notarberuf weiter tätig zu werden, denn die entsprechenden Ländererlasse zur Ausführung der BNotO sind hinreichend bekannt und jederzeit zwecks vorheriger Information zugänglich.

Ein Anwaltsnotar wird auch nicht in der Ausübung seines Berufs in **verfassungswidriger** **11** **Weise** (Art. 12 Abs. 1 Satz 2 GG) beschränkt, wenn ihm die Ausübung des Notaramtes wegen des Ablaufs einer bestimmten Wartezeit versagt wird[6]. Er kann seinen Anwaltsberuf weiterhin ungehindert ausüben; das Notaramt ist ein öffentliches Amt, auf dessen Ausübung kein Rechtsanspruch besteht, und die Landesjustizverwaltung vergibt dieses Amt ortsgebunden, weil sie zur Aufrechterhaltung einer geordneten Rechtspflege und zur ausreichenden Versorgung der Bevölkerung mit notariellen Leistungen gerade an einem bestimmten Ort eine Notarstelle eingerichtet haben möchte, andererseits aber nicht übersehen darf, dass durch die Einrichtung einer Überzahl von Notarstellen die Existenz dieser Stellen beeinträchtigt wird.

Bei der Feststellung des Bedürfnisses für eine Notarstelle kommt es nicht auf die »Dich- **12** te« im gesamten Amtsgerichtsbezirk, sondern auf die jeweiligen Verhältnisse »vor Ort« an, wo der Notar also konkret seinen Amtssitz zu nehmen beabsichtigt.

Darüber hinaus kann die Landesjustizverwaltung die **Amtssitzverlegung** von einer sog. **13** Verweildauer in dem Bezirk abhängig machen, in dem der Notar bisher seinen Sitz hatte[7]. Ihre Rechtfertigung ergibt sich aus dem Grundsatz, dass gerade ländliche Notariate über einen längeren Zeitraum durch ein und denselben Notar versorgt werden sollen und ständige Fluktuationen zu vermeiden sind. Beide Gesichtspunkte können sich auch qualitativ auf das Notariat auswirken. Die Einhaltung von sog. Verweilzeiten in dem Bezirk, den der Notar verlassen möchte, ist auch dann nicht ermessensfehlerhaft, wenn sie nicht nur auf die Fälle beschränkt wird, in denen der um eine Amtssitzverlegung nachsuchende Notar für die

---

4 So ständige Rechtsprechung BGH, DNotZ 1981, 521 (allerdings zu § 4 Abs. 2 a. F.); BGH, DNotZ, 1994, 333; *Bohrer*, Berufsrecht, Rz. 285; *Schippel/Braker/Püls*, § 47 Rz. 6.
5 BGH, DNotZ 1981, 521, 523.
6 BGH, DNotZ 1993, 59.
7 BGH, DNotZ 1993, 59, 64; a. A. insoweit *Bohrer*, DNotZ 1991, 3, 13.

»neue« Notarstelle Mitbewerber hat, sondern, was allerdings seltener der Fall ist, der alleinige Bewerber bleibt[8].

14 Bei dem Antrag auf Sitzverlegung muss der Anwaltsnotar stets darauf achten, dass entsprechend der Vorgaben in § 33 Abs. 4 BRAO die **Zulassung im früheren Bezirk** erst widerrufen wird, wenn der Anwalt seine Zulassung für den neuen Bezirk bereits innehat, denn ansonsten erlischt das Notaramt mit dem Widerruf der Zulassung im früheren Bezirk und es liegen dann die Voraussetzungen für ein Verfahren der Amtssitzverlegung nicht mehr vor, denn es existiert dann kein Notaramt mehr, das verlegt werden soll[9]. Deshalb muss das Amtssitzverlegungsverfahren nach § 10 Abs. 1 vollständig abgeschlossen sein, bevor der Anwalt seine Zulassung im früheren Bezirk widerrufen lässt.

4. Erlöschen durch strafgerichtliches Urteil (§ 49) Nr. 4

15 Soweit gegen einen Notar auf eine **Freiheitsstrafe** von einem Jahr und mehr rechtskräftig erkannt wird (§ 49), hat dies ebenfalls die Beendigung des Notaramtes zur Folge.

5. Erlöschen durch Amtsenthebung (§ 50) Nr. 5

16 Damit sind die Fälle der **endgültigen Amtsenthebung i. S. d. § 50** gemeint, nicht die der vorläufigen i. S. d. § 54, die nur zu einem Verbot der Amtsausübung führen. Darüber hinaus wird im Bezirk der Landesnotarkasse in München nach § 113 Abs. 2 ein Notar seines Amtes enthoben, wenn er das siebzigste Lebensjahr vollendet hat.

6. Erlöschen durch disziplinargerichtliches Urteil (§ 97) Nr. 6

17 Damit sind die **Fälle der endgültigen und dauernden Entfernung aus dem Amt i. S. d. § 97 Abs. 1 und** der zeitlich begrenzten Entfernung aus dem Amt bei einem Anwaltsnotar i. S. d. § 97 Abs. 3 gemeint, nicht jedoch der Fall des § 97 Abs. 2 und damit die Entfernung eines Nurnotars von seinem bisherigen Amtssitz. Im zuletzt genannten Fall behält der Notar das ihm verliehene Amt, das er nur nicht mehr am bisherigen Amtssitz fortführen darf.

7. Vorübergehende Amtsniederlegung (§§ 48b, 48c) Nr. 7

18 Das Gesetz ordnet auch an, dass der Tatbestand des Erlöschens vorliegt, sofern vorübergehend das Amt niedergelegt wird.

III. Wirkungen des Erlöschens

19 Der Notar verliert mit dem notfalls rechtskräftig festgestellten **Erlöschen des Amtes sein öffentliches Amt** und ist zu keinen Amtshandlungen mehr befugt[10]. Dies bedeutet z. B., dass eine vor rechtskräftiger Feststellung vorgenommene Beurkundung, die durch fehlende Unterschriftsleistung noch nicht abgeschlossen ist, neu aufgenommen werden muss.

20 Etwa vor Erlöschen tätige Notarvertreter oder Notariatsverwalter sind nicht Rechtsnachfolger im Amt, weil das Amt streng an die Person gebunden ist, der es verliehen wurde. Ungeachtet dessen ist ein Vertreter oder Verwalter nicht gehindert, die Amtsräume zu übernehmen und auch entsprechende Verträge mit den Mitarbeitern des Notars abzuschließen.

---

8 BGH, DNotZ 1982, 378 (allerdings zu § 4 Abs. 2 a. F.).
9 BGH, DNotZ 1989, 328, 329.
10 BGH, BGHR-BNotO § 47 Amtsverlust 1.

Vor dem Erlöschen des Amtes ist ein **Praxisverkauf** nicht möglich, weil auch dies dem   21
Wesen des öffentlich verliehenen Amtes widerspricht. Deshalb kann eine »Notariatspraxis«
niemals Gegenstand privatrechtlicher Verträge sein; Berührungspunkte können sich im Bereich des Anwaltsnotariats ergeben, wenn eine Anwaltspraxis übertragen werden soll. Hier
ist eine strikte Trennung erforderlich und jegliche Einbeziehung von notarieller Tätigkeit in
dem Kaufvertrag unwirksam. Die in manchen Bundesländern geduldete Einrichtung des
Versorgungsnotariats gehört inzwischen der Vergangenheit an und bedeutete inhaltlich, dass
ein jüngerer Notar das Amt eines älteren und der Unterstützung bedürftigen Notars übernahm.

§ 48

¹**Der Notar kann jederzeit seine Entlassung aus dem Amt verlangen.** ²**Das Verlangen muss der Landesjustizverwaltung schriftlich erklärt werden.** ³**Die Entlassung ist von der Landesjustizverwaltung für den beantragten Zeitpunkt auszusprechen.**

Übersicht

A. Entstehungsgeschichte der Vorschrift

1 Der Vorschrift entspricht **keine gleich lautende in der RNotO**, die in § 36 bestimmte, dass das Amt u. a. durch freiwillige Niederlegung erlosch, was insoweit in die BNotO nicht übernommen wurde. Nach § 36 RNotO erlosch darüber hinaus das Amt bei Tod des Notars, Wegfall der Zulassung als Rechtsanwalt, bei strafgerichtlicher Verurteilung, bei Amtsenthebung oder bei Entfernung aus dem Amt durch dienststrafgerichtliches Urteil.

2 In § 48 kommt nunmehr besser der Grundgedanke zum Tragen, dass der Notar förmlich um seine Entlassung analog einem Beamten ersuchen muss und dass allein eine freiwillige Niederlegung noch nicht zur Beendigung des Notaramtes führt. Eine freiwillige Niederlegung des Amtes würde auch dazu führen, dass der Notar selbst den Zeitpunkt bestimmen könnte, in dem seine Amtsbefugnisse entfallen; dies hätte für die Wirksamkeit von Amtshandlungen unübersichtliche Folgen, die der Gesetzgeber bewusst vermeiden wollte. In dieser Vorschrift kommt abermals die Nähe des Amtes eines Notars zum öffentlichen Dienst zum Ausdruck.

B. Erläuterungen

I. Grundsatz

3 Mit dieser Vorschrift knüpft der Gesetzgeber an den beamtenrechtlichen Grundsatz an, dass **niemand gegen seinen Willen in einem Amt bleiben soll.** Jeder Amtsträger steht zwar in einem öffentlich-rechtlichen Dienstverhältnis mit daraus sich ergebenden Pflichten, jedoch sollen diese beendet sein, wenn er selbst an der Ausübung des Amtes kein Interesse mehr hat. Eine dauerhafte Bindung des Notars an sein Amt auf Lebenszeit würde sich darüber hinaus auch auf die Qualität der Amtshandlungen auswirken.

II. Einzelheiten

1. Einzelheiten II

Durch die Formulierung »kann verlangen« wird der Landesjustizverwaltung **kein Ermessen** 4
eingeräumt, ob sie den Notar aus dem Amt entlässt, sondern sie bedeutet, dass dem Notar
ein Art »Anspruch« auf Entlassung aus dem Amt zusteht. Inhaltlich bedeutet dies, dass der
Notar nicht an sein Amt gebunden ist, sondern seiner freien Entscheidung unterliegt, aus
dem Amt entlassen zu werden, wenn er förmlich darum nachsucht.

2. Verlangen des Notars (Satz 2)

a) Äußere Form

Das Begehren des Notars setzt einen **schriftlichen Antrag des Notars** voraus, den er an die 5
Landesjustizverwaltung richtet und damit an diejenige Behörde, die ihm das Amt verliehen
hat, also das zuständige Ministerium oder an eine Dienststelle, der nach § 112 derartige Befugnisse übertragen wurden. Ansonsten ist der Antrag, abgesehen von der schriftlichen Abfassung, an keine besondere Form geknüpft. Dabei handelt es sich um den dem Notar obliegenden Teil eines mitwirkungsbedürftigen Verwaltungsakts, denn die Entlassung wird nur
ausgesprochen, sofern ein wirksamer Antrag vorliegt. Damit entspricht die Norm im Wesentlichen § 14 Abs. 2 Nr. 4 BRAO, wonach die Zulassung als Rechtsanwalt zu widerrufen
ist, wenn der Anwalt auf die Rechte schriftlich verzichtet hat. Schriftlichkeit setzt schließlich
voraus, dass der Antrag durch den Notar unterschrieben sein muss.

b) Inhaltliche Ausgestaltung

Der Antrag muss **klar erkennen lassen**, dass der Notar aus dem Amt entlassen werden 6
möchte. Zweifelsfragen können nicht im Wege der Auslegung (§§ 133, 157 BGB) geschlossen werden und sollten durch Nachfrage seitens der Landesjustizverwaltung einer Klärung
zugeführt werden. Die Erklärung ist bedingungsfeindlich und darf auch nicht unter einem
Vorbehalt abgegeben werden.

c) Inhaltliche Mängel

Ein **wirksamer Entlassungsantrag** setzt voraus, dass keiner der in analoger Anwendung 7
des § 59 VwVfG genannten Gründe vorliegt, die zur sog. Nichtigkeit führen. Dies bedeutet,
dass
    aa) unbedingte Geschäftsfähigkeit des Notars erforderlich ist (§§ 104 f. BGB);
    bb) kein Fall der sog. Mentalreservation, des Scheingeschäfts oder der mangelnden Ernst-
haftigkeit gegeben wäre (§§ 116–118 BGB);
    cc) weitere über § 59 VwVfG analog anwendbare Fälle (Verstoß gegen gesetzliches Verbot
i. S. d. § 134 BGB; Verstoß gegen die guten Sitten i. S. d. § 138 BGB; Verstoß gegen gesetzlich vorgeschriebene Formen i. S. d. § 125 BGB oder z. B. ein Leistungshindernis i. S. d.
§ 311a BGB) dürften nicht praxisrelevant sein[1].

d) Anfechtbarkeit des Entlassungsantrags

Der Notar kann die von ihm abgegebene Erklärung **analog §§ 119 ff. BGB anfechten**, aller- 8
dings dann nicht, wenn er sich im sog. Motiv geirrt hat[2]. Allerdings dürfte in Regel für die

---

1 Vgl. die Übersicht bei *Kopp*, VwVfG, § 59 Rz. 6 ff.
2 RGZ 134, 162; BGH, AnwBl. 1971, 216 = BGHZ 55, 236; BGH, BRAK-Mitt. 1982, 73; EGH Hamm
  1987, 209; alle insoweit genannten Entscheidungen sind zwar zur Zulassung zur Rechtsanwaltschaft

Anwendung der §§ 119 ff. BGB kein Raum sein[3]. Entsprechend den beamtenrechtlichen Vorschriften kann er den Antrag auch noch so lange zurücknehmen, bis ihm die Entlassungsverfügung förmlich zugestellt ist (vgl. § 30 BGB). Deshalb gelten die Vorschriften der §§ 145 ff. BGB über Angebot und Annahme und Bindungswirkung mit entsprechenden Fristen hier nicht, weil über die analoge Anwendung der beamtenrechtlichen Vorschriften genügend Rechtsschutz gegeben ist. Sobald dem Notar allerdings die Verfügung zugestellt ist, kommt eine Rücknahme oder ein Widerruf aus Gründen der Rechtssicherheit nicht mehr in Betracht.

3. Die Entlassungsverfügung (Satz 3)

a) Formalien

9   Der Notar ist aus dem Amt **erst entlassen**, wenn eine schriftliche Verfügung der Landesjustizverwaltung vorliegt, der Zeitpunkt der Beendigung des Amtes darin genau angegeben ist und ihm dieser Verwaltungsakt auch zugestellt, d. h. zugegangen ist. Er bedarf zwar keiner ausführlichen Begründung, jedoch muss diese insoweit enthalten sein, als zumindest ein ordnungsgemäßer Antrag des Notars darin angegeben wird und dass diesem Begehren zu entsprechen war.

10   Der **Zeitpunkt der Beendigung** ist darin anzugeben; die Landesjustizverwaltung kann von dem vom Notar gewünschten Zeitpunkt nicht abweichen. Gibt er selbst keinen Zeitpunkt an, wird die Entlassung zu einem kurz nach Zustellung der Verfügung liegenden Zeitpunkt ausgesprochen. Ist versehentlich oder absichtlich in der Entlassungsverfügung kein Zeitpunkt angegeben, erfolgt die Entlassung zeitgleich mit der Zustellung der Verfügung. Die Landesjustizverwaltung darf allerdings keinen Zeitpunkt für die Beendigung auswählen, der weit hinter dem vorhersehbaren Zugang der Verfügung liegt, denn in Abweichung der Beamtengesetze kann die Landesjustizverwaltung den Notar nicht so lange an das Amt binden, bis er alle laufenden Geschäfte abgewickelt hat. Dazu besteht auch nicht das geringste Bedürfnis, denn es kann sofort ein Notariatsverwalter bestellt werden.

b) Anfechtbarkeit

11   Die Entlassungsverfügung ist ein **Verwaltungsakt**, so dass der Notar ihn dann nach § 111 anfechten kann, wenn er geltend macht, in seinen Rechten verletzt zu sein (§ 111 Abs. 1 Satz 2). Das wird z. B. der Fall sein, wenn die Landesjustizverwaltung einen wesentlich späteren Zeitpunkt der wirksamen Beendigung des Amtes auswählt, als es dem Antrag des Notars entsprach.

12   Eine Anfechtung nach § 111 kommt auch in Frage, wenn die Landesjustizverwaltung den Antrag auf Entlassung ablehnt, etwa weil sie meint, es liege kein wirksamer Antrag vor. Ist die Entlassungsverfügung zugestellt, kommt nur die Anfechtung nach § 111 in Betracht; soweit noch keine schriftliche Entschließung vorliegt, regelt sich die Anfechtung nach den Bestimmungen über die Antragsrücknahme, den Widerruf oder die Anfechtung analog §§ 119 ff. BGB.

c) Wirkungen

13   Die **Entlassung beendet das Amt des Notars;** beim Anwaltsnotar i. S. d. § 3 Abs. 2 hat die Entlassung als Notar keinerlei Wirkungen auf die Zulassung als Rechtsanwalt.

---

ergangen, jedoch können die dort entwickelten Grundsätze insoweit auf das Berufsrecht der Notare übertragen werden; vgl. weiterhin *Kleine-Cosack*, BRAO, § 14 Rdn. 9.
3 BGHR DDR NotVO § 21 Notaramtsbeendigung 1.

§ 48a

Die Notare erreichen mit dem Ende des Monats, in dem sie das siebzigste Lebensjahr vollenden, die Altersgrenze.

Übersicht

A. Entstehungsgeschichte der Vorschrift

Die Vorschrift hat **keinen historischen Vorläufer,** sondern wurde erstmals durch Gesetz vom 29.01.1991 (BGBl. I S. 150) eingefügt, wo sie zwar gesetzessystematisch hingehört, jedoch spricht sie keine direkte Rechtsfolge aus. Sie legt lediglich die Altersgrenze auf 70 Jahre fest; die Rechtsfolge ergibt sich aus § 47 Nr. 1, wonach das Amt des Notars mit Erreichen dieser Altersgrenze erlischt.   **1**

B. Erläuterungen

I. Verfassungslage

Gegen die Einführung dieser Altersgrenze **verfassungsrechtlich vorgebrachte Bedenken** sind in einer Kammerentscheidung des BVerfG vom 29.10.1992 nicht geteilt worden, so dass eine entsprechende Verfassungsbeschwerde nicht angenommen wurde[1]. Die vom Gesetzgeber aufgestellte »subjektive Zulassungsbeschränkung« erfüllt die Voraussetzungen des Art. 12 Abs. 1 Satz 2 GG[2].   **2**

Ein Verstoß gegen den in Art. 3 Abs. 1 GG aufgestellten Gleichheitsgrundsatz liegt auch nicht deshalb vor, weil der Gesetzgeber andere freie Berufe nicht mit einem Höchstalter der Stelleninhaber versieht. Auch hierbei zeigt sich wieder die Nähe des Notarsberufs zum öffentlichen Dienst. Diejenigen Notare, die am 03.02.1991 im Geltungsbereich der Bundesnotarordnung das 58. Lebensjahr vollendet hatten, können für weitere zwölf Jahre im Amt bleiben. Da im Geltungsbereich der **Verordnung über die Tätigkeit von Notaren in eigener Praxis** vom 20.06.1990 bis zum In-Kraft-Treten der Bundesnotarordnung am 08.09.1998 keine Altersgrenze für das Erlöschen des Amtes galt, wird den dort bestellten Notaren ebenfalls – wie bei der Einführung der Altersgrenzenregelung in den alten Bundesländern durch das Gesetz vom 29.01.1991 – eine Übergangsfrist eingeräumt[3], die in Art. 13 Abs. 9 des Dritten Gesetzes zur Änderung der Bundesnotarordnung und anderer Gesetze vom 31.08.1998 geregelt ist[4]. Abweichend von § 47 Nr. 1 der Bundesnotarordnung können daher in den Ländern Brandenburg, Mecklenburg-Vorpommern, Sachsen, Sachsen-Anhalt und Thüringen bestellte Notare, die am 08.09.1998 das 58. Lebensjahr vollendet hatten, für weitere zwölf Jahre im Amt bleiben.

---

1 DNotZ 1993, 260.
2 DNotZ 1993, 260.
3 BT-Drucks. 13/4184, S. 48.
4 BGBl. I, S. 2599.

II. Regelungszweck

3 Der Gesetzgeber hat sich zur Einführung der Altersgrenze nur deshalb entschlossen, um im Interesse der Rechtspflege eine **geordnete Altersstruktur** zu erreichen. Ansonsten würde sich ein Zustand einstellen, bei dem weitgehend ältere Notare tätig wären, wenn z. B. über einen längeren Zeitraum keine neuen Notarstellen eingerichtet werden müssen, weil ein entsprechender Bedarf nicht vorhanden ist. Dieses übergeordnete Ziel rechtfertigt deshalb die Einführung einer Altershöchstgrenze.

Sie ist im Übrigen nicht geschaffen worden, weil einem über 70 Jahre alten Notar nicht mehr die entsprechenden Leistungen zugetraut würden, obwohl auch dieser Gesichtspunkt nicht ganz abwegig ist, der auch ansonsten im öffentlichen Dienstrecht ausschlaggebend ist.

4 Das Ziel, eine geordnete Altersstruktur zu erreichen, kann auch nicht auf andere Weise erreicht werden. Dies ist in der bereits erwähnten Entscheidung des BVerfG[2] ausführlich gewürdigt und berücksichtigt worden. Allerdings sollte der Gesetzgeber künftig davon absehen, die Altersgrenze weiter herabzusetzen, denn andernfalls würde zwischen dem Beginn der Tätigkeit als Notar (Anwaltsnotar ca. 45 Jahre) und dem Erlöschen des Amtes durch Erreichen der Altersgrenze ein Zeitraum liegen, der es gerade dem Anwaltsnotar nicht gestattet, genügend Erfahrung auch in praktische Arbeit umzusetzen.

§ 48b

(1) Wer als Notarin oder als Notar
1. mindestens ein Kind unter achtzehn Jahren oder
2. einen nach amtsärztlichem Gutachten pflegebedürftigen sonstigen Angehörigen tatsächlich betreut oder pflegt, kann das Amt mit Genehmigung der Aufsichtsbehörde vorübergehend niederlegen.
(2) Die Dauer der Amtsniederlegung nach Absatz 1 darf auch in Verbindung mit der Amtsniederlegung nach § 48c zwölf Jahre nicht überschreiten.

A. Entstehungsgeschichte der Vorschrift

Die Norm geht auf das dritte Änderungsgesetz zur BNotO vom 31.08.1998 (BGBl. I S. 2585) zurück und trägt dem Umstand Rechnung, dass auch familiäre Verhältnisse bei der Berufsausübung zu berücksichtigen sind. **1**

B. Erläuterungen

Ein Notar oder eine Notarin kann das Amt **vorübergehend niederlegen**, wenn eine der beiden Voraussetzungen gegeben ist, nämlich entweder ein Kind wird erzogen oder ein Angehöriger wird betreut oder gepflegt, wobei der Wortlaut des Gesetzes aus sich heraus kaum verständlich ist. Die Erziehung eines Kindes ist natürlich nicht von der Vorlage eines ärztlichen Gutachtens abhängig, was offenbar auch nicht gemeint ist. **2**

Bei der **Erziehung eines Kindes** kann es sich sowohl um ein eheliches als auch ein nichteheliches handeln. Der Landesjustizverwaltung gegenüber ist der Umstand der Erziehung durch Vorlage einer Geburtsurkunde darzulegen, aus der sich nämlich das nähere Verwandtschaftsverhältnis sowie die einzelnen Daten zu dem Kind ergeben. Die Vorlage weiterer Unterlagen ist nicht erforderlich, auch wenn sich aus dem Text des Gesetzes etwas anderes ergeben mag. Auch die Erziehung eines sog. Pflegekindes genügt den Anforderungen der Vorschrift; das Pflegeverhältnis ist ebenfalls durch Vorlage entsprechender Urkunden glaubhaft zu machen. **3**

Mit dem Begriff des **Angehörigen** knüpft der Gesetzgeber an den des bürgerlichen Rechts an, also weitergehend als nur Verwandte im Sinne der Blutsverwandtschaft (vgl. dazu §§ 530, 1969 BGB). Damit wird auf den tatsächlichen Zustand abgestellt, also alle diejenigen Personen, die im Umfeld der Familie leben, so dass auch solche Personen in Betracht kommen können, die nicht verwandt mit den übrigen Familienmitgliedern sind, allerdings muss es sich um eine Person handeln, die sich aus verwandtschaftsähnlichen Gründen als noch zur Familie gehörig ansieht. **4**

Mit **Betreuung** ist nicht das Betreuungsverhältnis bürgerlichen Rechts nach §§ 1896 ff. BGB gemeint, sondern es genügt die tatsächliche Betreuung vor Ort **5**

Pflege ist die medizinisch anerkannte Notwendigkeit, eine Person bei der Erledigung der täglichen, unbedingt erforderlichen Verrichtungen zu unterstützen, die darauf angewiesen ist und somit ohne die Pflegeperson diese Tätigkeiten nicht allein ausüben könnte. **6**

Sowohl für die Betreuung als auch für die häusliche Pflege ist die Vorlage eines amtsärztlichen Gutachtens notwendig, was entweder von der Landesjustizverwaltung direkt eingeholt wird oder sich aus anderen Verfahren ergibt. Das Gutachten sollte allerdings nicht länger als sechs Wochen von dem Zeitpunkt entfernt liegen, in dem die Landesjustizverwaltung ihre Entscheidung trifft. Damit im Zusammenhang stehende Kosten hat der Notar bzw. die Notarin zu tragen. **7**

8   Die Amtsniederlegung bedarf der Genehmigung durch die Aufsichtsbehörde. Die Zuständigkeit jener Behörde ergibt sich aus landesrechtlichen Einzelregelungen, die in der AVNot enthalten sind. Dort wird auch geregelt sein, ob vorher die Anhörung der Notarkammer geboten ist, was nicht zwingend vorgeschrieben ist. Auf jeden Fall empfiehlt sich die Anhörung der Notarkammer, auch wenn die AVNot sie nicht vorgibt.

9   Die Genehmigung muss erteilt werden, wenn die tatbestandlichen Voraussetzungen der Amtsniederlegung gegeben sind; die Landesjustizverwaltung kann sie nicht mit Auflagen versehen, weil insoweit der Text des Gesetzes eindeutig ist. Die Genehmigung enthält lediglich die Feststellung der Amtsniederlegung, ihre Gründe mit den Angaben zu den Urkunden und die Zeit der Amtsniederlegung, das heißt, der Notar bzw. die Notarin beantragen die Amtsniederlegung für eine bestimmte Zeit nach entsprechend einem bestimmten Kalenderdatum.

10   Nach Ablauf dieser Zeit muss das Amt wieder ausgeübt werden, es sei denn, es wird vorher um eine Verlängerung nachgesucht, was ebenfalls möglich ist. Es besteht allerdings auch die Möglichkeit, dass nach Ablauf der ursprünglich bewilligten Amtsniederlegung ein neuer Antrag auf abermalige Niederlegung gestellt wird, allerdings darf die gesamte Zeit niemals zwölf Jahre überschreiten.

11   Die **Dauer der Amtsniederlegung** darf den angegebenen Zeitrahmen von zwölf Jahren nicht überschreiten. Ist dies dennoch der Fall, verliert der Notar bzw. die Notarin ihr Amt, weil es sich um eine gesetzliche vorgeschriebene Ausschlussfrist handelt. Die Dauer von maximal zwölf Jahren gilt auch in Verbindung mit einer Amtsniederlegung nach § 48c, das heißt, wenn der Notar bzw. die Notarin erklärt, ihr Amt spätestens nach einem Jahr wieder ausüben zu wollen. Dies bedeutet, dass bei einer Amtsniederlegung von mehr als einem Jahr und bis zu zwölf Jahren der Notar bzw. die Notarin keinen Anspruch darauf hat, die ihr zuvor zugewiesene Notarstelle auch wieder zu erhalten; die Landesjustizverwaltung kann deshalb eine andere Notarstelle zuweisen.

12   Der Notar bzw. die Notarin hat zwar nach Ablauf der gewählten Zeit einer Amtsniederlegung keinen **Anspruch** darauf, dieselbe Notarstelle wieder zu erhalten, was auch im Übrigen öffentlichen Dienstrecht nicht unüblich ist, allerdings kann eine Anrechnung in dem Umfang erfolgen, wie die Rechtsverordnungen der Länder es nach § 6 Abs. 3 ermöglichen, das heißt, dass die jeweilige Landesjustizverwaltung davon nicht unbedingt Gebrauch gemacht haben muss, allerdings es gemacht haben kann. Soweit die Frist von mehr als einem Jahr überschritten ist, muss der Notar bzw. die Notarin sich an einem neuen Ausschreibungsverfahren beteiligen, und in dessen Rahmen kann die Anrechnung von Erziehungs-, Betreuungs- oder Pflegefällen erfolgen. Die entsprechenden Regelungen sind in den AVNot enthalten (vgl. dazu § 6 Abs. 3), soweit die Landesjustizverwaltungen von der Möglichkeit der Anrechnung Gebrauch gemacht haben.

§ 48c

(1) ¹Erklärt der Notar mit dem Antrag auf Genehmigung der vorübergehenden Amtsniederlegung nach § 48b, sein Amt innerhalb von höchstens einem Jahr am bisherigen Amtssitz wieder antreten zu wollen, wird er innerhalb dieser Frist dort erneut bestellt. ²§ 97 Abs. 3 Satz 2 gilt entsprechend.

(2) ¹Nach erneuter Bestellung am bisherigen Amtssitz ist eine nochmalige Amtsniederlegung nach Absatz 1 innerhalb der nächsten beiden Jahre ausgeschlossen; § 48b bleibt unberührt. ²Die Dauer mehrfacher Amtsniederlegungen nach Absatz 1 darf drei Jahre nicht überschreiten.

A. Entstehungsgeschichte der Vorschrift

Die Norm wurde durch das dritte Änderungsgesetz zur BNotO vom 31.08.1998 (BGBl. I S. 2585) eingeführt und ist im unmittelbaren Zusammenhang mit § 48b zu lesen. **1**

B. Erläuterungen

Danach besteht für den Notar bzw. die Notarin ein **Anspruch** darauf, das Amt wieder an der Stelle auszuüben, die einmal zugewiesen wurde, wenn bei der Amtsniederlegung nach § 48b erklärt wird, die Dauer der Niederlegung betrage nicht mehr als ein Jahr. **2**

Der Landesjustizverwaltung wird damit die Entscheidung erleichtert, ob die Stelle neu ausgeschrieben werden muss, wenn der Amtsinhaber länger als ein Jahr das Amt nicht ausübt, oder ob während der Amtsniederlegung von maximal einem Jahr die Ausübung durch einen Notariatsverwalter erfolgt. Der Verwalter übt das Amt entweder auf Rechnung der Notarkammer oder auf eigene Rechnung aus. Der Notar bzw. die Notarin übt das Amt in derselben Stelle aus und kann, ohne erneut ein Ausschreibungsverfahren zu durchlaufen, die Notarstelle mit allen Rechten und Pflichten wieder wahrnehmen. **3**

Der Hinweis auf § 97 Abs. 3 Satz 2 stellt klar, dass ein **Anspruch auf Ausübung des Notaramts** in dieser Stelle nicht mehr gegeben ist, wenn der Notar bzw. die Notarin sich eines Verhaltens schuldig gemacht hat, das ihn bzw. sie unwürdig erscheinen lässt, das Amt wieder auszuüben, womit der Gesetzgeber zum Ausdruck bringen wollte, dass § 97 Abs. 3 Satz 2 unberührt bleibt. Damit ist der Landesjustizverwaltung die Prüfung vorbehalten, ob in der Zwischenzeit Umstände vorliegen, die nach der Person des Notars bzw. der Notarin ihn für unwürdig erscheinen lassen, ihn bzw. sie weiterhin das Amt ausüben zu lassen (vgl. wegen weiterer Einzelheiten die Erläuterungen zu § 97). **4**

Der Gesetzgeber will jedoch im Rahmen der kontinuierlichen Fortführung der Amtsausübung sicherstellen, dass das Amt in seiner Funktion erhalten bleibt, so dass bei einer Amtsniederlegung von maximal einem Jahr eine erneute Niederlegung erst nach Ablauf von zwei weiteren Jahren der Amtsausübung möglich ist. **5**

Damit dies nicht in der Zukunft grenzenlos ausgeübt werden kann, darf bei kurzfristigen Amtsniederlegungen nach dieser Vorschrift die Dauer von insgesamt drei Jahren nicht überschritten werden. Die Frist ist deshalb so kurz bemessen, um sicherstellen zu können, dass auch weiterhin das Amt aus mehr oder weniger wirtschaftlichen Gesichtspunkten tragfähig ist und nicht unerwarteterweise Umstände eingetreten sind, die Zweifel daran aufkommen lassen, dass das Amt erhaltenswert ist. Mit der Maßgabe, dass § 48b unberührt bleibt, wollte der Gesetzgeber nur diejenigen Fälle erfassen, in denen trotzdem das Amt auf die Dauer von zwölf Jahren niedergelegt werden kann, weil eine Erziehung, Pflege-, oder Betreuungsfall **6** vorliegt. Hat allerdings in derartigen Fällen der Notar bzw. die Notarin von § 48b Gebrauch gemacht, kommen die kürzeren Fristen nach § 48c nicht mehr in Betracht, wenn einmal erklärt worden ist, das Amt länger als für ein Jahr niederzulegen.

§ 49

Eine strafgerichtliche Verurteilung hat für den Notar den Amtsverlust in gleicher Weise zur Folge wie für einen Landesjustizbeamten.

Übersicht

A. Entstehungsgeschichte der Vorschrift

Sie entspricht im Wesentlichen § 37 **RNotO**, der nur auf den Beamten Bezug nahm, während § 49 auf die Folgen wie bei einem Landesjustizbeamten verweist. Da die RNotO 1937 in Kraft trat und zu jenem Zeitpunkt die Länder nicht mehr bestanden, ist dieser Unterschied aus dem Aufbau der Justiz zu erklären, die das Grundgesetz 1949 weitgehend in die Kompetenz der Länder überführte.

1

B. Erläuterungen

I. Allgemeines

Der Notar bekleidet ein öffentliches Amt, das ihm von der Landesjustizverwaltung verliehen wird. Deshalb können bestimmte Vorschriften auf das **öffentliche Dienstrecht** Bezug nehmen; hingegen ist diese Gleichstellung in den Rechtsfolgen bei einem Rechtsanwalt nicht zulässig, und deshalb sind hauptsächlich in § 14 BRAO die Voraussetzungen der Rücknahme und des Widerrufs der Zulassung gesondert geregelt. Dort ist zwar auch bestimmt, dass der Anwalt seine Zulassung verliert, wenn er infolge strafgerichtlicher Verurteilung die Fähigkeit zur Bekleidung öffentlicher Ämter verloren hat (§ 14 Abs. 2 Nr. 2), jedoch bedarf es eines besonderen Verwaltungsakts, der bestandskräftig die Zulassung entzieht. Der Notar geht seines Amtes verlustig, wenn er die Fähigkeit verliert, öffentliche Ämter zu bekleiden. Die diesbezüglichen Voraussetzungen ergeben sich aus § 45 StGB, wonach jene Rechtsfolge eintritt, wenn eine Verurteilung zu mehr als einem Jahr Freiheitsstrafe rechtskräftig erfolgt.

2

II. Voraussetzungen des Amtsverlustes

1. Strafurteil

Der Amtsverlust tritt automatisch mit der **Rechtskraft** eines Strafurteils ein, wobei es sich um ein von der deutschen Gerichtsbarkeit ergangenes Urteil handeln muss, denn es kommt auf den Geltungsbereich der beamtenrechtlichen Vorschriften an. Der Verlust tritt kraft Gesetzes ein (vgl. § 45 Abs. 3 StGB). Die Dauer, öffentliche Ämter zu bekleiden, ist nach dem Gesetz auf fünf Jahre begrenzt (§ 45 Abs. 1 StGB); soweit das Gesetz es als Nebenstrafe vor-

3

sieht, kann das Gericht darüber hinaus für weitere zwei bis fünf Jahre die Fähigkeit, öffentliche Ämter zu bekleiden, aberkennen (§ 45 Abs. 2 StGB). Die im Strafurteil getroffenen Feststellungen sind bindend; die Landesjustizverwaltung tritt nicht nochmals in eine eigenständige Prüfung ein[1]. Andere nicht von der deutschen Gerichtsbarkeit erlassene Urteile können natürlich die Landesjustizverwaltung veranlassen, ein Amtsenthebungsverfahren einzuleiten.

2. Beamtenrechtliche Vorschriften

4 Nach § 24 BRRG, dem korrespondierende Vorschriften in den Landesbeamtengesetzen entsprechen, endet das Beamtenverhältnis **mit Rechtskraft des Urteils wegen einer vorsätzlichen Tat und einem Strafausspruch von mindestens einem Jahr**[2] Freiheitsentzug oder bei Verurteilung wegen einer vorsätzlichen Tat, die nach den Vorschriften über Friedensverrat, Hochverrat, Gefährdung des demokratischen Rechtsstaats oder Landesverrats und Gefährdung der äußeren Sicherheit strafbar ist und mit einem Freiheitsentzug von mindestens sechs Monaten[3] geahndet wird. Dieselben Rechtsfolgen, also ebenfalls Verlust des Notaramtes, treten ein, wenn dem Beamten die Fähigkeit zur Bekleidung öffentlicher Ämter aberkannt wird oder wenn eine Verwirkung der Grundrechte nach Art. 18 GG durch das BVerfG ausgesprochen wird.

3. Verhältnis zwischen Beamtenrecht und strafrechtlichen Nebenfolgen

5 Die sich aus § 45 StGB ergebende Rechtsfolge, dass für fünf Jahre keine öffentlichen Ämter und damit auch nicht das des Notars ausgeübt werden können, bedeutet nicht, dass der Notar nach Ablauf dieser Zeit sein Amt wieder aufnehmen könnte, sondern bewirkt vielmehr, dass die Landesjustizverwaltung nicht gehindert wäre, ihm erneut ein solches Amt zu übertragen, was aber grundsätzlich nicht in Betracht kommen sollte.

4. Erlass der Strafe im Gnadenwege

6 Ein **gnadenweiser Erlass** auch der Nebenstrafe bewirkt nicht etwa die automatische Wiederherstellung des Amtsverhältnisses als Notar, weil der Verlust des Amtes mit Ausspruch des Urteils eingetreten ist und ein Gnadenerweis regelmäßig nur für die Zukunft wirkt. Das Gnadenrecht umfasst allerdings die Befugnis, rechtskräftig erkannte Strafen zu erlassen, zu ermäßigen, umzuwandeln oder auszusetzen. Diese Befugnis erstreckt sich auch auf Nebenstrafen und gesetzliche Nebenfolgen eines Strafurteils.

7 Der Erlass der Nebenfolgen einer Strafe durch Gnadenakt bedeutet aber im Regelfalle nur, dass eine weitere Vollstreckung nicht stattfindet, dass also nunmehr für die Zukunft diese Nebenwirkung nicht mehr gelten soll; deshalb wird der in der Vergangenheit durch die rechtskräftige Verurteilung eingetretene und vollendete Amtsverlust nur bei einer ausdrücklichen und eindeutigen Erklärung der Gnadenbehörde als beseitigt anzusehen sein. Sonst muss nach Maßgabe der Notarordnung eine neue Ernennung erfolgen, wenn nicht der Gnadenerweis oder das Gesetz etwas anderes anordnet. Für Bundesbeamte enthält beispielsweise § 50 Abs. 2 des Bundesbeamtengesetzes eine gewisse Änderung, die aber für Notare nicht ohne weiteres gilt. Bewirbt sich ein früherer Notar, der sein Amt durch Strafurteil verloren hat und ohne Rückwirkung begnadigt ist, um seine neue Ernennung, dann darf die Ernennungsbehörde die Tatsache der Verurteilung und die durch die Straftat erwiesene Unzuverlässigkeit weiterhin gegen den Notar verwerten und deshalb u. U. die Ernennung ablehnen, auch wenn der Bewerber die sonstigen Voraussetzungen für eine Ernennung erfüllt.

1 BGH, BRAK-Mitt. 1988, 208, 209; *Hartstang*, Anwaltsrecht, S. 767.
2 1 Jahr genügt: OVG Münster, RiA 1976, 18.
3 Auch bei Strafaussetzung zur Bewährung: BVerwG, ZBR 1980, 381.

5. Wiederaufnahmeverfahren

Nach § 24 Abs. 2 des Beamtenrechtsrahmengesetzes des Bundes gilt das Beamtenverhältnis **8**
nicht als erloschen und nicht einmal als unterbrochen, wenn das maßgebliche Strafurteil mit
der erwähnten Nebenfolge in einem **Wiederaufnahmeverfahren** durch eine Entscheidung
ersetzt wird, die diese Wirkung nicht hat. In einem solchen Falle ist es also so anzusehen, als
ob der Beamte nie aus seinem Amt geschieden wäre.

Das muss auch für den Notar gelten. Es wird zwar die Auffassung vertreten, der Notar **9**
dürfte seine Amtstätigkeit erst wieder ausüben, wenn ihm ein Amtssitz und ein Amtsbezirk
zugewiesen sind, doch kann das nicht richtig sein. Denn da das Strafurteil im Wiederaufnahmeverfahren beseitigt ist und es so angesehen werden muss, als sei das öffentlich-rechtliche
Verhältnis als Beamter oder Notar niemals unterbrochen, tritt der Notar in dieselbe Rechtsstellung ein, die er vorher hatte.

Er kann sofort seine Amtstätigkeit nach den vor der ursprünglichen Verurteilung gelten- **10**
den Bestimmungen und Modalitäten wieder ausüben. In den einzelnen Beamtengesetzen der
Länder sind diese Fragen für Beamte teilweise anders geregelt (z. B. § 51 Abs. 1 des Bundesbeamtengesetzes), doch ist auch dort das wichtigste Recht auf die bisherigen Bezüge voll gewährleistet, während der Beamte daneben nur Anspruch auf Übertragung eines seinem früheren Amte gleichwertigen Amtes hat. Diese Besonderheit folgt aus der Eigenart des
Beamtenverhältnisses und gilt nicht für Notare, denn ein Beamter kann jederzeit versetzt
werden, nicht aber der Notar. Sobald allerdings das Land in den für Landesjustizbeamte geltenden Gesetzen für die Fälle der Wiederaufnahme ähnliche Regeln wie im Bundesbeamtengesetz geschaffen hat, dann gilt das natürlich auch für den Notar.

Allerdings kann nunmehr wegen des Sachverhalts, der Gegenstand des Strafverfahrens **11**
war, ein **Disziplinarverfahren** nach allgemeinen Bestimmungen eingeleitet werden. Soweit
die für Landesjustizbeamte geltenden Gesetze nichts anderes enthalten, darf der Notar zunächst nach dem günstigen Wiederaufnahmeurteil sein Amt sogleich ausüben, bis in einem
neu eingeleiteten Disziplinarverfahren eine andere Entscheidung ergeht oder eine vorläufige
Dienstenthebung ausgesprochen wird.

Das Bundesbeamtengesetz bestimmt in § 51 Abs. 2, dass bei Einleitung eines Disziplinar- **12**
verfahrens Anspruch auf Übertragung eines gleichwertigen Amtes und auf seine früheren
Dienstbezüge bis zur rechtskräftigen Entscheidung nicht geltend gemacht werden kann.
Nur soweit das Landesrecht für Landesjustizbeamte entsprechende Bestimmungen enthält,
gilt das auch für Notare, die sich dann zunächst einer Amtsausübung zu enthalten hätten.

6. Anwaltsnotar

Beim Anwaltsnotar haben die vorerwähnten strafgerichtlichen Urteile zwar das Erlöschen **13**
des Notaramtes zur Folge, nicht aber ohne weiteres den Verlust der Zulassung zur Rechtsanwaltschaft. Die Bundesrechtsanwaltordnung kennt den Verlust der Zulassung als gesetzliche Folge einer strafgerichtlichen Verurteilung nicht; nach § 14 BRAO ist die Zulassung erforderlichenfalls zurückzunehmen.

Dagegen hat die disziplinargerichtliche Verurteilung des Anwaltsnotars zur Entfernung **14**
aus dem Amt als Notar kraft Gesetzes auch die **Ausschließung aus der Rechtsanwaltschaft
zur Folge** (§ 97 Abs. 5). Wird gegen einen Anwaltsnotar im ehrengerichtlichen Verfahren
nach der Bundesrechtsanwaltsordnung auf Ausschließung aus der Rechtsanwaltschaft nach
§ 114 Abs. 1 Nr. 4 BRAO erkannt, dann erlischt auch das Amt als Notar, weil es beim Anwaltsnotar nur ein Nebenamt für die Dauer der Zulassung als Rechtsanwalt nach § 3 Abs. 2
ist (s. auch § 47 Nr. 3). Im Fall von Fehlverhalten und der entsprechenden Ahndung sind bei
einem Notar bestimmt strengere Maßstäbe angebracht als bei der Frage, ob dieselbe Person
noch als Rechtsanwalt für die Rechtspflege tragbar ist[4].

---

4 BGH NJW-RR 1994, 313.

7. Straftilgung

15 Nach Tilgung im Bundeszentralregister (vgl. Gesetz vom 18.03.1971, BGBl. I S. 243) dürfen Tat und der zugrunde liegende Sachverhalt **nicht mehr zum Nachteil des Betroffenen** verwertet werden, es sei denn, er erstrebt die Bestellung zum Notar und es könnte auf Grund der Vorkommnisse in der Vergangenheit eine Gefährdung der Allgemeinheit zu besorgen sein (vgl. § 50 BZRG). Eine ähnliche Regelung findet sich in § 119 BDO, wonach nach Ablauf einer Frist aus den Personalakten die über die Disziplinarmaßnahmen entstandenen Vorgänge aus diesen zu entfernen und zu vernichten sind. Entsprechende Regelungen finden sich in den Disziplinarordnungen der Länder, die für die Notare Anwendung finden. Soweit wegen eines Fehlverhaltens des Notars sowohl eine strafgerichtliche Verurteilung als auch Disziplinarmaßnahmen die Folge waren, treten die Wirkungen des Verwertungsverbots nach § 49 BZRG auch dann ein, wenn die wegen desselben Sachverhalts verhängte Disziplinarmaßnahme nicht mehr berücksichtigt werden darf[5].

---

5 BVerwG 46, 125 = DöD 1973, 246; *Claussen/Janzen*, BDO, § 119 Rz. 7b; vgl. zur Einschränkung des Verwertungsverbots im Disziplinarverfahren bei einstellenden Strafurteilen BVerwG NJW 1974, 286.

(1) Der Notar ist seines Amtes zu entheben,

1. wenn die Voraussetzungen des § 5 wegfallen oder sich nach der Bestellung herausstellt, dass diese Voraussetzungen zu Unrecht als vorhanden angenommen wurden;

2. wenn eine der Voraussetzungen vorliegt, unter denen die Ernennung eines Landesjustizbeamten nichtig ist, für nichtig erklärt oder zurückgenommen werden muss;

3. wenn er sich weigert, den in § 13 vorgeschriebenen Amtseid zu leisten;

4. wenn er ein besoldetes Amt übernimmt oder eine nach § 8 Abs. 3 genehmigungspflichtige Tätigkeit ausübt und die Zulassung nach § 8 Abs. 1 Satz 2 oder die nach § 8 Abs. 3 erforderliche Genehmigung im Zeitpunkt der Entschließung der Landesjustizverwaltung über die Amtsenthebung nicht vorliegen;

5. wenn er entgegen § 8 Abs. 2 eine weitere berufliche Tätigkeit ausübt oder sich entgegen den Bestimmungen von § 9 Abs. 1 oder Abs. 2 mit anderen Personen zur gemeinsamen Berufsausübung verbunden oder mit ihnen gemeinsame Geschäftsräume hat;

6. wenn er in Vermögensverfall geraten ist; ein Vermögensverfall wird vermutet, wenn ein Insolvenzverfahren über das Vermögen des Notars eröffnet oder der Notar in das vom Insolvenzgericht oder vom Vollstreckungsgericht zu führende Verzeichnis (§ 26 Abs. 2 der Insolvenzordnung, § 915 der Zivilprozessordnung) eingetragen ist;

7. wenn er aus gesundheitlichen Gründen nicht nur vorübergehend unfähig ist, sein Amt ordnungsmäß auszuüben;

8. wenn seine wirtschaftlichen Verhältnisse, die Art seiner Wirtschaftsführung oder der Durchführung von Verwahrungsgeschäften die Interessen der Rechtsuchenden gefährden;

9. wenn er wiederholt grob gegen Mitwirkungsverbote gemäß § 3 Abs. 1 des Beurkundungsgesetzes verstößt;

10. wenn er nicht die vorgeschriebene Haftpflichtversicherung (§ 19a) unterhält.

(2) Liegt eine der Voraussetzungen vor, unter denen die Ernennung eines Landesjustizbeamten für nichtig erklärt oder zurückgenommen werden kann, so kann auch der Notar seines Amtes enthoben werden.

(3) ¹Die Amtsenthebung geschieht durch die Landesjustizverwaltung nach Anhörung der Notarkammer. ²Der Notar ist vorher zu hören. ³In den Fällen des Absatzes 1 Nr. 5 bis 9 ist die Feststellung, ob die Voraussetzungen für die Amtsenthebung vorliegen, auf Antrag des Notars durch Entscheidung des Disziplinargerichts zu treffen; der Antrag ist nur innerhalb eines Monats zulässig, nachdem dem Notar eröffnet ist, dass und aus welchem Grunde seine Amtsenthebung in Aussicht genommen ist.

(4) ¹In den auf die Amtsenthebung nach Absatz 1 Nr. 7 gerichteten Verfahren sind für die Bestellung eines Pflegers für den Notar, der zur Wahrnehmung seiner Rechte in dem Verfahren nicht in der Lage ist, für die Pflicht des Notars, sich ärztlich untersuchen zu lassen, und für die Folgen einer Verweigerung seiner Mitwirkung die Vorschriften entsprechend anzuwenden, die für Landesjustizbeamte gelten. ²Zum Pfleger soll ein Rechtsanwalt oder Notar bestellt werden. ³Die in diesen Vorschriften dem Dienstvorgesetzten zugewiesenen Aufgaben nimmt die Landesjustizverwaltung wahr.

Übersicht

A. Entstehungsgeschichte der Vorschrift

1   Die Vorschrift geht im Wesentlichen auf **§ 38 RNotO** vom 13.02.1937 (RGBl. I S. 191) zurück, wobei die Tatbestände der Ziffern 4 und 8 in der heutigen Fassung damals noch nicht vorhanden waren. Die Amtsenthebung auf Grund fehlender Versicherung wurde durch Gesetz vom 07.08.1981 (BGBl. I S. 803) eingefügt. Abs. 4 geht auf das Gesetz vom 29.01.1991 (BGBl. I S. 150) zurück.

B. Erläuterungen

I. Grundsätze

2   Die Amtsenthebung des § 50 ist eine **Verwaltungsmaßnahme** und hat im Gegensatz zu der Entfernung aus dem Amt (§ 47 Nr. 7, § 97) keinen Strafcharakter. Sie soll eine geordnete Rechtspflege sicherstellen. Es handelt sich um Fälle, in denen sich herausstellt, dass schon die Bestellung zum Notar Mängel aufwies und nicht erfolgen durfte, oder bei denen wesentliche Voraussetzungen für die Bestellung nachträglich weggefallen sind. Eine weitere Gruppe der Fälle betrifft Umstände in der Person des Notars, bei denen eine weitere Amtstätigkeit ernste Gefahren für den Rechtsverkehr verursachen würde wie ein Vermögensverfall und schwere Krankheit.

3   Aus der grundgesetzlich garantierten Freiheit der Berufswahl und Berufsausübung folgt, dass die hier aufgezählten Gründe für eine Amtsenthebung im Verwaltungsverfahren nicht etwa ausdehnend ausgelegt werden dürfen; die Aufzählung ist nicht nur beispielhaft, sondern erschöpfend.

4   Teilweise müssen vor der Verwaltungsverfügung die Voraussetzungen dafür in einem gerichtlichen Verfahren festgestellt werden (Abs. 3); für dringliche Fälle sieht dafür § 54 eine vorläufige Amtsenthebung vor.

II. Einzelfälle (Nr. 1–10)

1. Fehlende Staatsangehörigkeit und Richteramtsbefähigung (Nr. 1)

5   Nach § 5 darf zum Notar nur ernannt werden, wer die **deutsche Staatsangehörigkeit** und die **Befähigung zum Richteramt** besitzt. Fällt eine dieser beiden Voraussetzungen weg oder stellt sich heraus, dass ihr Vorhandensein bei der Bestellung fälschlicherweise angenommen

war, dann muss der Notar seines Amtes enthoben werden. Diese beiden Voraussetzungen sind zwar wesentlich, aber ihr Fehlen ist nicht so schwerwiegend, dass sofort kraft Gesetzes ein Erlöschen des Amtes eintreten muss oder dass, wie vielfach bei Beamten, die Ernennung sogleich als nichtig betrachtet werden müsste. Im Interesse des Rechtsverkehrs, also der Rechtssicherheit, muss vielmehr eine förmliche Amtsenthebung durch Verwaltungsakt erfolgen.

2. Nichtigkeitsgründe (Nr. 2)

Nach allgemeinem Verwaltungsrecht ist eine Beamtenernennung nichtig, wenn der Verwaltungsakt durch eine sachlich **unzuständige Behörde** vorgenommen ist, etwa durch eine untere Dienststelle eines fremden Ressorts, oder wenn die zwingende Form des Ernennungsaktes nicht gewahrt ist, also etwa eine Urkunde mit den Worten »unter Berufung in das Beamtenverhältnis« nicht ausgehändigt worden ist. Jedoch liegt schon nach § 12 überhaupt ein »Nichtakt« vor, wenn dem Bewerber eine Urkunde über die Ernennung (Bestellung) überhaupt nicht ausgehändigt worden ist; ein solcher Bewerber ist überhaupt nicht Notar geworden, so dass auch eine Amtsenthebung weder erforderlich noch möglich ist.   **6**

Nach dem Beamtenrecht gilt regelmäßig Folgendes: **7**

Nichtigkeit der Ernennung zum Beamten liegt vor, wenn eine sachlich unzuständige Behörde die Ernennung ausgesprochen und die zuständige Behörde sie nicht bestätigt hat; oder wenn der Ernannte im Zeitpunkt der Ernennung nicht die deutsche Staatsangehörigkeit besaß, ohne dass eine Ausnahme zugelassen war (z. B. bei einem Konsul im Ausland); oder wenn der Bewerber einer Betreuung unterstand oder nicht die Fähigkeit zur Bekleidung öffentlicher Ämter besaß.

Die Rücknahme einer Ernennung ist erforderlich, wenn sie durch Zwang, arglistige Täuschung oder Bestechung herbeigeführt oder wenn nicht bekannt war, dass der Bewerber ein Verbrechen oder Vergehen begangen hatte, das ihn zur Berufung in ein Beamtenverhältnis unwürdig erscheinen lässt, und er deshalb rechtskräftig verurteilt war oder wird.   **8**

Deshalb ist es nicht zu beanstanden, dass, sofern entsprechende landesrechtliche Bestimmungen für Beamte vorhanden sind, eine Bestellung zum Notar auch zurückgenommen werden kann, wenn er bei seiner Bewerbung **ein gegen ihn laufendes staatsanwaltschaftliches Ermittlungsverfahren verschweigt**, denn bei der Bestellung dürfen keine Zweifel an der persönlichen Eignung vorhanden sein[1]. Eine Amtsenthebung ist auch nicht zu beanstanden, wenn ein Notarbewerber rechtskräftig wegen Betruges verurteilt war[2].   **9**

3. Verweigerung des Amtseides (Nr. 3)

Der Notar muss nach seiner Ernennung gemäß § 13 einen **Amtseid leisten**. Der Eid ist keine Wirksamkeitsvoraussetzung für die Ernennung, sondern folgt der wirksam gewordenen Ernennung nach. Zwar soll der Notar nach § 13 Abs. 3 vor der Eidesleistung keine Amtshandlungen vornehmen, doch ist das nur eine Sollvorschrift, die auf die Gültigkeit der Amtshandlung keinen Einfluss hat; ein Verstoß gegen diese Vorschrift ist aber ein Dienstvergehen.   **10**

Weigert sich der Notar überhaupt den Amtseid zu leisten, dann muss er nach dieser Vorschrift seines Amtes wieder enthoben werden. Zweckmäßigerweise händigt deshalb die Behörde die Ernennungsurkunde dem Notar erst aus, wenn er sich bereit erklärt, den Eid sogleich zu leisten. Fälle, in denen ein ernannter Notar den Amtseid verweigert hat, sind bisher nicht bekannt geworden.   **11**

---

1 BGHR BNotO § 50 Abs. 1 Nr. 2 Täuschung 1 m. w. N.
2 BGHR BNotO § 50 Abs. 1 Nr. 2 Unwürdigkeit 1.

4. Nicht genehmigtes Nebenamt (Nr. 4)

12 Mit dem als Lebensberuf gedachten Amt des Notars ist die **Ausübung eines weiteren besoldeten Amtes** nicht vereinbar (§ 8 Abs. 1). Die Landesjustizverwaltung darf im Einzelfall eine jederzeit widerrufliche Ausnahme bewilligen, doch darf der Notar dann nach § 8 Abs. 1 Satz 2 das Notaramt nicht mehr persönlich ausüben, sondern muss einen Vertreter oder Verwalter bestellen lassen (§§ 39, 56).

13 Verstöße dagegen sind Dienstvergehen. Dabei ist die Übernahme eines besoldeten Amtes ohne Genehmigung im Interesse der Rechtspflege so schwerwiegend und der Schuldvorwurf dabei so eindeutig, dass der Gesetzgeber es den Aufsichtsbehörden nicht nur gestattet, sondern zur Pflicht gemacht hat, den Notar sofort seines Amtes zu entheben. Das gilt aber nur bei der ungenehmigten Ausübung des Nebenamtes, nicht auch dann, wenn der Notar nach Genehmigung eines Nebenamtes sein Notaramt unbefugt weiter persönlich ausübt. Ein Handeln ohne Genehmigung liegt auch dann vor, wenn eine erteilte Genehmigung widerrufen oder sonst beseitigt ist oder überschritten wird.

14 Die Justizverwaltung sollte allerdings die Amtsenthebung erst verfügen, wenn ein etwa gestellter Antrag auf Genehmigung des bereits ausgeübten Nebenamtes rechtskräftig abgelehnt ist; bis dahin genügt meist eine vorläufige Amtsenthebung. Allerdings lässt sich auch die Auffassung vertreten, dass es für die Anwendung des § 50 Nr. 4 genüge, wenn der Notar ein besoldetes Nebenamt ausübt, ohne dass in diesem Augenblick sein Vorgehen durch eine Genehmigung gerechtfertigt ist. Bei Ablehnung einer beantragten Genehmigung muss der Notar immer mit der Aufnahme des Nebenamtes warten, bis er die ablehnende Verfügung beseitigt und eine Genehmigung erwirkt hat. Wird ihm eine Genehmigung nach anfänglicher Ablehnung im gerichtlichen Verfahren erteilt, aber im Rechtsmittelverfahren wieder aufgehoben, dann darf er das Nebenamt zunächst nach Erteilung der Genehmigung ausüben, muss es aber später wieder einstellen. .

5. Weitere Tätigkeit oder gemeinsame Berufsausübung (Nr. 5)

15 Der Tatbestand Nr. 5 ist durch das dritte Änderungsgesetz zur BNotO vom 31.08.1998 (BGBl. I S. 2585) eingefügt worden. Damit der von Gesetzes wegen zulässigen Berufsverbindung entsprechende Geltung verschafft wird, muss die Landesjustizverwaltung den Notar seines Amtes entheben, wenn er Berufsverbindungen eingeht, die nach § 8 Abs. 2 nicht zulässig sind, also bei Anwaltsnotaren nur solche, die danach erlaubt sind.

16 Die Vorschrift gilt auch für Nur-Notare, das heißt jene dürfen sich mit anderen Berufsgruppen nicht zusammenschließen und mit Nur-Notaren auch nur dann, soweit dem nicht landesrechtliche Verordnungen entgegenstehen. Somit muss ein Nur-Notar seines Amtes enthoben werden, wenn er nicht beachtet, dass z. B. in einer Rechtsverordnung festgelegt ist, wonach er allenfalls sich mit einem weiteren Notar zusammenschließen darf, er aber einen dritten Partner aufnehmen möchte. Die Amtsenthebung hat unabhängig davon zu erfolgen, ob der Notar jene Vorschriften kennt oder nicht; einen entschuldbaren Tatbestandsirrtum gibt es auf diesem Gebiet nicht, weil von jedem Notar erwartet werden kann, dass er sich vor einer Entscheidung zur gemeinsamen Berufsausübung über die einschlägigen Vorschriften orientiert.

6. Vermögensverfall (Nr. 6)

a) Unmittelbares Tätigwerden der Behörde

17 Falls der Notar in Vermögensverfall gerät, muss er sofort seines Amtes enthoben werden, denn er wird kraft seines Amtes so häufig als Verwalter fremden Vermögens tätig, dass bei seinem Vermögensverfall die Gefahr für fremde Werte so groß ist, dass sofort Vorsichtsmaßnahmen ergriffen werden müssen.

Die Vorschrift ist durch das Änderungsgesetz vom 31.08.1998 insofern neu gefasst worden, als nunmehr der Vermögensverfall für die Amtsenthebung ausreicht, während nach der früheren Regelung »die Amtsenthebung geboten war, wenn er durch gerichtliche Anordnung in der Verfügung über sein Vermögen beschränkt war«. Damit ist eine Erweiterung eingetreten, denn die gerichtliche Anordnung hinsichtlich der Vermögensbeschränkung ist nunmehr nicht mehr erforderlich. Sie ist und wäre zeitlich dem Vermögensverfall nachgefolgt, so dass in vielen Fällen eine Amtsenthebung zu spät gekommen wäre.

b) Vermögensverfall/Insolvenz

Bisher war nicht geklärt, wie das **Verhältnis** zwischen dem **Vermögensverfall** und einem gleichzeitig laufenden **Insolvenzverfahren** zu gewichten ist. Hier ist die Justizverwaltung grundsätzlich nicht gehalten, zunächst das Ergebnis des Insolvenzverfahrens und ggf. ein Insolvenzplanverfahren abzuwarten[3]. Es müsste von dem seines Amtes zu enthebenden Notar schon ganz konkret dargelegt werden, wie er die Forderungen der Gläubiger realistisch zu befriedigen gedenkt. Dies bedeutet, dass sich nach dem bisherigen Sachstand die Vermögensverhältnisse des Notars positiv zu seinen Gunsten verbessern müssten, um ein Amtsenthebungsverfahren durch die Justizverwaltung zu verhindern.

Es besteht zwischen beiden Verfahren **kein Nachrangigkeitsverhältnis** des Amtsenthebungsverfahrens gegenüber dem Insolvenzverfahren. Eine derartige Nachrangigkeit ist auch nicht unter dem Gesichtspunkt der Berufsausübungsfreiheit geboten, die vom Grundsatz her schon stärker eingeschränkt werden darf, und im Übrigen sind die Interessen des rechtsuchenden Publikums stärker zu gewichten als ein weiteres Verbleiben des Notars in seinem Amt.

Nach dem weiteren Tatbestand wird der Vermögensverfall vermutet, wenn das Insolvenzverfahren eröffnet wurde oder der Notar in das vom Insolvenzgericht oder vom Vollstreckungsgericht zu führende Verzeichnis (§§ 26 Abs. 2 InsO, 915 ZPO) eingetragen ist. Dies bedeutet, dass die gesetzliche Vermutung widerlegbar ist[4], allerdings nur durch konkrete vom Notar zu beweisende Tatsachen. Sollte die Gläubigerversammlung die Fortführung des Notariats beschließen, erfordert dies eine sorgfältige Prüfung, ob aufgrund des Insolvenzplans eine Fortsetzung in Frage kommt[5]. Bedenklich bei dieser Handhabung ist der Umstand, dass die Gläubigerversammlung die Fortführung des Notaramts »beschließt«, was eigentlich nicht möglich ist, denn nicht die Gläubiger sind insoweit Inhaber der Sachwalterschaft sondern der Landesjustizverwaltung.[6] Der Notar selbst kann aber auch einen Plan vorlegen, aus dem sich ergibt, wie er die gegen ihn erhobenen Forderungen auszugleichen gedenkt, allerdings genügen hier nicht nur in Zahlen gekleidete Absichten, sondern es muss sich für einen Dritten nachvollziehbar ergeben, ob und wie die finanzielle Schieflage beseitigt werden kann.

7. Gesundheitliche Gründe (Nr. 7)

a) Dauer

In Anlehnung an die entsprechenden Regelungen im Beamtenrecht, wo derartige **Leiden** zur Entlassung führen, sieht die BNotO die Amtsenthebung vor, allerdings darf es sich nicht nur um einen vorübergehenden Ausfall handeln, also muss von Dauer sein, denn bei nur vorübergehender Verhinderung sieht das Gesetz die Vertretung nach § 39 vor. Die Unfähigkeit, Amtshandlungen vorzunehmen, ist dauernd, wenn sie in absehbarer Zeit nicht änderbar ist,

18

19

20

21

22

---

3 BGH ZNotP 2007, 109 = NJW 2007, 1287.
4 *Eylmaan/Vaasen/Custodis*, § 50 BNotO Rz. 32; *Schippel/Bracker/Püls*, § 50 Rz. 22.
5 Vgl. dazu die Nachweise in Fn. 3.
6 So völlig zutreffend *Harders*, DNotZ 2007, 554, 556 Anm. zu BVerfG und BGH DNotZ 2007, 548 ff.

ohne dass es darauf ankäme, ob sie unumkehrbar ist und die Amtsfähigkeit überhaupt nicht mehr wiederhergestellt werden kann[7].

b) körperliche Gebrechen

23 **Körperliche Gebrechen** oder Schwächen der körperlichen Kräfte können die Ursache für die Unfähigkeit zur sachgemäßen Amtsausübung sein. Hierher gehören Taubheit, Blindheit oder eine solche Minderung des Gehörs und der Sehkraft, dass auch mit Zuhilfenahme technischer Mittel die ordnungsgemäße Verständigung und sachgemäße Erfassung der Vorgänge bei einer Amtsausübung nicht mehr möglich ist. Für Stumme muss dasselbe gelten. Insbesondere ist ein Blinder zum Notar unfähig, denn der Notar muss auf Grund eigener Prüfung selbst die Identität der vor ihm erschienenen Personen, ihre eigene Unterschriftsleistung oder den Inhalt und die Echtheit ihm vorgelegter Urkunden bescheinigen, was einem Blinden nicht möglich ist.

24 Die Feststellung eines bestimmten körperlichen Leidens oder Gebrechens ist nicht nötig; auch das Zusammentreffen verschiedener kleinerer Leiden und Gebrechen, insbesondere der durch den Altersabbau bedingte allgemeine Kräfteabbau, können einen solchen Zustand der Amtsunfähigkeit bewirken. Es ist zwar richtig, dass die BNotO keine ausdrückliche Ermächtigung dazu enthält, wann und unter welchen Voraussetzungen die Landesjustizverwaltung ein Gutachten einzuholen hat, jedoch ergibt sich diese Befugnis aus der analogen Anwendung der landesrechtlichen Beamtengesetze[8].

c) Geistige Schwäche

25 Die Dienstunfähigkeit kann auch durch eine **Schwäche der Geisteskräfte** des Notars eintreten. Auch hier ist nicht nötig, dass eine bestimmte echte Erkrankung oder gar eine Geisteskrankheit festgestellt wird. Eine allgemeine Schwäche, insbesondere durch Altersabbau oder infolge Alkohol- oder Rauschgiftmissbrauchs, kann genügen.

26 Auch bei der Frage der Amtsunfähigkeit ist ein strenger Maßstab zugunsten der rechtsuchenden Bevölkerung anzulegen, die vor Schäden größeren Umfangs bewahrt werden muss; andererseits sind diese konkreten Gefahren abzuwägen gegenüber den Interessen des Notars, seinen Beruf ungehindert ausüben zu können[9]. Im Gegensatz zu § 14 Abs. 1 Nr. 4 BRAO ist zwar in § 50 Abs. 1 Nr. 6 nicht von der Gefährdung der Rechtspflege die Rede, jedoch liegt dies dem gesetzlichen Tatbestand inne, d. h., wenn das Verhalten des Notars, und sei es auch nur querulatorischer Art, die ordnungsgemäße Amtsausübung ernsthaft gefährdet[10]. Die Aufsichtsbehörden sind im Rahmen der Feststellungen über die Amtsfähigkeit befugt, eine ärztliche Untersuchung anzuordnen, weil auch insoweit die landesrechtlichen Bestimmungen für Beamte entsprechend herangezogen werden können[11]. In der Regel wird die Landesjustizverwaltung ein ärztliches Gutachten einzuholen haben; die Einholung eines weiteren Gutachtens steht im Ermessen der Justizverwaltung und wird nur dann angezeigt sein, wenn das zunächst eingeholte Gutachten an wesentlichen Fehlern leidet[12].

---

7 BGH DNotZ 1991, 80, 82 = BGHR BNotO § 50 Abs. 1 Nr. 6 Amtsunfähigkeit 1.
8 BGHR BNotO § 50 Abs. 1 Nr. 6 Untersuchung 1 unter Hinweis auf § 42 Abs. 1 Satz 3 BBG, auch wenn der Notar kein Beamter ist, aber Träger eines öffentlichen Amtes.
9 BGHR BNotO § 50 Abs. 1 Nr. 6 Amtsunfähigkeit 2.
10 BGHR BNotO § 50 Abs. 1 Nr. 6 (a. F.) Geistesschwäche 1.
11 BGHR BNotO § 50 Abs. 1 Nr. 6 Untersuchung 1.
12 BGHR BNotO § 50 Abs. 1 Nr. 7 Amtsunfähigkeit 1.

8. Interessengefahr bei den Rechtsuchenden (Nr. 8)

a) wirtschaftliche Verhältnisse

Dabei handelt es sich um den wohl am häufigsten vorkommenden Fall der in § 50 enthaltenen Alternativen, der in sich wieder zwei Fälle enthält, nämlich einmal die **wirtschaftlichen Verhältnisse** und zum anderen die **Art der Wirtschaftsführung.** Die Vorschrift dürfte in der Praxis auch am schwierigsten anzuwenden sein, denn auch hier sind die gegenüber dem rechtsuchenden Publikum drohenden Gefahren gegen die Interessen des Notars am Fortbestand des Notaramtes abzuwägen. Es ist deshalb ausreichend, wenn die Art der Behandlung fremder Gelder erhebliche Bedenken gegen die Zuverlässigkeit des Notars begründet[13]. Zerrüttete wirtschaftliche Verhältnisse, die sich darin ausdrücken, dass erhebliche Verbindlichkeiten kein entsprechendes Vermögen gegenübersteht, genügen für eine zumindest vorläufige Amtserhebung, ohne dass eine weitere konkrete Gefährdung von Rechtsuchenden festgestellt sein muss[14].

27

In der Rechtsprechung bestehen keine Bedenken, die Amtsenthebung oder die vorläufige Amtsenthebung nach § 54 Abs. 1 Nr. 2 einzuleiten, wenn erhebliche Zahlungsansprüche gegen den Notar bestehen oder auch nur gegen ihn gerichtlich geltend gemacht werden; Pfändungs- und Überweisungsbeschlüsse gegen ihn erlassen wurden oder fruchtlose Pfändungsversuche durchgeführt wurden; Verfahren zur Abgabe eidesstattlicher Versicherungen oder sogar Haftbefehle zur Erzwingung dieser Versicherung bestehen, wobei es in allen Fällen auf sein Verschulden nicht ankommt[15].

28

Es kann auch u. U. ausreichen, wenn der Notar **fällige Geldbeträge** nicht pünktlich auszahlt oder empfangene Gelder nicht weiterleitet. Erst recht kommt die Vorschrift zum Zuge, wenn er nicht fällige Geldbeträge an einen Bauträger als Verkäufer auszahlt, von denen er annehmen muss, dass sie im Zweifel nicht mehr zurückgezahlt werden. Schlechte wirtschaftliche Verhältnisse des Notars können die Interessen der Rechtsuchenden gefährden auch wenn weder Vermögenslosigkeit noch Überschuldung eingetreten sind (hohe Verbindlichkeiten zu sofortiger Tilgung; illiquide eigene Vermögenswerte).

29

Die **Art der Wirtschaftsführung** des Notars kann, auch wenn sich schlechte wirtschaftliche Verhältnisse nicht feststellen lassen, die Interessen der Rechtsuchenden gefährden (z. B. bei Zwangsvollstreckungsmaßnahmen wegen Nichtregulierung berechtigter Forderungen)[16].

30

Ist die Abtragung einer längerfristig angewachsenen erheblichen Schuldenlast nicht innerhalb eines überschaubaren Zeitraums zu erwarten, so rechtfertigt dies in der Regel den Schluss, dass die wirtschaftlichen Verhältnisse des Notars die Interessen der Rechtsuchenden gefährden[17]. Der Tatbestand der Gefährdung der Interessen der Rechtsuchenden durch die Art der Wirtschaftsführung des Notars: durch Verfügung über Treuhandgelder vor Eintritt der vereinbarten Bedingungen setzt – anders als die erste Alternative des § 50 Abs. 1 Nr. 8 – nicht voraus, dass der Notar sich in schlechten wirtschaftlichen Verhältnissen befindet[18].

31

Auch die vorschriftswidrige und verfrühte Auszahlung von in der Verwahrung befindlichen Geldern kann die Vermögensinteressen eines Beteiligten in einem Umfang gefährden, dass die Amtsenthebung geboten ist[19] Die Amtsenthebung bei Verstößen gegen Verwah-

32

---

13 BGH DNotZ 1991, 94.
14 BGH ZNotP 2001, 115 = MDR 2001, 297 = NJW-RR 2001, 1213; BGH NotZ 12/2007 v. 23.07.2007, NotZ 73/2007 v. 26.11.2007.
15 BGHR BNotO § 50 Abs. 1 Nr. 6 Untersuchung 1.
16 BGH, ZNotP 2001, 117 = MDR 2001, 298 = NJW-RR 2001, 1212.
17 BGH NJW 2000, 2359 = MDR 2000, 915 = ZNotP 2000, 284.; BGH DNotZ 2004, 882 = BGHR BNotO § 50 Abs. 1 Nr. 8 Verhältnisse, wirtschaftliche 2.
18 BGH NJW-RR 1998, 1134 = DNotZ 1999, 170 = MDR 1998, 931 = NdsRPfl 1998, 219 = NotBZ 1998, 111.
19 BGH ZNotP 2000, 284 = NJW 2000, 2359 = MDR 2000, 915.

rungsgeschäfte ist allerdings an die Voraussetzung geknüpft, dass diese in erheblichem Umfang vorliegen und nicht einzelne Unregelmäßigkeiten aufgetreten sind[20].

33 Der sorglose und damit fahrlässige, manchmal vorsätzlich falsche Umgang mit Geldern von Mandanten in der Eigenschaft als Rechtsanwalt kann zur Amtsenthebung als Notar ausreichen, denn gerade beim zuletzt erwähnten Amt ist mit besonderer Sorgfalt von Fremdgeldern umzugehen[21].

b) private Verhältnisse

34 Die privaten, insbesondere **Familienverhältnisse** allein können nicht die Amtsenthebung rechtfertigen, jedoch können zerrüttete Familienverhältnisse, insbesondere bei hohen Unterhaltsansprüchen, zusammen mit anderen Umständen die Gefahr begründen, dass sich dies auch auf die Wirtschaftsführung im Notariat auswirkt, weil nämlich die Gefahr besteht, dass der Notar dann auch auf Fremdgelder zurückgreift.

c) Verfahren der Aufsichtsbehörde

35 Der Notar kann sich einem Verfahren dadurch entziehen, dass er nach § 48 sein Amt niederlegt, denn Gründe für die **Aufgabe des Amtes** werden von Gesetzes wegen nicht gefordert.

36 Die **Pflicht der Aufsichtsbehörde**, in den Fällen des § 50 Abs. 1 einzuschreiten, ist zunächst und für den Regelfall eine nur der Allgemeinheit gegenüber obliegende Amtspflicht; sie kann aber bei zureichenden tatsächlichen Anhaltspunkten eine dem einzelnen Rechtsuchenden gegenüber obliegende Amtspflicht mit der Folge werden, dass der Betroffene Schadensersatz vom Fiskus nach § 839 BGB verlangen kann, wenn der Notar zahlungsunfähig ist[22]. Voraussetzung dafür ist, dass der Verdacht eine gewisse Stärke hat und zureichende tatsächliche Anhaltspunkte dafür gegeben sind, dass die wirtschaftlichen Verhältnisse des Notars und die Art seiner Wirtschaftsführung schon Belange der Rechtsuchenden gefährden.

9. Verstoß gegen Mitwirkungsverbote (Nr. 9)

37 Der Notar ist ohne eigene Ermessensentscheidung der Landesjustizverwaltung seines Amtes zu entheben, wenn er gegen die Mitwirkungsverbote nach § 3 BeurkG verstößt. Das Gesetz will damit den Mitwirkungsverboten entsprechende Geltung verschaffen, obwohl nicht unbedingt die sofortige Amtsenthebung als Sanktion notwendig gewesen wäre, sondern auch die Verhängung von milderen Disziplinarmaßnahmen ausgereicht hätte.

38 Deshalb sind **verfassungsrechtliche Bedenken** nicht ausgeräumt, ob jene Maßnahmen mit dem Grundsatz der Verhältnismäßigkeit nach Art. 3 GG noch vereinbar sind. Mit jenem Grundsatz ist es aber nicht mehr vereinbar, wenn bereits der einmalige Verstoß gegen die Mitwirkungsverbote ausreichen soll, um den Notar seines Amtes zu entheben[23]. Mit der Erwähnung der Mitwirkungsverbote nach § 3 BeurkG sind alle dort erwähnten Tatbestände gemeint, also die Nummern 1–9, so dass grundsätzlich auch die Sanktion einheitlich gehandhabt werden sollte[24].

39 Die gesetzliche **Formulierung** des grob wiederholten Verstoßes ist deshalb **ungenau** und muss dahin gehend konkretisiert werden, dass nur der bewusste und wiederholte Verstoß zur Amtsenthebung führen kann, und zwar bei allen in § 3 BeurkG erwähnten Tatbestän-

---

20 OLG Celle NdsRpfl. 2001, 235 ff.; BGH NdsRpfl. 2001, 309 ff.; vgl. weiterhin BGH DNotZ 2001, 572 = ZNotP 2001, 115 = NJW-RR 2001, 1213 = MDR 2001, 297; BGH NJW-RR 2001, 1212 ff. = ZNotP 2001, 117 ff. = MDR 2001, 298.

21 Vgl. dazu BGHR BNotO § 50 Abs. 1 Nr. 8 a.F. Interessengefährdung 3.

22 BGHZ 35, 44.

23 In diesem Sinne auch *Vaasen/Starke*, DNotZ 1998, 661, 673; unklar bei *Mihm*, DNotZ 1999, 8, 25.

24 Nach *Mihm*, DNotZ 1999, 8, 25 soll offenbar eine Abstufung bei der Sanktionierung geboten sein; so auch *Eylmann/Vaasen/Custodis*, § 50 BNotO Rz. 44.

den. Dabei bedeutet nicht bewusst, dass beim Notar Absicht hinsichtlich des Verstoßes vorgelegen haben muss, sondern es genügt, wenn der Notar keine Vorkehrungen trifft, um die Mitwirkungsverbote zu überprüfen, das heißt, ob sie im Augenblick der vorzunehmenden Beurkundung gegeben waren oder nicht. Der Notar muss auf jeden Fall innerhalb seiner Amtszeit mindestens zweimal gegen ein Mitwirkungsverbot verstoßen haben, wobei es nicht in beiden Fällen derselbe Tatbestand der in Nr. 1–9 des § 3 BeurkG sein muss, sondern es können unterschiedliche Verstöße vorliegen.

Nach der Rechtsprechung des Notarsenats beim BGH[25] ist bei der Amtsenthebung wegen **40** Verstößen gegen die Mitwirkungsverbote äußerste Zurückhaltung geboten. Andererseits wird aber klargestellt, dass die Mitwirkungsverbote konform auszulegen sind und es keinen Unterschied macht, in welcher Form und gegen welche einzelnen Tatbestände der Notar verstoßen haben soll.

Der Gesetzgeber selbst hat allerdings diese Probleme geschaffen, indem er **unklar formu-** **41** **lierte**, dass »grob wiederholt« gegen die Mitwirkungsverbote verstoßen worden sein muss, um eine Amtsenthebung zu rechtfertigen[26]. In der Rechtswissenschaft ist nunmehr erstmals dieses Problem grundlegend erörtert worden[27]. Nach dem Wortlaut reicht eigentlich bereits der zweimalige Verstoß aus, wobei ernsthaft gefragt werden muss, weshalb zwei Verstöße ausreichen, um eine Amtsenthebung einzuleiten, während ein Verstoß dafür nicht genügt[28]. Als Lösungsmöglichkeit für die leicht missszustehende Formulierung des Gesetzes wird teilweise vorgeschlagen, die Formulierung »wiederholt« durch »systematisch« zu ersetzen[29]. Dieser Auslegung kann eingeschränkt zugestimmt werden.

Die Probleme stellen sich in ähnlicher Weise bei der Feststellung, ob ein »grober« Ver- **42** stoß anzunehmen ist. Allerdings ist es dem Gesetz kaum zu entnehmen danach zu differenzieren, gegen welchen einzelnen Tatbestand der Mitwirkungsverbote i. S. d § 3 BeurkG verstoßen worden sein soll, denn diese Ansicht[30] findet zunächst im Gesetz keine Stütze und führt zu noch mehr Rechtsunsicherheit als bereits durch die unklare Gesetzesfassung entstanden ist. Eine solche Auslegung wäre rechtlich zu unsicher und das Ergebnis daher unvorhersehbar. Es ist wohl die Auslegung angebracht, dass »grob« im Sinne eines erheblichen Schuldvorwurfs zu verstehen ist[31]. Generell ist eine Interpretation in dem Sinne zu empfehlen, dass eine Amtsenthebung – was auch für die übrigen Tatbestände gilt – immer dann geboten scheint, wenn ein Verbleib des Notars in seinem Amt für das rechtsuchende Publikum nicht mehr zumutbar ist, wobei auch nach dieser hier vertretenen Ansicht damit Unsicherheiten bei der Subsumtion verbunden sind.

Diese Schwierigkeiten haben dann manche Landesjustizverwaltungen veranlasst, eine eigene Auslegung des Gesetzes entgegen den eindeutigen Wortlaut vorzunehmen und die Mit-

---

25 BGHZ 154, 310 = NJW 2004, 1954 = DNotZ 2004, 888 ff. = BGHR BNotO § 50 Abs. 1 Nr. 9 Mitwirkungsverbote 1; zustimmend zu dieser Rechtsprechung *Schippel/Bracker/Püls*, § 50 Rz. 34a; *Eylmann/Vaasen/Custodis*, § 50 BNotO Rz. 44 konnte diese Rechtsprechung noch nicht berücksichtigen, weil die Auflage des Kommentars vorher erschienen war.

26 Vgl. dazu auch kritisch *Lerch*, AnwBl. 2006, 264, 265 sowie *Lerch*, BeurkG, § 3 Rz. 27 ff.; in diesem Sinne zustimmend auch, *Huhn/von Schuckmann/Armbrüster*, § 3 Rz. 19; *Armbrüster/Leske*, ZNotP 2001, 450, 453; *dies.*, ZNotP 2002, 46; *Leske*, S. 91 ff.; die sog. h.M. bemüht sich nicht um eine Neudefinition des Begriffs »Angelegenheit« i. S. d. § 3 Abs. 1 BeurkG und gelangt deshalb zu dieser extensiven Auslegung, vgl. Einzelheiten bei *Blaeschke*, RNotZ 2005, 330, 340; *Brücher*, NJW 1999, 2168; *Zugehör/Ganter/Hertel*, Rz. 617; *Harder/Schmidt*, DNotZ 1999, 949; *Harborth/Lau*, DNotZ 2002, 412; *Heller/Vollrath*, MittBayNot 1998, 322; *Hermanns*, MittBayNot 1998, 359; *Limmer* in Würzburger Notarhandbuch Rz. 119; *Maaß*, ZNotP 1999, 178; *ders.* ZNotP 2003, 322; *Mihm*, DNotZ 1999, 8.

27 Vgl. dazu *Preuß*, S. 289 ff.

28 So zutreffend *Preuß*, S. 291.

29 So *Preuß*, S. 292 f.

30 *Eylmann/Vaasen/Custodis*, § 50 BNotO Rz. 44; *Vaasen/Starke*, DNotZ 1998, 661, 673; a. A. zu Recht BGH NJW 2004, 1954, 1956 = DNotZ 2004, 888 sowie *Preuß*, S. 294 f.

31 So völlig zutreffend *Preuß*, S. 296.

---

wirkungsverbote nicht für anwendbar zu erklären bei Unterschriftsbeglaubigungen mit/ohne Entwurf[32].

10. Fehlende Haftpflichtversicherung (Nr. 10)

43 Dieser Teil der Vorschrift geht auf das Gesetz vom 07.08.1981 (BGBl. I S. 803) und vom 31.08.1998 (BGBl. I S. 2585) zurück, wonach der Notar eine **Mindesthaftpflichtversicherung von 500.000 Euro** abzuschließen hat (vgl. § 19a). Diese Pflicht ist überhaupt vielfältig gesichert, denn nach § 6a muss schon die Bestellung zum Notar versagt werden, wenn der Bewerber nicht den Nachweis des Bestehens oder durch eine Deckungszusage den Beweis eines sicheren Abschlusses der Versicherung erbringt.

44 Fällt später der Versicherungsschutz fort, insbesondere durch Kündigung seitens des Versicherers, muss der Notar umgehend einen neuen Versicherungsvertrag abschließen. Das Fehlen eines solchen Vertrages ist ein Dienstvergehen des Notars, das mit den üblichen Disziplinarmaßnahmen geahndet werden kann, also auch mit der Entfernung aus dem Amt nach § 97 Abs. 1. Regelmäßig wird schon die Einleitung eines solchen Verfahrens oder eine bloße Ermahnung seitens der Notarkammer nach § 75 den Notar zum Abschluss der Versicherung veranlassen, weil jedem Notar die Bedeutung der Haftpflichtversicherung sowie die Folgen eines Verstoßes gegen die Versicherungspflicht bekannt sind. Falls der Notar aus wirtschaftlichen Gründen zur Aufbringung der Prämien und damit zur Aufrechterhaltung der Versicherung nicht in der Lage ist, müsste schon nach § 50 Abs. 1 Nr. 8 das Enthebungsverfahren eingeleitet werden, das aber nach § 50 Abs. 3 schwieriger durchzuführen ist.

45 Das förmliche Disziplinarverfahren nach §§ 95 ff. ist nur möglich, wenn der Tatbestand eines Dienstvergehens vorliegt, wenn also der Notar auch schuldhaft gehandelt hat (§ 95). Fehlende Geldmittel zur Aufbringung der Prämien können dabei schwerlich als echte Entschuldigung anerkannt werden, weil die Bezahlung der Prämien für die Haftpflichtversicherung allen anderen Verbindlichkeiten vorgehen muss. Allerdings kann nicht ausgeschlossen werden, dass die Beendigung des Versicherungsvertrages auch einmal ohne Verschulden des Notars eintreten kann, etwa wenn infolge einer schweren Erkrankung des Notars und Versagens seines Vertreters die Prämien nicht gezahlt werden und der Notar auch in der Folgezeit unverschuldet diesen Mangel nicht bemerkt.

46 Deshalb wird die Aufsichtsbehörde in der Regel das Verfahren nach § 50 Abs. 1 Nr. 10 einleiten, das ein Verschulden des Notars nicht voraussetzt. Die Tatsache des Fehlens einer Haftpflichtversicherung mit dem gesetzlich vorgeschriebenen Mindestmaß genügt zur Amtsenthebung. Wird allerdings im Verfahren nach § 50 Abs. 3 – einschließlich des Laufs eines Beschwerdeverfahrens – ein Versicherungsvertrag wieder abgeschlossen, dann kann die Amtsenthebung nach dieser Vorschrift nicht mehr erfolgen. Das ist im Disziplinarverfahren anders: Falls hier der Notar im Laufe des Verfahrens den neuen Abschluss eines Versicherungsvertrages nachweist, wird trotzdem die erforderliche Disziplinarmaßnahme ausgesprochen, wobei die Wiedergutmachung in Form des Abschlusses der neuen Versicherung strafmildernd berücksichtigt werden kann.

47 Dem Disziplinargericht ist es aber trotz Neuabschlusses einer Versicherung nach Einleitung eines Disziplinarverfahrens nicht verboten, trotzdem auf Entfernung aus dem Amt zu erkennen, wenn das als angemessene Sühne erforderlich erscheint, so wenn der Notar wiederholt die Haftpflichtversicherung durch grobes Verschulden hat verfallen lassen und immer erst nach Einleitung eines förmlichen Disziplinarverfahrens die Versicherung neu geschlossen hat, insbesondere wenn dann noch ein Mandant des Notars – wenn auch nur zeitweise – geschädigt worden ist.

48 Die Amtsenthebung erfolgt durch Verwaltungsakt der Landesjustizbehörde, die nach § 112 ihre Befugnisse auf nachgeordnete Behörden delegieren kann. Die Behörde hat vorher

---

32 Kritisch sogar *Bundesnotarkammer*, DNotZ 2002, 485; zumindest die Justizverwaltungen in Hessen und Nordrhein-Westfalen (OLG-Bezirk Hamm) wollen die Mitwirkungsverbote bei Unterschriftsbeglaubigungen nicht angewendet sehen.

LERCH

den Notar und die Notarkammer zu hören sowie die erforderlichen Ermittlungen anzustellen.

Soweit bei der Versicherung des Notars nur sog. Prämienrückstände aufgelaufen sind, ist **49** dies für sich allein noch kein Grund, die Amtsenthebung einzuleiten[33]. Eine Amtsenthebung nach § 50 Abs. 1 Nr. 10 BNotO darf als einer der schwersten Eingriffe in die durch Art. 12 Abs. 1 GG geschützte berufliche Stellung des Notars erst dann stattfinden, wenn der Versicherungsschutz auch im Verhältnis zu (geschädigten) Dritten unmittelbar gefährdet ist[34]. Der Tatbestand des Nichtunterhaltens der vorgeschriebenen Haftpflichtversicherung ist daher nicht bereits dann erfüllt, wenn der Versicherer wegen Prämienverzugs des Notars lediglich diesem gegenüber seine Leistungsfreiheit gem. § 39 Abs. 2 VVG herbeiführt, ohne den Versicherungsvertrag durch fristlose Kündigung nach § 39 Abs. 3 VVG aufzulösen. Soweit gegen einen Notar allerdings neben einer Amtsenthebung wegen Vermögensverfalls entsprechenden Ansprüchen der Berufshaftpflichtversicherung nicht mehr nachkommt, kann ausnahmsweise der letzte Umstand ausreichen, um eine Amtsenthebung zu betreiben[35].

III. Bezugnahme auf Landesrecht (Abs. 2)

Danach kann die Amtsenthebung erfolgen, wenn nach dem entsprechenden Landesrecht die **50** Ernennung eines Landesbeamten für nichtig erklärt oder zurückgenommen werden kann. Damit ist der Fall des **§ 9 BRRG** angesprochen, dem Vorschriften in den Ländern entsprechen. Die Landesjustizverwaltung wird in derartigen Fällen zu prüfen haben, ob die Amtsenthebung in Betracht zu ziehen ist.

IV. Verfahren (Abs. 3)

1. Regelfall

Die Landesjustizverwaltung entscheidet durch Verwaltungsakt, den der betroffene Notar in **51** den Fällen des § 50 Abs. 1 Nr. 1–5 und 8 nach § 111 **anfechten** kann. Darüber befindet das Oberlandesgericht als Disziplinargericht mit der vorgesehenen Möglichkeit der Beschwerde nach § 105. Soweit das OLG als erste Instanz bei der vorläufigen Amtsenthebung im Tenor versehentlich nicht festgestellt hat, dass der Notar nach § 50 I Nr. 8 seines Amtes zu entheben ist, kann dies in der Beschwerdeinstanz nachgeholt werden[36].

2. Sonderfälle

a) Vorschaltverfahren

In den Fällen der **gesundheitlichen Gründe und des Vermögensverfalls** (Abs. 1 Nr. 7 und **52** 8) ist ein besonderes Verfahren vorgesehen, in dem die gerichtliche Prüfung vorgeschaltet wird, bevor die Enthebung ausgesprochen wird. Die Behörde muss zunächst dem Notar eröffnen, dass sie seine Amtsenthebung aus den Gründen der Nr. 7 oder 8 (unter Angabe der festgestellten Tatsachen) in Aussicht genommen hat. Auf befristeten Antrag des Notars entscheidet dann das Disziplinargericht darüber in Form einer Feststellung, ob die Voraussetzungen für eine Amtsenthebung vorliegen.

33 BGH DNotZ 1987, 442 = BGHR BNotO § 50 Abs. 1 Nr. 8 Prämienrückstand 1.
34 BGH ZNotP 2001, 75 = MDR 2001, 298 = NJW-RR 2001, 1214.
35 BGHR BNotO § 50 Abs. 1 Nr. 8 Rechtsschutzbedürfnis.
36 BGH ZNotP 2001, 115 = MDR 2001, 297 = NJW-RR 2001, 1213.

53 Der Antrag kann nach dem eindeutigen Wortlaut nur vom Notar und nicht von der Justizverwaltung gestellt werden. Er ist beim Oberlandesgericht einzureichen (§ 111 BNotO, § 37 BRAO). Reicht der Notar den Antrag bei der Behörde ein, dann muss diese den Antrag an den zuständigen Notarsenat beim Oberlandesgericht weiterreichen. Die Rechtzeitigkeit bestimmt sich nach dem Eingang beim Oberlandesgericht[37]. Eine Belehrung über die Rechtsbehelfe ist für den Fristbeginn nicht notwendig[38].

54 Dieses vorbereitende Verfahren ist kein förmliches Disziplinarverfahren, sondern ein vorgeschaltetes Beschlussverfahren nach § 111 mit den danach vorgesehenen Möglichkeiten der Anfechtung. Nach Abschluss dieses sog. Vorschaltverfahrens stehen die dort zu den Amtsenthebungsgründen getroffenen tatsächlichen Feststellungen im anschließenden Streit um die Rechtmäßigkeit der endgültigen Amtsenthebung des Notars nicht mehr zur Überprüfung an[39]. Allenfalls können Umstände berücksichtigt werden, die zwischen dem Abschluss des sog. Vorschaltverfahrens und der endgültigen Entscheidung der Landesjustizverwaltung bekannt werden[40]. Es kann sich möglicherweise eine andere Entscheidung aufdrängen, wenn die besondere Berufssituation des Notars, der dieses Amt als sog. Nurnotar ausübt und weiteren Umständen, dass ernsthaft eine Befriedigung der Gläubiger nicht aussichtslos ist, dies gebietet, weil ansonsten ein nicht mehr zu rechtfertigender Eingriff in die Berufsausübungsfreiheit des Notars nach Art. 12 GG verbunden wäre[41].

b) Verschulden des Notars

55 Die Amtsenthebung eines Notars gemäß § 50 Abs. 1 Nr. 7 oder 8 setzt **kein Verschulden** des Notars voraus. Seine Verurteilung zu einer Disziplinarstrafe kommt nicht in Betracht. Weder in den §§ 95 ff. BNotO noch in den entsprechenden landesrechtlichen Regelungen ist vorgesehen, dass in dem Disziplinarverfahren unabhängig von jeder Schuldfeststellung eine Feststellung der in § 50 Abs. 3 Satz 3 BNotO erwähnten Art getroffen werden könnte. Diese Vorschrift selbst beschränkt sich darauf, die Zuständigkeit des »Disziplinargerichts« zu begründen, stellt aber keinerlei Verfahrensregeln auf.

56 Nach alledem ist es geboten, den § 50 Abs. 3 so auszulegen, dass durch die Verwendung des Wortes »Disziplinargericht« nur die Zuständigkeit des Senats für Notarangelegenheiten des Oberlandesgerichts begründet wird. Das von ihm anzuwendende Verfahren, nämlich das Verfahren der freiwilligen Gerichtsbarkeit, für welches zwei Rechtszüge zur Verfügung stehen, ergibt sich dagegen aus der entsprechenden Anwendung des § 111 Abs. 4.

57 Die **Prozessfähigkeit des Notars** in diesem Verfahren nach § 50 Abs. 3 darf nicht in Frage gestellt werden. Es muss dasselbe gelten, was für Rechtsanwälte im Verfahren auf Rücknahme der Zulassung wegen geistiger Schwäche entschieden ist[42]. Der Notar gilt als prozessfähig, auch wenn möglicherweise Zweifel daran bestehen und kann deshalb wirksam Prozesshandlungen vornehmen[43].

---

37 BGH, DNotZ 1977, 121.
38 BGH, DNotZ 1979, 373.
39 BGHZ 44, 65, 72 = NJW 1965, 1806; BGHZ 78, 229, 230 = NJW 1981, 987; BGHZ 149, 230, 232 = NJW 2002, 1349; BGH NJW 2007, 1289 unter Beachtung der Rechtsprechung des BVerfG vom 31.08.2005 (vgl. Fn. 6).
40 So jetzt ausdrücklich zu Recht BGH DNotZ 2004, 882 = BGHR BNotO 50 Abs. 3 Satz 3 Vorabverfahren 1.
41 BVerfG NJW 2005, 3057 = DNotZ 2007, 548 m.Anm. *Harders*, wodurch BGH DNotZ 2004, 886 = ZNotP 2004, 326 = NotBZ 2004, 230 = NJW 2004, 342 aufgehoben wurde; vgl. des weiteren *Smid*, ZNotP 2004, 316; *Suppliet*, NotBZ 2004, 232; konkret ging es um den Fall eines Nurnotars in Dresden; Einzelfragen zum Spannungsverhältnis zwischen Berufsfreiheit und Disziplinarrecht werden bei *Teschner*, SchlHA 2007, 218 ff. erörtert.
42 BGHZ 52, 1 = NJW 1967, 1564.
43 BGH DNotZ 2005, 72, 74 = BGHR BNotO § 50 Abs. 3 Satz 3 Fristbeginn 1 unter Hinweis auf BVerfGE 10, 302, 306; BGHZ 35, 1, 8; 70, 252, 255 f.

Soweit der Notarsenat beim OLG im Wege des Beschlusses nach vorangegangener münd- **58**
licher Verhandlung entscheidet, muss dieser mit Gründen spätestens fünf Monate später zu
den Akten gelangt und von den Richtern unterschrieben sein[44].

V. Bestellung eines Pflegers (Abs. 4)

Soweit es notwendig ist, ein Amtsenthebungsverfahren nach Abs. 1 Nr. 7 gegen den Willen **59**
des betroffenen Notars durchzuführen, muss nunmehr ein **Betreuer** bestellt werden, der die
Rechte des Notars wahrzunehmen in der Lage ist. Damit wird das Verfahren zur Einleitung
eines Amtsenthebungsverfahrens wesentlich erleichtert, um wirksam alle Rechtshandlungen
vorzunehmen, die eine sachgerechte Durchführung des Verfahrens ermöglichen. Sobald die
zuständige Behörde Erkenntnisse darüber gewonnen hat, dass der Notar zur Wahrnehmung
seiner Rechte nicht in der Lage ist, muss sie von sich aus den Antrag auf Bestellung eines Betreuers stellen. Dies gehört zum Pflichtenkreis der Aufsichtsbehörde. Grundsätzlich sollte
sich die Justizverwaltung bei der Einleitung von disziplinarischen Verfahren Zurückhaltung
auferlegen und im Zweifel nicht großzügig damit umgehen, denn der Vorwurf, sich nicht
entsprechend den dienstrechtlichen Vorschriften verhalten zu haben, ist verhältnismäßig
schwerwiegend[45].

---

44 BGHR BNotO § 50 Abs. 3 Satz 3 Amtsenthebung 3; im konkreten Fall ging es um eine Entschei-
    dung des OLG Frankfurt, wobei nicht mehr nachvollziehbar ist, weshalb einem Senat mit zwei Be-
    rufsrichtern und einem Notar solche Fehler unterlaufen.
45 Als eher beispiellos sei hier der Versuch einer Landesjustizverwaltung angeführt, die gegen einen
    Richter, der von seiner Vorlagepflicht und seinem Vorlagerecht nach Art. 100 Abs. 1 GG Gebrauch
    machte, ein Disziplinarverfahren einleiten wollte; vgl. dazu LG Frankfurt, NJW-RR 2003, 215 =
    NZBau 2003, 216.

§ 51

(1) ¹Ist das Amt eines Notars erloschen oder wird sein Amtssitz in einen anderen Amtsgerichtsbezirk verlegt, so sind die Akten und Bücher des Notars sowie die ihm amtlich übergebenen Urkunden dem Amtsgericht in Verwahrung zu geben. ²Die Landesjustizverwaltung kann die Verwahrung einem anderen Amtsgericht oder einem Notar übertragen. ³Die Vorschriften des § 45 Abs. 2, 4 und 5 gelten entsprechend.

(2) Die Siegel und Stempel des Notars hat das in Absatz 1 Satz 1 bezeichnete Amtsgericht zu vernichten.

(3) Wird ein Notar nach dem Erlöschen seines Amtes oder der Verlegung seines Amtssitzes erneut in dem Amtsgerichtsbezirk, in dem er seinen früheren Amtssitz hatte, zum Notar bestellt, so können ihm die nach Absatz 1 in Verwahrung genommenen Bücher und Akten wieder ausgehändigt werden.

(4) ¹Wird der Amtssitz eines Notars in einen anderen Amtsgerichtsbezirk innerhalb derselben Stadtgemeinde verlegt, so bleiben die Akten und Bücher in seiner Verwahrung. ²Die Siegel und Stempel sind nicht abzuliefern.

(5) ¹Die Abgabe von Notariatsakten an ein Staatsarchiv und die Vernichtung von Notariatsakten regelt die Landesjustizverwaltung. ²Sind Notariatsakten an ein Staatsarchiv abgegeben worden, so werden Ausfertigungen, vollstreckbare Ausfertigungen und Abschriften, wenn es sich um Urkunden eines noch in seinem Amt befindlichen Notars oder um Urkunden handelt, die auf Grund des Absatzes 1 Satz 2 einem anderen Notar zur Verwahrung übergeben waren, vom Notar, sonst von dem Amtsgericht erteilt, in dessen Bezirk der Notar seinen Sitz hatte. ³Die Vorschriften des § 45 Abs. 4 und 5 dieses Gesetzes sowie des § 797 Abs. 3 der Zivilprozessordnung gelten entsprechend.

Übersicht

A. Entstehungsgeschichte der Vorschrift

1 Die Vorschrift geht im Wesentlichen auf **§ 39 RNotO** vom 13.02.1937 (RGBl. I S. 191) zurück, wobei Abs. 4 der jetzigen Fassung auf § 14 der Verordnung zur Ausführung der Reichsnotarordnung vom 26.06.1937 (RGBl. I S. 663) zurückgeht.

B. Erläuterungen

I. Voraussetzung der Aktenverwahrung (Abs. 1)

1. Erlöschen des Notaramtes oder Sitzverlegung

In allen in § 47 geregelten Fällen des Erlöschens des Notaramtes und bei **Verlegung des Amtssitzes** in einen anderen Amtsgerichtsbezirk nach § 10 hat das Amtsgericht Akten und Bücher zu übernehmen, um zu gewährleisten, dass das rechtsuchende Publikum keine ortsbedingten Nachteile erleidet, denn Notarämter sind ortsgebunden und sollen einen Kreis von Rechtsuchenden mit entsprechenden Leistungen versorgen. Dies bedeutet im Umkehrschluss, dass die Amtssitzverlegung innerhalb desselben Amtsgerichtsbezirks, und damit insbesondere innerhalb derselben politischen Gemeinde, von der Vorschrift nicht erfasst wird.

2. Vorrangigkeit einer Verwalterbestellung

Im Bereich des Nurnotariats wird sowohl bei Erlöschen als auch bei Amtssitzverlegung ein **Notariatsverwalter** nach § 56 Abs. 1 bestellt, so dass in der Regel die Verwahrung der Akten und Bücher die Ausnahme darstellt, denn diese wird dann dem Notariatsverwalter übertragen. Im Bereich des Anwaltsnotariats kann nach § 56 Abs. 2 nur im Falle des Erlöschens nach § 47 ein Verwalter bestellt werden, wenn dafür ein Bedürfnis besteht; hingegen ist die Verwalterbestellung bei Amtssitzverlegung beim Anwaltsnotar nicht möglich. Hingegen kann, sofern die Aufsichtsbehörde einen Notariatsverwalter nicht für notwendig erachtet, im Falle des Erlöschens nach § 47 auch ein Vertreter bestellt werden, der dann ebenfalls die Verwahrung der Akten und Bücher vornimmt. Grundsätzlich ist jedoch ein Verwalter zu stellen und nicht ein Vertreter, insbesondere dann, wenn kaum damit zu rechnen ist, dass der Notar wieder seine Amtsgeschäfte wird aufnehmen können[1]; dies scheint ein brauchbares Abgrenzungskriterium zu sein. Es sollte allerdings bei einer Novellierung des Gesetzes darüber nachgedacht werden, ob die Unterscheidung noch sinnvoll und geboten ist.

3. Übertragung auf andere Amtsgerichte oder einen anderen Notar (Abs. 1 Satz 2)

Es besteht die Möglichkeit, die Verwahrung der Akten **zentralen Amtsgerichten** zu übertragen oder nur die Verwahrung einem anderen Notar aufzuerlegen, ohne dass dieser Notariatsverwalter oder Vertreter ist. Die zentrale Aufbewahrung bei einem Amtsgericht ist z. B. in Berlin erfolgt. Soweit sich die Landesjustizverwaltung entschließt, die Aktenverwahrung einem anderen Notar zu übertragen, kann sie ihm diese vollständig anvertrauen, jedoch kann sie die Verwahrung auf bestimmte Aktenteile beschränken.

Im Fall der Verwahrung durch einen **anderen Notar** erfolgt diese in demselben Umfang wie durch das Amtsgericht, also alle Unterlagen mit den eingangs beschriebenen Einschränkungen hinsichtlich der Nebenakten. Die Verwahrung kann ausnahmsweise auch bei Amtssitzverlegung durch denselben Notar erfolgen, dessen Amtssitz verlegt wurde, jedoch empfiehlt sich dies nur, wenn die Verlegung in einen unmittelbar benachbarten Amtsgerichtsbezirk erfolgt, weil andernfalls die rasche Versorgung der Bevölkerung mit notariellen Leistungen nicht gesichert ist, was aber gerade Zweck des § 51 ist. Geht die Verwahrung indessen auf einen anderen Notar über, geschieht dies in demselben Pflichtenumfang wie bei der Verwahrung durch das Amtsgericht[2], denn ansonsten wäre der erweiterte Pflichtenumfang im Gesetz formuliert worden.

---

1 So auch *Weingärtner/Ehrlich*, Rz. 676.
2 A. A. *Schippel/Bracker/Bracker*, § 51 Rz. 54 f.

4. Verwahrung durch das Amtsgericht

6 Soweit die Landesjustizverwaltung von der Möglichkeit nach Abs. 1 Satz 2 keinen Gebrauch macht oder ein Verwalter nicht bestellt wird, hat das Amtsgericht die **Akten in Verwahrung zu nehmen,** in dessen Bezirk sich der Amtssitz des Notars befindet. Der Präsident des Amtsgerichts hat dafür Sorge zu tragen, dass er sich den Besitz der Unterlagen selbst beschafft; dem ehemaligen Notar obliegt nur noch die Pflicht, die Unterlagen zur Abholung vollständig bereitzuhalten. Dies gilt auch dann, wenn die Aktenverwahrung nach Abs. 1 Satz 2 einem anderen Amtsgericht übertragen ist, dessen Präsident dann dafür Sorge zu tragen hat, dass die Akten ohne schuldhaftes Zögern in den Besitz der Dienststelle gelangen.

5. Gegenstand der Verwahrung

7 Der Begriff der Akten und Bücher ist sehr allgemein und bedeutet nicht, dass der gesamte in Papierform vorhandene Bestand zu übernehmen wäre, denn weder das Amtsgericht noch ein anderer Notar können die Geschäftsstelle des Notars übernehmen, was es andernfalls bedeuten würde. Zu den Akten und Büchern zählen ohne Zweifel die nach § 19 DONot zu haltende **Urkundensammlung,** die den wichtigsten Bestandteil eines Notaramtes ausmacht. Ebenso wichtig sind die Urkundenrolle (§ 8 DONot) sowie das **Massen- und Verwahrungsbuch** i. S. d. § 10 DONot.

8 Die Sammelbände der **Protestabschriften** nach § 21 DONot sind zu übernehmen und schließlich die Generalakten i. S. d. § 23 DONot, aus denen sich der gesamte das Notariat betreffende Schriftverkehr ergibt. Hinsichtlich der vorhandenen **Nebenakten** (§ 22 DONot) dürfen keine zu strengen Anforderungen gestellt werden, denn sie machen volumenmäßig den größten Umfang aus. Mit Sicherheit gehören nicht die Nebenakten dazu, die nach sieben Jahren vernichtet werden sollen, wie dies § 5 Abs. 4 DONot vorsieht.

9 Das Amtsgericht oder der andere Notar sind verpflichtet, grundsätzlich nur die noch nicht abgeschlossenen Nebenakten zu übernehmen[3], es sei denn bei der Übernahme sind Anhaltspunkte dafür vorhanden, dass auch in nächster Zeit bei abgeschlossenen Vorgängen noch mit Schriftverkehr zu rechnen ist. Es genügt deshalb, wenn diese Stellen Kenntnis darüber haben, wo sich die abgeschlossenen Nebenakten befinden; gleichwohl begehen sie keine Amtpflichtverletzung, wenn sie sich um abgeschlossene Nebenakten nicht bemühen.

10 Soweit es vom Umfang her zumutbar ist, sollten sie im Interesse der Sicherheit des Rechtsverkehrs die Nebenakten übernehmen, die nicht älter als sieben Jahre sind. Darüber hinaus sieht das Gesetz die Verwahrung der amtlich übergebenen Urkunden vor, wie z. B. im Zusammenhang mit der Verwahrung nach § 23 überreichte Schriftstücke sowie sonstige im Rahmen von Betreuungsaufgaben in den Besitz gelangte Urkunden, also z. B. Grundschuldbriefe und Grundbuchnachrichten, die aber in der Regel schon Bestandteil der Nebenakten i. S. d. § 22 DONot sind, so dass dem Tatbestandsmerkmal der amtlich übergebenen Urkunden keine allzu große Bedeutung beikommt.

6. Folgen der Verwahrung (Abs. 1 Satz 3)

11 Durch die Bezugnahme auf § 45 Abs. 2, 4 und 5 werden der verwahrenden Stelle wichtige Aufgaben übertragen, die von der Bedeutung her weit über die eigentliche Verwahrung hinausreichen. Die Verwahrung ist nämlich nur die **notwendige Vorstufe,** denn die Übernahme soll für das rechtsuchende Publikum die Gewähr bieten, dass auch nach Abschluss der Beurkundungsvorgänge noch diejenigen Amtshandlungen vorgenommen werden, die unbedingt erforderlich sind.

12 Die verwahrende Stelle ist demnach für Ausfertigungen und Abschriften (vgl. § 45 Abs. 4) **zuständig** sowie für die Akteneinsicht (vgl. § 45 Abs. 2). Innerhalb des Amtsgerichts ist für

---

3 OLG Bremen DNotZ 1988, 138.

die Erteilung von Ausfertigungen und Abschriften weder der Richter noch der Rechtspfleger, sondern ausschließlich der Urkundsbeamte der Geschäftsstelle zuständig[4]. Ausfertigungs- sowie Beglaubigungsvermerke durch den Richter oder Rechtspfleger sind wirkungslos. Die Zuständigkeit des Rechtspflegers ist nur im sog. Ersetzungsverfahren nach § 46 BeurkG gegeben[5].

13 Der Grund, weshalb die verwahrende Stelle nunmehr die Ausfertigung oder beglaubigte Abschrift erteilt, ist nicht anzugeben, weil durch die gesetzlich vorgeschriebene Zuweisung eine **ausreichende Grundlage** vorhanden ist; § 45 Abs. 4 Satz 3 findet bereits vom Wortlaut her nicht Anwendung, weil dort nur die Abwesenheit oder Verhinderung des Notars angesprochen ist. Hier ist die Verweisung in § 51 Abs. 1 Satz 3 auf den gesamten § 45 Abs. 4 ungenau und nicht folgerichtig.

14 Hinsichtlich des berechtigten Personenkreises für zu erteilende Ausfertigungen ist weiterhin § 51 BeurkG zu beachten; eine eigene Ermessensentscheidung steht dem Urkundsbeamten der Geschäftsstelle nicht zu. Im Übrigen sind vom Urkundsbeamten auch die §§ 3, 4 BeurkG zu beachten. Lehnt dieser unter Berufung auf jene Vorschriften die Vornahme der Amtshandlung ab, ist der Rechtsbehelf des § 567 ZPO gegeben, der dem Gläubiger genügend Rechtsschutz bietet. Für den Fall, dass trotz der nicht gegebenen Zuständigkeit der Richter entschieden haben sollte, gilt § 54 BeurkG entsprechend.

15 Soweit der Notar als bloßer Verwahrer tätig ist, hat er keine Prüfungsbefugnis bei der Erteilung von vollstreckbaren Ausfertigungen, es sei denn, sie sind offensichtlich rechtswidrig. Die vorstehenden Ausführungen gelten auch für die Erteilung vollstreckbarer Ausfertigungen, so dass auch diese der Urkundsbeamte der Geschäftsstelle (§ 724 Abs. 2 ZPO) erteilt. Es ist nicht erkennbar, weshalb bei notariellen Urkunden ein anderer Maßstab als bei gerichtlichen Urkunden gelten soll.

7. Weitere Verwahrpflichten

16 Aufgabe der verwahrenden Stelle ist dafür zu sorgen, dass die Urkunden für den Rechtsverkehr weiterhin **verwendungsfähig** bleiben, also die Sorgfalt anzuwenden, die auch dem Notar für die Aufbewahrung auferlegt wird. Die Verwahrung ist zeitlich nicht begrenzt. Dabei erstreckt sich die Aufbewahrungspflicht auch darauf begonnene Geschäfte nach §§ 23, 24 weiterzuführen, weil dies ebenfalls zum in § 51 umschriebenen Aufgabenkreis der Verwahrung, also des ordnungsgemäßen Besitzes mit allen Folgewirkungen, zählt.[6]

17 Dafür sieht das Gesetz entweder die Verwalterschaft oder notfalls das Amt des Vertreters vor. Allerdings obliegt dem Amtsgericht im Falle des Erlöschens nach § 47 die Pflicht, die Kostenrechnungen auszustellen und notfalls auch dafür vollstreckbare Ausfertigungen zu erteilen. Der ausgeschiedene Notar bleibt ebenso wie im Todesfall die Erben materiellrechtlicher Inhaber der Kostenforderung. Dies gilt auch dann, wenn die Verwahrung durch einen anderen Notar erfolgt. Sollte sich das Amtsgericht oder der andere die Akten verwahrende Notar weigern, eine vollstreckbare Ausfertigung der Kostenberechnung auszustellen, verbleibt dem ausgeschiedenen Notar oder dessen Erben nur die Möglichkeit, im ordentlichen Klageweg die Kosten einzufordern. Anders ist der Fall des Notars zu beurteilen, dessen Amtssitz nach § 10 verlegt wurde, denn er bleibt nicht nur Inhaber der Kostenforderung, sondern kann auch weiterhin kraft seines Amtes vollstreckbare Kostenberechnungen erteilen.

4 H. M.; vgl. statt aller *Lerch*, BeurkG § 48 Rz. 2.
5 *Lerch*, BeurkG § 46 Rz. 5.
6 Ebenso *Schippel/Bracker/Bracker*, § 51 Rz. 54; *Eylmann/Vaasen/Custodis*, § 51 BNotO Rz. 30; insoweit wird die in der Vorauflage gegenteilige Ansicht aufgegeben.

II. Vernichtung von Siegel und Presse (Abs. 2)

18 Das Amtsgericht hat **unverzüglich** Siegel und Presse des ausgeschiedenen oder in einen anderen Bezirk versetzten Notars zu vernichten, weil in beiden Fällen die Richtigkeit nicht mehr gegeben ist, so dass sichergestellt werden muss, dass kein Missbrauch mit diesen technischen Mitteln getrieben wird. Eine Pflicht zur Vernichtung der Amts- oder Namensschilder besteht nicht, denn der Amtsnachfolger darf noch für ein Jahr die Schilder belassen; danach ist es Angelegenheit der Notarkammer für die Entfernung zu sorgen, zumindest dazu aufzufordern[7].

III. Rückgabe der Akten an früheren Notar (Abs. 3)

19 Dem Notar, der seinen Amtssitz wieder in dem ehemaligen Amtsgerichtsbezirk nimmt, können und sollen die Akten und alle übrigen Unterlagen wieder **ausgehändigt** werden, die in die Verwahrung des Amtsgerichts oder eines anderen Notars übergegangen waren. Im Übrigen gilt die Vorschrift für alle sonstigen Fälle, in denen der Notar sein Amt wieder persönlich ausübt, weil jede andere Handhabung der Aufbewahrung bei dritten Stellen sinnwidrig wäre.

IV. Versetzung innerhalb derselben Stadtgemeinde (Abs. 4)

20 Wird der Notar zwar in einen **anderen Amtsgerichtsbezirk** versetzt, der aber in derselben Stadtgemeinde liegt (z. B. Berlin, Hamburg), dann können ihm die Akten, Urkunden und Bücher belassen werden; auch Siegel und Stempel werden nicht vernichtet, sondern der Notar kann sie ändern lassen.

Bei Rückversetzung können dem Notar alle Unterlagen wieder ausgehändigt werden (Abs. 3).

V. Abgabe an Staatsarchiv (Abs. 5)

21 Nach Abs. 5 regeln die **Landesjustizverwaltungen**, ob und wann Notariatsakten an das Staatsarchiv abgegeben werden müssen. Davon haben einige Länder Gebrauch gemacht.

22 Die Staatsarchive sind sonst nur zur Verwahrung historisch bedeutsamer Akten und Urkunden bestimmt. Die jetzige Fassung des § 51 will vor allen Dingen die Notariatsarchive entlasten, weil eine Vernichtung der Notariatsurkunden selbst nicht vorgesehen ist. Trotz Ablieferung an das Staatsarchiv müssen Ausfertigungen und Abschriften weiterhin von einem Notar oder vom Amtsgericht erteilt werden; eine derartige Aufgabe könnte dem Staatsarchiv schwerlich übertragen werden. Jedoch wird man zugeben können, dass auch das Archiv von den bei ihm lagernden Akten einfache Abschriften, auf Wunsch auch mit einer Beglaubigung, erteilen darf.

23 Abs. 5 gilt nur für die förmlich angeordnete Verwahrung auf Grund einer Einzelverfügung oder einer allgemeinen Anordnung der Landesjustizverwaltung. Daneben kommt es zwar vor, dass die **Archive** gewisse Akten übernehmen, aber das begründet nur ein tatsächliches Verhältnis und enthält lediglich eine anderweitige Lagerung der Akten, nicht aber eine rechtliche Verwahrung derart, dass auch alle weiteren Pflichten für die Behandlung der Akten auf das Staatsarchiv übergehen, insbesondere die Pflicht zur Erteilung von Ausfertigun-

---

7 *Weingärtner/Ehrlich*, DONot, Rz. 67, 71.

gen und zur Vorlage alter Erbverträge an das Nachlassgericht zwecks Eröffnung unter Beachtung der Verwahrungsfristen.

Das folgt seit In-Kraft-Treten der Bundesnotarordnung aus § 51 Abs. 5 BNotO, wonach **24** alle wesentlichen Pflichten bei dem Notar verbleiben, zumal die Archive zu derartigen Maßnahmen nicht die nötigen Fachkräfte besitzen. Unter der Geltung der Rechtsnotarordnung vom 13.02.1937 galt nach deren §§ 82 und 39 nichts anderes: § 82 Abs. 2 RNotO sah zwar vor, dass die Verwahrung von Urkunden, die nach den bisherigen Vorschriften in Sammelarchiven verwahrt wurden, auf das Amtsgericht überging, doch waren allgemeine Bestimmungen über die Abgabe älterer Notariatsakten an Staatsarchive nach § 39 Abs. 4 RNotO nicht ergangen.

Nach Abs. 5 bestimmen die Landesjustizverwaltungen, wann Notariatsakten vernichtet **25** werden dürfen, während eine Vernichtung von Notariatsurkunden nicht vorgesehen ist. Für die Blattsammlungen und Sammelakten mit dem üblichen Schriftwechsel sieht bereits § 5 Abs. 4 DONot eine Vernichtung nach 7 Jahren vor. Der Notar muss natürlich vor einer Vernichtung die Vorgänge durchsehen und den Beteiligten die Unterlagen zurückgeben, die erkennbar ihm nur vorübergehend überlassen waren.

Die Landesjustizverwaltungen brauchen einem Notar keine Erlaubnis zu erteilen, abwei- **26** chend von § 5 Abs. 4 DONot mikroverfilmte Nebenakten vor Ablauf der Siebenjahresfrist zu vernichten[8]. Durch § 299a ZPO wird die Erteilung von Ausfertigungen, Auszügen und Abschriften aus mikroverfilmten Prozessakten allgemein zugelassen, sofern der schriftliche Nachweis darüber vorliegt, dass die Wiedergabe mit der Urschrift übereinstimmt.

VI. Rechtsbehelfe

Die Verfügung des örtlich zuständigen Amtsgerichts, wonach ein Notar, dessen Amt erlo- **27** schen ist, seine Akten und Bücher sowie die ihm amtlich übergebenen Urkunden herauszugeben und dem Amtsgericht zur Verwahrung zu überlassen hat, kann nicht durch Antrag auf gerichtliche Entscheidung nach § 111 BNotO angefochten werden, sondern allein mit der **Beschwerde nach § 19 FGG**[9].

Die Anordnung der Landesjustizverwaltung nach Abs. 1 Satz 2 dürfte dagegen ein **Ver-** **28** **waltungsakt nach § 111** sein.

---

8 S. auch *Weingärtner/Ehrlich*, DONot, Rz. 332; ebenso *Huhn/von Schuckmann/Renner*, § 5 D Rz. 25; insoweit nicht erörtert bei *Schippel/Bracker/Bracker*, § 5 DONot Rz 8.
9 BGH DNotZ 1975, 423.

§ 52

(1) ¹Mit dem Erlöschen des Amtes verliert der Notar die Befugnis, die Bezeichnung »Notar« zu führen. ²Die Bezeichnung darf auch nicht mit einem auf das Erlöschen des Amtes hinweisenden Zusatz geführt werden.

(2) ¹Ist das Amt eines zur hauptberuflichen Amtsausübung bestellten Notars durch Entlassung (§ 48), wegen Erreichens der Altersgrenze (§ 48a) oder durch Amtsenthebung aus den in § 50 Abs. 1 Nr. 7 bezeichneten Gründen erloschen, so kann die Landesjustizverwaltung dem früheren Notar die Erlaubnis erteilen, seine Amtsbezeichnung »Notar« mit dem Zusatz »außer Dienst (a. D.)« weiterzuführen. ²Das Gleiche gilt für einen Anwaltsnotar, wenn sein Amt durch Entlassung (§ 48) oder wegen Erreichens der Altersgrenze (§ 48a) erloschen ist oder ihm nach Verzicht auf die Rechte aus der Zulassung zur Rechtsanwaltschaft die Erlaubnis erteilt worden ist, sich weiterhin Rechtsanwalt zu nennen.

(3) ¹Die Landesjustizverwaltung kann die Erlaubnis zur Führung der Bezeichnung »Notar außer Dienst« zurücknehmen, wenn Umstände vorliegen, die bei einem Notar das Erlöschen des Amtes aus den in § 47 Nr. 5 und 7 oder in § 50 Abs. 1 Nr. 1 bis 6 und 8 bezeichneten Gründen nach sich ziehen würden. ²Vor der Zurücknahme ist der frühere Notar zu hören. ³Ist der frühere Notar zur Rechtsanwaltschaft zugelassen, so erlischt die Befugnis, sich »Notar außer Dienst« zu nennen, wenn er sich nach dem Wegfall seiner Zulassung nicht weiterhin Rechtsanwalt nennen darf.

Übersicht

A. Entstehungsgeschichte der Vorschrift

1 Nach § 41 RNotO vom 13.02.1937 (RGBl. I S. 191) war es dem Notar gestattet, nach Erlöschen seines Amtes die Bezeichnung »Notar« mit einem das Erlöschen des Amtes hinweisenden Zusatz weiterzuführen, sofern der Reichsjustizminister dies nicht untersagte. Da die Justizhoheit durch das Grundgesetz auf die Länder überging, konnte schon aus diesem Grund die Vorschrift nicht beibehalten werden. Demgegenüber ist den Landesjustizverwaltungen die Befugnis eingeräumt worden, unter bestimmten Voraussetzungen dem Notar zu gestatten, den Zusatz (a. D. – außer Dienst) zu führen. Die Vorschrift lehnt sich damit an § 17 BRAO an, der jedoch einen Titel »Rechtsanwalt a. D.« nicht vorsieht, sondern stattdessen die Weiterführung der Bezeichnung »Rechtsanwalt« unter bestimmten Voraussetzungen ermöglicht. Die Absätze 2 und 3 wurden durch Gesetz vom 07.08.1981 (BGBl. I S. 803) ergänzt.

B. Erläuterungen

I. Verlust der Amtsbezeichnung (Abs. 1)

Die Vorschrift beinhaltet, dass mit dem Erlöschen des Amtes auch die Befugnis entfällt, die **2** Amtsbezeichnung »Notar« fortzuführen, auch nicht mit einem entsprechenden Zusatz wie »Notar a. D., Notar i. R.« usw. Dies ist eine konsequente Fortführung des notariellen Amtsrechts, dass nämlich das Amt von der staatlichen Justizverwaltung übertragen wird, die auch die Amtsbezeichnung überträgt. Amt und die dieses Amt beschreibende Bezeichnung sind grundsätzlich untrennbar verbunden. Der Gesetzgeber der BNotO hat den Notar dem öffentlichen Dienst näher gestellt als im Geltungszeitraum der RNotO, so dass § 41 RNotO die Weiterführung der Amtsbezeichnung erlaubte (Erlaubnis mit Verbotsvorbehalt). Mit dem Erlöschen i. S. d. § 52 sind alle in § 47 aufgeführten Tatbestände gemeint.

II. Erlaubnis zur Weiterführung (Abs. 2)

1. Regelung für den Nurnotar und den Notaranwalt (Abs. 2 Satz 1)

Dem Nurnotar nach § 3 Abs. 1 können die Erlaubnis zur Weiterführung mit dem Zusatz **3** a. D. nur erteilt werden, wenn die Entlassung auf Antrag erfolgte (§ 48) oder das Amt durch Erreichen der Altersgrenze erloschen ist (§ 48a) oder eine Amtsenthebung auf Grund gesundheitlicher Gründe erfolgte (§ 50 Abs. 1 Nr. 7). Mit dieser in Abs. 2 Satz 1 enthaltenen Aufzählung ist eine abschließende Regelung getroffen, so dass eine Analogie für ähnliche Fälle ausscheidet.

2. Regelung für den Anwaltsnotar (Abs. 2 Satz 2)

Die Erlaubnis zur Weiterführung des Titels »Notar a. D.« kann einem Anwaltsnotar gestattet **4** werden, sofern er seine Entlassung nach § 48 beantragt hat oder sein Amt durch Erreichen der Altersgrenze erloschen ist (§ 48a) oder er auf Grund seines hohen Alters oder körperlicher Leiden auf seine Rechte auf Zulassung zur Anwaltschaft verzichtet hat (§ 17 Abs. 2 BRAO). Dies bedeutet, dass eine Zulassung zur Anwaltschaft nicht die Befugnis verleiht, sich als »Notar a. D.« zu bezeichnen, weil der Gesetzgeber bei einer weiteren Zulassung zur Rechtsanwaltschaft gerade die Bezeichnung »Notar a. D.« vermeiden möchte. In allen anderen Fällen kann dem Rechtsanwalt eine solche Befugnis zur Weiterführung des Titels »Notar a. D.« nicht eingeräumt werden, also dann nicht, wenn er nach § 17 Abs. 1 BRAO auf die Rechte zur Zulassung zur Anwaltschaft verzichtet hat, oder andere Gründe vorliegen, die ihm die Zulassung zur Rechtsanwaltschaft nicht ermöglichen.

Die jetzige Fassung des § 52 Abs. 2 geht auf eine Änderung durch Gesetz vom 07.08.1981 **5** (BGBl. I S. 803) zurück, der den Anwaltsnotaren die Möglichkeiten erweiterte, die Amtsbezeichnung »Notar a. D.« zu erlangen. Bis dahin konnte **Anwaltsnotaren** eine solche Erlaubnis nur erteilt werden, wenn sie auch gleichzeitig aus der Anwaltschaft ausgeschieden waren. Von diesem Grundsatz ist der Gesetzgeber abgerückt und ermöglicht nunmehr den Titel »Notar a. D.« gerade denjenigen, die z. B. aus wirtschaftlichen Gründen ihre Entlassung nach § 48 beantragt haben. Es sollte dadurch der Eindruck vermieden werden, dass sie möglicherweise wegen eines unehrenhaften Verhaltens aus dem Notaramt ausgeschieden sind, wenn einem nach § 48 entlassenen Anwaltsnotar nicht die Möglichkeit eingeräumt würde, die Bezeichnung »Notar a. D.« zu erlangen. Bei Zweifeln an der sorgfältigen Wirtschaftsführung in der Vergangenheit kann die Weiterführung der Amtsbezeichnung versagt werden[1].

---

1 BGH ZNotP 2007, 428.

6   Die **berufsrechtlichen Vorschriften** des § 52 Abs. 2 und des § 17 Abs. 2 BRAO sind nunmehr insoweit aufeinander abgestimmt, als die Landesjustizverwaltung einem Rechtsanwalt, der wegen seines hohen Alters oder wegen körperlicher Leiden auf die Rechte aus der Zulassung zur Rechtsanwaltschaft verzichtet hat, gestatten kann, sich weiterhin als Rechtsanwalt (nicht »Rechtsanwalt a. D.« o. ä.) zu bezeichnen und nur in einem solchen Fall dann auch die Erlaubnis erteilt werden kann, sich »Notar a. D.« zu nennen. Nur derjenige Rechtsanwalt, der auf die Rechte aus der Zulassung nach § 17 Abs. 2 BRAO verzichtet hat, kann in den Genuss einer solchen Erlaubnis gelangen; andere Tatbestände als §§ 48, 48a oder § 17 Abs. 2 BRAO sieht das Gesetz für eine Erlaubnis, sich als »Notar a. D.« zu bezeichnen nicht vor, so dass die Landesjustizverwaltung ihr Ermessen grundsätzlich nicht auf andere Fälle erstrecken kann.

7   Eine Ausnahme hat die Rechtsprechung dann zugelassen, wenn der Anwaltsnotar um seine Entlassung nach § 48 nachsuchte, die jedoch nicht beschieden wurde, denn die Entlassung nach § 48 wird erst mit Zugang der Entlassungsverfügung wirksam. Kam es in der Folge zu einem Erlöschen des Notaramtes nach § 47 Nr. 3, ist insoweit § 52 Abs. 2 Satz 2 analog anwendbar und dem ehemaligen Notar die Bezeichnung »Notar a. D.« zu gestatten[2].

3. Erteilung der Erlaubnis

a) Ermessen

8   Die Erteilung der Erlaubnis steht im **Ermessen der Landesjustizverwaltung,** die ihre Entscheidungsbefugnis auf nachgeordnete Behörden übertragen kann (§ 112). Die Ablehnung ist als Verwaltungsakt im Rahmen des § 111 gerichtlich überprüfbar, aber nur insoweit, als Ermessensfehlgebrauch oder Ermessensüberschreitung geltend gemacht wird (§ 111 Abs. 1 Satz 3).

9   In der Regel haben sich die Landesjustizverwaltungen durch ständige **Verwaltungsübung** jedoch nicht durch Vorschriften in den sog. Länder-(notar)erlassen gebunden[3]. Dabei ist auch entscheidend, ob dem Notar in der Vergangenheit irgendwelche Verfehlungen in Form von Dienstvergehen zur Last gelegt werden können und welche Bedeutung ihnen beizumessen ist[4]. Nicht jedes Dienstvergehen rechtfertigt eine Ablehnung der Erlaubnis; sog. mittelschwere Dienstvergehen, selbst wenn sie in kürzeren Zeitabständen mehrmals vorlagen, führen nicht zu einer Versagung der Amtsbezeichnung »Notar a. D.«, wobei es stets auf den Einzelfall ankommt. Weiterhin handelt die Landesjustizverwaltung nicht ermessensfehlerhaft, wenn sie die Erlaubnis davon abhängig macht, dass der Anwaltsnotar in nicht unerheblichem Umfang Notargeschäfte tätigte. Andererseits ist der Titel »Notar a. D.« nicht nur denjenigen vorbehalten, die ausschließlich als Notar in ihrer Zeit als Anwaltsnotar tätig waren.

b) Entscheidung ohne Antrag

10   Es bedarf **keiner besonderen Antragstellung** durch den nach § 48 entlassenen oder nach § 50 Abs. 1 Nr. 7 seines Amtes enthobenen Anwaltsnotars. Die Landesjustizverwaltung muss von sich aus prüfen, ob dem ausgeschiedenen Notar die Amtsbezeichnung »Notar a. D.« verliehen werden kann. Die Entscheidung kann unmittelbar mit der Entlassung bzw. Amtsenthebung ergehen, jedoch auch noch zu einem späteren Zeitpunkt, allerdings stets zu Lebzeiten des Notars. Eine Titelverleihung »posthum« ist nicht möglich. Dieselben Grundsätze gelten auch für den Nurnotar, weil sich hier eine unterschiedliche Behandlung nicht rechtfertigt.

---

2 BGHR BNotO, § 52 Abs. 2 Satz 2, Anwendungsbereich 1.
3 Vgl. Notarerlasse der Länder.
4 BGH, DNotZ 1989, 316.

c) Inhalt der Erlaubnis

Die Landesjustizverwaltung kann nur die Bezeichnung »Notar außer Dienst« (Notar a. D.) **11**
verleihen, wobei es dem Notar überlassen bleibt, ob er die **abgekürzte Fassung verwendet
oder den ausgeschriebenen Text**. Andere Sprachformen, und seien sie auch nur geringfügig
anders, wie z. B. »Notar i. R.« (Notar im Ruhestand) sind nicht zulässig. Die Erteilung der
Erlaubnis darf nicht mit Auflagen oder Nebenbestimmungen versehen werden, weil dafür
keine gesetzliche Grundlage in § 52 enthalten ist und im Übrigen auch kein Bedürfnis besteht, denn Abs. 3 sieht unter bestimmten Voraussetzungen den Widerruf vor.

Ein aus dem Amt geschiedener Notar untersteht nicht mehr der **Disziplinargewalt** der **12**
Landesjustizverwaltung[5] und unterliegt auch nicht mehr den Vorschriften der BNotO, so
dass z. B. der Vorwurf, der Titel »Notar a. D.« werde zu Werbezwecken missbraucht, nicht
auf §§ 1, 14 BNotO i. V. m. Vorschriften der AVNot der Länder mit entsprechenden Konsequenzen gestützt werden kann. Es besteht auch kein Bedürfnis, von Seiten der Landesjustizverwaltung einzuschreiten mit der Begründung, der »Notar a. D.« betreibe unzulässige
Werbung, denn der aus dem Amt geschiedene Notar darf keine Urkundsgeschäfte mehr vornehmen, so dass die übrigen Notare durch möglicherweise unzulässige Werbung nicht tangiert sind[6].

Es bleibt unerfindlich, inwieweit die Amtsbezeichnung a.D. einen Verstoß gegen das sog. **13**
Werbeverbot beinhalten muss. Davon unberührt bleibt natürlich die Frage, ob er möglicherweise gegen seine anwaltlichen Berufspflichten verstößt, wenn er mit Hilfe des Titels »Notar
a. D.« unzulässige Werbung betreibt. Diese restriktive Auslegung ist auch durch Abs. 3 geboten, der den Widerruf nur unter bestimmten Voraussetzungen zulässt. Da Abs. 3 den Widerruf besonders regelt, sind insoweit die Vorschriften des VwVfG über den Widerruf von
begünstigenden Verwaltungsakten (§ 49 Abs. 2) nicht anwendbar.

4. Rücknahme der Erlaubnis (Abs. 3)

a) Allgemeines

In Abs. 3 ist die Rücknahme geregelt, obwohl in Anlehnung an die Terminologie des **14**
VwVfG besser vom **Widerruf** gesprochen werden müsste, denn die Rücknahme bezieht sich
primär auf rechtswidrige Verwaltungsakte, während der Widerruf in der Regel an den rechtmäßigen Verwaltungsakt anknüpft[7].

Nach dem Gesetzeswortlaut sind aber Fälle gemeint, in denen die Landesjustizverwaltung **15**
von einem Sachverhalt ausging, der die Erteilung der Erlaubnis zwingend zur Folge hatte
und im Nachhinein Umstände eingetreten sind, die nunmehr den Widerruf rechtfertigen.
Danach kann die Erlaubnis widerrufen werden, wenn bei einem im Dienst befindlichen Notar Umstände vorliegen, die das Erlöschen des Amtes nach § 47 Nr. 5 (strafgerichtliche Verurteilung) oder § 47 Nr. 7 (Entfernung aus dem Amt durch disziplinargerichtliches Urteil
nach § 97) zwingend zur Folge hätten oder als dritte Alternative einer der in § 50 Abs. 1
Nr. 6–8 genannten Fälle vorläge. Hierbei handelt es sich um eine gesetzliche Fiktion, denn
der »Notar a. D.« kann sein Amt nicht mehr verlieren, so dass der Gesetzgeber seinen Titel-
verlust mit den Fällen gleichsetzt, die bei einem aktiven Notar zum Erlöschen des Amtes
führen würden.

Dadurch hat der Gesetzgeber angeordnet, dass der »Notar a. D.« auch weiterhin gewissen **16**
Beschränkungen unterliegt. Die numerische Aufzählung der Tatbestände des § 50 Abs. 1
Nr. 1–5 und 7 hat jedoch hinsichtlich des in Nr. 3 genannten Falles keine praktische Bedeu-
tung, denn ein »Notar a. D.« dürfte kaum Gelegenheit haben, sich der Verpflichtung, einen
Amtseid zu leisten, zu entziehen. Die übrigen Fälle können durchaus praktikabel werden,

---

5 *Bohrer*, Berufsrecht, Rz. 224.
6 A. A. offenbar *Schippel/Bracker/Bracker*, § 52 Rz. 13.
7 *Maurer*, Allgemeines Verwaltungsrecht, § 11 Rz. 18 f.; im Übrigen sind die Vorschriften des VwVfG
  analog anwendbar, vgl. z. B. BGH, DNotZ 1994, 197, 199.

insbesondere dann, wenn der »Notar a. D.« ein besoldetes Amt i. S. d. § 8 übernimmt, ohne die Genehmigung der Landesjustizverwaltung erlangt zu haben.

b) Verfahren (Abs. 3 Satz 2)

17 Die Rücknahme selbst ist ein nach § 111 anfechtbarer **Verwaltungsakt**. Die von der Landesjustizverwaltung ausgesprochene Rücknahme ist bereits dann aufzuheben, wenn der Notar zuvor nicht gehört worden ist, d. h., der Verwaltungsakt unterliegt bereits dann der Aufhebung, wenn bis zum Zeitpunkt der gerichtlichen Entscheidung die Anhörung nicht erfolgt ist; wird sie nach der Anfechtung, aber vor der gerichtlichen Entscheidung nachgeholt, muss die Landesjustizverwaltung in einer gesonderten Entschließung darlegen, dass sie trotz erfolgter Anhörung an ihrer ersten Entscheidung festhält. Die zuständige Notarkammer sollte ebenfalls vorher angehört werden, jedoch führt allein die unterlassene Anhörung noch nicht zur Aufhebung des Verwaltungsakts.

5. Erlöschen der Erlaubnis beim Anwaltsnotar (Abs. 3 Satz 3)

18 Bei einem Anwaltsnotar, der sich weiterhin Rechtsanwalt nennen darf, kann der Fall eintreten, dass die Landesjustizverwaltung ihm die **Erlaubnis widerruft**, sich weiterhin als Rechtsanwalt zu bezeichnen (vgl. § 17 Abs. 3 BRAO). Dieser Teil der Vorschrift war auch schon vor dem Gesetz vom 07.08.1981 (BGBl. I S. 803) enthalten und will den Fall erfassen, dass ein »Notar a. D.«, dem die Erlaubnis nach § 17 Abs. 3 BRAO widerrufen wurde, sich weiterhin als Rechtsanwalt bezeichnet, dann konsequenterweise auch den Titel »Notar a. D.« verliert. Diese Folge tritt zwingend kraft Gesetzes ein und bedarf nicht eines förmlichen Verwaltungsaktes durch die Landesjustizverwaltung. Deshalb bedarf es keiner Anhörung des betroffenen Notars a. D. und auch nicht der Notarkammer; indessen ist im Rahmen des Widerrufsverfahrens nach § 17 Abs. 3 BRAO zwingend der Vorstand der Rechtsanwaltskammer zu hören.

6. Allgemeine Verhaltenspflichten des Notars a. D.

19 Der »Notar a. D.« unterliegt zwar nicht mehr der Dienstaufsicht durch die Landesjustizverwaltung, jedoch sind ihm, gerade weil er den Titel mit dem entsprechenden Zusatz führen darf, **gewisse Beschränkungen** auferlegt. Er muss sich schon deshalb anders als ein ausgeschiedener Notar ohne Titel behandeln lassen, weil ansonsten kein Unterschied bestünde und es ihm frei steht, die Erlaubnis zur Weiterführung des Titels zu erlangen. Wenn er völlig ohne Auflagen in anderen Bereichen tätig sein möchte, kann er jederzeit auf den Titel verzichten. Deshalb darf er den Titel nicht zu Werbezwecken missbrauchen und auch ohne Genehmigung kein besoldetes Amt i. S. d. § 8 Abs. 2 übernehmen. Allerdings ist das Ermessen der Landesjustizverwaltung, ihm ein besoldetes Amt zu untersagen, hier eingeschränkter als bei einem im aktiven Dienst befindlichen Notar. Allerdings dürften in der Praxis bei einem ausgeschiedenen Notar die Probleme in diesem Bereich nicht so zahlreich auftreten, denn in der Regel ist dieser Notar aus altersbedingten Gründen nicht so aktiv wie ein noch im Amt befindlicher Notar.

§ 53

(1) ¹Ist das Amt eines zur hauptberuflichen Amtsausübung bestellten Notars erloschen oder ist sein Amtssitz verlegt worden, so bedarf ein anderer an dem Amtssitz bereits ansässiger Notar der Genehmigung der Landesjustizverwaltung, wenn er seine Geschäftsstelle in Räume des ausgeschiedenen Notars verlegen oder einen in einem besonderen Vertrauensverhältnis stehenden Angestellten in seine Geschäftsstelle übernehmen will. ²Die Genehmigung darf nur versagt werden, wenn dies im Interesse der Rechtspflege geboten ist.

(2) Die Gültigkeit der aus Anlass der Übernahme oder Anstellung abgeschlossenen Rechtsgeschäfte wird durch einen Verstoß gegen die Vorschrift des Absatzes 1 nicht berührt.

Übersicht

A. Entstehungsgeschichte der Vorschrift

In der RNotO vom 13.02.1937 (RGBl. I S. 191) fehlte eine entsprechende Bestimmung. Er geht jedoch im Wesentlichen auf § 3 Abs. 1 der Zweiten Verordnung zur Ausführung der RNotO vom 27.03.1938 (RGBl. I S. 321) zurück. Die Veränderung besteht u. a. darin, dass § 53 nunmehr nur für Nurnotare gilt. **1**

B. Erläuterungen

I. Grundgedanke der Vorschrift

Zweck der gesetzlichen Regelung ist eine Art **Wettbewerbsschutz**, denn ansonsten würde auch in diesem Dienstleistungssektor versucht werden, Angestellte eines Notars durch einen Kollegen abzuwerben, teilweise mit der Absicht, dadurch auch Rechtsuchende zu erhalten, die ansonsten den Berufskollegen aufgesucht hätten. **2**

II. Voraussetzungen der Übernahme (Abs. 1)

1. Geschäftsräume

Die Vorschrift gilt nur im Bereich des **Nurnotariats**. Die Anwendung setzt weiterhin voraus, dass das Amt eines Notars nach § 47 erloschen ist oder der Amtssitz eines Notars nach Genehmigung durch die Landesjustizverwaltung nach § 10 Abs. 1 Satz 2 verlegt wurde. Der am Amtssitz i. S. d. § 10 Abs. 1 Satz 1 verbliebene Notar, der also in derselben politischen Gemeinde weiterhin verbleibt, bedarf der Genehmigung der Landesjustizverwaltung, wenn er entweder insgesamt die Geschäftsstelle des anderen Notars übernehmen will oder einen **3**

Angestellten, der in einem besonderen Vertrauensverhältnis zu dem früheren Notar stand, einstellen möchte.

4 Unter den Begriff der Geschäftsstelle fällt die räumliche Ausgestaltung der Notarstelle, d. h. die Räume, in denen der Notar seine Kanzlei, also das personelle und sachliche Substrat der Berufsausübung[1], unterhält. Deshalb wären Sinn und Zweck der Vorschrift verfehlt, wenn dem verbliebenen Notar ohne Genehmigung gestattet werden könnte, seine Geschäftsstelle in die unmittelbare Nachbarschaft des ausgeschiedenen Notars zu verlegen. Dasselbe gilt für den Fall, dass der zurückgebliebene Notar die Wohnräume des früheren Notars übernimmt, um dort die Geschäftsstelle einzurichten, denn Sinn und Zweck der Norm ist die Kontinuität der Notarstellen an einem bestimmten Amtssitz.

5 Allerdings kommt die Vorschrift nicht zur Anwendung, wenn ein **anderer bereits ortsansässiger Notar** nach § 51 Abs. 1 Satz 2 die Verwahrung der Akten übernimmt oder nach § 56 Abs. 1 ein Notariatsverwalter, der ebenfalls schon in demselben Ort tätig ist, die Notarstelle vorübergehend verwaltet, denn in beiden Fällen besteht gerade ein Interesse an dem lückenlosen Fortbestand der Notarstelle, was aber die Verwaltung in den früheren Geschäftsräumen bedingt.

6 Schließlich wird von der Norm nicht der Fall ergriffen, in dem einem anderen Notar, der bereits am Ort als Notar tätig war, diese Notarstelle zugewiesen wird[2], denn die Landesjustizverwaltung könnte in Betracht kommende »Wettbewerbsvorteile« abschätzen und sollte dann von der Zuweisung absehen; nimmt sie dennoch die Zuweisung vor, kann dem übernehmenden Notar kaum zugemutet werden, weder seine alte Geschäftsstelle zu behalten, noch die des früheren Notars zu übernehmen, sondern eine dritte Alternative wählen zu müssen in Gestalt von völlig neuen Geschäftsräumen. In einem solchen Fall ist ebenso wenig eine Täuschungsgefahr erkennbar wie in dem, in welchem einem nicht ortsansässigen Notar diese Notarstelle zugewiesen wird. Da der Name des Notars sich verändert hat und gerade darauf der Rechtsverkehr besonderes Augenmerk lenkt, kann ein Rechtssuchender kaum getäuscht werden, wenn wieder die Geschäftsräume des früheren Notars bezogen werden.

2. Angestellte

7 Die Übernahme der »in einem besonderen Vertrauensverhältnis stehenden Angestellten« erfasst **fast jede in der Kanzlei tätige Person** mit Ausnahme der unselbstständigen Hilfskräfte, wie z. B. Personen, die nur Schreibarbeiten nach Anweisungen durchführen. Demgegenüber fallen Kanzlei- und Bürovorsteher ebenso unter die Norm wie Mitarbeiter des Notars, auch wenn sie nur teilweise ohne Anweisungen tätig werden, also z. B. Mitarbeiter im Bereich der Abwicklung von Notaranderkonten und solche, die die Urkunden im Entwurf vorbereiten und die Kostenrechnungen weitgehend selbstständig vorbereiten.

3. Genehmigung

8 Die Landesjustizverwaltung **kann und muss ermessensfehlerfrei genehmigen**, wenn nicht besondere gewichtige Umstände gegen eine Übernahme sprechen, d. h., die Vorschrift darf nicht dahin gehend ausgelegt werden, dass grundsätzlich die Genehmigung zu versagen sei. Die Vorschrift will nur verhindern, dass durch die Übernahme von Geschäftsräumen oder Angestellte Fakten geschaffen werden, die später nur mit Schwierigkeiten rückgängig gemacht werden können; deshalb sollen vorher alle in Betracht kommenden Gesichtspunkte gegeneinander abgewogen werden.

9 Die Landesjustizverwaltung wird die Genehmigung nur zu versagen haben, wenn konkrete Tatsachen dafür vorhanden sind, dass der die Geschäftsstelle übernehmende Notar gegenüber seinen am selben Amtssitz tätigen Kollegen infolge der Übernahme einen gewichtigen

---

1 *Bohrer*, Rz. 23.
2 A. A. *Schippel/Bracker/Bracker*, § 53 Rz. 8.

Vorteil erlangen würde, der ihm nicht zuwachsen würde, wenn er seine ehemalige Notarstelle behalten hätte. Andere Abwägungsgesichtspunkte müssen unberücksichtigt bleiben, weil Sinn und Zweck der Vorschrift einzig und allein die Verhinderung einer »Wettbewerbsverzerrung« sind.

Der Genehmigung bedarf es auch, wenn ein längerer Zeitraum zwischen der Beendigung 10 des einen Notaramtes und der Fortführung durch einen anderen liegt, selbst in dem Fall, dass die Geschäftsräume zwischendurch anders genutzt würden, denn ansonsten könnte der Zweck der Vorschrift umgangen werden.

III. Rechtsfolgen (Abs. 2)

Die Vorschrift stellt wie ansonsten im notariellen Berufsrecht klar, dass eine fehlende Ge- 11 nehmigung keine Auswirkungen auf die **Urkundsgeschäfte** hat, sondern lediglich dienstrechtliche Konsequenzen haben kann. Die Landesjustizverwaltung wird bei einem Verstoß gegen § 53 die Einleitung eines Disziplinarverfahrens zu prüfen haben und kann dabei auch den Notar anweisen, seine Geschäftsräume baldigst zu verlegen, wenn eine nachträgliche Genehmigung aus sachlichen Gründen nicht in Betracht kommt.

§ 54

(1) Der Notar kann von der Aufsichtsbehörde vorläufig seines Amtes enthoben werden,

1. wenn das Vormundschaftsgericht der Aufsichtsbehörde eine Mitteilung nach § 69k des Gesetzes über die Angelegenheiten der freiwilligen Gerichtsbarkeit gemacht hat;
2. wenn sie die Voraussetzungen des § 50 für gegeben hält;
3. wenn er sich länger als zwei Monate ohne Zustimmung der Aufsichtsbehörde außerhalb seines Amtssitzes aufhält.

(2) [1]Ein Notar, der zugleich Rechtsanwalt ist, kann auch ohne Einleitung eines förmlichen Disziplinarverfahrens durch das Disziplinargericht vorläufig seines Amtes enthoben werden, wenn gegen ihn ein anwaltsgerichtliches Verfahren nach der Bundesrechtsanwaltsordnung eingeleitet worden ist. [2]Die Vorschriften über die vorläufige Amtsenthebung nach Einleitung eines förmlichen Disziplinarverfahrens gelten entsprechend.

(3) Wird ein Notar, der zugleich Rechtsanwalt ist, nach Einleitung eines Disziplinarverfahrens vorläufig seines Amtes als Notar enthoben, so kann das Disziplinargericht gegen ihn ein Berufs- oder Vertretungsverbot (§ 150 der Bundesrechtsanwaltsordnung) verhängen, wenn zu erwarten ist, dass im Disziplinarverfahren gegen ihn auf Entfernung aus dem Amt (§ 97 Abs. 1) erkannt werden wird.

(4) Die Wirkungen der vorläufigen Amtsenthebung treten kraft Gesetzes ein,

1. wenn gegen einen Notar im Strafverfahren die Untersuchungshaft angeordnet ist, für deren Dauer;
2. wenn gegen einen Notar, der zugleich Rechtsanwalt ist, ein Berufs- oder Vertretungsverbot nach § 150 oder ein Vertretungsverbot für das Gebiet des Zivilrechts nach § 114 Abs. 1 Nr. 4 der Bundesrechtsanwaltsordnung verhängt ist, für dessen Dauer;
3. wenn gegen einen Notar, der zugleich Rechtsanwalt ist, die Rücknahme oder der Widerruf der Zulassung zur Rechtsanwaltschaft nach § 16 der Bundesrechtsanwaltsordnung mit sofortiger Vollziehung verfügt ist, vom Zeitpunkt der Zustellung der Verfügung an für die Dauer ihrer Wirksamkeit.

(5) Die Vorschriften über die vorläufige Amtsenthebung eines Notars nach Einleitung eines Disziplinarverfahrens bleiben unberührt.

Übersicht

A. Entstehungsgeschichte der Vorschrift

1   Die Vorschrift geht auf § 42 RNotO vom 13.02.1937 (RGBl. I S. 191) zurück, der allerdings diese Maßnahme an ähnliche Voraussetzungen knüpfte, nämlich die Einleitung eines Entmündigungsverfahrens oder, sofern die Voraussetzungen für eine endgültige Amtsenthebung gegeben waren, oder der Notar sich länger als zwei Monate vom Amtssitz ohne Zustim-

mung entfernt hatte. An diesen Grundsätzen hat der Gesetzgeber der BNotO festgehalten, auch wenn die Formulierungen etwas verändert sind.

B. Erläuterungen

I. Grundsätze

Mit dem Instrument der **vorläufigen Amtsenthebung** will das Gesetz einerseits frühzeitig einen Schutz der Rechtssuchenden erreichen, wenn genügend Anhaltspunkte dafür vorhanden sind, dass der Notar sich Unregelmäßigkeiten hat zuschulden kommen lassen, die eine Fortführung des Amtes durch ihn nicht mehr rechtfertigen können, andererseits jedoch nicht sofort zum Berufsverbot greifen, was einen zum Teil nicht mehr gutzumachenden Schaden für den Notar bedeuten kann. **2**

Die vorläufige Amtsenthebung kann erfolgen durch Anordnung der Aufsichtsbehörde (Abs. 1), durch Ausspruch eines Disziplinargerichts bei einem Anwaltsnotar außerhalb des Disziplinarverfahrens (Abs. 2), kraft Gesetzes (Abs. 4) und schließlich durch Anordnung in einem Disziplinarverfahren (Abs. 5). In allen gesetzlich genannten Fällen besteht keine Verpflichtung der Aufsichtsbehörde, eine vorläufige Amtsenthebung auszusprechen, sondern nur ein Ermessen ihrerseits, was durch die Formulierung »Kann« unmissverständlich zum Ausdruck kommt. Daher können sachliche Gesichtspunkte in Betracht kommen, die die Aufsichtsbehörde zu einem anderen Verhalten veranlassen, jedoch wird sie stets das »Erfordernis einer geordneten Rechtspflege« im Auge behalten müssen. **3**

Davon unabhängig kann nach § 96 i. V. m. Vorschriften des Landesdisziplinarrechts eine vorläufige Amtsenthebung ausgesprochen werden, denn die landesrechtlichen Vorschriften knüpfen an § 91 BDO an, wonach ein Beamter vorläufig des Dienstes enthoben werden kann, wenn gegen ihn das förmliche Disziplinarverfahren eingeleitet wird oder eingeleitet worden ist[1]. In Abs. 3 Nr. 2 ist durch Gesetz vom 29.01.1991 (BGBl. I S. 150) § 150 BRAO noch hinzugefügt worden. **4**

II. Voraussetzungen der vorläufigen Amtsenthebung (Abs. 1 Nr. 1)

1. Betreuungsverfahren

Da das Vormundschafts- und Pflegschaftsrecht durch Gesetz vom 12.09.1990 (BGBl. I S. 2006) geändert wurde und nunmehr als Betreuungsverfahren läuft, erfolgt die vorläufige Amtsenthebung im Anschluss an die **Mitteilung des Vormundschaftsgerichts nach § 69k FGG**. Im Sinne einer vorsorgenden Rechtspflege ist es geradezu geboten, die Mitteilung des Vormundschaftsgerichts zum Anlass zu nehmen, das Verfahren der vorläufigen Amtsenthebung einzuleiten. Dies gilt auch dann, wenn nach § 69f FGG eine einstweilige Anordnung ergangen ist, durch die ein Betreuer bestellt wurde. **5**

2. Endgültige Amtsenthebung (Abs. 1 Nr. 2)

Danach kann die Aufsichtsbehörde i. S. d. § 92 die **vorläufige Amtsenthebung** aussprechen, wenn sie nach ihrer Ansicht die Voraussetzungen für eine endgültige Amtsenthebung i. S. d. **6**

---

1 Vgl. zu einem solchen Fall BGH DNotZ 1985, 423; entgegen der Ansicht von *Schippel/Bracker/Bracker*, § 54 Rz. 6 lässt sich der Entscheidung BGH DNotZ 1985, 487 in keinem Satz die Wertung entnehmen, dass die zu § 150 BRAO entwickelten Grundsätze auch für § 54 gelten.

§ 50 Abs. 1 Nr. 2 für gegeben hält. Die Vorschrift ist nicht ganz unproblematisch, jedoch gemessen an verfassungsrechtlichen Maßstäben vertretbar, denn keinesfalls wird dadurch die endgültige Amtsenthebung vorweggenommen, sondern lediglich sichergestellt, dass die Landesjustizverwaltung zum Schutz der Rechtsuchenden Maßnahmen ergreifen kann, um größeren Schaden zu verhindern, also im Sinne eines einstweiligen Rechtsschutzes unter Abwägung aller bekannten Umstände.

7   Danach ist die vorläufige Amtsenthebung grundsätzlich geboten, wenn zureichende tatsächliche Anhaltspunkte für eine Amtsenthebung i. S. d. § 50 Abs. 1 Nr. 6 bestehen. Dies allein ist jedoch nicht ausreichend, sondern es müssen Umstände hinzutreten, die die vorläufige Amtsenthebung in besonderem Maße rechtfertigen, d. h., es muss eine Gefährdung des rechtsuchenden Publikums festgestellt werden können, die nur dadurch abgewendet werden kann, dass gerade die vorläufige Maßnahme geeignet ist, größeren Schaden abzuwenden, bevor die erst später eintretende endgültige Amtsenthebung ihre Wirkungen zeigt. Die Einleitung eines Verfahrens auf vorläufige Amtsenthebung eines Notars ist geboten, wenn der Notar auch nur den Anschein erweckt, dass bei ihm Treugelder gefährdet sind oder die Beachtung von Treuhandauflagen nicht gewährleistet ist. Unerheblich ist, ob die Verletzung von Treuhandauflagen im Einzelfall zu einem Schaden geführt hat oder ob »letztlich alles gut gegangen« ist[2].

3. Entfernung vom Amtssitz (Abs. 1 Nr. 3)

8   Die Landesjustizverwaltung muss die Möglichkeit haben, gegenüber demjenigen Notar, der sich länger als zwei Monate vom Amtssitz ohne Erlaubnis entfernt, die **vorläufige Amtsenthebung** auszusprechen, um zu gewährleisten, dass der Fortbestand des Notaramtes gewährleistet bleibt. Sie könnte ansonsten keine Maßnahmen treffen, um das Notaramt aufrechtzuerhalten. Der Notar ist verpflichtet, sich am Amtssitz zur Entgegennahme von Amtshandlungen aufzuhalten; deshalb bedarf er der Genehmigung des Präsidenten des Landgerichts, wenn er sich länger als einen Monat vom Amtssitz entfernt (vgl. § 38 Satz 2).

9   Deshalb muss die Landesjustizverwaltung eine Sofortmaßnahme ergreifen können in den Fällen, in denen der Notar in nicht unverhältnismäßigem Umfang gegen § 38 verstößt, so dass der Zeitraum hinsichtlich der Entfernung vom Amtssitz verdoppelt wurde, was insoweit völlig unproblematisch ist. Allerdings muss die Landesjustizverwaltung gesicherte Feststellungen darüber getroffen haben, dass sich der Notar mehr als zwei Monate vom Amtssitz entfernt aufhält; zwischenzeitliche Aufenthalte am Amtssitz können die Frist unterbrechen, allerdings kann ein Verstoß gegen § 38 ebenfalls zu dienstrechtlichen Konsequenzen führen.

III. Besonderheiten beim Anwaltsnotar (Abs. 2)

10   Bei einem Anwaltsnotar besteht auch die Möglichkeit der **vorläufigen Amtsenthebung**, wenn ein ehrengerichtliches Verfahren nach §§ 121 ff. BRAO eingeleitet worden ist, ohne dass vorher ein förmliches Disziplinarverfahren nach der BNotO eingeleitet wurde.

11   Die Vorschrift ist im Zusammenhang mit § 110 zu sehen, wonach es bei einem Anwaltsnotar darauf ankommt, ob die vorgeworfene Verfehlung mehr mit dem Amt des Anwalts zu tun hat mit der Folge, dass dann ein anwaltsgerichtliches Verfahren einzuschlagen ist oder mehr mit dem Amt des Notars in Zusammenhang steht, was die Einleitung eines Disziplinarverfahrens nach sich zieht. Da nach §§ 121 ff. BRAO die vorläufige Amtsenthebung hinsichtlich des Notaramtes nicht möglich ist, eröffnet Abs. 2 die Möglichkeit, den Anwaltsnotar durch das Disziplinargericht vorläufig seines Notaramtes zu entheben[3]. Voraussetzung ist allerdings stets, dass eine Anschuldigungsschrift i. S. d. § 121 BRAO wirksam bei dem Anwaltsgericht eingegangen ist.

---

2 OLG Schleswig DNotZ 1999, 726 = MDR 1998, 718 = SchlHA 1998, 182 = NotBZ 1998, 117.
3 *Jessnitzer/Blumberg*, BRAO § 121 Rz. 1; *Feuerich/Weyland*, BRAO § 121 Rz. 4.

Da das Gesetz zwingend die vorläufige Amtsenthebung durch das **Disziplinargericht** 12
vorschreibt, handelt es sich insoweit um eine ausschließliche Zuständigkeit, so dass daneben
nicht Organe der Landesjustizverwaltung im Wege der Dienstaufsicht eine vorläufige Amtsenthebung aussprechen können. Als Disziplinargericht wird in erster Instanz ein Notarsenat
beim OLG tätig (§ 99) mit der Möglichkeit der Beschwerde zum BGH nach § 105, der zwar
die entsprechende Anwendung der Vorschriften der BDO vorschreibt mit der eigentlichen
Folge des § 79 BDO, wonach Entscheidungen, die der Urteilsfällung vorausgehen, grundsätzlich nicht anfechtbar sind, jedoch muss ein Rechtsmittel schon im Hinblick auf Art. 19
GG statthaft sein, denn der Entscheidung des OLG geht keine anderweitige voraus, so dass
wenigstens eine Überprüfungsmöglichkeit eröffnet sein muss[4].

§ 79 BDO ist § 305 StPO nachgebildet. Nach dieser Vorschrift ist die **Beschwerde** nur ge- 13
gen die der Urteilsfällung vorausgehenden Entscheidungen der »erkennenden Gerichte« ausgeschlossen. »Erkennendes Gericht« ist dasjenige Gericht, bei welchem das Hauptverfahren
bereits anhängig ist oder durch gleichzeitig mit der angefochtenen Entscheidung erlassenen
Eröffnungsbeschluss anhängig wird. § 79 BDO sieht zwar den Ausschluss der Beschwerde
nicht ausdrücklich für Beschlüsse des »erkennenden« Disziplinargerichts vor. Nichts deutet
aber darauf hin, dass er Beschlüsse der Anfechtung durch Beschwerde entziehen wollte, die
schon vor der Einreichung der Anschuldigungsschrift ergangen sind. Jedenfalls besteht nicht
der geringste Anhalt dafür, dass § 79 BDO von dem strafprozessualen Grundsatz abweichen
will, wonach sich der Ausschluss der Beschwerde auf Entscheidungen und Verfügungen beschränkt, die in innerem Zusammenhang mit der Urteilsfällung stehen, nur der Urteilsvor-
bereitung dienen und daher bei der Urteilsfällung selbst der nochmaligen Prüfung des Gerichts unterliegen.

Allerdings ist die Beschwerde nach § 79 BDO nicht zulässig, wenn der zugrunde liegende 14
Beschluss »endgültig« ist; das richtet sich nach den jeweiligen für nichtrichterliche Justiz-
beamte geltenden landesrechtlichen Disziplinargesetzen, wie sich aus der Verweisung in
Abs. 2 Satz 2 auf die landesrechtlichen Bestimmungen ergibt.

IV. Amtsenthebung beim Anwaltsnotar mit einem Disziplinarverfahren (Abs. 3)

Die Vorschrift sieht vor, dass gegen den Notar, der zugleich Anwalt ist, auch ein **Berufs-** 15
oder Vertretungsverbot für den anwaltlichen Bereich ergeht, wenn nach der BNotO ein
Disziplinarverfahren eingeleitet ist und der Notar hier vorläufig seines Amtes als Notar enthoben ist. § 110 verbietet neben dem Disziplinarverfahren ein ehrengerichtliches Verfahren
nach der Bundesrechtsanwaltsordnung; da in vielen Fällen ein Bedürfnis nach Erlass eines
Vertretungsverbotes als Anwalt besteht, musste diese Ergänzung vorgesehen werden. Das
Disziplinargericht verhängt das Verbot, wenn zu erwarten ist, dass im Disziplinarverfahren
gegen den Notar auf Entfernung aus dem Amt erkannt werden wird, es sich also um erhebliche Verfehlungen handelt, denn sobald das Disziplinarverfahren gegen den Beschuldigten als
Notar zur Entfernung aus dem Amt führt, hat das nach § 97 Abs. 5 zugleich die Ausschließung aus der Rechtsanwaltschaft zur Folge.

Diese Verhängung eines Berufs- oder Vertretungsverbots gegen einen Anwaltsnotar nach 16
§ 54 Abs. 3 setzt regelmäßig voraus, dass er nach der Einleitung eines Disziplinarverfahrens
wegen der ihm insoweit zur Last gelegten Verfehlungen seines Amtes als Notar vorläufig enthoben worden ist. Ist der Anwaltsnotar gemäß § 54 Abs. 1 Nr. 2 in Verbindung mit § 50
Abs. 1 Nr. 8 von der Aufsichtsbehörde vorläufig seines Notaramtes enthoben worden, weil
er durch die Art seiner Wirtschaftsführung die Interessen der Rechtsuchenden gefährdet hat,
und werden ihm in einem danach eingeleiteten Disziplinarverfahren gerade die Umstände
vorgeworfen, welche auch die Gefährdung der Interessen der Rechtsuchenden begründen,

---

4 So auch *Schippel/Bracker/Bracker*, § 54 Rz. 14.

so braucht die vorläufige Amtsenthebung nach der Einleitung des Disziplinarverfahrens nicht wiederholt oder bestätigt zu werden[5].

17 Die eindeutige Bezugnahme auf § 150 BRAO beinhaltet, dass andere Fälle des Vertretungsverbot (z. B. § 114 BRAO) davon nicht erfasst sind.

V. Eintritt der Wirkungen einer Amtsenthebung (Abs. 4)

18 Die Vorschrift behandelt **zwei Alternativen** der kraft Gesetzes eintretenden vorläufigen Amtsenthebung, ohne dass es also einer Entscheidung einer Behörde oder eines Gerichts bedarf; einmal im Fall der Untersuchungshaft für deren Dauer sowohl bei einem Nurnotar als auch bei einem Anwaltsnotar, und zwar so lange, wie die Untersuchungshaft in Gestalt des Haftbefehls angeordnet ist, so dass Haftverschonung die vorläufige Amtsenthebung nicht entfallen lässt. Zum anderen tritt die vorläufige Amtsenthebung in Kraft, wenn bei einem Anwaltsnotar ein Berufs- oder Vertretungsverbot nach § 150 BRAO verhängt worden ist.

19 Ungeachtet dessen kann aber die Landesjustizverwaltung die vorläufige Amtsenthebung anordnen, wenn sie die Voraussetzungen nach Abs. 1, 2 oder 5 für gegeben hält. Infolge der eindeutigen Gesetzesformulierung tritt die gesetzliche Wirkung der vorläufigen Amtsenthebung nur im Fall des § 150 BRAO ein. Die vorläufige Amtsenthebung endet, wenn die Voraussetzungen für ein anwaltliches Berufs- oder Vertretungsverbot nicht mehr gegeben sind, was sich insoweit nach § 159 BRAO richtet.

20 Durch das dritte Änderungsgesetz zur BNotO vom 31.08.1998 (BGBl. I S. 2585) wurde ein weiterer Tatbestand der vorläufigen Amtsenthebung geschaffen, nämlich dann, wenn einem Anwaltsnotar nach § 16 BRAO mit sofortiger Wirkung die Zulassung zur Rechtsanwaltschaft entzogen wurde, weil bei jenem Beruf der des Notars zwangsläufig an die Zulassung zur Rechtsanwaltschaft gebunden ist. Die Vorschrift entspricht dabei einem rein praktischen Bedürfnis. Die Widerrufs- und Rücknahmegründe ergeben sich dabei aus § 14 BRAO[6]; im Rahmen der vorläufigen Amtsenthebung nach § 54 steht der Landesjustizverwaltung kein eigenes Prüfungsrecht mehr zu, sondern sie muss den Notar seines Amtes entheben, wenn ein entsprechender Verwaltungsakt hinsichtlich der Rücknahme bzw. des Widerrufs der Zulassung zur Rechtsanwaltschaft vorliegt.

21 Die Widerrufsgründe des § 14 BRAO sind zwar umfangreicher, aber jene nach § 50 entsprechen ersteren.

22 Die Landesjustizverwaltung muss jedoch das gesamte Verfahren zügig betreiben, denn die vorläufige Amtsenthebung ist ein verhältnismäßig starker Eingriff in die Berufsfreiheit, so dass bei verzögerlicher Behandlung entsprechend Grundrechte des betroffenen Notars beeinträchtigt sein können[7].

VI. Amtsenthebung nach Einleitung des Disziplinarverfahrens (Abs. 5)

23 Die BNotO hat bewusst die **landesrechtlichen Bestimmungen** unberührt gelassen, wonach nach Einleitung eines förmlichen Disziplinarverfahrens ein Notar vorläufig seines Amtes enthoben werden kann, wenn dieselben Voraussetzungen vorliegen, wie bei der vorläufigen Dienstenthebung eines nichtrichterlichen Landesbeamten. Abs. 5 ist auch hier eine notwendige Konsequenz aus § 96, der das Landesdisziplinarrecht anwendet, sofern sich aus den nachfolgenden Bestimmungen (§§ 99–109) nichts abweichendes ergibt.

24 Das Landesrecht kann sowohl den Aufsichtsbehörden als Gerichten die Möglichkeit der vorläufigen Dienstenthebung und damit Amtsenthebung übertragen. Inhaltlich gelten diesel-

---

5 BGH DNotZ 1968, 501.
6 Vgl. die Erläuterungen bei *Feuerich/Weyland*, BRAO, § 14 Rz. 1 ff.
7 BVerfG NJW 1977, 1959.

ben zu § 91 BDO entwickelten Grundsätze[8] sowie die zu den landesrechtlichen Vorschriften ergangene Rechtsprechung, allerdings mit der Einschränkung, dass notarspezifische Gesichtspunkte allein den Ausschlag für eine vorläufige Amtsenthebung ergeben dürfen. Soweit das OLG als Disziplinargericht die vorläufige Amtsenthebung ausspricht, gelten hinsichtlich des Rechtsweges unter Berücksichtigung des § 79 BDO dieselben wie in Abs. 3 geschilderten Umstände[9].

8 Vgl. die Nachweise bei *Claussen/Janzen*, BDO, § 91 Rz. 1 ff.
9 Vgl. Rz. 13 ff.

§ 55

(1) ¹Im Fall der vorläufigen Amtsenthebung hat das Amtsgericht, wenn dem Notar kein Vertreter bestellt ist, seine Akten und Bücher sowie Siegel, Stempel und Amtsschild für die Dauer der vorläufigen Amtsenthebung in Verwahrung zu nehmen. ²§ 45 Abs. 2, 4 und 5 gilt entsprechend.

(2) ¹Der Notar hat sich während der Dauer der vorläufigen Amtsenthebung jeder Amtshandlung zu enthalten. ²Ein Verstoß berührt jedoch die Gültigkeit der Amtshandlung nicht. ³Amtsgeschäfte nach § 23 kann der Notar nicht mehr vornehmen.

Übersicht

A. Entstehungsgeschichte der Vorschrift

1 Die Vorschrift entspricht wörtlich § 43 **RNotO** (RGBl. I S. 191). Durch Gesetz vom 07.08.1981 (BGBl. I S. 803) ist aus Gründen der Klarstellung in Absatz 2 Satz 3 angefügt worden.

B. Erläuterungen

I. Allgemeines

1. Alternativen

2 Im Fall vorläufiger Amtsenthebung nach § 54 stehen insgesamt **drei Möglichkeiten der Weiterführung zur Auswahl:** Bestellung eines Notarvertreters nach § 39; Bestellung eines Notarverwalters nach § 56 Absatz 1 Satz 2, wenn die Bestellung eines Notarvertreters nicht zweckmäßig erscheint; die Aktenverwahrung durch das Amtsgericht nach § 55, sofern nicht eine der beiden ersten Alternativen angewandt wird. Allerdings ist bei vorläufiger Amtsenthebung eines Anwaltsnotars die Bestellung eines Notariatsverwalters nicht zulässig, denn ein solcher kann für ihn nur im Falle des Erlöschens des Amtes bestellt werden (vgl. § 56 Abs. 2). Die Aktenverwahrung als dritte bzw. beim Anwaltsnotar zweite Alternative durch einen anderen Notar ist unzulässig[1].

---

1 Ebenso *Schippel/Bracker/Bracker*, § 55 Rz. 1.

2. Auswahlkriterien

Der Landesjustizverwaltung steht ein weitreichendes **Ermessen bei der Auswahl** der o. g. 3
Alternativen zu. Der vorläufig seines Amtes enthobene Notar ist nicht in eigenen Rechten
durch eine Entscheidung der Landesjustizverwaltung beeinträchtigt, so dass sie gehalten ist,
allein nach Gesichtspunkten der Zweckmäßigkeit ihre Entscheidung auszurichten.

Die Bestellung eines Vertreters dürfte vorzuziehen sein, wenn mit einer kurzen Verfah- 4
rensdauer hinsichtlich der Amtsenthebung zu rechnen ist und auch ein Bedürfnis besteht,
dass die Amtsgeschäfte des seines Amtes enthobenen Notars weitergeführt werden sollen,
dem dann auch die nach Abzug der Unkosten für eine Vertretung überschüssigen Einnahmen zustehen, denn die vorläufige Amtsenthebung soll nicht gleichzeitig den Zweck verfolgen, ihn von jeglichen Gebühreneinnahmen auszuschließen, also keinen Bestrafungscharak-
ter darstellen[2]. Diese Grundsätze der Kontinuität der Amtsführung[3] treffen erst recht für
den Nurnotar zu, für den die Landesjustizverwaltung entweder einen Vertreter oder einen
Verwalter bestellen kann, während beim Anwaltsnotar regelmäßig ein Vertreter in solchen
Fällen zu bestellen ist[4].

Gerade bei einem Nurnotar besteht ein großes Bedürfnis für die ununterbrochene Fort- 5
führung des Amtes, so dass grundsätzlich ein Vertreter und nur ausnahmsweise ein Verwalter zu bestellen ist. Hier wäre nur dann ein Verwalteramt angezeigt, wenn in Kürze mit dem
Erlöschen des Amtes gerechnet werden muss, so dass Verwalterschaft eintritt oder die Unkosten für einen Vertreter nicht durch die laufenden Einnahmen gedeckt werden könnten[5].

Die Entscheidung darf sich aber nicht daran ausrichten, dass die Notarkammer, die für die 6
Kosten der Verwaltung aufzukommen hat, möglichst nicht mit Kosten belastet werden soll,
denn die Landesjustizverwaltung darf dabei Kosteninteressen der Notarkammer nicht berücksichtigen, sondern hat primär darauf zu achten, dass die Fortführung des Amtes rei-
bungslos gewährleistet bleibt. Der Notarverwalter steht dabei ausschließlich in einem
Rechtsverhältnis (öffentlich-rechtlicher Art) zur Notarkammer[6].

Die Bestellung eines Vertreters ist **nicht zwingend vorgeschrieben**, sondern die Landes- 7
justizverwaltung kann sogleich die Aktenverwahrung beim Amtsgericht anordnen; allerdings wird gerade bei einem Anwaltsnotar nur dann von der Vertreterbestellung abzusehen
sein, wenn das Notariat nur einen geringfügigen Umfang hat, so dass die Vertreterbestellung
dazu außer Verhältnis steht und die sog. Vertreterkosten nicht gedeckt würden[7].

II. Verwahrung der amtlichen Unterlagen beim Amtsgericht (Abs. 1)

1. Verwahrungsstelle

Die Verwahrung erfolgt bei dem **Amtsgericht**, in dessen Bezirk der Notar im Zeitpunkt der 8
vorläufigen Amtsenthebung seinen Amtssitz hatte. Sie erfolgt nur solange, bis kein Vertreter
bzw. Verwalter bestellt ist; wird zu einem späteren Zeitpunkt ein Vertreter bzw. Verwalter
bestellt, geht mit der Bestellung die Verwahrung auf diesen über, das heißt, die Landesjustizverwaltung hat unverzüglich dafür Sorge zu tragen, dass die amtlichen Unterlagen in den
Besitz des Vertreters bzw. Verwalters gelangen.

Das Amtsgericht ist reine Verwahrungsstelle und unterliegt im Rahmen der Dienstaufsicht 9
den Weisungen der für den Notar zuständigen Dienststelle der Landesjustizverwaltung, so
dass das Amtsgericht keine eigenen Entscheidungen treffen darf.

---

2 *Schippel/Bracker/Bracker*, § 55 Rz. 2.
3 *Bohrer*, Berufsrecht, Rdn. 244, 276; BGH, DNotZ 1975, 693 m. Anm. *Dumoulin* = BGHZ 63, 274.
4 Vgl. oben Rz. 3.
5 *Schippel/Bracker/Bracker*, § 55 Rz. 4.
6 *Bohrer*, Berufsrecht, Rz. 276.
7 So auch *Schippel/Bracker/Bracker*, § 55 Rz. 4.

2. Gegenstand der Verwahrung

10 Das Gesetz erwähnt in Abs. 1 als Gegenstände »Akten, Bücher, Siegel, Stempel und Amtsschild« und verwendet damit hinsichtlich der Akten und Bücher **dieselbe Terminologie wie in § 51 Abs. 1**[8]. Dazu zählen allerdings nicht ihm außerhalb des laufenden Notariats übergebene Urkunden sowie nicht die ihm nach § 23 anvertrauten Gegenstände[9]. Ebenso wenig sind Gegenstand der vom Amtsgericht zu verwahrenden Akten die nach § 27 DONot geführten Nebenakten, unabhängig davon, ob es sich um noch laufende oder schon abgeschlossene Nebenakten handelt[10].

3. Mitwirkung bei der Verwahrung

11 Das Gesetz ordnet zwar an, dass das Amtsgericht die Akten in Verwahrung zu nehmen hat, jedoch wird der Notar nicht von seiner Pflicht entbunden, die Behörde dabei, soweit es nötig ist, zu **unterstützen** und darf sie dabei auch keinesfalls behindern.

12 Dies bedeutet konkret, dass der Notar, der sein Amt behalten hat und nur vorläufig seines Amtes enthoben ist, der zuständigen Behörde bzw. der für diese handelnden Person den Zutritt zu allen Räumlichkeiten der Geschäftsstelle ermöglichen muss, um die in Abs. 1 erwähnten amtlichen Unterlagen in Besitz nehmen zu können. Dabei darf er sich nicht nur passiv verhalten, sondern hat dafür Sorge zu tragen, dass die Verwahrungstätigkeit durch das Amtsgericht vor Ort so schnell wie möglich abgeschlossen werden kann.

4. Ausnahmen von der Verwahrung

13 Der Zeitraum zwischen der Anordnung der vorläufigen Amtsenthebung und der Verwahrung als tatsächlicher Inbesitznahme kann so erheblich sein, dass **unaufschiebbare Amtshandlungen** notwendig werden, z. B. in Gestalt der Erteilung einer vollstreckbaren Ausfertigung. Deshalb hat der Notar dafür zu sorgen, dass ihm ein Vertreter bestellt wird, der zu diesen Amtshandlungen befugt ist. Keinesfalls ist ihm jedoch erlaubt, solche Amtshandlungen vorzunehmen, weil sie etwa unaufschiebbar wären, wie bei einem wegen Besorgnis der Befangenheit abgelehnten Richter (vgl. § 29 StPO).

14 In der Regel wird die zuständige Behörde der Landesjustizverwaltung auch unmittelbar tätig und für den seines Amtes vorläufig enthobenen Notar einen Vertreter nach § 39 bestellen. Sollte der Notar in dieser Hinsicht nicht tätig werden, kann selbstverständlich von Amts wegen ein Vertreter oder im Fall des hauptberuflich tätigen Notars ein Notarverwalter bestellt werden[11]. Der seines Amtes vorläufig enthobene Notar kann auch keine Kostenberechnungen einschl. der vollstreckbaren Ausfertigungen erteilen[12].

III. Amtshandlungen durch das Amtsgericht (Abs. 1 Satz 2)

15 Das Amtsgericht ist befugt, einfache und vollstreckbare Ausfertigungen sowie Abschriften zu erteilen und Akteneinsicht zu gewähren. Diese Folge ergibt sich aus der **Gesetzesverweisung** auf § 45 Abs. 2 und 4. Deshalb ist auch im Ausfertigungsvermerk ein Hinweis angebracht, dass der »Notar an seiner Amtsausübung derzeit gehindert ist«, ohne jedoch kenntlich zu machen, dass es sich um eine vorläufige Amtsenthebung handelt[13].

---

8 Vgl. wegen der Einzelheiten deshalb die Erläuterungen zu § 51 Rz. 5.
9 *Schippel/Bracker/Bracker*, § 55 Rz. 9.
10 *Schippel/Bracker/Bracker*, § 51 Rz. 9.
11 *Schippel/Bracker/Bracker*, § 55 Rz. 11.
12 *Schippel/Bracker/Bracker*, § 55 Rz. 22.
13 *Schippel/Bracker/Bracker*, § 55 Rz. 12.

Infolge der Verweisung auf Absatz 5 des § 45 fallen die Kosten, die aus der Erteilung voll- **16**
streckbarer Ausfertigungen und Abschriften entstehen, der Staatskasse anheim. Die Verwahrung und die damit verbundenen Aufgaben, wie eben Erteilung vollstreckbarer Ausfertigungen und Abschriften sind subsidiär gegenüber der Verwahrung durch einen Vertreter und
zeitlich nur auf das unbedingte notwendige Ausmaß zu beschränken.

IV. Verbot der Amtsausübung (Abs. 2 Satz 1)

1. Umfang des Verbots

Dem Notar sind Amtshandlungen jeglicher Art während der Dauer der vorläufigen Amts- **17**
enthebung untersagt. Dieses Verbot als solches ist bereits **Amts- und auch Standespflicht.**
Damit begeht er ein schweres Dienstvergehen, wenn er dennoch und gerade in Kenntnis,
dass die Wirksamkeit des Geschäfts vom Verbot unberührt bleibt, entsprechende Amtshandlungen vornimmt. Der Notar bleibt zwar Inhaber seines Amtes, ist aber daran gehindert,
entsprechende Amtshandlungen vorzunehmen[14]. Vom Verbot, entsprechende Amtsgeschäfte
vorzunehmen, sind nicht nur neue Geschäfte erfasst, sondern auch laufende Amtshandlungen, weil die vorläufige Amtsenthebung wie eine Zäsur wirkt. Das Verbot erfasst Urkundsgeschäfte i. S. d. §§ 20–22 sowie Verwahrungsgeschäfte (§ 23) als auch letztendlich sonstige
Betreuungsgeschäfte i. S. d. § 24.

2. Ausnahmen des Verbots

Bis zur Bestellung eines Vertreters können **Amtshandlungen erforderlich werden,** die bei **18**
ihrer Unterlassung den Beteiligten andernfalls einen unwiderbringlichen Schaden zufügen
könnten, so dass der bereits vorläufig seines Amtes enthobene Notar dennoch wirksam eine
entsprechende Amtshandlung wird vornehmen können und müssen. Hierbei handelt es sich
gerade um solche, die nicht durch das Amtsgericht vorgenommen werden können, wie z. B.
die Beglaubigung unter eine vor dem Notar noch zu Zeiten einer voll wirksamen Amts-
bestellung vollzogene oder anerkannte Unterschrift auf einer Urkunde.

Eine ähnliche Situation ist bei unaufschiebbaren Eintragungsanträgen geboten oder bei **19**
der Erfüllung von gerichtlichen und amtlichen Auflagen, wobei gerade im letzteren Fall dies
nur gilt, wenn andernfalls eine Abwägung im Verhältnis zum zu erwartenden Schaden eindeutig zugunsten der Amtshandlung ausfällt. Diese Grundsätze lassen sich § 55 schon deshalb entnehmen, weil nach seinem Wortlaut er gerade die Fälle betrifft, in denen – aus
welchen Gründen auch immer – dem seines Amtes vorläufig enthobenen Notar noch kein
Vertreter bestellt worden ist. Die Bestellung eines Verwalters oder eines Vertreters richtet
sich nach § 56 Abs. 3, wonach grundsätzlich ein Vertreter zu bestellen ist, es sei denn, sie ist
nicht zweckmäßig.

3. Besonderheiten beim Notaranderkonto

Der vorläufig seines Amtes enthobene Notar, dem noch kein Vertreter und auch kein Ver- **20**
walter bestellt ist, bleibt zwar weiterhin **Inhaber der Notaranderkonten,** ist jedoch nicht
mehr verfügungsbefugt.

Diese Rechtsfolge ergibt sich unmittelbar aus Absatz 2 Satz 3, wonach Amtsgeschäfte **21**
nach § 23 nicht mehr vorgenommen werden können. Damit besteht ein absolutes Verbot,
über Anderkonten zu verfügen, auch wenn der seines Amtes enthobene Notar formal Inha-

---

14 *Schippel/Bracker/Bracker,* § 55 Rz. 14.

ber der Anderkonten bleibt[15]. Die Kreditinstitute haben diese Rechtslage in ihren Anderkontenbedingungen[16] insofern berücksichtigt, als danach (vgl. Nr. 13) die Notarkammer oder eine von ihr bestimmte Person Inhaber des Anderkontos wird, falls das Amt des Notars erloschen ist oder er seinen Amtssitz verlegt hat, also nicht im Fall der vorläufigen Amtsenthebung nach § 55. Nimmt der vorläufig seines Amtes enthobene Notar dennoch Verfügungen nach § 23 vor, sind diese nicht nur nach außen unwirksam, sondern er macht sich auch eines Dienstvergehens schuldig.

V. Folgen bei Verstoß gegen Verbot (Abs. 2 Satz 2)

1. Zivilrechtliche Folgen

22 Der Notar, der entgegen seiner vorläufigen Amtsenthebung dennoch Amtshandlungen vornimmt, begeht zwar ein Dienstvergehen mit disziplinarischen Folgen, jedoch berührt dies – vom Ausnahmefall nach Satz 3 in Bezug auf die Verwahrungsgeschäfte nach § 23 – nicht die **Wirksamkeit der Amtshandlungen** nach außen, also Dritten gegenüber.

23 Diese gesetzlich angeordnete Folge rechtfertigt sich einzig und allein aus dem Gedanken der Rechtssicherheit, denn der Rechtsverkehr soll nicht dadurch Schaden nehmen, dass ein vorläufig seines Amtes enthobener Notar unwirksame Amtshandlungen vornimmt; eine andere Folge wäre auch mit dem Institut der Verhältnismäßigkeit nicht vereinbar. Dieselbe Rechtsfolge, nämlich Wirksamkeit der Amtshandlungen nach außen, ordnete bereits Art. 91 Absatz 2 Satz 2 des bayerischen Notariatsgesetzes vom 09.06.1899 an.

2. Strafrechtliche Folgen

24 Der vorläufig seines Amtes enthobene Notar, der in Kenntnis dieses Sachverhalts Amtshandlungen vornimmt, begeht nicht nur ein **Dienstvergehen**, sondern kann sich u. U. nach § 132 StGB strafbar machen, was allerdings neben einer vorsätzlichen Handlungsweise auch Rechtswidrigkeit voraussetzt, also darf die trotz Verbots vorgenommene Amtshandlung, nicht durch andere, von der Rechtsordnung geduldete Rechtfertigungsgründe gerechtfertigt sein. Dies ist z. B. dann der Fall, wenn der Notar dadurch größeren Schaden für die Beteiligten vermieden hat, indem er tätig wurde. Die strafrechtliche Verfolgung sollte deshalb nicht die automatische Folge eines möglichen Dienstvergehens sein, sondern im Einzelfall sehr genau geprüft werden. Eine Straflosigkeit tritt nicht allein deshalb ein, weil es sich bei § 55 etwa um eine »innerdienstliche Regelung« handele[17].

25 Die gesetzlich angeordnete Folge besagt nur, dass für die Beteiligten die Amtshandlung wirksam bleibt, also wird damit nur auf die privatrechtliche Bindungswirkung abgestellt, so dass sich aus einem Umkehrschluss ergibt, dass strafrechtliche Folgen ebenso eintreten können wie dienstrechtliche.

26 Der vorläufig seines Amtes enthobene Notar, der in Kenntnis jenes Sachverhalts Gebühren einzieht, obwohl sie ihm danach nicht mehr zustehen, kann sich der Untreue i. S. d. § 266 StGB strafbar machen[18]. Allerdings ist auch hier Vorsatz erforderlich, der nachgewiesen werden muss. Der Notar, der entgegen seiner Kenntnis, dass dem Notarvertreter, dem

---

15 *Weingärtner/Ehrlich*, Rz. 678 mit dem Hinweis, dass der suspendierte Notar nach früherer Rechtslage Inhaber der Anderkonten geblieben sei. Er ist auch de lege lata noch Inhaber der Anderkonten; *Dumoulin*, DNotZ 1963, 107; so jetzt BGHZ 164, 275 ff. = DNotZ 2006, 201 ff. = NotBZ 2005, 431 ff. = NJW 2006, 294 ff. = BGHReport 2006, 39 ff. m. Anmerkung *Zimmermann*; vgl. auch *Mues*, EwiR 2006, 233 f.; *Volmer*, WuB VIII A § 55 BNotO 1.06; zustimmend auch *Schippel/Bracker/Bracker*, § 55 Rz. 26; *Eylmann/Vaasen/Custodis*, § 55 BNotO Rz. 18.
16 Abgedruckt bei *Weingärtner*, Notarrecht, Ordn.-Nr. 320.
17 Wie hier auch *Schippel/Bracker/Bracker*, § 55 Rdn. 23.
18 Wie hier RG, DNotZ 1942, 179; *Schippel/Bracker/Bracker*, § 55 Rz. 23.

Notarverwalter oder in Ermangelung beider der Staatskasse die Einziehung der Gebühren obliegt, kann deshalb Untreue zum Nachteil der der drei genannten Beteiligten begehen. Der suspendierte Notar kann sich deshalb auch eines Versuchs der Untreue nach § 266 StGB schuldig machen, wenn er noch vollstreckbare Ausfertigungen von Kostenberechnungen nach §§ 154, 155 KostO erteilt.

§ 56

(1) Ist das Amt eines zur hauptberuflichen Amtsausübung bestellten Notars erloschen oder ist sein Amtssitz verlegt worden oder übt im Fall des § 8 Abs. 1 Satz 2 ein zur hauptberuflichen Amtsausübung bestellter Notar sein Amt nicht persönlich aus, so soll in der Regel an seiner Stelle ein Notarassessor oder eine sonstige zum Amt eines Notars befähigte Person damit betraut werden, das Amt des Notars vorübergehend wahrzunehmen (Notariatsverwalter).

(2) ¹Ist ein Anwaltsnotar durch Erlöschen des Amtes ausgeschieden, so kann an seiner Stelle zur Abwicklung der Notariatsgeschäfte bis zur Dauer eines Jahres ein Notariatsverwalter bestellt werden, wenn hierfür ein Bedürfnis besteht. ²In begründeten Ausnahmefällen kann diese Frist über ein Jahr hinaus verlängert werden. ³Innerhalb der ersten drei Monate ist der Notariatsverwalter berechtigt, auch neue Notariatsgeschäfte vorzunehmen. ⁴Wird zur Abwicklung der Anwaltskanzlei ein Abwickler bestellt, so kann dieser auch mit der Abwicklung der Notariatsgeschäfte als Notariatsverwalter betraut werden.

(3) Hat ein Notar sein Amt nach § 48c vorübergehend niedergelegt, wird ein Verwalter für die Dauer der Amtsniederlegung, längstens für ein Jahr, bestellt.

(4) Ist ein Notar vorläufig seines Amtes enthoben, so kann ein Notariatsverwalter bestellt werden, wenn die Bestellung eines Notarvertreters (§ 39 Abs. 2 Satz 1) nicht zweckmäßig erscheint.

(5) Notarassessoren sind verpflichtet, das Amt eines Notariatsverwalters zu übernehmen.

Übersicht

A. Entstehungsgeschichte der Vorschrift

1   Die Vorschrift geht im Wesentlichen auf § 40 **RNotO** vom 13.02.1937 (RGBl. I S. 191) zurück, der vorsah, dass der Reichsminister der Justiz im Fall des Erlöschens des Amtes oder der vorläufigen Amtsenthebung einen anderen Notar mit der Aufgabe auf Kosten der Reichsnotarkammer (Verwalter) betrauen konnte. Im Übrigen enthielten die §§ 1–10 der Verordnung zur Ausführung und Ergänzung der Reichsnotarordnung vom 26.06.1937 (RGBl. I S. 663) sehr detaillierte Bestimmungen über die Voraussetzungen für den Beginn der Verwalterschaft und über die Amtsführung des Notariatsverwalters; eine Einrichtung, die ihren historischen Ursprung im bayerischen Notariat hatte.

B. Erläuterungen

I. Bestellungsvoraussetzungen im Nurnotariat (Abs. 1)

Für den Bereich des **Nurnotariats** i. S. d. § 3 Abs. 1 ermöglicht das Gesetz die Bestellung eines Notariatsverwalters bei insgesamt drei Alternativen:
1. Erlöschen des Amtes (§§ 47 Nr. 1, 2, 4 bis 7; 113 Abs. 2);
2. Verlegung des Amtssitzes (§§ 10 Abs. 1; 97 Abs. 2);
3. keine persönliche Amtsausübung (§ 8 Abs. 1).

Deshalb kommt in diesen Fällen im Bereich des Nurnotariats die Bestellung eines Vertreters nicht in Betracht mit der Folge, dass bei nicht erfolgter Bestellung eines Notariatsverwalters die Stelle unversorgt bliebe, was nicht wünschenswert ist. Die Formulierung in Abs. 1 im Anschluss an die dritte Alternative (§ 8 Abs. 1), dass »in der Regel« ein Notariatsverwalter zu bestellen ist, kann nicht dahin verstanden werden, dass auch die Bestellung eines Vertreters in Betracht kommt[1].

Bei den anderen beiden Alternativen, nämlich Erlöschen des Amtes und Amtssitzverlegung, bliebe als weitere Möglichkeit die reine Aktenverwahrung, wie dies § 51 Abs. 1 vorsieht, die entweder durch einen anderen Notar oder das zuständige Amtsgericht erfolgt. Daraus folgt, dass im Fall der persönlichen Verhinderung der Amtsausübung i. S. d. § 8 Abs. 1 nur die Verwaltung verbleibt, denn das Gesetz will in jenem Fall dem verhinderten Notar weder den wirtschaftlichen Nutzen zukommen lassen, noch ihm das wirtschaftliche Risiko aufbürden, was im Fall der Vertretung aber gegeben wäre[2].

Wesentliches Substrat des Notariats ist die höchstpersönliche Notarbefugnis (Notaramt). Die Bestellung eines neuen Notars zur hauptberuflichen Amtsausübung führt deshalb auch nicht zu einem rechtsgeschäftlichen Betriebsübergang gem. § 613a BGB, wenn der neue Notar die Kanzlei und das Personal eines aus dem Amt entlassenen Notars übernimmt[3]. Es besteht keine Verpflichtung der Landesjustizverwaltung, stets den dienstältesten Notarassessor mit den Aufgaben eines Notarverwalters zu betrauen[4].

II. Bestellungsvoraussetzungen im Anwaltsnotariat (Abs. 2)

Das Gesetz regelt selbst nur die Bestellung im Fall des Erlöschens des Amtes und damit für die in § 47 genannten Alternativen. Allerdings gilt hier die **Einschränkung**, dass die Bestellung eines Notariatsverwalters nur erfolgen darf, wenn dafür ein Bedürfnis besteht.

Dabei handelt es sich um einen **unbestimmten Rechtsbegriff**, der im Verfahren nach § 111 der uneingeschränkten gerichtlichen Nachprüfung unterliegt. Die eindeutige Formulierung des Gesetzes bedeutet auch hier, dass im Fall der Amtssitzverlegung oder der Verhinderung der persönlichen Amtsausübung (§§ 10 Abs. 1 und 8 Abs. 1) eben gerade kein Notariatsverwalter bestellt werden darf[5], denn die Verwaltung beinhaltet den Zweck der reibungslosen Fortführung des Notaramtes, die bei einem Anwaltsnotar eben nicht geboten ist, der seine Tätigkeit nur im Nebenberuf ausübt.

Die Landesjustizverwaltung wird deshalb in den Fällen des § 47 nur dann einen Notariatsverwalter bestellen, wenn die Anzahl und der Umfang der noch nicht abgeschlossenen Geschäfte eine so umfangreiche Tätigkeit erwarten lassen, dass dies einem Vertreter schlechterdings nicht zugemutet werden kann.

1 BGH DNotZ 1964, 728; *Schippel/Bracker/Bracker*, BNotO § 56 Rz. 18.
2 So zutreffend BGH DNotZ 1991, 72, 79 = BGHR BNotO § 56 Abs. 1 Notariatsverwalter 2.
3 BAG NJW 2000, 1739 = NZA 2000, 371 = DNotZ 2000, 540 m. Anm. *Herrmanns/Bezani* = AP H. 4/2000, § 613a BGB Nr. 197 = MittBayNot 2000, 130 = MittRhNotK 2000, 35 = NotBZ 2000, 97 = ZNotP 2000, 204.
4 BGH DNotZ 1991, 72 = BGHR BNotO § 56 Abs. 4 Notarassessor 1.
5 BGHZ 66, 264 = DNotZ 1976, 626.

III. Vorübergehende Amtsniederlegung (Abs. 3)

8   Im Fall einer vorübergehenden Amtsniederlegung wegen Betreuung eines Familienangehörigen nach § 48b wird ebenfalls ein Notariatsverwalter bestellt; die gesetzlich längstens vorgegebene Frist kann nicht verlängert werden.

IV. Sonderfall der vorläufigen Amtsenthebung (Abs. 4)

9   Da die vorläufige Amtsenthebung nur eine vorübergehende Verhinderung bedeutet, sieht das Gesetz sowohl im Bereich des Nurnotariats als auch des Anwaltsnotariats die Bestellung eines **Notarvertreters** vor, es sei denn, dass sie unzweckmäßig und dann zwingend ein Notariatsverwalter zu bestellen ist. Die Bestellung eines Vertreters ist aber der Aktenverwahrung durch das Amtsgericht nach § 51 vorzuziehen; letztere Maßnahme sollte nur erfolgen, wenn es sich um ein besonders kleines Notariat handelt, in dem nahezu alle Geschäfte bereits abgewickelt sind.

10   Es macht dabei auch keinen Unterschied, auf welche Maßnahme die vorläufige Amtsenthebung (§ 54) zurückzuführen ist. Im Gegensatz zu Abs. 1 ist der Landesjustizverwaltung ein Ermessen eingeräumt worden, weil ansonsten die Verwendung »kann« keinen Sinn gäbe[6]. Diese Ermessensentscheidung ist im Verfahren nach § 111 nur eingeschränkt gerichtlich nachprüfbar. Die Landesjustizverwaltung wird deshalb stets einen Notariatsverwalter bestellen, wenn es sich um ein besonders arbeitsintensives Notaramt handelt, bei dem nicht nur vorbereitete Beurkundungen weiterzuführen sind, sondern auch umfangreiche Arbeit bei den Notaranderkonten noch zu leisten ist[7].

11   Die Notarkammer ist nicht befugt, Antrag auf Verpflichtung der Landesjustizverwaltung zu stellen, einem Anwaltsnotar, der einer genehmigten Nebenbeschäftigung nachgeht, anstelle eines Vertreters einen Notariatsverwalter beizuordnen[8].

V. Auswahl des Notariatsverwalters und Übernahmepflicht (Abs. 5)

12   Das Gesetz selbst enthält naturgemäß **keine Auswahlkriterien**, sondern überlässt dies der Landesjustizverwaltung. Es hat lediglich festgelegt, dass Notarassessoren zur Übernahme verpflichtet sind, was sie nicht daran hindern kann, gegen ihre Bestellung Rechtsbehelfe einzulegen. Es kann auch der umgekehrte Fall eintreten, dass sich nämlich ein Notarassessor bei der Bestellung übergangen fühlt und meint, er hätte bestellt werden müssen[9]. Er kann die Maßnahme nicht allein deshalb mit Erfolg anfechten, weil möglicherweise ein dienstjüngerer Kollege bestellt wurde, der u. U. für das Verwalteramt länger zur Verfügung steht als ein unmittelbar vor der Ernennung befindlicher älterer Notarassessor, denn Dienst- und Lebensalter sind nicht allein ausschlaggebend für die Bestellung zum Notariatsverwalter.

13   Es geht jedoch nicht immer um die Bestellung eines Notariatsverwalters, sondern auch u. U. um den **Widerruf der Bestellung.** Hier kann die Landesjustizverwaltung den Widerruf vornehmen, wenn nachträglich Umstände erkennbar werden, aus denen sich zwingend der Schluss ergibt, dass das Notaramt in der Übergangszeit nicht so verwaltet wird, dass der Notar ohne Schwierigkeiten das Amt wieder fortsetzen könnte[10].

14   Die Rechtsprechung hat es auch als unbedenklich angesehen, wenn bei der Bestellung zum Notariatsverwalter im Fall der vorübergehenden Verhinderung nach § 8 Abs. 1 auf die

---

6 Ebenso BGHR BNotO § 56 Abs. 3 Notariatsverweser 1.
7 *Schippel/Bracker/Bracker*, BNotO § 56 Rz. 32.
8 BGHZ 139, 249 = NJW 1999, 499 = LM H. 3/1999 § 8 BNotO Nr. 9.
9 So im Fall BGH DNotZ 1991, 72 = NJW-RR 1990, 119 = BGHR BNotO § 56 Abs. 4 Notarassessor 1.
10 BGH DNotZ 1991, 72, 77 = NJW-RR 1990, 119 = BGHR BNotO § 56 Abs. 1 Notariatsverwalter 1.

Belange des Notars insofern Rücksicht genommen wird, dass ein Sozius zum Notariatsverwalter bestellt wird[11]. Ansonsten ist die Landesjustizverwaltung bei der Auswahl des Notariatsverwalters frei und an keine bestimmten Grundsätze gebunden. Im Bereich des Nurnotariats bietet sich ein weitgehend schon ausgebildeter Notarassessor oder ein Notar a. D. an; im Bereich des Anwaltsnotariats sollte es nach Möglichkeit ein Notar sein, jedoch kann auch ein Rechtsanwalt bestellt werden, der z. B. mit dem bisherigen Anwaltsnotar eine Berufsgemeinschaft bildete.

Hier kommt es jedoch stets auf die Umstände des Einzelfalles an, d. h., es sollten nicht unbedingt Familienangehörige, die Rechtsanwälte sind, zum Notariatsverwalter bestellt werden, wenn z. B. das Erlöschen des Notaramtes auf § 47 Nr. 5 bis 7 beruht, weil dann möglicherweise die notwendige Distanz des Notariatsverwalters zu den vorangegangenen Fällen fehlen würde. Der an der Ausübung gehinderte Notar kann Vorschläge unterbreiten, jedoch bestehen in diesem Bereich keinerlei Ansprüche auf die Bestellung einer bestimmten Person.

15

---

11 BGH DNotZ 1991, 72, 79.

§ 57

(1) Der Notariatsverwalter untersteht, soweit nichts anderes bestimmt ist, den für die Notare geltenden Vorschriften.

(2) ¹Der Notariatsverwalter wird von der Landesjustizverwaltung nach Anhörung der Notarkammer durch Aushändigung einer Bestallungsurkunde bestellt. ²Er hat, sofern er nicht schon als Notar vereidigt ist, vor der Übernahme seines Amtes vor dem Präsidenten des Landgerichts den Amtseid (§ 13) zu leisten. ³§ 40 Abs. 1 Satz 3 gilt entsprechend.

Übersicht

A. Entstehungsgeschichte der Vorschrift

1 Die Vorschrift ist im Wesentlichen aus §§ 3, 4 der AusführungsVO vom 26.06.1937 (RGBl. I S. 663) hervorgegangen und somit nicht unmittelbar aus der RNotO vom 13.02.1937. Allerdings hatte Art. 100 des bayerischen Notariatsgesetzes vom 09.06.1899 eine fast gleich lautende Regelung.

B. Erläuterungen

I. Anwendung der für den Notar geltenden Vorschriften (Absatz 1)

1. Grundsätze

2 Der Notariatsverwalter ist eine dem bayerischen Notariat entsprungene **Rechtsfigur**, die aber gleichermaßen auch im Bereich des Anwaltsnotariats Anwendung findet (vgl. § 56 Abs. 2). Der Notariatsverwalter hat alle Amtsbefugnisse eines Notars, soweit gesetzlich nichts anderes bestimmt ist und hat daher ebenfalls ein öffentliches Amt inne, allerdings mit der Einschränkung, dass eine Ausübung auf Zeit und nicht auf Lebenszeit gegeben ist[1]. Er untersteht denselben gesetzlichen Vorschriften wie ein Notar, es sei denn, im Gesetz selbst ist eine ausdrückliche Ausnahme vorgesehen. Daher gelten für ihn die Dienstordnung für Notare (DONot) sowie die Richtlinien[2]. Er ist zwar nach dem Gesetz nicht unmittelbar Notar, hat jedoch zum Amt des Notars eine gewisse »Nähe«[3]. Er unterliegt in vollem Umfang der Dienstaufsicht (§§ 92–94) und den Aufsichtsbefugnissen der Notarkammer, ohne ihr Mitglied zu sein. Dies bedeutet gleichzeitig, dass er auch den für Notare geltenden Disziplinarvorschriften (§ 97) unterworfen ist, allerdings mit der Einschränkung, dass eine Ent-

1 *Bohrer*, in *Beck'sches* Notarhandbuch, L I Rz. 54; BGH, DNotZ 1991, 72.
2 Vgl. dazu *Weingärtner/Ehrlich*, Rz. 704.
3 BGH, DNotZ 1991, 72, 73.

fernung aus dem Amt als eine mögliche Disziplinarmaßnahme (vgl. § 97 Abs. 1) entfällt, weil seine Bestellung jederzeit widerrufen werden kann.

2. Weitere Einzelheiten

Der Notariatsverwalter unterliegt auch den **Vorschriften über die Vertretung** in seinem Amt (§§ 38–46), denn auch für ihn kann ein Vertreter bestellt werden; allerdings sollte bei längerer Abwesenheit durch die Landesjustizverwaltung dann die Bestellung eines anderen Verwalters vorgezogen werden[4].   **3**

Hierbei besteht allerdings gegenüber dem Vertreter für einen ordnungsgemäß amtierenden Notar die Ausnahme, dass der Vertreter des Verwalters eine Vergütung durch die Notarkammer erhält, was sich ebenfalls aus § 59 ergibt, wonach der Verwalter durch die Notarkammer vergütet wird. Der Vertreter nimmt dabei die Aufgaben des Verwalters wahr, und nicht etwa die Aufgaben des vorläufig seines Amtes enthobenen Notars. Er steht deshalb in demselben Verhältnis zur Notarkammer wie der Verwalter; auch bei den Formvorschriften der § 41 Abs. 1 Satz 2 und § 33 DONot wird der Vertreter unmittelbar für den verhinderten Verwalter tätig, was bedeutet, dass bei der Unterschrift als Zusatz anzubringen ist »als amtlich bestellter Vertreter des Verwalters«.   **4**

Darüber hinaus ist nach § 33 Abs. 4 DONot darauf zu achten, dass Beginn und Beendigung der Verwaltung in der Urkundenrolle einzutragen sind. Siegel und Stempel des Notariatsverwalters führen nicht den Namen des Verwalters, so dass sie stets wieder verwendet werden können.   **5**

II. Bestellung des Notariatsverwalters (Abs. 2)

1. Form der Bestellung

Die Bestellung erfolgt analog der des Notars, nämlich durch Aushändigung einer Urkunde. Diese wird von einem Organ der Landesjustizverwaltung überreicht; diesbezügliche Einzelheiten ergeben sich aus der **AVNot des jeweiligen Landes.** Vor der Bestellung ist die zuständige Notarkammer zu hören, was sich zwar nicht zwingend aus dem Gesetz, aber aus dem Gesamtzusammenhang (§§ 59 Abs. 1, 61 Abs. 1) ergibt.   **6**

Da er in einem besonderen Verhältnis zur Notarkammer steht, und zwar gebührenrechtlich (§ 59 Abs. 1) und haftungsmäßig (§ 61 Abs. 1), ist die Notarkammer zur vorgesehenen Person anzuhören; eine unterlassene Anhörung macht allerdings die spätere Bestellung nicht unwirksam. Sollte die Notarkammer grundlegende und begründete Bedenken erheben, wird die Landesjustizverwaltung im Rahmen ihres Ermessens zu prüfen haben, ob die Abberufung des Notariatsverwalters und die Bestellung eines neuen geboten ist. Nach der Bestellung erhält die Notarkammer von Amts wegen eine Nachricht von dem Vorgang durch den Präsidenten des Landgerichts.   **7**

Die Bestellung zum Notariatsverwalter, d. h. der innerbehördlich vorgeschaltete Entscheidungsakt und die getroffene Entscheidung selbst, erfolgen in einigen Ländern unmittelbar durch den Präsidenten des Landgerichts (vgl. AVNot Bayern, AVNot Hessen), teilweise durch den Präsidenten des Oberlandesgerichts (vgl. AVNot Nordrhein-Westfalen, AVNot Schleswig-Holstein).   **8**

Davon zu unterscheiden ist die Aushändigung der Bestallungsurkunde, die in der Regel durch die untergeordnete Behörde vorgenommen wird. Diese Aushändigung begründet gleichzeitig die formalen Rechte und Pflichten des Notariatsverwalters, so dass auch hier die Nähe zum öffentlichen Dienstrecht des Beamten deutlich wird.   **9**

---

4 Ebenso *Schippel/Bracker/Bracker*, § 55 Rz. 2; für den Notariatsverwalter sind z. B. abweichende Regelungen enthalten in §§ 59, 64.

2. Amtseid (Abs. 2 Satz 2)

10 Infolge der Verweisung auf § 13 und durch die ausdrückliche Anordnung muss der Notariatsverwalter vor Aufnahme seiner Geschäfte den **Amtseid** vor dem Präsidenten des Landgerichts leisten. Dies ist jedoch dann entbehrlich, wenn er bereits als Notar einen entsprechenden Eid geleistet hatte. Damit entfällt eine Verpflichtung zur Vereidigung, wenn er nach § 13 bereits in seiner Eigenschaft als Notar vereidigt worden war; wenn er bereits als Notar vereidigt wurde, auch wenn er im Zeitpunkt der Bestellung zum Notariatsverwalter nicht mehr Notar ist, oder der Notariatsverwalter bereits früher schon einmal als Notarvertreter nach § 13 vereidigt wurde. In allen diesen Fällen genügt eine Bezugnahme auf einen früher geleisteten Eid, wie sich aus einer Verweisung auf § 40 Abs. 1 Satz 3 ergibt (vgl. Absatz 2 Satz 3).

11 Der Hinweis bzw. die Bezugnahme auf früher geleistete Eide kann entweder im Zusammenhang mit der Übergabe der Bestallungsurkunde erfolgen oder in einem besonderen Schriftstück der Landesjustizverwaltung. Die Vereidigung ist allerdings nicht unabdingbare Voraussetzung für die Wirksamkeit der vorgenommenen Amtsgeschäfte, d. h., alle vor der Vereidigung vorgenommenen Amtsgeschäfte bleiben wirksam. Allerdings kann sich ein Notariatsverwalter eines Dienstvergehens schuldig machen, wenn er mehrere Amtsgeschäfte in Kenntnis seiner nicht erfolgten Vereidigung vornimmt.

3. Geschäftstätigkeit

12 Der Notariatsverwalter führt die **Geschäfte für die Notarkammer** (vgl. § 59), allerdings ohne ihr selbst anzugehören. Er haftet in gleicher Weise wie ein Notar[5] mit der Besonderheit, dass die Notarkammer ebenfalls für sein Fehlverhalten als Gesamtschuldnerin einzutreten hat (vgl. § 61). Der Notariatsverwalter steht in einem »zweigliedrigen« Rechtsverhältnis, und zwar einmal zur Landesjustizverwaltung, die ihn wie einen Notar mit einem Amt behandelt und zum anderen zur Notarkammer in einem besonderen Rechtsverhältnis »öffentlich-rechtlicher« Natur, das durch einen öffentlich-rechtlichen Vertrag modifiziert werden kann.

13 In diesem Punkt weicht die Regelung der BNotO ganz erheblich von dem Vorbild des bayerischen Notargesetzes vom 09.06.1899 ab, wonach der Notariatsverwalter die Amtsgeschäfte für den verhinderten Notar führte (vgl. Art. 111).

14 Der Notariatsverwalter ist nicht Rechtsnachfolger in sächlicher Hinsicht, wie z. B. Geschäftsstellen- und Kanzleieinrichtung, die zu benutzen er weder verpflichtet noch berechtigt ist[6], sondern lediglich Übernehmer eines öffentlichen Amtes. Demgegenüber gehen alle Gegenstände in seinen Gewahrsam und seine Verfügungsbefugnis über, die mit dem Amt derart eng verbunden sind, dass sie nur zusammen mit der Ausübung des Amtes im Rechtsverkehr benutzt werden können, wie z. B. Akten und amtliche Bücher[7].

---

5 Vgl. die Erläuterungen zu § 19.
6 Vgl. zum zuletzt genannten Gesichtspunkt *Bohrer*, Berufsrecht, Rz. 276; ders., in *Beck'sches* Notarhandbuch, L I Rz. 54.
7 *Kaisenberg/Dennler*, Bayerische Notariatsgesetze, Art. 111 Anm. 1.

(1) Der Notariatsverwalter übernimmt die Akten und Bücher des Notars, an dessen Stelle er bestellt ist, sowie die dem Notar amtlich übergebenen Urkunden und Wertgegenstände; sind bei der Bestellung des Notariatsverwalters die Akten und Bücher bereits von dem Amtsgericht in Verwahrung genommen (§ 51 Abs. 1 Satz 1), so sind sie in der Regel zurückzugeben.

(2) [1]Der Notariatsverwalter führt die von dem Notar begonnenen Amtsgeschäfte fort. [2]Die Kostenforderungen stehen dem Notariatsverwalter zu, soweit sie nach Übernahme der Geschäfte durch ihn fällig werden. [3]Er muss sich jedoch im Verhältnis zum Kostenschuldner die vor der Übernahme der Geschäfte an den Notar gezahlten Vorschüsse anrechnen lassen.

(3) [1]Soweit die Kostenforderungen dem ausgeschiedenen Notar oder dessen Rechtsnachfolger zustehen, erteilt der Notariatsverwalter die vollstreckbare Ausfertigung der Kostenberechnung (§ 155 der Kostenordnung); lehnt er die Erteilung ab, so steht dem Notar oder dessen Rechtsnachfolger die Beschwerde nach § 156 der Kostenordnung zu. [2]Ist dem Notar ein anderer Amtssitz zugewiesen, so bleibt er neben dem Notariatsverwalter zur Erteilung der vollstreckbaren Ausfertigung befugt. [3]Der Notariatsverwalter hat ihm Einsicht in die Bücher und Akten zu gewähren; die dadurch entstehenden Kosten trägt der Notar.

Übersicht

A. Entstehungsgeschichte der Vorschrift

Die RNotO in der Fassung vom 13.02.1987 (RGBl. S. 191) hatte selbst **keine Regelungen** über den Notariatsverwalter getroffen, sondern diese waren in § 5 der AusfVO vom 26.06.1937 (RGBl. S. 663) enthalten, dem § 58 der BNotO weitgehend entspricht.   **1**

B. Erläuterungen

I. Aufgabenbereich des Notariatsverwalters (Abs. 1)

Der Notariatsverwalter tritt hinsichtlich der Amtsübernahme an die Stelle des Notars, d. h., er übernimmt alle Akten und Bücher sowie die Urkundensammlung und Wertgegenstände. Die Vorschrift entspricht insoweit § 51 Abs. 1, so dass die dort gegebenen Erläuterungen auch hier gelten. Im Bereich des Anwaltsnotariats erfüllt der Notariatsverwalter primär die Funktion, die laufenden Geschäfte fortzuführen, während im Bereich des Nurnotariats die persönliche Fortführung der von der Landesjustizverwaltung eingerichteten Stelle im Vor-   **2** dergrund steht, d. h., dafür Sorge zu tragen, dass der Notar ohne Unterbrechung seinen Dienstgeschäften nachgehen kann analog der Regelung im öffentlichen Dienst[1].

3   Mit Wertgegenständen sind solche dem Notar nach § 23 anvertraute gemeint; deshalb tritt der Notariatsverwalter mit seiner Bestallung in alle Rechte und Pflichten des Notars auch hinsichtlich der Anderkonten ein, ohne dass es dazu noch eines besonderen Rechtsaktes bedarf. Die Verfügungsbefugnis des Notars oder etwaiger Erben ist automatisch beendet.

4   Der Notariatsverwalter sollte den kontoführenden Kreditinstituten von seiner Bestallung Kenntnis geben, jedoch hat diese Mitteilung keine konstitutive Wirkung, d. h., dass er erst ab diesem Zeitpunkt verfügungsbefugt wäre.

5   Der Notariatsverwalter übernimmt zwar alle Akten, Bücher und Urkunden des Notars, hat jedoch keinen Anspruch auf Überlassung der Geschäftsräume und Mitarbeiter des Notars. Dies gilt auch für den umgekehrten Fall, dass nämlich ein Notar eine andere Notarstelle antritt, so dass die Verwaltung der ehemaligen Notarstelle nicht in den Geschäftsräumen stattfindet, die der Notar nunmehr bezogen hat. Er kann sich zwar mit dem Notar oder etwaigen Erben desselben ins Benehmen setzen, jedoch bleibt dies einer einzelvertraglichen Regelung vorbehalten, auf die der Notariatsverwalter weder einen privat-rechtlichen noch einen öffentlich-rechtlichen Anspruch hat.

6   Sollten die amtlichen Unterlagen (Akten, Bücher, Urkunden, Wertgegenstände, Kostbarkeiten) schon im **Gewahrsam des Amtsgerichts** sein, sollen sie in der Regel zurückgegeben werden (Absatz 1 Satz 2). Von der Rückgabe sollte nur in begründeten Ausnahmefällen abgesehen werden, d. h., wenn triftige Gründe dagegen sprechen, dem Notariatsverwalter wieder den Besitz zu verschaffen.

II. Pflichtenkreis des Notariatsverwalters (Abs. 2 Satz 1)

7   Der Notariatsverwalter übernimmt nicht nur die **sächlichen Aktenbestände** (Absatz 1), sondern **führt die begonnenen Geschäfte fort**. Damit soll die ununterbrochene Amtstätigkeit des Notars gewährleistet bleiben. Mit Beginn irgendwelcher Amtsgeschäfte ist jede Tätigkeit gemeint, die zielgerichtet einen Erfolg herbeiführen soll, unabhängig davon, wie viel Teilakte bereits durch den Notar erledigt waren. Dies bedeutet z. B., dass eine Beurkundung vorzunehmen ist, wenn dem Notar erst der auch mündliche Auftrag erteilt worden war, einen Beurkundungsakt durchzuführen.

8   Die Fortsetzung begonnener Amtsgeschäfte ist primäre Aufgabe zwecks Vermeidung von Nachteilen für die Rechtsuchenden, was sich auch aus Sinn und Zweck des § 56 Abs. 2 ergibt. In der Regel ist die Bestellung eines Notariatsverwalters geboten, denn ein Bedürfnis wird grundsätzlich anzunehmen sein; im Bereich des Nurnotariats noch mehr als im Bereich des Anwaltsnotariats. Die vom Notar begonnenen Geschäfte sind so weiterzuführen, wie sie der Notar bei Ausübung seiner Tätigkeit beendet hätte, d. h. auch der Vollzug der Urkunden, wie z. B. einzuholende Genehmigungen, gehört dazu[2]. Dies gilt für den Anwaltsnotar in gleicher Weise wie für den Nurnotar, der allerdings gegenüber ersterem auch neue Geschäfte bis auf weiteres vornehmen darf, während dem Anwaltsnotar dies nur in den ersten drei Monaten nach Amtsübernahme gestattet ist (§ 56 Abs. 2 Satz 2).

9   Allerdings ist der Notariatsverwalter im Bereich des Anwaltsnotariats nicht verpflichtet, neue Amtsgeschäfte vorzunehmen; die Entscheidung dafür steht alleine in seinem Belieben und ist auch jeglicher Kontrolle entzogen. Nach Bestellung eines Notariatsverwalters besteht auch kein Bedürfnis mehr, dem Notar noch die Abwicklung laufender Geschäfte zu gestatten, wie sich u. U. aus § 55 Absatz 2 ergeben könnte. Dies kann nur in den Fällen gel-

---

1 Vgl. *Schippel/Bracker/Bracker*, § 58 Rz. 2, 3.
2 *Schippel/Bracker/Bracker*, § 58 Rz. 16, wo zutreffend der Ausdruck »Rogation« verwendet wird als für den dem Notar erteilten Auftrag. Dieser Begriff findet sich teilweise im allgemeinen Berufsrecht wieder, wenn es darum geht, dass der Notar quasi im Auftrag für den Staat sog. originär staatliche Aufgaben wahrnimmt.

ten, in denen unaufschiebbare Handlungen zwecks Vermeidung größeren Schadens geboten sind und eben noch kein Notariatsverwalter oder Notarvertreter bestellt ist[3].

Zur Fortführung der Amtsgeschäfte nach Absatz 2 gehört auch die **ordnungsgemäße** **Fortführung der Bücher und Akten** nach Absatz 1, wobei hier zunächst § 33 Abs. 4 DO-Not zu beachten ist, d. h., Beginn und Beendigung der Verwaltung sind in der Urkundenrolle zu vermerken. Der Notariatsverwalter führt die Urkundenrolle fort unter Verwendung der bisherigen Nummernfolge, und zwar auch, soweit er neue Beurkundungstätigkeiten entwickelt. Andernfalls würde es keinen Sinn geben, wenn dem Notariatsverwalter einerseits die Fortführung in Gestalt von neuen Urkundtätigkeiten erlaubt ist, wie z. B. im Bereich des Anwaltsnotars für immerhin drei Monate, er aber andererseits so handeln müsste, als würde er ein neues Notariat antreten. Diese Handhabung der Fortführung der Urkundenrolle und auch anderer Unterlagen gilt für den Nurnotar ebenso wie für den Anwaltsnotar. **10**

Der Notariatsverwalter übernimmt auch alle **sonstigen Unterlagen**, wie z. B. Nebenakten i. S. d. § 22 DONot, allerdings mit der Besonderheit, dass der Anwaltsnotar nur die nicht abgeschlossenen Nebenakten übernimmt, während der Nurnotar alle Bestände in seine Verwahrung überleitet[4]. In der Person des Notariatsverwalters gehen auch auf den Notar ausgestellte Vollmachten auf; er tritt in alle Rechte und Pflichten des ausgeschiedenen oder seines Amtes verlustig gegangenen Notars ein, ohne dass es eines besonderen Rechtsaktes noch bedürfte. **11**

III. Kostenforderungen (Abs. 2 Satz 2, 3; Abs. 3)

Der bisherige Notar oder seine Erben werden **Inhaber der Kostenforderungen**, die durch seine Amtstätigkeit entstanden sind, wobei hinsichtlich der Tatbestände auf den Zeitpunkt der Fälligkeit abzustellen ist. Bei noch laufenden Geschäften entscheidet der Zeitpunkt der Beendigung des gebührenpflichtigen Geschäfts und bei Auslagen der Zeitpunkt ihrer Entstehung (vgl. § 7 KostO). Der Notariatsverwalter muss sich allerdings die vom ausgeschiedenen Notar bereits eingezogenen Vorschüsse voll anrechnen lassen. Die Kostenforderungen, die nach Übernahme des Amtes entstehen und damit erst ab diesem Zeitpunkt fällig werden, stehen dem Notariatsverwalter zu, weil er nach außen als selbstständiger Inhaber des Amtes im eigenen Namen tätig wird; allerdings muss er nach Maßgabe des § 59 mit der Notarkammer abrechnen. **12**

Hinsichtlich der **vollstreckbaren Ausfertigung der Kostenberechnung** (§ 155 KostO) ordnet Absatz 3 an, dass diese ausschließlich der Notariatsverwalter erteilen kann; für den Fall, dass er diese ablehnt, können der Notar oder sein Rechtsnachfolger die Beschwerde nach Maßgabe des § 156 KostO erheben. Der ausgeschiedene Notar oder ansonsten seines Amtes verlustig gegangene Notar kann nur dann die Vollstreckung betreiben, wenn er selbst noch wirksam die vollstreckbare Ausfertigung erteilt hatte. Diese Befugnis steht ihm auch dann zu, wenn ihm lediglich ein anderer Amtssitz zugewiesen wurde (Absatz 3 Satz 2). Dann kann er neben dem Notariatsverwalter die Vollstreckung betreiben, dem er aus Gründen der Praktikabilität die Vollstreckung überlassen sollte[5]. **13**

Sollte sich der Notariatsverwalter weigern, für den seinen Amtssitz verlegenden Notar die Vollstreckung zu betreiben, steht dem Notar nicht die Beschwerde nach § 156 KostO zu, denn er kann unter Inanspruchnahme der Einsicht in Akten und Bücher (Absatz 3 Satz 3) selbst die Vollstreckung betreiben. Dieses Recht steht ihm auch dann zu, wenn an seinem ehemaligen Amtssitz kein Notariatsverwalter bestellt wurde[6]. Ein vorläufig seines Amtes enthobener oder ein solcher nach § 8 Absatz 1 Satz 2 verhinderter Notar, der also mit Er- **14**

---

3 Wie hier auch *Schippel/Bracker/Bracker*, § 58 Rz. 16; zu weiteren Fragen der Verwalterschaft vgl. auch *Weingärtner/Ehrlich*, Rz. 697 ff.; vgl. *ders.* zur Vermeidung von (unnötigen) Verweserschaften in Notarrecht NRW Ord. 142 = Mitteilung der Notarkammer Hamm.
4 Ebenso *Schippel/Bracker/Bracker*, § 58 Rz. 14.
5 *Schippel/Bracker/Bracker*, § 58 Rz. 23.
6 *Schippel/Bracker/Bracker*, § 58 Rz. 25; BayObLG, DNotZ 1964, 48.

laubnis ein Nebenamt aufgenommen hat und infolgedessen nicht mehr sein Amt persönlich ausübt, kann selbst keine vollstreckbaren Ausfertigungen der Kostenrechnungen ausstellen, selbst wenn ihm materiellrechtlich die Kostenforderung zusteht; ist für ihn kein Notariatsverwalter bestellt, können die Kosten nicht zwangsweise beigetrieben werden und der ausgeschiedene Notar muss notfalls auf seinen Anspruch verzichten.

(1) [1]Der Notariatsverwalter führt sein Amt auf Rechnung der Notarkammer gegen eine von dieser festzusetzende angemessene Vergütung. [2]Er hat mit der Notarkammer, soweit nicht eine andere Abrede getroffen wird, monatlich abzurechnen. [3]Führt er die der Notarkammer zukommenden Beträge nicht ab, so können diese wie rückständige Beiträge beigetrieben werden.

(2) Die Notarkammer kann ein Aufrechnungs- oder Zurückbehaltungsrecht an den Bezügen des Notariatsverwalters nur insoweit geltend machen, als diese pfändbar sind oder als sie einen Anspruch auf Schadensersatz wegen vorsätzlicher unerlaubter Handlung hat.

(3) [1]Die Notarkammer kann allgemein oder im Einzelfall eine von Absatz 1 Satz 1 und 2 abweichende Regelung treffen. [2]Absatz 2 ist in diesem Fall nicht anwendbar.

Übersicht

A. Entstehungsgeschichte der Vorschrift

Die Vorschrift entspricht in Absatz 1 und 2 sachlich § 6 der AusfVO vom 26.06.1937 (RGBl. I S. 663).   **1**

B. Erläuterungen

I. Ziel der Vorschrift

Der Notariatsverwalter kann nicht das **wirtschaftliche Risiko** der Fortsetzung des Amtes tragen, so dass für seinen Schutz und für den des rechtsuchenden Bürgers, der die Dienste des Notariatsverwalters in Anspruch nehmen muss, dieser das Amt »auf Rechnung der Notarkammer gegen eine im Voraus festzusetzende Vergütung« fortführt. Deshalb stehen Gewinne und Verluste aus dem Notaramt der Notarkammer zu, die dem Notariatsverwalter dafür das wirtschaftliche Risiko abnimmt[1].   **2**

II. Status zur Notarkammer (Abs. 1)

Der Notariatsverwalter ist ebenfalls **Inhaber eines öffentlichen Amtes,** das durch öffentlich-rechtlichen Vertrag modifiziert werden kann[2]. Er erfüllt seine Aufgaben ebenfalls in eigener Verantwortung, die nicht deshalb tangiert wird, weil er etwa eine Vergütung durch die   **3**

---

1 *Schippel/Bracker/Bracker,* § 59 Rz. 1.
2 *Bohrer,* Berufsrecht, Rz. 276.

Notarkammer erhält. Er tritt an die Stelle des Notars, so dass schon die entsprechenden Bestimmungen des bayerischen Notarwesens, aus dem die Verwaltung kommt, festlegten, dass nur derjenige zum Notariatsverwalter ernannt werden kann, der die Voraussetzungen für das Amt des Notars erfüllt[3]. Er untersteht wie der Notar auch der Dienstaufsicht der Landesjustizverwaltung[4].

4   Im Gegensatz zu früheren Bestimmungen[5] des notariellen Berufsrechts tritt der Notariatsverwalter nicht in die arbeitsrechtlichen Vertragsverhältnisse der Mitarbeiter des Notars analog § 613a BGB ein[6]. Es entspricht auch der Rechtsprechung des BAG[7], dass eine bloße Funktionsnachfolge im öffentlich–rechtlichen Bereich nicht zu einem Übergang der Arbeitsverhältnisse führt.

5   Er ist nach außen uneingeschränkt handlungsfähig und zum Abschluss aller Rechtsgeschäfte, die das Notaramt neben der Beurkundungstätigkeit betreffen, befugt, jedoch im Innenverhältnis zur Notarkammer dadurch eingeschränkt, dass er auf Kosten der Notarkammer tätig wird, was im Einzelfall bedeuten kann, dass seine Tätigkeit den Vorgaben der Notarkammer entsprechen muss. Er steht zur Notarkammer weder in einem Arbeitsverhältnis noch in einem öffentlich-rechtlichen Dienstverhältnis[8], sondern ebenso wie der Notar in einem öffentlich-rechtlichen Amtsträgerverhältnis besonderer Art analog dem Richteramtsverhältnis[9]. Dies ist nicht nur eine Frage der Terminologie, sondern der Grundeinstellung mit allen denkbaren Folgen, denn es macht einen Unterschied, ob vom Dienst- und Treueverhältnis analog dem Beamten mit wesentlich stärkeren Eingriffen in die Dienst- und Fachaufsicht gesprochen wird oder einem besonders ausgestalteten Amtsverhältnis, das fachaufsichtsrechtlichen Maßnahmen jedenfalls weitgehend entzogen ist.

III. Vergütung (Abs. 1 Satz 1)

6   Der Notariatsverwalter erhält von der Notarkammer eine **im Voraus festgesetzte Vergütung**. Dies bedeutet, dass die Festsetzung nicht durch Aushandeln im Einzelfall erfolgt, sondern kraft eines durch die Kammer erlassenen Verwaltungsakts, jedoch wird in der Regel eine einvernehmliche Lösung immer erstrebenswert sein. Dies folgt auch schon daraus, dass die Höhe der Vergütung sich jeweils nach der Arbeitsbelastung und dem Ausmaß der ihm verbliebenen Geschäfte und der Prognose der zu erwartenden Geschäfte richtet; dennoch kann die Notarkammer abstrakt Richtwerte festsetzen, an die sie aber dann nicht gebunden ist, wenn sich Besonderheiten des Einzelfalls ergeben[10]. Diesbezügliche Rechtsstreitigkeiten sind auf dem nach § 62 vorgegebenen Rechtsweg auszutragen, auch wenn sie nach der Rechtsnatur vor die Verwaltungsgerichte gehörten, denn der Anspruch gegen die Notarkammer ist öffentlich-rechtlicher Natur[11].

7   Daraus folgt seinerseits, dass wegen der Höhe nicht §§ 315 ff. BGB anwendbar sind, sondern die im Verwaltungsrecht entwickelten Grundsätze über die Verhältnismäßigkeit[12]. In einem gerichtlichen Verfahren zur Überprüfung der Höhe kann deshalb der Notariatsverwalter alle Umstände vorbringen, die für eine ermessensfehlerfreie Bestimmung durch die

---

3 Vgl. Art. 96 bayer. Notariatsgesetz vom 09.06.1899. Nach Art. 97 waren Richter verpflichtet, sich zum Notariatsverwalter bestellen zu lassen.
4 Vgl. die Erläuterungen zu §§ 56, 57.
5 Vgl. Art. 109 bayer. Notariatsgesetz vom 09.06.1899.
6 Offen gelassen bei *Bohrer*, Berufsrecht, Rz. 280.; in diesem Sinne auch LAG Köln ZNotP 1999, 170.
7 EzA Art. 13 Einigungsvertrag – Beschluss vom 20.03.1997.
8 So auch *Schippel/Bracker/Bracker*, § 59 Rz. 3.
9 Vgl. zum letzteren *Zapka*, DRiZ 1989, 15, 17 im Anschluss an BVerfGE 12, 81 ff. Vgl. dazu auch *Lerch*, DRiZ 1993, 225, 227.
10 Insoweit ebenfalls *Schippel/Bracker/Bracker*, § 59 Rz. 7.
11 *Schippel/Bracker/Bracker*, § 59 Rz. 5.
12 Vgl. zum Inhalt z. B. BVerwG, DÖV 1971, 858 sowie *Maurer*, § 10 Rz. 17 und im Ergebnis ebenso *Schippel/Bracker/Bracker*, § 59 Rz. 5.

Notarkammer von Bedeutung sind. Auch wenn Zivilgerichte im Verfahren nach § 111 über etwaige Streitigkeiten zu entscheiden haben, gelten nicht die im Zivilrecht entwickelten Grundsätze für eine leistungsgerechte Vergütung (u. a. § 242 BGB), denn ein Verwaltungsakt der Notarkammer bildet den eigentlichen Streitgegenstand[13].

Hinsichtlich der Vergütung bedeutet dies, dass der Notariatsverwalter nicht verpflichtet ist, das Amt anzunehmen, wenn ihm die Vergütung nicht ausreichend ist und die Notarkammer vor Amtsübernahme ihm die Höhe mitteilt. Er hat in einem solchen Fall dann auch keinen Anspruch auf Bestellung zum Notariatsverwalter. Bei dieser Handhabung kann die Notarkammer weitgehend Streitigkeiten wegen der Höhe umgehen. **8**

IV. Abrechnung mit der Notarkammer (Abs. 1 Satz 2)

Es hat eine **monatliche Abrechnung** zwischen Notariatsverwalter und Notarkammer zu erfolgen. Davon abweichende Vereinbarungen sind zulässig und bei kleineren Notariaten auch sinnvoll. Er hat deshalb eine jede einzelne Position enthaltende Aufstellung über Einnahmen und Ausgaben zu erstellen und der Notarkammer vorzulegen; die konkrete Abrechnung erfolgt in der Weise, dass der Notariatsverwalter seine Vergütung einbehält und nur entweder etwaige entstandene Überschüsse abführt oder einen fehlenden Teil von der Notarkammer einfordert. **9**

Der Notariatsverwalter tätigt die Ausgaben, soweit er sie für erforderlich hält, und tritt selbstständig im Außenverhältnis auf; die Notarkammer kann deshalb nur ihm gegenüber Bedenken wegen Grund und Höhe der Ausgaben bei der Abrechnung geltend machen. Deshalb werden auch die Einnahmen des Notariatsverwalter, soweit er kein Notarassessor ist, steuerrechtlich dementsprechend behandelt. Hingegen handelt es sich beim Notarassessor um Einnahmen aus abhängiger Arbeit. **10**

Die Abrechnung erfolgt monatlich (Absatz 1 Satz 2), es sei denn, die Notarkammer hat mit ihm eine **andere Vereinbarung** getroffen. Die weiteren Einzelheiten des Abrechnungsverfahrens bestimmt die Notarkammer und hat dafür in der Regel Richtlinien aufgestellt. Dabei gilt aber immer der Grundsatz, dass die gesamten Einnahmen an die Notarkammer abzuführen sind, abzüglich der notwendigen Ausgaben und der vorher festgesetzten Vergütung. **11**

Zu den Ausgaben zählen alle Aufwendungen für die Aufrechterhaltung des Kanzleibetriebs einschließlich der Kosten eines Vertreters des Notariatsverwalters. Kommt der Notariatsverwalter seiner Pflicht, die überschüssigen Beträge abzuführen, nicht nach, kann die Notarkammer sie nach Maßgabe des § 73 Absatz 2 wie Beiträge beitreiben (Absatz 1 Satz 3). Dies bedeutet im konkreten Fall, dass es nach entsprechender Kostenrechnung und Zahlungsaufforderung mit Fristsetzung nicht erst der Klage vor einem ordentlichen Gericht nach § 62 bedarf, weil ansonsten die Verweisung auf § 73 Abs. 2 durch Absatz 1 Satz 3 keinen Sinn gäbe[14]. Der Notariatsverwalter ist gegen eine vermeintlich unberechtigte Kostenrechnung nicht schutzlos gestellt, sondern kann sich durch die Vollstreckungsgegenklage nach § 767 ZPO verteidigen. **12**

---

13 *Schippel/Bracker/Bracker*, § 59 Rz. 6.
14 Grundsätzlich auch *Schippel/Bracker/Bracker*, § 59 Rz. 15, wonach allerdings über den nicht anerkannten Teil Klage zum Landgericht erhoben werden soll. Diese Ansicht scheint nicht zwingend logisch zu sein, denn auch danach soll der Kostenschuldner über den nicht anerkannten Teil über § 767 ZPO geschützt sein; wenn dem so ist, reicht dieser Schutz auch über den nach § 767 ZPO gegebenen Rechtsbehelf völlig aus.

V. Aufrechnungs- oder Zurückbehaltungsrecht (Abs. 2)

13 Die Notarkammer kann ein Aufrechnungs- oder Zurückbehaltungsrecht nur insoweit geltend machen, als die Bezüge i. S. d. § 850 Abs. 1 ZPO pfändbar sind oder sie einen Schadensersatzanspruch wegen vorsätzlicher, unerlaubter Handlung (§ 823 BGB) hätte. Die Vorschrift dient primär zum **Schutz des Notariatsverwalters**, dem keine wirtschaftlichen Nachteile daraus erwachsen sollen, dass die Notarkammer annimmt, vermeintliche Gegenansprüche zu haben; dies geht nur in den Pfändungsfreigrenzen des § 850 ZPO. Die zweite Alternative, nämlich Ansprüche der Notarkammer aus vorsätzlicher, unerlaubter Handlung, dürfte in der Praxis keine relevante Rolle spielen.

VI. Abweichende Vereinbarungen (Abs. 3)

14 Das Gesetz erlaubt **abweichende Vereinbarungen** von dem Erfordernis der vorher festzusetzenden Vergütung (Absatz 1 Satz 1) und dem Abrechnungsverfahren (Absatz 1 Satz 2), wovon insbesondere im Bereich des Anwaltsnotariats Gebrauch gemacht wird, wenn nämlich der die Anwaltspraxis abwickelnde Anwalt gleichzeitig Notariatsverwalter für diesen Anwalt ist. In solchen Fällen ist dann auch Absatz 2 abbedungen, was eigentlich keiner Erwähnung bedürfte, denn bei nicht festen Bezügen sind Aufrechnung und Zurückbehaltung nicht möglich mangels Fälligkeit.

15 Der Inhalt der abweichenden Regelungen wird vom Gesetz **nicht näher eingegrenzt**, d. h., der Notariatsverwalter kann auch unentgeltlich für die Notarkammer, zu der er in einem öffentlichen Verhältnis steht, tätig sein. Standesrecht kann allerdings nicht durch abweichende Vereinbarungen außer Kraft gesetzt werden.

16 Eine abweichende Regelung ist nur im **Einvernehmen zwischen Notariatsverwalter und Notarkammer** möglich, auch wenn das Gesetz selbst den Begriff »Regelung« verwendet. Eine einseitige Festsetzung zu Lasten des Notariatsverwalters durch entsprechenden Verwaltungsakt der Notarkammer ist nach Absatz 3 nicht möglich[15].

17 Der Inhalt einer abweichenden Regelung kann sich nur auf **die im Gesetz genannten Tatbestandsmerkmale** beziehen, also »auf Rechnung der Notarkammer«, »die im Voraus festzusetzende Vergütung« und »die monatliche Abrechnung«. Von Gesetzes wegen sind andere Möglichkeiten der Lastentragung, z. B. auf Kosten des ausgeschiedenen Notars das Amt weiterzuführen, ausgeschlossen[16]. Dies gilt zumindest im Bereich des Nurnotariats, in dem die Verwaltung primär der Aufrechterhaltung der Notarstelle dient. Dagegen sind im Anwaltsnotariat nicht nur abweichende Regelungen häufiger anzutreffen, sondern auch insoweit möglich, als der Notariatsverwalter interne Regelungen mit dem ausgeschiedenen Notar oder seinen Erben vereinbart[17].

18 Im Tätigkeitsbereich der **Notarkasse in München** tritt nach § 113 Abs. 3 Nr. 8 für die wirtschaftliche Verwaltung im Bereich der Notariatsverwalterschaft diese an die Stelle der Notarkammer.

19 Hinsichtlich des Rechtswegs bei Rechtsstreitigkeiten zwischen der Notarkammer und dem Notariatsverwalter können Unterschiede bestehen, und zwar dann, wenn nach Bestellung zum Notariatsverwalter dieser mit einer ihm gegenüber festgesetzten Vergütung nicht einverstanden ist und er deshalb nicht seine Entlassung aus dem Amt beantragt. In einem solchen Fall verbleibt ihm die **Anfechtungsklage nach § 111**. Soweit es allerdings um Einzelheiten wegen der im Voraus festgesetzten Vergütung geht und um Streitigkeiten aus dem Abrechnungsverfahren, sind nach **§ 62 die Landgerichte** ausschließlich zuständig.

---

15 A. A. offenbar *Schippel/Bracker/Bracker*, § 59 Rz. 15, wonach erst im Klagewege nach § 62 vorgegangen werden muss; vgl. insoweit aber Fn. 1 zu § 58; wegen der Vollstreckung die Ausführungen zu § 72.

16 So auch *Schippel/Bracker/Bracker*, § 59 Rz. 30.

17 So auch *Schippel/Bracker/Bracker*, § 59 Rz. 31.

Ist der Notariatsverwalter zur Übernahme des Amtes bereit, aber nicht mit der im Voraus **20** festgesetzten Vergütung, verbleibt ihm ebenfalls die Anfechtung nach § 111, denn es handelt sich dann nicht um Streitigkeiten aus der Vergütung oder der Abrechnung, sondern um eine solche, die den Grund der Vergütung betreffen, so dass dafür der Rechtsweg nach § 62 nicht in Betracht kommt. Hingegen ist für Ansprüche des Notarverwalters gegen den früheren Amtsinhaber auf Herausgabe von Gebührenvorschüssen der ordentliche Rechtsweg gegeben[18].

18 BGH NJW 2000, 2428 = LM H. 10/2000 § 62 BNotO Nr. 1 = DNotZ 2000, 714 = MDR 2000, 1099 = ZNotP 2000, 402.

(1) Die Überschüsse aus den auf Rechnung der Notarkammer durchgeführten Notariatsverwaltungen müssen vorrangig zugunsten der Fürsorge für die Berufsangehörigen und ihre Hinterbliebenen verwendet werden.

(2) ¹Verbleibende Überschüsse sind, soweit Versorgungseinrichtungen nach § 67 Abs. 4 Nr. 2 eingerichtet sind, diesen zuzuwenden. ²Bestehen Versorgungseinrichtungen nicht, fließen verbleibende Überschüsse der Notarkammer zu.

Übersicht

A. Entstehungsgeschichte der Vorschrift

1 Die Vorschrift geht auf keine entsprechende in der RNotO vom 13.02.1937 (RGBl. S. 191) zurück. Abs. 2 wurde durch das dritte Änderungsgesetz zur BNotO vom 31.08.1998 (BGBl. I S. 2585) eingefügt.

B. Erläuterungen

I. Verwendung von Überschüssen

2 Überschüsse aus Notariatsverwalterschaften müssen nach dieser Vorschrift zugunsten der **Fürsorge für Berufsangehörige** und ihre Hinterbliebenen verwandt werden. Die Bestimmung entspricht einem von Notaren geäußerten Wunsch. Sie ist insofern überflüssig, als die Notarkammer diese Beträge keinesfalls zweckwidrig verwenden dürfte.

3 Das Gesetz spricht von den Überschüssen aus den Notariatsverwalterschaften, also von allen Verwaltungen insgesamt, so dass es gestattet ist, zunächst Verluste bei einzelnen Verwalterstellen durch Überschüsse anderer Stellen **auszugleichen** und nur den Rest für die Fürsorgezwecke zu verwenden.

4 Die Kammern haben dabei einen gewissen Spielraum, für welche Zeiträume sie abrechnen wollen, angemessen dürfte eine Abrechnung und Verwertung nach dem Haushaltsjahr oder dem Kalenderjahr sein. Die Notarkammern können allgemein Fürsorge- und Versorgungseinrichtungen nach § 67 schaffen; falls das geschehen ist, können die Überschüsse einfach diesen Stellen zugeführt werden, sonst muss die Kammer auf andere Weise für die gesetzmäßige Verwendung sorgen. Sie darf dabei den Kreis der zu Bedenkenden allgemein näher festlegen, ihn auch bei Bedarf wieder ändern.

II. Steuerrechtliche Probleme

5 Körperschaftssteuer darf von den Notarkammern nicht erhoben werden, denn nach § 60 erzielt die Kammer keinen Gewinn, hat also kein Einkommen; das Gesetz verfügt unmittelbar über die Verwendung der Überschüsse. Eine Notarkammer verfolgt keine eigenwirtschaftlichen Zwecke und ist kein »Betrieb«, sondern eine Körperschaft des öffentlichen Rechts, die

hoheitliche Aufgaben erfüllt und kraft Gesetzes zur Betreuung sowie Fortführung verwaister Notarstellen auch wirtschaftlich eintreten muss. Die **Befreiung von Körperschaftssteuer** folgt dann aus § 1 des Körperschaftssteuergesetzes, weil die Notarkammer keine der darin aufgezählten Vereinigungen ist[1].

Es sollen zwar in erster Linie aus den Überschüssen die Berufsangehörigen und ihre Hinterbliebenen versorgt werden, jedoch nicht ausschließlich, was bedeutet, dass zwar primär jener Personenkreis zu berücksichtigen ist, aber nur in dem Umfang, wie für sie ein echtes Bedürfnis nach Versorgung besteht.   **6**

Soweit für jenen Personenkreis kein Bedürfnis mehr besteht, trifft das Gesetz die weiteren Prioritäten. Zunächst sind Versorgungseinrichtungen nach § 67 zu berücksichtigen und, soweit jene nicht bestehen, fließen die Überschüsse der Notarkammer zu. In einigen Bezirken existieren sog. Versorgungseinrichtungen.   **7**

---

1 BFH DNotZ 1966, 444 (L) = NJW 1966, 1192 (L) = BB 1966, 809.

§ 61

(1) ¹Für eine Amtspflichtverletzung des Notariatsverwalters haftet die Notarkammer dem Geschädigten neben dem Notariatsverwalter als Gesamtschuldner; im Verhältnis zwischen der Notarkammer und dem Notariatsverwalter ist dieser allein verpflichtet. ²Das Gleiche gilt, soweit der Notariatsverwalter nach § 46 oder § 19 Abs. 2 für Amtspflichtverletzungen eines Vertreters oder eines Notarassessors haftet. ³§ 19 Abs. 1 Satz 2 und 3 ist entsprechend anwendbar. ⁴Die Haftung der Notarkammer ist auf den Betrag der Mindestversicherungssummen von nach Absatz 2 abzuschließenden Versicherungen beschränkt.

(2) ¹Die Notarkammer hat sich und den Notariatsverwalter gegen Verluste aus der Haftung nach Absatz 1 durch Abschluss von Versicherungen zu sichern, die den in §§ 19a und 67 Abs. 3 Nr. 3 gestellten Anforderungen genügen müssen. ²Die Ansprüche aus der Haftpflichtversicherung soll auch der Notariatsverwalter im eigenen Namen geltend machen können.

(3) Eine Haftung des Staates für Amtspflichtverletzungen des Notariatsverwalters besteht nicht.

Übersicht

A. Entstehungsgeschichte der Vorschrift

1   Das Gesetz vom 07.08.1981 (BGBl I 803) hat **Absatz 2 neu gefasst**. Nach der amtlichen Begründung (Bundestagsdrucksache 9/24 und 8/2782) ist das geschehen, um die nach § 61 Abs. 2 von der Notarkammer für Amtspflichtverletzungen des Notariatsverwalters abzuschließende Versicherung den sich aus § 19a und § 67 Abs. 2 Nr. 3 ergebenden Anforderungen anzupassen.

B. Erläuterungen

I. Amtspflichtverletzungen (Abs. 1)

2   Bei Amtspflichtverletzungen des Notariatsverwalters selbst haftet dieser **persönlich** nach §§ 57, 19, weil er den für Notare geltenden Vorschriften untersteht. Nach § 46 haftet der Notar für Amtspflichtverletzungen eines Notariatsassessors, wenn er dem Assessor das Geschäft zur selbstständigen Erledigung überlassen hatte.

3   Materiell gelten die allgemeinen Bestimmungen über Amtspflichtverletzungen, die oben bei § 19 erläutert sind.

II. Mithaftung der Notarkammer

Nach § 61 Abs. 1 haftet die **Notarkammer als Gesamtschuldner neben dem Notariatsverwalter** in allen Fällen, in denen eine Haftung des Notariatsverwalters aus Amtspflichtverletzungen entsteht, also bei eigenen Verfehlungen oder beim Einstehen für Verfehlungen seines Vertreters oder seines selbstständig handelnden Assessors.   **4**

Für das Gesamtschuldverhältnis gelten die Vorschriften der §§ 421–426 BGB. Im Innenverhältnis haftet jedoch der Notariatsverwalter allein; insoweit gilt § 426 Abs. 1 BGB nicht. Die Notarkammer hat damit also immer einen Ausgleichsanspruch. Es steht ihr frei, diesen Anspruch gelegentlich aus bestimmten sachlichen Gründen nicht geltend zu machen, zumal sie durch eine Haftpflichtversicherung nach Abs. 2 gedeckt sein soll. Es könnte eine analoge Anwendung der beamtenrechtlichen Bestimmungen in Betracht kommen (§ 46 BRRG), wonach bei hoheitlicher Tätigkeit ein Rückgriff nur bei grober Fahrlässigkeit vorgesehen ist; aber auch das erscheint nicht richtig, weil der Verwalter kein Beamter ist und gerade wegen dieser Besonderheiten die Haftpflichtversicherung des Abs. 2 vorgesehen ist.   **5**

III. Keine Staatshaftung

Eine **Haftung des Staates** nach Art. 34 GG kommt nicht in Frage, weil der Notar selbstständig gegen Gebühren tätig wird; das wird in § 61 Abs. 3 ähnlich wie beim Notar in § 19 Abs. 1 Satz 4 und beim Notariatsassessor nach § 19 Abs. 2 Satz 3 ausdrücklich nochmals bestätigt.   **6**

IV. Haftpflichtversicherung (Abs. 2)

Die in Abs. 2 vorgesehene Haftpflichtversicherung des Notariatsverwalters und der Notarkammer entspricht jetzt der in § 19a und § 67 Abs. 2 Nr. 3 vorgesehenen allgemeinen **gesetzlichen Pflichtversicherung** für Notare. Für Notariatsverwalter hatte sie schon vorher bestanden. Die Novelle von 1981 hat den Absatz 2 nur der neuen gesetzlichen Regelung angepasst. Eine auch vorher geltende Ausnahme ist geblieben, dass nämlich der Verwalter die Ansprüche gegen den Versicherer auch im eigenen Namen geltend machen kann, natürlich nur derart, dass er Leistung an den Geschädigten verlangen kann, soweit er diesen nicht bereits befriedigt hat.   **7**

§ 62

Für vermögensrechtliche Streitigkeiten zwischen der Notarkammer und dem Notariatsverwalter, welche die Vergütung, die Abrechnung (§ 59) oder die Haftung für Amtspflichtverletzungen betreffen, sind die Landgerichte ohne Rücksicht auf den Wert des Streitgegenstandes ausschließlich zuständig.

Übersicht

A. Entstehungsgeschichte der Vorschrift

1 Die Vorschrift geht inhaltlich im Wesentlichen auf **§ 8 AusfVO zur RNotO** vom 26.06.1937 (RGBl. I S. 663) zurück, der allerdings in Angleichung an die damalige Rechtslage Streitigkeiten zwischen der Reichsnotarkammer und dem Notariatsverwalter erfasste, denn örtliche Notarkammern existierten nicht, und darüber hinaus nur die Streitigkeiten über die Vergütung und die Haftung den Landgerichten zuwies. Demgegenüber dehnt § 62 dies auf die Abrechnung aus und bezieht, der Rechtslage entsprechend, die Notarkammern als Körperschaften und damit als Partei eines Rechtsstreits ein.

B. Erläuterungen

I. Rechtsweg

1. Vermögensrechtliche Streitigkeiten

2 Die Vorschrift weist den **ordentlichen Gerichten** und dort ohne Rücksicht auf den Streitwert den Landgerichten die sog. vermögensrechtlichen Streitigkeiten zwischen der Notarkammer und dem Notariatsverwalter zu, so dass es sich um eine Ausnahmeregelung zu § 111 handelt, die für Verwaltungsakte einen besonderen Rechtsweg vorsieht. Der Begriff der vermögensrechtlichen Streitigkeit umfasst alle Ansprüche auf Geld oder Geldeswert oder um Ansprüche, die auf vermögensrechtlichen Beziehungen beruhen[1]. Daher zählen dazu auch Arrestverfahren oder sog. Annexansprüche, wie z. B. Auskunftsansprüche zur Vorbereitung eines vermögensrechtlichen Anspruchs.

2. Verhältnis zu § 111

3 Die **abschließende Aufzählung** der Streitgegenstände in § 62 lässt erkennen, dass über andere als darin genannte nur die Anfechtung nach § 111 verbleibt, d. h. die Landgerichte sind

---

1 So auch *Schippel/Bracker/Bracker*, § 62 Rz. 5.

nicht mehr zuständig, wenn im Zusammenhang mit der Vergütung ergangene Verwaltungsakte angefochten werden sollen. Andererseits beinhaltet die Regelung, dass die Zivilgerichte auch über die Rechtmäßigkeit einer festgesetzten Vergütung zu entscheiden haben, also nicht nur, wenn über die Höhe gestritten wird, sondern auch über den Grund, d. h. die Übereinstimmung mit höherrangigem Recht oder allgemeinen Grundsätzen des Verwaltungsrechts. Jede andere Handhabung würde zu einer Spaltung des Rechtsweges führen, die für eine einheitliche Sachentscheidung abträglich wäre. Deshalb sind die Landgerichte auch dann zuständig, wenn die Notarkammer meint, auf Grund der von ihr erstellten Abrechnung einen Überschuss zu haben. Allerdings bleibt der Rechtsweg nach § 111 erhalten, wenn im Zusammenhang mit der Vergütung oder der Abrechnung Verwaltungsakte der Notarkammer ergangen sind, die sich aber nur mittelbar darauf auswirken, z. B. die Verfügung an den Notariatsverwalter, bestimmte Unterlagen vorzulegen oder Einsicht in Bücher oder Nebenakten zu gewähren[2].

3. Einzelheiten der Streitigkeiten

a) Höhe

Alle im Zusammenhang mit der Vergütung stehenden Streitfragen gehören vor die Landgerichte, soweit sie sich auf die **Höhe** auswirken und damit für den Notariatsverwalter entweder ein Minus gegenüber der von ihm begehrten oder ein Plus gegenüber der von der Notarkammer geschuldeten Vergütung darstellen; nur mittelbar im Zusammenhang damit ergangene Verfügungen in Gestalt von Verwaltungsakten bleiben dem Anfechtungsverfahren nach § 111 vorbehalten. Deshalb ist § 62 auch anwendbar, wenn über ein Aufrechnungs- oder Zurückbehaltungsrecht der Notarkammer gestritten wird[3]. Auch alle übrigen Einwendungen des Notariatsverwalters gegenüber der Notarkammer stehen mit der Vergütung und ihrer Höhe in so engem Zusammenhang, dass dafür nur der Rechtsweg nach § 62 bleibt. **4**

b) Einzelheiten des Abrechnungsverfahrens

Auch Einzelheiten des **Abrechnungsverfahrens** gehören nach dem eindeutigen Wortlaut der Vorschrift unter Bezugnahme auf § 59 vor die Landgerichte. Deshalb entscheiden diese nicht nur, wenn es um Einzelheiten des periodischen Rechenwerks geht, dass also die Notarkammer die Aufstellung insgesamt oder in einzelnen Punkten beanstandet, sondern auch, wenn der Notariatsverwalter Kosten einstellt, die von der Notarkammer nicht akzeptiert werden. Auch hier gilt der schon o. g. Gesichtspunkt, dass der Rechtsweg nach § 62 gegeben ist, soweit ein Einwand geeignet ist, nicht nur Grund, sondern auch Höhe der auszuzahlenden Vergütung zu beeinflussen. Wird hingegen die »technische Geschäftsführung«[4] zum Gegenstand einer Beanstandung oder eines Einwandes durch die Notarkammer erhoben, ist dafür nur der Rechtsweg nach § 111 eröffnet, weil dabei primär verwaltungsrechtliche Fragen (z. B. des Ermessens) im Vordergrund stehen. **5**

c) Haftungsfragen

Haftungsfragen gehören ebenfalls danach vor die Landgerichte, denn insoweit geht es nur um eine inhaltliche Ausgestaltung nach § 19, der die dort genannten Ansprüche ebenfalls den Landgerichten zuweist. Deshalb entscheiden sie über den Ausgleich bei einer gesamtschuldnerischen Haftung (vgl. § 61) und soweit es um versicherungsrechtliche Fragen aus der für den Notariatsverwalter abgeschlossenen Versicherung durch die Notarkammer geht, **6**

---

2 Ebenso *Schippel/Bracker/Bracker*, § 62 Rz. 3.
3 *Schippel/Bracker/Bracker*, § 62 Rz. 4.
4 So zutreffend *Schippel/Bracker/Bracker*, § 62 Rz. 3; ähnlich *Eylmann/Vaasen/Wilke*, § 62 BNotO Rz. 6.

unabhängig davon, ob das Verhältnis zwischen Notarkammer und Notariatsverwalter tangiert ist oder zwischen der Notarkammer und am Rechtsverkehr teilnehmenden Dritten.

4. Weiterer Verfahrensweg

7　Da es sich um eine **ausschließliche Zuständigkeit** handelt, kann unabhängig vom Streitwert nicht die Zuständigkeit des Amtsgerichts vereinbart werden[5]. Im Übrigen gelten die Bestimmungen der ZPO zur Berufung und zur Revision und dabei insbesondere zur Notwendigkeit der Revisionssumme oder zur Zulassung derselben durch das Oberlandesgericht (vgl. § 543 ZPO). Die Vereinbarung eines Schiedsgerichts ist hingegen zulässig.

II. Besonderes Vorrecht des Fiskus (Satz 2)

8　Diese Bestimmung ist inzwischen **gegenstandslos** und sollte bei der nächsten Novellierung herausgenommen werden. Sie besagte inhaltlich, dass der Fiskus, ohne dass eine bestimmte Beschwerdesumme erreicht war, dennoch Rechtsmittel einlegen konnte, auch wenn für den Notariatsverwalter das Rechtsmittel erst statthaft war, soweit der Wert der Beschwer in bestimmter Höhe erreicht war. Die hier einschlägigen Normen §§ 511a Abs. 4 und 547 Abs. 1 sind durch Gesetz vom 15.08.1969 (BGBl. I S. 1141) aufgehoben worden.

III. Praktische Bedeutung

9　Notarkammer und Notariatsverwalter sollten bemüht sein, ihre Streitigkeiten nicht über die Inanspruchnahme des Rechtsweges auszutragen, sondern im **gegenseitigen Einvernehmen eine** gütliche Lösung suchen. Dies wird dem Amt als einem öffentlichen am ehesten gerecht, denn es stellt auch im Übrigen im öffentlichen Dienstrecht eine Ausnahme dar, dass der Beamte mit seinem Dienstherrn Streitigkeiten vor den Gerichten austrägt.

---

5 *Schippel/Bracker/Bracker,* § 62 Rz. 8.

§ 63

(1) Der Notariatsverwalter ist verpflichtet einem Beauftragten der Notarkammer Akten und Bücher sowie die in seiner Verwahrung befindlichen Urkunden zur Einsicht vorzulegen.
(2) Die Prüfungsbefugnisse der Aufsichtsbehörde bleiben unberührt.

Übersicht

A. Entstehungsgeschichte der Vorschrift

Die Vorschrift entspricht § 9 AusfVO vom 26.06.1937 (RGBl I 663).   1

B. Erläuterungen

I. Aufsicht durch die Notarkammer (Abs. 1)

Die Aufsichtsbefugnisse der Notarkammer erstrecken sich auch auf den **Notariatsverwalter**, weil er den für Notare geltenden Vorschriften unterliegt (§ 57). Daraus folgt nach § 74 die Pflicht des Notariatsverwalters, der Kammer alle erforderlichen Auskünfte zu erteilen. Dazu gehört die hier in Abs. 1 wiederholte und konkretisierte Pflicht des Verwalters, einem Beauftragten der Notarkammer Einsicht in seine Amtsführung zu gewähren, insbesondere ihm Akten, Bücher und Urkunden zur Einsicht vorzulegen, und zwar auf Wunsch auf der Dienststelle der Kammer des Notariatsverwalters.   2

Die Bestimmung stellt klar, dass auch die Beauftragten der Kammer die Auskünfte und Einsichten verlangen können. Die nähere Aufgliederung des § 93 Abs. 2 muss auch hier gelten, so dass die Vorschrift des § 63 sich auf Akten, Verzeichnisse, Geschäftsbücher und im Gewahrsam befindliche Urkunden bezieht.

II. Aufsicht durch die Landesjustizverwaltung (Abs. 2)

Die **Rechte der Aufsichtsbehörde** bleiben nach Abs. 2 **unberührt**. Aufsichtsbehörden sind die Justizbehörden (§ 92). Auch diese können nach § 93 Auskünfte verlangen und ihre Beauftragten können Einsicht in die Notariatsunterlagen verlangen.   3

(1) ¹Das Amt eines nach § 56 Abs. 1 bestellten Notariatsverwalters endigt, wenn ein neuer Notar bestellt wird oder der vorläufig seines Amtes enthobene oder gemäß § 8 Abs. 1 Satz 2 an der persönlichen Amtsausübung verhinderte Notar sein Amt wieder übernimmt. ²Die Amtsbefugnis des Notariatsverwalters dauert fort, bis ihm die Beendigung des Amtes von der Landesjustizverwaltung mitgeteilt ist. ³Die Landesjustizverwaltung kann die Bestellung aus wichtigem Grunde vorzeitig widerrufen.

(2) ¹Das Amt eines nach § 56 Abs. 2 bestellten Notariatsverwalters endigt mit Ablauf des Zeitraums, für den er bestellt ist. ²Absatz 1 Satz 3 gilt entsprechend.

(3) ¹Übernimmt nach der Beendigung des Amtes des Notariatsverwalters der frühere Notar das Amt wieder oder wird dem neu bestellten Notar gemäß § 51 Abs. 1 Satz 2 die Verwahrung der Akten und Bücher übertragen, so führt der Notar die von dem Notariatsverwalter begonnenen Amtsgeschäfte fort. ²Die nach Übernahme des Amtes durch den Notar fällig werdenden Kostenforderungen stehen diesem zu. ³Er muss sich jedoch im Verhältnis zum Kostenschuldner die vor der Übernahme des Amtes an den Notariatsverwalter gezahlten Vorschüsse anrechnen lassen.

(4) ¹Die dem Notariatsverwalter zustehenden Kostenforderungen werden nach der Beendigung seines Amtes von der Notarkammer im eigenen Namen eingezogen. ²§§ 154 bis 157 der Kostenordnung gelten entsprechend. ³Die Notarkammer kann den neu bestellten oder wieder in sein Amt eingesetzten Notar damit beauftragen, die ausstehenden Forderungen auf ihre Kosten einzuziehen.

Übersicht

A. Entstehungsgeschichte der Vorschrift

1 Die Vorschrift geht im Wesentlichen auf § 10 der AusfVO vom 26.06.1937 (RGBl. I S. 663) zurück. Die Absätze 1, 3, 4 sind fast unverändert übernommen worden, während Absatz 2 erst seit Bestehen der BNotO Gesetz ist. Inhaltlich haben die Absätze 3 und 4 nur insoweit eine Änderung erfahren, als an die Stelle des Oberlandesgerichtspräsidenten die Landesjustizverwaltung getreten ist und der Begriff Reichsnotarkammer durch die Notarkammern ersetzt wurde. In Absatz 1 ist darüber hinaus der Fall berücksichtigt worden, dass nach § 8 Abs. 1 Satz 2 ein Notar vorübergehend an der Amtsausübung wegen eines anderen besoldeten Amtes gehindert ist. Absatz 2 berücksichtigt die Bestellung eines Notariatsverwalters auf bestimmte Zeit für einen aus dem Amt ausgeschiedenen Anwaltsnotar.

B. Erläuterungen

I. Beendigung infolge Amtsantritt eines Notars (Abs. 1 Satz 1)

1. Bedeutung der Vorschrift

Die Vorschrift regelt generell die Frage, wann das **Amt des Notariatsverwalters** wieder **er-** 2
lischt, und die Aufzählung der verschiedenen Beendigungstatbestände lässt eine abschließende Regelung erkennen. Sie trägt dem Umstand Rechnung, dass das Amt des Notariatsverwalters immer ein solches auf Zeit ist, während der Notar unter Berücksichtigung der
Altersgrenze (§ 48a) grundsätzlich auf Lebenszeit bestellt wird. Der Notariatsverwalter genießt nicht dieselben Rechte wie ein Notar und ähnelt mehr der Stellung eines Beamten auf
Widerruf. Er ist nur insoweit gegenüber der Landesjustizverwaltung geschützt, als diese ihn
vorzeitig nur bei Vorliegen eines wichtigen Grundes abberufen kann.

2. Nurnotar (Abs. 1)

Abs. 1 beschäftigt sich unter Bezugnahme auf § 56 Abs. 1 mit der Frage, wann das Amt des 3
Notariatsverwalters **für einen sog. Nurnotar endet** und behandelt den Fall, dass ein neuer
Notar bestellt wird oder der Verhinderungsgrund nach § 8 Absatz 1 Satz 2 wieder entfällt.

a) Altnotar/Neunotar

Dabei kann es sich sowohl um die Bestellung eines **neuen Notars** handeln, der also früher 4
noch nicht Inhaber dieses speziellen Notaramtes war, oder um die Übernahme des Amtes
durch den **früheren**, an der Amtsausübung nun nicht mehr gehinderten **Notars**. Es spielt
dabei keine Rolle, ob die Landesjustizverwaltung gerade für die Verwalterstelle einen neuen
Notar bestellt oder an demselben Amtssitz i. S. d. § 10 Abs. 1 Satz 1 ein neues Notaramt eingerichtet wird, so dass einmal das Bedürfnis nach einer angemessenen Versorgung mit notariellen Leistungen wieder erfüllt ist und zum anderen die Notwendigkeit entfällt, eine
Verwalterstelle aufrechtzuerhalten. Als Grundsatz lässt sich daher festhalten, dass die Verwaltung beendet ist, wenn in einem räumlich abgegrenzten Bereich wieder so viele Notare
vorhanden sind wie vorher, also zu dem Zeitpunkt, in dem die Landesjustizverwaltung einen
Notariatsverwalter bestellte. Dies bedeutet auch, dass die Verwaltung ebenfalls endet, wenn
für einen Notar, der seinen Amtssitz verlegt hatte, ein neuer Notar bestellt wird.

b) Wiederaufnahme der Tätigkeit

Eine Wiederaufnahme der Tätigkeit durch den früheren Notar ist außer bei Wegfall der 5
Gründe nach § 8 Abs. 1 Satz 2 gegeben, wenn der **vorläufig seines Amtes enthobene Notar**
(vgl. § 54) **wieder tätig werden darf**, weil die Disziplinarmaßnahme der Landesjustizverwaltung rechtskräftig entfallen ist, oder die Wirkungen der vorläufigen Amtsenthebung kraft
Gesetzes (vgl. § 54 Abs. 4) weggefallen sind.

c) Liquidation der Notarstelle

Die Verwaltung kann auch dadurch beendet werden, dass die Landesjustizverwaltung aus 6
sachlichen Gründen die **Notarstelle liquidiert**, weil z. B. kein Bedürfnis mehr vorliegt (vgl.
§ 4 Abs. 1). Dies folgt daraus, dass der Verwalter selbst keinen Rechtsanspruch auf Fortführung des Amtes hat und sein Amt unmittelbar mit der Existenz eines aktuellen Notaramtes
verbunden ist.

3. Anwaltsnotar (Abs. 2)

7   Beim Anwaltsnotar i. S. d. § 3 Abs. 2 ist die **Rechtslage einfacher**. Hier wird nur für die Dauer eines Jahres ein Verwalter bestellt, wobei auch ein kürzerer Zeitraum möglich ist. Allerdings wird die Landesjustizverwaltung einen Verwalter nur bestellen, wenn ein Bedürfnis dafür vorhanden ist, wie sich aus § 56 Abs. 2 unmittelbar ergibt. Weiterhin wird für den Anwaltsnotar kein Verwalter bestellt, wenn ersterer nach § 8 Abs. 1 Satz 2 an der Amtsausübung gehindert ist oder der Anwaltsnotar nur vorläufig seines Amtes enthoben wurde.

4. Widerruf der Bestellung (Abs. 1 Satz 3; Abs. 2 Satz 2)

8   Der vorzeitige Widerruf der Bestellung zum Notariatsverwalter durch die Landesjustizverwaltung ist in allen Fällen jederzeit aus wichtigem Grunde zulässig (Abs. 1 Satz 3; Abs. 2 Satz 2).

9   Ein **wichtiger Grund** liegt in Umständen, die im Interesse einer geordneten Rechtspflege die umgehende Abberufung dieses Notariatsverwalters fordern. Dabei sind also die Bedürfnisse einer geordneten Rechtspflege, aber auch die Belange des Notariatsverwalters und die Interessen des etwa vertretenen Notars zu beachten und gegenseitig abzuwägen. Ein wichtiger Grund kann es beispielsweise sein, wenn der Verwalter die ihm übertragenen Aufgaben nicht sachgemäß erfüllen kann, wenn begründete Bedenken gegen die Zuverlässigkeit seiner Amtsführung entstehen, wenn der Verwalter aus persönlichen Gründen längere Zeit – auch unverschuldet – verhindert, ist oder wenn sich herausstellt, dass der Verwalter die persönlichen Voraussetzungen für die Bestellung nicht erfüllt. Ein wichtiger Grund ist es ebenfalls, wenn die Landesjustizverwaltung die verwaltete Notarstelle kraft ihrer Organisationsgewalt eingehen lässt, weil ein Bedürfnis nicht mehr besteht. Selbstverständlich sind alle die Umstände, die nach § 50 zur Amtsenthebung eines Notars berechtigen, die nach § 47 zum Erlöschen des Amtes führen, oder die nach § 49 den Amtsverlust bewirken, wenn sie in der Person des Verwalters eintreten, wichtige Gründe zum sofortigen Widerruf der Bestellung als Notariatsverwalter.

10   **Entlassung auf Antrag ist jederzeit möglich**, denn grundsätzlich bleibt niemand Inhaber eines öffentlichen Amtes gegen seinen Willen. Der Notar kann nach § 48 jederzeit seine Entlassung verlangen; dasselbe gilt für den Notariatsverwalter über § 57 Abs. 1. Jedoch gilt das nicht für einen Notariatsassessor als Verwalter, weil dieser nach § 56 verpflichtet ist, ein solches Amt zu übernehmen, es also auch nach seiner Bestellung weiter auszuüben; ein Notariatsassessor kann allerdings jederzeit auf Antrag ganz aus dem Amt als Notariatsassessor ausscheiden.

11   Beim **Notariatsverwalter für einen Anwaltsnotar** endet nach Abs. 2 die Verwaltung mit Ablauf des Zeitraums, für den der Verwalter bestellt ist, also nach einem Jahr, wenn die Verfügung keine andere Befristung enthält, weil sich diese Frist aus § 56 Abs. 2 ergibt.

12   Eine **ausdrückliche Verfügung** der Landesjustizverwaltung muss in allen Fällen ergehen, durch die dem Notariatsverwalter das Ende seines Amtes mitgeteilt wird (Abs. 1 Satz 2), wenn nicht die Bestellung für eine bestimmte Zeit erfolgt. Bis dahin ist der Notariatsverwalter zur Ausübung des Amtes befugt, selbst wenn der Notar schon befugterweise seine Amtsbefugnisse wieder ausübt.

13   Die **Wirkung der Beendigung** ist die, dass Rechte und Pflichten aus der Bestellung enden. Der Amtsinhaber, dessen Amt beendet ist, darf auch hinterher nicht seine Unterschrift unter eine vorher gefertigte Urkunde setzen.

5. Weitere Beendigungsgründe des Verwalteramtes

14   Die **weiteren Beendigungsgründe** richten sich nach den Gründen der Bestellung und sind verschieden bei Verwaltern für Anwaltsnotare und Nurnotare.

Beim Notariatsverwalter für einen Nurnotar endet das Amt nach Abs. 1 mit dem Wegfall der Gründe, die Anlass für die Bestellung waren. Abs. 1 wiederholt die Fälle, in denen nach § 56 Abs. 1 für den zur hauptberuflichen Amtsausübung bestellten Notar ein Verwalter eingesetzt war; entsprechend sind die Endigungsgründe geregelt: 15

a) Die Verwaltung für ein **erloschenes Notariat** endet automatisch, wenn ein neuer Notar bestellt ist. Die Verfügung der Landesjustizverwaltung sollte immer ersehen lassen, welche Stelle einem neubestellten Notar übertragen wird. Die Anordnung, dass ein neuer Notar die Akten und Bücher des früheren Notars verwahren soll (§ 51 Abs. 1), ergibt unwiderleglich, dass damit der Amtsnachfolger bestellt ist. 16

b) Die Verwaltung für einen Notar, dessen **Amtssitz verlegt** ist, endet ebenfalls mit der Bestellung eines neuen Notars wie bei a). 17

c) Die Verwaltung für einen **seines Amtes vorläufig enthobenen Nurnotar** endet, wenn der seines Amtes enthobene Notar das Amt wieder übernehmen darf und übernimmt. 18

d) Die Verwaltung für einen **Nurnotar**, der wegen Annahme eines **besoldeten Amtes** das Notaramt nicht persönlich ausübt, endet, wenn nach Beendigung des anderen Amtes der Notar das Amt wieder persönlich ausübt. 19

Wird nach Widerruf der Bestellung eines Verwalters ein anderer Notariatsverwalter bestellt, dann sind diese Bestimmungen entsprechend anzuwenden. 20

6. Fortführung der Notarstelle (Abs. 3)

a) Nurnotariat

Im Bereich des **Nurnotariats** übernimmt entweder der bisherige Stelleninhaber oder ein neu bestellter Notar die Stelle und führt das Amt fort, insbesondere übernimmt er Nebenakten und Bücher und führt begonnene Amtsgeschäfte ohne Unterbrechung fort. Darüber hinaus werden die Kostenforderungen wie in § 58 angeordnet aufgeteilt, d. h., es richtet sich danach, in wessen Amtszeit die Kostenforderungen fällig geworden sind. Hinsichtlich der Fortführung der begonnenen Amtsgeschäfte werden diese entweder von dem neu ins Amt berufenen Notar fortgesetzt oder vom früheren Notar, bei dem nunmehr keine Hinderungsgründe mehr vorliegen. 21

b) Anwaltsnotariat

Im Bereich des **Anwaltsnotariats** findet demgegenüber eine Fortsetzung des Amtes nicht statt, weil hier die Verwaltung in erster Linie der Abwicklung dient, wie sich aus § 56 Abs. 2 ergibt. Deshalb werden hier nach Beendigung der Verwaltung die Akten und Bücher dem Amtsgericht oder einem anderen von der Landesjustizverwaltung bestimmten Notar übergeben (vgl. § 51 Abs. 1). Dieser zuletzt erwähnte Notar kann auch ein neuer in ein Amt berufener Notar sein, der nicht unbedingt diese Notarstelle übernommen haben muss[1]. 22

c) Übernahme der Akten

Die Fortführung der Notarstelle setzt voraus, dass die **Akten dem neuen Notar übergeben** werden oder der wieder sein Amt bekleidende Notar den unmittelbaren Besitz ausübt. Erst dann können die Amtsgeschäfte fortgeführt werden, was allerdings nur im Bereich des Nurnotariats gilt und nicht in dem des Anwaltsnotariats, denn im letzteren Fall werden diese grundsätzlich dem Amtsgericht übergeben und nur in Ausnahmefällen einem gesondert dafür beauftragten Notar, der auch der neu bestellte Notar sein kann. Die Übernahme der Akten ist unabdingbare Voraussetzung für eine Fortsetzung der begonnenen Amtsgeschäfte, weil der Notar unbedingt Kenntnis benötigt für die Abwicklung in der Zukunft. 23

---

1 *Schippel/Bracker/Bracker*, § 64 Rz. 19.

7. Einziehung der Kostenforderungen (Abs. 4)

a) Einziehung durch die Notarkammer

24 Da der Notariatsverwalter nach Beendigung des Amtes keine hoheitlichen Befugnisse mehr ausübt, muss die **Notarkammer im eigenen Namen die Kostenforderungen einziehen.** Allerdings kann diese den neubestellten oder den wieder sein Amt ausübenden Notar beauftragen, die Forderungen in ihrem Namen und auf ihre Kosten einzutreiben. (Abs. 4 Satz 2) Im Bereich der Notarkasse München werden insoweit von dieser die Aufgaben wahrgenommen. Bis zur Beendigung des Amtes ist der Verwalter materiellrechtlicher Inhaber der Kostenforderungen. Soweit zwischen der Notarkammer und dem Notariatsverwalter eine Vereinbarung i. S. d. § 59 bestanden hatte, dass etwa der Reinertrag dem Verwalter verbleiben sollte, bleibt dieser auch nach Beendigung noch Inhaber der Forderung und macht sie im eigenen Namen für sich geltend[2]. Er kann dabei allerdings nicht die Erleichterungen der §§ 154, 155 KostO für sich in Anspruch nehmen, also sofort vollstreckbare Ausfertigungen erteilen, sondern muss im ordentlichen Erkenntnisverfahren der ZPO seine Ansprüche durchsetzen. Die unterschiedliche Behandlung zu dem Fall, dass im Fall des ausgeschiedenen Notariatsverwalters die Notarkammer die Ansprüche geltend machen muss, ist hier deshalb gerechtfertigt, weil die Notarkammer mangels Abrechnungsgrundlage mit dem Notariatsverwalter kein eigenes Interesse mehr an der Kostenforderung hat, mithin also das Rechtsschutzinteresse fehlen würde. Jede andere Handhabung liefe darauf hinaus, dass die Notarkammer im eigenen Namen, aber auf Zahlung an den früheren Notariatsverwalter, die Ansprüche geltend machen müsste[3].

b) Einziehung durch den neuen Notar

25 Die Notarkammer kann sich **der Aufgabe der Einziehung dadurch entledigen,** dass sie den neubestellten oder sein Amt wieder ausführenden Notar damit beauftragt, auf ihre Kosten und in ihrem Namen die Kosten geltend zu machen. Es handelt sich dabei um einen Fall der gesetzlichen Prozessstandschaft. Dabei hat der Notar gegenüber der Notarkammer Amtspflichten zu beachten und darf nicht gegen die Interessen der Notarkammer tätig werden.

26 Er hat ihren Anweisungen Folge zu leisten und muss alle Einwendungen und Einreden vorbringen, die ihm im Innenverhältnis zur Notarkammer kraft des Treue- und Auftragsverhältnisses obliegen[4]. Kommt er diesen Pflichten nicht nach, kann ein Verstoß Maßnahmen der Dienstaufsicht nach sich ziehen. Da ein das Amt ausübender Notar vorhanden ist, kann dieser selbst vollstreckbare Ausfertigungen (§ 155 KostO) erteilen, allerdings mit der Maßgabe, dass Zahlung an die Notarkammer zu leisten ist. Der Notar muss, wenn nicht sachliche Gründe vorgebracht werden, einen solchen Auftrag grundsätzlich ausführen. Er kann sich dabei ebenfalls der Erleichterungen der §§ 154, 155 KostO bedienen und Zahlung an die Notarkammer verlangen, die ihrerseits den Betrag an den früheren Notariatsverwalter abführt. Im Verhältnis zwischen diesem und der Notarkammer bestehen wegen der Zahlung dieselben Pflichten fort, wie sie zurzeit der Verwaltung bestanden.

---

2 So ausdrücklich *Schippel/Bracker/Bracker*, § 64 Rz. 24; *Eylmann/Vaasen/Wilke*, § 64 BNotO Rz. 23.
3 So konsequent *Schippel/Bracker/Bracker*, § 64 Rz. 24.
4 Vgl. dazu auch *Schippel/Bracker/Bracker*, § 64 Rz. 22; *Eylmann/Vaasen/Wilke*, § 64 Rz. 24.

7. Abschnitt   Allgemeine Vorschriften für das Verwaltungsverfahren

§ 64a

(1) ¹Die Landesjustizverwaltung ermittelt den Sachverhalt von Amts wegen. ²Sie bedient sich der Beweismittel, die sie nach pflichtgemäßem Ermessen für erforderlich hält.

(2) ¹Der am Verfahren beteiligte Bewerber, Notar oder Notarassessor soll bei der Ermittlung des Sachverhalts mitwirken und, soweit es dessen bedarf, sein Einverständnis mit der Verwendung von Beweismitteln erklären. ²Sein Antrag auf Gewährung von Rechtsvorteilen ist zurückzuweisen, wenn die Landesjustizverwaltung infolge seiner Verweigerung der Mitwirkung den Sachverhalt nicht hinreichend klären kann. ³Der Bewerber, Notar oder Notarassessor ist auf diese Rechtsfolge hinzuweisen.

(3) ¹Gerichte und Behörden übermitteln personenbezogene Informationen, die für die Bestellung zum Notar, zum Vertreter oder Notariatsverwalter, für die Ernennung zum Notarassessor, für die Amtsenthebung eines Notars oder Entlassung eines Notarassessors aus dem Dienst, für die Rücknahme oder den Widerruf einer Erlaubnis, Genehmigung oder Befreiung sowie zur Einleitung eines Verfahrens wegen ordnungswidrigen Verhaltens oder Verletzung von Amtspflichten aus der Sicht der übermittelnden Stelle erforderlich sind, der für die Entscheidung zuständigen Stelle, soweit hierdurch schutzwürdige Interessen des Betroffenen nicht beeinträchtigt werden oder das öffentliche Interesse das Geheimhaltungsinteresse des Betroffenen überwiegt. ²Die Übermittlung unterbleibt, wenn besondere gesetzliche Verwendungsregelungen entgegenstehen. ³Informationen über die Höhe rückständiger Steuerschulden können entgegen § 30 der Abgabenordnung zum Zweck der Vorbereitung der Amtsenthebung gemäß § 50 Abs. 1 Nr. 6 oder Nr. 8 übermittelt werden; die Notarkammer darf die ihr übermittelten Steuerdaten nur für den Zweck verwenden, für den sie ihr übermittelt worden sind.

Übersicht

A. Entstehungsgeschichte der Vorschrift

Die Vorschrift hat **keinen historischen Vorläufer** und wurde insgesamt durch Gesetz vom 29.01.1991 (BGBl. I S. 150) eingefügt.   1

B. Erläuterungen

I. Verwaltungsgrundsätze (Abs. 1)

Die BNotO enthielt keine Vorschriften über das von den Behörden der Landesjustizverwaltung einzuhaltende Verfahren bei der Sachverhaltsermittlung, so dass bis dahin allenfalls die Vorschriften des § 26 VwVfG des Bundes und entsprechender Verfahrensgesetze der Länder galten. Diesem etwas unsicheren Rechtszustand hat § 64a ein Ende bereitet, wobei diese Vor-   2 schrift im Wesentlichen § 26 VwVfG entspricht[1]. Deshalb ist § 26 Abs. 1 Satz 2 VwVfG analog anwendbar, wonach im Rahmen der in Ausübung des Ermessens anzuwendenden Beweismittel insbesondere Auskünfte eingeholt, Zeugen und Sachverständige gehört oder von ihnen schriftliche Äußerungen eingeholt werden können, Urkunden und Akten beigezogen werden können und auch eine Einvernahme des Augenschein stattfinden kann. Im Rahmen des Disziplinarrechts ist die Vorschrift nicht anwendbar, weil hier die Vorschriften der §§ 95 ff. eine Sonderregelung enthalten und die landesrechtlichen Normen für anwendbar erklären[2].

II. Mitwirkungsbefugnisse und -pflichten (Abs. 2)

3   Auch dieser Absatz geht im Wesentlichen auf § 26 Abs. 2 VwVfG zurück, wonach die Beteiligten bei der Ermittlung des Sachverhalts mitwirken sollen. Dies bedeutet gleichzeitig, dass die Mitwirkung selbstverständlich nicht erzwungen werden kann, denn das Gebot der Mitwirkung dient primär der Durchsetzung und Verteidigung der Rechte der Beteiligten[3], so dass der betroffene Notar bereits in einem frühen Verfahrensstadium die ihn entlastenden Umstände einführen kann und somit bereits im Verwaltungsverfahren eine richtige Entscheidung getroffen wird. Soweit darüber hinaus auf das Einverständnis des Betroffenen bei der Verwendung von Beweismitteln verwiesen wird, ist dabei insbesondere die Herausgabe von Urkunden und anderen Unterlagen angesprochen, um eine evtl. notwendige Beschlagnahme zu vermeiden. Andererseits dürfen aus der fehlenden Mitwirkung des Betroffenen keine für ihn ungünstigen Schlussfolgerungen gezogen werden, denn dies widerspricht dem Grundsatz der Amtsermittlung; entsprechende Beweislastregeln des Zivilprozesses finden keine Anwendung. Allerdings eröffnet das Gesetz der ermittelnden Landesjustizverwaltung die Möglichkeit, den Betroffenen darauf hinzuweisen, dass Rechtsbehelfe oder Rechtsmittel aussichtslos sein können, wenn gerade durch seine verweigerte Mitwirkung der Sachverhalt nicht umfassend aufgeklärt werden konnte und die getroffene Entscheidung ausschließlich oder überwiegend auf der fehlenden Mitwirkung beruht. Der Betroffene ist im Hinblick auf Art. 103 GG auf die negativen Folgen einer fehlenden Mitwirkung hinzuweisen. Diese negativen Folgen müssen jedoch unterbleiben, wenn ein solcher Hinweis nicht gegeben wurde.

4   Soweit der betroffene Notar an dem Verfahren nicht mehr aktiv mitwirkt, obwohl es ihm zumutbar ist und er auch anhand von Angaben des Sachverhalts dazu in der Lage ist, braucht die Behörde ihrerseits nicht mehr alle zu seinen Gunsten sprechenden Umstände zu ermitteln[4]. Die Mitwirkung kann auch nicht erzwungen werden[5].

III. Datenübermittlung (Abs. 3)

5   Im Hinblick auf die **Datenschutzgesetze des Bundes und der Länder** war es notwendig, die Landesjustizverwaltungen zu ermächtigen, entsprechende Informationen an andere Stellen weiterzugeben. Diese Mitteilungsbefugnis hat jedoch zu unterbleiben, soweit dem schutzwürdige Belange des Betroffenen entgegenstehen (vgl. dazu auch § 24 BDSG), so dass auf die dazu veröffentlichte Literatur und ergangene Judikatur verwiesen werden kann.

6   Da es sich um ein Verfahren der freiwilligen Gerichtsbarkeit handelt, ist es für die Öffentlichkeit nicht zugänglich zu machen[6]. Soweit Abwägungen vorzunehmen sind, dürfte in der

---

1 Vgl. die Kommentierungen zu § 26 VwVfG bei *Kopp*, VwVfG, § 26 Rz. 1 ff., sowie *Maurer*, Allgemeines Verwaltungsrecht, § 19 Rz. 17 ff.
2 *Eylmann/Vaasen/Starke*, § 64a Rz. 2.
3 *Kopp*, VwVfG, § 26 Rz. 41.
4 So *Eylmann/Vaasen/Starke*, § 64a BNotO Rz. 5; *Kopp*, VwVfG § 26 Rz. 43.
5 *Schippel/Bracker/Lemke*, § 64a Rz. 5.
6 Vgl. dazu auch *Schippel/Bracker/Lemke*, § 64a Rz. 7.

Regel das sog. öffentliche Interesse an einer Aufklärung überwiegen[7]. Die Vorschrift ist nunmehr durch Gesetz vom 26.03.2007[8] insofern ergänzt worden, als die Finanzbehörde der Notarkammer entsprechende Informationen zukommen lassen kann, wenn möglicherweise aufgrund von Verbindlichkeiten eine Amtsenthebung nach § 50 Abs. 1 Nr. 6 oder Nr. 8 wegen schlechter Vermögensverhältnisse oder der Gefahr, dass die Vermögensinteressen anderer Beteiligter beeinträchtigt werden, in Betracht kommt. Damit wird vorzeitig eine Informationslücke geschlossen, weil oftmals Steuerschulden früher bekannt werden als andere Verbindlichkeiten. Die Vorschrift sollte in ihren praktischen Auswirkungen nicht unterschätzt werden.

---

7 *Schippel/Bracker/Lemke*, § 64a Rz. 7; *Eylmann/Vaasen/Starke*, § 64a BNotO Rz. 11.
8 BGBl. I S. 358.

Zweiter Teil   Notarkammern und Bundesnotarkammer

1. Abschnitt   Notarkammern

§ 65

(1) [1]Die Notare, die in einem Oberlandesgerichtsbezirk bestellt sind, bilden eine Notarkammer. [2]Die Landesregierung oder die von ihr bestimmte Stelle kann jedoch durch Rechtsverordnung bestimmen, dass mehrere Oberlandesgerichtsbezirke oder Teile von Oberlandesgerichtsbezirken oder ein Oberlandesgerichtsbezirk mit Teilen eines anderen Oberlandesgerichtsbezirks den Bezirk einer Notarkammer bilden.

(2) [1]Die Notarkammer hat ihren Sitz am Ort des Oberlandesgerichts. [2]Im Fall des Absatzes 1 Satz 2 bestimmt die Landesregierung oder die von ihr bestimmte Stelle den Sitz der Notarkammer.

Übersicht

A. Entstehungsgeschichte der Vorschrift

Der **Gesetzgeber der BNotO** fand nach dem Zusammenbruch des Dritten Reiches eine Situation vor, die in jener Form nicht übernommen werden konnte, denn die Justizhoheit ist nach Art. 92 GG grundsätzlich den Ländern anvertraut, so dass die in der Zeit von 1937 bis 1945 existenten Notarkammern als unselbstständige Dienststellen der Reichsnotarkammer neu organisiert werden mussten. Dabei hatte die RNotO vom 13.02.1937 (RGBl. S. 191) durchaus Notarkammern vorgesehen als »Zusammenschluss aller Notare in einem Oberlandesgerichtsbezirk« (vgl. § 44 Abs. 2 RNotO), jedoch in Satz 2 gleichzeitig bestimmt, dass die Notarkammern »örtliche Gliederungen der Reichsnotarkammer zu sein hatten«. Damit konnten sich namhafte, um das Berufsrecht besonders bemühte Notare[1] nicht durchsetzen, die selbstständige Notarkammern auf Landesebene gefordert hatten, wie sie bereits in Bayern, Hessen und Hamburg bestanden. Während *Oberneck* die Ausgestaltung der Notarkammern dem Landesgesetzgeber allein überlassen wollte, plädierte *Bing* nur zwei Jahre später für eine einheitliche Organisation durch den Reichsgesetzgeber. 1

Auf jeden Fall konnten sich alle ums Berufsrecht bemühten Notare auf **historische Vorbilder** in Italien, wo das Notariatswesen seinen Beginn nahm, bevor es über Frankreich nach Deutschland gelangte, berufen, denn dort existierten schon früher ähnliche Korporationen[2]. 2

---

1 Vgl. insbesondere *Oberneck*, DNotV 1925, 383, 396; *Bing*, DNotV 1927, 594.
2 Vgl. die Kurzübersicht bei *Schippel/Bracker/Kanzleiter*, § 65 Rz. 2 f., sowie *Schippel*, DNotZ 1986 (Sonderheft) S. 24, zur geschichtlichen Entwicklung des Notariats allgemein *Conrad*, DNotZ 1960, 3 ff. ausführlich *Tettinger*, Kammerrecht, S. 57 ff.

Die Notarkammern haben ihren historischen Ursprung in der Französischen Revolution und sind dem deutschen Rechtskreis fremd gewesen[3]. Nachdem 1806 das Heilige Römische Reich Deutscher Nation[4] sich aufgelöst hatte, kam es im Rheinland und in Hamburg erstmals zur Bildung von Kammern[5].

3 Diese Entwicklung wurde dadurch gefördert, dass ursprünglich staatliche Berufe sich mehr oder weniger zu einem »staatsähnlichen Beruf« entwickelten, wobei dann erstmals in der Literatur 1911 der Begriff des »staatlich gebundenen Berufs« auftauchte[6]. Dabei war der Gesichtspunkt entscheidend, dass sich zwar einerseits diese Berufsbilder vom Staat gelöst hatten, andererseits aber das Bestreben erhalten blieb, eine Art eigene Aufsicht zu konstruieren, um in etwa dieselben Funktionen wie der Staat wahrzunehmen[7].

4 Dabei ist natürlich auch der Gedanke der Selbstverwaltung von entscheidender Bedeutung; Aufgaben, die die Körperschaft genauso gut erledigen kann, müssen nicht unbedingt durch den Staat selbst wahrgenommen werden[8]. Letztendlich ist dies auch Ausfluß der Unabhängigkeit. Die Aufsicht ist aber schon deshalb notwendig, weil es »originär staatliche Aufgaben« sind, die nicht ohne Kontrollfunktion auf Private und damit Dritte übertragen werden dürfen. Wenn dies nicht so wäre, würden die Aufgaben als rein private zu deklarieren sein, was schon deshalb nicht sein kann, weil der Notar sog. öffentliche Urkunden errichtet, denen eine erhöhte Beweiskraft zukommt.

5 Nach dem Ende des Dritten Reiches nahmen **örtliche Notarkammern** besonders intensiv auch über den Bezirk hinausreichende Aufgaben, hier insbesondere die Notarkammern Köln und Hamburg, wahr. Teilweise nahmen sich die Anwaltskammern der Aufgaben einer Notarkammer an, hier seien die Notarkammern in Rheinland-Pfalz und im Saarland erwähnt sowie in der sog. britisch besetzten Zone. Angesichts dieser positiven Entwicklung ist die Entstehung örtlicher Notarkammern zu verstehen, die erst später in einem überregionalen Zusammenschluss, der Bundesnotarkammer, ihr Ende finden sollte. In Bayern wurden die Aufgaben einer Notarkammer von der Notarkasse[9] in München übernommen[10] und auch von einem vorläufig gebildeten und gut funktionierenden Notarausschuss[11], der bis zur Bildung der Landesnotarkammer Bayern durch die Verordnung vom 31.03.1961 alle Aufgaben wahrnahm, die die RNotO den Notarkammern übertragen hatte[12].

---

3 Vgl. dazu *Schilly*, Zur Geschichte des Notariats im Saarland seit 1815, in Festschrift 150 Jahre Landgericht Saarbrücken, S. 87, 88.
4 Dieses Reich hatte den Charakter eines Bundesstaates im heutigen Sinne, so *Knecht*, Der Reichsdeputationsbeschluss vom 25.02.1803, S. 186.
5 *Tettinger*, S. 57; *Schippel/Bracker/Kanzleiter*, § 65 Rz. 3.
6 *H. Triepel*, in Festschrift für Binding, Band II, S. 1 ff.; übrigens hat das BVerfG an dieser Terminologie bis heute festgehalten, vgl. BVerfGE 17, 377 ff.; vgl. auch *Taupitz*, Die Standesorganisationen der freien Berufe, 1991, S, 248 ff.
7 Die Disziplinargewalt bei den Notaren ist allerdings abgesehen von § 75 BNotO beim Staat verblieben; vgl. §§ 95 ff. BNotO, wonach die landesrechtlichen Vorschriften für Beamte für entsprechend anwendbar erklärt werden.
8 *Schippel/Bracker/Hartmann*, § 65 Rz. 5 f.; *Bohrer*, S. 112.
9 Zur geschichtlichen Entwicklung der Notarkasse, *Ring*, in Festschrift 125 Jahre Bayerisches Notariat, 1987, S. 95.
10 Zur geschichtlichen Entwicklung des Notariats in Bayern, *Schippel*, in Festschrift 125 Jahre Bayerisches Notariat, 1987, S. 75.
11 Vgl. dazu *Schippel*, in Festschrift 125 Jahre Bayerisches Notariat, 1987, S. 75, 90.
12 VO über die Bildung der Landesnotarkammer Bayern vom 31.03.1961, GVBl. 1961, 89.

B. Erläuterungen

I. Entwicklung nach Einführung der BNotO

Die in dieser Vorschrift getroffene Regelung berücksichtigt die Bildung **örtlicher Notar-**   **6**
kammern und schließt alle in einem OLG-Bezirk ansässigen Notare zu einer Notarkammer
zusammen, während demgegenüber die Bundesnotarkammer der Zusammenschluss aller
Notarkammern ist[13]. Mit Ausnahme des OLG-Bezirks Karlsruhe (vgl. § 115) sind in allen
Ländern Notarkammern geschaffen worden. In die im OLG-Bezirk Stuttgart existente Notarkammer können die ebenfalls im dortigen Bezirk zugelassenen Bezirksnotare ohne
Stimmrecht (vgl. § 114 Abs. 3) eintreten.

Die **Anwaltsnotare** i. S. d. § 3 Abs. 2 sind nicht nur in der Anwaltskammer zusammen-   **7**
geschlossen, sondern auch noch Mitglied der Notarkammer, obwohl zu Beginn Bedenken
gegen die Notwendigkeit gesonderter Notarkammern laut wurden[14]. Notarkammern wurden darüber hinaus auch in den fünf neuen Bundesländern geschaffen, so dass derzeit
21 Notarkammern existieren.

II. Identität mit dem OLG-Bezirk

Nachdem das GG den **Ländern die Justizhoheit** übertragen hatte und damit eine Dezentra-   **8**
lisierung des Notarwesens vorgegeben war und die Notare nach heutigem und richtigen Verständnis ihre Befugnisse von der Landesjustizverwaltung ableiten, so dass ihr Amtsbezirk
auch der OLG-Bezirk ist (vgl. § 11), ist es notwendige Folge, dass die Notarkammer sich
örtlich an den OLG-Bezirk anlehnt.

Dies ist der vom Gesetz vorgegebene Grundsatz, wovon nach Abs. 1 Satz 2 die Landes-   **9**
regierung oder die von ihr bestimmte Stelle Ausnahmen zulassen kann, nämlich dass mehrere OLG-Bezirke eine Notarkammer bilden oder mehrere Teile von OLG-Bezirken oder ein
OLG-Bezirk mit Teilen eines anderen OLG-Bezirks eine Notarkammer bilden. Von dieser
Möglichkeit haben nur Bayern und Nordrhein-Westfalen insoweit Gebrauch gemacht,
als durch Verordnung vom 21.03.1961[15] die OLG-Bezirke Bamberg, München und Nürnberg zur Landesnotarkammern zusammengefügt wurden und durch Verordnung vom
14.03.1961[16] die OLG-Bezirke Düsseldorf und Köln zur Rheinischen Notarkammer.

Die dennoch vollzogene Bildung der **Notarkammer Kassel** ist nunmehr durch § 117a   **10**
Abs. 1 gedeckt. Eine Analogie zu § 61 BRAO, der die Möglichkeit eröffnet, eine weitere
Notarkammer im OLG-Bezirk zu errichten, scheidet wegen des eindeutigen Wortlauts und
der speziellen Regelung durch die BNotO aus. Eine frühere Streitfrage zur Rechtmäßigkeit
der Notarkammer Kassel[17] ist damit gelöst.

III. Mitgliedschaft

Jeder von der Landesjustizverwaltung bestellte Notar ist **automatisch Mitglied der Notar-**   **11**
kammer, so dass der verfassungsrechtlich[18] abgedeckte Begriff der »Zwangsmitgliedschaft«
zutreffend ist.

---

13 Vgl. die Erläuterungen zu § 76 Rz. 5.
14 Vgl. ausführlich *Schippel/Bracker/Kanzleiter*, § 65 Rz. 7.
15 GVBl Bayern 1961, 89.
16 GVBl NRW 1961, 163.
17 Vgl. dazu *Wagner*, DNotZ 1995, 920.
18 Vgl. z. B. BVerwGE 10, 89; 15, 235; 32, 54; 38, 281; BVerfG NJW 1986, 1095; ebenso *Schippel/Bra-
    cker/Kanzleiter*, § 66 Rz. 14.

12   Es besteht eine Mitgliedschaft kraft Gesetzes. Sie beginnt mit Aushändigung der Bestallungsurkunde nach § 12 Satz 1 und endet mit der Beendigung des Amtes. Befreiung von der Mitgliedschaft ist ausgeschlossen. Sie besteht auch während der Zeit der vorläufigen Amtsenthebung, und zwar in vollem Umfang, so dass auch ein Ruhen in diesem Zeitpunkt nicht in Betracht kommt. Notarassessoren sind, selbst wenn sie Notarvertreter oder Notarverwalter sind, nicht Mitglieder; dasselbe gilt für nicht als Notare tätige Notarvertreter und Notariatsverwalter.

IV. Sitz der Notarkammer (Abs. 2 Satz 1)

13   Der Sitz der Notarkammer wird durch den **Sitz des Oberlandesgerichts** bestimmt und ist mit diesem identisch. Der Sitz hat nur rechtliche Bedeutung, z. B. für die Frage des Gerichtsstandes bei Rechtsstreitigkeiten. In der Regel wird die Notarkammer am Ort des Sitzes auch ihre Geschäftsstelle unterhalten, jedoch ist dies nicht zwingend. Abweichungen bieten sich z. B. dann an, wenn der Präsident der Notarkammer nicht am Ort des Oberlandesgerichts tätig ist. Folgerichtig bestimmt das Gesetz, dass für den Fall des Absatzes 1 Satz 2 die Landesregierung oder die entsprechende Stelle den Sitz der Notarkammer festlegen.

(1) ¹Die Notarkammer ist eine Körperschaft des öffentlichen Rechts. ²Die Satzung der Notarkammer und ihre Änderungen werden von der Versammlung der Kammer beschlossen; sie bedürfen der Genehmigung der Landesjustizverwaltung und sind in einem von ihr bezeichneten Blatt zu veröffentlichen.

(2) ¹Die Landesjustizverwaltung führt die Staatsaufsicht über die Notarkammer. ²Die Aufsicht beschränkt sich darauf, dass Gesetz und Satzung beachtet, insbesondere die der Notarkammer übertragenen Aufgaben erfüllt werden.

(3) Am Schlusse des Geschäftsjahres legt die Notarkammer der Landesjustizverwaltung einen Bericht über ihre Tätigkeit im abgelaufenen Jahr und über die Lage der im Bereich der Kammer tätigen Notare und Notarassessoren vor.

Übersicht

A. Entstehungsgeschichte der Vorschrift

Ein unmittelbar **historischer Bezug zur RNotO fehlt**, denn nach der dort getroffenen Regelung waren die Notarkammern nicht selbstständig, sondern Ausführungsorgan der Reichsnotarkammer mit umfassenden Befugnissen für die jeweiligen Präsidenten. Diese Regelung konnte der Bundesgesetzgeber nicht übernehmen, denn nunmehr waren wegen der Justizhoheit der Länder nicht mehr die Notare unmittelbare Mitglieder der Bundesnotarkammer, sondern nur noch solche der jeweiligen Notarkammer im OLG-Bezirk.   1

B. Erläuterungen

I. Notarkammern als juristische Personen (Abs. 1 Satz 1)

Die Notarkammern sind kraft Gesetzes **Körperschaften des öffentlichen Rechts** und besitzen damit den Status einer juristischen Person. Sie sind damit rechtlich verselbstständigt und haben eine eigenverantwortliche Verwaltung[1]. Sie sind in ihrer Existenz an die staatlichen Vorgaben gebunden, d. h., nur der Staat kann über ihren Fortbestand entscheiden; eine Auflösung durch die Mitglieder selbst ist damit ausgeschlossen. Körperschaften des öffentlichen Rechts sind die durch Gesetz oder auf Grund eines Gesetzes geschaffenen mitgliedschaftlich organisierten rechtsfähigen Verbände, die unabhängig vom Mitgliederbestand staatliche Aufgaben wahrnehmen, allerdings dabei der staatlichen Aufsicht unterliegen[2].   2

---

1 So *Maurer*, Allgemeines Verwaltungsrecht, § 21 Rz. 8.
2 Zu Umfang und Grenzen der Aufsicht vgl. § 77 Rz. 7 ff.

II. Satzungskompetenz (Abs. 1 Satz 2)

3   Die **Satzungskompetenz** ist Ausdruck einer vom Staat losgelösten Selbstständigkeit. Sie regelt insbesondere mit eigenem Rechtssetzungscharakter die internen Verhältnisse, Zuständigkeiten und Aufgaben. Mit der Satzung als eigenständiger Rechtsquelle[3] regeln die Körperschaften ihr Verhältnis zu den ihr angehörenden Mitgliedern[4]. Deshalb hat der Gesetzgeber sich vorbehalten, die Satzung selbst und entsprechende Änderungen erst dann wirksam werden zu lassen, wenn die Landesjustizverwaltung eine Genehmigung erteilt hat (Abs. 1 Satz 2). Die Satzungskompetenz obliegt ausschließlich der ordnungsgemäß einberufenen und auch ansonsten nicht mit Fehlern behafteten Mitgliederversammlung; d. h. sie ist nicht delegierbar.

III. Staatsaufsicht (Abs. 2)

4   Diese wird durch die Landesjustizverwaltung wahrgenommen und beschränkt sich im Umfang auf die **Rechtsaufsicht**, d. h., dass die Gesetze und Satzung beachtet werden[5]. Die Aufsicht beschränkt sich aber auf die Satzung und ihre Änderungen, nicht auf Beschlüsse der Notarkammer[6].

IV. Jahresberichte (Abs. 3)

5   Die Notarkammer hat der Landesjustizverwaltung am Schluss eines jeden Geschäftsjahres einen **Bericht über die Tätigkeit im abgelaufenen Jahr** sowie über die Lage der im Bezirk tätigen Notare und Notarassessoren vorzulegen. Dieser Bericht wird in der Regel vom Vorstand erstattet. Der Bericht kann sich inhaltlich auf die wesentlichen Tätigkeiten beschränken und hinsichtlich der sog. Lage der Notare und Notarassessoren insoweit auf die Anzahl der Neubestellungen und der Beendigung von Notarämtern sowie auf die Entwicklung des Urkundsaufkommens. Dies hängt damit zusammen, dass die Landesjustizverwaltung unabhängig davon kraft ihrer Aufsichtsbefugnis auch Berichte über bestimmte Maßnahmen und einzelne Angelegenheiten anfordern kann.

V. Haushaltsführung und Vermögensangelegenheiten

6   Nach § 71 Abs. 4 obliegt der Versammlung insbesondere die **Bewilligung von Haushaltsmitteln** zwecks Aufgabenerfüllung. Auch hier ist die Staatsaufsicht dahin gehend eingeschränkt, dass nur überprüft wird, ob gegen die Satzung oder andere zwingende Rechtsvorschriften verstoßen wurde. Allerdings hat die Landesjustizverwaltung weder einen Anspruch auf Vorlage des Haushaltsentwurfs noch des Haushalts selbst, sondern wird nur dann tätig werden müssen, wenn durch Mitglieder die Haushaltsführung konkret beanstandet wird.

7   Die Frage, inwieweit die Notarkammern insolvenzfähig sind, ergibt sich aus § 12 InsO, wonach grundsätzlich auch Körperschaften des öffentlichen Rechts insolvenzfähig sind, allerdings sind auf Grund des Art. IV Einführungsgesetz zu dem Gesetz betreffend Änderungen der KO vom 17.05.1898 (RGBl S. 248) die Landesvorschriften unberührt geblieben, so

---

3 *Maurer*, Allgemeines Verwaltungsrecht, § 4 Rz. 41a.
4 BVerfGE 10, 20; 33, 125.
5 Wegen weiterer Einzelheiten vgl. § 77 Rz. 7 ff.
6 BGHR BNotO § 66 Abs. 1 Genehmigung 1.

dass es sich nach dem jeweiligen Landesrecht regelt, ob eine Notarkammer insolvenzfähig ist.

VI. Beschlüsse der Notarkammer

Die Notarkammer setzt ihre Beschlüsse im Wesentlichen nach §§ 74, 75 durch und kann **Verwaltungsakte** erlassen, die nach den Grundsätzen des Verwaltungsvollstreckungsrechts vollstreckt werden; dessen ungeachtet kann sie gegenüber der Landesjustizverwaltung die Rechtsbehelfe nach § 111 ergreifen, wenn sie geltend macht, dass die Interessen der in ihr zusammengeschlossenen Notare verletzt sind.

§ 67

(1) [1]Die Notarkammer vertritt die Gesamtheit der in ihr zusammengeschlossenen Notare. [2]Sie hat über Ehre und Ansehen ihrer Mitglieder zu wachen, die Aufsichtsbehörden bei ihrer Tätigkeit zu unterstützen, die Pflege des Notariatsrechts zu fördern und für eine gewissenhafte und lautere Berufsausübung der Notare und Notarassessoren zu sorgen.

(2) [1]Der Notarkammer obliegt es, in Richtlinien die Amtspflichten und sonstigen Pflichten ihrer Mitglieder im Rahmen der gesetzlichen Vorschriften und auf deren Grundlage erlassenen Verordnungen durch Satzung näher zu bestimmen. [2]§ 66 Abs. 1 Satz 2 gilt entsprechend. [3]Die Richtlinien können nähere Regelungen enthalten:

1. zur Wahrung der Unabhängigkeit und Unparteilichkeit des Notars,
2. für das nach § 14 Abs. 3 zu beachtende Verhalten,
3. zur Wahrung fremder Vermögensinteressen,
4. zur Beachtung der Pflicht zur persönlichen Amtsausübung,
5. über die Begründung, Führung, Fortführung und Beendigung der Verbindung zur gemeinsamen Berufsausübung oder sonstiger zulässiger beruflicher Zusammenarbeit sowie zur Nutzung gemeinsamer Geschäftsräume,
6. über die Art der nach § 28 zu treffenden Vorkehrungen,
7. für das nach § 29 zu beachtende Verhalten, insbesondere über Bekanntgaben einer Amtsstelle, Amts- und Namensschilder im Rahmen landesrechtlicher Bestimmungen sowie Bürodrucksachen, Führung weiterer Berufsbezeichnungen, Führung von Titeln, Auftreten des Notars in der Öffentlichkeit und Führung seines Namens in Verzeichnissen,
8. für die Beschäftigung und Ausbildung der Mitarbeiter,
9. über die bei der Vornahme von Beurkundungen außerhalb des Amtsbereichs und der Geschäftsstelle zu beachtenden Grundsätze,
10. über den erforderlichen Umfang der Fortbildung,
11. über die besonderen Berufspflichten im Verhältnis zu anderen Notaren, zu Gerichten, Behörden, Rechtsanwälten und anderen Beratern seiner Auftraggeber.

(3) Außer den der Notarkammer durch Gesetz zugewiesenen Aufgaben obliegt ihr,
1. Mittel für die berufliche Fortbildung der Notare, ihrer Hilfskräfte und der Notarassessoren sowie für sonstige gemeinsame Lasten des Berufsstandes bereitzustellen;
2. die Ausbildung und Prüfung der Hilfskräfte der Notare zu regeln;
3. [1]Versicherungsverträge zur Ergänzung der Haftpflichtversicherung nach § 19a abzuschließen, um auch Gefahren aus solchen Pflichtverletzungen zu versichern, die nicht durch Versicherungsverträge nach § 19a gedeckt sind, weil die durch sie verursachten Vermögensschäden die Deckungssumme übersteigen oder weil sie als vorsätzliche Handlungen durch die allgemeinen Versicherungsbedingungen vom Versicherungsschutz ausgenommen sind. [2]Für diese Versicherungsverträge gilt, dass die Versicherungssumme für jeden versicherten Notar und für jeden Versicherungsfall mindestens 250.000 Euro für Schäden aus wissentlichen Pflichtverletzungen und mindestens 500.000 Euro für Schäden aus sonstigen Pflichtverletzungen betragen muss; die Leistungen des Versicherers für alle innerhalb eines Versicherungsjahres von einem Notar verursachten Schäden dürfen jedoch auf den vierfachen Betrag der Mindestversicherungssumme begrenzt werden. [3]§ 19a Abs. 6 ist entsprechend anzuwenden. [4]Die Landesregierungen oder die von ihnen durch Rechtsverordnung bestimmten Stellen werden ermächtigt, durch Rechtsverordnung unter Berücksichtigung der möglichen Schäden Beträge zu bestimmen, bis zu denen die Gesamtleistung des Versicherers für alle während eines Versicherungsjahres von allen versicherten Notaren verursachten Schäden in den Versicherungsverträgen begrenzt werden darf.

(4) Die Notarkammer kann
1. Fürsorgeeinrichtungen,
2. nach näherer Regelung durch die Landesgesetzgebung Versorgungseinrichtungen,

3. allein oder gemeinsam mit anderen Notarkammern Einrichtungen, die ohne rechtliche Verpflichtung Leistungen bei nicht durch Versicherungsverträge nach Absatz 3 Nr. 3 gedeckten Schäden durch vorsätzliche Handlungen von Notaren ermöglichen, unterhalten.

(5) ¹Die Notarkammer kann die Stellung als Notar oder als Notariatsverwalter sowie sonstige berufsbezogene Angaben bei der Vergabe von qualifizierten Zertifikaten nach dem Signaturgesetz bestätigen. ²Die Notarkammer kann die Sperrung eines entsprechenden qualifizierten Zertifikats verlangen.

(6) Die Notarkammer hat ferner Gutachten zu erstatten, die die Landesjustizverwaltung, ein Gericht oder eine Verwaltungsbehörde des Landes in Angelegenheiten der Notare anfordert.

(7) Die Notarkammer kann weitere dem Zweck ihrer Errichtung entsprechende Aufgaben wahrnehmen.

Richtlinienempfehlungen der Bundesnotarkammer

Auf Grund des § 78 Abs. 1 Nr. 5 hat die Bundesnotarkammer die nachfolgenden Empfehlungen für die von den Notarkammern nach § 67 Abs. 2 BNotO zu erlassenden Richtlinien beschlossen. Die Empfehlungen der Bundesnotarkammer dienen dem Schutz des Vertrauens, das dem Notar entgegengebracht wird, und der Wahrung des Ansehens des Berufsstandes. Sie sind ungeachtet der unterschiedlichen Organisationsformen Ausdruck des einheitlichen Notariats in Deutschland.

Richtlinien für die Amtspflichten und sonstigen Pflichten der Mitglieder der Notarkammer

I. Wahrung der Unabhängigkeit und Unparteilichkeit des Notars

1.1 Der Notar ist unparteiischer Rechtsberater und Betreuer sämtlicher Beteiligten.

1.2. Der Notar hat auch bei der Beratung und der Erstellung von Entwürfen sowie Gutachten auf einseitigen Antrag seine Unparteilichkeit zu wahren. Dasselbe gilt für die gesetzlich zulässige Vertretung eines Beteiligten in Verfahren, insbesondere in Grundbuch- und Registersachen, in Erbscheinsverfahren, in Grunderwerbsteuer-, Erbschaft- und Schenkungsteuerangelegenheiten sowie in Genehmigungsverfahren vor Behörden und Gerichten.

2. Weitere berufliche Tätigkeiten des Notars sowie genehmigungsfreie oder genehmigte Nebentätigkeiten dürfen seine Unabhängigkeit und Unparteilichkeit nicht gefährden.

3. Der Anwaltsnotar hat rechtzeitig bei Beginn seiner Tätigkeit gegenüber den Beteiligten klarzustellen, ob er als Rechtsanwalt oder als Notar tätig wird.

II. Das nach § 14 Abs. 3 BNotO zu beachtende Verhalten

1. Der Notar hat das Beurkundungsverfahren so zu gestalten, dass die vom Gesetz mit dem Beurkundungserfordernis verfolgten Zwecke erreicht werden, insbesondere die Schutz- und Belehrungsfunktion der Beurkundung gewahrt und der Anschein der Abhängigkeit oder Parteilichkeit vermieden wird. Dies gilt insbesondere, wenn eine große Zahl gleichartiger Rechtsgeschäfte beurkundet wird, an denen jeweils dieselbe Person beteiligt ist oder durch die sie wirtschaftliche Vorteile erwirbt. Dazu gehört auch, dass den Beteiligten ausreichend Gelegenheit eingeräumt wird, sich mit dem Gegenstand der Beurkundung auseinanderzusetzen.
Demgemäß sind die nachgenannten Verfahrensweisen in der Regel unzulässig:
a) systematische Beurkundung mit vollmachtlosen Vertretern;
b) systematische Beurkundung mit bevollmächtigten Vertretern, soweit nicht durch vorausgehende Beurkundung mit dem Vollmachtgeber sichergestellt ist, dass dieser über den Inhalt des abzuschließenden Rechtsgeschäfts ausreichend belehrt werden konnte;
c) systematische Beurkundung mit Mitarbeitern des Notars als Vertreter, ausgenommen Vollzugsgeschäfte; gleiches gilt für Personen, mit denen sich der Notar zur gemeinsamen Berufsausübung verbunden hat oder mit denen er gemeinsame Geschäftsräume unterhält;
d) systematische Aufspaltung von Verträgen in Angebot und Annahme; soweit die Aufspaltung aus sachlichen Gründen gerechtfertigt ist, soll das Angebot vom belehrungsbedürftigeren Vertragsteil ausgehen;
e) gleichzeitige Beurkundung von mehr als fünf Niederschriften bei verschiedenen Beteiligten.

2. Unzulässig ist auch die missbräuchliche Auslagerung geschäftswesentlicher Vereinbarungen in Bezugsurkunden (§ 13a BeurkG).

III. Wahrung fremder Vermögensinteressen

1. Der Notar hat ihm anvertraute Vermögenswerte mit besonderer Sorgfalt zu behandeln und Treuhandaufträge sorgfältig auszuführen.

2. Der Notar darf nicht dulden, dass sein Amt zur Vortäuschung von Sicherheit benutzt wird. Der Notar darf insbesondere Geld, Wertpapiere und Kostbarkeiten nicht zur Aufbewahrung oder zur Ablieferung an Dritte übernehmen, wenn der Eindruck von Sicherheiten entsteht, die durch die Verwahrung nicht gewährt werden. Anlass für eine entsprechende Prüfung besteht insbesondere, wenn die Verwahrung nicht im Zusammenhang mit einer Beurkundung erfolgt.

3. Der Notar darf ihm beruflich anvertrautes Wissen nicht zu Lasten von Beteiligten zum eigenen Vorteil nutzen.

IV. Pflicht zur persönlichen Amtsausübung

1. Der Notar hat sein Amt persönlich und eigenverantwortlich auszuüben.

2. Der Notar darf lediglich vorbereitende, begleitende und vollziehende Tätigkeiten delegieren. In jedem Fall muss es den Beteiligten möglich bleiben, sich persönlich an den Notar zu wenden. Es darf kein Zweifel daran entstehen, dass alle Tätigkeiten der Mitarbeiter vom Notar selbst verantwortet werden.

3. Der Notar ist verpflichtet, Beschäftigungsverhältnisse so zu gestalten, dass es zu keiner Beeinträchtigung oder Gefährdung der persönlichen Amtsausübung kommt.

4. Vertretungen des Notars dürfen nicht dazu führen, dass der Umfang seiner Amtstätigkeit vergrößert wird.

V. Begründung, Führung, Fortführung und Beendigung der Verbindung zur gemeinsamen Berufsausübung oder sonstiger zulässiger beruflicher Zusammenarbeit sowie zur Nutzung gemeinsamer Geschäftsräume

1. Die Verbindung zur gemeinsamen Berufsausübung, sonstige Formen beruflicher Zusammenarbeit sowie die Nutzung gemeinsamer Geschäftsräume dürfen die persönliche, eigenverantwortliche und selbstständige Amtsführung des Notars, seine Unabhängigkeit und Unparteilichkeit sowie das Recht auf freie Notarwahl nicht beeinträchtigen.

2. Dies haben auch die insoweit schriftlich zu treffenden Vereinbarungen zwischen den beteiligten Berufsangehörigen zu gewährleisten (§ 27 Abs. 2 BNotO).

VI. Die Art der nach § 28 BNotO zu treffenden Vorkehrungen

1.1 Vor Übernahme einer notariellen Amtstätigkeit hat sich der Notar in zumutbarer Weise zu vergewissern, dass Kollisionsfälle i. S. des § 3 Abs. 1 BeurkG nicht bestehen.

1.2 Der Notar hat als Vorkehrungen i. S. des § 28 BNotO Beteiligtenverzeichnisse oder sonstige zweckentsprechende Dokumentationen zu führen, die eine Identifizierung der in Betracht kommenden Personen ermöglichen.

2. Der Notar hat dafür Sorge zu tragen, dass eine zur Erfüllung der Verpflichtungen aus § 3 Abs. 1 BeurkG und § 14 Abs. 5 BNotO erforderliche Offenbarungspflicht zum Gegenstand einer entsprechenden schriftlichen Vereinbarung gemacht wird, die der gemeinsamen Berufsausübung oder der Nutzung gemeinsamer Geschäftsräume zugrunde liegt.

3.1. Der Notar hat Gebühren in angemessener Frist einzufordern und sie bei Nichtzahlung im Regelfall beizutreiben.

3.2. Das Versprechen und Gewähren von Vorteilen im Zusammenhang mit einem Amtsgeschäft sowie jede Beteiligung Dritter an den Gebühren ist unzulässig. Insbesondere ist es dem Notar verboten;
a) ihm zustehende Gebühren zurückzuerstatten,
b) Vermittlungsentgelte für Urkundsgeschäfte oder
c) Entgelte für Urkundsentwürfe zu leisten,
d) zur Kompensation von Notargebühren Entgelte für Gutachten oder sonstige Leistungen Dritter zu gewähren oder auf ihm aus anderer Tätigkeit zustehende Gebühren zu verzichten.

3.3. durch die Ausgestaltung der einer beruflichen Verbindung zugrunde liegenden Vereinbarung ist sicherzustellen, dass die übrigen Mitglieder der beruflichen Verbindung keine Vorteile gewähren, die der Notar gemäß Nummer 3.2. nicht gewähren darf.

VII. Auftreten des Notars in der Öffentlichkeit und Werbung

1.1. Der Notar darf über die Aufgaben, Befugnisse und Tätigkeitsbereiche der Notare öffentlichkeitswirksam unterrichten, auch durch Veröffentlichungen, Vorträge und Äußerungen in den Medien.

1.2. Werbung ist dem Notar insoweit verboten, als sie Zweifel an der Unabhängigkeit oder Unparteilichkeit des Notars zu wecken geeignet oder aus anderen Gründen mit seiner Stellung in der vorsorgenden Rechtspflege als Träger eines öffentlichen Amtes nicht vereinbar ist.

1.3. Mit dem öffentlichen Amt des Notars unvereinbar ist ein Verhalten insbesondere, wenn
a) es auf die Erteilung eines bestimmten Auftrags oder Gewinnung eines bestimmten Auftraggebers gerichtet ist,
b) es den Eindruck der Gewerblichkeit vermittelt, insbesondere den Notar oder seine Dienste reklamehaft herausstellt,
c) es eine wertende Selbstdarstellung des Notars oder seiner Dienste enthält,
d) der Notar ohne besonderen Anlass allgemein an Rechtsuchende herantritt,
e) es sich um irreführende Werbung handelt.

1.4. Der Notar darf eine dem öffentlichen Amt widersprechende Werbung durch Dritte nicht dulden.

2.1. Der Notar darf im Zusammenhang mit seiner Amtsbezeichnung akademische Grade, den Titel Justizrat und den Professortitel führen.

2.2. Hinweise auf weitere Tätigkeiten i. S. von § 8 Abs. 1, 3 und 4 BNotO sowie auf Ehrenämter sind im Zusammenhang mit der Amtsausübung unzulässig.

3. Der Notar darf sich nur in solche allgemein zugängliche Verzeichnisse aufnehmen lassen, die allen örtlichen Notaren offen stehen. Für elektronische Veröffentlichungen gilt dies entsprechend.

4. Anzeigen des Notars dürfen nicht durch Form, Inhalt, Häufigkeit oder auf sonstige Weise der amtswidrigen Werbung dienen.

5. Der Notar darf sich an Informationsveranstaltungen der Medien, bei denen er in Kontakt mit dem rechtsuchenden Publikum tritt, beteiligen. Er hat dabei die Regelungen der Nrn. 1 und 2 zu beachten.

6. Der Notar darf Broschüren, Faltblätter und sonstige Informationsmittel über seine Tätigkeit und zu den Aufgaben und Befugnissen der Notare in der Geschäftsstelle bereithalten. Zulässig ist auch das Bereithalten dieser Informationen in Datennetzen und allgemein zugänglichen Verzeichnissen. Die Verteilung oder Versendung von Informationen ohne Aufforderung ist nur an bisherige Auftraggeber zulässig und bedarf eines sachlichen Grundes.

VIII. Beschäftigung und Ausbildung der Mitarbeiter

1. Der Notar hat die Beziehungen zu seinen Mitarbeitern so zu gestalten, dass seine Unabhängigkeit und Unparteilichkeit nicht gefährdet werden.

2. Der Notar hat seinen Mitarbeitern neben fachspezifischen Kenntnissen auch die berufsrechtlichen Grundsätze und Besonderheiten zu vermitteln und für angemessene Arbeitsbedingungen zu sorgen.

IX. Grundsätze zu Beurkunden außerhalb des Amtsbereichs und der Geschäftsstelle

1. Der Notar soll seine Urkundstätigkeit (§§ 20 bis 22 BNotO) nur innerhalb seines Amtsbereichs (§ 10a BNotO) ausüben, sofern nicht besondere berechtigte Interessen der Rechtsuchenden ein Tätigwerden außerhalb des Amtsbereichs gebieten. Besondere berechtigte Interessen der Rechtsuchenden liegen insbesondere dann vor, wenn
a) Gefahr im Verzug ist;
b) der Notar auf Erfordern einen Urkundsentwurf gefertigt hat und sich danach aus unvorhersehbaren Gründen ergibt, dass die Beurkundung außerhalb des Amtsbereichs erfolgen muss;
c) der Notar eine nach § 16 KostO zu behandelnde Urkundstätigkeit vornimmt;
d) in Einzelfällen eine besondere Vertrauensbeziehung zwischen Notar und Beteiligten, deren Bedeutung durch die Art der vorzunehmenden Amtstätigkeit unterstrichen werden muss, dies rechtfertigt und es den Beteiligten unzumutbar ist, den Notar in seiner Geschäftsstelle aufzusuchen.

2. Der Notar darf Amtsgeschäfte außerhalb der Geschäftsstelle vornehmen, wenn sachliche Gründe vorliegen.

3. Eine Amtstätigkeit außerhalb der Geschäftsstelle ist unzulässig, wenn dadurch der Anschein von amtswidriger Werbung, der Abhängigkeit oder der Parteilichkeit entsteht oder der Schutzzweck des Beurkundungserfordernisses gefährdet wird.

X. Fortbildung

1. Der Notar hat die Pflicht, seine durch Ausbildung erworbene Qualifikation in eigener Verantwortlichkeit zu erhalten und durch geeignete Maßnahmen sicherzustellen, dass er den Anforderungen an die Qualität durch kontinuierliche Fortbildung gerecht wird.

2. Auf Anfrage der Notarkammer ist der Notar verpflichtet, über die Erfüllung seiner Fortbildungspflicht zu berichten.

XI. Besondere Berufspflichten im Verhältnis zu anderen Notaren, zu Gerichten, Behörden, Rechtsanwälten und anderen Beratern seiner Auftraggeber

1.1. Der Notar hat sich kollegial zu verhalten und auf die berechtigten Interessen der Kollegen die gebotene Rücksicht zu nehmen.

1.2. Notare haben bei Streitigkeiten untereinander eine gütliche Einigung zu versuchen. Bleibt dieser Versuch erfolglos, so sollen sie eine gütliche Einigung durch Vermittlung der Notarkammer versuchen, bevor die Aufsichtsbehörde oder ein Gericht angerufen wird.

2. Ist das Amt eines Notars erloschen oder wird sein Amtssitz verlegt, so ist der Amtsinhaber, dem die Landesjustizverwaltung die Verwahrung der Bücher und Akten übertragen hat (§ 51 BNotO), dazu verpflichtet, die begonnenen Amtsgeschäfte abzuwickeln.

3.1. Ein Notar, dessen Amt erloschen ist, ist verpflichtet, dem Notariatsverwalter für die Verwaltung das Mobiliar, die Bibliothek und die DV (Hardware und Software) zu angemessenen Bedingungen zur Verfügung zu stellen.

3.2. Hat ein Notar, dessen Amt erloschen oder dessen Amtssitz verlegt worden ist, seine Bücher und Akten auch mittels elektronischer Datenverarbeitung geführt, so ist er verpflichtet, dem Notariatsverwalter und dem Notar, dem die Landesjustizverwaltung die Verwahrung seiner Bücher und Akten übertragen hat (§ 51 BNotO), den Zugriff auf die gespeicherten Daten (Dateien) kostenlos zu ermöglichen. Die Weitergabe der Datenträger bzw. die Bereithaltung der Daten (Dateien) zur Übertragung auf ein anderes System hat ebenfalls unentgeltlich zu erfolgen. Etwaige Kosten einer notwendigen Datenkonvertierung braucht der die Daten überlassende Notar nicht zu übernehmen.

3.3. Für einen vorläufig amtsenthobenen Notar gelten die Nummern 3.1. und 3.2. entsprechend.

4. Begibt sich der Notar nach Maßgabe des § 11a BNotO ins Ausland, unterstützt er einen im Ausland bestellten Notar oder nimmt er die kollegiale Hilfe eines im Ausland bestellten Notars in Anspruch, hat er seinen Kollegen in gebotenem Maß darauf hinzuweisen, welchen berufsrechtlichen Bestimmungen er selbst unterliegt.

Übersicht

A. Entstehungsgeschichte der Vorschrift

Die Vorschrift hat in der **RNotO vom 13.02.1937** (RGBl. I S. 191) **kein unmittelbares historisches Vorbild**, denn nach damaligem Verständnis waren die Notarkammern primär vollziehende Organe der Reichsnotarkammer (vgl. § 53 RNotO), auch wenn ihnen die vom Präsidenten der Reichsnotarkammer gegebenen Weisungen und Richtlinien in selbstständiger Wahrnehmung übertragen waren. Ansonsten geht die Vorschrift auf entsprechende Bestimmungen der Notarordnung für Rheinland-Pfalz zurück, die sehr dezidierte Regelungen über die Aufgaben der Notarkammer enthielt, die im Wesentlichen mit § 67 übereinstimmen. Abs. 2 wurde durch das dritte Änderungsgesetz zur BNotO vom 31.08.1998 (BGBl. I S. 2585) eingefügt und ist im Zusammenhang mit § 78 Abs. 1 Nr. 5 zu lesen, der der Bundesnotarkammer die Kompetenz zuweist, Richtlinienempfehlungen zu beschließen, wovon Gebrauch gemacht wurde. Abs. 3 Nr. 3 ist durch Gesetz vom 07.08.1981 (BGBl. I S. 803) eingefügt worden. Demgegenüber geht Abs. 4 Nr. 3 auf das Gesetz vom 29.01.1991 (BGBl. I S. 150) zurück.   **1**

B. Erläuterungen

I. Hauptaufgabe der Notarkammern (Abs. 1)

Die wesentlichen Aufgaben der Notarkammern werden dahin gehend umschrieben, dass sie alle in der Kammer zusammengeschlossenen **Notare vertreten**, über deren Ehre und Ansehen wachen, die Aufsichtsbehörden unterstützen, das sog. Notariatsrecht pflegen und für die Berufsausübung der Notare und Notarassessoren sorgen sollen.   **2**

1. Standesvertretung

Die Notarkammer ist zwar Vertretung des Berufsstandes der Notare, jedoch **nicht deren alleiniger Interessenwahrnehmer**, sondern in ihrer Eigenschaft als Körperschaft des öffentlichen Rechts nimmt sie primär und mittelbar Aufgaben der staatlichen Verwaltung wahr. Denn die Notare leiten ihren Aufgabenbereich durch staatliche Delegation ab, so dass es weniger um Individualinteressen von Mitgliedern wie bei einem Berufsverband geht, sondern die Interessen der Notare als Pflichtmitglieder der Notarkammern sind eingebunden in die Abwägung mit den staatlich originären Aufgaben. Dies bedeutet, dass sie bei allen Entscheidungen und Vorschlägen nicht nur die berufspolitischen Interessen ihrer Mitglieder wahrnehmen soll, sondern auch darauf zu achten hat, dass sie im Einklang mit den öffentlichen Aufgaben des Notaramtes stehen. Der Notarkammer kommt eher die Funktion einer »ermahnenden Aufsichtstätigkeit« zu[1]; ihre Befugnis beschränkt sich auf minder schwere Eingriffe, während die eigentliche Aufsicht bei den staatlichen Organen verblieben ist[2].   **3**

---

1 BGHR DDR-NotVO § 29 Abs. 1 – Beschäftigungsverhältnis 1.
2 Vgl. dazu *Kruse*, S. 88.

2. Aufgabenzuweisung im Einzelnen

a) Allgemeines

4 Die Aufgaben der Notarkammern werden in Abs. 1 umfassend, jedoch nicht abschließend umschrieben. Es geht dabei in erster Linie um die Wahrung des Ansehens des Berufsstandes; die staatliche Verwaltung hat diese Aufgaben, die eigentlich originär zur Staatsaufsicht zählen, dieser Körperschaft des öffentlichen Rechts **übertragen.** Deshalb obliegt der Notarkammer auch die Aufgabe, in gewissem Umfang Interessen der Öffentlichkeit wahrzunehmen, denn das Notaramt ist unweigerlich mit originär staatlichen Aufgaben verbunden.

b) Interessenwahrnehmung

5 Die Interessenwahrnehmung aller in ihrem Bezirk ansässigen Notare steht im Vordergrund der Aufgabenwahrnehmung. Inhaltlich bedeutet dies unter Berücksichtigung des öffentlichen Amtes, dass die Notarkammer in **Stellungnahmen und gutachterlichen Äußerungen** berufsrechtliche Interessen der einzelnen Notare wahrzunehmen hat, also insbesondere zur Erhaltung wirtschaftlich selbstständiger Notarämter beizutragen hat. Diesen Standpunkt hat sie in ihren Stellungnahmen stets zu berücksichtigen. Dabei geht es in erster Linie um Kollektivinteressen aller Notare und sekundär um Individualinteressen einzelner Notare.

c) Einhaltung der notarspezifischen Vorschriften

6 Den Notarkammern obliegt insbesondere die **Einhaltung aller notarspezifischen Vorschriften** durch die Mitglieder, d. h. der Notare. Deshalb wird ihnen die Aufgabe auferlegt, die Aufsichtsbehörden bei deren Tätigkeit zu unterstützen und für eine den Vorschriften entsprechende Berufsausübung der Notare und Notarassessoren zu sorgen.

7 Dies bedingt einerseits Wahrnehmung von Interessen ihrer Mitglieder, andererseits aber auch Erfüllung eigentlich staatlicher Aufgaben. Die Notarkammern befinden sich damit in einer Zwischenstellung zwischen ihren Mitgliedern und der staatlichen Verwaltung, jedoch ist dies nicht gleichzusetzen mit Unerfüllbarkeit. Es muss insoweit eine vernünftige Abwägung der beiderseitigen Interessen stattfinden, so dass Stellungnahmen, die einseitig wirtschaftliche Interessen der Notare berücksichtigen, nicht mehr vom Aufgabenkatalog der Notarkammern gedeckt sind.

8 Die Notarkammer ist allerdings nicht befugt, die Landesjustizverwaltung zu verpflichten, dass einem Anwaltsnotar für eine genehmigte Nebentätigkeit statt eines Vertreters ein Notariatsverwalter bestellt wird[3]. Ebenso wenig kann die Notarkammer verlangen, dass die Landesjustizverwaltung die Genehmigung, dass ein Notar einen zum Richteramt befähigten Mitarbeiter einstellt, von der Genehmigung der Notarkammer abhängig macht[4].

d) Stellungnahme zu berufspolitischen Themen

9 Zur Standesvertretung im Besonderen zählt die **Stellungnahme zu berufspolitischen** und, soweit sich damit ein Zusammenhang herstellen lässt, rechtspolitischen **Themen** nach entsprechender Aufforderung durch die Landesjustizverwaltung. Gravierende Unterschiede zum Berufsrecht der Rechtsanwälte bestehen nicht, allerdings mit der Besonderheit, dass im Berufsbild des Notars öffentliche Belange ebenfalls eine Rolle spielen. Da die Notarkammer unter Berücksichtigung öffentlicher Belange Interessenwahrnehmung für ihre Notare ausübt, kann sie privatrechtlichen Vereinigungen beitreten, sofern dadurch nicht körperschaftsfremde Zwecke verfolgt werden[5].

10 Dies ist deshalb von Bedeutung, weil das sog. Pflichtmitglied nicht deshalb seine Mitgliedschaft in Zweifel ziehen kann mit der Begründung, es würden sog. körperschaftsfremde

---

3 BGH NJW 1999, 499.
4 BGH DtZ 1996, 379.
5 Vgl. für die Steuerberaterkammer BVerwG NJW 1987, 337, sowie *Pietzker*, NJW 1987, 305.

Aufgaben wahrgenommen. Als Grundsatz ist stets zu beachten, dass Objektivität das oberste Gebot darstellt und sich die Interessenwahrnehmung durch die Notarkammer auf ihren Aufgabenbereich, insbesondere in räumlicher Hinsicht, beschränkt[6].

e) Wahren der Berufsehre

Weiterhin ist den Notarkammern als Aufgabe zugewiesen, über die **Berufsehre zu wachen** und für eine lautere Berufsausübung zu sorgen. Diese beiden Tatbestandsmerkmale stehen in so engem Zusammenhang, dass sie trotz der Formulierungen im Gesetzestext nicht voneinander zu trennen sind. **11**

Den Notarkammern obliegt im Rahmen ihrer örtlichen Zuständigkeit die Aufgabe, Stellungnahmen abzugeben, die dazu geeignet sind, das Ansehen des Berufsstandes bei schadensstiftenden Ereignissen oder solchen, die dazu führen können, wiederherzustellen. **12**

Dazu gehört jedes dienstliche Verhalten eines Notars, das dazu beitragen kann, dass der Berufsstand der Notare insgesamt in Misskredit geraten kann. Zum Kernbereich der Berufsausübung zählt auch die Aufstellung von Richtlinien, soweit nicht die Kompetenz der Bundesnotarkammer nach § 78 Nr. 5 berührt ist. Die Richtlinien sind rechtsverbindliches Satzungsrecht, wenn sie durch die zuständigen Organe der Landesjustizverwaltung genehmigt sind. **13**

Zu dem Begriff »über Ehre und Ansehen zu wachen« gehört auch der Abschluss von Gruppenanschluss- und Vertrauenschadenversicherungen« für die einzelnen Mitglieder[7] und sich auch an dem Erweiterten Vertrauensschadenfonds zu beteiligen. **14**

f) Pflege des Notariatsrechts

Den Notarkammern ist weiterhin die **Pflege des Notariatsrechts anvertraut**, insbesondere deren Förderung und mithin die rechtspolitische Weiterentwicklung. Daher können und sollen die Notarkammern bei entsprechender Aufforderung durch die Landesjustizverwaltung Stellungnahmen zu gesetzgeberischen Vorhaben abgeben, und zwar nach Möglichkeit wissenschaftlich fundiert, um zu einer richtigen Entscheidung beizutragen. Dazu gehört auch die Ausgabe schriftlicher Mitteilungen und sonstiger Informationen an die Kammermitglieder und die Mitgliedschaft in wissenschaftlichen Institutionen, wie z. B. dem Deutschen Notarinstitut, zu betreiben. Schließlich gehört in diesen Aufgabenbereich auch die Abhaltung von Fortbildungs- und Weiterbildungsveranstaltungen für Notare und deren Mitarbeiter. **15**

II. Richtlinien der Notarkammern (Abs. 2)

1. Allgemeines

Den Notarkammern obliegt die Pflicht, sog. Richtlinien für die Amtspflichten des Notars und seiner sonstigen Pflichten aufzustellen, und zwar in Form der Satzung, die durch die Landesjustizverwaltung als Aufsichtsbehörde genehmigt werden muss. Die Prüfungskompetenz erstreckt sich dabei auf eine reine Rechtskontrolle und nicht darauf, ob die Richtlinie in dem einen oder anderen Punkt sachlich gerechtfertigt war. Hinsichtlich der Satzung sind weitere Einzelheiten dazu in § 72 enthalten. **16**

2. Richtlinienempfehlungen/Richtlinien

Die Richtlinienempfehlungen der Bundesnotarkammer sind von den Notarkammern in vielen Punkten wortgleich übernommen worden, allerdings auch mit teilweise dezidierten Ab- **17**

---

6 Vgl. für die BRAK bei *Feuerich/Weyland*, BRAO, § 89 Rz. 13, sowie BGH NJW 1986, 992, 994.
7 BGH DNotZ 1991, 324, 326 = NJW 1991, 2290 = VersR 1991, 60 = BGHZ 112, 163.

weichungen, die von der Sache her eigentlich nicht geboten erschienen, aber offenbar waren die Meinungsbildungen und Mehrheitsverhältnisse der Kammern nicht ganz einheitlich. Der Gesetzgeber hätte auch der BNotK die ausschliessliche und verbindliche Richtlinienkompetenz übertragen können, hat davon aber bewusst abgesehen. Es lässt sich allerdings aus der Gesetzgebungsgeschichte ableiten, dass nicht wenige Stimmen für die alleinige Regelungskompetenz der Bundesnotarkammern waren[8].

18   Der in Abs. 2 Nr. 1–11[9] aufgelistete Katalog ist auch abschließend, so dass die Notarkammern nicht zu anderen Pflichten des Notars entsprechende Regelungen erlassen können, allerdings nur im Rahmen dessen, was dem Notar als zu beachtende Pflicht durch Gesetz auferlegt ist und damit durch ein Gesetz im formellen oder materiellen Sinne[10].

19   Der Begriff der Amtspflicht entspricht dem zu § 19; mit der Formulierung »sonstiger Pflichten« will der Gesetzgeber einen Auffangtatbestand schaffen, denn die Amtspflicht i. S. d. § 19 ist drittbezogen, während die sonstigen Pflichten nach § 67 Abs. 2 auch jene sind, die den reinen innerdienstlichen Bereich des Notars im Zusammenhang mit seiner Amtsausübung betreffen.

20   Auch deshalb besteht grundsätzlich eine ausschließliche Richtlinienkompetenz der Notarkammern, so dass nach einer Ansicht die Dienstaufsicht durch Regelungen der DONot auch dann nicht regulierend eingreifen könne, soweit die Notarkammern von ihrer Regelungskompetenz bewusst oder unbewusst keinen Gebrauch gemacht haben.[11] Allerdings ergibt sich diese Rechtsfolge nicht zwingend aus dem Gesetz, sondern allenfalls aus einer in dieser Vorschrift enthaltenen Wertung, dass die Regelung durch die Notarkammern Vorrang genießen soll vor einer Regelung durch die Dienstaufsicht.

3. Verhältnis Dienstaufsicht/Notarkammern

21   Diese Ansicht ist allerdings im Schrifttum nicht auf uneingeschränkte Zustimmung gestoßen und hat gerade auch im Bereich des Nurnotariats Kritik ausgelöst[12]. Soweit ersichtlich gibt es keine dogmatische Untersuchung zur Konkurrenz zwischen dem vom Staat gesetzten Recht und dem Satzungsrecht der Kammern. Diese ganze Problematik tritt gerade hier bei dem Verhältnis zwischen § 15 DONot und § 28 BNotO auf, denn die Notarkammern haben alle darauf verzichtet nähere Bestimmungen darüber zu erlassen, wie die sog. Beteiligtenverzeichnisse zu führen sind. Allerdings wird für den Fall, dass die Notarkammern keine entsprechenden Richtlinien zu einem Gegenstand getroffen haben, der staatlichen Justizverwaltung die Befugnis bleiben, ihrerseits entsprechende Regelungen in Gestalt der DONot zu treffen, weil andernfalls die Notarkammern die gesamte Rechtssetzung bestimmen könnten und der staatlichen Verwaltung die Regelungskompetenz allein aus diesen formalen Gründen entzogen wäre. Die früher vertretene Ansicht, dass der Staat keine Regelungen mehr erlassen dürfe, auch wenn die Notarkammern von ihrer Rechtssetzungsbefugnis

---

8 Vgl. dazu die Einzelheiten bei *Funk*, Satzungsversammlung bei der Bundesrechtsanwaltskammer S. 99.
9 Vgl. dazu ausführlich und umfassend *Weingärtner/Wöstmann*, A I – S. 151 ff.
10 So wohl auch *Eylmann/Vaasen/Hartmann*, § 67 BNotO Rz. 39; eindeutiger *Vaasen/Starke*, DNotZ 1998, 661, 689.
11 So jetzt ausdrücklich OLG Celle NdsRpfl. 2006, 155 ohne sich allerdings mit den beachtlichen Gegenstimmen in der Literatur auseinander zu setzen; in diesem Sinne auch *Maaß*, ZNotP 2001, 132 f.; *ders.*, ZNotP 2002, 217 ff.; *Eylmann/Vaasen/Hartmann*, § 67 BNotO Rz. 30; wohl auch *Schippel/Bracker/Püls*, § 67 Rz. 29, der allerdings völlig zu Unrecht für seine Ansicht *Weingärtner/Wöstmann* zu zitieren glaubt, die allerdings in A Rz. 11 den Vorrang zwischen Richtlinien gegenüber anderen Rechtsquellen nicht behaupten, sondern in VI. RL- E Rz. 17 – S. 267 – dies insofern anders sehen, als die DONot dann eingreifen könne, wenn die Richtlinien der Notarkammer diesen Gegenstand gerade nicht aufgegriffen haben; in diesem Sinne auch *Lerch*, ZNotP 2001, 214; *Weingärtner/Ehrlich*, § 15 Rz. 231a.
12 So bei *Mihm/Bettendorf*, DNotZ 2001, 38; *Starke*, in Festschrift für Bezzenberger, S. 625; *ders.* wieder anders in Fn. 8.

keinen Gebrauch gemacht haben, wird nicht mehr aufrechterhalten[13]. Jede andere Beurteilung hätte ansonsten die Folge, dass die örtlichen Notarkammern, und noch nicht einmal die Bundesnotarkammer, darüber befinden, ob sie einen Bereich regeln wollen oder nicht und dies könnte letztendlich zu einem rechtsfreien Raum führen; ein Zugeständnis, dass den Notarkammern nicht gemacht werden kann, weil das Amt ein mehr oder weniger staatliches Amt ist und jener Staat darüber befindet, was Gegenstand einer Regelung bleiben muss.

Mit dem Gedanken, dass die Selbstständigkeit der Kammern gestärkt werden soll und die **22** Dienstaufsicht als staatliche Reglementierung in den Hintergrund treten soll, ist dies nicht zu rechtfertigen, denn das Amt des Notars ist ein solches im öffentlichen Sinne. Andererseits kann das Verhältnis Richtlinien zur DONot nicht bedeuten, dass die Dienstaufsicht kaum noch tätig werden dürfe; wesentlicher Grundsatz wird bleiben, dass den Notarkammern die Aufgabe zufällt, ob sie von der Kompetenz Gebrauch gemacht haben oder nicht, andererseits darf die DONot dann Regelungen treffen, wie die jeweilige Amtspflicht des Notars auszugestalten ist, wobei sich dann die Amtspflicht nochmals konkretisiert in der Dienstpflicht und damit im Verhältnis Notar zur Aufsichtsbehörde und damit auch keinen drittbezogenen Charakter mehr hat.

4. Die einzelnen Regelungsbereiche

a) Unabhängigkeit und Unparteilichkeit (Nr. 1)

Nachdem § 14 diesen Grundsatz statuiert, kann insoweit auf die Ausführungen dazu Bezug **23** genommen werden[14]. Die Richtlinien haben bestimmte Verfahrensweisen für unvereinbar erklärt, aus denen sich der **Anschein der Parteilichkeit und Abhängigkeit** ergeben könnte. Die Unabhängigkeit wird analog den dogmatischen Grundsätzen im Richteramtsrecht in eine »persönliche«, eine »sachliche« und – was insoweit vom zuletzt genannten Gebiet eine Abweichung beinhaltet – eine » funktionelle« Unabhängigkeit aufgegliedert[15].

Der Staat »garantiert« durch den Grundsatz der persönlichen Unabhängigkeit, dass der **24** Notar seine Amtsstelle auf Lebenszeit erhält, grundsätzlich unersetzbar ist und nur so viele Notare bestellt werden, wie es dem Bedürfnis entspricht (§ 4)[16].

Die **sachliche Unabhängigkeit** wird gekennzeichnet durch den Umstand, dass die **25** Dienstaufsicht dem Notar keine Vorgaben machen kann, wie in einer bestimmten Frage zu beurkunden ist[17].

Die »funktionale« Unabhängigkeit bedeutet, dass der Notar seinen internen Geschäfts- **26** betrieb nach seinen Vorstellungen gestaltet, wobei die DONot[18] die einzigen Vorgaben macht.

Als weitere tragende Säule für den Status der Notare wird ihre Unparteilichkeit zu Recht **27** in den Vordergrund gestellt, was einen wesentlichen Unterschied zum Anwaltsberuf ausmacht. Sie bedeutet im Wesentlichen, dass der Notar bei seinen Amtshandlungen keine dritte Person bevorzugen oder benachteiligen darf[19].

b) Das nach § 14 Abs. 3 zu beachtende Verhalten (Nr. 2)

Der Notar hat bereits den Anschein der Parteilichkeit und Abhängigkeit zu meiden, wobei **28** dieses Tatbestandsmerkmal bereits durch den Gesetzgeber in § 14 Abs. 3 Satz 2 diffus for-

---

13 So schon *Lerch*, ZNotP 2002, 167; a. A. insoweit *Eylmann/Vaasen/Hartmann*, § 67 BNotO Rz. 39; auch *Schippel/Bracker/Püls*, § 67 Rz. 29 ohne allerdings eine Begründung zu geben.
14 Ausführlich *Weingärtner/Wöstmann*, Teil II B. I. Rz. 2 ff.
15 Vgl. dazu ausführlich *Weingärtner/Wöstmann*, II. Teil B I. Rz. 3 ff.
16 Diese Vorschrift wird in letzter Zeit angezweifelt, vgl. *Schwarz*, S. 226 ff.
17 Diese Frage ist noch weitgehend untersucht und stellt ein Problem des Spannungsverhältnisses zwischen der Unabhängigkeit und dem Inhalt der Dienstaufsicht dar.
18 Die DONot ist nach hier vertretener Ansicht verfassungswidrig, weil sie keine gesetzliche Grundlage hat.
19 So zutreffend *Weingärtner/Wöstmann*, II Teil B I. Rz. 9.

muliert ist, denn entweder lässt sich eine Abhängigkeit bzw. Parteilichkeit feststellen, aber den » Anschein« mehr oder weniger zu »erahnen« ist in der Realität so gut wie unmöglich[20].

29 Die Richtlinienempfehlungen und die ihnen folgenden die Richtlinien der Notarkammern haben **bestimmte Verfahrensweisen** der Notare, die in der Vergangenheit Gegenstand von Beanstandungen und Gerichtsentscheidungen waren, für grundsätzlich unzulässig erklärt. Hier wird ein relativ unbestimmter Begriff verwendet, nämlich der der Systematik[21]. In der Literatur wird dann dieser unscharfe Begriff durch zwei weitere ersetzt[22], nämlich durch »planmäßige« und missbräuchliche« Gestaltung des Beurkundungsverfahrens[23], was dogmatisch nicht sehr hilfreich ist.

c) Wahrung fremder Vermögensinteressen (Nr. 3)

30 Die **Wahrung fremder Vermögensinteressen** haben die Richtlinienempfehlungen der Bundesnotarkammer in Ziffer III aufgegriffen und insbesondere den Notaren untersagt, dass sein Amt zur Vortäuschung von Sicherheiten missbraucht wird. Der Notar darf insbesondere nicht dazu benutzt werden, dass ohne besonderen Grund ihm Geld, Wertpapiere oder Kostbarkeiten zwecks Übergabe an Dritte ausgehändigt wird. Auch hier hatten sich in der Vergangenheit Fälle des Missbrauchs herausgestellt[24].

d) Pflicht zur persönlichen Amtsausübung (Nr. 4)

31 Der Gesetzgeber hat darüber hinaus die **Pflicht zur persönlichen Ausübung** in § 25 aufgegriffen und dem Notar nur die Möglichkeit gelassen, bestimmte Tätigkeiten zu delegieren[25]. Die Einhaltung dieser Vorschrift ist in der Praxis aber kaum überprüfbar; sie richtet sich weniger an Anwaltsnotare und primär an die Nurnotare, die infolge der Ausbildung von Notarassessoren häufiger dazu neigen, notwendige Tätigkeiten zu delegieren.

e) Berufliche Zusammenarbeit (Nr. 5)

32 Der Gesetzgeber hat bereits in § 9 nähere Regelungen für die berufliche Zusammenarbeit normiert und die Notarkammern sind aufgefordert, dazu nähere Einzelheiten zu regeln. Diese haben es aber auch nur bei allgemeinen Formulierungen belassen und die Grenzen für eine Zusammenarbeit dort gezogen, wo die Unabhängigkeit und Unparteilichkeit tangiert werden. In der Praxis hat sich dabei das Problem der sog. **Kooperationen** gestellt, die nach nicht überzeugender Ansicht der Bundesnotarkammer[26] ebenfalls von dieser Norm erfasst seien. Der Gesetzgeber glaubt oftmals, jeden Tatbestand und damit letztendlich alle Sachverhalte erfasst zu haben; nachdem die Rechtswirklichkeit neue Gestaltungsformen entwickelt hat, glaubt die Dogmatik diese dann noch subsumieren zu können.

f) Vorkehrungen nach § 28 (Nr. 6)

33 Von dieser Ermächtigung haben die Bundesnotarkammer und alle Landesnotarkammern Gebrauch gemacht und dem Notar auferlegt, entsprechende Vorkehrungen zur Wahrung seiner Unabhängigkeit zu treffen. Hier geht es primär um die **Einhaltung der Mitwirkungsverbote nach § 3 BeurkG**, wobei schon hier dem Notar ein Gestaltungsspielraum eingeräumt wird, in welcher Weise er diese Mitwirkungsverbote gerade in sog. Großkanzlei-

---

20 Beispiele aus der Praxis bei *Weingärtner/Wöstmann*, II Teil B I, Rz. 40 ff.
21 Vgl. dazu im einzelnen *Lerch*, BeurkG, § 17 Rz. 63 m. w. N.
22 Vgl. dazu *Winkler*, BeurkG, § 17 Rz. 27; *Blaeschke*, Rz. 693.
23 So ausdrücklich Richtlinien der Notarkammer Frankfurt am Main, vgl. dazu *Weingärtner/Wöstmann*, II Teil B I Rz. 57.
24 Wegen weiterer Einzelheiten vgl. *Weingärtner/Wöstmann*, II Teil D III Rz. 1 ff.; *Lerch*, BeurkG, § 54a Rz. 2 ff.
25 Einzelheiten auch hier bei *Weingärtner/Wöstmann*, II. Teil D IV Rz. 3 ff.
26 Vgl. *Bundesnotarkammer*, Rundschreiben vom 12.07.2000 (Nr. 20/00); kritisch dazu *Frenz*, ZNotP, 2000, 383 sowie *Strunz*, ZNotP 2003, 209; auch BGH AnwBl. 2003, 172.

en einhalten will. Er hat auf jeden Fall sog. Dokumentationen zu führen, die eine Identifizierung der in Betracht kommenden Personen ermöglicht. Nachdem auch die Notarkammern keine näheren Ausformulierungen gewählt haben, hat sich die DONot dazu veranlasst gesehen ihrerseits in § 15 eine entsprechende Konkretisierung vorzunehmen[27].

g) Werbeverbot (Nr. 7)

Demgegenüber sind die Richtlinienempfehlungen und ihnen folgend die Richtlinien geradezu in einen **Regelungsfanatismus** geraten, soweit es um Werbung für das Notaramt geht. Deshalb nimmt es nicht wunder, wenn die Rechtsprechung des BVerfG dem etwas entgegenwirkt und § 29 Abs. 3 Satz 1 für verfassungswidrig erklärte[28]. Ansonsten kann auf die detaillierte Ausformulierung der Werbeverbote Bezug genommen werden; das anwaltliche Werben und jene Tätigkeit ist wesentlich großzügiger, dennoch hat sich der Notar bei namentlicher Bezeichnung beider Berufe in den Grenzen des engeren notariellen Berufsrechts zu halten. Es bleibt bei der dogmatischen Einordnung, dass es sich um ein Verbot mit Erlaubnisvorbehalt handelt[29]. Ansonsten zählt die Vorschrift sog. Regelbeispiele auf[30].

34

h) Mitarbeiterverhältnisse (Nr. 8)

Der Notar hat die **Mitarbeiterverhältnisse** so zu regeln, dass seine Unabhängigkeit und Unparteilichkeit nicht gefährdet werden. Die Norm knüpft damit indirekt an § 25 BNotO an, der im Wesentlichen die juristisch ausgebildeten Mitarbeiter betrifft. Insbesondere ist es jetzt Amtspflicht des Notars, fachspezifische Kenntnisse und die berufsrechtlichen Grundsätze und Besonderheiten zu vermitteln. Dabei stellt sich ernsthaft die Frage, ob ein Mitarbeiter, der eine Prüfung nicht bestanden hat, u. U. den Notar mit der Behauptung in die Haftung nehmen kann, ihm sei keine angemessene Ausbildung zuteil geworden.

35

i) Beurkundungen außerhalb des Amtsbereichs und der Geschäftsstelle (Nr. 9)

Nachdem das BVerfG § 5 DONot für verfassungswidrig erklärt hatte[31], haben es die Richtlinienempfehlungen und Richtlinien der Notarkammern bei dem allgemeinen Grundsatz belassen, dass sachliche **Gründe die Beurkundung** außerhalb der Geschäftsstelle rechtfertigen können, wobei eine absolute Mindermeinung in der Literatur[32] meint, die Richtlinien dürften jetzt nichts mehr regeln. Dabei wird verkannt, dass grundsätzlich Regelungsbedarf besteht, denn das BVerfG hatte die einschränkungslose Beurkundungspflicht in der Geschäftsstelle beanstandet, was teilweise aus technisch-organisatorischen Gründen nicht immer möglich ist[33].

36

Die Beurkundungen **außerhalb des sog. Amtsbereichs** und damit außerhalb des Bezirk des Amtsgerichts sind letztendlich aufgrund einer näheren Untersuchung[34] in die Richtlinienempfehlungen der Bundesnotarkammer und auch in die Richtlinien der Notarkammern aufgenommen worden, weil die Landesjustizverwaltungen in vielen Fällen unverschuldete und nicht vorsätzliche Auswärtsbeurkundungen zum Anlass genommen hatten entsprechen-

37

---

27 Das Problem wird offenbar bewusst bei *Eylmann/Vaasen/Hartmann*, § 67 BNotO Rz. 53 ff. nicht erörtert und in Rz. 39 lediglich behauptet, dass die DONot keine Regelungskompetenz mehr habe.

28 DNotZ 2005, 931 = ZNotP 2005, 234 = RhNotZ 2005, 306; vgl. dazu zustimmend auch *Schippel/Bracker/Schäfer*, § 29 Rz. 24; zum Problem der Telefonbucheintragung BVerfG DNotZ 2006, 226; anders noch *Weingärtner/Wöstmann*, II. Teil D VII Rz. 30, was insoweit überholt ist.

29 So *Lerch*, BWNotZ 1999, 41, 44,; a. A. *Weingärtner/Wöstmann*, II. Teil D VII Rz. 8 Fn. 12.

30 Vgl. dazu sehr detailreich *Weingärtner/Wöstmann*, II. Teil D VII Rz. 48 ff.

31 DNotZ 2000, 787 ff.

32 So abermals wieder *Eylmann*, DNotZ 2000, 793; *ders.*, ZNotP 2001, 19; in eine andere Richtung zielt die Kritik von *Jaeger*, ZNotP 2001, 2 ff., wenn sie meint, dass der Gesetzgeber hätte tätig werden müssen, was die Richtlinienkompetenz wieder abwertet.

33 Wegen weiterer Einzelheiten vgl. *Weingärtner/Wöstmann*, II. Teil D VIII. Rz. 25 ff.

34 So *Lerch*, NJW 1992, 3139; vgl. ansonsten § 10a Rz. 9.

§ 67

de Disziplinarverfahren einzuleiten. In Ballungsgebieten und in Großstadtbezirken sind die jeweils angrenzenden Bezirke der Amtsgerichte kaum ohne Weiteres erkennbar. Darüber hinaus ist es bemerkenswert, dass in manchen Bezirken ohne Begrenzung durch jeden Notar beurkundet werden kann[35].

j) Fortbildungspflicht (Nr. 10)

38 Damit wird auf § 14 Abs. 6 aufgebaut, der bereits die Fortbildungspflicht statuiert. Beide **Vorschriften sind mehr als überflüssig**, denn einmal ist es eine Selbstverständlichkeit, andererseits hat mit Ausnahme von zwei Notarkammern[36] keine einzige Körperschaft in ihren Richtlinien nähere Ausformulierungen aufgenommen, wie diese Pflicht erfüllt werden kann und wie ein Nachweis zu erbringen wäre.[37] Letztendlich muss die Entscheidung jedem Notar selbst überlassen bleiben, in welchem Umfang und in welcher Form er dieser Fortbildungspflicht nachkommt; grundsätzlich kann die Lektüre von Fachzeitschriften einen größeren Nutzen bringen als der ständige und kostenaufwendige Besuch von Fachtagungen verschiedener Institutionen.

k) Kollegiale Rücksichtnahmen (Nr. 11)

39 Letztendlich wird auch mit dieser Vorschrift eine **Selbstverständlichkeit** zum Ausdruck gebracht, wobei auch hier § 31 BNotO durch weitere Einzelfallregelungen ausgefüllt wird[38]. Die Vorgabe richtet sich insbesondere an Notare, deren Amt erloschen ist. Ansonsten sollen die Notare etwa auftretende Streitigkeiten ohne gerichtliche Hilfe beilegen.

III. Berufliche Fortbildung der Notare/Notarassessoren/Hilfskräfte (Abs. 3 Nr. 1)

40 Nach der gesetzlichen Systematik wird zwischen der **Fortbildung** der Notare, Notarassessoren und deren Hilfskräften unterschieden und der **Ausbildung** der Hilfskräfte, wie es in Abs. 3 Nr. 2 postuliert wird. Zur ersten Alternative zählen alle Veranstaltungen der Notarkammer oder in ihrem Auftrag tätiger Institutionen, die dazu beitragen, im Berufsleben stehenden Notaren oder Notarassessoren die Möglichkeit anbieten, berufspolitische oder direkt berufsbezogene Weiterbildung wahrzunehmen.

41 Die Vorschrift ist deshalb von **grundlegender Bedeutung**, weil sie gleichzeitig Legitimationsgrundlage für die Bereitstellung entsprechender Haushaltsmittel durch die Notarkammern darstellt. Die Vorschrift gibt den Notarkammern im Rahmen einer ordnungsgemäßen Haushaltsführung die Möglichkeit, sowohl sächliche als auch personelle Mittel zur Verfügung zu stellen, d. h. z. B. Bibliotheken einzurichten und auch Veranstaltungen durchzuführen. Damit sind alle Veranstaltungen gedeckt, die im Rahmen des Deutschen Anwaltsinstituts – Fachinstitut für Notare – und der Deutschen Notarakademie abgehalten werden sowie ebenfalls auf überregionaler Ebene alle vom Deutschen Notarinstitut in Würzburg durchgeführten Veranstaltungen. Die Notarkammern sind berechtigt, von den Notaren Beiträge für die Inanspruchnahme des Deutschen Notarinstituts in Würzburg zu erheben, soweit sie dieser Einrichtung beigetreten sind, was von allen Notarkammern vollzogen wurde[39].

35 So in Berlin und im gesamten OLG-Bezirk Stuttgart.
36 Celle und Mecklenburg-Vorpommern.
37 Kritisch auch *Weingärtner/Wöstmann*, II Teil D X Rz. 2.
38 Ausführlich dazu *Weingärtner/Wöstmann*, II Teil D XI. Rz. 1 ff.
39 Vgl. zur Beitragserhebung BGH NJW 1997, 1239 = BGHR BNotO § 67 I Deutsches Notarinstitut 1.

IV. Ausbildung und Prüfung der Hilfskräfte (Abs. 3 Nr. 2)

Die Notarkammern sind zuständig für die **Ausbildung** und anschließende **Prüfung** aller im Bereich des Notariats beschäftigten Hilfskräfte, also in erster Linie für Büromitarbeiter in der Geschäftsstelle. Deshalb ist von den Notarkammern die auf Grund § 25 BBiG vom 14.08.1969 (BGBl. I S. 1112) erlassene Verordnung über die Berufsausübung zum Notargehilfen (ReNoPatAusbV) zu beachten, die inhaltlich festlegt, in welchem Umfang die Ausbildung und anschließende Prüfung stattfindet. Die Notarkammern sind auf Grund des gesetzlichen Auftrags verpflichtet, entsprechende Haushaltmittel zur Verfügung zu stellen, weil sie ansonsten den an sie gestellten Aufgaben nicht gerecht werden könnten. Den Notarkammern obliegt insbesondere die Überwachung der Notarangestellten im Ausbildungsweg bis zur Ablegung der Prüfung, und zwar weniger über Einzelheiten des Ausbildungsganges als vielmehr über die Vorbereitungen zur Prüfung und derselben. 42

V. Versicherungsverträge (Abs. 3 Nr. 3)

Das Gesetz verpflichtet die Notarkammern über die nach § 19a vorgeschriebenen Versicherungsverträge **weitere Verträge abzuschließen**, und zwar einmal als Ergänzung zu den bereits bestehenden Versicherungsverträgen, soweit durch diese wegen der Deckungssumme keine weitere Haftung mehr vorhanden ist, und zum anderen wegen vorsätzlich begangener Amtspflichtverletzungen. In der ersten Alternative besteht ein Versicherungsschutz in Höhe von weiteren 500.000 Euro im Jahr und für jeden Notar und somit zusammen mit der Versicherung nach § 19a insgesamt in Höhe von 2.000.000 Euro. Darüber hinaus haben die Notarkammern einen Vertrauensschadenfonds gegründet, um vorsätzliche, von Versicherungsvertrag nicht gedeckte Zuwiderhandlungen abzudecken[40]. Dieser Fonds wird in einer Entscheidung des BGH vom 30.07.1990[41] als sog. Erweiterter Vertrauensschadenfonds bezeichnet, wobei der Eindruck erweckt wird, es handele sich um eine Einrichtung der Bundesnotarkammer, was aber nicht stimmt. Dieser Fonds hatte zunächst keine gesetzliche Grundlage, was Gegenstand der Entscheidung des BGH vom 30.07.1990 war und dennoch als vom Gesetz gedeckt angesehen wurde; durch die Aufnahme von Nr. 3 in § 67 Abs. 3 ist diese Problematik nunmehr Vergangenheit. Dadurch wird auch klargestellt, dass es sich um eine Einrichtung der Notarkammern handelt, die insoweit der Rechtsaufsicht der Landesjustizverwaltungen untersteht. Schließlich unterliegt es keinen rechtlichen Zweifeln, dass die Notarkammern befugt sind, die Beiträge festzusetzen, die für die Gruppenanschlussversicherung, die Vertrauenschadenversicherung und für den Erweiterten Vertrauenschadenfonds anfallen[42]. 43

Die sog. **Vertrauensschadenversicherung** ist Versicherung für fremde Rechnung i. S. d. §§ 74 ff. VVG[43] mit der Folge, dass zwischen der einzelnen Notarkammer und dem Geschädigten ein Treuhandverhältnis entsteht und somit die Notarkammer verpflichtet ist, gegenüber der Versicherung den Zahlungsanspruch des Geschädigten geltend zu machen[44]. Kommt die Notarkammer dieser Pflicht nicht nach, kann der Geschädigte nicht im Verfahren nach § 111 vorgehen, sondern ist auf einen Schadensersatzanspruch gegen die Notarkammer angewiesen, der vor den Zivilgerichten eingeklagt werden muss[45]. In Vertrauensschadenversicherung der Notarkammern wird der Versicherer nicht von der Leis- 44

40 Vgl. dazu *Weingärtner/Schöttler*, DONot Rz. 559a, sowie § 19a Rz. 7; einzelne Schadensfälle werden von *Bresgen*, SchlHA 2007, 233 ff. erörtert.
41 BGHZ 112, 163 = DNotZ 1991, 323 = NJW 1991, 2290 = BGHR BNotO § 67 I Schadensausgleichsversicherungen 1.
42 BGHZ 112, 163.
43 So nochmals BGH NJW 1992, 2424, 2425.
44 Vgl. dazu BGHZ 113, 151 = NJW 1991, 1055 = BGHR BNotO § 67 II Nr. 3 Schadloshaltung 1.
45 BGHZ 115, 275 = NJW 1992. 2423 = BGHR BNotO § 111 Vertrauensschadenversicherung 1.

tungspflicht frei, wenn der versicherte Geschädigte grob fahrlässig handelt[46]. Die Notarkammern sind nicht berechtigt, für in ihrem Bezirk tätige Anwaltsnotare auch das Risiko aus anwaltlicher Tätigkeit abzudecken[47]. Der Geschädigte hat grundsätzlich keinen Anspruch gegen die Notarkammer auf Abtretung der Ansprüche gegen die Vertrauensschadensversicherung[48].

45 Es ist eine Erleichterung für die Abwicklung versicherungsrechtlicher Fälle und eine Besserstellung des Geschädigten, dass bei einem Streit, ob Vorsatz oder Fahrlässigkeit dem Notar zur Last fällt, wenn zunächst der Berufshaftpflichtversicherer in Vorleistungen tritt und erst später geklärt werden kann, welcher Versicherer für den Schaden aufzukommen hat. Damit soll der Geschädigte nicht dadurch lange auf die Regulierung warten, dass zwischen den Versicherern darüber Streit entstanden ist, wer von ihnen zur Leistung verpflichtet ist. Der Gesetzgeber hat zunächst demjenigen die Leistungspflicht auferlegt, der im Zweifel zur Haftung herangezogen wird, und dies wird im Zweifel der Berufshaftpflichtversicherer sein und in seltenen Ausnahmefällen der Vertrauensschadenfonds. Die Haftung ist allerdings der Höhe nach auf den Betrag begrenzt, der als Mindestversicherungssumme gilt und damit auf 500.000 Euro[49].

46 Entgegen anders lautenden Vermutungen ist der Beruf des Anwaltsnotars nicht mehr haftungsanfällig als der des sog. Nurnotars, denn auch im zuletzt genannten Berufssektor werden teilweise mit Erfolg Schadensersatzansprüche geltend gemacht. Nachdem die Verwahrungstätigkeit bei den Anwaltsnotaren in erheblichen Umfang rückläufig ist, haben sich die angemeldeten Schäden gegenüber Anwaltsnotaren nochmals verringert. Die interne Statistik sieht derzeit wie folgt aus[50]: Die gemeldete Schadensquote gegenüber Notaren bewegt sich zwischen 0,4 bis 0,7 % und es werden zwischen 8 % und 12 % der gemeldeten Schäden ausgeglichen.[51]

47 Es handelt sich dabei um einen gesetzlichen Forderungsübergang in Gestalt der cessio legis, dass nämlich der Ersatzanspruch des Ersatzberechtigten und damit des Geschädigten auf den Versicherer übergeht, soweit dieser dem Geschädigten entsprechenden Ersatz leistet, allerdings nur in der Höhe, wie auch tatsächlich in Geld Ersatz geleistet worden ist.

VI. Fürsorge- und Versorgungseinrichtungen (Abs. 4)

1. Fürsorgeeinrichtungen

48 Das Gesetz eröffnet die Möglichkeit, sog. **Fürsorgeeinrichtungen** zu begründen und überlässt diese Möglichkeit den Notarkammern, während § 45 Abs. 3 RNotO vom 13.02.1937 (RGBl. I S. 191) die Möglichkeit der Einrichtung der Reichsnotarkammer übertrug. Solche Fürsorgeeinrichtungen bestehen derzeit nicht

2. Versorgungseinrichtungen

49 Demgegenüber existieren **Versorgungseinrichtungen**, die Rechtsansprüche gewähren, zu Leistungen verpflichten und deshalb nur auf Grund einer gesetzlichen Ermächtigung eingerichtet werden dürfen und insoweit auch der Aufsicht durch die Landesjustizverwaltung unterstehen müssen. Diese Versorgungseinrichtungen existieren weiterhin in folgenden Bezirken: Im ehemaligen Bezirk des OLG Darmstadt auf Grund Art. 5 NotMaßNG vom

---

46 BGH DoNotZ 1999, 352 = MDR 1999, 62 = VersR 1998, 1504 = WM 1999, 135 = ZNotP 1999, 35.
47 OLG Hamm vom 29.10.1993 – 11 U 66/93 – n. v.
48 BGHZ 139, 52 = NJW 1998, 2537 = DNotZ 1999, 129 = VersR 1998, 1016 = WM 1998, 1540 = Hübner, LM H. 2/1999 § 75 VVG Nr. 6.
49 Vgl. wegen der weiteren Einzelheiten § 19a Rz. 9 ff.
50 Vgl.dazu *Bresgen*, SchlHA 2007, 233 ff.
51 So *Bresgen*, SchlHA 2007, 233, 235.

16.02.1961 (BGBl. I S. 77); im Bereich der Notarkasse i. S. d. § 113; im Bezirk der Notarkammer Koblenz auf Grund des Gesetzes vom 14.06.1962 (GVBl. 1962, 53); im Bezirk der Rheinischen Notarkammer auf Grund des Gesetzes vom 04.11.1986 (GVBl. 1986, 680) und schließlich im Bezirk der saarländischen Notarkammer durch Gesetz vom 19.04.1948 (ABl. 1948, 540).

VII. Zertifizierung der elektronischen Signatur

Die Zertifizierungsstelle bleibt die Bundesnotarkammer, allerdings kann die örtliche Notarkammer im elektronischen Wege anderen Stellen bestätigen, dass eine bestimmte Person als Notar bestellt ist. Dies ist eine zwingende Folge nach der Einführung der elektronischen Signatur aufgrund des Signaturgesetzes; darüber hinaus kann die Notarkammer quasi aus eigenem Recht gegenüber der Bundesnotarkammer die Sperrung einer elektronischen Signatur verlangen, was z.B. der Fall ist, wenn ein Notar vorläufig oder endgültig seines Amtes enthoben wurde. Dies ist deshalb notwenig geworden, weil die Notarkammer verhältnismäßig frühzeitig von einer Amtsenthebung erfährt und jene in der Regel der Bundesnotarkammer überhaupt nicht mitgeteilt wird. Nach der früheren und auch heute noch gültigen Regelung werden Gerätschaften wie Stempel eingezogen, aber bei der elektronischen Signatur geht dies eben nur mit Hilfe der Technik. Diese Ergänzung erfolgte aufgrund des zweiten Justizmodernisierungsgesetzes vom 22.12.2006[52].   **50**

VIII. Erstattung von Gutachten (Abs. 5) und Unterstützung der Landesjustizverwaltung

Die Pflicht zur Erstattung von Gutachten in Abs. 4 ist eine Konkretisierung des in Abs. 1 enthaltenen Postulats, die Landesjustizverwaltungen zu unterstützen. Deshalb sind die Notarkammern nicht nur Interessenvertreter ihrer Mitglieder, sondern auch dazu berufen, die Landesjustizverwaltung bei ihrer Aufsichtstätigkeit zu **unterstützen**.   **51**

Die Vorschrift entspricht inhaltlich § 73 Abs. 1 Nr. 8 BRAO und folgt aus dem Umstand, dass die Notarkammer öffentliche Aufgaben wahrnimmt für Mitglieder, die ein öffentliches Amt bekleiden. Deshalb kann sich die Notarkammer einer Aufforderung, ein Gutachten zu erstatten, grundsätzlich nicht entziehen, es sei denn, sie kann sachliche Gründe geltend machen, die sie von einer Erstattung abhalten. Die Erstellung des Gutachtens steht nicht in ihrem Ermessen, weil ansonsten der Gesetzgeber eine andere Formulierung gewählt hätte. Die Zubilligung eines Ermessensspielraums mit begrenzter Möglichkeit der gerichtlichen Nachprüfung (vgl. § 113 VwGO) würde dem Grundprinzip des Abs. 1 nicht Rechnung tragen, nämlich die Landesjustizverwaltung bei der Bewältigung ihrer Aufgaben zu unterstützen.   **52**

IX. Weitere Aufgabenwahrnehmungen (Abs. 6)

Der Gesetzgeber hat, um den Notarkammern weitere Aufgaben zuweisen zu können und zur Entlastung der Landesjustizverwaltung, eine Generalklausel eingefügt, wonach die Notarkammer auch Aufgaben wahrnehmen kann, die nicht unbedingt durch den Aufgabenkatalog nach Abs. 1–5 gedeckt sind; allerdings dürfte es sich dabei um eine absolute Ausnahme handeln. Die Grenze weitergehender Aufgabenwahrnehmungen ist zunächst beschränkt durch den Aufgabenkatalog der Abs. 1–5 und zum anderen dadurch, dass nicht primär Aufgaben wahrgenommen werden sollen, die der Dienstaufsicht vorbehalten sind und damit unter die §§ 92–94 fallen. Die Aufgabenwahrnehmung nach Abs. 6 muss sich am Katalog nach   **53**

---

52 BGBl. I S. 3416.

Abs. 1–5 orientieren, das heißt, es muss sich das Bedürfnis nach einer Analogie feststellen lassen. Der Vorschrift dürfte in der Praxis keine gravierende Bedeutung beizumessen sein, denn im Zweifel lassen sich weitere Aufgabenwahrnehmungen bereits den Abs. 1–5 entnehmen.

§ 68

Die Organe der Notarkammer sind der Vorstand und die Versammlung der Kammer.

Übersicht

A. Entstehungsgeschichte der Vorschrift

Die Vorschrift hat **kein unmittelbares Vorbild in der RNotO**, sondern nur in einer früher gültigen Notarordnung für Rheinland-Pfalz, die in § 46 Vorstand und Versammlung zu Organen bestimmte.   **1**

B. Erläuterungen

I. Begriff des Organs

Organe sind diejenigen Personen oder Personenmehrheiten, **die für die juristische Person tätig werden** müssen, damit nach außen im Rechtsverkehr eine Tätigkeit der juristischen Person erkennbar wird und auf einem entsprechendem Willensentschluss beruhen. Organe sind rechtlich geschaffene Einrichtungen eines Verwaltungsträgers, die dessen Zuständigkeit für diesen wahrnehmen[1]. Damit wird das Handeln der Organe den Körperschaften unmittelbar zugerechnet, so dass nach §§ 31, 89 BGB die Körperschaft (Notarkammer) für schädigende Handlungen der Organe haftet.   **2**

II. Vorstand

Die Vorschrift erhebt den Vorstand zum **Organ**, der nach § 69 die Befugnisse der Kammer wahrnimmt. Die Mitglieder des Vorstands stehen zur Kammer in einem öffentlich-rechtlichen Verhältnis[2]. Der Vorstand ist in erster Linie ausführendes Organ der Mitgliederversammlung; soweit ihm satzungsgemäß eigene Entscheidungsbefugnisse eingeräumt sind, handelt er vollkommen selbstständig, jedoch unterliegt er auch insoweit der Kontrolle durch die Mitgliederversammlung[3] und notfalls der der Landesjustizverwaltung.   **3**

---

1 *Maurer*, Allgemeines Verwaltungsrecht, § 21 Rz. 19.
2 Zur näheren Ausgestaltung vgl. § 69 Rz. 12.
3 Zum Rechtsverhältnis zwischen den einzelnen Organen vgl. *Maurer*, Allgemeines Verwaltungsrecht, § 21 Rz. 26.

III. Versammlung

4 Daher ist die **Versammlung** das oberste beschließende Willensorgan der Kammer, weil die demokratische Legitimation bei ihr direkt abgeleitet werden kann. Ihre Befugnisse sind in § 71 geregelt.

IV. Organstreitigkeiten

5 Grundsätzlich sollen die Aufgaben der einzelnen Organe in der **Satzung** geregelt sein, so dass es zu Konflikten nicht kommen kann. Soweit Zuständigkeitskonflikte auftreten, wird diese im Zweifel die Landesjustizverwaltung zu lösen haben[4]. In allen Fällen kann sich die Versammlung das Recht vorbehalten, bestimmte Entscheidungen des Vorstandes von ihrer Zustimmung abhängig zu machen; andererseits kann dies nicht ausnahmslos gelten, denn ansonsten würde der Vorstand in seiner Tätigkeit obsolet werden, so dass die sog. laufenden Geschäfte stets in der Verantwortung des Vorstands liegen. Soweit keine Zuständigkeitsbestimmung durch Gesetz oder Satzung getroffen sind, liegt die Wahrnehmung jener Aufgaben sowohl in der Zuständigkeit des Vorstands als auch der Versammlung.

---

4 Ebenso *Schippel/Bracker/Kanzleiter*, § 68 Rz. 6.

§ 69

(1) ¹Der Vorstand nimmt, unbeschadet der Vorschrift des § 70, die Befugnisse der Notarkammer wahr. ²In dringenden Fällen beschließt er anstelle der Versammlung der Kammer, deren Genehmigung nachzuholen ist.

(2) ¹Der Vorstand besteht aus dem Präsidenten, seinem Stellvertreter und weiteren Mitgliedern. ²Die Mitglieder des Vorstands werden von der Versammlung der Kammer auf vier Jahre gewählt.

(3) Sind in dem Bezirk einer Notarkammer zur hauptberuflichen Amtsausübung bestellte Notare und Anwaltsnotare bestellt, so müssen der Präsident und mindestens die Hälfte der übrigen Mitglieder des Vorstands zur hauptberuflichen Amtsausübung bestellte Notare sein.

Übersicht

A. Entstehungsgeschichte der Vorschrift

In der **RNotO** war **ein Vorstand nicht vorgesehen**, sondern lediglich ein den Präsidenten beratender Kammerausschuss. Der Präsident hatte weitgehende Befugnisse und bestellte ohne Abstimmung in der Kammer seine Stellvertreter selbst (vgl. § 54 RNotO). Hingegen bestimmte der Reichsminister der Justiz den Präsidenten der jeweiligen Notarkammer und auch die Mitglieder des Kammerausschusses (vgl. § 55 RNotO). 1

B. Erläuterungen

I. Aufgabenverteilung (Abs. 1)

Der Vorstand ist nach der Kammerversammlung das **wichtigste Organ der Notarkammer,** weil die Kammerversammlung schon aus technisch-organisatorischen Gründen nicht alle Befugnisse wahrnehmen kann. Andererseits können dem Präsidenten kraft Satzung nicht alle Aufgaben zugewiesen werden, so dass der Vorstand zwischen Präsident und Kammerversammlung seine ihm zugewiesenen Aufgaben wahrnimmt. Dabei ist der Vorstand primär Vertretungsorgan für die Kammer, wie sich aus Abs. 1 unmissverständlich ergibt. Nach § 70 sind dem Präsidenten kraft Gesetzes bestimmte Aufgaben zugewiesen; Abs. 4 eröffnet die Möglichkeit, durch Satzung ihm weitere Aufgaben zu übertragen. Es ist nicht ausgeschlossen, dass sich für eine Aufgabe sowohl der Vorstand als auch die Kammerversammlung be- 2 rufen fühlen, so dass der Vorstand diese Aufgabe an sich ziehen kann, muss sich jedoch anders lautenden Beschlüssen der Kammerversammlung beugen.

II. Dringende Fälle (Abs. 1 Satz 2)

3 In **dringenden Fällen** beschließt der Vorstand nach Abs. 1 Satz 2 an Stelle der schwerfälligen Versammlung der Kammer, deren Genehmigung nachzuholen ist. Damit soll für Eilfälle ein einfacheres Verfahren ermöglicht werden.

4 Die **Genehmigung der Kammerversammlung** ist nur nachzuholen, so dass der Beschluss des Vorstandes zunächst wirksam ist. Erteilt die Kammer die Genehmigung, dann verbleibt es bei dem Vorstandsbeschluss. Versagt die Kammer die Billigung, dann muss der Vorstandsbeschluss mit Wirkung für die Zukunft aufgehoben bzw. beseitigt werden. Die Kammerversammlung kann den Beschluss des Vorstandes selbst aufheben, weil die Entscheidung an sich in ihre Zuständigkeit fällt; sie kann aber auch den Vorstand anweisen, seinen Beschluss selbst förmlich zu beseitigen. Die Kammer kann auch den Beschluss mit Wirkung für die Vergangenheit beseitigen oder rückgängig machen lassen.

5 **Dringende Fälle** sind solche, bei denen nach Auffassung des Vorstandes eine alsbaldige Entscheidung nötig ist und nicht bis zum Zusammentritt einer Kammerversammlung gewartet werden kann. Der Vorstand muss den Fall als dringlich bezeichnen und zum Ausdruck bringen, dass er deshalb an Stelle der Kammerversammlung handeln will. Dann ist es unerheblich, ob andere Betrachter etwa den Fall nicht als dringlich ansehen würden. Der Beschluss bleibt nach den Regeln des Verwaltungsrechts wirksam, auch wenn ein Gericht später erklärt, es hätte den Fall nicht als dringlich angesehen.

III. Zusammensetzung des Vorstands (Abs. 2 Satz 1)

6 Der Vorstand besteht aus mindestens **drei Personen**: Präsident, sein Stellvertreter sowie ein weiteres Mitglied. Die Bestellung nur eines weiteren Mitgliedes ist trotz der Formulierung »weitere Mitglieder« zulässig. Die Anzahl der Vorstandsmitglieder wird im Übrigen durch die Satzung bestimmt, die aber nicht unbedingt eine feste Zahl angeben muss, sondern die Anzahl kann von der jeweiligen Mitgliederzahl des Kammerbezirks abhängig gemacht werden. In der Praxis werden mehr als drei Vorstandsmitglieder gewählt, und zwar so viele, wie an konkreten Vorstandsaufgaben zu bewältigen ist. Es können auch mehrere Stellvertreter gewählt werden, was schon deshalb sachdienlich ist, weil durchaus zwei Personen zur selben Zeit verhindert sein können, ihr Amt wahrzunehmen.

IV. Wahl des Vorstands (Abs. 2 Satz 2)

7 Das Gesetz schreibt die **Vorstandswahl durch die Kammerversammlung** vor und schließt daher eine anders lautende Regelung durch die Satzung aus. Nur die weiteren Einzelheiten der Wahl müssen durch die Satzung festgelegt sein.

1. Wahlrecht

8 Jedes Kammermitglied ist **wahlberechtigt**, und zwar auch dann, wenn es nach § 55 vorläufig des Amtes enthoben ist, denn das Wahlrecht fällt nicht unter den Begriff der »Amtshandlung«[1]. Das Wahlrecht kann auch nicht durch die Satzung beschränkt werden, also Tat-

---

1 So auch *Schippel/Bracker/Kanzleiter*, BNotO, § 69 Rz. 10.

bestände auflisten, bei denen ein Wahlrecht nicht gegeben sein soll. Eine Pflicht zur Teilnahme an der Wahl besteht nicht und kann ebenso wenig durch die Satzung begründet werden.

2. Wählbarkeit

Grundsätzlich kann jedes Kammermitglied in den Vorstand gewählt werden und auch das **9** **passive Wahlrecht** kann nicht durch die Satzung beschränkt werden, etwa in der Hinsicht, dass disziplinarische Vorbelastungen die Wählbarkeit ausschließen. Beisitzende Mitglieder eines Disziplinargerichts i. S. d. §§ 103, 108 können nicht gleichzeitig Mitglied des Vorstands sein. Erfolgt dennoch ihre Wahl zum Vorstandsmitglied, muss sich das gewählte Vorstandsmitglied entscheiden, welches Amt es beibehalten möchte, zumal eine Pflicht zur Übernahme einer Tätigkeit im Vorstand für kein gewähltes Mitglied gilt. Das gewählte Vorstandsmitglied kann auch die Tätigkeit als Beisitzer eines Disziplinargerichts niederlegen; jede andere Auslegung des Gesetzes würde die zuletzt genannte Tätigkeit höher bewerten als eine solche im Vorstand der Notarkammer. Eine Pflicht zur Übernahme in das Wahlamt besteht nicht; die Satzungen sehen aber regelmäßig vor, dass die Gründe für eine Ablehnung angegeben werden; andernfalls kann die grundlose Ablehnung als Verstoß gegen § 14 der Allgemeinen Richtlinien für die Berufsausübung der Notare angesehen werden[2].

3. Persönliche Ausübung

Das Wahlrecht kann nur **persönlich ausgeübt** werden, was die Satzungen auch regelmäßig **10** vorschreiben und keine Stellvertretung zulassen. Soweit Satzungen sich darüber nicht verhalten, ist der Grundsatz der persönlichen Ausübung dennoch zu beachten. Allerdings kann die Satzung Stellvertretung zulassen mit der Einschränkung, dass nur Kammermitglieder das Wahlrecht stellvertretend ausüben. Das mit dem Stimmrecht ausgestattete Kammermitglied ist aber nicht an vorher erteilte Weisungen des Vertretenen gebunden; wünscht dieses, dass nur in einem bestimmten Sinne abgestimmt werden soll, kann ihm die persönliche Ausübung zugemutet werden[3].

4. Vorzeitiges Ausscheiden und Abwahl

a) Vorzeitiges Ausscheiden

Das Gesetz enthält dazu überhaupt keine Regelung, so dass diese Regelungslücke auch teil- **11** weise durch die Satzungen ausgefüllt wird und die **vorzeitige Niederlegung des** Vorstandsamtes grundsätzlich nicht zulässig ist. Eine entsprechende Anwendung von § 81, der ein vorzeitiges Ausscheiden aus dem Amt des Präsidiums nicht ausschließt, kommt wegen nicht vergleichbaren Rechtslagen nicht in Betracht. Dasselbe gilt für die an weniger strenge Voraussetzungen geknüpfte Regelung in § 69 Abs. 1 Nr. 2 BRAO, wonach ein Vorstandsmitglied sein Amt im Vorstand der Rechtsanwaltskammer niederlegen kann. Als Gründe für ein vorzeitiges Ausscheiden sind deshalb neben dem Tod anzuerkennen: Verlust der Wählbarkeit und eine mit sachlichen Gründen versehene Zustimmung durch den Vorstand.

b) Abwahl

Eine **Abwahl** aus wichtigem Grund durch die Kammerversammlung ist **möglich**, auch wenn **12** das Gesetz dazu ebenfalls keine Regelung enthält. Das Rechtsverhältnis zwischen dem Vorstandsmitglied und der Notarkammer ist öffentlich-rechtlicher Natur und nähert sich damit

---

2 Abgedruckt bei *Weingärtner/Schöttler*, DONot, S. 430 ff. für eine analoge Anwendung von § 67 BRAO z. B. *Schippel/Bracker/Kanzleiter*, § 69 Rz. 15.
3 Vgl. zum Streitstand im Übrigen *Schippel/Bracker/Kanzleiter*, § 69 Rz. 12.

den Regelungen über die Gemeindevorstände in den Gemeindeordnungen, die teilweise eine Abwahl vorsehen[4] und ein Konflikt mit den Grundsätzen des Beamtenrechts, die eine Bestellung auf Lebenszeit vorsehen, nicht gesehen wird[5].

Im Übrigen wird das Vertrauensverhältnis zwischen Kammerversammlung und Vorstandsmitglied gestört, wenn eine sachlich begründete Abwahl stets ausgeschlossen sein soll[6]. Es handelt sich um demokratisch legitimierte und demokratisch zustande gekommene Einrichtungen, so dass eine Abwahl schon deshalb möglich sein muss, um diesen Anforderungen zu genügen. Die Zwangsmitgliedschaft in der Notarkammer mag in ihrer Eigenschaft als Körperschaft des öffentlichen Rechts noch zu rechtfertigen sein, aber es muss diesen Mitgliedern eine Abwahl möglich sein, wenn das Vertrauensverhältnis gestört scheint.

5. Wahlverfahren

13   Auch hierzu gibt das **Gesetz keine Vorgaben**. Da es sich jedoch um eine wichtige Angelegenheit handelt, müssen die Satzungen entsprechende Bestimmungen enthalten. Die Kammerversammlung selbst muss vor der Abstimmung eine Entschließung darüber fassen, welche namentlich benannten Personen Präsident und Stellvertreter und welche nur einfache Vorstandsmitglieder werden sollen; diese Entscheidung kann nicht dem Vorstand selbst überlassen bleiben.

14   Die Satzungen müssen Regelungen über das Zählverfahren enthalten und auch zur Frage, ob die Wahl geheim ist, was nicht unbedingt zu erfolgen hat, jedoch empfehlenswert ist. Eine Anfechtung der Wahlen ist gesetzlich nicht vorgesehen und daher nicht möglich. Eine gerichtliche Überprüfung ist nur möglich im Zusammenhang mit der Nachprüfung eines vom Vorstand erlassenen Akts, bei dem u. a. geltend gemacht wird, er habe nicht ergehen dürfen, weil sich der Vorstand nicht ordnungsgemäß zusammensetze.

V. Wahlperiode (Abs. 2 Satz 2)

15   Die Wahlperiode ist zwingend mit **vier Jahren** vorgeschrieben und kann auch durch die Satzung weder verlängert noch verkürzt werden.

VI. Rechtsverhältnis zwischen Vorstand und Kammer

16   Das **Verhältnis des Vorstandes zur Kammer** gehört dem öffentlichen Recht an und ist Ausfluss der Amtstätigkeit des Notars. Man kann das Verhältnis vielleicht als besonders öffentlich-rechtliches Treueverhältnis bezeichnen, das nicht näher geregelt ist. Sein Inhalt sowie Art und Umfang der Pflichten der Vorstandsmitglieder ergeben sich aus der Notarordnung und den Amtspflichten eines Notars; daneben kann man die privatrechtlichen Vorschriften des Auftrages unter gewissen Angleichungen an das Beamtenrecht rechtsähnlich anwenden. Denn die Vorstandsmitglieder werden grundsätzlich unentgeltlich tätig und sind nach Annahme der Wahl verpflichtet, die ihnen damit übertragenen Geschäfte des Vorstandes zu besorgen. Diese Anwendung der Auftragsbestimmungen ist nur eine rechtsähnliche, weil es sich um ein öffentlich-rechtliches Verhältnis handelt und manche Bestimmungen der Notarordnung mit anderem Inhalt vorgehen, z. B. bei der Kündigung.

17   Die Vorstandsmitglieder erhalten für ihre Tätigkeit grundsätzlich **keine Vergütung**, doch haben sie wie ein Beauftragter Anspruch auf Erstattung aller Auslagen und Reisekosten. Die Satzung darf sicherlich auch die Zahlung von Pauschbeträgen zur Erstattung für die übli-

---

4 Vgl. z. B. § 76 HessGemO.
5 *Maurer*, Allgemeines Verwaltungsrecht, § 23 Rz. 10 m. w. N.
6 Gegen eine Abwahl *Schippel/Bracker/Kanzleiter*, § 69 Rz. 17.

chen Unkosten vorsehen. Die Grundsätze der Regelung für die Bundesnotarkammer (§ 88) können zur Auslegung rechtsähnlich herangezogen werden. Ein Beschluss der Kammerversammlung, den Mitgliedern des Vorstandes bei Terminwahrnehmung einen Vortritt einzuräumen, ist als eigenverantwortliche Ausübung der Selbstverwaltung gegenüber der Minderheit statthaft[7].

Eine **Schweigepflicht der Vorstandsmitglieder** ergibt sich unmittelbar aus § 18. Denn **18** auch diese Tätigkeit als Vorstandsmitglied ist eine Amtstätigkeit des Notars, so dass er die durch diese Tätigkeit bekannt gewordenen Angelegenheiten auch bei seiner »Berufsausbildung« erfährt. »Beteiligter« im Sinne des § 18 sind die Notarkammer und die beteiligten Personen, deren Angelegenheiten das Vorstandsmitglied bearbeitet hat, so dass weder der Vorstand noch die Kammer allein den Notar von der Schweigepflicht entbinden können.

VII. Geschäftsführer der Notarkammer und weiteres Personal

Die Notarkammer kann durch ihren Vorstand sonstiges Personal einstellen, insbesondere **19** **Geschäftsführer und andere Mitarbeiter.**

1. Geschäftsführer

Die Notarkammer kann einen oder mehrere Geschäftsführer bestellen. Die **Satzung** enthält **20** darüber meistens die **näheren Bestimmungen,** doch ist der Vorstand kraft seiner Stellung auch ohne Satzungsbestimmung zur Einstellung eines Geschäftsführers bei Bedarf befugt. Der Vorschlag des Entwurfs, die Bestellung gesetzlich festzulegen (siehe bei § 72 I), ist nicht Gesetz geworden.

Die Bestellung des Geschäftsführers kann **privatrechtlich oder öffentlich-rechtlich er- 21 folgen,** also durch Vertrag oder Hoheitsakt. Denn die Notarkammer ist juristische Person des öffentlichen Rechts, hat daher Dienstherreneigenschaft und kann durch öffentlich-rechtlichen Akt Beamte ernennen, wenn die von der Landesjustizverwaltung nach § 66 genehmigte Satzung das vorsieht. Die Kammern haben davon aber regelmäßig keinen Gebrauch gemacht, weil die Einstellung eines Beamten zu starke Bindungen erzeugt. Meistens stellt die Kammer den Geschäftsführer durch privatrechtlichen Vertrag ein. Dabei handelt es sich dann um einen Dienstvertrag.

Der Geschäftsführer braucht **kein Notar** zu sein, obwohl es empfehlenswert ist. Vielfach **22** bestellen die Kammern dafür einen Notariatsassessor. Es ist aber nicht richtig, den Assessor hauptamtlich mit dieser Tätigkeit zu beauftragen, denn diese Verwaltungstätigkeit ersetzt nicht die praktische Ausbildung bei einem Notar. Immerhin darf und sollte die Arbeit als Geschäftsführer einer Notarkammer teilweise auf die Anwärterzeit angerechnet werden.

Der Geschäftsführer führt, wie der Name sagt, die **laufenden Geschäfte.** Er wird regel- **23** mäßig als Beauftragter tätig, als Stellvertreter des Präsidenten nur auf Grund besonderer Vollmacht.

2. Sonstiges Personal

Sonstiges Personal kann der Vorstand nach Bedarf einstellen. Das geschieht durch Dienst- **24** oder Arbeitsvertrag.

---

7 BGH DRiZ 1982, 73.

VIII. Besonderheiten bei gemischten Kammern (Abs. 3)

25 Diese Vorschrift hat nur noch praktische Relevanz in den Bezirken der **Notarkammer Stuttgart und der Rheinischen Notarkammer,** wobei im Bezirk Stuttgart die Besonderheit hinzukommt, dass nach § 114 Abs. 2 Satz 2 dem Vorstand ein Bezirksnotar angehören muss, der nicht stimmberechtigt ist. In beiden Notarkammern müssen der Präsident und mindestens die Hälfte der übrigen Vorstandsmitglieder Nurnotare sein.

§ 69a

(1) [1]Die Mitglieder des Vorstandes haben – auch nach ihrem Ausscheiden aus dem Vorstand – über die Angelegenheiten, die ihnen bei ihrer Tätigkeit im Vorstand über Notare, Notarassessoren, Bewerber um das Amt des Notars und andere Personen bekannt werden, Verschwiegenheit gegenüber jedermann zu wahren. [2]Das Gleiche gilt für Angestellte der Notarkammern und der Einrichtungen nach § 67 Abs. 4 sowie für Notare und Notarassessoren, die zur Mitarbeit in der Kammer oder in den Einrichtungen herangezogen werden.

(2) In gerichtlichen Verfahren dürfen die in Absatz 1 bezeichneten Personen über solche Angelegenheiten, die ihnen bei ihrer Tätigkeit im Vorstand über Notare, Notarassessoren, Bewerber um das Amt des Notars und andere Personen bekannt geworden sind, ohne Genehmigung nicht aussagen.

(3) [1]Die Genehmigung erteilt der Vorstand der Notarkammer. [2]Die Genehmigung soll nur versagt werden, wenn Rücksichten auf die Stellung oder die Aufgaben der Notarkammer oder berechtigte Belange der Personen, über welche die Tatsachen bekannt geworden sind, es unabwendbar erfordern. [3]§ 28 Abs. 2 des Gesetzes über das Bundesverfassungsgericht bleibt unberührt.

Übersicht

A. Entstehungsgeschichte der Vorschrift

Die Vorschrift ist erstmals durch **Gesetz vom 29.01.1991** (BGBl. I S. 150) eingefügt worden und hat einen historischen Vorläufer in § 76 BRAO, der schon seit langer Zeit geltendes Recht ist[1]. In § 81a wird für das Präsidium der Bundesnotarkammer auf § 69a verwiesen, der entsprechend gilt.　　　　　　1

B. Erläuterungen

I. Personenkreis (Abs. 1)

Die in Abs. 1 genannten Personen haben die Pflicht zur Verschwiegenheit gegenüber jeder dritten Person. Nach dem eindeutigen Wortlaut werden **alle Vorstandsmitglieder und Angestellten der Notarkammer** sowie die Angestellten und Mitarbeiter der in § 67 Abs. 3 genannten Einrichtungen angesprochen. Darüber hinaus sind alle Notare und Notarassessoren in die Pflicht genommen, die in die Kammerarbeit eingebunden sind oder für eine Einrichtung i. S. d. § 67 Abs. 3 tätig werden. Auch hier kommt die Nähe zum öffentlichen Dienst zum Ausdruck, wo es ähnliche Regelungen gibt. Die Vorschrift wiederholt auch den schon　　2

---

1 Vgl. deshalb die ausführlichen Erläuterungen bei *Feuerich/Weyland*, § 76 Rz. 2 ff.

in § 18 niedergelegten Gedanken; jene Vorschrift betrifft allerdings das Verhältnis zwischen Notar und Rechtsuchenden.

II. Gegenstand der Verschwiegenheit

3 Die Vorschrift erfasst alle Tatsachen, die der betreffenden Person im Rahmen ihrer dienstlichen Tätigkeit bekannt werden. Es kommt nicht darauf an, **worauf die Kenntnis zurückzuführen ist**, ob also unmittelbar durch einen Aktenvorgang oder auf Grund eines Berichts durch einen anderen Mitarbeiter. Die Pflicht obliegt auch gegenüber Behörden und sonstigen öffentlichen Einrichtungen.

4 Sie erfasst allerdings nicht sog. offenkundige Tatsachen, die also einem größeren Personenkreis durch andere Informationsquellen schon bekannt sind, wie z. B. die Verlegung des Amtssitzes oder das Erlöschen des Notaramtes. Von der Pflicht werden auch solche Tatsachen nicht erfasst, die nach ihrer Natur nicht der Geheimhaltung bedürfen, wie sich aus einem Vergleich zu § 43a Abs. 2 Satz 3 BRAO ergibt. Die Pflicht erfasst auch solche Erkenntnisse, die der Notar oder Mitarbeiter zwar außerhalb seines Dienstes erfährt, aber ursächlich darauf zurückzuführen ist, dass er mit derartigen Vorgängen befasst ist; deshalb kann er auch solche Informationen nicht weitergeben, die er außerhalb seiner Dienstzeit durch Erzählungen von anderen Notaren oder Mitarbeitern erhält, selbst dann nicht, wenn die die Informationen weitergebende Person ihrerseits die Grenzen der Pflicht zur Verschwiegenheit missachtet[2].

5 Weder der die Informationen weitergebende noch der sie erhaltende Notar oder Mitarbeiter können sich auf Unkenntnis darüber berufen, über den Umfang der Verpflichtung nicht informiert gewesen zu sein. Es gibt in diesem Bereich keine Regelung über den Verbotsirrtum wie in § 17 StGB.

III. Aussageverbot (Abs. 2)

6 Auch dieser Absatz ist **inhaltsgleich** mit **§ 76 Abs. 2 BRAO**. Da gerichtliche Verfahren in der Regel dem Grundsatz der Öffentlichkeit unterliegen, würde der in Abs. 1 statuierte Grundsatz obsolet, wenn ohne Einschränkungen die betreffende Person aussagen müsste. Soweit deshalb die Prozessgesetze eine Verpflichtung zur Aussage vorsehen, geht § 69a Abs. 2 vor und verdrängt jene Vorschriften. Wird dennoch eine Aussage ohne Genehmigung gemacht, hat dies die Folge der Beweiserhebung[3].

IV. Aussagegenehmigung (Abs. 3)

1. Grundsatz

7 Das Gesetz sieht die Befreiung von der Verschwiegenheitspflicht durch Erteilen einer **Aussagegenehmigung** vor. Sie ist für alle gerichtlichen Verfahren erforderlich, also auch für die einem gerichtlichen Verfahren vorgeschalteten Verfahrensabschnitte und damit sowohl für das staatsanwaltliche Ermittlungsverfahren als auch für die verwaltungsrechtlichen Disziplinarverfahren.

---

2 *Feuerich/Weyland*, BRAO, § 76 Rz. 8.
3 So zutreffend *Feuerich/Weyland*, § 76 Rz. 21.

2. Genehmigungsverfahren

a) Allgemeines

Der **Vorstand** der Notarkammer ist für die Genehmigung **zuständig**, wobei die Satzung 8 diese Befugnis unmittelbar dem Präsidenten ohne vorherige Anhörung des Vorstandes übertragen kann. In Zweifelsfällen sollte allerdings der Präsident vorher die Zustimmung des Vorstands einholen.

b) Regelgenehmigung

In der Regel ist die **Genehmigung zu erteilen**, wie sich aus Satz 2 unmittelbar ergibt, denn 9 sie soll nur unter bestimmten Voraussetzungen verweigert werden. Aus redaktionellem Versehen ist der Begriff »unabwendbar« statt »unabweisbar« Gesetz geworden. Dass das Letztere gemeint ist, ergibt sich aus einem Vergleich zum wortgleichen § 76 BRAO. Es wird kaum Fälle geben, in denen daher die Genehmigung zu versagen ist, jedoch kommt es immer auf eine Abwägung der beiderseitigen Interessen an. Dabei ist abzuwägen zwischen den Folgen, die eintreten, wenn die Genehmigung nicht erteilt wird und folglich bestimmte Tatsachen nicht der Wahrheitsfindung zugeführt werden können gegenüber den Folgen oder auch Schäden für Notarkammer oder betroffene Person, wenn andererseits die Genehmigung erteilt wird[4].

c) Rechtsbehelfe

In gewissem Umfang kann sowohl gegen die erteilte Genehmigung vorgegangen werden als 10 auch gegen die Versagung der Genehmigung. Der von der Aussage betroffene Notar, zu dessen Nachteil möglicherweise die Aussage ausfällt, kann die Genehmigung, die einen Verwaltungsakt der Notarkammer darstellt, nach § 111 **anfechten**; die mit dem Verfahren befassten gerichtlichen Organe können gegen die Versagung Gegenvorstellung erheben[5], Dienstaufsichtsbeschwerde einlegen[6] oder die Landesjustizverwaltung um eine Überprüfung im Rahmen der ihr nach § 66 Abs. 2 obliegenden Staatsaufsicht ersuchen. Keinesfalls hat jedoch die die Aussage machende Person ein Anfechtungsrecht mit der Behauptung, sie brauche nicht auszusagen, weil die Genehmigung nicht habe erteilt werden dürfen. Sofern das gerichtliche Organ von sich aus nicht tätig wird, kann auch derjenige Prozessbeteiligte, der durch die Nichterteilung der Genehmigung in seinen Rechten beeinträchtigt zu sein glaubt, die Anfechtung nach § 111 betreiben.

3. Hinweis auf § 28 Abs. 2 BVerfGG

Dadurch wird klargestellt, dass die Genehmigung zur Aussage vor dem BVerfG nur versagt 11 werden darf, wenn es das **Wohl des Bundes oder eines Landes** erfordert. Sollte in einem solchen Fall der Vorstand der Notarkammer dennoch die Genehmigung nicht erteilen, kann der zuständige Senat beim BVerfG mit zwei Drittel seiner Stimmen die Verweigerung der Genehmigung für unbegründet erklären.

---

4 Vgl. zu einem ähnlichen Fall bei § 32 BVerfGG.
5 Vgl. BGH, NStZ 1981, 70; OLG Hamm NJW 1970, 821; *Feuerich/Weyland*, § 76 Rz. 25.
6 *Jessnitzer/Blumberg*, BRAO, § 76 Rz. 3.

§ 69b

(1) [1]Der Vorstand kann mehrere Abteilungen bilden, wenn die Geschäftsordnung der Kammer es zulässt. [2]Er überträgt den Abteilungen die Geschäfte, die sie selbständig führen.

(2) [1]Jede Abteilung muss aus mindestens drei Mitgliedern des Vorstandes bestehen. [2]Die Mitglieder der Abteilung wählen aus ihren Reihen einen Abteilungsvorsitzenden und seinen Stellvertreter.

(3) [1]Vor Beginn des Kalenderjahres setzt der Vorstand die Zahl der Abteilungen und ihrer Mitglieder fest, überträgt den Abteilungen die Geschäfte und bestimmt die Mitglieder der einzelnen Abteilungen. [2]Jedes Mitglied des Vorstandes kann mehreren Abteilungen angehören. [3]Die Anordnungen können im Laufe des Jahres nur geändert werden, wenn dies wegen Überlastung der Abteilung oder infolge Wechsels oder dauernder Verhinderung einzelner Mitglieder der Abteilung erforderlich wird.

(4) Der Vorstand kann die Abteilungen ermächtigen, ihre Sitzungen außerhalb des Sitzes der Kammer abzuhalten.

(5) Die Abteilungen besitzen innerhalb ihrer Zuständigkeit die Rechte und Pflichten des Vorstandes.

(6) Anstelle der Abteilung entscheidet der Vorstand, wenn er es für angemessen hält oder wenn die Abteilung oder ihr Vorsitzender es beantragt.

Übersicht

A. Entstehungsgeschichte der Vorschrift

1 Die Norm wurde durch das dritte Änderungsgesetz zur BNotO vom 31.08.1998 (BGBl. I S. 2585) eingefügt und entspricht vollinhaltlich § 77 BRAO, so dass ergänzend auf die Kommentierungen dazu zurückgegriffen werden kann[1]. Die Bildung von Abteilungen auf der Ebene des Vorstands besteht im Bereich der Rechtsanwaltskammern schon seit 1923 (RGBl. I. S. 647).

B. Erläuterungen

I. Aufgabenübertragung (Abs. 1)

2 Die Vorschrift ist in erster Linie für größere Notarkammern gedacht, denen es unmöglich ist, jedes einzelne Problem im Vorstand zu erörtern. Es bedarf jedoch eines Beschlusses der Kammerversammlung, dass auf der Ebene des Vorstandes verschiedene Abteilungen eingerichtet werden können, die Vorstandsaufgaben in eigener Verantwortung wahrnehmen. Die Kammerversammlung braucht jedoch nur pauschal zu entscheiden, ob Abteilungen und für

---

1 Vgl. *Feuerich/Weyland*, § 77 Rz. 1 ff.; *Henssler/Prütting*, § 77 Rz. 1 ff.

welchen Geschäftsbereich eingerichtet werden; die Übertragung einzelner Aufgaben oder auch pauschal umschriebener trifft dann der Vorstand in eigener Regie. Die Norm verleiht nur die gesetzliche Grundlage für Abteilungen auf Vorstandsebene; die Notarkammer muss von der Ermächtigung keinen Gebrauch machen und kann zunächst Abteilungen einrichten, aber auch später wieder beseitigen.

II. Zusammensetzung der Abteilung (Abs. 2)

Die Zusammensetzung der Abteilungen ist in Abs. 2 geregelt, wonach mindestens drei Mitglieder der Abteilung dem Vorstand angehören müssen. Es bleibt dem Vorstand unbenommen, eine größere Anzahl von Mitgliedern der Abteilung zu bestimmen, wobei die Zahl der nicht dem Vorstand angehörenden Personen durchaus höher liegen kann, als dem Vorstand zugehörige Mitglieder. Der Gesetzgeber will mit dieser Einschränkung nur sicherstellen, dass die Verantwortlichkeit des Vorstands für alle Aufgaben gewahrt bleibt, denn allein der Vorstand ist der Kammerversammlung als legitimiertem Organ verantwortlich, so dass, falls keine Vorstandsmitglieder der Abteilung angehörten, der Vorstand nicht zur Rechenschaft gezogen werden könnte. **3**

III. Vorstandsbeschluss (Abs. 3)

Der Vorstandsbeschluss muss als Mindestanforderungen nach Abs. 3 enthalten: Anzahl der Abteilungen und ihrer Mitglieder, übertragene Geschäftsgegenstände und Benennung der Notare nach Namen für die einzelnen Abteilungen. Aus verfassungsrechtlichen Gründen hat der Gesetzgeber angeordnet, dass diese Anordnungen für jeweils ein Geschäftsjahr gelten und nur unter bestimmten Voraussetzungen geändert werden können, nämlich dann, wenn bei einer Abteilung eine Arbeitsüberlastung eintritt oder eine dauernde Verhinderung einzelner Mitglieder der Abteilung festgestellt ist. Damit knüpft die Regelung an jene Vorgaben an, die die Rechtsprechung an Änderungen der Geschäftsverteilung für Gerichte knüpft, um jede mögliche und willkürliche Manipulation ausschließen zu können. Der Vorstand entscheidet ohne ausdrückliche Billigung der Kammerversammlung, in welcher Form er die Geschäfte auf die einzelnen Abteilungen überträgt und nach welchen Kriterien, also ob nach Gerichtsbezirken, Sachgebieten oder Anfangsbuchstaben der Beteiligten[2]. Hat der Vorstand von seiner Kompetenz Gebrauch gemacht, gewisse Aufgaben auf die Abteilungen zu übertragen, kann er diese selbst nicht mehr wahrnehmen. **4**

IV. Beratungssitzungen (Abs. 4)

Nachdem der Vorstand von seiner Kompetenz Gebrauch gemacht hat, dass die Abteilungen für ihn arbeiten, entspricht es einer Selbstverständlichkeit, dass die Abteilungen außerhalb der Vorstandssitzungen eigene Beratungssitzungen abhalten und die Abteilungen in die Kompetenz des Vorstands eintreten, also alle Rechte des Vorstands wahrnehmen, was bedeutet, dass die §§ 69, 69a anwendbar sind, denn sie regeln die Rechte und Pflichten des Vorstands. **5**

---

2 So auch *Feuerich/Weyland*, BRAO § 77 Rz. 5.

V. Wiederaufnahme durch den Vorstand (Abs. 6)

6 Da die Abteilungen in eigener Zuständigkeit anstelle des Vorstands tätig werden, hat der Gesetzgeber nur die Möglichkeit eröffnet, dass der Vorstand die Aufgabenwahrnehmung an sich zieht, wenn er es für angemessen hält, die Abteilung selbst oder ihr Vorsitzender es beantragen (Abs. 6). Dies dürfte allerdings die absolute Ausnahme darstellen. Die Tätigkeit des Vorstands ohne entsprechenden Antrag der Abteilung oder ihres Vorsitzenden wird nur wegen der Bedeutung der Sache, d. h. wegen über den Einzelfall hinausreichender Grundsätzlichkeit, in Betracht kommen, was allerdings nur dann möglich ist, wenn der Vorstand fortlaufend entweder auf Grund eigener Initiative oder auf Grund Initiative der Abteilung fortlaufend über den Stand eines einzelnen Verfahrens unterrichtet wird. Deshalb wird entweder der Vorstand oder die Abteilung entsprechende Informationen abfordern bzw. abgeben.

7 Macht die Abteilung von der ihr eingeräumten Möglichkeit Gebrauch, die ihr übertragene Aufgabe dem Vorstand »zurückzugeben«, ist damit dessen Zuständigkeit begründet, ohne dass es eines besonderen Beschlusses des Vorstands bedarf[3].

8 Der Gesetzgeber hat keine Regelung über die Berichtspflicht getroffen, jedoch entspricht es dem Gesichtspunkt der effektiven Zusammenarbeit, wenn die Abteilungen mehrmals im Kalenderjahr über ihre Arbeit berichten oder der Vorstand über entsprechende Berichte nachsucht. Die Satzungen der Notarkammer können darüber gesonderte Bestimmungen enthalten.

9 Der Vorstand kann ohne Angabe von Gründen nicht ohne weiteres die Zuständigkeit wieder an sich ziehen, wenn er zuvor von der Delegierung auf Abteilungen Gebrauch gemacht hat; ansonsten würden den Abteilungen ihre Selbstständigkeit genommen und sie würden zu reinen Befehlsempfängern des Vorstands. Der Vorstand kann ihnen deshalb auch nicht einzelne Weisungen für einen bestimmten Fall erteilen, ansonsten aber die weitere Tätigkeit der Abteilung überlassen; die Tätigkeit in eigener Verantwortung geht nur unter den in Abs. 6 genannten Voraussetzungen. Die Entscheidung, dass der Vorstand anstelle der Abteilung tätig wird, ist weder für die Abteilung noch für das einzelne Mitglied ein anfechtbarer Rechtsakt. Ansonsten ist der Beschluss nur anfechtbar, wenn die Voraussetzungen nach Abs. 2–4 nicht eingehalten sind. Die Landesjustizverwaltung kann dies ohne in sog. eigenen Rechten verletzt zu sein, einklagen; das einzelne Kammermitglied nur, soweit es durch einen Rechtsakt der Abteilung in eigenen Rechten verletzt sein kann[4].

---

3 So auch *Henssler/Prütting*, § 77 Rz. 18.
4 So auch *Henssler/Prütting*, § 77 Rz. 20.

§ 70

(1) Der Präsident vertritt die Kammer gerichtlich und außergerichtlich.

(2) Der Präsident vermittelt den geschäftlichen Verkehr der Kammer und des Vorstands.

(3) Der Präsident führt in den Sitzungen des Vorstands und in der Versammlung der Kammer den Vorsitz.

(4) Durch die Satzung können dem Präsidenten weitere Aufgaben übertragen werden.

Übersicht

A. Entstehungsgeschichte der Vorschrift

Die Vorschrift hat in der **RNotO keinen unmittelbaren Vorläufer,** denn die Notarkammern hatten keine eigene Rechtspersönlichkeit, sondern waren mehr oder weniger ausführendes Organ der Reichsnotarkammer.　　**1**

B. Erläuterungen

I. Vertretung und Verhältnis nach außen (Abs. 1 u. 2)

Der **Präsident** ist selbst **nicht Organ der Kammer,** sondern nur hervorgehobenes Mitglied des Vorstands und zur gerichtlichen und außergerichtlichen Vertretung der Kammer befugt und verpflichtet (Abs. 1). Des Weiteren vermittelt er den geschäftlichen Verkehr der Kammer und des Vorstands (Abs. 2). Damit ist das Außenverhältnis gemeint, d. h., er tritt Dritten gegenüber als Exekutivorgan sowohl der Kammer als Ganzes als auch des Vorstands im Besonderen auf und vertritt damit die jeweiligen Interessen. Damit konkretisiert Abs. 2 nur Abs. 1, denn nach letzterem ist der Präsident der gesetzliche Vertreter der Kammer, was ihm weder durch Kammerbeschluss noch durch Satzung entzogen noch beschränkt werden kann. Im Innenverhältnis ist er an die Weisungen des Vorstandes, die in Beschlüssen ihren Ausdruck finden, ebenso gebunden wie an entsprechende Vorgaben der Kammerversammlung. Soweit er diese Weisungen nicht beachtet, kann dies innerdienstliche Folgen haben, lässt jedoch entsprechend getroffene Maßnahmen im Außenverhältnis unberührt.　　**2**

II. Vorsitz im Vorstand und in der Versammlung (Abs. 3)

Der Präsident ist von Gesetzes wegen **Vorsitzender des Vorstandes und der Versammlung,** die nach § 68 die einzigen Organe der Kammer sind. Auch diese Befugnis kann weder durch die Satzung noch einen Kammerbeschluss entzogen werden. Er kann auch von sich aus nicht auf diese ihm insoweit zugewiesene Aufgabe verzichten.　　**3**

III. Sonstige Aufgabenzuweisungen (Abs. 4)

4 Die Satzung der Notarkammer kann bestimmen, dass dem Präsidenten **weitere Aufgaben** obliegen, ohne dass es vorher eines entsprechenden Beschlusses des Vorstands oder der Versammlung bedarf. Allerdings ist davon nur zurückhaltender Gebrauch zu machen, weil ansonsten die von Gesetzes wegen zugewiesenen Aufgaben in ihr Gegenteil verkehrt würden. In der Regel haben die Satzungen der Notarkammer den Präsidenten keine weitergehenden Befugnisse erteilt[1].

---

1 Vgl. Satzungen der Notarkammern, die jeweils in den Veröffentlichungsblättern der Landesjustizverwaltungen abgedruckt sind oder im Internet zur Verfügung stehen.

§ 71

(1) Die Versammlung der Kammer wird durch den Präsidenten einberufen.

(2) ¹Der Präsident muss die Versammlung der Kammer alljährlich einmal einberufen. ²Er muss sie ferner einberufen, wenn ein Zehntel der Mitglieder es schriftlich beantragt und hierbei den Gegenstand angibt, der in der Versammlung behandelt werden soll.

(3) ¹Die Versammlung ist mindestens zwei Wochen vor dem Tage, an dem sie stattfinden soll, schriftlich oder durch öffentliche Einladung in den Blättern, die durch die Satzung bestimmt sind, unter Angabe der Tagesordnung einzuberufen. ²Der Tag, an dem die Einberufung abgesandt ist, und der Tag der Versammlung sind hierbei nicht mitzurechnen. ³In dringenden Fällen kann der Präsident die Versammlung mit kürzerer Frist einberufen.

(4) Der Versammlung obliegt insbesondere,

1. die Satzung der Kammer nach § 66 Abs. 1 Satz 2 zu beschließen;
2. die Richtlinien nach § 67 Abs. 2 zu beschließen;
3. die Höhe und die Fälligkeit der Beiträge zu bestimmen;
4. die Mittel zu bewilligen, die erforderlich sind, um den Aufwand für die gemeinschaftlichen Angelegenheiten zu bestreiten;
5. die Abrechnung des Vorstands über die Einnahmen und Ausgaben der Kammer sowie über die Verwaltung des Vermögens zu prüfen und über die Entlastung zu beschließen.

Übersicht

A. Entstehungsgeschichte der Vorschrift

Die Vorschrift hat ein historisches Vorbild in § 50 Abs. 2 der früher geltenden Notarordnung für Rheinland-Pfalz; die RNotO kannte keine entsprechende Bestimmung, weil danach oberstes Organ stets der Präsident war. Dieses Prinzip konnte die BNotO nicht übernehmen, weil dies fundamentalen Grundsätzen demokratischen Handelns widersprochen hätte.   1

B. Erläuterungen

I. Einberufung der Kammerversammlung (Abs. 1)

Die Versammlung als oberstes Organ wird durch den Präsidenten **einberufen**. Das Gesetz räumt allein ihm das Recht zur Einberufung ein und statuiert in Abs. 2 unter bestimmten Voraussetzungen die ihm obliegende Pflicht der Einberufung. Die Einberufung durch den Präsidenten ist eine ihm obliegende Amtspflicht und kann daher nur durch ihn oder seinen gesetzlichen Vertreter erfolgen.   2

II. Einberufungspflicht (Abs. 2)

3 Die Kammerversammlung muss **ohne besonderen Anlass** einmal jährlich einberufen werden (1. Alternative) und, sofern **ein Zehntel der Mitglieder** dies beantragt und den Beratungsgegenstand angibt, der Gegenstand der Verhandlung sein soll (2. Alternative). Die Einberufung einmal im Kalenderjahr kann dazu führen, dass zwischen zwei Versammlungen auch einmal ein längerer Zeitraum als ein Jahr liegt[1].

1. Schriftlicher Antrag

4 Es muss ein **schriftlicher Antrag** eines Zehntels aller Mitglieder der Notarkammer vorliegen, d. h., die entsprechende Anzahl der Unterschriften muss sich unter dem in jener Form abgefassten Antrag befinden. Wesentlicher Bestandteil ist der Anlass der beantragten Einberufung und somit der Beratungsgegenstand. Allerdings können auch nicht genannte Tagesordnungspunkte später in der einzuberufenden Versammlung behandelt werden.

2. Terminbestimmung

5 Der Präsident hat, sofern er selbst keine Bedenken gegen einen ordnungsgemäßen Antrag geltend machen kann, **unverzüglich** das Verfahren der Einberufung einzuleiten und alsbaldigen Termin zu bestimmen. Dabei sollte dieser zeitlich vom Antrag nicht allzu weit liegen, weil andernfalls das Recht aus Abs. 2 vereitelt würde.

3. Weigerung der Einberufung

6 Da die Einberufung zu den Amtspflichten des Präsidenten zählt, kann und muss bei unberechtigter Weigerung entweder die Landesjustizverwaltung tätig werden oder, sofern eine entsprechende Weisung nicht zum Erfolg führt, ein **Disziplinarverfahren** gegen den Präsidenten eingeleitet werden oder im Wege der Verpflichtungsklage nach § 111 gegen ihn vorgegangen werden[2].

III. Form und Frist der Einberufung (Abs. 3)

7 Das Gesetz schreibt zwingend eine **Zweiwochenfrist** vor, die auch durch die Satzung nicht verkürzt, jedoch verlängert werden kann. Die Einladung erfolgt entweder schriftlich gegenüber jedem einzelnen Kammermitglied oder durch Bekanntmachung in den Mitteilungen (Blätter), die nach der Satzung gerade dafür vorgesehen sind. In beiden Fällen muss die Tagesordnung vollständig angegeben werden, d. h., grundsätzlich können andere Punkte nicht Gegenstand der Beratung sein. Sollte dies dennoch erfolgen, kann die Wirksamkeit der nicht in der Einladung genannten Punkte nur durch nachträgliche Zustimmung (Genehmigung) aller Mitglieder, also insbesondere der nicht erschienenen, herbeigeführt werden. Vertretung von nicht erschienenen Mitgliedern durch erschienene Mitglieder ist analog § 38 Satz 2 BGB nicht möglich.

8 Nach Abs. 3 Satz 3 kann der Präsident in dringenden Fällen mit kürzerer Frist als einer solchen von zwei Wochen die Versammlung zusammentreten lassen, jedoch ist davon nur in sog. Notfällen und mit äußerster Zurückhaltung Gebrauch zu machen.

---

1 So auch *Schippel/Bracker/Kanzleiter*, § 71 Rz. 2.
2 So auch *Schippel/Bracker/Kanzleiter*, § 71 Rz. 5.

IV. Aufgaben der Kammerversammlung

Die von Gesetzes wegen zwingend vorgeschriebenen Aufgaben der Kammerversammlung   **9**
als oberstem Organ werden in Abs. 4 aufgezählt. Danach ist die Versammlung **in erster Li-**
nie analog den vom Volk gewählten Parlamenten für die sog. **Haushaltsführung** zuständig
mit den in den Ziffern 1–3 umschriebenen Befugnissen. Dabei wird die eigentliche Verwal-
tungsarbeit mit allen Vorbereitungshandlungen dem Vorstand obliegen, d. h. auch einen entsprechenden Haushaltsplan aufzustellen, der entweder durch die Versammlung genehmigt
wird oder diese stellt selbst einen entsprechenden Plan auf, woran der Vorstand dann gebunden ist. Darüber hinaus obliegen der Versammlung die in § 66 Abs. 1 Satz 2 obliegenden
Aufgaben, d. h. Aufstellung und Änderung der Satzung sowie die nach § 69 Abs. 2 Satz 2
obliegende Wahl des Vorstands. Darüber hinaus kann die Satzung der Versammlung weitere
Aufgaben zuschreiben, wobei es hier keine Grenzen gibt, denn die Versammlung kann sich
als oberstes Organ grundsätzlich alle Entscheidungen vorbehalten. Aus rein praktischen
Gründen sollte diese aber auf die Grundsatzentscheidungen beschränkt bleiben und z. B.
Verwaltungsaufgaben dem Vorstand überlassen.

§ 72

Die näheren Bestimmungen über die Organe der Notarkammer und ihre Zuständigkeiten trifft die Satzung.

Übersicht

A. Entstehungsgeschichte der Vorschrift

1 Dieser Vorschrift entspricht **keine gleich lautende in der RNotO**, jedoch entspricht sie inhaltlich § 49 Abs. 1 der früher geltenden Notarordnung für Rheinland-Pfalz. Lediglich für die Reichsnotarkammer war in § 63 RNotO die Satzungskompetenz vorgesehen, allerdings nur für jene Körperschaft, hingegen nicht für die Notarkammern.

B. Erläuterungen

I. Grundsätzliches

2 Das den Notarkammern eingeräumte **Satzungsrecht** will dem Prinzip der Selbstverwaltung Rechnung tragen, zumal die BNotO nur den gesetzlichen Rahmen vorgibt. Die Satzungsbefugnis beruht auf staatlicher Delegation[1]. Satzungen sind Rechtsnormen, die von einer juristischen Person des öffentlichen Rechts zur Regelung ihrer Angelegenheiten erlassen werden[2]. Sie können aber unabhängig von einer gesetzlichen Ermächtigung erlassen werden, so dass die in § 72 ausgesprochene Satzungskompetenz nicht unbedingt in die BNotO aufgenommen werden müssen; Satzungen werden unmittelbar von demokratisch gewählten Organen erlassen, so dass diese an die Stelle des Gesetzgebers treten[3]. Allerdings kann Satzungsrecht nicht unmittelbar geltendes Recht, z. B. das der BNotO oder gar des GG außer Kraft setzen, weil insoweit die »Rangordnung« der Gesetze einzuhalten ist[4].

II. Inhalt der Satzung

3 Nach der gesetzlichen Vorgabe soll die Satzung **Stellung** und **Aufgaben** der Organe sowie ihre **Zuständigkeiten** untereinander regeln. In der Regel treffen die Satzungen entsprechende Regelungen über die Wählbarkeit zum Vorstandsmitglied sowie über den Ablauf und weitere technische Einzelheiten der Kammerversammlung als oberstem Organ der Notarkammer; schließlich werden die Grundsätze der Geschäfts- und Haushaltsführung fest-

---

1 *Maurer*, Allgemeines Verwaltungsrecht, § 14 Rz. 16.
2 *Maurer*, Allgemeines Verwaltungsrecht, § 4 Rz. 14.
3 *Maurer*, Allgemeines Verwaltungsrecht, § 4 Rz. 16.
4 Vgl. dazu BVerfGE 33, 125, 157; BVerwGE 90, 359, 362 bedenklich insoweit *Schäfke*, ZRP 1987, 417, 419, der §§ 68–75 BNotO gänzlich streichen will.

gelegt. Des Weiteren finden sich entsprechende Vorschriften über die Einrichtung einer Geschäftsstelle und die Institution des Geschäftsführers.

III. Formerfordernisse einer Satzung

1. Satzungsgewalt

Satzungen können nur unmittelbar von demokratisch gewählten **Organen** erlassen werden oder im Bereich der Notarkammern durch die Mitgliederversammlung selbst. Inhaltlich müssen sich Satzungen auf den Aufgabenbereich der Körperschaft selbst beschränken und können nur Regelungen treffen, die sich auf jene Mitglieder oder ihre Organe beziehen. Allerdings hat der Gesetzgeber der BNotO verbindlich festgelegt, dass die Satzung nur durch die Kammerversammlung beschlossen werden kann (vgl. § 66 Abs. 1 Satz 2). Daher kann die Satzungskompetenz nicht auf den Vorstand oder andere Organe übertragen werden. **4**

2. Genehmigung

Die Satzungen bedürfen der Genehmigung durch die **Landesjustizverwaltung** und werden erst danach wirksam. Darüber hinaus muss die Satzung ausgefertigt werden und ordnungsgemäß verkündet werden. In der Regel soll die Genehmigung der Ausfertigung erfolgen und die Verkündung der Genehmigung. Die Genehmigung ist gegenüber der Notarkammer ein Verwaltungsakt und infolgedessen grundsätzlich nicht widerruflich (vgl. § 48 VwVfG). **5**

3. Ausfertigung/Verkündung

Weitere **Formerfordernisse** sind **Ausfertigung** und **Verkündung**. Die Ausfertigung der Satzung ist von dem Präsidenten der Kammerversammlung zu unterzeichnen[5]. Durch die Ausfertigung wird gleichzeitig bestätigt, dass alle Formerfordernisse einer rechtsstaatlich zustande gekommenen Rechtsnorm in Gestalt der Satzung beachtet wurden und insbesondere die vollinhaltliche Übereinstimmung zwischen Kammerbeschluss und Satzungstext garantiert wird. Die Ausfertigung braucht nicht in einer gesonderten Urkunde zu erfolgen, sondern kann durch Unterzeichnung des Protokolls der Sitzung, in der die Satzung beschlossen wurde, herbeigeführt werden. **6**

Die Satzung ist zu verkünden, und zwar in einem eigens dafür vorgesehenen **Mitteilungsblatt**, so dass die schriftliche Weiterleitung der Ausfertigung an alle Mitglieder der Körperschaft nicht ausreicht. Mit der Veröffentlichung in einer allgemein zugänglichen Quelle soll eben gewährleistet werden, dass auch zunächst unbeteiligte Dritte die Möglichkeit der Kenntnisnahme erhalten, denn der Beitritt zur Körperschaft muss für sie nicht immer mit Vorteilen verbunden sein. Alle der Bundesnotarkammer angehörenden Notarkammern haben dementsprechend ihre Satzungen veröffentlicht[6]. **7**

---

5 *Schippel/Bracker/Kanzleiter*, § 72 Rz. 9.
6 Vgl. die Nachweise bei *Schippel/Bracker/Kanzleiter*, § 72 Rz. 11.; im Übrigen kann der aktuelle Stand der Satzungen über die Internetseiten der Notarkammern abgerufen werden.

§ 73

(1) Die Notarkammer erhebt von den Notaren Beiträge, soweit dies zur Erfüllung ihrer Aufgaben erforderlich ist.

(2) Rückständige Beiträge können auf Grund einer von dem Präsidenten der Notarkammer ausgestellten, mit der Bescheinigung der Vollstreckbarkeit und dem Siegel der Kammer versehenen Zahlungsaufforderung nach den Vorschriften über die Vollstreckung der Urteile in bürgerlichen Rechtsstreitigkeiten eingezogen werden.

Übersicht

A. Entstehungsgeschichte der Vorschrift

1   Die Vorschrift entspricht im Wesentlichen § 59 RNotO, der sich auf die Reichsnotarkammer bezog; der Gesetzgeber der BNotO hat sie nach der Reform auf alle Notarkammern zugeschnitten.

B. Erläuterungen

I. Grundsatz

2   Die Notarkammern können die ihnen obliegenden Aufgaben nur sachgerecht erfüllen, wenn die Mitglieder **Beiträge** leisten, weil auch sie von der Arbeit der Notarkammer profitieren. Die Pflicht zur Beitragsleistung ist eine unmittelbare Folge der Pflichtmitgliedschaft; das Recht der Notarkammern zur Erhebung der Beiträge folgt aus der Institution der öffentlich-rechtlichen Körperschaft, die ihre sächlichen und personellen Ausgaben nur durch Beiträge decken kann, weil sie Aufgaben wahrnimmt, die andernfalls der staatlichen Verwaltung obliegen würden. Da sie öffentliche Aufgaben wahrnehmen, sind sie auch befugt, entsprechende Beiträge zu erheben und nehmen damit nicht am Haushaltsplan der entsprechenden Gebietskörperschaft teil.

II. Beiträge zwecks Erfüllung der Aufgaben (Abs. 1)

1. Bestimmung durch die Notarkammer

3   Es unterliegt deshalb keinen verfassungsrechtlichen Bedenken, wenn die Notarkammern selbst im Rahmen der ihnen vom Staat verliehenen Befugnis die Beiträge **festsetzen**. Nach § 71 Abs. 4 Nr. 1 ist dies originär eine der Kammerversammlung obliegende Aufgabe, wodurch die auch für Körperschaften geltenden Grundsätze demokratischen Handelns einge-

halten sind, denn die Ausgaben und Einnahmen unterliegen unmittelbar dem demokratisch originär vorhandenen Organ, eben der Versammlung aller Kammermitglieder.

2. Bemessungsgrundsätze

a) Äquivalenzprinzip

Die Bemessung des Kammerbeitrags unterliegt, wie auch in anderen Berufssparten, dem sog. **4** **Äquivalenzprinzip** und dem **Gleichheitsgrundsatz**[1]. Der Kammerbeitrag wird durch entsprechenden Beschluss der Versammlung festgesetzt und auch bekannt gemacht. Deshalb erlassen die Notarkammern entsprechende Beitragsordnungen, die die Beiträge nach Höhe, Zeitpunkt der Fälligkeit und den Voraussetzungen für eine mögliche Stundung, allerdings nicht für einen Erlass, festsetzen und in den Blättern den Beschluss als Satzung veröffentlichen müssen[2]. Dadurch erhält jedes Mitglied und jedes potentielles Mitglied die Möglichkeit der Vorhersehbarkeit hinsichtlich des Beitrags.

b) Kostendeckungsprinzip

Die von der Kammerversammlung beschlossene Beitragshöhe hat sich grundsätzlich am **5** Prinzip der **Kostendeckung** zu orientieren, d. h., die Kammer muss durch die Beiträge ihre laufenden Unkosten abdecken. Dabei dürfen allerdings keine sachfremden Ausgaben einbezogen werden, sondern nur die Unkosten, die bei den der Kammer obliegenden Aufgaben notwendig anfallen[3]. Unter Beachtung dieser Grundsätze sind deshalb die Kammern befugt, den auf den jeweiligen Notar entfallenden Anteil für die Gruppenanschluss-, für die Vertrauensschadenversicherung und für die Einlage in den Erweiterten Vertrauensschadenfonds zu erheben[4]. Es stellt keinen Verstoß gegen den Gleichheitsgrundsatz dar, wenn alle Notare in gleicher Höhe belastet werden, unabhängig von der Anzahl der Geschäfte und des das Notaramt betreffenden Einkommens[5]. Hinsichtlich der Höhe sind die Kammern weitgehend frei, allerdings darf der Beitrag nicht so hoch sein, dass eine Art Erdrosselungswirkung eintritt, d. h., der einzelne Notar in der Existenz des Notaramtes bedroht ist; die Rechtsprechung hat hier fünf bis sechs Prozent als Beitrag gemessen an den Gesamteinnahmen des Notars noch als unbedenklich angesehen[6]. Es unterliegt auch keinen rechtlichen Bedenken, auch den Notar mit dem vollen Jahresbeitrag zu belasten, der erst im laufenden Geschäftsjahr Mitglied der Notarkammer wird.

Andererseits stellt es keinen Verstoß gegen den Gleichheitsgrundsatz oder andere Verfas- **6** sungsgrundsätze dar, wenn die Beitragssatzung individuelle Kriterien für eine unterschiedliche Beitragsbelastung vorsieht, also durchaus nach Einkommen aus dem Notaramt differenziert. Hingegen dürfte es unzulässig sein, bestimmte Notare gänzlich von der Beitragspflicht zu befreien, denn auch sog. Zwergnotariate profitieren von der Arbeit der Kammer, etwa durch Versorgung mit schriftlichen Informationen[7].

Es dürfte zum einen eine Abgrenzung schwierig sein, bei welchen Notariaten ein sozialer **7** Härtefall gegeben ist und bei welchen nicht. Im Übrigen gibt es heute kaum noch sog, Zwergnotariate, sondern die Bemessungszahlen bewegen sich in einem Bereich, der meistens mehrere hundert Urkunden im Jahr entstehen lässt. Es wäre hingegen sinnvoller, dass teilweise graduelle Unterschiede gemacht werden, weil es mit dem Gleichheitsgrundsatz und dem Gedanken der Gerechtigkeit schwer zu vereinbaren ist, wenn ein Notar mit 3000 Urkunden im Jahr nur genauso viel entrichten muss wie ein Notar mit 300 Urkunden. Die No-

---

1 Vgl. BVerwGE 92, 24; BVerwG NVwZ 1990, 1167.
2 BGHR BNotO § 71 Abs. 4 Nr. 1 Bekanntmachung 1; BGH, DNotZ 1983, 119, BGHZ 85, 173.
3 BGH, DNotZ 1969, 637, BGHZ 52, 283.
4 BGHR BNotO § 73 Abs. 1 Beitragsbemessung 1 = DNotZ 1991, 324, BGHZ 112, 163.
5 BGHR BNotO § 71 IV Nr. 1 Beitragsbemessung 1 = DNotZ 1988, 131.
6 BGHR BNotO § 71 IV Nr. 1 Beitragsbemessung 2 = DNotZ 1988, 131, 133.
7 A. A. *Schippel/Bracker/Kanzleiter*, § 73 Rz. 16, allerdings ohne nähere Begründung.

tarkammern könnten entsprechende Bestimmungen in ihren Satzungen erlassen, aber dies setzt einmal ein Nachdenken und ein Umdenken voraus.

c) Kammerbeschluss

8   Die Beitragssatzung kann nur durch einen **Beschluss der Kammerversammlung** erlassen werden; diese Aufgabe kann die Satzung der Notarkammer nicht auf den Vorstand übertragen. Es bedarf keiner Genehmigung durch die Landesjustizverwaltung, weil mit Satzung i. S. d. § 66 Abs. 1 Satz 2 nur die sog. Grundsatzung der Notarkammer gemeint ist. Allerdings kann die Kammerversammlung den Vorstand in der Satzung, entweder in der sog. Grundsatzung oder in der Beitragssatzung ermächtigen, in bestimmten Fällen eine Stundung zu ermöglichen oder Teilzahlungen zuzulassen; die Ermächtigung darf jedoch nie so weit gehen, dass der Vorstand völlige Entscheidungsfreiheit in der Weise hätte, dass in die Höhe der einzuziehenden Beiträge weitgehend eingegriffen würde, denn dieses Recht muss bei der Kammerversammlung verbleiben.

d) Rechtsmittel

9   Da die Beitragsordnung als Satzung erlassen wird, sind unmittelbare **Rechtsmittel** nicht gegeben, sondern es kann nur der Beitragsbescheid als Verwaltungsakt nach § 111 angefochten werden. Dasselbe gilt für die mit einer Vollstreckungsklausel nach Abs. 2 versehenen Zahlungsaufforderung. Die Aufforderung an das Mitglied, seine Beiträge zu zahlen, ist ein nach § 111 anfechtbarer Verwaltungsakt[8].

III. Einziehung rückständiger Beiträge (Abs. 2)

10   Die Vorschrift entspricht im Wesentlichen **§ 84 BRAO**, der ebenfalls die zwangsweise Beitreibung vorsieht. Das Gesetz verweist indirekt auf §§ 750, 794 ZPO, indem auf die Vollstreckung aus Urteilen in bürgerlichen Rechtsstreitigkeiten verwiesen wird. Dies bedeutet, dass eine vom Präsidenten oder seinem Vertreter unterschriebene Zahlungsaufforderung ergehen muss, die eine Vollstreckungsklausel des Inhalts enthält, dass die Ausfertigung zum Zweck der Zwangsvollstreckung wegen rückständiger Beiträge erteilt wird.

11   Der Gerichtsvollzieher, der einen Vollstreckungsauftrag erhalten hat, stellt diese Ausfertigung dem Notar zu und kann sogleich mit der Zwangsvollstreckung beginnen, wogegen der Notar zwar noch einmal die Anfechtung nach § 111 betreiben kann, die aber unzulässig sein dürfte, weil insoweit der Beitragsbescheid unanfechtbar geworden ist und wie ein gerichtlich festgestellter Titel wirkt.[9] Ein Rechtsvergleich oder gar analoge Anwendung des § 84 Abs. 3 BRAO ist nicht angezeigt.

---

8 BGHZ 52, 283 ff.
9 Wie hier *Schippel/Bracker/Kanzleiter*, BNotO, § 73 Rz. 21; BGH DNotZ 2003, 74; die in der Vorauflage vertretene gegenteilige Ansicht wird aufgegeben.

§ 74

(1) ¹Die Notarkammer kann in Ausübung ihrer Befugnisse von den Notaren und Notarassessoren Auskünfte, die Vorlage von Büchern und Akten sowie das persönliche Erscheinen vor den zuständigen Organen der Kammer verlangen. ²Die Notarkammer ist befugt, hierdurch erlangte Kenntnisse an die Einrichtungen nach § 67 Abs. 4 weiterzugeben, soweit diese von den Einrichtungen für die Erfüllung ihrer Aufgaben benötigt werden.

(2) ¹Die Notarkammer kann zur Erzwingung der den Notaren oder Notarassessoren nach Absatz 1 obliegenden Pflichten nach vorheriger schriftlicher Androhung, auch zu wiederholten Malen, Zwangsgeld festsetzen. ²Das einzelne Zwangsgeld darf eintausend Euro nicht übersteigen. ³Das Zwangsgeld fließt der Notarkammer zu; es wird wie ein rückständiger Beitrag beigetrieben.

Übersicht

A. Entstehungsgeschichte der Vorschrift

Die Vorschrift geht im Wesentlichen auf § 58 RNotO zurück, wonach die Notare und Notarassessoren verpflichtet waren, den Ladungen Folge zu leisten, andernfalls Ordnungsstrafen verhängt werden konnten. Die Höhe des Ordnungsgeldes betrug nach § 58 RNotO 300,– RM; die jetzige Fassung sieht nur eine Obergrenze von 1000 Euro vor. Die Vorschrift ist darüber hinaus durch Gesetz vom 29.01.1991 (BGBl I S. 150) insofern erweitert worden, als nach Abs. 1 Satz 2 die Notarkammern befugt sind, bestimmte Kenntnisse an die in § 67 Abs. 3 genannten Einrichtungen, also insbesondere den Vertrauensschadensfonds, weiterzuleiten. **1**

B. Erläuterungen

I. Allgemeines

Die Vorschrift ist Ausfluss des Gedankens, dass die Notarkammer als **Körperschaft des öffentlichen Rechts** Zwangsbefugnisse haben muss und im Übrigen durch vorläufige Zwangsmittel ein Einschreiten der Landesjustizverwaltung unmittelbar vermeiden kann, weil bereits ihre Mittel ausreichen, um den gewünschten Erfolg herbeizuführen. **2**

Die Vorschrift ist darüber hinaus **Folge** der in § 67 genannten Aufgaben der Notarkammer, um die dort erwähnten Pflichten auch zu erfüllen. In der Praxis wird die Vorschrift relevant, auch wenn in der Regel baldigst die Landesjustizverwaltung eingeschaltet wird und disziplinarrechtliche Folgemaßnahmen greifen. **3**

II. Inhalt der Zwangsbefugnisse (Abs. 1)

1. Auskunft

4 Die Notarkammer kann nunmehr sowohl **Auskünfte** als auch die **Vorlage von Akten und Büchern** sowie das **persönliche Erscheinen vor Organen der Kammer** verlangen. Der Anspruch auf Auskunft erstreckt sich auf alle Vorgänge, die mit einem konkret abgeschlossenen Geschäft in Verbindung stehen, allerdings beschränkt auf die Auskunft, die möglicherweise unvollständig, jedoch nicht dahingehend erweitert ist, dass die Notarkammer auch die eidesstattliche Versicherung wegen angeblicher Unvollständigkeit analog § 260 Abs. 2 BGB verlangen könnte. Im Übrigen richtet sich jedoch der Umfang des Auskunftsanspruchs nach § 260 Abs. 1 BGB.

2. Vorlage von Akten und Büchern

5 Damit ist die Vorlage **aller schriftlichen Vorgänge** gemeint, also die Vorlage von Urkunden i. S. d. BeurkG sowie von Nebenakten i. S. d. DONot als auch der dort erwähnten Bücher, wie Massen- und Verwahrungsbuch[1]. Jede andere Auslegung würde zur Unvollständigkeit des gesetzgeberischen Willens führen, der gerade beabsichtigte, mit einer Erweiterung durch Abs. 2 der Notarkammer zu einer weiteren Kompetenz zu verhelfen.

6 Der Notar genügt seiner Verpflichtung, wenn er entweder die Unterlagen an die Notarkammer übersendet oder dieser die Möglichkeit einräumt, in den Besitz der Bücher etc. zu gelangen, indem der Präsident, vertreten durch eine andere Person, die Unterlagen bei dem Notar abholt. In der Regel wird der Notar die Unterlagen selbst in der Geschäftsstelle der Notarkammer abgeben.

3. Schriftlicher Bescheid

7 Der Anspruch der Notarkammer auf Erfüllung der in Abs. 1 genannten Befugnisse ist Inhalt einer vorangegangenen Entscheidung in schriftlicher Form entweder durch den Vorstand oder, soweit die Satzung ihm diese Befugnisse übertragen hat, durch den **Präsidenten der Notarkammer** selbst. Soweit die Entscheidung dem Vorstand vorbehalten ist, kann sie nur auf einen ordnungsgemäß gefassten Beschluss zurückgehen, der dem Notar in der schriftlichen Aufforderung nach Inhalt und Zeitpunkt genau mitzuteilen ist. Darin müssen auch die Gründe angegeben werden, die zu der Entscheidung geführt haben. Der Notar kann deshalb, wenn er die Rechtswidrigkeit des Bescheids geltend machen will, den Rechtsweg nach § 111 beschreiten. Dasselbe gilt auch hinsichtlich des nach Abs. 2 festgesetzten Zwangsgeldbescheids.

III. Weiterleitung der Kenntnisse (Abs. 1 Satz 2)

8 Die Notarkammer ist nach dem Wortlaut des Gesetzes zwar nur befugt, bestimmte Kenntnisse an die in § 67 Abs. 3 genannten Einrichtungen weiterzugeben, jedoch besteht eine **Pflicht**, zumindest aber eine ermessensfehlerfreie Entscheidung, bei bestimmten Voraussetzungen die Einrichtungen von gefahrerhöhenden Umständen in Kenntnis zu setzen. Deshalb kann der Vertrauensschadensfonds auch umgekehrt von der Notarkammer die Information verlangen, wenn seinerseits Anhaltspunkte dafür vorhanden sind, dass die Notarkammer nicht alle Informationen weiterleitet, zu denen sie eigentlich verpflichtet wäre. Andererseits geht dieser Anspruch auf Auskunfterteilung nicht soweit, dass sich die Notar-

---

1 Einschränkender *Bohrer*, Berufsrecht, Rz. 134.

kammer schadensersatzpflichtig machen würde, wenn die Informationen nicht weitergegeben werden. Der Auskunftsanspruch verdichtet sich nicht zu einem Art Amtshaftungsanspruch mit einer analogen Anwendung des § 839 BGB.

Da das Gesetz die Weitergabe der Informationen vorsieht, liegt selbstverständlich kein Verstoß gegen die nach § 18 obliegenden Geheimhaltungspflicht vor.

IV. Zwangsgeld (Abs. 2)

Zur Durchsetzung der in Abs. 1 genannten Aufgaben muss die Notarkammer die Möglichkeit der **zwangsweisen Erfüllung** haben, so dass sie, nach vorheriger schriftlicher Androhung, ein Zwangsgeld bis höchstens 1.000 Euro festsetzen kann. Die schriftliche Androhung kann und sollte bereits in dem ersten Bescheid, in dem die Notarkammer ihr Auskunftsbegehren geltend macht, erfolgen, weil andernfalls unnötiger Zeit- und Verwaltungsaufwand anfällt. Das Zwangsgeld kann nach dem eindeutigen Wortlaut des Gesetzes mehrfach festgesetzt werden, womit der Notarkammer nunmehr erheblich mehr Befugnisse eingeräumt sind, um ihre Aufgaben als Selbstverwaltungskörperschaft sachgerecht erfüllen zu können.

Das Gesetz selbst setzt keine Grenzen der wiederholten Festsetzung, jedoch sollte wegen ein und desselben Vorgangs ein Zwangsgeld nicht mehr als dreimal festgesetzt werden und nur im letzten Fall den Rahmen von 1.000 Euro ausschöpfen. Eine weitere Wiederholung ist schon deshalb abzulehnen, um rechtzeitig dann gegen den Notar disziplinarische Schritte einzuleiten. Es genügt die einmalige Androhung des Zwangsgeldes, so dass im Fall der wiederholten Festsetzung nicht erst noch einmal die Androhung erfolgen muss. Die Notarkammer sollte zunächst die abstrakte Androhung aussprechen und erst zu einem späteren Zeitpunkt den konkreten Betrag nennen.

V. Beitreibung (Abs. 2 Satz 3)

Das **Zwangsgeld** ist dem Haushalt der Notarkammer gutzubringen. Das Gesetz verweist wegen der Beitreibung auf die Vorschriften zur Beitreibung von Beiträgen und somit auf § 73, so dass die dortigen Erläuterungen insoweit auch hierfür gelten.

§ 75

(1) Die Notarkammer ist befugt, Notaren und Notarassessoren bei ordnungswidrigem Verhalten leichterer Art eine Ermahnung auszusprechen.

(2) ¹Bevor die Ermahnung ausgesprochen wird, ist der Notar oder Notarassessor zu hören. ²Eine Ermahnung darf nicht mehr ausgesprochen werden, wenn seit dem ordnungswidrigen Verhalten mehr als fünf Jahre verstrichen sind.

(3) ¹Die Ermahnung ist zu begründen. ²Sie ist dem Notar oder Notarassessor zuzustellen. ³Eine Abschrift des Bescheides ist der Aufsichtsbehörde mitzuteilen.

(4) ¹Gegen den Bescheid kann der Notar oder Notarassessor innerhalb eines Monats nach der Zustellung schriftlich bei dem Vorstand der Notarkammer Einspruch einlegen. ²Über den Einspruch entscheidet der Vorstand; Absatz 3 gilt entsprechend.

(5) ¹Wird der Einspruch gegen die Ermahnung durch den Vorstand der Notarkammer zurückgewiesen, kann der Notar oder Notarassessor die Entscheidung des Oberlandesgerichts als Disziplinargericht für Notare beantragen. ²Der Antrag ist innerhalb eines Monats nach Zustellung der Entscheidung über den Einspruch schriftlich einzureichen und zu begründen. ³Das Oberlandesgericht entscheidet endgültig durch Beschluss. ⁴Auf das Verfahren des Gerichts sind im Übrigen die für Landesjustizbeamte geltenden Vorschriften über den Antrag auf gerichtliche Entscheidung gegen eine Disziplinarverfügung entsprechend anzuwenden. ⁵Soweit nach diesen Vorschriften die Kosten des Verfahrens dem Dienstherrn zur Last fallen, tritt an dessen Stelle die Notarkammer.

(6) ¹Die Ermahnung durch die Notarkammer lässt das Recht der Aufsichtsbehörde zu Maßnahmen nach § 94 oder im Disziplinarwege unberührt. ²Macht die Aufsichtsbehörde von diesem Recht Gebrauch, erlischt die Befugnis der Notarkammer; eine bereits ausgesprochene Ermahnung wird unwirksam. ³Hat jedoch das Oberlandesgericht die Ermahnung aufgehoben, weil es ein ordnungswidriges Verhalten nicht festgestellt hat, ist die Ausübung der Aufsichts- und Disziplinarbefugnis wegen desselben Verhaltens nur auf Grund solcher Tatsachen oder Beweismittel zulässig, die dem Gericht bei seiner Entscheidung nicht bekannt waren.

Übersicht

A. Entstehungsgeschichte der Vorschrift

1   Die Vorschrift hat in der **RNotO keinen unmittelbaren historischen Vorläufer,** sondern nur in früheren Satzungen der Rheinischen Notarkammer, die das Recht der Ermahnung kannte. Die Vorschrift ist im Übrigen durch das Gesetz vom 29.01.1991 (BGBl. I S. 150) neu gefasst und um die Absätze 4–6 ergänzt worden, insbesondere besteht für den Notar der Rechtsbehelf des Einspruchs gegen ausgesprochene Ermahnungen. Die Ermahnung ist wie die Missbilligung nach § 94, die im Grunde auf § 67 RNotO zurückgeht, keine Disziplinarmaßnahme, sondern ein den Notarkammern eigenständig zugestandenes Rechtsinstitut.

B. Erläuterungen

I. Recht zur Ermahnung (Abs. 1)

Das Gesetz will bei leichteren Verstößen die Maßnahme der Ermahnung als die **mildere Folge** anwenden und auch die Landesjustizverwaltung insofern entlasten, als sie nicht selbst Ermittlungen anstellen muss. Deshalb sollte bei Verstößen leichterer Art von dem Recht der Ermahnung Gebrauch gemacht werden, wenn nach der Überzeugung der Notarkammer diese Maßnahme schon ausreicht, um den Notar nachhaltig zu einer anderen Amtsführung anzuhalten. Die insoweit unterschiedliche Handhabung in verschiedenen Notarkammerbezirken bei Verstößen gleicher Art ist nicht ganz frei von verfassungsrechtlichen Bedenken im Hinblick auf Art. 3 Abs. 1 GG. Die Ermahnung entspricht im Disziplinarrecht der Beamten den missbilligenden Äußerungen i. S. d. § 6 Abs. 2 BDO, für die der Gesetzgeber selbst eine Definition abgegeben hat, nämlich Zurechtweisungen, Ermahnungen, Rügen und dgl., die danach keine Disziplinarmaßnahme sind, wenn sie nicht ausdrücklich als Verweis bezeichnet werden[1]. Daneben besteht die Möglichkeit der Belehrung durch die Notarkammer als die mildere Form gegenüber der Ermahnung, die in der Mitteilung besteht, dass die Notarkammer den vom Notar vertretenen Standpunkt in einer bestimmten Frage nicht teilt und seine Haltung für nicht dem Recht entsprechend erachte.

Mit dem Begriff des »**ordnungswidrigen Verhaltens leichterer Art**« wird klargestellt, dass nur geringfügige Verstöße gegen das notarielle Amts- und Berufsrecht eine Ermahnung zur Folge haben, eben weil es keine Disziplinarmaßnahme darstellt.

II. Anhörung und Frist (Abs. 2)

Dem Notar muss schon im Hinblick auf Art. 103 GG **rechtliches Gehör** gewährt werden, also die Möglichkeit der Äußerung entweder in schriftlicher oder auch mündlicher Form. Im letzteren Fall hat er Anspruch auf Anhörung vor dem Vorstand der Notarkammer, denn dieser allein entscheidet darüber, ob eine Ermahnung auszusprechen ist. Bei der Berechnung der Frist von fünf Jahren kommt es allein auf den Zeitpunkt an, in dem die tatbestandsmäßige Handlung, die Gegenstand der Ermahnung ist, beendet ist.

III. Begründung und Zustellung (Abs. 3)

Hinsichtlich der **Begründung** wird auch an eine verfassungsrechtliche Notwendigkeit angeknüpft, nämlich zwecks Überprüfung, ob die Notarkammer von den richtigen Tatsachen ausgegangen ist, die die Rechtsfolge tragen sollen. Dies ist einmal für den betroffenen Notar notwendig, aber auch wegen der nunmehr eingeräumten Möglichkeit des Einspruchs nach Abs. 4. Zustellung bedeutet die **förmliche Übergabe der schriftlichen Entscheidung** unter Erstellung eines Zustellungsnachweises durch Urkunde i. S. d. § 182 ZPO. Die Regelungen der §§ 166 ff. ZPO sind entsprechend anwendbar. Die jeweilige für den Notar zuständige Aufsichtsbehörde, also der Präsident des Landgerichts, erhält formlos eine Abschrift, um entscheiden zu können, ob er es für notwendig erachtet, von sich aus weitere Maßnahmen zu ergreifen.

---

1 Wegen der »echten« Disziplinarmaßnahmen im notariellen Berufsrecht vgl. Erläuterungen zu § 97.

IV. Einspruch (Abs. 4)

6 Nach dem klaren Wortlaut des Gesetzes kann der Notar binnen eines Monats nach Zustellung gegen den Bescheid den Rechtsbehelf des Einspruchs einlegen, und zwar nur in **schriftlicher Form**; der Einspruch muss **nicht** unbedingt **begründet sein**, weil das Gesetz insoweit keine Vorgaben enthält. Die Vorschrift des § 31 Abs. 3 Satz 2 BDO, der Vorschriften ähnlichen Inhalts in den Disziplinargesetzen der Länder entsprechen, ist nicht entsprechend anwendbar, wonach eben der Beamte den Antrag auf gerichtliche Entscheidung gegen die Beschwerdeentscheidung des Dienstvorgesetzten zu begründen hat. Dennoch ist eine schriftliche Begründung ratsam; im Falle ihres Fehlens kann der Einspruch nicht verworfen werden. Da das Gesetz schriftliche Form für den Einspruch vorschreibt, sind telegraphische Formen, also Telegramm oder Telefax, ausreichend[2].

7 Der **Vorstand** der Notarkammer entscheidet über den Einspruch; eine nochmalige Anhörung des Notars ist nicht geboten. Die Entscheidung des Vorstands ist zu begründen, dem Notar zuzustellen und eine Abschrift an die Aufsichtsbehörde formlos zu übersenden, weil Abs. 4 insoweit auf Abs. 3 verweist.

V. Antrag auf gerichtliche Entscheidung (Abs. 5)

8 Gegen die den Notar weiterhin beschwerende Entscheidung der Notarkammer kann dieser binnen eines Monats nach Zustellung Antrag auf gerichtliche Entscheidung an das **Oberlandesgericht** stellen; der Antrag ist unmittelbar an das Oberlandesgericht zu richten. Die Frist wird in diesem Fall nicht dadurch gewahrt, dass der Notar den Antrag an die Notarkammer richtet. Nach dem eindeutigen Wortlaut des Gesetzes ist der Antrag zu begründen[3]; fehlt eine Begründung, ist der Antrag als unzulässig zu verwerfen.

9 Es ist nicht nachvollziehbar, weshalb angesichts des eindeutigen Wortlauts aus »rechtsstaatlichen Gründen« eine nicht begründeter Antrag dennoch zulässig sein soll. Die Begründungspflicht ergibt sich darüber hinaus aus Abs. 5 Satz 4, in dem auf landesrechtlichen Vorschriften für Landesjustizbeamte verwiesen wird, soweit diese gegen eine Disziplinarverfügung vorgehen wollen. Aus dem dortigen Gesamtzusammenhang ergibt sich aber ebenfalls der Zwang einer Begründung, was für den Bundesbeamten in § 31 Abs. 3 Satz 2 BDO geregelt ist[4]. Allerdings sind an den Umfang der Begründung nicht allzu hohe Anforderungen zu stellen. Das Oberlandesgericht – Notarsenat – entscheidet endgültig, so dass ein weiteres Rechtsmittel zum BGH ausgeschlossen ist. Auch die Kostenregelung ist eindeutig; soweit der Notar obsiegt, sind die Kosten der Notarkammer aufzuerlegen. Die Notarkammer ist vor der Entscheidung nochmals Gelegenheit zur Stellungnahme zu geben. Eine mündliche Verhandlung ist nicht zwingend vorgeschrieben und sollte angesichts der mit wenig Rechtsfolgen verbundenen Ermahnung auch nur in Ausnahmefällen stattfinden.

VI. Tätigwerden der Aufsichtsbehörde (Abs. 6)

10 Die Landesjustizverwaltung kann den Fall zum Anlass nehmen, selbst **Disziplinarmaßnahmen** einzuleiten. Die Befugnis der Notarkammer, eine Ermahnung auszusprechen, erlischt aber erst, wenn die Landesjustizverwaltung das förmliche Disziplinarverfahren einleitet, oder nach § 98 eine Disziplinarverfügung oder eine Missbilligung (§ 94) ausspricht. Im Stadium der Vorermittlungen i. S. d. § 26 BDO kann die Notarkammer stets eine Ermahnung

---

2 *Claussen/Janzen*, BDO, vor § 79 Rz. 5.
3 A. A. *Schippel/Bracker/Püls*, § 75 Rz. 12, was angesichts des eindeutigen Wortlauts nicht nachvollziehbar ist.
4 Vgl. *Claussen/Janzen*, BDO, § 31 Rz. 16a; so auch OLG Frankfurt vom 29.09.1994 1 Not 4/93 – n. v.

aussprechen, allerdings wird sie aus Gründen der Zweckmäßigkeit damit warten, sofern nicht Gründe wegen drohender Verjährung für einen zügigen Fortgang sprechen. Eine ausgesprochene Ermahnung wird rückwirkend unwirksam, wenn die Landesjustizverwaltung die eingangs beschriebenen Maßnahmen ergreift.

Hat allerdings der Notarsenat beim OLG eine ausgesprochene **Ermahnung aufgehoben,** 11 weil ein ordnungswidriges Verhalten nicht festgestellt werden konnte, ist die Landesjustizverwaltung auch für das Disziplinarverfahren daran gebunden, es sei, es werden Beweismittel oder Tatsachen bekannt, die das Gericht wegen mangelnder Kenntnis noch nicht zur Grundlage seiner Entscheidung machen konnte. Darunter fällt auch der Sachverhalt, dass es Tatsachen sind, die hätten bekannt sein müssen, jedoch aus irgendwelchen Gründen noch nicht Aktenbestandteil waren.

2. Abschnitt Bundesnotarkammer

§ 76

(1) Die Notarkammern werden zu einer Bundesnotarkammer zusammengeschlossen.
(2) Der Sitz der Bundesnotarkammer wird durch ihre Satzung bestimmt.

Übersicht

A. Entstehungsgeschichte der Vorschrift

1 Nach dem Zusammenbruch Deutschlands im Jahre 1945 entwickelte sich ab 1949 die *Gemeinschaft des Deutschen Notariats* auf privatrechtlicher Grundlage zur Spitzenorganisation des Notariats in der Bundesrepublik[1]. Sie wurde bei Einführung der BNotO von der *Bundesnotarkammer* als Körperschaft des öffentlichen Rechts abgelöst. Diese hat sich am 16.10.1961 im Rahmen ihrer ersten Vertreterversammlung konstituiert und gleichzeitig ihre Satzung beschlossen[2]. Mitglieder der Bundesnotarkammer waren die im (damaligen) Geltungsbereich der BNotO errichteten regionalen Notarkammern.

2 Aufgrund der deutschen Wiedervereinigung gehören seit dem 03.10.1990 auch die in den neuen Bundesländern nach § 27 Abs. 1 NotVO[3] errichteten Notarkammern[4] der Bundesnotarkammer an[5]. Seither galt § 76 ebenso wie die übrigen Vorschriften des Zweiten Abschnitts des Zweiten Teils der BNotO (§§ 77 bis 91) auch im Beitrittsgebiet.

3 Durch die Berufsrechtsnovelle 1998[6] sind die NotVO der ehemaligen DDR sowie die dazu erlassenen Ausführungsverordnungen und Durchführungsbestimmungen aufgehoben worden. Damit ist die Rechtseinheit in Deutschland auch auf dem Gebiet des Notarrechts hergestellt. Die BNotO gilt nunmehr mit ihrem gesamten Inhalt auch im Beitrittsgebiet. § 76 selbst ist unverändert geblieben.

---

1 Näher dazu: *Schippel*, DNotZ 1986, 24*; *Schippel/Bracker/Görk*, § 76 Rz. 1 ff.
2 Abdruck: DNotZ 1962, 3.
3 Verordnung über die Tätigkeit von Notaren in eigener Praxis (VONot) v. 20.06.1990 (GBl. DDR I S. 475) in der Fassung der VO v. 22.08.1990 (GBl. DDR I S. 1328).
4 Näher dazu: *Schippel*, DNotZ 1991, 171, 182.
5 Anlage II Kap. III Sachgebiet A Abschnitt III Nr. 2 Buchst. b des Vertrages zwischen der Bundesrepublik Deutschland und der Deutschen Demokratischen Republik über die Herstellung der Einheit Deutschlands – Einigungsvertrag – v. 31.08.1990 (BGBl. II S. 885).
6 Art. 13 Abs. 01 Nr. 1 des Dritten Gesetzes zur Änderung der Bundesnotarordnung und anderer Gesetze v. 31.08.1998 (BGBl. I S. 2585).

B. Erläuterungen

I. Zusammenschluss der Notarkammern (Abs. 1)

1. Zweck des Zusammenschlusses

Zweck des Zusammenschlusses ist insbesondere   4
- die berufsständische Vertretung der in den Notarkammern zusammengeschlossenen Notare auf Bundesebene,
- die Repräsentation der Gesamtheit aller Notare in der Bundesrepublik
- die Förderung der fachlichen Zusammenarbeit der Notare untereinander wie auch der Notare mit den Bundesbehörden in Fragen des notariellen Berufsrechts und der Rechtsgebiete, welche die Tätigkeit des Notars berühren[7].

2. Struktur der Bundesnotarkammer

a) Verbandskörperschaft

Die Bundesnotarkammer ist eine **Verbandskörperschaft** mit gesetzlich begründeter   5
Zwangsmitgliedschaft der Notarkammern. Ihre Struktur unterscheidet sich wesentlich von derjenigen der früheren Reichsnotarkammer und der Notarkammern der Länder. Mitglieder der Reichsnotarkammer waren die Notare als Einzelpersonen; ebenso sind auf Länderebene die einzelnen Notare Mitglieder der Notarkammern. Demgegenüber sind Mitglieder der Bundesnotarkammer allein die 21 Notarkammern[8]. Die Bundesnotarkammer bildet damit einen öffentlich-rechtlichen Dachverband mit den Notarkammern als Mitgliedsverbänden[9].

b) Keine Mitgliedschaft der Notare

Die **Notare** sind nicht – auch nicht mittelbar – Mitglieder der Bundesnotarkammer[10]. Die   6
Annahme, der einzelne Notar stehe in einem »mittelbaren besonderen Gewaltverhältnis« zu der Bundesnotarkammer[11], ist mit der gesetzlichen Aufgabenverteilung zwischen den Notarkammern und der Bundesnotarkammer nicht zu vereinbaren. Ein »mittelbares Weisungsrecht« käme nur in Betracht, wenn die Bundesnotarkammer entweder das Aufsichtsrecht der Notarkammern gegenüber den einzelnen Notaren (§§ 67 Abs. 1 Satz 2, 74, 75) ausüben oder den Notarkammern Anweisungen hinsichtlich der Ausübung ihres Aufsichtsrechts erteilen könnte. Beides ist nicht der Fall. Die Bundesnotarkammer hat gegenüber den Notarkammern keinerlei Weisungsbefugnisse und darf weder unmittelbar noch mittelbar in den Wirkungskreis einer Notarkammer eingreifen.

c) Zwangsmitgliedschaft

Da die Mitgliedschaft der Notarkammern nicht auf Freiwilligkeit beruht, können diese weder aus der Bundesnotarkammer **austreten** noch aus ihr **ausgeschlossen** werden.   7

---

7 Amtliche Begründung (BT-Drucks.13/4184).
8 Anschriften: *Weingärtner*, Notarrecht, Ord.-Nr. 190.
9 Vgl. *Papier*, NJW 1987, 1308.
10 Die Bezeichnung »*Mitgliedsmitglieder*« (*Papier*, NJW 1987, 1311) zielt allein auf die Frage demokratischer Legitimation des Dachverbandes.
11 *Vetter*, DNotZ 1986, 55*.

3. Loyalitätspflichten

8 Der Zusammenschluss der Notarkammern zur Bundesnotarkammer dient einem **gemeinsamen Ziel**, nämlich der Wahrung der berufsrechtlichen Belange des Notarstandes auf Bundesebene[12].

Diese Gemeinsamkeit der Zielsetzung und die föderale Struktur der Bundesrepublik verpflichten die Notarkammern gegenüber der Bundesnotarkammer zu loyalem (»bundesfreundlichem«) Verhalten[13]. Sie sind insbesondere verpflichtet, ordnungsgemäß zustande gekommene Beschlüsse der Bundesnotarkammer zu respektieren und gegebenenfalls auszuführen. Zu weit geht die Forderung, die Notarkammern müssten Äußerungen unterlassen, durch die sie sich in Widerspruch zu einem zu erwartenden künftigen Beschluss der Bundesnotarkammer setzten könnten[14]. Im Vorfeld einer Beschlussfassung Gegenpositionen einzunehmen und diese ggf. mit der gebotenen Sachlichkeit öffentlich zu machen, gehört zu den legitimen Aufgaben der Notarkammern.

Umgekehrt ist auch die Bundesnotarkammer gegenüber den Notarkammern zur Loyalität verpflichtet. Dazu gehört es beispielsweise, Stellungnahmen der Notarkammern zu berufspolitischen Fragen den zuständigen Stellen bekannt zu machen, sofern etwa die Notarkammern und die Bundesnotarkammer nicht zu einer einheitlichen Auffassung gelangen[15].

4. Interessengegensätze

a) Koordinierungsbedürfnis

9 Ungeachtet der beiderseitigen Loyalitätspflicht kann es zu **Interessengegensätzen** zwischen der Bundesnotarkammer und Mitgliedskammern oder zwischen Mitgliedskammern – etwa im Verhältnis zwischen den Kammern des Nurnotariats und denen des Anwaltsnotariats – kommen. Sie können Einzelfragen betreffen, aber auch mit gewisser Regelmäßigkeit und Dauer auftreten. Daraus kann sich für einzelne Notarkammern oder Gruppen von Notarkammern das Bedürfnis ergeben, ihr Verhalten auf der Ebene der Bundesnotarkammer zu koordinieren, um ihre gemeinsamen Vorstellungen besser zur Geltung bringen zu können.

b) Absprachen im Einzelfall

10 **Absprachen** von Mitgliedskammern über koordiniertes Verhalten innerhalb der Bundesnotarkammer im **Einzelfall** begegnen keinen grundsätzlichen Bedenken. Ihre Zulässigkeit ergibt sich mittelbar schon aus dem Vetorecht nach § 86 Abs. 4. Danach können die Vertreter des Nurnotariats und die des Anwaltsnotariats in der Vertreterversammlung mit qualifizierter Mehrheit verhindern, dass Beschlüsse der Bundesnotarkammer ausgeführt werden. Solche Mehrheiten setzen in der Regel voraus, dass innerhalb der einzelnen Gruppen Absprachen über das Abstimmungsverhalten stattfinden.

c) Organisatorische Zusammenschlüsse

11 Darüber hinaus können sich einzelne Notarkammern oder Gruppen von Kammern fester **Organisationsformen** – etwa in Gestalt privatrechtlicher Arbeitsgemeinschaften – bedienen, um ihr Verhalten innerhalb der Bundesnotarkammer zu koordinieren.

12   aa) **Aufgabe** einer solchen Vereinigung kann es sein,
– einen kontinuierlichen Meinungsaustausch unter ihren Mitgliedern zu fördern,
– gemeinsame Standpunkte der Mitglieder zu berufs- und standesrechtlichen Fragen zu erarbeiten,

---

12 Siehe oben Rz. 4.
13 *Hartmann* in Festschrift Schippel, S. 645, 652.
14 So aber *Schippel/Bracker/Görk*, § 76 Rz. 9.
15 *Hartmann* (Fn. 14), S. 653.

– die Auffassungen ihrer Mitglieder der Bundesnotarkammer mit dem Ziel zu unterbreiten, sie den am Gesetzgebungsverfahren beteiligten Stellen des Bundes kundzutun,
– auf ein abgestimmtes Vetoverhalten ihrer Mitglieder in der Vertreterversammlung (§ 86 Abs. 4 BNotO) hinzuwirken.

bb) Der Arbeitsgemeinschaft können nicht Aufsichtsbefugnisse oder andere Aufgaben **13** übertragen werden, für die gesetzlich die Zuständigkeit der einzelnen Notarkammern begründet ist[16]. Ferner darf eine solche Vereinigung nicht die föderale Struktur der Kammerorganisation und die gesetzliche Aufgabenverteilung zwischen Notarkammern und Bundesnotarkammer unterlaufen. Sie kann daher nicht etwa außerhalb der Bundesnotarkammer oder gar gegen sie berufs- oder standesrechtliche Anliegen eigenständig gegenüber Organen des Bundes vertreten; denn hierfür ist allein die Bundesnotarkammer zuständig (§ 78 Abs. 1 Nr. 2).

cc) Die Notarkammern im Bereich des **Anwaltsnotariats** haben sich zu einer Arbeits- **14** gemeinschaft mit Sitz in Berlin zusammengeschlossen.

II. Sitz der Bundesnotarkammer (Abs. 2)

Sitz der Bundesnotarkammer ist Berlin[17] (§ 1 der Satzung[18]). **15**

---

16 Vgl. § 84 Abs. 1 Satz 2 StBerG.
17 Anschrift: Mohrenstraße 34, D-10117 Berlin, Tel.: (+49) (30) 3 83 86 60, Fax: (+49) (30) 38 38 66 66, E-Mail: bnotk@bnotk.de.
18 I. d. F. der Sechsten Änderungssatzung v. 08.12.2005 (DNotZ 2006, 1).

§ 77

(1) Die Bundesnotarkammer ist eine Körperschaft des öffentlichen Rechts.
(2) ¹Das Bundesministerium der Justiz führt die Staatsaufsicht über die Bundesnotarkammer. ²Die Aufsicht beschränkt sich darauf, dass Gesetz und Satzung beachtet, insbesondere die der Bundesnotarkammer übertragenen Aufgaben erfüllt werden.
(3) Die Satzung der Bundesnotarkammer und ihre Änderungen, die von der Vertreterversammlung beschlossen werden, bedürfen der Genehmigung des Bundesministeriums der Justiz.

Übersicht

A. Entstehungsgeschichte der Vorschrift

1 Die Vorschrift ist seit Einführung der BNotO im Wesentlichen unverändert in Kraft. Durch die Berufsrechtsnovelle 1998[1] ist lediglich das Wort »*Bundesminister*« durch »*Bundesministerium*« ersetzt worden.

B. Erläuterungen

I. Verfassung der Bundesnotarkammer (Abs. 1)

1. Öffentlich-rechtliche Organisationsform

2 Berufsständische Dachverbände können privatrechtlich[2] oder öffentlich-rechtlich organisiert sein. Für den Bereich des Notariats kam nur eine **öffentlich-rechtliche Organisationsform** in Betracht, da die Notare als Inhaber eines öffentlichen Amtes an der staatlichen Rechtspflege teilhaben (§ 1). Als Körperschaft des öffentlichen Rechts ist die Bundesnotarkammer Trägerin mittelbarer Staatsverwaltung[3]. Sie nimmt staatliche Aufgaben mit hoheitlichen Mitteln unter staatlicher Aufsicht wahr. Daneben obliegen ihr aber auch »staatsdistanzierte« Aufgaben, wie § 78 Abs. 1 Nr. 3 und 4 (Vertretung der Gesamtheit der Notarkammern gegenüber Behörden und Organisationen; Gutachtenerstattung in Angelegenheiten der Notare) deutlich macht. Auf dieser Ebene kann die Bundesnotarkammer durchaus in Gegensatz

---

1 Art. 1 Nr. 52 des Dritten Gesetzes zur Änderung der Bundesnotarordnung und anderer Gesetze v. 31.08.1998 (BGBl. I S. 2585).
2 Beispiele: *Papier*, NJW 1987, 1308, 1309.
3 Kritisch zu diesem Begriff: *Tettinger*, Kammerrecht, S. 84, 126.

zu den Auffassungen und Wünschen der Staatsorgane treten[4]. Exemplarisch hat sich das anlässlich der im Zusammenhang mit der Föderalismusreform 2006 beabsichtigten, nicht zuletzt am Widerstand der Bundesnotarkammer gescheiterten Übertragung der Gesetzgebungskompetenz für das Notariat auf die Bundesländer gezeigt.

2. Errichtung kraft Gesetzes

Die Existenz der Bundesnotarkammer beruht unmittelbar auf dem **Gesetz** und ist der Disposition ihrer Mitglieder entzogen. Diese können daher weder den öffentlich-rechtlichen Status ändern noch die Bundesnotarkammer auflösen.

3

3. Rechtsfähigkeit

Als Körperschaft des öffentlichen Rechts ist die Bundesnotarkammer juristische Person mit gesetzlich verliehener **Rechtsfähigkeit**.

4

a) Gesetzliche Verleihung

Sie ist daher Zurechnungssubjekt von Rechten und Pflichten auf dem Gebiet des Privatrechts und des öffentlichen Rechts. Zweck der Rechtsfähigkeit ist es, der Kammer die rechtliche Selbstständigkeit zu vermitteln, die für eine eigenverantwortliche Wahrnehmung ihrer Aufgaben notwendig ist[5].

5

b) Grenzen der Rechtsfähigkeit

Aus dieser Zweckrichtung ergibt sich zugleich die **Begrenzung** der Rechtsfähigkeit. Juristische Personen des öffentlichen Rechts sind nur im Rahmen des ihnen durch Gesetz oder Satzung zugewiesenen Aufgaben- und Wirkungsbereichs zu rechtswirksamem Handeln befugt; außerhalb ihres Funktionsbereichs liegende Handlungen entbehren der Rechtswirksamkeit[6]. Die Bundesnotarkammer ist daher nur in den Grenzen ihres Aufgabenbereichs[7] fähig, Trägerin von Rechten und Pflichten zu sein; nur insoweit kann sie rechtswirksam handeln.

6

II. Staatsaufsicht (Abs. 2)

1. Bedeutung der Vorschrift

Als juristische Person des öffentlichen Rechts unterliegt die Bundesnotarkammer der **Staatsaufsicht**. Diese ist das notwendige Korrelat zu der Befugnis der Bundesnotarkammer, öffentliche Aufgaben mit hoheitlichen Mitteln wahrzunehmen. Die Aufsicht führt das Bundesministerium der Justiz.

7

2. Rechtsaufsicht

Die Staatsaufsicht ist ebenso wie die über die Notarkammern (§ 66 Abs. 2) **Rechtsaufsicht**, nicht Fach- oder Dienstaufsicht. Sie dient allein der Rechtmäßigkeitskontrolle, nicht jedoch der Prüfung, ob die Kammer ihre Aufgaben zweckmäßig erledigt. Dem Bundesministerium

8

---

4 So zutreffend für den Bereich der Rechtsanwaltskammern und der Bundesrechtsanwaltskammer: *Leuze* in Festschrift Schippel, S. 701; *ders.* in Festschrift Rechtsanwaltskammer Hamm, S. 163.
5 Vgl. *Maurer*, Allgemeines Verwaltungsrecht, § 23 Rz. 39.
6 BGHZ 20, 119, 124.
7 Siehe § 78.

der Justiz steht daher kein allgemeines Weisungs- und Leitungsrecht zu. Seine Aufsicht beschränkt sich darauf, dass Gesetz und Satzung beachtet, insbesondere die der Bundesnotarkammer übertragenen Aufgaben erfüllt werden.

3. Aufsichtsmittel

9 Welche **Aufsichtsmittel** dem Ministerium zur Verfügung stehen, ist in der BNotO gesetzlich nicht geregelt. Das anwaltliche Berufsrecht sieht vor, dass das Bundesministerium der Justiz Wahlen und Beschlüsse des Präsidiums oder der Hauptversammlung vor dem Bundesgerichtshof anfechten kann (§ 191 Abs. 1 BRAO)[8]; lediglich Beschlüsse der Satzungsversammlung kann es selbst aufheben (§ 191e BRAO)[9]. Einer denkbaren analogen Anwendung dieser Bestimmungen im notariellen Berufsrecht steht entgegen, dass der Gesetzgeber bei Erlass der Berufsrechtsnovelle 1998[10] Gelegenheit hatte, die BNotO insoweit der BRAO anzugleichen, davon aber keinen Gebrauch gemacht hat.

10 Bei der Frage nach den Aufsichtsmitteln der Justizverwaltungen gegenüber der Bundesnotarkammer und den Notarkammern ist daher auf die **allgemeinen Regeln** der Staatsaufsicht über Selbstverwaltungskörperschaften zurückzugreifen[11]. Danach kommen folgende Befugnisse des Ministeriums in Betracht:

a) Präventive Aufsicht

11 Es kann sich **vorbeugend** über alle aufsichtsrelevanten Angelegenheiten informieren und zu diesem Zweck Berichte anfordern. Der präventiven Rechtskontrolle dient ferner der Genehmigungsvorbehalt nach Abs. 3[12].

b) Repressive Aufsicht

12 Stellt das Ministerium einen Rechtsverstoß der Kammer fest, kann es im Wege der **repressiven** Aufsicht anordnen, dass die Kammer die rechtswidrige Maßnahme innerhalb einer bestimmten Frist beseitigt. Einen rechtswidrigen Beschluss kann es beanstanden und dessen Aufhebung verlangen. Kommt die Kammer ihrer Pflicht zur Beseitigung der Maßnahme bzw. zur Aufhebung des Beschlusses nicht fristgerecht nach, kann das Ministerium im Wege der Ersatzvornahme selbst die erforderlichen Anordnungen treffen.

c) Ermessen der Aufsichtsbehörde

13 Ob das Ministerium einschreitet und welche Aufsichtsmaßnahmen es ergreift, liegt in seinem pflichtgemäßen **Ermessen**. Dabei ist insbesondere der Grundsatz der Verhältnismäßigkeit zu beachten.

---

8 Entsprechendes gilt für die Landesjustizverwaltungen gegenüber den Rechtsanwaltskammern (§ 90 Abs. 1 BRAO).
9 Vgl. dazu *Schlosser*, NJW 1998, 2794.
10 Siehe oben Fußn. 1.
11 Ähnlich: *Tettinger*, Kammerrecht, S. 237, der auf die kommunalrechtlichen Vorgaben verweist. Einzelheiten zu den Aufsichtsmitteln: *Maurer*, § 23 Rz. 19 f., 45.
12 Siehe unten Rz. 15.

III. Satzungsbefugnis

1. Bedeutung der Vorschrift

Die Bundesnotarkammer hat das Recht, im Rahmen der gesetzlichen Bestimmungen ihre 14
Verfassung und Organisation durch **Satzung** zu regeln (§ 89). Die Satzungsbefugnis beruht
auf staatlicher Delegation. Sie begründet eine eigene **Rechtssetzungskompetenz** der Bundesnotarkammer. Wegen der Einzelheiten wird auf die Erläuterungen zu § 89 verwiesen.

2. Genehmigungsvorbehalt

Zum Zwecke der vorbeugenden Rechtskontrolle bedürfen die Satzung selbst und ihre von 15
der Vertreterversammlung beschlossenen Änderungen der **Genehmigung** des Bundesministeriums der Justiz.

§ 78

(1) ¹Die Bundesnotarkammer hat die ihr durch Gesetz zugewiesenen Aufgaben zu erfüllen. ²Sie hat insbesondere

1. in Fragen, welche die Gesamtheit der Notarkammern angehen, die Auffassung der einzelnen Notarkammern zu ermitteln und im Wege gemeinschaftlicher Aussprache die Auffassung der Mehrheit festzustellen;
2. in allen die Gesamtheit der Notarkammern berührenden Angelegenheiten die Auffassung der Bundesnotarkammer den zuständigen Gerichten und Behörden gegenüber zur Geltung zu bringen;
3. die Gesamtheit der Notarkammern gegenüber Behörden und Organisationen zu vertreten;
4. Gutachten zu erstatten, die eine an der Gesetzgebung beteiligte Behörde oder Körperschaft des Bundes oder ein Bundesgericht in Angelegenheiten der Notare anfordert;
5. durch Beschluss der Vertreterversammlung Empfehlungen für die von den Notarkammern nach § 67 Abs. 2 zu erlassenden Richtlinien auszusprechen;
6. Richtlinien für die Ausbildung der Hilfskräfte der Notare aufzustellen.

(2) ¹Die Bundesnotarkammer kann weitere dem Zweck ihrer Errichtung entsprechende Aufgaben wahrnehmen. ²Sie kann insbesondere Maßnahmen ergreifen, die der wissenschaftlichen Beratung der Notarkammern und ihrer Mitglieder, der Fortbildung von Notaren, der Aus- und Fortbildung des beruflichen Nachwuchses und der Hilfskräfte der Notare dienen.

Übersicht

A. Entstehungsgeschichte der Vorschrift

1. Die früher bestehende Befugnis der Reichsnotarkammer zur Unterhaltung von Fürsorge- und Versorgungseinrichtungen ist mit Inkrafttreten der BNotO nicht der Bundesnotarkammer, sondern den Notarkammern zugewiesen worden (§ 67 Abs. 4 BNotO[1]). **1**

Durch die Berufsrechtsnovelle 1998[2] ist Abs. 1 Nr. 5 geändert und Abs. 2 hinzugefügt worden. Nach der früheren Fassung des Abs. 1 Satz 2 Nr. 5 war die Bundesnotarkammer befugt, »*durch Beschluss der Vertreterversammlung allgemeine Richtlinien für die Berufsausübung der Notare aufzustellen*«. Sie hatte in Wahrnehmung dieser Zuständigkeit die »*Allgemeinen Richtlinien für die Berufsausübung der Notare*« erlassen[3]. Nach der Neufassung hat die Bundesnotarkammer nur noch die Aufgabe, Empfehlungen für die von den Notarkammern nach § 67 Abs. 2 zu erlassenden Richtlinien auszusprechen[4]. **2**

B. Erläuterungen

I. Erfüllung der Pflichtaufgaben (Abs. 1 Satz 1)

1. Selbstverwaltungsaufgaben

Nach § 78 Abs. 1 Satz 1 muss die Bundesnotarkammer die ihr durch Gesetz zugewiesenen Aufgaben erfüllen; es handelt sich um **Pflichtaufgaben**. Ungeachtet der Pflichtigkeit nimmt die Kammer die Aufgaben jedoch als Selbstverwaltungskörperschaft, d. h. in eigener Verantwortung ohne Fachaufsicht wahr (»*pflichtige Selbstverwaltungsaufgaben*«[5]). Bei der Erledigung der Aufgaben ist sie lediglich an Recht und Gesetz gebunden; sie unterliegt nur der Rechtsaufsicht des Bundesministeriums der Justiz[6]. **3**

2. Zuweisung von Pflichtaufgaben

Der Kreis der von der Bundesnotarkammer zu erfüllenden Pflichtaufgaben ist gesetzlich festgelegt; er ergibt sich im Wesentlichen, allerdings nicht erschöpfend, aus Abs. 1 Satz 2 der Vorschrift. **Weitere Pflichtaufgaben** können der Kammer nur durch förmliches Gesetz zugewiesen werden. Die Zuweisung von Pflichtaufgaben zur Erfüllung nach Weisung unter Fachaufsicht (»*Weisungsaufgaben*«[7]) ist nicht möglich. **4**

---

1 I. d. F. gem. Art. 1 Nr. 35 Buchst. b des Dritten Gesetzes zur Änderung der Bundesnotarordnung und anderer Gesetze v. 31.08.1998 (BGBl. I S. 2585).
2 Art. 1 Nr. 38 des Gesetzes v. 31.08.1998 (Fußn. 1).
3 Aufgestellt am 08.12.1962, zuletzt ergänzt am 26.10.1981. Abdruck: *Weingärtner*, Notarrecht, 6. Aufl., Ord.-Nr. 130.
4 Gesamtabdruck: Vor Erläuterungen § 1.
5 *H. H. Klein*, DVBl. 1968, 145.
6 Einzelheiten: § 77 Rz. 7.
7 *Maurer*, Allgemeines Verwaltungsrecht, § 23 Rz. 16.

II. Aufgabenzuweisung im Einzelnen (Abs. 1 Satz 2)

1. Feststellung der Auffassung der Notarkammern (Nr. 1)

a) Gegenstand der Feststellung

5 Für die Tätigkeit der Bundesnotarkammer als Verbandskörperschaft ist es wichtig, die Auffassung ihrer Mitgliedsverbände in solchen Fragen zu kennen, welche die **Gesamtheit der Notarkammern** angehen.

aa) Gemeinsame Interessen

6 Zu den »*die Gesamtheit der Notarkammern berührenden Angelegenheiten*« gehören alle Fragen von **gemeinsamem Interesse**. Die Zuständigkeit der Bundesnotarkammer ist danach gegeben, wenn eine Angelegenheit nicht nur einzelne Notare oder Notarkammern, sondern infolge ihrer überregionalen, über den Kammerbezirk oder ein Bundesland hinaus reichenden Bedeutung die Gesamtheit der Notare angeht[8]. Die berufs- und standesrechtlichen Anliegen einzelner Notarkammern oder von Gruppen von Notarkammern – etwa der Kammern des Nurnotariats oder derjenigen des Anwaltsnotariats – sind in diesem Sinne regelmäßig Angelegenheiten der Gesamtheit der Notarkammern; sie sind in der Regel nicht Singular- oder Partikularinteressen einzelner Kammern. Denn das notarielle Berufsrecht ist von der Vorstellung eines einheitlichen Berufsbildes geprägt[9], wonach der Notar unabhängiger Träger eines öffentlichen Amtes auf dem Gebiet der vorsorgenden Rechtspflege ist (§ 1).

bb) Singular-, Partikularinteressen

7 Dies schließt nicht aus, dass einzelne Fragen des Berufs- oder Standesrechts bzw. der entsprechenden Berufs- oder Standespolitik nicht die Gesamtheit der Notarkammern angehen, es sich also um **Singular-** oder **Partikularinteressen** einzelner Notarkammern handelt. Hierfür ist eine Zuständigkeit der Bundesnotarkammer nicht gegeben.

b) Verfahren der Feststellung

8 Die Vorschrift sieht ein **gestuftes Erkenntnisverfahren** vor:

aa) Ermittlung der Auffassungen

9 Zunächst hat die Bundesnotarkammer die Auffassungen der **einzelnen Notarkammern** zu ermitteln. Eine dahingehende Pflicht besteht allerdings nur, soweit die Auffassung der Notarkammern nicht schon bekannt ist. Die Art und Weise der Ermittlung ist dem pflichtgemäßen Ermessen der Bundesnotarkammer überlassen.

bb) Begriff der Mehrheitsauffassung

10 Sodann hat die Bundesnotarkammer die Auffassung der **Mehrheit** festzustellen. Mehrheit in diesem Sinne bedeutet *Mehrheit der Notarkammern*, nicht Mehrheit der den Kammern angehörenden *Notare*. Dies ergibt sich aus dem eindeutigen Wortlaut der Vorschrift, ferner aus

---

8 Die Vorschrift entspricht § 177 Abs. 1 Satz 2 Nr. 1 BRAO. Vgl. dazu: *Feuerich/Weyland*, § 177 Rz. 12; *Henssler/Prütting*, § 177 Rz. 6.
9 *Bohrer*, Das Berufsrecht der Notare, Rz. 10 ff. Bedenklich insoweit: BVerfG DNotZ 1998, 754, 766 (zur Möglichkeit der Sozietät zwischen Anwaltsnotaren und Wirtschaftsprüfern). Das BVerfG geht von einem unterschiedlichen Berufsbild der hauptberuflichen Notare einerseits und der Anwaltsnotare andererseits aus.

§ 86, wonach die Stimmenzahl der Notarkammern in der Vertreterversammlung nicht von der Zahl der ihr angehörenden Notare abhängt.

cc) Feststellung der Mehrheitsauffassung

Die Bundesnotarkammer hat die Mehrheitsauffassung **festzustellen**. Begriff und Zweck der Feststellung sind gesetzlich nicht definiert. Aus dem Gegensatz zum Begriff »*ermitteln*« in Nr. 1 der Vorschrift ist zu schließen, dass die Mehrheitsauffassung formell als solche definiert und zur Grundlage für weitere Aktivitäten der Bundesnotarkammer gemacht werden soll. Dies impliziert, dass die Bundesnotarkammer Minderheitsauffassungen zwar – was sich schon aus dem Vorgang der *Ermittlung* ergibt – zur Kenntnis zu nehmen, nicht aber förmlich festzustellen und nicht zur Grundlage ihrer Aktivitäten zu machen hat.

Dem steht nicht entgegen, dass jede der beiden in der Bundesnotarkammer vertretenen Gruppen – Nurnotare und Anwaltsnotare – nach § 86 Abs. 4 BNotO ein **Vetorecht** hat. Die Ausübung dieses Rechts hat nur zur Folge, dass die Ausführung eines Beschlusses der Vertreterversammlung unterbleibt. Das Vetorecht kann die Bundesnotarkammer aber nicht zwingen, entgegen § 78 Nr. 1 BNotO eine Minderheitsauffassung zu favorisieren und zur Grundlage ihrer Tätigkeit zu machen.

dd) Mittel der Feststellung

Als Mittel der Feststellung sieht die Vorschrift die **gemeinschaftliche Aussprache** vor. Die Aussprache sollte in der Regel – jedenfalls bei besonders kontroversen Meinungen – in der Vertreterversammlung erfolgen; doch ist auch ein schriftliches Verfahren zulässig (§ 85 Abs. 3).

Eine gemeinschaftliche Aussprache und die Feststellung einer Mehrheitsmeinung sind entbehrlich, wenn sich bei der Ermittlung herausgestellt hat, dass schon eine **einheitliche Auffassung** besteht. Es genügt dann, diese als Ergebnis der Ermittlung festzustellen.

2. Geltendmachung der Auffassung der Bundesnotarkammer (Nr. 2)

a) Meinungsbildung der Bundesnotarkammer

In den die Gesamtheit der Notarkammern berührenden Angelegenheiten ist die Bundesnotarkammer befugt und verpflichtet, ihre Auffassung gegenüber den zuständigen Gerichten und Behörden zur Geltung zu bringen. Dabei ist vorausgesetzt, dass ihr Standpunkt wenigstens von der **Mehrheit der Notarkammern** getragen wird. Die Vorschrift verpflichtet die Bundesnotarkammer nicht, Mindermeinungen einzelner Notarkammern – mögen diese auch die Mehrheit der Notare repräsentieren – nach außen zu vertreten.

Wie die Bundesnotarkammer ihre Auffassung gebildet hat, ist gleichgültig. Sie darf ihre Meinung auch äußern, ohne vorher die Auffassung der Notarkammern förmlich im Verfahren nach Nr. 1 ermittelt und festgestellt zu haben. Dies folgt daraus, dass Abs. 1 Satz 2 Nr. 2 nicht die Durchführung des Verfahrens nach Nr. 1 als Voraussetzung nennt.

b) Gerichte und Behörden

Anders als in den Fällen nach Nr. 4 besteht die Zuständigkeit der Bundesnotarkammer nicht nur gegenüber Gerichten und Behörden des Bundes, sondern auch gegenüber **Landesgerichten** sowie **Landes-** und **Kommunalbehörden**, soweit diese mit Angelegenheiten befasst sind, welche die Gesamtheit der Notarkammern berühren. So bleibt die Bundesnotarkammer zur Geltendmachung ihrer Auffassung auch zuständig, wenn etwa ein Bundesland federführend für alle Länder berufsrechtliche Fragen zu behandeln hat.

c) Geltendmachung der Auffassung

18 Die Bundesnotarkammer wird im Rahmen ihrer Tätigkeit nach Nr. 2 nicht nur auf Anforderung, sondern auch aus eigener Initiative tätig[10]. Ihre Aufgabe ist es, ihren Standpunkt nicht nur zu äußern, sondern ihn auch **zur Geltung zu bringen**, d. h. darauf hinzuwirken, dass er gehört und berücksichtigt wird. Dazu gehört eine aktive »Informationspolitik«.

d) Ausschließliche Zuständigkeit

19 Die Vorschrift begründet eine **ausschließliche Zuständigkeit** der Bundesnotarkammer. Soweit sie reicht, sind Meinungsäußerungen einzelner Notarkammern oder von Gruppen von Notarkammern gegenüber Gerichten und Behörden nicht zulässig. Das gilt auch, soweit sich Notarkammern zwecks Vertretung gemeinsamer Interessen zusammengeschlossen haben[11]. Die Vorschrift verdrängt insoweit die Zuständigkeit der Notarkammern zur Vertretung ihrer Mitglieder (§ 67 Abs. 1 Satz 1), und zwar auch gegenüber Landesgerichten sowie Landes- und Kommunalbehörden. Damit soll verhindert werden, dass in Angelegenheiten, welche die Gesamtheit der Notarkammern berühren, einzelne Notarkammern oder Gruppen von ihnen gegenüber den zuständigen Gerichten und Behörden je eigene, möglicherweise unterschiedliche Standpunkte vertreten. In derartigen Fällen soll grundsätzlich nur die Auffassung der Bundesnotarkammer als einheitlicher Standpunkt zur Geltung kommen[12].

3. Vertretung der Notarkammern (Nr. 3)

a) Begriff der Vertretung

20 Die Vorschrift berechtigt und verpflichtet die Bundesnotarkammer zur Außenvertretung der Gesamtheit der Notarkammern gegenüber Behörden und Organisationen. Damit ist keine rechtsgeschäftliche Vertretung (§ 164 BGB), sondern die **Repräsentation** der Notarkammern und damit letztlich der Gesamtheit der Notare in berufsständischen Angelegenheiten gemeint.

b) Behörden und Organisationen

21 Entsprechend dem Zweck der Vorschrift sind die Begriffe »Behörde« und »Organisation« weit zu verstehen. **Behörden** in diesem Sinne sind nicht nur Dienststellen der öffentlichen Verwaltung (§ 1 Abs. 4 VwVfG), sondern darüber hinaus alle mit Angelegenheiten der Notare befassten staatlichen und kommunalen Einrichtungen einschließlich der parlamentarischen Gremien[13]. Der Begriff der **Organisation** umfasst alle nicht behördlichen, mit Angelegenheiten des Notariats befassten privaten und öffentlichen – insbesondere berufsständischen – Einrichtungen im In- und Ausland sowie auf internationaler und supranationaler Ebene. Dazu gehören insbesondere die *Bundesrechtsanwaltskammer*, die *Berufsverbände* der Nurnotare und der Anwaltsnotare, die *Internationale Union des Lateinischen Notariats (UINL)* sowie die *Konferenz der Notariate der Europäischen Union (CNUE)*, ferner Stellen, die sich mit dem Studium und der Entwicklung des Notarrechts befassen. Insbesondere die Vertretung des deutschen Notariats gegenüber den Organen der Europäischen Union und sonstige internationale Tätigkeiten der Bundesnotarkammer gewinnen zunehmend an Bedeutung.

---

10 *Schippel/Bracker/Görk*, § 78 Rz. 5.
11 Vgl. dazu § 76 Rz. 11 ff.
12 Zur Loyalitätspflicht der Bundesnotarkammer gegenüber den Notarkammern siehe § 76 Rz. 7.
13 Siehe unten Rz. 23.

c) Ausschließliche Zuständigkeit

Aus den zu Nr. 2 dargelegten Gründen[14] handelt es sich auch insoweit um eine **ausschließliche Zuständigkeit** der Bundesnotarkammer.   **22**

4. Erstattung von Gutachten (Nr. 4)

a) Pflicht zur Gutachtenerstattung

Während die Mitwirkung an der Gesetzgebung und an Maßnahmen der Rechtspflege und der Verwaltung in den Ländern grundsätzlich Sache der Notarkammern ist (§ 67 Abs. 5), obliegt es auf **Bundesebene** der Bundesnotarkammer, sich in Angelegenheiten der Notare und der Notarkammern gutachtlich zu äußern. § 78 Abs. 1 Satz 2 Nr. 4 **verpflichtet** die Bundesnotarkammer zur Gutachtenerstattung, wenn eine an der Gesetzgebung beteiligte Behörde oder Körperschaft des Bundes oder ein Bundesgericht ein Gutachten in Angelegenheiten der Notare anfordert. »*Behörde oder Körperschaft*« sind alle mit der Gesetzgebung im materiellen Sinne befassten Organe des Bundes (Bundespräsident [Art. 82 GG], Bundestag und Bundesrat [Art. 76–78 GG], Bundesregierung [Art. 76 GG], Bundesminister [Art. 80 GG]).   **23**

b) Gegenstand der Begutachtung

Gegenstand der Gutachtenanforderung können nur »*Angelegenheiten der Notare*« sein. Dabei kann es sich sowohl um Rechtsfragen als auch um tatsächliche Angelegenheiten handeln. Wie die von Nr. 1 bis 3 abweichende Fassung der Nr. 4 zeigt, muss die zu begutachtende Frage nicht die Gesamtheit der Notarkammern berühren. Ferner ist nicht erforderlich, dass dem Bund bezüglich dieser Frage die Gesetzgebungsbefugnis (Art. 71 ff. GG) zusteht.   **24**

c) Ausschließliche Zuständigkeit

Auch Nr. 4 weist der Bundesnotarkammer eine **ausschließliche Zuständigkeit** zu, und zwar auch, soweit die zu begutachtende Frage nur Angelegenheiten einzelner Notarkammern berühren. Die Notarkammern sind insoweit nicht zur Gutachtenerstattung befugt.   **25**

d) Freiwillige Gutachten

Außer nach Nr. 4 angeforderten Gutachten kann die Bundesnotarkammer auf **freiwilliger Grundlage** auch sonstige Gutachten erstatten. Entsprechend dem Errichtungszweck der Bundesnotarkammer beschränkt sich ihre Zuständigkeit insoweit aber – abweichend von den Pflichtgutachten – auf Angelegenheiten, welche die **Gesamtheit der Notarkammern** angeht.   **26**

5. Erlass von Richtlinienempfehlungen (Nr. 5)

a) Zuständigkeit

Die Vorschrift ermächtigt und verpflichtet die Bundesnotarkammer, durch Beschluss der Vertreterversammlung **Empfehlungen** für die nach § 67 Abs. 2 von den Notarkammern zu erlassenden Richtlinien auszusprechen. In Wahrnehmung dieser Zuständigkeit hat die Bundesnotarkammer Richtlinienempfehlungen beschlossen[15] und den Notarkammern bekannt gegeben. Diese haben inzwischen ihrerseits Richtliniensatzungen erlassen[16].   **27**

---

14 Siehe oben Rz. 19.
15 Beschluss der außerordentlichen Vertreterversammlung vom 29.01.1999.
16 Tabellarische Übersicht der Richtliniensatzungen im Internet abrufbar unter www.bnotk.de (Link: Berufsrechtliche Texte).

b) Zweck der Vorschrift

28 **Zweck** der Vorschrift ist es, einer nach § 67 Abs. 2 denkbaren Zersplitterung des notariellen Berufsrechts vorzubeugen. Die Empfehlungskompetenz der Bundesnotarkammer soll es ermöglichen, kammerübergreifende Gesichtspunkte zur Geltung zu bringen und so zur Wahrung eines einheitlichen Berufsbildes der Notare beizutragen.

c) Charakter der Empfehlungen

29 Die Empfehlungen der Bundesnotarkammer sind jedoch weder für die Notarkammern noch für den einzelnen Notar **verbindlich**. Im Rahmen ihrer Satzungskompetenz nach § 67 Abs. 2 können die Notarkammern von den Empfehlungen der Bundesnotarkammer abweichende oder sie ergänzende Richtlinien aufstellen. Die an die frühere Fassung der Vorschrift anknüpfende Streitfrage, ob die von der Bundesnotarkammer aufgestellten »*Allgemeinen Richtlinien für die Berufsausübung der Notare*« verbindliches Standesrecht zum Inhalt hatten[17], ist durch die Neufassung gegenstandslos geworden.

d) Änderung der Empfehlungen

30 Die Bundesnotarkammer kann ihre Empfehlungen durch Beschluss der Vertreterversammlung **ändern**, wenn und soweit dafür ein Bedürfnis besteht. Ob die Notarkammern solche Änderungen in ihren eigenen Berufsrechtsrichtlinien umsetzen, entscheiden sie nach pflichtgemäßem Ermessen. Im Interesse eines langfristig geprägten einheitlichen Berufsbildes sollte die Bundesnotarkammer von ihrer Änderungskompetenz nur zurückhaltend Gebrauch machen.

6. Aufstellung von Ausbildungsrichtlinien (Nr. 6)

31 Nach § 67 Abs. 2 Nr. 2 obliegt es den Notarkammern, die Ausbildung und Prüfung der **Hilfskräfte** der Notare zu regeln. Die Richtlinienbefugnis der Bundesnotarkammer hat deshalb nur den Zweck, die Richtlinien der Notarkammern zu ergänzen und zu harmonisieren. Die Vorschrift ist weitgehend obsolet[18], weil die Ausbildung der Rechtsanwalts- und Notargehilfen durch **Rechtsverordnung** des Bundesministeriums der Justiz[19] geregelt ist.

III. Freiwillige Aufgaben (Abs. 2)

1. Bedeutung der Vorschrift

32 Als Selbstverwaltungskörperschaft kann die Bundesnotarkammer nach Abs. 2 über ihre Pflichtaufgaben hinaus **freiwillige Aufgaben** übernehmen. Solche Aufgaben können in der Satzung näher bestimmt werden, wie § 90 ausdrücklich voraussetzt; notwendig ist dies aber nicht[20].

---

17 Vgl. dazu *Arndt/Lerch/Sandkühler*, 3. Aufl., § 14 Rz. 45 ff. und § 78 Rz. 26 ff.
18 *Schippel/Bracker/Görk*, § 78 Rz. 12.
19 ReNoPat-AusbildungsVO v. 23.11.1987 (BGBl. I S. 2392) in der Fassung der VO v. 15.02.1995 (BGBl. I S. 206).
20 *Schippel/Bracker/Görk*, § 78 Rz. 2.

2. Grenzen der Zuständigkeit

a) Beschränkung auf den Errichtungszweck

Die Übernahme zusätzlicher Aufgaben ist nach Satz 1 nur zulässig, soweit sie dem **Errich-** **33** **tungszweck** der Bundesnotarkammer entsprechen. Diese Beschränkung ist notwendig, weil die Bundesnotarkammer ein Zwangsverband ist, dem die Notarkammern kraft Gesetzes angehören (§ 76 Abs. 1) und dessen Finanzbedarf durch Beiträge der Notarkammern gedeckt wird (§ 91). Ein Verband mit Pflichtmitgliedschaft darf nur solche Aufgaben wahrnehmen, deren Erfüllung zum Verbandszweck gehört[21].

Zweck des Zusammenschlusses ist im Wesentlichen die berufsständische Repräsentation **34** und Vertretung des Notariats auf Bundesebene sowie die Förderung der fachlichen Zusammenarbeit der Notare untereinander und mit den Bundesbehörden[22]. Freiwillige Aufgaben der Bundesnotarkammer müssen diesem Zweck entsprechen.

b) Aufgabenkatalog

Als **zulässige** freiwillige Aufgaben der Bundesnotarkammer nennt Abs. 2 Satz 2 beispielhaft **35** Maßnahmen
– zur wissenschaftlichen Beratung der Notarkammern und ihrer Mitglieder,
– zur Fortbildung von Notaren sowie zur
– Aus- und Fortbildung des beruflichen Nachwuchses und der Hilfskräfte der Notare.

Diese Aufgaben werden bereits weitgehend von der Bundesnotarkammer wahrgenommen. So ist sie an dem *Fachinstitut für Notare im Deutschen Anwaltsinstitut e. V.*[23] beteiligt. Zur wissenschaftlichen Unterstützung der Notare hat sie das *Deutsche Notarinstitut* gegründet[24]. Der Erarbeitung und Entfaltung des Notarrechts dienen die Herausgabe der *Deutschen Notar-Zeitschrift* sowie die turnusmäßige Veranstaltung der *Deutschen Notartage* (§ 2 Satz 3 der Satzung der Bundesnotarkammer).

c) Sonstige Aufgaben

Eine – im Gesetz nicht genannte – wichtige freiwillige Aufgabe ist ferner die berufsstän- **36** dische **Repräsentation** der Gesamtheit der Notare; dazu zählt die von der Bundesnotarkammer betriebene **Öffentlichkeitsarbeit**[25]. § 78 Abs. 2 erlaubt ferner die Übernahme der Aufgaben einer **Zertifizierungsstelle** für den elektronischen Rechtsverkehr durch die Bundesnotarkammer.

d) Wirtschaftliche Belange

Nicht zulässig ist die berufspolitische Wahrnehmung ausschließlich **wirtschaftlicher Be-** **37** **lange** der Notare durch die Bundesnotarkammer[26]. Die Bundesnotarkammer leitet ihre Hoheitsrechte aus staatlicher Delegation ab. Der Staat kann aber nur solche Befugnisse delegieren, die ihm selbst zustehen. Eine kollektive Interessenvertretung, insbesondere die Wahrnehmung der wirtschaftlichen Interessen eines einzelnen Berufsstandes gegenüber Staat und Gesellschaft, ist nicht Aufgabe des Staates[27].

---

21 BVerwGE 59, 231, 238; BVerwG NJW 1982, 1298; NJW 1982, 1300; BGH DNotZ 1983, 119, 122.
22 Näher dazu: § 76 Rz. 4.
23 Gemeinsame Einrichtung der Bundesrechtsanwaltskammer, der Rechtsanwaltskammern, der Bundesnotarkammer und der Notarkammern mit Sitz in Bochum.
24 Eigenbetrieb der Bundesnotarkammer mit Sitz in Würzburg. Näher dazu: DNotZ 1993, 635.
25 Siehe dazu *Duve*, DNotZ 1986, 89˚.
26 BGH DNotZ 1983, 119, 121; *Redeker*, NJW 1972, 1844; a. A. *Schippel/Bracker/Görk*, § 78 Rz. 3 m. w. N.
27 *Redeker*, NJW 1972, 1844.

§ 78a

(1) ¹Die Bundesnotarkammer führt ein automatisiertes Register über Vorsorgevollmachten (Zentrales Vorsorgeregister). ²In dieses Register dürfen Angaben über Vollmachtgeber, Bevollmächtigte, die Vollmacht und deren Inhalt aufgenommen werden. ³Das Bundesministerium der Justiz führt die Rechtsaufsicht über die Registerbehörde.

(2) ¹Dem Vormundschaftsgericht und dem Landgericht als Beschwerdegericht wird auf Ersuchen Auskunft aus dem Register erteilt. ²Die Auskunft kann im Wege der Datenfernübertragung erteilt werden. ³Dabei sind dem jeweiligen Stand der Technik entsprechende Maßnahmen zur Sicherstellung von Datenschutz und Datensicherheit zu treffen, die insbesondere die Vertraulichkeit, Unversehrtheit und Zurechenbarkeit der Daten gewährleisten; im Falle der Nutzung allgemein zugänglicher Netze sind dem jeweiligen Stand der Technik entsprechende Verschlüsselungsverfahren anzuwenden.

(3) Das Bundesministerium der Justiz hat durch Rechtsverordnung mit Zustimmung des Bundesrates die näheren Bestimmungen über die Einrichtung und Führung des Registers, die Auskunft aus dem Register und über Anmeldung, Änderung, Eintragung, Widerruf und Löschung von Eintragungen zu treffen.

Vorsorgeregister-Verordnung

§ 1 Inhalt des Zentralen Vorsorgeregisters

(1) Die Bundesnotarkammer stellt die Eintragung folgender personenbezogener Daten im Zentralen Vorsorgeregister sicher:
1. Daten zur Person des Vollmachtgebers:
   a) Familienname,
   b) Geburtsname,
   c) Vornamen,
   d) Geschlecht,
   e) Geburtsdatum,
   f) Geburtsort,
   g) Anschrift (Straße, Hausnummer, Postleitzahl, Ort),
2. Daten zur Person des Bevollmächtigten:
   a) Familienname,
   b) Geburtsname,
   c) Vornamen,
   d) Geburtsdatum,
   e) Anschrift (Straße, Hausnummer, Postleitzahl, Ort),
   f) Rufnummer,
3. Datum der Errichtung der Vollmachtsurkunde,
4. Aufbewahrungsort der Vollmachtsurkunde,
5. Angaben, ob Vollmacht erteilt wurde zur Erledigung von
   a) Vermögensangelegenheiten,
   b) Angelegenheiten der Gesundheitssorge und ob ausdrücklich Maßnahmen nach § 1904 Abs. 1 Satz 1 des Bürgerlichen Gesetzbuchs umfasst sind,
   c) Angelegenheiten der Aufenthaltsbestimmung und ob ausdrücklich Maßnahmen nach § 1906 Abs. 1 und 4 des Bürgerlichen Gesetzbuchs umfasst sind,
   d) sonstigen persönlichen Angelegenheiten,
6. besondere Anordnungen oder Wünsche
   a) über das Verhältnis mehrerer Bevollmächtigter zueinander,
   b) für den Fall, dass das Vormundschaftsgericht einen Betreuer bestellt,
   c) hinsichtlich Art und Umfang medizinischer Versorgung.

(2) Ist die Vollmacht in öffentlich beglaubigter oder notariell beurkundeter Form errichtet worden, dürfen darüber hinaus die Urkundenrollennummer, das Urkundsdatum sowie die Bezeichnung des Notars und die Anschrift seiner Geschäftsstelle aufgenommen werden.

(3) Die Eintragung erfolgt unter Angabe ihres Datums.

§ 2 Eintragungsantrag

(1) Die Eintragung erfolgt auf schriftlichen Antrag des Vollmachtgebers. Der Antrag hat mindestens die Angaben nach § 1 Abs. 1 Nr. 1 Buchstabe a, c bis g zu enthalten. Sollen auch Angaben über den Bevollmächtigten eingetragen werden, muss der Antrag zudem mindestens die Angaben nach § 1 Abs. 1 Nr. 2 Buchstabe a, c und e enthalten. Die Angaben nach § 1 Abs. 3 werden unabhängig von dem Antrag eingetragen.

(2) Der Antrag kann auch im Wege der Datenfernübertragung gestellt werden, soweit die Bundesnotarkammer diese Möglichkeit eröffnet hat. Die Bundesnotarkammer hat dem jeweiligen Stand der Technik entsprechende Maßnahmen zur Sicherstellung von Datenschutz und Datensicherheit zu treffen, die insbesondere die Vertraulichkeit und Unversehrtheit der Daten gewährleisten; im Falle der Nutzung allgemein zugänglicher Netze sind dem jeweiligen Stand der Technik entsprechende Verschlüsselungsverfahren anzuwenden.

(3) In Zweifelsfällen hat die Bundesnotarkammer sich von der Identität des Antragstellers zu überzeugen. Im Übrigen prüft sie die Richtigkeit der mit dem Antrag übermittelten Angaben nicht.

§ 3 Vorschuss, Antragsrücknahme bei Nichtzahlung

(1) Die Bundesnotarkammer kann die Zahlung eines zur Deckung der Gebühren hinreichenden Vorschusses verlangen. Sie kann die Vornahme der Eintragung von der Zahlung oder Sicherstellung des Vorschusses abhängig machen.

(2) Wird ein verlangter Vorschuss innerhalb angemessener Frist nicht gezahlt, gilt der Antrag als zurückgenommen. Die Frist sowie die Rechtsfolge der Fristversäumnis sind mit dem Verlangen des Vorschusses mitzuteilen. Die Frist darf 30 Tage nicht unterschreiten.

§ 4 Benachrichtigung des Bevollmächtigten

Nach Eingang des Eintragungsantrags hat die Bundesnotarkammer einen Bevollmächtigten, der nicht schriftlich in die Speicherung der Daten zu seiner Person eingewilligt hat, schriftlich über die nach § 1 Abs. 1 Nr. 1 Buchstabe a, c, g und Nr. 2 bis 6 gespeicherten Daten zu unterrichten. Die Bundesnotarkammer hat den Bevollmächtigten über den Zweck des Registers und darüber aufzuklären, dass er jederzeit die Löschung seiner personenbezogenen Daten aus dem Register verlangen kann.

§ 5 Änderung, Ergänzung und Löschung von Eintragungen

(1) Änderungen, Ergänzungen und Löschungen von Eintragungen erfolgen auf schriftlichen Antrag des Vollmachtgebers. § 2 Abs. 2, 3 und § 3 gelten entsprechend.

(2) Bei der Eintragung von Änderungen und Ergänzungen ist sicherzustellen, dass die bisherige Eintragung auf Anforderung erkennbar bleibt.

(3) Daten nach § 1 Abs. 1 Nr. 2 sind auch auf schriftlichen Antrag des Bevollmächtigten zu löschen. § 2 Abs. 2 und 3 gilt entsprechend.

(4) Eintragungen sind 110 Jahre nach der Geburt des Vollmachtgebers zu löschen.

§ 6 Auskunft an die Vormundschaftsgerichte und die Landgerichte als Beschwerdegerichte

(1) Die Auskunft aus dem Register erfolgt im Wege eines automatisierten Abrufverfahrens, sofern die Bundesnotarkammer zuvor mit der jeweiligen Landesjustizverwaltung schriftlich Festlegungen nach § 10 Abs. 2 des Bundesdatenschutzgesetzes getroffen hat. § 2 Abs. 2 Satz 2 gilt entsprechend.

(2) Die Auskunft aus dem Register erfolgt auch auf schriftliches oder elektronisches Ersuchen des Vormundschaftsgerichts und des Landgerichts als Beschwerdegericht. Bei besonderer Dringlichkeit, insbesondere wenn die Bestellung eines vorläufigen Betreuers im Rahmen einer einstweiligen Anordnung in Betracht kommt, kann das Ersuchen auch fernmündlich gestellt werden. In jedem Fall haben das Vormundschaftsgericht und das Landgericht als Beschwerdegericht das Geschäftszeichen ihres Betreuungsverfahrens anzugeben.

(3) In den Fällen des Absatzes 2 erteilt die Bundesnotarkammer die Auskunft aus dem Register schriftlich oder elektronisch. Hierbei sind die erforderlichen Maßnahmen zu treffen, um die Authentizität des Ersuchens zu prüfen und die Vertraulichkeit der Auskunft zu gewährleisten.

§ 7 Protokollierung der Auskunftserteilungen

(1) Die Zulässigkeit der Auskunftsersuchen prüft die Bundesnotarkammer nur, wenn sie dazu nach den Umständen des Einzelfalls Anlass hat. Für die Kontrolle der Zulässigkeit der Ersuchen und für die

Sicherstellung der ordnungsgemäßen Datenverarbeitung protokolliert die Bundesnotarkammer alle nach § 6 erteilten Auskünfte elektronisch. Zu protokollieren sind die Daten zur Person des Vollmachtgebers, das ersuchende Vormundschaftsgericht oder das Landgericht als Beschwerdegericht, dessen Geschäftszeichen, der Zeitpunkt des Ersuchens sowie die übermittelten Daten. Die Bundesnotarkammer hält das Protokoll für stichprobenweise Datenschutzkontrollen durch das Bundesministerium der Justiz und den Bundesbeauftragten für den Datenschutz bereit.

(2) Die Protokolle dürfen nur für Zwecke der Datenschutzkontrolle, der Datensicherung und der Sicherstellung eines ordnungsgemäßen Registerbetriebs verwendet werden. Ferner kann der Vollmachtgeber auf der Grundlage der Protokolle Auskunft darüber verlangen, welche Auskünfte aus dem Register erteilt worden sind. Satz 2 gilt entsprechend für den Bevollmächtigten, sofern Daten zu seiner Person gespeichert sind. Die Protokolle sind gegen zweckfremde Verwendung zu schützen.

(3) Die Protokolle werden nach Ablauf des auf ihre Erstellung folgenden Kalenderjahres gelöscht. Das Bundesministerium der Justiz löscht Protokolle, die ihm nach Absatz 1 Satz 4 zur Verfügung gestellt worden sind, ein Jahr nach ihrem Eingang, sofern sie nicht für weitere, bereits eingeleitete Prüfungen benötigt werden.

§ 8 Sicherung der Daten

Die im Register gespeicherten Daten sind nach dem Stand der Technik so zu sichern, dass Verluste und Veränderungen von Daten verhindert werden.

§ 9 Aufbewahrung von Dokumenten

Die ein einzelnes Eintragungs- oder Auskunftsverfahren betreffenden Dokumente hat die Bundesnotarkammer fünf Jahre aufzubewahren. Die Aufbewahrungsfrist beginnt mit dem Schluss des Kalenderjahres, in dem die letzte Verfügung zur Sache ergangen ist oder die Angelegenheit ihre Erledigung gefunden hat. Nach Ablauf der Aufbewahrungsfrist sind die Dokumente zu vernichten.

Übersicht

A. Entstehungsgeschichte der Vorschrift

Nach Vorarbeiten einer Bund-Länder-Arbeitsgruppe »Betreuungsrecht« und aufgrund eines **1**
Beschlusses der 85. Vertreterversammlung vom 25.10.2002 hatte die Bundesnotarkammer in
Wahrnehmung ihrer Befugnis, »weitere dem Zweck ihrer Errichtung entsprechende Aufgaben« zu übernehmen (§ 78 Abs. 2 Satz 1), Anfang 2003 begonnen, ein zentrales elektronisches Register für notariell errichtete Vorsorgevollmachten und Betreuungsverfügungen
einzurichten[1]. Demgegenüber hielt es der Bundesrat für geboten, die Registrierung auf gesetzlicher Grundlage zu institutionalisieren und zugleich das Register für alle Arten von
Vorsorgevollmachten zu öffnen[2]. Im Zuge der Beratung eines von der Bundesregierung ein-
gebrachten Gesetzentwurfs[3] schlug er die Einfügung der §§ 78a–78c in die BNotO vor. Dies
erfolgte durch »Gesetz zur Änderung der Vorschriften über die Anfechtung der Vaterschaft
und das Umgangsrecht von Bezugspersonen des Kindes, zur Registrierung von Vorsorgeverfügungen und zur Einführung von Vordrucken für die Vergütung von Berufsbetreuern«
vom 23.04.2004[4]. Der entsprechende Teil des Gesetzes ist am 31.07.2004 in Kraft getreten[5].

Durch Gesetz vom 22.12.2006[6] ist die Auskunftsbefugnis gem. Abs. 2 Satz 1 auf das Land- **2**
gericht als Beschwerdegericht in Vormundschaftssachen erweitert worden.

Ergänzende Bestimmungen enthalten die (überaus perfektionistische!) Vorsorgeregister- **3**
Verordnung (VRegV)[7] sowie die von der Vertreterversammlung der Bundesnotarkammer
beschlossene Gebührensatzung[8].

B. Erläuterungen

I. Registerführung durch Bundesnotarkammer (§ 78a Abs. 1)

1. Begriff der Vorsorgevollmacht

a) Vorsorgeverfügungen

Während in der Überschrift des Gesetzes vom 23.04.2004 von »**Vorsorgeverfügungen**« die **4**
Rede ist, verwendet § 78a den Ausdruck »Vorsorgevollmacht«. Die Bezeichnung »Vorsor-

---

1 *Bundesnotarkammer*, Rdschr. Nr. 10/2003 (www.bnotk.de/Service/Ueberblick.Hinweise+Empfeh-
lungen.html).
2 Näher zur Entstehungsgeschichte: *Schippel/Bracker/Görk*, § 78a Rz. 1 ff.; *Görk* FPR 2007, 82.
3 BT-Drucks. 15/2253.
4 Art. 2b des Gesetzes (BGBl. I S. 598).
5 Art. 3 des Gesetzes.
6 Art. 6 Nr. 2 des Zweiten Gesetzes zur Modernisierung der Justiz (2. Justizmodernisierungsgesetz) v.
22.12.2006 (BGBl. I S. 3416).
7 VO v. 21.02.2005 (BGBl. I S. 318) i.d.F. gem. Art 7 des 2. Justizmodernisierungsgesetzes (Fn. 6).
8 Satzung über die Gebühren in Angelegenheiten des Zentralen Vorsorgeregisters (Vorsorgeregister-Gebührensatzung – VRegGebS) v. 02.02.2005 (DNotZ 2005, 81) i. d. F. der Satzung v. 02.12.2005
(DNotZ 2006, 2).

geverfügung« hat einen weitergehenden Inhalt; sie umfasst auch sog. Patientenverfügungen und Betreuungsverfügungen.

aa) Patientenverfügungen

5 **Patientenverfügungen** sind Anordnungen, mit denen der Verfügende seine Wünsche und Vorstellungen hinsichtlich Pflege, medizinischer Behandlung und ggf. seelsorglicher Begleitung für die spätere Zeit des herannahenden Todes und/oder für den Fall einer langdauernden Bewusstlosigkeit äußert; im Mittelpunkt stehen gewöhnlich Bestimmungen darüber, unter welchen Voraussetzungen Pflege und ärztliche Behandlung unterlassen bzw. abgebrochen werden sollen.

bb) Betreuungsverfügungen

6 Mit einer **Betreuungsverfügung** kann der Verfügende für den später möglicherweise eintretenden Fall seiner Betreuung Vorschläge zur Auswahl des Betreuers oder Wünsche zur Wahrnehmung der Betreuung äußern (§ 1901a Satz 1 BGB).

cc) Vorsorgevollmacht

7 Mit einer **Vorsorgevollmacht** bevollmächtigt der Verfügende eine Person oder mehrere Personen seines Vertrauens, in seinem Namen und mit Wirkung für ihn Erklärungen abzugeben und Maßnahmen zu treffen, zu denen er selbst später möglicherweise auf Grund psychischer Krankheit oder körperlicher, geistiger oder seelischer Behinderung nicht mehr in der Lage sein wird. Zweck der Vollmacht ist es, eine rechtliche Betreuung entbehrlich zu machen; denn diese darf nur angeordnet werden, soweit die Angelegenheiten des Betroffenen nicht ebenso gut durch einen Bevollmächtigten wie durch einen Betreuer besorgt werden können (§ 1896 Abs. 2 BGB). Als Vorsorgevollmacht kommt daher jede Art von Vollmacht in Betracht, welche dem Bevollmächtigten die Befugnis gibt, die Angelegenheiten des Betroffenen ebenso gut wie ein Betreuer zu besorgen. Vorsorgevollmacht in diesem Sinn kann auch eine Generalvollmacht sein[9].

8 Die Vollmacht kann **bedingt** für den Fall erteilt werden, dass der Vollmachtgeber seine Angelegenheiten nicht mehr selbst besorgen kann. Besser ist es, sie mit einer nur im Innenverhältnis wirkenden **Anweisung** an den Bevollmächtigten zu verbinden, wonach dieser von der Vollmacht nur im Vorsorgefall Gebrauch machen darf[10]. Der **Zugang** der Vollmachtserklärung an den Bevollmächtigten kann auf einen späteren Zeitpunkt hinausgeschoben werden; dies ermöglicht es dem Vollmachtgeber, die Bevollmächtigung zunächst geheim zu halten[11]. Sollte er vor dem späteren Zugang der Erklärung geschäftsunfähig geworden sein, hat das auf die Wirksamkeit der Vollmacht keinen Einfluss (§ 130 Abs. 2 BGB).

b) Umfang der Vollmacht

9 Typischerweise erstreckt sich die Vorsorgevollmacht auf die Vertretung sowohl in **Vermögensangelegenheiten** als auch in **persönlichen Angelegenheiten**. Hierzu gehören namentlich die Gesundheitsfürsorge einschließlich Auskunftsrecht gegenüber behandelnden Ärzten sowie die Aufenthaltsbestimmung einschließlich freiheitsentziehender oder -beschränkender Maßnahmen; darüber hinaus kann sich die Vollmacht auf sonstige persönliche Angelegenheiten erstrecken. In ärztliche Maßnahmen im Sinne des § 1904 Abs. 1 BGB und in freiheitsbeschränkende oder -entziehende Maßnahmen (§ 1906 Abs. 1, 4 BGB) kann der Bevollmächtigte wirksam nur einwilligen, wenn die Vollmacht schriftlich erteilt ist und die genannten Maßnahmen ausdrücklich umfasst (§§ 1904 Abs. 2 Satz 2, 1906 Abs. 5 Satz 1

---

9 *Schippel/Bracker/Görk*, § 78a Rz. 14; *Palandt/Diederichsen*, BGB, Einf. vor § 1896 Rz. 7.
10 Vgl. *Palandt/Diederichsen* (wie Fn. 9).
11 Siehe unten Rz. 26.

SANDKÜHLER

BGB). Eine Generalvollmacht ohne solche Zusätze eignet sich in der Regel nicht als Vorsorgevollmacht.

2. Bedeutung der Registrierung

a) Keine Urkundensammlung

Das Register ist keine **Sammelstelle für Urkunden**, sondern lediglich ein Verzeichnis angemeldeter Vorsorgevollmachten. Die Registerbehörde nimmt nur Anmeldungen, nicht aber die ihnen zugrunde liegenden Vollmachtsurkunden entgegen. Eine Sammelstelle für Vollmachtsurkunden ist gesetzlich nicht vorgesehen und existiert nicht. Insbesondere sind weder die Gerichte noch die Notarkammern zuständig, Vorsorgevollmachten zu sammeln und zu verwahren.

10

b) Register als Informationsquelle

Das Register dient als **Informationsquelle** in Vormundschaftssachen. Die auskunftsberechtigten Gerichte[12] sollen in die Lage versetzt werden, sich rasch und zuverlässig darüber zu unterrichten, ob wegen Vorhandenseins einer Vorsorgevollmacht von einer rechtlichen Betreuung abgesehen werden kann. Ist das der Fall, kann dem Betroffenen die mit der Einleitung eines Betreuungsverfahrens verbundene psychische und kostenmäßige Belastung erspart werden. Ist das Verfahren – wie häufig in Eilfällen – bereits eingeleitet worden, kann es bei Vorhandensein einer ausreichenden Vorsorgevollmacht alsbald wieder eingestellt werden.

11

c) Gerichtliche Prüfung der Vollmachtsurkunde

Da das Register nur Angaben im Sinne des § 1 VRegV enthält, kann es geboten sein, dass das Gericht die **Vollmachtsurkunde** selbst dahin prüft, ob die Vollmacht wirksam erteilt ist und noch besteht und ob sie ihrem Inhalt nach eine Betreuung entbehrlich macht, ferner, ob der Bevollmächtigte zur Vertretung des Vollmachtgebers geeignet erscheint. § 1901a BGB[13] verpflichtet den Besitzer einer Vorsorgevollmacht deshalb, das Vormundschaftsgericht über das Schriftstück zu unterrichten und dem Gericht auf Verlangen eine Abschrift vorzulegen. Eine Ablieferung der Originalurkunde scheidet hingegen aus, weil sie den Bevollmächtigten hindern würde, sich im Rechtsverkehr zu legitimieren.

12

Besitzer im Sinne des § 1901a Satz 2 BGB ist auch der die Urschrift verwahrende **Notar**[14]. Die Auskunftspflicht nach § 1901a Satz 2 BGB geht als gesetzliche Offenbarungspflicht der Verschwiegenheitspflicht vor. Zur Ablieferung einer von ihm beurkundeten Vollmacht ist er schon nach § 45 Abs. 1 BeurkG grundsätzlich nicht befugt.

13

d) Registrierungsfähigkeit von Vorsorgeverfügungen

Dem Zweck des Registers entsprechend, werden nur Vorsorgevollmachten, nicht aber **isolierte Betreuungsverfügungen** oder **isolierte Patientenverfügungen** registriert. Daran ändert es nichts, dass in der Überschrift des Gesetzes vom 23.04.2004 von »Vorsorgeverfügungen« die Rede ist. Gesetzeskraft hat nicht die Überschrift, sondern die Vorschrift des § 78a[15]. Unschädlich ist es hingegen, wenn Betreuungsverfügung oder Patientenverfügung mit der Vorsorgevollmacht in einem Schriftstück **verbunden** werden; die Vorsorgevollmacht

14

---

12 Näher zur Auskunftsberechtigung unten Rz. 39.
13 I. d. F. gem. Art. 1 Nr. 11 Buchst. b des Zweiten Gesetzes zur Änderung des Betreuungsrechts (Zweites Betreuungsrechtsänderungsgesetz – 2. BtÄndG) v. 21.04.2005 (BGBl. I S. 1073).
14 Vgl. BT-Drucks. 15/4874, S. 27.
15 Der Bundesrat hatte im Gesetzgebungsverfahren vorgeschlagen, die Registrierung weiterer Vorsorgeverfügungen, wie z.B. Betreuungsverfügungen, durch die Bundesnotarkammer zu ermöglichen (BT-Drucks. 15/2253, S. 19). Der Vorschlag ist nicht Gesetz geworden.

kann auch in solchen Fällen registriert werden. Dementsprechend sehen die Datenformulare der Bundesnotarkammer[16] ausdrücklich die Möglichkeit vor, auf eine mit der Vorsorgevollmacht verbundene Patientenverfügung und/oder Betreuungsverfügung hinzuweisen.

e) Rechtsbestand der Vollmacht

15 Für den **Rechtsbestand der Vollmacht** ist die Registrierung bedeutungslos. Daher prüft die Registerbehörde nicht, ob eine angemeldete Vorsorgevollmacht wirksam erteilt worden ist und ob sie noch fortbesteht. Die Registrierung ersetzt weder die Bevollmächtigung (§ 167 BGB) noch die Aushändigung einer Vollmachtsurkunde (§ 172 BGB) noch ist sie Wirksamkeitsvoraussetzung für die Vollmacht. Umgekehrt hindert der Fortbestand der Registrierung nicht, dass die Vollmacht durch Widerruf oder aus anderen Gründen erlischt; ebenso wenig führen Änderungen oder Löschung im Register zur Änderung oder zum Erlöschen der Vollmacht. Auskünfte aus dem Register weisen daher nur den Registerbestand aus, nicht aber die Existenz der Vollmacht.

3. Bundesnotarkammer als Registrierungsbehörde

a) Öffentlich-rechtliche Aufgabenerfüllung

16 Der Gesetzgeber hat sich dafür entschieden, die Registrierung auf **öffentlich-rechtlicher** Grundlage zu organisieren. Er hat damit Bemühungen aus der Privatwirtschaft, als Registrierungsstelle eingesetzt zu werden, eine Absage erteilt. Das Registrierungssystem ist auf Dauer, Effizienz und Vertraulichkeit angelegt. Seine Anbindung an eine Körperschaft des öffentlichen Rechts (§ 77 Abs. 1) lässt weit mehr als die Beauftragung privater Einrichtungen erwarten, dass diese Anliegen nachhaltig verwirklicht werden können.

b) Registrierung als Pflichtaufgabe

17 Bis zum Inkrafttreten der §§ 78a–78c nahm die Bundesnotarkammer die Registrierung von Vorsorgevollmachten als freiwillige Aufgabe auf der – rechtlich zweifelhaften – Grundlage des § 78 Abs. 2 Satz 1 vor[17]. § 78a Abs. 1 Satz 1 bestimmt nunmehr, dass es sich ebenso wie bei den in § 78 Abs. 1 geregelten Aufgaben[18] um eine **Pflichtaufgabe** handelt (»*die Bundesnotarkammer führt…*«). Während die Bundesnotarkammer jedoch die in § 78 Abs. 1 genannten Aufgaben als »pflichtige Selbstverwaltungsaufgaben«[19] wahrnimmt, handelt es sich bei der Registrierung von Vorsorgevollmachten um eine **übertragene Staatsaufgabe**[20]. Denn die Registrierung liegt nicht im berufsständischen Interesse der Bundesnotarkammer bzw. der in ihr zusammengeschlossenen regionalen Notarkammern und/oder deren Mitglieder, sondern im Interesse der Allgemeinheit. So erklärt sich, dass auch privatschriftliche, ohne notarielle Mitwirkung erteilte Vollmachten registriert werden können.

c) Behördeneigenschaft der Bundesnotarkammer

18 Die Registrierung ist nach Abs. 1 Satz 1 der Bundesnotarkammer als solcher übertragen. Diese führt die Registeraufgaben nach Abs. 1 Satz 3 als **Registerbehörde** aus, d.h. als »Stelle, die Aufgaben der öffentlichen Verwaltung wahrnimmt« (§ 1 Abs. 4 VwVfG). Die Behörde bildet eine Abteilung der Bundesnotarkammer, allerdings mit getrennter Haushaltsführung. Ihr personeller und sächlicher Aufwand ist abweichend von § 91 Abs. 1 nicht aus den Beiträgen der regionalen Notarkammern, sondern aus den nach § 78b zu erhebenden Gebühren zu

---

16 Internetabruf unter www.zvr-online.de.
17 Siehe oben Rz. 1.
18 Siehe dazu § 78 Rz. 3.
19 Vgl. § 78 Rz. 5.
20 *Schippel/Bracker/Görk*, § 78a Rz. 10.

bestreiten. Die Bezeichnung als »Zentrales Vorsorgeregister« lehnt sich an diejenigen des Bundeszentralregisters (§ 2 Abs. 2 BZRG a. F.)[21] und des Ausländerzentralregisters (§ 1 AZRG) an[22].

d) Staatsaufsicht

Die Registerbehörde untersteht nach Abs. 1 Satz 3 der **Staatsaufsicht** des Bundesministeriums der Justiz. Die Staatsaufsicht ist ebenso wie diejenige im Bereich der Selbstverwaltungsaufgaben **Rechtsaufsicht**, nicht Fach- oder Dienstaufsicht. Sie dient allein der Rechtmäßigkeitskontrolle, nicht jedoch der Prüfung, ob die Registerbehörde ihre Aufgaben zweckmäßig erledigt. Wegen der Einzelheiten wird auf die Erläuterungen zu § 77 verwiesen[23]. **19**

4. Registereintragungen

a) Zulässiger Registerinhalt

§ 78a Abs. 1 Satz 2 umschreibt den **zulässigen Inhalt** des Registers. Danach dürfen Angaben über Vollmachtgeber und Bevollmächtigte, über die Vollmacht und deren Inhalt in das Register aufgenommen werden. Konkretisiert wird die Vorschrift durch § 1 VRegV. Dieser bestimmt, welche Eintragungen die Bundesnotarkammer »sicherzustellen« hat. Es handelt sich dabei um eine **abschließende Regelung** mit der Maßgabe, dass weitere Angaben nicht eingetragen werden dürfen. Insbesondere ist es unzulässig, den gesamten Inhalt der Vollmachtsurkunde wiederzugeben. **20**

b) Pflichtangaben, fakultative Angaben

Innerhalb dieses Rahmens wird der Inhalt der Eintragungen durch den **Eintragungsantrag** bestimmt. Dabei unterscheidet § 2 Abs. 1 Satz 1, 2 VRegV zwischen **Pflichtangaben** und **fakultativen Angaben**. **21**

aa) Pflichtangaben

Pflichtangaben sind die zur Identifizierung des **Vollmachtgebers** notwendigen Daten, nämlich **22**
- Vor- und Familienname,
- Geschlecht,
- Geburtsdatum und -ort sowie
  die genaue Anschrift.

bb) Angabe des Bevollmächtigten

Fakultativ sind die Angaben zur Person des **Bevollmächtigten**; er braucht nicht eingetragen zu werden. Soll er eingetragen werden, sind **23**
- Vor- und Familienname sowie
- die genaue Anschrift
  anzugeben.

(1) Die Eintragung des Bevollmächtigten ist **wichtig**, weil nur so eine rasche Entscheidung des Vormundschaftsgerichts über die Einrichtung einer Betreuung gewährleistet werden kann. Das Fehlen der Eintragung kann dazu führen, dass der Bevollmächtigte nicht rechtzei- **24**

---

21 § 2 BZRG ist aufgehoben. Registerbehörde ist das Bundesamt für Justiz.
22 Vgl. BT-Drucks. 15/2253, S. 19.
23 Dort Rz. 7 ff.

tig erreicht werden kann und zunächst eine Betreuung angeordnet werden muss, die nach Ermittlung des Bevollmächtigten wieder aufzuheben ist.

Wird eine Vorsorgevollmacht notariell beurkundet, muss der **Notar** auf die Möglichkeit der Registrierung beim Zentralen Vorsorgeregister hinweisen (§ 20a BeurkG). Auch wenn es nicht vorgeschrieben ist, sollte er darauf hinwirken, dass auch Angaben zur Person des Bevollmächtigten gemacht werden. Allerdings sollte er auch auf die Benachrichtigungspflicht der Bundesnotarkammer gegenüber dem Bevollmächtigten hinweisen[24].

25 (2) Zwar sehen die Datenformulare der Bundesnotarkammer die Möglichkeit vor, dass der Bevollmächtigte ausdrücklich in seine Eintragung **einwilligt**. Die Zustimmung ist jedoch nicht Eintragungsvoraussetzung. Wird sie nicht vorweg schriftlich erklärt, benachrichtigt die Registerbehörde den Bevollmächtigten über die nach § 1 Abs. 1 Nr. 1 Buchst. a, c, g und Nr. 2 bis 6 gespeicherten Daten und klärt ihn über den Zweck des Registers sowie darüber auf, dass er jederzeit die Löschung seiner personenbezogenen Daten aus dem Register verlangen kann (§ 4 VRegV).

26 Die Benachrichtigungspflicht beruht auf Erwägungen des **Datenschutzes**[25]. Sie wirkt als drittschützende Amtspflicht zugunsten des Bevollmächtigten. Dem Vollmachtgeber wird damit allerdings die Möglichkeit genommen, die Errichtung einer Vorsorgevollmacht geheim zu halten[26]. Der Vollmachtgeber kann im Einzelfall ein **billigenswertes Interesse** an der Geheimhaltung haben, etwa wenn er seinen Ehegatten oder Lebenspartner oder einzelne Abkömmlinge bei der Bevollmächtigung übergeht oder eine Erkrankung, die ihn zur Errichtung einer Vorsorgevollmacht veranlasst, noch nicht zu diesem Zeitpunkt offenbaren will[27]. Für eine Abwägung dieses Interesses mit dem – vom Verordnungsgeber unterstellten – Datenschutzinteresse des Bevollmächtigten lässt § 4 VRegV indessen keinen Raum; die Vorschrift ist nicht disponibel. Es ist nicht auszuschließen, dass dies manchen Vollmachtgeber davon abhält, überhaupt Angaben über den Bevollmächtigten zu machen.

cc) Sonstige fakultative Angaben

27 Zu den **fakultativen** Angaben gehören ferner die in § 1 Abs. 1 Nr. 3 bis 6 und Abs. 2 VRegV genannten Einzelheiten, nämlich
– Datum der Errichtung der Vollmachtsurkunde,
– Aufbewahrungsort der Urkunde,
– Angaben zum Umfang der Vollmacht,
– Bestimmungen über das Verhältnis mehrerer Bevollmächtigter zueinander,
– Anordnungen oder Wünsche für den Fall der Betreuung,
– Anordnungen oder Wünsche hinsichtlich Art und Umfang medizinischer Versorgung,
– Namen und Dienstanschrift des Notars, vor dem die Urkunde errichtet worden ist,
– Urkundsdatum und Nummer der Urkundenrolle.

5. Eintragungsverfahren

a) Keine Registrierungspflicht

28 Eine **Registrierungspflicht** besteht nicht.

b) Anmeldeverfahren

29 Das Anmeldeverfahren ist nicht gesetzlich, sondern in der VRegV geregelt. Die Registerbehörde wird nicht von Amts wegen, sondern nur auf **Antrag** tätig (§ 2 Abs. 1 VRegV). **An-**

---

24 Siehe unten Rz. 25.
25 Vgl. *Schippel/Bracker/Görk*, § 78a Rz. 26 f.
26 Siehe dazu oben Rz. 8.
27 Ähnlich: *Schippel/Bracker/Görk*, § 78a Rz. 34.

tragsberechtigt ist nur der Vollmachtgeber, nicht der Bevollmächtigte. Allerdings kann sich der Vollmachtgeber bei der Antragstellung eines Boten bedienen oder sich vertreten lassen[28].

Als Bote oder Stellvertreter kommt insbesondere der die Vorsorgevollmacht beurkunden-de **Notar** in Betracht. Eine Einreichungsermächtigung im Sinne des § 24 Abs. 3 BNotO sieht weder § 78a noch die VRegV für ihn vor. Er bedarf deshalb zur Antragseinreichung und -rücknahme einer besonderen Vollmacht des Vollmachtgebers. Diese sollte zweckmäßi-gerweise in die Urkunde über die Vollmachtserteilung aufgenommen werden.

Möglich ist auch eine Einreichung des Antrags durch den **Bevollmächtigten**, sei es als Bo-te oder als Stellvertreter.

c) Form der Anmeldung

Der Antrag kann **schriftlich** (§ 2 Abs. 1 VRegV) oder im Wege der **Datenfernübertragung** 30
eingereicht werden, letzteres allerdings nur, soweit die Bundesnotarkammer diese Möglich-keit eröffnet hat (§ 2 Abs. 2 VRegV). Nach dem derzeitigen Stand[29] kann dazu ein im Inter-net verfügbares Datenformular (Formular P, Zusatzformular PZ) verwendet werden[30]. Eine Anmeldung mittels E-Mail ist derzeit nicht möglich.

d) Identitätsprüfung

Eine **Identitätsprüfung** des Antragstellers durch die Bundesnotarkammer sieht die Verord- 31
nung nur in Zweifelsfällen vor (§ 2 Abs. 3 VRegV). Zweifel können etwa durch ungewöhnli-che Angaben des Antragstellers über Alter oder Wohnort oder über die persönlichen Daten des Bevollmächtigten angebracht sein. Von solchen Fällen abgesehen, wird die Identität nicht geprüft. Die Unterschrift des Antragstellers muss weder öffentlich beglaubigt noch in anderer Weise bestätigt werden. Notare können Eintragungsanträge ohne Verwendung einer elektronischen Signatur einreichen.

e) Kostenvorschuss

Die Bundesnotarkammer kann unter Fristsetzung einen zur Deckung der Gebühren hinrei- 32
chenden **Kostenvorschuss** anfordern (§ 3 VRegV). Es handelt sich um eine Ermessensent-scheidung, bei der berücksichtigt werden kann, ob der Antragsteller unbekannt oder – wie es bei institutionellen Nutzern (Notaren, Betreuungsvereinen etc.) oft der Fall ist – bekannt ist. Wird der Vorschuss nicht innerhalb der gesetzten Frist gezahlt, gilt der Antrag als zu-rückgenommen (§ 3 Abs. 2 Satz 1 VRegV). Die Registerbehörde braucht in diesem Fall nicht zu prüfen, ob der Antragsteller die Zahlungsaufforderung erhalten hat und weshalb er ihr nicht nachgekommen ist. Eine Wiedereinsetzung wegen Fristversäumnis scheidet aus. Die Rücknahmefiktion tritt ipso iure ein; eines zurückweisenden Bescheides bedarf es nicht.

f) Eintragungsbestätigung

Nach erfolgter Eintragung übersendet die Bundesnotarkammer dem Vollmachtgeber eine 33
Eintragungsbestätigung unter Angabe der Registernummer.

6. Änderung, Ergänzung und Löschung

a) Antragsverfahren

Änderung, Ergänzung und **Löschung** bestehender Eintragungen erfolgen in der Regel nur 34
auf Antrag des Vollmachtgebers (§ 5 Abs. 1 VRegV). Seine eigene Eintragung kann auch der

---

28 Zur Antragseinreichung durch Übermittlung oder in Stellvertretung siehe § 78b Rz. 15.
29 Stand: 31.12.2007.
30 Internetabruf unter www.zvr-online.de/priv.html.

Bevollmächtigte (§ 1 Abs. 1 Nr. 2 VRegV) löschen – nicht aber ergänzen oder ändern! – lassen (§ 5 Abs. 3 Satz 1 VRegV).

Für die **Identitätsprüfung** in diesen Fällen gilt kraft Verweisung in § 5 Abs. 1 Satz 2, Abs. 3 Satz 2 VRegV an sich das Gleiche wie für die Erstanmeldung. Indes muss das Register in den Fällen des § 5 VRegV besonders vor Missbrauch geschützt werden. Die Registerbehörde muss nach Möglichkeit verhindern, dass unberechtigte Personen Einfluss auf das Register nehmen. Sie wird deshalb im Rahmen ihres Ermessens einen Identitätsnachweis verlangen, wenn ihr nicht der Antragsteller – etwa als institutioneller Nutzer – von Person bekannt ist. Als Identitätsnachweis eignet sich die Nennung der bei der Ersteintragung vergebenen Registernummer[31], die nur dem Vollmachtgeber[32] und in den Fällen des § 4 VRegV dem Bevollmächtigten[33] mitgeteilt wird.

b) Offensichtliche Unrichtigkeit

35 Eintragungen, die **offensichtlich unrichtig** sind, können auch ohne Antrag geändert oder ergänzt werden[34].

c) Löschung von Amts wegen

36 Eine **Löschung von Amts wegen** erfolgt nach § 5 Abs. 4 VRegV erst 110 Jahre nach der Geburt des Vollmachtgebers. Ein Anlass zur Betreuung und damit das Bedürfnis nach Registrierung einer Vorsorgevollmacht kann in diesem Zeitpunkt regelmäßig verneint werden. Eine dahingehende Einzelfallprüfung findet allerdings nicht statt; die Löschungsvorschrift ist zwingend.

Aus § 5 Abs. 4 VRegV ist im Umkehrschluss zu folgern, dass eine Löschung vor Ablauf der 110 Jahre auch bei **Nachweis des Todes** des Vollmachtgebers nicht zulässig ist[35]. Zwar sind Vorsorgevollmachten in aller Regel darauf abgestellt, eine Betreuung entbehrlich zu machen, so dass sie mit dem Tode des Vollmachtgebers gegenstandslos werden[36]. Jedoch kann die Registerbehörde zumindest dann, wenn ihr nicht der gesamte Umfang der Vollmacht angegeben wird[37], nicht ausschließen, dass diese auch postmortal wirken soll.

d) Eintragungshistorie

37 Bei der Eintragung von Änderungen und Ergänzungen muss sichergestellt werden, dass die **bisherigen Eintragungen** erkennbar bleiben, so dass das Vormundschaftsgericht die Eintragungshistorie nachvollziehen kann (§ 5 Abs. 2 VRegV). Wie die erkennbar gewährleistet wird, bestimmt die Registerbehörde nach ihrem Ermessen. Im Gegensatz etwa zum Handelsregister oder zum Grundbuch müssen Löschungen nicht nachvollziehbar gekennzeichnet werden.

7. Datensicherung

38 Gegenstand der Registrierung sind **personenbezogene Daten** im Sinne des § 3 Abs. 1 BDSG[38]. Sie sind so zu sichern, dass Verluste oder Veränderungen verhindert werden (§ 8 VRegV). Maßstab ist der Stand der Technik; er darf nicht unterschritten werden. Anders als

---

31 *Schippel/Bracker/Görk*, § 78a Rz. 43.
32 Siehe oben Rz. 33.
33 Siehe oben Rz. 25.
34 *Schippel/Bracker/Görk*, § 78a Rz. 38.
35 A. A. *Schippel/Bracker/Görk*, § 78a Rz. 38.
36 *Palandt/Diederichsen*, Einf. vor § 1896 Rz. 7.
37 Es handelt sich dabei um fakultative Angaben; siehe oben Rz. 27.
38 Das Bundesdatenschutzgesetz ist wegen der Eigenschaft der Bundesnotarkammer als bundesunmittelbare Körperschaft des öffentlichen Rechts auf die Tätigkeit der Registerbehörde anwendbar (§ 2 Abs. 1 Satz 1 BDSG).

§ 78a Abs. 2 Satz 2[39] verweist § 8 VRegV nicht auf den »jeweiligen« Stand der Technik. Gleichwohl dürfte auch § 8 VRegV eine »dynamische Verweisung« enthalten, so dass die Datensicherung bei Fortentwicklung der Sicherungsmöglichkeiten entsprechend anzupassen ist.

II. Auskunftserteilung durch die Bundesnotarkammer (§ 78a Abs. 2)

1. Auskunftsberechtigung

Auskunftsberechtigt sind nach Abs. 2 Satz 1 das **Vormundschaftsgericht** und das **Landgericht** als Beschwerdegericht. Ob eine Betreuung notwendig oder wegen Vorhandenseins einer Vorsorgevollmacht entbehrlich ist, ist eine Tatsachenfrage, die das Amtsgericht und ggf. das Landgericht als Gericht der Erstbeschwerde zu prüfen haben. Dagegen steht dem Oberlandesgericht (Kammergericht) als Gericht der weiteren Beschwerde (§ 28 FGG) ein Auskunftsrecht nicht zu. Da in der Rechtsbeschwerdeinstanz (§ 27 FGG) eine Tatsachenprüfung nicht stattfindet, besteht für eine Auskunftsberechtigung des OLG (KG) kein Bedürfnis.

Die **örtliche Zuständigkeit** des Vormundschaftsgericht bestimmt sich nach § 65 FGG. Zuständig ist danach in erster Linie, das Gericht, in dessen Bezirk der Vollmachtgeber zu der Zeit, zu der das Gericht mit der Angelegenheit befasst wird, seinen gewöhnlichen Aufenthalt hat, hilfsweise das Gericht, in dessen Bezirk das Betreuungsbedürfnis hervortritt, äußerst hilfsweise das Amtsgericht Berlin-Schöneberg.

Im **württembergischen Rechtsgebiet** sind anstelle der Gerichte die staatlichen Notariate für Vormundschaftssachen zuständig (Art. 147 EGBGB i. V. m. § 1 Abs. 2 LFGG[40]). Württembergisches Rechtsgebiet sind der Bezirk des OLG Stuttgart sowie die in § 1 Abs. 4 LFGG gesondert aufgeführten Teile des OLG-Bezirks Karlsruhe.

2. Auskunftsverfahren

a) Gerichtliches Ersuchen

Das Vormundschaftsgericht bzw. das Landgericht als Beschwerdegericht erhält Auskünfte nicht von Amts wegen, sondern nur auf **Ersuchen** (§ 78a Abs. 2 Satz 1).

b) Verantwortlichkeit des Gerichts

Bei seinem Ersuchen wird das Gericht als öffentliche Stelle im Sinne des § 15 BDSG tätig. Verantwortlich für die **Zulässigkeit** der Datenübermittlung ist daher gem. Abs. 2 Satz 2 der Vorschrift nicht die Bundesnotarkammer, sondern das Gericht. Die Bundesnotarkammer prüft die Zulässigkeit des Auskunftsersuchens nur, wenn sie dazu nach den Umständen des Einzelfalls Anlass hat (§ Abs. 1 Satz 1 VRegV). Eine Prüfung kann insbesondere angebracht sein, wenn das Ersuchen nicht im automatisierten Abrufverfahren[41], sondern schriftlich oder fernmündlich gestellt wird.

c) Automatisches Abrufverfahren

Als Regelfall sieht § 6 Abs. 1 VRegV das **automatisierte Abrufverfahren** vor. Dabei erfolgen sowohl das Ersuchen als auch die Auskunftserteilung im Wege elektronischen Datenaustauschs zwischen Gericht und Bundesnotarkammer. Zuvor muss die Bundesnotarkammer

39

40

41

42

---

39 Siehe dazu unten Rz. 44.
40 Siehe § 20 Rz. 89.
41 Siehe oben Rz. 41.

mit der jeweiligen Landesjustizverwaltung schriftlich Festlegungen nach § 10 Abs. 2 BDSG getroffen haben (§ 6 Abs. 1 VRegV). Das ist inzwischen mit allen Landesjustizverwaltungen geschehen[42]. Die Festlegungen umfassen
– Anlass und Zweck des Abrufverfahrens,
– Dritte, an die übermittelt wird,
– Art der zu übermittelnden Daten,
– nach § 9 BDSG erforderliche technische und organisatorische Maßnahmen.

d) Sonstige Formen des Ersuchens

43 Das Ersuchen kann jedoch auch **schriftlich** oder **elektronisch**, bei besonderer Dringlichkeit auch **fernmündlich** gestellt werden. Ein Fall besonderer Dringlichkeit kann insbesondere vorliegen, wenn die Bestellung eines vorläufigen Betreuers im Rahmen einer einstweiliger Anordnung in Betracht kommt (§ 6 Abs. 2 VRegV). Die Auskunft kann dann schriftlich oder elektronisch, in keinem Fall aber fernmündlich, erteilt werden (§ 6 Abs. 3 Satz 1 VRegV). Vor der Auskunftserteilung muss die Bundesnotarkammer prüfen, ob das Ersuchen tatsächlich von dem Gericht stammt, welches das Ersuchen eingereicht hat, und dafür sorgen, dass die Auskunft vertraulich bleibt (§ 6 Abs. 3 Satz 2 VRegV). Zur Prüfung der **Authentizität** eignet sich eine – ggf. fernmündliche – Rückfrage bei dem ersuchenden Gericht.

e) Datenschutz

44 Bei jeder Auskunftserteilung müssen **Vertraulichkeit, Unversehrtheit** und **Zurechenbarkeit** der Daten gewährleistet sein. Soll die Auskunft im Wege der Datenfernübertragung erteilt werden, muss die Bundesnotarkammer Maßnahmen zur Sicherstellung von Datenschutz und Datensicherheit treffen. Bei Nutzung allgemein zugänglicher Netze müssen die Daten verschlüsselt werden. Alle Sicherungsmaßnahmen sind am jeweiligen Stand der Technik auszurichten; bei Fortentwicklung der Sicherungsmöglichkeiten sind sie entsprechend anzupassen.

III. Protokollierung, Dokumentenaufbewahrung

1. Protokollierungspflicht

a) Begriff der Auskünfte

45 Um eine Kontrolle des Auskunftsverfahrens zu ermöglichen, ordnet § 7 Abs. 1 Satz 2 VRegV eine **elektronische Protokollierung** aller erteilten Auskünfte an. Erteilte Auskünfte in diesem Sinne sind auch **Fehlanzeigen**.

b) Zu speichernde Daten

46 Das Protokoll soll die Zulässigkeit der Ersuchen und die Ordnungsmäßigkeit der Datenverarbeitung widerspiegeln. Zu diesem Zweck sind im Protokoll zu **speichern** (§ 7 Abs. 1 Satz 3 VRegV):
– Person des Vollmachtgebers,
– Bezeichnung des ersuchenden Gerichts,
– Geschäftszeichen des Gerichts,
– Zeitpunkt des Ersuchens,
– übermittelte Daten.

---

42 *Schippel/Bracker/Görk*, § 78a Rz. 53.

c) Auskunft an Private

Auf der Grundlage der Protokolle können Vollmachtgeber und ggf. Bevollmächtigter **Auskunft** darüber verlangen, welche Auskünfte aus dem Register erteilt worden sind (§ 7 Abs. 2 Satz 2, 3 VRegV). **47**

d) Datenschutzkontrollen

Darüber hinaus dürfen die Protokolle nur zwecks Datenschutzkontrolle, Datensicherung und Sicherstellung des ordnungsgemäßen Registerbetriebs verwendet werden. Zuständig dafür sind das Bundesministerium der Justiz und der Bundesbeauftragte für den Datenschutz. Sie können **stichprobenweise Datenschutzkontrollen** durchführen. **48**

e) Schutz der Protokolle

Die Protokolle sind (eine der vielen Selbstverständlichkeiten in der Verordnung) gegen **zweckfremde Verwendung** zu schützen (§ 7 Abs. 2 Satz 4 VRegV). **49**

f) Protokolllöschung

Sie werden nach Ablauf des auf ihre Erstellung folgenden Kalenderjahres **gelöscht** (§ 7 Abs. 3 Satz 1 VRegV). Soweit sie sich zwecks stichprobenweiser Kontrolle beim Bundesministeriums der Justiz befinden, löscht dieses die Protokolle ein Jahr nach ihrem Eingang (§ 7 Abs. 3 Satz 2 VRegV). Für die Fristberechnung ist nicht das Kalenderjahr, sondern der Tag des Eingangs maßgeblich. Eine entsprechende Regelung für den Bundesbeauftragten für den Datenschutz enthält die Verordnung nicht. Man wird daraus schließen müssen, dass dieser kein eigenes Löschungsrecht hat, die Protokolle also nach Satz 1 der Vorschrift von der Bundesnotarkammer zu löschen sind. **50**

2. Dokumentenaufbewahrung

Die das einzelne Eintragungs- und Auskunftsverfahren betreffenden Dokumente hat die Bundesnotarkammer **fünf Jahre** aufzubewahren (§ 9 VRegV). Die Frist beginnt mit dem Schluss des Kalenderjahres, in dem die letzte Verfügung zur Sache ergangen ist oder die Angelegenheit ihre Erledigung gefunden hat. Als erledigende Ereignisse kommen namentlich in Betracht: **51**
– Rücknahme des Eintragungsantrags[43],
– fingierte Rücknahme bei Nichtzahlung des Kostenvorschusses[44],
– Löschung auf Antrag[45],
– Löschung nach Ablauf von 110 Jahren[46].

---

43 Siehe oben Rz. 25.
44 Siehe oben Rz. 32.
45 Siehe oben Rz. 34.
46 Siehe oben Rz. 36.

§ 78b

(1) [1]Die Bundesnotarkammer kann für die Aufnahme von Erklärungen in das Register nach § 78a Gebühren erheben. [2]Die Höhe der Gebühren richtet sich nach den mit der Einrichtung und dauerhaften Führung des Registers sowie den mit der Nutzung des Registers durchschnittlich verbundenen Personal- und Sachkosten. [3]Hierbei kann insbesondere der für die Anmeldung einer Eintragung gewählte Kommunikationsweg angemessen berücksichtigt werden.

(2) [1]Die Bundesnotarkammer bestimmt die Gebühren durch Satzung. [2]Die Satzung bedarf der Genehmigung durch das Bundesministerium der Justiz.

Satzung über die Gebühren in Angelegenheiten des Zentralen Vorsorgeregisters

§ 1 Gebührenverzeichnis

Für Eintragungen in das Zentrale Vorsorgeregister sowie die Änderung, Ergänzung oder Löschung von Einträgen werden Gebühren nach dem Gebührenverzeichnis[1] der Anlage zu dieser Satzung erhoben. Auslagen werden daneben nicht erhoben.

§ 2 Gebührenschuldner

(1) Zur Zahlung der Gebühren ist verpflichtet:
1. der Antragsteller;
2. derjenige, der für die Gebührenschuld eines anderen kraft Gesetzes haftet.
(2) Mehrere Gebührenschuldner haften als Gesamtschuldner.

§ 3 Fälligkeit

Die Gebühren werden mit der Beendigung der beantragten Amtshandlung fällig.

§ 4 Registrierte Person oder Einrichtung

(1) Wird der Antrag auf Eintragung oder auf Änderung, Ergänzung oder Löschung eines Eintrags von einer bei der Bundesnotarkammer registrierten Person oder Einrichtung für den Vollmachtgeber übermittelt oder im Namen des Vollmachtgebers gestellt, werden nach Maßgabe des Gebührenverzeichnisses (Anlage zu § 1 Satz 1) ermäßigte Gebühren erhoben.

(2) Registrieren lassen können sich Personen oder Einrichtungen, zu deren beruflicher, satzungsgemäßer oder gesetzlicher Tätigkeit es gehört, entsprechende Anträge für den Vollmachtgeber zu übermitteln oder im Namen des Vollmachtgebers zu stellen. Insbesondere können sich Notare, Rechtsanwälte, Betreuungsvereine und Betreuungsbehörden registrieren lassen.

(3) Die Registrierung erfolgt durch Anmeldung bei der Bundesnotarkammer. Bei der Anmeldung hat die Person oder Einrichtung hinreichend ihre Identität und die Erfüllung der Voraussetzungen des Absatzes 2 nachzuweisen. Darüber hinaus hat die Person oder Einrichtung zu erklären, dass sie die Abwicklung des Verfahrens für die Vollmachtgeber, für die sie Anträge übermittelt oder in deren Namen sie Anträge stellt, übernimmt, insbesondere dass sie die Gebührenzahlung auf deren Rechnung besorgt.

(4) Die Registrierung erlischt, wenn die Voraussetzungen des Absatzes 2 nicht mehr vorliegen. Sie erlischt auch, wenn die registrierte Person oder Einrichtung die Abwicklung des Verfahrens für die Vollmachtgeber nicht mehr übernimmt; dies gilt nicht, wenn lediglich die Gebührenzahlung für den Vollmachtgeber nicht besorgt wird.

(5) Die Bundesnotarkammer kann die Registrierung aufheben, wenn die registrierte Person oder Einrichtung länger als sechs Monate keinen Antrag für einen Vollmachtgeber übermittelt oder im Namen eines Vollmachtgebers gestellt hat.

§ 5 Unrichtige Sachbehandlung

Gebühren, die bei richtiger Behandlung nicht entstanden wären, werden nicht erhoben.

---

1 Im Folgenden: GV.

SANDKÜHLER

§ 6 Ermäßigung, Absehen von Gebührenerhebung

Die Bundesnotarkammer kann Gebühren ermäßigen oder von der Erhebung von Gebühren absehen, wenn dies durch die besonderen Umstände des Einzelfalls geboten erscheint, insbesondere wenn die volle Gebührenerhebung für den Gebührenschuldner eine unzumutbare Härte darstellen würde oder wenn der mit der Erhebung der Gebühr verbundene Verwaltungsaufwand außer Verhältnis zu der Höhe der zu erhebenden Gebühr stünde.

§ 7 Übergangsregelung

Für die Eintragung von Angaben zu notariell beglaubigten oder beurkundeten Vorsorgevollmachten sowie die Änderung, Ergänzung oder Löschung solcher Eintragungen wird keine Gebühr erhoben, wenn die Eintragung, Änderung, Ergänzung oder Löschung vor dem Inkrafttreten dieser Satzung beantragt wurde.

Anlage (zu § 1 Satz 1)

Gebührenverzeichnis

Nr.	Gebührentatbestand	Gebühren-betrag
10	Eintragung einer Vorsorgevollmacht in das Zentrale Vorsorgeregister sowie Änderung, Ergänzung oder Löschung eines Eintrags....................	18,50 EUR

Vorbemerkung:
(1) Die Erhöhungs- und Ermäßigungstatbestände sind nebeneinander anwendbar, soweit nicht ein anderes bestimmt ist.
(2) Beantragt ein Bevollmächtigter innerhalb von einem Monat nach Erhalt der Benachrichtigung über eine Eintragung die Änderung oder Löschung des ihn betreffenden Eintrags, so werden für die Änderung oder Löschung des Eintrags von dem Bevollmächtigten keine Gebühren erhoben.

1. Persönliche Übermittlung des Antrags

10	Eintragung einer Vorsorgevollmacht in das Zentrale Vorsorgeregister sowie Änderung, Ergänzung oder Löschung eines Eintrags	18,50 EUR
11	Der Antrag wird elektronisch über eine der hierfür vorgehaltenen technischen Schnittstellen übertragen:	

Die Gebühr 10 ermäßigt sich um . . . . 3,00 EUR

2. Übermittlung oder Stellung des Antrags durch eine registrierte Person oder Einrichtung (§ 4)

20	Eintragung einer Vorsorgevollmacht in das Zentrale Vorsorgeregister sowie Änderung, Ergänzung oder Löschung eines Eintrags	16,00 EUR

Erklärt die registrierte Person oder Einrichtung, die den Antrag auf Eintragung, Änderung, Ergänzung oder Löschung übermittelt oder stellt, dass die Gebühren unmittelbar bei dem Vollmachtgeber erhoben werden sollen, so fällt an Stelle der Gebühr 20 die Gebühr 10 an; der Gebührentatbestand der Nummer 21 einschließlich der Anmerkung zu Nummer 21 finden entsprechende Anwendung.

21	Der Antrag wird elektronisch über eine der hierfür vorgehaltenen technischen Schnittstellen übertragen: Die Gebühr 20 ermäßigt sich um	5,00 EUR

Die Gebühr 20 entfällt, wenn der Antrag elektronisch über eine der hierfür vorgehaltenen technischen Schnittstellen übertragen wird und nur die Änderung oder Ergänzung eines bestehenden Eintrags einer Vorsorgevollmacht betrifft.

3. Gemeinsame Erhöhungs- und Ermäßigungstatbestände

Die Eintragung, Änderung, Ergänzung oder Löschung betrifft meh als einen Bevollmächtigten oder vorgeschlagenen Betreuer:

31	– Die Gebühr 10 und die Gebühr 20 erhöhen sich für jeden weiteren Bevollmächtigten oder vorgeschlagenen Betreuer um	3,00 EUR
32	– Wird der Antrag elektronisch über eine der hierfür vorgehaltenen technischen Schnittstellen automatisiert übertragen, erhöhen sich die Gebühr 10 und die Gebühr 20 in Abweichung von Gebühr 31 für jeden weiteren Bevollmächtigten oder vorgeschlagenen Betreuer um	2,50 EUR
35	Die Gebühr wird durch Lastschrifteinzug gezahlt: Die Gebühr 10 und die Gebühr 20 ermäßigen sich um	2,50 EUR

4. Zurückweisung eines Antrags

40	Zurückweisung eines Antrags auf Eintragung oder auf Änderung, Ergänzung oder Löschung eines Eintrags	18,50 EUR

Übersicht

A. Entstehungsgeschichte der Vorschrift

1 § 78b ist zusammen mit §§ 78a und 78c durch Gesetz vom 23.04.2004 eingefügt worden[2] und am 31.07.2004 in Kraft getreten[3]. Wegen der Einzelheiten wird auf die Kommentierung zu § 78a verwiesen[4].

2 Aufgrund der Satzungsermächtigung in Abs. 2 der Vorschrift hat eine außerordentliche Vertreterversammlung der Bundesnotarkammer am 10.01.2005 eine Gebührensatzung einschließlich Gebührenverzeichnis beschlossen[5]. Die Satzung ist mit Schreiben des Bundesministeriums der Justiz vom 31.01.2005 genehmigt und am 02.02.2005 verkündet worden; sie ist am 01.03.2005 in Kraft getreten[6].

---

2 Art. 2b des Gesetzes (BGBl. I S. 598).
3 Art. 3 des Gesetzes.
4 Dort Rz. 1.
5 *Görk*, DNotZ 2005, 87, 92.
6 Satzung über die Gebühren in Angelegenheiten des Zentralen Vorsorgeregisters (Vorsorgeregister-Gebührensatzung – VRegGebS) v. 02.02.2005 (DNotZ 2005, 81) i. d. F. der Satzung v. 02.12.2005 (DNotZ 2006, 2).

B. Erläuterungen

I. Gebührenerhebung durch die Bundesnotarkammer (Abs. 1)

1. Bedeutung der Vorschrift

a) Finanzierungsgrundsätze

Die Führung des Zentralen Vorsorgeregisters gem. § 78a obliegt der Bundesnotarkammer **3** nicht als Selbstverwaltungsaufgabe, sondern als **übertragene Staatsaufgabe**[7]. Der damit verbundene personelle und sächliche Aufwand ist abweichend von § 91 Abs. 1 nicht aus den Beiträgen der regionalen Notarkammern, sondern aus dem Gebührenaufkommen gem. § 78b Abs. 1 zu bestreiten. In ihrer Eigenschaft als Registerbehörde (§ 78a Abs. 1 Satz 3) führt die Bundesnotarkammer zu diesem Zweck einen getrennten Haushalt.

b) Pflicht zur Gebührenerhebung

§ 78b Abs. 1 Satz 1 ist als **Kann-Vorschrift** formuliert. Derartige Bestimmungen eröffnen **4** der Behörde zumeist ein Handlungsermessen; sie können aber auch als Zuständigkeits- oder Kompetenzregelung zu verstehen sein[8]. Im vorliegenden Fall ist nicht ersichtlich, dass der Bundesnotarkammer hinsichtlich der Gebührenerhebung ein generelles Ermessen eingeräumt werden soll; vielmehr handelt es sich um eine Kompetenzzuweisung. Die durch Art. 3 Abs. 1 GG gebotene Gleichmäßigkeit des Verwaltungshandelns[9] erfordert, dass die Bundesnotarkammer grundsätzlich zur Gebührenerhebung **verpflichtet** ist.

Ausnahmen von der Gebührenerhebungspflicht sieht § 6 VRegGebS teils aus sozialen **5** Gründen, teils zur Verwaltungsvereinfachung vor[10]. Danach kann die Bundesnotarkammer Gebühren ermäßigen oder von der Erhebung von Gebühren ganz absehen, wenn dies durch die besonderen Umstände des Einzelfalls geboten erscheint, insbesondere wenn die volle Gebührenerhebung für den Gebührenschuldner eine unzumutbare Härte darstellen würde oder wenn der mit der Erhebung der Gebühr verbundene Verwaltungsaufwand außer Verhältnis zu der Höhe der zu erhebenden Gebühr stünde. Eine unzumutbare Härte kann sich aus den persönlichen wirtschaftlichen Verhältnissen des Kostenschuldners ergeben[11].

c) Begriff der Gebühren

Gebühren sind öffentlich-rechtliche Geldleistungen, die dem Gebührenschuldner aus Anlass individuell zurechenbarer öffentlicher Leistungen auferlegt werden und dazu bestimmt sind, in Anknüpfung an diese Leistung deren Kosten ganz oder teilweise zu decken[12]. Nicht erforderlich ist, dass der Gebührenpflichtige aktuell und konkret einen Vorteil aus der öffentlichen Leistung erlangt. Maßgeblich ist vielmehr, ob die Geldleistung Ausgleich für einen Vorteil sein *kann*, der dem Pflichtigen zugute kommt, oder Kosten ausgleicht, die der Pflichtige zurechenbar verursacht hat.

Auf diesem Hintergrund sieht § 78b Abs. 1 Satz 1 zu Recht eine Gebührenerhebung nur **7** für die **Aufnahme von Erklärungen** in das Zentrale Vorsorgeregister, nicht aber für die Erteilung von **Auskünften** aus dem Register vor. Die Tätigkeit der Registerbehörde kommt dem einzelnen Vollmachtgeber insofern zugute, als sie es dem Vormundschaftsgericht bzw. dem Landgericht als Beschwerdegericht ermöglicht, sich über das Vorhandensein einer Vorsorgevollmacht zu informieren und daraufhin ggf. von der Anordnung einer Betreuung

---

7 Vgl. § 78a Rz. 17.
8 Vgl. § 111 Rz. 71.
9 BGHZ 124, 327, 332; BGH NJW 1994, 1870, 1871; DNotZ 1994, 318, 321.
10 Wegen der Gebührenfreiheit für Bevollmächtigte siehe unten Rz. 23.
11 A. A. ohne nähere Begründung *Schippel/Bracker/Görk*, § 78b Rz. 12.
12 Vgl. BVerfGE 50, 217, 226.

abzusehen. Die primäre Ursache für diesen Vorteil liegt in der Registrierung der Vorsorgevollmacht; die Auskunftserteilung als Zweitursache erfordert keine zusätzliche Gebührenpflicht.

8   Eine Gebührenpflicht der **Justizverwaltung**, deren Gericht um Auskunft ersucht, kommt nicht in Betracht, da nicht das Gericht, sondern der Vollmachtgeber Begünstigter und Verursacher der Registrierungstätigkeit ist.

d) Ergänzende Vorschriften

9   Soweit § 78b und die VRegGebS keine eigenständigen Bestimmungen treffen, ist ergänzend auf das **Verwaltungskostengesetz**[13] zurückzugreifen. Es gilt gem. § 1 Abs. 1 Nr. 1 u.a. für die Kosten (Gebühren und Auslagen) öffentlich-rechtlicher Verwaltungstätigkeit der Behörden bundesunmittelbarer Körperschaften, soweit die bei Inkrafttreten dieses Gesetzes geltenden bundesrechtlichen Vorschriften für eine besondere Inanspruchnahme oder Leistung der öffentlichen Verwaltung (kostenpflichtige Amtshandlung) die Erhebung von Verwaltungsgebühren oder die Erstattung von Auslagen vorsehen und keine inhaltsgleichen oder entgegenstehenden Bestimmungen enthalten oder zulassen. Gem. § 1 Abs. 2 Nr. 1 VwKostG ist das Gesetz auch für Kosten auf Grund von Bundesgesetzen anwendbar, die nach Inkrafttreten des Gesetzes erlassen worden sind, wenn die Gesetze von den in Absatz 1 Nr. 1 bezeichneten Behörden ausgeführt werden.

Die Tatbestandsvoraussetzungen des § 1 Abs. 1 Nr. 1 VwKostG sind erfüllt. Die Registerbehörde ist Teil der Bundesnotarkammer als bundesunmittelbarer Körperschaft[14]. Sie ist bundesrechtlich (§ 78b i. V. m. der VRegGebS) zur Erhebung von Gebühren für besondere Leistungen, nämlich die Aufnahme von Erklärungen in das Zentrale Vorsorgeregister, berechtigt. Dass das dafür maßgebliche Bundesrecht erst nach Inkrafttreten des VwKostG erlassen worden ist, ist unschädlich (§ 1 Abs. 2 Nr. 1 VwKostG). Das VwKostG ist daher anwendbar, soweit die für die Gebühren der Bundesnotarkammer maßgeblichen Vorschriften keine inhaltsgleichen oder entgegenstehenden Bestimmungen enthalten.

10   Nicht anwendbar ist die **Justizverwaltungskostenordnung**[15], da die Registerbehörde keine Justizbehörde ist und keine Tätigkeit im Sinne des § 1 JVKostO ausübt.

e) Keine Auslagenerhebung

11   Abweichend von § 10 VwKostG erhebt die Bundesnotarkammer gem. § 1 Satz 2 VRegGebS nur Gebühren, nicht auch **Auslagen** (z.B. Dokumentenpauschale, Entgelte für Postdienstleistungen oder für Telekommunikationsdienstleistungen).

2. Gebührenbemessung

a) Grundsätze

12   Bei der **Gebührenbemessung** sind nach § 78b Abs. 1 Satz 2 die durchschnittlichen Personal- und Sachkosten
– der Einrichtung des Registers,
– der dauerhaften Registerführung sowie
– der Nutzung des Registers

---

13 Verwaltungskostengesetz (VwKostG) v. 23.06.1970 (BGBl. I S. 821), zuletzt geändert durch Gesetz zur Modernisierung des Kostenrechts (Kostenrechtsmodernisierungsgesetz – KostRMoG) v. 05.05.2004 (BGBl. I S. 718, 833).
14 Siehe § 78a Rz. 18.
15 Gesetz über Kosten im Bereich der Justizverwaltung (Justizverwaltungskostenordnung – JVKostO) v. 14.02.1940 (RGBl. I S. 357), zuletzt geändert durch Gesetz v. 13.01.2000 (BGBl. I S. 314, 317).

zu berücksichtigen. Maßgeblich ist nicht der Aufwand für die einzelne Registrierung, sondern der mit der erstmaligen Einrichtung und der laufenden Registerführung verbundene **Gesamtaufwand.**

Hierzu gehört auch die Bildung einer angemessenen **Rücklage,** um den Registerbetrieb von der Höhe der laufenden Gebührenzuflüsse unabhängig zu machen[16].

b) Gebührendifferenzierung

§ 78b Abs. 1 Satz 3 erlaubt eine **Gebührendifferenzierung.** Die Anknüpfung an den gewählten Kommunikationsweg ist nur beispielhaft (*»insbesondere«*) und schließt andere Differenzierungsmöglichkeiten nicht aus. Dementsprechend unterscheidet die VRegGebS nach der Person des Nutzers, nach der Art und Weise der Antragstellung und nach der Zahlungsart.   **13**

aa) Institutionelle Nutzer

Neben der Antragstellung durch Einzelnutzer sieht § 4 VRegGebS die Antragsübermittlung und Antragstellung durch bei der Bundesnotarkammer registrierte **institutionelle Nutzer** vor. Für sie ermäßigt sich die Grundgebühr von 18,50 auf 16,00 EUR (GV Nr. 10, 20).   **14**

(1) Nach § 4 Abs. 2 VRegGebS können sich solche **Personen und Einrichtungen** registrieren lassen, zu deren beruflicher, satzungsgemäßer oder gesetzlicher Tätigkeit es gehört, Anträge auf Eintragung, Änderung, Ergänzung oder Löschung bei der Registerbehörde einzureichen. Beispielhaft nennt die Vorschrift Notare, Rechtsanwälte, Betreuungsvereine und Betreuungsbehörden. Andere Einrichtungen wie etwa soziale Dienste können nur dann registriert werden, wenn ihre Satzung speziell Tätigkeiten im Sinne von § 4 Abs. 2 VRegGebS vorsieht; das dürfte in der Regel nicht der Fall sein.   **15**

Gleichgültig ist, ob die zu registrierende Person oder Einrichtung den Antrag des Vollmachtgebers üblicherweise nur übermittelt, d.h. als **Bote** handelt, oder ob sie ihn als **Stellvertreter** des Vollmachtgebers einreicht[17].

(2) Die **Registrierung** erfolgt aufgrund Anmeldung bei der Bundesnotarkammer. Nach § 4 Abs. 3 Satz 2 VRegGebS soll die Person oder Einrichtung außer ihrer Identität auch die Erfüllung der Voraussetzungen des Abs. 2 *nachzuweisen* haben. Bei Notaren, Rechtsanwälten, Betreuungsvereinen und Betreuungsbehörden dürfte dazu der Nachweis der Identität genügen; denn aus ihr lässt sich zwanglos darauf schließen, dass Tätigkeit im Sinne von Abs. 2 zum Berufsbild bzw. zum Aufgabenbereich gehört. Andere Personen und Einrichtungen dürften kaum in der Lage sein, den in § 4 Abs. 3 Satz 2 VRegGebS geforderten *Nachweis* zu erbringen; die Registerbehörde wird sich ggf. mit bloßer Glaubhaftmachung begnügen müssen.   **16**

(3) Bei der Anmeldung muss die Person bzw. Einrichtung erklären, dass sie die **Verfahrensabwicklung** übernimmt, insbesondere die **Gebührenzahlung** für Rechnung des Vollmachtgebers **besorgt.** Welche Bedeutung diese Erklärung haben soll, ist unklar. Richtig ist, dass sie keine Schuld- oder Erfüllungsübernahme hinsichtlich der Gebühren bewirkt[18]. Sie könnte jedoch dahin zu verstehen sein, dass die anmeldende Person oder Einrichtung für den Eingang der geschuldeten Gebühren einstehen wird, indem sie den Gebührenschuldner zur Zahlung veranlassen oder, falls dieser nicht zahlt, selbst zahlen wird. Darin dürfte eine für Notare **verbotene Gewährleistung** (§ 14 Abs. 4 Satz 1 BNotO), zumindest der unerlaubte Anschein einer solchen (§ 14 Abs. 3 Satz 2 BNotO), liegen. Notare sollten deshalb die in § 4 Abs. 3 Satz 2 VRegGebS vorgesehene Erklärung mit dem **Vorbehalt** versehen, dass damit keine Gewährleistung übernommen wird.   **17**

(4) Nach § 4 Abs. 4 VRegGebS **erlischt** die Registrierung, wenn die Person oder Einrichtung keine Tätigkeit im Sinne von Abs. 2 mehr ausübt oder nicht mehr die Verfahrensabwicklung übernimmt. Dass diese Rechtsfolge nicht eintritt, wenn nur die Gebühren-   **18**

---

16 *Schippel/Bracker/Görk,* § 78b Rz. 3.
17 Zum Fehlen einer gesetzlichen Einreichungsermächtigung für Notare siehe § 78a Rz. 29.
18 So zutreffend *Schippel/Bracker/Görk,* § 78b Rz. 7.

zahlung für den Vollmachtgeber nicht mehr besorgt wird, schließt die Auslegung der »Besorgungserklärung« als Gewährleistungsübernahme nicht aus.

Reicht die registrierte Person oder Einrichtung länger als sechs Monate keinen Antrag für einen Vollmachtgeber ein, kann die Bundesnotarkammer die Registrierung **aufheben**. Der Person oder Einrichtung ist vorher Gelegenheit zur Stellungnahme zu geben.

bb) Kommunikationsweg

19 Eine weitere Differenzierung erlaubt § 78b Abs. 1 Satz 3 je nach Art des gewählten **Kommunikationsweges**. Das Gebührenverzeichnis trägt dem Rechnung, indem es bei elektronischer Übertragung über eine der dafür vorgehaltenen Schnittstellen eine gestaffelte Gebührenermäßigung vorsieht (GV Nr. 11, 21, 32).

cc) Zahlungsart

20 Schließlich wirkt sich auch die **Zahlungsart** auf die Gebührenhöhe aus. Bei Zahlung durch Lastschrifteinzug ermäßigen sich die Eintragungsgebühren um 2,50 EUR (GV Nr. 35).

3. Gebührenschuldner

21 Nach § 2 Abs. 1 VRegGebS ist **Gebührenschuldner** stets der Antragsteller, ferner derjenige, der kraft Gesetzes für die Gebührenschuld eines anderen haftet. Eine Gebührenschuld oder Gebührenhaftung der Person oder der Einrichtung, die den Antrag für den Antragsteller übermittelt oder ihn in seinem Namen eingereicht hat, sehen Gesetz und Satzung nicht vor.

Mehrere Gebührenschuldner haften als **Gesamtschuldner** (§ 2 Abs. 2 VRegGebS).

4. Gebührenerhebung

a) Gebührentatbestand

22 Die Gebührenpflicht wird ausgelöst durch die **Aufnahme von Erklärungen** in das Register (§ 78b Abs. 1 Satz 1). Gem. § 1 Satz 1 VRegGebS sind darunter die Ersteintragung sowie die Ergänzung, Änderung und Löschung von Einträgen zu verstehen. Gebührenpflichtig ist darüber hinaus auch die **Zurückweisung** derartiger Anträge (GV Nr. 40).

23 Keine Gebühr wird von dem **Bevollmächtigten** erhoben, wenn er innerhalb eines Monats nach Erhalt der Benachrichtigung über seine Bevollmächtigung (§ 4 VRegV) die Änderung oder Löschung des ihn betreffenden Eintrags beantragt (GV Vorbem. Abs. 2).

b) Unrichtige Sachbehandlung

24 Durch **unrichtige Sachbehandlung** verursachte Gebühren werden nicht erhoben (§ 5 VRegGebS). Die Vorschrift entspricht § 14 Abs. 2 Satz 1 VwKostG und § 16 Abs. 1 Satz 1 KostO. Wegen des Begriffs der unrichtigen Sachbehandlung in der VRegGebS kann auf die zu § 16 KostO entwickelten Grundsätze zurückgegriffen werden[19]. Eine unrichtige Sachbehandlung liegt danach nur bei einem *offensichtlichen* Versehen oder bei einem *offen* zutage tretenden Verstoß gegen *eindeutige* gesetzliche Normen vor[20].

Die durch unrichtige Sachbehandlung verursachten Kosten bleiben gänzlich außer Ansatz. Eine Kürzung des Gebührenanspruchs wegen pflichtwidrigen Verhaltens der Registerbehörde sehen Gesetz und VRegGebS nicht vor.

---

19 Siehe § 17 Rz. 63.
20 BGH NJW 1962, 2107; BayObLG MittBayNot 2000, 575; OLG Hamm FGPrax 1998, 154; *Korintenberg/Bengel*, § 16 Rz. 3. Weitergehend: OLG Köln NJW-RR 1997, 1222 = MittRhNotK 1997, 328 m. Anm. *Recker*.

c) Fälligkeit der Gebühren

Die **Fälligkeit** der Gebühren tritt mit der Beendigung der beantragten Amtshandlung ein 25
(§ 3 VRegGebS). Grundsätzlich ist darunter der antragsgemäße Vollzug zu verstehen. Die
Zurückweisung eines Antrags ist an sich keine »beantragte Amtshandlung«; doch ist § 3
VRegGebS auf diese Fälle entsprechend anzuwenden, so dass die Zurückweisungsgebühr
mit dem Zugang des Zurückweisungsbescheids bei dem Anmeldenden fällig wird.

d) Kostenentscheidung

Die Gebührenschuld entsteht zwar kraft Gesetzes, doch bedarf es zu ihrer Aktualisierung 26
und Konkretisierung gegenüber dem Gebührenschuldner einer **Kostenentscheidung** (§ 14
Abs. 1 VwKostG). Diese ergeht von Amts wegen, und zwar, soweit möglich, zusammen mit
der Sachentscheidung über die Anmeldung. Sie muss
– die kostenerhebende Behörde,
– den Kostenschuldner,
– die kostenpflichtige Amtshandlung,
– die als Gebühren zu zahlenden Beträge sowie
– die Zahlungsmodalitäten
  ausweisen.

e) Verjährung

Werden Gebühren nicht bis zum Ablauf eines Monats nach dem Fälligkeitstag entrichtet, 27
können **Säumniszuschläge** erhoben werden. Der Zuschlag beträgt gem. § 18 Abs. 1
VwKostG eins vom Hundert des rückständigen Betrages, wenn dieser *100 Deutsche Mark*
übersteigt. Die Vorschrift ist – möglicherweise versehentlich – nicht auf Euro umgestellt
werden. Die einschlägigen Gesetze der Länder[21] sehen durchweg einen Säumniszuschlag
von eins vom Hundert des auf volle *fünfzig Euro* abgerundeten Kostenbetrages vor. Es erscheint sachgerecht, § 18 VwKostG entsprechend anzuwenden.

f) Beitreibung

Für die **Beitreibung** rückständiger Gebühren ist das Verwaltungs-Vollstreckungsgesetz des 28
Bundes[22] maßgeblich.

g) Verjährung von Gebührenansprüchen

§ 78b und die VRegGebS regeln nicht die **Verjährung** von Gebührenansprüchen. Maßgeb- 29
lich ist insoweit § 20 VwKostG. Danach verjährt der Gebührenanspruch nach drei Jahren,
spätestens mit dem Ablauf des vierten Jahres nach der Entstehung. Die Verjährung beginnt
mit Ablauf des Kalenderjahrs, in dem der Anspruch fällig geworden ist. Der Eintritt der Verjährung gibt dem Gebührenschuldner nicht nur ein Leistungsverweigerungsrecht[23], sondern
führt zum **Erlöschen** des Anspruchs. Dies liegt im Interesse auch der Registerbehörde, die
den Vorgang nach Ablauf der Verjährungsfrist abschließen kann.

---

21 Z.B. § 18 des Gebührengesetzes für das Land Nordrhein-Westfalen (GebG NRW) v. 23.08.1999 (GV.
NRW. 1999, 524).
22 Gesetz v. 27.04.1953 (BGBl. I S. 157) i. d. F. des Zweiten Gesetzes zur Änderung zwangsvollstre-
ckungsrechtlicher Vorschriften (2. Zwangsvollstreckungsnovelle) v. 17.12.1997 (BGBl. I S. 3039).
23 Vgl. § 214 Abs. 1 BGB.

II. Gebührenverzeichnis

1. Bedeutung des Verzeichnisses

a) Verbindlichkeit

30 § 1 Satz 1 VRegGebS verweist auf das Gebührenverzeichnis, das damit **Teil der Satzung** ist und an deren Verbindlichkeit als Gesetz im materiellen Sinn teilnimmt. Änderungen oder Ergänzungen des Verzeichnisses bedürfen ebenso wie Änderungen oder Ergänzungen der Satzung der Genehmigung durch das Bundesministerium der Justiz (§ 78b Abs. 2 Satz 2).

b) Gebührenstruktur

31 Die einzelnen Gebührensätze entsprechen den **durchschnittlichen Kosten** bei Eintragungen in das Register. Ob im Einzelfall Kosten in Höhe der Gebühr anfallen, ist unerheblich. So beruht der Wegfall der Ermäßigung für institutionelle Nutzer in den Fällen nach GV Nr. 20 Abs. 2[24] auf der Erwägung, dass die Beitreibung der Gebühren bei dem Antragsteller einen höheren Verwaltungsaufwand erfordert, als wenn die für den Antragsteller handelnde Person oder Einrichtung zahlt.

2. Einzelheiten des Verzeichnisses

32 Die wesentlichen Einzelheiten sind bereits genannt[25]. Ergänzend ist auf Folgendes hinzuweisen:

a) Erhöhungs- und Ermäßigungstatbestände

33 Die Erhöhungs- und Ermäßigungstatbestände sind **nebeneinander** anzuwenden, soweit nichts anderes bestimmt ist (GV Vorbem. Abs. 1). Die derzeitige Fassung des Verzeichnisses enthält keine entgegenstehende Bestimmung.

b) Eintragungsgebühr

34 Bei Einreichung des Antrags durch eine registrierte Person oder Einrichtung vermindert sich die **Eintragungsgebühr** an sich von 18,50 EUR auf 16,00 EUR (GV Nr. 10, 20). Die Ermäßigung entfällt jedoch, wenn die Person oder Einrichtung verlangt, dass die Gebühren unmittelbar bei dem Vollmachtgeber statt bei ihr erhoben werden sollen[26]. Trotzdem kommt dem institutionellen Nutzer die mit einer elektronischen Übertragung verbundene Ermäßigung von 5,00 EUR zugute (GV Nr. 20 Abs. 3), während die Ermäßigung beim Einzelnutzer nur 3,00 EUR beträgt (GV Nr. 11). Die Eintragungsgebühr entfällt für den institutionellen Nutzer ganz, wenn er nur die Änderung oder Ergänzung eines Eintrags beantragt und der Antrag über eine dafür vorgehaltene elektronische Schnittstelle übertragen wird.

c) Mehrheit von Bevollmächtigten oder Betreuern

35 Falls die in das Register aufzunehmende Erklärung eine **Mehrzahl** von Bevollmächtigten oder vorgeschlagenen Betreuern betrifft, erhöhen sich die Eintragungsgebühren für jede zusätzliche Person um 3,00 EUR, bei elektronischer Übertragung um 2,50 EUR (GV Nr. 31). Dies gilt unterschiedslos für Einzelnutzer und für institutionelle Nutzer (GV Nr. 32). »Aufzunehmende Erklärungen« sind Ersteintragung, Ergänzung, Änderung oder Löschung[27].

---

24 Siehe unten Rz. 34.
25 Siehe oben Rz. 14, 19, 20.
26 Siehe oben Rz. 17.
27 Siehe oben Rz. 22.

§ 78c

(1) Gegen Entscheidungen der Bundesnotarkammer nach den §§ 78a und 78b findet die Beschwerde nach den Vorschriften des Gesetzes über die Angelegenheiten der freiwilligen Gerichtsbarkeit statt, soweit sich nicht aus den nachfolgenden Absätzen etwas anderes ergibt.

(2) ¹Die Beschwerde ist bei der Bundesnotarkammer einzulegen. ²Diese kann der Beschwerde abhelfen. ³Beschwerden, denen sie nicht abhilft, legt sie dem Landgericht am Sitz der Bundesnotarkammer vor.

(3) Die weitere Beschwerde ist nicht zulässig.

Übersicht

A. Entstehungsgeschichte der Vorschrift

§ 78c ist zusammen mit §§ 78a und 78b durch Gesetz vom 23.04.2004 eingefügt worden[1] und am 31.07.2004 in Kraft getreten[2]. Wegen der Einzelheiten wird auf die Kommentierung zu § 78a verwiesen[3]. **1**

B. Erläuterungen

1. Bedeutung der Vorschrift

a) Verwaltungsakte, die nach der BNotO oder nach einer auf Grund der BNotO erlassenen Rechtsverordnung oder Satzung ergehen, können gem. § 111 mit dem befristeten **Antrag auf gerichtliche Entscheidung** vor dem OLG bzw. dem BGH angefochten werden. Verwaltungsakte in diesem Sinne sind an sich auch Entscheidungen der Bundesnotarkammer als Registerbehörde im Zusammenhang mit der Führung des Zentralen Vorsorgeregisters. Jedoch bestimmt § 78c als Rechtsbehelf gegen solche Entscheidungen die **Beschwerde** nach § 19 FGG. **2**

b) Der Grund für die abweichende Regelung liegt darin, dass die Beschwerde nach § 19 FGG grundsätzlich und auch im Rahmen des §78c unbefristet ist. In der Regierungsbegründung zu § 78c heißt es dazu, das Interesse der Betroffenen und des Vormundschaftsgericht an einem möglichst richtigen und vollständigen Registerinhalt sei höher zu bewerten als das Interesse an einem alsbaldigen formellen Verfahrensabschluss[4], wie er in den Fällen des § 111 möglich ist. **3**

---

1 Art. 2b des Gesetzes (BGBl. I S. 598).
2 Art. 3 des Gesetzes.
3 Dort Rz. 1.
4 BT-Drucks. 15/2253, S. 19.

Im Rahmen der anstehenden **FGG-Reform**[5] soll nach den Vorstellungen der Bundesregierung für den Regelfall die einfache Beschwerde gem. § 19 FGG durch die befristete Beschwerde nach § 63 FamFG[6] ersetzt werden. Der Änderungsentwurf zu § 78c BNotO[7] sieht jedoch weiterhin die unbefristete Beschwerde vor.

2. Beschwerdeberechtigung

4 a) Beschwerdeberechtigt ist der Antragsteller, sofern sein Recht durch die Entscheidung der Bundesnotarkammer beeinträchtigt ist (§ 20 Abs. 1 FGG). Da das Eintragungsverfahren nach § 78a ein Antragsverfahren ist (§ 2 VRegV), ist außer der materiellen auch eine formelle Beschwer erforderlich (§ 20 Abs. 2 FGG). Sie liegt vor, wenn die Entscheidung der Registerbehörde hinter dem gestellten Antrag zurückbleibt[8].

5 b) Dritte sind grundsätzlich nicht beschwerdeberechtigt[9]. Daher steht Personen oder Einrichtungen, die Anträge für Vollmachtgeber einreichen (§ 4 VRegGebS)[10], kein eigenes Beschwerderecht zu. Zur Einlegung der Beschwerde im Namen des Antragstellers und zu dessen Vertretung im Beschwerdeverfahren benötigen sie eine darauf gerichtete Vollmacht.

3. Beschwerdeeinlegung

6 a) Die Beschwerde kann in zulässiger Weise nur bei der Bundesnotarkammer eingelegt werden (§ 78c Abs. 2 Satz 1). Die Vorschrift weicht von verwandten Bestimmungen ab, wonach die Beschwerde bei der Ausgangsinstanz *oder* dem Beschwerdegericht eingelegt werden kann (vgl. § 21 Abs. 1 FGG, § 15 Abs. 2 BNotO[11]). Die Einlegung bei der Bundesnotarkammer ermöglicht dieser, das ihr zustehende Abhilferecht auszuüben, ohne dass ein Aktenversand vom Gericht an die Registerbehörde zur Prüfung der Abhilfemöglichkeit erforderlich wird[12].

7 b) Die Beschwerde braucht keinen Antrag und keine Begründung zu enthalten. Sie kann auf neue Tatsachen gestützt werden (§ 23 FGG).

8 c) Die Bundesnotarkammer kann der Beschwerde abhelfen (§ 78c Abs. 2 Satz 2). Die Abhilfemöglichkeit soll eine Belastung des Beschwerdegerichts durch Kleinigkeiten vermeiden[13]; ferner kann dadurch eine etwa vorhandene Beschwer rasch und unkompliziert beseitigt werden.

9 d) Hilft die Bundesnotarkammer der Beschwerde nicht ab, legt sie das Rechtsmittel dem für ihren Sitz zuständige Landgericht als Beschwerdegericht vor (§ 78c Abs. 2 Satz 3).

4. Beschwerdeverfahren

10 a) Das Beschwerdegericht prüft die Richtigkeit der von der Bundesnotarkammer getroffenen Entscheidung in tatsächlicher und rechtlicher Hinsicht; dabei gilt der Amtsermittlungsgrundsatz des § 12 FGG[14].

---

5 Entwurf eines Gesetzes zur Reform des Verfahrens in Familiensachen und in den Angelegenheiten der freiwilligen Gerichtsbarkeit (FGG-Reformgesetz – FGG-RG) (BR-Drucks. 309/07).
6 Entwurf eines Gesetzes über das Verfahren in Familiensachen und in Angelegenheiten der freiwilligen Gerichtsbarkeit (FamFG) i.d.F. gem. Art. 1 des FGG-RG.
7 Art. 24 des FGG-RG.
8 *Keidel/Kahl*, FGG, § 19 Rz. 76.
9 Wegen möglicher Ausnahmen siehe *Keidel/Kahl*, § 20 Rz. 14.
10 Siehe § 78b Rz. 15.
11 Der Notar hat im Verfahren nach § 15 Abs. 2 die Stellung der Ausgangsinstanz; siehe § 15 Rz. 105.
12 Vgl. BT-Drucks. 15/2253, S. 19.
13 Wie Fn. 11.
14 *Keidel/Sternal*, § 23 Rz. 3.

b) Die Beschwerdeentscheidung ist zu begründen (§ 25 FGG). Sie wird mit der Bekannt- **11**
machung wirksam (§ 16 Abs. 1 FGG). Bekannt zu machen ist sie an denjenigen, dessen
Rechtsstellung sie betrifft[15]. Das ist bei Zurückweisung der Beschwerde der Antragsteller
bzw. sein Verfahrensbevollmächtigter, bei Stattgeben die Bundesnotarkammer.

5. Kein weiteres Rechtsmittel

Eine weitere Beschwerde findet nicht statt (§ 78c Abs. 3). **12**

---

15 *Keidel/Schmidt*, § 16 Rz. 10.

§ 79

Die Organe der Bundesnotarkammer sind das Präsidium und die Vertreterversammlung.

Übersicht

A. Entstehungsgeschichte der Vorschrift

1 Die Vorschrift ist seit Einführung der BNotO unverändert in Kraft.

B. Erläuterungen

I. Organe der Bundesnotarkammer

1. Bedeutung der Organschaft

2 Als juristische Person des öffentlichen Rechts wird die Bundesnotarkammer durch ihre **Organe** tätig; deren Handeln wird ihr wie eigenes zugerechnet. Organe einer juristischen Person sind diejenigen Personen oder Personenmehrheiten, die für die Willensbildung und das Handeln der juristischen Person erforderlich sind und deren Tun als das der juristischen Person erscheint. Die Organschaft umfasst zum einen die **gesetzliche Vertretung** der juristischen Person durch das Organ. Zum anderen haftet die juristische Person für zum **Schadensersatz** verpflichtende Handlungen des Organs wie für eigene (§§ 89, 31 BGB). Diese Einstandspflicht setzt nicht voraus, dass sich das handelnde Organ in den Grenzen seiner Vertretungsmacht gehalten hat, sondern nur, dass sein Handeln in den ihm zugewiesenen Wirkungskreis fiel[1].

2. Beschränkte Zahl der Organe

3 Ebenso wie die Notarkammern hat auch die Bundesnotarkammer nur zwei Organe, das **Präsidium** und die **Vertreterversammlung**. Der **Präsident** hat ungeachtet seiner gesetzlichen und satzungsmäßigen Aufgabenzuweisung keine Organstellung. Weitere Organe kann sich die Bundesnotarkammer auch im Rahmen ihres Organisationsrechts als Selbstverwaltungskörperschaft nicht schaffen[2].

---

1 BGHZ 98, 148, 153.
2 Zur Behandlung von Organstreitigkeiten siehe § 68 Rz. 5.

II. Präsidium und Vertreterversammlung

1. Präsidium

Das **Präsidium** ist das **Exekutivorgan** der Bundesnotarkammer. Seine Aufgabe entspricht   4
der des Vorstands der Notarkammer (§ 68)[3]. Es besteht aus sieben Personen, nämlich dem
Präsidenten, zwei Stellvertretern und vier weiteren Mitgliedern, die von der Vertreterversammlung gewählt werden (§§ 80 f.).

Das Präsidium vollzieht die Beschlüsse der Vertreterversammlung, führt die laufenden   5
Geschäfte der Bundesnotarkammer und vertritt diese auch in ausländischen und zwischenstaatlichen Organisationen (§ 7 Abs. 1 Satz 2 der Satzung)[4]. Es kann einzelne seiner Mitglieder zur Vornahme bestimmter Arten von Geschäften ermächtigen und Richtlinien für die
laufende Geschäftsführung einschließlich der Vermögensverwaltung erlassen (§ 7 Abs. 2 der
Satzung).

2. Vertreterversammlung

Die **Vertreterversammlung** entspricht der Kammerversammlung der Notarkammern   6
(§ 68). Sie ist das oberste Selbstverwaltungsorgan der Bundesnotarkammer, in dem sich ihre
Willensbildung vollzieht (§ 86). Sie überwacht die Tätigkeit des Präsidiums und leitet diese
– soweit erforderlich – durch bindende Beschlüsse. Die Vertreterversammlung kann einzelne
Angelegenheiten zur Entscheidung an sich ziehen.

Im Gegensatz zur Bundesrechtsanwaltskammer, bei der neben der Hauptversammlung ei-   7
ne Satzungsversammlung eingerichtet ist (§ 191a BRAO), ist die Vertreterversammlung zugleich **Satzungsgeberin** der Bundesnotarkammer. Sie stellt die Satzung auf und beschließt
notwendige Satzungsänderungen.

In der Vertreterversammlung sind nur die Notarkammern vertreten, da nur diese und   8
nicht die einzelnen Notare Mitglieder der Bundesnotarkammer sind[5].

III. Ausschüsse, Geschäftsführer

1. Ausschüsse

Das Gesetz sieht die Bildung von **Ausschüssen** nicht vor, schließt sie aber auch nicht aus.   9
Nach § 15 der Satzung kann die Vertreterversammlung zur Beratung des Präsidiums und der
Vertreterversammlung Ausschüsse einsetzen. In diese können auch Notare, die der Vertreterversammlung nicht angehören, und Notare a. D. berufen werden. Die Mitglieder des Präsidiums können an den Verhandlungen jedes Ausschusses teilnehmen.

2. Geschäftsführer

Nicht gesetzlich geregelt ist ferner die Bestellung von **Geschäftsführern**. § 10 der Satzung   10
bestimmt dazu, dass das Präsidium mit Zustimmung der Vertreterversammlung einen oder
mehrere Geschäftsführer bestellen kann, die die Geschäfte der Bundesnotarkammer nach
den Weisungen des Präsidenten und entsprechend der vom Präsidium erlassenen Geschäfts-

---

3 Siehe § 68 Rz. 3.
4 Einzelheiten zu den Aufgaben des Präsidiums: § 82 Rz. 5 ff.
5 Näher dazu: § 76 Rz. 6.

ordnung führen. Die Geschäftsführer brauchen nicht Notare zu sein. Die Vertreterversammlung kann jederzeit die Abberufung eines Geschäftsführers verlangen.

11   Die Geschäftsführer erledigen die laufenden Geschäfte der Bundesnotarkammer. Zur **Vertretung** der Kammer sind sie nur kraft Bevollmächtigung durch den Präsidenten (§ 82 Abs. 1) befugt.

§ 80

¹Das Präsidium besteht aus dem Präsidenten, zwei Stellvertretern und vier weiteren Mitgliedern. ²Vier Mitglieder des Präsidiums müssen zur hauptberuflichen Amtsausübung bestellte Notare sein, drei Mitglieder müssen Anwaltsnotare sein. ³Ein Stellvertreter muss ein zur hauptberuflichen Amtsausübung bestellter Notar, ein Stellvertreter Anwaltsnotar sein.

A. Entstehungsgeschichte der Vorschrift

In seiner ursprünglichen Fassung sah § 80 Satz 2 vor, dass der Präsident, ein Stellvertreter und zwei weitere Mitglieder zur hauptberuflichen Amtsausübung bestellte Notare, ein Stellvertreter des Präsidenten und zwei Mitglieder Anwaltsnotare sein mussten. Die jetzige Fassung der Sätze 2 und 3 beruht auf der Berufsrechtsnovelle 1998[1].   1

B. Erläuterungen

1. Die **Zahl** der Präsidiumsmitglieder ist gesetzlich festgelegt; sie steht nicht zur Disposition   2
der Bundesnotarkammer und kann daher auch durch Satzungsbeschluss der Vertreterversammlung nicht verändert werden. Die Beschränkung der Mitgliederzahl auf sieben soll eine effiziente und flexible Arbeit des Präsidiums als Exekutivorgan der Bundesnotarkammer gewährleisten.

2. Ebenso ist die **Zusammensetzung** des Präsidiums gesetzlich vorgeschrieben.   3

a) Dem Präsidium gehören der Präsident, zwei Stellvertreter und vier weitere Mitglieder   4
an. Die Stellvertreter und die weiteren Mitglieder werden nicht aus der Mitte des Präsidiums, sondern – ebenso wie der Präsident – von der **Vertreterversammlung** in ihre Ämter gewählt[2].

b) Zwingend vorgeschrieben ist ferner, dass vier Mitglieder **Nurnotare**, drei Mitglieder   5
Anwaltsnotare sein müssen. Die zur hauptberuflichen Amtsausübung bestellten Notare verfügen damit stets über eine Mehrheit der Präsidiumssitze. Ihnen soll dadurch im Präsidium gegenüber den Anwaltsnotaren ein stärkerer Einfluss gesichert werden.

3. Nach der früheren Fassung der Vorschrift konnte **Präsident** nur ein hauptberuflich bestellter Notar sein; Anwaltsnotare waren lediglich zur Stellvertretung des Präsidenten berufen. Diese Einschränkung ist durch die Berufsrechtsnovelle 1998[3] beseitigt worden. Satz 3   6
der Vorschrift bestimmt nur noch, dass **Stellvertreter** ein Nurnotar und ein Anwaltsnotar sein müssen. Daraus folgt, dass nunmehr auch ein Anwaltsnotar zum Präsidenten gewählt werden kann. Der Gesetzgeber hat damit der Gleichwertigkeit der Berufe des Nurnotars und des Anwaltsnotars Rechnung getragen.

---

1 Art. 1 Nr. 38a des Dritten Gesetzes zur Änderung der Bundesnotarordnung und anderer Gesetze v. 31.08.1998 (BGBl. I S. 2585).
2 Siehe § 81 Rz. 2.
3 Siehe Fn. 1.

§ 81

(1) ¹Das Präsidium wird von der Vertreterversammlung gewählt. ²Wählbar ist jedes Mitglied der Vertreterversammlung.

(2) ¹Die Mitglieder des Präsidiums werden auf vier Jahre gewählt. ²Scheidet ein Mitglied vorzeitig aus, so ist in der auf sein Ausscheiden folgenden Vertreterversammlung für den Rest seiner Wahlzeit ein neues Mitglied zu wählen.

Übersicht

A. Entstehungsgeschichte der Vorschrift

1 Die Vorschrift ist seit Einführung der BNotO unverändert in Kraft.

B. Erläuterungen

I. Wahl des Präsidiums

1. Bedeutung der Vorschrift

2 § 81 bestimmt nur, dass die Vertreterversammlung »das Präsidium« (Abs. 1 Satz 1) bzw. »die Mitglieder des Präsidiums« (Abs. 2 Satz 1) wählt. Die Vorschrift lässt offen, ob die vorgeschriebenen sieben Präsidiumsmitglieder lediglich als solche oder aber von vornherein in die in § 80 genannten **Ämter** (Präsident, Stellvertreter, weitere Mitglieder) zu wählen sind. Die nähere Bestimmung darüber kann durch Satzungsbeschluss getroffen werden (§ 89). Die geltende Satzung¹ sieht vor, dass in getrennten Wahlgängen zunächst der Präsident, danach die Stellvertreter und zuletzt die übrigen Mitglieder gewählt werden (§ 3 Abs. 1 Satz 2). Die **Ämterverteilung** erfolgt mithin im Wege der Wahl durch die Vertreterversammlung, nicht durch das Präsidium.

2. Wahlordnung

3 § 81 regelt nicht die Einzelheiten der Wahlordnung. Auch insoweit werden die näheren Bestimmungen durch die **Satzung** getroffen.

---

1 I. d. F. v. 08.12.2005 (DNotZ 2006, 1).

a) Danach ist **geheim**, d. h. mittels Stimmzetteln zu wählen (§ 3 Abs. 1 Satz 1). Eine Wahl   4
durch Akklamation ist ausgeschlossen. Zur Durchführung der Wahl bestimmt die Vertreterversammlung einen Wahlleiter und zwei Wahlhelfer (§ 3 Abs. 2). Diese entscheiden über die
Gültigkeit der Stimmzettel (§ 3 Abs. 4 Satz 2).

b) **Gewählt** ist, wer mehr als die Hälfte der abgegebenen Stimmen erhält (§ 3 Abs. 3   5
Satz 1). Wird diese Mehrheit im ersten Wahlgang nicht erreicht, folgt sofort ein zweiter.
Wird auch dabei keine absolute Mehrheit erreicht, erfolgt eine Stichwahl zwischen den beiden Notaren, die im zweiten Wahlgang die meisten Stimmen erhalten haben. Bei Stimmengleichheit entscheidet das Los.

3. Wahlergebnis

Der Wahlleiter stellt das Ergebnis fest. Das Präsidium zeigt dieses sodann dem Bundesminis-   6
terium der Justiz an (§ 82 Abs. 3 Satz 2).

II. Aktives und passives Wahlrecht

1. Wahlberechtigung

Wahlberechtigt sind die stimmberechtigten Mitglieder der Vertreterversammlung. Die Ver-   7
treter der Bezirksnotare im württembergischen Rechtsgebiet (§ 114) und der Notare im Landesdienst im badischen Rechtsgebiet (§ 115) sind nicht stimmberechtigte Mitglieder, sondern
nur Teilnehmer der Vertreterversammlung und daher nicht wahlberechtigt.

2. Wählbarkeit

Wählbar sind alle Mitglieder der Vertreterversammlung (§ 81 Abs. 1 Satz 2), also nicht nur   8
die Präsidenten der einzelnen Notarkammern, sondern auch die Notare, die nach § 86 Abs. 2
Satz 1 als Vertreter von Notarkammern entsandt sind, nicht jedoch die nach § 86 Abs. 2
Satz 2 zur gutachtlichen Äußerung zugelassenen Notare. Eine – auch mehrfache – Wieder-
wahl ist möglich.

Die stimmrechtslosen Vertreter der Bezirksnotare und der Notare im Landesdienst   9
(§§ 114, 115) sind nicht Mitglieder der Vertreterversammlung und daher nicht wählbar.

3. Ablehnungsrecht

Die Wahl zum Mitglied des Präsidiums kann nach § 4 der Satzung ablehnen, wer   10
– das 65. Lebensjahr vollendet hat,
– die letzten vier Jahre Präsidiumsmitglied gewesen ist oder
– aus gesundheitlichen Gründen dem Amt nicht gewachsen ist.

III. Wahlzeit

1. Regelmäßige Amtszeit

Die **regelmäßige Amtszeit** der Mitglieder des Präsidiums beträgt vier Jahre (Abs. 2 Satz 1).   11
Sie rechnet von der Feststellung des Wahlergebnisses (§ 3 Abs. 5 der Satzung) ab. Jedoch
bleiben die Mitglieder des Präsidiums nach Ablauf ihrer regulären Amtszeit bis zur Neuwahl im Amt, weil die Bundesnotarkammer sonst handlungsunfähig würde. Das Präsidium

kann selbst veranlassen, dass die Vertreterversammlung rechtzeitig zum Zwecke der Neuwahl einberufen wird (§ 85 Abs. 1 Satz 2).

2. Vorzeitiges Ausscheiden

12   Die Amtszeit des Präsidiums ist gesetzlich **zwingend** vorgeschrieben. Sie kann weder von der Vertreterversammlung noch von dem Präsidium abgekürzt werden. Dagegen kann ein einzelnes Mitglied vorzeitig aus seinem Präsidiumsamt ausscheiden. Als Gründe für ein vorzeitiges Ausscheiden kommen das Erlöschen des Notaramtes, die berechtigte Niederlegung der Präsidiumsmitgliedschaft sowie die Abberufung eines Mitglieds durch die Notarkammer in Betracht.

a) Erlöschen des Notaramtes

13   Notare, deren Amt aus einem der in § 47 genannten Gründen **erlischt**, verlieren damit die Mitgliedschaft in ihrer Notarkammer. Da sie nicht mehr zur Vertretung ihrer Notarkammer in der Lage sind (§ 84), endet zugleich ihre Mitgliedschaft in der Vertreterversammlung der Bundesnotarkammer. Sie scheiden damit automatisch aus dem Präsidium aus.

b) Vorläufige Amtsenthebung

14   Dagegen führt die **vorläufige Amtsenthebung** (§ 54) nicht zum Verlust der Präsidiumsmitgliedschaft. Diese ruht vielmehr (§ 6 der Satzung). Der Notar bleibt zwar Mitglied des Präsidiums, kann aber seine Amtsbefugnisse und -pflichten für die Dauer der vorläufigen Amtsenthebung nicht ausüben.

c) Niederlegung der Präsidiumsmitgliedschaft

15   Zur **Niederlegung** des Amtes als Mitglied des Präsidiums ist nach § 5 der Satzung berechtigt, wer
– das 65. Lebensjahr vollendet hat,
– aus gesundheitlichen Gründen dem Amt nicht gewachsen ist.
   Im Übrigen kann das Amt nur mit Zustimmung der Vertreterversammlung niedergelegt werden.
   Die Niederlegungserklärung erfolgt gegenüber dem Präsidium. Aus Gründen der Rechtssicherheit sollte die Erklärung schriftlich abgegeben werden.

d) Abberufung durch die Notarkammer

16   Aus dem Präsidium scheidet ferner aus, wer als Vertreter seiner Notarkammer aus der Vertreterversammlung **abberufen** wird. Der abberufene Notar ist dann nicht mehr Mitglied der Vertreterversammlung und kann infolgedessen nicht mehr Präsidiumsmitglied sein.

e) Folgen des vorzeitigen Ausscheidens

17   Bei **vorzeitigem Ausscheiden** eines Präsidiumsmitglieds ist in der nächsten Vertreterversammlung für den Rest seiner Wahlzeit ein neues Mitglied zu wählen (Abs. 2 Satz 2).

§ 81a

Für die Pflicht der Mitglieder des Präsidiums der Bundesnotarkammer, der von ihr zur Mitarbeit herangezogenen Notare und Notarassessoren sowie der Angestellten der Bundesnotarkammer zur Verschwiegenheit gilt § 69a entsprechend.

A. Entstehungsgeschichte der Vorschrift

Die Vorschrift ist gleichzeitig mit § 69a durch das Zweite Gesetz zur Änderung der Bundesnotarordnung[1] eingefügt worden. 1

B. Erläuterungen

Die Präsidiumsmitglieder, die von ihnen zur Mitarbeit herangezogenen Notare und Notarassessoren sowie die Angestellten der Bundesnotarkammer unterliegen der gleichen Verschwiegenheitspflicht wie die Vorstandsmitglieder, Mitarbeiter und Angestellten der Notarkammern. Sie dürfen in gerichtlichen Verfahren über solche Angelegenheiten, die ihnen bei ihrer Tätigkeit über Notare, Notarassessoren, Bewerber um das Amt des Notars und andere Personen bekannt geworden sind, nur mit Genehmigung des Präsidiums aussagen. Wegen der Einzelheiten wird auf die Erläuterungen zu § 69a verwiesen. 2

---

1 Art. 1 des Gesetzes zur Änderung des Berufsrechts der Notare und der Rechtsanwälte v. 29.01.1991 (BGBl. I S. 150).

§ 82

(1) Der Präsident vertritt die Bundesnotarkammer gerichtlich und außergerichtlich.
(2) In den Sitzungen des Präsidiums führt der Präsident den Vorsitz.
(3) [1]Das Präsidium erstattet dem Bundesminister der Justiz jährlich einen schriftlichen Bericht über die Tätigkeit der Bundesnotarkammer und des Präsidiums. [2]Es zeigt ihm ferner das Ergebnis der Wahlen zum Präsidium an.

Übersicht

A. Entstehungsgeschichte der Vorschrift

1   Die Vorschrift ist seit Einführung der BNotO unverändert in Kraft. Offenbar infolge eines Redaktionsversehens ist anlässlich der Berufsrechtsnovelle 1998[1] das Wort »*Bundesminister*« nicht – wie in den übrigen Vorschriften der BNotO[2] – durch das Wort »*Bundesministerium*« ersetzt worden. Die jetzige Fassung entspricht insoweit nicht dem Sprachgebrauch der Bundesregierung[3].

B. Erläuterungen

I. Aufgaben des Präsidenten (Abs. 1, 2)

1. Keine Organstellung

2   Der Präsident ist nicht **Organ** der Kammer, sondern nimmt ihm durch Gesetz und Satzung einzeln übertragene Aufgaben wahr. Exekutivorgan der Bundesnotarkammer ist ausschließlich das Präsidium[4].

2. Vertretungsbefugnis

3   Aufgabe des Präsidenten ist es, die Bundesnotarkammer gerichtlich und außergerichtlich zu **vertreten** (Abs. 1). Seine Vertretungsbefugnis umfasst sämtliche Angelegenheiten der Bundesnotarkammer; sie kann weder durch die Vertreterversammlung noch durch das Präsidium

---

1 Drittes Gesetz zur Änderung der Bundesnotarordnung und anderer Gesetze v. 31.08.1998 (BGBl I S. 2585).
2 Art. 1 Nr. 52 des Dritten Änderungsgesetzes (Fn. 1).
3 Beschluss des Bundeskabinetts über die Einführung der sächlichen Bezeichnungsform für die Bundesministerien v. 20.01.1993 (GMBl. S. 46).
4 Siehe § 79 Rz. 4.

SANDKÜHLER

beschränkt werden. Willenserklärungen gegenüber der Kammer sind gegenüber dem Präsidenten abzugeben, Zustellungen sind an ihn zu bewirken[5].

3. Vorsitz in den Versammlungen

Als besonders gewähltes Mitglied[6] führt der Präsident in den **Sitzungen des Präsidiums** den Vorsitz. Ferner beruft er die **Vertreterversammlung** ein und führt den Vorsitz in der Versammlung (§ 85 Abs. 1 Satz 1). Bei der Beschlussfassung in der Vertreterversammlung gibt bei Stimmengleichheit seine Stimme den Ausschlag. Dagegen entscheidet bei Wahlen das Los (§ 86 Abs. 3 Satz 2).

4

II. Aufgaben des Präsidiums

1. Aufgabenzuweisung

Das Präsidium ist das **Exekutivorgan** der Bundesnotarkammer. Seine Aufgaben ergeben sich teils aus dem Gesetz, teils aus der Satzung der Bundesnotarkammer.

5

a) Gesetz

Kraft **Gesetzes** ist das Präsidium verpflichtet, dem Bundesministerium der Justiz jährlich einen schriftlichen Bericht über die Tätigkeit der Bundesnotarkammer und des Präsidiums zu erstatten sowie es über das Ergebnis der Präsidiumswahl zu unterrichten (§ 82 Abs. 2). Ihm obliegen ferner die Erstattung von Gutachten gemäß § 78 Satz 2 Nr. 4 (§ 83 Abs. 2) sowie die Mitwirkung bei der Berufung und der Amtsenthebung von Notaren als Beisitzer des Disziplinarsenats beim Bundesgerichtshof (§ 108).

6

b) Satzung

Weitere Aufgaben des Präsidiums ergeben sich aus der **Satzung**[7] der Bundesnotarkammer (§ 89). Danach vollzieht es die Beschlüsse der Vertreterversammlung, führt die laufenden Geschäfte der Kammer und vertritt diese in ausländischen und zwischenstaatlichen Organisationen (§ 7 Abs. 1 der Satzung). Ferner obliegen ihm
– die Bestellung der Geschäftsführer, die Festsetzung ihrer Bezüge und der Abschluss der Anstellungsverträge mit ihnen (§ 10 Abs. 1, 2),
– die Bestellung der Herausgeber und der Schriftleiter der Deutschen Notar-Zeitschrift (DNotZ) als Verkündungsblatt der Bundesnotarkammer (§ 16 Abs. 2),
– die Bestellung des Leiters und der Beiratsmitglieder des Deutschen Notarinstituts (§ 19),
– die Vorlage des Haushaltsplans und der Jahresrechnung (§ 21 Abs. 1),
– die Verwaltung des Vermögens der Bundesnotarkammer und die Entscheidung über die Verwendung der Erträge (§ 21 Abs. 2 Satz 2),
– die jährliche Berichterstattung gegenüber der Vertreterversammlung über Stand und Verwendung des Vermögens (§ 21 Abs. 2 Satz 1).

7

2. Eigenverantwortung

Im Rahmen seiner Aufgabenzuweisung handelt das Präsidium grundsätzlich in **eigener Verantwortung**. Das Gesetz sieht lediglich die Anhörung und Unterrichtung der Vertreterver-

8

---

5 *Schippel/Bracker/Görk*, § 82 Rz. 6.
6 Siehe § 81 Rz. 2.
7 I. d. F. v. 08.12.2005 (DNotZ 2006, 1).

sammlung in den Fällen des § 83 Abs. 2 sowie eine allgemeine Berichtspflicht vor (§ 87). Indes muss das Präsidium Fragen von **grundsätzlicher Bedeutung** der Vertreterversammlung zur Entscheidung vorlegen; dies ergibt sich aus der Stellung der Vertreterversammlung als Willensbildungsorgan der Bundesnotarkammer[8]. Darüber hinaus bestimmt die Satzung, dass das Präsidium zur Bestellung von Geschäftsführern und zur Festsetzung ihrer Bezüge der Zustimmung der Vertreterversammlung bedarf (§ 10 Abs. 1, 2) und dass die Vertreterversammlung Richtlinien über die Verwendung der Vermögenserträge geben, insbesondere die Verwendung für Fürsorgeleistungen, beschließen kann (§ 21 Abs. 2 Satz 3 der Satzung).

3. Beschlussfassung

9 **Beschlüsse** des Präsidiums werden grundsätzlich in den vom Präsidenten einzuberufenden Sitzungen gefasst (§ 9 Abs. 2 der Satzung). Wenn kein Mitglied des Präsidiums widerspricht, ist auch eine schriftliche oder telegrafische Beschlussfassung möglich (§ 9 Abs. 3 der Satzung). Eine solche liegt auch vor, wenn sich die Mitglieder des Präsidiums mittels eines anderen Kommunikationsmediums – etwa Telefax oder Fernschreiben – äußern, bei dem die Äußerung ebenso dauerhaft wie durch Brief oder Telegramm dokumentiert wird. Eine fernmündliche Abstimmung lässt die Satzung nicht zu.

10 Zur Beschlussfassung genügt die einfache Mehrheit der abgegebenen Stimmen (§ 9 Abs. 4 der Satzung).

---

8 Siehe § 79 Rz. 6.

§ 83

(1) Die Bundesnotarkammer fasst ihre Beschlüsse regelmäßig auf Vertreterversammlungen.

(2) ¹Die der Bundesnotarkammer in § 78 Abs. 1 Nr. 4 zugewiesenen Aufgaben erledigt das Präsidium nach Anhörung der Vertreterversammlung. ²In dringenden Fällen kann die Anhörung unterbleiben; die Mitglieder sind jedoch unverzüglich von den getroffenen Maßnahmen zu unterrichten.

Übersicht

A. Entstehungsgeschichte der Vorschrift

Die Vorschrift ist seit Einführung der BNotO im Wesentlichen unverändert in Kraft. Durch die Berufsrechtsnovelle 1998[1] ist lediglich in Angleichung an die Neufassung des § 78 die Angabe »*Abs. 1*« in Abs. 2 eingefügt worden.

1

B. Erläuterungen

I. Beschlussfassung der Bundesnotarkammer (Abs. 1)

1. Aufgabe der Vertreterversammlung

Das Schwergewicht der Tätigkeit der Bundesnotarkammer liegt in der Vertreterversammlung. Sie ist das **Willensbildungsorgan** der Kammer. Ihr sind alle Beschlüsse vorbehalten, die nicht durch Gesetz oder Satzung dem Präsidium zugewiesen sind[2]. Durch Erlass der Satzung (§ 77 Abs. 3) trifft sie die näheren Bestimmungen über die Organe der Bundesnotarkammer und deren Befugnisse (§ 89).

2

2. Entscheidungen der Vertreterversammlung

Die **Entscheidungen** der Vertreterversammlung ergehen in Beschlussform.

3

---

1 Art. 1 Nr. 39 des Dritten Gesetzes zur Änderung der Bundesnotarordnung und anderer Gesetze v. 31.08.1998 (BGBl. I S. 2585).
2 Siehe dazu § 82 Rz. 6 f.

a) Beschlussfassung

4 Die **Beschlussfassung** erfolgt regelmäßig mündlich auf Vertreterversammlungen. Wenn nicht mehr als drei Notarkammern widersprechen, ist auch eine schriftliche oder telegrafische Beschlussfassung zulässig (§ 85 Abs. 3). Ihr steht die Beschlussfassung mittels anderer Kommunikationsmedien – etwa Telefax oder Fernschreiben – gleich, sofern die Stimmabgabe ebenso dauerhaft wie durch Brief oder Telegramm dokumentiert wird. Eine fernmündliche Beschlussfassung ist nicht zulässig.

b) Ausführung der Beschlüsse

5 Das Präsidium hat die Beschlüsse der Vertreterversammlung unverzüglich **auszuführen**, sofern nicht Widerspruch nach § 86 Abs. 4 erhoben wird. Ohne Beschluss der Vertreterversammlung darf das Präsidium nur tätig werden, soweit das Gesetz oder die Satzung es gestatten.

II. Erstattung von Gutachten (Abs. 2)

1. Gutachten nach § 78 Satz 2 Nr. 4

6 Nach § 78 Abs. 1 Satz 2 Nr. 4 gehört es zu den Aufgaben der Bundesnotarkammer, auf Anforderung des Bundesgesetzgebers oder eines Bundesgerichts **Gutachten** in Notarangelegenheiten zu erstatten. Die Erledigung dieser Aufgabe durch die Vertreterversammlung wäre wegen der verhältnismäßig großen Zahl ihrer Mitglieder (§ 86 Abs. 2) schwierig und zeitraubend, zumal es sich bei den Gutachten oft um nicht einfache und umfangreiche Ausarbeitungen handelt. Die Befugnis und Pflicht zur Gutachtenerstattung ist deshalb zur eigenverantwortlichen Erledigung[3] auf das **Präsidium** übertragen.

2. Anhörung der Vertreterversammlung

7 Das Präsidium muss grundsätzlich vor Erstattung des Gutachtens die Vertreterversammlung **anhören** (Abs. 2 Satz 1). Die Anhörung kann auch in der Form des § 85 Abs. 3 erfolgen[4]. Die Äußerung der Vertreterversammlung stellt für das Präsidium in der Regel eine wichtige Erkenntnisquelle dar. Sie bindet es aber nicht, so dass das Präsidium in dem Gutachten gegebenenfalls eine von der Äußerung der Vertreterversammlung abweichende Auffassung vertreten kann.

8 In **dringenden Fällen** kann die Anhörung unterbleiben. Das Präsidium muss dann aber unverzüglich, d. h. sobald wie möglich, die Mitglieder der Vertreterversammlung über den Inhalt des Gutachtens unterrichten. Die Unterrichtung darf nur dann bis zur nächsten Vertreterversammlung zurückgestellt werden, wenn diese alsbald ansteht[5].

3. Andere Gutachten

9 Die Vorschrift betrifft nur Gutachten im Sinne des § 78 Satz 2 Nr. 4. Jedoch schreibt § 7 Abs. 1 Satz 3 der Satzung[6] für die Erstattung **anderer Gutachten**[7] die entsprechende Anwendung des § 83 Abs. 2 BNotO vor.

---

3 Siehe § 82 Rz. 8.
4 Siehe oben Rz. 4.
5 *Schippel/Bracker/Görk*, BNotO, § 83 Rz. 3.
6 I. d. F. v. 08.12.2005 (DNotZ 2006, 1).
7 Siehe dazu § 78 Rz. 26.

§ 84

Die Notarkammern werden in der Vertreterversammlung durch ihre Präsidenten oder durch ein anderes Mitglied vertreten.

A. Entstehungsgeschichte der Vorschrift

Die Vorschrift ist seit Einführung der BNotO unverändert in Kraft.　　　1

B. Erläuterungen

1. Die Notarkammern als Mitglieder der Bundesnotarkammer (§ 76) können in der Vertre-　　2
terversammlung nur durch ihre Delegierten handeln. Es steht den Kammern frei, sich wahlweise durch ihre Präsidenten oder durch andere Mitglieder vertreten zu lassen. Indes vertritt
der **Präsident** die Notarkammer kraft Gesetzes gerichtlich und außergerichtlich (§ 70
Abs. 1). Er braucht daher nicht eigens als Vertreter bestellt zu werden, sondern ist der **gebo-
rene Vertreter** der Notarkammer in der Vertreterversammlung. Im Interesse kontinuierlicher Arbeit der Vertreterversammlung sollte er diese Aufgabe selbst wahrnehmen.

2. Die Notarkammer kann jedoch einen **anderen Notar** zu ihrem Vertreter für die Vertre-　　3
terversammlung bestellen. Dies ist nicht nur bei Verhinderung des Präsidenten, sondern allgemein statthaft. Der andere Notar ist Delegierter der Kammer, nicht Vertreter des Präsidenten[1]. Er muss nicht Mitglied des Vorstands der Notarkammer sein.

In den Fällen, in denen eine Notarkammer mehrere Stimmen in der Vertreterversammlung　　4
hat, kann die Kammer **mehrere Notare** als Vertreter in die Versammlung entsenden (§ 86
Abs. 2 Satz 1).

Im Übrigen kann die Bestellung eines anderen Vertreters etwa wegen besonderer Sach-　　5
kunde auf einem von der Vertreterversammlung zu behandelnden Gebiet angebracht sein.
Die Person des Vertreters kann von Vertreterversammlung zu Vertreterversammlung wech-
seln, wenn das auch unerwünscht ist.

3. Bei der Stimmabgabe in der Vertreterversammlung ist der Vertreter an die **Weisungen**　　6
seiner Notarkammer gebunden. Diese kann ihm allerdings auch freie Hand lassen, weil sich
der Gang der Verhandlungen in der Vertreterversammlung nicht immer voraussehen lässt.

---

1 Anders § 188 Abs. 2 BRAO, der in der Hauptversammlung der Bundesrechtsanwaltskammer nur eine
  Vertretung des *Präsidenten* der Rechtsanwaltskammer durch ein anderes Vorstandsmitglied der Kammer zulässt.

§ 85

(1) ¹Die Vertreterversammlung wird durch den Präsidenten einberufen. ²Er führt den Vorsitz in der Versammlung. ³Der Präsident muss sie einberufen, wenn das Präsidium oder mindestens drei Notarkammern es beantragen. ⁴Der Antrag der Notarkammern soll schriftlich gestellt werden und den Gegenstand angeben, der in der Vertreterversammlung behandelt werden soll.

(2) ¹In dringenden Fällen kann der Präsident die Vertreterversammlung mit einer kürzeren als der in der Satzung für die Einberufung vorgesehenen Frist einberufen. ²Der Gegenstand, über den Beschluss gefasst werden soll, braucht in diesem Fall nicht angegeben zu werden.

(3) Beschlüsse der Vertreterversammlung können auch schriftlich oder telegrafisch gefasst werden, wenn nicht mehr als drei Notarkammern widersprechen.

Übersicht

A. Entstehungsgeschichte der Vorschrift

1 Die Vorschrift ist seit Einführung der BNotO unverändert in Kraft.

B. Erläuterungen

I. Einberufung der Vertreterversammlung (Abs. 1)

1. Aufgabenzuweisung

2 Die **Einberufung** der Vertreterversammlung ist kraft Gesetzes Recht und Pflicht des Präsidenten, nicht des Präsidiums. Das Präsidium bestimmt jedoch Ort und Zeit der Versammlung (§ 11 Abs. 1 Satz 2 der Satzung¹).

2. Einberufungspflicht

3 Der Präsident entscheidet grundsätzlich nach pflichtgemäßem **Ermessen** über die Einberufung. Jedoch begründen Gesetz und Satzung in einigen Fällen eine **Pflicht** zur Einberufung.

---

1 I. d. F. v. 08.12.2005 (DNotZ 2005, 1).

a) Pflichtaufgaben, Wahlen

Der Präsident muss die Vertreterversammlung einberufen, wenn von ihr wahrzunehmende **Pflichtaufgaben** oder **Neuwahlen** zum Präsidium anstehen[2].

4

b) Einberufung auf Antrag

Eine Einberufungspflicht besteht ferner, wenn das Präsidium oder mindestens drei Notarkammern die Einberufung **beantragen** (Abs. 1 Satz 2). Der Antrag soll schriftlich unter Angabe des zu behandelnden Gegenstandes gestellt werden (Abs. 1 Satz 3). Die Wirksamkeit des Antrags hängt jedoch nicht von der Einhaltung dieser Sollvorschrift ab. Der Präsident muss die Vertreterversammlung daher auch auf nur mündlichen Antrag des Präsidiums oder mindestens dreier Notarkammern einberufen. Die Regelung steht damit im Gegensatz zu § 71 Abs. 2 Satz 2, wonach die Notarkammer nur auf schriftlichen Antrag, der den zu behandelnden Gegenstand angeben muss, einzuberufen ist.

5

c) Turnusmäßige Einberufung

Schließlich schreibt die **Satzung** vor, dass jährlich mindestens zwei Vertreterversammlungen stattfinden sollen (§ 11 Abs. 2). Die Einhaltung dieser Bestimmung ist trotz der Formulierung als Sollvorschrift Amtspflicht des Präsidenten.

6

d) Verletzung der Einberufungspflicht

Die Folgen einer **Verletzung** der Einberufungspflicht entsprechen denen in den Fällen des § 71[3].

7

3. Form und Frist der Einberufung

Form und Frist der Einberufung sind – anders als in den Bestimmungen über die Notarkammern (§ 71 Abs. 3) – gesetzlich nicht geregelt. Die Satzung sieht unbeschadet der Fälle des § 85 Abs. 2 BNotO die Schriftform und eine Mindestfrist von drei Wochen vor (§ 11 Abs. 3). Mit der Einladung müssen die Gegenstände angekündigt werden, über welche die Vertreterversammlung beschließen soll. Das ergibt sich bereits im Wege des Umkehrschlusses aus § 85 Abs. 2 Satz 2 und ist in § 11 Abs. 4 der Satzung ausdrücklich angeordnet. Die Einhaltung der Frist und die Mitteilung der Tagesordnung sollen gewährleisten, dass die Mitglieder der Vertreterversammlung rechtzeitig disponieren und sich auf den Gegenstand der Beratung vorbereiten können. Fehlt die Ankündigung der Gegenstände, kann die Vertreterversammlung – abgesehen von den Fällen des § 85 Abs. 2 – nur dann Beschlüsse fassen, wenn die vertretenen Kammern damit einverstanden sind und die nicht vertretenen nachträglich zustimmen (§ 13 Abs. 2 der Satzung).

8

In den Fällen des § 85 Abs. 1 Satz 3 darf der Tag der Sitzung nicht später als sechs Wochen nach Eingang des Antrags bei dem Präsidenten liegen (§ 11 Abs. 3 Satz 3 der Satzung).

9

II. Dringlichkeitssitzungen

§ 85 Abs. 2 erlaubt in **dringenden Fällen** eine kurzfristige Einberufung ohne Angabe der Tagesordnung. Ob ein solcher Fall vorliegt, entscheidet der Präsident in eigener Verantwortung. Im Streitfall ist seine Entscheidung gerichtlich voll nachprüfbar. Von der Vertreterver-

10

---

2 *Schippel/Bracker/Görk*, § 85 Rz. 2.
3 Siehe § 71 Rz. 6.

sammlung gefasste Beschlüsse sind jedoch unabhängig davon wirksam, ob ein dringender Fall vorgelegen hat.

III. Form der Beschlussfassung

1. Mündlichkeitsgrundsatz

11 Beschlüsse sind grundsätzlich in **Sitzungen** der Vertreterversammlung zu fassen (§ 83 Abs. 1).

2. Schriftliche oder telegrafische Beschlussfassung

12 Jedoch lässt § 85 Abs. 3 auch eine **schriftliche** oder **telegrafische** Beschlussfassung zu. Ihr steht die Beschlussfassung mittels anderer Kommunikationsmedien – etwa Telefax oder Fernschreiben – gleich, sofern die Stimmabgabe ebenso dauerhaft wie durch Brief oder Telegramm dokumentiert wird. Eine fernmündliche Beschlussfassung ist nicht zulässig.

13 Eine schriftliche oder telegrafische Beschlussfassung ist unzulässig, wenn ihr mehr als drei Notarkammern **widersprechen**. Der Widerspruch ist nicht an eine bestimmte Form gebunden; er kann auch telefonisch erfolgen[4].

14 Der Beschluss ist **gefasst**, wenn die schriftlichen oder telegrafischen Stellungnahmen der Notarkammern bei dem Präsidenten eingehen, nicht mehr als drei Kammern widersprechen und die eingegangenen Stimmen die in § 86 oder in der Satzung vorgesehene Mehrheit ergeben.

---

4 *Schippel/Bracker/Görk*, § 85 Rz. 6.

SANDKÜHLER

§ 86

(1) ¹In der Vertreterversammlung hat jede Notarkammer eine Stimme. ²Im Fall des § 65 Abs. 1 Satz 2 hat die Notarkammer so viele Stimmen, als sie Oberlandesgerichtsbezirke oder Teile von Oberlandesgerichtsbezirken umfasst; jedoch bleibt hierbei ein Teil eines Oberlandesgerichtsbezirks außer Betracht, wenn die Zahl der in ihm zugelassenen Notare geringer ist als die Zahl der Notare, die in einem nicht zu derselben Notarkammer gehörigen Teil des Oberlandesgerichtsbezirks zugelassen sind.

(2) ¹Zu den Versammlungen können von jeder Notarkammer so viele Notare entsandt werden, wie die Notarkammer Stimmen hat. ²Zu den Versammlungen können darüber hinaus auch Notare zur gutachtlichen Äußerung zu einzelnen Fragen zugelassen werden.

(3) ¹Die Vertreterversammlung fasst ihre Beschlüsse, soweit in diesem Gesetz oder in der Satzung nichts anderes bestimmt ist, mit der einfachen Mehrheit der abgegebenen Stimmen. ²Bei Stimmengleichheit gibt die Stimme des Vorsitzenden den Ausschlag; bei Wahlen entscheidet das Los.

(4) Die Ausführung von Beschlüssen unterbleibt, wenn ihr eine Mehrheit von mindestens drei Vierteln der Vertreter, die hauptberufliche Notare sind, oder von mindestens drei Vierteln der Vertreter, die Anwaltsnotare sind, widerspricht.

Übersicht

A. Entstehungsgeschichte der Vorschrift

Die Vorschrift ist seit Einführung der BNotO unverändert in Kraft.

1

B. Erläuterungen

I. Stimmenverhältnis in der Vertreterversammlung (Abs. 1)

1. Bedeutung der Vorschrift

a) Abs. 1 der Vorschrift soll gewährleisten, dass die Notare eines jeden Bundeslandes angemessen in der Vertreterversammlung repräsentiert werden; es soll vermieden werden, dass durch organisatorische Maßnahmen der Landesjustizverwaltungen die den einzelnen Ländern zukommenden Gewichte verschoben werden. Das angestrebte Gleichgewicht soll

2

prinzipiell dadurch erreicht werden, dass jedem **Oberlandesgerichtsbezirk** in der Vertreterversammlung eine Stimme zukommt[1]. Von anderen möglichen Anknüpfungen hat der Gesetzgeber abgesehen. So ist für das Stimmenverhältnis in der Vertreterversammlung die Zahl der den einzelnen Notarkammern angehörenden **Notare** eben so wenig von Bedeutung wie die Zahl der **Geschäftsvorfälle** (etwa der vorgenommenen Beurkundungen) in den einzelnen Oberlandesgerichtsbezirken. Insbesondere hat der Gesetzgeber unberücksichtigt gelassen, dass die Zahl der Notare im Bereich des Anwaltsnotariats weitaus größer ist als im Bereich des Nurnotariats[2].

3   b) Das in der Vorschrift – ebenso wie in § 190 Abs. 1 BRAO – zum Ausdruck kommende Territorialprinzip ist verfassungsrechtlich unbedenklich[3].

2. Stimmenverteilung in der Vertreterversammlung

a) Regelfall

4   Für den Regelfall, dass der Bezirk der Notarkammer und der Oberlandesgerichtsbezirk **deckungsgleich** sind (§ 65 Abs. 1 Satz 1), weist Abs. 1 Satz 1 jeder Notarkammer eine Stimme in der Vertreterversammlung zu.

b) Bezirksübergreifende Notarkammern

5   Indes lässt § 65 Abs. 1 Satz 2 eine von den Oberlandesgerichtsbezirken **abweichende Einteilung** von Notarkammerbezirken zu[4]. Danach können mehrere Oberlandesgerichtsbezirke oder Teile von Oberlandesgerichtsbezirken oder ein Oberlandesgerichtsbezirk mit Teilen eines anderen Oberlandesgerichtsbezirks den Bezirk einer Notarkammer bilden. In diesem Fall hat die Notarkammer so viele Stimmen, als sie Oberlandesgerichtsbezirke oder Teile davon umfasst. Bei nur teilweiser Überdeckung eines Oberlandesgerichtsbezirks zählt allerdings nur derjenige Teil des Bezirks, in dem die meisten Notare zugelassen sind; auf diese Weise wird verhindert, dass ein aufgeteilter Oberlandesgerichtsbezirk mehrere Stimmen hat.

6   Nach dieser Vorschrift haben die **Landesnotarkammer Bayern** (Oberlandesgerichtsbezirke Bamberg, München, Nürnberg) drei Stimmen, die **Rheinische Notarkammer** (Oberlandesgerichtsbezirke Düsseldorf, Köln) zwei Stimmen, die **Notarkammer Baden-Württemberg** (Oberlandesgerichtsbezirke Karlsruhe und Stuttgart) zwei Stimmen.

7   Eine Ausnahme bildet der **Oberlandesgerichtsbezirk Frankfurt**, in dem die Notarkammern Frankfurt und Kassel bestehen (§ 117a Abs. 1). Beide Kammern haben in der Vertreterversammlung je eine Stimme.

c) Gemeinschaftliches Oberlandesgericht

8   Errichten mehrere Länder ein **gemeinschaftliches Oberlandesgericht**, so bilden die Notare eines jeden der beteiligten Länder eine selbstständige Notarkammer mit je einer Stimme. Abs. 1 Satz 2 ist in diesem Fall nicht anzuwenden, so dass es nicht zu einer Kumulierung der Stimmen kommt (§ 117 Nr. 2).

---

1 Näher dazu: unten Rz. 4 ff.
2 Siehe dazu *Schippel*, DNotZ 1993, 172, 177.
3 BGH AnwBl. 1989, 45 (zu § 190 Abs. 1 BRAO).
4 Wegen der für die *Notarkammer Kassel* geltenden Besonderheit siehe § 117a Rz. 2.

II. Teilnehmerzahl (Abs. 2)

1. Zahl der Stimmen

Jede Notarkammer kann so viele Notare in die Vertreterversammlung entsenden, wie sie **9** Stimmen hat. Jedoch kann die Kammer nur **einheitlich abstimmen**[5]. Daher hat nur *einer* der erschienen Vertreter – in der Regel der Präsident der Notarkammer[6] – das Stimmrecht. Die mit erschienenen Vertreter haben kein Stimmrecht. Davon abgesehen sind sie aber voll berechtigte Mitglieder der Vertreterversammlung. Sie haben ein Mitspracherecht und können in das Präsidium gewählt werden (§ 81 Abs. 1 Satz 2).

2. Notare als Gutachter

Neben den als Mitglieder der Vertreterversammlung entsandten Notaren können von Fall **10** zu Fall weitere Notare zur **gutachtlichen Äußerung** zu einzelnen Fragen zugelassen werden. Die Zulassung erfolgt durch Beschluss der Vertreterversammlung. Der Beschluss kann stillschweigend gefasst werden. Das ist etwa der Fall, wenn der Präsident der Bundesnotarkammer bei Einberufung der Versammlung die Zuziehung eines Notars als Gutachter ankündigt und dagegen kein Widerspruch erhoben wird.

3. Sonstige Teilnehmer

Nach § 16 Abs. 2 Satz 2 der Satzung sind Herausgeber und Schriftleiter der **Deutschen No-** **11** **tar-Zeitschrift** berechtigt, an allen Sitzungen der Vertreterversammlung ohne Stimmrecht teilzunehmen.

Ferner nehmen die **Geschäftsführer** der Bundesnotarkammer ohne Mitsprache- und **12** Stimmrecht an den Versammlungen teil. Mit Zustimmung der Vertreterversammlung können sie sich zu einzelnen Tagesordnungspunkten äußern.

III. Beschlussfassung (Abs. 3)

1. Beschlussfähigkeit

Die Vertreterversammlung ist **beschlussfähig**, wenn mehr als die Hälfte der Stimmen vertre- **13** ten ist (§ 12 Abs. 1 der Satzung). Ist sie beschlussunfähig, so ist unverzüglich eine neue Vertreterversammlung einzuberufen, die dann ohne Rücksicht auf die Zahl der vertretenen Stimmen beschlussfähig ist. Zwischen der ersten und der zweiten Vertreterversammlung muss mindestens ein Zeitraum von drei Wochen liegen (§ 12 Abs. 2 der Satzung).

2. Einfache Mehrheit

Die Vertreterversammlung beschließt grundsätzlich mit der **einfachen Mehrheit** der abge- **14** gebenen Stimmen. **Stimmenthaltungen** zählen als abgegebene Stimmen, wirken daher im Ergebnis als negative Voten. Anders ist es, wenn ein Vertreter erklärt, sich nicht an der Abstimmung **beteiligen** zu wollen. Seine Stimme ist dann nicht abgegeben und bleibt ohne Einfluss auf das Ergebnis.

---

5 Zur Frage der Stimmrechtsbindung siehe § 84 Rz. 6.
6 Siehe § 84 Rz. 2.

15   Bei **Stimmengleichheit** entscheidet bei Abstimmungen die Stimme des Vorsitzenden, bei Wahlen das Los.

3. Qualifizierte Mehrheit

16   Die einfache Mehrheit genügt nicht, wenn die BNotO oder die Satzung eine **qualifizierte Mehrheit** verlangen. Das Gesetz selbst sieht eine solche nicht vor. Die Satzung verlangt eine Mehrheit von drei Vierteln der abgegebenen Stimmen bei
  – der Aufstellung und Änderung der allgemeinen Richtlinien für die Berufsausübung der Notare,
  – Änderungen der Satzung und
  – der Abberufung eines Geschäftsführers.

IV. Vetorecht (Abs. 4)

1. Bedeutung der Vorschrift

17   Nach § 7 Abs. 1 Satz 2 der Satzung hat das Präsidium die Beschlüsse der Vertreterversammlung zu vollziehen. Jedoch muss nach § 86 Abs. 4 BNotO die Ausführung unterbleiben, wenn ihr eine qualifizierte Mehrheit aus der Gruppe der Nurnotare oder der Anwaltsnotare **widerspricht**. Dadurch soll verhindert werden, dass eine der beiden Gruppen die andere in wichtigen, ihre Berufsgruppe betreffenden Fragen überstimmt[7].

2. Berechnung der Mehrheit

18   Der Widerspruch muss von einer Mehrheit von **drei Vierteln** aller Vertreter einer der beiden Gruppen erhoben werden. Maßgeblich ist die nach Abs. 1 zu ermittelnde Zahl der Stimmen, unabhängig davon, ob sie in der Versammlung vertreten waren und ob ihre Vertreter an der Abstimmung teilgenommen haben. Bei sog. **gemischten Notarkammern**, denen sowohl Nurnotare als auch Anwaltsnotare angehören (Rheinische Notarkammer, Notarkammer Baden-Württemberg), sind die Stimmen rechnerisch getrennt den beiden Gruppen zuzuordnen. Danach verfügt gegenwärtig die Gruppe der Nurnotare über 15 Stimmen und die Gruppe der Anwaltsnotare über 9 Stimmen. Die Ausführung eines Beschlusses unterbleibt mithin, wenn ihr 12 Vertreter der Nurnotare oder 7 Vertreter der Anwaltsnotare widersprechen[8].

3. Widerspruch nach vorheriger Zustimmung

19   Widerspruch können auch Notarkammern erheben, deren Vertreter in der Versammlung dem Beschluss **zugestimmt** haben. Dabei ist es gleichgültig, ob die Vertreter in der Stimmabgabe frei oder durch Weisung der Notarkammer gebunden waren.

4. Form und Frist des Widerspruchs

20   Da Beschlüsse der Vertreterversammlung in der Regel unverzüglich auszuführen sind, ist es zweckmäßig, den Widerspruch **alsbald** nach der Beschlussfassung zu erklären. Die Satzung sieht vor, dass der Widerspruch innerhalb eines Monats nach Absendung der Niederschrift

---

7 *Schippel/Bracker/Görk*, § 86 Rz. 11.
8 *Schippel*, DNotZ 1993, 172, 177.

über die Beschlussfassung schriftlich oder telegrafisch gegenüber dem Präsidenten zu erklären ist (§ 13 Abs. 3). Ein Widerspruch mittels anderer Kommunikationsmedien – etwa Telefax oder Fernschreiben – reicht aus, sofern er ebenso dauerhaft wie durch Brief oder Telegramm dokumentiert wird.

§ 87

Das Präsidium hat der Vertreterversammlung über alle wichtigen Angelegenheiten zu berichten.

A. Entstehungsgeschichte der Vorschrift

1   Die Vorschrift ist seit Einführung der BNotO unverändert in Kraft.

B. Erläuterungen

2   1. Die Vertreterversammlung kann nur dann die Geschäftsführung des Präsidiums überwachen und ihre Aufgaben als Willensbildungsorgan der Bundesnotarkammer[1] sachgerecht erfüllen, wenn sie über alle wichtigen Angelegenheiten der Kammer **unterrichtet** ist. Das Präsidium ist deshalb verpflichtet, der Vertreterversammlung über alle wichtigen Angelegenheiten zu berichten.

3   2. Was **wichtige Angelegenheiten** sind, lässt sich nicht abschließend definieren. Wichtig sind zunächst alle Fragen von grundsätzlicher Bedeutung. Darüber hinaus können auch Gegenstände der laufenden Geschäftsführung wichtig sein, etwa wenn es um Stellung und Ansehen der Bundesnotarkammer in der Öffentlichkeit oder um die Pflege von Auslandsbeziehungen geht.

4   3. Die **Art und Weise** der Unterrichtung ist weder gesetzlich noch in der Satzung festgelegt. In der Regel werden nur schriftliche Berichte geeignet sein, den Mitgliedern der Vertreterversammlung die notwendige Sachkenntnis zu verschaffen.

---

1 Einzelheiten dazu: § 79 Rz. 7.

§ 88

Die Mitglieder des Präsidiums und der Vertreterversammlung sind ehrenamtlich tätig.

A. Entstehungsgeschichte der Vorschrift

Die Vorschrift ist seit Einführung der BNotO unverändert in Kraft. 1

B. Erläuterungen

1. Die Mitglieder des Präsidiums und der Vertreterversammlung üben ein **Ehrenamt** aus. Sie 2
erfüllen damit ihre Standespflicht, an den berufsständischen Aufgaben mitzuarbeiten. Für
ihre Tätigkeit darf ihnen weder ein festes **Gehalt** noch eine dem Umfang oder der Schwierigkeit der geleisteten Arbeit entsprechende **Vergütung** gewährt werden. Das Gesetz mutet
ihnen zu, die mit ihrer ehrenamtlichen Tätigkeit etwa verbundenen Einkommensverluste –
sei es als Nurnotar oder als Anwaltsnotar – entschädigungslos hinzunehmen. Darin liegt keine unzulässige Beschränkung der Berufsausübungsfreiheit (Art. 12 GG); denn die unentgeltliche Wahrnehmung eines Wahlamtes in den notariellen Standesvertretungen gehört nach
dem herkömmlichen Berufsbild der Notare zu den immanenten Schranken der Berufsausübung.

2. Für Notare, die gemäß § 15 Satz 2 der Satzung in **Ausschüsse** der Vertreterversamm- 3
lung berufen werden, ohne der Vertreterversammlung anzugehören[1], gilt das Entgeltverbot
nicht.

3. § 88 schließt die Zahlung von **Aufwandsentschädigungen** und **Auslagenersatz** nicht 4
aus. Solche Leistungen stellen keine Vergütung für geleistete Arbeit dar und sind bei der
Wahrnehmung ehrenamtlicher Aufgaben allgemein üblich. Die Satzung konnte daher eine
nähere Bestimmung über derartige Leistungen treffen (§ 89).

a) Nach § 24 Satz 1 der Satzung[2] erhalten die Mitglieder des **Präsidiums** und der **Aus-** 5
schüsse von der Bundesnotarkammer für den mit ihrer Teilnahme an den Vertreterversammlungen, an Sitzungen des Präsidiums und an sonstigen Sitzungen und Tagungen verbundenen Aufwand eine Entschädigung sowie Ersatz ihrer Auslagen. Für die Mitglieder der
Vertreterversammlung selbst sieht die Satzung entsprechende Leistungen der Bundesnotarkammer nicht vor. Sie können aber auf freiwilliger Basis gezahlt werden.

b) Die **Aufwandsentschädigung** muss angemessen, darf aber nicht so hoch sein, dass sie 6
der Sache nach eine Vergütung für geleistete Tätigkeit darstellt. **Auslagen** dürfen nur erstattet werden, soweit sie tatsächlich entstanden sind. Dazu gehören insbesondere Reisekosten,
Telefonkosten, Porti, sächliche Aufwendungen, anteilige Kosten der bei dem Notar beschäftigten Hilfskräfte sowie Kosten eines wegen der Wahrnehmung des Ehrenamtes notwendigen Vertreters in der Geschäftsstelle des Notars.

Nach § 24 Satz 2 der Satzung kann die Vertreterversammlung **Pauschalsätze** für die Auf- 7
wandsentschädigung und den Auslagenersatz festsetzen.

1 Siehe § 79 Rz. 10.
2 I. d. F. v. 08.12.2005 (DNotZ 2006, 1).

§ 89

Die näheren Bestimmungen über die Organe der Bundesnotarkammer und ihre Befugnisse trifft die Satzung.

A. Entstehungsgeschichte der Vorschrift

1 Die Vorschrift ist seit Einführung der BNotO unverändert in Kraft.

B. Erläuterungen

2 1. Die Bundesnotarkammer ist eine **Selbstverwaltungskörperschaft**[1]. Sie hat das Recht, im Rahmen der gesetzlichen Bestimmungen ihre Verfassung und Organisation durch **Satzung** zu regeln (§ 89). Erlass und Änderung der Satzung sind Aufgabe der Vertreterversammlung.

3 2. Die Satzungsbefugnis beruht auf staatlicher Delegation. Sie begründet für die Bundesnotarkammer eine eigene **Rechtssetzungskompetenz**. Diese ist jedoch auf den Aufgaben- und Zuständigkeitsbereich der Kammer beschränkt. Maßgeblich für den Umfang des Satzungsrechts sind der Aufgabenkatalog des § 78 sowie die gesetzlichen Vorschriften über die Organisation der Bundesnotarkammer (§§ 79 bis 91). Durch die Satzung können keine neuen, gesetzlich nicht vorgesehenen Organe geschaffen werden. Die Bundesnotarkammer ist auch nicht befugt, zur Erfüllung einzelner Aufgaben besondere juristische Person des öffentlichen Rechts zu gründen[2]. Ferner dürfen Gewicht und Verhältnis der gesetzlich vorgesehenen Organe (Vertreterversammlung, Präsidium) zueinander durch die Satzung nicht verschoben werden. Satzungsbeschlüsse, die diesen Rahmen überschreiten, sind rechtswidrig und daher nichtig.

4 3. Zum Zwecke der vorbeugenden Rechtskontrolle bedürfen die Satzung selbst und ihre von der Vertreterversammlung beschlossenen Änderungen der **Genehmigung** des Bundesministeriums der Justiz.

5 4. In Ausübung der Satzungsbefugnis hat die 1. Vertreterversammlung am 16.10.1961 die erste Satzung beschlossen[3]. Wegen des Beitritts der Notarkammern in den neuen Bundesländern[4] hat die 62. Vertreterversammlung am 04.10.1991 eine Neufassung des § 20 beschlossen[5]. Durch Beschluss der 65. Vertreterversammlung vom 06.11.1992 ist die Satzung mit Rücksicht auf die Gründung des *Deutschen Notarinstituts* ergänzt worden[6]. Maßgeblich ist die Fassung der Bekanntmachung vom 06.06.2003[7], zuletzt geändert durch Beschluss vom 08.12.2005[8]. Das Bundesministerium der Justiz hat den Erlass und die Änderungen der Satzung jeweils genehmigt.

---

1 Siehe dazu § 78 Rz. 3.
2 BGH DNotZ 1997, 809, 811 (betr. Gründung des Deutschen Notarinstituts).
3 Abdruck: DNotZ 1962, 3.
4 Siehe § 76 Rz. 3.
5 DNotZ 1992, 129.
6 DNotZ 1993, 81.
7 DNotZ 2003, 386.
8 DNotZ 2006, 1.

§ 90

Die Bundesnotarkammer ist befugt, zur Erfüllung der ihr durch Gesetz oder Satzung zugewiesenen Aufgaben von den Notarkammern Berichte und Gutachten einzufordern.

A. Entstehungsgeschichte der Vorschrift

Die Vorschrift ist seit Einführung der BNotO unverändert in Kraft.   1

B. Erläuterungen

1. Die Bundesnotarkammer ist den Notarkammern nicht übergeordnet; sie hat ihnen gegen-   2
über keine Aufsichtsbefugnisse und kann ihnen keine Weisungen erteilen. Sie darf weder unmittelbar noch mittelbar in den Wirkungskreis einer Notarkammer eingreifen[1]. Jedoch kann sie ihre Aufgaben sachgerecht nur erfüllen, wenn sie sich über die Angelegenheiten und Auffassungen der Notarkammern **unterrichten** kann. Zu diesem Zweck kann sie von den Notarkammern Berichte und Gutachten anfordern, zu deren Erstattung die Notarkammern verpflichtet sind.

2. Die Befugnis nach § 90 ist auf den Aufgabenbereich der Bundesnotarkammer **be-**   3
schränkt. Berichte und Gutachten, deren Gegenstand darüber hinausgeht, darf die Bundesnotarkammer nicht anfordern und brauchen die Notarkammern nicht zu erstatten.

3. Erfüllt eine Notarkammer ihre Pflicht zur Erstattung angeforderter Berichte und Gut-   4
achten nicht, kann die Bundesnotarkammer die zuständige Landesjustizverwaltung anrufen, die ihrerseits im **Aufsichtswege** gegen die Notarkammer einschreiten kann (§ 66 Abs. 2).

---

1 Siehe § 76 Rz. 6.

§ 91

(1) Die Bundesnotarkammer erhebt von den Notarkammern Beiträge, die zur Deckung des persönlichen und sachlichen Bedarfs bestimmt sind.
(2) Die Höhe der Beiträge wird von der Vertreterversammlung festgesetzt.

A. Entstehungsgeschichte der Vorschrift

1 Die Vorschrift ist seit Einführung der BNotO unverändert in Kraft.

B. Erläuterungen

2 1. Körperschaften des öffentlichen Rechts finanzieren sich in der Regel durch **Beiträge** ihrer Mitglieder. Beiträge sind Geldleistungen, die dazu bestimmt sind, den personellen und sächlichen Aufwand der Körperschaft allgemein – ohne spezielle Zweckbindung – zu decken. Als Verbandskörperschaft[1] ist die Bundesnotarkammer gegenüber den Notarkammern als ihren Mitgliedern beitragsberechtigt. Die Beitragspflicht der Notarkammern gegenüber der Bundesnotarkammer entspricht der der Notare gegenüber den Notarkammern (§ 73 Abs. 1).

3 2. Beiträge der Notarkammern dürfen nur zur Deckung des persönlichen und sächlichen **Bedarfs** erhoben und verwendet werden[2].

4 a) Bei der **Ermittlung des Bedarfs** ist von dem Personal- und Sachaufwand auszugehen, der zur zügigen und sachgerechten Erledigung der der Bundesnotarkammer obliegenden Aufgaben notwendig ist. Dabei sind nicht allein die durch Gesetz und Satzung übertragenen, sondern auch die freiwillig übernommenen Aufgaben zu berücksichtigen, soweit die Bundesnotarkammer sie wahrnehmen darf[3]. Freiwillig übernommene Aufgaben, welche die Befugnisse der Bundesnotarkammer überschreiten, bleiben bei der Ermittlung des Finanzbedarfs außer Betracht.

5 b) Die Beiträge dürfen nur zur **Deckung des Bedarfs** verwendet werden. Eine Umlage zu sachfremden Zwecken (etwa Unterstützung einer politischen Partei, Spenden für allgemeine wohltätige Zwecke) wäre gesetzwidrig und müsste von der Aufsichtsbehörde beanstandet werden.

6 3. Die **Höhe** der Beiträge wird von der Vertreterversammlung festgesetzt (§ 91 Abs. 2). Nach der Satzung der Bundesnotarkammer[4] tragen die Notarkammern des Nurnotariats einerseits und die Kammern des Anwaltsnotariats andererseits den Aufwand der Bundesnotarkammer nach dem Verhältnis der Bevölkerungszahl in den Gebieten der Kammern des Nurnotariats bzw. des Anwaltsnotariats zu der Gesamtbevölkerung der Bundesrepublik Deutschland (§ 23 Abs. 1). Bei der Ermittlung der Bevölkerungszahl bleibt der durch Notare im Landesdienst versorgte Bevölkerungsanteil im badischen und württembergischen Rechtsgebiet unberücksichtigt. Der von der Notarkammer Baden-Württemberg zu leistende Beitrag bestimmt sich nach dem Verhältnis der durch die Nurnotare und Anwaltsnotare im badischen und im württembergischen Rechtsgebiet versorgten Bevölkerung zu der Bevölkerung der Bundesrepublik Deutschland (§ 23 Abs. 3).

---

1 Siehe § 76 Rz. 5.
2 Näher dazu: § 73 Rz. 5.
3 Näher dazu: § 78 Rz. 32 ff.
4 I. d. F. v. 08.12.2005 (DNotZ 2006, 1).

4. Die **Haushaltsführung** der Bundesnotarkammer ist in §§ 20 ff. der Satzung geregelt. **7**
Danach hat das Präsidium der Vertreterversammlung für jedes Haushaltsjahr einen Haushaltsplan und eine Jahresrechnung vorzulegen (§ 21 Abs. 1 Satz 1). Die Vertreterversammlung stellt den Haushalt fest (§ 21 Abs. 1 Satz 2) und beschließt nach Prüfung über die Entlastung des Präsidiums (§ 22).

Dritter Teil   Aufsicht. Disziplinarverfahren

1. Abschnitt   Aufsicht

§ 92

Das Recht der Aufsicht steht zu
1. dem Präsidenten des Landgerichts über die Notare und Notarassessoren des Landgerichtsbezirks;
2. dem Präsidenten des Oberlandesgerichts über die Notare und Notarassessoren des Oberlandesgerichtsbezirks;
3. der Landesjustizverwaltung über sämtliche Notare und Notarassessoren des Landes.

Die in Bezug genommenen Vorschriften der Dienstordnung für Notarinnen und Notare lauten:

§ 32 DONot

(1) Die regelmäßige Prüfung der Amtsführung der Notarinnen und Notare (§ 93 Abs. 1 Satz 1 BNotO) erfolgt in der Regel in Abständen von 4 Jahren.

(2) Die Prüfung wird von der Präsidentin oder dem Präsidenten des Landgerichts (§ 92 Nr. 1 BNotO) oder Richterinnen und Richtern auf Lebenszeit, welche sie mit der Prüfung beauftragt haben, – ggf. unter Heranziehung von Beamtinnen und Beamten der Justizverwaltung (§ 93 Abs. 3 Satz 3 BNotO) – durchgeführt. Die Präsidentin oder der Präsident des Oberlandesgerichts kann eine oder mehrere Richterinnen und Richter auf Lebenszeit bestellen, die im Auftrag der Präsidentinnen und Präsidenten der Landgerichte die Notarinnen und Notare im gesamten Oberlandesgerichtsbezirk prüfen.

(3) Prüfungsbeauftragte, Justizbeamtinnen und -beamte sowie hinzugezogene Notarinnen und Notare (§ 93 Abs. 3 Satz 2 BNotO) berichten der Präsidentin oder dem Präsidenten des Landgerichts über das Ergebnis der Prüfung. Soweit der Bericht Beanstandungen enthält, trifft die Präsidentin oder der Präsident des Landgerichts die erforderlichen Anordnungen.

§ 33 DONot

(1) Die Bestimmungen der Dienstordnung gelten auch für Notariatsverwalterinnen und Notariatsverwalter, Notarvertreterinnen und Notarvertreter.

(2) Die Notariatsverwalterin und der Notariatsverwalter führen das Amtssiegel (§ 2) mit der Umschrift ».... Notariatsverwalterin in ...(Ort)« oder »Notariatsverwalter in ...(Ort)«. Die Notariatsverwalterinnen und Notariatsverwalter sollen ihrer Unterschrift einen sie kennzeichnenden Zusatz beifügen.

(3) Die Notarvertreterin führt den sie als Vertreterin kennzeichnenden Zusatz (§ 41 Abs. 1 Satz 2 BNotO) in der weiblichen Form.

(4) Beginn und Beendigung der Notariatsverwaltung und der Vertretung sind in der Urkundenrolle zu vermerken; der Zeitpunkt des Beginns und der Beendigung sind anzugeben. Dies gilt auch dann, wenn während der Notariatsverwaltung oder Vertretung keine Beurkundungen vorgenommen worden sind.

(5) Notarinnen und Notare, für die eine ständige Vertreterin oder ein ständiger Vertreter bestellt ist, haben der Präsidentin oder dem Präsidenten des Landgerichts in vierteljährlichen Zusammenstellungen in zwei Stücken Anlass, Beginn und Beendigung der einzelnen Vertretungen anzuzeigen. In sonstigen Vertretungsfällen ist die vorzeitige Beendigung der Vertretung unverzüglich anzuzeigen.

§ 92

Übersicht

A. Entstehungsgeschichte der Vorschrift

1 Die Vorschrift entspricht wörtlich **§ 65 Nr. 1 und 2 RNotO**, und lediglich Nr. 3 wurde der veränderten Lage insoweit angepasst, als nunmehr die Landesjustizverwaltung anstelle des Reichsministers der Justiz die Aufsicht ausübt. Der Begriff »Landesjustizverwaltung« ist offenbar im Hinblick darauf gewählt worden, dass in einigen Ländern nicht Minister, sondern Senatoren gewählt sind; ansonsten wäre der Begriff »Justizminister« in Nr. 3 treffender als die jetzt gewählte Allgemeinbezeichnung.

B. Erläuterungen

I. Grundlagen

2 Die Einrichtung einer Dienstaufsicht ist **Grundlage der gesamten öffentlichen Verwaltung**. Da das Amt des Notars ein öffentliches ist, muss er der Dienstaufsicht unterliegen, denn der Notar nimmt originäre staatliche Aufgaben wahr, so dass der Dienstherr sich das Recht vorbehalten muss, bei Unregelmäßigkeiten einzugreifen. An dieser Vorschrift wird besonders deutlich, dass der Beruf des Rechtsanwalts und des Notars grundverschieden sind und insoweit schwer in einer Person in Übereinstimmung zu bekommen sind, wie dies beim Anwaltsnotar i. S. d. § 3 Abs. 2 der Fall ist. Die Einrichtung der Dienstaufsicht ist bei einem Notar umso mehr gerechtfertigt, als sie auch im Beruf des Richters besteht (vgl. § 26 DRiG), wo sie viel eher entbehrlicher wäre, denn dort findet Kontrolle in erster Linie durch den übergeordneten Rechtszug statt.

3 Diese **ordnende Funktion** des staatlichen Dienstes wird durch die Dienstaufsicht mit dem Disziplinarrecht geleistet. Zwar hat der Staat für das Gebiet der vorsorgenden Rechtspflege grundsätzlich keine Beamten bestellt, sondern diese Funktion aus dem Staatsdienst ausgegliedert und zur Erfüllung dieser Aufgaben durch die Notarordnung den Beruf des freien unabhängigen Notars geschaffen, der – von Ausnahmen in Baden-Württemberg abgesehen – zwar Träger eines öffentlichen Amtes, aber kein Beamter ist. Staatliche Aufgabe ist es aber geblieben, jedenfalls hat sich der Staat die Aufgabe vorbehalten, über die sachgerechte Erfüllung der Aufgaben vorsorgender Rechtspflege zu wachen. Das Mittel dazu ist die staatliche Dienstaufsicht. Diese Dienstaufsicht dient der Sicherung der staatlichen Justizgewährungspflicht. Die Dienstaufsicht soll ein ordnungsgemäßes Funktionieren und einen sachgerechten Ablauf der vorsorgenden Rechtspflege gewährleisten.

4 Man unterscheidet dabei die inneren sowie die äußeren Aufsichtsmaßnahmen und trennt zwischen der **Beobachtungsfunktion** sowie der **Eingriffs- oder Berichtigungsfunktion** der Dienstaufsicht[1]. Zu den inneren oder beobachtenden Maßnahmen gehören die Auf-

---

1 Siehe *Arndt*, DRiZ 1974, 248. Zum Verhältnis zwischen Dienstaufsicht und Unabhängigkeit des Notars: *Hänle*, BWNotZ 1978, 127; *Nieder*, BWNotZ 1986, 104; *Richter*, BWNotZ 1986, 115; *Dickert*, MittBayNot 1995, 421; zum Verhalten des Notars gegenüber der Dienstaufsicht bei strafrechtsrelevanten Situationen vgl. *Keller*, DNotZ 1995, 99; vgl. auch die Übersicht für den Bezirk des OLG Schleswig bei *Gabler*, SchlHA 2007, 224 ff. sowie *Harder/Fürter*, SchlHA 2007, 229 ff.

sichtsmaßnahmen im engeren Sinn, insbesondere die Überwachung, Geschäftsprüfungen, Rückfragen, Berichtsaufforderungen, Berichterstattungen, Hilfeleistungen, Schutz vor Angriffen und Mitwirkung an Personalmaßnahmen (Ernennung, Versetzung, Beurteilung, Amtsausübung usw.). Das Ergebnis der beobachtenden Aufsicht führt zu Folgerungen auch nach außen, wenn die Beobachtung Mängel ergeben hat. Dann wird die Dienstaufsicht nach außen tätig und nimmt Aufsichtsmaßnahmen vor. Diese »Berichtigungsfunktion« soll dazu dienen, Fehler und Fehlerquellen zu beseitigen. Die schärfsten Mittel der Dienstaufsicht sind die echten Disziplinarmaßnahmen, früher Disziplinarstrafen genannt.

Im Notarrecht bedient sich der Staat zur Durchführung der Dienstaufsicht nicht nur der Justizverwaltungsbehörden und staatlichen Gerichte, sondern zieht dazu teilweise die berufsständischen Selbstverwaltungsorgane (Notarkammern und ihre Organe) hinzu. **5**

Entsprechend ist dieser Teil des Gesetzes in zwei Abschnitte gegliedert: 1. Aufsicht und 2. Disziplinarverfahren. **6**

II. Staatliche Aufsichtsstellen

Das Gesetz gibt vor, dass der Präsident des Landgerichts, des Oberlandesgerichts und der oberste Vertreter der Landesjustizverwaltung **gleichermaßen die Dienstaufsicht ausüben.** Der Grundsatz der Gewaltenteilung ist dadurch nicht verletzt[2]. **7**

Bei den Beratungen zur RNotO waren aus den Kreisen der Notare entsprechende Wünsche vorhanden, die Dienstaufsicht dem Staat zu entziehen und sie vollständig auf die Notarkammern zu übertragen; allerdings war der Gesichtspunkt des Interessenkonflikts ausschlaggebend für die spätere Regelung gewesen, die Dienstaufsicht beim Staat zu belassen[3], weil andernfalls die Gewähr dafür verloren gewesen wäre, dass nicht immer objektiv entschieden würde, wenn die Aufsicht letztendlich den Notaren selbst übertragen worden wäre. Nach dem strengen Wortlaut des Gesetzes lässt sich weder dieser Vorschrift noch § 93 entnehmen, dass der Notar unter der Dienstaufsicht des Staates steht, sondern diese wird mehr oder weniger einfach vorausgesetzt; dennoch bestehen keine ernsthaften Zweifel, dass die Dienstaufsicht durch staatliche Organe ausgeübt wird; es wäre allerdings logischer gewesen, wenn der Gesetzgeber die Dienstaufsicht ausdrücklich postuliert hätte. **8**

Daraus folgt schon für sich, dass die Frage, wer in welchen Fällen konkret tätig wird, eine solche des Innenverhältnisses ist und der Notar darauf im Rahmen der Dienstaufsicht überhaupt keinen Einfluss nehmen kann. Der Justizminister (Senator) kann stets die Dienstaufsicht an sich ziehen und konkrete Maßnahmen anordnen, was er aber in den seltensten Fällen tun wird, sondern auf eine Stufenzuständigkeit zurückgreifen, um eventuell noch korrigierend gegenüber der nachgeordneten Behörde eingreifen zu können, wenn andere Gesichtspunkte zum Tragen kommen. **9**

Die Dreiteilung ist auch deshalb sinnvoll, weil die Präsidenten der Gerichte nur die Dienstaufsicht über in ihrem Bezirk tätige Notare ausüben können, während dem Justizminister die über alle im Land tätigen Notare zusteht. Ansonsten bestimmt sich die Zuständigkeit jeweils nach dem Inhalt der gesetzlichen Regelung. Soweit z. B. die BNotO die Landesjustizverwaltung erwähnt (z. B. §§ 7 Abs. 3, 8 Abs. 1, 48, 57 Abs. 2), wird der jeweilige Minister oder Senator tätig werden, es sei denn, er hat von seiner Möglichkeit der Delegation nach § 112 Gebrauch gemacht. Ansonsten ergibt sich die Zuständigkeit aus den Regelungen in den AVNot der Länder; soweit sich keiner Regelung eine Zuständigkeit entnehmen lässt, wird primär der Präsident des Landgerichts tätig werden. **10**

Dienstaufsicht und Rechtsprechung sind zwei völlig voneinander getrennte Gebiete und sind jeweils verschiedenen Gewalten im Staate zuzurechnen. Deshalb verträgt sich mit die- **11**

---

2 So BerlVerfGH NJW-RR 1999, 1364.
3 Vgl. dazu *Jonas*, DNotZ 1937, 189; *Schüler*, S. 48 f.; im Gegensatz zur französischen Regelung hatte Preußen niemals die Dienstaufsicht auf die Kammern übertragen; vgl. dazu *Eylmann/Vaasen/Hartmann*, § 65 BNotO Rz. 2; *Frischen*, RhNotZ 2003, 1, 7, was bedeutet, dass der Staat zwar einer Delegierung nicht abgeneigt war, aber doch die Aufsicht über den Inhalt der Tätigkeit behalten wollte.

sem Grundsatz nicht die in der Vergangenheit gehandhabte Praxis, dass jeweils die Vizepräsidenten dem Notarsenat vorsitzen[4]. Die Präsidien der Oberlandesgerichte haben offenbar diesen verfassungsrechtlichen Bedenken Rechnung getragen und entsprechend in den Geschäftsverteilungsplänen reagiert.

12 Dasselbe gilt für Richter, die nach § 33 DONot für den Präsidenten des Landgerichts Aufsichtsmaßnahmen durchführen; sie können deshalb nicht Mitglied eines Spruchkörpers sein, der sich z. B. mit Kostenbeschwerden nach § 156 KostO beschäftigt[5]. Dies gilt dann erst recht für den Präsidenten oder seinen Vertreter als Vorsitzender eines solchen Spruchkörpers. Diese Richter können deshalb bei der Wahrnehmung der ihnen zugewiesenen Aufgaben nicht die Grundsätze der richterlichen Unabhängigkeit für sich in Anspruch nehmen, weil sie von der Dienstaufsicht Aufgaben in deren Interessen übertragen bekommen haben.

III. Subjekte der Aufsicht

13 Die Notare und Notarassessoren sowie die Notarvertreter und Notariatsverwalter unterliegen während ihrer dienstlichen Tätigkeit der **Dienstaufsicht**, auch wenn sich die beiden zuletzt genannten Personenkreise nicht unmittelbar dem Gesetzeswortlaut entnehmen lassen; gegen Vertreter und Verwalter können aber nur dienstrechtliche Maßnahmen ergriffen werden, soweit sie dazu noch bestellt sind. Nach diesem Zeitpunkt ist dies nicht mehr möglich.

14 Zweitstücke der vom Präsidenten des OLG geführten Disziplinarakten des Notars, die sich beim Präsidenten des LG befinden, zählen nicht zu den Personalakten; in sie kann der Notar nur nach den Bestimmungen der Disziplinargesetze Einblick nehmen.

15 Akten, die bei Verwaltungsermittlungen im Vorfeld eines Disziplinarverfahrens anfallen, zählen zu den Personalakten wenn die Aufsichtsbehörde Verdächtigungen gegen den Notar nachgeht oder von sich aus Anlass sieht, Material über ihn zu sammeln; sie unterliegen dem uneingeschränkten Einsichtsrecht des Notars[6].

---

4 Vgl. dazu kritisch auch *Lerch*, AnwBl. 2006, 502 Anm. zu OLG Schleswig; *Lerch*, AnwBl. 2007, 282, 283; nach bisheriger Kenntnis wird die Besetzung der Notarsenate entgegen dem GVG in keinem OLG-Bezirk mehr gehandhabt, um offenbar der Entscheidung vorzubeugen, dass sie allein deshalb aufgehoben würde. Die Geschäftsverteilungspläne bei den Oberlandesgerichten Köln und Schleswig sowie beim Kammergericht sind dementsprechend angepasst worden und haben offenbar den Bedenken aus der Literatur Rechnung getragen. Bei mehreren Oberlandesgerichten hatte jeweils der Vizepräsident den Vorsitz im Notarsenat.
5 *Schippel/Bracker/Lemke*, § 92 Rz. 2 m. w. N.
6 BGH, BGHZ 144, 91 = NJW 2000, 2590 = DNotZ 2000, 710.

§ 93

(1) ¹Den Aufsichtsbehörden obliegt die regelmäßige Prüfung und Überwachung der Amtsführung der Notare und des Dienstes der Notarassessoren. ²Zusätzliche Zwischenprüfungen und Stichproben sind ohne besonderen Anlass zulässig. ³Bei einem neubestellten Notar wird die erste Prüfung innerhalb der ersten zwei Jahre seiner Tätigkeit vorgenommen.

(2) ¹Gegenstand der Prüfung ist die ordnungsmäßige Erledigung der Amtsgeschäfte des Notars. ²Die Prüfung erstreckt sich auch auf die Einrichtung der Geschäftsstelle, auf die Führung und Aufbewahrung der Bücher, Verzeichnisse und Akten, auf die ordnungsgemäße automatisierte Verarbeitung personenbezogener Daten, auf die vorschriftsmäßige Verwahrung von Wertgegenständen, auf die rechtzeitige Anzeige von Vertretungen sowie auf das Bestehen der Haftpflichtversicherung. ³In jedem Fall ist eine größere Anzahl von Urkunden und Nebenakten durchzusehen und dabei auch die Kostenberechnung zu prüfen.

(3) ¹Die Zuständigkeit zur Durchführung der Prüfung richtet sich nach den hierzu erlassenen Bestimmungen der Landesjustizverwaltung. ²Die Aufsichtsbehörde kann nach Anhörung der Notarkammer Notare zu Prüfungen hinzuziehen. ³Zur Durchsicht und Prüfung der Verzeichnisse und Bücher und zur Prüfung der Kostenberechnungen und Abrechnungen über Gebührenabgaben einschließlich deren Einzugs sowie der Verwahrungsgeschäfte und dergleichen dürfen auch Beamte der Justizverwaltung herangezogen werden; eine Aufsichtsbefugnis steht diesen Beamten nicht zu. ⁴Soweit bei dem Notar die Kostenberechnung bereits von einem Beauftragten der Notarkasse geprüft wird, ist eine Prüfung nicht erforderlich.

(4) ¹Der Notar ist verpflichtet, den Aufsichtsbehörden oder den von diesen mit der Prüfung Beauftragten Akten, Verzeichnisse und Bücher sowie die in seiner Verwahrung befindlichen Urkunden zur Einsicht vorzulegen und auszuhändigen, Zugang zu den Anlagen zu gewähren, mit denen personenbezogene Daten automatisiert verarbeitet werden, sowie die notwendigen Aufschlüsse zu geben. ²Personen, mit denen sich der Notar zur gemeinsamen Berufsausübung verbunden oder mit denen er gemeinsame Geschäftsräume hat oder hatte, sind verpflichtet, den Aufsichtsbehörden Auskünfte zu erteilen und Akten vorzulegen, soweit dies für die Prüfung der Einhaltung der Mitwirkungsverbote erforderlich ist. ³Dies gilt auch für Dritte, mit denen eine berufliche Verbindung im Sinne von § 27 Abs. 1 Satz 2 besteht oder bestanden hat.

Übersicht

A. Entstehungsgeschichte der Vorschrift

1 Die Vorschrift entspricht **§ 66 Abs. 1 RNotO**, der ebenfalls den Aufsichtsbehörden die Prüfung und Überwachung auferlegte. Die Notarassessoren waren darin ebenfalls erwähnt wie nunmehr in § 93. Abs. 2 unterschied sich von § 93 Abs. 2 nur dadurch, dass in § 66 Abs. 2 noch der Begriff »richterlicher Beamter« verwendet wurde, der im Hinblick auf Art. 92 GG nicht mehr zulässig ist, denn Richter können mit Beamten nicht gleichgesetzt werden.

B. Erläuterungen

I. Grundsätze zur Dienstaufsicht

2 Dienstaufsicht folgt aus der **staatlichen Justizhoheit.** Sie ist jeder staatlichen Gewalt immanent, denn der Staat erfüllt seine Aufgaben durch eine Vielzahl von Institutionen und Menschen. Dazu ist eine Arbeitsteilung mit einem hierarchischen Aufbau nötig. Das wiederum erfordert eine Überwachung der zur Mitarbeit und Entlastung eingesetzten Kräfte. Der Überwachung dienen Kontrolle und Prüfungen, deren Ergebnisse erforderlichenfalls durch Weisungen, Maßnahmen und Zwangsmaßnahmen durchgeführt werden. Das alles gehört zur Dienstaufsicht im weiteren Sinne.

3 Die Dienstaufsicht der Justizverwaltung dient der **Sicherung der staatlichen Justizgewährungspflicht.** Sie soll ein ordnungsmäßiges Funktionieren und einen sachgerechten Ablauf der überwachten Justizorgane gewährleisten. Sie ist dabei Personalaufsicht, die das Verhalten der Notare überwacht, aber regelmäßig an ihre Sachentscheidungen anknüpft.

4 Die Aufsicht über die Notare hat im Wesentlichen **vorbeugenden Charakter.** Sie soll gewährleisten, dass die Notare ihre amtliche Tätigkeit im Einklang mit den bestehenden Vorschriften ausüben, und soll verhindern, dass durch Pflichtwidrigkeiten des einzelnen Notars das Ansehen des Notaramtes und die reibungslose Erledigung der notariellen Geschäfte gefährdet werden. Allerdings ist die Aufsicht nicht auf die vorbeugende Verhinderung von Missständen für die Zukunft beschränkt. Ergibt sich, sei es bei einer Geschäftsprüfung oder auf andere Weise, dass ein Notar bei seiner Amtsausübung Fehler begangen hat, so kann ihm die Aufsichtsbehörde aufgeben, diese Fehler nach Möglichkeit rückgängig zu machen. Hat ein Notar infolge unrichtiger Gesetzesauslegung und -anwendung in einem bestimmten Fall überhöhte Gebühren verlangt und erhalten und ist er nicht bereit, seine Kostenrechnung zu ändern und überzahlte Beträge zurückzuerstatten, so kann die Aufsichtsbehörde ihn gemäß § 156 Abs. 5 KostO anweisen, eine gerichtliche Entscheidung herbeizuführen, um so den Weg für eine Abänderung der Kostenrechnung und die Rückzahlung überzahlter Gebühren zu eröffnen.

5 Man unterscheidet **innere** sowie **äußere Aufsichtsmaßnahmen** und trennt zwischen der **Beobachtungsfunktion** und der **Eingriffs- oder Berichtigungsfunktion** die Überwachung, Geschäftsprüfungen, Rückfragen, Berichtsaufforderungen, Berichterstattungen, Beanstandungen, Weisungen und sonstige Folgerungen, aber auch Hilfeleistungen, Besetzungsvorschläge usw. Der Zweck der Aufsicht wird vielfach schon durch eine reine Beobachtung erreicht und durch das Bewusstsein beim überwachten Organ, dass eine Überwachung vorgesehen ist oder läuft.

II. Prüfung und Überwachung der Amtsführung (Abs. 1)

1. Grundsätze

Die BNotO enthält **eine erschöpfende Aufzählung der Maßnahmen** der Dienstaufsicht[1]. **6**
Der Notar ist verpflichtet, den Aufsichtsbehörden bei der Prüfung und Überwachung Amtshilfe zu leisten, in dem er Auskünfte zu erteilen und angeforderte Berichte zu erstatten hat[2]. Dies gilt nicht nur im Fall einer zu beanstandenden Amtsführung in der Vergangenheit, sondern auch dann, wenn in der Zukunft mögliche Beanstandungen vorgebeugt werden soll. Allerdings besteht dieses Recht der Aufsichtsbehörden nicht schrankenlos, sondern es muss ein konkreter Anknüpfungspunkt für ein solches Begehren vorhanden sein. Dies folgt daraus, dass Dienstaufsicht auch vorbeugenden Charakter hat, also dazu beitragen soll, zukünftige Fehler zu vermeiden[3]; eine Folgerung daraus, dass der Beruf des Notars in die nächste Nachbarschaft zum öffentlichen Dienst gerückt ist, so dass schon von vornherein verhindert werden soll, dass durch Pflichtwidrigkeiten Einzelner das Ansehen des Notaramtes gefährdet wird[4].

Grundlage des öffentlichen Dienstes ist auch, dass bereits a priori entsprechend den gesetzlichen Vorschriften gearbeitet wird, so dass gerade deshalb Rechtsstreitigkeiten vermieden werden, und damit der Sinn und Zweck der freiwilligen Gerichtsbarkeit, nämlich Rechtsstreitigkeiten zu vermeiden, wieder erfüllt wird. In gewissem Umfang kann die Aufsichtsbehörde auch den Notar anweisen, in der Vergangenheit begangene Fehler zu korrigieren, wenn es den Notar nicht unangemessen belastet[5]. Diese Konstellation kann sich gerade in Kostensachen ergeben. **7**

Nach Abs. 1 Satz 2 können nunmehr, was die Rechtsprechung bereits gebilligt hatte[6] zusätzliche Prüfungen stattfinden, und zwar auch ohne besonderen Anlass sog. Zwischenprüfungen und sog. Stichproben. Darunter fallen insbesondere die Prüfungen über die Verwahrungsgeschäfte, die nach einem sog. Losverfahren der Landesjustizverwaltung durchgeführt werden, was allerdings durch einen Erlass geregelt werden muss. Darin muss bestimmt sein, wie viele Notare pro Jahr ohne besonderen Anlass geprüft werden und wie das Losverfahren gestaltet sein soll. **8**

Diese sog. Zusatzprüfungen hinsichtlich der Verwahrungsgeschäfte sind aber mittlerweile nicht sehr erfolgversprechend, zumal bei den Notaren die Fremdgeldverwahrung erheblich zurückgegangen ist; im Übrigen ist es dogmatisch mehr als zweifelhaft, ob die die Dienstaufsicht führende Stelle derartige Prüfungen durchführen muss, um die Versicherungen vor weiteren Schäden zu schützen. Es gibt keine Rechtspflicht des Staates mit dem Inhalt, die Versicherungen vor weiteren Schäden zu schützen. Bei den sog. Zusatzprüfungen ist allerdings darauf zu achten, dass der Grundsatz der Verhältnismäßigkeit zu wahren ist, allerdings ist dieser noch nicht dadurch tangiert, dass ein Erfolg allenfalls möglich, aber nicht sicher ist[7]. **9**

---

1 Vgl. die ausführlichen Erläuterungen zum Prüfungsumfang bei *Weingärtner/Ehrlich*, DONot, Rz. 497 ff. sowie für Neufassung der DONot *Harborth/Lau*, DNotZ 2002, 412 ff.
2 BGH DNotZ 1987 sowie *Blaeschke*, Rz. 1 ff., *Rohs/Heinemann*, Rz. 1 ff., 438 = BGHR BNotO § 93 Abs. 1 Aufsicht 1; BGH DNotZ 1993, 465.
3 BGH DNotZ 1993, 465, 467 = BGHR BNotO § 93 Abs. 1 Aufsicht 3.
4 BGH DNotZ 1993, 465, 467.
5 BGH DNotZ 1988, 254 = BGHR BNotO § 93 Abs. 1 Aufsicht 2.
6 Vgl. dazu BGH NJW-RR 1995, 625 = AnwBl. 1995, 312.; bestätigt in BGH DNotZ 2004, 235 = ZNotP 2004, 68 = NotBZ 2004, 27 = NJW-RR 2004, 351 = BGHReport 2004, 135 = BGHR BNotO § 93 Abs. 1 Zwischenprüfung 1.
7 BGHR BNotO § 93 Abs. 1 Verhältnismäßigkeit 1.

2. Umfang der Prüfung und Überwachung (Abs. 2)

10 Sowohl Prüfung als auch Überwachung sind zeitlich nicht eingeschränkt, sondern es kann jederzeit bei Vorliegen besonderer Gründe oder nach **Lage der dienstlichen Vorschriften** vom Recht der Prüfung Gebrauch gemacht werden. Gleiches gilt für die Überwachung, wobei besser von Beobachtung gesprochen werden sollte, die wie bei einem Richter ebenfalls Teil der Dienstaufsicht ist. Darunter fällt z. B. die dem Notar obliegende Pflicht, nach § 24 DONot jährlich eine Übersicht zu den Urkundsgeschäften vorzulegen.

11 Die nähere Ausgestaltung über den Umfang der **Prüfung** ist nunmehr in Abs. 2 geregelt. Im Übrigen findet eine solche Prüfung, wenn nicht ein besonderer Anlass besteht, in Abständen von jeweils vier Jahren statt; bei neu bestellten Notaren findet die erste Prüfung bereits nach zwei Jahren statt, bevor der vierjährige Rhythmus zu laufen beginnt. Die Vorschrift entspricht wortgleich § 32 Abs. 2 DONot, der insoweit bereits inhaltsleer und damit als entfallen anzusehen ist. Dennoch gelten die dazu entwickelten Grundsätze weiterhin, denn sie sind Inhalt der Dienstaufsicht über Notare[8]. Hinsichtlich des Prüfungsumfangs nach Gegenstand und Inhalt ergibt das **von Weingärtner entwickelte System im Zusammenhang mit einer Notarprüfung**[9] **den folgenden Prüfungskatalog:**

12
- Frühere Beanstandungen behoben
- Amtsschild
- Zeitschriften
- Siegelgerätschaften
- Generalakten
- Verwahrungsgeschäfte
- Anderkontenliste
- Erledigte Massen
- Berechtigtes Sicherungsinteresse
- Verwahrungsvereinbarung
- Zinsregelung
- Auszahlungsvoraussetzungen
- Tatsächliche Voraussetzungen als Auszahlungsvoraussetzung
- Widersprüche bei mehreren Treuhandverhältnissen
- Sicherstellung der Eintragung
- Blattsammlung
- Ausführungsbestätigung der Kreditinstitute
- Wechselproteste
- Sammelband
- Wandproteste
- Vermerkblätter
- Meldung an den Datenschutzbeauftragten
- Urkundenrolle mit Titelblatt
- Namensverzeichnis
- Vertretervermerke
- Bezeichnung des Geschäftsgegenstands
- Unterschriftsbeglaubigungen
- Gegenseitige Verweisungen
- Vertreter in der Urkundenrolle
- Erbvertragsverzeichnis
- Beurkundungen außerhalb des AG-Bezirks
- Beurkundungen außerhalb des OLG-Bezirks
- Vollständige Urkundensammlung
- Beurkundungsverbote einschl. Sozien und Beachtung der Vorbefassung nach § 3 BeurkG
- Beachtung des § 1365 BGB

---

8 Vgl. dazu umfassend *Weingärtner/Ehrlich*, DONot, Rz. 477 ff.
9 Vgl. dazu *Weingärtner*, Vermeidbare Fehler, S. 160 ff.

- Vollmachten
- Beifügung der beglaubigten Ablichtung
- Vollmachtlose Vertreter u. U. mit dem Versprechen, eine solche nachzureichen
- Beachtung der Vollmachten auf Vollzugsgeschäfte und Einbeziehung der Notarange-stellten
- Verfahren bei Unterschriftsbeglaubigungen beachtet
- Identitätsfeststellungen
- Geburtsdaten
- Grundbucheinsichten vorgenommen
- Eidesstattliche Versicherungen
- Zusätze und Änderungen in den Urkunden
- Füllstriche
- Protokollanlagen
- Eingeschränkte Vorlesungspflichten nach § 14 BeurkG
- Verweis auf geänderte Urkunden
- Heftung von Urkunden
- Abschriften letztwilliger Verfügungen
- Vermerkblätter bei letztwilligen Verfügungen
- Vertreterbescheinigungen
- Sammelbeurkundungen
- Verwendung fremdsprachiger Texte und Hinzuziehung von Dolmetschern
- Kenntnisse über Unrichtigkeiten des Handelsregister und Weitergabe jener an das Regis-ter (§ 125 FGG)
- Abschriften an Finanzämter und Gutachterausschüsse sowie Personenstandsregister
- Benachrichtigungen der Geburtsstandesämter
- Haftpflichtversicherungen des Notars.

Eine ganz andere, jedoch mit dem Aufsichtsrecht nicht im Zusammenhang stehende Frage **13** ist, inwieweit durch derartige präventive Maßnahmen Schäden von den Versicherungen ab-gewendet werden können und ob die Dienstaufsicht dazu eingerichtet ist, für die Versiche-rungen Schadensbegrenzung herbeizuführen. Im Rahmen derartiger Prüfungen ist der Notar auch verpflichtet, Akten und Bücher vorzulegen[10]; er muss daran aktiv mitwirken und kann sich nicht einfach passiv verhalten. Ein Notar verstößt schwerwiegend gegen die ihm oblie-gende Mitwirkungspflicht aus § 93 Abs. 2, wenn er mehrfachen Aufforderungen der Justiz-verwaltung, sich zu äußern, über einen Zeitraum von einem Jahr nicht nachkommt und ins-besondere eine selbst erbetene Fristverlängerung verstreichen lässt[11]. Der Antrag eines Notars, die Justizverwaltung dazu zu verpflichten, dass nur ein Prüfer herangezogen werden darf, ist bereits unzulässig[12].

Der Notar ist danach auch verpflichtet, das **Betreten seiner Geschäftsräume** durch einen **14** Prüfungsbeauftragten zu gestatten. Bei entsprechender Weigerung durch den Notar oder auch in anderen Fällen, in denen der Notar seine Mitarbeit grundlos einstellt, kann nicht der mit der Prüfung beauftragte Richter tätig werden, sondern nur der mit der unmittelbaren Dienstaufsicht zuständige Präsident des Landgerichts.

Dies geschieht in der Regel durch **Abfassung eines Prüfungsberichts**, woraufhin der Prä-**15** sident des Landgerichts die notwendigen dienstlichen Maßnahmen einleitet. Der Notar ist nach Zugang des Prüfungsberichts auch verpflichtet, eine entsprechende Stellungnahme ab-zugeben, sofern er dazu aufgefordert wurde[13]. Der Notar kann sich auch nicht mit Erfolg dagegen wenden, dass die Landesjustizverwaltungen entsprechende Verwaltungsvorschriften erlassen haben, wonach Gerichte und Behörden gehalten sind, Mitteilungen an andere Dienststellen zu veranlassen, sofern auch dafür ein sachlicher Anhaltspunkt und ein unmit-telbarer Zusammenhang mit der Tätigkeit des Notars besteht.

---

10 BGH DNotZ 1993, 465, 467.
11 OLG Celle NdsRPfl 1999, 322.
12 BGH NJW-RR 1995, 886.
13 BGH DNotZ 1993, 465, 466.

16   Der Notar kann auch im Wege der Dienstaufsicht dazu angehalten werden, dass der **Begriff Notariat** nicht im Bereich des Anwaltsnotars verwendet wird[14]. Er kann auch dazu angehalten werden, dass das Landeswappen in Briefbögen allenfalls auf solchen verwendet wird, die das Notargeschäft betreffen, aber keinesfalls Bezüge zur anwaltlichen Tätigkeit haben[15].

17   Deshalb finden auf seine Tätigkeit auch die Vorschriften des Datenschutzes der jeweiligen Länder Anwendung[16].

18   Die Landesjustizverwaltung kann allerdings nicht über die zuständige Aufsichtsbehörde von dem Notar verlangen, dass er **fortlaufend Übersichten** einreicht, aus denen sich die Anzahl der beurkundeten Geschäfte, Beginn und Beendigung der einzelnen Beurkundungsakte und die Dauer der Beurkundungen ergibt, um festzustellen, ob das Notariat gegenüber anderen Notariaten einen größeren Umfang hat[17].

3. Zuständigkeit und Prüfungsbeauftragte (Abs. 3)

19   Die dienstinterne Zuständigkeit ist nunmehr in Abs. 3 neu geregelt, während sich dazu früher in § 33 DONot Ausführungen fanden, die nunmehr obsolet geworden sind; dennoch gelten die dazu entwickelten Grundsätze auch weiterhin[18]. Die Zuständigkeit richtet sich dabei nach den Bestimmungen der Landesjustizverwaltung, so dass die DONot auch weiterhin nähere Ausführungen dazu enthält. Ein Antrag des Notars auf Verpflichtung der Aufsichtsbehörde, nur einen Prüfungsbeauftragten heranzuziehen, der über Erfahrung im Berufs- und Kostenrecht verfügt, ist unstatthaft[19].

20   Dabei ist dort nicht nur die Zuständigkeit geregelt, sondern auch das Verfahren der Prüfung, das heißt, wo die Prüfungen in der Regel stattfinden, nämlich regelmäßig in der Geschäftsstelle des Notars. Das Gesetz eröffnet die Möglichkeit, zu den Prüfungen auch Notare nach Anhörung der Notarkammer hinzuzuziehen, woraus sich allerdings keine durchgreifende Entlastung der Justizverwaltung ergeben dürfte, denn primär wird die Prüfung immer noch durch Richter durchgeführt, der sich der zusätzlichen Hilfe eines Notars bedienen kann.

21   Die **Hinzuziehung von Notaren** dürfte die absolute Ausnahme darstellen und kommt nur dann in Betracht, wenn der Prüfungsbeauftragte auf Grund besonderer Umstände jene als erforderlich ansieht. Das Verfahren wird sich so gestalten, dass der Prüfungsbeauftragte zunächst den Präsidenten des Landgerichts bittet, von der Möglichkeit der Hinzuziehung eines Notars Gebrauch zu machen, dieser sodann der Notarkammer zwecks Anhörung berichtet, die dann einen Notar aus ihren Reihen auswählt, der allerdings nicht verpflichtet ist, jene Tätigkeit vorzunehmen, sondern nur ein solcher sein kann, der auch bereit ist, an solchen Prüfungen mitzuwirken.

22   Dabei kann es sich um einen Notar aus dem Bezirk des Landgerichts handeln, in dem auch der zu prüfende Notar seinen Amtssitz hat, jedoch dürfte dies aus optischen Gründen nicht gerade empfehlenswert sein. Es kann auch einer dem Kammervorstand angehörender Notar sein, jedoch sollte es die absolute Ausnahme darstellen, denn bei späteren Beanstan-

---

14 So jetzt BGH DNotZ 2006, 72 ff. = NJW 2005, 2693 f. = AnwBl. 2006, 138 ff. = BGHReport 2005, 1495 f.; BGH DNotZ 2007, 152 = ZNotP 2007, 69 = BB 2007, 181; Bestätigung von BGH DNotZ 2003, 376 f. m. Anm. *Görk* = ZNotP 2002, 403 = NJW–RR 2002, 1493 f.; kritisch dazu *Weingärtner/ Ehrlich*, DONot Rz. 47; abwegige Kritik von *Huff*, LMK 2005, 154738, der die Tätigkeit eines Rechtsanwalts mit der eines Notars verwechselt und insoweit als gleichartig ansieht. Hier werden zwei voneinander getrennte Berufsbilder miteinander vermengt.

15 BGH DNotZ 2004, 230 = BGHR BNotO § 93 Landeswappen 2; vgl. auch *Mihm*, DNotZ 2000, 554; *dies.*, NJW 1998, 1591 ff.

16 BGHZ 112, 178, 185 = NJW 1991, 568, 569 = ZIP 1990, 1586; kritisch dazu wegen der gewählten Formulierungen *Bohrer*, Berufsrecht, Rz. 167.; vgl. dazu auch *Mihm*, ZNotP 2000, 62 ff.

17 BGH NJW-RR 1995, 884 = MDR 1995, 853 = MittBayNot 1995, 490 = AnwBl. 1995, 623.

18 Vgl. insoweit die Ausführungen bei *Weingärtner/Ehrlich*, DONot Rz. 477 ff.

19 BGHR BNotO § 93 Abs. 2 Prüfungsbeauftragte 1 unter Bezugnahme auf BGH DNotZ 1974, 372.

dungen bei dem zu prüfenden Notar wird regelmäßig vor Einleitung dienstrechtlicher Maßnahmen der Vorstand der Notarkammer um eine Stellungnahme ersucht. Der hinzugezogene Notar erhält für seine Tätigkeit bei Notarprüfungen keine Vergütung, sondern versieht jene auch im Rahmen seiner Dienstpflichten wie ein Richter, der grundsätzlich auch keine Vergütung enthält, sondern allenfalls mit einem Teil seiner Arbeitskraft von der übrigen richterlichen Tätigkeit freigestellt sein kann.

4. Verwahrungsgeschäfte und Kostenberechnungen (Abs. 3 Satz 3)

Dabei haben sich in der Praxis folgende Grundsätze entwickelt[20]: **23**

Während in kleineren Bezirken die Verwahrungsgeschäfte der einzelnen Notare vielfach vollständig geprüft oder bei größeren Notariaten alle laufenden Verwahrungsgeschäfte und die übrigen punktuell geprüft werden, erfolgt in den größeren Bezirken die Prüfung durch **Stichproben**. Es besteht allgemein eine dahin gehende Praxis, dass zunächst eine Reihe von Verwahrungsgeschäften genau überprüft wird und erst dann, wenn sich hierbei keine Beanstandungen ergeben haben, die übrigen Verwahrungsgeschäfte stichprobenartig überprüft werden. Inwieweit die Prüfung sich auf Stichproben beschränkt, hängt wesentlich von dem jeweiligen Umfang des Notariats und der Zahl der Verwahrungsgeschäfte ab. Die Landesjustizverwaltungen können hier Weisungen über den Umfang der Prüfung erteilen.

Die Prüfung erstreckt sich darauf, ob die Bücher richtig geführt werden, ob das Verwahrungs- und Massenbuch, der Ist- und Sollbestand übereinstimmen und ob die Einnahmen- und Ausgabeneintragungen durch Belege ordentlich nachgewiesen worden sind. **24**

Selbstverständlich sollen hier auch formelle Fehler, wie z. B. ungenaue Bezeichnungen pp., beanstandet werden. Schwergewichtiger ist jedoch die Prüfung der Verwahrungsgeschäfte, weil hier die Vermögensinteressen der Rechtsuchenden einschneidend berührt werden. **25**

Bei den nachstehenden Ausführungen sind nur die wichtigsten Gesichtspunkte berücksichtigt worden:

a) Vollständigkeit der Eintragungen

Die Feststellung, ob die **Eintragungen in den Büchern vollständig sind**, ist anhand des Massen- und Verwahrungsbuches allein nicht möglich. Wesentliche Aufschlüsse bieten insoweit die Urkunden in der Urkundensammlung, wenn in ihnen Vereinbarungen über Verwahrungsgeschäfte getroffen worden sind. Wenn in den Urkunden die Formulierung zu finden ist, dass über die Zahlungsmodalitäten besondere Vereinbarungen vorbehalten bleiben sollen, sind die Handakten des Notars auf nachträgliche Vereinbarungen durchzusehen. **26**

Die Vollständigkeit der Eintragungen kann auch unter dem Gesichtspunkt überprüft werden, in welchen Fällen die Notare Gebühren nach § 149 KostO berechnet haben. Ferner erlauben die Kontounterlagen Rückschlüsse auf die Vollständigkeit der Eintragungen. **27**

b) Abwicklung der Verwahrungsgeschäfte

Wichtigste Grundlage der Prüfung ist die Verwahrungsvereinbarung. **28**

Wegen der besonderen Bedeutung sollen die folgenden Punkte stichwortweise hervorgehoben werden: **29**
a) Keine Umgehung der Bestimmung der §§ 54a ff. BeurkG.
b) Keine Fremdgelder auf Privat- oder Geschäftskonto.
c) Identifizierungspflicht nach dem Geldwäschegesetz.
d) Für jede Masse muss ein selbstständiges Anderkonto errichtet werden.
e) Ohne ausdrückliche Anweisung der Beteiligten dürfen die Gelder nicht auf ein Festgeldkonto umgebucht werden.

---

20 So zutreffend *Weingärtner/Ehrlich*, DONot Rz. 579 ff.

f) Die Gelder müssen *unverzüglich* dem Anderkonto zugeführt werden.

g) Ortsansässige Bank.

h) Sind die Fremdgelder ordnungsgemäß verwaltet worden?

    aa) Lagen die Auszahlungsvoraussetzungen vor?

    bb) Unverzügliche Auszahlung?

    cc) Auszahlung an den Berechtigten?

    dd) Ordnungsgemäße Abführung der Zinsen?

    ff) Vollständigkeit der Belegsammlung?

    gg) Ordnungsgemäße Anderkontenliste?

Um dieses nachprüfen zu können, ist dem Notar grundsätzlich nicht gestattet, mittels Schecks über Anderkonten zu verfügen, weil in diesen Fällen für den Prüfer ohne die erforderlichen Bankunterlagen keine Möglichkeit besteht, den Empfänger des vom Notar disponierten Betrages festzustellen.

Verfügungen über Beträge aus Anderkonten durch Überweisungen sind durch Belege nachzuweisen. Die Belege müssen die Ausführungsbestätigung der Bank enthalten.

30   Darüber hinaus soll der Notar dafür Sorge tragen, dass nach rechtzeitiger Ankündigung der Geschäftsprüfung zum Prüfungstage der Kontostand sämtlicher laufender Verwahrungsgeschäfte durch einen entsprechenden Bankauszug, der nicht älter als zehn Tage sein sollte, belegt ist. Der Notar muss selbst in eigener Person prüfen, ob z. B. die Voraussetzungen für eine Auszahlung vom Anderkonto vorliegen, und hat selbst die entsprechenden Vermerke in den Handakten anzubringen[21].

c) Einsicht in Bankkonten

31   Wenn sich Anhaltspunkte für Veruntreuungen des Notars ergeben, kann sich die **Kontoeinsicht bei den Banken** als notwendig erweisen. Hier kann es zu Schwierigkeiten mit den Banken kommen, die sich auf das Bankgeheimnis berufen; ob zu Recht, ist zweifelhaft, da die Dienstaufsicht über einen Treuhänder die gleichen Rechte wie der Treuhänder selbst haben muss, der seinerseits das Recht zur Kontoeinsicht hat[22]. Der beste Weg ist sicherlich, den Notar zu befragen, ob er mit der Einsicht in die Konten einverstanden sei und ihm für den Fall der Weigerung bei vorliegenden Verdachtsmomenten die Einleitung von Maßnahmen nach der StPO (Durchsuchung, Beschlagnahme) in Aussicht zu stellen. Eine klare Regelung von Einsichts- und Auskunftsrechten der Aufsichtsbehörden – sei es durch rechtliche Regelung oder durch eine entsprechende Gestaltung der Geschäftsbedingungen der Banken – wäre wünschenswert.

32   Um für diesen Fall aber dann auch eine lückenlose Kontrolle zu ermöglichen, ist der Notar gehalten, das vollständige Verzeichnis der von ihm unterhaltenen Anderkonten unter Angabe des jeweiligen Kreditinstituts (Anderkontenliste) auf dem neuesten Stand zu halten. Außerdem hat er im Massenbuch oder auf jeder Massenkarteikarte für jede Masse den Namen und die Anderkontennummer des Bankinstitutes zu vermerken.

33   Die Weisung der Aufsichtsbehörde, Bankauszüge über Notaranderkonten vorzulegen, ist kein nach § 111 BNotO anfechtbarer Verwaltungsakt[23].

5. Prüfung der Kostenberechnungen

34   Beamte des gehobenen Justizdienstes überprüfen darüber hinaus die Kostenberechnungen des Notars auf ihre Vollständigkeit und Richtigkeit, wobei ein nicht unwesentlicher Bestandteil der Prüfung der sog. Wertansatz in den Kostenberechnungen ist. Soweit schon ein Beauftragter der Notarkasse tätig geworden ist, erübrigt sich eine nochmalige Überprüfung.

---

21 OLG Celle NdsRpfl. 1998, 45.
22 So auch *König*, S. 31.
23 OLG Köln, DNotZ 1987, 555.

Von der Möglichkeit der Notarkasse ist in Bayern, im Bezirk des OLG Zweibrücken in Rheinland-Pfalz und in den neuen Bundesländern Gebrauch gemacht worden[24].

Der Notar kann sich bei **Beanstandungen zu Kostenberechnungen** nicht darauf be- **35** schränken, allgemein die Versicherung abzugeben, diese seien behoben, sondern muss zu jeder Berechnung darlegen, was von ihm konkret unternommen wurde; sollte der Prüfung Anlass zu Misstrauen haben, kann er sich Belege über die Nacherhebung oder Zurückerstattung vorlegen lassen.

6. Mitarbeit und Mithilfe des Notars anlässlich von Prüfungen (Abs. 4)

Der Notar ist anlässlich von Prüfungen zur **aktiven Mitarbeit** verpflichtet, was bisher schon **36** gefestigter Rechtsprechung entsprach[25]. Er kann sich nicht darauf beschränken, dem Prüfer lediglich Zutritt zu den Räumen der Geschäftsstelle zu gewähren, sondern muss dem Prüfer auf dessen Verlangen alle Unterlagen vorlegen, die zur ordnungsgemäßen Durchführung der Prüfung erforderlich sind. Er ist weiterhin verpflichtet, dem Prüfer Zutritt zu den Räumlichkeiten zu gewähren, in denen sich die sog. Hardware befindet, mit deren Hilfe die Notargeschäfte im automationsgestützten Verfahren durchgeführt werden.

Der Prüfer sollte allerdings mit der Bedienung solcher Einrichtungen Zurückhaltung **37** üben, um sich nicht der **Gefahr einer Fehlbedienung** auszusetzen, wodurch möglicherweise wertvolle Dateien verloren gehen könnten. Deshalb hat das Gesetz dem Notar die Verpflichtung auferlegt, dem Prüfer entsprechende Auskünfte (Aufschlüsse) zu erteilen.

Infolge der Erweiterung der Mitwirkungsverbote nach § 3 BeurkG war es erforderlich, **38** auch diejenigen Personen in die Pflicht zur Erteilung von Auskünften und Vorlage von Akten einzubeziehen, mit denen sich der Notar zur gemeinsamen Berufsausübung verbunden hat[26].

Die Vorschrift erfasst nicht nur die auf gemeinsamen Gewinn gerichteten Sozietäten, son- **39** dern auch andere Formen wie überörtliche Gemeinschaften in Form einer BGB-Gesellschaft, Partnergesellschaften, Anstellungsverhältnisse mit einem Rechtsanwalt und auch Einstellungsverhältnisse mit einem freien Mitarbeiter. Beim Tatbestandsmerkmal der gemeinsamen Berufsausübung wird im Wesentlichen darauf abgestellt, ob Gewinn und Verlust gemeinsam getragen werden, während die gemeinsamen Geschäftsräume nur auf den äußerlichen Eindruck abstellen, also ob allen Partnern der Zugang zu allen Räumen gewährt wird und auch die technischen und sonstigen sächlichen Mittel, wie z. B. Computer und Schreibtische, gemeinsam genutzt werden. Es kommt dabei auch nicht darauf an, ob alle für eine Bürogemeinschaft benötigten sächlichen Mittel den Partnern zur Verfügung stehen, sondern es genügt eines dieser Instrumentarien. Dadurch soll Missbräuchen in der Weise entgegengewirkt werden, dass verschiedene Räume angemietet werden, aber mehr oder weniger der technische Apparat gemeinsam benutzt wird. Bei den gemeinsam genutzten Räumen wird primär auf die tatsächliche Nutzung und den Besitz i. S. d. § 854 BGB abzustellen sein und weniger auf intern geregelte Mietverhältnisse. Aus dem Gesamtzusammenhang der Norm ergibt sich aber, dass die Angestellten des Notars nicht zu dem Personenkreis gehören, gleichwohl sie die Geschäftsräume betreten, aber nicht haben, denn das Merkmal »haben« bedeutet nur, dass ihnen ein von einem Dritten abgeleitetes Recht zur Nutzung zusteht und dies trifft auf Angestellte nicht zu.

Der Notar hat deshalb **auf Grund schriftlicher Vereinbarungen** mit den (überörtlichen) **40** Partnern sicherzustellen, dass diese auf seine Aufforderung dem Prüfer die entsprechenden Unterlagen zur Verfügung stellen; kommen diese nämlich dem Ersuchen des zu prüfenden Notars nicht nach, stehen der Landesjustizverwaltung keine zwangsweisen Befugnisse gegen andere Berufsgruppen als einem Notar nicht zu, denn die BNotO gilt für jene nicht, so dass die Vorschrift auch insgesamt nicht ganz unproblematisch ist.

---

24 Vgl. zu weiteren Einzelheiten *Weingärtner/Ehrlich*, DONot, Rz. 240; vgl. auch *Reetz*, NotBZ 2000, 40 ff. zur geschichtlichen Entwicklung der Ländernotarkasse.
25 Vgl. dazu § 93 Rz. 13.
26 Vgl. zum Begriff der gemeinsamen Berufsausübung *Lerch*, BWNotZ 1999, 41, 47.

41   Die Regelung ist nunmehr aufgrund eines Änderungsgesetzes vom 12.12.2007[27] dahingehend ergänzt worden, dass Absatz 4 auch, »für Dritte gilt, mit denen eine berufliche Verbindung i.S.d. § 27 Abs. 1 Satz 2 besteht oder bestanden hat«. Es zählt nicht zu den Beispielen einer Gesetzgebungskunst, dass damit abermals offen bleibt, ob auch bereits in der Vergangenheit bestehende, aber nunmehr nicht mehr fortbestehende Berufsverbindungen darunter zu subsumieren sind, denn die Zeitform des Perfekts deutet eher darauf hin, dass nur noch derzeit bestehende Berufsverbindungen davon erfasst sein sollen, wogegen aber wiederum spricht, dass es dann nur der Zeitform des Präsens bedurft hätte. Die Beibehaltung des übrigen Teils dieses Absatzes deutet nämlich darauf hin, dass auch früher bestandene Berufsverbindungen davon erfasst sein sollen.

     Mit der Bezugnahme auf § 27 Abs. 1 S. 2 wird deutlich, dass nunmehr alle Berufsverbindungen gemeint sind, die das Beurkundungsgesetz mit entsprechenden Sanktionen versehen hat, wodurch eine gewisse Einheitlichkeit hergestellt wird. Deshalb sind mit »beruflichen Verbindungen« i.S.d. Abs. 4 alle diejenigen gemeint, die § 3 Abs. 1 Satz 1 Nr. 7 BeurkG aufzählt, der seinerseits wieder auf § 3 Abs. 1 Satz 1 Nr. 4 BeurkG Bezug nimmt und somit die »gemeinsame Berufsausübung« und die »gemeinsamen Geschäftsräume«[28]. Trotz gewisser Bedenken hat der Gesetzgeber daran festgehalten, dass den Pflichten der Bundesnotarordnung auch diejenigen Gruppen unterfallen, für die eigentlich jene Berufsordnung nicht gilt, was bedeutet, dass sie unmittelbar gegenüber den staatlichen Aufsichtsbehörden in die Pflicht genommen sind und sich ihrerseits nicht über den Notar »exkulpieren« können. Der Gesetzgeber hat auf diese Weise kraft Bindungs- und Verweisungswirkung verhindert, dass sich zu § 93 eine neue, verselbstständigte Ansicht in der Interpretation herausbildet[29].

42   Sollte der Notar derartige Regelungen nicht getroffen haben, können gegen ihn dienstrechtliche Maßnahmen eingeleitet werden, denn auch er hat dafür Sorge zu tragen, dass die Einhaltung der Mitwirkungsverbote gesichert ist und durch die Dienstaufsicht überprüft werden kann. Jede andere Auslegung würde der Norm keinen Inhalt geben und ihre Einhaltung wäre unmöglich gemacht.

7. Grenzen der Dienstaufsicht

43   Die **Grenze der Dienstaufsicht** endet bei der Unabhängigkeit: Die **Unabhängigkeit** des Notars darf durch die Dienstaufsicht nicht beeinträchtigt werden. Diese Unabhängigkeit ist in § 1 dem Notar ausdrücklich garantiert und dort behandelt. Die Aufsichtsstelle darf also den Notar nicht anweisen, bei einer zweifelhaften Rechtsfrage eine bestimmte Rechtsansicht zu vertreten. Die Aufsichtsbehörde darf bei Kostenfragen den Weg des § 156 Abs. 5 KostO vorschreiben (darüber unten); sonst darf sie erst dann einschreiten, wenn die falsche Rechtsansicht des Notars eine schuldhafte Amtspflichtverletzung darstellt. Dazu hat die Rechtsprechung allgemeine Grundsätze entwickelt, die auch hier Geltung beanspruchen müssen.

44   Nicht jede fehlerhafte Rechtsanwendung ist **Pflichtverletzung.** Die unrichtige Gesetzesauslegung stellt nur dann eine schuldhafte Pflichtverletzung dar, wenn sie gegen den klaren, bestimmten und völlig eindeutigen Wortlaut des Gesetzes verstößt. Es fehlt am Verschulden bei einer unrichtigen Gesetzesauslegung, die nach gewissenhafter Prüfung der zu Gebote stehenden Hilfsmittel auf vernünftige Erwägung gestützt ist, wenn es sich um eine Gesetzesbestimmung handelt, die für die Auslegung Zweifel in sich trägt, die Vorschrift noch neu ist und die Zweifelsfragen noch unausgetragen sind oder der Notar für seine Auffassung namhafte Rechtslehrer oder Entscheidungen anderer Gerichte für sich hat.

45   Der Notar hat allerdings **zweifelhafte Rechtsfragen** unter Benutzung der ihm zu Gebote stehenden Hilfsmittel sorgfältig und gewissenhaft unter Beachtung der einschlägigen Rechtsprechung der Obergerichte sowie des Schrifttums zu prüfen und danach, fußend auf ver-

---

27 BGBl. I S. 2840.
28 Vgl. dazu *Lerch*, BeurkG, § 3 Rz. 31 ff.; *Winkler*, BeurkG, § 3 Rz. 72 ff.; *Huhn/von Schuckmann/ Armbrüster*, § 3 Rz. 54 ff., der das Problem leider sehr knapp behandelt.
29 Wegen näherer Einzelheiten vgl. § 27 Rz. 14.

nünftigen Überlegungen, sich seine Rechtsansicht zu bilden. Der Notar ist aber nicht gehalten, sich der Auffassung anderer Gerichte, auch nicht der höchsten Gerichte, anzuschließen, denn er ist unabhängig. Hier zeigt sich klar eine Folge der Unabhängigkeit des Notars. Der Notar muss sich mit den Gründen einer abweichenden Rechtsprechung auseinandersetzen, insbesondere wenn er mit einer jahrzehntelangen höchstrichterlichen Rechtsprechung brechen will, auf die sich das Rechtsleben, die Öffentlichkeit und die Wirtschaft eingestellt haben. Der Notar sollte dann irgendwie aktenkundig machen, dass er sich mit der gegensätzlichen Rechtsprechung auseinandergesetzt und sie nicht etwa übersehen hat.

Soweit vertreten wird, dass die Aufsichtsbehörde im Einzelfall auch **Weisungen** erteilen könne[30], ist dies mehr als zweifelhaft und undeutlich, weil dies nicht dazu beiträgt, die Kompetenzbereiche des Funktionsträgers der Justiz » Notar« und der Dienstaufsicht gegeneinander abzugrenzen[31]. Es wird teilweise vorgeschlagen, eine Abgrenzung im »Wege der Herstellung praktischer Konkordanz« vorzunehmen[32]. Die Dienstaufsicht und erst recht das Strafrecht überschreitet die Grenzen, wenn gegen einen Notar vorgegangen werden soll, der möglicherweise Verfahrensvorschriften des § 37 BeurkG nicht eingehalten hat.   **46**

Bei einer Vorschrift, die in der Auslegung zweifelhaft ist, kann und darf dem Notar nicht ein Vergehen vorgehalten werden[33]. Dabei wird verkannt, dass es für einen sog. Verbotsirrtum doch nicht darauf ankommen kann, ob im Zeitpunkt des sog. Vergehens genügend Literatur[34] vorhanden war, die die Richtigkeit der notariellen Amtshandlung bestätigte, sondern auf den Standpunkt eines »vernünftigen Juristen« in dieser Situation.

Bei **Ermessensentscheidungen** eines Notars sind ebenfalls Rechtsverletzungen denkbar. Allerdings wird hier dem Notar ein Spielraum der Entscheidung eingeräumt, so dass verschiedene Entscheidungen durch verschiedene Beurteiler möglich sind. Die Dienstaufsicht darf dabei nicht ihr Ermessen an die Stelle des Ermessens des Notars setzen.   **47**

Eine Rechtsverletzung liegt nicht schon deshalb vor, weil die Dienstaufsichtsstelle oder ein anderes Gericht anders entschieden hätte oder entschieden hat. Soweit die Entscheidung in Ausübung eines Ermessens auf Grund sachlicher Abwägung von Gründen und Gegengründen getroffen wird, liegt eine Rechtsverletzung nicht schon deshalb vor, weil die getroffene Entscheidung anderen Beurteilern unzweckmäßig oder unbillig oder gar unrichtig erscheint. Rechtsfehler liegen erst vor, wenn der Notar die gesetzlichen Grenzen des Ermessens überschritten oder von dem Ermessen in einer dem Zweck der Ermächtigung nicht entsprechenden Weise Gebrauch gemacht, insbesondere sachfremden Erwägungen Raum gegeben hat.   **48**

---

30 So *Schippel/Bracker/Lemke*, § 93 Rz. 6; dazu widersprüchlich *ders.* Rz. 11 unter Bezugnahme auf BGHZ 57, 351 = DNotZ 1972, 549.

31 So völlig zutreffend *Preuß*, S. 198.

32 So *Dickert*, MittBayNot 1995, 421, 424.

33 Völlig abwegig deshalb OLG Frankfurt (Strafsenat) ZNotP 2007, 188, = NJW 2007, 1221, wo dem Senat auch noch der dogmatische Fehler unterläuft, dass er meint, ein Verbotsirrtum könne erst angenommen werden, wenn es genügend streitige Literaturstimmen zu einem Thema gebe; für diese von erheblichen Rechtsirrtum beeinflusste Ansicht vermag er auch keine Zitatstellen zu bringen, zumal nicht mitgeteilt wird, wie viel Literatur numerisch notwendig ist, um einen Verbotsirrtum anzunehmen. Das AG Frankfurt hat nunmehr die Eröffnung des Hauptverfahrens abgelehnt, vgl. ZNotP 2007, 358; zustimmend insoweit zu Recht *Maaß*, ZNotP 2007, 326 ff., der der Hoffnung Ausdruck verleiht, dass die »Fehlentscheidung des OLG Frankfurt a.M. eine Ausnahme bleibe«. Eine gegen die Entscheidung des AG Frankfurt gerichtete Beschwerde blieb beim LG Frankfurt a.M. erfolglos, NJW 2008, 91 ff. Vgl dazu auch *Puppe*, ZNotP 2008, 12, 17, die das Problem leider nur strafrechtlich aufarbeitet und nicht beurkundungsrechlich.

34 Vgl. insoweit *Lerch*, BeurkG, § 37 Rz. 8; *Maaß*, ZNotP 2005, 50; *ders.*, ZNotP 2005, 377; *Wolfsteiner*, ZNotP 2005, 376; ebenso kritisch *Bohrer*, NJW 2007, 2019 ff.; *Görg*, MittBayNot 2007, 382 ff.; *Kanzleiter*, DNotZ 2007, 804 ff. der die beurkundungsrechliche Literatur leider nicht vollständig zitiert. A. A. wieder nur *Eylmann*, ZNotP 2005, 300; *ders.*, ZNotP 2005, 458, der insoweit eine absolute Mindermeinung vertritt, die dann plötzlich für den Notar nachteilhaft sein soll. Konkret geht es darum, inwieweit der Notar ein Protokoll über die Hauptversammlung einer AG nachträglich aus dem Gedächtnis ergänzen kann.

49   Hier gilt die im Amtshaftungsprozess übliche Formel auch für die Dienstaufsicht: Bei Ermessensentscheidungen liegt eine Pflichtverletzung nur vor, wenn der Notar willkürlich gehandelt, insbesondere überhaupt keine sachlichen Erwägungen angestellt oder die ihm gegebenen Schranken überschritten oder in so hohem Maße fehlsam gehandelt hat, dass seine Entscheidung mit den an einen ordnungsgemäßen Notar zu stellenden Anforderungen schlechterdings – d. h. jedem sachlichen Beurteiler ohne weiteres einleuchtend – unvereinbar ist[35].

50   Bei **Anwendung unbestimmter Rechtsbegriffe** liegt die Sache ähnlich. Zwar gibt es hier bei Anwendung derartiger Begriffe nur eine »richtige« Lösung, weil es sich um eine rechtliche Subsumtion unter einen Rechtsbegriff handelt. Aber infolge des weit gefassten Tatbestandes unter Verwendung von Generalklauseln hat der Notar in solchen Fällen einen so weiten Beurteilungsraum, dass abweichende Entscheidungen möglich sind, ohne dass sie als schuldhafte Pflichtverletzungen angesehen werden dürften, wenn sich hinterher herausstellt, dass der Begriff verkannt ist. Denn bei unbestimmtem Rechtsbegriff ermächtigt der Gesetzgeber den Richter oder rechtsanwendenden Notar zur Bildung fehlender gesetzlicher Bewertungskriterien. Hier gelten die Grundsätze, die oben für Fehler bei der Rechtsanwendung erwähnt sind: Der Notar muss den Sachverhalt ausschöpfen und würdigen sowie die Rechtsfrage unter Beachtung von Schrifttum und Rechtsprechung sorgfältig prüfen; bei gewissenhafter Abwägung ist eine fehlerhafte Lösung nicht vorwerfbar. Die Dienstaufsicht hat also nur zu prüfen, ob die Entscheidung des Notars sorgfältig getroffen und vertretbar ist, auch wenn sie im Ergebnis von der Dienstaufsicht nicht gebilligt wird[36].

51   **Für Kostenfragen** hat der Gesetzgeber eine gewisse Durchbrechung der Unabhängigkeit vorgesehen. Hier darf die Dienstaufsicht bei Bedenken den Notar anweisen, wegen seiner Kostenrechnung die Entscheidung des Landgerichts herbeizuführen; er darf ihm aber dabei weder eine bestimmte Auslegung noch einen bestimmten Antrag vorschreiben (§ 156 Abs. 5 KostO)[37].

52   Der Notar kann also dem Gericht im Laufe des gerichtlichen Verfahrens alles vortragen, was für die Richtigkeit seiner Auffassung und die Unrichtigkeit der Meinung der Aufsichtsbehörde sprechen könnte. Der Notar erhält damit, ehe es zur verbindlichen Entscheidung der zweifelhaften kostenrechtlichen Frage kommt, in der gebotenen Weise das rechtliche Gehör. Der BGH hat zwar einmal dahinstehen lassen[38], ob bei reinen Kostenfragen die Weisung zur Befolgung einer ausgetragenen Rechtsprechung gestattet ist, doch darf auch dabei eine Ausnahme nicht gemacht werden; diese Fragen lassen sich über § 156 KostO genau so einfach lösen.

III. Anfechtbarkeit

53   Die Rechtsprechung hat bereits – um den Rechtsschutz effizient auszugestalten – die am Beginn der Dienstaufsicht stehenden Maßnahmen der Landesjustizverwaltung als **Verwaltungsakte i. S. d.** § 111 qualifiziert und somit nicht erst die Anordnung des Präsidenten des Landgerichts, eine Geschäftsprüfung nach § 32 DONot durchzuführen, als anfechtbar eingestuft[39], sondern auch das Verlangen an den Notar, eine entsprechende Auskunft im Zusammenhang mit einem Vorgang zu erteilen[40].

54   Es handelt sich dabei um eine Ermessensentscheidung der Landesjustizverwaltung, die unter Berücksichtigung der zu § 111 ergangenen Grundsätze der gerichtlichen Überprüfung unterliegt. Dabei ist auch Gegenstand der gerichtlichen Nachprüfung, ob die Landesjustizverwaltung im Rahmen der gesetzlichen Vorschriften gehandelt hat, d. h., ob eine ausrei-

35 BGHZ 22, 258; BGHZ 45, 193.
36 BGH Urt. v. 18.06.1970 – III ZR 95/68.
37 BGHZ 57, 351.
38 BGHZ 57, 351.
39 BGHZ 57, 351, 352 = DNotZ 1972, 549.
40 BGH DNotZ 1987, 438.

chende gesetzliche Grundlage vorhanden ist. Insbesondere ist Gegenstand der Nachprüfung auch, ob der Notar in der ihm gewährten Unabhängigkeit beeinträchtigt ist. Inhaltlich beschränkt sich die Nachprüfung nicht nur darauf, dass dem Notar eine Amtspflichtverletzung i. S. d. § 19 zur Last fallen könnte, sondern auch auf die Frage, ob begründeter Anlass für disziplinarrechtliche Maßnahmen wegen Verstoßes gegen wirksame Dienstvorschriften besteht.

IV. Prüfungsbeauftragte (Abs. 4)

In Anlehnung an § 92 wird die Prüfung durch den **Präsidenten des Landgerichts** für die in seinem Bezirk ansässigen Notare vorgenommen, der regelmäßig einen Richter seines Gerichts mit der Durchführung der Prüfung beauftragt. Darüber hinaus können sog. hauptamtliche Prüfer für den gesamten OLG-Bezirk bestellt werden, die zwar im ganzen Bezirk prüfen, jedoch jeweils im Auftrag des zuständigen Präsidenten des Landgerichts. Es können auch Richter am Amtsgericht zur Prüfung herangezogen werden, jedoch sollen sie keine Notare in ihrem AG-Bezirk prüfen. Darüber hinaus werden zur Prüfung Beamte des gehobenen Dienstes eingesetzt, und zwar einmal zur Prüfung der Kostenrechnungen; sie können, jeweils nach Erteilung entsprechender Aufträge, auch zur Prüfung der Verwahrungsgeschäfte herangezogen werden. 55

Der Präsident des Landgerichts entscheidet im Einzelfall, maximal pauschal für seinen gesamten Bezirk, ob er die Prüfung der Verwahrungsgeschäfte den Beamten des gehobenen Dienstes (Bezirksrevisoren) anvertrauen möchte. Eine unmittelbare Beziehung zwischen der Tätigkeit des Bezirksrevisors und den Verwahrungsgeschäften eines Notars besteht nicht, so dass es sich nicht gerade aufdrängt, Beamte mit dieser Prüfungstätigkeit zu beauftragen. Zu sog. Notarrevisoren (Notarprüfern) sollten nur diensterfahrene Richter bestellt werden, die jedoch mindestens auf Lebenszeit angestellt sein müssen. Sie sollten besondere Kenntnisse im Bereich der freiwilligen Gerichtsbarkeit besitzen und mit den Eigenheiten eines Notaramtes vertraut sein. Der zu prüfende Notar hat keinen Einfluss bei der Auswahl des Prüfungsbeauftragten; er kann auch nicht einwenden, dass die Ehefrau eines Mitglieds einer Kammer beim Landgericht, die sich mit Notarkostensachen beschäftigt, als Prüferin nicht eingesetzt werden dürfe, weil sie befangen wäre[41]. 56

Es können nur Richter im aktiven Dienst mit Notarprüfungen beauftragt werden und keinesfalls im Ruhestand befindliche, denn nach den Grundsätzen des Beamtenrechts wird unwiderlegbar vermutet, dass spätestens mit Vollendung des 65. Lebensjahres auch Dienstunfähigkeit eintritt; im Übrigen spricht gegen eine Verwendung von Ruheständlern, dass sie in keinem öffentlich-rechtlichen Amts- bzw. Dienstverhältnis mehr zum Dienstherrn stehen, sondern lediglich im sehr eingeschränkten Umfang nachdienstlichen Pflichten unterliegen, jedoch die Dienstaufsicht ihnen gegenüber keine Weisungsbefugnis mehr hat, was aber gerade beim aktiven Notarprüfer der Fall ist. Jede anders geartete Praxis ist rechtswidrig und verstößt gegen die Grundprinzipien einer ordnungsgemäßen Staatsaufsicht. 57

V. Verletzung der Aufsichtspflicht

Die den Behörden obliegende Dienstaufsicht ist nur **eine der Allgemeinheit gegenüber obliegende Pflicht**, die bei Schadensfällen einzelner Privatpersonen nicht dazu führen kann, dass diese unmittelbar Schadensersatzansprüche gegen den Staat aus § 839 BGB ableiten könnten[42]. Soweit im Bereich des Kreditwesens einmal Schadensersatzansprüche bejaht wurden[43], beruht dies auf unterschiedlichen Formulierungen im Gesetz selbst. Es besteht 58

41 BGHR BNotO § 93 Abs. 2 Prüfungsbeauftragter 1.
42 BGHZ 35, 44 = DNotZ 1961, 436.
43 BGHZ 74, 144 ff.

für eine unmittelbare Staatshaftung auch kein Anlass, denn zum einen hat der Staat jene Aufgaben gerade den Notaren übertragen, damit sie diese in eigener Verantwortung wahrnehmen und zum anderen sind ausreichende Versicherungsleistungen vorhanden, die eine Staatshaftung nicht notwendig erscheinen lassen.

59 Es kann allerdings Fallkonstellationen geben, aus denen sich ausnahmsweise eine Staatshaftung ableiten lässt, nämlich dann, wenn Notarprüfungen durchgeführt wurden, bei denen Fehler in der Fremdgeldverwahrung festgestellt wurden, aber der Vorgang bei der Justizbehörde längere Zeit unbearbeitet bleibt, so dass weitere Schäden die Folge waren und hätten rechtzeitig abgewendet werden können, wenn sofort Maßnahmen ergriffen worden wären[44].

---

44 Vgl. dazu OLG Schleswig NotBZ 1998, 117 = SchlHA 1998, 182; BGHZ 135, 354 = NJW 1998, 142 = ZNotP 1997, 34 = LM H 1/1998 § 839 BGB Nr. 18 m. Anm. *Lauda* = ZIP 1997, 1339 = JZ 1998, 41 m. Anm. *Ossenbühl* = BGHR BNotO § 93 Abs. 1 Aufsicht 6.; in diesem Sinne auch *Schippel/Bracker/Lemke*, § 93 Rz. 39; offenbar auch *Eylmann/Vaasen/Baumann*, § 93 BNotO Rz. 14.

(1) ¹Die Aufsichtsbehörden sind befugt, Notaren und Notarassessoren bei ordnungs-widrigem Verhalten und Pflichtverletzungen leichterer Art eine Missbilligung aus-zusprechen. ²§ 75 Abs. 2, Abs. 3 Satz 1 und 2 gilt entsprechend.

(2) ¹Gegen die Missbilligung kann der Notar oder Notarassessor innerhalb eines Mo-nats nach der Zustellung schriftlich bei der Aufsichtsbehörde, die die Missbilligung ausgesprochen hat, Beschwerde einlegen. ²Die Aufsichtsbehörde kann der Beschwerde abhelfen. ³Hilft sie ihr nicht ab, entscheidet über die Beschwerde die nächsthöhere Auf-sichtsbehörde. ⁴Die Entscheidung ist zu begründen und dem Notar oder Notarassessor zuzustellen. ⁵Wird die Beschwerde gegen die Missbilligung zurückgewiesen, kann der Notar oder Notarassessor die Entscheidung des Oberlandesgerichts als Disziplinarge-richt für Notare beantragen. ⁶§ 75 Abs. 5 Satz 2 bis 4 gilt entsprechend.

(3) ¹Die Missbilligung lässt das Recht der Aufsichtsbehörden zu Maßnahmen im Dis-ziplinarwege unberührt. ²Macht die Aufsichtsbehörde von diesem Recht Gebrauch, wird die Missbilligung unwirksam. ³Hat jedoch das Oberlandesgericht die Missbilligung aufgehoben, weil es ein ordnungswidriges Verhalten nicht festgestellt hat, ist eine Aus-übung der Disziplinarbefugnis wegen desselben Sachverhalts nur auf Grund solcher Tatsachen oder Beweismittel zulässig, die dem Gericht bei seiner Entscheidung nicht be-kannt waren.

Übersicht

A. Entstehungsgeschichte der Vorschrift

Die Vorschrift entspricht in Abs. 1 dem früheren **§ 67 Satz 1 RNotO vom 13.02.1937**   **1**
(RGBl. I S. 191), der in Satz 2 bestimmte, dass über Gegenvorstellungen des Notars oder Notarassessors im Aufsichtsweg entschieden wird. Der Bundesgesetzgeber hat erst durch Gesetz vom 29.01.1991 (BGBl. I S. 150) Satz 2 in Abs. 1 und die Abs. 2 und 3 angefügt und somit den Rechtsschutz wesentlich erweitert.

B. Erläuterungen

I. Rechtscharakter

Die Missbilligung ist **keine Disziplinarmaßnahme**, sondern wird außerhalb eines förmli-   **2**
chen Disziplinarverfahrens ausgesprochen. Hier lehnt sich die Terminologie der BNotO an entsprechende Regelungen im Disziplinarrecht der Beamten an, denn nach § 6 Abs. 2 BDO sind »missbilligende Äußerungen (Zurechtweisungen, Ermahnungen, Rügen und dgl.)« kei-ne Disziplinarmaßnahmen.

II. Ordnungswidriges Verhalten/Pflichtverletzungen (Abs. 1)

3 Das Gesetz nennt beide Voraussetzungen als **alternative Möglichkeiten**, durch die Aufsichtsbehörden eine Missbilligung auszusprechen. Damit findet eine Abgrenzung zur Ermahnung nach § 75 statt, die der Notarkammer vorbehalten ist. In beiden Fällen ist jedoch Voraussetzung, dass dem Notar ein Verhalten vorgeworfen werden kann, also Feststellungen zur Schuld getroffen werden können. Es muss also neben einer objektiven Rechtswidrigkeit noch ein vorwerfbares Verhalten hinzukommen. Damit will der Gesetzgeber bewusst eine Abstufung gegenüber den wesentlich schärferen Maßnahmen des Disziplinarrechts vornehmen. Allerdings dürfen Missbilligungen nur bei »leichteren Pflichtverletzungen« ausgesprochen werden.

4 Deshalb betrifft es im Wesentlichen Fälle, in denen der Notar innerdienstlichen Vorschriften nicht Rechnung trug, die jedoch für das **Ansehen des Notaramtes** von nicht so gravierender Bedeutung sind; es kommen des Weiteren Fälle in Betracht, in denen dem Notar nur ein geringes Verschulden zur Last fällt, also leichte Fahrlässigkeit. Der Ausspruch einer Missbilligung richtet sich stets nach dem Einzelfall und seinen Begleitumständen; mitunter können Missbilligungen auch ausreichen, wenn zu erwarten ist, dass der Notar diesen Fall zum Anlass nehmen wird, künftige Verstöße gleicher oder ähnlicher Art nicht mehr zu begehen und in der Vergangenheit nicht schon schärfere Maßnahmen verhängt werden mussten. War dies der Fall, reicht in der Regel eine Missbilligung nicht mehr aus. Es wird auch darauf abzustellen sein, ob der betreffende Notar bereits über Berufserfahrung verfügt oder nicht.

5 Kann ein **schuldhaftes Verhalten** nicht festgestellt werden, muss auch die Missbilligung entfallen und es kommen Belehrungen oder Hinweise in Betracht[1].

III. Verfahren (Abs. 1 Satz 2)

6 Durch die Verweisung auf **§ 75 Abs. 2 und 3 Satz 1 und 2** wird klargestellt, dass der Notar oder Notarassessor vorher zu hören ist. Darüber hinaus besteht eine Sperrfrist von fünf Jahren nach der letzten Handlung eines ordnungswidrigen Verhaltens oder einer Pflichtverletzung. Schließlich ist der die Missbilligung aussprechende Bescheid der Landesjustizverwaltung zu begründen und anschließend dem Notar oder Notarassessor zuzustellen[2].

IV. Rechtsbehelfe (Abs. 2)

7 Der Gesetzgeber hat erst 1991 die Möglichkeit eröffnet, gegen den die Missbilligung enthaltenen Bescheid ein **Rechtsmittel** einzulegen, und zwar die Beschwerde. Deshalb sind davor liegende Entscheidungen, wonach gegen die Missbilligung kein Rechtsbehelf gegeben sein sollte, gegenstandslos geworden[3].

8 Die Vorschrift ist zwar an § 75 angelehnt, jedoch besteht insoweit ein Unterschied, als die **Aufsichtsbehörde** unmittelbar der **Beschwerde abhelfen kann**, indem sie die Missbilligung zurücknimmt und ihren eigenen Bescheid aufhebt und für gegenstandslos erklärt. Macht sie von dieser Möglichkeit keinen Gebrauch, wird der gesamte Vorgang der nächsthöheren Aufsichtsbehörde vorgelegt, also in der Regel dem Präsidenten des Oberlandesgerichts.

9 Dieser hat wiederum die Möglichkeit der Abänderung, also den Bescheid der unteren Aufsichtsbehörde aufzuheben oder aber die Missbilligung aufrechtzuerhalten, was nur in einer eigenständig begründeten Entscheidung geschehen kann (Abs. 2 Satz 4). Der die Be-

---

1 *Schippel/Bracker/Lemke*, § 94 Rz. 3.
2 Vgl. ansonsten die Erläuterungen zu § 75.
3 Vgl. z. B. OLG Köln DNotZ 1989, 52.

schwerde des Notars oder Notarassessors zurückweisende Bescheid des Präsidenten des Oberlandesgerichts ist dann Gegenstand des von dem Notar oder Notarassessor Antrag auf gerichtliche Entscheidung des Oberlandesgerichts als Disziplinargericht. Wegen des dort einzuhaltenden Verfahrens verweist Abs. 2 Satz 6 auf die Vorschriften des § 75 Abs. 5 Satz 2 bis 4[4].

V. Verhältnis zu Disziplinarmaßnahmen (Abs. 3)

Die Vorschrift entspricht im Wesentlichen **§ 75 Abs. 6.** Da die Missbilligung keine Diszipli- **10** narmaßnahme darstellt, bleibt das Recht der Aufsichtsbehörde, im Disziplinarwege vor-zugehen, davon unberührt. Diese kann, solange das Verfahren vor dem Oberlandesgericht noch nicht anhängig ist, in ein förmliches Disziplinarverfahren überwechseln und die Miss-billigung nicht weiterverfolgen.

Die Einleitung eines förmlichen Verfahrens kann sowohl von der unteren Aufsichtsbehör- **11** de als auch von der nächsthöheren eingeleitet werden, allerdings sollte hier schon eine Ab-stimmung stattfinden. Durch Abs. 3 Satz 3 wird ebenfalls wie in § 75 Abs. 6 Satz 3 klar-gestellt, dass ein förmliches Disziplinarverfahren nach Abschluss des Verfahrens über den Antrag auf gerichtliche Entscheidung betreffend die Missbilligung nur möglich ist, wenn der die Missbilligung enthaltene Bescheid durch das Oberlandesgericht aufgehoben wurde und nunmehr neue Tatsachen eingeführt werden können, die dem Gericht bei seiner Entschei-dung noch nicht bekannt waren[5].

4 Vgl. deshalb die dortigen Erläuterungen.
5 Vgl. die Erläuterungen zu § 75 Rz. 11.

2. Abschnitt Disziplinarverfahren

§ 95

Notare und Notarassessoren, die schuldhaft die ihnen obliegenden Amtspflichten verletzen, begehen ein Dienstvergehen.

Übersicht

A. Entstehungsgeschichte der Vorschrift

1 Die Vorschrift ist seit Einführung der BNotO unverändert in Kraft.

B. Erläuterungen

I. Bedeutung der §§ 95 ff.

1. Wesen des Disziplinarrechts

2 Das Disziplinarrecht (Dienststrafrecht) gehört seinem Wesen nach dem **Beamtenrecht** und damit dem öffentlichen Dienstrecht als Teil des besonderen Verwaltungsrechts an. Es soll das Interesse der Öffentlichkeit an pflichtgemäßer Diensterfüllung der Beamten und damit an der Funktionsfähigkeit des öffentlichen Dienstes sichern helfen. Anders als die Kriminalstrafe bezweckt es nicht die Sühne begangenen Unrechts, sondern die Aufrechterhaltung eines geordneten Dienstbetriebes[1]. Durch die Verhängung disziplinarrechtlicher Sanktionen soll einer durch ein Dienstvergehen verursachten Störung des beamtenrechtlichen Dienst- und Treueverhältnisses begegnet werden[2]. Aufgabe der disziplinarischen Ahndung ist es, den Beamten durch **Erziehungsmaßnahmen** zur korrekten Pflichterfüllung anzuhalten

---

1 BVerfG NJW 1972, 93, 94.
2 *Claussen/Janzen*, BDO, Einl. A Rz. 2.

oder ihn, wenn er für einen geordneten Dienstbetrieb nicht mehr tragbar ist, durch **Reinigungsmaßnahmen**[3] aus dem Dienst zu entfernen[4].

Zugleich dient das Disziplinarrecht dem Schutz des Betroffenen. Durch die Formalisierung und gerichtsförmige Ausgestaltung des Disziplinarverfahrens werden unkontrollierte und möglicherweise ungerechtfertigte Eingriffe des Dienstherrn in die Rechtsstellung des Beamten verhindert. Insbesondere wird der Beamte davor geschützt, ohne schwerwiegenden Grund gegen seinen Willen vorzeitig aus dem Amt entfernt zu werden. Die Entfernung aus dem Amt kann nur bei schwerer Pflichtverletzung und nur im gerichtlichen Verfahren ausgesprochen werden (§§ 97 f.). **3**

2. Disziplinarrecht der Notare

Wenn der Beruf des **Notars** auch nicht zum öffentlichen Dienst im engeren Sinn gehört, steht er doch nach der Regelung seiner Aufgaben, seiner Amtsbefugnisse und seiner allgemeinen Rechtsstellung dem öffentlichen Dienst nahe[5]. Diese Nähe rechtfertigt es, die Notare einem beamtenrechtsähnlichen Dienststrafrecht zu unterwerfen. Disziplinarmaßnahmen können daher sowohl im Aufsichtswege (§ 98) als auch im förmlichen (gerichtlichen) Disziplinarverfahren verhängt werden[6]. Dagegen unterliegt der **Rechtsanwalt** als Inhaber eines freien Berufs (§ 2 Abs. 1 BRAO) nicht der Dienststrafgewalt einer Aufsichtsbehörde; anwaltliche Pflichtverletzungen können daher nur im Verfahren vor den Anwaltsgerichten (§§ 92 ff., 113 ff. BRAO) geahndet werden. Allerdings können bei **Anwaltsnotaren** Verstöße aus dem anwaltlichen Pflichtenkreis unter Umständen auch im Disziplinarwege verfolgt werden, sofern sie mit der Verletzung notarieller Pflichten zusammentreffen[7]. **4**

3. Materielles und formelles Disziplinarrecht

Im Dienststrafrecht ist zwischen dem **materiellen** und dem **formellen Disziplinarrecht** zu unterscheiden. Die Bestimmungen über die tatbestandsmäßige Abgrenzung des Dienstvergehens und über die möglichen Sanktionen bilden das materielle Disziplinarrecht, die Vorschriften über das bei der Ermittlung und disziplinären Beurteilung eines Dienstvergehens zu beachtende Verfahren das formelle Disziplinarrecht (Disziplinarverfahrensrecht). **5**

Der Gesetzgeber hat von einer umfassenden Regelung des **Disziplinarverfahrensrechts** in der BNotO abgesehen. Statt dessen verweist § 96 auf die landesgesetzlichen Disziplinarvorschriften sowie in §§ 105, 109 auf die Bundesdisziplinarordnung[8].

§ 95 beschreibt als Teil des materiellen Disziplinarrechts den **Tatbestand des Dienstvergehens** abschließend und einheitlich für sämtliche betroffenen Personen. Für einen Rückgriff auf beamtenrechtliche Vorschriften des Bundes oder der Länder ist insoweit kein Raum. Allerdings können die für das Disziplinarrecht der Beamten geltenden Rechtsgrundsätze bei der disziplinarischen Beurteilung notarieller Dienstvergehen sinngemäß herangezogen werden.

3 Zur Abgrenzung zwischen Erziehungs- und Reinigungsmaßnahmen siehe § 97 Rz. 4.
4 *Claussen/Janzen*, BDO, Einl. A Rz. 5a.
5 BGHZ 73, 46, 48 m. w. N.
6 Einzelheiten: § 96 Rz. 32, 58.
7 Siehe § 110 Rz. 9.
8 I. d. F. v. 20.07.1967 (BGBl. I S. 751, 984) mit nachfolgenden Änderungen. Die Verweisung gilt für die Zeit bis zum 01.01.2010 ungeachtet der Tatsache, dass die BDO mit Wirkung vom 01.01.2002 aufgehoben worden ist (Art. 27 Abs. 2 Nr. 1 des Gesetzes zur Neuordnung des Bundesdisziplinarrechts v. 09.07.2000, BGBl. I S. 1510). Siehe dazu § 96 Rz. 1, § 105 Rz. 1.

II. Persönlicher Anwendungsbereich

6 Dem Disziplinarrecht der BNotO unterstehen
- Notare (Nurnotare und Anwaltsnotare),
- Notarassessoren (§ 7 Abs. 4 Satz 2),
- Notarvertreter (§ 39 Abs. 4) und
- Notariatsverwalter (§ 57 Abs. 1).

Mit dem Ausscheiden aus dem Amt endet die Disziplinargewalt der Aufsichtsbehörden und der Disziplinargerichte[9]. Daher kann gegen einen Notarvertreter oder gegen einen Notariatsverwalter nach Ende der Amtsbefugnisse (§§ 44, 64) nicht mehr disziplinarisch vorgegangen werden, sofern der Betreffende nicht selbst zum Notar bestellt worden ist.

III. Dienstvergehen

1. Amtspflichtverletzung

a) Tatbestand

7 Die Vorschrift definiert als **Dienstvergehen** die *schuldhafte Verletzung notarieller Amtspflichten*. Sie knüpft unter Verzicht auf feste Tatbestandsmerkmale allein an den Begriff der Amtspflichtverletzung an. Es handelt sich um einen offenen Tatbestand, der durch Rückgriff auf die pflichtenbegründenden Normen auszufüllen ist. § 95 entspricht insoweit dem materiellen Disziplinarrecht für Beamte des Bundes und der Länder. Nach § 77 Abs. 1 Satz 1 BBG[10] und § 45 Abs. 1 Satz 1 BRRG[11] begeht der Beamte ein Dienstvergehen, wenn er schuldhaft *die ihm obliegenden Pflichten* verletzt. § 95 steht im Gegensatz zu § 113 BRAO, wonach nur die Verletzung einer in der BRAO selbst oder in der anwaltlichen Berufsordnung bestimmten Pflicht anwaltsgerichtlich geahndet werden kann.

b) Art. 103 Abs. 2 GG, Rechtsstaatsprinzip

8 Für das Sanktionssystem des Disziplinarrechts gilt wie im Strafrecht der Grundsatz des Art. 103 Abs. 2 GG (»*nullum crimen sine lege*«)[12]. Daraus folgt allerdings nicht, dass das materielle Disziplinarrecht selbst einen Katalog verfolgbaren Verhaltens und darauf bezogener Sanktionen aufstellen muss. Für disziplinäre und standesrechtliche Maßnahmen ist nach ständiger Rechtsprechung des Bundesverfassungsgerichts eine Einzelnormierung weder nötig noch möglich; es genügen **Generalklauseln**, weil die Berufspflichten nicht erschöpfend aufgezählt werden können und den Berufsangehörigen im allgemeinen bekannt sind[13].

9 Indes kann aus allgemeinen rechtsstaatlichen Gründen nur die Verletzung **rechtlich begründeter Verhaltenspflichten** disziplinarisch geahndet werden[14]. Nur wenn den Notar eine kraft ihrer Rechtsquelle bindende Verhaltensanforderung trifft, ist ihre Verletzung sanktionsbewehrt[15]. Ein Verstoß gegen bloße Standessitte oder gegen langdauernde, aber nicht zu

9 Wegen der Rücknahme der Erlaubnis zur Führung der Bezeichnung »*Notar a. D.*« siehe § 52 Abs. 3.
10 Bundesbeamtengesetz i. d. F. der Bekanntmachung v. 31.03.1999 (BGBl. I S. 675) mit nachfolgenden Änderungen.
11 Beamtenrechtsrahmengesetz i. d. F. der Bekanntmachung v. 31.03.1999 (BGBl. I S. 654) mit nachfolgenden Änderungen.
12 BGHSt 15, 227, 228; 19, 90, 91; *Dürig* in Maunz/Dürig/Herzog/Scholz, Grundgesetz, Art. 103 Rz. 116; *Köhler/Ratz*, Bundesdisziplinarordnung und materielles Disziplinarrecht, A. I Rz. 4.
13 BVerfGE 26, 186, 204; 41, 251, 264; 44, 105, 115 f.; 45, 346, 351 f.; 63, 266, 288; 66, 337, 355. Zum Bestimmtheitsgebot vgl. ferner BVerfGE 78, 205, 212 = NJW 1988, 2593, 2594; BVerfG NJW 2005, 3795, 3800.
14 *Köhler/Ratz*, A. I Rz. 4.
15 *Bohrer*, Das Berufsrecht der Notare, Rz. 200.

Gewohnheitsrecht erstarkte Übung stellt kein Dienstvergehen dar. Unter diesem Gesichtspunkt erscheint es auch bedenklich, das »uneinsichtige und starre Festhalten des Notars an einer mit der Rechtsprechung des für ihn zuständigen Kostensenats nicht übereinstimmenden Abrechnungspraxis« als Dienstvergehen zu werten[16].

c) Rechtsquellen der Amtspflicht

Im Berufsrecht der Notare gilt ein **einheitlicher Amtspflichtbegriff**[17]. Amtspflichten im 10
disziplinarrechtlichen Sinn sind daher alle rechtlich begründeten Pflichten institutioneller und verfahrensrechtlicher Art, die der Notar in Erfüllung seines Amtseides zu beachten hat (§§ 13 Abs. 1, 14 Abs. 1 Satz 1). Rechtsquellen für diese Pflichten sind
- das Verfassungsrecht des Bundes und der Länder,
- alle Gesetze im formellen und materiellen Sinn[18],
- gewohnheitsrechtlich geltende Rechtssätze[19],
- Dienstanweisungen der Aufsichtsbehörden und der Notarkammern, sofern sie ihrerseits eine gesetzliche Grundlage haben[20].

2. Bagatellverfehlungen

a) Abgrenzung zum Dienstvergehen

Nach dem Wortlaut des § 95 stellt jede schuldhafte Amtspflichtverletzung ein Dienstver- 11
gehen dar, mag sie auch objektiv unbedeutend und mag auch das Verschulden des Notars gering sein[21]. Die Folge dieser Auffassung wäre, dass die Aufsichtsbehörde auch bei bloßen **Bagatellvergehen** disziplinarische Vorermittlungen einleiten müsste; denn nach den meisten Disziplinarordnungen der Bundesländer, die insoweit mit § 26 Abs. 1 BDO übereinstimmen, besteht beim Verdacht eines Dienstvergehens eine Ermittlungspflicht[22]. Indes sieht das Gesetz bei nur *ordnungswidrigem Verhalten* – das stets eine schuldhafte Pflichtverletzung beinhaltet – die Möglichkeit einer bloßen Ermahnung durch die Notarkammer (§ 75 Abs. 1) oder einer Missbilligung durch die Aufsichtsbehörden (§ 94) vor. Dies lässt den Schluss zu, dass in den Fällen nur geringfügiger Pflichtverletzung disziplinarische Vorermittlungen von vornherein nicht erforderlich sein sollen, bloße Bagatellvergehen also a priori nicht als Dienstvergehen zu werten sind[23].

Diese Auffassung stimmt mit der jetzt wohl überwiegend vertretenen restriktiven Aus- 12
legung des § 77 Abs. 1 Satz 1 BBG überein, wonach die Annahme einer disziplinarisch relevanten Pflichtverletzung voraussetzt, dass diese einen gewissen Unrechtsgehalt, ein »Minimum an Gewicht und Evidenz« hat[24]. Bloße Bagatelldelikte stellen danach keine disziplinarisch zu verfolgenden Dienstvergehen dar[25].

b) Begriff des Bagatellvergehens

Die Annahme eines **Bagatellvergehens** setzt voraus, dass es sich um eine bloße Unkorrekt- 13
heit, d. h.
- um einen objektiv geringfügigen Verstoß

---

16 So aber OLG Köln RNotZ 2001, 237 m. krit. Anm. *Römer*, ähnlich schon BGHZ 134, 137, 143.
17 *Bohrer*, Rz. 200.
18 Siehe § 14 Rz. 16 ff.
19 Siehe § 14 Rz. 21.
20 Siehe § 14 Rz. 22.
21 So z. B. *Schippel/Bracker/Lemke*, BNotO, § 95 Rz. 11; *Schippel*, DNotZ 1965, 595.
22 Siehe § 96 Rz. 13.
23 A. A. *Schippel/Bracker/Lemke*, § 95 Rz. 11 m. w. N.
24 BVerfG NJW 1975, 1641, 1643 li. Sp.
25 *Claussen/Janzen*, BDO, Einl. B Rz. 4a, 4b; *Köhler/Ratz*, A. I Rz. 20.

- gegen nicht zentrale Pflichten
- bei nur leichtem Verschulden handelt.

Liegt die Pflichtverletzung dagegen im Kernbereich des Pflichtenkreises[26] oder handelt es sich um eine Häufung von Unkorrektheiten, so scheidet die Annahme eines Bagatelldelikts in der Regel aus[27]. Der Kernbereich wird stets betroffen, wenn der Notar bei der Beurkundung eines nichtigen Vertrages oder bei der Verfolgung unredlicher oder unerlaubter Zwecke mitwirkt[28] oder gegen Mitwirkungsverbote nach § 16 Abs. 1 BNotO, § 3 BeurkG verstößt[29].

3. Außernotarielle Verfehlungen[30]

a) Allgemeine Wertung

14 Nach § 14 Abs. 3 Satz 1 hat sich der Notar auch »*außerhalb seines Amtes der Achtung und des Vertrauens, die dem Notaramt entgegengebracht werden, würdig zu zeigen*«. Daraus folgt, dass auch **Verfehlungen** außerhalb der notariellen Amtstätigkeit ein Dienstvergehen darstellen können[31]. Das gilt jedoch nicht schrankenlos. Nach dem für Beamte und Rechtsanwälte geltenden Disziplinarrecht ist ein außerdienstliches bzw. außerberufliches Verhalten[32] nur dann als Dienstvergehen bzw. als Pflichtverletzung zu ahnden, wenn es nach den Umständen des Einzelfalles *in besonderem Maße* geeignet ist, Achtung und Vertrauen *in bedeutsamer Weise* zu beeinträchtigen (§ 77 Abs. 1 Satz 2 BBG, § 45 Abs. 1 Satz 2 BRRG, § 113 Abs. 2 BRAO). Diese Vorschriften sind Ausdruck einer allgemeinen Rechtsüberzeugung und daher im Disziplinarrecht der Notare entsprechend zu berücksichtigen. Außernotarielles Verhalten stellt deshalb nur dann ein Dienstvergehen dar, wenn es geeignet ist, das Vertrauen der Rechtsuchenden in die Integrität der Amtsführung des Notars in besonderem Maße zu beeinträchtigen.

b) Private Wirtschaftsführung

15 Die **private Wirtschaftsführung** des Notars kann für die Disziplinarpraxis bedeutsam sein, falls ihn ein Schuldvorwurf trifft. So können die leichtfertige, nicht auf vernünftigen wirtschaftlichen Erwägungen beruhende Eingehung von Schulden und die schuldhafte Nichterfüllung fälliger Verbindlichkeiten das Ansehen des Notars und das Vertrauen in seine Amtsführung in disziplinarisch erheblicher Weise beeinträchtigen[33]. Soweit die wirtschaftlichen Verhältnisse des Notars oder die Art seiner Wirtschaftsführung die Interessen der Rechtsuchenden gefährden, ist dies stets in hohem Maße geeignet, das Ansehen des Notars und das Vertrauen in seine Amtsführung zu beeinträchtigen; nach § 50 Abs. 1 Nr. 8 führt dieser Tatbestand zwingend zur Amtsenthebung.

Bei einem **Anwaltsnotar** werden derartige Verfehlungen allerdings in der Regel nicht mit dem Amt als Notar in Zusammenhang stehen und daher nicht disziplinarisch, sondern im anwaltsgerichtlichen Verfahren zu verfolgen sein (§ 110 Abs. 1 Satz 2). Maßgeblich sind die Umstände des Einzelfalles.

---

26 Einzelheiten dazu: § 97 Rz. 11.
27 *Claussen/Janzen*, BDO, Einl. B Rz. 4c; ähnlich *Köhler/Ratz*, A. I Rz. 20.
28 BGHR BeurkG § 4 Zweck, unredlicher 1.
29 Siehe § 16 Rz. 5.
30 Zu den damit zusammenhängenden Verfahrensfragen siehe § 97 Rz. 18.
31 Siehe § 110 Rz. 25.
32 Zur Abgrenzung von beruflichen und außerberuflichen Pflichtverletzungen eines Anwalts vgl. BGH NJW 1996, 1836.
33 Vgl. *Köhler/Ratz*, B. II. 12 Rz. 22 ff. m. w. N.

c) Ordnungswidrigkeiten, Straftaten

Ordnungsrechtlich oder strafrechtlich relevantes außerberufliches Verhalten kann, muss aber nicht ein Dienstvergehen darstellen. Bloße **Ordnungswidrigkeiten** im Sinne des Gesetzes über Ordnungswidrigkeiten (OWiG) sind in der Regel nicht als Dienstvergehen zu ahnden. Ob außerberufliche **Straftaten** disziplinarisch zu verfolgen sind, hängt von den Umständen ab. **16**

aa) **Verkehrsdelikte**, die keine charakterlichen Defekte anzeigen oder Ausdruck einer rücksichtslosen Gesinnung sind, stellen im allgemeinen auch bei schwerwiegenden Folgen (z. B. fahrlässige Tötung) keine Dienstvergehen dar. Dagegen kommt bei Verkehrsunfallflucht und Trunkenheit am Steuer bei Nurnotaren in der Regel eine disziplinarische Ahndung in Betracht[34]. Bei Anwaltsnotaren kommt es darauf an, ob sich ein Zusammenhang der Verfehlung mit dem Amt als Notar feststellen lässt; im allgemeinen werden derartige Verstöße im anwaltsgerichtlichen Verfahren zu verfolgen sein (§ 110 Abs. 1 Satz 2). **17**

bb) Bei **sonstigen außerberuflichen Straftaten** hängt die disziplinarische Relevanz jeweils von den Umständen des Einzelfalles ab. Dabei sind namentlich der Grad des Verschuldens, das Maß der zutage tretenden kriminellen Energie, die Schwere der Folgen und die Beachtung der Straftat in der Öffentlichkeit zu berücksichtigen[35]. **18**

d) Mehrfach qualifizierte Berufsträger

Über Verfehlungen eines Anwaltsnotars, der **zusätzliche Berufe** im Sinne des § 8 Abs. 2 Satz 2 ausübt (mehrfach qualifizierter Berufsträger), kann je nach dem Schwergewicht der Pflichtverletzung entweder im notariellen Disziplinarrecht oder nach einer der anderen Berufsordnungen zu entscheiden sein[36]. **19**

4. Begehungsformen

a) Aktives Tun, Unterlassen

Dienstvergehen können durch aktives **Tun** und durch pflichtwidriges **Unterlassen** begangen werden. Dienstvergehen durch Unterlassen sind in der Praxis häufig (z. B. Versäumung gebotener Belehrungen, fehlende Eintragung in die Bücher, unzureichende Belehrung und Überwachung des Personals usw.). **20**

b) Täterschaft, Teilnahme

Ob der Notar die Pflichtverletzung im strafrechtlichen Sinn als **Täter** oder **Teilnehmer** begeht, ist disziplinarrechtlich gleichgültig. **21**

c) Vollendung, Versuch

Das Disziplinarrecht kennt nur ein **vollendetes** Dienstvergehen[37]. Zur Vollendung ist nicht erforderlich, dass der Notar sein geplantes pflichtwidriges Verhalten in vollem Umfang verwirklicht. Schon der **Versuch** einer Pflichtverletzung stellt ein vollendetes Dienstvergehen dar. So begeht der Notar, der eine unerlaubte Nebentätigkeit aufnehmen will, ein Dienstvergehen schon mit der Entgegennahme der entsprechenden Bestellung, nicht erst mit der Aufnahme der Nebentätigkeit[38]. **22**

---

34 BVerwG E 33, 123; BVerwGE 53, 10; BVerwG NJW 1998, 2463; differenzierend: *Claussen/Janzen*, BDO, Einl. C Rz. 63. Weitere Einzelheiten: *Köhler/Ratz*, B. II. 12 Rz. 4 ff. Vgl. auch BGH DNotZ 1995, 156, 160.
35 Einzelheiten: *Köhler/Ratz*, B. II. 12 Rz. 16a ff.
36 Näher dazu: § 96 Rz. 19; § 110 Rz. 13.
37 BVerwG ZBR 1990, 215.
38 BGH DNotZ 1993, 263.

Schlägt der Notar allein im Gebühreninteresse den Beteiligten eine Beurkundung statt einer Beglaubigung vor, macht er sich eines vollendeten Dienstvergehens schuldig, auch wenn die Beteiligten nicht darauf eingehen.

23 Dagegen sind bloße **Vorbereitungshandlungen** auch disziplinarisch ohne Bedeutung. Für die Abgrenzung zwischen Vorbereitungshandlung und Versuch gelten die zu § 22 StGB entwickelten Grundsätze.

d) Verdacht, falscher Anschein

24 Der bloße **Verdacht** einer Pflichtverletzung begründet nicht den Vorwurf eines Dienstvergehens. Jedoch muss der Notar schon den **falschen Anschein** eines pflichtwidrigen Verhaltens vermeiden (§ 14 Abs. 3 Satz 2). So darf er nicht den Anschein der Abhängigkeit oder Parteilichkeit erwecken[39]. Bei Treuhandgeschäften handelt er bereits pflichtwidrig, wenn er auch nur den Anschein erweckt, Fremdgelder seien bei ihm gefährdet[40]. Ruft der Notar schuldhaft einen solchen unzulässigen falschen Anschein hervor, begeht er ein Dienstvergehen[41].

5. Rechtswidrigkeit

25 Ein Dienstvergehen liegt nur bei **rechtswidrigem** Handeln des Notars vor. Die Rechtswidrigkeit wird durch den Tatbestand der Pflichtverletzung indiziert. Jedoch sind nach dem Grundsatz der Einheit der Rechtsordnung[42] auch im Disziplinarrecht die allgemein gültigen – geschriebenen wie ungeschriebenen – **Rechtfertigungsgründe** zu beachten. Zu ihnen gehören namentlich
- Einwilligung,
- mutmaßliche Einwilligung,
- behördliche Erlaubnis,
- Erfüllung von Dienst- oder Amtspflichten,
- Notwehr,
- Selbsthilfe,
- rechtfertigender Notstand,
- Wahrnehmung berechtigter Interessen[43].

So verletzt beispielsweise der Notar durch Äußerungen über beruflich wahrgenommene Angelegenheiten nicht seine Verschwiegenheitspflicht (§ 18), wenn er zur Abwehr eines gegen ihn gerichteten Schadensersatzanspruchs oder zur Durchsetzung von Kostenforderungen handelt (Wahrnehmung berechtigter Interessen)[44], seine steuerlichen Beistandspflichten wahrnimmt (Erfüllung einer Amtspflicht) oder die Beteiligten oder an ihrer Stelle die Aufsichtsbehörde ihn davon befreit haben (Einwilligung, behördliche Erlaubnis).

6. Schuld

26 Die Annahme eines Dienstvergehens setzt ferner voraus, dass der Notar **schuldhaft** gehandelt hat. Für die Beurteilung sind die im Strafrecht geltenden Grundsätze zur Vorwerfbarkeit tatbestandlichen Handelns maßgeblich[45].

---

39 Siehe § 14 Rz. 36, 59.
40 BGH DNotZ 1987, 556, 557.
41 BGH DNotZ 1984, 427, 430; vgl. auch *Claussen/Janzen*, BDO, Einl. B Rz. 3.
42 *Schönke/Schröder/Lenckner*, Strafgesetzbuch, Vorbem. Vor §§ 32 ff. Rz. 27.
43 *Schönke/Schröder/Lenckner*, Vorbem. vor §§ 32 ff. Rz. 28.
44 Siehe § 18 Rz. 67.
45 BGH DNotZ 1993, 263, 266.

a) Vorsatz, Fahrlässigkeit

Schuld bedeutet **Vorsatz** oder **Fahrlässigkeit** im strafrechtlichen Sinn. 27

aa) Zum **Vorsatz** in der Form des sog. *dolus directus*[46] gehören die Kenntnis der Tat- 28
bestandsmerkmale (§ 16 Abs. 1 Satz 1 StGB) und des Ganges der Tathandlung, der Wille zur
Tatbestandsverwirklichung sowie die Vorstellung von der Beherrschung der Tathandlung[47].
Die erforderliche Kenntnis ist vorhanden, wenn dem Notar alle **Tatsachen** bekannt sind,
welche die Dienstpflichtwidrigkeit begründen; nicht erforderlich ist, dass er sich der **Pflichtwidrigkeit** seines Handelns bewusst ist[48]. Die irrige Annahme des Notars, sein Handeln sei
erlaubt, ist deshalb nur unter dem Gesichtspunkt des Verbotsirrtums von Bedeutung[49]. Bei
einem Irrtum des Notars über die Dienstpflichtwidrigkeit seines Verhaltens kommt ein Freispruch vom Vorwurf des Dienstvergehens nur in Betracht, wenn der Irrtum unvermeidlich
war[50].

Bedingter Vorsatz ist gegeben, wenn der Notar die Tatbestandsverwirklichung zwar we- 29
der will noch für sicher hält, sie aber als möglich ansieht und sie für den Fall ihres Eintritts
billigend in Kauf nimmt[51].

bb) **Fahrlässig** handelt der Notar, wenn er die die Amtspflichtverletzung begründenden 30
Tatumstände nicht erkennt, sie aber bei pflichtgemäßer Anspannung hätte erkennen können
und müssen[52].

b) Schuldausschließungsgründe

Eine disziplinarische Ahndung scheidet aus, soweit **Schuldausschließungsgründe** vorlie- 31
gen. Als solche kommen insbesondere

– Schuldunfähigkeit (§§ 19, 20 StGB),
– nicht rechtfertigende Notlagen wie Notstand (§ 35 StGB) und Notwehrexzess (§ 33
   StGB) sowie
– der entschuldigende Verbotsirrtum (§ 17 StGB) in Betracht[53].

aa) Handelt der Notar im Zustand der **Schuldunfähigkeit**, begeht er zwar kein Dienstver- 32
gehen; die Aufsichtsbehörde muss aber prüfen, ob eine Amtsenthebung nach § 50 Abs. 1
Nr. 7 BNotO geboten ist.

bb) Beim **Verbotsirrtum** fehlt dem Täter die Einsicht, Unrecht zu tun; er ist sich der 33
Pflichtwidrigkeit seines Handelns oder Unterlassens nicht bewusst[54]. Ein solcher Irrtum
entschuldigt nur, wenn er unvermeidbar war (§ 17 Satz 1 StGB). Der Verbotsirrtum eines
Notars ist in der Regel vermeidbar. Denn der Notar muss die für die Ausübung seines Am-
tes notwendigen Rechtskenntnisse haben und ist zu besonderer Gewissenhaftigkeit bei der
Führung seiner Amtsgeschäfte verpflichtet[55]. In Zweifelsfällen muss er sich bei erfahrenen
Kollegen, bei seiner Notarkammer oder bei der Aufsichtsbehörde erkundigen; an die Erkun-
digungspflicht sind strenge Anforderungen zu stellen[56]. Bei objektivem Verstoß gegen seine
Amtspflicht ist daher in der Regel auch von einem Verschulden auszugehen.

---

46 Vgl. *Fischer*, StGB mit Nebengesetzen, § 15 Rz. 6 f.
47 *Fischer*, § 15 Rz. 3 f.
48 BGHSt 22, 157, 165; BGH DNotZ 1993, 263, 265.
49 Siehe unten Rz. 33.
50 BGH DNotZ 1993, 263, 266.
51 *Fischer*, § 15 Rz. 9 f.
52 Vgl. *Fischer*, § 15 Rz. 14.
53 *Fischer*, Vor § 32 Rz. 14.
54 Vgl. *Schönke/Schröder/Cramer/Sternberg-Lieb*, § 17 Rz. 5.
55 BGHZ 17, 69, 71.
56 BGHSt 21, 18, 21.

7. Einheit des Dienstvergehens

a) Grundsatz

34 Im Disziplinarrecht gilt der Grundsatz der **Einheit des Dienstvergehens**[57]. Er besagt, dass mehrere Pflichtverletzungen desselben Beschuldigten nur *ein* Dienstvergehen bilden und unter Würdigung der Persönlichkeit des Beschuldigten einheitlich zu beurteilen sind[58]. Es ist grundsätzlich unzulässig, jede einzelne Verfehlung gesondert zu würdigen und isoliert zu ahnden[59]. Vielmehr ist die aus dem **Gesamtverhalten** ersichtliche Persönlichkeitsstruktur auf ihre künftige Zuverlässigkeit hin zu prüfen und mit einer einzigen Gesamtmaßnahme pflichtenmahnend zu beeinflussen, oder das Dienstverhältnis ist zu lösen[60]. Das gilt auch, wenn die mehreren Pflichtverletzungen strafrechtlich als fortgesetzte Handlung oder als Tatmehrheit zu würdigen wären[61]. Werden einzelne der zum Vorwurf gemachten Pflichtverletzungen nicht festgestellt, ist für einen **Teilfreispruch** in der Urteilsformel kein Raum[62].

b) Verfahrensrechtliche Folgen

35 **Verfahrensrechtlich** folgt aus der Einheit des Dienstvergehens, dass alle bekannten Pflichtverstöße in der Regel in einem einzigen Verfahren zu verfolgen sind. Bei Anwaltsnotaren gilt dies grundsätzlich auch, wenn die Verstöße sowohl mit dem Amt als Notar als auch mit der anwaltlichen Tätigkeit zusammenhängen (§ 110 Abs. 1). Frühere Dienstvergehen, die erst nach Abschluss eines Disziplinarverfahrens *bekannt* werden, können hingegen noch gesondert verfolgt und geahndet werden[63]. Die Rechtskraft (Bestandskraft) einer Disziplinarmaßnahme erstreckt sich nicht auf jedes vor der letzten Maßregelung liegende Fehlverhalten und schließt deshalb eine nachträgliche, getrennte Verfolgung solcher Verfehlungen nicht aus[64]. Das gilt erst recht für Verfehlungen, die nach Abschluss eines Disziplinarverfahrens *begangen* werden, auch wenn sie in einem inneren Zusammenhang mit der zuvor geahndeten Verfehlung stehen. Denn die erneute Begehung eines Dienstvergehens nach erfolgter disziplinarischer Ahndung zeigt, dass der Notar seine Pflichten trotz der Maßregelung weiterhin nicht hinreichend ernst nimmt. Dem muss durch Einleitung eines erneuten Disziplinarverfahrens Rechnung getragen werden können. Bei Auswahl und Bemessung der erneuten Maßnahme ist die bereits verhängte Disziplinarmaßnahme zu berücksichtigen[65].

c) Ausnahmen

36 Der Grundsatz der Einheit des Dienstvergehens lässt jedoch **Ausnahmen** zu.

37 aa) Einzelhandlungen, die sich verselbstständigen lassen, können ausgeschieden werden. Eine solche **Verselbstständigung** ist angebracht, wenn die verschiedenen Pflichtverletzungen nicht in einem konkreten zeitlichen, ursächlichen, psychologischen und wesensmäßigen Zusammenhang stehen[66]. Maßgeblich sind die Umstände des Einzelfalles. Unterschiedliche Schuldformen (Vorsatz/Fahrlässigkeit) allein rechtfertigen eine Verselbstständigung ebenso wenig wie ein zeitliches Auseinanderfallen oder die Trennung zwischen inner- und außerberuflichen Verfehlungen. Entscheidend ist, ob ein **innerer Zusammenhang** besteht, wie er et-

---

57 BGH NJW 2002, 834, 835; BVerwGE 63, 88; st. Rspr.; *Claussen/Janzen*, BDO, Einl. B Rz. 6a f.; *Köhler/Ratz*, A. I Rz. 11 sowie § 5 Rz. 2, § 76 Rz. 1; kritisch: *Feuerich/Weyland*, BRAO, § 114 Rz. 70 ff.

58 BGH DNotZ 1966, 409.

59 BGHSt 16, 237, 240 f.; 19, 90, 93.

60 BVerwGE 63, 88; st. Rspr.

61 BGH DNotZ 1988, 259, 260.

62 *Köhler/Ratz*, § 76 Rz. 1; *Claussen/Janzen*, BDO, § 76 Rz. 1.

63 BVerwG DÖD 1983, 219.

64 BGHSt 19, 90, 93; a. A. *Köhler/Ratz*, A. I Rz. 12.

65 Näher dazu: § 97 Rz. 14.

66 *Köhler/Ratz*, A. I Rz. 16 unter Hinweis auf die st. Rspr. des BVerwG; *Claussen/Janzen*, BDO, Einl. B Rz. 7a f.

wa anzunehmen ist, wenn verschiedenartige Verfehlungen ihre gemeinsame Ursache in einer Alkoholanfälligkeit des Amtsträgers haben[67].

bb) Eine Verselbstständigung kommt ferner ausnahmsweise in Betracht, wenn der gemeinsamen Verfolgung mehrerer Pflichtverletzungen **Hindernisse** entgegenstehen, etwa ein wegen einer Straftat eingeleitetes Disziplinarverfahren bis zur Beendigung des strafgerichtlichen Verfahrens ausgesetzt ist[68], ein anderes Dienstvergehen des Notars aber alsbald disziplinarisch verfolgt und geahndet werden kann[69].

38

---

67 *Claussen/Janzen*, BDO, Einl. B Rz. 7a.
68 Vgl. § 17 Abs. 1 BDO.
69 *Claussen/Janzen*, BDO, Einl. B Rz. 7b.

§ 95a

(1) [1]Sind seit einem Dienstvergehen, das nicht eine zeitlich befristete oder dauernde Entfernung aus dem Amt oder eine Entfernung vom bisherigen Amtssitz rechtfertigt, mehr als fünf Jahre verstrichen, ist eine Verfolgung nicht mehr zulässig. [2]Diese Frist wird durch die Verhängung einer Disziplinarverfügung und durch jede sie bestätigende Entscheidung sowie durch die Einleitung eines förmlichen Disziplinarverfahrens unterbrochen. [3]Sie ist für die Dauer des förmlichen Disziplinarverfahrens gehemmt.

(2) Ist vor Ablauf der Frist wegen desselben Sachverhalts ein Strafverfahren eingeleitet worden, so ist die Frist für die Dauer des Strafverfahrens gehemmt.

Übersicht

A. Entstehungsgeschichte der Vorschrift

1 § 95a ist im Jahre 1981 als eigenständige Verjährungsvorschrift in die BNotO eingefügt worden[1]. Bis dahin galten die landesrechtlichen Vorschriften über Verfolgungs- bzw. Bestrafungshindernisse nach Ablauf bestimmter Fristen und (für das Verfahren des Bundesgerichtshofs in Disziplinarsachen gegen Notare) § 4 BDO[2] entsprechend.

B. Erläuterungen

I. Verfolgungsverjährung (Abs. 1 Satz 1)

1. Bedeutung der Vorschrift

a) Verfolgungsverjährung

2 § 95a begründet eine zeitliche Schranke für die Ahndung leichterer Dienstvergehen. Nach ihrem eindeutigen Wortlaut verbietet die Vorschrift nicht erst die Maßregelung, sondern

---

1 Art. 1 Nr. 11 des Ersten Gesetzes zur Änderung der Bundesnotarordnung v. 07.08.1981 (BGBl. I S. 803).
2 Bundesdisziplinarordnung i. d. F. der Bekanntmachung v. 20.07.1967 (BGBl. I S. 751, berichtigt BGBl. I S. 984) mit nachfolgenden Änderungen.

schon die Verfolgung des Dienstvergehens[3]. Der Gesetzgeber hat damit eine der strafrechtlichen **Verfolgungsverjährung** (§ 78 StGB) entsprechende Verjährung als Institut des Disziplinarverfahrensrechts eingeführt[4]. Materiellrechtlich beseitigt der Zeitablauf hingegen weder das Unrecht noch die Sanktionswürdigkeit eines Dienstvergehens; der Zeitablauf hat
insoweit keine »heilende Kraft«[5]. Ob die Einführung einer Verfolgungsverjährung im Disziplinarrecht sinnvoll war, ist umstritten[6], für die Praxis aber ohne besondere Bedeutung.

b) Dauer der Frist

Das Beamtenrecht beschränkt die Ahndung von Dienstvergehen vielfach auf zwei Jahre[7].   **3**
Diese Frist hat sich in der Praxis des notariellen Disziplinarrechts als zu kurz erwiesen, weil
Dienstvergehen der Notare mangels kontinuierlicher Kontrolle ihrer Tätigkeit vielfach erst
bei einer der in mehrjährigen Abständen stattfindenden Geschäftsprüfungen (§ 32 DONot)
festgestellt werden. Der Gesetzgeber hat deshalb bei Einführung des § 95a eine wesentlich
längere Frist bestimmt.

2. Voraussetzungen der Verjährung

a) Fünfjahresfrist

Seit dem Dienstvergehen muss eine **Frist** von mehr als fünf Jahren verstrichen sein.   **4**

aa) Fristbeginn

Die Frist beginnt nicht mit der Vollendung[8], sondern entsprechend dem Rechtsgedanken   **5**
des § 78a StGB mit der **Beendigung** des Dienstvergehens[9]. Es kommt somit auf den Zeitpunkt an, in dem die auf die Tatbegehung (Pflichtverletzung) gerichtete Tätigkeit des Notars
ihren endgültigen Abschluss gefunden hat[10].

(1) Auf den Eintritt eines bestimmten **Erfolges** kommt es in der Regel nicht an[11]. Besteht   **6**
die Pflichtverletzung des Notars etwa darin, dass er treuhänderisch verwahrtes Geld vor
Eintritt der Auszahlungsreife an den berechtigten Empfänger auskehrt, ist das Dienstvergehen in der Regel bereits mit der Erteilung des Auszahlungsauftrags an das kontoführende
Kreditinstitut beendet. Eine Verletzung der notariellen Schweigepflicht endet mit der unbe-
fugten Äußerung des Notars, gleichgültig, welche nachteiligen Folgen daraus für die Betroffenen entstehen.

Hat der Notar jedoch einen bestimmten Erfolg in seine Vorstellung (Vorsatz) aufgenom-   **7**
men, so endet das Dienstvergehen erst mit dem **Erfolgseintritt**[12]. Will der Notar Fremdgeld
unerlaubt für sich verwenden, endet das Dienstvergehen nicht schon mit dem Auszahlungs-
auftrag an die Bank, sondern erst mit der Auszahlung und der Verwendung durch den Notar. Rät der Notar pflichtwidrig zwecks Erzielung höherer Gebühren zu einer Beurkundung

---

3 So jetzt auch § 17 Abs. 2 des Bundesdisziplinargesetzes (BDG). Danach wird ein Disziplinarverfahren nicht eingeleitet, wenn feststeht, dass eine Disziplinarmaßnahme wegen Zeitablaufs nicht ausgesprochen werden darf.
4 *Zimmermann*, DNotZ 1982, 90, 104.
5 Ob im Disziplinarrecht überhaupt eine »heilende Kraft« des Zeitablaufs angenommen werden kann,
  ist strittig. Bejahend: *Köhler/Ratz*, Bundesdisziplinarordnung und materielles Disziplinarrecht, § 4
  Rz. 1 ff.; verneinend: *Claussen/Janzen*, BDO, § 4 Rz. 1; jeweils m. w. N.
6 Bejahend: *Köhler/Ratz*, § 4 Rz. 3; verneinend: *Claussen/Janzen*, BDO, § 4 Rz. 1.
7 Vgl. § 15 BDG.
8 So aber: *Claussen/Janzen*, BDO, § 4 Rz. 2a.
9 Ebenso: *Köhler/Ratz*, § 4 Rz. 23.
10 Vgl. BGHSt 24, 220 (zu § 78a StGB).
11 Ebenso: *Claussen/Janzen*, BDO, § 4 Rz. 2c.
12 *Claussen/Janzen*, BDO, § 4 Rz. 2c.

statt einer bloßen Unterschriftsbeglaubigung, so ist sein Dienstvergehen erst mit dem Vereinnahmen der Gebühren beendet.

8   (2) Bei Dienstvergehen durch **Unterlassen** tritt die Beendigung in dem Zeitpunkt ein, in dem die Pflicht zum Tätigwerden entfällt und auch keine Nachholungspflicht mehr besteht. Unterlässt beispielsweise der Notar bei einer Beurkundung schuldhaft die gebotene Rechtsbelehrung der Beteiligten (§ 17 BeurkG), endet das Dienstvergehen mit dem Abschluss der Urkundshandlung gemäß § 13 BeurkG; die Belehrung kann danach nicht mehr zweckentsprechend nachgeholt werden. Versäumt er es unter Verletzung seiner erweiterten Belehrungspflicht (§ 14), die Beteiligten auf einen drohenden Schaden hinzuweisen[13], so tritt die Beendigung nicht ein, solange die Belehrung noch erfolgversprechend nachgeholt werden kann; das ist vielfach noch nach Abschluss der Beurkundung möglich. Unterlässt es der Notar, die vorgeschriebene Haftpflichtversicherung zu unterhalten (§ 19a BNotO), dauert das Dienstvergehen an, solange er im Amt ist.

9   (3) Bei einer **Mehrheit von Pflichtverletzungen**, die disziplinarrechtlich eine Einheit bilden[14], beginnt die Verjährungsfrist erst mit der Beendigung der letzten Pflichtverletzung. Sie beginnt daher mit jeder Pflichtverletzung für das gesamte Dienstvergehen neu zu laufen[15].

10   Ist jedoch eine einzelne Pflichtverletzung **selbstständig** zu beurteilen, steht sie also mit den anderen das Dienstvergehen bildenden Verfehlungen nicht in einem äußeren oder inneren Zusammenhang[16], tritt die Verfolgungsverjährung für diese Pflichtverletzung isoliert ein[17].

bb) Fristende

11   Die Frist **endet** – vorbehaltlich einer Unterbrechung oder Hemmung[18] – mit dem dem Tag der Beendigung des Dienstvergehens kalendermäßig vorhergehenden Tag des fünften folgenden Jahres[19].

b) Leichteres Dienstvergehen

12   Der Eintritt der Verjährung kommt nur bei solchen Dienstvergehen in Betracht, die nicht eine zeitlich befristete oder dauernde **Entfernung aus dem Amt** oder eine **Entfernung vom bisherigen Amtssitz** rechtfertigen. Eine Verfolgungsverjährung kann mithin nur eintreten, wenn höchstens ein Verweis oder eine Geldbuße oder beide Maßnahmen nebeneinander (§ 97 Abs. 1) gerechtfertigt sind.

aa) Einzelfallwürdigung

13   Das Disziplinarrecht kennt keinen festen »Strafrahmen«, so dass für jedes Dienstvergehen der gesamte Katalog der möglichen Ahndungen (§ 97) zur Verfügung steht. Es bedarf daher einer umfassenden **Einzelfallwürdigung**, welche Maßnahme das konkrete Dienstvergehen rechtfertigt[20]. Dabei ist der Gesichtspunkt der Einheit des Dienstvergehens zu beachten[21], wonach auch äußerlich getrennte oder zeitlich auseinanderfallende Verstöße grundsätzlich ein einheitliches Vergehen darstellen[22].

---

13 Siehe § 14 Rz. 225 ff.
14 Siehe § 95 Rz. 34.
15 BVerwG ZBR 1989, 245; *Claussen/Janzen*, BDO, § 4 Rz. 2a.
16 Siehe § 95 Rz. 36.
17 BGH NJW 1968, 2204; *Köhler/Ratz*, § 4 Rz. 10 m. w. N.; *Claussen/Janzen*, BDO, § 4 Rz. 2b.
18 Siehe unten Rz. 20, 22.
19 *Köhler/Ratz*, § 4 Rz. 23.
20 Siehe § 97 Rz. 9.
21 BVerwGE 33, 194; st. Rspr.
22 Siehe § 95 Rz. 34.

bb) Hypothetische Beurteilung

Welche Maßnahme gerechtfertigt ist, lässt sich endgültig an sich erst nach vollständiger **14**
Aufklärung des Sachverhalts beurteilen. Indes verbietet § 95a nicht nur die Ahndung, sondern schon die Verfolgung eines Dienstvergehens. Eine weitere Sachaufklärung ist daher in
der Regel nicht zulässig, sobald Anhaltspunkte für den Eintritt der Verfolgungsverjährung
vorliegen[23]. Es bedarf deshalb einer **hypothetischen Beurteilung** des Dienstvergehens auf
der Grundlage des bis dahin bekannten bzw. zu unterstellenden Sachverhalts[24]. Diese Prüfung obliegt vor und während der Vorermittlungen der Aufsichtsbehörde (§ 96 Satz 2), bei
und nach Einleitung des förmlichen Disziplinarverfahrens der Landesjustizverwaltung als
Einleitungsbehörde (§ 96 Satz 3) und nach Eingang der Anschuldigungsschrift den Disziplinargerichten. Ergibt die Prüfung, dass das Vergehen höchstens einen Verweis und/oder eine
Geldbuße rechtfertigt, und ist die Fünfjahresfrist verstrichen, so ist von der Verjährung auszugehen.

3. Wirkungen der Verjährung

a) Verfahrenshindernis

Der Eintritt der Verjährung bewirkt ein **Verfahrenshindernis**[25], das von allen mit der Ahn- **15**
dung des Dienstvergehens befassten Disziplinarorganen in jeder Lage des Verfahrens zu beachten ist.

aa) Einstellung des Verfahrens

Die Verjährung führt grundsätzlich zur **Einstellung** des Verfahrens[26]. Sie ist nicht Sach-, **16**
sondern Prozessentscheidung und bewirkt nicht den Verlust (Verzicht oder Verwirkung) des
Disziplinaranspruchs[27]. Das Dienstvergehen darf daher erneut verfolgt werden, wenn **neue
Tatsachen** bekannt werden, die eine vorübergehende oder dauernde Entfernung aus dem
Amt oder eine Entfernung vom bisherigen Amtssitz rechtfertigen. Dabei kann es sich um
Strafschärfungsgründe oder um weitere Verfehlungen handeln, die wegen der Einheit des
Dienstvergehens[28] mit der verjährten Verfehlung zusammen zu ahnden sind.

bb) Fortsetzung der Ermittlungen

Wenn zwar Anhaltspunkte für eine Verjährung vorliegen, aber noch nicht festgestellt werden **17**
kann, ob diese tatsächlich eingetreten ist, ist **weiter zu ermitteln**. Die Ermittlungen sind
aber zunächst auf die für die Beurteilung der Verjährungsfrage maßgeblichen Umstände zu
beschränken. Abtrennbare Einzelverfehlungen, deren Verjährung bereits jetzt feststeht, bleiben dabei ausgeklammert[29]. Ist die Verjährungsfrage geklärt, ist entweder das Verfahren einzustellen oder die Ermittlung auf den gesamten Sachverhalt auszudehnen.

---

23 Siehe unten Rz. 16 f.
24 *Köhler/Ratz*, § 4 Rz. 5 m. w. N.; a. A. *Claussen/Janzen*, BDO, § 4 Rz. 1, wonach § 4 BDO weder
    Vorermittlungen noch die förmliche Untersuchung ausschließt.
25 *Schippel/Bracker/Lemke*, § 95a Rz. 3 (abweichend von *Vorauflage*).
26 Ausgenommen ist das sog. *Selbstreinigungsverfahren*; siehe unten Rz. 19.
27 BVerwGE 63, 334; 193, 36; BVerwG NJW 1998, 2463; *Köhler/Ratz*, § 4 Rz. 20 m. w. N.
28 Siehe § 95 Rz. 34.
29 *Köhler/Ratz*, § 4 Rz. 8.

cc) Form der Einstellung

18 Die Einstellung erfolgt in der Regel durch schriftliche **Verfügung**, im gerichtlichen Verfahren vor der Hauptverhandlung durch **Beschluss**, nach Beginn der Hauptverhandlung durch **Urteil**[30].

b) Selbstreinigungsverfahren

19 Wird bei der Einstellung ein Dienstvergehen festgestellt oder offengelassen, ob ein solches vorliegt, kann der Notar der Einstellung mit dem Ziel widersprechen, seine Unschuld feststellen zu lassen (sog. **Selbstreinigungsverfahren**[31]). In diesem Fall sind die Ermittlungen bzw. ein bereits anhängiges förmliches Disziplinarverfahren fortzuführen, bis über Schuld oder Unschuld des Notars sachlich entschieden werden kann[32]. Jedoch darf das Verfahren nicht zur disziplinarischen **Ahndung** eines verjährten Dienstvergehens führen; deshalb sind etwa verhängte Disziplinarmaßnahmen auch bei Feststellung der Schuld aufzuheben[33].

II. Unterbrechung und Hemmung der Verjährung

1. Bedeutung der Vorschrift

20 § 95a sieht die **Unterbrechung** (Abs. 1 Satz 2) und die **Hemmung** (Abs. 1 Satz 3, Abs. 2) der Fünfjahresfrist vor. Da es sich um eine Verjährungsfrist handelt, sind grundsätzlich die für die zivilrechtliche Verjährung geltenden Vorschriften entsprechend anzuwenden[34]. Allerdings sieht das bürgerliche Recht an Stelle der früheren Verjährungsunterbrechung jetzt einen *Neubeginn* der Verjährung vor (§ 212 BGB n. F.). Seine Wirkungen entsprechen jedoch denen der Verjährungsunterbrechung. Danach bleibt im notariellen Disziplinarrecht bei der **Unterbrechung** die bis dahin verstrichene Zeit außer Betracht; mit der Beendigung der Unterbrechung beginnt die Frist neu zu laufen. Dagegen wird bei der **Hemmung** der Zeitraum, während dessen die Frist gehemmt war, lediglich nicht in die Verjährungsfrist eingerechnet; ab Beendigung der Hemmung läuft die restliche Frist (§ 209 BGB n. F.).

2. Unterbrechung der Verjährung

21 Die Verjährungsfrist wird durch die Verhängung einer Disziplinarverfügung und durch jede sie bestätigende Entscheidung sowie durch die Einleitung eines förmlichen Disziplinarverfahrens **unterbrochen** (§ 95a Abs. 1 Satz 2); von da ab läuft eine neue Fünfjahresfrist. Maßgeblich ist der Zeitpunkt, in dem die unterbrechende Verfügung bzw. Entscheidung wirksam wird. Dies richtet sich nach dem gemäß § 96 anzuwendenden Landesrecht bzw. nach den gemäß §§ 105, 109 anzuwendenden Vorschriften der Bundesdisziplinarordnung.

3. Hemmung der Verjährung

a) Förmliches Disziplinarverfahren

22 Nach § 95a Abs. 1 Satz 3 ist die Verjährung während der Dauer eines **förmlichen Disziplinarverfahrens** gehemmt. Die durch die Einleitung des förmlichen Verfahrens eingetretene

---

30 *Köhler/Ratz*, § 4 Rz. 33, 34, 36.
31 Vgl. § 34 BDO.
32 Zur Anfechtbarkeit von Einstellungsverfügungen: BGH NJW-RR 1993, 1275.
33 Einzelheiten: *Köhler/Ratz*, § 4 Rz. 13 m. w. N.
34 Ebenso: *Schippel/Bracker/Lemke*, § 95a Rz. 7.

Unterbrechung wird für den Zeitraum des Verfahrens aufrecht erhalten. Mithin beginnt mit dem Abschluss des förmlichen Disziplinarverfahrens eine neue Fünfjahresfrist[35].

b) Strafverfahren

Die Frist wird ferner gehemmt, wenn vor ihrem Ablauf wegen desselben Sachverhalts, der Gegenstand des Disziplinarverfahrens ist, ein **Strafverfahren** eingeleitet wird (Abs. 3). Dazu bedarf es nicht der Erhebung einer Anklage oder einer gerichtlichen Handlung; es genügen vielmehr auch polizeiliche Handlungen, sofern sie wegen einer bestimmten Handlung gegen einen bestimmten Beschuldigten vorgenommen werden[36]. Um die Einleitung eines Strafverfahrens eindeutig hervortreten zu lassen, müssen diese Handlungen allerdings aktenkundig gemacht werden[37]. **23**

---

35 *Eylmann/Vaasen/Stockebrand*, § 95a BNotO Rz. 14; *Schippel/Bracker/Lemke*, § 95a Rz. 7.
36 BGH DNotZ 1977, 760, 761.
37 BGH DNotZ 1977, 761 m. w. N.

§ 96

¹Soweit in diesem Gesetz nichts Abweichendes bestimmt ist, sind die für Landesjustiz-beamte geltenden Disziplinarvorschriften in der am 1. März 2001 geltenden Fassung noch bis zum 1. Januar 2010 entsprechend anzuwenden. ²Die in diesen Vorschriften den Dienstvorgesetzten zugewiesenen Aufgaben nimmt die Aufsichtsbehörde wahr. ³Die Befugnisse der Einleitungsbehörde oder der ihr entsprechenden Dienststelle werden von der Landesjustizverwaltung ausgeübt. ⁴Zum Untersuchungsführer kann nur ein planmäßiger Richter der ordentlichen Gerichtsbarkeit bestellt werden.

Übersicht

A. Entstehungsgeschichte der Vorschrift

Die Vorschrift war seit Einführung der BNotO zunächst unverändert geblieben. Eine erste **1**
Änderung erfolgte anlässlich der Neuordnung des Bundesdisziplinarrechts im Jahre 2001[1].
Danach sollte für eine Übergangszeit von vier Jahren ab 01.01.2002 weiterhin das Diszipli-
narrecht der Länder in der am 01.03.2001 geltenden Fassung entsprechend anzuwenden sein.
Diese Frist ist inzwischen bis zum 01.01.2010 verlängert worden[2].
Die Übergangsregelung korrespondiert mit derjenigen in §§ 105, 109, wonach bis zum
01.01.2010 an Stelle des jetzt geltenden Bundesdisziplinargesetzes[3] weiterhin die – am
01.01.2002 außer Kraft getretene – Bundesdisziplinarordnung[4] entsprechend anzuwenden
ist.
Grund für die Regelung ist die Tatsache, dass die Disziplinarrechte der Länder in ihrer am **2**
01.03.2001 geltenden Fassung weitgehend mit der früheren Bundesdisziplinarordnung über-
einstimmten, während bisher nur ein Teil der Landesdisziplinarrechte an das Bundesdisziplinargesetz angepasst worden ist. Um Unklarheiten zu vermeiden, die durch ein Zusammentreffen unterschiedlicher Regelungen entstehen könnten, gewährleistet die jetzige Regelung
weiterhin den Gleichlauf von Bundes- und Landesdisziplinarrecht.

B. Erläuterungen

I. Disziplinarrecht der Länder

1. Für das Disziplinarverfahren gegen Notare gilt ergänzend das (frühere) Disziplinarrecht **3**
desjenigen **Landes**, das den Notar bestellt hat. Maßgeblich sind die für *Landesjustizbeamte*,
d. h. für nichtrichterliche Bedienstete, maßgeblichen Vorschriften. Sachgerecht wäre es gewesen, ein eigenständiges notarielles Disziplinarverfahrensrecht zu schaffen oder zumindest
auf die für *Richter* geltenden Disziplinarvorschriften zu verweisen; denn die Tätigkeit der
Notare gleicht nach Aufgabenzuweisung und Struktur eher der richterlichen als der Beam-
tentätigkeit.
Die disziplinarrechtlichen Vorschriften der Länder gelten für Notare nur, soweit nicht die **4**
BNotO eigene Bestimmungen enthält und soweit nicht das Disziplinarrecht des **Bundes** anzuwenden ist. Letzteres ist nach §§ 105, 109 für die Anfechtung von Entscheidungen des
Oberlandesgerichts und das nachfolgende Verfahren vor dem Bundesgerichtshof der Fall.
2. Mit Rücksicht auf den weiterhin bestehenden Gleichlauf zwischen dem (früheren) Lan- **5**
desdisziplinarrecht und der Bundesdisziplinarordnung, wird im Folgenden das für Notare
geltende Disziplinarverfahrensrecht unter Verweis auf die Vorschriften der Bundesdisziplinarordnung dargestellt.

II. Gang des Disziplinarverfahrens

Die folgende Darstellung beschränkt sich auf die Grundzüge des Disziplinarverfahrens. Ein- **6**
zelheiten mögen dem disziplinarrechtlichen Schrifttum entnommen werden[5].

1 Art. 12 Nr. 1 des Gesetzes zur Neuordnung des Bundesdisziplinarrechts v. 09.07.2001 (BGBl. I
  S. 1510).
2 Art. 1 Nr. 1 des Fünften Gesetzes zur Änderung der Bundesnotarordnung v. 22.12.2005 (BGBl. I
  S. 3679).
3 Bundesdisziplinargesetz (BDG) v. 09.07.2001 (BGBl. I S. 1510).
4 Bundesdisziplinarordnung i. d. F. der Bekanntmachung v. 20.07.1967 (BGBl. I S. 751, 984).
5 Vgl. die Darstellung bei *Fabian*, ZNotP 2003, 14 (am Beispiel Niedersachsen).

1. Einleitung von Vorermittlungen

7 Werden Tatsachen bekannt, die den Verdacht eines Dienstvergehens rechtfertigen, veranlasst die Aufsichtsbehörde die zur Aufklärung des Sachverhalts erforderlichen Ermittlungen (**Vorermittlungen**)[6].

a) Tatsächliche Grundlagen

8 Der Begriff der **Tatsachen** ist weit zu fassen. Sie können sich beispielsweise aus eigenen Äußerungen des Notars oder aus Feststellungen anlässlich der Geschäftsprüfung ergeben; aber auch Hinweise, Anzeigen oder Beschwerden aus dem Kreis der Rechtsuchenden können den Verdacht eines Dienstvergehens begründen, sofern sie hinreichend konkret sind.

b) Verdacht eines Dienstvergehens

9 Die Tatsachen müssen den **Verdacht eines Dienstvergehens** rechtfertigen.

aa) Anfangsverdacht

10 Hinsichtlich des **Sachverhalts** reicht wie im Strafprozessrecht ein sog. Anfangsverdacht aus. Er muss weder hinreichend (§ 170 StPO) noch dringend (§ 112 Abs. 1 StPO) sein. Ist der Sachverhalt bereits aufgeklärt, bedarf es an sich nicht mehr der Einleitung von Ermittlungen. Indes ist auch in diesen Fällen – namentlich im Interesse des Rechtsschutzes des Notars – ein Vorermittlungsverfahren einzuleiten[7].

bb) Rechtliche Würdigung

11 In **rechtlicher Hinsicht** muss der verdächtige Sachverhalt zu dem Schluss führen, dass bei Erweislichkeit der bekannt gewordenen Tatsachen ein Dienstvergehen vorliegt. Die Aufsichtsbehörde hat mithin eine Schlüssigkeitsprüfung dahin vorzunehmen, ob nach dem als wahr zu unterstellenden Sachverhalt eine schuldhafte Amtspflichtverletzung vorliegt[8].

12 Bloße **Bagatellverfehlungen** stellen keine Dienstvergehen dar[9] und rechtfertigen daher nicht die Einleitung von Vorermittlungen[10]. Für Vorermittlungen ist ferner kein Raum, wenn schon jetzt feststeht, dass die Verfolgung des etwaigen Dienstvergehens jedenfalls **verjährt** ist[11].

c) Ermittlungspflicht

13 Soweit der Sachverhalt die Annahme eines verfolgbaren Dienstvergehens rechtfertigt, besteht für die Aufsichtsbehörde grundsätzlich eine **Ermittlungspflicht** (Legalitätsprinzip)[12]. Dabei sind die belastenden, die entlastenden und die für die Bemessung der Disziplinarmaßnahme bedeutsamen Umstände aufzuklären. Ergeben sich im Zuge der Ermittlungen Anhaltspunkte für weitere disziplinarisch relevante Pflichtverstöße, sind diese in das Verfahren einzubeziehen[13]. Art und Umfang der Vorermittlungen stehen im Übrigen im pflichtgemäßen Ermessen des Aufsichtsbehörde.

---

6 § 26 Abs. 1 BDO.
7 *Köhler/Ratz*, Bundesdisziplinarrecht und materielles Disziplinarrecht, § 26 Rz. 2; *Claussen/Janzen*, BDO, § 26 Rz. 5a.
8 Vgl. *Köhler/Ratz*, § 26 Rz. 2; *Claussen/Janzen*, BDO, § 26 Rz. 5b.
9 Vgl. § 95 Rz. 11.
10 *Köhler/Ratz*, § 26 Rz. 3.
11 Siehe § 95a Rz. 15.
12 § 26 Abs. 1 BDO. Vgl. dazu: OLG Celle ZNotP 1998, 162; *Schippel/Bracker/Lemke*, § 96 Rz. 6.
13 OLG Celle ZNotP 1998, 162, 163.

d) Sachliche Zuständigkeit

Einleitung und Durchführung der Vorermittlungen obliegen dem **Präsidenten des Land-** **14**
gerichts als unterer Aufsichtsbehörde (§§ 96 Satz 2, 92 Nr. 1). Ob der höhere Dienstvorgesetzte oder die oberste Dienstbehörde die Ermittlungen von vornherein an sich ziehen
können, richtet sich nach dem geltenden Landesrecht. Die Einsetzung eines besonderen **Er-**
mittlungsführers entsprechend dem Untersuchungsführer im förmlichen Disziplinarverfahren[14] ist im allgemeinen nicht vorgesehen.

e) Beteiligung der Notarkammer

Ob und wann die Aufsichtsbehörde die **Notarkammer** zu dem Disziplinarverfahren zu hö- **15**
ren oder sie daran zu beteiligen hat, richtet sich nach dem jeweiligen Landesrecht[15].

f) Anhörung des Beschuldigten

Im Interesse des betroffenen Notars ist das Verfahren zu **beschleunigen**. Ihm ist Gelegenheit **16**
zur **Äußerung** zu geben, sobald dies ohne Gefährdung des Ermittlungszwecks möglich
ist[16]. Dabei ist ihm zu eröffnen, welche Verfehlung ihm zur Last gelegt wird, und das bisherige Ermittlungsergebnis bekannt zu geben. Ferner muss er darüber belehrt werden, dass es
ihm freisteht, sich zu äußern, und dass er jederzeit einen Verteidiger befragen kann.

2. Disziplinarverfahren und Strafverfahren[17, 18]

a) Vor Anklageerhebung

Ein disziplinarisches Vorermittlungsverfahren ist auch dann einzuleiten, wenn wegen dessel- **17**
ben oder im Wesentlichen desselben Sachverhalts ein **staatsanwaltschaftliches Ermitt-**
lungsverfahren anhängig ist. Jedoch *kann* das Disziplinarverfahren bis zum Abschluss des
Ermittlungsverfahrens ausgesetzt werden[19]. Gegen die Aussetzung kann der Notar bei dem
Notarsenat des Oberlandesgerichts (§ 99) die gerichtliche Entscheidung beantragen; das
Oberlandesgericht entscheidet endgültig durch Beschluss[20].
　Wird das Ermittlungsverfahren eingestellt, ist das Disziplinarverfahren fortzusetzen.

b) Nach Anklageerhebung

Ist gegen den Notar im strafrechtlichen Verfahren **Anklage** erhoben worden, kann wegen **18**
derselben Tatsachen ein Disziplinarverfahren zwar eingeleitet werden; es *muss* aber bis zur
Beendigung des Strafverfahrens ausgesetzt werden. Ebenso ist ein bereits eingeleitetes Disziplinarverfahren auszusetzen, wenn während seines Laufes Anklage erhoben wird[21].

c) Fortsetzung des Disziplinarverfahrens

Ein ausgesetztes Disziplinarverfahren *kann* **fortgesetzt** werden, wenn die Sachaufklärung **19**
gesichert ist oder wenn im Strafverfahren aus Gründen nicht verhandelt werden kann, die in

---

14 Siehe dazu unten Rz. 48.
15 Regelung im allgemeinen in den Anordnungen der Landesjustizverwaltungen über die *Angelegen-*
　heiten der Notare (AVNot).
16 § 26 Abs. 2 BDO.
17 Wegen der *materiellrechtlichen* Bedeutung sachgleicher strafrechtlicher Sanktionen siehe § 97
　Rz. 23 f.
18 Zum Verhältnis zwischen notariellem Disziplinarverfahren und der Verfolgung von Pflichtverlet-
　zungen nach anderen Berufsordnungen siehe unten Rz. 22 und § 110 Rz. 5 ff.
19 § 17 Abs. 2 BDO.
20 § 17 Abs. 4 BDO.
21 § 17 Abs. 1 BDO.

der Person des Notars liegen. Es *muss* fortgesetzt werden, sobald das Strafverfahren abgeschlossen ist[22].

d) Bindung an tatsächliche Feststellungen

20 Die **tatsächlichen Feststellungen** eines rechtskräftigen Urteils im Strafverfahren oder Bußgeldverfahren sind in einem sachgleichen Disziplinarverfahren grundsätzlich bindend[23].

21 Tatsächliche Feststellungen, die in einem *anderen* gesetzlich geordneten Verfahren getroffen worden sind, sind nicht bindend, können aber – vorbehaltlich entgegenstehender landesrechtlicher Bestimmungen – der Entscheidung im Disziplinarverfahren nach pflichtgemäßem Ermessen ohne nochmalige Prüfung zugrunde gelegt werden[24], sofern der Sachverhalt dort verfahrensrechtlich einwandfrei, umfassend und mit einem eindeutigen Ergebnis aufgeklärt worden ist[25].

3. Disziplinarverfahren und Verfahren nach anderen Berufsordnungen

a) Kollisionsnormen

22 Uuml;bt der Anwaltsnotar noch **weitere Berufe** im Sinne des § 8 Abs. 2 Satz 2 aus, unterliegt er den dafür geltenden zusätzlichen Berufspflichten[26]. In Betracht kommen für den Anwaltsnotar
– als Patentanwalt die Patentanwaltsordnung (PatAnwO)[27],
– als Steuerberater das Steuerberatungsgesetz (StBerG)[28],
– als Wirtschaftsprüfer die Wirtschaftsprüferordnung (WPO)[29],
– als vereidigter Buchprüfer die §§ 128 ff. WPO.
Neben den materiellrechtlichen Vorschriften enthalten diese Berufsordnungen Kollisionsnormen (§ 102a Abs. 3 PatAnwO, § 110 Abs. 3 StBerG, § 83a WPO), die der Sache nach untereinander und mit § 110 BNotO sowie § 118a BRAO übereinstimmen. Hat danach das Gericht einer Disziplinar-, Ehren- oder Berufsgerichtsbarkeit sich zuvor rechtskräftig für zuständig oder unzuständig erklärt, über die Pflichtverletzung eines Berufsangehörigen zu entscheiden, der zugleich der Disziplinar-, Ehren- oder Berufsgerichtsbarkeit eines anderen Berufs untersteht, so sind die anderen Gerichte an diese Entscheidung gebunden. Die Vorschriften sollen verhindern, dass derselbe Sachverhalt zeitgleich in mehreren berufsgerichtlichen Verfahren behandelt wird. Sie gelten entsprechend für nichtförmliche berufsrechtliche Verfahren.

b) Bedeutung der Kollisionsnormen

23 Nach der Rechtsprechung des Bundesgerichtshofs[30] entfalten die genannten Kollisionsnormen jedoch **keine Sperrwirkung** dergestalt, dass der rechtskräftige Abschluss des Verfahrens nach einer der Berufsordnungen die spätere Verfolgung derselben Pflichtverletzung nach einer anderen Berufsordnung verhindert. Der Grundsatz »ne bis in idem« gilt insoweit nicht. Hat ein mehrere Berufe ausübender Berufsträger eine Pflicht verletzt, die nach mehreren Berufsordnungen sanktioniert ist, kann grundsätzlich in mehreren berufsrechtlichen Ver-

---

22 § 17 Abs. 3 BDO.
23 Zur Befugnis des Disziplinargerichts zur erneuten Tatsachenprüfung siehe unten Rz. 61.
24 § 18 Abs. 2 BDO.
25 Ähnlich: *Köhler/Ratz*, § 18 Rz. 13 a. E.
26 Näher dazu: § 110 Rz. 5 ff.
27 Patentanwaltsordnung v. 07.09.1966 (BGBl. I. S. 557) mit nachfolgenden Änderungen.
28 Steuerberatungsgesetz (StBerG) i. d. F. der Bekanntmachung v. 04.11.1975 (BGBl. I S. 2735) mit nachfolgenden Änderungen.
29 Berufsordnung der Wirtschaftsprüfer (Wirtschaftsprüferordnung) i. d. F. der Bekanntmachung v. 05.11.1975 (BGBl. I S. 2803) mit nachfolgenden Änderungen.
30 NJW 2005, 1057 (betr. Wirtschaftsprüfer/Steuerberater).

fahren über sein Verhalten entschieden werden. Denn einzelne Berufspflichten können in den einzelnen Berufsordnungen unterschiedlich bewertet sein; diese Unterschiede dürfen nicht durch verfahrensrechtliche Schranken nivelliert werden. Daher schließt ein Freispruch nach der einen Berufsordnung nicht aus, später nach einer anderen Berufsordnung über die (potentielle) Pflichtverletzung zu entscheiden[31].

Im Hinblick auf den Grundsatz der Verhältnismäßigkeit sind solche mehrfachen Verfahren allerdings in der Regel nur zulässig, soweit die eine Berufsordnung den disziplinarischen Gehalt der Pflichtverletzung nicht ausschöpft, so dass ein »**bereichsspezifischer disziplinarischer Überhang**« in der anderen Berufsordnung besteht[32].

4. Abschluss der Vorermittlungen

a) Abschlussbericht

Nach Abschluss der Ermittlungen fertigt die Aufsichtsbehörde einen **Abschlussbericht** mit dem wesentlichen Ergebnis der Ermittlungen. Der Bericht ist dem Notar bekannt zu geben. Dieser kann weitere Ermittlungen beantragen.   24

b) Einstellung des Verfahrens

Das Verfahren ist sodann **einzustellen**, wenn ein Dienstvergehen nicht festgestellt wird oder die Aufsichtsbehörde eine Disziplinarmaßnahme nicht für zulässig oder nicht für angezeigt hält[33]. Im Gegensatz zur Einleitung der Vorermittlungen gilt in diesem Stadium des Verfahrens das **Opportunitätsprinzip**[34].   25

aa) Verbindung mit Aufsichtsmaßnahmen

Hält die Aufsichtsbehörde ein Dienstvergehen zwar für erwiesen, eine Disziplinarmaßnahme aber nicht für angezeigt, so kann sie mit der Einstellung des Disziplinarverfahrens **Aufsichtsmaßnahmen** ergreifen, etwa den Notar über seine Pflichten belehren oder eine förmliche Missbilligung aussprechen (§ 94 Abs. 1).   26

Sie kann die Angelegenheit aber auch der **Notarkammer** mit der Anregung überlassen, dem Notar eine Ermahnung zu erteilen (§ 75). Die Notarkammer ist in ihrer Entschließung frei; hält sie allerdings eine Ermahnung für nicht erforderlich oder nicht ausreichend, muss sie den Vorgang an die Aufsichtsbehörde zurückgeben. Spricht sie eine Ermahnung aus, teilt sie dies der Aufsichtsbehörde durch Übersendung einer Abschrift ihres Bescheides mit (§ 75 Abs. 3 Satz 2).   27

bb) Rechtsmittel gegen Einstellung

Die Einstellung des Verfahrens ist dem Notar mitzuteilen. Die meisten Disziplinargesetze der Länder sehen ein **Rechtsmittel** des Notars gegen die Einstellung nicht vor, und zwar auch nicht für den Fall, dass in der Einstellungsverfügung ein Dienstvergehen festgestellt oder offengelassen wird, ob ein solches vorliegt. Art. 19 Abs. 4 GG erfordert die Zulassung eines derartigen Rechtsmittels zum Zwecke der eigenen Rechtfertigung dann nicht, wenn die Disziplinarordnung dem Notar die Möglichkeit eröffnet, ein förmliches Disziplinarverfahren gegen sich selbst zu beantragen (**Selbstreinigungsverfahren**)[35]. Das ist in denjenigen Disziplinarordnungen, die ein Rechtsmittel zwecks Selbstreinigung nicht vorsehen, der Fall.   28

---

31 BGH NJW 2005, 1057.
32 BGH NJW 2005, 1057.
33 § 27 BDO.
34 § 3 BDO.
35 Siehe auch *Köhler/Ratz*, § 27 Rz. 6; *Claussen/Janzen*, BDO, § 27 Rz. 6a.

29   Gegen eine mit der Einstellung verbundene **Missbilligung** kann der Notar Beschwerde einlegen (§ 94 Abs. 2)[36].

cc) Kein Verbrauch der Disziplinargewalt

30   Die Einstellung bewirkt keinen **Verbrauch der Disziplinargewalt**. Ungeachtet der Einstellung kann die nächst höhere Aufsichtsbehörde wegen desselben Sachverhalts eine Disziplinarmaßnahme verhängen oder die Einleitungsbehörde das förmliche Disziplinarverfahren einleiten[37]. Nach dem Recht der meisten Länder ist diese Befugnis – abweichend von § 27 Abs. 2 BDO – grundsätzlich befristet; die Frist beträgt im allgemeinen drei Monate.

c) Disziplinarische Maßnahme

31   Hält die Aufsichtsbehörde ein Dienstvergehen für erwiesen und eine disziplinarische Maßregelung für geboten, prüft sie, ob ihre **Disziplinargewalt** zur Ahndung des Dienstvergehens ausreicht (§ 98). Ist das nach ihrer pflichtgemäßen Beurteilung der Fall, erlässt sie eine Disziplinarverfügung; andernfalls leitet sie das förmliche Disziplinarverfahren ein oder führt die Entscheidung der nächst höheren Aufsichtsbehörde (Präsident des Oberlandesgerichts bzw. Landesjustizverwaltung) herbei[38].

5. Disziplinarverfügung

a) Inhalt

32   Durch Disziplinarverfügung können Verweis, Geldbuße oder Verweis *und* Geldbuße verhängt werden[39]. Die Disziplinargewalt der Präsidenten des Landgerichts ist bundesrechtlich auf Geldbußen bis höchstens zehntausend Euro gegen Notare bzw. eintausend Euro gegen Notarassessoren beschränkt (§ 98 Abs. 2[40]). Das Landesrecht kann diese Kompetenz der Höhe nach einschränken.

b) Förmlichkeiten

33   Die Disziplinarverfügung bedarf der **Schriftform** und ist zu **begründen**[41]. Die Begründung muss das dem Notar zur Last gelegte Dienstvergehen in persönlicher, sachlicher und rechtlicher Hinsicht so genau eingrenzen, dass für den Beschuldigten und das Disziplinargericht deutlich wird, welcher Lebenssachverhalt disziplinarisch geahndet werden soll; sie muss aus sich heraus verständlich sein und darf daher nicht auf außerhalb der Disziplinarverfügung liegende Erkenntnisquellen – etwa auf andere Aktenvorgänge – verweisen[42].

34   Die Disziplinarverfügung ist mit einer **Rechtsmittelbelehrung** zu versehen[43] und dem Notar **zuzustellen**.

---

36 Zur Frage der konkludenten Missbilligung siehe *Claussen/Janzen*, BDO, § 27 Rz. 6a.
37 § 27 Abs. 2 BDO.
38 § 28 BDO.
39 Siehe § 97 Rz. 20.
40 I. d. F. gem. Art. 1 Nr. 42 des Dritten Gesetzes zur Änderung der Bundesnotarordnung und anderer Gesetze v. 31.08.1998 (BGBl. I S. 2585).
41 § 30 BDO.
42 OLG Celle Nds.Rpfl. 1995, 21, 22 m. w. N.
43 § 24 BDO.

c) Rechtsmittel

Gegen eine von dem Präsidenten des Landgerichts oder dem Präsidenten des Oberlandes- 35
gerichts erlassene Disziplinarverfügung steht dem Notar das Rechtsmittel der **Beschwerde**
zu[44], soweit nicht das Landesrecht nur den Widerspruch als Rechtsbehelf vorsieht.

aa) Beschwerde

Die Beschwerde ist in der Regel innerhalb eines Monats nach Zustellung der Disziplinarver- 36
fügung bei demjenigen Gerichtspräsidenten einzulegen, der sie erlassen hat. Die Frist wird
auch gewahrt, wenn während ihres Laufs die Beschwerde bei dem Präsidenten des Oberlandesgerichts oder, wenn dieser die Verfügung erlassen hat, bei dem Justizministerium eingeht[45]. Der Gerichtspräsident ist zu einer Aufhebung oder Milderung der Disziplinarverfügung nicht berechtigt. Über die Beschwerde entscheidet im allgemeinen der Präsident des
Oberlandesgerichts oder – wenn dieser die Disziplinarverfügung erlassen hat – die Landesjustizverwaltung (Justizministerium, Senatsverwaltung für Justiz).

bb) Antrag auf gerichtliche Entscheidung

Gegen eine ihn beschwerende **Beschwerdeentscheidung** kann der Notar die Entscheidung 37
des Oberlandesgerichts als Disziplinargericht (§ 99) beantragen[46]. Eine Beschwer liegt nicht
vor, wenn die Beschwerdeinstanz das Verfahren einstellt, und zwar im allgemeinen auch
dann nicht, wenn in der Begründung das Vorliegen eines Dienstvergehens festgestellt oder
offengelassen wird.

Der **Antrag** ist an die Aufsichtsbehörde zu richten, die über die Beschwerde entschieden 38
hat; zur Fristwahrung genügt auch die Einreichung bei dem Oberlandesgericht[47]. Er ist im
allgemeinen innerhalb eines Monats nach Zustellung der Beschwerdeentscheidung schriftlich
einzureichen und zu begründen[48]. Der Begründungszwang soll verhindern, dass der Betroffene die Entscheidung über die Aufrechterhaltung oder Aufhebung der erlassenen Disziplinarverfügung willkürlich hinauszögert[49]. Ein nicht fristgerecht begründeter Antrag ist als
unzulässig zu verwerfen[50].

Die Entscheidung des Oberlandesgerichts ist unanfechtbar (§ 31 Abs. 4 Satz 2 BDO)[51]. 39

cc) Entscheidung der obersten Aufsichtsbehörde

Gegen eine Disziplinarverfügung der **obersten Aufsichtsbehörde** (Justizministerium, Se- 40
natsverwaltung für Justiz) findet nicht die Beschwerde, sondern unmittelbar der Antrag auf
gerichtliche Entscheidung statt[52], sofern nicht landesrechtlich auch in diesen Fällen der Widerspruch vorgesehen ist. Für Form, Frist und Anfechtbarkeit gelten die vorstehenden Ausführungen entsprechend[53].

---

44 § 31 BDO.
45 § 31 Abs. 1 Satz 3 BDO.
46 § 31 Abs. 3 BDO.
47 § 31 Abs. 3 Satz 3 BDO.
48 § 31 Abs. 3 Satz 2, 3 BDO.
49 BDHE 3, 90, 93.
50 OLG Frankfurt, Beschl. v. 29.09.1994 (1 Not 4/93).
51 Näher dazu: § 105 Rz. 17.
52 § 31 Abs. 3 BDO.
53 Siehe oben Rz. 37.

6. Einleitung des förmlichen Disziplinarverfahrens

a) Bedeutung des Verfahrens

41 Das förmliche Disziplinarverfahren dient der Aufklärung und disziplinären Beurteilung **schwerer Dienstvergehen**. Es ist einzuleiten, wenn damit zu rechnen ist, dass Verweis oder Geldbuße – sei es einzeln oder nebeneinander (§ 97) – zur Ahndung nicht ausreichen, so dass der Erlass einer Disziplinarverfügung (§ 98 Abs. 1) nicht in Betracht kommt.

42 Es gliedert sich in die Untersuchung und in das Verfahren vor den Disziplinargerichten[54].

b) Einleitungsverfügung

43 Es wird durch schriftliche Verfügung der Einleitungsbehörde **eingeleitet**. Die Verfügung muss in der Regel im Original von dem zuständigen Amtsinhaber der Einleitungsbehörde unterzeichnet werden[55]. Sie ist dem Notar zuzustellen und wird mit der Zustellung wirksam[56].

aa) Einleitungsbehörde

44 **Einleitungsbehörde** ist gemäß § 96 Satz 3 BNotO die Landesjustizverwaltung (Justizministerium, Senatsverwaltung für Justiz). Nach dem Disziplinarrecht der meisten Bundesländer bestellt die Einleitungsbehörde bei oder nach Erlass der Einleitungsverfügung einen **Vertreter** für das Verfahren. Dieser nimmt die Befugnisse der Einleitungsbehörde wahr und ist an deren Weisungen gebunden.

bb) Inhalt der Einleitungsverfügung

45 Die **Einleitungsverfügung** bestimmt den Gegenstand des förmlichen Disziplinarverfahrens. Sie muss deshalb den zugrunde liegenden Verdacht einer Pflichtverletzung so konkret, eindeutig und substantiiert darlegen, wie es der gegebene Ermittlungsstand zulässt[57].

7. Untersuchung

a) Bedeutung der Untersuchung

46 Nach Einleitung des förmlichen Disziplinarverfahrens findet grundsätzlich eine **Untersuchung** statt. Sie stellt eine vorweggenommene Beweisaufnahme für die gerichtliche Hauptverhandlung dar und unterliegt deshalb den Grundsätzen der Unmittelbarkeit und Parteiöffentlichkeit[58].

b) Absehen von der Untersuchung

47 Von der Untersuchung kann **abgesehen** werden, wenn der Notar in den Vorermittlungen, insbesondere zu den Feststellungen eines rechtskräftigen Urteils im Straf- oder Bußgeldverfahren, die zu seinem Nachteil verwendet werden sollen[59], gehört worden ist und der Sachverhalt sowie die für die Bemessung einer Disziplinarmaßnahme bedeutsamen Umstände aufgeklärt sind[60].

---

54 § 33 Satz 1 BDO.
55 BGH NJW-RR 1996, 1015.
56 § 33 Satz 4 BDO.
57 *Köhler/Ratz*, § 33 Rz. 13.
58 *Claussen/Janzen*, BDO, § 56 Rz. 2; *Köhler/Ratz*, § 56 Rz. 1.
59 Siehe dazu oben Rz. 21.
60 § 56 Abs. 1 Satz 2 BDO.

c) Untersuchungsführer

Soll eine Untersuchung stattfinden, bestellt die Einleitungsbehörde bei oder nach der Einleitung einen **Untersuchungsführer**[61]. Dieser muss planmäßiger Richter der ordentlichen Gerichtsbarkeit sein (§ 96 Satz 4 BNotO). Der Untersuchungsführer ist in der Durchführung der Untersuchung unabhängig und an Weisungen nicht gebunden[62].   **48**

Seine Aufgabe ist es, den Sachverhalt und die für die Bemessung der Disziplinarmaßnahme bedeutsamen Umstände umfassend **aufzuklären**[63]. Zu diesem Zweck hat er zunächst den Beschuldigten zu laden und, falls dieser erscheint, zu vernehmen, auch wenn der Notar bereits während der Vorermittlungen gehört worden ist[64]. Er darf Zeugen und Sachverständige eidlich vernehmen, wenn es zur Beweissicherung erforderlich ist; bei Gefahr im Verzug darf er Beschlagnahmen und Durchsuchungen anordnen[65]. Zur Vorbereitung eines Gutachtens über den Geisteszustand des Notars kann er bei dem Oberlandesgericht die Unterbringung des Notars in einem öffentlichen psychiatrischen Krankenhaus beantragen[66].   **49**

d) Rechte des Notars

Der **Notar** kann sich in jeder Phase des Verfahrens des Beistands eines Verteidigers bedienen. Er ist zu allen Beweiserhebungen – abgesehen von Beschlagnahmen und Durchsuchungen – zu laden. Beweisanträgen des Notars hat der Untersuchungsführer stattzugeben, soweit sie für die Beurteilung der Tat- oder Schuldfrage oder die Bemessung einer Disziplinarmaßnahme bedeutsam sein können[67]. Die Entscheidung über einen Beweisantrag ist unanfechtbar[68].   **50**

e) Abschluss der Untersuchung

Hält der Untersuchungsführer den Zweck der Untersuchung für erreicht, gibt er dem Notar Gelegenheit zur abschließenden Äußerung (**Schlussgehör**). Anschließend legt er die Akten mit einem zusammenfassenden Bericht (**Abschlussbericht**) der Einleitungsbehörde vor[69].   **51**

8. Abschlussentscheidung der Einleitungsbehörde

Nach Vorlage des Abschlussberichts durch den Untersuchungsführer entscheidet die Einleitungsbehörde, ob das Verfahren einzustellen oder eine Anschuldigungsschrift zu fertigen ist.   **52**

a) Einstellung des Verfahrens

Die **Einstellung** des Verfahrens ist teils zwingend vorgeschrieben, teils steht sie im Ermessen der Einleitungsbehörde.   **53**

aa) Obligatorische Einstellung

Die Einleitungsbehörde **muss** die Einstellung verfügen (obligatorische Einstellung)[70], wenn
– das Verfahren nicht rechtswirksam eingeleitet oder sonst unzulässig ist,
– der Notar verstorben oder aus dem Amt ausgeschieden ist,   **54**

---

61 § 56 Abs. 2 BDO.
62 § 56 Abs. 3 Satz 1 BDO.
63 *Köhler/Ratz*, § 56 Rz. 1.
64 § 59 BDO.
65 § 58 BDO.
66 § 60 Abs. 1 BDO.
67 § 61 Abs. 2 Satz 1 BDO.
68 § 61 Abs. 2 Satz 2 BDO.
69 § 63 BDO.
70 § 64 Abs. 1 BDO.

– die Verfolgung verjährt ist (§ 95a BNotO),
– eine disziplinarische Ahndung wegen einer sachgleichen Verurteilung im Straf- oder Buß-geldverfahren unzulässig ist[71].

bb) Fakultative Einstellung

55 Die Einleitungsbehörde **kann** die Einstellung des Verfahrens verfügen (fakultative Einstel-lung), wenn sie dies nach dem Ergebnis der Untersuchung oder aus anderen Gründen für angebracht hält (Opportunitätsgrundsatz)[72]. Sie kann in diesem Fall eine Disziplinarmaß-nahme gemäß § 98 (Verweis, Geldbuße, Verweis *und* Geldbuße) gegen den Notar verhän-gen.

cc) Anfechtbarkeit

56 Die Einstellung ist grundsätzlich **unanfechtbar**. Jedoch ist der Notar ausnahmsweise be-schwerdeberechtigt, wenn die Einstellung ihn materiell beschwert. Das kann der Fall sein, wenn die Einleitungsbehörde in der Einstellungsverfügung ein Dienstvergehen des Notars inzident bejaht[73], aber – etwa wegen Zuständigkeit der Anwaltsgerichte (§ 110 BNotO, § 118a BRAO) – von einer disziplinarischen Verfolgung absieht.

b) Anschuldigung

57 Wird das Verfahren nicht eingestellt, so fertigt die Einleitungsbehörde bzw. der von ihr be-stellte Vertreter[74] nach ihrer Weisung eine **Anschuldigungsschrift** und reicht diese mit den Akten bei dem Oberlandesgericht als Disziplinargericht (§ 99) ein[75]. In der Anschuldigungs-schrift sind die Tatsachen, in denen ein Dienstvergehen erblickt wird, und die Beweismittel geordnet darzustellen.

9. Gerichtliches Verfahren

a) Anhängigkeit

58 Mit Eingang der Anschuldigungsschrift wird das Verfahren ohne förmlichen Eröffnungs-beschluss bei dem Oberlandesgericht **anhängig**[76]. Der Vorsitzende des Senats stellt dem Notar die Anschuldigungsschrift zu und bestimmt eine Frist, innerhalb derer sich der Notar äußern kann.

b) Hauptverhandlung, Gerichtsbescheid

59 Nach Ablauf der Äußerungsfrist ist Termin zur **Hauptverhandlung** anzuberaumen. § 70a BDO sieht statt dessen die Möglichkeit vor, das Verfahren außerhalb einer Hauptverhand-lung durch **Gerichtsbescheid** des Vorsitzenden abzuschließen. In Disziplinarsachen gegen Notare ist dafür kein Raum, weil das Disziplinargericht stets in der in § 101 BNotO be-stimmten vollen Besetzung (Vorsitzender und zwei Beisitzer) entscheidet.

---

71 Siehe dazu § 97 Rz. 23.
72 § 64 Abs. 2 BDO.
73 Näher dazu: *Köhler/Ratz*, § 64 Rz. 13; *Claussen/Janzen*, BDO, § 64 Rz. 9.
74 Siehe oben Rz. 44.
75 § 65 BDO.
76 § 67 Abs. 1 BDO.

c) Anwesenheit des Notars und dritter Personen

Die **mündliche Verhandlung** findet auch statt, wenn der Notar nicht an ihr teilnimmt[77]. Der Notar kann sich grundsätzlich durch einen Verteidiger vertreten lassen; jedoch kann der Vorsitzende das persönliche Erscheinen des Angeschuldigten anordnen. **60**

Die Hauptverhandlung ist in der Regel **nicht öffentlich**; jedoch kann auf Antrag des Notars die Öffentlichkeit hergestellt werden[78]. **61**

d) Gang der Hauptverhandlung

Der **Gang der Hauptverhandlung** entspricht weitgehend dem der Hauptverhandlung im Strafverfahren[79]. **62**

aa) Allgemeines

Zunächst wird das Ergebnis des bisherigen Verfahrens vorgetragen. Sodann sind der Angeschuldigte zu hören und die erforderlichen Beweise zu erheben. Beweisanträgen des Notars ist grundsätzlich stattzugeben. **63**

bb) Bindung an anderweitige Feststellungen

An tatsächliche Feststellungen eines rechtskräftigen Urteils in einem sachgleichen Strafverfahren oder Bußgeldverfahren ist das Disziplinargericht grundsätzlich **gebunden**[80]. Die Bindung entfällt, soweit die Mehrheit der Mitglieder des Senats die Richtigkeit der in jenem Verfahren getroffenen Feststellungen bezweifelt; das Gericht hat in diesem Fall die nochmalige Prüfung der betreffenden Feststellungen zu beschließen (Lösungsbeschluss)[81]. **64**

Tatsächliche Feststellungen, die in einem *anderen* gesetzlich geordneten Verfahren getroffen worden sind, sind nicht bindend, können der Entscheidung aber nach pflichtgemäßem Ermessen zugrunde gelegt werden[82], sofern der Sachverhalt dort verfahrensrechtlich einwandfrei, umfassend und mit einem eindeutigen Ergebnis aufgeklärt worden ist[83]. **65**

cc) Abschluss der Verhandlung

Nach Schluss der Beweisaufnahme werden der Notar und sein Verteidiger gehört. Der Notar hat das letzte Wort. **66**

e) Entscheidung des Disziplinargerichts

Die **Entscheidung** des Disziplinargerichts ergeht durch Urteil. Gegenstand der Urteilsfindung sind nur diejenigen Anschuldigungspunkte, die in der Anschuldigungsschrift und etwaigen Nachträgen dem Notar als Dienstvergehen zur Last gelegt worden sind[84]. Das Urteil kann nur auf Verhängung einer Disziplinarmaßnahme, auf Freispruch oder auf Einstellung des Verfahrens lauten[85]. **67**

---

77 § 72 Abs. 1 BDO.
78 § 73 BDO.
79 § 74 BDO.
80 Siehe oben Rz. 20.
81 § 18 Abs. 1 Satz 2 BDO.
82 § 18 Abs. 2 BDO.
83 Ähnlich: *Köhler/Ratz*, § 18 Rz. 13 a. E.
84 § 75 BDO.
85 § 76 BDO.

f) Rechtsmittel

68 **Rechtsmittel** im förmlichen Disziplinarverfahren sind die Beschwerde und die Berufung. Sie richten sich gemäß § 105 BNotO nicht nach Landesrecht, sondern nach den Vorschriften der Bundesdisziplinarordnung[86].

g) Vollstreckung

69 Für die **Vollstreckung** der Urteile ist das jeweilige Landesrecht maßgeblich. Von einer Darstellung wird hier abgesehen.

10. Vorläufige Amtsenthebung

70 Übereinstimmend mit § 91 BDO sehen die (früheren) Disziplinarordnungen der Länder die Möglichkeit einer **vorläufigen Amtsenthebung** durch die Einleitungsbehörde bei oder nach Einleitung des förmlichen Disziplinarverfahrens vor. Nach der Rechtsprechung des Bundesgerichtshofs ist die vorläufige Amtsenthebung eines Notars gerechtfertigt, wenn die Voraussetzungen der Grundsätze erfüllt sind, die das Bundesverfassungsgericht für ein vorläufiges Berufsverbot eines Rechtsanwalts nach § 150 BRAO entwickelt hat[87]. Danach muss das Berufsverbot schon vor Rechtskraft der Entscheidung im Hauptverfahren als Präventivmaßnahme zur Abwehr konkreter Gefahren für wichtige Gemeinschaftsgüter erforderlich sein[88]. Nach Anordnung der vorläufigen Amtsenthebung muss das Disziplinarverfahren zügig weitergeführt und angeschlossen werden. Dieses Beschleunigungsgebot hindert die Justizverwaltung allerdings nicht, das Disziplinarverfahren auszusetzen und den Ausgang eines wegen derselben Verfehlung eingeleiteten Strafverfahrens abzuwarten[89], sofern dessen Abschluss in absehbarer Zeit zu erwarten ist[90].

---

86 Siehe § 105 Rz. 2.
87 BGHR BNotO § 96 Disziplinarverfahren 4; *Jaspert/Rinne*, ZNotP 1998, 434, 447.
88 BVerfGE 44, 105, 117; 48, 292, 296.
89 BGH Nds.Rpfl. 2006, 206; *Schlick*, ZNotP 2006, 362, 374.
90 BGH DNotZ 2006, 793, 706.

§ 97

(1) ¹Im Disziplinarverfahren können folgende Maßnahmen verhängt werden: Verweis, Geldbuße, Entfernung aus dem Amt. ²Die Disziplinarmaßnahmen des Verweises und der Geldbuße können nebeneinander verhängt werden.

(2) ¹Gegen einen zur hauptberuflichen Amtsausübung bestellten Notar kann als Disziplinarmaßnahme auch auf Entfernung vom bisherigen Amtssitz erkannt werden. ²In diesem Fall hat die Landesjustizverwaltung dem Notar nach Rechtskraft der Entscheidung, nachdem die Notarkammer gehört worden ist, unverzüglich einen anderen Amtssitz zuzuweisen. ³Neben der Entfernung vom bisherigen Amtssitz kann auch eine Geldbuße verhängt werden.

(3) ¹Gegen einen Anwaltsnotar kann als Disziplinarmaßnahme auch auf Entfernung aus dem Amt auf bestimmte Zeit erkannt werden. ²In diesem Fall darf die erneute Bestellung zum Notar nur versagt werden, wenn sich der Notar in der Zwischenzeit eines Verhaltens schuldig gemacht hat, das ihn unwürdig erscheinen lässt, das Amt eines Notars wieder auszuüben.

(4) ¹Geldbuße kann gegen Notare bis zu fünfzigtausend Euro, gegen Notarassessoren bis zu fünftausend Euro verhängt werden. ²Beruht die Handlung, wegen der eine Geldbuße verhängt wird, auf Gewinnsucht, so kann auf Geldbuße bis zum Doppelten des erzielten Vorteils erkannt werden.

(5) Die Entfernung aus dem Amt (Absatz 1) hat bei einem Notar, der zugleich Rechtsanwalt ist, zugleich die Ausschließung aus der Rechtsanwaltschaft zur Folge.

Übersicht

A. Entstehungsgeschichte der Vorschrift

1   1. Die Vorschrift sah ursprünglich als Sanktion für schuldhafte Pflichtverletzungen *Disziplinarstrafen* vor. Im Rahmen der Neuordnung des Disziplinarrechts im Jahre 1967[1] ist diese Bezeichnung durch den Ausdruck *Disziplinarmaßnahme* ersetzt worden, um den Unterschied zwischen Disziplinar- und Strafverfahren zu verdeutlichen. Gleichzeitig ist die bis dahin als förmliche Maßnahme mögliche *Warnung* entfallen.

2   2. Die Höchstsätze der nach Abs. 4 Satz 1 möglichen Geldbußen betrugen ursprünglich zehntausend DM für Notare bzw. eintausend DM für Notarassessoren vor. Sie sind 1975[2] auf zwanzigtausend bzw. zweitausend DM, 1991[3] auf fünfzigtausend bzw. fünftausend DM und durch die Berufsrechtsnovelle 1998[4] auf einhunderttausend bzw. zehntausend DM angehoben worden. Durch die Umstellung auf fünfzigtausend bzw. fünftausend Euro[5] haben sie sich um rd. 2,2 % verringert.

3   3. Die Vorschrift des Abs. 4 Satz 2 ist seit Einführung der BNotO im Wesentlichen unverändert in Kraft. Sie ist durch das Berufsrechtsänderungsgesetz 1991[6] lediglich redaktionell geändert worden.

B. Erläuterungen

I. Bedeutung der Vorschrift

1. Maßnahmenkatalog

a) Erziehungs- und Reinigungsmaßnahmen

4   Aufgabe disziplinarischer Ahndungen ist es, den Notar durch **Erziehungsmaßnahmen** (pflichtenmahnend) zur korrekten Pflichterfüllung anzuhalten oder ihn, wenn er für einen geordneten Dienstbetrieb nicht mehr tragbar ist, durch eine **Reinigungsmaßnahme** aus dem Dienst zu entfernen[7]. Verweis und Geldbuße sind Erziehungsmaßnahmen, die Entfernung aus dem Amt ist Reinigungsmaßnahme. Die Entfernung vom bisherigen Amtssitz (Abs. 2) und die befristete Entfernung aus dem Amt (Abs. 3) haben sowohl Erziehungs- als auch Reinigungscharakter[8].

b) Abschließende Aufzählung

5   § 97 enthält eine **abschließende Aufzählung** der zulässigen Disziplinarmaßnahmen. Andere als die darin genannten Maßnahmen dürfen nicht zur disziplinarischen Ahndung von Dienstvergehen eingesetzt werden. Bloße Vorhaltungen oder Beanstandungen durch die Notarkammern oder die Aufsichtsbehörden – etwa im Rahmen von Geschäftsprüfungen (§ 93

---

1 Gesetz zur Neuordnung des Bundesdisziplinarrechts v. 20.07.1967 (BGBl. I S. 725).
2 Art. 3 des Gesetzes zur Änderung der Wirtschaftsprüferordnung und anderer Gesetze v. 20.08.1975 (BGBl. I S. 2258).
3 Art. 1 Nr. 25 des Gesetzes zur Änderung des Berufsrechts der Notare und der Rechtsanwälte v. 29.01.1991 (BGBl. I S. 150).
4 Art. 1 Nr. 41 des Dritten Gesetzes zur Änderung der Bundesnotarordnung und anderer Gesetze v. 31.08.1998 (BGBl. I S. 2585).
5 Art. 12 Nr. 2 des Gesetzes zur Neuordnung des Bundesdisziplinarrechts v. 09.07.2001 (BGBl. I S. 1510).
6 Siehe Fn. 3.
7 *Claussen/Janzen*, BDO, Einl. A Rz. 5a.
8 Siehe unten Rz. 34, 40.

Abs. 1 BNotO) oder auf Aufsichtsbeschwerden hin – haben keinen disziplinarischen Charakter. Ermahnungen durch die Notarkammern (§ 75 Abs. 1) und Missbilligungen durch die Aufsichtsbehörden (§ 94) stellen zwar Reaktionen auf ordnungswidriges bzw. pflichtwidriges Verhalten des Notars dar; sie sind aber ebenfalls keine förmlichen Disziplinarmaßnahmen. Die Unterscheidung zwischen Ermahnung und Missbilligung einerseits und förmlichen Disziplinarmaßnahmen andererseits wird deutlich in §§ 75 Abs. 6, 94 Abs. 3. Danach tritt durch Ermahnung oder Missbilligung kein »Strafklageverbrauch« ein; der Ausspruch einer Ermahnung bzw. Missbilligung wird durch die Verhängung einer Disziplinarmaßnahme unwirksam.

2. Stufenverhältnis

§ 97 beschreibt ein **aufsteigendes Stufenverhältnis** der Maßnahmen, das bei der Ahndung des einzelnen Dienstvergehens zu beachten ist. Unter Berücksichtigung der in Abs. 2, 3 geregelten Maßnahmen ergibt sich folgende Stufenfolge: **6**
- Verweis,
- Geldbuße,
- Verweis *und* Geldbuße[9],
- Entfernung vom bisherigen Amtssitz (Nurnotar) bzw. vorübergehende Entfernung aus dem Amt (Anwaltsnotar),
- dauernde Entfernung aus dem Amt.

II. Auswahl- und Bemessungsgrundsätze

1. Auswahl der Maßnahme

a) Auswahlermessen

Das Disziplinarrecht kennt keinen festen »Strafrahmen«, so dass für die Maßregelung eines   **7**
Dienstvergehens grundsätzlich sämtliche in § 97 genannten Disziplinarmaßnahmen zur Verfügung stehen. Die Wahl der im Einzelfall angemessenen Maßregel steht im pflichtgemäßen, durch den Grundsatz der Verhältnismäßigkeit beschränkten **Ermessen** der Aufsichtsbehörde bzw. des Disziplinargerichts.

b) Einstufungsfunktion

Bei der Wahl der Disziplinarmaßnahme ist das **Stufenverhältnis** der möglichen Maßregeln[10]   **8**
zu beachten, so dass in der Regel leichte Vergehen mit einer leichten, schwerere mit einer schwereren Maßnahme zu ahnden sind. Die Disziplinarmaßnahmen haben eine »**Einstufungsfunktion**«[11]. Dies wird dadurch bestätigt, dass die Verfolgungsverjährung (§ 95a Abs. 1 Satz 1) und die Tilgung von Eintragungen (§ 110a Abs. 1, 5) von der Art der verhängten Disziplinarmaßnahme abhängig sind[12].

---

9 Abstrakt gesehen, handelt es sich um eine Verschärfung gegenüber isoliertem Verweis oder isolierter Geldbuße (BGHSt 17, 149, 155; OLG Celle Nds.Rpfl. 1998, 272). Faktisch kann eine erhebliche isolierte Geldbuße den Notar schwerer treffen als eine geringe Geldbuße, verbunden mit einem Verweis (*Fabian*, ZNotP 2003, 14, 15).
10 Siehe oben Rz. 6.
11 *Claussen/Janzen*, BDO, Einl. D Rz. 3a; *Köhler/Ratz*, Bundesdisziplinarordnung und materielles Disziplinarrecht, A. IV Rz. 77 sowie § 5 Rz. 3.
12 Ebenso zu § 5 BDO: *Claussen/Janzen*, BDO, Einl. D Rz. 3a.

c) Einzelfallwürdigung

9 In die Abwägung sind alle **Umstände des Einzelfalles** einzubeziehen. Die strafrechtlichen Zumessungsgrundsätze (§ 46 StGB) können mit berücksichtigt werden; jedoch sind dabei die unterschiedlichen Sanktionszwecke zu beachten: Während die Kriminalstrafe auf die Sühne begangenen Unrechts und die Resozialisierung des individuellen Täters ausgerichtet ist, soll das Disziplinarrecht vorrangig das Interesse der Öffentlichkeit an pflichtgemäßer Amtsführung der Notare und damit an der Funktionsfähigkeit des öffentlichen Amtes sichern helfen[13]. Für die Auswahl der Disziplinarmaßnahme ist daher in erster Linie das **objektive Gewicht** der Pflichtverletzung maßgeblich[14]; grundsätzlich bestimmt die Schwere der Tat die angemessene Sanktionsart[15].

aa) Auswahlgesichtspunkte

10 **Wichtige Gesichtspunkte** für die Ausübung des Auswahlermessens sind namentlich[16]
 – die Bedeutung der verletzten Pflicht,
 – Dauer und Intensität des Vergehens,
 – die etwaige Strafbarkeit des Vergehens,
 – der Umfang des etwa angerichteten Schadens,
 – die Auswirkungen auf das Ansehen des Notarberufs und des betroffenen Notars,
 – der Grad des Verschuldens,
 – die Motive der Tat (z. B. Eigennutz),
 – die bisherige Führung des Notars,
 – das Verhalten nach der Tat und die Zukunftsprognose.

bb) Pflichtverletzungen im Kernbereich

11 Besonders bedeutsam sind in der Regel Pflichtverletzungen im **Kernbereich** der Notartätigkeit[17]. Dazu gehören insbesondere die Pflichten
 • nach der **BNotO**
   – zur Beachtung der Vorschriften über Nebentätigkeiten und Berufsverbindungen (§§ 8, 9)
   – zur Verfassungstreue (§ 14 Abs. 1 Satz 1),
   – zur Wahrung der Unabhängigkeit und Unparteilichkeit (§§ 14 Abs. 1 Satz 2, 28),
   – zu redlichem Verhalten (§ 14 Abs. 2, 3),
   – zur Beachtung der Vermittlungs- und Gewährleistungsverbote (§§ 14 Abs. 4),
   – zur Beachtung der Beteiligungsverbote nach § 14 Abs. 5,
   – zur Urkundsgewährung (§ 15 Abs. 1),
   – zur Beachtung der Mitwirkungsverbote (§§ 16 Abs. 1, 28),
   – zur Kostenerhebung einschließlich des Verbots der Gebührenteilung (§ 17),
   – zur Verschwiegenheit (§ 18),
   – zum Abschluss und zur Unterhaltung der vorgeschriebenen Haftpflichtversicherung (§ 19a),
   – zur sorgsamen Betreuung fremder Vermögensinteressen (§§ 23, 24),
   – zur Einhaltung des Werbeverbots (§ 29),
   – zur Enthaltung von der Amtsausübung während einer Vertretung (§ 44 Abs. 1 Satz 2),
   – gegenüber der Notarkammer und den Aufsichtsbehörden (§§ 27 73, 74, § 93 Abs. 2),
   – zur ordnungsgemäßen Führung von Büchern,

---

13 Siehe § 95 Rz. 2.
14 *Claussen/Janzen*, BDO, Einl. D Rz. 3a.
15 BVerwGE 33, 72, 74; BVerwG DÖD 1974, 60.
16 Siehe dazu BGH DNotZ 1973, 174, 179; DNotZ 1975, 53, 54; DNotZ 1977, 762, 763; OLG Köln DNotZ 1977, 764.
17 Vgl. BGH DNotZ 1977, 762.

Sandkühler

- nach dem **BeurkG**
  - zur Beachtung der Mitwirkungsverbote (§§ 3, 6, 7 BeurkG)[18],
  - zur Beachtung der grundlegenden Vorschriften über das Beurkundungsverfahren (§§ 9, 13 bis 16, 36 bis 41 BeurkG)[19],
  - zur sorgfältigen Verwahrung von Signaturkarte und PIN[20],
  - zum rechtzeitigen Vollzug nach § 53 BeurkG,
  - zur Beachtung der Vorschriften über die notarielle Verwahrung (§§ 54a ff. BeurkG)[21].

d) Einheit des Dienstvergehens

Bei der Auswahl der Disziplinarmaßnahme ist der Grundsatz der **Einheit des Dienstvergehens** zu beachten.   **12**

aa) Er verbietet es, in ein und demselben Verfahren für mehrere Pflichtverletzungen **mehrere Disziplinarmaßnahmen** zu verhängen, sofern nicht ausnahmsweise eine getrennte Ahndung zulässig ist[22]. Vielmehr ist die aus dem Gesamtverhalten ersichtliche Persönlichkeitsstruktur im Hinblick auf die künftige Zuverlässigkeit des Notars zu prüfen. Je nach dem Ergebnis der Prüfung ist der Notar entweder mit einer einzigen Gesamtmaßnahme pflichtenmahnend zu beeinflussen oder aus dem Amt zu entfernen[23]. Das gilt auch, wenn die mehreren Pflichtverletzungen strafrechtlich als fortgesetzte Handlung oder als Tatmehrheit zu würdigen wären[24].   **13**

bb) Wird nach Erlass einer Disziplinarverfügung ein **früheres Dienstvergehen** gesondert verfolgt, weil es erst nach Abschluss des vorangegangenen Verfahrens bekannt geworden ist[25], so sind das abgeschlossene Verfahren und die darin getroffene Maßnahme mit zu berücksichtigen[26]. Dabei darf der Notar nicht schlechter und nicht besser gestellt werden, als wenn die weitere Verfehlung zugleich mit der früheren Maßnahme geahndet worden wäre. Es ist auf das hypothetische Ergebnis abzustellen, das sich bei Einbeziehung der weiteren Tat in die frühere Maßregelung ergeben hätte. Wäre dabei die frühere Maßnahme schärfer ausgefallen, so ist unter Berücksichtigung der bereits verhängten Disziplinarmaßnahme eine entsprechend abgestufte Maßregel zu wählen. Wäre auch bei Einbeziehung der weiteren Tat keine höhere Disziplinarmaßnahme verhängt worden, ist eine erneute Maßregelung mangels restlichen Ahndungsbedürfnisses unzulässig[27].   **14**

e) Wiederholungsfall

Im **Wiederholungsfall** kommt eine stufenweise Steigerung der Maßnahmenart in Betracht. Das gilt namentlich bei einschlägigen (gleichartigen) Vortaten. Eine Steigerung ist aber nicht zwingend. So kann eine bereits einmal verhängte Maßnahme wiederholt werden; ferner ist eine Steigerung auch innerhalb derselben Maßnahmenart möglich, indem etwa eine höhere Geldbuße als im früheren Fall verhängt oder eine Geldbuße mit einem Verweis gekoppelt wird[28]. Andererseits muss nicht stets die Skala der übrigen Disziplinarmaßnahmen erschöpft sein, bevor die höchstzulässige Maßnahme der dauernden Entfernung aus dem Amt verhängt werden darf.   **15**

---

18 BGH RNotZ 2005, 56, 57. Besprechung des Urteils: *Custodis*, RNotZ 2005, 35.
19 BGH DNotZ 2000, 535 m. Anm. *Feuerich*.
20 Siehe § 20 Rz. 14.
21 Vgl. dazu BGH DNotZ 2002, 236; DNotZ 2004, 226 mit zu Recht krit. Anm. *Rosenbusch*.
22 Siehe § 95 Rz. 34 ff.
23 Vgl. BVerwGE 63, 88; st. Rspr.
24 BGH DNotZ 1988, 259, 260.
25 Siehe dazu § 95 Rz. 34.
26 Hierzu und zum folgenden: OLG Celle Nds.Rpfl. 1995, 20, 21.
27 BDiszG DÖD 1988, 193; *Köhler/Ratz*, A. I Rz. 14.
28 Im Ergebnis ebenso: *Köhler/Ratz*, A. IV Rz. 78 f. m. w. N.; a. A. *Claussen/Janzen*, BDO, Einl. D Rz. 3b.

16   **Getilgte Eintragungen** über Aufsichts- oder Disziplinarmaßnahmen dürfen disziplinarisch nicht mehr berücksichtigt und daher nicht zur Begründung eines Wiederholungsfalls herangezogen werden (§ 110a Abs. 1 Satz 3, Abs. 5 Satz 1).

2. Bemessung der Maßnahme

a) Ermessensentscheidung

17   Verweis, Entfernung vom bisherigen Amtssitz und dauernde Entfernung aus dem Amt sind absolute Sanktionen, die eine Abstufung nicht zulassen. Dagegen bedarf es bei der Geldbuße und der vorübergehenden Entfernung aus dem Amt einer **Bemessung** der Sanktion im Einzelfall. Die Disziplinarbehörden und -gerichte haben darüber nach pflichtgemäßem Ermessen unter Beachtung des Grundsatzes der Verhältnismäßigkeit zu entscheiden. Dabei sind die für die Auswahl der **Sanktionsart** maßgeblichen Gesichtspunkte[29] erneut zu berücksichtigen. Maßgeblich ist in erster Linie die objektive Schwere des Dienstvergehens. Daneben muss auch der Grad des Verschuldens gewürdigt werden; ihm kommt aber nicht die gleiche überragende Bedeutung zu wie im Kriminalstrafrecht (§ 46 Abs. 1 Satz 1 StGB)[30].

b) Anwaltliche Verfehlungen eines Anwaltsnotars

18   Bei einem **Anwaltsnotar** kann ein früheres Fehlverhalten als Rechtsanwalt oder als Angehöriger eines weiteren Berufs (§ 8 Abs. 2 Satz 2) mit berücksichtigt werden. Maßnahmen, die auf Verstöße gegen anwaltliches oder sonstiges Berufsrecht gestützt sind, bleiben jedoch außer Betracht, wenn die verletzten Berufspflichten nach heutiger Beurteilung[31] keine ausreichende gesetzliche Grundlage hatten[32].

c) Berücksichtigung eingestellter Verfahren

19   Tatsachen, die Gegenstand **eingestellter** staatsanwaltschaftlicher, strafgerichtlicher oder berufsgerichtlicher Verfahren waren, können berücksichtigt werden; sie müssen jedoch wegen der Unschuldsvermutung des Art. 6 Abs. 2 MRK im Disziplinarverfahren eigenständig bewertet werden. Das gilt auch dann, wenn der Notar der Einstellung gemäß oder entsprechend § 153a StPO zugestimmt hatte[33].

3. Verbindung von Maßnahmen

20   Im Interesse einer fallbezogenen, abgestuften Ahndung ermöglicht § 97 die kumulative Verhängung von Verweis und Geldbuße (Abs. 1 Satz 2) sowie von Geldbuße und Entfernung vom bisherigen Amtssitz (Abs. 2 Satz 3). Dagegen können die vorübergehende und die endgültige Entfernung aus dem Amt nicht mit einer anderen Disziplinarmaßnahme verbunden werden.

4. Kriminalstrafe und Disziplinarmaßnahme

a) Art. 103 Abs. 3 GG

21   Die Verhängung einer **Kriminalstrafe** oder einer **Ordnungsmaßnahme mit Strafcharakter** – wie etwa einer Geldbuße nach dem Gesetz über Ordnungswidrigkeiten (OWiG) – schließt

---

29 Siehe oben Rz. 7 ff.
30 *Schippel/Bracker/Lemke*, § 97 Rz. 4.
31 Vgl. BVerfGE 76, 171; 76, 196.
32 Vgl. BGH NJW-RR 1994, 745.
33 Vgl. BGH NJW-RR 1994, 745.

grundsätzlich nicht aus, dass der Notar wegen derselben Tat disziplinarisch gemaßregelt wird[34]. Dabei handelt es sich nicht um eine unzulässige Doppelbestrafung im Sinne des Art. 103 Abs. 3 GG, da das Disziplinarrecht nicht Teil der »allgemeinen Strafgesetze« ist[35].

b) Beschränkung der Doppelmaßregelung

Indes kommt eine Doppelmaßregelung nur **ausnahmsweise** in Betracht.   **22**

aa) Im Disziplinarrecht der Beamten gilt der Grundsatz, dass bei **Identität der Tat** eine   **23**
pflichtmahnende (erzieherische) Disziplinarmaßnahme[36] neben sachgleicher Kriminalstrafe (bzw. Ordnungsmaßnahme) nur zulässig ist, wenn die Gefahr besteht, dass sich die durch das Missverhalten zutage getretenen Eigenarten des Beamten trotz der strafgerichtlichen bzw. ordnungsrechtlichen Sanktion auch in Zukunft in für das Amt bedeutsamer Weise auswirken können[37]. Die Disziplinarmaßnahme muss **zusätzlich erforderlich** sein, um den Beamten zur Erfüllung seiner Pflichten anzuhalten und das Ansehen des Beamtentums zu wahren[38].

Dagegen greift der Grundsatz der Einheit des Dienstvergehens ein, wenn der den Gegen-   **24**
stand des Disziplinarverfahrens bildende Sachverhalt mit der straf- oder ordnungsrechtlich geahndeten Tat nur **teilweise identisch** ist. In diesem Fall ist der Beamte wegen des gesamten – disziplinarisch einheitlich zu würdigenden – Sachverhalts zu maßregeln[39]. Jedoch ist die vorangegangene Ahndung bei der Auswahl und Bemessung der Disziplinarmaßnahme angemessen zu berücksichtigen[40]. Das schließt nicht aus, dass auch unter Berücksichtigung einer im Strafverfahren verhängten Geldstrafe die höchste zulässige Geldbuße verhängt werden kann[41].

bb) Aufgrund der Verweisung in § 96 gelten diese Grundsätze auch im Disziplinarrecht   **25**
der **Notare**. Sie beschränken jedoch nur die Verhängung von Verweis und Geldbuße[42]; die Entfernung vom bisherigen Amtssitz, die befristete sowie die dauernde Entfernung aus dem Amt werden wegen ihres Charakters als Reinigungsmaßnahme[43] dadurch nicht berührt.

III. Maßnahmen im Einzelnen

1. Verweis

a) Bedeutung

Der Verweis ist die mildeste Disziplinarmaßnahme. Er ist der **Tadel** eines bestimmten Ver-   **26**
haltens[44] in ernster, deutlicher Form. Der Verweis muss immer ausdrücklich als solcher bezeichnet werden, um als Disziplinarmaßnahme zu wirken. Davon zu unterscheiden sind missbilligende Äußerungen, die nicht ausdrücklich als Verweis bezeichnet werden, wie Hinweise, Belehrungen, Vorhaltungen, Beanstandungen, Ermahnungen durch die Notarkammer (§ 75 Abs. 1) sowie Missbilligungen durch die Aufsichtsbehörden (§ 94). Sie sind keine Disziplinarmaßnahmen[45].

---

34 Näher dazu: *Feuerich*, DNotZ 2000, 537.
35 BVerfGE 66, 337, 357; *Claussen/Janzen*, BDO, Einl. A Rz. 5a m. w. N.
36 Zur Unterscheidung zwischen Erziehungs- und Reinigungsmaßnahmen siehe oben Rz. 4.
37 BVerwGE 53, 346, 348; 76, 43, 45 m. w. N.; *Claussen/Janzen*, BDO, § 14 Rz. 5 f.
38 Vgl. § 14 BDO, § 14 Abs. 1 BDG.
39 *Claussen/Janzen*, BDO, § 14 Rz. 4.
40 BVerfG NJW 1970, 507, 509.
41 BGH DNotZ 2000, 535.
42 Näher dazu: *Schippel/Bracker/Lemke*, § 96 Rz. 14; *Feuerich*, DNotZ 2000, 537.
43 Siehe oben Rz. 4.
44 Vgl. § 6 Abs. 1 BDO, § 6 Satz 1 BDG.
45 Vgl. § 6 Abs. 2 BDO, § 6 Satz 2 BDG.

b) Verfahren

27 Der Verweis ergeht **schriftlich**, und zwar im Verfahren der Aufsichtsbehörden (§ 98) durch Disziplinarverfügung, im förmlichen Verfahren durch Urteil. Er gilt als vollstreckt, sobald die Disziplinarverfügung oder das Urteil unanfechtbar geworden sind[46].

2. Geldbuße

a) Bedeutung, Bemessung

28 Die Geldbuße ist eine empfindliche, in der Praxis **bedeutsame Disziplinarmaßnahme**. Sie kann allein oder neben einem Verweis verhängt werden (Abs. 1 Satz 2). Das Gesetz sieht keinen Mindestbetrag, sondern nur **Höchstbeträge** vor. Nach Abs. 4 Satz 1 können Geldbußen gegen Notare bis zu fünfzigtausend Euro, gegen Notarassessoren bis zu fünftausend Euro verhängt werden. Bei der Bemessung sind neben den allgemeinen Bemessungsgesichtspunkten[47] vor allem die wirtschaftlichen Verhältnisse des Notars, insbesondere sein Einkommen und sein Vermögen, zu berücksichtigen. Einkommen in diesem Sinne sind bei Anwaltsnotaren die Einkünfte nicht nur aus der notariellen, sondern auch aus der anwaltlichen oder einer weiteren beruflichen Tätigkeit (§ 8 Abs. 2 Satz 2). Hat der Notar Einkünfte durch **pflichtwidrige Amtstätigkeit** – etwa durch unzulässige Auswärtsbeurkundungen oder durch Aufspaltung einheitlicher Vorgänge in mehrere Urkundsgeschäfte – oder durch **unerlaubte Nebentätigkeit** erzielt, so wird dies unter dem Gesichtspunkt der Abschöpfung bei der Bemessung der Geldbuße zu berücksichtigen sein.

b) Gewinnsucht

29 Beruht das Dienstvergehen auf **Gewinnsucht**, kann auf Geldbuße bis zum Doppelten des erzielten Vorteils erkannt werden (Abs. 4 Satz 2). Die in Abs. 4 Satz 1 genannten Höchstbeträge gelten in diesem Fall nicht, so dass je nach Höhe des erzielten Vorteils auch über fünfzigtausend bzw. fünftausend Euro hinausgehende Geldbußen verhängt werden können.

30 Das Merkmal der **Gewinnsucht** ist nicht mit dem strafrechtlichen Begriff[48] gleichzusetzen. Es genügt bereits, dass der Notar durch das ihm zur Last gelegte Dienstvergehen vermögensrechtliche Vorteile erstrebt und erzielt hat, die gesetzwidrig oder nach der anerkannten Standesauffassung unerlaubt oder unangemessen sind[49]. Das kann beispielsweise bei unerlaubter Nebentätigkeit, bei fortgesetzter nicht gerechtfertigter Tätigkeit außerhalb des Amtsbereichs (§ 10a) oder bei gesetzwidriger Werbung (§ 29) der Fall sein. Nicht erforderlich ist, dass die Verfehlung »in erster Linie« dem Zweck der Gewinnerzielung gedient hat[50].

c) Ratenzahlung

31 Die Anordnung von **Raten** ist gesetzlich nicht vorgesehen; doch kann die Aufsichtsbehörde bzw. das Gericht Zahlung der Buße in Raten gestatten, wenn dies mit dem Sanktionszweck zu vereinbaren ist[51].

d) Verfahren

32 Die Geldbuße wird schriftlich durch **Disziplinarverfügung** der Aufsichtsbehörde bzw. durch Urteil des Disziplinargerichts verhängt. Die Disziplinargewalt des Präsidenten des Landgerichts ist dahin beschränkt, dass er Geldbußen gegen Notare nur bis zu zehntausend

---

46 Vgl. § 117 Abs. 2 BDO.
47 Siehe oben Rz. 7 ff.
48 Z. B. §§ 235, 283a, 283d StGB. Vgl. dazu BGHSt 1, 388, 389; 3, 30.
49 *Schippel/Bracker/Lemke*, § 97 Rz. 9.
50 So aber *Schippel/Bracker/Lemke*, § 97 Rz. 9.
51 BGH DNotZ 1975, 53, 55.

Euro, gegen Notarassessoren nur bis zu eintausend Euro verhängen kann (§ 98 Abs. 2). Diese Grenzen sind auch in den Fällen der Gewinnsucht einzuhalten.

Die **Vollstreckung** der Geldbuße richtet sich nach Landesrecht. 33

3. Entfernung vom bisherigen Amtssitz (Abs. 2)

a) Bedeutung

Die Entfernung vom bisherigen Amtssitz stellt eine **gravierende Disziplinarmaßnahme** 34
mit Erziehungs- und Reinigungscharakter[52] dar, deren Folgen nicht nur den Notar, sondern auch dessen Angehörige und Angestellte schwer treffen können. Sie ermöglicht eine angemessene Sanktion von Dienstvergehen, die mit einer Geldbuße allein nicht ausreichend geahndet werden können, andererseits aber auch nicht so schwer wiegen, dass schon ein völliger Amtsverlust gerechtfertigt wäre. Sie kommt insbesondere in Betracht, wenn es zwar vertretbar ist, den Notar im Amt zu belassen, er aber an seinem bisherigen Amtssitz nicht mehr tragbar ist. So kann die Entfernung vom bisherigen Amtssitz angemessen sein, wenn die Verfehlung in der Öffentlichkeit bekannt geworden und das Ansehen des Notars dadurch schwer geschädigt worden ist, wenn er sich unter Verstoß gegen das Gebot der Unabhängigkeit und Unparteilichkeit zum Interessenvertreter bestimmter am Amtssitz ansässiger Beteiligter gemacht hat oder wenn er in schwerwiegender Weise gegen das Gebot kollegialen Verhaltens (§ 31) verstoßen hat.

Das Gericht kann diese Maßnahme aber auch schon dann wählen, wenn dem Notar mit besonderem Nachdruck vor Augen geführt werden soll, dass seine Verfehlung ernst war und er bei erneuter Pflichtverletzung mit dem dauernden Amtsverlust zu rechnen hat.

b) Beschränkung auf hauptberufliche Notare

Die Entfernung vom bisherigen Amtssitz ist nur bei **hauptberuflich** tätigen Notaren mög- 35
lich. Bei Anwaltsnotaren kommt sie nicht in Betracht, da bei ihnen das Notaramt mit der Zulassung bei einem bestimmten Gericht verknüpft ist (§ 18 Abs. 1 BRAO) und das anwaltliche Berufsrecht eine »Versetzung« als anwaltsgerichtliche Maßnahme nicht kennt (§ 114 BRAO).

c) Verfahren

Die Entfernung vom bisherigen Amtssitz kann nur vom **Disziplinargericht** verhängt wer- 36
den, wie der Umkehrschluss aus § 98 Abs. 1 ergibt.

d) Zuweisung eines anderen Amtssitzes

Die Entfernung vom bisherigen Amtssitz führt nicht zum Erlöschen des Amtes, sondern 37
zum **Verlust des Amtssitzes**. Nach Rechtskraft der Entscheidung hat der Notar Anspruch darauf, dass ihm die Landesjustizverwaltung nach Anhörung der Notarkammer unverzüglich einen anderen Amtssitz zuweist (Abs. 2 Satz 2). Die Zuweisung erfolgt ohne erneute Bestellung zum Notar und ist daher von einer Bedürfnisprüfung nach § 4 nicht abhängig.

aa) Auswahl des Amtssitzes

Die **Auswahl** des Amtssitzes steht im pflichtgemäßen Ermessen der Justizverwaltung. Der 38
neue Amtssitz muss dem bisherigen nach Art, Größe und Ertragskraft nicht entsprechen. Bei seiner Auswahl dürfen die Gründe, die zur Entfernung vom bisherigen Amtssitz geführt haben, berücksichtigt werden. Hat etwa das Dienstvergehen über die Grenzen des bisherigen Amtssitzes hinaus Aufsehen erregt, wird ein neuer Amtssitz auszuwählen sein, der von

---

52 Siehe oben Rz. 4.

dem bisherigen weit genug entfernt ist. Einem Notar, der sich unerlaubt zum Interessenvertreter bestimmter Beteiligter (etwa eines Unternehmens) gemacht hat, wird kein Amtssitz zugewiesen werden, in dessen Bereich diese Gefahr erneut droht (etwa weil das Unternehmen auch dort geschäftlich aktiv ist). Jedoch ist es nicht Aufgabe der Landesjustizverwaltung, den Notar durch die Zuweisung noch einmal zu disziplinieren. So kann es ermessenswidrig sein, bei Entfernung von einem großstädtischen Amtssitz einen vorwiegend ländlich strukturierten, bei Entfernung von einem besonders ertragsstarken Amtssitz einen besonders ertragsschwachen zuzuweisen.

bb) Anfechtbarkeit der Zuweisung

39 Die Zuweisung des neuen Amtssitzes bedarf nicht der **Zustimmung** des Notars (§ 10 Abs. 1 Satz 3). Sie kann jedoch nach § 111 angefochten werden.

4. Befristete Entfernung aus dem Amt (Abs. 3)

a) Bedeutung, Bemessung

40 Da auch bei **Anwaltsnotaren** ein Bedürfnis für eine Disziplinarmaßnahme besteht, die ihrer Schwere nach zwischen der Geldbuße und der dauernden Entfernung aus dem Amt liegt, sieht Abs. 3 die Möglichkeit einer befristeten Entfernung aus dem Amt vor. Auch sie hat sowohl Erziehungs- als auch Reinigungscharakter[53]. Sie kommt in Betracht, wenn das Dienstvergehen so schwer wiegt, dass eine Geldbuße – allein oder in Verbindung mit einem Verweis – nicht zur Ahndung ausreicht, der Notar aber nicht endgültig untragbar erscheint. Aber auch bei einer Vielzahl an sich nicht besonders schwerwiegender Verfehlungen kann eine zeitweilige Entfernung aus dem Amt jedenfalls dann gerechtfertigt sein, wenn der Notar wegen disziplinarrechtlicher Vorbelastungen durch weniger einschneidende Maßnahmen nicht mehr beeinflussbar erscheint[54].

41 Die **Dauer** der Entfernung steht im Ermessen des Disziplinargerichts. Sie ist so zu bemessen, dass der Notar Gelegenheit erhält, sich eines Besseren zu besinnen und zu einem neuen Verhältnis zu seinen Amts- und Dienstpflichten zu finden[55]. Andererseits darf sie nicht einer dauernden Entfernung aus dem Amt gleich- oder nahe kommen, sondern muss so begrenzt sein, dass eine Wiederbestellung des Betroffenen zum Notar für ihn noch sinnvoll ist[56]. So darf die Frist nicht in der Weise festgesetzt werden, dass sie erst mit dem Erreichen der Altersgrenze oder kurz vorher endet (§§ 47 Nr. 1, 48a).

b) Verfahren

42 Die Entfernung aus dem Amt auf bestimmte Zeit kann – wie die Entfernung eines Nurnotars vom bisherigen Amtssitz – nur vom **Disziplinargericht** verhängt werden (§ 98 Abs. 1).

c) Folgen der Disziplinarmaßnahme

43 Mit Rechtskraft der Entscheidung **erlischt** das Amt des Anwaltsnotars (§ 47 Nr. 6).

aa) Anwaltszulassung

44 Seine Zulassung zur **Rechtsanwaltschaft** wird dadurch nicht berührt, da die mit der befristeten Entfernung aus dem Amt geahndete Verfehlung nicht mehr zum Gegenstand eines anwaltsgerichtlichen Verfahrens gemacht werden kann (§ 110). Wegen des Erlöschens des Am-

---

53 Siehe oben Rz. 4.
54 BGHR BNotO § 97 Abs. 3 Amtsenthebung 1.
55 BGHR BNotO § 97 Abs. 3 Amtsenthebung 1.
56 *Schippel/Bracker/Lemke*, § 97 Rz. 14.

tes ist für die Bestellung eines **Notarvertreters** kein Raum (§ 38). Die Bestellung eines **Notariatsverwalters** ist möglich (§ 56 Abs. 2).

bb) Wiederbestellung, Unwürdigkeit

45 Nach Ablauf der Frist lebt die frühere Bestellung zum Notar nicht wieder auf; es bedarf vielmehr einer **erneuten Bestellung**. Diese darf nur versagt werden, wenn sich der frühere Notar in der Zwischenzeit eines Verhaltens schuldig gemacht hat, das ihn unwürdig erscheinen lässt, das Amt eines Notars wieder auszuüben (Abs. 3 Satz 2). Unwürdigkeit liegt vor, wenn der Bewerber in der Zwischenzeit – außerberuflich oder in seiner Eigenschaft als Rechtsanwalt – schuldhaft Verfehlungen von erheblicher objektiver Schwere begangen hat und deshalb im Zeitpunkt der Entscheidung über die Bewerbung nach seiner Persönlichkeit für den Notarberuf untragbar ist[57]; sie setzt jedoch nicht voraus, dass eine Bestellung zum Notar für alle Zukunft ausgeschlossen erscheint[58]. Unwürdigkeit kann bei schwerwiegenden vorsätzlichen Verfehlungen anzunehmen sein, seltener auch bei länger dauerndem oder wiederholtem fahrlässigen Versagen, insbesondere bei einem solchen mit erheblichen Folgen[59].

cc) Vorliegen von Amtsenthebungsgründen

46 Fraglich ist, wie zu verfahren ist, wenn in der Zwischenzeit in der Person des ehemaligen Notars Umstände – etwa ein Vermögensverfall – eingetreten sind, die nach § 50 Abs. 1 bei einem bereits bestellten Notar zwingend zur **Amtsenthebung** führen würden.

Soweit der ehemalige Notar den Eintritt solcher Umstände **zu vertreten** hat, liegt es nahe, dass seine erneute Bestellung zu versagen ist. Denn Amtsenthebungsgründe, die er schuldhaft herbeigeführt hat, lassen ihn im Sinne des § 97 Abs. 3 Satz 2 BNotO als unwürdig erscheinen, das Amt eines Notars auszuüben.

Problematisch sind die Fälle, in denen der Betroffene den Eintritt eines Amtsenthebungsgrundes **nicht zu vertreten** hat. § 50 Abs. 1 ordnet die Amtsenthebung als zwingende Rechtsfolge an, wenn einer der im Katalog der Nrn. 1 bis 10 genannten Gründe vorliegt; auf ein Verschulden des Notars kommt es dabei nicht an[60]. Die Annahme, § 97 Abs. 3 sei gegenüber § 50 Abs. 1 lex specialis mit der Folge, dass der nach befristeter Entlassung aus dem Amt erneut bestellte Notar seine Bestellung auch dann behält, wenn ein Grund zur Amtsenthebung vorliegt, wäre mit dem Schutzzweck des § 50 Abs. 1 nicht zu vereinbaren. Denn die Amtsenthebung hat im Gegensatz zur vorübergehenden Entfernung aus dem Amt nach § 97 Abs. 3 keinen Strafcharakter, sondern soll eine geordnete Rechtspflege sicherstellen; namentlich in den Fällen nach Nrn. 6–8, 10 dient sie dem Schutz des Rechtsverkehrs[61]. Damit wäre es nicht zu vereinbaren, wenn ein Notar trotz Vorliegens eines Amtsenthebungsgrundes nur deshalb im Amt belassen werden müsste, weil er sich nichts im Sinne des § 97 Abs. 3 Satz 2 BNotO hat zuschulden kommen lassen. Ebenso unsachgemäß wäre es, den vorübergehend aus seinem Amt entfernten Notar erneut zu bestellen, ihn aber wegen Vorliegens eines Amtsenthebungsgrundes alsbald wieder zu entlassen. Allein sachgerecht erscheint es, die erneute Bestellung entgegen dem Wortlaut des § 97 Abs. 3 Satz 2 auch dann zu versagen, wenn zwischenzeitlich ein Amtsenthebungsgrund im Sinne des § 50 Abs. 1 ohne Verschulden des ehemaligen Notars eingetreten ist.

dd) Bedürfnisprüfung

47 Eine **Bedürfnisprüfung** (§ 4) findet anlässlich der erneuten Bestellung nicht statt.

---

57 BGHSt 20, 73, 74.
58 BGH DNotZ 1990, 518, 519.
59 BGH DNotZ 1990, 519.
60 *Schippel/Bracker/Püls*, § 50 Rz. 28.
61 Siehe § 50 Rz. 2.

5. Dauernde Entfernung aus dem Amt

a) Bedeutung

48 Die dauernde Entfernung aus dem Amt ist die **schwerste Disziplinarmaßnahme**. Sie ist zu verhängen, wenn der Notar so schwer gegen seine Amtspflichten verstoßen hat, dass er unwürdig oder ungeeignet erscheint, sein Amt weiterhin auszuüben[62]. Das ist regelmäßig der Fall bei
- Veruntreuung von Verwahrungsgut[63],
- mehrfacher vorsätzlicher Falschbeurkundung[64],
- schwerwiegender Mitwirkung an unerlaubten oder unredlichen Geschäften[65],

kommt aber auch bei geringeren Pflichtverletzungen in Betracht, wenn sie trotz einschlägiger vorangegangener Disziplinarmaßnahmen begangen worden sind.

Maßgebend ist eine **Gesamtwürdigung** aller objektiven und subjektiven Tatumstände, wobei der Schuldfrage nicht die gleiche überragende Bedeutung wie im allgemeinen Strafrecht zukommt[66].

b) Verfahren

49 Die Entfernung aus dem Amt kann nur vom **Disziplinargericht** verhängt werden (§ 98). Mit Rechtskraft der Entscheidung erlischt das Amt (§ 47 Nr. 6).

c) Folgen der Disziplinarmaßnahme

50 Wird gegen einen **Anwaltsnotar** auf dauernde Entfernung aus dem Amt erkannt, hat dies zugleich die Ausschließung aus der Rechtsanwaltschaft zur Folge (Abs. 5). Das gleiche gilt für den umgekehrten Fall: Wird gegen einen Anwaltsnotar im Anwaltsgerichtsverfahren auf Ausschließung aus der Rechtsanwaltschaft erkannt (§ 114 Abs. 1 Nr. 5 BRAO), so erlischt damit das Notaramt (§§ 3 Abs. 2, 47 Nr. 3). Der Rechtsfolge des § 97 Abs. 5 kann der Anwaltsnotar entgehen, indem er vor Abschluss des Disziplinarverfahrens seine Entlassung aus dem Amt gemäß § 48 herbeiführt; denn Abs. 5 gilt nur bei Entfernung aus dem Amt, nicht bei Entlassung auf eigenen Antrag. Allerdings kommt dann die Einleitung eines anwaltsgerichtlichen Verfahrens gegen ihn in Betracht (§ 110), das unter Umständen auch zur Ausschließung aus der Rechtsanwaltschaft führen kann.

IV. Notarassessoren

51 Der Notarassessor hat – mit Ausnahme der Versicherungspflicht nach § 19a – dieselben allgemeinen Amtspflichten und sonstigen Pflichten wie der Notar (§ 7 Abs. 4 Satz 2). Er unterliegt deshalb dem Disziplinarrecht grundsätzlich wie ein Notar. Jedoch ist die Höhe der **Geldbuße** auf fünftausend Euro beschränkt (§ 97 Abs. 4 Satz 1). Eine disziplinarische **Entfernung aus dem Amt** kommt bei Notarassessoren praktisch kaum in Betracht, weil sie bei Dienstverfehlungen ohne Disziplinarverfahren wegen Ungeeignetheit für das Amt entlassen werden können (§ 7 Abs. 7 Satz 2 Nr. 1).

---

62 BGHSt 20, 74.
63 BGHSt 15, 372; BGH DNotZ 2001, 567, 569.
64 BGH DNotZ 1964, 180; 1969, 178; 1977, 762; ZNotP 2000, 84, 85. Weitere Nachweise bei *Jaspert/ Rinne*, ZNotP 1998, 434, 447 Fn. 172.
65 BGH DNotZ 1975, 501.
66 BGHSt 20, 74. Siehe auch oben Rz. 9.

V. Notarvertreter, Notariatsverwalter

Notarvertreter und **Notariatsverwalter** unterliegen dem Disziplinarrecht der Notare. Wenn sie nicht schon Notare oder Notarassessoren sind, können gegen sie jedoch nur **Verweis** und **Geldbuße** verhängt werden; eine Entfernung vom bisherigen Amtssitz oder eine befristete oder dauernde Entfernung aus dem Amt ist nicht möglich. Da sie nur für die Dauer ihrer Amtsbefugnis (§§ 44 Abs. 1, 64 Abs. 1 und 2) der Dienstaufsicht über Notare unterstehen, können Disziplinarverfahren nach Beendigung der Amtsbefugnis nicht mehr eingeleitet oder fortgesetzt werden; möglich ist jedoch weiterhin ein anwaltsgerichtliches Verfahren.

52

§ 98

(1) **Verweis und Geldbuße können durch Disziplinarverfügung der Aufsichtsbehörden verhängt werden.**
(2) **Der Präsident des Landgerichts kann Geldbußen gegen Notare nur bis zu zehntausend Euro, gegen Notarassessoren nur bis zu eintausend Euro verhängen.**

Übersicht

A. Entstehungsgeschichte der Vorschrift

1   1. Abs. 1 sah ursprünglich als zusätzliche Disziplinarmaßnahme die Möglichkeit einer *Warnung* durch Disziplinarverfügung vor. Mit Wegfall der *Warnung* als Disziplinarmaßnahme[1] hat die Vorschrift ihre jetzige Fassung erhalten.

2   2. Die in Abs. 2 geregelte Befugnis der Präsidenten des Landgerichts, Geldbußen zu verhängen, ist durch das Berufsrechtsänderungsgesetz 1991[2] eingefügt worden. Der Höhe nach waren die Bußen zunächst auf zehntausend DM (Notare) bzw. eintausend DM (Notarassessoren) beschränkt. Durch die Berufsrechtsnovelle 1998[3] sind die Beträge verdoppelt worden. Sie sind nunmehr im Verhältnis 2:1 auf Euro umgestellt worden, was effektiv zu einer Verminderung um rd. 2,2 % geführt hat.

B. Erläuterungen

I. Disziplinarverfügungen der Aufsichtsbehörden (Abs. 1)

3   1. Die Vorschrift weist den Aufsichtsbehörden die Befugnis zu, Dienstvergehen im **nicht förmlichen Verfahren** ohne Einschaltung des Disziplinargerichts zu ahnden. Es handelt sich um ein vereinfachtes Verfahren, das der Entlastung der Disziplinargerichte dient, aber auch im Interesse des Notars liegen kann, dem dadurch die Belastungen eines förmlichen Verfahrens erspart bleiben[4].

4   2. **Aufsichtsbehörden** sind gemäß § 92 die **Präsidenten** der Landgerichte und der Oberlandesgerichte sowie die **Landesjustizverwaltungen** (Justizministerien, Senatsverwaltungen für Justiz). Die Kompetenzverteilung zwischen den Aufsichtsbehörden richtet sich nach dem jeweiligen Landesrecht. Dieses kann den Erlass von Disziplinarverfügungen auch allein der Landesjustizverwaltung vorbehalten.

5   3. Die **Notarkammern** üben zwar die Standesaufsicht über die Notare ihres Bezirks aus (§ 67 Abs. 1); sie sind aber nicht Aufsichtsbehörden im Sinne des § 92 und daher nicht Trä-

---

1 Gesetz zur Neuordnung des Bundesdisziplinarrechts v. 20.07.1967 (BGBl. I S. 725).
2 Art. 1 Nr. 26 des Gesetzes zur Änderung des Berufsrechts der Notare und der Rechtsanwälte v. 29.01.1991 (BGBl. I S. 150).
3 Art. 1 Nr. 42 des Dritten Gesetzes zur Änderung der Bundesnotarordnung und anderer Gesetze v. 31.08.1998 (BGBl. I S. 2585).
4 *Schippel/Bracker/Lemke*, § 98 Rz. 1.

ger der Disziplinargewalt. Inwieweit die Aufsichtsbehörden die Notarkammern vor Erlass einer Disziplinarverfügung zu **hören** haben, ergibt sich aus dem Landesrecht[5]. Eine Anhörung ist stets geboten, wenn die Aufsichtsbehörde im Disziplinarwege eine Pflichtverletzung ahnden will, wegen derer die Notarkammer dem Notar bereits eine **Ermahnung** ausgesprochen hat; denn die Disziplinarmaßnahme macht die Ermahnung unwirksam (§ 75 Abs. 6 Satz 2), greift also in die Standesaufsicht der Notarkammer ein.

4. Das **Verfahren** bei Erlass einer Disziplinarverfügung richtet sich gemäß § 96 nach dem am 01.03.2001 geltenden Disziplinarrecht der Länder. Dieses bestimmt auch die **Anfechtbarkeit** von Disziplinarverfügungen. Wegen der Einzelheiten wird auf die Erläuterungen zu § 96 verwiesen[6]. **6**

II. Kompetenzen der Aufsichtsbehörden

1. Durch Disziplinarverfügung dürfen nur **Verweis** und **Geldbuße** verhängt werden, und zwar sowohl gesondert als auch in der nach § 97 Abs. 1 zulässigen Kopplung. Alle anderen Disziplinarmaßnahmen – die Entfernung vom bisherigen Amtssitz sowie die befristete oder dauernde Entfernung aus dem Amt – können nur im förmlichen Verfahren durch das Disziplinargericht verhängt werden. **7**

2. Der **Präsident des Landgerichts** kann auch Geldbußen – gesondert oder mit einem Verweis gekoppelt – verhängen. Die Geldbuße darf jedoch gegen Notare nur bis zehntausend Euro, gegen Notarassessoren nur bis eintausend Euro betragen. Diese Grenze muss auch in den Fällen Erhöhung der Geldbuße wegen **Gewinnsucht** (§ 97 Abs. 4 Satz 2) eingehalten werden. **8**

---

5 Regelung im allgemeinen in den Anordnungen der Landesjustizverwaltungen über die *Angelegenheiten der Notare* (AVNot).
6 Dort Rz. 35 ff.

§ 99

Als Disziplinargerichte für Notare sind im ersten Rechtszug das Oberlandesgericht und im zweiten Rechtszug der Bundesgerichtshof zuständig.

A. Entstehungsgeschichte der Vorschrift

1   Die Vorschrift ist seit Einführung der BNotO unverändert in Kraft.

B. Erläuterungen

2   1. Der Notar ist als Träger eines öffentlichen Amtes (§ 1) mit hoheitlichen Funktionen ausgestattet, die seine Stellung der eines Beamten bzw. Richters annähern. Er untersteht deshalb nicht – wie etwa der Rechtsanwalt – einer eigenen Berufsgerichtsbarkeit, sondern der **staatlichen Disziplinargerichtsbarkeit**. Andererseits ist er unabhängiger Amtsträger auf dem Gebiet der vorsorgenden Rechtspflege (§ 1). Förmliche Disziplinarverfahren gegen Notare sind deshalb nicht den für Beamte und Richter zuständigen Disziplinargerichten, sondern der **ordentlichen Gerichtsbarkeit** zugewiesen. Diese Zuständigkeit entspricht der historischen Entwicklung des notariellen Disziplinarwesens[1]. Verfassungsrechtliche Bedenken bestehen dagegen nicht[2].

3   § 99 gilt nicht nur für Notare, sondern über den Wortlaut hinaus auch für **Notarassessoren, Notarvertreter** und **Notariatsverwalter,** da auch diese dem Disziplinarrecht für Notare unterliegen[3].

4   2. Disziplinargerichte für Notare sind *das Oberlandesgericht* und *der Bundesgerichtshof.* Sie sind diesen Gerichten nicht als besondere Gerichte angegliedert, sondern **Spruchkörper** dieser Gerichte[4]. Daher sind die für die Oberlandesgerichte und den Bundesgerichtshof geltenden Vorschriften des Gerichtsverfassungsgesetzes anwendbar, soweit nicht die BNotO selbst sowie das in Bezug genommene Disziplinarrecht der Länder (§ 96) bzw. des Bundes (§ 105) abweichende Bestimmungen enthalten.

5   3. Die Disziplinargerichtsbarkeit der Notare ist wie die der Beamten **zweistufig** aufgebaut.

6   a) Gericht **erster Instanz** ist das Oberlandesgericht (Notarsenat). Örtlich zuständig ist das Gericht, in dessen Bezirk der Notar seinen Amtssitz hat. Für Notarassessoren ist der Amtssitz des Notars maßgebend, dem der Assessor überwiesen ist (§ 7 Abs. 3 Satz 2), für Notarvertreter und Notariatsverwalter der Amtssitz des Notars, dessen Amt sie wahrnehmen. Ist der Vertreter bzw. Verwalter allerdings selbst Notar, so richtet sich die Zuständigkeit nach seinem eigenen Amtssitz.

Soweit die Aufgaben des erstinstanzlichen Disziplinargerichts gemäß § 100 bei *einem* Oberlandesgericht konzentriert sind, ist allein dieses Gericht örtlich zuständig.

7   b) Gericht **zweiter Instanz** ist der Bundesgerichtshof (Senat für Notarsachen) als Berufungs- und Beschwerdegericht.

8   4. Nach § 111 Abs. 3 sind die Oberlandesgerichte und der Bundesgerichtshof auch im Verfahren über die Anfechtung von Verwaltungsakten nach der BNotO zuständig. Sie werden insoweit als **Verwaltungsgerichte** tätig[5].

---

1 Einzelheiten dazu: *Arndt,* BNotO, 2. Aufl., I zu § 99.
2 Vgl. BVerfG NJW 1978, 1795 (zur Verfassungsmäßigkeit der Anwaltsgerichtsbarkeit).
3 Siehe § 95 Rz. 8, § 97 Rz. 52.
4 *Schippel/Bracker/Lemke,* § 99 Rz. 1.
5 BGHZ 45, 65, 68.

§ 100

Sind in einem Land mehrere Oberlandesgerichte errichtet, so kann die Landesregierung durch Rechtsverordnung die Aufgaben, die in diesem Gesetz dem Oberlandesgericht als Disziplinargericht zugewiesen sind, für die Bezirke aller oder mehrerer Oberlandesgerichte einem oder einigen der Oberlandesgerichte oder dem obersten Landesgericht übertragen, wenn dies der Sicherung einer einheitlichen Rechtsprechung dienlich ist.

A. Entstehungsgeschichte der Vorschrift

Die Vorschrift ist seit Einführung der BNotO unverändert in Kraft.   1

B. Erläuterungen

1. Zur **Vereinheitlichung der Disziplinarrechtsprechung** innerhalb eines Landes können   2
die Länder, in denen mehrere Oberlandesgerichte errichtet sind, die dem Oberlandesgericht obliegenden Aufgaben der Disziplinargerichtsbarkeit bei einem oder einigen Oberlandesgerichten konzentrieren. Die Konzentration dient zugleich der Vereinfachung des Geschäftsganges, darf aber nicht allein deren Ziel sein.

2. Folgende Länder haben von dieser Befugnis Gebrauch gemacht und die Zuständigkeit   3
der nachstehend bezeichneten Oberlandesgerichte für das ganze Land begründet:
– Baden-Württemberg: OLG Stuttgart
– Bayern: OLG München
– Niedersachsen: OLG Celle
– Nordrhein-Westfalen: OLG Köln.
Die Kenntnis der für sein Land geltenden Zuständigkeit ist von jedem Notar zu verlangen[1].

---

1 BGHR BNotO § 111 Abs. 4 S. 2 Wiedereinsetzung 2.

§ 101

Das Oberlandesgericht entscheidet in Disziplinarsachen gegen Notare in der Besetzung mit dem Vorsitzenden, einem Beisitzer, der planmäßig angestellter Richter ist, und einem Beisitzer, der Notar ist.

A. Entstehungsgeschichte der Vorschrift

1 Die Vorschrift ist seit Einführung der BNotO unverändert in Kraft.

B. Erläuterungen

2 1. Die Vorschrift regelt die **Besetzung der Richterbank** beim Oberlandesgericht als Disziplinargericht.

3 a) Der Senat entscheidet als erstinstanzliches Disziplinargericht in der für Strafsachen vor dem Oberlandesgericht für den Regelfall vorgesehenen Besetzung (§ 122 Abs. 1 GVG) von **drei** Mitgliedern unter Einschluss des Vorsitzenden.

4 b) Zur Person der Senatsmitglieder besagt § 101 nur, dass einer der Beisitzer Planrichter, der andere Notar sein muss. Die Einzelheiten der Bestellung der richterlichen Mitglieder regelt § 102, die der Mitglieder aus den Reihen der Notare § 103. Die Mitwirkung eines Notars als Beisitzer entspricht der historischen Entwicklung und dem Bedürfnis, an der Disziplinarrechtsprechung gegen Notare auch die Notare selbst in angemessener Weise zu beteiligen. Sie soll dazu beitragen, die besondere Sachkunde und die Praxiserfahrung der Berufsangehörigen in die Disziplinarrechtsprechung einzubringen.

5 2. § 101 gilt für **sämtliche Entscheidungen** sowohl im förmlichen Verfahren als auch im Verfahren über die Anfechtung von Disziplinarverfügungen, und zwar auch außerhalb der Hauptverhandlung, sowie für sonstige Entscheidungen über die Anfechtung von Verwaltungsakten nach der BNotO (§ 111 Abs. 3 Satz 2).

6 3. Für die **Ausschließung** und **Ablehnung** der Richter sind aufgrund der Verweisung in § 96 die landesrechtlichen Disziplinarvorschriften maßgeblich.

7 a) Die **Ausschließung** vom Richteramt ist in den (früheren) Disziplinargesetzen der Länder[1] in Anlehnung an § 51 BDO[2] geregelt[3]. Danach ist ausgeschlossen, wer
- durch das Dienstvergehen verletzt ist (§ 51 Nr. 1 BDO),
- Ehegatte oder gesetzlicher Vertreter des Notars oder des Verletzten ist oder war (§ 51 Nr. 2 BDO),
- mit dem Notar oder mit dem Verletzten nah verwandt oder verschwägert ist oder war (§ 51 Nr. 3 BDO),
- in dem Disziplinarverfahren gegen den Notar tätig gewesen oder als Sachverständiger oder Zeuge gehört worden ist (§ 51 Nr. 4 BDO),
- in einem sachgleichen Strafverfahren oder Bußgeldverfahren gegen den Notar beteiligt war (§ 51 Nr. 5 BDO),

---

1 Wegen der Fortgeltung der früheren Länderrechte siehe § 96 Rz. 2.
2 Bundesdisziplinarordnung i. d. F. v. 20.07.1967 (BGBl. I S. 751, 984), mit Wirkung vom 01.01.2002 aufgehoben (Art. 27 Abs. 2 Nr. 1 des Gesetzes zur Neuordnung des Bundesdisziplinarrechts, BGBl. I S. 1510). Das seit dem 01.01.2002 geltende Bundesdisziplinargesetz (BDG) enthält eine dem § 51 BDO entsprechende Regelung.
3 *Eylmann/Vaasen/Starke*, § 101 BNotO Rz. 4.

– *Dienstvorgesetzter* des Beschuldigten oder bei dem *Dienstvorgesetzten* mit der Bearbeitung von Personalangelegenheiten befasst ist (§ 51 Nr. 6 BDO). »Dienstvorgesetzte« in diesem Sinne sind die Aufsichtsbehörden.

Der Präsident des Oberlandesgerichts[4] und die mit Personalangelegenheiten der Notare **8** befassten Richter des Oberlandesgerichts können daher nicht als Vorsitzender oder Beisitzer in gerichtlichen Disziplinarverfahren gegen Notare oder Notarassessoren ihres Bezirks mitwirken.

b) Die **Ablehnung** wegen Besorgnis der Befangenheit ist in den Disziplinargesetzen der **9** Länder nicht eigenständig geregelt. Maßgeblich sind die Vorschriften der Strafprozessordnung (§§ 24 bis 30 StPO). Danach können im Verfahren über die Anfechtung einer von dem Präsidenten des Oberlandesgerichts erlassenen Disziplinarverfügung die Berufsrichter dieses Gerichts nicht deshalb abgelehnt werden, weil der Präsident ihr Dienstvorgesetzter ist[5]. Die Ablehnung des Notarbeisitzers kann in der Regel nicht darauf gestützt werden, er habe denselben Amtssitz wie der Beschuldigte[6].

---

4 Siehe dazu § 102 Rz. 9.
5 BGH DNotZ 1969, 316.
6 *Schippel/Bracker/Lemke*, § 101 Rz. 3.

§ 102

¹Der Vorsitzende und seine Stellvertreter, die mindestens Vorsitzende Richter am Oberlandesgericht sein müssen, sowie die richterlichen Beisitzer und ihre Stellvertreter werden von dem Präsidium des Oberlandesgerichts aus der Zahl der ständigen Mitglieder des Oberlandesgerichts auf die Dauer von fünf Jahren bestellt. ²Im Übrigen gelten die Vorschriften des Zweiten Titels des Gerichtsverfassungsgesetzes und § 6 des Einführungsgesetzes zum Gerichtsverfassungsgesetz entsprechend.

Übersicht

A. Entstehungsgeschichte der Vorschrift

1 1. Die ursprünglich in Satz 1 enthaltene Bezeichnung »*Senatspräsident*« ist anlässlich der Änderung der Dienstbezeichnungen der Richter im Jahre 1972 durch »*Vorsitzender Richter am Oberlandesgericht*« ersetzt worden[1].

2 2. Die berufsrichterlichen Mitglieder der Notarsenate wurden ursprünglich für die Dauer von vier Jahren bestellt. Diese Frist ist 2004 auf fünf Jahre verlängert worden. Gleichzeitig ist in Satz 2 die Verweisung auf § 6 EGGVG eingefügt worden[2].

B. Erläuterungen

1. Bedeutung der Vorschrift

3 Während § 101 die Besetzung der Richterbank bei Entscheidungen des Oberlandesgerichts als Disziplinargericht vorschreibt, regelt § 102 die Bestellung der **berufsrichterlichen Mitglieder** des Spruchkörpers.

4 a) Die Vorschrift lässt offen, ob beim Oberlandesgericht ein **besonderer Senat** für die Bearbeitung von Disziplinarsachen gebildet wird oder ob diese Aufgabe zusätzlich einem oder mehreren mit anderen Rechtsprechungsaufgaben befassten Senat(en) übertragen werden. Eine Verteilung auf mehrere Senate sollte nur vorgenommen werden, wenn dies wegen des Umfangs des Arbeitsanfalls in Disziplinarsachen unumgänglich ist; denn die Konzentration in einem Spruchkörper gewährleistet am ehesten eine fundierte, möglichst gleichmäßige Rechtsprechung in Disziplinarsachen[3].

5 b) Die Disziplinarsachen gegen Notare dürfen nicht dem **Ersten Zivilsenat** des Oberlandesgerichts zugewiesen werden, da dieser kraft Gesetzes für Verfahren über die Amtsenthebung von Notarbeisitzern zuständig ist, an denen die Mitglieder des Disziplinargerichts nicht mitwirken dürfen (§ 104 Abs. 2 Satz 2)[4].

1 Art. XII Nr. 1 des Gesetzes zur Änderung der Bezeichnungen der Richter und ehrenamtlichen Richter und der Präsidialverfassung der Gerichte v. 26.05.1972 (BGBl. I S. 841).
2 Art. 3 Nr. 1 des Gesetz zur Vereinfachung und Vereinheitlichung der Verfahrensvorschriften zur Wahl und Berufung ehrenamtlicher Richter v. 21.12.2004 (BGBl. I S. 3599).
3 Siehe § 100.
4 Einzelheiten: § 104 Rz. 13.

2. Bestellung der berufsrichterlichen Mitglieder

a) Die Disziplinargerichte für Notare sind dem Oberlandesgericht und dem Bundesgerichts- **6** hof nicht angegliedert, sondern Spruchkörper dieser Gerichte[5]. Daher werden der Vorsitzende und seine Stellvertreter sowie die richterlichen Beisitzer und ihre Stellvertreter durch das **Präsidium** des Oberlandesgericht bestellt.

Die Bestellung von **Vertretersenaten**, die nicht zugleich Notarsenate sind[6], ist nicht zu- **7** lässig.

b) Die Bestellung erfolgt abweichend von § 21e Abs. 1 Satz 2 GVG nicht jeweils für ein **8** Geschäftsjahr, sonder auf die Dauer von **fünf Jahren**. Die Besetzung kann während dieser Fünfjahresperiode nur aus den in § 21e Abs. 3 GVG genannten Gründen geändert werden.

c) Der **Vorsitzende** muss Inhaber einer Planstelle an dem Gericht und mindestens Vorsit- **9** zender Richter am Oberlandesgericht sein. Das Wort »*mindestens*« besagt, dass auch der Präsident oder der Vizepräsident des Oberlandesgerichts zum Vorsitzenden bestellt werden können. Indes wäre der **Präsident** des Oberlandesgericht als Inhaber der Dienstaufsicht über die Notare und Notarassessoren seines Bezirks (§ 92 Nr. 2 BNotO) in der Regel vom Richteramt ausgeschlossen[7]. Gleiches gilt für den **Vizepräsidenten** des Oberlandesgerichts, wenn er in Vertretung des Präsidenten in dem Disziplinarverfahren gegen den Beschuldigten tätig gewesen oder allgemein mit den Personalangelegenheiten der Notare des Bezirks befasst ist[8]. Die Bestellung des Präsidenten oder des Vizepräsidenten des Oberlandesgerichts zum Vorsitzenden des mit Disziplinarsachen gegen Notare befassten Senats ist deshalb untunlich.

d) Für den Fall der Verhinderung des Vorsitzenden muss mindestens ein, können aber **10** auch mehrere **Stellvertreter** bestellt werden. Sämtliche Stellvertreter müssen »*mindestens*« Vorsitzende Richter am Oberlandessgericht sein. Sind sowohl der Vorsitzende als auch die Stellvertreter **verhindert**, muss das Präsidium nach § 21e Abs. 3 GVG oder der Präsident nach § 21i Abs. 2 GVG einen anderen Vorsitzenden Richter am Oberlandesgericht zum Vorsitzenden bestellen. Eine Wahrnehmung der Aufgaben des Vorsitzenden durch einen Beisitzer des Senats gemäß § 21f Abs. 2 GVG ist mit § 102 BNotO nicht zu vereinbaren[9].

e) Die richterlichen **Beisitzer** und ihre Stellvertreter sind ebenso wie die Vorsitzenden aus **11** der Zahl der ständigen Mitglieder des Oberlandesgerichts zu bestellen. Sie müssen also Inhaber einer Planstelle an dem Oberlandesgericht sein; zur Erprobung oder aus anderen Gründen an das Oberlandesgericht abgeordnete Richter können nicht zu Beisitzern oder deren Stellvertretern im Notarsenat bestellt werden.

Die **Zahl** der richterlichen Beisitzer und ihrer Stellvertreter setzt das Präsidium nach **12** pflichtgemäßem Ermessen so fest, dass die Funktionstüchtigkeit des Spruchkörpers gewährleistet ist. § 101 enthält insoweit keine Beschränkung, weil die Vorschrift nur die Senatsbesetzung bei der Entscheidungsfindung, nicht aber die Bestellung der Senatsmitglieder regelt[10].

3. Geschäftsverteilung im Senat

Für die Geschäftsverteilung innerhalb des Senats gilt § 21g Abs. 1, 2 GVG[11]. Danach werden **13** die Geschäfte durch Beschluss aller dem Spruchkörper angehörenden Berufsrichter auf die Mitglieder verteilt. Der Beschluss bestimmt vor Beginn des Geschäftsjahres für dessen Dauer, nach welchen Grundsätzen die Mitglieder an den Verfahren mitwirken; er kann nur geändert werden, wenn es wegen Überlastung, ungenügender Auslastung, Wechsels oder dauernder Verhinderung einzelner Mitglieder des Spruchkörpers nötig wird (§ 21g Abs. 2 GVG).

---

5 Siehe § 99 Rz. 4.
6 Siehe oben Rz. 4.
7 § 51 Nr. 6 BDO.
8 § 51 Nr. 4, 6 BDO.
9 *Schippel/Bracker/Lemke*, § 102 Rz. 3.
10 Vgl. BGH NJW 1994, 2751, 2752 (zu § 106 Abs. 2 BRAO).
11 I. d. F. der Bekanntmachung v. 09.05.1975 (BGBl. I S. 1077), zuletzt geändert durch Gesetz zur Reform des Zivilprozesses (Zivilprozessreformgesetz – ZPO-RG) v. 27.07.2001 (BGBl. I S. 1887).

(1) ¹Die Beisitzer aus den Reihen der Notare werden von der Landesjustizverwaltung ernannt. ²Sie werden einer Vorschlagsliste entnommen, die der Vorstand der Notarkammer der Landesjustizverwaltung einreicht. ³Die Landesjustizverwaltung bestimmt, welche Zahl von Beisitzern erforderlich ist; sie hat vorher den Vorstand der Notarkammer zu hören. ⁴Die Vorschlagsliste des Vorstandes der Notarkammer muss mindestens die Hälfte mehr als die erforderliche Zahl von Notaren enthalten. ⁵Umfasst ein Oberlandesgericht mehrere Bezirke von Notarkammern oder Teile von solchen Bezirken, so verteilt die Landesjustizverwaltung die Zahl der Beisitzer auf die Bezirke der einzelnen Notarkammern.

(2) Die Beisitzer dürfen nicht gleichzeitig dem Vorstand der Notarkammer angehören oder bei der Notarkammer im Haupt- oder Nebenberuf tätig sein.

(3) Zum Beisitzer kann nur ein Notar ernannt werden, der das fünfunddreißigste Lebensjahr vollendet hat und seit mindestens fünf Jahren ohne Unterbrechung als Notar tätig ist.

(4) Zum Beisitzer kann nicht ernannt werden ein Notar,
1. bei dem die Voraussetzungen für eine vorläufige Amtsenthebung gegeben sind,
2. gegen den ein Disziplinarverfahren oder, sofern der Notar zugleich als Rechtsanwalt zugelassen ist, ein anwaltsgerichtliches Verfahren eingeleitet ist,
3. gegen den die öffentliche Klage wegen einer Straftat, welche die Unfähigkeit zur Bekleidung öffentlicher Ämter zur Folge haben kann, erhoben ist,
4. gegen den in einem Disziplinarverfahren in den letzten fünf Jahren auf einen Verweis oder eine Geldbuße oder in den letzten zehn Jahren auf Entfernung vom bisherigen Amtssitz oder auf Entfernung aus dem Amt auf bestimmte Zeit erkannt worden ist,
5. gegen den in einem anwaltsgerichtlichen Verfahren in den letzten fünf Jahren ein Verweis oder eine Geldbuße oder in den letzten zehn Jahren ein Vertretungsverbot (§ 114 Abs. 1 Nr. 4 der Bundesrechtsanwaltsordnung) verhängt worden ist.

(5) ¹Die Beisitzer werden für die Dauer von fünf Jahren ernannt; sie können nach Ablauf ihrer Amtszeit wieder berufen werden. ²Scheidet ein Beisitzer vorzeitig aus, so wird für den Rest der Amtszeit ein Nachfolger ernannt.

Übersicht

A. Entstehungsgeschichte der Vorschrift

1 Die Vorschrift ist mehrfach geändert worden.
– Im Zusammenhang mit der Neuordnung des Disziplinarrechts im Jahre 1967[1] ist in Nr. 4 der Ausdruck »bestraft« durch das Wort »belegt« ersetzt worden, weil das Disziplinarrecht nicht mehr von »Strafen«, sondern nur noch von »Maßnahmen« spricht.
– Anlässlich der Strafrechtsreform 1974 ist in Nr. 3 der Ausdruck »strafbare Handlung« durch das Wort »Straftat« ersetzt worden[2].

---

1 Gesetz zur Neuordnung des Bundesdisziplinarrechts v. 20.07.1967 (BGBl. I S. 725, berichtigt BGBl. I S. 984) mit nachfolgenden Änderungen.
2 Einführungsgesetz zum Strafgesetzbuch v. 02.03.1974 (BGBl. I S. 469).

- Abs. 4 Nr. 4 hat seine jetzige Fassung durch das Berufsrechtsänderungsgesetz 1991[3] erhalten; gleichzeitig ist Nr. 5 eingefügt worden.
- Anlässlich der Neuordnung des anwaltlichen Berufsrechts im Jahre 1994[4] ist der Begriff »ehrengerichtlich« durch das Wort »anwaltsgerichtlich« ersetzt worden.
- Die Beisitzer wurden ursprünglich für die Dauer von vier Jahren bestellt. Diese Frist ist 2004 auf fünf Jahre verlängert worden[5].

B. Erläuterungen

I. Stellung und Aufgabe der Notarbeisitzer

Nach § 101 entscheidet das Oberlandesgericht in Disziplinarsachen gegen Notare unter Mitwirkung eines **Notars als Beisitzer**. Dieser ist zwar ehrenamtlicher Richter, übt jedoch wie ein Berufsrichter die volle richterliche Gewalt aus[6]. Seine Beteiligung soll gewährleisten, dass Sachkunde und Berufserfahrung aus der **notariellen Praxis** in die Disziplinarrechtsprechung des Oberlandesgerichts einfließen.   2

II. Ernennungsverfahren

a) Da die Notarbeisitzer nicht Planstelleninhaber und damit nicht »ständige Mitglieder« des Oberlandesgerichts (§ 102) sind, werden sie nicht von dem Präsidium bestellt, sondern von der **Landesjustizverwaltung** (Justizministerium, Senatsverwaltung für Justiz) ernannt. Etwa auf Landesebene bestehende **Richterwahlausschüsse** wirken daran nicht mit.   3

b) Die Notarbeisitzer sind einer von dem Vorstand der Notarkammer einzureichenden **Vorschlagsliste** zu entnehmen. Vor Aufstellung der Liste bestimmt die Landesjustizverwaltung nach Anhörung des Vorstandes der Notarkammer, aber in eigener Verantwortung die Zahl der erforderlichen Beisitzer. Der Vorstand der Notarkammer erstellt sodann die Vorschlagsliste, die mindestens die Hälfte mehr als die festgesetzte Zahl von Notaren enthalten muss, und reicht die Liste bei der Landesjustizverwaltung ein.   4

c) Die **Amtszeit** der Notarbeisitzer beträgt wie die der berufsrichterlichen Mitglieder des Notarsenats (§ 102) regelmäßig fünf Jahre mit der Möglichkeit der Wiederberufung (Abs. 5).   5

III. Persönliche Voraussetzungen

a) Die Absätze 2 bis 4 regeln die **Mindestanforderungen**, die bei Ernennung zum Notarbeisitzer erfüllt sein müssen. Die Notarkammer ist nicht gehindert, die Aufnahme in die Vorschlagsliste von strengeren Kriterien abhängig zu machen[7].   6

b) **Vorstandsmitglieder** und haupt- oder nebenberufliche **Mitarbeiter** der Notarkammer dürfen nicht ernannt werden, weil ihre richterliche Unabhängigkeit nicht gewährleistet wäre (Abs. 2). Eine frühere Tätigkeit in der Notarkammer ist jedoch unschädlich. Wird ein Notar-   7

---

3 Art. 1 Nr. 27 des Gesetzes zur Änderung des Berufsrechts der Notare und der Rechtsanwälte v. 29.01.1991 (BGBl. I S. 150).
4 Art. 6 des Gesetzes zur Neuordnung des Berufsrechts der Rechtsanwälte und der Patentanwälte v. 02.09.1994 (BGBl. I S. 2278).
5 Art. 3 Nr. 2 des Gesetz zur Vereinfachung und Vereinheitlichung der Verfahrensvorschriften zur Wahl und Berufung ehrenamtlicher Richter v. 21.12.2004 (BGBl. I S. 3599).
6 Näher dazu: § 104 Rz. 2.
7 *SchippelBracker/Lemke*, § 103 Rz. 7.

beisitzer zum Vorstandsmitglied einer Notarkammer gewählt, muss er sich entscheiden, ob er diese Wahl ablehnen oder aber sie annehmen und sein Amt als Notarbeisitzer niederlegen will[8].

8   c) Das **Alters-** und **Tätigkeitserfordernis** des Abs. 3 soll gewährleisten, dass nur Notare mit menschlicher Reife und ausreichender praktischer Berufserfahrung bestellt werden.

9   d) Abs. 4 schließt die Ernennung von Notaren aus, deren **persönliche Integrität** oder deren **Fähigkeit zur Amtsausübung** zweifelhaft erscheinen kann.

10   aa) Zweifel in dieser Richtung bestehen bereits, wenn die Voraussetzungen einer **vorläufigen Amtsenthebung** (§ 54) vorliegen, etwa weil der Notar von einem Betreuungsverfahren betroffen ist (§ 54 Abs. 1 Nr. 1 BNotO, § 69k FGG) oder weil hinreichende Anhaltspunkte dafür vorliegen, dass die Voraussetzungen für eine Amtsenthebung gegeben sind (§§ 54 Abs. 1 Nr. 2, 50 BNotO).

11   bb) **Ungeeignet** für die Aufgaben eines Notarbeisitzers ist ferner ein Notar,
– gegen den ein förmliches Disziplinarverfahren anhängig ist (§ 103 Abs. 4 Nr. 2, 1. Alt.),
– der wegen einer Straftat angeklagt ist, welche die Unfähigkeit zur Bekleidung öffentlicher Ämter zur Folge haben kann (§ 103 Abs. 4 Nr. 3 BNotO, §§ 45, 92a, 101, 109i, 358 StGB) oder
– gegen den eine Disziplinarmaßnahme im Sinne der Nr. 4 verhängt worden ist.

12   cc) Ein **Anwaltsnotar** darf ferner nicht ernannt werden,
– wenn ein anwaltsgerichtliches Verfahren gegen ihn anhängig ist (§ 103 Abs. 4 Nr. 2, 2. Alt.) oder
– gegen ihn nach Maßgabe der Nr. 5 eine anwaltsgerichtliche Maßnahme verhängt worden ist.

---

8 Näher dazu: § 69 Rz. 9.

§ 104

(1) ¹Die Beisitzer aus den Reihen der Notare haben als solche während der Dauer ihres Amtes alle Rechte und Pflichten eines Berufsrichters. ²Ihr Amt ist ein Ehrenamt. ³Sie erhalten aus der Staatskasse für den mit ihrer Tätigkeit verbundenen Aufwand eine Entschädigung, die sich auf das Eineinhalbfache des in § 153 Abs. 2 Satz 1 Nr. 2 erster Halbsatz der Kostenordnung genannten höchsten Betrages beläuft. ⁴Außerdem haben sie Anspruch auf Ersatz ihrer Fahrt- und Übernachtungskosten nach Maßgabe des § 153 Abs. 2 Satz 1 Nr. 1 und 3 sowie Abs. 4 der Kostenordnung.

(2) ¹Ein Beisitzer ist auf Antrag der Landesjustizverwaltung seines Amtes zu entheben, wenn ein Umstand eintritt oder bekannt wird, welcher der Ernennung entgegensteht. ²Über den Antrag entscheidet der Erste Zivilsenat des Oberlandesgerichts oder des obersten Landesgerichts, das als Disziplinargericht zuständig ist. ³Bei der Entscheidung dürfen die Mitglieder des Disziplinargerichts (§ 102) nicht mitwirken. ⁴Vor der Entscheidung sind der Notar und der Vorstand der Notarkammer zu hören. ⁵Die Entscheidung ist endgültig.

(3) Das Amt des Beisitzers, der als Beisitzer bei dem Gericht des höheren Rechtszuges berufen wird, endet mit dieser Berufung.

Kostenordnung

§ 153 Reisekosten

(1) Der Notar erhält für Geschäftsreisen, die er im Auftrag eines Beteiligten vornimmt, Reisekosten. Eine Geschäftsreise liegt vor, wenn das Reiseziel außerhalb der Gemeinde liegt, in der sich der Amtssitz oder die Wohnung des Notars befindet.

(2) Der Notar, dem die Gebühren für seine Tätigkeit selbst zufließen, erhält als Reisekosten
1. bei Benutzung eines eigenen Kraftfahrzeugs Fahrtkosten nach Absatz 4; bei Benutzung anderer Verkehrsmittel die tatsächlichen Aufwendungen, soweit sie angemessen sind;
2. als Tage- und Abwesenheitsgeld bei einer Geschäftsreise von nicht mehr als 4 Stunden 20 Euro, von mehr als 4 bis 8 Stunden 35 Euro, von mehr als 8 Stunden 60 Euro; die Hälfte dieses Satzes ist auf die in § 58 Abs. 1 bestimmte Zusatzgebühr anzurechnen;
3. Ersatz der Übernachtungskosten, soweit sie angemessen sind.
Die Regelung über die Verteilung der Reisekosten bei Erledigung mehrerer Geschäfte auf derselben Geschäftsreise des Notars gilt auch, wenn auf derselben Reise Notargeschäfte und Rechtsanwaltsgeschäfte erledigt werden.

(3) Fließen die Gebühren für die Tätigkeit des Notars der Staatskasse zu, so erhält der Notar bei Geschäftsreisen nach Absatz 1 Reisekostenvergütung nach den für Bundesbeamte geltenden Vorschriften. Ist es nach den Umständen, insbesondere nach dem Zweck der Geschäftsreise, erforderlich, ein anderes als ein öffentliches, regelmäßig verkehrendes Beförderungsmittel zu benutzen, so erhält der Notar Ersatz der notwendigen Aufwendungen, bei Benutzung eines eigenen Kraftfahrzeugs Fahrtkosten nach Absatz 4; diese Entschädigung ist stets zu gewähren, wenn der Hin- und Rückweg zusammen nicht mehr als zweihundert Kilometer beträgt oder der Notar Fahrtkosten für nicht mehr als zweihundert Kilometer verlangt.

(4) Als Fahrtkosten bei Benutzung eines eigenen Kraftfahrzeugs sind zur Abgeltung der Anschaffungs-, Unterhaltungs- und Betriebskosten sowie der Abnutzung des Kraftfahrzeugs 0,30 Euro für jeden gefahrenen Kilometer zuzüglich der durch die Benutzung des Kraftfahrzeugs aus Anlass der Geschäftsreise regelmäßig anfallenden baren Auslagen, insbesondere der Parkgebühren, zu erstatten.

Übersicht

A. Entstehungsgeschichte der Vorschrift

1 Abs. 1 Satz 3 ist durch das Kostenrechtsänderungsgesetz 1994[1] geändert worden; die Sätze 4 bis 6 sind durch den jetzigen Satz 4 ersetzt worden. Dadurch ist im Wesentlichen der ursprüngliche Rechtszustand wieder hergestellt worden[2].
Abs. 3 ist im Jahre 2004 hinzugefügt worden[3].

B. Erläuterungen

1. Stellung der Notarbeisitzers (Abs. 1 Satz 1, 2)

2 Im Gegensatz zu dem Vorsitzenden und dem richterlichen Beisitzer sind die Notarbeisitzer **ehrenamtliche Richter** (Abs. 1 Satz 2). Sie beziehen keine Richterbesoldung und unterliegen nicht den für Berufsrichter geltenden status- und dienstrechtlichen Vorschriften der Richtergesetze. Davon abgesehen haben sie während ihrer Amtszeit alle Rechte und Pflichten eines Berufsrichters (Abs. 1 Satz 1) und üben wie dieser die volle rechtsprechende Gewalt aus (§ 1 DRiG). Sie sind in gleichem Maße wie die Berufsrichter unabhängig (§ 45 Abs. 1 DRiG) und haben das Beratungsgeheimnis zu wahren (§ 43 DRiG). Vor ihrer ersten Dienstleistung sind sie in öffentlicher Sitzung des Senats nach Maßgabe des § 45 Abs. 3–5, Abs. 7, 8 DRiG durch den Vorsitzenden zu vereidigen (§ 45 Abs. 2 DRiG). Sie unterstehen nach Maßgabe des § 26 DRiG der Dienstaufsicht des Präsidenten des OLG, dem sie angehören.

3 Verletzt ein Notar die Pflichten, die ihm gerade in seiner Eigenschaft als Notarbeisitzer obliegen, so begeht er eine Amtspflichtverletzung, die als **Dienstvergehen** disziplinarisch geahndet werden kann[4].

2. Vergütung (Abs. 1 Satz 3, 4)

4 Für den mit ihrer Tätigkeit verbundenen Aufwand erhalten die Notarbeisitzer aus der Staatskasse eine Aufwandsentschädigung sowie Ersatz ihrer Fahrt- und Übernachtungskosten. § 104 enthält insoweit eine eigenständige und abschließende Regelung; die Vorschriften des *Gesetzes über die Entschädigung der ehrenamtlichen Richter* sind nicht anwendbar (§ 14 Satz 2 EhrRiEG).

5 a) Die **Aufwandsentschädigung** beläuft sich auf das Eineinhalbfache des Höchstbetrages nach § 153 Abs. 2 Satz 1 Nr. 2 KostO. Dieser beträgt derzeit pro Tag 60 Euro, so daß sich die Aufwandsentschädigung auf 90 Euro pro Sitzungstag beläuft.

6 b) Als **Fahrtkosten** werden gemäß § 153 Abs. 2 Satz 1 Nr. 1 Halbs. 1, Abs. 4 KostO bei Benutzung eines eigenen Kraftfahrzeugs zur Abgeltung der Anschaffungs-, Unterhaltungs- und Betriebskosten sowie der Abnutzung derzeit 0,30 Euro pro gefahrenen Kilometer zuzüglich der durch die Fahrzeugbenutzung regelmäßig anfallenden Barauslagen, insbesondere der Parkgebühren, ersetzt; bei der Benutzung anderer Verkehrsmittel sind die tatsächlichen Aufwendungen zu erstatten, soweit sie angemessen sind (§ 152 Abs. 2 Satz 1 Nr. 1 Halbs. 2 KostO).

---

1 Art. 8 Abs. 1 des Gesetzes zur Änderung von Kostengesetzen und anderen Gesetzen (KostRÄndG 1994) vom 24.06.1994 (BGBl. I S. 1325).
2 Vgl. zu den Vorgängervorschriften: *Arndt*, BNotO, 2. Aufl., Erl. zu § 104.
3 Art. 3 Nr. 3 des Gesetz zur Vereinfachung und Vereinheitlichung der Verfahrensvorschriften zur Wahl und Berufung ehrenamtlicher Richter v. 21.12.2004 (BGBl. I S. 3599).
4 Siehe unten Rz. 10.

c) Ferner sind die **Übernachtungskosten** zu ersetzen, soweit sie angemessen sind (§ 153 Abs. 2 Satz 1 Nr. 3 KostO). 7

3. Amtsenthebung (Abs. 2)

a) § 104 Abs. 2 trägt der Vorschrift des § 44 Abs. 2 DRiG Rechnung. Danach kann ein ehrenamtlicher Richter vor Ablauf seiner Amtszeit nur unter den gesetzlich bestimmten Voraussetzungen und gegen seinen Willen nur durch Entscheidung eines Gerichts **abberufen** werden. 8

aa) Eine Amtsenthebung erfolgt, wenn ein Umstand eintritt oder bekannt wird, welcher der Ernennung entgegensteht. Damit sind nicht die der Bestellung eines Notars[5], sondern die der Ernennung eines **Notarbeisitzers** entgegenstehenden Gründe gemeint. Eine Amtsenthebung erfolgt mithin nur, aber auch immer dann, wenn einer der in § 103 Abs. 2 bis 4 genannten Umstände eintritt oder schon bei der Ernennung vorgelegen hat, aber erst nachträglich bekannt wird. Gründe, die schon bei der Ernennung bekannt waren, aber bewusst oder versehentlich nicht berücksichtigt worden sind, rechtfertigen eine Amtsenthebung nicht. 9

bb) Eine Verletzung der dem Notar als Notarbeisitzer obliegenden **Amtspflichten** stellt für sich gesehen keinen Grund zur Amtsenthebung dar. Sie kann aber je nach Lage des Falles eine vorläufige Amtsenthebung im Aufsichts- oder Disziplinarwege (§ 54) oder die Einleitung eines Disziplinarverfahrens rechtfertigen[6]. § 104 steht solchen Maßnahmen nicht entgegen. Sobald die Voraussetzungen für eine förmliche Amtsenthebung gegeben sind oder ein förmliches Disziplinarverfahren eingeleitet wird, ist der Notarbeisitzer seines Amtes zu entheben, weil dann ein Hinderungsgrund im Sinne des § 103 Abs. 4 vorliegt. 10

b) Das **Verfahren** der Amtsenthebung ist gesetzlich nicht im Einzelnen geregelt. 11

aa) Die Amtsenthebung erfolgt **auf Antrag** der Landesjustizverwaltung (Justizministerium, Senatsverwaltung für Justiz) durch gerichtliche Entscheidung (Abs. 2 Satz 1, 2). 12

bb) **Zuständig** für die Entscheidung ist nicht der für Disziplinarverfahren zuständige Senat für Notarsachen, sondern der Erste Zivilsenat des Oberlandesgerichts oder des obersten Landesgerichts, das als Disziplinargericht zuständig ist (Abs. 2 Satz 2). Die Mitglieder des Disziplinargerichts dürfen bei der Entscheidung nicht mitwirken (Abs. 2 Satz 3). Daraus folgt, dass die Disziplinarsachen gegen Notare nicht dem Ersten Zivilsenat übertragen werden dürfen[7]. 13

cc) Das Verfahren ist kein Disziplinarverfahren, sondern ein **Justizverwaltungsverfahren** in Notarangelegenheiten. Gesetzlich vorgeschrieben ist nur die Anhörung des Notars und der Notarkammer (Abs. 2 Satz 4). Im Übrigen gestaltet das Gericht das Verfahren nach pflichtgemäßem Ermessen. Es kann ohne mündliche Verhandlung entscheiden. Der Sachverhalt ist von Amts wegen aufzuklären. Die Entscheidung lautet auf Enthebung vom Amt des Notarbeisitzers oder auf Ablehnung des Antrags. Sie ist »*endgültig*« (Abs. 2 Satz 5), also unanfechtbar. 14

4. Vorzeitige Beendigung des Amtes (Abs. 3)

Die Vorschrift stellt klar, dass ein notarieller Beisitzer nicht in zwei Instanzen mitwirken kann. Mit der Berufung an das Gericht des höheren Rechtszuges endet sein Amt bei dem Gericht der unteren Instanz automatisch, ohne dass es eines besonderen Amtsenthebungsverfahrens bedürfte. 15

---

5 Siehe §§ 5, 6 BNotO.
6 Siehe oben Rz. 3.
7 Siehe § 102 Rz. 5.

§ 105

Für die Anfechtung von Entscheidungen des Oberlandesgerichts gelten noch bis zum 1. Januar 2010 die Vorschriften der Bundesdisziplinarordnung in der Fassung der Bekanntmachung vom 20. Juli 1967 (BGBl I S. 750, 984), die zuletzt durch Artikel 19 Abs. 3 des Gesetzes vom 29. Juni 1998 (BGBl I S. 1666) geändert worden ist, über die Anfechtung von Entscheidungen des Bundesdisziplinargerichts entsprechend.

Übersicht

A. Entstehungsgeschichte der Vorschrift

1 Der ursprünglich in der Bundesdisziplinarordnung verwendete Ausdruck *Bundesdisziplinarkammer* ist 1967 durch die Bezeichnung *Bundesdisziplinargericht* ersetzt worden[1]. Die danach erforderliche, zunächst versäumte Anpassung des § 105 ist durch das Berufsrechtsänderungsgesetz 1991 nachgeholt worden[2].

2 Anlässlich der Neuordnung des Bundesdisziplinarrechts im Jahre 2001 wurde bestimmt[3], dass für eine Übergangszeit bis zum 01.01.2006 weiterhin die Bundesdisziplinarordnung[4] gelten sollte, obwohl diese mit Wirkung vom 01.01.2002 außer Kraft getreten ist[5]. Für die Anfechtung von Entscheidungen des Oberlandsgerichts wird weiterhin auf das Verfahren vor dem Bundesdisziplinargericht verwiesen, obwohl dieses Gericht mit Ablauf des 31.12.2003 aufgelöst worden ist[6].

Zweck der mit § 96 korrespondierenden Regelung ist es, den Gleichlauf zwischen dem Bundes- und dem (früheren) Landesdisziplinarrecht aufrecht zu erhalten, der durch eine Verweisung auf das jetzt geltende Bundesdisziplinargesetz[7] nicht mehr in allen Fällen ge-

---

1 Art. I Nr. 44 des Gesetzes zur Neuordnung des Bundesdisziplinarrechts v. 20.07.1967 (BGBl. I S. 725).

2 Art. 1 Nr. 28 des Gesetzes zur Änderung des Berufsrechts der Notare und der Rechtsanwälte v. 29.01.1991 (BGBl. I S. 150).

3 Art. 12 Nr. 4 des Gesetzes zur Neuordnung des Bundesdisziplinarrechts v. 09.07.2001 (BGBl. I S. 1510).

4 I. d. F. der Bekanntmachung v. 20.07.1967 (BGBl. I S. 751, 984).

5 Art. 27 Abs. 2 Nr. 1 des Gesetzes v. 09.07.2000 (Fußn. 3).

6 Art. 1 § 85 Abs. 7 des Gesetzes zur Neuordnung des Bundesdisziplinarrechts (Fn. 3).

7 Gesetz v. 09.07.2000 (Fn. 3).

währleistet gewesen wäre[8]. Die Frist für die Anwendbarkeit der Bundesdisziplinarordnung ist inzwischen bis zum 01.01.2010 verlängert worden[9].

B. Erläuterungen

I. Bedeutung der Vorschrift

1. Während sich das disziplinargerichtliche **Verfahren** erster Instanz (Oberlandesgericht) gemäß § 96 nach dem Disziplinarrecht des Landes richtet, das den Notar bestellt hat, gelten für die **Anfechtung** oberlandesgerichtlicher Entscheidungen die Vorschriften der Bundesdisziplinarordnung (BDO) über die Anfechtung von Entscheidungen des Bundesdisziplinargerichts entsprechend. Die Vorschrift soll ebenso wie § 109 eine einheitliche Rechtsprechung des Bundesgerichtshofs in Disziplinarsachen gegen Notare ermöglichen; es wäre unzweckmäßig, wenn das Gericht die Zulässigkeit der Rechtsmittel nach dem jeweils geltende Landesrecht prüfen und im Rechtsmittelverfahren verschiedenes Landesrecht anwenden müsste[10].   **3**

2. Die Bundesdisziplinarordnung sieht für die Anfechtung von Urteilen in Disziplinarsachen die Berufung (§§ 80–87 BDO) und gegen nicht endgültige Beschlüsse des erstinstanzlichen Disziplinargerichts die Beschwerde (§ 79 BDO) vor. Die diesbezüglichen Vorschriften sind **entsprechend** anzuwenden, d. h. nach Maßgabe der Besonderheiten des notariellen Disziplinarrechts (§§ 95 bis 110a BNotO).   **4**

II. Berufung

1. Bedeutung des Rechtsmittels

Gegen Urteile des Oberlandesgerichts im förmlichen Disziplinarverfahren findet das Rechtsmittel der **Berufung** statt (§ 80 Abs. 1 BDO). Sie richtet sich an den Bundesgerichtshof (§ 99 BNotO), der im Gegensatz zu seinen sonstigen Aufgaben nicht als Revisions-, sondern als zweitinstanzliches Tatsachengericht tätig wird (§ 87 BDO).   **5**

2. Recht zur Berufungseinlegung

a) Grundsatz

Anfechtungsberechtigt sind   **6**
– der verurteilte Notar,
– sein Verteidiger aus eigenem Recht, jedoch nicht gegen den ausdrücklichen Willen des Notars (§ 25 Satz 1 BDO i. V. m. § 297 StPO), sowie
– die Einleitungsbehörde bzw. ihr Vertreter[11].

---

8 Siehe § 96 Rz. 2.
9 Art. 1 Nr. 2 des Fünften Gesetzes zur Änderung der Bundesnotarordnung v. 22.12.2005 (BGBl. I S. 3679).
10 *Schippel/Bracker/Lemke*, § 105 Rz. 1.
11 Siehe § 96 Rz. 44.

b) Generalbundesanwalt

7 Der **Generalbundesanwalt** beim Bundesgerichtshof ist nicht zur Einlegung der Berufung befugt. Zwar bestimmt § 109 Satz 2, dass er im Disziplinarverfahren gegen Notare vor dem Bundesgerichtshof die Befugnisse wahrnimmt, die im Disziplinarverfahren vor dem Bundesverwaltungsgericht dem Bundesdisziplinaranwalt zustehen. Indes gehört die Berufungseinlegung noch nicht zu dem Verfahren vor dem Bundesgerichtshof[12]. Denn das Rechtsmittel ist bei dem Oberlandesgericht einzulegen[13]; das Verfahren wird vor dem Bundesgerichtshof erst mit Eingang der von dem Oberlandesgericht zu übersendenden Akten anhängig[14].

3. Einlegung der Berufung

a) Berufungsfrist

8 Die **Berufungsfrist** beträgt einen Monat nach Zustellung des erstinstanzlichen Urteils (§ 80 Abs. 1 BDO). Sie ist eine Ausschlussfrist, die nicht verlängert werden kann. Jedoch kann bei unverschuldeter Versäumung der Berufungsfrist gemäß §§ 44 ff. StPO Wiedereinsetzung in den vorigen Stand gewährt werden (§ 25 BDO).

b) Förmlichkeiten

9 Die Berufung ist beim Oberlandesgericht schriftlich oder durch schriftlich aufzunehmende Erklärung vor der Geschäftsstelle **einzulegen**. Zur Fristwahrung genügt der fristgerechte Eingang der Berufung beim Bundesgerichtshof (§ 81 BDO). In der Berufungsschrift sind das angefochtene Urteil zu bezeichnen sowie der Umfang der Anfechtung und das Änderungsbegehren anzugeben (§ 82 Halbs. 1 BDO).

4. Berufungsbegründung

10 Die Berufungsanträge müssen ferner innerhalb der Berufungsfrist entweder in der Berufungsschrift selbst oder durch gesonderten Schriftsatz **begründet** werden (§ 82 Halbs. 2 BDO). Die Begründung muss substantiiert darlegen, welche Feststellungen und Bewertungen des Urteils angegriffen werden bzw. welche Überlegungen nach Ansicht des Berufungsführers zu Unrecht unterblieben sind[15]. Eine nicht innerhalb der Einlegungsfrist begründete Berufung ist unzulässig[16].

11 Ist die Berufung ordnungsgemäß begründet worden, so können in bezug auf das angeschuldigte Dienstvergehen[17] **neue Tatsachen** und **Beweismittel** noch nach Ablauf der Einlegungsfrist vorgebracht werden; der Bundesgerichtshof braucht sie allerdings nur zu berücksichtigen, wenn die Verspätung unverschuldet ist (§ 87 Abs. 2 BDO).

5. Berufungsbeschränkung

12 Die Berufung kann nur **beschränkt** werden, soweit es sich um rechtlich selbstständige, abtrennbare Teile des Urteils handelt[18]. Hierzu gehören die Entscheidungen über die Vo-

---

12 *Schippel/Bracker/Lemke*, § 105 Rz. 5; *Eylmann/Vaasen/Starke*, § 105 BNotO Rz. 7, § 109 Rz. 9.
13 Siehe unten Rz. 9.
14 Siehe unten Rz. 14.
15 *Köhler/Ratz*, Bundesdisziplinarordnung und materielles Disziplinarrecht, § 82 Rz. 3; *Claussen/Janzen*, BDO, § 82 Rz. 4a, 4b mit zahlreichen Beispielen.
16 BGH DNotZ 1976, 424.
17 Zu dieser Einschränkung: *Köhler/Ratz*, § 87 Rz. 4.
18 *Claussen/Janzen*, BDO, § 82 Rz. 5a.

SANDKÜHLER

raussetzungen einer Doppelmaßregelung[19] sowie über die Disziplinarmaßnahme. Eine Beschränkung auf einzelne Tatvorwürfe ist wegen des Grundsatzes der Einheit des Dienstvergehens regelmäßig nicht möglich[20]. Ebenso wenig kann die Berufung auf einzelne Verfahrensmängel oder auf die Kostenentscheidung (§ 80 Abs. 2 BDO) beschränkt werden.

6. Verfahren des Oberlandesgerichts

a) Unzulässige Berufung

Ist die Berufung nicht statthaft oder nicht in der gesetzlichen Form oder Frist eingelegt, so verwirft sie das Oberlandesgericht durch Beschluss als **unzulässig** (§ 83 BDO). Gegen den Beschluss findet die Beschwerde zum Bundesgerichtshof statt (§ 79 Abs. 1 BDO). **13**

b) Zulässige Berufung

Wird die Berufung nicht als unzulässig verworfen, ist eine Abschrift der Berufungsschrift dem jeweiligen Gegner, d. h. dem Generalbundesanwalt bzw. dem Notar und gegebenenfalls seinem Verteidiger **zuzustellen** (§ 84 BDO i. V. m. § 109 Satz 2 BNotO). Die Zustellung ist Aufgabe des Oberlandesgerichts[21]. Danach werden die Vorgänge dem Bundesgerichtshof zugeleitet. Mit Eingang der Akten wird das Verfahren beim Bundesgerichtshof anhängig. **14**

III. Beschwerde

1. Beschwerdefähigkeit von Entscheidungen

Gegen **Beschlüsse** des Oberlandesgerichts (außer Urteilen) findet gemäß § 79 BDO grundsätzlich die befristete **Beschwerde** an den Bundesgerichtshof statt. Die Vorschrift gilt auch für sonstige disziplinargerichtliche Entscheidungen (z. B. Verfügungen), die nicht in Beschlussform ergehen[22]. Anordnungen und Entscheidungen anderer Disziplinarorgane (z. B. des Untersuchungsführers) fallen nicht unter § 79 BDO. **15**

a) Ausnahmen von der Beschwerdefähigkeit

Nicht beschwerdefähig sind endgültige Beschlüsse sowie – von Ausnahmen abgesehen – dem Urteil vorausgehende Entscheidungen. **16**

aa) Endgültige Beschlüsse

Endgültige Beschlüsse sind solche, die nach dem Gesetz unanfechtbar sind. Dazu zählen Entscheidungen nach §§ 17 Abs. 4 Satz 1, 34 Satz 6, 56 Abs. 4 Satz 2, 57 Abs. 2 Satz 2, 105 Abs. 1 Satz 2, 122 Abs. 4 BDO[23], 123 Abs. 3 Satz 6, 124 BDO. **17**

Endgültig ist ferner die Entscheidung des Oberlandesgerichts über die Beschwerde gegen eine **Disziplinarverfügung** des Präsidenten des Oberlandesgerichts oder gegen eine Disziplinarverfügung der obersten Aufsichtsbehörde (§ 31 Abs. 4 Satz 2 BDO)[24]. Das gilt auch, wenn die Disziplinarordnung des Landes eine Anfechtung zulässt, da § 105 BNotO wegen der Anfechtbarkeit ausschließlich auf die Vorschriften der BDO verweist. **18**

---

19 Siehe § 97 Rz. 21 ff.
20 Siehe § 95 Rz. 34 ff.
21 Vgl. *Köhler/Ratz*, § 84 Rz. 2; *Claussen/Janzen*, BDO, § 84 Rz. 1.
22 *Claussen/Janzen*, BDO, § 79 Rz. 1.
23 Wegen Fehlens einer Verweisung auf § 121 Abs. 5 BDO.
24 BGH DNotZ 1973, 180; DNotZ 1975, 52.

19   Auch gegen die Verwerfung eines Antrags auf gerichtliche Entscheidung über die Einleitung von Vorermittlungen findet eine sofortige Beschwerde nicht statt[25].

20   **Ausnahmsweise** können als endgültig bezeichnete Entscheidungen mit der Beschwerde angefochten werden, wenn sie den Rechtsweg zu den Disziplinargerichten und damit im Ergebnis die Justizgewährung verweigern oder aber ohne gesetzliche Grundlage ergehen[26]. Der Bundesgerichtshof entscheidet dann aber nicht in der Sache, sondern nur über die Zulässigkeit des Rechtswegs bzw. der Entscheidung des Oberlandesgerichts[27].

bb) Vorbereitende Entscheidungen

21   Entscheidungen, die dem **Urteil vorausgehen**, sind grundsätzlich nicht beschwerdefähig. Sie sind nur zusammen mit dem Urteil mittels Berufung anfechtbar. Dabei handelt es sich um Entscheidungen des Gerichts, die in einem inneren Zusammenhang mit dem zu fällenden Urteil stehen, dessen Vorbereitung dienen und daher bei der Urteilsfindung selbst der nochmaligen Prüfung des Gerichts unterliegen[28]. Unanfechtbar sind danach beispielsweise
- Terminsanberaumung, Terminsverlegung und Vertagung,
- Verbindung und Trennung von Verfahren,
- die Aussetzung mit dem Ziel, die Einbeziehung neuer Anschuldigungspunkte in das Verfahren zu ermöglichen[29],
- die Aufhebung einer zuvor ausgesprochenen Aussetzung wegen Verhandlungsunfähigkeit des Angeschuldigten[30],
- alle die Beweisaufnahme betreffende Entscheidungen.

cc) Beschlüsse mit selbstständiger Bedeutung

22   Ausnahmsweise beschwerdefähig sind Beschlüsse, die zwar das Urteil vorbereiten sollen, aber darüber hinausgehende **selbstständige Bedeutung** haben, wie etwa die vom Gericht angeordnete Aussetzung wegen sachgleichen Verfahrens (§ 17 Abs. 4 Satz 2 BDO)[31] oder die Aussetzung nach § 67 Abs. 4 BDO[32].

dd) Sonderfälle

23   Beschwerdefähig sind ferner Entscheidungen, die eine **Beschlagnahme** oder **Durchsuchung**, eine **Straffestsetzung** oder eine **dritte Person** (etwa Zeugen oder Sachverständige) betreffen.

b) Spezielle Beschwerdemöglichkeiten

24   Neben der generellen Beschwerde nach § 79 BDO sieht das Gesetz einige **speziell geregelte Beschwerden** vor (z. B. § 60 Abs. 2 BDO [Anordnung der Unterbringung zur Begutachtung in einem psychiatrischen Krankenhaus] und § 102 Abs. 3 BDO [Verwerfung eines Wiederaufnahmeantrags]. Die in § 110 Abs. 6 und § 121 Abs. 5 BDO vorgesehenen Beschwerden haben im Disziplinarverfahren gegen Notare keine Bedeutung.

---

25 BGH NJW-RR 1995, 886.
26 BVerwGE 33, 210.
27 *Köhler/Ratz*, § 79 Rz. 4.
28 BGH DNotZ 1979, 378.
29 BGH DNotZ 2006, 793, 795.
30 BGH DNotZ 1970, 316.
31 BGH DNotZ 2006, 793, 794.
32 *Köhler/Ratz*, § 79 Rz. 5 und § 67 Rz. 18 m. w. N.

2. Beschwerdeberechtigung

Beschwerdeberechtigt sind alle Personen, die am Verfahren vor dem Oberlandesgericht als 25
Disziplinargericht beteiligt oder dadurch betroffen sind[33]. Betroffene Dritte können etwa
Zeugen und Sachverständige sein, beispielsweise bei Verhängung einer Ordnungsmaßnahme
wegen unentschuldigten Ausbleibens.

Voraussetzung für die Beschwerdebefugnis ist das Vorliegen einer konkreten **Beschwer.** 26
Sie ist gegeben, wenn die anzufechtende Entscheidung die materiellrechtlichen oder prozessualen Rechtsinteressen des Beteiligten oder Betroffenen beeinträchtigt[34].

3. Einlegung der Beschwerde

Die **Beschwerdefrist** beträgt zwei Wochen seit Bekanntgabe der Entscheidung. Die Be- 27
schwerde ist bei dem Oberlandesgericht einzulegen; die Beschwerdefrist wird jedoch auch
gewahrt, wenn während ihres Laufs die Beschwerde beim Bundesgerichtshof eingeht (§ 79
Abs. 2 BDO). Die **Form** der Beschwerdeeinlegung ist gesetzlich nicht geregelt; das Rechtsmittel kann daher schriftlich, zu Protokoll der Geschäftsstelle des Oberlandesgerichts, durch
Telegramm, Telex oder Telefax eingelegt werden.

In Anlehnung an § 21 Abs. 2 FGG, § 130a ZPO genügt auch die Einlegung durch elektronisches Dokument, sofern die Bundesregierung und die Landesregierungen durch Rechtsverordnung den Zeitpunkt, von dem an elektronische Dokumente eingereicht werden können, sowie die zulässige Form bestimmt haben[35].

4. Verfahren des Oberlandesgerichts

Eine **verfristete Beschwerde** verwirft das Oberlandesgericht durch Beschluss als unzulässig 28
(§ 79 Abs. 4 BDO). Einer rechtzeitig eingelegten Beschwerde kann es **abhelfen** (§ 79 Abs. 3
Satz 1 BDO). Andernfalls legt es die Sache dem Bundesgerichtshof vor, der durch Beschluss
entscheidet.

IV. Rechtsmittelbelehrung

Bei allen anfechtbaren Entscheidungen ist dem Betroffenen eine schriftliche **Rechtsmittel-** 29
belehrung zu erteilen[36]. Sie muss Angaben über die Möglichkeit der Anfechtung sowie über
Adressaten, Form und Frist des Rechtsmittels enthalten. Ist die Belehrung unterblieben oder
in erheblicher Weise[37] unrichtig erteilt, kann das Rechtsmittel grundsätzlich noch innerhalb
eines Jahres nach Zustellung der angefochtenen Entscheidung eingelegt werden (§ 24 Abs. 2
BDO).

---

33 Einzelheiten: *Köhler/Ratz*, § 79 Rz. 9; *Claussen/Janzen*, BDO, vor § 79 Rz. 2 sowie § 79 Rz. 7.
34 *Köhler/Ratz*, § 79 Rz. 10.
35 Siehe Gesetz zur Anpassung der Formvorschriften des Privatrechts und anderer Vorschriften an den
    modernen Rechtsgeschäftsverkehr v. 13.07.2001 (BGBl. I S. 1542).
36 BGH NJW-RR 2001, 498 (betr. Aussetzungsbeschluss des OLG).
37 Siehe dazu *Köhler/Ratz*, § 24 Rz. 5 m. w. N.

§ 106

Der Bundesgerichtshof entscheidet Disziplinarsachen gegen Notare in der Besetzung mit dem Vorsitzenden, zwei Richtern und zwei Notaren als Beisitzern.

A. Entstehungsgeschichte der Vorschrift

1 Die Vorschrift ist seit Einführung der BNotO unverändert in Kraft.

B. Erläuterungen

2 1. § 106 regelt die **Besetzung der Richterbank** beim Bundesgerichtshof als Disziplinargericht in Notarsachen. Als zweitinstanzliches Disziplinargericht entscheidet der Senat in der in § 139 Abs. 1 GVG vorgesehenen Besetzung von fünf Mitgliedern einschließlich des Vorsitzenden.

3 Zur **Person der Senatsmitglieder** besagt § 106 nur, dass zwei Beisitzer Richter, zwei Notare sein müssen. Die richterlichen Mitglieder müssen nach § 107 ständige Mitglieder des Bundesgerichtshofs sein. Die Bestellung der Notarbeisitzer regelt § 108. Die Mitwirkung von Notaren als Beisitzer entspricht der historischen Entwicklung und dem Bedürfnis, an der Disziplinarrechtsprechung gegen Notare auch die Notare selbst in angemessener Weise zu beteiligen. Sie soll dazu beitragen, die besondere Sachkunde und die Praxiserfahrung der Berufsangehörigen in die Disziplinarrechtsprechung einzubringen[1].

4 2. § 106 gilt für **sämtliche Entscheidungen** innerhalb und außerhalb der Hauptverhandlung[2]. Eine dem § 55 Abs. 2 der Bundesdisziplinarordnung (BDO)[3] entsprechende Regelung, wonach das Bundesverwaltungsgericht als Disziplinargericht bei Beschlüssen außerhalb der Hauptverhandlung in der Besetzung von nur drei Richtern entscheidet[4], fehlt in der BNotO.

5 § 106 gilt ferner für sonstige Entscheidungen über die Anfechtung von Verwaltungsakten nach der BNotO (§ 111 Abs. 3 Satz 2).

6 3. Für die **Ausschließung** und **Ablehnung** der Richter sind aufgrund der Verweisung in § 105 die Vorschriften der BDO maßgeblich. Die Ausschließung vom Richteramt ist in § 51 BDO geregelt. Die Ablehnung wegen Besorgnis der Befangenheit richtet sich aufgrund der Verweisung in § 25 BDO nach den Vorschriften der Strafprozessordnung (§§ 24 bis 30 StPO). Wegen der Einzelheiten wird auf die Erläuterungen zu § 101 verwiesen[5].

---

1 Siehe auch § 101.
2 Ebenso: *Schippel/Bracker/Lemke*, § 106 Rz. 1.
3 Bundesdisziplinarordnung i. d. F. der Bekanntmachung v. 20.07.1967 (BGBl. I S. 751, 984). Wegen der Fortgeltung für das Verfahren vor dem BGH siehe § 105 Rz. 2.
4 Siehe auch § 139 Abs. 2 GVG.
5 Dort Rz. 6 ff.

SANDKÜHLER

§ 107

¹Der Vorsitzende und seine Stellvertreter, die mindestens Vorsitzende Richter am Oberlandesgericht sein müssen, sowie die richterlichen Beisitzer und ihre Stellvertreter werden von dem Präsidium des Bundesgerichtshofs aus der Zahl der ständigen Mitglieder
des Bundesgerichtshofs auf die Dauer von fünf Jahren bestellt. ²Im Übrigen gelten die
Vorschriften des Zweiten Titels des Gerichtsverfassungsgesetzes und § 6 des Einführungsgesetzes zum Gerichtsverfassungsgesetz entsprechend.

A. Entstehungsgeschichte der Vorschrift

1. Die ursprünglich in Satz 1 enthaltene Bezeichnung »*Senatspräsident*« ist anlässlich der   1
Änderung der Dienstbezeichnungen der Richter im Jahre 1972[1] durch »*Vorsitzender Richter
am Bundesgerichtshof*« ersetzt worden.
   2. Die Mitglieder des Notarsenats wurden ursprünglich für die Dauer von vier Jahren be-   2
stellt. Diese Frist ist 2004 auf fünf Jahre verlängert worden. Gleichzeitig ist in Satz 2 die Verweisung auf § 6 EGGVG eingefügt worden[2].

B. Erläuterungen

1. Während § 106 die Besetzung der Richterbank bei Entscheidungen des Bundesgerichts-   3
hofs als Disziplinargericht vorschreibt, regelt § 107 die **Bestellung der berufsrichterlichen
Mitglieder** des Spruchkörpers. Die Vorschrift entspricht § 102. Auf die dortigen Erläuterungen wird verwiesen.
   2. Für die **Geschäftsverteilung** innerhalb des Senats gilt § 21g Abs. 1, 2 GVG. Auch inso-   4
weit wird auf die Erläuterungen zu § 102 verwiesen.

---

1 Art. XII Nr. 1 des Gesetzes zur Änderung der Bezeichnungen der Richter und ehrenamtlichen Richter und der Präsidialverfassung der Gerichte v. 26.05.1972 (BGBl. I S. 841).
2 Art. 3 Nr. 4 des Gesetz zur Vereinfachung und Vereinheitlichung der Verfahrensvorschriften zur Wahl
  und Berufung ehrenamtlicher Richter v. 21.12.2004 (BGBl. I S. 3599).

§ 108

(1) ¹Die Beisitzer aus den Reihen der Notare werden von dem Bundesministerium der Justiz berufen. ²Sie werden einer Vorschlagsliste entnommen, die das Präsidium der Bundesnotarkammer auf Grund von Vorschlägen der Notarkammern dem Bundesministerium der Justiz einreicht. ³Das Bundesministerium der Justiz bestimmt, welche Zahl von Beisitzern erforderlich ist; er hat vorher das Präsidium der Bundesnotarkammer zu hören. ⁴Die Vorschlagsliste muss mindestens die doppelte Zahl von Notaren enthalten und sich je zur Hälfte aus hauptberuflichen Notaren und Anwaltsnotaren zusammensetzen.

(2) ¹Die Beisitzer dürfen nicht gleichzeitig dem Vorstand einer Notarkammer oder einem anderen Disziplinargericht für Notare angehören oder bei einer Notarkammer im Haupt- oder Nebenberuf tätig sein. ²Im Übrigen gelten § 103 Abs. 3 bis 5 und § 104 Abs. 1 Satz 2 bis 6 dieses Gesetzes sowie §§ 109 bis 111 der Bundesrechtsanwaltsordnung entsprechend mit der Maßgabe, dass vor der Entscheidung über die Amtsenthebung eines Beisitzers auch das Präsidium der Bundesnotarkammer zu hören ist.

Bundesrechtsanwaltsordnung

§ 109 Enthebung vom Amt des Beisitzers

(1) Das Amt des anwaltlichen Beisitzers endet,
1. wenn er keiner Rechtsanwaltskammer mehr angehört, mit der Beendigung seiner Mitgliedschaft;
2. wenn er zum Mitglied des Vorstandes einer Rechtsanwaltskammer, der Bundesrechtsanwaltskammer oder der Satzungsversammlung gewählt wird, mit der Annahme der Wahl;
3. wenn er eine Tätigkeit im Haupt- oder Nebenberuf bei der Rechtsanwaltskammer, der Bundesrechtsanwaltskammer oder der Satzungsversammlung übernimmt, mit der Aufnahme der Tätigkeit.
§ 95 Abs. 1a Satz 2 gilt entsprechend.
(2) Das Bundesministerium der Justiz kann einen Rechtsanwalt auf seinen Antrag aus dem Amt als Beisitzer entlassen, wenn er aus gesundheitlichen Gründen auf nicht absehbare Zeit gehindert oder es ihm aus gewichtigen persönlichen Gründen nicht zuzumuten ist, sein Amt weiter auszuüben.
(3) Ein Rechtsanwalt ist auf Antrag des Bundesministeriums der Justiz seines Amtes als Beisitzer zu entheben,
1. wenn nachträglich bekannt wird, dass er nicht hätte zum Beisitzer berufen werden dürfen;
2. wenn nachträglich ein Umstand eintritt, welcher der Berufung zum Beisitzer entgegensteht;
3. wenn der Rechtsanwalt seine Amtspflicht als Beisitzer grob verletzt.
Über den Antrag nach Satz 1 entscheidet ein Zivilsenat des Bundesgerichtshofes. Bei der Entscheidung dürfen die Mitglieder des Senats für Anwaltssachen nicht mitwirken. Vor der Entscheidung ist der Rechtsanwalt zu hören.

§ 110 Stellung der Rechtsanwälte als Beisitzer und Pflicht zur Verschwiegenheit

(1) Die Rechtsanwälte sind ehrenamtliche Richter. Sie haben in der Sitzung, zu der sie als Beisitzer herangezogen werden, die Stellung eines Berufsrichters.
(2) Die Rechtsanwälte haben über Angelegenheiten, die ihnen bei ihrer Tätigkeit als Beisitzer bekannt werden, Verschwiegenheit gegen jedermann zu bewahren. § 76 ist entsprechend anzuwenden. Die Genehmigung zur Aussage erteilt der Präsident des Bundesgerichtshofes.

§ 111 Reihenfolge der Teilnahme an den Sitzungen

Die zu Beisitzern berufenen Rechtsanwälte sind zu den einzelnen Sitzungen in der Reihenfolge einer Liste heranzuziehen, die der Vorsitzende des Senats nach Anhörung der beiden ältesten der zu Beisitzern berufenen Rechtsanwälte vor Beginn des Geschäftsjahres aufstellt.

Übersicht

A. Entstehungsgeschichte der Vorschrift

1. Die in Abs. 2 Satz 2 enthaltene Verweisung auf »*§ 104 Abs. 1 Satz 2 bis 6 dieses Gesetzes*« entspricht nicht mehr der Gesetzeslage. Durch das Kostenrechtsänderungsgesetz 1994 sind in § 104 Abs. 1 die Sätze 4 bis 6 durch den jetzigen Satz 4 ersetzt worden[1]; die notwendige Anpassung des § 108 ist wohl versehentlich unterblieben.　　**1**

2. Abs. 2 Satz 2 verwies ursprünglich auch auf § 107 Abs. 4 der Bundesrechtsanwaltsordnung (BRAO). Diese Vorschrift der BRAO und die sich darauf beziehende Verweisung in § 108 BNotO sind 1974 aufgehoben worden[2].　　**2**

3. Durch die Berufsrechtsnovelle 1998 sind die Worte »*Bundesminister*« durch »*Bundesministerium*« ersetzt worden[3].　　**3**

B. Erläuterungen

I. Bestellung der Notarbeisitzer

§ 108 Abs. 1 entspricht inhaltlich im Wesentlichen § 103 Abs. 1, der die Bestellung der Notarbeisitzer am Oberlandesgericht regelt. Wie jene werden auch die Notarbeisitzer am Bundesgerichtshof aufgrund einer von der Notarkammer aufzustellenden **Vorschlagsliste** durch die Justizverwaltung ernannt, nur dass anstelle der Landesorgane (Landesjustizverwaltung, Notarkammer) die entsprechenden Bundesorgane (Bundesministerium der Justiz, Bundesnotarkammer) zuständig sind. Abweichend von § 103 muss die Vorschlagsliste mindestens doppelt so viele Notare enthalten, wie als Beisitzer erforderlich sind, davon je die Hälfte hauptberufliche Notare und Anwaltsnotare.　　**4**

Im Übrigen wird auf die Erläuterungen zu § 103 verwiesen.

II. Persönliche Voraussetzungen

1. Abs. 2 Satz 1 entspricht § 103 Abs. 2, schließt jedoch darüber hinaus die gleichzeitige Tätigkeit bei einem erstinstanzlichen Disziplinargericht für Notare und beim Bundesgerichtshof aus.　　**5**

2. Wegen der persönlichen Voraussetzungen und der Ernennungshindernisse im Übrigen verweist Abs. 2 Satz 2 auf § 103 Abs. 3 bis 5. Auf die dortigen Erläuterungen wird Bezug genommen.　　**6**

---

1 Siehe § 104 Rz. 1.
2 Art. 11 des Gesetzes zur Ergänzung des Ersten Gesetzes zur Reform des Strafverfahrensrechts v. 20.12.1974 (BGBl. I S. 3696).
3 Art. 1 Nr. 52 des Dritten Gesetzes zur Änderung der Bundesnotarordnung und anderer Gesetze v. 31.08.1998 (BGBl. I S. 2585).

III. Rechtsstellung der Notarbeisitzer

7 Während § 104 die Rechtsstellung der Notarbeisitzer bei den Oberlandesgerichten eigenständig regelt, verweist § 108 in unübersichtlicher Weise auf die entsprechend anzuwendenden Vorschriften der Bundesrechtsanwaltsordnung[4] über die anwaltlichen Beisitzer des Senats für Anwaltssachen beim Bundesgerichtshof (§§ 109 bis 111 BRAO) sowie auf § 104 Abs. 1 Satz 2 bis 4 BNotO[5].

8 1. Die Notarbeisitzer beim Bundesgerichtshof sind nach § 110 Abs. 1 BRAO wie diejenigen bei den Oberlandesgerichten **ehrenamtliche Richter**[6]. Sie haben während ihrer Amtszeit alle Rechte und Pflichten eines Berufsrichters (§ 104 Abs. 1 Satz 1) und üben wie dieser die volle rechtsprechende Gewalt aus (§ 1 DRiG). Sie sind in gleichem Maße wie die Berufsrichter unabhängig (§ 45 Abs. 1 DRiG) und haben das Beratungsgeheimnis zu wahren (§ 43 DRiG). Darüber hinaus verpflichtet sie § 110 Abs. 2 BRAO, über alle Angelegenheiten, die ihnen bei ihrer Tätigkeit als Beisitzer bekannt werden, nach Maßgabe des § 76 BRAO Verschwiegenheit gegen jedermann zu wahren. Eine notwendige Aussagegenehmigung erteilt der Präsident des Bundesgerichtshofs.

9 2. Für die **Sitzungsteilnahme** gilt § 111 BRAO. Danach sind die Notarbeisitzer zu den einzelnen Sitzungen in der Reihenfolge einer Liste heranzuziehen, die der Vorsitzende des Senats nach Anhörung der beiden ältesten der zu Beisitzern berufenen Notare vor Beginn des Geschäftsjahres aufstellt.

10 3. Als ehrenamtliche Richter beziehen die Notarbeisitzer keine **Vergütung**. Für den mit ihrer Tätigkeit verbundenen **Aufwand** erhalten sie gemäß § 104 Abs. 1 Satz 2 bis 4 BNotO aus der Staatskasse eine Aufwandsentschädigung sowie Ersatz ihrer Fahrt- und Übernachtungskosten[7].

11 4. Für die **Amtsenthebung** eines Notarbeisitzers bei dem Bundesgerichtshof gilt § 109 BRAO.

12 a) Nach § 109 Abs. 1 Nr. 1 bis 3 ist ein Beisitzer auf Antrag des Bundesministeriums der Justiz seines Amtes zu entheben, wenn
– nachträglich bekannt wird, dass er nicht hätte zum Beisitzer berufen werden dürfen (Nr. 1),
– nachträglich ein Umstand eintritt, welcher der Berufung zum Beisitzer entgegensteht (Nr. 2),
– er seine Amtspflicht als Beisitzer grob verletzt (Nr. 3).
Die Vorschrift entspricht inhaltlich im Wesentlichen § 104 Abs. 2 BNotO[8] und trägt § 44 Abs. 2 DRiG Rechnung, wonach ein ehrenamtlicher Richter vor Ablauf seiner Amtszeit nur unter den gesetzlich bestimmten Voraussetzungen und gegen seinen Willen nur durch Entscheidung eines Gerichts abberufen werden kann.

13 b) Über den Antrag **entscheidet** ein Zivilsenat des Bundesgerichtshofs; dabei dürfen die Mitglieder des Senats für Notarsachen nicht mitwirken (§ 109 Abs. 2 BRAO). Das Verfahren ist ebenso wie das nach § 104 Abs. 2 BNotO kein Disziplinarverfahren, sondern ein Justizverwaltungsverfahren in Notarangelegenheiten[9]. Vor der Entscheidung sind der Notar und das Präsidium der Bundesnotarkammer zu hören (§ 109 Abs. 3 BRAO i. V. m. § 108 Abs. 2 Satz 2 BNotO). Die Entscheidung lautet auf Enthebung vom Amt des Notarbeisitzers oder auf Ablehnung des Antrags.

---

4 Bundesrechtsanwaltsordnung v. 01.08.1959 (BGBl. I S. 565) i. d. F. des Gesetzes zur Neuordnung des Berufsrechts der Rechtsanwälte und der Patentanwälte v. 02.09.1994 (BGBl. I S. 2278), zuletzt geändert durch Gesetz zur Stärkung der Selbstverwaltung der Rechtsanwaltschaft vom 26.03.2007 (BGBl. I S. 358).
5 Siehe oben Rz. 1.
6 Einzelheiten: § 104 Rz. 2.
7 Einzelheiten: § 104 Rz. 5 ff.
8 Einzelheiten: § 104 Rz. 8 ff.
9 Einzelheiten: § 104 Rz. 14.

¹Auf das Verfahren des Bundesgerichtshofs in Disziplinarsachen gegen Notare sind die Vorschriften der Bundesdisziplinarordnung in der Fassung der Bekanntmachung vom 20. Juli 1967 (BGBl I S. 750, 984), die zuletzt durch Artikel 19 Abs. 3 des Gesetzes vom 29. Juni 1998 (BGBl I S. 1666) geändert worden ist, über das Verfahren des Bundesverwaltungsgerichts in Disziplinarsachen entsprechend anzuwenden. ²Die im Verfahren vor dem Bundesverwaltungsgericht dem Bundesdisziplinaranwalt zustehenden Befugnisse werden von dem Generalbundesanwalt beim Bundesgerichtshof wahrgenommen.

Übersicht

A. Entstehungsgeschichte der Vorschrift

1. 1967 ist an die Stelle des *Bundesdisziplinarhofs* das *Bundesverwaltungsgericht* getreten[1]. Die Vorschrift ist 1981 diesem geänderten Sprachgebrauch und der gleichzeitig neu geschaffenen Vorschrift des § 95a BNotO angepasst worden[2]. **1**

2. Ihre jetzige Fassung hat die Vorschrift anlässlich der Neuordnung des Bundesdisziplinarrechts im Jahre 2001 erhalten[3]. Korrespondierend mit § 105 gilt danach für das Verfahren vor dem Bundesgerichtshof in Disziplinarsachen gegen Notare weiterhin die Bundesdisziplinarordnung (BDO)[4], obwohl sie mit Wirkung vom 01.01.2002 außer Kraft getreten ist[5]. Der Verweis auf die Befugnisse des Bundesdisziplinaranwalts ist insofern obsolet, als die Behörde des Bundesdisziplinaranwalts mit Ablauf des 31.12.2003 aufgelöst worden ist[6]. **2**

B. Erläuterungen

I. Verfahren des Bundesgerichtshofs

Während für das Verfahren der Oberlandesgerichte als erstinstanzlicher Disziplinargerichte das jeweilige Landesrecht maßgeblich ist (§ 96), richtet sich das Verfahren des Bundesgerichtshofs im Interesse der **Einheitlichkeit** und **Stetigkeit** der Rechtsprechung in Disziplinarsachen nach Bundesrecht. Dieses ist jedoch nur *entsprechend* anzuwenden. Daraus folgt, dass die Vorschriften der BDO nur anzuwenden sind, soweit nicht die BNotO eigenständige Regelungen enthält und soweit sie mit den Besonderheiten des Verfahrens in der Rechtsmittelinstanz zu vereinbaren sind. **3**

1. Aufgrund der Verweisung in § 87 Abs. 1 BDO gelten für das Verfahren vor dem Bundesverwaltungsgericht – hier: dem Bundesgerichtshof – grundsätzlich die Vorschriften über **4**

---

1 Art. I Nr. 44 des Gesetzes zur Neuordnung des Bundesdisziplinarrechts v. 20.07.1967 (BGBl. I S. 725).
2 Art. 1 Nr. 12 des Ersten Gesetzes zur Änderung der Bundesnotarordnung v. 07.08.1981 (BGBl. I S. 803).
3 Art. 12 Nr. 5 des Gesetzes zur Neuordnung des Bundesdisziplinarrechts v. 09.07.2001 (BGBl. I S. 1510).
4 I. d. F. der Bekanntmachung v. 20.07.1967 (BGBl. I S. 751, 984) mit Änderung zuletzt v. 29.06.1998 (BGBl. I S. 1666, 1688).
5 Art. 27 Abs. 2 Nr. 1 des Gesetzes zur Neuordnung des Bundesdisziplinarrechts (Fn. 3).
6 Art. 1 § 85 Abs. 4 des Gesetzes zur Neuordnung des Bundesdisziplinarrechts (Fn. 3).

das Verfahren vor dem Bundesdisziplinargericht[7] als Gericht erster Instanz (§§ 41, 42 BDO). Danach sind insbesondere die allgemeinen Verfahrensvorschriften (§§ 17 bis 25, 40), die für das erstinstanzliche Verfahren geltenden Vorschriften (§§ 67 bis 70, 71 bis 78) sowie die Vorschriften über das Rechtsmittelverfahren und über die Wiederaufnahme (§§ 85 bis 87, 90, 100 bis 105) entsprechend anwendbar. Aufgrund der Verweisung in § 25 BDO gelten ferner ergänzend die Vorschriften der StPO, soweit nicht die Eigenarten des Disziplinarverfahrens entgegenstehen.

5   Für die **Gerichtsverfassung** sind in erster Linie die Vorschriften des GVG maßgeblich, jedoch nur, soweit nicht die BNotO und die BDO eigenständige Regelungen enthalten[8]. So verdrängt § 106 BNotO (Besetzung der Richterbank) § 139 Abs. 2 GVG und § 55 Abs. 2 BDO; § 73 BDO (Öffentlichkeit) verdrängt §§ 169 ff. GVG[9].

6   2. Im **Berufungsverfahren** kann der Bundesgerichtshof in den Fällen des § 85 BDO ohne mündliche Verhandlung entscheiden; sonst entscheidet er aufgrund Hauptverhandlung.

7   a) Der Senat kann ohne mündliche Verhandlung durch **Beschluss**
– die Berufung **als unzulässig verwerfen**, wenn sie nicht statthaft oder nicht in der gesetzlichen Form und Frist eingelegt ist (§§ 85 Abs. 1 Nr. 1, 83 BDO),
– das Verfahren **einstellen**, wenn ein zwingender Einstellungsgrund nach § 64 Abs. 1 Nr. 1 bis 5 BDO vorliegt[10] (§ 85 Abs. 1 Nr. 2 BDO),
– das Urteil **aufheben** und die Sache an das Oberlandesgericht **zurückverweisen**, wenn weitere Aufklärung erforderlich erscheint oder schwere Verfahrensmängel vorliegen (§ 85 Abs. 1 Nr. 3 BDO).

8   b) Im Übrigen entscheidet der Bundesgerichtshof aufgrund **Hauptverhandlung** durch Urteil (§§ 86, 87, 72 ff. BDO).

9   aa) Das Disziplinarrecht des Bundes und der Länder regelt die Frage der **Öffentlichkeit** der Hauptverhandlung auf der Ebene nicht des Gerichtsverfassungsrechts, sondern des Verfahrensrechts[11]; die gerichtsverfassungsrechtliche Regelung der §§ 169 ff. GVG ist insoweit nicht einschlägig. Die Hauptverhandlung vor dem Bundesgerichtshof ist danach **nicht öffentlich**; jedoch ist auf Antrag des Notars die Öffentlichkeit herzustellen (§ 73 BDO). Das Verfahrensrecht des Bundesgerichtshofs entspricht insoweit dem der meisten Landesdisziplinarordnungen.

10   bb) **Neue Tatsachen** und **Beweismittel**, die nach Ablauf der Berufungsfrist vorgebracht werden, *braucht* der Bundesgerichtshof nur zu berücksichtigen, wenn die Verspätung nicht auf einem Verschulden dessen beruht, der sie geltend macht; bei schuldhafter Verspätung *kann* er sie berücksichtigen (§ 87 Abs. 2 BDO).

11   3. Anwendbar sind ferner die Vorschriften der Bundesdisziplinarordnung über die **Kosten** des Disziplinarverfahrens (§§ 111 bis 116). Soweit sie eine Kostenlast des Bundes vorsehen, sind statt dessen die Kosten dem **Land** aufzuerlegen, das den Notar bestellt hat.

II. Mitwirkung des Generalbundesanwalts

12   Die Bundesdisziplinarordnung sah in zahlreichen Fällen die Mitwirkung des **Bundesdisziplinaranwalts**[12] vor; seine Aufgabe war es, die einheitliche Ausübung der Disziplinargewalt zu sichern und das Interesse des öffentlichen Dienstes und der Allgemeinheit wahrzunehmen (§ 37 BDO). Nach § 109 Satz 2 BNotO nimmt im Verfahren vor dem Bundesgerichtshof statt dessen der **Generalbundesanwalt** die Befugnisse wahr, die dem Bundesdisziplinaranwalt im Verfahren vor dem Bundesverwaltungsgericht zustehen (§§ 84 bis 87 BDO).

---

7 Siehe oben Rz. 2.
8 *Eylmann/Vaasen/Starke*, § 109 BNotO Rz. 5.
9 Siehe unten Rz. 9.
10 Siehe dazu § 96 Rz. 54.
11 *Schippel/Bracker/Lemke*, § 109 Rz. 3.
12 Siehe oben Rz. 2.

(1) ¹Ob über eine Verfehlung eines Notars, der zugleich Rechtsanwalt ist, im Disziplinarverfahren oder im anwaltsgerichtlichen Verfahren für Rechtsanwälte zu entscheiden ist, bestimmt sich danach, ob die Verfehlung vorwiegend mit dem Amt als Notar oder der Tätigkeit als Rechtsanwalt im Zusammenhang steht. ²Ist dies zweifelhaft oder besteht ein solcher Zusammenhang nicht, so ist, wenn es sich um einen Anwaltsnotar handelt, im anwaltsgerichtlichen Verfahren für Rechtsanwälte, andernfalls im Disziplinarverfahren zu entscheiden.

(2) Hat ein Anwaltsgericht oder ein Disziplinargericht sich zuvor rechtskräftig für zuständig oder unzuständig erklärt, so ist das andere Gericht an diese Entscheidung gebunden.

Bundesrechtsanwaltsordnung

§ 118a Verhältnis des anwaltsgerichtlichen Verfahrens zu dem Verfahren anderer Berufsgerichtsbarkeiten

(1) Über eine Pflichtverletzung eines Rechtsanwalts, der zugleich der Disziplinar-, Ehren- oder Berufsgerichtsbarkeit eines anderen Berufs untersteht, wird im anwaltsgerichtlichen Verfahren für Rechtsanwälte entschieden, es sei denn, daß die Pflichtverletzung überwiegend mit der Ausübung des anderen Berufs in Zusammenhang steht. Dies gilt nicht für die Ausschließung oder für die Entfernung aus dem anderen Beruf.

(2) Beabsichtigt die Staatsanwaltschaft, gegen einen solchen Rechtsanwalt das anwaltsgerichtliche Verfahren einzuleiten, so teilt sie dies der Staatsanwaltschaft oder Behörde mit, die für die Einleitung eines Verfahrens gegen ihn als Angehörigen des anderen Berufs zuständig wäre. Hat die für den anderen Beruf zuständige Staatsanwaltschaft oder Einleitungsbehörde die Absicht, gegen den Rechtsanwalt ein Verfahren einzuleiten, so unterrichtet sie die Staatsanwaltschaft, die für die Einleitung des anwaltsgerichtlichen Verfahrens gegen den Rechtsanwalt zuständig wäre (§§ 120, 163 Satz 3).

(3) Hat das Gericht einer Disziplinar-, Ehren- oder Berufsgerichtsbarkeit sich zuvor rechtskräftig für zuständig oder unzuständig erklärt, über die Pflichtverletzung eines Rechtsanwalts, der zugleich der Disziplinar-, Ehren- oder Berufsgerichtsbarkeit eines anderen Berufs untersteht, zu entscheiden, so sind die anderen Gerichte an diese Entscheidung gebunden.

(4) Die Absätze 1 bis 3 sind auf Rechtsanwälte im öffentlichen Dienst, die ihren Beruf als Rechtsanwalt nicht ausüben dürfen (§ 47), nicht anzuwenden.

(5) § 110 der Bundesnotarordnung bleibt unberührt.

Übersicht

A. Entstehungsgeschichte der Vorschrift

1 1. Nach der ursprünglichen Fassung der Vorschrift hatte in Zweifelsfällen die Landesjustizverwaltung nach Anhörung der Notarkammer und der Rechtsanwaltskammer zu bestimmen, ob über Verfehlungen eines Anwaltsnotars im *ehrengerichtlichen* Verfahren für Rechtsanwälte oder im Disziplinarverfahren zu entscheiden war (Satz 3). Diese Befugnis ist 1969 aufgehoben worden; an ihre Stelle ist die Regelung in Abs. 1 Satz 2, Abs. 2 getreten[1].

2 2. Die ursprünglich verwendeten Begriffe *Ehrengericht* und *ehrengerichtliches Verfahren* sind 1994 durch die Bezeichnungen *Anwaltsgericht* und *anwaltsgerichtliches Verfahren* ersetzt worden[2].

B. Erläuterungen

I. Rechtsweg und Verfahrensart (Abs. 1)

1. Bedeutung der Vorschrift

a) Mehrheit von Berufspflichten

3 Die Vorschrift knüpft daran an, dass Notare unter bestimmten Voraussetzungen neben ihrem Amt einen **weiteren Beruf** ausüben können (§ 3 Abs. 2, § 8 Abs. 2 Satz 2).

aa) Anwaltsnotar

4 Der Notar, der zugleich Rechtsanwalt ist (**Anwaltsnotar**), steht in einem doppelten Pflichtenkreis. Verletzungen seiner Pflichten können den anwaltlichen oder den notariellen Bereich seiner Berufstätigkeit oder beide berühren. Ob eine Pflichtverletzung vorliegt und welche Sanktionen dafür in Betracht kommen, bestimmt sich nach dem jeweils maßgeblichen **materiellen Berufsrecht** (Bundesnotarordnung und Bundesrechtsanwaltsordnung nebst Berufsordnungen, Beurkundungsgesetz, sonstiges materielles Berufsrecht)[3].

---

1 Gesetz zur Änderung der Bundesrechtsanwaltsordnung und der Patentanwaltsordnung v. 13.01.1969 (BGBl. I. S. 25).
2 Gesetz zur Neuordnung des Berufsrechts der Rechtsanwälte und der Patentanwälte v. 02.09.1994 (BGBl. I S. 2278).
3 BGH DNotZ 1967, 701.

bb) Weitere Berufe (§ 8 Abs. 2 Satz 2)

Übt der Anwaltsnotar einen oder mehrere **weitere Berufe** im Sinne des § 8 Abs. 2 Satz 2 aus, unterliegt er zusätzlichen Berufspflichten; sie können sich mit seinen Pflichten als Notar und als Rechtsanwalt decken, neben ihnen bestehen oder sie überlagern. Maßgeblich ist auch insoweit das jeweilige materielle Berufsrecht. Der Anwaltsnotar unterliegt
- als Patentanwalt der Patentanwaltsordnung (PatAnwO)[4],
- als Steuerberater dem Steuerberatungsgesetz (StBerG)[5],
- als Wirtschaftsprüfer der Wirtschaftsprüferordnung (WPO)[6],
- als vereidigter Buchprüfer den §§ 128 ff. WPO.

b) Regelungsgehalt der Vorschrift

Neben den materiellrechtlichen Vorschriften der einzelnen Berufsordnungen bedurfte es einer Regelung, in welchem **Rechtsweg** und nach welcher **Verfahrensordnung** über Verfehlungen eines Anwaltsnotars zu entscheiden ist. Beides – Rechtsweg und Verfahrensordnung – regelt § 110[7]. Die Vorschrift soll grundsätzlich[8] verhindern, dass wegen ein und derselben Verfehlung mehrere Verfahren vor verschiedenen Behörden oder Gerichten nach unterschiedlichen Verfahrensordnungen durchgeführt werden.

c) Beschränkter Regelungsgehalt

Allerdings betrifft die Vorschrift nur das Verhältnis zwischen **Disziplinarverfahren** und **anwaltsgerichtlichem** Verfahren. Sie regelt nicht, ob gegen den Anwaltsnotar, der seine Pflichten aus einem **zusätzlichen Beruf** im Sinne des § 8 Abs. 2 Satz 2 verletzt, ein ehren- bzw. berufsgerichtliches Verfahren nach der für jenen Beruf maßgeblichen Berufsordnung in Betracht kommt[9]. In dem zum Erlass der Berufsrechtsnovelle 1998[10] führenden Gesetzgebungsverfahren ist diese Lücke offenbar nicht bemerkt worden.

d) Gegenstandslose Regelung

Nach Abs. 1 Satz 2 der Vorschrift soll dann, wenn ein Zusammenhang der Verfehlung mit dem einen oder dem anderen Beruf zweifelhaft ist oder nicht besteht, gegen den *Anwaltsnotar* im anwaltsgerichtlichen Verfahren, *»andernfalls im Disziplinarverfahren zu entscheiden«* sein. Diese Formulierung geht darauf zurück, dass das Gesetz in der früheren Fassung neben dem Anwaltsnotar (§ 3 Abs. 2) noch den **Notaranwalt** (§ 3 Abs. 3) kannte. Beide waren im Sinne des § 110 Abs. 1 Satz 2 *»Notar, der zugleich Rechtsanwalt ist«*. Die Einrichtung des Notaranwalts ist durch die Berufsrechtsnovelle 1998 abgeschafft worden[11]. Dadurch ist die zweite Alternative des § 110 Abs. 1 Satz 2 gegenstandslos geworden. Unter den Voraussetzungen der Vorschrift hat nunmehr stets das **anwaltsgerichtliche Verfahren** Vorrang vor dem Disziplinarverfahren.

---

4 Patentanwaltsordnung v. 07.09.1966 (BGBl. I. S. 557) mit nachfolgenden Änderungen.
5 Steuerberatungsgesetz (StBerG) i. d. F. der Bekanntmachung v. 04.11.1975 (BGBl. I S. 2735) mit nachfolgenden Änderungen.
6 Berufsordnung der Wirtschaftsprüfer (Wirtschaftsprüferordnung) i. d. F. der Bekanntmachung v. 05.11.1975 (BGBl. I S. 2803) mit nachfolgenden Änderungen.
7 BGH DNotZ 1967, 701.
8 Wegen möglicher Ausnahmen siehe unten Rz. 19.
9 Näher dazu unten Rz. 13.
10 Art. 1 Nr. 5 Buchst. a des Dritten Gesetzes zur Änderung der Bundesnotarordnung und anderer Gesetze v. 31.08.1998 (BGBl. I S. 2585).
11 Art. 1 Nr. 1 des Dritten Änderungsgesetzes.

2. Verhältnis zu anderen Vorschriften

a) Notar als Rechtsanwalt

9 Nach § 118a Abs. 1 Satz 1 BRAO ist über die Pflichtverletzung eines **Rechtsanwalts**, der zugleich der Disziplinar-, Ehren- oder Berufsgerichtsbarkeit eines anderen Berufs untersteht, im anwaltsgerichtlichen Verfahren zu entscheiden, es sei denn, dass die Pflichtverletzung überwiegend mit der Ausübung des anderen Berufs zusammenhängt. Daraus folgt, dass Verfehlungen eines **Anwaltsnotars** nur dann im Disziplinarverfahren zu ahnden sind, wenn sie *überwiegend* mit der notariellen Tätigkeit zusammenhängen. § 118a Abs. 1 Satz 1 BRAO entspricht damit inhaltlich dem § 110 Abs. 1 BNotO; denn auch hiernach kommt es darauf an, ob die Verfehlung *vorwiegend* mit der notariellen Tätigkeit zusammenhängt. Lässt sich ein solcher Zusammenhang nicht zweifelsfrei feststellen, ist in der Regel im anwaltsgerichtlichen Verfahren zu entscheiden.

b) Ausübung zusätzlicher Berufe

10 Problematisch sind die Fälle, in denen ein Anwaltsnotar einen oder mehrere der in § 8 Abs. 2 Satz 2 genannten **zusätzlichen Berufe** ausübt (Mehrfachqualifizierung)[12].

aa) § 118a Abs. 1 Satz 1 BRAO

11 Geht ein **Rechtsanwalt** einem zusätzlichen Beruf nach und verletzt er eine seiner Berufspflichten, so hängen der Rechtsweg und die Verfahrensart nach § 118a Abs. 1 Satz 1 BRAO davon ab, ob die Pflichtverletzung überwiegend mit der Ausübung des anwaltlichen oder des anderen Berufs zusammenhängt; ist letzteres der Fall, so ist nicht im anwaltsgerichtlichen Verfahren, sondern in dem für den **anderen Beruf** maßgeblichen Sanktionsverfahren zu entscheiden.

bb) § 118a Abs. 5 BRAO

12 § 118a Abs. 5 BRAO bestimmt allerdings, dass § 110 BNotO unberührt bleibt. Dem Wortlaut nach eröffnet § 110 – im Gegensatz § 118a Abs. 1 BRAO, der auf *alle* einschlägigen Berufsordnungen verweist – nur die Wahl zwischen Disziplinarverfahren und anwaltsgerichtlichem Verfahren. Daraus könnte zu folgern sein, dass Verfehlungen eines **Anwaltsnotars** immer nur entweder im Disziplinarverfahren oder im anwaltsgerichtlichen Verfahren zu ahnden sind, auch wenn der Notar einen zusätzlichen Beruf im Sinne des § 8 Abs. 2 Satz 2 ausübt und die Pflichtverletzung überwiegend mit jenem Beruf zusammenhängt. Diese auf den Wortlaut des Gesetzes gestützte Schlussfolgerung ist aber nicht sinnvoll. Sachgerecht ist es vielmehr, dass über Verfehlungen eines Anwaltsnotars, der einem zusätzlichen Beruf nachgeht, grundsätzlich nach derjenigen Berufsordnung entschieden wird, aus der sich die verletzte Pflicht überwiegend ergibt. Dies entspricht auch den für Patentanwälte (§ 102a PatAnwO), Steuerberater (§ 110 StBerG), Wirtschaftsprüfer (§ 83a WPO) und vereidigte Buchprüfer (§§ 83a, 130 WPO) geltenden Kollisionsvorschriften. Die entgegenstehende Regelung in § 110 beruht allein darauf, dass der Gesetzgeber der Berufsrechtsnovelle 1998 es versäumt hat, die Vorschrift an die neu geschaffene Regelung des § 8 Abs. 2 Satz 2 BNotO anzupassen. Dies rechtfertigt es, in Analogie zu § 110 Abs. 1 Pflichtverletzungen eines Anwaltsnotars, der einen zusätzlichen Beruf im Sinne des § 8 Abs. 2 Satz 2 ausübt, je nach dem Schwergewicht der Verfehlung entweder im Disziplinarverfahren oder im anwaltsgerichtlichen Verfahren *oder* nach der für den zusätzlichen Beruf maßgeblichen Berufsordnung zu verfolgen. Von dieser Möglichkeit geht auch § 110a Abs. 3 (1. Alt.) aus[13].

12 Siehe oben Rz. 5.
13 Siehe § 110a Rz. 11.

cc) Sanktionssysteme

Über Verfehlungen eines Anwaltsnotars ist daher je nach dem **Schwergewicht der Verfehlung**   **13**
- im Disziplinarverfahren (§§ 95 ff. BNotO),
- im anwaltsgerichtlichen Verfahren (§§ 116 ff. BRAO),
- im berufsgerichtlichen Verfahren gegen Steuerberater (§ 110 StBerG),
- im ehrengerichtlichen Verfahren gegen Patentanwälte (§§ 95 ff. PatAnwO) oder
- im berufsgerichtlichen Verfahren gegen Wirtschaftsprüfer (§§ 67 ff. WPO) bzw. vereidigte Buchprüfer (§ 130 WPO)
zu entscheiden[14].

c) Ausschließung oder Entfernung aus dem Beruf

Der Vorrang des anwaltsgerichtlichen Verfahrens vor Verfahren nach anderen Berufsordnungen (§ 118a Abs. 1 Satz 1 BRAO) gilt nach Satz 2 der Vorschrift nicht für die **Ausschließung** oder **Entfernung** aus dem anderen Beruf. Hierüber soll außerhalb des anwaltsgerichtlichen Verfahrens – gegebenenfalls zusätzlich zu einem solchen Verfahren – vor dem zuständigen anderen Berufsgericht zu entscheiden sein.   **14**

aa) Disziplinarverfahren und anwaltsgerichtliches Verfahren

Für das Verhältnis zwischen dem notariellen Disziplinarverfahren und dem anwaltsgerichtlichen Verfahren hat diese Vorschrift keine praktische Bedeutung. Denn die disziplinarische **Entfernung aus dem Notaramt** bzw. die anwaltsgerichtliche **Ausschließung aus der Rechtsanwaltschaft** hat ipso iure zwingend den Verlust des anderen Berufs bzw. Amtes zur Folge (§§ 97 Abs. 5, 47 Nr. 3 BNotO). Es bedarf dazu keines gesonderten Verfahrens. Die Entscheidung wird vielmehr im Disziplinarverfahren *oder* im anwaltsgerichtlichen Verfahren mit Wirkung für beide Berufe getroffen.   **15**

bb) Vorläufige Maßnahmen

Dies gilt auch für Verfahren, die eine **vorläufige Amtsenthebung** als Notar (§ 54 BNotO) oder die Verhängung eines **vorläufigen Berufs- oder Vertretungsverbotes** als Anwalt (§ 150 BRAO) zum Ziel haben. Die Verhängung eines vorläufigen Verbots nach § 150 BRAO bewirkt kraft Gesetzes eine vorläufige Amtsenthebung als Notar (§ 54 Abs. 4 Nr. 2 BNotO). Für den umgekehrten Fall sieht das Gesetz zwar keine Koppelung vor, so dass die vorläufige Amtsenthebung nicht zugleich ein vorläufiges Verbot im Sinne des § 150 BRAO bewirkt. Jedoch kann nach § 54 Abs. 3 BNotO das Disziplinargericht eine Maßnahme nach § 150 BRAO verhängen. Auch insoweit bedarf es mithin nur *eines* Verfahrens (Disziplinarverfahren oder anwaltsgerichtliches Verfahren), wobei die richtige Verfahrensart nach § 110 BNotO zu bestimmen ist.   **16**

cc) Isolierte Ausschließung

Dagegen hat § 118a Abs. 1 Satz 2 BRAO praktische Bedeutung in jenen Fällen, in denen die anzuwendende andere Berufsordnung eine Ausschließung oder Entfernung aus dem Beruf zulässt, ohne dass damit gleichzeitig die Ausschließung aus der Rechtsanwaltschaft bzw. aus dem Amt des Notars verbunden ist. Eine solche **isolierte Ausschließung** sehen alle drei in Betracht kommenden Berufsordnungen vor (§ 96 Abs. 1 Nr. 4 PatAnwO, § 90 Abs. 1 Nr. 4 StBerG, §§ 68 Abs. 1 Nr. 4, 130 Abs. 1 WPO). Über die Ausschließung ist in diesen Fällen in dem für die verletzte Pflicht maßgeblichen Sanktionsverfahren zu entscheiden[15].   **17**

---

14 Zu den damit zusammenhängenden Verfahrensfragen siehe § 96 Rz. 22.
15 Siehe oben Rz. 13.

3. Begriff der Verfehlung

a) Einheit des Vergehens

18 Der Begriff der *Verfehlung* ist identisch mit dem des *Dienstvergehens* in § 95 BNotO und dem der *Pflichtverletzung* in den anderen Berufsordnungen (§ 113 BRAO, § 96 PatAnwO, § 89 StBerG, §§ 67, 130 Abs. 1 WPO). Für das anwaltsgerichtliche Verfahren gilt ebenso wie für das notarielle Disziplinarrecht der Grundsatz der **Einheit der Verfehlung**[16]. Bei der Entscheidung über den Rechtsweg und über das anzuwendende Verfahrensrecht ist daher nicht auf die einzelne pflichtwidrige Handlung bzw. Unterlassung, sondern auf das mit Sanktionen bedrohte **Gesamtverhalten** des Anwaltsnotars abzustellen. Mehrere Einzelakte eines als einheitliches Vergehen zu beurteilenden Verhaltens sind grundsätzlich mit einer einzigen Disziplinarmaßnahme bzw. anwaltsgerichtlichen (ehrengerichtlichen, berufsgerichtlichen) Maßnahme zu ahnden, auch wenn einzelne Teilakte ausschließlich die jeweils anderen Berufspflichten verletzen[17]. Eine Aufspaltung in ein notarielles Dienstvergehen einerseits und eine anwaltliche oder sonstige Pflichtverletzung andererseits findet regelmäßig nicht statt.

b) Verselbstständigung von Einzelakten

19 Dagegen kommt eine **getrennte Ahndung** in Betracht, wenn und soweit Einzelakte eines Gesamtverhaltens nach materiellem Recht zu verselbstständigen und daher gesondert zu beurteilen sind[18]. In diesem Fall können die Verfehlungen teils im notariellen Disziplinarverfahren, teils im anwaltsgerichtlichen (ehrengerichtlichen, berufsgerichtlichen) Verfahren verfolgt werden[19].

4. Anknüpfungspunkte

a) Vorwiegender Zusammenhang

20 Ob die (Amts-)Handlung eines Anwaltsnotars dem notariellen, dem anwaltlichen oder einem anderen beruflichen Tätigkeitsbereich zuzuordnen ist, lässt sich nicht immer eindeutig bestimmen[20]. § 110 trägt diesem Abgrenzungsproblem dadurch Rechnung, dass Abs. 1 Satz 1 – ebenso wie § 118a Abs. 1 BRAO, § 110 Abs. 1 StBerG, § 83a Abs. 1 WPO – auf den **vorwiegenden** Zusammenhang abstellt und Abs. 1 Satz 2 bestimmt, wie im **Zweifelsfall** zu verfahren ist.

b) Fallgruppen

21 § 110 Abs. 1 regelt vier **Fallgestaltungen**:
- Die Verfehlung berührt vorwiegend das Notaramt.
- Sie berührt vorwiegend die Tätigkeit als Rechtsanwalt bzw. in einem zusätzlichen Beruf.
- Ein Übergewicht lässt sich nicht zweifelsfrei feststellen.
- Die Verfehlung hängt überhaupt nicht mit dem ausgeübten Beruf zusammen.

aa) Einheitlichkeit der Verfehlung

22 Bei der Abgrenzung ist darauf abzustellen, gegen welche **Berufspflichten** der Notar überwiegend verstoßen hat[21]. Dabei kommt es nicht darauf an, ob das Geschäft, das den Gegen-

---

16 *Feuerich/Weyland*, § 118a Rz. 3; vgl. auch § 95 Rz. 34 ff.
17 BGH DNotZ 1967, 701.
18 Siehe dazu § 95 Rz. 36.
19 *Eylmann/Vaasen/Stockebrand*, §110 BNotO Rz. 13.
20 Siehe § 24 Rz. 57 ff.
21 BGH DNotZ 1968, 639.

stand der Beschuldigung bildet, dazu bestimmt war, ein Notariatsgeschäft vorzubereiten oder auszuführen (§ 24)[22]. Handelt es sich um Teilakte einer **einheitlichen Verfehlung**[23], sind zunächst die Teilakte dem einen oder dem anderen Tätigkeitsbereich zuzuordnen; sodann ist unter Berücksichtigung ihrer Intensität, Anzahl und Dauer in einer Gesamtschau zu bestimmen, ob durch das Gesamtverhalten vorwiegend notarielle, anwaltliche oder anderweitige Berufspflichten verletzt worden sind. Hängt die Verfehlung vorwiegend mit dem Notaramt zusammen, ist sie im notariellen Disziplinarverfahren zu verfolgen; hängt sie vorwiegend mit der anwaltlichen Tätigkeit zusammen, sind die Anwaltsgerichte zuständig. Liegt das Schwergewicht in einer zusätzlichen Berufstätigkeit, ist nach der insoweit einschlägigen Berufsordnung zu verfahren.

Der Verstoß eines Anwaltsnotars gegen seine **Neutralitätspflicht** (§ 14 Abs. 1 Satz 2) ist **23** in der Regel als vorwiegend notarielle Verfehlung anzusehen, auch wenn zugleich ein Tätigkeitsverbot aus § 45 BRAO verletzt ist[24]. Das gilt nicht, wenn die notarielle Amtstätigkeit in einseitigem Interesse ausgeübt worden ist und Auftraggeber der anwaltlichen Tätigkeit dieselben Personen sind, die an der Amtstätigkeit beteiligt waren; ein Verstoß gegen die notarielle Neutralitätspflicht liegt dann in der Regel nicht vor, so dass nicht im Disziplinarverfahren, sondern im anwaltsgerichtlichen Verfahren zu entscheiden ist.

bb) Zweifelsfälle

Lässt sich ein Übergewicht **nicht zweifelsfrei** feststellen, ist das anwaltsgerichtliche Verfahren maßgeblich(§ 110 Abs. 1 Satz 2 BNotO, § 118a Abs. 1 BRAO). Ein Zweifelsfall liegt **24** auch vor, wenn erst nach weiteren Ermittlungen der überwiegende Zusammenhang zu klären wäre.

c) Außerberufliche Verfehlungen

Auch Verfehlungen im **außerberuflichen Bereich** können ein Dienstvergehen[25], eine anwaltliche Pflichtverletzung (§ 113 Abs. 2 BRAO) oder einen Verstoß gegen eine andere Berufsordnung darstellen[26]. Verletzt der Notar auf diese Weise zugleich seine beruflichen Pflichten, bestimmt sich die Zuständigkeit nach den für berufliche Verfehlungen geltenden Regeln. Fehlt jeglicher Zusammenhang mit den Berufspflichten, ist das anwaltsgerichtliche Verfahren zu wählen.

5. Zuständigkeitsprüfung im nicht förmlichen Verfahren

Ob die Verfehlung eines Anwaltsnotars disziplinarisch, anwaltsgerichtlich oder in einem anderen berufsgerichtlichen Verfahren zu verfolgen ist, ist bereits im **nicht förmlichen Verfahren** zu prüfen. Damit die Zuständigkeitsfrage möglichst frühzeitig geklärt werden kann, haben sich die beteiligten Dienststellen zeitnah gegenseitig zu unterrichten (§ 118a Abs. 2 BRAO, § 110 Abs. 2 StBerG, §§ 83a Abs. 2, 130 Abs. 1 WPO). **26**

a) Aufsichtsbehörde

110 Abs. 1 Satz 1 ist deshalb im Verfahren über Aufsichtsbeschwerden vor den **Notarkammern** und im Rahmen der **Dienstaufsicht** entsprechend anzuwenden. Wird die Notarkammer mit der Verfehlung eines Anwaltsnotars befasst, prüft sie, ob ihre Zuständigkeit oder die der Rechtsanwaltskammer gegeben ist. Im letzteren Fall gibt sie den Vorgang an die Rechtsanwaltskammer ab. Wird die Aufsichtsbehörde – sei es unmittelbar oder über die No- **27**

---

22 OLG Celle DNotZ 1963, 318.
23 Siehe oben Rz. 16.
24 Vgl. BGH DNotZ 1992, 455.
25 Siehe § 95 Rz. 14.
26 Näher dazu: *Feuerich/Weyland*, § 113 Rz. 12.

tarkammer – mit der Verfehlung eines Anwaltsnotars befasst und hält sie eine Missbilligung oder eine disziplinarische Ahndung für angezeigt, wird sie entsprechend tätig. Hält sie hingegen das Anwaltsgericht oder ein anderes Ehren- bzw. Berufsgericht für zuständig, gibt sie den Vorgang an die Rechtsanwaltskammer ab, die gegebenenfalls ihrerseits die für die Einleitung eines anwaltsgerichtlichen Verfahrens zuständige Staatsanwaltschaft bei dem Oberlandesgericht (§ 120 BRAO) unterrichtet.

b) Berufskammer

28 Wird die Rechtsanwaltskammer, Patentanwaltskammer, Steuerberaterkammer, Wirtschaftsprüferkammer oder die Staatsanwaltschaft mit dem Vorgang befasst und hält sie die Notarkammer oder die Aufsichtsbehörden für zuständig, gibt sie das Verfahren an die Notarkammer oder an die Aufsichtsbehörde (§ 92 BNotO) ab.

6. Gerichtliche Entscheidung

29 Die maßgebliche Entscheidung über den richtigen Rechtsweg (und damit über die anzuwendende Verfahrensordnung) trifft das mit der Sache befasste **Gericht** (Disziplinargericht, Anwaltsgericht, Ehrengericht, Berufsgericht) ohne Bindung an die im nicht förmlichen Verfahren von den Kammern, den Aufsichtsbehörden oder der Staatsanwaltschaft vertretene Auffassung[27].

a) Prüfung von Amts wegen

30 Das Gericht prüft die Zuständigkeit als Sachurteilsvoraussetzung **von Amts wegen**[28].

b) Maßgeblicher Zeitpunkt

31 Bei der Beurteilung ist auf den **Zeitpunkt** abzustellen, in dem das gerichtliche Verfahren eingeleitet wird oder die Rechtshängigkeit beginnt[29].

c) Bejahung der Zuständigkeit

32 **Bejaht** das angerufene Gericht seine Zuständigkeit, bedarf es darüber keiner gesonderten Entscheidung; die Zuständigkeit wird gegebenenfalls in den Urteilsgründen dargelegt[30].

d) Verneinung der Zuständigkeit

33 Bei **Unzuständigkeit** des angerufenen Gerichts gilt Folgendes:

aa) Anwaltsgericht, Ehrengericht, Berufsgericht

34 Hat die Staatsanwaltschaft gegen den Notar ein Verfahren vor dem Anwaltsgericht bzw. einem Ehren- oder Berufsgericht eingeleitet (§ 130 BRAO, § 106 Abs. 1 PatAnwO, § 114 StBerG, §§ 85, 130 Abs. 1 WPO), hält dieses aber den Weg des Disziplinarverfahrens für gegeben, lehnt es die **Eröffnung des Hauptverfahrens** durch Beschluss ab (§ 131 Abs. 3 Satz 1 BRAO, § 116 Abs. 3 PatAnwO, § 118 Abs. 3 StBerG, § 89 Abs. 3 WPO).

35 Gegen den Beschluss steht der **Staatsanwaltschaft** die sofortige Beschwerde zu (§ 131 Abs. 3 Satz 2 BRAO, § 116 Abs. 3 Satz 2 PatAnwO, § 118 Abs. 3 Satz 2 StBerG, § 89 Abs. 3 Satz 2 WPO). Ein Beschwerderecht des **Notars** sieht das Gesetz nicht vor, weil die Ableh-

---

27 *Feuerich/Weyland*, § 118a Rz. 33.
28 *Schippel/Bracker/Lemke*, BNotO, § 110 Rz. 10.
29 BGH DNotZ 1967, 701; *Feuerich/Weyland*, § 118a Rz. 33.
30 *Schippel/Bracker/Lemke*, § 110 Rz. 10.

nung der Eröffnung des Hauptverfahrens ihn regelmäßig nicht beschwert. Dabei ist jedoch zu berücksichtigen, dass die in Betracht kommende andere Disziplinar-, Ehren- oder Berufsgerichtsbarkeit an die ablehnende Entscheidung gebunden ist (§ 110 Abs. 2 BNotO, § 118a Abs. 3 BRAO, § 110 Abs. 3 StBerG, § 83a Abs. 3 WPO)[31, 32]. Ist das Verfahren vor dem anderen Gericht für den Notar ungünstiger als das vor dem zunächst angerufenen Gericht, ist er in entsprechender Anwendung des § 131 Abs. 3 Satz 2 BRAO als beschwert und damit als beschwerdebefugt anzusehen[33].

bb) Disziplinargericht

Ist der Notar im **förmlichen Disziplinarverfahren** vor dem Oberlandesgericht als Disziplinargericht (§ 99) angeschuldigt worden, hält dieses aber das Anwaltsgericht oder ein anderes Ehren- bzw. Berufsgericht für zuständig, stellt es das Verfahren vor der Hauptverhandlung durch Beschluss oder aufgrund der Hauptverhandlung durch Urteil ein[34].   **36**

Gegen die Einstellung steht der **Einleitungsbehörde** das Rechtsmittel der Beschwerde (§ 105 BNotO, § 79 BDO) bzw. der Berufung (§ 105 BNotO, § 80 BDO) zu. Eine Rechtsmittelbefugnis des **Notars** kommt unter den gleichen Voraussetzungen wie bei der Ablehnung der Eröffnung des Hauptverfahrens in Betracht[35].   **37**

7. Anzuwendendes Berufsrecht

a) Materielles Berufsrecht

Ob eine Pflichtverletzung vorliegt und wie sie zu gewichten ist, beurteilt sich nach dem jeweils maßgeblichen **materiellen Berufsrecht**. Daraus folgt, dass gegebenenfalls das Disziplinargericht anwaltliches oder sonstiges Berufsrecht, das Anwaltsgericht (Ehrengericht, Berufsgericht) notarielles Berufsrecht anzuwenden hat.   **38**

b) Verfahrensrecht

Dagegen richtet sich das **Verfahren** ausschließlich nach der für das zuständige Gericht maßgeblichen Verfahrensordnung einschließlich der Verjährungsvorschriften (§ 95a BNotO, § 115 BRAO, § 97 PatAnwO, § 93 StBerG, §§ 70, 130 Abs. 1 WPO). Das Gericht kann auch nur die in diesem Verfahren zulässigen **Sanktionen** verhängen[36]. So darf das Anwaltsgericht (Ehrengericht, Berufsgericht) nur auf die nach der jeweiligen Berufsordnung, das Disziplinargericht nur auf die nach § 97 BNotO zulässigen Maßnahmen erkennen[37].   **39**

II. Bindung an die Zuständigkeitsentscheidung (Abs. 2)

1. Bedeutung der Vorschrift

Zur Vermeidung negativer oder positiver **Kompetenzkonflikte** bestimmt Abs. 2, dass das zuerst angerufene Gericht bindend über die Zuständigkeit entscheidet. Das jeweils andere Gericht hat seine Zuständigkeit danach nicht erneut zu prüfen.   **40**

---

31 Siehe unten Rz. 40.
32 Die PatAnwO enthält keine entsprechende Vorschrift.
33 Im Ergebnis ebenso: *Schippel/Bracker/Lemke*, § 110 Rz. 11; *Feuerich/Weyland*, § 131 Rz. 9. Vgl. auch § 96 Rz. 28.
34 Vgl. §§ 76 Abs. 3, 64 Abs. 1 Nr. 1 BDO sowie die einschlägigen Regelungen in den (früheren) Disziplinarordnungen der Länder.
35 Siehe oben Rz. 35.
36 *Schippel/Bracker/Lemke*, § 110 Rz. 6; *Eylmann/Vaasen/Starke*, § 110 BNotO Rz. 23.
37 BGH DNotZ 1967, 701.

41   Die Vorschrift regelt ihrem Wortlaut nach nur das Verhältnis zwischen Anwaltsgericht und Disziplinargericht. Sie gilt jedoch entsprechend auch für das Verhältnis zu den sonstigen in Betracht kommenden Ehren- bzw. Berufsgerichten[38].

2. Keine Verweisung

42 Eine **Verweisung** vom einen in den anderen Rechtsweg sieht das Gesetz nicht vor.

---

38 Siehe oben Rz. 12.

(1) [1]Eintragungen in den über den Notar geführten Akten über einen Verweis oder eine Geldbuße sind nach zehn Jahren zu tilgen, auch wenn sie nebeneinander verhängt wurden. [2]Die über diese Disziplinarmaßnahmen entstandenen Vorgänge sind aus den über den Notar geführten Akten zu entfernen und zu vernichten. [3]Nach Ablauf der Frist dürfen diese Maßnahmen bei weiteren Disziplinarmaßnahmen nicht mehr berücksichtigt werden.

(2) Die Frist beginnt mit dem Tage, an dem die Disziplinarmaßnahme unanfechtbar geworden ist.

(3) Die Frist endet nicht, solange gegen den Notar ein Strafverfahren, ein Disziplinarverfahren, ein anwaltsgerichtliches oder ein berufsgerichtliches Verfahren schwebt, eine andere Disziplinarmaßnahme oder eine anwaltsgerichtliche Maßnahme berücksichtigt werden darf oder ein auf Geldbuße lautendes Urteil noch nicht vollstreckt ist.

(4) Nach Ablauf der Frist gilt der Notar als von Disziplinarmaßnahmen nicht betroffen.

(5) [1]Die Absätze 1 bis 4 gelten für Ermahnungen durch die Notarkammer und für Missbilligungen durch die Aufsichtsbehörde entsprechend. [2]Die Frist beträgt fünf Jahre.

(6) [1]Eintragungen über strafgerichtliche Verurteilungen oder über andere Entscheidungen in Verfahren wegen Straftaten, Ordnungswidrigkeiten oder der Verletzung von Berufs- oder Amtspflichten, die nicht zu einer Disziplinarmaßnahme, einer Ermahnung oder Missbilligung geführt haben, sind auf Antrag des Notars nach fünf Jahren zu tilgen. [2]Absatz 1 Satz 2, Absatz 2 und 3 gelten entsprechend.

Übersicht

A. Entstehungsgeschichte der Vorschrift

1. In ihrer ursprünglichen Fassung enthielt die BNotO keine Vorschrift über die Tilgung von Eintragungen über Disziplinarmaßnahmen. § 110a Abs. 1 bis 5 ist im Jahre 1981[1], Abs. 6 im Jahre 1991 eingefügt worden[2]. Anlässlich der Neufassung der Bundesrechtsanwaltsord-   **1**

---

1 Art. 1 Nr. 13 des Ersten Gesetzes zur Änderung der Bundesnotarordnung v. 07.08.1981 (BGBl. I S. 803).
2 Art. 1 Nr. 29 des Gesetzes zur Änderung des Berufsrechts der Notare und der Rechtsanwälte v. 29.01.1991 (BGBl. I S. 150).

nung ist 1994 in Abs. 3 das Wort »*ehrengerichtliches*« durch das Wort »*anwaltsgerichtliches*« ersetzt worden[3].

2 2. Durch die Berufsrechtsnovelle 1998 sind in Abs. 1 Satz 1 der Halbsatz »*auch wenn sie nebeneinander verhängt wurden*« und in Abs. 3 die Worte »*oder eine anwaltsgerichtliche Maßnahme*« eingefügt worden[4].

B. Erläuterungen

I. Bedeutung der Vorschrift

1. Einheitlichkeit der Sachbehandlung

3 Bis zur Einführung des § 110a galten gemäß § 96 die **beamtenrechtlichen Tilgungsvorschriften** der Länder. Dies brachte Schwierigkeiten mit sich, da die Ländervorschriften nicht auf die Besonderheiten der notariellen Tätigkeit abgestimmt sind[5]. § 110a ermöglicht nunmehr eine einheitliche Verfahrensweise im gesamten Geltungsbereich der BNotO.

2. Zweck der Tilgung

4 Die Tilgungsvorschriften beruhen auf der Vorstellung, dass leichtere Dienstvergehen nach Ablauf einer gewissen Zeit ihre disziplinarische Bedeutung verlieren, so dass sie nicht mehr zum Nachteil des Amtsträgers berücksichtigt werden dürfen. § 110a begründet daher ebenso wie die Tilgungsvorschriften des Bundes (§ 119 BDO)[6] und der Länder ein **Verwertungsverbot**[7].

II. Tilgungsvoraussetzungen

1. Verweis, Geldbuße

5 Gegenstand der Tilgung sind nur Eintragungen über einen **Verweis** oder eine **Geldbuße**. Nach der früheren Fassung der Vorschrift (»*Verweis oder Geldbuße*«) bestand teilweise Unklarheit darüber, ob eine Tilgung ausscheidet, wenn Verweis *und* Geldbuße gemäß § 97 Abs. 1 Satz 2 **kumulativ** verhängt worden sind[8]. Die jetzige Fassung[9] stellt klar, dass auch Eintragungen über kumulativ verhängte Maßnahmen eines Verweises und einer Geldbuße nach zehn Jahren zu tilgen sind.

2. Fristablauf

6 Die Tilgung setzt den Ablauf einer zehnjährigen **Frist** voraus.

---

3 Art. 6 des Gesetzes zur Neuordnung des Berufsrechts der Rechtsanwälte und der Patentanwälte v. 02.09.1994 (BGBl. I S. 2278).
4 Art. 1 Nr. 43 des Dritten Gesetzes zur Änderung der Bundesnotarordnung und anderer Gesetze v. 31.08.1998 (BGBl. I S. 2585).
5 Näher dazu: *Arndt*, BNotO, 2. Auflage, § 110a Erl. I.
6 Zur Fortgeltung der BDO siehe § 96 Rz. 2, § 105 Rz. 2.
7 Siehe unten Rz. 16.
8 Vgl. *Vorauflage*, § 110a Rz. 5.
9 Siehe oben Rz. 2.

a) Fristbeginn

Diese **beginnt** mit dem Eintritt der Bestandskraft einer entsprechenden Disziplinarverfügung bzw. der Rechtskraft eines entsprechenden Urteils (Abs. 2). **7**

b) Aufschub des Fristendes

Das **Fristende** wird in den Fällen des Abs. 3 hinausgeschoben: **8**

aa) Schwebende Verfahren

Die Frist endet nicht, solange gegen den Notar ein **Strafverfahren**, ein **Disziplinarverfahren**, ein **anwaltsgerichtliches** oder ein **berufsgerichtliches Verfahren** anhängig ist. Die Vorschrift trägt der Tatsache Rechnung, dass der Notar u. U. neben seinem Amt den Beruf des Rechtsanwalts (§ 3 Abs. 2) ausüben und zusätzlich als Patentanwalt, Steuerberater, Wirtschaftsprüfer und vereidigter Buchprüfer tätig sein kann (§ 8 Abs. 2 Satz 2). Solange im Rahmen einer solchen zusätzlichen Berufsausübung anwaltsgerichtlich oder berufsgerichtlich gegen ihn vorgegangen wird[10], soll auch eine im Disziplinarverfahren verhängte Maßnahme nicht getilgt werden. **9**

    Strafverfahren in diesem Sinn ist auch ein staatsanwaltschaftliches Ermittlungsverfahren[11]. Ein Verfahren wegen Ordnungswidrigkeiten ist hingegen unschädlich. **10**

    Berufsgerichtliche Verfahren sind die in den anderen einschlägigen Berufsordnungen vorgesehenen ehren- bzw. berufsgerichtlichen Verfahren (§ 98 PatAnwO[12], § 105 StBerG[13], §§ 67, 130 Abs. 1 WPO[14]). **11**

bb) Anderweitige Maßnahmen

Die Frist endet ferner nicht, solange eine **andere Disziplinarmaßnahme** oder eine **anwaltsgerichtliche Maßnahme** berücksichtigt werden darf. Ist eine (noch) nicht tilgungsfähige Eintragung über eine Disziplinarmaßnahme oder über eine anwaltsgerichtliche Maßnahme in den Personalakten enthalten – etwa über einen weiteren Verweis innerhalb der letzten zehn Jahre oder über eine zeitweilige Entfernung aus dem Amt (§ 97 Abs. 3) –, darf auch eine frühere Eintragung im Sinne des Abs. 1 nicht getilgt werden. **12**

    Dagegen hindert eine noch nicht tilgungsreife anderweitige **ehren-** oder **berufsgerichtliche Maßnahme** die Tilgung einer Disziplinarmaßnahme nicht. Eine analoge Anwendung der Vorschrift auf derartige Maßnahmen verbietet sich angesichts der Entstehungsgeschichte und des Wortlauts des § 110a Abs. 3. Bis zur Berufsrechtsnovelle 1998[15] hinderte – von den Fällen der Anhängigkeit eines anderen Verfahrens und der noch ausstehenden Vollstreckung einer Geldbuße abgesehen – lediglich eine noch nicht tilgungsreife *Disziplinarmaßnahme* den Ablauf der Tilgungsfrist[16]. Der Gesetzgeber hat sich dafür entschieden, dass in Abänderung dieses Rechtszustandes auch nicht tilgungsreife *anwaltsgerichtliche* Maßnahmen den Fristablauf hindern sollen. Dabei kann ihm nicht verborgen geblieben sein, dass auch anderweitigen *berufsgerichtlichen* Maßnahmen diese Wirkung zukommen könnte. Wenn er diese gleichwohl nicht zum Hindernis für den Fristablauf erklärt hat, muss es dabei sein Bewenden haben. **13**

---

10 Zur Verfolgung von Pflichtverletzungen in einem zusätzlichen Beruf vgl. § 110 Rz. 12 f.
11 *Schippel/Bracker/Lemke*, BNotO, § 110a Rz. 4.
12 Patentanwaltsordnung v. 07.09.1966 (BGBl. I S. 557) mit nachfolgenden Änderungen.
13 Steuerberatungsgesetz (StBerG) i.d.F. der Bekanntmachung v. 04.11.1975 (BGBl. I S. 2735) mit nachfolgenden Änderungen.
14 Gesetz über eine Berufsordnung der Wirtschaftsprüfer (Wirtschaftsprüferordnung) i. d. F. der Bekanntmachung v. 05.11.1975 (BGBl. I S. 2803) mit nachfolgenden Änderungen.
15 Siehe oben Fußn. 4.
16 Vgl. dazu *Vorauflage*, § 110a Rz. 10.

§ 110a

cc) Ausstehende Vollstreckung

14 Schließlich ist das Fristende hinausgeschoben, solange ein auf **Geldbuße** lautendes Urteil nicht vollstreckt ist.

3. Ermittlungspflicht

15 Um die Tilgungsvoraussetzungen zu prüfen, ist vor der Tilgung eine **Auskunft** der Notarkammer und der zuständigen Generalstaatsanwaltschaft (vgl. § 120 BRAO) einzuholen.

III. Rechtsfolgen der Tilgungsreife

1. Verwertungsverbot

16 Mit Eintritt der Tilgungsreife entsteht ein **Verwertungsverbot,** dessen Umfang allerdings strittig ist.

a) Abs. 1 Satz 3

17 Nach Abs. 1 Satz 3 dürfen getilgte Eintragungen bei weiteren **Disziplinarmaßnahmen** nicht mehr berücksichtigt werden. Das bedeutet, dass ein späteres (erneutes) Dienstvergehen wie ein *erstmaliges* Versagen zu würdigen.

18 Dagegen dürfen getilgte Eintragungen bei **sonstigen Personalentscheidungen**, bei denen es auf eine Gesamtwürdigung der Persönlichkeit des Notars ankommt, zu dessen Ungunsten berücksichtigt werden[17]. Dies ergibt sich aus der Beschränkung des Verwertungsverbots in Abs. 1 auf weitere *Disziplinarmaßnahmen*[18]. Abs. 4 der Vorschrift steht dem nicht entgegen; denn danach *gilt* der Notar als von Disziplinarmaßnahmen nicht betroffen, was nicht bedeutet, dass er unbelastet *ist* (Fiktion).

b) Strafgerichtliche Verurteilung

19 Das Verwertungsverbot hindert nicht, eine getilgte Disziplinarmaßnahme zu berücksichtigen, wenn ihr eine **strafgerichtliche Verurteilung** zugrunde lag und diese im Bundeszentralregister noch nicht getilgt ist[19]. Denn § 110a Abs. 1 Satz 3 verbietet nur die Berücksichtigung einer früheren Disziplinarmaßnahme (*»diese Maßnahmen«*), nicht aber der ihr zugrunde liegenden Umstände.

c) Abs. 4

20 Nach Ablauf der Tilgungsfrist darf sich der Notar gemäß Abs. 4 gegenüber jedermann – auch gegenüber den Notarkammern und den Aufsichtsbehörden – als **disziplinarisch unbelastet** bezeichnen und ist er als unbelastet zu behandeln.

2. Entfernung und Vernichtung der Vorgänge

21 Ist eine Eintragung zu tilgen, so sind die über die betreffende Disziplinarmaßnahme entstandenen Vorgänge aus sämtlichen über den Notar geführten Akten – Personalakten und Nebenakten – zu **entfernen** und zu **vernichten** (Abs. 1 Satz 2). Die vollzogene Tilgung darf nicht in den Akten vermerkt werden.

17 A. A. *Schippel/Bracker/Lemke*, § 110a Rz. 7; *Eylmann/Vaasen-Starke*, § 110a BNotO Rz. 11.
18 BGH NJW 1971, 1041 m. w. N. (zu § 205a BRAO); *Jessnitzer/Blumberg*, BRAO, § 205a Rz. 3.
19 BVerwG NJW 1998, 2463.

3. Widerspruchsrecht des Notars

Der Notar kann der Tilgung **widersprechen**, etwa um die mit der Disziplinarmaßnahme zusammenhängenden Vorgänge in einem Haftpflichtprozess verwerten zu können[20]. In diesem Fall unterbleibt die Tilgung; jedoch sollte der Eintritt der Tilgungsreife in den Personalakten vermerkt werden. Um dem Notar Gelegenheit zum Widerspruch zu geben, sollte ihm eine bevorstehende Tilgung rechtzeitig **angekündigt** werden.   22

IV. Ermahnungen, Missbilligungen (Abs. 4)

Nach Abs. 5 gelten die Tilgungsvorschriften für **Ermahnungen** durch die Notarkammer (§ 75) und für **Missbilligungen** durch die Aufsichtsbehörde (§ 94) entsprechend. Allerdings sind diesbezügliche Eintragungen schon nach fünf Jahren zu tilgen, soweit das Fristende nicht hinausgeschoben ist. Für den Aufschub des Fristendes gilt Abs. 3 entsprechend; dabei sind Verfahren betreffend die Erteilung einer Ermahnung oder Missbilligung wie Disziplinarverfahren und erteilte Ermahnungen und Missbilligungen wie Disziplinarmaßnahmen zu berücksichtigen[21].   23

V. Sonstige Eintragungen (Abs. 5)

Die Vorschrift gibt dem Notar die Möglichkeit, die Tilgung belastender Eintragungen zu erreichen, die nicht zu dienstrechtlichen Maßnahmen geführt haben. Eine Tilgung solcher Eintragungen von Amts wegen erfolgt nicht.   24

---

20 *Schippel/Bracker/Lemke*, § 110a Rz. 6.
21 *Schippel/Bracker/Lemke*, § 110a Rz. 9.

Vierter Teil   Übergangs- und Schlussbestimmungen

§ 111

(1) [1]Verwaltungsakte, die nach diesem Gesetz oder nach einer auf Grund dieses Gesetzes erlassenen Rechtsverordnung oder Satzung ergehen, können durch einen Antrag auf gerichtliche Entscheidung auch dann angefochten werden, wenn es nicht ausdrücklich bestimmt ist. [2]Der Antrag kann nur darauf gestützt werden, dass der Verwaltungsakt den Antragsteller in seinen Rechten beeinträchtige, weil er rechtswidrig sei. [3]Soweit die Landesjustizverwaltung ermächtigt ist, nach ihrem Ermessen zu befinden, kann der Antrag nur darauf gestützt werden, dass die gesetzlichen Grenzen des Ermessens überschritten seien oder dass von dem Ermessen in einer dem Zweck der Ermächtigung nicht entsprechenden Weise Gebrauch gemacht worden sei.

(2) [1]Der Antrag auf gerichtliche Entscheidung kann nur binnen eines Monats nach dem Zeitpunkt gestellt werden, in dem die Verfügung dem Betroffenen bekannt gemacht worden ist. [2]Der Antrag ist auch zulässig, wenn ein Antrag auf Vornahme eines Verwaltungsakts ohne zureichenden Grund innerhalb von drei Monaten nicht beschieden worden ist.

(3) [1]Zuständig für die Entscheidung ist im ersten Rechtszug das Oberlandesgericht, im zweiten Rechtszug der Bundesgerichtshof. [2]Diese Gerichte entscheiden in der in Disziplinarsachen gegen Notare vorgeschriebenen Besetzung. [3]§ 100 gilt entsprechend.

(4) [1]Gegen die Entscheidung des Oberlandesgerichts ist die sofortige Beschwerde an den Bundesgerichtshof zulässig. [2]Im Übrigen gelten für das Verfahren § 37 Abs. 1 und 3, §§ 40, 41 und 42 Abs. 4 bis 6, für die Kosten §§ 200 bis 203 der Bundesrechtsanwaltsordnung entsprechend; an die Stelle der Rechtsanwaltskammer tritt die Landesjustizverwaltung. [3]Der Antrag auf gerichtliche Entscheidung gegen einen Bescheid oder eine Verfügung der Landesjustizverwaltung ist gegen die Landesjustizverwaltung zu richten; das Gleiche gilt für Anträge auf gerichtliche Entscheidung, die darauf gestützt werden, dass die Landesjustizverwaltung innerhalb von drei Monaten einen Bescheid nicht erteilt hat. [4]Vertretern der Landesjustizverwaltung, dem Präsidenten des Oberlandesgerichts oder seinem Beauftragten, den Beamten der Staatsanwaltschaft bei dem Oberlandesgericht und Mitgliedern oder Vertretern des Vorstandes der Notarkammer ist der Zutritt zu der Verhandlung gestattet; Gleiches gilt im Tätigkeitsbereich der Notarkasse für ihren Präsidenten und seine Stellvertreter und im Tätigkeitsbereich der Ländernotarkasse für ihren Präsidenten und seinen Stellvertreter.

Bundesrechtsanwaltsordnung

§ 37 Antrag

(1) Der Antrag auf gerichtliche Entscheidung ist bei dem Anwaltsgerichtshof schriftlich einzureichen.

(2) Der Antrag ist gegen die Rechtsanwaltskammer zu richten.

(3) Der Antragsteller muss den Bescheid oder die Verfügung, gegen die er sich wendet, bezeichnen. Er muss ferner angeben, inwieweit der angefochtene Bescheid oder die angefochtene Verfügung aufgehoben und zu welcher Amtshandlung die Rechtsanwaltskammer verpflichtet werden soll. Wird der Antrag auf gerichtliche Entscheidung darauf gestützt, dass die Rechtsanwaltskammer innerhalb von drei Monaten einen Bescheid nicht erteilt hat, so ist die beantragte Amtshandlung zu bezeichnen. Die zur Begründung des Antrags dienenden Tatsachen und die Beweismittel sollen im Einzelnen angeführt werden.

(4) Soweit die Rechtsanwaltskammer ermächtigt ist, nach ihrem Ermessen zu befinden, kann der Antrag nur darauf gestützt werden, dass die gesetzlichen Grenzen des Ermessens überschritten seien oder

dass von dem Ermessen in einer dem Zweck der Ermächtigung nicht entsprechenden Weise Gebrauch gemacht worden sei.

§ 40 Verfahren vor dem Anwaltsgerichtshof

(1) Der Anwaltsgerichtshof teilt den Antrag auf gerichtliche Entscheidung dem Antragsgegner mit und fordert ihn auf, sich innerhalb einer von dem Vorsitzenden bestimmten Frist zu äußern.

(2) Der Anwaltsgerichtshof entscheidet über den Antrag auf Grund mündlicher Verhandlung. Einer solchen bedarf es jedoch nicht, wenn die Beteiligten ausdrücklich auf sie verzichten.

(3) Die mündliche Verhandlung ist nicht öffentlich. Beamten der Staatsanwaltschaft bei dem Oberlandesgericht und Mitgliedern oder Vertretern des Vorstandes der Rechtsanwaltskammer ist der Zutritt zu der Verhandlung gestattet. Der Anwaltsgerichtshof kann nach Anhörung der Beteiligten auch andere Personen als Zuhörer zulassen. Auf Verlangen des Antragstellers muß, auf Antrag eines anderen Beteiligten kann die Öffentlichkeit hergestellt werden; in diesem Fall sind die Vorschriften des Gerichtsverfassungsgesetzes über die Öffentlichkeit sinngemäß anzuwenden.

(4) Auf das Verfahren sind im übrigen die Vorschriften des Gesetzes über die Angelegenheiten der freiwilligen Gerichtsbarkeit entsprechend anzuwenden.

§ 41 Entscheidung des Anwaltsgerichtshofes

(1) Der Anwaltsgerichtshof entscheidet über den Antrag durch Beschluß, der mit Gründen zu versehen ist. Zu einer dem Antragsteller nachteiligen Entscheidung ist eine Mehrheit von zwei Dritteln der Stimmen erforderlich.

(2) (weggefallen)

(3) Hält der Anwaltsgerichtshof den Antrag, durch den ein Bescheid oder eine Verfügung der Rechtsanwaltskammer angefochten wird, für begründet, so hebt er den Bescheid oder die Verfügung auf. Richtet sich der Antrag gegen einen ablehnenden Bescheid und ist die Sache zur Entscheidung reif, so spricht der Anwaltsgerichtshof zugleich die Verpflichtung der Rechtsanwaltskammer aus, die beantragte Amtshandlung vorzunehmen; ist die Sache noch nicht zur Entscheidung reif, so spricht er zugleich die Verpflichtung der Rechtsanwaltskammer aus, den Antragsteller unter Beachtung der Rechtsauffassung des Gerichts zu bescheiden.

(4) Hält der Anwaltsgerichtshof den Antragsteller dadurch für beschwert, daß die Rechtsanwaltskammer ihm ohne zureichenden Grund einen Bescheid nicht erteilt hat, so spricht er die Verpflichtung der Rechtsanwaltskammer aus, ihn zu bescheiden.

(5) (weggefallen)

§ 42 Sofortige Beschwerde

(1) – (3) [...]

(4) Die sofortige Beschwerde ist binnen einer Frist von zwei Wochen bei dem Anwaltsgerichtshof schriftlich einzulegen. Sie hat aufschiebende Wirkung.

(5) Über die sofortige Beschwerde entscheidet der Bundesgerichtshof. Er entscheidet auch über Anträge auf Wiederherstellung der aufschiebenden Wirkung (§ 16 Abs. 6).

(6) Auf das Verfahren vor dem Bundesgerichtshof ist § 40 Abs. 2 und 3 entsprechend anzuwenden. Im übrigen gelten die Vorschriften des Gesetzes über die Angelegenheiten der freiwilligen Gerichtsbarkeit sinngemäß.

§ 200 Anwendung der Kostenordnung

In den Verfahren, die bei Anträgen auf gerichtliche Entscheidung in Zulassungssachen und bei Anträgen, Wahlen für ungültig oder Beschlüsse für nichtig zu erklären, stattfinden (§§ 37 bis 42, 91, 191), werden Gebühren und Auslagen nach der Kostenordnung erhoben. Jedoch ist § 8 Abs. 2 und 3 der Kostenordnung nicht anzuwenden.

§ 201 Kostenpflicht des Antragstellers und der Rechtsanwaltskammer

(1) Wird ein Antrag auf gerichtliche Entscheidung zurückgenommen, zurückgewiesen oder als unzulässig verworfen, so sind die Kosten des Verfahrens dem Antragsteller aufzuerlegen.

(2) Wird einem Antrag auf gerichtliche Entscheidung stattgegeben, werden Gebühren und Auslagen nicht erhoben.

(3) Wird einem Antrag, eine Wahl für ungültig oder einen Beschluß für nichtig zu erklären (§§ 91, 191), stattgegeben, so sind die Kosten des Verfahrens der Rechtsanwaltskammer aufzuerlegen.

§ 202 Gebühr für das Verfahren

(1) Für das gerichtliche Verfahren des ersten Rechtszuges wird die volle Gebühr erhoben.
(2) Der Geschäftswert bestimmt sich nach § 30 Abs. 2 der Kostenordnung. Er wird von Amts wegen festgesetzt.
(3) Für das Beschwerdeverfahren wird die gleiche Gebühr wie im ersten Rechtszug erhoben.
(4) Wird ein Antrag oder eine Beschwerde zurückgenommen, bevor das Gericht entschieden hat, so ermäßigt sich die Gebühr auf die Hälfte der vollen Gebühr. Das gleiche gilt, wenn der Antrag oder eine Beschwerde als unzulässig zurückgewiesen wird.

§ 203 Entscheidung über Erinnerungen

(1) Über Einwendungen und Erinnerungen gegen den Ansatz von Kosten entscheidet stets der Anwaltsgerichtshof.
(2) Die Entscheidung des Anwaltsgerichtshofs kann nicht angefochten werden.

Übersicht

A. Entstehungsgeschichte der Vorschrift

Durch die Berufsrechtsnovelle 1998[1] sind in Abs. 1 Satz 1 die Worte »*oder nach einer auf* **1** *Grund dieses Gesetzes erlassenen Rechtsverordnung oder Satzung*« sowie »*auch dann (...), wenn es nicht ausdrücklich bestimmt ist*« eingefügt worden. Absatz 4 der Vorschrift ist anlässlich einer Änderung der BRAO[2] geändert und ergänzt worden. Über die Zulassung zur Rechtsanwaltschaft entscheidet nunmehr anstelle der Landesjustizverwaltung die Rechtsanwaltskammer. Für das Beschwerdeverfahren vor dem BGH nach § 111 BNotO tritt an ihre Stelle die Landesjustizverwaltung. Die Ergänzung ersetzt die bisher in Abs. 4 Satz 2 enthaltene Verweisung auf § 39 Abs. 1 und 2 BRAO.

B. Erläuterungen

I. Anfechtung von Verwaltungsakten (Abs. 1 Satz 1)

1. Bedeutung der Vorschrift

a) Abdrängende Rechtswegzuweisung

Für öffentlich-rechtliche Streitigkeiten nichtverfassungsrechtlicher Art sind grundsätzlich **2** die Verwaltungsgerichte zuständig. Jedoch lässt § 40 Abs. 1 Satz 1 VwGO aus Gründen des Sachzusammenhangs und der Prozessökonomie Ausnahmen von der Rechtswegzuständigkeit dieser Gerichte zu[3]. § 111 BNotO enthält für den Bereich des Notarrechts eine solche **abdrängende Rechtswegzuweisung**. Ähnliche durch den Sachzusammenhang geforderte Zuweisungen finden sich in § 223 BRAO (Anfechtung von Verwaltungsakten auf dem Gebiet des Anwaltsrechts) und § 23 EGGVG (Anfechtung von Justizverwaltungsakten).

b) Umfang der Rechtswegzuständigkeit

§ 111 gilt dem Wortlaut nach nur für die *Anfechtung von Verwaltungsakten*. Dem Gesamt- **3** zusammenhang des Gesetzes ist jedoch zu entnehmen, dass grundsätzlich **sämtliche** die Notare betreffenden berufs- und dienstrechtlichen Streitigkeiten den Verwaltungsgerichten entzogen und den nach Maßgabe der §§ 111 Abs. 3, 101, 106 besetzten Notarsenaten bei den Oberlandesgerichten und dem Bundesgerichtshof zugewiesen sein sollen[4]. Der Rechtsweg zu den Notarsenaten erstreckt sich daher grundsätzlich auf alle Streitigkeiten aus dem Bereich des Notarrechts, bei denen es um **Vornahme** oder **Aufhebung von Amtshandlungen** nach der BNotO oder nach einer aufgrund der BNotO erlassenen Rechtsverordnung oder Satzung geht[5]. So kann beispielsweise das Verwaltungsgericht nicht mit dem Ziel einer – nach § 111 nicht zulässigen[6] – abstrakten Normenkontrolle angerufen werden[7]. **Ausgenommen** von der Zuständigkeit der Notarsenate sind

---

1 Art. 1 Nr. 44 des Dritten Gesetzes zur Änderung der Bundesnotarordnung und anderer Gesetze v. 31.08.1998 (BGBl. I S. 2585).
2 Art. 3 Nr. 4 des Gesetzes zur Stärkung der Selbstverwaltung der Rechtsanwaltschaft v. 26.03.2007 (BGBl. I S. 358).
3 *Kopp/Schenke*, VwGO, § 40 Rz. 48.
4 BGH DNotZ 2007, 69; ebenso schon OVG Bremen NJW 1978, 966, 967.
5 BGHZ 115, 275, 277: BGH DNotZ 2007, 69, 70. Vgl. auch BVerwG NJW 1993, 2883, 2884 (zur anwaltsgerichtlichen Zuständigkeit nach § 223 BRAO).
6 Siehe unten Rz. 20.
7 OVG Bremen NJW 1978, 966.

- vermögensrechtliche Streitigkeiten zwischen Notarkammer und Notariatsverwalter,
- Streitigkeiten über Ansprüche des Notariatsverwalters gegen den früheren Amtsinhaber auf Herausgabe von Gebührenvorschüssen[8],
- Streitigkeiten über Entscheidungen der Bundesnotarkammer nach §§ 78a, 78b,
- Streitigkeiten über Versorgungs- und Besoldungsansprüche gem. § 113 Abs. 3 Nr. 2 und 6 gegen die Notarkasse.

In den drei erstgenannten Fällen sind die Landgerichte (§§ 62, 78c Abs. 2 Satz 2), in den Fällen des § 113 Abs. 3 Nr. 2 und 6 die Verwaltungsgerichte zuständig (§ 113 Abs. 7).

4 Voraussetzung für den Rechtsweg zu den Notarsenaten ist stets, dass es sich um eine **öffentlich-rechtliche Streitigkeit** handelt. Daher ist etwa der Anspruch des durch einen Notar Geschädigten gegen die zuständige Notarkammer auf Mitwirkung bei der Schadensregulierung durch den Vertrauensschadenversicherer[9] nicht im Rechtsweg des § 111 BNotO, sondern als bürgerliche Rechtsstreitigkeit im ordentlichen Rechtsweg vor den Zivilgerichten geltend zu machen[10].

2. Anfechtbare Verwaltungsakte

a) Verwaltungsakte

5 Durch Antrag nach § 111 Abs. 1 können nur **Verwaltungsakte** angefochten werden. Die Vorschrift definiert den Begriff des Verwaltungsakts nicht, sondern setzt ihn voraus.

aa) § 35 VwVfG

6 Die in § 35 der **Verwaltungsverfahrensgesetze** des Bundes und der Länder[11] enthaltene Legaldefinition ist unmittelbar nicht einschlägig, da diese Gesetze für die Tätigkeit der Behörden der Justizverwaltung einschließlich der ihrer Aufsicht unterliegenden Körperschaften des öffentlichen Rechts nur gelten, soweit die Tätigkeit der Nachprüfung von den Gerichten der Verwaltungsgerichtsbarkeit unterliegt (§ 2 Abs. 3 Nr. 1 VwVfG). Da der Verwaltungsrechtsweg in Notarsachen insoweit verschlossen ist[12], sind die Verwaltungsverfahrensgesetze nicht anwendbar[13]. Ihre Vorschriften können allerdings zur Lückenschließung herangezogen werden, soweit sie Ausdruck allgemeiner rechtsstaatlicher Verfahrensgrundsätze sind[14].

bb) Begriff des Verwaltungsakts

7 § 35 VwVfG widerspiegelt im Wesentlichen den in Rechtsprechung und Rechtslehre entwickelten Grundsätzen zum Begriff des Verwaltungsakts[15]. Verwaltungsakt ist danach jede auf unmittelbare Rechtswirkung nach außen gerichtete hoheitliche Maßnahme, die eine Behörde zur Regelung eines Einzelfalls auf dem Gebiet des öffentlichen Rechts trifft. Auf dem Gebiet des **notariellen Berufsrechts** handelt es sich dabei in der Regel um die Begründung, Aufhebung, Abänderung oder verbindliche Feststellung eines subjektiven Rechts oder einer Pflicht des Betroffenen[16].

8 (1) **Behörden** sind im Geltungsbereich der BNotO die Aufsichtsbehörden (§ 92), die Bundesnotarkammer, die Notarkammern[17], die Notarkasse in München (§ 113 Abs. 1) und die Ländernotarkasse in Leipzig (§ 113 Abs. 2).

---

8 BGH DNotZ 2000, 714, 716: entsprechende Anwendung des § 62.
9 Siehe § 19a Rz. 9, 11.
10 BGHZ 115, 278. Vgl. auch BGHZ 135, 354, 366.
11 Im folgenden ohne weitere Differenzierung: VwVfG.
12 Siehe oben Rz. 3.
13 BGH DNotZ 1979, 373, 375; DNotZ 1980, 177, 178.
14 *Kopp/Ramsauer*, VwVfG, § 2 Rz. 1.
15 *Stelkens/Bonk/Sachs*, VwVfG, § 35 Rz. 12.
16 Vgl. BGHZ 44, 65, 72; BGH NJW 1969, 929, 930.
17 BGHZ 52, 283, 285.

(2) Entscheidend ist der **Regelungsgehalt** einer Maßnahme. Für den Begriff des Verwaltungsakts ist wesentlich, dass er auf eine einseitige, für den Betroffenen unmittelbar verbindliche und der Rechtsbeständigkeit fähige Einzelfallregelung kraft hoheitlicher Gewalt gerichtet ist[18]. **9**

(a) In welcher **Form** der Verwaltungsakt ergeht, ist unerheblich. In Betracht kommen insbesondere Verfügungen und Bescheide; aber auch Mitteilungen und Ankündigungen können Verwaltungsakte darstellen[19]. Maßgeblich für die Beurteilung, ob ein behördlicher Akt ein Verwaltungsakt ist, ist im Zweifel nicht der innere Wille der Behörde oder dessen Fehlen, sondern der **objektive Sinngehalt**, wie er sich aus der Sicht des Adressaten oder sonst Betroffenen darstellt[20]. Die Beifügung einer **Rechtsbehelfsbelehrung** deutet auf das Vorliegen eines Verwaltungsakts hin[21]; jedoch schließt ihr Fehlen den Regelungscharakter nicht aus[22], zumal sie von Gesetzes wegen nicht erforderlich ist[23]. **10**

(b) **Verwaltungsakte** sind beispielsweise **11**
– die Bestellung zum Notar sowie deren Ablehnung (§ 3)[24],
– die Zurückstellung der Entscheidung über die Bestellung zum Notar[25],
– die Genehmigung einer Nebenbeschäftigung und ihre Versagung (§ 8 Abs. 3)[26],
– die Auferlegung einer Berichtspflicht über das Aufkommen von Urkundsgeschäften aus genehmigter Nebentätigkeit[27],
– die Genehmigung einer Berufsverbindung (§ 9 Abs. 1 Nr. 1)[28] und ihre Versagung,
– die Anweisung an den Notar, seine Wohnung am Amtssitz zu nehmen (§ 10 Abs. 2),
– die Anordnung, mehrere Geschäftsstellen zu unterhalten (§ 10 Abs. 4 Satz 1), die Genehmigung dafür und deren Versagung,
– die Genehmigung zur Abhaltung auswärtiger Sprechtage (§ 10 Abs. 4 Satz 2) und ihre Versagung[29],
– die Genehmigung einer Urkundstätigkeit außerhalb des Amtsbezirks (§ 11 Abs. 2) und ihre Versagung,
– die Befreiung von der Verschwiegenheitspflicht durch die Aufsichtsbehörde (§ 18 Abs. 1 Satz 2)[30],
– die Genehmigung einer Abwesenheit von mehr als einem Monat (§ 38 Satz 2) und ihre Versagung,
– die Vertreterbestellung (§ 39), ihre Ablehnung[31] und ihr Widerruf (§ 40 Abs. 2),
– die Genehmigung einer vorübergehenden Amtsniederlegung (§ 48b) und ihre Versagung,
– die Weisung der Aufsichtsbehörde an den Notar, sich wegen Bedenken gegen die Dienstfähigkeit amtsärztlich untersuchen zu lassen (§ 50 Abs. 4)[32],
– die Erteilung der Erlaubnis zur Führung der Amtsbezeichnung »Notar a. D.« (§ 52) und deren Rücknahme,
– die Erteilung einer Genehmigung zur Übernahme der Räume oder Angestellten nach § 53 und ihre Versagung,
– die vorläufige Amtsenthebung durch die Aufsichtsbehörde (§ 54 Abs. 1),

---

18 BGHZ 85, 173, 175; BGH NJW 1981, 2466; *Stelkens/Bonk/Sachs*, § 35 Rz. 64.
19 Zur Ankündigung der Amtsenthebung gem. § 50 Abs. 3 BNotO: BGHZ 44, 65, 72; 78, 229, 230; 78, 232, 233.
20 *Stelkens/Bonk/Sachs*, § 35 Rz. 43.
21 Vgl. BGHZ 52, 283, 284.
22 BGH DNotZ 1982, 381.
23 Siehe unten Rz. 113.
24 BGHZ 84, 52, 53; 124, 327, 330; BGHR BNotO § 111 Verwaltungsakt 1; BGH DNotZ 1989, 318; DNotZ 1994, 318; NJW 1994, 1870; Nds.Rpfl. 1994, 333.
25 BGH DNotZ 1982, 379.
26 BGHZ 51, 301, 303; BGH DNotZ 1994, 336.
27 BGH DNotZ 2005, 74.
28 BGHZ 64, 214, 216 (Sozietät mit Wirtschaftsprüfer).
29 BGH DNotZ 1968, 499.
30 BGH DNotZ 1975, 420.
31 BGH DNotZ 1993, 469.
32 BGH DNotZ 1976, 504.

- die Bestellung eines Notariatsverwalters (§ 57)[33], deren Ablehnung[34] sowie der Widerruf der Bestellung (§ 64 Abs. 1 Satz 3),
- die Festsetzung der Vergütung des Notariatsverwalters durch die Notarkammer (§ 59 Abs. 1 Satz 1),
- die Genehmigung einer Satzung der Notarkammer durch die Landesjustizverwaltung (§§ 66 Abs. 1 Satz 2, 67 Abs. 2 Satz 2) und ihre Versagung,
- der Beitragsbescheid (§ 73 Abs. 1) und die vollstreckbare Zahlungsaufforderung der Notarkammer (§ 73 Abs. 2 BNotO)[35]. Die Verweisung auf das Vollstreckungsrecht steht dem nicht entgegen, da sie nur das Beitreibungsverfahren, nicht aber den Rechtsschutz gegen die Beitragsanforderung betrifft[36].
- Anordnungen der Notarkammer nach § 74 Abs. 1 sowie die Androhung und die Festsetzung von Zwangsgeld nach § 74 Abs. 2,
- die Anordnung einer Geschäftsprüfung (§ 93)[37], die Verweigerung des Berichts über die Geschäftsprüfung[38] sowie bindende Anordnungen zur Abwicklung der Geschäftsprüfung[39] (etwa die Weisung, Kostenberechnungen in bestimmter Weise zu berichtigen[40] oder eine bestimmte Rechtsansicht zu vertreten[41]).

12   (3) Behördliche Maßnahmen, die sich **nicht** auf eine **Einzelfallregelung** richten, sind auch dann nicht um Verwaltungsakte, wenn die Behörde in den Handlungsformen des öffentlichen Rechts tätig wird.

13   (a) So sind bloße **Meinungsäußerungen**, **Belehrungen** und **Hinweise** auf die Rechtslage[42] seitens der Justizverwaltung oder der Notarkammer keine Verwaltungsakte, weil sie keine Regelung mit unmittelbarer Außenwirkung enthalten[43]. Bedeutsam ist dies bei Auseinandersetzungen im Rahmen der **Aufsicht** über die Notare. Äußerungen der Notarkammer oder der Aufsichtsbehörde zur Amtsführung des Notars (etwa anlässlich von Geschäftsprüfungen), die keine verbindliche Anweisung enthalten, sondern (präventiv) seine künftige Amtsführung beeinflussen sollen, sind keine Verwaltungsakte im Sinne des § 111[44]. Dagegen handelt es sich um einen Verwaltungsakt, wenn Aufsichtsmaßnahmen für den Fall angekündigt werden, dass erhobene Beanstandungen nicht beachtet werden[45]. Eine solche Ankündigung geht über eine bloße Belehrung hinaus; sie stellt eine im Verfahren nach § 111 anfechtbare **hoheitliche Maßnahme** dar. Insoweit gelten die gleichen Grundsätze wie zur Anfechtbarkeit von Aufsichtsmaßnahmen gegenüber Rechtsanwälten[46]. Ebenso liegt es, wenn der Notar die Aufsichtsbehörde ausdrücklich um einen **rechtsmittelfähigen Bescheid** gebeten hat und die Behörde daraufhin ihre Rechtsauffassung zum Verhalten des Notars äußert[47].

14   (b) Keinen Verwaltungsakt stellt es dar, wenn die Behörde durch sog. **wiederholende Verfügung** eine erneute Sachprüfung und Entscheidung hinsichtlich eines bereits durch Verwal-

---

33 BGHZ 39, 162, 164.
34 BGHZ 63, 274 = DNotZ 1975, 693 m. Anm. *Dumoulin*.
35 BGHZ 52, 283, 285.
36 BGHZ 52, 285.
37 BGH DNotZ 1974, 372; DNotZ 1987, 438.
38 BGH NJW 1981, 988.
39 Siehe jedoch unten Rz. 13.
40 BGHZ 57, 351, 354.
41 BGHZ 57, 354.
42 BGH DNotZ 1995, 164, 165.
43 BGH NJW 1969, 929, 930 (insoweit in BGHZ 51, 301 nicht abgedruckt); BGHZ 57, 351, 353; BGH NJW 1981, 2466, 2467.
44 BGH DNotZ 1963, 357, 358; NJW 1969, 929, 930; BGH Beschl. v. 25.11.1996 – NotZ 13/96 (Quelle: Juris); BGH NJW 2006, 2926 (zu § 223 BRAO).
45 OLG Köln, Beschl. v. 12.02.2004 – 2 VA(Not) 40/00 – n.v.; a. A. *Eylmann/Vaasen/Custodis*, § 111 BNotO Rz. 24; *Vorauflage*, § 111 Rz. 12.
46 BVerfGE 50, 6, 16 ff.; BGH NJW 2003, 346 (jeweils zu § 223 BRAO). Eingehend zur Anfechtbarkeit von Aufsichtsmaßnahmen gegenüber Rechtsanwälten: *Weyland* in Festschrift Rechtsanwaltskammer Hamm, S. 419.
47 BGHZ 64, 214, 216.

tungsakt geregelten Sachverhalts unter Hinweis auf die frühere Entscheidung ablehnt, auch wenn zugleich neue Sachgründe angegeben werden[48].

Davon zu unterscheiden ist der sog. **Zweitbescheid**. Die Behörde ist grundsätzlich berechtigt, einen bereits geregelten Einzelfall durch eine neue Sachentscheidung erneut zu regeln. Lässt sie einen dahingehenden Willen erkennen, so liegt ein neuer Verwaltungsakt vor[49].

(c) Lehnt die mit einer **Dienstaufsichtsbeschwerde** angerufene Behörde eine Änderung **15** des Verwaltungsakts der nachgeordneten Behörde ab, so stellt dieser abweisende Bescheid keinen Verwaltungsakt dar[50].

(d) Der **Erlass allgemeiner Vorschriften** für die Amtsführung der Notare dient nicht der **16** Regelung bestimmter Einzelfälle. Der Satzungsbeschluss der Notarkammer über die Aufstellung von Berufsrichtlinien und seine Verkündung (§§ 67 Abs. 2, 66 Abs. 1 Satz 2) sowie der Erlass der Dienstordnung für Notare (DONot) sind daher keine Verwaltungsakte. Das gleiche gilt für von den Landesjustizverwaltungen kraft ihrer Organisationsgewalt erlassenen Allgemeinen Verfügungen[51].

(e) Keine Verwaltungsakte sind **Organisationsakte** der Justizverwaltungen, da ihnen die **17** Außenwirkung fehlt. So sind die Errichtung oder Einziehung einer Notarstelle durch die Landesjustizverwaltung[52], ihre Ausschreibung[53] und die Rücknahme einer Ausschreibung[54], die Einleitung und der Abbruch eines Besetzungsverfahrens[55], die Ankündigung der Bestellung zum Notar[56], die Bestimmung des Amtssitzes (§ 10 Abs. 1)[57] oder die Festlegung der Grenzen des Amtsbereichs und ihre Änderung (§ 10a Abs. 1 Satz 2) als verwaltungstechnische Maßnahmen nicht nach § 111 anfechtbar. Etwaige Fehler im Ausschreibungs- bzw. Auswahlverfahren können zusammen mit der abschließenden Entscheidung im Verfahren über die Besetzung der ausgeschriebenen Stelle überprüft werden. Das gilt auch, wenn das Auswahlverfahren nach Rücknahme der Ausschreibung abgebrochen wird[58].

(f) **Beschlüsse** der **Notarkammern** und der **Bundesnotarkammer** sind keine Verwal- **18** tungsakte, sofern sie nicht ausnahmsweise der Regelung von Einzelfällen dienen. So sind Beschlüsse der Notarkammern über die Beitragspflicht der ihnen angehörenden Notare nicht nach § 111 anfechtbar[59]. Erst der aufgrund der Beschlussfassung ergehende Leistungsbescheid stellt einen Verwaltungsakt dar[60]; wird er angefochten, ist im Rahmen dieses Antrags auch die Rechtmäßigkeit des zugrunde liegenden Vorstandsbeschlusses gerichtlich zu überprüfen[61].

(g) **Wahlen** zu den Organen der Notarkammern und der Bundesnotarkammer (§ 69 **19** Abs. 2 Satz 2, § 81) können nicht nach § 111 angefochten werden[62]. Sie sind keine Verwaltungsakte, da sie keine Einzelfallregelung mit Außenwirkung enthalten. Anfechtbar sind jedoch solche im Zusammenhang mit einer Wahl ergehenden Maßnahmen, die unmittelbar die Rechtsstellung eines aktiv oder passiv Wahlberechtigten berühren[63].

---

48 BGHZ 57, 351, 353; BGH NJW 1981, 2466, 2467.
49 BGHZ 57, 353; BGH NJW 1981, 2467.
50 BGHZ 42, 390, 392.
51 BGH DNotZ 1980, 181, 182 f.
52 BGH DNotZ 1996, 902; NJW-RR 1998, 850.
53 BGH DNotZ 2003, 782, 783.
54 BGH DNotZ 2006, 384.
55 BGHZ 165, 146 = DNotZ 2006, 386. Näher dazu *Schlick*, ZNotP 2006, 362.
56 BGH DNotZ 2006, 312 (kein Verwaltungsakt, aber Zusicherung).
57 BGH NJW-RR 1998, 849, 850.
58 BGH DNotZ 1997, 889.
59 BGHZ 85, 173, 176; *Schippel/Bracker/Lemke*, § 111 Rz. 6. Offen gelassen: BGHZ 52, 283, 285.
60 Siehe oben Rz. 11.
61 BGHZ 85, 176.
62 Die BNotO sieht ein spezielles Wahlanfechtungsverfahren nicht vor (anders §§ 90, 91 BRAO).
63 BGH DNotZ 1967, 167, 169.

b) Rechtsgrundlage des Verwaltungsakts

20 Der Anfechtung unterliegen Verwaltungsakte, die nach der **BNotO** oder nach einer aufgrund dieses Gesetzes erlassenen **Rechtsverordnung** oder **Satzung** ergehen. Maßgeblich ist dabei, auf welche Rechtsgrundlage der Verwaltungsakt – sei es ausdrücklich oder konkludent – **gestützt** wird. Ob dies zu Recht geschieht, ist eine Frage nicht der Zulässigkeit, sondern der Begründetheit des Antrags auf gerichtliche Entscheidung.

aa) BNotO

21 Anfechtbar sind zunächst Verwaltungsakte, die nach der **BNotO** selbst ergehen. Voraussetzung dafür ist nicht, dass sich die Rechtsgrundlage für den Verwaltungsakt ausdrücklich und unmittelbar aus dem Gesetz ergibt. Ein anfechtbarer Verwaltungsakt kann auch vorliegen, wenn die Behörde ihre Befugnis zum Erlass des Verwaltungsakts nur aus dem Gesamtzusammenhang des Gesetzes herleitet oder wenn dieses nur mittelbar die Grundlage des Verwaltungsakts bildet. Daher können auch Maßnahmen, die auf Verwaltungsvorschriften der Landesjustizverwaltungen (DONot, Allgemeine Verfügungen) gestützt werden, der Anfechtung nach § 111 unterliegen[64].

bb) Rechtsverordnungen und Satzungen

22 Die Neufassung der Vorschrift durch die Berufsrechtsnovelle 1998[65] stellt in teilweiser Anlehnung an § 223 Abs. 1 Satz 1 BRAO klar, dass auch Verwaltungsakte, die nach einer aufgrund der BNotO erlassenen Rechtsverordnung oder Satzung ergehen, nach § 111 anfechtbar sind. **Rechtsverordnungen** in diesem Sinne sieht das Gesetz in § 6 Abs. 3 Satz 4, § 7 Abs. 5, § 9 Abs. 1 Satz 2, § 19a Abs. 6, § 25 Abs. 2, § 67 Abs. 2 Satz 1, Abs. 3 Nr. 3 Satz 3 vor. Eine **Satzung** im Sinne der Vorschrift ist beispielsweise die Richtliniensatzung der Notarkammer (§ 67 Abs. 2 Satz 1).

cc) Sonstige Rechtsvorschriften

23 Der Anwendung des § 111 steht nicht entgegen, dass der Verwaltungsakt zugleich auf **andere Rechtsvorschriften** gestützt ist[66]. Dagegen sind Maßnahmen, die ausschließlich aufgrund anderer Rechtsvorschriften ergehen, nicht nach § 111 anfechtbar.

24 (1) Nicht unter § 111 fallen daher Verwaltungsakte nach der **Bundesrechtsanwaltsordnung**. So können die Rücknahme der Anwaltszulassung (§ 14 BRAO) und die Verhängung eines Berufs- oder Vertretungsverbots (§ 150 BRAO) gegen einen Anwaltsnotar ungeachtet ihrer notarrechtlichen Auswirkungen (§§ 47 Nr. 3, 54 Abs. 4 Nr. 2 BNotO) nicht nach § 111, sondern nur im anwaltsgerichtlichen Verfahren nach §§ 37 ff., 223 BRAO angefochten werden.

25 (2) Die Verfügung des Amtsgerichts nach **§ 51 Abs. 1 Satz 1 BNotO**, wonach ein Notar, dessen Amt erloschen oder dessen Amtssitz in einen anderen Amtsgerichtsbezirk verlegt worden ist, seine Akten und Bücher sowie die ihm amtlich übergebenen Urkunden dem Gericht zur Verwahrung zu überlassen hat, ist eine Maßnahme auf dem Gebiet der freiwilligen Gerichtsbarkeit, die nicht auf einer der in § 111 Abs. 1 Satz 1 genannten Rechtsgrundlagen beruht; sie kann nur mit der Beschwerde nach § 19 FGG angefochten werden[67].

c) Entbehrlichkeit einer ausdrücklichen Bestimmung

26 Ob ein Verwaltungsakt nach § 111 anfechtbar ist, ergibt sich aus der Rechtsnatur der Maßnahme und aus der Rechtsgrundlage, auf welche sie gestützt wird. Die Anfechtbarkeit muss

---

64 BGH DNotZ 1980, 181, 182.
65 Siehe oben Rz. 1.
66 *Schippel/Bracker/Lemke*, § 111 Rz. 10.
67 BGH DNotZ 1975, 423.

weder in einer Rechtsnorm noch bei Erlass der Maßnahme ausdrücklich bestimmt sein. Die Neufassung des § 111 Abs. 1 Satz 1 durch die Berufsrechtsnovelle 1998[68] enthält insofern eine – entbehrliche – Klarstellung.

3. Antrag auf gerichtliche Entscheidung

a) Anfechtungsantrag

§ 111 Abs. 1 Satz 1 sieht als Rechtsschutzmittel die **Anfechtung** eines ergangenen Verwaltungsakts vor. Der darauf gerichtete Antrag entspricht der Anfechtungsklage nach § 42 Abs. 1 VwGO.

27

aa) Belastende Verwaltungsakte

Die Anfechtung eines **belastenden Verwaltungsakts** zielt auf dessen Aufhebung oder Abänderung durch rechtsgestaltende richterliche Entscheidung.

28

(1) Gegenstand der Anfechtung ist in der Regel der Verwaltungsakt **im Ganzen**.

29

(2) Bei einem äußerlich und inhaltlich **teilbaren Verwaltungsakt** kann die Anfechtung auf einen Teil beschränkt werden. Erhebt etwa die Notarkammer durch einheitlichen Bescheid Kammerbeiträge für mehrere zurückliegende Jahre und hält der ihr angehörige Notar nur den Beschluss über die Beitragsfestsetzung für das letzte Geschäftsjahr für fehlerhaft, so kann er die Anfechtung hierauf beschränken.

30

(3) Eine Teilanfechtung kommt ferner bei einem begünstigenden Verwaltungsakt mit **Nebenbestimmungen** (Auflage, Bedingung, Befristung, Widerrufsvorbehalt) in Betracht. Die Einzelheiten sind teilweise umstritten[69]. Nach der neueren Rechtsprechung des Bundesverwaltungsgerichts[70] ist die isolierte Anfechtung von Nebenbestimmungen grundsätzlich zulässig, es sei denn, dass eine isolierte Aufhebung offenkundig von vornherein ausscheidet. Von der Frage der Zulässigkeit zu unterscheiden ist die Frage, ob die isolierte Anfechtung im Rahmen der Begründetheitsprüfung zur Aufhebung der angefochtenen Nebenbestimmung führt. Die Entscheidung darüber hängt nach Auffassung des BVerwG davon ab, ob der begünstigende Verwaltungsakt ohne die Nebenbestimmung sinnvoller- und rechtmäßigerweise bestehen bleiben kann. Dies ist nicht der Fall, wenn der verbleibende Teil
– mangels Teilbarkeit des Verwaltungsakts keine selbstständige Bedeutung hat oder der Verwaltungsakt bei Wegfall der Nebenbestimmung einen anderen Sinn erhalten und dadurch seinen Zweck verfehlen würde,
– oder wenn er ohne die Nebenbestimmung rechtswidrig wäre.

31

(4) Sog. *modifizierende Auflagen* sind nach wohl noch h. M. keine selbstständig anfechtbaren Nebenbestimmungen, sondern Teil der Hauptregelung[71].

32

(5) Im Interesse eines effektiven Rechtsschutzes ist die in § 111 nicht ausdrücklich vorgesehene Möglichkeit zuzulassen, dass der Betroffene entsprechend § 113 Abs. 1 Satz 2 und 3 VwGO mit dem Anfechtungsantrag zugleich die **Beseitigung der Folgen** eines bereits vollzogenen Verwaltungsakts begehrt. So kann mit der Aufhebung einer Zwangsgeldfestsetzung nach § 74 Abs. 2 zugleich die Erstattung des bereits beigetriebenen Zwangsgeldes verlangt werden, falls die Voraussetzungen für die Beitreibung nicht oder – wegen zwischenzeitlicher Erfüllung der Pflichten nach § 74 Abs. 1 – nicht mehr vorgelegen haben.

33

(6) Betrifft der Verwaltungsakt eine **Geldleistung**, so kann das Gericht entsprechend § 113 Abs. 2 VwGO den Betrag in anderer Höhe festsetzen oder eine darauf bezogene Feststel-

34

---

68 Siehe oben Rz. 1.
69 Übersicht über den Meinungsstand: *Maurer*, Allgemeines Verwaltungsrecht, § 12 Rz. 24; *Sproll*, NJW 2002, 3221.
70 BVerwG NVwZ 2001, 429.
71 *Maurer*, § 12 Rz. 16.

lung ändern, sofern die Sache spruchreif ist (z. B. Herabsetzung eines unrichtig festgesetzten Kammerbeitrages).

bb) Begünstigende Verwaltungsakte

35 Die Versagung eines beantragten **begünstigenden Verwaltungsakts** kann in der Regel nicht isoliert mit dem Ziel angefochten werden kann, den Verwaltungsakt lediglich aufzuheben, ohne die Behörde gleichzeitig zum Erlass des begünstigenden Akts oder zur Neubescheidung des Gesuchs zu verpflichten[72]. Denn für eine isolierte Anfechtung fehlt in der Regel das Rechtsschutzbedürfnis: Solange der begünstigende Verwaltungsakt nachgeholt werden kann, kann der Betroffene mit einem Antrag nach § 111 erreichen, dass die Behörde zum Erlass des abgelehnten Verwaltungsakts bzw. zur Neubescheidung verpflichtet wird[73]; eine isolierte Aufhebung des ablehnenden Bescheids verbessert seine Rechtsstellung nicht. Kann der begünstigende Verwaltungsakt hingegen aus tatsächlichen oder rechtlichen Gründen nicht mehr nachgeholt werden, nützt es dem Betroffenen in der Regel ebenfalls nichts, wenn die ablehnende Entscheidung aufgehoben wird. Hat beispielsweise die Landesjustizverwaltung rechtsfehlerhaft die Bewerbung um eine Notarstelle abgelehnt und die Stelle einem Mitbewerber übertragen, ist für einen Verpflichtungs- oder Bescheidungsantrag kein Raum mehr, da die Besetzung der Stelle nicht mehr rückgängig gemacht werden kann[74]; eine isolierte Aufhebung des ablehnendes Bescheides würde daran nichts ändern und die Rechtsstellung des übergangenen Bewerbers nicht verbessern[75].

b) Verpflichtungsantrag

aa) Statthaftigkeit

36 Die Möglichkeit eines **Verpflichtungsantrags** ergibt sich teils aus § 111 Abs. 2 Satz 2, teils aus Abs. 4 in Verbindung mit § 41 Abs. 3 Satz 2 BRAO herleiten. Die letztere Vorschrift betrifft den Fall, dass sich der Antrag auf gerichtliche Entscheidung (§ 39 BRAO) gegen die *Ablehnung einer beantragten Amtshandlung* richtet; die Statthaftigkeit eines solchen Antrags wird dabei, ebenso wie in § 39 Abs. 2 Satz 2 BRAO, vorausgesetzt. »*Amtshandlung*« in diesem Sinne ist auch der Erlass eines Verwaltungsakts. Folglich sind im Verfahren nach § 111 BNotO Verpflichtungsanträge sowohl bei Nichtbescheidung als auch bei (angekündigter) Ablehnung eines beantragten Verwaltungsakts statthaft[76]. Der Verpflichtungsantrag entspricht damit der verwaltungsgerichtlichen Verpflichtungsklage nach § 42 Abs. 1 VwGO.

bb) Rechtsschutzziel

37 **Ziel** des Verpflichtungsantrags kann nur der Erlass eines **Verwaltungsakts**, d. h. einer Einzelfallregelung, sein. Ein Antrag, der sich lediglich auf die verbindliche Klärung einer allgemeinen Rechtsfrage oder auf eine künftige allgemeine Art der Sachbehandlung durch die Behörde richtet, ist unzulässig[77].

cc) Versagungsgegenantrag

38 Hat die Behörde einen nachgesuchten Verwaltungsakt abgelehnt, kann der Betroffene im Wege des sog. **Versagungsgegenantrags** (Weigerungsgegenantrags) dagegen vorgehen. Das gleiche gilt, wenn ein ablehnender Bescheid zwar noch nicht ergangen ist, die Behörde aber

---

72 Vgl. dazu *Kopp/Schenke*, § 42 Rz. 30 m. w. N.
73 Siehe unten Rz. 36 ff.
74 BGHZ 67, 343, 346; BGH DNotZ 1975, 45; DNotZ 1991, 72, 73; DNotZ 1996, 905, 906.
75 Vgl. BVerfG NJW 1990, 501; BGH NJW 1993, 2040. Siehe auch unten Rz. 51.
76 Im Ergebnis ebenso: BGHZ 37, 179, 181; 69, 224, 226; BGH NJW 1994, 1870, 1873; DNotZ 1995, 164, 165; DNotZ 1997, 167, 170; NJW 1997, 1075, 1076.
77 BGH DNotZ 1995, 164; BGH Beschl. v. 18.07.1994 (NotZ 3/93).

eindeutig ihre **Ablehnungsabsicht erklärt** hat[78], wie es etwa in Verfahren zur Besetzung von Notarstellen vielfach üblich ist[79].

Der Betroffene kann in diesen Fällen entweder den **Erlass** des Verwaltungsakts (Verpflichtungsantrag im engeren Sinne) oder die erneute **Bescheidung** seines Gesuchs (Bescheidungsantrag) beantragen. Der Bescheidungsantrag stellt gegenüber dem Verpflichtungsantrag i. e. S. ein Minus dar[80].

(1) Ein Antrag auf **Erlass** des Verwaltungsakts kommt in der Regel bei gebundenen Entscheidungen sowie in denjenigen Fällen in Betracht, in denen die Behörde zwar einen Ermessens- oder Beurteilungsspielraum hat, nach Lage des Falles aber nur eine einzige Entscheidung sachgerecht ist (sog. Ermessens- bzw. Beurteilungsreduzierung auf Null). Ob das Gericht in einem solchen Fall die Behörde zum Erlass des Verwaltungsakts oder nur zur Neubescheidung verpflichtet, bestimmt sich nach § 41 Abs. 3 Satz 2 BRAO[81].   **39**

(2) Steht der Behörde beim Erlass oder bei der Inhaltsbestimmung des Verwaltungsakts (bei der Frage des »Ob« oder des »Wie«) ein Ermessens- oder Beurteilungsspielraum zu, ohne dass eine »Reduktion auf Null« eingetreten ist, ist ein Verpflichtungsantrag im engeren Sinne zwar statthaft, er verspricht aber keinen umfassenden Erfolg. Zur Vermeidung eines Kostenrisikos[82] kann sich der Betroffene in diesem Fall darauf beschränken, im Wege des **Bescheidungsantrags** die Verpflichtung der Behörde zur Neubescheidung seines Antrags zu verlangen. Bescheidungsanträge sind insbesondere bei Konkurrentenstreitigkeiten im Rahmen der Besetzung von Notarstellen sowie der Aufnahme in den Anwärterdienst als Notarassessor angezeigt[83].   **40**

(3) Ein gesonderter Antrag auf **Aufhebung des ablehnenden Bescheids** ist grundsätzlich nicht erforderlich, aber zur Klarstellung angebracht[84]. Stellt sich im Verfahren heraus, dass die begehrte Verpflichtung aus Rechts- oder Tatsachengründen nicht (mehr) möglich ist – etwa weil die von dem Antragsteller erstrebte Notarstelle bereits anderweitig besetzt ist –, kann das Gericht jedenfalls auf den Aufhebungsantrag hin den ablehnenden Bescheid aufheben, wenn er rechtswidrig ist und den Antragsteller in seinen Rechten verletzt[85].   **41**

dd) Untätigkeitsantrag

Hat die Behörde den Antrag auf Erlass eines Verwaltungsakts nicht beschieden, kann der Betroffene dagegen mit dem **Untätigkeitsantrag** vorgehen. Der Antrag ähnelt der verwaltungsgerichtlichen Untätigkeitsklage (§ 75 VwGO).   **42**

(1) **Ziel** des Antrags ist der Erlass des nachgesuchten Verwaltungsakts oder die Bescheidung des Gesuchs[86].   **43**

(2) Er ist erst **zulässig**, wenn die Behörde den Antrag ohne zureichenden Grund innerhalb von drei Monaten nicht beschieden hat (§ 111 Abs. 2 Satz 2). Die Frist beginnt mit dem Eingang des Antrags bei der Behörde. Abweichend von § 75 Satz 2 VwGO, wonach die Untätigkeitsklage bei Vorliegen besonderer Gründe vor Fristablauf erhoben werden kann, ist eine **vorzeitige Antragstellung** nicht zulässig. Jedoch wird ein vorzeitig gestellter Antrag mit Ablauf der Frist zulässig, so dass das Gericht sodann in der Sache entscheiden kann[87].   **44**

---

78 BGH DNotZ 1978, 46.
79 Z. B. § 13 AVNot NW i. d. F. vom 12.07.1994 (JMBl. NW S. 185, 201): Ankündigung, eine ausgeschriebene Notarstelle einem Mitbewerber zu übertragen.
80 Siehe unten Rz. 85.
81 Näher dazu: unten Rz. 155 ff.
82 Siehe dazu: BGH DNotZ 1974, 372.
83 Näher dazu: unten Rz. 49, 51, 124.
84 *Kopp/Schenke*, § 42 Rz. 29 m. w. N.
85 Siehe auch oben Rz. 35.
86 Siehe oben Rz. 39.
87 Näher dazu: unten Rz. 159.

Ob ein **zureichender Grund** für die Untätigkeit der Behörde vorliegt, hängt von den Umständen des Einzelfalls ab, wobei gegebenenfalls die Dringlichkeit der Angelegenheit mit zu berücksichtigen ist. Als zureichende Gründe kommen beispielsweise in Betracht[88]
- das Fehlen von dem Antragsteller beizubringender Unterlagen,
- Umfang und Schwierigkeit der Sachaufklärung, etwa bei der Feststellung der persönlichen und fachlichen Eignung zahlreicher Bewerber um eine Notarstelle,
- vorübergehende Überlastung der Behörde, etwa infolge unvorhersehbaren Personalengpasses oder ungewöhnlichen Geschäftsanfalls (z. B. anlässlich einer Gesetzesänderung),
- Notwendigkeit der Beteiligung anderer Behörden, etwa der Anhörung der Notarkammer durch die Aufsichtsbehörde,
- schwebende Verhandlungen bei Streit über den Antragsgegenstand,
- Anhängigkeit eines den Antragsgegenstand betreffenden Musterprozesses.

45　　(c) Der Antrag kann nach Ablauf der Dreimonatsfrist ohne zeitliche Beschränkung gestellt werden. Eine **Ausschlussfrist**, wie sie bis zur Aufhebung der Vorschrift[89] in § 76 VwGO vorgesehen war[90], kommt nicht in Betracht.

c) Allgemeiner Leistungsantrag

46　　§ 111 sieht einen **Leistungsantrag** nicht ausdrücklich vor. Im Interesse eines effektiven Rechtsschutzes (Art. 19 Abs. 4 GG) ist es jedoch sachgerecht, einen der verwaltungsgerichtlichen Leistungsklage (§§ 43 Abs. 2, 111, 113 Abs. 4 VwGO) entsprechenden Antrag auch im Verfahren nach § 111 BNotO zuzulassen[91]. Ein Bedürfnis für einen solchen Leistungsantrag kann anzuerkennen sein, soweit die Behörde zur Vornahme oder Unterlassung einer Amtshandlung verpflichtet werden soll, die **nicht Verwaltungsakt** ist, so dass für einen Anfechtungs- oder Verpflichtungsantrag kein Raum ist. In Betracht kommen etwa Zahlungsansprüche, etwa des Notarassessors gegen die Notarkammer auf Gewährung höherer Bezüge (§ 7 Abs. 4 Satz 3)[92]. Ferner hat der BGH einen Leistungsantrag auf Besetzung einer Notarstelle zugelassen, wenn geltend gemacht wird, die Justizverwaltung lasse Stellen trotz Bedarfs im Interesse ihrer Notarassessoren zum Nachteil von »Seiteneinsteigern« unbesetzt[93].

d) Unterlassungsantrag

aa) Grundsatz

47　　Der Antrag auf **Unterlassung** eines beabsichtigten Verwaltungsakts ist grundsätzlich unzulässig, da er weder in § 111 noch in den darin in Bezug genommenen Vorschriften der BRAO vorgesehen ist.

bb) Ausnahmen

48　　Die Rechtsprechung lässt allerdings Unterlassungsanträge amtierender Notare gegen die **Bestellung eines weiteren Notars** in ihrem Amtsbereich zu, wenn der Antragsteller geltend machen kann, dass die Besetzung der freien Stelle sein subjektives Recht auf Gewährleistung eines Mindestmaßes an wirtschaftlicher Unabhängigkeit und eine dem Amt entsprechende Erfüllung seiner Aufgaben gefährdet[94].

88　Vgl. *Kopp/Schenke*, § 75 Rz. 13.
89　Gesetz v. 24.08.1976 (BGBl. I S. 2337).
90　Im Ergebnis ebenso: *Schippel/Bracker/Lemke*, § 111 Rz. 23 (mit unzutreffendem Hinweis auf § 76 VwGO: die Vorschrift ist aufgehoben).
91　Ähnlich: *Schippel/Bracker/Lemke*, § 111 Rz. 22. Offen gelassen: BGH DNotZ 1996, 902; NJW 1996, 123, 124; NJW-RR 1998, 849.
92　*Schippel/Bracker/Lemke*, § 111 Rz. 22.
93　BGH ZNotP 2004, 410.
94　BGH DNotZ 1997, 824, 825; NJW-RR 1998, 850; DNotZ 1999, 251; DNotZ 2002, 70.

cc) Konkurrentenstreitigkeiten

Von solchen Ausnahmefällen abgesehen, sind Unterlassungsanträge auch im Rahmen der **49** Besetzung von Notarstellen grundsätzlich unzulässig. Das ist insbesondere bei **Konkurrentenstreitigkeiten** im Rahmen der Auswahl von Bewerbern um Stellen für Notare oder Notarassessoren bedeutsam. Um zu verhindern, dass durch die Ernennung eines Mitbewerbers vollendete Tatsachen geschaffen werden, könnte es zwar angebracht sein, der Landesjustizverwaltung die Ernennung eines Mitbewerbers zu untersagen. Indes fehlt es regelmäßig an einem dahin gehenden Rechtsschutzbedürfnis des einzelnen Bewerbers. Lehnt nämlich die Landesjustizverwaltung das Gesuch des Bewerbers ab oder kündigt sie die Ablehnung verbindlich an und teilt sie ihm ihre Absicht mit, die Stelle einem Mitbewerber zu übertragen[95], so kann der zurückgesetzte Bewerber dagegen im Wege des Versagungsgegenantrags mit dem Ziel vorgehen, dass die Landesjustizverwaltung seiner Bewerbung stattgibt oder sie neu bescheidet[96]. Um zu verhindern, dass vor abschließender Entscheidung über diesen Antrag ein Mitbewerber ernannt und dadurch das Verfahren gegenstandslos wird, kann der Betroffene **einstweiligen Rechtsschutz** dahingehend beantragen, dass die Landesjustizverwaltung die Besetzung der Stelle bis zur Erledigung des Hauptsacheverfahrens zurückzustellen hat[97]. Eines vorbeugenden Antrags auf Unterlassung der Ernennung eines Mitbewerbers bedarf es deshalb nicht[98].

e) Feststellungsantrag

aa) Grundsatz der Unzulässigkeit

§ 111 sieht – auch in Verbindung mit den nach Abs. 4 einschlägigen Vorschriften der BRAO **50** – einen **Feststellungsantrag** nicht vor. Da die BNotO für die in ihren Bereich fallenden Verwaltungsstreitsachen eine erschöpfende Regelung vorgenommen hat[99], sind Feststellungsanträge im Rahmen des § 111 grundsätzlich nicht zulässig[100].

bb) Fortsetzungsfeststellungsantrag

Das gilt im Grundsatz auch für **Fortsetzungsfeststellungsanträge** entsprechend § 113 **51** Abs. 1 Satz 4 VwGO. Hat sich der angefochtene oder begehrte Verwaltungsakt während des gerichtlichen Verfahrens erledigt, kann der Betroffene grundsätzlich nicht die Feststellung verlangen, dass der erledigte Verwaltungsakt rechtswidrig gewesen sei[101]. Dass die Feststellung der Vorbereitung einer Amtshaftungsklage (§ 839 BGB, Art. 34 GG) dienen soll, reicht nicht aus[102].

Das ist insbesondere bei **Konkurrentenstreitigkeiten** praktisch bedeutsam. Lehnt die Landesjustizverwaltung die Bewerbung um eine Notarstelle oder als Notarassessor rechtswidrig ab und ernennt sie einen Mitbewerber, so kann der übergangene Bewerber in der Regel nicht die Feststellung verlangen, dass die Ablehnung rechtswidrig gewesen sei; die Rechtswidrigkeit des Verwaltungsakts kann nur inzidenter im Rahmen eines etwaigen Amtshaftungsprozesses geprüft werden[103].

---

95 Siehe dazu BVerfG NJW 1990, 501.
96 Siehe oben Rz. 40.
97 BVerfG NJW 1990, 501; BGH NJW 1993, 2040. Vgl. ferner BGHZ 129, 226. Näher dazu unten Rz. 124.
98 Zur Frage der Zulässigkeit eines Fortsetzungsfeststellungsantrags in diesen Fällen siehe unten Rz. 51.
99 BGH DNotZ 1980, 181, 183.
100 BGHZ 67, 343, 346; BGH DNotZ 1963, 357; DNotZ 1964, 187; DNotZ 1975, 45; BGHR BNotO § 93 Abs. 1 Aufsicht 3.
101 BGH DNotZ 1980, 184; DNotZ 1993, 469, 471; Nds.Rpfl. 1994, 333; DNotZ 1995, 164, 166.
102 BGH MDR 1992, 185; DNotZ 1993, 471; *Jaspert/Rinne*, ZNotP 1998, 434, 445.
103 BGH DNotZ 1975, 45. Näher dazu unten Rz. 64.

cc) Ausnahmefälle

52 Jedoch ist ein Feststellungsbegehren – auch in Gestalt eines Fortsetzungsfeststellungsantrags – ausnahmsweise **statthaft**, wenn sonst die Rechtsweggarantie des Art. 19 Abs. 4 GG leer laufen würde[104]. Das ist der Fall, wenn der Betroffene ohne die begehrte Feststellung keinen effektiven Rechtsschutz erhalten würde. So ist eine Fortsetzungsfeststellung etwa zuzulassen, wenn die Behörde es im Verfahren über die Besetzung einer Notar- oder Notarassessorenstelle versäumt hat, den abgelehnten Bewerber rechtzeitig über ihre Besetzungsabsicht zu unterrichten, so dass er keine Möglichkeit hatte, einstweiligen Rechtsschutz zu beantragen[105]. Darüber hinaus ist das für einen Fortsetzungsfeststellungsantrag notwendige Feststellungsinteresse regelmäßig gegeben, wenn die begehrte Feststellung geeignet ist, die Beeinträchtigung der Rechtsstellung des Antragstellers durch die Justizverwaltung in dem laufenden oder in einem späteren Bewerbungsverfahren zu verhindern, etwa weil sich entscheidungserhebliche Rechtsfragen in einem künftigen Bewerbungsverfahren ebenso wie in dem vorangegangenen stellen werden[106].

dd) Feststellungsverfahren nach § 50 Abs. 3

53 Einen besonderen **Feststellungsantrag** sieht § 50 Abs. 3 vor. Das Verfahren ist zwar den Disziplinargerichten zugewiesen, richtet sich aber nicht nach den Vorschriften über das Disziplinarverfahren, sondern nach § 111[107].

f) Normenkontrollverfahren

54 Im Gegensatz zur VwGO kennt die BNotO ein **Normenkontrollverfahren** nicht. Die Notarsenate sind daher nicht befugt, die Rechtswirksamkeit notarrechtlicher Normen – etwa von Richtliniensatzungen der Notarkammern – allgemein verbindlich zu entscheiden[108]. Die Rechtswirksamkeit solcher Vorschriften kann nur inzidenter bei der Entscheidung über einen Anfechtungs-, Verpflichtungs- oder Fortsetzungsfeststellungsantrag geprüft werden.

II. Antragsbefugnis (Abs. 1 Satz 2, 3)

1. Bedeutung der Vorschrift

a) Sachentscheidungsvoraussetzung

55 Entsprechend der verwaltungsgerichtlichen Klagebefugnis (§ 42 Abs. 2 VwGO) stellt die **Antragsbefugnis** eine besondere Zulässigkeitsvoraussetzung (Sachentscheidungsvoraussetzung) dar. Zweck dieser Einschränkung ist es, Popularklagen auszuschließen und die Behörde vor unnötiger Inanspruchnahme zu schützen. Antragsberechtigt kann jede natürliche oder juristische Person sein (Stellenbewerber, Notare, Notarassessoren, Notariatsverwalter, Bundesnotarkammer, Notarkammern, Notarkasse, Ländernotarkasse, Dritte). Nicht antragsbefugt sind badische Amtsnotare mit dem Begehren, die Verfahren über die (erstmalige) Besetzung von Notarstellen zur hauptberuflichen Amtsausübung im badischen Rechtsgebiet abzubrechen[109].

---

104 BGHZ 67, 343, 346; BGH Beschl. v. 26.11.2007 (NotZ 55/07) – juris; st. Rspr.
105 BGH DNotZ 1991, 72, 76.
106 BGHZ 81, 66, 68; BGH NJW-RR 1995, 826; NotBZ 1999, 130, 131.
107 BGH DNotZ 1999, 170; BGHZ 44, 65.
108 BGH DNotZ 1980, 183.
109 BGH ZNotP 2007, 394.

b) Geltungsbereich der Vorschrift

Die Vorschrift bezieht sich dem Wortlaut nach nur auf die **Anfechtung** erlassener Verwaltungsakte. Sie gilt aber entsprechend auch für die übrigen in Betracht kommenden Anträge auf gerichtliche Entscheidung. Ihr Anwendungsbereich entspricht dem des § 42 Abs. 2 VwGO; er gilt nach h. M. über Anfechtungs- und Verpflichtungsklagen hinaus analog auch für Leistungs- und Feststellungsklagen und ist damit praktisch zu einer allgemeinen Sachurteilsvoraussetzung geworden[110]. **56**

Daher sind auch **Verpflichtungsanträge** nur zulässig, wenn die behaupteten Tatsachen eine Verletzung subjektiver Rechte des Antragstellers möglich erscheinen lassen[111]. Das ist beispielsweise nicht der Fall, soweit es sich um die **Einrichtung von Notarstellen** und ihre **Ausschreibung** handelt. Die Justizverwaltung entscheidet darüber kraft Organisationsgewalt nach pflichtgemäßem Ermessen. Ihre Ermessensbindung dient ausschließlich dem öffentlichen Interesse. Klagen potentieller Bewerber um eine Notarstelle sind daher unzulässig[112]. Ebenso unzulässig ist der Antrag eines Notars, einem anderen Notar aus seinem Amtsbezirk eine außerhalb dessen ausgeschriebene Notarstelle im Wege der Amtssitzverlegung zu übertragen, damit die frei werdende Stelle eingezogen werden kann[113]. **57**

Leistungsanträge können nur darauf gestützt werden, dass das Ausbleiben der Leistung den Antragsteller im Sinne von Abs. 1 Satz 2, 3 in seinen Rechten beeinträchtige[114]. Ebenso bedarf es in den Fällen, in denen ein (**Fortsetzungs-**) **Feststellungsantrag** ausnahmsweise in Betracht kommt, der Geltendmachung einer eigenen Rechtsbeeinträchtigung. **58**

2. Darlegung der Rechtsbeeinträchtigung

a) Objektive und subjektive Voraussetzungen

Nach § 111 Abs. 1 kann der Antrag nur darauf gestützt werden, dass der Verwaltungsakt – d. h. sein Erlass, seine Ablehnung oder Unterlassung[115] bzw. das Ausbleiben der begehrten Leistung[116] – den Antragsteller in seinen Rechten verletze, *weil* er rechtswidrig sei (Satz 2), in Fällen behördlicher Ermessensentscheidung nur darauf, dass das subjektive öffentliche Recht des Betroffenen auf fehlerfreie Ermessensausübung verletzt sei (Satz 3). Das Verhalten der Behörde muss also (nach Behauptung des Antragstellers) **objektiv rechtswidrig** sein *und* eine **subjektive Rechtsverletzung** zur Folge haben[117]. Entscheidend ist die **materielle Beschwer**[118]. Dass der Verwaltungsakt mittelbar auf ideelle oder wirtschaftliche Interessen des Antragstellers eingewirkt hat oder einwirken soll, genügt nicht[119]. Das bloße wirtschaftliche Interesse eines Notars, dass durch Einziehung einer Notarstelle aus seinem Amtsbezirk das eigene Urkundenaufkommen erhöht wird, begründet keine Antragsbefugnis[120]. Anders ist es, wenn die **wirtschaftliche Unabhängigkeit** eines Amtsinhabers gefährdet ist. Daher muss die Justizverwaltung im Rahmen der Bedürfnisprüfung nach § 4 BNotO berücksichtigen, dass den vorhandenen Amtsinhabern ein subjektives Recht darauf zusteht, dass ihnen zur Erfüllung ihrer öffentlichen Aufgabe als unabhängiger und unparteiischer Berater ein Mindestmaß an wirtschaftlicher Unabhängigkeit zu verbleiben hat[121]. Das bedeutet beim **Anwaltsnotar** allerdings nicht, dass die Einkünfte aus der Tätigkeit als Notar allein als Lebens- **59**

---

110 *Kopp/Schenke*, § 42 Rz. 62 m. w. N.
111 BGH DNotZ 1997, 824.
112 BGH ZNotP 2003, 230, 231.
113 BGH ZNotP 2003, 439.
114 BGH DNotZ 1996, 902, 903.
115 Siehe oben Rz. 36.
116 Siehe oben Rz. 46.
117 *Schippel/Bracker/Lemke*, § 111 Rz. 25.
118 BGH DNotZ 2006, 228, 229.
119 BGH DNotZ 1993, 469, 470.
120 BGH ZNotP 2003, 439.
121 BGH DNotZ 1997, 824, 825; 1999, 251; 2002, 70.

grundlage ausreichen müssen; erforderlich ist hier vielmehr eine Zusammenschau beider Berufe[122].

b) Umfang der Darlegungslast

60 Für die **Zulässigkeit** des Antrags genügt es, dass dieser auf eine Rechtsbeeinträchtigung **gestützt** wird. Ob die Rechtsbeeinträchtigung tatsächlich vorliegt, ist eine Frage der Begründetheit des Antrags[123]. Der Antragsteller muss hinreichend substantiiert Tatsachen vortragen, die es zumindest als **möglich** erscheinen lassen, dass er in seiner rechtlich geschützten Position beeinträchtigt wird. Das setzt voraus, dass nach seinem Vorbringen die Verwaltung Rechtssätzen zuwidergehandelt hat, die ausschließlich oder zumindest auch dem Schutz seiner Individualrechte zu dienen bestimmt sind[124]. An die Substantiierung dürfen keine zu hohen Anforderungen gestellt werden. Näherer Angaben, weshalb der Antragsteller glaubt, in seinen Rechten beeinträchtigt zu sein bzw. welche Gesichtspunkte mit welchem Ergebnis die Behörde bei Ermessens- oder Beurteilungsentscheidungen hätte berücksichtigen müssen, sind im Regelfall nicht, wohl aber dann erforderlich, wenn nach dem Vortrag des Antragstellers eine Rechtsbeeinträchtigung eher fern liegt.

III. Begründetheit des Antrags

61 Der Antrag ist begründet, soweit die angefochtene bzw. unterlassene Maßnahme der Behörde **rechtswidrig** ist und den Antragsteller **in seinen Rechten verletzt**.

1. Anfechtbarkeit und Nichtigkeit

62 Der Begriff der Rechtswidrigkeit umfasst sowohl die **Anfechtbarkeit** als auch die **Nichtigkeit** einer behördlichen Maßnahme. Grundsätzlich führt die Fehlerhaftigkeit eines Verwaltungsakts nur zur Anfechtbarkeit; Verwaltungsakte haben als Maßnahmen der staatlichen Gewalt die Vermutung der Gültigkeit für sich[125]. Das Fehlen einer Unterschrift unter einem schriftlichen Bescheid führt nicht zur Nichtigkeit, sondern allenfalls zur Anfechtbarkeit[126].

a) Anfechtbarkeit

63 **Anfechtbare** Akte sind trotz ihrer Fehlerhaftigkeit der Bestandskraft fähig; werden sie nicht angefochten, wird ihr Mangel unbeachtlich, so dass sie sowohl von dem Betroffenen als auch von Behörden und Gerichten als wirksam zu behandeln sind.

64 Der Eintritt der Bestandskraft hindert den Betroffenen allerdings – abgesehen von dem Ausschluss nach § 839 Abs. 3 BGB – nicht, in einem **Amtshaftungsprozess** die Rechtswidrigkeit des Verwaltungsakts geltend zu machen. Der Zivilrichter ist berechtigt und verpflichtet, im Rahmen der Amtshaftungsklage auch bestandskräftig gewordene Verwaltungsakte in vollem Umfang auf ihre Rechtmäßigkeit zu überprüfen[127]. So kann beispielsweise derjenige, der in einem Stellenbesetzungsverfahren gegenüber einem Mitbewerber unterlegen ist, ohne rechtzeitig von der beabsichtigten Stellenbesetzung unterrichtet worden zu sein[128], trotz der Bestandskraft des ihm gegenüber ergangenen ablehnenden Bescheides Schadensersatz nach § 839 BGB, Art. 34 GG mit der Begründung verlangen, die Bevorzugung des Mitbewerbers

---

122 Vgl. *Wöstmann*, ZNotP 2004, 298, 307 (zur Höhe der Beiträge zur Notarkammer).
123 BGH DNotZ 1977, 180; BGHZ 78, 237, 238.
124 BGH ZNotP 2003, 439, 440.
125 BVerwGE 1, 67, 69.
126 BGH ZNotP 2004, 328, 329.
127 BGHZ 113, 17, 19 ff. m. w. N.; st. Rspr.
128 Siehe oben Rz. 52.

sei rechtswidrig[129]. Hat dagegen ein Verwaltungsgericht – bzw. im Bereich des § 111 BNotO ein Notarsenat – die Rechtmäßigkeit oder Rechtswidrigkeit einer Verwaltungsmaßnahme rechtskräftig festgestellt, ist das Zivilgericht daran gebunden[130].

b) Nichtigkeit

Dagegen kann die **Nichtigkeit** einer behördlichen Maßnahme jederzeit und von jedermann geltend gemacht werden. Nach dem Rechtsgedanken des § 44 VwVfG ist ein Verwaltungsakt auf dem Gebiet des Notarrechts nichtig, soweit er an einem besonders schwerwiegenden Fehler leidet und dies bei verständiger Würdigung aller in Betracht kommenden Umstände offenkundig ist. Die in § 44 Abs. 2 und 3 VwVfG aufgeführten Beispiele können auch im Verfahren nach § 111 BNotO herangezogen werden. So führt die Verletzung der **Zuständigkeit** im Instanzenzug regelmäßig nicht zur Nichtigkeit[131]. Das gilt nicht nur, wenn die übergeordnete Behörde versehentlich oder im Wege des Selbsteintritts anstelle der nachgeordneten Behörde gehandelt hat, sondern auch dann, wenn die nachgeordnete Behörde anstelle der an sich zuständigen übergeordneten Behörde tätig geworden ist.

65

2. Rechtswidrigkeit des Verwaltungshandelns

Eine behördliche Maßnahme ist **rechtswidrig**, wenn sie gegen die Rechtsordnung (Gesetz, Rechtsverordnung, autonome Satzung, Gewohnheitsrecht) verstößt oder im geltenden Recht keine Stütze findet. Die Rechtswidrigkeit kann beruhen auf
- unrichtiger oder unvollständiger Sachverhaltsfeststellung,
- unrichtiger Rechtsanwendung,
- Ermessensfehlern[132],
- wesentlichen Verfahrensverstößen oder
- einer Überschreitung des gesetzlichen Wirkungskreises der handelnden öffentlich-rechtlichen Körperschaft.

So verstößt die Behörde gegen die Pflicht zur Sachverhaltsermittlung, wenn sie dem Betroffenen nicht oder nicht ausreichend rechtliches Gehör gewährt; zugleich liegt darin ein wesentlicher Verfahrensverstoß. Einen rechtswidrigen Eingriff in die notarielle Unabhängigkeit und damit eine Verletzung materiellen Rechts stellt die Weisung der Aufsichtsbehörde an den Notar dar, eine bestimmte Rechtsansicht zu vertreten[133]. Ein wesentlicher Verfahrensverstoß liegt vor, wenn ein ablehnender Verwaltungsakt nicht oder nicht ausreichend begründet wird[134]. Außerhalb des ihr gesetzlich zugewiesenen Wirkungskreises handelt die Notarkammer, wenn sie Beiträge erhebt, die nicht zur Erfüllung ihrer Aufgaben erforderlich sind (§ 73 Abs. 1 BNotO); derartige Rechtsakte sind nichtig[135].

66

67

3. Ermessens- und Beurteilungsfehler

Soweit die Behörde ermächtigt ist, nach ihrem **Ermessen** zu entscheiden, hat das Gericht nur zu prüfen, ob die gesetzlichen Grenzen des Ermessens überschritten sind oder von dem Ermessen in einer dem Zweck der Ermächtigung nicht entsprechenden Weise Gebrauch gemacht worden ist (Abs. 1 Satz 3).

68

---

129 Vgl. auch BGHZ 129, 226.
130 BGHZ 95, 28, 35; 113, 20.
131 § 44 Abs. 2 Nr. 3 VwVfG hat auf dem Gebiet des Notarrechts keine praktische Bedeutung.
132 Siehe dazu unten Rz. 76 ff.
133 BGHZ 57, 351, 354.
134 BGH DNotZ 1994, 197, 199 f.; 1997, 171.
135 BGHZ 52, 283, 286.

a) Geltungsbereich der Vorschrift

69 § 111 Abs. 1 Satz 3 behandelt dem Wortlaut nach nur Ermessensfehler der **Landesjustizverwaltung**. Daraus folgt aber nicht, dass Ermessensfehler **anderer** in Betracht kommender **Behörden** (Bundesnotarkammer, Notarkammern, Notarkasse, Ländernotarkasse) nicht gerichtlich nachprüfbar seien. Für den Geltungsbereich der Vorschrift ist Abs. 1 Satz 1 maßgeblich. Er enthält eine Beschränkung auf die Landesjustizverwaltung nicht; sie wäre auch nicht mit der grundgesetzlichen Garantie eines umfassenden Rechtsschutzes (Art. 19 Abs. 4 GG) vereinbar[136].

b) Ermessensermächtigung

70 Eine Ermessensprüfung nach § 111 Abs. 1 Satz 3 findet nur statt, wenn die Behörde **ermächtigt** ist, nach ihrem Ermessen zu handeln. Nimmt die Behörde fälschlich einen Ermessensspielraum für sich in Anspruch, obwohl sie eine gebundene Entscheidung zu treffen hat, so handelt sie schon deswegen rechtswidrig (Abs. 1 Satz 2)[137].

aa) Grundsätze

71 Ob die Behörde gebunden oder nach pflichtgemäßem Ermessen zu entscheiden hat, regelt das materielle Recht. Aus ihm ist – gegebenenfalls im Wege der Auslegung – zu entnehmen, ob die Behörde bei Vorliegen bestimmter Voraussetzungen eine bestimmte Rechtsfolge zu ziehen hat oder ob ihr ein **Wahlrecht** zusteht, so dass bei gleichem Sachverhalt mehrere rechtmäßige Entscheidungen möglich sind[138]. Sind die Voraussetzungen eines Verwaltungsakts nicht näher normiert, spricht das in der Regel für eine Ermessensermächtigung. Ein Wahlrecht steht der Behörde im allgemeinen auch zu, wenn es sich um eine »Kann-Vorschrift« handelt; allerdings kann das Wort »kann« auch nur die Zuständigkeit und/oder die Ermächtigung der Behörde im Bereich der gebundenen Verwaltung meinen[139]. »Soll-Vorschriften« bedeuten im allgemeinen, dass die Behörde für den Regelfall gebunden ist, aber bei atypischen Fallgestaltungen abweichen darf[140].

Von der Ermessensentscheidung ist die Anwendung **unbestimmter Rechtsbegriffe** zu unterscheiden[141].

bb) Ermessen im Notarrecht

72 Die BNotO enthält zahlreiche Ermessensermächtigungen, die sich teils aus dem **Wortlaut** ihrer Vorschriften, teils aus dem **Regelungszusammenhang** ergeben:

73 (1) »**Kann-Vorschriften**« im Sinne einer Ermessensermächtigung sind beispielsweise in §§ 7 Abs. 7 Satz 2, 8 Abs. 1 Satz 2, 10 Abs. 1, 2 und 4, 10a Abs. 1 Satz 2, 18 Abs. 2 Satz 2, 39 Abs. 1 und 2, 40 Abs. 2, 50 Abs. 2, 51 Abs. 1 Satz 2, 52 Abs. 2 und 3, 54 Abs. 1 und 2, 56 Abs. 2 und 4, 59 Abs. 3, 64 Abs. 1 Satz 3 und Abs. 4 Satz 2, 74 Abs. 1 und 2, 75 Abs. 1, 93 Abs. 3 Satz 2, 94 Abs. 1 und 2 Satz 2 enthalten.

74 (2) »**Soll-Vorschriften**« im Sinne einer auf atypische Fälle beschränkten Ermessensermächtigung enthalten die §§ 6 Abs. 2, 7 Abs. 1, 39 Abs. 3, 56 Abs. 1.

75 (3) Aus dem Gesamtzusammenhang ergibt sich, dass die Landesjustizverwaltung bei der Festsetzung der Zahl der **Notarstellen** (§ 4) in Ausübung staatlicher Organisationsgewalt handelt[142]. Sie entscheidet insoweit nach pflichtgemäßem Ermessen[143]. Dagegen steht der Landesjustizverwaltung bei der **Auswahl** unter mehreren geeigneten Bewerbern für das

---

136 BGHZ 52, 285.
137 Zum umgekehrten Fall vermeintlicher Bindung: unten Rz. 77.
138 BVerwGE 62, 241; *Stelkens/Bonk/Sachs*, § 40 Rz. 13.
139 *Stelkens/Bonk/Sachs*, § 40 Rz. 21 ff. m. w. N.
140 *Stelkens/Bonk/Sachs*, § 40 Rz. 26.
141 Näher dazu: unten Rz. 86.
142 BVerfG NJW 1987, 887. Siehe auch oben Rz. 57.
143 BGHZ 124, 327, 329; BGH DNotZ 2005, 149.

Amt des Notars kein Ermessen zu. Die in § 6 Abs. 3 für die Auswahlentscheidung festgelegten Kriterien schließen eine Ermessensentscheidung der Bestellungsbehörde aus[144]. Das gleiche gilt für die Auswahl unter mehreren Bewerbern um die Bestellung zum Notarassessor oder Notariatsverwalter gelten (§§ 7 Abs. 2, 56 Abs. 1).

c) Ermessensfehler

Ist die Behörde ermächtigt, nach ihrem Ermessen zu befinden, so handelt sie nach § 111 **76**
Abs. 1 Satz 3 **rechtswidrig**, wenn sie die gesetzlichen Grenzen des Ermessens überschreitet
oder von dem Ermessen in einem dem Zweck der Ermächtigung nicht entsprechenden Weise
Gebrauch macht. Die Vorschrift entspricht § 114 VwGO.

aa) Ermessensüberschreitung

Eine **Ermessensüberschreitung** liegt vor, wenn **77**
– die Behörde sich nicht im Rahmen der ihr vom Gesetz gegebenen Ermächtigung hält,
  sondern eine ihr nach der Ermächtigungsnorm nicht zustehende Entscheidungsfreiheit
  hinsichtlich der Voraussetzungen oder des Inhalts eines Verwaltungsakts für sich in Anspruch nimmt[145],
– sie sich irrtümlich für gebunden hält, wo sie frei ist[146], oder
– sie aus anderen Gründen überhaupt keine Ermessenserwägungen anstellt[147].
     So stellt es eine Ermessensüberschreitung hinsichtlich der **Voraussetzungen** des Verwaltungsakts dar, wenn die Landesjustizverwaltung den Amtssitz eines Notars nach § 10 Abs. 1
Satz 2 ohne die notwendige Zustimmung des Notars verlegt.
     Eine Ermessensüberschreitung hinsichtlich des **Inhalts** liegt beispielsweise vor, wenn die
Aufsichtsbehörde dem Notar eine in ihrem Ermessen stehende Genehmigung mit gesetzlich
nicht zulässigem Inhalt ausspricht, etwa eine Ausnahmebewilligung nach § 8 Abs. 1 unwiderruflich oder mit der Maßgabe erteilt, dass er sein Amt weiterhin persönlich ausüben darf.
     Wie eine Ermessensüberschreitung ist es z. B. zu behandeln, wenn die Behörde eine »Soll-
Vorschrift« irrtümlich als **zwingende**, Ausnahmen nicht zulassende Bestimmung ansieht, etwa die Zulassung eines bisher als Rechtsanwalt tätigen Bewerbers als Nurnotar allein mangels Ableistung des Anwärterdienstes ablehnt[148].

bb) Ermessensfehlgebrauch

Einen **Ermessensfehlgebrauch** stellt es dar, wenn die Behörde von ihrem Ermessen in einer **78**
dem Zweck der Ermächtigung nicht entsprechenden Weise Gebrauch macht. Jegliches Ermessen ist pflichtgebunden[149]. Die Behörde darf weder nach Belieben noch nach Willkür
handeln; sie darf nur sachlichen Erwägungen Raum geben, die dem Zweck des jeweiligen
Gesetzes entsprechen[150].
     Das bedeutet für das Gebiet des Notarrechts, dass die Behörde in erster Linie auf die Erfordernisse einer **geordneten Rechtspflege** abzustellen hat, weil dieser in § 4 niedergelegte
Grundsatz für die Auslegung und Anwendung der BNotO maßgeblich ist, soweit sie keine
anderweitigen Begrenzungen enthält[151]. Daneben muss die Behörde alle sonstigen für und
gegen die beabsichtigte Maßnahme sprechenden Umstände berücksichtigen.

---

144 BGHZ 124, 327, 330; BGH NJW 1994, 1870; DNotZ 1994, 318, 319; anders noch BGHZ 84, 52,
     53 m. w. N.
145 BGH DNotZ 1967, 705, 707; 1968, 499.
146 BGH DNotZ 1970, 751.
147 BVerwGE 61, 110.
148 BGH DNotZ 1970, 755.
149 BVerfGE 18, 353, 356.
150 BGH DNotZ 1967, 705.
151 BGHZ 53, 95, 98; 59, 274, 275; 84, 52, 54.

79 (1) Ermessensfehlerhaft handelt die Behörde, wenn sie den für ihre Entscheidung maßgeblichen **Sachverhalt** nicht hinreichend aufklärt oder den ermittelten Sachverhalt unzutreffend würdigt[152]. Im Bereich der Hoheitsverwaltung gilt der Untersuchungsgrundsatz. Allerdings ist die Behörde in der Sachverhaltsermittlung weder an Beweisanträge noch an bestimmte Beweismittel gebunden (§ 64a Abs. 1). Dem Bewerber um ein Amt obliegt es ebenso wie dem Notar und dem Notarassessor, an der Sachverhaltsermittlung mitzuwirken; kann die Landesjustizverwaltung mangels Mitwirkung den Sachverhalt nicht hinreichend klären, muss der Betroffene die dadurch entstehenden Nachteile tragen (§ 64a Abs. 2).

80 (2) Schranken für die Ermessensausübung ergeben sich aus den Grundsätzen der **Verhältnismäßigkeit** und des **Übermaßverbots**, die Verfassungsrang haben[153]. Die Ermessensentscheidung darf daher nicht außer Verhältnis zu dem Zweck der gesetzlichen Ermächtigung stehen und keine übermäßige, zu dem angestrebten Erfolg in krassem Missverhältnis stehende oder für den Betroffenen unzumutbare Belastung mit sich bringen. So muss die Aufsichtsbehörde bei der Überwachung der Amtsführung des Notars darauf achten, dass die Verhältnismäßigkeit zwischen dem Zweck der Aufsicht und der damit verbundenen Belastung des Notars gewahrt bleibt.

So dürfen etwa zusätzliche **Geschäftsprüfungen** oder Stichproben im Sinne des § 93 Abs. 1 Satz 2 – auch wenn sie ohne besonderen Anlass zulässig sind – nicht grundlos so häufig angeordnet werden, dass der ordnungsgemäße Geschäftsbetrieb des Notars darunter leidet. Sonstige Maßnahmen wie etwa **Auskunftsersuchen** dürfen nur aus begründetem Anlass angeordnet werden[154]. Aufforderungen an den Notar, sämtliche von seinen Amtsvorgängern beurkundete Erbverträge zu ermitteln[155] oder festzustellen, welche Baubetreuungsverträge innerhalb eines Zeitraums von 25 Jahren beurkundet worden sind[156], hat die Rechtsprechung zutreffend als ermessensfehlerhaft erachtet. Ermessensfehlerhaft handelt die Aufsichtsbehörde auch, wenn sie einem Notar allein wegen der großen Zahl seines Urkundsaufkommens aufgibt, monatlich über seine Urkundsgeschäfte Rechenschaft abzulegen[157].

81 (3) Eine wichtige Schranke für die Ermessensausübung ergibt sich aus dem **Gleichbehandlungsgebot** (**Willkürverbot**) des Art. 3 Abs. 1 GG. Es schließt alle nicht sachlich begründeten Differenzierungen aus; wesentlich Gleiches darf nicht willkürlich ungleich, wesentlich Ungleiches nicht willkürlich gleich behandelt werden[158]. Der Grundsatz der Gleichbehandlung ist verletzt, wenn sich ein vernünftiger, aus der Natur der Sache ergebender oder sonst sachlich einleuchtender Grund für die Differenzierung nicht finden lässt[159], nicht hingegen schon dann, wenn eine andere als die getroffene Regelung zweckmäßiger oder gar besser gewesen wäre.

82 (a) Die Behörde verstößt gegen den Gleichbehandlungsgrundsatz, wenn sie ohne sachlichen Grund von einer in vergleichbaren Fällen eingehaltenen und auch weiterhin beabsichtigten **ständigen Verwaltungspraxis** abweicht, sofern diese der Zielsetzung der gesetzlichen Ermächtigung entspricht und auch nicht aus anderen Gründen zu rechtswidrigen Ergebnissen führt[160]. Dabei ist zu beachten, dass sich niemand auf Ermessensfehler der Behörde berufen und verlangen kann, in gleich fehlerhafter Weise behandelt zu werden (»keine Gleichbehandlung im Unrecht«)[161]. Um eine »Versteinerung« der Verwaltung zu vermeiden, darf diese ihre Praxis jederzeit für künftige Fälle ändern; allerdings muss sie dann künftig wieder einheitlich verfahren.

83 (b) **Richtlinien** und sonstige ermessenssteuernde **Verwaltungsvorschriften** – wie etwa die AVNot – gewährleisten die durch Art. 3 Abs. 1 GG gebotene Gleichmäßigkeit des Ver-

---

152 BGH DNotZ 1969, 312.
153 BVerfGE 35, 400; 84, 72.
154 BGH DNotZ 1987, 438, 439.
155 BGH DNotZ 1973, 379.
156 BGH DNotZ 1974, 372, 374.
157 BGH NJW-RR 1995, 884.
158 BVerfGE 4, 144, 155.
159 BGH DNotZ 1968, 499.
160 *Kopp/Schenke*, § 114 Rz. 41.
161 BGH DNotZ 1970, 751.

waltungshandelns[162]. Sie begründen in der Regel eine Selbstbindung der Verwaltung mit der Maßgabe, dass die Behörde bei der Behandlung künftiger Fälle[163] nicht mehr beliebig von ihren Richtlinien abweichen darf[164]. Die Behörde muss allerdings berücksichtigen, dass allgemeine Verwaltungsvorschriften auf den Regelfall zugeschnitten sind. Weist ein Fall wesentliche Besonderheiten auf, muss sie ggf. von der Richtlinie abweichen[165]. Dagegen verstößt sie gegen den Gleichheitssatz, wenn sie im Einzelfall ohne rechtfertigenden sachlichen Grund von ihrer durch die Verwaltungsvorschriften veranlassten Verwaltungspraxis abweicht. Der Betroffene kann in einem solchen Fall zwar nicht die Verletzung der (nur intern verbindlichen) Verwaltungsvorschriften, wohl aber einen Verstoß gegen das Gleichbehandlungsgebot rügen[166].

84 Voraussetzung ist allerdings, dass sich die Richtlinien im Rahmen des Gesetzes halten und nicht zu rechtswidrigen Ergebnissen führen[167]. So kann die Landesjustizverwaltung im Rahmen des Notarzulassungsrechts eine Selbstbindung durch Erlass einer Richtlinie nur insoweit eingehen, als ihr die BNotO Spielraum zur Interpretation eines unbestimmten Rechtsbegriffs lässt[168]. Eine **gesetzwidrige Praxis** ist jederzeit zu korrigieren[169]. Ferner führen die Verwaltungsvorschriften nur in ihrem räumlichen Geltungsbereich zu einer Ermessensbindung der Behörde. Das gilt insbesondere für die von den Landesjustizverwaltungen erlassenen Vorschriften über die Einrichtung und Besetzung von Notarstellen, auf die sich Bewerber und Notare in anderen Bundesländern nicht berufen können[170].

Ebenso wie ihre sonstige Praxis darf die Behörde ihre Verwaltungsvorschriften für die **Zukunft** ändern[171].

85 (4) Die durch die gesetzliche Ermessensermächtigung begründete Wahlmöglichkeit der Behörde kann sich im Einzelfall auf *eine* Alternative beschränken. Das ist dann der Fall, wenn nur noch *eine* Entscheidung ermessensfehlerfrei ist, alle anderen Entscheidungen ermessensfehlerhaft wären. Bei einer solchen »**Ermessensreduzierung auf Null**« ist die Behörde verpflichtet, die einzige noch verbleibende Entscheidung zu treffen[172].

d) Beurteilungsfehler

aa) Unbestimmte Rechtsbegriffe

86 Eine Ermessensentscheidung kommt nicht in Betracht, soweit die Behörde **unbestimmte Rechtsbegriffe** anzuwenden hat. Die Anwendung unbestimmter Rechtsbegriffe ist im Verfahren nach § 111 grundsätzlich – abgesehen von Entscheidungen aufgrund Zukunftsprognose[173] – in vollem Umfang gerichtlich nachprüfbar[174].

87 Die BNotO enthält zahlreiche solcher Begriffe, z. B. »*Erfordernisse bzw. Belange einer geordneten Rechtspflege*« (§§ 4 Satz 1, 10 Abs. 1 Satz 3, 10a Abs. 1 Satz 2), »*angemessene Versorgung der Rechtsuchenden*« (§ 4 Satz 2), »*persönliche und fachliche Eignung*« (§§ 6 Abs. 3 Satz 1, 7 Abs. 2 Satz 1), »*mit dem Amt nicht vereinbar*« bzw. »*Vertrauen [...] gefährden kann*« (§ 8 Abs. 3 Satz 2), »*berechtigte Interessen der Rechtsuchenden*« (§ 10a Abs. 2), »*Gefahr im Verzuge*« (§ 11 Abs. 2), »*unverhältnismäßige Schwierigkeiten*« (§ 18 Abs. 2) »*fähige bzw. befähigte Person*« (§§ 39 Abs. 3 Satz 1, 56 Abs. 1), »*zweckmäßig*« (§ 56 Abs. 4),

---

162 BGHZ 124, 327, 332; BGH NJW 1994, 1870, 1871; DNotZ 1994, 318, 321.
163 Zum Problem des »ersten Falles« vgl. *Maurer*, § 24 Rz. 22.
164 BGHZ 37, 179, 185.
165 BGH DNotZ 2003, 226; ZNotP 2007, 275.
166 *Maurer*, § 24 Rz. 21.
167 BGHZ 124, 332; BGH NJW 1994, 1871; DNotZ 1994, 321.
168 BGH DNotZ 2000, 148; DNotZ 2000, 948, 949.
169 *Maurer*, § 24 Rz. 30.
170 *Schippel/Bracker/Lemke*, § 111 Rz. 30.
171 Eingehend dazu: BGH NJW 1993, 131.
172 *Maurer*, § 7 Rz. 24.
173 Siehe unten Rz. 88.
174 BGHZ 134, 137, 139; 145, 59, 61; BGH DNotZ 2005, 951, 952.

»*wichtiger Grund*« (§ 64 Abs. 1 Satz 3), »*schutzwürdige Interessen*«, »*öffentliches Interesse*« (§ 64a Abs. 3 Satz 1).

bb) Beurteilungsspielraum

88 Eine Einschränkung der gerichtlichen Kontrolldichte kommt jedoch in Betracht, soweit die Behörde ausnahmsweise einen **Beurteilungsspielraum** (Bewertungsspielraum, Einschätzungsprärogative) hat. Im Bereich des Notarrechts ist dies insbesondere bei der Eignungsbeurteilung im Rahmen von Stellenbesetzungen der Fall. Der Behörde steht insoweit ein Ermessensspielraum nicht zu; auch ist der unbestimmte Rechtsbegriff der »*persönlichen und fachlichen Eignung*« (§ 6 Abs. 3, § 7 Abs. 2) gerichtlich voll nachprüfbar[175]. Indes muss das Gericht bei seiner Entscheidung beachten, dass die von der Landesjustizverwaltung zu treffende Auswahlentscheidung einen **Akt wertender Erkenntnis mit prognostischen Elementen** darstellt[176]; dieser ist vom Gericht nicht zu wiederholen, sondern nur darauf zu überprüfen, ob ihm ein zutreffendes Verständnis des gesetzlichen Auswahlmaßstabes zugrunde liegt, ob allgemein gültige Wertmaßstäbe beachtet und sachwidrige Erwägungen ausgeschlossen sind und ob schließlich der zu beurteilende Tatbestand verfahrensfehlerfrei festgestellt wurde[177].

cc) Beurteilungsrichtlinien

89 Soweit ein Beurteilungsspielraum besteht, darf die Landesjustizverwaltung die Beurteilungskriterien durch **allgemeine Verwaltungsvorschriften** regeln. Diese führen ebenso wie ermessensregelnde Richtlinien[178] zu einer **Selbstbindung** der Verwaltung[179].

4. Rechtsbeeinträchtigung des Antragstellers

a) Voraussetzungen

90 Voraussetzung für die Begründetheit eines jeden Antrags nach § 111 (Anfechtungs-, Verpflichtungs-, Leistungs-, Unterlassungs- und Feststellungsantrag) ist neben der objektiven Rechtswidrigkeit der behördlichen Maßnahme, dass diese den Antragsteller **unmittelbar in seinen Rechten verletzt**. Insoweit kann auf die Grundsätze zurückgegriffen werden, die Rechtsprechung und Lehre zu §§ 42 Abs. 2, 113 Abs. 1 und 5 VwGO entwickelt haben.

aa) Individuelle Rechtspositionen

91 In Betracht kommt zunächst die Verletzung **individueller Rechtspositionen**. Sie kann auch vorliegen, wenn nicht der Antragsteller selbst, sondern ein Dritter **Adressat** des angefochtenen bzw. des begehrten Verwaltungsakts ist[180]. Ferner muss es sich nicht um die Verletzung eines subjektiven öffentlichen Rechts handeln; es genügt eine Beeinträchtigung des Antragstellers in **rechtlich geschützten Interessen**[181]. Die Verletzung sonstiger ideeller oder wirtschaftlicher Interessen reicht dagegen nicht aus[182]. Die Verletzung des **objektiven Rechts** führt zu einer subjektiven Rechtsbeeinträchtigung, wenn die verletzte Norm zumindest *auch* dem Schutz des Betroffenen dient[183]. Daher setzt auch das Recht auf fehlerfreie Ermessens-

---

175 BGH DNotZ 2005, 796.
176 BGH DNotZ 2005, 146, 147.
177 BGHZ 134, 137; 145, 59, 61; BGH DNotZ 2000, 145, 146. Vgl. auch BGH DNotZ 2005, 796.
178 Siehe oben Rz. 83.
179 BGHZ 124, 332; BGH NJW 1994, 1871; DNotZ 1994, 321.
180 BGH DNotZ 1997, 824.
181 BGHZ 78, 237, 238; BGH DNotZ 1975, 420; DNotZ 1975, 693.
182 BGH ZNotP 2003, 439, 440.
183 BGH DNotZ 1975, 693.

ausübung voraus, dass die Vorschrift, welche die Behörde zur Ermessensentscheidung ermächtigt, nicht nur dem öffentlichen Interesse, sondern unmittelbar oder in Verbindung mit anderen Rechtssätzen auch dem Schutz der Interessen des Antragstellers dient[184]. Die Beeinträchtigung der **Reflexwirkung** einer nur dem allgemeinen Interesse dienenden Verhaltenspflicht der Behörde stellt keine Rechtsbeeinträchtigung im Sinne des § 111 dar[185]. So ist es zwar im öffentlichen Interesse angezeigt, dass die Aufsichtsbehörde zur regelmäßigen Prüfung und Überwachung der Amtsführung der Notare und des Dienstes der Notarassessoren (§ 93 Abs. 1) nur fähige Beauftragte heranzieht; doch hat der einzelne Notar darauf keinen Anspruch, so dass er die Bestellung eines Prüfungsbeauftragten nicht nach § 111 anfechten kann[186].

bb) Organ- und Teilhaberechte

Schutzwürdig sind ferner öffentlich-rechtlich begründete **Organ- und Teilhaberechte**, die einer juristischen Person zur Wahrung funktionaler Interessen – d. h. nicht ausschließlich im Allgemeininteresse – zustehen[187]. Als Rechtsträger in diesem Sinne kommen auch die Bundesnotarkammer, die Notarkammern[188], die Notarkasse und die Ländernotarkasse in Betracht. **92**

cc) Verwaltungsverfahrensrecht

Verstöße gegen das **Verwaltungsverfahrensrecht** begründen eine Rechtsbeeinträchtigung grundsätzlich nur, wenn die behördliche Maßnahme eine materiellrechtlich geschützte Rechtsposition des Antragstellers schützt[189]. Daher kann beispielsweise die Notarkammer einen Verwaltungsakt der Landesjustizverwaltung nicht allein deshalb mit Erfolg anfechten, weil die vorgeschriebene Anhörung der Kammer (etwa nach §§ 8 Abs. 1, 10 Abs. 1, 39 Abs. 3, 50 Abs. 3) unterblieben ist[190]. **93**

b) Einzelfälle

Aus der **Rechtsprechung** sind folgende Fälle hervorzuheben: **94**

aa) Notarbewerbung

Die BNotO räumt dem Notarbewerber kein **Recht auf Bestellung** ein (§§ 4, 6); sie trifft lediglich Regelungen über die Voraussetzungen, unter denen das Amt verliehen werden kann[191]. Jedoch hat der Bewerber Anspruch darauf, dass die Landesjustizverwaltung die gesetzlichen Grenzen ihres Beurteilungsspielraums nicht überschreitet und nur in einer dem Zweck der Ermächtigung entsprechenden Weise von ihrer Einschätzungsprärogative Gebrauch macht[192]. Die **Bestellung eines Mitbewerbers** kann der erfolglose Bewerber mit Rücksicht auf den Grundsatz der Ämterstabilität nicht anfechten. Das gilt selbst dann, wenn die mit dem Besetzungsverfahren befasste Landesjustizverwaltung eine vom Bundesverfassungsgericht erlassene einstweilige Verfügung auf Freihaltung einer Stelle für einen Mitbewerber unbeachtet gelassen hat[193]. Die Stellenbesetzung ist kein Verwaltungsakt mit Dop- **95**

---

184 BGH DNotZ 1993, 469; BVerwGE 92, 45.
185 BGH DNotZ 1975, 693.
186 BGH NJW-RR 1995, 886.
187 Vgl. *Kopp/Schenke*, § 42 Rz. 80 m. w. N.
188 Näher dazu unten Rz. 100.
189 *Kopp/Schenke*, § 42 Rz. 95 m. w. N.
190 BGHZ 139, 249, 253.
191 BVerfG DNotZ 1987, 122; BGHZ 124, 327, 329; BGH NJW 1994, 1870; DNotZ 1994, 318, 319.
192 Siehe oben Rz. 88.
193 BGHZ 165, 139; BVerfG DNotZ 2006, 790.

pelwirkung (§ 80a VwGO)[194]. Die gleichen Grundsätze gelten für die Bestellung von Notar-assessoren (§ 7) und Notariatsverwaltern (§ 57)[195].

bb) Befreiung von der Verschwiegenheitspflicht

96   Befreit die Aufsichtsbehörde an Stelle eines verstorbenen Beteiligten einen Notar von der **Verschwiegenheitspflicht** (§ 18 Abs. 2), damit im Verfahren auf Erteilung eines Erbscheins der wirkliche Wille des Erblassers ermittelt werde, so wird dadurch weder der Notar noch ein Erbe oder Erbprätendent in seinen Rechten beeinträchtigt[196].

cc) Vertreterbestellung

97   Durch die Zurückweisung des von einem Notar gestellten Antrags, ihm einen **Vertreter** zu bestellen (§ 39 Abs. 1), wird der Notar, nicht aber der in Aussicht genommene Vertreter in seinen Rechten verletzt[197].

dd) Aufsichtspflicht

98   Die **Aufsichtspflicht** (§ 93) obliegt den Behörden grundsätzlich nur im öffentlichen Interesse; jedoch hat der einzelne Notar das Recht, zu dem Ergebnis einer Geschäftsprüfung gehört zu werden und Einsicht in den Prüfungsbericht zu nehmen[198].

ee) Eingaben Dritter

99   Wer **Aufsichts- oder Disziplinarmaßnahmen** gegen einen Notar anregt, kann gegen die Ablehnung seines Begehrens nicht nach § 111 vorgehen, da das Vorgehen der Aufsichtsbehörde nur den Notar, nicht aber den Dritten in seinen Rechten beeinträchtigt[199].

ff) Notarkammern

100   Die **Notarkammer** kann in ihren Organ- und Teilhaberechten verletzt sein, wenn die Landesjustizverwaltung entgegen den berechtigten Interessen der Gesamtheit der kammerangehörigen Notare einen Verwaltungsakt erlässt oder einen gebotenen Verwaltungsakt unterlässt; denn die Wahrnehmung dieser Interessen ist Aufgabe der Notarkammer (§ 67 Abs. 1 Satz 1)[200]. So kann die Kammer in ihren Rechten beeinträchtigt sein, wenn die Landesjustizverwaltung entgegen dem Antrag der Kammer die Bestellung eines Notariatsverwalters für eine frei gewordene Notarstelle ablehnt[201]. Eine Rechtsbeeinträchtigung liegt ferner vor, wenn die Landesjustizverwaltung zu Unrecht die Genehmigung einer von der Notarkammer erlassenen Richtliniensatzung (§ 67 Abs. 2) ablehnt oder in die Kompetenz der Notarkammern zum Erlass von Richtliniensatzungen (§ 67 Abs. 2) eingreift, indem sie durch Verwaltungsvorschriften (DONot) Regelungen trifft, die nach dem Katalog des § 67 Abs. 2 Satz 3 von der Notarkammer zu treffen sind. Dabei ist es gleichgültig, ob die Notarkammer eine Regelung bereits getroffen hat oder diese nicht treffen will; denn auch durch »Nichtregeln« kann sie ihre Richtlinienkompetenz wahrnehmen[202].

194 BVerwGE 61, 330; 80, 127 (hinsichtlich der Verfassungsmäßigkeit bestätigt: BVerfG NJW 1990, 501); BGH DNotZ 2005, 154.
195 BGH DNotZ 1991, 72.
196 BGH DNotZ 1975, 420; DNotZ 1987, 162.
197 BGH DNotZ 1993, 469; DNotZ 1996, 223; BayObLG DNotZ 1996, 223.
198 BGH NJW 1981, 988 (insoweit nicht in BGHZ 78, 232 abgedruckt).
199 BGH DNotZ 1964, 571.
200 BGHZ 139, 249.
201 BGHZ 63, 274, 275.
202 Insoweit besteht eine gewisse Parallelität zur konkurrierenden Gesetzgebung (Art. 74 GG). Der Bund kann in diesem Bereich von seiner konkurrierenden Gesetzgebungskompetenz auch »durch erkennbaren, absichtsvollen Regelungsverzicht mit Sperrwirkung gegenüber den Ländern Ge-

5. Maßgeblicher Zeitpunkt

Ob für die Beurteilung der Begründetheit eines Antrags auf die Sach- oder Rechtslage im **101** Zeitpunkt der gerichtlichen Entscheidung oder auf einen früheren Zeitpunkt abzustellen ist, hängt von dem Streitgegenstand und dem darauf anzuwendenden materiellen Recht ab[203]. Die Einzelheiten sind teilweise noch nicht abschließend geklärt.

a) Prozessvoraussetzungen

Die **Prozessvoraussetzungen** müssen grundsätzlich im Zeitpunkt der letzten mündlichen **102** Verhandlung, bei Entscheidungen ohne mündliche Verhandlung (§ 111 Abs. 4 Satz 2 BNotO, § 40 Abs. 2 Satz 2 BRAO) im letztmöglichen Zeitpunkt für die Stellung von Anträgen vorliegen; bis dahin kann ihr Fehlen im allgemeinen geheilt werden. Entfällt das Rechtsschutzbedürfnis für einen Anfechtungs- oder Verpflichtungsantrag während des Verfahrens – etwa bei einem Konkurrentenstreit dadurch, dass die ausgeschriebene Notarstelle einem anderen Bewerber übertragen wird –, so wird der gestellte Antrag unzulässig; jedoch kann der Antragsteller gegebenenfalls[204] zu einem Fortsetzungsfeststellungsantrag übergehen.

b) Anfechtungsantrag

Welcher Zeitpunkt für die Beurteilung des **Anfechtungsantrags** maßgeblich ist, ist teilweise **103** umstritten[205]. Die fachgerichtliche Rechtsprechung stellt je nach Art des Verwaltungsakts und des anzuwendenden materiellen Rechts auf die Sach- und Rechtslage im Zeitpunkt des Erlasses des angefochtenen Verwaltungsakts oder im Zeitpunkt der gerichtlichen Entscheidung ab[206]. Bei **gestaltenden Verwaltungsakten** kommt es danach in der Regel darauf an, ob der Verwaltungsakt zur Zeit der letzten behördlichen Entscheidung rechtswidrig gewesen ist. Denn nachträgliche Änderungen der Sach- und Rechtslage können weder einen rechtmäßigen Verwaltungsakt rechtswidrig noch einen rechtswidrigen Verwaltungsakt rechtmäßig werden lassen; sie begründen allenfalls einen Anspruch auf eine neue Sachentscheidung oder auf Widerruf des belastenden Verwaltungsakts[207]. Wird beispielsweise der Ausspruch der Amtsenthebung eines Notars angefochten, ist nach Auffassung des BGH wegen der gestaltenden Wirkung des Verwaltungsakts darauf abzustellen, ob die Voraussetzungen dafür bei Erlass des Bescheides vorgelegen haben; später eingetretene Umstände sind nach dieser Auffassung unerheblich[208]. So kann sich der wegen seiner ungünstigen wirtschaftlichen Verhältnisse (§ 50 Abs. 1 Nr. 8) oder wegen Fehlens der vorgeschriebenen Haftpflichtversicherung (§ 50 Abs. 1 Nr. 10) des Amtes enthobene Notar nicht mit Erfolg darauf berufen, seine wirtschaftlichen Verhältnisse hätten sich gebessert bzw. er unterhalte nunmehr eine ausreichende Haftpflichtversicherung[209]. Das BVerfG hat gegen diese Rechtsprechung Bedenken geäußert, ohne jedoch abschließend darüber zu entscheiden[210].

Dagegen kommt es für die Anfechtung einer **vorläufigen Amtsenthebung** (§ 54 BNotO) **104** auf die Verhältnisse im Zeitpunkt der gerichtlichen Entscheidung an, da der Verwaltungsakt keine statusrechtliche Entscheidung enthält, sondern diese nur vorbereiten soll[211]. Auch für das gerichtliche **Vorschaltverfahren** nach § 50 Abs. 3 Satz 3 BNotO ist der Schluss der

---

brauch machen« (BVerfG NJW 1999, 841). Näher zum Verhältnis zwischen Kammerrichtlinien und DONot: § 14 Rz. 24; § 28 Rz. 17.

203 Vgl. dazu: *Kopp/Schenke*, § 113 Rz. 217 ff.
204 Siehe oben Rz. 52.
205 Eingehend dazu: *Kopp/Schenke*, § 113 Rz. 29; *Redeker/von Oertzen*, VwGO, § 108 Rz. 20.
206 BGH DNotZ 1975, 47; DNotZ 1975, 48, 49. Vgl. auch BGH DNotZ 1989, 318, 321.
207 So auch *Eylmann/Vaasen/Custodis*, § 111 BNotO Rz. 158.
208 BGHZ 149, 230, 234; BGH DNotZ 2004, 886; ebenso BVerwG NJW 2005, 3795, 3796 (Widerruf der Bestellung als Wirtschaftsprüfer).
209 BGHZ 149, 234.
210 BVerfG NJW 2005, 3057, 3058; DNotZ 2007, 548, 550 m. Anm. *Harders*.
211 BGHZ 149, 234.

mündlichen Verhandlung bzw. der nach § 111 Abs. 4 i. V. m. § 40 Abs. 2 BRAO an seine Stelle tretende Zeitpunkt maßgeblich, da das Feststellungsverfahren nicht unmittelbar eine Statusänderung bewirkt[212].

105   Allerdings ist zu beachten, dass ein **ursprünglich rechtswidriger** Verwaltungsakt nur dann mit Erfolg angefochten werden kann, wenn er den Antragsteller noch im Zeitpunkt der gerichtlichen Entscheidung in seinen Rechten beeinträchtigt[213].

c) Verpflichtungsantrag

106   Beim **Verpflichtungsantrag** ist grundsätzlich auf die Sach- und Rechtslage zur Zeit der gerichtlichen Entscheidung abzustellen, sofern nicht nach materiellem Recht frühere Zeitpunkte für die Voraussetzungen des Anspruchs entscheidend sind[214]. Letzteres ist namentlich bei gestaltenden Verwaltungsakten wie der Bestellung zum Notar der Fall. Begehrt der Antragsteller die Verpflichtung der Landesjustizverwaltung, ihn zum Notar zu bestellen, sind für die Beurteilung der fachlichen und persönlichen Eignung die Verhältnisse bei Ablauf der Bewerbungsfrist maßgeblich[215]. Ist allerdings das die Zulassung zum Notarberuf regelnde Recht nach dem Zeitpunkt, zu dem bei ordnungsgemäßer Sachbehandlung über das Gesuch hätte entschieden werden können, zum Nachteil des Bewerbers geändert worden, so ist über den Verpflichtungsantrag des abgelehnten Bewerbers nach dem für ihn günstigeren Recht zu entscheiden[216].

d) Leistungs- und Feststellungsantrag

107   Beim **Leistungs-** und **Feststellungsantrag** ist wie beim Verpflichtungsantrag grundsätzlich auf den Zeitpunkt der gerichtlichen Entscheidung abzustellen[217].

IV. Einleitung des Verfahrens

1. Beteiligte

108   Am Verfahren beteiligt sind der Antragsteller und der Antragsgegner.

a) Antragsteller

109   **Antragsteller** kann jede natürliche oder juristische Person sein, die dartut, dass sie durch den Erlass bzw. die Ablehnung oder Unterlassung einer behördlichen Maßnahme in ihren Rechten verletzt ist.

b) Antragsgegner

110   Richtige **Antragsgegnerin** ist grundsätzlich diejenige Behörde, welche die angefochtene Maßnahme erlassen bzw. unterlassen hat oder den beantragten Verwaltungsakt abgelehnt hat. Handelt es sich um einen Bescheid oder eine Verfügung der Landesjustizverwaltung, ist der Antrag gegen diese zu richten (§ 111 Abs. 4 BNotO, § 39 Abs. 1 BRAO). Bei einer Maßnahme des Präsidenten des Landgerichts oder des Oberlandesgerichts ist richtiger Antrags-

---

212 BGH DNotZ 2004, 882.
213 Siehe oben Rz. 102.
214 BGH NJW 2002, 1350.
215 BGH DNotZ 1989, 318, 320; NJW 2002, 1350.
216 BGHZ 37, 179, 181; BGH DNotZ 1996, 200, 201.
217 *Eylmann/Vaasen/Custodis*, § 111 BNotO Rz. 161 f.

gegner der Präsident; jedoch ist es unschädlich, wenn sich der Antrag zugleich gegen die Landesjustizverwaltung richtet[218].

Wendet sich der Antragsteller gegen eine Maßnahme der Notarkammer, der Notarkasse oder der Ländernotarkasse, ist der Antrag gegen diese Körperschaft bzw. Anstalt zu richten[219].

c) Vertretung der Beteiligten

Die Beteiligten können sich durch **Bevollmächtigte** vertreten lassen (§ 13 FGG). Zustellungen sind nach § 16 Abs. 2 Satz 1 FGG, § 176 ZPO an den Verfahrensbevollmächtigten zu richten.   **111**

2. Frist, Form und Inhalt des Antrags

a) Frist

Nach § 111 Abs. 2 Satz 1 kann der Antrag auf gerichtliche Entscheidung nur innerhalb einer   **112**
Frist von einem Monat seit Bekanntgabe der behördlichen Verfügung gestellt werden. Die Frist gilt für Anfechtungsanträge und Verpflichtungsanträge in der Gestalt von Versagungsgegenanträgen[220], nicht jedoch für Untätigkeitsanträge nach § 111 Abs. 2 Satz 2.

aa) Fristbeginn

Die Frist **beginnt** mit der Bekanntgabe der Verfügung. In welcher Weise diese erfolgt, ist un-   **113**
erheblich. Förmliche Zustellung ist nicht erforderlich, da § 16 Abs. 2 FGG nur für gerichtliche, nicht für behördliche Verfügungen gilt. Da Verwaltungsakte nach der BNotO nicht mit einer Rechtsbehelfsbelehrung versehen sein müssen, ist das Fehlen einer solchen für den Fristlauf unerheblich[221].

Für die **Fristberechnung** gelten gemäß § 111 Abs. 4 Satz 2 BNotO, § 40 Abs. 4 BRAO, § 17 FGG die Vorschriften des BGB (§§ 187 ff.).

bb) Voraussetzungen der Fristwahrung

Die Frist wird nur durch Einreichung des Antrags bei dem **zuständigen Oberlandesgericht**   **114**
gewahrt[222]. Der Eingang bei einem nicht zuständigen Gericht oder der Verwaltungsbehörde genügt nicht zur Fristwahrung[223].

cc) Wiedereinsetzung

Bei unverschuldeter Fristversäumung kann der Antragsteller analog § 22 FGG **Wiederein-**   **115**
setzung in den vorigen Stand beantragen[224]. Ein Irrtum über Form oder Frist des Antrags oder die Einreichung bei der Behörde oder einem unzuständigen Gericht ist regelmäßig nicht unverschuldet[225]. Das gilt auch, wenn der Notar oder sein Vertreter – dessen Verschul-

---

218 BGH NJW 1981, 2466.
219 *Schippel/Bracker/Lemke*, § 111 Rz. 38.
220 Siehe oben Rz. 38.
221 BGHZ 42, 390; BGH ZNotP 2004, 328, 329.
222 A. A. OLG Köln DNotZ 1975, 743 und *Arndt*, BNotO, 2. Aufl., § 111 Erl. II 5.1.
223 BGH DNotZ 1984, 186, 187; OLG Köln OLG-Report Köln 1992, Sonderbeilage Notarsenat NW, VI.
224 BGHR BNotO § 111 Abs. 4 Satz 2 Wiedereinsetzung 1, Wiedereinsetzung 2; OLG Köln OLG-Report Köln 1992, Sonderbeilage Notarsenat NW, VI.
225 BGH ZNotP 2004, 328, 329.

den ihm zugerechnet wird (§ 22 Abs. 2 Satz 2 FGG) – eine Zuständigkeitskonzentration nach §§ 111 Abs. 3 Satz 3, 100 übersieht[226].

b) Form des Antrags

116 Der Antrag bedarf der **Schriftform** (§ 100 Abs. 4 Satz 2 BNotO, § 37 BRAO); diese kann auch bei Einreichung durch Telefax oder Fernschreiben gewahrt sein[227]. Durch Gesetz vom 13.07.2001[228] ist inzwischen in anderen Verfahrensordnungen – u. a. im Beschwerdeverfahren der freiwilligen Gerichtsbarkeit (§ 21 Abs. 2 Satz 2 FGG)[229] – die Aufzeichnung als elektronisches Dokument der Schriftform gleichgestellt worden. Für § 37 BRAO fehlt zwar eine entsprechende Regelung. Da dies aber ersichtlich nur auf einem Versehen des Gesetzgebers beruht, muss in Anlehnung an die übrigen Verfahrensordnungen auch hier die Einreichung des Antrags durch **elektronisches Dokument** genügen.

c) Inhalt des Antrags

117 Den **Inhalt** des Antrags regelt § 39 Abs. 2 BRAO teils zwingend, teils als Sollvorschrift.

aa) Notwendige Angaben

118 Der Antragsteller **muss** die behördliche Maßnahme bezeichnen, gegen die er sich wendet oder die er verlangt; ferner muss er das Verfahrensziel konkret darlegen (§ 39 Abs. 2 Satz 1–3 BRAO). Dazu muss er je nach der Art des Antrags angeben,
- inwieweit der angefochtene Bescheid oder die angefochtene Verfügung aufgehoben werden soll,
- zu welcher Amtshandlung der Antragsgegner verpflichtet werden soll,
- welche beantragte Amtshandlung der Antragsgegner unterlassen hat.

An den Antragsinhalt dürfen keine zu hohen Anforderungen gestellt werden. Es reicht aus, wenn das Ziel des Antrags schon allein aus der Tatsache der Erhebung des Rechtsbehelfs klar erkennbar ist[230]. Sind in derselben Angelegenheit und unter demselben Aktenzeichen mehrere Verfügungen ergangen, die als Anfechtungsgegenstand in Betracht kommen, müssen der Verfahrensgegenstand und der Inhalt des Antrags eindeutig bestimmt werden[231].

Sofern die notwendigen Angaben nicht bereits in der Antragsschrift enthalten sind, können sie innerhalb der einmonatigen Antragsfrist **nachgeholt** werden.

bb) Sonstige Angaben

119 Ferner **soll** der Antragsteller die zur Begründung des Antrags dienenden Tatsachen und die Beweismittel im Einzelnen anführen (§ 39 Abs. 2 Satz 4 BRAO).

3. Zuständiges Gericht

a) Sachliche Zuständigkeit

120 Die **sachliche Zuständigkeit** regelt § 111 Abs. 3. Danach ist in erster Instanz der Notarsenat des OLG, in zweiter Instanz der BGH zuständig.

---

226 BGHR BNotO § 111 Abs. 4 Satz 2 Wiedereinsetzung 2.
227 Näher dazu: *Feuerich/Weyland*, BRAO, § 37 Rz. 6.
228 Gesetz zur Anpassung der Formvorschriften des Privatrechts und anderer Vorschriften an den modernen Rechtsgeschäftsverkehr v. 13.07.2001 (BGBl. I S. 1542); in Kraft getreten am 01.08.2001.
229 Siehe dazu § 15 Rz. 2.
230 BGHR BNotO § 111 Abs. 1 Antragsvoraussetzungen 1.
231 BGH, Beschl. v. 30.07.1990 (NotZ 25/89).

b) Örtliche Zuständigkeit

Die **örtliche Zuständigkeit** ist weder in der BNotO noch in der BRAO oder dem FGG ge- 121
regelt. Sachgerecht ist es, § 52 Nr. 3, 5 VwGO entsprechend anzuwenden[232]. Danach ist
grundsätzlich das OLG zuständig, in dessen Bezirk der angefochtene Verwaltungsakt erlassen bzw. abgelehnt oder unterlassen worden ist. Erstreckt sich die Zuständigkeit der Behörde (etwa der Landesjustizverwaltung oder der Notarkammer) auf die Bezirke mehrerer
Oberlandesgerichte, ist dasjenige OLG zuständig, in dessen Bezirk der Antragsteller seinen
Sitz oder Wohnsitz hat. Fehlt ein solcher innerhalb des Zuständigkeitsbereichs der Behörde,
ist das OLG zuständig, in dessen Bezirk der Antragsgegner seinen Sitz hat.

c) Zuständigkeitskonzentration

Wie in Disziplinarsachen können die Landesjustizverwaltungen die Verfahren nach § 111 122
bei einem von mehreren Oberlandesgerichten **konzentrieren** (§ 100). Von dieser Ermächti-
gung haben folgende Länder Gebrauch gemacht:
- Baden-Württemberg: OLG Stuttgart
- Bayern: OLG München
- Niedersachsen: OLG Celle
- Nordrhein-Westfalen: OLG Köln.

V. Einstweiliger Rechtsschutz

1. Aufschiebende Wirkung

Der Antrag nach § 111 hat keine **aufschiebende Wirkung**[233]. Die Rechtslage stimmt inso- 123
weit mit § 24 Abs. 1 FGG überein, wonach die Beschwerde im Verfahren der freiwilligen
Gerichtsbarkeit grundsätzlich keine aufschiebende Wirkung hat.

2. Aussetzung der Vollziehung

a) Zulässigkeit

Auf Antrag des Betroffenen kann das Gericht analog § 24 Abs. 3 FGG[234] die **Aussetzung** 124
der Vollziehung des angefochtenen Verwaltungsakts anordnen, wenn dem Antragsteller bei
einem Zuwarten bis zu einer Entscheidung in der Hauptsache erhebliche oder unzumutbare
Nachteile drohen, denen die Entscheidung in der Hauptsache nicht mehr abhelfen könnte[235]. Dies ist in Verfahren über die Amtsenthebung (§ 50 Abs. 3) und die vorläufige Amtsenthebung (§ 54 Abs. 1), vor allem aber bei **Konkurrentenstreitigkeiten** im Rahmen der Besetzung von Notarstellen praktisch bedeutsam. Um konkurrierenden Bewerbern um eine
Notarstelle effektiven Rechtsschutz zu gewähren, muss ihnen die Möglichkeit eingeräumt
werden, die endgültige Besetzung einer ausgeschriebenen Stelle durch Inanspruchnahme
vorläufigen Rechtsschutzes zu verhindern; denn mit dem Vollzug der Besetzung würde ihnen die Klagemöglichkeit abgeschnitten[236]. Das Gericht kann der Behörde deshalb im Wege
einstweiliger Anordnung aufgeben, die Besetzung der Stelle bis zur Entscheidung im Haupt-

---

232 *Schippel/Bracker/Lemke*, § 111 Rz. 41.
233 BGHZ 37, 179, 164.
234 *Jaspert/Rinne*, ZNotP 1998, 434, 445. Für Anwendung des § 24 Abs. 2 FGG: *Keidel/Sternal*, FGG,
     § 24 Rz. 20.
235 BGHZ 39, 162, 165 f.; 67, 343, 347; BGH DNotZ 1975, 45; 1979, 319; 1982, 382; NJW 1993, 2040.
236 BGH NJW 1993, 2040; DNotZ 1999, 252; NJ 2002, 335; ZNotP 2004, 70.

sacheverfahren zurückzustellen. Die damit verbundene Verzögerung des Besetzungsverfahrens muss der zunächst erfolgreiche Bewerber hinnehmen[237].

Eine Aussetzung der Vollziehung ist auch im Verfahren über einen **Verpflichtungsantrag** zulässig, wenn ohne Aufschub einer den Antragsteller beeinträchtigenden Verwaltungsentscheidung ein effektiver Rechtsschutz hinfällig würde[238].

b) Abwägung

125 Das Gericht entscheidet nach **pflichtgemäßem Ermessen**, ob, in welchem Umfang, für welchen Zeitraum und unter welchen Auflagen die Vollziehung auszusetzen ist. Dabei hat es entsprechend den zu § 80 VwGO entwickelten Grundsätzen die Interessen des Antragstellers und des Antragsgegners, etwa betroffener Dritter sowie der Allgemeinheit gegeneinander abzuwägen. Zu berücksichtigen sind auch die Erfolgsaussichten des Hauptsacheverfahrens, soweit sie bereits überschaubar sind. Bei offensichtlicher Aussichtslosigkeit überwiegt in der Regel das Interesse an der Vollziehbarkeit, während umgekehrt bei offensichtlicher Erfolgsaussicht regelmäßig das Aussetzungsinteresse des Antragstellers überwiegt[239].

c) Unanfechtbarkeit

126 Die Entscheidung des Oberlandesgerichts über die Aussetzung ist **unanfechtbar**[240]. Eine Anfechtung nach § 111 Abs. 4 BNotO oder nach § 19 FGG würde dem Zweck der Entscheidung zuwiderlaufen, für die Dauer des Verfahrens einen gesicherten, rechtlich geordneten Zustand herbeizuführen[241].

VI. Erstinstanzliches Verfahren

127 Für das gerichtliche Verfahren sind aufgrund der Verweisung in § 111 Abs. 4 Satz 2 die dort genannten Vorschriften der BRAO und aufgrund der Verweisung in § 40 Abs. 4 BRAO ergänzend die Vorschriften des FGG entsprechend anzuwenden.

1. Besetzung der Senate

a) Allgemeines

128 Die Notarsenate der Oberlandesgerichte und des BGH entscheiden in der in **Disziplinarsachen** gegen Notare vorgeschriebenen Besetzung (§§ 101, 106), also unter Mitwirkung der Notarbeisitzer.

b) Richterausschließung und -ablehnung

129 Für die **Ausschließung** eines Richters gilt § 6 Abs. 1 FGG entsprechend. Eine **Richterablehnung** durch die Verfahrensbeteiligten sieht das FGG nicht vor. Da es sich bei dem Verfahren nach § 111 BNotO um ein echtes Streitverfahren der freiwilligen Gerichtsbarkeit handelt[242], gelten insoweit die Vorschriften der §§ 42 ff. ZPO entsprechend[243]. § 6 Abs. 2 FGG gibt den Richtern das Recht zur **Selbstablehnung**.

---

237 BGH ZNotP 2004, 70, 71.
238 BGHZ 67, 347.
239 *Kopp/Schenke*, § 80 Rz. 158 f.
240 BGH NJW 1993, 2040; *Keidel/Sternal*, § 24 Rz. 23.
241 BGHZ 39, 162, 166 ff.
242 BGHZ 44, 65; 53, 95, 97; BGH DNotZ 1991, 75.
243 BGHZ 46, 195 (betr. Verfahren nach der BRAO).

2. Verfahren vor dem Notarsenat

a) Mitteilung des Antrags

Nach § 40 Abs. 1 BRAO teilt der Senat den Antrag dem **Antragsgegner** mit und fordert 130
diesen auf, sich innerhalb einer von dem Vorsitzenden zu bestimmenden Frist zu äußern.
Der Antragsgegner ist zur Abgabe einer Gegenerklärung nicht verpflichtet.

b) Mündliche Verhandlung

Die Entscheidung ergeht grundsätzlich aufgrund **mündlicher Verhandlung** (§ 40 Abs. 2 131
BRAO).

aa) Verzicht auf Verhandlung

Diese ist entbehrlich, wenn die Beteiligten ausdrücklich auf sie **verzichten**. Jedoch kann der 132
Senat auch dann eine mündliche Verhandlung anberaumen, wenn er sie im Interesse der
Sachaufklärung oder aus sonstigen Gründen für angebracht hält.

bb) Öffentlichkeit

Die Verhandlung ist in der Regel **nicht öffentlich** (§ 40 Abs. 3 BRAO). Jedoch *muss* der Se- 133
nat die Öffentlichkeit herstellen, wenn der Antragsteller es verlangt; er *kann* es auf Antrag
eines anderen Beteiligten, über den der Senat nach pflichtgemäßem Ermessen zu entscheiden
hat.
  Vertreter der Landesjustizverwaltung, der Präsident des OLG oder sein Beauftragter, die
Beamten der Staatsanwaltschaft bei dem OLG sowie Mitglieder oder Vertreter des Vorstandes der Notarkammer haben stets und ohne besondere Gestattung Zutritt als Zuhörer (§ 40
Abs. 2 BRAO). Nach Anhörung der Beteiligten kann der Senat auch andere Personen – etwa
Rechtsreferendare – als Zuhörer zulassen.

cc) Anwesenheit des Antragstellers

Der Antragsteller kann, muss aber nicht an der Verhandlung teilnehmen. Diese kann auch 134
bei seinem **Ausbleiben** stattfinden; allerdings sollte der Termin verlegt werden, wenn der
Antragsteller unter Darlegung von Hinderungsgründen darum nachsucht[244]. Eine Säumnis-
entscheidung kommt wegen des das Verfahren beherrschenden Amtsermittlungsgrundsatzes
nicht in Betracht[245].

3. Verfahrensgrundsätze

a) Bindung an die Anträge

Da es sich um ein **Antragsverfahren** handelt, darf der Notarsenat nicht über das Begehren 135
des Antragstellers hinausgehen. Dieser bestimmt durch den gestellten Antrag den Gegenstand des Verfahrens und den Umfang der gerichtlichen Entscheidung[246]. Das Gericht darf
ihm nicht mehr und nichts anderes zusprechen, als er beantragt hat. Allerdings ist der Senat
nicht an die Fassung der Anträge gebunden (vgl. § 88 VwGO). Er hat, soweit erforderlich,
auf die Stellung sachdienlicher Anträge hinzuwirken.

244 BGH DNotZ 1979, 373.
245 BGHZ 53, 95, 97.
246 BGHZ 53, 97.

b) Dispositionsbefugnis der Beteiligten

136 Die Beteiligten haben eine gewisse **Dispositionsbefugnis**.

aa) Rücknahme, Verzicht, Anerkenntnis, Vergleich

137 Der Antragsteller kann seinen Antrag jederzeit **zurücknehmen** oder auf den Verfahrensgegenstand **verzichten**. Ferner können die Beteiligten das Verfahren durch **Anerkenntnis** oder **Vergleich** beenden oder beschränken[247], soweit nicht zwingende öffentlich-rechtliche Vorschriften entgegenstehen. So kann sich die Behörde durch Anerkenntnis oder Vergleich verpflichten, einen von ihr erlassenen, nicht kraft Gesetzes gebotenen Verwaltungsakt zurückzunehmen oder inhaltlich zu ändern oder eine in ihrem Ermessen stehende Genehmigung zu erteilen, nicht aber, einen Bewerber zum Notar zu bestellen, der nicht die dafür erforderliche Eignung aufweist (§ 6 Abs. 1).

bb) Erledigung der Hauptsache

138 Im Hinblick auf den Charakter des Verfahrens als echtes Streitverfahren sind die Regeln des Zivilprozessrechts über die **Erledigung der Hauptsache** heran zu ziehen[248]. Die Erledigung tritt ein, wenn der Antragsteller nach ordnungsmäßiger Einleitung des Verfahrens (oder nach zulässiger Rechtsmitteleinlegung) durch ein außerhalb des Verfahrens eintretendes Ereignis gehindert wird, die Entscheidung des Gerichts durchzusetzen[249]. Das ist beispielsweise der Fall, wenn ein Gesuch um Bestellung zum Notar abgelehnt und die Stelle während des gerichtlichen Verfahrens anderweitig besetzt wird[250].

139 Bei **übereinstimmender** Erledigungserklärung hat der Senat entsprechend § 91a ZPO über die Kosten des Verfahrens zu befinden, über die außergerichtlichen Kosten jedoch nur nach Maßgabe des § 13a Abs. 1 FGG[251]. Dabei ist in erster Linie darauf abzustellen, wie ohne Eintritt des erledigenden Ereignisses zu entscheiden gewesen wäre, wobei jedoch eine summarische Prüfung genügt, so dass in einer rechtlich schwierigen Sache nicht alle für den Ausgang des Verfahrens maßgeblichen Fragen geklärt werden müssen[252].

140 Schließt sich der Antragsgegner der Erledigungserklärung des Antragstellers nicht an (**einseitige** Erledigungserklärung), hat der Senat zu prüfen, ob der Antrag auf gerichtliche Entscheidung bis zum Eintritt des erledigenden Ereignisses zulässig und begründet war und sich erledigt hat[253]. Ist das der Fall, spricht der Senat die Erledigung der Hauptsache aus; andernfalls weist er den Antrag zurück.

141 Tritt die Erledigung erst im **Beschwerdeverfahren** ein, wird die erstinstanzliche Entscheidung analog § 269 Abs. 3 ZPO wirkungslos. Eine trotz der Erledigung aufrechterhaltene sofortige Beschwerde ist mangels Rechtsschutzbedürfnisses unzulässig[254].

c) Umfang der Prüfung, Nachschieben von Gründen

142 Im Rahmen des Verfahrensgegenstandes führt der Antrag zur **vollen Nachprüfung** des angegriffenen behördlichen Verhaltens in tatsächlicher und rechtlicher Hinsicht, unabhängig davon, ob der entsprechende Mangel mit dem Antrag auf gerichtliche Entscheidung gerügt worden ist oder nicht[255].

Dabei ist das behördliche Handeln nicht allein an den Gründen zu messen, welche für die Entscheidung der Behörde maßgeblich waren. Nach wohl h. M. kommt es vielmehr darauf

---

247 BGHZ 53, 97.
248 *Jaspert/Rinne*, ZNotP 2000, 450, 461.
249 BGH DNotZ 1976, 186.
250 Siehe dazu oben Rz. 35.
251 BGH DNotZ 1975, 47.
252 BGHZ 67, 343, 345; BGH DNotZ 1975, 45.
253 BGH DNotZ 1975, 693.
254 BGH NJW-RR 1986, 1318.
255 *Jaspert/Rinne*, ZNotP 1998, 434, 444; vgl. auch BSG NJW 1992, 2444.

an, ob der Verwaltungsakt bzw. seine Ablehnung oder Unterlassung **im Ergebnis rechts-widrig** ist, wenn auch vielleicht aufgrund von Tatsachen oder Überlegungen, die der Behörde nicht bekannt waren oder die sie erst während des gerichtlichen Verfahrens nachschiebt[256]. Die Behörde darf im Laufe des gerichtlichen Verfahrens ihre Gründe für den Verwaltungsakt näher **erläutern**; auch diese Erwägungen sind dann Gegenstand der gerichtlichen Prüfung[257]. Sie darf ferner Gründe für ihre Maßnahme nachschieben und dabei auch die Rechtsgrundlage auswechseln, soweit dadurch nicht die Maßnahme in ihrem Wesen verändert oder der Antragsteller wesentlich in seiner Rechtsverteidigung beeinträchtigt wird[258].

d) Sachverhaltsermittlung

Da es sich um ein Verfahren der freiwilligen Gerichtsbarkeit handelt, gilt der Grundsatz der **Amtsermittlung** (§ 12 FGG).   **143**

aa) Amtsermittlung

Das **Gericht** hat im Rahmen des Verfahrensgegenstandes von Amts wegen die zur Tatsachenfeststellung erforderlichen Ermittlungen anzustellen und gegebenenfalls die geeignet erscheinenden Beweise zu erheben.   **144**

bb) Obliegenheiten der Beteiligten

Die gerichtliche Aufklärungspflicht enthebt die **Beteiligten** nicht der Obliegenheit, durch eingehende Tatsachendarstellung an der Aufklärung des Sachverhalts mitzuwirken. Die gerichtliche Ermittlungspflicht findet dort ihre Grenze, wo die Verfahrensbeteiligten es allein oder in erster Linie in der Hand haben, die notwendigen Erklärungen abzugeben, hiervon aber absehen[259].   **145**

cc) Art und Weise der Ermittlung

Die **Art und Weise** der Sachverhaltsermittlung steht im Ermessen des Gerichts. Es kann sich auf formlose Ermittlungen beschränken oder entsprechend §§ 371–414 ZPO förmlich Beweis erheben (§ 15 Abs. 1 Satz 1 FGG). An Beweisanträge der Beteiligten ist es nicht gebunden; es darf sie aber nur übergehen, wenn die Beweiserhebung nicht zur Sachverhaltsfeststellung geboten ist[260]. Über die Beeidigung von Zeugen und Sachverständigen entscheidet das Gericht auch im Rahmen einer förmlichen Beweisaufnahme nach Ermessen (§ 15 Abs. 1 Satz 2 FGG).   **146**

dd) Aussetzung des Verfahrens

Das Gericht kann das Verfahren **aussetzen**, wenn dies zweckmäßig erscheint, um eine Klärung des Sachverhalts durch ein anderes bereits anhängiges Verfahren herbeizuführen. Eine Aussetzung kommt analog § 10 Abs. 1 BRAO insbesondere in Verfahren über die Bestellung zum Notar, zum Notarassessor oder zum Notariatsverwalter in Betracht, wenn gegen den Bewerber wegen des Verdachts einer Straftat ein Ermittlungsverfahren oder ein strafgerichtliches Verfahren schwebt[261]. Zwar sind die Notarsenate – anders als im Disziplinarverfahren die Disziplinarbehörden und Disziplinargerichte[262] – nicht an die in einem anderen Verfahren rechtskräftig getroffenen tatsächlichen Feststellungen gebunden; sie können diese jedoch   **147**

---

256 BVerwGE 91, 98; im Einzelnen str., vgl. dazu *Kopp/Schenke*, § 113 Rz. 59 ff., 63 ff.
257 BGH DNotZ 1970, 755.
258 BGH NJW-RR 1996, 311; *Jaspert/Rinne*, ZNotP 1998, 434, 444.
259 BGHR FGG § 12 Amtsermittlung 1.
260 BGHZ 44, 65, 71.
261 BGH DNotZ 1973, 381; DNotZ 1982, 379.
262 Siehe § 96 Rz. 20, 64.

als entscheidendes Beweismittel verwerten. Dies ist in aller Regel angebracht, wenn nicht schwerwiegende Bedenken gegen die Richtigkeit der rechtskräftig getroffenen Feststellungen bestehen.

4. Entscheidung des Gerichts

a) Beschluss, Zustellung

148 Die Entscheidung ergeht durch **Beschluss**. Dieser ist zu begründen (§ 41 Abs. 1 Satz 1 BRAO) und nach den für die Zustellung von Amts wegen geltenden Vorschriften der ZPO den Beteiligten zuzustellen (§ 16 Abs. 2 Satz 1 FGG).

b) Unzulässigkeit des Rechtswegs

149 Kommt der Senat zu der Auffassung, dass der beschrittene **Rechtsweg** zu den Gerichten für Notarsachen nicht zulässig ist, etwa weil die ordentliche streitige Gerichtsbarkeit zuständig ist, **verweist** er das Verfahren nach § 17 Abs. 2 Satz 1 GVG an das zuständige Gericht[263].

c) Inhalt der Entscheidung

150 Erweist sich der Antrag auf gerichtliche Entscheidung im Übrigen als **unzulässig** oder als **unbegründet**, weist das Gericht ihn zurück. Den Inhalt einer **stattgebenden Entscheidung** regelt der entsprechend anzuwendende § 41 Abs. 3, 4 BRAO.

aa) Anfechtungsantrag

151 Hält der Senat einen **Anfechtungsantrag** für begründet, hebt er den angefochtenen Verwaltungsakt auf (§ 41 Abs. 3 Satz 1 BRAO). Dies gilt abweichend vom Wortlaut des § 41 BRAO für Verwaltungsakte nicht nur der Landesjustizverwaltung, sondern auch anderer Behörden wie etwa der Notarkammern, der Notarkasse und der Ländernotarkasse.

152 Richtet sich der Antrag nur gegen einen **Teil** eines teilbaren Verwaltungsakts oder gegen eine selbstständig anfechtbare **Nebenbestimmung**[264], so beschränkt sich das Gericht auf eine entsprechende Teilaufhebung.

153 Auf Antrag kann das Gericht entsprechend § 113 Abs. 1 Satz 2 VwGO gegebenenfalls zugleich die Verpflichtung der Behörde zur **Beseitigung der Folgen** eines bereits vollzogenen Verwaltungsakts aussprechen, soweit die Behörde dazu in der Lage und diese Frage spruchreif ist[265].

154 Betrifft der Verwaltungsakt eine **Geldleistung**, so kann das Gericht entsprechend § 113 Abs. 2 VwGO den Betrag in anderer Höhe festsetzen oder eine darauf bezogene Feststellung ändern, sofern die Sache spruchreif ist (z. B. Herabsetzung eines unrichtig festgesetzten Kammerbeitrages)[266].

bb) Verpflichtungsantrag

155 Hält das Gericht einen **Verpflichtungsantrag** für begründet, so hängt die Entscheidung davon ab, ob die Sache nach Auffassung des Senats entscheidungsreif (spruchreif) ist.

156 (1) **Entscheidungsreife** bedeutet, dass die in die Kompetenz des Gerichts fallenden Feststellungen und Überlegungen eine abschließende Entscheidung über das Begehren des Antragstellers ermöglichen. Grundsätzlich ist es Aufgabe des Gerichts, alle für die Entscheidung maßgeblichen tatsächlichen und rechtlichen Voraussetzungen des geltend gemachten

---

263 BGHZ 115, 275, 284.
264 Siehe oben Rz. 30 f.
265 Siehe oben Rz. 33.
266 Siehe oben Rz. 34.

SANDKÜHLER

prozessualen Anspruchs in eigener Verantwortung – gegebenenfalls durch eingehende Ermittlungen[267] – festzustellen und die Sache so spruchreif zu machen.

(2) Die Spruchreife fehlt in der Regel, wenn die Entscheidung von weiteren Fragen abhängt, bezüglich derer der Behörde ein **Ermessens-** oder **Beurteilungsspielraum** zusteht. Entscheidungsreife ist in solchen Fällen nur anzunehmen, wenn nach den konkreten Fallumständen nur eine einzige Entscheidung in Betracht kommt (Ermessens- bzw. Beurteilungsreduktion auf Null). **157**

(3) Ist die Sache **entscheidungsreif**, spricht das Gericht die Verpflichtung der Behörde aus, den nachgesuchten Verwaltungsakt zu erlassen; ist sie **nicht entscheidungsreif**, ist die Behörde zu verpflichten, den Antragsteller unter Beachtung der Rechtsauffassung des Gerichts zu bescheiden (§ 41 Abs. 3 Satz 2 BRAO). Ein zusätzlicher Ausspruch über die Aufhebung eines vorangegangenen ablehnenden Bescheides ist nicht erforderlich, aber üblich und im Interesse der Rechtsklarheit angebracht[268]. **158**

Die **Bindung an die Rechtsauffassung** des Gerichts erstreckt sich auf die tragenden Gründe der Entscheidung. Sie hindert die Behörde nicht, den begehrten Verwaltungsakt aus anderen Gründen erneut zu versagen[269].

cc) Untätigkeitsantrag

Hält das Gericht bei einem **Untätigkeitsantrag** einen zureichenden Grund für die Verzögerung für nicht gegeben, spricht es nach § 41 Abs. 4 BRAO die Verpflichtung der Behörde aus, den Antragsteller unter Beachtung der Rechtsauffassung des Gerichts zu bescheiden. Ist die Sache jedoch spruchreif, bestehen trotz der engeren Fassung des § 41 Abs. 4 BRAO keine durchgreifenden Bedenken dagegen, dass das Gericht die Behörde zur Vornahme der begehrten Amtshandlung verpflichtet[270]. **159**

§ 111 regelt nicht, wie das Gericht zu entscheiden hat, wenn es einen **zureichenden Grund** für die Verzögerung bejaht. Es erscheint sachgerecht, § 75 Satz 3 und 4 VwGO entsprechend anzuwenden[271]. Danach setzt das Gericht das Verfahren bis zum Ablauf einer von ihm bestimmten Frist, die verlängert werden kann, aus. Erlässt die Behörde innerhalb dieser Frist den nachgesuchten Verwaltungsakt, ist die Hauptsache für erledigt zu erklären. Bescheidet sie den Antrag innerhalb der Frist negativ, kann der Antragsteller seinen Antrag auf gerichtliche Entscheidung als Verpflichtungsantrag (Versagungsgegenantrag) fortführen[272]. **160**

dd) Leistungsantrag

Hält der Senat einen auf die Vornahme oder Unterlassung einer sonstigen Maßnahme gerichteten **Leistungsantrag**[273] für begründet, verpflichtet er die Behörde je nach Vorliegen oder Fehlen der Entscheidungsreife zu der begehrten Leistung oder zur Bescheidung des Antragstellers. **161**

ee) Feststellungsantrag

Erweist sich ein ausnahmsweise statthafter **Feststellungsantrag** als begründet, trifft der Senat die verlangte Feststellung. **162**

---

267 Siehe oben Rz. 144.
268 *Kopp/Schenke*, § 113 Rz. 179.
269 *Kopp/Schenke*, § 113 Rz. 215.
270 *Schippel/Bracker/Lemke*, § 111 Rz. 23.
271 Ebenso: *Schippel/Bracker/Lemke*, § 111 Rz. 23.
272 Vgl. *Kopp/Schenke*, § 75 Rz. 21.
273 Siehe oben Rz. 46.

VII. Beschwerdeverfahren

163 Rechtsmittel gegen die Entscheidung des OLG ist die **sofortige Beschwerde** an den BGH (§ 111 Abs. 4 Satz 1, § 42 Abs. 5 BRAO).

1. Statthaftigkeit des Rechtsmittels

a) Grundsatz

164 § 111 Abs. 4 eröffnet den Weg der sofortigen Beschwerde nur gegen solche Entscheidungen des OLG, die aufgrund der Absätze 1 bis 3 des § 111 ergehen, sich also als **abschließende Entscheidung** darstellen. Abs. 4 spricht nämlich nur von einer sofortigen Beschwerde gegen »*die Entscheidung*« des OLG. Diese an die vorausgehenden Absätze der Vorschrift anknüpfende Formulierung lässt erkennen, dass nicht an eine allgemeine Anrufung des BGH gegenüber sämtlichen Verfügungen (§ 19 FGG) oder Entscheidungen (§ 27 FGG) erster Instanz gedacht ist. Aus dem Gesamtzusammenhang des § 111 BNotO ist vielmehr zu schließen, dass die Beschwerde auf die Anfechtung der **instanzbeendenden Gerichtsentscheidung** in der Hauptsache beschränkt sein soll[274].

b) Einzelfälle

165 Daher unterliegen beispielsweise **Kostenentscheidungen** nach § 91a ZPO nicht der sofortigen Beschwerde[275]. Unzulässig ist auch eine sofortige Beschwerde gegen die Abgabe des Verfahrens wegen örtlicher **Unzuständigkeit**[276].

166 Unanfechtbar sind grundsätzlich auch Entscheidungen des OLG über Anträge auf Erlass einer **einstweiligen Anordnung** nach § 24 Abs. 3 FGG[277]. Ob in den letzteren Fällen eine Beschwerde ausnahmsweise statthaft ist, wenn der Erlass einer einstweiligen Anordnung oder ihre Ablehnung praktisch eine abschließende Entscheidung in der Hauptsache sein würde, hat der BGH bisher nicht abschließend entschieden[278]. Die Frage wird für den Regelfall zu verneinen sein, da sich weder aus der Garantie eines Gerichtsschutzes noch aus dem allgemeinen Rechtsstaatsprinzip ein Anspruch auf eine zweite richterliche Instanz ableiten lässt[279]. Eine Anrufung des Beschwerdegerichts im Verfahren über den Erlass einer einstweiligen Anordnung wird nur zuzulassen sein, wenn ohne sie ein effektiver Grundrechtsschutz des Betroffenen nicht gewährleistet wäre. Beschränkt sich der Betroffenen allerdings von vornherein auf einen isolierten Antrag auf Erlass einer einstweiligen Anordnung, ohne einen Antrag nach § 111 zu stellen, findet eine Beschwerde gegen die Entscheidung des OLG nicht statt[280].

2. Beschwerdeberechtigung

167 **Beschwerdeberechtigt** ist jeder Verfahrensbeteiligte, der durch die Entscheidung des OLG beschwert ist.

---

274 BGHZ 39, 162, 166; 67, 343, 345; BGH DNotZ 1995, 167; st. Rspr.
275 BGHZ 67, 346.
276 *Jaspert/Rinne*, ZNotP 1998, 434, 446.
277 BGH NJW 1993, 2040.
278 BGH DNotZ 1979, 319; DNotZ 1982, 382; NJW 1993, 2041; DNotZ 1995, 167.
279 BVerfGE 83, 24, 31; BGH NJW 1993, 1593.
280 BGH DNotZ 1995, 167.

3. Einlegung der Beschwerde

a) Beschwerdefrist

Das Rechtsmittel ist innerhalb von zwei Wochen schriftlich bei dem OLG einzulegen, dessen Entscheidung angefochten wird (§ 42 Abs. 4 Satz 1 BRAO); eine Einlegung beim BGH wahrt die Frist nicht[281]. Die Frist beginnt unabhängig von einer Rechtsmittelbelehrung mit dem Zeitpunkt, in dem die erstinstanzliche Entscheidung dem Beschwerdeführer bekannt gemacht worden ist (§ 22 Abs. 1 Satz 2 FGG). Zur Bekanntmachung bedarf es der Zustellung der mit Gründen versehenen Entscheidung[282].

168

b) Wiedereinsetzung

Im Falle der Fristversäumung kann dem Beschwerdeführer nach Maßgabe des § 22 Abs. 2 FGG **Wiedereinsetzung** in den vorigen Stand gewährt werden[283].

169

c) Aufschiebende Wirkung

Die Beschwerde hat **aufschiebende Wirkung** (§ 42 Abs. 4 Satz 2 BRAO).

170

4. Verfahren des BGH

Auf das Verfahren vor dem BGH ist § 40 Abs. 2 und 3 BRAO entsprechend anzuwenden; ergänzend gelten die Vorschriften des FGG (§ 42 Abs. 6).

171

a) Verhandlung vor dem BGH

Der BGH entscheidet wie in **Disziplinarsachen** in der Besetzung mit dem Vorsitzenden, zwei Richtern und zwei Notaren als Beisitzern (§ 106).

172

Eine **unzulässige Beschwerde** kann ohne mündliche Verhandlung verworfen werden[284]. Im Übrigen ergeht die Entscheidung in der Regel aufgrund **mündlicher Verhandlung**. Diese ist entbehrlich, wenn die Beteiligten darauf verzichten (§ 40 Abs. 2 BRAO).

173

Die Verhandlung ist grundsätzlich **nicht öffentlich**. Wegen der Zulassung von Zuhörern und der Herstellung der Öffentlichkeit gilt § 40 Abs. 3 BRAO entsprechend[285].

174

b) Tatsachenprüfung

Der BGH entscheidet aufgrund erneuter Sach- und Rechtsprüfung als **Tatsacheninstanz**[286]; auch insoweit gilt der Amtsermittlungsgrundsatz des § 12 FGG. Indes können die Beteiligten aufgrund ihrer Dispositionsbefugnis[287] das Beschwerdeverfahren derart **beschränken**, dass der BGH nur über die rechtliche Bedeutung des vom OLG abschließend festgestellten und vom Beschwerdeführer nicht mehr beanstandeten Sachverhalts zu entscheiden hat[288].

175

Die Beschwerde kann auf **neue Tatsachen und Beweise** gestützt werden (§ 23 FGG).

---

281 BGH DNotZ 1990, 517; NJW 2000, 737.
282 *Schippel/Bracker/Lemke*, § 111 Rz. 53.
283 Nicht bei Beschwerdeeinlegung beim BGH statt beim OLG (KG): BGH NJW 2000, 737.
284 BGH DNotZ 1979, 319.
285 Siehe oben Rz. 133 f.
286 BGHZ 44, 65, 71.
287 Siehe oben Rz. 136.
288 BGHZ 53, 95, 98.

5. Entscheidung des BGH

a) Inhalt

176   Die **Entscheidung** des Beschwerdegerichts lautet auf Verwerfung oder Zurückweisung der Beschwerde oder dahin, dass das Rechtsmittel Erfolg hat. Erweist sich die Beschwerde als zulässig und begründet, entscheidet der BGH regelmäßig auch in der Sache über den angefochtenen, abgelehnten oder unterlassenen Verwaltungsakt. Jedoch kann das Beschwerdegericht den angefochtenen Beschluss aufheben und die Sache an das OLG zurückverweisen, wenn eine weitere Aufklärung derart nötig erscheint, dass die Beteiligten dazu nochmals eine erstinstanzliche Verhandlung erhalten sollen.

b) Rechtskraft

177   Der Beschluss des BGH wird mit der Verkündung und bei Entscheidung ohne mündliche Verhandlung mit der Zustellung an die Beteiligten wirksam und damit formell und materiell **rechtskräftig**[289]. Die Rechtskraft bindet auch den BGH, so dass er zu einer Abänderung seiner Entscheidung – etwa auf Gegenvorstellung eines Beteiligten – nicht befugt ist[290]. Aus der materiellen Rechtskraft folgt weiter, dass die Behörde bei unveränderter Sach- und Rechtslage zu einer neuen Sachprüfung und Bescheidung nicht befugt ist[291].

VIII. Kosten des Verfahrens

178   Für die Kosten des Verfahrens gelten gemäß § 111 Abs. 4 Satz 2 die §§ 200 bis 203 BRAO und die darin in Bezug genommenen Vorschriften der Kostenordnung entsprechend.

1. Kostengrundentscheidung

a) Notwendigkeit der Entscheidung

179   Jede gerichtliche Entscheidung nach § 111 muss eine Kostenentscheidung enthalten. Diese richtet sich nach §§ 201 f. BRAO in Verbindung mit § 13a Abs. 1 Satz 1 FGG.

aa) Gerichtskosten

180   Die Entscheidung über die **Gerichtskosten** richtet sich nach § 201 BRAO. Danach sind die Gerichtskosten (Gebühren und Auslagen) des Verfahrens dem Antragsteller aufzuerlegen, wenn der Antrag auf gerichtliche Entscheidung **erfolglos** bleibt, d. h. zurückgenommen, zurückgewiesen oder als unzulässig verworfen wird (§ 201 Abs. 1 BRAO). Wird dem Antrag **stattgegeben**, sind die Kosten dem Antragsgegner aufzuerlegen; ist die Landesjustizverwaltung oder eine ihr nachgeordnete Behörde Antragsgegnerin, werden Gebühren und Auslagen nicht erhoben (§ 201 Abs. 2 BRAO).

bb) Außergerichtliche Kosten

181   Über eine etwaige Erstattung der den Verfahrensbeteiligten erwachsenen **außergerichtlichen Kosten** ist nach § 13a Abs. 1 FGG zu entscheiden[292]. Danach erfolgt im Verfahren der freiwilligen Gerichtsbarkeit eine Erstattung grundsätzlich nicht; nur wenn es aus besonderen Gründen der Billigkeit entspricht, kann das Gericht anordnen, dass die zur zweckent-

---

289 BGH NJW-RR 1986, 1318.
290 BGH DNotZ 1964, 572.
291 BGHR § 111 Abs. 4 Beschwerdeentscheidung 1.
292 Ebenso zu §§ 200, 201 BRAO: *Feuerich/Weyland*, § 200 Rz. 1, § 201 Rz. 1.

sprechenden Erledigung der Angelegenheit notwendigen Kosten von einem Beteiligten ganz oder teilweise zu erstatten sind (§ 13a FGG)[293]. Im Antragsverfahren gilt das in der Regel auch bei Rücknahme des verfahrenseinleitenden Antrags[294].

Diese Grundsätze sind auch im Verfahren nach § 111 BNotO anzuwenden[295]. Die außergerichtlichen Kosten eines erfolglosen Verfahrens sind daher nur bei Vorliegen besonderer Gründe dem Antragsteller aufzuerlegen[296].

cc) Rechtsmittelkosten

Das gleiche gilt für die außergerichtlichen Kosten eines erfolglosen **Rechtsmittels**[297].   **182**

dd) Teilerfolg

Bei **teilweisem Erfolg** sind gesonderte Geschäftswerte für die Teile festzusetzen, in denen   **183**
die Beteiligten obsiegen und unterliegen. Über die Kosten der einzelnen Teile ist sodann nach § 201 BRAO, § 13a FGG zu entscheiden[298].

ee) Erledigung der Hauptsache

Bei **Erledigung der Hauptsache** in erster Instanz[299] ist entsprechend § 91a ZPO, § 13a   **184**
FGG über die Kosten zu befinden. Tritt die Erledigung dadurch ein, dass die Behörde ihre Entscheidung zurücknimmt, werden entsprechend § 201 Abs. 2 BRAO Gerichtskosten nicht erhoben[300]. Erledigt sich die Hauptsache im Beschwerdeverfahren, kann § 202 Abs. 4 BRAO entsprechend angewendet werden, so dass sich die Gerichtsgebühr auf die Hälfte ermäßigt. Für die Entscheidung über die außergerichtlichen Kosten ist § 13a FGG maßgeblich.

2. Kostenansatz, Kostenfestsetzung, Geschäftswert

a) Für den **Ansatz der Gerichtskosten** gelten die Vorschriften der Kostenordnung. Dies er-   **185**
gibt sich unabhängig von § 200 BRAO schon aus § 1 KostO, da es sich bei dem Verfahren nach § 111 um eine Angelegenheit der freiwilligen Gerichtsbarkeit handelt[301]. Nach § 202 BRAO wird für das gerichtliche Verfahren erster und zweiter Instanz grundsätzlich je eine volle Gebühr erhoben. Nur wenn ein Antrag oder eine Beschwerde vor der Entscheidung des Gerichts zurückgenommen oder aber als unzulässig zurückgewiesen wird, ermäßigt sich die Gebühr auf die Hälfte (§ 202 Abs. 1, 3 und 4 BRAO).

b) Für die **Festsetzung zu erstattender Kosten** gelten gemäß § 13a Abs. 2 FGG die   **186**
§§ 103 bis 107 ZPO entsprechend.

c) Der **Geschäftswert** ist nach § 202 Abs. 2 BRAO, § 30 Abs. 2 KostO von Amts wegen   **187**
festzusetzen.

3. Einwendungen und Erinnerungen

Über Einwendungen und Erinnerungen gegen den Kostenansatz entscheidet das OLG   **188**
(§ 203 Abs. 1 BRAO). Die Entscheidung ist unanfechtbar (§ 203 Abs. 2 BRAO).

293 *Keidel/Zimmermann*, § 13a Rz. 22 ff.
294 *Keidel/Zimmermann*, § 13a Rz. 22.
295 BGHR BNotO § 111 Verwaltungsakt 5; *Jaspert/Rinne*, ZNotP 1998, 434, 446.
296 A. A. *Schippel/Bracker/Lemke*, § 111 Rz. 55.
297 Vgl. BGHR FGG § 13a Abs. 1 Satz 1 Rechtsmittelrücknahme 1.
298 BGH DNotZ 1974, 372.
299 Siehe oben Rz. 138.
300 *Schippel/Bracker/Lemke*, § 111 Rz. 56.
301 *Schippel/Bracker/Lemke*, § 111 Rz. 57.

§ 112

Die Landesjustizverwaltung kann Befugnisse, die ihr nach diesem Gesetz zustehen, auf nachgeordnete Behörden übertragen.

Übersicht

A. Entstehungsgeschichte der Vorschrift

1 Die Vorschrift ist in der geltenden Fassung seit Einführung der BNotO in Kraft. Die 1991[1] als Satz 2 eingefügte Beschränkung, wonach die Zuständigkeit für Amtsenthebungen (§ 50 Abs. 3) nicht delegiert werden konnte, ist durch die Berufsrechtsnovelle 1998[2] aufgehoben worden.

B. Erläuterungen

1. Bedeutung der Vorschrift

2 a) Die BNotO weist die dem Staat zustehenden **Verwaltungsbefugnisse** auf dem Gebiet des Berufsrechts der Notare teils speziell der Landesjustizverwaltung (Justizministerium, Senatsverwaltung für Justiz), teils allgemein den Aufsichtsbehörden zu. Ferner ermächtigt sie in einer Reihe von Vorschriften die Landesregierungen oder von ihr bestimmte Stellen zum Erlass von **Rechtsverordnungen**[3].

3 b) Um eine Anhäufung von Verwaltungsgeschäften bei der Landesjustizverwaltung zu vermeiden und um örtlichen Gepflogenheiten Rechnung tragen zu können, ermächtigt § 112 die Landesjustizverwaltung zur Delegation von Verwaltungsbefugnissen, die ihr **speziell** zugewiesen sind (z.B. §§ 7, 8 Abs. 1, 12, 48, 50 Abs. 3, 51 Abs. 5, 52 Abs. 2 und 3, 53 Abs. 1, 57 Abs. 2, 64 Abs. 1, 96, 97 Abs. 2). Soweit allgemein die **Aufsichtsbehörden** zuständig sind, regelt die oberste Aufsichtsbehörde (Justizministerium, Senatsverwaltung für Justiz) kraft ihrer Organisationsgewalt, welche Dienststelle welche Aufgaben wahrzunehmen hat. § 112 ist insoweit nicht einschlägig.

4 c) Die Vorschrift gilt ferner nicht für **Rechtssetzungsermächtigungen** der Landesregierung; denn diese begründen eigene Delegationsbefugnisse (»*Landesjustizverwaltung(en) oder die von ihr [ihnen] bestimmte[n] Stelle[n]*«).

---

1 Gesetz zur Änderung des Berufsrechts der Notare und der Rechtsanwälte v. 29.01.1991 (BGBl. S. 150).

2 Art. 1 Nr. 45 des Dritten Gesetzes zur Änderung der Bundesnotarordnung und anderer Gesetze v. 31.08.1998 (BGBl. I S. 2585).

3 Vgl. § 111 Rz. 22.

2. Übertragbarkeit von Befugnissen

a) Nach der Neufassung der Vorschrift sind **sämtliche** der Landesjustizverwaltung zuste- 5
henden Verwaltungsbefugnisse einschließlich der Amtsenthebung von Notaren (§ 50 Abs. 3)
übertragbar. Der Gesetzgeber hat damit im Interesse der Bundesländer, welche die Bestellung der Notar auf die nachgeordneten Behörden übertragen haben, die Möglichkeit geschaffen, auch die Entscheidung über den »actus contrarius« zu delegieren[4].

b) Nach dem Wortlaut der Vorschrift kann die Landesjustizverwaltung auch ihre Zustän- 6
digkeit für die Genehmigung von **Satzungen der Notarkammern** sowie für die **Staatsaufsicht** über die Notarkammern (§ 66 Abs. 1 und 2) delegieren. Dagegen spricht aber, dass das
Bundesministerium der Justiz seine entsprechenden Aufgaben bezüglich der Bundesnotarkammer nicht delegieren kann (§ 77); eine unterschiedliche Behandlung der Zuständigkeiten
bezüglich der Bundesnotarkammer und der Notarkammern ist nicht gerechtfertigt. Eine Delegation seitens der Landesjustizverwaltung würde auch nicht der Stellung der Notarkammern als Standesorganisation der Notare gerecht. Sie ist daher unzulässig[5].

c) Die Landesjustizverwaltung kann ihre Befugnisse nicht nur auf die nachgeordneten 7
Aufsichtsbehörden, sondern auch auf andere **Justizbehörden** wie etwa die Generalstaats-
anwälte bei den Oberlandesgerichten übertragen[6]. Eine Übertragung auf andere Landes-
behörden ist hingegen unzulässig.

3. Form der Übertragung

Die Übertragung geschieht im allgemeinen durch Organisationsakt in Gestalt einer **All-** 8
gemeinverfügung, sofern nicht die jeweilige Landesverfassung eine andere Form vorschreibt. Aus landesverfassungsrechtlichen Gründen haben der Freistaat Bayern sowie die
Länder Nordrhein-Westfalen und Rheinland-Pfalz die Delegation durch **Rechtsverordnung** vorgenommen.

---

4 BT-Drucks. 13/4184 S. 34.
5 Im Ergebnis ebenso: *Schippel/Bracker/Görk*, BNotO, § 112 Rz. 2; *Eylmann/Vaasen/Custodis*, § 112
  BNotO Rz. 6.
6 *Schippel/Bracker/Görk*, § 112 Rz. 3.

§ 113

(1) [1]Die Notarkasse ist eine rechtsfähige Anstalt des öffentlichen Rechts des Freistaates Bayern. [2]Sie hat ihren Sitz in München. [3]Ihr Tätigkeitsbereich umfasst den Freistaat Bayern und den Bezirk des Pfälzischen Oberlandesgerichts Zweibrücken. [4]Sie führt ein Dienstsiegel. [5]Sie untersteht der Rechtsaufsicht des Bayerischen Staatsministeriums der Justiz. [6]Dieses übt die Aufsicht nach näherer Vereinbarung der beteiligten Justizverwaltungen aus. [7]Die Haushalts- und Wirtschaftsführung der Notarkasse wird vom Bayerischen Obersten Rechnungshof nach Maßgabe der Vorschriften der Bayerischen Haushaltsordnung geprüft.

(2) [1]Die Ländernotarkasse ist eine rechtsfähige Anstalt des öffentlichen Rechts des Freistaates Sachsen. [2]Sie hat ihren Sitz in Leipzig. [3]Ihr Tätigkeitsbereich umfasst die Bezirke der Notarkammern Brandenburg, Mecklenburg-Vorpommern, Sachsen, Sachsen-Anhalt und Thüringen. [4]Sie führt ein Dienstsiegel. [5]Sie untersteht der Rechtsaufsicht des Sächsischen Staatsministeriums der Justiz. [6]Dieses übt die Aufsicht nach näherer Vereinbarung der beteiligten Justizverwaltungen aus. [7]Die Haushalts- und Wirtschaftsführung der Ländernotarkasse wird vom Sächsischen Rechnungshof nach Maßgabe der Sächsischen Haushaltsordnung geprüft.

(3) Die Notarkasse und die Ländernotarkasse (Kassen) haben folgende Aufgaben zu erfüllen:
1. Ergänzung des Berufseinkommens der Notare, soweit dies zur Aufrechterhaltung einer geordneten vorsorgenden Rechtspflege erforderlich ist;
2. Versorgung der ausgeschiedenen Notare im Alter und bei Amtsunfähigkeit, der Notarassessoren bei Dienstunfähigkeit sowie Versorgung ihrer Hinterbliebenen, wobei sich die Höhe der Versorgung unabhängig von der Höhe der geleisteten Abgaben nach der ruhegehaltfähigen Dienstzeit einschließlich An- und Zurechnungszeiten bemisst;
3. einheitliche Durchführung der Versicherung der Notare nach § 19a und der Notarkammern nach § 61 Abs. 2 und § 67 Abs. 3 Nr. 3;
4. Förderung der wissenschaftlichen und praktischen Fortbildung der Notare und Notarassessoren sowie der fachlichen Ausbildung des Personals der Notare einschließlich der Durchführung von Prüfungen;
5. Bereitstellung der erforderlichen Haushaltsmittel der im Gebiet der Kasse gebildeten Notarkammern;
6. Zahlung der Bezüge der Notarassessoren an Stelle der Notarkammern;
7. wirtschaftliche Verwaltung der von einem Notariatsverwalter wahrgenommenen Notarstellen anstelle der Notarkammern;
8. Erstattung notarkostenrechtlicher Gutachten, die eine Landesjustizverwaltung, ein Gericht oder eine Verwaltungsbehörde im Tätigkeitsbereich der Kasse anfordert.

(4) [1]Die Kassen können weitere, dem Zweck ihrer Errichtung entsprechende Aufgaben wahrnehmen. [2]Sie können insbesondere
1. fachkundige Mitarbeiter beschäftigen, die den Notaren im Tätigkeitsbereich der Kasse zur Dienstleistung zugewiesen werden,
2. über Absatz 3 Nr. 3 hinausgehende Anschlussversicherungen abschließen,
3. die zentrale Erledigung von Verwaltungsaufgaben der einzelnen Notarstellen bei freiwilliger Teilnahme unter Ausschluss der Gewinnerzielung gegen Kostenerstattung übernehmen.

(5) Aufgaben der Notarkammern können mit deren Zustimmung und der Zustimmung der Kasse durch die Landesjustizverwaltungen der Kasse übertragen werden.

(6) Die Notare sind verpflichtet, die ihnen zur Dienstleistung zugewiesenen, in einem Dienstverhältnis zur Kasse stehenden Mitarbeiter zu beschäftigen.

(7) Auf die nach Absatz 3 Nr. 2 und 6 gegen die Kasse begründeten Versorgungs- und Besoldungsansprüche sind die für Beamtenbezüge geltenden verfahrensrechtlichen Vorschriften entsprechend anzuwenden.

(8) Die Organe der Kasse sind der Präsident und der Verwaltungsrat.

SANDKÜHLER

(9) [1]Der Präsident vertritt die Kasse gerichtlich und außergerichtlich. [2]Er leitet ihre Geschäfte und ist für die Erledigung derjenigen Angelegenheiten zuständig, die nicht dem Verwaltungsrat obliegen. [3]Der Präsident führt den Vorsitz in den Sitzungen des Verwaltungsrates und vollzieht dessen Beschlüsse.

(10) [1]Der Präsident der Notarkasse wird von den Notaren im Tätigkeitsbereich der Notarkasse für die Dauer von vier Jahren gewählt. [2]Der Präsident der Ländernotarkasse wird von dem Verwaltungsrat der Ländernotarkasse für die Dauer von vier Jahren gewählt. [3]Der Präsident muss Notar im Tätigkeitsbereich der Kasse sein und darf nicht zugleich Mitglied des Verwaltungsrates sein.

(11) [1]Der Verwaltungsrat beschließt insbesondere über

1. Satzungen und Verwaltungsvorschriften,
2. den Haushaltsplan sowie die Anpassung der Abgaben an den Haushaltsbedarf,
3. die Höhe der Bezüge der Notarassessoren,
4. die Grundsätze für die Ausbildung, Prüfung und Einstellung von fachkundigen Mitarbeitern,
5. die Festlegung der Gesamtzahl und der Grundsätze für die Zuteilung von fachkundigen Mitarbeitern an die Notare,
6. die Grundsätze für die Vermögensanlage der Kasse.

[2]Der Verwaltungsrat fasst seine Beschlüsse mit der einfachen Mehrheit der abgegebenen Stimmen, soweit durch Satzung nichts anderes bestimmt ist.

(12) [1]Die Mitglieder des Verwaltungsrates der Notarkasse werden für die Dauer von vier Jahren durch die Notare in den jeweiligen Oberlandesgerichtsbezirken im Tätigkeitsbereich der Notarkasse gewählt. [2]Die Notare eines Oberlandesgerichtsbezirks wählen jeweils zwei Mitglieder in den Verwaltungsrat. [3]Übersteigt die Zahl der Einwohner in einem Oberlandesgerichtsbezirk zwei Millionen, so erhöht sich die Zahl der Verwaltungsratsmitglieder aus diesem Oberlandesgerichtsbezirk für je weitere angefangene zwei Millionen um ein Mitglied. [4]Die Mitglieder des Verwaltungsrates müssen Notar mit Amtssitz im Bezirk des jeweiligen Oberlandesgerichts sein.

(13) [1]Die Mitglieder des Verwaltungsrates der Ländernotarkasse werden für die Dauer von vier Jahren durch die Notare in den jeweiligen Notarkammern im Tätigkeitsbereich der Ländernotarkasse gewählt. [2]Die Notare einer Notarkammer wählen jeweils zwei Mitglieder in den Verwaltungsrat; bei mehr als drei Millionen Einwohnern in dem Bezirk einer Notarkammer sind drei Mitglieder zu wählen. [3]Die Mitglieder des Verwaltungsrates müssen Notar mit Amtssitz im Bezirk der jeweiligen Notarkammer sein.

(14) [1]Für die Organe und Mitarbeiter der Kasse gilt § 69a entsprechend. [2]Der Verwaltungsrat kann von der Verpflichtung zur Verschwiegenheit befreien. [3]Er erteilt in gerichtlichen Verfahren die Aussagegenehmigung.

(15) Vor der Ausschreibung und Einziehung von Notarstellen und der Ernennung von Notarassessoren im Tätigkeitsbereich der Kasse ist diese anzuhören.

(16) [1]Vor dem Beschluss ihres Haushaltsplans hören die Notarkammern im Tätigkeitsbereich der Kasse diese an. [2]Bei der Kasse wird zur Beratung in Angelegenheiten des Absatzes 3 Nr. 5 ein Beirat gebildet, in den jede Notarkammer im Tätigkeitsbereich der Kasse ein Mitglied und der Verwaltungsrat ebenso viele Mitglieder entsenden. [3]Den Vorsitz in den Beiratssitzungen führt der Präsident der Kasse. [4]Die Kasse ist an das Votum des Beirats nicht gebunden.

(17) [1]Die Kasse erhebt von den Notaren Abgaben auf der Grundlage einer Abgabensatzung, soweit dies zur Erfüllung ihrer Aufgaben erforderlich ist. [2]Zur Sicherstellung der Verpflichtungen, die sich aus den Aufgaben der Kasse ergeben, kann Vermögen gebildet werden. [3]Die Höhe der Abgaben richtet sich nach der Leistungsfähigkeit des Notars. [4]Die Abgaben können auch gestaffelt nach der Summe der durch den Notar zu erhebenden Gebühren festgesetzt werden. [5]Die Abgabensatzung kann Freibeträge und von der Abgabepflicht ausgenommene Gebühren festlegen. [6]Sie regelt ferner

1. die Bemessungsgrundlagen für die Abgaben,
2. die Höhe, die Festsetzung und die Fälligkeit der Abgaben,
3. das Erhebungsverfahren,

4. die abgaberechtlichen Nebenpflichten des Notars,

5. die Stundung und Verzinsung der Abgabeschuld sowie die Geltendmachung von Säumniszuschlägen und Sicherheitsleistungen,

6. ob und in welcher Höhe die Bezüge von Notarassessoren (§ 7 Abs. 4 Satz 4) oder fachkundigen Mitarbeitern, die einem Notar zugewiesen sind, zu erstatten sind.

[7]Fehlt eine Abgabensatzung, kann die Aufsichtsbehörde die Abgaben vorläufig festsetzen. [8]Rückständige Abgaben können auf Grund einer vom Präsidenten ausgestellten, mit der Bescheinigung der Vollstreckbarkeit versehenen Zahlungsaufforderung nach den Vorschriften über die Vollstreckbarkeit gerichtlicher Entscheidungen in Zivilsachen eingezogen werden. [9]Die Kasse kann die Erfüllung der Abgabepflicht einschließlich der zugrunde liegenden Kostenberechnungen und des Kosteneinzugs durch den Notar nachprüfen. [10]Der Notar hat den mit der Prüfung Beauftragten Einsicht in seine Akten, Urkunden, Konten, Verzeichnisse und Bücher zu gestatten, diese auszuhändigen und die erforderlichen Auskünfte zu erteilen.

(18) [1]Die Kasse kann in Ausübung ihrer Befugnisse von den Notaren und Notarassessoren Auskünfte, die Vorlage von Büchern und Akten sowie das persönliche Erscheinen vor dem Präsidenten oder dem Verwaltungsrat verlangen. [2]Der Präsident kann zur Erzwingung dieser Pflichten nach vorheriger schriftlicher Androhung, auch wiederholt, Zwangsgeld festsetzen. [3]Das einzelne Zwangsgeld darf eintausend Euro nicht übersteigen. [4]Das Zwangsgeld fließt der Kasse zu; es wird wie eine rückständige Abgabe beigetrieben.

(19) [1]Im Übrigen bestimmen sich die Aufgaben und Rechtsverhältnisse der Kassen, ihrer Organe und deren Zuständigkeiten nach einer Satzung. [2]Erlass und Änderungen der Satzung und der Abgabensatzung bedürfen zu ihrer Wirksamkeit der Genehmigung durch die Aufsichtsbehörde und der Bekanntmachung. [3]Für die Notarkasse erfolgt die Bekanntmachung im »Amtlichen Mitteilungsblatt der Landesnotarkammer Bayern und der Notarkasse«. [4]Für die Ländernotarkasse erfolgt die Bekanntmachung im »Amtlichen Mitteilungsblatt der Ländernotarkasse«.

Übersicht

A. Entstehungsgeschichte der Vorschrift

1. Die Vorschrift ist der Sache nach den Bestimmungen über die »*Bayerische Notariatskasse*« in § 84 der Reichsnotarordnung (RNotO) nachgebildet[1].

2. Die jetzige Fassung hat § 113 durch das Sechste Gesetz zur Änderung der Bundesnotarordnung[2] erhalten. Anlass für den Erlass des Gesetzes war der Beschluss des Bundesverfassungsgerichts vom 13.07.2004[3]. Das Gericht hatte darin die Übertragung von Satzungsautonomie auf die Notarkasse und die Ländernotarkasse als im Grundsatz unbedenklich erachtet, jedoch beanstandet, dass die gesetzlichen Bestimmungen über die Bildung der Organe, ihre Aufgaben und Handlungsbefugnisse materiell nicht dem Demokratie- und Rechtsstaatsprinzip genügten[4]. Es hatte demgemäß § 113 BNotO[5] und damit verwandte Vorschriften[6] wegen Verstoßes gegen Art. 12 GG als **teilweise verfassungswidrig** erklärt und ausgeführt: Im Gesetz fehle eine Regelung über die Zusammensetzung des satzungsgebenden Organs (Verwaltungsrat), über die Art seines Zustandekommens, über die Ermittlung und Bestellung des Präsidenten und über die jeweils angemessene Beteiligung der Notare aus den Ländern, für deren Gebiet die Kasse zuständig sei. Der Gesetzgeber selbst müsse die Grundstrukturen hierzu festlegen. Dabei müssten eine angemessene Partizipation der Berufsangehörigen an der Willensbildung gewährleistet und die Organe nach demokratischen Grundsätzen gebildet werden. Den Vorgaben der Verfassung entsprechende gesetzliche Grundlagen seien bis Ende des Jahres 2006 zu schaffen. Diesem Auftrag ist der Gesetzgeber mit der Neufassung des § 113, der Aufhebung des § 113a und der Einfügung des § 119 nachgekommen.

3. Für die **Übergangszeit** bis zum Erlass des 6. Änderungsgesetzes hat der Bundesgerichtshof die §§ 113, 113a a. F. als ausreichende Ermächtigung für den Erlass von Satzungen und für die darauf beruhende Erhebung von Abgaben angesehen[7].

---

1 Zur Geschichte der Notarkasse: *Schippel/Bracker/Bracker*, BNotO, § 113 Rz. 1–3.

2 Art. 1 Nr. 1 des Sechsten Gesetzes zur Änderung der Bundesnotarordnung v. 15.07.2006 (BGBl. I S. 1531).

3 BGBl. I S. 2931. Abdruck: BVerfGE 111, 191 = DNotZ 2004, 942 m. Anm. *Hepp*. Näher dazu: *Reetz*, NotBZ 2004, 449.

4 DNotZ 2004, 948 ff.

5 I. d. F. des Dritten Gesetzes zur Änderung der Bundesnotarordnung und anderer Gesetze v. 31.08.1998 (BGBl. I S. 2585).

6 § 113 Abschn. I i. d. F. des Ersten Gesetzes zur Änderung der Bundesnotarordnung v. 07.08.1981 (BGBl. I S. 803) sowie § 39 der Verordnung über die Tätigkeit von Notaren in eigener Praxis v. 20.06.1990 (GBl. I S. 475) i. d. F. des Gesetzes v. 29.06.1992 (BGBl. I S. 1147).

7 BGH DNotZ 2006, 75. Vgl. dazu auch Bayer. VerfGH MittBayNot 2005, 330.

B. Erläuterungen

I. Grundlagen

1. Rechtsstellung und Struktur der Kassen

a) Aufgaben

4   Für Bayern und die Pfalz (Notarkasse) sowie für das Gebiet der Bundesländer Brandenburg, Mecklenburg-Vorpommern, Sachsen, Sachsen-Anhalt und Thüringen (Ländernotarkasse) bestehen Notarkassen (im Folgenden: Kassen). Zu ihren **Aufgaben** gehören insbesondere die Altersversorgung der Notare, die Besoldung der Notarassessoren und der fachkundigen Mitarbeiter der Notare, die Ergänzung des Berufseinkommens der Notare und die Finanzierung der Notarkammern. Zur Erfüllung ihrer Aufgaben erheben die Kassen Abgaben von den in ihrem Tätigkeitsbereich amtierenden Notaren[8].

b) Rechtsfähige Anstalt

5   Die Kassen sind **rechtsfähige Anstalten** des öffentlichen Rechts. Als juristische Personen sind sie zur Siegelführung berechtigt (Abs. 1 Satz 3, Abs. 2 Satz 3).

c) Anstaltsstruktur

6   Als verselbstständigte Verwaltungseinheiten nicht verbandsmäßiger Struktur[9] haben sie – anders als die körperschaftlich verfassten Notarkammern und die Bundesnotarkammer (§§ 66 Abs. 1 Satz 1, 77 Abs. 1) – keine **Mitglieder**; so gehören ihnen weder die Notarkammern noch die in ihren Tätigkeitsbereichen bestellten Notare an. Die Notare unterliegen vielmehr dem **Anstaltszwang** der Kassen. Er drückt sich insbesondere in der Pflicht zur Beschäftigung der ihnen zur Dienstleistung zugewiesenen Hilfskräfte (Abs. 6) und zur Leistung von Abgaben aus (Abs. 17). Jedoch können die **Notare** durch Teilnahme an der Wahl der Organe (Abs. 10, 12, 13)[10], die **Notarkammern** durch Mitwirkung im Beirat der Kassen (Abs. 16) mittelbar Einfluss auf deren Amtsführung nehmen.

d) Satzungsautonomie

7   § 113 Abs. 6 a. F. sowie § 113a Abs. 6 a. F. ermächtigten die Notarkasse bzw. die Ländernotarkasse ausdrücklich zum Erlass **autonomer Satzungen**; dazu gehörten auch die nach § 113 Abs. 8 a.F bzw. § 113a Abs. 8 a. F. notwendigen Abgabensatzungen. Grundlage dieser Ermächtigung war die Befugnis des Staates, den Kassen als Trägern funktionaler Selbstverwaltung Rechtsetzungsbefugnisse in Form von Satzungsautonomie zu verleihen. Diese Befugnis hat das Bundesverfassungsgericht in seinem Beschluss vom 13.07.2004[11] nicht in Frage gestellt, sondern ausdrücklich bestätigt[12]. Dementsprechend sieht auch § 113 n. F. den Erlass von Satzungen durch die Kassen vor (Abs. 11 Satz 1 Nr. 1 und Satz 2, Abs. 17, Abs. 19).

Erlass und Änderungen der Satzung und der Abgabensatzung bedürfen der Genehmigung durch die Aufsichtsbehörde und der Bekanntmachung (Abs. 19). Die **Bekanntmachung** erfolgt im »Amtlichen Mitteilungsblatt der Landesnotarkammer Bayern und der Notarkasse« bzw. im »Amtlichen Mitteilungsblatt der Ländernotarkasse«. **Aktuell** gelten die Satzung der

---

8 Vgl. amtliche Begründung zum 6. Änderungsgesetz (BT-Drucks. 16/1340, S. 8).
9 *Schippel/Bracker/Bracker*, § 113 Rz. 4.
10 Näher dazu: unten Rz. 46, 55.
11 Siehe oben Rz. 2.
12 DNotZ 2004, 946.

Notarkasse gem. Bekanntmachung vom 20.12.2006[13] und die Satzung der Ländernotarkasse gem. Bekanntmachung vom 23.03.2007[14].

2. Sitz und Tätigkeitsbereich

a) Sitz

Ihren **Sitz** haben die Notarkasse in München (Abs. 1 Satz 2), die Ländernotarkasse in Leipzig (Abs. 2 Satz 2). Der Sitz ist damit gesetzlich festgelegt. Er kann nicht in eigener Zuständigkeit der Kassen, sondern nur kraft Gesetzesänderung verlegt werden. **8**

b) Tätigkeitsbereich

Der **Tätigkeitsbereich** der Notarkasse umfasst den Freistaat Bayern und den Bezirk des Pfälzischen Oberlandesgerichts Zweibrücken (Abs. 1 Satz 3), derjenige der Ländernotarkasse die Bezirke der Notarkammern Brandenburg, Mecklenburg-Vorpommern, Sachsen, Sachsen-Anhalt und Thüringen. **9**

3. Trägerschaft und Aufsicht

a) Trägerschaft

Träger der Notarkasse bzw. der Ländernotarkasse ist ungeachtet ihres länderübergreifenden Tätigkeitsbereichs (Bayern und Teile von Rheinland-Pfalz; fünf Bundesländer) jeweils nur *ein* Bundesland, nämlich der Freistaat Bayern bzw. der Freistaat Sachsen (Abs. 1 Satz 1, Abs. 2 Satz 1). **10**

b) Aufsicht

Dementsprechend untersteht die Notarkasse der **Aufsicht** des Bayerischen Staatsministeriums der Justiz, die Ländernotarkasse derjenigen des Sächsischen Staatsministeriums der Justiz. Das jeweils zuständige Ministerium übt die Aufsicht nach näherer Vereinbarung der beteiligten Landesjustizverwaltungen, also ohne förmlichen Staatsvertrag, aus (Abs. 1 Satz 6. Abs. 2 Satz 6). **11**

Die Aufsicht ist **Rechtsaufsicht**, nicht Fach- oder Dienstaufsicht. Sie dient allein der Rechtmäßigkeitskontrolle, nicht jedoch der Prüfung, ob die Kassen ihre Aufgaben zweckmäßig erledigen. Den zuständigen Ministerien steht daher kein allgemeines Weisungs- und Leitungsrecht zu. Ihre Aufsicht beschränkt sich darauf, dass Gesetz und Satzung beachtet, insbesondere die den Kassen übertragenen Aufgaben erfüllt werden. Zu den nicht normierten Aufsichtsmitteln[15] gehören das Recht, Erlass und Änderungen der Satzung zu prüfen und gegebenenfalls abzulehnen (Abs. 19 Satz 2), sowie die Befugnis, die von den Notaren zu erhebenden Abgaben vorläufig festzusetzen, wenn eine Abgabensatzung fehlt (Abs. 17 Satz 7). **12**

Abs. 8 Satz 3 a. F. sah darüber hinaus die Befugnis der Aufsichtsbehörde vor, die Abgaben festzusetzen, wenn die Notarkasse die **Erhebung verweigerte**. Diese Bestimmung ist in die Neufassung des § 113 zu Recht nicht übernommen worden. Die Erhebung von Abgaben gehört nach Abs. 17 Satz 1 zu den Pflichtaufgaben der Kassen. Verweigern sie sich dieser Aufgabe, stehen der Aufsichtsbehörde die allgemeinen Mittel der Rechtsaufsicht einschließlich des Rechts der Ersatzvornahme zu[16]. **13**

---

13 Amtliches Mitteilungsblatt 2006, Nr. 4.
14 Amtliches Mitteilungsblatt in Rundschreiben Nr. 67.
15 Vgl. dazu § 77 Rz. 9 ff.
16 Siehe § 77 Rz. 11.

II. Aufgaben der Kassen

1. Pflichtaufgaben

14 § 113 unterscheidet zwischen **Pflichtaufgaben** der Kassen (Abs. 3) und solchen, die sie **freiwillig** übernehmen können (Abs. 4).

a) Aufgabenkatalog

15 Als **Pflichtaufgaben** obliegt den Kassen
- die Ergänzung des Berufseinkommens der Notare,
- die Versorgung ausgeschiedener Notare im Alter und bei Amtsunfähigkeit, der Notarassessoren bei Dienstunfähigkeit und der Hinterbliebenen beider Personengruppen,
- die einheitliche Durchführung von Notar- und der Notarkammerversicherungen,
- die Förderung der Fortbildung der Notare und Notarassessoren sowie der Ausbildung des Personals einschließlich des Prüfungswesens,
- die Bereitstellung der Haushaltsmittel der Notarkammern,
- die Zahlung der Bezüge der Notarassessoren,
- die wirtschaftliche Verwaltung der von Notariatsverwaltern verwalteten Stellen,
- die Erstattung von Gutachten gegenüber Landesjustizverwaltungen, Gerichten oder Verwaltungsbehörden.

b) Ergänzung des Berufseinkommens

16 Die erforderliche **Ergänzung des Berufseinkommens** der Notare hat den Zweck, die wirtschaftliche Basis der Berufsausübung auch in strukturschwachen Gebieten mit geringem Gebührenaufkommen zu sichern und damit die Lebensfähigkeit auch solcher Notarstellen zu gewährleisten, die im Interesse einer funktionsfähigen, bürgernahen vorsorgenden Rechtspflege notwendig sind[17]. Die Alimentation des einzelnen Amtsinhabers dient diesem Zweck und findet an ihm ihre Grenze[18]. Sie ist nicht dazu bestimmt, Amtsinhabern, welche ihre Stelle unwirtschaftlich führen, von dem Risiko der Amtsenthebung wegen Vermögensverfalls oder wegen Eintritts wirtschaftlicher Verhältnisse freizustellen, welche die Interessen der Rechtsuchenden gefährden[19].

aa) Erforderlichkeit

17 Inwieweit eine Ergänzung »erforderlich« ist, ist gesetzlich nicht geregelt. Die Vorschrift räumt den Kassen als Satzungsgebern insoweit ein weit reichendes Normsetzungsermessen ein; ihnen obliegt es, Voraussetzungen und Höhe der Einkommensergänzung zu regeln. In diesem Rahmen haben sie auch zu bestimmen, inwieweit außerhalb des Notaramts erzielte Einkünfte einkommenserhöhend[20] oder berufsbezogene Ausgaben des Notars einkommensmindernd zu berücksichtigen sind. Bei der Prüfung im Einzelfall haben sie nicht die subjektive Einschätzung des Notars, sondern das objektive Bedürfnis zu berücksichtigen, wie es sich aus den Verhältnissen der konkreten Amtsstelle ergibt[21].

18 Einzelheiten der Einkommensergänzung bestimmen die Satzungen. In der Regel gewähren die Kassen eine Einkommensergänzung, soweit das Berufseinkommen eines Notars und seine sonstigen Einnahmen in einem Kalenderjahr hinter der Besoldung eines Richters der Besoldungsgruppe R 1 mit gleichem Lebensalter und Familienstand zurückbleibt. Unter Be-

---

17 Ähnlich: BGH ZNotP 2000, 364; *Bohrer*, Das Berufsrecht der Notare, Rz. 348.
18 BGHZ 126, 16, 33.
19 BGH ZNotP 2000, 364, 365.
20 Vgl. dazu BGH NotBZ 2002, 333.
21 BGH ZNotP 2000, 364.

SANDKÜHLER

achtung des notwendigen Vertrauensschutzes ist es aber grundsätzlich auch zulässig, eine Einkommensergänzung nach einem geringeren Vergleichsmaßstab zu gewähren[22].

bb) Rechtsanspruch

Der einzelne Notar hat einen **Rechtsanspruch** auf diese Leistung. Im **Streitfall** kann er die gerichtliche Entscheidung nach § 111 beantragen. Die Verweisung auf die für Beamtenbezüge geltenden verfahrensrechtlichen Vorschriften (Abs. 7) gelten nur für Streitigkeiten über Versorgungsansprüche (Abs. 3 Nr. 2) oder die Zahlung der Bezüge der Notarassessoren (Abs. 3 Nr. 6), nicht aber für Streitigkeiten über Einkommensergänzung[23]. **19**

c) *Versorgung der Notare und ihrer Hinterbliebenen*

Aufgabe der Notarkasse ist ferner die **Versorgung** der ausgeschiedenen Notare im Alter und bei Amtsunfähigkeit, der Notarassessoren bei Dienstunfähigkeit sowie die Versorgung ihrer Hinterbliebenen (Abs. 3 Nr. 2). Die Vorschrift soll die wirtschaftliche Unabhängigkeit der Notare sichern und sie davor schützen, bei Amtsunfähigkeit oder im Alter in wirtschaftliche Not zu geraten. Das gleiche gilt für Notarassessoren für den Fall ihrer Dienstunfähigkeit. Einer Altersversorgung bedürfen sie nicht. Die angemessene Versorgung der Hinterbliebenen ist nobile officium des Notariats, aber auch aus sozialen Gründen geboten. Einzelheiten der Versorgung regeln die Satzungen. **20**

Abs. 3 Nr. 2 begründet ebenso wie Abs. 3 Nr. 1 **Rechtsansprüche**, jedoch mit dem Unterschied, dass für die Versorgungsansprüche gem. Abs. 7 der **Verwaltungsrechtsweg** eröffnet ist (§ 113 Abs. 7 BNotO, § 126 BRRG). **21**

d) *Versorgung der Notariatsbeamten und ihrer Hinterbliebenen*

§ 113 Abs. 3 Nr. 3 a. F. sah die Versorgung der **Notariatsbeamten** und ihrer Hinterbliebenen vor. Die Vorschrift konnte bei der Neufassung des § 113 als obsolet entfallen, weil Notariatsbeamte seit Inkrafttreten der BNotO nicht mehr ernannt worden sind. **22**

e) *Versicherungsverträge*

Nach Abs. 3 Nr. 3 sind die Kassen zur einheitlichen Durchführung der **Versicherung** der Notare nach § 19a und der Notarkammern nach § 61 Abs. 2 und § 67 Abs. 3 Nr. 3 verpflichtet. **23**

Bei der Versicherung der **Notare** nach § 19a handelt es sich um die Basisversicherung zur Deckung der Haftpflichtgefahren für Vermögensschäden, die sich aus seiner Berufstätigkeit und aus der Tätigkeit von Personen ergeben, für die er haftet[24]. Nicht versichert sind dabei Schäden aus wissentlicher Pflichtverletzung[25]. **24**

Einheitlich durchzuführen ist ferner die Versicherung der **Notarkammern** nach § 61 Abs. 2. Danach ist es Aufgabe der Notarkammern, das Haftungsrisiko der Notariatsverwalter und das sich daraus ergebende eigene Haftungsrisiko der Kammern durch den Abschluss von Versicherungen abzusichern. Ferner müssen die Notarkammern in Ergänzung der Basishaftpflichtversicherung Versicherungen gegen solche Pflichtverletzungen abschließen, die wegen Überschreitung der Deckungssummen bzw. wegen wissentlicher Pflichtverletzung vom Versicherungsschutz ausgeschlossen sind. Es handelt sich dabei um die Gruppenanschluss- und die Vertrauensschadenversicherung[26]. **25**

---

22 BGH NJW-RR 2002, 1491, 1493; BGH Beschl. v. 26.11.2007 (NotZ 55/07) – juris.
23 *Schippel/Bracker/Bracker*, § 113 Rz. 26.
24 Zur Haftung für Hilfspersonen vgl. § 19 Rz. 21.
25 Siehe § 19a Rz. 11.
26 Zum System der Schadensvorsorge siehe § 19a Rz. 7, 10 f.

26   In Erfüllung der Pflicht aus § 113 Abs. 3 Nr. 3 haben die Kassen auf **eigene Kosten** die entsprechende Versicherungen abzuschließen bzw. abgeschlossen[27]. Sie erhalten damit Versicherungsschutz für den Fall, dass Notare, Notarvertreter oder Notariatsverwalter im jeweiligen Tätigkeitsbereich der Kasse oder deren Erben wegen eines Verstoßes bei der Ausübung der notariellen Tätigkeit von einem anderen aufgrund gesetzlicher Haftpflichtbestimmungen privatrechtlichen Inhalts für einen Vermögensschaden haftbar gemacht werden.

   Zur Übernahme einer eigenen **Haftung** für Versicherungsfälle der genannten Art sind die Kassen nicht verpflichtet. Eine Haftung könnte sich nur ergeben, wenn die vorgeschriebenen Versicherungsverträge nicht abgeschlossen oder nicht aufrecht erhalten würden.

f) Fortbildung und Ausbildung

27   Nach Abs. 3 Nr. 4 obliegt den Kassen die Förderung der wissenschaftlichen und praktischen **Fortbildung** der Notare und Notarassessoren sowie der fachlichen **Ausbildung** des Personals der Notare einschließlich der Durchführung von Prüfungen. Die Kassen treten insoweit an die Stelle der beteiligten Notarkammern (§ 67 Abs. 3 Nr. 1).

g) Haushalt der Notarkammern

28   Abs. 3 Nr. 5 verpflichtet die Kassen zur Bereitstellung der **Haushaltsmittel** der beteiligten Notarkammern. Damit entfällt für den jeweiligen Tätigkeitsbereich der Kassen die Befugnis der Notarkammern, von den ihnen angehörenden Notaren Beiträge zu erheben (§ 73 Abs. 1). Überschießende Beträge, die nicht zur Deckung des Finanzbedarfs der Notarkammern benötigt werden, müssen an die Kassen zurückgezahlt werden[28].

h) Besoldung der Notarassessoren

29   Die **Besoldung der Notarassessoren** ist nach § 7 Abs. 4 Satz 3 an sich Aufgabe der Notarkammern. Abs. 3 Nr. 6 überträgt diese Aufgabe den Kassen. Entgegen dem missverständlichen Wortlaut der Vorschrift sind die Kassen bei der Besoldung der Notarassessoren nicht nur Zahlstellen der Notarkammern, sondern nehmen alle damit zusammenhängenden Aufgaben wahr[29].

30   Abweichend von § 113 Abs. 7 a. F., der nur hinsichtlich der Versorgungsansprüche der Notarassessoren und ihrer Hinterbliebenen, nicht dagegen hinsichtlich der Besoldungsansprüche auf die für Beamtenbezüge maßgeblichen Vorschriften verwies, bestimmt § 113 Abs. 7 n. F., dass sowohl für die Versorgungs- als auch für die Besoldungsansprüche der Notarassessoren die für Beamtenbezüge geltenden verfahrensrechtlichen Vorschriften maßgeblich sind. Im Streitfall ist damit nunmehr für alle Ansprüche der Notarassessoren gegen die Kassen der **Verwaltungsrechtsweg** (§ 126 BRRG) eröffnet.

i) Notariatsverwaltung

31   Nach § 59 Abs. 1 Satz 1 führt der **Notariatsverwalter** sein Amt grundsätzlich auf Rechnung der Notarkammer. Im Tätigkeitsbereich der Notarkasse und der Ländernotarkasse treten diese an die Stelle der beteiligten Notarkammern (Abs. 3 Nr. 7). Der Begriff »wirtschaftliche Verwaltung« umfasst alle in §§ 59 bis 64 geregelten Gegenstände, soweit danach die Zuständigkeit der Notarkammer begründet wäre.

---

27 Zu der in Bayern seit 1920 bestehenden Gesamthaftpflichtversicherung vgl. *Schippel/Bracker/Bracker*, § 113 Rz. 10.
28 *Schippel/Bracker/Bracker*, § 113 Rz. 13.
29 *Schippel/Bracker/Bracker*, § 113 Rz. 14.

j) Gutachtenerstattung

Gem. Abs. 8 obliegt den Kassen die Erstattung **notarkostenrechtlicher Gutachten**. Die   32
Vorschrift schränkt die Befugnis der Notarkammern zur Gutachtenerstattung (§ 67 Abs. 6)
ein, lässt sie aber im Übrigen unberührt. Die Kassen sind daher zur Erstattung anderer als
notarkostenrechtlicher Gutachten nicht befugt.

2. Aufgabenübernahme und -übertragung

Abs. 3 enthält einen gesetzlichen Aufgabenkatalog. Dieser ist aber nicht erschöpfend, son-   33
dern lässt Raum sowohl für die freiwillige **Übernahme** (Abs. 4) als auch für die **Übertragung** weiterer Aufgaben der Notarkammern durch die beteiligten Landesjustizverwaltungen (Abs. 6).

a) Übernahme

Übernommen werden können nach Abs. 4 insbesondere   34
– die Beschäftigung fachkundiger Mitarbeiter und ihre Zuweisung an Notare,
– der Abschluss von Anschlussversicherungen,
– die zentrale Erledigung von Verwaltungsaufgaben der einzelnen Notarstellen.

b) Übertragung

Abs. 5 schränkt den Kreis der Aufgaben, die auf die Kassen **übertragen** werden können,   35
nicht ein. Grundsätzlich kann daher jede Aufgabe übertragen werden, für deren Bewältigung die personellen und sächlichen Mittel der jeweiligen Kasse ausreichen. Jedoch darf die
Übertragung nicht dazu führen, dass der Aufgabenbereich der Notarkammern ausgehöhlt
und so ihre Funktionsfähigkeit beeinträchtigt wird.

Die Formulierung des Absatzes 5 lässt nicht eindeutig erkennen, ob die einzelne Landes-   36
justizverwaltung danach **Aufgaben einzelner Notarkammern** im jeweiligen Tätigkeitsbereich der Kasse übertragen darf oder ob nur eine **Gesamtübertragung** von Aufgaben aller
Notarkammern im jeweiligen Tätigkeitsbereich zulässig ist. Die Formulierung »Aufgaben
der Notarkammern« deutet eher auf Letzteres hin. Die Übertragung von Aufgaben einzelner Notarkammern könnte zu einer sachlich nicht gerechtfertigten Ungleichbehandlung
führen und sollte deshalb vermieden werden.

Die Übertragung von Aufgaben bedarf der Zustimmung sowohl der Kasse als auch der   37
Kammern in dem jeweiligen Tätigkeitsbereich der Kasse. Den Notarkammern können mithin nicht ohne oder gegen ihren Willen Aufgaben entzogen werden. Auch mit ihrer Zustimmung darf die Aufgabenübertragung stets nur so weit gehen, dass die Funktionsfähigkeit der
betreffenden Kammern nicht beeinträchtigt wird.

3. Freiwillige Aufgabenübernahme

a) Fachkundige Mitarbeiter

Abs. 4 Nr. 1 ermächtigt die Kassen, **fachkundige Mitarbeiter** zu beschäftigen und sie den   38
Notaren im jeweiligen Tätigkeitsbereich der Kasse zur Dienstleistung zuzuweisen. Die Kasse schließt die Anstellungsverträge mit den Mitarbeitern und trägt deren Besoldung. Damit
ist gewährleistet, dass der Besoldungsaufwand auf die Gesamtheit der Notare im jeweiligen
Tätigkeitsbereich der Kasse als Gemeinlast überbürdet wird. Aufgabe der Kassen ist es ferner, die fachliche Ausbildung der bei den Notaren beschäftigen Mitarbeiter zu fördern und
die erforderlichen Prüfungen zu organisieren (Abs. 3 Nr. 4). Die Notare sind verpflichtet,
die zugewiesenen Kräfte zu beschäftigen (Abs. 6). Für das Arbeitsverhältnis und die Vergütung der Mitarbeiter gelten die von den Kassen erlassenen Satzungen.

39 Über die **Zuweisung** der Mitarbeiter entscheiden die Kassen unter Berücksichtigung der Besonderheiten der einzelnen Notarstelle nach pflichtgemäßem Ermessen. Die Entscheidungen sind nur beschränkt gerichtlich nachprüfbar[30].

b) Anschlussversicherungen

40 Nach Abs. 4 Nr. 2 können die Kassen über die in Abs. 3 Nr. 3 vorgeschriebenen Versicherungen hinaus **Anschlussversicherungen** abschließen. Solche Abschlüsse sind sinnvoll, um das Haftungsrisiko zu minimieren. Im Bereich der Notarkasse bestehen zusätzliche Versicherungen als Anschluss- und als Vertrauensschadenversicherung[31]. Die Ländernotarkasse unterhält eine Anschlussversicherung für solche Schäden, die wegen ihrer Höhe nicht durch die Basisversicherung gedeckt sind.

c) Zentrale Aufgabenerledigung

41 Schließlich können die Kassen mit Zustimmung des einzelnen Notars die **zentrale Erledigung** von Verwaltungsaufgaben übernehmen (Abs. 4 Nr. 3). Dazu gehören etwa die elektronische Datenverarbeitung, die Personalverwaltung und die Buchhaltung. Die dadurch anfallenden Kosten sind der Kasse zu erstatten; diese darf jedoch keinen Gewinn erzielen.

III. Organisation der Kassen

42 Organe der Kassen sind der **Präsident** und der **Verwaltungsrat** (Abs. 8). Ihre Befugnisse sind in § 113 nur zum Teil geregelt; sie bestimmen sich im Übrigen nach der Satzung.

1. Präsidentenamt

a) Präsident und Stellvertreter

43 **Exekutivorgan** der Kasse ist der Präsident (Abs. 9). Die Bestellung von **Stellvertretern** ist in § 113 weder vorgesehen noch ausgeschlossen. Der Gesetzgeber hat die Entscheidung darüber den Kassen als Teil ihrer Selbstverwaltung überlassen (Abs. 19 Satz 1). In Ausübung ihrer Satzungsbefugnis haben die Kassen bestimmt, dass dem Präsidenten der Notarkasse ein erster und ein zweiter Stellvertreter, dem Präsidenten der Ländernotarkasse ein Stellvertreter zur Seite stehen[32]. Die Stellvertreter nehmen die Rechte und Pflichten des Präsidenten während seiner Behinderung sowie im Falle der Beendigung seines Amtes bis zur Wahl eines neuen Präsidenten wahr.

b) Persönliche Voraussetzungen

44 Der Präsident muss Notar im Tätigkeitsbereich der Kasse sein und darf nicht zugleich Mitglied des Verwaltungsrats sein (Abs. 10 Satz 3). Er und seine Stellvertreter sind – ebenso wie die Mitglieder des Verwaltungsrats – ehrenamtlich tätig[33].

c) Wahl des Präsidenten

45 Während Präsident und Stellvertreter – ebenso wie der Verwaltungsrat – nach bisherigem Recht durch das Bayerische Staatsministerium der Justiz bzw. das Sächsische Staatsministeri-

---

30 Vgl. § 111 Rz. 76 ff.
31 *Schippel/Bracker/Bracker*, § 113 Rz. 10.
32 Art. 5 Abs. 6 Satzung der Notarkasse; Art. 3 Abs. 4 Satzung der Ländernotarkasse.
33 Art. 16 Abs. 1 Satzung der Notarkasse; Art. 12 Abs. 1 Satzung der Ländernotarkasse.

SANDKÜHLER

um der Justiz berufen wurden[34], schreibt § 113 Abs. 10, 12, 13 n. F. nunmehr die **Wahl** sämtlicher Organe der Kassen vor. Die Neuregelung trägt der Entscheidung des Bundesverfassungsgerichts vom 13.07.2004[35] Rechnung und behebt das bisherige Demokratiedefizit.

aa) Notarkasse

Der Präsident der **Notarkasse** und seine Stellvertreter werden für die Dauer von vier Jahren von den Notaren im Tätigkeitsbereich der Kasse in einer gemeinsamen Versammlung der Landesnotarkammer Bayern und der Notarkammer Pfalz gewählt (§ 113 Abs. 10 Satz 1 i. V. m. Art. 5 Abs. 1, 6 der Satzung). Es handelt sich um eine **Direktwahl**. Die Modalitäten der Wahl und das erforderliche Stimmenquorum sind in der Satzung der Notarkasse geregelt. Danach kann die Wahl im Tätigkeitsbereich der einen oder der anderen Notarkammer stattfinden, wobei dem Präsidenten der Kammer, in deren Bereich die Wahl erfolgt, die Wahlleitung obliegt (Art. 5 Abs. 3). Gewählt ist, wer mehr als die Hälfte der abgegebenen Stimmen erhalten hat. Wird diese Mehrheit nicht erreicht, kommt es zu einer Stichwahl zwischen den zwei Notaren mit der höchsten Stimmenzahl (Art. 5 Abs. 2).   **46**

Das Amt des Präsidenten **ruht** bei vorläufiger Amtsenthebung; es **endet** mit Ablauf der Wahlzeit, mit seinem Rücktritt oder mit dem Wegfall der Voraussetzungen für seine Wählbarkeit (Art. 5 Abs. 4, 5).   **47**

bb) Ländernotarkasse

Der Präsident der **Ländernotarkasse** und sein Stellvertreter werden nicht direkt von den Notaren im Tätigkeitsbereich der Kasse, sondern von dem Verwaltungsrat gewählt, der aber seinerseits direkt gewählt wird (§ 113 Abs. 10 Satz 2). Die Wahlzeit beträgt ebenfalls vier Jahre. Die Wahlleitung obliegt dem ältesten anwesenden Notar (Art. 3 Abs. 3 der Satzung). Gewählt ist, wer mehr als die Hälfte der abgegebenen Stimmen der Verwaltungsräte erhalten hat (Art. 3 Abs. 2 der Satzung).   **48**

Das Amt des Präsidenten und seines Stellvertreters **endet** mit dem Ablauf der Wahlzeit, mit seinem Rücktritt oder mit seinem Ausscheiden aus dem Notaramt (Art. 3 Abs. 5). Ein **Ruhen** des Amtes bei vorläufiger Amtsenthebung gem. § 54 sieht die Satzung der Ländernotarkasse nicht vor. Es liegt jedoch auf der Hand, dass ein vorläufig amtsenthobener Notar nicht als Präsident der Kasse oder als sein Stellvertreter fungieren kann. Nach dem Rechtsgedanken des § 55 Abs. 2 Satz 1 ist vielmehr davon auszugehen, dass sein Amt in der Kasse während der Dauer der vorläufigen Amtsenthebung ruht.   **49**

2. Aufgaben des Präsidenten

a) Allgemeines

Der Präsident ist **gesetzlicher Vertreter** der Kasse; er vertritt sie gerichtlich und außergerichtlich (Abs. 9 Satz 1). Er leitet die laufenden Geschäfte der Kasse und vollzieht die Beschlüsse des Verwaltungsrats. Ferner ist er für die Erledigung all jener Angelegenheiten zuständig, die weder nach Gesetz oder Satzung dem Verwaltungsrat obliegen(Abs. 9 Satz 2[36]).   **50**

---

34 Siehe *Vorauflage* § 113 Rz. 29, 32, § 113a Rz. 20, 22.
35 Siehe oben Rz. 2.
36 Art. 4 Abs. 1 Satz 2 Satzung der Ländernotarkasse schließt darüber hinaus die Exekutivkompetenz des Präsidenten für solche Angelegenheiten aus, die vom Verwaltungsrat »an sich gezogen werden«.

b) Verwaltungsrat, Beirat

51 Er beruft den **Verwaltungsrat** ein, führt in dessen Sitzungen den Vorsitz und ist berechtigt, in den Sitzungen Anträge zu stellen[37]. Eine Reihe von Beschlüssen des Verwaltungsrats bedarf der Zustimmung des Präsidenten[38]. Verweigert er diese, so kann ihn der Verwaltungsrat mit qualifizierter Mehrheit überstimmen. Ferner führt der Präsident den Vorsitz im **Beirat** (Abs. 16)[39].

c) Zwangsbefugnisse

52 Zur ordnungsgemäßen Erledigung der Aufgaben der Kassen stehen ihm **Zwangsbefugnisse** zu. Er kann veranlassen, dass rückständige Abgaben auf Grund einer von ihm ausgestellten vollstreckbaren Zahlungsaufforderung im Wege der Zwangsvollstreckung beigetrieben werden (Abs. 17 Abschnitt 2). Ferner kann er zur Erzwingung der in Abs. 18 Satz 1 genannten Pflichten der Notare und Notarassessoren einmal oder mehrfach Zwangsgeld bis zur Höhe von 1.000 Euro festsetzen.

d) Bestellung von Geschäftsführern

53 Zur Erledigung der laufenden Geschäfte kann der Präsident einen oder mehrere **Geschäftsführer** bestellen und entsprechende Dienstverträge mit ihnen abschließen[40]. Die Bestellung ist jederzeit widerruflich. Bestellung und Widerruf sowie der Abschluss der Dienstverträge bedürfen der Zustimmung des Verwaltungsrats. Die Geschäftsführer sind an die Weisungen des Präsidenten gebunden.

3. Verwaltungsrat

a) Bedeutung, Wahl

54 Der Verwaltungsrat ist das **Beschlussorgan** der Notarkasse. Unter der Geltung von § 113a a. F. wurde er durch das Bayerische Staatsministerium der Justiz bzw. das Sächsische Staatsministerium der Justiz berufen. An die Stelle der Berufung ist nunmehr die **Direktwahl** durch die Notare getreten (Abs. 12, 13).

55 Die Mitglieder des Verwaltungsrats der Notarkasse werden getrennt nach **Oberlandesgerichtsbezirken**, diejenigen der Ländernotarkasse getrennt nach **Notarkammern** gewählt. In beiden Fällen wählen die Notare einer Einheit (OLG-Bezirk bzw. Kammerbezirk) grundsätzlich je zwei Mitglieder in den Verwaltungsrat. Diese Zahl erhöht sich nach Maßgabe von Abs. 12 Satz 3, Abs. 13 Satz 2 Halbs. 2, wenn die Zahl der Einwohner in einem Oberlandesgerichtsbezirk zwei Millionen, in einem Notarkammerbezirk mehr als drei Millionen beträgt. Die Einzelheiten des Wahlverfahrens regeln die Satzungen.

Die **Wahlperiode** beträgt vier Jahre (Abs. 12 Satz 1, Abs. 13 Satz 1).

b) Aufgaben

56 Die **Aufgaben** des Verwaltungsrats sind in § 113 Abs. 11 i. V. m. den Vorschriften der Satzungen geregelt.

---

37 § 113 Abs. 9 Satz 2 i. V. m. Art. 8 Abs. 1 Satzung der Notarkasse, Art. 4 Abs. 3 und 5, Art. 7 Abs. 1 Satzung der Ländernotarkasse.
38 Art. 9 Abs. 5 Satzung der Notarkasse; Art. 6 Abs. 2 Satzung der Ländernotarkasse.
39 Siehe dazu unten Rz. 59.
40 Art. 17 Satzung der Notarkasse; Art. 11 Satzung der Ländernotarkasse.

aa) Geschlossene Zahl

Nach Abs. 11 Satz 1 beschließt der Verwaltungsrat *insbesondere* über die dort genannten **57** Gegenstände. Diese können weder durch Satzung noch im Einzelfall der Beschlussfassung des Verwaltungsrats entzogen werden. Die Vorschrift lässt aber Raum für ergänzende Satzungsbestimmungen (Abs. 19 Satz 1). Diese können weitere Gegenstände der Beschlussfassung abschließend festlegen oder aber durch eine Öffnungsklausel den Verwaltungsrat ermächtigen, weitere Beschlussgegenstände an sich zu ziehen[41].

bb) Beschlussgegenstände

Hauptgegenstände der Beschlusskompetenz sind gem. Abs. 11   **58**
- der Erlass von Satzungen und Verwaltungsvorschriften,
- die Aufstellung des Haushaltsplans einschließlich die Anpassung der Abgaben an den Haushaltsbedarf,
- die Höhe der Bezüge der Notarassessoren,
- die Grundsätze für Ausbildung, Prüfung und Einstellung fachkundiger Mitarbeiter,
- die Festlegung der Gesamtzahl und der Grundsätze über die Zuteilung der Mitarbeiter an die Notare,
- die Grundsätze der Vermögensanlage der Kasse.

Darüber hinaus sieht die Satzung der Notarkasse u. a. die Beschlussfassung über die **freiwillige Übernahme** von Aufgaben nach Abs. 4 und die Zustimmung zur Übernahme von Aufgaben der Notarkammern nach Abs. 5 vor[42]. Außerdem soll der Verwaltungsrat in allen sonstigen wichtigen Angelegenheiten vom Präsidenten gehört werden[43].

cc) Verschwiegenheitspflicht

Die Mitglieder des Verwaltungsrats unterliegen – wie der Präsident und sämtliche Mitarbeiter der Kasse – der **Verschwiegenheitspflicht** entsprechend § 69a (Abs. 14). Wegen der   **59** Einzelheiten wird auf die Erläuterungen zu § 69a verwiesen. Die Erteilung einer **Aussagegenehmigung** in gerichtlichen Verfahren ist Sache nicht des Präsidenten, sondern des Verwaltungsrats (Abs. 14 Satz 1).

4. Beirat

a) Bedeutung

Nach Abs. 16 Satz 1 haben die Notarkammern die für sie zuständige Kasse anzuhören, be-   **60** vor sie ihren **Haushaltsplan** beschließen. In die anschließende Beratung bei der Kasse soll die Sach- und Fachkompetenz der Notarkammer mit einfließen. Zu diesem Zweck ist gem. Abs. 16 Satz 2 bei jeder der beiden Kassen ein **Beirat** zu bilden. Er wird lediglich beratend tätig; die Kasse ist nicht an seine Auffasung gebunden.

b) Zusammensetzung

Der Beirat setzt sich aus Mitgliedern der **Notarkammern** und des **Verwaltungsrats** zusam-   **61** men. Die Mitglieder aus dem Bereich der Notarkammern werden nicht gewählt, sondern von den Kammern entsandt, und zwar ein Mitglied je Kammer. Der Verwaltungsrat entsendet seinerseits eine der Zahl der von den Notarkammern entsandten Mitgliedern entsprechende Anzahl von Mitgliedern. Den **Vorsitz** in den Beiratssitzungen führt der Präsident der Kasse.

---

41 So die Satzung der Ländernotarkasse.
42 Art. 7.
43 Art. 12 Satzung der Notarkasse; Art. 6 Abs. Satzung der Ländernotarkasse.

IV. Haushaltswirtschaft der Kassen

1. Erhebung von Abgaben

62 Die Kassen finanzieren ihre Tätigkeit in erster Linie aus **Abgaben** der in ihrem Tätigkeitsbereich bestellten Notare (Abs. 17). Die Erhebung der Abgaben ist **Pflicht** der einzelnen Kasse.

a) Rechtsnatur

63 Die Abgaben haben je nach ihrem **Verwendungszweck** unterschiedlichen Charakter[44]:

aa) Sonderabgaben

64 Soweit sie dazu bestimmt sind, die Mittel für die Erfüllung spezifischer Aufgaben der Kassen (insbesondere § 113 Abs. 3 Nr. 1 und 2) aufzubringen, handelt es sich um **Sonderabgaben**, die keiner der sonst üblichen Abgabenarten (Steuern, Beiträge, Gebühren) zugeordnet werden können. Die innere Rechtfertigung für die Erhebung der Abgaben liegt insoweit in dem über die bloße Mittelbeschaffung hinausgehenden Sachzweck, ein leistungsfähiges Notariat auch in strukturschwachen Gebieten mit geringem Gebührenaufkommen zu gewährleisten (Abs. 3 Nr. 1) und eine angemessene Besoldung und Versorgung der Notare, ihrer Hilfskräfte sowie der Hinterbliebenen beider Berufsgruppen sicherzustellen (Abs. 3 Nr. 2).

bb) Mitgliedsbeiträge

65 Soweit die Kassen Aufgaben wahrzunehmen haben, die außerhalb ihres Tätigkeitsbereichs den regionalen Notarkammern obliegen (Abs. 3 Nr. 3–8), handelt es sich der Sache nach um **Mitgliedsbeiträge** der Notare. Denn die Abgabenpflicht leitet sich insoweit aus ihrer Mitgliedschaft in den beteiligten Notarkammern ab; lediglich die Einziehung obliegt der Notarkasse.

b) Abgabensatzung

66 Grundlage der Abgabenerhebung ist die vom Verwaltungsrat jährlich aufzustellende **Abgabensatzung**. Diese wird gem. § 113 Abs. 11 vom Verwaltungsrat beschlossen. Solange eine (gültige) Abgabensatzung fehlt, kann die Aufsichtsbehörde die Abgaben vorläufig festsetzen (Abs. 17 Abschn. 2 Satz 1).

c) Höhe der Abgaben

67 Für die **Höhe** der Abgaben gilt nicht das Prinzip der formalen Gleichbehandlung mit festen Beitragssätzen; sie richtet sich vielmehr nach der Leistungsfähigkeit des einzelnen Notars (Abs. 17 Satz 3). Schon vor der Neufassung des § 113 durch die Berufsrechtsnovelle 1998[45] wurden einheitliche, progressiv ansteigende Staffelabgaben erhoben. Dies ist nach Auffassung des Bundesgerichtshofs verfassungsrechtlich nicht zu beanstanden[46]. Bemessungsgrundlage für die Abgaben ist – anders als in den Fällen des § 113b Nr. 2[47] – nicht der tatsächliche Gebührenzufluss, sondern die Summe der von dem Notar **zu erhebenden Gebühren**. Um die Leistungsfähigkeit des Abgabeschuldners zu ermitteln, kann die Kasse von ihm Einsicht in seine Akten, Urkunden, Verzeichnisse und Bücher nehmen sowie die erforderlichen Auskünfte verlangen (Abs. 18). Die notarielle Verschwiegenheitspflicht besteht insoweit nicht.

---

44 Siehe zum folgenden BGHZ 126, 16, 27.
45 Siehe Fn. 5.
46 BGHZ 126, 16. 31 ff.
47 Vgl. § 113b Rz. 11.

2. Sonstige Mittelzuflüsse

Weitere Mittel fließen der Notarkasse aus **Vermögenserträgen** sowie aus **Erstattungsleis-** **68**
tungen der Notare für Bezüge der Notarassessoren (§ 7 Abs. 4 Satz 4 BNotO) und für die
ihnen zugewiesenen Hilfskräfte zu.

3. Haushaltsplan und Haushaltsrechnung

a) Haushaltsplan

Der jährlich aufzustellende **Haushaltsplan** wird vom Verwaltungsrat festgestellt (Abs. 11 **69**
Nr. 2). Der Beschluss bedarf der Zustimmung des Präsidenten. Wird die Zustimmung verweigert, kann der Verwaltungsrat erneut Beschluss fassen; dieser Beschluss ist wirksam,
wenn die Zahl der Ja-Stimmen die der Gegenstimmen um mindestens drei übersteigt[48].

b) Haushaltsrechnung

Die **Haushaltsrechnung** der Notarkasse wird vom Bayerischen Obersten Rechnungshof, **70**
diejenige der Ländernotarkasse vom Sächsischen Rechnungshof geprüft (§ 113 Abs. 1 Satz 7,
Abs. 2 Satz 7).

---

48 Art. 9 Abs. 5 Satzung der Notarkasse; Art. 6 Abs. 2 Satzung der Ländernotarkasse.

§ 113a

aufgehoben durch Sechstes Gesetz zur Änderung der Bundesnotarordnung[1]

1 Art. 1 Nr. 2 des Gesetzes vom 15.07.2006 (BGBl. I S. 1531).

§ 113b

Notarkammern außerhalb der Tätigkeitsbereiche der Notarkasse und Ländernotarkasse, in deren Bereich Notare zur hauptberuflichen Amtsausübung bestellt sind, können:
1. Maßnahmen zur erforderlichen Unterstützung von Amtsinhabern neu besetzter Notarstellen treffen;
2. Beiträge nach § 73 Abs. 1 mit Rücksicht auf die Leistungsfähigkeit der Notare gestaffelt erheben; Bemessungsgrundlage können insbesondere einzeln oder gemeinsam die Geschäftszahlen und die Summe der durch den Notar erhobenen Kosten sein;
3. außerordentliche Beiträge von einem Notar erheben, der eine Verbindung zur gemeinsamen Berufsausübung mit dem Amtsnachfolger nicht fortsetzt.

Übersicht

A. Entstehungsgeschichte der Vorschrift

Die Vorschrift ist durch die Berufsrechtsnovelle 1998[1] eingefügt worden. Sie hat im bisherigen notariellen Berufsrecht kein Vorbild. **1**

B. Erläuterungen

I. Bedeutung der Vorschrift

1. Gewährleistung geordneter Rechtspflege

Im Interesse einer geordneten Rechtspflege kann es notwendig sein, Notarstellen auch in **2** Gebieten einzurichten, in denen ein ausreichendes **Gebührenaufkommen** für den Stelleninhaber zunächst nicht gewährleistet ist. Dies kann es erforderlich machen, die Inhaber solcher Stellen finanziell zu unterstützen. Die Vorschrift gibt den Notarkammern außerhalb des Tätigkeitsbereichs der Notarkasse und der Ländernotarkasse (§ 113) verschiedene Möglichkeiten an die Hand, mit dieser Zielrichtung tätig zu werden[2].

---

1 Art. 1 Nr. 48 des Dritten Gesetzes zur Änderung der Bundesnotarordnung und anderer Gesetze vom 31.08.1998 (BGBl. I S. 2585).
2 Amtl. Begründung (BT-Drucks. 13/4184 S. 35).

2. Ermessen der Notarkammern

3 Die Formulierung, dass die Notarkammern die in Nr. 1 bis 3 genannten Maßnahmen treffen *können*, räumt den Kammern grundsätzlich ein freies **Handlungs- und Auswahlermessen** ein[3]. Sie bestimmen daher in eigener Verantwortung, ob, inwieweit und wie lange sie von den ihnen eingeräumten Möglichkeiten Gebrauch machen. Der einzelne Notar hat keinen Anspruch darauf, unterstützt zu werden.

3. Beschränkung auf das Nurnotariat

4 Eine wirtschaftliche Unterstützung kommt lediglich für Notare in Betracht, die zur **hauptberuflichen Amtsausübung** bestellt sind (Nurnotare). Im Bereich des Anwaltsnotariats besteht ein solches Bedürfnis nicht, da Anwaltsnotare ihr Berufseinkommen nicht allein aus notarieller Tätigkeit beziehen müssen; insbesondere die Befugnis, neben dem Beruf des Rechtsanwalts und Notars weitere Berufe auszuüben (§ 8 Abs. 2 Satz 2), eröffnet ihnen vielfältige Möglichkeiten der Einkommenserzielung. Die Vorschrift gilt daher nur für Notarkammern, in deren Bereich Nurnotare bestellt sind[4]. Dazu zählen auch die sog. gemischten Kammern, in deren Bereich sowohl Nurnotare als auch Anwaltsnotare bestellt sind[5].

4. Zeitliche Beschränkung von Unterstützungsmaßnahmen

5 Absicht des Gesetzgebers war es nicht, eine dauerhafte Subventionierung von Notarstellen mit geringem Gebührenaufkommen zu ermöglichen; die vorgesehenen Unterstützungsmaßnahmen sollten jeweils nur **vorübergehend** zum Einsatz kommen[6]. Diese Einschränkung rechtfertigt sich daraus, dass die Unterstützung aus dem Beitragsaufkommen der Notarkammern, letztlich also von anderen Kammermitgliedern, bezahlt werden muss. Die gesetzgeberische Intention hat zwar im Text des § 113b nur unvollkommenen Niederschlag gefunden; sie wird jedoch in der praktischen Anwendung der Vorschrift zu beachten sein. Wenn eine Notarstelle nachhaltig kein ausreichendes Gebührenaufkommen ermöglicht, deutet dies darauf hin, dass ihre Einrichtung nicht (mehr) den Erfordernissen einer geordneten Rechtspflege im Sinne des § 4 entspricht. Die Landesjustizverwaltung wird dann zu prüfen haben, ob die Stelle nach Ausscheiden des Stelleninhabers einzuziehen ist[7]. Dauerhafte Unterstützungsmaßnahmen können auch zu einem unerwünschten »Mitnahmeeffekt« führen und den Einsatzwillen und die Tatkraft des Stelleninhabers schwächen.

II. Zulässige Maßnahmen

1. Erforderliche Unterstützung (Nr. 1)

6 Nr. 1 des Katalogs gibt den in Betracht kommenden Notarkammern die Befugnis, Maßnahmen zur erforderlichen Unterstützung von Amtsinhabern neu besetzter Notarstellen zu treffen.

---

3 Siehe allerdings unten Rz. 8 f.
4 Hamburgische Notarkammer, Notarkammer Koblenz, Saarländische Notarkammer.
5 Rheinische Notarkammer, Notarkammer Baden-Württemberg.
6 Amtl. Begründung (siehe Fn. 2).
7 Vgl. dazu *Bohrer*, Das Berufsrecht der Notare, Rz. 243.

Sandkühler

a) Art und Weise der Unterstützung

Mangels gesetzlicher Konkretisierung der zulässigen Maßnahmen entscheidet die einzelne   7
Notarkammer nach freiem Ermessen über die **Art und Weise** der Unterstützung. In Anlehnung an § 113 Abs. 3 Nr. 1 kommt in erster Linie eine vorübergehende Einkommensergänzung in Betracht[8], jedoch sind auch andere Unterstützungsmaßnahmen – wie etwa einmalige oder wiederholte Anschaffungsbeihilfen – denkbar. Die Notarkammern können durch solche Unterstützungsmaßnahmen Einfluss auf die Wirtschaftsführung des Notars gewinnen. Sie dürfen diesen Einfluss nicht dazu benutzen, die Eigenverantwortlichkeit des Notars mehr als notwendig zu beschränken.

b) Erforderlichkeit

Unterstützung darf nur gewährt werden, soweit sie **erforderlich** ist. Die Vorschrift knüpft   8
damit an die Bestimmungen über die erforderliche Einkommensergänzung in § 113 Abs. 3 Nr. 1 an. Es handelt sich dabei um einen unbestimmten Rechtsbegriff. Entsprechend dem der Notarkasse bzw. der Ländernotarkasse bei der Festlegung der Erforderlichkeit zustehenden Normsetzungsermessen ist den Notarkammern bei Anwendung des Rechtsbegriffs »erforderlich« ein Beurteilungsspielraum zuzubilligen. Die getroffene Entscheidung kann daher gerichtlich nur darauf überprüft werden kann, ob ihr ein zutreffendes Verständnis von der Bedeutung der Norm zugrunde liegt, ob allgemein gültige Wertmaßstäbe beachtet und sachwidrige Erwägungen ausgeschlossen sind und ob der Sachverhalt verfahrensfehlerfrei festgestellt worden ist[9].

c) Neu besetzte Notarstelle

Empfänger einer Unterstützung kann nur der Amtsinhaber einer **neu besetzten Notarstelle**   9
sein. Der Begriff der Neubesetzung umfasst sowohl die erstmalige Ernennung zum Notar als auch die Verlegung des Amtssitzes[10]. Die Vorschrift trägt der gesetzgeberischen Absicht Rechnung, nur Maßnahmen einer vorübergehenden Substitution zu ermöglichen[11]. Wie lange eine Stelle als neu besetzt anzusehen ist, entscheidet die einzelne Notarkammer aufgrund pflichtgemäßer, gerichtlich nur beschränkt nachprüfbarer Beurteilung[12].

2. Beitragsstaffelung (Nr. 2)

a) Bedeutung der Maßnahme

Schon nach bisherigem Recht waren die Notarkammern befugt, Beiträge der Notare nach   10
§ 73 Abs. 1 nicht nur nach Maßgabe der Pro-Kopf-Zahl der Kammerangehörigen, sondern entsprechend der Leistungsfähigkeit des jeweiligen Amtes gestaffelt zu erheben; als Bemessungsgrundlage konnten die Geschäftszahlen und/oder das Gebührenaufkommen gewählt werden[13]. § 113b Nr. 2 gestattet dies im Hinblick auf die Bedeutung der **individuellen Beitragsgerechtigkeit** nunmehr ausdrücklich[14].

b) Bemessungsgrundlagen

Als mögliche **Bemessungsgrundlagen** nennt die Vorschrift beispielhaft die Geschäftszahlen   11
und die Summe der durch den Notar erhobenen Gebühren; beide Maßstäbe können einzeln

---

8 Amtl. Begründung (siehe Fn. 2).
9 Vgl. § 111 Rz. 88.
10 *Eylmann/Vaasen/Wilke*, § 113b BNotO Rz. 4.
11 Siehe oben Rz. 4.
12 Siehe Rz. 7.
13 *Schippel/Bracker/Kanzleiter*, § 73 Rz. 14.
14 Amtl. Begründung (siehe Fn. 2).

oder kumulativ zugrunde gelegt werden. Mit der Anknüpfung an die *erhobenen* Gebühren weicht die Vorschrift von §§ 113 Abs. 17 Satz 4 ab, wonach im Bereich der Notarkasse und der Ländernotarkasse die Höhe der Abgaben von den *zu erhebenden* Gebühren abhängt. Der Unterschied hat jedoch nur geringe praktische Bedeutung. Da die Notare zur Gebührenerhebung gesetzlich verpflichtet sind (§ 17 Abs. 1 Satz 1) und es den Aufsichtsbehörden obliegt, die Erfüllung dieser Pflicht zu prüfen (§ 93 Abs. 1, Abs. 3 Satz 3), kann im Regelfall davon ausgegangen werden, dass das tatsächliche Gebührenaufkommen dem geschuldeten im Wesentlichen entspricht. Falls das im Einzelfall zweifelhaft ist, steht es der Notarkammer frei, an die *zu erhebenden* Gebühren anzuknüpfen.

3. Erhebung außerordentlicher Beiträge (Nr. 3)

a) Bedeutung der Maßnahme

12 Ob das bisher geltende Recht die Erhebung **außerordentlicher Beiträge** zuließ, war zweifelhaft[15]. § 113b Nr. 3 räumt den Notarkammern diese Befugnis ein, jedoch beschränkt auf die Fälle, in denen ein Notar eine bestehende Verbindung zur gemeinsamen Berufsausübung mit dem Amtsnachfolger nicht fortsetzt. Scheidet ein Notar aus einer bestehenden Berufsverbindung aus und setzt der verbleibende Notar diese mit dem Amtsnachfolger nicht fort, so kann dies zur Folge haben, dass die Stelle des ausgeschiedenen Notars wirtschaftlich weitgehend in der Stelle des verbleibenden Amtsinhabers aufgeht, d. h. das Gebührenaufkommen des ausgeschiedenen dem verbleibenden Notar zuwächst, während die Stelle des Amtsnachfolgers wirtschaftlich auf den Stand einer neu geschaffenen Notarstelle (»Nullstelle«) reduziert wird. Einer solchen, der wünschenswerten kontinuierlichen Entwicklung der Notarstellen abträglichen Entwicklung kann die Notarkammer dadurch vorbeugen, dass sie den verbleibenden Notar mit außerordentlichen Beiträgen belastet und ihm so Anlass und Anreiz gibt, seine Haltung zu überprüfen. Die außerordentlichen Beiträge kann sie dazu verwenden, den Inhaber der »Nullstelle« nach Nr. 1 der Vorschrift zu unterstützen[16].

b) Voraussetzungen der Erhebung

13 Bei ihrer Entscheidung, **ob** außerordentliche Beiträge zu erheben sind, muss die Notarkammer den Grundsatz der **Verhältnismäßigkeit** beachten. Da die Erhebung Sanktionscharakter hat, darf die Kammer von ihrer Befugnis in der Regel nur Gebrauch machen, wenn die Fortsetzung der Berufsverbindung dem verbleibenden Amtsinhaber zuzumuten ist und er sie ohne billigenswerte Gründe ablehnt. Billigenswerte Gründe können sich beispielsweise aus der Person des verbleibenden Amtsinhabers oder aus der des Amtsnachfolgers ergeben. So wird ein Notar, der kurz vor dem Ende seines Berufslebens steht und sich nicht mehr mit möglichen Problemen einer Sozietät belasten will, im allgemeinen auch dann nicht mit außerordentlichen Beiträgen belastet werden dürfen, wenn ihm die Fortsetzung der Berufsverbindung möglich wäre.

c) Höhe der außerordentlichen Beiträge

14 Der Verhältnismäßigkeitsgrundsatz ist auch bei der Entscheidung über die **Höhe** der außerordentlichen Beiträge zu beachten. Sie dürfen sich an der Höhe der Vorteile orientieren, die dem verbleibenden Notar aus seiner Ablehnung erwachsen, diese aber nicht nachhaltig übersteigen.

15 Vgl. *Schippel/Bracker/Kanzleiter*, § 73 Rz. 15.
16 Amtl. Begründung (siehe Fn. 2).

§ 114

Für das württembergische Rechtsgebiet gelten folgende besondere Vorschriften:

(1) [1]Dieses Gesetz gilt für die Bezirksnotare nicht. [2]Die Vorschriften über ihre Dienstverhältnisse, ihre Zuständigkeit und das von ihnen bei ihrer Amtstätigkeit zu beobachtende Verfahren einschließlich des Rechtsmittelzugs bleiben unberührt.

(2) [1]Die Bezirksnotare sind berechtigt, der für den Bezirk des Oberlandesgerichts Stuttgart gebildeten Notarkammer als Mitglieder ohne Stimmrecht beizutreten. [2]Dem Vorstand der Notarkammer gehört ein Bezirksnotar an, der nicht stimmberechtigt ist. [3]Er nimmt auch an den Vertreterversammlungen der Bundesnotarkammer ohne Stimmrecht teil. [4]Dieser Bezirksnotar und sein Vertreter werden von den Bezirksnotaren aus dem Kreis derjenigen Bezirksnotare gewählt, die der Notarkammer beigetreten sind.

(3) [1]Die Landesjustizverwaltung kann Bezirksnotare und Personen, welche die Voraussetzungen für die Ernennung zum Bezirksnotar erfüllen, zu Notaren nach § 3 Abs. 1 bestellen. [2]Die Auswahl unter den in Satz 1 genannten Personen ist nach der persönlichen und fachlichen Eignung unter besonderer Berücksichtigung des Ergebnisses der Laufbahnprüfung und des beruflichen Werdegangs, vor allem der im Justizdienst des Landes erbrachten Leistungen, vorzunehmen. [3]Die Landesjustizverwaltung kann davon absehen, einen Anwärterdienst nach § 7 für Bewerber mit Befähigung zum Richteramt einzurichten und solche Bewerber zu Notaren nach § 3 Abs. 1 zu bestellen, wenn geeignete Bewerber nach Satz 1 zur Verfügung stehen.

§ 115

Für das badische Rechtsgebiet gelten folgende besondere Vorschriften:

(1) Neben Notaren nach § 3 Abs. 1 können Notare im Landesdienst bestellt werden.

(2) [1]Notare im Landesdienst, die sich um eine Bestellung zum Notar nach § 3 Abs. 1 bewerben, stehen Bewerbern gleich, die einen dreijährigen Anwärterdienst als Notarassessor geleistet haben und sich im Anwärterdienst des Landes Baden-Württemberg befinden. [2]§ 6 Abs. 3 gilt mit der Maßgabe, dass auch der berufliche Werdegang der Bewerber zu berücksichtigen ist, vor allem die im Justizdienst des Landes erbrachten Leistungen.

(3) [1]Dieses Gesetz gilt nicht für die Notare im Landesdienst. [2]Die Vorschriften über ihre Dienstverhältnisse, ihre Zuständigkeit und das von ihnen bei ihrer Amtstätigkeit zu beobachtende Verfahren einschließlich des Rechtsmittelzugs bleiben unberührt.

(4) [1]Die Notare im Landesdienst sind berechtigt, der für den Bezirk des Oberlandesgerichts Karlsruhe gebildeten Notarkammer als Mitglieder ohne Stimmrecht beizutreten. [2]§ 114 Abs. 2 Satz 2 bis 4 gilt entsprechend.

Übersicht

A. Entstehungsgeschichte der Vorschriften

1 1. § 114 Abs. 1 enthielt ursprünglich einen Satz 3. Darin wurde bezüglich der *Amtstätigkeit* der Bezirksnotare als öffentlicher Notare auf Art. 95 des württembergischen Ausführungsgesetzes zum BGB verwiesen; die *Zuständigkeit* als öffentliche Notare sollte sich nach den Vorschriften der BNotO richten. Die Vorschrift ist im Jahre 1991 gestrichen worden[1]. Gleichzeitig sind die ergänzenden Bestimmungen in Abs. 3 eingefügt worden.

2 2. § 115 war seit Einführung der BNotO unverändert in Kraft.

3 3. Die jetzige Fassung der §§ 114, 115 beruht auf dem Vierten Gesetz zur Änderung der BNotO[2]. Das Gesetz ist am 29.07.2005 in Kraft getreten[3]. Ihm lag eine Gesetzesinitiative des Landes Baden-Württemberg im Bundesrat zugrunde[4].

B. Erläuterungen

I. Bedeutung der Vorschriften

1. Räumlicher Geltungsbereich

4 Entsprechend der früheren Selbstständigkeit der Länder Baden, Württemberg-Baden und Württemberg-Hohenzollern gliederte sich das 1952 entstandene Bundesland Baden-Württemberg[5] ursprünglich in das **badische**, das **württembergische** und das **hohenzollerische Rechtsgebiet**. Letzteres ist 1975 durch das Landesgesetz über die freiwillige Gerichtsbarkeit (LFGG)[6] mit Wirkung für das Notarrecht und das Recht der freiwilligen Gerichtsbarkeit einschließlich des Grundbuchrechts in das württembergische Rechtsgebiet eingegliedert worden (§ 50 Abs. 1 LFGG). Dieses so vereinheitlichte württembergische Rechtsgebiet entspricht im Wesentlichen dem Oberlandesgerichtsbezirk Stuttgart. Das badische Rechtsgebiet deckt sich im Wesentlichen mit dem Oberlandesgerichtsbezirk Karlsruhe.

---

1 Art. 1 Nr. 24 des Zweiten Gesetzes zur Änderung des Berufsrechts der Notare und der Rechtsanwälte v. 29.01.1991 (BGBl. I S. 150).
2 Art. 1 des Vierten Gesetzes zur Änderung der Bundesnotarordnung v. 22.07.2005 (BGBl. I S. 2188).
3 Art. 2 des 4. Änderungsgesetzes.
4 BR-Drucks. 226/04; BT-Drucks. 15/3147.
5 Zweites Neugliederungsgesetz v. 04.05.1951 (BGBl. I S. 284).
6 Gesetz v. 12.02.1975 (GBl. S. 116), zuletzt geändert durch Art. 2 des Gesetzes v. 28.07.2005 (GBl. S. 580).

2. Notariatsverfassung in Baden-Württemberg

a) Keine einheitliche Verfassung

Bei Einführung der BNotO fand der Gesetzgeber eine Vielfalt verschiedener Notariatsfor- **5** men vor, die selbst innerhalb der einzelnen Bundesländer, ja innerhalb einzelner Oberlandesgerichtsbezirke nicht immer einheitlich waren. Der Bundesgesetzgeber hat von einer Vereinheitlichung der Notariatsverfassung bewusst abgesehen.

b) Amtsnotariat

Die Notariatsverfassung des Landes Baden-Württemberg[7] ist aus historischen Gründen **6** durch das **Amtsnotariat** gekennzeichnet. Danach sind die Notariate als staatliche Behörden organisiert (§ 1 Abs. 1 LFGG) und mit beamteten *Notaren im Landesdienst* besetzt (§ 17 Abs. 1 Satz 1 LFGG). Dessen ungeachtet bestehen wesentliche Unterschiede in der Notariatsverfassung der Oberlandesgerichtsbezirke Stuttgart und Karlsruhe[8]:

aa) Württembergisches Rechtsgebiet

Für das **württembergische Rechtsgebiet** gelten durch Art. 138 GG gewährleistete Sonder- **7** regelungen[9]. Es bestehen drei Notariatsformen nebeneinander: Neben den Notaren zur hauptberuflichen Amtsausübung (Nurnotare) und den Anwaltsnotaren gibt es beamtete Bezirksnotare. Die Vorschriften der Bundesnotarordnung gelten nur für die beiden ersten Gruppen, nicht aber für die Bezirksnotare (§ 114 Abs. 1 Satz 1).

bb) Badisches Rechtsgebiet

Im **badischen Rechtsgebiet** galt bis zur Neufassung des § 115 nicht die Bundesnotarord- **8** nung, sondern ausschließlich baden-württembergisches Landesrecht. Das Amtsnotariat stellte hier die einzige Notariatsform dar. Die Neufassung hat das badische Notariat nunmehr für die Bestellung von Notaren zur hauptberuflichen Amtsausübung (Nurnotare) geöffnet[10]. Damit besteht im ganzen Land Baden-Württemberg die Möglichkeit, Nurnotare zu bestellen.

c) Zustimmungsbedürftigkeit von Änderungen

Änderungen der Notariatsverfassung sind nur mit Zustimmung der Regierung des Landes **9** Baden-Württemberg zulässig (Art. 138 GG). Die Landesregierung hat der Neufassung der §§ 114, 115 zugestimmt.

3. Beurkundungsverfahrensrecht

a) Aufhebung von Landesrecht

Der in §§ 114 Abs. 1 Satz 2, 115 Abs. 3 Satz 2 enthaltene Hinweis auf das bei der Amtstätig- **10** keit der Notare *zu beobachtende Verfahren einschließlich des Rechtsmittelzugs* ist hinsichtlich des Beurkundungsverfahrensrechts gegenstandslos, da die einschlägigen Vorschriften des Landes Baden-Württemberg durch § 60 Nr. 1 bis 4 BeurkG aufgehoben worden sind.

---

7 Eingehend dazu *Schippel/Bracker/Görk*, § 115 Rz. 2 ff.
8 Einzelheiten dazu: Erläuterungen zu § 3.
9 BVerfGE 17, 381, 387 ff.
10 Siehe unten Rz. 15.

b) Geltung des BeurkG

11 Während die Bundesnotarordnung nur für das Nurnotariat und das Anwaltsnotariat gilt, erstreckt sich der Geltungsbereich des **Beurkundungsgesetzes** auch auf das baden-württembergische Amtsnotariat (§ 64 Satz 1 BeurkG). Die Bezirksnotare und die badischen Notare im Landesdienst sind daher in gleichem Umfang wie Nurnotare und Anwaltsnotare für Beurkundungen zuständig (§ 3 Abs. 1 LFGG)[11]. Sie üben diese Tätigkeit als unabhängige Träger eines öffentlichen Amtes aus.

12 Um sie nicht schlechthin von Urkundstätigkeit in Angelegenheiten des Landes auszuschließen, bestimmt § 64 Satz 2 BeurkG, dass das **Mitwirkungsverbot** des § 3 Abs. 1 Satz 1 Nr. 8 BeurkG nicht allein deshalb gilt, weil der Notar in einem Dienstverhältnis zu dem Land steht. Unberührt bleiben die übrigen Mitwirkungsverbote nach § 3 BeurkG einschließlich desjenigen wegen einer in derselben Angelegenheit bestehenden Vollmacht (§ 3 Abs. 1 Satz 1 Nr. 8 1. Alt. BeurkG).

II. Notare im Landesdienst

1. Persönliche Voraussetzungen

a) Württembergisches Rechtsgebiet

13 Im **württembergischen Rechtsgebiet** werden Laufbahnbeamte – in der Regel des gehobenen Dienstes – mit der Befähigung zum Amt des Bezirksnotars zu beamteten Notaren bestellt (§ 17 Abs. 2 LFGG).

aa) Bestellung zum Bezirksnotar

14 Sie haben im allgemeinen nicht die Befähigung zum Richteramt; allerdings schließt § 114 die Bestellung von Personen mit dieser Qualifikation zu Bezirksnotaren nicht aus[12]. Die **Bestellung zum Bezirksnotar** setzt voraus, dass der Bewerber erfolgreich die württembergische Notariatsprüfung abgelegt hat[13] und darüber hinaus die beamtenrechtlichen (laufbahnrechtlichen) Voraussetzungen für die Ernennung zum Bezirksnotar erfüllt. Das Amt des Bezirksnotars wird in Württemberg seit jeher als eine der höchsten Stellen angesehen, die ein Beamter des gehobenen Dienstes erreichen kann[14].

bb) Amtswechsel

15 § 114 Abs. 3 Satz 1 eröffnet Bezirksnotaren die Möglichkeit, aus dem beamteten Notariat in das Amt des **Nurnotars** überzuwechseln. Das gleiche gilt für solche Personen, die zwar noch nicht zu Bezirksnotaren bestellt waren, aber die Voraussetzungen für die Ernennung zum Bezirksnotar erfüllen. Mit der Einführung der Vorschrift sollte dem Land Baden-Württemberg ermöglicht werden, seine in der Rechtsprechung[15] anerkannte Praxis fortzuführen, das Amt des hauptberuflichen Notars im Wesentlichen den Bewerbern aus dem Kreis der Bezirksnotare vorzubehalten, wenn diese in genügender Zahl vorhanden sind[16]. Bei der Auswahl der Bewerber kommt es auf die persönliche und fachliche Eignung an. Letztere ist unter besonderer Berücksichtigung des Ergebnisses der Laufbahnprüfung und des beruflichen Werdegangs, vor allem der im Justizdienst des Landes erbrachten Leistungen, zu beurteilen.

---

11 Näher dazu *Lerch*, BeurkG, § 64 Rz. 1.
12 *Bohrer*, Rz. 156 Fußn. 7.
13 Einzelheiten dazu: *Eylmann/Vaasen/Wilke*, § 114 BNotO Rz. 6.
14 BGH ZNotP 2006, 37.
15 BGH DNotZ 1965, 239; 1980, 490.
16 BT-Drucks. 11/6007, S. 15.

SANDKÜHLER

Sind qualifizierte Bewerber um eine hauptberufliche Notarstelle im Sinn des § 114 Abs. 3 Satz 1 vorhanden, kann die Landesjustizverwaltung ihnen den **Vorzug** vor Bewerbern mit der Befähigung zum Richteramt geben. Sie kann dann auch davon absehen, einen Anwärterdienst nach § 7 einzurichten. Indes darf sie diese Regelung nicht schematisch anwenden. Nach der Rechtsprechung des Bundesgerichtshofs muss sie mit Blick auf Art. 12 Abs. 1 GG im Rahmen des einzelnen Besetzungsverfahrens prüfen, ob das Interesse an einer geordneten Rechtspflege die Bevorzugung der Bezirksnotare erfordert; ist das nicht der Fall, muss sie unter Einbeziehung der Bezirksnotare und aller übrigen – auch landesfremden – Bewerber in einen Eignungsvergleich eintreten[17].

b) Badisches Rechtsgebiet

16 Die beamteten Notare im **badischen Rechtsgebiet** müssen entsprechend § 5 BNotO über die Befähigung zum Richteramt verfügen (§ 17 Abs. 2 LFGG). § 115 Abs. 2 räumt ihnen die Möglichkeit ein, sich um eine Notarstelle zur hauptberuflichen Amtsausübung zu bewerben. Dabei stehen sie Bewerbern gleich, die einen dreijährigen Anwärterdienst als Notarassessor geleistet haben und sich im Anwärterdienst des Landes Baden-Württemberg befinden. Im Rahmen der Bestenauslese nach § 6 Abs. 3 ist der berufliche Werdegang der Bewerber zu berücksichtigen; das gilt vor allem für die im Justizdienst des Landes erbrachten Leistungen.

2. Dienstrechtliche Stellung

a) Beamtenstatus

17 Die **beamtenrechtliche Stellung** der Notare im Landesdienst richtet sich nach den einschlägigen beamtenrechtlichen Vorschriften des Landes Baden-Württemberg (vgl. § 23 LFGG). Ungeachtet ihres Status als Beamte sind die Notare im Landesdienst bei der Wahrnehmung von Aufgaben der Rechtspflege **sachlich unabhängig** und nur dem Gesetz unterworfen (§ 2 LFGG)[18].

b) Amtsbezirk

18 In Anknüpfung an die Aufteilung in die beiden Rechtsgebiete bestimmt § 21 LFGG, dass **Amtsbezirk** des Notars entsprechend dem Sitz des Notariats entweder das badische oder das württembergische Rechtsgebiet ist. Außerhalb des Notariatsbezirks soll der Notar nur tätig werden, wenn hierfür im Einzelfall ein Bedürfnis besteht. Die Vorschrift verweist ergänzend auf § 11 Abs. 2 und 3 BNotO. Eine Urkundstätigkeit außerhalb des Amtsbezirks ist somit nur zulässig, wenn dafür ein Bedürfnis besteht *und* Gefahr im Verzuge besteht oder die Aufsichtsbehörde die auswärtige Tätigkeit genehmigt hat.

c) Dienstaufsicht

19 Die Notariate stehen unter der **Dienstaufsicht** des Notars (bei Besetzung mit mehreren Notaren des aufsichtsführenden Notars), der Präsidenten des Landgerichts und des Oberlandesgerichts sowie des Justizministeriums (§ 4 LFGG).

d) Amtshaftung

20 Für **Amtspflichtverletzungen** des Notars haftet gemäß Art. 34 GG das Land Baden-Württemberg nach Maßgabe des § 839 BGB.

---

17 BGH ZNotP 2006, 37.
18 Näher dazu: *Fratzky*, BWNotZ 1986, 97; *Nieder*, BWNotZ 1986, 104; *Richter*, BWNotZ 1986, 115.

3. Zuständigkeit

a) Behörde der freiwilligen Gerichtsbarkeit

21 Die staatlichen Notariate sind in beiden Rechtsgebieten als **Behörden der freiwilligen Gerichtsbarkeit** für Nachlass- und Teilungssachen sowie für die besondere amtliche Verwahrung letztwilliger Verfügungen, im württembergischen Rechtsgebiet darüber hinaus für Vormundschaftssachen – soweit diese nicht ausdrücklich den Amtsgerichten vorbehalten sind (§ 37 LFGG) – zuständig (§ 1 Abs. 2 LFGG). Sie treten insoweit an die Stelle der Gerichte (§ 1 Abs. 1 LFGG). Zugleich sind die Notare **Grundbuchbeamte** für die zum Notariatsbezirk gehörenden Grundbuchämter (§§ 1 Abs. 3, 29 Abs. 1 LFGG).

b) Geltung der BNotO

22 Daneben nehmen die Notare im Landesdienst als unabhängige Träger eines öffentlichen Amtes die den Notaren nach der Bundesnotarordnung zustehenden Aufgaben der **vorsorgenden Rechtspflege** wahr (§ 3 Abs. 1 LFGG). Sie sind also insbesondere für die Beurkundung von Rechtsvorgängen und für die sonstigen in §§ 20 bis 24 BNotO genannten Aufgaben zuständig. Für ihre Amtsführung finden insoweit die Vorschriften der §§ 14 bis 16, 18 BNotO entsprechende Anwendung; aufgrund der Verweisung in § 20 LFGG gelten diese Vorschriften ungeachtet der Einschränkungen in §§ 114, 115 BNotO als **Landesrecht**[19].

III. Nurnotare und Anwaltsnotare

1. Württembergisches Rechtsgebiet

23 Im württembergischen Rechtsgebiet können neben den Bezirksnotaren auch **Nurnotare** und – nach Maßgabe des § 116 Abs. 1 – **Anwaltsnotare** bestellt werden. Nach früherem Recht galt dies nur, soweit hierfür neben den Notaren im Landesdienst ein **Bedürfnis** bestand (§ 3 Abs. 2 LFGG a. F.[20]). Diese spezifisch landesrechtliche Voraussetzung ist durch Änderung des § 3 LFGG ersatzlos entfallen. Dadurch unberührt geblieben ist die Notwendigkeit einer Bedürfnisprüfung nach § 4. Nur wenn nach Maßgabe dieser letzteren Vorschrift ein Bedürfnis für die Einrichtung einer hauptberuflichen Notarstelle festgestellt wird, können neben den Bezirksnotaren selbstständig tätige Notare bestellt werden.

2. Badisches Rechtsgebiet

24 Im Oberlandesgerichtsbezirk Karlsruhe konnten nach bisherigem Recht lediglich Notare im Landesdienst bestellt werden; die Bestellung von Nurnotaren oder Anwaltsnotaren war nach § 115 ausgeschlossen. Nunmehr eröffnet § 115 Abs. 1 die Möglichkeit, neben Notaren nach § 3 Abs. 1 Notare im Landesdienst zu bestellen. Nach der Stellungnahme der Bundesregierung zu dem Gesetzesvorschlag des Bundesrates soll durch diese – von der Bundesregierung in Abänderung des Bundesratsentwurfs vorgeschlagene – Formulierung die Einführung des hauptberuflichen Notariats hervorgehoben werden[21]. Tendenziell erhält damit die Bestellung von Notaren zur hauptberuflichen Amtsausübung (§ 3 Abs. 1) Vorrang vor der Bestellung von Bezirksnotaren. Im Ergebnis zielt die Neufassung des § 115 in Baden auf eine schrittweise Umstellung auf das **hauptberufliche Notariat**[22].

---

19 *Schippel/Bracker/Görk*, § 115 Rz. 15.
20 Abdruck: *Bohrer*, Das Berufsrecht der Notare, Anhang 4 (S. 198).
21 BT-Drucks. 15/3147, S. 8.
22 Wie Fn. 21.

SANDKÜHLER

Nach Abs. 2 Satz 1 können sich Notare im Landesdienst um eine Bestellung zum Notar zur hauptberuflichen Amtsausübung bewerben. Die Vorschrift befreit jedoch nicht von dem Erfordernis der Befähigung zum Richteramt; die Ausnahmeregelung des § 114 Abs. 3 Satz 1 gilt nur für das württembergische Rechtsgebiet. Dementsprechend können württembergische Bezirksnotare nicht zu Notaren zur hauptberuflichen Amtsausübung in Baden bestellt werden[23].

IV. Notarkammern

1. Württembergisches Rechtsgebiet

Die **Nurnotare** und **Anwaltsnotare** im Oberlandesgerichtsbezirk Stuttgart bilden die Notarkammer Stuttgart (§ 65 Abs. 1 Satz 1). Von einer Pflichtmitgliedschaft der **Bezirksnotare** in der Notarkammer hat der Gesetzgeber mit Rücksicht auf ihren Status als Landesbeamte abgesehen. Jedoch können sie freiwillig der für den Oberlandesgerichtsbezirk Stuttgart gebildeten Notarkammer als Mitglieder ohne Stimmrecht beitreten (§ 114 Abs. 2 Satz 1). Im Vorstand der Notarkammer sowie in der Vertreterversammlung der Bundesnotarkammer werden sie durch einen nicht stimmberechtigten Vertreter aus ihren Reihen repräsentiert (Abs. 2 Satz 2, 3). Dieser Bezirksnotar sowie sein Stellvertreter werden von allen Bezirksnotaren gewählt; wählbar ist nur, wer der Notarkammer als freiwilliges Mitglied beigetreten ist (Abs. 2 Satz 4).

25

2. Badisches Rechtsgebiet

Da die Bundesnotarordnung im Oberlandesgerichtsbezirk Karlsruhe bisher nicht galt (§ 115 Satz 1), bestand dort keine Notarkammer, der die Notare im Landesdienst als freiwillige Mitglieder hätten beitreten können. Diesen Rechtszustand hat die Neufassung des § 115 geändert. Entsprechend der Öffnung des badischen Notariats für selbstständige Notare[24] ermöglicht die Vorschrift nunmehr, für den Oberlandesgerichtsbezirk Karlsruhe eine Notarkammer zu bilden, der die Notare im Landesdienst als Mitglieder ohne Stimmrecht beitreten können. Von einer Pflichtmitgliedschaft hat der Gesetzgeber auch hinsichtlich des badischen Rechtsgebiets abgesehen.

26

3. Notarkammer Baden-Württemberg

In Umsetzung der Änderung der §§ 114, 115 hat das Land Baden-Württemberg die Organisation der Notarkammern neu geregelt[25]. Von der Bildung einer Notarkammer für den Oberlandesgerichtsbezirk Karlsruhe hat es abgesehen. Statt dessen hat es beide Oberlandesgerichtsbezirke (Stuttgart und Karlsruhe) einer einheitlichen Kammer unter der Bezeichnung *Notarkammer Baden-Württemberg*[26] zugeordnet. Damit bestehen erstmals für das gesamte Bundesgebiet Notarkammern.

27

---

23 BGH ZNotP 2007, 469.
24 Siehe oben Rz. 24.
25 Verordnung v. 26.09.2005 (GBl. S. 674); vgl. DNotZ 2005, 862.
26 Königstraße 21, 70173 Stuttgart; Telefon 0711-291934; Telefax 0711-22009310 www.notarkammer-baden-wuerttemberg.de.

§ 116

(1) [1]In den Gerichtsbezirken der früher württembergischen und hohenzollerischen Teile des Landes Baden-Württemberg, in denen am 1. April 1961 Rechtsanwälte zur nebenberuflichen Amtsausübung als Notare bestellt werden konnten, können auch weiterhin Anwaltsnotare bestellt werden. [2]§ 7 ist insoweit nicht anzuwenden. [3]§ 4 gilt entsprechend.

(2) [1]In den Ländern Hamburg und Rheinland-Pfalz gilt § 3 Abs. 2 nicht. [2]Soweit am 1. April 1961 dort Rechtsanwälte das Amt des Notars im Nebenberuf ausgeübt haben, behält es dabei sein Bewenden.

(3) In dem in Artikel 1 Abs. 1 des Staatsvertrages zwischen den Ländern Mecklenburg-Vorpommern und Niedersachsen über die Umgliederung der Gemeinden im ehemaligen Amt Neuhaus und anderer Gebiete nach Niedersachsen genannten Gebiet werden ausschließlich Anwaltsnotare bestellt.

Übersicht

A. Entstehungsgeschichte der Vorschrift

1   Bei Einführung der BNotO hat der Gesetzgeber von einer Vereinheitlichung der deutschen Notariatsverfassung ausdrücklich abgesehen[1]. Er hat das unter der Geltung der RNotO nur als Übergangslösung gedachte Anwaltsnotariat zu einer dem Nurnotariat gleichwertigen Gestaltungsform des Notariats gemacht. Allerdings sollte ein Übergreifen des Anwaltsnotariats auf die bisherigen Gebiete des Nurnotariats vermieden werden. Insgesamt sollte vielmehr der Status quo der Notariatsverfassung erhalten werden[2]. Diesem Ziel dient § 116.

2   Abs. 3 der Vorschrift ist durch die Berufsrechtsnovelle 1998[3] hinzugefügt worden.

B. Erläuterungen

I. Baden-Württemberg

3   Die früher württembergischen und hohenzollerischen Teile des Landes Baden-Württemberg bilden den Oberlandesgerichtsbezirk Stuttgart[4]. In ihm konnten bei Inkrafttreten der BNotO am 01.04.1961 neben den Bezirksnotaren sowohl Nurnotare als auch Anwaltsnotare bestellt werden. Diese Möglichkeit wird im Interesse der Kontinuität durch § 116 Abs. 1 aufrechterhalten[5].

---

1 Siehe §§ 114, 115 Rz. 5.
2 BGHZ 68, 252, 255 f.
3 Art. 1 Nr. 49 des Dritten Gesetzes zur Änderung der Bundesnotarordnung und anderer Gesetze v. 31.08.1998 (BGBl. I S. 2585).
4 Siehe §§ 114, 115 Rz. 4.
5 Vgl. auch *Bohrer*, DNotZ 1991, 3, 11 (Fußn. 55).

II. Hamburg

Im Gebiet der Freien und Hansestadt Hamburg hatte es ursprünglich nur das Nurnotariat gegeben. Dies änderte sich 1937 durch die Eingliederung von vormals preußischen Gebietsteilen[6], in denen das Prinzip des Anwaltsnotariats galt. Die Hamburgische Landesjustizverwaltung war jedoch bestrebt, das Anwaltsnotariat auslaufen zu lassen[7]. § 116 Abs. 2 trägt diesem Bestreben Rechnung. Danach sind zwar die bei Inkrafttreten der Bundesnotarordnung tätigen Anwaltsnotare im Amt geblieben; neue Anwaltsnotare können aber nicht mehr bestellt werden.

4

III. Rheinland-Pfalz

Das nach dem Zusammenbruch 1945 neu entstandene Land Rheinland-Pfalz fand in den einzelnen Landesteilen verschiedene Notariatsverfassungen vor, das Nurnotariat insbesondere in den rheinischen und pfälzischen Teilen, das Anwaltsnotariat in den ehemals preußischen Teilen[8]. Die 1949 eingeführte Landesnotarordnung[9] stellte die Rechtseinheit wieder her, führte für das ganze Land für die Zukunft das Nurnotariat ein und schloss die Neubestellung von Anwaltsnotaren aus. § 116 Abs. 2 hat diese Regelung übernommen.

5

IV. Mecklenburg-Vorpommern/Niedersachsen

Die in Abs. 3 enthaltene Neuregelung war im Hinblick auf die im Jahre 1993 staatsvertraglich vereinbarte Umgliederung der Gemeinden im ehemaligen Amt Neuhaus und anderer Gebiete von Mecklenburg-Vorpommern nach Niedersachsen[10] erforderlich, um in dem umgegliederten Gebiet eine rechtliche Grundlage für die Bestellung von Anwaltsnotaren zu schaffen[11].

6

---

6 Gesetz über Groß-Hamburg und andere Gebietsbereinigungen v. 26.01.1937 (RGBl. I S. 91).
7 Näher dazu *Schippel/Bracker/Görk*, § 116 Rz. 3.
8 Näher dazu: *Schippel/Bracker/Görk*, § 116 Rz. 5.
9 Landesnotarordnung für Rheinland-Pfalz v. 03.09.1949 (GVBl. S. 391).
10 Nds. GVBl. 1993 S. 124.
11 BT-Drucks. 13/4184, S. 35.

§ 117

Besteht für mehrere Länder ein gemeinschaftliches Oberlandesgericht, so gilt Folgendes:
1. Die Landesjustizverwaltung des Landes, in dem das Oberlandesgericht seinen Sitz nicht hat, kann die nach diesem Gesetz dem Oberlandesgerichtspräsidenten zustehenden Befugnisse auf einen anderen Richter übertragen.
2. ¹Die Notare eines jeden Landes bilden eine Notarkammer. ²§ 86 Abs. 1 Satz 2 ist nicht anzuwenden.

A. Entstehungsgeschichte der Vorschrift

1 Die Vorschrift ist seit Einführung der Bundesnotarordnung unverändert in Kraft.

B. Erläuterungen

2 Die Vorschrift hat zur Zeit keine praktische Bedeutung, da jedes Bundesland mindestens ein eigenes Oberlandesgericht hat. Sollte es zur Errichtung eines gemeinsamen Oberlandesgerichts kommen, gilt Folgendes:

3 1. Die Landesjustizverwaltung des Landes, in dem das Oberlandesgericht seinen Sitz *nicht* hat, kann die nach dem Gesetz dem Präsidenten dieses Gerichts zustehenden Verwaltungsbefugnisse einem anderen Richter – etwa dem Präsidenten eines Landgerichts – übertragen und dadurch verhindern, dass dem Präsidenten des errichteten gemeinsamen Oberlandesgerichts landesübergreifende Kompetenzen zustehen.

4 2. Abweichend von § 65 Abs. 1 BNotO ist für jedes der beteiligten Länder eine Notarkammer zu errichten. In diesem Fall muss jede der Notarkammern auch eine Stimme in der Vertreterversammlung der Bundesnotarkammer haben. Dies wird in § 117 Nr. 2 klargestellt.

§ 117a

(1) Im Bereich des Oberlandesgerichtsbezirks Frankfurt am Main können abweichend von § 65 Abs. 1 Satz 1 zwei Notarkammern bestehen.
(2) Die am 8. September 1998 in den Ländern Brandenburg, Mecklenburg-Vorpommern, Sachsen, Sachsen-Anhalt und Thüringen bestehenden Notarkammern, deren Sitz sich abweichend von § 65 Abs. 2 nicht am Sitz des Oberlandesgerichts befindet, bleiben bestehen.

Übersicht

A. Entstehungsgeschichte der Vorschrift

Die Vorschrift ist durch die Berufsrechtsnovelle 1998[1] eingefügt worden.   1

B. Erläuterungen

I. Notarkammern im Bereich des Oberlandesgerichts Frankfurt am Main

1. Nach § 65 Abs. 1 Satz 2 können mehrere Oberlandesgerichtsbezirke oder Teile davon den   2
Bezirk *einer* Notarkammer bilden. Der umgekehrte Fall, dass in *einem* Oberlandesgerichtsbezirk mehrere Notarkammern errichtet werden, ist nach § 65 Abs. 1 Satz 1 an sich ausgeschlossen. Gleichwohl bestehen im Bezirk des Oberlandesgerichts Frankfurt am Main seit
mehr als dreißig Jahren zwei Notarkammern – die Notarkammer **Frankfurt am Main** und
die Notarkammer **Kassel** – nebeneinander. Die Rechtmäßigkeit dieses Zustands war nach
dem früheren Rechtszustand umstritten[2]. Da es sich aber um eine gewachsene Zweigliedrig-
keit handelt und beide Kammern über eine hinreichende Größe verfügen, hat der Gesetzgeber den bestehenden Zustand durch Einführung des Abs. 1 legitimiert[3].
2. Wie die namentliche Nennung des Oberlandesgerichtsbezirks Frankfurt am Main zeigt,   3
handelt es sich um eine nicht verallgemeinerungsfähige **Ausnahmevorschrift**. Ein Anspruch
auf Gleichbehandlung kann daraus nicht hergeleitet werden.

---

1 Art. 1 Nr. 50 des Dritten Gesetzes zur Änderung der Bundesnotarordnung und anderer Gesetze v. 31.08.1998 (BGBl. I S. 2585).
2 Näher dazu: *Arndt/Lerch/Sandkühler*, BNotO; 3. Aufl., § 65 Rz. 7.
3 BT-Drucks. 13/4184, S. 35.

II. Notarkammern im Beitrittsgebiet

4 1. Nach § 27 VONot[4] war in jedem der fünf später beigetretenen Länder eine Notarkammer zu errichten. Abweichend von § 65 Abs. 2 Satz 1 BNotO, wonach die Notarkammer ihren Sitz stets am Ort des Oberlandesgerichts hat, stellte § 27 Abs. 2 VONot den Notarkammern frei, ihren Sitz durch die Satzung zu bestimmen. Dies hat dazu geführt, dass die Notarkammern ihren Sitz durchweg am Sitz der Landesregierung genommen haben, der zumeist nicht mit dem Sitz des Oberlandesgerichts übereinstimmt.

5 2. Durch die Berufsrechtsnovelle 1998[5] ist die Verordnung aufgehoben und die Bundesnotarordnung auch im Beitrittsgebiet in Kraft gesetzt worden. Um eine Anpassung des Sitzes der Notarkammern an § 65 Abs. 2 Satz 1 zu vermeiden, ermöglicht § 117a Abs. 2 die Beibehaltung des bisherigen Zustandes, der bereits seit mehreren Jahren besteht und nicht zu Unzuträglichkeiten geführt hat[6].

6 3. Die Notarkammern in den in Abs. 2 genannten Ländern haben demgemäss ihren Sitz wie folgt[7]:
- Notarkammer Brandenburg: Potsdam (statt Brandenburg)
- Notarkammer Mecklenburg-Vorpommern: Schwerin (statt Rostock)
- Notarkammer Sachsen: Dresden (Ort des OLG)
- Notarkammer Sachsen-Anhalt: Magdeburg (statt Naumburg)
- Notarkammer Thüringen: Erfurt (statt Jena).

---

4 Verordnung über die Tätigkeit von Notaren in eigener Praxis – VONot – v. 20.06.1990 (GBl. DDR S. 475). Zur Fortgeltung der VONot nach der Wiedervereinigung Deutschlands siehe *Vorauflage* 113a Rz. 1.
5 Art. 13 Abs. 01 Nr. 1, Abs. 1 des Dritten Änderungsgesetzes (Fn. 1).
6 BT-Drucks. 13/4184, S. 35.
7 Auflistung der Anschriften: *Weingärtner*, Notarrecht, Ord.-Nr. 190.

§ 117b

(1) [1]Abweichend von § 5 kann auch ein deutscher Staatsangehöriger zum Notar bestellt werden, der ein rechtswissenschaftliches Studium an einer Universität oder Hochschule der Deutschen Demokratischen Republik mit dem Staatsexamen abgeschlossen und einen zweijährigen Vorbereitungsdienst mit einer Staatsprüfung absolviert hat. [2]Auf den Vorbereitungsdienst mit der Staatsprüfung wird verzichtet, wenn der Bewerber als Notar in einem Staatlichen Notariat tätig war oder zehn Jahre als Jurist gearbeitet hat und notarspezifische Kenntnisse nachweist.

(2) Abweichend von § 47 Nr. 1 können in den Ländern Brandenburg, Mecklenburg-Vorpommern, Sachsen, Sachsen-Anhalt und Thüringen bestellte Notare, die am 8. September 1998 das 58. Lebensjahr vollendet haben, bis zum Ablauf des 7. September 2010 im Amt bleiben.

Übersicht

A. Entstehungsgeschichte der Vorschrift

Die Vorschrift ist durch Gesetz vom 19.04.2006[1] eingefügt worden.　　　　　　　　1

B. Erläuterungen

I. Abweichung von § 5 BNotO (Abs. 1)

a) Nach der Wiedervereinigung hatte die ehemalige DDR das notarielle Berufsrecht in der **Notariatsverordnung** (VONot)[2] geregelt. Nach § 4 Buchst. b der Verordnung konnte als Notar bestellt werden, wer entweder in der DDR ein rechtswissenschaftliches Universitäts- oder Hochschulstudium mit dem Staatsexamen abgeschlossen und einen zweijährigen Vorbereitungsdienst mit einer Staatsprüfung als **Diplomjurist** absolviert hatte (1. Alt.) oder aber die Befähigung zum Richteramt nach dem Deutschen Richtergesetz erlangt hatte (2. Alt.). Auf den Vorbereitungsdienst konnte nach § 5 der Verordnung verzichtet werden, wenn der Bewerber als Notar in einem Staatlichen Notariat tätig war oder zehn Jahre als Jurist gearbeitet hatte und notarspezifische Kenntnisse nachweisen konnte. Ausgeschlossen von dieser Regelung waren Bewerber im Alter von über 60 Jahren.

b) Die Notariatsverordnung und die sie ergänzenden Bestimmungen der DDR wurden im Rahmen der Neuordnung des notariellen Berufsrechts 1998[3] aufgehoben[4]. An ihre Stelle trat

2

3

---

1 Art. 39 Nr. 2 des Ersten Gesetzes über die Bereinigung von Bundesrecht im Zuständigkeitsbereich des Bundesministeriums der Justiz v. 19.04.2006 (BGBl I S. 866).
2 Verordnung über die Tätigkeit von Notaren in eigener Praxis – VONot – v. 20.06.1990 (GBl. DDR I S. 475) i. d. F. der Verordnung v. 22.08.1990 (GBl. DDR I S. 1328). Abdruck: *Bohrer*, Das Berufsrecht der Notare, Anhang 2 (S. 181).
3 Drittes Gesetz zur Änderung der Bundesnotarordnung und anderer Gesetze v. 31.08.1998 (BGBl. I S. 2585).
4 Art. 13 Abs. 1 des 3. Änderungsgesetzes.

eine inhaltlich entsprechende **Übergangsbestimmung**[5]. Sie sollte es ermöglichen, abweichend von § 5 BNotO auch solche Bewerber zu Notaren zu bestellen, die nicht über die Befähigung zum Richteramt, wohl aber über die in § 4 Buchst. b 1. Alt. VONot vorgeschriebene Qualifikation als Diplomjurist verfügten.

Allerdings sollte diese Möglichkeit nur für das Gebiet der ehemaligen **DDR** gelten. Bewerbern mit Qualifikation nach § 4 Buchst. b 1. Alt. VONot sollte danach der Zugang zum Notaramt im Beitrittsgebiet, nicht aber zum Nur- oder Anwaltsnotariat im übrigen Bundesgebiet offen stehen. Diese Ungleichbehandlung hat das Bundesverfassungsgericht als grundgesetzwidrig erachtet[6].

4   c) Die jetzige Vorschrift des § 117b Abs. 1 erweitert die Zugangsmöglichkeit für Diplomjuristen auf das **gesamte Bundesgebiet**.

II. Altergrenze für Notare im Beitrittsgebiet (Abs. 2)

5   Die Notariatsverordnung sah für Notare auf dem Gebiet der DDR keine **Altersgrenze** vor. Vielmehr sollte das Amt – abgesehen von den in § 20 Nr. 1, 2, 4 und 5 VONot genannten Erlöschensgründen – bis zum Tod ausgeübt werden können (§ 20 Nr. 3 VONot). Diesen Rechtszustand hat Art. 13 Abs. 9 des Dritten Änderungsgesetzes dahin abgeändert, dass für die bereits bestellten Notare, die am 08.09.1998 das 58. Lebensjahr vollendet hatten, eine **Übergangsfrist** bis zum Ablauf des 07.09.2010 eingeräumt. Diese Regelung hat § 117b Abs. 2 übernommen.

---

5 Art. 13 Abs. 7 des 3. Änderungsgesetzes.
6 Kammerbeschluss v. 26.09.2001 (ZNotP 2001, 436; DNotZ 2002, 231 nur in Kurzfassung).

§ 118

Für das von den Notaren bei ihren Amtshandlungen zu beobachtende Verfahren bleiben, soweit in diesem Gesetz nichts anderes bestimmt ist, die bisherigen Rechtsvorschriften unberührt.

A. Entstehungsgeschichte der Vorschrift

Die Vorschrift ist seit Einführung der BNotO unverändert in Kraft.   1

B. Erläuterungen

1. § 118 betrifft allein das **Beurkundungsverfahren** der Notare. Hier galten Spezialvorschriften und Landesrechte, soweit nicht die Bundesnotarordnung selbst Regelungen – wie etwa über die Ausschließung vom Amt (§ 6) sowie die Prüfungs- und Belehrungspflichten (§§ 22, 26 ff.) – enthielt. Diese Bestimmungen sind jetzt durchweg durch das **Beurkundungsgesetz** ersetzt, das nur wenige Sonderbestimmungen aufrecht erhalten hat (§§ 55 ff. BeurkG).   2

2. Dagegen ist die **Notariatsverfassung**, also das Berufsrecht der Notare sowie das Recht der Organisation des Notariats, abschließend in der Bundesnotarordnung geregelt, soweit nicht nach §§ 114 bis 116 Landesrecht vorgeht.   3

3. Die **Notariatsverwaltung**, also der Erlass von Bestimmungen über die Handhabung der Notariatsverfassung, ist Sache der Länder, die insoweit Bundesrecht ausführen. Das Schwergewicht bilden hier die Allgemeinverfügungen der Landesjustizverwaltungen über das Notariatswesen (AVNot).   4

§ 119

¹Die Organe der Kasse (§ 113) sind innerhalb von sechs Monaten nach Inkrafttreten des Sechsten Gesetzes zur Änderung der Bundesnotarordnung vom 15. Juli 2006 (BGBl I S. 1531) zu wählen. ²Bis dahin amtieren die bisherigen Organe weiter.

A. Entstehungsgeschichte der Vorschrift

1 § 119 ist im Zusammenhang mit der Änderung des § 113[1] und der Aufhebung des § 113a durch das 6. Änderungsgesetz[2] als Überleitungsvorschrift eingefügt worden.

B. Erläuterungen

2 Das Änderungsgesetzes ist gem. seinem Art. 2 am Tag nach der Verkündung[3], d. h. am 20.07.2006, in Kraft getreten. Die Organe der Kasse waren von da ab innerhalb von sechs Monaten, d. h. bis zum 20.01.2007 zu wählen. Die Wahlen haben fristgerecht stattgefunden[4]. Die Organe der Kassen sind mithin gesetzeskonform im Amt.

---

1 Näher dazu: § 113 Rz. 2 f.
2 Art. 1 Nr. 3 des Sechsten Gesetzes zur Änderung der Bundesnotarordnung v. 15.07.2006 (BGBl. I S. 1531).
3 19.07.2006.
4 Laut Bestätigung der Notarkasse und der Ländernotarkasse gegenüber *Verf.*

Literaturverzeichnis

Abel (Hrsg.)	Datenschutz in Anwaltschaft, Notariat und Justiz, 2. Aufl., 2003
Amann/Brambring/Hertel	Vertragspraxis nach neuem Schuldrecht, 2. Aufl., 2004
Assenmacher/Mathias	Kostenordnung, 15. Aufl., 2004
Basty	Der Bauträgervertrag, 5. Aufl., 2005
Baumbach/Hopt	Handelsgesetzbuch, 32. Aufl., 2006
Bayerischer Notarverein (Hrsg.)	Festschrift 125 Jahre Bayerisches Notariat, 1987
Beck'sches Notar-Handbuch	hrsg. von Brambring/Jerschke/Waldner, 4. Aufl., 2006
Bender	Staatshaftungsrecht, 3. Aufl., 1981
Bengel/Reimann	Handbuch der Testamentsvollstreckung, 3. Aufl., 2001
Bettendorf	EDV und Internet in der notariellen Praxis, 2002
BGB-RGRK	Das Bürgerliche Gesetzbuch, Kommentar, hrsg. von Mitgliedern des Bundesgerichtshofes, 12. Aufl., 1974 ff.
Bilda	in: Notar und Rechtsgestaltung, Tradition und Zukunft. Jubiläums-Festschrift des rheinischen Notariats, 1998
Blaeschke	Praxishandbuch Notarprüfung, 2001
Bohrer	Das Berufsrecht der Notare, 1991
Bonner Kommentar zum Grundgesetz	Loseblattausgabe, hrsg. von Dolzer
Borgmann/Jungk/Grams	Anwaltshaftung, 4. Aufl., 2005
Bräu	Die Verwahrungstätigkeit des Notars, 1992
Bülow	Sittenwidriger Konsumentenkredit, 3. Aufl., 1997
Bundesnotarkammer (Hrsg.)	Festschrift für Helmut Schippel zum 65. Geburtstag, 1996 (zit.: FS Schippel)
Claussen/Benneke/Schwandt	Das Disziplinarverfahren, 5. Aufl., 2003
Claussen/Czapski	Das förmliche Disziplinarverfahren, 4. Aufl., 1998
Claussen/Janzen	Bundesdisziplinarordnung, 8. Aufl., 1996
Claussen/Janzen	Bundesdisziplinarrecht, 9. Aufl., 2001
Dauner-Lieb/Heidel/Lepa/ Ring (Hrsg.)	Schuldrecht, 2002
Dittmann/Reimann/Bengel	Testament und Erbvertrag, 5. Aufl., 2006
Dornis	Kaufpreiszahlung auf Notaranderkonto, 2005
Dreier	Grundgesetz, 2. Auflage, 2006
Erichsen	Allgemeines Verwaltungsrecht, 12. Aufl., 2002

Eyermann	Verwaltungsgerichtsordnung, 12. Aufl., 2006
Eylmann/Vaasen	Bundesnotarordnung, Beurkundungsgesetz, 2. Aufl., 2004
Festgabe 100 Jahre Badischer Notarverein	2000
Festschrift 150 Jahre Landgericht Saarbrücken	1985
Festschrift für Bezzenberger	1999
Festschrift für Binding	1907
Feuerich/Weyland	Bundesrechtsanwaltsordnung, 6. Aufl., 2003
Fischer	Strafgesetzbuch und Nebengesetze, 55. Aufl., 2008
Frenz (Hrsg.)	Neues Berufs- und Verfahrensrecht für Notare, 1999
Funk	Die Satzungsversammlung bei der Bundesrechtsanwaltskammer im System der anwaltlichen Selbstverwaltung, 2006
Gassen/Wegerhoff	Elektronische Beglaubigung und elektronische Handelsregisteranmeldung in der Praxis, 2007
Gehre/von Borstel	Steuerberatungsgesetz mit Durchführungsverordnungen, 5. Aufl., 2005
Godl	Notarhaftung im Vergleich, 2001
Hagen/Brambring/Krüger/Hertel	Der Grundstückskauf, 8. Aufl., 2006
Hartmann	Kostengesetze, 36. Aufl., 2006
Hartstang	Anwaltsrecht, 1991
Haug	Die Amtshaftung des Notars, 2. Aufl., 1997
Heimburg	Verwaltungsaufgaben und Private, 1982
Henssler/Prütting	Bundesrechtsanwaltsordnung, 1997
Hergeth	Europäisches Notariat und Niederlassungsfreiheit nach dem EG-Vertrag 1996
Hertel	Der notarielle Vorbescheid im System der Notarbeschwerde nach § 15 Abs. 2 BNotO, in Festschrift Notarkammer Pfalz 2003, S. 167
v.Heymann/Wagner/Rösler	MaBV für Notare und Kreditinstitute, 2000
Hirte	Berufshaftung, 1996
Höfer/Huhn	Allgemeines Urkundenrecht, 1968
Hüffer	Aktiengesetz, 7. Aufl., 2006
Huhn/v.Schuckmann	Beurkundungsgesetz und Dienstordnung für Notare, 4. Aufl., 2003
Jansen	Kommentar zum Gesetz über die Angelegenheiten der freiwilligen Gerichtsbarkeit, 3. Aufl., 2006
Jarass/Pieroth	GG, Kommentar, 8. Aufl. 2006
Jessnitzer/Blumberg	Bundesrechtsanwaltsordnung, 9. Aufl.,2000

Jung	Ausübung öffentlicher Gewalt durch den Notar, 1994
Just	Die englische Limited in der Praxis, 2. Aufl., 2006
Kaisenberg/Dennler	Bayerisches Notariatsgesetz, 1907
Kawohl	Notaranderkonto, 1995
Keidel/Kuntze/Winkler	Freiwillige Gerichtsbarkeit, 15. Aufl., 2003, mit Nachtrag 2005
Keim	Das notarielle Beurkundungsverfahren, 1990
Kersten/Bühling	Formularbuch und Praxis der Freiwilligen Gerichtsbarkeit, 21. Aufl., 2001
Kilger/Schmidt	Konkursordnung, 16. Aufl., 1993
Kilian/vom Stein	Praxishandbuch für Anwaltskanzlei und Notariat, 2005
Kleine-Cosack	Das Werberecht der rechts- und steuerberatenden Berufe, 2. Aufl., 2004
Knecht	Der Reichsdeputationshauptschluss vom 25.Februar 1803, 2007
Köhler/Ratz	Bundesdisziplinarordnung und materielles Disziplinarrecht, 2. Aufl., 1994
Kopp/Heidinger	Notar und Euro, 2. Aufl., 2001
Kopp/Ramsauer	Verwaltungsverfahrensgesetz, 9. Aufl., 2005
Kopp/Schenke	Verwaltungsgerichtsordnung, 14. Aufl., 2005
Kopp/Schuck	Der Euro in der notariellen Praxis, 2. Aufl., 2000
Korintenberg/Lappe/Bengel/ Reimann	Kostenordnung, 15. Aufl., 2002
Korte	Handbuch der Beurkundung von Grundstücksgeschäften, 1990
Kranz	Die Ausübung öffentlicher Gewalt durch Private, 1984
Kreft	Öffentlich-rechtliche Ersatzleistungen: Amtshaftung, Enteignung, Aufopferung (BGB-RGRK, 12. Aufl., 1980)
Kruse	Die Rechtsstellung und Beaufsichtigung der Notare aufgrund der Reichsnotarordnung und Bundesnotarordnung, 1962
Kuhls/Meurer/Maxl/Schäfer/ Goez/Willerscheid	Steuerberatungsgesetz, 2. Aufl. 2005
Kuntze/Ertl/Herrmann/ Eickmann	Grundbuchrecht, 6. Aufl., 2006
Larenz	Lehrbuch des Schuldrechts, Band I, Allgemeiner Teil, 14. Aufl., 1987
Lerch	Beurkundungsgesetz 3. Aufl., 2006
Limmer/Hertel/Frenz/Mayer (Hrsg.)	Würzburger Notarhandbuch, 2005
Löwe/Rosenberg	Die Strafprozessordnung und das Gerichtsverfassungsgesetz, 25. Aufl., 2004
Lutz	Die Ausnahmen der öffentlichen Verwaltung und öffentlichen Gewalt, Wien 1991
Maass	Haftungsrecht des Notars, 1994

Literaturverzeichnis

v. Mangoldt/Klein/Starck	Grundgesetz, 5. Aufl.2005
Maunz/Dürig/Herzog/Scholz	Grundgesetz, Loseblattausgabe
Maurer	Allgemeines Verwaltungsrecht, 16. Aufl., 2006
Medicus	Allgemeiner Teil des BGB, 8. Aufl., 2002
Meyer-Goßner	Strafprozessordnung, 50. Aufl., 2007
Michalski	GmbH-Gesetz, Kommentar, 2002
Mihm	Berufsrechtliche Kollisionsprobleme beim Anwaltsnotar, 2000
Müller/Christensen	Juristische Methodik, Band II, 2. Aufl., 2007
Müller-Magdeburg	Rechtsschutz gegen notarielles Handeln, 2005
Münchener Kommentar zum Aktiengesetz	hrsg. von Goette, Habersack, 2. Aufl., 2004
Münchener Kommentar zum Bürgerlichen Gesetzbuch	hrsg. von Rebmann, Säcker: Band 1, Einleitung und Allgemeiner Teil (§§ 1 bis 240) sowie AGB-Gesetz, 4. Aufl., 2001; Band 4, Sachenrecht (§§ 854 bis 1296), 3. Aufl., 1995
Münchener Kommentar zur Zivilprozessordnung	hrsg. von Lüke, Walchshöfer, 2. Aufl.,2001
Musielak (Hrsg.)	Kommentar zur Zivilprozessordnung mit Gerichtsverfassungsgesetz, 5. Aufl., 2007
Noack	Das neue Gesetz über elektronische Handels- und Unternehmensregister – EHUG, 2007
Notarkasse A. d. ö. R. (Hrsg.)	Streifzug durch die Kostenordnung, 6. Aufl.
Ossenbühl,	Staatshaftungsrecht, 5. Aufl., 1998
Palandt	Bürgerliches Gesetzbuch, 66. Aufl., 2007
Preuß	Die notarielle Hinterlegung, 1995
Preuß	Zivilrechtspflege durch externe Funktionsträger, 2005
Promberger	Das Arbeitsrecht im Bayerisch-Pfälzischen Notariat, 1970
Rechtsanwaltskammer für den Oberlandesgerichtsbezirk Hamm (Hrsg.)	Die Rechtsanwaltschaft im Oberlandesgerichtsbezirk Hamm 1879–2004, 2004 (zit.: FS Rechtsanwaltskammer Hamm)
Redeker/v. Oertzen	VwGO, 13. Aufl., 2000
Reese	Vertrauenshaftung und Risikoverteilung bei qualifizierten elektronischen Signaturen, 2006
Reithmann	Allgemeines Urkundenrecht, 1972
Reithmann	Vorsorgende Rechtspflege durch Notare und Gerichte, 1989
Reithmann/Albrecht/Basty	Handbuch der notariellen Vertragsgestaltung, 8. Aufl., 2001, mit Aktuellen Ergänzungen zur 8. Aufl., 2002
Reithmann/Martiny	Internationales Vertragsrecht, 5. Aufl., 1996
Reithmann/Meichssner/ von Heymann	Kauf vom Bauträger, 7. Aufl., 1995
Reul/Heckschen/Wienberg	Insolvenzrecht in der Kautelarpraxis, 2006

Rinsche	Die Haftung des Rechtsanwalts und des Notars, 6. Aufl., 1998
Rinsche/Fahrendorf/Terbille	Die Haftung des Rechtsanwalts, 7. Aufl., 2005
Rohs/Heinemann	Die Geschäftsführung der Notare, 11. Aufl., 2002
Römer	Notariatsverfassung und Grundgesetz, 1963
Rudolphi/Frisch/Paeffgen/Rogall/Schlüchter/Wolter	Systematischer Kommentar zur Strafprozessordnung und zum Gerichtsverfassungsgesetz (SK StPO)
Sachs	Grundgesetz, 3. Aufl., 2002
Schippel/Bracker	Bundesnotarordnung, 8. Aufl., 2006
Schlüter/Knippenkötter	Die Haftung des Notars, 2004
Schöner/Stöber	Grundbuchrecht, 11. Aufl., 1997
Schönke/Schröder	Strafgesetzbuch, 27. Aufl., 2006
Schubert	Materialien zur Vereinheitlichung des Notarrechts (1872–1937), 2004
Schüler	Die Entstehungsgeschichte der Bundesnotarordnung vom 24. Februar 1961, 2000
Schwarz	Der Zugang zum Anwaltsnotariat im Lichte des Art. 12 Abs. 1 GG, 2004
Seche	Berufsausübung im Gemeinsamen Markt, 1988
Seybold/Hornig	Bundesnotarordnung, 5. Aufl., 1976
Staudinger	Kommentar zum Bürgerlichen Gesetzbuch
Stein/Jonas	Kommentar zur Zivilprozessordnung, Band 7, 22. Aufl., 2002
Stelkens/Bonk/Sachs	Verwaltungsverfahrensgesetz, 6. Aufl., 2001
Taupitz	Die Standesordnungen der freien Berufe, 1991
Tettinger	Kammerrecht, 1997
Thomas	Richterrecht, 1986
Ulmer/Brandner/Hensen	AGB-Recht, 10. Aufl., 2006
Weingärtner	Das notarielle Verwahrungsgeschäft, 2. Aufl.2004
Weingärtner	Notarrecht Nordrhein-Westfalen, 1990
Weingärtner	Notarrecht, Bundeseinheitliche Vorschriften, 8. Aufl., 2003
Weingärtner	Vermeidbare Fehler im Notariat, 7. Aufl., 2005
Weingärtner/Ehrlich	Dienstordnung für Notarinnen und Notare mit kostenrechtlichem Leitfaden, 10. Aufl., 2007
Weingärtner/Lerch	Notarrecht Hessen, 1991
Weingärtner/Wöstmann	Richtlinienempfehlungen BNotK, Richtlinien der Notarkammern, 2004
Weißler	Das Notariat der preußischen Monarchie, 1896
Wiedemann	Preußische Justizreformen und die Entwicklung zum Anwaltsnotariat in Altpreußen (1700 bis 1849), 2003

Winkler, Dirk

Die Pflicht des Notars zur Belehrung über steuerliche Folgen und zur steueroptimierten Urkundsgestaltung, 2007

Winkler, Karl   Beurkundungsgesetz, 15. Aufl., 2003

Zöller   Zivilprozeßordnung, 26. Aufl., 2007

Zöllner   Wertpapierrecht, 15. Aufl., 2006

Zugehör/Ganter/Hertel   Handbuch der Notarhaftung, 2004

Sachregister